国家出版基金项目
NATIONAL PUBLICATION FOUNDATION

海上絲綢之路文獻集成

總主編　陳支平　陳春聲

民間譜牒編 92

主編　林楓

海峽出版發行集團
THE STRAITS PUBLISHING & DISTRIBUTING GROUP
福建人民出版社

本册目次

［安徽繁昌］繁陽謝氏宗譜十二卷（卷一至卷三）　謝鴻軒纂修……………………………一

［安徽繁昌］繁陽謝氏宗譜十二卷

（卷一至卷三）

謝鴻軒纂修

［安徽繁昌］《繁陽謝氏宗譜》十二卷，謝鴻軒纂修。是譜據謝氏族人所藏《萬曆統宗志》，又補以安徽蕪湖等地謝氏宗譜而成。分十二卷，卷一題籤、譜序、總目、譜説、凡例、家規，卷二文章、像讚、祠堂、墓誌，卷三人物及閫範誌，卷四族譜要略、定派取字及直系祖派圖傳，卷五至卷九各族派世系圖，卷一〇歷代族人詩文創作選編，卷一一傳記、行狀、贊詞，卷一二序跋、紀要、勘誤表，另附《世界謝氏宗親總會章程》、《理監事名録》等。安徽地處内陸，明清時期遷移海外者少，近現代始有少量人士向外遷移。其遷臺族人，後又多遷往海外者，世界謝氏宗親總會第一届理監事有十餘位居海外。惜此譜記載稍簡，可據其綫索，稽以他書，以考知詳情。據民國三十七年（一九四八）排印本影印。

謝氏宗譜

戊子四月吳兆恒

卷一

字號

卷一

寶和鐘字號

題簽　譜序

總目　譜說

凡例　家規

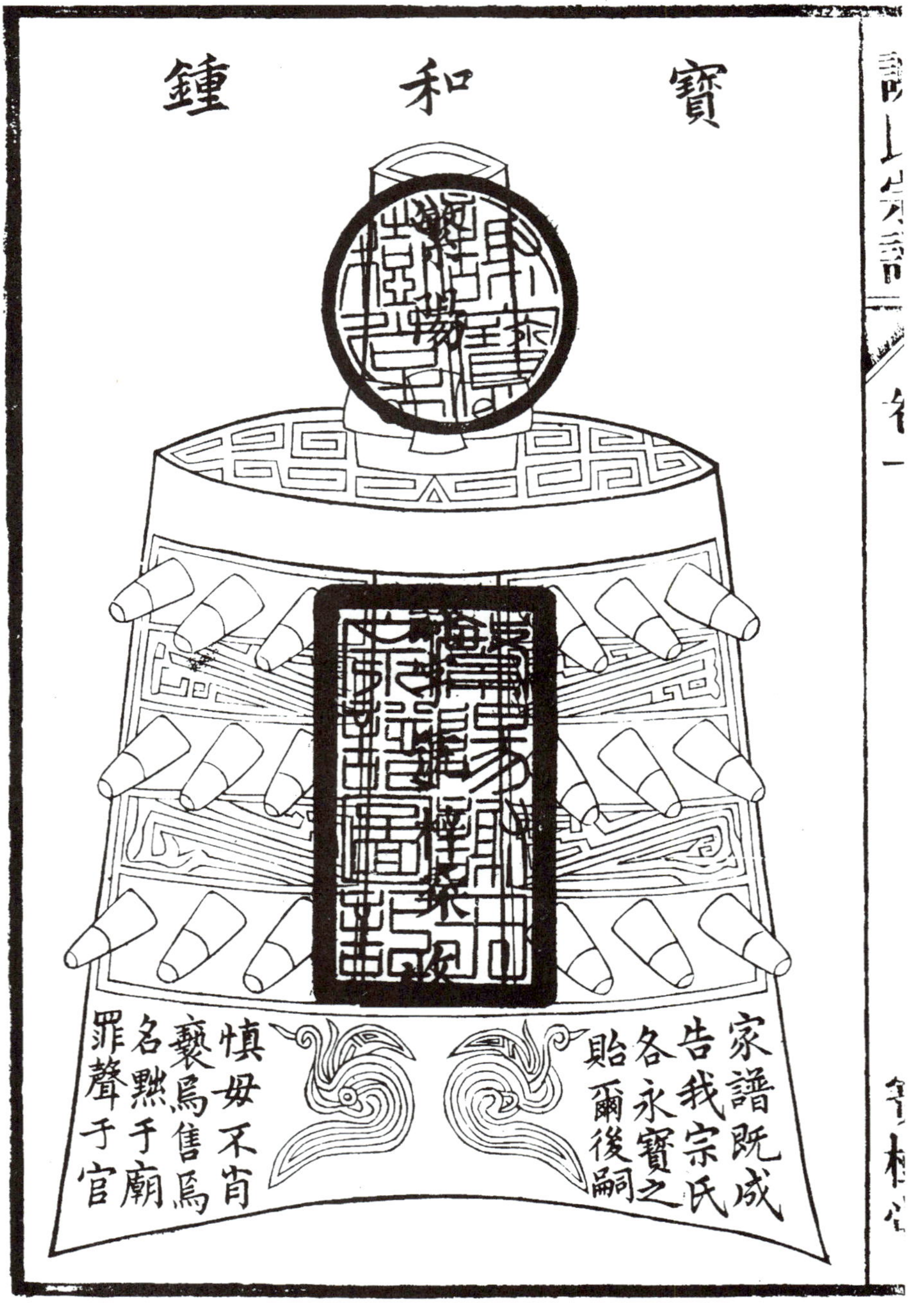
寶和鍾
家譜既成
告我宗氏
各永寶之
貽爾後嗣
慎毋不肖
褻焉售焉
名黜于廟
罪聲于官

繁陽謝氏宗譜卷一 分目

寶和鐘字號

古歙謝氏世家宗譜敘　明秘書郎趙應宿題

歙西田川家譜敘　明青瑣侍臣高鶴題

巖鎮家譜敘　明中書舍人潘緯題

歙北黄山仁彦公派家譜敘　明劉然題

歙北黄山芳村家譜敘　明詹濂題

歙西倫堂家譜敘　明汪氏題

纂修繁陽戊子宗譜序　鴻軒撰

范冲金公支譜序　葆先撰

范冲金公支譜序　留學日本法學士李應文贈

洋夾沙文憲公草譜序　兆珍撰

洋夾沙益闈公草譜序　清太學生駿聲公撰

洋夾沙恩公草譜序　清國學生鈞照公撰

錦衣衛洲子宜公草譜序　清邑庠生堦公撰

洋夾沙君澤公支乘序　清廩貢生貴池教諭泳公撰

明統宗志序　明進士行人司行人金谿宗丈廷諒撰

明統宗志序　明郡庠生汪川先人陛撰

明統宗志序　明進士主政黃全初贈

明統宗志序　明大學士相國申時行贈

明統宗志序　明進士太常寺正卿程奎贈

明統宗志讚詞　明旨指使王山人金階贈

田川中鵲鄉宗譜序　明副榜先人逢昌撰

田川中鵲鄉宗譜序　明進士禮部尚書國典副總裁程敏政贈

黃山族譜序　明王穉登贈

巖鎮大塘家譜序　明御筆賜環鄒元標贈

巖鎮大塘家譜序　明禮部尚書國典副總裁程敏政贈

黃山芳村家譜序　明進士山東東昌府推官宗人肇淛贈

黄山仁彦公派家譜小序　明進士南京大理寺正卿游應乾贈

倫堂世譜序　明進士吏部尚書嚴清贈

倫堂世系志序　明進士直隸應天等府廵按姚三讓贈

再贈序

歙西謝村遷田川序　宋處士先人德茂撰

巖鎮大塘宗譜序　宋處士巖鎮先人伯潤撰

山口家譜序　宋處士山口先人君紹撰

再序

宋舊譜序　宋進士中書舍人彭龜年贈

宋世譜序　宋翰林太史門婿黄庭堅贈

總目

譜說
凡例引　鴻軒撰
凡例
謝氏家規序　明金華府通判芳川先人子受書
家規
謝氏家規後序　明禮部儒士冠帶芳川先人師教輯

謝氏宗譜　卷一　寶樹堂

古歙謝
氏世宗

古歙謝氏世家宗譜籤

一

謝氏宗譜　卷一

寶樹堂

宗譜

趙應宿書

歙西田川謝氏

家譜

古越高鶴書

謝氏宗譜　卷一　巗鎮家譜簽　一　[illegible]

巗鎮謝氏家譜

中書舍人潘緯書

謝氏黃山仁彥

歙北黃山仁彥派家譜簽

詹氏宗譜

劉然書

詹氏宗譜　卷一

歙北黄山芳村

歙北黄山芳村家譜簽

寶樹堂

謝氏家譜

詹濂書

歙西倫堂謝氏

歙西倫堂家譜簽

家譜

海陽汪民敬書

卷一

繁昌范冲謝氏支譜序

木之森匕然其本必固水之浩匕然其源必長顧木不能自固而源不能自長是必培植之使其固浚瀹之使其長則枝蕃派衍而無終窮也木水猶然人豈獨異創修宗譜者始別其親疎長其恩愛而爲培植浚瀹之事功歟謝氏爲吾繁之著姓申伯之苗裔文武忠孝代有其人東山相業淝水奇勳往事可謂盛矣至有宋之際棣公肇基於弋陽文節獻功於信水有明之初德源公遷貴池再傳八世至萬曆間金公

客遊繁治之范冲愛其林泉之勝遂家焉於是枝蕃派衍蔚然成族無如中遭洪楊之亂死散流亡甚多蓬勃發皇之象鞠成蕭條慘淡之觀適昆珍公及其族人昆勝昆啟正儀正本諸公脫險歸來檢查譜牒悉被兵燹乃從事創修編爲福祿二部民十一年春述元公續而修之録成稿譜藏而待梓乃以中日事變長江不守民廿九年春日寇陷村大肆焚掠謝氏譜稿亦遭池魚之殃今述元公之長子葆先先生傷先人手澤之無存惧族人渙散之無序率其昆玉族

賢重創支譜以竟先人未竟之事功培植之浚瀹之不遺餘力行見其本愈固其源愈長枝蕃派衍森森然浩浩然恢復當年之盛而無終窮也乎且夫家族爲組織國家之起點而宗譜者又爲維繫家族人心之權輿際茲國難方殷時艱孔亟洪水橫流人心渙散亦云極已而諸君子於鎗林彈雨之中急急創修譜牒以明昭穆而别親疏使人心固結將使復興民族易於着手豈獨孝也抑亦忠夫應文教授省立第八臨時中學寒假歸來不能安堵乃授經黒沙洲荒

洲竹足江濱徘徊不禁臨風遙祝曰譜牒修明人心鞏固謝氏之興如日方中森々然如松柏之常靑浩々然如長江之不息因與葆先先生之令弟葆初先生曾結朱陳好謹貢數語請誌篇末云

旹在

中華民國三十四年歲次乙酉季春月　吉日

留學日本明治大學法學士李應文敬撰

繁昌洋夾沙謝文憲公重修草乘譜序

九河導則氾濫患除網在綱則有條不紊族有譜則彝倫攸叙盖譜者所以辨親疎別尊卑序長幼者也苟宗族無譜則孰親孰疏孰尊孰卑孰長孰幼五服難辨尤况年湮代遠乎溯吾族宗譜自徽州歙縣田川派添淋公支下文憲公遷繁洋夾沙以來傳世十有六歷歲已三百餘年譜牒世守徽舊在繁未曾續修支派雖未紊亂生卒多失考無查吾祖父已先權而爲之缺憾矣屢欲協商族衆統一續修奈年近七

旬神衰目眩力不從心誠恐越久世系莫明勢難再緩於是召集本房人士協商先理本房草譜乃取別子爲祖之義以文憲公爲遷緐一世祖憲公支下岩雲岩表二支分房編輯命先君主筆創稿成帙而爲將來闔族協議統一之根據孰意民國二十六年中日事變禍起蘆溝一則曰焦土抗戰一則曰以荼毒生靈不數月國軍放棄長江吾緐不守深慮覆巢之下恐無完卵悉扶老攜幼散處他鄉權亦遠離故土越歲歸來房屋灰飛草譜痛疑煨盡幸祖宗靈佑一

綫猶存不完者尚有獻足徵續修之責義不容辭所恨者奔波數載神憊眼花無能爲力延至民國三十年春權子渭濱渭川侄孫耀庭等遊學歸來適權召集本房人等議决重修草譜爰將殘餘之譜示若等叔侄命其遵照舊制拾遺補缺踵而修之俾得各親其親各子其子瞭如指掌然此足爲昭垂後世乃冀大亂戡平協商族衆統一纂修繁陽宗譜之預備云爾

旹在

中華民國三十年歲次辛巳孟夏月　穀旦

裔孫承權兆珍氏謹撰

謝兆珍章

承權

繁昌錦衣衛洲洋夾沙謝氏益園公草譜序

水有源木有本人之有祖其理一也吾族自發姓姬周累朝閥閱有會稽衛公十六世孫曰傑字彥俊者隋任歙州教授仁壽初隱居歙西中鵠鄉郎今之謝村是也傑公三十五世孫曰文鍠字子宣明嘉靖間客遊繁陽卜居沙鎮經營締造遂入籍焉迄今年歷三百餘世傳十有四而不續宗譜實子孫之憾矣公有子五曰能膺勝龍膳膺字君澤子六曰時景昌昂昇昭昂字正容子嘉琳字玉森琳子之鯨字伯鱗號

毅齋鯨子國相字襄臣號省菴三世單寒藉祖宗之
澤得子六曰謙祥蘭禱恩祝謙字詔能號益圃駿之
高〻祖也謙子二長曰泳字錦江號潛齋次曰游字
達夫號藝堂爲駿之高祖而泳公則駿之伯高祖也
歆族統宗志修於萬曆戊戌是吾遷繁二世祖君澤
公倡於首三世伯祖逢昌公筆於序伯高祖泳公追
本溯源由邇及遐謀先修君澤公支乘再續纂繁陽
宗譜奈年近六旬精神衰弱伯祖堦字步堯號吟軒
者繼泳公未竟之遺志創修鍠公譜系草成待梓僅

洪楊軍興干戈擾攘兼水患迭遭人心惶惑不果其事今干戈靖息歌舞昇平久矣駿雖居別業幼曾受教於賢門每屆春秋佳日及老爭傳宗黨之往事聞之感慨不置覺此譜牒不修世系不理深恐疏戚無分昭穆無序尊不自重卑不自安故不揣淺陋先草創高祖謚園公之支譜俾生有寄死有歸墓有處所庶後有治宗者一覽得知非徒駿一人之私幸也

旹在

大清光緒十有五年歲次己丑仲春月中浣

裔孫駿聲謹識頓首百拜

繁昌錦衣衛洲洋夾沙謝氏恩公草譜序

是歲寒食之前一日偶遊村外覩江流撫堤柳不禁興水源木本之思覺水分萬派其源一焉木有繁枝其本一焉天地間萬物各有本源人爲物靈豈可忘其本源乎照一介庸愚知識譾陋每思我族譜牒自我遷繁始祖文鍠公於明嘉靖間覩長江之陽錦衣衛洲勝境卜宅於洋夾沙寖成望族二傳君澤公三傳逢昌公往嶽故里叅修統志總領八部分授各房珍藏至今近三百年各房領執統志多有殘缺照有

志續修縈陽謝氏宗譜奈以舌耕異土久棄鄉園不能與族望君子共襄盛舉夙願難償殊堪感慨課餘之暇恭讀先父手創遺稿名曰本支正宗又爲兵燹之累不獲其全甲戌三月合統志兼較補繕勉竣其事不揣情庸復行錄此支譜以冀我祖宗恕照不孝之罪於萬一耳並續誌歌圖系派俾得一目瞭然使子孫稽考有自毋忘本源而已嗣後倘更有軼葺之材邁種之德續〻補緝則庶乎其不差矣是爲序

大清同治十三年暮春桐催節　裔孫鈞照拜撰

繁昌錦衣衛洲謝氏草譜序

有家者莫重於譜猶有國者之莫重於史也修史難而修譜尤難太剛者不能修太柔者不能修剛柔相濟而無經權者愈不能修我族中事詩書達名教代不乏人豈無能修譜者溯自徽歙遷繁迄今二百餘年有支譜而無宗譜謂緒紛者難爲理事

大者不易成耶非也支譜之所以克修者我伯祖涿公之力也公非不欲於支譜成即修宗譜無如年邁而衰維時雖有與謀者或以功名急而心專誦讀或以林泉樂而念切遨遊或以世情廹而累於應酬或以家計繁而謀在衣食故年湮代遠而宗譜究未及修然而譜之不修其咎在賢不

在愚先人言念及此曷嘗無遺憾而爲後裔者猶不急爲圖之將何以承先而啟後耶今族尊命增與圻稽查支派參訂續修增不敏未屆花甲精神不足耳目不靈不敢直任其責更難遽辭其責是以忘其固陋勉爲草創俾令繼起者有所考云

時在

咸豐八年歲次戊午孟春月　穀旦

裔孫邑庠生堦謹識

繁昌錦衛洲洋夾沙謝氏君澤公支譜序

吾宗發源於陳國陽夏衍於會稽隋世教授公始居歙遂世爲歙人教授之三十五世曰文鍠字子宣客遊繁昌卜居錦衛洲之洋夾沙而遷爲繁昌人有子五曰得膏字君澤者其仲也君澤公子六人曰時景昌昇昭昂字正容子一人爲泳高祖謝氏統宗志歙族譜也修於明萬曆戊戌載繁昌支至君澤公六子止以下無傳焉繁昌之族未有續而譜之者乾隆丙申泳嘗私譜正容公支爲一編恒欲盡譜子宣公

支而力有不逮甲寅與時公之裔侔謀先修君澤公六支之譜撰次既成俾潢溶書之嘉慶初元繕梭始畢竊自子宣公之遷謝氏得滋殖蕃衍成繁昌之族傳十一世矣而未有譜以詳其派豈非子孫之責耶尊祖之道由近以追遠收族之法自親而及疏君澤公爲子宣公支子泳既由高祖譜正容公今又得上譜君澤公使得更盡舉子宣公之後而譜之登諸梨棗以示後嗣豈非泳之大願而曾是小宗之記載足以畢乃事哉泳藉祖宗之澤稍能讀書識字亦嘗游

當世大賢之門又習聞吾族之舊事于先子竊欲有
以自任年逾五十齒豁頭童及今不爲後將何異斯
譜之成蓋有無窮之感焉至其叙次閒以變文見意
凡所録載亦具微指不復爲例覽者當自得之

旹

大清嘉慶元年太歲在柔兆執徐月在塞如

裔孫廩貢生泳謹撰

新安謝氏統宗志序

謝之先爲炎帝自申伯封于謝而始得姓詩曰維嶽降神生甫及申是也申伯於周宣王爲舅謝蓋肇於周而盛於晉然漢亦不乏人矣班固之薦夷吾孔融之薦該往往見於傳記而吾家太傅恢淵博量振綱宇表實慶

輝之峻嶷哉和音嗣世不替碩彥後廿有七餘世而諫議大夫泌者起家新安以直節顯銀青光祿大夫金吾上將軍詮者隱居祁門以清操著葢自是而芳條遠蔭靈根茂植夲支千億矣居祁門者孟仲季三宗而仲之支或遷安岐居休邑遂蔓延三邑閭

而歙爲黟歙固始於中鵠鄉也田川倫堂笙簧如在而其後依阻黄山遍曹溪芳村左右而居者皆是也或抱雙溪而栖石壁之下或帶汪川而表靈山之陽梅村碣石山口差池起宅相者又從樟木埕遷巖鎮大塘奚余盞奉使過天都想浮丘公僊壇之彩

霞靈禽栖止處意靈仙窟宅有存者乎無有而有諫議之祠在各村墓在問政山麓嗟諫議公之殁盖三百有餘年矣其世澤葱鬱有如是雖其世德靈長振振麟趾然亦有地靈焉歟在萬山之中四塞為險四方用兵歙猶高枕先代之流風遺書至今存也

而子孫之商賈於外者皆輻湊而歸本宗以故諫議公之緒蕃瑰嶲而芳留貽鑾余故因是而興感慨哉夫當宋之朝而以身繫社稷之重者獨諫議公與吾祖疊山府君耳而疊山公不幸遭顛沛流離之運以身殉國矣妻子竄匿竟不免孤孫煢煢避地吾

士以有今日孰與諫議公之生而從容瑣闥沒而申錫多祜哉祖系俔公弟兄三人偉公居會稽傑公遷歙俔公潛陽始祖也三支分派五百餘年而余且會有天幸合諸宗之譜而引其端茲可謂非祖宗之餘慶哉余既手是編名諸宗族而告之曰譜以人

重非能重人昔范匄之祖自虞以上為陶唐氏在夏為御龍氏在商為豕韋氏在周為唐杜氏自稱以為不朽而穆叔非之夫君子之所謂三不朽者固自有在也然不朽之業吾宗備矣太傅兼之其明德之冲穆奇勳之炳爍清言之玄粹夫非後昆之軌範

耶玉樹庭前烏衣巷口即淮水富英奇者曾不足以當之說者謂積善之門必起於和睦良然太傅公之內舉不避弘徽公之經紀晉陵令固寥寥哉先大夫啓癸故篋披荊棘而樹芝蘭擠紳中以為美譚也不多其子姪之競爽而多其家門之教不肅而成

夫修身齊家功先格致乃所謂致良知澈仁體者自愛親敬長始

高皇帝著令甲化民成俗亦惟是孝順尊敬之為諄諄鄉里中猶然輯睦矧鄉里而聯族屬者乎謝氏之興翩翩羣從所從來久遠矣以吾郡觀之尤信臨川之無逸兄弟樂安之尚書

父子皆族戚羔鴈而悅豫嚶鳴也親親敦余賢賢爾賞宣遠之詩可咏哉乃所謂條繁林彌鬱波清源愈濬者有味哉其言之也願諸族子之世世無忘此盟也

皇明萬曆二十六年歲次戊戌夏六月朔

賜進士第行人司行人奉
使直隸徽州等處金谿宗人廷諒撰

後學劉然書

謝氏統宗志序

吾宗受氏得姓盖戺於陳留氐於會稽而蔓于大江左右自典午以訖南朝珥貂奕葉卽天潢不讓焉然宗盟相約不事索虜故終北史無一人隨文混一從而抑之遂小屈於北姓矣顧唐宋朝家代不乏人而歙之諫議大夫祁之金吾將軍潛陽之叠山先生翹然若屈昭景羅鄂州余邑賢者志新安而稱十名族寔自抑而推吾宗此其盛可知矣奈何舉宗寥乚有錄譜而無刻譜卽有刻者亦殊左互今年春金谿友

可先生奉使行郡畢使而遊黃山慨然尋盟徧召諸
宗弭節海陽聿修統譜世系甫完旣序首簡復命小
子序之余曰惟是舉宗之盟千秋之業一朝而徵先
生寵靈以有此事其自文靖獻武而下世世榮藉矣
余不揣謹修季漢書以効一得之愚𠛬兹家乘敢不
敬承休命蓋譜之興也有五變焉而譜之作也有四
難焉在周因官賜氏因生命姓凡厥有生貢名于國
而譜史書之册挂毋漏一案可知此其始則國譜之
也秦劃其籍漢廢其官氏姓亂矣典午東遷高門世

胄相望江左各著爲譜而納之朝廷此其再變則以家之權而譜之國者也隨文平陳揚崔盧而抑王謝唐文皇初興雖君臨萬方而尙甘心二氏下逮其後也始命高士亷徧責天下譜以爲氏族志方以皇族爲首而降崔氏爲第三此其三變則又以國之權而譜其家者也至於世官廢而科舉之制興則簪纓退讓典籍白屋驟厯朱門書能貴人而人自貴族此其四變則又家自爲譜而國不恒權者也牒譜旣爲私書彼此相爲援引本支不貫貴賤交援賢者厭之斷

自近祖載在所著籍中昭然與世不朽如盧陵眉山空同太原諸子此其五變以至於今儆也極矣今欲統而譜之豈不難哉强者則獨雄弱者則自劃并介者太監包荒者易阿民各有心羣而無束此合族之難一也魚目混珠武夫混玉蟹匡蠶績蟬緌范冠皃頸鶴脛孰斷孰續此明宗之難二也議事者多任事者少同則相靡異則相攜豪舉者費訾守文者拘格此滅事之難三也尼父春秋一辭不贊鄭家爲命四子共成苟非其人兩無所當避嫌則廢法持論則起

爭此秉筆之難四也夫以如此之難有族者遂可不譜乎于此有三重焉非迂論也和其中平其氣弘其度集其思此非明德君子其孰能之格其非壞其稂蝥其蟹削其訛此非有位君子其孰能之有其德矣居其位矣苟機會之未乘事權之未一處於嫌疑之際論於繩墨之中是亦安能非其時矣使文皇不致貞觀之治焉能品皇族之尊況他王乎自教授公之遷歙也源流世次章匕較著歷匕可稽厄于散逸遂成落莫吾黨欲起而修之非一日矣友可先生有德

有位之君子也今兹之來適與行會機會乘矣事權
一矣論於繩墨之外何嫌何疑諸宗英欣然決策定
盟克期舉事譜於是乎成矣先生用意之微用心之
苦用力之勞可勝言哉雖然猶有說焉吾家通遠作
謝氏家譜劉孝標采註世說新語其後唐之君臣復
采撰南史晉書朝家謝氏起公車者豈不林々然而
如友可先生奕々風流烏衣名士僅僂將指易世而
後譜以人重又有出于三者之外則文之不可以已
又如是矣余不敏載筆從公附一枝指亦厚幸哉譜

者族所常名今易以志盖從大唐氏族志范陽盧氏
云耳

裔孫郡庠生汪川陛稽首拜撰

謝氏統宗志序

蓋自宗法廢而宗譜之作，達者嘆其難。矧羣譜宗亡，既析統而譜之，其難可知也已。乃余于謝氏，樂觀厥成焉。

歙之諸宗，皆晉太傅安石公裔，其由東㘵占籍于歙之中鵠鄉謝村，而顯者剔

隋敕授先生始建家源流斑斑可考

追

宋育諫議大夫泌公子衍公

太子中舍衛公將作監主簿嗣昱

明興遷濟寧生子姓日蕃衍公

太子中舍巳後遷于曹溪子三孫七

遍芳村石壁涅川碣石岱口梓木坦

巖鎮而琪公遷田川將作監主簿之後並左倫堂皆名鄉鉅里分係而居于是支分派遠諸宗浸離且邑左萬山中人稠隘陋農桑亡所什二耕讀什八從商賈之四方歷數載迺一歸歸而尋宗盟由近及遠日不暇給若是而欲合諸宗猶一家聯疎遠若一

體水源木本亹亹彝遺其道何繇耶徹統宗譜弗能矣謝諸宗亡有譜所從來已遠勝久則散逸會其宗人尋可君奉使茲土慨勝與敦宗之誼遂相與浚策修舉推伯貞人會稽訪太傅賢裔故跡遺書悉載歸以傳諸

歙迺耆英謙宣允召君年踰古稀鄉評望董卧統宗盛典囑予順陽同斋夔伯貞甫倡其事大會諸宗族之賢達者若雙溪里曰來召淮川曰陛巘鎮曰鳴盂各捐貲分任盡成雨濡霜降蓋七歷春秋所事始告竣彼其立志凌所用力勞緊可知矣今觀譜牒

上遡本源下別枝派綴其系而紀遷
居詳生辰而載殁葬功德必書莭義
必錄析則纂佈星別合則領絜綱提
統各宗為一大宗庶合散屬離來先
啟後人知親親賢賢臥彝忘于宗盟
之薦而敦睦之教不肅而成將
夽傳之流風不泯

諫議之餘烈常新繼繼繩繩彌昌彌
熾此肇基之世其功覩不偉與順陽
名泉樹雅不媿處士名伯貞名師敎
禮部生余因統宗志成嘉其能故述
其顛末為之序使後之覽者有所觀
感云耳
旹

萬曆三十二年五月端陽日
賜進士第泉德題
南京戶部江西淸吏司主事奉
敕監督浙江杭州府北新鈔關
眷侍生黃全初頓首拜譔

寶樹堂

自宗法亡而譜系多軼
遂有稗明之胄不以辨雲
仍冒居之宗貴于萌
隸者自非代有賢哲世其

之間猶能綿延繼緒千百年弗墜也會稽文靖公風流冠江左以淸望重朝端子孫蕃衍譜牒不絕以余所覩海內

世家譜牒未有若韓之
久而彌光業而益傳其
也況有賢子孫能彌翼而善
藏之乎古稱不朽以世德不
單以世祿其在謝氏矣

吳郡申時行謹題

謝氏統宗志序

新安萬山中爲南國隩區隸在三輔自唐迄宋從不經兵以故巨族散處諸邑而歙爲夥歙閥閱以門第相高者而謝爲盛其始則會稽肇之在歙以傑公始後以諫議顯在祁門以金吾將軍顯在豫章以疊山顯皆太傅公所培植者也餘蔭蕃衍不可勝紀惟歙諫議後琪公世居田川玘公遷曹溪碣石芳村梓木巖鎮雙溪汪川山口梅村衕公倫堂差池如星羅列奕徧居邑中夫世系遠則支派易紊轉徙多則蹤跡

易遺曩雖有譜遠我
明已歷數十餘世不無慮其久而愈湮也適豫章行
人公奉
簡命至歙謁諫議祠墓油然興一本之思乎因詢諸
族遂秉筆作統宗譜序一時人心翕從不踰時而成
謝程桑梓連陰君澤因以語予予曰善哉簡而核婉
而亷疏而有則法之良也夫譜何以統宗名語自始
乎始本同而人自異之則一體之誼疎本始之謂何
故細叙其遷次各一小宗則流派有序人咸知所分

統挈其淵源同一大宗則從出有原人咸知所本是譜也所謂合小宗以成大宗也宗不欲亂故貴辨族而擇之嚴宗不欲遺故貴收族而合之大能收族者眞能尊祖敬宗者也非仁孝不足以當之諸君豈有仁孝之心乎是惟不撓于築室之議譜以速成也余獨惟夫一室而情分胡越同堂而慘寓戈矛即箕箒耰鋤且見辭色況世踰千百載統系不齊億矣其互相傾軋可勝道哉諸族固皆仁里也今復推其始徵豫章之惠大明先世一脈之傳使家各有譜譜各有

訓昭穆藉以不混情誼藉以不乖合族藹然咸有所統如手足護持而不可解是祖宗已分之支屬於此復聯祖宗已散之血脈於此復續親睦之極仁讓之雅俗也太和洋溢醲爲福澤其長發祥而昌阜也固宜易曰積善之家必有餘慶矧江左之風流未艾謝議之餘烈猶新後有考世德而作求豈無振先烈之芳規者直聲震耀偉績昭垂琳瑯史册而稱不朽者翩翩所從來矣作者所樹之功不宏且遠哉語有之一歲樹穀十歲樹木百歲樹德樹德云者即和睦致

祥之意而克家亢宗之本也欲爲子孫計長久者族系須集此謝氏統宗志之不容以無作也夫又何疑

旹

萬歷辛丑冬月穀旦

賜進士第加授正議大夫資治尹太常寺正卿

眷侍生程奎頓首拜撰

木有本水有源人生之
地有堂堂生息繁山
高兮木茂源遠則
流長箕裘累世新
簪纓千載芳懋紀

有世德流塘出之豐
江表稱於越之族乎
超常無如吳山
磨尤更美奇良
譽著遠於人物

代惠揚堂擢要
原公史職乎
君生於好脩大節
轉乳幼煌之第三
任至都御治日是高貴

光後禩瞻是譜
不但謹善藏之々
强先維福澤及
無疆
歲歷戊戌季秋

十有九旨

仁和六臺山心湖

居士金階拜閱謹

題

謝氏宗譜　卷一

田川中鵠鄉宗譜序

夫族之有譜修宗法也方今寓內故家必宗法明而後子姓起而蒸蒸然世其訓纘其緒敦睦之風藹於九族此譜之不容已也吾宗保姓受氏暨先代休烈前史詳哉其言之也胡庸贅顧宗之有譜自西晉太傅公始六代迄唐率以門第相高江左貴

姓必推吾宗氏族志可原也至宋吾諫議公居歙有歙宗譜金吾將軍居祁門爲祁門譜疊山先生居豫章爲豫章譜或居安岐或居休邑各著爲譜不亦鱗鱗乎哉大氏三支若鼎峙餘其裔派會之則會稽猶豐沛耳歷宋而我明五百餘歲浸傳浸遠寧無親盡則疏疏則無紀者乎無論他邑

即如吾歙謝村田川始基之也後分之爲黄山曹溪碣石芳村梓木巖鎮雙溪汪川山口梅村倫堂差池轉徙多門代更屢世有昭穆不相承者薦祭不相沿者慶弔不相通者其甚也藐若秦越不翅塗人何以故人自爲宗匕自爲譜則無統以也曩諸父兄欲合而譜之久矣紛然築舍未有成

議頌惠徵先靈金谿友可先生疊山公裔也奉簡命至歙既事乃徧召諸宗慨然以秉筆自任謂近世譜者無慮數千家惟北地李獻吉裒然稱良以其核也於是乎取法於周取裁於史而作統宗譜寧糝擇無糅淆寧簡嚴無浮溢諸所編例其世系必質之同祖而合者則入之否則黜其遷次

必考之同支而徙者則錄之否則畧其字爵生殁婚嫁丘墓之槪必稽之故實而存者則載之否則闕必徵而信必信而傳蓋其慎也至敘簡首疊疊數百言獨詳吾歙何也昔仲尼作春秋紀列國冠裳之會其事若齊晉則津津甚悉以倡義首盟於是乎詳詳齊晉而列國因之矣此先生微指

也譜之爲類者凡幾爲卷者凡幾析之則緜緜勿斷緒引愈長綜之則充擴勿窮恩推愈遠信吾宗之實錄也夫舉祖宗數百年來既分之支屬復聯而合是舉祖宗數百年來既渙之精神復萃而聚斯譜也謂其和神人洽幽明可也刱收族則統不遺而宗日親又辨族則統不紊而宗日尊尊

尊親親則人遜於倫而宗盟永固極之而禮樂興治道舉矣故曰觀於家而國與天下可知也其功用不閎且遠哉然余小子又竊有敢獻於吾宗者禮有云先世有美而不知不明也知而不傳不仁也傳之云者寧詎表揚之侈盛事已乎蓋亦有率而攸行意焉吾先公如文靖之忠獻武之烈

琳瑯史册間者夫非後世法程耶率而行之是謂繩武矣繩武之謂亢宗亢宗則有令聞以長世昔人譚世德稱不朽者意在斯乎故今日求無負統宗盟者唯法祖爲兢匕敢因友可先生譜以人重之訓而併及之謹敘

萬歷戊戌裔孫逢昌謹識

新安田川中鵠鄉謝氏宗譜序

謝氏得姓始於周申伯以王舅受封汝南謝城其後子孫之顯莫如江左江左謝氏之顯又莫如太傅文靖公安石其家世人物見於史者居他姓什九可謂盛矣新安亦江左輔郡蓋有謝氏焉在南唐曰金吾大將軍詮居祁門新安人多祖之在宋曰

諫議大夫泌居歙中鵠鄉葬歙東問政山
土人號諫議塢按宋始傳稱泌爲安石二
十七世孫意史之言當無不實則新安之
謝亦誠有出於文靖公者歟歙謝村田川
子期閔以其譜示予以爲諫議公五世孫
亨生子曰琪居歙謝村至四世孫仁富遷
前田川曰玘居黄山初予考新安先達最

多郡誌所載事實最畧蓋拳匕焉訪錄其遺文尋覕其丘域存問其後昆而於諫議公風節之偉文學之優德業之盛尤所注意然卒無以副之者成化初受命修宋元綱目以續朱子之書盡閱秘府所藏得諫議公之行事與其奏議則誦而嘆曰其人雖亡言不可泯也歲壬寅家居之暇又親

至問政山訪其葬處或問與南唐聶眞人之塚相鄰或以爲諫議塢者别在山外豐草茂林不可復識獨得宋部使者周叔虎所爲塋域記則望而嘆曰其骨雖朽名不可滅也乃今獲見子期所爲譜謝氏又與吾槐塘丞相文靖公之裔聯姻而又以序見屬是豈可辭子期善堪輿之設予先少

保襄毅公賜嫠子期實預其事聞知子期
嘗與詮裔通譜嗚呼諫議公立言固不計
其名之有無而得名亦不繫其後之存否
予獨喜子期知先烈之可宗而敬續之則
由是以尊其祖考睦其弟兄訓其子孫推
孝恭之心篤本源之義以爲今謝之倡俾
後來者嗣而守之其誰不健羨曰此諫議

公之後也哉

成化十八年壬寅歲八月旣望

賜進士及第奉訓大夫左春坊左諭德同

修國史兼經筵

太子講讀官同郡程敏政序

新安黄山謝氏族譜序

粤維江左門第率推瑯琊陳村陳村自東山崛起蘭玉滿堦至今猶令人仰止西堂興思江練遡其本支則托根於會稽遠繼於新安豫章台閩遠江以東數村靡不覃延彼其門閥雲連衣冠鵲起世世如一噫嘻盛哉東山公胡修而克臻此不佞以爲人之精神節概生則著於功名殁則寄於孫子如薪盡而火傳公當桓溫入朝郄超在幕第從容譚笑折其逆鋒以三寸舌强於十萬師逮其推轂幼度使斷江之鞭擢

於風鶴以彼其人直可不死而子孫孫子誰非公之精神其寄之也新安謝氏肇自傑公匕東山十一世孫也以隋仁壽間教授歙州因籍於歙其弟倪亦遷於豫章其後諫議公以直顯于宋又其後玘考宅于黃山黃山列三十六峯之勝而謝氏宅如錯繡以故謝氏之世新安者自歙而祁而休無慮數千而最著則稱黃山云歲戊戌金谿太行廷諒公持節至歙以其祖倪公與傑爲兄弟之親造黃山索譜牒而合之見其方策萎落躬秉筆削彙取新安金谿二譜合于

會稽簡其宗人之才者曰師教奉譜往旣卒業從浙至晉陵示其支屬之在晉陵者晉陵謝公簡名景廉其祖亦徙自黃山以爲家乘近經纂裁不得名公數言於簡端無以重顧公簡與余垂髮定交兄事之廼屬不佞敢不唯々余惟民生於厥初澤窮於五世々代逾遼世系逾邈故雖梁公不屈後人之羿其他氏概不乏譜多不免父母於他人以予所睹新安教授去太傅甚邇教授之冢猶巋然而其子姓尙蒸嘗如故譜牒繩々密於貫珠則其家之信史也葢新安在

萬山中從不登兵教授之占籍意念深矣予因是負
歉以不能水木於瑯琊也夫

萬曆庚子七夕　太原王穉登撰

古歙巖鎮大塘謝氏重脩家譜序

歙文學謝仲子鳴皐往因所知徐督
學通籍鄒子之門今
上戊戌秋既杪矣仲子負其家譜不遠
千里謁鄒子於南皋别墅一宿獻籍
再宿蘄言志重脩也鄒子曰家之有
譜猶國之有史尚矣第

國史
朝廷重典世代章程故館閣諸賢日按往牒而脩飾之者懼文實不孚無以昭法戒耳乃若譜屬一家上遡其源下衍其流與時增益百禩同途悪乎脩而又悪乎重脩也仲子曰周封申伯莅都謝城後世因以為姓是以國

予姓也歷年数百追晉中衰避五胡兵燹東渡會稽是時以會稽顯者大都功在王室簡册昭然宇内稱右族矣其後支屬一世故業一遷豫章一遷新安新安六邑謝著者三若祁門若休寧則皆自歙始而歙之黃山諸派又皆自謝村始地以謝名是以姓

予地也余巖鎮始祖伯潤公者由黃山梓木坦入贅左史呂君家遂居巖鎮大塘故稱大塘謝氏迄今凡八傳世代雖邇而中亦多播遷如繫籍宛陵如寄邸姑孰如金陵有後如鳩茲有賦疇非伯潤公支屬哉歲時不一見喜慶不相聞近屬且然况疎逖乎

今豫章大行廷諒公奉使新安慨然有合宗之舉余不佞獲董是職謀協二三昆弟謹將本支舊輯仍其既錄續其未完用以洽宗盟則謝城之派可尋以嘉近族則謝村之流勿失此重脩意也而表章之者敢以煩大夫大夫其毋辭鄒子始受而

展示閱其初卷世系在爲會稽謝村畧而不載黄山梓木載而不詳伯潤而下倫序嚴明祖禰煥別其爲承宗其爲繼祀與夫儷行森列鴛配凜如靡不犂然備具閱其中卷丘墓記爲山則註其所稅則定其歸不假形勝而形勝宛然在目考核真而書載明

也閱其終卷文獻徵焉闡幽有詞揚列有章其儒林推轂賈道馳先若狀若傳若誌若銘諸篇俱籍名縉紳手筆三卷者脩而譜之義盡矣觀世系令人淵然有敦睦之思觀丘墓令人凜然有風木之感觀文獻令人瞿然有纘緒之志即異世有推而廣之者

悪能越斯範圍哉鄒子既卒業復有
慨於今之論族者身擐高位家擁素
封食指千萬冠蓋如雲此宗之赫〻
者也世人遂夥而膾炙之至語以随
世坦衷貽休式穀則畧而不齒謝氏
簪纓相繼奕葉相承亦既赫〻於晉
隋唐宋間而尤未艾于

熙朝然此亦儻來者耳伯潤公故多翔建其躬行足為後世法而諸後裔率雅馴謹飭信所謂士不必名世要之賢淑農不必千鍾要之立本商不必鉅萬要之誠壹蓋無事赫赫名而積厚流光政赫赫之實者也不亦能繩祖武而張大之哉仲子其勉諸併勉

諸爾後人仲子再拜受言歸付剞劂
鐫之首簡題曰古歙巖鎮大塘謝氏
重脩家譜序
旹
大明萬曆戊戌應鍾之月廬陵南皋居
士鄒元標譔

巖鎮謝氏家譜序

謝氏在周以王舅申伯受封得姓世居陳留盖中原之望也至晉永嘉末子孫從元帝東渡遂望江左爵祿勳猷德業文學與六朝相終始而莫盛於太傅文靖公公傳六世曰諼仕梁東陽内史又六世曰傑仕隋爲歙州教授因宦而家歙之中鵠鄉嗣續蕃衍姓其地曰謝村盖歙有謝之祖也傑十三世孫彥章兩子並仕唐季曰門下侍郎瑞金吾將軍詮乚别居祁門瑞之後分處休歙傳再世曰泌宋太平興國五年

進士歷諫議大夫史有傳上距太傅二十七世矣而史以爲太傅者本其族槩言之也泌長子衍爲太常奉禮郎傳三世曰玘遷邑之曹溪玘傳再世仁智又遷邑之梓木坦仁智傳四世伯潤當宋南渡出贅邑巖鎮左史呂公家遂留居焉葢巖鎮有謝之祖也伯潤一人曰存德存德傳四世其可見者一人曰德遠德遠子一人曰善祥始有子四人有孫十一人曾孫二十五人其嗣之來者未艾也善祥之季子曰文達季孫曰廷懋議爲續譜以合其族倡其後未竟而謝

世廷戀之弟曰廷春廷夔廷馨思繼其父兄之志而譜克成焉廷馨伯子昭季子暕與余還往甚稔乃奉以謁序余告之曰凡有姓於斯世者孰非古帝王及公侯卿之苗裔特其世遠而莫知其所從出爾盛衰顯晦之靡常有國者不免而況奉失爵之後隸編氓之餘相望於百世之下哉惟積善以基之好文以輔之庶乎墜緒可尋而先德可徵也謝始于申伯盛于太傅中興於諫議其後之散處而盛且顯者計尚有之若巖鎮之族特其一焉爾基之以積善輔之以好

文子孫相承自今伊始安知不有亢宗之士出其間使爵祿勳猷德業文學炳烺斯世與向之諸謝相高而爲斯譜之重者乎古之人於其鄉之名宦碩儒非其姓者苟有所慕亦且致高山之仰維桑之敬而况同所自出之赫然者哉禮曰君子反古復始不忘其所由生也詩曰君子是則是傚謝氏後人可不勉諸

弘治十年歲在丁巳冬十月下澣

賜進士及弟嘉議大夫太常寺卿兼翰林院侍讀學士同修

國史經筵官兼修
玉牒
詔充
國典副總裁休寧程敏政序

歙北黄山芳村謝氏家譜序

余常慕新安黄山之勝偕友人潘景升宗人少白謁玄元君道出芳村靈泉里宿伯貞木石居見譜牒粲然成帙遂歎曰猗與盛哉余宗申伯受封於謝城子孫以國爲姓肇於東山遷閩而江而浙而新安孰非晉太傅安石公之裔乎迨隋傑公教授歙

州因家於中鵠鄉嗣宋諫議泌公逌聲振
天下子太子中舍衍公再傳玘公遷黃山
曹溪子三孫七各占籍名區而仁安彥寧
公始遷芳村靈泉里茂林脩竹豐水環帶
六六奇峯秀揷天表鍾英孕秀子姓蕃衍
財賦甲於閭里若伯亮公督樞密院兵戎
子嵿子讓提舉課稅子受黃堂司馬玫一

佐政鳴琴貢元仕璐亦仕金華府判璓舉
孝廉江西貴溪縣令友仁璵天恩父子世
襲爵千戶侯廷宣德懋希孟叔侄輩屬郡
邑諸生希周捍海於盐官希召參軍於百
粤文武濟美克振家聲入新安之境莫不
嘖嘖黄山仁安公謝氏云疇昔潛陽之派
友可宗丈奉使新安稽家乘遡源出自東

山廼推伯貞如越得先世遺書古蹟歸宗
彥宣翁允名隱德君子也深重其事命子
艮樹同希夔伯貞大會諸宗修葺統宗志
七歲方成事詳中相國金亶指使王山人
黃主政友可宗丈序中而祖宗功德世系
緜延豈啻闡仁安公靈泉里一派偉觀實
昭傑公遷古歙千秋之盛一時同事四丈

夫則希夔國維艮樹師教善繼善述之賢
勞銳志貫金石豈可與黃山同峙芳水流
長矣書之以傳於不朽云
萬歷三十二年五月天中日
賜進士第文林郎山東々昌府推官
晉江宗侍生肇淛頓首拜撰

仁彥公派小序

昔不佞譚經于溪上草堂時偕伯子自嵩遊稔知謝氏之盛一日統宗志成諸宗各派前俱有小序伯子以本派小序屬不佞不佞奚辭按志序之仁彥公長孫天益公仍居曹溪次孫之五公遷汪村天益

公後天保公遷碣石羅公遷石礦均仁彥公泒一脉而四析其居嘗登柘嶺而覽村居之勝若曹溪若碣石與石礦居雖不同咸擁天都之雄張潘源之秀蒼松翠竹掩映于山隈碧水錦鱗充物於池沼稱僊居焉若汪村者形勢展焉一開

金峯聳翠于前玉屏列障于後仁彥公之墓在焉歲會先生訪其居有天香近接羅含宅山翠遥聯謝朓樓之句賸可知也總之其地靈故其人傑於統志不虛矣嗟夫保統志者孰非親乎爲四鄉尤親之親者也倘諒于敦睦之誼不以居

處而暌不以形迹而間知所以親

共親焉則同派同心豈惟無愧于

仁彥公之後即文靖欽武咸有賴

焉是在諸君勗之哉

賜進士第南京大理寺正卿眷生

星源游應乾撰

倫堂謝氏世譜序

余謝政銓曹棲景禹同之野適臨沅叅將謝子崇爵操譜丐言於余予舊爲余鑒器兹戰陣倥偬猶能致意敦睦情趣足多乃爲據案閱譜譜蓋舊史氏修謂謝以國爲姓系衍申侯自周至漢六朝唐五代宋元及明具出名鉅如夷吾預慈安石彥章詮泌銜永源椿瑛欽崇爵遁居會稽新安江淮祁門黟筑岳牧將領代有顯人其繇並見國史宋及

國朝名公序贊薦章暨叅將續紀翔實可稽陳令更

因正其譌贗晳其本支用昭美盛彰傳之意昔人有言登高而建宸斿之旂則睎者廣臨風而奏雲和之瑟則聽者深謝之譜謝之旂謝之瑟也代之人展卷而讀炳炳琅々咸嘖々謝世家謝世家則叅戎之注念厥譜其光裕豈淺鮮哉顧余反初衣已不預人間事第思昔撫川貴叅戎爲掃叛夷今甫居濵叅戎爲殲旱卒三藩收功里萌均獲安枕輝映國史家乘子不我負矣我寧虛子哉言之不可以已也如是

萬歷辛卯冬十月吉

賜進士第吏部尚書滇人寅所侍生嚴清拜書

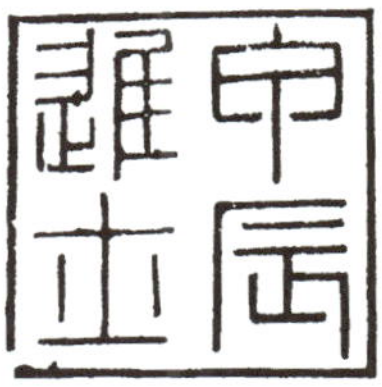

倫堂世系志序

謝氏派在倫堂自衙公始稽古郡志衙郎諫議公次子也宋景德間授將作監主簿持剛毅無詭隨綽有父風彝卒於官遷葬橫塘二子誠諱廬於墓側幾十年非寧母未嘗歸弟有司嘉之因扁其堂曰倫旌孝思也子長曰誠遊藝太平就籍于彼獨諱築室橫塘之右去神道僅百步許不數傳子姓詵詵居漸成里維時江洪沓居處久無別更名里曰謝村巷不欲與他氏混也歷宋逮元傳稱無已

國初版籍僉曰謝村巷非信錄乎嗣是宗族繁衍散
籍四方者什五焉有諱祿壽者即成甫季子生而英
邁不事貨殖常慕伏波爲人每讀馬革裹尸之語即
踴躍思奮曰大丈夫當如此后果調戍雲貴以武功
啟後奕葉簪纓由指揮僉事功陞同知者四世孫椿
也由指揮歷陞守備雲南僉書都司者七世孫欽也
欽子崇爵智謀勇畧超軼前人累官守備都司兩陞
参將前鎮四川敘瀘後鎮雲南臨元功業彪炳上之
樞府歷匕可考此籍在貴州已經一十世也有諱勝

宗者勝壽之弟也遷今十八都胡村有諱勝祖者遷居休寧四都有諱文成者遷本縣賢闕坊右經越六世有諱積寧者商籍無爲州漁城頭經越四世雖瓜瓞綿匕蔓延無旣而近本者尤稱盛焉友人君賜籍我永年由邑庠轉太學佐政琴堂廼弟君恩氏復以明經選貢恩子諫亦於壬午得舉孝廉文事彬匕然復興矣夫國之所重維文與武謝以兩事炤燿後先足稱江南之顯族也余併誌之不獨俾後之卓尔不羣者顧牒與思聿修厥德且得遡流窮源不失追遠

之意

前廵按直隸應天等府永年姚三讓題

倫堂世系志再序

姚侍御曰家之有乘美墻先代龜鑑後人兩係焉非細故也余獨怪諸家陋習紀載往事獨取夫顯者侈其尊爵標其偉烈用以誇里鄰耀後昆間有隱德林丘足風閭閻鎮雅俗者畧而不錄隱揚失眞舛亦甚矣昔司馬撰漢書稱曰良史獨以退處士進奸雄崇世位羞貧賤爲作者不滿矧子孫闡揚祖德乃伯顯

者仲徵者又豈仁孝者用心哉故吾于謝譜必欲無
徵顯無賤貴咸實錄焉庶幾哉足洗諸家之陋
又曰諸家譜牒多以爵位尊崇事功轟烈者爲之首
敘豈直欲誇示鄉國而已哉實爲後人立一赤幟爾
後世賢則祖創孫承父作子述譜以人重也脫不克
振率祖攸行至墮落坑塹徒捧往牒誇諸眾曰先祖
某顯於漢某貴於唐某當路於宋此何異紈袴子弟
罔習艱艱舉先人基業盡棄之客來則出空簿以告
曰某室廬華且美焉某丘園豐且瘱焉皆吾家故物

也客有不掩口而笑者乎幸爾後人踵芳躅紹丕休毋甘自棄俾都人掩口而笑斯無負作者意也

又曰吾觀後裔每誦前人功德祿位未嘗不榮之羨之獨已克肖與否罔注意焉是不知由我觀前之固祖也由後觀我之又祖也吾能繩祖武貽孫謀則後之肖我不猶我之肖先者乎脫前無承後無啟亦鄉人乎我而已矣奚貴哉昔人以美而彰責諸前盛而傳期諸後兩言得之矣余撰誌成君恩氏且謝且請曰得公之誌世系明矣吾觀往牒類多讚揚語曾無

訓及後世者願得執事者言藥石後人何如余善其意因拈筆條此以贈思復再拜曰侍御之言誠足以燕子貽孫矣謹令諸頑各寫一通置之座右用比連城

旹

萬歷癸巳秋八月永年姚三讓再題

歙西謝村遷田川序

嘗聞物本乎天人本乎祖竊思吾祖肇自周宣王封申伯王舅於謝至晋漢唐以來累世簪纓詩禮相紹隋遷歙西十七都謝村至十二世祖資性明敏度量過人自幼就塾於邑川其聲如笙人號曰笙橋潛心篤學蘊蓄經綸致治之術無不備矣太平

興國五年名標金榜登進士第初除縣尹
三遷殿中丞著長樂集拜右諫議大夫攝
政綱常舉直措枉輔王盡忠勤勞國事耳
順三年盥沐端坐而終御葬於城東閘政
山泌二子長曰衍次曰衙聯芳貫品衍子
曰誂誂子曰逢乃諫議曾孫也逢子曰冀
匕子曰亨匕生四子一曰琪二曰珉三曰

本立四曰宸琪吾六世祖也二一公玘常經
貿於黄山偶遇異人指龜潭山曰此地若
葬富貴不可言於是玘遂遷而謀之今果
富貴之驗矣三公本立遷居笙橋四公宸
有二子長曰文能而壽夭次曰文則與祖
同居吾祖九宣議諱隆早鮮子嗣招許耆
字迪爲婿祖後幸生吾父諱楫字仁富爲

人清介雖金帛功利不以經意暇則徜徉山水之趣因田川地闢紓展寶祐元年樂居於此遂家焉因暇日觀舊譜知謝氏自晉顯宦以來相傳至隋之世始居歙西以迄於今數百年矣由祖謝泌之後積德行仁子孫昌熾而吾宗原於謝村世有聲譽新居雖雅而比舊不同也非吾之棄也柰

父之意也諫而不聽理當順從矣是吾兄
弟協力勞心經營創業頗不辱於先人惟
弟德廣朝耕暮讀愛親敬兄擬與卓志齊
實噫何期先棄幸吾二子長曰桂一次曰
桂三次子出贅外親程氏乃孝悌鄉人也
予書於譜使後之子孫知其本也最吾後
裔務必父子有親長幼有序毋隋農商和

睦鄉里是枝派者雖貧不可棄非者雖富貴不可親姑書於此以識歲月云

大宋景定三年壬戌　月　日德茂序

巖鎮大塘謝氏家譜序

宗譜有圖久矣自上世胙土命氏至陶唐有虞俾各以族相從至周又立爲宗法使相聯屬而不忘其祖也後世宗法不修姓系混淆不待服盡而爲塗人期功而爲胡越君子憂之此譜圖所由作也吾新安謝氏自會稽太傅文靖安公始世襲衣冠禮樂競以門第相高不殞世德或登台輔或歷卿監或典名郡或外閫內臺壁水蜚聲其名盛矣隋仁壽初年有傑公任新安教授遂避地於歙西之謝村迨我國初泌公

官至右諫議大夫簪纓蟬聯支屬蕃衍或守或遷舊譜未載後之人即欲洽宗盟孰從而稽之伯潤由梓木坦遷巖鎮實惟更始於是忘其固陋考源流增世次序昭穆別尊卑及生沒丘墓之類知者亦間述之俾閱斯譜燦然如指諸掌庶幾後之視今亦猶今之視昔雖百世如一日也豈不韙歟

大宋寶祐三年春正月裔孫伯潤百拜撰

山口謝氏家譜序

切聞古者因生以錫姓胙土以命名卽字爲氏分類爲族今吾宗世家派遠流長不敢强推然自玘公肇基曹溪厥後子孫蕃衍以致姪輩皆知 隆師於家塾受教以義方亦可謂無忝厥祖然隆尚有慊然

始祖以至曾大父貽於隆輩序齒列井井乎其不煩矣每遇歲春之會列于位坐而飲各以先後之次盡其歡愛之心行列秩然不待相與告詔而知之然隆

雖責居別業几遇還鄉自吾班行之右者每蒙揖讓
顧于何知玆吾家法之懿也令子侄輩過百人自乳
而髫自髫而冠皆以小字小名故名不正則言不順
及辯尊卑等上下一時推究者此隆慊然也恐他日
相徃來問其甲子而坐参差繁亂次序或差是將安
告然則行列不可不早辯也使吾行列一定次序可
觀尊者安于尊卑者安於卑存友愛之心致恭敬之
義豈不韙歟故欲倣前風以將告
宗祖請問男女歲時悉著於篇其間亦承前人命以

細字爲始無以復佳已定之者故不敢易但未推列者是敢請爾然幽明一理其間有不育者亦以甲子推而補之庶乎族氏昭彰而宗風遠裔非隆之私意也乃法祖之意也

復隆　君紹　書

謝氏宗譜 卷一

寶樹堂

山口謝氏家譜再序

昨嘗具咨目詳禀誠以尊祖故敬宗敬宗故睦族如先朝名公鉅卿皆有族譜圖豈爲是無益之舉哉萬物本乎天人本乎祖也族屬之不睦由行位之參差則尊卑之叙紊紾兄之臂而莫知其爲兄疾行先長而莫識其爲長服近而不往來義親而返爲疎矣此無他委源之不講條理之混殽宜其然也何自而爲尊祖敬宗哉隆家世高潔雖業農桑處于山谷然富而能訓頗爲四方所推將見有登虎榜轉鳳池功光

祖宗業垂後裔豈可使若子若孫之輩朝夕親炙於
師友之門潛心於詩書之府不爲之列其行位齊其
庚甲則彼烏知尊者居於尊卑者安于卑將見大小
之相淩尊卑之謬亂職此之由也有傷風教有忝族
誼有愧祖風皆在於斯隆夙夜以思所以致予任於
斯者皆父兄之未盡也是以不揆罪責首爲之唱咨
目之繁覈稟之詳見於前書以徹統久矣内固有欣
然卑意者其識見軺邁然有以爲無益之舉不急之
務欲唾者幾希蓋好竽鼓瑟人各有心心有主亦無

足訏者其心若曰廪有餘粟庖有餘肉積金玉之滿堂爲兒婦之箕箒則父兄之責塞矣由是日夜講求於規利之源研窮乎聚財之術遑恤乎其他抑不思若族若屬不知睦之之要若祖若宗不知尊敬之方則子弟之何所見聞何所取見攘臂於樽酒之間咋呵於廊廡之上強以淩弱衆以暴寡兄弱而弟強爭雄於錐刀之末長劣而優由是家法之不齊公頌之疊與傳聞於四方取譏于鄉黨人倫之不明基業之難保何者能訓則永年中之以孝悌則不陷於刑辟

是雖曰序之乃所以懷之也不然先朝名公鉅卿豈爲無益之舉哉故隆再致懇瀆之章欲早成卑志是非一人之臆說乃亘古之通行自長同心以講求各弟其行位齊庚甲列于一圖之上星分而碁布則拭目以觀者皆曰盛哉若子若姪自然尊者安於尊卑者樂於卑名分之明而禮義之生殆見吾族吾家自慰於乃原而福流于後裔者矣

復隆　君紹　叙

謝氏舊譜序

氏族之學難稽者久矣君子必質諸世本者以其原於周官小史著姓之説理當可信不誣謝氏之裔出于炎帝則世本果安在哉盖自申伯受封於謝其地即今汝南謝城是也子孫遂以國爲氏宗支蕃衍蔓延蘇茂于天下若夷吾爲漢鉅鹿守若衡世居陳留陽夏晉太康初任國子祭酒來寓於越之始寧衡二子曰鯤曰裒鯤舉爲長史出守豫章裒任太常卿破趙有功封福祿伯自後若尚任豫州刺史都督軍事

領鎮西將軍若奕爲安西司馬將軍領豫州刺史掌督軍事若安始高卧東山錄尚書事加太保贈太傅若石以破符堅功封南康郡公征西大都督加尚書贈司空若朗任東陽守玄領七州都督爲前鋒淝水之捷功封康樂公加散騎常侍琰亦以功封望蔡公加右僕射贈司空韶任車騎將軍皆能匡晉室安社稷兼文武之偉器也至於混位右僕射峻爲會稽内史靈運襲康樂公加散騎常侍兼秘書丞密襲封建康侯加吏部侍郎惠連幼有奇才任京城守超宗勅

殳義興太守加太傅莊爲光祿大夫遷右將軍眺任尚書郎幾卿爲右丞轉侍御史朏秘書監轉尚書令瀹爲吏部尚書加左將軍皆旋踵仕版益著聲績于宋齊梁陳之世時人論曰謝氏自晉以降雅道相傳景温景仁德素傳美景懋景先節義流譽方明行已之度玄暉藻繪之奇各擅一時可謂德門者矣豈虛語哉逮及唐季有諱偃者凡四世貞觀初對策高第直弘文舘學士至我朝天禧末舉進士官至工部侍郎翺又九世矣其弟翔入聖中舉進士官翰林知制

誥其孫卿材元祐初直秘閣兼轉運使從子崇元符舉進士仕翰林院直學士至四世孫謗乾道末舉進士官監察御史紹熙初擢爲工部尚書自解組歸杜門罔與世接暇則焚香瀹茗披閱圖史以暢心目一日忽有水木根源之思於是衆合始寧舊譜而續修之以祭酒公爲遷地之祖其宗派世系不敢妄附崇實錄也書名書爵紀事紀年所以別貴賤重出處也移徙者書名流之者入其祠使其生有所會死有所歸也惟謝氏自受姓以來歷世相傳無所倚托而亂

之者參考始寧舊譜足以徵之矣始寧之間則本于夏陽今之會稽則祖於始寧祭酒公若上虞餘姚山陰剡谿諸暨台州東陽嚴州南康之支則皆析于始寧世德之可稱徵意備於史書傳紀之何其盛哉尚書公相以華胄益能明譜諜于千載之餘其用心之仁賢於流俗遠矣昔者蘇老泉作族譜引有一人之身分而至於塗人之嘆余味其言而悲之今尚書公之續是譜正以續老泉之意爲謝氏子孫豈可不體尚書公之意而忽之哉

紹熙五年甲寅秋八月吉旦

賜進士第文林郎中書舍人彭龜年謹序

中書舍人

謝氏世譜序

謝氏之來尚矣周宣王舅姜姓發封於謝其後子孫以國爲氏世代旣遠族大支繁殆及炎劉有若夷吾者爲鉅鹿守傳至於衡世居廬陵之陽夏晉太康初爲國子祭酒始遷於越之始寧二子曰裒曰鯤匕爲豫章太守一子尚領鎮西將軍裒應太常

少卿冢子奕爲安西司馬至若扶持晉鼎
高卧東山有安石也淮淝奏凱風鶴皆兵
有幼度也萬石白面而拜丞相靈運履屐
而輕王侯景初景仁德素全美景亶景懋
節義流芳方明行已之度玄輝藻繪之奇
希逸七歲能文稱江東之獨步敬冲幼年
博學名晉代之神童玄卿遇神仙識回鸞

轉鳳之舞顯道登科第透名韁利鎖之關
幾卿名擅一時拜西臺之柱史昌國才翻
三峽領虞部之尚書史鎗馳聲擢諫垣而
賜金紫泌之名重矣鸞臺著績登樞府而
掌絲綸濤之譽巍然簪纓萃於一門德澤
延乎百世家聲振振莫有盛於江東派系
綿綿有遍於天下苟不收其渙散之裔

誠有失其敦睦之情於是作成圖譜會敘
宗親別尊卑之宜列疎戚之等使後嗣子
孫皆知木本水源之義而承衣冠禮樂之
風其功不亦大乎然而熾振其族光大其
宗者吾於謝氏子孫有待

元祐四年己巳三月六日

翰林太史門婿黄廷堅書

繁陽謝氏宗譜總目　另詳各卷分目

卷一

寶和鍾字號

題簽

新序

支譜草譜序

明統宗志序

宋舊譜世譜序

總目

譜說

凡例　并引

家規　并引序

卷二

宸翰疏章　并引

國大文獻

祖像題讚　并引

村落沿革暨圖

祠堂圖　并序額

墓圖碑誌　并引

卷三

歷代人物考　有序述

遷繁人物考

歷代閭範誌
遷繁閭範誌
卷四
顧參謀總長題詞
族譜要畧
定派取字 并引
直系祖派圖傳 并引
卷五
統宗别派圖
卷六
統宗别派圖

卷七
文鍠公祖系圖傳　有小序
能公房世系圖傳
膏公房世系圖傳
勝公房世系圖傳
寵公房世系圖傳
謄公房世系圖傳
卷八
文憲公祖系及雲表房世系圖傳　有小序
卷九
世鳳公世系圖傳

正時公世系圖傳
金公世系圖傳　有小序
遺名總錄　并序文
卷十
慶賀　并引
文存　有前言
詩存　有前言
蜀歸吟詩集　有序
卷十一
傳記　并引
行狀

贊詞
卷十二
贈序自述　并引
纂譜記要　附驗譜條例
勘誤表
元舊譜跋
明統宗志後序　并跋
新跋

譜說

傳曰宗子無法則朝無世臣又曰宗法立則人知重本蓋宗法廢而譜系繼起猶足以補其所不及史記叙世家亦此意也

汪石林曰凡今之士夫以門望相高下以爵秩爲甲乙有其人則譜隨而詳以存無其人則譜隨而畧以遺譜其可畧且遺也耶

又曰凡爲人後稍有知識者當以譜諜留心苟前乎此而譜不立吾不知其誰始固不能無憾後乎此而不立則吾同姓與子若孫之罪也譜牒之作可緩乎哉

朱晦菴曰人家三代不脩譜則爲不孝矣

蘇老泉曰太上立德其次立言其次立功譜牒者亦立言之一端也

老泉譜引以自始而衰而至于無服其初只一人也吁杲念厥初知

自一人而蕃衍盛大以至今日始終相聯又何計乎服之遠近

南史王懿傳云北人重同姓謂之骨肉顧推之家訓兄弟族自從祖

族祖之外高秩者通稱爲尊同昭穆者百世猶兄弟也河北族人

二三十世稱從伯從叔今俗語曰宗族百世眞有所謂也

蘇東坡曰艮民之家士大夫之族未必無孝弟相親有族無宗子莫

爲之糾率雖然族之有宗在今日爲難行圖述譜系亦庶幾於此

也又曰民相與親睦者王道之始也誠知言矣

呂東萊曰三代之時曰姓者統其祖考之所自出者也百世而不變

者也曰氏者別其子孫之所自分者也數世而一變者也天子建

德因生以賜姓其得姓雖一而子孫別而爲氏者不勝其多焉彝

其流可以知其源彝其葉可以知其根抑何易耶自秦漢以來氏

族之制絶無僅有可謂簡而易知者矣然人罕有能辨其源者王之氏一也吾不知其出于元城之王耶宜春之王耶邛城之王耶劉之氏一也吾不知其出於陶唐之劉耶奉春之劉耶元海之劉耶其能辨而不惑者鮮矣氏之馬者未必能辨其爲馬服之馬及馬援之馬也氏之爲石者未必能辨其爲周衛之石及後趙之石也古之氏族繁而知之者反多今之氏族簡而知之者反少由譜牒之明與廢而已以是知譜牒之學不可不講也

王荆公曰余聞老泉論譜牒謂可知者續之不可知者闕之此語極有病夫人不生于空桑豈無祖宗可知者固可續矣其不可知者必夜而思旦而求捱形捉影如今之捕獸豈有不得者焉苟委於知而又安於不知不孝也益大矣

歐陽修曰族之爲言簇也尙夫叙而有別姓之爲言生也本其所自生氏之爲言是也別其所自分也又曰川流派別當知同源人代散殊當知同祖知同源必不咲鹹淡清濁之異知同祖必不學秦越魯杞之爲然非圖譜所紀則世遠無証安識須句之本於風也安識晋公子之本于諸姬也是亦譜系之不可無也

司馬温公宗派記曰昔有問六蓼之所自出懵然不知所對人謂諸吳閔記爲周之裔宜取皐陶庭堅不祀之譏又有成季之昭宣孟之穆至若五世而不相慶吊人謂異乎郯子篤少皥之親且無言稱先職之美吾鑒兹儆遂作宗派一圖揭諸中堂以示諸後進輩復楷書百餘册凡我族屬各送其一庶朝夕披覽可以起其敦族之義不以服屬疎遠間而從彛斧焉者因知所惧可以厚流俗之

一端是亦謂譜系之不可無也

黄山谷曰世之有氏爲族者惟有譜識其所從出考其所由分世日

益遠族日益繁必至於不相維繫而昭穆之辨殺矣

吕本中曰國無國之道而後國亂家無家之道而後家亂故禮樂綱

紀者國之道也宗法譜牒者家之道也

陸象山曰作譜雖要明白如某祖某處分來某人某祖分去枝幹脈

絡條理不紊方纔是家譜如或相傳失眞考求無據則亡諱亡世

直書無隱此司馬公之圖系歐陽公之譜例可倣也

陳北溪曰譜系者人身之根本也根本不明則顛倒無據或妄黍其

姓而冒人戸或妄附戸貫而溷其宗枝何止於托漢壻而冒姓劉

以狄種朱刑而附李屬籍者耶又曰知有母而不知有父者走獸

之道也知有父而不知有祖者飛禽之道也

胡五峰曰甚矣譜牒之不可不作也譜牒作則昭穆有序而疎戚不遺百世之下猶足以知其分殊而一本不作則喜不慶憂不吊不以至親相視如途人者鮮矣

游默齋曰人之生始於父母推而大之世數雖遐皆同一氣也誰無惻憶之心霜露之感寧不興懷時來之思耳宗法既壞則無宗子何由以致其親睦之意獨有譜牒一事猶能稍合宗族而收其流是以前輩多留心焉

石氏曰譜之一書關繫甚重祖宗之所自出子孫之所自分背此由考否則不知祟韜之哭子儀姓閔者謂已出於子騫者未之有也

曾氏曰古之爲國爲家者有大宗小宗之法以收其族姓雖百世之

遠而蒸嘗不廢親疎之殺尊卑之等節制禮文皆可考而見也
董深山曰吾聞之傳曰先祖有善而弗知曰不明知而不傳曰不仁
此譜之所由作也
孝長公曰吾之子孫爲人謹慎勤修譜籍婚宦有稱男娶室家審其
門戶女適外族不得良賤交雜宗人義重三荊子僞孝於慈烏比
見他宗子多有仕宦功高輕疎族僞豪富長者欺淩貧賤宗族禮
疎貽咲傍觀公孫之列乃却在下變秩高居逐富居長盖不知世
系宗譜遠近尊卑忽聞所自莫緒原吾之子僞宜不若然三世不
脩譜三世不官宦三世不學問即爲小人不可以語君子不可不
重富貴不足爲尊勤學必成廣憐河海至大百川所歸嵩岱至高
微塵斯納人若博識事理名物遠宗有至卑者引叅尊者然後慰

問遂此辨尊卑使知得以不紊云

伊川公曰譜之要在明一本而濬其源所以尊祖而敬宗也究萬派而精其流所以别親疎之遠近也辨昭穆等降之殊所以識尊卑之次第也行吉凶慶吊之禮敦孝友睦淵姮恤之行所以崇宗族之典禮也

凡例引

製網者必先結其綱着衣者必先挈其領故譜之作也首重定例吾家譜例定於統志立條僅十有三爲字不滿三百詞簡慮週字嚴事備舊貫當可仍也然先人有例固不可疎時代所趨亦不可忽斟今酌古務適其宜屢經衆議決採公意僉以尊祖敬宗和族睦衆爲定例之基礎故譜式取法於歐紀事取法於史書字行詳職位載大節重實錄質遷徙刊墓像徵文獻揚善舉悉守明志之陳規也至遷繁祖系勿論疎戚無嗣必須繼立一子得以兼祧確定丁年不書止字親亡老亡興滅繼絶世傳則爲恩修也次及繼立之序嫡疎遐邇毋容逾越立冊之嗣仍親直系重血統而遵天倫亦免爭立拒立之煩也他若妻書娶繼女別字適實鑑於晚近婚姻制度之變而尊男女

平權之道也凡此數端雖畧異於舊例而敦宗收族之思實殊途而同歸耳

皆在

大中華民國三十七年黄鐘月二十二日冬至作節

纂修戊子家乘裔孫鴻軒謹誌

謝氏宗譜

凡例

一譜式定爲五世倣歐陽公家譜例

一譜名下書事實倣史記年表例

一譜名下書字書行書職事必據其可知者

一妻書娶繼所以明先後之分也女載適字所以明已婚未婚之别也訂婚者書聘醮婦書生不書卒

一譜載大節及從其實錄示有徵也

一繼子依繼譜例于生父系下註記伯叔庶不紊亂雖經出繼仍對其直系姻親春秋祭祀財產繼承之權利義務與未繼出者仍同

一年逹十二歲成丁丁年以下而殀者不載
一無嗣必須繼立其次序由親及疎由長及幼並許一子雙祧但以同支爲限不書止
一遷徙遠方外郡質之親房録其可據者
一像纂附譜以示永久
一文獻世德攸係録之與譜並傳以垂不朽
一譜書善不書惡親親之道則然耳有事實則書之無則不録
一譜崇尚忠孝節義間有棄祖塋售譜牒蔑視先祠毀棄宇澤干犯名義桀黠不書以示懲創
一譜系既成昭告祖廟編定字號頒散各族列諸首篇互相照証庶無私售之弊木本水源明矣

新安謝氏家規序

嘗考嘉言篇楊文公顏氏俱有家訓呂氏有童蒙訓馬援還書范質作詩以戒其姪諸葛武侯胡文定公康節先生俱有書以戒其子皆欲其孝悌忠信禮義廉耻以敦夫仁人君子之行成乎温雅謙和之德慮之深言之切先賢之訓章憲萬世使謹厚子姪遵而行之何德不修何事不端但以言之諄諄聽之漠漠放曠不檢以入小人之流而墜先業亦或身家不保可勝言哉予不揣菲陋僭作家規一十八事附於族譜以訓童蒙以便觀法然譜系藏於篋笥不可常玩視為空言爰別錄成帙合子孫初學之旹即誦此規長而端其性習守其規範不淫雖不驕惰修身慎行為善人為達士為廉官為名臣則或庶幾一助文詞深奧尤恐幼稚難曉故以目前切事衍以淺近之言

使知規戒未必無小補云寻父伯亮公欽奉太祖高皇帝除授樞密院百戸操持軍旅之重兄子真弟子讓以武功皆任提舉侄玫一少習儒業判江西崇仁縣事皓首歸來祖宗種德百餘年世沐國恩寻亦從大夫之後帝命簡任廣東韶州府通判嚴父見背廬墓山中未近三年慈母遐逝六年終制勅授承直郎浙江金華府通判撫民考滿荷蒙聖朝凡在故老矜育擢用叟以日近西山乞骸骨歸日具卮酒會族人賓客相與娛樂而子姪長幼揖讓之序殊不遇旋廼作家規以箴後人遂爲之序

洪武十八年九月二十六日

勅授承直郎浙江金華府通判歙北黃山謝子叟書

家規

一家之親父子兄弟夫婦叔侄而已必須父慈子孝兄友弟恭夫義婦聽長幼有序能盡是者永無悖逆爭鬪驕妒嫌隙之事矣

一冠婚喪祭禮之大者先儒云人家能存得此等事數件雖幼者可使漸知禮義文公家禮雖載儀文節度之詳然冠婚之禮卒難習效當從簡易其喪禮弔葬二親暨自宗族悉遵家禮子孫宜法守行之

一祭祀之禮大夫祭四代庶人祭三代所以報本追遠一年有春夏秋冬四季有清明中元下元冬至歲暮等節又有忌日娶婦生子皆當祭告祖宗今合族分門各祭本枝其旁枝多不祭者然以祖宗視之則均是子孫豈可棄而不祭凡各門祭以本枝爲主旁枝

附祭不拘豐儉但以誠敬爲先齋戒一日至期行禮若祭墳墓止祭本枝其遇清明盛典不分親疎一體摽祀

一婦者家之所由盛衰不爲不重聘問之時不必論其貧富但訪其家教與婦之性行如何不可慕其富貴而娶之得婦不賢而傲其舅姑爲他日之患然亦不可因貧粧有無以起異言則夷虜之道也

一嫁女必須勝吾家此先哲明言有女子聘人不必論其貧富但擇名門與郎壻之佳者則許之聘禮之來隨彼豐儉稱家有無切勿勉强因之自累

一人家子弟性質兗獷禮貌粗俗皆因不讀書之故宜延明師以教端其性習訓其禮節有志者講通義理作詩作文以取功名不及

者亦要稍知文墨不失爲士人然讀書先要安詳恭敬使宗族愛重鄉黨敬羨爲吾子孫者念之慎之庶免人不通古今馬牛襟裾之誚

一先哲有言曰名門右族莫不由祖先忠孝勤儉以成立之莫不由子孫奢傲以覆墜之成立之難如昇天覆墜之易如燎毛此萬世格言承負家業者宜勤儉守之儉則省約不費然儉則近於鄙吝取人譏誚日用自奉則當粗衣淡飯若冠婚喪祭應酬亦當用度適中但不可妄費耳

一患難相恤有無相濟此同宗之義世俗見利忘義宗族貧患不相顧者甚多族有貧乏之者宜相周急借而不償者必緩匕索取設有過與者不必責報患難必極力救援死亡必誠心赴吊至於吉慶

之禮不可失節凡遇歲時隨物豐儉設席大小必赴盡懽而止其有鰥寡孤獨則收而養贍婚嫁若叔侄兄弟纔一舉貸便生驕傲一睚眦便生讐恨則非吾之子孫也戒之戒之

一合族之人固有離析親疏然以始祖視之則一脉也世之族人有以富貴壓貧賤者長幼無序自今宜以祖宗爲念家庭相會出入相遇悉照尊卑次序以敬相承設遇坐席兄之齒屬行弟可並列叔姪則不可同坐卑幼則當拱立不可傲慾凡有凌犯尊長不合於禮者則當鳴於族長以家法懲治

一凡冠婚壽日會席坐次不拘何門但依五代時江州陳氏家教爲法其家宗族七百餘人自南唐至宋一十八世每食設廣席長幼以序坐其食不待擺列自今入席子弟坐次務要端正毋學小人

手舞足蹈毋許因酒而席中諠譁大呌固宜肅靜以聽席中尊長者之言丈者出而後出

一嫂叔不通問男女不授受古禮嚴矣世之男女瀆禮亂常皆不以禮防之吾宗規範賴先世貽令甚爲嚴肅宜益遵循一家之中長幼有序尊卑有禮男子無故不入內庭女子無故不遊外戶則禮防嚴而風俗敎厚矣

一凡產業各宜遵守毋忘祖澤是爲善繼善述其中有貧有富〻者蓋因早起夜眠勤儉省約而守已成之業以致衣食温飽貧者只爲少壯不努力而白晝偷閑懶惰博奕鬪狠男不耕女不織搖唇皷舌不務生理專以祖產售賣〻之旣盡後世子孫何以依居豈不上貽宗祖之羞下貽子孫凍餒爲名教罪人愼之愼之

一誇豪逞訟非良家子弟世人立心陰險起滅詞訟揑告官吏詐騙財物欺壓鄉里而不顧惡名噫此豈吾家子弟哉酷毒之害果報之來近在自身遠在子孫足爲殷鑑宜當深戒子孫有智術者須學好事毋習詞狀毋好爭鬬事遇橫逆則當直訴於官以白是非不可騰空架揑以陷良善小事許訴於族長以情推處庶不傷和氣

一家之中大小事務悉主於家長爲家長者所繫甚重故弟兄叔侄同居同事自冠至老不過五七十年之久耳光陰如白駒過隙必須立心公正愼守禮法以御羣子弟分之以職受之以事而責其成功錢穀出入務須明白飲食衣服務在均一凡爲少者所爲必資稟於家長不可妄行同心協力以助朝夕飲食除僕從外共一

爨須要同食坐者立者各依次序婦女集於戶內飲食亦然事碍不能起者從便若得一異味或時物不拘多寡俱均饗之

一忍之一字誠處家睦族之道昔張公藝九世同居不過一忍字竊常羨慕之夫忍字義理最大合族之人凡有長短是非若大若小當痛加隱忍以消怒氣以釋惡念以德報怨用全親匕之誼

一親戚鄉里誠當相敬相愛凡往來之禮不可缺畧禮不在厚但當以敬爲主古人千錢買鄰蓋重其事也睦鄰之道當患難相恤有無相濟語言相戒飲饋相酬一切小忿說過便消仍復舊好不留宿怨躬自厚而薄責於人雖百世可同居矣

一清白傳家世爲至寶予今年五十有七竊君之祿者一十二年常俸之外一毫不敢妄取聽訟未嘗妄入人罪此臣子之分也繼今

有能登科躋顯者當遵家法當佩吾訓廉以律己公以處事仁以愛民恕以待衆以全令名以保祿位毋貪婪虐民有累身家世當

警戒

一爭人田地謀人産業非君子之道況膏腴田地人皆欲得而吾族仰藉祖宗之德自有田産願子孫勤力其中足以供衣食切勿立心尅剝謀占他人有所富貴貧賤聽命於天不可强求司馬温公曰積金以遺子孫未必能守積書以遺子孫未必能讀不如積陰德於冥冥之中以爲子孫長久之計爲吾子孫者當勉之念之

謝氏家規後序

金華郡司馬謝子受公家規一十八節詞直理明誠傳家之至寶也公生平節槩逈出人表然而是書豈當公之子孫可法而世之子弟

皆可誦可行者也苟能熟讀玩味而有得焉則脩身齊家居官爲政之道不外乎此其有裨於世教也非淺蓋可與司馬温公家訓並行于世云

洪武十九年二月望後

賜進士出身廣西布政使司叅政眷生胡丞誠撰

先金吾希周府君歸休漁磯軒不肖築木石居磯傍杜門求聖賢書讀之晨昏定省以甘藜藿從叔祖廷梓持郡司馬先公所作家規視予二百年來雖蠹魚鑽研手澤如在子孫固當佩服細玩格言有關世道敬梓風世云

萬歷三十二年歲次甲辰五月天中日裔孫師教謹輯

謝氏宗譜

戊子四月吳樹恒

卷二

字號

卷二

宸翰疏章
國大文獻
祖像題贊
村落祠堂
墓圖碑誌

繁陽謝氏宗譜卷二分目

皇宋御書
宋真宗賜諫議泌公金衣繡裳休致恩詔
諫議泌公疏章二通
皇恩御書
明太祖授金華府通判謝子受符制
皇明御書
明憲宗諭世襲誥命謝崇爵勅
皇明御書
明世宗諭陞鋼仁守備謝崇爵勅

皇明御書
明穆宗諭陞敘瀘遊擊將軍謝崇爵勅
皇明御書
明神宗諭陞臨元參將謝崇爵勅
皇明御書
明神宗欽賞海盐縣丞謝希周銀八兩薦本事實敕
皇明御書
明神宗諭雲南布政司都事謝希召勅
皇明御書
明神宗諭浙江嘉興府桐鄉知縣謝諫勅
奉天勅命

清高宗貤贈武畧佐騎尉謝之鯨暨潘繆李三安人勅

奉天勅命

清高宗贈武畧佐騎尉謝國相暨夏周朱三安人勅

謝氏宗譜　卷一　寶樹堂

繁陽錦衣衛洲洋夾沙謝村沿革　鴻軒撰

洋夾沙謝村圖　勤繪

繁陽謝氏宗祠序　鴻軒撰

謝氏宗祠序　先人之槐之鯨白
祠堂圖
徽州祠堂對聯
繁昌祠堂舊聯　探花韋運煌　翰林院嚴士宊等撰
三太傅祠奠章
墓圖引　鴻軒撰
宋諭葬諫議泌公墓圖　附山稅說明
宋諫議泌公墓詩十首　明禮部尚書程敏政等十八人作
宋諫議泌公墓碑　周叔虎撰
宋太子中舍衍公墓圖　附山稅說明
宋將作監主簿衙公墓圖　附山稅說明批示

宋琪公墓圖　附葬英公芳公載山稅說明
宋玘公黿潭墓圖　附山稅說明
宋德茂公墓圖　附葬瓊公添琳公載山稅說明
明處士元珍公墓志銘　明主事閣士選撰
徽歙田干祀產
上徽州祖墓祭文
徽州社屋后復安文憲公碑記　清鄉飲耆賓先人國翰　國輿誌
明艮語公墓圖　附說明祀產
嘉琳公墓圖　附明說祀產
之鯨公國相公合墓圖　附說明祀產
金公墓圖　附說明祀產

清貢生謙公墓圖　附說明祀產眠牛形穴外作法

荆塘埕眠牛形謝氏祖墓記勝贊詩

清武舉南昌守備恩公墓圖　附說明祀產

清泳游二公合墓圖　附說明祀產

七里井謝氏佳城記　陳樸人撰

皇宋

御書

奉

天承運

皇帝詔曰

天命肇興百官輔佐而臣列職各有攸司諫議謝泌立心宏大德行素隆年老告乞賜歸專賚金衣繡裳昭泌之德以榮其身子子孫孫繩繩勿替汝其

欽哉以承

朕命

祥符三年八月十五日

泌公諫章二通

上宋太宗論宰相樞密不許接客

臣竊見王禹偁上言請自今宰相樞密並不得於本廳接見賓客以防請託有詔從之仍令御史臺宣布中外臣以爲如此者是疑大臣以私也書曰任賢勿二去邪勿疑張說謂姚元崇外則疎而接物內則謹以事君此真得大臣之體今天下至廣萬機至繁陛下以聰明寄於輔臣自非接見羣官何以悉知外事若合都堂候見則郡官請見咨事無時是大臣常須候百執事于政事堂無解衣之暇古人有曰疑則勿用乜則勿疑若政在大夫祿去公室國祚衰李强臣擅權當此之時乃可爲慮今陛下鞭撻宇宙總攬豪傑

朝廷無巧言之士方面無姑息之人禮樂征伐自
天子出書曰無偏無黨王道蕩蕩今日之謂也柰何疑執事爲衰世
之事乎若孔光不言温室中樹顧雍封侯三日家人不知謝安石對
客圍棊捷書至而客不覺大臣當密慎如此雖妻子猶不得聞况他
人乎使非其人當斥去之旣得其人任之以政又何疑也設若杜公
堂謁見之禮豈無私室乎塞相府請託之漸豈無他徑乎此非
陛下推赤心以待大臣展四體以報下之道也王禹偁昧於大體妄
有陳述上累
聖德蒙蔽聰明狂譟之言不可聽用取進止
淳化三年五月上疏
上真宗乞用宿舊大臣以小人爲戒

臣伏覩詔書以近日不逞之徒所陳述者皆閭閻猥媟之事臣聞古
先哲王問于蒭蕘察於邇言者蓋慮視聽壅蔽故採此以達羣物情
亦罕聞用其言不察其實而遽行其事也易曰小人勿用必亂邦也
先朝時侯莫陳利用陳廷政鄭昌嗣趙贊之徒喋々利口人心惟危
賴
先帝聖聰尋各誅剪然爲患已深矣此皆
陛下備見之也自
陛下臨御以來盡去此輩是以天下咸知日月之明乾坤之大詩曰
靡不有初鮮克有終望
陛下行之久而維新唐明皇初用姚宋則治晩用林甫國忠則亂此
亦望

陛下深加

聖慮臣聞工欲善其事必先利其器古者輔

聖帝佐明王建萬世之基立不拔之策者必倚老成之人至於成康

刑措盖從周召之謀文景清靜亦用蕭曹之畫夫精練國政斟酌王

度未聞市井之徒塵走之吏可當其任也

陛下深察前古用小人則亂用大臣則治然後小人不敢萌心大賢

得以畢力也

咸平元年二月十五日上時知虢州

謝氏宗譜　卷二

皇明御書

一

御書

奉

天承運

皇帝制曰朕聞昔君天下者設官分職以成治功雖秩有大小自下

而上自上而下無乃賞罰焉專符爲信情意相孚所以誠之至也

朕倣古制授爾以爵錫爾以符在盡爾心恪勤乃事給符入覲

朕將合焉以考爾績其敬之哉

謝子受授承直郎浙江金華府通判

玉

洪武十八年九月二十六日

璽

謝氏宗譜　卷二　寶樹堂

王

符

璽

謝氏宗譜　卷二

皇明御書

一

寶樹堂

御書

謝氏宗譜　卷二　寶樹堂

欽奉世襲

誥命一道

奉

天承運

皇帝制曰昔者聖王之治天下也必資威武以安黔黎未嘗專修文而不演武朕特訪古制設武職以衛治功爰斯任者必忠以立身仁以撫衆智以察微防奸禦侮機無暇時能此則榮及前人福延後嗣而身家永昌矣敬之勿怠

制誥

成化十三年七月十九日

之寶

皇明

御書

謝氏宗譜　卷二

寶樹堂

嘉靖四十五年陞銅仁守備欽奉

勅諭一道

勅指揮僉事謝崇爵貴州銅仁思州思南石阡四府地方與鎮筸賊巢并四川酉陽宣撫司及平茶邑梅二長官司相隣地里僻遠山溪險峻兼各沿城俱無衛所苗民專肆刼掠積年爲患各路守備衙門相去窵遠勢難兼制今特命爾以都指揮體統行事守備前項地方常在銅仁駐劄照依該部題奏事理操練軍馬修理城池督捕盜賊保障居民控制各該土官使之無事則操習防守有警則出哨追捕一應禦寇防奸事宜俱與分守分巡兵備官協和計議而行仍聽鎮巡等官節制其酉陽宣撫司并平茶邑梅二司土官如遇賊情緊急亦聽量調策應爾受茲委

任須持廉秉公正己率下毋得假公濟私貪黷貨利自取罪責
尤須嚴禁下人毋得生事擾害致生嗟怨如違罪不輕貸爾其
欽承之故勅

廣　運

嘉靖四十五年正月十六日

之　寶

皇明御書

御書

隆慶四年陞敘瀘遊擊將軍欽奉

敕諭一道

敕署都指揮僉事謝崇爵四川大壩都掌蠻夷數多地方廣濶與腹裏敘瀘所屬筠連高珙江安等處壤地相隣居民雜處難保不復爲患茲特命爾充遊擊將軍暫管前項地方事務提督該管官軍操練軍馬修理城池整搠器械撫卹軍士控馭蠻夷遇有警急其沿邊一帶重慶等處官軍民兵俱聽調用務使戰守有備賊寇寧息地方安妥庶副委任仍聽鎮廵官節制一應軍務須與整飭兵備官計議停當而行不許偏執己見有誤事機凡有司錢粮刑名不與干預爾須持廉奉法正己率下毋或貪黷貨利致人嗟怨如違罪不輕貸爾其慎之故敕

廣　運

隆慶四年二月二十八日

之　寶

皇明御書

御書

謝氏宗譜　卷二

寶樹堂

萬歷十五年陞臨元參將欽奉

勑諭一道

勑署都指揮僉事謝崇爵先該雲南撫按官奏稱莽酋猖獗臨元等處俱係賊衝先年裁革參將宜行復設該部議覆相應今特命爾充參將分守臨元等處地方在于臨安城內駐劄管轄臨安衛通海樂新安一十八寨二所兼制臨安廣西澂江元江鎮沅廣南六府及新附新化威遠二州土漢各兵一應夷情兵事聽爾從宜處置督率各衛舊額土兵新議召募遊兵一千無事則嚴加訓練有警則相機剿捕但有通賊岐路務要分布兵馬多方設備凡事俱與兵備官協同計議而行仍聽鎮巡官節制調遣爾尤須持廉秉公正己率下務使夷民懷畏地方寧輯庶副

委任如或貪黷僨事國典具存決不輕貸爾其欽承之故敕

廣運

萬歷十五年十二月二十六日

之寶

臨安參將奉達字三百七十陸號

符驗一道

皇帝聖旨公差人員經過驛分持此符驗方許應付馬疋如無此符

擅便給驛各驛官吏不行執法循情應付者俱各治以重罪宜

合準此

馬

馬

皇明御書

一

御書

南京西城兵馬指揮司副兵馬指揮謝希周原任浙江嘉興府海塩
縣七丞督築海塘十八里捐俸犒工民賴以安
撫院徐公
按院王公旌曰捍海奇功交章薦剡
聖恩欽賞謄錄于左
工部一本遵例敘錄海塘効勞官員事該浙江廵撫徐栻題前事
嘉興府海塩縣七丞謝希周等或以官守而念切本業或以遴委
而志在立功築塘濬河而胼手胝足不遑共著安流之績運石置
料而櫛風沐雨不避克收底定之功奉
聖旨謝希周等各賞銀捌兩還着吏部紀錄敘用
萬歷六年十一月　　日

皇明御書

御書

謝氏宗譜　卷二

寶樹堂

雲南布政使司都事謝希召朝
覲欽承
勅諭一道
皇帝勅諭天下朝覲官員
朕臨御天下乙十六年於兹矣深惟德之不明虚負
皇天
烈祖付託至意夙夜惶惕無時怠荒顧
朕一人制其綱豈能竟其目所與分猷共念究宣德澤於閭閻者
惟爾藩臬郡縣諸臣是賴書曰天工人其代之言有君必有臣貴
交修也間者年穀不登災沴洊至奸宄竊發師徒頻興軺車驛騷
權宜率欽煢嫠愬告者在廈而有國之不靖亦孔棘矣豈獨

朕一人之憂詳吏章來率言爲
國之臣希營私之士衆催科溢于額外聽斷枉於法中健吏擊搏
而樹威巧宦彌縫而干進爲民豺虎爲
國蠹蟲哀我勞人汔可小息不于爾諸吏責而誰責乎是用明勅
所司痛加澄汰尚念世鮮完士法無盡條雖少密于異時亦幾去
其太甚耳繼自今以還
朕既側身思咎庶補將來爾等蒙被
簡留復歸治所尚亦各省前愆共圖後効務拊循之實事敷愷悌
之弘慈相勸以廉相維以憲毋營苞苴而裂繩檢毋飾簿書而炫
耳目毋謂下民卑而易虐毋謂
朝廷遠而可欺果能奉公體

國約已格民使愁嘆之聲絶而治理之績聞
朕則汝庸豈有所恡若猶堅蹈常轍弗若
訓辭則毋徒謂科防細而督察嚴也三尺具存夫有所𡚁誰能縱
弛以適爾私爾等其往
欽哉故諭
敬天勤
萬歷一十六年正月二十七日
民之寶

詩山吳譜　卷二　雙桂堂

宗譜　卷二

皇明御書

一

寶樹堂

御書

浙江嘉興府桐鄉縣知縣謝諫朝
覲欽承
勑諭一道
皇帝勑諭天下朝覲官員
朕臨御天下二十九年於兹矣深惟德之不明虛負
皇天
烈祖付託至意夙夜惶惕無時怠荒顧
朕一人制其綱豈能竟其目所與分猷共念究宣德澤於閭閻者
惟爾藩臬郡縣諸臣是賴書曰天工人其代之言有君必有臣貴
交修也間者年穀不登災沴洊至奸宄竊發師徒頻興軺車驛騷
權宜率歛煢嫠愬告者在處而有國之不靖亦孔棘矣豈獨

朕一人之憂計吏章來率言爲

國之臣希營私之士衆催科溢于額外聽斷枉於法中健吏摯搏

而樹威巧宦彌縫而干進爲民豺虎爲

國蠹蟊哀我勞人汔可小息不于爾諸吏責而誰責乎是用明勅

所司痛加澄汰尚念世鮮完士法無盡條雖少密于異時亦纔去

其太甚耳繼自今以還

朕既側身思咎庶補將來爾等蒙被

簡留復歸治所尚亦各省前愆共圖後効務拊循之實事敷愷悌

之弘慈相勸以廉相維以憲毋營苞苴而裂繩檢毋飾簿書而炫

耳目毋謂下民卑而易虐毋謂

朝廷遠而可欺果能奉公體

國約已裕民使愁嘆之聲絶而治理之績聞
朕則汝庸豈有所憾若猶堅蹈常轍弗若
訓辭則毋徒謂科防細而督察嚴也三尺具存夫有所發誰能縱
弛以適爾私爾等其往
欽哉故諭
敬天勤
萬歷二十九年正月二十七日
民之寶

本薦桐鄉縣知縣謝諫二十八年九月二十二奉到

欽差總理河道提督軍務兼管漕運工部尚書兼都察院右副都御史劉東星　以親民之官爲馭民之政惟取之有度故輸之以時賢矣良宰上下實𧶼賴之所當薦揚以備行取擢用者也

總理河道尚書劉四科　徵輸得緩急之宜交兌協公平之譽逼應薦揚以備擢用行取

欽差巡鹽御史葉永盛　敏才運郢雅操嚼冰程書躬較惟勤質訟剖分悉當應而限于數者

巡撫浙江地方提督軍務都察院右副都御史劉元霖　精密不爲刻慘煩難自爾春容賦役一清政教兼舉

奉天

敕命

奉
天承運
皇帝制曰策勲疆圉遡大父之恩勤錫賚綵綸表皇朝之霈澤爾
謝之鯨乃江西南昌衛前幫領運千總謝恩之祖父敬以持躬忠
能啓後威宣閫外家傳韜畧之書澤沛天邊國有旂常之典兹以
覃恩貤贈爾爲武畧佐騎尉江西南昌衛前幫領運千總錫之勅
命於戲我武維揚特起孫枝之秀賞延於世益徵遺緒之長制曰
樹豐功於行陣業著闈孫錫介福於庭幃恩推大母爾潘氏乃江
西南昌衛前幫領運千總謝恩之祖母壺儀足式合闈攸昭振劍
珮之家聲輝流奕世播綵綸之國典慶衍再傳兹以覃恩贈爾爲
安人於戲翟茀用光膺宏麻於天闕龍章再煥錫大惠於重泉

制曰宣力戎疆溯鍾祥於累葉貤封介胄廣錫類於重闈爾繆李

氏乃江西南昌衛前幫領千總謝恩之繼祖母範著宜家仁能裕

後佑啟折衝之畧慶溢門閭顯揚毓德休光騰綸綍茲以覃恩貤

贈爾爲安人於戲著彤管之芳型褒章用賁沛琅函之濊澤泉壤

遺榮

勅命

乾隆五十五年正月初一日

之寶

奉天

謝氏宗譜
卷二
奉天勅命
一
寶樹堂

敕命

奉

天承運

皇帝制曰寵綏國爵式嘉閥閱之勞蔚起門風用表庭闈之訓爾謝

國相乃江西南昌衛前幫領運千總謝恩之父義方啟後穀似光前

積善在躬樹良型於弓冶克家有子拓令緒於韜鈐茲以覃恩贈爾

爲武畧佐騎尉江西南昌衛前幫領運千總錫之敕命於戲錫策府

之徽章滂承恩澤荷天家之庥命永賁泉壚

制曰國家無疆之慶恩逮戎行人子罔極之思情殷母氏爾夏氏乃

江西南昌衛前幫領運千總謝恩之前母婦儀夙備閫教攸彰慶叶

珩璜早振賢名之譽風傳閨闥永標淑善之聲茲以覃恩贈爾爲安

人於戲衍遺澤於桮棬芳流彤管貽令名於綸綍光賁黃壚

制曰怙恃同恩人子勤思於將母赴桓著績王朝錫類以榮親爾周
氏乃江西南昌衛前幫領運千總謝恩之母七誡嫻明三遷勤篤合
儀不忒早流珩瑀之聲慈教有成果見干城之器玆以覃恩贈爾爲
安人於戲錫龍綸而煥采用答劬勞被象服以承休永光泉壤

制曰屬毛離裏子心銜罔極之思并食同衣親誼埒所生之重爾朱
氏乃江西南昌衛前幫領運千總謝恩之繼母婦儀純備母道賢明
淑愼流徽人有禮宗之譽均平著美子爲義府之英玆以覃恩贈爾
爲安人於戲揚惠問於庭幃式承榮澤受寵章於綸軸永播幽芳

敕命

乾隆五十五年正月初一日

之寶

繁陽錦衣衛洲洋夾沙謝村沿革

揚子汪洋夾鎖沙洲明置汛防以作上游拱衛匕曰錦衣較金吾龍驤虎賁諸衛戍營尤爲重要此洋夾沙村爲錦衣衛洲之由來也沙洲之上有古鎮曰沙鎮春柳垂池秋雲橫隴夏翻麥浪冬放蘆花燦四時之風物蔭百代之衣冠吾先祖胸懷曠達遠矚高瞻爰兹錦繡之山河用奠繁昌之基業此錦衣衛洲有洋夾沙謝村之由來也考之於志稽之於乘傳之於言者吾村固著於明而尤盛於遜清中葉朱石君報

滅頂之鴻恩黃左田訪布衣之舊友馬龍車水踵接
門庭其時棟宇輝煌廳樓林立祠宇之西曰六房厰
廳匕之前石砌廣場曰六房稻場門基砌石歷匕宛
在再西曰中和大廳左曰東廳曰述德堂右曰西廳
曰習經堂廳塲前有六房塘曰荷花池新荷出水點
匕靑錢故又號錢塘也廳右南側爲倉房曰倉門口
再右曰雙土地祠匕前有池曰小塘祠南有龍王廟
基今荒坵一片矣廳右北側曰觀音閣旁廳宅近皆
屬書房學屋潛齋公書房藝堂公學屋簡堂公學屋

恭寛信敏惠諸字號學屋比匕是也學屋之西曰水閣涼亭位於紗帽塘之上清風徐來游魚可數畫棟飛南浦之雲珠簾捲西山之雨其情其景歷匕如繪環村以磚石爲院村道以磚石爲基謝家苑子之名實由此得苑北曰馬墩灘植百年古木爲先人繫馬之所東曰墩子頭合苑子而爲上社東南曰花園有池曰花園塘出墩東行百步曰鍠公祠基爲房祖泉夫公所獻建築支祠惜遭道光己酉水患漂流圯毀不復存矣再東行十數武閭閻排列曰中社歷五十

戶而下曰下社居宅皆逼江而築迄止於晏公廟匕
前昔有石岸以阻急流冬江水落尚餘圯石潛齋公
重修而後不復再甃矣春秋佳日社人集會酬神春
王正月襲吾邑俗風各社提燈行樂上社所提曰綠
龍中曰老龍下曰青龍寓以水火濟而青禾登之兆
也元宵翌日圓滿結束曰圓燈社人聚餐狂酒盡歡
而散曰散福每屆中元令節新禾將登社人打醮賑
孤以祀神鬼用以酬默佑之恩而興仁義之舉慣傳
習例未嘗稍改惟昔傳端陽前後五日演劇歌舞以

慶昇平龍舟競渡以弔烈士盛舉久湮言之增慨洪楊兵燹邑境罹禍綦深獨吾村扼三山之險屏江防之固邑人避難斯土率免刀俎俗呼洋夾沙爲金龍殿有以也他若嘉慶十九年秋禾被旱民食維艱高匕祖西崖石城冶城鐵崖昆仲輩暨族房先祖源圻積等捐萬貫之家全百里之命惠賜桑梓功叙朝庭世傳買米轉洋夾沙者吾村之譽可謂重矣重賑而後元氣大傷益以劫火連遭驪樓迭毀吾村厄運隨清覆而深矣民國肇元初族房先輩倡首成圩導民

開墾保定圩卒於民三年克以纂竣中興基礎於此
重奠噫嘻中日事變於蘆溝烽火再燃於海上民國
廿有七年正月廿有七日三山淪陷保興不守百戶
之村全遭浩劫僥倖獲全者僅四五宅耳劫後餘生
漸圖規復殊感八年外患三載閱牆國步艱難民生
凋敝兾能轉戰亂爲和平化干戈爲玉帛則吾村之
運將偕國運而共躋復興之道矣
中華民國　三十八年　太簇月　穀旦
晉太傅公六十世裔孫鴻軒敬撰

寶樹堂前

繁陽錦衣衛洲洋
朱
大圩
南蒿湖
仰窪淩
晏公廟
下社
中社
石岸
夾
孫家灘
北
西
東
南
卷二

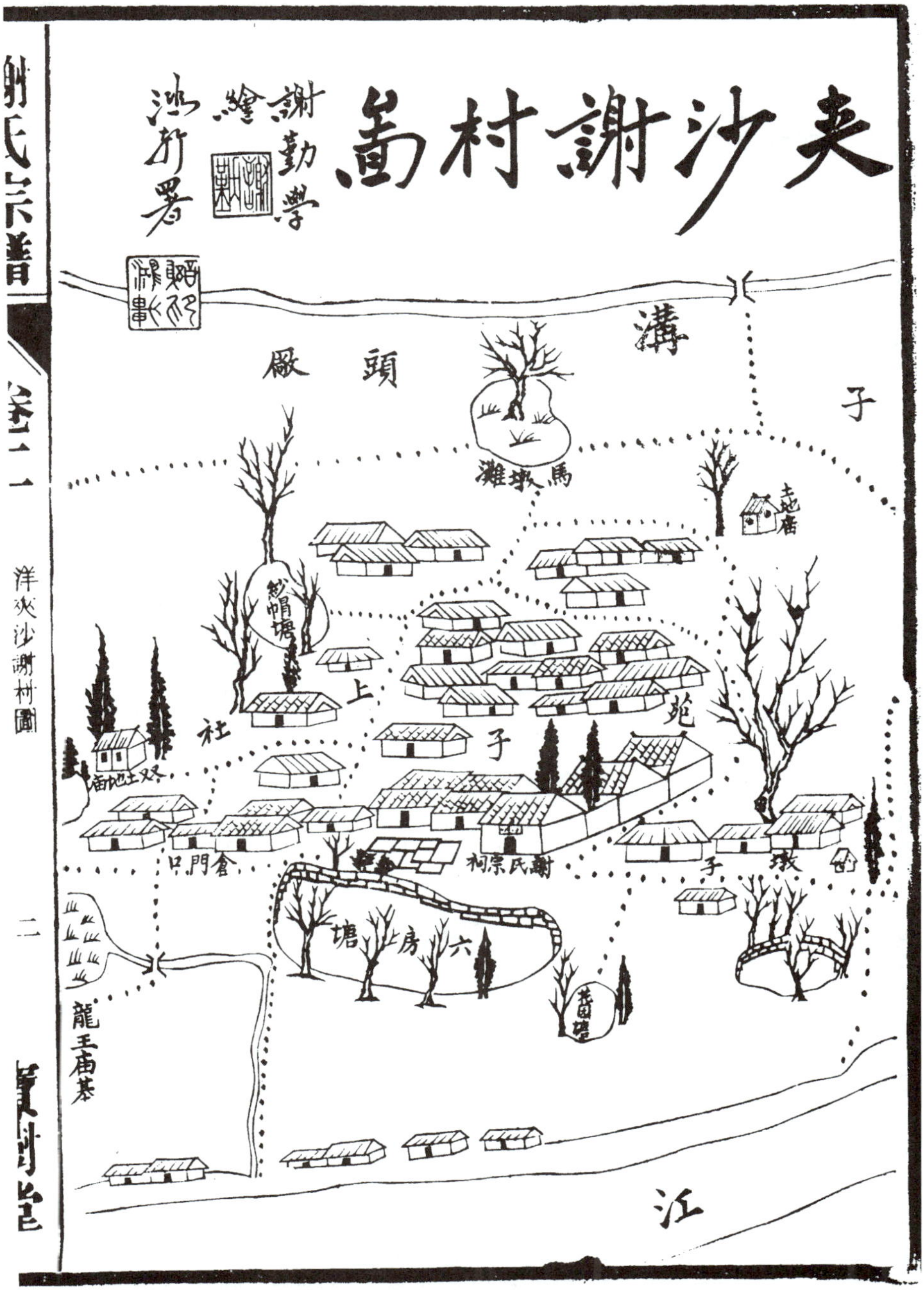
夾沙謝村圖
謝勤學繪
溝
頭廠
子
馬墩灘
上
社
子
雙土地廟
倉門口
謝氏宗祠
六房塘
龍王廟基
江
謝氏宗譜
卷二
洋夾沙謝村圖
二

日

繁陽謝氏宗祠序

宗祠祖廟名異實同古者帝王之家曰太廟公卿士大夫之冑曰宗祠今自總統以至平民咸稱宗祠凡以寓列祖在天之靈而爲宗人合祀聚會之所修陳設薦春秋有章由是昭穆序尊卑明長幼別釐然秩然有倫有次用崇孝敬而敦親睦制甚良也大學之道治國平天下必先齊家革命之旨團結國族必先團結家族通古今而論之允宜重視宗族矣吾宗會稽祖派有東山祠有三太傅祠中鵠祖派有徽州祠

有諫議公祠或傳之以奠章或記之以聯語惜圖式不繪於明志斯爲憾耳縈陽吾宗祠宇相傳創建於明末爲能膏勝罷艮語五大房子孫集貲共築也祠凡三棟匕列五間高二丈許精工雕刻後進曰祖廳築神龕供木主中進曰大廳爲族衆集會之場探花韋運煌翰林嚴士宏撰題楹聯分懸於二廳之現柱中前隙地砌石爲院匕落左右築臺二座植以花卉四時盛開前進兩廂爲廚房事務室當日佳况概可想見乃以代遠年湮風侵雨蝕疎於修繕疕圮木頹

兵刧之餘讀先人之槐之鯨公修祠筆序斷簡殘篇臆識良深慨嘆迨民國庚午族長寬洪公倡修祠宇先大父偕叔祖紀臣理大公籌經濟族望德和顯揚顯璜兆珍琦珍承照諸長者暨佑崧梓桑兄等共具熱忱捐貲盡力購料鳩工大興土木歷六閱月中後兩棟修葺蔵事方期稍待日時續修前進翌年洪水爲禍保定决堤疎一簣之功遭漂逐之患新修二厦猶依然無恙者亦不幸中之大幸也抗戰勝利後族人時議修祠宇設學校歷年積儲材料先增抱宅數

椽郎擬建園墻築樓屋丙戌夏余負笈匡廬傳習學舍沾元戎之化雨時執經問義於考試院匕長戴季陶先生惠蒙題匾曰謝氏宗祠將懸諸祠額亦門第之光也睦族敬宗終始不渝誓盡棉薄之蟻忱附宗黨先輩之驥尾俾修祠興學之全功得共底於成也朱柏盧家訓有言祖宗雖遠祭祀不可不誠子孫雖愚經書不可不讀吾族盍兼顧之矣

大中華民國三十七年歲次戊子大呂月穀旦

晉太傅公六十世裔孫鴻軒薰沐拜撰

謝氏宗祠序

古者建祠立廟以妥先靈以隆祭祀以序同支意甚厚也是故天子七諸侯五大夫三適士二官師一庶人無廟而有祠祠與廟雖有等分之不同而報本追遠之義同爲一致葢人之有祖也猶木之有本水之有源也源之遠者其流自長本之固者其枝自茂所以春露秋霜惻怛之心出於天性僾聞愾見至誠之念尤非勉强設非然者世遠支繁人心離渙將一本之誼日見其疎而昭穆之序紊然無夵矣我族自會

稽而至新安由來已久先世賢士大夫功高爵顯寵
荷　皇恩誥命勅賜家廟雕墻峻宇華廈重樓乃自
先祖遷繁離散途遙先人於此設立支祠所以致祭
祀而妥先靈初建宅僅三間堂卑垣隘且欲使後世
子孫恢宏光大永祀蒸嘗繼述於無窮也迄今日積
久遠崩頹傾圮榱折毀壞我等歲時拜祭能不顧瞻
而心慘乎今愚不肖年分少長特告族眾凡子孫皆
當各體祖宗之恩念及前人之意捐金修葺刻不容
緩但其間貧富不等或有願出而力不足者不可限

其定數公立一簿隨多隨少或後或先三星五星聽其自出十兩百兩任其樂輸總之上以祖宗爲心下以同氣爲念踴躍從事不必區分服派昔范文正公曰以祖宗視之則皆祖宗之子孫也何必計爾我哉如此然後易於有成且修祠之外量其多寡更置公業以爲給胙之費庶子孫得享祖惠世守勿失相親相睦以繼久遠異時昌大家聲榮光祖廟則我繁邑之子孫焉知不比美於歙邑之子孫乎是在有志者深體而敬思之

康熙乙亥年六月　吉旦

裔孫　之槐　之鯨　謹白

附記　戊子家乘鐫梓將成兆珍伯檢點刼餘草譜
得此一序序中已燬數十字前後尚屬完整
返復臆識連綴成篇刋而存焉畧補缺憾
三十八年農曆二月二十日　鴻軒附筆

謝氏宗譜　卷二　戴傳賢題額　祠堂圖　一　寶樹堂

謝氏宗祠
東山世澤
西晉家聲

徽州祠內對聯

（一）

仁爲居義爲路禮爲門持身大節

孝事君弟事長慈事衆報國先機

（二）

池草當年曾入夢

階蘭此日自生香

繁陽錦衛州洋夾沙祠內對聯

（一）

弓冶紹田干想當年芝秀蘭芬世澤到今光俎豆

寢堂依鵲岸感此地葭蒼白露孝思不匱永蒸嘗

翰林院子林巖士宏拜撰

（二）

柏茂階前見秀擢英舒猶見庭生玉樹
江環宅畔思流長源遠無忘績著溗泉

探花蕪湖謙恒韋運煌拜撰

（三）

江上霜飛感沐秋風聲未遠
堦前露溢觸懷春草澤常新

三太傅祠奠章

維

皇明萬歷二十八年歲次庚子十月丁亥朔越十二日辛未之辰古

歙黃山靈泉里裔孫師教謹以剛鬣柔毛清酌庶饈之儀百拜

致祭于

顯祖

晉太傅文靖公

文靖公夫人劉氏

宋太傅惠正公

惠正公夫人林氏

明太傅文正公

文正公夫人徐氏之靈而言曰惟
靈股肱
王室翊贊
皇綱風流江左笑折胡芒蓍生霖雨黃閣文章
三傳濟美二曜同光新安衍慶豐樂流芳遡源探本世發其祥
趨庭仰
像儼彿羹墻薄陳一奠湯孫之將
靈其如在鑒格微觴尙
饗

墓圖引

墓圖曷爲而作也墓爲祖宗歸骨之所圖爲先塋永保之徵墓不克以遍登圖可得而歷覽覽圖而列祖列宗遠山近山之墓朗若眉星躬未往而心先至此蓋孝子慈孫返本追遠念此身之由來懍先靈之所在凜掃墓之必恭冀按圖而可尋爲修譜時首應注重之事也閱我族舊墓統志自傑公以下凡名公鉅卿如宋諫議大夫泌公太子中舍衍公將作監主簿衎公各有墓圖次則各派始祖如宋琪公玘公德茂公等墓亦刊圖其他因塋地被人侵佔涉訟案牘並附刊載非僅徒壯觀瞻乃以昭示孫後有方數典不忘也今我遷繁始祖墓在徽州干戈擾攘隔山迢阻不得繪圖於譜至爲憾也遷繁以來祖輩如艮語公嘉琳公金公之鯨公國相公謙公恩公添公游公等

皆有功於家國墓圖刊載譜端兼附圖說或記之向或像之形他如坐落山至務盡其詳以徵實在俾世世子孫懍守勿失是爲引

昔

大中華民國三十七年歲次戊子大呂月穀旦

欽派四十八世裔孫鴻軒佑海拜撰

宋諫議大夫泌公墓

宋諫議大夫泌公墓今丈父字五百七十一號土名輿道觀左

地稅一畝三分

山稅四釐一毫

東至　西至　南至　北至

泌公夫人魏氏墓今丈平字一千三百十九號土名汪家墓

地稅一分二釐五毫一絲

東至　西至　南至　北至

平字一千三百二十號土名謝家墳係本家全業安葬

泌公夫人魏氏之墓　墓前石牌坊

地稅三分零三毫

東至　西至　南至　北至

宋諫議大夫泌公問政觀左

諭葬墓詩　　程敏政 禮部尚書

薫風初試舊輕紗越嶺穿崖一逕斜霧裏樓臺成海市雲中雞犬類仙家欲便風味頻供笋未解春酲只喚茶諫議真人今不見獨留荒塚對繁花

又　　李傑 祭酒

歸田學士一烏紗吊古傷懷日未斜膽有憲侯題碣石豈教荒塚屬鄰家山禽喚客頻沽酒羽士逢人謾煮茶欲問避秦在何處小溪流水泛桃花

又　　裔孫昌 田川人

藜杖烏巾一幅紗寘擭不憚路攲斜翰林風度乘高興諫議雲仍重

故家墓下傳賢頻宿草觀中留客有新茶清和景物春非遠繚亂遊
絲罥柳花

又　張詰 都御史

尋幽吊古岸烏紗步入烟霞徑不斜仙犬聲中無鳥雀白雲堆裏有
人家山舍竹影多栽竹鶴避茶烟不煮茶宋室忠臣何處覓皇封遺
跡產蓍花

又　洪遠 廉使

一色青衫襯白紗翩翩襟袖逐風斜玉堂金馬懷儒碩野服黃冠羨
道家竹下猫頭鍬稚笋雲中雀舌採新茶載思問政人何在落盡春
風幾度花

又　程廸 知州

輕々煙霧曉籠紗散步尋幽到日斜諫議碑存空載道聶仙鶴化已無家興闌倚檻頻敲句話久呼童旋煮茶吊古清遊兼得樂一尊應不負看花

又　　呂[illegible] 太常卿

浸々香汗沁衣紗步入屏山一徑斜謝諫議存先世塚聶真人剩舊時家釣詩須仗金樽酒解渴惟憑石鼎茶金粉忽驚飛撲面薰風拂々落松花

又　　吳濬 國子生

道院新籠壁上紗包羅今古事横斜明書竊玉誅陽虎羸得爭墩屬謝家人醉醇濃公瑾酒天將絶品紫茸茶獨憐猉々無常運繞見開花又落花

又　王寵 進士

遥望輕烟抹絳紗晨光林影自横斜偶逢野老談遺事笑指山靈護舊家訪道聽經分坐榻呼童汲水漸烹茶歸途驚起雙飛鳥衔落岩前一樹花

又　裔孫顯應 謗村人

學士詩留護碧紗懐賢遺謗涕横斜紫陽山隱神仙觀白水池通野衲家問政遊來閒坐石柴扉半掩未燒茶摩挲諫議墳前碣古字凄凉蝕蘚花

宋諫議謝泌公墓碑

泗人周叔虎書

虎來新安之初年嘗遊問政山興道觀左有墓焉川流山峙秀拱奇環詭知觀事駱如石曰謝諫議也求其詳不可得問其子孫則曰遷守不一舊立祀田數十畝為黃冠香火費故歲時祭奠敦事者一至焉嗟夫諫議官至四品不卑矣子孫世守其規無忝矣惜乎封塋榛圮表識不存殆中經大兵燬蕩少加修葺以至於斯歟後二年偶得羅使君新安事實而讀之則

諫議行狀班班籍中大矣敬觀其高風峻節乃如許因舉於太守趙寺丞曰是可不以其狀鑱之堅珉植之墓左以發其幽光而垂於厥

後哉歙寧孫評事旁贊之曰其請任其事於是據事實而勒
諫議行狀於興道觀焉嗚呼昔東坡敘王元之畫像讚之曰想其餘
風遺烈願與執鞭而不可得
諫議當時議論從容差似元之不然則我
太宗盛時而
諫議以直被稱獎庶幾汲長孺流亞又東坡以方元之世也有人於
此而澤及五世彼蒼誠不可詰若夫尚賢崇德無間昔今則在我輩
勒之於石亦揚善之意也寺丞名師端字知道評事名涇字叔清
嘉定乙亥秋七月望日

宋太子中舍謝衍公墓圖

太子中舍衍公墓今丈字號畝步

弔字二千九百三十九號　土名塘朗口虎形山

地三百七十六步二分開墾山地三百五步

稅一畝二分三釐三毫四絲

弔字二千九百四十一號　土名塘朗口虎形山

地一百一十二步四分

稅三分六釐八毫一絲

弔字二千九百四十二號　土名塘朗口虎形山

山五百八十二步二釐五毫

稅一畝九分一釐

其稅僉入玘公派琪公派

宋将作監主簿衙公墓圖

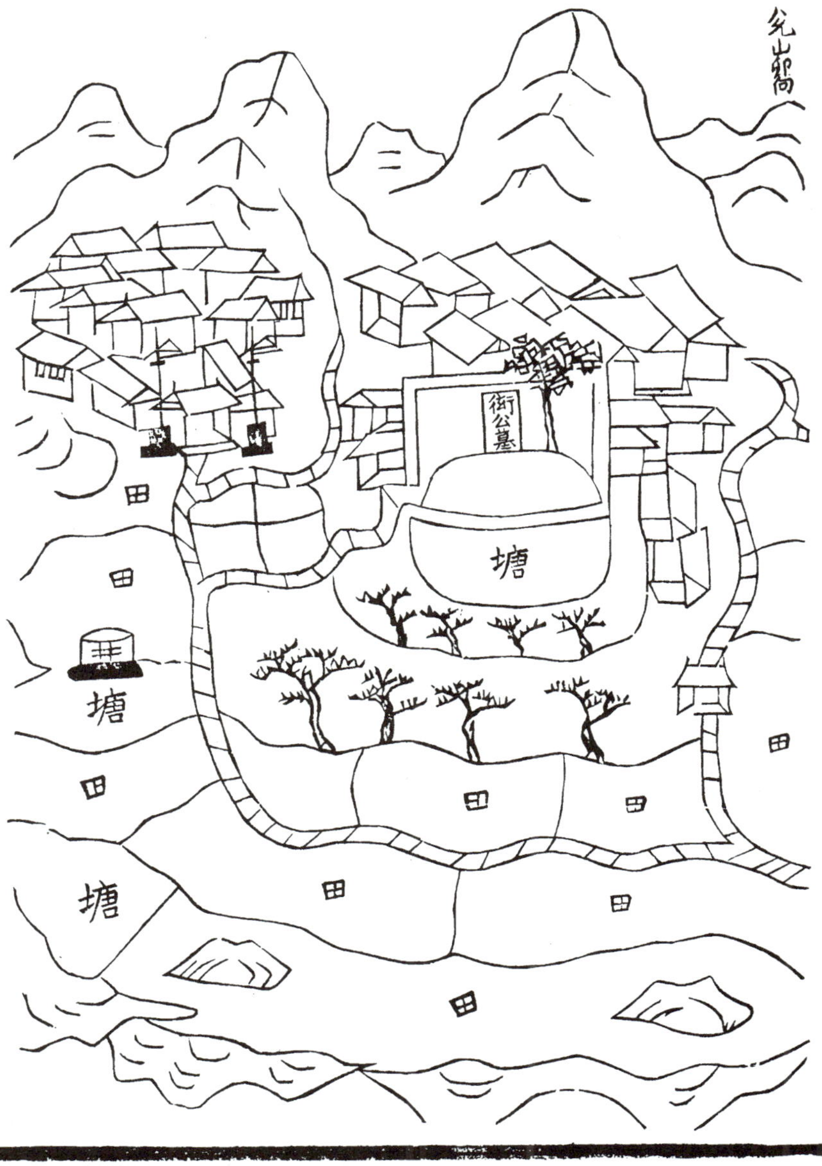

嘉靖四十年間祖墓汪順買佔訐告蒙
廵按劉爺　准批仰府虛心開報審明詳允狀供汪順等有在官謝
華謝福貴原係軍民二戶共承高祖謝得高於洪武年間僉業土名
橫塘於上安葬始祖其墳地圍圍皆是順等住屋於中原存塘塍古
路一條謝華等出入摽祀云云順造僞契買佔華等不甘節告
三院云云所橫塘下等地三釐二毫審無所賣情由斷給謝華等照
舊祀管將汪順僞契批抹附卷云云
今丈問字三百四十一號　土名橫塘即倫堂
積地四十四步八分
計稅一分六釐
入謝得高桂等戶

宋琪公墓圖

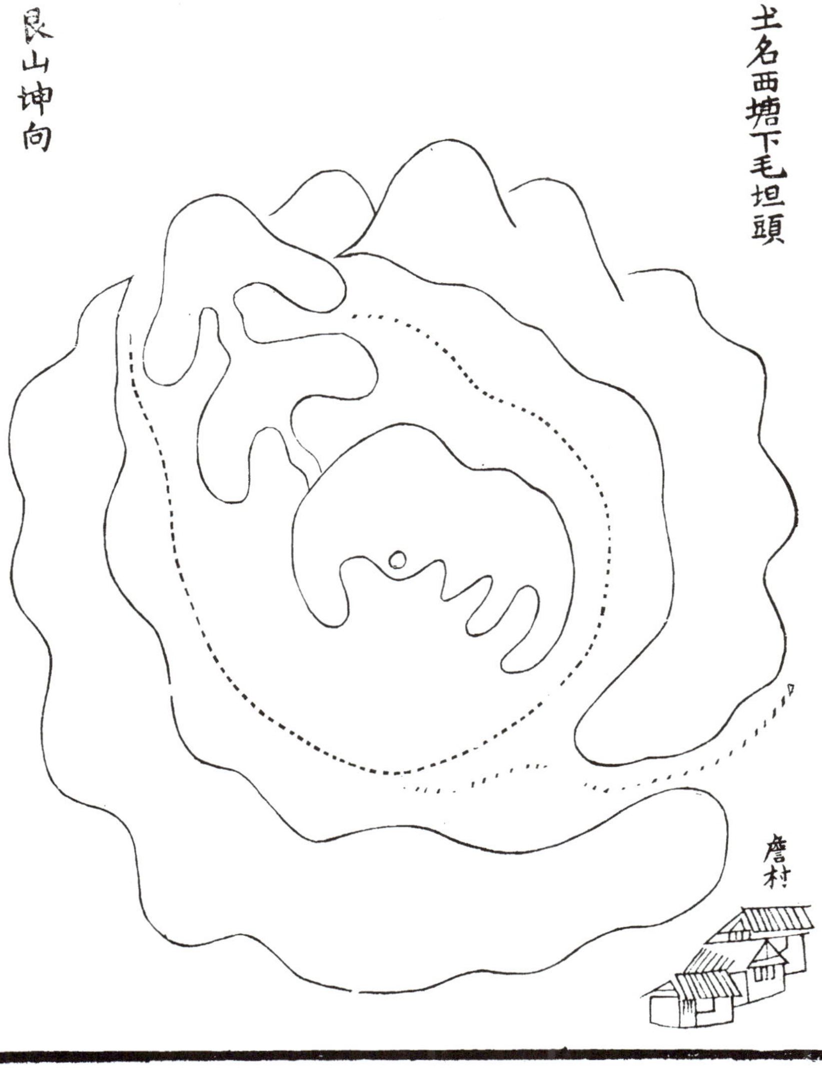

琪公墓子

英公

芳公附

今丈問字六百二十號

土名西塘下毛坦頭

山地三百七十七步

分庄謝膳塋艮伸戸

曹溪龜潭玘公墓

玘公曹溪龜潭墓
今丈制字四千三百十三號地一分零七毫一絲四忽
土名岸東玘公墳
東至後壠
西至前溪
南至山
北至石墻

宋德茂公墓圖

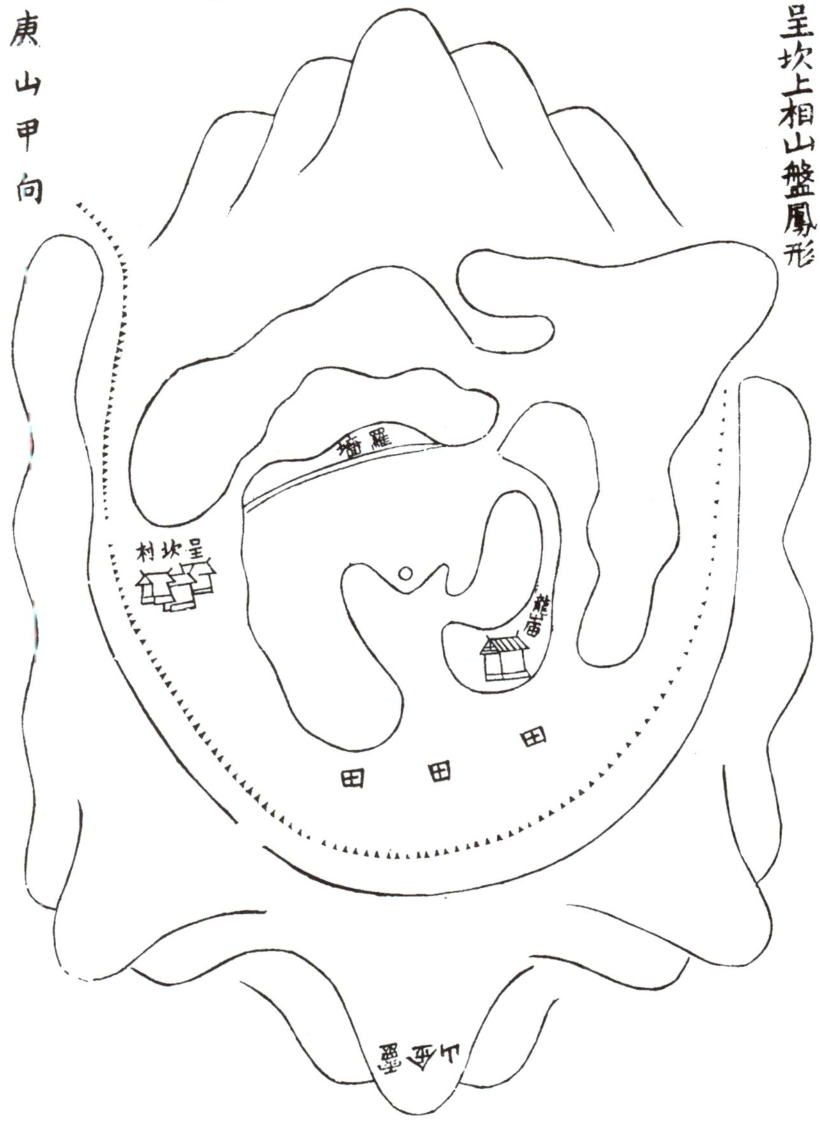

德茂公暨孺人吳氏合葬

瓊公

溙琳公暨孺人程氏俱附葬於旁共向

今丈裳字二百九十五號

山三角稅七分五釐　土名呈坎廟下

又裳字二百九十六號

地七百八十五步一分七釐二毫五絲

地稅二畝八分零四毫二絲　土名龍山廟下毛埵

分庄謝膳塋諫祠戶

明處士元珍謝公配孺人趙氏合葬墓志銘 巖鎮大塘派

廣陵立吾閻士選 主事

新安富庶甲天下歙邑巖鎮富庶甲新安故老相聞有自來矣其都士民歷遊四方喜結宇內名流不佞往辱謝次公璐交驩且十年所歲庚寅次公仲子文學君鳴皐持族諸大父母狀謁余勒銘余方氏社是寄胡暇復操管筆第仲子越疆千里柰何重違其請爰摭往行志之處士姓謝諱玄寶字元珍巖鎮歙人也謝自周申伯受封得姓祖著陳留在晉則太傅公安從元帝而東著會稽在隋則教授公傑司教歙州著歙州至宋諫議泌公後生齒日繁析居日廣族始大著我明德辛公以貲雄巖鎮有弟曰德正公者分籍當戶卽余善次公世祖也別有支屬載諸家乘德辛公以降子姓寖微家日就圮叔美

公舉四子處士居其再叔美公有孽弟孽固太公晚媵出也太公愛
鍾媵故孽恃寵恣睢素蓄無兄焉知有姪處士事四諸父馴匕惟謹
太公見背孽藉餘休淫蕩且盡駕言嫡長吞庶媒孽重分貲產叔美
公怒曰若果父遺乎所不逐若者徒以若母經事先人不與較錙銖
柰何肆貪婪而反噬也處士莫能解逅搆遞訟歷閩當道孽以理法
受困窘亦天絕而叔美公之業荒矣處士痛伯兄早逝上事父母下
撫二弟獨當一戶計無復之廼謀諸孺人趙變易其簪珥得數千緡
借居南陵曷村受廛開市以貿易代生產家人倚辦處士輒能應之
毫無所詘惟是朝夕勤勞形神兩敝竟以一疾弗祿年方及彊而賫
志以終良可慨也處士僅一胤子尚在幼稚孺人籲天矢曰不即相
從地下者非愛生也如此孱弱之孤何裹事竣扶處士柩歸厝之祖

墓之側盡解奩橐以贍饔飧日督徜子合其母躐匪懈會季父賈荻港命從之賈季姑在郢孺人侍焉徜子受室斤斤克家不墜先人志孺人力也孺人與處士同生弘治辛酉處士四十而卒在嘉靖庚子孺人後死三十年則隆慶辛未也孺人死之明年徜子亦卒諸孫卜兆待吉幾二十年今

上之庚寅季冬自荻港歸孺人柩啟處士封室合葬鮑塘邊癸山丁向徜子德奎婦閔氏孫四人正時正坤正表正位曾孫八人廷讃廷詔廷諫廷試廷誥廷宗廷宰廷寵正表正位繼季父之子德金後不得與窀事

銘曰嗟嗟艮賈孳造其殃內難方清俯仰是將中道先撥室勵冰霜依依旅櫬首丘故鄉一線千鈞奕世其昌

徽歙田干祀産　文鍠公執

原平字四百八十四號土名叢桂里地壹塊壹畝七分零（即石柱廳基）原平字四百八十五號廳屋東田二坵四分　又廳屋西田壹坵二分　又廳屋西田壹坵九分　又廳屋西田壹坵壹畝三分

原平字四百七十五號土名坎下田一坵三分三釐　原平字一百二十三號土名坑東田一坵四分　又坑東田一坵四分五釐　原平字二百六十六號土名余婆小林田一坵一分四釐　原平字三百一十號土名水碓尾田一坵一分七釐　原平字三百七號土名大婆林地一分九釐七絲（道敏公孺人金思漢公孺人佩鯉魚朝北斗形墳地）　原平字三百十四號土名小林庵邊地一分五釐三毫三絲（思漢公暨孺人孫荷花出水形墳地）　原弔字二千九百四十二號

土名塘朗虎形山五釐（以上二號衍公祖塋内道敏公墳地）　原裳字二百九十五號土名呈坎上相山山一分一釐　原裳字二百九十六號土名呈坎上相山地二畝八分四毫二絲（以上二號德茂公祖塋内文鍠公得嵩公墳地）

徽州社屋后復安文憲公碑記

三十三世我行分祖道生公自卜壽藏土名董家園譜載葬道生公思恭公葬董家園矣其質憲二公再卜土名社屋后文質公譜載葬社屋後文憲公譜載合葬社屋後是董家園社後塋乃質憲二公分下之風水因吾曾祖世綰公外遷質公分世居宅下所以伊分三十六世祖泰初公三十七世祖世繩公三十八世祖艮權公三十九世祖時高公譜概葬董家園我分下只葬三十六世祖妣岩雲孺人王氏是質公分下倚近多葬如吾祖艮語公扶我曾祖世綰公靈柩回里見先塋祖塚壘七不忍侵動另卜箱形扦葬豈質公後有四十世孫名國禧字維吉者自精堪輿觀社屋後吉穴將三十六世祖已葬董家園泰初公二棺復移葬社屋後毀我憲公碑獨換文質泰初公

碑妄刻憲公名混入董家園墓意在永絶形跡免我憲公子孫社屋後標祀爭葬吉穴也陰謀險心莫此爲甚幸祖先有靈於清康熙庚子五十九年二月二十日國翰國與往徽標祀執譜清查國禧長子名家風字玉臨次子名家燕字孫貽等理論其譜載葬之社屋後文憲公今何碑記在董家園譜載葬董家園之泰初公今何碑記在社屋後碑移有跡骸骨無形風燕等自知情實理虚平心靜氣惟聽立碑標祀是以選擇庚子年二月二十七清明日社屋後復起我三十五世祖考文憲公並祖妣孺人胡氏碑重修墓壙辦備祭祀猪羊鼓樂族衆長幼同詣拜墓鑿去董家園僞刊文憲公並孺人字樣但玉臨等移碑隱墓臧祖藐族公庭豈無法究惟念祖先其墓切思派系同分俟伊改過自新俾先靈安妥于奕世在我中心存厚而族誼永

好于百年存此以明社屋后我文憲公碑復起之由云

旹

大清康熙五十九年庚子二月二十七清明日

六世孫　國翰　國與　謹誌

邇來檢閱憲公舊有草譜録載此文刋而存之以爲日後子孫往徽標祀之依據至舊譜所載先人返徽日記甚多不及盡録矣此誌民國三十八年三月初九清明後一日刋譜

明壽官禮部艮語公墓圖

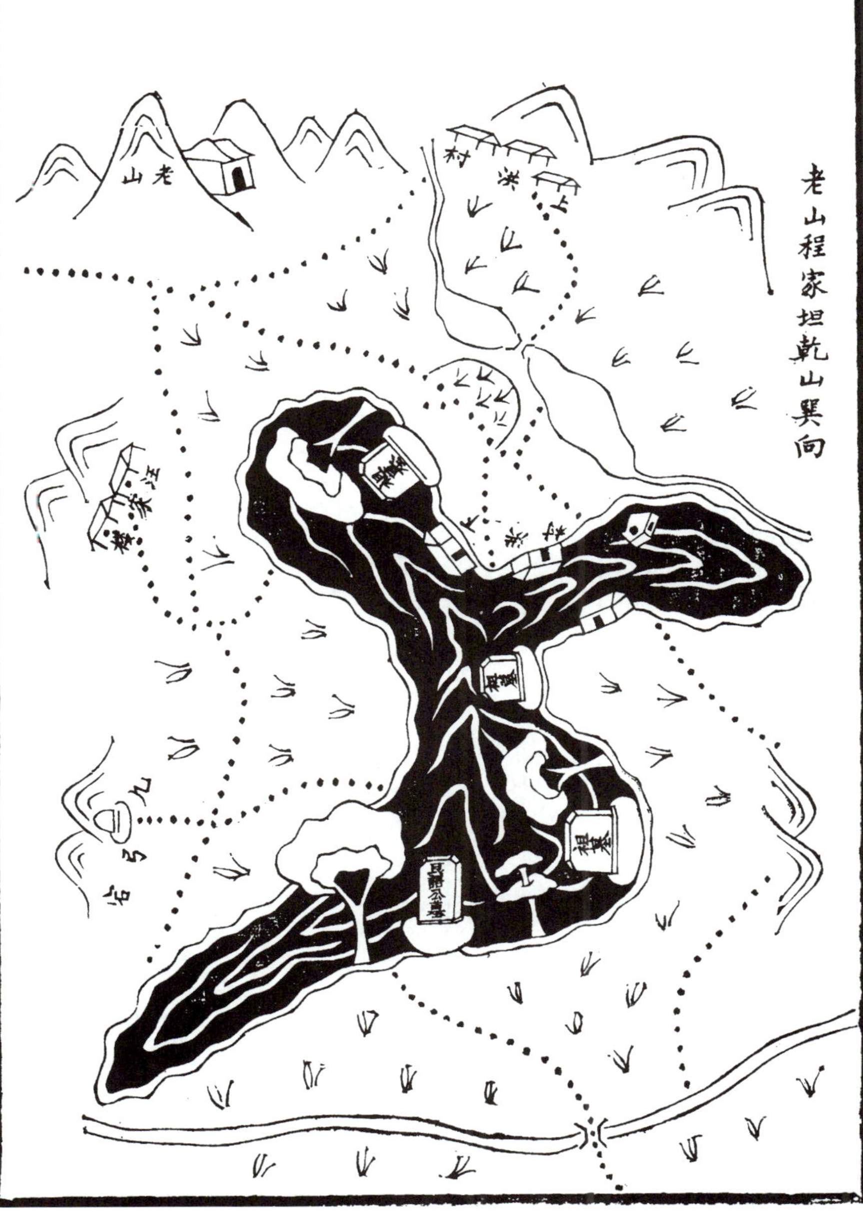

老山冲下口下洪村獅形

明壽官禮部艮語公暨葉恭人墓

乾山巽向　土名程家坦　後有陽場基　水竹園墓塋壘乜俱

詳年表

四至計畧　東至田及高姓祖墓

西至趙崔二姓祖墓

南至田

北至路

祀産計畧　大丐田税十一畝餘

地税五畝餘

山右爲九丐宕程恭人暨子之谿公合墓

三山虎形山嘉琳公墓圖

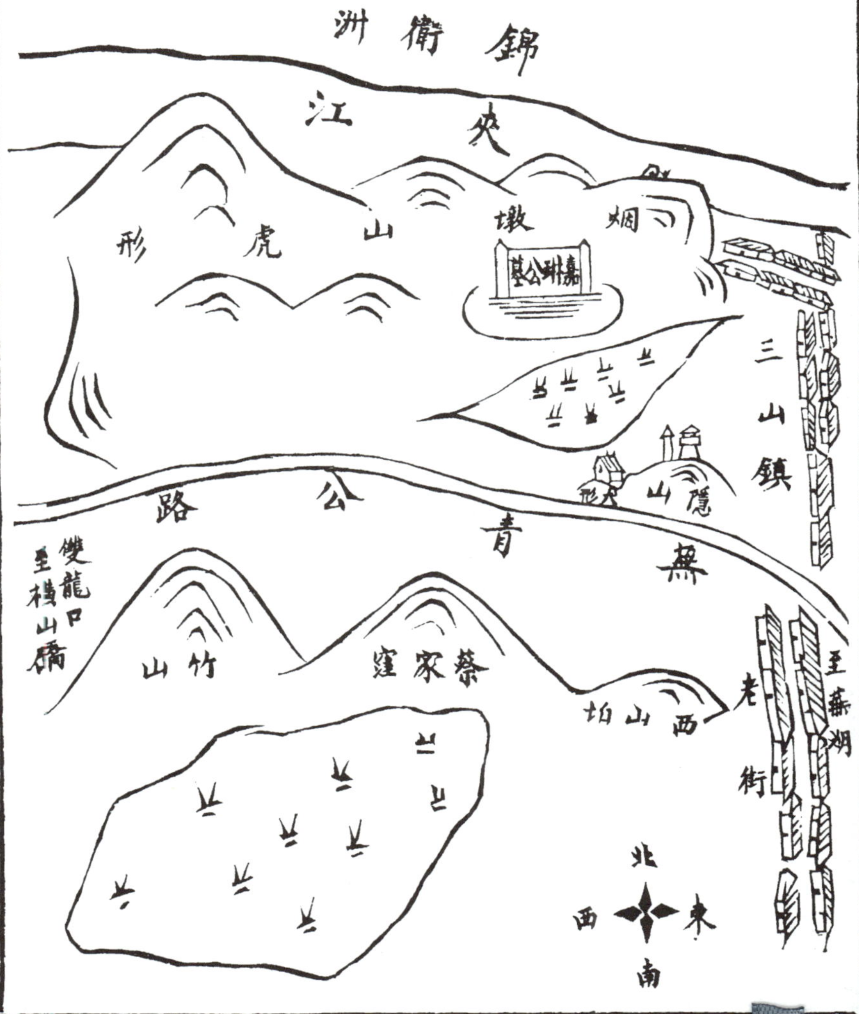

三山雙龍口烟墩山虎形　嘉琳公暨　李安人合墓

附葬嘉員公配何孺人

墳山四至東至義山

西至義山

南至人行路

北至夾江

祀產內窩民田二坵計稅二畝二分五釐外窩蘆田二坵計稅二畝

二分五釐

謝氏宗譜　卷二

之鯨國相二公墓圖

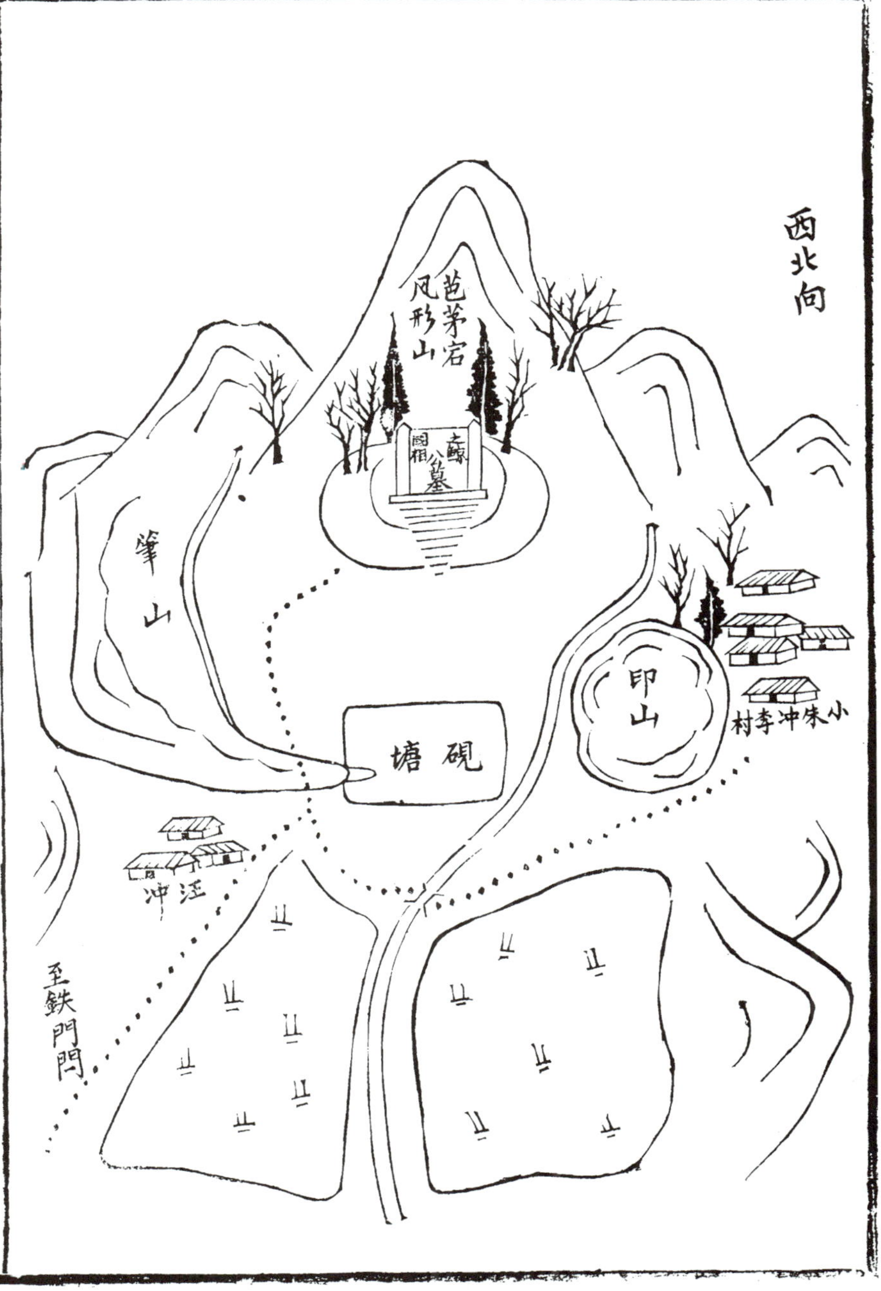

一

寶樹堂

小朱冲芭茅宕鳳形壙葬大棺

清貤贈武畧佐騎尉之鯨公暨配繆安人

清贈武畧佐騎尉國相公配夏周朱三安人墳山四至

山中昔日樹木蔭茂大及三四人圍民國二十年水灾砍伐嗣經抗

戰八年今鮮存

祀產民田三畝內以一畝五分爲標祭祀祖費用由佃戶代辦牲醴

燒化其餘一畝五分看議收租

謝氏宗譜　卷二　繁陽范冲金公墓圖　一　寶樹堂

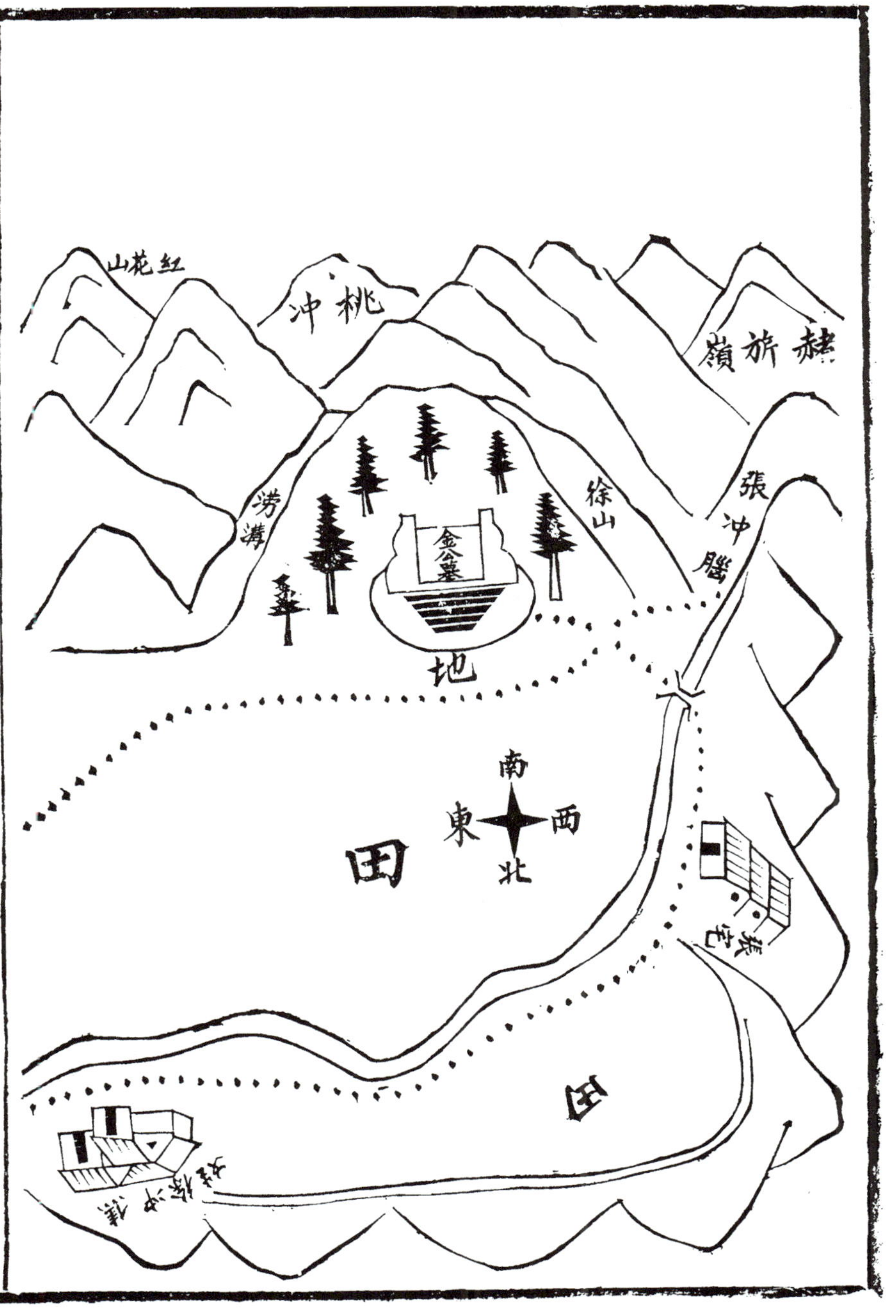

金公暨章太戴太合墓

坐落舊制本邑北一二兩都焦子冲　土名張冲腦山形駱駝現包

碑向坐南朝北　東至澇心　南至山腰　西至徐山均以埋石爲

界　北至入行大路

祀產

祖遺坐落范冲小塘下民田二坵計五分

良珍良勝二公手置本冲張家塘下民田一坵計六分

述元公手置本冲等處屯田十五坵三畝一分

葆先手置本冲民田四坵計二畝六分

以上合計祀田六畝八分

盎圖公墓圖

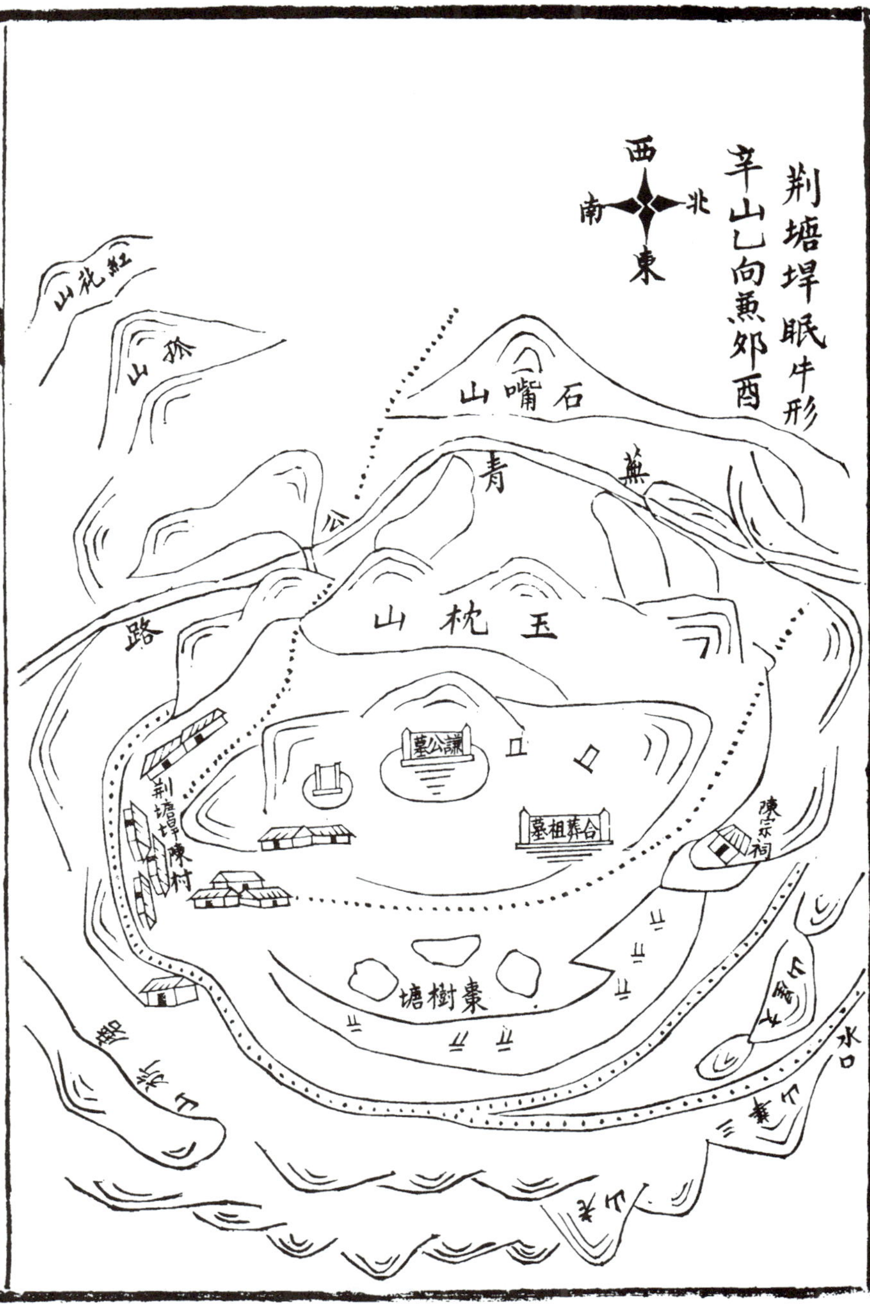
荆塘埠眠牛形
辛山乙向兼卯酉
西
南
北
東
紅花山
孫山
石嘴山
青
燕
公
路
玉枕山
謝公墓
合葬祖墓
荆塘埠陳村
陳宗祠
棗樹塘
水口

荆塘埕眠牛形盃圖公暨潘安人祖墓

亥龍入首扦辛山乙向內加戌辰外酉卯作金局消納

南首附壙葬元燚元鈎元鋒元釗元鍠元鑑辛培諸公

北首附壙葬圻墩乾墀增諸公　另塚附葬堦公　茂積公中和兩

房歴代考妣多附葬此山

墳山四至　東至棗樹塘　西至石板路　南至吳姓山　北至吳

姓芋頭塘並來龍山

祀産通庄民田十七畝零上田九畝零下田八畝零　另墳前路外

棗樹塘傍菜園秧田等處係謝陳趙三姓公執茂積公得一股

祖例每年春節清明兩次由茂積公備帶祭祀牲醴數席闔房裔孫

前往掃墓

眠牛形外穴作法

金星八首作一金圈塚厚封成一大水泡取金生水之義穴左右羅埂頭俱厚堆作小龍虎上邊稍低稍短下邊稍高稍長護穴七前砌一大兜臨簷高起二尺多寸作內案內堂于東北位上暗溝將通穴左右之水放出此兜在穴上望之爲金頂流金之格又一層屬水二層屬火此用一層之兜取作金白水清況穴前餘氣旺人丁亦旺貴人坐下必有稛𥙷亦關功名最宜肥厚不可逼狹

其內作法布氣合局尺寸並得吉星暗準犄欒以左耳乘氣穿山透地相生比和又數金生水慶亦綿遠之應

此穴內外俱如法裁制有天然之妙不以人巧炫他日見此地者莫不以爲適宜如是扦作似甚易而不知其難也人巧極而天工錯孫

吾之神以與地相迎當共有千古矣

後去本山不宜與樣竹木柴薪而竹尤不美柴勝則山變粗樹高大則草不生且四旁拱照秀砂不見亦能減福蓋地理以人眼光所到爲準前山未必盡圓也而所見者圓則以圓爲用未必盡尖也而所見者尖則以尖爲用此山不禁樵採而籬笆竹樹盡立則土膩草綠秀氣發露福力加厚矣謹記

荆塘垾眠牛形謝氏祖墓記勝

沿江之地以藏風爲主此局初看以竹樹房屋遮蔽未見爲大局細看則山皆拱抱水盡廻環羅城最爲周密且多貴格加坐下金星肥圓而帶隱秀絶不粗蠢且金居金位窗賦云金居兑位鳥府名高言得位之貴也又玉枕爲襯石嘴山爲特樂貴重之至主科第高位前木火曜氣長彎而帶犀利主立朝有直言極諫之節辛脉一節板拙敦龎最不易得書云欲蔭真儒衛道須得板拙龍神且穿田幾次龍格甚清又秀峯特朝翰院可許水口筆架山主多文秀赦文星主官途全歸內堂餘氣努滿弓圓下砂重巳緊抱得此厚重龍神人丁大旺

附七絶三首於后以贊其妙

元氣氤氳最怕風青牛向暖臥花叢衣冠承繼寧無自莫測綿匕造
化功

抱樸存真推昔賢此中根器種由天茫匕世宙多歧路正學昌明信
有緣

才華名位兩相當平步青雲事從常願得寬和長自好何難奕葉吐
芬芳

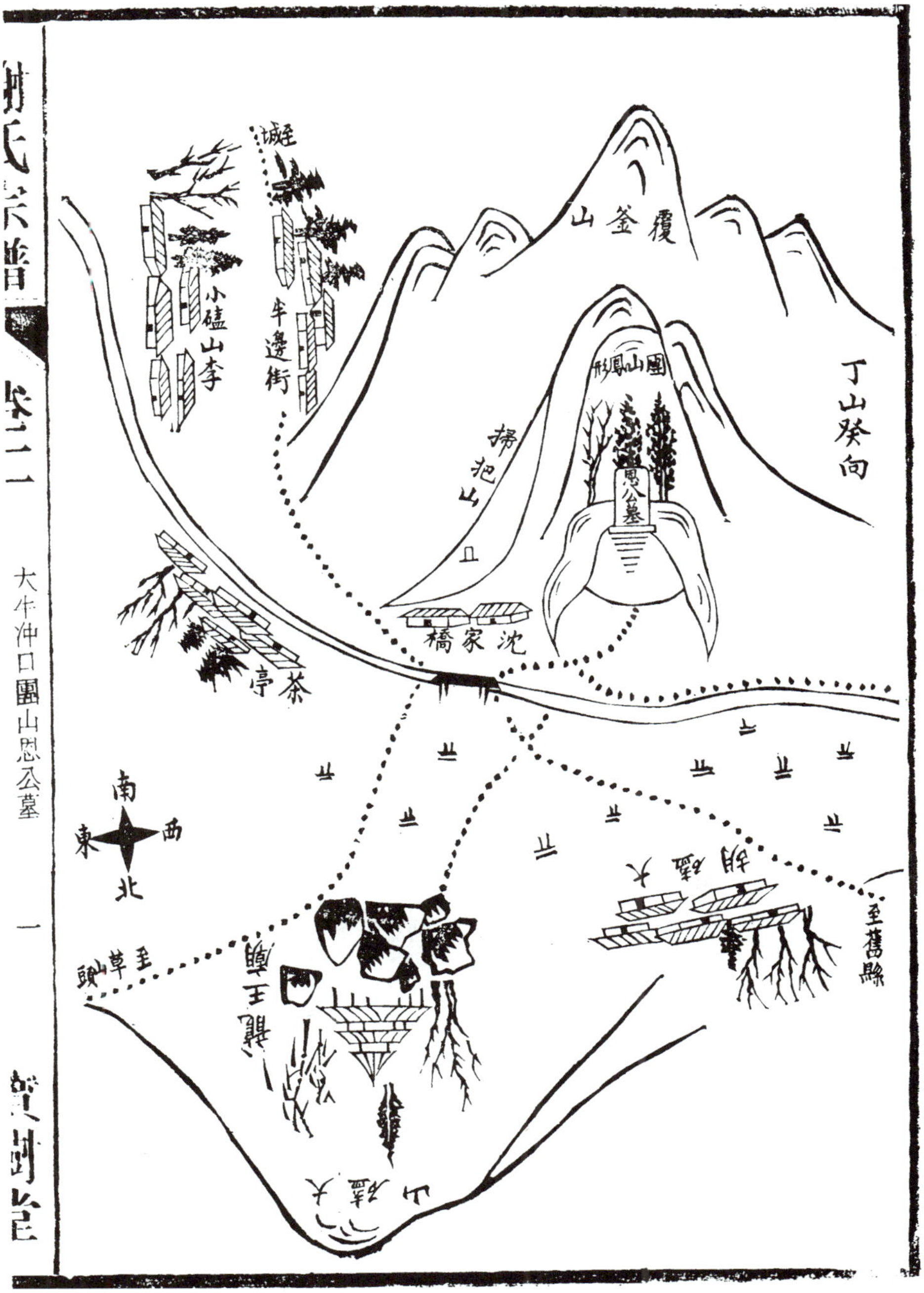
謝氏宗譜
卷二
大牛冲口圓山恩公墓
一
寶樹堂
覆釜山
圓山形
掃把山
恩公墓
丁山癸向
沈家橋
茶亭
半邊街
南
西
東
北
至舊縣
至草山頭

大牛冲口團山鳳形恩公暨殷安人祖墓

東首附葬鈞照公暨鄧孺人墓

團山亦名罩山俗傳爲鐵罩匕金鷄匕有雌雄一對祖壙葢葬在雌鷄之上而王姓則得雄雞也　團山四至　東至流水爲界　西至牛冲口流水爲界　南至團山脊分水爲界　北至人行路

祀產計有胡村石槽口土名横田民田一坵計稅七分右手來龍山牛冲口流水傍荒田大小七坵計稅一畝零又土名裏澇棉花地兩塊計稅一畝零

附近歸把山坎栽爲高家山另塚葬溶配呂孺人

高家山四至　東至流水　西至王姓山　南至山脊分水爲界　北至路

泳游二公墓圖

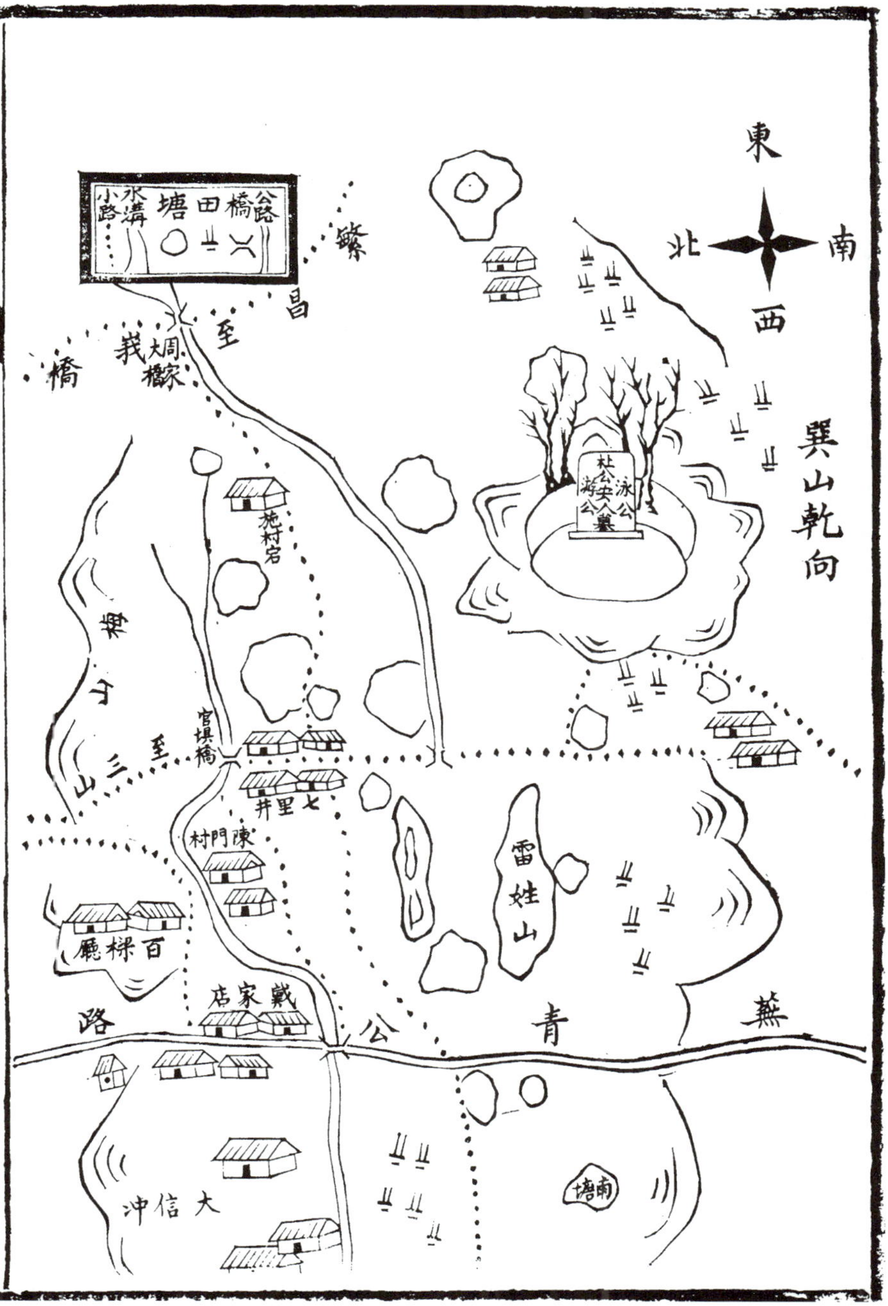

寶樹堂

七里井墳山名犀牛望月祖墓一壙五棺

其山四至　東至艾李墳山並謝田　西至路　南至高姓墳山

北至強田

祀產通庄計民田二十三畝山地五畝零新壩灘地七畝四分作二

十四股分授裔孫由茂積公收回三股標祀先祖

清故祖妣例贈安人杜太安人墓　孝孫元錟曾孫壦等奉祀

皇清例授修職郎貴池縣學教諭故顯考謝公濬齋府君謝母汪老

安人祔　孝男元錟等奉祀

皇清例授儒林郎布政司理問故顯祖謝公藝堂府君謝母魯老安

人祔　孝承重孫壦等奉祀

道光二十五年歲次乙巳十二月初八日　勒石

七里井謝氏住城記

繁邑山以紅華爲太祖分西北兩支北支結今縣治其羅城則自分支以後東北行至浮山止西北行至煤山止兩山對峙結成水口其西北行之山馬騰蜂聚中間轉面向東平列三台化爲土星作辭樓下殿之形頓跌後突起金星左右大山拱衛氣象端嚴星下細脉微扭脫化平原迤邐前行穿田過峽發爲坪岡横列一嶂復穿田過峽結作平墩本身分左右兩砂左爲下砂緊貼灣抱右砂向前帶結羅星作兜裹左砂之形以塞内中兩堂之水坪岡之旁帶發二支將本身右砂重七環抱金星左邊脚下亦發砂數支將本身左砂重七環抱其外邊最長之支到頭連結二墩先結之墩爲當面印星次結之墩包過右邊最長之砂鎮鎖堂水下首煤山下復逆發長砂一支灣

曲如帶以接浮山而紅華北支之水皆滙於此乜大聚水之局也勢既厖厚形復完固洵富貴之佳城悠遠之福地異日必有開府建旄之應書此以爲左劵

嘉慶戊寅十一月十一日扞　　當塗陳樸人誌

内向辛乙兼酉卯坐慶氏三冐五

外向辛乙兼酉卯坐慶氏五冐九

按此文係指舊墓而作錄備参閱原圖不再附刋

謝氏宗譜

戊子四月吳昌碩

卷三

字號

卷三

歷代人物考
遷繁人物考
歷代閫範誌
遷繁閫範誌

繁陽謝氏宗譜卷三分目

人物志序　鴻軒撰

歷代人物考　明南司城芳川先人希周輯

晉　鯤　尙　奕　安　萬　石　玄　敷　朗　琰　邈

宋　裕　純　述　澹　混　方明　靈運　瞻　晦　瞬　密

惠連

齊　稚　朓　莊　超宗　顥　瀹

梁　朏　幾卿　微　譓　覽　舉

陳　哲　僑　嘏　藺　貞

隋　傑

五代　銓

宋　泌　艮佐　枋得

遷繁人物考　鴻軒輯

明　逢昌　逢昂　艮語　嘉胤　嘉禮

清　之銘　之蕃　之先　之虎　之鯨　承舜　承啟　國翰

國與　國彩　國幹　國琦　國綱　國相　士英　士鈁

士銓　士藻　士莊　士鰲　謙　士炤　士祥　九畹

士禧　恩　士䄲　際可　仁煦　仁壽　仁淮　仁秀

仁寬　仁芊　仁熙　仁熟　泳　游　仁沛　深　清　源

上達　潢　濬　漣　瀾　大瑍　大煌　泮　元勳　義櫕

元會　炳　元鍬　元鉉　元鋒　元鑄　元釗　元鍠

錫爵　元鑑　元釜　元鍇　凌雲　金誥　彪　宗祏

宗澤　執中　壦　垓　增　辛培　圻　隆　銙　墩　封

坎　登賢　登瀛　邦楨　溱生　邦幹　邦棟　發禎

寬炎　積　寬鈺　寬焯　寬鑄　駿　鑾　玉樹　寬綼

魁　維表　文朝　寬鎰　輝朝　鈞照　寬繡　寬洪

其標　顯達　顯泉　駿聲　斌　顯璇　起時　昭　艮珍

祥斌　祥贇　正儀　鵬　承江　正坤　承勇　承棟

承意　煥文

中華民國　承樽

歷代閫範誌

宋

泌公夫人記畧　明南司城芳川先人希周輯

叠山公夫人記畧　明南司城芳川先人希周輯

明

繼繕公配烈婦蔣氏兩學呈　明舉人徐尚文筆

祭烈婦文二章

明謝烈婦行狀　明戶部侍郎方弘靜撰

欽謝烈婦蔣氏傳　明訓導黃鍾之撰

烈婦蔣氏碑陰　明都御史江東之撰

謝烈婦斷石吟　明十嶽山人王寅作

謝烈婦蔣氏墜樓斷石詩　明訓導田藝衡作

弔謝烈婦墓詩　明梅守箕作

三節傳　明辰州太守程廷策撰

節孝汪氏傳　明邑庠生汪時行撰

奇節賀孺人傳　明郡生庠男陛撰

遷繁閫範誌　鴻軒輯

明

副榜逢昌配閔孺人　嘉芝配仇孺人　智配柯孺人

清

儒童國儒配張孺人　士錩配高孺人　萬年配佘孺人

天楨配汪孺人　天近配汪孺人　天掄配任孺人

仁昶配姚孺人　仁伸配孫孺人　郡庠生仁熙配鮑孺人

元宰配姚孺人　元渠配鮑孺人　元璜配強孺人

太學生元鑑配徐孺人　美光配汪孺人　世發配董孺人

慶祿配俞孺人　錫茂配高孺人　百甯配汪孺人

忠配駱孺人　庠生克昌配錢孺人　豫生配許孺人

午朝配方孺人　文童旭初配胡孺人　文童德輝配張孺人

寬炳配孫孺人　郡庠生顯根配王孺人　承美配王孺人

清

適汪有鈺女　適方講學女　適方又三女　適姚卜生女

適鮑君昭女　適時飛鳳女　適胡起濱女　適王惟元女

適徐傳維女

謝氏歷代人物迹畧　承安撰

人物志序

士不自立徒誇先人以爲榮耀君子鄙之然稱先無以法後數典或至忘祖君子亦恥之矧見賢尚思齊焉論古且尚友焉而於乃祖乃宗之可爲典型模範者反不是則是效以求顯揚君子尤深恨之此吾謝氏宗譜所以有人物一志也志分四部一歷代人物考先人南司城希周公手輯自兩晋迄趙宋間祖先如鯤安萬石玄朓靈運傑泌枋得諸公均列入約三萬言二歷代閫範誌亦希周公輯載泌公夫人枋得夫人及統志所傳之節烈三遷繁人物考鴻軒手輯列明清民國間已故先祖之功名事蹟約兩萬言四遷繁閫範誌亦今所輯爲遷繁先妣節烈總上采輯大旨觀之不外闡揚道德表彰事功傳述文章以砥礪後人俾克顯克承有光宗乘而已叔孫豹云人生

有三不朽太上立德其次立功其次立言今我統志所列人物道德如疊山事功如東山文章如青山以及其他表表有聲于史册者皆三立之上選有不朽之真因後之子孫展覽及之必將優乎如覩其儀容愾乎如聞其謦欬而油然興其孝敬之思奮然矢其紹述之志毅然樹其顯揚之烈矣是則希周公所屬望於前而鴻軒所深企於後者也

旹

中華民國三十七年黃鐘月　穀旦

纂修戊子家乘裔孫鴻軒拜譔

歷代謝氏人物考

裔孫希周　輯

晉

謝鯤字幼輿陳國陽夏人也祖纘典農中郎將父衡以儒素顯仕至國子祭酒鯤少知名通簡有高識不脩威儀好老易能歌善琴王衍嵇紹並竒之永興中長沙王乂入輔政時有疾鯤者言其將出奔乂欲鞭之鯤解衣就罰曾無忤容既舍之又無喜色太傅東海王越聞其名辟爲掾舉坐事除名于時名士王玄阮修等並爲歎恨鯤聞之方清歌鼓琴不以屑意莫不服其遠暢恬於榮辱鄰家高氏女有美色在機鯤嘗挑之女投梭折其兩齒時人語曰任達不已幼輿折齒鯤聞之慠然長嘯曰猶不廢我嘯歌越尋更辟之轉參軍事鯤以時方多故乃謝病去職避地於豫章嘗行經空亭中夜宿此亭舊每殺

人將曉有黃衣人呼鯤字令開戶鯤儋然無懼色便於窻中度手牽之胛斷視之鹿也尋血獲焉爾後此亭無復妖怪左將軍王敦引爲長史以討杜弢功封咸亭侯母憂去職服闋遷敦大將軍長史時王澄在敦坐見鯤談話無勌惟歎謝長史可與言都不眄敦其爲人所慕如此鯤不狥功名無砥礪行居身於可否之間雖自處若穢而動不累高敦有不臣之迹顯於朝野鯤知不可以道匡弼乃優游寄遇不屑政事從容諷議卒歲而已每與畢卓王尼阮放羊曼桓彝阮孚等縱酒敦以其名高雅相賓禮嘗使至都明帝在東宮見之甚相親重問曰論者以君方庾亮自謂何如荅曰端委廟堂使百僚準則鯤不如亮一丘一壑自謂過之溫嶠嘗謂鯤子尚曰尊大君豈惟識量淹遠至於神鑒沈深雖諸葛瑾之喻孫權不過也及敦將爲逆謂鯤

曰劉隗奸邪將危社稷吾欲除君側之惡匡主濟時何如對曰隗誠始禍然城狐社鼠也敦怒曰君庸才豈達大理出鯤爲豫章太守又留不遣藉其才望逼與俱下敦至石頭歎曰吾不復得爲盛德事矣鯤曰何爲其然但使自今以往日忘日去耳初敦謂鯤曰吾當以周伯仁爲尚書令戴淵爲僕射及至都復曰近來人情何如鯤對曰明公之舉雖欲大存社稷然悠悠之言實未達高義周顗戴淵南北人士之望明公舉而用之羣情帖然矣是日敦遣兵收周戴而鯤弗知敦怒曰君麤踈邪二子不相當吾已收之矣鯤與顗素相親重聞之愕然若喪諸已參軍王嶠以敦誅顗諫之甚切敦大怒命斬嶠時人士畏懼莫敢言者鯤曰明公舉大事不戮一人嶠以獻替忤旨便以釁鼓不亦過乎敦乃止敦既誅害忠賢而稱疾不朝將還武昌鯤喻

敦曰公大存社稷建不世之勳然天下之心實有未達若能朝天子使君臣釋然萬物之心於是乃服杖衆望以順羣情盡冲退以奉主上若斯則勳侔一匡名垂千載矣敦曰君能保無變乎對曰鯤近日入覲主上側席遲得見公宮省穆然必無虞矣公若入朝鯤請侍從敦勃然曰正復殺君等數百人亦復何損于時竟不朝而去是時朝望被害皆爲其憂而鯤推理安常時進正言敦旣不能用內亦不悅軍還使之郡莅政清肅百姓愛之尋卒官時年四十三敦死追贈太常謚曰康子尚嗣

謝尚字仁祖幼有至性七歲喪兄哀慟過禮親戚異之八歲神悟夙成鯤嘗携之送客或曰此兒一座之顏回也尚應聲答曰坐無尼父焉別顏回席賓莫不歎異十餘歲遭父憂丹陽尹溫嶠弔之尚號咷

極哀旣而收涕告訴舉止有異常童嶠甚奇之及長開率穎秀辨悟絶倫脱畧細行不爲流俗之事好衣刺文袴諸父責之因而自改遂知名善音樂博綜衆藝司徒王導深器之比之王戎常呼爲小安豐辟爲掾襲父爵咸亭矦始到府通謁導以其有勝會謂曰聞君能作鴝鵒舞一坐傾想寧有此理不尚曰佳便著衣幘而舞導令坐者撫掌擊節尚俯仰在中傍若無人其率詣如此轉西曹屬時有遭亂與父母乖離議者或以進仕理王事婚姻繼百世於禮非嫌尚駁其議從之遷會稽王友入補給事黄門侍郎出爲建武將軍歴陽太守轉督江夏義陽隨三郡軍事江夏相將軍如故時安西將軍庾翼鎮武昌尚數詣翼諮謀軍事嘗與翼共射翼曰君若破的當以鼓吹相賞尚應聲中之翼卽以其副鼓吹給之尚爲政清簡始到官郡府以布

四十匹爲尚造鳥布帳尚壞之以爲軍士襦袴建元二年詔曰尚往
以戎戎事要故輟黃散以授軍旅所處險要宜崇其威望今以爲南
中郎將餘官如故會庾冰薨復以本號督豫州四郡領江州刺史俄
而復轉西中郎將督揚州之六郡諸軍事豫州刺史假節鎮歷陽大
司馬桓溫欲有事中原使尚率衆向壽春進號安西將軍初苻健將
張遇降尚乜不能綏懷之遇怒據許昌叛尚討之爲遇所敗收付廷
尉時康獻皇后臨朝卽尚之甥也特令降號爲建威將軍初尚之行
也使建武將軍濮陽太守戴施據枋頭會冉閔之子智與其大將蔣
幹來附復遣行人劉猗詣尚請救施止猗求傳國璽猗歸以告幹乜
謂尚已敗慮不能救巳猶豫不許施遣叅軍何融率壯士百人入鄴
登三臺助戍譎之曰今且可出璽付我凶寇在外道路梗澁亦未敢

送璽當遣單使馳白天子聞璽已在吾許知卿等至誠必遣重軍相
救並厚相餉幹乃出璽付融匕齎璽馳還枋頭尚遣振武將軍胡彬
率騎三百迎璽致諸京師時苻健將楊平戍許昌尚遣兵襲破之徵
授給事中賜軺車鼓吹戍石頭永和中拜尚書僕射出爲都督江西
淮南諸軍事前將軍豫州刺史給事中僕射如故鎮歷陽加都督豫
州楊州之五郡軍事在任有政績上表求入朝因留京師署僕射事
尋進號鎮西將軍鎮壽陽尚於是採拾樂人並制石磬以備太樂江
表有鍾石之樂自尚始也桓温北平洛陽上疏請尚爲都督司州諸
軍事將鎮洛陽以疾病不行升平初又進都督豫冀幽并四州病篤
徵拜衛將軍加散騎常侍未至卒於歷陽時年五十詔贈散騎常侍
衛將軍開府儀同三司謚曰簡無子從弟奕以子康襲爵早卒康弟

靜後以子肅嗣又無子靜子處以子靈祐繼鯤後

謝奕字無奕祖衡伯父鯤父裒任太常卿生六子奕居長弟據安萬鐵石奕少有名譽初爲剡令有老人犯法奕以醕酒飲之醉猶未已安時年七八歲在奕膝邊諫止之奕爲改容遣之與桓溫善溫辟爲安西司馬猶推布衣好在溫坐岸幘笑詠無異常日桓溫曰我方外司馬奕每因酒無復朝廷禮常逼溫飲溫走入南康主門避之主曰君若無狂司馬我何由得相見奕遂攜酒就聽事引溫一兵帥共飲曰失一老兵得一老兵亦何所怪溫不之責從兄尚有德政既卒爲西藩所思朝議以奕立行有素必能嗣尚事乃遷都督豫兖冀并四州軍事安西將軍豫州刺史假節未幾卒官贈鎮西將軍四子泉康靖玄泉有名譽歷義興太守靜官至太常康繼尚襲爵

謝安字安石尙從弟也年四歲時譙郡桓彝見而歎曰此兒風神秀徹後不減王東海及總角神識沉敏風宇條暢善行書弱冠詣王濛清言良久旣去濛子修曰向客何如大人濛曰此客亹亹爲來逼人王導亦深器之由是少有重名初辟司徒府除佐著作郎並以疾辭寓居會稽與王羲之及高陽許詢桑門支遁游處出則魚弋山水入則言詠屬文無處世意楊州刺史庾冰以安有重名必欲致之累下郡縣敦逼不得已赴召月餘告歸復除尙書郎琅邪王友並不起吏部尙書范汪舉安爲吏部郎安以書距絶之有司奏安被召歷不至禁錮終身遂棲遲東土常往臨安山中坐石室臨濬谷悠然歎曰此去伯夷何遠嘗與孫綽等汎海風起浪湧諸人並懼安吟嘯自若舟人以安爲悅猶去不止風轉急安徐曰如此將何歸邪舟人承言卽

廻衆咸服其雅量安雖放情丘壑然每遊賞必以妓女從旣累辟不就簡文帝時爲相曰安石旣與人同樂必不得不與人同憂召之必至時安弟萬爲西中郎將總藩任之重安雖處衡門其名猶出萬之右自幼有公輔之望處家常以儀範訓子弟安妻劉惔妹也旣見家門富貴而安獨靜退乃謂曰丈夫不如此也安掩鼻曰恐不免耳及萬黜廢安始有仕進志時年已四十餘矣征西大將軍桓溫請爲司馬將發新亭朝士咸送中丞高崧戲之曰卿累違朝旨高卧東山諸人每相與言安石不肯出將如蒼生何蒼生今亦將如卿何安甚有媿色旣到溫甚喜言生平歡笑竟日旣出溫問左右頗嘗見我有如此客不溫後詣安值其理髮安性遲緩久而方罷使取幘溫見留之曰令司馬著帽進其見重如此溫當北征會萬病卒安投箋求歸尋

除吳興太守在官無當時譽去後爲人所思頃之徵拜侍中遷吏部尚書中護軍簡文帝疾篤溫上疏薦安宜受顧命及帝崩溫入赴山陵止新亭大陳兵衛將移晉室呼安及王坦之欲於坐害之坦之甚懼問計於安安神色不變曰晉祚存亡在此一行既見溫坦之流汗沾衣倒執手板安從容就席坐定謂溫曰安聞諸侯有道守在四鄰明公何須壁後置人邪溫笑曰正自不能不爾耳遂笑語移日坦之與安初齊名至是方知坦之劣溫嘗以安所作簡文帝謚議以示坐賓曰此謝安石碎金也時孝武帝富於春秋政不自己溫威振內外人情噂𠴲互生同異安與坦之盡忠匡翼終能輯穆及溫病篤諷朝廷加九錫使袁宏具草安見輒改之由是歷旬不就會溫薨錫命遂寢尋爲尚書僕射領吏部加後將軍及中書令王坦之出爲徐州

刺史詔安總關中書事安義存輔道雖會稽王道子亦賴弼諧之益時强敵寇境邊書續至梁益不守樊鄧陷沒安每鎮以和靖御以長筭德政既行文武用命不存小察弘以大綱威懷外著人皆比之王導而文雅過之嘗與王羲之登冶城悠然遐想有高世之志羲之謂曰夏禹勤王手足胼胝文王旰食日不暇給今四郊多壘宜思自効而虛談廢務浮文妨要恐非當今所宜安曰秦任商鞅二世而亡豈清言致患邪是時宮室毀壞安欲繕之尚書令王彪之等以外寇爲諫安不從竟獨決之宮室用成皆仰模玄象合體辰極而役無勞怨又領揚州刺史詔以甲仗百人入殿時帝始親萬機進安中書監驃騎將軍錄尚書事固讓軍號于時懸象失度亢旱彌年安奏興滅繼絕求晉初佐命功臣後而封之頃之加司徒後軍文武盡配大府又

讓不拜復加侍中都督揚豫徐兖青五州幽州之燕國諸軍事假節
時苻堅强盛疆埸多虞諸將敗退相繼安遣弟石及兄子玄等應機
征討所在尅捷拜將軍開府儀同三司封建昌縣公堅後率衆號百
萬次于淮淝京師震恐加安征討大都督玄入問計安夷然無懼色
荅曰已别有旨既而寂然玄不敢復言乃令張玄重請安遂命駕出
山墅親朋畢集方與玄圍棊賭别墅安常棊劣于玄是日玄懼便為
敵手而又不勝安顧謂其甥羊曇曰以墅乞汝安遂游涉至夜乃還
指授將帥各當其任玄等既破堅有捷書至安方對客圍棊看書既
竟便攝放牀上了無喜色棊如故客問之徐答云小兒輩遂已破賊
既罷還内過戶限心喜甚不覺屐齒之折其矯情鎮物如此以總統
功進拜太保安方欲混一文軌上疏求自北征乃進都督揚江荆司

豫徐兗青冀幽并寧益雍梁十五州軍事加黃鉞其本官悉如故置從事中郎二人安上疏讓太保及爵不許是時桓冲旣卒荊江二州並缺物論以玄勲望宜以授之安以父子皆著大勲恐爲朝廷所疑又懼桓氏失職桓石虔復有沔陽之功慮其驍猛在形勝之地終或難制乃以桓石民爲荊州改桓伊於中流石虔爲豫州旣以三桓據三州彼此無怨各得所任其經遠無競類皆如此性好音樂自弟萬喪十年不聽音樂及登台輔朞喪不廢樂王坦之書諭之不從衣冠效之遂以成俗又於土山營墅樓舘林竹甚盛每携中外子姪往來游集肴饌亦費百金世頗以此譏焉而安殊不以屑意常疑劉牢之旣不可獨任又知王味之不宜專城牢之旣以亂終而味之亦以貪敗由是識者服其知人時會稽王道子專權而姦諂頗有相扇構安

出鎮廣陵之步丘築壘曰新城以避之帝出祖于西池獻觴賦詩焉安雖受朝寄然東山之志始末不渝每形于言色及鎮新城盡室而行造汎海之裝欲須經畧粗定自江道還東雅志未就遂遇疾篤上疏請量宜旋旆並召子征虜將軍琰觧甲息徒命龍驤將軍朱序進據洛陽前鋒都督玄抗威彭沛委以董督若二賊假延來年水生東西齊舉詔遣侍中慰勞遂還都聞當輿入西州門自以本志不遂深自慨失因悵然謂所親曰昔桓温在時吾常懼不全忽夢乘温輿行十六里見一白雞而止乘温輿者代其位也十六里止今十六年矣白雞主酉今太歲在酉吾病殆不起乎乃上疏遜位詔遣侍中尚書喻旨先是安發石頭金鼓忽破又語未常謬而忽一誤衆亦怪異之尋薨時年六十六帝三日臨于朝堂賜東園祕器朝服一具衣一襲

錢百萬布千匹蠟五百斤贈太傅謚曰文靖以無下舍詔府中備凶儀及葬加殊禮依大司馬桓温故事又以平苻堅勲更封廬陵郡公安少有盛名時多愛慕鄉人有罷中宿縣者還詣安安問其歸資答曰有蒲葵扇五萬安乃取其中者捉之京師士庶競市價僧數倍安本能爲洛下書生詠有鼻疾故其音濁名流愛其詠而弗能及或手掩鼻以斅之及至新城築埭於城北後人追思之名爲召伯埭羊曇者太山人知名士也爲安所愛重安薨後輟樂彌年行不由西州路嘗因石頭大醉扶路唱樂不覺至州門左右白曰此西州門曇悲感不已以馬策扣扉誦曹子建詩曰生存華屋處零落歸山丘慟哭而去安有二子瑶琰瑶襲爵官至瑯琊王友早卒子該嗣終東陽太守劉裕以安勲德濟世特更封該弟澹爲柴桑侯邑千戶奉安祀

謝萬字萬石才器儁秀雖器量不及安而善自衒曜故早有時譽工言論善屬文敘漁父屈原季主賈誼楚老龔勝孫登嵇康四隱四顯爲八賢論其旨以處者爲優出者爲劣以示孫綽々與往反以體公識遠者則出處同歸嘗與蔡系送客于征虜亭與系爭言系推萬落牀冠帽傾脫萬徐拂衣就席神意自若坐定謂系曰卿幾壞我面系曰本不爲卿面計然俱不以介意時亦以此稱之弱冠辟司徒掾遷右西屬不就簡文帝作相聞其名召爲撫軍從事中郎萬著白綸巾鶴氅裘履版而前既見與帝共談移日太原王述萬之妻父也爲揚州刺史萬嘗衣白綸巾乘平肩輿徑至廳事前謂述曰人言君侯癡君侯信自癡述曰非無此論但晚令耳萬再遷豫州刺史領淮南太守監司豫冀并四州軍事假節王羲之與桓溫箋曰謝萬才流經通

處廊廟參諷議故是後來一器而今屈其邁往之氣以俯順荒餘近是違才易務矣温不從萬既受任北征自率衆入渦潁以援洛陽而先遣征虜將軍劉建修治馬頭城北中郎將郄曇以疾劇退還彭城萬以爲賊盛致退亦引軍還衆潰歸廢後復以爲散騎常侍會卒時年四十二因以爲贈子韶字穆度少有名時謝氏尤彦秀者稱封胡羯末封謂韶胡謂朗羯謂玄末謂川皆其小字也韶朗川並早卒惟玄以功名終韶至車騎司馬韶子恩字景伯宏達有遠畧韶爲黄門郎武昌太守恩二子曜密皆歷顯位

謝石字石奴初拜祕書郎累遷尚書僕射征句難以勳封興平縣伯淮肥之役詔石解僕射以將軍假節征討大都督與兄子玄琰破苻堅先是童謠云誰謂爾堅石打碎故桓豁皆以石名子以邀功焉堅

之敗也雖功始牢之而成于玄琰然石時實爲都督焉遷中軍將軍尚書令更封南康郡公于時學校陵遲石上疏請興復國學以訓冑子班下州郡頒修鄉校疏奏孝武帝納焉兄安薨石遷衛將軍加散騎常侍以公事與吏部郎王恭互相短長恭甚忿恨自陳褊阨不允且疾源深固乞還私門石亦上疏遜位有司奏石輙去職免官詔曰石以疾求退豈準之常制其喻令還歲餘不起表十餘上帝不許石乞依故尚書令王彪之例於府綜攝詔聽之疾篤進位開府儀同三司加鼓吹未拜卒時年六十二石少患面瘡療之莫愈乃自匿夜有物來舐其瘡隨舐隨差舐處甚白故世呼爲謝白面石在職務存文刻既無他才望直以宰相弟兼有大勳遂居清顯而頗以墨取譏卒

謚曰襄子汪嗣

謝玄字幼度少穎悟與從兄朗俱爲叔父安所器重安常戒約子姪因曰子弟亦何豫人事而正欲使其佳諸人莫有言者玄答曰譬如芝蘭玉樹欲使其生於庭階耳安悅玄少好佩紫羅香囊安患之而不欲傷其意因戲賭取即焚之於此遂止及長有經國才畧屢辟不起沒與王珣俱被桓溫辟爲掾並禮重之轉征西將軍桓豁司馬領南郡相監北征諸軍事于時符堅强盛邊境數被侵寇朝廷求文武良將可以鎭禦北方者安乃以玄應舉中書郎郗超雖素與玄不善聞而歎之曰安違衆舉親明也玄必不負舉才也時咸以爲不然超曰吾嘗與玄共在桓公府見其使才雖履屐間亦得其任所以知之於是徵還拜建武將軍兗州刺史領廣陵相監江北諸軍事時符堅遣軍圍襄陽車騎將軍桓冲禦之詔玄發三州人下遣彭城内史何

謙游軍襄淮以爲形援襄陽既没堅將彭超攻龍驤將軍戴逯於彭城玄率東莞太守高衡後軍將軍何謙次于泗口欲遣間使報遂令知救至其道無由小將田泓請行乃没水潛行將趣城爲賊所獲賊厚賂泓使云南軍已敗僞許之既而告城中曰南軍垂至我單行來報爲賊所得勉之遂遇害時彭超置輜重於留城玄乃揚聲遣謙等向留城超聞之還保輜重謙馳進解彭城圍超復進軍南侵堅將句難毛當自襄陽來會超圍幽州刺史田洛於三阿有衆六萬詔征虜將軍謝石率水軍次涂中右衛將軍毛安之游擊將軍河間王曇之淮南太守楊廣宣城内史丘準次堂邑既而盱眙城陷高密内史毛藻没安之等軍人相驚遂各分散朝廷震動玄於是自廣陵西討難等何謙解田洛圍進據白馬與賊大戰破之斬其僞將都督顔因復

進擊又破之斬其僞將邵保超難引退玄率何謙戴逯田洛追之戰于君川復大破之玄參讚劉牢之攻破浮航及白船督護諸葛侃單父合李都又破其運艦難等相率北走僅以身免於是罷彭城下邳二戍詔遣殿中將軍慰勞進號冠軍加領徐州刺史還於廣陵以功封東興縣侯及苻堅自率兵次于項城衆號百萬而凉州之師始達咸陽蜀漢順流幽并繼至先遣苻融慕容暐張蚝苻方將至渡口梁成王先等屯洛澗詔以玄爲前鋒都督徐兗青三州揚州之晉陵幽州之燕國諸軍事與叔父征虜將軍石從弟輔國將軍琰西中郎將桓伊等距之衆八萬玄先遣廣陵相劉牢之五千人直指洛澗即斬梁成及成弟雲步騎崩潰爭赴淮水牢之縱兵追之生擒堅將梁他王顯梁悌慕容屈氏等收其軍實堅進屯壽陽列陣臨肥水玄軍不

得渡玄使謂苻融曰君遠涉境而臨水爲陣是不欲速戰諸君稍却
令將士得周旋僕與諸君緩轡而觀之不亦樂乎堅衆皆曰宜阻肥
水莫令得上我衆彼寡勢必萬全堅曰但却軍令得過而我以鐵騎
數十萬向水逼而殺之融亦以爲然遂麾使却陣衆因亂不能止於
是玄與琰伊等以精銳八千涉渡肥水石軍距張蚝小退琰玄仍進
決戰肥水南堅中流矢臨陣斬融衆奔潰自相蹈藉投水死者不可
勝計肥水爲之不流餘衆弃甲宵遁聞風聲鶴唳皆以爲王師已至
草行露宿重以饑凍死者十七八獲堅乘輿雲母車儀服器械軍資
珍寶山積牛馬驢騾駱駝十萬餘詔遣殿中將軍慰勞進號前將軍
假節固讓不受賜錢百萬綵千匹既而安奏苻堅喪敗宜乘其釁會
以玄爲前鋒都督率冠軍將軍桓石虔徑造渦潁經畧舊都玄復率

衆次于彭城遣參軍劉襲攻堅兗州刺史張崇於鄄城走之使劉牢之守鄄城兗州旣平玄患水道險澁糧運艱難用督護聞人奭謀堰呂梁水樹柵立七埭爲派擁二岸之流以利運漕自此公私利便又進伐青州故謂之青州派遣淮陵太守以三千人向廣固降堅青州刺史苻朗又進伐冀州遣龍驤將軍劉牢之濟北太守丁匡據碻磝濟陽太守郭滿據滑臺奮武將軍顏雄渡河立營堅子丕遣將桑據屯黎陽玄命劉襲夜襲據走之丕惶遽欲降玄許之丕告飢玄饋丕米二千斛三魏皆降以兗青司豫平加玄都督徐兗青司冀幽并七州軍事以勳封康樂縣公玄請以先封東興侯賜兄子玩詔聽之更封玩豫寧伯復遣寧遠將軍春演伐申凱於魏郡破之玄欲令豫州刺史朱序鎮梁國玄住彭城北固河上西援洛陽內藩朝廷朝議以

征役既久宜置戍而還使玄還鎮淮陰以朱序代鎮彭城玄既還遇疾上疏解職詔書不許玄又自陳既不堪攝職慮有曠廢詔又使移鎮東陽城玄即路於道疾篤上疏詔遣高手醫一人令自消息又使還京口療疾玄奉詔便還病久不差又上疏寢不報前後表疏十餘上久之乃轉授散騎常侍左將軍會稽內史玄既輿疾之郡十三年卒於官年四十六追贈車騎將軍開府儀同三司謚曰獻武子瑍嗣

謝敷字慶慶石之子也性澄靖寡欲入太平山十餘年鎮軍郄愔召爲主簿臺徵博士皆不就初月犯少微一名處士星占者以隱士當之譙國戴逵有美才人或期之俄而敷死故會稽人士以嘲吳人云吳中高士便是求死不得死

謝朗字長度父據早卒朗善言玄理文義艷發名亞於玄總角時病

新起體甚羸未堪勞於叔父安前與支遁講論遂至相苦其母王氏再遣信令還安欲留使竟論王氏因出云新婦少遭艱難一生所寄惟在此兒遂携朗去安謂坐客曰家嫂辭情慷慨恨不使朝士見之朗終於東陽太守子重字景重明秀有才名爲會稽王道子驃騎長史嘗因侍坐于時月夜明凈道子嘆以爲佳重率爾曰意謂乃不如微雲點綴道子因戲重曰卿居心不凈乃復強欲滓穢太清邪子絢瞻晦嚼遯絢位至宋文帝鎮軍長史早卒子世基與嚼遯晦子世休嚼子世平同晦辟

謝琰字瑗度弱冠以貞幹稱美風姿與從兄護軍淡雖比居不往來宗中子弟惟與才令者數人相接拜著作郎轉祕書丞累遷散騎常侍七中符堅之役安以琰有軍國才用出爲輔國將軍以精兵八千

與從兄玄俱陷陣破堅以勳封望蔡公尋遭父憂去官服闋除征虜將軍會稽內史頃之徵爲尚書右僕射領太子詹事加散騎常侍將軍如故又遭母憂朝廷疑其葬禮時議者云潘岳爲賈充婦宜城宣君誄云昔在武侯喪禮殊倫伉儷一體朝儀則均謂宜資給葬禮悉依太傅故事先是王珣娶萬女珣弟珉娶安女並不終由是與謝氏有隙珣時爲僕射猶以前憾緩其事琰聞恥之遂自造輼輬車以葬議者譏之太元末爲護軍將軍加右將軍會稽王道子以爲司馬右將軍如故王恭舉兵假琰節都督前鋒軍事恭平遷衞將軍徐州刺史假節孫恩作亂加督吳興義興二郡軍事討恩至義興斬賊許允之迎太守魏鄢還郡進討吳興賊丘尫破之又詔琰與輔國將軍劉牢之俱討孫恩乜逃于海島朝廷憂之以琰爲會稽內史都督五郡

軍事本官並如故琰既以資望鎮越土議者謂無復東顧之虞恩後復寇山陰琰出禦之至千秋亭敗績帳下督張猛于後斫琰馬琰墮地與二子肇峻俱遇害詔以琰父子隕於君親忠孝萃於一門贈琰侍中司空謚曰忠肅三子肇峻混詔贈肇散騎常侍峻散騎侍郎

謝邈字茂度父鐵永嘉太守邈性剛鯁無所屈撓頗有理識累遷侍中時孝武帝觴樂之後多賜侍臣文詔辭義有不雅者邈輒焚毀之其他侍臣被詔者或宣揚之故論者以此多邈後爲吳興太守孫恩之亂爲賊胡桀部驃等所執賊逼令比面邈厲聲曰我不得罪天子何北面之有遂害之

宋

謝裕字景仁朗弟允之子而晦從父也名與宋武帝諱同故稱字允

字合度位宣城內史景仁㓜時與從祖安相及爲安所知始爲前軍行叅軍會稽王世子元顯嬖人張法順權傾一時內外無不造門唯景仁不至年三十而方爲著作佐郎桓玄誅元顯見景仁謂四坐曰司馬庶人父子云何不敗遂令謝景仁三十而方佐著作郎景仁博聞强識善叙前言往行玄每與之言不倦也及武帝平建鄴景仁與百僚同見帝目之曰此名公孫也歷位武帝鎭軍司馬復爲車騎司馬義熙五年帝將伐慕容超朝議皆謂不可劉毅時鎭姑孰固止帝以爲符堅侵境謝太傅猶不自行宰相遠出傾動根本景仁獨曰公建桓文之烈應天人之心匡復皇祚芟夷姦逆雖業高振古而德刑未孚宜推亡固存廣樹威畧鮮卑密邇壃句屢犯邊垂伐罪弔民於是乎在平定之後養銳息徒然後觀兵洛汭修復園寢豈有坐長寇

虜縱敵貽患者哉帝納之及北伐大司馬瑯邪王天子母弟屬當儲副帝深以根本爲憂轉景仁爲大司馬司馬專總府任右衛將軍加給事中又遷吏部尚書時從兄混爲左僕射依制不得相臨帝啟依僕射王彪之尚書王劭前例不解職坐選吏部後坐事爲御史中丞鄭鮮之所糾白衣領職八年遷領軍將軍十一年轉右僕射仍轉左僕射景仁性矜嚴整潔居宇淨麗每唾輒唾左右人衣事畢即聽一日澣濯每欲唾左右爭來受帝雅相重申以婚姻盧陵王義真妃景仁女也十二年卒時年四十七追贈金紫光祿大夫加散騎常侍葬日帝親臨哭之甚慟

謝純字景懋初爲劉毅豫州別駕毅鎮江陵以爲衛軍長史南平相王鎮惡率軍襲毅已至城下時毅疾病佐吏皆入參承純參承畢已

出聞兵至馳還入府左右引車欲還外解純叱之曰我人吏也逃欲何之乃入及毅兵敗衆散時已暗夜司馬毛修之謂純曰君但隨僕純不從扶兩人出火光中爲人所殺弟鼎字景鼎位司徒右長史弟述純孫沈泰始初爲巴陵王休若脩軍錄事參軍山陰令坐事死

謝述字景先小字道兜少有志行隨兄純在江陵純遇害述奉純喪還都行至西塞値暴風純喪舫流漂不知所在述乘小船尋求之經純妻庾舫過庾遣人謂述曰喪舫存没已應有在風波如此豈可小船所冒小郎去必無及寧可存亡俱盡邪述號泣荅曰若安全至岸當須營理如其已致意外述亦無心獨存因冒浪而進見純喪幾没述號叫呼天幸而獲免咸以爲精誠所致也帝聞而嘉之及臨豫州諷中正以爲迎主簿甚被器遇景仁愛鼎而憎述常設饌請帝希命

𧇊豫坐而帝召述匕知非景仁夙意又慮帝命之請急不從帝馳遣呼述須至乃殯其見重如此及景仁疾述盡心視湯藥飲食必嘗而後進衣不觧帶不盥櫛者累旬景仁深感愧爲友愛遂篤及景仁卒哀號過禮景仁肥壯買材數具皆不合用述哀惶親選廼獲焉爲太尉參軍從征司馬休之封吉陽縣五等侯出補長沙內史有惠政元嘉二年徵拜中書侍郎明年出爲武陵太守彭城王義康驃騎長史領南郡太守先是述從兄曜爲義康長史喪官述代之義康入相述又爲司徒左長史轉左衛將軍莅官清約私無宅舍義康遇之甚厚尚書僕射殷景仁領軍將軍劉湛並與述爲異常之交美風姿善舉止湛每謂人曰我見謝道兒未嘗足雍州刺史張邵以贓貨下廷尉將致大辟述上表陳邵先朝舊勳宣蒙優貸帝手詔酬納焉述語子

綜曰曰主上矜邵夙誠將加曲恕吾所謬會故特見酬納耳若此疏迹宣布則爲侵奪主恩不可之大者也使綜對前焚之帝後謂邵曰卿之獲免謝述有力焉述有心虛疾性理有時乖謬除吳郡太守以疾不之官病差補吳興太守在郡清省爲吏民所懷十二年卒時年四十六喪還京師未至數十里殷景仁劉湛同乘迎赴望船流涕十七年劉湛誅義康外鎮將行歎曰謝述唯勸吾退劉湛唯勸吾進今述亡而湛存吾所以得罪也帝曰謝述若存義康必不至此三子綜約緯綜有才藝善隸書爲太子中舍人與約坐舅范曄伏法緯尚帝第五女長城公主素爲約所憎免死徙廣州孝建中還京師方雅有父風明帝泰始中至正員郎中子朓

謝瀹字景恒晦從叔也父瑶晉琅琊王友瀹任達仗氣不營當世與

順陽范泰爲雲霞之交歷位尚書宋武帝將受禪有司議使侍中劉叡進璽帝曰此選當須人望乃使澹攝澹嘗侍帝宴酣飲大言無所屈鄭鮮之欲按之帝以爲澹方外士不宜規矩繩之然意不說不以任寄後復侍飲醉謂帝曰陛下用羣臣但須委屈順者乃見貴汲黯之徒無用也帝大笑景平中累遷光祿大夫從子晦爲荊州將之鎮詣澹別晦色自矜澹問晦年答曰三十五澹笑曰昔荀中郎年二十九爲北府都督卿比之已爲老矣晦色甚愧元嘉中位侍中特進金紫光祿大夫卒初澹從弟混與劉毅昵澹常以爲憂漸踈混每謂弟璞從子瞻曰益壽此性終當破家混尋見法朝廷以澹先言故不及禍璞字景山幼孝友祖安深賞愛之位光祿勳

謝混字叔源小字益壽少有美譽善屬文初孝武帝爲晉陵公主求

壻謂王珣因云婿但如劉真長王子敬便足如王處仲桓元子誠可才小富貴便豫人家事珣對曰謝混雖不及真長不減子敬帝曰如此便足未幾帝崩袁山松欲以女妻之珣曰卿莫近禁臠初元帝始鎮建業公私窘罄每得一㹠以爲珍膳項上一臠尤美輒以薦帝羣下未常敢食于時呼爲禁臠故珣因以爲戲混竟尚主襲父爵桓玄嘗欲以安宅爲營混曰召伯之仁猶惠及甘棠文靖之德更不保五畝之宅邪玄聞慙而止歷中書令中領軍尚書左僕射領選因劉毅被害

謝方明裕從祖弟也祖鐵字鐵石位永嘉太守父冲字秀度中書郎家在會稽病歸爲孫恩所殺贈散騎常侍方明隨伯父吳興太守邈在郡孫恩寇會稽東土諸郡響應吳興人胡桀郜驃破東遷縣方明

勸邈避之不從賊至被害方明逃免初邈舅子長樂馮嗣之及北方學士馮翊仇玄達俱投邈禮待甚簡二人並恨遂與恩通謀劉牢之謝琰等討恩匕走臨海嗣之等不得同去方更聚合方明體素羸弱而勇決過人結邈門生討嗣之等悉禽手刃之時亂後吉凶禮廢方明合門遇禍貲產無遺而營舉凶功盡力數月葬送並畢平世備禮無以加也頃之孫恩重陷會稽謝琰見害因購方明甚急方明於上虞載母妹奔東陽由黃蘗嶠出鄱陽附載還都寄居國子學流離險阸屯苦備經而貞履之操在約無改桓玄尅建鄴丹陽尹卞範之勢傾朝野欲以女嫁方明方明終不回桓玄聞而賞之卽除著作佐郎從兄景仁舉爲宋武中軍主簿方明知無不爲帝謂曰愧未有爪衍之賞且當與卿共豫章國祿屢加賞賜方明嚴恪善自居遇雖暗室

未嘗有惰容從兄混有重名唯歲節朝拜而已丹陽尹劉穆之權重當時朝野輻凑其不至者唯混方明郗僧施蔡廓四人而已穆之甚恨及混等死後方明廓往來造穆之穆之大悅白武帝曰謝方明可謂名家駒及蔡廓直置並台鼎人無論復有才用頃之轉從事中郎仍爲右將軍道憐長史武帝令府中衆事皆諮決之府轉爲中軍長史尋加晉陵太守復爲驃騎長史南郡相委任如初嘗年終江陵縣獄囚事無輕重悉放歸家使過正三日還到罪重者二十餘人綱紀以下莫不疑懼時晉陵郡送故主簿弘季咸徐壽之並隨在西固諫以爲昔人雖有其事或是記籍過言且當今人情僞薄不可以古義相許方明不納一時遣之囚及父兄並驚喜涕泣以爲就死無恨至期有重罪一人醉不能歸違二日乃反餘一四十日不來五官朱千

期請見欲自討之方明知爲囚事使左右謝五官不須入囚自當反囚逡廵墟里不能自歸鄉村責讓率領將送竟無逃者遠近歎服焉宋武帝受命位侍中丹陽尹有能名轉會稽太守江東民戶殷盛風俗峻刻强弱相陵姦吏蜂起符書一下文攝相續方明深達政體不拘文法濶畧苛細務在綂領貴族豪士莫敢犯禁除比伍之坐判久繫之獄前後征伐每兵運不充悉倩士庶事寧皆使還本而守宰不明與奪乖謬人事不至必被抑塞方明簡汰精當各順所宜東土稱詠之性尤愛惜未嘗有所是非承代前人不易其政必宜改者則漸變使無迹可尋卒官子惠連

謝靈運祖玄晉車騎將軍父瑍生而不慧爲祕書郎蚤亡靈運幼便穎悟玄甚異之謂親知曰我乃生瑍瑍那得不生靈運靈運少好學

愽覽羣書文章之美與顔延之爲江左第一縱橫俊發過於延之深密則不如也從叔混特知愛之襲封康樂公以國公例除員外散騎侍郎不就爲琅邪王大司馬行參軍性奢豪車服鮮麗衣裳器物多改舊制世共宗之咸稱謝康樂也宋武帝在長安靈運爲世子中軍諮議黄門侍郎奉使慰勞武帝於彭城作撰征賦後爲相國從事中郎世子左衛率坐輒殺門生免官宋受命降公爵爲侯又爲太子左衛率靈運爲性褊激多愆禮度朝廷唯以文義處之不以應實相許自謂才能宜參權要既不見知常懷憤乚廬陵王義真少好文籍與靈運情款異常少帝即位權在大臣靈運構扇異同非毁執政司徒徐羨之等患之出爲永嘉太守郡有名山水靈運素所愛好出守既不得志遂肆意游遨徧歴諸縣動踰旬朔民間聽訟不復關懷所至

輒爲詩詠以致其意焉在郡一周稱疾去職從弟晦曜弘微等並與書止之不從靈運父祖並葬始寧縣并有故宅及墅遂移籍會稽修營別業傍山帶江盡幽居之美與隱士王弘之孔淳之等縱放爲娛有終焉之志每有一詩至都邑貴賤莫不競寫宿昔之間士庶皆徧遠近欽慕名動京師作山居賦并自注以言其事靈運詩書皆兼獨絶每文竟手自寫之文帝稱爲二寶然每以此見接有時侍宴談賞而已王曇首王華殷景仁名素不踰之並見任遇意既不平多稱疾不朝直穿池植柳種竹樹果驅課公役無復期度出郭游行或一日百六七十里經旬不歸既無表聞又不請急上不欲傷大臣諷旨令自解靈運乃上表陳疾上賜假東歸將行上書勸伐河北靈運東歸而遊娛宴集以夜續晝復爲御史中丞傅隆所奏坐以免官是歲元

嘉五年靈運既東還與族弟惠連東海何長瑜潁川荀雍太山羊璿之以文章賞會共爲山澤之游時人謂之四友惠連幼有才悟而輕薄不爲父方明所知靈運去永嘉還始寧時方明爲會稽郡靈運嘗自始寧至會稽造方明過視惠連大相知賞時長瑜教惠連讀書亦在郡内靈運又以爲絶倫謂方明曰阿連才悟如此而尊作常兒遇之何長瑜當今仲宣而飴以下客之食尊既不能禮賢宜以長瑜還靈運靈運載之而去靈運因父祖之資生業甚厚奴僮既衆義故門生數百鑿山浚湖功業無已尋山陟嶺必造幽峻巖嶂千重莫不備盡登躡常著木屐上山則去前齒下山則去後齒嘗自始寧南山伐木開逕直至臨海從者數百人臨海太守王琇驚駭謂爲山賊徐知是靈運乃安又要琇更進琇不肯靈運贈琇詩曰邦君難地險旅客

易山行在會稽亦多徒衆驚動縣邑太守孟顗事佛精懇而爲靈運所輕嘗謂顗曰得道應須慧業文人卿生天當在靈運前成佛必在靈運後顗深恨此言會稽東郭有回踵湖靈運求決以爲田文帝令州郡履行此湖去郭近水物所出百姓惜之顗堅執不與靈運既不得回踵又求始甯岯崲湖爲田顗又固執靈運謂顗非存利民正慮決湖多害生命言論侵之與顗遂構隙顗因靈運横恣百姓驚擾乃表其異志發兵自防露板上言靈運馳出京都詣闕上表文帝知其見誣不罪也不欲使東歸以爲臨川内史在郡遊放不異永嘉爲有司所糾司徒遣使隨州從事鄭望生收靈運靈運執録望生興兵越逸爲詩曰韓亡子房奮秦帝魯連恥本自江海人忠義感君子有司追討擒之送廷尉論正上刑上愛其才免官而已彭城王義康執不

宜恕詔以

謝玄勳參微管宜宥及後嗣降死徙廣州後竟爲有司奏治棄市廣州臨死作詩曰龔勝無餘生李業有終盡嵇公理既畢霍生命亦殞猶前詩子房魯連之意也時元嘉十年年四十九子鳳早卒

謝瞻字宣遠又曰檐字通遠六歲能屬文爲紫石英贊果然詩爲當時才士歎異與從叔琨族弟靈運俱有盛名嘗作喜霽詩靈運寫之琨詠之王弘在坐以爲三絶瞻幼孤叔母劉撫養有恩兄弟事之同於至親劉弟柳爲吳郡將姊俱行瞻不能違遠自楚臺秘書郎觧職隨從故爲柳建威長史後爲宋武帝相國從事中郎晦時爲宋臺右衛權遇已重於彭城還都迎家賓客輻湊門巷填咽時瞻在家驚駭謂晦曰吾家以素退爲業交遊不過親朋而汝遂勢傾朝野此豈門

戶福邪乃籬隔門庭曰吾不忍見此及還彭城言於武帝曰臣本素士父祖位不過二千石弟年始三十志用凡近位任顯密禍過從生其應無遠特乞降黜以保衰門前後屢陳帝欲以瞻爲吳興郡又自陳請乃爲豫章太守晦或以朝廷密事語瞻々輒向親舊說以爲戲笑以絶其言晦遂建佐命功瞻愈憂懼永初二年在郡遇疾不療幸於不永晦聞疾奔波瞻見之曰汝爲國大臣又揔戎重萬里遠出必生疑謗時果有詐告晦反者瞻疾篤還都帝以晦禁旅不得出宿使瞻居于晉南郡公主婿羊賁故第在領軍府東門瞻曰吾有先人弊廬何爲於此臨終遺晦書曰吾得歸骨山足亦何所多恨弟思自勉勵爲國家卒時年三十五靈運父瑍無才能爲祕書郎早卒而靈運好臧否人物琨患之欲加裁折未有其方謂瞻曰非汝莫能乃與晦

瞻弘微等共游戲使瞻與靈運共車靈運登車便商較人物瞻謂曰祕書早亡談者亦互有同異靈運默然言論自此衰止

謝晦字宣明初爲孟昶建威府中兵參軍昶死宋武帝問劉穆之昶府誰堪入府穆之舉晦即命爲太尉參軍帝嘗訊獄其旦刑獄參軍有疾以晦代之晦車中一覽訊牒隨問酬對無失帝奇之即日署刑獄賊曹轉豫州治中從事義熙八年土斷僑流郡縣使晦分判揚豫民戶以平允見稱入爲太尉主簿從征司馬休之時徐逵之戰死帝將自登岸諸將諫不從晦持帝乜曰我斬卿晦曰天下可無晦不可無公晦死何有會胡藩登岸賊退乃止晦美風姿善言笑眉目分明鬒髮如墨涉獵文義憐贍多通時人以方楊德祖微將不及晦聞猶以爲恨帝深加愛賞從征關洛內外要任悉委之帝於彭城大會命

紙筆賦詩晦恐帝有失起諫帝卽代作曰先蕩臨淄穢却清河洛塵華陽有逸驥桃林無伏輪於是羣臣並作詩謝琨風華爲江左第一常與晦懼在武帝前帝目之曰一時頓有两玉人耳劉穆之遣使陳事晦往〻異同穆之怒曰公復有還時不及帝欲以晦爲從事中郎穆之堅執不與故終穆之世不遷及穆之喪問至帝哭之甚慟晦時正直喜甚自入閤內叅審穆之死問其日教出轉晦從事中郎宋臺建爲右衞將軍加侍中帝聞咸陽淪沒欲復北伐晦諫以士馬疲息乃止於是登城北望慨然不悅乃命羣僚諷詩晦詠王粲詩曰南登覇陵岸回首望長安悟彼下泉人喟然傷心肝帝流涕不自勝及帝受命於石頭登壇備法駕入宮晦領游軍爲警遷中領軍以佐命功封武昌縣公尋轉領軍將軍散騎常侍依晉中軍羊祜故事入直殿

省總統宿衛帝不豫與徐羨之傅亮檀道濟並侍醫藥少帝卽位加領中書令與徐傅輔政及少帝廢徐羨之以晦領護南蠻校尉荆州刺史加都督欲令居外爲援慮文帝至或別用人故遽有此授精兵舊將悉以配之文帝卽位晦慮不得去甚憂惶及發新亭顧石頭城喜曰今得脫矣進封建平郡公二女當配彭城王義康新野矦義賓元嘉二年遣妻曹及長子世休送女還都時朝廷處分異常其謀頗泄三年正月晦弟黄門侍郎皭馳使告晦匕猶謂不然帝誅徐傅等及晦子世休收皭匕子世平晦知訖先舉羨之亮哀次發子弟凶問旣而自出射堂配得精兵三萬人乃奉表陳情時帝已戒嚴尙書符荆州暴其罪狀晦率衆二萬發江陵舟艫列自江津至于破家旗旌相照歎曰恨不得以此爲勤王之師移檄建鄴言王弘王曇首王華

等罪又上表陳情初晦與徐傅謀爲自全計晦據上流檀鎮廣陵各有强兵足制朝廷羨之亮於中知權可得持久及帝將行召檀道濟委之以衆晦始謂道濟不全及聞其來大衆皆潰晦還江陵北奔魏被擒送都伏法時年三十七

謝瞻字宣鏡幼有殊行年數歲所生母郭氏久嬰痼疾晨昏溫清和藥於膳不闕一時勤容戚顏未嘗暫改恐僕役營疾懈倦躬自執勞母爲病畏驚微踐過甚一家尊卑感瞻至性咸納屨而行屏氣而語如此者十餘年初爲州主簿中軍行參軍太子舍人俄遷祕書丞自以兄居權貴已蒙超擢固辭不就徐羨之請爲司空長史黃門郎元嘉三年從晦坐死時年三十一

謝密字弘微祖韶車騎司馬父思武昌太守弘微年十歲繼從叔峻

名犯所繼内諱故以字行童幼時精神端審時然後言峻兄混名知
人見而異之謂思曰此兒深中夙敏方成佳器有子如此足矣峻司
空琰子也於弘微本服緦親戚中表素不相識率意承接皆合禮度
義熙初襲爵建昌縣侯弘微家素貧儉而所繼豐泰唯受數千卷書
國吏數人而已遺財祿秩一不關預混聞而驚歎謂國郎中令漆凱
之曰建昌國祿本應與北舍共之國侯既不措意今可依常分送弘
微重違混言乃少有所受混風格高峻少所交納唯與族子靈運瞻
曜弘微竝以文義賞會嘗共宴處居在烏衣巷故謂之烏衣之遊混
五言詩所云昔爲烏衣遊戚戚皆親姪者也其外雖復高流時譽莫
敢造門瞻等才辭辯富弘微每以約言服之混特所敬貴號曰微子
謂瞻等曰汝諸人雖才義豐辯未必皆愜衆心至於領會機賞言約

理要故當與我共推微子常云阿遠剛躁負氣阿客博而無檢曜恃才而持操不篤晦自知而納善不周設復功濟三才紾亦以此爲恨至如微子吾無間然又云微子異不傷物同不害正若年迨六十必至公輔嘗因酣宴之餘爲韻語以獎勸靈運瞻等曰康樂誕通度實有名家韻若加繩染功剖瑩乃瓊瑾宣明體遠識頴達且沈儁若能去方執穆穆三才順阿多標獨解弱冠纂華胤質勝戒無文其尚又能峻通遠懷清悟采采標蘭訊直轡鮮不躓抑用解偏吝微子基微尚無勸由慕藺勿輕一簣少進往將千仞數子勉之哉風流由爾振如不犯所知此外無所慎靈運等並有誠勵之言唯弘微獨盡褒美曜弘微兄多其小字也遠卽瞻字靈運小名客兒晉世名家身有國封者趍家多拜員外散騎侍郎弘微亦拜員外散騎琅琊王大司馬

參軍義熙八年混從坐劉毅死妻晉陵公主改適瑯琊王練公主雖執意不行而詔與謝氏離絶公主以混家事委之弘微混仍世宰輔一門兩封田業十餘處僮役千人唯有二女年數歲弘微經紀生業事若在公一錢尺帛出入皆有文簿遷通直郎武帝受命晉陵公主降爲東鄉君以混得罪前代東鄉君節義可嘉聽還謝氏自混亡至是九載而室宇修整倉庫充盈門徒業使不異平日田疇墾闢有加於舊東鄉君嘆曰僕射平生重此子可謂知人僕射爲不亡矣中外姻親道俗義舊見東鄉之歸者入門莫不歎息或爲之涕流感弘微之義也性嚴正舉止必循禮度事繼親之黨恭謹過常伯叔二母歸宗兩姑晨夕瞻奉盡其誠敬内外傳語通訊輒正其衣冠奴婢之前不妄言笑由是尊卑小大敬之若神時有蔡湛之者及見謝安兄弟

謂人曰弘微貌類中郎而性似文靖文帝初封宜都王鎮江陵以琅琊王球爲友弘微爲文學母憂去職居喪以孝稱服闋蔬素踰時文帝即位爲黃門侍郎與王華王曇首殷景仁劉湛等號曰五臣遷尚書吏部郎參機密尋轉右衛將軍諸故吏臣佐並委弘微選擬居身清約器服不華而飲食滋味盡其豐美兄曜歷御史中丞彭城王義康驃騎長史卒官弘微哀戚過禮服雖除猶不噉魚肉沙門釋慧琳嘗與共食見其猶蔬素謂曰檀越素既多疾即吉猶未復膳若以無益傷生豈所望於得理弘微曰衣冠之變禮不可踰在心之哀實未能已遂廢食歔欷不自勝弘微少孤事兄如父友睦之至舉世莫及口不言人短長兄曜好臧否人物每聞之常亂以他語歷位中庶子加侍中志在素宦畏忌權寵固讓不拜乃聽解中庶子每獻替及陳

事必手書焚草人莫之知上以弘微能膳羞每就求食弘微與親舊經營及進之後親人問上所御弘微不荅別以餘語酬之時人比之漢世孔光及東鄉君薨遺才千萬園宅十餘又會稽吳興瑯邪諸處太傅安司空琰時事業奴僮猶數百人公私咸謂室內資財宜歸二女田宅僮僕應屬弘微弘微一不取自以私祿營葬混女夫殷叡素好樗蒱聞弘微不取財物乃濫奪其妻妹及伯母兩姑之分以還戲責內人皆化弘微之讓一無所爭弘微舅子領軍將軍劉湛謂弘微曰天下事宜有裁衷卿此不問何以居官弘微笑而不答或有譏以謝氏累世財産充殷君一朝戲責譬棄物江海以爲廉耳弘微曰親戚爭財爲鄙之甚今內人尚能無言豈可導之使爭今分多共少不至有乏身死之後豈復見關東鄉君葬混墓開弘微牽疾臨赴病遂

甚元嘉十年卒年四十二文帝歎惜甚至謂謝景仁曰謝弘微王曇首年踰四十名位未盡其才此朕之責也弘微性寬博無喜愠末年甞與友人棊友人西南棊有死勢復一客曰西南風急或有覆舟者友悟乃救之弘微大怒投局於地識者知其暮年之事果以此歲終時有一長鬼寄司馬文宣家言被遣殺弘微弘微疾每劇輒豫告文宣及弘微死與文宣分别而去弘微臨終語左右曰有二厨書須劉領軍至可於前燒之愼勿開也書是文帝手敕上甚痛惜使二衛千人營畢葬事追贈太常弘微與琅邪王慧王球並以簡淡稱人謂沈約曰王慧何如約曰令明簡次問王球約曰倩玉淡又次問弘微約曰簡而不失淡而不流古之所謂名臣弘微當之其見羙如此子莊

謝惠運年十歲能屬文族兄靈運加賞之云每有篇章對惠連輒得

佳語嘗於永嘉西堂思詩竟日不就忽夢見惠連即得池塘生春草大以爲工常云此語有神功非吾語也本州辟主簿不就惠連先愛幸會稽郡吏杜德靈及居父憂贈以五言詩十餘首乘流遵歸路諸篇是也坐廢不豫榮位尚書僕射殷景仁愛其才言次白文帝言臣小兒時便見此文而論者云是惠連其實非也文帝曰若此便應通之元嘉七年方爲司徒彭城王義康法曹行參軍義康修東府城城塹中得古冢爲之改葬使惠連爲祭文留信待成其文甚美又爲雪賦以高麗見竒靈運見其新文每曰張華重生不能易也文章竝行於世年三十七卒既早亡輕薄多尤累故官不顯無子惠連弟惠宣位臨川太守

齊

謝稚字孺子後以字行又字元昭父恂字泰溫位鄱陽太守稚少與族兄莊齊名多藝能尤善聲律車騎將軍王彧孺子姑之子也嘗與孺子宴桐臺孺子吹笙彧自起舞既而歎曰今日真使人飄飄有伊洛間意爲新安王主簿出爲廬江郡辭宋孝武謂有司曰謝孺子不可屈爲小郡乃以爲司徒主簿後以家貧求西陽太守卒官子璟少與從叔朓俱知名齊竟陵王子良開西邸招文學璟亦預焉位中書郎梁天監中爲左民尚書再遷侍中固辭年老求金紫帝不悅未叙會卒子徵

謝朓字玄暉蕭子顯齊書作眺少好學有美名文章清麗爲齊隨王子隆鎮西功曹轉文學子隆在荊州好辭賦朓尤被賞不捨日夕長史王秀之以朓年少相動欲以啟聞朓知之因事求還道中爲詩寄

西府曰常恐鷹隼擊時菊委嚴霜寄言罻羅者寥廓已高翔是也仍除新安王中軍記室朓牋辭時荆州信去倚待朓執筆便成文無點易以本官兼尚書殿中郎隆昌初敕朓接北使朓自以口訥啟讓見許明帝輔政以爲驃騎諮議領記室掌霸府文筆又掌中書詔誥轉中書郎出爲晉安王鎮北諮議南東海太守行南徐州事啟王敬則反謀上甚賞之遷尚書吏部郎朓上表三讓優荅不許朓善草隸長五言詩沈約常云二百年來無此詩也敬皇后遷祔山陵朓撰哀策文齊世莫有及者東昏失德江祏欲立江夏王寶玄末更回惑與弟祀密謂朓曰江夏年少脫不堪不可復行廢立始安年長入纂不乖物望非以此要富貴只求安國家爾遥光又遣親人劉渢致意於朓朓自以受恩明帝不肯荅少日遥光以朓兼知衛尉事朓懼見引即

以祏等謀告左興盛又說劉暄曰始安一旦南面則劉渢劉晏居卿今地但以卿為反覆人爾暄陽驚馳告始安王及江祏始安欲出朓為東陽郡祏固執不與先是朓常輕祏為人祏常詣朓朓因言有一詩呼左右取既而便停祏問其故云定復不急祏以為輕已後祏及弟祀劉渢劉晏俱候朓朓謂祏曰可謂帶二江之雙流以嘲弄之祏轉不堪至是構而害之詔暴其過惡收付廷尉又使御史中丞范岫奏收朓下獄死時言三十六臨終謂門賓曰寄語沈公君方為三代史亦不得見沒初朓告王敬則反敬則女為朓妻常懷刀欲報朓朓不敢相見及當拜吏部謙挹尤甚尚書郎范縝嘲之曰卿人才無慙小選但恨不可刑于寡妻朓有愧色及臨終歎曰天道其不昧乎我雖不殺王公王公因我而死朓好獎人才會稽孔覬粗有才筆未為

時知孔珪嘗令草讓表以示朓朓嗟吟良久手自折簡寫之謂珪曰士子聲名未立應共獎成無惜齒牙餘論其好善如此子謨尙梁武帝女永世公主帝倍盟謨爲書狀如詩贈主主以呈帝甚蒙矜歎而終不得還尋用謨爲王府諮議時以爲約與朓善爲制此書云

謝莊字希逸七歲能屬文通論語及長韶令美容儀宋文帝見而異之謂尙書僕射殷景仁領軍將軍劉湛曰藍田生玉豈虛也哉爲隨王誕後軍諮議領記室分左氏經傳隨國立篇製木方丈圖山川土地各有分理離之則州郡殊別合之則寓內爲一元嘉二十七年魏攻彭城遣尙書李孝伯與鎭軍長史張暢語孝伯訪問莊及王微其名聲遠布如此二十九年除太子中庶子時南平王鑠獻赤鸚鵡普詔羣臣爲賦太子左衛率袁淑文冠當時作賦畢示莊及見莊賦歎

曰江東無我卿當獨秀我若無卿亦一時之傑遂隐其賦元凶弒立轉司徒左長史孝武入討密送檄書與莊合加改正宣布之莊遣腹心門生具慶奉啟事密詣孝武陳誠及帝踐祚除侍中時魏求通互市上詔羣臣博議莊議以爲拒而觀釁有足表强驃騎竟陵王誕當爲荆州徵丞相荆州刺史南郡王義宣入輔義宣固辭不入而誕便尅日下船莊以丞相既無入志而驃騎發便有期如似欲相逼切帝乃申誕發日義宣竟亦不下孝建元年遷左將軍莊有口辯孝武嘗問顏延之曰謝希逸月賦何如答曰美則美矣但莊始知隔千里兮共明月帝召莊以延之荅語七之莊應聲曰延之作秋胡詩始知生爲久離別沒爲長不歸帝撫掌竟日又王玄謨問莊何者爲雙聲何者爲疊韻荅曰互護爲雙聲磝碻爲疊韻其捷速若此初孝武嘗賜

莊寶劍莊以與豫州刺史魯爽後爽叛帝因宴問劍所在荅曰昔以
與魯爽別竊爲陛下杜郵之賜上甚悅當時以爲知言于時搜才路
狹莊表陳求賢之義是年拜吏部尚書莊素多疾不願居選部與大
司馬江夏王義恭牋自陳三年坐疾多免官大明元年起爲都官尚
書遷左衞將軍加給事中時河南獻舞馬詔羣臣爲賦莊所上甚美
又使莊作舞馬歌令樂府歌之五年又爲侍中領前軍將軍時孝武
出行夜還敕開門莊居守以棨信或虛須墨詔乃開上後因宴從容
曰卿欲効郅君章邪對曰臣聞蒐巡有度郊祀有節盤于游田著之
前誡陛下今蒙犯塵露晨往宵還恐有不逞之徒妄生矯詐臣是以
伏須神筆乃敢開門六年又爲禮部尚書領國子博士坐選公車令
張奇免官事在顏師伯傳後除吴郡太守前廢帝即位以爲金紫光

祿大夫初孝武寵姬殷貴妃薨莊爲誄言贅軌堯門引漢昭帝母趙婕妤堯母門事廢帝左東宮銜之至是遣人詰莊曰卿昔作殷貴妃誄知有東宮不將誅之孫奉伯說帝曰死是人之所同政復一往之苦不足爲困莊少長富貴且繫之尚方使知天下苦劇然後殺之未晚帝曰卿言有理繫於左尚方明帝定亂得出使爲赦詔莊夜出署門方坐命酒酌之已微醉傳詔停待詔成其文甚工後爲尋陽王師加中書令散騎常侍尋加金紫光祿大夫給親信二十人卒贈右光祿大夫謚憲子所著文章四百餘首行于世五子颺朏顥嵸瀹世謂莊名子以風月景山水颺位晋平太守女爲順帝皇后追贈金紫光祿大夫

謝超宗 隨父鳳嶺南元嘉末得還與慧休道人來往好學有文辭盛

得名譽選補新安王子鸞國常侍王母殷淑儀卒超宗作誄奏之帝大嗟賞謂謝莊曰超宗殊有鳳毛靈運復出時右衛將軍劉道隆在御坐出候超宗曰聞君有異物可見乎超宗曰懸罄之室復有異物邪道隆武人無識正觸其父名曰旦侍宴至尊說君有鳳毛超宗徒跣還内道隆謂檢覓毛至闇待不得乃去泰始中爲尚書殿中郎三年都令史駱宰議策秀才考格五問並得爲上四三爲中二爲下一不第超宗議不同詔從宰議齊高帝爲領軍愛其才衛將軍袁粲聞之謂高帝曰超宗開亮善可與語取爲長史臨淮太守粲死高帝以超宗爲義興太守昇明二年坐公事免詣東府門自通其日風寒高帝謂四坐曰此客至使人不衣自煖矣超宗既坐飲酒數盃辭氣横出高帝對之甚歡及齊受禪爲黄門郎有司奏撰郊廟歌上敕司徒

褚淵侍中謝朏散騎侍郎孔珪太學博士王晅之摠明學士劉融何
法圖何曇秀作者凡十人超宗辭獨見用爲人恃才使酒多所陵忽
在直省常醉上召見語及北方事超宗曰虜來二十年矣佛出亦無
如之何以失儀出爲南郡王中軍司馬人問曰承有朝命定是何府
超宗怨望荅曰不知是爲司馬是爲司驢旣是驢府政應爲司驢爲
有司奏以怨望免禁錮十年後司徒褚淵因送湘州刺史王僧虔閤
道壞墜水僕射王儉驚跣下車超宗拊掌笑曰落水三公墜車僕射
淵出水霑濕狠藉超宗先在僧虔舫抗聲曰有天道焉天所不容地
所不受投畀河泊河伯不受淵大怒曰寒士不遜超宗曰不能賣袁
劉得富貴焉免寒士前後言誚稍布朝野武帝即位使掌國史除竟
陵王征北諮議領記室逾不得志超宗爲子娶張敬兒女爲婦帝甚

疑之及敬兒誅超宗謂丹陽尹李安民曰往年殺韓信今年殺彭越君欲何計安民具啟之上積懷超宗輕慢使兼中丞袁彖奏超宗請付廷尉武帝雖可其奏以彖言辭依違使左丞王逡之奏彖輕文畧奏撓法容非請免彖所居官詔彖匿情欺國愛朋罔主免官禁錮十年超宗下廷尉一宿髮白皓首詔徙越嶲行至豫章上敕豫章內史虞悰賜盡勿傷其形骸明年超宗門生王永先又告超宗子才卿死罪二十餘條上疑其妄以才卿付廷尉辯以不實見原永先於獄盡之次子幾卿

謝顥字仁悠朏弟也少簡靜宋末爲豫章太守至石頭遂白服登烽火樓坐免官詣齊高帝自占謝言辭清麗容儀端雅左右爲之傾目宥而不問齊永明初高選文學以顥爲景陵王友歷吏部郎有簡秀

之日卒於北中郎長史
謝瀹字義潔兄灝卒時瀹年七歲王景文見而異之言於宋孝武召見於人衆中瀹舉止閑詳應對合旨帝悅詔尚公主景和敗事寢僕射褚淵聞瀹年少清正不惡以女結婚厚爲資送性甚斂贍嘗與劉悛飲推讓久之悛曰謝莊兒不可云不能飲瀹曰苟得其人自可流湎千日悛甚慙無言仕齊累遷中書侍郎衛軍王儉引爲長史雅相禮遇出爲吳興太守在郡稱爲美績母喪去官服闋爲吏部尚書明帝廢鬱林領兵入殿左右驚走報瀹七與客圍棊每下子輒云其當有意竟局乃還齋卧竟不問外事也明帝卽位瀹又屬疾不視事後上讌會功臣上酒尚書令王晏等興席瀹獨不起曰陛下受命應天從民王晏妄叨天功以爲己力上大笑解之座罷晏呼瀹共載還合

省欲相撫悅瀹又正色曰君巢窟在何處晏初得班劍瀹謂之曰身家太傅裁得六人君亦何事頓得二十晏甚憚之謂江祏曰彼上八者難爲訓對加領右軍將軍兄朏在吳興論啟公事稽晚瀹輒代朏爲啟上知非朏手迹被問見原永泰元年卒於太子詹事贈金紫光祿大夫謚簡子建武之朝專以長酣爲事與劉瑱沈昭略交飲各至數斗齊武帝問王儉當今誰能爲五言儉曰朏得父膏腴江淹有意

上起禪靈寺勑瀹撰碑文三子覽旻舉

梁

謝朏字敬冲幼聰慧莊器之常置左右十歲能屬文莊游土山使朏命篇攬筆便就瑯邪王景文謂莊曰賢子足稱神童復爲後來特達莊撫朏背曰眞吾家千金宋孝武帝游姑孰敕莊攜朏從駕詔爲洞

并讚於坐奏之帝曰雖小奇童也爲衛將軍袁粲長史粲性簡峻時人方之李膺朏謁退粲曰謝令不死矣宋明帝嘗敕朏與謝鳳子超宗從鳳莊門入二人俱至超宗曰君命不可以不往乃趨而入朏曰君處臣以禮進退不入時人兩稱之以比王尊王陽後爲臨川內史見刻袁粲寢其事齊高帝爲驃騎將軍輔政選朏爲長史勅與河南褚炫濟陽江斅彭城劉俁俱入侍宋帝時號爲天子四友續拜侍中高帝進太尉又以朏爲長史帶南東海太守高帝方圖禪代思佐命之臣以朏有重名深所欽屬每夕置酒獨與朏論魏晉故事因曰晉革命時事久兆石苞不早勸晉文死方慟哭方之馮異非知機也朏荅曰昔魏臣有勸魏武卽帝位者魏武曰如有用我我其爲周文王乎晉文世事魏氏將必身終北面假使魏早依唐虞故事亦當三讓

彌高七帝不悅更引王儉爲左長史以朏侍中領祕書監及齊受禪朏當日在直百僚倍位侍中當解璽朏佯不知曰有何公事傳詔云解璽授齊王朏曰齊自應有侍中乃引枕卧傳詔懼乃使稱疾欲取兼人朏曰我無疾何所道遂朝服步出東掖門乃得車仍還宅是日遂以王儉爲侍中解璽旣而武帝請誅朏高帝曰殺之則成其名正應容之度外耳永明元年爲義興太守在郡不省雜事悉付綱紀曰吾不能作主者吏但能作太守耳隆昌元年復爲吳興太守時明帝謀入嗣位朝廷舊臣皆引參謀策朏內圖止足且實避事弟瀹時爲吏部尚書朏至郡致瀹數斛酒遺書曰可力飲此勿豫人事建武四年徵爲侍中中書令不應遣諸子還都獨與母留築室郡之西郭明帝詔加優禮旌其素槩賜牀帳褥席奉以卿祿時國子祭酒廬江何

徧亦抗表還會稽永元中詔徵朏徧並不屈時東昏皆命追遣會梁武帝起兵及建鄴平徵朏徧並補軍諮祭酒皆不至及即位詔徵朏爲侍中左光祿大夫開府儀同三司徧散騎常侍特進右光祿大夫又並不屈仍遣領軍司馬王果敦譬朏已謀於何徧已欲獨高其節紿曰興王之世安可久處明年六月朏輕出詣闕自陳帝笑曰子陵遂能屈志詔以爲侍中司徒尚書令朏辭腳疾不堪拜謁乃角巾自輿詣雲龍門謝謁見於華林園乘小車就席明旦乘輿出幸朏宅宴語盡歡朏固陳本志不許又固請自還迎母許之臨發輿駕臨幸賦詩餞別王人送迎相望於道到都敕材官起府於舊宅武帝臨軒遣謁者於府拜授詔停諸公事及朔望朝謁三年元會詔朏乘小輿升殿朏素憚煩及居台鉉兼掌內臺職事多不覽以此頗失衆望其年

母憂尋有詔攝職如故五年改授中書監司徒衛將軍固讓不受遣謁者敦授留府門及暮至於經春夏八月乃拜受焉是冬薨車駕出臨哭謚曰靖著書及文章行於世子護位司徒右長史坐殺牛廢黜爲東陽內史及還五官送錢一萬止留一百荅曰數多劉寵更以爲愧焉子謐

謝幾卿 清辯時號神童超宗徙越嶲詔家人不得相隨幾卿年八歲別父於新亭不勝其慟遂投於江超宗命估客數人入水救之良久涌出得就岸瀝耳目口鼻出水數斗十餘日乃裁能言居父憂哀毀過禮年十二召補國子生齊文惠太子自臨策試謂王儉曰幾卿本長玄理今可以經義訪之儉承旨發問幾卿辯釋無滯文惠大稱賞焉儉謂人曰謝超宗爲不死矣及長博學有文采仕齊爲太尉晉安

王王簿梁天監中自尚書三公郎爲書侍御史舊郎官轉爲此職者世謂之南奔幾卿頗失志多陳疾臺事略不復理累遷尚書左丞幾卿詳悉故實僕射徐勉每有疑滯多詢訪之然性通脫會意便行不拘朝憲嘗預樂遊苑宴不得醉而還因詣道邊酒壚停車褰幔與車前三軍痛飲時觀者如堵幾卿處之自若後以在省署夜著犢鼻褌與門生登閣道飲酒酣呼爲有司糾奏坐免普通六年詔西昌侯督衆軍北侵幾卿啟求行陣爲藻軍師長史將行與僕射徐勉別勉戍淮肥之役前謝已有大功未知今謝何如幾卿應聲曰已見今徐勝於前徐後謝何常愧於前謝勉默然軍至渦陽退敗幾卿坐免官居白楊石漫鄉朝中交好者載酒從之客恒滿坐時左丞庾仲容亦免歸二人意相得並肆情誕縱或乘露車歷游郊野醉則執鐸挽歌不

屑物議湘東王繹在荆鎮與書慰勉之後爲太子率更令放達不事容儀性不容非與物多忤有乖己者輒肆意罵之退無所言遷左丞僕射省嘗議集公卿幾卿外還宿醉未醒取枕高卧傍若無人又嘗於閤省裸袒酣飲及醉小遺下霤合史爲南司所彈幾卿亦不介意轉左光禄長史卒文集行於世幾卿雖不持檢操然於家門篤睦兄才卿早卒子藻幼孤幾卿撫養甚至及藻成立歷清官皆幾卿獎訓之力也

謝微字玄慶美風采好學善屬文位兼中書舍人與河東裴子野沛國劉顯同官友善時魏中山王元畧還北梁武帝餞於武德殿賦詩三十韻限三刻成微一刻便就文甚美帝再覽焉又爲臨汝侯猷製放生文亦見賞於世後除尚書左丞及昭明太子薨帝立晉安王綱

爲皇太子將出詔唯召尚書右僕射何敬容宣惠將軍孔休源及微三人與議微時年位尚輕而任遇已重後卒於北中豫章王長史南蘭陵太守文集二十卷行于世

謝譓不妄交接門無雜賓有時獨醉曰入吾室者但有清風對吾飲者唯當明月位右光祿大夫子哲

謝覽字景滌選尚齊錢唐公主拜駙馬都尉梁武帝平建鄴朝士王亮王瑩等數人揖自餘皆拜覽時年二十餘爲太子舍人亦長揖而已意氣閑雅視瞻聰明武帝目送良久謂徐勉曰覺此生芳蘭竟體想謝莊政當如此自此仍被賞味天監元年爲中書侍郎掌吏部事頃之卽眞嘗侍坐受敕與侍中王暕爲詩荅贈其文甚工乃使重作復合旨帝賜詩云雙文旣後進二少實名家豈伊爾棟隆信乃俱國

華爲侍中頗樂酒因宴膺與散騎常侍蕭琛辭相詆毀爲有司所奏武帝以覽年少不直出爲中權長史頃之遷明威將軍新安太守後爲吏部尚書覽自祖至孫三世居選部當世以爲榮出爲吳興太守中書舍人黄睦之家居烏程子弟專横前太守皆折節事之覽未到郡睦之子弟來迎覽逐去其船杖吏爲通者自是睦之家杜門不出不敢與公私門通郡境多刼爲東道患覽下車肅然一境清謐初齊明帝及覽父瀹東海徐孝嗣並爲吳興號稱名守覽皆欲過之昔覽在新安頗聚歛至是遂稱廉潔時人方之王遜卒於官時年三十七詔贈中書令

謝舉字言揚幼好學能清言與覽齊名年十四嘗贈沈約五言詩爲約稱賞世人爲之語曰王有養炬謝有覽舉養炬王筠王泰小字也

弱冠丁父憂幾致毀瘠服闋爲太常博士與兄覽俱預元會江淹一見並相欽挹曰所謂馭二龍於長塗者也爲太子家令掌管記深爲昭明太子賞接祕書監任昉出爲新安郡別舉詩云詎念藝嗟人方深老夫託其屬意如此嘗侍宴華林園梁武帝訪舉於覽七曰識藝過臣甚遠唯飲酒不及於臣帝大悅尋除安成郡守母徃於郡喪辭不赴改豫章內史爲政和理甚得民心又爲晉陵太守在郡清靜境內肅然罷郡還吏民詣闕請立碑詔許之入爲侍中五兵尚書未拜遷掌吏部尚書舉祖莊父瀹兄覽並歷此職前代罕有舉少博涉多通尤長玄理及釋氏義爲晉陵時常與義僧遞講經論徵士何胤自虎丘山出赴之其盛如此先是北渡人盧廣有儒術爲國子博士於學發講僕射徐勉以下畢至舉造坐屢折廣辭理遒邁廣深歎服仍

以所執麈尾斑竹杖滑石書格薦之以况重席焉加侍中遷尚書右
僕射出爲吳郡太守何敬容先居郡有美績世稱爲何吳郡及舉爲
政聲跡相擬曾要何徵君講中論何難以巾褐入南門乃從東固進
致詩往復爲虎丘山賦題于寺入爲侍中太子詹事翊左將軍舉父
瀹齊時終此官累表乞改敕不許後遷尚書僕射侍中將軍如故舉
雖屢居端揆未肯預時政因疾陳解敕輒賜假并敕處方加給上藥
其恩遇如此侯景來降帝詢訪朝臣舉及朝士皆請拒之帝從朱異
言納景竟爲亂舉卒于圍內時已遷尚書令矣詔贈侍中已衛將軍
開府儀同三司舉宅內山齋捨以爲寺泉石之美殆若自然臨川始
興諸王常所游踐邵陵王綸於婁湖立園廣讌酒後好聚衆賓冠手
自裂破投之唾壺皆莫敢言舉嘗預宴王欲取舉幘舉正色曰裂冠

毀冕下官弗敢聞命拂衣而退玉屢召不返甚有慙色舉雖託情玄勝而終詣佛理注淨名經常自講說有文集二十卷二子禧嘏

陳

謝哲字頡豫美風儀舉止醞藉而襟情豁然爲士君子所重起家梁祕書郎累遷廣陵太守侯景之亂以母老因寓居廣陵陳武帝自京口渡江應接郭元建哲乃委質深被敬重武帝受命遷吏部尚書文帝除散騎常侍光大元年卒時年五十九贈侍中匕書監諡康子

謝僑字國美父昱位梁侍中素貴嘗一朝無食其子啟欲以班史質錢荅曰寧餓死豈可以此充食乎太清元年卒有集十卷長子禕僑弟札字世高俱博涉文史位湘東王諮議先僑卒

謝嘏字含茂風神清雅頗善屬文仕梁爲太子中庶子建安太守侯

景之亂之廣州依蕭勃乜敗在周廸門後依陳寶應梁元帝前後頻召之嘏崎嶇寇虜不能自拔及寶應平嘏方詣闕歷陳侍中乜書令都官尚書卒謚曰光子有文集行於世子儼位侍中御史中丞太常卿伷位尚書僕射

謝藺字希如太傅安八世孫祖綏梁著作佐郎太子舍人父經中郎諮議參軍藺五歲每父母未飯乳媼欲令藺先飯藺曰旣不覺飢彊食終不進舅阮孝緒聞之歎曰此兒在家則曾子之流事君則藺生之匹因名之曰藺稍受以經史過目便能諷誦孝緒每曰吾家陽元也及丁父憂晝夜號慟毀瘠骨立母阮氏常自守視譬抑之服闋後吏部尚書蕭子顯表其至行擢爲王府法曹行參軍累遷外兵記室參軍時甘露降士林館藺獻頌梁武帝嘉之因有詔使製北兗州刺

史蕭楷德政碑又奉合製宣城王奉述中庸頌太清元年遷散騎侍郎兼散騎常侍使於魏會侯景舉地入附境上交兵藺母慮不得還感氣卒及藺還入境爾夕夢不祥旦便投劾馳歸既至號慟嘔血氣絶久之水漿不入口親友慮其不全相對悲慟强勸以飲粥藺初勉强受之終不能進經月餘日因夜臨而卒時年三十八藺所製詩賦碑頌數十篇子貞

謝貞字元正幼聰敏有至性祖母阮氏先苦風眩每發便一二日不能飲食貞時年七歲祖母不食貞亦不食往往如是親族莫不奇之母王氏授貞論語孝經讀訖便誦八歲嘗爲春日閑居五言詩從舅尚書王筠奇其有佳致謂所親曰此兒方可大成至如風定花猶落乃追步惠連矣由是名輩知之年十三畧通五經大旨尤善左氏傳

工草隸蟲篆十四丁父艱號頓於地絶而復蘇者數矣初父蘭居母
阮氏憂不食泣血而卒家人賓客懼貞復然從父洽族兄暠乃共往
華嚴寺請長爪禅師爲貞說法仍謂貞曰孝子既無兄弟極須自愛
若憂毁滅性誰養母邪自後少進饘粥太清之亂親屬散亡貞於江
陵陥没暠逃難番禺貞母出家於宣明寺及高祖受禅暠還鄉里供
養貞母將二十年大建五年貞乃還朝除智武府外兵參軍事俄遷
尚書駕部郎中尋遷侍郎及始興王叔陵爲揚州刺史引祠部侍郎
阮卓爲記室辟貞爲主簿貞不得已乃行尋遷府錄事參軍領丹陽
丞貞度叔陵將有異志因與卓自疎於王每有宴遊輒辭以疾未嘗
參預叔陵雅欽重之弗之罪也俄而宣帝崩叔陵肆逆府僚多相連
逮唯貞與卓獨不坐仍詔貞入掌中宮管記遷南平王友加招遠將

軍掌記室事府長史汝南周確新除都官尚書請貞爲讓表後主覽而奇之嘗因宴席問確曰卿表自製邪確對曰臣表謝貞所作後主因勅舍人施文優曰謝貞在王處未有祿秩可賜米百石至德三年以母憂去職頃之勅起還府仍加招遠將軍掌記室貞累啓固辭勅敦逼貞哀毀羸瘠終不能之官舍時尚書右丞徐祚尚書左丞沈客卿俱來候貞見其形體骨立祚等愴然歎息徐喻之曰弟年事已衰禮有恒制小宜引割自全貞因更感慟氣絶良久二人涕泣不能自勝憫默而出祚謂客卿曰信哉孝門有孝子客卿曰謝公家傳至孝士大夫誰不仰止此恐不能起如何吏部尚書吳興姚察與貞友善及貞病篤察往省之問以後事貞曰孤子釁禍所集將隨灰壤族子凱等粗自成立已有疏付之此固不足仰塵厚德卽日遂噏時不可

移便爲一永訣弱兒年甫六歲名靖字依仁情累所不能忘敢以爲託耳是夜卒勅賻米一百斛布三十匹後主問察曰謝貞有何親屬察因啟曰貞有一子年六歲即有勅長給衣糧初貞之病亟也遺疏告族子凱薄葬初貞在周嘗侍趙王讀王即周武帝之愛弟也厚相禮遇王嘗聞左右說貞每獨處必晝夜涕泣因私使訪問知貞母年老遠在江南乃謂貞曰寡人若出居藩當遣侍讀還家供養後數年王果出因辭見面奏曰謝貞至孝而母老臣願放還帝奇王仁愛而遣之因隨聘使杜子暉還國所有集值兵亂多不存

隋

謝傑字彥俊晉太傅安公十四世孫視會稽派曰偉者潛陽派曰俛者實爲伯仲公於隋文帝仁壽元年春仕歙州教授是夏有詔天下

州縣之學盡廢公知不久經世變乃託山水之好遂占籍城西中鵠鄉曰謝村而居焉

五代

謝銓字秉倫晉太傅安二十五世孫仕南唐官至銀青光祿大夫金吾大將軍李氏以國歸宋銓守義挈家遁居徽州之祁門士論高之

宋

謝泌字宗源歙縣人自言晉太傅安二十七世孫少好學有志操貫黃中一見奇之謂人曰此子材器不羣異日當顯名於時登進士第知龍州青川綿州彰明縣三遷殿中丞代還獻所著文二十篇古今類要三十卷召試中書以本官直史館賜緋時言事者衆詔閤門非涉僥望乃許受泌抗疏陳其不可又乞依唐分經史子集爲四庫人

掌其一太宗嘉之遂以泌兼知集庫淳化中王禹偁請羣官謁宰相須朝罷於政事堂樞密使於都堂皆同時接見以防請託泌以爲若此是疑大臣以私也夫以萬機屬任輔臣非接見賓客何以究知外事若止都堂候見而咨之曾無解衣之暇古人云疑則勿用用則勿疑設若杜公堂謁見之禮豈無私室褰相府請託之漸豈無他徑上覽疏嘉歎從之仍以疏送史館會修正殿泌以爲不當施采繪亟命代以丹堊且奬其忠讜拜左司諫賜金紫并賜錢三十萬嘗對便殿上稱其狂直敢言泌奏曰陛下從諫如流故臣得以自竭昔唐末有孟昌圖者朝上諫疏暮不知所在詩人鄭谷爲詩閔之前代如此安得不亂上動容久之後爲虞部員外郎兼侍御史知雜事上元觀燈特預召自是爲例未幾爲三司鹽鐵副使時外舅魂羽爲使以親嫌

換度支副使真宗卽位政主客郎中知虢州在郡上疏以爲致太平無出姚崇所獻明皇十事臣記雍熙末年趙普嘗以此獻先帝深以爲然俄命普入相尋普病北狄擾邊未及施行今北狄已息繼遷請命正是行此十事就太平之日至於省不急之務削煩苛之政不用小人不與奔競之流以官爵開直言之路此皆致太平之術陛下十行其八九矣又繼遷小有不恭不足深責平壤之事至弱也漢祖行之以安天下近代石晉用景延廣之言以絕和致天下橫流豈得爲強聞虜所貪皆者禽色利欲漢祖明皇所用之計正可以弭虜心又自古輔佐聖明建萬世之基立不拔之策者未有不由宿舊大臣未聞市井之徒塵走之吏能爲之也願陛下察此[illegible]纖人不敢蕩心大賢得以畢力矣疏奏上頗嘉歎後知福州代還民刻石于所經之橋

名曰去思泌名知人少許可平生薦士曾不過數人後皆至卿相每欲發薦牘必設几案置章其上望闕再拜曰老臣又爲陛下得一人王文正公旦即其所薦也知襄州日鄧城令張逸有善政縣去州十餘里泌暇日乘小車從數吏渡漢水至鄧城界以觀風謠或載酒邀逸野飲吟嘯終日而去薦逸官至樞密直學士爲時名臣西祀還授泌右諫議大夫判吏部銓盥沐巾褐端坐而終身不欹側時年六十三歸葬鄉里錄其子衍爲太常寺奉禮郎衙爲將作監主簿

謝艮佐字顯道其先自會稽移居上蔡與游酢呂大臨楊時在程門號四先生登元豐三年焦蹈榜進士第建中靖國初官京師召對忤旨去監西京竹木場坐口語繫詔獄廢爲民艮佐記問該贍對人稱引前史至不差一字事有未徹則顙有泚與程頤别一年復來見問

其所進曰但去得一矜字爾頤喜謂朱光庭曰是子力學切問而近思者也所著論語說及語錄行於世白雲山上蔡及應城俱有書院焉謚文肅仲子克念居台

謝枋得字君直居信州弋陽爲人豪爽每觀書五行俱下終身不忘性好直言一與人論古今治亂國家事必掀髯抵几跳躍奮起以忠義自任徐霖稱其如驚鶴摩霄不可籠縶寶祐中舉進士對策極攻丞相董槐與宦官董宋臣意擢高第矣及奏名一科除撫州司左叅軍即棄去明年復出試教官中兼經科除教授建寧府未上會宣撫吳潛辟幹辦公事團結民兵以扞饒信撫科降錢米以給之枋得說鄧傅二社諸大家得民兵萬餘人守信州暨兵退朝廷覈諸軍費幾至不免五年彗星出東方枋得考試建康摘似道政事爲問目言兵

必至國必亡漕使陸景思銜之上其藁於似道坐居鄉不法起兵時冒破科降錢且訕謗追兩官謫居興國軍咸淳三年赦放歸德祐元年呂文煥導元兵東下鄂黃蘄安慶九江暨其親友部曲皆誘下之遂屯建康枋得與呂師夔善乃應詔上書以一族保師夔可信乞分沿江諸屯兵以爲之鎮撫使乞之行成且願身至江州見文煥與議從之使以沿江察訪使行會文煥北歸不及而反以江東提刑江西招諭使知信州明年正月師夔與武萬左分定江東地枋得以兵逆之使前鋒呼曰謝提刑來呂軍馳至射之矢及馬前枋得走入安仁調淮士張孝忠逆戰團湖坪矢盡孝忠揮雙刀擊殺百餘人前軍稍却後軍繞出孝忠後衆驚潰孝忠中流矢死馬奔歸枋得坐敵樓見之曰馬歸孝忠敗矣遂奔信州師夔下安仁進攻信州不守枋得乃

變姓名入建寧唐右山轉茶坂寓逆旅中日麻衣躡屨東鄉而哭人不識之以爲被病也已而去賣卜建陽市中有來卜者惟取米屨而已委以錢卒謝不取其後人稍乚識之多延至其家使爲弟子論學國亡遂居閩中至元二十三年程文海薦宋臣二十二人以枋得爲首不起明年行省丞相忙兀台將旨詔之執手相勉勞枋得曰上有堯舜下有巢由枋得名姓不詳不敢赴詔丞相義之不强也二十五年福建行省參政管如德將旨如江南求人材尚書劉夢炎以枋得薦枋得遺書夢炎曰江南無人材求一瑕呂飴甥程嬰杵臼厮養卒不可得也紂之亡也以八百國之精兵而不敢抗二子之正論武王太公凜乚無所究急以興滅繼絶謝天下殷之後遂與周並使三監淮夷不叛武庚必不死殷命必不黜夫女真之待二帝亦慘矣而䖍

宋今年遣使祈請明年遣使問安王倫一市井無賴狎邪小人謂梓宮可還太后可歸終則二事皆符其言今一王倫且無之則江南無人材可見也今吾年六十餘矣所欠一死耳豈復有他志哉終不行郭少師從瀛國公入朝既而南歸與枋得道時事曰元本無意江南屢遣使乞頓兵令毋深入待還歲幣卽議和無枉害生靈也張宴然上書乞歛兵從和上卽可之兵交二年無一介行李之事乃挈數百年宗社而降因相與痛哭福建行省參政魏天祐見時方以求材爲急欲薦枋得爲功使其友趙孟迎來言枋得罵曰天祐仕閩無毫髮推廣德意反起銀冶病民顧以我輩飾好耶及見天祐又傲岸不爲禮與之言坐而不對天祐怒強之而北枋得卽日食菜果二十六年四月至京師問謝太后攢所及瀛國所在再拜慟哭已而病遷憫忠

寺見壁間曹娥碑泣曰小女子猶耳吾豈不汝若哉劉夢炎使醫持藥雜米飲進之枋得怒曰吾欲死汝乃欲生我耶棄之於地終不食而死伯父徽明以特恩爲當陽尉攝縣事時天基節上壽元兵奄至徽明出兵戰死二子趨進抱父屍而死

遷繁謝氏人物考

裔孫鴻軒　輯

明

謝遙昌字元開君澤公之三子以孝友振家聲以文章傳後世萬歷二十六年皖南聯宗纂修統志隨父暨伯叔輩奔返徽歙參與校錄七歷春秋始藏事筆序簡端立言不朽始入郡庠丙午科登副榜懷才不遂憤鬱賚志歿安人閔氏蛟姑貢生閔世孝之女公卒氏年僅二十有七撫育孤子嘉瑞嘉璧守節四十餘年相國孔貞運褒題匾額接孟芳鄰詳縣志

謝遙昂字正容君澤公之四子蓄道德能文章鑒於明末世亂不樂仕宦平時行仁尚義樂善好施望尊里黨位鄉飲耆賓配汪孺人繼何唐二孺人嗣子嘉員子嘉琳後嗣昌熾多富多貴皆公之福蔭也

謝良語字也愚世綰公之次子秉性忠貞識春秋大義明末國步維艱公毀家紓難捐助粮餉凡三次朝廷嘉其義舉恩封禮部壽官欽賜冠帶榮身並褒題匾額曰長德耆年安人程葉二氏四子魁光裕峻孫裔林立分繼憲公支下世續世緇世縞各系爲嗣興滅繼絶睦族敦宗齊家治國功不朽矣

謝嘉胤逢兆公次子邑庠生配鮑孺人三子簡符節

謝嘉禮字存意逢璋公之次子邑庠生性至孝事繼母吳氏如生母配倪氏江寧尚書倪岳之孫女朝夕承歡內外無間詳縣志人物孝友篇

清

謝之錫字名之嘉瑞公次子江寧府學生配程孺人繼程應二孺人

四子霦峯礐綱

謝之蕃字介侯嘉蘭公子縣學生配倪孺人繼李吳二孺人

謝之先字伯開肇泰公長子縣學生配鮑孺人繼張孺人三子柱棟

標

謝之黿字仲調肇泰公次子先弟也縣學生配張孺人四子材霖楨

楧

謝之鯨字伯鱗號毅齋父嘉琳幼家貧寄讀於岳家岳以榨油爲業一日嬉樂公失足墜油缸岳翁有怨色公以寄人籬下爲耻遂歸焉立志創業法陶朱公理財致富之策始從事於牧蓄生産飼鷄育蚕豢豕牧羊既則囤積食糧推陳出新十年生聚果大富公性至善慷慨好義凡有求於公者必樂於爲助獲鄉黨之推戴位鄉飲大賓評

以仁風丕著厚德堪型八字又雍正五年知縣任壽儒學教諭邵佐
訓導陳汝楫會贈匾額望隆碩德足以褒公之德行子國相孫六長
曰謙進例貢五曰恩中武舉歷官南昌守備乾隆五十五年貤贈公
武畧佐騎尉職銜配潘氏繼繆李二氏俱贈爲安人詳縣志封蔭鄉
飲諸篇

謝承舜字舜卿金公四子清例授登仕郎配徐孺人子四基俊信位

謝承啟字蔚卿金公五子舜弟也清例授登仕郎配章孺人繼單孺
人子三長曰紳欽賜粟帛次曰智三曰維

謝國翰字仲維之峻公次子讀聖賢書行仁義事位鄉飲耆賓大德
大年欽賜粟帛二次享壽七十有五儒學教諭評以齒德兼優堪膺
耆席配鮑孺人二子英藻詳縣志鄉飲篇

謝國輿字甸侯之裕公次子艮語公孫也位鄉飲大賓公有至性御物以慈和獨力養親婉容可挹事兄如事父兄歿終身敬嫂不少衰撫兩世遺孤恩勤周摯宗族親戚內外無間言配許氏繼魯氏子繩詳縣志人物孝友篇

謝國彩字守安號霽堂之銘公長子縣學生配方孺人子榮

謝國幹字天擎之峻公三子國翰弟也邑庠生配鮑孺人繼丁孺人三子松莊毅

謝國琦字文翰之遷公次子縣學生配張孺人二子煜熠

謝國綱字維三之銘公四子彩弟也府學生配鮑孺人子鰲

謝國相字襄臣號省菴之鯨公子從父創業教子成名家嗣謙入庠門進例貢五子恩中武舉歷官南昌守備乾隆五十五年贈公武畧

佐騎職銜配夏氏繼周朱二氏俱贈爲安人與父合葬朱冲鳳形山
左有印山右有石筆匕端有硯塘山水毓秀蔚起人文故公子孫特
盛於族也詳縣志封廕篇

謝士英字豈凡郡庠生父國翰配鄭孺人子昶

謝士鈁字萬貢國璜公三子國學生配凌孺人繼潘孺人五子茂夔
華英芝

謝士銓字寻衡國琮公長子國學生配郭孺人四子洪澤泮泰

謝士藻字魯芹邑庠生國翰公次子英弟也配鮑孺人二子煦熟

謝士莊字藍友國學生國幹公次子配汪孺人繼孫孺人子志

謝士鶩字欽承國學生國綱公子配方孺人子珩

謝　**謙**諱士祿字詔能號益圃國相公冢嗣入庠庠援例貢贈布政

司理問生平博愛行善一日由村往黑沙洲謝官棚途經上夾口適有朱珪字石君者沉舟遇難公救之入棚朱隱名因愛吟咏公以舟送之歸與泳游二子結文字交以嘉賓禮待之越年朱辭別露名氏告爲舉子即赴京應殿試公嘉其才而憐其幼愛如己出護送入京是科朱珪登進士點翰林感公恩無以報之遂於國子監購書二十四車專使伴公歸未幾朱奉旨主試江南以公嘗救之恩奏於聖准以厚報時泳已由廩入貢游爲增生學博才優有點解中舉之厚望參試將畢聞母喪棄卷而返以機遇不幸爲憤不復急於功名後朱珪擢官文淵閣大學士輔相清廷泳隨相國泛遊山水江南官吏莫不拜趍公門配潘氏繼杜氏俱封安人潘安人卒相國朱珪成王尙書黃鉞發引杜安人享高壽七十大慶芝城吳元慶匾祝曰中表所

則爲善最樂極盛一時有遺囑標分簿傳於後今仍存

謝士熠字明遠國偕公子國學生配吳孺人繼陳孺人二子侔儼

謝士祥字瑞占號致圜國相公次子謙仲弟也國學生配楊孺人繼姚孺人二子深灝

謝九畹諱士礽字汀洲號蘭臯國相公三子謙祥弟也邑庠生配鮑孺人繼蔣孺人二子沛洙

謝士禧字爾宜國相公四子國學生配王孺人三子清潰漣

謝　恩諱士祈字自天亦字赤思號兆瞻國相公五子精文學習武功術德兼修乾隆庚辰恩科武舉試用浙江海寧所千總歷任江西南昌衛前幫領運千總江南江淮衛八幫領運千總屢記軍功擢升南昌守備乾隆五十五年祖父之鯨父國相俱贈武畧佐騎尉職銜

祖妣先妣均贈安人配殷氏繼馮氏誥封宜人五子源河濬渡瀾詳縣志

謝士視字華三號枝山國相公六子國學生配宣孺人繼王孺人三子潤淳濂

謝際可諱仁可號孔友申銘公長子邑庠生子泮

謝仁煦字曉楓郡庠生進廪膳父士藻配姚孺人三子宰哲著

謝仁壽字靜山太學生父士繩配程孺人嗣子禮

謝仁淮字漢源士鎮公子太學生配鮑孺人子義櫝

謝仁秀字惠中士錫公長子國學生配孫孺人繼胡孺人四子樞標梁杏

謝仁寬字厚彥士繩公次子壽弟也國學生配汪孺人四子會禮基

岱

謝仁芊字茂南爻士錫兄仁秀國學生配鄧孺人子渠

謝仁熙亦名仁悌字庶咸士松公三子郡庠生公早卒配鮑孺人年二十八守節至七十五歲而卒婦道克敦母儀足式子輔

謝仁熟字厚民士藻公次子煦弟也國學生配許孺人繼張孺人二子臣圻

謝　泳諱仁永字錦江一字近薹號潛齋爻謙弟游行誼篤實文章清綺爲朱笥河石君兩先生所稱賞石君少遇難居泳家經年結文字交精於古文詞著有習經堂稿輯牙琴集今皆失傳由廩入貢因母喪罷試歸不求仕達僅官貴池教諭晚年寄足山水隨同石君相國泛遊浙閩覽武夷西子之勝尚書黃左田太守王子卿諸先生皆

爲布衣舊友每遊覽輒有詩歌以相酧答偕遊三華禅院聯韵十首錄存志書並與黄尙書共鐫鄉賢像於蕪湖赭圻書院對鄉黨家族公益事皆盡力與舉精書君澤公支乘以睦族誼重修晏公廟石岸以禦水患撰序筆記永垂不朽云耳配汪安人二子錟鏜詳縣志人物藝文諸篇

謝游諱仁治字達夫號藝堂謙公次子泳之仲弟也邑增生文章淵博孝友夙成幼與朱石君黄左田結文字交參與鄉試將登舉榜聞母喪棄卷急返杜門著述不樂仕進僅官布政司理問著有述德堂稿今失傳尙書黄左田匾其廳曰述德堂子五鈞鋒鑄釗鑑任二錟鏜以兄遠遊四方游撫育子侄俱成名實義方有訓也見縣志選舉篇

謝仁沛字鴻又字濟蒼號雨亭九畹公長子恩授登仕郎配姚孺人
二子鏞鉦

謝深諱仁治字愛孚號竹溪士祥公長子國學生配鄧孺人繼李
孺人三子鍇銑銈

謝清諱仁渭字會澧號蘊亭士禧公長子潢漣之兄也國學生配
鮑孺人三子鉉錕鈐

謝源字正崑號泉夫恩公冢嗣國學生嘉慶八年邑修聖廟公與
滄瀾合捐銀十兩道光三年洪水爲灾公捐賑救民輸銀八百五十
兩邑侯張星煥層奏清廷議叙八品頂帶以巡檢補用並頒任卹可
風扁額道光六年修縣志公任採訪筆參編錄同治壬戌誥封奉政
大夫加中憲大夫配鮑氏繼程汪二氏俱封宜人四子鉅鑾鋭炳見

縣志尙義篇今存有批示執照錄以傳焉

（院發）

兵部侍郎安徽廵撫部院兼提督軍門鄧爲知照事道光八年正月初五日接奉部文内開謝源於道光三年助賑捐銀四百兩該部核勘得樂善好施誼敦任卹具奏道光七年十一月二十九日奉旨硃批惠濟桑梓實屬可嘉着部議叙賞給八品頂帶旌揚善士勵俗維風欽此欽遵到吏部大堂註册囘文卽以縣丞錄用以光盛典曾祖父之鯨祖國相父恩

係太平府繁昌縣監生年六十六歲

（京發）

吏部議覆　呈內閣抄出爲

上諭事紳商捐賑着該部按計銀數多寡給予加級紀錄等因分別
題准在案內開安徽省繁昌縣人謝源由監生捐銀四百五十兩奉
旨嘉獎恩賜巡檢補用照例給予議叙執照合行飭知註册

（執照）

繁昌縣正堂紀錄十次鄒　爲敬修
文廟謹杜冒捐事照得修學工料有籍者概予捐輸無籍者不得冒
入捐修欵項印刊兩票一給捐戶執照一存學收比對庶無弊端今
收本籍三十五都洋夾沙捐戶監生謝源附貢謝溶生員謝瀾輸銀
十兩整合給執照須至票者
嘉慶八年四月二十日給　修學總局

謝[illegible]達諱仁河字禹功號漸齋恩公次子邑庠生授附貢見縣志[illegible]

王孺人二子化位

謝　潢字薦馨號潔齋又號足菴士禧公次子郡庠生授例貢道光六年修縣志筆參編錄嘉慶元年復贊襄泳公纂修君澤公支乘厥功甚偉配潘孺人二子春元匕杞見縣志選舉篇

謝　溶字濬川號渭溪恩公三子少年博學邑庠生授附貢嘉慶初隨堂兄泳協修君澤公支乘及長遊歷名山大川以樂心志始遷京都更名庭芳號芝生入宛平縣籍再試進邑庠生中滕錄又更名芝田入大興籍國學生中滕加鹽塲大史職配呂孺人繼何盛唐三孺人四子元釜金誥金照繼祖

謝　漣字文波號春塘士禧公三子清潢弟也國學生例授登仕郎候選按察使司照磨見縣志配鮑孺人繼劉孺人子鎵

謝　瀾初字安瀾亦字學海號觀齋二號雲評郡庠生復由監生加
從九品署浙江海寧縣典史特授平陽縣鹽巡廳同治壬戌誥封奉
政大夫配古氏繼朱氏俱封宜人以兄子烱爲嗣

謝大瓚有模公長子例授登仕郎配范孺人子四堦坊圻垻

謝大煌有樞公長子欽賜穀帛生平好義能恐邑侯匾其堂曰義宗
百忍以彰其德配盛孺人繼楊孺人子三增均坦

謝　泮諱元泮號紹安際可公子廪生四子發強剛毅

謝元勛字戴周仁昶公次子恩賜登仕郎配姚孺人三子衙衢衛

謝義横字延勳仁淮公子太學生配劉孺人繼桂章東三孺人五子
忠寅寧守宰𡚱城南栗樹嶴

謝[illegible]會字嘉亭仁寬公長子光緒五年以孫鑾候選布政司理問追

封三代貤贈公爲布政司理問銜配趙氏贈安人三子彪禔祏

謝炳名錫祿字子嘉號時和一號介鶴優廩生援例貢攻文詞精書法加主簿侯補江蘇直隸州知州署嘉定縣事同治壬戌誥封奉政大夫配李氏繼吳陳火三氏俱封宜人三子楨幹棟二女長適蕪湖張補勞次適懷寧松圃花翎二品銜江蘇卽補道馬馨煥世居揚州有遺書今存焉

謝元鍈字立之號西崖派公冢嗣弟元鏜少遊泮邑增生家貧豪宕慷慨尚義嘉慶十九年秋禾遭旱糧價高昂偕堂弟鋒合捐平糶銀二千三百兩邑侯曹德贊感公誼敦任卹惠濟桑梓詳請上憲彙奏奉旨欽賜縣丞職銜道光三年洪水爲灾邑紳捐貲平糶者不乏其人獨有富商吳必秀稍捐銀求入考籍縣紳欲拒而不得鍈鋒二公

仗義執言願捐家雖賑至翊年秋收爲止乃偕弟鑄錯暨族房之圻源積等開德門建義路傾萬貫之家全百里之命世傳買米轉洋夾沙及洋夾沙米不脹鍋二語卽肇於公等也知縣張星煥再呈撫憲轉奏清廷賜叙加一級紀錄二次并頒任卹可風褒匾詳縣志尙義篇并筆叙於後配趙安人繼陳許二安人四子賢俊瀛第

謝元鋐字容甫號器菴清公長子邑庠生配李孺人二子坦璠

謝元鋒字及之號石城一號學痴游公次子偕嫡堂昆仲錟鎧鈞鑄釗鑑共七人有謝氏七雄之稱幼入國學嘉慶十九年偕錟兄卹災捐賑欽賜縣丞職銜道光三年水災昆仲仗義平糶經年朝廷議叙加一級紀錄一次褒匾於廬任卹可風誠大富大貴大仁大義之門第也詳縣志并筆叙於後配高安人三子壦垓堦

謝元鑄字躍之號治城游公三子鋒弟也入邑生授例貢多財好義道光三年邺災捐賑邑侯張星煥詳奏於朝議叙八品銜行錄縣志配張孺人繼陳孺人三子執中鈞坎

謝元釗字勉之號勗菴一號繁浦游公四子鋒弟也國學生候選州同知配徐孺人二子圻墩

謝元鏜字進之號簡堂泳公次子鋑之仲也附貢生秉性友恭行誼篤實雖出巨家不求名節昆仲兩度捐賑出共有財產而公不揚其字道光六年纂修縣志公領存六部數冠全邑而不錄行狀足徵此公崇實黜浮之德也配夏孺人繼劉孺人六子辛培乾墀增埜桂杰

謝錫爵諱元鉅字劍才初號瑞田更號寵章源公長子國學生性純孝友志篤詩書配谷孺人二子隆開中

謝元鑑原名鐸字振之號玉田游公五子太學生配徐孺人教諭布政司理問徐心沅之女鑑卒氏守婦節至姑至孝詳通志建總坊

謝元銓一名繩祖再名金門字漢徵號侍軒濬公冢子隨父入宛平籍由供事得承發例授登仕郎配滕孺人子封

謝元鍔字冠南號鐵崖深公長子國學生例授徵仕郎道光三年公慷慨樂輸賑饑鄉里義行彙奏於朝欽賜八品頂帶賞給任邮可風四字以示奬勵載縣志配古孺人繼黃孺人五子伯仲叔季報

謝凌雲諱元鑾字嚮銜號寶齋源公次子國學生配吳孺人繼湯張二孺人二子豫生溱生二女長適橫鎮邑庠生毛玉峯

謝金誥名來儀字德文號成軒濬公次子隨父入大興籍由供事得承發例授登仕郎配陶孺人繼滕孺人

謝　彪諱宗祁字雨瞻元會公長子精文習武由文一生轉入郡武生凡鄉黨公益均熱忱興舉恩授修職郎先後褒題二匾曰功存德望曰惠孚桑梓光緒五年以子鑾候選布政司理問貤贈公爲布政司理問銜配劉鄭二氏俱贈安人

謝宗祐字助思元會公三子彪弟也恩賜登仕郎配姚孺人繼姚徐二孺人四子鑄錞鎰銀

謝宗澤字潤占元植公長子例授登仕佐郎配俞孺人繼魯孺人繼弟子後爲嗣

謝執中原名圭字伯符號如愚元鑄公長子國學生配徐孺人繼陳孺人

謝　壦原名塇字雅三號午樵元鋒公長子國學生例授登仕郎加

從九品職銜候補巡檢配王孺人繼楊孺人二子旭初維表

謝垓字宇芬號暢園鋒公次子壠弟也國學生配徐孺人

謝堦字步堯號吟軒一號蘭言鋒公三子博通經史尤擅詩文少入邑庠以父輩捐賑傾家乏貲宦遊上達乃杜門不出續吾宗二百餘年失修之譜以繼伯祖泳公未竟之遺志對纂譜稽延原委序述甚詳今吾鍠公支下能膏勝寵膳五大房世系有綱傳記不漏者皆公之功也三世以降秉公遺訓耕讀持家渾厚處衆今之中興有望足徵此公之福澤綿長也配蔣孺人繼桂孺人五子綽纘緒繹繡

謝辛墻字佑申號純甫鍠公長子邑增生配王孺人嗣子午朝

謝圻字甸畿號弼亭元釗公長子少入國學早負盛名賞給從九品職銜生平解囊卹難舉善急公道光三年大水捐貲平糶賑濟災

民彙奏朝廷欽加八品載縣志配王孺人子玉樹

謝 **隆**字昌期號賡虞一號黼堂錫爵公長子邑庠生文章濟美庚寅甲午兩科鄉試嘗薦卷畢生設帳興教桃李成陰卑躬禦侮鄉黨以厚道稱之睦族敦倫晚年筆書草乘未竟而卒配殷孺人繼袁孺人二子石麟鈞照

謝 **筠**字仲節號此君元鑄公次子執中弟也郡增生配宋孺人子紱

謝 **墩**字繼增號半山又號雁峯元釗公次子邑增生配張孺人子煌

謝 **封**諱宗瑩字爲光號受菴元釜公子邑庠生才識顯於故都振鐸傳經配張孺人繼薛孺人子敦化

謝坎字叔準號湘如元鑄公三子縣學生配陳孺人繼章孺人子燦

謝登賢字輔熙號小崖鍈公長子縣學生配胡孺人子輝朝

謝登瀛原名登科字緝熙號學齋鍈公三子賢弟也太學生配張孺人繼柳孺人四子寬燿錦朝鈐朝福朝

謝邦楨字彥林號又鶴炳公冢嗣國學生加從九品銜隨父世居揚州始辦理揚州城內四段保甲兼三汊河霍家橋等鎮分巡光緒二十五年署沙溝司二十六年署理海州ㄔ判二十七年委辦海州河工遷署雎甯典史有遺書今猶存寓揚州鈔關門內茉香巷北西首

謝總門配劉孺人繼鮑孺人二子念祖念叔

謝[illegible]字開基亦字樹禎號致祥凌雲公次子恩賜修職佐郎配朱

孺人三子聯陞聯科聯元

謝邦幹字朝卿號少鶴炳公次子任國子監典籍例授登仕郎

謝邦棟字艮材號輔臣炳公三子禎幹弟也候補從九品

謝發禎諱寬禎號慶樑宗强公三子國學生配吳孺人二子標松

謝寬炎字興之宗銑公子國學生配古孺人二子貴寶

謝　積諱寬積字灼如號啟積宗忠公子悲天憫人性至善恩賜登仕佐郎加修職郎道光三年水灾慷慨捐銀糶米賑饑張星煥知縣事詳呈撫憲彙奏於朝議叙八品頂帶給匾褒揚義載志籍配鄧孺人子銘

謝寬鈺字榮富號其相宗禔公子國學生善詩能文道光六年縣修張志筆參訪錄殊多貢獻配楊孺人二子謨親

謝寬焯字榮貴宗祥公子恩賜登仕郎配孫孺人

謝寬鑄字鎔之宗祐公長子恩賜登仕郎配呂孺人二子誠議

謝　駿字受天宗傳公子郡武生配胡孺人繼張楊谷三孺人五子
承仁義禮智

謝　鑾諱寬誌字成之號西坡彪公子例貢生同治十一年恩授承
德郎光緒五年加候選布政司理問銜賞戴花翎誥封三代配楊氏
繼杜氏俱封安人二子根穆

謝玉樹字庭輝號藍田文童咸豐八年洪楊蒞境塗毒生靈公奮身
而起執干戈衛鄉黨書生戎馬勉馳驅亂平功奏清廷欽賜六品軍
功賞戴榮身配張安人

謝寬繹字希孟號裕如增公長子文童光緒十年恩賜粟帛從九品

配高孺人二子珍瑚

謝 魁字星垣號梅邨開甲公子郡武生配張孺人二子澗德

謝維表更名變諱寬紘字馨西號理齋瓘公次子邑庠生儒醫博醫學窮醫理用險葯治險症百診百愈人稱華陀再世呼爲謝一帖生平著述甚多臨終時付之一炬不傳於後意在恐學者一知半解庸醫殺人配姚孺人三子玕璇璣

謝文朝名灼初字治華號佐庭一號菊人桂公長子國學生配鮑孺人嗣子綸

謝寬鎰字名之宗祐公三子鑄弟也國學生配艾孺人

謝輝朝字信伯號榮蒸一號瑞章登賢公子五品軍功賞戴藍頂花翎代理山東新字右營歷任大通鹽務總查南京銅元局司事等職

配吳宜人子理

謝鈞照諱寬慰字懷卿號子安隆公次子國學生志篤詩書專事教
育少時在姑父馬漢卿花翎二品銜江蘇卽補道僚幕司秘書職及
壯遷居白馬洲設帳課生培育後起纂修草譜竟先父遺志配鄧孺
人三子集橐策

謝寬繡字修文號華章增公五子國學生務農教讀興商善賈開墾
以增生產成圩以禦水患謀幸福於鄉鄰奠中興之基石輪居族長
熱心公益配胡孺人三子璠璵璜璠璵繼爲正副族長主修宗譜監
督有方璜爭雄商戰冠於横鎭孫介眉承枝承模皆受中等教育服
務桑梓蔭青爲上海法學院法學士歷任縣參議員江西國稅局督
導等職桂馥蘭芬福澤延長

謝寬洪字昌後號仔家宗里公冢子弟寬惠國學生昆仲先後長族民國十有九年倡修祠宇任勞任怨翊年洪水决堤宗祠中後兩棟不捲逐於汜濫實公之績也配汪孺人繼高孺人四子淝湘源澐皆早卒訓孫成林耕讀持家承繼盛業孫承保蕪湖萃文中學畢業曾孫佑禧就讀繁昌縣立中學

謝其標諱顯標號廷楷發楨公長子國學生配江孺人二子馨富

謝顯達字兆廷寬任公三子恩賜登仕郎配黄孺人二子坤鏊

謝顯泉字應濤寬基公子太學生遊學府郡有盛名褒懸匾額曰名揚天府配桂孺人二子興順

謝駿聲諱顯卿字鐸和號誼諧又號啟人太學生敦宗睦族保存明統宗志纂理益園公草譜撰序傳於後配閔孺人繼汪孺人四子椿

棹榛懋

謝　斌 一名緄諱顯根字天池鑾公冢子同治十一年卒年十有三歲爲太學生加侯選布政司理問銜復遊泮水進邑庠弟起時比肩並秀昆仲齊名配王安人子祖

謝顯璇 字春和號蘭馨又號榮錡維表公次子邑庠生配方孺人

謝起時 諱顯穆字欽樽鑾公次子斌弟也郡庠生欽加五品銜賞戴花翎富而好禮急公尚義配方安人子兆珍克紹箕裘革命廢科舉遂不遊仕泮閉門讀書課子成名孫渭濱修業於廣益中學不幸早喪渭川卒業上海法學院受法學士學位

謝　昭 諱顯昭字懋卿號雪娛邑庠生擅詩文重名節清末繁邑文風以三山爲著公偕姚玉瀓姚琢如姚顯如姚樽檠葉薜城張子琴

鄧靈西鄧則先諸鄉賢合九結九蓮詩社推公爲社長生平吟咏不下千篇彙爲雪娛吟隨叔寬繡暨房兄潤和德和等建築保定圩策劃經營力排艱困樹功多矣公五十壽誕時閭族祝以望重長城九蓮社友序題俠氣騷情足以彰公之行也配藍孺人繼强鮑二孺人四子後德安泰

謝良珍字向榮忠槐公子幼失怙母潘孺人撫育有方年十六不幸被俘於亂軍越九年亂平歸例授登仕郎配徐孺人繼胡孺人子坤

謝祥斌諱承斌號冠羣顯樵公子國學生配李孺人二子英和

謝祥鬯諱承鬯號華文顯松公子邑庠生配周孺人

謝正儀字九如良知公三子洪楊兵燹村族均遭浩劫公流離他方平亂而返欽賜穀帛配徐孺人繼汪胡二孺人嗣子一才

謝鵬諱承順字翼雲邑庠生學博江南扁褒門第曰璧水生香配程孺人

謝承江字蓬壺顯議公子國學生配胡孺人繼于氏四子煌銓本錕

謝正坤字述元號繼暉晚號心齋艮珍公子邑庠生授附貢志逸山林不樂仕進始則振鐸傳經盈門桃李繼則植桑育蚕興創實業茂林修竹綿延數十里甲盛吾緐也配施安人嫻母儀習內則尤為賢助子四長一賢字葆先卒業省立第七中學歷任聯保主任鄉長等職次一能字葆初於省立第六甲種農校畢業迭長地方團隊保衛鄉里三一才繼承父志擴展實業四一德卒業省立第二中等職業學校捐貲興學歷任臨小校長及中心國民學校七長現任縣銀行經理男孫十孫女八皆就讀進取蒸蒸日上此公之福澤堪與郭汾

陽後先輝映也

謝承勇字登鼇顯謨公次子國學生配佘孺人三子銓鍇鎧次曰鍇字梓桑繼承父志對鄉里族務公益贊舉頗多

謝承棟字鴻恩號輔臣顯球公長子國學生配谷孺人三子禎禮祚

謝承意顯銘公四子國學生配尙孺人二子樑材

謝承樽字介眉顯璠次子安慶成德中學畢業凡宗族鄉黨公益事無不竭忱舉辦抗日軍興憂世而卒配古氏三子鈞衡新衡就讀於繁昌縣立中學

謝煥文諱佑和字謹和號炳章其斌公子郡庠生授例貢豪富甲於荻浦樂善行義閭里傳頌其德晚年志在山水遨遊蘇揚勝地古云腰纏十萬貫騎鶴上揚州堪爲公譽之古稀後連得二子曰棟曰樑

天錫後裔蓋積善之餘慶也

歷代閨範誌

泌公夫人記畧

輯歷代人物考

謝泌夫人侯氏南豐人也始笄家貧事姑孝謹盜起焚里舍殺人逹近逃避姑疾篤侍奉不去盜至偪之侯號泣姑側曰寧死不從盜刃之仆溝中賊退漸蘇見一篋在側發之皆金珠族婦以爲亡物侯悉歸之婦分其一以謝侯辭曰非我有不願也後姑與夫俱亡子幼父母欲奪志侯曰兒以賤婦人得歸隱居賢者之門已幸矣忍去而使謝氏無後乎寧貧以養其子雖餓死亦不顧

疊山公夫人記畧

輯歷代人物考

謝枋得夫人李氏饒州安仁人也色美而慧通女訓諸書嫁枋得事舅姑奉祭待賓皆有禮枋得起兵守安仁兵敗逃入閩中武萬左以

枋得豪傑恐有扇變搆捕之根及其家人李氏攜二子匿貴溪山荊棘中採草木而食至元十四年冬信兵縱跡至山中令曰苟不獲李氏屠而墟李聞之曰豈可以我故累人吾出事塞矣遂就俘明年徙囚建康或指李言曰明當沒入以李聞之撫二子淒然而泣左右曰雖沒入將不失爲官人妻何泣也李曰吾豈可嫁二夫耶顧謂二子曰若幸生還善事吾姑吾不得終養矣是夕解裙帶自繫獄中死枋得母桂氏尤賢達自枋得逋播婦與孫幽遠方處之泰然無一怨語人問之曰義所當然也人稱爲賢母云

謝繼縉公配烈婦蔣氏　巖鎮大塘派

兩學呈

邑人和宇徐尙文筆舉人

表揚貞烈以勵風化事竊見十九都三圖儒生謝繼縉年一十八歲於本年七月十九日病故其妻蔣氏婦儀幼習姆訓夙閑于歸未滿二年弱齡甫啚十八値夫遘疾祈天請以身代而鄰里共知迨夫盍棺叩地縊以身從而家人急救水漿不入六日嗟哉絶粒之難殉死僅緩七朝烈矣殺身之易額傷於斧斤志未酧亡氣絶於墜樓心纔瞑目兩棺相望而同穴之志得伸從一告終而再醮之汚不染似玆激烈之雄女中罕見若此投閣之慷里內寡聞是皆天植其性不强人爲其實風化攸關允宜旌表者也况今恭逢朝廷榜諭惓乚以表揚節孝爲先幸遇父母大人切乚以扶植綱常爲念伏望俯賜作興

懇加申請庶使女節相觀於激勸而閨潛得樹乎風聲矣光及九壤

恩垂百代

祭文

巡按直隸監察御史向程徽州府知府崔孔昕同知黨馨通判朱守

行推官郭宗磐致奠於

歙縣謝烈婦蔣氏之墓曰邃古淳龐皇風汐穆女德恒貞標揚芳躅

是以經賢奴媵詩詠栢舟秋霜烈日萬禩垂休代降風移哲人云遠

况以死從事尤涉鮮惟靈貞一性秉於天不隨俗靡獨追古前徧

夫夭亡捐身以殉生奚足榮死無所恨廢餐絕粒墜樓碎元䯏墻石

裂遊神九原嗚呼禮無二天義惟一死人莫能然爾獨如此𢎞承朝

命按視南畿嘉爾節烈風化所裨爰命有司旌揚爾善俾爾不忘用

彰世勸奠以牲醴申之以辭爾靈不昧允其鑒兹嗚呼哀哉尚饗

祭文

徽州府歙縣知縣姚學閔縣丞張光潤主簿韓朝縉典史袁子亮儒學教諭林彥相訓導陳卿蘇蒸民謹以香帛之儀致祭於

謝烈婦蔣氏之墓曰嗟哉烈婦生之婉也地粹天精死之烈也雷轟電掣節之完也玉潔氷清名之遠也勒石鏤金其心耿耿其氣英英泰山屹重陋彼鴻輕朝廷恩典鄭重忠貞偉哉斯烈允樹風聲予叨邑宰風化儀刑景瞻高範肅我士民炙鷄在豆綿酒在罇臨風三奠用慰九京尚饗

明謝烈婦行狀

里人采山方弘静譔戶部侍郎

世所稱殉節者豈不以危行爲賢哉要以矢志全歸不少槪見里人

謝緡蚤世妻蔣氏以烈死傷哉蔣氏名昜容息於同邑蔣天恩氏少漸儀訓幽閑有容父母相攸維謹乃字謝繼緡謝爲閭右宗先世有爲德清丞昭公者緡大父也蔣方十有三年以民間訛言趣婚嫁故待年於謝即兢兢箕箒無有違言越二年而婚適遭不造蔣壹以憂勤佐君姑持家秉推轂夫子爲大門戶蚤莫服勤不敢告勞婉婉如也緡素多疾性懁有不當輒不能容蔣從臾其閒卒無所失背乘閒以告曰君舅當門惟一息爾尚明發以共職業毋遺罹二人舅姑聞之莫不輾然喜也謂新婦賢居無何緡疾大作蔣日夕左右有方即有能瘳之者不難脫簪珥予之及疾革蔣奉饘粥進曰堂上春秋高無他顧養何忍見倍幸彊食之醫技窮蔣即絕粒以身禱請代號泣無已緡自度不起迺謂蔣曰若年少我即死其奈若何蔣應曰妾身

以君存亡無過慮也頃之縉死殮畢蔣哭之盡哀尋閉戶自經覺者啟戶入得不死宗婦相與慫之共謂曰縉不可作矣幸自愛以扶持舅姑雖白首稱未亡人宜無不可何死爲蔣輒引斧碎首必從縉已又賴家人護持之踰二日防稍懈蔣奮身投閣下石爲之斷竟得全軀以死蓋隆慶壬申七月二十五日也距其生嘉靖乙卯十二月二十六日春秋僅一十有八君舅以八月十五日戒家人移喪祔縉之兆而藏焉亦庶幾相從夫子於地下矣於戲烈哉視昔共姜千載同軌光昭管彤又何讓也余不佞廼因邑諸生胡清等奉請狀特列其危行稍匕載之俾告諸宮宗氏

歙謝烈婦蔣氏傳

甌寧一陽黃鍾之著 訓導

昔人有云天下道喪道在婦人余竊疑之豈扶輿清淑之氣乃於女

流而鍾其靈耶何結禠祇誠捐軀以承視死如歸而號爲翹七烈丈夫者之反不若耶是言似迂而實非誣者粵惟古昔化理淳厖婦順宣昭鮒禺之壤九嬪殉之清塵芳軌炳七琅七載諸史編至今與日月爭光是固浹洽於風化則然而謂川岳之流注凝結不其然與新安號古歙郡厥古辟剛士抱奇節而女德亦茂逼者烈婦諱易容歙山後蔣天恩女也幼閑女則恪有常規年十五適歙西巖鎮謝繼縉承翁姑匪懈躬紡紝有沼沚風姑重之是年七月夫抱痾親嘗湯藥不解帶者移朔因諭縉曰幸無恙妾悠賴矣不爾誓不此生敢以君所係之絲縚自靖自獻于先人從君子於宅兆足矣因泣下不粒七日嗣是縉病故志在引決母氏曁姻黨慰之廼歛容以謝遂用縚自經至再媵救之急即持斧斫額血濡然僉謂死矣不虞斧痕隨斫而

沒形雖骨立而神爽炯然自若豈一念足通靈旣而黙有護之者與翌日乃自樓投地而死階石且斷嗚呼夫貞淑之抗行也嫠居不貳氷蘖煢苦優游終天年君子韙之葢百之一矣若夫瀕危引義九死不廻始之以縊繼之以刃終之墜樓以自殞厥命葢億萬之一焉是故毋欲易盟而不從是持之以共姜之志也墜於岑樓以自遂是全之以金谷之節也安于埏隧而無悔而得見夫子於九京是堅之以鮒禺之行也且手刃無迹是之謂行乎鬼神墜石僟裂是之謂誠貫金石夫鵠設則省括者願爲之機張標立則觀望者願爲之丕式之子奇節而擬諸笄褘輩之鵠標非耶詩曰纘女維莘之子之謂也始與白嶽黃山棉匕其存不消鑠者矣余訓玆土與有風化之責者目繫心悸不克起於九原乃茹慼搆文托諸風頌以紀其盛是不動一

方觀覽者之感慨而激頑懦軌士習敦婦順以佐我

皇明四方爲綱之治者尚駸駸其未艾乎

碑陰

邑人念所江東之都御史

夫婦立天地大義而綱常世教攸關故當克配君子則繩纓已繫及所天或失守彼節介者尤確乎不易焉固從一而終不有其躬者道當如是也烈婦名易容姓蔣氏年十五歸謝奉舅姑惟謹未朞夫遘疾供湯藥三歲不怠夫卒即自經又引斧擊首俱不死於是投閣斷石乃已嗟嗟婦固亦有死乃烈婦生盡力死殉身精誠貫金石洌烈塞天地豈非綱常攸係而世教攸賴者哉勒之銘植其表而垂不朽宜也萬歷二年正月六日偕夫繼縉附厥考璵府君厥妣王氏王氏孺人槨葬於馬嶺山蓋欲其不忘也故畧述其節槩而刻於碑之陰

謝烈婦斷石吟

十嶽山人王寅

烈婦邑人謝繼緡妻蔣也爲夫烈死絶粒一旬縊刃兩救竟以首墜樓而石斷以死其死之烈可謂烈之甚矣邑人能言者有銘有傳予以斷石而死古今稀聞乃爲賦斷石吟亦爲石幸也

相如抱趙璧西入秦廷内睨柱髮衝冠首願璧俱碎虎狼之秦心亦寒歸璧尊趙首可完烈婦夫死無術起首與石俱碎斯已趙家傾國讓相如烈士烈婦豈可比石今爲重璧爲輕論價休言十五城常時定有靈光吐不知星化落何度石兮石兮宜題烈婦墓風雨春林山鬼護

謝烈婦蔣氏墜樓斷石詩

錢塘田藝蘅訓導

誰謂樓太高妾身可飛墜誰謂石太堅妾身可觸碎惟有天不移此

心不可悔白石自爛樓自灰烈氣耿耿冠上台丈夫見之下車拜嗟乎誰說懷清臺

吊謝烈婦墓詩　　宛陵梅守箕

夫喪操持志獨堅毀容絕食更堪憐墜樓古共貞姬烈斷石今看謝婦賢青塚每生風木恨芳名不盡路人傳忠心視死如歸去信義昭乜得两全

三節傳芳川派

郡人程廷策撰辰州太守

夫節義者間値者也卽不幸而間値猶然難之儼之則難踵儼之則又難所謂不幸之中復不幸焉難之難者若芳村謝氏三節是已謝阿蔣者謝廷杲妻也謝蔣皆居黃山右族世世結婚姻蔣及笄而歸廷杲門以內杲宜焉遞舉丈夫子二尚倫尚价杲早世里婦憐蔣少而諷之曰雎雄關關在河之干或失其雄胡不結翰蔣曰鴈無再匹婦無再室不信冥々有如皎日竟不奪守焉已迎冢婦蔣介婦羅來歸蔣凡再攝姑里人藉々謂天之報廷杲也無何而尚倫尚价先後從廷杲地下里婦少二寡而諷之猶蔣也二寡矢天日而誓之猶蔣也其伯氏雲菴公廷昱倜儻好義謹視姑婦有加禮姑婦相屬煢々而守者三十年如一日家且貧薪水屢告乏雲菴公屬子司城希周

參軍希召給焉嘉靖末年蔣及二婦先後卒司城參軍厚葬之已遷雲菴公命各以子子倫价後尋上其事於司理晏公晏公白之直指劉公旌焉里人莫不嘖嘖謝氏三節云

楚史氏曰龥生有言節義者去富貴福澤違而與貧賤憂戚合也以今觀於謝氏豈不重可哀哉姑之節苦矣冢婦節焉介媍又節焉姑有刑于而媍有速肖苦而甘之人謂三氏不爲難矣夫亡而不夫天者天無子而子爲之天者終不夭大不幸之中未始無幸者在乎節義自有之是所爲九京慰也

節孝汪氏傳汪村派　　　　諸父汪時行譔邑庠生

節孝汪氏名廣出稠墅余兄致佳女也少明惠有特操生十八年歸謝應象應象父曰澗泉翁母許生三子應象季也母蚤卒繼汪生一子汪氏能順夫兢兢事舅姑下伯姒當是時應象經營出在外稱克家兒汪氏謹持婦道勉事繼姑操作勤劬鄉人稱之迺癸酉應象客死年僅二十有七汪氏少夫三年子方二齡即容貌毀悴不御膏澤素笄縞衣長齋讀佛經紡績夜分不寐服終二齡兒又死或諷以盛年則悲恨嗚咽情辭甚切恒語曰我門風有素當嫁時裝送貧賄頗具吾度日不過米五合願奉祭祀守墳墓以終天年又何求焉婦人從一爲貞無再見男子之義寧效蠅蠅狗狗輒改節也聞者歎惋末俗非所生則積憎嫌雖知完節美德稍稍不欲善成之故爲戮辱合

拂鬱不堪動摇其志皆堅持罔變惡衣菲食以明素心鄉君子憐而加敬如是者十有八年歲時憂苦悲辛惟母氏伻來數慰籍辛卯父致住家居汪氏歸寧偕鄉中文社汪氏廼請之會文諸父兄曰夫爲人婦固養舅姑者也夫不幸夭不得盡人子禮廣也不肯明夫之不孝而自著不孝也守吾節黽勉事舅姑業已久矣倘一旦地下見夫問二齡兒亡胡不爲後計將何辭以對剏吾異日無主孤墳何二伯姒幸有子翁又饒土田室廬積有錙貲願籍主持得續夫後爰夫宜有貲財產業上之可四枝以奉親下之撫繼子以恩子報我亦猶生母也吾夫婦千秋百歲掃松楸繼子主之吾有辭于夫矣僉是之于是余叔顯謨純甫氏余兄懋功立成氏謀之諸謝君子曲請于翁得請而以伯仲子大爰仲仲子大進爲應象後諏吉日過房儼然拜汪

氏母堂上時年皆十齡一矣撑師而訓治饔飧時寒熱真屬毛離裏
愛也后喪姑哀毀如禮丁酉翁年七十餘染疾親調藥膳久而不倦
期年乃瘳至今甘滑修滫四時伏臘奉觴比應象在更股匕也鞠育
二子八年有婦矣諸君子益重其節操行誼汪氏今年滿五十有一
屬謝統宗譜成諸君子口余吾鄉以汪氏高節增光
天子修褒揚之典格當旌汪生曰以余覩於兄女其備婦德若前漢
陳孝婦其事舅姑匕繼也若宋女宗至於出入有制禮節修家事理
養二子有成立又如魯母師亦希遘見哉要之由從一而貞出也貞
以立身爲節加之舅姑爲孝施於國家爲忠節與孝與忠三而一也
余故爲節孝汪氏傳載謝家乘傳信并以作男子之忠云

奇節賀孺人傳 汪村派

孫男陞謹撰

家史氏曰女節世所難也而吾卿所易也　褒章不勝遠家史不勝書于是有奇節焉不得褒章則家史不容不亟匕矣作奇節傳曾祖王叔父廷傑公姬人內諱不書里閈尊稱曰妙孀孺人故當從俗以特書之正所以提俗也孺人賀氏山東清源人廷傑公生而俊高祖宗政公舉公因名永俊及長修髯偉幹白晳美丈夫配孺人汪氏不宜子因買清源遂納孺人攜孺人併孺人王氏母同歸孺人以戊子生于時十七歲矣貞惠有淑姿兼有聰識知書筭奉汪孺人惟恪女紅內職一一清晝四德備矣明年廷傑公無祿客死孺人晝哭合禮汪孺人襄事居嫠乃曰未亡人事夫子有年中道捐棄守節固宜若以沖麗爲人侍兒歸主君未一年執巾櫛董屢月安得持大義以相

苦若能小引日月除服之後若情足矣當爲擇一素對死者有知亮不求多於若孺人泣曰婦人從一而終何論妻妾兒侍主君一日即百年也主君即世兒侍主母即主君也願主母以女子視兒々以主君視主母朝夕相依豈不甚適何素對爲汪孺人曰若能如此大善恐終是不了事孺人復曰兒以此爲適不以此爲苦何不了也汪孺人曰姑聽若背後期里嫗乘際說之孺人奮摶其頰或故令惡少嘗之孺人恚戕自殺汪孺人譬解而止至是始知孺人中堅向孺人賛曰往者不意若々此未亡人乃今知若了了若真吾女也一室之中一女子奉二老人油々安之汪孺人王氏母相繼考終孺人情理畢至其後獨居一室則在五分老屋中房待諸子姓凡三世母慮百十余曹一切如大王母王母々不爲皎厲辭色升高自慄而人々尊之

親之亦如孫如子也凡遇除夕歲朝中元蜡曰合分長少有事老屋則人匕人謁絡繹番休有華顛者有斑白者有綠鬓者有青衿者有帛冠者有緇撮者有髫者有齔者有提者有抱者孺人無不撫接之慰藉之而緇撮以下羣坐于房居然一百子池也孺人量賦以果實錫麾人匕喜噪孺人亦怡然曰吾雖一寡婦人然子孰多于我也假使疇昔移天安有此日里中喜慶燕享無不請孺人祭酒則與諸婦言曰苦節不可貞吾所以貞由不苦耳誰謂荼苦其甘如薺雖含清霜如噉甘露斯言也上婦然之中婦疑之下婦腹誹之矣于諸婦無所不洽而更屬余母丁未之春余母將娩而孺人來視則曰好護若舍固當得雄既歸稍匕示疾男婦少長紛然謁省屋中填咽汾陽當日未必過此三月十二日卒少選余母娩余孺人之言驗矣裹服朞

功以至緦袒一皆百十余曹生榮死哀諸有夫有子若孫者未有如孺人者矣得年八十嫠居六十三年余撿全史將以擬諸其倫數百餘人並不相似徒有古共姜近日北山氏一流又當別論至于爲人妾無幾時守終身完大耋如孺人者一人而已卓哉茶薺霜露之言孺人獨見之解魯敬姜班惠姬聞此當不至河漢耳

遷繁謝氏閫範誌　　裔孫鴻軒　輯

明

閔氏蛟姑安人

副榜逢昌公配閔氏蛟姑貢生閔世孝女也昌博學宏才由邑庠中萬曆丙午副車恥不成名憤鬱賫志歿氏年二十七歲撫孤教育守節四十餘年二子嘉瑞嘉德克承清白家風相國孔貞運區其廬曰接孟芳鄰詳縣志人物烈女篇

仇氏孺人

嘉芝公配仇氏名六姐芝歿氏年二十六歲先刲股救夫膏肓不治觸棺欲死孀姑汪氏緫氏手哭曰叔尚幼媳逝予何依氏然之勵志守節事姑撫叔蘭成立蘭既娶復早卒遺孤之蕃氏撫之如己子人

謂此綫不絕皆仇保孤之力爲邑令表其門貞烈見於志

柯氏孺人

智公配柯氏庠生柯愈茂之女聞流賊至投水死邑令楊名蕊表其墓曰清泉白石見縣志

清

張氏孺人

儒童國儒公配張氏儒歿氏年十有八歲弔喪成婦服遂不歸立姪士煥爲嗣乾隆五年旌表見縣志

高氏孺人

士錩公配高氏氏年二十六歲錩亡撤奩絕沐縞素終身一子[illegible]育成人得三孫裔孫尤盛旌表見縣志

佘氏孺人

萬年公配佘氏年十九夫亡翁姑在堂長子三歲次遺腹氏金石爲心荼蓼明志守六十九年邑合吳升東旌其宅見縣志

汪氏孺人

天禎公配汪氏禎亡氏年二十四貧無失禮蓼有成勞守節六十二載見縣志

汪氏孺人

天近公配汪氏年二十三近故天只不諒誓死無移守節四十一年見縣志

任氏孺人

天掄公配任氏年十七夫亡子猶遺腹義不二天守節三十九載邑

合盧公旌其閭見縣志

姚氏孺人

仁昶公配姚氏昶亡氏年二十七閨房砥礪嚴勗諸孤踐前恚後形毀心勞享壽七十有七終於内寢三子文勳龍裔孫林立見縣志

孫氏孺人

仁伸公配孫氏伸亡氏年二十九窮苦守節至七十三歲卒三子義江義淮元玲見縣志

鮑氏孺人

郡庠生仁熙公配鮑氏熙亡氏年二十有八婦道殷勤母儀嚴肅年七十五歲卒子元輔見縣志

姚氏孺人

元宰公配姚氏家貧賴十指以膳翁姑年二十七宰亡事育姑撫兩叔成人各授室始以叔子爲嗣旋夭乃嗣堂叔子宗鍾年六十三卒見縣志

鮑氏孺人

元渠公配鮑氏渠亡氏年十九歲立孤守貞矢志靡他年六十六歲卒立侄宗甯爲嗣見縣志

強氏孺人

元璜公配強氏璜歿氏年二十三歲敬事翁姑撫嗣子宗傳成立育孫受天習武入庠享年六十有七見縣志

徐氏孺人

元鑑公配徐氏邑南中分村教諭布政司理問徐心沅之女教諭徐

侑祥之姊也鑑病氏刲股和劑急救不治鑑亡氏年二十四歲立孤守節矢志事親三十年如一日嗣子敦詳省縣志建總坊

汪氏孺人

美光公配汪氏年二十九歲光故忍死以奉翁姑完貞以課子媳守節四十七年卒胡學憲給以孝慈貞順匾額見縣志

董氏孺人

世發公配董氏發亡氏年二十七家貧堅撫孤成立年八十一歲卒見縣志

俞氏孺人

慶祿公配俞氏祿亡氏年二十事姑以孝撫孤以慈貧守勤紡年六十一歲卒見縣志

李氏孺人

錫茂公配高氏茂亡氏年二十八歲守節四十年見縣志

汪氏孺人

百甯公配汪氏甯亡氏年二十一歲矢志守節紡績供養撫育幼子

胡督學給額曰恭心蕨境壽享稀齡見縣志

駱氏孺人

忠公繼駱氏相夫未滿一月忠亡氏年二十二歲敬事兩代翁姑撫

育嫡子愛如己出享高壽見縣志

錢氏孺人

庠生克昌配錢氏姑年五十三染疾床笫一月不痊氏不解帶藥必

親嘗見病日篤背自割股和劑姑服頓愈數月後姑以無疾而卒翁

年七十餘氏孝敬弗違見縣志

許氏孺人

豫生公配許氏豫歿氏年二十七歲苦志守貞事姑禮孝義方訓育撫子耀成立例授旌表

方氏孺人

午朝公配方氏婚期百日夫亡氏年二十一歲矢志柏舟事親至孝口食常齋終身敬佛卒時囑子以素治喪嗣子傳旌表節孝

胡氏孺人

文童旭初公配胡氏年二十八夫亡茹苦含辛撫二孤球瑯成立訓耕教讀業紹箕裘享壽六十有二而卒縣憲朱文蔚申詳總理逼志局按察使裕祿布政司布政使吳安盧道王等於同治十一年會詳

安徽巡撫部院英奏請在案咨部註册奬以冰霜之潔松柏之貞准
其建坊載誌入祠以光盛典今遺批示爻獻錄存於後
同治十一年二月二十九日奉　撫憲吴札開同治十一年正月二
十日准禮部行令該撫轉飭各該府廳州縣統計所屬烈婦烈女及
阨窮貞節婦女其若干口給銀三十两官爲總建一坊題在其上毋
庸按口給銀其已故者於節孝祠内設位致祭同治十年十二月初
十日題十二日奉　旨依議
繁昌縣採訪貞孝節烈婦女江楊氏等一百一十七口徐魯氏等一
千一百一十四口原册並未聲明夫故年分現存已故各年歲無憑
核准應造事實册結送部互行核履
胡氏文童謝旭初妻生於嘉慶二十五年至道光二十七年夫故氏

年二十八歲現存五十一歲

張氏孺人

文童德輝公配張氏輝亡氏年二十八歲堅貞守節四十七年民國四年袁大總統褒題匾額曰氷霜勵潔朱印榮典之璽懸諸祠廳

孫氏孺人

寬炳公配孫氏年二十六歲炳歿三子猶遺腹撫孤成立守節至七十八歲卒子綱煌揚孫裔林立

王氏孺人

郡庠生顯根公配王氏年二十九夫歿上事一翁兩姑下撫一子一女足不出門庭十餘年子承祖急於功名憂鬱而卒侄兆珍以子渭濱嗣之享壽七十有五

王氏孺人

承美公配王氏相夫二載美歿氏年十九勵志守節立侄佑煌爲嗣三孫長曰耀庭氏訓之就讀畢業蕪湖萃文中學服務教育民國二十七年春日寇蒞村氏閉門拒之寇怒以柴草燃於門氏於宅内以水救之是日全村多遭火刼十不一全氏宅猶存耳壽享八十一歲卒縣長張鳴題額曰淑德堅貞

清

適汪門女

女聘汪有鈺匕病迎之歸藥餌數月鈺不治而卒女年十七猶處子也先是姑萬氏守節邀旌女繼姪承宗克纘姑志守三十九年卒見縣志

適方門女

女適方學講七亡女年二十四節以苦成祧以姪繼守三十二載見縣志

適方門女

女適方又三年十八夫亡堅操苦節守三十年見縣志

適姚門女

女適姚卜生卜抱惡疾朝夕侍奉不倦夫卒女年二十有五家貧無嗣族人勸其改嫁女吞穢水誓不易操依於母家翁姑柩在淺土女編織蘆葦買地葬之守三十六年見縣志

適鮑門女

女適鮑君昭昭疾篤女割股和葯竟不能起女年二十八歲寸心常

惻後裔克綿見縣志

適時門女

女適時飛鳳鳳亡女年三十食淡衣縞素孝養舅姑撫子成立年七十五歲卒見縣志

適胡門女

女適胡起濱匕亡女年二十五守節堅貞撫育孤兒胡督學題額曰清操貞壽高年而卒見縣志

適王門女

女適王惟元匕亡女年二十九歲立嗣承祧氷霜自矢見縣志

適徐門女

女適徐傳維匕亡女年二十九歲一子復逝自傷迍蹇矢志益堅節

錄於志

謝氏歷代人物述畧

太上有立德其次有立功其次有立言三者有一皆爲不朽端居之暇流覽史册披閱家乘覺吾始祖申伯伐玁狁建奇勳封於周之謝邑後因以謝爲姓嗣是代有賢豪世隆勳業尤莫盛于兩晉六朝纘公位典農中郎衡公任國子祭酒威儀卓犖幼輿其傑也氣度雍容仁祖其俊也安石東山高卧爲晉室之干城幼度淝水鏖兵破苻堅之勁敵才高閨閣道韞有咏雪之詩文采風流康樂有二寶之譽萬石才器儁秀瑗慶貞幹稱奇驚人詩句宣城獨擅才華春草池塘惠連詞稱絶唱弘微佳器方成敬冲神童可贊希逸稱江東獨步超宗濟池上鳳毛或以道德文章顯或以節義事功著是皆吾先祖之允堪不朽者也至於隋唐任歙州教授有彥俊公官銀青光祿大夫有

秉倫公迄乎趙宋泌公以文章登進士以直言重諫垣著書立論足希太傅之蹤疊山大節凜然不事異族彪炳簡冊尤堪與文文山先生並垂不朽焉有明遷繁以還元開纂修統志立譜牒之準繩正容品重大賓居鄉飲之耆席也愚捐糧輸餉禮部存勳存意至孝事親志書褒善遜清之際吾祖毅齋道崇江左北瞻功衛洪都仲維則齒德兼優句侯則恩勤周摯先人省菴深仁厚澤六男挺秀於庭階益園博學培才相國沾恩於駭浪潛齋藝堂則文章清綺芳聯花蕚西崖石城則捐家任郵惠濟梓桑泉夫宣中憲之猷觀齋展奉致之署潔齋渭溪皆不屑功名精書譜牒鐵崖治城因慷慨濟賑屢沐　皇恩介鶴詩文並美署百里之侯西坡布政授銜封三代之蔭其學優入貢不染紛華則有簡堂公也品重膠庠創理家乘又有吟軒公也

句識郵大難而負重名邦楨署州判冉遷典史啟積修職種德受天習武入庠執干戈衛社稷庭輝向榮之功不鮮植桃李興教育昌期鈞照之譽蜚然維表業著歧黃榮富筆參與志鼎菴則候選同知瑞章則顯功軍職叔祖修文昌後熱心公益修祠宇築圩堤造福於鄉族之間從伯駿聲起時富而好禮修草譜理族務留名於百世之後洎先父諱懋鄉公結社交文治鄉收族芳行義舉彰七卓著他及冀雲璧水生香述元捐資興學近如介眉之溫故知新煥文之學優德備懿歟麻哉詩云高山仰止雖不能至心嚮往之讀吾南司城希周公手輯歷代人物暨今國大代表族望鴻軒先生所輯遷繁人物足見我歷代先祖具有功德言三立之全允宜與史册並傳不朽而為吾輩子孫所仰戴不忘也安也不才賴先人庇蔭稍能讀書識字今

與纂宗譜忝參校閱不揣譾陋爲述槩畧固不足以彰先人之德而繼志述事之徵忱以便後世子孫一覽而明歷代人文之萃得毋有感奮興起者乎

旹

大中華民國三十八年寒食前十日

裔孫子石承安薰沐敬撰

国家出版基金项目
NATIONAL PUBLICATION FOUNDATION

海上絲綢之路文獻集成

總主編　陳支平　陳春聲

民間譜牒編　99

主編　林　楓

海峽出版發行集團
THE STRAITS PUBLISHING & DISTRIBUTING GROUP
福建人民出版社

本册目次

［廣西容縣］容州封氏家譜十六卷首一卷（卷六至卷一〇）　封鶴君　封高萬　封祝祁纂修……一

〔廣西容縣〕容州封氏家譜十六卷首一卷（卷六至卷一〇）

封鶴君　封高萬　封祝祁纂修

容州封氏家譜

六卷

卷六

容州封氏家譜卷六

長房世系牒

二十三世

振亭甲子 建章字耀文現充上尉連長宣統己酉年九月初七日生
配林氏民國壬子年九月廿四日生
子 富裕

振戌 子建邦中尉排長光緒乙巳年十月初五日生
配唐氏宣統辛亥年十月十二日生
子

振武 子建文民國甲戌年十一月初一日生
配
子

振英 子建基字乾楚民國戊寅年九月十八日生
配

振鑑 子繼榮民國辛巳年六月十八日生
子
配
子

振林 子建模字衛邦民國乙卯年八月初八日生
配周氏民國戊子年十一月廿六日生
子 國亮 國勁

振漢 子建歐民國乙亥年八月丙辰日生
配
子
建華民國戊寅年九月辛卯日生
配
子

振瑞 子建茂民國丙寅年六月初三日生
配
子

建璠民國己巳年四月初十日生
配
子
建榮民國辛未年十二月初六日生
配
子
建有民國己卯年七月十三日生
配
子
振唐　子建禋字錫五民國癸酉年十月廿一日生
配
子
建祿化縣經正中學肄業民國丁卯年七月初十日生
配
子

建中字燕歐民國癸酉年正月初三日生
配
子
振瑞　子建亞字浚歐民國庚午年七月廿二日生
配
子
建美字濟歐民國甲戌年三月初六日生
配
子
振岐　子建德字冠歐民國己卯年十一月十七日生
配
子
玉謙　子才隆民國庚寅年十一月廿六日生
配
子
玉仁　子才高民國辛巳年十一月十七日生

配
子
英權　子才武
配陳氏民國庚午年三月初十日生
子
才群
配黃氏民國辛未年十月初二日生
子
才國民國癸酉年九月初十日生
配
子
永利　子樂乾
配
子
英鳳　子才發
配

子
英智　子才文光緒庚辰年十一月廿七日生
配陳氏
繼配吳氏光緒丙戌年十一月廿六日生
子　開裕
英文　子才振光緒辛丑年五月初三日生
配何氏光緒甲辰年十月廿六日生
子　有餘　慶餘
英盛　子才智
配吳氏
子　開發　明民
才有光緒辛巳年五月十三日生
配黃氏光緒甲辰年十月初三日生
嗣子　開富
才深
配

容縣惟一商店承印

子
才瓚
配
子
英秀子才傳光緒癸卯年三月初九日生
配
子
英傳子才受
配
子
英仁子才堂
配
子
英聚子才[illegible]
配
子

英超子才達
配
子
英餘子才與
配
子
才慶
配
子 明唐
英育子才善民國甲戌年正月廿五日生
配
子
玉湖子杏辭民國己卯年八月十八日生
配
子
杏蘭民國辛巳年閏六月廿日生

配

子

玉臣　子奇瑞光緒甲午年六月十二日生

配

子

玉球　子奇慶光緒辛卯年　月　日生

配　氏

子　明吉

玉珍　子奇林

配

子

玉瑶　子奇漢

配

子

奇儒

配

子

奇春　配黃氏

子

奇瓚

配

子

玉崑　子奇清曾充第十保保長并與鄉父老創立遐垌國民學校熱心任事惜不永年光緒丙申年十月十一日生民國壬午年四月　日卒

配　氏

子　明禮　明義　明智　明信

玉振　子奇藻光緒癸卯年　月　日生

配　氏

子　明仁

玉海嗣子奇榮光緒辛丑年　月　日生

配

子

玉臣　子奇振

配

子

玉聲　子奇智　民國壬午年五月初四日生

配

子

玉周　子奇英　初級中學校肄業　民國乙丑年九月初一日

生

配李氏

子

玉瑞　嗣子奇明　鄉中心校肄業　民國戊辰年九月十九日生

配李氏

子

玉林　子奇珍　民國壬午年五月廿四日生

配

子

玉甫　子奇福　民國乙亥年九月初七日生

配

子

奇壽

配

子

玉麟　子奇才　民國　年　月　日生

配鍾氏

子

玉鳴　子奇生

配

子

奇初

配

子

玉賢　子奇文民國辛酉年十二月廿一日生

配

子

奇信民國丁卯年十一月初三日生

配

子

奇德民國壬申年五月初七日生

配

子

奇安民國甲戌年三月廿七日生

配

子

玉恩　子奇武民國　年　月　日生

配

子

玉堂　子奇忠民國乙亥年十二月廿四日生

配

子

奇旺民國庚辰年四月廿八日生

配

子

玉芹嗣子奇偉化縣睦秀中學校肄業　民國辛酉年四月十三日生

配陳氏民國庚申年八月廿六日生

子　明中

玉慶　子奇昌化縣經正中學校畢業曾任化縣縣立小學校教師民國戊午年二月初八日生

配吳氏民國丁巳年十一月初四日生

子

玉輝　子伯仲民國　年　月　日生

配

子
玉潤　子寄周 民國丙辰年九月廿日生
配
子
廣居　子福森 光緒壬辰年正月十五日生
配黃氏
子　述蔭　逑蔭
廣海　子福祥 光緒辛巳年四月十三日生
配鍾氏
子　達蔭
福椿 光緒癸未年二月初九日生
配曾氏
子　[illegible]蔭　遠蔭　[illegible]蔭　進蔭遂出嗣
福林 光緒甲申年八月廿四日生
配梁氏
子　近蔭　道蔭　遂出嗣

福榕
配曾氏
嗣子　道蔭
福梓
配蘇氏
嗣子　遠蔭
福桂 光緒癸巳年九月二十日生
配鄭氏
子　道蔭
廣關　子福藏 光緒庚子年　月　日生
配
子
廣隆　子福[illegible] 光緒癸未年九月廿五日生
配鄭氏
子　瑞蔭　琪蔭　瑾蔭
廣審　子福楷 光緒丁丑年八月初五日生

配朱氏
子　洸蔭
福鴻光緒庚辰年十月十四日生
配
子
廣積　子福柱光緒癸未年二月廿二日生
配羅氏
子
福樑光緒丁亥年十月初十日生
配羅氏
子　耀蔭　洪蔭　治蔭
福棟光緒壬辰年二月初十日生
配羅氏
續配滿氏
子
廣達　子福初光緒庚子年四月二十日生

配
子
福學外出無踪
配
子
福詩宣統己酉年三月十九日生
配黃氏
子　釗蔭
福文民國壬子年正月廿三日生
配欒氏
子　幹蔭
廣信　子福康民國壬戌年九月初五日生
配
子
廣壆　子福邦年月犧致上海陣亡
配

子

廣恆　子福鐵　年月無攷在營病故

配

子

廣祿　子福嘉　光緒丁亥年七月廿四日生

配黃氏　續配彭氏

子　偉蔭　祥蔭

廣全　子福倫　同治壬申年九月十一日生

配陳氏

子　毓蔭　世蔭　光蔭　萃蔭　甫蔭

福良　光緒己卯年正月初六日生

配李氏

子　沼蔭

廣猷　子福紳　光緒壬午年三月初八日生

配韋氏

子

福芹　光緒辛卯年十月初九日生

配

子

福光　光緒癸巳年正月廿八日生

配孔氏

子　祐蔭　祜蔭

廣智　子福英　光緒甲申年十月初八日生

配龔氏

子

廣惠　子福球　光緒甲辰年六月廿六日生

配陳氏

子　[illegible]蔭

廣祁　子福清　號達[illegible]　光緒戊子年九月十一日生

配劉氏

子　誌蔭　銳蔭　鈞　福銳出嗣

福淳　光緒甲午年二月十四日生

配呂氏
繼配黃氏
子　繼出銘隆
福溫光緒戊戌年正月十八日生
配黎氏
嗣子　銳隆
廣祐　子福新號裕孚光緒辛丑年正月初二日生民國己巳年
六月初二日卒
配鄧氏
子　錫隆
廣恩　子福興同治甲戌年十月廿四日生
配
子
福元光緒癸未年五月廿二日生
配
子

廣鴻　子福均光緒丁亥年九月三十日生
配羅氏
子
福恩實號庚戌年九月廿九日生
配
子
福成民國己未年九月廿五日生
配王氏
子
廣儉　子福安光緒戊戌年九月十三日生
配陸氏
子
廣恩　子福鏡民國丁卯年二月初十日生
配謝氏
子　直隆　隆隆
廣壽　子福[illegible]

配鍾氏
子
廣庠嗣子福祥 光緒戊申年十二月初十日生
配鄭氏
子 庭蔭
廣登 子福佑 民國壬子年五月初五日生
配胡氏
子 礽蔭
福翔 民國己未年五月廿五日生
配
子
福祈 民國辛酉年十二月十二日生
配
子
福餘 民國乙丑年二月十四日生
配

子
福釗 民國丁卯年　月十五日生
配
子
廣新 子福浩 民國己未年二月廿六日生
配何氏
子 溪蔭
福洲 民國庚午年八月初四日生
配
子
廣宗 子福田 光緒甲午年三月初八日生故期未詳
配劉氏
子 敏蔭 殷蔭
廣元 子福仰 光緒丙申年四月初四日生已故
配劉氏
子 衍蔭 澤蔭 繁蔭 熹蔭

廣珍　子福楠號麗雲　光緒丙申年十一月廿八日生
配賈氏
子　裕蔭　貽蔭　榭蔭
福廷　光緒辛亥年正月廿七日生
配伍氏
子
福泉　民國甲寅年六月十一日生
配羅氏
子
福禧　民國丙辰年七月二十日生
配何氏
子　文蔭

廣鏞　子福榮號拔群　光緒乙巳年五月廿七日生
配盧氏
子　昇蔭　朝蔭　朝榮　振光
福惠　民國癸亥年五月廿三日生

配
子

廣奎　子福雲號傳光　民國壬子年五月十八日生
配高氏
子　樹蔭
福秋　北流中學肄業　民國甲子年二月二十日生
配李氏
子

廣忠　子福莊　民國甲戌年八月初十日生
配
子
福巖　民國戊寅年正月十一日生
配

廣坤　子福恒　宣統庚戌年九月初二日生
子民　癸未年七月廿六日　精庵抄訛
後盛　配雷十芳　一九四八年六月廿七
配黃氏

子　椿蔭

廣傳兼祧嗣子福志

配賈氏

子

廣厚兼祧子福志號玉州光緒乙未年十月初十日生

配賈氏

子　勳蔭

廣爵　子福璋光緒乙未年正月初八日生

配黃氏

續配陳氏

子

福棠光緒庚子年九月廿七日生

配姚氏

子　博蔭　厚蔭　高蔭　明蔭　悠蔭

福璿號玉銜光緒甲辰年二月二十六日生

配黃氏

子

福璣號玉衡光緒乙巳年十二月十六日生

配李氏

子

福瓊宣統己酉年正月廿二日生

配劉氏

子　祝蔭

廣開　子福琦民國庚申年十一月二十九日生

配劉氏

子

福瓊民國己巳正月十七日生

配李氏

子

廣茂　子福祺光緒辛亥年二月廿六日生

配陳氏

子

廣雨　子福霞 民國丙子年九月十四日生
配
子

廣林　子福華 民國丙子年二月初二日生
配
子福慶 民國辛巳年五月初五日生
配

廣信　子福康
子
配

玉富　子才達
子
配

玉祥　子才旺 民國癸丑年五月十三日生
配
子

配葉氏
子

玉蘇　子才盛 民國甲寅年十一月十二日生
配郭氏 民國癸丑年六月廿四日生
子

玉榮　子才慶 宣統庚戌年十月初八日生
配唐氏 宣統辛亥年正月二十六日生
子興福
才牲 民國乙卯年九月廿六日生
配黃氏 民國癸亥年四月二十二日生
子

玉英　子才義 光緒辛丑年二月初七日生
配莫氏
子
才福 光緒丁未年六月初五日生
配

子
玉障　子才智光緒丙午年五月十八日生
配董氏
子　興裕
玉璜　子才文宣統己酉年十一月十七日生
配周氏
子
玉瑞　子才志
配
子
乃能　子國英字育才　同治己巳年十二月初四日生光緒己亥年五月廿九日卒
配鍾氏
子家麟
國雄字嶠豪同治辛未年十二月廿六日生
配陸氏

庶李氏
兼祧子　家麟
國奇字崧生郡庠生廣西法政學堂畢業歷任興業同正等縣知事　同治癸酉年九月初十日生民國丙子年十二月初十日卒　有傳
配梁氏
繼配黃李氏
子　家光　家其　俱李氏出　其出繼
國俠字酉伯陸軍少校廣東步兵第一團第一營營長矯健不群粵海從戎治盜得力民皆頌之　光緒丁丑年十一月十一日生民國己卯年八月十九日卒　有傳
配盧氏
嗣子　家基
乃賢　子國禎字幹材　同治壬申年五月初五日生民國戊午年九月廿日卒

配張氏
子　家駿
乃積嗣子國樑　同治甲戌年十月初六日生民國丁巳八月十二日卒
配伍氏
子　家福
乃才　子國詔字子泥　同治戊辰二月初三日生民國辛未年五月廿二日卒
配陳氏
子　家璧　家成成川嗣
國詰字進南　光緒辛巳年三月初二日生
配黃氏
子　家英　家宏宏山嗣
國詮　光緒癸未年三月廿一日生
配鄧氏
嗣子　家成　家宏

乃倫　子國綱　光緒辛卯年十二月廿日生
配蔡氏
子　家厚　家全　家漢
乃瑞　子國俊字貴卿　光緒癸卯年二月初八日生
配黎氏
子
乃盛嗣子國興　宣統庚戌年十二月初八日生
配蔡氏
子
國珍字玉山　宣統壬子年十月初五日生
配蘇氏
子　家蓉
乃榮　子國典　民國戊午年九月初九日生
配李氏
不至子口云子
乃鶴　子國繼字宗三　光緒丁亥年二月十七日生

配鄧氏
繼配張氏
子　家讓　家友　家改　家文　家昌
國衡字秩階光緒辛卯年九月十一日生
配鄧氏
子
國銑字育群光緒己巳年三月十七日生
配陸氏
子　家新　家力
配李氏
乃興　子國釗字傑三光緒己丑年三月初四日生
子　家潤
國銘字紹新光緒癸巳年十一月初六日生
配鍾氏
繼配嵩氏
子　家齊　家輝　家坤　家傳　家昭

繼配山
乃仁　子國光民國　年　月　日生
配
子
國昌
配
子
國允
配
子
國政
配
子
乃元　子國隆民國癸亥年正月初四日生
配　氏
子　家深

國寅 民國乙丑年六月廿四日生
配　氏
子 家炎

乃忠 子國强
配
子

國祚
配
子

國慶
配
子

乃信 子國棟
配
子

國積
配
子

國善
[illegible]
子

乃福 子國文 光緒己丑年九月十六日生
配黄氏
子 家昌 家盛 家森 家鰲 家榮

國富 光緒壬辰年正月初二日生
配龔氏
繼配陳氏
子 家智 家信

國崇 光緒庚子年五月廿五日生
配梁氏
繼配賈氏
子 家才 家富 家昭 家歷

乃祜　子國桂　光緒戊戌年二月十六日生
配黎氏
子
乃禎　子國成　光緒辛亥年八月十四日生
配黎氏
子　家昭　家旺
乃祥　子國智　民國乙卯年四月廿六日生
配劉氏
子　家有　家滿
國德　民國庚申年十二月初二日生
配
子
國永　民國癸亥年十月十六日生
配
子
乃禧　子國材　號永生　光緒甲辰年九月初二日生

配黎氏
子　家仁　家興
國棟　號駿生　光緒戊申年八月廿七日生
配李楊氏
子　家義　家修　楊氏出
國森　號羨榮　光緒丁巳年十二月廿八日生
配黎氏
子
國鑫　號金聲　民國乙未年十二月初二日生
配　氏
子
國燊　民國甲子年十二月廿二日生
配
子
乃祺　子國明　光緒戊申年九月初十日生
配劉氏

子　家芳　家芝
國昌　民國戊午年九月廿四日生
配盧氏
子
國武　民國乙丑年九月初九日生
配
子
乃和子國寶
配
子
國禮　光緒丙午年三月二日生
配李氏
子
國龍　民國甲寅年閏六月初二日生
配朱氏
子　家理

乃義子國清　光緒乙未年九月廿二日生
配黃氏
子　家安
國遂　年　月　日生未致
配盧氏
子
國漢　光緒壬寅年六月十七日生
配
子
乃銓嗣子國廷　光緒乙巳年五月廿六日生
配金氏
子
資福　子奕寬　民國乙戊年二月廿八日生
配
子
奕貴　民國丁丑年七月　日生

容縣惟一商店承印

配
子
裔繼子奕龍字普生容縣縣立中學師範軍訓畢業
曾充中心學校教師貴北流縣縣職員財
政部粵西鹽務管理局桂南辦公處辦事
員各職民國丙辰年正月廿二日生民國甲申年正
月廿五日卒
配梁氏
子
奕光字懿生都嶠中學畢業民國　年十一月
十四日生
配
子
奕秋字樹生民國　年九月十三日生
配
子

裔超嗣子奕德字廉生民國　年九月十五日生
配
子
裔誠子奕源字偉生民國　年十一月初六日生
配
子
奕崇字嶽生民國　年十月十四日生
配
子
奕昇字迺生民國　年八月十六日生
配
子
裔林子奕棠字赤生容縣都中學畢業容縣田管處士
曲陳例編香組目河門鄉中心校教師民
國　年十一月十四日生
配

子
奕桂字白生民國　年八月十五日生
配吳氏
子
奕淦字漢生民國　年六月初十日生
配
子
奕濤字海生民國　年四月初十日生
配
子
奕災字瑞生民國　年十一月廿二日生
配
子
貴賢　子備文民國乙丑年四月廿五日生
配
子

備武民國丁卯年九月十三日生
配
子
備標民國甲戌年七月初一日生
配
子
貴燊　子備濟民國甲戌年　月　日生
配
子
備進民國　丁丑年　月　日生
配
子
貴禎　子備聖民國辛巳年閏六月廿七日生
配
子
貴祿　子備彥民國丁巳年五月廿三日生

配中氏民國丁巳年七月廿九日生

子　天保

貴芹　子備宗民國癸酉年十二月十一日生

配

子

貴武　子備智民國壬申年九月初七日生

配

子

備儒民國丁丑年八月初六日生

配

子

備柱民國辛巳年十一月廿四日生

配

子

貴慈　子備仁民國己未年二月三十日生

配

子

備義民國辛酉年十二月十五日生

配

子

備禮民國甲子年十月二十八日生

配

子

備信民國癸酉年四月廿二日生

配

子

貴忠　子備鵬民國乙亥年六月十九日生

配

子

貴彬　子備楝民國庚辰年十月初十日生

配

子

貴恩 子備勇 民國癸酉年二月初十日生
配
子
備猛 民國乙亥年四月初九日生
配
子
貴綿 子備統 民國庚午年二月廿四日生
配
子
備海 民國丁丑年九月二十六日生
配
子
貴英 子備祿 民國辛未年六月廿三日生
配
子
備有 民國甲戌年六月初六日生

配
子
貴雄 子備煜 民國乙卯年九月廿五日生
配
子
膺館 嗣子承方 梧州私立培正中學肄業 民國己未年十一月初二日生
配周氏
子 伯釗 伯綜
膺綜 子得芳 民國丙寅年三月初四日生
配
子
松方 民國丁丑年六月廿一日生
膺曉 子燦方 廣西省立鬱林中學畢業
配
子

容縣惟一商店承印

配
子
膺詒 子雄方民國辛未年三月十三日生
配
子
耿方民國辛酉年六月十八日生
配
子
膺寅嗣子暄方
配
子
膺蘭 子富方民國辛未年九月廿五日生
配
子
膺森 子攄方民國壬申年六月廿七日生
配

子
揚方
配
子
拔方
配
子
膺紹 子巡方字錫侯光緒乙未年三月十三日生
配張氏光緒戊戌年十一月初七日生民國庚午年
六月初八日卒
子 伯馨 伯濟 伯世
發方字韓臨光緒丁酉年十一月十三日生
配黎氏
子
膺晃 子彥方字美卿光緒丙午年二月廿三日生
配劉氏

子　伯符
燕方字壯堅容縣縣立中學畢業梧州省立第四
高級中學校肄業軍民學校畢業任上尉
連長民國壬子年八月廿三日生
配
子
慧方字則文珊萃高等小學肄業民國丙辰年
八月初三日生
配廖氏
子　伯崇
騰鏞　子達方字啟明光緒癸卯年九月廿六日生
配杜氏光緒丙午年十月十九日生
子　伯泉　伯炎
騰炎　子顯方民國辛巳年八月廿一日生
配
子

騰熾　子湞方民國丙子年六月初九日生
配
子
騰霖嗣子金方民國己卯年二月初五日生
配
子
騰冠　子潔方民國辛未年正月十四日生
配
子
沛方民國戊寅年五月初七日生
配
子
源方民國辛巳年六月初三日生
配
子
騰觀　子泉方民國辛巳年一月十三日生

配
子
膺璜　子行方　民國己巳年閏月十七日生
配
子
美方　民國辛未年十月初二日生
配
子
膺沂　子穎方　民國乙亥年九月廿四日生
配
子
埜方　民國庚辰年十一月初五日生
配
子
膺渭　子景方　省立容州高中畢業　民國丙寅年十月廿四日生

配
子
膺榮　子永方　民國乙亥年十一月初七日生
配
子
膺銓　子式方　宣統己酉年八月初六日生
配李氏
子
膺懷嗣子經方　民國丙寅年九月初四日生
配
子
膺恂　子緯方　民國　年　月　日生
配
子
膺福　子繼方　字印堂　民國三十年正月初五日生
配

子
綸方字緒棠民國　年　月　日生
配
子
膺倫敘啟子式方民國辛巳年正月初五日生
配廖氏
子伯澤
膺光子煒方民國己巳年四月十三日生
配
子
福方民國壬申年七月初六日生
配
子
騰方民國三十二年四月初八日生
配
子

膺和子梓方民國戊寅年　月　日生
配
子
膺錫子翹方民國乙丑年三月十五日生
配
子
膺儀子生方民國乙亥年八月十五日生
配
子
膺仲鵬子金方民國丁丑年七月初二日生
配
子
膺強子寧方民國甲戌年二月二十四日生
配
子
膺讓子行方民國己巳年二月初五日生

容縣恒一商店承印

配

子

勝方民國　年　月　日生

配

子

文方民國　年　月　日生

配

子

廣祥　子杜方民國己巳年十二月廿二日生

配

子

知方民國癸酉年六月廿二日生

配

子

廣昌　子洪方都嶠中學肄業民國丙寅年十月十一日生

配

子

容方民國己巳年四月初十日生

配

子

廣瑞　子新方梧州區學兵大隊畢業曾充仁勇村村長梧州區團模範班中士歷任少尉總隊

民國辛酉年十月十九日生

配

子

廣奎　子耀方民國乙丑年二月初三日生

配

子

楠方民國庚午年七月十五日生

配

子

森方民國乙亥年二月初三日生

配

子

廣諛子俊方 民國丙子年六月初四日生

配

子

統方 民國乙卯年十月十二日生

配

子

廣善統毓子泰方 民國癸亥年六月初八日生

配

子

廣前統毓子泰方 民國癸亥年六月初八日生

配

子

廣超子彭方 民國庚辰年十一月二十日生

配

子

廣誉子瀚方 民國庚午年十月初二日生

配

子

廣圻子大方 廣西省立鬱林中學初中畢業 民國癸亥年十二月十五日生

配

子

廣健子壯方 民國己卯年二月初二日生

配

子

昶方 民國辛巳年六月廿五日生

配

子

廣廸子長方 民國庚辰年十一月廿七日生

配

子

敬宗　子振儀

配姚氏

嗣子　進輝

敬煇　子振安　光緒己亥年六月初五日生

配陳氏　光緒丙申年十月十九日生

子　進輝　進榮　進南　進輝出嗣

敬潤　子振酧

配

子

敬賢　子振錦　民國庚午年八月十二日生

配

子

振儒　民國乙亥年九月十四日生

配

子

敬忠　子振軍　民國丁卯年正月廿七日生

配

子

敬祿　子振棠　民國壬戌年三月初四日生

配梁氏

子

敬臣　子振海　民國甲子年三月初十日生

配

子

敬新　子振榮　光緒戊申年三月初四日生

配梁氏　光緒丁未年四月十二日生

子　進光　進德　進昌

敬樂　子振群　光緒丁亥年三月初七日生　民國辛巳年六月廿

五卒

配甘氏

子　進盛　進華　進昌　進方

振朝 光緒甲午年四月十三酉生
配黃氏
子
振興 光緒庚子年閏八月初一日生
配黃氏
子
敬元 子振林 宣統己酉年二月十八日生
配劉氏
子 進紹 進運
振材 光緒辛亥年八月初九時生
配梁氏
子
敬全 子振成 光緒壬子年十一月初十日生
配藍氏
子
振[illegible] 民國乙卯年十二月廿五日生

配[illegible]氏
子 進強
敬維 子振光
配
子
振清
配
子
敬承 子振[illegible] 民國辛酉年五月十六日生
配吳氏
子 進興
敬鎔 子振東 民國甲子年九月十八日生
配韋氏
子
敬聰 子振文 民國甲戌年十一月廿日生
配

子

敬居　子振存　民國庚午年六月二十七日生

配

子

敬保　子振宗　光緒丙午年二月廿五日生民國庚午年六月十
四日卒

配李氏

嗣子　進福　進祿

敬信　子振寬　民國丁未年九月十二日生

配梁氏

子　進祿　敬出繼

振宇　民國丙辰年三月廿六日生

配田氏

子　進埜

敬侯　子振宏　民國壬子年七月十二日生

配盤氏

續配王氏

子・進福　盤氏出繼出嗣

振國　初中肄業　民國辛酉年七月廿一日生

配蒲氏

子

敬儲　子振寶　初中肄業曾任錫梅鄉街長　民國辛酉年
七月廿一日生

配盤氏

子

振忠　民國戊辰年十一月廿九日生

配

子

敬仕　子振淞　民國戊辰年六月廿二日生

配

子

敬偉嗣子振洮　民國戊午年四月初四日生

配[illegible]氏
子
敬偉嗣子振[illegible]民國辛酉年十二月廿四日生
配賀氏
子
敬儲 子振武民國己未年十月十三日生
配
子
敬修 子振寰民國乙卯年六月廿八日生
配周氏
子
敬俊 子振寧民國甲子年十二月十七日生
配
子
振琪民國庚午年五月廿二日生
配

子
敬倫 子振鈞民國丁卯年十二月初四日生
配
子
慶之 子有貴光緒丙午年六月廿一日生
配
子
有南宣統辛亥年閏月十二日生
配潘氏
子
有方民國甲寅年八月初一日生
配黃氏
子
和之 子有賢光緒丙午年十一月十七日生
配申氏
繼配[illegible]氏

子

有期 民國己未年閏七月初三日生

配

子

平之嗣子有興 民國癸亥年六月十三日生

配

子

立之富之兼祧子有麟 字振環 光緒己亥年正月十二日生

配劉氏

子 輔松 輔材 輔柱 輔相 輔松輔

柱承立之祧 輔材輔相承富之祧

臨之子有馨 字振璋 光緒甲午年三月廿二日生

配陸氏

子 輔智 輔臣

煥之子有文 民國庚辰年 月 日生

配

啓之子有森

子

配

有燊

子

配

有盤

子

配

有强

子

配

有鑫

配

子

有爵
配
子
有鎏
配
子
璣之子有忠民國庚午年閏六月廿二日生
配
子
有顯民國癸酉年五月初一日生
配
子
有盛民國乙亥年十月廿一日生
配
子
有漢民國庚辰年十月廿四日生

配
子
柱之子有齊民國甲戌年六月十三日生
配
子
慶遠子閂[illegible]光緒丁未年八月初三日生
配
子
慶芹子閂武宣統庚戌年七月十三日生
配樊氏
子
閂方民國乙丑年七月十四日生
配盤氏
子
慶琨子閂安
配朱氏

子
寶民嗣子繼釗 光緒辛丑年六月初三日生
配鄭氏 庶配刘氏
子 培文
寶盛 子桂方 民國癸亥年九月廿四日生
配 梁氏
子
寶興嗣子繼錦 民國戊辰年九月初五日生 曾任吝吾教长
配 何氏
子
惠民 子奎光 光緒庚戌年十二月初十日生
配洪氏
子 民慶
奎衍 民國癸丑年五月廿六日生
配黎氏
子 民成

奎芬 民國丙辰年十月初五日生
配
子
奎莘 民國壬戌年八月十八日生
配 蔣氏
子
惠侯 子奎榮 民國乙丑年閏四月十一日生
配 利氏
子
奎驊 民國丁卯年十月初六日生
配
子
奎茶 民國癸酉年十一月初十日生
配
子
惠晴 子奎耀 光緒甲辰年九月廿五三日生民國辛巳年

月　日卒
配鄧氏
繼配秦氏
子　長佑
奎仁　都嶠小學畢業　民國辛酉年九月初二日生
配黎氏
子
奎義　民國甲戌年九月十八日生
配
子
奎志　民國戊寅年十月廿六日生
配
子
壯勳　子汝賓　字彥生　光緒己亥年十二月十五日生
配周氏
繼配何氏

壯繼嗣　汝強　字健生　光緒癸卯年正月初一日生
子　致崇　致全　元配出　致宗　繼配出
配胡氏
子　致安　致餘　致君
壯乾　子汝成　光緒戊申年三月廿三日生
配
子
壯繼嗣　子汝福　民國壬子年正月初十日生
配
子
壯才　子汝佳　字壽生　光緒戊申年十月廿八日生
配黎氏
子　致祥　致偉
壯岡　子汝光　宣統庚戌年十月廿六日生
配莫氏
子　致逵

壯鐵樹子汝進民國庚申年七月廿七日生
配黎氏
子
壯現子汝方民國癸亥年六月初一日生
配
子
壯嚴子汝文寅號己酉年八月廿七日生
配瞿氏
子　致寅　致餘
汝經民國壬子年五月初十日生
配瞿氏
子　致榛　致仁
汝睿民國戊午年四月十七日生
配羅氏
子
汝君貴縣小學肄業　民國癸亥年十二月初七日

生
配劉氏
子
壯頤子汝珍民國乙亥年四月初六日生
配瞿氏
子
汝釗民國戊寅年十月初八日生
配
子
壯榮子汝昌都小肄業民國辛酉年十一月十三日生
配陸氏
子
汝揚民國丙子年十月廿一日生
配
子
壯瑞子汝唐民國癸酉年三月十四日生

配
子
坤士　子傑棨民國癸亥年七月廿日生
配
子
發祈　子爲禮光緒己丑年三月初七日生民國癸亥年八月十
六日卒
配馬氏
嗣子　時賢
爲寶光緒辛卯年六月十二日生
配植氏
子　時賢　時貴　賢出嗣
發祥　子爲振
配廖氏
子　時光
發礽　嗣子爲傳

配
子
發暉　子爲連龍州省立初級中學畢業曾充龍州新
街鎮中心學校教師校長崇善縣科員
配唐氏中學肄業
子　時坤　時華
爲强民國丙寅年十一月十一日生
配
子
發昭　子爲剛民國丙寅年三月初八日生
配
子
爲芬
配
子
發時　子爲俊民國壬申年十二月十五日生

配

子

發全 子爲憲 光緒乙巳年正月十九日生

配

子

發惠嗣子爲寬 民國壬戌年四月初十日生

配符氏

子

發華 子爲富 宣統己酉年三月初九日生

配韋氏

子

發成 子爲宗 民國癸丑年五月十五日生

配

子

發林嗣子爲燊 民國丁丑年六月初九日生

配

子

發連 子爲宏 民國壬午年正月十四日生

配

子

樹棟 子善富 民國戊午年八月十八日生

配陸氏

子

善貴 民國庚午年閏六月初九日生

配

子

樹森 子善林 民國辛巳年九月初一日生

配

子

發基 子爲正 光緒甲午年五月十五日生

配馬氏

子 時源 時泉 時江 時海

發型　子爲業民國癸丑年五月初九日生
配
子

鈞寅　子勵明民國辛未年七月廿五日生
配
子

衛寅　子勵樹字福甯光緒乙巳年二月初十日生
配林氏
繼配陀氏
子　世濤繼出

宗遠　子業開光緒乙未年十月初八日生
配郭氏
子
業乾光緒戊戌年十二月十五日生
配陸氏
子　紹東　紹甯　紹俊

宗運　子業鈞民國丁巳年七月初八日生
配
子
業釗民國壬戌年六月初二日生
配
子
業銓民國乙丑年閏四月廿六日生
配
子
業鐘民國辛未年十月十八日生
配
子
業銚民國甲戌年十月廿一日生
配
子
業鎔民國丁丑年十二月初一日生

配
子
宗建嗣子業深民國丁卯年五月初五日生
配陸氏
子
宗達嗣子業發民國　年　月　日生
配
子
宗延子業漢民國　年　月　日生
配
子
憲章子其光字韻濤廣西省立第二中學畢業歷充
武宣縣桐嶺區立高小校長國民革命軍
第十五軍中尉書記升第二砲兵營上尉
軍需廣西省第五區保安司令部上尉書
記光緒壬辰年正月初一日生

配盧氏
子　炳榮　炳漢　炳忠
其楧字範球光緒丁酉年正月初七日生
配黃氏
子　炳東　炳芳　炳武
憲清子其昌光緒丁未年七月初二日生
配梁氏
子　炳煜　炳鎭　炳辛
憲崇子其海民國己未年五月十三日生
配
子
其柏容縣都嶠中學肄業民國辛酉年八月初三
日生
配彭氏
子
其振民國甲戌年八月初五日生

配

子

憲禎　子其億民國丙寅年十二月初八日生

配

子

其志民國戊辰年七月廿八日生

配

子

憲宗　子其榕民國庚午年八月廿七日生

配

子

其森民國丁丑年八月初十日生

配

子

其松民國己卯年十一月初十日生

配

子

憲榮　子其安民國庚辰年十二月廿三日生

配

子

憲書　子其富曾充崇善縣政府典獄員　宣統庚戌年八月初二日生

配黎氏

子　炳泉　炳琨

其貴曾充廣東寶安縣政府政務警察隊特務員　民國丙辰年正月十一日生

配

子

其榮字傑人龍州陸軍教導隊畢業陝西政治[illegible]員訓練班結業　民國己未年十月十二日生

配

子

憲敷 子其鎏字喬生 光緒甲辰年十一月十八日生

配梁氏

子 炳樞 炳海

其錦字學指南寧新民中學畢業廣西省立南寧汽車技術生養成所畢業廣西省政府無線電收音機員訓練班結業廣西省縣政公務員政治訓練班結業曾充柳江區汽車總站站長中央陸軍第二師砲兵營中尉軍需龍山縣政府科員北流縣隆盛區公所助理員 光緒丁未年六月十九日生民國卅二年七月廿八日卒

配黃氏 光緒丁未年十月初二日生民國丁巳年 月 日卒

繼配莫氏

子 炳[illegible] 炳桐繼配出

憲廷 子其穎 民國戊午年七月廿二日生

配梁氏

子

憲蔣嗣子其傑字俊民北流縣立中學畢業廣西軍訓畢業充都嶠中學校務員中央財政部廣西鹽務管理局桂南辦公處北流隆盛鹽輸總站平政分站事務員 宣統庚戌年九月廿四日生

配周氏

子

憲滋 子其球民廿六年出征參與上海南京合肥各戰役 宣統庚戌年九月廿六日生

配蘇氏

子 炳濬 炳劍

其英字瓊伊容縣縣立中學畢業廣西大學高中部畢業廣西省地方行政幹部訓練

團第六期結業曾充龍州區禁烟局辦事
員龍州海關稽稅員龍州關下凍及憑祥
各分卡主任崇善縣政府科員及代理財
政科科長北流私立六里初中教師北流
縣田管處總科三科長民國甲寅年正月卅日生
配何氏龍州省立初中肄業　民國十二年五
月初四日申時生
子　炳桐
其斌民國三十一年十二月請纓殺敵蒙政
府褒獎民國辛酉年八月廿九日生
配
子
憲典　子其超民國甲子年四月十四日生
配
子
其澤民國己巳年五月十九日生

配
子
其侃民國癸酉七月廿三日生
配
子
芳芹　子仕球光緒丙午年十月初十日生民國丁卯年八月十
四日卒
配劉氏
子
仁球民國壬子年七月廿七日生
配劉氏
繼配劉氏
子　學海　學文
黼芹　子瑞球光緒丁未年二月十三日生
配梁氏
子

庫芹　子振球都嶠中學畢業梧州省立高級中學畢業

配盤氏

子拯球民國丙寅年九月初二日生

配

子

泮芹　子桂球民國癸酉年五月廿九日生

配

子

檬球民國丙子年九月初一日生

配

子

聆芹　子延球都中畢業梧州省立高中學校肄業
民國戊午年九月廿九日生

配鄧氏

子漢球容縣珊萃中學肄業民國丙寅年五月三十日生

配

子文球民國己巳年正月廿五日生

配

子

馨芹　子冠球容縣初級中學校畢業梧州省立高級中學校畢業國立廣西大學採礦系畢業
民國戊午年三月初一日生

配傅淑華民國丙辰年九月初五日生

子學泉

緒芹　子德球民國己巳年二月初七日生

配

子

佐球民國己卯年八月廿七日生
配
子
裕芹 子偉球民國乙丑年七月廿八日生
配
子
國球民國甲戌年四月初五日生
配
子
鈞球民國丁丑年七月十四日生
配
子
楝芹 子煜球民國己巳年三月廿七日生
配
子
樹球民國己巳年八月廿六日生

配
子
集球民國癸酉年十一月十七日生
配
子
武球民國丙子年九月廿二日生
配
子
錦球民國戊寅年三月十四日生
配
子
政芹 子紅球民國辛巳年九月十六日生
配
子
欒芹 子大球民國辛巳年十月廿二日生
配

容縣惟一商店承印

子
典常 子富賢 光緒甲午年五月初十日生民國戊午年卒於南
洋
配杜氏
嗣子 壽東
爵賢 光緒丁酉年九月十七日生
配楊氏
子 壽東 壽松 東出嗣
國賢 光緒乙亥年二月十九日生
配
子
光賢 民國甲寅年六月初　日生
配
子
典桂 子進賢 宣統辛亥年六月十六日生
配馬氏

子 富壽
紹賢 民國辛酉年　月　日生
配
子
典顯 子尚琪 廣州青年會中學畢業廣東航空軍校
畢業曾任中央空軍第六大隊中校隊長
光緒庚戌年十一月廿一日生民國壬午年　月
日卒
配何氏 庶配韓邢氏
子 衍鈞
尚瑾 容縣都嶠中學校畢業 民國癸亥年正月
初八日生
配蘇氏
子
典秩 子尚儀 廣東南京中學畢業廣西大學預科畢
業江蘇南通大學紡織公程系肄業歷充

容縣珊中都中導師廣西省立平樂中學織業學校紡織指導員兼教師民國癸丑年四月十二日生

配梁氏

子　衍凱　衍漢

尚芳容縣都嶠中學畢業中央陸軍廣東分校畢業任廣西省立梧州區民團指揮部特編隊隊附潯梧師管區學兵大隊少尉隊附民國丙辰年四月十二日生

配伍氏

子　衍煜　衍猷

尚烱民國辛未年三月初九日生

配

子

尚濤民國癸酉年十二月三十日生

配

子

尚炤民國丁丑年九月廿八日生

配

子

尚焯民國丁丑年十月廿二日生

配

子

尚鑄民國戊寅年十二月廿一日生

配

子

尚浩民國卅三年六月十一日生

配

子

健

子尚雄民國甲寅年十月初五日生

配梁氏繼配譚氏

子

容縣惟一商店承印

尚斌珊萃中學畢業中央空軍射擊通訊學
校畢業 民國丁巳年四月十七日生
配
子
尚能龍州學兵總隊結業 民國己未年四月廿日
生民國丁丑年二月卒于龍州軍次
配
子
尚謨容縣中學校畢業廣西大學預科肄業
宣統庚戌年六月初二日生
配鍾氏
子 衍鎣
侯
子尚志都嶠中學畢業 民國癸丑年八月初五日生
配廖氏
子 衍偉 衍揚 衍侃
尚超 民國戊辰正月初十日生

恒
配
子
子尚同珊中畢業第三十一軍工兵科畢業現
充三十一軍一三五師輜重營第一連少
尉連附 民國丙辰年四月廿九日生
配黃氏
子
尚昆龍州教導總隊學兵畢業現充十九師
一五四團連附 民國丁巳年十二月初四日生
配
子
尚嚴珊中畢業 民國己未年十一月十一日生
配
子
極
子尚民北流初中畢業
配

子
尚武龍州教導總隊學兵畢業民國庚申年正月十六日生
配
琳
子尚仁廣東知用中學畢業廣東復旦大學肄業民國二十年任一五六師九四三團上尉民國壬子年九月廿二日生
子
配韋氏
子
尚義廣東培正中學畢業中央陸軍軍官學校步科畢業現充少尉連附民國丁巳年七月初六日生
配黎氏
子
尚禮都中學校畢業無錫國學專門學校畢

業民國庚申年三月初三日生
配
子
尚興民國丙寅年九月廿二日生
配
子
尚江民國丙子年正月十四日生
配
子
徽
子尚光民國甲寅年八月廿四日生
配梁氏
子　衍翹
桐
子佐時光緒丙申年四月初十日生
配潘氏
繼配　氏
子

光時 宣統辛亥年十一月廿九日生

配

子

移

子炎時 民國己卯年十月廿二日生

配

子

植

嗣

子顯時 都嶠中學肄業曾任靈山鄉中心校教

員 民國乙卯年六月初四日生

配黎氏

子 繩祖 繩武

蕃

子瑞時字壽南 光緒丁未年十月十六日生民國庚辰

年　月　日卒

配

子 務本

蔭

嗣

子超時 宣統己酉年正月初十日生

配杜氏

子 務中 務華 務民

昌

子壽時 民國辛未年五月十二日生

配

子

崑

嗣

子政時 民國壬申年九月十二日生

配

子

嶽

子建時 民國　年　月　日生

配

子

造時 民國己巳年十二月十六日生

配

子

釗

子振時 民國丙辰年六月廿三日生

配

子

拯時 民國壬戌年六月初一日生
配
子
錦 子鈞時 民國丁卯年閏月初一日生
配
子
伯時 民國甲戌年正月初四日生
配
子
桂 子鑾時 民國丁卯年八月廿九日生
配
子
壯時 民國己巳年十二月廿三日生
配
子
經時 民國癸酉年七月十四日生

配
子
椿 子緯時 民國丁丑年四月廿四日生
配
子
瀆 子立時 民國壬子年三月初三日生
配
子
康 子海時 民國戊辰年四月初五日生
配
子
森時 民國丙子年閏三月十三日生
配
子
煥時
配

子

元　子良時民國甲子年十一月十四日生

配

子

亭　子烈時民國丁卯年二月初七日生

配

子

强時民國庚午年十月廿日生

配

子

輝時

配

子

鈞　子輔時字耀榮容縣中學肄業曾充第四集團

軍獨立團及第八軍上士文書兼准尉特

務長民國癸丑年正月十五日生

配劉氏民國己未正月初四日生

子

咸時民國戊辰年十二月廿四日生

配

子

寧時民國庚午年四月　日生

配

子

遠　子洪時民國庚辰年四月十二日生

配

子

龍　子尙時民國己巳年九月初十日生

配

子

彪嗣　子尙林民國辛酉年六月廿日生

配

子

[illegible]　子尚海民國　年　月　日生

配

子

裕　子尚富民國乙丑年七月廿二日生

配

子

[illegible]　子尚崇

配

子

球　子尚德

配

子

育嗣　子尚昌民國庚午年十一月初一日生

配

子

進　子尚庠民國己未年九月初八日生

配

子

子尚盛民國甲子年十二月廿八日生

配

子

尚英民國壬申年十二月初八日生

配

子

富　子尚易民國癸酉年正月十四日生

配

子

乾　子尚憲民國庚申年七月廿三日生

配

子

韶　子尚念民國丙寅年八月廿九日生

配
子
尚愿民國丁丑年三月十八日生
配
子
奎　子尚輝民國乙亥年七月十一日生
配
子
尚源民國戊寅年十月三十日生
配
子
乾　子尚承民國辛未年四月廿三日生
配
子
後人　子尚繼民國乙卯年正月初二日生
配盧氏

子
志　子尚才民國丙辰年七月十三日生
配洪氏
子
尚勵民國辛酉年七月初五日生
配
子
尚慶民國丁卯年十一月初三日生
配
子
斌　子尚福民國乙丑年九月十七日生
配朱氏
子
尚南民國辛未年七月廿三日生
配
子

漢和　子尚善民國庚午年閏六月初八日生
配
子　尚壽民國壬申年十月初十日生
配
子　尚言民國　年　月　日生
配
漢藴祥　子日光民國　年　月　日生
配
子　日昇民國　年　月　日生
配
漢祈　子試球民國甲戌年五月初五日生
配
子

配
子
漢禎　子建球民國丁丑年六月十一日生
配
子　遠球民國己卯年十月初六日生
配
子
漢礽　子方球
配
嗣子　家成
榮球靈山高小學校畢業容中畢業廣西民團幹部學校畢業曾任靈山鄉副鄉長容縣民團教練官民國壬子年八月廿三日生
配胡氏
子　家成　城成家由嗣

華球
配
子
漢福　子啟球靈山高小學校畢業宣統元年六月廿一日生
配黃氏
子
漢禧嗣子紹球容縣都嶠中學畢業省立容州高中肄業民國乙丑年正月初七日生
配鍾氏
子　守成
盛球民國廿一年十二月十三日生
配
子
勵球民國廿三年六月初六日生
配

子
植球民國三十年三月十九日生
配
子
承仁　子智清光緒丙申年三月十四日生
配楊氏
子　慧宣
智深民國丁巳年九月十五日生
配夏氏
子
承義　子智江宣統己酉年閏二月初三日生
配朱氏
子　慧昌　慧成盛出嗣
智濟民國壬子年四月十一日生民國庚辰年　月　日卒
配李氏

嗣子 慧盛

智漢 民國己未年三月廿九日生

配龔氏

子

智潮 民國乙丑年十月廿四日生民國乙卯年 卒

配

子

承理 子智源字普泉容縣中學校畢業廣西定桂幹部教練所將校隊中央軍校第六分校第五路軍軍事研究班中央軍訓部游擊幹部訓練班畢業歷充廣西軍務署中尉副官及農民講習所上尉區隊長國民革命軍第七軍兵站部上尉副官第七軍第七獨立團第七軍三十四師第四團上尉連長第七軍二師五旅六團迫擊砲少校連長岑溪容縣督練官北流縣參謀兼軍事科長第五路軍第六補充團副團長梧州區民團指揮部參謀潯梧師管區學兵大隊中校大隊附潯梧師管區司令部編練科中校科長（并奉中央軍事委員會任官為陸軍步兵中校）光緒己亥年四月十八日生

配黃氏

繼配蘇氏

子 慧華 慧林 均蘇氏出

智淦 都嶠中學畢業容州省立高中肄業 民國甲子年正月初一日生

配

子

智寧 初中畢業

配

子

智滐民國辛未年三月初七日生
配
子
承珍　子智海字輝泉容縣中學畢業梧州幹部養成
所畢業南寧區路警隊隊長光緒己巳年四
月初二日生民國庚辰年九月廿二日卒
配陳氏
子　慧榮
智溪都中學校畢業廣西驛運處藤縣水站
實習員民國己未年七月廿二日生
配徐氏
子
智游民國丙寅年九月廿二日生
配
子
承圖　子智淮中學肄業民國己巳年九月十一日生

配
子
智焜民國庚午年閏六月廿二日生
配
子
智煜民國癸酉年八月廿五日生
配
子
智燚民國乙亥年十二月廿五日生
配
子
智鎭民國庚辰年十二月初二日生
配
子
智炎
配

子
智鈞
配
子
承家子智沂容縣中學肄業民國乙卯年九月十二日生
配劉氏
子　慧深
智津賓陽中學畢業容州高中肄業民國乙未年正月十七日生
配
子
承球子智鴻賓陽中學畢業中央軍官學校第六分校畢業民國丁巳年九月廿日生
配劉氏
子
承琪嗣子智濤賓陽中學畢業梧州高中畢業西大肄業民國庚申年十月初九日生
配
子
承璋子智豪容縣中學畢業江蘇南通大學畢業國立北平大學農學院畢業江西農學院技士廣西大學助教柳州農學院教習柳城軍政部種牧場中校職宣統辛亥年六月初四日生
配彭氏
子
智偉梧州私立培正中學肄業中央陸軍軍官學校第四分校畢業第六戰區補充連長民國己未年五月廿三日生
配李氏
子
智儒梧州中學畢業梧州高中肄業　民國

壬戌年二月二十日生

配

子

承現　子智洋國中學校畢業　民國丙寅年七月初二日生

配黎氏

子

智洸都中學校肄業　民國丁卯年十一月初十日

生

配

子

智滬都中學校畢業都嶠高中肄業民國戊辰

年三月初五日生

配

子

智凱民國壬申年八月初十日生

配

子

智謀民國丁丑年七月二十日生

配

子

智軍民國庚辰年一月初六日生

配

子

承琮　子智珠民國己未年三月初一日生

配

子

智瑛南寧中學畢業高中肄業　民國丙寅年七

月初四日生

配

子

智璇都中肄業民國丁卯年十月二十日生

配

子
智明民國戊辰年七月初二日生
配
子
智輝民國丁丑年六月初八日生
配
子
承志子智壽容縣國民中學肄業民國乙丑年二月十五日生
配覃氏
子
智賢民國甲戌年八月十五日生
配
子
觀繼子立則
配盧氏

子　端本
待品子立勳光緒丁丑年七月十六日生
配覃氏
子　端敬
立國光緒丙戌年五月初四日生
配
子
金品子立邦光緒乙酉年七月廿四日生
配伍氏
子　端箴
立郁光緒丁亥年八月廿四日生
配林氏
兼祧子　端箴
立卿光緒辛卯年十月初七日生
配韋氏
子

立召光緒乙未年七月廿二日生

配

子

經品 子立余字振燿光緒辛卯年十一月十六日生

配周氏

繼配盧氏

子 端海 端深繼配出深出嗣

立廣光緒戊戌年十一月十一日生在洋卒

配黃氏

嗣子 端深

立慶字麗南光緒甲辰年十月廿二日生

配林氏

子 端陽 端有 端福

秀品 子立基同治丙寅年十月廿六日生

配梁氏

嗣子 端盛

茂品 子立泗同治壬申年正月初九日生

配

子

瑞品 子立元道光己酉年六月廿四日生宣統元年六月初八日卒

配朱氏

子 端模

正品 子立志咸豐丙辰年四月十六日生民國戊午年十一月 日卒

配[illegible]氏

子 端章

韶品 子立信同治乙丑年二月初九日生

配孔氏

子 端成 端榮

立華同治壬申年四月十九日生

配謝氏

子　端新

龍品　子立政光緒癸未年四月十一日生

配覃氏

繼配陳氏

子

立進字桂初光緒丁丑年六月廿二日生

配林氏

兼祧子　端新

立惠光緒辛卯年四月十八日生

配

子

守品　子立禮字約之咸豐丙辰年四月初一日生宣統元年二月十七日卒

配邱氏

繼配李氏

子　端寶　端廷繼配出

立宇同治己巳年正月廿二日生

配

子

國品　子立英同治乙丑年十二月十六日生

配李氏

子　端崇　端華　端祥

立年同治辛未年九月初四日生

配

子

立傳光緒己卯年三月初六日生民國乙亥年六月廿五日卒

配劉氏

子　端縉　端綽　端紡

鳳品　子立文字靖之同治辛未年六月初六日生

配梁氏

兼祧子　端常

立功光緒庚辰年四月廿一日生
配
子
世品嗣子立梓字達之光緒癸未年九月十三日生
配陸氏
子　端常
俊品子立升同治癸亥年十月十六日生
配
子
立義同治戊辰年三月十三日生
配
子
立厚同治戊辰年七月廿七日生
配
子
文品子立賢

配
子
欽品子立南光緒己卯年七月十二日生
配馮氏
子
華品子立棠同治甲戌年九月十七日生
配莫氏
子
立規
配蘇氏
子　端元
升品子立忠同治辛未年十一月十一日生
配潘氏
子
立敬同治甲戌年六月廿七日生
配黃氏

子　端緒
立悌光緒己卯年十二月二十日生
配邱氏
繼配黃氏
子　端厚　端龍繼配出
玉品　子立章光緒甲辰年五月初一日生
配馮氏
子　端初　端祐
立意民國己未年五月初十日生
配黎氏
子　端虎　端彪
忠品　子立成
配
子
立庠
配梁氏

子　端業
立序
配
子
立銘
配梁氏
子
士品　子立仁光緒辛巳年十二月初二日生
配潘氏
子　端樽
立綱光緒甲申年十月初一日生
配孔氏
庶黎氏
子　端獒嫡出　端桓　端禎　端伯
庶出
立言光緒庚辰年八月廿六日生

配李氏
子
立軒光緒己亥年四月廿五日生
配馮氏
子 端炎 端西
超品 子立湘光緒己丑年八月初五日生
配龔氏
子
立坤光緒癸巳年正月十六日生
配淩氏
子
邵品 子立佳光緒乙巳年七月廿七日生
配何氏
子
集品 子立華同治丙寅年七月廿七日生
配唐氏

子 端志 端盛盛出嗣
儒品嗣子立燊同治己巳年五月廿五日生
配何氏
子
純品 子立豪字直臣光緒乙亥年六月廿四日生
配黄氏
繼配余氏
子 端凱元配出端漢繼配出凱出嗣
立經字念群光緒甲申年閏五月初一日生
配韋氏
嗣子 端凱
廷品 子立瀛光緒乙酉年七月十九日生
配李氏
子 端富 端彩 端荃 端朝
立洲光緒庚寅年三月十一日生
配

子
立濬光緒乙未年六月十四日生
配陸鍾氏
子　端熙鍾氏出
立波光緒戊戌年正月十七日生
配劉氏
子　端東　端南　端北　端佐
立滿光緒癸卯年二月三十日生
配駱氏
子　端清
相品子立本
配韋氏
子　端生
端品子立壽光緒庚辰年六月十六日生
配張氏
嗣子　端桂

立裔光緒甲申年十一月十二日生
配張氏
子
以品子立材
配李氏
嗣子　端仁
植品嗣子立彬
配梁氏
繼配黃氏
子　端仁　端義　端禮俱繼配出仁出嗣
兆品子立泰字嶽東同治壬戌年正月十九日生享壽七十五歲卒
配李氏
繼配伍氏
嗣子　端方
立身字德周同治戊辰年十一月初九日生民國辛

己卯年閏六月廿八日卒

配蔡氏民國辛巳年七月廿四日卒

子　端方　端蘭　端樑　端騰方桂出嗣

立興字傑卿　同治辛未年正月初一日生民國辛己年卒

配覃氏

子　端麒　端麟

武品　子立鑾字佐賢同治己巳年十一月初十日生

配程氏

子　端量

立達字佐三　光緒乙亥年七月十二日生民國戊寅年十二月十九日卒

子　端光

嘉品　子立臣光緒己丑年九月初六日生

配何氏

繼配覃氏

嗣子　端從　端正

立芬光緒己丑年九月二十日生

配覃氏

子　端昭

賢品　子立矩同治甲戌年八月十四日生

配何氏

嗣子　端儒

立世光緒戊寅年十二月初一日生

配申氏

子　端儒　端吾　端從儒從出嗣

立權光緒辛巳年九月初一日生

民國壬子　年　月　日卒

配陸氏

兼祧子　端乾

立紀光緒甲申年四月廿七日生

配梁氏

繼配潘氏
子　端乾
順和　子立訓
配
子
順元　子立清咸豐庚申年七月廿五日生
配何氏
子　端楚
桂品　子立祺光緒乙酉年八月初五日生民國壬戌年五月初六日卒
配何氏
子　端珍　端理　端琨　端璽
立初　光緒戊子年九月十五日生民國壬辰年二月廿五日卒
配黃氏
繼配馮氏民國癸酉年十二月十二日卒

子　端球　端琇繼配出
立祜字福堂光緒乙未年八月廿六日生
配林氏
子　端瑭　端琮　端珺
龍賓　子世芬咸豐丁巳年十月初一日生
配李氏
子
世芳咸豐辛酉年二月廿三日生
配
子
世華咸豐癸亥年十一月廿九日生
配
子
用賓　子世榮字以仁光緒壬申年正月初四日生
配劉氏光緒辛未年七月廿九日生
子　傳蘭　傳桂　傳梅

爲賓　子世侯字服周　同治癸酉年十二月初四日生

配潘氏　同治庚午年正月廿七日生光緒戊辰年九月二十日卒

子　傳永　傳康

世忠字信亭　光緒己夘年正月初十日生

配龔氏　光緒己夘年九月廿二日生

子　傳鑾

興賓　子世達

配

子

像賢　子世祥

配黃氏

子

任賢　子世禎　光緒壬午年四月十九日生民國癸亥年十月初十日卒

配覃氏

子　世材　光緒丙戌年六月初六日生

配李氏　光緒丁亥年七月二十日生

兼祧子　傳梅

福欽　子爾常

配鄧氏

子　傳詔

壽欽　子爾政

配李氏

子　傳誌

賜欽　子爾憲　道光己巳年二月初三日生民國己卯年十二月廿八日卒

配欒氏

繼配　陳氏　楊氏

嗣子　傳習

奉欽　子爾和字藹卿　同治乙丑年十一月十二日生民國乙夘年九月十一日卒

配雷氏
子　傳習　傳數　傳教　傳政　傳敬
習數出嗣
爾慶治甲戌年二月十二日生
配李氏
繼配陳氏
子
揄元振元彙祧子爾忠　同治甲子年五月十七日生光緒丙戌年
十一月十七日卒
配　氏
嗣子　傳數
象儀嗣子爾章字友文光緒戊寅年十一月廿三日生
配卜氏
子　傳進　傳忠
爾懷字獻[illegible]光緒壬辰年十一月初四日生
配黃氏

子　傳穀　傳豐　傳奮　傳國　傳享
傳强
在儀子爾贊
配
子
爾崇光緒庚寅年七月初九日生
配覃氏
子　傳棣　傳深
爾芹光緒甲午年七月十七日生
配龐氏
子　傳潤　傳寅
爾積光緒庚子年十月初六日生
配黃氏
子　傳維　傳後
麟儀嗣子爾楷字節亭例監生布政司理問銜　同治丙
寅年五月初六日生民國丙寅年十二月十八日卒

容縣惟一商店承印

配梁氏
子　傳銜　傳銘　傳鍼
爾烈字戒猛容縣中學肄業光緒丁酉年三月
初十日生
配章氏
子　傳仁　傳伊　傳像　傳潭
九儀　子爾霖字雨亭郡庠生教學三十餘年後進多
賴以成就咸豐己未年九月初十日生民國
丙寅年七月廿二日卒
配馮氏
子　傳祚　傳圖　傳鑫
顯儀　子爾唐字祝堯同治庚午年四月初一日生
配潘氏
繼配趙梁氏
子　傳盛　傳印趙氏出
爾鵬字華西清太學生曾任鄉長縣臨參會

參議員光緒辛己年六月初一日生
配梁氏
繼配殷氏
子　傳猷　傳友　傳穎　傳策梁氏出
傳琳　傳潮殷氏出
溋儀　子爾烇都嶠中學畢業民國己未年二月十六日生
配盧氏
子　傳騏
浚儀　子爾桐民國乙卯年十一月十四日生
配淩氏
子　傳烱　傳華
爾松民國壬戌年正月初七日生
配
子
爾材民國乙丑年十月十五日生
配

子
爾材民國乙丑年十月十五日生
配
子
舉儀　子爾美宣統辛亥年九月初四日生
配梁氏
續配劉氏
子　傳濼
鎰儀　子傳方民國壬子年五月初二日生
配李氏
子　傳賢　傳溪
仕儀　子爾祥
配梁氏
嗣子　傳楚
任儀　子爾誠光緒癸卯年十月二十日生
配梁陸氏

子　傳焱　傳楚楚出嗣
詔儀　子爾恩字澤生廣東陸軍講武堂畢業廣西臨
時任用縣長訓練班畢業曾充中央直轄
陸軍第二師指揮官第七軍少校副團長
少校參謀歷署西隆凴祥崇善等縣長光
緒癸巳年十一月十一日生
配周氏
子　傳材
羽儀　子爾興光緒壬寅年三月初七日生
配盤氏
子　傳波
爾隆光緒癸卯年十月十九日生
配龔氏
子
爾悌光緒乙巳年十二月初七日生
配陸氏

子
爾愷民國壬子年八月初七日生
配伍氏
子　傳揚
爾敏民國乙卯年二月二十日生
配
子
爾樞民國戊午年七月十一日生
配
子
爾堅民國甲子年七月十九日生
配
子
觀麟子爾賢原名進賢字德孚例監生
配盧氏
繼配孔氏

子　傳詩　傳禮　傳文　傳鑫　傳璧
文出嗣
爾傑字英才　道光丙午年四月十五日生同治壬申
年九月初三日卒
配陸氏道光己巳年三月十四日生宣統庚戌年十
一月廿一日卒
子　傳書　嗣子　傳訓　傳文
爾節字文卿例授從九品咸豐癸丑年九月廿四
日生民國辛未年三月十二日卒
配李氏咸豐壬子年五月十一日生民國丁卯年十
一月二十日卒
庶配馮氏　同治戊戌年十月十六日生宣統己酉
年十二月初三日卒
子　傳邦　元配出傳廣　傳翱庶出
爾達字卞臣　咸豐丙辰年六月廿八日生光緒甲午
年九月初七日卒

配楊氏咸豐乙卯年十一月十七日生民國壬戌年九月二十日卒
子傳訓　傳典　傳謨　傳熹訓出嗣

觀民　子爾壽字鶴齡清貤贈奉直大夫咸豐辛亥年八月初三日生光緒己亥年七月初五日卒
配黃氏
繼配伍氏
子傳鈞元配出　傳綸繼配出

爾平字松齡清布政司問職銜誥贈奉直大夫咸豐甲寅年四月初二日生民國辛酉年正月廿日卒
配伍宜人咸豐辛亥年閏八月十一日生民國辛未年十二月廿七日卒
子傳薪　傳芬　傳芹

觀揚　子爾郁字宰臣從九品銜同治戊辰年十月十三日生光緒己亥年八月十九日卒

配伍氏
子傳嗣

爾邵字德馨例監生光緒甲申年十二月二十日生
配李氏
子傳佺　傳侃

觀彰　子爾邠字愛臣例監生同治甲戌年五月初一日生
配黃氏
庶劉氏
子傳蔭　傳璦　傳琨　傳瑛　傳斑嫡出　傳琰庶出

爾祁字宇材清奎文閣典籍容縣師範附設體育班畢業持任鄉和衷高小學校校長光緒己卯年正月二十日生
配陸氏光緒己卯年八月廿九日生
子傳鏐　傳鏢　傳鎬　傳錦　傳鑄

觀光　子爾福字全五同治庚午年正月廿四日生民國戊辰

年二月初三日卒

配李氏

子　傳禛　傳詒　傳謀

爾祿字富卿體育學校畢業光緒戊寅年十二月廿二日生

配梁氏

繼配鄧氏光緒己亥年正月廿五日生光緒壬寅年十月初一日卒

繼配陸氏光緒己丑年正月廿三日生

子　傳魁　傳檄　傳藝魁鄧氏出　檄藝陸氏出

爾禨字秀祥光緒庚寅年閏二月初八日生

配韋氏

子　傳韜

爾禭字際試光緒癸巳年五月廿一日生

配梁氏

子　傳鋼　傳秩

觀崇子爾良字鄒三咸豐戊午年六月十二日生民國丙寅年年十月初十日卒

配黃氏咸豐己未年七月十八日生宣統庚戌年八月十五日卒

子　傳祊　傳祐

爾善字擇三光緒乙亥年三月廿三日生民國壬戌年九月廿五日卒

配劉氏同治庚午年六月十四日生宣統庚戌年二月十四日卒

繼配李氏光緒癸巳年三月廿三日生

子　傳謦元配出　傳輔　傳糳繼配出

觀政子爾剛字子乾同治己巳年三月初五日生

配蘇氏

子　傳翰

爾文字彥章光緒庚辰年六月初二日生

配李氏光緒庚辰年六月初四日生
子　傳式
爾廉字養才光緒庚辰年六月初二日生
配黃氏
子　傳紬　傳縑
爾武字乃才光緒丙戌年正月廿八日生
配劉氏
子　傳硯　傳昭
爾輔字佐龍光緒庚寅年閏二月廿七日生
配黃氏
繼配黃氏
子　傳東　傳泰　傳天繼配出
爾弼字佐才光緒壬辰年十二月十二日生
配李氏
繼配杜氏
子　傳慶　傳壯　傳勇繼配出

觀韶　子爾倫字敦五　同治辛未年十月初七日生民國己未
年四月十八日卒
配黃氏同治壬申年七月初三日生
子　傳鉢　傳鑴　傳鉅　傳鉀鉅出嗣
爾偉字懷甫光緒辛巳年正月廿九日生光緒壬申
年八月廿六日卒
配黨氏光緒辛巳年七月初七日生
嗣子　傳鉅　傳繩
爾倬字仲雲光緒戊子年十一月十三日生民國丙
寅年十一月十六日卒
配黃氏
子　傳繩　傳龍　傳鳳繩出嗣
觀鑒　子爾俊字用章　光緒丁亥年四月十七日生民國癸酉
年九月廿三日卒
配黃氏
子　傳雲　傳漢

爾偦字友章光緒己亥年十月十七日生
配伍氏光緒戊戌年十一月十七日生
子　傳膂　傳霞　傳能　傳耿
觀　謨　子爾儒字雅君光緒丙子年六月廿五日生
配黃氏
子　傳鑾
爾侯字爵君　光緒乙酉年十一月初十日生民國庚
申年十二月十三日卒
配鄧氏
繼配伍氏光緒癸未年正月初六日生
子　傳暉　傳彬　傳瑤暉鄧氏出　彬瑤伍
氏出
爾倹字節君光緒戊子年十一月十一日生
配潘氏光緒己丑年八月十六日生
子　傳海
爾佐字益君光　庚寅年八月初五日生

配龐氏
庶韋氏
子傳鐐庶出
爾佐字樂君光　癸巳年五月初五日生
配伍氏光　癸巳年十月初四日生
庶李氏
子傳松
爾佺字堯仙光　戊戌年十二月初三日生
[illegible]陸氏光緒己亥年五月廿六日生
子　傳英　傳周　傳唐
觀　芳　子爾德字平齋號卅厚濤例授按察司照磨銜
咸豐己卯年十月二十日生民國癸亥年五月二十六
日卒
配余氏咸豐癸丑年四月廿六日生民國癸亥年四
月初十日卒享壽七十一歲
子　傳宗　傳憲　傳宦　傳家

觀萃　子儞礽字福田濟例授從九品銜同治庚午年五月廿五日生

配陳氏同治戊辰年十二月二十日生

子　傳緒　傳綬　傳組　傳統

儞裕字玉田同治壬申年十一月廿二日生

配李氏

繼配盧氏

子　傳綿元配出

儞禧字福五光緒丙子年四月初九日生

配鍾氏

繼配侯氏

子　傳偉　傳續　傳綽　傳綸繼配出

觀英　子儞仁字愛之清例監生容縣國語講習所畢業歷充小學教員同治壬申年六月二十日生民國辛酉年十一月初六日卒

配黃氏

繼配林氏

子　傳鏗　傳釗　傳鍇繼配出

儞義字節之清例監生梧州法政講習所畢業曾充潯桂統稅局科員平樂府崇善縣典獄員同治甲戌年四月廿六日生民國己巳年八月廿九日卒

配黃氏

子　傳澤　傳津　傳渾

儞智字睿之監生曾任容縣勸學所會計兼庶務歷任廣西橫縣永福玉林武宣容縣興業蒼梧貴縣暨湖南衡陽等縣科員廣西公務員資格審查委員會審查委任人合格因年老辭職承省政府給發䘏金光緒丙子年四月廿七日生

配梁氏

繼配楊氏

子　傳恩元配出　傳炎　傳瑄　傳珣繼配出

觀茂　子爾榮字藹桐容縣師範畢業歷任教員　同治

己巳年四月十九日生民國辛巳年二月廿六日卒

配陳氏

子　傳綱　傳縉

爾爵字錫侯　同治辛未年六月廿四日生民國丙辰

年三月廿七日卒

配梁氏

繼配唐氏

子　傳慶　繼配出

爾華字祝三　同治癸酉年十月二十日生民國壬戌

年五月廿三日卒

配張氏

子　傳矩

爾信字兆民　光緒庚寅年閏二月廿一日生

配黃氏

金祥　子爾遠同治辛未年十二月廿四日生

配黃氏

子　傳業　傳義　傳世

爾通　光緒辛巳年七月廿一日生

配朱氏

子

爾蓮　光緒乙酉年十一月三十日生

配李氏

子

金俊　子爾周　光緒甲午年三月廿四日生

配覃氏

子　傳連　傳江　傳金　傳祥

爾珍　光緒丙午年九月廿六日生

配鄧氏

子

富品義品彙祧子立昌民國丁巳年二月十八日生

配潘氏

子

從品　子立成

配

子

成品　子立祥

配

子

才品　子立惠

配

子

士章　子靜仁道光甲辰年十二月初三日生

配梁氏

繼配黎氏

子　俊彝

靜德咸豐壬子年九月初五日生

配楊氏

子　俊佳　俊承

士燊　子靜桂光緒乙酉年五月廿九日生

配馮氏

子　俊安

靜和光緒丙戌年　月　日生

配

子

士正　子靜才光緒戊戌年七月廿八日生

配黎氏

子

靜枬民國癸丑年二月初十日生

配

子　俊和

士材　子靜昌光緒乙未年　月　日生

容縣惟一商店承印

配
子　俊虎　俊彪
士恩　子靜枝民國壬子年正月十六日生
配
子
士仁　子靜芳
配
子　俊福
靜生
配
子
士業　子靜福光緒丁未年五月廿四日生
配
子
靜祿宣統庚戌年七月十二日生
配唐氏

子　俊海
靜堅民國壬子年十一月廿七日生
配陳氏
子
靜賢民國己未年四月初九日生
配梁氏
子
世恩　子志盛民國辛酉年三月廿九日生
配陸氏
子
志茂民國乙丑年二月廿七日生
配
子
其恩　子志顯光緒丁未年七日初二日生
配覃氏
子

志華 宣統辛亥年十月十九日生
配趙氏
子 振昌 振東
志榮 民國甲寅年四月廿一日生
配
子

菁蘭 子桂榮 光緒癸未年六月三十日生
配余氏
子 廷芬 開芬
桂昌 光緒丙戌年八月初五日生
配劉氏
子 賢芬 祥芬
桂瑞 光緒壬寅年二月初一日生
配陸氏
子

啓蘭 子桂文 光緒癸未年六月初八日生

配鑾氏
子 璺芬 瓶芬 元芬
梓爵 光緒戊戌年三月初一日生
配覃氏
繼配 氏
子 清芬 樹芬 學芬

紹蘭 子桂植 光緒己巳年十二月十三日生
配覃氏
繼配梁氏
子 瑞芬 珹芬 瑛芬 奕芬 繼配出

芳蘭 子桂殿 光緒丙申年十二月初八日生
配余氏
子 衍芬 璐芬
桂馥 光緒戊戌年九月初十日生
配姚氏
繼配伍氏

子　振芬
桂森光緒丁未年二月初八日生
配韋氏
子　炎芬
蘭苑子桂華字美泉桂林區禁煙局職員光緒壬午年
十二月初十日生
配何氏
繼配廖氏
子　烱芬　烔芬　元配出
繼蘭子桂賢宣統辛亥年二月廿二日生
配覃氏
子　文芬　文芬
沃蘭子桂祥光緒壬寅年四月初九日生
配劉氏
子　漢芬
之全子邦福光緒甲辰年二月十五日生

配梁氏
子　家飛
之裕子邦濂光緒丁亥年十月廿五日生
配李氏
繼配黎氏
兼祧子　家文
邦才光緒戊戌年正月廿六日生
配陀氏
子　家文
邦利光緒辛丑年七月三十日生
配周氏光緒丙午年三月初九日生
子　家賢
之茂子邦瑞光緒丙申年十月初十日生
配朱氏
子
之琠子邦源字澤臣光緒丙午年六月十六日生

配劉氏
之發 子邦炎宣統辛亥年七月廿四日生
配劉氏
子
之文 子邦延同治乙丑年十一月廿一日生
配劉氏
子 家興 家盛
邦楷光緒丙子年閏月十九日生民國戊寅年十一月十四日卒
配梁氏光緒癸未年十一月十三日生
子 家盈 家憲
邦樞
配
子
之達 子邦櫟字國臣光緒辛卯年六月廿五日生

配杜氏
繼配盧氏
續配覃氏
子 家德 元配出
之道 子邦强光緒戊戌年正月十七日生
配趙氏
子
之官 子邦智光緒乙丑年正月廿二日生
配劉氏
繼配夏氏
子
邦僅光緒癸巳年十月初十日生
配梁氏
繼配覃氏
子 家芳
邦倫光緒壬寅年五月初六日生

配侯氏
子　家發　家森　發出嗣
邦隆光緒乙巳年四月十二日生
配楊氏
子　家延
邦貽
配
子
邦時民國甲寅年三月初一日生
配
子
之信[一]子邦煥光緒壬辰年十二月初一日生
配鄧氏
子　家樞　家有
邦琨
配吳氏

子　家旺　家海
邦用光緒庚子年十一月十七日生
配李氏
子　家安
之餘　子邦幹光緒辛丑年八月初五日生
配梁氏
子　家和　家齊
邦總光緒丁未年六月十七日生
配廖氏
子　家喜
邦英民國甲寅年六月十一日生
配彭氏
子
之仁　子邦達光緒丙戌年九月初二日生
配李氏
嗣子　家發

之標　子邦運光緒戊子年九月廿日生
配潘氏
嗣子　家生
之斌　子邦富字有海
配杜氏
子　家生　家厚　家鑾　家烈生義出嗣
邦貴字子祥
配杜氏
子　家豐
邦榮字松林光緒乙巳年八月初三日生
配黎氏
嗣子　家業
邦華字柏林容縣中學畢業廣西陸地測量學校畢業充廣西各縣陸地測量員指導員審查員光緒戊申年九月初四日生
配駱氏

子　家燊　家釗
邦亨字佐鵬容縣中學畢業民國丙辰年四月廿日生
配黎氏
子　家深
之祜　子邦敢光緒辛巳年三月十二日生
配賈氏光緒乙未年三月初八日生
子
邦棟光緒癸未年九月初九日生
配李氏光緒乙未年十月初七日生
子　家益
之祿　子邦相光緒庚寅年五月初七日生
配
子
之屏　子邦崇字德臣光緒乙酉年九月十一日生
配彭氏光緒癸未年五月十七日生

子　家禎
邦杜字杜臣光緒壬辰年六月十三日生民國乙亥年卒
配朱氏
子　家焯
之昭子邦嘉字光臣光緒戊子年四月十五日生民國壬申年八月十七日卒
配李氏
子　家蔭
邦霖光緒甲午年三月廿日生民國丙寅年五月十七日卒
配盧氏
子　家榮
邦振光緒辛丑年八月十五日生
配梁氏
子　家鵰　家鵬

邦松光緒甲辰年四月初八日生
配梁氏
庶陳氏
子　家勇嫡出　家猛　家剛庶出
之榮子邦南光緒癸卯年十月十九日生
配梁氏
繼配李氏
續配潘氏
子　家倫
邦裕宣統辛亥年七月初七日生
配梁氏
子　家壽　家慶
邦全民國甲子年五月初九日生
配蘇氏
子
之渭子邦固民國辛酉年八月十四日生

配周氏
子
邦鞏
配
子
之禮子邦善
配
子
之連子邦義光緒丙午年十月初六日生
配李氏
子　家善　家增
邦金民國癸丑年七月初二日生
配陸氏
子
邦政民國乙未年五月初三日生
配盧氏
子

邦乾民國甲子年四月廿七日生
配
子
之慶子邦江民國戊辰年六月十九日生
配
子
之敬子邦生
配龔氏
子
之勇子邦有
配
子
邦健
配
子
邦勝

配
子
之芳子邦譸字比南光緒丁未年五月廿五日生
配關氏
子
之芹子邦孚光緒丁未年十一月十七日生
配
子
之崇子邦君民國庚午年　月　日生
配
子
之漢子邦東光緒庚子年八月廿八日生民國庚午年九月初五日卒
配陸氏光緒庚子年閏八月廿三日生民國辛未年九月初五日卒
嗣子　家都

邦成字克誠容縣中學畢業廣西統計班畢業統計局調查員南寧地方法院統計
光緒戊申年五月二十日生
配周氏
繼配李氏
子　家都　家澤　都出嗣
邦煜宣統庚戌年十月十八日生
配
子
邦沛容縣中學畢業　民國丙寅年七民廿二日生
配
子
之安之定兼祧子邦理光緒戊申年九月十一日生
配林氏
子　家多　家萃
之廣子邦濡

配

子

紹芳　子宗昭民國辛巳二月十九日生

配

子

紹榮　子宗佳民國甲戌年十月三十日生

配

子

宗生民國庚辰年七月廿四日生

配

子

紹年　子宗昌民國丙子年八月十六日生

配

子

宗華民國乙卯年十二月十四日生

配

子

紹楊　子宗琪民國甲戌年十月初四日生

配

子

紹樞　子宗富民國辛未年十月初五日生

配

子

宗貴民國癸酉年七月十四日生

配

子

紹元　子宗海民國己卯年十一月初四日生

配

子

紹先　子宗芝民國辛巳年八月初二日生

配

子

容縣惟一商店承印

紹枋　子宗茂民國辛未年十一月初五日生
配
子
宗芹民國癸酉年十一月十二日生
配
子
宗蔭民國乙亥年二月初三日生
配
子
宗芬民國庚辰年五月廿九日生
配
子
紹模　子宗英民國戊寅年十一月初四日生
配
子

卷四七

容州封氏家譜

七卷

卷七

容州封氏家譜卷七

長房世系牒

二十四世

建章　子富裕民國壬申年九月十二日生

配

子

建模　子國亮字明皓民國乙亥年五月十六日生

配葉氏

子

國勁字清高己卯年正月十九日生

配

子

才文　子開裕

配

子　景泰　明理

才振　子有餘

配

子

慶餘

配

子

才志　子開發宣統庚戌年十二月十二日生

配

子

明民民國庚辰年十月廿六日生

配

子

才慶　子明唐民國戊寅年十二月廿四日生

配

子

奇慶　子明吉民國癸亥年　月　日生

容縣惟一商店承印

配
子
奇清 子明禮字伯餘化州壺垌鄉副保長民國壬戌年九月十五日生
配
子
明義字同餘民國辛未年七月廿六日生
配
子
明智民國甲戌年二月初八日生
配
子
明信民國丙子年七月十三日生
配
子
奇華公子明仁民國戊寅年六月廿七日生

配
子
奇偉 子明中字治外民國庚辰年十二月廿七日生
配
子
福森 子述蔭
配盧氏
子
述蔭
配
子
福祥 子逮蔭民國癸丑年十月廿七日生
配羅氏
子
福春 子達蔭民國丙辰年正月三十日生
配羅氏

子
運蔭民國壬戌年六月十三日生
配
子
進蔭民國戊辰年十一月廿八日生
配
子
福林子近蔭民國甲寅年二月初七日生
配朝氏
子
福榕嗣子道蔭民國丙辰年九月十九日生
配葉氏
子
福梓嗣子遠蔭民國戊午年七月十六日生
配羅氏
子

福桂子通蔭民國甲寅年十一月二十日生
子
配羅氏
福材子瑞蔭光緒癸卯年　月　日生
配羅氏
子賢芳
琪蔭號次璵歷任北流璠華村村長光緒乙巳年八月十五日生
配蕭氏
庶梁氏
子賢華
理蔭光緒戊申年八月十八日生
配黃氏
子賢富　賢貴　賢祿
福楷子洗蔭
配黃氏

容縣惟一商店承印

福樑　子耀蔭民國辛酉年十二月初八日生
子
配
子
洪蔭民國丁卯年三月初九日生
配
子
治蔭民國壬申年六月初七日生
配
子

福詩　子釗蔭民國丁丑年九月十六日生
配
子

福文　子幹蔭民國己卯年三月初九日生
配
子

福鴻　子傑蔭
配
子
祥蔭民國戊辰年五月初八日生
配
子

福倫　子毓蔭光緒乙未年正月十七日生
配
子
世蔭光緒丙申年十月十六日生
配
子
兆蔭光緒庚子年十月十七日生
配蘇氏
繼配石氏
子　賢彬

萃蔭 光緒癸卯年五月初五日生
配吳氏
子
甫蔭 宣統己酉年十一月十九日生
配
子
福民 子沼蔭 民國甲寅年十月初八日生
配
子
福光 子佑蔭 民國戊午年三月初八日生
配
子
祜蔭 民國癸亥年十月廿七日生
配
子
福球 子嶽蔭 民國丙子年五月初二日生

配
子
福清 子銥蔭 民國乙卯年十月十一日生
配黃氏
子 寶珧
鈞蔭 民國戊辰年二月十二日生
配
子
福淳 子銘蔭 民國丙寅年十月廿六日生
配
子
福温嗣子銳蔭 北流中學肄業 民國乙丑年五月初三日生
配
子
福浙 子錫蔭 民國丁卯年十一月十六日生
配

容縣惟一商店承印

子

福鏡　子直蔭民國丁丑年九月十一日生

配

子

隆蔭民國辛己年正月二十日生

配

子

福和　子庇蔭民國丙子年三月廿九日生

配

子

福佑　子礽蔭民國戊寅年八月十五日生

配

子

福浩　子溪蔭民國庚辰年六月三十日生

配

子

福田　子敏蔭民國辛酉年七月廿五日生

配

子

懋蔭民國乙丑年四月初一日生

配

子

福俊　子衍蔭民國戊午年六月廿六日生

配

子

澤蔭民國丙寅年三月初八日生

配

子

繁蔭民國己巳年八月初一日生

配

子

惠蔭民國癸亥年閏五月廿二日生

配

子

福楠　子裕蔭民國辛未十月廿七日生

配

子

貽蔭民國辛巳年閏六月十六日生

配

子

福禧　子文蔭民國庚辰年十二月廿九日生

配

子

福榮　子昇蔭民國己巳年十二月初八日生

配

子

朝蔭民國戊寅年九月十六日生

配

子

福雲　子樹蔭民國丙子年十一月二十日生

配

子

福懷　子榮蔭民國己卯年十月初八日生

配

子

福志　子勵蔭民國己巳年三月十四日生

配

子

福棠　子博蔭民國壬戌年十月廿三日生

配

子

厚蔭民國丙寅年五月十六日生

配

子

容縣惟一商店承印

高蔭 民國戊辰年十一月十六日生
配
子
明蔭 民國庚午年十一月初一日生
配
子
悠蔭 民國庚辰年二月初一日生
配
子
福環 子祝蔭 民國戊辰年八月初四日生
配
子
才慶 子興福
配
子
才智 子興裕

配
子
國英 子家祥字夢熊容縣縣立中學畢業容縣教育局督學員興業縣同正縣科員鬱江鹽稅局分卡卡長廣西省公務員審查委員會審查委任職合格准予登記 光緒癸巳年九月十九日生
配梁氏
繼配陸氏
子 景堯 景禹 景亮 景懿 景瑜
國雄兼祧子家祥字夢熊
配梁氏
繼配陸氏
子 景旦 景爽 景熹
國奇 子家光容縣中學畢業廣西大學鑛科畢業雲南金鑛局工程師 民國甲寅年十二月初八日生

配昭氏
子
國侯嗣子家基容縣中學肄業[illegible]民國癸亥年十二月廿日四
生
配
子
國禎　子家駿字逸羣光緒丁酉年四月十六日生
配鍾氏
子　景燊　景詮　景深　景賢
國梁　子家福字百臻廣西同正縣署科員容縣靈山鄉鄉民代表會主席光緒乙未年四月初
九日生
配黨氏
子　景伊　景文
國韶　子家聲光緒己亥年八月廿四日生
配楊氏

子　景湘　景漢
國詒　子家英民國庚申年十二月廿七日生
配高氏
子
國詮嗣子家成光緒乙巳年四月十五日生
配黎氏
子　景松
家宏民國丁卯年正月初八日生
配鍾氏
子
國鐵　子家厚民國癸亥年十二月廿二日生
配陸氏
子
家全民國丁卯年二月廿日生
配
子

家漢民國癸亥年六月廿二日生
配
子
國珍子家善民國辛巳年正月初五日生
配
子
國鑾子家壽字福庭　宣統庚戌年十二月十二日生民國辛巳年　月　日卒
配陸氏
子　景雲
家发字恭庭民國丙辰年正月廿六日生
配彭氏
子　景星
家政字大庭民國丁卯年十一月十九日生
配
子

家文民國己卯年三月廿三日生
配
子
國衡子家禮字永言　民國丁卯年十一月十一日生民國甲戌年　卒
配
子
國銑子家新字華庭民國癸亥年四月十二日生　卒
配
子
家力民國甲戌年三月初十日生
配
子
國釗子家潤字富庭民國乙卯年三月十四日生
配葉氏
子　景天　景日　景月

國銘　子家齊字治平民國壬戌年九月初六日生
配楊氏
子
家耀字光庭民國戊辰年六月廿八日生
配
子
家坤字熾庭民國辛未年十月廿九日生
配
子
家傳民國丁丑年八月廿四日生
配
子
家昭民國庚辰年十月初五日生
配
子
國隆　子家深民國壬午年二月廿二日生

配
子
國寅　子家炎民國庚辰年七月廿八日生
配
子
國文　子家昌民國己未年十月十二日生
配龐氏
子景岐
家盛民國甲子年二月十八日生
配
子
家森民國己巳年七月廿七日生
配
子
家榮民國癸酉年三月廿六日生
配

子
家榮
配
子
國富子 家智 民國丁巳年九月廿四日生
配黃氏
子
家信 民國庚午年閏六月十二日生
配
子
國崇子 家才 民國戊辰年三月初二日生
配
子
家富 民國庚午年閏六月十五日生
配
子

家紹 民國乙亥年七月初八日生
配
子
家慶 民國辛巳年十一月十七日生
配
子
國成子 家昭 民國甲戌年五月廿九日生
配
子
家旺 民國丙子年七月十二日生
配
子
國智子 家有 民國甲戌年正月廿八日生
配
子
家滿 民國丙子年十月廿一日生

配
子
國材　子家仁
配
子
家興
配
子
國林　子家義
配
子
家發
配
子
國賢　子家芳民國辛未年十月廿八日生
配

子
家芝民國丙子年十月廿一日生
配
子
國龍　子家理民國辛巳年三月十一日生
配
子
國遠　子家安民國丙辰年七月廿日生
配馮氏
子　景東
備彥　子天保民國辛巳年七月十一日生
配
子
承方　子伯釗民國己卯年二月廿二日生
配
子

容縣惟一商店承印

伯綜民國辛巳年五月廿四日生
配
子
巡方　子伯馨民國庚申年七月廿三日生
配梁氏
子
伯善民國甲子年九月初八日生
配
子
伯世民國丁卯年六月廿八日生
配
子
彥方　子伯符民國丁卯年正月廿日生
配
子
遜方　子伯泉民國丁丑年十二月十六日生

配
子
伯炎民國己卯年十二月卅日生
配
子
振盛　子進輝民國癸亥年十二月廿九日生
配
子
振安　子進榮民國戊午年十一月廿五日生
配
子
進南民國丙子年十二月廿五日生
配
子
振榮　子進光民國庚午年十一月十九日生
配

子
進德民國丙子年三月十一日生
配
子
進君民國己卯年二月初六日生
配
子
振祥 子進盛光緒戊申年正月十七日生
配黃氏
子
進華民國戊午年九月初七日生
配周氏
子
進昌民國庚子年九月二十日生
配謝氏
子 聖文

進方民國癸亥年六月初七日生
配
子
振林 子進紹
配
子
進連
配
子
振廣 子進强民國甲戌年六月初六日生
配
子
振西 子進興
配
子
振宗嗣子進福民國庚午年四月廿三日生

配
子 進祿 民國壬申年七月初一日生
配
子
振宇 子 進荃
配
子
有祿 子 輔松 民國辛酉年八月初九日生 承立之祧
配
子
輔柱 承立之祧
有聲 子 輔智 珊萃初中學校廣東測量學校畢業歷
充靈山鄉北流坡背鄉中心校教職員
民國丁已年閏二月廿二日生
配朱氏

子 炳坤
輔臣 民國壬申年三月廿四日生
配
子
有祿 子 輔材 民國乙丑年十二月廿六日生 承富之祧
配
子
輔相 民國辛已年三月十九日生 承富之祧
配
子
桂劍 子 培文 民國戊辰年正月十三日生
配
子
奎光 子 長發 民國戊寅年四月初八日生
配
子

奎爵　子長成　民國庚辰年正月十四日生
配
子
奎耀　子長佑　民國己卯年正月廿二日生
配
子
汝賢　子致崇　都中學校畢業中央憲兵學校畢業江西上饒憲兵訓導　民國丁巳年十一月廿一日生
配盧氏
子
致全　民國辛酉年二月二十一日生
配
子
致宗　民國癸酉年十一月廿八日生
配

子
汝强　子致安　民國乙丑年閏四月十四日生
配鄧氏
子
致餘　民國丁卯年七月廿五日生
配
子
致君　民國庚申年正月初七日生
配
子
汝佳　子致觧
配
子
致偉　民國己卯年四月初一日生
配
子

容縣惟一商店承印

汝光 子致達 民國甲戌年四月初一日生
配
子
汝文 子致寅 民國壬申年六月初二日生
配
子
致森 民國庚辰年三月廿五日生
配
子
汝經 子致春 民國癸酉年二月十六日生
配
子
致仁 民國甲戌年十一月初一日生
配
子
爲禮 子時賢 民國庚申年四月初五日生

配盤氏
子
爲寶 子時貴 民國庚午年六月十五日生
配
子
爲振 子時光 民國庚辰年七月廿三日生
配
子
爲連 子時坤
配
子
時華
配
子
爲正公子時源 民國丙寅年六月廿四日生
配龔氏

子
時泉民國戊辰年閏月廿六日生
配鄧氏
子
時江民國庚午年十月廿三日生
配
子
時海民國癸酉年十二月初七日生
配
子
業乾 子紹東民國民寅年十一月二十日生
配
子
紹南民國丁丑年十月十七日生
配
子

紹倚民國辛巳年九月十七日生
配
子
其銑 子炳榮容縣中學畢業中央陸軍軍官學校步兵科畢業中央陸軍第五軍上尉連長民國丙辰年十月十五日生
配杜氏
子
炳濂都嶠中學校畢業民國辛酉年十月初四日生民國壬午年卒
配
子
炳忠民國庚午年六月十七日生
配
子
其模 子炳南都嶠中學肄業民國辛酉年七月十五日生

配
子
炳芳都嶠中學肄業　民國癸亥年十二月二十日
生
配
子
炳武民國丁卯年十二月十九日生
配
子
其昌　子炳煜民國丙子年正月廿九日生
配
子
炳鏞民國戊寅年十月十八日生
配
子
炳辛民國辛巳年九月廿六日生

配
子
其富　子炳泉民國己巳年二月廿九日生
配
子
炳琨民國己卯年正月初八日生
配
子
其鑫　子炳楣民國戊寅年八月廿四日生民國壬午年卒
配
子
其錦　子炳沆民國戊寅年六月廿九日生
配
子
其琜　子炳濟民國癸酉年四月廿六日生
配

子炳釗民國丙子年五月二十日生
配
子
其英　子炳桐民國壬午年六月廿七日生
配
子
仁球　子學海
配
子
學文
配
子
冠球　子學泉民國三十年六月　日生
配
子

富賢　子壽東字繼猛都嶠中學肄業　民國戊午年十月初五日生
配胡氏
子
衛賢　子壽松字繼濟民國辛酉年十月初五日生
配
子
進賢　子壽富民國癸酉年三月廿四日生
配
子
尚儀　子衍凱民國戊寅年七月初六日生
配
子
尚芳　子衍熾民國辛巳年正月廿三日生
配
子

尙志　子衍蔚　民國丁丑年十一月十一日生
配
子
衍揚　民國辛巳年閏六月初五日生
配
子
尙光　子衍翹　民國庚辰年九月十一日生
配
子
顯時　子繩祖
配
子
繩武
配
子
瑞時　子務杰　民國丁卯年四月廿二日生

配
子
超時　子務中
配
子
務華　民國庚辰年三月初九日生
配
子
務[illegible]　民國辛巳年六月初六日生
配
子
方球嗣子家成　民國辛未年十月廿七日生
配
子
榮球　子城成　民國己卯年正月廿八日生
配

子

智清　子慧宜　民國己巳年三月十四日生

配

子

智江　子慧昌

配

子

智澔嗣子慧盛

配

子

智源　子慧[illegible]　民國庚午年十月三十日生

配

子

紹球　子守成　民國卅二年十一月廿一日生

配

子

慧林

配

子

智海　子慧海　民國庚午年九月十七日生

配

子

智沂　子慧深

配

子

立則　子端本

配

子

立勳　子端枚　民國丁巳年十一月初七日生

配李氏

子　方燊

立邦　子端箴　民國甲寅年十月初三日生

容縣惟一商店承印

配邱氏

子

立余　子端海民國戊辰年五月廿五日生

配

子

立庚　嗣子端深民國丙子年六月初六日生

配

子

立慶　子端楊

配

子

端有民國戊寅年七月十五日生

配

子

端福

配

子

立基　嗣子端盛民國癸丑年六月初七日生

配陸氏

繼配何氏

子

立元　子端模同治壬申年五月初三日生

配孔氏

子　方蘭　方桂　方騰　桂出嗣

配潘氏

立志　子端齊光緒壬辰年九月廿四日生

嗣子　方桂

端馨光緒乙未年九月廿九日生

配

子

立信　子端成字蔚卿光緒己丑年三月廿四日生

配黃氏

庶劉氏
子　方泉
端榮 光緒己未年五廿六日生
配李氏
子　方儒
立荃 子端新字壽南 光緒戊戌年十一月廿五日生
配顏氏
子　方年　方華
立進號桃 子端新字壽南
配黃氏
子　方蔭
立禮 子端賢字伯祥
配陸氏 光緒丙申年四月十四日生
子　方江
端廷字朝初 光緒己巳年十一月廿二日生
配何氏

子　方煉　方東
立英 子端崇字壽卿 光緒癸巳年六月十八日生
配楊氏
繼配沈氏　郭氏
子　方材　方楠
端華字壽猷 光緒丙申年五月十九日生
配何氏
子　方榛　方林　方桐　林由繼
端祥 民國庚申年三月廿四日生
配
子
立傳 子端緒 光緒乙酉年二月十七日生
配黎氏
子　方樹　方樑　枝方　方梅　方松
樑由繼
端綸 民國乙亥年六月初八日生

配葉氏
子
端紡民國癸亥年十月三十日生
配
子
立文兼祧子端常
配李氏
子
立梓子端常字樹五　宣統辛亥年閏六月初九日生民國己亥年五月十二日卒
配李氏
嗣子　方楾
立規子端元
配
子
立敬子端緒光緒丁未年三月十八日生

配黎氏
繼配黃氏
子　方成　繼配出　方興　元配出
立悌子端厚民國甲寅年二月十六日生
配劉氏
子
端龍民國戊午年九月初九日生
配劉氏
子
立章子端初民國甲戌年正月廿日生
配
子
端祐民國辛巳年正月十二日生
配
子
立意子端虎民國己卯年四月廿九日生

配
子
端彪 民國辛巳年九月初六日生
配
子
立庠 子端業 光緒辛丑年六月十一日生
配吳氏
子
立仁 子端樽 民國庚午年十月初五日生
配潘氏
子
立綱 子端榮 民國壬戌年九月廿七日生
配麥氏
子
端桓 民國甲子年十二月十六日生
配何氏

子
端楨 民國庚午年十月初五日生
配
子
端柏 民國癸酉年五月廿七日生
配
子
立軒 子端炎 民國丁卯年十一月廿九日生
配
子
端西 民國甲戌年九月十四日生
配
子
立華 子端志 光緒乙未年八月初五日生
配何氏
子 方南 方慶

立豪　子端漢民國丙寅年十月卅日生
配黃氏
繼配余氏
子
立經　子端凱宣統庚戌年十一月初七日生
配何氏
子　勝方
立瀛　子端富光緒丁未年六月廿七日生
配
子
端彩民國乙卯年十月十九日生
配
子
端荃民國己未年正月初一日生
配
子

端朝民國丙寅年七月廿一日生
配余氏民國甲子年正月十一日生
子
立溶　子端熙民國丁丑年正月十一日生
配
子
立波　子端東民國庚午年十月十四日生
配
子
端南民國甲戌年十二月十四日生
配
子
端北民國己卯年正月廿九日生
配
子
立滿　子端清民國丁丑年三月廿三日生

配

子

立本　子端生

配

子

立壽　子端桂

配

子

立材　子端仁民國辛酉年五月初二日生

配陳氏

子　方賢

立彬　子端義民國甲子年九月十五日生

配

子

端禮民國庚午年　月　日生

配

子

立家國　子端方光緒乙未年閏五月初九日生

配劉氏

子　方東

立身　子端蘭字紹放光緒年戊戌年七月初一日生

配黃氏

子　方朝　方才

端騰宣統辛亥年十月初八日生

配

子

立興　子端麒光緒辛卯年　月　日生

配潘氏

子　方萬

端麟光緒甲午年　月　日生

配廖氏

子

立粱　子端臺字亮生曾充梧州印花局稽查員光緒乙酉年十二月廿日生
配周氏
子　方廷
立建　子端光民國壬子年五月十七日生
配覃氏
子　方燊　方裕
立臣嗣子端從民國庚申年六月廿日生
配何氏
子
端正民國庚辰年正月廿四日生
配
子
立芬　子端昭
配
子

立矩嗣子端儒光緒庚子年八月初八日生
配黃氏
子　方榮
立世　子端吾
配
子　方宗
端從
配
子
立權立紀彙祧子端乾
配
子
立清　子端楚光緒甲申年四月廿八日生民國庚辰年卒
配彭氏
繼配梁氏
子　方海　方渭元配出　方源繼配出

立祺子端珍 宣統己酉年九月初六生民國甲子年五初六日卒
配李氏
子
端理字秉綱 宣統辛亥年八月十九日生
配雷氏
子 方振 方天
端現 民國甲寅年三月十六日生民國丙寅年五月初一日卒
配何氏
子
立盈嗣子端璽 民國辛酉年四月廿日生
配韋氏
子
立初子端球字振才 民國癸丑年七月十一日生
配劉氏
子

端琇 民國戊午年六月初七日生
配黃氏
子
立祜子端瑭 民國戊午年七月初八生民國戊寅年十三日卒
配黃氏
子
端宗 民國甲子年十月十七日生
配黎氏
子
端珺 民國癸酉年正月廿三日生民國丁丑年六月廿八日卒
配
子
世榮子傳闓改名漢超字夢韓號卓南廣西革命軍十五軍直屬四團第四連連長國民第一師司令部參謀 光緒庚寅年十一月十七日生

配黃氏光緒庚寅年十二月十一日生
庶劉氏光緒丁未年十一月廿一日生
子　加楝　加樞　加樸　加櫟　俱庶出
傳桂字馥馨　光緒甲午年六月廿八日生民國辛未
年七月十五日卒
配申氏光緒癸巳年十一月初二日生
子　加稱
傳梅字萼馨光緒甲辰年二月初四日生
配陳氏光緒乙巳年七月廿五日生
子　加友　加璇　加璠　加球　加顯
世俟　子傳永字若江光緒壬辰年十一月十八日生
配周氏光緒乙未年十一月十三日生民國丙寅年
十一月廿三日卒
繼配黃氏
子　加寅　元配出
傳康字福三容縣國語傳習所畢業歷充小
學教員光緒丁酉年十一月十九日生
配易氏光緒戊戌年十月廿三日生民國壬戌年四
月初四日卒
繼配盧氏光緒壬寅年十一月十五日生
子　加昶
世忠　子傳鑒國立中山大學文學院肄業　光緒丙午年
閏四月廿一日生
配周氏光緒癸卯年十月初二日生
繼配廖氏
子　加韶　廖氏出
爾常　子傳詔光緒戊寅年八月十六日生
配黎氏
繼配梁氏
嗣子　加振
爾政　子傳詠光緒丁酉年七月十二日生
配黃氏

子　加振　出嗣
爾惠　子傳習　光緒戊子年十二月十六日生
配何氏
子　加持　加聲　持出嗣
爾和　子傳敎　光緒癸巳年十月三十日生
配盧氏
子
傳政　光緒戊戌年七月初一日生
配黎氏
繼配梁氏
子
傳敬　光緒丙午年七月廿六日生
配
子
爾忠兼祧子傳穀　光緒庚寅年十二月初三日生民國壬戌年三
月初三日卒

配黃氏
嗣子　加持
爾毅　子傳進　光緒壬寅年七月初六日生
配黎氏
子　加秋
傳忠　宣統元年生
配
子
爾懷　子傳穀　民國甲寅年二月十五日生
配覃氏
子　加崇
傳豐　民國丙辰年五月廿五日生
配
子
傳奮　民國丁卯年七月初二日生
配

子
傳國民國庚午年十一月廿七日生
配
子
傳享民國癸酉年六月初五日生
配
子
傳強民國丙子年三月廿六日生
配
子
爾崇 子傳棣民國戊午年六月初八日生
配
子
傳深民國癸酉年六月十七日生
配
子

爾芹 子傳潤民國庚申年生
配
子
傳寅民國丙寅年十二月初七日生
配
子
爾積 子傳維民國壬申年正月廿日生
配
子
傳後民國甲戌年五月十九日生
配
子
爾楷 子傳衙字伯新容縣中學修業光緒甲午年六月廿一日生
配龔氏
子 加衙 加栩栩出嗣

傳銘字仲新容縣中學修業　光緒丁酉年十一月十八日生民國丙寅年六月廿五日卒

配劉氏

嗣子　加桐　加鐸

傳鍼字季新廣東法官學校畢業曾充梧州地方法院梧平分庭書記官　光緒乙巳年二月十二日生

配潘氏

子　加鐸　加杰　加煥　加肖　鐸出嗣

爾烈三子傳仁民國乙丑年十月廿四日生

配

子

傳伊民國癸酉年二月初一日生

子

配

傳儫民國乙亥年十一月十二日生

配

子

傳潭民國庚辰年四月十三日生

配

子

爾鏶子傳祚字秩初　光緒丙戌年九月十四日生民國丙寅年八月初一日卒

配盧氏

子　加燊　加燿

傳圖字則文　光緒甲午年七月三十日生

配陳氏

子　加燾

傳鑫字聘西西陸濕祥縣政府辦事員容縣臨時參議會參議員　光緒丁酉年八月廿六日生

繼配黃氏

子　加揚　加晃　加梅

爾唐　子傳盛

配梁氏

子　加發

傳印

配何氏

子

爾鵬　子傳猷字幹新容縣中學修業

配莫氏

子　加瞻

傳友字愛昆廣西大學預科肄業南寧陸地

測量學校畢業曾任覺祥崇善容縣縣政

府技佐容縣市政建設委員會技士

配覃氏

繼配吳氏

子

傳穎字悟新廣西大學鑛科畢業省政府資

送英國牛加蘇帝醫院畢業會考取列頤

士

配凌氏

子

傳策字敏新容縣都嶠中學畢業廣西無線

電訓練班肄業

配陸氏

子　加獎

傳琳

配

子

傳潮

配

子

爾銓　子傳騏民國辛巳年九月初八日生

配

子

爾桐　子傳燗民國癸酉年十一月初五日生

配

子

傳華

配

子

爾羨　子傳濼

配

子

爾方　子傳賢柳州縣政府辦事員民國辛未年九月廿四日生

配

子

傳溪民國乙亥年正月廿一日生

配

子

爾祥嗣子傳楚民國己巳年十二月廿二日生

配

子

爾誠　子傳焱民國癸亥年九月二十日生

配鄧氏

子

傳燿民國壬午年十一月十七日生

配

子

爾恩　子傳材民國戊午年八月十七日生

配張氏

子

爾興　子傳波民國戊寅年四月初七日生

配

子
爾愷　子傳揚 民國辛巳年十一月二十日生
配
子
爾賢　子傳詩號誦三 同治庚午年十一月初三日生民國癸
亥年八月廿四日卒
配
子　加源　加日
傳禮字鎮西上海中西醫院畢業民國陸軍
上尉軍醫 光緒乙亥年十一月十六日生
配何氏
繼配廖氏
續配　吳氏　李氏
子　加濤　李氏出
傳鑫字金三 光緒丙戌年八月廿九日生
配黃氏

子　加爽　加準　加裕　加旺　旺出嗣
傳璧號偉梅保定軍官學校畢業歷充國民
革命軍營長團長旅長職陸軍少將 光緒
戊子年十二月初五日生民國己卯年二月初五日午
時卒
配潘氏
繼配楊氏
續配伍氏
子　加鴻　伍氏出
嗣子　加旺
爾榮　子傳訓字紹伊 光緒丁丑年二月廿七日生民國戊辰
年七月十五日卒
配黃氏
繼配鍾氏
子　加慶 元配出 加才　加柱　加燊 鍾氏出
傳文字成五 光緒庚辰年十月初五日生民國壬子年

四月十八日卒
配龔氏光緒乙酉年十一月廿一日生民國乙亥年
正月初二日卒
子　加亮　加學
爾範　子傳邦號少經　光緒辛卯年三月十三日生民國戊寅
年六月初三日卒
配蘇氏光緒庚寅年三月廿九日生
子　加瑞　加瑜　加琦　加珣
傳廣號拔驤光緒丙申年二月初四日生
配黃氏光緒丙申年九月廿一日生
子　加卓　加運　加悌　加年
傳翹號羽堯中央軍事政治學校砲科畢業
任陸軍中校副團長光緒丙午年四月廿一日生
配伍氏光緒丁未年十一月十一日生
子　加岑
爾達　子傳興號崇五　光緒乙卯年十一月廿七日生民國十

六年十月二十日卒
配黃氏
子　加衍　加棠　加常
傳模號顯文光緒丁亥年閏四月初三日生
配張氏光緒戊子年十二月初二日生民國十五年
六月初八日卒
子　加綿　加繩　加繆
傳熹號耀西　光緒壬辰年七月廿九日生
配馮氏
子　加瓊　加珍　加瑗　加玕
爾壽　子傳鈞字萬石郡庠生事詳家傳同治壬申年三
月初一日生民國癸丑年三月十一日卒
配蘇氏
繼配覃氏
子　加伊　加侗　加僑　加倔　俱覃氏出
傳錀字杜流容縣中學畢業國民革命軍少

校尉需南寧警察區長廣西省會公安分
局局長光緒丁酉年九月廿九日生民國丙子年正
月十三日卒
配劉氏
繼配梁氏光緒己亥年正月初七日生
子　加俠　加健
爾年　子傳新字樵甫
配李氏
繼配黃氏
子　加隆　加虞元配出　加翰　加昱
加光繼配出
傳芬號粹卿光緒辛巳年九月廿一日生
配楊氏
繼配淩氏
續配鍾氏
子　加鍼鍾氏出

傳芹號彩池光緒癸未年十月初六日生
配黃氏
子　加輝　加萬　加金
爾都　子傳嗣字衍韶廣西榷運局南寧邪運分局局
長光緒乙未年八月廿日生
配黃氏
子　加茂
爾邵　子傳佺宣統庚戌年　生
配黃氏
子　加東　加南
傳倶宣統甲寅年六月廿七日生
配李氏
子
爾邢　子傳蔭字樹槐光緒壬辰年　生民國癸丑年四月
初十日卒
配蘇氏

子　加憲

傳璉字自强廣西榷運局蒲廟分卡卡長光緒甲辰年九月十六日生

配潘氏

子　加平出嗣

傳琨字伯瑤光緒丁未年六月十三日生民國丙寅年十一月十日卒

配陸氏

嗣子　加範

傳璵字伯璠横縣中學修業廣西省政府無線電收音員訓練班畢業光緒庚戌年四月廿七日生

配邱氏

子　加範　加箎　加筅範出嗣

傳琎字玉廷容縣中學畢業南京成美高中畢業民國壬子年七月廿五日生民國壬午年十初五日卒

配

兼祧子　加憲

傳琰民國辛酉年　月　日生民國壬午年五月廿五日卒

配潘氏

嗣子　加平

禰祁子傳鏐字琛昭光緒己亥年九月十三日生

配吳氏字兆蓮

子　加湘　加泳　加涇

傳鐩字毓昭光緒辛丑年九月廿三日生

配楊氏

子　加浦　加滿　加波滿波出嗣

傳鎬字武昭光緒己酉年五月廿一日生

配劉氏

嗣子　加波

傳錦字彩昭宣統辛亥年九月初一日生

配關氏

子　加湊

傳鑄民國辛酉年七月廿四日生

配杜氏

嗣子　加滿

爾福　子傳禥光緒乙未年三月初二日生

配楊氏光緒甲午年九月廿七日生

子　加超

傳貽光緒己亥年十月廿九日生

配李氏

子　加琨

傳謀光緒甲辰年十月十七日生

配龐氏

庶鑗氏

子　加學　加政庶出

爾祿　子傳魁光緒壬寅年八月月十五日生

配

子

傳檄宣統庚子年十一月廿六日生

配

子

傳藝民國己未年九月初五日生

配賈氏民國丁巳年九月十三日生

子　加億

爾機　子傳韜民國丙寅年十月十一日生

配

子

爾繸　子傳鋼民國甲子年三月十一日生

配

子

傳秩民國丙寅年九月廿九日生

配
子
爾貝　子傳汸字念先光緒辛巳年二月十九日生
配李氏
嗣子　加興
傳祜字紹先光緒癸巳年二月初六日生
配黃氏光緒庚寅年十一月廿五日生
子　加興　加栓　加彥　加光　加震興出嗣
爾善　子傳贇字佐先陸軍中尉光緒乙巳年八月十八日生
配陸氏光緒乙巳年七月十三日生
子　加俊　加堅
傳輔民國乙卯年十二月廿八日生
配杜氏民國乙卯年七月初八日生
子
傳翼珊莘中學畢業民國戊午年五月十六日生

配洪氏
子　加銳
爾剛　子傳翰字伯東光緒己丑年六月初五日生
配韋氏
子　加賢
爾文　子傳式光緒丙午年三月初十日生
配周氏光緒丁未年六月三十日生
子　加爵　加靜　加徐　加朝
爾廉　子傳緗字潤華光緒庚子年九月十五日生
配潘氏光緒甲辰年六月廿三日生
子　加盛
傳縑民國　年十月十二日生
配覃氏
子　加宗
爾武　子傳硯字智通廣西省立第一師範後期畢業
歷充黃沙河柳州等處公路站長崇善思

林等縣科長光緒丁未年　月　日生
配楊氏
庶韋氏
子　加增　加堃　加壯　加垌　并庶出
傳昭民國壬子年二月初二日生
配彭氏
子
爾輔子傳東民國丁夘年十一月廿二日生
配
子
傳泰民國癸酉年二月廿五日生
配
子
傳天民國乙亥年十一月廿三日生
配
子

爾弼子傳慶民國甲子年三月十三日生
配周氏
子
傳壯民國甲戌年四月初一日生
配
子
傳勇民國丙子年六月十二日生
配
子
爾倫子傳鉢字依甫光緒戊子年八月初六日生
配劉氏民國丙寅年十二月初四日卒
子　加禎
傳𫄨字貢金光緒甲辰年三月十九日生
配李氏
子
傳鉀民國壬子年六月初四日生

配盧氏
子
爾偉嗣子傳鉅字鋼超都嶠中學畢業曾任羅江鄉靈
山鄉長光緒丁未年五月廿日生
配潘氏
子　加恕
傳繩字準生百色區民團指揮部教導畢業
羅權村村長國民兵團隊長光緒戊申年九
月初六日生
配陸氏
子　加烈
爾倬子傳龍廣西一等特種隊畢業廣西省府衛士
隊長百色民團指揮教導隊長容縣司令
部歡送征兵副隊長民國壬子年二月十五日
生
配覃氏宣統辛亥年三月廿九日生民國丙寅年十

二月初五日卒
繼配李氏
子　加乾
傳鳳羅權村民團助教民國乙卯年九月十六日
生
配盧氏
子　加澤
爾傻子傳雲字公直上海法官學校畢業廣西貴縣
分庭推事雷平縣承審員光緒丁未年十月十
五日生民國壬申年十月廿四日卒
配楊氏
子　加浩
傳漢民國甲寅年　月　日生
配李氏
子
爾偦子傳霄民國丁巳年二月二十日生

配潘氏
子　加權　加羣
傳霞晉縣師範畢業民國戊午年十二月廿九日生
配
子
傳能民國癸亥年四月初二日生
配
子
傳耿民國乙亥年六月廿六日生
配
子
爾儒　子傳贊字學浙　光緒戊申年五月十二日生民國庚辰年卒
配劉氏
子　加饒　加飴　加飪　加餵
爾侯　子傳暉光緒甲辰年十二月十二日生

配黃氏
子　加勇
傳彬宣統辛亥年七月十四日生
配
子
傳瑤民國丙辰年七月廿三日生
配植氏
子
爾儉　子傳海民國壬戌年正月初七日生
配
子
爾佐　子傳鐱民國辛未年四月初九日生
配
子
爾佑　子傳松民國辛未年　月　日生
配

子
爾佺　子傳英民國己未年正月十二日生
配廖氏
子　加猛
傳周民國辛酉年九月初五日生
配
子
傳唐民國甲子年十一月初十日生
配
子
爾德　子傳宗字鑾唐　同治甲戌年正月十四日生光緒丁未
年十月十八日卒
配龔氏
繼配何氏
子　加福繼配出
傳憲字煥唐　光緒甲申年八月初九日生民國乙卯

年四月廿一日卒
配劉氏
子　加炤　加安　加寧　加寬
傳宦字輔唐容縣師範畢業國語傳習所畢
業歷充小學教員當中村村長光緒丁亥年
十一月初四日生
配陳氏
繼配黃氏
續配梁氏
子　加叙元配出加紹續配梁氏出
傳寀字業唐光緒辛卯年七月廿日生民國壬午年
月　日生
配黃氏
子　加瑮　加琳　加瑛　加琨
爾劢　子傳緒字統輿光緒癸巳年十二月十一日生
配洪氏

繼配朱氏
子　加祿　加壽元配出加禮繼配出壽出嗣
傳綬字印卿　光緒丁酉年六月廿日生民國癸亥年
四月初二日卒
配廖氏
繼配黃氏民國庚辰年卒
嗣子　加壽
傳組字佐興民團隊長　光緒辛丑年七月初二日
生
配楊氏
繼配蘇氏
子　加德繼配出兼祧
傳統字繼武曾充十五軍連部司務長容縣
公署庶務　光緒戊申年四月初九日生民國庚午
年三月十六日卒
配關氏

兼祧子　加德
爾裕　子傳綿民國丁巳年十月十六日生
配吳氏
子　加義
配李氏
爾禧　子傳緯字昰存光緒己亥年六月廿六日生
子　加成
傳續字紹功光緒壬申年六月廿三日生民國辛未年
八月十一日生
子　加恒　加仁仁出嗣
配李氏
傳綸字伯春光緒乙巳年二月廿四日生
配何氏
子　加志
傳緒廣西陸軍入伍生團畢業曾充教練官
光緒戊申年四月十一日生民國己巳年五月初四日

卒於桂平營次
配潘氏
嗣子　加仁

爾仁　子傳鏗字韻餘　光緒丙午年四月初五日生民國辛未年六月十六日卒於梧
配張氏
繼配黃氏
嗣子　加穎
傳釗　宣統己酉年閏二月初五日生民國辛酉年十月廿六日卒
配黃氏
嗣子
傳鍇行仁鄉國基校教員
配潘氏
續配關氏
子　加穎繼配出穎出嗣

爾義　子傳澤字洋海容縣中學畢業廣西省立師範畢業廣東高等師範肄業　光緒乙未年九月初十日生
配何氏
子　加松
傳津容縣中學畢業同正縣科員持正鄉靈山鄉鄉長　宣統己酉年正月十三日生民國乙卯年六月　日卒
配周氏
嗣子
傳渾字仲文中學畢業財政部直接稅處東南區稅務人員講習班結業現充財政部直接稅處稅務助理員奉派廣西直接稅局梧州分局服務　民國乙卯年正月三十日生
配梁氏
子　加耀

爾智　子傳恩字續卿容縣中學畢業北京電汽工業學校畢業 光緒己酉年四月十五日生民國辛酉年十月初四日卒

配李氏

嗣子

傳炎容縣都嶠中學畢業廣西省立潯梧鬱高等師範學校肄業 民國癸亥年八月廿八日生

配陀氏

子

傳瑄

配

子

傳珣

配

子

爾榮　子傳綱字步常 光緒辛卯年三月十八日生民國庚辰年十月十一日卒

配梁氏

子　加斌　加祜

傳縉字拔才 光緒癸卯年四月廿九日生

配鄧氏

繼配梁氏

子　加標

爾爵　子傳度字惠芸 光緒壬寅年十二月廿六日生

配蘇氏

子　加偉

爾華　子傳矩字方材 光緒己亥年四月廿七日生

配黃氏

子　加芳　加尚

爾信　子傳[illegible] 民國丁巳年九月十二日生

配何氏

子　加芹
傳興民國癸亥年九月二十日生
配
子
爾遠　子傳鑾光緒壬辰年閏六月初六日生
配
子
傳義光緒己亥年七月初六日生
配黎氏
子　加昌　加富
傳世宣統辛亥年五月十六日生
配
子
爾周　子傳運民國戊辰年八月廿九日生
配
子

傳江民國甲戌年九月十九日生
配
子
傳金民國戊寅年九月初四日生
配
子
傳祥民國庚辰年八月十四日生
配
子
靜仁　子俊鑾同治癸酉年六月廿四日生
配梁氏
繼配周氏
嗣子　方林
靜德　子俊佳同治甲戌年二月廿五日生
配李氏
子

俊承光緒丁丑年二月十二日生
配温氏
子
靜桂 子俊安民國甲寅年八月十八日生
配
子
靜才 子俊和民國乙卯年十二月廿一日生
配伍氏
子 鎮泉
靜方 子俊福民國辛巳年四月初二日生
配
子
靜祿 子俊海民國己卯年二月十四日生
配
子
志華 子振昌民國甲戌年二月十九日生

配
子
振東民國丙子年七月廿四日生
配
子
桂榮 子廷芬光緒乙巳年十月廿日生　平田房遷
配李氏
子 元芳
開芬民國丁巳年四月初七日生
配鐄氏
子 繼芳
桂昌 子賢芬民國戊午年二月十六日生
配姚氏
子 愛芳
祥芬民國壬戌年十一月廿二日生
配廖氏

子
桂文　子鑁芬　光緒乙巳年九月十三日生
配李氏
子　華芳
瓶芬　民國壬子年五月廿二日生
配黃氏
繼配梁氏
子
元芬　民國丁巳年六月十五日生
配
子
桂爵　子滴芬　民國壬戌年五月十四日生
配楊氏
子
樹芬　民國庚午年四月初十日生
配

子
學芬　民國辛巳年二月廿二日生
配
子
桂植　子瑞芬　民國辛酉年六月十九日生
配欒氏
子
珹芬　民國丁卯年三月初六日生
配
子
瑛芬　民國己巳年十二月廿四日生
配
子
奕芬　民國丙子年十二月初一日生
配
子

桂殿 子珩芬民國甲寅年九月十二日生
配梁氏
子
瑜芬民國癸亥年十月十八日生
配殷氏
子
桂馥 子振芬民國己巳年十二月十九日生
配
子
桂森 子炎芬民國辛未年十二月初一日生
配
子
桂華 子烱芬珊萃中學畢業 宣統辛亥年十二月初五日
生
配周氏
繼配覃氏

續配劉氏
子
烱芬民國丙辰年五月廿八日生
配李氏
繼配黃氏
子 卓芳
桂賢 子文芬民國己巳年十二月十九日生
配
子
章芬民國辛未年十月初七日生
配
子
桂祥 子漢芬民國甲子年六月初一日生
配
子
邦福 子家飛

配
子
邦才　子家文　民國辛酉年四月初二日生
配李氏
子
邦利　子家賢　民國戊辰年八月廿五日生
配
子
邦廷　子家興
配
子
家盛
配
子
邦楷　子家盈
配薛氏

子
家憲　民國丁巳年七月初四日生
配胡氏
邦樑　子家德　民國丁巳年二月初三日生
配李氏
子
邦儻　子家芳　民國癸亥年十一月初六日生
配謝氏
子
邦儉　子家發　民國甲子年六月十七日生
配杜氏
子
家森
配
子
邦隆　子家延

容縣惟一商店承印

配
子
邦煥　子家樞民國辛酉年正月廿四日生
配杜氏
子
家有民國癸亥年正月十六日生
配
子
邦琨　子家旺民國甲子年十月十五日生
配胡氏
子
家海民國辛未年十月初三日生
配
子
邦用　子家安民國癸酉年閏五月廿三日生
配

子
邦幹　子家和民國己未年八月二十日生
配盧氏
子　君雄
家齊民國辛酉年十月廿三日生
配李氏
子　君傑　君偉
邦總　子家喜民國戊辰年五月初五日生
配
子
邦蓮嗣子家發
配
子
邦蓮嗣子家生民國壬戌年正月十五日生
配朱氏
子

邦富　子家厚民國戊辰年二月十二日生
配
子
家烈
配
子
邦貴　子家豐民國己巳年正月初三日生
配盧氏
子
邦榮嗣　子家熒
配
子
邦華　子家桑
配
子
家釗

配
子
邦享　子家深
配
子
邦棟　子家益民國丁卯年四月初六日生
配
子
邦崇　子家禎
配盤氏民國丁巳年三月廿四日生
子　君保
邦柱　子家焯民國乙亥年十一月十四日生
配
子
邦嘉　子家蔭字碧鴻容縣中學修業
配　龐氏　黃氏

容縣惟一商店承印

子　君武黃氏出　君仁龔氏出

邦霖　子家榮都嶠中學修業　民國癸丑年九月十五日生

配潘氏

子　君開　君闡　君闔

邦振　子家鳴民國戊午年三月廿日生

配潘氏

子　君佩

家鵬民國辛未年七月廿二日生

配

子

邦松　子家勇民國己卯年生

配

子

家猛

配

子

家剛民國庚辰年生

配

子

邦南　子家倫民國己卯年六月十五日生

配

子

邦裕　子家壽民國乙亥年十月十一日生

配

子

家慶民國丁丑年六月十一日生

配

子

邦義　子家善民國辛未年三月廿四日生

配

子

家增民國丁丑年十月十七日生

配

子

邦東嗣子家都字發源民國己巳年九月廿四生

配

子

邦成子家澤

配

子

邦理子家多民國庚午年十一月廿六日生

配

子

家萃民國壬申年十月二十日生　平田房止

配

子

二十五世

景泰民國丙子年七月廿一日生

配

子

明理民國辛巳年三月初二日生

配

子

瑞蔭子賢芳民國壬戌年十一月初六日生

配劉氏

子

琪蔭子賢華民國丁卯年四月初九日生

配

子

理蔭子賢富民國癸酉年六月廿一日生

配

子

賢貴民國乙亥年十二月初六日生

配

子
寶祿民國丁丑年八月廿一日生
配
子
兆蔭　子寶彬民國丙寅年十二月初六日生
配
子
銡蔭　子寶珖民國乙亥年二月初一日生
配
子
家祥　子景堯廣西大學畢業第四區行政督察專員
公署技佐民國乙卯年三月十五日生
配
子
景禹容縣中學畢業民國丙辰年十一月廿三日
生

配周氏
子
景亮民國戊辰年正月初一日生
配
子
景懿民國丁丑年五月廿一日生
配
子
家祥兼祧子景[illegible]民國己未年四月十三日生
配
子
景爽國民中學畢業民國壬戌年十一月廿一日生
配
子
景熹民國癸酉年五月十七日生
配

子
家駿　子景燊　民國辛酉年十二月初七日生民國庚辰年十月十五日卒
配
子
景詮　都嶠中學畢業　民國甲子年五月初五日生
配
子
景深　民國庚午年七月二十日生
配
子
景賢　民國壬申年五月初二日生
配
子
家福　子景伊　民國乙卯年六月初九日生
配周氏

子
景文　民國丙辰年八月十五日生
配伍氏
子　運濤
家聲　子景湘　民國辛酉年十二月初九日生
配
子
景漢　民國己卯年三月初一日生
配
子
家成　子景松　民國戊寅年八月十五日生
配
子
家壽　子景雲　民國戊寅年六月初六日生
配
子

家友　子景星民國戊寅年六月初六日生
配
子
家潤　子景天民國丙子年正月十六日生
配
子
景日民國己卯年九月廿三日生
配
子
景月
配
子
家昌　子景岐民國辛巳年二月十一日生
配
子
家安　子景東民國乙亥年十月廿六日生

配
子
進昌　子聖文民國己卯年十二月初五日生
配
子
端敬　子方燊民國庚辰年六月十八日生
配
子
端模　子方蘭字振羣光緒辛丑年七月初六日生
配楊氏
子　世鍾　世釗
方騰字馥南民國乙卯年五月初五日生
配梁氏
子
端實嗣子方桂字馥卿宣統辛亥年十一月廿日生
配何氏

端成子方泉民國己巳年正月廿九日生
配
子

端榮子方儒民國癸丑年三月廿二日生
配李氏
子世福

端新子方年民國戊寅年八月十九日生
配
子

方華民國辛巳年十月初六日生
配
子

端新兼祧子方蔭民國己巳年十二月十三日生
配
子

端賢子方江民國庚午年九月初十日生
配
子

端廷子方煉民國戊寅年正月廿三日生
配
子

方東民國辛巳年五月十三日生
配
子

端崇子方材民國甲子年四月　日生
配
子

方楠民國壬申年　月　日生
配
子

端華子方椿民國甲戌年九月廿二日生

配覃氏
子　世昌
方桐民國己夘年十一月廿三日生
配
子
瑞緒子方樹民國丁夘年四月初六日生
配
子
方枝民國乙亥年十二月初七日生
配
子
方梅民國己夘年二月三十日生
配
子
方松民國辛巳年閏六月廿五日生
配

子
端常嗣子方櫟民國壬申年六月廿三日生
配
子
端緒子方成民國丙寅年正月十七日生
配
子
方興
配
子
端志子方南民國庚午年九月初九日生
配
子
方慶民國癸酉年三月十六日生
配
子

端仁　子方賢民國庚辰年三月廿四日生

配

子

端方　子方東

配

子

端蘭　子方朝民國乙丑年七月初九日生

配

子

方才民國壬申年六月十五日生

配

子

端琪　子方萬民國庚午年四月十五日生

配

子

端量　子方廷字德二光緒癸卯年十二月初七日生

配

子

配黎氏

子　世雄

端光　子方燊民國壬申年十月初二日生

配

子

方裕民國戊寅年十二月廿六日生

配

子

端儒　子方榮民國壬戌年閏月十二日生

配

子

端吾　子方宗民國丁丑年十月廿五日生

配

子

端楚　子方海民國丁巳年九月十八日生

配李氏

子
方渭民國庚申年十月卅日生
配陸氏
子
方源民國戊辰年六月初六日生
配鍾氏
子
端理　子方振民國戊辰年十一月初九日生
配
子
端璽嗣子方天民國戊寅年八月初五日生
配
子
傳蘭　子加楝民國己巳年四月初八日生
配
子

加樞民國甲戌年五月卅日生
配
子
加模民國丁丑年四月初四日生
配
子
加櫟民國庚辰年十月初八日生
配
子
傳桂　子加稱民國壬戌年正月初八日生
配李氏
子
傳梅　子加友民國丁卯年九月二十日生
配
子
加璇民國己巳年九月初七日生

配
子
加璠民國乙亥年五月廿九日生
配
子
加球民國丁丑年五月十九日生
配
子
加顯民國己卯年六月十九日生
配
子
傳永子加寅民國癸亥年正月十一日生
配梁氏
子
傳康子加袓民國辛未年十一月初九日生
配

子
傳鍪子加韶民國乙亥年八月十九日生
配
子
傳詔傳誌兼祧子加振民國己卯年七月初十日生
配
子
傳習子加聲民國戊午年六月廿六日生
配梁氏
子　榮有
傳斅子加持民國癸丑年三月初二日生
配雷氏
子　業泉　耀源　鑫淼
傳進子加秋民國己亥年八月初八日生
配
子

傳穀 子加崇民國己卯年八月十四日生

配

子

傳衡 子加衡容縣中學畢業高中肄業 民國丙辰年四月初一日生

配周氏

子 業錡

傳銘嗣子加枬都嶠中學畢業 民國己未年九月十七日生

配

子

加鐸珊萃中學畢業民國丁卯年二月初二日生

配

子

傳鋮 子加杰民國戊辰年八月初六日生

配

子

加煥民國庚午年十月廿六日生

配

子

加肖民國庚戌年 月十四日生

配

子

傳祚 子加燊民國癸丑年十月初一日生

配黃氏

子 業精 業宏

加煇民國辛酉年三月初八日生

配

子

傳圖 子加蒸民國乙卯年十一月初九日生

配黃氏

子 業湘

傳鑫 子加揚民國丙寅年五月廿六日生

配
子
加晁民國壬申年六月廿二日生
配
子
加梅民國辛巳年十二月廿七日生
配
子
傳盛　子加發民國乙丑年四月十四日生
配
子
傳猷　子加贍字望符珊萃中學畢業民國壬戌年十一月初四日生
配
子
傳策　子加獎

配
子
傳詩　子加源光緒戊子年八月初五日生
配張氏
子　業材　業昌　業强
加旦字朔初光緒癸卯年十一月廿一日生
配韋氏
子　業昇　業儒
配
子
傳謨　子加濤民國癸酉年五月十八日生
配
子
傳鑫　子加爽光緒甲辰年九月廿四日生
配李氏
子
加準宣統庚戌年三月十二日生
配盧氏

子　業漢　業奎
加裕民國癸丑年二月十一日生
配黃氏
子　業威　業英
傳璧子加鴻民國癸酉年二月初八日生民國庚辰年　卒
配
子
傳璧嗣子加旺民國己未年十二月十一日生
配伍氏
子
傳訓子加慶字少模光緒己亥年十月初三日生
配李氏
子　業唐
加才字學能廣西省立第一高級中學師範科畢業光緒乙巳年九月初三日生
配伍氏宣統庚戌年九月廿三日生

子　業珣　業政
加桂字穎能珊萃中學肄業宣統庚戌年六月初九日生
配李氏
子
加梁字殿之民國辛酉年正月初三日生
配李氏
子
傳文子加堯字振明光緒己亥年二月十七日生
配李氏
子　業森
加學都嶠中學畢業民國辛亥年十二月初九日生
配陸氏
子
傳邦子加瑞珊萃中學畢業航空學校機械班畢業民國壬子年二月初八日生

配蔣氏
子
加瑜珊萃中學畢業民國乙卯年七月初七日生
配劉氏
子　業師　業昂
加琦民國庚申年四月初一日生
配張氏
子
加均民國庚午年六月初九日生
配
傳廣　子加卓民國丁巳年閏二月初三日生
子
配黎氏
子
加運民國辛酉年三月廿七日生
配

子
加悌民國壬申年九月初九日生
配
子
加年民國丙子年正月初五日生
配
子
傳翹　子加岑民國丁丑年十月十八日生
配
子
傳典　子加衍字振聲光緒乙未年八月初五日生
配梁氏
子　業永
加棠字蔭蒼光緒戊戌年七月初十日生民國辛巳年五月初二日卒
配伍氏

繼配梁氏光緒己亥年六月廿六日生

子　業警　業耿繼配出

加常光緒辛丑年生

配

子

傳模　子加綿光緒丙午年三月廿二日生

配劉氏光緒辛丑年九月十五日生

子　業琮　業璋

加繩宣統辛亥年四月初三日生

配

子

加繆民國甲寅年六月廿九日生

配楊氏

子

傳熹　子加瓊民國戊子年三月初四日生

配覃氏民國戊午年八月初一日生

子　業桂

加珍民國庚申年七月十二日生

配

子

加瑗民國辛未年正月廿五日生

配

子

加玕民國乙亥年二月初五日生

配

子

傳鈞　子加伊字竹心容縣中學畢業貴縣同正縣師範講習所所長歷任初級中學國中學校教員廣西修志局容縣采輯員光緒己亥年六月廿四日生

配潘氏

繼配梁氏

子　業成元配出業偉繼配出

加侗字漢成國立中山大學畢業浙江國民抗敵自衛隊中校秘書兼政治主任梧州華南中學校長光緒甲辰年六月初八日生

配李氏

庶配陳氏

子　業昭李氏出業昉陳氏出

加僖廣西省立師範專科學校畢業宣統辛亥年二月十九日生

配

子

加侃廣西省立師範專科學校畢業

配

子

傳鑰　子加俠桂林中山中學畢業民國戊辰年三月十七日生

配

子

加健民國甲戌年十月十二日生

配

子

傳澌　子加隆字秩亨廣西省立工程專門學校畢業梧州商埠工務局技士

配梁氏

子　業經　業綱綱出嗣

加虞民國乙亥年十月初七日生民國壬戌年又五月廿八日卒

配劉氏

嗣子　業綱

加翰光緒己巳年八月　日生

配何氏宣統己酉年二月　日生

子

加昱都嶠中學肄業
配周氏
子
加兆
配
子
傳芬 子加鉞民國丙寅年四月廿八日生
配
子
傳芹 子加輝光緒庚子年三月初七日生
配夏氏
子 業文 業海
加萬光緒戊申年二月十六日生
配郭氏光緒丙午年正月廿四日生
子 業德 業雲
加金民國甲寅年十二月十七日生

配陳氏
子
傳嗣 子加茂民國丙辰年二月初四日生
配張氏
子 業蘭
傳佺 子加東民國庚午年十月十七日生
配
子
加湳民國丁丑年九月初九日生
配
子
傳蔭 子加憲民國壬子年四月初十日生
配楊氏
子 業楠 業朝
傳瑾 子加平民國乙亥年五月廿日生
配

子
傳琨嗣子加範民國庚午年八月廿三日生
配
子
傳興子加箎民國壬申年十月初四日生
配
子
加筦
配
子
傳鏐子加湘民國壬戌年閏五月十一日生
配
子
加泳民國甲子年八月十四日生
配
子

加涇民國壬申年九月十九日生
配
子
傳僚子加浦民國辛酉年十二月廿四日生
配
子
傳鎬嗣子加波民國丙寅年十月初二日生
配
子
傳綿子加湊
配
子
傳鑄嗣子加滿民國甲子年六月廿六日生
配
子一
傳禩子加超民國癸酉年　月　日生

配
子
傳貽子加琨民國壬申年五月初五日生
配
子
傳謀子加學遷居廣東生
配
子
加政
配
子
傳藝子加億民國丙子年九月初九日生
配
子
傳舫嗣子加興民國壬子年七月廿三日生
配

子
傳祜子加幹民國丙辰年六月廿七日生
配
子
加彥民國辛酉年二月廿五日生
配
子
加光民國乙丑年六月初二日生
配
子
加震民國丙子年七月十九日生
配
子
傳贊子加俊瓊萃中學肄業　民國丙寅年四月初四日生
配
子

加堅民國壬申年正月十六日生
配
子
傳翼　子加銳民國己卯年二月廿九日生
配
子
傳翰　子加賢民國丁巳年四月初二日生
配
子
傳式　子加爵民國庚午年十一月廿一日生
配
子
加靜民國癸酉年五月廿九日生
配
子
加徐民國乙亥年十月初六日生

配
子
加朝民國戊寅年十月廿九日生
配
子
傳湘　子加盛民國癸酉年十月廿六日生
配
子
傳綠　子加宗民國辛己年九月初九日生
配
子
傳硯　子加增民國丙寅年六月廿五日生
配
子
加堃民國乙亥年十一月廿八日生
配

子
加壯 民國戊寅年七月初六日生
配
子
加𢭃 民國己卯年九月廿二日生
配
子

傳鉢 子加禎字伯祥 光緒戊申年四月十七日生
配黃氏
子 業國 叢國

傳鉅 子加恕 民國甲戌年三月廿六日生
配
子

傳繩 子加烈 民國癸酉年八月初一日生
配
子

傳龍 子加乾 民國戊寅年十一月初一日生
配
子

傳鳳 子加澤 民國己卯年九月廿八日生
配
子

傳雲 子加浩 民國辛未年二月十二日生
配
子

傳霄 子加橪 民國癸酉年九月初八日生
配
子
加群 民國乙亥年六月十九日生
配
子

傳釁 子加鏵 民國乙丑年十二月十六日生

配梁氏

子

加飴民國戊辰年三月初三日生

配

子

加飪民國辛未年六月初二日生

配

子

加餵民國癸酉年六月十九日生

配

子

傳暉　子加勇民國己卯年五月初九日生

配

子

傳宗　子加福光緒丁未年七月初二日生民國癸酉年六月廿八日卒

配陀氏

子　燊華　燊榮

傳憲　子加炤光緒甲辰年七月初一日生

配李氏

繼配潘氏

子

加安宣統辛亥年九月廿二日生

配盧氏

子　棠臣

加寧民國甲寅年二月廿六日生

配黃氏

子

加寬民國丙辰年十月初二日生

配

子

傳宦　子加叙民國壬子年九月初三日生

配賴氏
子　業傳
加紹民國辛巳年二月十九日生
配
子
傳家子加琛民國庚申年五月初四日生
配李氏
子
加琳民國丙寅年八月初八日生
配莫氏
子
加瑛民國庚午年四月初十日生
配
子
加珉民國乙亥年十一月初二日生
配

子
傳緒子加祿字俸卿歷充國基校教員民國乙卯年十一月廿八日生
配黃氏
子　業隆　業盛
加禮民國乙亥年六月初七日生
配
子
傳綬嗣子加壽歷充國基校教員民國辛酉年十一月廿五日生
配梁氏
子
傳組子加德民國壬申年四月廿四日生
配
子
傳統兼祧子加德

配

子

傳綿　子加義民國癸酉年八月初七日生

配

子

傳緯　子加成民國己卯年十一月十一日生

配

子

傳積　子加恆民國乙丑年九月初五日生

配

子

傳綸　子加志民國己巳年八月十一日生

配

子

傳綽　子加仁民國己巳年九月初一日生

配

子

傳鑾嗣子加穎民國丁丑年六月十九日生

配

子

傳澤　子加松國民中學肄業民國壬戌年十一月廿一日生

配

子

傳渾　子加耀民國庚辰年八月廿七日生

配

子

傳綱　子加斌字可均民國乙卯年六月十三日生

配覃氏

子　業勳

加祐字受天民國辛酉年四月十五日生

配盤氏

子

傳緒　子加標民國戊寅年十月廿三日生
配
子
傳慶　子加僅民國甲戌年十月廿三日生
配
子
傳矩　子加芳民國己巳年四月廿五日生
配
子
加侚民國壬申年四月初七日生
配
子
傳遠　子加芹民國辛巳年十月廿二日生
配
子
傳義　子加昌民國庚午年又六月廿九日生

配
子
加富民國甲戌年十二月初三日生
配
子
俊業嗣子方林民國戊辰年三月廿五日生
配
子
俊和　子鎮泉民國辛巳年八月十八日生
配
子
廷芬　子元芳民國丁卯年十二月十八日生　平田房起
配
子
開芬　子織芳民國戊寅年十月初九日生
配

子

賢芬 子愛芳民國己卯年八月十八日生

配

子

燮芬 子華芳民國辛巳年二月廿七日生

配

子

炯芬 子卓芳民國辛巳年十一月十一日生 平田房止

配

子

家和 子君雄民國己卯年十月十一日生

配

子

家齊 子君傑民國戊寅年六月十六日生

配

子

君偉民國庚辰年二月初六日生

配

子

家禎 子君保民國辛巳年七月初九日生

配

子

家蔭 子君武民國丁丑年五月初五日生

配

子

家榮 子君開民國庚午年八月十七日生

配潘氏

子

君闓民國丁丑年 月 日生

配

子

君闕民國戊寅年 月 日生

容縣進一商店承印

配

子

家鵬　子君佩　民國　年九月十五日生

配

子

二十六世

方蘭　子世鍾　民國辛未年五月初十日生

配

子

世釗　民國甲戌年二月廿五日生

配

子

方騰　子世林　民國己卯年五月初五日生

配

子

世清　民國辛巳年七月廿九日生

配

子

方儒　子世福　民國丁丑年十月初四日生

配

子

方椿　子世昌　民國己卯年十一月二十日生

配

子

方廷　子世雄　民國辛巳年九月十六日生

配

子

加聲　子棠有　民國庚辰年十月廿九日生

配

子

加茸　子粱泉　民國丁丑年四月二十日生

配

子
業源民國丁丑年四月二十日生
配
子
業淼民國庚辰年三月初三日生
配
子
加衡　子業錡民國壬申年三月十二日生
配
子
加桑　子業精民國癸酉年二月十一日生
配
子
業宏民國甲戌年十月初八日生
配
子

加熹　子業湘
配
子
加源　子業材民國癸丑年三月初七日生
配
子
業昌民國戊午年七月二十日生
配廖氏
子　遠猷　遠邵
業强民國庚申年十一月十六日生
配
子
加旦　子業昇民國丙寅年十二月廿五日生
配
子
業儒民國己卯年二月初七日生

容縣惟一商店承印

配

子

加準 子業漢 民國己巳年十月初一日生

配

子

業奎 民國壬申年十一月十六日生

配

子

加裕 子業威 民國戊寅年　月　日生

配

子

業英 民國己卯年　月　日生

配

子

加慶 子業唐 民國辛巳年七月廿日生

配

子

加材 子業珣 民國丁丑年四月廿六日生

配

子

業政 民國辛巳年二月十六生

配

子

加亮 子業森 民國庚申年四月初一日生

配莫氏 卒

子

加瑜 子業師 民國丁丑年六月初七日生

配

子

業昂 民國辛巳年三月十四日生

配

子

加衍　子業永　民國甲戌年四月廿一日生

配

子

加棠　子業警　民國庚午年二月初四日生

配

子

業耿　民國乙亥年六月卅日生

加鯀　子業宗　民國辛未年六月廿九日生

配

子

業璋　民國丙子年五月十一日生

加瓊　子業桂　民國己卯年二月初一日生

配

子

加伊　子業成　容縣中學畢業　民國甲子年六月十三日生

配

子

業偉　民國乙亥年八月十一日生

加侗　子業昭　民國戊寅年四月廿四日生

配

子

業昉　民國戊寅年七月初一日生

加隆　子業經　廣東金陵高中肄業　民國壬戌年三月初八日生

配

子

配

子

加虞

子業綱　民國辛未年六月十七日生

配

子

加輝

子業文　民國辛酉年七月初七日生

配

子

業海　民國癸酉年七月初七日生

配

子

業霖　民國己卯年七月十二日生

配

子

加萬

子業德　民國丁卯年十一月初五日生

配

子

業雲　民國辛巳年十一月卅日生

配

子

加憲

子業楠　民國丙子年八月廿三日生

配

子

業朝　民國己卯年九月十二日生

配

子

加禎

子業國　民國甲戌年六月廿七日生

配

子

業團　民國戊寅年九月十八日生

配

子

加福　子業華珊中學校肄業　民國乙丑年八月初八日生

配

子

業榮民國辛未年九月廿七日生

配

子

加安　子業臣民國丁丑年九月廿九日生

配

子

加敘　子業傳民國辛巳年四月初八日生

配

子

加祿　子業隆民國戊寅年七月廿四日生

配

子

加斌　子業溫民國壬午年五月十四日生

配

子

配

子

二十七世

業昌　子遠猷民國戊寅年三月十九日生

配

子

遠邵民國己卯年十二月廿七日生

配

子

容縣惟一商店承印

容州封氏家譜

卷八

卷八

容州封氏家譜卷八

次房世系牒

五世

盛甫公子源長元至正間舉人材科授昭校尉陞授忠
武校尉武騎尉詳邑志武選表

配楊恭人

繼配蕭恭人

子　仁仲　保仲　真仲

六世

源長公子仁仲明洪武十二年初由行伍入南京以軍
功陞營州左衛世襲百戶誥授武毅將軍
飛騎尉詳邑志武職表子孫遂家於營州

保仲明永樂間歲貢生廷試任河南開封府
陳留縣教諭詳邑志

配王孺人

子　雄　遠

真仲明永樂間貢生廷試宣德年選授廣東
廉州靈山縣知縣授文林郎詳邑志

配王孺人

子　爵

七世

保仲公子雄舊譜載遷居武宣縣歷次修譜查訪均莫
能詳民國二十七年祖裘任賓陽縣府科
長查得賓陽封姓實爲雄公之後迨膺圻
任賓陽地方法院院長膺祺隨往鈔得賓
州封姓世系表一世由雄公起至十八世
朗若列眉則舊譜所載應係雄公初遷武
宣嗣後轉遷賓州

配　無考

子　進

遠因避難遷居北流縣平山村改名大英本

支舊譜失載嘉慶間修譜始採入
配 無考
子 光曉
眞仲公子爵原名登字崇祿明景泰間由歲貢廷試充
國子監生天順間曾上書言大藤峽事明
史及通志載均所奏尋授潯州府照磨授
廸功郎詳邑志 有傳
配王孺人
繼配覃孺人
子 相 輔 佐 俱繼配出
八世
雄公子進
配石氏
子 買
遠公 子光曉
配 無考

子 定安
爵公 子相太學生授容縣陰陽學贈文林郎
配馬孺人
繼配梁孺人
子 瑞 繼配出
輔
配龔氏
子 瓚 賢 瓚生子繼禹 繼益 繼
達 皆無嗣
佐字佑臣明邑庠生
配儲氏
子 億
九世
進公 子買
配廖氏
子 雁

光曉公子定安
配馮氏
子　發朝
相公　子瑞字汝祥號文川明邑庠生贈文林郎
配楊孺人
子　繼旦　繼榮　繼堯旦娶楊氏生子良
翰　良士翰生子郡俱無嗣
輔公　子賢
配陳氏
子　繼尹　繼說　繼召尹失傳　說生子良
規規生二子　徐　傑　俱無嗣
佐公　子億號一桂明歲貢生
配李氏
子　繼文　繼武　武娶陳氏無出
十世
買公　子雁

配蕭氏
子　某
定安公子發朝
配無考
子　用卷
瑞公　子繼榮號西峯明嘉靖間歲貢生廷試授南京
武進縣縣丞陞湖廣荊王府紀善壽七十
九歲宦績詳載湖北黃州府志及蘄州志
有傳
配梁孺人
繼配鄧孺人
子　良弼　良才　良德　元配出良儒
良知　繼配出
繼祖原名繼堯字琴臺明邑庠生
配劉氏
子　良奎

賢公 子繼召號淡泉授容縣陰陽學兼署捕務

配王孺人

子 良臣 良諫

億公 子繼文字岐山鄉飲介賓

配劉氏

子 良謨 良誥謨娶程氏無嗣

十一世

雁公 子某

配李氏

子 宏 猷 儒

發朝公 子用卷

配李氏

子 嘉奎 嘉文 嘉英 嘉榮 嘉餘奎無出

繼榮公 子良弼字夢卿號曉窗明邑庠生隆慶四年授

儒官加冠贈奉直大夫

配潘宜人

繼配李宜人

子 侯 偉俱元配出

良才

配申氏

子 伯

良德號凝窗明邑庠生

配浦氏

子 邦 畿

良儒字養聘號鶚瑕明邑廪生三登副榜萬

曆四十三年廷試選浙江衢州府開化縣訓

導陞益王府教授著有繡江吟北征吟詩

稿梓於家壽七十九歲明隆慶己巳年六月初

七日生永歷丁亥年六月十三日卒 有傳

配植孺人

繼配梁孺人

繼配李孺人

子　位　任元配出僎倬繼配李氏出位僎無嗣
良知字名卿明邑庠生
配覃氏
子　宰　憲憲無出
繼祖公子良奎明邑廩生神宗萬丙歷申年自容縣遷
居岑溪西鄉豐村性至孝遷岑後月必歸
容孝養孺慕終身歿後卜葬石磊山會大
風雨運柩者置柩逃避他處及還柩已入
土皆驚歎爲天葬蓋孝感所致云壽八十歲
明嘉靖丙寅年九月十六日生崇禎甲申年七月初二
日卒
配楊氏嘉靖甲子年十月十六日生
繼配藍氏　嘉靖己丑年四月初六日生清順治二
年遇亂卒於大村
子唐相繼配出
繼召公子良臣字甘埜恩賜修職郎壽八十五歲

配植氏
繼配覃氏
子　同寅繼配出
良諫
配何氏年二十四歲夫卒氏遺腹生一子
孀居守節矢志靡他撫孤成立族黨嘉之
道光間池學憲生春追贈額云貞松遠蔭
詳邑志列女傳刻石節義祠
子　遺
繼文公子良訓字養吾訓蒙於鄉老成持重鄉仰稱淳
厚長者恩賜登仕郎壽七十五歲
配段氏
繼配李　楊氏
子　元鳳　元鸞
十二世
某公　子宏

配韋氏
子　啟容　啟明　啟茂　啟成
猷
配謝氏
子　光
儒
配　無考
子　啟廷　啟英
用管公子嘉文
配陳氏
子　應璋　應現
嘉英
配李氏
子　遠德　達文
嘉榮
配李氏

子　應常
嘉餘
配　無考
子　應文
亘弼公子侯改名同休字元勳號鼎箎明邑庠生贈奉
直大夫
配梁宜人
繼配申宜人
子　昌祚　昌運　運娶潘氏生子璉無嗣
偉字和石明邑庠生
配植氏
子　昌胤　昌佑　俱既娶而卒　無嗣
亘才公子伯
配　無考
子　昌謨
亘德公子邦改名同泰字磐石明邑庠生

配陳氏
子　昌裔　昌嗣　昌緒　昌兆　裔無嗣
畿改名同熙字元緝明邑增廣生
配張氏　無出
巨儒公子任改名錫類字元紹號靖一明永歷間授都
司職授昭武都尉
配杜恭人
子　昌業　昌基　基無嗣
倬改名錫圭字元介號秋浦明邑增廣生贈
文林郎萬歷戊午年五月廿五日生康熙辛酉年二
月二十日卒
配蘇孺人
繼配朱孺人
繼配何孺人壽八十七歲舉人與高公女明天
啓辛酉年四月廿五日生康熙丁亥年八月十八日卒
子　昌麟元配出　昌熊　昌駿　繼配何氏出

巨知公子宰　改名錫命字元龍
配李氏
子　昌烈　昌禧　昌祉　禧祉俱無嗣
巨奎公子唐相字日朝八品恩職七十五歲明萬歷甲午
年正月初十日生清康熙戊申年二月十五日卒
配唐氏壽八十四歲　明萬歷丙申年二月初八
日生清康熙戊午年六月廿四日卒
子　翰明　魁明　偉明
巨臣公子同寅改名化鵬字元行號北鷗明郡庠生
配楊氏
繼配覃氏
子　聖鐸　聖裔
良諫公子遺改名俊鵬字元始佾生
配李氏
繼配扈氏
子　聖猷　聖時　俱繼配出猷失傳

貢訓公子元鳳字秋池壽七十四歲
配李氏
繼配曹氏
子　聖惠　聖功　聖和俱無嗣四聖德
元鸞
配梁氏
子　聖清
十三世
宏公　子啟容
配　無考
子　日舉
啟明
配　無考
子　日寧
啟茂
配　無考

子　日耀
啟成
配　無考
子　日昂　日印印無嗣
猷公　子光
配阮氏
子　天倍
儒公　子啟廷
配　無考
子　日榮　日愼　日恒
啟英
配李氏
子　日考
嘉文公子應璋
配李氏
子　燕京

應現
配梁氏
子　燕坤　失傳
嘉英公子達德
配李氏
子　燕機
達文
配　無考
子　燕邦
嘉榮公子應常
配梁氏
子　燕宗　今修譜查明採入
嘉餘公子應文
配楊氏
子　健邦　今修譜查明採入
侯山公　子昌祚字永錫號振祧明崇禎九年丙子科中
式第十九名舉人初任廣西柳州府上林
教諭陞北京國子監助教再陞南京戶部
司務轉戶部主事授奉直大夫壽七十七
歲　明萬歷戊子年三月廿九日生康熙甲辰年二月
十二日卒　有傳
配黃宜人
繼配馬宜人
繼配鄒宜人　明萬歷丙辰年五月十四日生康熙
甲辰年二月廿四日卒
子　珣　珩　璿　元配出　琦　瑗　繼配出
瑭　繼配鄒氏出無嗣珩瑗早故
伯　公　子昌讀
配　無考
子　盛發
邦　公　子昌嗣字永承邑庠生
配申氏

子　璨　瓊　俱無嗣
昌緒
配鍾氏
子　琳　球　球失傳
昌兆字永顯邑庠生
配牛氏
繼配莫氏
子　世隆　繼配出
任公　子昌業明季從戎歿於王事
配馬氏
繼配冼氏壽八十三歲
嗣子　彊固
倬公　子昌麟字振公邑庠生
配梁氏
子　疆犟　疆固　疆靖　固出嗣
昌熊字振子號飛渭年十六遊泮康熙甲子科中式十一名舉人揀選直隸順德府鉅鹿縣知縣授文林郎公著有理學摘要四卷宦遊家訓八條北行草鉅鹿吟勉果齋經義摘腴及詩文等集藏於家歿後鄉人追思德澤立廟肖像以祀之光緒二十一年崇祀鄉賢祠　順治丙申年十一月十三日生康熙己丑年六月廿六日卒　有傳
配廖孺人　順治乙未年十一月十六日生康熙癸亥年二月十三日卒
繼配夏孺人　康熙癸卯年二月初一日生雍正庚戌年正月初四日卒
庶余氏
子　疆寅元配出　疆安　疆定繼配出　疆寅庶出
昌駿字振姓號涵一邑廪生康熙三十二年癸酉科中式第三名副榜辛卯選授柳州

府懷遠縣教諭甲午調太平府養利州學
正戊戌以卓異引見陞授浙江杭州府海
寧縣知縣調嚴州府遂安縣知縣授文林
郎雍正甲辰年致仕歸里康熙癸卯年九月初
五日生雍正辛亥年十一月廿一日卒有傳
配區孺人明廩生廷芳公女康熙乙亥年九月初十
日生康熙戊戌年八月十六日卒
子　疆寧　疆寶　疆賓
宰乙公　子昌烈字永懋
配潘氏
繼配龔氏
子　瑜繼配出
唐相公子翰明孝友和平樂善不倦明天啓丙寅年二月廿
一日生清康熙庚戌年二月初二卒
配謝氏　明天啓丙寅年二月十七日生清康熙己
巳年二月初二日卒

子　漢麒　漢鳳　漢鵰　漢蛟　麟無嗣
魁明
配無考
子　漢鴻
偉明
配無考
子　漢麟
同寅公子聖鐸字明淑邑庠生未娶而卒
聖裔字耀淑甫冠而歿
配李氏守節撫孤
子　光履
遺公　子聖時
配潘氏
子　瑷　琇
元鳳公子聖德字廣成壽八十歲
配梁氏

子　瑾　瑹後裔闕

元鸞公子　聖清舊譜載年少値亂流落在外今據鬱林
丹竹坤村公之裔孫沛林等寄來宗支世
系册知公値明季之亂流離奔走至桂平
縣東介村卒能立業成家及孫貴雲公貿
遷鬱林築室丹竹坤村遂籍鬱林迄今子
孫繁衍殆由二公先後不憚艱苦經歷險
阻之留遺歟

配　無考

子　智貴　智高　智險　貴失傳高娶曾氏無嗣

十四世

啓雩公子　日舉

配覃氏

子　善發　善清

啓明公子　日寧

配　無考

子　善政

啓茂公子　日耀

配　無考

子　善教

啓成公子　日昂

配　無考

子　生　囘　生無嗣

光公子　天倍

配吳氏

子　善星　奇星　善有　善禮　善恩

善禎　有娶周氏無嗣恩無嗣

啓廷公子　日榮

配

子　善春　善活　俱無嗣

日愼

配　無考

子　善雲　善亮　善活　亮活俱無嗣

日恆

配　無考

子　善彩

啓英公子日考

配蒙氏

子　善車　善昌

應璋公子燕京

配李氏

子　齊　礎　淇　齊失傳

達傳公子燕機

配蘇氏

子　雍　卿　卿失傳

達文公子燕邦監生

配梁氏

子　秦　趙　岐　邠　俱失傳　晉

應常公子燕宗

配梁氏

子　都　伯失傳

應文公子偉邦

配馬氏

子　郡　邑　祿

昌祚公子珣字伯玉隨父之官入上林縣學附生

配覃氏

繼配劉氏

子　衍醇　元配出

璿字煥璣邑庠生

配秦氏

繼配覃氏

子　存醇　繼配出

琦字煥荆邑庠生崇禎甲戌年十一月廿三日生康

熙乙卯年閏五月十二日卒

配潘氏崇禎乙亥年九月十六日生順治戊戌年六月初六日卒
繼配廖氏順治甲申年九月初一日生康熙戊寅年九月廿二日卒
子　敦醇　元配出　全醇　繼配出
瑭邑志作鏜字煥崑號堯章邑庠生府邑志均列入隱遯傳壽七十四歲祀邑名儒祠
崇禎戊寅年九月廿七日生康熙己亥年十二月廿七日卒　有傳
配廖氏
繼配梁氏
庶吳氏
子　紹醇　庶出　經醇　綜醇　統醇　繹醇　繼配出
昌謨公子盛發
配　無考

子　彥隆
昌緒公子琳
配　無考
子　念祖
昌兆公子世陰字君勅　崇禎甲戌年十一月初九日生熙康乙巳年九月廿九日卒
配梁氏崇禎辛未年八月廿九日生
繼配李氏崇禎戊寅年五月初四日生
子　其謨　其烈　元配出　俱無嗣　其緒　繼配出
昌蘂公子疆岡字金城例貢生　康熙庚戌年八月廿八日生雍正辛亥年五月十六日卒
配潘氏
子　敬宇
昌麟公子疆璧字金湯邑庠生
配潘氏

繼配雷氏

庶何氏

子　啟聰

疆靜字金印吏員壽八十六歲

配李氏

子　啟智

昌熊公子疆富字平叔邑庠生贈儒林郎康熙辛酉年正月初四日生康熙己丑年九月十九日卒

配區安人二里貢生國棨公女康熙乙丑年三月廿八日生康熙庚寅年六月十六日卒

子　啟懇　啟愿

疆安字辰叔邑廩生贈文林郎公風格清超恪循貽訓沈潛勵學識者均以遠到期之才命妨貲志早逝惜哉康熙乙丑年十一月十七日生康熙甲午年正月十九日卒存年三十歲

配王氏封孺人一旌表節孝壽八十三歲

康熙乙丑年十一月十九日生乾隆丁亥年五月初八日卒

子　啟惇

疆定字正叔邑廩貢生存年二十八歲康熙己巳年十二月十九日生康熙丙申年二月二十五日卒

配林氏一旌表節孝壽七十五歲康熙壬申年十月十三日生乾隆乙酉年正月廿日卒

子　啟恒

疆賓字直叔壽七十七歲　公乏嗣本支亦無可繼者附葬於靈水山先塋下穴所遺田業撥歸鉅鹿公祀業子孫均春秋展祀焉

昌駿公子疆孚字熙叔邑廩生公積學能文性倜儻有氣節倡建耀英山文昌祠以培士氣將貢

配伍氏壽九十八歲無嗣

卒 康熙戊辰年四月十二日生乾隆丁巳年五月十
四日卒
配梁氏
子 廷瑷 廷璨 廷璣 廷璋
張賓字班叔貤贈修職郎 康熙辛未年十一月十
五日生康熙庚子年九月十七日卒
配龔孺人壽七十六歲—旌表節孝 康熙
庚午年十月初三日生乾隆乙酉年二月初三日卒
子 廷光 廷琰
張賓字和叔邑庠生
配李氏
子 廷瑛 廷珪
昌烈公子瑜 字抱其
配潘氏
子 體醇 和醇 幹醇
翰明公子漢鳳恩賜修職郎公少孤侍母以孝聞勤儉

治家不基式廓壽七十七歲 康熙壬寅年五
月十六日生乾隆戊午年三月初三日卒
配黎氏康熙癸卯年五月十八日生雍正乙卯年七
月初七日卒
子 世藩 世藻 世范 世薇 范未娶卒
漢鵬
配吳氏
繼配李氏
子世屛元配出世侯 世祿繼配出屛無嗣
漢蛟
配梁氏
子 世良 世恭
魁明公子漢鴻
配陸氏
子 世瑩
偉明公子漢麟

配　無考
子、世清
聖裔公子光履字柳芝壽八十七歲
配彭氏
庶程氏
子　懋官元配出懋德庶出
聖時公子瑗字彩元壽七十歲康熙乙巳年五月廿六日生
雍正甲寅年二月廿二日卒
配龐氏壽七十二歲康熙乙酉年十二月初九
日生乾隆庚申年十一月廿六日卒
子　念醇　安醇
琇　字彩祥
配余氏
子　思醇　志醇　靜醇
聖德公子瑾字起林壽八十二歲
配曾氏

子　文顯　文達　文耀　文滔
聖清公子智儉
配韋氏
子　貴雲
十五世
日華公子善發
配　無考
子　應積
善清
配潘氏
子　秀積
日寧公子善政
配　無考
子　應梅　應彬　應恩　應滔　應舒
彬恩滔俱無嗣
日耀公子善教

配 無考
子 應紀
日昂公子冋
配 無考
子 衆 聲 元
天倍公子善星
配梁氏
子 應結
奇屋
配吳氏
子 應賢 應泰 應餘 應雲
善禮
配伍氏
子 應良
善禎
配梁氏

子 應藏 應謀 應展 應相 顯德
謀展俱無嗣
日愼公子善雲
配 無考
子 應益 應戊 應記 應杼 應祿
日考公子善車
配韋張氏
子 應桂
善昌
配阮氏
子 應秀
燕京公子礎
配楊氏
子 以常 以才 以度 度無嗣
洪
配嚴氏

子以忠
燕機公子雍
配楊氏
子以讓
燕邦公子晉北流縣學庠生
配李氏
繼配黨氏
子以章　無嗣
燕宗公子都
配李氏
子以仁
健邦公子郡
配楊氏
子以勤　以儉
邑
配陳氏

子　以敬
祿
配
子　以存　無嗣
珣公子衍醇字培赤邑武生
配吳氏
庶龔氏
子　殿遴　殿選　元配出　殿進　庶出
璿公子存醇字培元
配楊氏
嗣子　孝德
琦公子敦醇字培初順治丁酉年五月初三日生康熙辛卯年十月二十日卒
配龔氏順治乙未年十一月十七日生康熙辛未年八月初七日卒
繼配潘氏康熙甲辰年閏六月廿九日生康熙壬

午年六月廿五日卒
子　殿賜　元配出　殿賡　繼配出
全醇字培資邑庠生　康熙戊申年六月三十日
生雍正壬子年七月廿九日卒
配練氏
子　殿輔　殿獻　殿猷　殿勳
瑭公　子紹醇字可與　康熙丁卯年正月十一日生乾隆癸亥
年三月初七日卒
配潘氏　康熙己巳年二月十八日生乾隆甲子年三
月初九日卒
子　至德
經醇字可久壽七十四歲康熙壬申年正月廿
九日生乾隆甲申年五月初九日卒
配申氏壽七十歲康熙癸酉年十二月十七日
生乾隆壬午年三月初十日卒
子　新德　孝德　敬德　孝出嗣

綜醇字可興
配黃氏
子　敏德
統醇字可大
配覃氏
子　謙德
繹醇字可繼
配杜氏
子　恭德
盛發公子彥隆
配　無考
子　衛彩
琳公　子念祖
配　無考
子　奇國
世蔭公子其緒字允中　康熙丁巳年三月十九日生乾隆甲子

年九月十七日卒
配梁氏康熙丙子年二月廿七日生
子守昌、守基　守坤　守序　昌坤俱無嗣
疆固公子啟宇字尊賢
配張氏
子守雍　守揚　守徐徐出嗣
疆固公子啟聰字敬賢
配許氏
子守燦
疆靖公子啟智字愚賢
配潘氏
嗣子守徐
疆富公子啟愚字見賢邑庠生候選直隸州州同一敕
贈修職郎康熙辛巳年三月廿八日生乾隆乙丑
年三月三十日卒　有傳
配潘安人歲貢生存韶公女康熙庚辰年十月廿
四日生乾隆庚辰年六月初七日卒
嗣子衛坼
啟愿字習賢　貤贈修職郎康熙癸未年四月十
一日生雍正癸丑年八月初四日卒
配王孺人康熙乙酉年九月廿六日生雍正癸丑
年八月初四日卒
子衛甸　衛坼坼出嗣
疆安公子啟惇字象賢號歎齋別號毓桂郡案元邑附
監生　敕封修職郎　晉贈文林郎　誥
贈奉政大夫壽七十二歲康熙癸巳年閏五
月二十八日生乾隆丙午年十二月初三日卒　有傳
配區宜人康熙丙申年三月初九日生乾隆戊戌
年三月廿三日卒
庶梁宜人
子衛世　衛教　衛與元配出　衛紀庶出
疆定公子啟恒字齊賢廩貢生公端嚴誠實家範肅然

富而好施予乾隆戊寅歲饑散粟賙濟貧乏之賴安全者甚衆會鄉中遭回祿徧以錢米相賑卹羣慶更生至今耆老猶稱頌之

康熙甲午年八月初七日生乾隆癸未年六月廿一日卒

配雷氏壽七十二歲 康熙乙未年八月初一日生乾隆丙午年十一月廿九日卒

子 衛經 衛本

驪寧公子廷瑗字若勵邑庠生壽七十一歲

配植氏

子 應元

廷璨字若荊邑庠生

配梁氏

子 應掄 應揚 應採俱無嗣

廷璣字若懷乾隆壬辰歲貢生公好學能文屢試異籌才豐遇嗇終老一衿邑令謝景

申贈額云明經拔萃

配李孺人壽九十歲

子 應襄 應舉

廷璋字若温

配周氏

子 應選

驪寶公子廷珖字若攻號蘊山邑廩生乾隆甲子科中式第五十名舉人癸巳選授南寧府新寧州學正 敕授文林郎壽八十四歲 康熙壬辰年六月二十五日生乾隆乙卯年五月廿七日卒有傳

配韓孺人 康熙甲午年十一月十五日生乾隆癸巳年九月二十八日卒

庶馮氏

子偉望偉學偉度元配出偉才偉略偉節庶馮出略節外出未返

廷琰字若粹邑庠生
配梁氏
子　煥修　煥器　煥識　煥量
疆賓公子廷瑛字若潤邑庠生壽七十五歲
配茹氏
子　懋規
廷璉字若潔邑庠生乾隆間與堂姪衞世衞經衞教同考入泮並列前四名時學使許公道基有封氏爲容巨族之嘆
配龔氏
子　懋仁　懋禮
瑜公子體醇字安孔
配梁氏
子爾元
和醇
配冼氏

子　爾慰　無嗣
幹醇字桂香
配伍氏
子　爾寬
漢鳳公子世藩：恩賜修職郎壽八十二歲康熙丁丑年九月廿八日生乾隆戊戌年　月　日卒
配　無考
子　秉猷
世濂字香泉：恩贈文林郎壽九十歲事畧載岑溪縣志康熙乙酉年十月初十日生乾隆甲寅年三月十一日卒有傳
配梁孺人壽八十四歲康熙丙戌年正月廿二日生乾隆乙酉年二月廿一日卒
子　秉均
世薇
配　無考

子　秉獻　秉政

漢鵬公子世傒

配李氏

子　秉昭　秉昌　秉暄　暄出嗣

世祿

配鄧氏

嗣子　秉暄

漢蛟公子世良

配黃氏康熙乙未年正月二十四日生

繼配謝氏

子　秉鐸　元配出

世恭

配李氏

子　秉鎬

漢鴻公子世聚

配謝氏

子　治紹

漢麟公子世清

配無考

子　治盛　治榮　治楚

光展公子懋官字敬修

配鄭氏

子　以仁

德懋

配鄧氏

子　以元　以昭　以雯

瑗公子念醇字世民壽七十歲康熙辛未年七月廿日生

乾隆庚辰年九月初四日卒

配彭氏

繼配周氏壽八十三歲康熙癸巳年十月初八

日生乾隆壬子年十月廿九日卒

子　宏業　元配出　廣業　建業　繼配出

安醇字世儒天性和順居常繩尺自守世推
為厚重長者壽九十六歲恩賜文林郎
配余氏
子 榮業 偉業

琇公 子恩醇
配蘇氏
繼配李氏
繼配張氏
子 昭德 鑒德
志醇
配潘氏
繼配楊氏
子 崇德
靜醇
配黃氏
子 廣德

瑾公 子文顯字延仁康熙壬申年正月十五日生
配張氏
庶盧氏
子 成運元配出 成訓庶出
文達字延義壽七十三歲康熙乙亥年正月初二日生乾隆丁亥年十一月初五日卒
配盧氏壽八十歲康熙戊寅年二月初二日生乾隆丁酉年十月初七日卒
子 成典 成中
文耀字延禮康熙戊寅年三月初十日生
配楊氏
子 成漢
文滔字延智壽七十三歲康熙辛巳年二月初九日生
配李氏
子 成舉 成才

容縣惟一商店承印

智儉公子貫雲壽八十四歲康熙丁酉年正月三十日生嘉慶庚申年七月十一日卒
配覃氏雍正甲辰年十月廿二日生
子有才有國有朝有爵朝生子鎮寧無嗣爵生子鎮佐鎮輔鎮堂俱無嗣

十六世

善發公子應積
配無考
子可修可造造無嗣

善清公子秀積乾隆乙巳年三月初五日生
配鄭氏
庶李氏
子可枝　可蘭

善政公子應梅
配無考
子華忠　靜忠

應舒
配無考
子言忠

善敎公子應紀
配無考
子道忠

同公子衆
配無考
子永益

元
配
子永新

善星公子應結
配蘇氏
子成忠　成之　和之

奇星公子應賢

配林氏
子　循忠　士忠　士分
應泰
配張氏
子　巽忠　時忠
應餘
配黃氏
子　戰忠　通忠
善禮公子應良
配蔣氏
子　開忠
善禎公子應藏
配韋氏
嗣子　裕忠
應相
配歐氏

子　第忠
顯德
配朱氏
子　覺忠
善雲公子應益
配　無考
子　維忠　朝忠
應戍
配韋氏
子　載忠　性忠　則忠
應記
配黃氏
子　斐忠　何忠　達忠
應杼
配李氏
子　璉忠　和忠　同忠　蘭忠同娶娥氏

無嗣閬娶黃氏無嗣

善車公子應桂
配黎氏
子　自忠　權忠

善昌公子應秀
配阮氏
子　才忠　在忠　惠忠

礎公子以常
配陳氏
子　汝諧

洪公子以忠
配吳氏
子　汝盛　汝昌昌無嗣

雍公子以讓
配李氏
子　汝雄　汝綱雄無嗣

都公子以仁
配陳氏
子　汝松

郡公子以勤
配寧氏
子　大昌

以儉
配無考
子　大綸　大綱

邑公子以敬
配陳氏
子　大紀無嗣

衍醇公子殿遴字彥生二月廿六日生
配梁氏
子　希聖　希周

殿選字俊升康熙辛亥年六月初六日生康熙戊戌

年六月廿八日卒
配扈氏康熙庚戌年三月初一日生康熙庚辰年六
月初六日卒
繼配楊氏康熙甲戌年三月初五日生雍正辛酉
年八月初二日卒
子　希孔
殿進
配　無考
子　希孟　希思　俱無嗣
存醇公子孝德字伯先
配　黃氏
子　敦智
敦醇公子殿賜字輔宸
配　梁氏
子　定一　定中
殿賡字襄宸

配何氏康熙乙卯年八月初一日生康熙庚子年十
月初二日卒
子　汝爲　汝翼
全醇公子殿輔字贊宸
配　曹氏
子　岳鷻
殿獻字亮宸康熙乙丑年二月初七日生乾隆辛酉
年九月十八日卒
配翁氏康熙甲戌年四月廿三日生乾隆庚寅年八
月廿日卒
子　岳舉
殿猷字翊宸康熙丙子年五月二十八日生乾隆丁
巳年四月十五日卒
配何氏康熙甲申年八月初八日生雍正乙卯年七
月十二日卒
嗣子　岳選

殿勳字展猷康熙戊寅年三月廿九日生雍正癸丑年七月廿九日卒
配劉氏旌表節孝 康熙甲申年二月廿二日生乾隆戊子年七月十一日卒
子 岳庸
紹醇公子至德壽七十二歲恩賜登仕郎 康熙辛丑年十二月十八日生乾隆壬子年閏四月初五日卒
配侯氏壽七十九歲雍正辛亥年九月初三日生嘉慶己巳年十一月廿七日卒
子 敦贊
經醇公子新德字覺先康熙癸巳年九月十一日生乾隆癸巳年九月廿九日卒
配陳氏 康熙丙申年八月初六日生乾隆戊寅年六月十二日卒
繼配陸氏
子 敦仁 敦義 敦禮 敦信元配出仁禮信無嗣義衆祧

敬德字慎先
配 李氏
子 敦品
綜醇公子敏德字樹先
配 曹氏
子 敦本
統醇公子謙德字智先
配 黎氏
兼祧子 敦義
繹醇公子恭德
配 周氏
嗣子 敦聖
彥隆公子衛彩
配 無考
子 振亮

念祖公子奇國
配謝氏
子　彩鳳　彩相
其琳公子守基康熙己亥年四月初三日生
配劉氏雍正甲辰年正月二十四日生
子　汝章　汝揚揚無嗣
守序號辦賢壽七十九敕賜修職郎雍正乙巳
年四月十六日生乾隆癸亥年七月廿一日卒
配陳氏雍正丙午年五月十三日生
子　敬才
啓宇公子守雍
配盧氏
子　國寧
守揚　雍正庚戌年七月初三日生乾隆甲午年二月十
五日卒
配陳氏

子　國章　國棟
啓聰公子守梁
配　無考
子　國惠　國幹俱無嗣
啓智公子守徐　公無嗣以昌麟公出繼子後人奉祀
配　無考
啓愚公子衛圻字杜臣號石齋乾隆壬辰—恩貢生丙
申授潯州府武宣縣教諭終於官舍—敕
授修職郎—貤贈朝議大夫　雍正戊申年七
月廿七日生乾隆庚子年十月初二日卒　有傳
配梁恭人壽八十三歲同邑舉人以梅公
女雍正戊申年十月十一日生乾隆庚午年七月廿六
日卒
子　奕奎　奕宗　奕泰　奕璋　奕璠
宗未娶卒
啓愿公子衛甸字鼎臣年十六游庠雍正乙巳年八月初八

日生乾隆壬寅年八月十七日卒

配李氏壽九十二歲雍正乙巳年十一月初八日生嘉慶丙子年十二月十五日卒

子　奕玢　奕棠　奕琛

啓惇公子衛世字賓均號曲泉邑僾廩生乾隆乙酉科拔貢朝考二等辛丑選授潯州府武宣縣教諭丙午丁艱庚午選桂林府興安縣教諭戊午陞桂林府教授卓異陞用知縣授文林郎壬戌終於官署壽七十歲雍正癸丑年四月初八日生嘉慶壬戌年正月十二日卒有傳

配李孺人壽八十一歲乾隆丁巳年十月初七日生嘉慶丁丑年十月十七日卒

子　景嵩　景岐　景華

衛教字益修號梅軒邑廩生乾隆乙酉科第二十一名舉人揀選知縣雍正甲寅年十二月初十日生乾隆庚戌年八月十二日卒有傳

配李孺人壽七十九歲乾隆丁巳年二月三十日生嘉慶壬申年七月十一日卒

子　景岳　景岱　景崑

衛興字道開邑庠生贈文林郎乾隆庚申年十二月十三日生乾隆甲辰年四月初九日卒

配茹孺人乾隆壬戌年十月十八日生乾隆丁酉年十月二十日卒

子　景崙　景嶼

衛紀字用敷號雲岩鄉飲介賓主考朱國淳贈匾云績海瀠龍敕贈文林郎誥贈奉政大夫

配楊宜人

子　景嶸　景岷　景嶷

啓恆公子衛經字叙常號綸閣乾隆己亥恩貢生候選直隸州州判雍正甲寅年九月初十日生乾隆庚戌年三月廿六日卒有傳

配黃孺人壽八十二歲乾隆戊午年十一月十
六日生嘉慶己卯年三月十七日卒
子　來宣　來鳳　來晉　來旬　旬無嗣
衛本字性昭郡庠生
配袁氏
子　來賓　來寅
廷瑗公子應元字世泰邑增生爲人勤儉端方治家有
法壽七十歲
配黃氏
繼配劉氏
子　達時　遇時　適時　逢時
廷璣公子應鑾字輔元邑增生
配張氏
子　撫時　無嗣
應舉字翼元
配梁子

子　德時　無嗣
廷璋公子應選壽七十四歲恩賜登仕郎
配何氏
子　耀壽
廷珖公子偉望字譽夫
配梁氏
嗣子　體善
偉學字績夫壽七十歲恩賜登仕郎
配茹氏
子　體善　備善　體出嗣
偉度字越夫壽七十歲恩賜登仕郎
配梁氏
秉祧子　謙善
偉才字達夫
配玉氏
子　謙善

廷琰公子煥修字純夫
配黎氏
子　輝遠　輝達　遠生子展清達生子守清守
賢俱無嗣
煥器字抱夫
配王氏
子　輝進　無嗣
煥識字博夫
配潘氏
子　輝週　無嗣
煥量字廣夫
配龔氏
子　輝遺
廷瑛公子懋規
配吳氏
子　長宣

廷珪公子懋仁
配盧氏
子　長超　長遠
懋禮
配梁氏
子　長蕃　無嗣
體醇公子爾元壽七十八歲賜登仕郎
配何氏
子　靜純
幹醇公子爾寬
配陳氏
子　靜棠
世藩公子秉猷字治朝　康熙庚子年二月初三日生乾隆辛卯年卒
配盧氏雍正辛丑年三月初十日生
子　廷翼

世[illegible]公子秉均字治文贈文林郎倜儻有俠氣悅禮尙
義士林璽之 乾隆庚申年十月初一日生乾隆壬
子年十月初八日卒
配葉氏壽七十九歲 乾隆辛酉年二月廿七日
生嘉慶己卯年二月八日卒
子 廷耀 廷璧 廷珍

世徵公子秉獻字治斌
配廖氏
子 廷亮 廷冀 廷晉 廷章 章無嗣
秉政字治綱邑庠生 乾隆甲子年七月十四日生
乾隆丙辰年十一月十六日卒
配黎氏
繼配莫氏
子 廷弼 元配出 廷揚 繼配出

世侯公子秉昭字治衛
配陳氏

子 廷爵 廷勸
秉昌字治魯
配廖氏
子 廷勳 廷助 廷玨 廷諫

世祿公子秉暄字治岐恩賜修職郎壽八十四歲
配陳氏
子 廷勳 廷謨 廷輔 謨出嗣

世艮公子秉鐸字治泰 隆乾辛未年七月二十日生慶嘉丁巳
年卒
配陳氏 乾隆癸酉年三月十四日生
子 廷琮 廷球

世泰公子秉鎬字治俊
配廖氏
嗣子 廷謨 無嗣

世聚公子治紹
配謝氏

子　逑源　逑琛　逑清　源無嗣

世清公子治盛

配　無考

子　廷相

治榮

配　無考

子　廷英　無嗣

治楚

配　無考

子　廷序遷居西鄉林丁村

懋官公子以仁

配余氏

子　諭朝　諭美　諭佳　美佳俱無嗣

懋德公子以元

配覃氏

子　志遠

以昭

配李氏

子　志亮　無嗣

以雯

配韋氏

子　志惠　志信

念醇公子宏業字可儉

配梁氏壽八十一歲

子　珖顯　珖琮　珖瑚

廣業字允繼壽七十二歲賜登仕郎

配張氏

子　珖璉　珖琦

建業字允垂乾隆己未年十二月廿九日生乾隆乙

卯年七月初九日卒

配梁氏壽七十六歲　乾隆庚申年十月二十日

生嘉慶甲戌年二月十八日卒

子　琥瑜　琥瑨
安醇公子榮業字亮工
配梁氏
子　琥璠　琥理　琥璋
偉業公沈靜寡欲生平無疾言遽色持躬接
物寬盡其誠族黨稱賢之
配陳氏壽八十一歲
子　琥瑂　琥堪　琥瓚　琥敏　琥球
恩醇公子昭德
配陳氏
子　邦信　邦岱　邦侃
鑒德
配陳氏
子　邦烈
志醇公子崇德壽七十五歲恩賜登仕郎
配李氏壽七十三歲

子　邦俊　邦傑　邦任　邦佐　邦彥
靜醇公子廣德
配龐氏
繼配陸氏
子　邦賢　邦佑　元配出　邦英　繼配出
文顯公子成通　雍正癸卯年正月十三日生
配梁氏
子　萬達
成訓　雍正乙酉年五月初二日生
配楊氏
子　君遠
文璣公子成典　康熙辛卯年二月十六日生
配梁氏
子　振遠
成中字正方壽七十二歲　康熙甲午年十二月廿
九日生

配秦氏壽八十五歲康熙乙未年九月初九日生

子　順遠

文耀公子成漢壽七十二歲雍正乙巳年七月十五日生

配何氏

子　敬遠

文滔公子成舉字宗方壽七十八歲康熙庚子年三月初五日生

配鄧氏康熙庚子年八月初六日生

子　紹遠

成才壽七十歲雍正癸卯年十二月初三日生

配黃氏壽七十五歲康熙壬寅年十二月初四日生

子　大遠

貴雲公子有才壽八十歲乾隆壬戌年十月廿六日生道光辛巳年二月廿四日卒

配凌氏壽八十六歲乾隆辛酉年九月廿六日生道光丙戌年二月廿六日卒

子　鎭達

有國乾隆戊辰年九月十三日生道光辛巳年五月廿九日卒

配梁氏壽八十一歲乾隆己巳年九月廿二日生道光己丑年二月廿八日卒

子　鎭成　鎭芳

十七世

鵬積公子可修

配無考

子　增儉　增德　增標

秀積公子可枝

配阮氏

子　增吉

蘭枝光緒己丑年重逢花燭壽九十五歲

嘉慶戊辰年八月初十日生
配黃氏壽八十九歲嘉慶丁卯年十一月廿一日生
子　宗吉　廷吉

應梅公子譏忠
配
子

靜忠
配　無考
子　增君

應舒公子言忠
配覃氏
子　增攀　增盼

應紀公子道忠
配　無考
子　增元　增厚

桑公　子永盆
配
子　增槻

永新
配　無考
子　增喬

應結公子成忠
配蘇氏
子　昌元

成之
配張氏
子　恒元

和之
配黃氏
子　廣元　永元

應賢公子循忠

配陸氏
子　解元
士分
配廖氏
子　怡元
士忠
配廖氏
子　先元
應泰公子異忠
配李氏
子　朋元　祖元朋娶吳氏無嗣
時忠
配阮氏
子
應餘公子戰忠
配

子
通忠
配廖氏
子　來元　萬元　彩元　萬出嗣
應崴公子裕忠
配鄭氏
嗣子　萬元
顯德公子覺忠壽九十三歲道光庚子年七月十五日生民國庚午年六月十二日卒
配黃氏
嗣子　結元
應茂公子載忠
配無考
子　順元
性忠
配

子　增運　增闡　增襯
則忠
配　無考
子　增韡
和忠
配何氏
子　增興　增高　增輝
應桂公子自忠
配羅氏
子
權忠
配　無考
子　增乾
應才公子才忠
配
子　增榮　增保　增愼

在忠
配唐氏
子　增培
惠忠
配廖氏
子　增數
以常公子汝諧
配梁氏
子　成朝
以忠公子汝盛
配莫氏
子　成餘
以讓公子汝綱
配梁氏
子　德瓚
以人公子汝松

容縣惟一商店承印

配黃氏
子　成棟
以勤公子大昌
配李氏
子　廣恩　廣銑　俱無嗣
以儉公子大綸字上選例監生
配
子　順叙　順芳　順揚　叙芳無嗣
大綱
配
子　順猷
殿遴公子希聖字敬止
配潘氏
子　建中　執中　用中　忠時　誠中　用誠無嗣
希周字至止
配秦氏

子　尙中　秉中
殿選公子希孔字仰止壽七十一歲康熙甲戌年五月十七日生乾隆甲申十一月十八日卒
配梁氏壽七十二歲康熙甲戌年十月十二日生乾隆乙酉年三月二十日卒
子　朝恩　朝典　朝章　朝懿　朝範
範娶黎氏嗣子皓盼無嗣
殿進公子希思
配李氏
子　正紀　正本　本嗣子　士業　俱無嗣
孝德公子敦智壽八十歲恩賜修職郎
配李氏
子　淑宗
殿賜公子定一壽七十五歲
配秦氏無出
定中壽七十三歲

配李氏無出
殿賡公子汝爲字賓官公平心率物樂善好施惠洽戚
黨鄉里咸稱長者壽七十四歲
配潘氏
嗣子　撫庶　掖庶
汝翼字賓才
配梁氏
子　持庶　扶庶　掖庶　提庶掖出嗣
殿輔公子岳薦
配李氏
子　岡鳳　撫庶　廣勳　廣仁　撫出嗣
仁生子紹武棠宁　俱無嗣
殿猷公子岳舉
配彭氏
子　世榮
殿猷公子岳選

配張氏
嗣子　宗振無嗣
殿勤公子岳周字平軒　雍正癸丑年五月十一日生乾隆戊申年四月十五日卒
配陳氏乾隆丁巳年六月初五日生嘉慶癸巳年二月初六日卒
子　宗漢　宗耀　宗振　宗序繼振無嗣
序生子　顯達無嗣
至德公子敦禮壽八十二歲
配鄧氏
子　敬宗　惠宗　秩宗秩出嗣
徵德公子敦品
配無考
子　海宗無嗣
敏德公子敦本
配梁氏

子　聚宗

謙德公子敦義字子正訓蒙六十年老成持重壽八十歲

配馮氏

嗣子　秩宗

恭德公子敦望

配無考

嗣子　杜宗　廣宗俱無嗣

衛彩公子振亮

配唐氏

子　耀斯　定斯　梅斯　裕斯　永斯

奇國公子彩鳳

配梁氏

子　德才

彩相

配陳氏

子　德任

守基公子汝章

配洪氏壽八十二歲

子　相成　相惠　俱無嗣

守序公子敬才恩賜徵仕郎壽八十八歲乾隆丁亥年十月十五日生咸豐甲辰年四月初七卒

配張氏壽七十八歲乾隆丙戌年十二月十五日生道光癸巳年十一月初九日卒

庶梁氏壽七十九歲乾隆丙申年十月十八日生咸豐甲寅年十一月廿九日卒

子　相朝　相任庶出朝生子經達無嗣

守雍公子國華

配郭氏壽八十一歲

子　官賢

守揚公子國章壽八十歲

配劉氏

兼祧子　善賢
國棟乾隆己卯年七月十五日生嘉慶己巳年正月初三日卒
配梁氏
繼配彭氏
子　善賢繼配出兼祧

衡圻公子奕奎字耿彝號鈍齋郡庠增生貢遊泮水鄉飲僎賓公賦體豐厚秉性慈良愛親尊祖出於性成凡遇祭祀必躬親未嘗不以耄老而倦於禮壽八十六歲無疾而逝乾隆戊辰年十二月廿日生道光癸巳年正月十一日卒
配李氏乾隆庚午年十一月初六日生乾隆壬寅年四月廿八日卒
繼配余氏乾隆甲寅年二月初一日生道光丙戌年三月初九日卒
子　培基　培謙　培順　元配出　培榮　繼配出

奕宗公賦性恭謹順親無違朝夕奉承古蠶子道隨往三年常如一日戊戌夏抱病醫內竟不起族姓惜之乾隆戊寅年九月十九日生乾隆戊戌年六月廿九日卒
永由奎泰璋璠後人歲時奉祀
奕泰字熙和品粲元郡庠生壽七十三歲乾隆甲申年二月十六日生道光甲午年十二月廿一日卒
配梅氏乾隆甲申年六月十三日生乾隆甲寅年正月十七日卒
繼配潘氏乾隆丁酉年三月初八日生道光己亥年十月廿六日卒
子　培正　元配出
奕璋字達霽號□圃嘉慶丁丑歲貢生候選訓導儲贈文林郎公性情瀟灑好花木嘗結門醫濟人且施藥焉乾隆丙戌年五月廿三日生嘉慶庚辰年四月十一日卒

配何孺人壽八十一歲乾隆丙戌年八月廿三日生道光丙午年十月初一日卒
庶覃孺人乾隆乙酉年正月初五日生道光甲午年六月十一日卒
子　培芳入繼　培才庶出

奕璠字煥霄號玉亭邑優廩生嘉慶辛酉科拔貢生選授北流縣敎諭未及赴任終於家贈朝議大夫乾隆庚寅年七月廿八日生道光甲申年十一月十二日卒　有傳
配李恭人乾隆丁亥年十月廿八日生乾隆辛亥年十一月初九日卒
繼配伍恭人旌表孝婦壽八十歲乾隆丙申年三月初三日生咸豐乙卯年正月十四日卒
子　培英　培瑞　元配出　培儉　培緒
培芳　培源　培淑　培俊　培愷　培
芝　繼配出　芳出嗣

衙何公子奕坋乾隆庚辰年九月初一日生道光辛卯年十二月初七日卒
配李氏
子　培禮　培義　培壘　義無嗣　壘出嗣

奕棠乾隆癸未年三月廿三日生道光丙申年十二月十四日卒
配潘氏
嗣子　培壘

奕琛乾隆丙戌年三月初一日生道光癸巳年九月十八日卒
配陳氏
子　培貞　培亨　培常　培綱　貞常無嗣

衙世公子景嵩字效颺號中巒郡庠生議贈中大夫壽七十四歲公負儁才兼鑒書承先啟後貽謀者遠矣乾隆己卯年十一月初九日生道光壬辰年十一月初七日卒

配李淑人
繼配余淑人
子　建猷　建常　建徽　繼配出　常出嗣
景岐字鳳鳴號梧岡鄉飲介賓梧州府教授
年紹堂贈祖云年高德邵所著有梧岡詩
稿存於家壽八十二歲乾隆壬午年十二月廿
七日生道光癸卯年十月廿五日卒　有傳
配盧氏貢生國經女乾隆癸未年三月十九日
生嘉慶己巳年九月十九日卒
繼配梁氏乾隆壬寅年十一月初九日生咸豐甲
寅年六月初十日卒
嗣子　建常
景華字雲峯鄉飲介賓壽七十三歲贈修職
郎乾隆戊子年六月初九日生道光庚子年八月初
六日卒
配陳孺人　乾隆己丑年三月二十日生嘉慶甲午
年正月初九日卒
子　建勳　建謨

衛猷公子景岳
配李氏旌表節孝歲貢培元公女
嗣子　攢猷
景岱字卓峯
配黃氏
繼配梁氏
子　壯猷　繼配出
景崑字卓山邑庠生
配梁氏
子　攢猷　達猷　攢出嗣

衛興公子景嵩
配劉氏
繼配李氏
子　繼猷　展猷　俱繼配出

景嶼字崇山壽七十四歲乾隆庚寅年十月十三日生

配李氏

子　顯猷　纘猷

衛紀公子景嶸字孟夫號杜溪贈奉政大夫嘉慶壬戌年七月初十日生十二月十五日卒

配梁宜人九月初九日生九月初十日卒

子　鍾琤　鍾琪

景岷字仲夫號少雲道光甲午科中式第十六名舉人辛丑會試中式第一百九十名進士郎用知縣分發甘肅歷署華亭正寧縣事補慶陽府伏羌縣知縣調補寧夏府中衛縣知縣加同知銜署理秦州直隸州知州授奉政大夫咸豐辛酉卒於官署

嘉慶乙丑年七月十五日生咸豐辛酉年七月廿四日卒　有傳

配梁宜人嘉慶甲子年九月初九日生同治乙丑年閏五月初二日卒

子　鍾瑨　鍾珩

景嶷字季夫號少巖甘肅後補州吏目嘉慶辛未年十二月初九日生同治壬申年十二月廿八日卒

配李氏嘉慶丙寅年正月初三日生咸豐庚申年十月十六日卒

子　鍾璘

衛經公子來賓字炳亮郡庠生

配龔氏

子　席珍

來鳳字棲梧邑庠生嘉慶辛巳年與族姪欲贊德觀德同考游泮壽七十一歲乾隆壬午年三月初五日生道光壬辰年二月廿九日卒

配唐氏壽八十五歲乾隆癸未年五月初一日

生道光丁未年十二月初五日卒
子　儒珍　奇珍奇出嗣
來咨字欽明邑庠生　乾隆甲申年九月十五日生
嘉慶丙子年二月十一日卒
配馮氏恩貢馮綖公女
繼配蘇氏　隆乾辛卯年十月十六日生道光己酉
年九月十八日卒
嗣子　奇珍

衛本公子來賓
配李氏
兼祧子　益珍
來賓
配龔氏
子　益珍兼祧來賓

應元公子逢時
配梁氏

子　華國
遇時
配梁氏
子　華才
適時
配扈氏
子　華業
逢時
配余氏
子　華翰

應選公子耀時
配吳氏
子　華昌　華紳　華盛盛出嗣長宜

偉望公子體善
配楊氏
子　大倫無嗣

偉學公子備善壽七十三歲 乾隆丁未年三月初七日生咸
豐己未年四月廿八日卒
配劉氏壽七十歲
子　大厚　大生　大新　大德生新無嗣
偉才公子護善
配覃氏
子　大培無嗣
懋規公子長宣
配楊氏
嗣子　華盛
懋仁公子長超
配廖氏
子　華英　嗣子　華新
長遠
配朱氏
子　華新　華廷新出繼長超

爾元公子靜純壽七十六歲
配鄭氏
子　仕章　仕秀　俱無嗣
爾寬公子靜棠乾隆癸酉年八月十九日生
配黃氏乾隆丙子年二月廿九日生
繼配梁氏乾隆癸酉年六月廿一日生
子　仕廣　元配出
秉猷公子廷翼乾隆壬申年十二月十一日生嘉慶丁丑年十二
月十三日卒
配張氏壽七十歲 乾隆癸酉年正月初五日生
子　任國　任邑　任宰　宰無嗣
秉均公子廷耀字翙選太學生鄉飲介賓公性孝友嗜
學能文平生長於治生遂致素封急公好
義望重枌榆象州亞元縣學教諭李天球
贈額曰典型如在 乾隆癸未年三月廿四日生
道光庚寅年八月十三日卒

配黃氏乾隆甲申年八月廿日生乾隆甲辰年卒
繼配廖氏乾隆己丑年閏六月十三日生乾隆癸
丑年卒
繼配陳氏壽七十七歲乾隆己亥年四月十六
日生咸豐乙夘年八月廿八日卒
子
位繼配廖氏出健　保繼配陳氏出
廷璧字朝遜公性倜儻喜交遊周急濟貧慨
然不吝有俠士風乾隆丙申年九月初十日生
慶嘉辛巳年八月廿四日卒
配李氏乾隆甲午年七月初七日生道光壬寅年十
二月初一日卒
子
道　達　達　趙　進
廷珍字朝立太學生公勤儉持家生財有道
秉性剛直嚴明縣學程國爾舉爲團總奉
公如法爲桑梓策治安能以勤慎自矢邑
侯馮震東贈額曰秉義趨公及歿後縣學
教諭陸裕宣贈額云風徽如在縣學訓導
冷葆贈額云豈弟君子乾隆癸巳年閏三月初
五日生道光丁酉年三月廿四日卒
配梁氏庠生梁浦公女增生國禎公妹乾隆甲午年
十二月廿六日生嘉慶庚午年十二月廿五日卒
繼配黎氏乾隆丙午年四月初四日生道光甲午
年正月廿六日卒
子
[illegible]　慧　態　慰元配出　勲　志繼配出

秉猷公子廷亮
配黎氏
子
任枝
廷冀
配謝氏
子
任樘無嗣
廷晋
配無考

子　任楷　無嗣

秉政公子廷弼

配李氏

子　爲訓　訓嗣子繼賢　無嗣

廷揚

配劉氏

子　爲謨　無嗣

秉昭公子廷儁

配成氏

子　盛材　盛傳　盛緒傳出繼廷勳

廷勳恩賜修職郎壽七十二歲

配黃氏

子　盛信

秉昌公子廷勳

配莫氏

子　盛裕　盛惠惠無嗣裕生子承官無嗣

廷勛

配楊氏

子　盛振　盛拔俱無嗣

廷玨公光明磊落談吐豪爽能以理服人鄉閭有不平事得公片言立解望重一方乾隆甲午年十二月初二日生道光庚子年八月廿一日卒

配陳氏乾隆辛卯年三月十九日生道光乙未年四月廿四日卒

子　盛傑

廷諫乾隆庚戌年七月十八日生咸豐乙卯年卒

配鄧氏壽七十歲乾隆戊申年八月十五日生咸豐丁巳年卒

子　盛智　盛湖　盛海　盛恩　智生

子慶官無嗣

秉暄公子廷勳恩賜修職郎壽八十一歲乾隆乙亥年七

月十五日生道光乙未年五月十八日卒
配莫氏
嗣子　盛傳
廷輔
配潘氏
子盛存娶黃氏遭寇亂投河殉難詳邑
志節烈傳 無嗣
秉鐸公子廷琮恩賜修職郎公有至性篤友于同懷二
人居同宅食同几花萼樓中怡怡無間壽
七十七歲乾隆丁酉年八月初一日生咸豐甲寅年
十月初七日卒
配賴氏乾隆己亥年六月廿四日生道光乙巳年正
月十六日卒
子　盛諧　盛謨　盛訓
廷球恩賜修職郎壽七十三歲乾隆甲辰二月
廿七日生咸豐丙辰年九月初九日卒

配蕭氏壽七十四歲乾隆乙巳年十二月廿九
日生咸豐戊午年二月初五日卒
子　盛德　盛衛
治紹公子述源
配莫氏
子　盛棠　盛業　盛華 棠華無嗣業生子
俊裕　德裕俱無嗣
述深
配歐氏
子　盛貴　盛賢　盛貞
述清
配謝氏
子　盛忠　盛志　盛熊忠生子傳裕志
生子相裕信裕信又生子振盛意 生子
有裕俱無嗣
治盛公子廷相

配 無考
子 盛揚
治楚公子廷序
配吳氏
子 廣信 廣福 福無嗣
以仁公子諭翱
配韋氏
子 關生 無嗣
以元公子志遠
配盧氏
子 誠觀 無嗣
以雯公子志惠
配梁氏
子 悅觀 景觀 杜觀
志信
配劉氏

繼配余氏
子 政觀元配出歲荒飄外 琀觀 福觀
監觀 現觀 繼配出
宏翥公子珖顯字佳璧八品頂戴邑令再公基安贈額
云盛者耆英壽七十餘歲乾隆庚午年七月十
三日生
配黃氏壽九十一歲
子 相莊 相忠
珖琮字蒼璧
配盧氏
子 相芳 相維 芳無嗣
珖瑚字夏璧
配李氏
子 相運 相乾 運無嗣
廣翥公子珖璉字寶崑
配全氏

子　相禹
珖琦字耀崑
配秦氏
子　相鑾
建錫公子珖瑜字嘉璧 乾隆壬午年五月十七日生道光丁亥年十月初三日卒
配秦氏壽七十三歲 乾隆壬午年五月初十日生道光丙申年六月初四日卒
子　相唐
珖琩字煥璧乾隆己丑年三月初二日生
配曾氏壽八十歲
庶陳氏
子　相宣 庶出
榮錫公子珖璠
配陳氏
子　相豳　相朝 俱無嗣

珖珇
配楊氏
子　相昭 無嗣
珖璋
配陳氏
子　相廷　相元　相臣 俱無嗣
偉錫公子珖瑞
配李氏
子　相治　相魁
珖璂
配陳氏
子　相謨　相靖
珖瓚
配何氏
子　相通　相先
珖敏

配陳氏
子　相憲　相恩　相惠
珖球
配吳氏
子　相郊　相都　相叙　相邠　相郇
相祁
昭德公子邦信
配盧氏
子　振紀　振綜　振禮
邦岱
配陀氏
子　振熙
邦侃
配梁氏
子　振肅　無嗣
發德公子邦烈

配陳氏
子　振叙
崇德公子邦俊
配彭氏
子　振彝　振常
邦傑
配黃氏
子　振荊　振梁　俱無嗣
邦任
配陸氏
子　振魁　振堯
邦佐
配李氏
子　振元　振猷
邦彥
配秦氏

子　振綸

廣德公子邦賢

配秦氏

子　振才　無嗣

邦佑

配陳氏

子

邦英

配盧氏

子　振隆　振坤

成運公子萬遠乾隆乙亥年十二月廿四日生

配黃氏

子　瑞雲

成訓公子君遠乾隆癸酉年正月十六日生

配田氏乾隆辛巳年五月初四日生

子　瑞生　瑞志　瑞高　瑞貴高無嗣

成典公子振遠嘉慶壬戌年正月十八日生

配盧氏嘉慶甲子年二月十二日生

子　瑞芳

成中公子順遠字永儒壽七十五歲乾隆戊寅年七月初十日生

配陳氏壽九十歲乾隆己卯年十月初五日生

子　瑞煥

成漢公子敬遠

配李氏

子　瑞保　瑞建

成聚公子紹遠字永傳壽八十一歲乾隆丙戌年二月十六日生

配秦氏壽七十七歲乾隆丁亥年正月初八日生

子　瑞盈

成才公子大遠

配孔氏

子　瑞乾　瑞新

有才公子鎭逵壽八十三歲乾隆癸未年九月初十日生道光

己巳年十二月廿一日卒

配龐氏壽七十九歲　乾隆庚辰年十一月廿八

日生道光戊戌年十一月廿四日卒

子　光祖　輝祖　耀祖　衍祖

有國公子鎭成壽七十一歲乾隆戊戌年六月初十日生道光

戊申年七月三十日卒

配梁氏乾隆戊戌年六月初十日生道光乙未年正

月廿六日卒

子　榮祖　顯祖　昌祖

繼配梁氏　乾隆己酉年四月初一日生咸豐戊午

年五月十二日卒

鎭芳　乾隆己酉年七月初一日生道光丁未年十一月

初四日卒

配梁氏乾隆己酉年八月十一日生咸豐辛亥年六

初六日卒

子　蔭祖　盛祖　衍祖

十八世

可修公子增儉

配　無考

子　國民

增德

配阮氏

庶黃氏

子　國勝　國貴

可枝公子增吉

配阮氏

子　國玉

閬枝公子宗吉壽八十一歲道光丁亥年七月十八日生

配朱氏壽七十九歲　道光丁亥年十一月初八

日生
子　國基　國田　田出嗣
廷吉壽七十四歲道光戊子年十一月初八日生
配阮氏壽七十八歲道光戊子年七月十八日
生
子　國珠　嗣子　國田
言忠公子增盼
配吳氏
子　國治　國慶
道忠公子增元
配　無考
子　國彥
永益公子增襯
配　無考
子　國揚　國芳
永新公子增喬

配
子　國念
成之公子恒元
配吳氏
子　國阜
和之公子廣元
配謝氏
庶黃氏
子　國倫
永元
配吳氏
子　國能
士芬公子怡元
配磨氏
子　國齡
巽忠公子祖元

配潘氏
子　國仁　國陳　國禪　仁陳俱無嗣
通忠公子彩元壽八十二歲　道光乙未年六月初九日生民國丙辰年六月初七日卒
配童氏
繼配覃氏
庶戴氏
子　國年　國乾　國持　國肖
裕忠公子萬元
配李氏
子　國來　國亮　國壽
覺忠公子結元
配葉氏
子　國添　國藝　國美
戢忠公子順元
配黎氏

子　國起
性忠公子增蘭
配
子　國利　國安　國護　國章
則忠公子增愛
配
子　國琛
增器
配
子　國龍　國鳳
增然
配
子　國幹
斐忠公子增光
配鄭氏
子　國禮

何忠公子增旭
配鄭氏
子　國葉
達忠公子增仕
配阮氏
子　國堯　國魚
璉忠公子增韡
配
子　國進　國譚　國瑞
和忠公子增興
配潭氏
子
增高
配陳氏
子
才忠公子增榮

配李氏
子　國養
增保
配李氏
子　國義
增慎
配李氏
子　國現
自忠公子增有
配廖氏
子
增添
配廖氏
子
權忠公子增乾
配李氏

容縣惟一商店承印

子

在忠公子增培

配黃氏

子

惠忠公子增敷

配廖氏

子

汝諧公子成朝

配莫氏

繼配周氏

子　惠琳　繼配出

汝盛公子成餘

配梁氏

子　惠球　惠瑛

汝綱公子德瓚

配陳氏

子　犂材

汝松公子成棟

配　無考

子　式盛

大綸公子順揚

配

子　裕源　裕第　源無嗣

大綱公子順猷

配李氏

子　裕新　裕彰　新無嗣

希聖公子建中字心一英年遊庠食餼甫冠而卒

配浦氏

嗣子　士煥

執中字精一

配李氏

子　士恒　士煥　煥出繼建中

時中字維一
配梁氏
子　士基　士裘　裘出繼
希周公子尙中字正一
配梁氏
繼配劉氏
子　士譽　士規　繼配出　規無嗣
秉中字會一
配李氏
子　士榮　士昌　士茂　茂生子亞觀無嗣
希孔公子朝恩字寓宇　康熙乙未年六月十三日生乾隆癸未年三月初七日卒
配王氏　康熙丁酉年六月十五日生乾隆甲午年十二月十四日卒
子　皓甸　皓光　光出嗣
朝典字正宇邑庠生

配李氏
子　皓昌　皓盼　盼出嗣
朝章字綸宇邑庠生　康熙庚子年四月十七日生乾隆庚寅年六月卒
配劉氏　康熙壬寅年正月廿九日生乾隆癸巳年十月初七日卒
嗣子　皓光
朝懿字命宇　康熙乙巳年七月廿一日生乾隆四十六年三月卒
配
子　皓宣無嗣
敦智公子淑宗
配秦氏
子　慶雲　瑞雲　彩雲瑞彩俱無嗣
汝爲公子撫庶字兆依壽七十四歲
配馬氏壽七十八歲

庶覃氏
子　志高庶出
掖庶字兆任
配梁氏
繼配梁氏
子　義高繼配出
汝賀公子持庶字兆仰壽七十歲
配龔氏
子　品高
扶庶字兆仗
配廖氏
嗣子　廣高
提庶字兆企
配朱氏
子　廣高　厚高廣出嗣
岳薦公子廣勳

配楊氏
子　紹和
岳舉公子世業
配李氏
子　紹廉　紹緒　紹惠　紹成
岳庸公子宗漢
配劉氏
子　顯暘
敦贊公子敬宗
配曾氏壽七十九歲
子　進常
惠宗
配黎氏
子　進舉　進遠遠無嗣
敦本公子聚宗
配農氏

子　進棠

敦義公子秩宗

配龐氏

子　進卿　進賢

振亮公子耀斯字直甫鄉飲介賓

配彭氏

繼配曾氏

子　覲書　敬書俱繼配出　敬出嗣

定斯

配柳氏

子　麟書　遺書　瓊書

梅斯

配韋氏

繼配梁氏

子　玉書　文書　傳書　盛書　相書　俱繼配出

裕斯

配黃氏

子　麒書　授書　探書　鳳書　授探早故

永斯字遠甫精醫術活人甚衆

配鄺氏

繼配賴李氏

嗣子　敬書

彩鳳公子德才壽八十四歲

配伍氏

子　盛廣

彩相公子德任壽九十六歲

配謝氏

子　用廣

敬才公子相任字達天恩賜修職郎壽七十九歲　嘉慶丁卯年六月十二日生光緒乙酉年正月廿三日卒

配鄧氏壽八十六歲 嘉慶丙寅年十月十五日生光緒辛卯年六月廿八日卒
子 經進 經通 經遠 經遠 經達
國棟公子善賢字雲軒公温厚寬容好行善事創業啟宇貽蔭後人壽七十九歲 乾隆丁未年十月初八日生同治乙丑年五月十四日卒
配劉氏壽七十三歲 乾隆丁未年五月初八日生咸豐己未年十月十四日卒
子 佐臣
奕奎公子培基字賓朝邑增廣生 乾隆甲午年九月初六日生嘉慶庚辰年十月十七日卒
配梁氏壽八十二歲 乾隆癸巳年十二月卅日生咸豐甲寅年六月十九日卒
子 元詔 寶詔
培謙字光吾壽七十一歲 乾隆戊戌年六月十七日生道光戊申年六月廿七日卒

配李氏壽七十餘歲
子 恩詔
培順字作天號藹亭邑增廣生 乾隆庚子年九月廿四日生嘉慶戊辰年九十六日卒
配潘氏旌表節孝壽七十五歲 乾隆庚子年十月二十六日生咸豐甲寅年十月廿二日卒
子 温詔 綸詔
培業字敬卿例監生贈儒林郎 乾隆乙巳年七月十五日生咸豐辛亥年五月初一日卒
配李安人 乾隆丙午年七月初六日生咸豐甲寅年八月三十日卒
子 廣詔
奕泰公子培政字與卿 乾隆辛亥年五月初三日生咸豐癸丑年八月初一日卒
配李氏乾隆乙酉年十二月初七日生道光丙申年四月初九日卒

子　寵詔　錫詔　榮詔

奕璋公子

培芳字衡友號香洲邑廩生道光乙未恩科副榜庚子恩科中式第十二名舉人揀選知縣著有紹衣堂詩文集存於家 嘉慶庚申年八月廿七日生同治壬戌年十月十九日卒

有傳

配盧孺人壽七十七歲 嘉慶辛酉年十月廿九日生光緒丙子年十二月廿二日卒

子　殿詔　典詔

培才字育之聖府詩禮堂啟事公庭訓嚴肅里中建將軍廟出貲以倡之 嘉慶戊辰年五月廿日生同治丁卯年六月十二日卒

配陸氏 嘉慶己巳年二月初二日生道光丁未年六月廿一日卒

繼配李氏 道光戊子年四月十八日生光緒乙亥年九月年廿四日卒

子　品詔　盛詔

奕璿公子

培英字華川公性孝友沈靖嗜學庚辰院考取列佾生竟以急病賫志卒於梧州江舟次外姪解元覃武保誌其墓 乾隆己酉年七月初九日生嘉慶庚辰年四月廿七日卒

配覃氏旌表節孝壽十七歲與弟婦盧氏均守節撫孤蒙鈕學憲福保贈額云禮法雙濟 乾隆辛亥年十二月十五日生咸豐庚申年十月廿六日卒

子　鑾詔　鳳詔

培端字肅齋 乾隆辛亥年四月初五日生道光乙酉年十一月初五日卒

配盧氏旌表節孝壽七十歲 乾隆庚戌年正月十九日生豐咸戊午年十月廿日卒

子　紫詔　宣詔

培儉字子恭號薹洲優廩生應咸豐元年恩

貢生就直隸州州判公纂輯梧郡詩鈔國初經畧祖德錄著有葦洲詩文集存於家壽七十一歲嘉慶丙辰年正月廿一日生同治丙寅年九月廿九日卒　有傳

配李孺人　嘉慶丙辰年四月廿六日生道光丙戌年九月二十日卒

繼配梁孺人壽七十一歲嘉慶戊辰年十一月初八日生光緒丁丑年正月十四日卒

嗣子　清詔

培緒字纘齋號芑洲邑增廣生八品銜光緒戊寅年重遊泮水舉鄉飲僎賓公修族譜輯家學淵源錄聖功集著有芑洲文集竹坪小草藏於家壽八十一歲嘉慶戊午年五月十一日生光緒戊寅年六月初八日卒有傳

配李氏嘉慶戊午年十二月十二日生咸豐辛酉年二月初十日卒

子　懿詔　清詔　通詔　清出嗣

培源字漁淵號清泉郡庠膳生外兄進士黃鵬奮爲銘以誌其墓嘉慶壬戌年七月初九日生道光庚寅年五月初二日卒

配黃氏旌表節孝壽七十三歲陽朔訓導廩貢生圖公次女嘉慶甲子年四月廿四日生光緒丙子年十一月初三日卒

子　純詔

培淑字子善號春洲郡優庠生五品銜候選訓導壽七十六歲嘉慶丁卯年十二月初六日生光緒壬午年十一月廿三日卒

配梁宜人　北邑九品封職監生應公長女嘉慶戊辰年十二月廿一日生同治甲戌年十月初一日卒

子　颺詔

培俊字乂齋號麟洲郡庠生八品銜公賦質强毅任事果決持論不阿有古遺直風精

堪輿卜吉上老鹿母塘安厝父母咸豐間

築堡避亂日籌守禦備極勤勞嘉慶癸酉年

八月初二日生咸豐辛酉年六月廿日卒

配楊氏嘉慶壬申年七月初九日生道光癸巳年七

月初八日卒

繼配余氏嘉慶甲戌年十一月廿八日生同治乙

丑年七月廿七日卒

子　祥韶繼配出

培愷字夢陽號南軒古取郡庠生嘉慶丙子年

二月初四日生道光辛丑年八月初三日卒

配馬氏旌表節孝　嘉慶丁丑年七月廿一日生

咸豐甲寅年九月初五日卒

嗣子　賢韶

培芝字瑞庭號鶴州邑庠生公廉靜簡默歷

年課徒與人無忤恆存皮裏陽秋　嘉慶戊

寅年十一月廿一日生光緒壬午年十二月初

十日卒

配茹氏嘉慶戊寅年四月十三日生道光辛丑年五

月二十日卒

繼配伍氏　道光甲申年十月廿一日生咸豐丙辰

年九月十二日卒

庶配覃氏　道光辛丑年九月十三日生光緒癸未

年十二月廿六日卒

子　賢韶繼配出唐韶　瀛韶庶出賢韶出嗣

奕玢公子培禮

配陳氏

嗣子　輔彝

奕棠公子培量恩賜登仕郎

配譚氏

子　輔廷　輔彝嗣出嗣

奕琛公子培亨

配陸氏

嗣子　輔郭

培綱　嘉慶壬戌年十二月廿八日生同治丙寅年十一月初二日卒

配劉氏壽八十六歲

子　輔邦　輔郭　輔郊　輔郃　輔郁

郭出嗣

景嵩公子建猷字允謙號盧齋嘉慶癸酉科中式二十五名舉人揀選知縣贈中議大夫晉贈通奉大夫乾隆乙酉年四月廿三日生道光壬辰年十一月初三日卒有傳

配潘夫人

子　掄英　振英　搢英

建徽字允恭例監生

配李氏

嗣子俊英

景岐公子建常自允修號晉齋郡優廩生屢赴秋闈薦

而不售年逾知命覆志以歿乾隆癸丑年十月十一日生道光丁未年六月初七日卒

配王氏乾隆甲寅年十一月十八日生咸豐辛酉年四月初四日卒

子　藎英

景華公子建勳字允升邑庠生道光甲申六月十八日生咸豐甲寅年六月廿八日卒

配粱氏

嗣子　萃英

建讀字允文號敬亭恩貢生咸豐庚申選授平樂府修仁縣教諭壬戌假歸遂終於家嘉慶己未年正月廿二日生同治壬戌十二月廿二日卒有傳

配何孺人壽七十歲

庶配馬氏

子　邁英　庶出

景岳公子擴猷字允之府案元邑庠生壽七十四歲乾隆丙午年八月廿一日生咸豐己未年九月十八日卒
配植氏乾隆戊申年八月十一日生同治己巳年四月十二日卒
子　立朝　捷朝　輔朝　俊英　拔朝
捷朝　殺賊陣亡俊英出嗣

景岱公子壯猷字克夫邑案元庠生與同堂弟建勳建謨同考乾隆己酉年三月廿八日生道光戊戌年六月十六日卒
配杜氏乾隆己酉年五月初八日生嘉慶乙亥年三月廿四日卒
繼配莫氏嘉慶丁巳年六月初一日生道光己丑年十月廿七日卒

景崑公子達猷
子希元

配余氏
子　仕朝

景崙公子繼猷嘉慶癸亥年五月初四日生
配黎氏
子　峻官　茂官茂出嗣

展猷
配劉氏
嗣子　茂官

景嵘公子顯猷嘉慶癸丑年正月初六日生
配韋氏
子　春官　棨英　召官　相官棨出嗣

纘猷字存志勤儉創業以貽後昆嘉慶癸亥年七月廿二生
配何氏
子　朝官　朗官

景嵘公子鍾琈字士直贈奉政大夫嘉慶丙子年八月廿四

日生同治壬戌年十二月廿九日卒
配盧宜人
子　彬堃
鍾琪字士翰號嶠山由監生洊保甘肅知縣
加同知銜歷署大通隆德鎮源文縣知縣
補授合水縣知縣歷署靜寧州知州丹噶
爾同知授奉政大夫嘉慶己卯年七月初八日
生光緒乙亥年十二月廿日卒
配蘇宜人
繼配傅宜人道光戊子年正月初八日生同治辛
未年八月十四日卒
子　智英繼配出
景岷公子鍾瑨字士鑑號次珊監生光祿寺署正　道光
甲申年八月十六日生同治癸年八月十一日
卒
配洪安人　道光乙酉年十一月初九日生咸豐己

未年九月初一日卒
兼祧子偉英
鍾珩字寶璣監生甘肅候補同知帮辦西征
糧臺委員　道光庚子年正月二十日生同治戊寅
年六月廿二日卒
配黎宜人　南寧舉人極新公女道光庚子年十一
月廿七日光緒己丑年九月廿三日卒
子　偉英　兼祧
景嶽公子鍾璘字貢珊監生廣東郎補縣丞委辦
石龍釐金局務道光乙未年五月初一日生光緒
丁丑年十一月十一日卒
配盧氏道光甲午年十月廿七日生咸豐戊午年七
月廿一日卒
繼配王孺人　道光己亥年七月初四日生同治辛
未年八月廿八日卒
子　世英　元配出

來宣公子席珍字待聘
配李氏
子　瓊林
來鳳公子儒珍字崑山邑庠生　乾隆丁未年十一月初七日
生道光戊戌年四月十三日卒
配劉氏乾隆丙午年生咸豐丁巳年五月十三日卒
子　嘉林　書林書出嗣
來杏公子奇珍字荊山鄉飲介賓軍功八品銜儒贈文
林郎壽八十二歲嘉慶丙寅年二廿七日生光緒
丁亥年三月廿二日卒有傳
配余孺人　嘉慶丙寅年九月廿一日生咸豐丁巳
年八月十九日卒
子　卓林　成林　魁林
來賓公子益珍嘉慶丙辰年十月廿六日生咸豐丙辰年卒
配潘氏嘉慶丙辰年生咸咸丁巳年卒
嗣子　書林

達時公子華國
配何氏
子　鑒修　鑒信　鑒清清出嗣
迥時公子華才
配
子　鑒雲　母梁氏
適時公子華業
配茹氏
子　鑒本　鑒忠　鑒敬
逢時公子華翰
配李氏
子　鑒璵　鑒峻
耀時公子華昌
配
子　鑒佳
華紳

配梁氏

子　鑾鑑

體善公子大倫

配黎氏

子

備善公子大厚

配何氏

子　鑾章

大生

配盤氏

子

大新

配陸氏

子

大德

配李氏

子　鑾文

長宣公子華盛

配秦氏

子　鑾鍵　鑾銓

長超公子華英

配馬氏

子　鑾經

華新

配

子　鑾官

長遠公子華廷

配李氏

子　鑾紀　鑾綸　鑾綱　鑾邦

靜棠公子仟廣乾隆乙未年九月十二日生道光丁酉年正月初二日卒

配符氏乾隆辛丑年二月三十日生

繼配李氏壽七十八歲 乾隆己亥年三月廿三日生道光丙辰年十月初五日卒

子　美材繼配出

廷翼公子任國

配黃氏

繼配梁氏

子　輔君無嗣

任邑 乾隆甲辰七月十三日生道光丙午年十月廿四日卒

配李氏 乾隆乙巳年正月廿一日生道光戊戌年三月廿二日卒

繼配黎吳氏

子　相君　柱君柱無嗣

朝選公子位字爲邦性果決遇事敢爲有土豪恃勢橫行鄉里側目公於廣衆中辱之一市稱快壽七十三歲恩賜登仕郎 乾隆丙午年八月廿日生咸豐戊午年十一月廿一日卒

配梁氏壽七十三歲 乾隆丙午年四月廿日生咸豐戊午年七月廿三日卒

子　元官　光官　允官　兌官允無嗣

健字爲鄰太學生公篤守古訓多行陰德扶危濟困贈恤周致族黨稱之 嘉慶壬戌年二月十九日生光緒壬午年五月廿一日卒

配楊氏壽八十一歲 嘉慶壬戌年二月十九日生光緒壬午年五月廿一日卒

庶姚氏

子　鎮官　周官嫡出　鑑官　錡官庶出

保字爲郡太學生嘉慶己巳年六月初五日生同治戊辰年閏四月廿一日卒

配黃氏壽八十四歲 庠生佐公女十月初十日生三月廿九日卒

子　椿官　夏官　秋官

朝遜公子道字爲霖恩賜登仕郎 乾隆丁未年正月十八日生咸豐乙卯年八月廿日卒

配李氏乾隆丁未年七月初六日生咸豐乙夘年二月十九日卒

子　卓官　鼎官　卣官　占官鼎出嗣

逵字爲需公詩酒自娛無心名利常閉門謝客鄉人以元龍高臥擬之 乾隆己酉年七月十七日生嘉慶癸酉年七月廿日卒

配黃氏二十五歲守節詳岑邑志節烈傳 乾隆己酉年九月初六日生咸豐乙卯年五月初三日卒

嗣子　鼎官

達字爲霞

配高氏

子　受官無嗣

趙字爲震嘉慶丁巳年閏六月廿八日生道光辛卯年二月初九日卒

配梁氏 嘉慶己未年十一月廿四日生咸豐辛亥年二月廿一日卒

子　丕官

進字爲霞嘉慶乙丑年三月十三日生咸豐丙辰年十月初九日卒

配吳氏嘉慶乙丑年閏六月十八日生咸豐庚申年十二月　日卒

子　華光　攄官

廷珍公子懭字爲敬太學生恩賜修職郎公性孝友見義勇爲廉正自持不畏強禦屢承邑侯舉爲團正督練防禦鄉里賴以保全光緒乙亥年重逢花燭壽八十三歲 嘉慶丙辰年正月初二日生光緒戊寅年六月廿三日生

配莫氏壽八十七歲 嘉慶丙辰年三月廿三日生光緒壬午年三月初六日卒

子　齊官　京官　襃官　亮官　毫官
良官頁出嗣
慧字爲教例監生恩賜修職郎公秉性剛直歷承縣宰舉爲團長排難解紛鄉人信服壽八十一歲嘉慶戊午年八月廿三生光緒戊寅年六月二十卒
配劉氏嘉慶己未年十二月十三日生同治甲子年三月廿一日卒
子　綜官　紹官
態字爲敏武生歷考一等丁酉科備中光緒壬午年重遊泮水壽八十五歲嘉慶辛酉年三月初二日生光緒乙酉年七月廿六日卒
配黄氏嘉慶癸亥年三月初十日生同治乙丑年十月初二日卒
子　僚官　俊官
慰字凌雲八品銜纂輯族譜望重宗祊壽七十三歲嘉慶戊辰年九月十六日生光緒庚辰年十二月廿一日卒
配關氏壽七十四歲嘉慶己巳年十一月初八生光緒壬午年十二月廿四日卒
子　觀官　規官　焜官　覦官焜官六品銜未娶而卒
懃字爲政太學生六品銜公性孝友喜儉樸敦倫飭紀嗜學能文啟後承先善繼善述四赴秋闈不售時論惜之嘉慶丁丑年三月初二日生光緒丙子年七月初七日卒
配陳氏嘉慶乙亥年五月十三日生咸豐丁巳年六月初二日卒
繼配黎氏道光甲午年十一月十八日生同治丁卯年四月初一日卒
子　清官　瀛官元配出　如官繼配出
志字爲效例監生公少任俠視阿堵物不足

重輕好結交重然諾有季布遺風嘉慶己卯年八月初一日生咸豐己未年六月十二日卒

配何氏庠生觀光公女氏温良淑慎每遇族黨中有疾苦者必頻至撫慰德周里閈至今稱道弗衰壽八十五歲 嘉慶己卯年四月廿九日生光緒癸卯年四月初一日卒

嗣子　良官

廷亮公子任枝

配蘇氏

子　統賢　繩賢繩賢出嗣

廷爵公子盛材

配陳氏

子　家貞　家昌　家寶貞昌無嗣

廷爵公子盛信

配甘氏

子　序官

廷珏公子盛傑生平正直無私卑以自牧有長者風乾隆甲寅年十二月十六日生咸豐辛酉年九月廿四日卒

配廖氏

子　樹官　榛官　槐官　榆官

廷諫公子盛智

配元氏

子　慶官無嗣

盛湖

配莫氏

子　度官　廣官

盛海

配潘氏

子　應官

盛恩

配黃氏

廷勛公子盛傳
子　冕官　昆官
配盧氏
子　家榮　家寵　家龍 榮無嗣
廷輔公子盛存
配黃氏遭寇亂母子被擄投河自盡詳邑志節烈傳
子　家輝方四歲隨母自盡
廷綜公子盛誥 嘉慶丙辰年七月二十日生咸豐戊午年十一月三十日卒
配陳氏
子　惇官　怡官
盛諛恩賜修職郎光緒庚辰年重逢花燭壽八十九歲 嘉慶己未年正月廿一日生光緒丁亥年二月十二日卒
配張氏壽八十四歲 嘉慶己未年六月廿五日生光緒壬午年正月十九日卒
子　恒官　愉官　悅官
盛訓恩賜登仕郎壽七十一歲 嘉慶戊辰年閏五月十五日生
配吳氏嘉慶戊寅年三月十四日生
子　仕官　任官
廷球公子盛德嘉慶戊辰年二月初八日生
配黎氏嘉慶甲戌年正月廿八日生
子　拔官　探官　撈官
盛衛恩賜登仕郎壽七十歲 嘉慶乙酉年三月初三日生光緒甲午年十月廿八日卒
配陳氏嘉慶甲申年七月廿日生
子　第官
述深公子盛貴乾隆己亥年正月初四日生
配黃氏乾隆己亥年七月初三日生
子　展裕　厲裕 展無嗣

盛賢
配陳氏
子　旋裕
盛貞恩賜修職郎壽七十九歲
配陸氏
子　志裕　惠裕　態裕　恩裕　憲裕
意裕態意無嗣
廷相公子盛揚
配
子　定國　安國　寧國定國生子品通無
嗣安無嗣
廷序公子廣祥
配蘇氏
子　遠德
志惠公子悅觀
配楊氏

嗣子　國經
景觀
配藍氏
子　國全　國興
林觀
配陸氏
子　國經　國材　國和　國裕
經出嗣
志信公子玲觀
配曾氏
子　瑞昌　瑞廣　瑞成　瑞安　瑞元
元出嗣
福觀
配植氏
繼配韓氏
子　瑞新
益觀

配梁氏
嗣子　瑞元
現觀
配陳氏
子　瑞德
珖顯公子相莊字景新
配陳氏
子大齡
相忠字用誨　乾隆戊申年十月十六日生
配陀氏
子　岸齡　嶽齡　嵩齡
相維字化成
配梁氏
子　延齡
相乾字翼夫
配覃氏

子　佐齡　佑齡　俊齡　傑齡　偉齡
佐無嗣
珖琮公子相芳
配潘氏
子　長齡無嗣
珖瑚公子相運
配陳氏
子　錫齡無嗣
珖璉公子相禹
配何氏
子　遐齡　迢齡迢無嗣
珖琦公子相鑾字近臣
配冼氏
子　逢齡
珖瑜公子相唐字時雍恩賜登仕郎壽七十歲　乾隆丙午年十一月初八日生咸豐乙卯年七月廿五

日卒有傳
配謝氏
繼配何氏
子　祐齡元配出　禧齡　祚齡繼配出禧齡生
三子俱無嗣
琥瑁公子相宸字寅亮 乾隆辛亥年九月廿八日生道光乙巳
年十月廿六日卒
配黃氏 乾隆壬子年九月廿七日生咸豐庚申年
十月廿六日卒
子　茂齡　華齡
相宣字詔臣 道光壬午年八月十六日生光緒癸未
年十二月十三日卒
配覃氏
庶梁氏
子　蕃齡　萃齡元配出夢齡庶出
琥璠公子相翺

配黃氏
子　超遠
琥瑞公子相治字受祿贈奉政大夫公喜讀書不慕榮
利暇輒寄情花木迄今繞屋羣山輪囷蒼
翠其遺蔭猶存焉
配岑宜人壽七十五歲
子　超英　超華　超萬
相魁字鰲卿壽八十二歲
配楊氏壽八十六歲
子　超緒　超綸　超綬
琥瑤公子相謨
配梁氏
子　超俊　超傑傑出嗣
相靖
配蘇氏
繼配藍氏

嗣子　超傑

琥瓚公子相通

配黃氏

子　超闓

相先

配楊氏

兼祧子　超蘭

琥敏公子相憲

配王氏

子　超才

相思

配何氏

子　超柱

琥球公子相郊

配陀氏

子　起桓　超林　超槐

相邠

配余氏

子　超芳　超芬

相郁

配薛氏

子　超賢　超貴

相祁

配何氏

子　超萃

邦信公子振禮

配李氏

子　燿清　輝清

邦岱公子振熙

配陳氏

子　祥清　瑞清　福清

邦俊公子振常

容縣惟一商店承印

配陳氏
子　守清
邦任公子振魁
配李氏
子　輔清
振堯
配陳氏
子　宦清
邦佐公子振元
配陀氏
子　贊清　鑒清鑒出嗣
邦英公子振圳
配　無考
嗣子　鑒清
萬選公子瑞雲
配盧氏

子　武昌
君遠公子瑞生
配李氏
子　聚棠
瑞志
配梁氏
子　進棠
瑞貴
配盧氏
子　慶棠　兆棠
振遠公子瑞芳壽七十歲乾隆癸巳年七月廿五日生
配黃氏壽八十五歲
子　在國
順遠公子瑞煥乾隆戊申年十月廿七日生
配周氏
子　武沅　武書　武魁　武佑

敬遠公子瑞寶
配劉氏
嗣子　武崇
瑞建
配盧氏
子　武宗　武崇崇出嗣
紹遠公子瑞盈乾隆庚戌年八月十二日生
配覃氏
子　武寅
文遠公子瑞乾嘉慶乙亥年八月廿九日生
配吳氏
子　武定　武甯
瑞新壽七十三歲道光壬午年八月初八日生
配陳氏
子　武容　武安
鎮遠公子光祖　乾隆辛丑年九月初四日生道光乙巳年三月十
四日卒
配梁氏壽七十三歲乾隆辛丑年九月廿四日
生咸豐癸丑年六月初一日卒
子　廣漢　廣禎　廣明
輝祖乾隆乙巳年十二月初七日生咸豐壬子年六
月十四日卒
配鍾氏壽七十一歲　乾隆丁未年八月十九日
生咸豐丁巳年正月十四日卒
子　廣聰　廣彩　廣亮
耀祖乾隆戊申年八月初十日生
配李氏乾隆戊申年十月初七日生
子　廣淮
衍祖壽八十一歲嘉慶己未年四月十一日生光緒
己卯年閏三月廿二日卒
配梁氏嘉慶戊午年五月十五日生道光丙申年十
月初三日卒

子　廣全　廣基　廣惠　廣茂　廣福
鎮成公子燮祖嘉慶庚申年十月十七日生
配
子
顯祖嘉慶癸亥年十月十一日生同治丙寅年八月十
八日卒
配梁氏壽七十一歲　嘉慶甲子年五月十三日
生同治甲戌年五月初四日卒
子　廣義　廣禮　廣智　廣海
昌祖
配
子
鎮芳公子蔭祖鄉飲介賓嘉慶壬申年九月初一日生同治乙
丑年正月廿一日卒
配陳氏嘉慶壬申年六月初一日生
子　廣壽

盛祖鄉飲介賓道光壬午年十二月初二日生同治
庚午年四月廿九日卒
配楊氏壽八十歲　道光甲申年五月十三日生
光緒癸卯年九月廿八日卒
子　廣能　廣和　廣慶
衍祖道光乙酉年四月十八日生咸豐戊午年五月二
十日卒
配龐氏道光乙酉年六月廿一日生光緒丙戌年
三月廿八日卒
子　廣廷　廣運　廣進

容州封氏家譜

九卷

卷九

卷九

容州封氏家譜卷九

次房世系牒十九世至二十世

十九世

增儉公子國民
配石氏
子秉春　秉嵩　秉隆

增德公子國勝
配吳氏
庶黎氏
子秉蓮　秉華

國貴
配欒氏
子秉松　秉壬

增吉公子國玉
配石氏

子

宗吉公子國基
配黃氏
子秉亨

廷吉公子國田精學堪輿星歷
配謝氏
繼黃氏
庶江氏
子秉桐

增盼公子國治現年七十三歲 同治庚午年八月初八日生
配李氏
庶藍氏
子秉桓

國慶
配朱氏
子秉昆　秉儀

容縣维一商店承印

增元公子國彥庠生
配無考
子　秉彝　秉義　秉哲
增視公子國揚
配無考
子　春榮　恩榮　必榮
國芳
配無考
子、祿榮
廣元公子國倫壽七十七歲同治壬戌年五月初一日生民國丁丑年十一月廿八日卒
配鄭氏
子　秉新　秉真
怡元公子國齡
配阮氏
子　秉鐸

祖元公子國禪
配李氏
子　秉康
彩元公子國年壽七十四歲同治壬戌年二月廿五日生民國乙亥年三月十八日卒
配李氏
子　秉揖　秉敀　秉全
國乾
配黃氏壽七十五歲同治戊辰年九月十七日生
子　秉樹　秉業　秉棠
國持現年七十二歲同治辛未年十月十五日生
配李氏
子　秉森　秉舒　秉氣
國肯
配謝氏
子　秉材　秉越

萬元公子國來
配黃氏
子　秉岐
國亮
配朱氏
子
國壽
配黃氏
子
結元公子國添
配
子　秉雄
國藝
配
子　秉良
國美

配
子　秉強
順元公子國超
配韋氏
子　秉祥　秉均　秉勳　秉申　秉尚
秉協
增蘭公子國利
配
子
國安
配
子
國護
配
子
國章

配 無考
子 秉玩 秉容
增愛公子國琛
配
子 秉代 秉恮
增器公子國龍
配
子
國鳳
配
子 秉茂
增然公子國幹
配
子 秉堅 秉吟
增光公子國禮
配黃氏

子 秉存
增旭公子國葉
配黃氏
子 秉福
增仕公子國堯
配譚氏
子 秉棠
國魚
配黃氏
子 秉好 秉心
增靠公子國進
配李氏
子 秉謨
國譚
配陸氏壽七十三歲 同治庚午年三月廿四日
生

子 秉奎 秉然 秉仁
國瑞壽七十二歲同治辛未年二月十一日生
配韋氏
子 秉賢 秉藩 秉秀

增榮公子國養
配阮氏
子 秉多

增條公子國義
配
子

增慎公子國現
配張氏
子 秉志 秉才 秉權 秉文

成朝公子憲琳
配陳氏
子 組福 組祥

成餘公子惠球
配谷氏
子 組安 無嗣

惠瑛
配吳氏
子 組榮 組華

德讚公子舉材
配盧氏
子 成源 成湖 成河

成棟公子式盛
配淩氏
子 佐元 佐達 佐英

順揚公子裕第
配楊氏
子 武寧

順猷公子裕彰

配楊氏
子　善才　義才　福才　慶才　成才
義福早卒
建中公子士煥
配　無考
嗣子　潤亮
執中公子士恒
配龔氏
子　潤裕　潤亮　潤華　亮華出嗣
時中公子士基鄉飲介賓壽八十二歲乾隆庚辰年十二月初三日生道光辛丑年十二月初一日卒
配李氏壽八十歲
子　元培
倘中公子士譽
配浦氏
嗣　潤華

秉中公子士榮
配余氏
子　敬琨　無嗣
士昌
配馬氏
子　潤宣
朝恩公子皓旬恩賜登仕郎壽七十二歲乾隆辛未年五月十七日生嘉慶壬午年十二月七日卒
配李氏壽八十一歲乾隆壬午年正月十八日生道光壬辰年八月初七日卒
子　裔興　裔隆　隆無嗣
乾典公子皓昌
配吳氏　無出育子另載
朝章公子皓光乾隆丁丑年三月廿一日生
配陳氏
繼配茹氏

子　裔綱　裔賢舊譜載賢飄外今查南寧封建勳呈驗其祖膺高遺下手筆書父皓光母茹氏字樣自係裔賢改名無疑應照編入

淑宗公子慶雲
配王氏
子　遠照

撫庶公子志高字富山七十七歲乾隆庚[illegible]八月廿一日生同治丙寅年十月廿三日卒
配李氏
子　裕德　裕學　裕和

掖庶公子義高嘉慶癸亥年十月廿六日生咸豐戊午年十二月三十日卒
配李氏壽八十歲
子　裕成　裕綸

持庶公子品高
配劉氏

子　裕興無嗣

扶庶公子廣高
配龔氏
子　裕新　裕舒　裕材

提庶公子厚高字少傳嘉慶庚午年六月廿三日生咸豐戊午年八月初八日卒
配梁氏
子　裕純　裕昌

廣勳公子紹和
配鄧氏
子　佩琳無嗣

世業公子紹廉
配馬氏
子　壽彰

紹緒
配覃氏

容縣仁一商店承印

嗣子　福彰

紹憲

配莫氏

嗣子　政彰

紹成

配馮氏

子　福彰　政彰　建彰福政出嗣

宗漢公子顯暘字政昂恩賜登仕郎壽八十歲公七齡失怙備歷艱難始得棘心抱痛聖善難留既而樹背輪恍劬勞克報卒能由困而亨昌厥後殆亦孝行所致歟　乾隆乙卯年閏二月十九日生同治甲戌年十一月廿七日卒

配李氏

子　鸞書　秀書

敬宗公子進常字有五恩賜修職郎壽九十四歲公力田自贍與世無爭撲直慈祥鄉黨敬愛

嘉慶丁卯年三月二十日生光緒庚子年卒

配韋氏壽七十三歲

嗣子　登才

惠宗公子進舉　嘉慶戊寅年九月十九日生光緒辛巳年二月廿七日卒

配欒氏

子　登才　登球才出嗣

聚宗公子進棠

配

子　登泰　登儒

秩宗公子進卿　嘉慶乙亥年四月廿九日生光緒乙亥年六月廿八日卒

配謝氏

子　登盛

進賢壽七十二歲道光戊子年六月廿六日生

配張氏

子　登慶

耀斯公子觀書
配黃氏
子　葆礽　葆信　葆慶

定斯公子麟書
配馮氏
嗣子　繼元

遺書
配
嗣子　積元

瓊書
配李氏
子　守元　積元　美元　繼元積繼出嗣

梅斯公子玉書壽七十一歲
配盧氏
子　葆彝

文書
配覃氏
繼配陸氏
子　葆芳　葆華

傳書
配
子

盛書
配
子

相書
配
子

容斯公子麒書
配馬氏
繼配陳氏

容縣恊一商店承印

子　葆荃　葆芹
鳳書
配
子
永斯公子敬書
配袁氏
嗣子
德才公子盛廣
配伍氏
子　仲秀　仲源　仲新
德任公子用廣
配
子　仲華
相任公子經進字德隆恩賜修職郎壽八十六歲世承
忠厚修德養和自公高祖以下至公兄弟
俱享大年爲人世所罕有道光丙戌年三月初

一日生宣統辛亥年三月廿二日卒
配梁氏
繼配陳氏壽八十六歲
子　位佐元配出
經通字運隆鄉飲介賓壽八十四歲道光庚寅
年十一月廿五日生民國癸丑年六月廿七日卒
配梁氏壽七十二歲道光壬辰年十月三十日
生光緒癸卯年八月廿八日卒
子　位傳　位儒
經逮字安隆壽七十七歲道光癸巳年四月十九
日生宣統己酉年七月初九日卒
配許氏壽八十二歲
子　位伯　位信　位仕
經遠字永隆壽七十八歲道光己亥年九月十八
日生民國丙辰年七月初九日卒
配陳氏

繼配植氏韋氏
子　位　保植氏出
經達字魯泉　道光乙巳年十月初六日生光緒甲辰年十月初二日卒
配韋氏
繼配許氏
子　位候　位俊　位傑　位侃　位佳
善賢佐臣恩賜登仕郎壽七十五歲嘉慶乙丑年七月初八日生光緒己卯年十一月初九日卒
配廖氏
子　黼禎　黼祥　黼祺　黼礽　黼禧
培基公子元韶字筠軒候選按察司檢校　嘉慶甲子年正月初七日生咸豐甲寅年閏七月初五日卒
配黎氏
嗣子　毓初
賓韶　嘉慶丁丑年六月十四日生道光乙巳年八月廿四日卒
配盧氏
子　毓初　毓敏初出嗣
培謙公子　韶　嘉慶丁丑年十一月廿四日生咸豐丁巳年四月廿日卒
配楊氏
子　毓秀
培順公子温韶字玉如　嘉慶癸亥年六月廿七日生道光己酉年九月十三日卒
配盧氏
子　毓球
綸韶字紵臣力學能文數奇不遇歷年課徒訓廸有方　嘉慶丁卯年十二月初七日生咸豐甲寅年十一月廿八日卒
配潘氏
子　毓璿　毓瓊

培蘂公子廣詔字芨臣隨任甘涼指捐郎補州吏目同治癸亥幫辦軍務殉難於平涼府贈儒林郎嘉慶丙子年四月廿一日生同治癸亥年八月十二日卒

配藁安人壽八十五歲嘉慶丙子年十一月初九日生光緒庚子年九月十日卒

子　毓蘭　毓芹

培政公子寵詔字芝垣嘉慶辛未年六月六日生咸豐癸丑年九月二日卒

配梁氏

子　蔭桐

錫詔字晉蕃嘉慶乙亥年十二月卅日生咸豐癸丑年九月初二日卒

配黃氏壽七十八歲

子　蔭松　蔭柏

榮詔剿陣亡祀本鄉義勇祠道光辛巳年四月廿八日生同治癸亥年七月三十日卒

配李氏

子　蔭標

培芳公子殿詔字近光八品銜性氣和平友愛昆弟廿餘後奮志功苦值世亂未遂所遇道光甲申年八月廿一日生咸豐丁巳年三月廿六日卒

配黃氏進士鵬翥公女

子　蔭禎

典詔字克明郡庠生與弟品詔同考遊類歷年教授有方成就甚衆淡於榮利一赴鄉試遂絕意進取識者靈之壽七十五歲道光丁亥年十月十三日生光緒辛丑年二月二日卒

配梁氏

繼配蘇氏

子　蔭沂元配出

培才公子品詔字靜淵古取郡庠生貢質敏達和易近
人歷年課徒兼精脈理遠近爭聘之　道光戊子年五月廿七日生咸豐丁巳年七月初四日卒
配盧氏
子　蔭椿　蔭栩栩出嗣
盛詔字茂崖道光癸巳年五月十三日生咸豐甲寅年六月廿三日卒
配　氏
嗣子　蔭栩
培英公子鸞詔字侍臣好學工書困不改操惟以課讀
自贍贈修職郎嘉慶庚午年八月十四日生道光己酉年四月廿四日卒
配李氏壽八十六歲
子　蔭侯　蔭璵璵出嗣
鳳詔字竹軒八品銜勤儉積資栽成子弟長
子貢成均次子亦列膠庠均已善課生徒
著名光緒甲午年重逢花燭壽八十九歲
贈修職郎嘉慶丙子年七月初五日生光緒甲辰年月　日卒
配杜氏壽七十九歲
子　蔭福　蔭熙
培端公子紫詔字薇垣八品銜精岐伯術生平以訓蒙
為事孜孜不倦嘉慶丙子年八月十九日生同治壬戌年三月五日卒
配李氏嘉慶丙子年六月六日生道光丙午年七月廿七日卒
繼配茹氏道光戊子年三月十七日生光緒辛卯年十一月十九日卒
子　蔭彤元配出　棠蔭繼配出
宣詔字譽垣嘉慶己卯年三月廿一日生咸豐甲寅年五月十六日卒

配李氏嘉慶己卯年三月三日生咸豐年三月廿一日卒

子　蔭槐

培儉公子濬詔字金門號直臣郡庠生同治丙寅與率堂弟祥紹蔭侯蔭福同考遊泮咸豐間團練擊寇備歷艱險多立戰功賞五品銜質戇直好義嫉惡甚嚴嘗爲鄉族抑强扶弱人咸德之壽八十二歲授奉直大夫道光戊子年九月廿九日生宣統己酉年九月十八卒有傳

配樂氏道光丁亥年十月十一日生道光戊戌年九月十八日卒

繼配李氏道光壬辰年八月十六日生光緒丁丑年十一月十六日卒

庶朱氏壽八十一歲道光丙午年八月二十日生民國丁卯年三月十四日卒

子　蔭崇　蔭榖　蔭鑾　蔭崧俱庶出

培緒公子懿詔字心一八品銜慶嘉己卯年五月廿七日生光緒丙戌年六月十九日卒

配樂氏

子　蔭涵　蔭溥　蔭澤

通紹字秉符八品銜道光癸巳年四月廿一日生同治甲子年八月廿九日卒

配鄧氏

子　蔭暉　蔭照

培源公子純詔字嘏常未娶而卒承族長命遵例立後

嗣子　蔭華

培淑公子颺詔字步墀八品銜賦姿穎悟爲文能迅捷雖在弱齡已英英露爽邑先達許以遠到未冠而亡士論惜之道光癸卯年十月十一日生咸豐庚申年五月廿日卒

配陳氏旌表節孝敕贈雲騎尉優庠生四

維次女十八歲守寡 道光癸卯年二月廿日生光緒己亥年九月三日卒

培俊公子祥詔字雲棟號端符丙寅古取以冠軍遊庠旋食廩餼教授數十年尤工古文積學厲行遠近推重 道光己亥年四月十九日生光緒戊戌年十一月廿九日卒有傳

嗣子 蔭璵

配廖氏道光己亥年正月廿五日生咸豐庚申年六月十日卒

繼配蘇氏壽七十八歲 恩貢世宏公女道光丁未年九月十七日生民國甲子年十一月廿一日卒

子 蔭華 元配出 蔭桓 蔭焜 繼配出華出嗣

培愷公子賢詔字萃庭六品銜曆年襄理縣議參會事務咸以勤慎自矢事七十六歲 咸豐乙卯年八月十二日生民國庚午癸年五月十六日卒

配蘇氏咸豐癸丑年八月二十二日生民國己未年十二月廿二日卒

培芝公子唐詔字少石 咸豐辛酉年二月十四日生光緒甲辰年四月廿三日卒

子 蔭兕 蔭甡 蔭隆

配張氏壽七十七歲 同治癸亥年八月三日生民國己卯年十月七日卒

子 蔭材 蔭楷 蔭棱 楷未娶而卒

瀛詔字壽徵一字筱洲光緒戊戌歲考取佾生容縣速成師範畢業歷充明新小學龍胆小學容縣眞武女學嶠山小學等教師自治二五區二學區學務委員廣長以學務成積獎給銀質教育章復充錫梅保衛團團務職省縣議會選舉議員初選投票管理員容縣地方建設委員會委員容縣賑饑第三區查賑委員現年七十六歲 同

治丁夘年七月七日生　壽七十九歲　一九四五年二月初五日卒

配楊氏現年七十八歲同治乙丑年五月廿九日生　一九四七年二月初三日卒　八十三歲

子　蔭藩　蔭承

培禮公子輔彝字協倫忠厚和平鄰族信仰壽八十一歲道光甲申年十月十三日生光緒甲辰年　卒

配潘氏

子　奇文

培量公子輔廷字介臣道光壬午年六月廿一日生咸豐戊午年二月十日卒

配吳氏道光辛巳年四月廿五日生光緒庚辰年正月廿五日卒

子　燦文　燿文

培亭公子輔郭字衛民

配陸氏

嗣子　蔚文

培綱公子輔邦字彥卿敦行不怠訓蒙數十年鄉里重之恩賜修職壽八十三歲道光丁亥年四月二日生宣統己酉年七月十五日卒

配吳氏道光丁亥年八月十二日生咸豐甲寅年六月三十日卒

子　蔚文　蔭文　護文　蔚文出嗣

輔郊字兆民民國庚申年重逢花燭壽八十一歲道光辛丑年十二月十二日生民國辛酉年五月二日卒

配蘇氏八十三歲道光辛申年九月廿一日生民國癸亥年四月一日卒

子　啟文　志文

輔邠字興岐民國癸亥年重逢花燭壽八十三歲道光丙午年閏五月十四日生民國戊辰年十二月十五日卒

配周氏壽八十一歲道光己巳年五月十九日

生民國乙丑年正月三十日卒

子　寀文　試文　會文

輔郇字信卿壽七十八歲道光庚戌年二月十二日生民國丁卯年　卒

配鍾氏

庶黃氏

子　煥文　照文　福俱庶出

建猷公子掄英字亮臣號惠泉由子監生授政府奎文閣典籍軍功保舉縣丞六品銜賞藍翎尋家課鹽課司提提舉銜賞花翎封文林郎封中議大夫晉封通奉大夫壽八十三歲嘉慶辛未年八月十三日生光緒癸巳年正月三日卒有傳

配梁夫人　北邑貤贈奉直大夫太學振鳳公次女

庶梁夫人壽八十二歲道光丙午年三月廿七日生民國丁巳年七月廿六日卒

子　蔚礽嫡出　荃礽庶出

振英字鷟臣邑庠生七品銜卽用訓導贈通大夫道光戊子年六月十日生同治丙寅年四月二十四日卒有傳

配龔夫人

繼配廖夫人旌表節孝道光庚子年三月廿日生光緒丁未年八月十三日卒

子　萃礽元配出　華礽繼配出

搢英字紳臣佾生八品銜贈奉直大夫公性孝謹稟質淸癯沈靜嗜學雖隆夜半猶龥然對卷危坐年甫逾冠列佾生遂賚志以沒惜哉道光辛卯年七月十四日生咸豐壬子年二月廿二日卒

配何氏宜人

子　蕃礽

建徽公子俊英字傑臣

配章氏
嗣子　延礽
建常公子藎英字翼臣古取邑庠生沉潛嗜學手不釋
卷屢房薦年僅三十而終惜哉著有鐵琴
遺稿藏於家　嘉慶丁丑年八月一日生道光丙午
年八月十四日卒
配潘氏旌表節孝壽七十四歲　嘉慶丁丑年
三月九日生光緒庚寅年十二月七日卒
子　福礽　祚礽
建勳公子萃英字育才
配潘氏
嗣子　沛礽
建謨公子邁英字遜臣八品銜例貢生咸豐間率練禦
寇以衛鄉里尤精醫術以仲景爲宗活人
甚衆次子澤礽世其業亦以醫著稱　道光
乙未年二月十八日生光緒丁酉年二月八日

卒
配黃氏　道光丙申年三月八日生光緒己亥年八月
廿四日卒
子　沛礽　澤礽　濟礽沛出嗣
擴猷公子立朝字健臣壽八十一歲　嘉慶癸酉年七月十九
日生光緒癸巳年十二月九日卒
配陸氏
子　受利
輔朝字弼臣勤儉樸直子孫承其家訓產業
日增光緒癸卯年重逢花燭壽八十七歲
嘉慶庚辰年七月廿一日生光緒丙午年正月
廿一日卒
配劉氏壽八十四歲　嘉慶癸未年九月一日生
光緒丙午年正月九日卒
子　受華　受芳
拔朝字萃臣光緒戊申年重逢花燭壽八十

九歲道光丙戌年五月十五日生民國甲寅年十二月十九日卒
配何氏壽八十七歲道光癸巳年七月二十一日生民國己未年九月二十三日卒
子　延礽　受全延出嗣
壯猷公子希元嘉慶丁丑年七月四日生同治癸酉年八月廿六日卒
配潘氏壽七十一歲嘉慶丑年正月廿一日生光緒丁亥年八月十四日卒
子　瑞光　瓊光
達猷公子仕朝嘉慶壬申年四月九日生某年四月十三日卒
配劉氏壽八十歲嘉慶辛未年二月十三日生光緒庚辰年四月廿三日卒
子　福初
繼猷公子俊官光緒癸未年三月廿九日生
配梁氏

子　貴元
展猷公子茂官道光甲午年正月十九日生
配彭氏
子　貴文
顯猷公子春官嘉慶甲戌年閏二月廿六日生光緒辛巳年十月廿六日卒
配蘇氏
繼配覃氏
子　貴迎　入繼貴隆繼配出
召官壽七十七歲嘉慶己卯年八月十八日生光緒乙未年十二月九日卒
配韋氏
子　貴興
相官壽七十六歲道光辛巳年十二月六日生
配李氏
子　貴昇　貴迎　迎出嗣

纘猷公子朗官道光戊子年二月八日生

配龔氏

嗣子　棣華

朗官字玉山例監生壽七十六歲道光己酉年九月廿三日生民國乙丑年正月廿六日卒

配李氏道光丁未年十月十二日生光緒庚辰年五月廿九日卒

繼配梁氏壽七十七歲同治甲子年八月廿三日生民國庚辰年四月十八日卒

子　棣華　棣芳　棣荃元配出　棣蒿

棣章　棣芝繼配出　華出嗣

鍾琛公子彬字相臣道光壬寅年七月十八日生某年九月十二日卒

配陳氏

嗣　祿壽　仁壽

[illegible]字相乾食貧力耕兼營商賈以興家業長

兄早卒以子二人承嗣友愛可風壽七十八歲道光戊申年四月十八日生民國乙丑年二月六日卒

配蘇氏壽七十五歲道光庚戌年七月廿三日生民國甲子年五月廿三日卒

子　祿壽　仁壽　永壽　福壽祿仁出嗣

鍾琪公子智英字寶田邑庠生與姪華礽姪孫希文同類均列前三名少負雋才尤長於詩中年不祿遺散失士林痛悼同治癸亥年三月十七日生光緒戊戌年卒

配余氏

子　紹礽　紳礽

鍾珩公子偉英字鼎卿現年七十八歲同治甲子年四月十一日生

配黃氏

繼配鍾氏

子　萃礽元配出　惠礽　煜礽繼配出　萃
礽承鍾瑺公後
鍾墡公子世英字量才六品銜邑庠生光緒甲申年與
姪元棟蔭穀元姪孫國奇同泮公勸學好
問饒幹才兼理縣文廟與修工程並縣修
志局事務咸矢勤慎　咸豐乙卯年七月十一日
生民國乙未年十二月廿八日卒
配唐氏壽八十七歲
子　介壽　恩壽
席珍公子瓊林恩賜修職郎壽七十六歲　嘉慶丙子年閏
六月廿三日生光緒辛卯年　月　日卒
配鄧氏
繼配梁氏
子　慶先　繼配出
儒珍公子嘉林　嘉慶戊寅年八月十四日生咸豐丁巳年十月廿
五日卒

配
子　福先　祐先　母馬氏
奇珍公子卓林字熙臣邑庠生同治丁卯科中式第二
十六名舉人揀選知縣公悃愊無華不慕
權勢歷掌容縣北流信宜各縣書院惟以
敦品力學教人學者化之壽七十六歲　道
光丙戌年十月廿五日生光緒辛丑年六月十
九日卒　有傳
配黃氏孺人　道光乙酉年七月廿二日生同治壬
戌年九月廿三日卒
繼潘孺人　道光丁未年正月廿九日生宣統庚戌年
四月廿五日卒
子　紹先　舉先　敬先元配出　蔚先繼配出
成林字性存八品銜樸屑温良精堪輿星卜
之學壽七十八歲　道光丙申年正月一日生民國
癸丑年四月十三日卒

配劉氏道光丁酉年十一月廿五日生同治丁夘年
五月十七日卒
繼配黃氏壽八十一歲道光甲辰年九月六日
生民國甲子年十二月十二日卒
子維先元配出　華先　練先　繹先繼配出
魁林字文臣八品銜剿賊陣亡祀本鄉義勇
祠道光戊戌年八月十二日生同治癸亥年七月三
十日卒
配李氏
子繼先　遺腹生
益珍公子書林道光戊子年二月四日生咸豐壬子年五月十七
日卒
配李氏道光丁亥年六月十二日生光緒辛夘年九
月十八日卒
子振先
華國公子鑾修字業成勤儉謹樸善體親心和平處世

道光丙申年十二月十五日生光緒壬寅年六
月廿七日卒
配盧氏
繼銀氏道光庚子年七月廿四日生光緒己丑年八
月十三日卒
嗣子彥棠
鑾信道光己亥年九月廿九日生光緒庚子年九月三
日卒
配蘇氏
繼黎氏道光丙午年十月三日生光緒乙未年七月
廿六日卒
子彥棠　彥常　棠出嗣
華才公子鑾雲字慶臣道光己酉年閏四月二十日生光緒丙
午年七月廿六日卒
配許氏咸豐辛酉年十二月十八日生光緒丁未年
十月十九日卒

子　彥芹　彥芳

華業公子鑾本字天原普濟村村長奉公守法排難解紛鄉里服其公正 道光戊子年七月四日生

配盧氏

子　彥朝　彥明

鑾忠 道光庚寅年二月十八日生光緒甲午年七月三十日卒

配李氏

子　彥明

鑾敬剿賊陣亡祀本鄉義勇祠

配

嗣子

華翰公子鑾琠

配梁氏

子　彥受　彥睦　彥成

鑾峻

配張氏

子

華昌公子鑾佳號美山 咸豐辛酉年十一月廿五日生民國壬子年二月廿六日卒

配覃氏

繼配李氏現年七十八歲

子　彥琳　彥珖　彥珍

華紳公子鑾鑑號澄波 道光癸卯年十一月三十日生光緒庚寅年五月九日卒

配張氏

子　彥球

大厚公子鑾章壽七十一歲 道光丙午年五月十一日生民國丙寅年六月廿五日卒

配黃氏壽七十二歲 咸豐壬子年十二月十三日生民國癸亥年二月十一日卒

子　彥興　彥盛

大德公子鑾文咸豐己未年八月十六日生
配唐氏
子　彥福
華盛公子鑾鍵
配
子
鑾銓
配趙氏
子
華英公子鑾經壽八十二歲道光癸未年七月八日生光緒甲寅年卒
配莫氏
子　彥文
華新公子鑾官
配李氏
子

華廷公子鑾紀
配曾氏
子
鑾綸
配
子
鑾綱
配梁氏
子
鑾邦
配劉氏
子　彥登
仕廣公子美材恩賜登仕郎壽七十歲嘉慶己巳年四月十三日生光緒戊寅年九月廿日卒
配黎氏
子　甘雨　甘澍

任邑公子相君嘉慶辛未年十二月四日生
配黎氏
子 鑒祖 鑒宗宗無嗣祖生子濟綿無嗣
位公子元官字渾然份生精醫術活人甚衆壽七十
三歲嘉慶己巳年二月五日生光緒辛巳年十月廿
六日卒
配黃氏
庶孔氏
子 贊篪庶出
光官道光乙亥年九月日生
配高氏稟生高術公女
子 贊伯
兌官字硯田郡武生道光癸未年正月一日生光
緒丁亥年五月廿七日卒
配莫氏庠生定揚公女
子 贊卿

建公子鎮官字恒州太學生公賦性純良敏而好學
克儉克勤家道中興道光丙戌年七月六日生
同治庚午年九月十二日卒
配劉氏壽八十六歲稟生昌恒公長女
子 贊乾 贊坤
銂官字新寧九品嗜職 道光甲午年二月二日生
光緒乙亥年七月廿八日卒
配莫氏
繼配趙氏
子 贊儒繼配出
鑑官字永宸 道光己巳年四月十一日生光緒乙卯
年八月一日卒
配余氏
子 贊書 贊詩 贊易
錡官字藺宸道光戊申年二月十九日生光緒辛巳年
十二月八日卒

容縣惟一商店承印

配劉氏道光庚戌年三月二日生光緒戊戌年正月十日卒
子　贊修　贊儀　贊仍　贊僑
保公子椿官字懸時八品銜道光壬辰年三月九日生光緒甲申年三月二日卒
配楊氏吏員文公女
子　贊球
夏官字永餘八品銜道光甲午年八月廿二日生
配甘氏
繼莫氏
子　贊堯元配出
秋官字省欽九品銜道光戊寅年六月一日生
配余氏
繼𨶹馮氏
子　贊庸元配出　贊廉　贊序繼配出　庸生子
濟芳早故無嗣

道公子卓官
配陳氏
子　國慶
逵公子鼎官字保康嘉慶甲戌年十二月廿三日生光緒丁丑年十二月十六日卒
配梁氏壽八十一歲
子　國宇　國富　國寶　國安
道公子丕官道光戊子年十月廿三日生
配陳氏
子　國湖　國理
進公子華官字彩齡道光己丑年三月九日生
配羅氏
子
藉官　道光壬寅年四月十二日
配
子

懐公子齊官字玉堂八品銜壽七十九歲嘉慶己卯年三月九日生光緒辛巳年十一月四日卒
配羅氏嘉慶庚辰年十月廿日生咸豐辛酉年七月廿六日卒
繼配莫氏
子　佐勳　佐猷　佐才
京官字西周武生壽八十三歲道光辛巳年六月八日生光緒癸卯年二月十日卒
配楊氏咸豐庚申年避亂適城廂西門堡賊破携子投水而死
繼配李氏
子　佐邦元配出
豪官字玉書道光丙戌年十月一日生道光丙戌年十月一日卒
配梁氏
繼配盧氏

子　佐仁　佐良繼配出
亮官字相臣壽八十四歲道光己丑年正月廿七日生民國壬子年　卒
配余氏
庶李氏
子　佐煊庶出
亳官字翊湯六品銜道光辛卯年九月廿五日生
配陳氏
繼配陳氏
子　佐賢繼配出
慧公子綜官字治平八品銜道光庚寅年四月十三日生光緒甲午年正月廿九日卒
配羅氏道光壬辰年正月十二日生光緒乙未年十月十四日卒
子　守桓　守信　守儀　守倫　守綱
紹官字纘卿八品銜道光丁酉年九月十四日生

容縣惟一商店承印

光緒丙午年十二月十六日卒

配莫氏庠生踰園公女道光丁酉年十月十六日生光緒丙午七月廿七日卒

子　守藩　守義　守禮　守智　守真

守貞貞早故

憩公子偉官道光甲午年二月廿一日生光緒丙子年十一月十日卒

配元氏

繼配梁氏二月一日生六月十八日卒

子　國模元配出國相　國樑繼配出模生子無嗣

俊官字傑仁例鑑生壽七十六歲道光己亥年八月廿八日生民國甲寅年十月廿九日卒

配劉氏壽七十六歲

子　國禮　國祚　國祺

憩公子覲官道光丁亥年六月十二日生同治乙丑年七月三日卒

配梁氏

繼配陳氏旌表節孝詳岑邑志學院趙以烱賜額曰松筠節茂

兼祧子　冠英

規官道光庚寅年四月十一日生咸豐己未年四月廿六日卒

配黃氏道光庚寅年五月四日生

子　冠甲

覘官字德政六品銜道光乙未年六月廿八日生光緒戊戌年十二月十八日卒

配黎氏道光甲午年八月十七日生同治乙丑年七月廿三日卒

繼配楊氏光緒甲辰年十一月十八日卒

子　冠英元配出兼祧

爔官六品銜未娶而卒

配
子
勷公子清官字小泉監生道光丙午年八月二日生光緒戊寅年六月廿七日卒
配吳氏
子　乃龍　乃鳳　乃麟　乃鷹
瀛官字仙洲咸豐辛亥年十一月十六日生光緒丙亥年十二月二日卒
配黎氏道光庚戌年六月十日生民國丁巳年二月四日卒
子　乃文　乃章　乃彥　乃宸　乃廉
廉娶莫氏無嗣
汝官字宸夫太學生歷充縣興賢館評議員第三區自治會員第四區禁煙檢查所所長漸安團團紳有傳同治乙丑年八月十一日生民國庚午年九月廿二日卒

配劉氏同治甲子年十月三日生光緒乙未年四月廿日卒
庶石氏光緒丙子年八月四日生
子　乃霖　乃桐　乃標　乃桂　乃鑅
乃燊俱庶出殄早故
志公子良官字弼臣九品耆職壽七十一歲嘉慶己丑年生光緒己亥年三月廿七日卒
配羅氏
子　贊襄　贊奇
任枝公子統賢
配莫氏
子　贊昌
盛材公子家賢
配
子　安開　定開　宗闊
盛信公子序官

配
子
盛傑公子樹官九品耆職壽七十六歲 嘉慶癸丑年八月十三日生
配羅氏
子 典泰 典綱 典紀 典綸 典緯
泰無嗣 綸出嗣
榛官
配
子
槐官嘉慶己卯年十一月九日生
配岑氏
子 典忠
榆官
配陳氏
嗣子 典綸

盛智公子慶官
配
子
盛淵公子度官
配
子
廣官道光戊戌年十二月廿五日生
配黄氏
子 運周
盛海公子應官
配廖氏
子 瑞周
盛恩公子晃官
配岑氏
子 福周
昆官

配

子　啓周

盛倬公子家寵

配吳氏

子　佐周

家龍字瑞官八品職銜

配周氏

子　建周

配

子　贊朝

盛誥公子惇官嘉慶辛夘年六月廿九日生

怡官道光甲午年三月四日生宣統己酉年十一月十八日卒

配黃氏道光甲辰年五月十日生光緒丁未年正月十日卒

子　贊先　贊光　贊元

盛謨公子恒官道光丁酉年十二月廿九日生光緒丙午年五月廿七日卒

配盧氏

繼配孔氏咸豐癸丑年十一月九日生民國辛酉年七月十九日卒

子　贊宇　贊宙　贊寶俱繼配出

愉官道光庚子年九月九日生

配李氏

子　贊安　贊宏

悅官

配覃氏

子　贊庭

盛訓公子仕官道光己酉年正月十一日生

配廖氏咸豐庚申年三月十四日生

子　贊揚　贊提

任官咸豐癸丑年五月十六日生

配陳氏咸豐辛酉年五月五日生民國丙子年九月十五日卒
子　贊扶
盛德公子採官
配劉氏
子　贊恩　贊惠　贊忠
携官
配李氏
子
盛衛公子第官咸豐庚申年五月三日生民國癸丑年十一月十四日卒
配賴氏
繼配楊氏同治壬戌年十一月廿二日生光緒乙巳年五月二日卒
子　贊禧　贊福
盛貴公子厲裕恩賜修職郎壽八十六歲嘉慶庚午年十一月五日生光緒乙未年正月十四日卒
配盧氏壽七十七歲
子　振庠　振序
盛賢公子旋裕
配黃氏
子　振旺　振朝俱無嗣
盛貞公子志裕
配何氏
子　應君　應臣
惠裕道光庚辰年七月廿七日生
配陳氏
子　應召
恩裕道光丁亥年九月廿一日生
配黃氏
子　應禮　應祚
憲裕道光丙寅年五月廿八日生

配賴氏
繼配聶氏
子　應球　應琨元配出
盛錫公子寧國
配梁氏
子　品遒　品遂
安國
配吳氏
子　明道　明通道無嗣
廣祥公子遠德
配梁氏
子　傳經
悅觀公子國經
配
子　永昌　永暉　遷居平南
景觀公子國全

配彭氏
兼祧子　永賢
國興
配黃氏
子　永賢兼祧
杜觀公子國材
配楊氏
繼配梁氏
嗣子　永崇
國成
配梁氏
子　永寅
國和
配韋氏
子　永崇　永寬　永賓　永棠崇賓出嗣
國裕

容縣惟一商店承印

配黃氏
嗣子　永賓
琁觀公子瑞昌道光丁亥年四月一日生
配黎氏道光丙申年二月八日生
子　永祁　永祥祥出嗣
瑞廣道光庚寅年閏四月十日生
配陳氏道光戊戌年六月六日生
子永傳
瑞成道光甲午年十二月廿三日生
配陳氏
子　永璋　永珍
瑞安道光丁酉年七月廿七日生
配梁氏道光辛丑年十一月六日生
嗣子　永祥
福觀公子瑞新
配

子　永序
益觀公子瑞元
配楊氏
子　永康　永泰
現觀公子瑞德
配龐氏
子　永良
相莊公子大齡
配冼氏
子　定元
相忠公子岸齡壽七十六歲
配李氏
子　經元　編元
嶽齡
配楊氏
子　綏元　緒元

嵩齡
配盧氏
子　綬元　綽元　絖元　維元

相維公子延齡字綿楷
配梁氏
子　成元

相乾公子佑齡
配李氏
子　枝元

俊齡
配楊氏
子　榜元　棟元　柱元俱無嗣

傑齡
配覃氏
子　桂元

偉齡
配
子　椿元

相禹公子遐齡
配陳氏
子　初元

相燮公子逢齡
配
子　裕元

相唐公子祜齡字受天嘉慶甲戌年二月十七日生光緒庚辰七月十一日卒
配蘇氏
子　孟元　仲元　叔元　兆元　孟無嗣

禧齡
配張氏
子　連元　掄元　探元俱無嗣

祚齡字德夫六品銜道光癸未年九月廿八日生光

緒丙戌年十一月廿二日卒
配鄧氏
子 棣元 策元
相宸公子茂齡字松軒監生嘉慶壬申年六月廿日生同治癸
酉年七月廿六日卒
配龐氏
繼配植氏
子 啓元 政元元配出 敏元繼配出
華齡字祝三邑庠生矢志芸窗世變不改其
業歷年課徒多所成就道光辛巳年十二月十
六日生光緒丁丑年十二月一日卒
配楊氏
子 勛元 勷元
相宣公子蕃齡
配吳氏
繼配楊氏

子 濟元元配出 冠元繼配出
夢齡
配陳氏
子 義元
萃齡
配楊氏
子 運元 濱元
相朝公子超遠
配李氏
子 武賢
相治公子超英字育常軍功拔補守備賞戴藍翎
配楊宜人壽七十二歲
子 武珠
超華字祝堂六品銜封奉政大夫生平善居
積持籌億中克創厥業壽七十六歲
配陳宜人壽七十八歲

子　武瓊　慶年　、武章
超萬字邁堂　道光辛巳年九月一日生光緒己卯年
四月六日卒
配梁氏
庶陳氏
子　武琚　武瑜庶出
相魁公子超緒字纘堂壽八十三歲嘉慶己巳年七月三日
生光緒辛卯年五月五日卒
配秦氏
繼配何氏
子　武任　武信　武佑元配出　信出繼
超綸嘉慶壬申年三月八日生
配余氏
嗣子　武信
超綬道光壬午年六月卅日生
配李氏

子　武林　武材　武楠　武松
相謨公子超俊
配秦氏
子　武紀　武緯　武繩　武揚揚出嗣
相靜公子超傑
配
嗣子　武揚
相通公子超蘭
配李氏
子　武福　武祥　武禮　武裕祥禮裕俱
無嗣
相憲公子超才
配黃氏
子　武成
相恩公子超柱
配鄧氏

子　武功 無嗣　武勳　武勉　武新 勳勉新俱

相郊公子超桓
配陳氏
子　武登　武保

超林
配劉氏
子　武傳

超槐
配陳氏
子　武儲

相邠公子超芳
配張氏
嗣子　保佳　改派名武利

超芬
配

子
超賢
配張氏
子　武怡

超貴現年七十三歲 同治壬戌年正月三日生
配
子

相祁公子超萃
配
子

振讀公子耀清字羲堂
配楊氏
嗣子　朝華

燿清
配楊氏
子　朝華　朝蘭 華出嗣

勷清
配陀氏
子　朝才
振熙公子祥清
配黄氏
子　朝成
瑞清
配
嗣子　朝唐
福清
配黄氏
子　朝廣　朝唐　朝庠　朝廊唐出嗣
振常公子守清
配覃氏
子　朝英
振魁公子輔清

配朱氏
子　朝紀
振堯公子宦清壽八十五歲
配扈氏
子　朝泰　朝貞　朝漢
振元公子贊清
配吳氏
子　朝魁　朝芬
振坤公子鑾清
配瓊氏
子
瑞雲公子武昌
配陳氏
子　保通
瑞生公子聚棠
配

子　永年　無嗣
瑞志公子進棠
配梁氏
子　觀華　紀華
瑞貴公子慶堂
配陳氏
子　茂華　無嗣
兆棠字武仲
配龐氏
子　顯華　盛華
瑞芳公子在國壽七十三歲嘉慶辛未年三月十七日生光緒
癸未年卒
配王氏
繼配蘇氏
子　保福　保祿
瑞煥公子武沅嘉慶庚午年七月十日生

配覃氏
繼配周氏
子　保聚
武壽嘉慶癸酉年六月廿六日生
配陀氏壽七十六歲　嘉慶辛未年七月廿二
日生
子　保華　保祥祥出嗣
武魁嘉慶丙子年八月十六日生
配盧氏
子　保棠無嗣
武猷嘉慶己卯年七月七日生
配梁氏
嗣子　保祥
瑞保公子武[illegible]咸豐辛酉年五月四日生
配林氏
子　保都

瑞建公子武宗
配
子

瑞盈公子武寅字在寅六品銜頂戴嘉慶乙丑年八月五日生
配王氏道光乙未年六月十六日生
嗣子　保先

瑞乾公子武定道光乙亥年九月四日生
配何氏道光癸卯年七月十七日生
繼配李氏道光壬寅年六月二日生
子　保先出嗣

武寧咸豐甲寅年十一月十四日生
配羅氏咸豐乙卯年三月十九日生
子　保彰　保禎　保礽　保祁

瑞新公子武容道光丙午年六月五日生
配黃氏

子　保珍

武安咸豐乙未年十二月四日生
配劉氏咸豐乙卯年八月四日生
子　保巖　保邦　保文　保佳　佳出嗣
改名武利巖邦早故

光祖公子廣漢嘉慶壬戌年十月一日生同治庚午年十月十九日卒
配楊氏壽八十歲嘉慶己巳年九月廿五日生光緒戊子年九月卅日卒
子　建邦　建都　建崇　建煥

廣禎嘉慶丁卯年二月十四日生
配
子無嗣

廣明嘉慶甲申年二月一日生咸豐己未年十月廿九日卒
配梁氏壽七十八歲嘉慶甲戌年正月十七日

生光緒辛夘十一月六日卒
子　建綸　建棨
輝　祖　子廣聰嘉慶乙夘年三月廿八日生光緒丙子年十月十
一日卒
配楊氏嘉慶已夘年三月廿三日生咸豐乙夘年五
月廿二日卒
子　建經
廣彩道光壬午年六月十五生同治丙寅二月一日卒
配楊氏
子　建第　建與　建訓
廣亮道光丙戌年二月七日生
配陳氏
子
燿　祖　子廣淮嘉慶辛未年九月九日生咸豐辛亥年八月五日
卒
配梁氏嘉慶壬申年十月八日生光緒丙子年九月

三日卒
子　建林　建燦　建華
術　祖　子廣全壽七十八歲嘉慶丁丑年十一月五日生光緒
甲午年八月十四日卒
配陳氏嘉慶丙子年八月六日生咸豐丁巳年六月
廿四日卒
繼配李氏壽七十一歲道光辛巳年八月六日
生光緒辛夘年十二月十日卒
子　建清　建沂
廣基壽八十五歲嘉慶庚辰年九月五日生光緒甲
辰正月十八日卒
配楊氏道光辛巳年八月廿六生道光戊申九月二
日卒
繼配李氏壽八十歲道光庚子年六月九日生
宣統己酉年十一月十六日卒
子　建春

廣惠 道光壬午年十一月十一日生光緒乙亥年九月十一日卒
配
子 建謨無嗣
廣茂 道光丁亥年三月十六日生咸豐戊午年五月二日卒
配
子 建成無嗣
廣福 道光壬辰年九月六日生光緒己丑年九月廿一日卒
配李氏壽八十八歲 道光庚子年六月十八日生民國丁卯年九月廿四日卒
子 建昌 建樂 建庭
顯祖 子廣義恩賜文林郎壽八十二歲 道光壬午年九月一日生光緒癸卯年十二月七日卒
配李氏道光癸未年八月四日生

子 建龍 建光
廣禮 道光己丑年正月廿八日生光緒丁亥年六月一日卒
配莫氏壽七十一歲 道光己丑二月九日生光緒己亥正月廿五日卒
子 建德 建政 建照
廣智清從九品 道光壬辰年七月六日生光緒丙申年十一月四日卒
配楊氏道光丙申年六月廿九日生光緒丙申年十月十九日卒
子 建乾
蔭祖 子廣壽 咸豐壬子年三月十二日生宣統庚戌年正月八日卒
配梁氏咸豐丙辰年八月十六日生民國癸丑年十月廿六日卒
子 建儀 建朝 建球

盛祖　子廣能　道光辛丑年八月十一日生光緒丁未年九月十八日卒

配梁氏道光辛丑年十月十二日生

子

廣和壽七十歲　咸豐壬子年十二月十三日生民國庚申年九月六日卒

配莫氏咸豐丙辰年十二月十一日生光緒丙戌年三月七日卒

繼配李氏同治庚午年二月廿九日生光緒丙午年七月八日卒

子　建志

廣慶壽七十八歲咸豐己未年八月廿日生民國丙子年七月十八日卒

配李氏壽七十六歲　同治甲子年十一月十二日生民國庚辰年十月廿二日卒

子　建元　建高　建禎　建明高無嗣

衍祖　子廣運　道光乙巳年九月一日生光緒乙巳年正月廿四日卒

配楊氏壽七十五歲　道光乙巳年五月五日生民國己未年五月廿九日卒

子　建文

廣進　道光己酉年六月十八日生光緒丁未年十月廿三日卒

配陳氏道光己酉年七月七日生宣統己酉年閏七月三日卒

子　建安　建才

次房世系牒

二十世

國民公子秉春

配阮氏

子　王照

秉嵩

配謝氏
子
秉隆
配覃氏
子　王琪
國勝公子秉蓮
配
子
秉華
配
子
國貴公子秉松
配廖氏
子
秉壬
配謝氏

子
國基公子秉亨
配李氏
庶阮氏
子　王彰　王勳　王才
國田公子秉桐
配朱氏
子　王淵　王源
國治公子秉桓
配韋氏
子　王逵　王超
國慶公子秉昆
配阮氏
子　王傑　王彪
秉儀
配

子
國彥公子秉蘇
配
子　王進
秉義
配
子
秉哲
配
子　王安
國揚公子春榮
配
子　王馨　王華
恩榮
配
子

必榮
配
子
國芳公子祿榮
配
子　王授　王臣　王相
國倫公子秉新
配黃氏
子　王胤　王贊
秉真
配梁氏
子
國齡公子秉鐸
配
子
國禪公子秉康

配謝氏
子　王威
國年公子秉揖
配鄭氏
子　王恩
秉啓
配謝氏
子　王太　王樑
秉全
配韋氏
子
國乾公子秉樹
配李氏
子　王仁　王彭
秉棠
配吳氏

子　王烈
秉棠
配阮氏
子　王盛　王光
國持公子秉森
配阮氏
子　王憲　王雲　王鎰　王堅
秉舒曾充大阮團團董大阮鄉鄉長等職
配黃氏
子　王興　王祥　王昌　王政
秉氣
配
子
國胥公子秉林
配謝氏
子　王生　王權　王强　王竞

秉越
配阮氏
子　王榜
國超公子秉祥
配廖氏
子　玉登
秉均
配阮氏
子
秉勳
配廖氏
子　玉祝
秉申
配
子
秉尙

國漆子秉公
配
子　玉成　玉静　玉華　玉昆　玉[illegible]
國[illegible]子秉良
配
子　玉进
國[illegible]子秉[illegible]
配
子　玉[illegible]　玉忠　玉[illegible]

配廖氏
子
秉協
配
子　玉琚　玉光　玉敢　玉琫
國寶公子秉玩
配
子
秉容
配
子　玉球
國琛公子秉代
配
子
秉恮
配

子

國鳳公子秉茂

配

子　玉良

國幹公子秉堅

配

子　玉珠

秉吟

配

子

國禮公子秉存

配

子

國業公子秉福

配謝氏

子　玉桂　玉純　玉山

國堯公子秉棠

配

子

國魚公子秉好

配張氏

子　玉通　玉倫　玉英

秉心

配李氏

子　玉團　玉政

國進公子秉謨

配

子　玉隆

國譚公子秉然

配廖氏

子　玉廷　玉德

秉奎

配彥氏
子　玉藏
秉仁
配黃氏
子　玉雄　玉鑫
國瑞公子秉賢
配廖氏
子　玉林　玉祥
秉蕃
配鄭氏
子　玉南　玉年　玉海　玉全
秉秀
配韋氏
子　玉雲
國翁公子秉多
配李氏

子　玉當
國現公子秉志
配鄭氏
子　玉生
秉才
配阮氏
子　玉昌
秉權
配程氏
子　玉盛　玉汝
秉文
配劉氏
子　玉明　玉寶
惠琳子組福
配李氏
子　世文　世廷　文出嗣

組祥
配梁氏
子　世昭　世昌　世旺　世景　昭旺早故

惠瑛　子組榮
配陳氏
嗣子　世文

組華字幹林幼年流離轉徙育於關姓及長
克自奮發立業成家壽七十八歲道光丙午
年十月三日生民國癸亥年正月廿九日卒
配胡氏咸豐壬子年十二月十九日生
繼配梁氏光緒丁丑年七月廿七日生
庶楊氏同治壬申年四月十七日生
子　文光元配出　文英庶出　文傑　文偉
繼配出

舉材　子成源道光乙巳年六月廿八日生
配周氏

嗣子　世忠

成湖
配
子

成河
配黃氏
子　世忠　世恩　忠出嗣

式盛　子佐元
配李氏
子　世爵　世侯　世顯

佐達
配
子　世振　世蕃

佐英
配
子　世業

裕第 子武寧
配
子 守志
裕彰 子善才 同治己巳年十月廿四日生
配林氏
子 誠志 諭志 德志 誠早故
慶才
配李氏
繼配彭氏
子 達志
成才
配楊氏
子
士煥 子潤亮
配梁氏
子 顯國 鎮國 體國 體無嗣

士恒 子潤裕傳至三十二世止本支祠基由出繼子
奕國後人遞年舉祭掃奉祀
配扈氏
子 佐國 靜國 奕國 奕國出嗣佐生子
達正靜子達觀 俱無嗣
士基 子厚培字積昌 乾隆壬子年五月十三日生咸豐甲寅
年正月四日卒
配蘇氏
繼配李氏
子 丕讓 元配出無嗣 丕烈 繼配出
士譽 子潤華
配陳氏
子 輔國 寶 寶無嗣
士昌 子潤宜壽七十三歲
配李氏
嗣子 奕國

皓旬　子裔興乾隆癸巳年八月十七日生
配李氏乾隆乙未年八月四日生
子　統元　安元　武元　安出嗣
皓光　子裔綱　乾隆己酉年十二月廿七日生咸豐丙辰年七月
七日卒
配陳氏
嗣子　安元
裔賢年少外出改名懸高本支舊譜以飄外
失載今續修查明卽照編入　嘉慶丙辰年六
月六日生咸豐丙辰年九月九日卒
配麥氏嘉慶癸亥年五月一日生光緒乙亥年九月
廿八日卒
庶吳氏嘉慶丙戌年六月廿四日生光緒己卯年七
月廿五日卒
子　永德　嫡出　永禎　庶出
慶雲　子遠照字永光　道光丙戌年十二月廿九日生光緒辛

巳年十月廿三日卒
配甘氏
子　維政　維朝　維濟　朝出嗣
志高　子裕德　嘉慶戊戌年八月廿三日生道光丙午年三月廿
三日卒
配盧氏
子　寶綬
裕學字習亭勤儉創業　嘉慶辛未年二月廿一日
生同治辛未年十一月廿三日卒
配樊氏
子　金綬　安綬　寅綬　宏綬
裕和恩賜登仕郎壽七十二歲　嘉慶戊寅年十
月十四日生光緒己丑年七月廿九日卒
配劉氏壽七十四歲
子　祥綬　元綬
義高　子裕成恩賜登仕郎壽七十四歲　嘉慶己卯年閏

容縣惟一商店承印

四月廿九日生光緒壬辰年正月十二日卒

配黎氏

繼配潘氏

子　組綬　繼綬元配出　繼出嗣

裕倫　道光甲午年三月廿三日生咸豐丁巳年五月廿三日卒

配李氏

嗣子　繼綬

廣高　子裕新　道光己亥年十一月初九日生光緒壬寅年十一月六日卒

配瞿氏

嗣子　綸綬

裕舒　道光癸卯年正月七日生光緒乙酉年十二月廿四日卒

配鄧氏

子　綸綬　遠綬　綱綬　訓綬綱訓無嗣

綸出嗣

裕材　道光己酉年九月廿三日生光緒乙酉年二月三日卒

配黃氏

子　緒綬　經綬　經早故

厚高　子裕績壽七十二歲道光甲午年十一月七日生民國乙卯年十一月廿日卒

配夏氏

子　綵綬　絟綬

裕昌壽七十六歲　道光丁未年四月廿五日生民國壬戌年十月十二日卒

配

子　組綬　縉綬

紹廉　子壽彭　乾隆己酉年十月十九日生咸豐丁巳年九月廿一日卒

配廖氏

子　達朝　達廷
紹緒　子福彰　嘉慶己未年二月廿日生咸豐甲寅年六月十六
日卒
配龔氏
嗣子　達官
紹惠　子政彰
配李氏
子　達朝　達官　官出嗣
紹成　子建彰　嘉慶戊寅年七月二日生咸豐丁巳年二月十七
日卒
配何氏
繼配龔氏
子　朝琳　朝璠　朝材　朝邦
顯暘　子鸞書字靜軒勤儉治家持籌億中創業垂後
裔學憲贈額云杖朝衍慶恩賜修職郎壽
七十八歲　慶嘉乙亥年七月廿二日生光緒壬辰

年十月四日卒
配潘氏嘉慶甲戌年五月八日生同治丙寅年八月
六日卒
嗣子　佐杰
秀書字升華八品銜光緒己亥年重逢花燭
壽八十四歲　嘉慶戊寅年十一月八日生光緒辛
丑年十一月二日卒
配鄧氏壽八十九歲　嘉慶戊寅年四月廿六日
生光緒丙午年五月十九日卒
子　佐杰　式杰　佐出嗣
進常　子登材　道光庚戌年正月廿六日生光緒戊申年九月十
八日卒
配許氏道光壬子年五月一日生民國辛未年五月
十八日卒
子　棣朝　延朝　逢朝　迢朝
進舉　子登球　咸豐壬子年六月廿七日生光緒乙酉年七月十

五日卒

配

嗣

進棠　子登泰

配張氏

嗣子　維朝

登儒

配欒氏

育子另載

進卿　子登盛咸豐辛亥年九月廿二日生

配陳氏

子　運朝　廸朝　廼朝　逮朝　迅朝

選朝

進賢　子登慶咸豐庚申年十月四日生

配李氏

子　萃朝　華朝

觀書　子葆礽

配鍾氏

子　志彰

葆信

配周氏

子　志君　志臣

葆慶

配韓氏

子　志球

麟書　子繼元

配

子

遺書　子積元

配

子

瓊書　子守元

配
子
美元
配李氏
子
玉書　子葆彝同治癸亥年四月廿三日生
配馬氏
子
文書　子葆芳光緒丁亥年八月廿四日生
配
子
葆華光緒辛卯年二月廿四日生
配
子
麒書　子葆荃咸豐己未年九月十七日生
配

子
葆芹同治甲子年四月十六日生
配饒氏
子　志珍　志琨
盛廣　子仲秀
配王氏
子　品佳　成佳
仲源
配盤氏
子　敏佳　武佳　就佳　彩佳
仲新道光癸巳年四月十九日生
配王氏
子
用廣　子仲韡
配楊氏
子　信佳　仕佳

經進子位佐 咸豐丁巳年七月廿四日生宣統己酉年十一月
八日卒
配張氏咸豐己未年三月廿四日生
子 覲祥 趾祥 麟祥 呈祥 信祥
煥祥

經通子位傳字子述 同治丁卯年五月八日生民國戊辰年
六月三日卒
配關氏同治戊辰年正月一日生民國辛未年十二
月廿二日卒
子 福祥 祚祥 昆祥 祚出嗣

位儲字子珍 同治己巳年四月七日生光緒戊戌年
八月十九日卒
配李氏同治壬申年三月廿三日生民國丙辰年二
月十七日卒
嗣子 祚祥

經述子位伯壽七十二歲咸豐乙卯年十月廿日生民國丙
寅年十月二日卒
配梁氏
子 雲祥 慶祥

位信 同治甲子年九月八日生宣統庚戌年六月八日
卒
配曾氏
子 正祥 嘉祥 繼祥

位仕 同治癸酉年正月十二日生
配李氏光緒丁丑年五月一日生
子 裕祥

經逵子位保字少槐 同治甲戌年十二月廿日生民國乙亥
年正月二日卒
配黎氏
子 吉祥 呂祥 品祥 圖祥

經遠子位侯同治甲申年十一月九日生
配黎氏同治壬申年八月二日生民國壬申年二月

十八日卒
子　振祥　府祥
位俊光緒辛巳年三月八日生
配周氏
子
位傑光緒丙戌年二月十六日生
配
子
位侃光緒戊子年正月廿四日生
配
子
位佳光緒壬辰九月廿七日生
配
子
佐臣　子黼頎字勉齋八品銜學行純正訓蒙於鄉老
而不倦壽八十一歲道光乙酉年六月十六日

生光緒乙巳年六月廿六日卒
配梁氏壽七十三歲
子　振晟　振昇　振晨　振昆
黼祥字夢吉道光丁亥年十月三日生咸豐丁巳年六
月十四日卒
配李氏旌表節孝壽八十六歲
子　振流　振緒
黼祺道光丙申年正月三日生光緒丙子年七月十六
日卒
配欒氏
子　振福　振祿　振祚
黼礽道光戊戌年八月十四日生
配李氏
子　振棠
黼禧道光甲辰年七月十三日生
配鄧氏

繼配黎氏

子　振邦　振綱 繼配出

元　詔　子毓初

配

兼祧子視巖

寶　詔　子毓敏壽七十一歲 道光己巳年七月十日生民國丙辰年二月十日卒

配李氏壽八十六歲

子　視巖兼祧

恩　詔　子毓秀 道光戊子年二月廿五日生光緒己亥年五月五日卒

配梁氏

繼配許氏

子　視[illegible] 繼配出

溫　詔　子毓球恩賜登仕郎壽七十歲 道光甲申年十一月廿日生光緒癸巳年八月二日卒

配余氏

子　視詢

綸　詔　子毓瑞字學齋 道光庚寅年二月廿九日生光緒辛卯年五月五日卒

配甘氏

子　視平　視坤

毓瓊字德臣

配

子　視璜 母黎氏

廣　詔　子毓蘭字佩秋八品銜 道光甲午年九月七日生咸豐戊午年十一月八日卒

配梁氏旌表節孝壽七十四歲 道光乙未年十月五日生光緒戊申年十月三日卒

子　視萱

毓芹字慶秋六品銜布政司經歷覃恩封贈

二代公練達世事長於治生公推主持團

務歷年甚久和平篤厚人不忍欺壽八十
四歲道光己亥年十一月十日生民國壬戌年七月廿日卒
配黃氏道光辛丑年三月十八日生光緒辛丑年正月十四日卒
子　視華　視蕃
寵詔　子蔭桐壽七十八歲道光壬辰年四月八日生宣統己酉年八月一日卒
配韋氏道光甲午年生同治癸丑年卒
子　視成
錫詔　子蔭松字韶笙道光壬寅年六月九日生光緒戊申年九月十八日卒
配周氏咸豐丙辰年五月廿九日生宣統己酉年閏二月廿六日卒
子　視壽　視瀛壽入繼
蔭柏字韻琴壽七十七歲道光庚戌年七月十日

生民國丙寅年十月廿七日卒
配李氏咸豐丁巳年二月一日生民國甲子年十二月十九日卒
子　視遐
榮詔　子蔭標字韻泉壽八十四歲咸豐己卯年四月十八日生
配梁氏現年八十二歲同治壬戌年五月十一日生
子　視昇　視漢
殿詔　子蔭楨字幹臣九品職銜幼孤勵學及壯課徒容北間教學相長附生試屢列前茅院試兩列佾生卒艱於遇性嗜酒吟咏自適著仁壽堂詩稿道光丙戌年九月十七日生民國壬子年七月四日卒
配鍾氏壽八十八歲咸豐壬子年十二月廿九日生民國己卯年正月一日卒

容縣惟一商店承印

子　祝釗　祝崧　祝炎　祝都　祝川

典詔　子蔭沂字漢南邑庠生力學授徒怡情詩酒超廣絕俗懷葛之遺壽七十七歲　道光丁未年五月廿五日生民國癸亥年九月廿一日卒

配陳氏十二月六日生十一月廿五日卒

繼配伍氏十二月六日生五月十九日卒

子　祝嘉元配出　祝樞繼配出

品詔　子蔭椿字震東八品銜監生勤以治生儉能中禮善岐黃術請診者無論貧富立往施治晚年董治團務以公正平恕稱壽七十三歲　道光戊申年四月十三日生民國庚申年二月廿八日卒

配李氏道光己酉年八月五日生光緒丙子年二月二日卒

繼配廖氏　咸豐丁巳年十一月十一日生民國丁巳年二月九日卒

子　祝隆元配出　祝綸　祝研繼配出

盛詔　子蔭枬字少梅　咸豐甲寅年九月五日生民國乙卯年七月五日卒

配廖氏咸豐甲寅年十一月十五日生

子　祝膂　祝翔　祝姚　祝洪

鸑詔　子蔭侯字宮竹邑案元庠生光緒丙戌歲貢生候選訓導公誠篤不苟善氣迎人書法尤精醫術法以培養脾胃為要求診者相踵接壽七十三歲　道光癸巳年六月十六日生光緒乙巳年二月廿日卒　有傳

配周孺人道光庚申年七月廿九日生光緒己卯年六月九日卒

繼配黎孺人　同治壬戌年三月廿八日生民國甲子年八月十五日卒

子　祝男　祝鉛繼配出

鳳詔　子蔭福字犀堂邑優廩生光緒庚辰年貢生候

選訓導公好學深思尤工文藝設帳課徒
歷數十年凡經指導授鮮不成名主登科
甲者壽七十一歲 道光壬寅年十月廿六日生 民國壬子年八月廿一日卒有傳
配廖氏壽七十五歲
子 祝齡
蔭熙字集堂八品銜邑庠生壽七十六歲 咸豐壬子年九月廿八日生國民丁卯年九月二日卒
配黃氏壽八十三歲
子 祝慶 祝應 祝龐 祝墀
紫詔 子蔭彤字奮南 道光庚子年三月十二日生咸豐庚申年五月廿一日卒
配
嗣子 祝均
蔭棠字可材梧州國民學師範畢業生公八
歲而孤與叔祖芭洲公同堂宇時聆提命
靜心領會誦習益勤卒曉文義及長訓蒙
四方善誘不倦年逾五十猶自笈赴梧州
國民師範求學畢業歸來時以所得新知
及當世要務於稠眾中言之娓娓聽者莫
不悅懌開通民智收效甚宏壽八十二歲 咸豐乙卯年五月九日生民國乙亥年卒
配鄒氏 咸豐庚申年四月七日生光緒壬午年十二月七日卒
子 祝均 祝韶 祝煥 均出嗣
宣詔 子蔭槐字美棠氏國丁丑年重逢花燭壽八十二歲 道光辛丑年四月廿五日生民國壬戌年五月廿二日卒
配吳氏壽九十歲 道光甲辰年二月十三日生民國癸酉年五月十日卒
子 祝全 祝介 祝俞

清詔　子蔭㮚字德山　同治己巳年八月三日生光緒癸巳年十二月七日卒

配李氏同治戊辰年四月廿二日生民國辛未年正月十四日卒

子　祝旦　祝智　祝晉　祝皓

蔭穀字玉堂邑庠生歷充修仁凌雲縣政府科員廣遠南寧禁煙局文牘主任武博公路協理容縣會副議長公性嚴毅然中懷坦易善與人交歷任縣府科員及各廠要職明幹練達有稱於時倦遊歸里復充縣議會副議長於地方利病多所建白　同治辛未年八月廿九日生民國辛未年七月七日卒

配蘇氏同治辛未年二月廿二日生民國丙子年十二月十五日卒

庶洪氏

子　祝國　祝醴嫡出　祝同庶出

蔭鑾字玉坡光緒甲申年二月四日生

配劉氏光緒己酉年九月

庶黃氏民國壬子年十二月一日生

子　祝愷嫡出　祝禕　祝模

蔭崧字嶽超考取列份生梧州自治講習所畢業充石嶺鄉鄉長鄉民代表公生性敏達奮發有為文質彬彬鬱志未展　光緒丙戌年三月十八日生民國辛巳年卒

配盤氏

繼配覃氏

子　祝宗　祝鼇元配出　祝演　祝濟

祝　繼配出

懿詔　子蔭涵字梅軒　道光庚子三月卅日生咸豐壬戌年十二月廿日卒

配

嗣子　祝富

蔭溥字博如壽七十五歲 道光壬寅年九月九日生民國丙辰年十二月十三日卒

配何氏壽七十歲

嗣子　祝豐

蔭澤字盛棠壽七十歲 道光丁未年四月十日生民國丙辰年十月廿四日卒

配陸氏壽七十四歲

嗣子　祝融

通詔　子蔭曎字月池 咸豐乙卯年十月七日生光緒己亥年七月十三日卒

配郭氏

子　祝多　祝壽　祝豐壽豐出嗣

蔭照字孔瑩 同治甲子年六月三日生光緒戊戌年九月廿三日卒

配

子　祝潮　母吳氏

純詔　子蔭華字述唐邑增廣生五品銜例授奉直大夫歷充梅江鎮總董民國己卯年重逢花燭庚辰年重遊泮水壽八十二歲 咸豐庚申年六月十日生民國辛巳十一月一日卒有傳

配覃氏壽八十五歲 咸豐戊午年十二月廿四日生民國壬午年九月十八日卒

子　祝焆

颺詔　子蔭璵字琨圃八品銜增貢生候選訓導縣議會議長保選縣知事雅好文辭長於臨別邑中先賢詩文集多經校刊德性淵粹維持時局不避艱險任地方事廿餘年衆論翕服壽七十八歲 道光丁未年十月四日生民國甲子年十一月廿一日卒有傳

配廖氏壽八十七歲 道光己酉年十二月廿四日生民國乙亥年八月廿二日卒

子　祝昌　祝昂

祥詔　子蔭桓字松坪　同治戊辰年八月廿一日生民國庚午
年十月五日卒
配梁氏同治丙寅年四月廿三日生現年七十六歲
子　祝繆
蔭焜字耀南永新村村長國學校校長兼教
員光緒癸未年十一月三日生
配楊氏光緒壬午年八月九日生民國戊辰年五月
七日卒
繼配彭氏光緒戊戌年閏三月廿七日生
子　祝潭　祝湘元配出　祝海繼配出
賢詔　子蔭晛字耦仲梧州國民師範生　光緒丁丑年八
月十六日生光緒丙午年五月廿二日卒
配楊氏光緒庚辰年八月廿四日生民國癸亥年正
月十日卒
子　祝開
蔭甡字鹿溪光緒丁丑年八月十六日生　五六、卒

配楊氏光緒庚辰年八月廿四日生宣統己酉年十
月十一日卒
繼配×氏光緒乙未年五月十七日生
子　祝杖繼配出
蔭隆鼎五龍洞學校畢業生光緒癸卯年六
月廿九日生　五六年卒於柳州
配潘氏光緒甲午年五月五日生
子　祝贊　祝耀　祝仙　祝英
唐詔　子蔭材字貫一　光緒甲申年三月十二日生民國庚辰
年六月廿七日卒
配淩氏
子　祝汪
蔭榛字秩六光緒丙申年九月十二日生　一九四六年十二月初九日卒
侯氏光緒甲辰年十一月廿四日生　壽八十
子　祝恭出嗣　祝莊
瀛詔　子蔭潘字列五縣立國語傳習所畢業力學慎

行善親志歷充各小校教職藉薪俸以逮

養年甫卅而沒宗黨莫不悼嘆光緒甲午年十二月十二日生民國甲子年正月十一日卒

配覃氏光緒乙未年十二月四日生一九四五、十二、故

嗣子　祝恭

蔭丞字友漆縣立國語傳習所畢業誠樸孝友家貧發憤勵學不倦惜甫畢業而卒光緒甲辰年九月十九日生民國壬戌年十一月十八日卒

配

嗣子

輔彝 子奇文道光丙辰年五月廿三日生光緒庚寅年二月一日卒

配廖氏

子　祝分　祝三　祝芹

輔廷 子燦文字錦裳篤實務農詩書教子道光乙巳年三月十四日生光緒丙午年閏四月十三日卒

配潘氏道光丙午年三月六日生光緒丙子年九月廿七日卒

子　祝芳　祝常　祝璋

燿文字晝堂兄弟雍睦家業中興壽七十七歲道光戊申年六月廿八日生民國甲子年二月廿六日卒

配蘇氏壽七十七歲道光庚戌年六月廿日生民國丙寅年二月十七日卒

子　祝蘭　祝良

輔邦 子蔭文道光戊申年十一月四日生癸丑年八月十二日卒

配李氏咸豐辛酉年四月廿八日生光緒乙巳年五月四日卒

子　祝初　祝融融出嗣

護文壽七十六歲咸豐辛亥年七月廿三日生民國

丙寅年十一月八日卒
配陸氏壽七十歲 咸豐丙辰年八月十五日生
民國乙丑年四月三日卒
子 祝秋
輔郊 子啟文同治戊辰年七月廿一日生現年七十一歲
配黃氏同治丁卯年六月六日生民國庚申年五月
廿四日卒
子 祝怡 祝香 祝葵
志文光緒壬午年二月廿七日生
陸氏光緒癸未年七月七日生
子 祝昉
輔郊 子寀文同治甲子年八月十一日生民國癸亥年十二月
十八日卒
配楊氏同治丙寅年六月十六日生民國乙丑年五
月五日卒
子 祝鑫 祝添 添出嗣

試文 同治辛未年十一月四日生民國壬子年十一月
十二月卒
配王氏同治庚午年六月十七日生
子 祝權 祝愉
會文光緒戊子年五月廿六日生
配容氏光緒甲午年十月三日生
嗣子 祝添
輔郊 子煥文光緒甲午年五月廿九日生
配陸氏光緒甲午年十月初三日生
子 祝信
照文光緒甲辰年十一月十二日生
配李氏光緒甲辰年十一月卅日生
子 祝權 祝義
福文光緒丙午年十月十三日生
配李氏光緒戊申年二月廿日生
子 祝序

掄英　子蔚礽字少霞號雲生道光已酉科第六名拔貢中式第十六名舉人咸豐癸丑科中式第二十二名進士點內閣中書協辦侍讀本衙門撰文漢本堂校簽軍續奏留以知州歸湖北補用特受蘄州府蘄州知州在任侯補直隸州知州歷署棗陽鍾祥嘉魚等縣知縣加知府銜覃恩加四級誥授通奉大夫歷充同治庚午科光緒乙亥恩科湖北鄉試同考試官戊子科內監學官卒於湖北省寓著有還讀齋古文二卷重修蘄州志十六卷道光庚寅年四月十五日生光緒辛卯年十月十六日卒有傳

配王氏夫人同邑恩貢生貤封奉直大夫宸公女道光辛卯年六月十八日生同治壬戌年二月廿六日卒

繼配張夫人雲南太和人福建廈門縣丞劼公女道光丙午年十月廿三日生光緒丙午年閏四月廿六日卒

子　祝唐元配出　祝清　祝年　祝祁

祝椿　祝暉繼配出年早故

荃礽字榕樵邑案元郡廪生光緒乙酉科拔貢加中書科中書銜候選教諭贈奉直大夫豐咸庚申年九月廿四日生光緒乙丑年十一月十六日卒

配陳宜人北邑同和銜渾公女咸豐庚申年正月八日生民國乙丑年正月三日卒

子　祝拯　祝䦕

振英　子塋礽字暢林六品銜邑案元光緒丙子與族弟元登姪錫光姪孫乃賢同考入泮由附貢指捐湖南候補經歷補缺後以知縣用公強毅果決見義勇為辦理地方公益暨處鄉里宗族諸務綜理微密咸有條不紊

道光戊申年正月二十日生光緒丙午年十月
廿三日卒有傳
配梁氏安人壽七十八歲北邑通奉大夫
道銜加四級熙中公女道光丁未年四月廿日
生民國甲子年十月三日卒
子　祝慈　祝森　祝鑾　祝名名出嗣
華祁字雲樵邑纂元庠生恭敬廉退事兄如
父鄉黨稱之同治癸亥年六月十九日生光緒乙
未年閏五月廿八日卒
配伍氏壽七十九歲同治癸亥年七月九日生
子　祝元
播英　子蕃祁未娶而卒承族長命遵例立後
嗣子　祝名
俊英　子延祁字聘軒咸豐甲寅年十二月十七日生光緒丁
酉年八月三日卒
配梁氏

子　祝標　祝材　祝[illegible]標繼嗣
蓋英　道福祁字鏡海八品銜帶壯剿賊陣亡崇祀城
鄉昭忠祠道光丙午年八月十三日生同治癸亥年
七月卅日卒
配梁氏
兼祧子祝裴
祚祁字少階光緒辛丑年恩貢生候選隸州
州判賦性廉介淡然寡營設教里中循循
善誘膠庠之士多出其門遠近延主家塾
者爭致聘焉惟恐後時民國庚申年爾逢
花燭乙酉年重遊泮水壽八十六歲道光辛
丑年三月廿五日生民國丙寅年十一月六日
卒有傳
配茹氏壽八十四歲道光癸卯年七月廿四日
生民國丙寅年四月廿四日卒
子　祝裴兼祧

萃英　子沛礽字德軒咸豐甲寅年六月廿七日生
配劉氏
庶李氏
子　祝傳庶出
邁英　子澤礽字恩甫咸豐庚申年四月十四日生
配陸氏壽七十三歲同里舉人硫公女咸豐壬
戌年正月六日生民國甲戌年五月廿九日卒
子　祝那　祝寅
濟礽字若川同治丁卯年十月五日生
配唐氏壽七十三歲同治己巳年正月十二日
生
子　祝強
立朝　子受和壽七十歲道光乙未年閏六月廿四日生民國
甲寅年十二月十二日卒
配
嗣子　祝魏

輔朝　子受華壽七十八歲道光丙午年六月九日生民國癸
亥年七月十五日卒
配潘氏壽八十四歲道光丁未年二月十日生
民國庚午年六月十七日卒
子　祝新兼祧
受芳咸豐丙辰年十二月九日生民國己未年十月一
日卒
配郭氏咸豐丙辰年十月十日生光緒辛巳年四月
廿日卒
繼配莫氏
兼祧子祝新
拔朝　子受芳同治癸亥年十二月十日生民國乙卯年十月廿
五日卒
配扈氏
子　祝魏　祝吳　祝貞　祝鼎[illegible]出嗣
希元　子瑞光道光辛丑年十二月廿七日生宣統己酉年九月

八日卒
配區氏
嗣子　祝乾
瓊光　道光甲辰年二月十五日生光緒庚子年五月廿
八日卒
配茹氏同治乙丑年九月一日生
子　祝乾　祝祥　祝松乾出嗣
仕朝　子福初　道光庚寅年九月廿八日生光緒壬寅年六月廿
三日卒
配陸氏道光丁酉年六月廿七日生民國庚申年七
月九日卒
子　祝傑
俊官　子貴元　同治癸亥年三月二日生民國丙寅年二月廿五
日卒
配翟氏同治丙寅年十一月四日生民國丙寅年八
月十日卒

子　祝萬　祝干　祝富
茂官　子貴文　同治辛未年六月十九日生民國辛未年五月廿
日卒
配楊氏光緒丙子年生民國庚辰年五月廿五日卒
子　祝壬　祝桂　祝奎
春官　子貴迎壽八十五歲道光戊申年正月九日生民國壬
申年正月九日卒
配[illegible]氏
子　祝南
貴隆現年八十二歲咸豐辛酉年正月廿六日生
配陳氏咸豐庚申年三月二日生光緒丁酉年十月
二日卒
子　祝純
召官　子貴與壽八十六歲道光乙巳年七月三日生民國庚
午年正月三日卒
配鄧氏

子　祝揚

相官　子貴昇道光癸卯年五月十五日生

配李氏

子　祝來　祝雲　祝言　祝林

朝官　子棣華字植堂例監生同治己巳年九月三日生

配黎氏

子　祝桓　祝鐙　祝勳　祝楷　祝丞

朗官　子棣芳同治壬申年七月廿四日生

配劉氏

子

棣全光緒丁丑年二月九日生

配張氏

子　祝㧾（梧）　祝枏

棣萏字世其光緒己丑年七月七日生

配黎氏

子　祝懷　祝秩

棣韋字德南光緒壬辰年三月四日生

配李氏

庶覃氏

子　祝孚　祝采　祝爵　祝妥　祝裳

棣芝光緒乙未年十二月四日生

配洪氏

庶陸氏

子　祝衍　祝叙　祝能　祝談夭　祝詩夭

祝樹　祝梅　祝須　祝浩

彬公　子祿壽字福軒同治癸丑年十一月廿六日生民國乙

卯年十月十九日卒

配楊氏同治癸酉年六月六日生

子　祝崇

仁壽字靜軒光緒丙子年十月廿六日生

配李氏光緒庚辰年十一月二日生

子　祝嶺　祝岩

堃公　子永壽字子軒光緒乙酉年八月二日生

配張氏光緒乙酉年六月八日生

子　祝岑

福壽字容軒光緒己丑年六月一日生

配楊氏光緒戊子年八月四日生

子　祝岳　祝塏　祝權

智英　子紹礽光緒甲申年十月十三日生

配胡氏

子　祝忍

紳礽　光緒甲午年二月廿二日生民國癸亥年九月廿日卒

配劉氏光緒戊戌年閏三月四日生

子　祝讓

偉英　子葵礽　光緒戊子年四月廿二日生民國丁丑年八月九日卒

配王氏

子　祝澄　祝燧

惠礽　光緒癸卯年五月十五日生

配潘氏光緒丙午年十月十九日生

子　祝鉅　祝治

煜礽　民國癸丑年十月十六日生

配潘氏民國甲寅年七月四日生

子　祝操　祝燦　封靜　祝朝

世英　子介壽字福田光緒丙子年十月廿六日生民國庚辰年二月十一日卒

配廖氏光緒乙亥年十月十三日生

子　祝僥　祝侃

恩壽字希平光緒癸巳（乙未）年十月十一日生

配龔氏光緒癸巳年正月十三日生

子　祝儉　祝健

瓊林　子慶先　咸豐己未年六月廿三日生同治辛卯年十一月十六日卒

配

嗣子　視愉

嘉林　子福先壽七十九歲道光戊申年十二月十七日生民國丙寅年七月六日卒

配梁氏同治甲戌年八月九日生光緒丙戌年十一月廿五日卒

子　視彬兼祧

祐先　咸豐乙卯年十月初五日生光緒丙申年八月初九日卒

配廖氏

兼祧子視彬

卓林　子紹先字學海樸質耐貧不慕榮利壽八十二歲道光丙午年八月七日生民國丙寅年八月廿七日卒

配蘇氏道光丙午年七月五日生宣統己酉年九月十一日卒

子　視泰　視瑜瑜出嗣　視瑩　視璣　視賢

舉先字升三號佩紳好學多藝藹然可親壽七十五歲咸豐癸丑年十一月三日生民國丁丑年八月四日卒

配蘇氏道光庚戌年十二月廿四日生光緒丁酉年八月廿四日卒

子　視才

敬先字德馨壽八十三歲咸豐乙卯年十二月一日生民國丁丑年二月廿九日卒

配梁氏壽七十六歲咸豐丙辰年八月廿七日生民國辛未年九月十四日卒

子　視琮　視安

蔚先字薈庭光緒乙亥年十二月十日生民國丁丑年十月十三日卒

配黃氏

容縣惟一商店承印

子　視仁　視依
維先字少祺性耽吟詠以教學終其身及門
多顯達者壽八十五歲咸豐戊午年八月廿五
日生民國壬午年六月十日卒
配鄧氏咸豐己未年十一月廿六日生光緒庚寅年
正月一日卒
子　視琅　兼祧
華先字鄰川同治壬申年十二月廿一日生光緒甲
午年九月廿六日卒
配吳氏
兼祧子視琅
絲先字渭川光緒己卯年十二月十四日生民國庚
午年閏六月十日卒
配李氏光緒癸未年二月七日生
嗣子　視瑾
繹先字渭祺光緒乙酉年三月十日生

配陸氏光緒丁亥年十二月十九日生
子　視瓊　視璜　璜出嗣
魁林子纖先字少唐現年七十八歲同治甲子年二月
十日生
配黃氏壽七十七歲同治甲子年六月二日生
民國己卯年十一月七日卒
子　視鈞　視璜　視鑾　視堅　視時
書林子振先字石泉道光丁未年六月廿三日生光緒丁亥
年六月十七日卒
配劉氏道光丙午年三月十二日生
繼配扈氏壽七十四歲咸豐壬子年四月五日
生民國乙丑年五月九日卒
子　視崗
肇修子彥棠號佐庭光緒戊寅年二月十日生
配潘氏光緒辛未年二月廿九日生宣統庚戌年
四月廿六日卒

子　潤生
肇信　子彥常號賢甫　光緒庚辰年六月廿三日生民國庚午年六月十二日卒
配陳氏光緒庚辰年八月十四日生
子　祥生　裕生
肇雲　子彥芹　光緒庚寅年九月五日生光緒癸卯年七月廿六日卒
配
兼祧子傳生
彥芳號瑞元江光緒丁酉年二月六日生
配韋氏光緒丙申年三月七日生
子　傳生兼祧
肇本　子彥翙壽七十八歲咸豐壬子年十月十三日生民國己巳年七月八日卒
配藍氏壽七十八歲咸豐辛亥年生民國戊辰年三月六日卒

子　杕升　瑞升　彩升　阜升
彥明字啓東　同治乙丑年七月三日生民國甲子年九月廿六日卒
配吳氏
子　熹升　志升
肇忠　子彥朋
配鄧氏
子　廣升　慶升
肇瑛　子彥受
配
子
彥睦
配楊氏
子
彥成同治己巳年正月一日生
配李氏

容縣惟一商店承印

子　保生　石生
肇佳　子彥琳號福廷光緒癸巳年八月一日生民國癸酉年
十月十日卒
配葉氏光緒壬辰年五月四日生
子　朗生　亮生　意生　景生
彥珍號信廷光緒乙未年九月卅日生
配覃氏光緒己酉年三月卅日生
子　靜生
彥珖號德廷光緒己亥年正月一日生
配張氏光緒癸卯年生民國辛酉年二月八日卒
子
彥琮光緒辛丑年十二月十日生
配
子
肇鑑　子彥球號馨夫光緒乙亥年六月廿六日生
配盧氏

子　義生　禮生　智生　信生
肇寧　子彥興同治壬申年十月三日生
配何氏同治癸酉年六月四日生民國乙卯年九月
四日卒
子　均生　福生　佐生
彥盛光緒乙亥年十二月九日生
配韋氏同治壬申年四月二十日生民國己巳年二
月十日卒
子　日生　文生
肇文　子彥福
配
子
肇經　子彥文光緒辛卯年二月五日生
配洪氏
繼配劉氏
子　傑生

肇邦　子彥登
配
子
美材　子甘霖道光丁酉年十月五日生
配潘氏
子
美材　子甘雨字運時道光庚子年五月十七日生光緒辛丑年五月廿四日卒
配劉氏道光癸卯年七月八日生
繼配李氏壽七十九歲道光庚子年八月十一日生民國戊午年十月十七日卒
子　加福　增福
甘澍字震山壽七十一歲道光庚戌年正月十八日生民國庚申年十一月十一日卒
配劉氏道光庚戌年八月十日生
繼配梁氏道光丁巳年六月十九日生

子　受福
相君　子鑾祖道道甲辰年十一月一日生
配吳氏
子　濟綿
元官　子鸞箎字仲卿道光丙午年九月九日生
配
子
光官　子鸞伯字伯卿道光丙申年四月八日生同治丙寅年正月十六日卒
子　濟時
配
癸官　子鸞卿道光戊申年九月十一日生
配關氏
庶梁氏
子　濟福庶出
鎮官　子贊乾字子剛佾生清封登仕佐郎梧州自治

容縣惟一商店承印

講習所畢業公性鯁直不爲苟聞沈酣載
籍手不釋卷其第勵後進必諄諄稱述古
義勉以爲法前賢平日居心行事務以敦
禮崇德爲依歸纂修譜牒尤單心力著有
顯揚及家訓若干卷存於家壽八十歲 咸
豐丁巳年五月廿六日生民國丙子年七月廿
七日卒
配楊儒人 咸豐丙辰年五月十七日生光緒壬午
年十月廿一日卒
繼配余儒人 同治癸亥年九月五日生民國辛未
年十二月十七日卒
子 濟材 濟凡 濟苗元配出 濟泉
濟堯 濟南 濟瑩 濟彭繼配出
苗泉堯瑩俱未娶而卒
贊坤字子維份生同治乙丑年七月十四日生光緒
丙午年四月十日卒

配黃氏議貢生亮虹公次女
子 濟辛 濟壬
釧官 子贊儒字子崇光緒丁丑年八月十二日生
配黃氏
子 濟熾無嗣
鑑官 子贊詩同治丙寅年五月一日生
配陳氏同治壬申年三月十九日生
子 濟窗 濟添
贊書 同治庚午年閏十月五日生
配謝氏同治甲戌年三月十四日生
子 濟炤 濟益
贊易同治甲戌年三月二日生
配黃氏
子
錡官 子贊修字子德公幼孤貧苦持甚然性敏慧致
富有術成人後躬率諸弟負販經商卒以

立業成家蔚然中興 同治壬申年五月十二日
生民國己卯年七月廿四日卒
配黃氏光緒戊寅年四月廿一日生
庶陳氏
子　濟海庶出
贊儀字子威同治甲戌年七月廿七日生
配梁氏光緒癸未年六月一日生
子　濟龐
贊仍字子雲光緒丁丑年三月十七日生
配羅氏光緒丁丑年四月三日生戊午年十月七日
卒
庶莫氏光緒乙未年八月四日生
子　濟石　濟穀　濟本俱庶出
贊僑字子南光緒己卯年十月三日生
配黃氏光緒庚寅年十一月三日生
庶梁氏光緒丙午年四月十六日生

子　濟李　濟杜　濟承　濟翰俱庶出
椿官　子贊球字子敕咸豐戊午年十月十一日生
配陳氏咸豐癸丑年七月十一日生
子　濟隆　濟陪
夏官　子贊堯字子俊咸豐甲寅年正月六日生
配吳氏
繼配莫氏
子　濟扶　濟揪　俱繼出
秋官　子贊庸字子靜
配楊氏
子　濟芳
贊廉
配黎氏
子
贊序　光緒甲申年三月十六日生遷居容縣波里横公
山

配李氏光緒丁酉年五月十日生
子　濟培　濟埠
卓官　子國慶
配馬氏
子　濟樞　濟樓　濟松
鼎官　子國宇道光辛丑年三月廿九日生民國甲寅年閏五月
十四日卒
配賴氏
繼配鄧黃氏
子　濟章　濟京　濟良
國富道光癸卯年七月二十日生民國壬子年十月廿
八日卒
配岑氏壽七十八歲道光丙申年五月十三日
生民國癸亥年十月十六日卒
子　濟珍　濟球
國寶壽七十六歲道光丙子年六月十二日生民國

辛酉年十二月十一日卒
配覃氏
子　濟楝　濟植　濟榕
國安咸豐癸丑年四月廿五日生
配盧氏
繼李氏
子　濟開　濟闓
丕官　子國瑚咸豐辛亥年十二月初二日生光緒乙未年七月
初十日卒
配梁氏
子　濟莊　濟茂　濟茵　濟菊
國理咸豐戊午年十月初七日生光緒戊子年五月十
八日卒
配黃氏
子　濟芸
齊官　子佐勳道光丙午年三月十五日生

配楊氏
繼配胡氏
子　濟盈元配出　濟常　濟年　繼配出年出
洋卒
佐猷道光庚戌四月初八日生民國丁巳年十二月初
八日卒
配梁氏咸豐壬子年十二月初六日生光緒丁亥年
七月十一日卒
子　濟川
佐才壽八十五歲咸豐癸丑年七月廿六日生民國
丁丑年十月三十日卒
配余氏
子　濟淸　濟淮　濟深
京官　子佐邦壽七十一歲道光乙巳年八月十六日生民國
乙卯年十月十一日卒
配廖氏

子　濟寬　濟安
家官　子佐仁咸豐庚申年十一月廿一日生民國丁巳年卒
配莫氏
子　濟基　濟犁
佐良同治癸亥年四月廿六日生光緒庚辰年四月廿
五日卒
配陳氏光緒甲申年五月十五日卒
子　濟登　濟發
亮官　子佐煊光緒戊子年十一月十三日生民國壬午年四月
十八日卒
配黄氏光緒辛卯年十月廿四日生
子　濟濃
毫官　子佐賢同治壬申年六月十六日生
配李氏
子
綜官　子守桓字紫宸州吏目銜歷充本地方團正爵

七十七歲道光戊申年三月二十日生民國庚申年五月初四日卒

配黃氏壽八十三歲廣貢亮虹公長女道光戊申年九月十四日生民國庚午年九月十三日卒

子　濟英　濟萃　濟荃　濟芹

守信道光庚戌年五月二十日生民國辛酉年五月廿六日卒

配莫氏壽八十三歲

子　濟祚　濟禧

守儀字禮三咸豐壬子年三月十五日生宣統庚戌年十月初二日卒

配黃氏

繼配高氏

子　濟琚　濟瑞　濟瓊　濟琯瑄出嗣

瓊繼原配出

守倫字明齋例貢生儒醫咸豐丁巳年八月廿六日生民國乙卯年九月廿六日卒

配陳氏咸豐丁巳年十二月十七日生民國癸亥年十二月十七日卒

庶莫氏

嗣子　濟瑄　濟美

守綱字立三同治癸亥年十月廿一日生民國壬戌年十一月一日卒

配李氏同治壬戌年閏八月七日生

子　濟[illegible]　濟[illegible]　濟蓮　濟[illegible]美出嗣

紹官子守潘字少屏廩生例監生師範畢業歷充社垌團團紳現年八十五歲咸豐丁巳年六月廿三日卒

配劉氏壽七十一歲咸豐丙辰年十二月十二日生民國丙寅年十二月三日卒

子　濟中　濟權　濟衡

守義字居三同治壬戌年十一月三日生民國丁卯年八月十三日卒
配梁氏同治壬戌年三月二日生民國庚午年閏六月廿五日卒
子　濟程
守禮字典三同治戊辰年三月一日生
配李氏同治己巳年二月二日生民國甲子年五月廿四日卒
子　濟銘　濟鐸
守智字哲夫同治庚午年十一月廿八日生
配黃氏同治戊辰年八月十九日生同治己巳年三月廿日卒
繼配莫氏同治壬申年十一月十七日生
子　濟寰　濟宇　濟宏　濟傳繼配出
守真字寶三同治癸酉年八月廿九日生
配李氏同治辛未年四月十一日生

庶朱氏光緒壬午年三月十四日生
子　濟鑾庶出
偉官　子國相咸豐庚申年八月二日生光緒乙未年二月十九日卒
配黎氏
繼配劉氏壽七十一歲同治壬戌年八月廿一日生民國壬申年四月廿一日卒
子　濟怡繼出
國樑同治庚午年八月十五日生民國戊辰年九月廿四日卒
配劉氏
繼配張氏
子　濟志元配出
俊官　子國禮同治壬戌年九月二日生光緒壬午年二月十二日卒
配陳氏咸豐庚申年八月十五日生民國癸酉年正

月八日卒
嗣子　濟霖
國祚字子培師範畢業生曾充初小校校長
村長同治庚午年正月十三日生
配高氏把總銜汝霖公女同治己巳年七月廿
七日生
子　濟霖　濟霆　濟霞霖出嗣
國祺字吉徵同治辛未年十二月卅日生
配謝氏同治庚午年閏十月一日生光緒乙巳年十
二月十三日卒
繼配黃氏光緒庚寅年二月一日生
庶黎氏
子　濟露　濟胥　濟震
覲官　子冠英兼祧字子超同治甲子年十二月十日生
配龐氏
子　濟傳

規官　子冠甲字癸先道光己酉年五月卅日生
配陳氏道光壬子年十二月廿六日生宣統庚戌年
五月六日卒
子　濟唐
覰官　子冠英字子超
配莫氏同治丙寅年十一月十日生民國癸酉年四
月十八日卒
子　濟儒
濟官　子乃龍字雲田同治甲子年七月十八日生民國戊辰
年四月廿七日卒
配黃氏貢生亮乾長女
子　濟欽
乃鳳字鳴山同治庚午年八月六日生光緒乙巳年
四月廿日卒
配葉氏同治戊午年十二月廿五日生光緒辛卯年
八月十七日卒

繼配莫氏同治壬申年八月六日生民國壬戌年三月三日卒
繼配陳氏
子　濟鈞　濟錦　濟釧俱莫氏出
乃麟字瑞庭同治壬申年二月六日生民國壬申年四月廿六日卒
配劉氏恩貢齊規公次女同治庚午年二月六日生民國戊寅年二月三日卒
子　濟鏡　濟銓　濟鋪
乃儔字渭材光緒癸未年二月廿八日生
配黎氏
子　濟鈿　濟鉞　濟鉎
瀛官子乃文字墨華僑生師範畢業生公日手一編無間晝夜尤喜吟詠同治辛未年六月一日生民國辛酉年三月廿四日卒
配李氏同治庚午年六月廿日生光緒癸卯年九月廿五日卒
繼配羅氏光緒壬午年九月九日生
子　濟舟　濟江元配出濟杰　濟縣繼配出
江幼卒
乃章字憲臣同治癸酉年正月廿二日生
配唐氏
子　濟兆　濟仁俱早亡
乃彥字黑波師範畢業生同治甲戌年十一月十五日生民國丙子三月廿三日卒
配梁氏州同銜遠江公女
子　濟可、濟衆
乃宸字墨香梧州警察畢業光緒戊寅九月廿八日生
配劉氏
子　濟北
乃廉光緒庚辰年九月三十日生

配莫氏
子
汝官 子乃霖字愛松中學肄業歷充新安團團紳區立鼎新初級小學校校長第三區教育委員會委員民團局局員南義區公所辦事員兼糧賦征收員岑溪稅捐局助理員光緒丙申年八月廿六日生
配莫德容光緒壬辰年三月四日生
子 濟群 濟謀 濟俠
乃桐字愛梧光緒戊戌年十月十六日生
配李萃容光緒己亥年二月十日生
子 濟典 濟德 濟讓
乃標字愛芬光緒甲辰年六月廿六日生
配廖昭容光緒癸卯年八月十二日生
子 濟友 濟侶 濟永
乃桂字愛蘭光緒丁未年九月廿六日生

配莫志容宣統己酉年六月廿七日生
子 濟勇 濟壽 濟矩 濟敏 濟芝
乃榮字愛菊廣西電訊人員養成所畢業充博白稅捐稽征局沙河辦事處主任北流縣隆盛辦事處主任民國壬子年正月六日生
配劉桂芬民國己卯年五月十六日生
子 濟億 濟侃
官 子楙 專 同治乙丑年四月九日生民國庚午年一月十五日卒
配李氏咸豐庚申年六月十九日生
子 濟昊 濟岑 濟崑
簪奇 同治壬申年十二月十一日生民國癸亥年九月廿七日卒
配梁氏同治辛未年九月十六日生民國辛巳年閏六月廿六日卒
子 濟鵠 濟萬 濟華 濟著

統賢 子賀昌
配
子
家賢 子安周
配黎氏
子 濟楷 濟桂 桂出洋楷無嗣
定周
配潘氏
子 濟模
宗周
配
子 濟桐
樹官 子典泰道光丙午七月廿七日生
配莫氏
子
典剛咸豐癸丑年十一月八日生

配謝氏
子 濟祁 濟郊 濟都
榆官 子典紀同治癸亥年十月一日生
配石氏
子 濟邦
樹官 子典緯同治丁卯年八月十九日生民國辛未年二月八日卒
配梁氏
子 濟郡
槐官 子典忠道光己酉年十一月廿六日生
配李氏
子 濟泮 濟池 濟湖
榆官 子典綸
配
子
廣官 子運周

容縣惟一商店承印

配嚴氏
子
應官 子瑞周
配
子
晃官 子福周
配
子
昆官 子啟周
配
子
家寵 子佐周道光己未年十一月四日生
配盧氏同治甲子年八月廿六日生
子 濟蕙
家龍 子建周咸豐壬子年二月一日生
配黃氏咸豐庚申年四月廿七日生

子 濟芝 濟蘭
怡官 子贊先
配黃氏
子
贊光同治癸酉年十月四日生
配吳氏光緒癸未年四月十三日生
嗣子 濟炎
贊元光緒乙亥年正月三日生
配余氏光緒乙酉年四月廿七日生民國庚辰年四月八日卒
子 濟務 濟朗
恒官 子贊宇同治甲戌年四月廿五日生民國癸亥年二月八日卒
配黃氏光緒甲申年九月廿九日生
子 濟運
贊宙光緒庚辰年八月十五日生民國戊午年九月十

三日卒
配楊氏光緒庚辰年五月八日生
子　濟進
贊寶光緒甲申年五月廿一日生
配盧氏光緒甲申年八月十一日生民國戊寅年
十一月廿三日卒
子　濟燿　濟煇　濟炎炎出嗣
愉官　子贊安同治壬申年五月廿七日生民國丁丑年閏月九
日卒
配梁氏
嗣子　濟逵
贊宏光緒丙子年八月廿八日生民國辛酉年四月十
一日卒
配陳氏光緒甲申年十二月一日生民國辛酉年四
月十二日卒
子　濟道　濟逵　濟遠遠出嗣

悅官　子贊庭光緒戊寅年二月四日生
配馮氏光緒乙亥年三月十八日生民國辛未年
四月十二日卒
子　濟標　濟梧　濟橋　橋標當兵
梧往洋俱無訊
仕官　子贊揚光緒乙酉年五月廿七日生
配林氏光緒甲申年四月三日生
子
贊堤光緒戊戌年七月廿九日生
配唐陳氏民國丙辰年四月七日生
子　濟仁　濟義
任官　子贊扶光緒壬辰年十一月廿七日生
配羅氏光緒丙申年正月四日生
子　濟祊　濟祜
採官　子贊恩同治壬戌年閏八月廿日生民國乙卯年九月廿
日卒

配周氏同治壬戌年二月十一日生民國丙辰年十
一月七日卒
子　濟言　濟慶　濟奕　濟享
贊惠同治丁卯年七月廿九日生民國庚申年三月八
日卒
配盧氏同治庚午年八月一日生
子　濟廣　濟庇
贊忠同治癸酉年六月廿一日生
配謝氏
子
第官　子贊禧光緒甲申年七月廿四日生
配梁氏
子
贊福光緒壬辰年九月廿七日生
配黃氏
繼配謝氏

子
厲裕　子振庠道光乙巳年五月廿一日生
配梁氏
繼配梁氏
子　濟端　濟正
振序咸豐己未年四月廿五日生
配廖氏
子　濟田無嗣
志裕　子應君
配
子　統文
應臣
配陳氏
子　統善
惠裕　子應召道光庚戌年九月五日生
配黃氏咸豐辛亥年十二月廿二日生

子　濟宜　濟宦　濟家

恩裕　子應禮壽七十四歲咸豐辛亥年十一月一日生民國

甲子年五月廿一日卒

配陳氏咸豐甲寅年三月九日生

繼配梁氏同治丙寅年十月十五日生

子　濟袖　濟祜　濟禎　濟辭　濟祿

濟祇祚幼卒

應祚壽七十二歲同治丙寅年四月十四日生民國

丁丑年八月廿日卒

配李氏同治丁卯年十一月四日生

子　濟占、濟杏　濟合

憲裕　子應球　咸豐丙辰年七月廿六日生光緒庚子年五月廿

日卒

配胡氏

繼配劉氏

子　濟拔　濟援繼配出援樹嗣

應琨光緒乙亥年五月十五日生

配黎氏光緒庚辰年四月十四日生

繼配陳氏 黃氏

嗣子　濟援

寧國　子品遒

配梁氏

嗣子　濟旦

品遂　道光丙午年正月十八日生光緒壬寅年十二月

十六日卒

配黎氏

子　濟昌　濟晟　濟旦　濟光旦出嗣

安國　子明通

配吳氏

子　瑞廣　瑞䕺

遠德　子傳經遷居上化鄉葛井村

配李氏

子　憲昌

國經　子永昌舊譜於國經名下子一行注與弟遷居

平南待查

配

子

永暉

配

子

國全　子永寶兼祧

配劉氏

子　觀光

國興　子永賢

配劉氏

子　現光

國成　子永賁

配

子

國材　子永崇道光丁丑年九月六日生

配徐氏光緒庚辰年九月十三日生

子　達光　兆光

國和　子永寬

配凌氏

子　睿光　寳光

永棠字滇餘同治庚午年二月十六日生

配蘇氏

子　重光

國裕　子永賛字吉甫同治癸亥年二月七日生

配莫氏同治壬戌年十月三日生

子　存光　燿光

瑞昌　子永禮咸豐己未年七月十五日生

配陳氏咸豐庚申年八月三日生

子　迺英　迺球　迺瑢　迺琇

瑞廣　子永傳壽八十一歲咸豐壬子年五月九日生民國壬申年六月十一日卒
配梁氏咸豐壬子年三月二十日生
子　迺瑱

瑞成　子永璋咸豐丁巳年十月十五日生
配黃氏咸豐己未年十一月廿六日生
子
永珍現年七十三歲同治癸亥年三月十六日生
配
子

瑞安·子永牉
配謝氏
子　迺瓊　迺琳　迺璘　迺珠

瑞新　子永序民國戊午年七月十八日生
配甘氏
子

瑞光　子永康
配淩氏
子　迺芳

瑞德　子永良字振芳光緒戊子年三月三日生
配梁氏光緒己丑年六月廿日生
繼配羅氏光緒己亥年十月十五日生
子　迺琨　迺琮　迺琛　迺瑢　迺玟

大齡　子定元
配蕭氏
嗣子　悱誥

岸齡　子經元
配覃氏
子　恂誥　怡誥　憒誥

繼元
配楊氏
子　愼誥

嶽齡　子綬元
配李氏
嗣子　憬誥
緒元
配彭氏
子　懷誥　憬誥　悚誥憬出嗣
嵩齡　子綬元
配
子　㦕誥　悱誥悱出嗣
綽元
配李氏
子
統元咸豐甲寅年九月十七日生
配梁氏
子　愕誥
維元

配藍氏
子　懭誥　懌誥
延齡　子成元
配何氏
子　傳誥　儒誥　傍誥儒出洋
佑齡　子枝元
配
子
鋑齡　子榜元
配
子
傑齡　子桂元
配
子
偉齡　子椿元
配

子　憶誥

遐齡　子初元
配楊氏
子　恩誥　思誥　慈誥　忠誥　惠誥

逢齡　子裕元
配
子

祐齡　子仲元字可懷
配陳氏
子　詳誥　詮誥　諭誥

叔元
配何氏
子　謨誥早故

兆元
配覃氏
繼配彭氏

子　誠誥元出嗣早故

祚齡　子棣元字連科
配朱氏
子　詵誥　詠誥　請誥

綿元
配李氏
子　讚誥　誦誥　訪誥

茂齡　子啟元
配陳氏
子　紫誥　鳳誥

政元
配蘇氏
子　麟誥

敏元
配黃氏
子

華齡　子勛元字策臣
配李氏
子　錫　諧　錦　諧
勷元
配李氏
子　桐　諧　松　諧
蕃齡　子濟元 光緒壬辰年六月廿四日生
配浦氏 光緒癸巳年六月十五日生
子　爵　諧　師　諧　侯　諧
冠元 民國乙未年九月十九日生
配馮氏
子　良　諧
夢齡　子義元 光緒丁亥年十二月十日生
配何氏 光緒庚子年八月四日生
繼配鄧氏 光緒庚子年八月四日生
子　昌　諧　積　諧　善　諧

萃齡　子運元 光緒乙未年十二月五日生
配朱氏 光緒庚子年七月十二日生
子　德　諧
漢元 光緒丙子年四月九日生
配陳氏 光緒乙巳年五月十五日生
子　福　諧
超遠　子武賢
配田氏
子　爵奕　世奕　錫荃
超英　子武珠字濂湘性穎悟勤讀小試曾列前矛因亂費志而卒 道光乙巳年閏六月廿四日生咸豐丁巳年五月八日卒
配邱氏守節撫孤
子　錫光　錫文 文早故
超華　子武瓊字佩文監生同知銜 道光丙午年十一月廿九日生

配潘宜人
繼配張宜人
子　錫睿　錫輝　錫昌元配出錫芬
錫璣、錫瑄繼配出
慶年字碧山五品銜賞戴藍翎拔補千總辛
巳奉委管帶電瓊廉洋面揖捕礟船咸豐
丙辰年八月廿二日生
配李宜人
子　錫雲　錫龍　錫巽　錫粹
武璋字玉軒咸豐庚申年六月十日生
配甘氏
子　錫彪　錫雄
超萬　子武琚
配李氏
嗣子　錫都
武瑜字少瑾同治壬申年十月六日生

配梁氏
子　錫都　錫芳都出嗣
超緒　子武任字仁峯監生道光甲午年五月十一日生光緒
戊戌年正月十四日卒
配陳氏
繼配韓氏
子　錫祥　錫礽元配出錫祺　錫禎
錫初繼出
武佑道光壬寅年十二月廿一日生
配馮氏
子　錫承
超綸　子武信六品銜
配薛氏
子　錫侯
超綬　子武林字翰臣道光丙午年八月卅日生
配李氏

子　錫贊　錫賢
武材
配鍾氏
繼配李氏
子　錫恩　錫志　錫佳
武楠
配鄒氏
子
武松
配申氏
子
超俊　子武紀光緒乙亥年八月八日生
配柳氏
子　錫章
武緯
配柳氏

子　錫才　錫榮
武繩
配
子
超傑　子武揚
配
子
超蘭　子武福
配
子
武祥
配
子
武禮
配
子

武裕
配
子
超才　子武成
配
子
超社　子武功
配
子
武勷
配
子
武勉
配
子
武新

配
子
超桓　子武登
配葉氏
子　錫興
武保
配
子
超林　子武傳
配
子
超槐　子武儲
配
子
超芳　子武利原名保佳
配

子　錫常

超賢　子武怡

配

子　錫廣出洋

燿清　子朝攀

配陳氏

嗣子　典裔

輝清　子朝藹

配

子

勤清　子朝才

配陳氏

子　典裘　典裔　典祥

祥清　子朝成

配秦氏

子

瑞清　子朝唐

配楊氏

子

福清　子朝廣

配覃氏

子　典常

朝庠

配黃氏

子

朝廓

配楊氏

繼配黃氏光緒辛巳年四月十二日生

子　典教

守清　子朝英

配盧氏

子　典林

輔清　子朝紀
配
子　典昌

宦清　子朝泰
配盧氏
子　典祈　典祥

朝貞
配彭氏
子　典祚　典礽　典禮

朝漢
配覃氏
繼配饒李氏
子　典祿

贊清　子朝魁
配
子

朝芬
配余氏
子　典成

武昌　子保通　咸豐乙卯年十一月廿一日生
配余氏
子　志揚

進棠　子觀華　道光癸卯年八月二日生
配羅氏
子　志林

紀華　道光丙午年八月廿九日生
配莫氏　道光丁未年三月一日生
子　志材　志祥

兆棠　子顯華　光緒戊寅年六月五日生
配何氏
嗣子　志祈

盛華　光緒辛巳年閏七月十七日生

配李氏光緒戊寅年十一月十八日生
子　志沂　志礽沂出嗣

在國　子保福字群山善技擊精外科　道光丙午年三月
七日生
配龐氏道光丙午年五月八日生
繼配謝邱氏
嗣子　志蘭
保祿咸豐癸丑年正月廿九日生
配余氏咸豐壬子年十二月廿七日生
子　志菁　志蘭　志薫蘭出嗣

武沅　子保聚
配鄧氏
子　志瑛

武書　子保華壽七十六歲道光丁酉年二月十二日生
配巫氏壽八十歲　道光己亥年五月廿九日生
子　志　志鵬

武魁　子保棠
配
子

武猷　子保祥道光庚子年二月十一日生
配毛氏

武崇　子保都光緒己丑年十月十日生
配　民國丁巳年四月十日生
子　志廣

武寅　子保先字海泰委辦理廂里團務壽七十一歲
同治癸亥年五月廿七日生民國癸酉年　卒
配李氏同治甲子年十一月廿四日生
子　志恒　志懷　志怡　志愉　志惟

武寧　子保彰光緒乙亥年八月十四日生
配李氏
子　志亢
保禎光緒乙酉年十一月八日生

配周氏光緒戊戌年二月十七日生

子　志生

保礽光緒己丑年五月卅日生

配覃氏光緒辛卯年四月十六日生

子　志亮　志豪　志亨　志敦

保祈光緒甲午年四月一日生

配陳氏光緒庚子年二月三日生

子　志坊

武容子保珍

配

子

武安子保文光緒甲午年十月十日生

配覃氏光緒辛丑年三月廿五日生

子　志秋

廣漢子建邦道光丙申年九月廿八日生光緒丙申年正月廿五日卒

配李氏壽七十七歲道光乙未年四月廿一日生宣統辛亥年八月廿二日卒

嗣子　雲禪

建都道光己亥年二月十九日生光緒甲午年三月十七日卒

配梁氏道光戊戌年三月十六日生

子　雲成　雲鵠

建崇壽七十七歲道光辛丑年二月十一日生民國丁巳年八月廿一日卒

配吳氏壽八十五歲道光辛丑年三月廿五日生民國乙丑年正月十二日卒

子　雲海　雲鴻

建煥道光己酉年二月廿五日生光緒戊子年六月廿四日卒

配

子

廣明　子建倫壽七十三歲道光庚子年十二月七日生民國
壬子年八月二日卒
配莫氏壽八十五歲道光戊戌年四月四日生
民國壬戌年正月五日卒
子　雲吉　雲棠
建業壽七十歲道光癸卯年九月十日生宣統辛亥
年二月廿六日卒
配李氏壽八十歲道光甲辰年十一月廿三日
生民國癸亥年六月廿一日卒
子　雲開　雲兀　雲興
廣聰　子建經
配
子
廣彩　子建鋁壽七十六歲道光丁未年七月十九日生民國
壬戌年九月十九日卒
配

子　無嗣
建典
配
子
建訓　咸豐丙辰年八月三日生民國戊午年十月九日
卒
配
子　雲國　雲齊　雲徐　俱無嗣
廣淮　子建林
配李氏　道光己亥年十月八日生光緒辛卯年六
月一日卒
子　雲琨　雲芝　雲文　雲禪　芝文無嗣
禪出繼
建燦　道光癸巳九月廿日生光緒辛卯年六月八日卒
配李氏道光庚戌年十月廿六日生民國丁巳年正
月廿一日卒

子　雲英　雲蔚。
廣全　子建清　道光壬寅年十二月十六日生光緒甲申年二月十七日卒
配莫氏壽八十四歲　道光戊申年四月十一日生民國辛未年五月廿五日卒
子　雲乾　雲經
建祈壽七十八歲咸豐甲寅年十一月十二日生民國庚午年十一月四日卒
配梁氏咸豐乙卯年七月十二日生光緒丁未年八月廿八日卒
繼配李氏同治庚午年八月十六日生
子　雲林　雲志
廣基　子建春　同治庚午年十月十二日生民國丁丑年五月廿一日卒
配曾氏同治庚午年六月廿七日生
子　雲靜　雲安　雲傳

廣惠　子建謨　道光甲辰年六月十四日生光緒乙巳年三月十五日卒
配
子　無嗣
廣茂　子建成　咸豐己未年二月四日生
配
子　無嗣
廣福　子建昌壽七十歲　同治乙丑年七月十八日生民國癸酉年三月十九日卒
配莫氏壽七十四歲　同治甲子年十一月七日生民國丁丑年七月廿九日卒
子　雲彩　雲全　雲隆
建榮同治庚午年正月四日生
配鍾氏同治庚午年正月四日生
子　雲禧
建廷光緒丙子年三月四日生

配李氏光緒庚辰年三月十六日生
子　雲沾
廣義　子建龍道光乙巳年十月十一日生光緒癸卯年九月二
日卒
配梁氏道光甲辰年正月十六日生光緒甲辰年二
月廿一日卒
子　雲勤　雲儉　雲成　雲家
建光同治丙寅年八月二日生
配梁氏
子　雲榮　雲華
廣禮　子建德壽七十二歲道光庚戌年九月十八日生民國
辛酉年九月一日卒
配楊氏道光己酉年十二月一日生光緒甲午年二
月十九日卒
子　雲知　雲明
建政號雲山咸豐乙卯年十月廿五日生民國己未

年二月廿四日卒
配陳氏咸豐乙卯年六月廿四日生民國辛酉年七
月廿五日卒
子　雲旺　雲才　雲雅
建照同治癸亥年三月七日生宣統庚戌年二月廿六
日卒
配梁氏同治癸亥年三月七日生宣統庚戌年正月
五日卒
子　雲奇　雲山
廣智　子建乾號洪德咸豐乙卯年九月十九日生宣統辛亥
年八月廿七日卒
配劉氏壽八十一歲咸豐丙辰年七月八日生
民國丙子年正月十七日卒
子　雲福　雲松　雲岫　雲茂
廣壽　子建儀光緒辛巳年閏七月十一日生
配

子
建朝
配
子
建球 光緒庚寅年八月十日生
配龐氏 光緒丁未年二月八日生
子 雲起 雲群
廣和 子建志 光緒乙未年十二月廿五日生
配羅氏 光緒乙未年十一月廿七日生
子 雲廉 雲階
廣慶 子建元 光緒辛卯年六月五日生
配趙氏 光緒甲午年五月十六日生
子 雲賢 雲吉 雲棟
建高 光緒丁辰年五月四日生民國甲子年六月廿九日卒
配

子
建禎 光緒乙亥年六月十三日生
配
子
建明 光緒壬寅年六月廿五日生
配
子
廣運 子建文 同治癸酉年九月十二日生
配吳氏 光緒甲申年四月十八日生
子 雲輝
廣進 子建安 光緒庚辰年五月一日生宣統辛亥年十一月七日卒
配龐氏 光緒甲申年正月廿九日生
子 雲盛
建才 光緒甲申年四月廿七日生
配

子　雲發

容州封氏家譜

卷十

卷十

容州封氏家譜卷十

次房世系牒

二十一世

秉春　子王照
配
子

秉隆　子王琪
配廖氏
子　永朝　舉朝

秉亨　子王彰
配李氏
子　進朝　學朝　繼朝

王勳
配韋氏
子　慶朝

王才省立賓陽初中學校畢業中央軍事學校第一分校畢業曾充中尉排長等職
配思氏
子

秉桐　子王淵
配陸氏
子

王源
配
子

秉桓　子王逵
配
子

王超
配
子

秉昆子王傑
配
子
王彪
配
子
秉彝子王進
配黃氏
庶張氏
子　登朝
秉哲子王安
配
子　立朝
春榮子王鑾
配
子

王蕐
配
子
祿榮子王授
配
子
王臣
配
子
王相
配黃氏
子　佐朝
秉新子王胤
配
子
王贊

配

子

秉康　子王威　省立賓陽中學畢業幹訓學校畢業曾
任賓陽大仙賓水大元等鄉鄉長等職

配韋氏

子　寶翔

秉捉　子王恩

配廖氏

子　在翔

秉啟　子王太

配阮氏

子　入朝

王良

配廖氏

子

秉樹　子王仁

配

子

王彭

配

子

秉鎔　子王烈

配

子

秉棠　子王盛

配

子

王光

配

子

秉森　子王憲　省立賓陽中學畢業中央軍官學校畢
業現任尉官職

容縣怪一商店承印

配張氏
子　家朝
王雲
配章氏
子
王盆
配黃氏
子
王堅
配
子
秉舒　子王興
配章氏
子　福朝
王祥
配李氏

子
王昌
配
子
王政
配
子
秉林　子王生
配鄭氏
子
王權
配
子
王強
配
子

王克
配
子
秉越 子王榜
配
子
秉祥 子玉登
配廖氏
子 生朝 旦
秉勳 子玉祝
配
子 長朝
秉協 子玉琚
配江氏
子 連聚
玉光

秉宏子王成
配
子 王平
配
子 王輝
配
子 王昆
配
子 王站
子
秉良子玉進
配
子
秉強子玉來
配
子 王忠
配
子 王晉
配
子

王成
配施氏
子 連英 連邦 連譁
玉啟
配廖氏
子 連來 連紹 連枝 連展 連標
連和 連初 連富
玉章
配李氏
子 連仁
秉容 子玉球
配
子 連興
秉茂 子玉良
配
子 連秀
秉堅 子玉珠

配
子　連香
秉福　子玉桂
配韋氏
子　連信
玉純
配鄭氏
子　連義
玉山
配鄭氏
子　連源　連泉
秉好　子玉通
配廖氏
子
玉倫
配張氏

子
玉英
配陳氏
子
秉心　子玉圖
配廖氏
子
玉政
配鄭氏
子
秉謨　子玉隆
配
子
秉然　子玉廷
配思氏
子

玉德
配
子
秉奎子玉藏
配
子
秉仁子玉雄
配
子
玉鑫
配
子
秉賢子玉林
配鄭氏
子　連泉
玉祥

配鄭氏
子
秉藩子玉南
配張氏
子　連龍　連鳳
玉年
配
子
玉海
配
子
玉全
配
子
秉秀子玉雲
配

子
秉多　子玉當
配謝氏
子　連忠　連芳　連愛
秉志　子玉生
配鄭氏
子　連勝　連淵
秉才　子玉昌
配鄭李氏
子　連貝
秉權　子玉盛
配廖氏
子　連茂
玉汝
配
子

秉文　子玉明
配
子
玉寶
配
子
組福　子世延
配陳氏
子　廣明
組祥　子世昌
配韋氏
子
世景 光緒癸未年三月十六日生
配唐氏 光緒丙戌年二月十六日生
子　廣清　廣文　廣華
組榮　子世文 咸豐己未年二月廿九日生民國丙辰年十二月

廿四日卒
配覃氏
繼配李氏光緒丁丑年八月十四日生
子　廣鴻
組華　子文光字斗南光緒庚寅年十一月初二日生
配吳氏光緒辛卯年三月廿三日生
繼配梁氏光緒己亥年五月十四日生
子　廣富　廣法
英文字少瓊光緒甲午年三月十一日生
配申氏光緒癸巳年二月十八日生
子　廣賢　廣槐　廣仁　廣元　廣貞
文傑字仲熙光緒丁未年九月十三日生
配馬氏光緒丁未年十一月廿二日生
庶梁氏
子　廣粟　廣超嫡出　廣傳庶出
文偉字關權中學畢業生參加全省運動演

賽優勝獲獎宣統辛亥年十一月初十日生
配蔡氏宣統己酉年七月初二日生
子　廣生
成源　子世忠光緒辛巳年七月初十日生
配龐氏
子　代昌
成河　子世恩
配
子
佐元　子丗爵
配梁氏
子　代珍
丗侯
配李氏
子　代珠
丗顯

配
子
佐達　子世振
配莫氏
子　代琦　代珖　代琨
世蕃
配羅氏
子　代璋　代瑛
佐英　子世業
配
子
武寧　子守志
配
子
善才　子盛志往洋
配

子
諭志光緒癸卯年五月初十日生　爲國爭光
配李氏
子
德志光緒戊申年正月廿八日生
配
子
慶才　子達志民國丙寅年三月初七日生
配區氏民國丙寅年正月十六日生
子
潤亮　子顯國
配明氏
子　達成
鎮國
配李氏
子　達遠

潤裕　子佐國
配秦氏又作陳氏
子　達正
靜國
配玉氏
子　達觀
厚培　子丕烈字秉德壽七十六歲恩賜登仕郎　道光丙戌年七月廿七日生光緒辛丑年十一月十二日卒
配陸氏壽七十二歲　道光丁亥年四月初二日生光緒戊戌年十月十五日卒
子　達明
潤華　子輔國
配黃氏
子　達倫　達壽　達德俱無嗣
潤宣　子奕國

配彭氏
子　達璋　達卿
裔興　子統元　嘉慶庚辰年三月初八日生道光乙未年五月十八日卒
配阮氏
子　德衛　德文　德盛　德璋　衛娶莫氏無嗣　文娶黃氏無嗣　璋娶陳氏無嗣
武元　嘉慶丁亥年正月廿八日生
配黃氏
子　德榮　德華　德祥　華娶鍾氏無嗣
裔光　子安元　慶嘉已未年四月初五日生咸豐丁巳年十一月初五日卒
配甘氏　嘉慶辛酉年二月廿八日生咸豐丙辰年七月初七日卒
子　德壽　德敏　敏出嗣

隱高 子永德字恒卿號馨廷軍功五品銜公少孤稟
承母教及壯棄儒經商初業負販性忠厚
所至富商大賈皆信重之歷龍州百色黔
蜀越南各地無不利市倍獲遂創業以貽
後人壽七十四歲道光己亥年九月廿四日生宣
統庚戌年四月十七日卒
配陶氏壽八十一歲 道光己酉年十二月廿日
生民國己巳年五月廿一日卒
子 建邦 建游 建温 建業 温出嗣
永禎字壽卿外出經商四訪無踪
配
嗣子 建温
遠照 子維敔咸豐甲寅年四月初七日生
配符氏
子 達光
維濟同治己巳年二月初六日生

配鍾氏
子 達華
裕德 子寶綬 道光辛卯年二月初四日生光緒壬辰年四月廿
四日卒
配符氏
子 興棠
裕學 道金綬號玉泉 道光辛卯年十月廿四日生同治乙亥
年九月初三日卒
配楊氏壽八十七歲 道光庚寅年八月十六日
生民國丙辰年十月初二日卒
子 興培 興坤
安紋字文思八品銜壽八十四歲 壬年
正月十五日生民國癸亥年二月卅日卒
配李氏壽七十七歲
子 興鈞 興釗 興鋒 興鏐
寅綬字敬軒 道光丙午年六月廿九日生光緒壬寅

年十一月廿八日卒
配黄氏道光癸卯年正月十八日生光緒戊戌年十
一月初八日卒
子　興圻　興芹　興振　興仕　興智
興芳　仕出嗣
宏綬　道光己酉年八月廿八日生光緒丁亥年七月十
五日卒
配潘氏道光庚戌年九月十五日生光緒丁丑年三
月廿二日卒
子　興開早故
裕和　子祥綬　道光辛丑年十月廿四日生光緒壬寅年十二月
初四日卒
配曾氏道光壬寅年二月初四日生光緒辛丑年二
月廿六日卒
嗣子　興仕
元綬字善之壽七十六歲咸豐辛亥年二月初二

日生民國丙寅年七月廿日卒
配周氏壽七十九歲道光庚戌年十二月廿五
日生民國戊辰年三月初九日卒
嗣子　興桂
裕成　子組綬壽七十三歲道光丁未年五月初五日生民國
己未年二月廿七日卒
配吳氏壽七十歲道光丁未年九月廿日生民國
丙辰年三月初十日卒
子　興芝　興禮　興詩　興桂興桂出嗣
裕綸　子繼綬字善齋　咸豐壬子年三月十三日生民國己未
年五月十六日卒
配鄧氏壽七十五歲咸豐丙辰年十一月十七
日生民國庚午年十二月廿八日卒
子　興華　興信　興傳　興茂
裕新　子綸綬　同治丙寅年七月初四日生民國癸酉年二月廿
二日卒

容縣惟一商店承印

配雷氏同治丁卯年十二月初二日生
子　興佳　興仙　興俊
裕舒　子遠綬　光緒乙亥年七月初五日生民國癸丑年七月廿六日卒
配韋氏
子　興儒　興年
裕材　子緒綬　光緒壬辰年十月十五日生
配
子
裕純　子綵綬　同治乙丑年閏五月初二日生光緒丁未年四月廿二日卒
配梁氏
子　興耿
絟綬同治己巳年四月廿五日生
配蔡氏
子　興暉　興昂　興旦

裕昌　子組綬同治甲戌年十二月初四日生
配梁氏
子　興瞳　興志　興雲　興盛
緝綬
配
子
彝彰　子達朝
配朱氏
嗣子　興鉦
達廷
配黃氏
子　興鈺　興錦　鉦出嗣
福彰　子達官
配楊氏
子　興源　興熾
政彰　子達周

配覃氏
子　興仁
建彰　子朝琳
配劉氏
嗣子　興和
朝璠
配趙氏
子　興和　興文和出嗣
朝材
配
子
朝邦
配劉氏
子　興椿
燦皆　子佐杰字蓋臣助修家譜勤於探訪赴武宣
調查中途被匪刦擊傷而歸　道光乙巳年七

月初四日生光緒戊戌年九月十一日卒
配符氏壽七十九歲
子　興翔　興[illegible]　興翷　興[illegible]
秀嵩　子式杰字濟吾公性謹愿恪守前人敬宗收族
之訓留心族務如建築始祖祠續修家譜
咸竭力贊助俾底於成修築本支塋力求
完整以垂久遠居家敎子弟務農力穡或
以藝術自給皆能不惰其業晚年含飴弄
孫怡然自樂壽八十三歲咸豐壬子年六月十
九日生
配李氏咸豐壬子年正月十四日生光緒甲午年十
二月十四日卒
繼配鍾氏
子　興[illegible]　興施　興敏
登才　子建朝　同治辛未年七月初七日生民國乙亥年五月廿
三日卒

配覃氏同治壬申年六月十八日生
子　業楷　業椿椿出繼
延朝光緒乙酉年十一月初六日生
配張氏
嗣子　業椿　業榊　業森
遂朝光緒戊子年三月初二日生民國戊辰年四月十六日卒
配杜氏光緒庚寅年九月初二日生
子　業彬　業栴栴出繼
迟朝光緒壬辰年五月初四日生
配黄氏光緒壬辰年十月初三日生
子　業枝　業松　業棋　業森　業楨
業椂　業材森出嗣

登泰子維朝同治甲子年四月廿四日生
配劉氏
子　業榮　業華　業英　業蔭

登盛子渾朝同治甲戌年四月十三日生民國戊午年四月初三日卒
配
嗣子　業樌
迪朝光緒戊寅年六月廿三日生光緒戊戌年正月廿五日卒
配
子
迺朝光緒庚辰年二月十六日生
配林氏光緒丁丑年五月初七日生
兼祧子　業樛
逮朝光緒壬午年五月初七日生
配潘氏光緒己未年九月初五日生
繼潘氏民國辛酉年九月廿五日生
子　業樛
迅朝光緒丁亥年十月初七日生

配潘氏光緒丁亥年十一月十二日生
庶莫氏
子　業横　業檣　業楓
選朝光緒辛夘年五月初五日生
配楊氏光緒戊戌年六月初八日生
子

登慶　子萃朝光緒丙申年六月初六日生
配劉氏民國壬子年七月初六日生
子　業榴
近朝光緒癸夘年十月初一日生
配李氏民國癸丑年三月初八日生
子

葆紡　子志彰
配黃氏
子

葆信　子志君光緒戊寅年正月十二日生

配陳氏光緒癸巳年二月廿八日生
子　爵泉　爵祐
志臣
配
子

葆慶　子志球光緒甲戌年八月廿日生
配徐氏光緒乙酉年十一月廿二日生
子　爵西

葆芹　子志珍光緒癸夘年三月初一日生
配嚴氏光緒壬寅年三月廿九日生
繼陳氏民國甲寅年七月廿九日生
子　爵濱元配出　爵清繼配出
志琨光緒戊申年正月廿二日生
配劉氏民國甲寅年四月廿九日生
子　爵海

仲秀　子品佳

容縣惟一商店承印

配葉氏
子　瑞英　進英　全英
成佳
配
子
仲元　子敏佳
配
子
武佳
配
子
就佳
配
子
彩佳
配

子
仲華　子信佳
配
子
仕佳
配
子
位佐　子視祥　光緒戊寅年正月廿四日生
配
嗣子　達符　母莫氏
趾祥　光緒庚辰年正月初一日生
配鄧氏
子　慶符　達符慶出嗣
麟祥　光緒壬午年三月初八日生
配李氏
嗣子　若符

呈祥光緒甲申年三月十六日生民國庚午年八月十九日卒
配劉氏
嗣子
庚祥光緒癸巳年十一月初八日生
配梁氏
子　萃符
信祥光緒戊戌年五月十八日生
配覃氏
子　海符　治符　洛符
煥祥光緒辛丑年三月廿二日生
配黎氏
子　若符　合符若出嗣
位傳子福祥字幸文光緒辛卯年五月十四日生
配梁氏光緒庚寅年九月十二日生光緒戊申年十月廿日卒

繼配陸氏光緒乙未年二月十八日生
子　善符　義符　彩符俱繼配出
昆祥字漢文光緒己亥年十一月初九日生
配黎氏光緒庚子年十月初五日生
子　焱符　泰符
位儒子祚祥字煥文光緒癸巳年十二月十一日生
配李氏光緒壬辰年九月十九日生
子　節符　箴符
位伯子雲祥光緒己卯年八月廿三日生
配劉氏
子　均符　約符
慶祥光緒壬午年十二月初十日生
配關氏
子　紹符　緒符
位信子正祥光緒甲申年八月初三日生
配鍾氏

子　漢符
嘉祥 光緒戊子年正月初五日生
配譚氏
嗣子　鎮符
繼祥 光緒壬午年正月初六日生
配朱氏
子　鎮符　耀符　皝符 鎮出嗣
位仕　子裕祥 光緒戊戌年十一月廿四日生
配陸氏
子　永符　智符
位保　子吉祥 光緒己亥年九月廿四日生
配李氏
繼配陀氏
繼配梁氏
子　瑞符　鑽符
呂祥 光緒壬寅年六月廿六日生

配梁氏
子　伯符　述符 伯出嗣
品祥 中學畢業生 光緒甲辰年十月初七日生
配鍾氏
嗣子　伯符
圖祥 中學畢業生 宣統庚戌年正月初六日生
配梁氏
子　叔符
位侯　子振祥 宣統己酉年五月十八日生
配覃氏 光緒甲辰年六月十一日生
子　敬符
府祥
配李氏
子
鏘䪼　子振晟 道光甲辰年二月廿一日生光緒癸卯年四月十九日卒

配郭氏道光甲辰年六月初一日生同治壬申年十一月廿一日卒
嗣子　積琳
振昇咸豐癸丑年正月廿二日生光緒壬辰年六月三十日卒
配張氏咸豐辛亥年四月初二日生光緒壬子年四月十四日卒
子　積琳　積瑞　積瑛　琳瑞出嗣
振晨咸豐乙卯年九月廿二日生光緒庚辰年八月廿三日卒
配
嗣子　積瑞　母梁氏
振昆咸豐己未年三月廿七日生民國乙未年八月十二日卒
配陸氏壽七十五歲同治丙寅年四月十五日生民國庚辰年十一月廿七日卒

子　積江　積海　海出嗣
緗祥　子振統字繼業勞力務農昆弟成家壽七十五歲咸豐甲寅年二月初九日生民國戊辰年三月廿九日卒
配陸氏咸豐壬子年六月十八日生民國丁巳年三月初三日卒
子　積球　積璠
振緒字志樑咸豐丙辰年十二月十七日生民國乙丑年十月十三日卒
配張氏咸豐癸丑年五月初三日生光緒甲午年五月十三日卒
繼配潘氏同治辛未年十月初三日生
子　積琦元配出　積光　積珍繼配出
緗禛　子振福同治甲子年六月廿九日生光緒庚寅年十一月初五日卒
配倪氏同治戊辰年九月十六日生民國丁丑年十

一月初一日卒

子　積謙

振祿　同治庚午年正月廿六日生光緒庚子年八月初。十日卒

配陳氏

繼配黃氏

子　積荃　積芬繼配出　芬出嗣

振祚　同治壬申年三月十二日生現年七十一歲

配張氏

繼配楊氏

嗣子　積芬

諱初、子振棠　光緒己卯年七月廿三日生民國乙巳年七月廿六日卒

配梁氏光緒壬午年二月初三日生

子　積謀　積昌　積藥昌出嗣

諱禧　子振邦　光緒乙亥年十二月十八日生民國辛未年十月廿六日卒

配梁氏

繼配劉氏光緒戊寅年六月初七日生

嗣子　積海

振綱　光緒癸未年五月初七日生民國辛巳年閏六月初四日卒

配梁氏光緒癸未年六月十七日生

嗣子　積昌

諱初發號子觀巖

配潘氏

子　祖元

諱敏　子觀巖光緒甲申年正月十四日生

配潘氏

子　祖忠　祖元　祖天

諱秀　子觀儀同治戊辰年正月廿五日生民國甲子年六月十二日卒

配蘇氏
子　祖翼
毓球　子祝詢咸豐辛酉年五月十一日生
配李氏
繼配梁氏
子　祖官元配出　祖宇繼配出
毓瑺　子祝平字子成　咸豐壬戌年五月廿一日生民國庚午年九月十三日卒
配鄧氏
嗣子　祖勳
祝坤字子厚　同治丁卯年正月廿四日生民國丁巳年十一月十九日卒
配吳氏
繼配□氏
子　祖劭　祖熙元配出祝材繼配出　勳出嗣
毓瓊　子祝璸字子財現年七十七歲同治丁卯年八月廿七日生

配容氏同治己巳年八月初九日生
繼配全氏同治庚午年三月十六日生
子　祖懷　祖周元配出
毓闓　子祝萱字燕甫候選州吏目壽八十歲咸豐戊午年十一月三十日生民國丁丑年　月　日卒
配伍氏咸豐己未年九月廿三日生光緒己亥年八月廿五日卒
子　祖瑩　祖琛
毓芹　子祝華字春廷　同治甲戌年九月廿一日生光緒戊戌年六月廿二日卒
配陸氏光緒乙亥年九月十八日生民國癸丑年三月初二日卒
子　祖蘇
祝蕃字衍生光緒丙戌年九月初八日生民國丁丑年正月廿二日卒

配梁氏光緒己丑年九月廿九日生
嗣子　祖庚
蔭相　子祝成　同治癸亥年九月廿日生光緒戊戌年十二月初八日卒
配覃氏
嗣子　祖綵　祖延
蔭松　子祝詩光緒癸未年十月十五日生
配蘇氏
子　祖新　祖昌
祝瀛字雲球光緒庚寅七月廿三日生
配蘇氏光緒己丑年七月初八日生民國丙辰年六月廿七日卒
繼配莫氏光緒壬寅十二月十七日生
子　祖綵元配出　祖岳　祖權　祖澤繼配出
蔭柏　子祝暹光緒乙未年九月十七日生
綿出嗣

配梁氏光緒戊戌年四月十九日生
子　祖延、祖綿　祖源延出嗣
蔭標　子祝昇光緒辛巳年四月廿二日生
配陳氏
庶符氏
子　祖鑑庶出
祝漢字卓雲光緒壬辰年九月十四日生
配張氏光緒戊戌年三月十七日生
子　祖脩　祖輝　祖炶
蔭楨　子祝釗字遠帆　光緒乙亥年二月廿五日生光緒庚子年五月廿一日卒
配周氏同治癸酉年十一月十八日生
子、祖郙
祝崧字鶴年[illegible]　光緒丁丑年七月十四日生民國壬子年七月廿二日卒
配杜氏

嗣子　祖礽　祖任

祝炎字宋輿梧州國民學師範生光緒乙酉年十二月十九日生

配杜氏

子　祖礽　祖秘礽出嗣

祝都字鶴林光緒戊子年九月初五日生

配張氏

子　祖[illegible]　祖梅

祝川字鶴溪光緒辛卯年八月十六日生

配陳氏光緒辛卯年七月廿一日生

子　祖絛　祖任任出嗣

蔭沂子祝嘉字心穀同治甲戌年十二月初六日生光緒丙午年六月廿一日卒

配李氏同治辛未年七月廿二日生

子　祖箕　祖裘

祝樞字耀球光緒壬辰年九月初七日生

配郭氏光緒壬辰年六月初六日生民國丁卯年五月初七日卒

庶梁氏光緒壬寅年九月初五日生

祖照　祖沛　祖衛庶出

蔭椿子祝隆字盛臣光緒乙亥年七月卅日生民國癸酉年十一月廿一日卒

配梁氏同治癸酉年九月初十日生

庶梁氏宣統辛丑年七月初五日生

子　祖湘　祖淳庶出　淳出繼

祝綸字壽芝梧州國民學校肄業光緒癸未年七月初四日生民國丙辰年四月廿七日卒

配鍾氏光緒甲申年九月廿一日生

子　祖祜

祝廷字愛桐光緒己丑年五月初二日生民國戊辰年閏二月十七日卒

配楊氏光緒己丑年九月廿七日生

子 祖楊未娶而卒

嗣子 祖淳

蔭衔 子祝脊字壽山同治癸酉年九月十五日生

配陳氏

子 祖仁

祝翔字壽眉又號維石番縣師範學校畢業生江區自治籌備委員任區立明新小學校長教員十年光緒丁亥年三月十一日生

配李氏光緒丁亥年四月十九日生民國乙卯年四月廿八日卒

繼配梁氏

嗣子 祖熙

祝姚字次餘光緒壬辰年九月廿七日生

配梁氏光緒癸巳年十月初六日生民國戊辰年七月初十日卒

繼配廖氏宣統己酉年十月十二日生

子 祖熙元配出 出嗣 祖棫繼配出

祝洪光緒乙未年七月初一日生

配楊氏

子 祖强

蔭侯 子祝男字丁舫光緒己丑年十一月廿二日生

配梁氏

庶 氏

子 祖泰庶出

祝銳字志舫光緒戊戌年二月廿六日生民國甲戌年五月十一日卒

配張氏光緒戊戌年三月十一日生民國辛酉年六月十二日卒

繼配蘇氏光緒壬寅年四月廿二日生

子 祖關元配出 祖森繼配出

蔭福 子祝齡字壽彭同治丁卯年八月初六日生

配鄧氏

蔭熙 子祝慶字味餘廣西陸軍師範畢業生關心公益明幹有爲 同治癸酉年七月十九日生民國甲子年三月十八日卒

配盤氏

嗣子 祖華 未娶而卒

子 祖誥 祖訓 祖祥 祖謙

祝應字達餘 光緒己卯年十二月初四日生

配李氏

子 祖蓉 未娶而卒

祝龐字少鵬容縣簡易師範畢業 光緒壬午年六月三十生

配鄧氏

嗣子

祝墀字介鴻 光緒乙未年二月十八日生

配楊氏

子 祖華 祖榮 祖□號桓樹

蔭彤 子祝均字觀廷 光緒丁丑年六月十一日生民國戊辰年五月廿二日卒

配覃氏 光緒丙子年五月十九日生光緒丙申年十一月廿三日卒

繼配秦氏 光緒甲申年閏五月廿三日生

庶梁氏 光緒庚子年六月初五日生

子 祖蓉 祖孝庶出

蔭棠 子祝韶字振廷 光緒己卯年十月二十日生民國庚午年十二月二十日卒

配洪氏 光緒壬午年十二月廿五日生

庶 氏

子 祖儒庶出 母吳氏

祝煥字煥廷 光緒乙酉年七月十七日生

配李氏 光緒壬辰年十二月廿二日生

子 祖通 祖適

蔭槐 子祝全字備三 同治丁卯年五月廿二日生民國庚申

年六月十八日卒
配鍾氏現年七十九歲同治甲子年七月十五日生
子　祖光　祖興　祖瑞
祝介字桂石光緒庚辰年三月十三日生
配劉氏光緒戊寅年六月初十日生民國戊辰年八月廿日卒
子　祖初　祖裕　祖禮
祝俞字次部光緒壬午年十一月初六日生
配李氏光緒壬午年三月初三日生
子　祖勇　祖寶
蔭崇　子祝旦字振新簡易師範畢業歷充容縣政府田賦征收處征收員財政部廣西容縣田賦管理處一等科員光緒丙戌年十一月初四日生
配黃氏光緒丙戌年六月廿五日生

子　祖甲　祖乙　祖戊　祖己　祖庚
祖辛庚出嗣
祝智字獻籌光緒己丑年正月初一日生
配蘇氏光緒戊子年八月初十日生
子　祖濚
祝晉字勉君光緒庚寅年三月初三日生
配李氏光緒庚寅年十二月廿五日生
繼配周氏宣統戊申年十二月廿三日生
子　祖賢元配出　祖貴　祖[illegible]繼配出
祝皓字采芝由光緒壬辰年七月初四日生
配潘氏光緒壬辰年八月初九日生
子　祖魁
蔭毅　子祝國字鑾坡廣西省立第二中學畢業南寧於酒局職員廣西礦務局職員區立明新小學校長省政府建設廳科員　光緒己亥年十二月廿九日生

配黃氏
繼配黃氏
子　祖建　祖猷繼配出
祝醴浦東高中畢業上海光華大學肄業歷充柳城都安隆安容縣初級中學教員兼導師省立鬱林初級中學專任教員珊萃初級中學教員兼導師國民革命軍第七軍五六團部上尉政治指導員光緒丁未年八月十六日生
配李璧蘊梧州省立第一師範畢業曾充容縣縣立初級中學女生指導員岑溪興賢女學教員光緒丁未年五月廿四日生
子　祖龍
祝同民國庚午年二月十三日生
配
子

蔭鑾　子祝愷光緒丁未年八月初四日生民國辛未年七月十三日卒
配　氏
子
祝煒民國乙亥年八月初一日生
配
子
祝模民國庚辰年十二月十六日生
配
子

蔭崧　子祝宗字衍支國立中央大學工科學士歷充廣西無線電管理局教官潯州南寧梧州各中學教員廣西電力廠副工程師廣西電力廠桂林分廠工程師中國興業鑄鐵廠工程師永生實業社經理光緒丙午年八月初七日生

配呂氏桂林女中畢業
子　祖武
祝鸞字鸞年號長空江蘇中國工藝專門學校飛機機械科畢業歷充明新小學校長教育國民革命軍第四集團軍航空處机械佐廣西航空學校管理處廣西南寧東泉柳州各機場機械佐兼訊號班班長航委會第十總站訊號班長兼情報班長第九總站二級機械佐第三股中尉股員以積勞成疾病歿湖南芷江歸葬桂林堯山公墓公性沉默忠于職務在林柳州空戰最緊張時曾歷兩晝夜未眠以訊號指示飛機升降作戰建功甚偉公暇喜研文藝著有長空集惜桂彼炸無存南寧柳州常州中山日報桂林廣西日報皆有文字發表署名長空者即其手筆宣統己酉年閏二月十一日生民國三十年正月初十日卒
配羅氏北流中學畢業梧州養蜂實習所畢業宣統己酉年二月十五日生
嗣子
祝演初中肄業民國丙寅年五月廿六日生
配
子
祝濟民國辛未年七月廿一日生
配
子

蔭溥　子祝豐光緒丁亥年閏四月初六日生
配鄧氏光緒乙未年三月初二日生
子　祖煌　祖超

蔭澤　子祝蝠光緒甲午年五月十五日生
配陸氏光緒庚子年八月初七日生
子　祖硯　祖聖　祖蒼

蔭暉　子祝多光緒丙子年十二月十四日生民國乙丑年七月
廿一日卒
配楊氏
子　祖良　祖符　祖奕
蔭照　子祝潮光緒癸巳年四月初六日生
配
子
蔭華　子祝焆光緒甲午年八月十四日生民國壬子年八月初
一日卒
配黄氏光緒癸巳年十月十二日生民國乙丑年九
月廿三日卒
子　祖桐
蔭琠　子祝昌字鑑文兩廣師範畢業廣西法政畢業
歷充龍州警察廳科長鬱林容縣中渡等
縣秘書司法總務科等職公卓犖多才留
心經世之學蘊志未展時論惜之光緒丁丑
年六月十八日生民國丁巳年二月廿九日卒
中渡縣署
配潘氏
子　祖宏　祖憲
祝昴字若駒中學畢業廣東陸軍軍醫學校
畢業容縣第二區民團局局長廣西禁菸
總局辦事員光緒己丑年六月初四日生
配盤氏
繼配梁氏
子　祖京　祖亮　祖毫梁氏出
蔭桓　子祝鏐字鏐文光緒戊戌年二月廿八日生
配黄氏光緒戊戌年十二月初八日生
子　祖洵　祖沖　祖誉沖幼殤
蔭焜　子祝潭原名祝添字海籌中學畢業生歷充永
新村村長國民校校長民團教練官中心
校教員宣統辛亥年正月十八日生

配潘涵閨 民國甲寅年閏五月二十日生

子

祝湘字振球 民國丁巳年十月十一日生民國

年　月　日卒南洋

配

子

祝海 民國甲戌年八月廿二日生

配

子

蔭兕 子祝周 光緒庚子年八月初八日生

配馬氏

子

蔭甡 子祝杕 民國辛未年八月初五日生

配

子

蔭隆 子祝賀 民國戊午年二月初九日生

配陀氏 民國辛酉年三月廿四日生

子

祝耀 民國辛巳年八月十二日生

配

子

祝仙 民國癸酉年七月初十日生

配

子

祝英 民國丙子年四月初九日生

配

子

蔭材 子祝汪 柳州日報社譯電員 民國丁巳年六月十五日生 一九七二年十月廿四日卒五十八歲 石谷小校教師

配梁翠娟氏 高等小學畢業

子

蔭榛 子祝莊 民國丙子年二月廿二日生 石谷治保主任 生产队干部

配張汉英
子　祖幸　祖念　祖巨
陸潘　子祝恭民國丁卯年八月廿六日生
配張紹芳高小畢業一九四八年四月十七日生
子　祖芝　祖茂　祖成
奇文　子祝芬光緒丁丑年十二月廿一日生
配梁氏
嗣子　祖禧
祝三光緒壬午年五月初七日生
配曾氏
子　祖暉
祝芹光緒甲申年八月廿二日生
配容氏
繼配朱氏民國丙子年六月十一日生
子　祖禧　祖舉禧出嗣
燦文　子祝芳字遠聲同治癸酉年七月十一日生宣統己酉年三月初十日卒
配鄧氏同治庚午年正月初十日生民國己卯年五月十一日卒
子　祖堯　祖華　祖傳華早故
祝常光緒壬午年二月十三日生
配郭氏光緒乙酉年二月十九日生
子　祖惠　祖鈺　祖幹
祝璋光緒戊子年六月十八日生
配盧氏光緒丁亥年十月廿六日生
子　祖礽　祖清
燿文　子祝蘭字芷馨現年七十四歲同治庚午年十一月初七日生
配曾氏同治辛未年二月初六日生光緒庚子年六月廿六日卒
繼配陸氏同治丙子年九月十四日生光緒辛丑年二月十九日卒

繼配黎氏光緒乙酉年八月廿四日生
子　祖珍　曾出　祖瓊　黎出
祝良光緒壬午年正月初六日生
配黃氏光緒壬午年正月初七日生
子　祖琦
陰文　子祝壽光緒丁亥年十月廿七日生
配郭氏光緒甲午年六月初二日生
子　祖南
護文　子祝秋光緒丙戌年九月廿五日生民國壬子年正月初二日卒
配莫氏光緒乙酉年五月廿二日生
子　祖泉
啟文　子祝怡光緒乙酉年六月廿四日生民國乙亥年十一月十五日卒
配梁氏光緒丁亥年二月十一日生民國辛未年十月十一日卒

子　祖揚　祖添　祖瑞
祝香光緒庚寅年九月十六日生
配黃氏光緒乙未年三月十七日生
子　祖壯　祖寅
祝奏字壽牛光緒戊戌年八月廿四日生
配李氏光緒辛丑年五月十八日生民國癸亥年正月初八日卒
繼配張氏
子
志文　子祝昉民國癸丑年三月廿七日生
配秦氏民國己未年十月十二日生
子　祖和
家文　子祝鑫光緒丁亥年十一月十五日生
配李氏光緒乙酉年十月初九日生
子　祖才　祖隆　祖乾
試文　子祝懽光緒辛卯年三月廿日生

配龐氏光緒庚寅年九月初四日生

子、祝能

祝徜光緒丁未年七月廿二日生

配蘇氏民國辛未年四月廿四日生

子

會文子祝添光緒壬寅年四月初四日生

配覃氏民國壬子年八月十二日生

子　祝獄

煥文子祝信民國乙亥年六月初五日生

配

照文子祝楷民國壬申年六月十八日生

配

子

祝義民國己卯年九月十八日生

配

福文子祝慶民國丁丑年九月十四日生

配

子

蔚初子祝唐字眉君年十三歲遊庠光緒丙子科中式第十一名舉人丁丑科會試中式第八十二名進士庚辰科補應殿試點內閣中書本衙門撰文國史館校對管理誥冊房事務截取改就知縣選授陝西省神木縣知縣調署城固縣知縣己丑恩科陝西鄉試同考試官調補大荔縣知縣加知州銜著有味腴軒詩稿四卷總修容縣志二十八卷封氏家譜十六卷梓行咸豐丁巳年正月十七日生光緒丁酉年五月廿九日卒

配林宜人壽八十歲信宜人四川候補縣丞家儲公女咸豐戊午年九月初一日生

嗣子　祖謀

祝清字竹君邑案元郡庠生與胞弟祝郁同考國子監典籍幼承家學敏悟絕倫年甫弱冠校刊先祝唐味腴軒詩集援筆作序耆宿歎服詩才尤為惜英年夭折遺稿亦多散佚同治壬戌年七月廿一日生光緒乙未年九月初十日卒

配羅氏同治壬戌年八月廿四日生民國己巳年八月廿日卒

子　祖蔭

祝郁字鶴皆府案元郡庠生光緒辛丑科補行庚子科中式第十名舉人歷任科布多都護副使庫倫都護使公署秘書廳廳長蒙藏院高等顧問湖北省城縣知事湖北通志局分纂廣西省修志局協纂現充廣西省志稿編審委員會主任委員著有鶴君詩存松鶴閣文稿光緒丙子年正月廿九日生

配湯氏江西鉛山縣縣丞啟文公女同治甲戌年十一月廿七日生

子　祖謀　祖鼎　祖炎　祖昌　謀出嗣

祝椿字灌晉郡庠生隨案元留日宏文學院師範科畢業歷廣西省長公署秘書廣西衛江道署科長廣東財政廳廣西討賊軍廣西陸軍第二軍廣西督辦行營廣西第一方面軍司令部秘書委署永寧縣縣長歷任廣西第二區印花菸酒局梧州特種稅梧州中區統稅梧州下關統稅等局局長梧州上關統稅南寧下關統稅等局監督廣西省政府諮議廣西省志局分纂光緒庚辰年十二月初五日生

配黃氏同邑珊舉貢生黃金祥公之女

繼配黃碧雲廣東南海人桂林女子師範畢業曾充梧州女子高小學校教員廣西龍勝通判黃鎮廷公之長女

子　祖澍　元配出　祖澤　祖灝　祖海

祖準　繼配出　澤中學畢業後卒

祝暉字佩君容縣中學畢業光緒丙戌年十二月廿六日生

配蔣氏光緒丁亥年九月廿一日生民國壬子年十月廿九日卒

繼配吳氏光緒庚寅年七月十九日生民國乙卯年九月初十日卒

繼配伍氏光緒己亥年十二月十二日生

子　祖礎　祖硯　伍出

荃初　子祝拯字伯騰容縣中學畢業歷充廣西榷運鬱博分局盤龍分卡主任岑溪荔浦禁煙檢查所所長中央禁烟督察處廣西分處吾隘檢查所所長容縣參議員光緒乙酉年四月初七日生

配梁氏北邑梁拔堂公長女子光緒丙戌年九月十三日生

子　祖鐵　祖鋑　祖鎔　祖鎧　祖鉞

祖鍼

祝鵬字仲翔容縣中學畢業得正民團支局局董光緒己丑年九月初六日生民國壬午年五月初七日卒

聘梁氏北邑五品藍翎梁象山公之女光緒辛卯年四月十七日生光緒辛丑年十一月廿六日卒

配黃氏同里雲南麗江府知府鹿湖公之女光緒戊子年正月十三日生民國乙丑年十一月十八日卒

繼配楊氏光緒甲辰年七月十三日生

容縣惟一商店承印

子　祖琳　祖瑾　祖珩元配出　祖瓚
繼配楊氏出
孝礽　子祝慈字鷺孫勤學嗜古靜穆寡言鄉里稱其
謹厚同治己巳年三月廿八日生光緒己亥年三月
十六日卒
聘蘇氏四月二十四日生
配伍氏十二月廿日生二月初五日卒
繼配梁氏四月初三日生三月初一日卒
嗣子　祖國
祝森字碧筠留日大森體育學校畢業陸軍
教練所畢業歷充廣西督練公所督隊官
一等軍事委員壽七十歲同治壬申年七月十
一日生民國辛巳年閏六月初九日卒
配李氏
繼配楊氏
繼配黃氏

子　祖豪　祖永　祖爵黃出
祝馨字夢香邑庠生天姿敏悟少與兄祝慈
祝森弟祝名同窗攻苦從兄祝唐嘗嗟異
之中年以後殫力團務尤以醫負盛名同
治甲戌年九月廿五日生民國癸酉年二月廿
一日卒
配韋氏
繼配余氏
子　祖奕繼配出
華礽　子祝元字印霄光緒甲申年十一月廿七日生
配梁氏光緒癸未年十一月初一日生
子　祖[illegible]　祖國　祖崧　祖峻[illegible]出嗣
蕃礽　子祝名字悟梶邑庠生謹厚嗜學蒞志未展光
緒丁丑年七月十八日生光緒戊戌年七月廿
二日卒
配覃氏

延礽　嗣子

子祝標光緒戊寅年十月廿九日生

配　氏

嗣子

祝材光緒庚辰年十二月廿三日生民國壬戌年二月三十日卒

配劉氏

子　祖慶　祖原

祝橋光緒癸未年四月廿七日生

配盤氏

子　祖紹

福礽　子祝裴燊祧

配陸氏

子　祖鉦　祖銓

祚礽　子祝裴字傳心光緒己卯年二月廿五日生民國己巳年七月廿五日卒

配陸氏光緒戊寅年五月初六日生

子　祖鉅　祖鍅　祖銓　祖銘　鉅銓

承福礽公後

沛礽　子祝傳字滌庸光緒甲午年九月初四日生

配覃締閨

子　祖烝　祖棻　祖粲　祖欒　祖樂

澤礽　子祝那字煥卿光緒癸巳年六月初五日生

配黃氏

繼配黃松清光緒癸巳年九月初七日生

子　祖潤　祖歡繼配出

祝寅字錫五廣西討賊軍第一軍游擊司令部第一連連長因病辭職學醫有心得每入山尋藥凡草木之氣味形式一一辨認足補本草所不及自曾祖敬亭公祖瀛臣公父恩甫公以醫世其家今能承世業兼精外科欲擴而大之以濟人未竟厥志遽夭

天年識者莫不痛惜性秉廉介嘗於道佐
拾遺金追遠失主人光以爲難光緒丙申十
月初五日生民國癸酉年十二月廿一日卒
配梁慧芳
子　祖淦

濟初　子祝强字健南光緒庚子年七月初六日生
配陸慈同光緒丁酉年十一月十六日生
子　祖祐　祖泱　祖悰

受和　子祝魏光緒庚子年九月廿三日生
配周氏光緒癸卯年九月十九日生
子　祖運　祖居　祖蓮　祖遠　祖達
祖遲

受華　子祝新字孔嘉同治戊辰年正月初二日生光緒癸卯
年九月廿八日卒
配楊氏現年七十三歲同治辛未年五月初一
日生

子　祖麟

受芳　子祝新兼祧
配楊氏
嗣子　祖耀

受荃　子祝吳光緒癸卯年八月十三日生
配吳氏光緒癸卯年七月十五日生
子　祖著
祝貞宣統己酉年三月初九日生
配梁氏
子　祖信
祝鼎民國甲寅年十一月初一日生
配梁氏
子　祖欽

瑞光　子祝乾光緒甲申年七月廿一日生宣統己酉年五月廿
六日卒
配

嗣子　祖來

瓊光　子祝祥　光緒壬辰年十一月十八日生民國丁巳年正月初十日卒

配

兼祧子祖發

祝松　光緒己亥年五月廿日生民國壬申年四月初五日卒

配謝氏

子　祖來　祖發來出嗣

福初　子祝傑　同治己巳年十一月十三日生民國乙未年五月十五日卒

配容氏同治庚午年五月十七日生民國癸亥年八月初十日卒

子　祖繩

貴元　子祝萬　光緒辛卯年三月初七日生

配鄧氏光緒癸巳年四月廿七日生

嗣子　祖演

祝千　光緒乙未年六月十六日生

配鄧氏光緒己亥年三月十八日生

庶崔氏

子　祖可

祝富　光緒癸卯年十月初八日生

配莫氏

庶李氏

子　祖積　祖藩　祖厚　出嗣

貴文　子祝任

配

子

祝桂　宣統戊申年六月廿九日生

配劉氏

子　祖翹　祖潛

祝奎　民國甲寅年十二月廿五日生

容縣惟一商店承印

配陸氏
子　祖循
貴迎　子祝南光緒丁丑年十一月廿九日生
配黎氏
子　祖福　祖祿　祖壽
貴隆　子祝純光緒庚辰年三月廿四日生
配趙氏光緒壬辰年正月廿八日生
子　祖松　祖徐　祖逢
貴興　子祝揚光緒庚辰年四月十九日生
配賓氏
子　祖枝
貴昇　子祝來同治己巳年三月初五日生
配梁氏
子　祖安　祖禎
祝雲同治癸酉年三月十二日生
配黃氏

子
祝言光緒己卯年十月廿三日生
配梁氏
繼配覃氏
子
祝林光緒甲申年四月十四日生
配王氏光緒庚寅年正月十八日生
子　祖昌
棣華　子祝桓字贊同　光緒丙戌年四月廿八日生民國乙未年六月廿九日卒
配陸氏
嗣子　祖江
祝鏗光緒丙申年五月初八日生
配楊氏
嗣子　祖盛
祝勳字衛球光緒戊戌年十一月廿六日生

加入
祝怀
名下

祝怀资历
容县国民中学毕业，任容县杨梅
宏昌侨批庄经理，杨梅银行侨务员
杨梅侨联会主任，杨梅华侨中学
董事长，杨梅文化站长，华侨红砖厂
长，梅江诗社社长，玉林地区侨联委
员，历届县人民代表，政协委员，自
治区政协委员，评为全国全国侨联
红旗手，侨务先进工作者

配容氏
子　祖江　祖靜　祖干　祖桂　祖梅
祖楩　江出嗣
祝楷　光緒乙巳年八月初一日生
配李氏
子　祖隆　祖盛　盛出繼
祝丞　光緒戊申年五月十六日生
配李氏
子　祖則
……初二日生
祖宍　祖箪

配陳氏
子　祖銳　祖驗　祖彬　祖毛　祖广
祝秩　國中畢業　民國丙寅年十月初十日生
配　李务鈞
子　祖鈫　祖墻
棣華　子祝孚　民國乙亥年五月初七日生
配
子　瑞崇　祖狱　祖多
祝采　民國庚辰年二月廿一日生
配　苏献文
子　瑞生　祖荫
祝爵　民國壬午年五月廿一日生
配　李爱莲
子
祝安　民國甲申年六月十三日生
配　钟加宁　一九四四年十月初五日卯时

加入 祝衍 前

栎華子 祝愛 一九五〇年三月十三日生

配

子

配 彭出娟

子 祖銘

祝叙 民国庚午年七月廿六日生

配 鄧超芳 民国壬申年四月十三日

子 火火坤 祖浩

祝能 民國壬申年九月初九日生

配 李廿分化十 一九三九年十一月廿五日生

子 祖珊 祖欽

祝談 民國甲戌年五月廿七日生 卒

配

子

祝詩 民國丙子年十二月初二日生 夭

配

子

加入 祝梅 攸

祝樹 民國戊寅年十月廿四日生

配 蘇美琼 一九二八年正月十一日

子 祖鴻 [illegible]

祝雲

配 林福清

子 小林 亜弟

祝浩 一九四九年十二月廿二日

配 李蔭紅 一九五二年八月廿六日

子

繼配陳氏 民國丁卯年三

生 卒

子 祖奎 祖澈元配出 祖棟繼配出

仁壽 子祝禎南通大學肄業以志切求學致未娶而卒 宣統己酉年六月初六日生民國辛未年四月十九日卒葬南通大學校舍旁

兼祧子 祖源

祝巖 廣西大學畢業

配陸氏
子 祖源兼祧
永壽 子祝岑廣西大學農學士曾任廣西省政府技
士榴江縣政府第四科科長兼留江縣農
場場長藤縣合作指導主任兼藤縣合作
金庫籌備主任鬱林縣合
任廣西省第三區行政督
司令公署合作督導員 民
日生
配李氏
子 祖久
福壽 子祝岳中央陸軍軍官學校畢
二軍戰車防禦砲營第三
配 彭海珍
子 祖健
祝嵦中學肄業民國癸亥年十二月十五日生 卒

配
子
祝崔民國丁卯年八月十六日生 卒
配 何紹林
子

加入
紳初之
祝懷後

華初子 祝澄 卒
配楊佰強
子 祖漢
祝燧
廷泰國
配鄧氏
續配馬淑卿
子 祖石 祖基 祖礎 祖培 祖植 祖永天

祝治民國乙亥年六月初八日生 卒
配
祖坤 祖乾 祖焜

祖煥民國甲申年八月

加入

子 祝倖

蔚

祝燦民國己卯年八月一日生

配陸連玲一九四二年三月十四日生

子 封波 封濤 封洪

封靜 一九五二年二月六日生

配高利霞 一九五九年六月廿日生

祝朝 一九五四年二月十五日

配游秋蘭 一九五八年二月廿日生

子 俊文

年 三日卯時

錦榮 公元一九五五 十二月十二日

錦炎 公元一九五八 九月十六日戌時

子 ……一日生民國己未年 ……廿九日生

子 祖政 祖敏 祖巃 祖鞠

祝侃廣西地方建設幹部學校畢業秉公鄉鄉長光緒丁未年十一月初二日生

配劉氏光緒丙午年十月初一日生民國庚辰年三月廿七日卒

繼配楊氏民國庚申年正月十三日生

子 祖壞 祖翰元配出 祖佳繼配出 祖道

恩壽 子祝儉民國壬戌年四月十一日生 辰時 容縣國民中學畢業

配梁氏麗珍民國辛酉年八月初九日生

子 祖煥 祖裕 祖爭 祖嘉

祝健民國辛巳年六月十四日生

配李青芳

子 祖和

慶先 子祝瑜字握卿 同治辛未年六月初四日生光緒乙未年八月廿五日卒

配何氏同治庚午年

子 祖文

福先 子祝彬字相文光緒癸未年十二月初九日生

配郭氏

嗣子 祖瑤

紹先 子祝秦字頌三壽七十七歲同治戊辰年八月廿日生民國癸未年正月初六日卒

配梁子 同治丙寅年七月初十日生民國庚午年

十一月廿日卒
子　祖高
祝瑩字瑩甫同治癸酉年十一月初六日生
配梁氏同治　年　月　日生民國辛巳年三月
初三日卒
子　祖陞　祖階
祝璣字次璇光緒丁丑年四月十四日生
配張氏光緒戊寅年三月廿一日生民國乙亥年十
月十五日卒
子　祖業　祖溪
祝賢字薦卿光緒己丑年四月廿五日生民國戊寅
年三月十七日卒
配劉氏光緒己亥年正月廿一日生
子　祖陳
舉先　子祝才字煜卿光治甲申年七月廿一日生民國壬子
年九月十九日卒

配賈氏光治己丑年八月廿六日生民國甲申年三
月初十日卒
子　祖恒
敬先　子祝琛字瑞堂光緒己卯年七月廿六日生光緒甲辰
年二月初六日卒
配鄧氏
嗣子
祝安字定棟光緒壬午年十一月廿七日生民國辛
巳年九月十八日卒
配李氏
子　祖年　祖日
蔚先　子祝仁字居之光緒甲辰年六月廿三日生
配李氏
子　祖爲　祖有
祝依字靠之民國丙辰年十一月廿二日生
配謝氏

子

維先　子祝琅字嘉燊光緒乙酉年四月初十日生

配梁氏光緒乙酉年十月廿五日生

子　祖秦　祖椿

綵先　子祝瑾民國辛未年十二月廿七日生

配

子

綷先　子祝瓊民國己未年十一月廿七日生

配李氏

子

繼先　子祝鈞字持衡光緒甲申年三月初四日生宣統己酉

年六月初五日卒

配劉氏光緒壬寅年十月　日生

嗣子　祖侯　祖傑

祝續字信泉光緒丙戌年九月初二日生

配潘氏光緒丁亥年五月初七日生

子　祖傑　祖西傑出嗣

祝鑾字炎泉光緒己丑年九月廿日生

配蘇氏光緒丙申年七月十一日生

子　祖侯　祖瑤　祖邦侯瑤出嗣

祝堅字固泉光緒辛丑年五月十四日生

配李氏光緒庚子年　月　日生

子　祖東　祖魏

祝時字良泉光緒甲辰年七月十五日生

配駱氏光緒壬寅年　月　日生

子　祖禪

振先　子祝岡字傑君光緒乙亥年九月廿一日生

配陳氏光緒己卯年十二月廿七日生民國卅二年

七月初二日卒

子　祖錕　祖鐵

彥棠　子潤生號仲儒光緒甲辰年六月十三日生

配張氏光緒丙午年七月廿五日生

加入

彥龍子延生
配
子　叙彪　叙勇

彥芳 前
绍生
配
子　叙斌

彥常　子祥生號正平　光緒丙午年十月廿二日生
配
子

生

彥朝　子秋生　同治壬申年三月十九日生民國癸丑年七月初四日卒
子
配曾氏　同治壬申年五月廿七日生民國癸丑年十二月初二日卒
子　恆耿　恆昭　恆和
瑞升　光緒乙亥年四月廿六日生

配程氏　光緒丁丑年九月初五日生
子　恆福　恆楊　恆材　材出嗣
彩生　光緒辛巳年九月十五日生民國辛未年五月十八日卒
配郭氏　光緒癸未年十一月廿九日生
子　恆全　恆謚
阜生　光緒癸巳年三月廿七日生民國丁卯年三月十八日卒
配莫氏
嗣子　恆材

彥明　子惠升　光緒丙戌年十二月初二日生
子　恆仁　恆義　母李氏
志升　字慶和　光緒乙丑年八月廿二日生
配陳氏　光緒辛卯年十月廿二日生
子　恆芳　恆信　恆偉　恆階

彥朋　子淮升

配
子
達升
子
配
廣升
子
配
彥成子保生
配
子
石生
配
子
彥琳子朗生民國己未年正月廿二日生
配容氏民國辛酉年九月十九日生

子
亮生民國乙丑年六月初五日生
配
子
意生民國己巳年十二月十六日生
配
子
景生民國癸酉年六月初九日生
配
子
彥珍子漢生民國丁丑年八月十五日生
配
子
彥球子義生號仲常光緒壬寅年六月初一日生
配
子

禮生號叔常光緒乙巳年七月廿二日生
配
子
智生號季常宣統庚戌年十一月廿三日生
配曹氏宣統庚戌年十月初一日生
子聚源 聚海 聚廣 聚業
信生號五常民國癸丑年六月廿七日生
配陳氏
子聚賢
彥興子均生光緒乙未年三月初五日生民國己卯年十月廿九日卒
配李氏光緒甲午年三月初四日生
子聚和
福生光緒辛丑年八月十六日生
配
子

佐生光緒癸卯年九月廿七日生
配李氏宣統己酉年七月十七日生
繼陳氏
子聚慶元配出
彥盛子日生光緒庚子年十月十一日生
配黃氏
繼配郭氏光緒壬申年二月初十日生
子聚昌配元出 聚海繼出
文生光緒乙巳年二月十七日生
子聚佳 母陳氏
彥文子傑生民國丙寅年二月初二日生
配
子
甘雨子加福號紫東壽七十三歲同治丁卯年六月初十日生民國己卯年七月十三日卒
配黃氏同治丙寅年七月初十日生民國丙寅年正

容縣惟一商店承印

月初四日卒
繼配李氏同治甲子年二月初八日生
子　添祐　澤祐　膺祐　安祐　安幼殤
增福字如東同治壬申年六月初八日生
配韋氏同治丁丑年五月十九日生
繼配梁氏　光緒庚辰年三月廿六日生民國辛未
年七月十七日卒
子　雲祐　宇祐　海祐　均祐　雲幼殤
廿澍　子受福光緒丙子年七月十五日生
配植氏光緒乙亥年五月十一日生民國戊辰年十
一月初八日卒
子　仙祐　運祐
鏊祖　子濟縣光緒己卯年四月初九日生
配
子
贊伯　子濟時字習之同治壬戌年六月卅日生

配黃氏
子　平衡　平衢
贊卿　子濟福光緒甲午年十二月初一日生
配
子　平湛
贊乾　子濟材字德侯例貢生性孝友好學不懈壹聯
吟詠法亦工　同治甲戌年八月廿四日生光緒癸
巳年十月廿一日卒
配唐氏廿三歲守節五十三歲　同治辛未年
七月廿一日生民國癸亥年九月廿八日卒
嗣子　平壓
濟凡字夙超候選州吏目以封誥顯揚其親
孝友型家溫恭處世好吟咏工書法兼精
醫術生平力謀公益如修建橋路練鬪鑿
匪皆躬
先倡率兒義勇爲　光緒戊寅年九月廿九日生

民國丙寅年四月初九日卒
配莫氏 光緒丁丑年六月初九日生民國丙寅年
四月初九日卒
子 平塵 平烈塵出嗣
濟泉字雨甘例監生 光緒戊子年八月十六日生
民國甲寅年十二月初三日卒於南洋
配盤氏
子 平譸 平樑 俱幼殤
濟南字炳山勵學植品儉以養廉雅重氣節
人以皮裏春秋目之 光緒壬辰年八月十四日
生民國癸亥年九月廿三日卒
配李氏 光緒庚寅年六月廿五日生民國癸丑年九
月廿四日卒
繼配陳氏青年守節 光緒甲午年正月廿一日
生
子 平塗繼配出

濟彭字印年高等專修畢業 光緒癸卯年八月
十一日生
配楊氏 光緒己亥年八月卅日生民國癸亥年九月
廿四日卒
繼配郭氏 光緒乙巳年八月初十日生
子 平島 平岳岳繼配出
贊坤子濟辛字景伯 光緒乙酉年九月廿八日生宣統己酉
年十月十二日卒
配
嗣子 平鏐 幼殤
濟壬字硯山 光緒辛卯年二月十八日生民國 戊
年十二月廿八日卒
配黎氏
子
贊儒子濟煥字達雄 宣統己酉年 月 日生
配唐氏

子
贊詩　子濟濱光緒甲辰年四月廿九日生
配梁氏民國己未年六月初十日生
子
濟添統宣辛亥年閏六月十六日生
配劉氏民國辛酉年正月廿八日生
子
贊昔　子濟炤光緒丁未年十一月二十日生
配劉氏民國丁巳年十一月初二日生
子
濟楚民國壬子年七月十八日生
配陳氏民國庚申年十二月十八日生
子
贊修　子濟海民國丙寅年七月十一日生
配
子

贊儀　子濟龐字希珍充師部招募委員宣統己酉年二月初八日生
配莫氏宣統己酉年五月初七日生
子　平沾　平式　平濂
贊仍　子濟石中學肄業中央軍校第四分校十八期軍官班民國壬戌年四月十四日生
配陳氏民國辛酉年七月十一日生
子　平和
濟穀民國己巳年十二月初十日生
配李氏
子
濟杏民國壬申年五月初十日生
配
子
贊僑　子濟李民國戊辰年四月初九日生
配黎氏

子
濟杜民國庚午年四月初九日生
配
子
濟承民國癸酉年四月初九日生
配
子
濟翰民國庚辰年五月十一日生
配
子
贊球　子濟隆字叶平光緒戊寅年二月十八日生
配莫氏光緒庚寅年六月十八日生
子　平岩　平崑　平崇
濟悟
配
子

贊堯　子濟扶字勗齋光緒丙子年八月十四日生
配馮氏同治甲戌年八月十二日生民國癸亥年七月十七日卒
子　平標　平榆
濟掀字揭齋光緒壬午年十一月十三日生
配覃氏
子　平沾　平注
贊庸　子濟芳
配
子
贊序　子濟培民國乙丑年七月初九日生
配
子
濟埠民國丁卯年十二月廿三日生
配
子

國慶　子濟樞字機甫
配唐氏
子　平照　平熙　平黨
濟樓同治庚午年十二月初二日生
配廖氏
子　平邦　平都
濟松字雲甫光緒丙子年三月初三日生
配黃氏同治癸酉年七月初七日生
子　平郁　平郡　平郡
配龐氏
子
國宇　子濟章同治戊辰年五月廿八日生
濟京　同治癸酉年三月初四日生民國乙卯年八月初十日卒
配唐氏同治癸酉年八月初六日生
子　平怡

濟良　光緒乙亥年五月初四日生民國辛巳年二月廿二日卒
配陳氏　同治癸酉年正月十五日生民國辛酉年二月十二日卒
子　平洋　平治
國富　子濟珍　光緒乙亥年六月廿四日生民國癸丑年二月十九日卒
配黎氏
繼陳氏光緒丙子年五月初六日生民國丁卯年六月初二日卒
子　平湖　繼配出
濟球光緒庚寅年十二月十五日生
配謝氏　光緒辛巳年十二月廿五日生民國癸丑年正月十八日卒
繼配羅氏
繼配楊氏

子　平泉羅氏出
國寶　子濟棟同治甲戌年二月廿八日生
配梁氏
子　平秋
濟植光緒己卯年三月廿九日生
配莫氏光緒戊寅年九月初四日生
繼配黎氏光緒辛卯年三月十二日生
子　平璲
濟榕光緒辛巳年九月廿四日生
配
子
國安　子濟開光緒壬午年十一月卅日生民國壬申年六月初五日卒
配馮氏光緒壬午年六月初九日生
子　平夏　平采采出嗣
濟閻

配潘氏
嗣子　平采
國瑚　子濟茂光緒癸未年九月十三日生民國甲子年八月初八日卒
配賴氏光緒乙酉年五月廿七日生
子　平暢　平芬暢出嗣
濟茵光緒己丑年正月廿七日生
配黎氏光緒丁亥年十一月初七日生民國戊午年十月初七日卒
繼配李氏光緒辛丑年五月十六日生
繼配羅氏
子　平謨
濟菊光緒甲午年八月十九日生
配
子
國理　子濟芸光緒丁亥年三月廿三日生

配楊氏光緒庚子年九月廿七日生
嗣子　平暢
佐勳　子濟盈光緒丙子年十月十二日生
配李氏
子
濟常光緒甲申年八月十七日生
配陳氏
子　平龠
佐猷　子濟川光緒戊寅年十月十三日生
配廖氏光緒丙子年五月廿五日生宣統己酉年二月廿七日卒
繼配林氏　光緒丁丑年三月廿六日生民國丙寅年十一月初八日卒
子　平漢　平海　元配出　平浚　繼配出
佐才　子濟清光緒丁丑年三月廿八日生
配覃氏

子
濟淮光緒庚辰年三月十八日生
配甘氏
繼配鄧氏
子　平林繼配出
濟深光緒庚寅年七月廿九日生
配
子
佐邦　子濟寬同治壬申年十一月十一日生
配黃氏
子　平廣
濟安字惠民光緒丁丑年三月十六日生
配岑氏
子　平東　平東
佐仁　子濟基光緒乙酉年五月初十日生
配黎氏

兼祧子平侯
濟型光緒癸巳年八月十七日生
配莫氏
子　平侯兼祧
佐頁　子濟登光緒壬辰年十月十二日生
配謝氏
子　平傲　平儉　平俸　平傳
濟發光緒癸卯年九月廿一日生
配黃氏
子　平酉
佐煊　子濟濃宣統辛亥年五月廿六日生
配馮氏民國癸丑年十一月廿八日生
子　平遠
守桓　子濟英同治庚午年閏十月初四日生民國丁卯年八月初二日卒
配陳氏同治辛未年正月初五日生光緒乙巳年正月廿七日卒
繼配謝氏
子　平現繼配出
濟萃同治癸酉年七月廿一日生
配李氏同治辛未年三月初七日生
子　平寬
濟苾光緒壬午年二月十一日生
配周氏光緒戊寅年八月廿八日生
子
濟芹光緒乙酉年閏月廿四日生
配陸氏光緒丙戌年五月十三日生
子　平壬　平任
守信　子濟祚同治庚午年十月卅日生
配梁氏
繼配陸氏
繼配廖氏

容縣惟一商店承印

子　平珖陞出　平蘭　平珂廖出

濟禧同治癸酉年九月十六日生

配陳氏

子　平源　平梅　平輝　源娶侯氏無嗣

守儀　子濟琚光緒己卯年三月廿七日生

配張氏

繼配黃氏

兼祧子平杰

濟瑞光緒癸未年十一月廿四日生

配黎氏光緒乙酉年八月廿五日生

子　平杰兼祧

濟瓊光緒壬寅年八月初七日生

配馮氏光緒丙午年三月十四日生

子　平初　平郡

守倫　子濟瑄光緒丁亥年六月十三日生

配陳氏光緒庚寅年正月　日生

子　平華　平理　平矩　平津

濟美字鳳甫岑溪講習會員光緒辛丑年七月廿日生

配梁氏光緒庚子年二月十三日生

子　平鴻　平清　平湟

守綱　子濟涌光緒丙戌年六月初九日生

配劉氏

子

濟運光緒己丑年八月廿四日生

配

子

濟連光緒癸巳年十月十六日生

配莫氏光緒甲午年九月初三日生

子　平德　平衍　平徐　平御

濟迺　光緒戊戌年六月廿六日生民國壬子年九月廿六日卒塟抄山燒酒頂山坐甲兼寅立有碑誌

配

子

守蕃　子濟中字用其師範畢業生曾充村長兼教員

岑溪講習會員同治甲戌年九月初十日生

配岑氏同治甲戌年九月初三日生

子　平淮　平威　平成　平戎

濟權光緒辛卯年十二月十八日生

配侯氏光緒癸巳年五月十四日生

子　平威　平戚　平藏

濟衡光緒甲午年十月廿二日生

配黎氏光緒乙未年七月十一日生

子　平越　平鐵

守義　子濟和光緒丙子年九月初一日生

配

子

濟程光緒甲午年十一月初十日生

配江氏光緒甲午年八月廿四日生

子　平昇　平旦　平昂

守禮　子濟銘光緒壬寅年二月廿三日生

配莫氏光緒己亥年三月十五日生

子　平耀　平燧　平燎

濟鐸光緒丙午年閏四月十六日生

配黎氏光緒壬寅年十一月初四日生

子　平享　平亨　平亮

守智　子濟寰光緒庚寅年十一月初九日生

配黃氏光緒辛卯年正月十一日生民國辛未年十一月十六日卒

子　平彬　平楚　平森

濟宇光緒甲午年七月初六日生

配陳氏光緒丙申年三月十四日生

子

濟宏光緒甲辰年十月初八日生

配黎氏光緒癸卯年七月十二日生
子　平珍　平荊　平棘
濟傳宣統己酉年六月廿三日生
配龐氏宣統己酉年六月三十日生
子　平楝　平棣

守眞　子濟鑾字式金民國甲寅年十二月廿五日生
配陳氏民國壬子年八月二十日生
子　平濤

國相　子濟怡字和軒光緒己丑年三月初六日生
配李氏光緒辛卯年十一月廿九日生民國丙寅年
二月廿七日卒
子　平柱　平冀　平騰

國樑　子濟志光緒乙巳年六月初一日生
配羅氏
繼配莫氏光緒庚午年正月初五日生
子　平燔　平焗

國證　子濟霖字潤卿縣立中學畢業曾充六棱村村
長兼校長光緒庚寅年八月廿一日生
配梁氏光緒辛巳年八月初八日生
子　平椽　平桓　平權　平梧　平樸

國祚　子濟霆光緒乙巳年九月廿日生
配袁氏光緒甲辰年五月十四日生
子　平訪
濟霞字雲佳全國機器總工會廣西機器工
會第二區會第一分部常務委員廣西陸
軍第一獨立准尉司令廣西幹部學校中
尉服務員軍事委員會西南運輸處隊長
宣統己酉年四月初一日生
配劉氏宣統庚申年正月初六日生民國戊寅年十
月初六日卒
繼配李氏
庶李氏

子　平鑫嫡出　平越庶出
國祺　子濟露光緒癸卯年閏五月十二日生
配陳氏光緒癸卯年十一月初四日生民國乙丑年
五月廿六日卒
繼配莫氏光緒乙巳年八月十七日生
子　平勉　平勛　平効
濟霄宣統庚戌年十一月初二日生
配佘氏宣統己酉年五月廿一日生
子　平勦　平勵
濟鼉字鳴仟民國戊午年六月廿七日生
配李氏民國戊午年四月廿四日生
子　平勤
寇甲　子濟唐同治癸酉年二月十二日生
配張氏光緒戊戌年九月廿七日生
子　平遙
冠英　子濟儁光緒庚寅年八月十六日生

配
子
濟儒字學之光緒甲申年六月廿三日生
配黎氏光緒甲申年六月初五日生民國乙丑年九
月初十日卒
繼配陳氏光緒甲午年九月廿八日生
子　平燦元配出
乃龍　子濟欽光緒丙午年五月十二日生民國乙丑年十月初
七日卒
配　氏
嗣子
乃鳳　子濟鈞光緒癸巳年七月廿三日生民國甲子年十二月
十五日卒
配梁氏
子　平禮
濟錦字繡卿光緒丙申年三月廿五日生

配劉氏光緒乙未年八月初六日生
子　平禎　平祥　平裕　平祉　平祈
濟釗光緒戊申年五月廿二日生民國癸酉年二月初八日卒
配劉氏民國壬子年四月廿一日生
子　平池　平洲
乃麟　子濟鏡字明池光緒癸巳年十一月初五日生
配廖氏光緒丙申年六月廿八日生
子　平超　平潔　平相　平莊
濟銓字衡池光緒丁酉年十月廿六日生
配梁氏光緒乙未年七月初七日生
子　平寧　平憲　平簪
濟鋪光緒甲辰年四月廿三日生民國乙丑年二月廿三日卒
配
嗣子

乃應　子濟鋇光緒丁未年八月十九日生
配陳氏民國癸丑年三月初十日生
子　平達
濟鉞宣統己酉年三月初四日生
配
子
濟鏈民國乙卯年九月十五日生
配趙氏民國丙辰年四月初六日生
子
乃文　子濟舟光緒壬辰年十二月廿七日生
配莫氏光緒戊子年十一月初八日生
子　平堅
濟杰光緒丙午年十一月廿四日生
配李氏民國乙卯年十月初五日生
子
濟縣民國戊午年三月初八日生

配黎氏
子
乃彥　子濟可字輿之　光緒乙未年八月十五日生民國丁卯年　月　日卒
配黎氏
子　平祥
濟榮　宣統庚戌年三月十七日生
配黃氏　民國庚申年十二月廿八日生
子
乃宸　子濟北字少壬廣西航空學校畢業廣西防空司令部防毒幹部步兵專科學校畢業充上士班長防毒現習　民國丁巳年六月初六日生
配覃氏　民國戊午年正月初六日生
子　平心
乃霖　子濟鐸字豈凡中學肄業　民國乙丑年閏四月廿五日生
配岑潔芬　民國甲子年三月廿七日生
子　平潮　平萬
濟謀字偉民　民國庚午年正月廿六日生
配李氏
子
濟俠字可豪　民國壬子年十月三十日生
配蒙氏　民國癸酉年十一月初十日生
子
乃桐　子濟典　民國乙卯年二月初九日生
配
子
濟德　民國癸亥年十二月十六日生
配
子
濟護　民國己卯年八月廿六日生

配
子
乃標　子濟友　民國庚午年四月初十日生
配梁氏　朱浩英　民國庚午年二月廿七日生
子　平龙　平侠　平战
濟侶　民國己卯年十二月十九日生
配
子
乃桂　子濟勇　民國壬申年七月廿二日生
濟永　配序煌　子　女錦宏　錦凤
配
子
乃榮　子濟億
濟敏　配　子
濟兑　配　子
配
子
濟侃
配

子
濟壽　民國甲戌年二月十八日生
配
子
濟矩　民國丁丑年九月初九日生
配
子
贅襲　子濟崇　字禮南　西江海軍講武堂畢業　歷充陸軍排長　國民革命軍第十二師第三團第一營第三連連附　光緒己丑年八月初一日生　民國己巳年四月初十日殉難于廣東三水縣大塘墟　廿八年軍部發撫恤金
配陳氏
子　平檠
濟岑　光緒戊戌年九月十五日生
配梁氏

子　平意　平想
濟崑　光緒壬辰年七月廿九日生
配
子
贊奇　子濟藹　字瑞芝　光緒乙未年八月十一日生
配陸氏　光緒乙未年二月初一日生
子　平健　平楚
濟萬　光緒己亥年七月廿二日生
配蔡氏
子　平淳
濟華　光緒壬寅年六月初八日生
配吳氏
子
濟藩　字萃藺　南寧軍官學校畢業廣西分校
步科畢業上尉連長　光緒丁未年三月廿六日生
配黃氏

子
濟耆　字志明　廣西建校梧州區特訓班第一
期畢業充新安村村長　宣統辛亥年閏六月廿
日生
配鄧氏　民國丙辰年五月十一日生
子　平莠
安周　子濟柱　光緒乙未年四月十五日生
配
子
定周　子濟模
配
子
宗周　子濟相
配
子
典綱　子濟郴　光緒乙酉年十二月廿三日生民國己巳年五月

廿四日卒
配蔡氏
子　平福　平祿　平壽
濟郊　光緒庚辰年六月十二日生
配
子
濟都
配
子
典紀　子濟邦　光緒己丑年正月廿三日生
配鍾氏
子　平化
典偉　子濟郡　光緒壬辰年三月廿五日生
配陳氏
繼配盧氏
子　平琚　平瑤

典忠　子濟沖　同治辛未年七月廿七日生
配梁氏
繼配侯氏
子　平佐　元配出
濟池　同治甲戌年七月廿五日生
配李氏
子　平佳　平儀　平佑
濟湖　光緒丁丑年九月初八日生
配張氏
繼配謝氏
子　平璞
佐周　子濟蕙　光緒戊子年七月初八日生
配潘氏　光緒己丑年三月十七日生
子　平恩　平恩　平態
建周　子濟芝　光緒甲申年三月十七日生
配陸氏　光緒丙戌年四月廿八日生

繼配龐氏光緒丙戌年二月十六日生
子　平典　平與
濟闢光緒壬午年三月十三日生
配馮氏光緒甲午年六月廿一日生
庶羅氏光緒丙申年九月十二日生
子　平巽
贊光　子濟炎民國癸亥年七月初四日生
配盧氏民國丙寅年七月廿六日生
子
贊元　子濟康民國戊辰年閏二月初二日生
配鍾氏
繼配易氏
子
濟朗
配
子

贊宇　子濟運光緒戊申年四月初十日生
配蔣氏宣統己酉年正月廿三日生
子　平讓
贊宙　子濟進宣統己酉年二月十三日生
配
子
贊寶　子濟燿宣統庚戌年十一月廿日生
配林氏民國乙卯年七月初十日生
子　平詢
濟煇民國甲寅年三月廿六日生
配鍾氏民國丁巳年五月十八日生
子
贊安　子濟遠民國丙辰年十一月三十日生
配盧氏民國癸亥年八月初二日生
子
贊宏　子濟道光緒丁未年三月十六日生

容縣惟一商店承印

配梁氏民國甲寅年八月初一日生
子　平綬
贊提　子濟仁民國癸酉年十一月廿三日生
配
子
濟義民國戊寅年六月初六日生
配
子
濟柏
配
子
贊扶　子濟礽民國庚申年六月初一日生
配岑氏民國己巳年四月廿四日生
子
濟祐民國辛未年十二月初九日生
配

子
贊恩　子濟言光緒戊子年十月初一日生
配唐氏光緒甲午年十一月十一日生民國癸亥年十二月十二日卒
繼配盤氏光緒丙午年二月十八日生
子　平振　元配出平記繼配出
濟慶
配
子
濟奕光緒庚子年二月廿日生
配黎氏
子
濟享光緒癸卯年五月十三日生
配劉氏宣統己酉年五月初四日生
子　平泛
贊惠　子濟廣光緒乙巳年正月十二日生

配黎氏光緒乙巳年六月初九日生
子　平鑑　平鈿　平鋒
濟庇
配
子
振庠　子濟端光緒乙丑年九月初四日生
配梁氏光緒丁亥年十一月十一日生
子　平傳
應著　子統文
配
子
應臣　子統善
配陳氏
子　平澤　平淇　平洪
應召　子濟宜光緒乙亥年十一月初四日生
配陳氏光緒乙亥年十一月廿五日生

子　平秩
濟宦光緒戊寅年七月初一日生
配謝氏
子　平萊　平蘂
濟家光緒庚辰年十月初四日生
配李氏光緒庚辰年十月廿四日生
子　平樂　平槩
應禮　子濟袖光緒丙子年閏五月廿日生
配陳氏光緒丁丑年十二月初八日生
子　平均　平坊
濟祐光緒己卯年六月十四日生
配李氏光緒己卯年四月廿一日生民國辛未年十一月初五日卒
子　平貴
濟禎光緒乙酉年二月十三日生
配梁氏光緒癸未年十月初八日生

子　平昌　平旻

濟謀光緒己亥年五月初八日生

配黃氏光緒壬寅年六月初五日生

子　平侃　平修

濟社光緒壬寅年十月廿七日生

配黎氏光緒戊申年十月廿七日生

子　平宰　平寓

應祚　子濟占光緒庚寅年七月初九日生

配黃氏光緒丙午年三月初十日生

子　平隄

濟吉光緒己亥年四月初二日生

配陳氏

子　平潭

濟合宣統辛亥年三月廿一日生

配楊氏民國庚申年十二月十一日生

子

應球　子濟拔光緒己丑年十二月初一日生

配李氏

子

應琨　子濟援光緒乙未年正月十五日生

配岑氏光緒癸卯年九月十五日生

子　平杞　平梓

品適　子濟旦光緒丁丑年十月廿九日生

配謝氏光緒壬辰年正月廿一日生

子　平發　平芝

品遂　子濟昌同治丁卯年十二月廿一日生

配陳氏光緒乙亥年二月初五日生

子　平慎

濟晟同治庚午年十月廿二日生

配蘇氏同治庚午年十一月初十日生

子　平志　平悳

濟晃光緒丙戌年九月初五日生

配楊氏光緒乙未年七月初六日生
子　平燊
明通　子瑞華光緒甲申年三月初六日生
配盧氏光緒辛未年八月初十日生
子　平泰
傳經　子憲昌
配元氏
子　平慶　平度
永賢　子觀光
配
子
現光
配
子
永崇　子達光
配王氏

子　壯懷
光光
配
子　壯佳
永寬　子容光
配
子
賚光
配
子
垂光光緒丁酉年四月初六日生
配
子
永棠　子靈光
配楊氏
子　壯隆　壯興　壯元

永賓 子存光
配
子
燿光
配
子
永祁 子迺瑛字顯初 光緒辛巳年八月廿六日生民國壬申
年八月廿六日卒
配梁氏光緒丁亥年七月十五日生
繼配謝氏光緒甲午年十月十七日生
繼配鄧氏光緒己丑年十一月十一日生
子 桂楠
迺球字韞佳光緒甲申年十二月廿日生
配陸氏光緒壬寅年八月廿二日生
子 桂華 桂東 桂彬
迺瑢光緒己丑年十一月初五日生

配邱氏
子
迺琇光緒辛卯年八月初二日生
配韋氏光緒丁酉年八月十五日生
子 桂薪
永傳 子迺璵光緒己丑年九月初一日生
配黃氏光緒辛卯年四月初一日生
子 桂谿
永祥 子迺瓊光緒己卯年七月十二日生
配葉氏光緒庚寅年七月廿七日生
子 桂芳 桂芫 桂萱
迺琳光緒壬午年正月廿八日生
配楊氏光緒庚子年十一月廿七日生
子 桂芬
迺璘光緒辛卯年六月十四日生
配梁氏光 辛丑年正月廿一日生

子　梓秋
廼珠光緒甲午年十一月廿日生
配黃氏
子
永康　子　迺芳光緒甲辰年十月初三日生
配
子
永貞　子　廼琨民國壬戌年七月十四日生
配謝氏民國癸亥年五月十五日生
子
廼琮民國丙寅年十一月廿五日生
配
子
迺琛民國庚午年四月廿六日生
配
子

迺璿民國丙子年五月十八日生
配
子
迺玟民國己卯年四月十八日生
配
子
定元　子　悱詰
配
子
經元　子　恂詰壽七十六歲
配潘氏
子　上璋
怡詰光緒丙戌年七月初九日生
配陸氏光緒丁亥年六月初六日生
子　上椿　上模
憒詰

容縣惟一商店承印

配
子
繡元 子慎詰
配陸氏
子
紋元 子憬詰
配
子
綪元 子懷詰字德甫壽七十五歲同治乙丑年八月廿六日生民國己卯年三月十八日卒
配龐氏同治戊辰年閏四月十八日生
子 上棟
悌詰
配
子
綬元 子憧詰

配
子
統元 子愕詰光緒丁亥年八月廿三日生
配鄧氏光緒辛卯年十月廿九日生
子 上軍 上球 上楨 上文 上朝
上漢
維元 子慎詰光緒庚辰年七月廿七日生
配許氏光緒壬午年十月廿八日生
子 上材 上志 上榮 上瑶 上添
懌詰
配
子
成元 子傳詰
配
子
俊詰

配
子
椿元　子憶誥 民國丙辰年十一月初二日生 往洋
配
子
初元　子愿誥 同治乙丑年五月初二日生
配劉氏
子　上林
思誥
配黃氏
子　上柱
慈誥
配
子
忠誥
配

子　惠誥
配
子
仲元　子詳誥
配
子
詮誥
配
子
諭誥 光緒丙子年十月初十日生
配陳氏 光緒庚戌年二月十六日生
子　上都
叔元　子謨誥
配
子

兆元 子誠詰
配
子
棣元 子詵詰
配陳氏
子
詠詰
配
子
請詰
配
子
策元 子讚詰
配
子
諨詰

配
子
訪詰光緒乙酉年正月初九日生
配馮氏光緒壬申年五月初五日生
子
上蔭
啟元 子紫詰
配
子 上賢 上寄賢出嗣
鳳詰壽七十六歲咸豐己未年八月初九日生
配李氏現年八十三歲咸豐辛酉年三月十六日生
子 上道 上達 上逵
政元 子麟詰
配
嗣子 上賢
勛元 子錫詰

配劉氏
子
錦諱字替堂
配覃氏
子
勳元　子桐諱
配
子
俠諱
配
子
濟元　子爵諱民國癸丑年七月初一日生
配龐氏民國丙辰年五月初十日生
子　上泉
師諱民國丙辰年十月初四日生
配

子
倅諱民國乙丑年十一月廿一日生
配
子
冠元　子良諱民國戊寅年三月廿一日生
配
子
譏元　子積諱民國乙丑年二月廿九日生
配
子
華諱民國辛未年八月初四日生
配
子
源元　子倚諱民國壬戌年正月初八日生
配羅氏民國甲子年十一月十二日生
子

漢元　子錫譜民國己巳年十一月廿二日生

配

子

武賢　子錫荃

配

子　祥桓

武珠　子錫光字祿階郡庠生選用州判　咸豐壬子年八月初二日生

配翁氏

子　煊垣　燿垣

武瓊　子錫睿字爵階同治戊辰年十二月十七日生

配梁氏

嗣子　繼垣早故

錫耀字耀階同治辛未年九月十五日生

配李氏

繼配楊氏

子　繼垣　齊垣繼出嗣

錫昌

配黃氏

子

錫芬字懷濟光緒壬午年七月十二日生

配梁氏

繼配李氏

子　祝垣　慶垣　壽垣

錫璣字玉山光緒乙酉年八月初一日生

配李氏

繼配吳氏

子　穀垣

錫煊光緒戊子年七月廿七日生

配覃氏

子　國垣　福垣

慶年　子錫雲字景卿同治壬申年六月廿二日生

配覃氏
子
錫龍字臥南光緒乙亥年四月十三日生
配劉氏
子
錫巽光緒戊寅年八月初六日生
配林氏
子
錫粹字心一光緒乙酉年四月十二日生
配李氏
子　祥垣　益垣
武璋　子錫彪字淮舟光緒辛巳年七月十九日生
配陳氏
子　貴垣
錫雄光緒壬辰年三月十一日生
配

子
武琚　子錫都光緒癸巳年九月十八日生
配
子
武瑜　子錫芳字秀卿光緒癸巳年八月十八日生
配韓氏光緒癸巳年十月十四日生
子　德垣　勝垣　梓垣
武任　子錫祥咸豐丁巳年四月十五日生光緒丁酉年十月十八日卒
配胡氏
繼配區氏
嗣子　道垣
錫礽字少雄咸豐辛酉年十一月初五日生光緒辛丑年正月初七日卒
配李氏現年七十三歲
子　美垣

錫祺字雲香同治癸亥年九月十四日生

配李氏

繼配杜氏

繼配鄭氏

子　道垣　進垣道出嗣

錫禎字吉祥現年七十一歲同治壬申年正月初五日生

配梁氏

繼配陳氏

子　達垣　建垣

錫初字子美光緒己卯年三月初九日生

配盧氏

子　遂垣　逮垣

武佑　子錫承同治庚午年八月初七日生

配陳氏

繼配葉氏

子　玉垣

武信　子錫俟

配甘氏

子　尙垣　嗣子逮垣

武林　子錫瓚

配陳氏

子

錫賢

配蘇氏

子　壯垣

武材　子錫恩

配

子

錫志

配

子

錫佺
配
子
武紀　子錫章
配
子
武緯　子錫才光緒辛卯年七月廿三日生
配
子
錫榮光緒丙午年九月初六日生
配蔡氏光緒戊申年十一月十三日生
子　崇垣
武登　子錫典光緒戊戌年四月廿六日生
配
子
錫興光緒辛丑年閏八月十五日生

配温氏光緒癸卯年十月初十日生
子　固垣　文垣
武利　子錫常民國癸丑年正月初六日生
配梁氏
子
武怡　子錫廣
配
子
朝華　子典裔民國壬戌年八月初六日生
配
子
朝才　子典裘
配
子
典祥民國乙丑年五月十四日生
配

子

朝廣 子典偺光緒丁酉年十二月初九日生

配謝氏光緒丙午年五月十二日生

子 紹海 紹深

朝廓 子典敎民國甲寅年三月廿三日生

配潘氏民國庚申年四月廿四日生

子

朝英 子典林

配

子

朝紀 子典昌

配梁氏

繼配甘氏

子 紹傳 紹倧

朝泰 子典沂

配

子

典祥

配

子

朝貞 子典祚字德臣善國技外科壽八十五歲 咸豐丙辰年十月十八日生民國庚辰年正月廿四日卒

配何氏壽七十一歲 咸豐戊午年五月廿二日生民國戊辰年六月二十日卒

子 紹佳 紹儒 紹任 紹俊 紹仁

紹信 紹侯

典祁同治丙寅年五月廿一日生

配覃氏同治戊辰年九月十二日生

子 紹恍 紹志

典禨同治辛未年五月初四日生

配黃氏

子　紹傑　紹俅　紹宏
朝漢　子典謨
配
子　紹南
朝芬　子典成
配蕭氏
子　紹棠　紹覽
保通　子志揚字盛秋光緒丁酉年二月廿日生
配何氏宣統己酉年十二月初一日生
嗣子　桂莊
觀華　子志林
配
子
紀華　子志材同治甲戌年七月初十日生
配謝氏
子　桂禮

志祥光緒丁丑年八月初三日生
配黃氏光緒乙酉年二月十七日生
子　桂馥　桂賓
顯華　子志祈民國戊午年十月初七日生
配
子
盛華　子志礽民國辛酉年五月初三日生
配
子
保福　子志蘭同治甲戌年十月十四日生
配鄧氏光緒己卯年二月十六日生
子　桂儔
保祿　子志壽同治壬申年五月十七日生
配王氏同治癸酉年閏四月初一日生
子　桂庭
志藎字霈琪光緒甲申年八月廿日生

配劉氏光緒甲午年三月卅日生
子　桂燁　桂儀　桂友
保聚　子志瑛同治甲戌年十二月廿日生民國己巳年七月廿四日卒
配黃氏
子　桂陵　桂陞　桂隆
保華　子志想字少怡精堪輿星學同治戊辰年十一月卅日生
配劉氏同治己巳年三月廿日生
繼配梁氏光緒癸未年五月十六日生
兼祧子　桂榮
志鵬字耀奇善技擊光緒己卯年二月廿八日生
配彭氏光緒己卯年八月初八日生
繼配趙氏光緒戊子年五月十八日生
子　桂材　桂榮　材外出　榮兼祧
保都　子志廣民國癸丑年正月廿三日生

配梁氏民國辛酉年十月初九日生
子
保先　子志恒字振東光緒戊子年八月初一日生
配盧氏光緒庚寅年五月初七日生
子　桂燃　桂臣
志懷字耀東光緒辛卯年十一月廿六日生
配李氏光緒辛卯年三月初六日生民國戊辰年月日卒
繼配梁氏宣統庚戌年二月十六日生
子　桂恒　桂榛　繼琥
志怡字欽東光緒甲午年十一月廿九日生
配覃氏光緒乙未年五月初九日生
嗣子　桂烘
志瑜字鑑東光緒庚子年正月初九日生民國庚辰年月日卒
配黃氏光緒庚子年三月初七日生

子　桂標　桂烘　桂燧　桂琨烘出嗣

志惟字惠東光緒丁未年九月初四日生

配林氏光緒庚申年二月初四日生

子　桂燊　桂森

保彰　子志源民國癸丑年八月初三日生

配

子

保禎　子志生民國丙寅年二月初二日生

配

子

保礽　子志亮宣統庚戌年八月廿五日生

配

子

志濠民國甲子年六月廿四日生

配

子

志亨民國辛未年六月十二日生

配

子

志敦民國癸酉年七月十二日生

配

子

保祈　子志芳民國庚申年六月廿八日生

配

子

志荃民國丙子年九月廿五日生

配

子

志薪民國乙卯年七月十四日生

配

子

保文　子志秋民國己巳年九月十二日生

容縣惟一商店承印

配
子
志俊民國丁丑年八月初五日生
建邦 子雲禪光緒乙亥年十一月初九日生宣統己酉年七月 日卒
配
子
配李氏光緒丙子年二月十七日生
子 維榮 維禮
建都 子雲成同治丙寅年十二月廿九日生光緒乙酉年四月廿五日卒
配
子 無嗣
雲鵠 同治己巳年正月廿八日生宣統庚戌年二月廿六日卒
配龐氏同治辛未年十一月十六日生

子 維明 維山
建榮 子雲鴻光緒丁丑年六月十五日生民國辛未年五月十七日卒
配
子 維忠 維義 維芝 母吳氏
建綸 子雲言壽七十歲同治乙丑年六月初八日生民國癸酉年正月廿九日卒
配劉氏 同治戊辰年閏四月十六日生民國壬申正月初五日卒
子 維芝 維才 維屛屛無嗣
雲堂 光緒丁丑年七月十二日生民國乙亥年八月初八日卒
配陳氏光緒癸巳年九月廿五日生
子 維新 維春
建彝 子雲開同治丁卯年正月廿七日生
配吳氏同治戊辰年九月初一日生民國丙辰年十

月廿四日卒
子　維德
雲元同治庚午年八月初四日生
配楊氏同治庚午年閏十月十一日生民國甲戌年
九月廿一日卒
子　維藩
雲輿光緒乙亥年十一月十一日生民國壬戌年六月
廿七日卒
配梁氏光緒戊寅年十一月十一日生民國癸酉年
正月十九日卒
子　維禎　維祥　維啟　維球
建訓　子雲國光緒癸卯年六月廿七日生
配
子
雲霽宣統庚戌年十一月廿六日生
配

子
建林　子雲琨咸豐己未年七月二十日生
配歐氏
子　維成
建燦　子雲英同治癸酉年十月初九日生
配
子
建清　子雲乾光緒丙子年四月廿四日生民國戊辰年九月十
五日卒
配楊氏光緒乙亥年十二月初四日生光緒辛丑年
二月初十日卒
子　維智
雲經光緒戊寅年十月廿日生
配
子
建祈　子雲林光緒戊戌年十一月十八日生

配莫氏光緒己亥年四月十二日生
子　維賓　維展　維彩
雲志光緒乙巳年十月十六日生
配鍾氏光緒丁未年五月廿一日生
子　維國
建春　子雲靜光緒庚寅年七月初五日生
配
子　維江　維昌　維能
雲安光緒癸巳年十月十九日生
配
子　維田
雲傳光緒己亥年十一月初四日生
配
子
建昌　子雲彩光緒壬辰年十月初一日生
配

子
雲全光緒己亥年十一月十八日生
配李氏宣統庚戌年八月十六日生
子　維振　維基
雲隆光緒　年十二月初五日生
配
子
建榮　子雲禧光緒丁酉年十一月十六日生民國丁丑年十月廿日卒
配梁氏
子　維張　維儉
建廷　子雲沾
配
子
建龍　子雲儉同治庚午年十月廿五日生民國乙亥年十一月十六日卒

配梁氏光緒丁亥年十一月廿七日生
子　維沼　維沾
雲成號德貞光緒乙亥年三月初七日生
配陳氏光緒壬午年三月初十日生
子　維潭
雲家光緒丁丑年十一月初九日生民國戊寅年六月廿二日卒
配梁氏光緒丙戌年十月廿二日生
子　維沐　維洪
建光　子雲榮光緒丙戌年十月廿八日生民國丙子年正月十二日卒
配
子　維泉
雲華光緒甲午年五月初六日生
配陳氏光緒甲午年正月十一日生
子　維源　維清　維滿

建德　子雲知光緒戊寅年四月廿七日生民國己巳年八月十二日卒
配鄧氏光緒庚寅年五月初九日生
子　維浩
雲明光緒庚辰年九月廿八日生
配吳氏宣統辛亥年十月十五日生
子
建政　子雲旺光緒乙亥年十一月十一日生民國戊辰年八月初八日卒
配李氏光緒乙酉年六月廿六日生
子　維河　維洲
雲才光緒乙酉年六月初五日生
配梁氏光緒庚寅年九月初十日生
子
建照　子雲山光緒癸卯年二月初五日生
配

容縣惟一商店承印

子
建乾　子雲松光緒丁亥年九月初八日生民國辛未年六月初
七日卒
配謝氏光緒乙酉年正月卅日生民國癸酉年十二
月十八日卒
子　維海　維池
雲柏光緒甲午年八月初二日生
配陳氏光緒丁酉年十月十二日生
子　維深　維洽
建球　子雲超民國己巳年八月廿二日生
配
子
雲犖
配
子
建志　子雲廉民國壬戌年四月廿六日生

配
子
雲階民國丁卯年十一月廿九日生
配
子
建元　子雲賢民國甲寅年三月廿三日生
配
子
雲吉民國丁巳年三月廿日生
配
子
雲棟民國辛酉年三月初五日生
配龐氏民國丁卯年九月十六日生
子
建文　子雲耀民國丙辰年五月廿五日生
配樊氏民國庚申年十一月十四日生

建安　子雲盛　光緒乙巳年三月廿三日生民國辛巳年閏六月初五日生

子

配

建才　子雲發　光緒乙巳年九月十五日生

子

配

建林　子雲文　同治庚午年　月　日生民國乙亥年八月十二日卒

子

配

建燦　子雲蔚　光緒丙子年六月初九日生民國戊寅年四月十三日卒

子

配

海上絲綢之路文獻集成

總主編　陳支平　陳春聲

民間譜牒編

100

主編　林楓

海峽出版發行集團
THE STRAITS PUBLISHING & DISTRIBUTING GROUP
福建人民出版社

国家出版基金项目
NATIONAL PUBLICATION FOUNDATION

本册目次

〔廣西容縣〕容州封氏家譜十六卷首一卷（卷一一至卷一六） 封鶴君 封高萬 封祝祁纂修……一

［廣西容縣］容州封氏家譜十六卷首一卷（卷一一至卷一六）

封鶴君　封高萬　封祝祁纂修

容州封氏家譜

卷十一

容州封氏家譜卷十一

次房世系牒

二十二世

王琪 子永朝
配
子
舉朝
配
子

王彰 子進朝
配阮氏
子
學朝
配李氏
子

纘朝
配
子

王勵 子慶朝
配廖氏
子

王進 子登朝
配廖氏
子 大經 大倫 大成

王安 子立朝
配
子

王相 子佐朝
配謝氏
子 大興 大昌 大寧 大智

王戚 子鑽朝

容縣唯一商店承印

配
子
王恩子在朝
配
子
王太子入朝
配
子
王憲子家朝
配
子
王興子福朝
配
子
玉登子連生
配

子　大振
連昇
配
子
連慶
配
子　大利　大榮　大記　大昌
玉觀子連清
配張氏
子　大恩　大鵬　大廷
玉琚子連聚
配李氏
子
連珍
配李氏
子　大有

玉光子連英
配鄭氏
子大臣
連邦
配黃氏
子大漢
連華
配
子
玉啟子連來
配黃氏
子大信　大相
連紹
配
子
連枝

配廖氏
子
連展
配
子
連標
配
子
連和
配
子
連初
配
子
連富
配

容縣惟一商店承印

子
玉璟子連仁
配
子
玉球子連興
配
子
玉貝子連秀
配
子
玉珠子連香
配
子　大齡　大程
玉桂子連信
配
子

玉純子連義
配
子
玉山子連源
配
子
連泉
配
子
玉林子連衆
配
子
玉南子連龍
配
子
連鳳

配

子

玉當 子連忠

配

子

連芳

配廖氏

子

連燮

配

子

玉金 子連聖

配

子

連淵

配

子

玉昌 子連貝

配

子

玉盛 子連茂

配

子

世延 子廣鳴民國丙辰年十月初九日生

配

子

世崇 子廣濟民國戊午年七月初三日生

配

子

廣文民國乙丑年十一月初五日生

配易氏民國庚申年九月初四日生

子

次房廿三世

容縣惟一商店承印

廣華 民國戊辰年五月廿八日生
配梁氏 民國壬申年五月十四日生
子
世文 子廣鴻 光緒丙午年七月初一日生
配黎氏 民國壬子年四月廿九日生
子
文光 子廣富 宣統庚戌年十二月初十日生
配梁氏 宣統己酉年七月初二日生
子
廣法 民國己巳年十一月初一日生
配
子
文英 子廣賢 宣統庚戌年九月廿九日生
配潘氏 宣統己酉年七月初二日生
子 能紹 能述
廣桃 民國壬子年七月十九日生

配彭氏 民國壬子年八月二十日生
子 能安 能定
廣仁 民國丙辰年十月初十日生
配李氏 民國乙卯五月廿一日生
子
廣元 民國辛酉年九月初八日生
配
子
廣貞 民國壬申年九月初八日生
配
子
文傑 子廣驥 民國庚午年正月初十日生
配
子
廣超 民國壬申年二月初四日生
配

子
廣傳
配
子
文偉　子廣生民國辛未年九月十二日生
配
子
世忠　子代昌光緒乙亥年三月十六日生
配劉氏
子　光榮　曜榮
世爵　子代珍
配潘氏
子　晉榮
世侯　子代珠
配
子　受榮

世振　子代琦
配
子
代瓹
配
子
代琨
配陸氏
子　福榮　啟榮
世蕃　子代璋壽八十五歲
配陀氏
子　國榮
代瑛
配
子
顯國　子達成

配黃氏
子　嘉傳

鎮國　子達遠
配
子

佐國　子達正
配
子

靜國　子達觀
配
子

丕烈　子達明字少卿勞資所得栽培子弟和睦鄉族
咸豐辛酉年五月廿日生民國乙卯年正月廿五日卒
配梁氏
子　嘉俊　嘉健　嘉侑

輔國　子達倫
配覃氏
子　嘉球　嘉瑜
達壽
配杜氏
子

奕國　子達彰
配陳氏
子　嘉偉　嘉賓
達卿
配李氏
子　嘉芝　嘉芹　嘉荃

統元　子德盛
配黎氏又作潘氏
繼配梁氏
嗣子　嘉紳

武元　子德榮　嘉慶戊子年二月十一日生光緒辛卯年六月三
十日卒
配潘氏
子　嘉誠
德祥　嘉慶癸巳年七月十一日生
配覃氏
子　嘉訥　嘉諄　諄出嗣
嗣皓昌後　德敏
配梁氏
子　嘉璋　嘉華
安元　子德壽字如南恩賜登仕郎　道光庚寅年閏四月廿
五日生光緒戊戌年九月廿三日卒
配李氏　道光己丑年六月初二日生咸豐丙辰年七
月初七日卒
子　嘉猷
永德　子建邦號稷南字輔臣充南寧市貧民借貸處

職員　光緒乙亥年四月初八日生
配吳氏　光緒戊寅年九月十二日生
子　國棟　國樑　國樞　國權　國楨
國棠　國強
建游號紹南字幹臣　光緒壬午年七月十六日生
配戚氏　光緒戊戌年八月十二日生
嗣子　國桓
建業號召南字勤之充桂軍第五營司務長
廣西陸軍總兵站運解員　光緒壬辰年十月十
六日生
配雷氏　光緒庚子年九月廿七日生
庶盧氏　民國壬子年十月初八日生
子　國森
永韻　子建勳號克南字績臣歷充各防營書記長廣
西水師第四軍文牘員梧州警察廳督察
長桂軍第五營書記廣西測量局人員養

成所庶務主任南寧市商協會執行常務
委員光緒戊寅年十二月初十日生
配馮氏光緒庚寅年八月十五日生光緒辛丑年四
月十一日卒
繼配文氏光緒乙酉年四月十三日生
子 國材 國槐 國梅 國桓 國樟
國柱 桓出嗣
維政 子達光
配
子
維淯 子達華
配
子
寶綏 子興棠字韻臣現年七十九歲 同治乙丑年三月
初七日生
配温氏 同治戊辰年八月初四日生民國己巳年

二月廿七日卒
子 嘉琛 嘉瑾 瑾出繼
金綏 子興培字尚之壽八十一歲咸豐己未年十月十六
日生民國己卯年十一月廿五日卒
配楊氏咸豐庚申年十二月十七日生光緒戊戌年
正月十九日卒
子 嘉堯 嘉虞
興坤壽七十二歲同治甲子年四月初四日生民國
乙亥年正月初二日卒
配蘇氏同治癸亥年十月十八日生
子 嘉瑛 嘉鎭 嘉賢
安綏 子興鈞字少平 同治甲子年十一月十七日生光緒庚
戌年二月十三日卒
配鍾氏 同治癸酉年二月十七日生光緒辛丑年
六月十九日卒
子 嘉標 嘉朝

興釗字務軒現年七十九歲同治丁卯年十月初
一日生民國乙酉年正月十七日卒
配黃氏同治丙寅年十二月初八日生
子 嘉滙
興銓號海廷 同治庚午年五月初四日生民國丁丑
年正月廿日卒
配張氏同治辛未年三月十六日生
子 嘉韶 嘉楚 嘉蔭 嘉會 蔭赴洋
道卒
興鏐號直岩光緒癸未年十月初三日生
配黃氏光緒乙酉年正月廿四日生
庶梁氏民國丁巳年十二月廿日生
子 嘉福 嘉祿 嘉壽
寅綬 子興圻字界岩壽七十五歲同治乙丑年六月十六
日生民國己卯年十二月十九日卒
配鄧氏同治乙丑年正月十二日生

子 嘉桐 嘉棟 嘉樫
興芹同治癸酉年九月廿五日生
配陸氏同治甲戌年六月廿八日生民國丁丑年二
月初九日卒
子 嘉昌
興振光緒乙亥年九月廿四日生
配韋氏光緒戊寅年三月廿四日生民國戊辰年七
月廿三日卒
子 嘉文 嘉武
興智 光緒戊寅年二月十二日生光緒乙巳年十一月
廿二日卒
配
子
興芳
配
子

宏綬 子興周 同治辛未年七月廿三日生光緒乙丑年十月廿四日卒

配

子

詳綬 子興仕 光緒丁丑年十一月十四日生民國卅四年正月十二日卒

配淩氏 光緒丁丑年七月初四日生

子 嘉來 嘉材 嘉進 嘉惠 嘉穀 嘉政

元綬 子興荏 光緒丁亥年十月初五日生

配覃氏 光緒丙戌年九月初十日生民國己未年八月十五日卒

繼配張氏 光緒癸巳年十二月初八日生

庶配韋氏 民國甲寅年正月初七日生

子 嘉琳元配出 嘉樹 嘉梅 嘉桂繼配出 嘉杜庶出

組綬 子興芝 光緒丙子年正月初二日生

配

子

興禮 光緒戊寅年十二月廿二日生

配李氏

嗣子 嘉潤

興詩 光緒辛巳年九月初十日生

配鄧氏

繼配張氏 光緒辛巳年十月廿日生

子 嘉潤 嘉榮俱繼配出 潤出繼

繼綬 子興璉 光緒戊寅年二月十六日生民國庚申年十一月初二日卒

配覃氏

子 嘉瑱

興信

配

子
興傳光緒癸未年十月初三日生
配楊氏
子
興茂
配潘氏
子
綸綬　子興佳光緒丙戌年十二月初七日生民國乙丑年四月廿七日卒
配梁氏
嗣子　嘉宏
興仙光緒丁酉年四月十一日生
配淩氏光緒甲辰年十二月廿七日生
子　嘉宏　嘉富　嘉寅宏出繼
興俊
配

子
遠綬　子興儒宣統庚戌年六月生
配
子
興年民國壬子年八月十一日生
配潘氏
子
綵綬　子興耿光緒乙酉年四月初一日生
配劉氏
子　嘉祥
絟綬　子興暉
配
子
興昂
配
子

容縣惟一商店承印

興旦號信南 宣統己酉年二月初七日生
配劉氏
繼配東氏
子 嘉容
配
子
緄綬 子興曈 光緒乙未年三月廿七日生
興雲 光緒丙申年六月廿七日生
配張氏 光緒丙申年七月初十日生
子 嘉禮 嘉智
興志 光緒戊戌年八月十四日生
配歐陽氏 光緒丙申年六月初六日生
子 嘉仁 嘉義 嘉信 嘉俊
興盛 光緒乙酉年四月初一日生
配李氏 光緒乙酉年閏七月初四日生
子

達朝 子鈺現年七十七歲 同治丁卯年八月廿四日生
配容氏 光緒丁丑年十二月十二日生
子 嘉芳
達廷 子興錦
配容氏
子 嘉松 嘉杏
達官 子興煥
配廖氏
子 嘉棠
興源
配何氏
繼配潘氏
子 嘉彬
達周 子興仁
配梁氏
子

朝琳　子興和咸豐甲寅年十一月廿三日生光緒戊申年三月
十一日卒
配梁氏壽七十六歲同治壬戌年二月廿四日
生
子嘉佑
朝璠　子興文同治庚午年六月廿三日生光緒己卯年十二月
十六日卒
配蘇氏
繼配黎氏同治壬申年六月十三日生
子嘉佺　嘉元　嘉亨　嘉利　嘉貞
朝邦　子興椿
配
子
佐杰　子興翊字伯朋民國初建服務鄉團時匪徒伺
隙竊發因偵查匪蹤抵大河坡遇賊被執
不屈遂及於難鄉人咸痛悼之光緒丁丑年

五月初九日生民國壬子年四月十五日被害
卒
配劉氏光緒丁丑年二月初七日生
子嘉爵　嘉孚　嘉采
興翀字少繁光緒辛巳年三月十五日生
配鍾氏光緒辛巳年四月十五日生
子嘉昭　嘉昉
興翃光緒乙酉年五月廿八日生光緒癸卯年六月廿
七日卒
配
子
興栩號季明光緒丁亥年十月初七日生民國乙丑
年十一月廿一日卒
配李氏
繼配吳氏光緒庚寅年三月十七日生
子嘉桐　嘉棋　嘉梂繼配出　梂遺腹生

式杰　子興穊字伯闓光緒丙子年二月十六日生
配陳氏光緒丙子年二月廿三日生
庶配梁氏光緒辛丑年二月十六日生
子　嘉崇　嘉宗庶出嘉金　嘉蒸
興旄號傳彊光緒己丑年六月廿二日生
配潘氏光緒戊子年八月初五日生
庶配張氏民國辛酉年三月初三日生
子　嘉深　嘉潛　潛庶出
興敏號佐强光緒甲午年十二月十四日生
配陳氏光緒壬辰年閏四月十三日生
子　嘉春　嘉發　嘉秦
建朝　子業楷光緒壬申年四月十九日生
配張氏光緒甲午年二月初七日生民國庚戌年五月廿九日卒
子　嘉清　嘉海　嘉沼
延朝　子業椿光緒戊申年八月初五日生

配陳氏宣統庚戌年八月十三日生
子　嘉諒　嘉諺　嘉詢
業枬民國己未年十二月廿三日生
配
子
業森民國辛酉年四月十八日生
配
子
遂朝　子業彬宣統己酉年九月十八日生
配覃氏宣統庚戌年四月初三日生
子
迩朝　子業枝宣統庚戌年六月初八日生
配蘇氏民國庚申年五月初三日生
子　嘉津
業松民國壬子年六月初四日生
配吳氏宣統庚戌年八月十一日生

子　嘉添　嘉洋
業棋民國戊午年七月初二日生
配
子
業楨民國庚午年九月十四日生
配
子
業櫟民國辛巳年六月初七日生
配
子
業材民國戊寅年五月廿六日生
配
子
維朝子業榮
配
子　嘉德

業華
配
子
業英
配
子　嘉道　嘉義
業蔭
配
子
運朝子業横民國丙子年五月十六日生
配
子
廼朝子業樛民國丁巳年七月初十日生
配張氏民國丁巳年二月十五日生
子
棣朝子業樂

容縣惟一商店承印

配
子
迅朝 子業橋 民國丁丑年五月廿一日生
配
子
業楓 民國辛巳年二月十二日生
配
子
華朝 子業樞 民國壬申年八月初六日生
配
子
配
志君 子爵泉 民國丙寅年九月十三日生
子
爵祐
配

子
志球 子爵西 民國戊午年二月廿二日生
配
子
志珍 子爵鴻 民國丁卯年三月廿六日生
配
子
爵湳 民國丁丑年九月初五日生
配
子
志琨長子爵海 民國己卯年二月廿四日生
配
子
品佳 子瑞英
配
子

進英
配
子
全英
配
子
靚祥　子慶符光緒癸卯年三月十七日生
配梁氏光緒丙午年閏四月初七日生
子　仁彰　義彰　禮彰　智彰
趾祥　子達符光緒丙午年六月廿四日生
配蘇氏光緒庚戌年六月廿四日生
子　克彰　允彰
驊祥　子若符民國己巳年　月　日生
配
子
庚祥　子莘符民國癸亥年四月初五日生

配蘇氏
子　善彰
信祥　子海符民國乙丑年正月十一日生
配
子
浚符民國戊辰年十月廿三日生
配
子
洛符民國乙亥年十二月十四日生
配
子
治符
配
子
法符
配

容縣惟一商店承印

子
煥祥　子合符民國庚午年　月　日生
配
子
全符
配
子
福祥　子善符民國乙夘年四月初五日生
配鄧氏民國乙夘年正月十六日生
子　鈇彰
義符民國戊午年五月十七日生
配劉氏民國己未年七月十六日生
子　鈴彰
彩符民國戊辰年六月初六生
配
子

昆祥　子炎符民國壬戌年七月十一日生
配陸氏民國丙寅年四月初四日生
子
泰符民國庚辰年十二月初六日生
配
子
祚祥　子箴符民國戊辰年三月初三日生
配
子
節符民國己巳年　月　日生
配
子
雲祥　子均符
配李氏
子　元彰
約符

配

子

慶祥　子紹符

配李氏

子

緒符

配

子

正祥　子漢符

配蕭氏

子

嘉祥　子鎮符民國丙辰年二月十一日生

配盧氏

子

繼祥　子耀符民國戊辰年六月十八日生

配

子

觥符民國辛未年　月　日生

配

子

裕祥　子永符

配

子

吉祥　子瑞符民國壬申年正月廿一日生

配

子

薏符

配

子

品祥　子伯符民國戊辰年六月廿一日生

配

子

呂祥 子森符
配
子
[illegible]祥 子叔符民國壬申年　月　日生
配
子
振祥 子敬符民國辛巳年二月初七日生
配
子
振晟 子積琳字記餘光緒乙亥年九月初一日生
配黃氏光緒戊寅年八月廿八日生民國丁丑年四月十六日卒
子 厚德
振昇 子積瑛光緒辛巳年四月初四日生民國辛未年十一月十一日卒
配潘氏光緒壬午年二月廿七日生

嗣子 厚信
振晨 子積瑞光緒壬午年八月初一日生民國癸丑年六月初十日卒
配
子 厚信 厚財 母何氏信出嗣
振昆 子積江光緒己巳年十月初三日生
配
子
振綂 子積球字美臣光緒丙子年四月十三日生
配莫氏光緒庚辰年九月十七日生
子 厚培 厚佳 厚志 厚信
積璠字美加光緒庚寅年十月廿二日生
配黃氏光緒辛卯年二月廿七日生
子 厚榮
振緒 子積琦字美山光緒庚寅年十二月卅日生
配梁氏光緒戊子年四月十二日生民國癸亥年五

月十五日卒
子 厚文 厚煊
積珖 光緒乙亥年六月十七日生
配韋氏 光緒辛丑年 月 日生
子 厚良 厚和
積珍 民國癸丑年八月初八日生
配張氏 宣統庚戌年十一月初八日生
子 厚福 厚初 厚姚 厚泉
振福 子積華字富文 光緒庚寅年十月十一日生
配杜氏 光緒己丑年八月初八日生
子 厚源
振祿 子積荃字仲君 光緒甲午年四月初五日生
配梁氏 光緒乙未年九月廿二日生民國甲戌年正
月二十日卒
子 厚芳 厚芝 厚薪 厚江
振祚 子積芬字任君 光緒丁酉年十二月廿七日生民國戊

辰年十月十七日卒
配陸氏 光緒戊戌年七月廿四日生
子 厚采 厚建
振堂 子積謀字一石 光緒辛丑年六月十六日生
配張氏 光緒癸卯年十月初二日生
子 厚仁 厚蘭 厚禮
積業
配
子
振邦 子積海字渤東 光緒戊申年十月初一日生
配梁氏 民國壬子年九月廿四日生
子
振綱 子積昌 民國丙辰年五月初五日生
配
子
祝嚴 子祖慶 民國壬子年十月廿三日生

配

子

祖元民國癸亥年七月十五日生

配

子

祖天民國己巳年十一月廿七日生

配

子

祝觥　子祖翼光緒丙午年七月初四日生民國辛巳年十二月廿二日卒

配潘氏

子　德東　德澤

祝詢　子祖官光緒己丑年七月廿七日生民國辛未年六月十七日卒

配張氏

嗣子　德震

祖宇光緒丁酉年五月廿四日生

配韋氏

子　德震　德霖　德寅　震出嗣

祝平　子祖勳光緒丁亥年八月廿三日生

配韋氏光緒辛卯年十二月廿六日生

子　德貴　德賢　德廣

祝坤　子祖恩光緒己丑年九月廿四日生

配李氏

繼配李氏

子

祖材民國壬子年十二月廿三日生

配梁氏

子　德芳

祝瓚　子祖懷光緒壬寅年三月十八日生

配屋氏光緒甲辰年三月初四日生

子　德壬　德三　德賢　德偉　德珍

德福

祖周 光緒甲辰年五月廿九日生

配徐氏 光緒乙巳年十月廿四日生

子 德烓

祝萱 子祖鑾字竇書 光緒戊寅年十月初三日生

配張氏 光緒戊寅年十一月十六日生民國丙子年三月初二日卒

子 德仁 德義 德禮 德智

祖琛 光緒甲申年六月廿五日生民國癸亥年九月十二日卒

配盤氏 光緒甲申年十月廿四日生光緒甲辰年十一月廿五日卒

繼配鍾氏 光緒乙酉年五月十二日生

子 德謙 繼配出

祝華 子祖彝字煥球容縣中學肄業 光緒壬辰年五月十九日生

配覃氏 光緒癸巳年正月初二日生民國丁卯年九月十二日卒

繼配覃氏 光緒丙午年四月十二日生

子 德信 德忠 德辛元配出 德烈

德燕 德相 德支 德陸繼配出

祝蕃 子祖庚 民國甲子年二月初六日生

配

子

祝成 子祖縣 民國丙辰年三月二十日生

配

子

祖延字萬生陸軍第一七三師看護生訓練班畢業軍政部第六九後方醫院上尉醫官遷第一八三兵站醫院藥局少校主任 民國丁巳年三月三十日生

配張氏淑端 民國丙辰年十二月初八日生

子
祝壽　子祖新
配韋氏
子　德海
祖昌
配
子
祝瀛　子祖岳民國辛酉年六月初二日生
配
子
祖權民國丙寅年九月十八日生
配
子
祖渾民國庚午年三月初九日生
配
子

祝遐　子祖容民國庚申年十二月初八日生
子
配陸氏民國庚申年十二月廿一日生
祖德民國戊辰年六月初六日生
配
子
祝昇　子祖鑑民國甲子年六月廿一日生
配雷氏
子
祝漢　子祖唐民國丁巳年十一月十七日生
配李氏
子
祖輝民國辛酉年十二月初二日生
配胡氏
子
祖炶民國癸酉年七月二十日生

配
子
祝釗　子祖祁字亮生光緒乙未年閏五月二十日生
配黃氏光緒丁酉年九月初二日生
子
祝崧　子祖礽字昆生宣統庚戌年七月十三日生
配何氏
子　德榮　德炤
祖任字有權容縣都嶠中學肄業廣西民團
幹部學校畢業現任取益鄉副鄉長　民國
戊午年八月二十日生
配
子
祝炎　子祖祕字達初民國乙丑年八月十八日生
配
子

祝都　子祖韶字復初容縣中學畢業生民國丙辰年五
月廿三日生
配韋氏民國丁巳年閏二月廿九日生
子
祖梅字韻初民國丙寅年九月初九日生
配
子
祝川　子祖祿字惠君容縣中學肄業歷充永新村村
長容縣餉捐局水汶分卡辦事員民國癸丑
年十月十六日生
配黃氏民國辛酉年八月廿四日生
子
祝嘉　子祖箕字靜江光緒己亥年七月十五日生民國丁丑
年五月廿五日卒
配莫氏光緒戊戌年二月十四日生民國庚辰年四
月十三日卒

容縣惟一商店承印

嗣子　德遠

祖裘更名鑑清號惺苍廣西省第一區印花
於酒局文牘淩雲賓陽各縣政府民政科
長宜山東蘭靖西各縣政府秘書廣西省
第三區行政督察專員兼保安司令公署
第一科長 光緒壬寅年七月初一日生
配陸氏久患精神病未痊故娶李氏
李蕙杭號雪筠貴縣師範畢業廣東婦
孺產科醫學校肄業曾充貴縣東區北
廂小學賓陽新賓鎮小學蒼梧城北鎮
中心校教員貴縣稽徵局辦事員
潘佩珍

梧州專署秘書長
1959年已故

子　德遠 潘氏出　急死故

祀樞 子祖照中學畢業 民國甲子年八月廿三日生
配
子

祖沛 民國甲戌年六月初七日生
配
子

祖衛 民國丁丑年三月廿五日生
配
子

祀陸 子祖湘 民國乙丑年三月廿五日生
配
子

祀綸 子祖祜國立武漢大學土木工程科畢業生歷
充湘北建設廳實習員兼崇平段工程助
理員潘開段工程員宋埠壽路段段長調
湘黔鐵路工程局工務員鐵道部審查鐵
道技術員中法建築公司諒山工程處鐵
道部湘桂鐵路南鎮段工程處工務員 統
宣己酉年六月初二日生民國己卯年三月初

六日卒
配梁氏慧貞珊萃中學畢業容中辦事員
都中組員容縣田管處助理員 宣統己
酉年五月十二日生
子
祝廷 子祖煬初中肄業未娶卒 民國癸亥年十月廿一日
生民國辛巳年閏六月廿八日卒
祖淳民國己巳年十月初五日生
配
子
祝霄 子祖仁光緒丙午年三月廿七日生
配梁氏光緒甲辰年四月十日生
子 德符 德松
祝翔 子祖熙民國庚申年六月十三日生
配
子

祝姚 子祖栻民國辛巳年九月初二日生
配
子
祝洪 子祖強
配
子
祝銳 子祖藺民國戊午年五月初十日生
配
子
祖森現任永新村國民學校教師民國丙寅年
七月初五日生
配
子
祝齡 子祖誥光緒丙戌年正月初九日生
配
嗣子 德成 母梁氏

祖訓字子伊 光緒己丑年九月初十日生民國庚申年十月初八日卒

配劉氏

子　德成　德咸　成出嗣

祖祥 光緒辛卯年九月初五日生

配劉氏

子　德豫　德參　豫出嗣改名啟琛

參七歲被誘賣不知所之

祖謙 光緒甲午年五月初五日生

配

子

祝慶　子祖華

配

子

祝墀　子祖葵

配

子

祖蕃

配

子

祝均　子祖芬字謹孚廣西省立第一師範講習科畢業廣東省會公安局警察教練所高級班最優等畢業歷充珊萃小學高級部教員南寧公安局辦事處廣東省會公安局小北分局警長 宣統辛亥年三月廿四日生

配梁氏

子

祖芳字慎孚號籍西平樂區稅捐局助理員永新村國基校校長 民國丙辰年六月廿五日生

配張氏

子

祝韶　子祖儒民國辛酉年九月廿二日生
配
子
祝煥　子祖通民國乙丑年正月廿二日生
配
子
祖逸民國辛未年七月初三日生
配
子
祝全　子祖光光緒丁亥年十二月十五日生民國辛巳年閏六月初一日卒
配黃氏光緒己酉年七月十四日生光緒庚戌年七月十一日卒
庶韋氏光緒丁未年四月廿八日生
子　德永庶出
祖興字盛章光緒乙未年三月卅日生

配陳氏光緒戊戌年十一月初四日生民國庚辰年六月十六日卒
繼配謝氏光緒乙巳年六月廿一日生
子　德餘　德預　德忱　預出嗣
祖瑞光緒癸卯年八月十七日生民國庚午年六月十五日卒
配李氏光緒甲辰年三月廿八日生
嗣子　德預
祝介　子祖初光緒癸卯年閏五月初五日生
配鄧氏
子　德元　德亨
祖裕光緒丙午年四月十九日生
配梁氏
子　德煒　德明
祖禮民國辛酉年七月廿日生
配

容縣惟一商店承印

子
祝俞 子祖勇 光緒乙巳年二月廿五日生
配陸氏 光緒甲辰年六月廿四日生
子 德崇 德焜
祖曾 宣統辛亥年十二月十六日生
配莫氏
子 德修
祝旦 子祖甲 谿縣師範肄業武博路汽車人員訓練
所畢業充武博路二等司機第八路指揮
部行營司機兼汽車管理員 宣統己酉年閏
二月初六日生
配藍氏 民國癸丑年閏六月初八日生
子
祖乙 中學畢業杭州之江大學高中部肄業
常州中國工藝學校肄業中央軍事政治
學校第一分校砲科畢業西安軍事委員

會西北游擊幹部訓練班畢業充第四集
團軍炮工營見習官排長陸軍第七軍一
七二師炮兵連連長副營長 宣統庚戌年九
月十二日生
配潘煥媛 中心校畢業 民國辛酉年十月初一
日生
子
祖戊 國立廣西大學畢業 民國丙辰年十月十九
日生
配
子
祖己 職業中學肄業 民國庚申年正月廿六日生
民國乙亥年三月十一日卒
配
子
祖辛 民國丙寅年五月卅日生

配

子

祝智　子祖漢容縣中學肄業柳州空軍機械訓練班畢業充空軍第三大隊第七隊部技術員民國丁巳年二月十三日生

配

子

祝晉　子祖賢容縣中學畢業充平桂礦務局課員民國甲寅年二月卅日生

配張氏

子

祖員民國壬申年三月十四日生

配

子

祖贄

配

子

祝皓　子祖魁平桂礦務局事務員民國戊午年九月廿八日生

配

子

祝圖　子祖建省立容州中學肄業民國丁卯年十一月廿八日生

配

子

祖猷民國甲戌年正月初四日生

配

子

祝醲　子祖龍民國乙亥年八月十二日生

配

子

祝宗　子祖武民國乙卯年十月廿八日生

配
子
祝愷　子祖柱民國己巳年十一月廿日生
配
子
祝豐　子祖煌民國乙夘年三月廿二日生
配凌氏
子
祖釗民國癸亥年十月十九日生
配
子
祝融　子祖硯民國辛酉年十一月十三日生
配符氏民國辛酉年七月十二日生
子
祖塈民國丁夘年三月初三日生
配彭氏民國戊辰年十月十一日生

子
祖蒼民國戊寅年九月十七日生
配
子
祝多　子祖良宣統庚戌年十一月初六日生
配蘇氏
子　德周　德寧
祖符民國乙夘年五月十七日生
配盧氏
子
祖英民國戊午年六月初十日生
配
子
祝煩　子祖桐字壽南谷縣中學畢業生充石嶺鄉副
鄉長宣統辛亥年八月廿八日生
配陸氏光緒戊申年五月十四日生民國辛巳年五

月初七日卒
繼配李氏民國甲子年九月初十日生
子　德潛　德澂　元配出

祝邑　子祖宏光緒辛丑年十一月廿六日生
配粱氏
子　德揚　德昂　德翠
祖憲容縣中學畢業廣西省地方行政幹部
訓練團畢業歷充北流平南田東龍州等
縣科員容縣餉捐局水汶分卡主任湖北
省政府科員財政部廣西省北流縣田賦
管理處第一科科長　宣統庚戌年十一月初四
日生
配洪文莊氏
子

祝昂　子祖京拱莘中學肄業中央陸軍軍官學校畢
業民國壬戌年閏五月十三日生

配李慧珍
子
祖亮中心校畢業都嶠中學肄業民國乙丑年
十一月初五日生
配
子
祖毫民國壬申年四月初六日生
配
子

祝鏐　子祖洵中心校畢業充永新村國基校教員民
國丙寅年四月廿九日生
配
子
祖登民國丙子年七月十四日生
配
子

容縣惟一商店承印

祝芬　子祖禧民國己未年十一月初五日生
配劉氏
子
祝三　子祖暉民國癸丑年六月初六日生
配
子
祝芹　子祖岑民國戊辰年
配
子
祝芳　子祖堯光緒辛卯年九月十四日生
配梁氏光緒己丑年八月初九日生民國癸亥年八
月廿二日卒
繼配劉氏
子　德宏
祖傳光緒己亥年五月初二日生
配杜氏光緒庚子年閏八月初二日生

子　德鑾
祝常　子祖惠光緒癸卯年八月十八日生民國辛未年五月廿
九日卒
配
子　德森
祖鉦光緒乙巳年六月廿九日生
配
子
祖幹民國丁巳年九月初十日生
配
子
祝璋　子祖仍民國乙卯年五月十四日生
配
子
祖淸宣統辛亥年十月初一日生
配

子

祝闈　子祖珍　光緒辛卯年十一月廿一日生民國戊辰年七月十六日卒於南洋

配劉氏　光緒癸巳年八月初八日生

子　德生　德才

祖瓊　民國甲戌年正月十三日生

配覃氏

子

祝貞　子祖琦　光緒壬寅年八月十一日生

配潘氏　光緒壬寅年八月廿二日生

子　德暉　德海　德詳

祝礽　子祖南　民國丙辰年五月三十日生

配梁氏　民國己未年　月　日生

子

祝秋　子祖泉　光緒丙午年八月廿九日生

配梁氏　光緒甲辰年十二月　日生

子　德南

祝怡　子祖揚號爵如　光緒戊申年十二月廿四日生

配黃氏　民國己未年五月十三日生

子

祖添　民國癸亥年四月初八日生

配

子

祖端　民國戊辰年四月十五日生

配

子

祝香　子祖壯　民國癸亥年二月十二日生

配

子

祖寅　民國乙亥年三月十三日生

配

子

祝昉 子祖和 民國辛巳年三月廿九日生

子

配

祝鑫 子祖才 宣統辛亥年四月十一日生

配

子

祖隆 民國庚申年四月初二日生

配

子

祖乾 民國乙卯年九月初六日生

配　氏 民國辛酉年二月十八日生

子

祝懽 子祖墾 民國辛未年四月廿四日生

配

子

祝添 子祖嶽 民國辛未年六月十六日生

配

子

祝唐嗣子祖謀 字念貽 湖北全省賑務處諮議官錢局委員 得正閘局董 以省本生父母 曾遊揚子江一帶 並抵冀北 能詩 與名流唱和之作甚夥 所得隨手散失 故存者無多 任閭務 能不恤勞怨 爲鄉人讋服 光緒甲午年二月十六日生 民國己卯年六月廿四日卒

配龔氏 光緒甲午年十月十七日生

子 德鏞 德銓 德孚 孚出繼

祝湑 子祖隆 字念胞 號味熊 省立第三師範學校國文科教員 兩粵新編第二司令部秘書長 少孤 克自奮勵 以能文爲時輩所稱許 因體弱多病 遂諳醫學 惜不永年 光緒辛卯年七月十九日生 民國丁卯年七月初五日卒

配楊氏 光緒辛卯年七月廿日生

子　德宣　德釗
祝祁子祖鼎更名心佛湖北漢口法文學堂畢業歷
充湖北省公署財政廳公安局科員武漢
政治分會財委會科員湖北圻水陽新等
縣禁烟局局長孝淺稅捐稽征局局長廣
西第四集團軍被服廠上尉課員光緒己亥
年九月初九日生
配張氏光緒壬寅年十月十五日生
子　德孚
祖炎更名一夔歷充湖北銀行暨中央銀行
行員財政委員會辦事員湖北全省禁烟
局諮議新提禁烟局監督廣西修志局辦
事員光緒辛丑年三月初二日生
配王氏光緒壬寅年九月十五日生
子
祖禹號自孫廣西省立四高中學校畢業中

央軍事政治學校第一分校經理班學習
廣西綏靖公署被服廠第二課課長宣統
己酉年八月三十日生
配何氏
子
祝椿子祖澍號幼吾北平朝陽大學法科得業士委
署廣西桂林地方法院民庭推事武漢政
治分會財政委員會總務科文書股股員
梧州地方檢察廳書記官長光緒庚子年閏
八月十八日生民國辛未年正月初五日卒
配
子
祖灝廣西大學預科畢業上海正風高中畢
業南通大學肄業廣西省地方行政幹部
訓練團第四期民政組畢業容縣縣政府
第一科長容縣國民中學訓導組長兼教

師容縣縣參議員民國　年　月　日生
配
子
祖海廣東大中高中學畢業現中導師兼教師
容縣縣參議員
配
子
祖準中學畢業廣西地方行政幹部訓練團
第十一期團務組第一屆畢業考取調渝
中央訓練團受訓石嶺鄉中心校教師三
民主義青年團平南分團股員民國　年
月　日生
配
子
祧暉　子祖礎號伯基前充廣西農民銀行戎墟辦事
處助理員現充廣西銀行梧州分行辦事

員民國壬申年七月十四日生
配李氏民國辛酉年九月初九日生
子　德梓
祖硯號仲端容縣都嶠中學校畢業現充蒼
梧縣縣稅徵收處雇員民國乙丑年四月廿六
日生
配
子
祧拯　子祖鐵號梅孫容縣中學校畢業上海浦東大
學肄業龍州禁烟局會計容縣石嶺鄉鄉
長兼中心校校長廣西第三區行政督察
專員兼保安司令公署科員光緒戊申年四
月廿二日生
配梁氏宣統己酉年五月十六日生
子　德懋
祖鍈廣東越山高中學校肄業充蒼梧禁烟

檢查所職員廣西梧州防空指揮部中尉軍需民國壬子年二月十八日生

配

子　德洵

祖鎔蒼梧縣立中學畢業曾充吾隘禁烟檢查所辦事員現充軍事委員會辦公廳特檢處梧州郵電檢查所中尉檢查員民國癸丑年三月十八日生

配李氏民國甲寅年七月初十日生民國丙子年五月初六日卒

繼配鍾氏民國丁巳年九月十三日生

子　德衍　德術　德衡

祖鎧容縣中學畢業民國丙辰年七月十二日生民國丁丑年七月廿六日卒

配

子

祖鉞省立容州中學肄業民國癸亥年正月廿五日生

配

子

祖鋮民國丙寅年五月十五日生

配

子

祝鵬子祖琳容縣中學畢業廣西省立第一師範後期畢業歷充岑溪檢查所辦事員鬱林區稅捐稽徵局辦事員現充廣西航務管理局辦事員光緒戊申年九月十八日生

配覃氏民國癸丑年四月廿三日生

子　德培

祖瑾珊萃中學畢業中心校教員兼教導部主任民國甲寅年八月十六日生

配梁氏

子
祖珩容縣私立珊萃中學肄業第四戰區幹
部訓練團防毒訓練班畢業廣西梧州防
空指揮部上尉科員 民國己未年五月初八日
生
配楊氏
子
祖瓚 民國戊寅年七月初九日生
配
子
祝慈 子祖國珊萃中學畢業充珊萃小學教員岑溪
稅捐稽徵局辦事員 光緒丙午年二月十六日
生
配鄭氏 光緒丙午年十月卅一日生
子 德文 德丞
祝森 子祖豪 民國己巳年三月廿二日生

配
子
祖永珊萃中學肄業 民國癸亥年五月初二日生
配
子
祖爵 民國丁卯年四月十六日生
配
子
祝磐 子祖奕珊萃中學畢業中央軍事政治學校畢
業中央炮兵專科學校畢業現任薪迫擊
炮隊中尉隊附 民國丁巳年四月初四日生
配
子
祝元 子祖崇 光緒辛丑年十月三十日生民國癸亥年五月十
二日卒
配

嗣子
祖崧岑溪禁烟檢查所職員 民國甲寅年八月廿九日生
配覃氏
繼配張氏
子
祖峻民國庚申年七月初四日生
配
子
祝材子祖慶
配陸氏
子　德福
祖原
配
子
祝儒子祖紹宣統庚戌年八月十六日生

配陳氏
子　德君　德群
祝裴子祖鉅光緒庚子年九月初三日生
配洪氏光緒壬寅年二月初一日生
子　德[illegible]　德鑫　德昌　德晃　德暘
德昂
祖銡號志軒賀縣餉捐局奨察分卡主任歷充梧州餉捐局驗貨員梧州上關查驗員 光緒癸卯年二月廿八日生
配李氏
妾袁氏
子　德森　德堅　德權
祖銓廣東省立第二高中畢業 光緒戊申年九月初一日生
配莫氏
子

祖銘廣西大學機械部畢業柳州自來水廠
職員民國丙辰年六月十七日生
配
子
祝傳 子祖滎容縣中學肄業 民國乙卯年十二月十三日
生
配黃氏
子 德茗
祖棻民國庚申年八月廿八日生
配
子
祖粲民國壬戌年十一月初十日生
配
子
祖鑾民國己巳年十二月初七日生
配

子
祖樂民國辛未年十二月初十日生
配
子
祝邦 子祖潤民國壬戌年五月初八日生
配
子
祖歡民國乙丑年十一月初五日生
配
子
祝寅 子祖淦民國己巳年二月初五日生
配
子
祝强 子祖祐曾充第四戰區物資收購處助理員柳
州廣西機械廠物料管理員現充桂林廣
西企業公司會計助理員 民國辛酉年七月

十一日生
配
子
祖泱民國辛未年七月廿九日生
配
子
祖焞民國甲戌年七月廿四日生
配
子
祀魏子祖達民國甲子年九月十四日生
配李氏
子
祖居民國丙寅年三月廿一日生
配
子
祖運民國戊辰年九月十九日生

配
子
祖遠
配
子
祖達
配
子
祖暹
配
子
祀吳子祖善
配
子
祀禎子祖信
配

子

祝鼎　子祖欽

配

子

祝新　子祖麟字玉書號璧生　光緒癸巳年三月初七日生

配李氏　光緒壬辰年八月初九日生

子　德榮　德燮　德琨

祖耀　光緒庚子年十一月廿一日生

配梁氏　光緒辛丑年十月十二日生

子　德鎮　德槐

祝乾　子祖來　民國辛酉年十月初三日生

配陸氏

子

祝松　子祖發　民國甲子年六月初六日生

配

子

祝傑　子祖繩　光緒庚寅年八月十四日生

配聶氏　光緒癸巳年四月初十日生

子　德材　德桂　德炎　德鑑　德欽

祝千　子祖可　民國壬申年十月廿九日生

配

子

祝富　子祖積　民國乙亥年三月廿四日生

配

子

祖藩　民國己卯年正月初八日生

配

子

祖厚　民國辛巳年五月初七日生

配

子

祝柱　子祖翹　民國丁卯年十二月十七日生

配

子 祖濬 民國壬申年八月初二日生

配

子

祀奎 子祖循 民國戊寅年六月初八日生

配

子

祀南 子祖福 光緒丁酉年九月三十日生

配張氏

子 德盛

祖祿 光緒辛丑年十一月廿三日生

配

子

祖壽 光緒乙巳年六月廿三日生

配黃氏

子 德隆 德芳

祀純 子祖松 民國癸丑年十月廿四日生

配梁氏 民國丙寅年九月廿七日生

子

祖徐 民國壬戌年四月十二日生

配

子

祖逢 民國辛未年二月初二日生

配

子

祀揚 子祖枝 宣統己酉年三月廿二日生

配鄧氏

子 德漢 德光 德照

祀來 子祖安 光緒癸巳年 月 日生

配鄧氏

子 德餘

容縣惟一商店承印

祖禎光緒甲辰年七月十五日生
配夏氏
子
祝林　子祖昌宣統庚戌年十一月廿三日生
配龔氏民國乙卯年六月廿六日生
繼配李氏昭民國癸亥年三月十八日生
子
祝桓　子祖江民國辛酉年二月初一日生
配
子
祝鑑　子祖盛民國丁丑年　月　日生
配
子
祖靜民國己巳年十一月十六日生
配
子

祖千民國壬申年六月十二日生
配
子
祖桂民國戊寅年五月十三日生
配
子
祖梅民國丙子年十月十七日生
配
子
祖楨民國己卯年十月十二日生
配
子
祝楷　子祖隆民國癸酉年七月廿六日生
配
子
祝丞　子祖則民國丙子年　月　日生

配
子
親楞　子祖萱民國丁卯年十一月十五日生
配
子
祖緯
配
子
親和　子祖權民國戊辰年十一月廿七日生
配
子
祖道民國壬申年閏月初七日生
配
子
親崇　子祖奎中學肄業民國癸亥年三月初七日生
配李宸雲

子
祖澈中學肄業民國甲子年二月初五日生
配
子
祖棟民國壬申年正月初二日生
配
子
親嵩　子祖源
配
子
親澄　子祖濵民國乙亥年九月廿八日生
配
子
親燧　子祖柱民國庚辰年五月初八日生
配
子

祝信子
祖炳　民國甲申年八月初六日亥
祖裕　民國丁亥年閏六月十六日酉时
祖平　庚寅　公元一九五〇年十一月初三日卯时
祖嘉　公元一九五四年甲午九月廿六日卯时

祝侯　子祖璵民國壬戌年十一月十三日生　卒
　配黄氏
　子
　祖斂民國癸酉年十月廿五日亥時生
　配張德容　民國癸酉年八月廿六日丑时
　子
　德堅
範
祖毅民國乙亥年十二月　卒
　配
　子
祖敦民國戊寅年四月初三日
　軻
祝侃　子祖瓖民國乙亥年三月廿三日生
　配
　子
祖翰民國丁丑年十月十七日生　卒

祝儉　子
　配
　子
　祖健民國乙酉年十一月　日生　卒
　配
　子
祖煥民國甲申年八月初六日生亥时
　配胡美仙
　子
　德源
祝瑜　子祖文字經修光緒癸巳年十一月廿七日生民國乙亥年十二月十六日卒
祝彬　配植氏
　子
　德良　德儉
子祖瑤民國丁卯年二月廿日生
　配
　子
祝泰　子祖高字敬祥光緒癸巳年四月十九日生

祝健子
祖和
[illegible]

配符氏
子　德駿　德駒　德馳
祝瑩　子祖陞字步高光緒乙巳年八月十八日生
配陸氏
子　德嗣　出嗣
祖階字堯廷民國乙卯年九月廿八日生民國甲戌年二月卅日卒
配
嗣子　德嗣
祝璣　子祖燊字鏡湖曾充永淳縣教育局書記兼淳中事務員梧州民團指揮部特務四大隊潯梧師管區學兵大隊潯梧鬱訓練班財政部粵西鹽務管理局西江分局等機關書記員光緒癸卯年七月廿八日生
配張氏光緒甲辰年五月初九日生
子　德彰

祖溪字鏡濤民國戊午年八月十七日生
配
子
祝賢　子祖陳字紹胡民國壬戌年閏四月廿三日生
配
子
祝才　子祖恒字拔祁光緒丁未年十一月初六日生
配李氏宣統庚戌年十一月廿五日生
子
祝安　子祖年字錫藩民國壬子年八月廿六日生
配黃氏
子　德濤
祖昌字遠侯民國乙卯年九月廿五日生
配梁氏
子
祝仁　子祖爲

配

子

祖有

配

子

祝琅　子祖秦字強卿 民國丙辰年十月十一日生民國丁丑年四月十七日卒

配

子

祖椿字霸卿 民國己未年十二月初四日生民國丁丑年五月三十日卒

配

子

祝鈞　子祖侯字王卿 民國丙辰年四月十三日生

配凌氏 民國甲寅年十一月十三日生

子

祖傑字俊卿 民國丙辰年七月初二日生

配劉氏 民國戊午年五月初十日生

子　德佑

祝璜　子祖西字方卿容縣都嶠中學肄業 民國壬戌年十月廿三日生

配黃氏 民國癸亥年二月廿一日生

子　德樹

祝鑾　子祖邦字萬卿 民國庚午年閏六月廿四日生

配

子

祝堅　子祖東字位卿容縣都嶠中學肄業 民國庚申年九月廿四日生

配覃氏 民國辛酉年正月初十日生

子　德鄰

祖魏 民國戊辰年十月十一日生

配

子
祝時　子祖禪字僑卿民國辛未年四月十一日生
配
子
祝岡　子祖焜字錫壬光緒己亥年六月十六日生
配鍾氏光緒戊戌年八月十二日生
嗣子　德括
祖留字勵志響中畢業香港光大中醫學院
畢業爾正縣政府科員民團司令部副官
灌陽禁烟檢查所辦事員百色區保安司
令部上尉書記光緒丙午年六月十七日生
配楊氏
子　德适　德津　德江
枚升　子恆耿光緒壬辰年閏六月初九日生
配張氏光緒庚寅年二月廿八日生
子　惠良　惠德

恆昭光緒乙未年閏二月廿八日生
配湲氏光緒乙未年八月十四日生
子　惠新　惠祥
恆和民國壬子年二月初九日生
配
子
瑞生　子恆福光緒丙申年三月初五日生
配吳氏光緒丙申年十月十一日生民國乙亥年五月廿四日卒
繼配覃氏民國戊午年九月十七日生
子　惠隆
恆揚光緒戊戌年十一月初六日生
配張氏光緒戊戌年十一月初六日生
繼配李氏光緒壬寅年十二月初七日生
子　惠海　惠江　惠東　惠漢
彩升　子恆全民國戊午年七月初三日生

配張氏民國丁巳年二月廿四日生
子
恒誌民國丙寅年七月十二日生
配
子
皐升子恒材光緒癸卯年九月初一日生
配楊氏光緒癸卯年七月初三日生
繼配盧氏光緒丁未十一月廿二日生
子　惠福　惠祿
惠升子恒仁光緒戊申年正月初十日生
配蒙氏
子　惠南
恒義宣統辛亥年六月廿三日生
配梁氏
子　惠西
志升子恒芳民國甲寅年閏五月廿八日生

配梁氏民國乙卯年四月十四日生
子
恒信民國庚申年十一月廿八日生
配梁氏民國癸丑年九月廿八日生
子
恒偉民國辛未年三月廿二日生
配李氏
子
恒偕民國甲戌年六月初七日生
配
子
智生子聚源民國辛未年八月廿六日生
配
子
聚海民國甲戌年十一月廿三日生
配

子聚廣　民國丙子年十一月廿一日生
配
子聚業　民國庚辰年八月十二日生
配
子
信生　子聚賢
配
子
均生　子聚和　民國丁卯年十一月初十日生
配
子
佐生　子聚慶　民國乙亥年二月初九日生
配
子

國生　子聚昌　民國壬戌年閏五月十九日生
配
子聚海　民國乙丑年九月十二日生
配
子
文生　子聚佳　民國戊辰年閏二月廿九日生
配
子
加福　子添祐號慶和　光緒庚寅年十月初八日生民國丙辰年十月初八日卒
配黃氏
嗣子　旭漢
澤祐號民生　光緒乙未年二月初九日生
配余氏　光緒癸巳年六月廿三日生
子　旭漢　旭源　旭濤　澳清俱出嗣

容縣惟一商店承印

膺祐號達吾字展軍陸軍模範營畢業生混
成旅教員 光緒戊戌年五月十七日生民國辛酉
年三月初四日卒
配陳氏
嗣子 旭清
增福 子宇祐字偉群 民國甲寅年十月初五日生
配覃氏
子
海祐 民國丁巳年四月廿八日生
配葉氏 民國戊午年八月初二日生
子
均祐 民國庚申年十二月初七日生
配周氏
子
受福 子仙祐號靜南 光緒癸巳年十一月卅日生
配楊氏

繼配侯氏 民國壬子年八月廿一日生
子 旭坤元配出 旭方繼配出
運祐號兆漢 光緒庚子年生
配潘氏
子
南渡
濟時 子平衡 光緒己亥年六月廿七日生
配王氏
子 章府
平衛 光緒戊申年十一月初六日生
配
子
濟福 子平湛
配
子
濟才 子平塵字錫土中學肄業歷充教育委員新安
團圍紳第三區團局局長司令部參議岑

溪縣黨部第三區部執行委員廣西捲菸
督銷局南渡檢查分卡辦事員岑溪稅捐
稽征局辦事處主任光緒丁卯年十月廿二日
生
配趙氏光緒丁酉年七月十二日生民國丙辰年正
月廿八日卒
繼配莫氏光緒戊申年十月廿九日生民國癸酉
年九月初三日卒
庶蘇氏宣統己酉年八月初二日生
子　章果

濟凡　子平烈字光士民國甲寅年十一月初三日生
配李氏民國壬子年二月廿二日生
子　章爽

濟南　子平塗字道吾民國戊午年正月十三日生
配唐氏民國丁巳年五月十八日生
子　章簡

濟彭　子平島民國丁卯年十二月初三日生
配
子
平岳民國己卯年九月初六日生
配
子

濟麗　子平武民國己巳年九月十四日生
配
子
平浩民國壬申年七月廿三日生
配
子
平濂民國己卯年二月初十日生
配
子

濟石　子平和民國庚辰年九月初三日生

配
子
濟隆　子平巖民國壬子年八月初四日生
配李氏
子　章炎　章焱
平崑民國乙卯年九月廿三日生
配陳氏民國丙辰年三月初十四日生
子
平嵊民國壬戌年閏五月十三日生
配
子
濟扶　子平標光緒丁未年四年初二日生
配羅氏民國壬子年四月廿二日生
繼配龔氏宣統辛亥年五月廿二日生
子　章典　章冀
平榆宣統庚戌年四月初八日生

配
子
濟掀　子平沾民國甲寅年十一月廿七日生
配
子
平注民國辛未年十一月　日生
配
子
濟樞　子平照光緒丁亥年七月初八日生
配羅氏光緒丁亥年九月初二日生
子　章燊
平熙光緒己丑年十一月廿二日生
配黃氏光緒癸巳年十月十六日生民國丁卯年十
一月初七日卒
子　章海　章燊
平黨光緒丁未年九月初七日生

配劉氏光緒甲辰年十一月初二日生
子　章漢
濟樓　子平邦光緒乙未年九月初二日生
配莫氏
繼配唐氏
子　章善
平都光緒癸巳年六月十八日生
配莫氏
子　章華
濟松　子平郁光緒丁酉年十一月初六日生
配吳氏光緒戊戌年四月初八日生
子　章鑑
平邵字勉德南寧軍官學校畢業充陸軍連
連長光緒庚子年十二月初二日生民國己卯年殉
難湖南
配楊氏

子　章鏡　章鎮
平郡光緒甲辰年十一月廿八日生
配陳氏光緒癸卯年七月十三日生
子
濟京　子平夷光緒癸巳年十一月初七日生
配關氏光緒甲午年四月初十日生
子　章錦
濟貝　子平洋光緒辛酉年六月十二日生民國己巳年十二月
初十日卒
配梁氏光緒丁酉年七月初七日生
子　章銓
平治光緒己亥年六月初七日生
配李氏光緒己亥年四月初六日生
子　章鉞
濟珍　子平湖光緒壬寅年九月十九日生
配陳氏光緒癸卯年十一月初一日生民國戊寅年

二月十三日卒

子　章英　章芹

濟球　子平泉民國丁巳年五月十八日生

配甘氏民國己未年正月廿六日生民國戊寅年五

月初七日卒

子

濟棟　子平秋光緒乙未年十月十七日生

配唐氏光緒庚子年九月廿七日生

子

濟植　子平煥民國戊辰年十二月十二日生

配

子

濟開　子平夏光緒乙巳年十二月初十日生

配黎氏光緒丁未年十月初一日生

子　章源

平採民國乙卯年十一月初一日生

配謝氏民國甲子年十月初一日生

子

濟茂　子平芬民國戊午年四月卅日生

配

子

濟菌　子平謨民國辛未年十一月初十日生

配

子

濟芸　子平暢民國乙卯年八月初六日生

配陳氏民國壬戌年六月十九日生

子

濟常　子平畬

配

子

濟川　子平漢光緒戊戌年十二月初一日生

配黃氏光緒丁酉年八月廿四日生

繼配梁氏光緒丙午年十一月初六日生
子　章釗元配出章判繼配出
平海光緒丙午年八月廿四日生
配岑氏光緒戊申年五月廿一日生
子　章培　章垣
平浚民國壬子年三月十一日生
配
子
濟淮　子平林光緒乙巳年六月廿四日生
配莫氏宣統辛亥年十二月十九日生
子
濟寬　子平廣光緒辛丑年七月廿八日生
配陳氏
子　章南　章洋
濟安　子平東光緒癸卯年閏五月十四日生
配陳氏

子　章暹　章羅
平東宣統辛亥年正月廿八日生
配黎氏
繼配李氏
子
濟基　子平豪　兼祧
配李氏
子
濟型　子平豪
配李氏
子
濟登　子平傲民國戊午年七月初一日生
配鍾氏
子
平儉民國乙丑年閏四月十七日生
配

子
平倖
配
子
平傳
配
子
濟發　子平酉民國丁卯年七月廿一日生
配
子
濟濃　子平遠民國庚辰年十一月廿八日生
配
子
濟英　子平現民國庚申年八月廿三日生
配
子

濟萃　子平寬光緒癸卯年十一月廿四日生
配陳氏光緒己亥年八月初四日生
子　章福　章祿　章壽
濟芹　子平壬光緒丙寅年六月初四日生
配李氏
繼配廖氏民國丙申年九月廿三日生
子
平任民國甲寅年十二月十九日生
配張氏民國壬戌年三月十七日生
子　章烘
濟祚　子平珧光緒丁酉年五月十九日生
配梁氏
子　章琄　章玠
平蘭
配莫氏
繼配梁氏

子　章登繼配出

平珂

配楊氏民國甲寅年九月十三日生

子　章憲　章菊　章明　章蔭

濟禧　子平源光緒乙未年七月初九日生

配

子

平梅光緒辛丑年十一月十一日生

配歐陽氏

子　章瑞　章球　章琨

平輝光緒戊申年十一月初四日生

配蔡氏光緒丁未年十一月廿九日生

子　章瑜

濟琚兼祧子平杰

配

子

濟瑞　子平杰民國丙辰年正月卅日生

配李氏民國戊午年三月廿九日生

子　章樸

濟瓊　子平初民國己巳年八月廿九日生

配

子

平翠

配

子

濟瑄　子平華字愛夏梧州司機畢業國民革命軍獨
立旅中尉副官中華全國機器總工
會廣西機器工會第三區二分部常務委
員廣西司機訓練所教官光緒戊申年十二月
十七日生

配劉氏宣統己酉年十月十一日生

子　章森

平理民國甲寅年二月廿三日生
配余氏民國丁巳年九月十三日生
子
平矩民國己未年正月廿七日生
配賢氏民國戊午年八月廿三日生
子
平津民國壬申年九月廿八日生
配
子
濟美　子平鴻民國己未年四月十九日生
配曾氏
子
平清民國庚午年十月卅日生
配
子
平湟

配
子
濟連　子平德民國乙卯年五月初六日生
配盧氏民國癸丑年二月十三日生
子　章文
平衍民國庚申年十一月初五日生
配黃氏
子　章武
子　平徐民國癸酉年十月初四日生
配
子
平徧民國丙子十一月初二日生
配
子
濟中　子平淮光緒乙未年二月初七日生
配盧氏光緒丁酉年六月初二日生民國戊寅年九

月十八日卒

子

平威 光緒丁酉年六月廿八生民國己巳年正月廿五日卒

配梁氏 光緒丁酉年正月十九日生

子 章誥

平成 光緒庚子年四月廿六日生

配陳氏 光緒乙巳年九月初九日生

子 章煥 章龍

平戎 光緒壬寅年七月初四日生

配張氏 光緒戊申年九月廿七日生

子

濟權 子平咸 民國丙辰年正月十九日生

配黃氏 民國壬子年三月十五日生

子

平茂 民國戊午年十月初十日生

配

子

平藏 民國戊辰年十二月廿八日生

配黎氏 民國辛未年七月廿四日生

子

濟衡 子平鉞 民國庚午年五月初六日生

配

子

平鐵 民國甲戌年七月廿四日生

配

子

濟程 子平昇 民國丁巳年二月廿七日生

配楊氏

子

平日 民國壬戌年十一月廿八日生

配莫氏

子
平昂民國戊辰年十一月十四日生
配李氏
子
濟銘　子平耀民國庚申年十一月初三日生
配余氏民國丁巳年二月十五日生
子
平燧民國乙丑年九月廿三日生
配
子
平燎民國辛未年七月十一日生
配
子
濟鐸　子平享民國壬申年三月廿四日生
配
子

平亨
配
子
平亮
配
子
濟賓　子平彬民國丁巳年十一月廿八日生
配李氏
子
平楚民國乙丑年三月初九日生
配
子
平森民國丁卯年十月初一日生
配梁氏
子
濟宏　子平珍民國壬申年十二月廿九日生

配
子
平淛
配
子
平棘民國庚辰年八月十五日生
配
子
濟傳　子平棟民國庚午年十月初五日生
配劉氏
子
平禄
配
子
濟鑾　子平濤民國戊寅年五月廿日生
配

子
濟怡　子平柱民國癸丑年九月十二日生
配陳氏民國丙辰年四月廿三日生
子　章安
平冀民國丙辰年八月廿二日生
配岑氏民國壬戌年三月初八日生
子
平騰民國己未年二月三十日生
配
子
濟垩　子平燔民國丙子年十一月廿日生
配
子
平烔民國戊寅年八月十三日生
配
子

濟霖　子平椽宣統辛亥年二月十三日生
配黄氏光緒乙巳年九月廿六日生
子　章新　章訢　章斯
平桓民國癸丑年七月廿七日生
配劉氏民國壬子年十月廿日生
子　章道
平權民國丁巳年閏二月十二日生
配黎氏民國丙辰年七月十七日生
子
平梧民國辛酉年十一月初八日生
配謝氏民國辛酉年七月初四日生
子
平揆民國甲子年四月廿八日生
配黄氏民國辛酉年正月初一日生
子
濟霆　子平訪民國辛未年三月廿八日生

配莫氏民國庚午年二月初七日生
子
濟霞　子平鑫民國丁卯年十月十二日生
配
子
平越
配
子
濟露　子平勉民國丙寅年十一月廿一日生
配
子
平勵民國庚午年八月初七日生
配
子
平効民國乙亥年八月初八日生
配

子
濟霄　子平勛府二中肄業民國丙寅年正月十九日生
配黃氏
子
平勷民國甲戌年八月廿七日生
配
子
濟震　子平勤民國己卯年九月初十日生
配
子
濟唐　子平遙光緒庚寅年十二月初七日生
配唐氏光緒癸卯年正月十九日生
子　章桂　章承承出嗣
濟儒　子平燦光緒戊申年十二月十三日生民國丁卯年十一月十三日卒
配陳氏

嗣子　章承
濟鈞　子平禮民國辛酉年十月十八日生
配莫氏
子
濟錦　子平禎民國庚申年十月初六日生
配龐氏
子
平祥民國甲子年正月初三日生
配
子
平裕民國庚午年十一月廿六日生
配
子
平祉民國甲戌年七月初五日生
配
子

平祜民國戊寅年五月初一日生
配
子
濟釗　子平池民國辛未年六月十二日生
配廖氏民國辛未年九月初四日生
子
平洲民國辛未年六月十二日生
配
子
濟鏡　子平超民國癸丑年五月廿六日生
配羅氏民國乙卯年六月初十日生
子　章清
平潔民國乙卯年九月十七日生
配盧氏民國丁巳年三月十八日生
子
平相民國丁巳年九月十九日生

配梁氏民國己未年十月初六日生
子
平莊民國乙亥年十月初十日生
配
子
濟銓　子平寧民國丙辰年七月十二日生
配莫氏民國乙卯年十月十二日生
子
平憲民國己未年九月十七日生
配梁氏民國己巳年二月十一日生
子
平審民國庚午年閏六月十八日生
配
子
濟鈿　子平達民國戊寅年九月十二日生
配

子
濟舟　子平堅民國癸丑年二月廿二日生
配劉氏
子　章德
濟北　子平心
配
子
濟可　子平和民國丁卯年九月初六日生
配
子
濟羣　子平潮
配
子
平萬
配
子

濟崇　子平榮民國壬戌年九月廿五日生
配
子
濟岑　子平意民國丙寅年九月廿一日生
配
子
平恕民國己巳年十月初九日生
配
子
濟藹　子平健民國壬戌年十月初五日生
配賴氏
子
平楚民國乙丑年七月初八日生
配陳氏
子
濟萬　子平淳

配
子
濟著　子平莠民國辛巳年二月初七日生
配
子
濟祁　子平福民國戊午年六月廿八日生
配
子
平祿民國辛酉歲九月十五日生
配
子
平壽民國乙丑年三月廿三日生
配
子
濟邦　子平化
配

子
濟郡　子平琚民國辛酉年八月初四日生
配
子
平瑱
配
子
濟泮　子平佐光緒乙巳年六月廿六日生
配梁氏
子
濟池　子平佳光緒乙巳年二月十六日生
配黎氏
子　章廣　章慶　章度
平儀光緒丁未年四月初七日生
配黎氏
子　章慶

平佑民國壬子年二月十四日生
配李氏
子
濟湖　子平璣民國辛未年七月初二日生
配
子
濟蕙　子平思光緒丁未年九月廿七日生
配莫氏光緒戊申年七月廿七日生
子　章侶
平恩宣統庚戌年三月廿三日生
配葉氏民國壬子年九月初九日生
子　章信
平態民國丙辰年正月十一日生
配莫氏民國戊午年七月十二日生
子
濟芝　子平典宣統庚戌年八月十七日生

配黎氏民國甲寅年二月初一日生
子　章謨　章諫
平興民國己未年二月初九日生
配謝氏民國庚申年四月十九日生
子
濟闌　子平巽民國甲子年九月廿五日生
配蘇氏民國癸亥年八月初八日生
子
濟連　子平讓民國丁丑年六月廿七日生
配
子
濟燿　子平誨民國丙子年七月十三日生
配
子
濟道　子平綏
配

子
濟言 子平振民國戊午年七月廿六日生
配劉氏民國丁巳年閏二月初一日生
子
平記
配
子
濟亨 子平泛民國丁卯年四月初四日生
配
子
濟廣 子平鑑民國丁卯年四月初四日生
配
子
濟瑞 子平鈿
配
子

平鐸
配
子
濟端 子平傳民國甲子年八月廿五日生
配
子
統善 子平澤光緒丁未年十二月初三日生
配黎氏
子
平淇民國丁巳年四月初四日生
配黃氏
子
濟宜 子平秩光緒丙寅年三月十三日生
配廖氏宣統辛亥年正月廿四日生
子 章禮
濟官 子平萊民國乙卯年七月廿三日生

配陳氏民國癸丑年三月廿四日生
子 章熹
平蓁民國庚申年五月廿八日生
配黎氏
子
濟家 子平樂光緒丙午年二月初三日生
配謝氏宣統庚戌年正月十二日生
子 章倫
平槩宣統庚戌年八月廿日生
配梁氏宣統辛亥年十一月廿六日生
子 章寵 章寶
濟袖 子平均民國壬子年三月初二日生
配黃氏民國癸丑年十月初四日生
子
平坊民國乙夘年十二月廿日生
配龍氏民國丁巳年十一月十四日生

子
濟祐 子平賞民國乙卯年六月廿二日生
配陳氏民國壬子年正月初八日生
子 章燦
濟禎 子平昌宣統庚戌年三月十九日生
配黃氏民國丁巳年九月十三日生
子
平旻民國丙辰年二月十五日生
配陳氏民國壬戌年六月初三日生
子
濟諜 子平侃民國甲子年九月廿二日生
配黎氏民國庚申年八月十四日生
子
平修民國丁夘年正月十五日生
配
子

濟祉　子平宰民國戊辰年十月初七日生
配
子
平寓民國丙子年十月十三日生
配
子
濟占　子平隄民國庚午年五月初八日生
配
子
濟吉　子平潭民國甲戌年六月二十日生
配
子
濟授　子平杞民國丁卯年六月廿二日生
配李氏
子
平梓國民戊辰年六月廿六日生

配盧氏
子
濟旦　子平發宣統辛亥年生
配
子
平芝民國丁巳年九月十九日生
配黎氏
子
濟昌　子平慎光緒甲辰年十月廿三日生
配
子
濟晟　子平志光緒乙亥年六月廿三日生
配吳氏宣統庚戌年十二月十六日生
子　章紀
平惠光緒乙巳年十一月廿一日生
配羅氏民國癸丑年八月十五日生

子
濟晃　子平榮民國壬戌年十二月廿四日生
配
子
平會民國辛未年五月十二日生
配
子
瑞華　子平泰
配
子
憲昌　子平慶
配李氏
子
平度
配
子

遠光　子壯懷光緒丁酉年九月初二日生
配覃氏光緒癸卯年二月初六日生
子　建新
兆光　子壯佳
配
子
靈光　子壯隆民國戊辰年九月初四日生
配
子
壯興民國庚午年六月廿八日生
配
子
壯元
配
子
廼英　子桂南民國甲子年八月十四日生

配梁氏民國丁夘年九月十三日生
子
廼球　子桂華民國辛酉年七月初五日生
配
子
桂東民國乙亥年四月十一日生
配
子
桂彬民國辛巳年閏六月廿四日生
配
子
廼琇　子桂薪民國乙丑年十一月初五日生
配
子
廼璵　子桂瑤民國庚申年四月十二日生
配劉氏民國癸亥年八月廿三日生

子
廼瓊　子桂芳光緒庚子年十月初三日生
配
子
桂芫光緒丁未年七月廿七日生
配
子
桂荃宣統庚戌年六月廿一日生
配
子
迺琳　子桂芬民國壬戌年九月廿一日生
配林氏民國戊辰年三月廿日生
子
迺璘　子桂秋民國癸亥年七月廿一日生
配
子

恂諱　子上華光緒壬寅年三月十一日生

配陀氏

子　大成　大全　大芳

怡諱　子上椿民國癸丑年三月廿三日生

配

子

上模民國辛酉年八月十六日生

配

子

懷諱　子上棟歷充周蓮村長鄉民代表職光緒乙巳年十二月初十日生

配朱氏光緒丁未年十月初十日生

子　大任

愕諱　子上暉宣統庚戌年七月十七日生

配

子

上球民國己未年九月十九日生

配

子

上楨民國庚申年十二月十六日生

配

子

上文民國癸亥年九月十二日生

配

子

上朝民國戊辰年七月初十日生

配

子

上漢民國癸酉年十月十四日生

配

子

慎諱　子上材民國己未年十二月初一日生

配覃氏民國壬子年十月初十日生
子　大賢
上志民國甲寅年六月十四日生
配
子
上榮民國乙丑年十月十七日生
配
子
上琪民國己巳年二月十七日生
配
子
上添民國癸酉年正月十九日生
配
子
恩詒　子上林光緒辛卯年六月初二日生
配黃氏光緒辛卯年五月十二日生

子　大新　大德
恩詒　子上杜民國壬子年十一月初四日生
配蘇氏民國丙辰年正月初九日生
子
訪詒　子上蔭民國戊寅年二月十三日生
配
子
論詒　子上都光緒乙巳年四月廿四日生
配李氏宣統庚戌年二月十六日生
子　大洪
紫詒　子上賓出洋
配
子
鳳詒　子上進光緒乙未年六月初九日生
配羅氏光緒甲午年十一月初十日生
子　大銘　大鈞

上達光緒壬辰年十二月廿四日生
配
子　大煊　母甘氏
上逵玉林將校醫學員班畢業歷充國民革
命軍中少尉排長上尉連長等職現任容
縣上尉督練官光緒庚子年八月十二日生
配曾氏
繼配藍氏光緒戊申年十二月二十日生
子　大深　大源
麟誥　子上賢
配
子
爵誥　子上荃民國甲戌年九月初七日生
配
子
錫泉　子祥桓民國辛酉年三月十二日生

配
子
錫光　子煊垣字晉芳同治癸酉年二月廿四日生
配伍氏
嗣子　啟琛
耀垣光緒丁丑年三月初七日生
配
子　啟粱
錫容　子繼垣
配
子　啟洋
錫耀　子齊垣
配
子
錫芬　子祝垣光緒甲辰年五月十二日生
配

子
福垣民國甲寅年七月初八日生
配
子
壽垣民國丁巳年八月初五日生
配覃氏
子
錫璣　子穀垣民國甲寅年三月廿九日生
配覃氏民國乙卯年三月十八日生
子
錫埴　子國垣光緒丙午年十一月十六日生
配
子
振垣民國壬子年五月初五日生
配
子

錫梓　子益垣民國癸丑年五月十八日生
配
子
錫彪　子貴垣光緒庚子年十一月十四日生
配梁氏光緒乙巳年四月廿七日生
子啟松
錫芳　子德垣民國丙寅年五月十一日生
配何氏民國丙寅年十月十五日生
子
勝垣民國辛未年八月二十日生
配
子
梓垣民國甲戌年七月十五日生
配
子
錫祥　子道垣光緒癸巳年五月初五日生

配梁氏
子　啟林　啟源
錫礽　子美垣號善同光緒戊子年正月十四日生
配李氏
繼配吳氏
子　啟楠　啟荃　啟源　俱繼配出　荃源
出嗣
錫祺　子進垣光緒丙申年六月初十日生
配李氏
子　啟新
錫禎　子達垣
配
子　啟材　啟富
建垣光緒甲午年三月初四日生
配羅氏
子　啟富

錫初　子逢垣光緒戊戌年十月初十日生
配盧氏
繼配范氏
子　啟華　啟炎　華出嗣
錫侯　子遠垣光緒辛丑年三月十一日生
配梁氏光緒辛丑年十月初十日生
子
錫承　子玉垣光緒癸卯年正月廿三日生
配
子
錫侯　子尚垣
配
子
錫賢　子壯垣
配
子

錫榮　子崇垣　民國丙寅年八月初四日生

配

子

錫興　子固垣　民國庚午年七月初七日生

配

子

文垣　民國壬申年十一月十二日生

配

子

典常　子紹海　民國己巳年正月初二日生

配馮氏　民國癸酉年十一月初十日生

子

紹深　民國乙亥年五月十九日生

配

子

典昌　子紹傳

配

子

紹倞

配

子

典能　子紹佳字美南　光緒戊寅年十一月十七日生

配田氏　光緒辛巳年四月初九日生

子　揚芳　廿三

紹儒　光緒庚辰年十月廿四日生

配陳氏　光緒甲申年十一月初一日生

子　益芳　雲芳　展芳　鎔芳

紹任號爵榮　光緒壬午年九月廿四日生

配鄧氏　光緒癸未年三月初一日生

子　銘芳　文芳

紹俊　光緒甲申年十一月十六日生

配李氏　光緒壬辰年四月初十日生

子 統芳

紹仁號靜山光緒丁亥年九月初一日生

配關氏光緒甲午年八月初三日生

子 顯芳 盛芳

紹信號隆榮光緒己丑年十一月初三日生

配覃氏光緒庚寅年八月初九日生

子 鏡芳 祝芳 慶芳 榮芳 桂芳

錫芳 俊芳

紹侯號爵周光緒庚子年七月十一日生

配甘氏光緒甲辰年十月十二日生

繼配黃氏光緒甲辰年十二月十三日生

子 毓芳 鍾芳

典礽 子紹侊光緒甲辰年五月廿七日生

配

子

紹志光緒丁未年四月十一日生

配

子

典禮 子紹傑光緒乙未年五月廿九日生

配周氏

子

紹俅光緒乙未年十月十八日生

配盧氏

子

紹宏光緒癸卯年六月廿四日生

配

子

典謀 子紹南

配

子

典成 子紹棠光緒壬辰年九月廿六日生

配張氏光緒戊戌年三月初七日生

子　仁芳　義芳　禮芳　智芳
紹寬民國戊午年八月十四日生
配
子
志揚　子桂莊民國癸丑年四月十七日生
配陳氏民國戊午年八月初一日生
子　建球
志材　子桂隸光緒戊申年二月廿四日生
配周氏
子
志祥　子桂馥宣統己酉年三月初一日生
配徐氏宣統辛亥年十二月十六日生
子　建樞
桂嶺民國戊午年十一月十三日生
配劉氏民國庚申年四月廿二日生
子

志闌　子桂儔光緒乙巳年十一月初五日生
配區氏光緒乙巳年二月十七日生
子　建初　建周
志菁　子桂庭民國戊午年八月十二日生
配黃氏民國丙辰年八月十二日生
子　建崇
志蕙　子桂煒民國甲戌年九月初三日生
配
子
桂儉民國丁丑年二月初四日生
配
子
桂友民國己卯年二月十九日生
配
子
志瑛　子桂隇光緒乙巳年正月十六日生

配彭氏民國癸丑年八月廿五日生
子　建良　建耀　建華
桂陞宣統辛亥年四月十七日生
配楊氏民國乙卯年正月初八日生
子
桂隆民國癸丑年十一月廿三日生
配黃氏民國乙卯年十月十九日生
子　建暉　建昌
志恕　子桂榮兼祧
配黃氏民國己未年二月廿三日生
子　建海
志鵬　子桂榮民國甲寅年六月十二日生
配梁氏民國甲寅年六月十五日生
子　建海　建煥　海承志恕祧
志恆　子桂燃字慶階光緒戊申年十一月廿六日生
配李氏光緒戊申年三月初四日生

子　建潮　建源
桂臣字慶輝民國乙卯年七月廿三日生
配韋氏民國癸丑年八月初十日生
子　建麟
志懷　子桂瑫民國乙丑年十一月初二日生
配覃氏民國丁卯年九月十三日生
子
桂瑨民國丙子年五月廿三日生
配
子
桂珖民國己卯年七月初二日生
配
子
志怡　子桂烘民國丁卯年八月初四日生
配
子

志愉　子桂標民國癸亥年七月初四日生
配何氏民國癸亥年八月廿三日生
子
桂燧民國庚午年六月初四日生
配
子
桂焜民國壬申年十月三十日生
配
子
志權　子桂燊民國丙子年十月廿四日生
配
子
桂森民國辛巳年三月初四日生
配
子
雲禪　子維榮光緒丙申年六月初十日生

配尹氏光緒己亥年十二月廿九日生
子　善貫　善模
維禮光緒己亥年十月初四日生
配鍾氏光緒壬寅年七月十九日生
子
雲鵠　子維明光緒壬辰年十一月初六日生
配李氏光緒丁酉年六月初九日生
子　善其
維山光緒戊戌年四月十九日生
配楊氏光緒壬寅年五月廿日生
子　善修　善須
雲鴻　子維忠民國庚申年十一月十八日生
配
子
維義民國庚午年十月初五日生
配

子

雲言　子維芝 光緒辛卯年十一月初六日生

配朱氏 光緒甲午年正月十五日生

子　善詮　善南　善春　善佳

維文 光緒甲午年九月十二日生

配龐氏 光緒丁酉年十月廿七日生

子　善禮

維才 光緒己亥年二月二十日生

配

子

雲棠　子維新 民國己未年正月廿八日生

配梁氏

子

維春 民國丁卯年十月初五日生

配

子

雲開　子維德 光緒庚子年八月初三日生民國辛酉年五月廿四日卒

配楊氏 光緒庚子年十一月初六日生

子　善福　善祿

雲元　子維藩 光緒己丑年十一月十四日生

配梁氏 光緒己丑年六月十二日生民國甲寅年八月十五日卒

繼配吳氏 光緒庚子年十一月初四日生

子　善馨　善存　善芳

雲興　子維禎 光緒己亥年十二月初十日生

配朱氏 光緒戊戌年二月十八日生

子　善成　善詩　善初

維祥 光緒乙巳年四月十三日生

配周氏 光緒乙巳年正月十二日生民國乙亥年八月廿七日卒

繼配陳氏 民國壬子年四月初五日生

子　善昌
維啟光緒戊申年二月十六日生
配陳氏光緒己酉年三月初五日生
子　善慶
維球號玉華鬱林區立撫良學校高級部畢
業歷充新忠村村長兼教員等職宣統辛亥
年九月廿二日生
配莫氏宣統庚戌年八月廿七日生
子　善譚　善偉
雲琨　子維成光緒戊戌年八月初五日生
配
子
雲乾　子維智光緒己亥年二月十一日生
配明氏光緒壬寅年十二月初二日生民國壬申年
十一月十二日卒
子　善才　善文

雲林　子維賓民國乙丑年四月初二日生
配
子
維展
配
子
維彩
配
子
雲志　子維國民國辛未年三月十一日生
配
子
雲靜　子維江民國丁巳年七月廿二日生
配
子
維昌民國庚申年十月卅日生

配
子
維能民國丁卯年正月廿一日生
配
子
雲安　子維田民國庚申年六月初七日生
配
子
雲全　子維振
配
子
維基
配
子
雲禧　子維強
配

子
維儉
配
子
雲儉　子維沼民國辛酉年十二月初六日生
配
子
維沾民國丙寅年七月初五日生
配
子
雲成　子維潭民國辛酉年九月廿四日生
配邱氏民國辛酉年八月十五日生
子
雲家　子維沐宣統辛亥年十一月初十日生民國辛巳年三月十一日卒
配

子　善政

維洪民國壬戌年十月初八日生

配

子

維泉宣統辛亥年八月廿八日生民國己卯年三月十五日卒

配

子

雲華　子維源

配

子

維清

配

子

維滿民國丁卯年八月廿七日生

配

子

雲知　子維浩民國甲子年十一月廿五日生

配

子

雲旺　子維河宣統庚戌年十二月初四日生

配龐氏宣統己酉年二月廿三日生

子　善球　善廷

維洲民國癸丑年十月初一日生

配謝氏民國丙辰年五月十七日生

子

雲松　子維海宣統庚戌年九月十六日生

配陳氏宣統己酉年十月初七日生

子　善英　善雄　善豪　善傑

維池民國甲子年十二月初一日生

配

子

雲柏　子維深民國乙卯年六月十一日生
配雷氏民國癸丑年九月初十日生
子　善先
維洽民國戊午年八月初九日生
配梁氏民國己未年八月廿八日生
子
維波
配
子

容州封氏家譜

二十卷

卷十二

容州封氏家譜卷十二

次房世系牒

二十三世

登朝子大經

配廖氏

子　有寶　有㪚　有道　有榜

大成

配廖氏

子　有文

大倫

配朱氏

子　有康

佐朝子大英

配

子

大昌

配阮氏

子

大華

配

子

大智

配

子

連生子大振

配

子

連慶子大利

配

子

大榮

配

子
大記
配
子
大昌
配
子
連清子大恩
配黃氏
子　有才
大鵬
配黃氏
子
大廷
配程氏
子

連珍子大有
配
子
連英子大臣
配
子
連邦子大漢
配
子
連來子大信
配
子
大相
配
子
連香子大齡

配

子
大程

配

子
廣賢　子能紹

配

子
能述

配

子
廣槐　子能安民國辛未年正月廿一日生

配

子
能定

配

子
代珍　子晉榮

配李氏

子　材華　柱華
代珠　子受榮

配

子
代琨　子福榮同治癸酉年正月十七日生

配胡氏

子　繼華
敢榮光緒丁丑年八月三十日生

配潘氏

子　生華　德華
代璋　子國榮

配　氏

子　清華

容縣惟一商店承印

代昌 子光榮民國辛酉年十一月十一日生

配

子

曜榮民國戊辰年七月廿四日生

配

子

達成 子嘉傳

配李氏

子 紹琨 紹芳

達朝 子嘉俊號益才

配陳氏

子 紹琪 紹璋

嘉健

配陸氏

子 紹球 紹仁

嘉侑容縣中學畢業

配梁氏

子 紹瑜 紹瑞

達倫 子嘉球

配李氏

子 紹祺

嘉瑜

配

子

達章 子嘉信

配防氏

繼配李氏

子 紹東 紹基

嘉賓

配黃氏

子 紹唐 紹文 紹南

達卿 子嘉芝

配梁氏
子　紹任
嘉芹
配鍾氏
子
嘉荃光緒甲午年八月十六日生
配李氏
子
德盛　子嘉訷同治己巳年十月初十日生
配黄氏光緒己卯年九月十一日生民國乙卯年七月初七日卒
子　紹光
德榮　子嘉誠同治乙丑年正月初七日生
配楊氏同治丙寅年十一月三十日生
子　紹遠　紹進
德祥　子嘉訪

配姜氏
子
德敏　子嘉璋
配覃氏
子
嘉韡
配
子
德壽　子嘉猷號告臣壽七十五歲道光庚戌年八月初四日生民國癸亥年正月初九日卒
配梁氏道光乙卯年七月廿七日生民國壬子年三月初九日卒
子　紹周　紹武
建邦　子國棟又名燧未娶而卒光緒乙未年十二月十四日生民國乙卯年八月廿二日卒
國樑字支寰省立第三師範學校畢業歷充

權運局甘塘分卡卡長南寧市抗日濟國
會檢查員光緒戊戌年四月初六日生
配蘇氏光緒乙巳年七月廿二日生
子　家驤
國樞字北宸光緒癸卯年五月廿一日生
配全氏字德志織業學校畢業充梧州私
立小學織工教員　光緒丙午年十二月初二日
生
子　家驄
國權字任民光緒乙巳年十二月初一日生
配劉氏民國壬子年十二月廿三日生
子　家驎
國楨字子堅民國癸丑年九月初九日生
配
子
國棠字蔭芝民國丁巳年九月十九日生

配
子
國强字偉民民國庚申年六月十九日生
配
子
建游　子國桓字武超嶺西中學肄業民國丙辰年五月二
十日生
配
子
建燊　子國森字茂林民國壬戌年十一月十七日生
配
子
建温　子國材字萃廷省立第一中學畢業充隆安縣
立高小教員　光緒庚子年三月十八日生民國戊
辰年九月初一日卒
配陳氏字秀蓮光緒庚子年八月初七日生民國

戊辰年五月廿二日卒
子　家駒　家驥
國槐字植三充廣東第八路總指揮部特務
員光緒丙午年十一月初六日生
配陸氏光緒丁未年十一月十三日生
繼配曾氏宣統庚戌年十月初九日生
子　家駿
國梅字鶴儔省立第一中學畢業上海華北
哲學院精神醫學士東方紅療學院畢業
省立第一高中普通科肄業民國壬子年十
月十二日生
配
子
國樟字良材省立第一中學肄業民國戊午年
九月初一日生
配

子
興棠　子嘉琛
配
嗣子　紹侃
興培　子嘉堯號濬川光緒己卯年七月十一日生
配吳氏光緒辛巳年八月十八日生
子　紹儐　紹儔　紹侃　紹仁　侃出繼
嘉虞號少文光緒辛巳年八月廿三日生
配趙氏光緒丁酉年九月三十日生國民丙子年十
二月十四日卒
子　紹信
興坤　子嘉瑛光緒庚寅年十月十五日生
配
子
嘉鎭光緒庚子年十一月初三日生
配劉氏民國乙卯年三月十七日生

子　紹祜

嘉賢 宣統己酉年十一月十四日生

配莫氏 宣統辛亥年二月十六日生

子

興鈞 子嘉標 光緒甲申年閏五月初七日生

配覃氏 光緒丙戌年十月十一日生

子　紹江

嘉朝 光緒乙未年四月廿二日生

配覃氏 光緒甲午年七月廿三日生

子　紹良　紹桂

興釗 子嘉運 光緒庚子年正月初三日生

配盧氏 光緒己亥年五月十九日生民國己未年十二月十六日卒

繼配朱氏 光緒丙午年十月十九日生

子　紹海　紹深　紹沂

興銓 子嘉韶 光緒丁酉年八月十七日生民國乙酉年正月廿五日卒

配李氏 光緒丙申年九月十一日生

子　紹志

嘉楚 光緒壬寅年二月初四日生

配浦氏 光緒癸卯年六月廿四日生民國壬申年五月　日卒

繼配覃氏 民國丁巳年七月廿九日生

子　紹寶 元配出　紹業 繼配出

嘉會 光緒戊申年十二月十二日生

配容氏 光緒甲辰年八月十五日生

子　紹旺　紹昌　紹國　紹華

興鏐 子嘉福 光緒癸卯年十二月初三日生

配陳氏 光緒壬寅年十一月廿一日生民國甲子年七月初八日卒

繼配鄧氏 宣統己酉年十一月十八日生

子　紹初　紹基　紹香 繼配出

嘉祿號聚堂宣統庚戌年四月十五日生
配梁氏宣統辛亥年三月十一日生
子 紹榮
嘉壽民國乙卯年四月初八日生
配張氏 新興縣人
子 紹礽
興芹 子嘉枘光緒乙酉年正月初七日生民國丙辰年十一月廿二日卒
配盤氏光緒甲申年十月廿三日生
子 紹經 紹緯 紹統 紹緒緒飄往北流
嘉楝光緒戊子年三月初八日生
配許氏光緒戊子年正月初九日生
子 紹慶
嘉樫光緒丁酉年十月初八日生
配容氏光緒壬寅年八月十七日生
庶周氏民國己未年十月廿六日生

子 紹南 紹齊嫡出 紹西庶出
興芹 子嘉昌光緒甲辰年十月初五日生
配黃氏光緒甲辰年二月三十日生民國戊辰年五月廿九日卒
繼配梁氏 民國壬子年正月十六日生民國丁丑年六月十一日卒
子 紹德 紹忠
興振 子嘉文 光緒丙午年十二月十二日生民國丁丑年正月初二日卒
配李氏光緒乙巳年十二月廿二日生
子 紹芝 紹芳 紹蘭
嘉武民國甲寅年六月廿五日生
配梁氏
子
興仕 子嘉來光緒乙未年十一月十六日生
元配黃氏

配秦氏光緒戊戌年七月初四日生
繼配黎氏光緒癸夘年九月廿五日生
子　紹鈞　元配出紹鎮　紹鏐　紹鋼
繼配出
嘉材光緒戊戌年十月初一日生
配杜氏
繼配李氏　光緒丙午年八月初十日生民國丁夘
年二月初五日卒
繼配陀氏光緒丙午年九月廿五日生
子　紹林　紹柱　紹榮
嘉進光緒甲辰年五月初七日生
配陳氏光緒丁未年八月初一日生
庶闗氏民國丙辰年正月二十日生
子　紹楷正配出　紹楝庶配出
嘉惠宣統庚戌年二月十七日生
配梁氏民國癸丑年十二月十八日生

子　紹行　紹倫
嘉穀桂林高中柳州覽訓民國甲辰年四月十一
日生
配黎氏民國乙夘年十月廿九日生
子
嘉政民國戊午年四月初五日生
配潘氏民國丁巳年十一月初四日生
子
興桂　子嘉琳宣統辛亥年七月十八日生
配李氏民國癸丑年二月廿一日生
子　紹彩
嘉樹民國丁夘十二月十三日生
配
子
嘉梅民國辛未年五月廿八日生
配

子

嘉松民國乙亥年四月廿八日生

配

子

嘉柱民國己卯年十二月十九日生

配

子

興禮　子嘉潤民國庚申年二月十四日生

配

子

興詩　子嘉榮民國甲戌年九月三十日生

配

子

興韡　子嘉瑱宣統庚戌年七月廿二日生

配陸氏

子

興佳　子嘉宏民國乙丑年十月廿六日生

配

子

興仙　子嘉富民國乙亥年八月初三日生

配

子

嘉寅民國戊寅年十一月十六日生

配

子

興耿　子嘉祥宣統庚戌年六月初四日生

配蘇氏

子　紹美

興年　子嘉容民國卅一年壬午三月初三日生

配

子

興璽　子嘉禮民國丁卯年五月初四日生

配
子
嘉智民國癸酉年正月十八日生
配
子
興志　子嘉仁民國丙寅年七月十八日生
配余氏民國乙丑年二月初八日生
子
嘉義民國丁夘年四月初十日生
配
子　紹容　紹富
嘉信民國癸酉年正月十八日生
配
子
嘉俊民國己夘年五月初四日生
配

子
興鈺　子嘉芳光緒己亥年九月初四日生
配楊氏民國壬子年十月廿二日生
子　紹金
興錦　子嘉松往梧州松木塘
配
子
嘉杏
配
子
興煥　子嘉業光緒己丑年三月廿八日生
配梁氏
兼祧子　紹棟
興源　子嘉彬
配覃氏
子　紹棟兼祧

興和　子嘉佑光緒戊子年二月初七日生民國己巳年　卒
配何氏光緒壬辰年二月廿三日生
子　紹芹　紹莘　紹薪
興文　子嘉佺光緒壬辰年八月廿八日生民國辛未年七月十
二日卒
配覃氏
子　紹進　紹遠　紹達　紹迅
嘉元原名嘉壽光緒丁酉年八月初二日生
配莫氏光緒戊戌年三月初一日生
子
嘉亨原名嘉福光緒甲辰年十二月初十日生
配梁氏
子　紹富　紹貴
嘉利原名嘉祿民國廿八年應徵從軍至前
方湖北麻城縣陣亡蒙給卹金光緒丁未年
五月初一日生

配梁氏
子
嘉貞民國癸丑年三月廿三日生
配
子　紹温
興翔　子嘉爵號勵民中央陸軍軍官學校第六分校
步科畢業民十五年任國民革命軍第七
軍少中上尉各職參與湖南江西南昌南
京各戰役民廿六年抗日軍興任卅一軍
上尉連長屢於南京安徽徐州等處禦敵
創兩次受光緒庚子年六月初五日生
配蘇氏光緒壬寅年四月十五日生民國辛未年四
月十六日卒
繼配李氏惠珍民國乙卯年十月十九日生
子　紹理入繼　紹泉繼配出
嘉孚號信民光緒乙巳年八月初四日生

配李氏光緒乙巳年十一月廿二日生
子　紹理　紹城理出嗣　紹培　紹堅
嘉釆別字澤民都嶠中學畢業廣西省地方行政幹部訓練團畢業歷任淩雲隆山都安那馬等縣科員等職宣統庚戌年九月十九日生
配張氏光緒戊申年十月十四日生
子
興莘　子嘉昭號靜輝民國壬子年十月初七日生
配
子
嘉昉號超明廣西民團幹部學校畢業民國丙辰年五月初十日生
配馬氏名月英
子　紹銘
興芬　子嘉桐號柏林民國甲寅年六月廿七日生

配黃氏
子
嘉棋號超羣容縣縣立國民中學畢業廣西省地方行政幹部訓練團畢業曾任石嶺鄉鄉村長區公所辦事員靑年團股長書記幹事長等職民國己未年七月初八日生
配余氏名麗華
子　紹倫　紹國
嘉棣民國丙[illegible]年正月廿三日生
配
子
興池　子嘉崇國中畢業民國乙丑年三月十二日生
配張氏民國壬戌年十一月初一日生
子　紹南　紹北
嘉宗民國丁卯年九月二十日生
配

子
嘉金民國己卯年六月初九日生
配
子
嘉蒸民國壬午年七月初一日生
配
子
興施 子嘉深民國己巳年五月廿三日生
配
子
嘉潛民國戊寅年五月初七日生
配
子
興敏 子嘉春民國戊午年九月初七日生
配盤氏民國戊午年八月初十日生
子

嘉泰都嶠中學畢業 民國壬戌年二月初七日生
配黎氏
子
嘉秦民國乙丑年閏四月初二日生
配李氏
子
興楷 子嘉清
配
子
嘉海民國庚申年九月初十日生
配
子
嘉沼民國癸亥年六月廿七日生
配
子
興椿 子嘉諒民國辛未年二月廿九日生

配

子

嘉諺民國壬申年四月初九日生

配

子

嘉詢民國癸酉年十二月初二日生

配

子

業枝子嘉津民國戊寅年六月十九日生

配

子

業松子嘉添民國戊寅年十月二十日生

配

子

嘉洋民國辛巳年二月廿五日生

配

子

業桑子嘉德

配

子

業英子嘉道

配

子

嘉義

配

子

慶符子仁彰民國戊辰年六月初一日生

配

子

義彰民國癸酉年三月廿六日生

配

子

禮彰民國丁丑年正月廿七日生
配
子
智彰民國辛巳年閏六月廿九日生
配
子
建符　子克彰民國己巳年九月廿八日生
配梁氏民國癸酉年九月十四日生
子
允彰民國庚辰年十二月廿三日生
配
子
莘符　子善彰
配
子
善符　子鈥彰民國乙亥年五月十二日生
配
子

配
子
義符　子鈴彰民國壬午年五月初五日生
配
子
均符　子元彰
配
子
積琳　子厚德字惠雲光緒庚子年九月初四日生
配李氏光緒乙巳年十月廿六日生民國辛巳年十月初二日卒
子　成發　成泉　成元
積瑛　子厚信字彩雲光緒壬寅年十二月十一日生
配梁氏光緒甲辰年十一月廿八日生
子　成友
積瑞　子厚財字杜雲宣統庚戌年四月初三日生

配劉氏民國丙辰年四月廿一日生
子　成志
積球　子厚培光緒丁未年正月廿七日生
配盤氏
子　成德
厚佳宣統庚戌年八月廿八日生
配黃氏光緒戊申年十一月十三日生
子　成林　成材
厚志民國甲寅年八月廿三日生
配梁氏民國乙卯年二月十五日生
子
厚均民國壬戌年閏五月初一日生
配
子
積瑶　子厚榮宣統己酉年八月十五日生
配凌氏光緒丁未年二月卅日生

子　成章　成相
積琦　子厚文宣統庚戌年七月十八日生
配李氏宣統辛亥年　月　日生
子　成煥
厚煊民國寅申年八月十三日生
配
子
積珖　子厚良民國乙丑年六月廿八日生
配
子
厚和民國癸酉年閏三月廿九日生
配
子
積珍　子厚初民國庚午年閏六月十八日生
配
子

厚姚民國癸酉年二月初十日生
配
子
厚機民國乙亥年十月初九日生
配
子
厚泉民國庚辰年六月十二日生
配
子
積華 子厚源
配蘇氏
子
積荃 子厚芳民國乙卯年九月十二日生
配周氏民國丁巳年 月 日生
子 成仁
厚芝民國己未年九月廿日生

配梁氏民國辛酉年三月十九日生
子
厚薪民國丙寅年七月十二日生
配
子
厚江民國庚午年五月廿五日生
配
子
積芬 子厚彩民國乙丑年十二月十二日生
配
子
厚健民國丁卯年七月初九日生
配
子
積諜 子厚仁民國乙丑年四月廿八日生
配

子
厚義民國丁卯年八月初五日生
配
子
厚禮民國甲戌年八月十三日生
配
子
祖冀　子德東民國壬申年七月廿四日生
配
子
德澤民國庚辰年七月廿六日生
配
子
祖官　子德震民國己未年五月廿九日生
配盧氏
子

祖宇　子德寅民國丙寅年十月十四日生
配
子
德霖
配
子
祖勳　子德貴民國己未年十二月十五日生
配鄧氏
子
德賢民國壬戌年十月初五日生
配
子
德賡民國丙寅年九月廿一日生
配
子
祖材　子德芳民國甲戌年三月初八日生

配
子
祖懷　子德壬民國壬戌年六月廿九日生
配
子
德三民國乙丑年正月廿八日生
配
子
德廣民國丙寅年九月廿一日生
配
子
德偉民國辛未年十二月十五日生
配
子
德珍民國甲戌年正月廿九日生
配

子
德福民國乙亥年九月廿七日生
配
子
祖周　子德炷民國乙亥年二月十六日生
配
子
祖鎣　子德仁更名魯號擎山容縣中學肄業陸軍上尉曾充粵桂聯軍第二路前敵指揮部軍需處處員中國國民黨護黨救國軍第一縱隊一師軍醫院上尉書記中國國民黨第一方面軍總司令部駐梧辦事處上尉軍需光緒癸卯年八月廿五日生
配梁氏名秀成光緒壬寅年五月十二日生
子　之源　之龍　之英
德義容縣中學畢業廣西大學肄業民國癸丑

年六月初五日生
配楊氏蕙芳民國丙辰年二月初八日生
子　之泉　之沛
德禮私立聯萃初級中學畢業充四端村村
長石嶺鄉副鄉長兼中心校教師民國乙卯
年十月廿二日生
配黃氏瑞銘民國四年正月廿九日生
子
德智民國己未年三月二十日生
配李氏美容民國己未年四月廿五日生
子　之漢
祖琛子德謙字卓然民國丙辰年十一月十一日生
配黃氏淑芬民國五年十月廿八日生
子
祖彝子德信考取交通部汽車駕駛員民國癸丑年二
月初六日生

配
子
德忠充石嶺鄉助理員兼中心校教師民國
癸卯年四月十七日生
配黃氏
子
德辛省立容中畢業充無綫電中尉服務員
民國己未年五月初二日生
配
子
德烈民國辛未年十一月廿四日生
配
子
德燕民國乙亥年十月廿三日生
配
子

德相民國戊寅年三月廿七日生
配
子
德支民國庚辰年九月十七日生
配
子
德時民國癸未年十一月十一日生
配
子
祖新　子德海
配
子
祖礽　子德榮民國辛未年十一月廿四日生
配
子
德炤

配
子
祖癸　子德遠
配
子
祖仁　子德符民國乙丑年九月初三日生
配
子
德松民國壬申年九月十三日生
配
子
祖誥　子德成民國癸丑年九月廿七日生
配盤氏
子
祖訓　子德林民國丁巳年九月初十日生
配

子

祖光　子德永民國癸酉年八月初九日生

配

子

祖興　子德餘民國壬戌年八月廿四日生

配陳氏民國甲子年四月廿一日生

子

祖瑞　子德預民國辛未年十月十二日生

配

子

祖初　子德元

配

子

德亨民國癸酉年　月　日生

配

子

祖裕　子德煒

配

子

德明民國癸酉年　月　日生

配

子

祖勇　子德崇

配

子

德焜民國癸酉年八月廿五日生

配

子

祖增　子德修民國己卯年四月十七日生

配

子

祖貝　子德周

配
子
德寕
配
子
祖桐　子德潛民國庚午年二月十五日生
配
子
德澄民國癸酉年十一月廿日生
配
子
祖宏　子德揚民國壬申年十月廿四日生
配
子
德銘
配

子
德輦
配
子
祖堯　子德宏民國丁巳年七月十四日生
配
子
祖儁　子德鑾民國癸亥年五月卅日生
配
子
祖惠　子德森民國辛未年三月初九日生
配
子
祖珍　子德生民國壬子年五月廿四日生
配陳氏
子　之方　之敏

德才民國甲寅年七月十四日生
配劉氏
子
祖琦　子德暉
配
子
德海
配
子
德詳
配
子
祖泉　子德南民國乙丑年十二月十九日生
配
子
祖謀　子德鏞都嶠中學畢業中央軍事政治學校第
一分校畢業充一八八師五六團第二營
營長民國乙卯年二月十一日生
配
子
德銓都嶠中學肄業岑溪稅局稽征局辦事
員民國丙辰年十月十七日生
配梁氏民國丁巳年四月廿六日生
子　之瑞　之桂　之驥　之驤
祖蔭　子德宣上海復旦大學肄業蒼梧縣督學廣西
建設廳科員廣西航務局科長光緒己酉年
十一月十八日生
配蘇氏
子　之光　之榮　之顯
德釗民國戊午年二月初四日生
配
子

祖鼎　子德孚
配
子

祖鐵　子德懋　民國庚辰年十月廿七日生
配
子

祖銘　子德衍　民國丁丑年八月初一日生
配
子
德衎　民國辛巳年五月十二日生
配
子

祖國　子德文　民國戊辰年八月廿七日生
配
子
德丞　民國乙亥年九月廿一日生

祖慶　子德福
配
子

祖紹　子德君
配
子
德羣
配
子

祖鉅　子德彔　民國己未年十二月卅日生
配
子
德鑫　民國壬戌年正月十九日生
配

子
德昌民國庚午年十一月十二日生
配
子
德晃民國壬申年十二月廿一日生
配
子
德暘
配
子
德昂 改正字
配
子
祖銡 子德森民國辛未年　月　日生
配
子

祖桑 子德茗
配
子
祖麟 子德榮民國乙卯年七月初七日生
配梁氏
子
德燮
配
子
德琨
配
子
祖燿 子德鎮
配
子
德槐

配
子
祖縉子德材民國癸丑年九月十九日生
配
子
德柱民國己未年八月廿日生
配
子
德炎民國甲子年十月十五日生
配
子
德鑑民國己巳年二月廿七日生
配
子
德欽民國壬申年五月十六日生
配

子
祖福子德盛民國己卯年六月初一日生
配
子
祖壽子德隆民國己卯年六月初一日生
配
子
德芳民國庚辰年八月十四日生
配
子
祖枝子德漢民國辛未年十一月廿一日生
配
子
德光民國丁丑年三月廿五日生
配
子

容縣惟一商店承印

德照民國庚辰年二月廿五日生
配
子
祖安　子德餘民國戊辰年　月　日生
配
子
祖文　子德良民國丙辰年七月十九日生
配
子
德儉民國癸亥年十月廿九日生
配郭氏
子
祖高　子德駿民國丁巳年五月初二日生
配李氏
子
德駒民國辛酉年正月初二日生

配陳氏
子
德馳民國癸酉年　月　日生
配
子
祖階　子德嗣民國辛巳年十月廿九日生
配
子
祖業　子德彰民國乙亥年五月三十日生
配
子
祖年　子德濤民國戊寅年六月初二日生
配
子
祖傑　子德佑民國戊寅年四月十六日生
配

子
祖西　子德樹民國辛巳年閏六月廿四日生
配
子
祖東　子德鄰民國己卯年七月廿三日生
配
子
祖錕　子德适民國戊辰年八月廿六日生
配
子
祖鎮　子德津民國戊寅年十二月三十日生
配
子
德江民國辛巳年四月廿六日生
配
子

恒晄　子惠良民國庚申年八月三十日生
配陳氏
子
惠德民國乙丑年十月三十日生
配
子
恒昭　子惠桐
配
子
恒福　子惠隆民國辛酉年九月廿二日生
配盧氏
子
恒楊　子惠海民國庚午年六月十二日生
配
子
惠江民國乙亥年十一月廿八日生

配
子
惠東 民國戊寅年三月廿七日生
配
子
惠漢 民國辛巳年八月二十日生
配
子
恒材 子惠福 民國乙亥年六月十八日生
配
子
惠祿 民國辛巳年八月廿三日生
配
子
恒仁 子惠南 民國己巳年三月初八日生
配

子
恒義 子惠西 民國庚午年七月初十日生
配
子
澤祐 子旭漢號業衡 民國甲寅年閏五月初五日生
配嚴禎氏 民國甲寅年十二月廿五日生
子
旭源字業隆 民國庚申年正月廿四日生
配陸柏英氏 民國壬戌年十二月初六日生
子 紹材
旭清 民國辛未年七月十一日生
配
子
仙祐 子旭坤 民國戊辰年十一月十九日生
配
子

旭方 民國丁丑年九月十七日生
配
子
平衡 子章府 民國戊辰年十二月初十日生
配
子
平臨 子章果 民國丙子年三月初八日生
配
子
平烈 子章爽 民國丙子年七月廿八日生
配
子
平塗 子章僴 民國庚辰年三月初十日生
配
子
平巖 子章炎 民國丁丑年七月廿五日生

配
子
章焚 民國己卯年九月廿四日生
配
子
平標 子章典 民國甲戌年六月廿九日生
配
子
章冀 民國庚辰年五月初十日生
配
子
平照 子章燊 民國丁巳年三月十四日生
配張氏
子 榮新
平熙 子章海 民國戊午年二月十八日生
配李氏

子
章燊民國辛酉年十一月初一日生
配
子
平黨　子章漢民國丁卯年十一月初二日生
配
子
平邦　子章善民國庚申年八月十六日生
配黎氏民國己未年八月十八日生
子　榮金
平都　子章華民國己巳年九月廿九日生
配
子
平郁　子章鑑民國丁巳年四月十四日生
配梁氏民國乙卯年十月初九日生
子

平邵　子章鏡民國癸亥年九月十三日生
配
子
章鎮民國丙寅年二月十七日生
配
子
平夷　子章錦字　棠中學肄業民國戊午年五月初十
日生
配李氏民國丙辰年五月廿三日生
子　榮漢
平洋　子章銓民國丙辰年六月廿八日生
配黃氏民國癸亥年六月十五日生
子
平治　子章鉞民國癸亥年正月廿二日生
配李氏民國甲子年四月廿日生
子

平湖 子章英民國癸亥年正月廿八日生
配
子
章芹民國丁卯年十一月十六日生
配
子

平夏 子章源民國丁丑年十一月卅日生
配
子

平漢 子章釗梧州精武学校高級會計畢業民國癸亥年五月三十日生
配
子
章判
配
子

平海 子章培民國壬申年十一月十九日生
配
子
章垣民國己卯年九月十六日生
配
子

平廣 子章南
配
子
章洋
配
子

平東 子章暹民國辛未年八月十三日生
配
子
章羅

配

子

平寬　子章福民國丙寅年三月十三日生

配羅氏

子

章祿民國戊辰年正月十三日生

配盧氏

子

章壽民國丙子年九月初八日生

配

子

平任　子章烘民國己卯年三月廿七日生

配

子

平珖　子章瑨民國癸亥年正月初六日生

配

子

章玠民國辛未年七月十五日生

配

子

平闊　子章登

配

子

平荷　子章憲民國癸酉年十二月初七日生

配

子

章菊民國丙子年六月初一日生

配

子

章朋民國戊寅年三月廿七日生

配

子

章隆民國庚辰年八月初五日生
配
子

平梅　子章瑞
配
子
章球
配
子
章琨
配
子

平輝　子章瑜
配
子

平杰　子章樸

配
子

平華　子章森民國壬申年九月廿八日生
配
子

平德　子章文民國己巳年七月十一日生
配
子

平衍　子章武民國己卯年十一月十七日生
配
子

平威　子章詰民國癸亥年五月十四日生
配陳氏
子

平成　子章煥民國己卯年八月十三日生
配

子
章龍
配
子
平彬 子章瑛 民國戊寅年閏七月初五日生
配
子
平杜 子章安 民國戊寅年八月十五日生
配
子
平椽 子章新 民國丁卯年十一月十九日生
配
子
章訢 民國丁丑年十一月初七日生
配
子

章斯 民國庚辰年四月十二日生
配
子
平桓 子章祿 民國壬申年二月廿五日生
配
子
章道 民國戊寅年十二月廿七日生
配
子
平益 子章柱 民國己巳年正月十三日生
配
子
平燦 子章承 民國壬申年十二月初六日生
配
子
平超 子章滿 民國乙亥年十一月卅日生

配
子
平堅 子章德
配
子
平佳 子章廣 民國丙辰年十一月初八日生
配
子
平儀 子章慶 民國己巳年八月廿九日生
配
子
章度
配
子
平思 子章侶 民國壬申年八月初七日生
配

子
平恩 子章信 民國壬申年八月十四日生
配
子
平典 子章謹 民國壬申年九月廿三日生
配
子
章諫 民國乙亥年十一月十三日生
配
子
平秩 子章禮 民國己巳年八月十六日生
配
子
平恭 子章熹 民國乙卯年二月初一日生
配
子

平樂　子章倫民國丙子年閏三月廿二日生
配
子
平槩　子章寵民國甲戌年九月廿四日生
配
子
章寶民國丁丑年十二月初十日生
配
子
平貴　子章燦民國乙亥年九月初二日生
配
子
平志　子章紀民國戊寅年十一月十二日生
配
子
上華　子大成民國庚申年十月十八日生

配
子
大全民國丁卯年八月十七日生
配
子
大方民國庚辰年八月十三日生
配
子
上棟　子大任民國丁丑年八月十三日生
配
子
上材　子大賢民國癸酉年七月初十日生
配
子
上林　子大新民國乙丑年十月初六日生
配

子
大有民國戊辰年五月二十日生
配
子
上都　子大洪民國甲寅年十月廿四日生
配
子
上進　子大銘民國丙辰年五月十五日生
配陳氏民國庚申年五月初十日生
子
大鈞民國丙寅年七月初八日生
配
子
上逵　子大鍹民國戊辰年八月廿一日生
配
子

上逵　子大深民國庚午年八月初八日生
配
子
大源民國甲寅年二月廿九日生
配
子
煊垣　子啟璪民國壬子年正月十五日生
配馮氏民國甲寅年五月十二日生
子　漢焜
燿垣　子啟樂民國甲寅年十月十四日生
配龔超容氏
子
齊垣　子啟洋
配
子
貴垣　子啟松民國甲子年十一月十四日生

配楊氏民國戊辰年八月十二日生
子
美垣　子啟楠民國壬子年十月十二日生
配李氏民國壬子年五月十二日生
子　漢煇
壯垣　子啟源民國丁卯年九月初九日生
配
子
道垣　子啟林民國癸亥年五月十一日生
配梁氏民國甲子年五月廿五日生
子
啟添民國丁丑年六月初八日生
配
子
進垣　子啟新民國辛未年五月初八日生
配彭氏

子
達垣　子啟材民國庚午年閏六日初五日生
配
子
玉垣　子啟荃民國辛酉年正月初八日生
配彭氏民國辛酉年五月初十日生
子
玉垣　子啟華民國辛未年七月十八日生
配
子
遂垣　子啟炎民國丁酉年閏七月十三日生
配
子
紹佳　子煬芳光緒乙巳年十二月十四日生
配胡氏宣統己酉年五月初七日生
子　植森

紹儒　子益芳光緒戊申年十一月初五日生

配

子

雲芳憲兵團訓練民國癸丑年三月初八日生

配

子

展芳民國甲子年六月廿六日生

配

子

容芳民國戊辰年十一月十六日生

配

子

紹任　子銘芳宣統己酉年閏二月初七日生

配

子

文芳民國戊午年七月初三日生

配

子

紹俊　子統芳民國丁巳年二月廿六日生

配

子

紹仁　子顯芳民國戊辰年正月初九日生

配

子

盛芳民國己卯年四月十四日生

配

子

紹信　子鏡芳宣統庚戌年正月廿日生

配

子

祝芳征兵陣亡民國癸丑年八月初九日生

配

子
慶芳民國丁巳年二月初八日生
配
子
榮芳民國己未年八月十五日生
配
子
桂芳民國壬戌年五月廿二日生
配
子
錫芳民國丙寅年五月十五日生
配
子
俊芳民國庚午年四月廿五日生
配
子

紹侯　子毓芳民國癸酉年五月廿六日生
配
子
鍾芳民國戊寅年八月十六日生
配
子
紹棠　子仁芳民國己未年六月初二日生
配
子
義芳民國壬戌年八月十三日生
配
子
禮芳民國乙丑年八月初四日生
配
子
智芳民國戊寅年閏二月初二日生

配

子

桂莊　子建球　民國丁丑年五月初九日生

配

子

桂馥　子建樞　民國癸酉年七月廿二日生

配

子

桂儔　子建初　民國戊辰年五月初十日生

配區氏　民國戊辰年四月初六日生

子

建周　民國甲戌年三月初二日生

配

子

桂庭　子建崇　民國己卯年十月初九日生

配

子

桂[illegible]　子建良　民國壬申年六月十八日生

配

子

建耀　民國壬申年六月十八日生

配

子

建華　民國戊寅年八月十三日生

配

子

桂隆　子建暉　民國丁丑年八月廿六日生

配

子

建昌　民國辛巳年六月初一日生

配

子

容縣雄一齋書承印

桂粲 子建洸民國甲戌年三月廿四日生
配
子
建海民國戊寅年六月初二日生
配
子
建煥民國辛巳年四月初一日生
配
子

桂燃 子建潮民國庚午年五月十三日生
配梁氏民國癸酉年八月廿一日生
子
建源民國甲戌年五月廿一日生
配
子

桂臣 子建龐民國癸酉年九月廿六日生

配
子
維粲 子善貴民國壬戌年正月初四日生
配
子
善模民國乙丑年十二月初五日生
配吳氏民國庚午年十月廿四日生
子

維禮 子善謀
配
子

維明 子善其民國己巳年十二月廿二日生
配
子

維山 子善修民國丙寅年正月初二日生
配梁氏民國乙丑年八月廿二日生

子
善須民國己巳年十一月初十日生
配
子
維芝　子善詮民國己未年七月廿五日生
配周氏民國壬戌年十一月初一日生
子
善南民國丁卯年五月廿六日生
配
子
善春
配
子
善佳
配
子

維文　子善禮民國戊午年三月初一日生
配
子
維新　子善深
配
子
維德　子善福鬱林縣立國中學校畢業歷充建安永
康等鄉中心校教員兼輔導主任等職
民國丁巳年七月十二日生
配朱氏民國己未年二月初二日生
子
善祿民國辛酉年十月十一日生
配陳氏民國壬戌年八月十四日生
子　紹琛
維淄　子善醫光緒戊申年九月卅日生
配梁氏光緒戊申年二月十二日生

子
善存 民國甲子年八月初一日生
配龐氏 民國壬戌年九月十八日生
子 紹琦
善芳 民國壬申年十一月廿六日生
配
子
維禎 子善成 民國戊午年八月廿四日生
配龐氏 民國戊午年　月　日生
子 紹琬
善詩 民國辛酉年正月廿九日生
配
子
善初 民國癸亥年八月廿三日生
配
子

維祥 子善昌 民國丁丑年十二月初七日生
配
子
維啟 子善慶 民國丁丑年六月廿八日生
配
子
維珠 子善譚 民國丙子年十一月初八日生
配
子
善偉 民國庚辰年十二月十五日生
配
子
維智 子善才 民國壬戌年八月初八日生
配
子
善文 民國丁卯年正月廿一日生

配

子

維沐子善政

配

子

維河子善球

配

子

善廷

配

子

維海子善英民國癸酉年八月十八日生

配

子

善雄民國　年　月　日生

配

子

善豪民國　年　月　日生

配

子

善傑民國　年　月　日生

配

子

善先

配

子

次房　二十四世

大經 子有寶

配

子

有羣

配

子

有道

配

子

有榜

配

子

大倫 子有文

配

子

大成 子有康

配

子

大恩 子有才

配

子

晉榮 子材華 現年七十二歲 同治辛未年十月十九日生

配龐氏

庶魏氏

子 政耀

杜華

配

子

福榮 子繼華

配

子

啓榮 子 新華 民國庚申年九月十八日生

配陳氏 民國壬戌年七月初二日生

子 政福

德華 民國戊辰年正月十九日生

配邱氏 民國辛未年二月初一日生

子

國榮 子 清[illegible] 光緒戊子年五月初八日生

配巫氏

子 政俊 政傑

嘉傢 子 紹琨

配李氏

子 樹統 樹金

紹芳

配

子

嘉俊 子 紹祺

配余氏

子 樹富 樹貴

紹璋

配

子

嘉健 子 紹球

配

子

紹仁

配

子

嘉侑 子 紹瑜

配

子

紹瑞

配
子
嘉球　子紹祺
配
子
嘉做　子紹東
配
子
紹基
配
子
嘉竄　子紹唐
配陸氏
子　樹濟
紹文
配

子
紹南
配吳氏
子
嘉芝　子紹任宣統辛亥年九月初六日生
配覃氏
子　樹芳
嘉肆　子紹珖光緒辛丑年正月初四日生
配梁氏光緒丁未年二月初五日生
子　樹蔭　樹南
嘉誠　子紹遠
配黃氏
子　樹檢
紹進
配
子

容縣惟一商店承印

嘉猷　子紹周號鳳岐　光緒丁丑年十二月十四日生民國己卯年卒

配陸氏　光緒己卯年五月廿八日生

子　樹琨　樹球

紹武號繩其　光緒壬午年九月十四日生

配覃氏　光緒甲申年七月初九日生

子　樹材　樹林

國樑　子家驤字雲程　民國壬申年六月廿日生

配

子

國樞　子家驄　民國辛未年正月初十日生

配

子

國權　子家驊　民國壬申年八月十五日生

配

子

國材　子家駒字伯昂　民國癸酉年正月十一日生

配

子

家驥

配

子

國槐　子家駿字幼良　民國庚午年八月十五日生

配

子

嘉琛繼子紹侃　民國戊午年九月十三日生

配梁氏　民國戊午年十月初一日生

子

紹儐　光緒戊申年八月初二日生

配雷氏　光緒己酉年十一月初五日生民國甲戌年十二月廿三日卒

子

紹傳民國甲寅年八月廿八日生
配
子
紹仁
配
子
嘉虞　子紹信民國丙寅年十一月廿五日生
配
子
嘉標　子紹江民國丙寅年五月十五日生
配
子
嘉鎮　子紹祜民國己卯年十月廿八日生
配
子
嘉朝　子紹良民國辛酉年五月十三日生

配劉氏民國壬戌年正月廿五日生
子
紹桂民國庚午年十一月廿三日生
配
子
嘉運　子紹海高小畢業民國丙寅年正月初十日生
配
子
紹深民國庚午年十二月廿二日生
配
子
紹沂民國辛未年十一月廿五日生
配
子
嘉韶　子紹志初中畢業民國辛酉年五月十二日生
配劉氏民國辛酉年十一月十四日生

子

嘉楚　子紹保初中肄業民國丙寅年七月廿四日生

配

子

嘉會　子紹旺民國乙丑年十一月廿二日生

配

子

紹昌民國丁卯年十月十四日生

配

子

紹國民國丁丑年四月初八日生

配

子

紹華民國己卯年五月初八日生

配

子

嘉福　子紹初民國壬申年三月初六日生

配

子

紹書民國丁丑年十二月初九日生

配

子

紹香民國壬午年三月廿九日生

配

子

嘉祿　子紹榮民國壬申年二月初六日生

配

子

嘉壽　子紹礽民國己卯年二月廿二日生

配

子

嘉枬　子紹經光緒丙午年八月初十日生

配李氏光緒丁未年十二月廿五日生
子　源聲　龍聲
紹緯宣統己酉年十一月初七日生
配周氏
子　聯聲
紹統民國癸丑年十月十一日生
配李氏
子
紹緒民國丙辰年十月初五日生
配
子
嘉棟子紹慶宣統己酉年五月廿七日生
配鄧氏民國癸丑年二月初九日生
子　炎聲　廣聲
嘉桂子紹章民國庚申年七月廿七日生
配陳氏

子
紹南民國丁丑年三月廿六日生
配
子
紹天民國己卯年二月十七日生
配
子
嘉昌子紹德民國己巳年十一月十一日生
配
子
紹忠民國壬申年三月廿八日生
配
子
嘉文子紹芝民國甲子年十一月初六日生
配張氏民國甲子年三月十四日生
子

紹芳 民國甲戌年十月十六日生
配
子
紹蘭 民國丁丑年五月十一日生
配
子
嘉來 子紹鈞 民國甲子年七月十四日生
配陳氏 民國壬戌年五月初八日生
子 健生
紹鎭 民國乙亥年正月初八日生
配
子
紹鏐 民國戊寅年九月廿八日生
配
子
紹鋼 民國辛巳年正月十九日生

配
子
嘉材 子紹林 民國癸酉年正月初五日生
配
子
紹柱 民國丙子年十月廿六日生
配
子
紹榮 民國庚辰年十一月廿六日生
配
子
嘉進 子紹楷 民國戊寅年十二月十四日生
配
子
紹棟 民國己卯年六月十六日生
配

子
嘉惠　子紹行民國丙子年六月廿三日生
配
子
紹倫民國庚辰年十月初四日生
配
子
嘉琳　子紹彩
配
子
嘉興　子紹宏民國癸亥年五月廿二日生
配
子
嘉祥　子紹美民國甲戌年十月初九日生
配
子

嘉芳　子紹漢民國壬申年四月廿二日生
配梁氏
子
紹源
配李氏
子　昭聲
紹衍
配
子
紹洋
配
子
嘉彬　子紹棟
配陳氏
子　福聲
嘉佑　子紹芹號逸民字秀明恩隆縣師範講習所教

員梅江區辦事員宣統庚戌年十二月廿日生
配陸氏民國壬子年十二月十九日生
子　樹聲
紹莘
配
子
紹菥
配
子
嘉佺子紹進民國辛酉年六月十二日生
配
子
紹遠
配
子
紹達

配
子
紹迅
配
子
嘉福子紹富
配
子
紹貴
配
子
嘉貞子紹温
配
子
嘉爵子紹理容縣縣立國民中學校畢業民國丙寅年十月廿九日生

配
子
紹泉 民國甲戌年六月廿四日生
配
子
嘉孚 子 紹城 民國庚午年七月十九日生
配
子
紹培 民國廿二年七月廿日生
配
子
紹堅
配
子
嘉崇 子 紹南
配

子
紹北
配
子
厚德 子 成粱 民國乙丑年十一月初六日生
配
子
成泉 民國辛未年九月十九日生
配
子
成元 民國甲戌年八月十四日生
配
子
厚信 子 成友 民國壬申年六月廿一日生
配
子

厚財 子成志 民國己卯年二月廿五日生
配
子
厚培 子成德 民國乙亥年二月初八日生
配
子
厚佳 子成林 民國辛未年三月廿三日生
配
子
成材 民國癸酉年八月廿九日生
配
子
厚桀 子成章 民國丁卯年十二月初十日生
配
子
成相 民國戊寅年七月初十日生

配
子
厚文 子成煥 民國壬申年七月十五日生
配
子
厚芳 子成仁 民國庚辰年七月十六日生
配
子
德仁 子之源 民國戊辰年二月初九日生
配
子
之龍 民國癸酉年三月廿四日生
配
子
之英 民國丁丑年正月廿九日生
配

子
德義　子之泉　民國戊寅年四月初七日生
配
子
之沛　民國辛巳年四月初九日生
配
子
德智　子之漢　民國辛巳年閏六月初九日生
配
子
德生　子之芳
配
子
之茂　民國辛巳年正月廿日生
配
子

德鑄　子之瑞　民國甲戌年八月十三日生
配
子
之桂　民國丙子年七月廿五日生
配
子
之驥　民國戊寅年二月十三日生
配
子
之驤　民國庚辰年十一月十九日生
配
子
德宣　子之光
配
子
之榮

配
子
之顯
配
子
旭源 子紹材民國辛巳年十二月初一日生
配
子
章熊 子榮新民國己卯年正月廿四日生
配
子
章善 子榮金民國己卯年六月初三日生
配
子
章錦 子榮漢民國己卯年八月廿九日生
配

子
啟琛 子漢焜民國癸酉年六月廿八日生
配
子
啓楠 子漢煇民國庚辰年十二月初二日生
配
子
揚芳 子植森民國庚午年二月初六日生
配
子
善祿 子紹琛民國庚辰年十月十三日生
配
子
善成 子紹琉民國庚辰年十月十三日生
配
子

25世

善存 子紹琦
配
子
次房
二十五世
材華 子政權 民國戊辰年八月初十日生
配陳氏
子
新華 子政福 民國辛巳年正月十一日生
配
子
清華 子政俊 民國辛酉年七月廿六日生
配陳氏 民國己巳年正月十五日生
子
政傑 民國丁卯年八月十一日生
配陳氏 民國丁卯年七月初九日生

子
紹琨 子樹統
配
子
樹金
配
子
紹琪 子樹富
配
子
樹貴
配
子
紹唐 子樹清
配
子

紹任　子樹芳
配
子
紹珖　子樹蔭民國丙辰年十月十六日生
配
子
樹南民國己卯年十月廿六日生
配
子
紹遠　子樹檢
配
子
紹周　子樹琨光緒辛丑年十二月十一日生
配鄧氏光緒癸卯年十一月初一日生
子　煥榮　世榮　棠榮
樹球光緒丁未年五月十三日生

配梁氏光緒戊申年十月廿一日生
子　炎榮　海榮
紹武　子樹林民國丁巳年十月廿二日生
配劉氏民國戊午年二月初二日生
子　楚榮
樹材民國辛酉年四月廿八日生
配楊氏民國辛酉年九月廿八日生
子
紹經　子源聲民國丙寅年十月十七日生
配
子
龍聲民國乙亥年十月初十日生
配
子
紹緯　子聯聲民國戊寅年五月廿七日生
配

次房
26世

子

紹慶　子炎聲　民國癸酉年十月初八日生

配

子

廣聲　民國丙子年閏三月初七日生

配

子

紹東　子福聲

配

子

紹芹　子樹聲

配

子

次房

二十六世

樹琨　子煥榮國醫學業　民國庚申年十月初四日生

配鍾氏　民國己未年九月日生

子

世榮　民國丁酉年九月　日生

配

子

鑾榮　民國辛未年閏六月　日生

配

子

樹璣　子炎榮　民國壬申年十一月日生

配

子

海榮　民國戊寅年四月　日生

配

子

樹林　子楚榮　民國戊寅年十二月　日生

配

次房廿六世

子

次房皓昌公裔附載

二十世

皓昌育子裔達

配　氏

育子英元

二十一世

裔達　子英元

配鍾氏

嗣本宗子德敏歸正譜

次房登儒公裔附載

二十一世

登儒育子承朝

配

子　業芳

二十二世

承朝　子業芳

配

子

二十三世

業芳　子嘉惠

配

子

容州封氏家譜

卷十三

容州封氏家譜卷十三

祠宇

始祖舜敷公祠

中華民國六年合族公建於容縣城內鳳來街之東坐癸向丁正座作一牌樓九棟宇中堂設神樓第一級正中奉

公牌位二世祖三世祖四世祖五世祖則分列昭穆位六世祖以下則循序按級列位左堂與右堂則爲二十一世以下昭穆位其東西六棟宇樓上樓下共四廳十房作爲祭祀時及平時子孫來城歇宿之所外面照牆中間大地坪分種花木東廊三間中開大門東南兩旁耳房　爲香祝住宿一爲儲藏器具樓上一廳亦[illegible]及平時子孫來城歇宿之所西廊三[illegible]自[illegible]餘爲廚房正座後餘地長[illegible]外餘地縱三丈

正座長聯兩首

漢元作州匹馬踏容谿宗李田下源而來猶駐足五百名宦總鄉賢宏安澤香巔結藻蔫光芬

十郡相傳兩京返後第安地樹封將之勝返祠崇祀奉氏族於光耀之開示由盛衰而御清劃直樓六河爲北續丕振春華而西退功名千字忠孝三際為可繼也之章政

廿四代裔孫傳鈞敬撰

年重修享堂三楹中奉

公牌位左右列昭穆位二座廳間相稱享堂正前方建拜亭前連二座三棟宇中開大門左右兩房門外大地坪左廊六間兩廳四房一爲廚房餘爲祀期子孫歇宿處

九世

諭公祠

在廣東化州壺垌湖塘坡坐乾兼亥一連二座地形如飛鳳飲泉木祠地基適遜傑自紛

之地讓與建祠堂□□永遠配享

派名聯光玉奇明□允占盛治興時知贊立功克顯英名自廿一世派起

十三世

振祧公祠

在一里烟村書房埰同治戊辰年鼎建坐壬正針正座中奉

公牌位上祀歷代下及四房支祖考妣位外建門樓祀內有牌每年祭期定九月初七日

派名聯嘉紹聲名遠隆增志業榮自廿三世派起

鉅鹿公祠

在一里楊梅墟中間光緒元年乙亥鼎建坐亥兼壬一進三座正座奉

公牌位左右分列昭穆位後座爲追遠堂追祀

始祖至十二世祖考妣左邊建一廳一房爲祭期齋宿處右爲庵福所并香祝作宿亭堂下中建拜亭前爲二座共三楹中開大門兩旁爲祭日憩息著衣冠之所門階下約院落二丈許前建牌樓一座當改建爲鄉賢坊每年秋季致祭定期九月初七日

派名聯祝祖德之貽芬永懷光裕承國恩以衍慶嘗兆熙和自廿一世派起

振姓公祠

在四端龍頸坐亥兼壬

聖時公祠

在思里同古村

十四世

倫伯公祠

在鱉山龍寨村坐乾向巽竹林公舊宅中嘉

慶間更建共兩座一廊正座奉
公牌位暨竹林公與八房支祖考妣位祠左多
種竹木以爲映帶右廊屋三間爲廚房及香
祝住宿之所二座三楹中開大門咸豐被匪
焚毀同治初平定後始行修復規模與坐向
均仍其舊門外餘地一大所每年三月十三
日爲祭期

季直公祠

在久業舊堡內

康叔公祠

在一里四端營同治丙子年重修坐乾兼戌
共三座第一座享堂正廳設神樓內分三層
上祀
公牌位中祀十五世祖毓桂公考妣位下層祀
十六世四房支祖考妣立左右分祀昭穆位
二座穿架廣濶與正〔　　〕座中開大門左

右兩房爲祀期齋宿更衣所左旁由横廊通
一小門接建廚房并香祝住處祭期定三九
月十四日同日祭康叔公墓暨毓桂公墓

憲祥公祠

在平田村以舊香火堂改建
派名聯修齋先誠正　自二十五世派起
平治建勳猷

十五世

元億公祠

在面里古欖村光緒戊子年建坐辛兼戌
派名聯　品立端方世业光昌承祖德
修齊正直庭除和厚作孫謀

昇賢公祠

在一里石嶺四旺村同治壬申年修建悉依
舊址坐辛兼戌一連四座正座爲享堂設三
龕中奉公牌位並十六世祖石齋公考妣十

七世四房支祖考妣位分列左右前建
拜亭後座爲追遠堂奉十四世以上歷代祖
考妣位佐奉本生祖習賢公考妣位佑奉五
祀神位拜亭前爲儀廳兩旁則藏器具及祭
期齋宿處外座中開大門旁爲割牲滌器所
門階下五丈許巽方建外門橫向正面爲照
牆祭期定三九月初十日

十六世

國官公祠

在北流縣荔枝灣坐　向

景亭公祠

在林坚以槐蔭堂改建

瑞安公派名联 十三世
生聚焕光猷克承绵祖泽
贻谋光世业永远振宗传

宗圖光昭家國 自廿
本榮潤澤詩書

亮宴公祠

派名联 廿三世起
嘉绍声名远
贻芬衍泽长

在一里石嶺晉門村

輯侯公祠

在思里綠槐村坐癸兼子嘉慶辛未年十一
月庚子初五庚辰日庚辰時建

十七世

廷珍公祠

在岑溪縣西鄉新安村坐寅兼艮一連四座
正廳爲享堂中奉
公牌位左奉十八世六房支祖考妣位右奉十
九世支祖考妣位後座奉十六世以上列祖
考妣位享堂前建拜亭外爲儀廳兩房爲藏
祭器並齋宿所三廳三楹中開大門階下地
坪一所下建大廊長與祠齊公祠乃故宅也
廊外書房地並池塘一口塘租即爲每年香
燈費用

派名聯官贊濟平章榮華愷澤長 自十九
上昭宏遠績元輔發其祥

世派起

珖璠公祠

在思里六槐村

派名聯錫垣啟漢宏模允延世紀自二十
受澤開宗餘慶克振家聲
一世派起

敬才公祠

[illegible]公祠

在紅珠以南梅堂改建

派名聯爵貴奕天人世德永垂光耀自廿
學宜通文寶經濟長慶繁榮
一世派起

敬山公祠

在一里鹿洞村坐乙兼夘民國庚辰年建地
址爲長房裔孫所讓

十九世

輔世公祠

在一里塘埇村坐丙兼巳同治丁夘年建正
座奉
公牌位左右列昭穆後座爲追遠堂於光緒丁
丑年建祀十八世以上歷代祖考妣位

派名聯爾傳加業盛
余紹錫恩隆自二十三世派起

二十世

紹宏公祠

在山美村坐丙兼午咸豐癸丑年建共三座
第一座三楹中祀
公牌位左右爲昭穆第二座爲正廳三座中間
大門兩旁爲祭日更衣憩息所祀期定二月

二十世
裕华公派名联
英振宏猷励志富强扬世宇
祥光毓秀绍承祖武振宗风

超珩公祠

容縣惟一商店承印

在一里獨山脚大宮[illegible]向甲兼申寅民
國四年庚辰歲重修庚辰年甲申月戊子日
癸丑時進火

梁治公祠

在容縣靈山鄉久梁堡於民國卅三年三月

因戰火被毀[illegible] 繼[illegible]孫蔚起雲[illegible]後[illegible]士
穗庚祖派聯 英才輩出清代茂鎮著家邦

始祖舜敷公墓

在縣城西門外登高嶺上穴坐[illegible]
梁氏合葬灰墳碑記

二世祖叔達公墓

在縣城西門外登高嶺中穴坐丑兼癸與配
植氏合葬灰墳碑記

登高嶺始祖二三世墓因改建
地址設于一九八一年任[illegible]南山[illegible]山
繼宗公墓均合葬坐向

三世祖道坦公墓

在縣城西門外登高嶺下穴坐丑兼癸與配
何氏合葬灰墳碑記墓後建父子鄉賢坊

四世祖昌翁公墓

在縣城西門外登高嶺右邊紅珠坡坐亥兼
壬與配王氏合葬灰墳碑記

五世祖文倖源長公合墓

在岑溪縣貫義鄉新墟市中金龍社下坐午向子
兼丁民國六年丁巳秋合族重修竪碑墓前

岑溪五世祖親合葬
十年春季由合族照原有燈盞墓地取[illegible]
一九九八年秋季再重修整水泥
[illegible]年放穢物

六世祖真仲公處墓

公與配王氏暨七世爵公配王氏暨氏八世
相公元配馬氏因明季鼎革時迷失葬所同
立墓於二里燈盞山坐甲兼寅灰墳碑記爲
春秋祭祀

七世祖英公明景泰年間以戰功累功授職都司將軍平鄉江
区教亂族殘得冊圖葬平南東區大黎村黃茫出海地坐庚兼酉向状
先坟民国十五年由（二十）世孙富英與新竪碑後被鄉农焉遂解放初期
被又被坏又于公元（通判公）一九八五年春合族重修並新水泥敷磚建碑
為誌

八世（通判公）

倓公墓
在縣城西門外沙石嶺坐子兼癸與配許氏
合葬灰壙碑記

輔公墓
繼配李氏夏氏葬四關東瓜山左穴右穴
在縣城西門沙石嶺與配龔氏同葬後遷一
穴葬科中塘山

佐公墓
在廂里田坤山與配儲氏合葬有碑

九世

諭公墓

州坡心村屋背坡坐亥巳正針與
氏合葬
門外辛里五里牌山右穴與候氏
合葬
繼配林氏葬四關東瓜山下正穴

安定公墓
在北流小一里松坡山與配馮氏合葬

瑞公墓
在縣城西門外沙石嶺上穴坐亥兼乾與
卅梁氏配楊氏同葬有碑

賢公墓
在辛里山口舖山

億公墓
在七里百子山與配合葬坐卯向西有碑

十世

佑梓公墓
在廣東化州土名坡心廟背坡正中一穴坐
壬兼丁下左右土墳三穴乃妣氏之墓
憲公墓
在縣城門外辛里山口舖牛頭山一穴坐癸
兼子與配氏申合塟
宣公墓
在辛里山口舖山
配李氏塟黃岡山
繼榮公墓
在二里上老村燈槃山上穴坐甲兼寅灰墳
碑記
配梁氏塟下老村科甲塘松英嶺左穴坐亥
兼壬有碑
繼配鄧氏與媳植氏梁氏合塟縣西門外沙
嶺下穴坐亥兼乾有碑

繼召公墓
在門塘山
配扈氏塟黃岡山
繼配楊氏塟龍塘山
十一世
德瑚公墓
在縣城西門外辛里山口舖山與配王氏相
連兩穴有碑
德瓊公墓
在見龍嶺
良弼公墓
祔塟燈槃山下右穴坐甲兼寅灰墳碑誌
配潘氏塟下老村松英嶺右穴坐亥兼壬有
碑
繼配李氏塟二里古老蘿塘山坐乾有碑公
墓與兩妣墓每年祭期定九月十三日用壬

事公祀業追祭

良才公墓

在辛下里十里令水坤坐乾兼亥與配申氏合葬

良德公墓

舊譜載公與配植氏合塟辛里泗水河山遭亂後碑誌無存

良儒公墓

在一里南界山上穴坐癸兼丑灰墳碑記

配植氏繼配梁氏與姑鄧氏合塟縣城西門外沙石嶺下穴

續配李氏塟一里譚坡山

良知公墓

在十里平山坐丁兼癸

良奎公墓

在南鄉石塘垌石磊山坐癸兼子相傳係天塟修磚塋立碑並前後配左右界堆

元配楊氏繼配藍氏因世亂迷失塟所清光緒癸卯立虛墓於六勉掛角山坐乙兼卯灰墳碑記

良諫公墓

在辛里蔭諳坡雙碁嶺與配何氏合塟

德璋公暨配何氏墓

在二里卜老村鹿母崗奕璠公墓下垊墳一穴坐甲向庚兼卯酉

十二世

臣公墓

在一里睦村珠嶺山坐卯向酉與配陳氏合塟灰墳碑誌

節公墓

在波里黃岡勒馬坪火磚墳

配王氏塟波里虎君崗垊墳

楚公墓
與妣龔氏合葬在外波里勒馬塘岡坐丁兼
未
配彭氏葬下穴同向
嘉文公墓
在北邑小一里泥魚垌山與配陳氏合葬
嘉英公墓
在北邑小一里松坡山與配李氏合葬
侯公墓
在縣城西門外沙石嶺前山
配梁氏申氏葬沙石嶺後山
伯公墓
在辛下里八平口梅子塘山坐甲兼寅
任公墓
在一里南界山下穴坐癸兼子
錫圭公墓
在一里楊梅妙來山坐卯兼甲灰墳碑記設
有祀田爲祭墓費并追祭歷代祖墓
配蘇氏葬登高嶺坐子兼壬灰墳碑記
繼配朱氏葬一里譚坡山
繼配何氏葬思里同古蓮塘山坐戌兼辛灰
墳碑記
宰公墓
在容縣北門外文閣底與配李氏合葬坐甲
向庚
唐相公墓
在西鄉大村行入土名六勉岡坪大臨弦山
坐乙兼卯與配唐氏合葬灰墳碑記
遺公墓
在思里同古石嶺埌山與繼配扈氏潘氏合
葬
元鳳公墓

在思里佳牌坡與配合葬坐寅向申碑記

十三世

維翰公墓

在辛里山口舖牛山肚穴坐亥向巳有碑

配李氏

維城公墓

在辛里山口舖牛山肚左穴坐亥向巳有碑

與配梁氏合葬

繼配黃氏葬一里羅逢獅子山上穴與媳黃

氏合葬坐壬向丙灰墳有碑

豫章公墓

在南街松塘背岡咀一穴坐甲兼卯與配楊

氏合葬灰墳有碑

續配覃氏葬此山左砂金面內一穴坐卯兼

申

宏受公墓

在北流波一里大坡甲通天坡與配陀氏合

葬坐艮向坤

應現公墓

在北流小一里泥魚垌山與配梁氏合葬

達德公墓

在河坤頂山

應常公墓

在北流小一里松坡山與配李氏合葬

應文公墓

在北邑吉京里王山頂左穴坐癸向丁配馬

氏葬此山右穴

昌祚公墓

在一里烟村六霞山坐艮兼丑與續配鄒氏

合葬灰墳碑記

元配黃氏繼配馬氏合葬烟村燈瓈山坐癸

兼子灰墳碑記

公設有祀山爲祭公祠墓並歷代祠墓費用

昌諆公墓

在辛下里忽頭鴨山坐乙向辛與配合葬

昌運公墓

在烟村燈瓏坪頭一穴坐癸向丁與姪瑗合
葬有碑

配潘氏葬

昌嗣公墓

公墓銀年九月十二日將主事祠祀租附祭

在一里大塘山坐戌兼乾

昌緒公墓

在信宜縣

配鍾氏葬

昌兆公墓

在一里坡濟青塋岡坐丁兼午灰墳碑記與
配牛氏繼配莫氏合葬

昌業公墓

在西里綠雲嶺

配馬氏繼配冼氏同葬南界棠梨山

昌麟公墓

在妙來山祠墓下右一穴坐卯兼乙

配梁氏葬大中塘山左穴

昌熊公墓

在一里坡濟歌章山坐壬兼亥與配廖氏合
葬灰墳碑記

繼配夏氏葬坡濟靈水山坐丙兼午灰墳碑
記庶余氏葬坡濟烏坤山

昌駿公墓

在思里同古蓮塘山右穴與配扈氏合葬

昌烈公墓

在一里河口鄉龍騰古志山與配潘氏合葬
坐乾兼戌

翰明公墓
在岑邑西鄉六水埇泊壁飛蛾山坐亥兼壬
灰壙碑記
配謝氏葬大廟頂山坐艮兼丑灰壙碑記
公原設干河拾田二坵遞年三房同祭掃後
漢蛟公房子孫份下賣出惟漢鵬漢鳳二公
份尚存後復置六水埇薔蜂窗田一段約租
干餘觔每年清明日祭掃並祭大坡頂伯祖
墓次日復辦祭品分祭石磊山祖墓並六勉
岡祖墓

魁明公墓
在岑邑南鄉岳埇大坡山坐北向南碑塋
配　氏葬六月坡右邊山石塋坐壬兼亥

億明公墓
在岑邑官塘坳山

聖時公墓
在白石埇山
配梁氏葬黎塘山坐坤兼申

聖德公墓
在一里南界高浪山與配梁氏合葬坐癸向
丁灰壙碑記

憲通公墓
與元配黃氏合葬在二里上老茶曹山坐甲
向庚兼卯酉灰壙繼配黃氏葬上老蛇山坐
艮向坤兼丑未

十四世

司鼎公墓

進傑公墓
在化州壺洞墟尾鐵虫嶺六孩壙亥山巳向
配胡氏葬十名大沙嶺蕉子根一穴坐辛兼

西湖塘洞口墩兒十墳一穴

進岳公墓

在化州潭坡籠山坐壬兼子

配劉氏蒙氏塟雙珠墳均坐艮兼寅

司教公墓

在一里大雲山坐申向寅與配覃氏合塟灰

墳碑記

司輔公墓

與配伍氏合塟一里大雲山螺地正穴坐巽

向乾灰墳碑記設有祀租以爲祭祠掃墓支

用並爲本方追祭遠祠墓用

司弼公墓

與配李氏合葬羅逢獅子山下穴坐壬向丙

有碑

繼配黄氏與姑合葬本山上穴

海鳳公墓

在一里屈心鳥架山坐巽兼巳與配張氏合

塟繼配黎氏塟下穴

海蛟公墓

在屈心塘埇頂天鵝窩坐西兼辛

起任公墓

在北流波一里掘化頂坐甲兼卯

配陳氏塟六國嶺坐寅向申

燕京公墓

在北流石門白山坐辰兼乙與配蕭氏合塟

有碑

珣公墓

在烟村擔水塘三只墳右邊

琦公墓

在烟村燈壕山坐癸兼丑與配潘氏合葬灰

墳碑記設有祀業

繼配廖氏葬坡濟白鴿山坐癸兼子灰墳碑

記

唐公墓

在一里大深塘頂案台山坐乾向巽

盛發公墓

在辛上里楊葉下嶺脚坐艮兼丑

世隆公墓

在一里羅邊村牛欄坤坐坤兼未

配梁氏葬大塘山坐乾兼戌

繼配李氏葬珊屏山坐辛向乙

疆固公墓

在烏埇陂南山坐癸向丁有碑

配潘氏葬南界大中塘山上穴坐亥兼壬設

奉祀祭

彊富公墓

在坡濟誥嶺山內向甲兼寅外向寅兼艮與

配扈氏合葬灰墳碑記

彊安公墓

在四端古嵐山坐乾兼戌與配王氏合葬灰

墳碑記

疆定公墓

在林肩六蓬山坐辛兼戌配林氏與媳雷氏

合葬茂松坡

彊寧公墓

在四端旺埇山

彊寶公墓

在四端化肚山

疆賓公墓

在大中塘山

瑜公墓

在洞口鄉苹田村梁木坳坐乙兼辰

漢鳳公墓

在豐村豊關山坐丁兼未磚葬有碑

配黎氏葬新安村頂山坐艮兼未磚塋

漢鵬公墓

在橋頭山

配陸氏葬瓜抄山

漢蛟公墓

在南渡墟新慶社背大路山坐丙兼午

漢鴻公墓

在古鵬頂山

漢騏公墓

配陸氏葬鳳凰山

在金坑大坡頂山與配黃氏合葬坐戌

兼乾立石線巨墓門

光履公墓

在黃岡華封山

配彭氏葬同古山

瑗公墓

在思甲西山嶺咸娛塘山坐辰向戌

配龐氏葬波里江口山坐庚向甲

公設有祠田為春秋祭祀及品醇公墓費

琇公墓

在同古蓮塘山

瓊公墓

在七里侯訓埇與配合葬坐庚向甲兼申有

碑記

智高智儉公墓

在鬱林丹竹坤村土名鴨頭山上下二穴

憲祥公墓

與妣黃氏合葬在靈山墟背山坐癸向丁兼

丑未

十五世

則聘公墓

在廣東化州興義都全埇波羅嶺坐丙向壬

配潘氏葬北流二里口犀背山坪坐艮向坤

則鍇公墓

在廣東化州十名上塘子竹根犀邊坐巽兼辰灰墳碑記

配黃氏葬十名六村平山坡蛇地坐丑兼艮

安邦公墓

在辛里山口舖牛肚山祖墳下穴坐亥向巳

與配楠氏合葬灰墳碑記

繼配夏氏葬上烟村大塘山灰墳碑記

興邦公墓

在一里石塘山與配祁氏合葬灰墳碑記

繼配黎氏葬六塘黃義嶺灰墳碑記

靖邦公墓

在六律冬笋嶺灰墳碑記

配蔣氏葬大院山灰墳

建邦公墓

在大平螺山十穴坐巽向乾與配劉氏合葬灰墳碑記

繼配劉氏葬南禽高嶺崗灰墳

庶陳氏葬一里六良梢子山坐丁兼未灰墳碑記

相邦公墓

在陳坤坡心背山與配李氏合葬坐亥兼乾

鴻傑公墓

在古覽山路背一穴與配譚氏合葬

鴻奎公墓

在一里石圭磜底山坐申兼寅與配劉氏合葬灰墳碑記

懿範公墓

在木盧山　母劉氏配氏均葬此同穴

上進公墓

在北流漱一里六塲坤坐癸向丁

配梁氏葬六星岡坐乙向辛

衍醇公墓
在烟村振祿公墓下右旁灰墳碑記

教醇公墓
在南界譚陳山與配龔氏繼配潘氏合葬設
有祀田

全醇公墓
在一里陽長山坐乙兼卯與配練氏合葬灰
墳碑記設有祀田

綜醇公墓
在坡瀨田公山

經醇配中氏墓
在忠正鄉佛子山坐丁兼未有碑

其緒公墓
在石嶺譚稍嶺岐中穴坐庚向中配梁氏葬
嶺岐下穴同向

啟宇公墓
在南界大中塘山中穴坐亥兼壬與配張氏
合葬

啟愚公墓
在石嶺高營山正穴坐壬兼亥與配潘氏合
葬灰墳碑記設有祀田

啟熙公墓
在歌尊山左穴與配王氏合葬灰墳碑記

啟惇公墓
在泗水高名山坐卯兼酉與配盧氏合葬灰
墳碑記庶梁氏葬本山下穴同向均灰墳碑
智

啟恒公墓
在一上中上龍山灰墳有碑坐坤兼未
配雷氏祔姑林氏合葬石嶺茂松坡坐乾向
四

延瑷公墓
在四端龍頸嶺岐
廷玧公墓
在大中塘山與配韓氏合壟
幹醇公墓
在中火嶺與配伍氏合壟坐乙兼卯
念醇公墓
在思里產珠窩山坐戌向辰與繼配周氏合
壟灰墳有碑
元配彭氏壟同古番風山坐乾向巽設有祀
田
安醇公墓
在思里銀藍山與配余氏合葬
卅潘公墓
在南鄉早科山坐乾兼亥與配合壟
卅瀁公墓

在南鄉㘵蜂埇山坐午兼丁
配梁氏葬西鄉村面坡山碑巻坐子兼癸設
有祀田派年祭掃並追祀漢鳳公墓
卅範公墓
在六水坤白坡岡卅瀁公後裔設有祀田
卅潘卅衡公歸魂墓
在豐村高關山中下兩穴坐丁兼未灰墳碑
記中衡敬列居岑五世胞伯叔祔名諱與配
及其各裔歸魂墓因二公後裔俱傳五六代
而止立此處墓碑姪孫二房祭漢鳳公墓日
一并祔祭
卅侯公墓
在平塘山與配　氏合葬
世屏公墓
在新村頂山與配陳氏合壟

世祿公墓
在郡村山
配鄧氏葬盧村山
世良公墓
在村底山坐丁兼未
配黄氏葬栗子山午向
世恭公墓
在簡岸山與配李氏合葬
世聚公墓
在岑邑南渡新安村吉鵰頂山與配謝氏合
塟
文顯公墓
在七里油麻坡長田邊坐甲向庚
文達公墓
在七里容埇頂坐癸兼子
文耀公墓

文滔公墓
在七里蘸埇嶺與瑞廷同葬坐丁向癸
彥隆公墓
在七里譚丁塘嶺咀坐戌兼辛
孟卿公墓
在波里大勝埇尾坐丑兼艮
在面里潘村井背
配譚氏葬六居醫寨坐乙向辛
賚雲公墓
在鬱林丹竹坤村古長坑面蓬田山正中穴
坐未向乾
配譚氏葬馬鞍山正中穴坐丁向癸
光興公墓
與妣黄氏合塟在六古租崗山坐丁向癸兼
未丑
繼配楊陳氏俱塟在塘背山坐癸向丁

十六世

國宦公墓

在北流碗窰岡坐壬向丙與配區氏合葬

國起公墓

在北流火灘屋頭山坐艮向坤

國華公墓

在化州上垠東田草皮墳坐丁兼午

配陳氏葬土名袂地龍屋邊笆竹根坐乙兼辰以火磚爲界

長治公墓

在六良膳塘岡坐申兼庚與配覃氏合葬設有祀租祭掃并爲祭縣城歷代祖墓

振治公墓

在一里六息山灰墳碑記

配覃氏葬上龍黃道岡

致治公墓

在二里虎跳山灰墳碑記

配梁氏葬林屑宅右象鼻山灰墳碑記設有祀租

齊治公墓

在忠正鄉龍膽鴿垌岡坐坤兼未與配朱氏合葬

庶　氏葬六候飛鳳山坐丑兼艮灰墳

淳治公墓

在北流分界山左右兩穴與庶陸氏並葬灰墳碑記

配龔氏葬六旺山設有祀租

同治公墓

在大竹塘獨秀山坐卯兼甲灰墳

配梁氏葬夾肚山坐戌向辰灰墳

庶李氏葬㘭塘山灰墳

統治公墓
在陽塘埇山
戀治公墓
在一里沙田梅花岡與配潘氏合葬
豫治公墓
在一里大竹塘山與配覃氏合塟灰墳有碑
其子孫葬楓木坪一穴打鐵化二穴對河山
擇二穴揚治公房塟塘兒坤岡深塘岡楓木
平背對河岡脊岡尾等處墳墓因斯兩房俱
無遺產紙於擇繼族長祭祀偹伯公餘利每
年輪流各房爲掃墓費用
徐治公墓
在北容分界朝闌埇久旺嶺坐丁向癸與配
潘氏合葬灰墳碑記民國乙卯年季冬己巳
日重修
青治公墓
在六良大坪山坐丁兼午灰墳碑記
公墓前並有坡坪地長方一所依𦆭田約種
五十餘觔每年地租爲炮燭費用
配樊氏葬在六肥螺塘山坳灰墳坐丙向壬
兼午子
鸞治公墓
在木村啖蕉嶺頂坐子向午灰墳碑記
配何氏塟六肥頂大河山坐丙向壬
允治公墓
在長埇高嶺山與配張氏合葬坐辰兼乙灰
墳碑記
朝卿公墓
在六旺山與配劉氏合葬
國卿公墓
在一里石圭爽底山坐甲兼寅與配秦氏合
葬灰墳有碑

繼配李氏葬墓十凸洶穴坐寅兼甲灰墳有
碑光緒甲午挽同季蒸後嗣合錢重修永遠
任其祭掃公與妣墓

世卿公墓
在石圭南蕨山與配潘氏合葬

建周公墓
在北流波一里中垌竇塘面山坐戌兼乾
配陳氏葬港塘坪坐艮兼寅

殿遴公墓
在烟村長灣山

殿選公墓
在思里草鞋坡坐丁兼午繼配楊氏葬后山
妣區氏葬平梨陽凹山坐艮兼丑

殿賡公墓
與兄殿賜合葬南界山右穴坐癸加子每年
以敦醇公祀業致祭

殿獻公墓
與配翁氏合葬坡濟白花山

殿猷公墓
在陽長坪外穴灰墳碑記坐艮向坤遞年以
培賓公祀業致祭

殿勷公墓
在坡濟來妙嶺坐子加壬與配劉氏合葬灰
墳有碑

至德公墓
與配侯氏合葬案台坪底山

新德公墓
與配陳氏合葬案台山

衛彩公墓
在波里棠醴坪坐辰兼乙

守序公墓
在東瓜塘頭坪坐乙兼辰

配陳氏葬五木排山坐巽兼辰
守雍公墓
在大河坡山
守揚公墓
在商里東瓜山心村山坐子兼壬與配陳氏
合葬設有祀田
衛圻公墓
在六圃山車坪嶺坐巽兼巳與配梁氏合葬
灰壙碑記庶何氏配葬墓下左穴前後左右
俱有界堆
衛甸公墓
在烏埇山
配李氏葬鹿宴社山
衛世公墓
在一里林肩咸有山坐坤兼申與配李氏合
葬灰壙碑記

衛教公墓
在石嶺深塘表高坡山坐辛向乙
衛興公墓
在古嵐山下穴坐乾兼戌與配茹氏合葬灰
壙有碑
衛紀公墓
在烏埇文鏡坪坐未兼丁與配植氏合葬有
祀田
衛經公墓
在坡濟公雞山頂坐未兼丁與配黃氏合葬
灰壙碑記
秉猷公墓
在橫嶺岡坐庚加酉
秉均公墓
在一里獨石土名黃爽山坐癸加丑門石線
石磚砌築墓有碑記

配梁氏葬西鄉寶塘牛尾山坐未兼坤磚塋
碑記設有祀田
秉猷公墓
在波里堪頭山
配廖氏塟南鄉琴堂山
秉政公墓
在六梭書房背山
秉昭公墓
在六快埇山
配陳氏葬嶺脚塘山
秉昌公墓
在波里牛平埇山
秉鐸公墓
在神塘白墳岡
秉鏘公墓
在牛科岡與配廖氏合葬

治紹公墓
在岑邑南渡鄉磐坤村大坡山坐亥兼壬灰
墳有碑
配謝氏塟三旋口山
宏業公墓
在思里婆車嶺坐庚兼酉與配梁氏合塟有
祀田
建業公墓
在同古村奇理嶺坐巳兼巽
配梁氏塟廂里七里項步山坐戌兼乾設有
祀田
偉業公墓
在廂里外垌山坐甲兼卯與配劉氏合塟有
祀業
崇德公墓
在烟村六敎埇山有祀租

成中公墓
在七里牛圳背坐戌向辰
配秦氏葬七里大凹坤頂坐酉向卯
成舉公墓
在辛上里麥塘獅子嶺與配合葬坐丁兼未
汝寬公墓
在一里河口鄉紅珠坤大坪坐巽兼巳
有才公墓
在鬱林七級嶺祖坐背與配凌氏合葬坐丙
兼午
有國公墓
在七級嶺坐丙兼丁配莫氏葬蓬田山坐巽
有朝公墓
在本堡白梅山面立穴與配梁氏合葬
有爵公墓
在蓬山山祖坐右邊立穴與配陳氏合葬

汝溫公墓
在靈山鑊廠背坐癸向丁
妣朱氏葬在西里林灣山竹木岡灰墳坐乾
向巽
汝濼公墓
與妣杜氏合葬在靈山石惠山坐丁向癸
汝清公墓
與妣謝氏合葬在關塘山坐丙向壬
雍治公墓
在新屋背坪坐　向　墓前竝有旱坡地
一所約種三十餘觔乃出嗣子作友承受作
爲祭費之用
十七世
朝文武公合墓
在化州土名秧地龍屋邊兄弟合葬雙珠草

皮墳坐巽兼巳

會友公墓

在北流荔枝灣巷口土名香地嶺木星作穴

坐午向子

作棠公墓

在六嶠山上穴灰墳設有祀業

配潘氏葬烏坤山灰墳

作棟公墓

在一里竹馬閘坐酉兼辛

作範公墓

在北容六良山與繼配龔氏合葬灰墳碑記

元配馮氏塟一下里田埇閘灰墳碑記設有

祀田爲春秋祭費并追祭十六世祖考妣墓

紹濟公墓

在一里仁勇村貫兒坤古欖山坐癸兼丑灰

墳碑記設有祀租

配李氏葬林肩宅右象鼻山下一穴坐庚兼

酉灰墳碑記

庶盧氏塟濁水塘擗山坐壬向丙灰墳碑記

作烈公派名朕　由廿六世起

陂塘派朕

壯志奋強蔚起雲祁襄任務

奇才適達葆標清誉著多邦

有碑

萬里公墓

在驛蘭堡附近之旺坤山灰墳碑記

萬鈞公墓

在羅欖山設有祀田

配茹氏塟將軍灘核子嶺坐庚向甲

庶鄧氏葬

作肅公墓

在一里肉坤珠瑞坪坐未兼坤與配吳氏合

塟設有祀田

作謀公墓
在陳坤高堂山坐辛兼戌設有祀田
配茹氏葬羅宇口譚頁山坐未向丑
作求公墓
在一里譚梨坤雲陽山坐丙向壬與配植氏
合葬灰墳碑記設有祀田祭掃并追祭慕澗
公墓
作孚公墓
在分界慕澗公墓旁左岐與配陳氏合葬
作友公墓
在松嶺山坐巽兼巳灰墳有碑記
配馬氏葬對河蟹塘坤坐庚兼申灰墳有碑
設有祀田祭掃并追祭青治公及本生父積
熙公墓
冠琮公墓
在沙塘嶺坐子兼癸

配龔氏葬石人坪坐丙加午
夢麟公墓
在古欖山路底穴設有祀租配陳氏葬高仰
竹岡山
廷朝公墓
在北流波一里六必水上辣山坐丙發巳
配蕭氏葬港塘坪邊下一穴坐艮向坤
續配莫氏葬北流小一里九雲村霖背岡坐
子向午
廷國公墓
在北流小一里紅水嶺沙鐵路背坐午向子
季藩公墓
季藩公派名联　由茁世起
傳宗业盛兴仁義
受国恩宏振祖宗
與配劉氏合葬坐丁兼癸
汝藩公墓
在一里塘坤背與配覃氏合葬坐丁兼午灰

墳

汝爲公墓

在歐嚴譚龍山與配潘氏合葬坐乾向巽灰
墳碑記設有祀田

汝鵬公墓

在坡濟七竟山坐乾加戌　母何氏配李氏
均與同葬設有祀田

希聖公墓

在辛里官帶山

希孔公墓

在燗村長教坪　妣梁氏葬東坤口路背坐
癸兼丑

岳薦公墓

在坡濟雷廟長坤與配黎氏合葬坐癸向丁

岳庸公墓

在六律三叉塘橫岡中穴坐癸加丑與配陳
氏合葬設有祀田

振亮公墓

在辛下里三叉田坐丁
配蘇氏葬波里蒙坤口山設有祀田

敬才公墓

在譚稍嶺岐頂穴與配張氏庶梁氏合葬設
有祀田

國昌公墓

在爽山岡

國棟公墓

在一里陳坤口上寨嶺坐癸兼丑
配梁氏繼配彭氏合葬六便山英草坪坐癸
兼丑
公與兄國昌同設有祀業

燊杢公墓

在石嶺雷箭塘頂坐乾兼亥與配李氏繼配

余氏合塋設有祀田
奕泰公墓
在羅逢長岡山與配植氏繼配潘氏合葬以
四旺祀輪值租穀祭掃
奕璋公墓
在獨石祿馬山坐申兼坤有碑
配何氏庶配羅氏同葬茶山坐壬兼亥設有祀
田
奕璠公墓
在二里上老鹿付岡坐申兼寅與配李氏繼
配伍氏合葬灰墳碑記設有祀田
奕綜公墓
在普濟諧歷山石穴坐申兼寅灰墳碑記
景嵩公墓
在一里六便祿與山坐庚兼酉與配李氏繼
配余氏合葬灰墳碑記

景岐公墓
在坡濟公葬山與配盧氏繼氏合塋設有祀
田
景巒公墓
在牛深埇口山坐卯向酉設有祀田
配陳氏葬翰堂河埗山坐午兼丙
景岷公墓
在甘肅省平涼府三天門外村名山觀音巷
去三里許明楊御史墓前右穴左穴乃景嶸
公墓對面左穴乃錦璠公配鄧氏其朝向右
穴乃景岷公次女墓
錦記錦珙公靈柩初寄甘肅省四川義祠限
十年遷葬過期限即由四川義祠安葬錦珩
公墓在陝西長武縣五里墩白翰林牌門上
各墓均從其孫健之報告錄照編謄以示來
者

來咨公墓
在六便山朋埇頂坐辛兼酉與配馮氏繼配
蘇氏合葬
朝選公墓
在岡平頂中度土名六僕山坐乾兼亥與繼
配陳氏合葬灰墳碑記設有祀田
元配黃氏葬西鄉河口塘山坐　灰墳
碑記
繼配廖氏葬西鄉六全埇口欖嶺山坐子兼
壬灰墳碑記設有祀田
朝遜公墓
在波里石對坎山坐庚兼酉灰墳碑記設有
祀田
配李氏葬都貫不帶塘山坐丑向未灰塋有
碑記
朝立公墓

在南鄉山兒面鳳凰岡坐乙兼卯灰墳碑記
配梁氏葬六水坤大石岡坐子向午灰墳碑
記
繼配黎氏葬牛垌塘山坐辛兼寅設有祀田
廷珏公墓
在波里南蛇山與配盧氏合葬坐未兼丁
廷勳公墓
在新村砧板頂山
廷琮公墓
在村底山坐艮兼申
配賴氏葬雞到石坐酉兼辛
廷相公墓
在容縣
廷源公墓
在岑溪南鄉石塘村鶴　山坐甲
配歐氏葬岑溪都賈村坐甲

志信公墓
在辛上里寶子嶺坐子兼癸
配余氏葬辛上里螺掩塘山坐酉向卯
珖顯公墓
在雇珠科山坐丑兼艮與配黃氏合葬有祀
田
珖瑜公墓
在思里誦經坤山坐戌兼乾與配秦氏合葬
設有祀田
珖瑁公墓
在思里陳村山坐巽向乾與配曾氏庶陳氏
合葬設有祀業
珖瑞公墓
在石塘大石嶺坐庚兼申
配李氏葬思里塘頭村山坐癸兼丑設有祀
田

邦任公墓
在思里七秋塘山有祀租
邦英公墓
在思里三牛塘石圍肚山與配盧氏合葬設
有祀業
振遠公墓
在七里大凹捅松山腳坐亥向巳
配盧氏葬七里大捅坐坤向艮
順遠公墓
在七里黎竹塘肚山坐戌向辰
配陳氏葬帳嶺咀坐乙向辛兼棺
紹遠公墓
在七里容捅頂與配秦氏合葬坐癸兼子
靜棠公墓
在河口鄉利勃村排欵山坐乾兼戌
配梁氏葬河口鄉莘田村大塘坤譚志坭坐

未

鎮達公墓
在鬱林馬鞍山左邊坐丁與妣關氏合葬

讓公墓
與妣梁氏合葬在山心白石岡坐丁向癸兼
午子

秉衡公墓
與妣潘氏合葬在一里六畬背崗山坐乾向
巽

秉鈞公墓
在書房坪
妣馬氏葬在良壇岡

秉綱公墓
在車坪崗坐丙向壬
妣在山心山坐辛向酉

鎮成公墓
在長坑山坐坤與配梁氏合葬

鎮芳公墓
在蓬田山坐乾與妣梁氏合葬

十八世

許澴公墓
在化州上垠龍山嶺坐未兼丁
配熊氏葬土名大沙嶺坐壬加子

以文公墓
在北流落脈垌荔枝根順局坐午兼丁
配鄭氏葬屋背嶺風門丫坐午向子
繼配謝氏葬二里口化石山大汇橫局坐卯
兼甲

燿公墓
在六良文威山坐艮兼丑與配羅氏合葬灰
墳有碑元孫乃德撥公信塘租爲祭費

煒公墓

在過仙岐坐辛向乙設有祀租
配盧氏葬朝闞山
德杰公墓
在二里格木埇山坐卯加甲
配鄧氏葬一里協正鄉下龍砧板坪坐丑加
癸繼配覃氏葬河口鄉大坪設有祀田祭掃
并祭遠祖
益公墓
在一里六恩旺坤口拱橋內金佑圳坐申向
寅兼坤與配羅氏合葬設有祀田
謙公墓
在一里羅逢村
配龔氏葬一里花蘭堡背
豫公墓
在仁勇村歐屋頂
升公墓

在一里
覲公墓
在一里坡尾流耀岡坐午向子兼丁癸
配許氏葬六律村右邊坐癸向丁兼午子
繼配雷氏葬高極頂坐坤向艮兼申寅
晉公墓
在久榮泉塘頂與配覃有墓誌銘并祀田
甲春公墓
在思簩村一榜石櫃頂坐巽向乾與配牟氏
合葬
述志公墓
在陽塘埇牛社岡坐丁向癸設有祀租
繼配盧氏葬圍村林樂山坐巽向乾
述甚公墓
在白花岡燈草山坐午兼子與配黃氏合葬
設有祀田

繼配易氏葬牛閘大嶺頭山坐丙向壬

述信公墓

在　　　山坐　　　設有祀田

賛德公墓

在一里竹塘岡坐丁兼午灰墳配梁氏祔葬

左邊離丈許留有祀租

纘祖公墓

在古報山坐壬兼子

配梁氏葬蓮里岡頂坐未兼丁

繩德公墓

在一里石龍坤坐丁兼午灰墳有碑記

配潘氏葬利樂坤坐巽兼辰坭墳

紹祖公墓

在鑊𪾢背坐子加壬

配李氏與繼配梁氏合葬長坤山坐辰加乙

庶配雷氏葬打鉄化坐辛兼戌

觀德公墓

在一里白花岡坐辰向戌兼巽灰墳有碑記

設有祀田

配劉氏葬大耀山坐丙向壬灰墳有碑誌

俊德公墓

在一里螺塘山與配蒙氏合葬設有祀田

贊謨公墓

在一里文昌坤右穴坐丁兼未與配馬氏合

葬灰墳碑記

繼配潘氏葬大監坤

贊琳公墓

與配劉氏合葬汝濟公墓上穴設有祀業

士文公配陳氏墓

在北流小一里三貫水巷黎岡坐乾向巽

撫庶公墓

在六軸山坐壬向丙配馮氏合葬設有祀

兼艳堃华保

田
庶鄧氏葬來妙長坤嶺
掖庶公墓
在一里六便山小平天坐辛向乙
持庶公墓
在曾濟水塘山與配龔氏合葬坐艮向坤
提庶公墓
在曾濟楊梅坤留里山與兄扶庶合葬坐癸
向丁
配李氏葬富坤山子嶺岐坐辛向乙
耀斯公墓
在辛里蛤母社背坐子向午
配曾氏葬高嶺坤坐辰兼乙
定斯公墓
在波里都樂村松木岡
梅斯公墓

在波里都樂村旺左墳背
配黃氏葬波里北學勝頂
繼配梁氏葬波里蒙坤口
裕斯公墓
在辛里六黎塘擗坐　向丙
永斯公墓
在辛里白墳嶺
宗漢公墓
在一上里六要墦頂旺富山坐癸加子灰墳
碑記穀有祀田
配劉氏葬詰羅譚龍山左穴坐酉加庚灰墳
碑記
相惠公墓
在大河坡回頭龍一穴錘[illegible]門相作公祀租
兼祭
相作公墓

在石[illegible]紫竹坐北丙兼巳設有祀租

善賢公墓

在楊梅六堡山坐癸兼丑與配劉氏合葬設
有祀田

培基公墓

在白鴿攝麗霞山灰墳碑記每年以四旺祀
輪值租祭掃公與配氏並子元詔孫錦初墓

培業公墓

在一里住酌屋背山坐辛兼酉與配李氏合
葬設有祀田

培政公墓

在諸嶺山右邊小嶺岐每年以四旺祀輪值
租谷祭掃

培芳公墓

在睦村雷廟岡坐庚兼酉
配盧氏葬德榮山坐未兼坤設有祀業

培才公墓

在石嶺水碓岡坐辛兼戌與配陸氏繼配李
氏合葬設有祀田

培英公墓

在白沙埇墹子岡坐乙兼卯
配覃氏葬石村非屋背山

培端公墓

產珠坪新與配盧氏合葬

培儉公墓

在產珠坪坐辛向乙與繼配樊氏合葬設有
祀田
元配李氏葬西坤山坐辛兼戌

培緒公墓

在佛羅岡與配李氏合葬設有祀田

培源公墓

在　　山坐　　與配黃氏合葬

培淑公墓
坡濟公華山肚小嶺岐坐未兼丁與配梁氏
合葬有碑記有祀田
培俊公墓
在四端來龍獨堆山嶺坐乾向巽與配楊氏
繼配余氏合葬與兄源公合設祀田
培愷公墓
在烟村山坐辛兼戌設有祀田
配馬氏葬四顆貴兒山
培芝公墓
在高營水對岡嶺與配茹氏合葬坐西加戌
繼配何氏熙賈氏合葬石村井尾背坪窩穴
坐寅兼艮
培量公墓
在石嶺山
建猷公墓

在一里六佃山同心岡坐辰兼乙與配潘氏
合葬有碑
建勳公墓
在普濟白鴿嶺山
建謨公墓
在楊梅六保山坐癸兼丑設有祀田
配何氏葬波里塅羅山
庶馬氏葬龍騰那芽坪坐丁兼未
纘猷公墓
在大榜山坐乙向辛與配何氏合葬灰墳碑
記設有祀田
荆山公墓
在大河坡走馬攀鞍穴坐甲兼卯與配余氏
合葬
緯業公墓
在六奎山坐卯向酉灰墳碑記

健公墓

在波里庭堂山坐甲兼卯與配楊氏合葬灰墳碑記設有祀業

繼姚氏葬新安屋背頂山坐甲兼卯灰墳有碑

道公墓

在六水坤山與李氏合葬

遂公墓

在豐村頂窩豬山坐戌向辰灰墳碑記有祀田

配黃氏葬

趙公墓

在波里陳村山

配梁氏葬斌塘山

嶾公墓

在豐村大屋地坐辛兼戌設有祀田

慧公墓

在南鄉

配劉氏葬南鄉大都山坐卯兼乙灰墳有碑

態公墓

在一里南山蝦埇頂坐癸兼丑與妣合塋

公設有祀田

墓碑序

書云惟孝友於兄弟施於有政孔子謂是亦爲政可見封家首重孝友德之美莫美於此矣溯厥　外祖封府君諱態字爲敏乃舜敷公之十八世孫立朝公之第三子兄弟六人備極親愛怡怡和樂父母其順不嘗以孝友聞乎　外祖狀貌魁奇弱冠即進武庠三赴鄉試不遇而龐眉皓首泮水重游閭里榮之亦彼好德之食報矣其元配黃氏富家大吉之齊亦無忝賢淑有子二長偉官次俊官女五並適名門　外祖生

於清嘉慶六年三月初二日丑時終於光緒十
一年七月二十六日未時　外祖妣生於嘉慶
八年三月初十日午時終於同治四年十月初
二日戌時民國八年己巳歲合葬於容邑之蝦
蛹頂坐癸向丁兼丑未洵吉壤焉迄今曾孫藩
衍克振家聲廸前人之德於不墜適內弟國祥
來問序於余自愧不文但義不容辭特紀其平
生梗概以示景仰云爾署河池縣蒙山縣知事
清丁酉科舉人愚孫壻莖汝鵬鞠躬撰

慰公墓

在新安村近頂山坐卯兼甲庚墳有碑
配關氏葬石龍頭山坐坤兼未灰墳碑記有
祀田

懋公墓

在大水坤山坐甲兼寅灰墳碑記
配陳氏葬中心村大松岡坐艮兼寅灰墳有
碑
繼配黎氏葬六壟村坡甑山坐癸兼丑磚塋
有碑設有祀田

盛德公墓

在黎粉山仙子頂坐亥兼乾
配黎氏葬村頭波山

全觀公墓

在辛上里麥塘木宅第二個穴坐乙兼卯

相唐公墓

在思里滙頭江嶺頂山坐辛向乙設有祀田
配謝氏葬螺塘山坐戌向辰
繼配何氏葬白灣埇山坐乙向辛

相宸公墓

在二里上垌水井嶺坐寅向申設有祀墓
配黃氏葬屋背山坐丙向壬

相治公墓

在思里同古村上嶺山坐艮兼丑
配岑氏葬二里大嶺村坐丙兼午設有祀田
相魁公墓
在思里大石嶺下穴坐酉向卯
配楊氏葬思里义塘嶺坐坤向艮設有祀田
相忠公墓
在思里螺塘口坐乾兼亥
配龍氏葬上嶺山路邊下穴坐巳兼丙有祀田
瑞賢公墓
在思里田傑口山坐艮向坤
配盧氏葬思里平坡山坐辛向乙
瑞芳公墓
在七里大四埇口嶺咀山坐坤向艮
配黃氏葬辛上里棠梨塘獅子嶺坐午向子
瑞煥公墓

在七里蔡竹塘嶺咀石穴坐辛向乙
配周氏葬七里松塘頂坐寅向申
瑞莊公墓
在思里[illegible]簡塘與武書抱葬坐甲向庚石碑
記配韋氏葬七里長屈坡頭與武安抱葬坐
寅兼艮
瑞建公墓
在七里醮埇嶺岐與文耀祖同穴坐丁兼午
瑞盈公墓
在七里驢頭山咀沙牯威山坐戌向辰
配覃氏葬沙牯威山下穴同坐向
仕廣公墓
在一里繼隆頂坐辛兼戌
配符氏葬辛田岡古稀垌坐癸兼丑
繼配李氏葬河口鄉大坪大磊山坐丑兼癸
時中公墓

在大塘肚寶鴨地

朝恩公墓

在小水妙禧山　妣葬本山下穴

光祖公墓

在七級嶺第五穴坐丙

妣梁氏葬七級嶺咀穴坐南

衍祖公墓

在石硤山坐乾

配梁氏葬馬鞍山覃氏祖墳左邊坐丁

榮祖公墓

在瓦灣塘山

顯祖公墓

在壇竹岐山配梁余穴坐癸兼丑

盛祖公墓

在長坑山坐坤兼未

妣楊氏葬州山嶺岐

鑾華公墓

與妣梁氏合葬一里蝦塘山坐坤兼丑未

鑾嵩公墓

在六古山坐庚向甲

妣郭氏葬朝二塘坐亥向巳

亮京公墓

妣劉氏葬塘背祖山旁

亮唐公墓

配廖氏葬覃塘

贊襄公墓

在對河塘坪蠻塘山與配陳氏合葬坐庚向

甲兼申寅

十九世

有紀公墓

在六王山坐辰兼巽

銓彬公墓

在壺垌苦油坉坐甲向庚

配吳氏葬太白大牛嶺坐亥向巳

繼配楊氏墓葬在鷄歡嶺坐壬兼亥

德榮公墓

在西牛嶺坐丙向壬灰墳設有祀田

配潘氏葬金屋岡坐乙兼卯灰墳

德一公墓

在二里口謝氏祠前墓下穴坐卯兼甲

匡贊公墓

在六良蜘蛛岡

配潘氏葬南蛇王念坪每年將璋璉公祀租

祭掃兩墓

疆贊公墓

在六嶠山下穴坐西向卯

配盧氏葬茶山脚屋背坐壬兼亥有祀田

綬瑛公墓

在一里協正鄉斗米塘頂白石岡龍脊下小

坪坐亥兼壬有碑

配賈氏葬協正鄉紅珠村鷄罩堆頂坐未兼

坤

繼配李氏葬協正鄉塘棠村老鼠岡又名五

木排山磚墳碑記

綬珍公墓

在一里協正鄉清南村天砲墳坐未兼丁

綬珧公配申氏墓

在靈山已遷移十墳碑記

兆麟公墓

在譚龍岡坐西兼庚

配黨氏葬羅郡岡坐甲兼卯

見麟公墓

在一里靈山曲柴嶺坐壬兼子

閣麟公墓
在一里坡殿頂與元配陳氏合葬
繼配　氏葬一里石人頂
昭麟公墓
在旺坤大塘合陸祠背後右邊坭墳
配王氏葬蘭堡岡
萃麟公墓
在一里繼龍山有墓誌銘
配梁氏葬岡心村獨髻頂有祀田
炳麟公墓
在林肩雙口之羅鄧岡有祀田
配梁氏葬木村爽山之上水金龜山
肖麟公墓
在翰田坡
福麟公墓
在陂塘坭頂右邊坐夘兼甲與配　氏合墓

廣麟公墓
在龍騰螺壳頂坐巳兼丙
牌麟公墓
在大院山設有祀田
配杜氏葬赤海坭
德本公墓
在靈山白花坡牛耐岡
德昌公墓
在帯岡塘箭頂坐坤向艮設有祀田
配張氏葬靈山高山頂坐巽向乾
盛齋公墓
在六陣翰坤岡坐壬向丙灰墳碑記有祀田
配梁氏葬六良双上山坐巽兼巳
與姪媳梁氏同穴
善齋公墓
在石龍坤山坐　與元配杜氏合葬

繼配潘氏葬在忠堂埝山坐　設有祀田

麗興公墓

在一里鹿垌鹽萃山坐巽兼辰灰墳有碑誌

設有山心田乎北容朝闌等處產業爲春秋

祭掃祖考祖妣之墓並本公祠

配洪氏葬一里陳埇趁墟埝上倒騎龍格坐

癸兼子灰墳有碑

麗淑公墓

在拔馬山塀與配韋氏合葬坐丑向未灰墳

有碑記

麗和公墓

在山口鹽水岡坐　設有祀田

配吳氏葬白花岡

履中公墓

在𡋯坤白坟岡坐丙兼午泥墳

配楊氏葬中央坤嶺岡坐巽巳坭墳

麗閏公墓

在旺堂山坐　設有祀田

相時公墓

在一里獨塘岡子午兼壬丙分針灰墳

配杜氏葬珍竹頂大金面坐丁兼午灰墳

廣德公墓

在石牛岡坐丁兼未

配陳氏葬米里岡坐丁兼午

配李氏葬高嶺山坐戌加乾

廣貞公墓

在石牛岡坐丁兼未

配陳氏葬美里岡坐丁兼午

崇清公墓

在面里古欖村柏木山坐坤加甲

配黃氏葬面里長塘村屋背坐甲加丙

崇禮公墓

在塘吼屋背圳坐壬兼子

配李氏葬同心文龍大圳坐庚兼西火磚墳

良甫公墓

在一里石圭爽底山牛社底坐乙向辛

配龔氏葬石圭獅子堡脚坐子向午

惠瑛公墓

在水下里葬封墉坐庚向甲

肇琦公墓

在北流汲一里桂關坡大坟圳坐寅向申

士基公墓

在烟村舊房坪背山

配　氏葬烟村大坟頂山

皓晃公墓

在烟村梁姓對詀山下

志高公墓

在一里坡濟銘頂堂對面山坐巽向乾有祀

田

配李氏葬坡濟六案山坐艮向坤

品高公墓

在坡濟七章堂山與配劉氏合葬

迺高公墓

在曽濟烏坤由子頂與姪裕興合葬

厚高公墓

在大河坡燈瓏坪坐坤加申與配梁氏合葬

有碑

顯暘公墓

在一里歐坤山坐午加丙灰墳碑記

配李氏葬一里宮貫山坐未加坤灰坟有碑

文肅公墓

在波里蓑坤口坐坤兼未

配曁氏葬波里都樂村六軸塘背饑配陳氏

葬都樂村南蛇口

麒書公繼配陳氏墓
在辛里夾山坐寅兼艮
鳳翥公墓
在辛里夾山坐辰兼乙
佐臣公墓
在　　山坐　　設有祀田
配廖氏葬大雲山
榮詔公墓
在爽山石屋底坐庚向申與配李氏合葬
鸞詔公墓
在烏埇關塘坪山坐庚向申有祀田
配李氏葬野芋塘山坐坤兼申
棠詔公墓
在右烟村烏蹝坪路背坐巽兼巳與配李氏
合葬
宣詔公墓
在石嶺鱗坡營頂坐庚兼申與配李氏合葬
殿詔公墓
在羅逢獅子山坐壬兼亥與配蕭氏合葬有
祀田
品詔公墓
在長灣坪山坐申兼坤與配盧氏合葬設有
祀田
颺詔公墓
在諧塘六榦頂窩中一穴坐艮兼寅設有祀
田
掄英公墓
在滑社塘背十丈岡地屬北流界內坐寅兼
申與配梁氏合葬
振英公墓
在面里鐵爐大水岡坐巳兼丙與配覃氏合
葬有碑設有祀田

萃英公墓
在木嵐山坐乾兼戌
俊官公墓
在容縣一里南山東埇口坐癸兼丑與妣合
葬
卓林公墓
在珠嶺山右邊陽蝦埇山天平針形坐甲加
卯灰灰碑記
配黃氏葬六輿山坐丑兼癸繼配潘氏葬十
館廟地
公設有祀田
成林公墓
在產珠坤梯水岡坐辛兼戌與元配繼配合
葬男掌先傍葬設有祀租
魁林公墓
在南館坤富桃山與配許氏合葬坐

設有祀田
繼配李氏葬下羅逢山
青林公墓
在大河坡山坐巽兼辰
配李氏葬歌展山坐辰向戌
廣詔公墓
在石嶺山與配党氏合葬有祀田
元官公墓
在堪奏咀金星掛角山坐卯兼乙有碑
錦官公墓
在西鄉六帽埇口小帽山坐申兼坤與配劉
氏合葬灰墳碑記設有祀田業
鑑官公墓
在新岁村岡背埇山坐辛兼癸
配徐氏葬
錡官公墓

在西鄉三仲蛇塘山坐子兼癸灰墳碑記有祀業
配劉氏葬西鄉蓮蜂石山坐丙兼巳灰坟碑記

清官公配吳氏墓
在新安村背山灰墳碑記設有祀田

齊官公墓
配羅氏葬都寶廟岡坐庚兼申

儉官公墓
在羅兄口坐巳兼丙與繼配梁氏合葬
元配　氏葬村頭坡山坐亥兼子

俊官公墓
在容縣南山脚東坤坐癸兼丑與配劉氏合葬設有祀田

汝官公墓
在下化窖金康村金鷄坡山坐巽兼巳有碑

配劉氏葬波里公界山坐壬兼亥有碑

瀛官公墓
在西鄉豐田村百葉藏珠山坐辰兼乙灰墳有碑
配黎氏葬抄山頂坐艮兼丑

瑞昌公墓
在辛上里徵蛇塘山坐卯向酉
配梁氏葬辛上里羅帶山坐巳兼丙

瑞安公墓
在辛上里寶鴨坤坐丙兼巳

超英公墓
在思里上嶺坐巳兼丙與配楊氏合葬

超華公墓
在思里羊蔑塘山坐巳兼丙與配陳氏合葬

超萬公墓
在思里山有祀田

配梁氏葬本村對嶺坐丙兼午
超緒公墓
在思里草鞋坡坐丁向癸與配秦氏合葬
繼配何氏葬思里白鶴坤坐癸向丁
超綸公墓
在思里石塘嶺坐丙兼巳與配余氏合葬有
祀田
嶽齡公墓
在思里婆車嶺坐申兼坤與配楊氏合葬有
祀田
華齡公墓
在思里同古山設有祀田
官清公墓
在思里設有祀田
在鋾公墓
在思里甘水百足岡坐戌向辰與一妣合塟

武昌公墓
在七里核子坤頂坐辛向乙
配陳氏葬大山園背路邊山坐丁向癸
武猷公墓
在七里磯頭山坐乾向巽
配梁氏葬七里帳山嶺咀下穴坐乙向辛
美材公墓
在紅珠夾龍馬面岡坐乙兼卯
配黎氏葬莘田村祠堂背坐乙兼卯
京賢公墓
在面里真瓜茅坡坪坐乙向亥
嘉猷公墓
在石嶺鄉欧坤井白沙坤嶺頂金面坐丙向
壬兼午子
配彭氏葬靈山鋸沙塘嶺坐乾向巽
雒木公墓

在羅逢初四塘表山坐庚向甲有碑

德昌公墓

在六𡊨旺岡塘嶺頂坐坤

配張氏葬六𡊨高山頂坐巽設有祀業

肇奇公墓

在北流波一里大坡村大坟地嶺灰墳碑誌

坐申兼寅

廣明公墓

在搭橋塘山坐壬兼子

廣淮公墓

在田垙山坐癸兼丑與妣梁氏合葬

廣全公墓

在古長垙山與妣陳氏合葬坐甲繼妣李氏

亦同穴

廣基公墓

在舖背山

廣茂公墓

在古長垙山坐甲

廣義公墓

在瑾竹崎山與妣李氏合葬坐癸兼丑

廣禮公墓

在瑾竹崎山與妣莫氏合葬坐坤兼未

廣海公墓

在瑾竹崎山顯祖公墳背第二穴

廣和公墓

在楓木車肚與元配莫氏繼配氏合葬

樹猷公墓

與妣吳氏合葬在粮米坳坐酉向卯兼辛乙

佐烈公墓

在黑水塘頂垙坐午向子兼丙壬

配梁氏與庶配姚氏合葬打鐵垙肚坐酉向

卯兼庚甲

二十世

安郭公墓

在土名石鷄竹坐亥兼乾

安家公墓

在土名水口嶺坐癸兼丑

安貴公墓

在土名𡑞脚山坐亥向巳

世成公墓

在土名上垠石步嶺頂坐甲兼夘草皮墳

世傑公墓

在土名井頭塘坐艮兼丑

配黃氏塟土名亞羅嶺坐午兼丙

世候公墓

在土名林坑牛嶺坐巳兼丙與配鍾氏合塟

琸華公墓

在六息吉世岡坐庚兼酉

配梁氏塟少尉岡坐庚向甲設有祀田撥墓

井追祭祖父母高曾祖父母之墓

琮華公墓

在一里同心大松坡坐庚兼酉

斯厚公墓

在一里靈山坐　　設有祀田

配蔣氏塟泉塘山

慶綸公與元配陸氏合塟墓

在一里靈山鄉忠信村土名大村頭飛鷹頂

坐甲向庚兼卯酉

建綸公墓

在一里協正鄉熊膽村狀元埇右嶺岐坐丁

加午

乃綸公墓

在面里鳳門坳第一節坐庚加申

僚綸公墓
在一里協正鄉熊胆村狀元頂第二循坐坤
加未
樹綸公配陳氏墓
在一里協正鄉紅珠村蘇輔岡坐巳兼巽
茂綸公墓
在協正鄉熊膽村佛子坳內山腹坐申兼坤
與配梁氏合葬
元恩公墓
在一里詰展木銑坪底坐甲兼寅與配蘇氏
合葬
元宗公墓
在一里譚龍岡坐坤兼未
配鍾氏葬林肩双口之羅鄧岡
元愷公墓
在一里羅逢林丈山與配党氏合葬

元放公墓
在竹根塘山坐丁向癸
配蘇氏葬鑊鎊山坐辛兼酉
元楷公墓
在鑊纂山頂石穴坐癸向丁有墓誌銘
配盧氏葬泉塘山坐午向子有墓誌銘
繼配黃氏葬牛皮峽濟水塘坪飛鳳飲泉形
坐乾向巽兼巳亥永遠不許改向
元幹公墓
在旺坤口貓山臉坐丑向未
元登公墓
在纖隆山與　考萃麟公合葬有墓誌銘
配劉氏葬羅孛河口山
元嶠公墓
在大里村背岡咀與配侯氏合葬
耀成公墓

在思簩獨山咀坐寅兼申灰墳
配李氏葬社背坵坐巳兼丙
恩華公墓
在善捅岡坐丙兼巳與配梁氏合葬灰墳有
碑
繼配蘇氏葬粟畲岡坐未向丑
儒安公墓
在靈山中蕩岔
奇書公墓
在本里大坤郢縣堡落岐節坐午兼丁
配潘氏葬大河塘雙髻肚坐丙向壬
奇洛公墓
在寶縣北山公粉村披馬岡中堂嶺坐辛兼
戌設有祀租
元華公墓
在一里靈山披馬岡坐巽巳灰珠一穴民國
丁丑孟夏癸卯日築灰豎碑設有祀款萬餘
觔為春秋祭本祠考妣之墓
配雷氏葬靈山美里岡坐未兼丁灰墳有碑
墓下合葬童男齋孫骸罈
祥華公墓
在一里山州坪塘岡坐子向午與配龔氏合
葬灰珠草皮大墳
縣華公墓
在一里六畬棋子坪坐　兼
配黎氏葬附近龍頭坵坐乙辛加辰戌
劉元公墓
在靈山對河岡坐卯向酉兼丁甲碑記設有
祀田
配廖氏葬武帝廟背石牛將軍劍形
定光公墓
在對河岡坐坪巽兼辰與配陸氏合葬

庶覃氏葬桑根岡坐夘兼乙

發昌公墓

在面里旬子坤坐坤加未磚墳

配林氏葬面里何屋木棍坵肚坐壬加亥

繼配楊氏塟一里岡心六禾塌村六勝坪坐丁加未火磚墳

續配馮氏葬面里古欖村山口嶺邊坐乾向巽

成昌公墓

在面里九流坤大寶坵中央岡坐坤向艮

貯昌公墓

在六奎隘石狗頭坐乾兼亥

配謝氏葬面里粥子山官材坵岡脊坐癸兼子

祖成公墓

在面里六偕大坪底

配梁氏葬白石坤路底山

祖綬公墓

在古兆馬場山頂坐辛兼酉

配李氏葬旬坤大坵坐坤兼未

際昌公墓

在一里小鷄龍山與配茹氏合塟

際隆公墓

在一里石圭村塘坤日山兒坵坐巽向乾

大成公墓

在石龍坤與庶黎氏坐巽乾兼巳亥

配劉氏塟大峽獅子口

大受公墓

在六吾扶山堆坐丁兼午

配洪氏塟三斗頂坐巳兼巽灰墳有碑

繼配林氏塟合丫河坪坐丙兼巳

大任公墓

在一里臥龍塅扶竹坪
配李氏葬一里甘載頂坐巽兼辰灰坟
耀宣公墓
在黃鶯側陂塘山
進齋公墓
在北流小一里西茱水圍水鏡與子敢安合
葬
裕學公墓
在大河坡頭窩中穴坐乙向辛有祀田
配梁氏葬大河埌沙牛埇
裕新公墓
在曾濟譚龍山坐寅向申
登盛公墓
在一里忠正鄉土名南蛇坤嶺培岡坐乾兼
亥
配陳氏葬忠正鄉南蛇木格岡坐坤兼申

鸞書公墓
在佛子村打掌塭坐辰卯乙與配潘氏合葬
穀有祀田
秀書公墓
在一里獨石齋公菴仙人墳仰螺揭露形坐
亥向巳與配鄧氏合塟
傑芹公配饒氏墓
在辛里桐油岡坐癸兼子
鏽祥公墓
在坡濟白鴿埇山坐甲兼卯設有祀田
配梁氏塟上寨嶺坐卯兼乙
毓蘭公墓
在一里六奥山廳亭坪坐壬兼子與配梁氏
合塟穀有祀田
蔭侯公墓
在河口産埗埇山坐庚兼酉

配周氏葬地科山坐癸兼丑

蔭椿公墓

在王道岡美李坪坐戌兼辛設有祀田

配李氏繼配廖氏合葬山坪背嶺岐坐乾向巽

蔭積公墓

在文段垠山頂坐艮兼丑設有祀田

蔭崇公墓

在久蔵塘坐辛向乙

蔭澤公墓

在坡濱楊梅坤公會嶺岐坐壬兼亥與配陸氏合葬

蔭藩公墓 紫烟村

在石嶺簕竹徑岡龍岐與弟蔭孫合葬坐丑

御米 蔭藩：在石紫大菜

蔚祊公墓

在禾子熟山坐甲兼庚與配王繼配張氏合葬

荃祊公墓

在譜榮山

振亮公墓

在茂松坡第二穴坐亥兼乾與配劉氏區氏合葬

甘雨公墓

在紅珠鷄羅山坐申兼庚

配劉氏葬一里六饗堆坐巽兼巳

甘澍公墓

在夏龍田塘坤砧板坪坐癸向丁

配劉氏葬和勃利旺山坐甲兼卯

繼配梁氏葬辛田歌羌山坐庚兼酉

甘霖公墓

在和勃口石梯頂山坐辛兼酉

贊乾公墓
在南鄉
配楊氏葬壘竟夾汶河黃瀝岡坐乙兼卯灰
墳碑記並建諧坊
繼配余氏葬容波古呈岡坐庚兼酉設有祀
田
佐猷公墓
在波里龍塘頂山坐巽
配梁氏葬波里南蛇口樓寨頂山坐子兼癸
贊坤公墓
在新安村下堪奏咀山坐艮兼巽與配黃氏
合葬灰墳碑記胞姪後人將衡州公祀租屢
祭
贊礽公元配羅氏墓
在新安村背山坐卯兼甲灰墳碑記有祀田
振先公墓
在茂松坡坐亥兼乾與配許氏劉氏合葬
廕高公墓
在南寧城東外飛鵝與配麥氏廕吳氏合葬
永新公墓
在麥塘木宅第二節龍坐乙向辛
武珠公墓
在恩里水滘垌山坐壬兼子山形名大樹猴
有祀田
武瓊公墓
在恩里交剪塘坐艮向坤
配潘氏葬本里欖山坐丙向壬
武璋公墓
在恩里爽山嶺坐辛兼酉
武任公墓
在恩里風門丫坐乾向巽
配陳氏葬恩里北坤口陡嶺坐壬兼亥

武佑公配馮氏與子錫丕媳葉氏陳氏合葬墓
在思里祿家屋背嶺坐坤向艮
武松公墓
在思里大石嶺坐酉向卯
保鑾公墓
在七里譚丁塘坐戌兼辛
保鏵公墓
在廂里三合大坡肚坐巽向乾
配巫氏葬七里長屈坡頭坐巳兼丙
保祥公墓
在水上里甘埇河水嶺坐丙兼巳
受祿公墓
在白石塘屋邊
配李氏葬香蟻岡
繼配韋氏葬韋屋背
見明公墓

在沙塘嶺坐壬向丙
見魁公墓
在蕎雲岡坐丙向壬灰墳碑記
配洪氏葬秀滑塘頂坐癸向丁
見成公墓
在大王廟頭龜背坡坐坤兼申
配劉氏葬岐坳嶺騎龍格上穴坐巽向乾兼
辰戌
見順公墓
在靈山鄉磨刀水嶺金面坐甲向庚
配杜氏葬靈山鄉平田屋背頂巽乾兼巳亥
元建公墓
在石人嶺坐午向子兼巳亥
見才公墓
在新坪邊坐庚向甲
配楊氏葬棚田坤坐乾向巽

介祐公墓
在驢馬嶺坐乾向巽
元梅公墓
在大雲頂坐丙向壬兼午子
配孔氏葬公田坤頂坐酉向卯兼辛乙
聚德公墓
在和鸞倫羊岡坐酉向夘
奇河公墓
在三壇坪坐午向子
配潘氏葬北流小一里嶺江村茶頂山坐乾
向巽兼亥巳
宗昌公配盧氏墓
在北流分水坐癸丁兼未丑
世治公配鍾氏墓
在化州壺垌黃牛嶺肚獨嶺頂
建綸公墓

在古長坑山
建蘗公墓
在搭橋塘山坐壬兼子
配李氏葬楓木嶺岐坐丑兼癸
建邦公墓
在楓木車肚山
建崇公墓
在楓木車肚山與妣吳氏合葬
建燦公墓
在田坑山坐癸兼丑與妣李氏合葬
建清公墓
在古長坑山與父母同穴坐甲兼寅
建祈公墓
在旱缸嶺與配梁氏合葬坐甲兼寅
建龍公墓
在古長坑山與配梁氏合葬坐艮兼寅

建乾公墓
在搭橋塘山
建照公墓
在搭橋塘山竹車路背與配梁氏合塋
兆成公墓
葬在本處大王廟脛鷄背坡坐申向寅兼坤艮
妣劉氏葬本處黑水塘坡坳騎龍坐巽兼辰戌
加東公墓
在一里大坤頂坐寅向申正針設有祀蒸
妣黃氏羅逢殼嶺頂坐丁向癸兼未丑
裕綸公墓
在河口鄉莘田村蒜籮塘左邊嶺頂
配楊氏葬河口鄉下龍村寶鴨落塘蘿根穴
文翰公墓
在對河岡坪邊坐辛向乙兼酉卯
配楊氏葬長河禾倉坤頂坐乙向辛兼辰戌
文元公墓
在黑水塘邊坐庚向甲兼申寅
配李氏葬
煥鏘公墓
在一里靈山鍬銻墻頂坐巽兼巳一橫兩穴
與元配甘氏共葬灰墳
冠錦公墓
在一里靈山三拔垌坐壬兼子泥墳
配楊氏白花嶺無畬坪旁坐乾兼戌泥墳
昌錦公墓
在一里利樂坤即細德公元配潘氏下穴是也坐向同上穴配　氏未考
二十一世

仕仁公墓
在廣東化州高步硃沙坡園嶺
毓光公墓
在化州上塅長田屋地面坐癸兼丑
彬光公配　氏墓
在化州魚脬嶺坐癸兼丑
爵典公墓
在鑒中鄉泉塘深埇岡坐庚兼酉十坟碑記
爵光公墓
在一甲協正鄉紅珠村鶴巢山頂坐未兼坤
高爵公墓
在一里狀甫村椹子地頂
高儒
配覽氏葬一里譚隴山頂
高覽公墓
在廣東海豐縣山尾埠有碑記弟高備立

在武鳴縣城南門坡外有碑記
如芳公墓
在思籓大榜雙义岡
如林公墓
在南蛇大石頂嶺岐
君寓公墓
在舊欖側坡松堡坐庚向甲
加余公墓
在龍墳口嶺岐坐子加癸
加任公墓
在睦村頭歐坤口坐艮向坤
加瑞公墓
在齋禾坪牛寮岡坐巽向乾
希謨公配陸氏與繼配陳氏合葬
希鼎公墓
在鑒山圓珠嶺廟旁坐辛兼酉形似圓龜

在一里白沙坤三壙坪坐卯兼乙飛蛾拍壁
形
希哲公墓
在一里鐵山里梓岡坐丑向未灰珠
希礽公墓
在一里鐵山蝦塘岡坐丙壬兼子午
慶义公配盧氏墓
在白花坡坐丙兼午
善都公墓
在面里古覽史興背坐申加坤
配韋氏葬一里山心頂坐子加癸
善坤公配劉氏墓
在面里古覽屋背岡頂坐辛向乙
善安公墓
在面里大灶衝背嶺岐坐乾加戌
配陳氏葬一里石圭裏峽嶺右邊坪肚坐乾

加亥
善儒公墓
在面里古覽村柏舟外肚坐壬加亥與配伍
氏合塋
善行公墓
在一里和巒中心岡坐亥兼壬
善邦公墓
在面里倉板坤墟塘岡坐兼丁
善美公墓
在面里山根村屋背坐庚兼酉
善和公墓
在面里長鳥咀屋背山坐艮向坤
善福公墓
在面里大楊坪坐坤向艮火磚坟
盛序公墓
在面里維坡千南塘金林坑中央坐戌向辰

火磚坟
配黃氏葬一里小六文石蛤坤坐巳向亥
盛興公墓
在面里坡脚田屋背坪肚
盛彩公墓
在面里六群黑水塘背山頂坐庚兼酉火磚
坟
盛擁公墓
在面里楊梅洞口文基坡坐未向丑灰坟碑
記
閏珍公墓
在一里石圭爽底外坭肚與配覃氏合葬上
一穴
繼配梁氏與介賓台甃下一穴
家善公墓
在一里石圭狀魁坤坐向午

配茹氏塟一里狀料坤口石啄岡坐戌向辰
家猷公墓
在一里石圭南厥坡高塘表坐辛向乙
配陸氏葬石圭塘坤岡坐丁向癸
家讓公墓
在石圭塘坤岡右穴坐丁向癸
仕寶公墓
在牛窩岡坐坤
配劉氏葬羊寮頂坐丁
彝寶公墓
在一里佳排頂坐巽向乾
配梁氏葬林木岡坐乾兼戌設有祀田
世寶公墓
在石圭大坡坐丑向未
配劉氏葬佳龍山坐庚向申
華寶公墓

华宝公墓石寨口坐癸向丁兼子午

[illegible]公墓

在一里和勃口金面坐亥兼壬與配覃氏合

[illegible]葬

楚寶公墓

在一里石圭三界廟背坐壬與配陸氏合葬

一穴元配楊氏繼配廖氏合葬云梯岡一穴續配陳氏

在大鑑嶺坐卯一穴

組綬公墓

在二里馬場山頂坐辛向乙與配吳氏孫嘉

鴻台葬有碑記

振統公墓

在二里石寨大朗頂坐乙兼辰

配陸氏葬好坤三人頂符竹岐坐丙向壬

安綬公墓

在普濟青塋岡坐庚向申

武杰公墓

與秀喬公同穴有碑

配李氏葬一里羅逢坪田頂坐乾兼戌灰墳

祝綸公墓

在陸村羊蝦頂坐寅向申

祝璿公墓

在一里楊梅墟背清水塘表坐壬兼子

祝璲公墓

在茂松坡坐亥兼乾與配何氏合葬

濟南公墓

在谷波高田岡下便廬荻坡山坐癸兼子與

配李氏合葬灰墳碑記設有祀業

濟村公墓

在波里六西山坐甲兼寅

配唐氏葬波里古昱岡坐庚兼酉灰墳碑誌

濟凡公墓

在藤縣帑坤巖坂坪坐未兼丁灰墳碑誌
配莫氏葬新安村公背頂坐艮兼寅灰墳碑
誌
濟苗濟泉公合墓
在西鄉純塘飛鼠山坐巳兼巽灰墳碑誌
濟辛公墓
在南鄉社垌三百嶺岡坐亥兼乾灰墳碑記
由胞伯後人將衡州公祀租祭掃
濟垚濟埜公合塟
在村頭木節山坐子兼癸灰墳碑記二公俱
由胞姪後人將子綱公祀業附祭
濟水公墓
在新安村背山坐甲兼卯灰坟碑記由胞姪
後人嘗業祭掃
錫惠公墓
在思里井坤口獨嶺坐乾向巽與配梁氏合
塟
錫機雲公配李李氏合墓
在思里白鶴坤坐亥兼壬
加福公元配黃氏墓
在一里和勃佛子山坐乙兼辰
永德公墓
在南寧城外飛鳳嶺
配陶氏塟城北外謝家祿
揚周公配楊氏墓
在白沙坤蔙岡頂金面坐乙兼卯
仰周公墓
在香爐頂坐乾向巽
士楷公墓
在紫竹塘社背坤頂
士模公墓
在將軍嶺坐辛兼戌

師周公墓
在中和垌過猫頂坐辛兼酉
配蘇氏塟坡衙頭坐巽兼辰
繼配梁氏葬六跳塘獅子腰坐卯兼乙
監周公墓
在坡坳騎龍中穴坐巽兼辰
配鍾氏葬白花岡靈水坤坐庚兼酉
依周公墓
在靈山鄉鑊廠塘背松嶺岐大窩坪坐巽向
乾
配楊氏葬旺河口嶺岐坐庚兼申
從周公墓
在黃婆垌頂坐丙向壬
衛周公墓
在岡坪塘坐丙兼巳
敞周公墓
在坡坳大地坐酉向卯
希鄴公墓
在一里膳塘岡坐乙向辛
配陳張氏葬一里靈山河壠坪邊坐乙向辛
高屛公墓
在泉塘背坐巳向亥兼丙壬
妣梁氏葬河口鄉紅球坤古禮垠頂石穴卯
酉兼乙辛
衛寶公墓
在塘坤簕園坪午子兼丙壬
配馬氏葬高流岡坪邊
庶陳氏塟一里甫干岡午子兼丙壬
瑞寶公墓
在大坰田盧家屋背頂丁癸兼午子
配黨氏葬塘碁家屋對面出水地頂未丑兼
坤艮

志利公墓配劉氏墓
在七里王坤丫坐酉向卯
高賢公配李氏墓
在六田垌屋背頂坐乙兼卯
宗寶公墓
在羅權歌思塘表岡灰墳一穴坐午兼丁與
正配潘氏合葬
續配余氏葬六勒口大路李屋背山𨑨坭墳
然高適公墓
在上罗逢大云山正面中央岐中节坐丙向
配楊氏葬上罗逢村田尾冬坐亥向巳
雲開公墓
在水塘白屋後背沙木嶺岐坐乙兼卯
配吳氏墓
雲乾公墓
在古長坑山祖墳右邊與配楊氏仝穴坐甲
兼寅
雲勤公墓
在田坑山與配陳氏同穴坐癸兼丑
雲儉公墓
在旱鋼嶺坐壬兼子
雲家公墓
在旱鋼嶺坐壬兼子
雲榮公墓
在壇竹崎山
佐杰公墓
在楊梅鄉坡美村三人頂坐丁加午與配符
氏合葬
麟瑞公墓
在對河岡塘坤嶺塘山坐申向寅兼寅甲與
配楊氏合葬
展綱公配黃氏墓

葬在靈山墟背沙塘嶺頂

典常公墓

在一里蘇檬塘坐未兼坤

配盧氏墓未妥

二十二世

裔超公墓

在一里坡角村圓珠廟背石咀山坐亥兼壬

立墳碑記

壯衛公墓

在一里大畬坨岡頭坐酉向卯

承理公配伍氏墓

在鬱林城外東明山村附近

士品公墓

在面里火灶灣裏右邊坐艮兼寅

集品公墓

在面里白石坤鐵車頂白墳底坐辛兼戌

純品公配莫氏墓

在面里北流坤丹竹塘坐丁兼午

兆品公墓

在一里久樂簞篤塘背

武品公墓

在面里榮豐碓砍山坐癸向丁

鳳品公墓

在面里古覽村牛欄肚岡岐坐丁加午

世品公墓

在面里白坤村潘屋頭路背坐壬加亥

桂品公墓

在九老坤盛集塘背坐未向丑

用賓公墓

在北流小一里大坡鄉長岡嶺王墳底大路

下坭墳一穴坐丙兼巳後修用磚墳碑記

另岸文墓主狗唐朝居坡坭坟一穴

錫欽公墓
在和發塘坐巽
配李氏葬歐坤小三人項坐甲
觀麟公墓
在塘坤高樓岡梁屋對面坐巽兼巳
觀揚公墓
在公伯境
配劉氏葬塘坤口
觀民公墓
在珍竹山𪊲白石坤陸家屋對面庚甲兼酉
卯
配洪氏葬一里朝任項丁癸兼午子
觀俊公墓
在一里塘坤高樓岡公早故無嗣由胞兄後
人每年春秋祭掃
觀彰公墓

在車坪田坐乙兼夘
配梁氏葬富旺山坐午兼丙
庶羅氏葬頭斗大金面坐丙挨午
觀韶公墓
在益田丹竹坐庚兼申
配何氏葬茶亭背頂坐庚兼申
觀芳公配龐氏墓
在塘坤拱壽塘角坐亥兼乾
觀萃公墓
在六腰坤小騎龍落脈金星掛角坐巳向亥
配楊氏葬一里白石村旺官塘排坐甲向庚
觀茂公墓
在飯桐坤口蛇索
德壽公墓
在石案香爐坪向乙
苑蘭公墓

在神農廟背岡

之屏公墓
在覃坡塘頂金面坐巽向乾兼辰戌

之翰公墓　在旺塘坐卯兼甲

達臣
有
公合墓
在一里靈山蓮子坡頂癸丁向

掄元公墓
在中和村文昌坤山豬坤嶺白石崗坐午兼
丁

麟儀公墓
在中和村文昌坤樟木田督坐午兼丁
原配廖氏葬在山麻村朝王嶺𡉏坐丙兼巳

鎮儀公配蘇氏墓
在塘坤茅金岡壬丙兼子午
配梁氏葬中和村大𡉏嶺岐丙壬兼午子

儒儀公墓
在哥志坤丙壬兼巳亥

之昭公墓
在靈山鄉忠信村大王廟龜背坡坐丙向壬
與配鄧氏合葬

溢儀公暨元配李氏墓
在一里六壬村朝壬頂大垌墳一穴石碑坐
丁向癸兼午子

維藩公配梁氏墓　合葬在田垅山坐癸兼丑

維祥公配周氏墓　合葬在舖背山坐癸兼丑

九儀公墓
在中和村高樓坪邊垌墳坐卯向酉
正配蘇氏葬六閘沖全螺入第二位塘背山
墈垌墳坐丑向未
繼配余氏葬三人頂之小三人頂岡頭下𡉏
肚垌墳坐丁向癸

顯儀公墓
在文昌坤仰睡仙人心凸坐午加丁
訂配杜氏塟二里東坤岡背坐甲向庚
德配盧氏在一里山心社背岡坐巽向乾
賜儀公墓
在二里石砦金錢落地圓堆面坐甲向庚
配梁氏塟山心梁屋背牛窩坪路邊坐巽向
乾兼巳亥
二十三世
立元公配朱氏墓
在面里火灶灣背土化肚坐巽加辰
立禮公墓
在面里六軸山頂清水塘坐卯向酉
配邱氏塟面里水忽坤屋地坐癸向丁
立經公配韋氏墓

在面里六偕坤右邊秋風根坐壬兼子
爾霖公墓
在陽寮頂坐未兼癸
爾傑公墓
正配馮氏塟中彩村不嬌頂坟一穴坐午
在羅樅衬臥龍岡
配陸氏塟蘭肩
爾年公墓
在一里斑江大坡山坐壬丙兼子午
配伍氏塟甘藏嶺卯酉兼申寅
爾壽公配黃氏墓
在一里羅樅排岔坤長岡坪坐乙兼辰
爾倫公墓　葬在特連坤坐申兼坤
爾倬公墓
在大峽頂羅踏坤坐庚兼申
嘉猷公墓

在獨石陽長坤坐巽

爾範公墓

在一里佳排頂午子兼丙壬與配李氏合葬

庶馮氏葬羅權大坤坪邊丙壬兼午子

爾都公墓

在羅權六眼坤哥逢坪肚巽乾兼辰戌葬一

丈七尺深

爾方公配李氏墓

在塘坤恭喜塘坪壬丙兼子午

邦家公墓

在石鎖鄉區坤村白沙坤

邦東公墓

在沙帽岡竹塘壬丙兼午子

爾梅公墓

在鐵山鄉山心村社背岡坭墳一穴坐未向

丑

世榮公墓

[illegible]肚坭坟一穴

二十四世

端章公墓

在面里古覽村白頭塘口上路背坐未向丑

端祿公墓

在面里飯蓋頂坐乾兼亥

傳書公墓

在臥龍岡

傳鈞公墓

在羅權淵滕坤龍馬坪坐巳兼巽

傳祚公墓

在中和村坆山岡坪坭墳一穴坐午兼丁

傳猷公墓

在一里班汀郎獨塘岡尾一穴坐未向丑

傳桂公墓

在石星村塘肚屋对石山坭坑坟一穴

配申氏葬石山堡鸡观石岑崎

加虞公墓

在石嶺鄉大塘村井坤坤坤艮兼申寅

族居

始祖文明公宋末由河南開封府祥符縣仕爲容州通判遂家於容自後二世至十世多居城內一街所街一住大井街今故宅久廢

七世

雄公明季由容縣遷居籍武宣縣千戶所

遠公明季由城遷居北流縣小一里平山村

九世

諭公明季官廣東化州州判遂落籍化州卜[illegible]那霧坡心村

十一世

良儒公順治由城遷居一下里睦村堡四端營

良奎公明神宗萬歷丙申由容縣遷居岑溪縣西鄉豐村

十二世

嘉文公順治間由平山村遷居石門村

十三世

維翰公偕弟維城明季由城遷居一下里靈山久榮

昌祚公順治間由城遷居一下里上烟村

昌兆公順治間由城遷居一下里石嶺[illegible]門村

聖時公明季由城遷居里同古村

魁明公康熙間由豐村遷居南鄉彭祠[illegible]

偉明公康熙間由豐村遷居南鄉寮[illegible]村

十四世

海鳳公明季由城遷居一上里同心[illegible]廂村

起球公康熙間由城遷居北流縣城一里楓木坪

起元公康熙間由城遷居北流波一里[illegible]關坡

琦公康熙間由城遷居一下里石嶺[illegible]門村

塘公康熙間由烟村遷居一下里普濟村
漢鵬公康熙間由西鄉豐村遷居盧村
漢蛟公康熙間由豐村遷居鄰村
瑜公康熙間由城遷居一上里和勃村七木𫝼
進傑公由那霧坡心村遷居壺垌墟尾湖塘坡

十五世

建邦公康熙間由久榮遷居對河龍寨村今公祠
即故宅也
鴻傑公雍正間由同心塘坤遷居面里古寬村
鴻奎公雍正間由同心塘坤遷居木爐塘埇村
敦醇公雍正間由晉門村遷居坡濟村
全醇公雍正間由晉門村遷居坡濟白花村
啟愚公雍正間由四端營遷居石村巷今公祠
即其故宅也
則鑑公由壺垌墟尾湖塘坡遷居上垠村
憲禎公由平田遷居面里白石塘（楊村大軍紅石竹

十六世

長治公康熙間由久榮遷居大妙垌
國卿公康熙間由同心塘埇遷居木爐塘埇
致治公康熙間由久榮遷居㯓屑村
懋仁公雍正間由四端營遷居圖村至十九世由
圖村遷居獨𥝬九里嶺
以雯公雍正間由城遷居李里楊葉村
學偉公雍正間由四端營遷居大中塘
守序公雍正間由晉門村遷居珍竹坪
衛紀興公乾隆間由四端營遷居珊坪
治楚公乾隆間由容受村遷居林丁村其子廷序
又遷居上化鄉葛井村

十七世

作雨公雍正間由大妙垌遷居茶山脚作棟公遷
居分界垌
作輔公雍正間由久榮遷居北流縣吉京里木棉

坡

作肅公雍正間由久榮遷居六查村
冠珍公雍正間由久榮遷居一上里羅櫨村
良生公乾隆初由久榮遷居北流縣新豐墟
廷偉公乾隆初由久榮遷居北流波一里冲龍村
廷嶸公乾隆初由久榮遷居北流縣充龍里
維藩公乾隆初由久榮遷居波里古泉村
作衞烈公雍正間由久榮遷居北流古京里木棉坡
岳庸公乾隆間由晉門村遷居坡濟白花村
國棟公乾隆初由西端營遷居四旺村
朝選立公乾隆乙卯由豐村遷居新安村
廷珏公乾隆間由盧村遷居容縣波里龍塘村
珖瑞公乾隆間由峒古村遷居蘇槐村

十八世

昭智公乾隆間由久榮遷居波里晉油村

德杰公乾隆初由久榮遷居一上里紅珠村
崇之公乾隆初由久榮遷居一上里紅珠村
述偉公乾隆己巳年由久榮遷居南嶺坡
述訓公乾隆間由久榮遷居坡角村
聚宗公乾隆間由坡濟村遷居波里雙頭村
盛貴公乾隆間由彭祖嶺遷居南鄉夾口村
仕廣公乾隆間由城遷居一上里羅勒村七木坨
觀德公嘉慶間由龍寨遷居坡鈎村
俊德公嘉慶間由龍寨遷居六爬村
肇業公嘉慶間由四端營遷居坡濟驊騮村
成朝公嘉慶間由石門遷居小一里塘頭村
德讚公嘉慶間由石門遷居石根八里村
建猷公道光間由四端營遷居加門堂
培業公道光間由石村巷遷居佳陶營
培緒公偕姪紫官韶道光間由石村巷遷居珍竹坪
慧公道光初由新安村遷居南鄉雲龍堆

十九世

贊綱乾隆間由同心塘埇遷居高坡村

麗與公道光初年由坡角遷居鹿垌村

匡贊公道光甲午年由大妙埇遷居六息村

麗開公道光中年由坡角老宅遷居屋下

廣華公道光間由久榮遷居坡角村

福慶麟公道光戊申由北流割籍回容居一上里靈山村

惠恩裕公道光間由都貫村遷居容縣波里高田岡

德奇公咸豐間由北流桂關坡遷居小一里嶺雄

安國公咸豐間由容受村蘇轉遷移至其子明道明通始遷居南鄉大王咀村

進經通公同治間由珍竹坪遷居新村𡉏經達遷居欽華垌

豪官公同治間由新安村遷居容縣波里南蛇村

肇奇公光緒辛巳由桂關坡遷居置章坉

俊官公光緒壬寅由新安村遷居南鄉里磬村

清韶公光緒壬午由石村巷遷居巒坡[illegible]

譽裔公光緒癸巳由久榮堡遷居對河龍寨莊

二十世

應高公道光間由容縣石嶺遷居南寧城

大受公咸豐間由塘坤遷居羅權山美村

耀煥成公同治初由靈山村遷居一里翊正南鄉思勞陂塘村

鸞秀鸞公同治癸酉由白花村遷居沙棠村

組華公同治庚午由北流遷居水下里旺華坡

宗甡華公由久榮遷居一上里同心水波坤

元楷公光緒己酉由林肩遷居久榮泉塘村

入奇洛名下

元登公光緒丁酉由林肩遷居協正鄉龍珠村
元放公光緒間由林肩遷居大雲塘
元相公光緒間由林肩遷居歌展村
元綱公光緒間由林肩遷居協正鄉龍珠村

奇洛公派名聯　二十世　廿五舌起
誠信忠義博愛安寧增壽祿
兰桂騰芳倫常幸福享熙和

塘村
縣北山公粉村
一上里妙來村

宗試文公光緒癸巳由開端營遷居思賫村
保福公光緒間由七里遷居六吉坡
賛序公光緒間由新安村遷居谷縣波里大塘村
陰華公宣統間由石村巷遷居文段村
進瑞公民國庚午由尋章地遷居大坡祥發堂
紹礽公仝姪祝勳等民國十七八年因南洋營業
襄落遷居暹羅國密堋
慶綸公同治間由紅珠坤遷居久榮堡

二十一世

肇安公自久榮堡遷居北容由北容遷居上同心
水坤村
蕃美
紀公咸豐間由古欖遷居上義堡公所底該屋
地基於民國丁丑年經温泉村國基學校呈
請容縣政府核准變賣將欵生息以充校欵
由立綱立容兄弟二人備價承受載斛綸紀
戶民米八升正
維寶公同治間由塘坤遷居羅欖山美村

協正鄉龍珠村

高暉公派名联
肇乃国家景星庆云徵世泰
和平忠義東来紫氣兆禎祥

一上里同心村
居堡外麗祿堂

陳詩　光緒間遷居龍州
高英　與兄高邁高滿民國間由林肩遷居廿子
塘
高堯　與弟高令民國元年由林肩遷居協正鄉
龍珠村

高仁　與弟高儀民國二十年由林肩遷居旺坤村南淮坪

高彥　民國間與弟高桂由林堅遷居翰田坡

祝全　民國初由珍竹坪遷居產珠坪

濟岑　由新安村遷居容縣波塱南蛇村

濟萬　仝姪平廣平東民國間由新安村遷居暹羅國

祝隆　仝姪祖祜民國己未由石村巷遷居梅竹村

高賢　光緒間由林肩遷居靈山忠信村

麟瑞公民國十二年由久榮堡遷居對河龍寨村

迺文公一九八五年仲冬由楊叶迁居荔枝营

二十二世

觀麟公與弟觀民咸豐間由塘坤遷居羅權雲林洞

觀彰公同治間由塘坤遷居羅權田堺村

觀英公光緒間由塘坤遷居金莖村

觀謨公光緒間由山羨遷居田坳

觀茂公光緒間由塘坤遷居羅踏村

乃禧　民國庚申由一里同心村水坤遷居堋垌口

膺群　與弟膺昌民國丙寅由龍琇村遷居久榮泉塘村

漢福　民國三十一年遷居高坪守善村

二十三世

爾礽　與弟爾裕爾禧光緒間由塘坤遷居羅踏六井獨山腳

爾祁公與弟爾邵宣統辛亥由田排遷居羅權高駕岡

立勳　民國庚午由古欖遷居一里六壬村

立成　民國間由古覽遷居蒙山縣

立泰公與弟立身立興立棠立達光緒間由大陽遷居洋塘坤口

爾武　民國間由山尾遷居岙田河地
立銘　民國間古覽遷居荔浦縣沙田
立濤　民國間由古覽遷居一里石嶺村平塘表
爾俊　民國間由山尾遷居石圭村
爾弼　民國間由山尾遷居雅堂坡
爾篚　光緒間由雲林洞遷居佳排墹
爾賢　咸豐間由塘坤遷居羅權過外洞
爾桐　爾方　爾美　爾烇兄弟民國壬午年由塘坤遷居雲梯岡
坪壯
爾鵬　民國庚辰年由山美遷居長田

二十四世

傳習　民國間由塘坤遷居羅權色竹岡
傳璧公　民國間由羅權遷居楊梅鄉雅堂村
傳繼　鑐　民國間由山尾遷居羅權村雅塘坡

歷朝封贈

宋

文明　授承議郎以孫履孫官贈邕州郡伯文佚

梁氏　封容州郡太君贈邕州郡太君

嗣秀　以子履孫官贈邕州郡伯文佚

植氏　贈邕州郡太君

元

履孫　封邕州郡伯文佚

何氏　封邕州郡太君

蕤甫　授清遠縣男文佚

王氏　封清遠縣太君

源長　授騎都尉文佚

明

蕭楊氏　俱封恭人

眞仲　授文林郎文佚

王氏　封孺人

爵　授登仕郎文佚

王覃氏　俱封孺人

相　以孫繼榮官荊王府紀善贈文林郎文佚

梁馬氏　俱贈孺人

諭　授徵仕郎文佚

梁氏封孺人

以子繼榮官荆王府紀善贈文林郎
文佚

瑞

錫氏贈孺人

繼榮授文林郎文佚

梁氏
鄧氏俱封孺人

德瑚以孫維翰官監軍僉事贈奉政大夫
虞以監軍道副使晉贈中憲大夫文
謹錄後

王氏贈宜人晉贈恭人

良珦以孫昌祚官南京戶部主事加一級
贈奉直大夫文佚

潘氏
李氏俱贈宜人

良儒授文林郎以子任由都司職贈昭武
都尉文佚

植

梁氏俱封孺人贈恭人

臣以子維翰官監軍僉事贈奉政大夫
復以監軍道副使贈中憲大夫文謹
錄後

陳氏贈宜人晉恭贈人

侯以子昌祚官南京戶部主事贈奉直
大夫文佚

梁氏
申氏俱贈宜人

錫圭以子昌能任直隸鉅鹿縣知縣昌俊
任浙江遂安縣知縣疊贈文林郎謹
錄後

蘇氏
朱氏疊贈孺人

何氏 疊封孺人

維翰 授中憲大夫文謹錄後

李氏 封恭人

昌祚 授奉直大夫文佚

黃 馬氏 俱贈宜人

鄒氏 封宜人

清

昌熊 授文林郎文謹錄後

廖 夏氏 贈孺人 封孺人

昌駿 授文林郎文同

扈氏 封孺人

司鼎 授修職郎文同

楊氏 封孺人

司駒 授修職郎文同

李氏 封孺人

彊富 以子啟愚由州同銜贈儒林郎文同

扈氏 贈安人

彊安 以孫衡世任桂林府教授贈文林郎文同

王氏 贈孺人

安邦 授修職郎文同

夏 贈孺人

植氏 封孺人

啓愚授儒林郎以子衛圻任武宣縣教諭贈修職郎文讃錄後

潘氏封安人贈孺人

啓愿以出繼子衛圻任武宣縣教諭贈修職郎文同

王氏贈孺人

啓惇以子衛世任桂林府教授贈文林郎以孫景岷任甘肅中衛縣知縣加同知銜贈奉政大夫

區氏贈孺人晉贈宜人文讃錄後

衛圻授修職郎以孫培淑由卽用訓導五品銜加二級晉贈朝議大夫文同

梁氏封孺人晉贈恭人

衛世授文林郎文同

李氏封孺人

衛紀以子景岷任甘肅伏羌縣知縣贈文林郎復以中衛縣知縣加同知銜贈奉政大夫文同

植氏贈孺人晉贈宜人

紹濟以孫拱麟卽用訓導提舉銜贈奉直大夫文同

李氏贈宜人

景嵩以曾孫蔚祁湖北候補知州加四級贈中議大夫文讃錄後

李氏
余氏俱贈淑人

奕璠以子培淑由卽用訓導五品銜加二級贈朝議大夫文同

李氏
伍氏俱贈恭人

景華以子建謨任修仁縣教諭贈修職郎文同

陳氏贈孺人

景嵘以弟景岷任甘肅伏羌縣知縣贈文林郎以子鍾琪任甘肅合水縣知縣加同知銜贈奉政大夫

梁氏贈孺人晉贈宜人文謹錄後

景岷授奉政大夫文同

梁氏封宜人

建猷以孫蔚沕官內閣中書加一級贈文林郎復由湖北候補知州加四級贈中議大夫由知府銜湖北蘄州知州加四級贈通奉大夫文謹錄後

潘氏封孺人贈淑人晉贈夫人

培業同以孫毓芹由布經歷銜贈儒林郎文

李氏贈安人

升以子拱麟郎用訓導提舉銜贈奉直大夫文同

羅氏贈宜人

建謨授修職郎文同

何氏封孺人

觀德同以孫元華由按經歷銜贈文林郎文

劉氏贈孺人

相治同以孫武瓊由同知銜贈奉政大夫文

岑氏贈宜人

鍾琤以弟鍾琪任甘肅合水縣知縣加同知銜贈奉政大夫文同

盧氏贈宜人

鍾琪授奉政大夫文同

蘇氏贈宜人
溥氏封宜人

麗輿同以子元華由按經歷銜贈儒林郎文

洪氏贈孺人

掄英以子蔚礽官內閣中書加一級封文林郎復由湖北候補知州加四級封中議大夫由知府銜湖北蘄州知州加四級封通奉大夫文謹錄後

粱氏贈孺人贈淑人晉贈夫人

庶粱氏封夫人

廣詔同以子毓芹由布經歷銜贈儒林郎文

党氏封安人

超華同以子武瓊由同知銜封奉政大夫文

陳氏封宜人

振英以姪蔚礽由知府銜湖北蘄州知州加四級贈通奉大夫文謹錄後

党氏贈夫人
廖氏封夫人

搢英以姪蔚礽任湖北蘄州知州贈奉直大夫文同

何氏贈宜人

蔚礽授通奉大夫以子祝唐任陝西城固縣知縣加知州銜封奉直大夫文謹錄後

王氏贈夫人
張氏封夫人

荃礽以姪祝唐任陝西城固縣知縣加知州銜贈奉直大夫文同

陳氏封宜人

贊乾以子濟凡由州吏目銜封登仕佐郎文同

楊氏贈孺人

余氏封孺人

祝唐授奉直大夫文同

林氏封宜人

明

誥敕

制曰昔楊奇守清白之遺處詡得寬恕之報累行昌後理固然也然作室者必本於垣墉之勤弓冶者必
本於箕裘之緒德宏斯懋澤留爾長爾封臣迺原任江西撫州府宜黃縣知縣今授監軍僉事封維翰
之父紉蘭爲潔佩玉自温結社宗機紹香山之高躅杜門却掃勵子羽之芳蹤流胃松風之亭課聲芝
蘭之榭果斷之用操利器於筆端通明之才置煩文於度外雖蘊洵淵德不仕而王祐再世可興茲以
覃恩贈爾爲奉政大夫錫之誥命於戲手澤猶存學淵露之重滋雖我賴外絢卿雲之新綍
制曰趨庭問孟義方懿戒尤多式穀昔陶氏之母以截髮留賓成其名歐陽之母以畫荻作字勉其學古
來名人學士何嘗不從母教得力故三遷而外即和丸故事至今猶稱劉能勵子服官克光前業甯靳
茲彤管以爲世勸爾陳氏迺原任江西撫州府宜黃縣知縣今授監軍僉事封維翰之母孝本性成賢
自天植齊眉待節習將同夢儆雞鳴愉色承歡每塵乘時娛鶴髮籌燈課子咿唔徹曙鏁鑰按候考成
就將惟日糾察庭訓之所未盡者以母代師耳提之所必及者惟忠與孝果鳳毛之特授更鵠招平花
封雖令允之象賢亦因親爲貽穀茲以覃恩封爾爲太宜人錫之誥命於戲瑞莢當階翟茀威蕤絢彩
老萱益秀笄珈喧赫增榮
制曰昔人嘗謂郎官上應列宿出百宰里苟非其人不足以當之故卓茂力行教化賈敦治尚清真劉綦
藥康直朐山之範豐穀城之諸非不聲名藉甚求其文而兼武能爲撫者蓋寥寥乎難之爾原任江西撫

州府宜黃縣知縣今授監軍僉事封維翰孝友性純忠貞世篤巍科裕茶繡江增雲路耀宦傳香宜陽
撰峴碑之記歷艱貞而志能御氣幾回飲血枕戈倡旅而人定勝天千金投醪挾纊果功收乎三捷遂
咸振乎一軍治平賦志歸來請纓奮終軍之氣迄今興思拊髀每飯念頗牧之勳茲以覃恩晉爾階奉
政大夫錫之誥命於戲瑞水龍飛朕無忘臥薪嘗膽八昔王音綸下爾當效相從歟念之恩

制曰詩首關雎書標釐降則內相重矣稽古女西如劉遐有妻驍勇勝男子將數騎拔出遐於萬衆中已
罕其儔乃更有相厥夫子克奏膚功內司中饋外贊軍旅斯閨閣之令儀坤貞之特秀已爾原任江西
撫州府宜黃縣知縣今授監軍僉事封維翰妻李氏淑慎其儀柔嘉維則促機織月梭聲時聞雞聲勸
識伴槳轡案不離鴻案奉姑嫜以孝敬晨昏愉色夔夔薦宗祊以蘋藻沼沚溪毛翌翌奏絃歌則其貞
冰蘗之操歡采薇則願佐簪珥之犒居官與居鄉而奏績臣道與妻道而交修當茲刀環曉夢之時快
聞兵氣銷光之日是用覃恩封爾為宜人錫之誥命於戲先中一命之榮允佩六珈之賞

制曰泰山之松非一代之直龍門之派非咫尺之流蓋根深乃茂源遠斯長推世澤者所以溯孫謀於祖
武也爾封德瑚乃欽敕監軍道副使加一級封維翰之祖父孝友性成溫恭天植讀書知大義不作尋
行數墨之拘涉世有眞詮自保知白守黑之樸人誦陳仲弓之德家知王彥方之名是以世德作求丕
展匡時之略孫謀克振循徵祖訓之光是用覃恩贈爾為中憲大夫錫之誥命於戲森然松栢滋湛露
於千秋赫矣絲綸絢卿雲之五色

制曰李令伯陳情綣懷祖母至今讀弔其事未嘗不令人流連嘉嘆也然則家有聞孫問自含飴之日而

篤其慶矣爾王氏廼欽敕監軍道副使加一級封維翰之祖母性溫且惠德慎而臧持文伯之敬勤晨昏弗懈秉大家之詩禮內外弗渝故由子以追孫奉遺芳而勿替乃因孫以及祖闡幽德之愈馨是用覃恩贈爾爲太恭人錫之誥命於戲元恭無恙被翟服門燿煌華袞翕然播龍章而赫奕

制曰隱德之士其於昭蝸顯懿之業每避而弗居而天之報施必昌其子以光昭其先德故覩匡時之略益驗貽翼之謀爾原贈奉政大夫監軍僉事封臣乃欽敕監軍道副使加一級封維翰之父濟而弗耀質有其文濟物有心每敷解推之德與人無競時開光霽之懷傳家惟有一經朝勤夕課對影但餘孤鶴隨柳傍化有此幽光可忘褒寵是用覃恩加贈爾爲中憲大夫錫之誥命於戲寵頒再命徽訓迪之維嘉恩被盈泉煥絲綸於無斁

制曰人子能勵志服官以光大其前人之德不獨擴庭爲式穀也和丸截髮所以玉成令譽於千秋垂懿則焉因流溯源母儀曷泯爾原封太宜人陳氏廼欽敕監軍道副使加一級封維翰之母蘭閨擅秀萱室稱賢愉色承歡曲盡滫瀡之節齊眉相敬共敦布素之風人誦四德之克修閫儀無懈年逾八旬而未艾老嫗是適是用覃恩加封爾爲太恭人錫之誥命於戲壽尊母之文重頒纁綍用從子之義永煥華綸

制曰世際板蕩困頼一二師武臣芟夷而戡定之然運籌決勝借參謀爲約束者則持憲節而監我軍興正未易勝任而愉快也爾欽敕監軍道副使加一級封維翰慧性天成英標玉立賢書奪跡久誇絕代雄文劇邑宣猷逐定方張虐焰曾合江藩而倡義聲震六師茲同學鎮以夜借功收三捷樂旌勢而增

秩宜申命以崇褒是用覃恩晉爾階中憲大夫錫之誥命於戲嶠嶺既靖海宇未寧豈容壯志於偏安尚冀勳猷於大定誕膺嘉命毋替懋勳

制曰忠義之士能嫻文事而襄武功固足為中興慶師濟也至夫閨閣諳戎馬乃能勗大義以佐軍容則坤道之休嘉亦何可泯爾欽敕監軍道副使加一級封維翰妻李氏柔嘉維則淑慎其儀伴燈影於芸窗早登桂籍佐軍聲於花縣屢挫虜鋒當官則勵以清操居鄉則襄其義舉激同仇而仗鉞共彰閨鐸勗佇且以枕戈咸稱女俠是用覃恩加封爾為恭人錫之誥命於戲寶軸輝煌頒殊恩於再命華綸赫奕佩寵錫於六珈

敕諭監軍道副使加一級封維翰

朕以師貞之吉茲藉謀猷亟需楨幹之材以襄旂常之烈握奇制勝綏定疆圉行師不驚軍律明肅有功悉懋併示寵嘉以爾封維翰慷慨臨戎贊謀破壘接應灕江靈桂一帶賴勳臣安國力奏鯨鯢掃盡烽烟既護安堵雖繇師武之力實恃監理得人勳臣具奏爾封維翰共事有年決勝帷幄克襄戎捷請示鼓勵以策後功朕嘉爾前勞更期後效特頒專敕加陞一級給爾關防以示獎勵惟爾益展謀猷察核兵馬料理糧餉禁緝盜賊鞏固維桑戰守共資力贊光復惟爾勉旃以膺後命酬庸有典不爾少靳欽哉特敕以上誥敕均載邑志

清

制曰求治在親民之吏端重循良教忠勵資敬之忱聿隆褒獎爾增生封錫圭迺直隸順德府鉅鹿縣知

縣封昌能之父延躬滔厚垂訓端嚴業可開先式穀廼宜猷之本澤堪啟後貽謀作裕牧之方茲以覃
恩贈爾爲文林郎錫之敕命於戲克承清白之風嘉茲報政用慰顯揚之意昭乃貽謨
制曰朝廷重民社之司功推循吏臣子懷冰淵之操教本慈闈爾蘇氏何氏迺直隸順德府鉅鹿縣知縣
封昌能之母淑慎其儀柔嘉維則宣訓詞於朝夕不忘育子之勤集慶澤於門閭式被自天之寵茲以
覃恩贈封爾爲孺人錫之敕命於戲仰酬顧復之恩勉思撫字載煥絲綸之色永賁幽潛
康熙四十五年正月初二
制曰任使需才稱職志在官之美馳驅奏效報功膺錫類之仁爾附貢授州同職封敔愚迺廣西潯州府
武宣縣教諭封衛圻之父雅尚素風長迎善氣弓冶克勤於庭訓箕裘丕裕夫家聲茲以覃恩貤贈爾
爲修職郎錫之敕命於戲蘇顯揚之盛事國典非私酬燕翼之深情臣心彌勵
制曰奉職無愆懋著勤勞之績致身有自宜酬鞠育之恩爾潘氏迺廣西潯州府武宣縣教諭封衛圻之
母淑範宜家令儀昌後早相夫而教子俾移孝以作忠茲以覃恩貤贈爾爲八品孺人錫之敕命於戲
賁象服之端嚴誕膺鉅典錫龍章之渙汗永播徽音
乾隆四十二年五月初二日
制曰資父事君臣子篤匪躬之誼作忠移孝國家宏錫類之恩爾原封修職郎武宣縣教諭封敔惇迺廣
西桂林府教授封衛世之父積善於身祥開厥後教子著義方之訓傳家裕堂構之遺茲以覃恩加贈
爾爲文林郎錫之敕命於戲殊榮必逮於所親寵命用光夫有子承茲優渥永荅忠勤

制曰奉職在公嘉教勞之有自推恩將母宜錫典之攸隆爾原贈八品孺人區氏迺廣桂西林府教授封
衛世之母鑒範宜家夙協承筐之美母儀貽穀載昭畫荻之芳茲以覃恩加贈爾爲孺人錫之敕命於
戲彰淑德於不瑕式榮象服膺龍命之有赫永賁泉壚

嘉慶四年四月初八日

制曰考績報循良之最用獎臣勞推恩溯積累之遺載揚祖澤爾原贈文林郎封敦惇乃甘肅寧夏府中
衛縣知縣封景岷之祖父錫光有爲樹德務滋嗣清白之芳聲濯流再世衍弓裘之令緒祜篤一堂茲
以覃恩貤贈爾爲奉政大夫錫之誥命於戲聿修念祖膺茂典而益勵新猷有穀遺孫發幽光而不彰
潛德

制曰册府酬庸聿著人臣之懋績德門輯慶式昭大母之芳徽爾區氏戀氏迺甘肅寧夏府中衛縣知縣
加同知銜封景岷之祖母箴誠揚芬珩璜表德職勤內助宜家久著壯賢聲澤裕後昆錫類式承平嘉
命茲以覃恩貤贈爾爲宜人錫之誥命於戲擇徽音於彤管壼範彌光膺異數於紫泥天庥允劭

道光二十五年十月十五日

制曰委贄策名念既膺夫簪紱克家纘緒光必遂夫門閭爾封景嶸迺甘鞏昌府伏羌縣知縣封景岷
之兄道近持躬情殷訓弟經傳詩禮青緗揚雁序之輝慶篤芝蘭丹綍煥龍章之麗芳徽允懋新典宜
頒茲以覃恩貤封爾爲文林郎錫之敕命於戲被章服以增榮聿顯友恭之義承絲綸而無忝彌彰善
慶之風

制曰教佐義方内則允彰夫懿範榮敷閫閾朝恩宜體乎私情爾梁氏迺甘肅鞏昌府伏羌縣知縣封暴岷之嫂貞淑性成徽猷道協身嫻姆訓肅儲貞幹之材志懍慈徽用衍熾昌之緒丕照淑慎特賁絲綸茲以覃恩貤封爾爲孺人錫之敕命於戲龍章式煥令儀著美於當時象服欽承用衍益彰於奕葉

道光二十五年十月十五日

制曰寵渥朝章賜類不遺於一命祥開嘉慶貤恩爰及夫重闈爾梁人棟選知縣封維嶽迺內閣中書加一級封蔚紉之祖父弓裘衍慶瓜瓞綿庥作述相承再世式彰其祖武淵源有自一經早裕夫孫謀茲以覃恩貤贈爾爲文林郎錫之敕命於戲舊德繼昭用彰顯揚之志新綸特賁允膺泉壤之光

制曰禮由義起榮孝治於中閨命自天申賁榮施於大母爾潘氏迺內閣中書加一級封蔚紉之祖母德懋闈儀光生槐里珩璜作則式垂淑慎之型苕藻流芬不振光昌之緒茲以覃恩貤贈爾爲孺人錫之敕命於戲鸞書煥采合彤史以揚庥象服增輝荷雲章而錫慶

制曰實獻服采中朝抒報最之忱錫類殊恩休命示酬庸之典爾奎文閣典籍六品銜賞戴藍翎封掄英迺內閣中書加一級封蔚紉之父令德踐修義方夙著詩書啟後用彰式穀之風弓冶傳家克作教忠之則茲以覃恩封爾爲文林郎錫之敕命於戲篤生楩梓之材功歸庭訓披煥絲綸之色榮播天章

制曰壼教凝祥懋嘉猷於閫中國常布惠揚庥命於庭幃爾梁氏迺內閣中書加一級封蔚紉之母勤慎宜家賢明訓後相夫以順含內美於珩璜鞠子有成樹良材於植幹茲以覃恩贈爾爲孺人錫之敕命於戲昭茲令善之盤榮施勿替食爾劬勞之報貽範長垂

咸豐九年十月二十日

制曰嘉謨𦘺奕葉允昭世德之求殊寵錫公朝益展曾孫之孝祇承新渥用報懿徽爾郡庠生封景嵩迺湖北候補知州加四級封蔚初之曾祖父敦仁無斁垂裕有方種德開先堂構益恢於來緒貽謀裕後箕裘克紹於前修懿矩攸彰施恩遂逮茲以爾曾孫克襄王事貤贈爾爲中議大夫錫之誥命於戲四世其昌久聚德星之慶九原可作允承褒命之榮國典洊膺家風益振

制曰綏猷佐治寵既被於外僚貞順垂庥恩事推於內德特敷惠澤用播徽音爾李氏迺湖北候補知州加四級封蔚初之前曾祖母肅雍可範令善堪模樹慈訓於後昆爰著錦綿之德傳素風於奕葉式彰貽穀之謀允作母儀有炳昭國典茲以爾曾孫克襄王事貤贈爾爲淑人錫之誥命於戲九重錫慶洊膺丹詔之褒四世承恩益煥朱綸之色勤宣令聞用展幽光

制曰家鳳積厚延介福於聞孫靈德比隆溯徽於王母推恩四世增美重闈爾余氏迺湖北候補知州加四級封蔚初之曾祖母性質幽閒德心慈淑中珩中璃能□美於前徽寔熾寔昌亶發祥於後嗣芳型不替惠澤常流茲以爾曾孫克襄王事貤贈爾爲淑人錫之誥命於戲閨儀可佩同垂黃玉之聲芝檢彌新允麗紫泥之色式承慶典永樹榮名

同治七年十月初一日

制曰奏績在公已懋勤劬之念推恩及下宜旌鞠育之勞爾梁氏迺知府銜湖北蘄州知州加四級封蔚初之庶母持〻以慎助選能賢無忝所生常念屬毛而離裏則篤其慶俾能盡分門達情茲以覃恩貤

容州封氏家譜

卷十四

卷十四

容州封氏家譜卷十四

家傳

始祖通判公傳
三世道坦公傳
四世直翁公傳
昌翁公傳
七世崇祿公傳
崇才公傳
十世章武公傳
西峯公傳
十一世碧瑕公傳
十二世何太孺人傳
十三世振銚公傳
大宗公傳
振子公傳
振姓公傳
十四世煥崑公傳
節孝王太孺人傳
台伯公傳
十五世焦林公傳
竹林居士傳
見賢公傳
毓桂公傳
蘊山公傳
香泉公傳
十六世孝子封石燕公傳
景亭公傳
石齋公傳
曲泉公傳
梅軒公傳
綸閣公傳
十七世碧峯公傳
十七世中峯公傳
梧岡公傳
玉亭公傳
孝婦伍太恭人傳
少雲公傳
十八世龍波公傳
敬山公傳
鳳池公傳
望仙公傳
元卿公傳
時雍公傳
處齋公傳
葦洲公傳
芑洲公傳
香洲公傳
敬亭公傳

十八世荊山公傳
春洲公傳
嶠珊公傳
道蕃公傳
十九世輔世公傳
定齋公傳
惠泉公傳
鷺臣公傳
雙烈女公傳
温其公傳
星甫公傳
金門公傳
雲榛公傳
寶田公傳
熙臣公傳
宸夫公傳
二十世少霞公傳
孝女長珠傳
烈婦梁氏傳
汝燦妻杜氏傳
善長公傳
錫之公傳
鶴雲公傳
少游公傳
師可公傳
倫舫公傳
升華公傳
星堂公傳
富竹公傳
崑甫公傳
慶秋公傳
羆樵公傳
二十世少楷公傳
暢林公傳
述唐公傳
二十一世子明公傳
壽君公傳
瑞雲公傳
慶雲公傳
勵吾公傳
侶伊公傳
括球公傳
祝寅公傳
二十二世震南公傳
二十三世崧生公傳
西伯公傳
二十世四萬石公傳

容州封氏家譜卷十四

家傳

始祖通判公傳

始祖諱文明字舜敷世爲河南開封府祥符縣人當高宗南渡時中朝士大夫恥淪左衽往往羣輿避地舉族相隨以昭敵愾從王之義然雖轉徙臨安其後人策名委贄者大率仍用北來舊籍蓋故國之思未嘗一日忘也公於度宗朝由鄉貢仕爲容州下路通判攷宋制通判知州軍事兼勾管水陸度友轉運等務凡軍民之政均統治之公涖任初正值北敵勢張長江岌岌獨粵中地可稍安容州扼嶺嶠之吭獞苗雜處籌邊經遠控禦綦難公敷治承流克殫厥職咸淳十年寧遭叛賊煬先之變蹂躪徧四境而寧還軍士卒多疲苶不堪應敵公協贊戎機次第勦蕩地方以靖然當是時南朝柄用權奸國本已搖人心日渙公知時事萬無可爲慨然曰中州陷荆棘久矣此地襟都嶠而帶容江山輝川媚易世後必有興者吾其終老於此乎遂乞解印綬卜居於容未幾而帝昺南奔碙州告變公以窮海散僚手無尺寸柄屢欲整旅勤王人無應者於是却掃閉關一經課子惟以垂裕後昆爲念逮元興屢徵不起家居以卒迄今渤海名宗瓜綿嶺表實公有以開其先也配梁氏生子一爲二世祖叔達公由貢生仕萬州吏目

李毓英曰吾郡言世家者必首推封氏志乘特以家學淵源稱之果何以獲是休聲哉及究其至此之由始悉封氏自通判公以宦籍居容逮我聖朝綿歷六百餘年流傳二十四代科名鑾笏冊頌清芬於

容縣惟一商店承印

戲侗其盛也夫通判公當度宗朝時局既不足有爲經變革後宦蹟亦不盡可紀然觀其子姓之濬熾寖昌則當日之仁聲闓澤知必有其昌百世者豈獨輝映一郡哉且將與金張比熾矣

贊曰谷江泱泱嶓嶺蒼蒼炳靈原秀蓄極必昌猗歟我公聿來胥宇甫及再傳騰光茂緒匪光之騰惟澤所貽匪緒之茂惟德所基澤並水長德同山峻萬禩千秋宗彝永振

三世祖道坦公傳

吾容蘊大容都嶓之奇天南五管實居其一朝廷特設經略節度使以撫馭之屹然稱爲重鎭然博稽史乘唐宋間惟元次山以下若而人俱以仕容昆耀汗簡生斯土者寥如闃如山川磅礴之氣久而弗洩其有以科第起家歷職崇階垂光適志循蹟登諸名宦秩祀奉以鄉賢千百年來卓然開合邑先者祖考道坦公一人而已公爲贈邕州伯叔達公子少秉異表財□識冠絕等倫登元仁宗延祐二年進士初仕藤州學正以道義倡諸生蘇湖風教行於南徼累遷至邕州路總管府兼左右兩江谿洞鎭撫司汝元制總管任兼文武階四品即古之方牧職也公涖事初正值地方多故邕柳諸蠻獠數出爲亂公以儒吏練習機宜廉聞四達寇不敢犯其境閭巷熙熙然商相與歌於衢農相率休於野若不知境外有兵革事者諸蠻至投戈謂曰邕有封使君仁人也吾屬猶反乎以故在任數年前後佐統帥招撫士官岑世興等邊氛悉靖挂冠後邕人請入祀名宦祠昭其德也公自歸里林居日惟務側修行爲一邑宗會廣賊藍青等犯境所在蹂躪事平百物蕩然流亡載道公自維贃歷半生箕郭所餘皆君親之

賜也因壅出籲金多方周䘏桑梓如獲更生通志稱爲鄉黨宗族皆被其德則公之所以施澤於密與子孫之所以食報於公者概可知矣公名履孫道坦其字歿後邑人追思遺惠請祀鄉賢

四世祖直翁公傳

吾族自通判公以宦籍居容四傳分爲兩大房其長房瓜綿瓞衍者皆直翁公之苗裔也公諱正甫幼負異姿刻苦勵學父邕州公自秉鐸以至建牙公未嘗不隨侍趨承庭訓恪守無遺而於政事之得失亦復能留心體察同僚見者有超宗鳳毛之譽邕州公致仕後侍養里門依依孺慕定省暇益加淬厲遂由貢生入監肄業歷資數載出爲福建沙縣主簿公思一命之吏苟存心利於人必有所濟因力佐上官興利除弊龍溪豸嶺間頌聲載道其時仲弟昌翁公亦由徵辟仕至廣東清遠令目擊元祚寖衰約同解組歸里白頭昆季晤對言歡嘯傲林泉日與寄情詩酒邑中仰其高致無不推爲眞吏隱云

四世祖昌翁公傳

我封氏占籍容州流傳廿餘代矣其開一邑科第之先者自三世祖邕州公始其拜九重徵辟之詔者自四世祖清遠公始公諱盛甫字昌翁髫齡時駒角始現已英英露爽見者詫爲奇童父道坦公歷職藤邕恆攜以侍任聽政暇一經垂訓七略俱興公性穎悟隨所指授輒能因端竟委平日博覽嗜奇於書無所不讀尤善古文辭卓然成一家言時邑屬謭陋未開公以中州世胄樹邊徼風聲境內承學之

士皆知澤躬爾雅論者謂如交州之得士燮也元天歷三年朝廷特開徵辟科當軸以公應詔用薦舉明經出爲宥州清水司巡簡尋擢廣東清遠縣知縣治當須水之衝民嚨事雜公一以廉決濟之循聲大噪有豪族某倚勢弄權小民無不側目公以爲稂莠不翦嘉禾不生古人拔薤一本所以抑强宗也乃因事禁飭未嘗稍存顧忌而於邑之良善必多方奬掖冀動閭閻觀感輿論翕然推爲衆母在任閒內艱歸里戢影廬居正值元祚寖衰中原鼎沸公知時不可爲因縱情詩酒自放於山巔水涯以娛永日未幾容復遭山寇衆五之亂舊家圖籍大半叢殘公懼文獻之無徵也廣掇前聞手輯爲容州學校人材題名記各若干卷俾資後人考證其後明永樂間邑宰彭公濟纂修縣志序言變革後紀載蕩然惟得公所著等記始獲知所從事今雖故帙無存而合邑掌故賴以拾遺補墜者胥此一綫之貽留公之有造於容豈其微哉公在官封清縣男妣王氏封清遠縣太君歿後邑人繼公父特請崇祀鄉賢祠

贊曰昔後漢書謂龐士元非百里才必待中別駕方可展其驥足夫以公之才適志稱爲淹貫百家能紹父學使得溶陟崇班本所蘊以施有政當必能斧藻承平者惜乎元政不綱羣思避地致令終隱名山垂空文以自見是則吾容之幸而公之不幸也夫然而父子並祀鄉賢馨香百代天之嗇其遇者又未嘗不豐其報也嗚呼何以不朽矣

七世祖明封崇祿公傳

於瘴雨災風之地作金戈鐵馬之場獨能以嶺表諸生上一封書動九霄聽名在國史功在鄉閭若是

者得諸吾崇祿封公諱按公名登嗣更名爵崇祿其字也父真仲由歲貢仕至廣東靈山令有政聲公自幼卽頭角嶄然最爲靈山公所激賞稍長出就外傅文筆兀岸不羣弗屑屑於章句之學每讀史至古名臣諫疏奏議輒躍躍起舞尤善談兵於邊陲形勝務窮奧要嘗謂人曰雕蟲篆刻壯夫不爲若得志當如陸敬輿李贊皇定策籌邊引天下爲己任不得志則杜牧罪言陳東抗疏亦自有期許者在古今人何遽不相及耶聞者莫不壯之弱冠補弟子員屢踏槐黃數奇不偶嗣由廩膳充歲貢生用薦入國子監肄業公考石鼓之蝌文樹金臺之駿望北方學者未能或先時國學生額濫侍郎孟濡奏請裁汰公獨以學行特留會潯州蠻酋侯大狗作亂倚大藤峽爲奧區擾及容鬱各屬寖不可制公痛切鄉關因伏闕上書數百言具陳賊酋嘯聚形勢瞭如指掌乞卽調兵擒滅書尚載明史中廷議如公言特命都督韓雍開府梧州相機進勦諸蠻以次削平桑梓蒙福論者謂曲突徙薪皆公有以致之也兵事大定當軸以公熟於人情風土奏請除授潯州府照磨下車伊始目擊瘡痍未復加意拊循而尤亟亟於嚴保甲立學校諸所措置苟利於民者專之不避勞怨士民愛戴若慈父母卒緣是忤上官意不獲大用時人韙其才未嘗不嗟其遇也妣王孺人繼妣覃孺人生一子相能世厥家思孔與公六世孫昌熊爲齊年生故於公生平世系知之最詳兹不具論特舉其大者康熙丁卯年同里後學覃思孔撰

七世祖明封崇才公傳

公諱英號崇才粵西容縣人邕州路總管府道坦公元孫贈昭武都尉文倖公子也少時骨相不凡及

沉

長從戎粤海沉毅饒智略當道奇才常倚重焉會黄蕭養倡亂嘯聚海濱淮窺廣州勢張甚僉都御史楊信民全公參贊戎機先事解散脅從爲釜底抽薪計迨楊公病卒都督董興繼之知公洞悉形勢凡進勦招撫事宜必諮之而後行亂平以功授守禦千戶所景泰三年潯猺亂公隨兩廣總督王翺率師征討公周悉猺俗及谿峒險要賊所出入處斷其嚮絡分路攻勦凡所籌畫動協機宜賊平論功行賞擢都指揮使司積勞成疾卒於潯州羅夾今平南縣川三上里大黎村鷄兒尉豐碑屹然即公住城也公六世孫維翰廣東高廉兵備道監軍副使亦能纘忠明室後先輝映於虖增當表光矣後學梅縣廖道傳謹撰

十世祖章武公傳

公諱憲字章武庠生誥公子也世居城內所街少不羈風儀瑰瑋識者異之稍長父命從師遊讀書但觀大畧不屑爲章句之學而談藝之餘好講韜略習騎射旁觀或從而笑之公斥曰今天下幸承平耳設一旦有變南征北討豈毛錐子所能爲力哉諸君未之思也居無何即有田州岑猛之亂公聞之奮然效班定遠侯投筆乃以軍功職員奉督府姚鏌諭與何定團練鄉兵各數千人從將軍沈希儀等官兵進勦斬獲無算復戰於德陽地方大勝之賊衆喪膽惟固守工堯公又與諸君力撲丁堯沈希儀設奇兵伏山頂夾攻賊大潰斬孟子邦彥於陣賊退猛走歸順州土知州岑璋斬猛首獻於轅門而田州以平後因設流官餘黨反側致田州復爲賊巢又徵兵數萬討之仍失利時督府姚鏌去位新督王公

守仁來公復隨中使鄭潤寧遠侯朱麟帶各路兵連絡防堵屢立戰績大帥以爲能而公絕口不言功也事平朝廷授以官堅辭不受所得賞賜分給陣亡諸軍士家遂引疾歸隱徵之不復出公性孝友强毅之氣時流溢於眉宇間生平喜鳴不平濟貧乏人無貴賤而皆接之以禮待之以恩聯之以信勉之以忠義故士卒胥樂爲之用迄今披覽通志公名猶昆耀簡册嗚呼豈不偉哉妣申氏生子德瑚贈中憲大夫德連德璋孫臣贈中憲大夫曾孫維翰維城維翰明季由舉人官至高廉兵備道副使事載邑志別有傳

十世祖西峯公傳

吾族傳十世以理學名家者爲西峯公諱繼榮明諸生文川公長子性忱靜嗜學以主敬不欺爲本舉動有制事親至孝鄉黨無閒言弱冠補弟子員時武康程先生文德以編修言事謫信宜尉受學撫陶公諸聘主講梧州書院先生者王文成高座弟子也公聞名景慕負笈往從之遊院爲文成平八寨時講學所程仿王氏遺規作六箴以示教其條目曰自愛辨志務實尙行敦本持謙日本良知之旨垂勗諸生聞者悚惕汗下公獨深契師傳宗法潛心體察矯然有以自拔程許爲入室高弟每歸省必親送之曰吾道南矣其後程由梧訪文川公於容講通家誼歡若生平因約公與探都嶠諸洞天名勝吟節所到猿鶴爭迎今北流勾漏岩有當日同遊題名石刻尋碑訪古其高躅猶留泉石間也公既瓣香於姚江名譽日起遂由貢南廱廷試授官國學嗣出爲南京武進縣丞地枕東南衝要舟車輻湊機務棼

修

如公獨能不勞而理退食餘閒猶時時殫心舊學邑苦盜屢歲不能獲因佐上官晝策授諸捕以方畧劇猾相次就擒民皆安枕敘功進荆王府紀善荆藩建爵蘄春富顯甲天下公爲府橑惟以廉節相尙措置諸務井井有條自長史以下官聞公得姚江之傳悉欣然問業公時以正學告之復進敬天節用愛民救荒四事於王盡心輔掖王輒温旨慰勞謁見令長揖不拜賞賚優渥時論榮之用薦當陞州牧而公因急於省覲乞身歸里家居日訓廸後進一以倡明絕學爲己任出其門者如御史楊際熙龔安令秦煒俱風節矯矯有聲於時而公年益高養益粹居鄉恂恂足跡不履公府與人言如春風扇百物人皆飲其和生五子皆以良名示不忘師門宗派蓋公確有得夫明善復初之理身體力行而非僞學者流託良知以標門戶也公政績詳載湖北黃州府志歿後瘞於蟠陽之燈槃山佳城鬱鬱談地學者競推爲一邑之冠云

十一世祖碧瑕公傳

公諱良儒字養聘一字碧瑕考西峯公有丈夫子五公其少也自幼姿表異人第五之名噪聲宗御定省暇受濂洛之旨於庭訓悟道獨早爲諸生矯矯不羣由優廩三登副榜萬曆間北雍廷試選授浙江開化縣訓導愛士育才士論翕然宗之尋陞益王府教授益藩建節洪都威望烜赫臺司百城皆長跪白事公以師儒官獨被尊寵每入見稱爲封先生因力導王以窮理力行之學隨事匡弼多所裨益王特疏薦公秩滿當陞京職慨然有攬轡澄淸之志抵都見客魏朋比弄權傷殘士類而西北久旱荒羣

盜竊起任事多庸才語人曰三綱淪矣見機而作吾其爲逢萌乎遂引疾歸怡情竹素凡憂時憤世之隱一一寄之於詩與邑僉事王公貴德等結社都嶠洞天吟筒往復人稱容山五子遭甲申之變麻衣跣足朝夕北望哭失聲公知孤城不可久安聚宗族謀亟圖避地乃携諸子遯於縣南睦村堡之旺坤溪山深處結茆以居未幾郭勇來屠城人咸服公之明哲然公自罹難後凄涼京國往往悲咤終日遂年亦卒生平所著詩有繡江吟北征吟諸集經亂大半散佚康熙間公孫飛渭公曾刊以行世論者謂其逸韻高情深得明七子之遺響云

王典瀛贊曰吾粵西僻處嶺表自有唐至今二曹外罕以詩名者豈果嗣響之無人歟蘭芳空谷雲戀深山物色既遐音塵遂闕古來槃澗獨歌之士如先生者使得旗鼓中原當不讓廬劉獨步而乃寂寂巖扉徒與猿鶴相嘲弄每讀先生詩不禁掩卷而三嘆也噫

十二世祖秋浦公繼配何太孺人傳

孺人姓何氏明邑孝廉官至苑馬寺監正會淡公女其始誕也爲會淡公領鄉薦之年嘗有言曰是女增壯吾門異日當享福壽稍長隨父之澄海任日侍冰署中教以經史能通大義既而會淡公榮擢京職因隨母旋里遂歸我秋浦公公爲明諸生以文學著遭時多故鬱鬱不得志迨甲申鼎革遂自韜晦閉戶著書惟日以訂墜補遺爲事孺人荊釵靚服佐讀於燈光山影之間杼軋咿唔相響答見者謂有鹿門偕隱風秋浦公既即世孺人一以勤儉治其家日督諸子刻志勵學遠大是期手書爲善最樂四

字勗之平居篤於外氏念父會淡公病故都門遺孤尙幼迎其母奉養以終餘年及歿命諸子爲營塟祭莫不哀禮備至撫前室子振公公如己出能使其學成名立所生二子長飛渭公登賢書次涵一公領副貢先後出爲邑宰皆本慈訓以作官箴政聲卓著孺人賦體强健年逾八秩耳聰目明步履飲啖如少壯時方飛渭公選授鉅鹿令報至孺人欣然喜命之仕而訓之曰汝今幸博一官當思上報國恩勉爲廉吏勿以寄鮓貽吾憂也及飛渭公三年報最乞養歸來笑捧芝泥歡臚蔗境會淡公當享福壽之言益信爲不謬云壽八十六歲無疾而逝

十三世祖振珧公傳

公諱昌祚字永錫號振珧父元勳公明諸生一經教子有韋氏風公幼承庭訓稟性强毅所學以主敬集義爲要於濂洛關閩直闖其堂奧弱冠補弟子員有聲庠序崇禎丙子科舉於鄉兩赴春闈薦而不售歸日以經義訓四方之士成就甚衆部選上林縣教諭勤於訓廸邊徼士風一變尋陞入北京國子監助教轉南京司務故事新曹尙緘默公獨錚錚不少退避日取天下戶口阨塞闗之方思大有所建白會燕京告變公聞難跣足披髮北向朝夕哭幾不欲生宏光闡擢公爲戶部主事時主辱國蹙天步艱難而馬阮當軸弄權朝政益壞公與劉宗周手疏劾之不報幾見逐公知事不可爲乃因母老乞歸孑然一身道梗數遇賊皆不忍犯曰此留都不屈主事也相與羅拜而去抵：奉母家居每夕依斗望京涕零如雨旋丁母艱哀毀骨立遂築廬於都嶠山之麓枕流漱石足跡不履公門國朝定鼎後益自

韜晦鄉里聞其名罕見其面會薙髮令下縣人皆視公爲去就邑宰不得已造廬而請曰先生勝朝遺老高節所不感強其如桑梓百姓何公聞命嘿視亟取壁上劍欲自裁家人環抱得不死乃大哭截髡其髮佯狂於林壑間值風晨月夕輒舉首向天諵諵自語人莫知其所以有司屢徵不出因榜其門曰熙朝嘉客曰典型尚在前後五舉鄉飲大賓皆以疾辭壽七十七歲鬱鬱而卒遺命用原職官帶殮嗚呼可以知公之志矣歿後鄉人慕公風節立主於祉廟祀之學者稱爲主事先生

十三世祖大宗公傳

國家幸際承平出仕一官宰一邑奉法承流與民休息以安靜吏登報最書稱職猶易易耳若夫中原板蕩國步艱難獨能倡義旅以勤王篤忠貞以戴主志節皎然與勳猷並著者非我大宗公其人乎公諱維翰自幼丰標嶽嶽識者早以大器卜之及長博覽群書兼通韜略爲文浩瀚有倒峽翻瀾之勢弱冠舉茂才崇禎癸酉科領鄉薦越八載授江西宜黃令甫下車適遇荒歉公多方賑卹民獲更生在任數年修學校以培士氣嚴保甲以清盜源政平訟理民有神君之譽上游奇其才交章論薦將大用會甲申之變公北向痛哭悲不自勝及聞福王正位南都審而不寐方謂枕待旦恢復可期矣乃長江天塹固守終虛公乃與諸臣奉江藩起義提兵克敵所至有功超授監軍御史無何主少軍微卒至潰敗然忠義之心猶未已也於是孑身歸粵招集義兵因隨總督丁魁楚尚書李永茂等奉永明王於梧州改號永歷公盡心匡弼協贊戎機遷江賓桂各屬均賴剿平以功敕授監軍僉事旋升監軍道副使畀

以高廉重任總管兵馬糧餉諸務王手制勅書疊加獎勵未幾以內艱歸值故鄉羣盜蜂起聚衆至數千日肆劫掠邑令棄城而逃時永曆已南奔緬甸公不得已爲地方計峙糧募兵聲威大振賊不敢犯邑賴以安國朝大兵至以公有守城安民功畀爲鄉官不受有司累舉鄉飲大賓兩加旌獎亦不受隱於一里久營村戢影蓬廬不談世務康熙間滇逆吳三桂叛土匪又乘間竊發鴟張鶴淚民不聊生時公年已七十矣桑梓皆倚若長城乃命子台伯公率領鄉人築堡禦亂一方賴以保全吳逆平中丞傅公宏烈辟台伯公爲從事授縣尹以親老辭不就人皆欽其廉孝謂公有子云壽七十四歲而卒鄉人思公德奉主祀於廟稱爲封道爺

十三世祖鉅鹿公家傳

吾容僻介嶺表自有清垂統沐浴醲化二百餘年方聞綴學之士爭相激厲然雖魁碩踵生無一人得厠瞽宗之典者何其難也逮光緒乙未邑人倡修縣志博攷遺聞僉爲吾祖鉅鹿令君淳德穆行實足與先代邕州清遠二公遙遙輝映於是臚舉事實上陳當道欽奉俞旨於光緒丙申年八月十二日入祀鄉賢祠俎豆一門屢叨曠典於戲又何盛也謹按公諱昌熊字飛渭一字振子自幼風骰瑰異有張堪聖童之譽及長清貞守道博極羣書隱然負後樂先憂氣概時宰容者乃李明府瑞徵曾問業於孫夏峰先生之門携所授理學宗傳一書來容公特乞歸山中覃思深索且擷其精蘊成理學摘要四卷遠近識與不識羣稱爲眞儒復出甲子科舉於鄉三試南宮薦而不售歸日本所得成就後學邑屬故

謭陋自經提唱近鄉陳帝典諸老相繼成名人推爲德星之里性至孝遭父艱慘戚幾滅性三載居廬雙烏效異由是專意奉母與弟振姓公侍膳寢門斑衣共戲有勸之重踏軟塵者淡如也洎甲申揀選及期慈命勗公以報國自效勉爲一出因思薄宦長後生靡所矜式手著遺訓八條於天人性命之旨剖晰微至萬石門風河東家法論者直曰兼之抵都謁選除直隸鉅鹿令公以不世之才鸞棲下邑案無留牘已有頌聲泣東甫三年上書乞養到容之日正值鄉關不靖罄家貲所有令各村分立營壘力圖捍衛前後自募鄉兵勉以忠義隨上官勦除逋盜口不言功軍事既定亟就附近楊梅地方特制腴壤通商惠衆又於下游紫花河捐設渡船利濟行人並撥田以資歲費生平見善如不及伏處里閈數十年義激敦道匡雅俗通國戴之如甘雨祥雲到今受賜鄉人至立祠繪像以崇報之春秋妥侑公亦人傑哉矣享壽六十有七所著尚有經義選腴八卷及勉果齋詩文等集經亂大半散佚然窺豹一斑藏鳳片羽讀其書者猶可想其爲人焉

十三世祖振姓公傳

公諱昌駿字振姓涵一其號也同懷三人皆有聲於時而公尤賦性多智處彝倫間肫然藹然刻刻以紹述爲志由邑庠登康熙癸酉副榜兩膺教職課士有方以卓異洊升授浙江海寧知縣越三載登上考書特移遂安令循聲尤著歷任興學訓農風清弊絕去思來慕之頌籍甚口碑邀覃恩得以其秩贈所生遂解組歸前後作宦廿餘年善始善終無纖微簪紱累殆所謂明哲保身者歟家居日惟以吟詠

自適嘯傲於山林泉石間晏如也壽六十九歲而卒

贊曰公性多智品式圭璋策名筮仕邦家之先鐸宣氷署花種河陽見機解組晚節彌香枌榆食德芝之桂茁芳自適其適終焉允臧

十四世祖煥崐公傳

公諱璩號煥崑字堯璋振祧公六子風格清高卓越儕偶自少遊庠淡於仕進卜宅坡濟村杜門謝客究心於理學宗傳一書足跡不履城市朝夕歌詠以自娛暇則蒔花種竹策杖園林超然無塵俗累胸次之瀟灑饒有谷口鄭子真風不慕名利庭訓甫嚴嘗戒其子曰吾家世守遺經備嘗當篇志讀書以求身心之益毋倖圖進取辱名教也即公之訓想公之心其不沾沾以富貴望後人者不愈成其高乎年七十四無疾令終鄉人慕其爲人因所居在坡濟村咸稱之爲坡濟公志乘列公於隱逸傳高其行也邑人祀公於名儒祠尊其德也於戲若公者洵足不朽矣

十四世祖節孝王太孺人傳

孺人王氏乃二里縣學附生命搢公之女康叔公原配也王氏以烏衣世冑代產賢媛孺人幼即端莊鉛華弗御最爲父茂才公所器重授以更生烈女傳每讀至古賢孝節烈事何娓娓不倦若默契於中者及笄歸我康叔公黽勉同心克循婦道事翁姑尤能委曲承順昕夕潔膳調羹必恭必謹康叔公名

俊一釁下帷攻苦孺人宵燈佐讀嘗至丙夜不休見者以爲有梁孟風乃不數年舅翁鉅鹿公壽終里邸康叔公哀毀悲慕如不自勝竟緣是得疾不起當病革諄諄以養姑撫子爲囑孺人哽咽應命既卒絕而復蘇者數次然每念遺言輒强自遏抑維時門祚衰落伯兄與仲叔均相繼謝世妯娌二人柏舟共矢里黨閒因孤弱可覬乘閒謀侵其家產於是外禦强侮內撫遺孤氷蘖之操際艱難而益顯姑夏太孺人暮齡多病凡藥餌所需必躬自整理從不假手婢僕每當霜閨五夜慟憶所天聞姑喚亟拭淚以進故作愉悅色以博親歡蓋數十年如一日也待子姪撫卹時殷然有過卽呵譴不貸並歷舉先代清德以激厲之無敢怠於學者孤子毓梿公稟承慈教早擷芹香逮晚年抱孫洊慶門閭式廓歲乙酉長孫膺拔萃科次孫亦秋闈報捷一堂瑞慶悅豫且康迺喜謂毓梿公曰吾守節半生備嘗況瘁今幸撫你成名諸孫復彬彬繼起足以慰而父於地下矣壽八十三歲無疾而終道光二十三年邑人臚舉節孝事實聞於朝奉旨旌表如例准予入祀建坊解元覃公武保特編入容州烈女志雲礽鼎盛科第駢蕃蓋苦節之食報長矣

十四世祖台伯公傳

公諱可鼎字台伯明監軍副使高廉兵備道大宗公子也性純厚篤孝友幼稟庭訓隨觀察公之任江西時文章器識以爲先輩所賞許甲申之變公先奉母李太夫人南歸閉戶讀書學問益加邃密且時與從弟英伯公倫伯公季直公賞晰奇疑怡怡一室先後馳聲庠序鄉黨咸敬慕焉公以歲貢官昭平

縣訓導勤於課士能舉其職旋以親老乞終養解組歸里時觀察公年七十矣未幾土匪竊發擾槍遍地鄉人洶懼群集觀察公前謀抵禦之策觀察公自永曆帝出亡後晦迹山林不問世事公乃投袂而起率鄉人加築久營堡壘內戢衆志外禦强寇一方賴以保全僉謂微夫人之力不及此公曰吾輩聚族於斯桑梓獲安家亦得所庇爲吾父老矣捍災禦患吾輩責也功於何有聞者賢之亂平大府嘉其勞授公縣令以親老婉辭歲庚申先觀察公卒春秋五十有八公有子二人長安邦拔貢任恭城縣教諭次興邦邑庠生孫四人長孫長治縣試皆第一入郡庠次孫振治邑武生三孫致治拔貢桂平縣教諭四孫齊治例貢生出爲化州公嗣衣冠濟濟後起多才以是知公之流澤孔長也

十五世祖蕉林公傳

封公安邦字濯用號蕉林弱冠補弟子員以選拔貢生任恭城縣教諭聲望素著邑令下車輒訪之咨以事地方利弊當因公得興革之宜不治產業鄰里恒資周䘏康熙丁丑縣中歉收者以常平倉穀屢遭賠累堅不發公致書借賑一以身任存活者甚衆有逆匪掠波里六王林殺大峒司巡檢余鑑匿其印懼兵糾結將肆屠掠奔據東門南山有司聞賊勢方張大恐遣人諭以解散賊曰此給我耳封某邑之望也願得一言爲信公至責以大義且以利害切論之賊遂歸巡檢印散去又容地及與粵東高廉接流寇時伏菁莽用公召率鄉勇捐倉廩爲糧百計毀其巢居人始獲安堵爲教諭時上官賢其能禮貌不以常員待而講道論德士心愛戴尤深凡六載援病乞休當道慰勉曲至士子相繼請留賦

詩詠別讀者爲之感嘆送之容者百餘人後仍以歲時饋問其師生唱和稿幾成帙也善詩文於里中多所成就縣令謝公恩稱曰公持己以介施人以惠無親疏貴賤賢愚而皆飲之以和接之以禮眞仁者之行也公晚年卜居六息山莊德望愈隆合邑仰之如泰山北斗壽六十三歲卒致賻者及千里焉郡邑志均別有傳子致治亦由拔貢任桂平縣教諭孫曾十餘人多以文學著邑舉人王維新撰

十五世祖竹林居士傳

公姓封氏諱建邦字體開號竹林自幼失怙事母孝韻性雅潔初家久贊自搆精舍盛植花木明窗淨几卓犖觀書日與廿一史中古人相對客至一樽暢叙彈琴賦詩更唱迭和洒如也暮年闢一園於龍寨村築書齋二間一面山一面河環齋雜蒔梅竹桃李諸樹建小軒於齋之左結小亭於山之巔取石之平者分列樹下爲圓几爲曲磴不一其處高秋月明絲竹聲從幽篁中出人皆稱爲竹林居士園學東譚若嘉謀爲說以誌之日與邑明經楊長青彭光祿郭嗣興輩時相往來縱談今古娓娓不倦遇佳節必載酒抱琴命儔嘯侶隨其興之所至悠然忘返其持躬一以禮法雖盛暑不脫巾履不著短衣竹林森樹間見其丰神秀雅未始不歎爲山澤之臞也生平不慕名利喜施予戚鄰間有告乏者輒給之婚喪不舉者亟助之而與醫昌先君子訂交尤摯嘗假宿公家遘危疾親屬咸勸之送歸公不聽因爲手調湯藥了無倦容病愈後贈以錢米奉還其友誼肫篤如此居嘗念封氏譜牒歲久失修命長君育民茂才向各族黨家踵門詳問查核碑銘數月彙齊鈔錄成帙日夜與同考訂寢食俱廢初不以爲勞

也卒年六十一著有竹林詩文稿藏於家蹟登邑志仁壽傳乾隆二十八年春同里歲貢生世姪鄧璐昌撰

十五世祖見賢公傳

公諱啟愍字見賢平叔公之冢子飛渭公之嫡孫也賦質强毅天性過人面左有大黑痣人稱爲鐵面公甫九齡疊遭祖父嚴父喪逾年又遭母喪公與同懷弟啟愿賴祖母夏太孺人撫育教誨以俾成立時兩叔父雖稍長乃不數年均相繼卽世叔之遺孤啟惇啟恒僅二三齡耳零丁孤苦門祚衰薄覬覦者輒欲藉端吞噬公年少老成深謀善處卒免外侮年二十七補弟子員有聲於時以身秉家政實無旁貸遂無意於仕進援例以附貢就州同職銜鍵戶家居日侍祖慈務得其歡心而後已築家塾延師督課諸弟於艱難卑弱之中能使蜚聲黌序邑令李志遠以策名清時學師李雲燦以孝行大節額獎之會邑宰奉臺符飭所在建造義倉公承命勸諭殷戶得穀五百餘石歸常平倉歉歲賴之康熙初邑遭兵燹典籍無存公與孝廉梁以梅楨廷紀歲貢李璋扈崇倫等結文讌社於城東文昌閣廣購書史歲時叙會講明惠廸之理刊感應綱陰隲文功過格勸善規過後學翕然宗之嘗以先塋未妥習堪輿家言得其中祕竹杖芒鞋徧尋吉壤如里中誥章靈水誥䋎諸祖墓皆公所相也設立飛渭公平叔公祀田倡修先世自宋以來塋墓別置腴田爲追祀之費蒸嘗緜續歷久而遵行不替暮年卜居石村巷鑿基以貽後嗣前築方池修篁繞屋五柳垂門有陶靖節風概生平喜施予鄰族中困乏者周給之婚

喪不舉者亟助之凡應童試及赴闈者多方鼓舞贈以辦裝錢成就甚衆迄今雲礽濟濟食舊德而服先疇回憶當年其心維手畫所以傳之後人者美善爲何如耶卒年五十有五以嗣子衞圻任武宣教諭贈修職郎

十五世祖毓桂公傳

公諱啟惇字毓桂康叔公子也生數歲而孤母王太夫人砥節含辛撫育以至成立稍長出就外傅仰體慈母劬勞輒攻苦自勵既冠騰譽靑衿見其文者咸推爲利器特以孤子負荷門基不欲因應試致違定省乃援例輸粟爲國子生一意家居奉母柔聲怡色務博歡心太夫人顧而樂之嘗語人曰吾有子如此不負半生苦節矣公性狷介中年有丈夫子四因事督教悉秉義方其治家動有法度垣宇器物必堅樸曰無苟費也園圃嘉植必整潔曰無苟亂也逮晚歲諸子以次成名優游頤養然門庭之內懍然以禮自持肅若朝典親黨後生聞公名莫不敬畏人以爲有王彥方之風壽七十三歲以孫景岷貴累贈奉政大夫

十五世祖蘊山公傳

公諱廷玳字若玫號蘊山斑叔公長子也自幼聰慧文筆犀利試輒冠其曹乾隆甲子科由邑廩生登賢書公車報罷里居授徒日以成就後學爲己任出其門者遊庠食餼膺拔萃領鄉薦指不勝屈歲癸

已選授新寧州學正司鐸六年勤於督課先器識後文藝多士翕然宗之旋以年老乞歸頤養林泉優游自得日與親戚故舊投贈言歡率族人增修家譜以述祖德以篤宗盟於親親之義三致意焉手錄成帙以貽後人齒德俱尊鄉族奉爲典型巋然若魯靈光焉卒年八十有四歲

十五世祖香泉公傳

公諱世擇字香泉漢鳳公次子也賦性純厚事親以孝與同懷兄弟三人怡怡友愛太和之氣溢於門庭少肄儒業數奇不遇摒擋家務喜習勤善居積持籌握算踵先人之遺業而恢廓之赫然財雄一鄉而功名利達之念淡如也衷懷坦易能得衆心里中有不平事輒來就質公開誠布公片言立解鄉黨宗族翕然服從生平取與不苟而義所當爲者必毅然爲之尤以承先啓後爲急務凡所肇舉注意如卜吉壤以妥先靈築家塾以培後嗣其貽謀者遠矣乾隆甲寅春考終於家壽九十歲

十六世祖孝子封石燕公傳

封氏隸粵籍歷四朝二十有餘世矣其家聲之丕振人物之鼎盛豈惟詩書文學科名簪笏連綿繼起於無窮哉鄉賢名宦光昭志乘代不乏人而孝行純篤膾炙士口卓然照人耳目者則有石燕封公公諱燊治字孝熙石燕其號也生而肫厚立品端方好讀書淡名利天性孝友事親克盡子道不以始終常變易居母喪會擇地未塟適公課耕外出家中不戒於火勢將迫柩力檏不滅公狂奔而返泣曰無

解

以救吾親又何愛吾身哉遂衝烟冒燄而入抱棺大慟家人莫敢嚮邇於火光中恍惚見金鱗騰躍俄而返風雨大火熄幃幡明器皆燼公與母柩巍然獨存嗚呼公何以得此哉蓋嘗論天人感應之理惟天不容僞惟誠能動物想公處此廹不及待之頃動以天性之不容已身之存亡固不暇計而天若默護其親以存其身爲人子立之鵠迄今猶想見誠意感通祝融斂勢曉然見綱常倫紀之不可一日泯滅者後居父憂啜菽飲水廬於墓旁以終三年公生平孝行最多難以枚舉而要皆本此至誠之德以行之前廣文朱公昌樊贈聯曰直以真誠還至性豈無褒美振幽光學憲池公生春又以孝至通神之額贈之嗟呼推公之誠以之事君必忠而摯以之交友必信而孚以之爲天下國家必所處而無不當後之人聞公之風亦可以之所勉矣道光己酉奉旨崇祀孝子祠此固我元首闡揚潛德孝治天下之至意亦公至誠之德有不可掩如此夫邑舉人後學梁金綬撰

十六世祖景亭公傳

公諱致治字庸熙號景亭昭平縣訓導台伯公孫恭城教縣諭蕉林公少子也幼有雋才風度端雅習經日誦千言於諸子史集亦能一覽便記作文具大識力飄飄有凌雲概書法遒媚得右君筆意十二齡應童子試邑侯李公致遠奇其才每成一藝輒拔冠其軍乾隆六十辛酉以優廩充拔貢生巡撫李紱見所作歐陽貞節錄詩大加激賞次年廷試歸嘗游姑蘇會稽間遍覽奇山水流連風景得句悉投奚囊中歸容後才思益精壯人以爲得江山之助生平愼於擇友惟與蘇學博五常何侍讀嘯雨先生

爲忘形交彈琴賦詩推襟送抱往往風雨連牀縱談今古後學皆仰爲標準著有槐蔭堂詩文集存於家壬午選授潯州府桂平縣教諭因公務赴省垣卒於桂林寓次年僅四十有五論者謂首稽一盤代承家學比諸孔穎達之三世司藥云

十六世祖石齋公傳

公諱衛圻字杜臣石齋其號也性穎悟嗜學能文年十九以冠軍觀茂才旋食廩餼歲科試屢列優等三赴棘闈首薦不售乾隆壬辰年擢恩貢授例就司鐸職歲丙申選授潯州府武宣縣教諭疊遇覃恩得以其秩貤於所後所生在任五年清明渾厚遇事能決嘗修學署明倫堂啟聖祠朔望講聖諭廣訓招諸生之穎達者於署中設饌相待諄諄訓廸先器識而後文藝每課得佳文輒繫節嘆賞凡邑士遊庠食餼皆不取贄儀貧者反周之未幾耆宦黎卓義登賢書張夢驥成進士皆公門下士也有劣生以白金二百求優選公却之謂以劣爲優士風從此頹矣乃進而責之反復曉諭卒成善士武宣令淮士陳君霆舒君德彰重公德學前後咨以地方利弊公所言洞中窾款令因興革加指邑人咸服學政李公殿圖弋公岱按臨稱贊爲真學師十郡中未易得也戊戌公年五十一諸紳製錦稱祝時致仕御史陳仁八十矣耆年碩德特爲撰壽言張樂郊迎公力却之衆曰屏有陳侍御文公命錄其文以進仍謝其屏既而稱觴者踵相接也及病諸弟子評量藥水環侍若家人其卒也哭之如喪所生官紳士商咸來泣奠相與紀其喪迨扶櫬歸諸卜相率送至里門哀慕久而弗釋時方之柳柳州胡安定云配梁

太恭人鄒人知平山令以梅公女處士以柏公育女恭儉仁愛治家有法享壽八十有四生子四皆遊黌序貢均成均而季子玉亭公且由拔萃科仕爲陵城學博孫曾濟濟環而黠領者數十人殆所謂福祿壽全者歟

十六世祖曲泉公傳

曲泉公諱衛世一字贊均乃毓桂公長子也天姿敏妙讀書能見其大言論丰采在晉宋間同氣四人皆具夙慧而公仲弟梅軒公最良乾隆甲戌同補弟子員吾族獲售者四人公冠其曹學憲許公道基有封氏爲容巨族之嘆試藝經何義門先生選刻金埒集中流傳關隴次年復與弟同列一等食餼時郡守乃江左吳公九齡見公文贊爲奇才特令入傳經書院肄業與修府志之役逮乙酉梅軒公領鄉薦公亦於是科登拔萃明年計偕北上朝考以教職用歸里後築書塾茂松坡惠教子姪裁成備至容北兩邑士出其門者多至顯達歲辛丑繼從兄石齋公爲武宣秉鐸風風雨雨教思無窮士林比諸二程夫子或有謂學田租寬請加稞以自潤者公不許曰吾不忍佃者子孫受世世之累也未幾丁外艱歸服闋起爲興安教諭其課士一如武宣時倡修頂雲山文閣及節孝祠所以培護文風者甚至會歲飢奉令下鄉賑卹因自請倉穀平價以蘇貧乏邑當孔道值安南用兵大軍絡繹委辦裝糧凡七晝夜不敢息市肆晏然民皆安堵謝中丞啟昆許爲能保薦知縣以年老辭嗣陞桂林府教授學憲錢公楷特加優異每出巡署中事必以託公相待如家人禮嘗對僚屬曰封先生學問心田俱好內外無一人

訾議真君子儒也公自署官舍爲第一寒齋苜蓿半盂清修自勵前後歷官十餘年待同齋一德一心情如昆季上臺託以重事知無不言行無不果總期有益於士民而後已壬戌卒於官一時弟子有木壞山頹之慟生平事父母最孝母喪後毓桂公納側室梁氏公奉庶母委曲周旋務伸孝養待族黨尤極肫摯每訓人要肯喫虧方是大智又言莫大之禍起於須臾之不忍其宰吏應務大率類此嗚呼可以風矣公享壽七十歲

十六世祖梅軒公傳

公諱衛教毓桂公之仲子字益修梅軒其別號也幼承庭訓質學邁常童稚爲毓桂公所愛賞及長與同懷兄曲泉公讀書桂山別墅晨硯分牋宵燈共案鏃成一藝相與賞晰奇疑直欲躋古賢堂奧甫弱冠便擷魯芹文名大噪而公虛懷若谷益究心於經史子集以充其腹笥歲乙酉長兄曲泉公登拔萃科公亦於是秋領鄉薦丙戌計偕北上凡經過湖山勝蹟輒舉平日所覽碑文傳記互相剖證高情逸概饒有坡穎遺風迨報罷歸家居奉親克伸孝養同氣四人怡怡一室式好無閒言而於群從子姪尤加意訓掖言動必引之近道未嘗略存姑息後生輩聆其謦欬恆惴惴生嚴憚心稍有弗率不敢使公知也生平秉性端毅自中式後愈留心保鄉遇族黨鬨告以紛難惟據理剖晰侃侃而談扶弱抑强式頹振靡人多藁其德而善良焉前後三應禮部試終以才豐運蹇未獲通籍今聞會屆大挑年識者僉公器宇咸以爲必擢高等及挑日仍不與選屆載清寒唐衢落拓偶爲之也享年五十五賫志而歿

十六世祖論閣公傳

吾族先世有以名士而爲名醫者如明經桂圃公廣文敬亭公表著於當時流傳於後代迄今宗鄰追思鄉閭慨慕猶嘖嘖焉稱道弗衰夫豈知爲之先者固有論閣公其人乎公自少讀書過目成誦爲文能岸然自異弱冠補博士員逾年科試旋以一等第一食餼肄業於郡邑之茶山書院時主講者爲邑太史何叙軒先生引爲高弟大加激賞每評課藝輒以公冠其曹及歲大比赴試秋闈文已首薦矣緣兩主司各持衡鑒一擬元一欲置魁選彊爭之右公者謂不列榜首可留後來之領袖羣英也榜發竟不售士論咸惜之公益發奮刻厲簡練揣摩每搦管搆思徹夜目不交睫因以積勞致疾閉戶養痾究心靈樞素問經書自調衛久之術愈精本所學以溥其利濟車無停軌里慶回春一時推公爲名醫群有盧扁復生之譽平居無疾言遽色一以誠慤坦易之心待人訓誨子姪不尚嚴苛而名義所在必從容以導之莫不樂其寬而服其教乾隆乙亥擢恩貢就職州判未及筮仕終於家壽五十七歲所生三子並列黌宮孫曾濟濟世守遺經亦足徵後人之食報爲有由矣公諱衛經字叙常綸閣其號也

十七世祖碧峯公傳

公諱紹濟號碧峯邑庠生原名作亮初應童試時邑宰郭世玉以公祖蕉林公曾值歲飢賑穀數萬石徧蘇貧乏因謂公曰爾祖能濟人爾紹之可改名紹濟公仰思先德游頫後遂時以濟人爲務每歲暮

必製紫衣襲脫粟分貽閭里父老習以爲常前人遺產頗厚以好施故幾去其半家世居久營愛林肩山水之勝自營弟宅讀書課子翛然無塵俗累旋築别墅於𪨧頭之鵝塘精舍數椽惟蒔花養魚以娛晚歲性嗜詩嘗有漣漪水色動虛齋日夕盤桓趣亦佳之句其天懷之閒逸見者歎爲古隱士風平日庭訓最嚴生八子同時應選拔貢成均以及食餼采芹者且逾其半女七人皆適濟門當公八旬祝嘏時諸子斑衣侍側鬢髮皤然孫枝行次至三十登黌序者七膝前婦孺駢羅爭相捧舉一堂五世兩見元孫問安點頷幾於不能盡識遐邇喧傳洵爲熙朝佳話督學鈕公福保表其門曰一經載德邑人歎公之福澤者未嘗不思公之博濟也壽八十六歲而卒

十七世祖中峯公傳

中峯公負磊砢磅礴之才不獲見用於世伏處里閈以獨善終其身昆弟三人公其長也自少志略過人於書靡所不讀弱冠後有聲黌序文名籍甚顯考曲泉公秉鐸桂林單車赴任以公身爲冢督命留故園訓廸諸弟姪兼綜庶務公讀書治生兩無曠惕時家中食指繁舊居湫隘殊甚曲泉公柱簪書來令與兩弟析箸而食公不得已應命然聽雨同峯怡怡友愛一門中兒無常主衣無常施見者以爲有田氏風未幾曲泉公病卒於官輿櫬抵里公毀幾滅性尤以不躬含飯引爲深慟凡喪葬事胥身任之從不倚及兩弟而達情盡禮二黨同欽自是家居奉母怡志林泉不復作彭繆想矣生平勤身嗇己中歲後蔗境漸佳先疇式擴而性好施予鄰族間困賴以賙歿賴以墍者指不勝屈視兩弟最肫摯每

歲青黃不接時必代計家口指囷相贈未嘗以封殖自私數十年如一日仲弟無嗣特以次子承其後并撥腴壤若干畝俾資事畜穆氏分甘薛包讓產人更以此多之家居之暇日手一編兼究心於素問經時行方便教諸子庭訓森嚴克覘先後成名不彰門閥而公老圃秋容逾香晚節疊奉當事舉爲鄉正太邱德望隱被一鄉遠近識與不識咸共推爲眞長者蓋公學足以綜貫九流而遇不過秀才識足以囊括一世而名不出里黨然能道積乃躬廕鍾厥後殆韓昌黎詩所謂獨行先天民者歟公諱景嵩中峯其字壽七十四歲以曾孫蔚礽貴貤贈中議大夫

十七世祖梧岡封公傳

公姓封氏諱景岐字鳳鳴別字梧岡父曲泉公由拔貢官至桂林府教授有子三公其仲也性警敏自幼隨父讀書刻苦勵學文益工出應童試屢列前茅乃文奇遇嗇竟不能博一衿士論惜之方公父官桂林時因承祖命家居課讀久之念父側無人侍奉欲往而訃聞公哀痛不自勝既葬將廬墓以毋言乃止母李孺人與娣婦同堂偕老公奉養備至每日以次問安食則躬親進饋并置腴田若干畝以供甘旨胞兄中峯公病料理湯藥衣不解帶季弟雲峯公暮年目疾公時掖之行書美君陳不是過矣平居與人無忤里有謁者或勗以孝悌之行或告以農桑之要誠意懇摯人咸悅而信之邑遇旱公爲文祈禱得甘霖道光甲申歲飢依古方爲丸給療飢者多所存活而掩骼放生諸事常喜行爲生平工吟詠凡感時勸世之情悉發諸詩歌以寓其意年逾七十受業弟姪如進士景岷貢生培倫舉人培芳洎

諸親友輩均祝以詩會上憲求年高德邵者爲鄉飲介賓梧州府學官以公應之公若愧懼益正已率物著庶幾夙夜以永終譽語自勵所著有梧岡詩集六卷續容州人才記四卷存於家壽八十二歲無疾而逝配梁孺人無出以胞兄次子建常爲嗣遊庠食餼孫蓋英弱冠補博士弟子員公皆及見云姻

世姪王維新撰

十七世祖玉亭公傳

先生姓封氏諱奕璠字煥霄號玉亭容羅龍里人父某恩貢除潯州府武宣縣教諭先生其少子也生而清麗聰慧幼入塾塾師偶出諸兒弄沙獨端坐石上誦讀見者異之比隨母之武宣父授古文韻語輒了了歸逾年父喪至哀毀瘠立長從從叔教授衛世公遊學以心性爲要經術爲貴第一等人爲期尤嚴義利之辨事諸兄恭謹推多取少有薛包風每試冠其曹嘉慶庚申錢學使楷留心文行之士甚屬意以優廩拔壬戌以教諭候選自京師歸旋聞從叔教授卒哭之哀爲經紀喪事守塋墳墓卅子欲培里中文運爲建閣作詩文紀之書法莊雅喜明嘉靖隆慶時文省闈屢薦不售關梅竹館來學者恐勉以立心端行積學愼交有爲不肖者不敢與聞也所讀書恒加評註鈔錄并及時賢嘗謂靜專處勤學者廢一不可雖嚴冬盛暑無倦容書竪齊嚴肅四字自勵其應接一以謙和人亦無有或忤者己巳歲饑賚糜節省以濟族中貧乏有夏夜聞春有感詩更爲人貸粟常平倉且加意保甲然非公事則未嘗至城也庚午應省試會母氏卒歸來幾不欲生署所居爲知非室語其子曰吾父終於官吾母終於

家均未得親視含殮死其塟吾於墓側無俾相離自是絕意進取反復於祖所遺理學宗傳及近思錄諸書取與辭受雖至小不苟謂陸稼書行狀可爲箸蔡屬後人錄誦其意蓋以能知如平湖方可達紫陽也好鼓琴從何太史後人得其指法藝蘭數十本日對而擢躍焉道光甲申部選北流縣教諭未赴任卒年五十有五所著有華萼堂詩文封氏家譜小學孝經刊誤簡錄道光戊子秋邑人王維新撰

十七世祖孝婦伍太恭人傳

恭人出自安定伍氏父奇昌邑增廣生也恭人幼失恃事繼母先意承順曲盡女道戚黨莫不憫其遇而嘉其孝年十七歸我玉亭公爲繼室屏棄鉛華親操井臼有桓少君之風時舅翁先卒於官故梁氏耄年目疾恭人日夕扶掖不離左右每飯必潔七箸以進臥則溫凊以安床褥雞鳴即抵榻前問安朔親盥洗歷久弗渝深得堂上歡年躋大耋迨歿塟祭如禮十載後忽夜夢故褰衣甚急曉以夢告諸家人遂啟棺探視果有水漬因命覓佳城擇吉與翁合塟人咸謂純孝所感歲時祀先滌器割牲從未假手僕婦有前室子二撫之一如己出二子卒孀媳守節體恤備至所生八子遊庠食餼貢成均登鄉舉無一白衣者當時比之荀氏八龍蓋獲教之陶鎔者至矣居常子姪來謁必整肅衣襜而後見不苟笑言宗族姻婭胥敬而畏之生平喜善調養尠服藥年八旬上元前一日夕照銜山時猶曳杖庭中閒盤桓自適子夜無疾而終學憲曾公元海池公生春鈕公福保均以扁額旌之邑解元覃武保採錄孝行刊入列女志同治庚午奉旨旌表孝婦以子培淑秩膺文由五品銜加級贈恭人

十七世祖少雲公傳

公諱景岷字仲夫號少雲乃雲岩公次子也幼穎慧讀書目數行下見者詫爲奇童髫齡失怙家益貧幾廢儒業從姪盧齋公以孝廉設教於鄉引之門牆資以膏火公因是得邃於學弱冠應童試卽受邑侯李藝圃先生知觀風第一旋由郡元躋上庠癸巳里居授徒以鄉中科名淪替聯合同志於耀英嶺倡修文閣越歲甲午工竣丹雘重新朱衣暗拱嘗賦長句以落其成公果於是秋領鄉薦辛酉成進士廷試授知縣分發甘涼甫到省遂爲上游刮目畀攝華亭篆務新硎乍試聲譽隆然三月卸事回省時公資序猶未及班會正寧縣有抗糧罷考事上憲知公之能也特令捧檄前往俾解棼絲公涖任推誠布公猜疑盡釋民皆帖然悅服乙巳將得代以去合縣具疏乞留羣殷借寇解任日父老持靴兒童騎竹祖送至百里外多泣下者公離羅川後賦詩五章追紀其事有民愛拳拳忘不得夜闌回憶尚淒然之句其官民交洽若此及公之宰伏羌也政理訟平官無留事最加意振興文教聽政暇進書院諸生講藝論文邊徼士風翕然丕變洎俸滿調補中衛邑當西北之衝官軍絡繹供億紛如又時值地震城堞公廨大半傾塌民居亦多所壓陷亟捐廉次第修復極力賑恤窮氓虧負公帑甚鉅竟緣此去官公怡然曰吾期有濟於民耳遑恤其他乃多方乞貸彌補旋獲回任民有我公復來之慶未幾奉調權秦州直隸州事甘棠之蔭偏於西隴正寧伏羌民俱謀爲請祀名宦昔陸雲爲浚儀令百姓追思配食縣社公其幾焉矣生平天懷伉爽雖家世儒素而重義若嵩衡輕財如糞壤歷任俸錢所入輒以提恤單

寒惟恐不及諸姪多賴以顯達待昆弟極肫摯自官隴上胞兄松溪公與弟少巖均遠從任所聯床話雨白首怡怡署中出納事悉以畀之無纖毫芥蔕身後兩袖蕭然故廉吏遺孤不免負薪之歎尤爲人所難性嗜吟咏通籍後游踪所歷輒發爲詩歌以暢其志逸響高情直摩唐賢之壘著有蔚嵐詩文集待梓享年五十有七咸豐辛酉卒於平涼府公寓

十八世祖龍波公傳

南梅堂者龍波公卜居紅珠村以名其堂者也公諱德杰號龍波爲叙熙公之孫翼廷公之子世居六息山莊清嘉慶間子姪日蕃舊居已隘有田若干畝在紅珠村其旁坡陀起伏群峰環之公相其原隰土沃而泉甘宜農宜牧喟然曰讀書治生古人不偏廢也山澤之饒蘊而未發殆考忽焉經之營之足以長子孫於是構屋數楹移家居之且耕且讀既有秋牛羊蕃息積有歲月遂稱素封當時邑里中言農牧起家者無不知有南梅堂矣咸豐間萑苻四起閭里騷然公與李公春舫亟議捍衛築堡六群山之巔集鄉人以自固遠近咸歸焉公與李公分負督率防禦之責艱險勿避一鄉之衆莫不聽命桑梓獲全公之力也公之遷居紅硃村也與兄德舉俱友于甚篤教子女有法庭門以內秩如也公在日劃定祖若父嘗產若干田高曾上溯始祖嘗產若干俾祀費無缺有子七人各分給產業若干以資教養於戲如公者可謂澤被鄉人蔭貽孫子者矣以清咸豐終於家壽六十有九歲公之曾孫爵升爵球赫譽先後戮力戎行有聲於時以是知公之流澤孔長也

十八世祖敬山公傳

公諱觀德字子谿號敬山邑諸生東莊公季子也天性孝友自幼嗜學通子史百家言爲文簡峭矯矯不羣弱冠與胞兄亮勳公同考游頖一戰秋闈輒不復往里人潘妙山廣文欽其品每與之游值大比勸之赴科公曰吾父母體羸多病不忍以身逐名場遠離膝下也矢志家居日以養親爲事潔饈馨膳務欲得其歡心及親歿乃出而授徒游其門者多所成就居恒念先靈未奠精究地學冀卜牛眠或出巨貲以購之無少靳如雲陽久榮旺嶺諸祖墓皆公所相也又撥腴田以增祀事春秋祭墓賴以豐贍其持躬謹恪處事周詳皆足爲後人法生平喜行善事鄰族間緩急相濟凡諸義舉必罄囊玉其成兩設義塚以瘞枯骨顏曰冥漠墳時其祭祀有古人掩骼風年逾七十猶耳目聰明强健如少壯時終日手不釋卷間值親友過訪相與談奇論古娓娓不倦平時手輯族譜二卷卌德錄一卷置諸巾箱珍如拱璧自著有紫谿詩集藏於家壽八十有一歲以孫元華由按經歷贈文林郎

十八世祖鳳池公傳

公諱益字鳳池碧峯公長子賦姿韶令弱齡有志閉戶自精業師茹副貢炳漣王孝廉英敏韙其才刮目以待應童試常冠全軍嘉慶丙辰補博士員旋食餼癸酉受知於汪學憲取登拔萃科許爲老作家先是辛酉選拔乃吾族玉亭公學使者以公爲副至是遲十二年仍與茲選亦足見寶氣不終沉晦也

明年北應朝考以教職歸部選用公爲文力爭上游祁竹軒制府使粵西時曾選刻試牘士林傳誦自京師歸聲望益重春邑侯李藝圃推爲約長編査保甲井里肅然爲人論事皆得其意門去嘗主講繡江書院邑中知名士多出其門王竹一先生贈詩云風流追大父文筆動高官可以想其概矣公天性直樸禮法謹嚴碧峰公大耋後公年踰六旬猶與諸弟環待左右不命之退不敢退承親暇甄心考古所讀書輒加標識辨駁精當兼通王遁星日諸學尤嫻擊刺超法距凡以武技鳴者皆自謂弗如所著文字經亂後多散佚道光己酉卒壽七十五歲未幾部選馬平縣教諭而公已不及見矣

十八世祖望仙公傳

公諱豫字道昭號望仙傳學强記於書無所不覽有質疑者隨問卽答并言載某書某篇按籍檢閱百不失一食餼後歲科試必優等同氣八人伯江季海悉爲時通儒而公名尤籍甚嗜吟咏與邑人王公維新覃公武保結詩社於都嶠山互相酬唱世稱嶠南三子性謙退周慎望之如古斛重器所貯尚空其半澹於名利一戰棘闈輒不再往以鄉貢終其身生平教澤廣被門下多成偉器晚歲謝絕人事長日惟撮先正法言楷書端好遍粘廳事用昭警戒彙萃備一册自志功過雖纖悉必記朔望則質之神明大有趙清獻焚香告天意年或夕陽晚步任其所之徜徉自適値里黨相晤則與父言慈與子言孝雖田夫野老亦樂爲應答咸豐初流寇蠭起公爲所擄子祥麟聞之趨至寇營願以身代賊飭義而釋之卒免於難咸以爲積善之報公撰述頗富最著者有翠園山房詩集後生緣詞集如干卷藏笥篋中

丞三管英靈集王竹一孝廉嶠山志多所選錄世人得其殘編斷簡無不藏弆爲榮公壽七十六歲而終

十八世祖元卿封公傳

公姓封氏諱升字道亨號元卿爲容名宿余耳熟之久恨不一覩顏色道光間余司鐸來容始識公因知公品端學邃孝友性成總角時即知激厲與諸兄跙勉下帷年十七以郡案首受知於學使者高擷魯芹厥後各學憲按臨屢拔公一等食餼文刊試牘與同懷諸兄俱有聲於時暫同黌並列前三名邑中稱爲盛事辛巳恩科繼蓮龕方伯閱公遺卷詫爲異才特檄催赴省垣書院肄業獎籍甚至終以才豐遇嗇闈作雖屢薦不售庚子遂應明經選而試學彌篤屆科期輒率諸子同行老猶不倦嗚呼公豈不憚煩無非欲慰贈公厚望耳公多材能其爲文也工且敏每題輒成數藝凡所作遐邇傳鈔罔弗心折一時仰之者如山斗其敎人則循循善誘先器識後文藝故及門多所成立游獢登科指不勝屈且有捷南宮者桃李盈門大半皆世家子弟雖未敢以得天下英才自詡而公之顏其堂曰三樂殆以此歟至公所與游皆一時之傑自同姓至異姓自同郡至鄰郡縞紵言歡誼同兄弟則又其宏獎風流莫不爭相投契也慨自世道之衰良由士大夫節有玷細行不矜鄉里尤而效之愈趨愈下遂致大爲風俗憂公則納身軌物制事制心允堪爲閭里式故宰容者自趙柳南明府以來皆舉爲鄉正倚畀深相引重公秉政不阿抑强扶弱數十年一方賴之以安余與公家相距六十里初未識面旣相晤乃不勝

愛慕而公亦不鄙余得以其女與余子爲姻迨余由湘南解組歸公已騎箕去矣故人畏謝知我爲誰然公豈藉余以顯哉公自有不因生而存不隨死而亡者在也公著有三樂堂文集存於家生平喜誦佛經及感應諸篇每歲除夕先一日輒備錢米往靈山市擇其貧者酌給之化導愚頑好說因果欲以牖民覺世潘妙山公謚之曰文覺知公也夫公壽七十歲子肖孫賢方興靡有艾也因樂而爲之傳姻弟北邑李敏暘撰

十八世祖時雍公傳

公諱相唐字時雍幼敏惠讀書邁常童年及壯學幾有成因親老不忍遠離遂輟儒業承歡之暇惟以治生爲亟色養殷勤田疇恢郭念前人宅兆未奠宜究地學務抉青囊之祕卜吉壤以妥先靈一時稱爲孝子而公之行愈力識愈博嘗自言曰人生不獲側身通顯宏此遠謨當思於物有濟古人不爲良相必爲良醫之語竊三復焉因業岐伯術精而遁之遠近爭聘觸手回春雖祁寒暑雨必往不憚勞亦不索謝當咸豐間地方不靖鄉人以公秉性正直奉爲堡主籌畫守禦賙恤貧寒人之愚頑者訓之爭競者解之莫不帖然信服胥賴以安公年六十七而歿鄉人感其德奉祀於廟

十八世祖同年封虛齋孝廉傳

封君虛齋余同年友也其先世爲中州人宋季有文明公以州駕仕於容遂家焉祖衛世由拔貢生官

至桂林府教授考景嵩郡庠生君生而穎異甫七齡隨待祖考讀書於第一寒齋口授即能背誦弱冠補學宮弟子博聞強記有才名讀其文者咸以大器卜之嘉慶癸酉科舉於鄉雖兩試禮闈不利學益劬口不輟吟手不停披聿堂上孝聞癸未丁母艱哀毀盡禮恒以未獲顯揚爲憾計至丙戌起復時礙大挑期只四日耳議者以爲時不可失咸勸君委曲彌縫請咨赴試君正色拒之曰忘親不孝欺君不忠不孝不忠何以自立慕榮名而虧實行吾不爲也於是在家事父先意承志鼎建堂構於舊宅辛朝夕問視復就近築書塾於柳屏山之麓從游者日益衆其教以正心修身爲本敦倫飭紀爲生門下士游庠食餼指不勝屈且有掇巍科登高第者一時稱極盛焉生平存心坦易接物謙和雖野老田夫未嘗不假以辭色戚族中飢寒相濟患難相扶絕無一毫畛域應試科者不惜罄貲相助里黨有雀鼠爭每藉一言以解頑硬之徒有畏其知者壬辰冬擬束裝北上適父病革晨夕侍湯藥未嘗暫離因豫製附身附棺之具憂心孔亟至寢食俱廢竟緣是得病先父五日而逝嗚呼以君安材大略使天假以年其居官經濟必有卓卓可觀者何奪吾善人之速也君諱繼猷享年四十有四孺人潘氏生三子長掄英由國子生授典籍次振英邑庠生三晉英業儒女四皆適名門孫蔚礽己酉拔貢舉人道光庚戌春

年愚弟桂林李光瀛撰

十八世祖葦洲公傳

公諱培儉字葦洲恩貢生同母昆弟八人弟培芳由副榜登賢書餘皆有聲庠序性謙退不營仕進窮

年矻矻惟以著書汲古爲事閽修斗室淡如也時與人相接則周詳疑曲粹然道貌望而知爲君子儒頻年懸帳四方一時桃李多出其門咸豐初年盜賊充斥鄉人患之率里內耆老倡立鄉平會專以偵盜捕賊爲事醵金置租勒碑定約盜風因以寢息生平嗜奇好古博極羣書旁及醫卜堪輿無不窮究尤喜手錄先正格言及名人題咏靡不涉筆成帙蠅頭細字充積巾箱不下數十百種所撰述幾與身等其尤著爲梧郡詩鈔十卷於境內山水名蹟凡昔賢遊屐所經長謠短咏網羅殆遍每得尺縑斷簡如獲異珍驚喜狂拜不自已邑舉人余繼翙爲序其簡端時以比張南山國朝詩徵人罟云復手緝古今文爲封氏世紀五經緝要葦洲詩稿各編惜屢遭兵燹遺佚過半嗣子淸韶少倜儻有權謀由武功膺五品職銜盜平後以諸生講學亦可謂能讀父書者矣

十八世祖芑洲公傳

公諱培緒字纘齋號芑洲玉亭公之四子年二十一補弟子員於書無所不覽鄉試瀕中者數卒不售伏處授徒以獎進後學爲己任垂五十餘年無一日輟講手輯聖功集三卷本於易蒙養爲作聖之基一時傳鈔幾於紙貴從遊日衆口講指畫嚴肅中濟以和易人人如坐春風經大匠陶鎔前後列黌宮登甲科者指不勝屈咸豐初以軍績授七品職銜非素志也生平不營產業一堂孝友無間人言昆仲十人歲時讌集伯歌季舞惟以詩文道義相切劘尤喜考據歷朝掌故及先世家譜家學篇悉楷書端好再四弗倦雖流離世變中必藏掖以行先人手澤藉世守而不失者公之力也所著書有竹坪小草

哀

求我齋文集晚年聲望益重如魯殿靈光歸然獨峙光緒戊寅重遊泮水賦詩見志老而好學有衛武公之風壽八十一歲無病而終

十八世祖香洲公傳

公諱培芳字蘅友號香洲乃玉亭公第五子嗣爲胞伯桂圃公後弱齡有志焠掌功勤爲文簡括宏深同時名輩悉斂手推服年甫冠與兄芑洲公同遊發序學使池籥庭先生最奇賞之科試拔置一等食餼乙未領副車亦名愈噪至庚子高掇桂香六赴春闈四薦不售士林重其才未嘗不惜其遇也公負性肫篤事所後所生靡不曲盡孝道甲辰歲在都春試報罷日忽覺心痛星夜南還母太孺人何衰齡搤臂臥病已匝旬矣相持而泣淚涔涔有聲於是晨滌屌牏宵嘗藥水頃刻弗離親側如是者三年毫無倦色母喪後食不溢米衰戚殊常葬祭胥循古禮洎服除里居授徒足跡不踏城市凡三十餘載履道幽貞翛然自得所教人弗尚嚴苛而因覺以誘善因明以開蔽高材生一被陶鎔率能矯然自拔其尤著者如楊君樹瓏蘇君燊宏及猶子卓林姪孫蔚礽前後應拔萃掇巍科皆奉公訓以成名者也公既屢躓春官當咸豐癸丑年鄉園多故從叔少雲公方作宰奉中因於會試後匹馬西行冀恢襟抱彼都人重其學行特請掌教中衛教席歷有年所春風之化遠被甘涼一時西北學者咸稱爲寧州夫子然公久客思歸適庚申歲特開恩榜烈士壯心春明重踏終以數奇不偶失志南旋抵里日值寇氛尚熾合家避亂石嶺堡茅屋數椽僅蔽風雨公讀書談道歌聲出環堵中老猶弗倦間與親戚情話歷時

感過之懷溢於言表不自知其領顯也越壬戌竟以厭亂遽歸道山邑明經王望卿先生輓之以詩有驚聞木壞仰天呼吾黨文章道日孤之句識者皆以爲篤論云公享壽六十有三歲著有紹衣堂詩文稿待梓子與紹早捐館中年後淡於榮利樂道安貧庶乎能世其家者

十八世祖敬亭公傳

公諱建讓字允文號敬亭雲峯公次子也自幼姿表異人既冠即與胞兄允生公同舉茂才藉甚文名羣有機雲之譽歲科試輒優等旋食餼屢赴棘闈房薦不售既而雲峰公耄年目疾不忍頃刻離遂無意於進取伯兄蚤世無嗣擇從姪萃英爲其後萃英卒又無嗣乃命長孫繼焉倫紀之間宜無少疚於心者公沈靜簡默而言必有中每當衆論螗沸訖無定議得公一言莫不相悅以解平居常以利物濟人爲念凡地理日課諸書靡不研究而岐跗之術尤精橘井泉香惠澤洽於閭里邑侯費公湘帆嘗延請公治病投以藥輒愈爲詩贈公有多君囊中術與我指下春之句自是名益噪遠近聘之無虛日咸豐間邑曹寇擾鄉人築堡於石嶺山公日與同事諸君籌守禦策安全勞心焦思如是者十年丁巳歲飢公貸粟以甦貧乏多所存活其治家有道不專事封殖而勤約所積蔗境漸佳初年有負郭田十餘畝僅供饘粥洎暮年租至數百石嘗備歷勤勞徧尋吉壤或出巨貲以購之先靈賴以安妥庚申以恩貢選授修仁縣教諭壬戌赴任恭遇覃恩得以秩貤於所生而公之願慰矣司鐸半載以鄉團多故篤念松楸即乞假歸里逾年疾終於家壽六十四歲

十八世祖荊山公傳

公諱奇珍荊山其號棲梧公次子欽明公繼嗣也少承庭訓素行端樸好讀書古人傳記過目無遺忘每得意縱談以爲世勸嘗訓其子曰吾以家計故弗竟儒業書香之紹汝曹其勉之長子卓林善繼厥志沈潛嗜學丁卯登賢書公猶健在聞報口掀髯一笑益以爲善最其後昆性孝謹事所後所生無忝子職於兄弟尤怡怡然盡倫於家更思有濟於物醫卜命理博而通之求無弗應且以先人宅兆未安業景純之術得其要旨本支塋墓次第改遷稱吉壤焉人慕其學之精遠近爭聘凡里內壇墠廟宇多公規度督修邑中縣署學宮辦經相定小心翼翼不自以爲能也當咸豐初里人避亂築石嶺堡爲守禦計中建公所以公爲佐理同心協贊十載弗倦於勸治難平後奉官諭充團長排難解紛梓里信服年彌高德彌邵兩學師舉爲鄉飲介賓郡尊梁公俊賜額曰一鄉善士壽八十三歲

十八世祖春洲公傳

公諱培淑字湛園號春洲玉亭公第七子天性孝友嗜學工書年逾冠由郡庠舉列優生秋闈屢躓里居授徒門下士多成偉器館穀之入常銖積以留有餘本能恢郭先業居恒勤於撮搜採所及凡文藝詩賦與夫有益於身心有關世道書必錄存示後年越七旬不假眼鏡猶作蠅頭小字人以爲得天獨厚所居室極雅潔圖史排比秩然即衣服器用亦位置楚楚其撰幾度務須艱虞之境魚鮑之時莫不

持以鎭定應以從容故生平任事無疏畧無愆忘惟期克裨實用而已咸豐辛亥陵城鬱州西鄰境何梁殿匪滋擾公奉諭管帶潮勇隨官軍追剿滅醜擒渠粵撫勞文毅公以倡義效忠奬之奏請予六品章服候選訓導洎甲寅盜匪熾踞縣城爲巢公與姪惠泉率鄉人築堡石嶺以避亂運籌守禦心力殫焉同治癸亥秋大軍雲集公以團壯助戰克復城池當事上其功晉五品階乙亥恭遇覃恩得以加級請四品封典褒奬二代顯揚素願爲之一慰公自邑宰舉爲團總襄辦城工局幷十一里總局凡七載其間勸定舖司股公田請撥江垌村逆產悉歸書院爲膏火資又嘗督理查糧以復舊額採訪節孝以闡幽光聲望日隆欽佩若衆城鄉中每以紛爭就質公平心理勸人皆相悅以解歷年董修縣城垣官廨學宮文昌閣試院機牙四廳况瘁弗辭家居日尤好行善事梅市四旺村兩社祠俱賴鼎力倡建本鄉廟宇以及橋路津渡次第修復無不罄囊以玉其成晚歲熙養蘧廬婆沙風月壽至七十六歲無疾而終

十八世祖嶠珊公傳

公諱鍾琪嶠山其號士翰其字松溪公次子也髫齡時智趣邁常風宇開朗叔父少雲公最奇賞之常比諸謝家寶樹弱冠作文能自鑄偉辭郡邑試均高樹一幟及院考竟不與選公益賴心自勵昔少雲公已作宰甘涼絕域馳書迎兄就養並令公隨侍入秦一路覽勝探奇胸襟愈擴到署日讀書之暇凡所在吏治輿情莫不精心體察因念故園迢遞歸試維艱且博士一衿未足以宏遠志也乃承叔父命

納資爲縣尉釋褐於秦迭次緣從谷轉餉功洊升邑宰咸籍濟才同官一省上游知公優於吏事會大通缺出特令前往攝篆迩等初奏廉綍同謳次年得代歸甫晉省已處檄相待登畀機降德縣事及丹噶爾軍民府所到之處口碑載道驂篠爭迎公惟本經術飾治未嘗違道干譽而愷悌之澤被物尤深最後除授合水縣地當簡僻風敦淩夷獨能不勞而理於興學勸農諸務次第展布民乃大和生平天性篤孝自膺毛檄亟迓松溪公奉養署中克伸定省無何花門寇起徧擾秦中松溪公與少雲叔父俱相繼下世一家骨肉凋喪殆盡公以憂患餘生備嘗險阻而壯志仍未稍衰迨嚴除避亂居鞏昌府城其時巡道爲桂林唐子藩觀察素諗公廉幹有爲復委權知陰平令涖事後撫卹瘡痍勤求民隱僅一年解綬南旋士庶轅祖餞者聯屬於道有民愛出城難景象抵里門值從弟貢珊公亦奉諱返自羊城相與展先壟之松楸撫故山之泉石亂餘家境倍覺淒其不得已勉再出山冀營五斗爲菟裘之計白頭蹀躞重賦西征至甘未久謁督帥左文襄於軍門曲垂聘睞方欲予以劇邑而公因奉委備餉冒雪趲行遂至積勞遘疾壽終蘭州旅寓享年五十有七

十八世祖道藩公傳

公姓封氏諱晉號道藩郡庠生曾祖蕉林公拔貢任恭城縣教諭好濟人聲望著於一邦祖景亭公拔貢任桂平縣教諭文學爲時所仰顯考碧峯公邑庠生贈奉直大夫隱居課子孫公稟承庭訓讀書談道一衷諸正極爲碧峯公所鍾愛碧峯公仰體蕉林公好施之意時以濟人爲務公追隨左右每値歲

著製絮衣囊脫聚貽里中貧乏者公皆任其勞性孝友事親惟謹碧峯公壽逾八旬一堂五代食齒雖衆秩序井然實公拼擋之力爲多公同氣八人齒居七當碧峯公八旬誕辰公隨諸兄率諸弟姪斑衣侍側公欲博親歡特製一孛隨杯酌酒以獻碧峯公持杯熟視掀髯大笑一時播爲美談公博究經史學問淹雅弱冠即秀擷一芹先後與胞兄鳳池公道和公望仙公元卿公一黌馳譽而道孚公道彬公道交公亦風度端雅善氣迎人時論以八龍目之性友愛有長枕大被之風會土寇竊發鄉人築堡於華蘭山之巔推公爲堡主公即聚鄉族子弟日夜謀守禦之策地方賴以安堵鄉里有紛難輒藉公一言以解迄今過華蘭山之麓父老猶念公道澤嘖嘖不置壽七十四歲終於家曾孫勵吾太守來遊漢皋良經忝與訂交聞公行誼甚備明德之遠足式方來遂爲之傳

贊曰好施之德上稟高曾行厥考志僉亦曰能活一堡命惠澤及人以蔭子孫緒茂光騰湖北漢陽舉人羅良經謹撰

十九世祖輔世公傳

公諱相時字輔世資稟敏慧丰神秀整弱冠通九經好讀書務觀大略素行恭謹獨坐未嘗箕踞而豁達汎愛待人溫溫無疾聲怍色鄉里稱善人舉爲團長公明處直膾炙口碑嘗聞父老言知曾大父帝簡公昔年應試梧郡貧乏不能備資斧至率子弟販行以供旅費因慨然曰凡人好學安貧誠吾家淸白風也但讀書而不治生雖賢者能爲無米炊乎適高堂以年老令督家政遂帶經而鋤勸農課桑

不敢怠職十餘年積貲累萬乃別置腴田俾本支列祖之無嘗產者作春秋祀業一時戚族待舉火者十數家毫無德色生平淡泊自明手不釋卷嘗訓子孫曰詩書爲禮義之府天下文章盡在是矣善讀者片語隻字皆我之師至牧子樵夫言有可采亦勿以近而忽爾曹衣食無缺實田具在果能通古今識時務布衣亦足以豪愼毋爲輕薄兒貽先人耻也壽七十五歲無疾令終今未十紀子孫百餘皆謹守遺訓爲公立祠於塘坤村

十九世祖定齋公傳

公諱嘉麟字定齋一字維其少負大志聰穎過人見器於祖碧峯公經史外并授以星日壬遁諸書而於岐黃一家尤指示弗倦蓋不爲良相則爲良醫功德無量也公聽聽祖訓加以父元卿公亦精醫道遂得其眞傳所投藥靡不奏效元卿公友教四方每相隨侍讀以故庭訓之力蘊蓄含深年十七受知於祝宗師取入邑庠第一辛丑鈕松泉督學拔置一等食餼天朝方謂科名唾手可得乃時命相違四赴鄉闈不售遂泊然無登第想惟以家庭之樂爲樂素性一介不苟取嘗路拾遺金求其人而返之有還債者誤算多與焉不受也公篤於內行孝友性成父母有疾方藥必躬親問參以卜筮親喪後偕諸弟跋涉山川遍求宅兆不妄聽青烏家言必先靈獲安而後已配梁氏敬而和因產後多病子女皆幼公視藥視食克殫厥心卒以不起於是夜則守棺側綶臥日則尋覓吉地幾三年方得安厝時公纔廿五歲矣志不娶有勸之續絃者輒怫然此則不爲陽城之矯情而亦不同君虞之薄倖非義氣所激烏

能若此生平頗精術數逆知時世有變恒抱杞憂洎甲寅縣城果失守土匪刦掠鄉村合家全被擄者七人公獨罵賊不屈賊怒刃傷其手足棄諸道左適練壯逐賊走負之歸已瀕死不能言矣未幾賊再掠故處家人與公奔避竟以瘡發道卒此與死難者何以異也吁烈已歲甲午邑人駱太史景宙舉公高節揚于廷得以義夫旌䘏如例子元建能繼父志亦早歲食餼貢成均人咸謂積善之報云

十九世祖通奉大夫惠泉封公傳

公諱掄英號惠泉父慮齋公以名孝廉課徒遠近游其門者彬彬識與不識皆知爲陽城弟子冊潘太夫人生三子公其長也幼秉義方丰標嶽立王父中議公殊視之語人曰是兒識器不凡其興吾宗乎及長文筆矯矯不俗屢會邑試名冠其曹乃未及郡考慮齋公遽先中議公相次病故清門不絕者如縷於是強抑哀忱勉當大事服闋後鍵戶齋親以太夫人多病身任家督弗克稍離遂無意於問世論者謂使公克從容進取青紫直芥拾之不知天實其志未伸正留其才以有用也時兩弟一子俱幼公爲延名師課讀擇子姪秀良者使附學貧則資之廩餼往往就塾稽察勤惰雖暑雨祁寒必夜漏數下乃已嘗勗其子蘄春牧曰吾家科第相承受國朝恩綸十餘世汝曹若不勉策令名何以稱亢宗子耶故長令君稟承庭訓冠弱由跋萃科登賢書越歲捷南宮直徽省出爲鄂渚循良胥公教也公既不獲大顯於時惟惓惓以行道濟人爲念凡先塋家廟及里內祠宇橋梁俱獨力倡修燦然大備平日卹鄰救災醫貧靡吝其大者如鼎建城北文昌樓以振文風捌立合縣賓興館以培士類率皆仟重費鉅羣

情畏沮得公登高一呼到處雲合景從功成不日邑屬春秋榜至是鴻起蟬聯實開吾容所未有時論更以此多之性方鯁大廷廣衆中遇事侃侃直斥有崔稜一到舉座禁聲之槩鄉里無行徒名聞名自艾然疾惡雖嚴能改仍待之如初故合圍數十年間縱無持片紙入公門者由德教有以感之也當咸豐初軍事方興嚴奉論帶團越境助剿協擒首惡乃末天厭亂邑城旋爲賊陷衆心皇皇公投袂而起率鄉人築壘石嶺山來歸者以萬數日與諸父老講攻守議招安賊至則執殳前驅隊若敵國退卽由於其下力圖自贍毋當雨夕霜宵屢犯昏險公著短衣持利稍登陴巡視聽鼙柝聲四起相對頭鬚爲白如是者十餘年留心苦思毁家紓難弗恤也逮同治改元蔣道憲督師來容特薦公才令統鄉團佐戰未幾寇燄全銷昇平直覩當軸叙公勛由典藉歷保加提舉銜換花翎公初不以爲功也維時家嗣少霞太守方自舍人出牧蘄陽特迓板輿歡臨就養入境日聞戴白垂髫頌聲載道乃壽謂蘄春令君曰吾宗世守淸白風爾能如是吾可含飴弄孫矣在署三年惟以蒔花種竹爲樂絕口不談公事乙亥歸自楚中頤養林泉德望愈重合縣仰之如洛社耆英羣相模範嗚呼公能造無窮之福以福後人宜其椿壽八旬芝綸三錫竟及見少子嗣兄登拔萃文孫繼父入中書蘭玉森森近今罕與倫比方諸前賢其竇禹鈞之流亞歟德配梁夫人係出安定名門慈叔賢明克稱內助中年遘疾而逝生子一卽蘄春令君別有傳側室子荃仍號墨樵髫齡志學秀出班行甫冠以縣試第一入游泮詩文字俱獨步一時人咸謂二難競爽乙酉受知於學使者由廩膳擢冠全軍登爲選拔廷試後謁兄長於楚蘄歸途自勵性雅潔然秉正不阿和藹中有嚴毅氣概秋闈屢膺鶚荐惜天不假年僅逾三十而卒鳳翔自幼與

竹林均幸同筆硯故於家世諗之有素既撮通奉公生平大節備載於編例得附傳簡末云同縣世再
姪何鳳翔謹撰

十九世祖鷲臣公傳

士君子承累代清白之遺豈必置身通顯樹偉績播休聲始無負所學哉苟能行其孝友致其睦婣敦
其任卹則雖薄博一衿而文行兼優品望卓著亦足爲亢宗之令子矣若是者其必共推我鷲臣公乎
公諱振葵虛齋公之仲子生五歲而孤母氏潘太夫人撫以成立甫十齡克嫻禮敬所夕定省無門依
依孺慕事兄長通奉公尤恭謹凡事必咨而後行通奉公亦提攜曲至許試能成弟之名蔡廊每東兒
如父時人交美之稍長讀書於栅屏書塾爲文蘊藉冲夷超然塵表弱冠受知周縵雲學使舉茂才乙
一歲己酉秋試不售歸益自勵乃未幾吾容寇起縣城淪爲盜窟公數隨兄奉母避亂山谷間況瘁崎
嶇務安親志無何母太夫人疾終里門公擗踊哀號毀幾滅性甚親與寇氛愈熾通奉公乃率鄉人築
堡石嶺山爲堅壁清野計當羽檄交馳之會凡往來文報事一以畀公雖桓元五版嶺石百函而手不
停揮倚馬可待且能泛應曲當從無纖毫疏略之愆其平居溫溫無所試而誠能動物如春風照百卉
莫不勾萌與達通奉公性嚴毅公時濟之以和故前後應變十餘年外禦凶鋒內謀團輯論者謂非通
奉公威望不能讋服人心亦非公德度不能翕和衆志也迨癸亥邑城克復當事叙公勛以司鐸選用
於是舊學重商壯心未已明年甲子科再試桂林文以鼎薦矣而才命相妨依然鎩羽遂由灕江放棹

而東與少霞姪聚首丑羊冀抒抑塞不意故里警來烽烟復起公聞報拊膺終朝咄咄亟携姪孫視唐倉皇返里見長兄於縣城執手潸然自傷淪落竟緣是遘疾踰年而卒一時宗黨有善人云亡之歎存年三十有九

贊曰千仞之璧其象直方千頃之波其量汪洋偉哉我公智仁合德仰之彌高淵乎莫測才豐遇蹇艱阻迭攖再擊弗中修文玉京人亦有言善無不報既阨其身必昌厥後

十九世雙列女傳

雙烈女者甘肅合水令嶠珊公女長名阿鸞年十六次阿娟年十三皆稟姿妍慧貞靜寡言歡隨父歷職甘涼晨夕承顏問視惟謹幼喪母調護稚弟靡所不至授以書琅琅上口能逐句加以質辨神解朗澈嶠珊公愛若掌珠值奉諱去官僑居省邸當是時逆回倡亂屠掠城邑流毒及蘭泉倉皇挈二女避於寧州冀謀安宇乃同治己巳歲也越庚午賊勢愈張蹂躪至棗舍等處闔家皆驚望烽數起相與謀再避於皆州不果俄而賊衆雲集城岌岌垂破羣情洶惘莫知所出二女相顧向父曰孤城無援危在旦夕父與弟皆宗祏所關可乘隙遠遯幸勿以兒爲念父謂我等去兒若何復泣應曰兒輩女流惟知一死何致苟活以累親耶遂力請父爲縋城計弗聽宵分外郛陷哭聲與喊殺聲四起相雜昏夜毀雉掇泣翼父弟雜亂軍中踉蹌出走離城甫半里天將明瞬望皆賊二女纖步艱難恐阻行終爲父累勸以各逃生命嶠珊公心不忍棄相視而泣女看賊踪漸近稍援必同歸於盡因紿父以西北有援軍來

使之廻望亟奮身躍甯河拚命而死其意蓋不惜舍一己之生俾父以無所係纍絜弟遠逃出者嗚呼烈矣殆漢書列女傳所謂貞女亮明白之節者歟

十九世祖温其公傳

公諱玉麟號温其元卿公次子也兄弟六人同母者五人皆名重膠庠公尤卓犖有白眉之譽入泮時甫十七未幾補廩膳生設帳里門誨人不倦公胞弟雲甫松甫星甫猶子錫之相繼游庠食餼皆從公請業以成其名者也族中子弟沐時雨之化成就尤衆有捷南宫登顯仕者遐邇嚮慕爲父兄者咸以子弟得列門牆爲幸負笈相屬於道或闢館於家延公往教鄰郡亦貞聘之屢試棘闈文章憎命或謂李廣數奇爲公太息者公樂育英才脩然自得窮通得失固不足以動其心也事親孝謹友于兄弟性仁愛不喜殺生謂佛氏戒殺之説與孟子所稱遠庖廚者義不相戾惻隱之念要當擴而充之惟夫本先後施之貴有其序耳識者尤韙其言子元棟號楚材繼父志亦早擷芹香蓋自元卿公太高祖遞於楚材以諸生紹其業者八世矣諸孫皆能自立高傑納齋方言肄業高倞傚綴師範畢業高倬高億皆陸軍軍官學校畢業並任中級高級軍官公以歲貢選平樂縣訓導未及赴任而終壽六十歲

十九世祖星甫公傳

公諱拱麟字星甫幼即聰穎王考碧峰公考元卿公絶愛憐之及長文名藉甚與兄維其温其雲甫松

甫從兄泊其父苑猶子錫之先後入庠儒風競扇文行斐然里黨莫不歎羨公性豪邁喜留心當世之務濟咸同閩山寇總發閩左騷動公倡團防練保甲規畫井井人心以安寇忌公甚詗公所在誘致之公至寇所略無懼色佯與親暱其渠有好管絃者知公嫻音律以樂器授公夕燈既張簫琴間作寇衆環聽拍掌歡笑公乃奏思親曲聲調淒婉寇渠感動遽釋令歸既脫險益與郷邑賢俊力籌保障敘勞得訓導中法事起偕游擊黨敏宣鏖戰越南多所匡贊獎鹽提舉銜任越時彼都人士薦公才時與唱和法兵甫敗和議旋成公以國事紛呶灰心仕進會族姓少霞牧蘄州地濱大江山川雄秀遂往游焉乃遡灘水道衡陽泛洞庭涉漢皋登鶴樓攀赤壁凡猛士戰伐之塵才人吟眺之迹靡不瀏覽徘徊寄其無涯之感抵蘄之日與少霞姪相得甚歡暇則登山臨水賞其風物每夜煎燭瀹茗論文字源流及古今治亂得失亹亹不倦雖晉賢竹林之樂不是過也自鄂歸里遂不復出公秉觀孝友于兄弟內外無間言於羣從子弟獎掖備至交友以誠督修先塋襄治公務邑里善舉知無不爲爲無不力卒年六十有六編有封氏家族紀略藏於家

十九世祖金門公傳

公諱濬詔號金門芭洲公之次子葦洲公嗣子也葦洲公昆弟十人汲古闡修以道德文藝相砥礪而芭洲公講學最久門館甚盛公幼承家訓嗜學忘劬性抗直尤饒膽略嘗應試邑城遇賊被執以計得脫股匪肆擾集鄉人結砦石嶺之巔爲捍禦計屢率丁壯擊賊有功歲大飢與諸父兄力籌賑濟全活

甚衆兵事既定與從弟瑞符從子富竹星堂同榜入泮年以三十九矣屢赴秋闈房荐不售踵前人遺緒設帳授徒凡數十年族姪少霞作牧楚北之蘄陽芭洲香洲兩公弟子也公襆被往游所過紀其山川風俗發爲詠歌以抒其磊落抑鬱之懷歸里後弟子請業者益衆年七十餘猶率其子蔭穀及諸子弟赴桂林鄉試用世之志老而不衰論者謂馬援據鞍矍鑠公其近之而惜其不遇云生平見義勇爲己酉之歲公年八十有二偕邑紳黃君省軒赴郡陳地方利弊宜興革者數事當道多採其言是年秋以微疾卒於家子蔭崇前卒蔭穀庠生蔭鑾蔭崧公卒後子孫濟濟或仕或學或投筆從戎皆有所樹立信乎明德之有後矣

十九世祖雲棟公傳

公諱祥詔號瑞符雲棟其字也本麟洲公子出爲伯父清泉公後迨麟洲公歿未有第二子而清泉公已有子曰純詔早世乃承長老命歸宗以長子爲純詔後方公之出嗣也尚在襁褓清泉公之配黃孺人鞠育教誨勤劬備至及公歸宗事黃孺人如母保抱之恩著終身不忘爲性端敏幼而好學二十能文章每一藝成耆宿皆爲擊節時遭喪亂校士愆期同治丙寅始受知於孫師竹學使以古取第一人入泮與從兄金門從姪富竹星堂同榜鄉里播爲美談兩戰秋闈荐而不售遂無心進取日以栽成後進爲己任遠近延掌家塾爭致羔雁惟恐後時其講論文字竅要反復譬喻必令學者心領神會而後已德性淵懿文如其人士林奉爲渠矱迄今陵城繡水間知名之士道及公之名字猶低徊不置云公

自爲弟子員不喜爲科歲試癸巳食餼後偕族人治譜牒先輩諸傳多出其手生平不治生產以館穀所餘爲家人終歲計著有雲棟文稿藏於家子三人長蔭華庠生教授客北两縣多所成就能世其業次以幹略著稱次蔭桓蔭焜

十九世祖寶出公傳

公諱智英號寶出嶠珊公之子也幼而好學稍長浸淫古籍下筆爲文矯然絕俗尤喜爲詩平居寡言笑而風度藴藉偶出一語一坐盡傾會族孫壽君歸自秦中延公課其幼弟壽君詩名滿海内公以所業就商學乃益進遊泮後鄉舉不弟以嶠珊公遺櫬尙寄甘涼居恒鬱鬱殷憂致疾遂殞天年僅三十五歲當和壽君丁酉留別詩有句云詞壇落落空郊島餘子紛紛笑觸蠻爲時傳誦詩稿散佚士林惜之

十九世祖熙臣公傳

公諱卓林號熙臣荆山公之子也荆山公質樸好義惠流鄉黨公謹愿仁厚得天賦幼受庭訓讀書外一無所好稍長補博士弟子員登同治丁卯賢書講學數十年足跡不入公府嘗主講繡江書院又嘗受鄰郡之聘掌信宜懷鄉書院時雨春風沾被甚衆德性淵穆爲後進所宗戊戌之夏山寇連破數邑公適在城羣盗以公長者相戒不敢犯有就而慰之者生平於義利之辨最嚴苟非其義一介不取晚

豐

年貧窶益甚閉戶著書充然有以自得門弟子有貴顯者至山中候起居見公淸節自勵莫不慄然歎息云卒年七十有六

十九世祖封宸夫先生傳

先生清太學生諱汝宜字宸夫岑溪新安村人父母均早世伶仃孤苦又遭亂離及年長先生不以處境惡而灰其心毅然發憤爲學欲於當世有所建樹卒以文章憎命不得志於科舉因棄帖括研岐黃術甚精病已危篤得先生而活者大不乏人鄉里稱折肱手焉光緒初先生奉縣委充新安團防董及新安初等小學堂校長戊戌賊陷容縣禍將蔓延先生以私財築堡置械閭里賴之以安宣統己酉先生被舉爲岑溪第三區自治會代議士地方公益多所建議辛亥鼎革賊氛四起先生募資修故堡勸令殷富廣置槍械以自衛生平見義勇爲興學辦團尤不遺餘力至今里人德之民國十五年丙寅韋公雲淞奉令剿匪先生命其長子愛松君躬率團練以應官軍先後擒獲著匪多名匪平先生喟然曰辦團數十年未有如民十以來之棘手者爲懾于寇餘隱忍以偸旦夕之安雖巨室亦間有不免也今而後獲於桃花灘潤聽風望月幸矣先生家本素封以慷慨好義故晚年家遂中落而先生飲酒賦詩栽花種竹未嘗有戚戚容十九年庚午以病歿於新安村本宅壽六十有六歲

二十世祖封少霞先生傳

先生姓封氏諱蔚礽字少霞祖諱建猷嘉慶癸酉舉人父諱掄英由縣丞晉提舉銜賞花翎皆緣先生貴封通奉大夫先生以金張世胄幼稟庭訓讀書日數行下年十五補博士員二十以選拔舉於鄉越四年成進士廷試授中書舍人旋協辦侍讀事祕閣迴翔聲華藉甚未幾丁母憂去官歸至桂林粵帥勞文毅公器之留辦省垣練局復以邑城久陷命歸辦容岑團練相機剿撫因衆見關異功訖無成丁巳服闋北上時干戈滿地南北道梗留滯於湖湘輜學間者有年歲乙丑謁曾忠襄公於楚北受國士知奏請隨營襄贊叙功以知州留鄂辛未除蘄春牧明年涖新州治居江漢下游民情安謐先生以清靜爲政四境稱治性廉退不徇名利而誠懇之性感人最深故治蘄年蘄民不忍欺案無留牘而百廢靡不具舉衆樂爲用公餘留心掌故因州乘殘缺親爲釐校聿成善本光緒初蠹移崇陽尋回本任循聲益著當路重之調攝鍾祥縣事邑當臺站孔道地大物博先生一以治蘄者治之不下堂階而政平訟理大府知蘄民之戀先生也命復歸於蘄蓋隼旟已三涖矣甘棠手植被野成陰官與民有習而相忘之樂當先生之初至蘄也即有馴鵲來庭之異州人擬諸中牟馴雉譜爲歌謠至是而依仁宇者已十餘年教化翔洽物產滋豐而揆厥所由亦惟是禁網疏濶與民休息而已昔曹參不擾獄市而齊國大和王戎朱邑不施鞭朴而所居民樂所去民思先生其近焉矣生平尤以振興文教爲己任所至培植寒畯而多所成就前後兩校秋闈經拔擢者每躍身通顯公門桃李森列朝班論者更以此多之天性至孝自需次鄂垣即迎親就養迨板輿歸里白雲南望不言神傷歲辛卯有鶴峯之調遂陳情乞養將賦遂初乃倉卒抱病終於武昌寓次春秋六十有二長子祝唐以進士繼直隸垣改官隴所至有

聲次子祝淸四子祝祁周考入郡庠人謂循良有後焉同里後學黃玉年謹撰

二十世祖孝女掌珠傳

孝女名掌珠廩生嘉麟公女性淑愼六歲失母悲不自勝稍長卽知愛敬朝夕侍父側溫凊暇始習女紅稚不好弄父有病輒憂形於色每夜焚香告天願以身代凡湯藥必躬親頃刻弗離寢所雖有弟及婢絕不使分勞也初女許字北邑李姓父因其及笄買一婢將爲女媵女知之遽病親迎有日矣病益劇枕簟中時形浩歎窺其意殆不願爲人婦致父侍奉無人似者乃竟先吉期齎恨而沒聞者莫不傷之此蓋方諸古之北宮嬰兒子率民而出於孝情者其庶幾乎歲辛未邑廩生李鄂林等以父義女孝上陳郭樂山學憲賜以七古一章云封家有女名掌珠六齡失母爺獨居爺爲母義女心惻女能事爺償母劬有弟未娶中饋虛羹湯無人奉親廚春風吉日歆秣駒事爺不卒涕悲吁願爲女貞落子返根本但愧返哺不及林間烏祝爺康强壽考女死亦無憾何意盲風捲地忽折靈椿枯涛衿烈烈眞丈夫此父此女世所無士林爭爲傳誦光緒甲午奉旨旌表准入祀建坊如孝女者可謂有光盛典矣

二十世祖烈婦梁氏傳

烈婦觀彰妻梁氏蒼梧縣監生炳緒公女也年十七歸彰家孝事孀姑親操井臼平居言動中禮自持每聽人談古賢媛烈女事輒傾慕不置咸豐甲寅范逆踞城里人築堡於鬱縣山彰亦挈家避居其中

丙辰八月初九日賊突至堡破男女被執者數百人氏獨厲聲罵賊抗志不屈引頸呼賊殺弗殺强脅之去氏卻走數步抵峭壁奮身而躍遂墜崖死有鄰人賈儲良同被擄目擊後得間逃歸述其事於彰令人往迹之果見氏屍枕崖下面貌如生目眥盡裂其齒舌皆怒張猶作罵賊狀是日天色慘澹陰霾四起如爲烈婦而變常也者彰亟令家人舁歸面發紅紫洋洋如平時嗚呼烈哉氏致命時年二十四同治庚午邑人以節烈上陳奉旨旌表建坊入祀節孝祠

二十世祖汝燦妻杜氏貞節傳

杜氏廼秉林公季女自幼受舅翁光卿公聘爲汝燦妻未及娶汝燦外出經商訪之無踪歷數年矣或謂光卿公曰汝子不知存亡杜氏女可賺乎光卿公唯唯偕原媒持庚帖送還杜所且言曰吾兒已死毋誤爾女也時女年十七聞之怫然曰詎非恐我不能守耶女子從一而終生既受封氏聘死當爲封氏鬼豈以存亡易志哉女在家恐相逼願往封以死守遂具縗服拜父母曰吾往事舅姑請父母勿以女爲念父母與舅翁交止之氏不可竟往執婦道甚謹治二喪後乞族長立嗣伯叔以其家貧有難色氏泣曰未亡人不見所天面垂三十年今求一子而不予畀生何賴焉季叔有子秉衡四歲喪母余撫以成立且於分應繼得之願足矣衆諾氏乃砥節含辛每減縮衣食以爲秉衡讀書膏火弱冠獲補邑弟子員白首霜閨撫孤願慰教諭朱昌燮訓導文運亮旌曰盡義全貞贈聯云能以靡他存大義匪惟不字作完人嘉慶辛未奉旌表入祀節孝祠詳郡邑志

二十世祖善長公傳

公諱元錚字善長祖紫谿公邑庠生閉戶潛修不求聞達考壽山公財雄一鄉公受祖硯承父業讀書之餘綜理家政性孝友動必中禮極爲壽山公所鍾愛清咸豐間土寇竊發閭左騷然公廢書嘆曰鄉里有難而不能捍衛雖讀書無益也爰率鄉人重修久業堡公日夕登陴巡視嚴守禦以杜寇侵卹貧乏以固衆志賊三次圍攻穿隧縱火幾陷者屢矣以防堵甚力一堡獲全鄉人德之公善理財丕基式廓然富而好義邑中善舉靡不慷慨襄助丙戌丙申兩値歲饑公獨貲販米平糶至今鄉人猶道弗衰戚族中有急求貲無不如願以償同懷三人公居長與仲弟子禎季弟倫昉怡怡友愛有田氏風設家塾延名師以敎子弟禮意有加群季往來賓朋酬酢無不飽之以德飲之以和歷辦團務一秉至公排解紛難莫不翕服戊戌之變公適在危城中竟無恙咸謂爲修德之報云壽六十九歲無疾而逝配雷孺人生子希哲和平忠厚亦饒有父風孫曾繼起方興未艾易曰積善之家必有餘慶公之謂矣

二十世祖錫之公傳

公諱元建字東藩號錫之容縣一里林堅村人曾祖碧峯公郡庠生隱居課子孫利物濟人鄉人皆食其德祖元卿公歲貢生爲時名宿及門多英才父定齋公邑廩生磊落負奇氣丁咸豐十寇之亂被擄不屈殉焉時公年方少妣梁太孺人已先逝聲攖家難痛不欲生當梁太孺人逝世時公僅四齡定齋

突

公守一夫一姊之義不再娶有姊名掌珠長公二歲姊性淑愼稍長卽知孝敬姊因失志不嫁無何姊又殂落定省溫凊公獨任之故事定齋公爲諱治定齋公殉難後元卿公尙健存公侍奉甫當如孺子慕內行敦篤宗黨譽之性聰穎稟承庭訓文學卓著一時年二十舉茂才與胞叔溫其雲甫從甫星甫諸公先後競爽公志在遠到食餼後屢戰棘闈有聲然才豐命嗇僅以癸酉科恩貢銓選直隸州州判時論惜之公究心經學其課士必以經學爲先先後課士數十年成就甚衆嘗授高萬以書易二經及三傳且時勗高萬曰汝吾家千里駒也汝宜奮勉毋負吾望高萬謹誌之不敢忘竊維今日稍知自立庭訓[illegible]之教爲多忝握郡符略無建樹未免有辜公望耳公持躬端正道味盎然教誨後進諄諄不[illegible]而敬之好施與鄰里有急求貸必量爲賙卹雖家無中人產而每歲束脩所得量入爲出未[illegible]之爲壽讀書飲酒灑如也壽七十二歲終於家著有經義備考五卷未及梓已毀於火有子五人第立期賢寄期亦[illegible]讀父書受業姪高萬謹撰

二十世祖鶴雲封先生傳

公諱元登字鶴雲姓封氏容縣人清光緒丙戌靜誠在龍州邊防幕次己耳公名迨民國紀元壬子年春與勵吾同掌廣西都督府秘書始悉勵吾爲公令子後勵吾出守平郡公亦觀政是邦惟靜誠均未得一謁丰采己未八年春公已以疾病終於家壽七十有一歲己巳十八年夏靜誠遇勵吾於滬上靜誠爲公傳靜誠景仰明德爲日久矣誼不可辭公曾祖諱紹濟邑庠生贈奉直大夫五代同堂祖諱晉

庠生父諱萃麟修職佐郎公質聰穎秉性剛直讀書重性理之學文章多奇氣以歲貢部選訓導爲縣名宿遊其門者多知名之士教子弟尤嚴遇事好鳴不平常有獨立不撓之慨人多敬之邑里紛難每藉公一言以解事親孝謹與兄弟友愛綦篤報本追遠尤致其誠封氏自中州來容六百餘年卅爲望族其始祖通判公尙闕專祠公引以爲憾乃力倡鼎建合族僉同今已巍然於繡水之湄與元次山經略臺爭輝容莞矣淸季新學萌動公以耆宿提倡最力首命勵吾出國留學東瀛歸國後勤辦省中學務容邑學風蒸蒸爲省中冠僉謂公與有力焉配劉氏繼配楊氏嗣勵吾爲子勵吾爲政有聲於時官箴悉本諸庭訓益以見公之垂裕者宏也

贊曰嶠山巖巖兮公之道範容人之所望繡水湯湯兮公之德澤與之俱長爲政於家兮教育及乎其鄉君子有穀貽孫子兮萬世之光武鳴李靜誠謹撰

二十世祖少游公傳

公諱元放字少游豫公之孫祥麟公之子也公幼卽好學取先世藏書閉戶縱覽樂而忘疲稚齒爲文驚其長老試輒高等入泮後旋食廩餼貢成均屢應鄉試不第教授容北兩邑知名之士多出其門歲甲午容縣脩志邑宰重其名聘充分纂喜吟詠在志局時風日晴美輒與族姪籌君黃君石蓀登經略臺遊眺賦詩灑然自得視富貴蔑如也生平言行不苟尤以孝悌爲鄉里所稱伯兄雲鵠性卞急志有所鬱遇人輒謾罵遇公亦然公婉言承受徐以一言悟之兄怒爲之少霽自少壯至暮年皆然公受徒

於外雖析爨已久輒分財與兄敬兄之誠久而不懈可謂難矣卒年七十有一歲

二十世祖師可公傳

吾族多闇修之士林肩諸先輩沈酣載籍輒能首尾默誦一字不遺子弟沐其遺風好學者衆清道咸間詩才清麗以填詞得名者曰望仙公前譜已爲立傳矣其從孫師可公在光緒中亦以詩鳴公嗜書成癖幼值寇亂蟄居華蘭堡終鮮兄弟父又病足恒自汲水負薪甫弛肩書聲以琅琅出外戶矣年十三被掠迫令取金公爲文告先人附書家中詞旨悽惻時方童穉耆宿咸嗟異之世亂粗定從師攻苦幾廢寢食以經古第一入泮旋選入廣雅書院肄業朱鼎甫梁星海先後主院事深相推重嘗許爲吾黨佳士且謂院中嶺右諸生詩才以公爲最公五言律上法少陵得其體勢五古效選體駸駸入古感遇詩十五首澄觀物化別有會心尤爲獨到之作晚年得心疾遂杜門不出而野樸謹默時或吟嘯自如蓋公才豐遇嗇遽以疾廢豈抑塞坎坷其中有不自聊者耶抑獨得天倪非常人所能測耶著有挹翠軒詩集偶寄軒詩集及養痾詩稿藏於家年六十手執一卷端坐而逝公諱元宗鳳池公之孫隱菴公之子也

二十世祖倫舫公傳

公諱彝學字倫舫壽山公第三子也幼入家塾端謹好學稍長勤於稽事而志不忘讀稍暇則執卷哦誦暮夜不少休適壽山公喪哀痛逾常人葬父事畢長兄善長公以家事自任俾公竟學公念兄勢瘁

輒輟讀以佐之晝則負耜於田夜則度谿澗越溝塍察泉源通塞蓄洩以時其勤苦視傭保數倍以不得專力於文事也試於有司不售然兄弟協力生計日豐怡怡相愛遂無意於進取矣公治產既精制用彌儉而事兄愈恭凡終歲經營辛苦之所獲一切與兄共之未嘗殖私產儲私財以自利其後以生齒日蕃析爨以後猶時時以拓展嘗產爲務公之治生也人無曠時地無遺利以儉勤爲家人倡又善居積以故所入益饒產業日增則以其有餘周鄰里之急迄今公歿已久其鄉老父相與語曰丙申歲飢吾鄉有十太者日煑粥置道旁以救餓者里閈素識則以穀貸之今已矣如十太者不可復覩矣公於闔祖兄弟中序第十故鄉人誦之如此先是淸咸豐間地方多事一夕數驚公偕鄉人築久榮堡共謀扞衛山寇掠鄰鄉遂圍靈山公日夜巡邏督丁壯固守凡一月有餘堡卒不破乃解圍以去公董治團務有年處事無巨細必以公遇人無疏戚必以誠暴者戢之屈者直之鄉人訟者日以稀藹藹然有古君子之風焉配黎氏生子三人希礽希欒希黼女三人皆先公卒繼配陳氏生一女公卒年七十九

二十世祖升聯公傳

吾族居普濟村者自煥荊公煥崑公始兩公之考曰振祧公當明亡時披髮佯狂以全其節兩公繼父志移家深山中以孝悌力田不求聞達訓其子孫煥荊公之後六傳至升聯公公上承祖訓淡於名利喜讀周易通醫術兼究心堪輿之學遐邇延致日不暇給坦易篤誠好義賙貸人益愛而重之晚年卜

居鼎之陽徜徉自適族弟師可贈以詩曰沙棠谷口白花村室內書聲窗外園三十年前簑笠侶草堂早見弄兒孫可想見其爲人矣

二十世祖星堂公傳

公諱蔭福號星堂華川公之孫竹軒公之子也華川公同氣十人皆文行斐然德里州里而芭洲公設教數十載最有名弟子亦最盛公少從芭洲公學成其緒餘游泮後教授鄉里循循善誘於讀書文字肯綮反覆啟迪聽者莫不悅懌知名之士多出其門有掇巍科登顯仕者遠道來學歲常數十人信宜岑溪先後延聘講學其地者亦數載自芭洲公逝後門館之盛時論以公爲巨擘焉庚辰歲舉明經壬子年卒壽七十一歲

二十世祖富竹公傳

富竹公少孤貧清咸同間兵禍方烈奉母居山堡無以爲養負販近村耕供菽水思屢世儒冠不忍墜先人且販緒且讀叔祖芭洲公深歎異之教以讀書作文之法公益自奮未幾亂愈熾荊棘遍地負販無所之乃營茆店山側用淮南法礱來其然嗜讀如故轉磨聲與書聲相答於山谷間訢然自樂日既夕爇柱香代膏油逐字照讀灼痕宛然嘗舉以勵子弟亂定應試以縣榜第一人入泮旋食餼舉明經兩赴秋闈不售遂一意奉母杜門不出既而自念曰儒者讀書必於人有所濟良醫之功同於良相宜

若何爲矣因究心岐黃得其要領爲人治疾多效名動遐邇病不能就醫者爭延致之嗜飲酒適興而止不擇美惡工書法求者嚮集人得其遺墨至今寶之性肫篤鄰里有喪無貴賤少長必往弔雖耄不改壽七十三歲無疾而終公諱蔭侯字竹其號侍臣公長子也

二十世祖琨甫公傳

琨甫公諱蔭與侍臣公次子也生三歲而侍臣公歿家綦貧兄字竹公負販養母讀書不輟卒成名公雖幼已卓然自奮叔祖春洲公有子曰颺韶早卒無嗣颺韶公之配陳孺人承舅命撫以爲子春洲公以耆碩教授鄉里奇公聰悟課之尤勤公弱冠遊庠聲譽鵲起竹公以善書聞公書名與兄埒而才思敏銳以故索書或請撰文字者踵趾相屬公亦樂之不厭授徒里門與族之賢俊纂輯家乘凡先輩嘉言懿行及文字可傳於後者蒐採靡遺祖述前芬垂範來哲用意至爲深遠嗣筦闔邑賓興旋襄理團防總局忠信篤敬人無間言邑中有大興作如繕治城垣建築中學皆以公董其役民國初建任議參會議長厚重持大體平居粥粥若無能然每遇大事羣疑莫決公徐出一言皆爲翕服辛酉政變官吏遁逃公維容坐鎮地方賴以安堵性冲淡好吟詠嘗以當路推轂保送知事考試因乘輿涉歷江海遍遊北平。杭州諸名勝各紀以詩著有月印山房詩稿藏於家卒年七十八歲

二十世祖慶秋公傳

公諱毓芹號慶秋敬軒公之孫箋臣公子也箋臣公久宦甘涼公偕伯兄佩秋公從師問業佩秋公聰穎善屬文爲師友所獎譽公聞之好學益力晝夜不懈敬軒公深愛之清咸豐間佩秋公爲寇所掠未幾脫歸尋遭敬軒公之喪悲慟成疾遽卒時寇焰甚熾公隨里中父老築堡石嶺之巔爲守禦計携家居堡中堡燬於火家產蕩然亂平返故居僅餘四壁箋臣公病歿甘涼凶問旋至母党太安人家難叠膺悲不可遏公婉顏承順冀博親歡乃棄儒學賈饒智計多億中不十年稱小康焉於是治宮室擴田疇所入既豐慕義尤篤倡建四旺本支祖祠暨梅市鉅鹿公祠皆量度經營不辭勞瘁嗣求得吉壤改葬十五世祖見賢公於詰棨山更爲太高祖鎮台公創置祀田他如建築橋樑規復義渡諸善舉靡不力贊其成鄰里戚族婚喪不舉必爲之謀俾竟其事任團務十餘年排釋紛難鄉無訟累嗣董賓興事三年增置租額百石邑人皆多其材公儉而好客善氣迎人年六十餘以哭子得心疾越一年不藥而愈人以爲好善之報云壽至七十歲猶子祝萱號慈甫佩秋公遺腹子也公撫以成立公自中歲復興家業與猶子共財者數十年晚乃析箸慈甫繼公治團忠信孚於衆子孫振振蓋遺澤所被者遠矣

二十世祖墨樵公傳

公諱荃礽號榕樵又號鐵梅惠泉公次子也公幼受庭訓穎悟過人惠泉公教子弟嚴公之生也歲在庚申兄少霞公已登癸丑甲科從子壽君齒長於公公生十歲壽君年十三已遊泮矣公由是益奮勵晝夜攻苦幾忘寢食甫冠應試邑城詩文措法皆冠其儕遂以第一入泮歲乙酉登拔萃科歸自薊門

省少霞公於蘄陽官舍居久之乃率從子竹君浮湘以還詩才清麗北游時得詩甚夥知名之士多與唱和同郡關樹三北流黨月樵尤推重之公好潔几席無纖塵性耿介遇儒服而跖行者深疾之然接人以和無貴賤咸樂與遊屢試秋闈薦而不售卒年僅三十歲

二十世祖少楷公傳

公諱祚礽號少楷翼臣公之子髫齡入塾端謹好學稍長從族叔祖芭洲公究文字義法又學於族叔熙臣公所業日進年逾冠補博士弟子員旋食廩餼公不苟言笑跬步必循禮法應試送考而外不入城市設帳鄉里弟子服其訓誨雖惰必恭雖玩必肅無敢舍業以嬉父兄爲子弟求良師者必曰少楷先生公少年備歷艱苦閱寒士讀書靡易凡負笈來學者不問脩脯多寡施教維均講學五十載所成就甚衆門牆桃李一時稱盛辛丑年六十一貢成均辛酉八十一賦詩言志和者盈帙配茹孺人合卺周甲已逾四載如賓之敬老而不衰越乙丑距游泮之歲六十年矣閉戶課孫逍遥自適靈光巋然式德者猶爲之興起焉壽至八十六歲

二十世祖暢林公傳

公諱華礽號暢林翼臣公長子也少有幹略精敏過人伯父惠泉公深器之以公早失怙恃督教尤嚴丙子游泮後省從兄少霞公於楚北因留官廨司出納居二歲歸里鄉舉不第以籌賑叙官府經公慈

不屑就乃踵訂然遺策銳意實業雖收效未宏而啟導風氣有足多者會惠泉公歿地方多故邑父老以公聲望素著凡邑中興革及團防要務咸謀於公公勇於任事勞怨不辭邑城南門渡為往來要道歲租萬餘斤不足於用尸之侵蝕者公與從子壽君釐革其弊復極力勸募拓置租石一倍有奇至今利賴丙申歲大飢公及壽君捐金買粟以活餓人其辦理團務以除暴安良無枉無縱為主旨與邑中諸紳議訂章則防止奸猾立法甚嚴尤使羣小側目戊戌羣盜連陷郡邑縣城首蒙其難同里黃公瀛臣殉焉公偕卒縋城出盜追及之河刃傷公臂佯死得免寇平當事敘勞保舉知縣用公不樂仕進課子之餘日以蒔花飲酒自娛年五十九歲卒子祝慈祝森祝馨祝名祝慈前卒祝森畢業日本弘文學校祝馨庠生祝名出嗣庠生前卒

二十世祖述唐先生傳

余家加厚堂之西北隅有室數椽先祖惠泉公顏其門曰啟秀書室丁亥之歲仲兄竹君歸自楚北讀書其中為之師者則族叔述唐先生也先君蘄春公歿於武昌之明年壬辰春余奉喪以還負土事畢余與濯吾弟亦受業於門距今蓋五十歲矣先生課余為時文凡一年又三月旋受鄰邑之聘以去方是時先長兄壽君先生主講繡江書院與父老纂修縣志常在城中謂仲兄及余曰學無常師以明體達用為歸楹書先人所遺博取而約守之斯得之矣自先祖棄養後仲兄早歿長兄繼逝余三十後重到武昌髫年請業之師黃安熊小溪先生蘄春陳瓊甫先生皆已下世惟黃陂魯輯五先生尚存年老

侘傺未幾亦歿余奔走四方所識朋好以道義文字相切劘者如風中之萍不常合併頃歸故鄉先生神采奕奕相與話五十年前事有如夢寐余方有事於家乘而先生遽歿次其生平爲傳以示族人義不得其讓也先生諱蔭華述唐其號也爲雲棟公長子有弟曰耀南而先生爲嘏常公後嘏常公早卒雲棟公以宿儒教授鄉里喜先生幼慧每館於外必挈以從先生弱冠爲博士弟子員父子皆擁臯比而先生所授徒試於有司多獲雋者願爲弟子者尤衆館峨山書室暨白鴿坡皆多歷年所先生饒智略明於當世之務而善氣迎人與人交久而不厭排難解紛片言立決戊戌寇警築堡富桃關籌團守禦鄉人恃以無恐歷辦本里團務北流两波團務任梅江鎮總董楊梅團局主任各職成績燦然中歲以還館穀所得銖積寸累從事林墾兼營貨殖生計漸裕常以財周族戚鄰友之急謀於族人創建始祖通判公祠於縣城置祀產設科條規畫久遠地方公益或絀於財輒出多金力贊其成無所吝惜晚年卜築於文段垠雜植果木吟嘯自娛己卯與配覃孺人重諧花燭庚辰遊泮甲子一週里黨以爲盛事嗟乎自古文人每多坎壈先生名位雖不顯而備受五福樂以終身所謂得天獨厚者非耶卒年八十三歲

贊曰儒者爲世詬病久矣溺於章句其他一無所知無淵憲之德而徒有其貧亦曷貴焉孔子謂顏淵曰使爾多財吾爲爾宰大哉一篇於生財之道言之綦詳財何足諱惟不義而富且貴爲孔子所賤耳先生帶經而鋤卒歆多稼蓋蘊經世之學姑以小試其端耳孰謂儒生之寡效哉癮受業姪祝祁謹撰

廿一世祖子明公傳

公諱肇晟號子明琫華公之次子也少時遘土寇之亂廬舍悉燬於火伯兄拜言公爲堅壁淸野計率鄉人築堡受益山之巔寇至之數月堡破身殉公奉老母暨寡嫂倉皇他徙盡室偕行瑣尾流離備嘗艱險事平歸里灰燼之餘力圖再造公勤樸耐勞尤饒智畧勠力治產產日以增迄公晚年稱素封焉公以丁年勵學遭時多故志不克償所以訓勉子弟者尤爲切至嗣子熙堂蜚聲庠序從子從孫亦多能發奮成名論者謂振已廢之緒志竟成如公者洵不可及蓋其動心忍性惟日孳孳自勵以勵子弟者意深遠矣公宅心愷悌既豐於材益好行其德憐貧惜寡待以舉火者數十家見義勇爲惟力是視敬宗睦族尤致其誠如倡建四世祖祠於久榮暨繕治祖塋編訂族譜諸事皆力任之卒年八十有四歲

二十一世祖壽君公傳

公諱祝唐號壽君又號眉君少霞公長子也幼負雋才讀書過目成誦年十三門經古第一入泮丙子丁丑聯捷成進士庚辰官中書公志量淵閎澤躬爾雅所與游者多知名之士恩施樊樊山望江余壽平西林岑雲階灌陽唐春卿維卿兄弟過從尤密居數載改官縣令宰陝西神木縣地枕蒙疆民族頑陋公導以絃歌課其耕織令行化洽民以大和檄署城固縣事城固富庶冠陜南俗喜爭訟來訴者日千餘牒公摘伏若神得情勿喜案無留牘獄無滯囚有劇盜李大潤者脛毛長數寸矯捷工技擊日走

三四百里殺人越貨被禍者無慮千數百家牙爪四布胥隸多受金陰爲之地吏捕之不得公先以計渙其黨伴緩其獄察誠樸可用者畀以重金偵賊踪得所在揚言某日以兵會某林之離巢而潛伏勇士於隘道遂擒大淵置之法富室某無近族將死妻病子幼以遺產託其中表俾經紀之子年既長其中表利其所有陰立契券署已名愬於官歲久不得直公察邑印頒自某歲而契券年月與舊印不符反覆推勘燭其奸乃搜其複壁得所匿舊契案乃大白巨紳某有田在堤下堤潰田廢不可耕聲言假田貧民築堤者計值抵租堤成負約衆憤訴之縣前令畏其勢置勿問公廉得其情某紳肩輿來謁戒閽者勿納乃集衆於庭令紳畢償所值紳俯首聽命衆皆歡躍以去其他善政不可殫紀城闔人立祠祀之大府以卓異薦調大荔知縣未赴任丁父艱歸主講繡江書院其教人尤重器識讀書有得文藝自工啟迪後進若誨子弟門下多才一時稱盛纂修容縣志提要鉤玄口講指畫夙夕忘倦四閱歲而書成邑宰暨邑父老欽公德望地方要政輒訪於公公知無不言言無不盡性嚴正人不敢干以私公髫年失恃善事後母與異母弟數人友愛甚至仲弟竹君倜儻而好學以縣試第一入泮詩才清絕嘗校勘公所著睞腴詩序而刻之乙未公將北遊會竹君卒公哭之慟遂不果行丁酉入燕甫至通州疾作遽卒存年四十一歲

二十一世祖瑞雲公傳

公諱慶文號瑞雲定光公長子也年十八遭父喪逾年又遭母喪獨生母在仍衰抱病公侍病困懈苦

鄉僻之善藥每出城爲母求藥朝出夕歸日行百里以爲常有一弟曰闌文公自痛早長廢學謂闌文曰澧家不造疊遭憫凶我兄弟僅二人家人生產兄任之弟可壹意讀書苟得成名庶可廸前人光耳由是闌文勵學益力未幾入庠公則踵前人遺業增而廓之財雄一鄉父殁後尚共爨廿餘年怡怡式好鄉里羨之自奉儉樸遇[illegible]義舉解囊無少吝如勸建容城始祖祠重建久縈枝祠皆竭力提倡口不言勞兼通越人術鄉里求醫治之輒愈未嘗索酬人尤以此多之有子七人及見孫九人皆使遠出就學多能成名長子承理由拔貢遊學日本歸國後歷宰劇邑有循吏稱壽六十六歲

二十一世祖封慶雲先生傳

先生諱麟瑞號慶雲世居容縣靈山鄉忠信村乃始祖容州通判舜數公廿一代賢裔耿光公孫曉山公長子也生而岐嶷聰穎異常兒幼入塾過目成誦及長出就外傅丸古今文學無不熟習操觚爲文輒與群兒冠旋以時艱未售論者惜之　先生知得失之有定顧不汲汲於博一衿也遂轉業務農通商惠工承先世薄有遺產勤儉自矢又得淑配楊孺人內主中饋外襄庶政所謀輒就由始有而臻富有時嚴慈猶具慶在堂鶴髮婆娑　先生承歡膝下雞鳴問寢罔離左右雍雍然閭一室太和也光緒二年嚴慈先後謝世　先生終鮮兄弟孑然一身乃節哀順變惟生事葬祭盡禮無違可謂純孝也不料民國丙辰年淑配楊孺人仙遊在　先生中年喪偶歌慟鼓盆能不痛切然而安於義命義不再娶蓋膝下已有佳兒不忍閔損衣以蘆花也　先生生平重耕讀勵勤儉一家恭然凡族中蒸嘗悉經營

理增置祀產修整祖塋惟謹蒸祭亦必盡誠族人貧乏者解衣推食無吝嗇庇本根而篤宗族也且戊戌歧變容北縣城陷萑苻徧地　先生捐鉅資集衆入久榮堡安內攘外咸賴保全殆民國獨立時會匪猖獗設策籌防遐邇共叨樾蔭其睦族衛鄉又如此然則　先生之立身行誼如顏曾端木之學術種植為牧鴟夷猗頓之治產敬祖宗則仲淹之杞田滌笙之恤族也惠鄉鄰則仲連之排解德裕之籌邊也且常與胡煥廷先生論道擇交而煥廷先生遂受四方塘田欵項未敷傾囊廣貸而　先生承受石龍冲田煥廷先生亦如之嗣是往來友誼情深其交也以道其接也以禮在社會中論道擇交類此者實難能而可貴殆民國十一年由久榮堡喬遷對河禊圖式廓嗣君二長福崇次壽年玉昆命友俱肯構肯堂而孫曾濟濟長孫榮球以幹校畢業歸歷任靈山鄉副鄉長解紛排難造福地方不少今其華族倡修族譜嗣君壽年嗣孫榮球等恐其生平行誼湮沒屬予爲傳以勒貞珉但予自愧無文又復以毛錐久乾之故安能舉

先生清修穆行如量闡揚第以誼不容辭操觚率爾並撮其要而爲銘曰

先生生平落落錚錚少壯而老治亂迭經胸具特識人仰典型里推祭酒俗美化行大德必壽七十一齡孫曾繞膝門集祥徵具[illegible]概清代耆英凡爲後嗣尤當仰承靈山鄉鄉長胡愛年謹撰

二十一世勵吾公傳

公諱高萬號勵吾子範公次子也年十七出爲胞叔鶴雲公後能文章尚氣節訓子尤嚴公少年劬學

艱苦過人夜讀倦極輒用椒汁塗目以自奮壬寅郡試以第一人遊泮僉時局日危淸政窳敗因與邑人陸寵廷創辦學校啟瀹新知時族弟濯吾族姪震南聯翩東渡公踵其後入日本弘文學校師範科肄業加入同盟會歸國後歷任梧州國民學教員桂林五區小學總董模範小學校長省教育會會員成績斐然提學使李公守一見其能迭委爲省視學員前後四年足跡遍全省指導切至不遺餘力吾省僻處邊隅而努力革命者後先相望論者謂教育之效公實與有力焉民國初建任廣西都督府秘書出爲平樂府長兼第四軍幇統威惠大彰寇盜摒跡在任兩年百廢具舉去官日久民不能忘嗣任崇善武鳴兩縣縣長神君之頌一如治平樂時嘗兼縮平樂府關又嘗爲平南梧鬱局長皆仕宦所稱利藪公潔已奉公處膏不潤人以爲難公仕不廢學所至以培養人材爲急先後任廣東國立高等師範舍監及國立廣東大學舍務主任獎掖後進諄諄不倦北伐軍興慨然有澄淸志權策請從任漢口禁煙總局秘書主任及湖北禁煙局秘書長非其志也既返里門興業修志委員會聘爲編纂主任纂言記事閱一年而成書公內行敦篤事親孝謹體鶴雲公遺訓敬宗收族唯日孳孳封氏續修族譜編次藝文撰列家傳多出其手卒年六十二歲子膺眷以椽史從軍膺圻爲執法吏皆能自樹立不墜其業世以爲善人有後云

二十一世祖侶伊公傳

公諱鑄球字侶伊幼而英敏稍長倜儻自喜不屑事章句爲文洸洋恣肆下筆不能休年甫冠以郡試

第一入泮念清政腐敗國勢凌夷非革命不足救國而政治革新必以濬發民智爲本乃赴郡講習法政旋畢業江蘇師範學校歸里後創辦平民義學於城廂以啟導清年灌溉新知爲己任時新舊遞嬗群情疑沮忌者甚衆讒於當事幾陷不測郡守莊蘊寬謂其無他事乃解戊申己酉間與黃用溥劉尊權諸君先後赴桂林潛謀革命以勢未可動姑戮力教育以觀時變倡辦廣西公學及大成師範於桂林當局知其才以公派往南京復以太平梧州校事委之尋辭職走南洋羣島鼓吹革命既歸國與諸同志力策其成會武漢首義公與陸寵廷楊愿公諸君分赴省內各要區部署一切未幾廣西宣佈獨立設軍政府於梧州以公爲參謀長北伐軍興公隻身赴粵欲有所效某將領稔知公賢禮羅入幕時諸將各據州郡互相猜忌公周旋其間卒以無事嗣以某將領不足共事褰裳去之甫至汕尾爲忌者所狙擊歿於醫院時年四十二公志在救國雖及見共和之成而所蘊未展倉猝遘難時論惜之

二十一世祖陸軍上校封括球傳

封括球名爵升世居容封氏代有聞人括球幼時讀書已異凡童及長矯健多智曾肄業梧州國民學時當清季民族革命學說日輸灌社會而國民思想印入尤深括球抱此思想以爲革命事業非持鐵血主義斷不能成功於是棄林入學兵營訓練將畢業矣會武昌革命事起清吏猶豫未決時桂林多革命志士潛伏於學界中括球與之聯絡每夜密運炸彈亟謀起義風聲所播清吏膽寒且知大勢以去人心思漢於是廣西亦高樹獨立旗而北伐師亦將大舉矣括球甚慷慨請行尋因病阻鬱鬱

不得遂其志迨民國告成廣西大局粗定時巡防四軍十隊哨官出缺以括球充任駐防平樂凡剿匪安民諸事克盡厥職民國二年南寧開辦將校講習所括球欲深造其軍事智識請咨送焉出爲教練官旋升授營長調駐賀縣八步兼護礦區在職數年地方安謐商民戴之民十政變升授上校團長馳驅邕柳間迄無寧處匪以兩軍雜處而民軍土匪又時時蠢動應付綦難括球處置得宜人民卒賴以安載然勞苦過度宿恙旋發矣不得已乃辭職歸里醫治半年厥疾始瘳十三年復出任廣西討賊軍第一軍游擊第六路司令部中校參謀駐防岑溪岑匪猖獗機槍遍地某日夜圍剿蒙啓匪巢括球親任指揮思盡殲之以絕後患地方父老諫曰匪狡且衆能圍巢內之匪不能圍巢外之匪黑夜圍攻尤非所括球親任指揮思盡殲之以絕後患地方父老諫曰匪狡且衆能圍巢內之匪不能圍巢外之匪黑宜願徐圖之括球正色曰大丈夫衛國衛民死亦何懼懼死非軍人也旋密令圍攻時至夜半匪突圍出激戰數小時殺傷過當匪忽增援括球暗中流彈猶忍痛督隊大呼殺賊然傷及要害時殞命惜哉時年三十七歲軍士痛哭士民哀思當道嘉其忠勇有功於民以上校例恩卹有加括球父烈文公已逝世母氏李太夫人尚健存白髮皤然倚閭空望兄弟三人伯兄爵登早故季弟爵蔭讀書明理夙以孝友聞妻何氏生子女各一裔馨已畢業容縣初級中校夫有子爲不死有功爲不朽如括球者已無須籍治方而始傳然治方有不得不傳者則括球忠勇之氣有以驅之也愚弟何治方敬撰

二十一世祖祝寅公傳

公諱祝寅號錫五恩甫公次子也幼喪父讀書里塾以家貧不竟其業性孝謹母病傷足久之弗愈公遍叩醫者門訪問方藥入山採掘躬自調治卒愈母病由是稍稍習外科聞有奇方不問道里遠近百計求之既得其方試之果驗亦不復自秘爲人治病不專襲成法意有所會輒取舊方變通而加損之尤著奇效搜求藥物視同性命凡草木形狀氣味具何功用必熟察而詳辨之多所發明以是愈病甚夥病家酬以重金讓之再三始薄取之貧者堅拒勿受嘗於道中拾金百餘圓不知主名詢諸途人知某嘗策馬過此乃袖金以往失金者方徬徨無措叩以所失金數果是遂置金於几而去年未四十而卒聞者惜之然求藥愈母病遂專一藝布衣有介節是皆可傳遂爲之傳

二十二世祖震南公傳

公諱承理號震南瑞雲公之子也幼入里塾志學不怠稍長從族叔鶴君遊桂林學業益進既入泮負笈東渡入同盟會隨中山先生運動革命先後畢業於日本弘文學校暨東亞鐵道專門學校回國後遊廣州授課於兩廣優級師範尋充廣西優級師範教員歲己酉有司舉行優拔科試瑞雲公命其就試遂登拔萃以直州判籤分雲南當道器其才爭畀以事民國歸自滇中任橫縣縣長時盜氣甚熾公甫下車赴各鄉搜剿獲匪百餘置之法有初受撫復爲匪者某軍官袒之公不爲撓由是匪患頓息尋調充鬱林五屬清鄉分辦士民留之不得流涕送之嗣由清鄉分辦改授鬱林縣長旋調永福縣長隨

聯軍總司令譚公北伐充行營上校軍法正檄充衡陽縣長旋師後任武宣縣長歷宰繁劇皆稱治辦其在鬱林首革鹽胥訓警代之在衡陽汰冗役之掛藉於官者害馬既除令行禁止尤著口碑民國八年辭職歸里遭母喪懸車者三年民十地方多故父老舉爲聯團總辦籌餉練兵不遑寧處時盜賊蜂起鮫灣居邑城下游賊攻之甚急公星夜赴援群盜駭散境內無事公之力也十二年被選爲容縣縣長喪亂之後危機四伏公持以毅力從容坐鎮閭里以安其後任建設廳秘書科長數年以父喪歸捐鉅金倡建靈山高等小學校舍濬治谿河闢田如干畝爲學校費民十八復奉委爲容縣縣長旋解組歸民二十廿一兩年先後奉委蒼梧百色道區行政視察員二十二年秋任凌雲縣長凌雲土地廣袤爲全省冠疊嶂重巒風氣錮蔽公啟山林平道路勸農桑繕兵興學夙夜孳孳百廢具舉在職兩年以勞致疾甫卸職卒於凌雲官舍年五十四生平廉潔自矢綰縣符七八任歿之日家無餘財當道卹以金始能歸葬聞者莫不嘆息云

二十三世祖崧生公傳

公諱國奇號崧生弗矜公之子也清附生畢業廣西省立法政學校民國初建佐族祖勵吾族叔震南治郡治縣皆有聲譽嘗攝永福縣事其後再權興業縣所至民樂既去而民懷之公佐治郡縣屢兼司法宰興業前嘗爲南寧地方審判廳民庭推事擢本廳民庭庭長用法平恕嚴而不苛民國十九年自龍州法院解職歸充四集團軍總司令部軍法科長斷獄一準情實未嘗以意出入雖勢要風示無所

囘屆民國二十一年自民政廳科長出爲同正縣縣長大府銳意建設期會迫急同正地小民貧或以扞格爲慮公一以誠意孚之威惠大彰政無不舉解組囘邕執律師業於南寧與閭逖瀰貧屈莫白者爭赴之接物以誠而賦性戇直不肯隨俗俯仰久宦益貧且時有齟齬及爲律師門庭如市公志在保障人權不利人之財同業者皆自以爲不及云卒年六十 歲

二十三世祖西伯封公傳

公姓封氏諱國倓號伯西西伯其從戎時名也聰敏多才藝少有大志英爽之氣時露眉宇讀書不斤斤於章句之學覽史至傳介子班超輩立功異域心嚮往之時清政不綱異族憑陵日亟公慨焉憂之謂積弱至此不圖自強國將不國會龍州邊防有開辦講武堂及學兵營之舉遂約任吾等往學所夕研求孜孜忘倦畢業後復入南寧陸軍模範團隊操練於作戰計畫用兵方法別有心得武漢舉義革命空氣彌漫全城廣西出師北伐公首與其選湖口南京諸役皆身先士卒所至有功遂擢少校連長凱旋後撥歸廣東新軍統轄初駐防香山虎門調駐汕頭陀江各屬向稱多盜公率隊往剿不數月即告肅清當道嘉其能授營長公訓練部伍惟以報國爲職志視富貴漠如也同懷四人公最幼公之兄崧生自京歸過汕頭晤公於營次見公貌清癯頗以爲憂公慨然曰丈夫以身許國盡職而已他非所計也兆廬孺人隨公在汕公以太翁年高命隨兄歸里行甫兩月公病遽卒年 十 歲任吾與公同

里同學又曾隷部冊於公行誼知之綦詳謹爲公傳附公家乘之末以誌不忘里人廖任吾謹撰

二十四世祖萬石公傳

公諱傳鈞號少石又號萬石幼敏慧讀書目[illegible]行下年十五補博士弟子員喜讀漆園書爲文字不拘繩尺詩亦兀岸自喜不屑傍古人門戶科跣絃誦充然自得生事如農桑本業不憚督課[illegible]明之其他虛名浮利樵隱不問時人多訕笑之獨族叔祖壽君兄弟奇其才常與論列古今累旬不倦性嗜酒每飲輒醉醉則仰天歌呼以爲常民紀初任容縣中學國文科教席嗜酒如故然授課至劬雖醉不廢嘗以一字之奧與友人爭辨逾晷卒申其說聽者莫不折服年四十一以酒病卒

卷十五

容州封氏家譜

卷十五

容州封氏家譜卷十五

藝文

容州人材題名記

元盛甫

地之出人材猶國之有麟鳳不易得也人材關乎氣運之盛衰山川之精鍾麟鳳係乎國家之禎祥太平之基兆是以麟鳳人材實關係乎聖人之盛治以爲家瑞者也容遐荒之郡歷唐宋至我朝正統均在尺天寸地之內光聖天子立極以來明燭八荒使野無遺賢文修武備科名之選無分遠邇考之漢史遼隔遠代人材莫鑒惟唐至宋郡誌紀載幸得披閱至正壬辰運刼兵火皆爲灰燼百留一二亦無定體余於難前每曾觀覽略有記聞不避狂菲旁搜類編共成一集使彬彬然後輩克繼於前繼承顯達光前振後有所自也今具昭代英才名氏於後封盛甫省府邑志載

奏大藤峽

明 爵元名發

英宗天順八年國子監生封登奏潯州夾江諸山岭岈巖巒峽中有大藤如斗延亘兩崖勢如徒杠蠻衆蟻渡號大藤峽最險惡地亦最高登藤峽巔數百里皆歷歷目前軍旅之聚散往來可顧盼盡諸蠻倚爲奧區桂平大宣鄉崇姜里爲前庭象州東鄉武宣北鄉爲後戶藤縣五屯障其左貴縣龍山據其右若兩臂然峽北巖洞以百計仙人關九層崕極險峻峽以南有牛腸大峼諸村皆緣江立寨藤峽府江之間爲力山力山之險倍於藤峽又南則爲府江其中名冥巖奧谷絕壁層崖十步九折失足隕身中產猺人藍胡侯槃四姓

爲渠魁力山又有獷人善傳毒藥弩矢中人無不立斃四姓猺亦憚之自景泰以來嘯聚至萬人隳城殺吏而修仁荔浦平樂力山諸猺應之其勢益張渠長侯大狗嘗懸千金購莫能得鬱林博白新會信宜興安馬平來賓亦煽動所至圻城爲民害乞選良將多調官軍狼兵剿滅賊鄉間載明史及通志

擬己卯鄉試庚辰會試增廣春秋榜額歡𡙷臣謝表

康熙甲子科三場　封昌熊

蓋聞王者大一統之治得士乃昌聖朝擴四達之聰任賢爲重所以璇闈永泰炳萬國之車書珊綱宏開沛九瀛之雨露際秋風而歌鳴鹿宴敞萃芊乘春浪而快登龍材收杞梓寶山雀躍鵲飛騰臣等誠恐誠惶稽首拜手上言竊惟虞廷輯瑞四門昭籲俊之休姬籙衍祥三物重賓興之典漢宮對策特表賢良唐制取人必先科目一榜蓋賜及第亘古爲昭四與皆屬知名惟明克允慨自卞和抱璞終虛三獻之勞郭隗築臺徒買千金之骨制科夢斷羅隱無名頭腦冬烘顏標錯認逮至元和選士尚傳十輩希顏降而長慶濟才特敕有司追榜從未有舒翹揚滯咸點額以思騰佩寶銜華競懷才而欲試如今日者也茲蓋伏遇皇帝陛下祚衍膺圖禮隆側席丹極而知人則哲玉燭調和興賢而髦士攸宜瑤樞贊矩一二日繼康時勅咨智足以有臨廿三載熙皞長延恭儉所其無逸數三驛方苞之日勞七年致討之師滇黔烽烟早擒吳逆滄山玉帛後戮防風化六合以同文橐弓不用拜十行之温詔鼓篋歡欣固已泰鏡兆符太史上慶雲之奏簪珽響臺郎官應列宿之輝矣猶復銳敷廣登日聰遠達謂才爲世出非旁求終有遺珠而公以朝生必普照始無遺鑑是以枯桐爨底邀特識於中郎老驥塵間講賞音於伯樂故翊宁立無方之制斯寰瀛歡廣漢之仁屬當

泮

恭已凝庥先庚叶紀叟以初之辰國徧羅甲乙之英搜楩枏而不遺菲葑鵬摶踏冠朵棻苓而兼收芝虎嗣薦遊覽欲月一枝快廣寒之增輝春風十里壽太液之漲波萃棘闈之才榮叨曠典合海澨山陬之彥頌洽嚴眼臣特倚馬才疏雕蟲技拙芹宮蘊秀跡尙阻乎干雲桂苑觀光情倍殷夫就日際誇符作人之盛矣文章報國之忱快覩飲渠瓊宴謙開雁塔廣題名於鄉會增瑞氣於垓埏伏願我皇上治益求治新又日新本詩書之虛衷宅俊乂副明時之用以立賢爲上瑞筴鼎應運而生從此八表傾風九流仰鏡鴻詞博學特科開曠代所無古誼忠肝王試以得人爲賀湛恩彌渥懋祉駢臻行見化日舒長十八省皆登壽㝢文星炳燿億萬年永輦皇圖矣臣等無任瞻天仰聖激切屏營之至謹奉表稱謝以聞

宦遊家訓自序

十三世 尚熊

嘗聞先賢云天生萬物人爲貴夫天地以陰陽五行之氣生萬物而人具其中蓋物得氣之偏而人得其全物各有生亦有性而不能復其性人能保其生復其性是以人爲萬物之靈而爲貴但人生百歲約而覩之瞬息耳其間忠臣孝子節婦義夫功蓋天地光爭日月歷久常新若乃文章詞藻億論蔗言雖道德之緒餘然而風流文采經緯至治何可汶沒余賦姿孱弱庸茶懶慢無學無師幼承先君庭訓敬守儒業年十六辛亥入泮時值變革後歷十三載年廿九甲子登鄉薦越戊辰至甲戌及庚辰三赴春闈不第自知學淺才疏甘心棄置然嘗思爲子不孝爲父不慈輒痛自鞭策娛忠君愛國廉潔保民之心往往對人言之但未能行之耳今行年四十八白髮盈頭遂中染病捫心顧影觸目生悲聞報揀選有期懷才欲試惟念慈母年高不敢遠離膝下然君恩欲報耿耿不忘故登前轍買舟北上惟早晚拜祝吾母壽比岡陵一日得承君遇以保

容縣惟一商店承印

民報君者報吾母也家撫三子艱難富貴照管三疆定葬塋生斗足拱餔粥惟余爾曹無知恐浮沈衣食不顧汎訓破壞門戶坐廢儒業余身羈旅邸不無痛心只得臚列數條各宜抄寫一幅銘之座右尚其敬遵懷之毋忽康熙四十二年冬季自序

重遊泰城穿巖記　十五世孫邦

余自癸未孳春來泰城即知邑之西鄉有穿巖屢欲往遊弗果迄戊子秋乞休獲請冬偕友人泛舟度巖一覽而過初未窮其趣也踰日命下亟解組歸容州自謂與都嶠渭龍終老泉石已矣不惟無復作穿巖遊并無復有穿巖想辛卯夏聞恭尹宏度張公遷寧州刺史乃謀之舍弟張公訂交有年別易晤難此而不行非特不能再觀張公且無由再親諸友矣舍弟亦以爲然爰買扁舟乘風破浪旬日而抵恭諸士紳聞之絡繹來會雅計倍於昔日而陳君克繩李君貞生强入曾村以穿巖便道相約尋舊跡焉惟時正值秋暑巖中上嶔石窨下瞰川流乘小舠一葉遨遊其間出入洞門者再清風習習身心俱凉徧覽懸崖怪石觸竅移晷時見夫巖雲慘淡澗水漣漪飛燕調音潛魚躍浪前者過來者續道體天機滿於心目回想曩時天淵之異豈景之歎於前者而盈於後歟抑余迷於昔而悟於今歟須臾盤有肴盞有酒總席沙際而飲癸余非酒客少暇觀不辭能使魚鳥不笑人與淺也然熟念前之聚散後之離合其中欲歌欲泣之情魚鳥即見亦切依依於物數飛未有間歟克繩向余曰今日之遊實出意表千古一時勿作尋常觀也不可以不識余因搜枯腸記其事七言附之日將薄暮登舟出巖不復顧魚鳥又作何狀矣諸生後有憶我者其想像於巖幽水興間乎

戒殺牛說

瑭

牛之爲物也大其爲用也宏而厥功非小其牲也非天子諸侯則不敢用非大地山川則不輕以祭若有以珍重之而別於他物者何邪蓋田疇之墾闢視乎牛民庶之粒食視乎牛大而至於維正之供有司賦稅之登天府莫不倚牛以爲力每歲於立春日施以五彩被以文綺先羣物而寵異之示民識所先知所重也乃間有豪華之子饕餮之夫恣意烹宰取快一時積愆無盡矣禮有士無故不殺犬豕之文夫犬豕之殺以有故則牛之不當殺也明甚先哲每戒食牛而不及殺牛嚴其小大者可知夫一牛之肉重百斤而一食之羹方數臠觀於食之得罪而殺牛者何如耶吁可畏哉願諸君子痛念其功而一準乎禮不忍殺不輕殺則食牛者無從得肉同歸於善厥功非小矣

耀英石文閣碑記

奕璠

容江自西北平地峽蜿蜒六十餘里至吾堡木村山瓜口滙龍墳𡎖頭諸水屹然砥柱鎖鎖上游者爲耀英石山形如鷹之飛揚前山狀如鯉躍邑志又名禹門山循名覽勝具有扶搖變化之象易云仰觀天文俯察地理文昌祠之建於此固其所也攷文昌六星在北斗魁前乃天之六府也其下六星曰三台有司命司祿之別而魁則斗首之四星也其第一星曰天樞次曰璇三曰璣四權要皆與東壁二星同主文籍炳照八荒乃天下斯文之宗主也自雍正十三年邑庠鄉飲僎賓陳君帝訓與吾曾叔祖廩生諱彌寧叔祖附監生諱敢惇及吾祖邑庠州同職諱敢愚公等始創文祠於石上土階環堵歲久傾圮嘉慶壬戌聖天子加意文教詔各州縣設立文昌祠縣城舊閣亦既鼎新吾鄉父老顧余曰耀英建閣興覩久矣時會際此君盍倡之余

乃集同人簽題凡農工商賈咸解囊恐後爰諏吉經營僉稱邑侯杭公喻義博通星學遂恭請擇日以嘉慶癸亥歲癸亥月癸未日丙辰時陞梁仍舊址建層閣越甲子仲夏落成是閣也廣二丈高四丈餘耳而臨江聳峙駿駿乎有淩雲倚日之勢晴天登陟面天塘之蒼翠矚都嶠之嶔崟實足開豁心目啟發性靈則斯閣之成其有裨於文人學士也正復不淺況以天之文地之勝鍾毓乎人之文他日耀英爲門之名實爲之預兆爲斯閣不爲之不朽也耶

大容山記

李璠

五嶺去中州最遠嶺之南爲百粵粵之山巍然高而大者以大容山爲宗橫絕延袤八九百里無所不容故名大容來自雲南東川入交趾由交趾廣源入廣西歸順州南極廣東之欽州至潯鬱容巍然卓立幾天極洵爲五嶺外之巨鎮也廣廷宅南交跡雖不到意或指此諸州縣據其麓而吾容正當麓之正面故唐曰容州扶輿蜿蟺而鬱積清淑之氣於是乎在襟帶江河牂牁出其左潯州之右江北流容縣之繡江滙梧三江環繞東流入海百川交錯萬峰拱立融結而爲洞天福地者則白石勾漏都嶠峙其間是五嶺雖去中州遠而扶輿磅礴蜿蟺而鬱積鍾爲偉人者時代多有嘗陟其巔而望之漢則有若陳長孫士府君丁靖公傾孝巽唐五代則有若龐孝泰梁嵩宋元明則有若馮當世吳清惠陶三廣沉希儀袁崇煥諸君子達則兼善窮則獨善韓子所謂魁梧忠信之士非耶夫今豈有異於古所云耶詩曰崧高維嶽維嶽降神生甫及申行將於山靈祝之

重修耀英嶺文閣陞梁文

景岷

伏以璽離繼照是人文成化之原協氣旁流乃天紀揚明之應稽戴匡之列宿統號文昌緬魁斗之七星特尊帝座報賽久垂於祀典祠居遂偏乎遐陬是江山靈秀之區休祥益顯際雨露覃敷之會履隆宜興恭維文昌帝君陰隲調元魁宿星君機衡贊化朱衣暗拱示郎君及第之徵藜藿宵明掌學士登瀛之柄司祿與司中並蓮天樞偕璇齊輝昔年吳會鍾靈道彌光於西晉此日梓潼宣化澤且被於南交惟我容州久傳名勝讀臺夜靜仙人留訶誦之聲丹竈煙浮羽客寄棲遊之蹟試向容江而洄溯仙境尤多若與都嶠相頡頏禹門惟最擎天一柱拔地千尋以懸崖當巨浪之衝有赤手障狂瀾之勢瑤簪玉筍列岫森排秋水長天寒江直注前山名鯉躍雖神工鬼斧而不如厥石肖鷹揚嘆人傑地靈之有自始乃創爲精舍繼而改建樓居歷三朝丹臒重新祀列宿而冠裳益盛當物換星移之會聯鼎新革故之謀試同首於肇造之年數則遞矣能繼起於古人以後功必倍之茲者衆志胥同羣材畢備借河沙之施布建樓閣以莊嚴爲文人結香火之緣使荒微葡旃檀之界天開黃道正靈臺經始之期垣拱紫微啓文運重光之兆諏以陞樑之日虔修昭告之儀伏願列宿騫臨羣神呵護星明營室既率作之無愆閣建尊經更莊嚴之立現妙貝闕珠宮之製成洞天福地之觀耀丹青於碧落而遙奎光愈遠薦俎豆於霄霄以上神聽彌平從此資福上元酬功洪造翬飛鳥革名山藹壯麗之輝鵠起蟬聯多士應文明之運靈光作賦擲地成聲天祿觀書燃藜照字務使嶺海振關閩之緒師以翼軫聯奎壁之光應禹門躍鯉之嘉名泥金帖報紹瀛海探驪之勝承櫻筍廚開謹告

榮歸告祖祝文　景岷

恭維列祖以有穀貽孫垂清芬於奕世惟皇考以遺經教子縣令緒於中興藉皇妣克嗣夫徽音致小子仰

承夫餘福九天臚唱既明賜弟之榮百里宣猷更被分符之命授官民牧通籍涼州膺人民社稷而悔未讀書念弓冶箕裘而勉思繼志惟是公車屢躓嘆三獻之爲勞以致晝錦遲歸痛二親之不見捧檄而下雞豚之淚趨庭而懍詩禮之傳當自勉以潔己愛民遵祖宗之貽訓或不至於素餐尸位貽父母以惡名伏願列祖列宗皇考皇妣顯在天之靈爽佑小子以吉康梯山航海而攸往咸宜戴月披星而此身益健上以效朝廷之職下以酬鞠育之恩屬今朝率祖攸行雨露澤科名之草祝他日孝孫有慶門庭長旌節之花謹告。

祭朝立公文　景岷

嗚呼吾兄而竟逝耶三年按譜方聯骨肉之歡一日登堂遽作人琴之別念牛眠之未遠撫貍首以卷然雖哀死而不忍述生羊曇雪涕亦信今而思爲傳後正叔誄兄吾兄渤海名宗祥符世胄丁孝子著名之地世以爲家元次山經略之州來也自遠生而岐嶷長更明通馬氏之季常最良觸讐之舒祺獨幼無財不悅紫標更插黃標有穀能貽文露𤄊斟武露畢萬之後果大敬仲之世克昌族有銅山聞其名者已久人遊金谷比其富者爲誰嗚呼盛矣且夫唐室之附李耳空傍門牆漢代之嗣神堯誰稽譜牒自古聯宗之誼類皆蒙瀆之嫌而弟與兄不然也北道南道雖分諸阮之居仲孫臧孫均是三桓之後蓄自五花作判四馬來容訪同姓別無二人籍南州誠爲一族惟歷年之已久始異地之思遷士爲士而農爲農風流雲散老吾老而幼吾幼派別支分當我朝定鼎之初正兄祖入岑之始雁孤飛而羣散桂移種而香濃此胡公所以復與於齊桓叔所以更強於晉也然則弟之在容也聚族而處固爲別駕之子孫而兄之在岑也遷地爲良亦是帝師之苗裔禮因義起誼以情聯劉裕呼劉毅爲兄杞宋雖無文獻趙範以趙雲爲弟江河實有淵源蘭蕙之種

已分淄澠之流終合始則對樓館裏讀書皆安石之兒繼則山陰道中半夜訪戴逵之室因陳翠而識陳紀由崔瞻而溯崔㥄五百年華胄非遙十七代遺徽可接從此見而恨晚握手益親鱗羽往還星霜訪問當公車北上則笏金贈我叔牙知管仲之貧迨征馬南歸則束帛招余滕國築上宮之館兄弟成爲賓主叔姪郎是師生所謂收族本乎敬宗感思兼以知己者兄之謂也嗚呼王述受王導之愛方思圖報未能子猷泣子敬之喪詎謂棄余太速去年過訪廉頗已衰二月臨存休文更瘦耳已亡夫盧鑑目又喪夫青睛髣髴而符讖無靈採藥而邑陽亦毒登牀問訊淚欲下而無聲執手殷勤言雖煩而不厭彌留叔寶尚覺神清灌老髮公愈難決別劉先主臨終之日止望兒賢孫伯符絕命之時還尋弟到嗚呼痛哉此豈白夢盈歌因悲損詩抑豈蜂葬虎祝積憤爲勞然而年已居平杖鄉富久成夫潤屋有家有室向平之婚嫁將終文子文孫石奮之庭階漸滿福無不備兄又何尤弟手足情深宗祊念切伯桃痛角哀之死公瑾懷子敬之情雖都嶠山中揮某莫尚多兄弟而皇華江上歌杕杜益觸羊愁倣宋玉之招魂比子山之銘舊語惟徵實文不求工嗚呼令威之化鶴何年我應有夢傳說之騎箕果信死豈無知哀哉尚享

戒賭及鴉片煙說　贊襄

人生有正業守其正者可法可傳近世有邪途入於邪者如癡如醉爰摭衷曲痛切指陳蓋嘗聞之紙牌三烏骰子奸裏藏奸翻攤寶寶開標假中弄假留君宿贈君錢引君入局與爾游講爾飲想爾身家賭則心迷賭則目昧人縱驅而不知賭則志餒賭則神昏事悉廢而罔覺轉拋芸棻田園荒蕪堂上二人承歡常缺庭前嗣子禁令難行身屬賭夫妻妾懶思家計名爲賭仔隣友厭與居遊管徵仕宦豪家貊易衰微落薄如傳

中人財產何難耗散全空粒粟不儲缾罌罄恥叩首稱貸搖尾誰憐卽獲沙版幾文還欲盡錢孤注仍致空空拍手依然戀戀中心五夜三更寒氣侵而强爲忍耐忘眠失食飢困迫而苦自吞聲況夫入賭宅只說贏輸坐賭場無分倫次討錢則老拳輒奉打駡無常作竊則掣肘任渠機謀暗設不論搢紳親故喊姓呼名不拘富貴賤貧攀肩拍背贏錢者如逢夢寐輸橐後脫剝衣裳北風其涼已乏姜肱之被東家何處孰須魯辭之囷那不號寒啼飢那不垂頭喪氣矧有穀食豐餘之子賭敗行儉亦有言詞慷慨之儔賭窮爲盜甚而願充僕隸甚而流落他鄉祖宗父母何樂有此兒孫戚党隣朋皆鄙薄其品幸嗟乎未嘗試者毋自辱焉曾爲之者可不戒歟至鴉片之害又多坐迷墮乎其中忘乎其毒始則逢場作戲聊且輕嘗繼而習慣自然視爲奇味側眠吹吸無非惹病臨身望火刺挑還是引風入肺俾晝作夜度日如年肩不脅而膊常高躬非鞠而背恒僂一朝癮起則口雖不唾涎且長流半日未吹將目視無光淚還自湧親友諫以傷身無益答云亦謂誠然自己也憂壽命不長痴想又該未必眞箇瘦骨傷筋之物亦爲損精敗血之尤好食二分那計山珍海錯慣燒幾爋難期育女生男唇無血眼無神喪家狗而惟肯手懶舉足懶動墓木拱而何之面黎黑兮瘦骨難描躬自反兮噬臍安及嗟乎種種弊端難盡述也未沉溺者能戒否耶抑又聞之好聚賭者謂賭有贏時好鴉片者謂頗有常貲豈知賭贏之錢還在賭場消散鴉片之害足令身世昏迷曷若正業是謀邪途勿蹈彼醫卜農工之術諸家都有傳書惟賭錢鴉片之經自古未聞授訣纔覩紛紛陋習不憚懇懇煩言不過勸人守身耳盍深諒我苦衷哉

培緒

家學淵源錄序

緒幼披覽志乘至封氏家學淵源一語不覺悚然起曰吾家何幸得此美譽哉然苟非我祖父纖纖綑綑無疚斯語史官曷以加此直筆耶溯我始祖舜數公於宋末以祥符鄉貢爲容州通守慕都嶠洞讀書臺之勝遂家焉歷元明及國朝閱七百餘年傳二十餘代其間明列甲乙丙科舉明奉勅辟祀名宦鄉賢類皆以詩書爲業忠孝傳家則有一代之人物卽有一代之著作所嘆者世遠年湮疊遭兵燹僅存什一於千百耳緒心疚焉因將吾家祖父所留貽文字搜求鈔撮爲各子孫存各祖父手澤不以工拙計積之巾箱中者歷有年所矣欲彙成一書猥以筆耕於外頻年奔走未遑也慨自比歲遭刦以還妖氛四起世之鴻篇鉅製不免於楚炬秦灰我兄弟避寇山中扶老携幼而祖父之書必藏掖偕行固不啻性命以之誠以第宅財物皆毀而可復惟此祖父不敝之精神寄諸殘篇斷簡脫虐於祖龍將何以得濟南伏生而問之耶迨築堡後咸豐丁巳館於本家始檢出所藏依世代爲序次編成草本亟欲謄正又以時勢艱虞流離空乏仍未遑也無何我堡兩遭回祿痛祖父遺書盡歸烏有惟此錄則緒出繼子清詔從火中携出幸矣哉爰與弟培芳培淑悉心參訂遂卷較閱幾越月矣緒年來俱舌耕北流小一里壬戌秋以武城之警隻身竄返遂結茅堡中閉門息影手錄此書起孟冬迄今歲癸亥秋獲蕆事計自元明及我朝所存鄉會墨歲科試文章詩賦記論策議各種共成二十二卷卽顏誌乘之言於簡端俾子孫知所珍重而保守之非敢謂克當斯語也其尙有繼起之作則俟諸後人之補輯云於戲莫爲之前雖美弗彰莫爲之後雖盛弗傳爲子孫者尙其永念誌乘之言而纘我祖考爲可是爲序

培緒

聖功集自序

易曰蒙以養正聖功也夫聖非易言錫以養之無其功則蒙奚由而正爰取古來經史中故實足以開聰明
端趨向資鑒戒者區其類而聯其目以便口講以光腹笥而屬對之道寓焉首列時令敬授人時也其次着
竊以爲果幼而慧父兄不知立教則子弟不知警惕教以敦倫先德行而後文藝也由是立志讀書以馴至
彬雅而詩詞書翰及物類之足資多識者皆於是乎在則幼而學可壯而行矣雖然猶未也蔭隱易叟科
第難求又曷由仕宦而榮遇噫可不競競歟如果得志以有爲更當知足而不辱或者隱逸林泉遊賞巖穴
以臻壽考庶幾哉此則採輯者欲以十八條期於蒙養之至意也於虖從事於斯緊惟作聖之基是所望於
不厭之學者尤望於不倦之教者

康叔祠落成祭文　　　　　　掄英

維我太高祖考系出容州望崇渤海衍名宦鄉賢之緒代有聞人讀象山鹿洞之書家傳理學早蜚聲於黌
序旋食餼於天家壯志干霄文心映玉上承先志守遺訓之八條下啟後昆開本支之一脈孫枝蔚起祖澤
綿長太高祖妣王太孺人節懍松筠心盟金石青年守義白首完貞撫週藐之遺孤艱難備歷登八旬之上
壽福祿來崇親受榮封渥荷九天雨露聿光旌典永垂百世馨香逮我高祖幼承荻訓早擷芹香叢桂留人
效子山之作賦板輿奉母擬潘岳之閒居爰闢垣墉大開堂構信根深而末茂遂積厚以流光蘭玉生庭甲
乙科聯登虎榜文章報國內外翰同列鵷班代有敕書床多牙笏澤延四派慶集一門掄英等愧收族之未
能思敬宗而倍切因仍舊宇特建新祠梁棟需材幸鳩工易集宮牆煥彩欣看鳥革增華仰答宗功敬修
祀事伏冀神明來格精爽式臨如在左如在右鑒觀有赫爲之前爲之後盛美彌彰佳兆連翩池集鳳凰之

客繁禧懋介門高駟馬之風定知食德千秋載賡公族從此發祥奕祺長祝華封敢告

積貯策　　蔚礽

國之本在民民之天惟食洪範八政所由以食爲首也顧天時不無旱潦歲收不無豐歉則積貯之法尚焉考之周禮遺人掌邦之委積實積貯所自昉者後世井田之制廢而一年三年之食不在民是以凶荒無不備不得不設積貯以救之魏李悝作平糴之法謂糴貴傷民糴賤傷農二者在權其輕重之間官設倉以貯之蓄倉貯糴糶實始於此漢耿壽昌倣李悝平糴之法立常平倉穀貴減價而糶以便民穀賤增價而糴以便農厥後罷於元帝而復於顯宗義倉則肇自隋長孫平平請令諸州百姓及軍人勸課收穫之日隨其所得勸出粟及麥而倉貯之至唐戴胄猶師其意而行之其後罷於高宗而復於元宗宋時諸路皆有常平之設義倉亦行要以常平爲重朱子有社倉之設初請於府得常平米六百石夏貸於民各加息以償遇荒蠲其息之半大飢盡蠲之行之十有四年償得原數遂不復收息民賴饒足可謂善矣之數倉者皆積貯之良法也是故行之各有成效及其後也均不能無弊焉他若平準法和糴法廣惠倉青苗法當其創始非不以爲便久之弊乃滋甚實未能盡善者也誠使本治人以行治法在官以愛民爲念在民以儲上爲心又何難豐財和衆也哉

北上祭祖文　　蔚礽

聖恩注滋九天之雨露方濃家學淵源廿代之簪纓益啟忝此日科名之選實前人垂裕之餘闡澤覃敷家風丕振伏維始祖畊付世胄宋代儒臣本鄉貢之聲華綰容州之印綬眷懷茲土占籍是邦爰及列祖詩書

啟後孝友承先鄉邦稱賢俎豆重馨香之薦人材作記文章華誌乘之光甲乙丙三榜科名宋元明歷朝仕宦泊乎昭代尤沐殊恩屢膺封贈之榮溯自高曾而上蔚礽厚沾祖澤仰藉宗功當甄慈具陳之辟異三榜聯登之譽杳閨春暖薇省風清未遂烏哺之情酬恩無地幸荷龍章之寵聞命自天偏傳梓里歡聲上動椿庭喜色今者稟承嚴命贅入京華將望闕以趨班擬挈家以從宦前程方遠計日遄行伏冀神靈來格默佑我以無疆陟降在茲更垂庥於未艾鴻毛風順攸往咸宜驥足雲騰所如輒合鶯遷在望潔齋來禱祈之求龍見再占黼黻答昇平之治謹告

重修蘄州鳳山禪林碑記

蔚礽

江漢合流而下經黃州赤壁浩浩蕩蕩抵西塞山勢如轉環奔濤渟蓄又折而東數十里紆徐容與遙望有山狀如飛翔橫障江滸喬木森森雉堞隱見於空濛烟靄間則蘄州城西之鳳凰山也臨岡擁勝分封是邦其時琳宮梵宇所在多有而禪燈繼續歷久弗墜者曰四祖寺實在茲山之麓窈然而深過客弗及知也余至蘄之二年歲晏務閒偕賓友流覽城垣蕩遊及此山僧果成隱林方於兵燹後竭蹶營募營寺一區興工未久友因言此地州開坐面饒城市山林勝概且古刹未可久湮也甲戌春乃招集士紳及遐邇近郭耆舊恢廓之余捐廉以倡士民踴躍樂助得緡錢如干數乃屬邑紳陳君春坪等就寺旁重建祈嗣宮三楹右爲客座左爲僧寮翼然一新座前繚以短垣勿礙眺矚又其旁隙地留爲蒔花種竹之所循仄徑而上山半得地數弓頗寬詢僧云此前代江山清趣亭遺址也復建亭其間經始於二月五日再逾月而工成州人遊覽者晨夕紛集余乃置酒邀賓僚落之是時江月初上晚風徐來樹林陰翳中禽聲上下不出庭戶而湖光嵐

影襲人襟袂之間登亭而望隔江興國諸山嶔崎歷落如拱衛然俯覩雨湖荷葉田田荇藻綺錯寺鐘一聲鷗鷺驚起江流抱其下帆檣出沒左麟江而右鴻渚勝概畢露於是飲酒陶然歡讌未已客有避席而言者曰此地當吳頭楚尾號為要區十年前辛苦凋殘不堪回首矣邇者四郊無事暘雨應時歲慶屢豐百廢漸舉吾輩與使君得以從容觴詠於此親覩夫都人士女熙來穰往莫不有歡欣和樂之情豈非幸際中興之盛耶余曰然江漢之詩當為今日頌矣嘗考茲寺舊有大殿五丈室禪房又數十區余以重煩民力未能頓還舊觀也後之君子有能政通人和鼓舞吾民而與之同樂者亟起而踵成之是余所厚望已客既遂援筆而為之記

重修湖北蘄州志序

蘄州志明以前軼矣國朝州人盧參議　淡崖始創修曰盧志同時顧徵君赤方亦有顧氏蘄州志稿載白茅堂集中乾嘉而後錢塘錢君夏津潘君一再修之事以遞增而文益大備同治初髮捻蕩平大府檄取郡邑志善化黃君擬續修而未果今年春吳下宋君握蘄篆時有邇志郡志之輯謂州志而先集州人而謀之聘經賢遴修纂發凡起例提綱挈領凡天地時地利人事物產之屬俾各分司其事方半載而余適還蘄則十已三四矣爰勛諸君辨真贗嚴去取疑則闕信則書公餘之暇畧加點竄兼檢舊稿間從刪削又半載而志以成諸君以序請余曰何有哉經始者宋君也集其成者諸君子也體例一仍其舊前志有而未備者續之前志所未有者增之雖因時制宜有加靡已蓋猶是守前人之矩矱擴而充焉者也余何有哉惟是夙夜編摩窮年矻矻毋濱毋濫克底於成後有作者將於斯攷信焉是則余之志而亦諸君之志也歟謹序

家芭洲夫子八旬開一壽序

蔚礽

戊辰春閏門孝廉蘇小泉家熙臣叔由京都寄書來鄂謂余曰今歲仲夏爲芭洲夫子八秩開一壽辰及門諸子咸請製錦稱祝以爲非得君一言未可張諸講幄也蔚礽受命遲迴恐筆墨蕪陋不足以贊揚萬一顧念韶年從學受教最深義不敢辭乃僭爲之序曰士君子出處豈偶然哉其出也得位乘時則澤加諸民道足以濟天下或委吏乘田有爲而仕亦必思盡吾職而不肯違道以干譽詭遇以希榮其處也讀書稽古樂善不倦孳孳焉訓迪其子弟矜式其鄉人此古之君子易地皆然然而天於是人每歷試諸艱難困苦困苦之遺使之淬礪其精神成就其學術是以身困而道彌亨年高而德彌邵今於我夫子見之矣夫子同懷十人皆身列黌宮有貢成均者掇科名者登仕籍者鄉人每侈以爲盛夫子鄉闈屢薦遲不得志於有司道光丙午蔚礽始隨侍秋試其文高挹羣言主司擊節已入彀矣無何榜發而又不售越巳酉仍不遇未幾而吾邑之然歸亂作矣吾鄉人爲堅壁清野之計率先築堡自守夫子伏處山中談道不輟士之有志於學者翕之其教人自蒙養以至大學咸有矩矱尤以敦品勵行爲先蓋先後設教五十餘年門下士多至成立學校科名接踵而起其傳薪猶未艾也亂後遺書類多散軼夫子獨以修明爲己任比年手錄族譜若干卷重訂家學淵源錄若干卷而於先代彝訓彌加珍護凡典籍之有係於文獻者諮訪搜輯若僅存之邑志亟命門弟子錄之以廣其傳暇時或賦小詩或爲文以自娛樂其耄年好學如此今者吾邑之難平矣回思經亂十餘年其間苦之勞之餓之空乏之而拂亂之者宜無所不至而精神强固學養愈充假令我夫子得位乘時出其所學必有大過人者然吾家譜帙誰與修明祖考彝訓誰與敬守邑之文獻何所取徵吾黨小子於何考

德而闇業爲蔚祁不敏竊謂天生我夫子既不得志於科名又使之躬逢離亂蓋將以守先待後之責歸諸夫子而大有造於吾黨也其德彌卲其年彌高耄耋期頤其以是爲左劵乎夫子之教蔚祁曰吾子捧檄事親學道愛人之驗實始於此願勉爲之以圖遠大所以期我者至矣蔚祁遙瞻函丈不獲隨及門諸子後捧觴上壽請事斯語見諸躬行他日重啟賓筵仍述夫子之訓以報夫子庶幾莞爾而笑乎是爲序

覃氏族譜序

蔚祁

大學之道首明德次親民先儒王文成解親民之親當讀如字蓋謂司民牧者宜推明德以親民使民亦親其上而天下平矣然吾又嘗讀尚書首篇其言明德也曰以親九族而百姓昭明實在九族既睦之後乃知有親民之責者當自親族始雖儒生之學功用不侔其本原則一也去年秋余小住漢皋同郡友覃石仙司馬奉檄蒞位廣濟瀕行來别因語余曰瀚將有事於家譜敢以族規三十二章就正且請爲之序其時行李在塗匆匆數語遂别去余既不獲與君上下其議論惟記兒時郡試習知其先人關鎮屯江功在國澤在民民至今猶建廟以祀然究未細審君家譜牒支派若何體例若何因謹就所示族規披讀再過覺其言長語重大都以孝弟忠信勉其族人而以匪彝滔淫爲戒首列聖諭廣訓次採先正格言且及禴祀蒸嘗之說有條不紊可謂深切著明矣覃氏爲藤之望族以詩禮世其家其游庠食餼鹿鳴鷹揚登第作宰者代不乏人追及石仙自弱冠時在郡接見卽有聲庠序闈既而値髮逆亂起慷慨從戎以戰功邀薦擢其始卒楚北也爲前大中丞胡文忠公所拔識俾攝篆黃梅民情愛戴惟恐其去文忠公奏請實授格於部議不行復與官秀峯爵相合陳疏稱署任黃梅實心任事頗著賢聲有實爲因地擇人不啻爲民請命之語余聞之竊嘆以

爲書生爲政一何上下交孚遂至此哉君既仕楚久所至有政聲而爲守兼優廉能素著又爲今大中丞所賞識顧其爲人悃愊無華不矜才智其爲政獨能厚愛其民以清慎勤自矢日與民相親民亦親之如赤子之依父母蓋庶幾無愧親民之責者方當簿書鞅掌時亟亟爲敬宗收族之舉其所以詰誡族人者又如此然後知君之本原甚厚而推暨非無自也余與石仙別且數月矣相隔數百里末由登君之堂讀君家譜而鄭重至再速余作序爰舉王陽明之說及尚書之義以復於君且以告君之族人尚其恪守良規體君之心以爲心庶幾處爲良士出爲良臣其處也親睦九族化行於鄉而薰德者良善其出也推明德以親民化行於國而不愧大人之學豈非修譜者所厚望哉至其家世之懿垂裕之長讀譜者自能知之余復何言

致大梁孫孟淑別駕牋　祝唐

梁園極目君爲珥筆之枚皋榆塞消魂我是投荒之子厚忽披蘭札倍感蓬衷訊我宦情因之永歎唐厭草詞頭甘勞簿領謝中書省現宰官身方期仙吏謫居蓬萊猶近何意明時竄逐海曲同悲嗟乎頭顱如許陶宏景來日可知肝膽向誰杜少陵此生休問作此寂寂爲是栖栖昔稽叔夜生平有不堪者七唐才不逮古過輒過之每遠企夫前蹤竊自傷夫同調辱承嘉問乃發讕言且夫毛生捧檄升斗怡顏潘岳奉輿晨昏侍側觀樂欲崔州之帽稱觴羨萊子之衣古之人士不擇官祿期養志莫不親承歡譜勉作官箴唐則祖硯克承父書早讀幸重堂之健在獨萬里以卑棲楚水粵山安居莫奉漢關秦月遠信難通望太行孤飛之雲思深人傑過邛郲九折之坂涕灑王陽徒嘆勞薪難云色喜此所不堪者一也嘗聞謫宦每借助於江山豈有詞人祇縈情夫圭組故阮籍樂東平就官徐摛愛新安臥治大抵流連風景取暢幽情神木阨上谷之衝據

雲中之險穹廬地迴大漠天低山無蘊藉之容水少中和之氣胡笳響斷霜花入夏而仍飛羗笛聲淒楊絮當春而不見每當掎裳客至拄笏公餘相看皆斷磧驚沙何處可晤衷散賞此所不堪者一也昔元稹誇州宅以賦詩謝眺坐郡齋而曠望一家終日都在樓臺列岫當窗自饒琴酌以及庭名種栢罌號哦松靡不退食自公隨時取適茲邑自燹構黃星灾騰赤霧杜老之萬間莫庇楚人之一炬可憐草蔓荒城煙霾廨爰假橫經之舍聊爲治事之區葭可蔽牆荻員作障葺玉川數間之屋恰稱折腰乏忠宣四見之亭於何縱目跼天蹐地上雨旁風坐每嘆夫垂堂居直同乎陶穴此不堪者三也然使播州非夢得所居粟邑稱薛恭易治花村月落寵吠無驚桑陌風和雉馴亦異大有絃歌之趣曾無案牘之勞亦可權作寓公呼爲吏隱矣而乃長城擊筑地本淒清北鄙彈筝聲多殺伐入市半懷磚豪客登堂多投甌窺氓睚眦失意白刃交加擊刺成風赭衣狠藉恣覆雨翻雲之輕薄極係風捕影之離奇破柱不足懲奸懸鞭何由示辱此所不堪者四也夫悲莫悲兮遠道樂莫樂兮相知假令玉儉元僚倡予和汝閻公勝友美具難并同舟則李郭皆仙入幕而石溫並致儲堪排日奚恨逃荒不知塞上孤鴻楊懸誰下亂餘除授寵養紛來歎滿目之皆非問知心其有幾一錢不値相逢皆鼠目麞頭片石難搜可語隸驢鳴犬吠此所不堪者五也唐又聞泉明作宰絃歌爲三徑之資脩之勵操佐吏賭百城之睨未能免俗亦足以豪雖脂膏自潤原非孔奮初心而祿養能甘要屬東遷素志胡乃竄之以荒服阨以下除五斗淒涼一囊羞澁貧憐親在盼魚菽以難供樂得朋來累豬肝而莫給況乎一官中秘影質蕭條十載上都債臺屹嵲取償無計負諾恒多恨馳驅鞅掌以何因閒磊落抑塞兮誰拔此所不堪者六也若夫氷天凜冽寒谷凌競極邊景之難堪尤人生所未歷每當清商變律急景凋年

雪大如鴉風號似弩無定河邊之水密霰無聲祁連塚畔之田頑雲不斷雖復傾綠醑撥紅爐纖羃衾披鶉鷺而寒仍起粟凍欲搖枯萬逕人稀雞萃苦海無邊之岸千山鳥絕直到中華以外之天此所不堪者七也

嗟乎絕徼荒寒之象其難也如彼薄宦沈淪之況其悴也如此便當拂衣西隴徒步南岡歸岫雲閒躋堂日惟期委贄清時壯不如人遑冀投綸晚歲是以逡巡鷄跖躑躅鮎竿柳下惠不卑小官梅子眞但安蓴尉屈永可奈父兮鞠我驥由我茵溷隨天下吏官情如是而已所望互勗波濤同貞金石關河雖阻光景常新士伸知己勉旃來日之居諸僕本恨人聊寫一時之幽憤

宦遊家訓題後

此我　十三世祖振子公出宰鉅鹿時所貽家訓也公生平學行前有南海余公後有日照丁公及吾粤羅心海李夢樓諸先生所序論均已詳哉言之公實卓然不愧爲完人是編尤諄諄以垂訓後昆爲本故能深切著明若是祝唐昔侍先君於楚蘄竊見族尊芑洲春洲兩公故里書來時以校刊貽訓爲囑先君治事之餘亟加詮次間日輒焚香朗誦其容肅然一若降鑒之在旁者嘗指謂祝唐曰吾宗先世手澤經亂後大半散佚獨是編幸存於風霜剝蝕之餘非在在有神物護持曷克至此他日當付梓人以廣津逮乃未幾先君子遽歸道山不肖孤萬里一官徒跣歸葬追維昔日趨庭訓示益用愴然因乘讀禮之暇重加編訂請命族尊輩即以公梅市祠祭嘗所餘壽諸梨棗噫公之盛德大業原不係是編以傳然凡我子姓果能心公之心事事身體而力行之則庶幾保世滋大斯不愧明德之後也夫裔孫祝唐謹跋

味腴軒初稿後序　　祝清

余兄詩君少工詩十三齡補弟子員屢以詩賦得優擢時已嘖嘖人口矣丁亥夏余南歸侍祖兄亦捧檄入秦江干揮手黯然魂消乃盡其味腴軒初稿作贈別之物書篷艙窗間高歌數節直與湖光嶽色淪我離愁嗣後秦中郵書屢以近作錄寄山居課餘偶暇持斗酒對唫讒幾忘風雨彭城之感嗟乎如遭先君大故兄重趼歸里手足忽逢悲來橫集葬父事畢每於塋室中促膝談心更漏輒數下不止因得手其前後詩稿數百篇并以示余於是掃地焚香閉戶恣讀每篇必誦一再過幾于饑忘餐而垢忘浣也大抵吾兄之詩論者以爲追蹤唐賢而欽奇典麗處使蘇陸復生亦當奪席此殆有識所推許然家庭標舉達者嫌焉余因不敢謬加評騭兄亦未嘗以此自多也兄賦性疏達平日流覽名山大川及古人遺跡所得詩不下千首惜平風塵奔走半就散佚存者僅祇此數余慮其久而湮滅也因與季弟鶴君同加編輯付之剞劂兄年力方强異日服闋出山誦詩授政將和其聲以鳴國家之盛固不僅爲嶺嶠一詩人耳

詩

元日發筆　良儒

歲事更新到草堂園林風物總春光霏微小雨摧楊柳淡蕩輕烟護海棠窮守巖阿甘寂寞笑將天地間行藏韶華滿眼堪遊賞試筆清吟興欲狂

雨晴感事

烟疏土銼室蕭然貧病年來祗自憐憎命文章千古事投珠世路半生緣寒侵江革單裘夜雪壓袁安一榻天最是催科無避處清晨扣戶促輸錢

重陽遊都嶠二首嶠山志刻

憑虛高覽陟崔嵬莽莽秋空霽色囘對景當歌孤興遠逢時長嘯好懷開疏狂共指參軍帽傲睨頻傾靖節杯最是臨風能慷慨悲吟千古憶吹臺

輕煙萬井蔽清秋把酒登山豁遠眸袖拂清風堪伴奠杯攜岩影任優游雲隨飛蓋濃疑濕樹帶斜暉翠欲浮莫問明年誰健否笑將身世付青州

晚眺

晴煙野色霽南山徙几將書掩卷看鳴鳥聽來幽思逸吠蛙喧處暝痕寬平塘遠綠新蒲細曲岸囘紅小杏殘憩寂雅人宜晚眺清宵欲寐怯衾寒

夜雨感懷

驚時獨夜思迢迢轉覺生平百慮饒不以文章希我貴敢將貧賤向人驕疏鐘寒榻清難寐短牖繁霜凍復飄莫誦浩然明主句殘燈孤館雨瀟瀟

送何曾淡北上

卿雲濃淡絢金臺不盡鶯花向曉開賦有兩都騰早譽獻米三策識新裁鄉書已自魁時俊廷對應知冠茂才到日皇州春色滿振衣金馬任徘徊

送袁宇一歸南海

落日江天雪片繁汀洲紅葉映離顏帆拖都嶠晴雲去人帶蒼梧紫氣還新句已傳留絳帳故園忽憶問青

山亦知多士能盧席樽酒論文擬再扳

南樓秋况和馬司馬中方韻公與馬中方王貴德楊際熙何輿高稱容山五子

雲驅積靄欲旋空烟淡汀沙落遠鴻滿掌金莖清夜裏一樓羌笛月明中濕翻簾幕桐花露涼浸闌山桂子風清暇莫虚良節令好教蘭訊集羣公

漫興

馮唐老矣雪盈巔一片剛腸萬里懸無計廻戈留落日有懷望龘願逢年浮生鷄肋空追逐世路羊腸畏轉旋敢學君平能棄世且從初志契逃禪

賀楊惺翁侍御八十一壽八首

灼灼南弧瑞靄遷裊將鸞鶴到華筵身能獨領烟霞券天許長留嶺嶠仙北斗共瞻人望集東山容臥主恩綠何須更覔期頤數直向莊生論大年

錦棚雲接赤城霞中有眞人駕鹿車大耄賓筵開北海後生尸祝翻南華身同龐老清修廻志契洪崖世累賒佇看匡床簪笏滿年年羣綵映梅花

浪道函關紫氣微如翁眞賦謫仙姿三朝舊事稀同輩六代新詞有令兒遁德里中稱祭酒香山社裏讓皋比帝家掌故司喉舌會見蒲輪到渭湄

清時商德孰能儔八秩康強步履幽早識白眉標俊譽更欣黃髮埒仙流池亭閒月鷗忘避花徑乔雲鶴伴遊丹籙懸知名久署羨門長笑共綢繆

紅頰青瞳映碧霜不煩辟穀餌昌陽丁年台省勳名在甲子邸園日月長鴻羽鸞停標典則鳳毛魚雅振軒
裳插花奉斝當筵舞快揖安期爲壘觴
天獨私翁歲月舒鹿門淸尙廻誰如不餐靈藥身偏健時檢眞圖手自書色薈早樓珠樹鶴遺榮竝熱碧山
魚門風萬石知流澤坐聽蘭階響珮琚
飈輪羽節集羣眞况是南飛奏曲辰大壽八千今始一古稀七十更逾旬耆英會裏推前席眞率班中揖上
賓袖拂扶桑拾瑤草笑看蒼海幾揚塵
明時大老羨猶龍盛事於今得幾逢赤肉芝調青石髓紫稜眉映碧方瞳羲皇窗北高三徑鴻寶淮南授八
公况是一陽寒歲候繁英飛盡見喬松

和王正源秋日言懷二首

秋色悲能賦遼空一遣懷年來嗟已老境入漸非佳有籜堪成弁無錢可掛鞋寄情與寥廓淡宕意無涯
碧漢淨天水輕雲捲翠鬟黃花色共瘦白露意同閒天地笑談裏勳名翰墨間但存吾所好應足抗塵顏

村舍曉起

荒村無漏箭曉起聽鳴鷄紅樹江天暗綠蕪烟逕迷松風當戶吼竹月入窗低獨步橫橋上行行自杖藜

落梅

天地方歸臘園林已落梅香魂冷羅襪粉額點妝臺殘雪風前恨斜陽笛裏哀呼童休掃却留取襯蒼苔

德州曉發

曉起攬征轡渡江烟正濃客心馳向北河水自朝東晴漢掛殘月疏林喧曙風行行沙岸轉新旭正舒紅

都門立秋遇雨

薊門十日雨梧信報新秋風帶早涼至天將宿暑收孤雲撩雁思急景動鄉愁羈靮何時解飄然任去留

和江清來壺隱軒

喧逸車馬寂人境結精廬自有煙霞癖爰從水竹居花飛成陣雨風捲滿牀書靜裏無拘礙飄飄恣所如

舟中苦雨

淅瀝連朝雨未休輕寒薄體問重裘平沙半沒鷗鵁浦新漲環迷杜若洲劃嶺暗雲圍夜月穿篷濕點碎鄉愁據風欲插天門翼揭取金雞掛樹頭

六月七日予適初度留滯都門因憶慈母生朝先君冥壽近在秋間弗克伸情感而有作

爲耽雞肋逐塵鞿薊月燕雲事事非戀闕有懷希旨蓄思親徒夢到庭闈北堂悅耀萊衣迴南隴孤寒楮帛稀況是百年初度日淒涼京國倍思歸

負郭　明　錫圭

負郭軒亭敞茂林雄風時快一披襟雲低古樹垂幽景月印清池澹道心閉戶著書探理窟捲簾高臥愛花陰會心不必求溪壑濠濮依稀正可尋

林居口占　明　昌祚

滄桑世事怕回頭老朽餘生只自羞但得西山容採蕨不妨盛世有巢由

重修繫龍洲閣　　　　國朝　昌熊

何年撮土峙中流百粵三江一望收此日巍然成傑閣德星高聚五雲頭

偶興

水竹江村晚無營自索居對牀稀俗客問字有奇書學奕羞看鵠臨淵豈羨魚但存吾不朽塵世目中虛

開封府旅夜有懷祖德

泱泱大國是中州攬轡夷門憶祖猷業創群符開世德宦遊西學衍孫謀尋源切念波濤遠索句難支旅夜幽笑問勝朝遺蹇泱吾宗當不墮洪流

題魁閣

巍巍丹閣妥魁躔天漢揚氛散紫烟筆振文章雙曜動斗騰氣色五星連崇甍榱棟雲霞繞鳥奕軒窗圓月懸敢謂登高能作賦揮毫還讓大夫先

春日送客

東南有美興翩翩繡岸多姿紫氣連晴後鳥依花外棹暖回雲抱水邊筵彩毫錦發光搖席酒思風生語吐天傍晚牛輸山月上滿江魚唱醉新年

晚秋

金天辭白帝庭葉戰西風濃露塗朱檻歸鴻寫碧空薄寒生綺簟涼月隱雕櫳無限傷秋思蕭蕭一望中

村居

憑几看秋事銀牀梧影斜詎知名盡幻贏得鬢雙華風月聊爲主文章愧作家流芳頻坐惜寒雁宿汀沙

己卯除夕宿泥明驛

信宿郵亭報歲除霏微細雨潤行車征途力怯憐佳節獻策心雄仗異書映壁桃符開萬戶驚天爆竹響千廬男兒夙負他鄉志一醉屠蘇興有餘

庚辰元旦河南道中

旅館聞鷄瞰歲更整裝起舞早登程馬蹄踏去雲山碎衣袖携來雨露輕萬國車書開鳳歷六街花柳麗鶯聲春光九十君須記此日當頭瑞靄盈

癸未除夕舟泊昭平

舟溯昭潭上寒風逼歲除臘殘催棹水梅發傍村居破浪心何壯乘風意自如天顏陳咫尺十上袖中書

洞庭湖得風

十年幾泛洞庭舟只覺身如一鷺鷗贏得天風生羽翰岳陽樓是望仙樓

渡黃河

淵源星宿發崑崙奔浪滔滔滾濁塵萬里長河分魯衛一灣天塹抱燕秦澄淸自古人惟聖淤洩無時水是神倚棹安瀾知順軌片帆暖日渡洪津

暢春園早朝

天既佳辰紫氣新早隨鵷鷺謁仁君千官簇擁金門啟萬仗森排御路分乍覲龍顏瞻皎日歡騰虎拜舞卿

雲聖容穆穆宣綸綍默爲斯民遣小臣

考試鉅鹿示諸生

躬承憲檄校羣英五色深防鑑未明氣貫朝虹誇學海才吞雲夢富經籯參耆鐫落驟盈籠桃李芬芳花滿城好向廣寒宮裏去瀛洲次第快標名

恭城解組歸別學中諸友　安邦

嚶鳴出谷思求友喜得英賢濟濟繁數載論文歡握手一朝言別黯銷魂非關忘世因才鈍不慣逢人爲道尊昭水梧江任游溯相期暇日到柴門

謝諸友遠送口占一絕

江頭話別淚潸潸難盡衷言頃刻間日暮維舟還悵望相思人隔萬重山

山居即事二首

卜居林谷鎖烟霞日暖風和萬卉華喜看池魚吹細浪欣觀粉蝶護山花穿廚小澗溪聲活繞屋清陰竹徑斜夜靜舉杯弄明月酣歌一曲勝侯家

買得名園鑿半池小亭結構淨茆茨前環綠水同絃奏遠枕青山當畫披漫與樵夫採靈藥便同仙侶隱談棋出門不覺歸來晚鱸膾蓴羹酒數巵

誡子二首

咿唔對案誦陳篇獨守窮廬年復年勿謂妙齡還有待光陰那肯爲人延

世情冷暖最堪嗟得失無庸塞馬誇惟願堂前荊樹茂一門和氣是田家

哭庸熙姪卒於桂林和蘇秉綱孝廉韻　啟恒

豪華剝落見眞原一席青氈未及門滿擬徧栽槐市蔭豈知長化杜鵑魂鵝湖座上悲蠅弔鹿洞巖中賦鵩冤舉目浮雲遊子恨生芻一束玉無痕

龍墳　致治

龍墳池下草萋萋南水東流復向西芳樹無人花自落青山一路鳥空啼

送秉綱蘇孝廉謁銓

抱膝長吟三十秋春風好送木蘭舟繡江塵淨波澄練都嶠天空月滿樓宰肉不須驚孺子割鷄聊復笑言游他時書寄山中友猿鶴相將亦點頭

都門留別陳助敎世兄

春光倏忽過清明無那歸鞭早促征案上有箋書別賦陌頭多柳繫離情我生月匝成賓主誰信天涯認弟兄逆旅不堪題舊緒感懷風木淚珠傾

夜雨過蘇州有感

滿川烟雨過蘇州歸棹還尋萬壑流深夜浮龍橋跨岸碧空懸鏡月當頭隨風聲響吳兒曲臨水窗明越女樓遙憶天涯人念遠珠簾應未下銀鉤

得月臺 嶠西詩鈔選刻

我醉歸何處高歌得月臺古人不可見翹首後人來

湖山亭三莞英靈集選刻

曲折幽篁裏湖山別樣清無端千畝竹有客盡題名

春遊六息山莊和關有恒韻

自愛山光雨後新非耽岑寂避風塵門前種竹曾留客篋裏藏錐未是貧仙夢迴時黃鶴近機心銷處白鷗

親東風日日催詩急判斷花間又一春

寄南山蘇秉綱孝廉

一生能著幾兩屐却憶都嶠萬嶺青夫子近來安樂否擬攜樽酒問山靈

天妃閘

洪澤湖邊水北流歸心如箭尚維舟相思此夜知何限人在黃河古渡頭

讀歐陽太君貞節錄

惟母有兒讀父書風清皋座稱鴻儒惟母有女續母志霜沁菱花著節義母被榮旌來九重歲寒共見後凋

松正襟危坐誦實錄當年飲恨天公酷避亂猺峒遭連喪夫及翁叔相繼亡因苦極時容易死誰侍病姑撫

幼子三月離兒慎莫啼啼時姑悲母亦悲盜掠火焚壁如洗命薄春花何所倚女紅之出能幾何甚養移居

婚嫁多憔悴一生眞似夢悽其痛定還思痛養終兒女俱成名盤錯春秋七十齡萬年懿範垂青史陳門節

婦歐陽氏

秋夜讀劉含章和少陵秋興偶題一首

旅窗淅瀝天地噫氣頭奇異怨光怪挑燈起讀感秋詩眞與少陵同一派鬱如室女悵芳華獨立東風長自嗟勃如烈士赴疆場匹馬横戟衝黄沙清泉激石聲幽咽寒蛩號露轉淒切莫道顏衰語益工未信蛟龍雜魚鱉老杜遺篇幾度秋永嘉正始餘風流巫山落日渺何處悲歌恍在瞿唐舟丈夫會當立不朽莫託豪吟損襟抱世網拋殘萬斛愁騷人隨意營升斗我今書劍逐浮名聞鷄起舞倍關情永夕微茫動哀怨奈此四壁秋風聲

春遊六息和關宥恒韻　齊治

雨後涓涓萬綠新竹籬苔徑絕纖塵溪山自足良朋賞詩酒何妨陋室貧紅杏碧桃爭欲笑黄鸝紫燕各相親多情應趁韶光美九十須臾又一春

自題東園　青治

小小經營傍水涯閒身寄此正相宜濂溪月霽蓮浮沼彭澤風光菊滿籬動觸物情皆起悟靜觀魚躍可裁詩古今豪傑知何許輸與東山一著棋

閒居　冀治

杖履優游六十餘詩題酌酒樂閒居幽林坐石吟紅藥曲沼攜樽賞綠蕖清夢檐前春日永課兒亭際晚風徐逍遙信是羲皇侶倣步邱園得自如

武宣冷署閒吟　衛圻

屈指韶華又𦃓秋蕭蕭白髮欲盈頭一官鷄肋身如繫十載螢窗志未酬冷暑每尋蝴蝶夢閒情常押鷺鷀
鷗他年若遂焚黃願歸種陶潛五柳休

奉和潯州府陸太守上元舟中韻二首

瀏流望月夜光升上下團圓一碧澄逸興不隨時序去高懷還把酒杯𣸣漁舟頻掉波中練金鏡交輝水面
燈際此良宵情致遠凌雲詩思倍崚嶒

上元蟾影落江濱到處謳歌洽比鄰棠蔭遠郊春寂寂琴鳴流水響潾潾有懷未遂青氈舊對客咸驚白髮
新雅想仙舟能共濟清風披拂後塵人

四端家居秋日即事　衛世

梧桐葉落雨來疏閒向庭前自曬書貧讀陰符疑是幻病參仙籙信非虛空檐已少窺簾燕淺水猶多逐釣
魚聞道秋光郊外好便攜童稚出州閭

答石齋兄武宣學署同書慰問

去年秋日臨江別今日秋來又一年舊事蹉跎何足問新愁繚亂獨成眠花間對譜惟童冠燈下長勞只簡
篇異地相思知更切幾回望月幾回圓

課日聞鶯示同學

春色熙熙春日遲陰陰綠樹囀黃鸝安巢祇在遷喬日求友先於出谷時借得一枝頻睍睆養成雙翼任差
池幾回鼓吹桑林裏喚起詩腸織柳絲

步徐邑侯大豐留別韻　衛經

彈丸纔得沐恩厖竟赴徵期入幕籌定有尺書酬遠問曾無疋絹累清流雙星耀日扳車來五馬鳴珂挽轡
稠共道於今歸上蔡由來公輔數南州

舟夜　衛敎

孤舟良夜泊江濱風月怡情若比鄰漁父漫來呼舊侶知音流水有何人

哭庸熙弟卒於桂林

積病經年未復原忽聞簡命振鬢門緇帷虛席來官檄碧水孤帆恰客魂過眼江山成永訣無情草木若含
寃雁聲乍報渾如夢明月臨窗照淚痕

八十一自壽　奕奎

屈指韶光獨自憐優遊扶杖樂堯天名慚梁灝廷詢日跡似磻溪石隱年翰墨書香先德遠家風清白後人
傳從今更切冰淵懍五福原來不易全
柴門一曲繞溪流半畝方塘寄釣~~游~~鉤鱸膾尊羹杯在手茶香琴韻月當頭空山雨雪羲皇夢深谷烟霞綺里
儔爲守先人墓廬舊今生奚必羨揚州

族兄汝爲之女適楊氏子年十九歲而寡完貞白首詩以紀之　奕璋

天敎勁節砥狂瀾六十年來懿行完應譜清標歸管汗欲題芳潔入茗蘭丹心未識冰霜苦白髮猶承菽水
歡兩世徽音稱克嗣月宮端爲集祥鸞

竇家寨夜泊　奕璠

一葉扁舟泊竇家寨名依舊不聞笳孤燈明滅清宵迴臥聽秋聲戰葦花

讀書梅竹館

地僻林遮結草堂幽深與世若相忘乍經谷口疑無路旋過溪邊忽露牆萬卷詩書供把玩四圍梅竹任徜徉藏修遊息寬然所何事桃源覓異鄉

經畧臺懷古

經畧稱雄事已灰至今猶得覽高臺清風未送威名去錦石還連灝氣來千古不磨惟白日百年空好是蒼苔憑欄不盡登臨意繡水悠悠任溯洄

舟中憶友

湖邊楓葉報殘秋一片歸帆溯上流日落遠波低宿雁雲敲輕浪起眠鷗蘆花爛熳迎人目荇藻紛披映客舟良友已遙誰共賞縱逢佳境也牛愁

友人送一鷓鴣蓄之樊籠見人則咯咯有聲若乞憐狀予憫而放之蓋孫曰善　景岐

昔時緣好勝誤入北山羅放爾南歸去從今莫口多

再登都嶠山用前輩王正源先生韻

名山深結願著屐再遨游石臥千年鶴峯生萬丈秋虬枝掌絕壑蟾影漾寒流欲託烟霞叟長吟老此邱

南山八疊峯　嶠山志刻

八疊峯巒一望佳燈檠光照讀書臺懸鐘臥鼓天工設那許羣山辨得來

戒食牛

歲歲代君耕君家作收粟未曾沾一分死後反食肉

哭繼猷姪

憶昔汝幼時日隨我課讀夜與我同牀常在書齋宿只望繼書香頓忘我勞碌汝自興安回祖父叮嚀囑說汝可讀書要我嚴拘束惟幸汝聰明開筆便不俗時年甫十三志學入家塾轉盼廿五齡舞薦光吾族我意門戶興豈料今日哭賫士蓄文章修文何太速今年五月間汝髮白而禿我囑惜精神汝情若懈縶十月末旬時汝父病彌篤汝常臥榻扶夜衣地為禱黎明我見之謂汝病將續果然病勢加一夢登仙籙兒女皆幼小撫摩將誰屬嗚呼門祚衰累汝壽元促幽冥永隔兮剜我心頭肉尤可痛哭者汝先汝父卒汝卒在初三汝父在初七疑若汝前知禍至已無日棺槨與衣裳一一經手置力疾更銜哀不忍委子姪聞者能格天天心應憫恤胡為一病終令我不忍述汝方蓋棺時汝父猶未悉頻頻呼汝名聞者皆心怵矧我為汝叔怵惕何時畢死者不復生生者尤當卹在天如有靈佑爾後人吉

耀英嶺

耀英怪石起何年鎖鑰洪流碧聳天四面羣山皆拱揖奎光高聚五雲邊

再遊石龍寺　　　　　　　　　景岷

講幄八初靜禪室路再尋樹饒前度碧泉較舊時深煑茗嘗新味扳僧話近吟一聲孤磬晚歸鳥半投林

耀英石文閣落成誌喜

桂林獨秀山容州耀英嶺顯晦雖不同靈秀正相並靈秀之峯直如絃耀英之石高參天前控容江對躍鯉絜之獨秀尤勝焉獨秀峯頭舞梵宮耀英石上祀梓潼浮屠精舍各有取振興民教意則同邇來蕪穢漸不治革故鼎新時未至我從容筦遊桂林兩處名山都留意忽焉文運晦者明忽焉人事廢者興秀峰將次循塗塈耀英接踵飛丹青祇因好善有同志集腋爲裘成日易經營締造幾人心鳩工庀材两年來氣勢駸駸懸碧落上是魁樓下文閣隘者廓之卑使高圓易爲方述棄作因人成事我何功幸附驥尾隨羣公登樓瞻眺憶經始有志更成殊自雄因思桂林建兩樓三元及第庚辰秋吾容縣治建文塔兩振元風聖與劉拗靈人傑非偶然欲知後事觀其前蒸髮然日藉呵護桂林定折一枝鮮吾聞在昔顏延之讀書秀峯名久垂我雖不敏請事斯庶幾萬古文在茲

祭風臺謁諸葛武侯

幾樹松杉半畝宮當年此地祭東風登壇已定三分業橫槊難成一世雄萬古雲霄遺像肅千年石壁燒痕紅大江自去斯人在不遂炎興漢祚終

過洞庭湖

半日雲帆二百程滿湖烟雨一船輕風從神鵲喧時起浪逐江豚拜處生山岳浮沉天尺五波濤撼激夜三更推篷四望漫漫黑盡是沙場戰馬聲

頌考叔故里有感

潁叔云遙潁谷存式閭猶憶大夫賢嘗羹請託歸遺母掘地調停誓及泉純孝由來能錫類承歡自古罕知年不堪千舍頻回首風木鷄豚劇自憐

岳陽樓

水上危城城上樓半空星斗接鰲頭名從謫宦修時著人自飛仙醉後遊近岸山低排畫鷁連天水遠渺沙鷗倚欄四望渾無際惟有君山一點浮

過開封府有懷祖德謹遵飛渭公韻二首

中州遺裔衍容州故國來過憶祖猷七百年前曾聚族六千里外遠貽謀傳家譜牒名猶在易世墳廬蹟已幽華胄遙遙無處覓停車躑躅對黃流

鄉貢當年判一州卜居即地著嘉猶須知祖父驚遷日已爲兒孫燕翼謀用武中原天塹險藏書石室嶠山幽於今族屬相安處都是前人惠澤流

舟過全州

生成四面碧嶙峋一片孤城楚粵分江淺船橫臨水屋山深林隱過城雲兩湖風景看纔徧三郡談音喜乍聞却是近家心更急扁舟幾夜夢紛紛

夜過咸陽弔古

百二雄關據上游可憐幾代帝王州秋風漢苑田千頃落日唐陵土一坵故壘尚餘爭戰氣蒼山長鎖古今愁欲尋遺跡知何處明月當空渭水流

遊崆峒山二首

久慕崆峒勝公餘一騎來路隨溪水曲鞭掠嶺雲開落葉荒三徑層霄望五臺仙原應不遠努力陟崔嵬

直上最高峰飄飄欲御風關河歸眼底星斗煥胸中間道軒皇遠遊仙漢武雄名山看未足歸騎又匆匆

蔚礽曾姪孫髫齡遊泮喜賦七律四章寄勗

萬里遙傳竹報來中興黍運喜初回一經世業期羣彥廿代書香屬雋才霄漢程看雛鳳舞驊騮路向泮池開科名豈但期如我未到蓬山尚棄材

乃祖當年志未伸十年前事怕重論龍蛇竟阨強而仕堂構惟貽子若孫廿載宦階承誥敕曲泉伯歷官十四年疊請封典八朝家學溯淵源小宗爾荷維城寄勉紹前修慰所尊

似我卑棲借一枝瀛洲未到素心違折腰人向風塵老捧檄官憐牧令微案牘形勞紘誦懶鄉園路遠信音稀芹香此日開家讌幾度天涯有夢歸

策驅遙思慶凱旋斕衫掃地髮垂肩也知寸進非奇事難得雙親俱少年月殿香凝仙桂露御園紅入杏花天男兒志遠長安近早向前途快著鞭

伍清臣用王龍標韻見寄一絕疊成四首奉酬

三載勞勞簿領間怕聽人唱念家山枌榆小友能憐我萬里吟箋寄玉關

自愧程乖一蹴間仙風咫尺阻蓬山玉堂要是文人貴牧令官微等抱關

十年足跡徧人間又看湟中萬疊山記得臨風聽羌笛一鞭曾到玉門關
鄉園遙望渺雲閒客夢宵宵戀舊山豈但多情憶兒女故人子弟更相關

伏羌署中秋夜感懷寄正甯合邑士庶兼呈張穀齋學博七律五首

自攜琴鶴別羅川裘葛匆匆又半年迂拙不來耆老怨扳留竟說宰官賢數行大府陳情疏十里長亭餞別筵民愛拳拳忘不得夜闌回憶尚悽然
自顧全無作吏才治棼專爲亂絲來但思稱職求芻牧不顧邀功闢草萊日暖氷霜看漸化春融桃李盼將開當亭一檄催行急又是勞薪第二回
城西人擁敝程時步步稽留上馬遲飲餞同官杯在手持靴父老淚如絲萬家竹馬來童穉一隊銀盃肅儓兒更喜冠紳情意洽攀轅爭獻寵行詩
往事雲隨月影過勞人霜染鬢痕皤秋山朱閣吟紅葉春水羅江夢綠波三字坊碑今在否七鄉民穀近如何好傳舊令殷勤意共勉耕桑答太和
交淺情深愛廣文匝旬聚首又離羣飄遙旅跡憐愀我管領騷壇喜有君剪燭何時逢舊雨懷人此日賦停雲天涯極目唐臺遠畫角聲孤不忍聞

孟冬初自遠歸　豫

久覺歸心切崇朝喜解轅入門應有恨見面反無言玉漏寒猶滴孤衾冷乍溫獨憐相對裏仔細看啼痕

晚起

睡足更無事行吟畝中惱人惟俗物可愛是清風暝色催歸鳥纖雲淡碧空又將新景致收拾入詩筒

夏日山居

五畝頻年幸不荒山居無事課農桑身閒北闕書休上夢好南柯日正長屋角啼鳩天又雨牀頭撥甕酒先香柴門最喜臨松徑一陣清風送晚涼

醉後歌

不須數盞便顏酡勞瘁難堪自放歌名士豈求官爵貴書生原是賤貧多階前雨久滋苔蘚牆上春陰長薜蘿此後農夫甘沒世漢家誰舉力田科

清明

欲雨猶未雨將晴亦不晴看花無限意舉酒謝清明

春怨

冷香殘夢十年過回首前期更奈何繡枕夜長春寂寞綠窗人靜月婆娑情投艷處心如結恨到眉峯怨漸多幸有故人同此意新詩十首慰蹉跎

數載聞蹤淚似萍韶華追悔髮星星月明鸞影羞秦鏡春盡楊花憶謝庭目極斷雲千里渺夢回深夜一燈青無由得遂吹簫願風景依稀認雀屏

未信今生作夢猜年年懷抱不曾開自憐永夜琴聲斷誰寄寥空雁字來暮雨有情歸楚峽落花無分到天台莫言得句盧標榜試問何人更愛才

新句吟成慘不慘落紅窗外夜蕭蕭藍田有玉誰曾種青鳥無蹤信已遙拾翠望穿芳草路採菱心斷木蘭橈也知孫策周郎好還擬江南訊二喬

題柳

盡將風景付芳年晚日今城萬樹煙何用流鶯催底急綠陰成後亂吹緜

清陰幾日變初黃薄絮濃雲拂面香長短繫春春不住東風無復入時妝

秋日同李仙根遊都嶠山步靈景寺

山氣迷離石徑分輕寒侵袖若氤氳斷崖落葉秋聲老古洞斜陽草色曛已覺林泉無隱跡空勞猿鶴漫移文他年明月中峯上應許驂鸞捉紫雲

北院

曾向西風聽好音尺書不到畫堂深年來酒病成消渴惆悵相如綠綺琴

梅花

花時曾與作高吟縹緲仙姿隔院深半徑烟籠疏竹影一痕月印古牆陰已看歷盡冰霜質未信能移鐵石心料想幾生修得到管教從此滌塵襟

孟冬王景文來訪留宿山房有詩懷舊臨別贈句

十年飢渴故人心悵別悠悠歲月深昨夜梅花天欲雪忽傳有客下山陰

何人風雅獨專名三疊陽關唱渭城千古流傳右丞句至今重續舊家聲

元旦

幾年落魄伴漁樵又見東風轉斗杓冀北欲追良馬跡淮南不受小山招雪中鴻爪痕都盡爨下琴材尾已焦一枕華胥春正好夢同天樂觀鈞韶

聞秋風

漏寂燈微拖風狂夢不成都將千萬恨吹入作秋聲

和方伯繼蓮龕昌夫子寄學西舊韻　升

東南澤滿洽民心鳴鳳翩然集上林千里旬宣馳使節九重屏翰錫華簪仁風自昔留棠蔭膏雨年來化劍鐔知有嘉謨能沃主明良端爲發高吟

獎藉偏憐失路心至今傳頌徧儒林須知琴爲良工奏絡冀花從上苑簪抱璞無言仍待價及鋒有用肯銷鐔散材幸託門牆裏萬里燕雲自感吟

贈別李藝圃夫子羅城卸任

柳絮輕飛旭日和桃花新漲膩晴波離亭宴罷春風晚一路香迎畫鷁多

羅城相望路迢迢水驛停舟候晚潮千里夢魂依絳帳好音傾聽入風謠

遊西湖　建猷

西湖多勝景四面畫圖開細棹穿荷去輕風拂袖來雲深迷石徑樹古傍山隈妙道當前悟披襟且快哉

遊淮湖至平山堂

聞道淮湖好來遊一放顏橋穿青雀舫人到綠楊灣地僻禪關靜松高鶴夢閒低回思玉局忘却下平山

旅次吟

風滿江天雪滿扉劇憐旅次宿征騑那知倚枕方成夢又被晨鷄喚著衣

題采桑化石

采桑一去不歸來化石年年傍水隈秋雨淚添班竹恨春風聲送杜鵑哀冰肌未許埋青塚雲鬢從教卜綠苔節烈心腸渾似鐵中流同挽逝波頹

登峿臺

雪花飛盡後春屐步峿臺湘水千潭碧祁陽萬戶開雲根依藥臼仙跡印蒼苔顧此崚嶒境疑從上界來

訪明經李仙根兆遴留飲 培英

途窮山路遠竹裏隱仙莊問鶴纔知路分花始見堂主人忙倒屣童子喜傳觴一醉月初起輕風清北廂

久雨和韋卓峯韻 建常

滿庭春草綠初肥無客來敲白板扉裊裊游絲邀日墜喃喃新燕向巢歸石林潤欲沾孤枕水閣寒多沁薄衣兀坐高齋聞滴瀝凡心一洗竟忘機

和王望卿過訪書室韻

寒齋左右竹成行興到閒遊獨自望每掃落花開蔣徑忽逢故友訪筠莊元龍意氣眞超俗叔度風情逈異常晤對片時歡未愜夕陽遙送色蒼蒼

羅權銅鼓岡懷古　　培儉

戰陣興亡幾更千年銅鼓出村岅荒烟碧草蠻酋塚剩水殘山馬伏營故壘蕭蕭明月裏飛鳶跕跕夕陽橫西風一望頻回首忍聽猿啼隔岸聲

送李曉園紹昉太史進京

自有祥雲紫氣來古今列宿繞雲臺九重蕊殿承恩處五色仙桃捧日開宮草菲菲春欲暮爐烟細細漏頻催從谷退食歸青瑣長作熙朝命世才

王竹一先生卒於泗城學署恭輓一律

一去西南粵嶺邊寒氊冰署即成仙詩傳白傅雞林國家在王丞輞水川千里掛帆歸櫬日百年遺恨瘴雲天青綱祖德原來遠斗酒堂前泣杜鵑

和潘妙山先生灌陽學署重調七絃琴之作

締交公瑾有深心識曲瑤琴獨賞音前輩風懷時復見華堂春暖日閑吟飛鴻落雁誰賡和流水高山自古今同憶趨庭成往事一經教子勝遺金

溫泉　　培緒

天地溫然釀太和鍾靈泉水濟人多偕來童冠斜陽裏幾陣薰風麥隴過

讀雷祠殘碑有懷明李孝源尚書

神雷變化幾推移莫訝蟲殘薦福碑鴻爪留泥君住處蝌文委地我來時登臺賸有詩懷古載酒誰堪字問

奇剝落斜陽無限恨英雄一淚更生悲

少霞姪孫供職中翰次王望卿志喜韻

靑瑣欣承特達知當年燕許正堪師紫薇花下宜攤卷紅藥階前好咏詩彩煥鳳池辰日麗香飄鷄樹午風披絲綸職掌原非易報國公忠遠大期

光緒戊寅八十一歲重遊泮水書以自警

手摘芹香六十春泮池再赴又逢寅從公濟濟欣多士笑我廖廖僅兩人同泮惟覃君亨尙存雁序聯歡猶憶舊鸞旂拭目漫驚新靑衿一領推難去攬鏡蕭騷鬢似銀世守家傳一硯田半生餬口耐寒氈回頭壯歲殊多負屈指頹齡劇自憐兩度冠裳瞻孔廟四朝雨露戴堯天諸君誼比同年摯睨我常如抑戒篇

壽君曾姪孫達捷春闈口占志喜

幼學原爲此日期家書未到信還疑木雞善養非容易慎重纔膺特達知

晚眺

晚步斜陽外開顏一覽胸溪痕新雨漲山隙暮雲封繡隴浮靑遠芳村入靄濃微吟聊自適隨意駐行蹤

苦熱行

火轍炎雲氣何迫苦熱行車多困劇誰言可愛夏日長高臥北窗不反側農人輟耒嗟蘊隆解衣磅礴呼南風淋漓揮汗下如雨舉頭赤日光熊熊世傳消暑是瓜李水樹風亭長已矣渴來飲水當箭杯嘆息途中桃

襪子

夜坐

西風遒永夜客思攪偏深雁帶新秋早鐘敲古寺沉微涼生小雨遠恨寄寒砧唧唧蟲聲起聊將助短吟

重遊龍墳

搜奇探勝倍情殷屈曲羊腸一逕分谷口花迎前度客崖間龍現古時墳夏畦無限來蘇雨秋塞空餘出岫
雲活活溪聲聽未了扶筇歸路帶斜曛

坐二把手車

輕車一輛駕康莊後挽前推驛路忙北去依然南向面故園原是未情忘

泊洞庭湖

向曉南風勁輕帆渡客船雙青螺髻合一碧鏡光圓雲影疑無地江流直到天湖湘方夜泊月色澈中邊

培源

春日懷友二首

與子別離日秋風採菊時江分南北水書絕短長詩夢似非非見春何濟濟遲此間多好鳥求友不勝思

如此春光好故人歸不歸風輕蝴蝶舞日暖露鷀飛欲共一朝醉何堪兩地違可憐花與柳園外盡芳菲

培俊

古松

奇哉蒼髯叟不受大夫封風雨夜深裏鱗爪成虬龍

古竹

種竹便不藉俗此開心胸問君誰是友石上梅與松

古梅

飄然出深雪對之興欲狂何以令人醉疏枝來暗香

春日遊龍墳二首　　培愷

丹崖突兀勢盤旋千尺雲端掛碧泉觸石波濤緣底急幾疑雷雨吼中天

登臨不覺夕陽西豐草深林暮色迷共拂歸鞭騰遊興隔山遙聽鷓鴣啼

漢口奉寄家芭洲兄　　鍾琪

身經異地培相思舉尊樓前憶別離烟樹鳥啼聲轉寂雲天月朗景嫌遲消愁苦恨樽無酒遣興隨時筵有詩欲訴心情頻檢韻才將搦管幾神馳

屈指離鄉已數旬弟兄奔走歷風塵波濤險阻常驚夢道路艱難更惱人南望幾回家漸遠西來惟有幾相親遙思馬帳高懸處曾解阿連受苦辛

野步　　拔才

豐草雜錢林行行不計深晚風凄亂壑斜日淡前岑野徑多秋興山光悅客心奚囊新得句燒燭寫清吟

草堂遣興

久厭囂塵市營多山居樂事竟如何環門橘柚呼奴婢宴客瓜瓠認鴨鵝叢菊數教童子採茯苓遙看野人鋤硯田收得些些稅樽酒高堂奉叵羅

容縣惟一商店承印

落花二首

纔囘腸斷灞陵橋輕擬微雲薄擬綃風入河陽春寂寞月移金谷夜迢遙浣紗紅雨空相泣惹袖香魂不可招惟有多情癡鳳子飛來飛去繞長條

蛺蝶春園西復東尋春春老悵春空六朝脂粉埋幽徑五夜英皇嫁晚風門外雀羅賓客散堂前燕去夕陽紅由來世事皆如此何必牢騷惜故宮

祝神叔母伍太君壽　嘉麟

我生久已失王母差幸竹林常奔走其中有母仁而慈濫厠孫班歌壽耇丈夫事業中道捐兢說媧皇力補天詎惑衣蘆彰閔孝直如畫荻著歐賢四世門庭和氣集繞膝詵詵還揖揖昔年已見一鶚鶱異時會啟龍鸞撫裕坤儀下使車清翻燕喜更何如縵紗不隔冰姿健長逐春暉侍起居

關龍庵題壁四首　玉麟

果然勝地不終湮靈關雲關別有天行到山門一囘首平吞佳氣滿庵前

紅塵擾擾幾時休息馬招提紀舊遊世事何須嘆興廢來時有路記囘頭

扶桑非遠許同登奇絕谿山得未曾應是樓居仙客愛雕甍繡檻列層層

鎖鑰靈蓖第一關屹然元氣峙中間誰教梓里開生面指點游人落日還

夜歸　蕭英

浮雲萬里捲脊白幾點殘星閃空碧側聞林隙風泱泱四野空烟淡無色村居夜深人語歇犬吠竹籬聲不

絕依稀燈火認茅廬歸來踏破松間月

夏日漫興　　擴

松風從南來微涼動虛幌高臥北窗下斗室成偃仰舉杯問蒼天攜琴弄清響不知塵世外營求日穰穰

登經略臺懷古次明尚書李孝源先生韻

曠代文人命世才南天節制百蠻開千秋勳業留殘碣幾度登臨話劫灰城上西風寒角動江頭落日暮潮
哀荒涼觸目山河異不但興亡事可猜

寄題芭洲叔煨芋精舍

居心論所宗卜境論所尚勝地苟不靜此身難偃仰聞公闢精舍庭戶頗幽敞詩書有餘趣花石可娛賞梅
江繞閣前嶠峰列仙掌雨晴天氣清草木鬱蒼莽相攜二三子一覽足萬象掀髯試長嘯空谷答清響仰見
孤鶴翔俯視百川廣翹首碧天低捫胸白雲盪大觀於此窮棲息獨神往我昔披輿圖頗作山水想但恨無
夙緣臥遊空景嚮

登闢龍庵呈芭洲家夫子　　振英

十年回首荷栽成此日登臨倍繫情興到奇文人共賞香留新茗客初烹欲侵書幌花千本愛促詩牌鳥一
聲林外夕陽剛讀罷晚鐘響徹暮雲橫

同治癸亥年贈北邑李商岩　　爾昌

傷心世事已多年磨涅何妨白與堅兩度濺君扶大力半生徒自奮空拳觀兵稚子歡迎客話舊良辰再設

筵戡亂無才真似我聞鷄也著祖生鞭

石嶺堡夜讀　颺詔

移家高住白雲巔巖谷幽深壁壘堅爭似桃源堪避世隱樓茆屋且窮年四圍翠擁居非俗一卷宵吟韻欲仙好是月明人語靜書聲猶共柝聲傳

訪碧虛亭舊址二首　蔚礽

覽勝探奇趁早晴碧虛亭畔寄閒情星巖歷落丹霞護月洞峆岈翠黛橫細草香飄秋露冷長松影亂夜濤聲風光領略知多少一路蟬音送客行

愛訪林亭到上頭四圍空翠望中收猿懷鶴夢秋應老水綠山青客欲愁展兩穿雲迷宋碣鐘聲出樹隔僧樓登臨十里城東路遺址茫茫說范劉

關龍庵題壁

舉頭尺五問前緣重現蓮花又煥然法雨瀰漫來上界德星燦爛燭南天地從僻處山皆古人到遊時骨亦仙剛是扶桑雲日曉洪崖嘯拍快吟肩

元日詠蟹爪水仙花

揭來澤國自游行雪貌冰心此得名出世定知仙是侶論交合拜石爲兄香分梅萼爭春色獻共椒花作頌聲解識玉堂清望重水晶簾外不勝情

别裁花樣劇堪憐瘦骨盤珊似握拳彈指便成香國色持螯或訝酒家仙但留清白邀真賞豈有雌黃惹俗

緣前度驚鴻來洛浦誤留爪跡恰憐牽

秦淮月　荃祁榕樵

秋風吹到白門潮一片冰輪送畫橈樓上佳人船上客鏡中清影錯相招
碧天如水水如烟十里秦淮泊酒船一曲琵琶催月上畫樓何處不嬋娟

登黃鶴樓

獨上高樓思不禁憑欄極目豁胸襟江流滾滾浮天地世事茫茫閱古今玉笛吹殘深夜月銅琶敲斷渚宮砧到來直欲乘風去搔首長空訪鶴吟

次瀛江草堂原韻卽以題贈　卓林

路曲山迴水一灣時看飛鳥倦知還松杉影雨千村外桑柘陰連十畝間好酒每邀良友醉躭詩且喜故人刪世情看破胸無累穢舍超然夢覺閒

丁酉暮春壽君姪孫將由故園入都賦詩留别依韻和之　智英

渭城重唱笛聲乾未許東山老謝安歡聚轉嫌韶景促崎嶇莫畏宦途難也知纔氣名非戀無那鷄豚祿待干此去江山應得助錦囊佳句壓吟鞍
相依六稔慰離居水石情投尙不如載酒每隨楊子醉買山偏學柳州愚關中循迹書金管洛下才名豔翠裾莫笑杜門空歲月手編新志媲虞初
讐校新詩細自刪要從大海障迴瀾騷壇落落空郊島餘子紛紛笑觸蠻當檻花光增客憫迎門柳色背人

閒乘風萬里男兒事莫漫泉淸祇在山

論文講幄費摩研理析疑奇輒洞然宦味蕭條無長物家風儒素祇寒氈庭前玉樹勞培植爨下琴材少棄捐卽此便存歸隱策何須陸氏好莊田

湖海元龍意氣多授餐稚荷禮爲羅心齋久領鳶魚趣手畫都消帝虎訛不信角張慳遇合已將耆述稱蹉跎他年擬仿耆英會雞黍招邀日日過

徵軺遙指鳳城邊握手臨岐倍黯然神駿騰驤雖莫量磨牛生活卻堪憐關心佳節逢三月極目神京各一天慚愧贈君無別語前途穩著祖生鞭

感遇詩十五首　　元宗

蘭若卽杜若生春夏芊蔚何靑靑幽獨空林色朱蕤冒紫莖遲遲白日晚嫋嫋秋風生歲華盡搖落芳意竟何成

白日每不歸靑陽時暮矣茫茫吾何思林臥觀無始衆芳委時晦鶗鴂鳴悲耳鴻荒古已穨誰識巢居子

林居病時久水木澹孤淸閑臥觀物化悠然念無生靑春始萌達朱火已滿盈徂落方自此感嘆何時平

遂迺世已久骨鯁道斯窮豈無感激者時俗頹此風灌園何其鄙皎皎於陵中世道不相容嗟嗟張長公

玄蟬號白露茲歲已蹉跎羣物從大化孤英將奈何瑤臺有靑鳥遠食玉山禾崑崙見玄鳳豈復虞雲羅

可憐瑤臺樹灼灼佳人姿碧華映朱實攀折靑春時豈不盛光寵榮君白玉墀但恨紅芳歇凋傷感所思

深居觀元化悱然爭朵頤羣動相啖食利害分嗤嗤便便夸毗子榮耀更相持務光讓天下商賈競刀錐已

矣行採芝萬世同一時
本爲貴公子平生實變才感時思報國拔劍起蒿萊西馳丁零塞北上單于臺登山見千里懷古心悠哉誰
言未忘慨磨滅成塵埃
吾觀龍變化乃是至陽精石林何冥密幽洞無留行古之得仙道信與元化并玄感非象識誰能測沉冥世
人拘目見酣酒笑丹經崐崙有瑤樹安得采其英
吾愛鬼谷子青溪無垢氛囊括經世道遺身在白雲七雄方龍鬬天下亂無君浮榮不足貴遵養晦時文舒
之彌宇宙卷之不盈分豈徒山木壽空與麋鹿羣
翡翠巢南海雄雌珠樹林何知美人意驕愛此黃金殺身炎州裏委羽王堂陰旖旎先首飾葳蕤爛錦衾豈
不在遐遠虞羅忽見尋多材信爲累嘆息此珍禽
朝發宜都渚浩然思故鄉故鄉不可見路隔巫山陽巫山彩雲沒高邱正微茫佇立望已久涕淚沾衣裳豈
茲越鄉感憶昔楚襄王朝雲無處所荆國亦淪亡
揭來豪遊子勢利禍之門如何蘭膏嘆感激自生冤衆趣明所避時棄道猶存雲泉既失路羅網與誰論箕
山有高節湘水有清源唯應白鷗鳥可以洗心言
聖人不得已憂濟心元元黃屋非堯竟瑤臺安可言吾聞西方化清淨道彌敦奈何窮金玉雕刻以爲尊雲
構山林盡瑤圖珠翠煩思功尙未可人力安能存夸愚適增累矜智道逾昏
幽居觀大運悠悠念羣生終古代與沒豪聖莫能爭三季淪周赧七雄滅秦嬴復聞赤精子提劍入咸京炎

光既無象晉虜復縱橫堯禹道已昧昏虐勢方行豈無當世雄天道與胡兵咄咄安可言時醉而未醒仲尼溺東夏伯陽遁西溟大運自古來旅人胡嘆哉

丁酉季秋與曙亭兄夜話偶成

陰陽生長原無窮五六實爲天地中古今宇宙總如此四時百物皆流通先儒易理求異說周孔而後多鴻濛太極圖存不易識皇極經世非憑空堪輿往往託星象候占術淺將焉從嗟余寡昧記其畧研精索解難折衷遠床聽雨不能寐與君談及開心胸君今學已與年進專門尤望名家逢人生立志首稽古布衣豈必羞王公

經畧臺懷古弔李孝源尚書

次山去後孝源來遺蹟長留經畧臺持節與時鎮蠻徼憑欄暇日踏荒苔門前猶睹榕千尺石上閒攜酒數盃都嶠雲深作逋客至今猿鶴尚驚猜

咏史詩十六首

帷幄傳奇計城門一旦開乘車能誑楚戰士更銜枚公恃雖長逝臣將骨化灰鴻飛休誤論圖報竭涓埃 西漢將軍紀信

侍宴多諸呂筵前識姓劉指揮驚舞劍非種聽歌謳軍法威同懾人心去復收如何誅產祿文帝僅封侯 漢朱虛侯劉章

悵望孔文學生逢漢季時姦雄方跋扈志士遂臨危願作中流柱難爲獨力支直言常觸忌九錫受須遲 漢

北海相孔　融

北伐功誰繼將軍志獨存孤忠期盡瘁遺恨共招魂事去陰平道兵無劍閣門傷心修降表不復望中原　三

劉蜀平襄侯姜　維

蘇峻稱戈後西陵拒敵時披堅摧賊壘仗節誓王師風雨悲燐火河山想戰旗一門忠與孝巾幗亦鬚眉　西

晉都督卞　壼

社屋悲移宋何心復立朝密謀知國士間計誤同寮椎是張良鐵騶鳴豫讓橋石頭城外水過客覺魂消　南

北宋中書監袁　粲

髮欲千鈞繫方知大將才寓公機屢應守土力終摧百戰丹心苦三年碧血哀賀蘭援竟絕何處笛聲來　唐

河南節度副使張　巡

睢陽太守許　遠

保障江淮久孤城矢已窮問天惟泣血褒贈孰言功憤激鯨鯢悍飢饞雀鼠空至今猶有廟行客識雙忠　唐

贈太子太保顏杲卿

祿山初煽亂過處少堅城出境能擒賊登陴絕救兵誓師辭慷慨斷舌志分明千古高風在捐軀弟憶兄　唐

司農卿段秀實

扈從知無及還期擊賊功迎鑾倡正論擲笏矢孤忠未辨王臣義休稱亂世雄殺身原志士同哭段司農　唐

盛衰見臣節太尉竟興師怕聽新朝列羞看故國移存孤雖不就是纂要同知懔懔勤王願韓公死尚悲　五

代周副都指使韓　通

誓雪偏安耻恩迎二聖還十年功忽墜幾道詔頻須石豈能塡海軍曾比撼山鄂王墳不朽終古在人間 宋

少保諡忠武加贈鄂王　岳飛

運會逢陽九高吟正氣歌寸心憂社稷隻手障江河論足驚宏範威能懾博羅汗青長照耀趙氏恨如何 宋

丞相信國公文天祥

出港收兵日長慾幼主孤人心原不死國祚識如何航海積陽匿崖山砥柱扶柁樓風浪湧臣罪本當誅 宋

越國公張世傑

同心匡宋室嶺外羽書頻止笏來朝會談經寄海濱英雄餘涕淚廟社委灰塵六尺孤誰託濤頭認老臣 宋

簽書樞密院事陸秀夫

躬耕甘隱遁老母在高堂慟哭辭瀛國悲歌効首陽頑民知有宋瘦骨久投荒徵召書頻至門生不是狂 宋

江西招諭使謝枋得

廣雅書院八詠

竊以籟本自鳴孺子有滄浪之曲詩原如畫巴人傳下里之詞況乎暇日登臨獲品題乎佳士良辰讌會塵視聽於大人冠冕樓前叨陪函丈藏韜館內同執吟鞭昨因應課之期已還故里初見命題之日輒賦新詩惟即景以流連實無心於唱和院中勝地深慚刻鵠之未工堂上大觀不顧續貂之貽誚卷依八詠情寄五言宛然侍坐之時各言爾志敢謂此中之語未許人知

堂上文爲贊重陪冠冕游藏書分別館古本萃高樓士已多湖海光應射斗牛百城看坐擁秋水洗雙眸

冠冕樓

時逢經正後嶺表設斯堂嗜古蒐奇字招朋飛羽觴一言詩可蔽三尺劍猶藏教蜀文翁意諸生同瓣香

無邪堂

渚蘋馨共薦道學始專祠圖記編來覩碑留去後思高山今仰止霽月是襟期粵徼提刑至眞堪百世師

濂溪祠

諸公萃唐宋聖代紀儒林流澤留遺傳傳薪無異心謫居猶講學靜坐偶鳴琴千載開風紀祠堂幸可尋

嶺學祠

泉流清且潔嘉樹接書齋翰墨多新詠峯巒似舊排平津眞愛士永叔輒開懷暇豫禮帷駐風來爽氣佳

清佳堂

館爲經師設新栽半畝蓮先生花亦愛達士節彌堅結實知徵苦聞香不是禪草廬同晦迹剪燭話恩前

邃韜館

海內瞻華嶽登高今自卑數弓纔拓地一簣卽初基梯許清雲上梅惟夜雪知小亭堪望遠莫笑館中窺

一簣亭

誰言舟不繫池裏小舫橫四壁花齊放孤臺月正明歌無採蓮曲人有羨魚情此是源頭水波瀾尚未生

湖舫

題五嶽外名山圖二十首

王屋

名山誰復移閩中見王屋世已無夸娥洞天竟娛目丹訣受何人茅君道經讀郎今山下居尙有愚公谷知君得齊紈壁立肰林麓天壇掃落花老樹間松竹

中條

西嶺有中條雷首舊名紀仰觀天柱峯分雲望雲起畫成飄徜徉花鳥亦歡喜茅茨不必多雞犬若盈耳高人笠屐來寄意乃如是願嘗谷口泉騎驢訪仙子

蘇門

遁世一河深導氣絕迢迯遐想巾柴車遊覩媿雲夢悠悠六合閒伴狂義多諷人對山無言邱壑自殊衆名山是蘇門白鹿有岩洞欲傳長嘯聲彷彿見鸞鳳

終南

山在都之南仙靈作屈宅高士來遊山烟霞自成癖流連趣殊佳風雨樂晨夕四皓今已無隱居㑹疇昔關中山最高別號稱太白大筆何淋漓西方萃金石

崆峒

翠屏本如鬘生面今刱開石橋險且阻鑾輿前代來千歲廣成子軒轅言笑陪勿勞形與精從此顏如孩秦皇覔遺跡漢帝心徘徊間道故宮在返照依蒼苔

盤山

蒼翠盤龍巔游覽記殊狀歸來寫奇峯經營恃心匠尾箕接天門巨鎮羅疊嶂恍惚見神龍山中氣騰漾俄頃雲出山龍池夏秋漲千里生物功膏澤萬民望

五臺

披圖供指點眼前殊快哉奇境若身至山高稱五臺洗鉢池內水清凉甘露杯靈鷲足濺眺文殊登如來月斜掛林表紫府無氛埃現在絕塵慮數峰烟霧開

勞山

山名大小勞紛古色不改初登千仞岡雲氣接滄海巖棲仰逢萌猿鶴久相待虎避張道人元史異聞採覺與山俱傳皆絕世情浼揮毫寫峯巒風塵幾人悔

林屋

畫石兼畫水眞是寫生手洞庭幽且虛鐘鼓或時有金庭倚玉柱房室鬼神守圖中林屋山雨暘其長久此惟仙靈棲道書數居九洞門原隔凡當尋赤松友

茅山

遺書說茅君山名故如昨杖藜誰氏翁捫蘿採仙藥鳥道疑無人恍惚睹騎鶴華陽望三峯隱居自行樂白鵠飛來時飄然解塵縛畫能移我情將來躡芒屩

匡廬

眞面認何處潯陽睹匡廬仙去復不返焉能覓遺居駢肩五老人登臨樂何如瀑布甲天下氤氳望香爐今
朝雨初霽石櫟開畫圖弟兄養白鹿結廬惟讀書

九華

堂上瞻九峯鐘靈是造物品題憶劉郎競秀更奇嵓太華愿抗行女几若髣髴登高賦新詩獻花不因佛靑
蓮偶然至嘉名此時得笑彼還山人先生厭簪紱

黃山

奇峯三十六振衣山自高岩洞有靈跡世外多潛逃煉丹遇黃帝容成亦人豪溪名記曹阮水源過林皋圖
繪小華山神妙看秋毫著屐倦遊後兩耳聞松濤

天台

山在畫中見畫時先看山赤城作門戶流水聲潺潺桃花近籬落指點峯巒間採藥記晨餐無心輒躋攀胡
麻本常飯仙人能駐顏君知石橋路披圖示塵寰

雁蕩

對此臥遊後靜參圖牒奇非來幽谷中衆壑焉能知山外人不見窈深藏亦宜龍湫境殊僻潭多歸雁時人
跡眞罕至雲迷合復離雁宕判南北名因貫休詩

武夷

講學闢精舍長留此烟霞山深境閴寂溪流岩畔花洞天第十六茶經思釋茶異哉武夷君月明懸絳紗圖

史與疑信仙人豈無家九曲盡不盡毛竹迎風斜

羅浮

蓬萊此別島神仙猶近鄰石室覽難盡峰巒絕無塵惟傳稚川至羅山原未人浮來兩山合隨波疑有因朱明騰丹竈鐵橋誰問津探梅有深意天心都是春

青城

玉匱紀刻石拈毫話從容名山實天府岷峨若游龍千里脈不斷突出青城峰仗人佐西嶽佳氣看葱龍宛然城不異況値驚猨烽居民幸同樂布衣亦儒宗

峨眉

偶拈窗內筆畫來傳笑姿曾觀益州記此圖不吾欺雪消影全現彎環若娥眉看山得情狀摩空共爭奇扶桑日初旦妝鏡開勿遲大白有鳥道重吟謫仙詩

點蒼

知君壯遊後大觀極蠻鄉山色既親覽畫到窮微茫漾水客停棹茲山名愈彰瑤簪玉筍中點點皆青蒼峰尖一十九運筆參陰陽寫韻坐樓上丹青在高堂

題司馬温公獨樂園圖

讀書堂結三椽屋種花移樹環修竹門前流水聲潺湲亭畔山容淨如沐五畝園林近洛陽斯人不出來空谷讜言敷奏當元豐苟全素履原從容還山雲是出山雨他年元祐知温公一生相業安儒素此時解組仍

韋布豈因朋黨始懸車君王介甫俱難悟江村指點堪娛情枝頭鳥語桑麻生同心坐論或攜酒朝廷新法誰能爭有時策杖過城郭烟霞笑傲忘臺閣迹如居士聊逃名寄𧻓茲園稱獨樂獨樂怡然時著書不言時事應何如身閒無事且行樂知公語默非拘迂濡毫想像憶司馬寫生妙手眞無殊圖至於今八百歲覽圖悵望增欷歔

歌舞岡

霸王千載名如昔越王臺畔尋遺跡扁舟偶到五羊城滄桑幾度音塵隔父老傳聞歌舞岡當年歌舞倚新粧花朝月夕情何恨淺唱低斟樂未央秦楚中原方逐鹿競詡高材誇捷足漢憐愛子項虞姬淒涼玉帳吞聲哭越王南海自稱雄買得如花春殿中檀板金尊且行樂新聲從此出簾櫳至今歌舞繁華地猶指高岡說前事漢皇遣使陸生來暇日登臨此停轡緩歌慢舞夜迢迢故吏何人識任囂彩雲一散隨流水惟有垂楊似舞腰

桂林百詠

桂山

郡自秦人置山名桂亦同秋高常浥露樹古自生風根偶依巖竇花應近月宮四圍環列屛隨呼吸接蒼穹

獨秀峯

初到桂林日遙看獨秀峯南天龍立柱城內筆凌空碑待周秦認人非魏晉同登臨自今始一望竟無窮

畫山

璧沈乘風上嵩前山色佳微茫作圖畫蒼翠寄情懷一幅雲烟淡群峰玉笋排鍾靈關造化霧裏有詩牌

堯山

不見堯巡守惟留天子田謳歌仍父老高蹈紀先賢縣互疑千里汪洋合兩川草廬開遺跡處有蟄龍眠

寶華山

門出西清外層巒指寶華近城天作塹隔水樹開花訪古迷陳跡乘涼入酒家巖邊懸怪石五色吐朝霞

繡江

源與湘江共東西派異流濫觴初灌畝饋餉遠通舟灘險龍門上瀾廻象鼻浮今朝波似鏡千里浪悠悠

韶音洞

虞舜祠堂後虛崖洞府深石門非刻鑿巖牖自蕭森古曲留琴操新詩詠桂林清冷眞解惱名不愧韶音

伏波巖

邳離開九郡新息復平蠻名憶珠崖舊人惟峭壁攀樓船不在岸廟宇久依山茲土今猶昔將軍洪往還

古秦城

遠信盧生讖長城北備胡如何分象郡猶似懼匈奴戍卒山中識仙人海上無橋邊拜黃石應笑始皇愚

靈渠

竟決源頭水渠城若有神順流波曲折隔岸石嶙峋風送非無蕩舟輕不問津循崖能直上轚楫超秦人

八桂堂

嶺南宜種桂八桂久成林世遠留遺愛堂空表素心客來供笑詠官暇獨沉吟尚有巖頭樹風霜閱古今

逍遙樓

城高喧鼓角作客寓南州倚檻三更月挑燈半夜秋關山皆逆旅書劍復來遊欲覓逍遙處明朝共上樓

諸葛亭

亭尚稱諸葛師行重武侯渡瀘眞五月駐節此千秋嶺海供觴詠軒窗憶應求南人念名士拭目俟重遊

黃潭虞帝祠

黃潭江上望縹緲白雲飛報賽村氓集迎神帝子歸薰風來舜陛古廟對斜暉爲說耕魚後誰言揖讓非

雙女冢

文已唐虞闕重將古史編英皇幾時至遺冢尚依然海上疑精衛山中託杜鵑帝王陵寢外故老共流傳

越王廟

幾年南海尉誰識大英雄眞定家難返長沙路已通蠻歌迎曉日巫舞醉春風留得祠堂在終應勝祖龍

裴中丞祠

夾岸山如畫尋芳客過橋三閭祠宇潔千載古人遙黍稷時同薦丹青首共翹營家洲畔路風景認前朝

元祐黨籍碑

元祐多君子能言世亦稀姓名留黨籍端禮勝殘碑涑水流非獨眉山石不移諸公赫然在心事後人知

李衛公平蠻碑

西嶽神前語驚傳李衛公何如一片石能著百蠻功剝蝕存兵法馳驅變士風知應戀山色不忍返關中

靖江王廢邸

前代藩王邸滄桑國已移靖江存舊號貢院認堂基恃德何須險承恩今共知壯觀稱廣厦名世應昌期

七星巖

石室鴻濛闢巖深訪七星身閒非避客興至且留銘井絡疑分野炎荒識地靈詩人題壁去依舊暮山青

隱山六洞

六洞非人世山中别有天平華飛白雀北牖看嘉蓮伴我時隨鹿忘歸偶聽泉朝陽夕陽異開闢記唐賢

棲霞洞

七星峯下路巖壑競爭奇游客三春柳神仙一局棊棲霞穿石磴水月敞松扉不斷元風處清音我亦知

讀書巖

卷石猶無恙顔公此讀書官閒復絃誦徑僻狎樵漁詩詠五君後堂開八桂餘古碑苔蘚裏磨洗認何如

龍隱巖

有德原須隱巖因以隱名雲騰神物去泉出異時情激眺思知己同來寘友生此時聊嘿坐還似待龍鳴

白鶴洞

幾時黃鶴去白鶴尚傳聞出谷多華表還山無片雲天高空碧落地僻遠紅塵小坐思毛羽孤飛日又曛

廖家井

上壽人間少經過羨廖家一朝先辟穀百歲說餐霞門內水同飲庭前井有華稚川殊好事勾漏覓丹砂

會仙里

神仙留舊屬山上共牽茅板屋人時語柴扉客未敲不須冠蓋擁誰見羽衣交獨笑淮南去歸來孰解嘲

烏滸

閒尋風土記烏滸異縫裁織布毛編翠求珠蚌剖胎族繁分部落貌古泯疑猜莫訝冠裳別鄰居肯往來

臥龍巖

巖異隆中宅空山亦臥龍放懷泉石樂遙想老臣風石上雲猶紫窗前日正紅高歌和梁父一笑問龐公

漢史雜詠

元放

依然雞犬識新豐富貴思鄉衆願同人主奈何忘錫類又移豪傑實關中

一夜空教聽楚歌兵家勝負自來多江東父老應相諒怪底將軍不渡河

帝業從知藉股肱運籌轉餉各稱能笑他創霸重瞳子消受猶難一范增

罪小無端禍及親數奇落魄歎終身信教漢待功臣薄貽憾偏於姓李人

結髮夫妻兩不疑糟糠爭奈竟相欺可憐禿節生歸日誰記當年五字詩

報德千金撒手過主恩忍負又如何未應尚感蒯通語背貴爭同面貴多

種桑竹

嗚鳩鳴日剛午乳燕飛飛春幾許連朝戴勝又將臨蠶事悤忙君記取民生衣食貴兼營休養頻關聖主

情五畝特嚴牆下樹八家何異隴頭耕豳風三月條桑誌閩地八蠶逾獵利奈何粵俗界西陲蠶織不修甘自棄比來溫詔降皇廷大吏遵循懔奉行敕取編氓藝桑急南阡北陌何縱橫何縱橫非强聒請將利病爲君說一婦不織受之寒一歲宜蠶禦霜雪況復靑靑遍壟閒儼然水墨潑成圖儀宜雨過羅紈膩還待風前翠幄鋪始雖尺寸機猶遏旋踵何萌時勃發懿僅嬴得飼蠶飢里布應免罰滋培有專費商量何日織桐見遠揚取次分擕龍女種等閒先祭馬頭孃犀馳令甲紛相逐百年大利興宜速直令隙地盡桑林樹杪鷄聲喧蔀屋可憐入望總芳菲曲徑微行碧四圍已欣雉雊麥苗秀那怕蠶眠桑葉稀高樓懿彼晨光華同心姊妹爭先起采桑既足豔羅敷載續還堪奉公子噫嘻乎盛矣哉君不見敎俗曾聞古昔時農桑用勸著歌詩卽今僻壤須敎種豈僅秦桑低綠枝

臘月九日何範五邀同黃豐甫家壽君小集眞武閣古所謂元次山經略臺址卽席爲賦四首

崔嵬傑搆倚江偎選勝招尋特地來牓有風雲輝夕照尙餘金碧炫層臺八州雖定威名在千載登臨倦眼開陳迹不隨陵谷變摩挲石碣費低徊

憑高逸興且遄飛木落天空闊四圍經略共應推漫叟妝臺曾否傍楊妃（是日重訪楊妃梳妝臺遺跡）禪心默證菩提果（閣有鄰道人善談禪理）妙相重瞻古佛衣幽賞每從塵外獲滿庭烟靄自霏微

少小書叢事校讐比來依舊費冥搜濫竽終歲空貽誚（本年承乏志局）故紙何時待出頭幸賴名區堪寄傲也同暇日

足銷憂竹林勝會欣能與潦倒無須詠四愁

先春臘鼓響鼕鼕陡覺陽和氣漸融急景催年還小集登高作賦讓羣公三杯美醞香浮綠一笑酡顏豔借紅珍重盛筵非易得倩誰傳向畫圖中

紀事

炎風獵獵吹長天赤雲燄燄燒前川恍疑十日相並出草木焦槁殊堪憐溯自秋初屆春霽珠斗幾度移星躔休徵不見恆燠若旱魃作劇如狂顛未容于耜及舉趾趣耕有鳥徒翩翩野田龜坼殆欲遍安論北陌偕南阡羣情惶惑罔爲計訛言四起驚郊廛我聞激川以下有瀦水大兵之後多凶年自從去歲變倉卒渭流不塞潛綿延陷城掠堡罔不畏紛紛直同蠻赦犢雖賴官兵亟撲滅玉石詎盡分頑賢富室幸逃貧餓死往往境內無人烟及茲元氣正待復休養體恤皆宜先庶幾瘡痍漸以起宅爾宅者畋爾田奈何陰陽更舛錯大造雨露何其偏蘊隆蟲蟲十閱月赤地千里深憂煎農夫輟耒坐歎息西疇有事期空懸況又么麼易反側人窮則詐古所傳無麥無禾盜賊熾死灰安見不復然誰與華陽洞中去乖龍割耳懸胸前會看甘澍一朝沛下尺上尺茫無邊憂者以喜病者愈粒食有望懽騈闐天心自昔本仁愛忍令萬類長顛連嗚呼天心忍令萬類長顛連

和念詒姪孫見贈原韻　　蔭沂

頭銜端合署山翁忘卻浮生達與窮不共羊頭爭富貴懶從蝸角問英雄披襟寄傲依窗北策杖行吟過澗東林壑蕭疏容石隱任呼爾汝雜樵童

和念詒遊都嶠韻

禪院雙扉寂雲深客叩關八峰排疊疊一水瀉潺潺壞壁蒼松壓殘碑翠葛攀幽懷誰共喻明月下前山

雁字　陸楨

爲傳秋信到江南天際揮毫興轉酣結撰凌空誰得似瑤箋一幅寫雲藍

天然鐵畫與銀鈎隱約雲端鳥篆浮染翰從容和玉露書空題徧洞庭秋

春草　綠

春光冉冉草萋萋濃綠和煙畫一溪剛是午晴人拾翠短隄行盡又長隄

己丑除夕

歲夜張明燭光涵卅歲長生涯忙裏過世味苦中嘗有子飢寒迫無才落拓傷凝情幾惆悵聊自引壺觴

隻影仔肩擔何堪事業灰此生千世係今夕兩年該徹夜寒燈守當窗淑氣催一聲鷄報早新歲滿蓬萊

晚眺

曳杖春池畔前山落照遲茫茫今古意惟有白鷗知

中元感懷時有寇警

强坐中元日今年似去年鷄梳翎久病龍躍劍常懸冷眼觀時變清心悟夜禪淡然饘粥守杞士漫憂天

題幹臣弟聞敎集　陸瑛

嗜古推予季相將六秩盈頻年勤斆學作意遠浮名胸有千秋富詩吟一卷成緣情兼詠物氷雪句同清

終

詩有真詮在經營慘淡功筆隨心所向言盡意無窮雅韻鏗鏘處餘音繚繞中便堪徵福祉吟句老彌工

西湖

平生雅慕西湖勝到此纔看面目真三竹松風吹不斷六橋月色淨無塵蕩舟興寄滄波外擊節詩成曲隝

到家

濱鎖日幽尋殘終未厭不應重問武陵津

耄老無能不自羞行年七十遠遨遊茫茫宦海誰青眼僕僕車塵易白頭北道煙花空價略西湖風月幾勾留歸來萬里身還健且盡牀頭酒一甌

八十一初度室人亦八十有三去歲己卯花燭重逢今歲庚辰距昔遊泮之年已週甲子即事攄懷

偶成二律　蔭華

手摘芹香六十春光陰彈指又逢辰宮牆再見形如昨俎豆迴瞻迹已陳池藻有情青顧我階苔無語綠迎人重遊莫問滄桑事文物于今正鼎新

影事回頭祇自憐半生辛苦耐寒氈秋風慮上劉蕡策晚歲猶懷祖逖鞭廿載練團安梓里一經課子戀芸編敢云偕隱希梁孟花燭重逢又一年

曉發　祝唐

曉發贛州城雲開片帆疾洪濤日夕翻東去蛟龍出波光蕩遠烟山影浴初日起視江天寒人家杳蕭瑟

雨登晴川閣

晴川傑閣勢崔嵬濁浪排空去不回三楚雲山當檻落一樓風雨壓江來帆檣歷亂斜飛鳥亭樹空濛畫舉杯向晚郎官湖外望斷虹遙亘伯牙臺

晚泊湘陰縣

暮靄蒼然合離帆轉洞庭荒城開小市孤塔響疏鈴星斗寒芒閃魚龍夜氣腥遙憐隔江柳如為故人青

江行即目

朝從青溪來暮向青溪宿青溪悄無人山山浸寒淥

天空秋氣深江闊夜痕靜木落野猿吟蘿月散清影

獨宿

獨宿江城夜漏闌酒酣燈灺感無端美人挾瑟洞庭暮客子微吟湘水寒征雁那堪秋後聽好山留向月中看芳潭十里波如鏡欲采幽蘭寄所歡

昭君曲

黑風吹面黃沙苦琵琶一曲悲胡虜君王遣妾妾不辭萬里長征淚如雨但得邊關烽火息蛾眉安敢將身惜即今青塚草萋萋猶是宮庭舊顏色信知作合非偶然畫圖一誤長千年當時未嫁單于去玉顏冷落終釵鈿君不見漢宮多少傾城女頭白長門黯無語

乾明寺江樓題壁

廿年苦戰餘殘壘寥落乾坤復此樓山勢岧嶢連鄂渚濤聲日夜走江州蒼涼殿壁虛銜月寂寞魚龍冷報

秋欲擊銅琶天向晚平沙漠漠起寒鷗

晚泊道士洑 即西塞山屬大冶縣

亭舟西塞曲一棹翠屏環流水杳然去桃花相與閒雲根青削壁日脚赤沉山渺渺元眞子高蹤不可攀

安陸曉發

布帆峭剪秋江水潭底酣龍呼不起石城回首煙靄中京洛之行自茲始郢樹重重入望遙數聲柔艣黯魂銷不知今夜天邊月何處窺人伴寂寥

湯陰謁岳廟

金牌十二連營吼英雄齒冷莫須有四海同聲忿太師九原熱血傾留守如雲鐵騎彎琱戈父老歡迎遍兩河將帥酒酣方決戰廟堂鼎沸竟宣和貔貅十萬軍聲止戰士回頭皆髮指東窗夫婦秘陰謀南渡君臣忘國恥青衣行酒劇辛酸引領旌旗淚眼乾朔漠宮車長不返靖康王業遂偏安朝門挾刃呼聲起施俟赳赳眞男子傷心冤獄慘羅成父子精忠同日死大廈全憑一木擎宋家何意壞長城騎驢老將身甘隱叩馬書生見早明我來弔古湯陰道靈宮森敞丹青老英姿颯爽酣戰餘遺表重尋涕盈斗階前長跪爾何人蓬首垢面黯不呻奮拳擊賊眥欲裂近前豈畏丞相嗔心香一瓣寫孤憤浩氣如生長凛凛千秋俎豆故鄉存何似黃龍舉杯飲此恨緜緜尚未平西風慷慨眺神京請看汴水東流處猶帶當年哽咽聲

曉發磁州

紞如五鼓打城頭數點寒更黯欲愁獨駕征車碾斜月載將殘夢出磁州

樓桑村懷古

石頭豈降旛銅臺無片瓦千載樓桑村高風獨瀟灑使君落落眞英雄兒時嬉戲非常童黑山羣盜苦猖獗提戈一出皆披靡徐州新野幾留滯戎馬風塵嗟拊髀草廬三顧鼎足成魚水君臣託深契益州沃野四塞同天留伯業開蠶叢猇亭一蹶豈人事運移漢祚難爲功吁嗟乎沛邑舂陵返鑾輅賜復承恩歌大酺帷公遺恨不生歸寂寞氷霜惠陵樹

醉歌行

酒星夜半光芒高燒西老子呼其曹仰天四顧啞然笑千罍碧釀傾葡萄酒闌意氣共傾倒平觀身世如鴻毛我聞漢廷東方號大隱金門擲地歌聲豪爛醉騎鯨上天去瑤池西畔偸蟠桃又聞李青蓮大雅追風騷長安醉眠狎天子沈香供奉揮仙毫古來飲者半不朽會須盡醉歡陶陶何況滿眼一錢亦不值折腰五斗還空勞胸中塊壘結如痞安得日日痛飲當抓搔手持金錯樽盌以玉色醪更擬荷鍤青山遨非朝非市非蓬蒿醉鄉歲月無驚濤

謝子石侍讀以所畫灕江奇絕處見貽因題長句一首

舍人下直如枯僧扣門剝啄來吟朋翩然示我七尺絹滿堂動色雲濤興峭壁參天若無路峽口丹黃萬煙樹喧豗一水破峽來云是灕江奇絕處舟中有客方洞簫扣舷聲與蒼崖高空雲暖翠互出沒如聞萬籟爭蕭蕭長安五載苦氛壒夢寐家山好岩壑輸君妙筆寫荊關尺幅雲嵐恣磅礴北風吹雁蒼梧秋披圖惝怳生羈愁何日煙波同把釣相從放棹甞家洲

寫家書二首

涼風自西來飄忽入羅幌吹我遊子心直到高堂上微官墜人海碌碌苦羈鞅臣飢一囊奉莫遂斗升養記從違色笑幾載勞夢想平安兩字書欲發輒惝恍側身天地內何者勝俯仰低徊愧人子無語獨神往

我祖年七十歸臥南山廬父兮牧蘄陽薄祿仍飢驅天各在一方山川鬱以紆而我復落拓索米長安居粵山與楚水定省憑尺書明知官難成巨海茫茫如强言有津畔聊慰望眼舒白月何明明照我下筆餘舉頭忽垂淚三處離懷俱

彭澤縣

四面俱屏嶂蒼然古縣開天連九江遠山送小孤來大地團秋色明時伩吏材陶公高躅在千載迥悠哉

初秋宴蘄春官廨

嘉晨啟芳讌天宇豁重陰對此發清嘯因之調素琴花前雙睫瘦暑後一蟬吟秋色年年好淒其故國心

游東坡赤壁

曉發散花洲暮泊黃泥坂長江萬里瀉胸襟四顧寒空氣蕭散峨峨赤磯横江邊放舟尙憶峨嵋仙昔遊倏忽十三載（余癸酉過此十三年矣）公去逍遙八百年當年公厭承明直五載齊安忘遷謫天教勝地屬才人要令湖山不孤寂從游二客知是誰樂哉斗酒相追隨登臨怊悵生苦晚銅琶怒擊天風吹須臾皎月東山出清景依稀話壬戌呼公酹酒公應聞大笑孫曹是何物臨皋夜靜雲冥冥倚欄狂嘯魚龍醒明朝短棹渡江去懷古還登九曲亭

淮安舟次

潮落寒江放棹遲山陽城外雨如絲短衣重過淮陰市可有低頭胯下兒

謁楊忠愍公祠

朝傳謫宦返瓜沙夕聽登聞鼓怒撾直叩天關排虎豹自饒忠膽卻蚺蛇黔山傒骨無杯土燕市遺祠有暮鴉十罪千秋公論定嶙嶙風節並青霞

同人餞別於蘄春官舍之藤花舫醉酬長句一首

我欲左挈太白右東坡千罍碧釀傾黃河又欲大兒文舉小德祖長嘯如龍醉如虎人生在世百不宜海濶天空迷處所當盃況復是離筵沉沉細雨藤軒前羣公蓋氣共傾倒對此不飲聽徒然青山隔江如送客萬笏排空濃欲滴眼前好景任歡呼明日相逢已陳跡酌君酒對君歌良會其如欲別何酒闌一舸秦川去萬里邊城落照多

丁亥夏將由蘄春之官陝北時仲弟竹君亦侍三叔父南歸惜別抒懷感賦五首

微風颺庭樹吹我身上衣睠言手足情勞燕驚分飛我賦過秦論君濫浮湘歸所適各一天何以慰庭闈親心無遠近懷哉色養違努力互珍重寸草酬春暉

春暉欲報難怱怱已三十一官去絕域失計嗟何及連宵侍親側相對百端集惟我抱疢疊期我修名立慈母拳拳心惜別情更急叮嚀與告戒涕灑衣巾濕伴歡奉顏色欲語吞聲泣更盡不忍別柝響虛廊入

虛廊悄無人別親始就臥耿耿不能寐挑鐙起復坐靜念平生事歲月蟻旋磨少年盛期許挾策金門射蓬

瀛咫尺耳弱水飛難過六載困朝衫豪氣半摧挫鬱鬱改官去腰折眞無那何期一尉微萬里稅吾駕捧檄爲親壽茲言毋乃左眞宰不可問苦雨黯殘夜

殘夜行漸明雨勢仍不止一點復一滴咽向離人耳弟今返里門力學信爲美成名固所願道在立身始務讀有用書趨向戒浮靡人生如駒隙光陰一彈指勖哉崇令聞庶博祖庭喜

祖庭昨書來朝暮倚閭望弟今隨叔歸定省庶無曠征途四千里山川各殊狀眼詫學峯奇胸帶衡雲盪登覽亦足豪須求放心放到家及深秋布帆幸無恙殷勤承祖硯掀髯老懷暢所嗟身世乖微官獨西向去矣勿復道庭樹微風颺

漢上與仲弟話別

孤舟風雨一燈斜目盡秦雲感鬢華今夜對床同惜別斷腸分手各天涯

郟縣旅夜

柝響層城暮凄然破驛荒愁心隨汝潁征夢繞軒黃河漢雨微歇關山秋獨涼雞聲何角角中夜起傍徨

抵潼關

峻絕潼津路遥遥仗策過關河三輔劃風雨二陵多地險難超乘時清罷枕戈雲中華嶽影失喜擁嵯峨

行經華下遇雨

華陰城畔雲冥冥馬頭遮斷秋山青天公何事惡作劇滂沱日日悲淋鈴我聞太華峰高五千仞掀空倒削芙蓉屏仙人六博鎭來往時控鹿馭乘雲駢平生名岳屐齒遍獨茲幾兩孤山靈萬里一官究何戀失喜太

旻羅前旌我欲騎二茆龍昇直上絕頂窮秦垌峯頭玉女恐我見重陰一氣靄眞形煙梳雨裏膏沐倦如助旅涕爭飄零安得列子風上界吹泠泠淨掃衆壑撐瓏玲銅鉦曉挂碧空峭振衣直躡山蓀亭

謁汾陽王祠

功蓋人臣主不疑四朝仗鉞鬢成絲孤忠莫解朝恩譖奇表惟應太白知颯爽英風懷故里清高遺像肅靈祠森森華嶽青排闥猶似床頭列笏時

己丑初秋將由麟州捧檄出山長歌紀懷兼示僚友

男兒既不能投筆希班超立功絕域稱人豪又不能拂衣效彭澤三徑歸來撫松石東塗西抹總無成北轍南轅爲誰役徒抱欽奇一片心相逢到處無人識昔年盛意氣驅馬黃金臺臣饑欲索長安米飄然一尉雲中來雲中遠枕天山界孤城亂後遺民在吊古猶尋斛律營高歌直達祁連塞涼秋纔到木葉乾霜花如劍邊風寒此時側望家萬里令我慨歎愁心肝浮萍無定蹤小草懷遠志投荒兩載不自聊又向長安跨征騎出亦不足喜住亦不足愁奇才入世本天賦豈有榮落關人謀我今臨觴忽不御惜別懷鄉兼感遇柳條缺處亂山青明日搖鞭從此去

晚至石嘴驛不寐書懷

暝色倏沉山微涼襲衣袂呀然兩崖豁落日澹松桂亂石瞰荒谿駭彼欲崩勢循崖得茆屋寂寂雙扉閉勞人此停驂永夕發遐契空梁嚙飢鼠縮瑟一燈細微聞空山中古寺鐘聲遞無眠攬衣起蕭宦感淪滯一身墜窮邊坐惜流光逝何時脫塵覊返我芰荷製拊枕忽長歎幽蛩答霜砌

晚抵咸陽

日夕咸陽郭危橋策馬登高城環渭水小市鬧長陵戍動初更鼓樓明隔岸燈壯心頻看劍旆旆自飛騰

晚宿觀音塘入棧首程

昔聞秦棧難未到已心恐行行古褒門陡覺山勢壅讀史緬宏治設鎮限梁雍時淸罷兵衛川原恣環拱羣峯如脩龍一水谷中涌風聲吼白日鱗甲森然動晚趨觀音塘嵺葛齊總總天半山倒厭庭宇嵐光擁解鞍就旅枕雲臥衣裳重夜半怪鵰啼魂夢猶驚悚

煎茶坪

嶄絕煎茶坪橫踞秦嶺脊其上摩晴霄其下削鐵壁層巒莽迴互攫攫森列戟徑仄交羊腸崖陰雜虎跡傳聞隆準帝提封始梁益東出定三秦還軍此休息我來眺遺壘但見層冰積長風送急雪浩浩天宇窄當關一延佇徒侶迷咫尺俯瞰故道水疑有潛蛟宅平生戒垂堂胡爲此行役懷古更傷離淚下霑襟臆

過散關經宋吳涪王駐軍故壘

涪王駐軍處浩劫有遺墟壁壘三秦外山河百戰餘高名並蘄鄂盛烈在夔巫莫問前朝事東風怨鷓鴣

山行口號

鎮日踏翠微沿溪馬蹄緩一山未了一山攔山欲斷時雲不斷濛濛春寒黯夕暉濛濛嵐氣濕人衣暮天何處一聲磬驚起滿川沙鳥飛

石門關

一峯如累碁一峰若交戟一峰俯而迎一峯仰而逆其前束峽懸其後陰崖坼左顧狎層羣右盼濺鳥翮將連不連霧欲崩未崩石一水縈繞之諸峯儼相劃驚湫噴終古下有精靈匿日月互遞摩陰陽爭闔闢關門截山起危徑不容尺直上緣秋毫微命輕一擲及關意軒豁樵響雲中隔振轡復長謡悵然遠游客

棧中雜詠

夙昔山水懷悲孤幾兩屐七日行棧中目眩意殊適春山如嫱娥作意送行客亭亭烟靄裏朝暮施黛澤娟妙非一致蔦綠若無隙不知大造功幾廢雕鑱力所嗟世網縛未獲窮奇蹟公旬徇微祿惘惘輕一擲長松何蒼然礧砢倚危石猿鶴倘有知應移北山檄

皇天限秦蜀驅山作屏障前嶺既逶迤後嶺復奔放樹杪百道泉轟若車千輛注谷爲奔川水石怒相抗我攜飛舄到險怪紛在望心疑前山窮筍輿去安向豈如林麓轉原隰條平曠人生方寸內夷險本殊狀造物無盡藏執一毋乃妄會當造幽遐置身千仞上高歌蜀道平振衣一神王

漁洋大雅宗異才本天授兩持使節過一洩山川秀雕搜詩百篇真力肆排奡毎讀驛程記如與山靈遘我思幽深境靈蹟彌宇宙貴游所未躋誰與洗荒陋茲邱亦云幸屢遣奇人到浩蕩賦西征吟懷任馳驟胡爲秋風裏一夕驚老瘦本漁洋句懷古挹清芬浮嵐滿襟袖

棧中見流亡載道詢之皆漢南民也感成四律

見說山南道頻年旱潦仍未追安粒食祇是歎薪蒸蕪沒田園盡艱難賦稅增衰衰窮到骨瘠土幾人勝

盡室逃亡慘吞聲淚暗揮白頭行躑躅黃口苦因依邱壟回頭隔山川滿目非他鄉可謀食不敢望生歸

已歎民如草爭禁雪載途仳離乾骨髓僵餒集妻孥望斷監河粟悲深鄭俠圖極天惟鳥道立馬重欷歔

幾日褒中路儵然隔世塵峯明常見雪谷暗不知春屢濺憂時淚難爲避地民西山詩怕讀痛養切吾身

柴關嶺放歌

十日春陰不肯晴秘崖一綫天光明繁髮曉發南星驛突然屼嵲羅前旌柴關奇險著棧道昔聞今上心怦怦疑是五丁開闢所不到長留巨嶂秦中橫又疑帝女媧補天石向西南傾上有浮雲白日互馳驟下有飛流怒瀑爭砯訇鬱鬱秦時松歷劫猶猙獰蒼藤垂癭陰箐黑怪禽百變難爲名東跨紫閣西遵青城山虛水深古無人聲峭壁沈沈衆徑絕危椽架鑿相支撑懸車躍馬弗可度偪仄只許單騎行濕高試學老魅嘯但覺深谷肅蕭涼風生旅人到此半頭白況我薄秩初跳出咫尺紫柏峯一氣排崢嶸忽然振然作奇想抗手似有羣仙迎嗚呼安得抗手羣仙迎使我挾策朝玉京願假力士驅山靈一笑萬古蠶叢平

紫柏山謁留侯祠

少伯游五湖鄭侯遯衡嶽達人事猜去往往神僊託遐哉張子房智勇一何卓當其憤韓亡椎秦天下愕潛匿淮泗間十日勞大索心知隆準帝可醜匡時略納履稱圯橋夜半誰人覺五載成漢業留封甘澹泊同時佐命臣彭韓皆鼎鑊功成不善退豈曰見幾作峨峨紫柏山避地留鱗鑿水木湛明瑟煙雲森磅礴登堂揖遺像高風緬如昨慚塵鞅姿久負山靈諾何當棄簪組踐我林泉約三復授書樓松頂斜陽落

自褒城至漢中途次口號五絕

孤城背嶺開野色何蕭爽彷彿杜陵川對酒平如掌

千折褒斜谷飛湍到縣門離心付流水相送下襄樊
三年羈宦衆磧裏覺天低忽見春帆影開顏漢水西
初日挂銅鉦嘉晨振輕策渡頭一抹滄知是中梁色
籃輿冒曉烟一路垂楊撲坐聽午鷄啼已入興元郭

秋日過漢王故城在洋縣

秋風躍馬漢王城論古蒼茫感易生快意入關三約法忍心決敵一分羹荒林鳥抱藏弓恨廢壘人連敗鏃耕不用登臨悲廣武于今豎子盡成名

丁酉季春將由故園入都謁選感別攄懷漫成六首

讀罷莪詩涕未乾饑來驅我又長安自憐鷃鳥搏雲倦誰信鮎魚上竹難翻局屢殲拚再擲投名已濫怕重干依依柳色當門繞幾度臨岐復解鞍

六載歸來粟里居家徒四壁擬相如也思煙月容吾癖未許谿山得自愚膂志待償毛義檄拊心輒絕太真裾淒然忍淚登車去已覺名心不似初

愁緒年來百不删瀕行回首倍汍瀾春池草夢傷靈運秋雨楊枝痛小蠻薄宦漸驚蒲柳悴舊盟空負鷺鷗閒亦知遠志修言出未敢疏狂說在山

無端蠹簡笑重研夆座星霜去杳然故里英才饒彩筆臣家舊物本青氈此生畢竟儒冠誤何日能致卌網捐忙與雲山堅後約十年容我賦歸田

草草勞人筆扎多一編邑乘費搜羅久無文獻堪求舊賴有巾箱足訂訛把臂涪翁眞博雅謂石蓀嘔心長吉悔蹉跎書成功過譏誰質已是丹鉛四載過

迢遞秦關落日邊微官去就兩茫然已無父在難言養僅爲身謀亦可憐哀樂心傷中歲境別離腸斷暮春天紅塵極目金臺路願續前游一著鞭

春柳四首步長兄壽君韻　　祝濟竹君

靈和年度憶當年裊裊長條翠接天來燕應勞青眼認棲鴉慣抱綠雲眠春囘灞岸掀攔檻賦就梁園獨賜箋羌笛數聲何處曲東風吹送畫橋邊

一抹斜陽絮影明春光醞釀綠陰成風前幾度懷彭澤客裏何堪唱渭城紅板翠搖開駐馬白門潮落正聞鶯攀條不盡瑯琊感珍重韶年最繫情

裝成碧玉伴幽居一種芳心別契予絕世風流春濯濯殢人天氣雨疏疏絲搖紫陌三眠倦花擈紅樓十里餘擬折柔枝將寄遠玉關人渺限何如

纖纖瘦影蕩波勻踠地柔條縮繡輪三月烟花隋苑暮六朝風景秣陵新旗亭酒漾山俱活古渡人歸水自春何日龍池親染汁宮袍同換帝城闉

山居遣興　　祖蔭

浩浩雄心負厥初狂歌扣角計應疏無金潤屋渾閒事有酒扶頭便了余三徑偶同陶令宅半床時擁鄴侯書年來漸解山居樂倚杖看雲也自如

夢與一僧徜徉谿畔偕僧入寺邀予賦詩

溪上看雲石徑斜上方有願不思家禪關盡日無人跡倚杖中庭數落花

無題北平作　紉謀

支磯石畔悵停梭一水盈盈奈汝何洛下柳枝空記約秦淮桃葉怕聞歌愁生錦瑟虛犀眼夢醒瑤筵惜翠娥身世自憐神女幻問誰詞賦續東阿

出都

蕭蕭匹馬下燕臺風過河梁畫角哀斫地放歌頻看劍問天搔首幾銜杯榆荒陳寶無王氣池涸昆明有劫灰獨上層城南向望故園花又戰場開

送德宣姪遊學滬江

爆竹驚除歲風波悵遠行嶺梅春有信檐雀凍無聲野老憂年穀羣雄阻甲兵冰霜眞玉汝莫漫急浮名

呈呂清夷丈

藉甚才名著宦遊却尋煙水狎閒鷗山川登覽空餘子門巷棲遲似故侯攬轡終期孚素志抽刀誰與斷橫流遙知湖海歸來日定築元龍百尺樓

寄澍弟

寂寞成連海上來遐誰焦尾惜琴材郢中和得巴人曲吟向風前首重回

哭澍弟

千里栽詩寄鄂州句麖春草擅風流從今韻事知難繼除是巫陽作蹇修
苦憶京華縱酒時夜闌絮話襟期人生修短渾閒事惆悵衰宗孰主持

乙亥除夕

桃符依舊逐年新不見尊前共醉人天意未容留素侶浮生終是貧吟身定知寒夜還當日誰信番風解駐
春獨倚寒燈温昨夢兒童簫鼓又侵晨

丁丑元日用乙亥除夕韻老人謂前詩積廢過甚爰作頌禱語以迓吉祥

週天歲序喜逢新嫩綠嫣紅漸可人儘有文章來大塊且從耕稼樂閒身床頭擬甕添幽趣閾外移花覘好
春吉語相酬聊復爾東來紫氣滿芳晨

野望

寂寞柴扉一徑通閒吟偶過小橋東蒼茫雲樹千山外高下樓臺夕照中野渡人歸芳草歇平蕪春盡落花
空會心更有低徊處佳氣南州正鬱葱

中愁望月　　傳鈞

秋色平分佳期三五冰輪徐向東山吐初移花影上閒階久佇停琴方入戶喜看千里共嬋娟恍却太羅衆
仙聚偉哉造物無盡藏眼前受用隨人取不速之客三人來對影何妨杯獨舉屢嚥金波浮大白似聞霓裳
羽衣舞醉呼蒼虬駕雲車我欲乘風直上清虚府左手牽玉羊右手驅金虎二萬八千人一齊揮玉斧合成
七寶永團圓盡將有限情天補再持桂子播人間遍使靈根生下土閶滿光明清淨身大千世界無古今

菊花　悅華

不與羣芳鬬麗妝獨留瘦骨傲秋霜柴桑人去無知己寂寞東籬對夕陽

夜雨懷人

輾轉中宵夢不成東風吹雨入疏櫺去年剪燭人何處愁煞潺潺屋漏聲

詞

晚步　憶王孫　豫望仙

泬寥秋氣漸蕭森小立梧桐傍晚陰宿鳥歸飛已滿林薄寒侵烟鎖溪橋黃葉深

夜思　菩薩蠻

牆頭影合重重樹屏山半耿殘香炷不見素娥人娟娟月一輪　歸期看又近蹤跡都無準錦字更消磨
夜長愁奈何

夜寒無那霜風急添衣更倚欄干立底事只猜空魂銷到暝鐘　綠窗何寂寂一帶沉烟碧銀鑰不須關
相從閒珮環

吹簫人向秦樓去流紅客認題詩處知道苦相思爭如不見時　羅衾寒又凍準擬來同夢天外隔紅橋
如何夢可招

劉晨乍入天台路東風薄倖偏相妬流水洞花開仙郎不復來　佳期容易過難把塵心破宿業誤隨人
南園悔踏春

銀屏漏轉三更月棲鴉繞樹驚飛雪樹影自朦朧烟梢亂惹風　清宵聞乂半密約期還遠燕子不傳書
相逢有恨無
暗蛩切切鳴階下凄凉似訴當長夜不解亦多情相和歎息聲　玉鈎縈翠幌寂寞成惆悵照影妬銀缸
遲回靠小窗
去年曾識東風面游絲影裏遙相見見了卻還休春歸十二樓　一灣衣帶水淹盡相思淚愁怯不成眠
梅花夜雪天
春來已報寒梅信羅浮舊事空成恨一枕夜偏長鑪烟雪茗香　畫樓人睡否落月山銜斗不肯下簾鈎
沉吟詠四愁

自叙　倣摩木蘭花

自憐心性眞無賴欲達微名時已邁雅負情癡黃絹曾題絕妙詞　風流不入時人目空把黃金埋白屋
夢到鈞天知是瑤臺第幾仙

有感　醉花陰

生來情性無拘束好傍花陰宿瘦影怯休文風月癡懷常把眉頭蹙　綺羅不受庸人福舊夢空相續翠
被夜生寒孤館西風蕩漾愁千斛

漫興　醉花陰

富貴由來難自主祗合繇天與若說在心田原憲顏回竟自歌環堵　窮愁霸氣空千古醉後仙仙舞莫

道不如人跋扈詞塲誰敢當旗鼓

憶友 鷓鴣天

霜降天高眼界寬昔游心事向雲端人懷舊雨聽花月書寄清秋碧海鸞　偏有恨更銷魂重陽無客共
芳樽數杯濁酒歌三疊紅葉林中露晚村

春暮 蝶戀花

有意憐春春又暮美景良辰斷送春何去碧院深沈香一炷霏微幾點催花雨　舊恨新歡無覓處芳草
綠波黯黯傷南浦強欲消懷傾冷醑愁腸未飲眉先聚

送人 唐多令

暑淨火星流風高落木秋賦淮南桂小山幽此際更逢人惜別烟渺渺水悠悠　去去竟難留離亭起暮
愁酒闌時乍咽歌喉莫怪臨歧無一語司馬淚溼江州

清遠堂言懷 風入松

結廬幽境任逍遙心不樂煩囂花開滿樹皆成錦柴門外綠水通橋鳥語一林春曉蟲吟四壁秋宵　更
無塵事可相邀閒話逐漁樵濠梁自適莊周意羨甚麼玉帶橫腰嬴得一壺風月英雄壯志潛消

自歎 沁園春

說甚才名顚顱如許久困青衿笑凄涼永夜新添愁緒寂寥孤館舊恨盈襟不合時宜有誰同調從此昭文
莫鼓琴春將盡又一年好景孤負光陰　到來三月於今把前事依稀夢裏尋想東皋看稻已虛往約西

園種菜頓誤初心賦就凌雲詩成罵鬼總是胸中壘塊深飄然去正無邊風月待我長吟

書懷 心園春

天意難知高枕田廬且守陳編把紅友相親消除歲月青燈作伴揮灑雲烟駿骨誰收蛾眉漸老壯志全輸祖逖鞭真堪笑看浮名浮利各欲爭先　無求到處悠然悔行樂蹉跎誤少年向香譜茶經積些事業舞裙歌扇了此因緣風月招尋湖山寄傲妄冀詩文身後傳心閒暇趁三杯軟飽夢去游仙

容州封氏家譜

卷十六

卷十六

容州封氏家譜卷十六目錄

投贈
封韓瑕先生詩集序
封振予先生宦遊家訓序
封振予先生宦遊家訓序
書銅鹿令封飛渭公遺訓後
封飛渭公祟祀福善祠碑文
封烟母夏太孺人墓祀田碑文
送封澤翁歸容州詩集序
六息山莊記
竹林居士園說
育民封先生修族譜表
紀封氏節孝畧
封玉亭先生墓表
理學宗傳跋
封母伍太恭人八秩徵詩啟
封梧岡姻翁續容州人材題名記
姑丈封澤川先生墓誌銘
梧郡詩鈔序
姊丈封清泉先生墓誌銘
封少霞父臺馴鵠賦
封母何太孺人八十開一壽序
封母何太孺人九十開一壽序
封母李太恭人八旬開一壽序
封母楊太孺人八旬開一壽序
封母劉太孺人八袠開一壽序
桂翁封老師臺五十晋一壽序
封母伍太恭人七旬開一壽序
封母伍太恭人八旬開一壽序
少雲封老父臺榮壽並頌德政序
元卿封夫子七旬雙壽序
封門潘氏女弟六旬榮壽序

春洲先生七旬晉一榮壽序
壽山封翁七旬晉一雙壽序
惠泉封翁六旬晉一壽序
惠泉封太翁七秩壽序
少霞封夫子六秩壽序
望仙公後生緣詞稿跋
望仙公綠園山房詩集序
外舅封金門先生七十初度壽序
封楚材公墓表
封漢南先生墓碑
尊林兄長七旬晉一雙壽序
封念貽傳
封又吾家傳
送別封振子先生
頌函翁封老父臺德
祝封蕉林先生壽

送封蕉林先生二首
春日感懷蕉林封夫子
奉寄封蕉林夫子
輓封庸熙卒於桂林
季春晦夜哭封庸熙
封孝子行
寄封熙和同年
長醉歌酬封玉亭先生惠酒
輓玉亭封先生
輓玉亭封先生
輓封玉亭先生二首
祝封母伍太君壽
祝封母伍太君壽
自梧郡回別望仙兄弟於舟中
題明經封望仙詩集二首
輓封肅齋世兄

祝封芭洲表兄壽
贈明經封敬亭先生
輓封香洲表兄
題贈封春洲先生雅照
輓封春洲表兄
封惠泉親家五十壽筵
題贈封少霞刺史二章
馴鵠篇贈封少霞刺史
宿驛路堡臨別贈堡長雲林封君
癸酉送封壽君同學回桂林鄉試
題封幹臣兄閒散集
和封壽君丁酉春暮留別詩
後跋
後跋

容州封氏家譜卷十六

投贈藝文

封碧瑕先生詩集序

南海歲貢余名秀汝際

昔文公昌黎韓子有言曰莫爲之前雖美而弗彰莫爲之後雖盛而弗傳前之賢後之賢兩相需也爲天下言之也予謂卽是以推則一門之內甯不有前後兩賢乎爲之前者何賢祖父也爲之後者何賢子孫也其相需也亦然今春二月中門人張彤可歸自粵西攜其東君封振子先生赴北選邑侯職暨同宦遊貽訓一集屬予序弁其端以辭不朽序成復付梓矣其弟明經振先生曰茲序刻吾兄貽訓則誠善矣第吾兄生平寢食不忘冀得一官卽付之梓以傳我後人而垂久遠爲顯揚先代遺徽俾春秋歲祀爲陳宗器第一務者有吾祖碧瑕公家傳古今體詩數百首今先厥貽訓而置是不刊吾兄之志猶未暢也因出其祖碧瑕公詩集六卷以授門人張彤可卽封固付同仍屬予序於前與宦遊貽訓同壽梨棗予曰孝哉不憚千里郵筒以爲厥祖揚休予雖不敏敢却旃爰閉戶燃燈披閱十餘晝夜誦公之詩論公之世思公之性情想見公之爲人若曠世而相遇者一似公雖往而未嘗往也今夫詩之爲詠也本乎性發乎情妙乎思若忠孝節義之人得諸性之深者其胸次必悠然而灑脫其興趣必超然而瀟逸故能觸景而情生遇物而思發不禁形之浩歌以寫其慷慨悲歌之致著之吟咏以舒其歡欣和暢之懷妙乎思也發乎情也實則根諸性也不然其賦性未深者則中懷必鄙吝而蘊必卑汚雖拾人唾餘襲人套句竊自附於

詩人詞客之林而命意鋪章搆句琢字必膚淺而庸俗鄙劣而沈晦令人厭而不欲觀以其非發乎情本乎性也今公之詩何一不發乎情本乎性者予也捧誦之下深知公之忠孝節義植諸性者深發諸情者摯故塵緣不攖俗累不染而能觸景興懷遇物著咏其命意皆超常而越俗其敲詞皆戛玉而鏘金曠世後覽之猶令人興感欲與公並世以相詠賞況其爲子孫之賢而佩服之深者有不切焉欲壽諸梨棗以垂久遠乎美哉封家之先後揚體若此其家聲有不丕振而光大門風於昌盛乎予前閱孝廉先生貽訓一集羨其篤志理學而有餘情以及於詩豈知其祖已倡於先而先生能紹美於後乎予甚喜其爲之前者有賢爲之後者有賢不揣鄙陋而再弁一言以與宦遊貽訓一集後先光映而垂之久遠焉是爲序

湖北糧道丁守存心齋

封振子先生宦遊家訓序

大凡故家遺俗流風善政其能子子孫孫勿替者有祖考之彝訓又賴有子孫之聽聽也予昔典試粵西識其山川人物往往前言以爲我朝是邦之足爲儀表者莫陳文恭公若矣其因撫循化導所輯訓俗遺規以鄉約及居家正本爲首篇猶以限於卷帙不能附刊司馬溫公家範爲惜諄諄以型家爲化民之本名則訓俗實則宦遊者皆當反其本者也而抑知有作之先者乎容縣封少霞司牧粵西名進士予所取登賢書者今同官鄂會出其十三世祖鉅鹿令公宦遊貽訓一帙予繙閱再三條目有八而大指之見於簡端者有一言可蔽之曰能讀書做好官則爲肖子斯言也公之訓於家之心乎爾也故曰宦遊貽訓豈僅爲敬守門戶哉公之宰鉅鹿已百六十年矣今猶有傳其蝗不入境比之卓康少存其德化已可概見其居於鄉也樂爲善沒而祭於社奉於寺記於碑留以像咸稱公爲眞儒見諸撰述而公之所訓一則曰

崇尚實學再則曰博通經史皆本諸身徵諸民而後垂諸訓者也相古先民經之封軌通覽經史方正自

勵其在官也進務德慎言遠佞防奸四箴茲公之訓有曰斥異端戒俗學與夫樽節愛養端節在隨事程

功扶植綱常可得諸參觀物類凡此四條亦皆所以務德也又訓恪以遵時制兢兢於慎爾出話敬爾威

儀之意居鄉恂恂即所以慎言也同倫同軌防民之越畔也蓄已久矣故要之以嚴行懲戒之條即防奸

遠佞之箴是則所訓保全鄉里者乃歎慮之深且遠也少霞趨承庭訓之時方値異端流毒之秋爲公率

族練團築堡捍禦兇鋒守望相助十有餘年雖因紓難而毀家而鄉里之保全者多矣然則少霞子若父

之實行克紹百餘年前鉅鹿令公之貽訓而公之訓言又與千有餘歲封氏之箴規默相符合何其源之

遠而流之長歟直可與陳文恭公之訓俗而並傳更可異者少霞家旣燬於燹矣而獨此貽訓失而復得

噫質諸鬼神而無疑矣呵護之靈有蔫俟諸雲礽此少霞之所以由乃祖孝廉公命名曰礽也予誦竟八

條終之以先儒之詩曰獨立孔門無一事只輸顏子得心齋之句余因少霞之所以命名而自顧公其有

以教我乎少霞問序於余余嘉其能聰聽而叙其略至若世系科名宦績著述前人叙之詳矣無俟再述

蹟末

封振予先生宦遊家訓序

南海余名秀 汝際
歲貢

歲甲申仲春朔越八日余門人張彤可遠館粤西舟回持其東君封振子先生宦遊貽訓一帙踵舍示予

披讀再三擊節歎曰美哉粤西乃有此偉人乎先生家世儒業年二十九登鄉薦三赴春闈薦而不第令

閱其遺卷典雅宏博不愧中州名士其不第也非文之過遇偶蹇耳細繹其貽訓八條則闢異學鄙俗學而崇尙眞學切切於治心理性之修博覽於六經子史與夫天地萬物昆蟲草木鳥獸之微殊以窮衆理之分而求一源之合又能於父子兄弟夫婦朋友之倫日用飲食出入起居之細到處體驗隨事釋功非深有得於宋代眞儒上接孔孟之心傳而治其身以端己範家能本之以垂訓後昆若是哉孔子曰書云孝乎惟孝友于兄弟施於有政是亦爲政先生雖未入官而閱其依依膝下孺慕弟恭事親孝也怡怡雁行天倫叙樂友于篤也鼓瑟鼓琴閨房靜好唱隨摯而琢磨箴規締好蘭茝者信以義也不矜賢智和睦於鄉黨鄰里間者恂以敬也教訓子孫纘承先緒於學問中者慈而嚴也不遺下賤撫養僮僕威濟以惠待下周而盡也先生雖未爲政而本修身以齊其家又何刻而非爲政也夫治國平天下皆修身之推耳先生今赴揀選將爲宰而敷政矣吾知其本齊家者以治民民將樂於農桑興於孝弟化於禮讓以追漢代循良之風昔漢楊伯起先賢有云以清白吏遺子孫不亦厚乎先生以半世之眞學貽訓子孫將見家學相傳淵源一脈後人踵此而光大之俾家無俗學官無俗吏宋代眞儒之席萃於一門豈僅清白之遺云爾哉至先生詩詞溫厚和平尤可徵其性無物累心有餘閒指日鳴琴而治簿書鞅掌豈能攪先生灑脫之懷乎先生又謂連年染病不忍遠離膝下然君恩欲報耿耿不忘拜祝萱慈岡陵壽比無庶一日得君以保民報君者轉毋兩念縈懷益以徵先生天性之厚也同郡陳白沙詩多病一身常傍母孤臣萬里豈忘君不與先生忠孝之誠先後一揆哉予年髦矣仰止先生臨西一望寸心千里親炙無由茲因門人返棹不顧鄙陋勉强爲此以託西方美人之慕焉

書鉅鹿令封飛渭公遺訓後

歲貢李連枝尊樸

書五子之歌數稱祖訓後世如馬文淵房元齡皆有誡子姪書歐陽公瀧岡表述皇考崇公遺訓刻於阡而流傳於世則顏氏家訓其最著也余外祖封鎮台公增廣生遊道伴水壽九十其先高祖飛渭公諱昌熊國初時由孝廉令鉅鹿宦遊數千里外而燕翼不忘著為家訓八條貽厥子孫迄今二百餘年讀其書想見其為人公固儼然儒者其言皆儒者之言懇切爾至藹堂構之承箕裘之紹胥係乎此其書載封氏家譜中統計合族譜牒凡十卷余昔往來外祖家曾及見之甲寅遭變地方多故余從弟本枝忽睹此書於他處急購而藏之本枝又鎮台公孫增寶飛渭公六世孫增也出其書曰此封氏要書弟堡中恐不能保存兄其善護之他日言歸封氏余諾值干戈擾攘然必攜之行僅蓋五六年於茲矣癸亥寇氛息乙丑又警丙寅乃定因訪封隱菴於林肩村莊談及典籍散失聞舅氏葦洲諸公為遺訓不存深自悼歎嗟乎此十年中世之藏書家遭兵燹如被秦火者何可勝數而此訓入於余手竟得完璧夫封氏為邑望族飛渭公又名德冠於時鄉人肜像廟祀則其靈爽式憑必有呵護之者豈偶然哉況封氏為飛渭公後人為盛意公修身型家所以貽子孫者不徒以言故能垂裕後昆熾昌勿替歟噫公之遺澤長矣余今敬歸是書深惟遺訓失而復存非余兄弟果能愛惜乃公昭示子孫無愧古之立言者故雖歷劫而光氣不可磨滅也余聞羣書焚於秦而出於漢其流傳且益遠公書倘亦然乎因綴數言於末併質葦洲諸舅氏以為何如也

封飛渭公崇祀福善祠碑文

解元覃武保心海

國家自平定三逆後廣西於康熙壬午科始再舉行鄉試越二年甲子科邑登賢書者爲飛渭封公與余高祖木齋公二人木齋公未及出山公以有體有用之學出宰京國退休鄉里而鄉人被公德尤深初里人立廟於公宅前羅球山名封公祠後再建廟於大山坡距舊祠不百步名福善祠雕公行像上元張燈遊觀里人競迎諸其家以爲福此外山瓜各村落去祠稍遠者別立主於關龍庵此即鄉先生沒而祭於社之典也道光癸卯歲公六世孫葦洲昆玉輩屬余紀公之實勒石於祠以年世誼重不容辭謹述其端曰公諱昌熊字振子別字飛渭其先藉中州宋季有舜數公諱文明以鄉貢任容州通判遂家焉十二葉爲秋浦公諱錫圭明季增生生三子公其仲也年十六補弟子員二十九歲舉於鄉三赴春闈薦而不第四十九歲授直隸鉅鹿縣知縣比及三年有善政以母老道遠難迎養遂告歸公天性孝友孺慕終身家居之日多故自事親外悉爲鄉里興利而除害邑疊遭叛吏孫延齡王邦相及土寇禾倉二楊阿八之患而漢官唐鳳雖克復城池其兵之殘害尤甚公前後率鄉人就地立營公所居曰四端營附近爲高營宮坡營雞頭營木村營大塘營山瓜營至今營累久罷而鄉人仍其名不沒公創始之功也當公立營團練時待鄉人如一家以婦女居營中外爲老羸又外爲丁壯鄉勇樹柵備械勞心勞力攻守得宜有古名將才嘗以地曠人稀設市於本里楊梅之稅地招集商賈以通貿易今公利墟是也山瓜關龍庵爲一鄉香火鄉人奉祀甚虔公捐送庵田若干畝爲歲時香燈工祝之費勒石庵中至今不替又烟村紫花渡爲里

中來往城邑要道公特設渡船利濟復捐置義田給渡夫口食遠近行人咸樂其便容僻處邊陲公之鄉又居邑南鄙有明以前地皆猺人後始招狼兵插住以禦猺亂無習儒業者公於兵戈息後日導鄉人以詩書俊而秀者咸知向學鄉中梁棟材容日新陳帝典諸老相繼列庠序食餼廩皆公爲之先路也公粹於質而敏於學嘗從邑大令李公瑞徵遊得孫徵君奇逢理學宗傳一書手錄全帙并撮其粹語爲理學摘要四卷以惠後學自著宦遊家訓八條北征草鉅鹿吟勉果齋經義擷腴及詩文等集藏於家善公實有得於心者不二之本民物一體之源故自身而家而鄉而國皆其真積不可以已者而非勉而爲之作而致之者也夫公生爲仁人沒爲明神其惓惓於鄉人無已時故鄉人思公亦無已時易文言曰積善之家必有餘慶公之積德樂善作福鄉邦善之福在一鄉即在公一家耳乃余竊有歎焉公與木齋公同學於鄉道義莫逆不異兄弟木齋公之後今七世不過三十餘人公之後今八世二百有餘人而能文章獵科第者接踵焉公之澤厚而長其後人皆克繩先緒余家益滋愧矣

封姻母夏太孺人墓祀田碑文

詞林何疇

乾隆三十二年歲在丁亥中和月初吉齊治封子率其子姪重修太孺人夏太君墓且舉當年齊治倡增祀田一事來示疇將以薦馨香貽後裔勒貞珉以垂諸無窮屬疇爲文以誌之疇於齊治爲姻親稔茲事之顛末竊以爲仁人孝子之用心可以風矣太君爲恭城司鐸澤周封翁繼配其生平懿德詳於行述與夫賊果誅章赫赫若前日事太君舉子三曰振治曰齊治曰致治其長子長治則元配植太君出也先夏

太君卒於癸亥季冬葬夏太君於大堂山之陽後十七年致治卒又六年振治卒皆有後嗣齊治泰其先君子命出繼四叔父化周公垂四十餘年而常惓惓於本生而不忘所自也澤周公兄弟留有祀穀壹萬叁千觔修歷代祖宗祀事兩公之後人皆恪恭將事則齊治應以出繼之後故得值一年其兄若弟三人共值一年齊治曰願以吾兄弟四年輪管各值一年爲當而猶以考妣祀田宜定其有數紅硃坡田數頃每年穀五萬觔遺命五分其產齊治取其二三房各取其一是齊治得二萬矣今以爲祀田則四房各一萬齊治猶存壹萬也齊治曰吾兄弟同氣胡爲岐而二之矧紅硃之田阡陌聯貫皆先人遺澤奈何獨留其餘以自豐乎其悉歸之祀田以妥考妣亦四房輪值吾心恔焉噫於是益信其不忘所自厚之至也故誌之至其田畝糧額及置田之年月受租奉祀規模齊治其會族人附刻於石

送封澤翁歸容州詩集序

北流訓導　嚴　紹　鼎　恭城人

容州封澤周理學人也而今亦隱矣澤周初以明經出爲恭城學博自丁亥夏卽疏乞休屢格於當事之議然其志蓋已決矣越明年戊子冬獲允所請澤周烏乎去哉余與澤周友固深知澤周誠理學人也其於關閩濂洛諸書多所發明而直彈古詞於無人之野以故其一言一動皆不肯與理學相背旣爲理學中人當必不徒以高隱爲志然則澤周又烏乎去哉吾知澤周本理學以入仕卽有刮目以待者而亦不能降心以從也澤周自知志不得行斷斷必以理學爲事是澤周之去乃不得不去耳去之日恭城之人咸感歎泣下恨力不能留也旣而告余曰彼官此良苦去則樂矣邑有能詩者且歌詩以贈或爲隱者之

言嗚呼是烏足以知澤周之志哉澤周不以俗之所憂爲憂必不以俗之所樂爲樂其所爲憂樂者任志之得行與否其出也理學其歸也亦理學余故謂澤周非隱者而今竟隱矣乃於其去而集凡所贈詩以序

六息山莊記

嚴紹鼎

封澤翁先生官恭城學博凡六年有聲既而乞休歸容州其所從遊士不遠數百里執經問難絡繹不絕一時仕大夫益慕其爲人以故澤翁不獲休息州南七十里山澤有莊名六息者遂結茆以居庚子春余走訪澤翁跡至六息見題壁云因欲逃名逃不得又移茅屋兩三間悵然久之乃知澤翁純乎理學矣無移無欲自然無累其顏子之陋巷耶抑曾點之舞雩耶逍遙林壑萬曲千迴有田有池鳥翔魚躍彼六息之爲名其取諸鴻漸之義耶澤翁無心於仕而大道賴以講明誠爲數百年絕學計使竟湮沒以老非斯世之幸也一旦聖天子舉行徵典不又以是爲六月之息耶然澤翁雅不喜聞世故余亦不出此語但與攀藤附葛指點羣峰深處心境以開足不知倦余與澤翁幾忘其爲入山之深也并忘其爲與世之遠也噫此眞六息也可以誌

竹林居士園說

粵東歲貢譚翀漢嘉謀

封先生體周公讀書不爲名生平好僻靜壬辰歲創居龍棃治其餘地爲園園栽四時花菓其荆榛雜植

置之四旁簣以修竹密以綠蘿藩用作週垣也地有突兀者率家僮平之有傾斜洿陷者轉頑石鎮之園之經始如此不尙雕畫臺榭但築小宇土軒便諸兒習讀其重陰邃蔭可憩息者或依石獨坐偶坐與客共坐各因時也或曰此卽可代雕畫臺榭也余自舌耕甲午得過訪焉輒與公爲莫逆交每於花晨月夕公未嘗不走使迎余未嘗不策馬至把酒談心拈花微笑久欲爲其說矣而未果迨丙午復遊公與顧盼指園中諸植日長萋萋莫莫眞不減金谷名勝也園雖去通衢不遠然已脫盡俗囂而世路諸人亦莫窺其堂奧或曰此何異深山名岳也中鑿小池數口金鱗潛育荷芰生香且便供抱甕而園池外又有小河環繞激石成聲野鳥閒遊家凫下浴俱可箕踞石上一覽而盡縱令寸土寸金矣是園卽不百里七十里而萬蘿鮮妍諸品悉備秀可療饑靜堪避俗寒負大樹爲裘暑引蔬竹爲葛有時霞光滿目花香滿鼻魚噞蟬鳴滿耳咀芳餐秀滿口菓實垂成滿頭落紅積蘚滿足空翠輕烟滿衣袂鳥聲變幻雲雨翻覆滿肚皮此皆園中所日新而富有者余因喟然嘆曰此何異文繡膏粱好色富貴也於是御薰風不必南面而書荒徑不必列土咬斷菜根不必食前方丈數龍孫指鳳尾不必世世封侯橘柚玲瓏楊柳繽紛不必舞紳佩綬至於薙園草此卽可空刀鋸也剔園蠹此卽可爲干戈也坐園石讀易哦詩此無殊咸韺之古樂也且舉無道之王公卿相不義之九州四海不足以易此園寸土寸金云乎哉邇來鎖徑高居峻拒俗客桂子蘭孫蕃茁軒中故得杖履醉吟於園而園亦足以供公之杖履醉吟也余曰此園足以老公乎然公亦第知有吾園徜徉以沒世而已

育民封先生修譜表

鄧紹昌

嘗聞人道之大在親親親親故尊祖尊祖故敬宗敬宗故收族然俗學之見讀書者方且博聲聞於里閭市利澤於編氓結納富貴以爲一時光寵而震驚之者僉謂君子之行事類如此然按之一本九族之誼蔑如也尚得稱爲仁人孝子乎哉人非仁孝則其本先撥人道已虧雖才同班馬富若猗頓無益也封氏自有宋舜敷公由河南祥符宦遊居容自是之後書香流派奕世彌大各居者數十家而木本水源以達體周太親翁特其一耳太翁命長子育民茂才修封氏譜譜成昌讀之而嘆其提綱振領賅洽非常也今夫一父之子數世而至於無服至十世而漸等於途人此無他其所歷者遠也然推而上之則同祖又推而上之至於始則同親無他其所係者一耳惟仁人孝子遠而不忍其遠以無盡之心一之始由一而散之萬終由萬而合以一通族之衆爲之分支而別派必脈絡分明溯流窮源使遠近親疏之一貫昌目擊其寢食弗遑積勞歲月久矣嗟夫育民年未及壯長名未及大成而汲汲焉爲此之圖詩曰孝子不匱永錫爾類是豈求名於世求利於身者歟蓋祖宗之仁澤生息得一人追述而修明之雖百世而未艾也賢可知矣不幸數阨於天年未及顏子而歿至今里中諸君子憑弔之下未嘗不愴然其無後然昌不此之悲以禮嫡長子故有長子無子次子不得有子之說封氏守禮名家爲邑望族自必爲之立後而無疑獨是族譜之作至於世遠年湮之後設竟莫知成於此人之苦心爲可嘆而交情所以難自已也故表而出之公諱統治字育民邑諸生云

紀封氏節孝畧

辛酉解元劉簡臣敬齋

節孝封氏者普濟居士封汝爲之女字同里楊超材爲妻姑李氏早寡氏年十七歸於楊琴瑟甚敦事姑孝謹楊雖望族而家業寒微甫六齡而喪父以故家愈替李母守節撫孤族人嘉其志嘗周給之楊能迎承意旨人以爲孝節聚於一門矣及封歸二年而楊沒時氏年十九無所出姑媳皆孀窮苦萬狀殆有不可言者姻戚以氏家貧年少意其或欲改圖探其志不答事姑勤勞歸寧亦少歲僅一再往終日而返母留以姑無伴對姑憐而欲嫁之適母來視女姑授意於母使爲言氏不從姑因謂婦曰一與之醮終身不改固婦人之正道或不得已而改適亦卅俗之常今吾家不幸疊遭凶閔吾半死之人孀亦何害汝年少喪偶抱中無襁褓物且甑塵烟冷何以爲生汝毋株守爲也前者而母之言予使之也汝胡不三思汝縱不我忘里多望族擇近者事之歲一臨存亦得相見氏痛哭失聲者久之乃對曰夫不天棄膝下而去姑含涕撫雛冀得娛老耳今夫見棄有婦在可以代之婦去使姑含涕撫雛之苦付之流水矣且盛衰存亡仁者不易其志人孰無死婦安能棄姑而求生也矢志靡他少誦之矣於是相持而泣涙斑斑濕素衣乾隆戊戌歲大祲民剝樹根草皮以爲食道殣相望二孀仰屋無所爲計先是氏歸楊時父兄以楊貧減妝以厚其貲且代爲紀理生息氏歸而謀諸兄絜而賸姑以是得免於殍自楊沒十年族中憫二孀之苦議擇繼嗣而羣從兄弟皆少年未有子擇於遠族拱春之子名字自五歲撫至十六聚妻生子矣嘉慶八年姑卒年七十八氏哀毀至不能飲食塟祭盡禮氏秉性貞靜事姑四十餘年茹藜藿而甘旨之供不缺雖有子婦可任而寢膳杖履刻不相離至親問候雖卑幼亦引避始終如一日云

封玉亭先生墓表

翰林李紹昉

公姓封氏諱奕璠字煥霄號玉亭其先祥符人宋末有諱文明者以鄉貢任容州通判因家焉歷元明入
國朝二十餘世代不曠傳十五傳至諱啟愚者以茂才授直隸州州同是爲公之祖茂才公無子弟啟愿
有子曰衛圻出爲之後則公之考也用恩貢任武宣學博妣梁孺人舉人知平山縣事以梅女生四子並
顯於時公齒最幼性聰穎舉動如成人讀書目數十行稍長從叔曲泉先生遊年十九應童子試郡守王
友蓮奇賞之首錄達部使者補弟子員歲科試輒優等三領其曹遂應辛酉選拔時視學者爲浙貢錢裴
山中丞士論翕然稱得人焉廷試以儒學教諭注籍前後凡九戰棘闈房薦六主司擬中尋失者再纂梅
竹家塾課子弟甚衆弟子以百數抄撮宋五子書究考亭象山同異歸趣於識性始歸初膺邑侯李君瑞
徵親受業容城孫夏峰之門以理學宗傳授容人公高祖飛渭公得之故學有淵源至公爲不謬於斥新
響也篤於內行愛敬哀慕稱情立文昆弟怡怡相對以華萼顏其堂人紀之閒宜無少疚於心者蓄古琴
二與王竹一孝廉潘士瞻副貢爲山水知音寢疾時索觀勾漏圖飄然有遺世意殁後十餘日則奉部銓
北流學教諭嗚呼異矣原配李孺人繼室伍孺人生子十人考終時春秋五十有五諸子以某月日葬公
於二里鹿母岡之陽予自癸酉以副榜錄遺識公於使者院與之言類有道者輒有意其爲人及榜發公
從叔曲泉之孫鏈猷與予同舉爲年家子而人事紛遝亦未獲修禮左右丙子得交公子培倫兄弟於梧
郡城培倫持狀來句余爲墓道之文竊謂公學行宜有聞於世乃次其尤者表之俾歸而鑱諸外碑

理學宗傳跋

潘方潮 妙山

玉亭前輩與余忘年交好論文之暇尤契於琴余雅不喜時樂而於琴頗有會心玉亭嘗之謂非理學中人不暗此亦不能學此蓋玉亭湛深理學自特身以及交際皆粹然有道氣象衆人即不識玉亭亦一望而知其爲理學中人也自玉亭之歿廿餘年其少君葦洲與余交不啻余昔日之於玉亭也者余深喜其能讀父書如見我故人焉戊申之秋出其家藏理學宗傳示余余披閱再四何異於蔡中郎之讀異書不令人見之也此書成於明末孫夏峯徵君其門人李明府令容時以授封家先世祖飛渭煥崑蕉林三先生故家世寶之而飛渭公又手輯有理學宗傳摘要四卷玉亭均珍藏熟讀暮年別訂鈔本亦未嘗輕以示人也余嘗閱覽有明一代著作獨永樂性理大全爲最博有益於身心性命之要可垂不朽今觀此書實與互相發明大全集衆說之大成宗傳明道統之一脈其命意各有所在無大異者余從葦洲借其先人琴并得窺其家藏之祕豈弟相見如龔隗直若子期復起聽我一彈再鼓穆然而深思焉玉亭前輩有子哉有子哉爰書而爲之跋

封母伍太恭人八秩徵詩啟

舉人梁金綬 茘園

蓋聞綵舞北堂秀發金萱之草觴稱西母花開玉洞之桃稽頌祝於華封三多紀美衍疇圖於箕範五福推先矧慶以善緣而壽由德政午橋星聚始賡松柏岡陵子舍風和盍進瑤環瑜珥是宜揚抡用副輶軒

恭維封母伍太恭人容邑增生繼臣公長女而玉亭先生之繼配也溯其自出靖州名宦之傳迨及相攸渤海鄉賢之裔謝道蘊才能咏絮蔡文姬慧解聞琴不惟七誡兼嫻早已四箴並佩年十七歸先生續舊幹以鸞膠締新歡以鳳吹未諳姑食弗辭親手羹湯纔下女牀便製諸兒文褓慈堂早能徧覆愛日自可常留小菴不築元卿大被乃傳姜氏用使先生功勤焠掌學鋭鞭心枕秘淮南品重儒林之地羣空冀北名高拔萃之科既而借隱鹿門相莊鴻案芝蘭滿室玉樹充庭問字之酒頻來束修之羊迭至苟脫粟莫供夫一飯將集腋難萃乎千孤恭人則黽勉冬儲拮据春澤咄嗟立辦美哉有若其籩陳謦欬無慚洪鐘何辭於莛叩遂使先生遁音林澂暢莊襟老帶之情棲志烟霞愜月夕花晨之趣夫之賢也婦有力焉未幾而角枕秋清虆砧春謝猶復屋牽蘿而待補袖倚竹而忘寒必使折薆之誠常伸納楹之書可讀且也潤米蘋潦采藻神靈默鑒其潔誠賤忘郝貴忘鍾妯娌曲將以眞摯至誠感來異夢姑因合葬於防厚澤被及比鄰人賴拯災於火是猶誠通乎冥漠豈徒惠洽乎宗親遡稽往牒歷考前聞非無流雲繞電之奇亦有感月飛星之異然驥子卽分乎龍種雁序無歎夫蜂腰孰若數備義爻後勁則八箭競爽體符儀象前矛則二宋稱難既麋天家分香貢樹濟濟者旂觀鸞噦噦者笙奏鹿鳴堂開四世壽兆八千固宜惇史採風並薦珩璜之響軺車問俗頻邀綽楔之榮也茲當病月良辰暮春上巳錦悅與瓊花共映羽觴隨仙客齊飛泛來洛邑之杯恰侑介眉康爵修就蘭亭之楔卽觀點頷華筵綬等雪立游楊久仰紗幬令範風欽陶孟合標彤管清芬伏望藝苑名流騷壇哲匠賁三緘以隻字共紹女史於張華走兎穎爲鴻篇並播徽音於太姒進九如而作頌集百壽以成圖

容縣惟一商店承印

封梧岡姻翁續容州人材題名記

亞元王維新竹一

一代之獻傳於文一代之文亦傳於獻容雖僻壤自漢以來未始無人迨遭元季兵燹失去者多矣鄉賢清遠令封昌翁博學多聞爲容州人物志而前代之獻多賴以傳乃歷數百年其志又不可得見惟邑乘止載其人材題名記一篇豈非有能述之無能繼之遂至筆迹幻爲烟雲而人材亦委諸榛莽耶我姻翁梧岡先生清遠令之後裔也慨然起而續之將郡邑志人物列傳一一輯錄而各系以詩好賢如緇衣說士甘於肉是無論其遠近世人材或歸散佚爲一切著述家所莫及而即此景慕前徽樂道人善已足爲後生小子之所當則效矣今而後以翁爲獻可也

姑丈封華川先生墓誌銘

丙子解元覃武保心海

封丈諱培英字蘊靈別字華川王父石齋公以恩貢官武宣縣教諭父玉亭公以拔貢官北流教諭妣李孺人繼母伍孺人昆子十八丈生而謹穆性孝友嘗以不獲事母爲終天恨每屆母忌辰恒素服飲泣五齡入小學授以孝經無遺忘與諸弟同家塾長枕大被相愛無間有姜氏風玉亭公家法森嚴一動履必以禮丈偕諸弟問寢視膳無倦容其事繼母伍孺人如所生母伍孺人愛之亦如所生兒也自入大學治經術習制藝日有進益童試每列前矛竟以應世卒於梧城舟次丈賦質靜淡無世俗好文藝而外惟嗜吟咏自著有華川小草予詩社友望仙明經丈從兄也嘗稱其詩有可觀使天假之年所就未可量奈何

奪其年之速耶嗟乎丈生平內行溫醇深明大義善則歸親過則歸己極人世趨避徼幸之端禍福利害之說舉不足以動其心而搖其守蓋晚近而存太古之風年少而具老成之概者也卽令登上第博榮名亦豈有加於性分哉孰輕孰重必有能辨之者丈原配爲予從姑初聞丈凶問時絕而復蘇有相從九原之志爲奉翁姑命撫育孤兒以續宗祏乃不敢輕生於以見丈之篤於伉儷而予從姑之節義亦有過人者矣丈歿時得年三十二扶櫬回附葬李孺人墓前之崖珠岡俾依母氏於泉壤成丈志也子一鸞詔鳳詔

銘曰山峻而靜水曲而幽永宅爾宅孰短孰修靡依匪母咫尺松楸晨昏侍杖魂兮來遊

梧郡詩鈔序

舉人余繼翔雲表

自來勝流巾舄登眺所至每足爲山川生色故雖一邱一壑偶經題品其名遂與嵩華同高後之人考古流連亦恨不獲曳履其間飄颻作伊洛間想蓋地以人傳固非徒侈觀聽之娛樂已也吾梧郡僻處嶺表距京師且近萬里爲古來名賢遊屐所罕到然雖蕞爾一郡當國初時鬱林五屬全歸統馭嘗試披圖覽勝於水有灕江牂牁之渟匯於山有勾漏都嶠之雄峻袁子才詩所謂奇峰不入中原界走到窮邊纔逞怪是也於容莞有玉環之遺墟於白州有綠珠之故井鄭滌若詩所謂雲里玉環妃子井綠蘿金谷懊儂邨是也山水方滋音徽未沫第終以寂處遐陬名蹟弗大顯於世若置諸鄠杜之間則王孫貴遊登覽日不暇給矣封千葦洲心竊恉焉因網羅自漢唐以來逮我聖淸凡輶軒所臨蒞遷謫所經行以及羽流星

士所登陟其生平題詠但有詞涉是邦者悉予甄錄殆無慮數十家並詳攷諸人出處梗概用小書摘敘如左俾閱者讀其詩可想見其爲人亦可謂用力勤而取材富矣葦洲一生嗜奇好古博極羣書自言其編輯閱六寒暑乃集此十卷之詩務使境內之勝蹟佳吟罔有遺佚是編一出吾見橋雖僻郡其山水之寥落弗彰者且將與名都巖壑並耀簡編余髦矣愧無濟勝具再窮郡中諸輿境一一與古人相印證惟以葦洲此編當臥游之圖可也

姊丈封清泉先生墓誌銘

進士黃鵬奮

清泉姊丈既葬之七年厥弟培淑走伻屬誌於余余與清泉楊白也生平德望知之綦詳當清泉調攝時在余家之南華軒者閱數月清風雅操霞舉日升濡染者多矣余安敢辭亦安忍辭哉姊丈姓封氏諱培源字德淵清泉其號也厥考玉亭公由選拔銓北流教諭延楊公清德守杜氏實田子十人姊丈行六繼配伍太孺人出也羈丱封胡醍醐酪乳一堂彥秀首重慈明生數歲卽聰慧見異証瑯琊之刈麥辨薾初之改元殆任延張湛之流歟平居恂恂然弱不勝冠服洎臨池染翰電掣雷轟筆不及凍又何壯也髫年以古學受知學使祝公慶蕃補弟子員越歲試一等當食餼以玉亭公捐館摩掌手澤幾廢蓼莪服闋後學使關公作楫後拔置一等補廩膳生歲大比以疾作未及赴試二年而姊丈賫志以歿矣嗟乎姊丈以季常白眉之良負張鷟青錢之望靄若春雲之麗空皎若秋月之揚采使得志於時當卓然有所建白若區區以家雞野鶩鬪競聲諒非其志也姊丈之品誼如此學術如此蘭生幽谷不爲王者之香徒令珠以

光穿桂因香蠹惜哉同憶南華軒促膝敲詩撫琴把酒丰神煥采猶宛然心目間也姊丈歿時得年二十九塟本里沙棠山之陽妻黄氏余胞伯原任陽朔司訓諱圖公次女有子一純詔幼卒今以胞姪祥詔子蔭薵承其後

銘曰芰沙棠植芳蓀扃汝穸奠汝魂琅瑱仙鶴去綠嶺奇姿逸韻空心存鳳雛耀彩朝陽麗梧桐蓁蓁榮石村

封少霞父臺馴鵲賦

舉人朱鼎元燮臣

少霞夫子蒞新有鵲棲止官閣鳴德也六月鼎元偕猶子師程由省垣東下躋堂稱賀見斯鵲左右旋繞翩翩與人相親狎慨然想見古之賢宰所傳澤洽翔泳者信非虛語惟時師程齒尚稺謹獻七律一章嗣是都人士暨鄰屬相傳聞者形諸謳吟多所進獻因命季弟敵元擬馴鵲頌四章鼎元復殫思揄揚撰為斯賦其詞曰

麟岡之側鳳麓之旁有靈鵲焉集使君堂匪碧晴兮鴝鵒匪翠鸞兮鴛鴦匪黃鶴兮翀霄漢匪白露兮飛河梁獱獱翩翩翀翀猄猄其聲如為其哢如簧左盼彳亍右覷踉蹡崇楹廣榭飲啄徜徉朝聯翩而振翮夕斂翼而引吭羌一枝之可借分鶴俸之餘糧條依依以遶月顯庥應於新陽識者曰維鵲之馴知其所止使君下車乃能有此應候而來政平訟理可以兆鶯遷喻鵬徙變鴞音徵燕喜宜乎績邁同官聲蜚閭里採風登報最之書觀政入循良之紀有若廣昌烏有若中牟雉又若神雀獻瑞潁川又若爽鳩呈祥白

水緊古之良有司賢刺史卵翼衆生不是過矣而使君不以爲德也於是勤庶政劭農功敷鶴露揚仁風輕車載鶴隨車舞鴻滿縣花陰虛堂鏡空除梟吏之舞文平雀角於至公奸惡懲而鶴逐官廨啟而鳩工憫嬰孫之離伏建廣廈以栟幪拔士品兮羽儀操玉尺乎宗工名譽遹駿洪恩麗洪鸞棲小試雞割大同故雖肝呈飛族化洽羽蟲不矜靈異不詡感通聆鵲聲之唶唶彌慎始而圖終時則官僚託咏參佐騁詞吏氏遠播郝邑傳奇口咳唾而吐鳳腸鼓吹於聽鸝固以雞林價重鸞掖名馳又或故人千里瓊玖相貽擊雁足兮郵寄揮雞距兮淋漓裁雲作骨削玉爲肌陳孔璋之揚厲炫彩鮑參軍之翩翩多姿疊烏絲而摛艷掞鴻藻之陸離鸚鵡上謝莊之賦鷓鴣呈鄭谷之詩紛赤文兮綠字撚騷之吟髭縹囊駢集緗帙鮮披導揚美盛遐邇不遺皆以信景鑠慕仁慈賡咸若獻媚茲鼎也漢渚歸來帆依水郭躋琴堂登書閣有幸三年獲睹斯鵲拂之不懼迎之不懾戲若鷗鳧摯殊鵰鶚視其氣清以和聆其音安以樂乃知惟我使君物欣有托使君停驂鵲旋入幕翩何姍姍來如有約甃乎軒乎翠爲雀躍敢伸刻鵠之忱用效塗鴉之作爰爲之歌曰江上龍舟鬧端午使君幡蓋臨洲浦靈禽獨得氣之先遥傍階前飛且舞又從而歌曰召伯棠陰郇黍雨中有祥禽刷毛羽萬家歡樂入歌謠願爲使君添治譜客有聽者倚歌而和之和曰聖主得賢臣休嘉感鵲馴願將馴鵲瑞遍語牧民人

封母何太孺人八十開一壽序

詞林梁佩蘭葯亭

百粵稱郡地廣而靈其繡江萬松惟客稱勝客之城西南去四十里里曰四端四端者仁義禮智之所從

出也其上則先太翁秋浦公卜居焉太翁初以文學著博通淹貫籍諸生者聲尤工詩賦興趣所到眺都嶠臨容川層崖曲淵怪石奇巒晨曙晚雲悉得收拾翠微供其鋒嘗其內君何氏孺人性警敏慈順溫恭識詩書曉覽大義有淑德不敢以富貴驕人不敢以紛華自尚相先太翁數十餘年如賓相敬靚服荊釵故喜自勞佐讀書燈影出光杼軋咿唔聲相响答至其孝而能敬慈而且和惠而能施恭而有禮又出於其尊嚴會談何公蕃前朝辛酉鄉舉授廣東惠州府教授歷遷顯官詩書訓行禮義蒸陶自少而已然也以是先太翁雖數奇見困壯志未酬而太孺人力督諸令公什襲遺經從容勸勉才成藻麗聿有盛名迄今二令公甲子賢書三令公黌宮廪餼長孫伴水辟光繼志承先彬彬聯起用道推本思齊孰非太孺人德彌訓茂體承體心以能使先太翁青緗世授手澤重光家學淵源父書煥彩先君之恩殊堪自快者也今歲辛未太孺人春秋八十開一以初夏四月設帨之辰是日也槐學卓午萱帶榮香芝砌氤氳煙凝紫氣和風淡蕩松鶴柳鶯暖日芳菲荊花寶樹時而冠裳帶博捧爵而前太君之克家令嗣由爲孝廉博士時而如林玉立聯觴而進太君之孫枝閒士也爲文學秀良星光五聚朱履三千西望瑤池蓬萊宴集蟠開桃碧冉冉孺人兩點梅黃依依王母四端山翠十里花香青鳥相傳千秋盛事况諸令公郎日出而應仕將見勛勤至治黼黻太平郊晴士樂物遂時華孺人以優游恬養之躬佩綸恩寵賜之誥八千紀樹年則大年日月常華旦而復旦簾閒晝永博享鴻禧苓液松脂婆娑盛世吾固知太孺人善而彌昌也壽而彌臧也諸親知思製錦予之舍表遊於容常過其處與其令公交遊最稱善予近因奉命給假歸舍表因屬余言爲孺人壽予不敏敢以此爲侑觴亦曰聊以寄登堂之拜云爾

封母何太孺人九十開一壽序

著梧舉人蘇一綸

甲子秋余與封子振子同舉於鄉振子年甫及壯才名烜赫邁軼等倫及接其言論風旨又藹藹乎易直和平也殆所謂有德君子者歟余蓋心儀振子久矣幸列同譜得悉振子家世源流代有令德非獨外庭義方之訓抑亦內閫思齊之教也今首夏二十五日爲太夫人年伯母設帨佳辰太夫人春秋九十開一矣德教流傳無遠弗屆凡黨閭姻族暨鄰邑戚友莫不歡欣趨走稱觴拜祝爲太夫人壽余年家子也欲一言以揚扢其間雖不敏亦何敢辭第言之不文無以行遠亦惟述太夫人幼而女孝長而婦順者而母儀以爲世則而已矣太夫人出自盧江世爲容州鉅族計其始誕卽令先君會淡公獨薦之年令先君有言曰是女增壯吾門異日當享福壽志喜也亦豫兆也稍長隨先公教授澄海依依膝下在諸女中孝謹惟最嗣而先公榮擢京職因隨母歸里而適於封其相夫子亦勤克儉門庭雍穆余年伯秋浦公爲時名儒聲施庠序太夫人與有助焉其三子仲則余同年振子季則癸酉副車振姓也振子昆弟既以文章經術濟美後先而又孝謹以承母訓今日者二子斑斕光大箕裘之業諸孫森立秀茁芹藻之英而太夫人享遐齡膺綿祚以嬉笑於堂上豈偶然哉亦曰德以致福而已蓋太夫人之德非一世之德則太夫人之福亦非一世之福也令先君發兆於前秋浦公中偕於中而又得振子昆弟聯芳於後是太夫人之德卽先公之德而令先公之福不爲太夫人之福乎況令先公之後裔其繩武者有人乎太夫人之德卽秋浦公之德而秋浦公之福不又爲太夫人之福乎況秋浦公之大志其繼述者未可量乎太夫人之德卽振

子昆弟之德而振子昆弟之福不爲太夫人之福乎況振子昆弟之燕翼其似續者更未有艾乎是眞足爲太夫人壽也聞之封氏系出河南自始祖爲容州別駕遂家焉厥後數傳而登進士官州牧者有奕人材與政崇祀鄉賢者有奕官少尹司鐸者歷歷可數也其間鍾郝母儀歷世嗣徽而後乃今至於太夫人以有斯令子是中州清淑之氣發祥甚遠而令德之後積厚流光將於振子昆弟乎大啟之則太夫人之內敎直與外延並垂永久也請以是效萬年之祝云爾

封母李太恭人八旬開一壽序

桂林進士黃裳吉

余癸丑獲第春闈觀政未暇歸里四月間適吾粵明經諸君以廷試遊都中過訪余敘里戚誼甚歡往來不輟後將辭歸郡關子化澤言於余曰以德事親固吾人之職分登堂拜母亦有道所當然吾友封子台伯尊慈李太恭人溫恭純懿柔順慈和誕育望族作婦名門其事舅姑則孝名夙著處戚屬則懿行聿昭道以相夫義以教子仁以撫諸臧獲雖古之閨闈流芳者莫能過所以太翁封老先生內治得人故能勵精淬志日新厥德癸酉鄉薦高擢文名徧諸海內咸擬視草鑾坡惟救世心殷急思欲立皆立乃俯就江右宜黃令雖時數多艱而經營措置利害罔不興革杜父召母向斧嘖嘖藏頌弗諼者亦太恭人內助之力有以致之也後以四方告急先生知事不可爲遂賦靖節松菊猶存之句解組歸里與二三知己日吟咏於清風明月之下非知幾如神者能爾乎迨皇清定鼎粵地尙阻一時蜂屯烏合之衆各踞一方日事刼掠先生猶能以義結人心誠聯衆志一以禦已成之寇一以消未變之民於是懷德畏威翻然向化迄

今家室盈而婦子寧人第知先生之大有造於容而豈知太恭人之厚有惠於人哉吾謂太恭人之坤道承天出可襄經世之才猷白首齊眉退可裨林泉之碩隱方今若嗣若增明經文學班班猶子諸孫蘭茁桂芳蔚蔚而且曾元萃美紹德星之聚一堂天人並懋徵壽域之開萬禩以視夫得此遺彼者奚啻天淵哉甲寅之端月九日乃太恭人七十有一佳辰吾郡各邑紳衿戚友或服先生之德教或食先生之惠澤皆欲登堂視嘏子其預為之文以為盛德之勸余閱關之述之詳如此安敢以不敏謝乃拜手颺言曰猗歟休哉太恭人之德之壽其得於天之獨優者余皆有以知之矣余嘗歷徐淮返漢沔矣見黃河奔流浩浩漫漫合沮漳滙淮泗終古不息未嘗不知其發也有源其歸也無極然其自星宿經沙漠踰龍門積石雖不可得而見固當信之以耳入滄海歸東溟極歸於墟尾閭雖不可得而窺亦當斷之以理太恭人之處已待物隨在咸宜殆與班母器識不相上下余惟厚德為凝庥之具則日升月恒天荒地老可為太恭人卜之余與賢嗣為文章交益知太恭人之厚德如黃河之自星宿經沙漠其發之有源又知太恭人與先生之萬壽無疆如黃河之入滄海歸東溟極於歸墟尾閭而不知其紀極者余固可信之以耳而斷之以理矣余安足以重太恭人哉太恭人桂子蘭孫班班玉筍指日直步雲衢而揚親顯祖太史舉如椽之筆載在國史使天下閨閣之流仰德而興聞風而感固將躋一世於仁壽余又安足以重太恭人哉余與令嗣君善固宜登堂共祝但候擢詞林有懷莫展敬望風遙祝關子論交有年遂隊進觴為余載拜

封母楊太孺人八旬開一壽序

進士謝　恩

嘗讀詩至閟宮之八章迺知國家受祉之徵其積累於先世者固深而取資內治者善亦非小補也周自姜嫄以後宮壼徽音傳矣殆魯僖昌熾頌燕喜者必曰令妻壽母豈無謂哉夫爲人婦而有令聞之可風爲人母而有典型之足式此坤之六三所以美含章於代終而晉之六二所以頌介福於王母也吾上下古今自有國以遠有家求婦道於母儀交善者史策所書代不數見乃今於封母楊太孺人得之封州炎帝亦姜嫄裔也籍著大梁自舜敷公以鄉貢監學西容州樂其風土因家於容再傳爲道坦公登進士刺邕州與子閩沙縣薄正甫清遠令盛甫皆有懿行至今俎豆宮牆正甫數傳至中憲大宗公崇正癸酉名魁歷開陽觀察碩德宏猷斑斑膾炙爲家嗣擇偶聞名宿楊君令譽有淑女遂委禽焉是爲孺人孺人之初歸於封也中憲公方宦遊門庭顯奕侍從甚盛孺人荆布泊如親事操作奉祖姑陳太恭人姑李恭人先意承志莫不得其歡心故台伯君譽望日進中外籍藉稱封大夫佳兒佳婦矣甲申鼎革烽火播遷孺人從夫奉舅姑於流離顛沛之中左右奉養甘任勞瘁未嘗一日懈也台伯君由是無內顧憂得以力學旋以明經薦舉對策大廷維時艱未靖李恭人已即世遂絕意仕進日與孺人侍中憲公膝下康熙己未大中丞仰台伯君才名欲辟爲從事題授縣尹聘至再三固辭弗就至今以廉孝稱孺人內助之力也無何台伯君復捐館舍孺人以荼蓼之餘上奉髦翁下課二子仔肩盡瘁無纖悉之憾而後即安故中憲公生有餘養歿有餘榮而令子澤周兄弟遂相繼舉明經登國學孝友一庭士林雅重余承天子命州牧於茲邑飫嘉言懿行莫不延訪矜式見席珍自好之士不覺其屣之倒而足之前顧善澤爾二難而二難亦不我遐棄數常過從也每言於予曰澤周承先人遺緒得藉以不墜者微家慈之力不及此余益知封母

之賢而深嘉二子之善事其親也一日其外孫國學劉子樹槐進請言仲冬十有三日爲封母設帨芳辰諸戚里分宜登堂拜母咸欲舉觴稱祝敢邀先生一言爲盛德之勸良以余莅容四年心悉澤園往事者有素余又曷敢以不文辭耶且闡揚潛德表里宅樹風聲有司之事也孺人爲婦而子職之克承爲母而師資之是寄是可以風矣又況濟困扶傾惠溥州里閒其生平大節尤有足述者哉孺人春秋七十有一矣從此享遐齡膺綸綍吾知其福澤之未有艾也因樂爲之序附邑乘之後藉以昭示將來之爲人婦爲人母者於風教豈無少補云

封母劉太孺人八袠開一壽序

詞林何　嚋敘軒

昔吳澄爲仁壽堂說以壽介楊杜翁曰仁者壽天地生物之心曰仁惟天地之壽最久聖人之仁如天地亦惟聖人之壽最久夫人之全德固未易全然禮儀三百威儀三千無一而非仁者得其一亦可謂仁亦可謂得壽矣嘗執此以觀天下之人凡氣之溫和者壽質之慈良者壽量之寬宏者壽貌之長厚者壽言之肫懇者壽蓋溫和也慈良也寬宏也長厚也肫懇也皆仁之一端也五者有其一已宜壽況能備其全者乎吳澄之言如此余竊謂閨閣之壽亦然封母劉太君系出名閥幼習姆訓幽閒淑靜之德所性而然其氣之溫和質之慈良可知矣至若字孤幼以恩御臧獲以惠非所謂寬宏者歟式禮莫愆儀非似而亦無儀內言克謹不茹也而亦不吐非所謂長厚而肫懇者歟而太君兼此五者故壽也矧其副伍太孺人之徽音而佐我太先生小心翼翼戒旦雞鳴問視雙勤繼前劉孺人之德克敦子婦之道至其蘋蘩擘畫

壼政咸宜特緒餘者耳太先生高尚其志風節懔然每於花塢風清松窗月白時或石牀高臥作羲皇上人或觴咏招邀如香山耆舊而以太君佐之一絲一粟一縞一紵不以煩先生故能暇豫從容成雅人深致繄伯鸞之案挽鮑宣之車荊釵辮衣晏如也先生雖有義方積習名教諸嗣君如蔡明兄弟韓家昆季太君以慈訓成之其功居多夫以太君既得仁者壽之理又能相夫子啟後人宜其衍慶無窮長享眉壽也歲丁丑七月二十九日爲太君設帨之辰迄今己卯春戚友製錦徵予言以爲壽予聞之詩曰魯侯燕喜令妻壽母不過宮庭聚順衍稱祝之文無與外人事也然實得著於閨闈懿徽彰於鄉鄰固有不能已於頌揚者余曷敢以不敏辭若夫諸君子以刻羽之詞賡月恆之句借雲璈逸響洋溢一堂爲太君晉一觥焉則尤幸矣是爲序

桂翁封老師臺五十晉一壽序

詞林陳　仁壽山

自古德基以昌其後而壽其身者大都由不失所受於天有以致之而非得諸冥冥不可知之數也傳曰人之於天也以道受命三才萬物之理全而賦之乃貿然不知其所以生而自消於物者天下皆是也夫道之在人固未易全然子臣弟友動作禮義威儀無一而非道予嘗執此以觀天下之人凡氣之溫和者壽質之慈良者壽量之寬洪者壽貌之長厚者壽言之肫懇者壽五者皆仁之一端也仁即道也雖然風之積也不厚則其負大翼也無力水之積也不厚則其負大舟也無力今封氏自有宋以來由河南祥符縣鄉貢任容州別駕遂家焉傳十餘世皆黽勉於仁道或父子同祀鄉賢或後先著有宦績稽之舊志班

班可考也先生眞克繩祖武哉賑窮恤貧澤其家以被其一鄉猶曰好行其德也若夫敬其所尊而加隆焉愛其所親而彌篤焉則過人遠矣所謂孝弟也者其爲人之本歟乾隆四十一年冬司鐸吾邑首以正士風爲己任又深慕乎古人之學與德故一言一動必於禮乎謹謹非忠孝不談惟正直是與雖名位未大顯然纘承清白家風正而不譎和而不流能使人人有士君子之行非篤於道者能如是乎夫所貴士君子者出則能濟世安民爲朝廷宣教養之澤處則爲政於一家孝友睦婣任卹致鄉鄰風俗之美二者雖大小不同其有功於世則一也在先生自視闕將歉然於道而未能一焉卒之推恩錫類榮及雙親身其康强子孫其逢吉易曰積善之家必有餘慶豈不信哉學者考其得壽之本末而因以究夫天人之際可以競勸於人道矣歲戊戌孟秋之月爲先生覽揆之辰邑之門下士與秀民欣然乞言於余以侑一觴且以爲闔郡百紳咸心折先生之爲人故有是舉而先生亦欲得老者一言揭余惠之曰唯往年余與其同邑叙軒何先生俱官侍從爲道義交歲時聚談必齒及焉且先生之從兄熙翁亦以西選拔會親晤索書贈之以聯故余於先生雖夙未謀面而生平見道分明得諸耳聞者獨悉茲幸雨化仙城而又適逢先生初度稱觴之日其何敢以久經擱筆辭爰伸紙直書不自知其工與否則即以是爲斷金如蘭之始交焉可也

封母伍太恭人七旬開一壽序

詞林　池生春　籥庭

余膺簡命視學粵西下車伊始首以表揚風俗爲務及覽通志所載見鄉賢名宦選舉諸科惟於容邑封

氏代有著名而閨閣名媛登節孝者亦復不少乙未夏按臨梧郡容諸生以廣文封玉亭先生繼配伍恭人節孝請述俞使曾少坡獎以貞萱藨竹之額余爲書淸閨淑德以揚之及試容得封生培儉培緒培芳培淑等旣而培芳衞友領其曹詢之皆恭人出也昆季俊秀競爽一門余心識之比秋衞友頭副於鄉來謁言諸生戚黨欲爲恭人壽匄余一言以侑康爵余維內則一篇言婦教者綦詳得其遺意可以風示里閈恭人之姑欒太君暮年目疾艱於行恭人侍之得其歡心蓋所謂出入或先或後而敬扶持之者也紉箴請補燂潘請醴夫復何言由是推其孝敬之心以訓子則嚴以成慈推其孝敬之心以接人則和以示惠至麻枲絲繭織紝組紃學女事先於父家然矣恭人幼時爲其父增生奇昌公寵愛教以經史能通大義故歸相先生翕然稱鴻案焉方之王夫人林下風顧家婦閨中秀韓丸歐荻謝絮左芬殆庶幾乎恭人舉子八遊庠食餼已過半女二並適名族前李恭人舉子二恭人撫如己出蓋恭人天性慈愛克繼李恭人孝順之志余因是益嘉之並詢先生行誼得知屢世淸德行方學博教讀鄉中多至成立輯家譜小學諸書鈔撮性理宗傳李曉園太史表其墓實先得我心再書儒者風軌應之當蓋當先生選拔北上治裝日恭人以勤儉佐其行恭人與先生固相得而益彰也使天假先生以年得展所學則恭人壽母之歌竊祉正未有艾胡先生選陵城司訓竟不及爲至令恭人五夜青燈紗幮黃卷惟課子若孫毋墜先志亦良苦矣故余欲壽恭人而若有感先生因慨然於先生之行而不禁心折恭人之德也攷容邑民性肫厚士風樸茂余巡視鬱林舟過其地挹都嶠之勝睇繡水之波佳氣葱蒨咄咄逼人而如此都非鼎士敦行爭美於春筍玉林必有女執紅比妍於蕙心蘭質者夫學西僻壤壼德多湮故於余節孝所得尤亟心賞之

如恭人者誠不可少云衛友出爲伯父後卽其事所生而知其爲人封牛勗之哉夫人子之事親道無窮盡此日庭幃閒家人熙熙兄及弟奉觴勸餐情同烏鳥無俟曲奏雲璈珍羞麟脯而恭人色喜可知矣然綵服青絲金花羅紙人子之榮其親正自有進余職在採風既贈以額更樂掇片言以爲祝恭人者告

封母伍太恭人八旬開一壽序

進士　劉汝新　錦川

容州都嶠八峯實號洞天靈異鍾焉神仙宅焉乃神明之奧區也夫乾坤之義坤爲地爲母其順則承天地也其厚則載物也其含章可貞則无成而代終坤之義大矣哉吾家與容近耳都嶠之名而未能目也靈者扶輿磅礴之氣山川清淑之奇必有俊偉之士崛起於其間又必有名媛女宗德福兼備式里閭而昭彤管者斯足以增都邑之光而壯名山之色乎容孝廉李春舫先生端謹也曩館敝邑嘗屢道封家人物之盛及余庚子成進士官關中時封少琴先生亦以進士官甘涼相晤省垣聆其言論丰采知其經濟文章卓越等倫封家人物之盛已見一斑矣歲乙巳余里居授徒有黎旦子初來告曰明經蓉洲封先生余子姪數年受業師也來春三月爲太師母伍太恭人八旬開一壽辰某等感佩師訓景仰母德敬乞一言以侑慶爵余已稔聞李君之言甚悉封爲容望族亦葉清華恭人秀毓名門爲北流龎教諭拔貢生玉亭老先生繼配習禮明詩端莊和順蓋天性焉誕八子並樹織藝林延譽遐邇芝蘭玉樹一堂濟美駿也龍也猗歟盛矣當玉亭公之賫志以歿也其四子已成名而恭人或丸能畫荻折蔓斷機軋軋然績紡聲琅琅然讀書聲恭人實以母兼父師焉卒使諸子俱次第立名庚子孝廉香洲先生亦蓉洲之昆季也先

成而代而代紓其在斯歟且也一颺一朏長二子爲元配李恭人出懷才未遇遽赴玉樓使天假之年恭人當必有以栽成者夫有賢母然後有賢子古來陶母湛氏歐陽母鄭氏莫不卓識寇一時懿德傳後世孰謂芝草無根醴泉無源哉若恭人者其亦鄒嶠之菁華者乎不然何俊厨顧及瑰瑋並驅與八峯聳壑昂霄蔚爲國瑞耶余不敏不能不備揚德然恭人義方教子克享令名而知其敬以事上和以宜家慈以畜下必里黨所欣羨而矜式者也一一令嗣輩居官行政卽取之母訓而有餘矣承天載物德合无疆非恭人孰能當此而無忝乎詩云令妻壽母既多受祉敬爲恭人頌之

少雲封老父臺榮壽並頌德政序

詞林田樹楨

封少雲明府以辛丑進士宦雍州歷署華亭正甯等縣政教宜民都人士咸請祝嘏公不允乙巳夏題補伏羌未下車皆知有賢宰來蓋以公著有循聲者久矣任篆之餘士民擬請祝嘏者屢屢亦不允今歲秋因吾年伯雲巖太翁以公官勅贈文林郎伏羌縣知縣年伯母植孺人勅贈孺人其兄松溪年大兄並受貤封咸爲之歡欣舞蹈如其身受於是製錦恭祝竟爲公所不能辭時樹楨主講朱山迺屬爲文曰子太史也其善頌善禱者乎余曰否否吾與公誼屬同年不欲諛亦不爲畧也惟銘其實以進封氏故中州望族宋末以官家粤西容州自始祖舜敷公至雲巖太翁凡十六世屢代簪纓家傳治譜其學術政績如進士道坦公與子清遠令昌翁公並祀名宦鄉賢孝廉飛謂公之手著理學宗傳文集詩集此皆光昭誌載膾炙人口至今照人耳目茲不贅當公之來甘也上游重其品同官服其識士欽其學問民樂其慈祥傳

之省會播諸郡邑者有素然耳聞未目覩也固不以是壽公也及公之宰敝邑也重學校以振士風勸農
桑以裕民業刑賞明而訟獄衰息出納和而商賈樂利接人則庭有懸魚愛物則郊多馴雉其政教類若
此者士庶皆身受之亦皆能言之猶未足爲公異惟公語余曰吾自幼學時先君督甚嚴時已辨志立品
爲諄諄家雖貧而課訓不輟無何未弱冠先慈見背先君又棄養際此艱遇幾不聊生幸賴家長兄力持
家務俾余讀書僥倖成立迄於今長兄亦家君老矣每值懸弧之辰不禁心切隱痛又何製錦之欲爲耶
顧吾謂士大夫之謂孝非朝夕侍養之所能畢也經曰夫孝始於事親中於立身終於事君以公捷南宮
膺簡命今得仰邀封典顯親揚名是能慰父兄之心而善繼其志其孝友爲何如者然此絕無與於士庶
而士庶軒鼚鼓舞躋堂稱觥者何以不約而同耶吾於此知公之不受祝於昔而受祝於今者非第爲一
身一家幸蓋深幸此邦之士有所觀感興起且使民知有父民知有兄所以化民而成俗者意深遠也我
皇上孝治天下命官分職皆求得忠孝之臣釀太和而躋仁壽如公者可不謂孝友克施有政者歟或謂
公年甫强仕奚以壽抑知壽之言酬酬其所行也以公之德行有實政茲固壽以德非壽以年也況公撫
茲下邑小試宏謨異日晉秩崇階宣猷劇境膺恩綸之疊沛荷心簡之優加更將有介遐齡頌偉績光史
册而耀竹帛者則余今日之蕪詞不亦與有榮施也哉茲値菊月吉日士庶風從雲集競獻瓜栗余得隨
父老後洗觶颺言冀公爲之欣然樂醉一觴云爾

元卿封夫子七旬雙壽序　　舉人李英春舫

蓋聞秦樓引鳳人跨史玉之簫吳廡棲鸞世仰孟梁之案忘大撓之甲子難老齊慶贍壽曜於丙丁遐齡永享憶昔禮修北面桃李植自公門及今頌進南山椿萱蔭分吾黨杖刻鳩而並執帨設弧懸觥酌兕以聯歡極輝婺煥恭維夫子容州望族渤海名家雲鳥紀官歷宋元明而秩崇前代雀纜啟瑞統高曾祖而鐸秉熙朝夫子則碧峰太翁之哲嗣繡江髦士之宗工學與質優文偕行著陳情令伯曾致孝於重慈射策蘭成早蜚聲於弱歲讀書兼讀律爭無畏乎鼠牙淑世先淑身思上酬夫燕翼其事太夫子也歡承菽永雞豚綿幸逮存其待諸昆季也誼篤荆花鴻雁未嘗失序過德星之里譽滐驥子龍文登仁壽之堂人盡龐眉鶴髮我夫子隱致一門集慶太夫子久傳五葉呈祥矣雖然家之修合爲廷之獻雌之伏何如雄之飛假尺寸之柄可期豈鍾鼎之勳不至爾乃棘闈屢戰姮娥猶吝一枝遂令桂籍頻遺劉蕡每羞多士顧夫子惟安於義命即暮年亦勵其藏修寅窗雅喜校讐趙逸老還不倦午夜時聞諷誦楚邱壯尚堪誇蓋搏漢之鵬翼雖竟戢而伏櫪之驥志不甘灰卿大夫共修折節之交士君子咸切執鞭之慕金針暗度樗櫟悉賴裁成木鐸高懸俊髦胥歸陶鑄阮何分乎南北競坐春鳳風門嘗立乎游楊共陪冬雪緬多才於東魯父作子述莫非洙泗之傳萃羣彥於西河前喁後于總屬尼山之澤且也痌瘝在抱繫念而民物關懷功過自編作事而鬼神可質時而釋冤於獄疑案潛消時而拯厄於塗旅人頓返時而解囊濟困范堯夫之豪舉猶存時而抗論息爭魯仲連之高風宛在推之鷹鸇必逐禁暴即以安良降而魚鳥莫戕愛人更能育物他如繩床經卷參禪或學王維藥圃杏林救世嘗如董奉要皆厚培夫心地抑亦能廣其福田此殆得於問字之餘而可述於介眉之會者也德配羅老孺人系出豫章祥鍾繡閣本陵城之名媛相夫

子於英年謝雲蔡琴幼傳聰慧桓車蘇錦長播徽音采蘋藻於澗旁念深厥祖奉盤匜於堂上孝事阿翁處妯娌則不諂不驕議酒食則惟和惟謹重以德能逮下樛木興歌從知賢可宜家夭桃預咏斷孟機以訓子五張業已名成喜側室之生兒一夔還同已出宜夫子向無內顧之憂孺人長享齊眉之樂西池天姥光連北斗之躔南嶽夫人瑞接東來之氣謝安階下蘭玉紛披雀部門中星文叢聚箕裘上承先德詩書下啟來茲一堂宏門四世之基父子孫曾濟美六士先見五枝之秀廩貢增附齊名況乎祖授硯而親承長孫久慶采藻父有書而爭讀佇看季子擷鑣盈庭皆錦繡之才繞膝盡璠璵之器在夫子部曹銓選定占莒稽分香而孺人福祉同膺均已桑榆適願矣茲當嵩嶽誕降之辰恰值彌勒篤生之月處處龍華作會慶溢桃筵年年麟脯盈樽歡騰蓮界古稀並度人欽松柏姿高春酒齊傾座喜萇莩客滿英等幸竊經笥更接紗幬或分屬再來或情同私淑微言遞承一貫瓣香自祝千秋聽絳闕之彈撤爲念木公金母觀緇帷之舞綵願隨桂子蘭孫三樂堂開椎魯雖愧英才之選九如頌作揄揚原非阿好之私敬撰蕪詞藉爲侑爵用申葵悃共禱添壽是爲序

封門潘氏女弟六旬榮壽序

潘方潮

歲戊申吾妹得壽六十妹子次甥振英適步黌宮孫蔚祁同充選拔一年之間嘉祥洊至禔福駢臻其榮慶當何如者是春也余歸自灌陽蔚祁持其鄉人謀壽吾妹序文就政於予予欣然喜退而思爲吾妹壽竊以姪壽叔弟壽兄理有之以兄壽妹事屬創見然因情以酌理未爲不可是何也人生惟有德者昌詩

曰令妻壽毋惟令故壽也吾妹丈盧齋孝廉篤於伉儷嫿嫿有冀缺風吾妹事之誠不愧雞鳴賢婦是吾妹宜壽以補盧齋之不壽吾甥掄英以國子生晉秩聖府典籍素有偉略平日稟承父教課弟若子先後成名尤能以善式化鄉人吾妹誠有子也是宜壽且鄉人稱之族人德之臚吾妹懿上陳文憲榮邀綽楔是吾妹尤宜壽夫人難得者子孫易議者鄉人今而子肖孫賢鄉人悅慕則吾妹之克享高年宜也且吾妹每歸予家與猶子輩論說競競然以門高族盛爲戒葆中爲予告予曰此卽唐刺史柳家法也柳氏自公綽以來世以孝弟禮法爲士大夫宗玭爲御史戒子弟曰凡門地高可畏不可恃門高驕心易生族盛則爲人所嫉小有疵纇衆皆指之故膏粱子弟學宜加勤行宜加勵僅得比他人耳今吾妹之言適有合於此此吾妹之所以愈宜壽也使其鄉人問於予曰吾將獻蟠桃截麟脯以壽孺人宜乎予曰宜吾又將奏琴瑟擊鐘磬以壽孺人宜乎予曰宜吾更將稱兕觥歌燕喜慕轎而鞠黎收而拜宜乎予曰宜夫予既以鄉人之壽爲宜則鄉人自必宜吾之壽鄉人既已宜吾之壽則吾自可以壽其壽也今朝把盞登堂語吾妹曰女毋以癯然弱體爲憂今子若孫稱其家兒必有以延齡錫算尙其滿飲此巵俾白髮兒年年至歲慶設帨爲吾知吾妹當必輾然笑矣吾甥亦必輾然笑矣卽其鄉人亦相與藹然見齒矣是爲序

詞林湖北藩司孫衣言　琴西

春洲先生七旬晉一榮壽序

封子少霞余弟蕖田典試嶺西所得士也余通籍之年嘗同試於禮部越三載同官京師歲在丙子余開藩楚北少霞謁余於行省則由内翰出牧蘄春有年矣當是時天子屢下推恩之詔封子一門渥承綸綍

其從叔祖春洲翁亦以學博由加秩贈其二代階四品崇階蓄儒官寵遇之隆前代所未有也明年夏余移藩江南時翁年七十有一門下士及其戚里執訊來楚謀所以壽翁者少霞乃恭齎幣乞余言以爲之序曰士君子承歷世詩書之澤將欲踵前徽貽來許則必有深潛自得之學堅忍自守之行檢身世所遭逢而天所以相之者必俾之享大年歷亨途而昭豫順其獲是者豈倖而致哉先是翁之從叔少雲刺史與余弟同年成進士重以通家之誼因獲悉其家世封氏爲粵客士族肇自宋季代有聞人康熙朝鉅鹿令君益用儒術以垂教利澤在鄉封氏之族滋大翁之考玉亭贈公登拔萃科晚選陵城司鐸嘗纂訂族譜所以表章先澤者詳矣翁昆弟十人同母者八咸馳聲黌序有貢太學膺鄉舉者翁少而力學克自樹立與昆弟各以所得友教四方多所成就而誨其羣從子姪今相繼獲雋者不絕如縷翁之孫現爾蕃才亦妙齡穎脫矣箕裘接武世德重光其諸前後盛美者歟且夫疾風標勁草之奇蒙難叶安貞之吉苟非其人無以立也翁平居靜默粥粥若無能泊事會所遭未嘗以憂疑自沮咸豐初年萑符不靖少霞之尊人通奉君率里鄰爲守禦計翁左右其間殫竭心力乃至涉歷艱危有智巧之士所必不蹈者翁曰吾思於人有濟耳遑恤其他既獲安處絃誦之聲不輟見先哲嘉言懿行及鄉人述作有裨問學者輒手錄之嘗隨其兄芑洲翁討論理學宗傳重訂族譜其嗜學之志老而彌篤所謂深潛而堅忍者豈不信然乎且望著鄉邦爲當事所器重屢舉爲團總里內雀角之爭每藉其一言以解邑中有大役若繕城垣修衙署新廟學及試院賓興祠宇諸善舉翁皆躬任其事而倡建本支宗祠尤力爲其難又偕通奉君創爲銅鹿令君家廟大書彝訓以昭示後人蓋其本原孝友見於事爲者大率類是今者里閈清宴身世寬閒童

稚怡顏後有曾孫之慶芑洲翁以八十老兄扶杖言歡季弟鶴洲翁年逾週甲率子姪奉觴於後一堂和樂悅豫且廢荷恩寵之優加備人倫之盛事由今返昔譬若吉金在冶鎔陶淬而燦然有光天所以相乃身而昌厥後者於焉攸屬余不敏竊取詩人之意爲歌蓼蕭之章曰其德不爽壽考不忘頌君子之寵光也又曰宜兄宜弟令德壽豈更推言君子之燕喜也少霞其致余言以爲翁壽異日由耄而耋由耋而期頤仍誦是詩以爲翁壽並以是爲翁之昆弟壽吾知鄂萼樓前祝騎背以維祺誌雁行之競爽必將相視而笑欣然引滿也夫是爲序

壽山封翁七旬晉一雙壽序

盧翊臣

懿夫元黃既判乾坤之對待斯形健順相承覆載之尊卑以定一畫奇因二畫偶說本庖羲靜分陰而動分陽圖隳太極所以鳳凰六琯鏗鏘鳴叶律之音龍雀雙環宛轉示同心之結木公著矣非金母倘患暌孤河鼓燦然惟天孫與之輝映而況尊前日永作陸地之神仙林下風高本左家之嬌女章部統七十年占氣朔靈椿以八千歲爲春秋祝副麥邱福陳箕範如我封翁壽山先生暨德配洪太孺人者世安得而數見之焉封翁爲庠生龍山公嗣孫茂才紫溪公冢子也幼而豁達異常兒長益溫文羣譽衆目三年猝掌視日影以屏營五夜殫精隨月光而升屋兄弟四人封翁分居其長上承燕寢下篤鴒原華黍補亡夕膳與晨羞並潔儐邊式衍季江偕仲海俱來柔色以溫因心則友盡室有太和之氣闔門無訢評之聲而乃家不中貲過漏坎坷紛紛金布過眼多空蹙蹙岐途子身安往達人道變識者觀時於是生棄毛錐別

籌擘畫購輞川之墅買陽羨之田橘種千頭牛資五具蓄無幾時早已涓滴歸滄溟作汪洋巨浸矣且夫通變者數也幹濟者才也造命者天而立命者人也封翁當邸園素履之時正海水羣飛之日或泰覆於異地是兒猶弁畋誓衆於孤城風塵未辨鮮不謂長鞭莫及一木難支而卒之收在桑榆甘回諫果井闌言返綽楔藴新七閩無驚室廬如故質之古人所謂盧鑑之神因磨愈微明夷之卦以困而亨者非耶淑配洪太孺人秉几無慾施鞶表度善容爲范御弗事夫鉛華德象名篇教早嫻於師氏故能相封翁織同功之蘭開並蒂之蓮綵舞階前三珠擢秀飴含堂上四葉重光繼長增高保世滋大奉爲矜式惟德耀稱賢沛厥恩膏而采清轉富此當古稀初度壽域宏開芝誥班班遜紫泥而煥色花冠岌岌耀黃髮以疑庥樂譜金絲爲奏霓裳一曲珍羅玉饌同稱灑鴻雙卮固知萬祿歌詩件奐之年華正永尙冀岡陵作頌升恒之日月長輝

惠泉封翁六旬晉一壽序

戶部侍郎張蔭桓樵野

今上御極之九年歲次庚午海內肅清直省皆得舉行鄉試中興之象蔚爲人文其在詩曰王壽考遐不作人豈其時賢才衆多詩人親見其盛特以壽考頌之歟抑上下泰交太和翔洽斯世胥臻仁壽之域歟我朝譽髦宏開作人之盛遠邁成周每屆科期特命儒臣來典試事其勤校官亦極一時之選蓋爲賢事君若是其慎也八月十三日爲惠泉封翁六旬晉一壽辰其長君少霞刺史充同考官弗克屆期稱祝將入闈封翁諭以敬慎從公如佃分校尤當拔取眞才以爲世用無忝厥職勝綵衣上壽多矣呼擳闈刺

史將補柷楨等鄉人知翁最悉不可無一言以侑康爵援唐宅大歷中楊於陵自東都歸其子嗣復適知貢舉舉學生徒迎之讌新昌里第張樂賦詩一時稱盛事焉刺史所司雖與嗣復有間而遵翁訓所得皆知名士其薦賢以事君則一也刺史將引而進之共獻一觴乎或曰壽考作人歸美於上官矣而南山有臺之詩以德音頌眉壽何也誠以德者壽之本壽者德之徵封氏爲粵西望族其先世自宋季著籍仕宦科名代有繼者翁之尊人慮齋贈公登嘉慶癸酉賢書事親以孝聞翁少穎悟童試輒冠其曹弱冠奉贈公諱兩弟方在襁褓母太夫人多病翁日侍湯藥必躬必親未嘗頃刻離膝下數十年如一日蓋依戀庭帷惟以奉母教弟爲事遂無意於進取矣其天性篤摯有如此者父子鄉賢容邑首推封氏然坊久圮翁合宗人重新之又創補祠修塋墓以時祭祀族人婚嫁諸事力或不給翁亟助之子弟之向學者尤加意培植多所成就焉其敬宗睦族有如此者翁性方嚴而平易近人里有爭論一言立解自總辦團練後時以友助勉其鄉人數十年無赴公堂對簿者己酉歲飢各路遏糴翁謀諸父老平價以糴不足復勸諸鄰境計丁口以濟之一鄉藉是無飢民初賊氛之未熾也築堡爲堅壁清野計又督子弟出境剿賊十易寒暑戰守閭僻鄉人十萬衆倚若長城當事上其功屢荷褒賞翁未始言勞也其恤鄰捍患又有如此者先賢之論仁曰親親而仁民仁民而愛物綜翁生平處雙手措拄之勢值家道隆替之交當寇盜瀰陵日事攻擊之際而好德性成所存皆仁者之心所行皆仁者之事夫子曰仁者壽其信然歟刺史以名進士官薇郎授州牧今科所薦士悉皆國器足以仰副聖天子壽考作人之意雖由兩典試主之而刺史勤校之功實翁先可以勗之其德不可及即其壽不可量耄耋期頤可爲操券刺史即日爲國宣勞推翁好德之

心廣翁仁民之學造福生民而登之仁壽詩曰樂只君子邦家之基豈徒詠鯉庭桃李之篇為門下稱慶哉翁之仲嗣幼即向學孫年十三去冬補博士弟子員益見兩鄉賢之流澤孔長封氏之興正未有艾他日者鳳毛濟美科第聯翩更當觴江水以為醴俎鄂山以為殽壽而為翁壽也翁其欣然許我乎是為序

惠泉封太翁七秩壽序

進士四川臬司　黃雲鵠　翔雲

邑侯封君少霞與雲鵠同以咸豐癸丑歲通籍於今二十有三年矣雲鵠浮沈刑曹三年兵曹十三年出守雅州一年量移成都一年兩巡建南先後五年而侯適由中翰來牧吾蘄蘄古稱俗茂民龐予去鄉日久聞經學亂後風氣稍稍變自侯來日勤民事民忘所苦且雅意文學俾如未經亂以前士各知自愛又聞侯事親極孝吾年丈惠泉先生端愨士也家法素嚴今就養來蘄嚴如故或有怒色侯輒識夏楚跽階下請罪久之年丈叱令起乃出視事如故民以此益敬愛之予聞而嘆曰是真民父母可謂以身教矣語云事親孝故忠可移於君居家理故治可移於官又云能為人子然後能為人父川大府嘗詢予政要何道使民畏且懷予笑曰治術多端其要亦安可預執惟反覆民之父母一語而父父母母治譜畢具矣父尊母親父嚴母慈夫人知之然各不相兼且不宜兼兼之者惟民牧非我生我育而儼然父我母我吾盡吾之責而民服吾教吾事父母之道而民化矣故曰為治不在多言今觀我侯而斯言益信且觀侯之理吾邑益可想見吾年丈之為人蓋年丈家世科第以孝友篤行捍災禦患為里黨所宗洎來蘄日訓少霞以為民父母之道不以既貴而改其嚴吾少霞率之而吾蘄被其福柳公綽申公著家範不是過矣語

云桃李不言下自成蹊言誠無不孚也吾知蘄人士興孝興弟比戶可封於侯親見之矣吾從弟燮玉守戎東歸屬爲年丈壽言且追侯愛吾文甚謂可肩隨古人且不惟愛吾文而已予時還舊部撫舊史民日碌碌無暇顧念侯孝思不可及又與侯同譜爲其部民義均不可却濟行時適坐堂皇走筆書此不足言文然侯固識者吾年丈有追者知不惟其文惟其意益勵吾侯以父母吾蘄之道俾蘄人士興孝興弟比戶可封吾年丈之壽將有與鳳岡麟阜俱永者是爲序

少霞封夫子六秩壽序

蘄州訓導陳宣愷棻坪

光緒十有五年歲午前二十日爲我少霞夫子六十覽揆之辰州屬紳民咸躋公堂頌祝同僚畢至執爵囑宣愷一言紀其事自維冷署羈栖見聞譾陋蛩鳴蜩嚖何足以上贊萊庭諸君子謂宣愷乃夫子門下士且同舟共濟昕夕追隨香火因緣誠非淺尠用敢越俎代諸君子敬陳之我夫子嶺西容縣人也簪纓奕葉代不曠僚世德家聲流傳尚替歲己酉夫子由拔萃科領鄉薦癸丑成進士入直中書省協辦侍讀嗣以今爵帥湘鄉曾公之薦留官楚北庚午分校秋闈宣愷出夫子門執贄續堂謁我壽泉太夫子焉仰見道貌巍然目光瑩瑩如炬如電塵談竟日無倦容望而知爲福壽相因知夫子膺寶藍聲有自來矣夫子上膺簡命司牧蘄春奉檄承歡迎養官廨太夫子觀風入境聆厥政聲野老田夫口碑載道太夫子顧而色喜謂我夫子曰今而後勉自爲之吾將歸治門閭用待爾曹後效也厥後屢箴貽書猶諄諄以圖終如始相勖夫子恪遵庭訓力報主知政簡刑清不勞而理小民感其德大府偁其能前後調攝崇陽鍾祥

纂務蘄士庶攀轅周迫借寇未由所至卓著循聲群歌來暮大府旋以蘄民待治仍令還蘄竹馬爭迎歡騰童稚夫子再去蘄而蘄民擾三至蘄而蘄民安去如百穀仰膏雨至則一路頌禱是其孚衆也寬厥下也嚴課士也公接同寅也以禮黎元戴之如慈父士類奉之若明師鼓舞和氣垂二十年如一日善政善教州人士悉數難終而夫子初欿然不自以爲能也且夫父母斯民君子之德仁恩及物家室觀型我師母張夫人派出名門其先大人父榮祿公宰黃陂多德政邑父老猶能道之迄今躋顯宦掇巍科者不一其人夫人式昭母儀足資内治夫子遇大讞鞫惟以尚德緩刑爲宗法得情勿喜囹圄空虛夫人實有贊助焉治屬蛟水沖刷民田蕪穢不治輸將靡出夫子爲民賠累歲不惜三四百緡夫人體此德意惠養其民恤孤賑饑解衣推食凡全活窮黎之處知無不爲以故宦橐蕭然居官二十年不減濡素但益民甘自約也是所以積功德遺子孫者不深且遠與豈沾沾擁厚祿享巨資爲一身一家計者我太夫子高大門閭之訓諒非虛語也夫子哲嗣凡五女公子一長嗣壽君乃前師母王夫人所出年十二補弟子員十九登賢書選捷南宮仍入直中書省今亦改官秦州政聲卓著次竹君年未及冠已聲噪文場諸公子皆芝蘭競秀生滿庭階宜愷薄宦來蘄郎聞花落訟庭有馴鵲來軒之異薦紳先生作爲詩歌以頌華之記所謂黃衣童子者非與伯起之庭必有繼迹而興者我太夫子可操券而待樂期頤也我夫子亦將酒晉延齡履富貴而臻壽考也是爲序

望仙公後生緣詞稿跋

王繼新 邑舉人

蕭然斗室花雨滿天手執是編而色然曰望仙學道人也胡取是名耶是又欲造因矣如來教諸健兒愼勿造因以一切有爲皆從因生因不可造乃冀後生耶望仙曰佛則弗人仙猶是人人倫有五天合者二緣合者三得如皐陶之拜手賡歌一願也得如司馬相如之彈琴宴笑亦一願也得如高適聲之寶璧歟呼亦一願也故今生已獲吾於後生期之今生未獲吾尤於後生期之予曰望仙癡矣過去未來猶現在也有不膺期無不可期亦不必期蕭夜郎謫起於調羹香甕恨生於密誓垂老病於知己所貴爲仙者蟬脫垢穢癡想已非所望況所想者未離塵劫乎望仙曰子不見夫歲星乎神交遺化黃帝時倚幽明而代理唐堯時與巢許爲同流春秋時玩夷光於湖上出世入世曾無損其爲仙予不能答乃厥其語於後

望仙公翠園山房詩集序

王維新　邑舉人

懿夫天開東壁紀纓震耀其載元載黃者我誠不知爲何物也玉虛得之香濆灃澤馬卿得之氣扶大人太白得之天仙放誕堯章得之野雲孤飛而曾不出於湘浦猗猗之芳蘭上林嚶嚶之鳴鳥征人依依之楊柳靜女夭夭之桃花顧蠛虱小臣非不擘鸞箋掣丹管吮芳墨磨紫霞而碧落不記其名玉露不蘇其渴豈仙之無分歟抑致之無方也蓋質非文而何奚文非質而奚存鶩集翰林莽將軍而不可爲也雉竄文囿混美人而不可學也標乎精采之先凜於性情之內出乎神思之表寓於氣格之中昔之所貴今於是乎存望仙道昭夢眷西堂思窮北硯其始也選色必求其艷割錦必求其鮮請尤恥其雷同思必致其沈著其繼也緬西川之芳徽效東坡之健步維羽人學仙之義作蠹蟲嚓口之謀其終也得別裁於正體

扛健筆於八行譽毀不存於中述造因時而樂友人王維新聞其三折肱焉入翠園山房讀之既罷昂首
頓足若不爲快良久言曰旗亭畫壁往日之風流可同歌喉按拍往日之居業不異而蓄河遠上之意曉
風殘月之句今惟望仙擅長他日彎筆彤廷望仙必將受宮中才子之呼即不幸身披伶服望仙亦將受
公主文詞之賞而余且樵夫牧豎莫得知聞既生瑜復生亮曷若江東無我乎而望仙方且瞿瞿然曰若
不勝其詞意若有餘於意也奇情於道繇棲意於高眞燒月下之沈檀友花間之麋鹿長嘯往來於方外
豔歌特作仙郎松陰滿庭翩然過我西日將下顧顯自如因手執檀板爲步虛之詞以歌曰彤雲深兮瓊
戶開旌冉冉兮東君乍回檢赤文兮綠字命花枝兮傳杯斝撤響兮雙成欲舞顏色晏好兮性情愛才雲
爲車兮風爲馬子間暇兮須來歌罷望仙抗袖曰樂乎樂乎狂生姓氏恥在人間矣於是將小字署簡端
倩紫雲以封付白鶴而去於乎若彼所得者吾安能見之哉

外舅封金門先生七十初度壽序

庠貢何炳德黃輔世代撰

國家郅治允洽人物踵懿重光繼昭壽宇大啟龍集戊戌之歲律中無射之節嶺梅孕秀籬菊燦金筆端
吐吉祥之花壽衛號長生之草蓋是月念八日實爲先生懸弧良辰朋酒酌匏簪屨集戶彈毫染墨頌詞
珠零炳德不才忝士胥之目襯鞴有獻捫腹無文然竊謂幽蘭靜質在谷愈芳貞松雅操經冬而茂先生
以少晌之姿壯莊之節停澆激薄抱淑守眞得壽之徵盡人獲見其操危慮深入艱出險淬厲作礪琢磨
完質以此爲壽醫誰得知爰述生平聊指崖略方夫翁齋抗讀短檠夜寒袪寐鷄聲嘐嘈動耳污書鼠跡

橫縱驚心況抱膝一室幾于冥巢隔窗荒榛時有[山]鼪穴蛩以冷號響欬[寒]蟬以飢嘶風每枯坐三更寂守故紙其難一也飢民揭竿蟻聚爲盜餓豨奔突野鴟遨張寥寥村落蕭蕭疆場伯起弄戟誰曰少文子淵磨盾奮其義旅踔厲荊棘之內冒拒戈矛之鋒驪馳越紀瀕險再四其難二也潢池息兵壘門返轍走鹿傾蔭驚禽毀巢新宮爣攸芋之樂宿鳥有失林之戚怪鴟張目當簷欲窺慕鴉纍喙入室爭啄慄焉慴魄噤不動心其難三也犇喘甫定舊業重理獵隙編以揣摩發委宛以窮究用滋蔑古之懼不爲蠹經之譏覃思廢餐生産莫問僮僕匿笑朋從詒訕其難四也賦託相如而得名書謁休文而始遇葉公之好乃在似龍郢客之迷竟以眞鳳加以器多求備識挾偏偶蓋相獲第策髹沙以天人仲宣投觚賁孔璋以詞賦遂使驥櫪長伏蟻途久紆激昂有志未干霄雲疎越振響徒答簷雨其難五也至若義山無題詩至盈篋安仁有悼賦已成篇纍桐多噢咿之音遺桂動悽惻之念且星辰月夕坐困寒氈椎髻珠炊取齎間守辭芝游戛之贊書待向雄之校辯難則動逾十紙剖析或多至千言凡此數端皆形艱苦歲月易蠹形神半銷雖曰達懷恐亦滅性　先生乃翹盼遐矚超倫絕羣危磴百折益表穹窿之形遠阪九紆遂具袤延之勢火齊之孕以深淵而永含夜光之産以太璞而自固況乎朱鶴振翮僊禰遙傳紫芝擷葩靈根有自椿庭百尺以發蔭鞠泉十里以流潤人多難老酈本壽鄉其得壽者一婁公受唾盛德久稱萬石傾幘神氣自定寬萬斛之納曠虛舟之懷履險若夷樓志有定其得壽者一放高情于陵讋忘機心於抱甕樵落不取行檢方潔草生不剪風韻蕭疎太空無浮雲之翳介石有永年之兆其得壽者一室大於斗牀牽以繩經案禪誦跡絕塵累蕣饔啜飽氣塞宇宙晴月照其襟抱溫風翔於牖庭進退委蛇俯仰可適其得壽者一

楚惠呑蛭疾不爲害眞商贈縉數亦可道隱修有報厚福重疊一珠老燕山之椿百年應高允之享其得壽者又一精金就範于口鑠而不銷寒玉在鑪烈燄熾而不毀不爲燥濕輕重不以窮達累行貞履夕性在約無改鐵石之心至老彌篤其得壽者又一　今者筵開華旦候近小春長命浮獻壽之杯躋堂作稱兕之祝棋彈橘裡笑譚紛如酒進鞠前風雨不阻　先生於時杖履從容盼視矍鑠賦詩醉舞白傳婆娑正詞決疑楚邱始壯龍山秋帽曾落風前鶴林春花頓開霜後庭梓仰其佳蔭砌蘭兆其芳馨有樹皆珠無枝不玉斯又膺天慶之永覘集人瑞於一門者已炳德幼受提携長承訓廸春煦帳外雪深門前既排行於弟子之班復比例於翁兒之列欲述德而未稱詎噤口以無言唯是視聽所該縷敘始末哽噎有靦正天家授杖之年學行所聞洵聖世傳經之老豈曰里彥是爲國琛將見域號侯羅山傳博士銘詩鐫石太守競來馬岌之賢握抜譚天先生別著隱居之號矣是爲序

封楚材公墓表

族姪祝祁

民國三十一年六月余自鄉來桂垣道出鬱林止逆旅宿族弟高倬者族叔楚材公之第三子也方供職鬱林師管區司令部其夕造余泫然言曰吾父之歿七年矣高倬兄弟碌碌猶昔不獲少有所就慰吾父之望於萬一惟吾父平日志行兄所具詳吾族今日能文章者莫兄或先儻哀高倬兄弟之誠悃不忍吾父之泯沒無聞有以詔其後人俾感激奮發以幾於成庶廸前光是則區區之私願也余聞而悲之嗚呼吾族之不振也久矣數十年來世變益紛有志之士知非淪其智識以應當世之需不足以圖強而禦侮

而吾族中產之家日以衰落欲如嚮者之且耕且讀已不可得間有鬻產以求學者或財匱而中輟或卒業而遽亡其學成致用有譽於家邦者不數數覯楚材公當遜清之季獨能不避艱阻以舉生舌耕之所餘俾諸子就學於外諸子又皆能孳孳不懈以懋其業是可尚矣公未歿前數年吾族有續修家譜之議勵吾兄實主其事赫魯弟與壽徵叔祖佐之族之羣彥集於楊梅鉅鹿公祠公從林堅來余亦自南甯志局假歸與公聯榻話卅年前事絮絮不肯休今公與勵吾皆下世而赫魯任職桂邊去鄉遠彌葺圖牒獨壽徵叔祖任之年已耄矣余家居數年新譜之成未嘗不黽勉以赴而吾族散處各鄉不得往復商搉雖補苴罅漏差免散失以云完美實病未能憶楊梅共話時不能不慨然而嘆也公葬已久不勝惓惓之思乃僭爲之辭以表其墓公諱元棟字楚材姓封氏世居容縣一里靈山鄉林堅村爲始祖宋容州通判舜敷公二十世孫清贈奉直大夫碧峯公曾孫歲貢生元卿公之孫恭城縣教諭歲貢生溫其公季子事親孝母病數月恒不去側藥必親嘗飲食必手進母裳衣或汚輒取自濯不以委之僕婢丙申遊泮後教授鄉里二十餘年及其門者多成名以去任團務以鄰里相友助爲主處事必當于義輿論翕然戊戌寇禍萑苻四起捍禦有方鄉人恃以無恐賦性淡泊端居多暇詩酒自娛視富貴蔑如也以民國二十四年十二月十七日卒壽七十有四歲葬某山某原配覃夫人事舅姑暨夫以其道夫命子出外學力贊成先公歿子高傑肄業廣州優級師範兩廣方言學校學成遽卒高倞廣西優級師範選科畢業高倬畢業於廣西陸軍幹部養成所歷充平南民團副司令副縣長營長梧州區民團指揮部暨潯梧師區中校參謀鬱貴師區中校股長高億畢業黃浦軍校歷充保定軍官隊大隊長陸軍第一補充旅第二團團長第五戰

區鄂中遊擊指揮部少將參謀長中國國民黨中央執行委員會西北幹部訓練團軍訓總隊少將總隊長孫六人曾孫二人

封漢南先生墓碑

族子祝祁

公諱蔭沂號漢南通判公二十代孫也吾族舊居開封丁南宋之季爲容州通判遂家於容子孫分處各鄉帶經而鋤無敢墜先人之緒通判公之十三世孫爲鉅鹿令君以楊梅墟地公諸市民號公利墟今鉅鹿公祠堂在焉有子四人皆居石嶺長曰平叔平叔公之元孫爲香洲公諱培芳清舉人實爲公之祖考祖妣盧孺人考克明公諱典詔郡庠生妣梁孺人清舉人賓州學正金綬公之女繼妣蘇孺人公誕於賓州學署幼穎悟爲外祖梁金綬公所愛稍長劬學自奮尤喜爲詩以經古試入邑庠顧性恬淡不樂仕進教授鄉里三十餘年容縣北流兩邑子弟以得游公門爲幸終身無疾言遽色與人語談諧間出其終不離乎道先是吾族多老師宿儒制行施教皆有法度公之伯祖芑洲公吾父所嘗從游者也往年侍吾父蘄春官舍中嘗舉芑洲公兄弟講學緒論以詔祝祁心嚮往之余十餘齡時奉吾父諱還山猶及見直明公其後余屢出游每還必造公廬公喜飲酒每謁公必呼余與飲飲罷輒吟小詩一二章以爲樂時或絜杖邀余摘蔬共酌欣然忘倦日既夕則徐徐歸公闢室三楹署曰得半軒隱寓止足之義祝祁嘗題句云應爲阿咸留半席山中風月好平分蓋生平至樂無逾是時者矣公每戒余勿出語甚切至余不能從其言後北走大漠於冰天雪窖中每憶公言未嘗不拊膺而歎又年數而還則公歿已數載矣嗟乎買山而

隱巢由所譏余無酉疇之耘遂騰北山之檄才力脆薄不足濟時而徒以心爲形役亦獨何哉茲則執筆銘公不禁悄悄以悲者也配陳孺人生子祝嘉先公逝繼配伍孺人生子祝樞孫三人祝嘉之子祖鑾祖裘祝樞之子祖照祖裘力學有職司能敬其事乞余爲銘公以民國十二年卒壽七十七歲葬某某山原

銘曰

緊德之馨匪耀自文億萬斯年視茲銘

蓼林兄長七旬晉一雙壽序

祝唐

古之所謂等算嵩衡比齡旗翼者吾知之矣或託志沖虛或寄情枯寂自許爲無懷之民如莊子所謂汶汶冥冥足以永年者此而曰壽直蟪蛄之春秋耳即不然而餌芝朮餵丹精偏咨服玉之方妄惑布金之說以祈難老而丐長生縱壽矣其如沒世無稱何而以觀我蓼林兄長之得壽則有大相逕庭者兄長蚤篤行謹守人也自幼丱角趨庭雅爲伯父耀魁公所器重稍長勤身劬學嘗思痛自策勵以廸前人光伯父善居積然財雄一鄉未享遐齡遽淪中道兄長哀毀次骨居喪能作孺子啼顧念家政棼如非躬自督責無以克承堂構於是屛棄儒術踵先人遺業而式廓之每語人曰吾豈不欲芥拾青紫哉獨以家中食指繁稍弗斂約後人何以自贍顏子無負郭田恐陋巷簞瓢亦難自樂此讀書治生漢儒所以並重也然兄雖嗇於自奉常厚於待人如里中祠宇橋梁每不惜解囊樂助以時修葺又復創支祠以扇先芬燊家塾以培後進凡所識貧乏者有無共濟方便時行昔李士謙廣行陰德如響耳自鳴兄其近焉矣然此

皆兄處常之行而非濟變之才也猶憶咸豐初紅羊擾熾邑城淪爲盜窟兄長投袂而起與鄉人築堡自衛方且毀家紓難誓禦凶鋒不意外寇内孳梁歸間作卒至堡被破燬瑣尾流離身入虎口蹈白刃而罔顧終能履險如夷逃歸故里此則天之默相善人有非智巧所能爲力者矣及乎玉壘烽消枌榆無恙閭里十餘年觀於羅戴蒙難艱貞重逢天日益以爲善勗諸後昆邑宰聞兄名舉充團長解紛排難有仲連風權鄉内其俗于于其樂徐徐而兄以白髮高年與諸父老婆娑泉石間怡然自得蓋其積德善良同敦古處實有非肆志高尚所能同者假令早慕談元遠希辟穀以一身蜉游塵世中曾何足爲鄉閭增重哉德配梁安人黽勉同心修齡偕老俾兄長無内顧憂得以力行善事劉樊夫婦望之如仙殆可爲兄長頌矣今年十月念八日壽値七旬雙慶之辰驥子龍孫森森玉立拜天家之章服會洛社之耆英唐適於通籍後侍官蘄春未獲隨子姓班捧觴上壽謹綜舉兄生平大略遙寄錦堂以當嘷引他日兄百歲期頤祝唐政成歸里更當探都嶠之丹砂觴繡江之春醴爲兄進九如頌也其亦欣然許我乎

封念貽傳

楊鋐生撰

君姓封氏諱祖謀字念貽號次狂容縣石嶺四端村人鶴君先生長子而壽君先生之嗣子也壽君先生早歲工詩通籍後作宰秦中有循良之譽奉諱家居未有嗣胤將出山君生四歲矣遂以爲子而壽君先生遽卒母林夫人撫以成立君幼穎悟嗜讀書稍長省叔父濯吾先生於桂林欲就枓垣肄業會林夫人臥病屢函促歸君以母老多病不忍負笈遠遊時鶴君先生方仕於楚既不獲遠承過庭之訓山居又乏

師友之助悄然不樂於是取先世藏書閉戶縱覽於史記漢書尤往復不厭慨然欲與古人爲徒視富貴蔑如也尋以母體稍健將從鶴君先生於塞上往來燕薊吳楚之郊屢爲人司簿札不久輒棄去喜爲詩北遊後詩益雄峭嘗以策干父執西林岑公頗稱其能又常與滬漢諸名士相唱和所與遊者皆嗟異之客遊三年以林夫人倚閭望切遂歸里門日督傭保致力耕稼闢地數畦雜植瓜果又買山廣植松杉嘗語人曰吾從此以長爲農夫以奉吾母矣君性坦易遇人無町畦濟人之急唯力是視鄉里紛難得君一言莫不折服任石嶺團務先後六年衆情翕然民國二十八年八月五日以微疾卒配龔孺人前卒有子三長曰中行一八八師五六一團第三營副營長次德銓次德孚出爲弟心佛後女一德薰孫三人之桂之瑞之驥君侍母孝林夫人晚歲病盲君與龔孺人扶持抑搔惟恐不當毋意龔孺人既卒之二年林夫人以老病終君年未五十遽夭天年所謂憂能傷人者非耶君少負奇氣顧弗諧於俗不得以仕宦顯近年從事林麓又不副其所期詩古文犖犖自喜希古而未之逮常引以爲憾其稿亦多散佚惜哉毓生始娶於封爲君從妹以文字相印証有年聞君之喪感好之私不能已於流涕且傷君之不竟其志也爰爲之傳以寫吾悲

封乂吾家傳

藤縣何壽謙

君姓封氏名祖澍號乂吾又號長風容縣一里石嶺人曾祖掄英隱居教子弟義聲被於閭里里社祀之清同光間以子貴封通奉大夫祖蔚礽咸豐癸丑進士內閣協辦侍讀改官蘄州知州蒞任廿年治蘄如

治其家嶄人懷之不忘父祝椿以名諸生負笈日本憤清政窳敗與同志密商救國謀畫甚偉歸國後則殫力桑梓教育以新知瀹導學子以故容縣學風蒸蒸爲吾省之冠顧兀岸自喜不爲揣摩標榜涉足政途常不得行其志初娶同邑黃氏生君及君妹阿七繼娶南海黃氏復生子女各數人君與阿七事父及繼母皆孝以稱後母亦愛如己出君少穎悟讀書目數行下遇會心處輒手抄成帙間附詳隲動中肯綮尤愛離騷寢饋勿去初畢業廣西省立第二中學就蒼梧法院書記官長遂喜治法家言嗣肄業北京朝陽大學法科卒業歸省桂林法校聘充教授不赴旋任武漢政治分會財政委員會總務股股員鬱鬱不自得不數月辭職歸檄充桂林法院推事會疾作不果往病肺歲餘而卒年三十二遺一女名德能方君之在朝陽也阿七及後母所生弟祖澤先後以瘵卒君思及弟妹輒縱飲攄痛飲已復閉戶大哭性孤峭不屑隨俗俯仰意有所菀結輒於小說發之或摭拾舊聞或隱諷時事雖文筆刻露其要歸於忠厚反復詠歎悱惻動人論者謂爲楚騷之遺云

何壽謙曰君世父祝唐祝淸祝祁皆工詩祝唐號眉君以進士直中祕改縣尹先君昔官京師與相唱酬祝祁余同年生也余與君父過從尤密以是稔知君賢通奉德孚其鄉余信餘慶之未艾矣乃焚蘭剪膏命齊顏子則又何也蠶者疾物之汶汶不欲和光同塵遂去而不顧耶天生雋才不遂其成而夭閼之或亦有數存焉皭然不滓與造物游壽夭亦曷足道哉

送別封振子先生

江蘇　仇光鰲　滄柱

文字三生結夙因忘形快叙帝城闉傾將肝胆酬知己愁對鶯花送故人金石論交期可久襟懷如水淡彌眞劇憐此後相思苦薊北嶠南兩地春

頌涵翁封老父臺德政　浙江海甯舉人陳武嬰

鹽官百里接洪津凫舄遥臨化更神父老有緣長引領野田無處不生春潮聲直共循聲噪竇績欣逢政績新閭閻風清晴日麗永依棠樹頌虞郇

祝封蕉林先生壽　江南進士容縣知縣徐　發　袞侯

獻一亭前送夕曛三鱣堂上氣氤氳相逢何物堪爲壽只有南山五色雲

送封蕉林先生二首　容縣知縣兩淮鹽道蘇霖泓　雲南人

四載知交祇在公心如皎月氣如虹而今報政朝天去廊廟山林志亦同粵水燕山路轉歧河橋萬里足相思蒼蒼樹色依依柳馬上猶吟白也詩

春日感懷蕉林封夫子　助教陳憲祖　恭城人

渺渺蒼梧雲樹思此生慚愧負殷期濟宵有夢依程席永晝無言隔馬帷一卷消磨憐我癖寸心顚倒畏

人知關情最是窻前草無復當年化雨滋

奉寄封蕉林夫子　　恭城舉人 蕭方升

記別江之濟烟迷江上城雯深雙淚灑官冷一帆輕懔懔當前教依依此後情口碑今未滅猶有道旁聲

輓封庸熙卒於桂林　　舉人 蘇五常 安泉

妙藥何能起九原空教矩矱失清門孀江夜月聯樽俎桂水秋風冷夢魂戚里有情同寄慨文章無用獨含冤忽聞旅櫬旋歸日翹首臨流拭淚痕

季春晦夜哭封庸熙　　歲貢 鄧肇昌 松山

關龍庵下哭歸舟痛爾修文赴玉樓止有聲名推北海恨無化澤沛南州杖藜猶憶花溪過跨鶴空懷綠嶺遊此夜子規啼斷血招魂聲急可回頭

封孝子行　　吳川翰林 陳蘭彬 荔秋

大孝由來可格天孝心果篤天無權容州封家有孝子名曰梁治人爭傳生來至性本天授雙親逮養情殷拳家貧子職久弗懈晨夕竭力耕田一朝母死失所恃血淚化作三春鵑劬勞未報恩罔極還棺依戀如生前康熙甲午歲二月祝融烈烈飛青烟始由前村及鄰舍火勢已逼窮廬邊此時孝子偶出作倉卒

一督心如煎棄鋤頓足望烽哭大呼奔救忙遶旋直排毒燄抱親柩誓與老母歸重泉哭聲如共炬聲怒旁觀束手徒矜憐至誠克動天帝鑒嘉其孝行卓且堅特咨巽二急迴馭返風滅火須臾焉母柩獲全子心慰由來致此非徒然回望四鄰盡灰燼惟餘孝子家數椽我聞西漢有蔡順母櫬在室鄰火延仰天號泣得天佑火勢遽滅胥保全又有何琦亦滅火名標史册相後先乃知孝子心昕夕惟母懸當其冒火奮身入邊顧令譽垂簡篇至今嘖嘖播衆口奇事競溯康熙年聖朝以孝治天下輶軒搜採登經筵特加旌表勵頹俗春秋秩祀光豆籩容州封家有孝子直與嶠山萬載無崩騫

寄封熙和同年　　舉人陸孔貞龍豎

秋雨瀟瀟憂綠蕁不堪餬口困風塵詩書味淡偏成癖膠漆情疏却爲貧遺悶杯從閒裏把爭研花向日中新幽懷別後知無限遙指雲山悵望頻

長醉歌酬封玉亭先生惠酒　　舉人王維新竹一

中散不偶酒世好如好琴要知醉翁之意本不在酒亦若淵明之趣非關音擘箬蕉葉自可醉汲引澗水皆能斟玉亭長者舊琴客放下黴軫來山林自身欲與靖節友不許我學六一吟金樽移贈好從事要使濡首眠孤岑我思杜老感雲樹論文借此開胸襟自顧青萍黯無色何用美酒相追尋長醉歌歌不禁聊以奉答雅意於高深

輓玉亭封先生　副貢潘方潮 妙山

平生梅竹有深緣風滿庭除月滿筵著述昭垂千載後文章論定十年前一腔熱血翻成水九轉還丹竟作仙此去蓬瀛眞不遠好將絕調訪成連

輓玉亭封先生　副貢李果球

香花墩下訪名賢想像高風淚泫然無復靈光留□殿可憐文曲墜重泉瓣香空有生徒祝衣鉢惟餘子弟傳我欲執經誰質問半山梅竹賸寒烟

輓封玉亭先生二首　王維新

筆跡書三篋風流琴一張青年壓豪俊白日奉圭璋濟濟郎君隊森森弟子行決然分手去錢氏嘆莊荒

梅竹新名館烟霞舊有亭家傳惟令德世業在遺經丞自懷秋實人誰覓典型向垂青睞切莫縱子山銘

祝封門伍太君壽　臨桂進士 容縣教諭 李光瀛 竹溪

上巳良辰集衆賓稱觴齊祝太夫人南陔喜見芝蘭秀北闕頻頒寵命新壽屆八旬緣善慶嗜全五福自天申孫曾繞膝堪娛老萱草堂前百歲春

祝封母伍太君壽　恩貢王　宸望卿

憶我髫齡時隨父居嶠山壻天日月長神仙常往還始識玉亭翁古道不可攀君父與握手醉指烟雨鬟偶說內助賢太翁開笑顏今閱廿餘載心懷梅竹間三月天氣新春暉光滿寰太君壽而臧貌婉志且嫺多福多男子綵舞何斕斑芹葩幷桂蕊疊映相回環螽斯歌振繩鳳誥看寵頒我亦有老母劬勞無日閒反哺吁未能捧檄緣更慳作詩頌太君寸草心相關

自梧郡回別望仙兄弟於舟中　解元覃武保心海

茫然如夢覺握手寂無辭家室初親際知交漸遠時未能償夙恨依舊結相思回首長江水滔滔是後期

題明經封望仙詩集二首　湖南拔貢周鋕勳翠公

宋艷班香異樣春温柔吐屬信詩人定知慧業三生種要向情天證此身李杜韓蘇曠世才値將金翅劈蓬萊香奩亦是詩家格曾學冬郎艷玉臺

輓封肅齋世兄　舉人梁金綬子佩

彼蒼從古忌才華那料氷霜分外加痛父昔難回好夢遺孤今更泛靈槎月寒影淡中庭樹風急聲淒曠野鴉愴我哭師重哭友何堪兩度對梅花

祝封芭洲表兄壽　　王宸

吾容老學究遺亂多凋零間或有著述散佚歸空冥斯道在文獻誰與留典型惟君老益壯兄弟無白丁常述往祖訓巾箱藏一經談道驚四筵能使鹿豕聽殷勤勉後進問字車盈庭前者後之師漫浮蘊遜青成已復成物優養舒性靈好學老彌篤兩手披不停祝君壽而臧鶴算臻百齡濟濟門下士長仰南極星

贈明經封敬亭先生　　容縣知縣費湘驥怡邨

三年泣繡水朵風習淸醇慶雲起封中靄靄多吉人別調忽引去夢想增勞薪梧江秋色明憐聚昔前因多君囊中術惠我指下春一家儼眷屬相見情最親人生萍泛水彈指分越秦今夕復何夕翹瞻月滿輪

輓封香洲表兄　　王宸

驚聞木壞仰天呼吾黨文章道自孤手訂六經餘篋笥身遊萬里遍江湖風雲滯足剛回首筆墨勞心早白鬚嘆息藹如仁者度不教長致後生模

題贈封香洲先生雅照　　臨桂舉人容縣訓導廖鴻舉健軒

君本名宦後遺澤爲孔長君居都嶠南樸茂如山光惟山毓靈秀歷代承天章惟君舊閥閱累葉縣書香

君手不釋卷老去尙弗忘毋乃老益壯樂此何徜徉恂恂儒雅度允爲後昆望其貌清而癯其神閒且强其素質不華其遇平而康{飯}生叨譜誼容止諳其詳隆之眞長者千載堪頡頏披圖掇此詞滿座淸芬揚

晚封春洲表兄　　王　宸

昔同遭患難性命日憂危虎口幸逃脫鳳毛生羽儀自貞松栢操羣仰雪霜姿華萼樓猶在空懷杖履隨

封惠泉親家五十壽筵　　王　宸

君與我同紀屈指五十年今君足稱壽桑梓來歡然我不善頌禱心跡爲君宣維君當少時勃發心花研小試拔前矛姓字人爭傳才高遇逼屈教子心彌堅子貴寵及我與君恂有緣德教化鄉邦不減彥方賢所以羣盜起州里遭顚連君家城南隅竭力爲周旋救荒兼禦侮延命盈數千孜孜自修德夙夜常殷拳歎息遘變亂滔滔殊可憐狂瀾不易挽憂憤心欲煎豪傑識時務守經還達權低徊顧大局劻擵施兼全豈如齷齪兒沾沾爭目前心正壽益永種福灑心田人生宇宙間歲月頻推遷安能挽流光同作不老仙且命酌大斗醉歌九如篇往者五十載問心無過愆來者五十載歲歲開華筵

封少霞刺史治蘄有馴鵠之瑞蘄人於其移宰崇陽歌詠其事以翼還治之速也和者盈帙予亦題贈二章以紀之

湖北進士
前任巡撫　張凱嵩　{月卿}

鵲不爭巢化獨神堂開廣廈坐生春氣先感召能爭物性忒聰明解近人入室幸多如意事失林疑有未歸民慈祥別具痌瘝抱撫字如斯頌至仁

史書異政古來多蝗不爲災虎渡河似此皇皇求治去其如戀戀衆情何纔憐飛鳥衣人意又聽栽花滿縣歌桑女日稀茶客盛使君到處惠風和

馴鵲篇贈封少霞刺史　翰林編修給事中 洪良品 佑臣 湖北

鵲兮何來來庭前羽毛襹褷紅采鮮赤觜綠距晴碧圓仰漱俯啄兩足拳頭尾翹聳腹毳全鼓翼跳踉飛翩翩登堂花落人吏閑使君白皙高兩顴飛來依人人自憐使君曰嘻汝胡然汝羽汝族人無干胡不遠翥高枝巔鵲以臆對舞且歡唶唶嘖嘖音紛喧曰惟禽鳥得氣先政成人和和感天天假吾鳴使君賢座中有客通鳥言譯語格傑陳當筵再拜獻此馴鵲篇

宿驛路堡臨別贈堡長雲林封君　容縣知縣 謝芝蘭 春園 信宜

擾攘干戈已數年逃亡徧地劇堪憐絃歌愧我難敷化桑梓多君幸保全四面垣墉眞屹若萬家雞犬亦安然贈言臨別無多語戮力同心守禦堅

癸酉送封壽君同學回桂林鄉試　湖北副貢 洪大生 春池

萬里圖南志不違悠然吾道已南歸丁年早擢儒林秀酉榜應增祠德輝帳下執經情欵欵江干賦別思依依我今折取蘄陽柳一贈行裝一染衣

題封幹臣兄間散集　蘇業巍 芸石

邊韶腹笥本便便友教鄉邦幾歷年話雨有時頻剪燭吟風何處不題箋酷耽詩味眞成癖遠紹書香更象賢收拾桑榆間散外一編留與後人傳

和封壽君丁酉春暮留別詩　黃玉年 石孫

千林噪曉鵲聲乾爲報東山起謝安經世奇才同輩少清時良牧得人難一囊書劍豪懷在萬里雲霄逸氣干時事方艱仗籌畫還君顧盼據征鞍

里近鳴珂許卜居同心臭味本蘭如羨公早達家傳笏愧我長貧谷守愚潘岳感懷悲白髮鄒生獻賦惜長裾何堪回首離江上履舃相隨總角初

入洛詩章手自刪鳳池染翰湧波瀾魯恭治行能馴雉太白書篇好嚇蠻棧道風淸行部樂河陽花滿訟庭閒新詩美政知多少占盡風流庚子山

榆塞關河麗句研壯懷應許勒燕然何期淚隕王陽馭贏得香溫子敬氈霽月光涵虛鑑澈宗風提唱靡音捐龍門峻極難爲繼陋我空分苜蓿田

史筆紛披著述多森森列宿竟胸羅岩昌那許稱名誤繡水難沿舊說訛一得貢愚資採擇三年共硯感

蹉跎緒餘未竟飄然去問字從誰載酒過

迨迨鳳闕五雲邊攬轡登朝志浩然詩酒尙餘名士習疎狂肯乞長官憐歸期預訂巴山雨別恨遙馳渭北天幾度望塵甎不及廿年淹滯祠生鞭

後跋

歲在乙未祝唐服闋上將北會邑屬有修志之舉謬推唐爲編纂因得徧覽舊志見各傳表中吾宗累葉淸芬蟬冕相襲名德幾爲合縣冠懔然思先澤之長而懼後人之弗克敬承也堂叔父暢林乘閒向唐言曰子旣撰輯邑乘而吾家譜牒久尙闕如竊恐祖德遠將數典多忘族情渙則途人等誚馴至一本之親有覿面不誰何者過此弗修繼將誰待曷以信今而傳後乎唐韙之而艱於費叔父慨然以籌款自任爰約合族而謀之衆皆鼓舞樂就乃令子姓中素封者輸泉布爲之倡并按各家歲出之正供現存之丁籍權其多寡以爲差事旣不勞而費乃大集議成遂於夏季經始公舉瑞符叔祖錫之伯琨圃叔及族兄益三同事蒐輯而叔祖熙臣亦時相討論於是發凡起例沿流溯源一準先儒之法而變通之綱舉目張燦然大備越丙申冬事觀厥成將見列祖雖遠而近若同堂族屬雖渙而萃如一室覽斯譜者果能本祖宗之心爲心毋虐毋戕相友相助雝雝肅肅勉爲完人所以振宗風而光邑乘者其在斯乎其在斯乎是舉也同事採輯者爲族尊運隆星堂策臣族兄子明藎臣及族姪藉懿文子馨少石等其勞均不可沒而始

絡集厥成者暢林叔父也例得備書光緒丙申年十月既望舜敷公廿一世孫祝唐謹跋

後跋

吾宗譜牒自清康熙辛丑　育民公始創爲之中間經　若攻公　玉亭公　纘齋公先後續修三次至光緒丙申　壽君兄又約合族踵而修之始燦然大備而各房族亦始得家藏一編誼貫情聯益相親而相勉惟迄今又三十八年矣其間生息敎養旣庶蕃衍並廣紓翹則繼　壽君兄而重修之誠爲當務之急爰於民國壬申春集議於　鉅鹿公祠大體粗定是年秋當　始祖通判公祠祭期重行集議一致贊同事乃大定公推　鶴君弟與高萬爲總纂　壽徵叔祖與赫魯弟崧生姪孫爲分纂而各房族尊族賢則分任調査採輯之職經費仍照前例按各家現存之丁籍歲出之糧賦分別而捐輸之體例依據舊譜畧有增損舊譜五世一圖今則擴爲九世舊譜附載圖牒今則悉歸正譜以泯歧視之見而大敦族之規是役也經始於壬申年夏癸酉年因事停辦甲戌春續辦至秋而譜稿始完成論編纂則　壽徵叔祖與赫魯弟之勞爲多論潤色校讎則　鶴君與崧生姪孫之功爲大而始終董其事者則　遜唐叔父　嶽超叔父與頌春弟電生姪也所願嗣是以往悉本尊祖敬宗之心各盡互助生存之道復體前人之志以爲志繼起增修緜緜延延相承勿替如長江之水流而不息是則高萬屬望之意其亦族人屬望後人意乎

中華民國二十三年舜敷公廿一世孫高萬謹跋

容縣惟一商店承印

圖書在版編目（CIP）數據

海上絲綢之路文獻集成．民間譜牒編．第十二輯 / 林楓主編．-- 福州：福建人民出版社，2024.7.
ISBN 978-7-211-09482-0

Ⅰ. K203

中國國家版本館CIP數據核字第20241C8V24號

海上絲綢之路文獻集成・民間譜牒編（第十二輯）

主　　編　林　楓
責任編輯　張煜傑
美術編輯　白　玫
出版發行　福建人民出版社
電　　話　0591-87533169（發行部）
電子郵箱　fjpph7221@126.com
地　　址　福建省福州市東水路 76 號
經　　銷　福建新華發行（集團）有限責任公司
印刷裝訂　上海中華印刷有限公司
地　　址　上海市青浦區匯金路 889 號
電　　話　021-69213456
開　　本　787 毫米 ×1092 毫米　1/16
印　　張　259
版　　次　2024 年 7 月第 1 版第 1 次印刷
書　　號　ISBN 978-7-211-09482-0
定　　價　3600.00 元（共 9 册）

国家出版基金项目
NATIONAL PUBLICATION FOUNDATION

海上絲綢之路文獻集成

總主編 陳支平 陳春聲

民間譜牒編 95

主編 林楓

海峡出版發行集團
THE STRAITS PUBLISHING & DISTRIBUTING GROUP
福建人民出版社

本册目次

［安徽繁昌］繁陽謝氏宗譜十二卷（卷八至卷一〇）　謝鴻軒纂修……………………一

［安徽繁昌］繁陽謝氏宗譜十二卷
（卷八至卷一〇）

謝鴻軒纂修

謝氏宗譜

戊子四月吴祖恒

卷八

字號

卷八

文憲公祖系

岩雲公房世系

岩表公房世系

繁陽謝氏宗譜卷八分目

繁陽洋夾沙謝氏重創文憲公草譜小序　耀庭撰

繁陽錦衣衛洲文憲公祖系圖傳

附岩雲公房世系圖傳

附岩表公房世系圖傳

附衛遺考

謝氏家譜　卷八　寶樹堂

繁陽洋夾沙謝氏重創文憲公草譜小序

譜以人重人以譜傳廬陵歐陽眉山蘇氏已開先舉而法後人然世家巨族逾三百五十餘年重修譜牒者古今亦鮮矣我繁陽錦衣衛洲洋夾沙謝氏古爲東山世族江左名家庭前玉樹燦爛輝映盛况固無論也即遷繁以來捐糧卹難簪紱累世足稱春穀之巨擘而族譜逾久未續蓋有來也初以喬遷伊始戶少丁稀恃有嶶修統宗譜存無用重修後雖丁烟日盛而明哲之士多遊於宦途無暇重修繼後縱有志

重修者或梗於意見或礙於世局因之泄匕一再稽延民國三十四年清明祀祖族之賢達忽興水木之思頻議修譜之舉並擬建築民國念年被水摧毀之儀門以壯觀瞻無何日寇投誠國家勝利族叔鴻軒先生復員榮旋複語族衆曰兵燹之後當以修譜爲急務祠宇次之幸仗祖宗之靈族衆一心至各房負責創草者當卽决錄在卷余稍識文字義不容辭遝將我公文憲草乘細心披閱世系圖傳雖有條不紊而生卒葬失考者甚多盖眷思之不敢疎忽故於教

學之暇趨祠追查木主録其生卒嗣祀並往各處墳
山祖墓錄其山向碑記無碑無主者輒訪所知之人
徵諸事實有聞必錄是以斯譜之成雖不稱盡善盡
美亦可謂苟完矣泚筆而爲之序

時在
大中華民國三十七年歲次戊子仲冬月長至日
遷繁十五世裔孫力生耀庭薰沐拜撰

謝耀庭印

謝上吳譜　卷八

寶樹堂

繁陽錦衣衛洲文憲公世系圖傳

思恭
四子

一世

文憲 行四

生成化二十三年丁未娶潛口胡氏生二子　雲　武　公於嘉靖年間客遊繁陽錦衣衛洲之浮夾沙嘉其幅員廣濶氣象軒昂遂卜而[illegible]焉[illegible]六十有五[illegible]嘉靖三十年辛亥[illegible]葬徽州社塋從與氏合墓

二世

岩雲 行一

字月波生正德八年癸酉娶王氏生正德七年壬申生二子　纘　綰　公卒嘉靖三十一年壬子葬[illegible]邑萬樓山　氏卒嘉靖四十五年丙寅[illegible]葉家園

三世

世纘 行一

生嘉靖十七年戊戌娶余氏生嘉靖十六年丁酉生四子　年　月　日　時　公卒萬歷二十三年乙未　氏卒萬歷二十九年辛丑　公氏合葬祖塋

四世

艮年 行一

生嘉靖四十二年癸亥娶黃氏生嘉靖四十年辛酉以弟艮月子之棠兼祧爲嗣　公卒天啟三年癸亥葬祖塋　氏卒天啟七年丁卯葬祖塋

艮月 行二

五世

之棠 行一

字時棠生萬歷十六年戊子娶丁氏生萬歷十八年庚寅　以岩表公支下之峻長子國藩爲嗣　公卒順治三年丙戌八月十六日丑時　氏卒順治五年戊子葬祖塋

生嘉靖四十四年乙丑娶江氏生嘉靖四十五年丙寅生一子　棠兼祧良年
公卒天啟六年丙寅
氏卒崇禎二年己巳葬祖塋

良日 行三

生隆慶元年丁卯未娶以堂弟良語長子之魁與弟良時雙祧爲嗣
公卒天啟六年丙寅葬祖塋

之魁 行一

生萬歷三十四年丙午娶汪氏生萬歷三十四年丙午生一子　仕
公卒康熙三十一年壬申
氏卒康熙三十四年乙亥與公合葬

艮時 行四

生隆慶三年己巳娶金氏生隆慶四年庚午以堂弟艮語長子之魁與兄艮日雙祧爲嗣公卒天啟七年丁卯氏卒崇禎六年癸酉葬祖塋

三山陳家村役萬樓山

世綰 行二
生嘉靖二十年辛丑娶黄氏生嘉靖二十六年丁未生四子 言 語 諫 議
公卒萬歷二十七年己亥
氏卒萬歷三十二年甲辰歸葬歙西董家岡墊名箱形
子向與公合墓

艮言 行一
生萬歷六年戊寅娶金氏生萬歷九年辛巳
以弟艮語次子之光爲嗣
公卒崇禎十六年癸未
氏卒順治七年庚寅葬祖塋

艮語 行二
字也愚生萬歷九年辛巳娶程氏生萬歷十四年丙戌生二子 魁 光
繼娶葉氏生萬歷二十八年庚子生

之光 行二
生萬歷三十八年庚戌未娶
以弟之裕長子國典爲嗣
公卒康熙二十八年己巳葬祖塋

之裕 行三
字季益生天啟三年癸亥十二月二十五日酉時娶汪氏生天啟四年甲子生二子 典 與 典隨叔之光

二子　裕　峻
魁出繼堂兄良日
良時雙祧總嗣
光出繼兄良言
峻出繼岩表公支
下良知
公助餉三次恩賜
壽官禮部欽賜冠
帶並給長德耆年
四字匾額
公卒順治三年丙
戌
程氏卒順治元年
甲申葬九弓岩與
三子之裕合墓
葉氏卒康熙三年
甲辰葬老山程家
坦與公合墓

接良言公支
生女二長適休寧
汪雯濤　次適歙
西斑塘吳文運
公卒康熙二十七
年戊辰五月二十
三日亥時與母合
葬九弓岩
氏卒康熙四十六
年丁亥葬老山程
家坦

艮諫 行三

生萬歷十一年癸未娶大塘邊胡氏生萬歷十二年甲申生一子　傑兼祧艮議　公卒崇禎十四年辛巳　氏卒順治七年庚寅葬祖塋

之傑 行一

生萬歷三十一年癸卯娶王氏生萬歷三十二年甲辰生一子　瓊　公卒順治十三年丙申　氏卒康熙三年甲辰葬祖塋

艮議 行四

生萬歷十三年乙酉娶金氏生萬歷十五年丁亥以兄艮諫子之傑兼祧爲嗣

肖襄 行二
生正德十二年丁丑娶[illegible]氏生正德十四年己卯生二子 縉 縞
公[illegible]嘉靖三十三年[illegible]寅
氏卒葬未詳

世縉 行一
生嘉靖二十五年丙午娶[illegible]氏生嘉靖二十六年丁未生一子 知
公卒萬曆四十年壬子
氏卒萬曆四十五年丁巳葬祖塋

公卒順治十年癸巳
氏卒順治十八年辛丑葬祖塋

[illegible] 行一
[illegible]年未詳娶[illegible]氏[illegible]年未詳以岩[illegible]公支[illegible]語門[illegible]之峻為嗣
公氏卒葬未詳

之峻 行四
生[illegible]四年[illegible]娶黄氏生[illegible]二年己巳三月十七日午時生三子 簪 翰 齡 [illegible]山[illegible]
[illegible]生一女適[illegible]
公卒康熙三十年辛未
氏卒康熙[illegible]十九

生□寅十月二十二日酉時
公氏合葬老山程家坦

世縞 行二
生嘉靖二十八年己酉娶劉氏生嘉靖二十七年戊申生二子 旻 能
公氏卒葬未詳

良旻 行一
生萬曆二年甲戌娶程氏生隆慶六年壬申生一子彭兼祧良能
公氏卒葬未詳

良能 行二
生萬曆四年丙子未娶
以兄良旻子之彭兼祧爲嗣
公卒萬曆四十六年戊午葬祖塋

之彭 行一
字彭□生年未詳未□
以世縞公支下之岐三十國幹爲嗣
公卒葬未詳

之棠嗣子

六世

國藩 行一
生順治四年丁亥
未娶
以岩表公支下國
幹四子士瑜爲嗣
公卒葬未詳

七世

士瑜 行四
字素存生康熙五
十五年丙申九月
十一日子時娶姚
氏生康熙五十八
年己亥十二月初
九日辰時生一女
以世綰公支下士
縄長子仁壽爲嗣
公卒乾隆五年庚
申正月十八日巳
時
氏卒乾隆五十八
年癸丑正月十八
日巳時
公氏合葬祖塋

八世

仁壽 行一
字靜山國學生生
康熙五十四年乙
未八月初十日巳
時娶舊縣鎮陳銓
女生康熙五十六
年丁酉正月十五
日亥時
以世綰公支下仁
寬次子元禮爲嗣
公卒乾隆三十一
年丙戌六月三十
日子時
氏卒乾隆三十三
年戊子四月十三
日卯時葬祖塋

九世

元禮 行二
字秩文生乾隆十
四年己巳十一月
二十二日子時娶
楊氏生乾隆十四
年己巳十一月十
二日午時生一子
鎔
公卒嘉慶八年癸
亥十一月初五日
辰時
氏卒乾隆四十三
年戊戌十二月十
六日酉時
公氏葬祖塋

十世

宗鎔 行一
字晉瞻生乾隆四
十一年丙申三月
十七日卯時娶胡
氏生乾隆四十二
年丁酉十一月
初七日巳時生一
子松　女二長
適保大圩楊姓
次適保大圩胡至
銘
公卒道光十六年
丙申七月二十六
日巳時
氏卒道光二十七
年丁未五月十三
日申時葬祖塋

之魁
子

國仕 行一
生年未詳娶萬氏
生一子 錕
生女一適白馬山
謝姓
公卒未詳葬萬樓
山與父母合塋
氏卒葬未詳

士錕 行一
生年未詳娶方氏
以岩[illegible]公支下士
松三子仁悌爲嗣
公氏卒未詳葬[illegible]
塘埕[illegible]宋村[illegible]羅
山

仁悌 行三
原名仁熙字[illegible]咸
郡岸[illegible]生雍正三
年[illegible]巳[illegible]月二
十九[illegible]時娶鮑
氏生雍正六年戊
申正月三十日子
時生一子 輔
一女
公卒乾隆三十三
年戊子五月初七
日未時
公卒氏年二十八
歲撫[illegible]道[illegible]勤母儀
閨肅七十五歲卒
詳縣志人物烈女
氏卒嘉慶二十年
乙亥十月初六日
子時
公氏葬祖塋

元輔 行一
字廷佐生乾隆二
十三年戊寅正月
二十七日戌時未
娶
以世縉公支下元
岱次子宗祜爲嗣
公卒道光十二年
壬辰七月初七日
卯時葬祖塋

宗祜 行二
字[illegible]成生乾隆四
十四年己亥娶鮑
氏生乾隆四十二
年丁酉十月十一
日丑時生一子
恒
公卒道光二十一
年辛丑
氏卒嘉慶二十一
年丙子又六月二
十二日寅時
公氏葬祖塋

之光
嗣子

國典 行一

字天叙生順治十
三年丙申十一月
初二日寅時娶朱
氏生順治十八年
辛丑生一子　璉
一女換姑
公卒康熙四十六
年丁亥五月三十
日申時葬老山程
家坦
氏卒雍正二年甲
辰葬祖塋

士璉 行一

字玉成生康熙三
十二年癸酉十二
月初八日酉時娶
魏氏生康熙三十
七年戊寅正月二
十八日卯時生二
子　昌　長　昌
出繼良諫良議二
公支下士錦
生女一巧姑適荻
港鎮汪應書
公卒雍正七年己
酉九月初一日亥
時
氏卒雍正十二年
甲寅八月十二日
亥時
公氏葬祖塋

仁長 行二

字崑源生雍正元
年癸卯正月二十
八日亥時娶鮑氏
生二子　森　林
森隨伯仁昌接
良諫良議二公支
二女
公卒乾隆五十四
年己酉八月二十
五日未時
氏卒未詳葬養山

元林 行二

字錦書生乾隆二
十四年己卯五月
十八日申時娶王
氏生一子　錮
公卒嘉慶十八年
癸酉五月十八日
丑時葬祖塋

宗錮 行一

生年未詳未娶
以岩表公支下宗
鑑三子寬禮爲嗣
公卒葬未詳

之裕次子

國輿 行二

字甸侯鄉飲大賓生康熙五年丙午正月二十六日亥時娶許氏生康熙六年丁未生一子
繩　繼魯氏生康熙十四年乙卯九月十七日子時生一女賢姑
公有至性御物以慈和獨力養親婉容可掬事兄如事父兄歿終身敬嫂不少衰撫兩世遺孤恩勤周摯宗族親戚內外無間言詳縣志人物志孝友
公享壽八十歲卒乾隆十年乙丑十月十六日子時
許氏卒乾隆十五

士繩 行一

字正從生康熙二十八年己巳娶陸氏生康熙三十三年甲戌十二月初八日亥時生二子
壽　寬　壽出繼世續公支下士瑜
公卒雍正七年己酉
氏卒乾隆三十三年戊子六月初二日亥時
公氏葬祖塋

仁寬 行二

字厚菴國學生生雍正五年丁未五月十四日未時娶汪氏生雍正五年丁未四月初四日子時生四子　會
禮　基　岱
禮隨伯仁壽接世續公支　女二長適三山姚其書次適城中童啟龍
公卒乾隆二十七壬午十二月初八日亥時
氏卒嘉慶十一年丙寅十一月初十日亥時
公氏葬老山程家坦

元會 行一

字嘉序生乾隆十二年丁卯三月十五日子時娶松園趙氏生乾隆十三年戊辰十一月二十二日酉時生三子　祁　禔　祐
禔出繼弟元基
女一愛姑適蕪湖劉運華
公光緒五年貤封布政司理問
公卒嘉慶十三年戊辰又五月二十三日戌時
氏貤封安人卒嘉慶二十四年己卯又四月十三日辰時與公合葬松園

宗祁 行一

字雨瞻號彪郡庠生恩賜修職郎生乾隆三十九年甲午十月二十三日午時娶劉氏生乾隆四十年乙未九月二十八日子時繼鄭氏生嘉慶四年己未九月初五日子時生一子
誌
公嘉慶十九年捐賑恩賜功存梓桑又賜惠孚桑梓匾額貤封布政司理問二氏俱封安人
公卒咸豐四年甲寅八月二十日戌時葬老山程家坦
劉氏卒道光五年乙酉三月二十二日未時與公合葬

年庚午
魯氏卒乾隆二十
七年壬午十二月
初八日亥時
合氏葬祖塋

鄭氏卒同治九年
庚午九月初九日
戌時葬社塘沖與
長孫天池合墓

宗祐行三
字助思恩賜登仕
郎生乾隆四十八
年癸卯十一月二
十四日子時娶姚
氏生乾隆四十六
年辛丑正月初一
日亥時　生女一
大姑適橫山橋方
其祥繼娶姚氏生
乾隆四十八年癸
卯六月十一日申
時生一子　鑄
復繼徐氏生嘉慶

十三年戊辰八月初五日子時生三子錞　鑑　銀
公卒咸豐十年庚申九月二十六日卯時葬老山程家坦乾山巽向
姚氏卒嘉慶十一年丙寅七月十八日亥時
繼姚氏卒同治八年己巳五月初一日申時
徐氏卒同治十年辛未二月十二日子時葬祖塋

宗禔 行二
字福謙生乾隆四十五年庚子十月

元基 行三
字德先生乾隆十六年辛未九月初

十日子時娶甘氏
生乾隆十七年壬
申二月十七日子
時
以兄元會次子宗
禔爲嗣
公卒嘉慶九年甲
子正月十四日酉
時葬松園
氏卒道光七年丁
亥八月十八日申
時葬老山程家坦

元岱 行四
字岳宗生乾隆二
十年乙亥二月十
七日亥時娶任氏
生乾隆十八年癸

初十日亥時娶趙
氏生乾隆四十五
年庚子八月二十
一日子時生一子
鈺
公卒道光元年辛
巳十月初二日丑
時葬松園
氏卒道光二十一
年辛丑十一月二
十五日卯時葬小
獐磯山

宗祥 行三
字明珍生乾隆五
十年乙巳九月二
十九日巳時娶潘
氏生乾隆五十二

之傑子

國瓊 行一

生年未詳娶金氏
雍正年間遷安慶
生一子　錦
公氏卒葬未詳

士錦 行一

生年未詳居安慶
未娶
以艮言公支下士
璉長子仁昌爲嗣

仁昌 行一

生康熙五十六年
丁酉二月二十日
亥時娶毛氏生康
熙五十四年乙未

酉生三子　禎
祐　祥　禎出繼
艮諫艮議二公支
下元森　祐出繼
世續公支下元輔
一女
公卒道光六年丙
戌四月二十三日
酉時
氏卒道光十一年
辛卯
公氏葬祖塋

元森 行一

字茂林生乾隆二
十一年丙子未娶
以艮語公支下元
岱長子宗禎爲嗣

年丁未二月二十
六日午時生一子
焯
公卒道光十二年
壬辰十一月初七
日亥時
氏卒嘉慶十三年
戊辰三月二十四
日巳時葬祖塋

宗禎 行一

字羣占生乾隆四
十年乙未八月二
十三日午時娶胡
氏生乾隆四十二

之峻次子

國翰 行二

字仲維鄉飲大賓皇恩欽賜粟帛二次生順治十二年乙未十二月十七日卯時娶鮑氏生順治十二年乙未七月二十六日申時生二子 英

公卒葬未詳

士英 行一

字豈凡郡庠生生康熙十三年甲寅三月初九日酉時娶鄭氏生康熙十二年癸丑二月初七日未時生一子 昶 一女轉姑適城中國學生朱

二月二十一日亥時

以良言公支下仁長長子元森爲嗣

公卒乾隆四十年乙未正月二十三日寅時

氏卒乾隆四十七年壬寅二月十三日未時公氏合葬祖塋

仁昶 行一

字孔[illegible][illegible]康熙三十七年戊寅二月二十九日未時娶姚氏生康熙三十七年戊寅十月十一日子時生三子 文 勛 龍

公卒雍正五年丁

公卒嘉慶十八年癸酉葬祖塋

元文 行一

字斗瞻生康熙五十八年己亥五月二十日午時娶魯氏生康熙六十年辛丑十二月十四日午時生四子 泌 安 英 術 術出繼弟元龍

年丁酉六月十七日午時生一子 餘

公卒嘉慶十二年丁卯七月初二日寅時

氏卒嘉慶二十五年庚辰二月初五日戌時葬祖塋

宗泌 行一

字[illegible]清生乾隆八年癸亥六月初五日巳時娶潘氏生乾隆七年壬戌繼娶黃氏生乾隆十一年丙寅生一子 任 兼祧宗安 一女

藻　一女雪姑適
舊縣鎮古冬儀
公齒德兼優堪碩
耆席詳縣志耆席
篇
公卒雍正七年己
酉正月初一日辰
時
氏享年九十九歲
卒乾隆十八年癸
酉三月十五日申
時
公氏葬祖塋

鼎儒
公卒雍正四年丙
午十二月初八日
酉時
氏卒乾隆九年甲
子十一月二十三
日申時
公氏合葬祖塋

未正月十五日巳
時
公卒氏年二十七
既前毫後形毀心
勞閨房砥節嚴勗
諸孤年七十七歲
卒詳縣志人物志
烈女氏卒乾隆三
十八年癸巳十一
月十一日寅時
公氏葬萬樓山子
午兼癸丁向

三女長適河沿山
高姓
公卒乾隆三十五
年庚寅正月初六
日巳時
氏卒乾隆五十八
年癸丑四月二十
七日辰時
公氏葬祖塋

公卒嘉慶八年癸
亥六月二十日巳
時
潘氏卒乾隆二十
八年癸未
黃氏卒道光二年
壬午
公氏葬祖塋

宗安行二
生乾隆十八年癸
酉六月二十二日
申時未娶
以兄宗泌子寬任
兼祧為嗣
公卒葬未詳

元勛行二

宗衡行一

宗英行三

字超庸生乾隆二十三年戊寅七月十七日未時娶王氏生乾隆二十一年丙子正月十一日亥時以士藻公支下宗鐘次子寬喜爲嗣公卒嘉慶十九年甲戌六月十八日酉時氏卒道光十三年癸巳正月初八日丑時葬祖塋

字載周恩賜登仕
郎生康熙六十年
辛丑九月二十七
日未時娶姚氏生
康熙六十一年壬
寅九月初四日寅
時生三子　衡
衢　衛　一女適
保大圩楊君馥
公卒嘉慶九年甲
子十一月十九日
巳時
氏卒乾隆三十九
年甲午十一月十
三日亥時
公氏葬祖塋

生乾隆十八年癸
酉六月十七日辰
時娶姚氏生乾隆
二十年乙亥五月
二十七日辰時生
一子　陞兼祧宗
衢
公卒嘉慶十年乙
丑九月十七日卯
時
氏卒嘉慶二十三
年戊寅八月二十
六日酉時
公氏葬祖塋

宗衢 行二
生乾隆二十七年
壬午未娶

以兄宗衛子守陞兼祧爲嗣
公卒葬未詳

宗衛 行三
字秉忠生乾隆四十九年甲辰娶王氏生乾隆五十年乙巳生一子　堅
公氏卒葬未詳

元龍 行三

字雲湘生雍正二年甲辰二月初八日午時娶朱氏生雍正元年癸卯六月十七日辰時生女二以兄元文四子宗衍爲嗣公卒乾隆十六年辛未六月十五日酉時氏卒嘉慶四年己未四月初六日丑時公氏葬祖塋

宗衍 行四

字超儀生乾隆二十年乙亥十二月二十三日子時娶魯氏生乾隆二十一年丙子九月十四日辰時生二子堂　增　增出繼世縞公支下宗興公卒嘉慶五年庚申三月十三日未時氏卒嘉慶十七年壬申二月二十日酉時公氏葬祖塋

士藻 行二

字魯芹邑庠生生康熙三十五年丙子二月初五日酉時娶鮑氏生康熙三十三年甲戌十月初四日丑時生二子 煦 熟 一女發姑適橫山橋邑庠生鮑辛履 公卒乾隆二十二年丁丑七月十一日戌時 氏卒乾隆二十一年丙子十月二十六日巳時 公氏葬祖塋

仁煦 行一

字曉楓號繼石邑庠廪生生康熙五十四年乙未二月二十二日酉時娶姚氏生康熙五十一年壬辰五月十九日卯時生三子 宰 哲 著 一女春姑 公卒乾隆二十五年庚辰十二月十八日亥時 氏卒乾隆三十一年丙戌五月二十二日巳時 公氏葬祖塋

元宰 行一

字軼羣生乾隆元年丙辰三月二十八日辰時娶鮑氏生卒未詳繼娶姚氏生乾隆二年丁巳生二女夏妹 憲妹 公卒乾隆二十八年癸未九月十一日亥時 公卒氏年二十七歲家貧賴十指以膳翁姑翁亡事盲姑撫兩叔成人各授室 以次叔子爲嗣旋天乃嗣堂叔子宗鍾年六十三歲卒詳縣志人物志烈女 氏卒嘉慶四年己未 公氏葬祖塋

宗鍾 行二

字振明生乾隆五十四年己酉五月初四日酉時娶范氏生嘉慶四年己未七月二十三日寅時生三子 鑾 喜 㢟 鑾出繼宗鐸 喜出繼士英公支下宗英 公卒道光二十二年壬寅五月初四日午時 氏卒道光二十五年乙巳三月初十日丑時 公氏合葬祖塋

元哲 行二

字睿聰號堯天又號健菴邑增生生乾隆九年甲子四月初四日巳時娶張氏生乾隆十年乙丑生一子鑽公卒乾隆六十年乙卯五月十九日子時葬荆塘垾陳家村飯羅墩

宗鑽 行一

字金聲生乾隆四十三年戊戌九月十八日亥時娶孫氏生乾隆三十八年癸巳二月初十日子時生一子炎公卒嘉慶五年庚申十一月二十二日巳時氏卒道光二十二年壬寅五月十四日亥時公氏葬大獐磯山

元著行三

字延弼號堯階又號升菴邑庠生生乾隆二十二年丁丑七月十一日寅時娶古氏生乾隆十九年卯戊二月十九日申時生一子　鐸
公卒嘉慶三年戊午九月十五日丑時
氏卒嘉慶十五年庚午十月初六日午時
公氏葬祖塋

宗鐸行一

字聖音生乾隆四十四年己亥十二月十六日申時娶姚氏生年未詳
以元宰公文下宗鐘長子寬鑾爲嗣
公卒道光十二年壬辰十一月二十五日卯時葬祖塋

仁熟 行二

字厚民國學生生乾隆三年戊午七月二十六日丑時娶許氏生乾隆元年丙辰十月初四日未時繼娶張氏生乾隆三年戊午六月初六日午時生二子　臣　圻

公卒乾隆四十六年辛丑六月十五日酉時

許氏卒乾隆二十四年己卯七月二十二日酉時

張氏卒乾隆五十九年甲寅九月二十日辰時

公氏葬祖塋

元臣 行一

字天錫生乾隆二十六年辛巳六月初二日寅時娶汪氏生乾隆二十五年庚辰三月初七日未時生二子

鏞　鐘　鐘出繼元华

公卒嘉慶十五年庚午七月十六日亥時

汪氏卒道光十二年壬辰三月初一日未時

公氏葬祖塋

宗鏞 行一

字書恒生乾隆四十四年己亥娶蔣氏生乾隆四十四年己亥生一子

鏵

公卒道光八年戊子葬祖塋

氏卒葬未詳

之彭
嗣子

國幹 行三

字天擎邑庠生生康熙十一年壬子前七月初十日巳時娶鮑氏生康熙

士松 行一

字右喬生康熙二十九年庚午十二月初六日亥時娶鮑氏生康熙三十

仁愷 行一

字其武生康熙四十八年己丑九月二十六日辰時娶陳氏生康熙四十

元圻 行二

字繡鄴號增順生乾隆二十八年癸未五月初五日午時娶張氏生一子
鈁
公卒乾隆六十年乙卯又二月二十七日辰時葬大獐磯山
氏卒葬未詳

元億 行一

字萬存生乾隆五年庚申十二月初八日卯時娶鮑氏生乾隆七年壬戌

宗鈁 行一

字振玉生嘉慶二年丁巳娶熊氏生嘉慶二年丁巳八月初二日寅時生一子
元
公卒葬未詳
氏卒道光十六年丙申五月十九日午時葬祖塋

宗鋥 行一

字錦士生乾隆四十年乙未十一月十六日辰時娶鮑氏生乾隆三十七

十三年甲寅八月二十二日丑時生三子 松 莊 穀 繼娶丁氏生康熙三十七年戊寅十一月十四日未時生一子 瑜出繼岩雲公支下國藩 一女順姑適橫山橋鮑汝陽公卒雍正七年己酉又七月十九日丑時 鮑氏卒乾隆三十三年戊子五月二十三日卯時 丁氏卒乾隆三十三年戊子七年初六日亥時 公氏葬祖塋

年辛未又七月初三日子時生四子 愷 懷 悌 性 悌出繼岩雲公支下士錕 一女淑姑適舊縣鎮古以正 公卒乾隆三十三年戊子 氏卒乾隆三十三年戊子六月初二日亥時 公氏合葬祖塋

九年庚寅生一子 億 女二長適中分村徐耕野 次適磨旗山姚佩臣 公卒乾隆三十三年戊子五月二十六日未時 氏卒乾隆十年乙丑 公氏葬祖塋

五月十四日戌時生二子 鋥 銘 公卒乾隆五十九年甲寅十一月二十一日酉時 氏卒嘉慶十九年甲戌二月二十六日寅時 公氏葬祖塋

年壬辰四月二十三日子時生一子 大兼祧宗銘 公卒道光十二年壬辰四月二十六日未時 氏卒道光十二年壬辰十一月二十六日未時 公氏葬祖塋

宗銘 行二

字香山生乾隆四十三年戊戌七月二十二日亥時未娶 以兄宗鋥子寬大兼祧爲嗣

公卒嘉慶十一年丙寅六月十八日丑時葬祖塋

宗翼 行一

字扶九生乾隆二十二年丁丑十月十八日卯時娶王氏生乾隆二十八年癸未九月初十日亥時生一子

翰

公卒道光五年乙酉十二月初三日申時

氏卒道光八年戊子二月初九日申時

元位 行一

字代昌生雍正十三年乙卯娶張氏生雍正十三年乙卯生二子 翼

嘉 嘉隨叔元偁接士莊公支

公卒乾隆三十三年戊子葬大獐磯山

仁懷 行二

字子舒生康熙五十二年癸巳正月十三日寅時娶仇氏生康熙十一年壬辰正月十七日子時生二子 位

偁 偁出繼仁志 一女饒姑

公卒乾隆三十五年庚寅十月初五日酉時

氏卒乾隆三十八年癸巳五月十七

日酉時葬祖塋

仁性 行四

字覺人生雍正五年丁未娶胡氏生雍正六年戊申生一子　鰲　一女
公卒乾隆三十三年戊子
氏卒乾隆四十年乙未
公氏葬祖塋

元鰲 行一

生乾隆十三年戊辰娶周氏生乾隆十三年戊辰生一子　興
公氏卒葬未詳

公氏葬祖塋

宗興 行一

字揚興生乾隆三十一年丙戌未娶以岩雲公支下宗衍次子寬增爲嗣
公卒葬未詳

士莊 行二

字藍友國學生生康熙四十五年丙戌十一月初三日卯時娶汪氏生康熙四十五年丙戌三月初六日申時生一子　志繼娶徐氏生雍正二年甲辰八月初一日寅時二女長適中汾村徐七樂次適城中鮑蒼玉
公卒乾隆五十四年己酉十二月初三日巳時
汪氏卒乾隆三十三年戊子六月初七日子時
孫氏卒嘉慶四年己未四月二十五日寅時

仁志 行一

字禮六生雍正十二年甲寅十一月二十二日申時娶李氏生雍正十二年甲寅生四女以仁懷次子元偁爲嗣
公卒乾隆三十三年戊子十月二十九日未時葬祖塋
氏卒葬未詳

元偁 行二

字奉章生乾隆五十一年丙午娶汪氏生年未詳生一子　翔早卒以元位次子宗翥爲嗣
公氏卒葬未詳

宗翔 行一

字羽全未娶以宗翥子寛基兼祧爲嗣
公生卒葬未詳

宗翥 行二

字宇高號應魁生乾隆二十七年壬午正月二十六日戌時娶張氏生乾隆三十七年壬辰生一子　基兼祧宗翔
公卒嘉慶十五年庚午二月初三日戌時

公氏俱葬祖塋

士毅 行三

字亥宏號盤石山人生康熙五十年辛卯十一月初八日巳時娶蔣氏生康熙五十一年壬辰正月十七日子時生三子　怡　恬　恬　一女月姑適橫山橋王泮音

公卒乾隆三十三年戊子五月十八日寅時

仁怡 行一

字韻篪生雍正十一年癸丑七月二十八日戌時娶陳氏生雍正十二年甲寅三月十九日寅時生一子　軾

公卒乾隆五十五年庚戌十一月初二日丑時

氏卒嘉慶十四年己巳二月二十日寅時

公氏合葬大獐磯

元軾 行一

字常清生乾隆二十五年庚辰十二月二十四日辰時娶宋氏生卒未詳生一子　銜

公卒嘉慶二年丁巳七月初七日巳時葬大獐磯山

氏卒乾隆五十九年甲寅

公氏葬祖塋

宗銜 行一

生乾隆四十二年丁酉未娶以仁恬公支下宗鑑長子寬仁爲嗣

公卒葬未詳

氏卒乾隆五十一年丙午五月十三日巳時
公氏葬大獐磯山

山

仁怙 行二

字象賢生乾隆元年丙辰七月十七日酉時娶王氏生乾隆二年丁巳九月十四日子時生一子　輪
公卒嘉慶六年辛酉十二月三十日丑時
氏卒嘉慶八年癸亥三月二十三日戌時

元輪 行一

生乾隆二十四年己卯未娶以元輻次子宗鍇爲嗣
公卒葬未詳

宗鍇 行二

字承鑾生嘉慶十三年戊辰又五月初三日酉時娶胡氏生嘉慶十三年戊辰九月十七日亥時生一子　溝一女適本洲錢姓
公卒道光二五年乙巳正月十八日卯時葬老山裸家坦乾山巽向
氏卒道光二十二

公氏葬祖塋

仁悟 行三

字汝如生乾隆五年庚申八月十八日亥時娶姚氏生康熙五十八年己亥繼胡氏生年未詳生一子　輻

公卒乾隆四十年乙未又十月初五日卯時葬蔡家窪巽山乾向

姚氏卒乾隆五十八年癸丑

胡氏卒未詳

二氏俱葬祖塋

元輻 行一

字萬衡生乾隆三十六年辛卯六月二十二日子時娶賈氏生乾隆四十八年癸卯十二月初二日子時生四子　鍔　鍇　錩　鑑　鍇出繼元輪

公卒嘉慶二十五年庚辰十月二十七日辰時葬后山程家坦乾山巽向

氏卒道光二十六

年[illegible]寅九月初八日申時葬祖塋

宗鍔 行一

字永興生嘉慶八年癸亥二月二十一日丑時未娶

以弟宗鑑次子道義與弟宗錩雙祧爲嗣

公卒道光十二年壬辰七月十[illegible]日酉[illegible]葬[illegible]坦乾山巽向

年丙午八月十二日酉時葬祖塋

宗錩 行三

字承和生年未詳未娶以弟宗鑑次子寬義與兄宗鎔雙祧爲嗣公卒葬未詳

宗鑑 行四

字承週生嘉慶二十一年丙子九月二十四日亥時娶朱氏生嘉慶十九年甲戌九月十九日寅時生四子仁　義　禮　智

仁出繼宗釪

義出繼宗鍔宗鋁雙祧爲嗣　禮出繼岩雲公支下□錮

公卒光緒九年癸未五月初六日未時葬祖塋

氏卒同治元年壬戌六月初四日戌時葬九弓岩

宗鎔子

十一世　**寬松**行一

字茂之生道光四年甲申十一月初一日丑時娶鮑氏生道光十年庚寅六月二十日辰時

十二世　**顯廸**行二

生同治三年甲子五月初七日巳時

未娶

以岩衣公支下顯源次子承漳爲嗣

十三世　**承漳**行二

生同治六年丁卯二月初五日酉時

未娶

以世綰公支下承江四子佑鋸與弟

十四世　**佑錕**行四

生光緒三十一年乙巳八月初五日亥時未娶

以兄佑本四子啟榮爲嗣

十五世　**啟榮**行四

字榮庭生民國二十三年甲戌八月十四日酉時

宗祜子

生二子　發廸
　發出繼艮曰艮
時二公支下寬恒
公卒同治七年戊
辰七月十八日申
時
氏卒光緒二十四
年戊戌二月十九
日辰時
公氏合葬小獐磯
山

寬恒行一
生嘉慶二年丁巳
未娶
以寬松長子顯發
爲嗣
公卒葬未詳

公卒年未詳葬小
獐磯山

顯發行一
字長春生咸豐三
年癸丑正月十四
日戌時娶保大圩
胡氏生咸豐二年
壬子八月十三日
戌時生三女長適
保大圩楊邦慶次
子　次適保大圩
胡可宣長子　三

承雲雙祧爲嗣
公卒葬未詳

承雲行三
生同治十年辛未
正月二十五日亥
時娶朱氏生同治
八年己巳九月二
十七日巳時
以世緒公支下承
江四子佑錕與兄
承漳雙祧爲嗣
公卒光緒二十四

公卒民國十一年
壬戌八月十一日
戌時葬小獐磯山

宗錮
嗣子

寬禮 行三
生年未詳未娶
以艮語公支下寬
誌長子顯根爲嗣
公卒葬未詳

適保太平楊邨輿
次子
以岩表公支下顯
源三子承雲爲嗣
公卒光緒十三年
丁亥九月二十二
日申時
氏卒民國十八年
己巳十月二十二
日巳時
公氏葬小獐磯山

顯根 行一
名天□字斌號鯤
邑庠生生咸豐十
年庚申十月十八
日卯時娶王氏生
咸豐八年戊午十
一月十八日寅時
生一子　祖　女
一鳳珍適義橋鄧
天君次子

年戊戌七月十三
日寅時葬祖塋
氏卒葬未詳

承祖 行一
字祖望號蔆蘭生
光緒八年壬午正
月二十九日辰時
娶鮑氏生年失考
生女一佑如適橫
山橋仇先運
以承權長子佑錤
爲嗣
公卒光緒三十二

佑錤 行一
字渭濱號蔚新又
號文蔚生民國六
年丁巳前二月初
九日卯時娶碶墩
孫天銘次女生民
國九年庚申正月
十二日子時生女
一呈劍
以弟佑鈞長子啟

啟源 行一
字範疇生民國三
十年辛巳十月十
二日巳時

宗祁
子

寬誌 行一

字成之號西坡又號繼剛貢生生道光元年辛巳四月二十六日巳時娶楊氏生嘉慶二十四年己卯九月二十七日午時繼仕

公於同治十一年十三歲由太學生加捐布政司理問公卒光緒十二年丙戌八月十八日戌時葬社塘沖與鄭郝母合墓氏卒民國二十一年壬申七月二十三日申時葬老山陽塢基宮卯兼辛乙向與翁姑弟婦合墓

顯穆 行二

字起時號欽樽郡庠生欽加五品銜賞戴花翎生同治六年丁卯十一月初七日申時娶方氏生同治七年戊辰四月十二日卯

年丙午二月十八日巳日葬社塘沖氏卒葬未詳

承權 行一

名祖翼字兆珍號國恩生光緒十六年庚寅九月二十二日亥時娶陶華舉次女名國蓮生光緒十九年癸巳六月十九日辰時

源繼嗣公卒民國三十四年乙酉八月十五日巳時葬老山陽塢基曾祖父母墓右

佑鈞 行二

字渭川號白燕又號嘯秋繁昌縣立横山橋小學畢業安徽甯國六縣聯立中學畢業上海法學院法律系畢業授予法學士學

啟智 行二

字中行生民國三十三年甲申八月二十二日子時

氏生道光十五年
乙未七月十二日
巳時生二子　根
穆　根出繼艮
言公支下寬禮爲
嗣　女三　香珠
玉珠　有珠
長適橫山僑歲貢
生許時升三子邑
庠生宗理　次適
保大圩邑庠生邢
家書　三適磨旂
山增貢生姚名卿
長子國學生振綸
公同治十二年誥
授承德郞候選布
政司二代封安人
光緒五年加捐理
問銜並請三代誥
封享壽七十二卒
光緒十八年壬辰
九月十六日子時
楊氏享年八十二
卒光緒二十五年

時生一子　權
女二　春雲　鳳
雲　長適當塗廩
生張揖齋次子正
希　次適保大圩
公卒民國元年壬
子八月二十五日
丑時
氏卒民國三十三
年甲申五月初十
日辰時
公氏合葬老山陽
塲基酉卯兼辛乙
向

生二子　錤　鈞
錤出繼承祖爲
嗣　女二　佑和
佑順　和適棋
杆村邑庠生張葆
初長子其藻　順
適保大圩楊有源
長子艮鉅

位生民國七年戊
午六月十一日午
時娶翟立齋次女
名韻秋生民國十
年辛酉九月十三
日子時生　子
源　智　源出繼
兄佑錤　女麗娟

己亥二月二十日子時　杜氏得壽四十八　卒光緒七年辛巳九月初四日酉時　公[illegible]合葬老山陽塲基酉卯兼辛乙向

宗祐長子

寬鑄 行一

字鑄之恩賜登仕郎並賜粟帛二次生嘉慶十七年壬申十二月二十七日酉時娶呂氏生嘉慶十四年己巳正月初四日亥時生二子　誠　議

顯議 行二

字尚清生道光二十一年辛丑十月初三日未時娶劉氏生道光二十四年甲辰八月十四日戌時生一子　江　公卒光緒十二年

承江 行一

字瀛僊號蓬壺國學生生同治四年乙丑九月十七日午時娶歙[illegible][illegible]胡正周次女生同治六年丁卯九月十三日辰時卒光緒十二年丙戌三月

佑銓 行二

生光緒二十一年乙未十月二十一日辰時娶高氏生光緒二十二年丙申七月初八日午時卒民國六年丁巳九月初七日辰時葬小獐磯山

啟人 行一

生民國十一年壬戌正月十三日寅時　以啟夏長子為嗣　公卒民國二十七年戊寅二月初七日卯時葬小獐磯

誠出繼弟寬銀
議兼祧寬鐏
女二長適蕪湖涂
吝安　次適保大
圩唐艮根
公卒光緒三年丁
丑四月二十五日
酉時
氏卒光緒十八年
壬辰八月初六日
午時
公氏葬老山程家
坦申山寅向

丙戌四月十三日
未時
氏卒光緒十九年
癸巳二月二十三
日申時
公氏與姪承美合
葬接官亭

二十七日卯時葬
大獐噉山
繼娶白谷沖于氏
生同治六年丁卯
二月初二日卯時
生四子　煌　銓
本　錕　煌出
繼承美　本出繼
承柤　錕出繼世
續公支下承漳承
雲雙祧爲嗣
女一適下楊村楊
邦靖長子家宜
公卒民國五年丙
辰十月初八日亥
時葬老山程家坦
與祖寬鑄合墓申
山寅向
氏卒民國三十四
年乙酉八月初三
日戌時葬老山水
竹園與叔姑艾嫂
王合墓未山丑向

繼娶陳氏生光緒
十七年辛卯六月
十二日子時生一
子　敔人早卒
以弟佑本長子敔
艮爲嗣
公卒民國二十七
年戊寅二月初四
日巳時葬小獐磯
山

山

敔艮 行一
生民國十三年甲
子十二月二十八
日寅時娶宕頭村
孫天發次女生民
國十二年癸亥七
月初九日辰時生
子
女嗣佳

宗祐二子

寬錞 行二

生道光丁酉年十月十二日丑時未娶
以兄寬鑄次子顯議承祧爲嗣
公卒咸豐八年戊午九月十七日酉時葬祖塋

宗祐三子

寬鎰 行三

字名之國學生生道光乙巳年五月二十五日午時娶艾氏生道光丙午年五月十二日寅時

顯親 行二

字君達生道光丙申年十一月十八日丑時未娶
以顯誠次子承杞爲嗣
公卒咸豐九年己

承杞 行二

字輔仁生同治元年壬戌三月初八日未時未娶
以堂兄承江三子佑本爲嗣
公卒葬未詳

佑本 行三

生光緒二十四年戊戌十一月十一日巳時娶高家村高萬里次女生光緒二十九年癸卯正月二十三日巳

敞仕 行二

生民國十七年戊辰六月十九日卯時娶無爲陳修金女名七蓮生民國二十二年癸酉七月二十一日子時

以元基公支下寬
鋌次子顯親爲嗣
公卒葬未詳
氏卒民國十二年
癸亥十月初四日
戌時葬老山水竹
園與侄媳王于胡
合墓未山丑向

未正月初七日子
時葬小獐磯山

時生五子　良
仕　祿　榮　春
良出繼兄佑銓
榮隨叔佑錕接
世續公支　春出
繼岩表公支下佑
華　二女　啟秀
啟蘭　長適岩
頭村徐天發次子
心富
氏卒民國三十年
辛巳九月十八日
辰時葬小獐磯山

啟祿行三
生民國二十一年
壬申二月十一日
寅時娶豐熟圩徐
轉炎次女生民國
二十三年甲戌五
月初五日午時

宗祐四子

寬銀 行四

字有之生道光戊申年十一月十二日子時娶劉氏生同治壬戌年十月十二日酉時以長兄寬鑄長子顯誠爲嗣公卒光緒二十一年乙未二月十五日未時氏卒光緒十二年丙戌三月二十七日卯時公氏葬老山程家坦申山寅向

顯誠 行一

字君寶生道光丁酉年十一月二十八日巳時娶鮑氏生道光戊戌年六月十二日子時生一子　美兼祧顯讓繼娶姚氏生道光己亥年三月初十日子時生一子杺出繼顯親復繼劉氏生未詳公卒光緒二十二年丙申九月十四日丑時鮑氏卒咸豐九年己未十月初五日巳時葬老山程家坦乾山巽向姚氏卒同治二年癸亥九月初五日辰時葬小獐磯山

承美 行一

字里仁生咸豐七年丁巳二月二十四日酉時娶大王村王竟成次女係沿村武庠生高鈞安養女生同治三年甲子二月二十日寅時生一女適高家村高日進次子發寬以承江長子佑煌爲嗣公卒光緒八年壬午四月二十九日丑時受年二十六歲葬三華山西麓接官亭與叔顯讓叔母劉合墓氏年十七嫁十九孀勵志守節縣長張筆讚淑德堅貞四字

佑煌 行一

字聯芳生光緒十八年壬辰十月初三日卯時娶支房墩塍新林次女生光緒二十一年乙未五月初七日辰時生三子　興　逵　愚　逵隨父接元基公支　愚隨父接元岱公支　二女　鳴庭　咏庭　長適小磕山操家衛李應會次子名毅

啟興 行一

字耀庭號力生蕪湖萃文中學畢業曾任國民小學校長生民國八年己未十月二十二日午時娶大王村王祚林長女名元貞生民國九年庚申七月十六日未時生　子　德　生　女　嗣韜　嗣韞

啟達 行二

字華庭號力行生民國十三年甲子

劉氏卒葬未詳

氏壽八十一歲卒
民國三十三年甲
申正月十四日子
時葬老山水竹園
與叔姑艾弟婦于
胡合墓未山丑向

十一月初八日酉
時娶槃邑城內崔
祝三次女名思淑
生民國十年辛酉
五月十二日申時

啟愚 行三
字慶庭號力耕生
民國二十三年甲
戌十月初七日亥
時娶高家村高德
玉次女名志恒生
民國二十四年三
月二十一日酉時

宗禔 子

寬鈺 行一

字榮富號其相監生生嘉慶八年癸亥十一月二十五日丑時娶楊氏生嘉慶六年辛酉十月十二日巳時生二子 讃 親 親出繼元會公支下寬鑑 讃兼祧元岱公支下寬焯 公於道光六年重修縣志任採訪卒道光二十二年壬寅六月二十四日未時氏卒道光三年癸未八月十七日未時 公氏合葬小獐磯山

顯讃 行一

字松齡生道光十年庚寅正月二十六日寅時未娶以顯誠長子承美兼祧爲嗣 公卒道光三十年庚戌六月初五日巳時葬小獐磯山

宗祥子

寬焯 行一

字榮貴恩賜登仕郎生嘉慶十八年癸酉十二月初五日子時娶孫氏生嘉慶十八年癸酉正月十四日丑時以元基公支下寬鈺長子顯謨兼祧爲嗣公卒光緒六年庚辰正月初十日申時葬犢戩山氏卒光緒十六年庚寅十二月二十五日亥時葬祖塋

宗禎子

寬餘 行一

生嘉慶九年甲子二月十六日酉時

顯春 行三

生年未詳未娶以岩表公支下顯

承均 行一

生光緒二十五年己亥十一月二十

佑楷 行三

字畏三生光緒三十二年丙午又四

謝氏宗譜　卷八

未娶
以岩表公支下寬堂三子顯春爲嗣
公卒道光四年甲申九月初八日丑時葬祖塋

泌安子

寬任 行一
字希賢生乾隆五十三年戊申八月初八日辰時娶劉氏生乾隆五十年乙巳二月初二日未時生三子　閱

松長子承均爲嗣
公卒葬未詳

顯達 行三
字兆延恩賜登仕郎生嘉慶二十五年庚辰二月十九日子時娶黃氏生道光九年己丑十一月十三日亥時

日亥時未娶
以岩表公支下承鋆三子佑楷爲嗣
公卒葬未詳

承鋆 行二
字正文生同治三年甲子五月二十五日寅時娶朱家衖尚氏生同治六年丁卯十二月初五日亥時卒光緒

月三十日亥時娶孫家埠孫作府長女生宣統二年庚戌十一月初十日子時生　子　成
隨伯佑森佑林承繼本支
女　彩仙　彩霞
霞適合肥縣郭玉堂次子寶銀

佑森 行一
生光緒二十四年戊戌八月初八日子時娶王氏生光緒二十九年癸卯八月初四日亥時卒宣統元年己酉

啟成 行一
生民國三十三年甲申十一月初七日未時

文憲公世系

廿五

寶樹堂

榮　達　閱出
繼宗英公支下寬
喜　榮出繼元勛
公支下寬陞
女二長適繁昌城
內黃在明　次適
保大圩劉沛龍
公卒道光十三年
癸巳五月二十七
日未時葬萬樓山
子午兼癸丁向
氏卒咸豐七年丁
巳九月十六日申
時葬老山程家坦
乾山巽向

生二子　坤　鋆
坤出繼元勛公
支下顯榮爲嗣
鋆兼祧顯閱
公卒光緒十二年
丙戌二月初三日
子時葬照面山
氏卒光緒二十八
年壬寅九月初九
日亥時葬老山程
家坦申山寅向

十二年丙戌三月
二十七日卯時葬
大獐磯山
繼娶老圩六家村
邑庠生胡秀禮姊
生同治八年己巳
二月十一日子時
生三子　森　林
楷　楷出繼岩
雲公支下承均
女二長適三山鎮
姚傳才　次適青
陽縣金呂應長子
廣發
公卒民國十年辛
酉十二月二十六
日辰時葬老山程
家坦申山寅向
氏卒民國十七年
戊辰十一月初五
日午時葬老山水
竹園與叔姑艾嫂
王于合墓未山丑
向

十二月初八日午
時葬祖塋
繼娶板橋陡門吳
維榮長女生光緒
二十六年庚子九
月二十五日亥時
生一子　堯出繼
士莊公支下佑昌
一女彩萍適三
山鎮姚傳財長子
士鄉
以弟佑楷長子啟
成與弟佑林雙祧
爲嗣
公卒民國三十二
年癸未八月二十
日申時
氏卒民國三十一
年壬午三月十六
日未時
公氏葬雙龍口

宗英嗣子

寬喜 行二
生年未詳未娶
以寬泌長子顯閱
爲嗣
公卒葬未詳

顯閱 行一
字玉廷生嘉慶十
五年庚午二月十
五日酉時未娶
以弟顯達次子承
鍙兼祧爲嗣

佑林 行二
生光緒二十六年
庚子十月初七日
巳時未娶
以弟佑楷長子啟
成與兄佑森雙祧
爲嗣
公卒民國三十年
辛巳七月十二日
亥時葬雙龍口

公卒同治七年戊辰十一月十五日申時葬祖塋

衛衢 子

寬陛 行一

字甫臣號太然生年未詳娶郭氏生乾隆五十年乙巳六月十五日酉時以元文公支下寬任次子顯榮爲嗣公卒未詳葬小獐磯山氏卒嘉慶二十四年己卯九月二十三日卯時葬祖塋

顯榮 行二

生年未詳未娶以元文公支下顯達長子承坤爲嗣公卒葬未詳

承坤 行一

字正邦生咸豐七年丁巳三月二十一日亥時娶橫山橋殷氏生咸豐三年癸丑十二月初十日申時生二子 綜 緒 緒出繼宗衛元龍二公支下承祥 女二長適繫昌城內黃立宗長子光祥 次適浪泥灘張炳燾

佑綜 行一

生光緒四年戊寅十二月二十八日戌時娶小嶴山李氏生光緒元年乙亥八月十八日子時生三子 新 茂 耀 新兼祧弟佑緒 茂出繼世縞公支下佑繁 耀出繼世縞公支下佑興 公卒民國三十年二癸未十月二十

啟新 行一

生光緒二十二年丙申十一月二十八日午時娶孫家埠孫作祺三女生光緒二十八年壬寅十一月十一日子時生一子[illegible] 一女[illegible]鳳適孫宋灘陳子明次子宮玉

宗衛子

寬堅 行一

生年未詳未娶以元龍公支下寬堂次子顯泰為嗣公卒葬未詳

顯泰 行二

生年未詳未娶以世綺公支下顯源長子承祥與兄顯奉雙祧為嗣公卒葬未詳

公卒光緒十一年乙酉九月初一日子時氏卒民國十八年己巳十一月二十六日丑時公氏葬萬樓山

承祥 行一

生咸豐十年庚申八月初五日巳時未娶以宗衛公支下承坤次子佑緒為嗣公卒光緒三年丁丑五月十四日巳時葬祖塋

六日戌時氏卒民國二十五年丙子八月二十九日子時公氏合葬照面山

佑緒 行二

生光緒十二年丙戌五月初三日戌時娶河頭高氏生光緒十九年癸巳正月二十七日辰時以兄佑綜長子啟新兼祧為嗣氏卒光緒三十二

宗衎長子

寬堂 行一

字漢儒生乾隆四十六年辛丑七月二十八日巳時娶朱氏生乾隆四十九年甲辰九月十四日辰時繼娶洪氏生乾隆五十二年丁未四月二十日午時生三子奉　泰　春　泰出繼元勛公支下寬堅　春田繼岩雲公支下寬餘公卒嘉慶二十四

顯奉 行一

生年未詳未娶以世縞公支下顯源長子承祧與弟顯泰雙祧爲嗣公卒葬未詳

年丙午三月十二日子時葬大墳圍

年己卯三月二十三日丑時
朱氏卒未詳
洪氏卒道光元年辛巳三月初三日子時
公氏葬祖塋

宗鐘三子

寬延 行三
字金財生道光十五年乙未十一月二十一日丑時娶馮氏生道光二十三年癸卯七月初七日寅時生二子
松　青　青出繼元哲元著二公
支下寬炎寬鑾雙

顯松 行一
住繁昌南門外生同治十二年癸酉十月初九日子時娶王氏生同治十年辛未九月十一日戌時生四子
均　儒　樹　柯
均出繼岩雲公
支下顯春　儒出

承樹 行三
生光緒三十四年戊申三月初六日巳時娶蔣氏生光緒三十年甲辰十二月十六日亥時生一子　貴　兼祧承柯
公卒民國三十三年甲申三月二十

佑貴 行一
生民國二十二年癸酉八月二十九日巳時

祧爲嗣
公卒光緒二十七年辛丑六月十六日未時
氏卒光緒二十四年戊戌十一月十三日亥時
公氏葬祖塋

宗鏷子

寬炎 行一
生嘉慶元年丙辰十月十五日巳時
未娶
以寬延次子顯青

繼仁熟公支下顯柏　何隨叔顯青接元哲元著二公支
一女適何金鰲
公卒民國十一年壬戌又五月二十三日丑時
氏卒民國三十三年甲申三月十一日亥時
公氏葬祖塋

顯青 行二
生光緒五年己卯十二月二十七日卯時　未娶
以元宰公支下顯

日丑時葬未詳

承柯 行四
生民國元年壬子十二月初六日亥時未娶
以兄承樹子佑貴

宗鐸
嗣子

寬鎣雙祧爲嗣
公卒道光四年甲
申八月十七日巳
時葬祖塋

松四子承柯爲嗣
公卒葬未詳

兼祧爲嗣
公卒葬未詳

寬鐩 行一
字金華生嘉慶二
十四年己卯十一
月十八日子時未
娶
以寬鉞次子顯青
與寬炎雙祧爲嗣
公卒葬未詳

宗鏞子

寬鏵 行一

字金茂生嘉慶二十三年戊寅十月初七日亥時未娶以寬元子顯柏兼祧爲嗣公卒葬未詳

宗鈁子

寬元 行二

字廷珍生道光九年己丑十一月三十日亥時娶王氏生道光十三年癸巳九月初四日亥時生一子　柏兼祧寬鏵公卒光緒七年辛

顯柏 行一

生同治九年庚午十二月十四日寅時未娶以仁煦公支下顯松次子承儒爲嗣公卒光緒二十一年乙未葬祖塋

承儒 行二

生光緒二十七年辛丑五月二十八日申時娶汪氏生光緒三十年甲辰八月十二日亥時生一子　華女二　鳳仙　佑仙　長適姚昌仁

佑華 行一

生民國十二年癸亥九月十五日午時未娶以岩雲公支下佑本五子啟春爲嗣公卒民國三十一年壬午八月二十九日戌時葬未詳

啟春 行五

字椿庭生民國二十七年戊寅正月十七日子時

巳正月初五日戌時氏卒同治十年辛未三月十七日巳時公氏葬祖塋

錕銘子

寬大 行一

字玉榮生嘉慶六年辛酉十一月十四日丑時娶劉氏生年未詳生一子 源 公卒咸豐十一年辛酉九月二十三日未時氏卒葬未詳

顯源 行一

字左全生道光十五年乙未六月十九日子時娶聶氏生道光十六年丙申二月初一日辰時生四子 祥 漳 雲 濱 祥 出繼世縉公支下顯泰顯本雙祧爲嗣 漳出繼岩雲

女適章世清 公卒民國二十六年丁丑二月二十五日酉時葬未詳

承濱 行四

生光緒五年己卯四月二十四日辰時未娶 以上敘公支下承寅長子[illegible]爲嗣 公卒葬未詳

佑國 行一

生民國三十七年戊子七月初八日亥時

宗翼子

寬翰行一

字起雲生乾隆四十九年甲辰九月十四日午時娶查氏生乾隆五十年乙巳九月十四日

公支下顯廸 雲出繼岩雲公支下顯發 女二 公卒光緒十八年壬辰酉月二十八日申時 氏卒民國元年壬子六月二十五日辰時 公氏葬大獐磯山

顯用行一

字樂行□嘉慶二十一年丙子九月二十八日戌時娶姚氏生道光元年辛巳八月十七日

承銓行一

字向珍生咸豐二年壬子三月二十八日辰時未娶 以上莊公支下承興三子佑陞爲嗣

佑陞行三

生光緒十五年己丑十一月十五日子時未娶 以世緒公支下佑綜三子啟耀爲嗣

啟耀行三

生光緒三十三年丁未三月十五日巳時[illegible]修模女[illegible]年庚戌六月二十

巳時生一子　用
兼祧寬增
公卒道光二十一
年辛丑八月十一
日巳時
氏卒未詳葬老山
程家坦乾山巽向

宗興嗣子 **寬增** 行二
生乾隆五十七年
壬子正月十三日
巳時未娶
以寬翰子顯用兼
祧爲嗣
公卒葬未詳

未時生一子　銓
女二
公卒同治八年己
巳四月二十九日
卯時
氏卒光緒二十二
年丙申十二月初
八日子時
公氏葬祖塋

公卒同治七年戊
辰八月初二日寅
時葬祖塋

公卒宣統三年辛
亥十一月初三日
亥時葬照面山

一日丑時卒未詳
葬大墳園
繼娶繁昌城內南
門黃兆祥長女名
雲仙生民國五年
丙辰三月二十三
日未時卒民國二
十七年戊寅又七
月二十九日巳時
葬羅家沖
復繼娶老家宕查
氏生光緒二十七
年辛丑七月十一
日巳時

翔燾嗣子

寬基 行一

字東明生乾隆五十八年癸丑十一月十一日酉時娶汪氏生乾隆五十六年辛亥九月十三日巳時生一子泉

公卒道光二十六年丙午正月二十一日戌時葬老山程家坪乾山巽向氏卒同治十年辛未二月十二日午時葬祖塋

顯泉 行一

字應濤號泉太學生生道光十年庚寅正月十五日申時娶住氏生道光十九年己亥三月初七日亥時生二子　興　順

生三女長適潘維松　次適潘家選

三適王路道

公卒同治十一年壬申八月十四日亥時

氏卒光緒九年癸未九月二十六日未時

公氏葬大獐磯山

承興 行一

字春茂生咸豐六年丙辰七月二十一日未時娶上洲三甲村陳氏生咸豐七年丁巳十一月十一日戌時生三子　繁　昌

陞　昌出繼弟承順　陞出繼士松

公支下承銓

公卒光緒二十八年壬寅十二月二十七日酉時

氏卒民國二十一年壬申九月初四日申時

公氏葬照面山

佑繁 行一

生光緒三年丁丑九月初十日辰時娶劉氏生年未詳生一子　賢早卒以世紹公支下佑綜次子啟茂爲嗣

公卒宣統元年己酉九月二十八日亥時葬照面山

啟賢 行一

生光緒三十一年乙巳正月三十日丑時未娶以啟茂長子爲嗣

公卒民國七年戊午正月二十一日辰時葬照面山

啟茂 行二

生光緒二十八年壬寅八月十八日未時娶高家村高得炳女生光緒二十九年癸卯十月二十五日丑時[illegible]

葬未詳

林口艾廣成長女生光緒二十七年辛丑七月三十日丁時生女二長適老圩[illegible]世明三子次適頭廠童天祥長子

承順 行二

字翼雲號鵬邑庠生生咸豐八年戊午十二月十九日寅時娶萬縣鎮程氏生咸豐十年庚申七月二十三日丑時生女一適繁昌城內葛子謙以兄承興次子佑昌

佑昌 行二

字銳生生光緒九年癸未六月十三日巳時娶汪氏生年未詳生一女啟民適蕪湖澗溝王家聲次子道德以世縉公支下佑森長子啟堯為嗣公卒民國元年壬

啟堯 行一

生民國十六年丁卯十月二十六日丑時娶板陡門王氏生民國十七年戊辰十二月初七日寅時

宗衡嗣子

寬仁 行一

字樂山生道光十八年戊戌十月十四日亥時未娶以寬溥次子顯金兼祧爲嗣公卒葬未詳

爲嗣公卒光緒二十二年丙申十一月初八日未時葬照面山氏卒民國二十五年丙子十一月二十二日子時葬照面山與嫂陳合墓

子九月初二日巳時葬照面山

宗鍇子

寬溥 行一
字榮發生道光十七年丁酉四月十一日巳時娶潘氏生道光二十四年甲辰四月二十二日亥時生二子鋉　金　鋉出繼寬義寬智雙祧旁嗣　金兼祧寬仁公卒同治四年乙丑十一月二十四日未時氏卒光緒二十六年庚子四月二十二日亥時公氏葬祖塋

顯金 行二
字少安生光緒二年丙子十月十二日午時娶陳氏生光緒十年甲申十二月二十六日亥時生二子恩　惠　恩隨伯顯鋉接仁恬公裔一女陳氏卒民國二十七年戊寅又七月二十九日亥時繼娶唐氏生光緒二十二年丙申五月初六日辰時生女一

承惠 行二
生民國十一年壬戌十二月十一日丑時娶唐氏生民國十五年丙寅九月十六日亥時生子　民　民出繼士松公支下承濱爲嗣

鍔錩嗣子

宗鑑四子

寬義 行二

生道光二十一年辛丑十一月初十日戌時未娶
以寬溥長子顯鉢與弟寬智雙祧爲嗣
公卒年未詳葬老山程家坦申山寅向

寬智 行四

字樂水生道光二十七年丁未十二月二十六日未時未娶
以寬溥長子顯鉢與兄寬義雙祧爲嗣
公卒葬未詳

顯鉢 行一

生同治十二年癸酉十一月初一日午時未娶
以弟顯金長子承恩爲嗣
公卒葬未詳

承恩 行一

生光緒二十九年癸卯六月初二日未時娶姚氏生光緒三十四年戊申九月初六日未時
生　子　民

佑民 行一

生民國十七年戊辰七月二十五日子時娶　氏生民國二十一年壬申八月初六日申時

十六世

啟興長子
廣德行一
字恣民號潤身生民國三十三年甲申六月二十四日辰時

啟新子
廣暹行一
字東山生民國十五年丙寅十一月初六日巳時

十七世

十八世

十九世

萬萬世

文憲公世系補遺表

頁數	面別	派名	娶氏	補遺
九	正	宗泌	原娶潘	生四月二十七日午時 卒四月十九日寅時
十二	正	元宰	繼娶姚	生三月初九日戌時 卒十月十七日卯時
十三	背	宗鏞		生四月二十八日亥時 卒六月初十日巳時
十四	正	仁愷	娶陳氏	生正月初九日卯時 卒八月二十三日亥時
十六	正	宗藹	娶張氏	生六月十六日亥時 卒九月十六日丑時
十九	正	承雲	娶朱氏	卒光緒十六年庚寅十一月初四日亥時

謝氏宗譜　卷六　寶樹堂

謝氏宗譜

戊子四月吳湘恒

卷九

字號

卷九

世鳳公世系

正時公世系

金公世系

遺名總錄

繁陽謝氏宗譜卷九分目

梅山口世鳳公世系圖傳

荻港正時公世系圖傳

繁陽謝氏聯宗纂譜小序　一德撰

范冲金公世系圖傳

金公支承宗分世系圖傳

金公支承堯分世系圖傳

金公支承舜分世系圖傳

承舜分立基系圖傳

承舜分立俊系圖傳

承舜分立信系圖傳

承舜分立位系圖傳
金公支承啟分世系圖傳
承啟分立紳系圖傳
承啟分立智系圖傳
承啟分立維系圖傳
遺名總錄序　鴻軒撰
遺名總錄
告遷繫歷代先遠考妣遺靈文　顯達撰

繁陽梅山口世鳳公世系圖傳

三省長子

三世

世鳳 行一
字儀卿生嘉靖辛酉年娶砦田胡氏生二子 心 惠 公氏卒葬未詳

四世

艮心 行一
生萬歷丁亥年娶 氏生一子 時習 公氏卒葬未詳

艮惠 行二
生萬歷乙未年娶方氏生一子 時寵

五世

時習
生卒葬未詳娶程氏生一子 國熙 氏生卒葬未詳

時寵
生卒葬未詳娶 氏生一子 國名

六世

國熙
生康熙十六年丁巳十二月初九日子時娶 氏生一子 士甲 公卒雍正十三年乙卯八月二十九日子時 氏生卒未詳

國名
生卒葬未詳娶張氏生一子

七世

士甲
字家宜娶 氏隨房兄士傳遷繁生一子 仁恒 公氏生卒葬俱未詳

士傳
生康熙二十九年庚午四月二十二

士中子

八世

仁恒
生卒葬未詳
以仁春次子元耀
爲嗣

龍
公氏卒葬未詳

九世

元耀 行二
乳名耀兒生卒葬
失考
以兄元發子宗昌
兼祧爲嗣

氏生卒葬失考

十世

士傅
氏生卒葬失考

十一世

日寅時娶趙氏
遷居縈昌梅山口
生一子　仁春
公卒乾隆十一年
丙寅五月二十日
未時
公葬未詳
氏生卒葬未詳

十二世

士傳子

仁春

生卒葬失考娶氏生二子　元發　元耀　耀出繼仁恒

元發 行一

乳名發兒生卒葬失考娶　氏生一子　宗昌兼祧元耀

宗昌

字其昌生乾隆五十二年丁未五月二十六日酉時娶馬氏生失考生一子　貴

公卒道光二十九年己酉六月初四日寅時

氏卒嘉慶十五年庚午合葬白象山虎形酉南向

寬貴

字之貴娶湯氏生三子　興　行　輝

公氏生卒失考合葬白象山虎形

顯興 行一

字正興生嘉慶二十四年己卯十月初七日亥時卒同治十年辛未十二月初二日卯時葬關口朱山

以鍠公支下裔孫承榮爲嗣

顯行 行二

字正行生嘉慶二十五年庚辰五月二十六日申時

以胞弟輝子承喜兼祧爲嗣

公卒同治十二年

甲戌九月初三日
申時葬小塘上松
園山西向

顯輝行三
字正輝生道光三
年癸未二月初五
日亥時娶李氏生
道光三年癸未九
月十二日子時生
一子　喜兼祧顯
行　生一女適王
姓
公卒光緒十三年
丁亥十月初七日
亥時
氏卒光緒十四年
戊子八月十四日
午時合葬李家店
後山西向

顯興嗣子

十三世

承榮

生卒葬失考以承喜長子佑清爲嗣

十四世

佑清 行一

字官清生光緒十一年乙酉九月十四日午時娶小仙沖陳有進女生光緒十五年己丑正月十二日子時生一子　發　生女二長適操家倆操興楷　次適小仙沖陳開銀公卒民國二十八年己卯十月初二日卯時氏卒民國十二年癸亥十一月二十九日子時合葬李家店後山西向

十五世

啟發

字清發生民國六年丁巳五月二十一日巳時娶河西湯光勝女生民國五年丙辰六月初四日巳時生　女廣枝字高河埂高姓

十六世

萬萬世

顯輝子

承喜

字順喜生咸豐三年癸丑二月二十四日巳時娶小礚山白角樹李雲州女生咸豐三年癸丑八月十二日亥時生二子 清興 清出繼承榮 生女三長適焦家沖徐姓 次適小礚山李世根 三適孫家沖孫道正

公卒民國二年癸丑二月二十九日巳時

氏卒光緒二十七年辛丑正月初五日亥時合葬李家店後山

佑興 行二

字官興生光緒十四年戊子十月十四日娶鮑氏生一子 富 生女一適草山頭李應昂

公卒民國二十八年己卯十二月十五日酉時葬李家店後山

啟富

字清富生民國十七年戊辰十二月十四日巳時娶李冲操明有女生民國二十年辛未十一月十一日巳時

繁陽荻港正時公世系圖傳

德奎長子

四世

正時 行一

字允中生嘉靖二十六年丁未十月初二日辰時娶潛口汪氏生嘉靖二十七年戊申八月十四日亥時卒萬歷十七年己丑八月初七日丑時繼繁昌縣蕭氏生嘉靖四十二年癸亥二月十六日寅時生五子　讓　詔　諫　試　誥　公卒于誥遷居繁昌荻港爲繁陽支派公及蕭氏卒葬均失考

五世

廷誥 行五

字伯榮隨父遷荻港生萬歷二十四年丙申六月初四日卯時娶汪氏生失考生一子　桓　公氏卒失考合葬鉗口

六世

國桓

生失考娶何氏生失考生一子　士銘　公氏卒失考合葬鉗口

七世

士銘

字申銘生失考娶仇氏生失考生三子　可　珂　玢　公卒失考　氏卒乾隆四年己未十一月二十二日午時合葬鉗口

八世

仁可 行一

字際可號孔友邑庠生生失考娶氏生一子　元泮　公氏卒失考合葬鉗口

仁珂 行二

字珂號佩友生康熙十三年甲寅九月二十六日未時娶方氏繼陳氏羅

氏曹氏生一子
元棨
公卒乾隆八年癸
亥二月十八日未
時
三氏生卒失考合
葬鉗口

仁玢 行三
字玢號永華生康
熙十五年丙辰十
月初六日亥時娶
　氏生一子　芹
公卒乾隆十二年
丁卯
氏生卒失考合葬
老塋

仁可子

九世

元泮 字泮號紹安廪生生康熙四十三年甲申八月初九日辰時娶 氏生四子 發 强 剛 毅 公卒乾隆四年己未三月十一日子時 氏生卒失考

十世

宗發 行一 字世發生失考以胞弟强長子寬裕爲嗣 公卒葬失考

宗强 行二 字世强娶 氏生四子 裕 祿 禎 祺 裕出繼兄宗發 禎出繼弟宗剛 祺出繼仁玢公支下宗炯 公氏生卒葬失考

十一世

寬裕 行一 字發裕號慶華生失考娶程氏生失考生一子 楷 公氏卒失考合葬青石棚中湾棠樹壠

寬祿 行二 字發祿號慶鐘娶俞氏生一子 泰 公氏生卒失考合葬青石棚右首竹園山

十二世

顯楷 字其楷號國材生失考娶仇氏生失考生一子 興兼祧顯泰 公氏合葬青石棚右首竹園山

顯泰 字其泰號景先娶王氏 以堂弟顯楷子承興兼祧爲嗣 公氏生卒失考合葬景樹墩

十三世

承興 行一 字祥興號德隆娶王氏 以仁珂公支下承鏡次子佑祚爲嗣 公氏生卒葬失考

宗剛 行三
字世剛
以兄宗强三子寬
禎爲嗣兼祧宗毅
生卒葬失考

寬禎 行三
字發禎號慶樑國
學生娶吳氏生二
子　標　松
公氏生卒失考
公葬景樹墩
氏葬岩裏周

顯標 行一
字其標號廷楷國
學生生乾隆三十
五年庚寅七月二
十日子時娶江氏
生失考生二子
馨　富　馨兼祧
顯松　富出繼仁
珂公支下顯燕爲
嗣
公卒道光二十三
年癸卯九月初二
日戌時
氏卒失考合葬自
紫山巴毛脚下平
地山勘

承馨 行一
字祥馨號振聲生
嘉慶二十三年戊
寅四月二十四日
巳時娶張氏生失
考生一子　勝
公卒光緒八年壬
午十一月二十八
日子時
氏卒失考合葬老
塋

宗毅行四

字世毅以宗剛嗣子寬禎兼祧爲嗣生卒葬失考

顯松行二

字其松號雲莊娶畢氏繼娶秦氏生一子 承璽出繼顯相爲嗣兼祧顯棟後無傳以顯標子承馨兼祧爲嗣公與二氏生卒失考合葬大地門首

仁珂子

元宋

字宋號紹玄生康熙五十六年丁酉二月十九日酉時娶王氏生康熙五十七年戊戌三月二十六日寅時生二子　灴　熉　公卒乾隆二十二年丁丑正月二十七日亥時氏卒乾隆二十六年辛巳十一月十一日戌時合葬鉗口

宗灴行一

字灴號盛暘生乾隆二年丁巳八月十七日卯時娶馬塘埂李氏生乾隆四年己未四月初五日戌時生一子　鏞兼祧宗熉　公卒嘉慶三年戊午三月十八日酉時氏卒嘉慶元年丙辰六月二十日丑時合葬黃家山江猪拜浪

寬鏞

字發鏞號德清生乾隆二十四年己卯四月二十六日巳時娶城內閔氏生乾隆二十四年己卯八月二十四日巳時生四子　杰　樵　鰲　煦　公卒嘉慶九年甲子十一月二十三日未時氏卒道光四年甲申十月十六日亥時合葬五里碑清水塘

顯杰行一

字其杰號廷芳生乾隆四十三年戊戌十一月二十九日戌時娶城內閔氏繼方氏黃氏以顯樵子承斌兼祧爲嗣　公卒咸豐元年辛亥二月二十日酉時　閔方黃三氏生卒失考合葬黃家山汇猪拜浪

顯樵 行二

字其樵號漢臣生乾隆四十六年辛丑九月二十三日亥時娶馮塘埂李氏生乾隆四十七年壬寅六月初二日子時生一子鏡出繼顯鰲兼祧顯煦繼本鎮張氏生乾隆五十一年丙午六月十七日辰時生一子斌兼祧顯杰公卒咸豐六年丙辰七月初三日丑時李氏卒嘉慶十年乙丑四月二十二日戌時合葬五里碑清水塘張氏卒道光二年

承斌 行二

字祥斌號冠羣國學生生嘉慶二十四年己卯十一月二十八日巳時娶馬塘埂李氏生嘉慶二十三年戊寅十二月初六日寅時生二子英出繼仁玢和英出繼仁玢公支下承釁公卒光緒十一年辛卯十月二十四日辰時氏卒光緒九年癸未四月二十二日戌時合葬老塋

壬午八月初九日申時葬五里碑黄金冲

顯鰲行三

字其鰲號清洲生乾隆四十九年甲辰九月初五日酉時

以顯樵長子承鏡為嗣兼祧顯煦

公卒道光四年甲申十一月十四日亥時葬青山冲土地廟下首

承鏡行一

字祥鏡號沛然生嘉慶十一年丙寅三月十四日卯時

娶方氏生嘉慶十九年甲戌三月十四日酉時生二子

仁　純　純出繼仁可公支下承典為嗣

公卒道光二十四年甲辰十二月二十五日戌時

氏卒同治元年壬

顯煦行四

字其煦號海舟生乾隆五十二年丁未四月十八日子時娶仇氏繼葉氏以顯熬嗣子承鏡兼祧爲嗣公卒咸豐三年癸丑四月十四日未時仇葉二氏生卒失考合葬黄家山江猪拜涙

戊五月十六日巳時合葬黄家山江猪拜涙

宗熉 行二

字熉號扶九生乾隆四年己未十一月初二日辰時娶周氏繼李氏以宗炷子寬鏞兼祧爲嗣公卒失考周李二氏生卒失考合葬老塋

仁玢子

元芹

字芹號採賓生康熙五十九年庚子五月十四日未時娶楊州李氏生康熙六十年辛丑八月二十日未時生

宗烱

字烱生失考以仁可公支下宗强四子寬祺爲嗣公卒葬失考

寬祺 行四

字發祺號慶璋生失考娶胡氏生失考生六子

燕　勷　銓　柏　相　棟

公氏卒葬失考

顯燕 行一

字其燕生卒失考以仁可公支下顯標次子承富爲嗣兼祧顯勷公葬失考

承富 行二

字祥富號榮貴娶袁氏生一子

茂

公氏生卒失考合葬自柴山巴毛脚下平地山坳

一子　宗烱
公卒乾隆三十六年辛卯三月初三日丑時
氏卒失考合葬老塋

顯勳 行二
字其勳號秉中生乾隆五十七年壬子九月初二日申時娶木鎮洪氏生卒失考
以顯燕嗣子承富兼祧爲嗣
公卒咸豐八年戊午十二月二十一日丑時葬五里清水塘上同母合墓
氏葬黃家山江猪拜浪

顯銓 行三
字其銓號錦榮生卒失考娶周氏生

卒失考
以顯柏子承鴻兼
祧爲嗣
公葬老塋

顯柏 行四
字其柏號長青生
失考娶汪氏生失
考生一子　鴻兼
祧顯銓
公卒葬失考

承鴻
字祥鴻生失考娶
王氏生失考生一
子　友
公氏卒葬失考

顯相 行五

字其相生卒失考以仁可公支下顯松子承贇爲嗣兼祧顯棟公葬失考

顯棟 行六

字其棟生卒失考以顯相嗣子承贇兼祧爲嗣公葬失考

承贇

字祥贇號華文生卒失考娶周氏生卒失考以仁珂公支下承斌長子伯英爲嗣公氏葬失考

十四世

承興嗣子

佑純 行二

字謹純號鶴齡生道光二十二年壬寅三月初四日申時

以仁珂公支下佑和三子啟樑爲嗣兼祧佑勝

公卒同治元年壬戌十月十一日申時葬黃家山

承馨子

佑勝

字謹勝以佑純嗣子啟樑兼祧爲嗣

生卒葬失考

十五世

啟樑 行三

字守樑號健國本邑蔡港小學畢業生民國十四年乙丑二月十八日午時娶永保鄉俞俊秀次女生民國十四年乙丑十一月初八日卯時生

子　廣焜出繼仁玢公支下啟材爲嗣兼祧啟楨

十六世

十七世

十八世

康鉞子

佑和 行二

字謹和號炳章亦號煥文郡庠生光緒十六年加貢生生咸豐元年辛亥閏八月二十八日子時娶恁定圩慶可福公三女生咸豐六年丙辰八月十三日巳時卒同治十三年甲戌七月十三日申時葬江猪拌浪繼娶藕村圩畢仕藝公長女〃咸豐十一年辛酉正月二十三日亥時卒民國十九年庚午八月三十日丑時繼陳氏生光緒三年丁丑五月二十四日亥時卒光緒二十三年丁酉九

啟棟 行二

字守棟號建安安徽省立第十二中學畢業生民國十年辛酉十二月十七日寅時娶銅陵鐘鳴鄉阮愷慈次女生民國八年己未七月初六日卯時

月初七日子時葬
江猪拜浪
繼揚洲蔡石泉長
女生光緒八年壬
午八月二十九日
卯時生一子　材
出繼仁玢公支下
佑茂　生女一適
本鎮仇文煥長子
蔡氏辛民國元年
壬子十二月初四
日卯時葬五里碑
清水塘
繼無錫劉啟銀次
女生光緒六年庚
辰十二月十八日
亥時生二子　棟
　樑　樑出繼仁
可公支下佑純兼
祧佑勝　棟兼祧
佑仁
生女二長適永保
鄉[illegible]三子
头[illegible]渐[illegible]道

生次子

公卒民國十五年丙寅正月二十五日未時

劉氏卒民國三十四年乙酉三月初六日亥時

公與畢劉二氏合葬慶家冲

承鏡子

佑仁 行一

字謹仁號新兒生道光十六年丙申九月二十四日未時娶何氏生卒失考

以佑和次子啟棟兼祧爲嗣

公卒道光三十年

庚戌合葬老塋

承富子

佑茂

字謹茂生卒失考以仁珂公支下佑和長子啟材爲嗣公葬失考

啟材 行一

字守材號幹成生光緒二十六年庚子　月　日巳時以仁可公支下啟樑長子廣焜爲嗣兼祧啟楨公卒民國七年戊午九月十八日亥時葬金竹凹與佑英合墓

廣焜 行一

字亞生民國三十四年乙酉十一月十九日午時

承鴻子

佑友

字謹友生卒失考娶吴氏生卒失考以佑英子啟楨兼祧爲嗣公氏葬失考

承爕嗣子

佑英行一

字謹英號允寬生道光二十二年壬寅十一月初五日子時娶萬氏生道光十九年己亥五月二十二日亥時生一子　楨兼祧佑友公卒光緒二十一年乙未十月二十四日子時

啟楨

字守楨號茂有生同治九年庚午六月二十九日寅時娶本鎮程氏生同治十一年壬申正月二十三日寅時以啟材嗣子廣焜兼祧爲嗣公卒光緒十八年壬辰九月初三日寅時

氏卒光緒二十四年戊戌六月十五日申時合葬金竹凹

氏卒民國　年　月　日　時合葬江猪拜浪

十九世

二十世

廿一世

廿二世

萬萬世

繁陽謝氏聯宗纂譜小序

家之有乘猶國之有史也國史所以誌賢愚辨忠奸演代傳統家乘也者所以叙昭穆别親疏盡收族敬宗之能事焉廼國族之基層在宗族宗族之基層在家族盖所以能維繫宗族之世系團結家族之組織使一本不致散爲萬殊一脉不致流爲萬派端唯譜牒是賴者焉溯我先祖金公爲繁陽莅冲有譜以來之熇矢迭遭兵燹雖先公代不乏乎迯者然皆付諸灰燼手澤無存胞兄葆先與一德等難後餘生繼承

血胤爰於民國甲申孟秋集議纂修支乘搜集散軼證諸殘篇八越月而功告竣考我謝氏發祥之地屬夫會稽或遷於皖或衍於贛鄱陽吾宗流傳而爲一脉者豈僅我茫冲一系耶支分派別集體無從胥盱思維引爲憾事今春一德於從公之下獲遇洋夾沙宗人鴻軒先生榮膺國民大會代表望尊鄉黨造福桑梓談及譜牒系統稽考事實同出太傅公支下林公之裔有條不紊承鴻軒先生倡議聯宗纂譜一德之胞兄賢等咸毅然而樂從之然亦木本水源久分

而必合之義也從茲揭曉親疏明辨行派整理文獻
表列世系不特符節若合大義親匕且彼此不致有
郭崇韜泣拜汾陽墓之誚也特誌聯宗纂譜之顛末
以爲萬世奕葉之觀摩云

歲在

中華民國三十八年歲次己丑仲春月

裔孫一德拜撰

繁陽范冲金公世系圖傳

明蘭子

五世

金公

字玉堂號逸如因時變棄儒經商見吾繁范冲山水清幽民風淳古遂奠居焉是以吾派尊公爲遷繁始祖篤信佛老晚年茹素道服有飄然世外之慨生萬歷十四年丙戌三月初八日巳時娶章氏生萬歷十六年戊子五月二十八日卯時繼戴氏生萬歷二十年壬辰正月初五日申時生五子 祖 宗 堯 舜 啟

六世

承祖 行一

字靜清好讀書喜清靜崇拜佛老有父風焉事親至孝愛弟至篤嘗謂人曰吾所求者堂上雙安弟輩成立願已足矣亡則堅持不娶後隱居梅嶺之西建庵供佛誦經茹素以終生萬歷四十二年甲寅五月十三日卯時卒康熙二十三年甲子正月十九日辰時享年七十一歲葬梅嶺庵後有碑

公卒康熙八年己酉八月十一日丑時享年八十四歲
章氏卒萬曆四十五年丁巳二月十三日亥時
戴氏卒康熙元年壬寅十二月初六日戌時
公與二氏合葬焦家冲駱駝現包東北向有碑

承宗 行二
年表詳分系

承堯 行三
年表詳分系

承舜 行四
年表詳分系

承啟 行五
年表詳分系

金公支承宗分世系圖傳

金公次子

六世

承宗 行二

娶　氏生一子

紀

公氏生卒失考俱葬老塋

七世

立紀

生卒葬失考

以承舜分立基長子有派爲嗣

八世

有派 行一

生康熙二十四年乙丑九月初九日戌時娶楊氏生康熙二十五年丙寅八月十五日卯時生二子　時　川

公卒乾隆十年乙丑十一月初五日辰時

氏卒乾隆十二年丁卯五月二十六日亥時俱葬黃土壠有碑

九世

大時 行一

生雍正元年癸卯正月初四日辰時娶　氏生雍正三年乙巳五月二十六日巳時生一子

存

公氏卒失考俱葬老塋

大川 行二

生雍正三年乙巳四月二十九日午

十世

道存

生乾隆二十二年丁丑六月十九日子時娶張氏生乾隆三十年乙酉八月十二日酉時生二子　悍　值

公氏卒失考俱葬老塋

道御

生乾隆二十四年己卯十月十三日

道存長子

十一世

忠悍行一

生乾隆五十九年甲寅二月初二日亥時以胞弟忠值長子艮全爲嗣公卒葬失考

十二世

艮全行一

生道光五年乙酉三月十七日戌時娶　氏生失考生一子　惠兼祧艮貴公氏卒葬失考

十三世

正惠

生道光二十年庚戌正月初四日卯時娶　氏生失考生一子　義公氏卒葬失考

十四世

一義

生卒葬失考以承舜分立俊系一旺三子邦餘爲嗣兼祧一文

十五世

邦餘行三

字泮文生民國十八年己巳六月初六日未時

時娶洪氏生雍正三年乙巳五月初八日午時生一子　御公氏卒葬失考

寅時娶何氏生失考生三子　南　順　庭公氏卒失考俱葬黃土壠有碑

道存次子

忠值 行二

生嘉慶元年丙辰九月初三日未時娶艾氏生失考生二子　全　貴全出繼胞兄忠悍公氏卒葬失考

良貴 行二

生道光七年丁亥七月十七日申時娶　氏生失考以良全子正惠兼祧爲嗣公氏卒葬失考

道御長子

忠南 行一

娶　氏以立俊系忠容次子良文爲嗣公氏生卒葬失考

良文 行二

娶　氏生一子水公氏生卒葬失考

正水

娶　氏生一子文兼祧正邦公氏生卒葬失考

一文

生卒葬失考以一義嗣子邦餘兼祧爲嗣

十六世

道御次子
忠順 行二
生乾隆六十年乙卯八月十二日卯時娶　氏生嘉慶四年己未二月初九日丑時生一子
雪
公氏卒葬失考

道御三子
忠庭 行三
公氏生卒葬失考
以立俊系忠福次子艮聖爲嗣

十七世

艮雪
生道光五年乙酉十二月初十日子時娶　氏生道光六年丙戌十一月十六日申時生一子　邦兼祧艮聖
公氏卒葬失考

艮聖 行二
公氏生卒葬失考
以艮雪子正邦兼祧爲嗣

十八世

正邦
生咸豐元年辛亥五月二十七日午時
以正水子一文兼祧爲嗣
公卒葬失考

十九世

萬萬世

金公支承堯分世系圖傳

錄公
三子

六世

承堯行三
字敬夫娶吳氏生
二子　惠　仁
公氏生卒葬失考

七世

立惠行一
生卒葬失考
以承啟分立紳三
子有槐爲嗣

八世

有槐行三
生康熙二十五年
丙寅六月初四日
丑時娶陳氏生康
熙二十六年丁卯
十一月二十四日
戌時
以□啟分有傑三
子大璵□嗣
公氏卒葬失考

九世

大璵行三
生康熙五十四年
乙未五月十三日
卯時娶　氏生康
熙五十四年乙未
七月初一日巳時
生四子　墀　埈
位　璽
公氏卒失考
公葬黄土壠與吳
母合墓
氏葬失考

十世

道墀行一
娶　氏生一子
慶
公氏生卒葬失考

道埈行二
娶　氏生一子
托
公氏生卒葬失考

道位行三
娶劉氏
以立紳系道山四
子忠德爲嗣
公氏生卒葬失考

立仁 行二
公氏生卒葬失考
以祇啟公立祥因
子有楨爲嗣

有楨 行四
公氏生卒葬失考
以祇啟公有標次
子大炎爲嗣

大炎 行二
生康熙五十二年
癸巳十一月初九
日申時娶何氏生
康熙五十二年癸
巳三月二十六日
午時生二子　灣
　縷
公氏卒葬失考

道璽 行四
娶馬氏
以立神系道山五
子忠孝爲嗣
公氏生卒失考
公葬葳塘稍有碑
氏葬失考

道灣 行一
公氏生卒葬失考
生一子　有

道[illegible] 行二
娶淩氏生一子
生

道墀子

十一世

忠慶

娶徐氏生一子
思
公氏生卒葬失考

十二世

良思

公氏生卒葬失考
以立神系良平次
子正本爲嗣兼祧
良浩

十三世

正本 行二

生道光二十七年
丁未十月二十七
日申時娶　氏
以立神系正棠次
子一魁爲嗣兼祧
正儒
公卒光緒二十九
年癸卯二月十六
日午時
氏生卒失考俱葬
老塋

十四世

一魁 行二

公氏生卒葬失考
以立維系一賢次
子邦平爲嗣兼祧
一纘

十五世

邦平 行二

生民國三十一年
壬午十二月二十
四日子時

公氏生卒失考
公葬戍姑稍有碑
氏葬失考

道埈子
忠托
娶俞氏生一子浩
公氏生卒葬失考

道位嗣子
忠德行四
公氏生卒葬失考
以立紳系忠鈐次子艮瑜為嗣

道璽嗣子
忠孝行五
公氏生卒葬失考
以立紳系忠鈐三子艮純為嗣

艮浩
公氏生卒葬失考
以艮思嗣子正本兼祧為嗣

艮瑜行二
公氏生卒葬失考
以立紳系艮臣三子正儒為嗣兼祧艮純

艮純行三
公氏生卒葬失考
以艮瑜嗣子正儒兼祧為嗣

正儒行三
公氏生卒葬失考
以正本嗣子一魁兼祧為嗣

道濟
子

道褸
子

忠有
娶　氏生一子
貴
公氏生卒葬失考

忠生
娶艾氏繼牧氏生
三子　玉　德
淳
公與二氏生卒失
考葬蕨塘稍有碑
二氏葬梅嶺脚有
碑

艮貴
娶張氏
以立紳系艮江次
子正振爲嗣兼祧
艮玉
公氏生卒葬失考

艮玉 行一
公氏生卒葬失考
以艮貴嗣子正振
兼祧爲嗣

艮德 行二
公氏生卒葬失考
以立紳系艮彩次

正振 行二
娶　氏生一子
纘兼祧正播
公氏生卒葬失考

正播 行二
公氏生卒葬失考
以正振子一纘兼

一纘
公氏生卒葬失考
以一魁嗣子邦平
兼祧爲嗣

子正播爲嗣兼祧胞弟艮淳

祧爲嗣

十六世

十七世

艮淳行三

公氏生卒葬失考以胞兄艮德嗣子正播兼祧爲嗣

十八世

十九世

萬萬世

金公支承舜分世系圖傳

金公四子

六世

承舜 行四

字舜卿皇清例贈登仕郎生泰昌元年庚申四月初九日辰時娶徐氏生天啟元年辛酉十月二十一日未時生四子 基 俊 信 位

公卒康熙三十五年丙子六月十二日午時

氏卒康熙三十年辛未七月三十日卯時

公葬宅北園山龜形有碑

氏卒葬失考

七世

立基 行一

生順治五年戊子三月二十二日寅時娶莫氏生順治六年己丑十月十五日子時生二子 派 玉 派出繼承宗分立紀

公卒康熙五十年辛卯三月二十八日丑時

氏卒康熙五十六年丁酉十二月初六日巳時

公氏葬失考

八世

有玉 行二

生康熙二十六年丁卯七月十五日子時娶牧氏生康熙二十七年戊辰正月初一日午時生三子 緒 仕 崇

公卒乾隆三年戊午二月二十日巳時

氏卒乾隆十三年戊辰五月十三日未時

公氏葬失考

九世

大緒 行一

生雍正四年丙午五月十一日丑時娶吳氏生雍正五年丁未六月三十日酉時生一子 崇

公氏卒葬失考

十世

道崇

生乾隆二十年乙亥八月二十三日辰時娶 氏生乾隆二十年乙亥五月十六日戌時生三子 心 芳 寶

公卒嘉慶十年乙丑九月初五日卯時葬失考

氏卒葬失考

大仕 行二

生雍正六年戊申七月初十日巳時娶葉氏生雍正九年辛亥九月十五日申時生一子培兼祧胞弟大紫公氏卒葬失考

大紫 行三

生雍正八年庚戌七月十八日酉時以胞兄大仕子道培兼祧爲嗣公氏卒葬失考

道培

生乾隆二十一年丙子十月十三日未時娶鄭氏生乾隆二十一年丙子五月初五日午時生二子　溶　潤　公氏卒葬失考

立俊 行二

生順治七年庚寅四月十二日未時娶牧氏生順治九年壬辰六月三十日巳時生二子 泮 淵 公卒康熙五十八年己亥三月十九日申時 氏卒康熙五十六年丁酉十月初三日寅時俱葬黃土壠東南向有碑

有泮 行一

生康熙二十年辛酉十一月十八日卯時娶范氏生康熙二十八年己巳三月十二日寅時生三子 車 恰 治 公卒乾隆九年甲子正月十五日午時 氏卒乾隆八年癸亥四月二十一日巳時 公葬失考 氏葬黃土壠有碑

大車 行一

生雍正元年癸卯十二月初一日子時娶張氏生雍正十年壬子三月十六日丑時生二子 志 襲 公卒嘉慶三年戊午十月初九日卯時 氏卒嘉慶五年庚申十一月十五日寅時合葬黃土壠有碑

道志 行一

生乾隆二十年乙亥九月十一日辰時娶萬氏生乾隆二十年乙亥八月二十三日未時生四子 秀 保 芳 明 公卒道光元年辛巳九月初九日亥時葬龜形有碑 氏卒葬失考

道雙 行二

生乾隆三十年乙酉五月十三日午

大怡 行二

生雍正四年丙午四月二十六日申時娶牧氏生乾隆元年丙辰六月十一日酉時生三子

時娶王氏生乾隆三十八年癸巳七月二十五日卯時生三子　義　朝　牛

公卒咸豐十年庚申八月十九日酉時

氏卒咸豐五年乙卯正月二十七日丑時俱葬龜形有碑

道德 行一

生乾隆三十年乙酉五月初五日卯時娶周氏生乾隆三十六年辛卯十月二十七日戌時

德　存　廣
廣出繼大治
公卒嘉慶元年丙
辰七月十三日巳
時
氏卒嘉慶五年庚
申七月初一日未
時合葬龜形有碑

生二子　國　正
公卒道光十五年
乙未九月十四日
亥時
氏卒道光十五年
乙未六月十八日
巳時
公葬黄土壠有碑
氏葬陶家塘背有
碑

道存 行二
生乾隆三十七年
壬辰九月十一日
寅時娶范氏生失
考繼王氏生乾隆
四十四年己亥三
月十四日亥時生
二子　宏　容
公卒道光十二年

壬辰十一月三十
日子時
公葬團山龜形有
碑
二氏卒葬失考

大治 行三

生雍正六年戊申
二月十四日丑時
娶王氏生雍正十
年壬子三月十一
日申時
以胞兄大恰三子
道廣爲嗣
公卒嘉慶五年庚
申九月十三日辰
時葬黃土壠
氏卒葬失考

道廣 行三

生乾隆三十二年
丁亥四月十六日
卯時娶范氏生乾
隆三十一年丙戌
正月二十日午時
生五子　星　品
新　庠　分
公氏卒葬失考

有淵 行二

生康熙二十四年乙丑八月十五日卯時娶吳氏生康熙二十五年丙寅五月初五日寅時生二子 佐 映 公卒乾隆十七年壬申十二月二十日未時氏卒乾隆十八年癸酉六月十九日戌時俱葬黃土壠有碑

大佐 行一

生康熙四十四年乙酉三月初三日子時娶范氏生康熙五十二年癸巳四月十七日戌時生四子 嘉 宗 永 境 公氏卒失考合葬黃土壠有碑

道嘉 行一

生雍正十三年乙卯五月初十日巳時娶傅氏生雍正十三年乙卯七月初五日亥時生四子 鍔 寅 銘 書 公氏卒葬失考

道宗 行二

生乾隆四年己未七月初七日卯時娶潘氏生二子 賜 朝 繼高氏生二子 福 祚

公卒失考葬龜形
二氏生卒失考俱
葬傅家塢有碑

道承 行三
生乾隆八年癸亥
五月初八日申時
娶范氏生乾隆八
年癸亥十二月二
十四日子時生三
子　國　立　幹
公氏卒失考俱葬
龜形有碑

大映 行二

生康熙四十八年己丑正月二十日戌時娶范氏生康熙五十四年乙未二月十三日巳時

道聽

生乾隆十年乙丑五月二十三日辰時娶胡氏生乾隆十年乙丑六月十一日亥時生二子

道境 行四

生乾隆十二年丁卯九月十一日巳時娶張氏生乾隆八年癸亥三月初九日未時生四子

恩　銀　勇

淳

公氏卒失考俱葬黃土壟有碑

立信行三

生順治九年壬辰
正月初六日丑時
娶　氏生順治十
二年乙未四月十
七日巳時生三子
　源　澄　沛
公卒康熙五十三
年甲午八月三十
日辰時
氏卒康熙五十八
年己亥十月十四
日未時
公葬黃土壠有碑
氏葬失考

有源行一

生康熙十八年己
未六月十三日申
時娶李氏生康熙
二十年辛酉七月
二十七日巳時生
二子　紹　逢
公卒雍正十三年
乙卯五月初九日
辰時
氏卒雍正十二年
甲寅六月二十五
日卯時
公葬黃土壠有碑
氏葬失考

生一子　聽
公氏卒失考合葬
龜形有碑

大紹行一

生雍正十年壬子
六月初六日巳時
娶章氏生乾隆二
年丁巳四月十三
日丑時生一子
忠
公氏卒失考合葬
黃土壠有碑

　寶　賓
公氏卒失考俱葬
龜形有碑

進忠

生乾隆三十年乙
酉八月十一日酉
時娶陳氏生乾隆
三十二年丁亥二
月十五日申時生
四子　祝　秋
興　靜
公氏卒失考合葬
黃土壠有碑

大逢 行二

生乾隆二年丁巳八月初九日酉時娶　氏生乾隆二年丁巳五月十九日申時生一子

禖

公氏卒葬考

道禖

生乾隆三十年乙酉正月十五日卯時娶俞氏生失考

生二子　重　茂

公氏卒葬失考

有澄 行二

生康熙二十一年壬戌八月三十日午時娶　氏生康熙二十一年壬戌九月初三日午時

生二子　太　賜

大太 行一

生雍正十一年癸丑十一月初六日寅時

以胞弟大賜子道祟兼祧為嗣

公卒葬失考

公卒乾隆五年庚申十一月初四日亥時
氏卒乾隆十三年戊辰三月初八日巳時
公氏葬失考

有沛 行三
生康熙二十四年乙丑正月十三日申時娶嚴氏生康熙二十八年己巳五月初三日子時
生二子　旺　柏

大賜 行二
生雍正十三年乙卯七月十九日辰時娶　氏生雍正十三年乙卯十二月初二日丑時生一子　崇兼祧胞兄大太
公氏卒葬失考

大旺 行一
生乾隆元年丙辰九月十[illegible]日[illegible]時娶[illegible]氏生[illegible][illegible]年[illegible]辰八月十一日巳時生二子
造　倫　倫出繼

道崇
生乾隆三十二年丁亥六月十六日戌時娶　氏生乾隆三十二年丁亥五月二十[illegible]日丑時生二子　桂
遠
公氏卒葬失考

道造 行一
生乾隆二十八年[illegible]未三月初一日午[illegible][illegible]　氏[illegible]失者生一子　[illegible]
公氏[illegible]葬失考

公卒乾隆十八年癸酉九月十八日丑時
氏卒乾隆十六年辛未二月初二日未時
公氏葬失考

大芳
公氏卒失考俱葬黄土壠有碑

大柏 行二
生乾隆三年戊午七月二十八日申時娶　氏生乾隆三年戊午五月初一日子時生一子
坤
公氏卒葬失考

道坤
生乾隆三十年乙酉十二月十四日丑時娶　氏生一子　旺
公卒葬失考
氏生卒葬失考

立位 行四

生順治十三年丙申三月初八日卯時娶仇氏生順治十三年丙申十二月二十日辰時生二子　法　德

公卒康熙六十年辛丑十一月二十日卯時

氏卒康熙五十二年癸巳六月十四日寅時

公氏葬老塋

有法 行一

生康熙二十年辛酉五月十六日丑時娶胡氏生康熙二十年辛酉四月十二日申時生二子　曉　雲

公卒乾隆十二年丁卯二月初八日巳時

氏卒乾隆五年庚申正月十九日亥時

公氏葬失考

大曉 行一

生乾隆元年丙辰正月十五日卯時娶佘氏生乾隆二年丁巳十一月初七日申時生一子　培

公氏卒葬失考

大雲 行二

生乾隆三年戊午十月十一日戌時娶　氏生失考生一子　春兼祧大茂

公氏卒葬失考

道培

生乾隆三十二年丁亥三月十二日寅時娶茅氏生乾隆三十二年丁亥九月初五日巳時生一子　儼

公氏卒葬失考

道春

生乾隆三十五年庚寅四月二十六日酉時娶李氏生失考生二子　芳　翰

公氏卒葬失考

有德 行二

生康熙二十六年丁卯正月初六日亥時娶　氏生康熙二十八年己巳五月初六日辰時生三子　茂　芳　成

公卒乾隆二十一年丙子正月十七日午時葬失考　氏卒葬失考

大茂 行一

生乾隆二年丁巳七月二十五日午時娶　氏生失考以大雲子道春兼祧爲嗣

公氏卒葬失考

大芳 行二

生乾隆四年己未六月二十六日丑時娶　氏生失考以大旺次子道倫爲嗣兼祧大成

公氏卒葬失考

道倫 行二

生乾隆三十五年庚寅二月十三日卯時娶江氏生失考生二子　立　色

公氏卒失考俱葬龜形有碑

大成行三

生乾隆六年辛酉八月十五日丑時

娶　氏生失考

以胞兄大芳嗣子道倫承祧爲嗣

公氏卒葬失考

承舜分立基世系圖傳

十一世

道崇長子

忠心 行一

生乾隆五十五年庚戌七月十二日午時娶　氏生失考生二子禮　義　義出繼弟忠芳　公氏卒葬失考

道崇次子

忠芳 行二

生卒葬失考以兄忠心次子㫐義爲嗣與祧忠賓

十二世

㫐禮 行一

生嘉慶二十五年庚辰三月初八日戌時娶　氏生失考以㫐義子正江兼祧爲嗣　公氏卒葬失考

㫐義 行二

生道光二年壬午二月十八日亥時娶　氏生失考生

十三世

正江

娶　氏生一子信兼祧正秀　公氏生卒葬失考

十四世

一信

生卒葬失考以立俊系一旺四子邦裕爲嗣

十五世

邦裕 行四

字騐卉生民國二十七年戊寅十一月初七日亥時

一子　正江兼祧
㫒禮
○氏卒葬失考

道崇三子
忠寶行三
生卒葬失考
以胞兄忠芳嗣子
㫒義兼祧爲嗣

道培長子
忠潞行一
生乾隆五十四年
己酉六月二十七
日卯時娶張氏生

㫒喜
娶○氏生一子
秀兼祧㫒林
○氏生卒葬失考

正秀
生卒葬失考
以正江子一信兼
祧爲嗣

乾隆六十年乙卯十二月初五日子時生一子 喜 公氏卒葬失考

道培次子

忠潤 行二

生乾隆五十六年辛亥七月十九日戌時娶 氏生失考生一子 林 公氏卒葬失考

十六世

艮林

生卒葬失考

以艮喜子正秀兼祧倂嗣

十七世

十八世

十九世

萬萬世

承舜分立俊世系圖傳

十一世	十二世	十三世	十四世	十五世
道志長子 **忠秀** 行一 生乾隆五十六年辛亥四月十七日酉時娶　氏生失考生一子　妹 公氏卒失考俱葬園山有碑	**良妹** 生嘉慶二十五年庚辰正月十八日卯時娶桂氏生嘉慶二十五年庚辰四月三十日申時生一子　林兼祧良夏 公氏卒葬失考	**正林** 娶　氏生一子仁兼祧正望 公氏生卒葬失考	**一仁** 生卒葬失考 以一興子邦根兼祧爲嗣	
道志次子 **忠保** 行二 生乾隆五十九年甲寅六月十四日戌時 以忠品次子良夏	**良夏** 行二 娶李氏 以良妹子正林兼祧爲嗣 公氏生卒葬失考			

爲嗣
公卒葬失考

道志三子
忠芬 行三
生嘉慶二年丁巳七月二十八日午時娶周氏生嘉慶三年戊午正月二十五日申時生一子水
公氏卒葬失考

艮水
生卒葬失考以艮賞子正望兼祧爲嗣

道志四子
忠明 行四
生嘉慶五年庚申二月十四日亥時娶氏生嘉慶五
公氏生卒葬失考

艮賞
娶氏生一子正望兼祧艮水

正望
生卒葬失考以正林子一仁兼祧爲嗣

年庚申六月十五
日辰時生一子
賞
公卒道光三十年
庚戌十月初六日
巳時葬失考
氏卒葬失考

道雙
長子

忠義 行一
生嘉慶九年甲子
十月十九日戌時
娶王氏生嘉慶十
五年庚午二月十
五日戊時生四子
敵　興　發
善　發出繼忠朝
善出繼忠十
公卒同治元年壬
戌四月十八日辰
時
氏卒咸豐十一年

艮敵 行一
生道光十五年乙
未四月二十二日
亥時娶汪氏生卒
葬失考繼戴氏生
卒失考繼陳氏生
道光二十五年乙
巳九月二十五日
酉時生一子　春
兼祧艮興
公卒光緒二十五
年己亥十一月二十
一日亥時

正春
生光緒二年丙子
正月初一日巳時
娶徐氏生光緒三
年丁丑十二月十
三日亥時生一子
興
繼劉氏生卒葬失
考生二子　旺
全　興兼祧正喜
旺出繼正發
全出繼正隨　生
一女適西鄉泥山

一興 行一
生光緒十九年癸
巳八月初一日未
時娶韓氏生一子
根兼祧一仁

邦根
生民國十五年丙
寅十月初三日丑
時

辛酉十二月二十日子時俱葬龜形南向有碑

陳氏卒光緒二年丙子正月初十日酉時
公與艾陳二氏俱葬黃土壠有碑

艮興 行二

生道光十九年己亥五月二十八日丑時
以艮政子正春兼祧爲嗣
公卒失考葬陶家

灞來有
公卒光緒二十八年壬寅二月初六日卯時
徐氏卒光緒十九年癸巳十二月初十卯時
公葬園山龜形有碑
徐氏葬黃土壠有碑

塘有碑

道雙 孝子

忠朝 行二

生嘉慶十一年丙寅三月十四日巳時
以忠義三子艮發爲嗣
公卒葬失考

艮發 行三

生道光十七年丁酉三月十一日辰時娶彭氏生道光二十年庚子四月初十日寅時
以艮發次子正喜爲嗣兼祧艮喜
公卒光緒二十年甲午六月二十二日酉時
氏卒光緒十八年壬辰八月初二日卯時
公氏葬失考

正喜 行二

生卒失考
以正春長子一興兼祧爲嗣
公葬傳家塘背

道雙三子

忠牛 行三

生嘉慶十三年戊辰十一月二十五日申時娶[illegible]氏生嘉慶十三年戊辰七月二十七日寅時

以忠義四子良善爲嗣

公氏卒葬失考

良善 行四

生道光二十二年壬寅三月初十日丑時

以良發四子正喜兼祧爲嗣

公卒光緒十六年庚寅九月初八日辰時葬失考

道德長子

忠國 行一

生嘉道元年丙辰正月初八日丑時

娶李氏生嘉慶元年丙辰十二月十九日申時生一子

良杏

娶　氏生一子

道兼祧良細

公氏生卒葬失考

正道

生卒葬失考

以正隨□子一全兼祧爲嗣

杳
公氏卒失考
公葬黄土壟有碑
氏卒葬失考

道德次子
忠正 行二
生嘉慶五年庚申二月十六日酉時
娶何氏生失考生
一子 細
公氏卒失考
公葬黄土壠有碑
氏卒葬失考

艮細
生卒葬失考
以艮杳子正道兼祧爲嗣

道存長子

興宏 行一

生嘉慶十年乙丑七月十七日辰時娶楊氏生嘉慶十三年戊辰五月初五日子時生一子

勝

公卒同治五年丙寅四月初八日未時

氏卒同治十一年壬申四月初一日巳時

公氏葬失考

艮勝

生道光七年丁亥十二月十八日子時娶張氏生道光五年乙酉五月初十日寅時

以艮賢子正隨兼祧爲嗣

公卒光緒二十三年丁酉十二月十六日亥時

氏卒失考俱葬陶家塝有碑

道存次子

忠容 行二

娶張氏生二子

賢 文 文出繼

艮賢 行一

娶 氏生一子

隨兼祧艮勝

正隨

生卒葬失考

以正春三子一全

一全 行三

生光緒二十六年庚子十月初三日

邦慶 行一

字祖映生民國八年己未十一月初

道廣長子

承宗分忠南公氏生卒失考公葬黃土壠氏葬失考

忠星行一

生嘉慶二年丁巳七月十五日巳時娶　氏生失考生一子　明

公氏卒葬失考

公氏生卒葬失考

良明

娶　氏生一子

先兼祧良布公氏生卒葬失考

爲嗣兼祧正道

正先

生卒葬失考

以正啟子一誠兼祧爲嗣

未時以一旺長子邦慶爲嗣兼祧一誠公卒民國元年壬子十月初六日午時葬黃泥垍有碑

六日亥時娶艾氏生民國七年戊午六月二十六日丑時生　子　平安

道廣次子

忠品行二

生嘉慶五年庚申十一月初四日申時娶丁氏生嘉慶五年庚申□月二十九日申時生三子存　夏　高

夏出繼忠保

高出繼忠書

公氏卒失考俱葬

龜形有碑

艮布行一

生卒葬失考以艮明子正先兼祧為嗣

道廣三子

忠新行三

娶　氏生一子惠

公氏生卒葬失考

艮惠

娶劉氏生一子啟兼祧艮耕

公氏生卒葬失考

正啟

娶　氏生一子誠兼祧正先

公氏生卒葬考

一誠

生卒葬失考以一全兩子邦慶兼祧為嗣

道賡
四子

忠厚 行四

娶　氏生一子
耕兼祧胞弟忠分
公氏生卒葬失考

艮耕

生卒葬失考
以艮忠子正啟兼
祧爲嗣

道賡
五子

忠分 行五

生卒葬失考
以胞兄忠厚子艮
耕兼祧爲嗣

道嘉
長子

忠鍔 行一

生乾隆三十年乙
酉九月初八日申
時娶　氏生失考
生一子　善
公氏卒葬失考

艮善

娶　氏生一子
孝兼祧艮富
公氏生卒葬失考

正孝

娶　氏生一子
本兼祧正仁
公氏生卒葬失考

一本

生卒葬失考
以一旺次子邦祺
兼祧爲嗣

道嘉次子

忠寅 行二

生乾隆三十四年己丑八月十三日酉時娶　氏生一子　富
公卒失考葬黃土壠有碑
氏生卒葬失考

良富

生卒葬失考
以良善子正孝兼祧爲嗣

道嘉三子

忠銘 行三

娶徐氏生一子馬
公氏生卒葬失考

良馬

娶　氏生一子仁兼祧良高
公氏生卒葬失考

正仁

生卒葬失考
以正孝子一本兼祧爲嗣

道嘉四子

忠書 行四

生卒葬失考
以忠品三子艮高
爲嗣

艮高 行三

生卒葬失考
以艮馬子正仁兼
祧爲嗣

道宗長子

忠賜 行一

娶　氏生一子
海
公氏生卒葬失考

艮海

生卒葬失考
以艮齊長子正發
兼祧爲嗣

道宗次子

忠朝 行二

生乾隆三十五年
庚寅正月十三日
未時娶　氏生失
考生一子　齊

艮齊

生嘉慶十年乙丑
五月十一日寅時
娶盛氏生失考生
三子　發　喜

正發 行一

生道光二十一年
辛丑十月十五日
辰時娶馬氏生咸
豐三年癸丑正月

一旺 行二

生光緒二十三年
丁酉十二月二十
五日申時娶李氏
生光緒二十八年

邦祺 行二

生民國十四年乙
丑八月十八日寅
時娶歐氏生民國
十六年丁卯十一

公氏卒失考俱
龜形

發兼祧良海
喜出繼良發
公氏卒葬失考

十六日巳時
以正春次子一旺
爲嗣兼祧正綉
公卒光緒三十四
年戊申七月二十
二日子時
氏卒民國二十七
年戊寅九月十五
日亥時合葬黄泥
垇有碑

壬寅十一月十六
日亥時生五子
慶　祺　餘　裕
　年　慶出繼胞
弟一全　祺兼祧
一本　餘出繼承
宗分一義　裕出
繼立基系一信
年出繼一郡
女三長安適上馬
石范祚楷　次秀
字浣山蕭東有爲
長媳　三守卿字
田湖村俞學典爲
次媳
公卒民國三十五
年丙戌十二月十
七日申時葬廟沖
蟹形垇辛山乙向

月十一日子時生
女玉蘭

道宗三子

忠福 行三

生乾隆三十八年癸巳八月十七日丑時娶桂氏生失考生二子 有 聖 聖出繼承宗分忠庭公氏卒失考公葬小塘𡌶有碑氏卒葬失考

良有 行一

娶徐氏以良謀子正綉兼祧爲嗣公氏生卒葬失考

道宗四子

忠祚 行四

生乾隆四十二年丁酉二月十二日午時娶蔣氏生失考生一子 謀 公氏卒失考俱葬傅家塘東向有碑

良謀

娶吳氏生一子 綉兼祧良有 公氏生卒葬失考

正綉

生卒葬失考以正發嗣子一旺兼祧爲嗣

道永長子

忠國 行一
生乾隆四十五年庚子三月十六日丑時娶徐氏繼李氏生一子棟公卒失考二氏生卒失考公葬黃土壠二氏葬失考

良棟
生嘉慶十五年庚午八月十五日卯時娶戴氏繼羅氏生一子標公卒失考葬龜形有碑二氏生卒葬失考

正標
生道光三十年庚戌正月十五日申時娶楊氏生咸豐元年辛亥八月十五日辰時生一子郡兼祧正停生一女適沈家衕張祖鸞繼鄭氏生卒失考公卒失考楊氏卒光緒七年辛巳正月初八日巳時公與鄭氏葬傅家地背有碑楊氏葬黃土壠有碑

一郡
生光緒二年丙子正月二十八日午時娶丁氏生失考以一旺五子邦年爲嗣兼祧一貫公卒光緒三十二年丙午十月十一日卯時葬軍塘塝氏卒葬失考

邦年 行五
生民國三十年辛巳二月二十四日亥時

道永次子

忠立 行二

生乾隆四十八年癸卯二月十五日辰時娶王氏生失考生一子 應

公氏卒失考

公葬失考

氏葬黃土壠

道永三子

忠幹 行三

娶 氏生一子

桂

公氏生卒葬失考

道境長子

忠恩 行一

生乾隆四十六年辛丑二月十五日

良應

娶 氏生一子

停兼祧良桂

公氏生卒葬失考

良桂

生卒葬失考

以良應子正停兼祧爲嗣

良女

娶 氏生一子

愛兼祧良玉

正停

生卒葬失考

以正標子一郡兼祧爲嗣

正愛

娶 氏生一子

貫兼祧正信

一貫

生卒葬失考

以一郡嗣子邦年

申時娶李氏生失
考生一子　女
公氏卒葬失考

道境次子

忠銀 行二
娶　氏生一子
玉
公氏生卒葬失考

道境三子

忠勇 行三
娶　氏生一子
璧兼祧胞弟忠浧
公氏生卒失考
公葬黃土壠有碑
氏葬失考

公氏生卒葬失考

艮玉
生卒葬失考
以艮女子正愛兼
祧為嗣

艮璧
娶　氏生一子
信兼祧艮福
公氏生卒葬失考

公氏生卒葬失考

正信
生卒葬失考
以正愛子一貫兼
祧為嗣

兼祧為嗣

謝氏宗譜　卷九　寶樹堂

道境四子

忠涆 行四

生卒葬失考

以胞兄忠勇子艮璧兼祧爲嗣

道聽長子

忠賓 行一

娶　氏生一子

福兼祧胞弟忠寬

公氏生卒葬失考

艮福

娶李氏

以艮璧子正信兼祧爲嗣

公氏生卒失考俱

葬黄泥垍有碑

道聽次子

忠寬 行二

娶戴氏生一女適

何書珩

以胞兄忠賓子良福兼祧爲嗣公氏生卒失考合葬梅嶺脚子婿何書珩立碑

邦慶長子

十六世

廣平 行一

字國平生民國二十八年己卯九月二十七日巳時

十七世

十八世

十九世

萬萬世

邦慶次子

廣安 行二

字國安生民國三十二年癸未九月十八日丑時聘中分村徐崇月次女生民國三十六年丁亥[illegible]
未[illegible]

承舜分立信世系圖傳

十一世

道忠長子
忠祝 行一
生乾隆五十八年癸丑正月初三日亥時娶陳氏生嘉慶元年丙辰七月初九日寅時生一子錫
公氏卒失考合葬黃土墟有碑

道忠次子
忠秋 行二
生乾隆六十年乙卯十月二十五日□時娶譚氏生乾隆六十年乙卯九

十二世

艮錫
生嘉慶二十五年庚辰五月十九日子時娶朱氏生失考
以艮舉子正家兼祧爲嗣
公氏卒葬失考

艮舉
生道光元年辛巳四月初九日巳時娶艾氏生失考
繼徐氏生道光元

十三世

正家
生道光二十二年壬寅八月二十二日丑時娶薛氏生道光十六年丙申

十四世

一鵬
生同治十一年壬申十二月二十八日亥時娶湯氏生同治七年戊辰九

十五世

邦聘 行一
生光緒十六年庚寅四月二十一日亥時
以邦祚三子廣文

月十七日未時生
一子　舉
丞氏卒失考俱葬
龜形有碑

年辛巳十月初三
日辰　生一子
家一祧良錫
公卒失考
徐氏卒光緒三十
三年丁未七月二
十五日酉時
艾氏卒葬失考
公葬茶葉地有碑
徐氏葬龜形有碑

十二月三十日酉
時生一子　鵬兼
祧正泰
公卒光緒二十年
甲午八月十九日
子時
氏卒光緒三年丁
丑十二月十三日
亥時
公葬園山龜形有
碑
氏葬陶家塘下有
碑

月初十日子時生
二子　聘　祚
祚出繼一徑
公卒光緒二十七
年辛丑十一月十
八日亥時
氏卒民國二十四
年乙亥七月十一
日申時
公葬柏枝園有碑
氏卒傅家村塝有
碑

爲嗣
公卒民國四年乙
卯七月十七日戌
時葬柏枝園有碑

道忠
三子

忠興 行三
生嘉慶丙□二□未
七月初二日戌時
娶□氏生卒失考生
三子　想　璧

良恕 行一
生道光五年乙酉
十一月初三日申
時
以良戌子正泰兼

珠　賁出繼忠玉祧爲嗣
珠出繼忠桂公卒失考葬老塋
公氏卒失考合葬
黃土壠有碑

道忠四子

忠靜 行四
生嘉慶六年辛酉
八月十一日酉時
娶陳氏生卒失考生
二子　戍　賞
賞出繼忠平
公氏卒失考合葬
黃土壠有碑

艮戍 行一
娶朱氏生一子
泰兼祧艮想
公氏生卒葬失考

正泰
生卒葬失考
以正家子一鵬兼
祧爲嗣

道𤄫長子

忠玉 行一
生卒葬失考
以忠興次子艮璧
爲嗣

艮璧 行二
娶　氏生一子
長兼祧艮陽
公氏生卒葬失考

正長
娶　氏生一子
程兼祧正心
公氏生卒葬失考

一程
生卒葬失考
以一鵬次子邦祚
爲嗣兼祧一遠

邦祚 行二
生光緒二十年甲
午九月二十八日
辰時娶傅氏生光
緒二十二年丙申
正月初一日戌時
生四子　馨　義
文　志　文出
繼胞兄邦聘　志
出繼立位系邦固
生二女　國英
國厚　長適丁文
南
公卒民國二十七
年戊寅十一月初
二日辰時
葬傅家塘上與長
子廣馨合墓有碑

道薇次子

忠茂 行二

生嘉慶二年丁巳三月初九日午時生娶劉氏生失考生一子 陽

公卒葬失考 氏卒失考葬黃土壟

艮陽

娶俞氏

以艮瑩子正長兼祧爲嗣

公氏生卒葬失考

道崇長子

忠桂 行一

生乾隆六十年乙卯七月十一日丑時娶 氏生失考

以忠典三子艮珠爲嗣兼祧忠遠

公氏卒葬失考

艮珠 行三

娶 氏生一子心

公氏生卒葬失考

正心

娶 氏

以正長子一程兼祧爲嗣

公氏生卒葬失考

道宗次子

忠遠 行二

生卒葬失考
以胞兄忠仕嗣子
艮珠兼祧爲嗣

道造子

忠平

生卒葬失考
以忠靜次子艮賞
爲嗣

道坤子

忠旺

娶　氏生一子
揚
公氏生卒葬失考

艮賞 行二

娶于氏繼王氏生
一子　炳兼祧艮
揚
公與二氏生卒葬
失考

艮揚

生卒葬失考
以艮賞子正炳兼
祧爲嗣

正炳

娶　氏生一子
遠
公氏生卒葬失考

一遠

生卒葬失考
以一程嗣子邦祚
兼祧爲嗣

十六世

十七世

十八世

十九世

萬萬世

邦聘嗣子

廣文 行三

字國聲號吟石繁昌縣立中學附設簡師畢業生民國十七年戊辰七月二十二日戌時娶田湖村俞學浩長女生民國十七年戊辰四月二十四日卯時

邦祚長子

廣聲 行一

字國馨生民國九年庚申正月十九

日未時曾娶沈氏
生一女　運弟
公卒民國三十三
年甲申十一月初
一日亥時葬傅家
塘上與父合墓有
碑

邦祚
次子

廣義 行二

字國香號建安生
民國十一年壬戌
閏五月初四日辰
時娶傅氏生民國
十三年甲子九月
初四日子時生二
女　傳芬　傳芳

承舜分立位世系圖傳

道培子

十一世

忠儼

生嘉慶元年丙辰二月初九日午時娶　氏生嘉慶二年丁巳正月十二日卯時生一子箴

公氏卒葬失考

道春長子

忠芳 行一

生嘉慶四年己未五月初七日申時娶　氏生失考以胞弟忠翰子艮

十二世

艮箴

生道光五年乙酉六月十四日酉時娶艾氏生失考生一子　正物兼祧艮頂

公氏卒葬失考

十三世

正物

娶鄭氏生一子大兼祧正太

公氏生卒葬失考

十四世

一大

娶　氏生一子固

公氏生卒葬失考

十五世

邦固

生卒葬失考以立信系邦祚門子廣志爲嗣

頂兼祧爲嗣
公氏卒葬失考

道春次子

忠翰 行二
生嘉慶七年壬戌
九月三十日巳時
娶　氏生失考生
一子　頂兼祧忠
芳
公氏卒失考
公葬黃土壠有碑
氏葬失考

道倫長子

忠立 行一
生卒葬失考
以胞弟忠色子艮

艮頂
公生卒葬失考
以艮箴子正物兼
祧爲嗣

棠兼祧為嗣

道倫次子

忠色 行二

生嘉慶八年癸亥二月初八日卯時娶　氏生卒考生一子　棠兼祧胞兄忠立公氏生卒葬失考

良棠

字海棠娶　氏生一子　太公氏生卒葬失考

正太

生卒葬失考以正物子一大兼祧為嗣

十六世

邦固嗣子

廣志 行四

字國泰生民國二十五年丙子七月初十日卯時

十七世

十八世

十九世

萬萬世

金公支承啟世系圖傳

金公
五子

六世

承啟 行五
字尉卿例授登仕
郎生天啟四年甲
子三月十六日申
時娶章氏生天啟
五年乙丑八月初
四日申時生二子
紳　智
繼單氏生崇禎七
年甲戌九月十三
日卯時生一子
維
公卒康熙三十年
辛未五月二十三
日戌時
章氏卒順治十六
年己亥三月初一
日子時
單氏卒康熙五十

七世

立紳 行一
欽賜粟帛生順治
九年壬辰十一月
二十五日寅時娶
單氏生順治十年
癸巳六月初六日
辰時生四子　樞
標　槐　楨
槐出繼承堯分立
惠　楨出繼承堯
分立仁
公卒康熙六十年
辛丑七月十五日
申時
氏卒康熙五十八
月己亥九月十八
日未時
公氏俱葬中分利
鄭冲壁虎形申山

八世

有樞 行一
生康熙二十年辛
酉四月二十日申
時娶楊氏生康熙
二十一年壬戌十
月初五日巳時生
三子　煌　炯
焜
公卒乾隆十年乙
丑三月十二日午
時
氏卒雍正十一年
癸丑五月初九日
亥時俱葬龜形有
碑

九世

大煌 行一
欽賜穀帛生康熙
四十年辛巳正月
初六日丑時娶盛
氏生康熙四十一
年壬午八月二十
日午時生一子
增
繼楊氏生康熙四
十四年乙酉五月
初五日寅時生二
子　均　坦
公卒乾隆三十八
年癸巳九月初九
日未時
盛氏卒雍正二年
甲辰八月二十二
日巳時
楊氏卒乾隆二十

十世

道增 行一
生雍正五年丁未
正月初九日申時
娶王氏生雍正五
年丁未五月十一
日戌時生二子
興　鋌
繼徐氏生雍正十
三年乙卯二月十
二日未時生三子
銓　銑　鈔
銑鈔出繼道驥
公卒乾隆五十八
年癸丑七月十五
日亥時
王氏卒乾隆十二
年丁卯五月十六
日未時
徐氏卒乾隆六十

年辛卯二月二十三日午時葬宅北龜形坐北朝南有碑
二氏葬失考

寅向有碑

九年甲申十一月十一日寅時
公與盛氏葬雙土地甲山庚向有碑
楊氏葬失考

年乙卯十二月十八日戌時
公與徐氏葬葳塘稍北向有碑
王氏葬梅嶺腳東北向有碑

道均 行二
生乾隆十八年癸酉八月三十日丑時娶徐氏生乾隆二十二年丁丑九月二十日亥時生四子　錢　銘
鑰　茂　銘出繼立維系道爲　鑰
茂出繼立智系道幹

公卒嘉慶十年乙丑正月十五日巳時
氏卒嘉慶十六年辛未九月十七日寅時俱葬宅北龜形南向有碑

道坦 行三

生乾隆二十一年丙子正月初三日寅時娶孫氏生乾隆二十一年丙子六月初八日戌時生五子 禎 鐸 銀 錄 鈴 錄出繼立雜系道壚

大烱 行二

生康熙四十三年甲申正月初六日寅時娶吳氏生康熙四十四年乙酉六月十二日丑時生三子 感 黷 山

公卒道光十六年丙申九月二十九日申時

氏卒道光十八年戊戌二月十一日未時

公葬宅北龜形南向有碑

氏葬失考

道感 行一

生雍正三年乙巳六月十九日申時娶 氏生雍正二年甲辰四月二十五日未時生三子 碩 夫 小

公卒乾隆五十年

公卒乾隆三十三年戊子十月十五日申時
氏卒乾隆三十年乙酉八月十三日戌時
合葬宅後黃土壠有碑
氏葬失考

乙巳五月初五日卯時葬藏塘稍有碑
氏卒葬失考

道驥 行二

生雍正五年丁未六月三十日午時
娶伍氏生雍正六年戊申二月十六日巳時
以道增四子忠銑五子忠鈔道山三子忠瑽三繼爲嗣
公卒乾隆三十四年己丑十二月十八日辰時
氏卒乾隆四十三

年戊戌三月二十
八日午時
厶氏葬失考

道山 行三

生雍正八年庚戌
五月十七日子時
娶　氏生雍正九
年辛亥三月十三
日辰時生五子
播　列　瑤　德
孝　瑤出繼道
驥　德出繼承堯
分道位　孝出繼
承堯分道壐
公卒乾隆九年甲
子十一月十八日
巳時

氏卒失考
公氏葬失考

道埣 行一
生雍正五年丁未三月三十日寅時娶牧氏生雍正六年戊申五月三十日午時生二子
賓　客
公卒乾隆四十四年己亥六月十五日丑時
氏卒乾隆四十六年辛丑八月十三日亥時
公氏俱葬宅北龜形有碑

大焜 行三
生康熙四十六年丁亥八月十七日申時娶查氏生康熙四十六年丁亥二月二十日午時生二子　埣　墉
繼范氏生康熙五十年辛卯十二月十三日未時生二子　壝　垣
公卒乾隆三十二年丁亥六月十三日巳時
查氏卒失考
范氏卒乾隆四十年乙未四月十七

日辰時
公與范氏俱葬龜形有碑
查氏葬蕨塘稍圵向有碑

道墻行二
生雍正八年庚戌三月初一日戌時
娶牧氏生雍正九年辛亥六月十五日卯時生二子
錋　鉅
公卒乾隆五十八年癸丑四月初二日寅時
氏卒乾隆五十三年戊申五月二十一日子時
公氏俱葬園山龜形有碑

道壇行三
生雍正十二年甲寅正月十六日子

時娶湯氏生雍正十三年乙卯五月十一日丑時繼查氏生乾隆元年丙辰六月十七日戌時生四子　鎮
鈖　鈐　鈕　鈐
出繼立維系道墟
鈕出繼道志
公與二氏卒失考
公葬宅北園山龜形有碑
湯氏葬藏塘稍有碑
查氏葬失考

道垣行四
生乾隆三年戊午十二月二十六日

有標 行二
生康熙二十二年癸亥八月初七日子時娶楊氏生康熙二十四年乙丑正月十二日申時生四子　煒　炎　煥　旭　炎出繼承堯分有楨　煥出繼承堯分有槐
公卒乾隆十三年

大煒 行一
生康熙五十年辛卯十一月十一日子時娶周氏生康熙五十一年壬辰七月二十六日午時生五子　城　志　埕　榮　偉
公氏卒失考合葬葴塘稍有碑

丑時娶　氏生乾隆三年戊午八月初六日子時生四子　宦　鏞　鑌　鏻　鏻出繼道偉
公氏卒葬失考

道城 行一
生雍正十年壬子六月三十日辰時娶郭氏生雍正十年壬子正月二十日卯時生一子　艮
公氏卒失考
公葬葴塘稍有碑
氏葬失考

戊辰十二月十一日辰時氏卒乾隆九年甲子四月二十八日巳時公氏俱葬藏塘稍坐南朝北向有碑

道志 行二
生雍正十三年乙卯正月初六日戌時娶淩氏生乾隆六年辛酉二月十八日巳時以道墳四子忠鈕爲嗣公氏卒失考俱葬藏塘稍有碑

道埠 行三
娶張氏生一子巨公氏生卒失考公葬藏塘稍有碑氏葬失考

大旭 行四
生康熙五十六年
丁酉二月十七日

道榮 行四
娶 氏生一子
鋡
公氏生卒葬失考

道偉 行五
生卒葬失考
以道垣四子忠鏻
立智系道儀三子
忠伯雙繼爲嗣

道屋 行一
娶穆氏生一子
先

子時娶李氏生康熙五十六年丁酉十月二十九日丑時生二子　星　復
公氏卒葬失考

立智 行二
生順治十四年丁酉二月二十九日丑時娶吳氏生順治十四年丁酉八月十九日戌時生四子　楞　桯

有楞 行一
生康熙十五年丙辰十一月十二日巳時娶汪氏生康熙十六年丁巳二月初二日卯時生三子　灼　燧

大灼 行一
生康熙四十三年甲申三月十五日午時娶王氏生康熙四十三年甲申六月十八日未時生一子　鑾

公氏生卒葬失考

道復 行二
娶　氏生一子
文
公氏生卒葬失考

道鑾
生雍正十一年癸丑七月初六日子時娶王氏生失考生三子　寶　爵
松
公氏卒失考俱葬

棟漳
公卒雍正元年癸
卯三月十三日巳
時
氏卒雍正九年辛
亥五月二十日子
時
公氏葬失考

燐
公卒乾隆十二年
丁卯正月初二日
未時
氏卒乾隆九年甲
子正月二十九日
亥時
公氏合葬龜形有
碑

公氏卒失考
公葬宅南虎形有
碑
氏葬宅北龜形有
碑

大燧 行二
生康熙四十五年
丙戌八月十五日
酉時娶　氏生康
熙五十年辛卯十
月初三日寅時生
一子　臣
公氏卒葬失考

宅南虎形有碑

道臣
娶朱氏生二子
送　連
公氏生卒葬失考

大熓 行三
娶　氏生一子
幹
公氏生卒葬失考

有柱 行二
生康熙十八年己未七月二十日丑時娶　氏生康熙十九年庚申三月十七日寅時生二子　侍　燦
公卒乾隆四年己未九月二十三日亥時
氏卒失考
公氏葬失考

大侍 行一
娶王氏生二子
接　坤
公氏生卒失考俱葬裏冲圝山

道幹
生卒葬失考
以立祁系道拗三子忠鑰四子忠茂雙繼爲嗣

道接 行一
娶朱氏生一子
幹
公氏生卒葬失考

道坤 行二
娶　氏生一子
元
公氏生卒葬失考

有棟行三

生康熙二十一年壬戌六月三十日寅時娶　氏生康熙二十一年壬戌十一月十五日午時生一子　映

公卒雍正十三年乙卯正月初九日午時

氏卒雍正十二年甲寅八月三十日子時

公氏葬失考

大燮行二

娶　氏生一子　鸞

公氏生卒葬失考

大映

娶吳氏生一子　儀

公氏生卒葬失考

道鸞

娶　氏生一子　欽

公氏生卒葬失考

道儀

娶張氏生三子　保　翰　伯　伯出繼立紳系道偉

公氏生卒失考

公葬黃土壠有碑

氏葬失考

有漳 行四
生康熙二十四年乙丑二月十七日午時娶　氏生康熙二十四年乙丑十一月初二日申時生四子　誠　振　子　雲
公卒乾隆十一年丙寅五月十三日戌時
氏卒雍正十三年乙卯七月二十八日亥時
公葬黄土壠有碑
氏葬失考

大誠 行一
公氏生卒葬失考
以胞弟大振子道言兼祧爲嗣

大振 行二
娶傅氏生一子
言兼祧胞兄大誠
公氏生卒葬失考

大子 行三
公氏生卒葬失考
以胞弟大雲子道義兼祧爲嗣

道言
娶王氏生二子
後　嫩
公氏生卒葬失考

立維 行三

生康熙七年戊申五月十七日寅時
娶葉氏生失考
繼周氏生康熙七年戊申四月初五日亥時生二子
楷　模
公卒雍正十三年乙卯十一月三十日未時
葉氏卒失考

有楷 行一

生康熙三十年辛未正月初九日丑時
以有模次子大煜三子大焞雙繼爲嗣
公卒康熙四十六年丁亥八月十五日卯時葬裡冲虎形

大雲 行四

娶　氏生一子
道義兼祧胞兄大子
公氏生卒葬失考

大煜 行二

生乾隆二年丁巳六月十六日子時
娶何氏生乾隆二年丁巳九月初六日丑時生二子
壚　爲
公氏卒失考
公葬施家衕鄭冲乾山巽向有碑
氏葬失考

道義

娶傅氏生二子
鈗　鈢
公生卒葬失考
氏生卒失考葬園山龜形有碑

道壚 行一

生乾隆二十二年丁丑八月十一日未時
娶蔣氏生乾隆二十三年戊寅正月十五日辰時
以立紳系道坦四子忠錄道壙三子忠鈖雙繼爲嗣
公氏卒葬失考

周氏卒乾隆四年己未二月十八日子時
公葬中分利鄭冲壁虎形有碑
葉氏葬蔵塘塝
周氏葬宅北龜形坐北朝南向

大焞 行三
生乾隆五年庚申正月初一日辰時娶張氏生乾隆十年乙丑四月初六日酉時生三子 𡑞 𡑞 圩
公卒嘉慶五年庚申十月二十三日巳時
氏卒嘉慶十八年

道爲 行二
娶賈氏
以立神系道昀次子忠銘道㙇三子忠珽道圩三子忠伍三繼爲嗣
公氏生卒葬失考

道埏 行一
生乾隆四十二年丁酉三月十七日子時娶 氏生乾隆四十一年丙申五月初十日子時
生二子 禮 智
公氏卒葬失考

賢模 [illegible]

癸酉六月十五日
丑時俱葬葳塘稍
北向有碑

道誕 行二
娶　氏生三子
佃　管　班　班
出繼道爲
公氏生卒葬失考

道圩 行三
娶　氏生三子
佳　才　伍　伍
出繼道爲
公氏生卒葬失考

有模 行二
生康熙三十三年
甲戌四月十八日

大瑛 行一
例授登仕郎生雍
正十三年乙卯十

道[illegible] 行一
生乾隆三十[illegible]
乙丑十月[illegible]

戌時娶湯氏生康熙三十六年丁丑六月十一日子時生五子 瑛 煜 焞 焯 仁
煜焞出繼有楷
公卒乾隆四十六年辛丑六月十九日辰時
氏卒乾隆四十三年戊戌十月初二日巳時
公氏俱葬施家衕鄭沖虎形乾山巽向

二月二十六日午時娶范氏生乾隆五年庚申八月十一日未時生四子 塏 坊 圻
埧 圻出繼大焯
埧出繼大仁
公卒嘉慶十四年己巳四月十四日申時
氏卒嘉慶十六年辛未五月十三日戌時
公葬施家衕鄭沖虎形乾山巽向有碑
氏葬藏塘稍坐南朝北向有碑

日午時娶范氏生乾隆三十六年辛卯五月十三日申時
以道坊次子忠富爲嗣
公卒道光二十年庚子二月十七日未時
氏卒道光二十二年壬寅七月十二日亥時
公葬陶家塘背東向有碑
氏卒葬藏塘稍北向有碑

道坊 行二

生乾隆四十年乙
未三月十三日午
時娶徐氏生乾隆
四十六年辛丑九
月二十六日未時
生四子　樂　富
　南　槐　富出
繼道培
公卒道光三十年
庚戌五月十六日
酉時
氏卒道光二十四
年甲辰二月初二
日申時
公葬藏塘裕北向
有碑
氏葬施家衕鄭冲
乾山巽向有碑

大焯 行四
生卒葬失考
以大瑍三子道圻
爲嗣

大仁 行五
生卒葬失考
以大瑍四子道塡
爲嗣

道圻 行三
娶湯氏生二子
諶　論
公氏生卒葬失考

道塡 行四
娶　氏生二子
論　懐
公氏生卒失考
公葬黄土壠
氏葬失考

承啟分立紳世系圖傳

道增長子

十一世

忠興 行一

生乾隆三十年乙酉正月二十日子時娶范氏生乾隆三十年乙酉六月三十日申時生一子　臣　公卒嘉慶十九年甲戌五月十三日戌時　氏卒嘉慶二十年乙亥二月三十日寅時　公氏葬失考

十二世

艮臣

生乾隆五十一年丙午十月十七日辰時娶徐氏生乾隆五十二年丁未三月初一日午時生三子　昌　發　儒　儒出繼承堯分艮瑜　公卒道光十四年甲午六月二十八日未時　氏卒道光十三年癸巳正月三十日酉時　公葬蔵丱塝有碑　氏葬失考

十三世

正昌 行一

生嘉慶二十年乙亥二月十三日丑時娶　氏生失考　生一子　稱兼祧胞弟正發　公氏卒葬失考

十四世

一稱

生道光二十四年甲辰正月初八日酉時　以一才子邦沛兼祧為嗣　公卒葬失考

十五世

追增
次子

忠鈺 行二
生乾隆三十二年丁亥八月十五日卯時娶朱氏生乾隆三十四年己丑二月初二日辰時生二子 璧 知公卒嘉慶二十四年己卯三月十一日寅時氏卒嘉慶十年乙丑七月初二日巳時俱葬傅家塘上有碑

良璧 行一
生乾隆五十五年庚戌九月十九日巳時娶洪氏生乾隆五十六年辛亥正月十三日未時以胞弟良知三子正儀兼祧爲嗣公氏卒葬失考

良知 行二
生乾隆五十八年癸丑八月十一日午時娶艾氏生乾隆五十四年己酉

正發 行二
生卒葬失考以胞兄正昌子一稱兼祧爲嗣

正儀 行三
字九如生道光六年丙戌八月初四日寅時娶徐氏生失考繼汪氏生失

一才 行三
字葆英號叔恩翊新學校畢業生光緒三十三年丁未十二月二十八日

邦沛
生民國二十三年甲戌九月十二日寅時

十二月二十三日
子時生三子 修
仁 儀 修出
繼艮和 仁出繼
艮火 儀兼祧艮
壁
公卒道光二十五
年乙巳四月十二
日酉時氏卒失考
公氏俱葬傳家塘
上有碑

考繼胡氏生道光
二十二年壬寅正
月十一日未時生
一女連生適田壘
周治鄰
以立維系正坤三
子一才爲嗣兼祧
正洲
公卒光緒二十六
年庚子七月初七
日午時
徐汪二氏卒失考
胡氏卒宣統三年
辛亥七月二十二
日申時
公葬宅北龜形東
向有碑
徐汪二氏葬失考
胡氏葬村南茶葉
地坐西朝東北向
有碑

亥時娶黃發惠長
女彝珍生光緒三
十二年丙午九月
十九日卯時生一
子 沛兼祧一稱
生女二 邦欽
邦敬

造增

忠銓 行三

生乾隆三十六年辛卯五月二十五日寅時娶陳氏生乾隆三十五年庚寅八月初六日戌時生二子 駿 復

公卒嘉慶二十五年庚辰九月二十三日卯時氏卒嘉慶二十二年丁丑十二月十八日亥時

公氏葬失考

艮駿 行一

生乾隆五十五年庚戌正月十八日未時娶 氏生乾隆五十五年庚戌十二月十六日戌時生一子 洲兼祧胞弟艮復

公氏卒葬失考

艮復 行二

生乾隆五十七年壬子正月初十日巳時

以胞兄艮駿子正洲兼祧爲嗣

公卒葬失考

正洲

生卒葬失考

以正儀嗣子一才兼祧爲嗣

道坳長子

忠錢 行一
生乾隆五十五年庚戌五月二十二日辰時娶張氏生乾隆六十年乙卯四月初二日寅時生三子 浦 美
誥
公卒道光三十年庚戌八月十三日戌時
氏卒道光二十八年戊申四月十三日午時
公葬茶□地東南向有碑
氏卒貞七壟東南向有碑

良浦 行一
生嘉慶二十五年庚辰十二月二十日未時娶艾氏生道光三年癸未六月初三日戌時生三子 貴 己 東 己出繼立維系良茂 貴出繼立維系良枚
公氏卒失考葬陶家塘背有碑

良美 行二
生道光三年癸未五月二十二日亥時娶宋氏生失考生二子 見 申

正貴 行一
生道光二十九年己酉二月十六日申時娶艾氏生失考生一子 景兼祧正見
公氏卒葬失考

正見 行一
生卒葬失考以正貴子一 景兼祧爲嗣

一景
生卒葬失考以□維系一能四子邦道爲嗣兼祧一元

邦鏈 行四
生民國二十八年己卯十二月二十日寅時

道坦長子

忠禎 行一
生乾隆四十三年戊戌三月三十日

艮偕 行三
生嘉慶十年乙丑十月初五日卯時

艮諧 行三
生卒葬失考
以胞兄艮美長子正見兼祧爲嗣

申出繼艮相　見兼祧胞弟艮諧
公氏卒失考合葬茶葉地有碑

正旺 行三
生卒葬失考
以正榮子一元兼

巳時娶俞氏生乾
隆四十五年庚子
四月十四日戌時
生四子　平　彩
偕　清　平出
繼忠柏　彩出繼
忠瑢　清出繼立
維系忠懷
公卒咸豐十年庚
申正月十六日辰
時
氏卒同治元年壬
戌十二月初八日
午時
公葬茶葉地有碑
氏葬宅北園山龜
形有碑

以艮彩三子正旺
爲嗣艮祧艮材
公卒光緒元年乙
亥四月十四日戌
時葬茶葉地有碑

祧爲嗣

道坦
次子

忠鐸行二
生乾隆四十五年
庚子七月十四日

艮材
生嘉慶二十年乙
亥正月初一日卯

道坦
二子

亥時娶張氏生乾
隆四十五年庚子
二月初七日申時
生一子　材
公氏卒葬失考

忠銀 行三
生乾隆五十年乙
巳八月十一日卯
時娶馬氏生乾隆
五十二年丁未正
月初二日未時生
一子　豹
公卒失考
氏卒咸豐元年辛
亥三月十五日戌
時
公氏葬失考

時娶蔣氏生嘉慶
二十年乙亥八月
二十日午時
以良偕兩子正旺
兼祧爲嗣
公氏卒葬失考

良豹
生道光十二年壬
辰六月二十日寅
時
以良能子正榮兼
祧爲嗣
公卒葬失考

道坦
五子

忠鈴 行五

生乾隆五十八年
癸丑二月二十日
申時娶徐氏生乾
隆五十八年癸丑
正月初四日午時
繼王氏生乾隆五
十八年癸丑四月
十五日未時生一
子　能
公卒咸豐四年甲
寅六月初六日午
時
徐氏卒失考
王氏卒同治元年
壬戌三月十二日
亥時
公葬鄭冲虎形有
碑
徐氏葬園山龜形
有碑
王氏葬失考

艮能

生道光三年癸未
二月十八日巳時
娶梁氏生道光三
年癸未十二月初
三日辰時生一子
　榮兼祧艮豹
公氏卒失考
公葬黃土壠有碑
氏葬園山龜形有
碑

正榮

生咸豐三年癸丑
十一月二十九日
寅時娶俞氏生咸
豐三年癸丑正月
初七日卯時生二
子　元　魁　元
兼祧正旺　魁出
繼承堯分正本
公氏卒失考俱葬
黃土壠有碑

一元 行一

生卒葬失考
以一景嗣于邦道
兼祧爲嗣

道悠長子

忠碩 行一

生乾隆十三年戊辰七月初八日丑時娶　氏生失考生一子　立

卒乾隆六十年乙卯四月十四日酉時

公葬失考

氏卒葬失考

道感次子

忠夫 行二

生乾隆十六年辛未五月二十三日卯時娶錢氏生乾隆十六年辛未九月三十日巳時生一子　和

艮立

生乾隆三十八年癸巳正月初七日子時娶張氏生失考

以艮平三子正福爲嗣兼祧艮和

公氏卒葬失考

艮和

生乾隆四十年乙未五月二十八日寅時

以艮立嗣子正福兼祧爲嗣

公卒葬失考

正福 行三

公氏生卒葬失考

以正柰長子一清兼祧爲嗣

道感三子

道纘嗣子

公氏卒葬失考

忠小 行三
娶朱氏生一子
富
公氏生卒失考俱
葬葳塘稍有碑

忠銑 行四
生乾隆三十九年
甲午八月初三日
亥時娶艾氏生乾
隆三十八年癸巳
九月十四日巳時
生二子　汁　望
望出繼立維系

艮富
生卒葬失考
以艮汁子正泰兼
祧為嗣

艮汁 行一
生嘉慶十年乙丑
十一月十一日辰
時娶吳氏生嘉慶
二十二年丁丑十
一月二十日寅時
生一子　泰兼祧
艮富

正泰
生道光二十八年
戊申六月初十日
子時娶王氏生道
光二十八年戊申
九月十五日亥時
生二子　清　隆
清兼祧正福

一清 行一
生光緒二年丙子
四月二十四日巳
時
以立維系一能三
子邦相為嗣兼祧
一繼
公卒光緒二十七

邦相 行三
生民國二十六年
丁丑二月十三日
寅時

道瀵
嗣子

爲嗣
公氏卒葬失考

忠鈐　行五
生乾隆四十一年
丙申正月初一日
辰時娶　氏生乾
隆四十五年庚子
四月二十五日辰
時生三子　沛
瑜　純　瑜出繼
承尭分忠德　純
出繼承尭分忠孝

公卒失考
氏卒光緒六年庚
辰三月十一日申
時
公葬失考
氏葬茶葉地有碑

艮沛　行一
生嘉慶五年庚申
五月三十日酉時
以艮彩長子正明
兼祧爲嗣
公卒葬失考

隆出繼正兵
生女一玉珍適張
科有
公卒光緒二十五
年己亥三月二十
九日午時
氏卒失考
公葬茶葉地有碑
氏葬失考

年辛丑五月初九
日亥時葬失考

公氏卒葬失考

道牘
嗣子

忠瑢 行三
生卒葬失考
以忠禎次子㫐彩
為嗣

㫐彩 行二
生嘉慶七年壬戌
正月十八日卯時
娶章氏生嘉慶九
年甲子九月初五
日卯時生三子
明　播　旺　明
兼祧㫐沛　播出
繼承堯分㫐德
旺出繼㫐偕
公卒光緒元年乙
亥六月十五日戌
時葬失考
氏卒葬失考

正明 行一
娶　氏生一子
繼兼祧正己
公氏生卒葬失考

一繼
生卒葬失考
以一清嗣子邦相
兼祧為嗣

道山長子

忠播 行一

生乾隆十八年癸酉四月十二日戌時娶　氏生乾隆二十年乙亥六月三十日巳時生一子　裕
公氏卒葬失考

艮裕

生乾隆四十年乙未二月初九日亥時娶　氏生失考生一子　己兼祧艮計
公卒嘉慶九年甲子十一月三十日寅時葬失考
氏卒葬失考

正己

生卒葬失考
以正明子一繼兼祧爲嗣

道山次子

忠列 行二

生乾隆二十年乙亥正月十五日子時娶　氏生失考
生一子　計
公氏卒葬失考

艮計

生卒葬失考
以艮裕子正己兼祧爲嗣

道坊長子

忠賓 行一

生乾隆十八年癸酉七月十九日卯時娶艾氏生乾隆十九年甲戌三月初三日申時生一子　熟
公卒嘉慶十九年甲戌正月初四日寅時
氏卒嘉慶八年癸亥十一月初一日午時
公氏葬失考

艮熟

生乾隆四十一年丙申正月十五日午時娶　氏生乾隆四十一年丙申八月二十九日寅時生一子　兵兼祧艮訓
公氏卒葬失考

正兵

生卒葬失考
以正泰次子一隆爲嗣兼祧正華

一隆 行二

生光緒十一年乙酉十一月二十五日午時曾娶李氏生女一適施家樹以立維系一德三子邦聞爲嗣兼祧一毅
公卒宣統元年己酉八月十一日亥時葬陶家塘

邦聞 行三

生民國三十一年壬午七月二十九日亥時

道埰
次子

忠客 行二

生乾隆二十一年丙子五月十九日寅時娶徐氏生乾隆二十一年丙子十一月三十日未時生一子　才出繼忠鉅

繼李氏生乾隆二十二年丁丑三月十二日午時生一子　訓

公卒嘉慶十七年壬申正月二十日亥時

徐氏卒失考

李氏卒嘉慶二十年乙亥二月初八日辰時

公與二氏葬失考

良訓 行二

生乾隆五十三年戊申八月二十八日午時娶　氏生失考

以良熟子正兵兼祧爲嗣

公氏卒失考俱葬茶葉地有碑

道墻長子

忠錫 行一

生乾隆二十年乙亥七月十三日酉時娶古氏生乾隆十九年甲戌四月二十三日巳時生二子 議 謀 謀出繼立智系忠送

公卒嘉慶元年丙辰十一月二十八日申時

氏卒失考

公氏葬失考

良議 行一

生乾隆四十年乙未三月十五日戌時

以良才子正華兼祧爲嗣

公卒葬失考

正華

生卒葬失考

以正兵嗣子一隆

道墻次子

忠鉅 行二

生卒葬失考

以忠客長子良才

良才 行一

生乾隆五十年乙巳正月初五日卯

道遴長子

爲嗣

忠鑽 行一

生乾隆二十二年丁丑十一月十九日亥時娶吳氏生乾隆二十三年戊寅九月初二日申時生一子　源

公氏卒葬失考

時娶　氏生失考生一子　華兼祧艮議

公氏卒葬失考

艮源

生乾隆四十四年己亥四月初六日子時娶　氏生失考生一子　名兼祧艮澄

公氏卒葬失考

兼祧爲嗣

正名

娶　氏生一子綏兼祧正申

公氏生卒葬失考

一綏

生卒葬失考以一隆嗣子邦聞兼祧爲嗣

道墳次子 **忠鈖** 行二
生乾隆二十四年己卯十月初五日子時娶沈氏生失考生一子 澄 公氏卒葬失考

道垣長子 **忠宦** 行一
娶范氏生一子 相 公氏生卒葬失考

道垣次子 **忠鑛** 行二
生乾隆二十五年

良澄
生卒葬失考以良源子正名兼祧爲嗣

良相
生卒葬失考以良相次子正申爲嗣兼祧良福

良福
生乾隆五十年乙

正申 行二
生卒葬失考以正名子一穀兼祧爲嗣

道垣三子

庚辰二月十四日未時娶　氏生失考生一子　福兼祧忠鎮公氏卒葬失考

巳五月十七日申時娶張氏生乾隆四十九年甲辰正月初五日丑時生女一適谷姓以艮相嗣子正申兼祧爲嗣公氏卒失考公葬失考氏葬茶葉地

忠鎮行三

生卒葬失考以胞兄忠鎮子艮福兼祧爲嗣

道城子

道志嗣子

忠艮

生乾隆二十年乙亥二月二十八日巳時娶賈氏生乾隆二十二年丁丑五月十二日戌時生二子　和　尙

尙出繼忠鈕

公氏卒失考俱葬藏塘衲有碑

忠鈕 行四

生卒葬失考

以忠艮次子艮尙爲嗣

艮和 行一

生卒葬失考

以艮和長子正修爲嗣兼祧艮尙

艮尙 行二

生卒葬失考

以艮和嗣子正修兼祧爲嗣

正修 行一

生嘉慶二十五年庚辰六月十二日辰時娶吳氏生失考生一子　新兼祧正依

公氏卒葬失考

一新

生卒葬失考

以立維系一能次子邦遶爲嗣兼祧一緝

邦遶 行二

生民國二十四年乙亥正月初七日亥時

道培子

忠巨

娶　氏生一子
熱
公氏生卒葬失考

亙熱

生卒葬失考
以亙聚次子正依
爲嗣兼祧亙鳳

正依 行二

生卒葬失考
以正修子一新兼
祧爲嗣

道榮子

忠鋐

娶　氏生二子
鳳　凰　凰出繼
忠鏻
公氏生卒葬失考

亙鳳 行一

生卒葬失考
以亙熱嗣子正依
兼祧爲嗣

道偉嗣子

忠鏻 行四

生卒葬失考
以忠鋐次子亙凰
爲嗣

亙凰 行二

生卒葬失考
以亙平長子正盛
兼祧爲嗣

道偉
嗣子

忠伯 行三
生卒葬失考
以忠禎長子良平
爲嗣

良平 行一
生嘉慶五年庚申
六月十二日寅時
娶張氏生嘉慶五
年庚申八月二十
六日子時生三子
盛　福　长
盛兼祧良凰　福
出繼良立　长
繼承堯分良恩
公卒咸豐八年戊
午二月十七日酉
時
氏卒道光三十年
庚戌三月初一日
丑時
公氏葬失考

正盛 行一
娶　氏生一子
緝兼祧正仁
公氏生卒葬失考

一緝
生卒葬失考
以一新嗣子邦達
兼祧爲嗣

十六世

十七世

十八世

十九世

萬萬世

道屋子

忠先

娶　氏生一子火

公氏生卒葬失考

艮火

生卒葬失考

以艮知次子正仁爲嗣兼祧艮意

正仁 行二

生卒葬失考

以正盛子一緝兼祧爲嗣

道復子

忠文

娶　氏生一子意

公氏生卒葬失考

艮意

生卒葬失考

以艮火嗣子正仁兼祧爲嗣

承啟分立智世系圖傳

道鑾
長子

十一世

忠寶 行一

娶馬氏繼馮氏生
一子 有
公與二氏生卒葬
失考

十二世

良有

生道光二十四年
甲辰十月二十二
日亥時娶　氏生
二子　章　德
　章兼祧良銀
德出繼良洲
公卒光緒六年庚
辰十一月二十一
日戌時葬裏冲茶
葉地東北向有碑

十三世

正章 行一

生光緒二年丙子
五月二十一日巳
時娶范氏生失考
生一子　枝兼祧
正葵　生女一來
兄適板石嶺張宗
應
公卒民國二十四
年乙亥九月二十
日申時葬裡冲茶
葉地東北向有碑

十四世

一枝

生卒葬失考
以立継系一德次
子邦明爲嗣兼祧
一紀

十五世

邦明 行二

生民國三十年辛
巳正月二十二日
亥時

道鑾次子

忠爵 行二

娶徒氏繼何氏生一子　銀兼祧胞弟忠松

公與二氏生失考

公葬藏塘塝祖塋

二氏卒葬失考

道鑾三子

忠松 行三

娶何氏繼朱氏

以胞兄忠爵子良銀兼祧爲嗣

公與二氏生卒葬失考

良銀

生卒葬失考

以良有長子正章兼祧爲嗣

道臣長子
忠送 行一
生卒葬失考
以立紳系忠鋤次子艮謀爲嗣

道臣次子
忠庫 行二
娶　氏生一子桃
公氏生卒葬失考

道幹嗣子
忠錀 行三
生嘉慶三年戊午三月十四日巳時
娶陳氏生嘉慶十年乙丑十二月十

艮謀 行二
生卒葬失考
以艮桃子正葵兼祧爲嗣

艮桃
娶　氏生一子葵兼祧艮謀
公氏生卒葬失考

艮雪 行一
生道光十四年甲午二月十三日亥時
以艮欉長子正得

正葵
生卒葬失考
以正章子一枝兼祧爲嗣

正得 行一
娶　氏生一子紀兼祧正祿
公氏生卒葬失考

一紀
生卒葬失考
以一枝嗣子邦明兼祧爲嗣

五日午時生二子

雲何
公卒咸豐十年庚
申閏月初四日戌
時
氏卒同治十二年
癸酉七月三十日
酉時
公葬宅後園山坐
西朝東向有碑
氏葬黃土壠有碑

道幹嗣子
忠茂 行四
生嘉慶五年庚申
九月十四日申時
娶　氏生嘉慶十
年乙丑五月二十

為嗣兼祧艮何
公卒葬失考

艮何 行二
生道光十七年丁
酉七月二十九日
辰時
以艮雲嗣子正得
兼祧為嗣
公卒葬失考

艮發 行一
生道光二十二年
壬寅正月初六日
卯時
以艮鉦子正祿兼

八日未時生二子
發　鈺
公氏卒葬失考

祧爲嗣
公卒葬失考

艮鈺 行二
生道光二十六年
丙午四月初三日
丑時娶　氏生一
子　祿兼祧艮發
公卒光緒元年乙
亥八月十九日申
時
公葬失考
氏生卒葬失考

正祿
字興旺生卒葬失
考
以正得子一紀兼
祧爲嗣

道援子

忠幹

娶俞氏生一子洲

公氏生卒葬失考

艮洲

生卒葬失考

以艮有次子正悳

爲嗣兼祧艮棟

正悳 行二

娶　氏生女一適

王姓

以立維系止坤四

子一德爲嗣兼祧

正喜

公氏生失考

公卒失考葬苶葉

地

一德 行四

字葆懋號季恩安徽省立第二中等職業學校農科畢業曾任繁昌縣立第一臨小校長暨省立臨小教導主任鉄嚴鄉中心學校校長鐵嵐鄉代表會主席繁昌縣政府農業推廣員兼農業推廣所主任現任繁昌縣銀行經理生宣統二年庚戌十二月十八日酉時娶陳殿英姪女名嘉禾繁昌縣私立女子小學畢業生民國二年癸丑八月初八日卯時　繼舊縣鎮何守志五女名永瑞南京私立滙

邦綱 行一

字渭銓生民國二十八年己卯五月二十三日午時

文女中畢業曾任
繁昌縣第一臨小
及省立臨小教員
生民國五年丙辰
十二月二十日卯
時生　子　綱
明　聞　瀾兼祧
一繙　明出繼一
枝　聞出繼立紳
系一隆
生　女　競鵬
競美
陳氏卒民國二十
四年己亥九月十
七日丑時葬宅後
小塘塝虎形

道坤
子

忠元
娶　氏生一子
棟
公氏生卒葬失考

艮棟
生卒葬失考
以艮洲嗣子正悳
兼祧爲嗣

道鸞子

忠欽

娶　氏生一子
都
公氏生卒失考
公葬葳塘衕有碑
氏葬失考

道儀長子

忠保 行二

娶馬氏繼陳氏生
一子　胡兼祧胞
弟忠翰
公與二氏生卒葬
失考

良都

生卒葬失考
以良胡子正喜兼
祧爲嗣

良胡

娶　氏生一子
喜兼祧良都爲嗣
公氏生卒葬失考

正喜

生卒葬失考
以正惪嗣子一德
兼祧爲嗣

道儀次子

忠翰行二

生卒葬失考

以胞兄忠保子良

胡兼祧爲嗣

道言長子

忠後行一

生卒葬失考

以立紳系忠銘次

子良聚爲嗣

良聚行二

生道光十六年丙

申七月二十七日

亥時娶吳氏生道

光二十六年丙午

九月十四日巳時

生二子　松　依

松兼祧良貞

依出繼立紳系良

熱

公卒光緒元年乙

亥二月十五日午

時

氏卒光緒二年丙

正松行一

娶　氏生一子

繕兼祧正仕

公氏生卒葬失考

一繕

生卒葬失考

以一德長子邦綱

兼祧爲嗣

子二月十四日卯時
公氏葬失考

道晉次子
忠嫩 行二
娶牧氏生一子
頂
公氏生卒葬失考

良頂
生卒葬失考
以良聚長子正松
兼祧爲嗣

道義長子
忠釚 行一
娶　氏生一子
仈
公氏生卒葬失考

良仈
生卒葬失考
以良纖次子正仕
兼祧爲嗣

道義
次子

十六世

忠鉥 行二
生卒葬失考
以立紳次忠銘三
子艮繼爲嗣

十七世

艮繼 行三
生道光十八年戊
戌八月十六日寅
時娶賴氏生道光
二十五年乙巳三
月二十日午時生
二子　得　仕
得出繼艮壐　仕，
兼祧艮久
公卒光緒十三年
丁亥十月十一日
未時
氏卒失考俱葬老
壠

十八世

正仕 行二
生卒葬失考
以正松子一繕兼
祧爲嗣

十九世

萬萬世

承啟分立維世系圖傳

道爐
嗣子

十一世

忠錄 行四

生乾隆五十二年丁未十月十二日申時娶張氏生乾隆五十二年丁未四月二十日酉時生二子 粟 粟
粟中繼忠柱
公氏卒葬失考

十二世

艮粟 行二

娶 氏生一子
啟兼祧艮羅
公氏生卒失考俱葬宅北龜形有碑

十三世

正啟

生卒葬失考以正用次子一能為嗣兼祧正志

十四世

一能 行二

字葆利號諤又號仲恩舊制安徽省立第六中種農業學校畢業曾任縣立第一臨小分校王任兼教員生光緒二十九年癸卯九月十五日卯時娶水口山歐陽道鋌之女光庭繁昌縣立女子高小畢業生光緒二十九年癸卯十月十四日寅時生四子
承 遠 相 道
承兼祧一縉
遠出繼立紳系一
新 相出繼立紳

十五世

邦承 行一

生民國二十年辛未九月初六日寅時

系一清　道出繼
立紳系一景
生女二長邦寧安
徽省立十二臨時
中學肄業許字小
磧山李應文爲長
媳年十七未嫁卒
次邦延適中分村
徐崇聲爲長媳
繼孫繼仙生民國
三年甲寅六月初
四日酉時
歐陽氏卒民國三
十六年丁亥四月
初九日寅時葬鐵
門門宅後山坐東
朝西有碑

道□
子

道爲
嗣子

忠鈐 行三

娶王氏生一子
羅
公氏生卒葬失考

忠銘 行二

生乾隆六十年乙
卯二月三十日申
時娶周氏生嘉慶
九年甲子八月二
十九日午時生三
子　江　聚　繼
　聚出繼立智系
忠後　繼出繼立
智系忠鈐
公卒咸豐十一年
辛酉三月十五日
寅時
氏卒咸豐十年庚

良羅

生卒葬失考
以良栗子正啟兼
祧爲嗣

良江 行一

生道光十年庚寅
十二月二十八日
亥時娶羅氏生失
考繼　氏生道光
十三年癸巳十二
月二十三日巳時
生二子　志　振
志兼祧良勇　振
出繼承兆分良貴
公與二氏卒葬失
考

正志 行一

生卒葬失考
以正啟嗣子一能
兼祧爲嗣

申十一月二十九日未時合葬梅嶺脚有碑

道爲嗣子

忠班 行三

生卒葬失考以忠富次子良勇爲嗣兼祧忠伍

道爲嗣子

忠伍 行三

生卒葬失考以忠班嗣子良勇兼祧爲嗣

良勇 行二

生卒葬失考以良江長子正志兼祧爲嗣

道璡長子
忠禮行一
生嘉慶五年庚申八月十一日寅時娶牧氏生嘉慶三年戊午九月十二日卯時生一子木公卒失考氏卒道光十四年甲午四月十五日巳時公葬失考氏葬葳塘稍有碑

艮木
娶氏以艮清次子正倡爲嗣兼祧艮桂公氏生卒葬失考

正倡行二
娶氏生一子綰兼祧正巳公氏生卒葬失考

一綰
生卒葬失考以一能長子邦承兼祧爲嗣

道璡次子
忠智行二
生嘉慶十年乙丑正月二十八日子時娶氏生失考

艮桂
生道光十二年壬辰三月十九日巳時娶氏生失考

生一子　桂
公氏卒葬失考

以良木嗣子正倡
兼祧爲嗣
公氏卒葬失考

道誕長子
忠佃 行一
生卒葬失考
以忠富三子良茂
爲嗣兼祧胞弟忠
管

道誕次子
忠管 行二
生卒葬失考
以胞兄忠佃嗣子
良茂兼祧爲嗣

良茂 行三
生卒葬失考
以立維系良浦次
子正巳爲嗣兼祧
良栗

正巳 行二
生卒葬失考
以正倡子一縉兼
祧爲嗣

道圩長子
忠桂行一
生卒葬失考
以忠錄長子茛栗為嗣兼祧胞弟忠才

道圩次子
忠才行二
生卒葬失考
以胞弟忠桂嗣子茛栗兼祧為嗣

茛栗行一
生嘉慶十八年癸酉五月十八日亥時娶　氏生失考
以茛茂嗣于正己兼祧為嗣
公氏卒葬失考

道堦嗣子

忠富 行二

生乾隆五十七年壬子六月十四日戌時娶俞氏生乾隆六十年乙卯九月初一日巳時生四子 弼 勇 茂 經 勇出繼忠班 茂出繼忠佃 經出繼忠南 生女一適本邑塔裡王 公卒咸豐七年丁巳七月二十七日丑時 氏卒咸豐六年丙辰六月初二日子時俱葬園山龜形有碑

[illegible]弼 行一

生嘉慶二十五年庚辰五月初九日酉時娶沈氏生嘉慶二十五年庚辰八月十六日卯時以良枝嗣子正東兼祧鈞嗣 公[illegible]咸豐四年甲寅[illegible]月初二日辰時 氏卒咸豐五年乙卯九月初五日巳時 公氏葬失考

道坊長子

忠樂 行一

生嘉慶十四年己巳四月十九日辰時娶徐氏生嘉慶十四年己巳五月十八日子時生一子　枝　公卒咸豐四年甲寅三月二十七日丑時　氏卒咸豐五年乙卯正月二十三日寅時俱葬梅嶺腳有碑

良枝

生卒葬失考　立紳系良浦三子正東爲嗣兼祧良弼

正東 行三

字耀林娶汪氏繼胡氏　以正坤長子一賢兼祧爲嗣　公與二氏生卒葬失考

道坊三子

忠南 行三

生卒葬失考

以忠富四子艮經爲嗣

艮經 行四

生卒葬失考

以艮珍子正坤兼祧爲嗣

道坊四子

忠槐 行四

生嘉慶二十五年庚辰八月二十日卯時娶潘氏生嘉慶二十五年庚辰四月二十六日未時生一子 珍 公卒咸豐九年己未五月十一時亥時 氏卒光緒十六年庚寅十二月十七日子時 公葬宅北龜形南向有碑 氏葬石墈鋪北向有碑

良珍

字向榮例贈登仕郎生道光二十三年癸卯又七月初一日卯時聘徐氏生卒葬失考娶胡氏生道光二十五年乙巳八月十九日戌時生一子 坤兼祧良經 公卒光緒二十年甲辰七月十二日寅時 胡氏卒光緒元年乙亥五月初六日辰時 公葬天井山鳳形東向 胡氏葬石塘鋪與姑潘氏合墓

正坤

名述元字繼暉晚號心齋例授明貢生生同治九年庚午閏十月二十五日亥時聘牧氏生卒失考娶施林貴長女耀彩生同治十年辛未十月十三日午時生四子 賢 能 才 德 賢兼祧正東 能出繼正敞 才出繼立紳系正儀 德出繼立智系正惠 生女三長適三山廩生姚新都五子士賢 次適中分村徐崇聲 三適西洋村庠生胡天甫長子祖堯 公卒民國十二年

一賢 行一

字葆先號的恩舊制安徽省立第七中學畢業曾任縣立赤鎮小學校長暨繁昌縣財委會常務委員馬鐵鄉聯保主任鉄嶺鄉鄉長鄉小校長生光緒二十六年庚子前八月十七日未時娶本邑岱村王新富次女生光緒三十一年甲辰十二月十六日辰時 繼本邑赤鎮吳家灣炎海濤長女培萱生光緒三十四年戊申六月初四日子時生二子 厚 平 厚兼祧一統 平出繼承堯分一魁 女三

邦厚 行一

生民國二十三年甲戌七月十七日未時

道沂長子

忠謀 行二
娶王氏生一子
森

良森
娶范氏生一子
烈兼祧良望

癸亥八月二十七日巳時施氏卒民國三十三年甲申十二月二十八日申時公葬木邑西鄉黄泥沖三台山乙辛兼卯酉向牧氏葬陶家塘背有碑施氏葬管山郭公塘之南亥山巳向

正烈
生道光二十八年戊申十一月二十

邦瑞　邦聯
邦惠
王氏卒民國十二年癸亥八月二十四日酉時葬梅嶺脚東向

一號
生卒葬失考
以一賢長子邦厚

道圻次子

公氏生卒失考俱葬黃土壠有碑

忠論 行二

娶艾氏以立紳系忠銑次子良望為嗣公氏生卒失考合葬施家衕鄭冲虎形有碑

公氏生卒失考公葬黃土壠氏葬失考

良望 行二

生嘉慶十五年庚午三月二十日申時以良森子正烈兼祧為嗣公卒失考葬傳家塘上有碑

一日亥時娶　氏生失考生一子統兼祧正周公卒光緒十三年丁亥二月十三日亥時葬裡冲茶葉地有碑氏卒葬失考

兼祧為嗣

十六世

道塤
長子

忠諭 行一
娶艾氏繼周氏生
一子　泉
公與二氏生卒葬
失考

道塤
次子

忠懷 行二
生卒葬失考
以立紳系忠禎四
子艮清爲嗣

十七世

艮泉
生卒葬失考
以艮清長子正周
兼祧爲嗣

艮清 行四
生嘉慶十三年戊
辰十三年戊辰九
月十九日申時娶
艾氏生嘉慶十三
年戊辰五月初五
日子時生二子
周　倡　周兼祧
艮泉　倡出繼艮
木
公氏卒葬失考

十八世

正周 行一
生卒葬失考
以正烈子一統兼
祧爲嗣

十九世

萬萬世

遺名總錄序

昔紀文達公纂修家乘遇有祖宗考妣失傳則書圈以存其位闕疑徵信深得春秋筆意君子韙之我族宗譜自遷繁至今衍世十六其間胥寵逢昌諸公往徽與纂統志領授各房分執保存嗣歷三百餘年各房均有草譜客冬彙集墨稿核對木主繕謄成帙惜因年湮代遠木主多殘缺不全或有粉面無內函或有內函無粉面甚有亡名考名俱失僅存字號者其考爲誰某之考妣爲誰某之妣不可稽矣雖明知皆我族之祖考妣終莫敢妄書于各房正譜之內又不敢棄而不登爰于各房譜刊畢後另刊考妣虛位總祀遺靈復依木主行次刊考于前刊妣于後其庶幾文達公書圈存位之遺意乎至派行尊卑末從查考幽冥有靈或不斥責矣

旹

大中華民國三十八年姑洗月初八清明日

遷繁十四世裔孫鴻軒佑海拜撰

遷繁歷代先遠祖考遺名總錄

逢晉　生萬歷二十七年己亥八月二十二日辰時　卒崇禎三年庚午十月初五日丑時　葬河梧泥壩湖

蔭茂　生崇禎二年己巳前四月十二日巳時　卒順治十二年乙未八月二十三日子時

金堵　例授登仕郎生乾隆五十五年庚戌十月初八日亥時　卒道光六年丙戌五月初四日子時

仁潼　生卒失考

元慶　生卒失考

元橋　生卒失考

元瑍　生卒失考

宗灝　行三字錦占生嘉慶五年庚申正月十九日午時　孝男寬全
卒道光十六年丙申三月二十一日辰時

宗澥　生嘉慶九年甲子四月初四日巳時　孝男寬喜寬保
卒道光七年丁亥六月初七日戌時

宗燕　生卒失考

宗杜　生卒失考

宗熙　生卒失考

宗桂　生卒失考

宗梓
生卒失考

家翻
生卒失考

宗晟
生卒失考

又桐
生嘉慶二十四年己卯七月二十五日未時
卒道光二十八年戊申正月二十二日巳時

古梅
生道光二年壬午八月初二日丑時
卒道光二十六年丙午十月初六日辰時

寛瓊
生嘉慶八年癸亥五月初九日寅時
卒道光十五年乙未正月初八日申時

寛宏
字得高生咸豐七年丁巳三月十六亥時
卒光緒元年乙亥八月二十七日亥時

寬懷

生同治七年戊午八月二十二日寅時
卒光緒三十三年丁未正月十三日寅時

寬錫

生卒失考

寬全

生卒失考

寬喜

生卒失考

寬保

生卒失考

顯君

生道光十四年甲午正月二十日亥時　孝男承德
卒咸豐十年庚申七月二十七日申時

顯保

生道光八年戊子二月二十四日辰時
卒光緒六年庚辰十二月二十九日戌時

顯達
生卒失考

顯進
生卒失考

顯承
生卒失考

承義
生卒失考

承材
生光緒十九年癸巳六月十四日亥時　孝男佑清佑明
卒民國元年壬子三月初四日辰時

承德
生卒失考

承敬
生卒失考

佑福　生卒失考

佑祗　生卒失考

榮耀　生卒失考

寄生　生卒失考

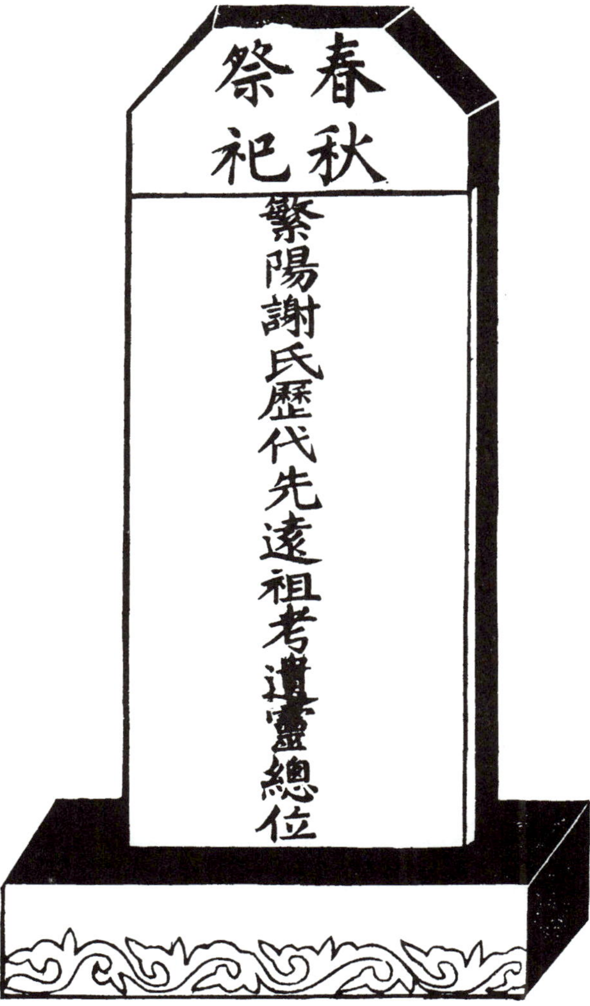
春秋
祭祀
繁陽謝氏歷代先遠祖考遺靈總位

遷繁歷代先遠祖妣遺名總錄

王氏
生順治十四年丁酉八月初三日辰時
卒雍正十三年乙卯三月二十七日辰時

朱氏
生康熙七年戊申九月初四日子時
卒乾隆十六年辛未十月二十九日申時

鮑氏
生康熙十四年乙卯正月二十二日申時
卒未詳

桂氏
生康熙二十一年壬戌七月二十九日亥時
卒乾隆十五年庚午二月初五日未時

趙氏
生康熙三十六年丁丑十一月二十一日亥時
卒雍正三年乙巳二月十七日子時

高氏
生康熙四十年辛巳十一月初八日亥時
卒乾隆二年丁巳閏九月十四日巳時

潘氏
生康熙五十五年丙申十一月十二日酉時
卒乾隆四十六年辛丑七月初一日子時

鮑氏
生康熙六十年辛丑三月初六日亥時
卒乾隆五十九年甲寅九月初五日戌時

方氏
生康熙六十年辛丑九月二十五日辰時　孝男承義
卒乾隆六年辛酉八月十三日巳時

呂氏
生雍正九年辛亥五月二十九日酉時
卒乾隆六十年乙卯閏二月十六日丑時

鮑氏
生雍正十一年癸丑正月初六日酉時　承重孫宗梓
卒嘉慶十九年甲戌二月初八日丑時

蔣氏
生乾隆元年丙辰五月初二日酉時　孝男宗燕
卒嘉慶三年戊午三月二十三時戌時

張氏
生乾隆四年己未十一月初二日子時　承重曾孫顯承
卒道光十三年癸巳十二月初八日巳時

陳氏
生乾隆十一年丙寅十一月十二日巳時　孝男元璵
卒乾隆三十三年戊子二月二十二日寅時

陶氏
生乾隆十四年丁巳十一月十二日午時
卒乾隆四十三年戊戌十一月十六日酉時

王氏
生乾隆三十一年丙戌正月十二日亥時
卒乾隆五十一年丙午又七月十七日亥時

孫氏
生乾隆三十四年己丑八月二十日亥時
卒嘉慶十二年丁卯二月十四日午時

孫氏
生乾隆四十六年辛丑十月初五日未時　孝男宗灝
卒道光十二年壬辰九月二十日巳時

鮑氏
生乾隆五十六年辛亥六月二十日亥時
卒同治二年癸亥八月二十三日丑時

強氏
生嘉慶元年丙辰　孝男寬錫
卒道光四年甲申又七月

李氏
生嘉慶十八年癸酉十月十六日戌時　孝男寄生
卒道光十三年癸巳正月初一日寅時

曹氏
生嘉慶十九年甲戌七月二十日寅時
卒同治七年戊辰七月二十四日亥時

徐氏
生道光二年壬午十月初三日巳時
卒道光二十五年乙巳十月二十三日亥時

徐氏
生道光十年庚寅十月初十日酉時　孝孫承啓
卒光緒十四年戊子十月初九日未時

谷氏
生道光十四年丙申十一月十六日丑時
卒光緒二十三年丁酉十一月初二日子時

劉氏
生道光二十年庚子八月二十一日子時
卒光緒二十九年癸卯正月初六日酉時

殷氏
生同治元年壬戌九月十二日未時
卒光緒七年辛巳八月十三日子時

胡氏　生光緒元年乙亥九月十九日子時
卒光緒二十五年己亥九月初九日子時

方氏　生光緒二十三年丁酉九月初九日未時　孝男榮耀
卒民國七年戊午九月十八日亥時

葉氏　生卒失考

吳氏　生卒失考

舒氏　生卒失考

春秋
祭祀
繁陽謝氏歷代先遠祖妣遺靈總位

告遷繁歷代先遠考妣遺靈文

竊以招魂託綿上之田不遺故舊瘞骨溥西岐之澤爰恤枯殘徵士不歸吊古尚傷戰地國殤安在昭忠且建專祠矧爲吾所自出可令與失所之悲尤其神必有依合卽立妥靈之位追遠敢云厚德承先應表孝思是用薄申其敬而謹告以文

粤惟吾族繁陽始遷自明逮今歷四百年嵗乘未續後死之慼頻經烽火迭易海田流離轉徙不少祖先中多失考心目悁悁考名妣姓歷代不傳曩承誰後

今列誰前隱南遊北或有代延嫡支旁系無處探研
其鰥其寡身後誰憐其生其歿歲月久湮或焚或溺
或病不痊或遭兵匪或老戍邊或罹災禍或陷仇冤
如何亡故疑團萬千功名事業莫爲題箋高岡平隴
莫爲表阡北邙東郭莫標楮錢魂兮彷彿蔓草荒烟
蹤尋無着想像徒懸弔祭弗及追念茫然不忍忘本
緬有鴻軒出席國大首都甫旋主修宗譜力求完全
達以樗櫟紀錄備員同情衆慮有遺佚焉遠登廣告
近訪族賢草牒木主搜輯連匕派支符者立即補填

其有不合總錄遺編另安神位奉祀較便秋霜春露
蒸嘗永虔亦依祖廟亦設豆籩亦陳黍稷亦獻牲牷
必恭必信必潔必鮮祭神如在敢告山川凡登遺籍
咸來格旃並邀靈鑑鑑此拳々猶及闕史恍續斷篇
是之取爾混々原泉興滅繼絕無法從權年表圖傳
末由引牽親疏遠近界限胥蠲皆吾宗族敬佩芷言
伯叔妯娌不復甄詮音容肖貌不復雕鐫尊卑長幼
各天所天冥々有道諒不倒顛再叨默佑茂我曾玄
青年男女玉筍班聯忠孝賢德弓冶綿々繼志述事

救獘補偏靡遺不拾靡蘊不宣庶彌缺憾花好月圓

中華民國三十八年季春月清明日

裔孫顯達薰沐拜撰

謝氏宗譜

戊子四月吳彬題

卷十

字號

卷十

慶賀

文存

詩存

蜀歸吟

繁陽謝氏宗譜卷十分目

慶賀引　鴻軒撰
賀誠齋榮膺欽賞序　明進士海塩知縣饒廷錫撰
序耆英會榮壽圖　明進士貴州按察司使劉竔撰
贈雙溪謝先生之任德清序　明知縣汪大有撰
慶六峯謝翁八十序　明少傅大學士許國撰
慶同野謝翁七袠叙　明進士侍經筵官羅應鶴撰
壽筠溪謝翁六袠叙　明進士主事洪文衡撰
慶雙園謝翁六袠序　明湖廣參政劉廷栴撰
慶雙園謝翁七袠序　明雲南太守程道東撰
叙雲菴　明刑部郎中林瓊撰

伯貞姪入越序　明郡庠生汪川先人陞撰

慶謝母洪孺人八十節壽序　明禮部侍郎康永韶撰

壽謝母方太孺人八秩序　明太常寺少卿吳應明撰

壽謝母方孺人六秩序　明進士工科給事中楊應文撰

繁昌宗祠現存匾額　清文淵閣大學士相國朱珪等題

益園公中和大廳及學屋匾額　清吏部尚書黄鉞等題

文存前言　鴻軒撰

新安山水賦　明處士田川先人子期昌公撰

竹山記　明員外王寵撰

竹山賦　明通判尹覺撰

謝宗智公具慶堂記　明徽州府教授羅倫撰
重修晏公廟石岸記　清廩貢生貴池教諭先人泳公撰
自書牙琴集后　清廩貢生貴池教諭先人泳公撰
江防記舊　載縣志
介鶴公家書二通　清嘉定知縣候補江蘇直隸州知州
邦楨公家書　清雎甯典史

詩存前言　鴻軒撰

康樂公述祖德詩

叠山公殉國前傑作律詩三首

晚登三山　宋吏部尚書先人朓公作

海塘行役有感二十韻　明上虞縣主簿談繼先作

誠齋榮膺欽賞詩十首　明參政馮臯謨等十人作

贈謝子期别號樂壽詩六首　明六部尚書屠滽等六人作

送明仲之官遊學詩十一首　明戶部侍郎汪立錫等十一人作

壽二尹謝雙溪五十　明戶部尚書鮑道明作

竹山詩二十二首　明給事中王俊民等二十二人作

雲菴翁望雲居詩十二首　明訥言大夫張寰等九人作

雙泉玹公敦義樓詩六首　明狀元沈懋學唐臯等六人作

伯貞入越賦詩及酬贈詩廿九首　明儒士冠帶師教進士廷諒廿四人作

濟齋公酬唱詩錄廿五首　清教諭先人泳公及吏部尚書黄鉞等八人作

雪娛詩鈔四十六首　清邑庠生三山九蓮詩社〻長懋卿公作

南陵憶雪娛一首　清優增生現任繁昌縣參議員鄧則先作

亂後憶雪娛二首　前人

慶賀引

子輿氏有言朝廷莫如爵鄉黨莫如齒輔世長民莫如德此三達德者古今所共同尊禮者也將尊禮之則必有親〻賢〻之表示以見其眞情而留其紀念此固事理之當然矣吾宗修譜特闢慶賀一門義蓋有取于斯也慶賀云者卽我祖我宗躬具達德若誠齋公之榮膺欽賞伯貞先生入越遑行毅齋公居鄉飲耆席謙恩諸公之遊泮以及德政老壽而召人慶賀題額贈文者累〻皆當時宗族戚鄙親其所親賢其所賢之至情流露今纂斯譜承當代名流題贊撰序附寄賀柬亦當錄而存之永著高賢之盛意而爲後嗣永應不忘與效法者耳不然往來酬酢之間吉凶慶唁之際徒徵逐于酒食議食之誇張而事過境遷了無痕迹可供稱羨致後人親〻賢〻之情誼無

自感發而達尊當尊將莫知其何儀何物矣豈志士仁人所忍出哉

中華民國三十八年仲春　纂修戊子家乘鴻軒謹識

賀誠齋欒膺　欽賞序芳川派

鍾陵饒廷錫撰甲戌進士海塩知縣

國家道化熙洽無問海內外罔不底寧塩邑故僻海陬稱樂壤云歲乙亥夏颶風條作海溢塘圮予甫涖茲土廼議修築塘凡立千餘丈工億萬計思得良佐者濟之而君適繼至至則綜理海上扼其要害爲羣僚先今塘隆然起者君所築也未幾撫臺徐公行部巡臺鵬峰吳公使事告竣交相薦剡予重有感焉夫民可與樂成不可與慮始而在下位者難於獲上蓋自十記之也惟君起安石合裔代有聞人家學所從來遠矣屢試不第始謁選丞鹽以溥大宏碩之才展庇國匡時之畧浚河湟以省運石之費築天闕以捍潮汐之衝櫛風冒雨與父老相勞苦甚則捐己俸以充犒勞而民益歡趨從事其得民何

洽也已而閭里上其狀監司廉其能才器見稱於賢書貢識交騰於
旌檄聖天子下璽書錫帑金勞異芳聲所暨如響斯應其獲上又何
捷也夫上播其譽下民戴其恩地方之危者平仆者起呻吟者謳歌
行者樂於途耕者恬於野君之佐政爲最誠可謂不負丞者矣昔崔
斯立之丞藍田也幸優游無事故得流連光景日哦咏其竹木之奇
以自娛君當紛紜旁午之餘能展其風猷而布之上下其功尤難于
崔也且君又出其大工之暇如漕粮之委徵軍匠之釐弊詞獄之平
允皆可稱者而縣治從天月發源秀鍾于東北頃少失其故址議者
謂當疏北關以去其淤接地脉以通其靈予方躬詣相度而君復佐
之披圖區畫酌輿情土俗之宜建經常可久之計則君之造福于鹽
者大而士民之德君者尤深將與古之善河渠興水利如史鄭者後

先予樂觀君之厥成而崔之不負丞不足言矣是爲序

萬歷七年歲次己卯十月吉旦

序耆英會榮壽圖奉賀

邑侯誠齋翁謝父母老先生大八榮登七秩芳川派

古者僚友之門德業聞望並冠一時其同朝則賡歌堂上爲聖主祝長生其同社則逍遥林皐間爲太平之壽考如斯者流曠古僅見越漢迄唐宋自兩疏萬石君而下可數也香山有九老好事者圖之得白居士之賦而名益彰雎陽有五老好事者圖之得錢明逸之序而傳益盛四明有六老好事者圖之得魏直翁之文而流益光偉哉仙乎簪纓樽俎賞景吟詩既壽且康式燕以喜爲里親黨欽仰爲華夷今古聲稱昔人比之晝錦之榮者也惟我父母誠齋謝公則尤表七

卓異有古耆舊之遺風乎夫公歙人也世有合德爲徽名家自公少時舉茂材由鄉選出宰海邦東海之民戴厚德而沾深仁者粤今五餘禩矣此雖未及賡歌堂上而跡其行事諒其用心居官則勵名節矣涖事則光勤慎矣勲高瀚海福蔭河渠其見諸名公鉅筆之贊誦者彰彰較著也頃者考績政成天曹課最明天子將不次召用而鹽之縉紳黔黎有眷眷依依而慮其留之無計者爰繪圖者英取象於十三老以爲公之壽國而壽身者祝焉是故圖之景若蒼松若翠竹則冬夏常青若琪花若瑶草則四時不謝若瑞鶴若祥鹿則壽算綿延彬彬然郁郁然皆世俗之所以擬壽非所以重耆英也圖之人則温公潞公鄭公均以其身係社稷之安危邵子王子劉子均以其身爲任道之偉器而至于至拱辰王尚恭輩亦以德行文學政事相頡

頌今公閱其圖想見其人當其哦松暇日睹諸賢之委蛇襲慶如見耆英在政事堂覩諸賢之玩物適情如見耆英在修隱菴睹諸賢之賡觴賦咏如見耆英在神仙境而瀛洲蓬島恍乎日夕參于前矣賢哉合君著蹟海上私淑諸人前後善政有數十事耿七人畔無後載圖畫間所圖惟祝頌壽意耳洛陽之景惜不合誠齋公見之然則士大夫斯圖可謂極古今富貴而歸故鄉者之麗觀也已公抱道而來惠此一方兹歲菊月屆懸孤辰不鄙猥承光範纔嘗謂公曰仕鹽者多矣公之仕獨惓惓焉為盐造福也故鹽亦以此為公祝壽使新安人士望而未見者得于斯圖占公之遺愛公曰可矣敢效一德而為之序預為之祝云

賜進士第通議大夫貴州按察司使前江西右布政

治生劉炌頓首拜撰

福建左參政馮皐謨　按察使徐鵠

工科給事中陳所學　知州沈藻

雷州府同知朱學顏　博士仇俊卿

行人劉世埏仝頓首拜贈

贈雙溪謝先生之任德清叙 巖鎮大塘派昭公

休邑柳州汪大有譔 知縣

柳洲子客處京華與雙溪契合者閱六月蓋將終身焉雙溪子拜浙省湖州德清丞將之任柳洲子不忍別也餞以酒廼執爵而告之曰夫湖浙西北郡也德清湖西南邑也往時郡號淳樸而邑僻在山嵎中政事亦省但久則變變則澆莫之可濟余曩從兄宦于浙與聞之謂民俗靡靡民訟囂囂民賦頻頻牧者乏德恩以持之復剝民肉而食之且以食人民是以困弊也久矣比時同鄉有韓子者以湖州推德清事亦謂余邑事繁冗多奸弊賦役尤多失均屢年官以水患累使非長者主之上肆下貪民之生無日也然余適來越吳及湖見畫舫連雲珠玉珍奇連席笙歌之聲喧鬨川澤問之人曰此根長之樂

耳吁皆民膏也廢之弗節則公之弗給追之悉盡傾家焉不足又狠虎民以益之爲上者或憐之獨不憐吾民乎雙溪子會嘗茲任鑒茲弊德清其生矣大抵催征之道有二上焉者持吾正播吾誠勤以濟之嚴以克之病者起之是故令行而民樂爲之輸國之利也乃若縱綱而漁恣刃而戕同而爲和肥以自快是謂民賦國之害也斯下矣雙溪子尙爲是惧極茲災廸之維允德清其生矣夫子生平操行青天白日民瘼熟于胸中久矣矧茲行也又得卿達太史唐公郡伯潘公益之行見雨露瘠痍皆故物也奚取于余言哉第余不忍別也友情也道及民艱者公義也雙溪子豈肯廢余言哉又從而歌之歌曰

百年兮交情此心兮共月明義子兮名成德清何幸兮得陽方之英松舍兮琴鶴鳴花封兮草木生猿猱奔將兮鷄犬不驚清暉照稠林

兮見遷鶯憐我兮猶都城月夜兮誰同行短句兮壯子行送子河橋兮別離輕望子不見兮淚欲傾吁嗟雪花照眼兮不照我情雪花兮胡不照我情爲我一晋安石卿

慶六峰謝翁八十序 諱彬汪村派

邑人潁陽許國譔少傅

今上四十二年六峯謝翁春秋八十矣翁子炌與余善余從弟冲者炌甥也翁生之日冲將治觴以爲翁壽抵余乞辭嗟乎翁高年長者余故所父兄事之者也會方讀禮不得與稱觴而余弟爲請按翁質行蓋古隱君子之遺也束髮時父靜菴公以羈旅觸禁罔法當謫戍不能自明翁乃號泣匍匐擊登聞鼓以訟父冤當道者哀其誠父得釋歸有竭力之孝客游任城見自投於水者趨而問之曰吾稱貸而

販者今盜剽吾貲矣故皇急至此翁與之貲竟去不問其姓名有賑窮之義歲大侵翁傾貲賑之郡國流移而里中賴以安堵有周卹之仁頃文學諸生三老豪傑列翁高義上之郡大夫請賓禮于卿翁固辭不赴又前此有司嘗以趙府引禮辟翁不就有勞謙之度此四行者翁之生平大畧可睹矣謂之隱君子非耶夫天人之際較若影響得全全昌自古難焉孝者神格義者人懷仁者天祐謙者衆益壽之道也有一於此可以壽矣况其得全者乎即如翁訟父寃時彷徨道路天門萬里莫爲先容旦暮呼叩計無所出而中貴錢某者業已夢翁得之遽目翁曰而固有寃欲言者乎翁仰顧錯愕本願不至此卒賴其力免父于阨乃知泉湧鯉出雀集笋生古今所傳非虗語也且翁既厚施不責其報而溺者得拯旦暮無忘翁食飲必祝曰天乎君

子萬壽饑者得賑旦暮無忘翁食飲必祝曰天乎君子萬壽夫人情天道豈遐邈哉異時策鳩杖以光几筵乘安車以憲郡國翁豈得而終讓之也翁子炌炷並能世翁之業而炌俶儻瑰琦數來往吳門其所雅游皆天下名士使翁名聞于四方者炌先後之也炌初不宜子翁以爲嗛及翁七十炌所內吳門室舉一子今嫡婦且斷乳矣亦舉一子會翁八十天若以娛翁者里中以翁有天幸大奇之不賀炌而賀翁語曰盛德昌後豈亦徵召之符歟乃姑釋禮而論次之合沖操牘載焉以爲翁壽

慶同野謝翁七袠敘 雙溪里派

余少慕三天子都稍長就學於茲浴温泉尋煉丹處謂其峯巒巃嵸澗泉潺洌此中不獨爲神仙宅將必多壽星老成侶也久之余姪文

鈐辛東坦于同野謝翁七時過余境上鈐供具余竊覩翁頒樸神怡必其鍾黄岳之氣所謂壽星老成侶者茲其人乎此心恒私識之荏苒計翁春秋當七袠矣鈐丐文祝之展半子忱亦謂余雅知翁也奚容辭余曰由今揆昔則翁之稀壽也宜哉翁生而迥異負豪宕倜儻多才識亦知向學尋爲治生計遂之商翁其儒而賈乎嘗操雄貲客于外坦夷樂易與人無佗腸町畦不設被其接者若坐春風中四方交遊輳集翁亦應接不暇無論知不知者咸知有同野翁云以故坐收什一之息而業蒸七起矣中歲恒曰丈夫志徧四方足矣盍歸爲雲山之樂居鄉不詭於俗能排難糾紛里有不平者一質於翁輒心服無異言時遘躁率忤俗者聞風而解逖邇以彥方稱焉徂歲薦飢廼熟糜焚券賴全活者甚夥僉以期頤祝之翁七無德色夫殖已自

封道所不載其仁逮于人而不自有其功若此晚歲夷游尋樂日偕諸老爲眞率遊或醉紫竹或詠天都矍鑠容與若不知老之將至識者謂其壽有徵也以義方課二丈夫子承考樂志孫枝掩映時露頭角淑配孺人先翁爲稀壽兹日怡然于上偕享天倫之樂事行且氣附神王臻期頤于未艾若翁者果壽星老成侶者其壽祺當無涯矣猗歟休哉諺曰孰是可爲岳翁壽延慶矣遂拜書以致之慶辰在七夕月二十一日

萬歷乙未歲夷則日二十一日

賜進士第欽差廵撫保定提督紫荆等關都察院右僉都御史前提督北直隸學校廵按監察御史大理寺左右少卿太僕寺卿侍經筵官眷生羅應鶴頓首拜撰

壽筠溪謝翁六袠叙 雙溪里派

萬歷歲之辛卯正月上辰斗星東指條風漸生實爲筠溪謝翁杖朝期也僉謀爲壽不佞爲諸生時嘗慕六六之勝講藝于玆荷翁欵洽殊甚心切私識之荏苒迨今計翁春秋六十矣遘斯慶辰何可無言以布私悃云謝故著新都自宋諫議謚公以儒業顯遞遷黃山翁其華裔也大父再傳有醕德父淇園公夙稱長厚其所濬發者深也翁生而狀貌頎偉術士見而奇之曰亢謝宗者必此子也稍長卽敏慧博識每授讀輒陳筴數十夜分不息筴立盡而猶務請益焉及就試督學使者以易補博士弟子員僉以國器稱之然家故饒裕嘉靖中徵材江南翁猶當戶子也亡論纖細浩繁靡不出其肩鉅籌畫坐是日弗遑舉子業勉就成均大司成校士目之曰夫七也質有其文殆

儁士敗亡何入試報罷尋退而修業如初尤甘恬退不欲以聲利自媒久之父趣之選迺拜堂下曰子願養一日不以三公易且夸毗事人匪吾素願吾將以山林爲部署耳於是卜築天都之陽復舉陂池田圃松楸竹箭而息之幾三十年絕意仕進日以承驩爲務事繼大母一如大母事父庶母一如己母迨淇園公寢疾湯藥親承購名醫予以千金人咸謂其克孝子也生平性甘澹泊布衣糲食肇業豐饒甲于里中視之恒汨如也其爲居積轉輸善任人務持大體雖身致不貲未嘗一持籌其間故人卒樂爲之用而身埒素封有餘矣尤坦夷樂易與人無他腸而仁厚藹然至其振人之急卽千百緡勿恤也比歲大祲乃日熬糜道旁者三當至梁津甃道無不舉手加額喜而德之者不衰亦公直自許里鄰鬨者得翁片言立解語曰吾不願得

銀數錢願得謝公一言其令人慕服者如此居常禮師西塾義方訓
子若孫進以經義而日爲之兢兢其視一切榮名勢利曾弗一爲之
搆也舉丈夫子五伯子來聘君仲子來召君叔子來旌君季子來翰
君末乳子來旃君咸服賈承志纘緒光前孫十人曾孫一人悉頴異
不凡時露頭角而翁偕配吳孺人怡樂於上寧非享遐福于日邁也
哉若翁者體貌魁梧形神温粹而孝讓醇謹居然萬石君之遺風蓋
儒而商者倘所謂富而好行其德非耶乃今獲全七昌后昆番裕而
迭上壽於未艾也宜矣宜矣猗歟休乎不佞素雅知翁遂拜手用修
酌者之詞

萬歷辛卯歲春王正月上日

賜進士文林郎吏部文選司主事眷生洪文衡拜撰

謝上宗譜　卷十　寶樹堂

慶雙園謝翁六袠序 汪村派美公

湖廣參政江西南昌同野劉廷梅撰

今

上三十有八年孟秋之望余方考績還膳部徽府庠門生謝子陞走翰使謁余于南宫官寓曰是月也二十七日陞父尚美懸弧晨也壽六袠焉媿未能即以文顯親又弗能文爲親壽非子道也請一言以志祝焉余非能文者也義弗容已于言但稽諸素亦可爲公壽矣昔承乏知歙事百度粗舉以政先得人詢於衆將舉其善貢之尤以爲邑人勸且備觀風者采焉僉曰謝氏有雙園君者幼有異質善承親志而益弘其業長好文學誨子以義方而遠有所期事至能任投之至大而不驚物忤能容感之以德而自服鄉族皆倚仗敬慕焉誠倜

儻豪邁人也竊雅重之欲識荆焉未暇也庚戌之秋再試邑之子弟升諸郡得陞文深器之取冠多士古之人愛其子必及其父兄師友乃進公于庭與之上下其議以考其行誼之實益知陞學有自信衆論不誣也茲六袠也而豈徒哉凡人生而壽非倖致也生於心耳吾心之理本生生不息者也爲子而孝爲父而慈見義而勇爲同物而無我皆天理之自然人心之本體也理常生而不息則氣常運而不窮也今觀於公承先業而益弘其志則孝不弛于其親而心可通於神明和平之福有終矣好文學而蓮有所期則愛克成于其子而心極立於後世克昌之休可永矣任大而不驚則剛大之氣塞於天地萬物不能撓矣容物而不較則一體之愛可孚於無外所遇不足戕矣是公於所生之理會於一心不必嘻噓呼吸偃仰屈伸如昔人求

永其年者命自我立而壽躋六十宜矣卽是以卜年數之歷豈特今日之慶已乎過此雖百年皆六十之積也况頤讀令子陞之文粹然悉歸於至理行必厚積重發首副明揚之典移忠于國擴其孝於不匱則天理之流行於公者又將貫萬世而常存矣其享崇高富貴之盛膺封誥寵命之榮寧有旣乎是又有深望也謹預書而慶焉以俟

慶雙園謝翁七袠序

雲南太守同邑宇和程道東撰

余邑雙園謝翁夙攻經術雅志前修少寡弱挺然立波流中爲鄉族望寢緣疾罷業廼以畀諸嗣人伯子陞方少雋藝問日起叔子陛亦復兢朗並名隸郡博士試輒冠其曹仲子堂肄業禮部與季子室咸文雅不羣人謂翁有子哉余聞郡中文學推轂二謝君會郡大夫闕中華河叚侯合七校簡雋士羣萃紫陽學院日授餘而親教督之伯

子首拔焉大夫得伯子所爲文咄〻稱賞每持以觀客謂余曰斯經濟才也請代聘爲若子師余謝大夫頃郎命弓兒從伯子受經伯子間語余往家大人爲紫陽諸生雖不偶同舍多知名士胥繼脱穎去實賴艮師帥作而成之語曰縣令不揖客郡守不迎師蓋自邇歲以來玆風相襲久矣家大人欣斯舉謂將以作庶儁而期之成也吾曹奚副焉余曰噫學殖易落織錦難製遇合有時亹黽在志是蔗是莪則有豐年君軀不逾六尺而氣雄萬夫艮以素所挾持誠非眇小耳矧紫陽先大儒鳴道所著溪素練舞鶴翔鸞益邃養於斯抱璞以售鼎顒可俟酬翁未伸之志副大夫責成之望非子而誰屬哉伯子曰諾敬聞命矣于是翁以孟秋二十七日齒七袠伯子等圖所以爲親壽者余因緝前語以貽之且請質于翁〻曰唯〻

叙雲菴芳川派

東郡林璦刑部郎中

雲菴者歙謝汝昭别號也汝昭菴有定居雲出沒無定時取雲於菴胡謂哉自梁公登太行擬雲以親舍往匕繪圖題詠之詩曰人之秉彛好是懿德言情同也夫人以倫立倫以志形志以號審是故瀆倫者之謂逆縱志者之謂汙逆且汙情斯悖矣情悖則人莫與也其何號之有予于汝昭取焉汝昭姿秀而明好古而學燁然有文采可觀嘗以豐養爲商遊寓吾土志親弗置行噡而坐嘆乃題其居曰雲菴汝昭入其菴則雲在几出其菴則雲在天倚樓而吟則雲在聲向晦而息則雲在夢油然斯合親來臨乎倏然斯散親即寢乎心無時不雲無時不太行矣於乎粱公勞王而思親孝廣于忠也汝昭豊養而思親孝伏于遊也若謝汝昭可謂善學粱公哉

嘉靖甲午春三月下澣之吉

伯貞姪入越序 芳川派

陞少連撰

趙季仁有三願其一則願看盡世間好山水羅景綸深賞之吾家盧陵性愛山水年至強仕尚甘心于東山迫而後出迨及康樂鑿山浚湖伐木開逕驚動鄰郡至于遞乞囬踵峌崲遂搆隙俗吏露板上言賴明主赦勿罪此則有山水癖矣吾宗自會稽來散居于黃山之麓吾家實爲當皋而芳村則爲居庭余性亦好遊曾溯淮入徐浮汴渡洛躋玉井出金城返藍田下漢水沿大江而税金陵蓋水陸萬里餘不可謂非壯也顧於黃山僅一染指而於東山則尚未趾何論其巔客歲吾宗大定宗盟則姪伯貞嗃矢其事於時欲議一宗英往訪會稽祊祏伯貞願與余偕余偶縈鞅未成行乃今伯貞孤裝在矣伯貞居芳村靈泉里去黃山較近而性亦好遊且好客凡一客至則支策

携糧引之浴温泉窺龍窟攬太乙望雲門問軒轅之丹索浮丘之袂
蓋黄山時時在杖履下矣至是則將發歙浦掠桐廬過嚴瀨泛曹娥
江而抵會稽也廬陵康樂足跡在焉伯貞尙其一一尋之注棋聲于
墅內擬屐齒于池中泚薔薇於洞口而又想其解中郎之佩揭諸妓
之幃與夫捉蒲葵揮麈尾而談理也此其風流尙有施及於今日之
子孫者果誰其人乎伯貞其以余名告之而歸以其人告我不庶幾
衣烏一叚勝事耶夫會稽太史公曾于此探禹穴而其文驟奇伯貞
雅善詩已臻妙境欲與黄山爭峻今復有茲遊則東山之靈又將憑
之不益當奇進哉在昔吾宗初渡江時尙不能與江氏方幅於諸葛
氏其後則左顧江而右顧王不復齒諸葛矣今日吾郡諸江之在婺
猶吾宗之在歙明府之宰餘姚蓋婺人也未第時曾交伯貞伯貞且

識明府不移時當大顯今方解褐製錦於茲三爵亟稱卓異且遲伯貞來遊庻曰公我故人公來我今借公家東山還以奉公樽酒盤飧幸勿涼我凡諸名勝公其一一品題余將爲公立石勒之庻不負公家舊地耳余猶記與明府相遭於姑孰金陵亦曾得聞其試義而賞會乃今明府顯矣得無忘之乎伯貞其爲我訊之倘不我忘則江思玄與謝幼儒之交猶可定也

萬歷庚子重陽日

壽謝母方太孺人八袠序　汪村派道錫公配

同邑吳應明譔太常少卿

新安自昔擅山水之奇故其人多砥礪而勵節槩無論丈夫爲然卽閨閤往往貞淑比肩云謝長公者諱道錫字子受諫議大夫泌公之苗裔也世以務本爲業至公幼孤而喜治博士家言終以單微遷其業時雖遂乎什一其雍容退讓一諸生也以是人皆樂與交驩年方立忽中危疾遂不能起鄉人甚悼之於時公娶方孺人有子女矣並在襁褓毀容痛哭幾絶者數旣而以頭觸題湊曰從公耶孰與代而父也而三世僅存一息棄之是爲負夫子矣復撫其孤曰從子耶孰爲養而父於下不克從之亦爲負夫子均之負也然與其負而無補於逝者寧與負而植生者乎於是輟哭一意拮据家事蓋緜而縷之

亦緜而惜之曰夫子云亡而生產之道息苟不然者何以自存朝夕
競乜用能不失其故業而孤伯祥甫冠爲完室汪氏夙閑婦道承順
惟謹祥服孺人教恂乜篤實莊敬自持好讀書通大義服賈曹魯間
孺人両患癰毒族人皆危之祥蓮聞倍道而歸時値盛暑侍者莫敢
近祥三時親爲洗滌更藥服勞百日始痊纖無怠意因念孺人家居
爲子遠遊不及今逮養使有遺恨如吾父者何以爲人子遂部署其
裝以歸怡然耕養爲事孺人孀居五十年祥左右侍養者三十年晨
昏不替專務先意承顏時乜飭修髓蔫之以佐其驩歲時臘臈必烹
炮宴會五男子大任大化大儀大儒大俸遞爲壽于前鄉人咸羨之
以爲天樂孺人今八十老矣其倩正守謙所以觴之者於余乜謂孺
人之節天所培也孺人之壽天所縱也當長公物故時孺人須臾不

能忍無論其今日弗克安子孫之養謝氏不絶如綫者將誰寄耶卒能甘苦戮力完其家成其孤亭有令名君子之爲難然則胙謝之宗祏惟孺人異日子孫高大其門惟孺人長公得以無望於九京亦惟孺人賢乎哉其壽遠矣家兄以是而致詞焉庶幾足以籍手若夫諛言無當余故不能家兄亦安得爲善祝

慶謝母洪孺人八十節壽序　巖鎮大塘派養富公配

祁門用和康承韶譔　禮部侍郎

關雎之詩以美婦人之德也柏舟之詠以昭婦人之節也夫子删之以爲風之首千百載之下讀者莫不興起後之淑女貞婦咸取以爲法自堯舜禹湯文武至於漢晉唐宋其間節義之婦合百二十八勝國時僅八人已我聖朝誕敷景運治化維新普天之下而懐節義者必表而出之以崇奬勸載在典籍不可髮舉而縷計今得其全者於謝母孺人見之孺人爲歙名家女也幼有志操父母甚鍾愛之不輕許凡子及笄擇妻謝公德銘謝亦鉅族出諫議公之後由黃山而遷巖鎮世以德著聞孺人迨歸其門奉舅姑益孝鄉鄙姻族咸稱其賢無何德銘公捐舘而孺人年甫三十時子智信在襁舅姑皆卽世惟

煢然一身人皆奪其志者孺人仰天誓曰生我者父之天也配我者夫之天也吾豈二其天哉遂卸鉛粉躬紡績寒燈夜檠茹苦撫子底於成立今年壽登八袠冬十二月六日乃設帨之辰孺人嶄然康健無恙人謂天報孺人也審矣宜其賀焉謂無文不能揄揚其美於是其鄉人致仕主簿郝希太等來徵予言以慶予奚靳于言予聞節人之大閑也其有關於世教甞推易曰天地節而四時成天地何節焉日月有常經屈伸有定數義則貞信而已夫婦人女子之生莫不得是義焉信則所守有常貞則一於夫而不二設不幸有死喪患難之戚介焉有守確焉不變始終一節貫乎天地記曰信事人也信婦德也一與之齊終身不改夫死則稱爲未死如其所守則致死焉其節孰得而奪孺人孀居五十年如常誠可以動天地而與日月同光也

天豈不錫之以壽而昭其貞節哉彼世之昂匕丈夫子不能盡忠於所事而偷生取辱聞孺人之清風高節其亦可愧也然則人之所患者德不能成不患有司之不舉耳將見由耄陂期頤而來旌門之典他日亦必有太史氏傳於共姜之後非直誇輝於一時實流聲於千萬世也孺人其俟諸

壽謝母方孺人六袠序　汪村派應時公配

歛耆德謝澤公伯子應時爲娶於靈山方氏蓋望之以承祧而主鬯已乃𢍰卽長逝氏年方十有八齡耳煢煢在室矢心靡他凜凜然欲燃其灰而炊其燼俾早世者不卽論于腐弃其志節何偉偉如也時余適館于其里常竊嘉之而虞其難詩曰靡不有初鮮克有終人情大抵然也寧必其能不然耶且節以植紀俾王化與古忠臣義士照曜後先宇宙間之至美至難者也爲其難于少艾之年爲尤難之難者也彼不烈而慷慨欲義而從容爲世所尤難之其誰能諒之乃其自是膏沐無容形影相弔隣婦有憐其早寡者輒愀然曰不幸失所天命也失節而命猶然與人相視何以爲顏坐臥念之何以爲情異日見所天于地下何以爲語乎惟願有阿咸可立以壽斯人之不壽

生事畢矣他何容恤越數年而其仲叔應暘者甫生一子郎請諸長
上而立之通其名于宗廟神人曰承宗其取義也良深且遠矣其撫
摩鞠育也如屬毛離裏然猶早莫事酒漿勤紡績佐不足蓄有餘以
授之室而今有孫男翼明生焉岐嶷環瑋足昌厥後今年二月十九
日年已届六十矣少尹文山公其夫之從兄也喜其艱貞能代有功
走長鬚乞文以稱觴余以其壽何足算其守誠不容黙昔共姜守義
而共世子藉以不朽今方氏亦然謝伯子不稱殀而厥宗其有賴矣
坤之六二曰直方大不習無不利蓋言全坤之德不待學習而自無
不利者也比之方笄植節雪首志完母道曲全宗祧不墜質之于易
胡謬爲當必有爲續柏舟之篇而與古奇偉之行并傳也獨可以稱
觴乎哉姑序以俟之

賜進士第文林郎工科給事中通家鄉侍教生楊應文頓首拜撰

祠堂現存匾額

賀之鯨公位鄉飲大賓匾

望隆碩德

文林郎知繁昌縣事加一級任壽儒學教諭邵佐訓

導陳汝楫爲

鄉飲大賓謝之鯨立

皇清康熙五十三年黄鍾月　穀旦

賀岀園公授貢生匾

文　元

巡撫安徽省御史廬鳳潁廣和六泗等處提督軍務

擢升右副都御史加三級繆　敏爲貢生謝　謙立

皇清乾隆十三年應鍾月　穀旦

賀恩公中式恩科舉人匾

舉　人　兵部右侍郎兼都察院右副都御史協辦南河匕務

加三級高　晉爲

中式恩科舉人謝　恩立

皇清乾隆庚辰年應鍾月　穀旦

賀溍齋公任池州教諭匾

振鐸石城　經筵講官太子太保文淵閣大學士朱珪爲

池州府貴池縣學教諭謝　泳立

益園公中和大廳東西廳堂匾額

慶益園公六十壽匾

邱壑貞觀　益園老年兄六十榮慶　大興朱筠拜祝

慶杜老安人七十壽慶

中表所則　杜老安人七十壽慶　芝城吴元慶拜祝

慶徐老安人七十壽匾

壼範長昭　勗菴公德配徐老安人七十壽慶　合族公贈

賀入泮匾

白鸝賦首　泳入泮

藻思川流　游入泮

鴻律蟠采　元鈘入泮

茲蘭成秀　元鏜入泮

匠成翹秀　元鑄入泮

堂名暨學屋匾

習經堂　大興朱珪題

述德堂　當塗黃鉞題

生春草堂　西崖公紗帽塘

淳古清華　簡堂公學屋

杜香深處　簡堂公學屋

聽月軒　恭敏兩字號學屋

與古爲徒　寬信兩字號學屋

澄江書屋　惠字號後學屋

文存前言

先哲有云言之不文不可及遠又云文以載道此非文人之好爲大言也蓋斯文之喪不喪天操其權斯文之傳不傳則人負其責文章之作寸心千古其嬉笑怒罵率爾操觚者世且誦述不忘矧夫精心結構之名著或立論遠大或詞意優美或應用有資而可供則效宜廣流傳者可不一一珍存之乎昔有名士身歿其友代搜遺稿付之剞劂遺近稱之以爲較葬枯骸存遺孤功德尤鉅先人泳游二公爲清代名士泳公著有習經堂稿牙琴集游公亦著有述德堂稿悉焚刼火顧名仰嘆今讀縣志得泳公遺著閱統志載子期公墨跡暨諸寶存炳公家書皆祖輩心血之結晶手筆之遺澤若視之不甚愛惜甚且以之覆瓿補壁任斯文之掃地既乖已往作者之苦心又失將

來述者之模範不特無功德可言抑罪戾滋大矣鴻軒用是不敢不忍而有文存之彚輯至個人生逢亂世不學無文附錄三序留爲紀念並書前言以詔來者

中華民國三十八年仲春

纂修戊子家乘鴻軒謹識

藝文類 文存

新安山水賦

田川昌著 字子期

萬山之中五溪朝宗信接星源而祈饒脉貫宣生績壠而巖歙連龍嶺岫耀金璧之井匕羅城環繡幕之重七六七黟峰揷雲霄而列北三三歙水績衿帶以縈東左問政兮産羣品禀先天之氣候右齊雲兮鍾上聖感虎谷之靈逼背飛布黃山之逴嶂面紫陽白水之崇峯迢匕枝幹兮自洪都之有迹汩匕湍流兮納浙海之無窮雪潭氷潭月潭狀元潭澄清徹底箬嶺湯嶺鏡嶺芙蓉嶺卓峭窮窿街口浦口鐵索漁梁兮銷新安之秀氣瀾渡紋溪巖鎮太平兮駕雲漢之彩虹地方嶮峻世出英雄人性剛而喜鬬土膏腴而豐隆淳風俗之儉嗇尙義氣之維雍英武兮忠壯越國文獻兮克寬文公少微一桂卓珌

櫟崧舒雅舒雄兮宗源若海元嶽元鳳兮文振升同呂午倪毅鄭玉
趙汸稟一時之浩氣播萬古之清風神也西峯聖附華光吉祥之六
聖仙也容成子聶許鄭何之五翁地靈人傑子孝臣忠厥田兮下匕
厥賦兮忽匕春花艷匕兮布山前之錦繡夏竹陰匕兮摇林下之薰
風秋水清匕兮戲徘徊之金鯉冬松蒼匕兮蟠鐵幹之老龍恍蓬萊
之勝境追洞府之僊踪高山可樵薄田可農清流可釣木石可工或
講道德於問政觀塢或浴湯池於祥符梵宮灘聲如雷難泛烟波於
舟棹巖奇若畫可嘲風月於玄空朝往深山兮鹿猿相約暮歸陋室
兮龜鶴相從飲簞瓢之心樂咬菜根之遺風上祝聖明天子享太平
雍熙之萬壽下願吾儂長生不老甘隱陋僻而不換三公

旹

正德乙巳二月望日

竹山記　贈巖鎮大塘派蘭芳公　里人泉源王寵　員外

巖溪之南有山曰馬嶺畈龍潭嶺因伯巖面三十六峯而紫極覆釜諸山環峙左右朝夕之間雲飛其巔鳥啼于樹魚躍於淵爲巖鎮八景之一也登之能令人心目俱豁鎮之謝氏有彥曰廷馨公者卜居之復因窪而坎者爲堂一楹鑿池植花取象江村之景又編竹如園若藩垣然客至則舉觴相屬誦淇澳之詩歌考槃之章流連光景竟日忘返好事者遂以竹山名之公亦以竹山自況矣正德丁卯秋堂落成以季子暕嘗執經門下兼有瓜葛之情請記其事時以促裝匆々又與公同編刻郡內名賢詩文未暇應也未幾予舉進士官水曹將之濟上公之伯子昭亦來京師遊太學矣傾倒燕昵之餘復將公命披圖展卷若過巖溪瞻桑梓而懷賢覽勝之念自有不容已者嗚

呼天地間物各有主若兹山兹竹固爲公主而人又以竹山主公矣天下物皆可動其中顧獨取于是哉盖其中通外直葱蔚蒨茂操可以耐雪霜節可以比君子非若桃李之逞艷鬬麗於一時者也公之慷慨洞達輕財重義與人交久而不替有殳文達公之風則其操其節爲可占矣夫山川本人而勝今日之竹固與公同鍾彩矣然其二子皆經生惟仲子曰暭留攝家政他日有行成名立清風勁節能如是之炳乙琅乙則不但慰公之心爲公之榮而兹山兹竹與亦有榮幸者矣然則謝氏今日之竹又安知不如王氏之槐可以取驗於他日者哉詩曰有斐君子終不可諠兮請爲公誦之易曰幹殳之蠱有子考無咎謝氏後人可不思所以念之哉

竹山賦　贈巖鎮大塘派蘭芳公　蜀嘉定尹覺通判

夫何歙之巖鎮兮一山横而萬竹斯盈諗達人以淵静兮顧巒容以裛請託高標之秀出兮待此君而召名伊爰止之延佇兮動下鄰之夙盟胡津要之弗涉兮謝輪蹄之坐迎初結楚夢乍披衞情匪獵華芝匪綴秦蘅矧斤斧而赦擇龍兮會緑嶺以嶢崢空渭濱千畝之位列兮取苞筠其抽節兮冀純茂而玲瓏兮假岌乇之縈潔謾篁篠而纂笏兮林薄蕭森持石筍矗乇而峻聳兮素履故棲有隆厥宅杳厭戀而肯遺兮思竦身以爲貧勤清塵而寧志兮孰傲兀之可移茈掖蒼雪兮修兮而持兹長嘯而自潔兮破凡俗之國醫宛雙瑠而贈恨兮諺陸海之在斯朝拄笏之邁言兮伉大致而雅宜昔解谷之題品兮掇寒緑之不貲適篔簹之長價兮挾風雨而握璚枝遹爽氣而叁半

兮常嫋々而猗猗或初鉦而遞奏兮鳴天鈞於泱漭之遺或靈響而中律兮足一挄而見知或清謳而微吟兮滈々乎三百之詩或仙樂而洞蕭兮寂寥乎聲相越而歌隨鸞鷟下而食實兮鵷鶵呈於昭代之明時馴玄鶴而雲卧兮卽天游而忘期願

謝宗智公具慶堂記　芳川派

具慶堂者郡庠生謝仕瑞奉親之所也堂之構由於生堂之名則昉於鄉先達也生爲古歙黄山世家其先代有介名曾祖人子受公任淛之金華府通判祖彦通公韜光隱德弗樂仕進父宗智公尤卓絶超羣貲産甲於閭左子七人生其四也翁命授經郡學生聰明頴異盡講問之方駸駸有成矣嘗念二親偕老距家百里每休暇輙歸省歸則候晨昏具甘旨左右就養凡可以悦二親之心竭其敬而致其誠所居當郡城之北曰芳村前瞰清溪後枕崇山水木清暉可游可憩予雖未游覽而悉聞焉今年癸酉實翁初度之辰生告歸爲翁壽且曰中書舍人程公思温大書具慶堂三字顔之復請予文記之予知生一門逮養也雙親眉壽昆季聯芳華髮酡顔壽觴迭舉其樂未

支也孟子曰父母俱存兄弟無故其此之謂乎夫慶者天之所祐也具者人之所受也慶之積則受之具矣生累世忠厚故生之父母享有斯福古云子欲養而親不逮况望其具慶乎此能於謝氏不能無感雖然事孰爲大事親爲大而移孝爲忠亦學者所有事也夫善不積不足以致慶學不積不足以成名生其益進於學取科名以祿養榮其慶將垂衍於無窮矣於是乎記

旹

正統戊辰歲六月望日直隷徽州府儒學教授廬陵羅倫書

重修洋夾沙晏公廟石岸記　載縣志寺觀篇

洋夾沙處夾江之濱江水西來繞出其左經三山磯與大江合流左有兩廟焉一祀關帝一祀晏公晏公廟尤當江水之衝奔流駛疾洪波洶湧前激颷馳震撼摧軋其勢莫能當也舊有石岸壁江而立障水之勢而折之使不得直下然後上流縈緩臨江上岸皆不得崩壞居人安堵廟之基亦藉以無壞且江西來橫出左當其去處如臂之抱岸圮而日蹙則水不少聚而洩於形家言亦非宜昔人計周而慮遠不憚煩費以經營之蓋有道矣岸不知始何時運石者得斷碑一角於土中剔視之有萬歷乙巳字未知即創始年否康熙壬午居人修岸碑不載前岸事自壬午之修距今九十四年矣歲久又圮日月侵削廟基毀其半乃先後撤廟而新之中亦小修岸廟成小修者亦

圯及於廟門勢尤岌岌乾隆乙卯正月衆議重修歛錢鳩工椽本甃石既深既固自春徂夏水滿岸成岸上之地半覆以石至冬訖焉事竣立石識歲月並著董役出錢名數以勸來者屬余記之余生以乾隆丙寅去康熙壬午祇四十餘年舊岸之完固余幼時已不及見則岸亦不過足支四五十年耳及其未盡毀而爲之當費約而事省舊碑雖不詳然曰二月而甃補告成則前岸必多存者故百金足用也今岸能支之歲月不知視壬午修者何如然後之人苟不至如今日之盡圯而後爲之則用力豈不較今爲易易哉若晏公之神嘗以築江岸著靈異於明代列在有司之祀今廟食岸上即岸之成虧爲數所不能免而默佑此土之人蕃衍昌熾俾修廢舉墜者世世不乏則神祀不與岸俱永遠無極邪用謹書之以俟後之有事於岸者

乾隆六十年冬十二月邑人署貴池縣教諭謝　琢撰

自書牙琴集后　載縣志藝文

謝泳

古稱鍾期伯牙遂爲后世知音者一則美談吾獨意絶絃破琴伯牙之酧賞音者得矣第不識子期於泰山聽琴后高山流水之志霖雨崩山之操邈不復入耳其何以爲情邪余素愛琴谷詩嘗自託爲琴谷知音於是歸鈔而存之題曰牙琴集盖自附於鍾期而欲陳子琴音長置於案頭囊底也他日爐香在榻濁酒在樽風雨晨淒星月夜朗一卷猶玩古音泠乜成連先生移情海上將自謂過之矣丁亥陽月書

江防記舊　載縣志

舊志載紫沙洲尾汛地至張灣潭汛地二十五里愚按紫沙洲尾汛及張灣潭汛皆在銅陵界内與本縣無涉今删舊志載荻港河口汛

至板子磯汎五里板子磯至教化渡汎二十里三山洋夾沙汎至蟛蟹磯汎四十五里蟛蟹磯汎至魯港汎十里愚按縣屬江面設立荻港河口汎板子磯汎舊縣汎高安礄汎三山汎蟛蠏磯汎魯港汎蘆洲內立黑沙洲汎三洲汊汎洋夾沙汎共十汎舊志語焉不詳相距里數亦不符合且教化渡向無營汎今改洋夾沙汎營房三間廵兵三名夏秋可以泊船下五里至三山汎

介鶴公家書二通

劍才大兄大人安覽三年來六寄家書均未知　收覽否烽火連三月家書抵萬金况三年之久耶　母親康健如常惟不得家書不知音耗爲念近來蕪湖灣黄一帶忽得忽失不卜沿江一帶何如家中年歲若何　大兄仍有館否前亦屢七寄信請　大兄到滬同侍　母親不必在家鄉坐館老年手足光陰幾何得相聚一日便算多聚一年况弟公私蝟集又不能于　母親朝夕依七得　大兄在面前或者承歡少慰也昌期侄洲事近來若何諸姪近來田地生計若何念七魁再姪曾投營否大丈夫處世總要有一番作爲不能離家畏首畏尾此昇平世界田舍翁之故態最不足取豈再姪果擁厚貲庄田無數耶抑果能菽水承歡一無間言耶光陰如電時不再來勉之

勉之各處先人營兆俱如故否閤族叔父兄弟子侄均各平安親友近俱若何準提菴田收租若何弟自去年二月分道當差人多事少敷衍伙食俱難補鈌無期今年差事不卜如何但既入此途只好隨班聽鼓聽之而已去年六月兩腕酸痛至今未愈三兒自六月兩腿痛軟至八月睡床不能落地行走醫人始謂爲濕痺繼謂爲虛損不知將來能起行與否是皆弟之作孽殃及兒輩也帶累　母親伴視不安弟之罪更不容逭爲光任自去年由蘇州解館回滬現在尚無事乜餘皆無恙弟公館現移住廣福寺西東馬橋馬街以後寄信或至南陵公局托牧友山先生或至蕭鎮軍行營托張雲軒世好或至魯港托趙宗敏謝甫兩先生轉寄均可肅此叩請

福安暨詢　閤家安好　親友均此　　弟炳拜禀　二月初四日

劍才大兄大人安覽屢帶家書俱未知收到否去年曾托周表侄田蕪之便又信一卷切囑至洋夾沙一走亦未知到家中來否家中近年若何念乜　母親歷年康健于今年二月頭後忽生瘡四五個續後瘡口如茶杯大至交三月幸吃糜茸方能生長新肉尚未知何日方得收口復元皆因想念家鄉所致而痛中尤甚屢請　大兄及姪輩來滬庶可稍慰　老母既知家信已數年不至更爲懸絕也爲光侄身體亦復常病惟醫道大行所以　母親幸賴他醫不能專信外科則不知如何弟年來精神大不如前去年八月間奉中丞檄調大營當差蒙保充補本班以知州用但江蘇祇有三缺可補亦未知補到何年今年正月奉委署理嘉定縣知縣正月二十九日到任自己又不能分身回滬母親亦不能常見而嘉定地方三次收復人民稀

少衙門已燬城中祇有老母下則兩三歲兒子回頭一想未知何日
始到家鄉而老年弟兄又不會面真令人望眼欲穿也茲因郭鏡潭
（合肥人候選教諭現在營中）仁弟之尊翁來白馬洲接取家眷
之便托渠帶信來家務望即寫回信仍托郭府寄來最好最要再能
乘便或　大兄或姪輩姪孫輩前來更所盼切匆匆開船畧叙壹是
致請
福安　閤家安好　闔族安好
諸親友均安好不另　同懷弟炳拜稟　四月十六日在嘉定署中

邦楨公家書

致祥我兄大人卽覽頃接來函敬悉一切藉維　福祺安吉合宅禎祥頌七弟於二十五年奉署沙溝司二十六年六月交卸是年冬月署理海州七判二十七年二月交卸辦理海州河工委署雎甯典史因經手工作未竣隨將委牌繳囘事竣回至南京候缺現在尚無缺出大約不過冬月也來信　云及兆瞻公墳山一事弟遠在下江毋從臆斷況此時弟不能分身回繁據　兄稟底用弟之名以致程姓藉口況弟尚無缺難以行文至於呈　縣之稟弟細底未清恐有礙事望吾　兄與族長兄輩商酌辦理以妥爲上可也細讀稟底陳姓佔賣可否卽是程姓而我　兆瞻公墳四至分明無瑕卽　兄等到縣亦無妨礙理直氣壯又何必以勢壓人乎請　兄與合族妥商爲

要弟此次署缺不好家眷仍滞沙溝署中而手中乏錢難以安頓爲
入丁甚旺已添三孫均念祖所出長曰才保次曰福保三曰祿保再
弟之二女均已出嫁一與呂姓同鄉一與費姓只有次子念叔尚未
娶婦耳弟之來函　兄可與本支諸君細酌也至於程姓送沈砍樹
何以謝姓興訟此理不知因何而起懷姪在舊縣雖病而繁昌可去
何不在城與親友商辦只要事情光明正大卽縣父母亦不能偏斷
何懼捕廳乎專此佈覆敬請
台安合府均吉　懷侄起時等並合族均請問好
弟謝邦楨　十月初三日
回信速寄金陵中正街祁門試館内
欽加二品頂戴會辦下關掣驗江蘇卽補道馬轉交

詩存前言

鄭所南先生有言天地之靈氣惟人人之靈氣惟心心之靈氣惟文文之靈氣惟詩詩者古今天地間之靈物也余夙有味乎其言洎肄業國專又聞陳石遺先生之緒論曰一切文史著作皆身外物惟詩須經苦思力索始有心得是真身內之精靈爲一家貨爲獨得天地之遺產非他人所可攘奪益恍然于詩之由來非易甯能淡視之耶邇值纂修宗譜附刊詩存亦欲存天地之靈物而已天地靈物隨在皆可收存剏出我祖我宗之手筆者哉遠而溯之如池塘生春草澄江靜如練之句自六朝迄今千六七百年尚膾炙人口近而徵之潛齋公及雪娛公之佳構名篇亦自珠璣滿目美不勝收足見我謝氏詩學淵源家傳有自迥非他族所可得而比儗雖不敢云不朽之業

要旨靈氣所鍾不無可存之價值也鴻軒乏作意致淺薄本不敢妄厠先人風雅之末第以殫精竭慮嘔心有年敝帚千金未忍遽捨附刋就教藉表微忱靈乎不靈我不自知後人或不笑我拙也

中華民國三十八年仲春　纂修戊子家乘鴻軒謹識

康樂公述祖德詩

達人貴自我高情屬天雲兼抱濟物性而不嬰垢氛段生藩魏國展季救魯人弦高犒晉師仲連却秦軍臨組乍不緤對珪寧肯分惠物辭所賞勵志故絕人苕苕歷千載遥遥播清塵清塵竟誰嗣明哲垂經綸委講輟道論改服康世屯屯難既云康尊主隆斯民

疊山公殉國前傑作律詩三首

北行

雪中松柏愈青青扶植綱常在此行天下久無龔勝潔人間何獨伯夷清義高便覺生堪捨禮重方知死甚輕南八男兒終不屈皇天上帝眼分明

和曹東谷原韻

萬古綱常擔上肩脊梁鐵硬對皇天八生芳穢有千載世上榮枯無百年此日識公知有道何時與我詠游仙不爲蘇武即龔勝萬一因行拜杜鵑

和葉愛梅原韻

道逢患難正當行禮食從來孰重輕綠鬢行藏堪檢點白頭去就要分明了知死别如龔勝未必生還似子卿緯地經天文不喪許君獨擅大聲名

藝文類　詩存

晚登三山

謝朓

灞涘望長安河陽視京縣白日麗飛甍差參皆可見餘霞散成綺澄江靜如練喧鳥覆春洲雜英滿芳甸去矣方滯淫懷哉罷歡宴佳期悵何許淚下和流霰有情知望鄉誰能鬒不變

海塘行役有感作歌二十韻未敢示人竊語之同事寅長誠齋謝老先生　芳川派

上海談繼先　上虞縣主簿

二十八宿役海塘海塘風景何淒涼殘春不問花前綠蓬鬢惟占海上霜厰無完席雨不蔽層濤駁激高無際一盂冷飯臨風滄解渴嘗知赤鹵味扶桑之南有日兮朝東昇兮暮入西日日潮來潮復去吁嗟塘役何時離金鞍白馬誰家子舉手加額不爲禮漫誇枳棘非鸞

棲自信樗材非百里結交不必重黃金青石與我爲知音石兮石兮不解語聊憑此石寫我心猛然對鏡人非昔羣賢共際一時厄忠心赤膽人不知黑面垢形人自識城頭畫角催出門僕從番身嘆絶陳馬乏青芻步不進樞衣獨自臨塘濱功成有日圖麟閣不見城南行役人行行安望紀勞役處々謳歌布百穀海不揚波塘不崩億萬蒼生斯受福丈夫所志在四方勸君莫作窮途哭

誠齋謝父母捍海功成榮膺　欽賞　治生馮皐謨　參政

築塘東海上塘成頌功臣於維少府政夏禹稱同神運籌比精衛玄勲配麒麟袞辭動天陛檄書出楓宸浩々蒼溟水恩波洽黎民鱗鱗太湖石堅壁拒洪津艮哉父母力護國亘千春將辭勒珉石泰駈高嶙峋

又　　治下生劉世埏　行人

遥載琴書海上來經綸王業見奇才能弭四海千年患得免三吳萬姓災春入草堂寒自解風廻花縣煖重開静看昨夜祥光動應有褒章下鳳臺

又　　治下生徐鵠　副使

御爐香外出承明飛旆遥匕下海城幾處陂塘收著績三年德澤感蒼生藩臺早播仁風遠草木均霑化雨榮指日喬遷應有待九重丹詔為褒旌

又　　治生劉炌　布政

黟山風致廟廊才暫屈分符海上來盡喜川原春色動煥然星斗夜光開渾無狡兔藏深谷謾有旌書出上台只恐搏鵬留不住扶搖直

上鳳凰臺

又　　治生董鯤　御史

喜自承符到越城咸稱屬邑得賢名海堤修築功成速邊境叨安夢不驚德政勤勞輸赤念撫民寬恕出丹誠竚看旌擢台階顯還見名垂汗簡青

又　　治生朱學顔　同知

高跡東山計有年重臨僻海荷清緣民懷保障安東壁表許推陞上北天立石鐫名心不媿居官積德世應傳沙鷗野鶩渾相賴夢寐從今得晏然

又　　治生沈藻　知州

清風千里出新安遠載文韜過海關月湛氷壺秋似水雲騰霄漢德

如山安民法立飢荒際治海功成浩渺間不獨褒章出臺省即看丹
詔喜天顏
又　　治下生仇俊卿　博士
香滿甘棠雨露清饒天和氣遍江城材村杼柚花間織處處犁鋤雨
後耕春晝哦松頻倚閣秋風臨海獨關情憂民裕國真賢宰不負都
臺此日旌
又　　治下生陳鯉　通判
樸實齋居有古風依稀人在太和中春雲氣藹騰霄宇秋水文章貫
玉虹奚必簷楹浮綵藻自然窻戶得明通公餘展卷焚香坐揔是憂
民化育工
送伯貞南還兼問訊誠齋　　狄從夏　太參

輕帆秋色裏却逐塞鴻歸把手燈光盡離筵木葉飛囊收和氏璧身著老萊衣堂上如相問故人今採薇

贈謝子期别號樂壽詩　田川派

歲周花甲少三年覽遍東南山與川宣父論人應訓後司成改號却過前常收春色來心上未許秋容到鬓邊又得異人傳秘訣相逢盡道是神仙

又　丹山屠滽　吏部尚書

人生樂壽少兼該不料仙家有異才太白題詩謗瀑布興公作賦慕天臺騎鯨捉月雖難及鼇翩凝氷不果來爭似先生備仁智全收效驗實奇哉

又　太原周經　戸部尚書

風慶從來逈出塵如公屈指幾何人動中不括差波擬靜裏安常太華吟蚤夜劬勞思舜智羨墻恍惚見堯仁盛名共許追陶李無愧乾坤百歲春

又　海虞李傑　禮部尚書

昔年曾屈拜先塋誰仰高風早識荆學祖淵源吾道正理窮山水秘傳精司成改號非虛譽太宰題詩肯過情此日相逢俱白首青燈夜雨話平生

又　新昌何鑑　兵部尚書

佳山佳水謾登臨地理玄微着意深咲傲烟霞非痼疾交遊冠盖盡知音浮雲任我行還止流水從渠古又今踏遍東南雙屐健始知樂壽匕難禁

又　平湖屠元勲　刑部尚書

吾聞樂壽名妙通青烏術大抵得真傳所見異恍惚拳山擬泰華勺水等溟渤探其得趣眞豈止在删述流行識坎止藏疾愛嶒嶂

又　寧都董趣　工部尚書

持此養惟靈宜其日休逸休以內無怍逸以外難汩壽域此高深皆胥是焉出丞言愼自保性外元無物

送謝明仲遊學還鄉詩　嚴鎮大塘派　餘姚蔡欽　知府

歙西謝明仲習三禮來從吾弟進士遊數月告歸適予兄弟北上同舟至曹娥賦此餞別

湖海尋師獨遠來擔頭書册卷還開荆山璞玉世無價渤海鯤魚天未雷巖市鎭前離故舊季方門下得英才扁舟今日曹娥渡三五同

胞卒業囘

留別雙溪　豫章胡訓　都御史

友竹春燈照夜甜明仲時寓友竹軒東山詩昧已成三天豪派見江之左月旦評收斗已南因見篁墩先生爲明仲家譜序舉白雙溪招屐祓明仲號雙溪殺青千畝力誰堪嘆拈渭北新栽句還剩高情信口占

送明仲謝先生謁選　學古黄訓　副使

携手河橋別思賒柳絲輕颺暖風斜香分葉落應留客聲動驪駒已及瓜雨恠沙頭跳石燕晴看雲外翥金鴉壯行幼學男兒事四海車書正一家

送謝少尹之任德清　新庵唐臯　修撰

離思紛匕不可收送君星夜攬衣裘上車行李還將子傍驛疎梅正

逐輛南客北來蓬鬢改十人九病并軀留西亭相見如相問爲道依然折似鳩 西亭施待聘之號德清人

送謝明仲之官有引　東峰汪玄錫 戶部侍郎

謝君明仲吾窻友也玆以國子拜官過予言別明仲先世諫議公風裁至今不泯明仲慎無以其官卑而負其承家之節操哉

螢窗辛苦舊同師霄漢憐君得路遲百里花封初税駕聯床風雨重興思浙中財賦豐腴地海内閭閻寂寞時清白家風如諫議早馳賢譽慰相知

送謝明仲之任德清　硯莊葉天球 叅政

燈火南山同講舍風雲北闕咲彈冠十年離合驚時異萬里分攜逼歲寒折柳不堪將思别哦松莫慢負儒丹燕雲楚樹相望地珠斗山

亭倚夜闌

送謝二尹明仲之任德清詩并引　石泉潘旦　吏部侍郎

謝君明仲少負志以明經入黌宮恒有聲譽累較藝南畿未獲遂志竟以例貢遹來銓曹考選授以浙江德清縣二尹喜賦此以壯行色

立馬都門酒漫傾送君官赴德清丞無勞案牘刑當省有便閭閻利可興心徹玉壺澄似洗陽生茆屋暖如蒸定知百里非淹足列嶽行看數載登

贈宗兄明仲之任德清　祁邑宗弟霖　主事

庚辰春予叨薦禮闈而宗兄明仲亦謁選於天官氏京邸往還情好甚篤無何以德清丞詣予告别蓋有不勝戀戀者矣因賦

此以華其行然予於明仲有宗誼也故不以頌而以規

封胡原是弟兄行握手都門喜欲狂壯邑哦松新拜命長亭折柳處

治裴君恩海嶽雖宜報民病膏肓亦可傳此去好攄經世畧仁風廣

播濟時康

送雙溪謝先生之官德清　常山徐蕡

漠漠江天燕子斜一杯唔別感飛花雙溪風月舊詩案兩浙魚鹽新

吏家要識黎元關國脉肯從桑落送生涯循良事業催科外好向松

間讀捕蛇

送謝明仲之官　得之汪思　副使

今日宦遊人離情最不禁風塵添客淚歲月動鄉心驛路梅花早都

城雪片深玄暉却多興松下待孤吟

送謝明仲先生之官有引　鄰菊佘育

明仲釋謁拜湖之德清丞財賦繁夥

朝廷命專理之任亦重矣瀕行贈以俚不能盡意可愧也百里德清
縣東連水震湖民間無菜色松下有詩遄生植饒租稅山川入畫圖
作官如作室試手付觀隅

壽二尹謝雙溪五十　三峯鮑道明　戶部尚書

荷香風薦爽喜子降生辰學易懷尼父爲官咲買臣哦松詩合富行
道祿非貧昔日耆英在還爲入社人

竹山詩　贈巖鎮大塘派蘭芳公　蜀人王俊民　給事中

十畝瑯玕慰素居坐殘蒼色半簾虗風情藉甚虞韶合月色低廻天
籟餘磵逗枕寒春睡足林深寒落鳥聲疎破琴野水瀟湘外滿耳雲

吟過別業

又　　莆田鄭瓚　主事

買斷溪山十畝陰萬竿如束翠森森不隨花柳尋常態會與松梅一樣心入戶風聲清戞玉映堦月色碎搖金郡南竟造知何日笑咏林間爲解襟

又　　濟南黃流　進士

買山擇勝倒囊金種竹千竿密作林十里空青晴入座滿庭濃翠濕沾襟墻低不礙雲間度逕濶從教笋亂侵因憶故園無此地便當尋與遠相尋

又　　攸江龍誥　員外

百年氣節追三徑千畝琅玕覆一軒夜月窗前悅圖畫春風堦下長

兒孫林稍可躡雲霄路歲晚猶承雨露恩指日化龍棲鳳處不須瞻
彼衛淇園

又　長洲南湖袁欽　翰林秀才

竹滿山椒山遶屋歲寒心事許誰知清音漱玉風生壑涼影篩金月
在枝瀟灑萬竿堪寄傲唅呀千仞足棲遲悠然隔斷紅塵夢日日高
歌衛武詩

又　華容魏廷楫主事

欲洗胸中萬斛塵雲山買斷作佳賓千竿翠竹薰風滿一室清陰野
色新坐對便忘浮俗態論交最愛直心真仰天長嘯形骸外誰識林
丘別有春

又　廣陽張淮知府

先生清樂許誰知對竹看山事匕宜老幹新稍雲外碧丹崖翠壁雨中奇敲金聲歇孤吟處排闥青來獨坐時我欲相從終白首輜車何日駕封姨

又　東郡陳珏　進士

曾聞士俗醫難得故教山根多竹生千嶺雨餘添翠藹萬竿露下滴清聲敲時自信傳佳景愛物從來逼至情更有一般同樂處歲寒時節可尋盟

又　吳郡徐縉　編修

琅玕挺翠倚巉巖半點飛塵欲到難詩就風前鐫碧玉簫吹月下引青鸞名儕泰嶽真堪仰勢入層雲杳莫攀對此虛心凝道體待看雷雨起龍蟠

又

晉江賴鳳給事中

馬嶺山前竹萬竿晝樓今日又凭欄酒盃到手詩初就野鳥催歸客未還咲語恐驚天籟響泉深猶帶澗音珊座中安得漢司馬儘把琶琵着意彈

又

澧州王綖主事

緣山一逕望中賒秉興都忘雨脚斜青覆午窗新洗竹翠分氷刃蔓生瓜河平歊下眠莎鳥野寂那驚遶樹鴉誰許白雲留醉卧隔林夜定有僧家

又

蜀雲吟山人張鳳翔員外

凝望山樓思欲賒數竿修竹影低斜菲七南牖生周草磊七東園熟邵瓜謾訝高崗鳴彩鳳忽看古木立寒鴉忘情不計歸與暮可道斯

文是一家

又

同邑曹深主事

淇澳名番遠竹林風亦閎祇因情性別頡在聖狂間俗士鮮娛竹君家兼愛山竹山今日隱藜杖幾時還挺匕孤松操蕭匕碧玉顏思齊賡聖駕未許七賢攀

又

陽穀柴世霈翰林待詔

修修山畔竹挺出百花叢清蔭四壁靜塵無半點紅月上憑添影春成不怕容化龍消息近風雨五雲中

又

關西侯自明僉事

種竹青山下亭匕拂太空翻風金瑣碎蔭月玉玲瓏瀟洒忘塵俗孤高誓始終歲寒凋落處不與萬花同

又　　無錫顧可適中書

登高開遠目况有歲寒心吠咏聞空谷蒼茫入翠岑凉添秋雨細暝宿楚雲深終日思君意佳期不可尋

又　　龜溪邵德夫舉人

卜築便幽景琅玕蔭翠岑摠多真隱興合見古人心雨露疎枝覆雲收半壁森深知林出處原不傲當今

又　　柏庄方遠宜苑馬寺卿

月出山中野鶴嘹空庭疎影夜蕭七五更清夢飛何處又共蒼龍上碧霄

又　　婺源胡德叅政

種竹年來竹滿山春風披拂舞琅玕幽人不買城中地愛長兒孫一

萬竿

又　泉崖潘英知縣

閑來栽竹學簫韶，清響何曾落市朝。幾度鳳凰經此地，臨風三咏想重霄。

又　石澗孫忠弼通判

竹間閒地好提壺，杖履當風強自扶。曾見篔簹文與可，胸中千畝得如無。

又　會稽董玘吏部侍郎

萬木歛山深，玆山見叢竹。疑有鸞鳳棲，幽居此獨卜。

雲菴翁望雲居詩芳川派

題黃山靈泉里謝汝昭鄉丈望雲居次六橋符鄉韻

訥言大夫張寰

黃山開福地宜有道人菴曲澗晴飛雨修篁翠滴嵐朗吟聊用韻痛
飲豈辭酣只尺温泉在勞君爲指南

潮音閣題贈雲菴丈　前人

四養曲全五福泉聲長似潮聲海上蟠桃初熟人間眉壽方榮

汝昭雲菴詩　三石馮世雍新安太守

山人結屋傍黃山七下雲飛心自閑天涯作客動經歲朝夕見此凋
朱顏滄波落日聲潺諼客子倦遊猶未還可憐心事逐雲壑雙泉夜
墮秋花斑白岳千尋不可攀玉笙眺弄丹砂灣君來淑氣淩紫闕玄
密白雲生袖間

又　方元煥經魁

白雲千里映墅屋數椽幽觸石懷常切憑闌望轉悠悽遲楚水意偃蹇太行愁不學巫山興勞魂未可休

又　　瀏山王景象都御史

築室緣丹壑穿林入翠微茶烟凝未散化作綵雲飛年々棟裏雲去作人間雨今春苗欲枯滴沛還祈汝

又　　石汀殷正茂戸部尚書

黃茅編緣屋靉靆其蹁躚瑞日山含雨薰風柳拂煙披襟卧明月燃竹煮香泉冉々自出沒悠々不計年彩霞封石磴白鳥浴雲川伸滕長噓嘯人間別洞天

又　　閬風山人范禹臣

幽人卜築青山裏屋外朝看雲似綺有時脫屐下山去袖拂天風天

萬里遥望鄉關横紫烟三十六峯天際懸白雲一點起晴墅忽憶虚窗幾月圓懷親去國心空切白衣蒼狗人情别惟有青山無變時還入雲空卧明月雲來雲去幾春秋菴外青谿長自流此念知君亘千載看雲倚杖思悠匕

又　　近溪羅汝芳　寧國府太守

望迷南國樹情彰北山文剩有梁公意虚齋生白雲喉陰簷際宿冉冉棟邊翁壁靄氤氲薄萱花正夕曛

雲菴二章章十句　　南明汪道昆　兵部侍郎

倬彼雲兮山川其蒸昭囘于天兮侵戸庭此吉人兮雙眼明見雲如親兮悠思且寧君子曰曷在匪情

倬彼雲兮文且葩英匕郁匕兮蔀屋其華此吉人兮天一涯見雲如

親兮其樂孔嘉君子曰曷往匪家

又　　十嶽山人王寅

高懷今謝朓眞隱在黃山秋過臥龍窩雲深養鶴菴瑶花多至藥玉洞有還丹膚寸爲霖意佳兜萬卷間

雙泉泰玹公敦義樓詩　芳川派　少林沈懋學　狀元

皇風久汾穆混沌日顓頊王章委蔓草天懿獨凌遲射肩汗簡牘問鼎[illegible]闞覬嵑峢王孫門欻然起烽燧嗟哉倥侗氓猗情多怨懟干戈軼同胞啐語見箒篲誰能鼓天和薰蒸洽童稚感此衰敗俗痛哭一酸鼻巍乜黃山阿雲煙鬱森萃謝朓居層巔惠連嫿軒輕池塘春草生窈窕兄幽思石門課修竹海嶠臨仙屣玉樹聯清輝金鵾掞雲翅白眉控時豪靑衾肅高義爲愛會稽緬深協鹿門邃結樓靑雲端翬

熲忽欲墜浮堦乘虛怳伏檻奚奔楸鷟鸑翔羽棄鶬鴿瓴雛遂峆嵑
畲天光豁落崇明質囘首崐崘標排窓送蒼翠亦有滄海環罘罳湧
淜濞偓佺何髣髴飃飄千里至山風與蘭光披拂滿塱壁花萼惡芳
馨叢臺重涕泗諸昆時清沐登玆却塵累塤篪激宮商鴻鴈行次位
羅列小女嘻笑忘避惴急取果任食小傾罇各稱觴通厨需酒漿合
燭爐絍織閭室阿翁聾升堂萊子戲庭蔭張公槐榻陳姜氏被璨匕
柴荆花葳蕤兢芳粹何必繁嵎桃斯唯王者瑞安得使君賢飛章薦
殊巽金緡答寵褒嘆息勤聖意長揖首陽岑永懷楚水泌劇浪後世
談揮灑當代淚江漢有餘清史編無厚媿可以觀國風周南表遺識

又　　方元煥經魁

敦義輶如毛鴿原絕遺響羨爾生頹波聊以植塏塽

又　雙溪鄭佐參政

人心有懿德愛敬本天存異體情由屬同居誼更親紫荆昭物理花蕚蔭天倫公藝如相過應須卜比鄰

又　郡人汪鋐吏部尚書

敦義樓前棣蕚香天倫真樂絕參商田荆姜被無專美唯謝于今又繼芳

又　會稽宗人蘭洲

高樓百尺傍山溪敦義芳名亘古奇靈運惠連稱不羨令人空誦鶺鴒詩

贈謝泰玹翁雙泉丈　唐皐狀元

列嶂當門起畫屏遊來村曲有芳名栽花庭院留分榻活水池塘借

濯纓執手論交嗟性事忘形痛飲見高情黃山奇絶君家近莫厭頻

繁作主盟

伯貞入越賦詩而木石居在黃山之麓六六奇峰溫泉靈液風景甲東南諸賢豪遊覽支策攜粮贈言盈几附錄之庚子同宗彥秉忠刺史子奕鄴湖百源三上舍學詩斗文二文學登東山祀先

文靖公　師教伯貞草

企仰東山五十秋登臨長嘯越江幽宋時亭榭埋芳草晉室文章覆土坵野墅白雲迷遠岫錦堂明月載扁舟薔薇洞口春長在雲月悠悠伴海鷗

奉和頡黃兄佳章　宗弟子奕

知君遊世任虛舟傾倒何辭太白浮宇宙東山尋屐印文章南服拜

荒丘正思玉樹枝枝秀況有芝蘭處處幽光借如臨嚴父母月明華表鶴歸秋

園中雪行書似謝頴黃先生　王穉登

幽禽古木共春寒徐步南園倚杖看仙合馬蹄門外過也知非是訪袁安

戲作蘭花贈謝頴黃舅　方以巽

露濕花凝秀苔深葉帶肥翩翩幽谷處不逐衆芳飛

贈謝伯貞丈　胡沛然

六六峯前雨一犂輟耕壠上飯牛歸山人本爲逃名計一任林深逕路微

晚次滄口作似頴黃詩伯　葉時觀

簿暮渺無泊孤舟滄水流雨餘侵席潤山暝扼襟幽

贈伯貞謝先生　古婺倪尙忠戊戌進士

今夜舟中月如何分外明家鄉誰處是目斷白雲生鴈陣當空結鷗羣蕩槳驚片帆霜欲重遊子不勝情

又　東郡逯中立給事中

客子傍江湄風流亦可師行藏同尺蠖偃息促孤枝騷自三閭得吟成七步詩謝家多玉樹誰似阿玄奇

又　西蜀蘇進臨清判官

夏雲冉乜颺行舟極目黃山憶舊遊此後高吟何處得月明清夜一登樓

又　武原許聞造御史

殘年爲客共風塵此日分攜問越津萬頃波光迎去棹千行柳色送征人離筵酒盡青山暮別館詩成白髮新歸着綵衣稱慶後紫陽高卧慶長春

又　通家弟汪枝舉人

寒雲催瘦馬白露下青氈餞別山城曲酸情驛樹偏龍飛看稅駕斗薇卜親垣何日清源道重逢話舊緣

又　巨源程涓勳賢里人

積雨初收暑氣驕行吟何客叩河橋據梧野色分平楚隔水雲光擁絳霄雙屐步餘汀草茂輕蒲扇動渚蓬飃狂來擈與東山醉賭墅圍棋興更饒

過芳村贈伯貞宗丈諸彥　九紫廷諒

掌域既已叨省方庶云補龍去軒轅臺雀羅丞相府掣肘愧行瑩會
心憩靈圃客嵗馭斑麟廻車防乳虎再來値吾宗信美猶吾土山中
景物清江左風流古雲移子夜歌花映前溪舞載酒懸龍潭蕙澗交
香雨藤盤彩錯分湍石危舃煦簫鳴下翠微柯爛驚樵叟長嘯欲懷
人高歌宜述祖魚遊夢草池鳥戲臧春塢因遺道德篇居然仁智所

又同惟弘本立伯貞淳一儀卿月江容所遊黃山宿祥符寺一

首　　　　前人

地軸嵌空中天都出世表萬籟谷聲喧孤光岩際曉温液溜丹砂凉
飈鳴翠篠浴衣掛林稍幽供紛繚繞香界矯遊龍寶菴依宿鳥六牙
自感因二鶣應番兆忍草踏空飛覺花塗砌鵲分身凈土蓮洗慮塵
煩少斅念亦已誠耳目更無擾惟餘櫪馬嘶去住白雲遶

黃山主人歌贈伯貞宗丈　在杭肇淛　湖洲府推官

主人家在黃山趾采藥山中汲溪水平生愛客老不衰車馬及門驚倒屣蒼頭灑掃開中堂兒女羅列遞行觴池網金鱗作羹蓮田收玉粒斯馨香從奴有酒馬有芻回身問客復何須土屋竹床曾可睡夜中勿起防於菟老人慣識天都路明日扶藜伴君去

癸巳秋日同謝伯貞咸冲儀卿仲謹昆仲張恭甫胡玄成遊黃山宿祥符寺　頡陽居士　少傅

祥符古寺神仙窟表裏溪山間白雲踏遍連峯三十六何峯丹鼎是軒君

其二

夜宿軒轅禮斗壇憑虛一嘯俯千山重裘坐擁不成寐半倚星河空

翠寒

又同伯貞昆仲登丞相源　前人

路窮九折疑無路山歷千重更有山身飛虎豹虬龍外興在虛無縹緲間

遊黃山歸留別伯貞昆仲　前人

攀巢曾共烏鳶宿載酒仍穿虎豹行懸崖九疊龍潭水何似黃山地主情

同湯允文張恭甫謝本立伯貞孟博登虎頭岩

武陵朱國禎　翰林院檢討

拳石昂蒼虎踞旌每從月下嘯清風軒轅爲洩丹爐法輙取山根對白龍

又登白龍潭　前人

亂石如屯虎豹鬬奔流四出到人間終朝雪噴驚風雨疑是白龍初下山

望天都峰懷伯貞宗兄　謝廷讚　刑部主事

望入青巒紫翠臺海中方丈陸蓬萊山連霧色諸天近雨送泉聲百道開一片濕雲隨鳥沒滿堤春草逐人來靈泉又偕吾宗秀可是當年鶴駕廻

黟山精舍圖寫贈謝伯貞先生　鄭九夏

達人事嘉遯寄傲在林泉縛屋黃山麓採芝丹嶂邊輕塵應不到逸興自飄然客有攜琴訪相將結靜緣

謝伯貞先生黃山詩　吳公虞

伯貞苦吟思白首不知勞放浪七步才傲睨千乘豪恬澹既倣孟清
逸仍追陶近賦黃山詩千古空風騷

贈謝頴黄丈　江䖍鵬　禮部主事

君本東山裔占盡黃山巔俠骨凌千古雄才溢大篇病後逢知已酒
餘脫世緣還臆東郭事依稀在目前

丁酉秋日同伯貞咸冲儀卿遊黃山　葉時元　甲午經魁

夜宿軒轅宫早尋丹砂要靈源龍出參佛頂鸞相叫活潑道初成虗
無我同調黃山六六峯是處堪長嘯

贈頴黄謝丈　許聞造　御史

黃山毓秀挺時英四海交遊有合名西晉家聲流派遠盛唐詩句搆

精思探奇毋究先賢跡篤義常堅此日盟更羨趨庭能色養有親垂白樂昇平

謝伯貞雅號頴黄　劉世珽　行人

新安自古擅江南又道黄山壯大觀峰攢劍戟煙嵐外雲聳樓臺掩映間丹井軒轅仙跡在温泉曾子浴沂還君真頴悟天都秀竚聽春雷震宇寰

過謝伯貞宅止宿　潘之恒

不必逼各姓黄山盡故人網魚供永夜采藥度長春漉酒山泉冽調飡菊蕊新浮缸何處問遥指是東鄰

三山來訪謝濟齋即日書感用謝朓登三山還望京邑韻

乾隆間　朱滋年　當塗人

春雨如有情留客住鄉縣透迤三日行故山了可見霧重緆吳縠波翻碎越練彌楫傍中洲江花繡芳甸艮知敦古歡密欵暢清晏出門指危磯懐古淚如霰耿七靖南忠日夜流不變

宿繁浦用康樂夜宿石門韻　朱滋年

朝從秋浦來暮投繁浦歇烏際明餘霞雲端露華月鹿門歸未遥滄洲興還發空江廻寂寥眾籟總清越人定寺鐘鳴煙昏律鼓伐鉦影照酡顏未許歡華髮

逆風行三山下半日始得渡用康樂登江中孤嶼韻　朱滋年

風順船矢直風逆船弓旋三山正當面江路故廻延樹色沐朝雨嵐光浮霽川峩眉鏡中秀華旒天外鮮貪勝不厭久會心誰與傳天爲

草匕客賜以區區緣欹枕日過午流覽如小年

江樓望月懷謝潛齋　古傳詩　邑人

秋風吹月來江樓登樓月滿秋江頭盈匕一水不可渡美人遙在青蘋洲閉戶註經上下古奇書萬卷撐腸肚雲中鸞鳳嘯一聲游魚出聽蛟龍舞傾心知我出風塵坐我春風飲我醅得一知已可不恨况逢元禮仙之人丈夫結交期白首朝昏攻錯卬須友芳踪又在水一方十歲相遭無八九秋霜蕭瑟葭蒼匕何時歡晤飛霞觴寒波水落未歸去憶子不見秋江長

遊九連洞　一名張磯山　黃鉞　當塗人尙書

朋遊三華山路訪九連洞山樓勢嵌空風磴陂躘蹱古佛身半苔老僧衲全蹉旁龕窈窕姿珠冠聳金鳳云爲張祖姑時有畊薦貢洞門

寬容人夏簟涼可夢其深造未能有几榻是供息慵養腰腳偷閒笑
僕從惜哉江流逼不得欄檻弄汀洲互掩重風帆亂飛送行當北覲
叠瞚覺衣裘重燀煒陽氣浮去去步姑縱

偕王子卿金葉山周最峰謝潛齋遊三華山寺二首分韻得冠
半宇　黃鉞

招客遊皖城挐舟纜江岸南風忽見留吹客不令散已申洲渚言復
動巖壑翫三華翠撲人一葦共江亂孤危髻高撐娟若童未冠霜林
抱經樓班駁錦衣爛入門韻清璆修竹不可筭徘徊翫壁畫令我憶
可粲
齋廚炊午烟山僧設食案對此秀可餐既飽行且歎吾生行且涯開
歲百年半買山苦無貲周何欲難繼思學愚公愚真成漫郎漫斜陽

遶催歸好景彤屢換合并近頗難玆游足佳觀囬舟語葉山吹燈寫盡看

遊三華山寺次黃左田尚書韻二首

張星煥　善化人繁昌知縣

少小客江南行舟艤鵲岸舉首望三山綺色餘霞散過客偶行經那得頻登玩縱許夢遊仙亦與亂山亂何期去復來永此巨鰲冠入山手斧柯豈爲觀棋爛法說宰官身大願恒沙算識我有山靈默七心神粲

相度繞川原諸山列屏案文峯特高撐合我增羨歎士居民之先學與斅相半往哲雖已徂風流詎云斷結搆貴巖譁鋪張忌散漫鎮定石根深變化雲容換偉抱本夙期遨遊企蓬觀高山共仰瞻詩向紗

籠看

游三華山寺次王子卿太守韻二首　張星煥

此山廻與衆山别偶爾登臨風御列攜手同行半日閑卧游翻笑頻年拙雲霞滃湧足底生星斗歷落懷中擷俯瞰江流信步歸夕陽欲下燈明滅

上有九華幾探尋下有金焦幾登臨到此恍若舊相識三年信宿經晴崄驚人有句何處問搔首青天情更深安得同遊追曩哲咳珠玉詞唾縷金

偕王子卿金葉山黄左田謝潛齋游三華山寺二首分韻得巖江字　周德隆　蕪湖人

聞說三華好呼船共渡江寺穿紅樹入鐘在碧雲撞登閣山堪對遮

檐桂作雙何當秋八月重此倚軒窻
爲愛倪黄手淋漓寫翠巖江聲騰楮墨山色聚松杉履向林中曳樓
從樹杪欹同舟多韵事不羨朱家帆

借黄左田金葉山周最峰謝濬齋游三華山寺二首分韵得列

陰字　　王澤 蕪湖人太守

江山青空送離别青天以外三華列我老塵勞江上舟應有山靈笑
人拋浮雲六載八徃還秀色今朝初攬擷落葉滿衣山滿樓共對石
頭話生臧清景一失那可尋江波急剪爲撫臨緑筠徑出黄葉林嵐
光濃淡風晴陰裝成一幅行看子隨處卧游情與深流傳後有好事
者記取（姓氏）黄謝周王金

遊三華山寺次周最峯韵二首　　張星煥

三峯天外落古寺逼澄江山色六朝剩鐘聲長夜撞翻經風細七聽法樹雙七有客亭邊坐茶煙颺碧窗

小閣藏雲逕空亭倚翠巖漁歌來溆浦樵唱出松杉修幾梅花到靈常巨石嵌忽憐歸去路山而憶湘帆

借黃左田謝潛齋周最峯王子卿遊三華山寺二首分韵得松日字　金鐸

山中一片石門外幾株松借問安誰置當年黃一峯

殿閣擁歸雲山樓納殘日爲語後來人石闌曾點筆

遊三華山寺步金葉山韵　張星煥

朗公猶有橋杯渡尙餘松借問此靈石何年卓碧峯

倒影照江波高撑繪雲日誰能參天工損此凌霄筆

同金葉山周最峰黃左田王子卿遊三華禅院二首分韵得青
斜字　　貴池教諭謝　泳
家在澄江接逵汀好山不斷隔江青藏雲小閣閉曾到護寺疎籬舊
屢經絶壁倚松聲謖々修廊蔭竹影亭々清游偕從來嘉客未信開
山石果靈（自註亭有靈石寺創以石始）
歸舟指點暮烟斜新障淋漓逸興賒畫石不須勞十日見山爭共識
三華疎林紅葉穿雲徑淺渚黃蘆渡水涯鴻爪雪泥聊復爾寺僧留
作勝遊誇

遊三華山次謝潛齋學博韻　　張星煥
江流茌岸復蘭汀一路山痕不了青忽覩三峯形岞崿爭傳五老昔
行經畫圖羽化歸何處（金葉山先生繪有圖爲朱石君相國攜去）詩

酒朋來憶此亭安得黃荃寫生手同游重與繪山靈
勝地尋幽竹逕斜白駒空谷已心遐修篁萬個暝煙路丹桂雙株濕
露華斗柄高懸雲以外（黃左田先生任尚書）蒹葭遥溯水之涯（
謂謝潛齋學博）好詩靈石應能頷頭點生公那足誇

雪娛詩鈔

先叔祖懋卿公號雪娛偕當代名流結九蓮詩社於三山詩歌酬唱生平著作甚多定名雪娛吟草抗日事變村居盡燬公之巨著亦付之一炬矣兹由其三子子石訪當時詩友鄧則先鄉賢余之業師也得鈔遺墨數十首誌以傳焉

鴻軒謹書三十八年三月

與楚君夜宿下關

到處安身易浮沉竟似鷗爲貪無錫酒早看白門秋月色同千里江風滿一樓自慚霜上鬢攜手竹林遊

行經豐熟圩觀劇

此間豐熟地共樂太平歌舊俗酬神少新腔唱戲多舞臺真現象古處重鄉儺百室人盈止牛羊滿澗阿

蟋蟀

古砌桐陰下微蟲應候生悲鳴燈一點衆響月三更少婦機中意離人枕上情歐陽方夜讀百感集秋聲

晚歸

倉卒欲歸家山頭落日斜雨餘泥欲活風捲浪飛花隔岸攔河網沿

堤吹水車呼舟匕不渡留客賞烟霞

三華述所見

竹樹繞精廬禅深趣有餘枯僧倚石磴俗客戲蒱摴伏火三更熱桐

陰六月舒此間才小憩樂且賦于胥

贈寺僧

山僧誠有味無計覓詩才欲借西江水能飛北固來談空開别境避

債亦登台約我秋風至黄山採葯回

和薛城夏夜

耿匕復青匕悠匕子意醒蟲吟時唧匕鄰火自醒匕客思重重集簫

音漸匕停曲終月皎匕影匕自隨形

和仲君山頭觀潮

鐵馬響錚匕詩從意外生黑雲催雨勢白浪捲江聲小鷁歸帆疾新蟬曳樹鳴故人千里外知否稻初成

步仲君觀火歸見日出原韵

火起五更驚烟銷日漸生無方緣木上遇險得梯迎維鵲居巢破池魚照水清憐他遭此刼痛哭向誰衡

借友吳公秀尋梅一律

暖帽輕裘緩步尋探梅幾度入深林花因春信開偏臘鶴爲天寒守到今清格韵饒名士骨暗香情比美人心平生擬作龍城賦長覺羅浮夢不禁

題雪景山水圖

一幅彤雲掃不開白銀盤裏現樓台朔風幾度催袁卧夜月何人訪

鐵馬響錚匕詩從意外生黑雲催雨勢白浪捲江聲小鴿歸帆疾新蟬曳樹鳴故人千里外知否稻初成

步仲君觀火歸見日出原韵

火起五更驚烟銷日漸生無方緣木上遇險得梯迎維鵲居巢破池魚照水清憐他遭此刼痛哭向誰衡

借友吳公秀尋梅一律

暖帽輕裘緩步尋探梅幾度入深林花因春信開偏臘鶴爲天寒守到今清格韵饒名士骨暗香情比美人心平生擬作龍城賦長覺羅浮夢不禁

題雪景山水圖

一幅彤雲掃不開白銀盤裏現樓台朔風幾度催袁卧夜月何人訪

春絲尋源無復支機石訪道何緣爛斧棋秋水忽添風雨急碎琴和泪哭鍾期

弔越俠

拚身無補蒼生望有表難通上帝靈四海屠龍波影濕一天淚鶴血痕腥靴刀剗去瘡痍痛盾墨磨成草木馨破碎山河競羅織網開一面自湯庭

誰道荆卿易水寒先生剖出此心丹歐刀已破公侯膽玉樹長埋烈士肝有口難分中表戚干卿何事落花殘胥濤錢弩英風在又見人間說二難

途中遇雪

彤雲密佈滿天涯冒雪歸來兩鬢華跨去驢韉消影瘦踏殘鴻爪印

泥賒闔山漸覺蒼松古驛路遥看白屋斜問我天寒何耐冷探梅先
折嶺頭花

黑沙洲晚眺

登洲四顧興無窮千里雲山覽一空東望舊城新柳綠西瞻泥汊晚
霞紅歸帆片片斜陽裏古塔層層夕照中何處暮鐘聲嘹嚦隔江遥
指梵王宫

感舊

金屋無人見淚痕江郎擱筆黯銷魂雪泥鴻爪知何似酒力茶烟總
莫論閒倚春燈同剪燭記曾秋夜喚開門海棠已睡桐陰落散步凉
天靜不言

無題

隔院花枝笑獨眠合歡人去已經年碧紗窗下調鸚鵡綠柳風前泣杜鵑愛我多情勞折柬撩人春色慣噓緣生憎又種宜男草未許兒家並蒂蓮

步嗹香吟主新年韵

歷練風霜漫自嗟也從蓮社鬥詞華酒兵罷戰心防醉詩律求工債漸加絕調錯餘留恨草（傷仲雲西逝）陰霾哀怨落梅花（嗟梅槃慘逝）故人已矣知何處曾記同舟喚翠霞（梅槃有與爾同舟喚翠霞之句）

蘭花

曾經空谷埋藏久又被移栽到小園一卷離騷名士淚數莖芳草美人魂未逢知己吟無興自有同心契不言最是綠窗風定後斯馨丰

韻滿苔痕

寄懷公學諸君

鐵石梅花骨韻清盤根錯節自錚錚十年舊雨池塘夢一劍新磨海嶽驚誰向春冰探虎尾那堪瓦缶抵雷鳴出山已負回天力知是先生有甲兵

驚人一着手殫初蘊藉風流我不如矯矯出羣摩頂鶴洋洋得意躍淵魚看雲海上春移棹問字江城晚策車多少狂言愁擱筆縱橫自寫意中書

巴陵風雨曲西涼蒳淡人如遽古香別夢春樓懷杜牧觀濠秋水學蒙莊星纏點綴工圖畫花月描摩協羽商閑道迎春新樂府旗亭賭酒賽王郎

托月烘雲思邈然神機一片欲飛仙芝苓妙補長生術薜荔春籠暮雨烟載酒玉壺珍舊釀生花斑管染雲牋憑空邱壑添多少三十六峯有洞天

鳴琴子夜太狂生柳絮依乜繫別情除郤鄉環無福地獨於吾道寄干城氣兼韓海蘇潮筆夢逐秦箏趙瑟聲祇爲熱心凭短劍清霄振羽上瑶京

同姚梅槃刻燭聯句

一庭月色罩花陰懋句兩部笙歌伴客吟梅句舉盞欲承松下露懋句和烟煮茗沁詩心梅句

贈梅槃齋居之樂

風月年年似昔時天真養透幾人知酒杯益壽荸容志畫筆傳神顧

愷痴梅雨擕鋤先種菊柳陰垂釣帶看詩雖然作興同乎俗經濟文

章兩得之

和浩如遂志原韻

高齋幽敞傍松雲最愛書聲隔院聞把酒看花應憶我擕鋤採葯若

逢君山中靈石皆鷩友雪裏寒梅半鶴羣有筆敢將書鳳字入門先

謁鮑參軍

步吳公秀寄懷

氷心朗照玉壺清山水緣深見夙情秋雨巴山鄉共我春江南浦我

離卿詩因吐鳳常稱項書爲登龍如上荆漫道蒼葭秋水隔一溪風

月照先生

黑沙洲寄懷

未嘗揖別遽分襟無奈舟工促不禁別夢已隨流水遠離愁合比暮雲深兼旬已定三生約一日書懷兩地心嗟我江頭空悵望故人不見泪淋〻

予猷宅相留別

與公彈指即言旋春草春波各黯然猶舉芝蘭迎曉日還欣萱樹得天年多情共剪西窗燭把酒曾開東閣筵此別休教情太苦重來定在百花前

和葛子謙感懷

念年泮沼記同遊伏處江干侶白鷗半世單寒甘自適滿腔熱血關難酬家餘鶠粒隨雞啄座有鶯鳴便鶴求每一逢人彈古調脩然神往儘勾留

夢遊天台

曾作天台夢裡遊仙源那減舊風流桃花著雨自春色青鳥逢人戀石頭洞裏既然爲快壻世間何用覓封侯怪他劉阮多輕薄不胥雙姬一段愁

金銀花

天公門富競繁華如鑛如鉛散作花銀窟鑿開溶似水金融活動倚成霞療貧此日歡寒晙買笑臨風喚小娃香氣撲人銅臭盡雙生艷福樂無涯

冬夜不寐

苦恨微吟出色難五更燈火月光寒窮雖入骨身猶健詩爲愁工夢不安把酒誰陪知己飲撫琴懶向外人彈寸心擬共春蠶葉一一絲

抽露肺肝

除夕

聲聲爆竹鬧喧天聊且依人過一年膝下歡騰忘所以高堂愁歎只潛然包焚先祖忙中寫字貼宜春記上聯祀灶迎神循古例定知今夕不成眠

世事茫茫到歲除合家歡聚飲屠蘇千門兆吉全紅貼萬戶迎祥極樂圖楚楚冠裳先叩祖堂堂盛饌更傾壺而今分宴長生酒待到梅開伴雪娛

守歲

草草勞人守到今平安兩字值平金消磨歲月空無補快活年華切實尋抱道毋多愠羣小至誠終可格天心知非已屆昨非覺坐待雞

鳴送好音

誰非人子孰無家爆竹聲匕度歲華島佛詩多焚舊稿文公窮已送天涯愧難樹背忘憂草幸有燈開報喜花滿腹牢騷今夕脱别尋野趣話桑麻

新歲自述

廻首駒光五十年萬無是理再迍邅鹿門久慕清閑福馬帳重聯文字緣默坐焚香消世慮舉觴邀月問青天詩題人日已過半料理歸家爲種田

今年新歲住人家似覺赬顏暗自嗟厚我多情邀酌酒怕儂歡睡喚烹茶衣穿紅綠兒童戲骰賭輸贏老少譁幸喜聯床同一姓真從天外看梅花

籛書舍偶成

故宅圖書兩渺茫牽蘿草就雪娛堂消除文藻抒新藻搜索枯腸勝俠腸得意春風魚鼓浪傳神秋雨蝶留香舊巢積習翻空盡應爲餘生激改良

雨中春望

芳甸流英樹影斜隔河遥望故人家危樓撑起文昌閣故壘啣殘燕子花詩思一瓢蓮社裏水紋几曲渡頭賒黑雲微雨東來急爭傍牆陰學種瓜

登板子磯弔黄靖南

湖上風烟似畫圖檣櫓風急水平鋪荻江横鎖黄公閣碧血於今尚有無

南陵憶雪娛　　鄧則先

百慮千愁一筆删風情自在謝青山遥知歸路人爭問今日何方覓句還

亂後憶雪娛　　前人

當年嗜古溌詩情曾荷規箴感奮生（贈詩有則古稱先尚奇癖不求風韻入詩囊之句）亂後凄凉樓上月幾回低首想宣城

誰是高年誰少年（九蓮社中公年居長則先最少）回思往事祇淒然九原倘復九蓮社台少一人是謫仙

国家出版基金项目
NATIONAL PUBLICATION FOUNDATION

海上絲綢之路文獻集成

總主編 陳支平 陳春聲

民間譜牒編 96

主編 林楓

海峽出版發行集團
THE STRAITS PUBLISHING & DISTRIBUTING GROUP
福建人民出版社

本册目次

［安徽繁昌］繁陽謝氏宗譜十二卷（卷一至卷一二）　謝鴻軒纂修……一

［安徽繁昌］繁陽謝氏宗譜十二卷

（卷一一至卷一二）

謝鴻軒纂修

卷十一

傳記

行狀

贊詞

謝氏宗譜

戊子四月吴樹恒

卷十一　字號

繁陽謝氏宗譜卷十一　分目

傳贊引　鴻軒撰
諫議公家世行實　參知政事劉大中撰
諫議遺芳序　御史文恭胡敬撰
雙溪里派筠溪公狀　進士文林郎知萬載縣事畢懋良撰
汪村派嘉卿公傳　雲南順州知州星源三泉游泮撰
巖園公贊　婺邑讓溪游震得撰
晚樂公狀　明鄉貢進士鄭恭拜撰
艮叙子敬二公傳　家史通子陛撰
體仁公傳　姪孫陛撰
雙園公贊　山東廉憲湖廣景陵中菴徐成位撰

自嵩公贊　祁閭門人廩生吳鳳岐撰
尚美公傳　男陛百拜謹錄
巽峯丈人傳　姪陛撰
竹山處士傳　杭州太守初菴方揚撰
雙塘公傳　南京總督粮儲星源可游應乾撰
澤公狀　知州三泉游泮撰
巖鎮派文達公狀　御史艮用程材撰
廷懋公狀　狀元新菴唐皐撰
竹山序　吏部侍郎石泉潘旦撰
二尹明仲公贊　雙溪參政鄭佐題
希遠公狀　副都御史汪尚寍撰

巖鎮派暐公狀　戶部尚書潘潢撰
寅仲公傳　御史湛塘王獻芝撰
玄象公傳　邑人府君暘谷方良曙撰
古愚公狀　吏部尚書武林門生張瀚撰
球公狀　苑馬寺卿里人柏庄方遠宜撰
琿公傳　狀元宛陵少林沈懋學撰
煥卿公傳　知縣廣陵肖衡李杜撰
璐公狀　提學副史南昌徐秉正撰
光卿公狀　大理寺丞邑人黃應坤撰
琪公狀　邑庠生胡維藩撰
少崧公狀　訓導邑人肖石方良範撰

昱公傳　翰林太史朱國禎撰

靜菴公狀　動賢里人海陽程涓巨源著

誠齋公狀　動賢里人程涓巨源甫撰

希召公傳　保定巡撫羅應鶴撰

汪村派陞母徐孺人狀　大學士同邑潁陽許國撰

長公母程孺人傳　吏部郎中吳中明撰

澤公配許孺人傳　宣城梅鼎祚禹金撰

舒仲婿許孺人狀　邑人君在方簡撰

芳川派希召配羅孺人狀　戶部尚書殷正茂撰

子宣公記畧　清廪貢生先人泳公撰

君澤公記畧　清廪貢生先人泳公撰

承祖公記畧　裔孫葆先撰
寬誌公傳　歲貢生張師頤撰
寬洪公行誼傳　廩貢生艾毓芳撰
顯根顯穆二公合傳　優附生張葆初撰
雪娛公傳　有序　繁昌縣參議會副議長程超然撰
介眉先生傳　繁昌縣參議會副議長程超然撰
述元公暨德配施安人傳　蕪湖縣長洪滌銘撰
謝質夫先生傳　宣城湯志先撰
忠槐公暨德配潘安人傳　繁昌縣已長張鳴撰
謝節母孫孺人家傳　繁昌縣參議員鄧則先撰
顯根公配王孺人傳　優附生張葆初撰

承美公配王孺人傳

族姪鴻軒撰

傳贊引

昔司馬遷作史記列傳世家皆有贊厥後史家沿例二千餘年不改余今纂吾家乘亦仍舊例列有傳贊初以爲故事當然耳蓋沒世無稱君子所疾士生天地間苟其文章德業才猷學識藴蓄有素則或獨善其身或兼善天下要皆積厚流光存有聞於時殁有傳于後堪與日月爭輝而不與草木同腐焉不然徒示虛榮之貪而長夸大之習又何必多此一舉耳吾家統志自諫議泌公而下名公巨卿傳贊疊乚昔按派系分卷錄列今集成專册彙而傳焉至遷繁先達人物雖輯錄功名而鮮傳事業在者一慨矣近百年來見聞確切先人史蹟豈可不傳幸承古今名流賢達譔傳題贊凡此先祖皆吾宗可欽可羨可坊可表之倫及有關天下國家政理之要個人身心修省之

貧足以增光先烈垂範後昆允無疑義願我子孫披覽及此而奮然興其紹述之思繩武之想毋令後人復笑後人則幸甚矣

旹

中華民國三十八年仲春　纂修戊子家乘裔孫鴻軒謹識

諫議謝公家世行實

泌公字宗源晉太傅文靖公廿七世孫也公先出自姜姓炎帝之後古者因生賜姓五帝以後三王以前其詳莫可究詰周宣王時有申伯番番既入于謝由是而知謝之爲姓以國爲氏者明矣未幾避秦之亂其姓遂隱而不顯漢之時有堯卿者班固爲文薦之曰才兼四科行包九德社稷元龜大漢棟梁堯卿者得非申伯之後裔乎三國時魏有謝預爲將軍吳有謝慈爲輔相迨至晉朝名臣輩出安石有王佐之器謝玄有淝水之功尚稱一座顔回萬石早有時譽封胡羯末班班可攷晉之時有謝瞻字宗遠而梁之時謝譓位至光祿之貴玉音賜褒陳之時有謝真唐之時有謝偃或以詩名或以賦顯至今燦然可述根深末茂迄於五代梁之時有彥章爲大將軍而始祖詮

公輔唐有功位至上將軍
御賜妃韓氏夫人偕宋龍興兵下江南居於歙之謝村而泌公出爲
公少好讀書有志操賈黃中一見奇之謂人曰此子材氣不凡異日
當有顯名後登進士第知龍州青川錦州彰明縣三遷殿中丞代還
獻所著文二十篇古今類要三十卷召試中書以其直史館賜緋時
依唐分經史子集爲四庫人掌其一
太宗嘉之遂以泌兼知庫事又輔虞部兼知御史又爲三司鹽鐵使
因外舅魏羽爲使以親嫌換度支使
真宗即位改主客郎中知虢州上疏
上嘉歎之後知福州代還刻石于所經之橋名曰去思後西祀還授
泌右諫議大夫吏部銓盥沐巾褐端坐而終身不欹側時年六十三

有二子衍爲太常寺奉禮郎衙爲將作監主簿厥後雲仍蕃碩昌大于門因紀源流之實永爲家世之傳於悠久云

旹

紹興八年冬十二月朔參知政事劉大中譔

諫議遺芳序

邑人文恭胡敬譔御史

芳可遺於後世必有可遺之實德也實德者譬諸物之精華而芳則精華之旁達者也精華旁達則聞之者莫不愛慕而思所以漸染之諫議遺芳之說蓋有取于此乎諫議名泌姓謝氏家於歙在宋仕太宗歷真宗朝論相体陳時務上邊事危言抗議能道人之所不能者非所謂實德積中而精華達外者乎故在當時節概動於朝廷休聞炙于人口其芳固已著矣數百年來覩其像閱其傳誦其諫疏如執瓊芝挹湘蘭而馨香之氣藹然襲人其芳之遺也何其遠哉嗟乎芳諫議之遺者也可貴者以德不以官芳之遺實德之遺也然使無後人之賢則芳於諫議者其所遺之久近亦不可必矣今其後曰文達有子四人廷懋廷春廷彝廷馨皆讀書尙禮不失故家之風况力學

而向進者彬彬焉他日效用于時能如諫議之砥礪名節則芳之遺於後者亦將如諫議之遺於今也謝氏子孫尚其勉之

明故處士筠溪謝公行狀　雙溪里派

公名德溢字美中姓謝氏筠溪其別號云謝氏故著新都宋諫議泌公儒術顯其後蕃衍遞遷而黃山爲諸宗所自出公家世黃山代有醕德自大父再傳皆獨舉子父淇園翁稱長者公自襁抱狀貌頎偉不凡有異人見之曰是當享有遐福必亢而宗所謂一不爲少者也稍長授讀父母甚珍之不令其攻苦也公孳孳誦繹累日夜不休及就督學試補博士弟子員家故饒公獨戶　嘉靖中徵材江以南詔下有司藉富室爲輸輓里胥欲齮齕公則藉公以上自外塾省歸翁方倉皇公徐進曰家大人亡慮庶人急公家分也第能將事無缺斤斤免於罪戾幸矣即鉅費奚論遂應明往亡何果竣事覘者始服家吏中葉多艱穰集第至亡論險夷纖鉅舉不出公坐籌業從是駸

駸日起顧志尚恬處耻以聲利自媒既藉名成均心固不欲就也翁趣之廼辭行拜堂下曰子侍膝下卽一日之養有虧不可謂子引違顏數百里外謂子織何期及選或强之仕公曰古者祿仕爲家貧親老故也不肖徼家大人寵幸充菽水安事遠遊爲且夸毗事人非吾所能者吾直以山林爲部署耳于是絕意仕進承懽堂上訢然有餘樂焉祖有繼室公曰是卽祖母也一以祖母事之父有側室公曰是猶吾母也一以亡母事之淇圍公寢疾湯藥必親承晝夜侍牀前衣不解帶購四方名醫有能已父疾者予千金及父殁哀毀喻禮里人謂公能子家有塾師訓子若孫以義方敏者考進以經義嘗曰三代之學務明人倫第令子孫通古今知敬讓足矣榮名安足多耶性澹泊不事藻繪其爲居積轉輸南盡吳越北通鄒魯顧能善任人持大

體身致不貲未嘗一持籌其間御下寬厚有過諭之使改卽譙讓不形于色赴人之急不責其償與人然諾必謹有約必踐人有忿爭得公言立解時人語曰不顧今時得數錢但願謝公出一言其令人景慕有若此歿之日食飲言笑如常將晚湌甫畢遽命浴旣罷移步庭中翛然遂瞑時人以爲赴佛會云蓋四月八日也享年六十有五配吳孺人出溪南先一歲歿子五人女二人孫十人曾孫二人婚媾皆閭右族長子來聘次來召次來旌來翰來旃諸孤將以仲秋閏四月奉公厝于灣坵先期介余友人爲之請狀竊聞古俠者卒以多財易睚眦如鷙如貙其末流可勝道哉余觀謝公貌魁峰類豪舉者而孝敬慈讓凜然德厚君子焉彼少有而自張侄佗亦足羞矣廼若貲適逢世而退然唯恐其浼己甘與泉石同盟眞處士事也至其身享富

壽慶流後昆非必異人之言中蓋若前定云

萬歷丙申歲孟夏月八日

賜進士文林郎知萬載縣事眷生畢懋良拜譔

嘉卿公傳 汪村派

雲南順州知州星源三泉游泮譔

謝嘉壽字嘉卿以字行可一公仲子而浙江提刑進一公之次孫也于諫議公爲十二世孫世居汪川母程孺人夢飛鯉自天而下感之而生公生而修幹方顔卓犖有度器局不凡明經多畜視身粟粟王父奇之謂可一公是兒不三十當顯且方進我一階可一公曰大人得無以康樂戲康樂乎王父咲曰汝非秘書吾言過矣壯而解褐歷任福建都轉鹽運使司提舉階文林郎出入清察國課雖日增而商日通竈日利蓋上下交便矣大吏才之將薦之政府可大用公捉鼻曰吾懋爲卑官折腰石粟徒以爲親耳許文正任道統趙文敏保宗支不得引身高尚豈得已哉吾非二公比也至正壬辰年三十九耳遂解組而歸大吏留之公雖遜解而實堅不可奪橐中薄俸奉親之

外均施昆季因念諫議公宋室名臣吾鄉名賢吾宗顯祖瞽宗雖祀而吾宗奈何可無特祀于是首植祠之爲寢爲堂爲廡爲門爲東西廂爲左右庖湢歲時祀饗井有條矣于時朝政不綱民心思亂蘄黃兵起公日治具召宗黨賓朋選勝爲歡客有憂亂將至者公酬之曰公等飲此公等無憂吾策之熟矣函夏中華乃爲一片腥膻所染幾至百年皇穹厭矣將出真主以復故吾茲亂也所以爲治也吾鄉保界萬山中四畧皆塞方亂則諸雄所不爭稍定則一檄可以下由來不中兵燹吾與公等優悠卒歲猶庶幾一覩開天盛時未可知也客且愕且怡逡廵且去而公頹然矣不十餘年

高皇帝起兵江東而吾郡以胡武莊公不血刃而下公方五十耳舊時同飲客猶有在者相與就公公曰吾向者之言何如又復舉酒北

向相賀更優悠太平之世三十餘年

高皇帝賓天而公始殁承先業之外拓產幾千畞在在僉業蓋出其

爲國者以爲家易易耳公生元延祐甲寅年九月十九日午時殁于

洪武庚辰年七月十四日子時享年八十有七配孺人吳氏生子二

人長仁次龍慶

巖圃公贊　汪村派顯松公　　　婺邑讓溪游震得　行人

岐嶷其貌修梧其形氷融利境蟬蜕機心外多自得内鮮餘營躬親灑掃以飭家庭巖圃種樹橘柚青青來遊來歌以適其眞天性喜飲一斗微醺兀然而醉蘧然而醒有渾乚噩乚之象無熙熙攘攘之情允矣羲皇之真趣展也輓近之艮民

晚樂公行狀　汪村派

公諱永盛字廷甫號晚樂世居歙之汪川宋諫議泌公之後自少失怙恃公慈祥愷悌得於天性雖不沐家教而立身行己自中矩度屢商齊魯積貲鉅萬產稅十有六石考其仰受先業貲產不踰數百而增益恢拓蓋數倍焉其經營有方積累惟勤用度有制皆可見矣正德庚辰戶部以邊用不足剳諭郡縣令民輸粟拜爵縣主魏侯勸公出粟應　命授七品職峩冠博帶儼然縉紳楷範嘉靖改元詔收民德念兄永俊公妾賀氏貞淑可嘉亟載實錄而賀氏幽光因以不朽公平居應接無間大小一以禮施未嘗恃富以驕於人鄉黨事有不平咸舉而質於公公輒與平理無不羞赧服勝於刑罰多以王烈比擬之者其德之感人類如此他如道路頹壞者修葺之而往返稱便

宗族孤嫈者賑恤之而失養得所其重義之心又如此及其晚節也
收江湖之餘興笑傲于山林間冲淡自適一介不苟取與非見道之
明隨時以理自勝者孰能與于斯是年八月六日遘疾遂終於正寢
遡其生天順甲申享年六十有一配孺人許村許氏合葬庄邊招兜
菴男二曰賫曰貢皆克家克肖女一名三婿潭渡太學生許寬孫男
四俱在童年其孤賫貢泣請予爲之狀不獲辭姑序之以詔其後世
嘉靖三年冬十月九日鄉貢進士眷生鄭恭拜狀

艮敘公子敬公二長者傳　汪村派

太史公史記多述王侯將相公卿之事而以布衣之誼有概于衷乃別立一例作游俠傳其後范史以下或傳逸民或傳獨行皆布衣誼也夫以一介之士果其誼足稱何論僭爵吾於宗黨作二長者傳

艮叙公名景倫爲原童公承孫一門叔父皆雄勃有氣概而羣從兄弟尚沿諸父風獨公生最晚而文弱體不勝衣兒時見父兄角擊技則走匿不觀或辟呵詔之若亦宜習此以自衛奈何抑退公曰即使浴鐵包身鬼神暗褫之矣父兄出鬪而入見公不覺慄然常以俎豆爲戲而實莊若明禋父永禎公早見背事母吳孺人以至孝聞攻苦茹辛遂得奇疾不渴而消食飲若流人匝無當沃不及焦自分無復生理頃有艮醫來醫故兼挾許負術一見乃曰病則法當不生而相

則法必不死蓋以公腦有壽骨他日必登大耋而何渠夭乎但必空諸所有而後起耳尋就醫妹夫王氏家不逾年病良已而室若懸矣浹旬之飧尚不足當病中日舉公夙好禱祀至是愈益勤勤內之歲時伏臘朔望螢爨靡所不供與夫外之五祀羣神咸在秩典時時采甘菊花庋閣中如叢防閣告曰不虞香煤焚棟耶公曰神呵護之無虞也其後數有火從匜中桶中發舉一器皆煨燼而不四燃亦大奇事如公言矣及壯體反堅強神明更茂嘗謂四民冢士而介農余已去爲士將明農矣乃相其歐脫之地人所汚萊者輒往墾之里閈長短概置不聞見人輒語以爲善作福常曰鬼神去人不遠人在明而鬼神在暗明雖不見暗一物而暗乃見明中區事可不畏歟公壯尚不宜子乃欲以從子長壽公爲繼業已與娶婦吳孺人乃曰兒勿憂

吾寡兒孝宜有後且諸神安在豈虛享兒供不以請之天帝耶未幾舉子二人次即子敬公長顯保公後顯保公歿子敬公遞舉三子家漸饒請曰兒買今可代耕大人老矣幸自休暇何砣匕爲公曰吾自樂此爾無預吾事里俗將娶婦預設房帷必請翁媪坐床爲兆則爭迓公與孺人往嘉靖庚申從子炎家不戒于火一發封戶倏爾絳天戶內八口號咷待盡救者計無所出公聞趣以椎鑿往鼓勇者從旁穴墻八口得出再生皆公力也外垣火迫而頹壓垣下者八人皆排門入掠之徒豈公之精誠天意遽移而薄罰于若人復微示其權耶丙寅大司空朱公開河時民舟自北來而運舟自南上左右相繫數十餘里北舟如齒而南舟嚙之一夕河流暴決暴漲北舟非泪則沒無慮千艘僅十八舟宕而入沚天幸無恙頃沚水泄復槁于灘又忽

得水尾嶼而出仍敗其五止十三舟而公家三舟蓋四居其一矣是役也應登應節二孫實在舟中子敬公以爲無論貨也主僕固已皆無何有之鄉矣既而十三舟之幸聞于南北而公料之曰吾孫必有幸也不則神豈無知耶尋報至而公笑曰固然神不負我公年已幾大耋舉體若壯夫夏月無事湯沐繫襦攬巾入浴溪中摇扇而返蓋余兒時在溪上館常目睹之步履如飛及公登耋而余方隸博士弟子員有時從學舍歸見公田問余前揖之公曰孺子勉之毋空負少儁名余長跽謝公長余父者一紀而先余父歿者二年春秋八十有一云孺人本里葉氏內德甚備歸公時即遭公病蓋拮据勞苦者亦既有年及公病一愈則終身不問藥果矣偕老于室六十餘年于玆雖公之厚自爲德而神之荅貺也不爽矣

子敬公名顯祐艮叙公次子也生時艮敘公年已及強公甫成童見父從田間歸則中自傷仰而勞苦之阿翁得無憊乎兒今無能遽出塾以奉耒耜異日非執一經以成名則操千金以雄賈庶幾可以爲旦夕粗糲之資今則奈何艮敘公撫其首曰兒勉之而翁媼尚能待也弱冠去儒而賈始入徐下賈耳則與里人葉氏同邸一時染疫葉氏阽危衆挽公去即葉氏亦曰毋徒俱斃爲也公曰人各有命業與同邸終不委君獨死而某等俱生葉氏恍惚見疫鬼相規避公而竟得起既自幸免且賀公他日當阜昌再遊姑蘇尚不中中賈自惟賈百里則息一之千里則息三之萬里則息十之吾以蕞爾母錢非十其息不可則非萬里不可廣中多奇貨可居吾將往矣又念父母春秋高而兄復不祿奈何脫身遠遊歸而徵請于艮叙公匕曰兒第往

而翁媪尙能待也遂決策入廣一朝而市文木名香若干石戒行乃爲津吏誣没僅餘蘇合油一石易金百緡復轉貿數年業大起矣乃操其奇贏復游姑蘇陳椽其市遂稱上賈姑蘇饒綺繒于海內無所不衣被吾鄉家世受賈于此而時以其貨北市于齊魯間公爲出一奇汝寧亦宛鄧之間一都會也千里沃野而四通輻輳遂命諸子亦陳椽其市而以吳貨輸之所得不貲方公賈吳父母並華顛無恙而時時得甘脆具叙公乃撚髯一舉曰吾兜之志酬矣及公有汝寧之役而二老八方考終公貌癯骨秀而神氣泓然對人刺促若孱書生而中若營千里外殊不露也公事親孝每以賈居外不得常奉二老人懽則數戒婦羅孺人余以二老人委卿卿善事之婦道也兼之乎子道也孺人受命惟謹而公始無內顧憂公治家尙謞謞而斥嘻嘻

不作聲色而内外自肅居鄉恂恂自牧行讓步言讓聲坐讓席獨于
爲義則不必讓梠腹者與糒露肘者與衣暴骨者與槥隨時因事量
以濟人蓋不可以數計人固不盡知之公亦不盡憶之庶幾可稱陰
德矣戊子己丑連歲大侵至庚寅春創未起邑大夫彭公始發賑犱
鄉若干緡公則悉以還主計而自以其金分賦諸嗷嗷者尋復爲粥
賦之又復出米賦之明年亦復有加又明春亦復不減先是彭公下
令不能無望于上戶而公貲不中程及公倡義大出望表而又先後
所費不貲全活者甚衆彭公行縣發賑者讙呼歸德聞風者涕泣望
恩鄉衮告彭公曰此中有鉅萬富人不捐半菽而謝君薄畜厚施乃
爾明使君知其人乎彭公曰是真善人蓋徐延陵王東莞之儔不求
人知而余則習之矣彭公見撫臺奈公以公高義上陳奈公嘖嘖曰

安得若人百曹分布郡邑何憂天災耶其亟下章服杓之以勸來者
彭公復申之郡大夫董公以大賓之禮匕之公固謝不往彭公不能
奪乃致儀物于其家時公居吳有以女子來鬻得公六緡而去尋有
一人詣公曰是吾女也不待年而女于某公憮然曰吾安知之其父
請曰長者旣不忍此何不以女還民公曰昔爲爾女旣爲人妻今爲
余婢余卽不婢爾女奈何離人之妻于是量以金與其父而仍以女
還其家且曰吾不責爾金爾愼勿復轉易也不則有余及伊父在兩
家父子感激而謝此其心何必減馮民末哉公嚴事神一如艮叙公
而更多檀施吳中玄妙觀雷殿葺閟賢聖堂遞圯公布金葺之千金
有強莊嚴倍疇昔吳市爲之謠曰蘇州富室穰匕不如歙縣一商公
聞而反病之亟掩耳曰吾以凶年則興作以佐荒政耳豈敢從他郡

中奪賢豪權其不自德又如此公貿吳時族賈出錢易貨多烹中金以副上金煩仰衡之公獨平準其值而概用上金吳人感之因號曰謝白臉以上金純白故也先儀同有此稱而其事則異公持身儉蔓菁脫粟以爲常珍裲繒千箱而身無兼采吳中故多勝地亦富勝流公薄其土渥而人佻非吾所亟兒曹宜以吾鄉之質勝之雖欲以此率物亦緣天性簡素吾鄉上流兩山挾水而行者病涉艮叙公發心梁之未竣而卒公率諸子亟藏其事題曰蓮塘橋及公末年鄉中有水口之議公業已捐金首植尋以議址未合罷役公臨殁乃曰吾左矣吾左矣吾展于異境而翻于故園兒曹其補吾闕哉歲在辛卯得年六十有七婦羅孺人先公卒有子三人皆化公之屬也家史氏曰陳文範先生三世名德海內所宗其位漸高而德漸下故有公慙卿

鄉懃長議夫艮敘公少孤貧難乎其為德也而公操履若此卓乎一鄉之善士矣夫亦文範之徒也華峰公貲稍逢世遂以善聞于邑大夫不幾于一國之善士乎三子廳登應節應善皆為善不替此雖時勢少有所藉覘之艮叔公若有易為然正其遺烈也則茲兩世不可謂掩前人提衡而論皆可以無懃矣

家史通子陞撰

體仁先生傳　汪村派

先生名若山字體仁廷和公子諫議公二十世孫于余爲大父行少淵穎有至性不輕吐屬白晳多髮文弱而莊余父與廷和公爲芳樽之友常器之曰是兒可儒毋使逋蕩先生始師游士元先生執毛詩既而游先生頌乙卯賢書而余父爲余延周蓮夫先生於是先生就余館同師先生尊行而復長余八年然引余以弟畜之忘分而推分也時同舍生數人間次休沐而獨余與先生終歲居守余齠時已事食酒伺師友出引諸少轟飲先生性少而夷然安之廷和公故食貧且謂有兒如此起家不旦即夕安問傭奴作業余父方護有余兄弟雙擲必有一梟常謂廷和公曰來公子與余子勤讀書而余與公常命酒耳先生母汪孺人甚賢雖師修少孫諸家而供具精腆每出諸

家上爲先生聘胡氏女而夭其後偃蹇未聘孺人搏膝曰傷哉貧也乃至不能爲兒娶婦先生故戴柔顏以進曰在禮三十未晚吾母何焦勞爲自勝冠以至壯十餘年于茲無毫觖望于中亦毫無黙跡于外丙寅吾鄉同隸弟子員者余輩六人一時領邑而先生高等徐村徐公偵郡功曹抱籍送諸生拜廟一目先生乃曰何物謝郎英七獨郎所謂百人亦見尋審其未娶遂慨然以女妻之先生丁卯以後三試南都幾掛而漏溪南吳公延以外傅雖舘巨室經修之外一無所染得糈而歸乃合新婦清爨以奉尊章爲弟若海君娶婦薄具資斧出賈吳越間廷和公汪孺人於是適矣顧以單家課子惟一第爲幾七先生曰傷哉困也乃竟不能以祿爲養汪孺人復慰藉之兒尚未艾顧余二老人造物何如耳先生居鄉清冲簡雅不出研削有所脩

綜郎傍勝𡍮每闑而逸亦自居然不可淩踐其處己丑之春汪孺人廷和公相繼無禄先生勞于視藥而痛于視含亦隨以殁嗟乎斯人也而僅逾艾一年吾聞周于身者歸歛于親寧藁歛于己夫非先生之徒歟先生九原有知不以余言爲不諱矣昔吳逵一門俱隕而夫婦獨存史以爲孝感先生孝矣而竟不免謂天道何夫士有百行得全者㡬郎許士宗猶然見屈于阮士女先生孝友至到已無間言三十始娶守身嚴如處子何減暑月懷氷余輩少時而謾其於而心服其介相咋指不能也至其館素封之家而一介不取致合彼有去思收䘏其子語曰桑枝不競瓜瓞空慙其先生之謂乎可以稱士矣有子士喬頗清待少習儒業而不失父風

姪孫陞譔

雙園謝公偕孺人徐氏像贊　汪村派

山東廉憲湖廣景陵中菴徐成位撰

聞公之度渾涵豪宕挺乎係鄉邦之望覿公之像清癯雅健儼乎垂縉紳之容公之課子企青雲而甘白髮精神垂於不朽孺人之相公紹樛木以衍螽斯德澤暨於無窮端儀刑於壼内富甲兵於胸中信謝氏東山之裔果有周文母之風余不及接公之雅範與之上下其議猶歷試合子陞之文屢冠時髦則知公與孺人義方之訓永世其可頌也耶

自嵩先生行樂贊 陞號汪村派

祁閶門人廪生吳鳳岐撰

先生度灑而長宇峻而蒼正直之性不依阿以取媚於世端方之守罔波蕩以溷俗於狂襟期磊落有春風沂水之趣意氣崚嶒無卑鄙猥瑣之腸皇皇乎與明發之懷求無忝於怙恃殷乜乎敦友於之誼恐有負於倫常柰之何數不偶而奇學可用而藏雖文冠時髦常兩膺乎天祿而貧不逢世竟屢躓於文場胡不芸軒縈之草堂噫嘻先生豈厄運之使然抑亦豐城之有待而光也耶

先府君傳　汪村派尚美公　　男陞百拜謹錄

余尸祝太函先生而數遊弇山先生之門間以先府君生平徽惠一言以垂不朽二公皆曰龍門扶風作史既竟而乃以家世自叙附之末篇至今觀史者亦並觀之不可廢矣予有史才雖不能附驥國史寧可無家史足附乎家史則自叙重而他氏輕不聞子長倩壺遂孟堅倩崔駰也而何以他氏爲余退而作家史則於志獻列傳俱成而始作先府君傳府君名尚美字子充爲諫議公二十一世孫自公祖廷增公單傳爻艮翰公艱子三十三歲時母吳孺人一十八乳而始生公血抱姑丈東山程昶公家養之生而目睛秀徹聲如清鏞踈髯皙膚腹背有赤志十餘許兒時讀書數行俱下徒以體薄無拳勇坐是亦以孱書生自持不尚力然而沉斂有英筴執量弘濟氣恢萬人

矣公以庚申生至甲戌時年十五歸自東山吳孺人奄逝繼以閔孺人少慈潤而公謹事之丁丑往師游蘿峰先生屬文機捷先生曰才具如此無患孤矣先娶黃孺人不久以瘵殁乃遊學金陵得魏國公諸孫女余兄弟母也妍蔚清恬習知書筭雖都門君子女折而與里媪周旋動有局節郎里媪岸傑不覺陵夷公尋又以百金聘武林朱氏女而余母已姙吳氏姊公遂止娶而不責金朱感且視當有佳兒如焉當世者甲申艮翰公營別業而遭憸夫以死速訟在鄞所契再從弟艮珍公在省又溺水死公從雲間歸艮翰公憂皇公曰業已至此大人善自寬兒以理疏訟者而以財䘏溺者即二命不足憂顧所憂大人耳無何艮翰公竟以憂卒訟竟得理其後丙申孤子文質僕死而其從兄某搆之有司公奮曰此吾䘏孤之時也訟言辯之而某

反移搆于公舉族吠聲不已公曰孤有急我當援孤且要我當助傾
身檢衛其訟終屈是時文年十六質言十四非得吾父安免虎口哉
公性惟喜讀書生平以興起斯文爲己任進余兄弟而誡之曰余宗
自諫議公以來非乏人也而不著者坐無文人耳于是一意課子厚
延名儒雖家産旁落不問庚戌兄陞以首多士隸郡博士弟子員而
明年辛亥則文亦繼之余亦與諸兄羣起於後辛酉以至丁卯余兄
弟更試南都庚午同案應試而公已矣居鄉高亮疏融而益歸于從
容惇兄臨財慷慨然諾不侵大不恡金錢小不恡酒食爲衆所宗如
羣飲于河各充其量終身不呼人乳名不訐人紕漏不與人謔語此
非有所匡矯其天性然也兩有爭端則立爲裁釋獨有始原則豫爲
設防衆有興舉則蚤爲首植外有侵哭則挺爲鼓排如寀山崩頹公

捐貲蘗土堨水衝潰千畝莽然公履畝給費曲通其渠迨今人免瀘疫之患家沾灌溉之利皆公之賜也十五世祖仁彥公墓謝家塢沒於他氏已經百年公率衆復之五分有山沒于他氏鬭訟無已公聞唐竹山公貴介時宗請居兩鮮往來竿牘悉出公手劈畫機宜悉如公指唐公故能詩贈公而公立報和唐公亟稱曰謝郎玉樹乃出於山中耶丁巳大工初興虞衡採木鄰人挾旨來侵祖祠禁內柴已烙木公奔止之彼以抗旨爲辭而公以守禁爲解其後採木使者竟直公而罷鄰人又糾百人徃伐西力塢祖墓木衆議亦將糾衆往敵公曰若然决鬭勝則血人敗將自血無益於數遂以一人往詗者報公單車而來諸豪意氣已刈強半及公登山雅步徐言如玉飛屑諸豪解顏延譽留飲盡歡而退勿問木矣此非有偉丈夫概者易談哉易

談哉同曾祖弟二分六人衆强而公一人孤弱勢不能無相陵伯仲少長猶戴面相向而諸少則多驕而駃庚戌公張祖廷增公像羣忿欲裂之公當其衝也直以闖當而俟其胸臆稍盡則徐而寥蕭之彼大氣短未幾而鄰以沒產故飛誣衆所居阯索原券甚急勢如燎原向之羣忿者奔懼不知所出公曰豈以萬金之業毀于一券遂旦夕多方搜原券得于鄰篋中事遂寢而堂搆晏然非公其誰辦之公念有服之親何苦相札西山合葬高祖西庄合葬曾祖公獨倡之而二分從之庶不失門內之軌大抵公工於立名而拙於圖利優於文士而韜於武夫長於便人而短於便己寬於任怨而儉於任功享年七十有一以身係鄉之安危者垂四十年可謂智勇兼之矣昔先文靖公柄晋外有强敵內有强宗淝水之侵新亭之入以桓玄叔王文度

之賢尙爾軫慮崩心而文靖公以子弟成功笑談銷變是何神也公之所以外禦隣侮內篤緦親其於文靖公雖國家異體大小殊功然而能人所難則一而已如公之量之才始得褫薜蘿而襲朱組去衡泌而踐丹墀雖不敢遠擬先制而其所注厝必有可觀者矣乃堇以跛版障鄉干城衛體豈不深可惜哉余母生吳氏姊黃氏姊伯兄及余齊姬生仲兄堂羅姬生季弟室諸孫具在世系而余母別有傳

巽峰丈人傳　汪村派立蘐公　姪陞譔

家史氏曰婦節難矣撫孤尤難孤亦難矣孤而克樹則撫者不辜作巽峯丈人傳公名立護字祐之余及見公面郭雄異㲼如斷山貌儼而色温聲鴻而氣曼生九歲而孤有弟四歲母吳孺人方在盛年以是藐孤家業菫菫耳復有震鄰抗颶虒虎即有健丈夫猶難抵揔矧孱婦人挾二小兒可以當之乎公兒時已自魁壘㲉而翱風便有搏羊角之意畢臘合饗公丁年當事尚未勝冠同祀者不爲贊名告祝公預製丈夫冠入列自行贊祝已而徧祀羣神同祀者竊壯之始就外傅與弟攤書並唱徹塾琅琅弱冠將就經師以家落折而從賈吳孺人下笄不中貲斧則以白田盾白選數十金公誓曰持此以出不倍屣不歸始與黃氏姊夫共營什一公見黃氏主人無博畫多盬遊

而其奴復私營且敖盪乃必敗之道也不急規退是捧雪沃湯甚或焦手公歸無幾而黃氏燎毛廢矣公持故貲獨運業已數倍于前矣公于時已長公攜之出則教以察貨情觀時變辨金品棱士宜次公遂能辦應兄弟掎角轉逐業遂大興公兄弟未歸而近屬囂侵未已毗鄰某媪于吳孺人有連間從巷門入解而近屬愈恚立塞之公歸亦置不問吳孺人始者而公逾壯兄弟稱觴于庭里中羣從上壽而余父嗽辭公家孤寡之天至是定矣近屬衰圮公反周之請復啓門公曰若等不噪何以門為未幾二文學兄成童俱抱清悟公與次公語曰余兄弟早傾乾蔭是以不得為儒今幸有中賈之貲業已不貧奈何不穀孺子可教亟令受經吾與弟政可任賈毋復溷孺子為也于是小築一室下儲穀而上藏書延師程督二子丙寅俱隸名博士

旣而諸子遞長業始分修里俗析業則有長者居間公曰余兄弟兩人如左右手共則掬而分則握何以他人劈爲貧斧雖分仍與次公共營菟裘而偕老焉時公望六十矣公元配吳孺人久病公內梅姬始生季子吳孺人歿匕趣公舉之營室五年而始落成公時年六十五姬氏又舉一子無何嬰末疾公疇辰夢有人告以年數逾六望七至是復夢有中涓導幡幢排棨戟駕輜軿而下中涓以牒進曰揚州鈌守屈君爲之傍有侍者奉巾帨冠帶衣韠夾候公欣然沐浴御之登車以往旣寤乃告房中人曰余將有所之計非卤所自今勿藥待期而已逾二月卒公生平苦爲孤故見孤者輒心折微知其不足則量週之稍有所貸則不責其息人亦不忍負公卽有力不能無負者公則慨然折券矣臨財毫髮不苟而往匕以瘠自居曾有市儈輸金

而誤羸其仂公遲之取而儈佯爲不誤也者公召而面詰之曰君不以失金爲苦而乃以失算爲懟耶然乃公柰何爲爾綮也儈謝曰失金失算皆儈短也往亦有之顧今豈敢以是望公若如今叚則儈又懟失公矣塔山之扦蘄土數尺見有小函蓋瘞葬者衆欲棄之公曰幸尚寛何不可捐一抔土容枯骨亟令掩坎而移鑿于下者五尺許則土色大倍于前衆始手額曰公感天而天錫公吾儕並受賜矣大都公心寛然長者而性則鯁亮弘方居家清嚴時有檢格常錄子弟分賦常羞毋落毋浮微寓激勸之意居鄉則公有軌量焉先是余大父行十餘傳一時以貲雄邑晷至余父輩數十餘曹多保家之主即有所拓亦因素饒而公以藐孤崛起殷盛諸公冢舉有招權者有任算者有用壯者有藉貲者有服嗇者有守文者有遊談者有晦迹者

公居其間無臆張亦無膚立無面諾亦無背言無脂韋亦無齒折進不爲鷄尸退不爲牛從此固非氣類之徒而要卒歸于長者不然而何以徵是夢也或曰夢可信歟余曰何爲不可信也夫生爲正士則殁爲明神自古記之矣韓擒虎之事列在正史范文正張忠定諸公之事多見稗官而鄰郡沈太史吾鄉方太守之事皆近日耳目所睹接又何疑于公也且公生平不欺人而豈欺人于臨殁哉吾故于公且不必徵諸其神惟徵諸其人耳公冢子克一君猶見苦爲生介子克孝君郎文學博士叔子克忠季子休若子豐諸孫明之淹之邁之延之希之含之方之冲之容之祖之正士明神之後固宜繩乙矣

謝氏宗譜　卷二　寶樹堂

竹山處士傳 諱鼎汪村派

同邑初菴方揚 杭州太守

不佞爲諸生時謝伯子同遊鄉校不佞講藝山坑之館伯子時又比舍而居兩人相與莫逆於心矣廼今伯子尊人厭世伯子索不佞爲尊人立傳不佞何辭傳曰新安保界山谷其人聚族而居什七巨閥乃若歙之北畧則謝氏著謝處士謝之雋也諱鼎字伯和别號竹山處士方弱冠家單竭父母春秋又高日恃温養子舍處士慮無能承歡也奮臂而挾貲斧轉轂齊魯燕薊之間往來疾力久之槖中裝浸匕起矣胠其仂奉甘脆裘帛隆事二人垂三十年所處士視身嚴正斤匕矩矱居常製衣寛慱逡匕絶類縫掖事非古誼未嘗一輕矢口家居約束上整厲内外懔若朝常鄉人是否陳說無所附養一言一色靡失於人人咸懃服顧外剛直而内稟仁厚退然無上人心諸所

醜好終無背適一目人危急輒惻々不忍嘗貰任城有母子迫苦窮餓赴溺處士引之十緡全活之叔母踈薄不以猶子畜視處士處士夷然無所望也歲授餐錢叔母叔父客死東齊處士時詘於貲力爲歸正首丘加恩生死外母程孺人雅厚貳室程卒訃聞都下處士設位卽次哭之徧乞名公褒題積帙以光地下昔人有言人有德於我則我必報我有德於人我則忘之處士之謂與處士性沉毅篤意操持雖燕亡婧生平不設城府屏機械愛敬儕輩一誠洞徹裏表終始亡間與人必愼許可重然諾藉令一諾硜々確不可轉處士愿慤自居人亦莫窺其際顧其中挾負軒揭渺小族賈之術有翹然青雲之想嘗召伯子錫訓督制藝大丈夫辟若鯤鵬霞蒸雲變搏則九萬息則六月區々課藝桑麻蜩鷽者之所爲務也夢寐不忘登簡而課仲

子宸服賈惟輻湊爲兢兢他所言行振邁不類衷等見利無苟纖芥獨惟義是急邑人閔貫偶偕賽廹昏夜持篋金數伯兩附寄處士處士異日反其金金藉處士無恙也貫感謝處士郤弗入程波外家近屬處士與賈雲間既授貲而處士兆著傾所授貲垂盡處士竊念外氏戚重于利也罷去弗問此兩者有古義士風加世俗一等矣處士雖遊于賈人乎然性喜文章凡海內宗工著說諷誦弗勸爲人高伉有大節擇地而蹈擇人而與所接搢紳大夫謙謙折節有所餽享輙用豐腆搢紳大夫亦器重之全椒李司諫任城靳封君兩人愼簡賓客毋處士至輙下榻延欵語曰不知其人視其所交此足以徵處士矣處士嘗舟行瓜埠颶風迅作舟幾覆舟人皇錯無人色俄三巨人從叢葦中出挽舟抵岸急詢謝之不見矣或謂叢葦中惡有此三巨

人哉意或神云外史氏曰處士以跡論夫何以異傳伍乃其行多義舉動契軌物卽韜光閭巷而有獨行君子之德亦輓近世所罕儷者至若瀕危而神祐之寧詎偶然之故易曰天之所助者順也處士順矣

雙塘公傳 汪村派

南京總督糧儲星源一川游應乾譔

公諱訓字予伊雙塘其號也公生而豐頣盎背修髯白晳里中稱偉丈夫云天性孝友祇承二尊亹亹無違言逮事祖母許孺人曲得其驩心至異母弟謨所天蚤逝與之均服同苴開誠推分不啻其乳怡怡者終其身夫弟兄後先世多疑忌如秦鉗晉詛者豈鮮哉而公獨不爾可謂篤友于之誼矣且也教子以義方重幣延師即頻年不厭常與余姪三泉公世好結兄弟驩二三子皆出其門以故太學生節甲午春受職故城簿治河有功當道賢之欽獎者再未幾陞歷城縣烝冠服峩峩稱貴顯矣夫非公之餘慶乎然此非獨公刑家有道廼孺人汪氏出富溪汪宏公女以柔順之姿佐公其間毋論善事堂上人盡承驩之道即燕氏姬世俗所娟疾者而孺人處之煦煦然不聞

有綠衣之嘆其內德誠懋矣鷄鳴交儆豈偶然哉大都公性朴素雅實不爲華貌雖居饒足之地而衣食泊如也不逐塵世紛華艷麗之好以故家業日興有幹蠱之風人僉謂進齋公有子哉居嘗以正直自持不比之匪人出而服賈則又較義利不規匕毫索刀錐里中稱忠厚正直者必曰雙塘公云余曩沐公之雅命伯子節從余坐賢闕授經有年矣知 公最深遂摭其實爲之傳以俟後世于無斁也

謝長公行狀 汪村派澤公

婺邑三泉游泮譔 知州

謝長公者諱澤字思存歙汪村里人父處士艮謙君多隱德鄉人稱長者初艱嗣已納姬清淵生長公長公生而姬病處士挈姬偕長公歸年財九歲耳姬歸壓于嫡飲食卧起壹切靡所支持長公時在外傅亟念母病每休沐輒私走姬牀第上飲食侍卧起噓濞溲溺手爲涓滌亡難色長公且善事嫡嫡予之食輒懷甘脆進姬所會姬病卒嫡誡長公避舍中毋往執紼長公涕泣竊念母卧痾數載不得朝夕共湯熨廢人子禮業已抱終天憾矣唯是窀穸之事庶幾盡于人心藉令媢嫡避舍中大事之未襄也謂愼終何廼密趍姬墓所擗踊號哭穿中入兆壹切自臨視之見者謂孺子之執喪也有禮哉即老成不能過矣旣弱冠處士以長公多心計命服賈四走齊魯吳越都會

廢著轉逐與時高下先業用是日益長公雖就業哉顧布衣蔬食用從纖嗇至義所當捐不靳厚費嘉靖辛酉東山梁圮長公喟然太息先處士之構斯梁也蓋三爲役矣今復圮於洪浸籍第令費且不貲若先處士手澤何廼凝土度木慮材鳩傭躬自董其役行者嘖嘖稱謝氏世德不衰因自號曰三橋居士識不忘父績也長公既從諸賈人游廼性雅好經史時購遺書讀之手不釋卷間亦自爲小詩窻牖之間多書格言以示子弟如訓謹言勉容德戒奢溢箴廢學亡慮數十百語大都不出先賢唇吻然以操七計而談六藝則其所自得者多矣長公天性篤厚于人倫與弟次公相友愛終身無違言

自處士初殁家謂二孤易與爾搆者且紛紛起長公輒攘臂當之會有搆次公者長公即挺身前衞次公亡少畏避蓋生平不言機械

而應變有餘豪相戒曰二孤未可嘗也搆者由是寢解冢子應時病卒逆旅長公爲輿櫬歸冢婦方矢志稱未亡人長公憐其志恩恤特至復命冢孫承宗爲之後曰以是備亡者蒸嘗庶嫠婦有所依也其居家有法類如此以萬歷丁丑感風疾不廢醫藥者六年竟以辛巳十一月十七日卒距生正德庚辰十月二十六日享年六十有二配孺人許村許氏子五人應時先長公十七年卒娶靈山方氏應暘邑博士弟子員娶槐塘程氏繼溪南吳氏應物娶呈坎羅氏應大娶澄塘吳氏應橋娶溪南吳氏孫五人承宗承烈承式承嗣承業孫女一人聘字皆名族應暘等將以今臘月十三日奉長公柩厝西山之陽乞余爲狀余惟長公爲兒時以孳子制于嫡若不能自致其情者顧養生送死纖悉若爾斯固不學不慮天性則然哉至于記念手澤不

蔪厚費以新石梁庶幾哉永言孝思者語曰孝者百行之原長公幼

而不忘其母也長而不忘其父也其他質行可槪見矣

文達公行狀 巖鎮大塘派

同邑艮用程材譔御史

處士諱志榮字文達行三姓謝氏其先蓋晉文靖公諱安之後在隋初有爲歙州教授者諱傑始居歙傳十四世至宋諫議公諱泌以忠鯁顯于史子孫最蕃盛散處黃山之源居巖鎮者處士八世祖伯潤也曾太父諱興綬大父諱天祐俱隱德弗仕爲鄉表率考諱善祥能篤行德善妣溪南吳氏昆季四人處士其三也天性淳厚不樂仕進篤于弟友事親克盡其道與兄文膺文義弟文華自幼至耆未嘗有間語事無巨細必身先而弗辭其難和氣藹如充溢于一家處鄉鄙恭而近禮與人交洞見肺腑御童僕必以慈惠處士生平脩身慎行不入城府薦紳聞其名者莫不嘉其爲隱逸君子也年甫四衰悉於家事付諸子優遊自如而無纖芥之累先是母吳孺人卒處士哀毀

踰禮喪葬咸適其宜恒以不得伸孝養爲憾奉父善祥公益加敬謹事繼母胡氏益得歡心課僕供耕稼以給伏臘日與善祥公倘佯山水人見其父子皆高年白首咸謂其世之難得也善祥公捐舘處士營宅兆以厝功歸其半矣處士樂於爲善里東岳道院燬倡衆而新之不要己功通濟橋折人多病涉里人具其事于郡守文江周侯聞處士公遂委董其役不數月而樂成深加勸獎厥後怡養天和不出門戶者又數十禩惟適志松菊放情詩酒而已由是聲望日隆郡邑守令無不敬而禮之弘治改年初張公鼎守郡聞其賢延預鄉飲之例再辭弗就焉一時士夫高之處士胸襟豁達而不急于利惟以義爲先凡見人有不給者必賙恤之而不責其償乙卯冬十二月忽疾作亟召諸子囑以後事端坐瞑目時十七日漏下三鼓也距其生永

樂甲午九月二十日享年八十有二配孺人胡氏下路口之名族先處士十三年卒男四人長初芳娶朱方徐氏次仁芳娶本鎮王氏三倫芳娶下路口胡氏四蘭芳娶槺樾鮑氏繼葉玗葉氏女富燮丘澤王章其婿也孫男九人社仈娶洪源洪氏社祐娶大里汪氏繼沙圍孫氏社傑娶槐瀕程氏社輔娶坑稍淇氏昭業禮經娶本里方氏社發娶本里丘氏社佐聘石岡汪氏晫聘葉玗葉氏暕聘馬嶺方氏孫女五人本里方添久棠源方亨應州之子程鵬澄塘吳思賢本里鄭顯皆孫婿曾孫三人玑瓊珊曾孫女幼在室署而不書卜以是月二十四日扶柩窆于黃土墩之陽與胡氏孺人同竁焉於戲處士德修于一身慶延于一家名重于一時其過於人人也遠矣於是芳輩泣血請狀其事予生也晚幸聆處士之謦欬而知其歷履奚估於言自

媿學綿不能發潛德之幽光姑摭其梗槩爲狀一通以俟當代鉅公有所採擇云

明故處士廷懋謝公行狀　巖鎮大塘派　里人新菴唐皐譔狀元

處士諱礿芳字廷懋姓謝氏世爲歙之巖鎮人先隱翁文達公之冢嗣太學君昭之伯父也系自周申伯受封得姓世居陳晋至晋從元帝東渡遂居江左是爲安石公之後隋有傑公者任歙州教授晋家歙之中鵲鄉宋興國二年泌公由進士歷諫議大夫子孫散處黄山余里宋先達左史吕君有二女選鼎才贅之余世祖與公世祖伯潤公皆辱屏選謝唐之居巗鎮所由始也謝唐昔爲婚媾于今往來不衰稱世講焉公大父以前俱隱德弗仕父文達公善葢一鄉爲時推重配母孺人胡氏四乳子公其長也公自垂髫輒知禮讓事父母務中其歡遇諸弟友愛彌篤下逮藏獲諸曹常味此亦人子之句每加優恤蓋公賦性坦夷絶無城府惟人有過則面斥之未嘗少假辭色

故人樂公之寬而未始不憚公之嚴也自公以嚴見憚故憸壬匪人不得與晋接其所交遊悉一時名士大夫若大宗伯襄毅程公篁墩郎署吳君一清汪君仲源侍御鄭君匕達暨觀部政者分校士者與名博士弟子不啻數十餘人頻錯讌集公最喜飲客至必豐治具傾倒驩呼飲醉乃已郡牧中大夫周奉大夫謝慕公高誼造公第焉而公名譽愈藉匕矣襄毅文章功業橋梓相望當代太史之翹楚公交薦紳最廣而獨習公者襄毅公集先世遺交襄毅序其首題曰諫議遺芳公習襄毅而名重襄毅習公而名益重則冠裳章布果信相與以有成也公晚年他無注念有志修譜未竟而卒嗚呼公以一介編氓日與貴倨相伍豈戔匕者流而故蹈丘園與抑不顧以五斗折腰而希高尚之盛軌也余不佞聆公緒論最久今太學君以狀見屬其

何敢辭朔經生口吻惡能闡公之萬一姑次行事如左以俟作者志
銘云爾公生宣德乙卯九月初三日殁弘治丙辰閏三月二十五日
享年六十有二配孺人朱坊徐氏先公卒者五年子一人㮾娶洪坑
洪氏爲少師中孚公孫女女一人適本里方天久教諭公裔孫也孫
五人珊瑚玠璁璛珊聘王瑚聘程玠聘項璁聘汪璛未聘孫女三人
一適樘越飽齊一適本里丘岩一適石崗汪廷光今嗣君㮾奉公柩
藁葬𡊮頭破塘山與孺人同室則孟夏十八日也併書

竹山亭　巖鎮大塘派

婺邑石泉潘旦譔　吏部侍郎

竹山隱士謝君蘭芳廷馨之號也士大夫爲之吟咏成卷余亦嘗爲賦之厥子明仲以序見屬夫天下競事功利爭尙奢靡醉生夢死於塵俗中而不自覺者多矣山林之下更有好脩潔者則又侈其園囿池沼之勝不過鬬桃李之紛華誇牡丹之富貴而已大抵然也古歙巖鎮山川第宅市廛之盛甲於江南謝氏又爲巖鎮之宦族廷馨廼能厭喧囂而尋僻野顧獨有取于竹山焉其眞異乎人之見哉然嘗聞之仁者樂山竹可以况君子故君子見竹則愛之未有兼之者何也盖層巒疊巘盤屈迴廻雖云可樂若無竹則近於俗虛心勁節歲寒不凋雖若可愛使無山則托根非其地終無以合敷茂之性是故不可相無也廷馨旣有之心又愛樂之而不忍暫舍構一小軒日徜

徉其中與此君時相對而人相忘焉洞開軒窗重陰匝地山凹吐月淡影差斜飛塵不到暑月生寒鋤笋爲蔬掃葉煑茶編竿爲籬爲扃或圍棋或鼓琴或投壺或芒鞋節杖任意所之野興浩發撫然而咲琅然而吟萬壑風生疎而灑之鏗々焉泠々焉過斯軒而東也如懸崖斷嶂飛瀑千丈又如洪濤巨浪縱一葉輕舟於瀟灑滄海中茫茫焉莫不知其所泊覩阮籍之遺落世故王猷之脫灑風情非徒不多讓而且或過之矣廷馨其幾于道而能樂其樂者哉雖然世故有處可樂之地而鬱々營々不自知者又有自庇不給子孫弗克肖雖欲尋樂而莫之遂者今廷馨世業優裕年方六十童顏蒼鬢平安無恙有合子三人長卽明仲遊太學才氣瀟灑節操奇特行將揚清風于帝舜之庭次曰暐客遊江湖無俗子態次曰暕清楚不凡好讀書又

將爲在郊之鳳此其所以脫然無累而能擅竹山之樂也此其獨處可樂之地又能知其樂而樂之也此諸名家之所以更唱迭和振空谷之音擊琅玕之節而又從而樂其樂也

謝二尹贊　巖鎮大塘派明仕公　雙溪鄭佐　叅政

英妙早年進修晚德質以返淳辨以正慝以雄其文不可[illegible]切書紳

勵行忠孝戮力哦松一官志存裕國衆流靡然視此軒特

故處士希遠謝公狀　巖鎮大塘派

邑人周潭汪尚寧譔　副都御史

余自束髮受書交驩謝伯子文清比督學使者按郡造士數十八余與伯子同補郡諸生交驩益甚尋以舉子業交相印可其爨而炊不啻昆弟戚也其尊公希遠公者時督伯子業余得事以諸父禮故覩歷履最詳癸未冬伯子持公行畧泫然而泣屬余爲狀狀曰公姓謝諱㬢字希遠家世黄山梓木坦爲宋諫議大夫泌公後宋季左史呂公廟奉
理宗皇帝族王巖鎮謝世祖伯潤公者左史錩甥也因外家産遂家巖鎮焉數傳至廷懋公博綜羣典歷結名儒是爲公父公生而穎異揔角慶越羣兒稍長就外傅所師事者俱名文學卒業古巘刹中會

母徐病召公歸入臥內囑之曰而翁世事鉛槧未諳刀錐汝復終日
呫々家人貧斧其何倚辦剡而翁息子惟若當戶者將誰囑乎倘天
亢吾宗而將有合予矣公謝如母教侍母病愈即解儒服賈直奔吳
越都會夫徽人以吳越爲傳舍吳越所產利用于徽公遞置遞易無
停舟焉業用駸赴鄉鄰爭搆盈庭之議莫能得其狀公至剖以片言
是非較然而訟者輸服人謂王彥方復出胡以過是里有病疫者疫
有神神附人則狂否則安俗習浮屠設席張具諸僧進爵爲壽病者
僵立忽作神語大詬曰此足私我耶當得正大如謝希遠者來陪吾
飲吾方享矣病家惶懼具以實告公即欣然往觥觴交錯對壘爭籌
飲甚驩夜分乃罷筶神々果悅病者盡甦都人傳其事且奇焉邑之
南鄉先人有二庄在公歲一往征其賦稅稍遇旱潦輙半收之念三

農終歲勤苦謂何奈何盡括不遺餘粒也鄰庄聞公義舉率循其例一方佃民大籍公休顧天僉祝々公後昌伯子甫勝衣口授成誦公沾々喜伯子舉于庠黌序有聲公又沾々喜曰吾欲以經術起家今在孺子矣孺子勉之公生平守正不阿杜人私謁遇事敢言權貴憚之至若治家嚴肅諸子弟咸奉約束罔敢有越成規者尤公之身教然也余方釋褐南宮爲伯子先驅倘得對公車博一第則伯子之父猶余父也今僅得下壽而捐館舍則伯子之憾即余憾也公生天順庚辰年六月十一日歿嘉靖癸未年十一月二十五日享年六十有三配孺人洪舉伯子六歲而先逝若胡若周皆公側室也子五人長卽伯子諱珊籍名博士更諱文清娶王氏次瑚聘程氏次玠聘項胡氏出次璁聘汪氏次璛未聘周氏出女三人一適本里斤岩一適樑

越鮑齊一適石崗汪廷光孫男三人元中元祥元順元中聘[illegible]餘未

聘孫女三人皆幼未聘諸孤卜是月三日奉公柩權厝黃土墩[illegible]余

爲列公之狀伯子行將樹墓則有志銘之太史在

明故處士謝亥公行狀　巖鎮大塘派

婺邑朴溪潘潢譔　戸部尚書

歙巖鎮謝蘭芳公折節賢士大夫不佞兄弟若而人故與交游不啻通家公諸子若伯若仲若季翁習經術不佞兄弟若而人故同卒業不啻昆弟其後長公丞德清卒於官不佞兄弟若而人故常喪之若喪兄弟也乃今次公尋又卒而余兄弟俱宦游然則不佞是宜狀公匕諱晫字宣仲蘭芳公亥子少與伯季俱習經生業日呻吟不少休比弱冠娶室葉公母故出葉而公室與同從母黨也比治本業如初是時蘭芳公貲故饒然實喜賓客好山水共具日益盛而伯仲季納交諸賢豪行修將幣無不腆焉思一爲治生計念非公不可公意由匕不欲就顧謂亥公曰若薄商賈弗爲耶夫儒者什一賈之廉者亦

什一若欲爲廉賈々不異儒如徒爲賈儒々不異賈々何分儒哉嗣是內外家政一切倚辦公上當父心下俾伯若季悉心舉子業次公力也公賈宛陵其俗春出母錢貸下戶比入秋倍收子息不啻倍科公誡家人曰凡吾所爲賈唯行吾德爲鄉利若欲從他郡操利權瘠人以肥己吾不願爲之終歲居息不過什一貧則緩其母收其子不則母子俱緩又不則併其券焚之家人意緩之則可焚券何爲公謂道郎負在目前償則猶然有待彼實無待而時執空券猶畫餅耳孰與焚之亡生它念也積二十餘年貸者日益衆負者無慮數十百家而誦公廉者至于今不絕是時長公丕德清歸不持一物當道嘖々稱廉吏季公亦斤々礪行郎一介必矜都人士嘖々稱廉士暨公以廉賈著名里人咸謂謝有三廉云次公雖厚自植德會數奇橐中裝

稍乚亦中落乃次公由乚無所失復謂家人曰丈夫負故槖游四方無能充拓至舉先居而没之修業之謂何毋繫一方爲也遂去宛陵賈姑蘇會數奇遞賈遞敗故貲亦漸落公亦數歲不言歸季公念之深抵姑蘇語公曰公所爲不欲歸故貲亡耳假令貲不復將令公歸亡日乎夫儻然去者惡知其不儻然來柰何作羈旅狀令家人盻乚亡已時也公乃仰天太息曰嗟乎吾鬬智智屈爭時時失庸詎非命邪吾亦安能衡命而與造物爭奇也遂訢然歸公産故饒比歸家人稍稍破其產公第恬然安之置弗問盖由是不復事賈矣公自襁褓兢乚事二親無踈節以身下伯季恂乚無間言長公以弟子員入成均費用不貲公曰吾所不足者非財而乃孅兒以爲利謂手足何終其身弗與校遇宗族若周親輙退讓逡廵無苛禮諸匍匐來稱貸者

未嘗以無爲解曰吾卽不能赴義如文正終不令親族有窶人性故坦率煦濡豁然無邊幅悠悠然無町畦鄰里有搆卒以一言解之曰吾卽不能排難解紛如仲連令千里誦義何至袖手令里閈有忿心居常齋用一無所芬華至周困窮卽傾篋不厭朋友相覿歡然道故飲可一二斗而醉二三共具盡客驩庶幾賢豪長者適我哉公雅善繪事每自圖其形曰後世賢形在余在卽不賢手澤存焉爾乃令諸子奉之如奉生存固其遺也旣自罷賈歸足不踐聲華口不譚貨利園池之樂日與諸昆弟共之所稱隱居巖穴公近之矣余惟吾郡什三儒而什七賈卽所云良賈猶然智盡能索不餘力而讓財次公居息其間厚自植德大哉修業而息之蓋在此不在彼矣至其季年重念長公卽世獨親季弟坐卧依依日則同事夕則同飲出入邑屋必

同遊嬉游笑語無異嬰孩茲不亦輓近所希靚者哉往余過公家若
昆季若諸子姓爲余言次公質行津津虖不容口㴬滔滔不欲收嗟
乎德次公深矣公生弘治戊申年二月十七日距今嘉靖辛丑十二
月初九日享年董七五十有四郎中壽弗逮也公舉子二長璪娶胡
氏次璜幼未聘舉女一適環山方

處士謝寅仲傳　巖鎮大塘派　　里人湛塘王獻芝譔　御史

吾郡界在山谷都人士非賈而儒顧不爲厚利則爲名高其大較然也若乃孳孳慕古不磷不淄翛然聲利之外則不佞所覩記寅仲其人乎寅仲諱暕姓謝氏其先由黃山梓木坦徙居巖鎮大塘數傳而至蘭芳公俶儻有大志好尊禮賢士士大夫以故願交之長君昭業已補郡弟子入成均矣寅仲爲公季子生而頴異日記數百千言公喜曰吾䕶是兒庶幾其望吾門乎遂與長公俱習經生業時邑人胡御史有子璋璋與唐太史臯俱籍籍諸生從遊者甚衆寅仲奮曰居邑中弗能就有道惡在乎得師遂往師事之受禮經其後璋中道殞寅仲悼之甚曰吾竟不獲終事乎於時家大夫治春秋亦籍籍諸生中乃復師事家大夫葢始而講禮繼而麟經朝日夕不休疾用大作

矣未幾疾復愈々復疾遞疾遞瘳習本業如初蘭芳公亟止之孺子而欲而精而業乎夫業與身孰急爾躬弗恤而業是用勞遺體之謂何寅仲唯々遇鞬闥靜坐習軒岐氏之言會有以黃白進者嘆曰吾第爲養生計耳若欲躬大藥飲刀圭余則安能已復自奮曰吾縱不得騁文墨拾青紫奈何齷齪爲轅下駒去而習詩習書習繪事詩自漢魏而下短句則希唐調近體則少陵爲政青蓮王孟參焉會邑人程自邑受詩李獻吉遂相與訂盟時有所賦咏由是邑中善詩者悉多寅仲矣書自魏晋而下近則取裁趙氏遠則二王爲政諸家參焉由是時有所執筆煒々若飛動請書者遍鄉閭矣繪事自輞川而下尤心通默會折衷諸名家由是時出創意往々天造稱奇絶矣寅仲家故饒然自少至老絶不問家人産即家務棼如猶然不入於其心

以故所業日益精名日益起而卿士大夫日益附婁則汪中丞潘少宰兄弟若而人歙則唐太史程方伯鄭叅政鮑司徒暨不佞兄弟若而人遠則徐魏國李臨淮劉都尉若而人他以書詩至者趾相錯也寅仲名籍乜起而請謁者亦日益不皇二三子相顧語曰大人故以疾廢業乃今復以此僕乜得無神日耗而精日摇乎此非所以養壽命也即屨滿戶外終不合寅仲知以故罕傳於世云寅仲故輕財孝友故篤至乜其所厚報者迄白首猶不忘長公故爲德清丞卒于官比諸子治喪歸㳄公執券在手曰若自入成均所費不貲乃今宜有以償此吾與若共之寅仲曰噫骨肉未寒乃以是儻然者辱諸孤暕雖貧不爾也亟取券焚之曰毋令后世實逼取此㳄公曰此吾心也弟試若爾蘭芳公喟然曰若能讓若是令彼蒼有知異日其昌阜乎

寅仲事二兄不以存亡異其後諸子輩數十年雖匕無間言寅仲貽之也寅仲取方氏方氏翁故無嗣而貲甚饒嘗貸母錢江湖間忽疾革趣寅仲至則瞑匕無言矣弟指梳示之則皆扃鑰也寅仲奉泣曰此翁家物亦翁家人有之安以半子故而促匕較計此邪已遂治喪歸置弗問其後方竟以財競而寅仲脩祀事如家儀人咸謂方氏翁無子而有子矣居常念故師弗置竟以女適璋孫舉一子顧謂諸子曰此吾故師孫也胡氏今且替唯是孺子庶足嗣先志爾曹善撫之諸子唯匕其後孺子補博士弟子卒不墜家聲都人士謂厚師若此不愧孔門云嘗過晋都客潘少宰會當考最而故德清令以廉擢御史過寅仲仲引車避之歸謂少宰曰德清公公所知也乃今覿其面若怏匕不得意者豈預卜公所邪已而諸郎果以其名進少宰曰夫

夫獨不足子所乎向者令德清亦飲德清水耳竟不知爲寅仲力也卿大夫謂是舉也施恩於所不知云寅仲白皙恂恂若處女坐一室終日若泥塑然亦善譚笑而特好飲每遇客一飲輒一斗雅歌疊連竟日不爲疲其後季年夜飲猶數升召諸孫人人授一爵醉則嘯歌慷慨不啻盛年蓋胸次蕭灑其天性然也寅仲讀書多觧悟不喜襲人言而於中庸尤稱獨造嘗欲論註以貽後來會諸孫且幼而未諳於義竟無所發明惜哉嘗泛舟觀海潮曰泱泱乎大哉乃今得覩大方矣及遇佳辰咏月吟風僊僊乎有雲外之思乃自命曰海月鄉人仰之咸稱曰海月先生王子曰余自少與寅仲同里同業故其習寅仲最久知寅仲亦最深方寅仲之爲經生也蓋翩翩儒雅士也及其去而爲古詩入玄門庶幾哉方外士乎乃若涉世而不污輕財而好

行其德此於人倫厚矣藉笏合晦匿逍遥而無所名於世則山林枯槁者之爲而寅仲然乎哉

謝季公傳　巖鎮大塘派玄像公　邑人暘谷方良曙譔府尹

謝季公者歙巖鎮人也於余爲同邑往以所號松喬請余記之後十年夫婦同壽古稀余序大槩授諸觴者皆未悉也今復爲之立傳季公諱玄象字元復別號松喬其先系出陳郡陽夏靡得而鏡已晉太康初有諱衡者爲國子祭酒卜居會稽嗣是廟廊公卿邊藩將佐下逮常侍功曹不啻百餘指冠蓋相望赫然殊絶海內名家謝其最也故

明興謝姓咸宗會稽云隋教授公傑遷歙謝村厥後有子七人分徙黃山其一支以左史吕君館甥徙之巖鎮大塘季公先世俱擅素封值父與孽弟搆禍貲產兩盡季公生而家業索然矣季公有昆弟四人嘉靖庚寅季公年十五而伯兄夭死越四年甲午叔兄又死仲持

家秉贍二人甘旨獨當戶役無何居四年戊戌父母繼逝越二年庚子則仲死於旅焉季公年甫踰弱冠拊膺大慟曰吾生不辰至此極哉自寅迨子僅十年耳喪我二親奪我三兄煢乜孤寡胡以聊生將使餬口于四方乎骨肉流離吾不忍也旦暮焦思謀集家人計歷相都會最善姑孰之鎮曰荻港荻港直控大江南通吳越北接荆襄古要津也季公偕室人與俱迎養二嫂其綜內政躬率諸姪治產積居與畤推逐無停貨無息幣不拘乜以伎倆故四方之賈繦至而輻湊計終歲出入揔若千萬緡常倍他賈什之九而歲息奇羨則常不逮他賈什之三客怪之請詢其故季公曰噫嘻客未知我乎吾昔以徒手來賈茲土錢不充囊貨不盈篋藉區乜信義辱交諸行旅不夯而相徃來乃致有此况二百餘年生齒不絕如線而今室聚人完不失

故吾至願足矣敢與穰匕者程量羸詘哉客聞嘆服㫒久邸有公役季公輒先辦給次派諸賈聽其續償先世墳塋或漁没于豪梁或荒蕪于失守季公逐一稽理獲復古墓十餘塚季公手植松木數株祝之曰爾木惟喬吾世其昌不再傳而木果森然季公猶目逮之矣耆年倦政以一切諸務委之子姪尋歸桑梓輪奂重新會族建議諸近屬唯唯諾匕罔有直前任事者季公曰吾分僭在尊行事屬當為柰何廢之若曹任其勞而轉輸給餉吾猶可當闕中寄也自是謝姓朔舉巖鎮每冠諸族則季公倡率之力不誣焉有子德金善習其志有諸孫數人亦習其志詩曰貽厥嘉猷季公謂矣季公有隱德磊落多奇行季公長者故稱季公云

方叔子曰余聞之太史公曰富無經業貨無常王蓋在人之賢不肖

哉季公不惜寸土自致千金贍寡婚孤固其夙志而反本丘原惠篤宗祐則君子好行其德也籍令季公素封進擬侯王其所設施當與光奇公藝諸人爭烈矣豈宜老死岩穴而不垂之竹帛耶

故文學謝古愚先生狀　巖鎮大塘派

武林門生張瀚譔　吏部尚書

夫章甫縫掖之士類加飭文詞而苟簡行誼以致身死而名湮沒乃若文行足多而沒世可稱者余師古愚先生是已先生姓謝氏學名文清字世卿別號古愚蓋憤時儇巧人競機詐識別以見志云爾先生王父廷懋公囊貯重貲故喜結客歷所交遊大都名宦碩儒父睞公倜儻不羈追古雄俠惟是生先始師唐中丞公澤繼師唐太史公皐每脩弟子儀禮甲諸同塾中丞公蚤對公車撤帷就職太史公久淹黌序先生步趨惟謹麟經衣鉢傳有自矣一試補郡諸生先生年甫弱冠再試補增廣生先生文譽益起是時四方環向而師事先生也者無慮數十餘曹比蘭谷余公壓貢余郡禮延先生稅駕武林築

室虛左遣子問業余固素習佘君因得同遊先生門課經訓義依匕數載甚相得也佘尋植幟藝林余亦備員郎署先生及歸桑梓道過宛陵查氏長老遮道而逆曰先生陶鑄人羣猶化工也兒曹縱不敏柰何甘同樗櫟而弗沾雨澤乎願先生少留轍爲先生如其請進諸俊髦日相討論日相勸勉故未幾有自南宮發者未幾有自北庭顯者其他上賢書領歲薦濟七人文查氏一時稱盛先生真善作人哉嗚呼先生生六週而失所恃事两庶母如母也膳饌供具母未命不擅食母未至不先食撫諸庶弟友愛彌篤嫡庶猜嫌徽俗較甚先生終身無間言者子無二母母無異子故家人嘻七也王父母病先生以十歲侍湯藥同里竒之比長尤敦族誼遇長上則謙恭是執遇卑幼則義方是規嘗曰丈夫不能掇青紫以輸

國恩寧晋方寸以培後裔人苟德我其何以堪人將咎我匕何怨焉
生平輙守一經分外毫無所取間者夜夢拘繫数百人颰言疾呼請
命于先生先生驚且異晝起罔知所出偶步弋者之家見籠雀數羣
擦臂肯首宛若夢中狀先生援錢數十緡買縱之羣雀鼓翅而去其
甲有三輿人者誤輿盜歸續盜事覺被逮和陽真盜未獲竟坐㷍辟
先生力白當道願以身保自是輿人乃釋在余守金斗遣吏候安冀
屈車騎先生嚴辭以絕曰五百候服六邑觀刑龔黃不愧光我多矣
他非所望也嗣余歷宦南北幾三十年先生未嘗投一私刺先生孝
友固其天植而種德者彼樹行若此當時縉紳先生翕然誦之若總
制汪公尚寧者則尤加推轂彼區區文藝胡足術焉客歲先生捐館
舍遺命二孤徵狀於余今卜十二月二十三日奉先生柩厝黃土墩

山之陽二孤泣走
京師稽顙請狀先生功名事業未樹尺寸而竟以諸生老人咸爲先
生惜余獨謂吾儕籍先生緒餘徼惠
天寵無論秩之卑顯苟能斤斤自効一官是卽先生之澤也其清白
餘風慈祥善種異世當有昌而大之者豈直目前獲福已哉是則先
生可瞑也余方待罪廷尉茲荷
簡召詮曹
王命倥偬焉遑摒管第追先生誼至高兼以治命不可辱姑撮大槩
爰命下吏書授二孤歸藏以待窀穸距生弘治甲寅年四月二十日
歿隆慶己巳年十一月初十日享年七十有六配孺人王氏先先生
卒亦享年七十有六稱雙壽云子二人長元中婦吳繼鄭次一中婦

佽女二人長適本里汪太學尙磨次適槐塘程大節孫應慶應蛟一

中出孫女三一適長齡鄭楠一適溪南吳瀾一幼未聘狀併及之

明故謝長公行狀　巖鎮大塘派球公

里人柏庄方遠宜譔　苑馬寺卿

公諱球字明卿謝暕公長子也幼卽魁梧奇傑有膂力與羣兒異比稍長偕從兄賈帀中日競〻弗敢怠宗人咸謂暕公有子云暕公習古詩不視生產稍〻中落公計謂惰則廢先業必閼父母心則二人遺罹子職之謂何凡諸內外輒以身任之盖自髫華時巳秉家政矣比有室率二弟賈里中亦兢〻弗敢怠會舍旁腴地里豪購得之公奮然曰此宋元以來爲謝故物乃滋他族實逼處此非夫也訟之官晨出夜入不觧帶越三年如一日有司卒直公歸其產鄰豪實睥睨公伺公出以他事嘗從兄兄忍隱受之弗與校比夜歸兄語之故且示之泣公挺刃大詬曰若敢以謝爲無人耶若能死卽死我不則誓

必報之豪護閉門弗敢出終公世弗以無禮加無何公父病且累月公率二弟日夕侍湯藥夜禱北斗祈以身代忽公父語公曰吾生矣余疇昔之夢由南斗而入北斗夫萬物死於南生於北歷南而北吾其生矣質明果瘳人以爲孝感所致先是公與二弟賈各業會鄰火延居民數十家遂遇災公仰天嘆曰是祝融氏弗欲吾兄弟異業耶遂合賈如從兄業用驟驟起宗人故以地售公比火焚頓改前議公弟徐徐應之饑授食寒受衣死受衾與殣卽齮齕百端終無能如公何公父故厚師以女字其孫公視妹有加有故卽艱險弗避都人士謂廼翁厚師公亦厚其師蓋弟道也子道也兩無媿矣往與從兄賈比遇火諸子錢悉惟從兄收毫無所私入里族謂公愚則弟兄也乃其讓財卽管鮑弗啻矣暕公故慈父公暨二弟雖雖庭中無疾言遽

色其後暕公病卽數年不勸比謝世祭葬一如禮鄉人往々謁之曰
謝氏父子若昆弟夫非萬石後所希覯者哉公故廣交乃所厚善者
則方生楫汪生瑶王生夢說鄭生岩栢鄭生芹王生文瑝暇則相與
休卧林中班荆行酒灑然有物外之思里人號曰竹林七賢云公膂
力故㓗神故王性故儉與勤黎明必興衣必絶紈綺終其身布衣蔬
食晏如也生平無異色絶足不入倡家人或彊之行僅微哂而已居
常吶々似不能言至其臨大事決大疑其應如響郡中諸有司有事
里中鄉人首推轂公應對鮮有失往々恃公以爲安鄰里有搆舋公
居其間小者立解鉅者羣聚質成公徐以一言諭之靡不厭人人心
公舉子三其長最賢嘉靖戊午暕公謝世長子亦謝世公大以爲憂
嘆曰天何奪吾肖子之速每醉輒涕泣以爲常公體素強無疾自長

子喪歷甲子遽一疾弗起享年五十有四夫亦天命固然哉往余習
晤公故習公歷履今乞余爲狀辱在知己不獲辭敢次其概藉手作
者以攄潛德云距生正德辛未年十二月十九日歿嘉靖甲子年七
月初五日仲子鳴鳳娶章潭胡氏季子鳴鯨娶托山程氏舉女二長
適西沙溪汪舜文次適長齡鄭廷珪孫男二長應時次應昌法得並
書

謝處士傳 巖鎮大塘派琿公

宛陵少林沈懋學撰 狀元

處士名琿字銘卿姓謝歙人也其先世由黃山梓木坦析居巖鎮爲宋諫議公二十三世孫承家未造躬力賈起蕪湖海內交游人人誦義具曰處士長者或曰左泉翁云曾大父文華公以友讓著大父廷羙公克承先志里人稱孝父希賓公襲故饒孳孳務賑人急尤加惠於宗祊嘗鬻魚鹽淮海間會歲大浸漁人逋負公折券棄負竟不取以歸處士踵三公之緒餘所培植不既厚哉處士少穎異善心計一日與伯兄鏡卿公謀曰大人貲斧既喪如仰事何蕪湖乃襟帶一都會也舟車輻輳是可得萬貨之情且支屬多賈於斯遂偕卜壥蕪江之濱先是處士好儔戲族人誚之曰夸毗子何復爾優游也由玆日夜淬厲聞雞盥櫛不憚其勞在賈中不飭價不騰踴雅以然諾重諸

賈人吳越荊梁燕豫齊魯之行商者爭集其所以故市廛連檻阡陌連頭殷々埒素封矣又復與伯兄謀曰蕪湖可以灌輸而不可以居積乃稱貯息於宛陵誡諸子弟出母錢毋以苦雜良毋短少收子錢毋入奇羨毋以日計取盈於是歸市如流薦紳之士道經蕪湖者咸被晉接遣子執經問難曩部使者榷政蕪湖建議招商採木令下賈人嘖々有難色處士獨毅然任之轉運京師司空大夫旌其賢勞處士在孺母胡孺人蚤卒其所撫循而噢咻者皆繼母魏孺人力焉魏孺人亦早卒處士事希賓公惟謹極水陸之奇以充甘毳公未艾而病篤處士覓醫調治不計重緡焚香籲天祈以身代公年登大耋方丈華錯賀客填門內外盡懽及公以天年終辟踊盡哀木極其美奉喪反葬賈人白衣冠者無慮千計送之河濱歸卜兆卜者耳語處士

曰兆吉利少公多輒愕然曰兄弟一體耳即不利長而利少無不利大爲必兩利乃從卜處士少與伯兄共甘苦均勞逸伯兄惟坐鎮主守而較量乾沒升降盈縮壹稟於處士伯兄艱于嗣納妾祈禖度支不計彼我伯嫂止一女處士出厚貲爲女裝徃送其家伯嫂先倍五年伯兄逾五年而卒即時在顛沛猶以自隨之木歛之若喪考妣處士僑處蕪湖多歷年所諸宗族親戚閭里交游輒推赤心而置之腹或不能婚則助之幣或不能葬則助之木遇道殣則屬傭人瘞之尋之直待處士而舉火者四十餘戶中外有搆者幸公居其間即搆者紛紛可立解抑或堅持不下輒出百金結其成事賈人多有婚姻而論財者事幾成而寢處士徃徃出所有以玉成之即兩家莫之覺也至女歸始曉有夜飲毆傷人者有司捕治之泣訴於處士處士以利

害諭兩姓其人幸免已而了無德色族人有負宿逋欲鬻其婦以償聞之處士出金二十緡代爲之償夫婦獲全家僮嘗竊處士之藏私貨之且有酒過掌計者請以屬吏處士舍之置勿論人謂處士解紛排難慷慨有國士風卽古人不啻也處士素多病每每夜夢三羽人授方次日卽愈季年出糶京師歸値島夷擾蕪湖伯兄挈家避之江北處士急奔避所失足沉舟底如前夢三羽人扶雙足出水中舟際立一人援之起冠幘如故處士自謂幸保余年莫非神助鳩衆就江濱建三元廟捐數百金爲之倡嘗實田以給能仁僧侶嘗繕鵦磯飭諸神像佐修橋梁道路豈曰名高蓋性生嗜善而無所徼福嘉靖壬戌伯兄飲臘劇賊乘間而入大亡其財後處士宛陵歸弟慰之曰彼儻來者耳今去矣猶然不失故吾乜無憾耳丙寅回祿之變山積星

繁一夕灰燼僅存者內室耳各行驅儈纍息酓皇處士獨鎮定自如嗚之有司悉以居室阡陌抵償諸商仍不敷者陳孺人脫簪珥佐之當其時處士負人人負處士者各居其半處士語人曰得之自我失之自我寧人負我而我肯負人哉賈人為之嘆服處士舉丈夫子五伯以文學蜚聲黌序季以文無害待選銓衡餘皆從計然之術諸孫濟匕俱有食牛之氣天之報處士於將來者寧有極也

沈仲子曰古者嚴事老更必有惇史乃今有司取成禮言行無聞若謝處士涉世而不污多財而好行其德即兩遘災異崎嶇遍隘中猶然視利若脫屣翩翩乎當世之聞人也余徧子嘗受室於謝氏且多處士之義行爰屬野史載之志不朽云

謝煥卿傳 巖鎮大塘派

廣陵肖衡李杜譔 知縣

公諱瑮字煥卿謝晫公長子也高尊而下代有隱德且擅素封煥卿富翁子自垂髫時日夥羣兒戲輒知禮讓識者目其器宇度越尋常比年弱冠而父不祿煥卿獨當一戶上事母葉下撫弟璜家庭內藹如也所親謂煥卿若無以爲家宜餬口四方毋依依作兒女態局促一廛市煥卿謂否吾故當賈第母與弟獨倚辦余籍弟令遠遊日夕承歡孰爲甘毳歲時殷薦孰爲蒸嘗且人情遠服賈亦唯是孝養計耳誠不廢孝養即廛市猶江湖爾柰何遺母憂而遠離膝下爲衆以爲名言煥卿故忼慨家人生産率置弗問嘗讀史遷游俠傳每廢書而嘆曰美哉布衣不憚王侯閭巷不惜貲斧真烈丈夫行哉懷生不逢朱家輩相與結納耳喜見賓客樂聞時事倅語以暴豪陵孤弱輒

勃然色變毛髮盡豎疾聲曰何物鄙夫乃敢穽人至是邪挺身以赴其難苟可賄當路即千百緡勿靳都人士嘖嘖多煥卿煥卿倜儻負氣非隨俗委蛇者流顧獨遜遜不忘孝讓時煥卿父故卒長伯德清公亦卒而季叔獨在內則從兄弟輩十餘曹遠在宗人族黨亡慮數十百指煥卿謂叔故子視余余柰何以薄報朝夕祗承不啻其父視諸從兄弟不啻同胞遇宗族若內外周親不啻從兄弟人謂煥卿豪舉爾廼遇門內親粥粥若亡能庶幾不悖所施云居常謂何知積著好行其德者爲嚮利予人若棄之假人者若忘之至其貸於人者輸重息具子錢一一如其劵以故業日荒而產亦日破某子甲約煥卿各輸母錢若干緡共操治生術矢亡偏入煥卿兢兢操約如故自是遞販遞易時而詘煥卿不知時而嬴煥卿不知一委之同賈其後同

賈其後同賈遂致不貲煥卿猶蕭然一空囊也煥卿豈故用拙者而不願此奇贏哉彼直土苴視之其所嗜而利者誠有在也煥卿故不宜子隨舉隨殤每以是爲憂賴嬸姆方往往調護之嗣是再舉女亦再舉男比年四十而卒遘疾目矚伯子汝霖猶未就外傅仲子汝霑尚在襁褓間嘆曰嗟乎曩者余父夭余即藐焉孤猶及弱冠乃今余再夭若亦再少孤天乎乃獨阨余父子爲乎越三年所配孺人胡亦卒以故煥卿行履罔所覩記即有所覩記十逸其八乃得之故老傳說僅七耳余未習煥卿而伯子賈廣陵故習余因請立傳遂述其梗槩如此云

李仲子曰煥卿天資高邁揮金若棄今之所謂孟浪昔之所謂豪俠也語曰弓冶之子學爲箕裘伯子壁立成家幾復故物夫非其畱澤

然與煥卿不幸中道天藉令假之以年其將睥睨塵寰揭日月而行
與劇孟諸賢爭烈矣奕世榮名貽休後裔寧止此哉

明處士謝次公狀　巖鎮大塘派璐公

南昌繹濱徐秉正譔　提學副使

歲在甲申九月廿六日謝次公以天年終仲子鳴臯季子鳴玉衰服而謁不佞爲狀余不知涕沾襟云往不佞上太常幸接公潍揚不啻若生平歡既再過歙益甚既余官晋都公存之兩人者依匕不忍什蓋不知歡之所由來也廼今公逝矣嗟乎傷哉寧詎無爲公狀公諱璐字羨卿歙巖鎮人謝故巘鎮著姓代有聞人迨父暕公善書法尤善古詩公爲暕公仲子負意氣義不受睚眦顧獨恂匕下伯兄而友季弟尤善事二尊人伯季故稱孝公偕孺人汪尤怡匕然若先意而承志無間暕公疾侍湯藥禱北斗竟感異夢以免卽日夕甘毳服御視伯季有加以故二尊尤鍾愛之初長公賈市中故各肆會長公羅

火災公遂授與俱已復聚語曰丈夫有事四方三人者奈何跼促一壓市此非所以修業而息之也公謂伯宜居守而季未宜子寧詎違命服賈哉無已江湖之事請以身任之始事毗陵再事吳下業遂駸々起其後分貲貲讓授產々讓一唯長公命終其身無間言比長公逝諸子業幾廢從兄子少孤煢々無所依公悉引與俱顧從孤致不貲諸子不事事遣之歸每給月金家人弗知也嘗謀諸所親曰豎子所遺唯是僅々一寢室察其終無鬻意藉令售而畀之金不終月而盡耳奈何吾欲納其室而仍其居質其金而與以息庶幾哉安坐而食乎所親喟然曰甚矣公之為慮甚周也夫俾之仍其居則猶然不失吾故物時而與以息則源々乎其來此殳不能謀諸子乃公為猶子計乎甚矣公之為慮甚周也大都子弟有過公未嘗不譙讓至為

衣餔計靡不厭人人心卒有急則常以身爲翼蔽以故懷公惠而亦憚公莊宗人有故必處分而後即安藉弟令有後言往往必曲諭平之以故宗人無少長靡不倚辦公無所失亦公雖善遇子弟猶然以厚遇周親女兄故適宦門業中替凡諸家政公悉以身調護之設有搆即疆禦弗畏妻故有祖塚邑豪購得之還其棺併沒其分金而妻之弟弗知也公曰没金已矣夷塚不已甚乎妻祖即吾祖終不令吾目中睹此也訟之官累年弗解齎用悉倚辦公其後有司竟載簿書許合輸金以贖諸子壻有服賈者然亦有爲經生者公察其可者授以事否則月給以爲常始賈吳下業駸昌既去淮揚業用益起部使者覘鹺筴公陳可否纚纚不休率倚席聽之由是遂爲鹺筴祭酒公雖沉嘿寡言乎至其策便宜若指諸掌赴人之急甚己之私遇不平

必排斥而後已蓋天性然也歲乙巳孺人汪以疾終公泣然曰嘻汝則已矣其若吾母何又若是髫者亂者呱呱者何中饋中安可一日無此也遂復取陳氏命之曰若知所以取若意乎吾非謂五十之年不可鰥而居也唯是藐諸孤與姑爲兢兢藉令無背戕無傷母心爾事畢矣孺人唯唯乃奉命無敢違先是公父以疾廢業暨公昆弟亦以服賈終公念亢宗非儒不可遂授二子以一經其後公疾革諸孤蒲伏請遺言公曰余何言爾鳴陽其業賈爾鳴皐爾鳴玉其業儒藉第令賈者力生儒者力學亢吾宗有日矣余何言遂終于正寢距生正德辛巳春秋六十有四云嗟夫輓近世漓矣太樸散矣安得如古人也者一見之有如次公侗乎若赤子無畔援茫乎若滄溟無畔岸至其下握手出肺腑也渾乎若手足腹心而不隔形骸卒然遇之兢

兢乎其重發若機張久而親之坦乜乎若飲醑醪不覺其渣滓夫非所謂古人哉不復再見矣公舉子三長鳴陽娶結林方氏次鳴皐次鳴玉皆博士弟子娶本里方氏汪氏息女五長適岑山渡程應用次適溪南吴應坤次適鄭村鄭長春先公卒次適石橋吴守諭次適竦塘黄文學惟修孫男五人應泰娶本里程氏應魯娶聯墅方氏應光聘江山源程氏應賓聘向杲劉文學思育女應星聘溪南吴氏孫女三人一適本里方廷聘一適本里汪起鵬一聘向杲劉文學典章次子時良併書

故謝光卿長公狀　巖鎮大塘派

邑人健所黃應坤譔　大理寺丞

余邑謝光卿五十而卒卒于荻港寓焉先是光卿季父松喬創業於彼室家咸在故以客爲家而家則客也光卿殯有期矣姑孰不乏操觚之士諸孤走幣致儀介諸族老需余言狀之者不忘桑梓意也光卿于諸父昆弟最長故稱長公諱德奎字光卿世居巖鎮七東大塘里許長公世祖德辛公承業最多里傳大塘謝氏貲產相仍世無失德大父叔美公憤孽不恭搆訟比年家始就否父元珍公慨然欲修先業治產南陵未竟其志而卒是時長公尚就塾傅年僅十八賴母趙賢能程督甚力長公亦念父祖不祿勵精克家從季父賈荻港叔命唯命貿易勤勞罔敢自惜卽嚴寒盛暑長公不惝也姑孰鄉例歲

當夏春之季大戸發粟若干石出錢若干緡聽細民貸之至期倍息完納無敢後期後期者捕追甚嚴不啻催科鄉人雖恚之然當急不得不爾也長公性好施予故寠夫有難具劵求貸長公貸如其劵償者奉子母長公未嘗郤其不能者縱其續辦久不能償則焚其劵是以負長公貸者數十家焉後長公歿伯子偶經其家家人盛供具諸子弟遞爵爲壽伯子飲且酣不得其狀復之一家其供具猶是已而頻至其供具亦猶是伯子詢以何居對曰吾儕小民苟而翁之德久矣恨無以報而翁今見大兒猶見而翁也言罷復飲伯子以金谷數伯子歸告其母曰昔先君子所未收于各負者吾其以一飲收之乎事聞郡人以爲美譚繁邑城隍廟會火屬治之民議建葺其事者請助于長公長公可其請願與樂成青山古剎歲久棟宇蠹敗寺僧苦

無檀越幾廢香火長公廼捐重貲以倡諸緣致是佛家一切師相猶得受衆生皈依者長公力也長公居荻港幾三十年其竪立卓有可紀弟欲歸根故土謀卒父志而夙願未酧竟阻中道良足憫者長公多善病然事母趙孝嘗曰父死不逮養倘天厚假母年則以養父者畢之吾母乎故趙春秋果高長公奉養有日而趙卒之明年長公乃死此知一念之孝天固玉成之也距生嘉靖癸未年二月十三日歿隆慶壬申閏二月二十八日享年僅五十配孺人閔氏舉四子皆身乳之長公見背孺人勵操課子不愧其姑婦姑媲美世稱邁焉伯子正時娶汪氏次正坤娶趙氏次正表正位俱未聘孫廷謨諸孤以是月奉長公柩權厝鳳山之陽卜兆卜年遷葬有待則斯狀也固誌銘者之所必錄也豈直文具而已哉

謝氏宗譜　卷十

寶樹堂

明故謝季公狀　巖鎮大塘派琪公　愚甥胡維藩譔　邑庠生

往歲乙未余游廣陵于時季公病業已弗及視旣歷丙申余自廣陵歸于時季公卒且三月業又弗及殮弗及殯余罪矣余罪矣公子謌余誄所爲狀公者嗟夫余故儒生爾方從事佔俾蘄逭督學責且弗能而能狀公退而自惟公自猶子外而撫摩而鞠育宜莫如不佞自襁抱而壯而艾習知公素亦莫如不佞然則不佞其奚容辭大都公於父母稱孝於昆仲稱悌於州閭宗族稱慈稱讓稱長厚而有容公父暕公質行嘖匕里巷間公以少子居膝下難爲子矣假令祇服稍稍有闕謂服勤何公日夕承歡每先伯仲至命孺人洪則謂二嫂蕃子息毋勤服勞若以末子婦閑執饋獻糈非女任而誰任之用是蒸匕得當父母驩則所爲祇載豫也伯仲故善視事其子職公以少弟

當其後難爲弟矣假令恭順稍乜有瑕謂天顯何公事伯仲不啻若父事二嫂不啻若母即所云貲財長公薄而公故厚乃居息則長公厚收公獨薄取曾弗以是懟來者失兄驩則所爲友于篤也四十未宜子謂宜置媵爲妾乜公計弗置則虞後即置而無以安其身如媵何乃竟置張氏而亦克當孺人心即孺人賢媵人順乎乃其雖乜無違言則所爲刑于素也里俗往往尊視身卑視諸子弟不爾亦坦乜爾公覡子弟若子急諸子弟若急己子即貲財物產售云則售貸云則貸唯唯然若卑己而尊人者毋亦其慈愛勝乎族有義舉公未嘗不先即有所希覬公未嘗不後甚者以無禮加若弗聞也者而過之毋亦其宗誼惇乎鄰豪辟晩公產惧弗獲乃先事侵漁公公謂若能勝人詎能勝天乎彼以彊梁公以柔弱彼以鴟張公以委蛇竟無如

公何卒歸公故產里以善訟爲能公獨退焉如將弗勝以故往往鬬鬪之公曰余豈不能訟第念兩造質成而快于一忿小者唾詈重者笞掠又重則簿按隨之與其頭搶地惴惴焉文罔是惧孰與交伸於不爭之爲自適也里人語曰吾故知非不能訟亦不欲訟耳居常㢘㢘嚴出入或以嚴故吝之公曰過與樹德過取樹讐此操怨德心也曷若兩忘而一聽於義義則萬鍾若一介不義則一介猶萬鍾何心哉人謂嚴出入情固然有如嚴入而不爽錙銖則唯季公能爾常行質子錢家數十年姦盜賊攫絕不入公門人人以爲難子錢家幾敗者數卒賴公以濟其後反螫公公第恬然安之人益薄其家多公長厚矣伯仲二公故蚤世獨嚴事女兄曰吾猶記曩時徐僕射爲姊煮粥至以火燎鬚彼貴倨猶然乃今唯是吾兩人在耳吾縱不爲煑粥

計何至闕然不報若塗人遂時時存問其家不少休公少病瘵醫技窮會異人授方術日鞭關坐便坐兩目中燁々有神光生是體日強神日王矣其後疾革時人人爲公危公謂無患而吾光故在光亡乃亡爾比逾歲公語孺人曰歸休乎不復能坐矣燁々者若無覩矣蓋萬歷丙申三月初三日遂終於正寢云先是伯仲二公體素強公獨孱弱至其引年也長公堇々五十有四次公堇々六十有四公獨享年七十有四然則生人修短果受命於強邪抑亦受命於弱邪毋亦其凝精葆神引而歸之長爾公名琪字珍卿爲謝暕公季子卒之日無論諸子諸孫諸婦姒盡禮卽諸近屬若周親若鄰里鄉黨莫不盡哀夫豈涕之無從者哉余謂公夔々然其孝也怡々然其悌也雍々然其鼓瑟琴也由由然其與物無競而飲人以和也蓋爲慈爲儉不

爲先老氏所稱三寶公實終身奉以周旋矣公舉子鳴秋娶同里洪
氏舉女二長適樑越鮑夢鯉次適竭川程守益先公卒皆滕出也孫
男二長應亨次應玄孫女二俱幼未聘

故處士少松謝公狀　巖鎮大塘派

邑人肖石方艮範譔訓導

昔貨殖之說載在令甲計然尙矣後世師其術者代不乏人惟陶朱烈焰今古此何說哉積而能散世希遘爾余媚屬有少松謝公者其陶朱之流亞乎請得而狀之公姓謝諱德金字礪卿別號少松系出宋諫議公後世居黃山梓木坦至伯潤公始遷巖鎮大塘傳七世曰松喬公者是爲公父松喬公深憤家葉中衰矢心再造謂株守桑隅胡能發戶借其室人方卜居都會得姑孰荻港焉荻港沿江十餘里許夾岸而居者無慮萬家松喬公受一小廛懋遷化居貲日就裕公隨旅邸贊父經營多中竅竅一日告其父曰財猶水也濬其源不過其流財斯不匱乎願卒大人業父然之舉廛室而授焉公秉政與諸

賈約毋虧毋母倍子有出入貨直而不相符券者非夫也諸賈如公約咸趨公市每旦未及啟扃行賈坐賈遠賈近賈環相錯集公以一人待諸沓至分撥有差毫無舛謬守晝一也日晡罷市公始就食公亦未知其餓也荻港兩帀河分南北河固直接大江難以橋濟公獨造舟置之渡口聽往來者駕之順安古通津也輿梁未成行旅病涉公出數十緡築石爲橋民稱便焉公業雖豐盛頻念故廬荒弛族姓疏遠即埒素封何爲者諸姪久習公教俱善克家可寄囊橐公命曰荻港之役若曹當之予將歸矣築室舊址迎養二親俾德辛公之澤猶存千百于什一乎諸姪唯唯後父母終天年公哀毀如禮卜親幽宅不遺餘力凡號堪輿法家公咸咨詢比得吉兆授直百餘金鬻者目公易與覬覦頻外遞求不應鬻者大恚揑訟于縣縣侯李廉明吏

也按其僞狀坐以誣罔給公業焉自是睥睨歛迹而公乃得搆生營族有建議若葺先塋若脩歲事一切規剏諸務公獨當族之什五而躬先倡義尤多倚辦宗人子貧請貸于公乀貸之不責其償故負公者卒多詆公而公不較也公艱舉子配孺人仇甚賢進一姬復進一姬乀皆弗娠孺人私用悒乀公覺慰之曰固吾命也兄弟之子猶子也諸姪中惟季最少吾撫而室焉郎子婦也勿娠何傷無何季尋病亡婦亦夭死公大慟曰天乎他人之子猶弗子乎季子不祿吾之咎也吾祀其斬乎諸姪環泣而請曰叔父慟矣季亡而叔在猶得奉甘脆柰何憫孱弱而徒自殞乎脫有不虞二三小子將何所式言罷再拜而泣公頻之視事如初內綜家秉戒諸媵母用侈汰賓客倅至則張供具邸肆規畫歲一稽成中有鈌廢期與申飭公貌若不勝衣而

當事未嘗卻步公性若不設機而臨變未嘗失策藏智于愚運巧以拙公其有之至若不輕財亦不吝財能專利亦能分利此則計然之後有陶朱陶朱之後有少松非虛語也方謝世稱婚媾公之諸母是爲余母余與公蓋中表兄弟也睹聽最稔公終正寢適余分教池陽不得如位哭嗣君將奉公柩與松喬公合兆卽公所營宅也先期徵狀于余七次公行實敬授使還俾作者之志銘庶有採錄云爾公生嘉靖丁酉正月十三日殁萬歷甲午十二月初十日享年五十有八配仇孺人僅一息女適余子國任側女一許聘江泝汪時美嗣君正表婦劉凡四孫長廷儒則聘余冢子國僑女次廷俊廷佐廷仕皆未聘孫女二一聘同里閔一未字

明謝處士傳　芳川派廷昱公　五陵朱國禎撰　翰林太史

處士謝廷昱字汝昭古歙黃山清隱士也以乃父泰玹翁仙遊築望雲居廬其親郡邑高其孝行太守三石馮公繪雲菴圖贈之　許文穆公爲之讚曰白雲孤飛親舍其下異代同心宰官長者遂以雲菴爲別號余遊黃山謝希周司城飯胡麻於漁磯軒得悉其大都敬爲之傳公生而頴異不類凡兒循矩度通經術長益進修恂恂儒者流蓋謝之在古歙黃山姓最著世有賢達太父時延公篤厚承先業父泰玹翁挾素封兄弟怡怡建敦義樓

聖明在上海宇雍熙公少有志四方貫南北貲日裕陶朱公五湖遊差似之廼佐國輸粟邊儲賴之而歙在萬山中從不知兵倭夷跳梁於海嶠礦盜潛伏于廣閩督府檄郡邑繕城垣公毅然董其事只今

雉堞屹立功業巍然旌曰敦義旹英藎國家崇報之典也公家世力田讀書兄廷宣補郡諸生早卒以季子希召承繼而弟杲又客死清源遺二孤尙倫尙价撫育之慇卽自視三子不若也創書樓隆師教之試輙優異价幼善草書墨跡猶新竹林雅致不滅

文靖公之於獻武石川張訥言嘉之爲題潮音閣無何倫价天奪之年父兄弟侄相繼殀殂白雲縹緲孤鴈悲鳴顧倫价有室家之好不繼弟杲而以二孫師啟師覺紹承倫价之後是宣無子而有子杲無孫而有孫斯時也獨公才華豪邁能砥柱中流爲北門鎖鑰耳然而杲妻蔣氏倫妻蔣氏价妻羅氏姑媳煢煢矢志氷霜三十年許以天年終凜凜如生非公給薪米厚葬之殆不可支矣嗟夫世道去太古遠淳風日漓如公享年七十有七上壽也築室廬親搆祠祀貢元仕

瑞公先世諸靈入祖以供蒸嘗孝也輸財于國繕城垣保黔黎忠也以子繼兄以孫繼姪友于之愛也撫孤植節好施與義也忠孝綿延于百世節義萃集于一門而燕翼貽謀開拓鴻業特公之餘事耳耤孺人舉一子司城希周李孺人舉二子希伊叅軍希召兄弟承恩並廉能著聲服家教之有自也祖金華判子爰公墓在豬湖吉地希周塋公于墓左封樹松柏森羅諸孫繩七接武人咸推重公隱德之報云

萬歷三十二年五月天中日

靜菴公行狀 芳川派

勲賢里人海陽程淯巨源著

余不佞始受書而得夫子仁壽之説歸之於靜釋之者曰靜爲燥君人極立焉時而龍見時而雷聲乃淵蛸蠖伏有闃寂而止所者至於人我相背之乎忘之躁亦何所事君而靜亦何所君躁也彼以其年乃至大年彼以其生乃至無生如輓近所稱引艮背之學者即求于邃古初無懷葛天氏者流何多適焉夫惡動非靜求靜卽動好脩之君子類名之余持是旨以求于世方佛其人而不可得乃得之于黄山謝公蓋庶幾哉謝公者芳村里人也諱廷彦字汝仕出别駕公子受後高祖貢元公仕瑞祖時延父泰琬俱以盾行著泰琬娶于蔣以正德丙子正月八日舉公公生七歲而父早世母蔣氏孺人撫之公性故恬靜幼不弄長不譁也公就傅受書弱冠業旣通就試屢不售

公怡然安亨困學也吾靜以俟之耳久之竟不售乃棄去挾貲斧買
舟車爲湖海遊稍失利公怡然安利鈍時也吾靜以需之耳久之而
商湘楚都會間業乃起歸而徐徐置田畝搆室廬或爲計趣公者公
怡然安生產固有定也吾靜以待其成耳久之而所搆視先世倍公
怡然安而不簽匕私自潤樂善好施閭左右間饑者予糈寒者予布
縷不能士者予橐裡羔雁修脯時匕緩急人而不自名爲德靜以出
之耳公元配蔣孺人與公合志而徃匕慫恿公陰行善壯而舉三子
長曰尚億侍公處守仲曰希孟命之儒爲郡諸生季曰希夔命之商
世公業公年七十而矍鑠不少衰奉
恩詔拜高年爵一級郡邑賓焉又八年爲萬曆甲午三月無疾終于
正寢公凡五納婦爲蔣氏王氏李氏蔣氏張氏孫男子六師益師導

師正師堯師試師誘孫男子女九君遴君選君佐君俸君佑君恩聘
皆名家不具述詳述中公墓在葉村汪塢之原負甲面庚於光吉二
酉生曰余未獲接靜菴公而交其子爻可知也要以實稱其名凝然
定矣所謂有道之士然乎哉始而儒則靜修繼而賈則廉靜卒之終
老於家則安靜寬樂先後一致歸之於無懷葛天氏非難也子娃疇
人之盛衰然蓋一鄉靜而無靜羣動宗之去憧七之習廓乎廖以遠
矣

萬歷丙戌穐菊朔日吉

明南司城誠齋謝公行狀 芳川派

勲賢里人程洎巨源甫撰

萬歷丙申五月二十四日誠齋謝公以天年終于正寢其冢嗣師教從余稱詩哀不勝尋以狀來請曰治命也余從郡中一再侍公蓋溫然長者即不文何能辭公諱希周字子文先世出申伯後國於謝因姓焉西晉以來江左爲盛南隋中曰傑公者任歙州教授喜山水之勝遂家居中鵠鄉是爲新安謝氏祖迄宋諫議泌公讀書繁陽以道德聞望顯

明興

太祖高皇帝舉賢良方正則子受公特受浙之金華通判至今子姓繁衍世爲靈泉里人詳載郡志曾大父仕瑞貢入成均筮仕亦得金

華府判曾王父時延公有隱行大父泰玹公友愛昆弟建敦義樓時人美之有敦義樓詩事在新安名族志中公父廷昱公挾素封遊荆楚燕齊好義樂施母蔣太孺人生公及女兄適蔣文學錦李母生二弟仲爲希尹季爲希召廣西參軍公生而端方美鬚髯飃々若神仙中八年七歲授經知禮循矩度不類凡兒里人咸器重之一切玩好不以經心見義毅然無難色從父廷昱公遊所頤指悉解應部署息業貲日益裕乃引例入大學諸生大司成孫公知公深視諸生有加禮

武宗崩報訃藩府首屬公使楚使淮使益故事大學生亟傳擁干旄若官人體公即日輕裝就道恂々行郵舍

藩賜貽悉却之又何廉也公壽以父母耄年乞歸養仲季雖李母生

公母蔣太孺人愛之不啻公田產廬舍悉推二弟華暖者其賢於人
遠矣公既需次而
天官檄公就銓得浙之海鹽丞海鹽固濱海海溢塘圮壞人畜田土
無計公職司水利築塘以公家事如己事捐俸犒勞間有不給則孺
人羅氏捐簪珥市酒餅盐餉民工感泣塘遂成計十八里費省而速
監司勞焉以至聽訟不煩鞭樸催科郤羨餘海盐民至今家祀而戶
祝之呼丞父時得特
旨旌錫絳金盖異數也已晉秩南京西城兵馬使公夙夜展體務勤
職業
輦轂之下持法凜凜權要爲歛跡九衢以安竟以效勞塘工冒風瘁
成疾喟然投牒歸大司馬程公勉留公謝不可吾志决矣七尺非升

斗有矣遂歸乃築漁磯軒于居左巨石之上時時漁焉吾欲豈在魚哉夫東山之高卧也赤松子之從遊也俱以明志而已歲當九月望爲公懸弧辰置酒羣里之耆英爲洛社香山會怡乚自適飄然有高世風公既勅斷家事付諸子開川上館延名師日課諸孫優游林皋垂二十載無間朝夕云公生于正德辛巳享年七十有六康健矍鑠無少疾舉止若少年以五月微恙不欲醫藥不事祈禱三子諸孫環侍左右垂瞑語不及私先是貌人者貌公甚肖

九紫先生奉

使新安叙宗盟式公貌而讚之語乚實錄公目瞑矣大夫子三師教師啟師表孫男子五君望君爵君蔭君賞曾孫豐斗登等法皆得書以丁酉夏五月十二日三子奉公及繼孺人之柩合葬于浮丘山麓

前田𡑞余不佞序次其大都如此洛誦孫曰余郡十九賈也要其右賈則左儒斥匕爲儒十一仕也要其以賈起家則官於家公以能子爲良賈不賈終也由儒而服官中外不官家也所謂賢豪獨行之士非耶投老而閒倘然作方外觀寧静澹泊公於是乎加人数等矣余及公而公冢子及余信生者而實逝者無一言溢焉

明謝參軍傳　芳川派希召公

羅應鶴撰　保定巡撫

謝參軍名希召字惟詰邑北芳村靈泉里人也謝於邑爲著族家芳村北子姓獨蕃其賢有名者往往而是蓋觀譜牒可考已

參軍生而聰敏爲兒時無他好惟就塾中屈首受書甫丱角輒通經史了大義嘐嘐慕古志異儕流弱冠補博士弟子員試高等輸粟卒業成均大司成叩其學深器重之謂生非録録儻得一當有司與計偕其所建豎將裒然可觀匪第取青紫易易已者顧終厄棘圍弗售于是抑志謁銓曹授滇南藩臬都事滇南去

朝特遠其地所産故多金貝珠石象犀官散職者每染指于中而問其所受事則優游以待秩滿遷爾參軍獨氷蘗自持皭然不滓榷稅之役大璫肆孛額外分委者罔敢不承風旨參軍調停委曲要以甦

商便民而已終一塵無染瀕之商民迄今德之以故文摥重寄叅軍亦與操焉開府蕭公嘉其廉且才也特薦叅廣西都閫軍事至則謂百粤僻險猺獞雜處倘關防稍稍弗密卽瑕釁易生廼朝夕勤修武備唯謹一切經制盡瘁不辭時桂林象郡間漢若夷帖然亡擾叅軍力也然參軍事繁而食少竟緣此病卒于官蓋古所謂志決身殲軍務勞者叅軍豈亦然與參軍父名廷昱以孝友聞繼父廷宣則郡諸生而兄希周嘗治水鹽官績著海上發欽賞擢司城者參軍內子汪孺人忠愍公女弟而孝事翁姑克修婦道者伯子師古復蜚聲藝苑爲翩翩佳士仲子師言醕謹循禮蓋家學淵源所積有自非偶而已也余惟

國家取士局于三途士之陂巍膴者宜易于見功而或一籌莫展至

雅負奇抱乃多阻而不得盡其居使之然乎假令參軍以彼其才博一第霖雨蒼生垂功于天下如順風而呼聞必加遠豈遽遜名卿鉅公後哉顧淪于下位未罄厥施而賫志以沒也悲夫

萬歷甲辰五月天中日

明故謝母徐孺人行狀　汪村派陞母

大學士同邑穎陽許國撰

余讀禮南山之麓伯子陞手母實屬余爲狀泣曰陞無似不能狀母願丐一言以圖不朽伯余在疚愧不能狀余母孺人安能狀徐孺人乎及覽孺人遺事蓋傷心焉嘆曰嗟乎嗟乎余覽孺人之行若見余母之行感伯子之哀益以重余之哀遂相向而泣泪簌七不能止夫孺人與母同行伯子與余同情余又嘗與伯子同志余奚辭遂按實而次之徐孺人金陵人也彼都人士清淑攸鍾父曰鉞祖曰基咸揮使君爲中山王後孺人及笄謝雙園君遊學金陵娶之歸孺人爲雙園君婦事繼姑閔匕遇孺人少恩孺人躬謹事之無怨言雙園君先娶于黃蚤卒孺人歸卽留其媵齊氏又復爲雙園君内羅氏姬孺人

皆善居之余聞雙圜君家世孤傳歷多疢疾孺人故欲廣其胤後齊與羅各舉一子孺人撫諸子視己子愛等以爲常而門内以蕃嗟夫嫡嫉難容古今所嘆若孺人誠賢矣時近屬强悍役機搆釁雙圜君委蛇其間卒之内外雍睦與之俱化者孺人先後之也伯子陛以秀異之資篤承家學補郡庠生試高等有名矣孺人往往督過之余嘗借伯子討毛詩于靈金絶頂孺人愛勉勤至嘗誡伯子曰而父有未竟之志方以付若若勉之俾老眼得以親見足爲孝矣及伯子困弗第孺人輒温言慰之曰士固有命學成而困如命何惟愛其身以有待耳孺人治家嚴明媵媳輩或獲戾于孺人孺人怒稍之聲色平女巫覡知媵媳不相能因間曰某某不利于孺人孺人叱之曰亟去爾安爲此言我命自天耳彼何能爲是時人人自危聞孺人安乃安于

是里中多孺人之明智其容忍善悟施以曲全之仁者悉于伯子勸母文一章見之不暇殫述大都孺人豐資慧性通書算勤女紅閑中饋端閨範相雙圃君理家政井然有條中外稱服平居里巷無乾餱之慾以故及今殁也里中惜之悲號之聲達于閭巷而孺人之婦道見矣先是五句治觴爲壽而芝產于圃頭家廟前有白氣突出四壁如雨家釀化爲白甕孺人视之曰吾去順也請以身當之嗟乎嗟乎豈孺人之賢德爲閨域之儀刑而一身之存亡有關于氣運而然耶生有合德死有流光若孺人者有不隨死而亡者矣孺人生正德戊辰八月二十日殁嘉靖癸亥六月二十五日享年僅五十有六耳嗟乎余方嘉伯子之學必膺子薦同上春官今俱在疚余固自哀而又以哀伯子之不幸也遂飲泣而次焉以俟採錄云

程孺人傳　鼎汪村派

同邑左海吳中明　吏部郎中

謝母程孺人余友謝長公母也余往都授瑞蓮館則長公不爱畜德有裨著錄余今者爲郎而長公猶困諸生則余不爱翦匕爲長公作謝母程孺人傳孺人出潜川程氏稱世家父母饒于訾叉以慧女而鍾愛珍好之有驕習或謂驕女未有不爲驕婦也者而孺人去父母嬪于謝爲謝順婦時謝家旁落無饒給孺人佐之將車月取麴米母家治舅飲具兩尊所上食慈之分藉娭厭而始徹姑慈解懦有侮者則正色而斥侮者舅伐木實道經宗人地宗人詬辱舅則異日納宗人地湔前詬辱爲舅謝藉舅姑先後病蠱舅瀕危孺人當子舍任侍舅麾孺人女婦也而兒事我乎孺人慰舅婦事舅姑猶事父母兒婦

郎兒也兒今且外何婦之辭爲姑痛閉其晃不利于下孺人時時手蔬滫之姑禱孺人皇穹行且報女以孝婦若女孝我舅姑殁伏臘奠醊無不洽禮舅之父母宅淺土而祖兆之側多吉壤爭以非分土也封樹焉孺人率諸子營便房奉厝舅之父母仲舅情事同母兄姊富埒封邑孺人操節不滓而獨憂此兩人者艱乳爲兒簡匹宜子爲姊字長呱呱已學書計而歸之两家祚胤孺人之所錫也孺人持身莊肅獨相謝翁率用寬簡徐言霽怒委言糾失謝翁用是郎卞急有飈迅之氣鼓不急絶張不疾反孺人調劑之也謝翁病痰蒸成迷罔郎隆寒不襲衾而寐孺人更侍三冬亦寐不襲衾夫以從人之身何忍獨擁温郁鼾鼾也其後稱未亡人時節感慨斥斷羞旨二男長錫衣宸業自舞象時淬厲之終身之概後用敗呰無寧約薄存敗德無寧

敦欺言敗信無寧直迨長課錫業儒宸業賈庚申勅之務底于成以其承母廸恢先景阼孺人居常夜績而旦作舍旁隙地督蓺桑麻垂白靡勸衣練布飯脫粟無屑越圭撮之末家寢起掐地而考新宮益置腴田類多孺人經畫二男卜室一女卜家百政旁午卜弛興張舍郎謝翁偉丈夫必商確孺人蓋孺人天性靈炯曉徹機變嘗郤市居舍者不推其禍有前事之哲居家部勒中外懍乜于人一言抒紛一語化悍一指畫得筭贏縮之際處之恬如約于亡而不約于人之賙䘏餽饗知所節適者也論曰孺人以比素之女下嫁而摧拂戾乃能曲事兩尊殫瘁危殆此人之所難詎可不謂之孝兄姊两家之嗣藉之有延以開世世則又有仁者之功若乃相君子而匡不逮廸二子以成斌砥之美婦道母儀可謂備至儻古所稱賢智者其然耶

謝氏宗譜　卷十

寶樹堂

謝母許孺人傳　汪村派

宣城梅鼎祚禹金撰

謝母許孺人者歙許村許天琫公女歸黃山謝長君澤謝許並歙北鄉距半舍世相爲婚姻澤父處士公艮謙有二子伯澤仲沛澤因稱長君云孺人之歸也長君病足是時處士公有貳室孺人侍長君湯藥惟謹進而上食處士公若姑許必和旨備歷三年而足始瘳則姑捐養孺人事貳如其姑處士公若許存也者得壹意出爲賈家漸饒未幾即世伯仲仍以賈往來吳越齊魯間里中機利者意孱可乘也爭與搆爲鬬伯仲又什九在外孺人自匿跡日益爲恭孫卒亦無以難孺人故伯仲復得壹意賈不挫其家既仲及嗣無幸夭遺孤四齡孺人泣語長君曰若敖氏而我叔姒乎乃鞠孤于孺人會疹且殆者

數矣孺人晨夕勤醫禱有厚費稍長出入服饌與子鈞蓋孺人生五丈夫子曰應時應暘應物應大應橋而長君學應暘以儒籍博士弟子有文譽諸循七雅勅其教也實皆孺人內贊焉應橋者先是里之豐谿久病涉處士公斥貲以梁者凡三爲役至嘉靖辛酉以水圮長君私與孺人計舉其故犍石合堅緻更拓大之梁成而應橋適生遂以名紀天貺亦先志也應時賈清源卒於瓜渚長君爲輿櫬歸未有後而後以應暘子承宗鞠于孺人若鞠仲之孤也者以有立婦方氏以節聞大枝孺人性慈惠然頗卞急其慈施宗黨戚屬下逮臧獲而獨嚴于子婦操奇贏以息以儉持無鼎臑紈帛之奉而饗先饋賓必贍潔時時佐長君義舉若梁豐谿之屬固何直以陰畜務完物爲孺人始以年十六歸長君終之歲爲萬歷庚子年幾八十壽矣月日與

長君考終之辰相次子姓昏娶悉甲族具誌狀余特以應暘請爲傳
匕共最著者如此

謝孺人許氏行狀　汪村派

邑人君在方簡譔

謝子舒仲以其孀孺人之狀役不佞曰仲父無祿二子應梅應槐俱早賈梅遺子玄壽孀氏焉依乃天不吊乎孀氏俾從仲父于九原惟是藐諸孤屬陽也而撫之嗟々比呱々而孤也甫四年爾無孀氏曷以至今日且也孀氏不滅仲父之產寻其孤孀氏能也而孤終不滅孀氏之產則孰能于孀氏者乎陽也懼誺是壹行之犖々者蘄生狀之孀氏之德可傳仲父之緒不泯也不佞受而敘之竢太史誌墓焉

曰孺人許氏處士沛之元妃文學敬之女也許謝者居邑之北鄉二姓竝著世爲婚姻孺人性貞慧歸處士卽能當其心葢處士賈人子而被服恂々居常事事必與孺人諮孺人固諳大體從中贊畫動中

機宜雖家饒益而纖嗇佐之不費圭撮蓋習淊相侘邑俗然也惟女子尤甚孺人既奉身如素於中外周親則一視之嘗誡其婦若女曰簪珥之盛女德衰也禮不廢乎苞苴由人而隆殺之何爲哉而母一切無加損卒亦未有怨之者若臧獲人之身差貴賤爾饑寒欲惡寧弗同耶以子婦而畜之而母願也至其力作不稱孺人輒又督責之無少貸焉初孺人亡仲子則飲泣謂處士策納一姬無憂嗣續之不廣也已而伯子卒復以一姬進無何處士卒孺人撫伯子之孤而哭之曰此謝氏當戶兒也未亡人何難于一死顧葉氏婦已偕伯子于地下不有未亡人之身維是藐諸孤也二世之蒸祀不其餒諸於是梱以內梱以外一以憂勤主之居有饋事己卯之季冬也孺人疽發于頸猶強起行藥曰吾家世積德即二惠之早夭先君之捐舍或者

延茲未亡人乎獲覩藐諸孤之食其報也嗟乙竟不起矣孺人之責報于天者是在謝舒仲氏爾孺人生嘉靖乙酉正月五日殁萬歷庚辰正月六日嗟乙孺人之存亡其係豈渺小哉是不可無術也不佞烏足以當之

謝氏宗譜　卷十一

寶樹堂

羅孺人行狀　芳川派

石汀殷正茂撰　戸部尚書

勑封孺人羅氏者南司城謝公希周内子也謝氏著芳川故名家余幼同筆研而善故知孺人甚悉孺人爲金吾明綸翁冢女母吳氏孺人少而慧善女紅姿容端重省言笑金吾特異之吾淑女也不以配凡子擇倩而得司城公許焉比笄始歸舅爲雲菴翁家世殷腴而翁復豪俠以嚴繩家姑孺人蔣理厥叢劇孺人進縮匕而退于匕務當二尊人心乃脱華紛減珍麗紬縢侍敬共事匕司城公宜焉以故得肆力志業卒學成均名隆隆起諸生間姑蔣晚以疾痿憊動履俱廢孺人侍晨昏攝葯茶禱天祈以身代凡四年以壽終病華而祝孺人若孝敬我顧若多男子亦若若孝敬世世其昌大者若幸志老婦言嗣是舉三男人以爲孝感所致羅謝盈成舊家其需孺人者日匯接

孺人則急人之難周人之匱悉有無慨來者也其在姑姪間則務謙讓自下訢如也翕如也于御從傭保日程督之未嘗以奮厲快也司城公需次太學且久始謁選人得丞浙之海鹽海鹽瀕海塘隄歲數崩潰壞沃壤監司日督飭主者公効命夙夜孺人時從公勤省試以已羨廣市酒饌以給勞賚又不足則損簪珥以佐之司城公以邑佐吏得特

旨旌進秩賜金多孺人力也司城公尋以兵馬使推恩贈父若母封孺人孺人從司城公決策歸畢姻嫁子婦矗々翼々諸孫亦繩々起日時携引自娛至於姻賓祭祀中外慶吊之節必躬親之盈縮中度稱有家約云人曰善以福報蔣孺人之言信矣歲癸未三月十七日乃遘疾越十四日呼諸嗣曰若等俱我之自出猶一本也氣分則枝

披枝披則幹病一德一心率若妻孥于吾暝矣勤而殳恪而業人匕能乜事也抑何弖囑哉遂卒無他言孺人生嘉靖癸未年正月初六日戌時歿萬歷癸未年四月初二日午時享年六十一歲子三長師教娶江村蔣君正繁女次師啟娶蔣村蔣君鑽女繼程氏次師表娶江村蔣君伯槐女孫男子五君望君爵君蔭君賞曾孫豐斗登等法皆得書以茲月二十二日癸酉卜吉于芳山之麓司城乃屬余叙次之若此如其誌之銘之則有作者在

萬歷十一年歲在癸未四月二十二日

謝氏宗譜 卷十

寶樹堂

子宣公記畧

公諱文鍠字子宣汝章公之三子繁昌謝氏之始遷而來者也繁爲縣在萬山中而其北境則瀕於江江之北爲廬之無爲江之中可居曰洲者三爲錦衛黑沙白馬白馬之半屬無爲錦衛黑沙全屬繁而錦衛洲踰他洲爲勝其地平夷曠遠人家皆南面夾江夾江以南繁之諸山羣羅於前若屏障其民朴而厚讓而不爭其產稻粱少而麥菽多荻葦之利又數十倍之焉公嘗客游於此愛而家之至於今幾十世矣子孫樂其樂利其利又安知先人經營締造之艱難耶泳去公之世遠公之行事不可得聞不敢有所附會謹按廷諒公所修統宗志其稱公者曰公幼失怙恃遷於繁成望族爲人崇禮好義豪邁多奇節有古烈士風嗚呼是亦足以見公矣公之來繁歲月無可

紀然考公之生以正德十年卒以萬歷七年意公之遷當在嘉靖隆慶間吾族之處茲土自今以往雖不知何如然自公遷時以至今日則公固已開二百餘年不替之基矣非其德量有大過乎人者而能若是乎統宗志之修公之孫元開公實與載筆其稱其先也自當不妄然泳讀元開公所爲志序文條暢而有體以斯之才獨不能舉公之所爲崇禮好義有烈士風者論次其一二以遺後人使後人徒慨然想見其爲人而卒不得其行事茲可惜耳抑豈元開公固嘗爲之而易代之餘兵火之後而不得有所存以至於今日耶後之覽者當亦不能無感於斯云

裔孫廩貢生泳拜撰

君澤公記畧

公諱得膏字君澤子宣公之子五人公其次也行事無可考獨家所藏篤本田川續譜中有歙世惇公記塘朗祖墓事後云古宗譜手卷及塘朗劵皆與某公收藏所稱某者蓋公諱也塘朗在歙劵當藏於歙人然歙人當日不敢私而以屬之公遠在數百里外者非公之爲人有以使其人大敬信之不及此又按統宗志之修田川任事者公爲稱首志成時公年五十有一於例得書公子元開又載筆從事其書尤易而志無有是亦足以見公澹泊之志退讓之懷其視好名之士汲汲以自表暴者遠矣子宣公遷繁公承其後益擴其基而大之有子六人而元開公由邑庠生中　副榜以文字起其家至今子宣公子孫公之後居大半豈無所以致此耶子宣公之卒既歸其柩於

歛而葬之呈坎山下其諸子得入先人兆域者惟公蓋子宣公與公雖開百世之基於繁而獨不能忘故鄉邱墓必欲以其骨歸之豈非以其爲根本之地哉由是觀之枝業之蕃大有自來矣

裔孫廩貢生泳拜譔

右子宣公君澤公記畧二篇泳修正容公譜所撰今錄於編正容公以下記畧不復附載泳誌

承祖公傳畧

余於束髫時聞先君述元公常言曰吾祖承祖公天性好靜持齋念佛對俗塵絶無留念先人欲爲娶之公則曰堂上雙安弟輩成立願已足矣終其身不娶焉後弟輩以公意志堅决家居常齋諸多不便遂於梅嶺之西建菴供佛爲公潛修養真之所公殁招僧住持以奉香燈春秋祀典闔族公之是以公之後無需宗祧繼承者蓋由以也然公雖離家異俗皈依三寶但終不削髮而老於古刹迄今廟宇堂皇香燈弗替塋墓翠如碑碣矗立每當祭掃後世子孫能不臨風寄慨也耶嗚呼我公之事蹟昭著人間我公之抱負清高足錄不知而不傳毋以招謗知而不傳遺憾良多故畧書梗概聊盡微忱以誌不忘云爾

歲在

中華民國三十八年歲次己丑仲春月

裔孫傑先拜撰

寬誌公傳

太親翁謝公寬誌諱鑾字成之契友天池起時二親翁之嚴君鄉之人望也公天資穎慧倜儻不羣讀書有大志爲文宗唐宋八家不事風雲月露清道光季年學成應試屢列前茅嗣誥授布政司理問咸豐初洪楊軍起遷徙流離十餘載未獲寧居家道因之中落迨同治蒞祚世道昇平始率眷歸來拋棄詩書専心篤算耕於野商於市漸次擴充由合而完由完而美時公年已逾强仕元娶楊安人艱於嗣息因不孝有三無後爲大聖經昭垂幸繼娶杜孺人連舉二子三女是二子固愛若掌珠矣而公念己讀書未遂初志迨二子年近就傅俱命之出外從師肄業應試遊庠即本房優秀姪孫承順承江名列黌宮與成均貢公當年解囊欣助命偕二子就傅以造成之公之二

予與姪孫順自此專心舉業前途未可限量公之大志克酬奈遭家不造長子天地姪孫承順先後不祿慘禍連遭初志已灰遂以家務交與孫子治理不合研究詩書恐損精神也尤可爲公傳者如貴族祠產廣多經營增益公與貴族前輩諸公弗辭勞怨此外遇地方公益或善舉公悉欣助贊成所以全縈人士稱頌不休焉然公嘗易簀之前一日叮嚀致囑孫公子曰吾生痛事讀書未遂大志因爾兄與順侄孫才遭天忌中年命短並使爾讀書中止可見死生有命富貴在天非人所能爲吾無他遺憾惟吾族宗譜自遷縈至今年近三百僅余命爾剏修本房草譜未曾協議續修闔族宗譜是爲遺憾爾能協商族衆續而修之以贖吾生對祖不孝之愆切乜此囑公之一生對讀書對地方對宗族均可傳爲後世子孫法民國丁丑冬日冠[illegible]

華合孫兆珍先生避亂於公外孫壻余姪家閒談間言及公之機畧並言先君起時公年未五十慷捐館舍未及舉公易簀前所囑協商族衆續修閤族宗譜實現履行擬俟大亂戡平協商族望君子以竟三百餘年未竟之功而釋公之遺憾乞余爲公傳爲將來續修刊諸簡端之預備余年邁荒踈義不容辭聊傳俚詞畧陳椽筆斧削而印可爲則幸甚

姻愚侄歲貢生張師頤蓮溪氏拜撰

世伯謝公寬洪行誼傳

公諱寬洪字昌後清國學生吾鄉之仁厚長者而道德可風也生而穎異好讀書不求聞達恬淡爲懷無意於仕進對於地方公益莫不踴躍爭先如建築保定圩堤創造石硆水閘興水利課農桑諸大端公皆協力經營黽勉從事鄉里中莫不稱公爲急公好義至對宗族則倡建祠宇理祀產和鄉黨睦宗族藹然可親與人無忤其素行端莊不苟訾不苟笑梗介不阿公之正直內外咸稱一時稱揚者有口皆碑故於民國二十三年公古稀大慶宗族戚里同聲一致贈以匾額題曰稀齡衍慶序文姑不細錄藉情晉祝畱爲奕世光榮所謂實至者名自歸不激而自動者矣公閱年七旬有八駕返仙鄉猶以未見譜牒重新留有餘憾今華乘維新公之令文孫承保先生職任

校閱其有功於譜牒亦足慰公於身後芳生也晚承公不棄交訂忘年於公之行實聞而知之者有素矣然自愧乏文不足爲公潤色鴻業因聊敘數言以爲表揚善行誌諸乘首垂爲不朽云

大中華民國三十八年夾鐘月上浣之吉

清廩貢生眷晚艾毓芳拜譔

顯根顯穆二公合傳

亘古以來稱難兄難弟元方季方而外罕有與匹焉者以爲兄無元方之盛德不克稱爲難兄爲弟無季方之盛德不克稱爲難弟也然而吾繁洋夾沙謝氏今亦有兄弟焉伯曰顯根仲曰顯穆二公盛德堪稱難兄難弟與元方季方後先媲美也顯根公諱鯤別號天池敏捷異常博通經史子集未冠名列郡庠文章爲一郡諸生冠此不足公德之盛其德之盛公遊庠後專心舉業而孝事前母晨昏定省寒暑無間雨雪無間故公生存之日匪特著作名噪一時而稱孝稱弟亦譽遍於宗族鄉黨焉奈才招天忌年僅二十有七竟作古人殊堪痛惜焉耳顯穆公諱欽樽號起時聰敏學識頏頡乃兄孝事前母亦如乃兄及乃兄物故公奉皇考寬誌公命輟學持家克勤克儉固其

餘事所難者仰事一父二母與孀嫂本先賢色難以博父母與孀嫂之歡心俯蓄先兄孤子孤女待之甚於己出而尤厚所以當公先君與公二母治喪發引之日執紼弔唁者遍錦衛洲外邑侯兩齋老師與闔邑縉紳先生均賁鴻文而來弔慰非公盛德之感曷克臻此惜公天年未至五十駕返道山其在彌留時亦如公先君致囑續修宗譜轉囑公子余親翁兆珍先生所以今庚　貴族纂修華乘公子兆珍本尊祖敬宗和族睦眾至旨與各任職諸君子鼎力贊成共襄盛舉華乘新成正褒揚碩德闡發幽光謹將二公之盛德媲美二難合而傳之以爲後世子孫楷模焉耳

外甥壻優附生張葆初篤之氏拜撰

雪娛公傳 有序

余自鞠解文字卽雅慕公之詩文偶得一鱗片爪輒珍同拱璧旋以倉皇戎馬于役疆埸對公著作未遑多所錄存時引爲憾邇值謝府華乘付刋辱叨咸末又念公之生平確有不容不顯揚者爰不揣譾陋而爲之傳

公諱昭字懋卿號雪娛亦作雪漁幼懷大志家貧劬學入庠後專肆力詩古文詞與三山姚公梅槃世珍琢如學銘灝如學淵玉瀓彩錡張公子琴鵬飛鄧公陵西城葉公薛城廷機暨今巍然獨存之鄧參議則先老先生九人結九蓮社以文章道義相切劘率嘗飲酒賦詩暢談時事間爲文虎詩鐘等戲相得樂甚洎湘鄉朱友侯來詩文之會尤盛公一吸其清新之氣眼底直無餘子下筆真若有神作品詩

最多惜多散失僅有雪娛吟草待梓此公文學允足千秋不待傳而自可傳者也公爲人急公好義遇事敢爲民國初元與諸同志倡首成圩慘淡經營達數寒暑始獲竣事又開挖河道建造閘橋圩堤並固屢獲豐年迄今父老猶津津稱道弗衰如民國九年五旬壽誕族戚交遊爭獻以匾曰望重長城曰俠氣騷情卽此可證公功德彰彰在人耳目不期傳而無不傳矣公有子四曰承後曰承德以食口繁輟學業農皆勤樸有以自立曰承安曰承泰繼續讀書無力上躋而皆雍雍文雅吐屬饒有父風此公遺澤汪涵後嗣昌熾更自可以繼志述事永傳不朽者歟公享年僅五十有七家無多產功名止于邑庠無大官高位爲之游揚無勢豪紳富與之推轂而身後二十餘載全繁人士間一道及公名猶無不慨想其人誦述其詩恨不與同時

焉斯豈偶然也哉

旹

中華民國三十八年三月

繁昌縣参議會副議長愚表姪程超然拜撰

介眉先生傳

繁昌縣參議會副議長學弟程超然譔

先生諱承樽號瀛洲介眉其字也幼聰頴沉靜寡言曩與余同肄業於成德中學課餘常獨坐獨行罕與人談笑學詩詞獨力所作多工特不輕吟咏耳畢業後醫望日隆敬躬桑梓對家族大小各事靡不見義勇爲竭盡心力勞不居功施不望報以故鄉里皆敬愛之彌久彌不忘也抗戰期中憂世而卒年僅四十有一德配古嫂舉子三長佑鈞幼讀書現業農次佑衡肄業本邑縣中師範三佑新就讀初小均聰慧有厚望先生後嗣克昌流澤孔長可斷言矣世無論古今人無論新舊凡蓄道德能文章有賢子孫者必將流傳不朽蓋無疑矣先生宜流傳不朽尚待問耶頃謝府刊乘垂成其族人頻來爲之乞傳爰綴其生平概畧如右然先生已傳矣何必立傳

謝述元公暨德配施安人傳

吾繁濱臨長江西南多山而山之奇莫奇於范冲岡巒起伏竹木陰翳仰首不見天日泉澗石塢類爲神工之設施者而其靈氣之所鍾往往篤生偉人述元公適生其間足以當之公諱正坤號繼曄晚號心齋幼具高志抱負不凡入庠序授附貢鑒於國家之貧弱繫於實業之不振乃從事植桑育蚕於是荒廢之地咸變爲生利之區實爲吾繁研究實業之先進也公秉資慧敏凡關於蚕桑書籍雜誌罔不購而讀之是以栽育得法有獨到處復送其子葆初卒業農校研究蚕桑之學擴其生產絲量既豐而質尤美運銷京滬獨樹一幟鄉人效之者莫能及卒以是而致富公樂善好施每屆年終臘盡出其所餘散給鄰近之貧苦者死而無以爲喪者輒爲具歛施櫘不計其數

人多稱贊之而公無德色故舊以緩急相商無不應貸而不取息無力償者焚其券鄰人有以田地求售公不之受質之則曰吾無力救其困安忍田其田地其地乎以故公之田地多在十里外公晚年不乘肩輿畜馬以代步一日策騎進城途經灣橋橋圮馬不前嘆曰此爲鄉人來往必經之所焉可任其廢壞乃出私囊修築之行人稱便公賦性正直且多俠氣排難解紛無虛日往往片言而息訟端其於教育尤爲注重諸子學成命其興辦學校教育鄉人子弟貧苦者免收學費以是西南兩鄉知名之士多出公之門墻也公於民國十一年懼其族人散漫修輯支譜藏而待梓不及觀成今其長子葆先踵而成之父作子述其斯之謂歟公之德配施安人出自名門幼承庭訓嫻母儀習內則相夫課子賢助功深處世延賓仁慈卓著捐資興

學迭經省教育廳暨縣府傳令嘉獎年逾古稀康健逾恒布裙荊釵歡娛晚景誠巾幗完人也子四長葆先卒業舊制省立第七中學校歷任聯保主任鄉長鄉小校長等職勤謹廉潔頗著循聲次葆初卒業省立第六農校迭長地方團隊次一才讀書明理佐治家政次一德卒業省立二職獻身學政各界清廉不苟生女三長適姚次適徐三適胡咸以賢淑稱男孫十女孫八均勤學不倦克繩祖武云公生同治九年又十月十五日卒於民國十二年八月二十七日春秋五十有四葬梅嶺三棵山西麓安人生於同治十年十月十三日卒於民國三十三年十二月二十八日享年七十有四葬范冲管山之南

贊曰

時至晚近道德淪亡人心澆薄窮者行多越軌富者心多殘忍所

以釀成紛亂危亡之象所謂窮而不濫富而爲仁者實難其人公
之育蠶植桑以開實業之先聲捐資興學以育鄉黨之子弟修橋
以利行人施棺以澤白骨在七爲公之事功即在七見公之慈善
歐陽公有言爲善無不報遲速有時公之爲善如彼宜其後嗣芸
七俾熾俾昌於此可見山靈之鍾於謝氏正方興而未有艾也
前蕪湖縣縣長中國國民黨安徽省繁昌縣黨部書記長洪溙銘撰

洪溙銘印

謝質夫先生傳

昔曾參問孝於孔子孔子以始於事親終於立身告之士君子能事其親必思所以立身知所以立身必知所以顯揚其親此其所以謂孝也顧旣立其身尤當以義方教其子孫蓋子孫盡賢其親之盛德乃能益顯且可世世揚芬而弗替如我皖繁昌謝質夫先生者其庶幾乎先生諱承彬字質夫號錫恩世爲繁邑鉅族其先世以詩禮傳家並著德業當清乾隆時有舉博學鴻儒諱詔能號益園者才華豐縟著於士林厥後子孫之淹貫經史淵源家學者累世弗絶其仲子諱游字達夫號藝堂雖止青一矜而文名藉甚嘗襄布政參院試偕母逝守制遂杜門却掃著述終身有述德堂遺稿傳世其嗣元鋒善讀左氏春秋出仕爲貳尹旣解組惟以鄉里之救災卹鄰是務雖盡

傾其貲弗顧爲生有三子其季諱增字步堯號吟軒鎔經鑄史庠序有聲性澹泊不樂仕進所生五子以仲子諱纘字武功號元戎者尤有馬氏白眉之目既禀俊邁復具豪懷每捍衛鄉里莠民爲之屏迹生子諱琳字潤和是爲質夫先生尊甫履仁蹈義爲一鄉長者其躬導開墾力興水利稱萬家生佛故當稀齡謝世中樞特頒積厚流光四字褒之質夫先生生長通德之門早承義方之教以是志慮忠純賦性篤厚待人接物則和藹温恭必以禮讓所謂與人無忤與世無爭者先生有焉而先生之通達事務崇尚氣節更足爲斯世楷模當七七事變寇氛既迫近里門先生挈其眷屬走避於陵陽射的山之麓瀕行流涕謂寧效法首陽采蕨之夷齊非至故土光復决不作重返家園想矣既又歎曰余已年事就衰恨未能披堅執鋭手繫倭奴

之頸爲民族光雖然我幸有兩子顧可不以班超投筆從軍棄繻之
壯舉責諸後人耶遂立命其長君鴻軒入黄埔軍官學校研習軍事
行前撫而囑之曰忠孝不能兼全此後當以身許國勿復以家有老
親爲念迨三十一年夏先生抱病寖至綿惙猶顧其家人以未及目
擊寇氛盡戢日月重光爲畢生大憾且以浙贛會師正值風雲驟
萬鈞一髮之際乃力誡其家人歿後愼勿令鴻軒知免挫其殺敵衛
國之鋭志嗚呼若先生之正道直行死且不忘其宗國宜其有恢宏
欽奇之賢嗣如鴻軒者既具文壇郁々之才復成疆埸桓々之士服
務則艱危弗避奉公則清廉自矢此蓋先生義方教子之收穫而謝
氏先世之祖德亦於以益顯矣鴻軒負桑梓重望被推爲國民大會
代表余亦備位代表之席數々爲雅言之叙因得盡諗其世澤并其

尊人質夫先生前之嘉言懿行肅然起曰昔陸務觀以及身未見神州恢復臨終賦詩有家祭毋忘告乃翁之句以先生之愛國忠誠視陸氏正無多讓顧金人蹂躪中原南宋卒以偏安終而先生歿後之三年倭寇已窮蹙乞降八年喪亂淪鼎再寧先生有知其可快慰於泉壤矣至先生之能教其子而顯揚其親實本孔子立身行孝之旨謝氏之世世揚芬而弗替不亦宜乎余爲先生勉撰斯傳於勸孝而挽末俗其亦有微補歟

中華民國三十八年春　宣城湯志先敬撰

謝忠槐公暨德配潘太安人傳

仁者之知遇必艱烈女之操持必苦但艱極必泰苦盡甘來自古積德之家必有賢子孫光耀門楣而爲人世之標榜焉如謝君葆先之曾祖考諱忠槐公與夫德配潘太安人類若是耳公賦稟仁厚樂善好施雖曰家道清貧終是淡泊明志常語人曰積產與子孫不如積德與子孫此長者風範足堪爲後人崇仰者焉公未四十物故其德配潘安人矢志柏舟躬操井臼習內則嫻母儀温良貞潔鄰里稱賢時值洪楊軍興中年失偶遭遇尤艱幾痛不欲生矣祇以孤子良珍公年方十六安人含悲茹苦教養兼施殊以禍不單行兩月後良珍公突俘於亂軍安人既喪夫又失子一意絕飲斷食誓不再生旋經親友再四矜恤多方勸阻族人中秉大義有艮有公者具養生送死

之字以慰安人之孤寂安人雖感寄託有人仍辛勤紡績自食其力終朝倚閭處境酸寒越九年金陵平定艮珍公問卜吉凶卜者云母健在可速歸公星夜奔回天倫重聚艮珍公配胡孺人年三十作古子逑元公甫六歲安人既育其子復撫其孫操勞三世備歷艱辛享年七十有一是以艮珍逑元二公之能成家立業獲有今日之賢裔濟七彪炳社會者皆安人百折不回艱難締造之功也余故曰仁者之知遇必艱烈女之操持必苦爰紀其事傳爲典型

時在

中華民國三十八年歲次己丑仲春月

安徽省繁昌縣縣長溥州達心張鳴敬撰

謝節母孫老孺人家傳

烈婦多顯於世而節十不及二三苦節尤十不及一二潛德無以發揚此人子之憾亦家族之憂也吾繁洋夾沙謝府有節母曰孫氏年十五歸寬炳公逾年生子顯綱越二年生次子顯煌至母年二十六公疾遽卒遺腹生三子顯揚值歲凶飢諸孤幼稚家非豐裕又鮮生産雖偉丈夫當此難矣而節母以一婦人支措其間躬自力食教子成人煌且以温和勤儉著稱揚且以樸誠耿直見推鄉黨大增光荻之光是母茹荼含苦貞恒勞瘁以全其節者夫豈一端而已哉然第以一端言已足概其餘矣按母系出名門秉性端淑痛夫早逝教督子媳特嚴家世業織蘆蓆母日自織蓆十張以爲倡率子媳織不如數者停餐終日輟織者禁食言出必行一無寬假子媳畏之勉匕工

作一家之中了無閑人以此畧有餘貲購地墾種稱小康焉母晚歲稍享安閒之福仍不改厥家規每謂子媳曰勤後惰易惰後勤難汝儕守此不渝吾死瞑目矣母年至七十有八而終時長子網已先逝無嗣母于慟子之餘特囑煌揚後須各以一子祧兄洎煌生子榕秀二人揚生子根橋開實四人乃以根榕雙祧長房全母志焉根榕均督肄讀粗知文義相繼任玉樹保保長多年服務梓桑不苟取予濁世之麟鳳也榕生子曰華秀生子曰仁根生子曰繁玉筍斑斑孫曾日茂非母盡瘁撫孤振生啟後之慈蔭孔長乎頃其裔孫子顯煌因族譜付刊頻來索傳爰採諸人言徵諸事實書之如右以見節婦尚未絕迹於世而如母之苦節尤堪矜式閭里也

中華民國三十八年三月　繁昌縣參議員三山鄧則先拜撰

顯根公配王孺人傳

氏出自名門淵源家學嫻母訓習内則于歸時公已入郡庠專心舉業勤讀不倦氏於滿月歸甯而返勸公稍息以珍攝斯体繼因公勤學如故氏恒先公而起後公而寢上事一翁兩姑茹苦含辛不避寒暑雨雪舉一子一女乃命途多舛年二十有九公竟以力學傷神一病不起氏於此時已痛不欲生矣惟思上有衰老翁姑下有孤弱子女仰事俯蓄應隻身當之於是忍痛含淚事翁姑仍如公生存之時撫子女則尤加注重以公一生祇此兩點骨血耳故氏當公歿後除定省外足不出庭户十餘年迨孤子年逹就傅始出戶與乃叔顯穆公面商割愛送子負笈從師冀學成以繼書香此後堂上翁姑相繼升遐乃與妯娌共襄内政參辦翁姑大事從此栢盡甘回女出嫁子

授室雖產一孫女已慶抱孫之樂奈命之不由孤子承祖又因兩試皆名落孫山抑鬱成疾不治而卒氏痛心疾首輟餐數日意欲與子俱逝也幸妯娌親屬相勸始進飲食時抱孤孫女以自娛無如旻天不弔叔顯穆公復駕返道山娣婦忠厚姪兆珍自幼多病祇得總理家務延醫愈姪疾建房屋俱氏臂劃經營姪兆珍連舉二子二女家庭敘樂晚景堪娛皆氏淑德之報也卒時享壽七十有五焉

外甥壻優附生張葆初篤之氏拜撰

承美公德配王孺人傳

孺人王氏族伯承美公賢配也于歸時年十七少公七齡其時荒洲未墾生產無依公常旅外經營家中事務悉由孺人治理堂上翁姑亦由孺人侍奉賢孝之德咸爲鄉黨宗族所稱道年十九生一女日四旬公竟卒孺人哭之慟欲相從於地下者屢乜繼思上有翁姑下遺孤女一旦以節烈死老幼何以爲生惟苟延殘喘以盡仰事俯蓄之責越數年翁姑先後升遐孺人以編蘆織蓆餘貲喪葬之一日嘆及無嗣乃憑親族以堂叔承江公四齡之長子佑煌撫嗣之復抱媵女童養爲媳子年七歲送塾就讀以繼書香之遺澤迄子媳成立授室完婚所謂天隨人願連舉三孫置良田建樓屋家道小康復命孫叒從學以光門第重振家聲晚景實堪自娛也廻想民國念年洪水

爲灾盜賊行刼孺人奮身抗禦賊懼而遁又二年孺人七秩大慶親者盈庭鄉耆頒贈之曰柏操稀古後五年七七抗戰寇陷三山村人悉皆逃避孺人以創造艱難誓死毋離故土雖日寇七次入廬孺人皆以正義斥去之三度縱火孺人竟以隻身撲滅之卒至全廬無恙迨村族人衆逃難歸來無家可庇孺人慷慨借宅以棲止之寓者同聲而贊曰向非王太堅持維護俾廬舍勿墟則吾輩今日均寄身無所矣孺人享年八十有一無疾而終三孫長曰耀庭遊學歸來濟州教育與纂宗譜職司梓錄次曰華庭三曰慶庭曾孫一曰廣德縣長張君達心筆讚淑德堅貞四字以彰孺人之苦節洵無愧云至孺人遍歷艱難困苦以耀門楣者尤非筆之所可盡述也

中華民國三十八年仲春　國民大會代表族侄鴻軒拜撰

謝氏宗譜

戊子四月吳湘恆

卷十二

字號

卷十二

贈序自述
纂譜記要
勘誤表
譜跋後序

繁陽謝氏宗譜卷十二分目

序述引　鴻軒撰
纂修戊子宗譜執事合序　前人
五世其昌序　安徽省執行委員會委員談成蔭撰
達德三翁序　署蕪湖縣長洪滌銘撰
葆先先生序　留學日本法學士李應文撰
葆初先生序　前人
一才先生序　繁昌縣農會理事長敉承烈撰
謝君一德行實序　繁昌叅議會議長舒翼撰
謝母童太夫人序　繁昌縣長俞步騏撰
鴻軒自述　鴻軒撰

纂譜記要　前人
驗譜條例　前人
領譜字號　前人
纂修繁陽戊子宗譜題名錄　前人
纂修繁陽宗譜啓事　鴻軒撰
查詢揚洲支系復函　江都縣臨時參議會函
全國宗族聯合會紀錄
纂修統宗志題名錄　明巖鎮先人鳴玉謹書
譜成頒族議
懲誡竊譜冒宗狀錄
勘誤表

元舊譜跋　許衡跋

歙北黄山芳村宗譜紀事　明禮部儒士冠帶芳川先人師教撰

新安謝氏宗譜後序　賜進士第同邑汪貴序

巖鎮謝氏家譜後序　星源潘鑒撰

倫堂謝氏世譜後序　明賜進士盃齋伍讓子謙甫書

巖鎮謝氏重修家譜後序　明巖鎮先人鳴臯百拜謹書

巖鎮大塘謝氏宗譜跋　明翰林院侍講學士唐臯跋

歙巖鎮謝氏重修家譜跋　明進士劉洪謨跋

邀修東山宗譜書　宗侍生敏行頓首拜

繁陽謝氏宗譜跋

裔孫兆珍跋

序述引

古人之贈言也多規少頌今人之贈言也多頌少規匕非盡善頌非盡不善也要在能得體耳得體則規過而人知改頌善而人知勉失體則規過適以召怨友數斯疏是也故得體則規頌均可失體則頌不可規亦不可茲且論吾族譜之贈序一類先代所有贈文已多梓于傳贊慶賀文存等類毋庸重列惟列現代贈序等作其文字間幾有頌而無規似大違古人贈言之義矣然三代直道斯民猶存如有所譽必有所試凡贈吾族人之序文者誰不試而後譽哉試而後譽匕非虛聲譽其往正所以勗其來也抑凡吾族人之自有序述者誰敢無實而躬頌其美哉有實而頌匕非諛詞頌當前之賢正所以規後來之不肖也凡此皆務求得体而已再承舒城談少林先生序贈

五世其昌者重顯揚先人之德鴻軒德薄能鮮拒受他人贈序筆書自述期留痕爪非敢自頌我後嗣其鑒此衷曲乎

時在

中華民國三十八年仲春　纂修戊子家乘鴻軒謹識

纂修繁陽戊子宗譜職事諸族望先生合序

巍巍乎泰山之高也茫茫乎東海之大也然其爲高爲大者皆聚於一點之沙積於一滴之水而成之焉吾宗受姓姬周支衍海內上年於國會期中有聯宗合譜之議冀聚一點一滴之功以成山海高大之業今戰雲密佈國步維艱夙願莫償徒增感歎念我明統志之修也台教授傑公之裔地遍皖南時及千載閱七年而藏事談何易耶今纂繁陽宗譜以時間論自萬曆戊戌修志迄於客歲戊子歷年三百五十有一以空間論則宗支繁衍四境吾村名門巨族居邑之東也北爲磯墩上三房及梅山口世鳳公之裔西有荻浦正時公之支而范冲金公子孫則盛於城南他若宦遊商旅遠處異鄉尤難畢舉方今戰局逆轉風雨如晦江防緊急大軍雲集而能纂修譜牒延續

史實苦非羣賢畢至少長咸集各盡其才共獻其力曷足以成故職事諸族望先生之行實有不容不序於譜以詔來茲者矣

主修顯璠翁字乾和吾族匕長也乃祖吟軒公即余之高祖入邑庠剏鍠公草乘乃父修文公國學生余曾祖諱武功公之五弟也翁幼讀書不求甚解隱桑田以樂心志秉性耿直不苟弓取勇於負責始終不懈民國初與先大父暨族房祖輩追隨修文公從事開鑿築堤越三年而保定圩成修文公長族不週年而仙遊以宗族大事囑之後人故自翁長族以來迭主修祠纂譜之議席本擬祠譜並進而以經濟力不可能僅於纂譜紛繁中增建祠堂抱宅辛勞坐鎮風雨不間有恒爲成功之本堪爲翁頌矣享年六十有九食量日增健康如壯賢配沈孺人舉子三長權三棕耕讀爲業次樽字介眉卒業成

德中學設帳授徒理公治鄉有佳譽也惜天不假年憂亂而卒翁孫
男有五曰衡者就讀縣中丹桂之根已深植矣
監修顯璵翁字坤和齒尊於膏房副長於族璠翁之仲弟也纂譜
付梓爲時數月翁身不離祠盡其監督之能事至好義急公爲翁生
平美德有貧困者求助於翁必樂於濟之鄉里間有婚喪之典皆延
翁主持其事翁必笑而從之克己利人種德延壽今享年六十有六
矣配王氏孺人生子三長樅早逝次楷業耕三枝讀書自縣中附屬
簡易師範畢業歸來任職族小教員國民學校七長今於戎馬倉皇
之日推行鄉保政令服務桑梓熱忱卓著
督修兆珍伯泒名承權遜清候選布政司理問西坡公之孫郡庠
生五品銜欽榑公之嗣也幼承庭訓學有淵源稍長從先賢牧西安

讀復延朱鐵崖先生于家執經問義滿腹經綸值清廷傾覆科舉制廢乃閉門讀書詩酒自娛經營家務建築華廈邑人咸呼寓地爲洋厇屋此也生平熱心公益不遺餘力凡鄉黨宗族中事無大小皆身歷其境不憚煩難斯譜之纂也伯以尊祖敬宗和族睦衆八字爲主旨慇懃督導故萬難以排德配陶孺持家以勤待人以厚允爲賢助焉長子渭濱與我同年昔日偕遊鳩江肄業廣益抗戰期中隨翟君超然供職中原歸省未久死於亂軍天妒奇才良可慨也次子渭川弟任協修另序之

協修三人曰蔭青曰梓桑曰渭川蔭青者曾叔祖修文公之孫三叔祖顯璜翁之冢嗣也於我則爲服內之叔幼時曾同窻於鄉塾再同遊於蕪枝乃以抗戰軍興故園淪落或執鞭以自修或待機以升

學丙戌之夏卒業於上海法學院經濟學系授學士位時以復員伊始吾友姚兄殘石開創縣立中學精選師資聘叔執教是年秋復與余共選爲縣參議員贊參縣政爲民喉舌人皆以二阮喻之玆者任職財政部江西國稅局督導迭受上官嘉許雖遠處南昌猶時匕函洵譜事其三弟勤現肄業省立蕪湖高中擅藝術寒假歸來代兄盡協修之責諸如圖繪多出其手

梓桑兄派名佑鍇國學生登鼇先伯之次子也性頴慧工詩文任公職辦教育服務於鄉里者逹二十年值此時艱孔亟猶任教化保匕長砥柱中流肩負重責稍有餘隙輒趨祠宇告罪於族人自以未盡協修職責爲憾事殊不知風雨飄搖之際軍事第一沿江基政人員自當配合防軍一趨一步同爲一本之親可諒也夫

渭川弟珍伯之次子也與余由總角交得同學於蕪湖廣益抗日事起與蔭青叔先後完成學業於甯屬聯立中學前歲冬復畢業上海法學院法學系膺學士位他若文史藝術兼而精之前任靜安中學教導主任客秋友人聘爲報社主筆尤蜚聲於新聞界也既隨珍伯修憲公草乘今復協纂斯譜齊家之道備矣賢配翟韻秋女士陸軍少將翟超然君之妹幼讀於校長理於家齊眉舉案琴瑟永調可慶幸也

校錄之名仍於統志昔我二世祖胥龍二公三世逢昌公贊修統志任斯職焉茲纂宗譜爲防制誤刋加備鴻稿重複校閱由承安承保佑圖耀庭四君常川負責復以新增藝文傳序連篇累帙顯達先生專司書錄筆不釋卷佑忠弟公餘亦協繕焉他若守棟廣聲二君

則任分房核閱耳

顯達叔祖字慕安先族長寬惠公之次子寬洪公之侄也幼入鄉塾好學見稱於里稍長立雪於李君應文之門再遊蕪湖鳳凰山麓入萃文中學輟於戰變勝利後得於縣立中學附屬師範卒業歷事國民學校々長教員等職自族議纂譜自創草至付梓秉筆書稿暑往寒來未嘗稍息先生之功不鮮也

承安叔字子石邑庠生懋卿公之三子公生平急於公益而疎於理財民國十有六年公歿身後蕭條安年僅十七因之而輟學爲伯仲二兄亦先後見背幼年蹇運徒嘆奈何於是晝耕夜讀一則以維生計之艱一則以裕詩書之後年來或獻身教育或隨余供職今日事今日畢不因循不諉過皆安叔之長也懋卿公畢生盡瘁族黨迭

有修譜之念而不遂其願今安叔得竟先志父述子作蓋有道矣

承保叔字煥然乃祖寬洪公輪長於族倡修祠宇建樹之功不朽也保幼就讀張師懋杰先生之塾長入蕪湖萃文中學無何抗日軍興寇蹄深陷溫故知新以補失學之憾晚近設館興教以訓童蒙兄承材卒業於縣立中心學校擅長体育迭獲獎章任佑禧亦肄業縣中力求上達焉

佑圖兄字里西淡如其號也先伯承傑公之冢子潛齋公六世孫也幼從鄉賢鄧則先張懋杰二師讀十載寒窗孜孜不倦長致力於公堂圩務輕財好義舉凡鄉族公益不敢後人客春分房創理草譜胥公裔孫議予酬勞稻谷兄拒之曰報本敬宗爲子孫應盡之天職讀書後裔對纂修宗譜自屬責無旁貸何勞之有亦何酬之需乎此

光明磊落耿七孝思可昭諸天日矣子弟繼起能賢力學不倦有厚
望焉

佑忠弟字右衷吾房先叔承棹之嗣乃祖駿聲公早入太學爲吾
族之人望經理公產修葺圜公草乘遺績累七忠幼年失怙讀而未
就年來隨余供職團務公餘進修自習漸有長進近復服務鄉級基
政頗能勤慎奉公稍有餘暇來祠任事繕錄繼先人纘述之志亦克
盡孝思矣

耀庭姪派名啟興號力生族兄佑煌之長子國學生承江先伯之
孫也自幼讀於村塾稍長負笈磕山趨步於留日法學士李應文先
生之帳春風化雨造詣殊深越二年再肄業於蕪湖萃文中學事變
而輟抗戰勝利後普及基層教育吾村玉樹保國民學校暨吾族寶

樹小學二校並辦庭以保校匕長兼理族小校務今者軍差浩繁民
生凋敝鄉村教育一蹶不振良可痛也至於憲公兩度創理稿譜庭
姪盡力既多公予酬穀慨捐領譜任事校閱尤爲精審也

啟棟姪字守棟號建安遜清貢生煥文族兄之子也煥文兄世居
荻港博學樂善七十有一而生棟姪非天錫吉人之後乎棟幼於荻
港小學卒業後繼入省立第十二中學乃父仙逝家務紛繁不得已
棄學經商以裕生計前歲任職團務適余巡視荻鎮出統志而叙宗
誼始明源流出於一脉今合而譜之庶收渙散之裔而盡敦睦之情

再侄廣文字國聲號吟石范冲金公支下族侄邦祚之子弟兄有
四文行三於縣立中學附屬簡師畢業歷事基層教育及任軍民合
作事務民國甲申隨其房叔祖葆先兄等共修金公支乘以襄盛舉

今則與纂斯譜青年有爲前程遠大

監盤之責用以紀頁數視墨色存頁剔廢非身到心到手到目到

不爲功耳任斯職者有承鴻傳禮佑銘三君

承鴻叔字省三號樂圃太高七祖北瞻公守備洪都屏障衡廬獻

功於國太高祖泉大公捐貲賑濟普惠灾民播德於鄉祖鈞照公繼

父志完成恩公支譜父恕臣公與先大父患難知交其理大公三代

而降皆以敦宗睦族爲重鴻叔幼承庭教明達事理歷任保長及大

公經理不憚煩不避累善於詞令爲人排難解紛大事化小小事化

無閭里間不可少此人也先人世藏誥封聖諭北瞻公遺囑介鶴公

家書墨跡暨道光六年張纂之縣志等件叔珍而寶之雖經刼浩今

猶無恙與纂斯譜勤勞負責族人偶以監盤主任呼之輒一笑其和

易可親有如此者

傳禮叔派字承元上三房寬福公之孫子今輪居房長以忠厚著於鄉閭世居碾墩距村十里遇宗族公益事往返不憚辛勞兄弟有三伯曰奇珍早年戮力族務先抗戰一年而卒弟曰承悅子姪輩共十人得勝公子姓將盛始於寬福公之裔也

佑銘兄字德馨寵公房下承照伯之長子母許孺人爲余姑祖母所生之女論族論親皆骨肉也寵房世代或單傳或雙傳人丁不旺遺産無多寵公贊纂統志任職棱錄四世嘉禮公入邑庠以孝友著於鄉黨縣志傳焉自玆而下子孫均務農爲業但於族公義務莫不勉力遵行承照伯參修祠宇佑銘兄與纂斯譜皆足光寵公之遺澤也

胞弟百川派名佑江號品軒經理大公主管譜局之經濟任司庫事弟讀而未就隨時自習通常書札居鄉酬應其庶幾也秉性至孝自倭寇西侵村居盡燬先大父先父等率家避難流亡至南陵桂村橋凡八年余投筆從戎輾轉萬里堂上兩重白髮悉賴吾弟經商事養暗度刼關己卯春先大父逝世時先父尙在至壬午夏先父仙遊囑我移孝作忠弟承母命獨成喪禮勝利歸來余公餘收族弟爲我助至於掌管各公整理祀產以及修祠纂譜事宜吾弟所獻之力尤不勝擧

任會計者有啟發姪字學勤捐賑任郵議叙八品積公之玄孫也乃父佑松兄生平急於公益鄉族中凡百事兄至則難者亦易發姪幼讀於塾繼謀於商復歸于田耿直尙信有乃父風丙戌秋選充鄉

民代表參議于鄉務此次纂譜始則獨理能公草稟自付梓以來會計出納事殊煩瑣尤有任怨任勞之度

不才承族衆舉爲纂修總攬編輯客夏首次國民大會閉幕後匆匕而返卽以譜事爲重惟忝膺民意代表督導縣政往返城鄉之間若干次嗣以參與要會爲民請命奔波京省之途又若干次自仲冬二十二日節令冬至集中稿譜開盤付梓無何徐蚌會戰局勢阽危京畿搖動政院南遷余尤馳赴都門謁晤賢達名流面求賜序題讚年終旅行浙贛客處信州十日亦著作序引達十餘篇輯書遷繁人物考閭範誌凡二萬言新正攜卷歸賡續編纂丁茲大亂風鶴皆兵端賴職事諸君子鎮定如常鐫梓以來始終無怠集一點一滴之功成此高山大海之業職事先生行誼風範豈楮管之可能盡述之乎

況毋一大功大業之成而無名英雄必大有人在吾族人士急公舉
善衆志成城不拘名位者尤自難能可貴日前和平使者由平返京
國是前途曙光蒞射後之子孫永享和平之福讀此序文得毋感奮
昔

大中華民國三十八年國曆三月一日農曆二月初二日

纂修戊子家乘鴻軒敬撰

五世其昌序

曩不佞買舟鵲浦客遊舊鎮獲聞買米轉洋夾沙之謠奇而不解其事者久矣近年從事黨團同志中有鴻軒謝兄歷任支團監察分團主任等職領導青年力行主義客歲吾黨還政於民膺選國民大會代表時蒞省垣或以宣達輿情或謀革新黨務檢討得失交換意見公餘逼以家世介以九族謝兄九世高祖日之鯨字伯鱗號毅齋公者尊鄉飲居耆席學富陶朱望隆碩德嗣曰國相字襄臣號省菴署佐武功紹箕裘之盛業姬子郭福兼而備之曰謙字詔能號盁圃者國相公之冢子也博學鴻儒由庠入貢昔相國朱石君先生覆舟於夾口公拯救而賓禮之經年培教護送入京冠才華於殿試樹功業於國綱謙公二子次曰游字達夫號藝堂少遊泮水長襄布政參院

試丁母憂棄卷而返杜門著述遺有述德堂稿傳後文字起家簪纓累世語云大富貴亦壽考蓄道德能文章會萃於謝氏之一門可謂盛矣迨及縣丞石城謝公諱元鋒者鴻軒兄高七祖也讀春秋明大義郵災郵難人飢亦飢嘉慶甲戌旱魃爲虐出千金以糴賑民困乃甦道光癸未洪水爲災哀鴻遍野公以賑濟爲急務昆仲從之出積穀運川糧捐儲銀變艮飢賤價糶米行於先驗米償價續於後灾民縷七環轉謝村領萬貫之貲財救萬家之生命若非播大義於當時安得著盛名於百世石城公距謝兄爲五世茂植靈根昌其可卜不亦宜乎縣丞公有三子曰壧曰垓曰堦七公其叔也字步堯號吟軒博通經史淵源家學品重膠庠夙負時譽先君重賑而後家庭元氣頗傷涸轍鮒魚不遊宦海盡畢生心志之疲續十世莫修之譜孝親

信人敦宗睦族江左名家之史實得永與日月爭光者皆公之績亦偉耶燕山教義五子揚名仲曰纘字武功號元戎幼承庭訓壯隱桑田性資英武有千鈞力時祖產千頃植蘆葦與魚利客民成羣結黨累圖侵襲衆無可忍怒不敢言公挺身而起曰卧榻之旁豈容他人鼾睡率衆捍衛奮力前驅客民理曲氣餒遂不越雷池矣公嗜酒豪放不羈憶唐人朝回日日典春衣每日江頭盡醉歸酒債尋常行處有人生七十古來稀之句實公之寫真也公子琳字潤和讀書明理熱心公益辛亥董命之歲天降洪水廬舍漂流五穀俱没翌年民國肇元山河呈瑞公顧視環境挽救時弊以築堤防興水利而外別無良圖於是倡首成圩導民開墾或參與規劃或督導工程歷時三載保定圩克底於成今之洲民依屏障而登磐石之安者公之力不鮮

矣當孫吳雄踞東南軍閥專橫不修政治有惡吏繁昌屯墾局長洪廼文者藉清伏之名勒索巨欵謝氏族衆與之理論惡吏觸怒而莫須有之獄興矣大難既畢族人以晉公爲畏途推至公匕激於義笑而受之整理祀產迭有增益民國十有九秋族議重修祠宇復推公籌管經濟勉任鉅艱共襄盛舉二十四年華廈新成肯堂肯構方期歡娛晚景無何日寇西侵天降國禍人力不可挽回公壽享稀齡正坐而逝　總統蔣公筆題積厚流光者以褒其德豈倖致哉琳公嗣二長曰彬字質夫號錫恩鴻軒兄嚴父也忠純篤厚謙讓和平居家能忍與世無爭繼父業善守成識時務尚氣節當倭奴陷里公率家避難於陵陽射的山之麓寧餓死他鄉毋事異類嚴諭二子長忠於國次侍於親鴻軒兄所以投筆從戎執干戈而衛社稷蓋秉先人之

訓也民國三十一年夏公病歿異鄉值浙贛會戰方酣風雲驟急臨終時猶諄囑家人曰余有兩子忠孝兼備余歿毋使鴻兒知致懈其報國之思此則非余之所願也公以義方有訓獲褒於　元首榮於華袞者自有眞矣綜觀五世各有攸長若鋒之義若堦之孝若纘之勇若琳之公若彬之忠所謂積德者昌積善餘慶尤千古不易之理焉吾友鴻軒謝兄所以少年英俊幹練誠篤精研文學作育於國專陶鎔軍事冠名於黃埔文武合一術德兼修學優而仕或潛心政治或服務教育或爲黨務之先鋒或爲新軍之基石清廉自矢耿介不阿刻苦從公精忠體國卒能負梓桑之重望集民意之所歸吾黨中堅同志類若謝兄者幾希喻之水木本固則枝茂源遠則流長謝氏蹈仁行義進德修業家風清白世澤綿長古云九族既睦五世其昌

堪爲謝氏頌之矣

旹

大中華民國三十八年二月

中國國民黨安徽省執行委員會委員兼副書記長談成蔭敬譔

達德三翁序

天下有三達德而吾邑有三翁並有達德如東鄉洋夾沙謝氏昆仲曰顯璠曰顯璵曰顯璜三翁者信爲難能可貴矣三翁之曾祖清縣丞石城公也捐家糴米賑濟災黎世傳有買米轉洋夾沙之佳話祖堦公蜚聲庠序父修文公國學生也世代書香家風清白德根遠植不待贅陳璠翁字乾和自縣丞公賑饑變產後三世清寒半耕半讀翁劬勤於學壯隱於農追隨乃父開墾築圩成家創業用能大廈頻增田連阡陌德配沈孺人爲吾城廟鎮百樑廳沈必發先生之女也相夫育子賢淑稱于遐邇生子三曰權曰樽曰棕權棕均業農務本次曰樽字介眉卒業於安慶成德中學工詩能文名彰閭里任職鄉保暨經理公產清苦自勵守正不阿足證翁之德教有方也翁壽届

稀齡齒長於族王修宗譜任怨任勞敦宗睦族承先啟後之功何可
没耶仲翁顯瑛字坤和忠誠博愛仁厚長者鄉黨人士咸以福星稱
之凡有婚喜之禮皆廷翁暨德配孺人王氏或尊爲月老或居爲證
席意欲沾福澤以兆吉耳至若排難解紛濟貧卹困尤爲老人一貫
之美德今年六十有六鳩杖如恒副兄長族監修譜牒辛勤負責盡
督導之能事有子三長夭折次曰楷三曰枝字育才前畢業於縣中
附屬簡師曾任國民學校々長及保長等職臨殘局肩鉅艱明達勇
毅非翁之美德薰陶不及此也叔翁顯璜字聘之讀書明理興商善
賈論財論德望重横溪性樂善急公凡鄰里親族有急難翁必解囊
助之鄉鎮中有公務翁必挺身任之至經營公堂修橋平糶又皆率
先倡導踴躍輸將克己從公捐財利衆德配嚴孺人待人以厚接物

以誠尤爲翁之賢助所以基業日盛子姓繁衍翁年已五旬晉四尙福躬康健誠所謂潤德潤身也翁子亦三長曰桐字蔭青遊學滬濱卒業上海法學院膺學士位始則執鞭縣立中學繼則膺選縣參議員贊襄縣政敬恭桑梓今更任職江西稅局督導致力國家財政靑年英俊前途未可限也曰次楠助翁經營克勤克儉三曰模亦名勤肄業省立蕪湖高級中學精文史擅藝術幼女曰梅亦就讀縣中品學優秀後嗣昌熾皆翁之教澤所涵濡也三翁並孫裔林立桂馥蘭芬誠所謂明德之後必有達人吾邑中達德大年而子姓若三翁之盛者實難鮮見故曰達德有三三翁並有達德者豈過譽哉

歲在

大中華民國三十八年二月　穀旦

署蕪湖縣縣長鄉後學洪溙銘敬撰

謝葆先先生序

先生字一賢號葆先鄉前輩附貢生述元公之冢子也品行端方學識深博世居繁南范冲范冲山水奇特甲吾繁予自幼耳之熟已惜以奔走學業無暇一遊爲恨今與乃弟葆初先生聯姻探親之際先生導觀其居雖遭倭夷焚燬而破瓦頹垣痕跡宛在足徵當年之盛况焉南首紅樓一角高出雲霄爲先生之別墅過此平房數椽爲其住宅廳堂三重爲其祖先之享堂北首平房十數間卽過去之校址爲最近所修營者疏疏落落各抱地勢鈎心鬥角而且背山面澗嘉木陰翳清流環繞誠所謂採於山美可茹釣於水鮮可食談者謂爲都市化予謂都市無其雅靜云先生昆玉四相輝競秀咸爲社會所欽敬先生居長總理家政二弟一能與四弟一德辦理學校三弟一

才經營實業教育則桃李徧植實業則竹木際天固任事者克盡厥職亦可見先生之措施得宜也部署得靈當動異常先生之家爲一國之縮影古人云不出家而成教於國其斯之謂歟尋觀旣竟旋出譜稿示予曰吾謝氏有譜舊矣皇皇卷帙燬於洪楊姑無論已卽先君子於民國十一年手錄二部藏而待印者今又被日寇焚爲灰燼値茲亂離之世族衆流散如不急謀創修恐愈久而愈無從稽考故率諸弟詳查支派參証本主錄其所知者舉凡不知者載爲失考非敢省事也不敢妄祖也因陋就簡可乎否乎予曰噫嘻休歟夫家之譜猶國之史也史以實錄爲貴而譜亦然世之好高騖遠者往往以王公大人爲其祖先以耀門楣而誇後世殊不知王公大人固有其後而販夫走卒獨無其後乎不當祖而祖之與當祖而不祖之者無

一可也如先生之譜實事求是可謂之譜反是雖有譜不得謂之譜

雖然強鄰壓境彈雨槍林救死惟恐不贍奚暇創修宗譜此先生之

孝所以爲難能而可貴也予以先生之理家與理族皆足爲時人範

故不揣固陋執筆叙之

時在

中華民國三十四年歲次乙酉季春月　　日

留學日本明治大學法學士姻愚弟李應文拜撰

謝葆初先生序

葆初先生字一能謹飭之士也先是寻先君學香公明經後候補直隸州乚判梗於時局不能履任退而家居興辦實業聊以自給維時先生之尊人述元公遊泮水無意進取就其己有山塲栽桑育蠶規模宏大較之先君之所辦者奚翅倍徙兩家之居雖分南北然而考同時操同業其遭遇時艱不能上進又相同所謂志同而道合以故先君居常道先生之家世寻年甚幼心焉識之不能詳也迨寻畢業法專留學日本暑假囬國召開旅外學生會於城内一堂聚首濟乚英豪獨先生議論風發言多中肯益信明德之後必有達人而先君之稱譽為不誣也先生天資聰明幼有大志趨庭學禮研求中文以樹其根基嗣入省立第六農校肄業研求實學以致其用奈時事日

非不足有爲便無意進取與其昆玉仍舊興辦實業創設學校十年樹木百年樹人先生之用意亦深矣先生行爲謹飭口才伶俐教授之餘好玩奇鳥異獸凡聞有奇異之飛走者不惜千金不遠千里而往購之以故先生之家洋犬結隊洋鴨成羣稀奇古怪之飛鳥觸目皆是自調其食以食之自築其巢以巢之無倦容人謂先生性情古癖沉溺於飛走予謂先生滿腹經綸迫於時無所用特藉是以怡其情耳事變後范冲頻危人心動搖秩序混亂先生請准主管機關養兵自衛身任隊長披堅執銳晝夜巡邏閭閻賴以安甯此其忠也無何日寇進竄范冲失陷居民逃散族人不無流離失所先生懼其渙也又與乃兄葆先乃弟一才一德等創修支譜以謀團結此其孝也諺云忠臣出於孝子之門將來事變弭平先生移其孝於家者忠於

國其事功必有可人以可見者豈僅衛一鄉一族而已哉先生之子甚多皆英明可畏明德之後達人繼起晚景未可限量愈見皇考之德爲孔長也予與先生由世誼而結朱陳好筆於序以表何往之忱云爾

時在

中華民國三十四年歲次乙酉仲春之吉

留學日本明治大學法學士姻愚弟李應文拜撰

謝一才先生序

吾繁西南多山宜於森林竹木其大宗也往年上不提倡下不注意以故山皆童禿可賽馬而揚鞭地屬不毛卽牧牛亦難飽演成貧窮之現象晚近邑人稍有覺悟設禁山會立禁林例以制止宵小之竊砍孰知愈禁而竊砍者愈多童禿如故不毛依然若謂辦理得法蓄養有方蔚爲大觀者有幾人歟一才先生世居繁南之范冲前輩述元公之三子也述元公入泮歸來不求宦達卽從事於實業就其山場蓄養竹木陰翳蔽日卒以是而致富一才繼承父業擴大規模謝氏之山跨梅范二冲周圍數十里一才日必巡視一週率以爲常雖風雨不之間經營締造甲於吾繁獨樹一幟焉乃以倭寇入侵范冲陷落暴徒宵小乘機盜取一才不能制而其經營一如往昔足見其

志之堅且忍也語云有志者事竟成事變弭平不十年必能恢復舊觀古云十年樹木不亦然乎吾嘗謂中國之貧弱由於實業之不振實業之不振由於居上者提倡之不力與夫山農辦理志力之不堅盍大地無不生財不僅限於膏腴之畎畝惟其人不盡其才故其地不盡其利耳脫令人盡如一 才則凡荒崗禿嶺皆變爲生財之區而富裕立至既富矣必強焉可以駕歐而凌美庶無愧五强之一耳近年鑒於戰禍未已民命已疲苟和平之可獲則復興農林必爲急務承烈忝長農會對一 才先生有厚望焉叙其行實以爲潛心實業者範

繁昌縣農會理事長牧承烈敬撰

謝君一德行實序

精明英俊倜儻不羣青年中有謝君一德字季恩廼范冲鄉賢附貢生述元先生之季嗣也名門後昆淵源有自絕無嗜癖品行端方性至孝心至慈恭兄敬老昜亡恩人早年卒業於舊制安徽省立第二中等職業學校之農科學優問世歷任縣立第一臨時小學校長鐵巖鄉中心學校七長潛心教育桃李成陰迭獲中央教育部頒發辦學認真獎狀暨繁昌縣政府褒贈匾額題曰作育英才以彰先生捐貲興學百年樹人之功抗戰勝利後任繁昌縣政府農業推廣員兼農場主任冀負復興農業之重責近以時趨民主先生望隆鄉里膺選鐵嵐鄉民代表會主席轉任繁昌縣銀行經理調劑金融裕民富縣先生獻身學政兩界勤奮從公虛心接物夫如是洵青年中之俊

秀彼驕奢縱逸不學無術之流對之寧無愧色也耶其尤景仰者當倭夷犯境廬舍爲墟往昔壯麗之校園竟如阿房一炬荆榛滿目舉步維艱先生竟苦守清貞不辱大節此匹夫不可奪志堪爲青年之師範者也至於勤兄睦衆聯宗纂譜又爲先生收族敬宗之美德耳余相交有素熟知行實際茲華乘將付剞劂不妨畧序一班以附諸驥尾云

時在

中華民國三十七年歲次戊子季冬月　穀旦

安徽省繁昌縣參議會議長舒巽敬撰

謝母童太夫人序

昔與鴻軒謝兄締交於陵陽卽聞謝母之賢丙戌秋月忝知繁邑鴻軒時任三民主義青年團繁昌分團主任旣則膺選國民大會代表論公務惠承協導鼎助殊多道友誼則舊雨重逢結通家之好公餘候安於謝母慈容溫穆有古陶母風母童姓年十九于歸謝氏時謝伯諱承彬字質夫號錫恩公家貧壁立母以針黹輔生計之不足越年乃翁諱顯琳字潤和首倡築圩墾荒以乏資納地價母歸商諸父母貸銀繳之歷年豐稔家境漸裕謝伯患惡疾病榻呻吟者年餘母坐侍恒歷數晝夜不稍倦藥餌必親嘗遍求名醫均罔效一日聞江右無爲有神曰五行菩薩者善驅魔治病母因齋戒虔誠延之家爲公診治公病果痊此雖曰迷信然稽之佛學徵諸哲理實爲謝母至

誠感應有以致之謝伯重病之後時患咳疾母爲調護將息者三十年如一日雖畢生多病猶克享知命之年者皆謝母侍奉療養成之也母生丈夫子二女一　鴻軒兄其長也次曰百川女秀蘭母晝荻教育備極劬勞鴻軒兄於童年時母雖愛之切而教之綦嚴在外稍與鄰兒有鷸蚌爭母輒嚴詞糾止是鴻軒忍讓之風已建自髫孩矣來賓餽給子女餅餌之資母儲而蓄之歷十數載達千金謝兄因辛未洪災廢讀他圖猶依然復學才優而仕效忠黨國造福桑梓凡玆謝母節約儲金課子成名之虔誠世所罕覯也鴻軒歷供黨政軍教要職母授以勤能補拙儉以養廉八字爲訓歸省之時嘗諭之以勿以私利之慾而失清白之操故謝兄之能守正不阿清廉自矢爲中樞所器重集民意之所歸飛黃騰達直上青雲者非賢母育教有方安

可致之乎百川君少讀書明事理侍父母盡孝思理公產增收益近年追隨兄長續謝氏三百餘年失修之譜敦本睦宗立德立言鴻軒昆季有焉鴻軒之夫人楊哲仙女士信州舉人楊星原先賢之曾孫女也畢業江西省立玉山女子師範精文學工詞藻擬興教育熱心婦運歷任國民學校校長及繁邑婦女會常務理事職務謝兄每作詩文恒與推敲所謂夫唱婦隨相敬如賓者鴻軒賢伉儷庶可當之次媳張美蘭女士百川配也佐理家務勤儉樸厚菽水承歡一無間言女秀蘭適張修信君年來張君隨余供職鄉鎮刻苦從公誠實接物乘龍佳婿足堪慰之孫裔盛熾桂馥蘭芬謝母現年五十有四主持家政勤勞如昔體躬健泰鳩杖不扶語云達德者壽樂善者康賢如謝母童太夫人壽而康者實德之符矣

時於

中華民國三十七年八月　繁昌縣縣長晚侖步騏拜譔

纂譜記要

俗家作譜首輯四難吾宗統志獨不載而陞公寓意於序難以作者事繁七不勝記必撮其要明統志之纂也邀修東山宗譜者誌其書任事捐貲碩執者錄其名遷繁以還雖迭理草乘而無刊譜究其原委先人筆叙已詳矣先叔祖懋卿公亦興纂譜之念歷經荒歉不遂其志近年族衆聚會訂修祠纂譜之議紀錄於卷者凡十餘次立意可珍惜不能畢露於斯譜頃以潮流演進環境所需吾族大小各公諸多遺產勢必用之於兩途一曰修祠纂譜以敬祖宗一曰捐貲興學以育後起故斯譜之作也經濟開源於公産凡各房公堂捐穀每逾十担則增領新譜一部不敷之欵大公全力負之他若世鳳正時金松支系雖聯宗伊始但於譜事亦各盡其力嗣後春秋總祭念爲

一脉之親當以禮待至門捐丁費不取毫釐既輕宗人之負亦减執事之煩此捐貲有公記之者一也作譜之序先分房創草而後彙集付梓創草期約半載始於春而竣於秋鐫梓日僅百六開盤於冬至而出譜於清明要知進度之愈速職事則愈勤所以主事監督纂修校錄會計司盤名目皆備職責攸歸此任事者衆記之者二也作譜難藏譜亦難領執者當視爲子孫應盡之責是義務非權利也竊譜冒宗先人鳴官治罪已有前例今有風霧雨濕鼠蛟蟲傷甚至不慎遺失諸端概予議罰以儆後人此驗譜立條執譜有責記之者三也至於海内聯宗江都訪族廣佈啟事以繫疏遠皆爲作譜之文獻載於卷末永留痕爪未竟之事則有待後之治宗睦族之士矣

中華民國三十八年仲春　纂修戊子家乘鴻軒謹識

驗譜條例

自古世家巨族莫不以譜爲重吾族自歙遷繁歷四百年矣明萬曆戊戌皖南謝氏聯宗纂志我遷繁二世祖能膺勝寵膳昆仲輩暨三世祖逢昌公逵步故居參與校錄捐貲鐫梓筆序簡端歷七載而志成膺公總領八部分房存執三百五十年來兵燹水火災患頻仍膺公房下時分裔孫世藏帝字號統志由顯義承根轉授承鑾客歲族議修譜鑾出之鴻軒精加整訂永世珍存又膺房昂分盎園公世傳月字號統志承棟出之卽以編刻斯譜嗣艮語公裔孫兆珍於刼火之餘復出舊譜字號不詳雖斷簡殘篇亦供參考再稽各房先後草乘查核祠龕木主彙集成帙付梓刋就新譜清稿一部紅稿二部每部計十有二卷族議清稿歸纂修收存紅稿編爲鴻禧二字鴻字供

奉祠龕禧字推校錄承安收執平時查閱以紅稿爲宜殘餘舊志合新譜散頁訂成稿譜一部亦存於祠俾留遺墨至刊就之正譜編制字號共計二十九部卷與稿同凡我族子孫領執譜者各登於譜各宜什襲珍藏毋得視爲尋常簿書以之覆瓿裹物而不之惜任其風霉雨濕而不之貴更可患者逆倫不孝之裔貪金私貨而奸徒獲譜遂竊據冒認以致根荄紊雜非種難鋤先人申禁於官後世永爲警戒今特條禁於譜自茲以後凡我子孫執譜者於每歲清明大公祀祖之日各持譜入祠以便對號驗閱至距祠較遠達十里以上者按子午卯酉三年輪驗若無霉損仍各領回永爲定例人存譜存世守勿失若執譜者屆期無譜入祠比卽罰責並追究該號宗譜之下落其或貪財私賣當逐出宗祠鳴公治罪或不善收藏致霉爛污損鼠

哎蟲傷亦按情節予以重懲庶領執者體念修纂之艱難有蠹禁條之嚴謹各匕凜遵世傳不朽云

旹在

大中華民國三十八年姑洗月初八日清明佳節

繁陽謝寶樹堂全體族衆公立

纂修戊子家乘裔孫鴻軒筆誌

領譜字號

正譜二十九部

高字號　得能公房顯龍收執

風字號　得能公房啟發收執

承字號　得膏公房顯璠收執

太字號　得膏公房承鎏收執

傳字號　得勝公房傳禮收執

詩字號　得勝公房梓桑收執

句字號　得寵公房佑銘收執

接字號　得膳公房佑禮收執

宣字號　巖雲公房兆珍收執

城字號　巖表公房承恩收執

奇字號　得能公房進恩收執

勳字號　得能公房啟和收執

全字號　得膏公房顯連收執

晉字號　得膏公房顯煌收執

鼎字號　得膏公房承瓊收執

霖字號　得膏公房承開收執

雨字號　之鯨公系佑廉收執

潤字號　之鯨公系顯璵收執

著字號　之鯨公系顯俊收執

生字號　之鯨公系承鴻收執

基字號　之鯨公系承材收執
業字號　謙公系承光收執
千字號　謙公系佑圖收執
秋字號　謙公系鴻軒收執
盛字號　金公系葆先收執
家字號　正時公系啟棟收執
聲字號　述元公系一德收執
百字號　顯璜收執
世字號　耀庭收執
清稿一部
清字號　纂修鴻軒收存

紅稿二部

鴻字號　宗祠供存備查

禧字號　承安收執

纂修繁陽戊子宗譜題名錄

（一）職事名目

主修　族長顯璠

監修　顯璵

督修　兆珍

纂修　鴻軒

協修　蔭青

梓桑

渭川

校錄　顯達

承安

承保

佑圖

佑忠

耀庭

啟棟

廣文

監盤　承鴻

傳禮

佑銘

司庫　百川

會計　啟發

（二）捐貲鐫梓

大公堂　籌出秈稻五百五十担

得能公　捐稻二十担

得膏公　捐稻四十担

之鯨公　捐稻五十担

謙公　捐稻三十担

金公　捐稻四十担

正時公　捐稻三十担

述元公　捐稻二十担

顯璜　捐稻十担

耀庭　捐稻十担

以上共計收入秈稻八百担

附纂修戊子宗譜經費開支

一支付譜師工資及喜禮稻二百四十担

一支付譜紙科舉八十五刀毛邊紙四把及筆墨文具稻一百二十担

一支付修理祠堂增建抱宅工料稻六十担

一支付譜局伙食稻一百二十担

一支付譜箱補助稻及雜項稻二百六十担

以上共計支付秈稻八百担

繁昌縣錦衛洲洋夾沙謝氏纂修宗譜啟事

吾宗發源於陳國陽夏衍於會稽三世祖太傅安石公扶持晉鼎高臥東山隋教授彥俊傑公遷於歙卜居歙西中鵠鄉二十五世祖仁富楫公遷徽歙田川三十五世祖文鍠文憲二公先後客遊繁陽愛錦衣衛洲洋夾沙有三山碧落二水中分之勝擇居於此經營締造寖成望族焉明萬歷二十六年吾宗各派先祖高瞻遠矚聚家族而聯宗族駢修譜牒合纂謝氏統宗志吾祖君澤得寵逢昌諸公由繁返歙參於校錄捐貲鐫梓克底於成歷三百年來關山迢遠族大支繁統宗志失修已久矣繁陽吾族蕃衍藤茂揚州當塗各地均有支系化爲載諸繁昌縣誌吾祖元鈠元鋒諸公急公尚義拯救災胞即世傳（買米轉洋夾沙）之譽盛極一時然家譜猶未能修纂者蓋亦

待諸統宗志之續修爲誤也幸賴錦江堯天諸公精書支譜圖繪世
系後世子孫懷先人之德雖罹八年烽火浩刼依然珍藏無恙此亦
祖宗積善之餘慶也抗戰勝利後族人共議修譜同具熱忱門捐丁
費均已議定各房刻正整理草乘定期半年告一段落合纂編排校
書付梓敬希遷遠族人從速親蒞宗祠敘明世系尊卑生年卒歲按
額繳費共襄盛舉（萬一不能來祠者請來信敘明並滙足費款）
俾我謝氏宗譜早日功成藉明木本水源之義而成衣冠禮樂之風
幸各勿悮至爲盼感謹啟

中華民國三十七年元旦日

謝寶樹堂纂修宗譜局謹啟

查詢揚州支系江都參議會復函

案准

貴代表三十七年十一月二十六日代電開

查本族於清季中葉有一支系遷居貴縣鈔關門咸同年間有謝邦楨謝念祖謝念叔等住地人稱謝公門數十年與家族久失聯繫盛衰莫卜刻以本族纂修宗譜特附廣告一份電懇貴會賜予代查轉知本族裔孫或其親友即將該支歷代考妣名氏生卒列表函復或囑其親來繁昌洋夾沙謝氏譜局面談一切煩勞貴會參議諸公暨執事先生清神至爲感激并祈函復

等由准經派員調查本縣鈔關附近達士巷有謝總門之地名內謝姓一戶不自明其宗系所屬除將纂譜意旨轉達囑即逕洽並將附

寄廣告張貼通衢外相應復請

查照爲荷

此致

謝鴻軒先生

江都縣臨時參議會啟　民國三十七年十二月三日

謝氏國大代表組織全國宗族聯合會第一次談話會紀錄

時間　三十七年五月四日上午十時

地點　國民大會堂

出席者　謝鴻軒　謝麟書　謝世清　謝幼石　謝鶴年

謝傑

列席者大會職員　謝伣朋　謝仲正　謝於民

談話要點

一組織謝氏宗族聯合會籌備委員各地本宗派系推出代表一人

爲委員以駐京之委員爲常務委員並推請冠生先生爲主

任委員瀛洲健二先生爲副主任委員

籌備委員會設左列各組

一總務組　主管文書庶務及不關其他各組事項

二財務組　主管籌募保管經費及財政收支事項

三編纂組　搜集本宗派系譜乘資料計劃修纂全國性統宗志

及擬定派字通知全國本宗派系自下一代起啟用

四工程組　計劃在南京建築謝氏大宗祠

五調查組　調查各地本宗派系發展情形並經常聯絡

六教育組　在大宗祠建築完竣後計劃創辦私立東山中學校

二決定明（五）日下午七時在中山東路二十五號麥利西餐館

聚餐繼續舉行談話會并攝影留念

第二次談話會紀錄

時間三十七年五月五日下午七時

地點　南京中山東路二十五號麥利西餐舘
出席者　謝冠生　謝鴻　謝世清　謝傑　謝鴻軒
謝幼石　謝麟書　謝顯琳　謝於民

談話要點
一各省聯絡組織分會
二擬定本宗派系調查表分寄各縣參議會請送本宗填送
三各組負責人請在京宗人推定
四請主任委員决定派字分别通知各宗派自下一代啟用
五聯宗緣起請主任委員擬定
六廣東分會即以原廣東謝氏聯誼會辦事處組織之（通訊處爲廣洲太平南路七十八號謝炳南先生）并加推謝玉裁謝鶴年二

先生負責聯絡

七江西分會推謝壽康謝　傑謝耀華三先生負責備籌

八安徽分會推謝鴻軒謝澄年謝學敏謝麟書四先生負責籌備

九浙江分會推謝冠生先生負責籌備

十東北分會推謝世清先生負責籌備

十一雲南分會推謝顯琳先生負責籌備

十二陝西分會推謝幼石先生負責籌備

十三南湖分會推謝徵孚先生負責籌備

十四湖北分會推謝昆臣謝子立謝於民三先生負責籌備

十五廣西分會推謝　康謝　鴻謝騰輝謝東山四先生負責籌備

十六四川分會推謝無量謝崇階謝墉三先生負責籌備

十七原推謝瀛洲謝健二先生爲副主任委員均因不在首都另

改推謝徵孚先生爲副主任委員

十八台灣分會推謝瀛洲謝文程謝掙强謝　惠謝　娥五先生

負責籌備

十九甘肅分會推謝風舟先生負責籌備

二十青海分會推謝公仁先生負責籌備

萬歷戊戌纂修統宗志題名錄

邀修會稽宗譜

澍東山宗人　敏行少卿　秉忠知州　應允庠生

錄會稽宗譜

芳村裔孫　廷昱

輯東山志

芳村裔孫　希周兵馬指揮

塡譔

金谿宗人　廷諒行人　廷讚主事

晋江宗人　肇淛推官

祁邑宗人　存仁主事

休邑宗人　應麒知縣

重修枝錄

衍公

仁德公派

雙溪里裔孫　來召　池　文標　紹澍　朝宗

仁彥公派

曹溪裔孫　世芳　廷周　必選　大發

碣石裔孫　澤孫

汪村裔孫　天與　烓　士喬　陞　汝錫　德化　應暘　陞

應大　元實　應光

仁智公派

巖鎮大塘裔孫　一中　元經　鳴陽　汝霖　正坤　正表
鳴臯　鳴玉　鳴秋　國儒
仁安公派
芳村裔孫　溧　宣　涇　廷梓　尙化　希夔（乳名尙任）
國維　艮樹　艮樺　艮宋　尙衢　師教　師表　應榮
守福　師古
仁喜公派
豐樂里裔孫　鍍　艮清
琪公派
田川裔孫　得膏　得寵　世和　世惇　逢昌　筆　時曉
衛公

諱公派

倫堂裔孫　君迎　廷賢　艮廸　諫　應桂

捐貲鐫梓

衍公

仁德公派

雙溪里　來召等出銀壹百玖拾兩

仁彥公派

曹溪　世芳等出銀三兩

碣石　澤孫等出銀四兩

汪村　三五公支下出銀一百七十兩

仁智公派

巖鎮大塘　瓊枝出銀一百四十兩

仁海公派

梅村　元潤出銀二錢

仁安公派

芳村　廷梓等出銀三兩五錢　尙化等出銀二兩五錢　尙寧等出銀三兩五錢　尙德等出銀二兩五錢　希夔出銀六十兩

艮樺等出銀五兩　國維等出銀十五兩　艮樹出銀八十兩

師教出銀六十兩　師範出銀五錢　師覺出銀五錢　師啟出銀一兩　師表出銀一兩　師古出銀一兩　師言出銀一兩

仁喜公派

豐樂里　鍍等出銀三兩　桂等出銀十三兩

琪公派

田川　得胥出銀十八兩　得寵出銀八兩　能勝膳出銀八兩

文行忠信居易出銀四十六兩

徇公

諱公派

倫堂　君恩廷輔等出銀三十三兩

宗譜告成歷七春秋計共用銀一千零二十三兩九錢

頒譜字號

衍公

仁德公派

雙溪里東坑口中段武進縣

來召等收譜十八部定以天地玄黃宇宙洪荒日月盈昃辰宿列

張寒來字號

仁彥公派

曹溪石磯頭碣石汪村

世芳澤孫岩魁顯祐等收譜十八部定以暑往秋收冬藏閏餘成

歲律呂調陽雲騰致雨字號

仁智公派

巖鎮大塘

瓊枝等收譜十部定以露結爲霜金生麗水玉出字號

仁清公派

三汊大坦

廷端等收譜壹部定以鯤字號

仁海公派

梅村

元潤等收譜壹部定以岡字號

仁安公派

芳村

宣梓尙億可承等收譜十八部定以劍號巨闕珠稱夜光果珍李

柰菜重芥薑海鹹字號

仁喜公派

豐樂里

鍍等收譜三部定以河淡鱗字號

琪公派

田川

得胥等收譜八部定以潛羽翔龍師火帝鳥字號

徇公

諱公派

倫堂

君恩等收譜五部定以官人皇始制字號

譜成編號定名收執異日倘有不肖嗜利私售者知屬某支其號衆共呈舉究懲追譜仍罰本宗銀壹百兩公用庶各村歲時稽查爲之珍重云爾

譜成頒族議

今歲戊戌季冬重修家譜工畢譜凡三卷而卷各若干言司寇序前簡仲兄序後簡而跋諸編末則藉令君筆譜之大義犁然具矣鳴玉董其事匕竣告成族諸老刎咸在鳴玉進曰譜成矣胡以頒諸族諸刎環拱而立願奉約束諸老曰序宗祖系子孫譜則云然既譜以往畫一不申章程不著寧無蔑視其譜而輕棄之乎欲敦族盟而固族好議將安出若善籌之與若詳行鳴玉謝不敏不敢居賢智諸老命之三廼敢陳六事六事者何吾宗雖起謝城而巖鎮則自伯潤公始族非伯潤公派者而譜毋濫及重本支也巖鎮民匠兩戶而中亦多播遷無論居徙譜授嫡長毋私偏庶重元嗣也抑或天心厭棄嫡長不類各從本派擇厥善良僉舉代置重賢裔也今日頒譜異日輯譜

人在譜在世存譜存而失守有罰一譜作則衆譜如式傳信傳疑歷世罔異而檀更有罰惟我宗黨獲典是譜永爲家璧遑恤千金而私售有罰三重彰而人知勸三罰懸而人知懲勸懲皆於譜乎寓族盟不其敦而族好不其固乎諸老可其議悉飭諸幼曰有味哉季子議也重其所重毋失其重罰其所罰毋蹈其罰庶斯譜也觀刑之實錄非紀載之虛文也不然編而集之分而授之徒曰謝氏有譜失譜意矣其不爲陳言故牘也者幾希鳴玉惟兹是懼猥承尊命而僭爲之議

大明萬歷戊戌季冬吉旦裔孫鳴玉百拜謹書

萬歷二十五年隣豪胡文譜誼纘等唆令悍僕謝寬文春文茂等誘賄世卿世懋私竊宗譜冒亂宗枝呈鳴

督軍廳黃　爺

兵道張　爺告批本縣蒙　掌縣事

本府推官朱　爺審明解詳究責給印信招照　云云

今將審語開後

謝呈朋呈爲獲盜送究事

兵道張　爺批本縣　謝茂宗祠名爲窩盜事

黃爺審語　審得謝寬之爲胡家僕誠不可知第其認與謝呈朋等同宗則肆爲謬妄何者合宗論譜擄代書方禹稱係世卿世懋二人私偷舊譜賣過謝寬付謄則其所執譜以求附于呈朋之族者乃起

于近時刱立之計而非自祖以來共本同源者也矧謝氏爲衣冠之族肯容妄認此呈朋等所以擯而不與耳所最恨卿懋二人利銀二錢竊抄致起今日之訟合斷謝寬各自爲宗不得藉方禹所謄之譜以混呈朋等之枝派第用財買譜論法罪當與卿懋無別姑念愚民無知其買譜賣譜私抄皆出于計之窮而拙也姑各杖示懲舉人諫

生員陞鳴臯鳴玉逢昌等呈爲屏逆正分杜亂宗派事隨蒙掌縣事

本府推官朱　爺研審得謝茂宗等乃宋朝名諫議之後原立有譜牒存証謝寬以胡姓之僕欲得冒附名宗乃謀於世卿私竊遺譜付方禹謄寫意欲執譜以混茂宗之族且欲執新譜以誼舊譜之謬也世卿貪小利而竊祖遺物誠市利小人罔所顧惜而獨怪謝寬不自安分冒認名宗爲已同祖殊亦可恨之甚矣謝茂宗告稱破家强刼

盜情不無涉虚第徽俗爭論族派揑詞告抵亦尙氣之故習使然耳
謝寬與世卿及抄寫之方禹均罪謝茂宗添告盜情亦杖之舊譜仍
應追還茂宗收貯以杜後爭
兵道批　據招謝寬等欲冒認宗盟乃賄囑謝世卿私竊遺譜浼方
禹謄寫紊祖飛宗肆爲可惡依擬謝寬等各納米納工的决發落餘
照行庫收領狀繳
抄招照　蒙批日後如遇僕逆謝寬等生奸紊亂宗派及協同伊主
胡姓人等起滅幫扶朋謀暗害等情許本告執此赴官以憑懲治施
行須至給帖者
全
萬歷二十六年二月初四日典吏劉應秋承

印

督軍廳審擬送堂卷案壹宗　本府架房

兵道責允卷案壹宗　本縣兵房

掌縣事本府推官朱　爺告給印信招照壹通

文行忠信居易輪收每年正月十六日交遞

勘誤表

卷別	文別	頁號	正背面	橫行	直字	誤刊	更正
三	歷代人物	五	正	八	二四	歷不	歷年不
		八		九	十八	疎	疏
		十一		二	二五	遂	逯
		十六		十一	十四	宣	宜
		二一		六	十	飴	鉛
	歷代閫範	一		二十	三	卿	鄉
	遷繁閫範	四		一	一	李	高
	遷繁人物	二		一	四	峯	舉
		三	背	一	三	騎職	騎尉職

		十	正	一	一九	生	庠
		十三	背	九	十四	勉馳	勉効馳
		十六	正	一	十二	九結	九八結
		十六		二	九	吟隨	吟草隨
四	會稽年表	一	背	六	三	童	重
	田川年表	十四		三	三	童	章
	曹溪年表	一	正	三	二	后	后
	潛陽年表	一	背	五	六	激拔	激昂拔
	貴池年表	一	正	八	三	著	蓄
五	雙溪年表	十八	背	二	一	淌	淌
		二六		五	二	聘	聆

卷別	文別	頁號	正背面	橫行	直字	誤刊	更正
五	汪村年表	十一	正	六	一	明	朋
		三五		四	四	宋	朱
六	芳村世系	二二		四	四	余	佘
		二六		二	三	程	蔣
	子高世系	五三	背	二	四	衛定	定衛
	豐樂里派	五		一	五	富昌	昌富
		九	正	四	二	鑑	鏗
		十一		五	四	延	廷
七	能房世系	一		九	五	年字	除年字
		二		二	三	慶	靖

六　背　一　一　四　國

八　正　九　四　寅　申

十　四　四　日　時

十一　六　三　子　午

十一　十　一　娶　繼

十二　五　五　磯石　石磯

二十　背　一　四　三　一

二四　正　三　二　年　月

二五　背　十一　六　五　丑

三一　十四　三　年　月

三二　正　三　十二　丁未　丙午

卷別	文別	頁號	正背面	橫行	直字	誤列	更正
七	膏房時分	二一	正	七	四	日	時
	昌分	二八	背	五	三	申	午
	謙系	三二	正	六	三	少光	添光字
		三九	背	一五	五	多八	除八字
		五二	正	一	三	行三	除行三
		五三		二十	二	年	除年字
		五九	背	一六	三	卯	酉
		六十	正	六	五	少十	添十字
	祥系	六三	背	六	六	宗	寛字
	士祁	六六	正	八	一	九	四

禧系　七三　二　六　少慶　添慶字
七五　背　十六　七　日　除日字
恩系　八五　正　一　三　誥　浩
昇分　九三　背　十三　六　葬　卒
昭分　九八　一　四　二　三
勝房世系　二　十五　二　氏乾　氏卒乾
八　二　六　七　除七字
二三　四　一　娶家　娶方家
寵房世系　一　正　十一　二　葬　考
八　憲公世系　五　七　二　年　除年字
六　背　十四　一　少年　添年字

家之譜牒
國之有史也史
以紀存亡譜
以係昭穆之之

謝氏宗譜　卷二　寶樹堂

之孫既聯宗
派衍爲得紊
葉本流民譜牒
繼以百年書

向非先祖功宗
德開光一覽上
以見上源流下以
見之似續紀

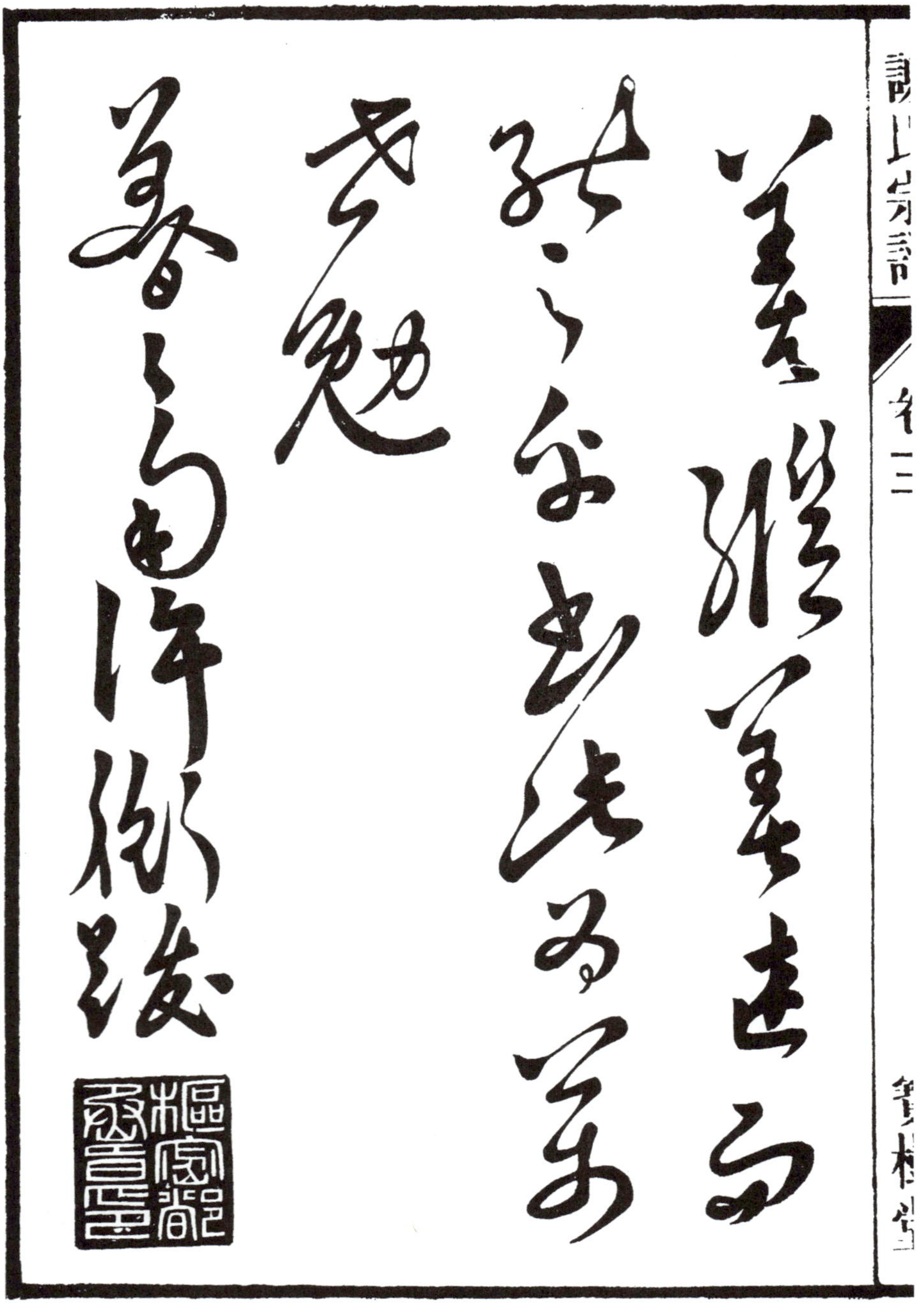

歙北黄山芳村宗譜紀事

裔孫師教謹識

黄山匕水甲東南三十六峯聳秀豐樂二水透迤地靈人傑吾族世居山麓仰承先世遺澤有書可讀有山可樵有田可耕有水可漁木本水源歙之有謝肇自隋仁壽教授傑公系出浙之東山太傅安石公十一世孫疊見新安名族志浙之東山志中古今譜牒繩匕口碑藉匕諫議泌公直顯于宋祀郡邑鄉賢玘公遷曹溪瑩龜潭仁安公喜黄山匕水始宅于靈泉里即所居芳村也伯亮公樞密院百戶侯乞休開拓規模宏遠子真公子讓公皆任提舉玫一公判江西崇仁縣事高皇帝定鼎舉賢良方正子受公特授浙江金華府判龍章赫奕傳至于今仕瑞公貢入成均筮仕亦得金華判豈偶然哉琳芳公善琴著有太古遺音益府徵授典膳祖雲菴公德澤隆重古貌修髯

許文穆公遊黄山親爲書讚德懋公廷宣公後先郡邑庠生父希周府君丞海鹽律已愛民捐俸築塘海鹽之民有袵席家尸戸祝督撫徐公直指使王公交章薦剡欽賜奨賞晉秩南司城由浙得東山志叔希孟公充郡博士弟子員希召公參軍百粤廉能著聲兄弟承恩賴祖考之教育悠匕白雲瞻念罔極豈啻狄粱公望太行已耶他如伯艮公之派友仁正千戸侯璵及天恩世其爵琇舉孝廉終江西貴溪令仕遍爲龍爲光天儀爲禮天寵教爲高七人俱屬衞學㤈十弟子員一脉書香綿延瓜瓞予以布衣潛伏草野束髮以來慨夫族氏疎遠世系渺茫竊欲修續以敦親親之誼顧綿力何堪重引友可先生奉使新安道出天都追尋族派廼知潛陽之祖俛公固予祖傑公之弟偉公居家守祀東山三派淵源悉本于安石公予壯遊燕齊縉

交連雲江合君雅尙道義而東山今屬治邑于是宗族咸推不肖奉譜往何敢辭勞合君下陳蕃之榻宗彥秉忠刺史文正公之玄孫也於時盡東南之美奠祭三太傅祠墓廟貌如存登眺東山之勝槩長嘯海天薔薇洞口景物依稀明月軒中白雲靉靆瞻拜之餘凄然有感故遊越草中發薔薇洞口春長在之句載觀東璧圖書文彩煥然江左風流澄江如練噫嘻休哉三派合一此吾族統宗志之所由出也自戊戌春同叔希夔國維艮樹會盟于問政白岳古城之間己亥夏同叔艮樹弟師表師古纂修于西峯古寺山深路僻人迹罕到苦亦甘之庚子則合譜於東山甲辰同叔艮樹男君望侄君爵刷青於開化禪關荏苒歷七春秋一豆一觴連床風雨勞心焦思此人子分內事耳譜系既成自西晉迄今千七百年恍如一日世濟其美文憲

彬匕衍福澤于自來紹箕裘于不朽教愧不能文也序次其事以紀

歲月云

旹

萬歷三十二年歲次甲辰仲夏月吉旦

新安謝氏宗譜後序

宗法廢而族之有譜也久矣初豈矜門第誇富貴哉以紀世系以明昭穆以别尊卑永遠爲不朽傳也然非大實宦族有賢後人則又不久而輒忘之昭穆不明尊卑遂紊甚至服未盡而已爲途人豈不重可慨哉予守制服闋將之京邑人謝本蓮同其姪孫子期持宗人司訓君所修宗譜求序予與謝氏世姻是豈可辭按譜謝氏得姓本周宣王之舅申伯受封在江南爲大族有謝傑者會稽人東山公安石十三世孫也隋仁壽初遷受歙西中鵠鄉山水佳勝遂家焉久而益衆以姓名村即今之謝村也十五世傳至泌公仕宋爲諫議卒賜葬歙東問政山文章風烈具載宋傳諫議五世孫亨子男四人長琪次玘次本立次宸琪之四世孫仁富遷田川本遠與子期琪公之派玘

遷黄山之曹谿三子七孫石壁山下梓木坦梅村方村山口玘公之派本立遷琶村宸遷竹林庄嗚呼支派蕃衍遷守不一固其所也不有譜圖孰知各派皆祖於諫議不有考據孰知諫議實長於謝村此族姓所以不可無譜而譜所以不可無傳也世之修譜者率多謬冒牽附自詑遥乜華胄以誣其祖以辱其身如郭崇韜拜汾陽之墓則又可咲也已今謝氏之譜不妄引於已遠不忽遺於已疎自傑公至今以世計三十六以年計八伯八十二支分派別源委絜然其用心亦忠勤矣使能世守而勿失則孝悌雍睦將見移風而易俗豈徒行之一族而已哉雖然聿修厥德人之所以念其祖也立身揚名人之所以顯其先也謝氏之先盛矣子孫當益進於學求所以修德立身以大其門閭以振其家聲使諫議之墓不失斯譜之傳愈光此則譜

外意也謝氏子孫勉之
成化十八年歲次壬寅九月上澣
賜進士第同邑汪貴序

巖鎮謝氏家譜后序

同邑謝廷夔廷馨增修其兄廷懋所著家譜延予梭讐且曰廷夔特詳吾所自出而於佗族不能悉詳蓋族之盛者久則必分七則益衆則不勝書矣此理勢之自然而廷夔之譜所以不得不修也予按謝授姓始於周申伯盛於晉文靖公安石自文靖至廷夔四十七世其間世次考據明白非臆說者然史多有傳也廷夔於謝氏不爲無功矣蓋老蘇氏譜眉山謂譜爲吾作則詳吾所自出廷夔之譜非無傚而作者也夫自遠而近自疏而戚由受姓以至于今其間分徙詳悉具載豈非爲人子孫者之大願哉然勢有所不能則詳其所自出可也是則廷夔實有功於巖鎮族也謝氏於晉功勳爵祿學行武功赫然爲江左望族其居新安以來至宋諫議大夫後又爲最盛散居

歙邑芳村石壁下曹溪三汊山口梅村梓木坦倫堂汪川田川宗支蕃衍見各族之譜而巖鎮之族已九世其間出者有聲望隱者有操行譜之所載無不備焉且使族之人不忘其本而篤於孝思敦乎親々之誼此豈細故哉廷夔兄弟所以重於譜乃增修之復俾予言于譜後其賢爲何如先儒言孫子賢族將大予今知謝族之豐顯昌碩必又自今始故爲書之凡其爲後人者亦豈不以譜爲重哉

旹

弘治十一年戊午二月朔旦星源潘鑑譔

倫堂謝氏世譜後序

益齋子初奉簡書兵巡滇境無似值參戎謝公來鎮臨沅昕夕猥辱交臂之雅一日暇公授簡而拜端以先蹟就正爲言予因閱之引指摛華大都典實無何命下督學貴陽促裝載道序之不果及履貴閾閱月棱暇敢無一言以副公望先是滇南寅所嚴公續序首簡原譜更有諸鉅公贊跋彰明較著言雖人人殊亦各有據可爲詮品之地程伯子謂睦族厚風在明譜牒子長自叙文史繇黃唐迄秦漢間欽念相繼而希文之於族類謂自祖宗眎之則無親疎信乜也已謝譜或以藩翰肇封或以公輔見器或以淝水奏捷或以鳳毛顯名或謂門無雜賓或謂芳蘭竟體或以詩賦名世或以諫議晉秩或以征調勤王或以勳閥報主赫奕江淮楚蜀滇貴在乜遞駿有聲論世之士

揚推而識之予始得公威振一方蕩鵝鶩以翊我武迨今秩分兩地渺會晤以碑我文服公隹乘文武事備正可方吉甫憲于萬邦於時邦之士夫曁博士弟子員聞之進田曰模哉範哉範哉模哉揚謝君者風我士也風我士者光我上也是並用長久之術也薄植終不能靳其言廼書諸譜末云

萬歷十八年春正月吉

賜進士奉直大夫

欽差巡視提督學校貴州按察司僉事湘東益齋伍讓子謙甫書

伍氏子謙

巖鎮謝氏重修家譜後序

竊聞諸侯王各祀始封之祖古之制也禮之經也獨魯不王而禘仲尼非之吾人論法仲尼舍是將奚折衷焉故尚書起帝堯春秋始魯隱豈黃帝以前不足述而周公之德衰耶彼謂遠取以稽疑不若近取以傳信意念深矣今歲初夏上命使臣視襄文穆使臣蓋豫章謝也襄事竣過天都尋軒轅舊趾歷壬諸宗彥家因各陳根派居然一脉發耳惟是合宗有議統譜所由興也皐不敏辱在同役退而告諸二三伯兄曰斯譜也業舉矣不患不竟獨患竟之不易乜也推其源自周迄今歷年二千歷世九十衍其流謝城以北不可考矣東渡而南散處吳越豫章之間幾千百屬惡能徵發期會合世守析居者旦暮輻輳而戚哉無寧取本支舊牘而重輯之是亦合宗之蒿矢也伯

兄曰然仲夏梭戚錄越月續新文越月掇剞劂三徙月而集成集成凡三卷首世系次丘墓亥文獻此雖不敢登作者之壇而譜之大槪亦森然備具諸伯兄復命皐序末簡曩者乞靈司寇鄒公首序悉矣皐安得以嘗見而黷司寇第家必有譜而譜者紀德洽宗之謂也洽者合也合則親不合則疎欲不疎而親胡由有不合富者負財貧者負氣相尙相角卒成相仇綺繡儻來視爲固有簞食豆羹不勝慳嗇自利自私卒成自虜權貴在彼狐媚百端孤寒在此虎臨萬狀作好作惡卒成作慝此無怪乎不合其合而親之所由疎也凡我同譜有是乎哉有一於此則譜之羞而宗法之所不貫也皐與族人約旣譜之後毋相仇毋自虜毋作慝以犯此三禁則今日之譜式昭宗訓雖謂家有章程誰曰不然譜成矣觀者謂楚屈平祖高陽漢馬遷祖顓

頊博雅君子猶然論說不衰廼今舍遠祖而尸近祖無乃非禮與夫禮有之世遠則祧申伯受封得姓與姓俱存晋太傅功扶社稷宋諫議澤流青史人且百世而祠事之承嘉而降惡乎不祧故遠祖僅存其畧近祖特書而詳盖亦孔子删書修史之意也庶近禮矣斯譜也一集于艮璧公再集於文達公三集于廷馨公今曰重修承先志也是爲序

大明萬歷戊戌年仲冬月長至日裔孫鳴皋百拜謹書

巖鎮大塘謝氏宗譜跋

謝氏族譜作於宋寶祐年間乃艮璧所爲者也自元季來間有續至我明則世系莫有續者深爲謝氏缺典艮璧之後復得初芳字廷懋者恐以未登者增之蓋自始遷至二十三世分爲七支而懋之所承者梓木埂一派爾傳至巖鎮大塘爲今族屬而於彼六支支各有譜另爲一卷故弗錄於此是譜也倣歐陽氏例其意可謂周矣予時及第歸廷馨氏復請予釐正用心抑何勤哉夫謝氏非無賢者也特其用心之異爾廷懋續其譜而更餘其白以俟來者噫來者有感於茲吾知謝氏其源深其流長益泝其流以窮其源是廷懋之所以增若譜也尊祖敬宗之義吾不於廷懋廷馨是與乎譜既成復囑予跋諸後予因篁墩翁詳述其故於前予亦粗道數語以俟後來撰譜者

旹

正德辛巳歲仲秋朔旦

賜進士及第翰林院侍講學士經筵講官新菴唐皐跋

歙巖鎮謝氏重修家譜跋

新安歙邑巖鎮烟火萬家而家多故族也何以故稱譜之謂也譜在則世系在而倫序嚴明譜在則丘墓在而蒸嘗罔廢譜在則文獻在而成憲攸存彼崛起而身致通顯家擁素封非不赫然可誇而卒不得與故族並稱者譜不足徵也譜之所係大矣今仲冬之季巖鎮謝君鳴玉以家譜示余乞跋余觀前序鄒司寇語核而悉惡能復贅編後哉雖然猶有望於輯譜者焉昔在晉時王公導謝公安俱以功名顯而諸子姓輩食邑封戶閥閱相承二氏著聞宇內然石城之變幾危晉祚族大滋亂識者羞之淝水一捷勢若回天東山談笑君子所韙王有其勢謝無其功王謝相逕庭矣夫安石不自有其功而人世享其功足可爲後嗣法余願登斯譜者文效其謨武效其畧富輸其

財貧輸其力相翼相成各擅其能進裨國用退裨家用將光列祖而大斯譜矣豈曰家藏戸守僅爲故族之徵已哉藉令微長薄技不勝驕吝而人自爲家家自爲族卽族雖故何足齒焉謝君再拜而受敬書以詔族人

萬歷戊戌仲冬吉旦

賜進士第文林郎知建德縣事進賢軺華劉洪謨跋

纂譜要綱

東山文正公孫尚寶司少卿敏行公邀修東山宗譜書

宗侍生敏行頓首拜

大郡伯誠齋老宗丈老先生大人侍史

久慕

高誼猶未

荆識恭聞

假節吾浙　政聲遐布雖處窮陬鄉人從役者每誦

宗丈爲

國賢勞功高捍海民賴以安埀

令名于汗竹其亦分華而割榮矣忝在宗盟曷勝慶幸柰

一水之隔盈盈悵望

山斗伏稽家乘新安

貴宗出自

文靖公生坐棄林下遭東山回祿變故者屢矣賴諸宗麈遜茲輯東

山志成兼欲纘其譜牒以聯親親之雅未卜

貴宗亦樂是舉否而吾

宗丈亮能玉成之也謹此先合姪應允馳候

侍史兼以東山志書奉

覽尚冀面　陳不既

三月望日敏行再頓首

繁陽謝氏宗譜跋

吾族自徽歙遷繁至今傳世十有六歷年四百載化家成族由本邑而他邑而他省考其源皆歸我洋夾沙謝氏之派系焉惟繁陽謝氏宗譜尚付缺如雖我族各房先祖分創支譜草稿尚未統一付刋殊爲遺憾亦卽我等子孫惟一重要之責任也客

歲族尊與各房職事君子洽議纂修推舉
任事以族長顯璠叔爲主修顯璵爲監修
族望鴻軒担任纂修總攬編輯蔭青梓桑
及小兒渭川協之顯達承安承保佑圖佑
忠耀庭啟棟廣文等任校錄承鴻傳禮佑
銘等爲監盤百川啟發分負司庫會計各
司其事着手進行草稿彙成付梓開印玆

全部宗譜行將蕆事珍不才空負督修職
責捧閱全部井然有條諸凡照志重刋存
祖制也凡例畧增事損益因時制宜也家
規因之合時代也嚴增遺像重名器也人
物閫範歷代近世片長悉錄留芳規芳躅
鼓勵後裔也圖傳老系悉刋不遺蹤違也
遷繁世系先洋夾沙次梅山口而荻浦再

次范冲房次不亂始遷有序也查本主有考主粉面內函書字不書派名孝男亦然不知誰爲其子妣主有內函無粉面不知誰爲其夫附刋於圖傳後免失考之考妣抱遺失之痛也藝文分類錄統宗志文獻於前增者考其行誼品格接刋於後循名核實也嚴訂執譜條例勵後裔鄭重珍藏

也閱讀畢不禁捧譜而贊曰我族自遷繁至今始有完全之譜牒要皆纂修與各任職諸君子竭精殫神以成之也噫斯譜也眞可與日月爭輝山河並永昭垂萬古焉耳是跋

時在

大中華民國三十八年　三月　清明日

遷鰲第十三世裔孫承權兆珍百拜謹撰

承權

海上絲綢之路文獻集成

總主編　陳支平　陳春聲

民間譜牒編

97

主編　林楓

海峽出版發行集團
THE STRAITS PUBLISHING & DISTRIBUTING GROUP
福建人民出版社

国家出版基金项目
NATIONAL PUBLICATION FOUNDATION

本册目次

〔福建晉江〕紫溪分派晉江西門阮氏族譜不分卷　阮道修　阮道猷　阮玉壺纂修……一
〔廣西容縣〕容州封氏家譜十六卷首一卷（卷首至卷一）　封鶴君　封高萬　封祝祈纂修……一九九

［福建晉江］紫溪分派晉江西門阮氏族譜不分卷

阮道修　阮道猷　阮玉壺纂修

［福建晉江］《紫溪分派晉江西門阮氏族譜》不分卷，阮道修、阮道猷、阮玉壺纂修。泉州阮氏望出陳留，分派竹林，有明一代，入閩一支後裔遷居晉江青陽紫溪，再移居清溝鄉。至十二世撫義（御觀），於清雍正間移居泉州西門奉聖鋪（今泉州鯉城區浮橋鎮），爲西門阮氏開基祖。開枝散葉，分佈各地。是譜仍將家族頂龕上世諸祖考妣神主生卒、諱號、葬地等，抄録彙合，登注成譜，雖未盡合譜例，且較簡略，然自一世至二十世，世系昭穆，井然有序，可備稽考。阮氏子孫於清同治、光緒間多有赴海外謀生者，如十七世道極、道堯、道踏三人，皆「出洋無歸」。十九世廷瑞，「逝於南洋泗水波」。據民國間抄本影印。

紫溪分派晉江西門阮氏族譜

紫溪分派晋江西門阮氏族譜

十世 仕行

十一世 于行

十二世 卿行

十三世 仲行

十四世 爾行

十五世 孫行

十六世 厚行

十七世 福行

十八世 道行

十九世 德行

二十世 傳行

二十一世 家行

二十二世 文行

二十三世 章行

二十四世 華行

二十五世 國行

拾世　仕亍　十一世　于行　十二世　卿行　十三世　仲行

十四世　爾行　十五世　孫行　十六世　厚行　十七世　福行

十八世　道行　十九世　德行　二十世　傳行　二十一世　家行

二十二世　人行　二十三世　章行　二十四世　華行　二十五世　國行

紫溪分派晋江西門阮氏族譜

一世祖

起鳳公 子二 開先 甲先

二世祖

開先公 子五 繼祖 繩祖 敬祖 振祖 述祖

起鳳公之長子

三世祖

振祖公 號四隱 子三 陽啟 陽廈 陽禮

開先公第四子

四世祖

陽啟公 號慎齋 子一 元壹

振祖公之長子

五世祖

元壹公 號毅齋 子二 懷祿 懷慎

陽啟公之長子

六世祖

天榮公 字懷祿 號東溪 子三 養正 養氣 養性

元壹公之長子

七世祖

養氣公 字直甫 號璧泉 子二 廷魁 廷鳳

天榮公第二子

八世祖 養氣公之長子

萬卿公號廷魁 子一 啟能

九世祖 萬卿公之長子

啟能公字子能號瑞芳 一丶遅卿

十世祖 啟能公之長子

遅卿公號德庵 子一 夘觀

十一世 遅卿公之長子

夘觀號敬齋公 子三 雙觀未娶先故 彰觀幼故 御觀

十二世 夘觀之長子

雙觀號勤樸公 二十五歲故不傳 承繼男来觀

十二世 夘觀第三子

御觀號撫義公 子四 偶觀 教觀 都觀 来觀繼雙觀

十三世 雙觀之承繼子

来觀號瑞樸公 子二 葵光 斗光

十三世 御觀之長子

偶觀號純朴公 子三 明述幼故 爾強 爾祖

十三世 御覌第三子
教覌 字瑞禮號怡亭 子三 扶覌 于覌 曹覌

十三世 御覌第四子
都覌號篤寔公 子三 鎮覌幼故 傳覌幼故 送覌

十四世 偶覌第二子
爾諡公號騰美 子二 秋菊 青蓮

十四世 偶覌第三子
爾祖公號質庵 子五 憲宗 庭僚 有福 憲全 憲生

十四世 教覌之長子
扶觀號質樸公 子二 冬覌 解元

十四世 教覌第二子
于覌號慎庵公 子四 應龍 應文 文章繼曹覌 會生

十四世 教覌第三子
曹觀號敦樸公 子一 隨香幼故 承繼男文章

十四世　都觀第三子

送觀　號敦亭公　不傳　承繼男　吉英 幼故　賜英 幼故　止

十四世　來觀之長子

葵光　號尊揚公　子一　立英 幼故　止

十四世　來觀第二子

斗光　號文斗公　子二　壽燕 幼故　青燕 幼故　止

十五世　爾強公之長子

秋菊公　號種德　子五　榮華　應古　應開　應時　子基

十五世　爾強公第二子

青蓮公　號慎齋　子三　捷願　捷平　捷令 幼故

十五世　爾祖公之長子

憲宗公　號孫信　子四　旭觀 出洋無歸　日老　洽觀 未娶先故　咸池

十五世　爾祖公第二子

庭僚公　號樸軒　子二　豬觀　交觀

十五世　爾祖公第三子

有福公　號樸亭　子三　貞茂　作賦 未娶先故　聰觀 無傳

十五世　爾祖公第四子

憲全公　號誠齋　無傳　承繼男讀書

十五世　爾祖公第五子

憲生公　號誠寔　子三　宣觀　讀書　繼憲全公　雙喜

十五世　于觀之長子

應龍公　號孫立　子二　孔英　幼故　懷觀

十五世　于觀第二子

三會公　字會生　號定齋　子四　尚標　尚赤　三房幼故　四房尚接

十五世　于觀第四子

應文公　號敦齋　子四　學詩　長庚　學習　金荷

十五世　曹觀承繼男係是于觀第三子繼出

文章公　號樸軒　子一　子容　未娶先故

十六世　秋菊公之長子

榮華公　號厚光　子二　續善　幼故　續磋　幼故　承繼男丕水

承繼孫　昌綿　曉蘭

止

十六世
秋菊公第二子
應古公 號春樹 子三 丕啟 丕爐 丕初 幼故

十六世
秋菊公第三子
應開公 號春琳 子三 具見 幼故 林見 幼故 助兆

十六世
秋菊公第四子
應時公 號春耀 子四 丕拱 未娶先故 丕水 丕草 未娶先故 丕泮

十六世
秋菊公第五子
子基公 號春梅 子三 丕森 未娶先故 丕祿 丕振

十六世
青蓮公之長子
捷頤公 號樸堂 子六 德選 德裕 迺緻 德成 繼捷平公 德章 德輝

十六世
青蓮公第二子
捷平公 號均堂 子四 立志 立淡 幼故 廉覌 繼承德成

十六世
憲宗公第二子
日老公 號瑞軒 子二 丕遣 丕坡

十六世
憲宗公第四子
戓池公 號篤軒 子二 丕照 丕佩

十六世

庭僚公之長子

靜修公諱豬觀　子一　尊觀

十六世

庭僚公第二子

篤圃公諱爻觀　子二　悌君 早故不傳　老樹 往外姓進贅無結果　止

十六世

有福公諱憲厚之長子

貞茂公號松園　子一　丁火觀 移居滕溪境不知結果　止

十六世

憲全公之承繼子

讀書公號瑞圃　子一　丕里　讀書係是憲生公次子繼出

十六世

憲生公之長子

敦直公諱宣觀　四十三歲故無娶　止

十六世

憲生公第三子

、、、雙喜公號敦正　子一　丕慈　未娶先故　止

十六世

三會公之長子

尚標公號慈順　子二　丕營　丕薯

十六世　三會公第二子

斐園公諱赤觀　子一　灶柿

十六世　三會公第四子

尚接公　號正直　子一　嘉寬

十六世　應龍公第二子

懷觀號尚倫　子一　節用

十六世　應文公之長子

捷詩公　號楷園　子四　嘉如　嘉農　嘉洞 早故不傳　嘉樣 未娶先故

十六世　應文公第二子

捷賡公　號篤園　子二　鳥偉　亭乞

十六世　應文公第三子

學習公　號橙園　子三　嘉竹　嘉謀　嘉勝 未娶先故

十六世　應文公第四子

金荷公　號惟仁　未娶十九歲故

十七世　應古公之長子

丕敌公　號君祥　子二　昌綿　道坪

止

十七世
應古公第二子
丕爐公 號廷圃 子一
曉蘭

十七世
應開公第三子
相助公 諱助觀 子一
道招

十七世
應時公第二子
丕水公 號泗濱 子二
栗子 菜子

十七世
應時公第四子
丕津公 號丕泮 子一
道度 未娶先故

十七世
子基公第二子
丕祿公 號丕禮 子一
道箴

十七世
子基公第三子
丕振公 號敬亭 子三
道錦 道圭 道鳳

十七世
捷願公之長子
德選公 號篤齋 子四
道岸 藻耀 藻榮 藻欽

上

十七世　捷顒公第二子

德裕公　號升齋　子三　謙遜　藻飛　藻春

十七世　捷顒公第三子

通綿公　號廷綬　早故不專　承继男　藻文　藻永

十七世　捷顒公第五子

德章公　號大琛　子一　藻璧

十七世　捷顒公第六子

德輝公　號文齋　子三　藻東　藻穆繼芋埔林内甲姑　賛祖継廉觀

十七世　捷平公之長子

立志公　諱和尚　子二　邦言幼故　道笑

十七世　捷平公第三子

丕禮公　諱廉觀　子一　清泉早故不傳　承繼男賛祖

十七世　捷平公第四子

德成公　諱庵懇字乾坤號敏切　子二　藻愷　藻武

十七世　咸池公之長子

丕照公　號景照　子二　道眉　道妹

十七世 咸池公第二子

丕侃公 號景熙 子二 牛童 道茶

日老公之長子

十七世

丕遣公號景山 子七位 道灶 道鏕 繼丕坡公 道歆

道汀 繼亭乞公 道南 道猷 道北 幼故

十七世 日老公第二子

丕坡公 號丕蟬 四十九歲逝未娶 承繼男道鏕 十八歲故未娶

十七世 猪觀之長子

金尊公 號丕智 未娶先故 承繼男查基 幼故 宗海 幼故 止

十七世 讀書公之長子

丕里公號端齋 子二 吉品 幼故 永矜 幼故 止

十七世 懷觀之長子

節用公 號節用 子一 道運 往外姓進贅無結果 止

十七世　尚標公之長子

丕營公　號瑞齋　子二　道鑒早故不傳　道極出洋無歸　止

十七世　尚標公第二子

丕魯公　此系因尹移往四川榮昌縣遺去就此無歸　止

十七世　赤覌之長子

灶柿公　號樸齋　子二　道粒未娶先故　道拋未娶先故　止

十七世　尚接公之長子

嘉賓公　號丕義　子一　道塔

十七世　捷詩公之長子

嘉如公　號丕仁　子一　金堆

十七世　捷詩公第二子

嘉農公　號仁齋　子四　道講早故不傳　道尭逝外洋　道壽早故不傳　道楬幼故　止

十七世　捷賡公之長子

丕煌公　諱烏偉　子五　道鵝　道倫　道氣　道耀十六歲故　道蹯出洋無歸

十七世　捷賡公第二子

嘉藩公　諱亭乞　子二　承繼道汀　烙炒

十七世　學習公之長子
嘉竹公　號德薰　子二　道昆　道櫶

十七世　學習公第二子
嘉謀公　諱譩觀　字嘉璪　子二　道修　啟賢繼嘉勝公

十七世　學習公第三子
嘉蝶公　號嘉勝　未娶先故　承繼男啟賢

十八世　丕啟公之長子
昌綿公　號道美　子三　澄波出繼　井梧　紅花

十八世　丕啟公第二子
道坪公　號道高　子二　金比未娶先故　籃田未娶先故

十八世　丕爐公之長子
曉蘭公　號曙光　子三　澄濤　廷泰繼道高公　玉壺

十八世　助觀之長子
根本公　號道招　不傳　承繼男金比未娶先故

十八世　丕水公之長子

粟子公　號仰山　子一　德侗 幼故

十八世　丕水公第二子

道璧公　諱菜子　號　子二　烏崎　德璘

十八世　丕泮公之長子、

道度　號道到　未娶先故　止

十八世　丕祿公之長子

道箴　號　子　銓澤

十八世　丕振公之長子

道錦公　諱豬雅　子一　德釗　承繼男德鉦

十八世　丕振公第二子

道歪公　號道歪　元配早故不傳　承繼男德鑾

十八世　丕振公第三子

道鳳公　號道鳳　子三　德鑾 繼道歪公　德鉦 繼道錦公　德銳

十八世　德選公之長子

前清文生員　道岸公　號仁軒　子三　雲龍 早故未娶　雨魚 早故未娶　高山 早故未娶　承繼男廷穆

十八世 德選公第二子

前清武生員 藻耀公 號敬軒 子二 廷璜 早故不傳 廷穆 繼道岸公

十八世 德選公第三子

藻榮公 號朝東 子二 廷約 廷義

十八世 德選公第四子

藻欽公 號儒蒼 子一 廷茶

十八世 德裕公之長子

謙遜公 號受益 子一 廷谿 早故不傳

十八世 德裕公第二子

前清武生員 藻飛公 號 子四 廷炭 幼故 廷城 廷壳 幼故 廷奇

十八世 德裕公第三子

藻春公 號逸亭 子五 廷怡 幼故 祥珍 幼故 廷建 幼故 廷寸 廷本

十八世 德章公之子

藻文 諱藻璧 號 子 燦明 燦仕 燦根 繼藻東公

十八世　德輝公之長子

藻東公號蘭亭 早故不傳 承繼男燦根

十八世　立志公第二子

道笑公號道頤 早故不傳 承繼男廷泰

十八世　廉觀之承繼子

贊祖號道虔 子一 廷寔

十八世　德成公之長子

藻愷 諱道佑號 子三 廷通 廷潤 廷孔

十八世　德成公第二子

藻武公號國棟 子一 泗陳 幼故

十八世　丕遺公之長子

道灶公號道金 子一 天從

十八世　丕遺公第三子

道歆公諱鈞觀 前清歲進士授修職郎民國法政畢業生兼任晋江商會議員

子五 登科幼故 序榮幼故 序淵幼故 祝三 聯登

十八世　丕遺公第二子

道鑨公號道鑨　子一　序貞

十八世　丕遺公第五子

道墻公　號道南　子一長久

十八世　丕遺公第六子

道猷　諱綠豆號碩生

十八世　丕遺公第七子

道北公諱紅豆幼故　承繼男序奕

十八世　丕照公之長子

道眉

十八世　丕照公第二子

道妹公　號道松　子一　序釗

十八世　丕侃公之長子

道津　諱　牛童號

十八世　丕侃公第二子

道荼公　號顗名　未娶先故　承繼男德慶

十八世　嘉賓公之長子

道通　諱道塔　號　子四　德沛　德垂　德蔭　德後

十八世　嘉如公之長子

金堆公　號道攀　子一　福來

十八世　烏偉公之長子

道鵝公　號道鵝　子一　德傑

十八世　烏偉公第二子

道倫公　號道倫　子一　鎮國

十八世　烏偉公第三子

道氣公　號茲隆　子一　炳南

十八世　亭乞公之長子

道汀號

十八世　亭乞公第二子

熠炒公　號道芬　未娶先故

十八世　嘉竹公之長子

道昆公　號崑崙　子一　杏仁

十八世　嘉竹公第二子

道恕公　號道標　未娶先故　承繼男　洛書　墰烈

十八世　嘉謀公之長子

道修　諱火炎

十八世　嘉謀公第二子

啟賢　諱希賢

竊維枝茂本根深而派衍吾
祖系出陳留分派竹林再分晉
江青陽紫溪移居清溝鄉至吾
十二世祖撫義公遷移東泉郡
西奉聖舖住居至今弍佰餘載
雖孫子殊多奉祀神主牌位多
有未詳年進亦多龕已滿階孫等
會議茲將先後考妣彙齊登註
此譜俾後世子孫知吾　祖世
系相傳今奉
明代辛酉公諭擇四月初七日
子時謹將上世神主生卒諱號

登明牌位恭造
頂龕永為孝思焉
民國二十一年壬申桂月 立

裔孫 道猷
道修恭錄
玉壺

前清奉進頂龕諸祖考妣神主
諱號生卒恭錄于左

六世

元一公之長子

皇明

故考二十三翁東溪阮公

神主

故妣諱淑範　曾孺人

孝男養正養氣養性

公諱天榮字懷祿號東溪

生於　辛巳年十一月三十日巳時

卒於萬曆癸卯年八月十七日　未時

公塋在南安三十三都東眉鄉古玄山下后

坛坑坐甲向庚右畔祖坟壹穴丙午年三

月初四日申時卜葬

媽曾氏生卒失詳

六世祖

元一公之次媳　懷慎公之元配

皇清顯妣八十齡勤儉阮母黄太孺人神主

孝男

生於萬曆癸卯年六月初六日申時

卒於康熙二十一年壬戌十一月初六日寅時

塋在赤塗山下

七世祖

東溪公之次子

養氣公字直甫號璧泉

神主

暨妣許氏

孝男廷魁廷鳳

公生於乙未年六月初七日寅時卒已失詳

媽生於甲子年九月初九日卯時卒已失詳

八世祖

養氣公之長子

廷魁公 字萬卿

公與媽內歷失詳

暨妣 賴氏 神主

公於萬曆壬午正月十一日申時生

媽於萬曆乙酉年四月廿八日亥時生

卒均係失明

孝男啟能奉祀

九世祖

瑞芳公 字啟能 諱子能 號瑞芳

廷魁公之長子

暨妣盧氏 號瑞靜

其生辛亥年失明

孝男遷卿奉祀

瑞芳公之長子

十世祖
皇清顯考七十三翁德菴阮公
故妣三十三齡慎德凌氏　主

孝男卯兒

公諱逵卿號德菴

生於萬曆三十八年庚戌四月初三日吉時

卒於康熙二十一年壬戌十一月廿五日辰時

塋在青陽市后林崎

媽凌氏號慎德

生於　戊午年正月廿九日吉時

卒於順治七年庚寅十弍月初八日吉時

塋在溝頭鄉砌路礁

十一世

皇清

待贈八十八翁敬齋阮公　暹邏鄉公第四七

顯妣五十九齡勤慎施氏　主

孝男雙觀彰觀御觀

公諱卯觀號敬齋

生於崇禎十二年丁卯二月初八日卯時

卒於雍正二年甲辰正月廿弍日申時

塋在淸頭鄉砌路碓與母合穴

媽施氏號勤慎

生於順治六年己丑六月初九日辰時

卒於康熙四十六年丁亥三月初十日未時

十二世

卯觀第三子

清 顯考七十一翁撫義阮公
待贈九十一齡柔恬林氏 神主
孝男偶觀教觀都觀
孝孫扶觀于觀祖觀送觀遭觀

公諱御觀號撫義 移居西門開基
生於康熙二十三年甲子正月十七日丑時
卒於乾隆十九年甲戌十月廿一日丑時

媽林氏諱好娟號柔恬
生於康熙三十三年甲戌七月十三日酉時
卒於乾隆四十九年甲辰四月廿一日申時

風水考妣合穴葬在晋江三十二都井尾
鄉土名林厝山穴坐庚甲兼酉卯分金
庚申庚寅

卯觀之長子

十二世

皇清故考二十五歲勤樸阮公神主

孝男來觀

承繼男御觀　仝奉祀

公諱雙觀號勤樸

生於康熙十八年己未十弍月十六日子時

卒於康熙四十二年癸未正月廿五日巳時

十三世

皇清顯妣四十三齡懿箴阮母吳孺人神主

孝男

卯觀之長子

十二世

皇清故考二十五歲勤樸阮公神主

孝男來觀
承繼男御觀 仝奉祀

公諱燮觀號勤樸

生於康熙十八年己未十弍月十六日子時

卒於康熙四十二年癸未正月廿五日巳時

十三世

皇清顯妣四十三齡懿箴阮母吳孺人神主

孝男

媽吳氏諱金娟號懿箴

生於雍正八年庚戌年正月初三日亥時

卒於乾隆三十七年壬辰正月廿五日戌時

十三世

皇清顯妣六十一齡肅亭阮母黃孺人神主

孝男

媽黃氏諱珍娟號肅亭

生於乾隆二十七年壬午七月廿三日戌時

卒於道光二年壬午四月十四日子時

一三七

皇清

顯考六十三翁瑞樸阮公 [illegible]

顯妣八十三齡淑德林氏　主

孝男蓁光斗光

公諱来覌號瑞樸

生於康熙五十五年丙申二月初弍日亥時

卒於乾隆四十三年戊戌十月初三日辰時

塋在晋江三十二都前店鄉土名打人橋坐庚向申

兼艮坤分金丙寅丙申

媽林氏諱大娟號淑德

生於雍正三年乙巳三月初八日辰時

卒於嘉慶十一年丙寅二月廿五日酉時

塋在晋江三十九都后墓鄉土名石船山

十三世

御觀第四子

皇清

顯考五十七翁篤寔阮公

顯妣七十三齡孝順黃氏

主

孝男鎮觀傳觀送觀

公諱都觀號篤寔

生於康熙六十年辛丑六月初四日丑時

卒於乾隆四十二年丁酉五月十四日辰時

媽黃氏諱嬋娟號孝順

生於康熙六十一年壬寅十月初八日子時

卒於乾隆五十九年甲寅九月三十日未時

十四世

耒觀之長子

皇清
故考二十七歲尊揚阮君
故妣二十八歲柔惠鄭氏 主

孝男立英奉祀

考諱葵觀字葵光號尊揚

生於乾隆十年乙丑十月廿五日午時

卒於乾隆三十六年辛卯五月十九日辰時

塋在西門外頂烏岸水閘口

妣鄭氏諱崔娟號柔惠

生於乾隆十二年丁卯九月初八日未時

卒於乾隆三十九年甲午四月十二日辰時

十四世

皇清
故考三十三歲文斗阮君
故妣三十歲怡悦吳孺人
主
孝男壽英　青燕

来观第二子

先考諱斗观號文斗
生於乾隆十四年己巳十二月初三日寅時
卒於乾隆四十六年辛丑六月廿九日未時

先妣吳氏號怡悦
生於乾隆十六年辛未八月初八日未時
卒於乾隆四十五年庚子十一月初一日巳時

十三世

皇清故考一十八歲明廷阮君神主

生於乾隆十四年己巳九月三十日辰時

卒於乾隆三十一年丙戌十一月十六日午時

十四世

皇清顯考五十六翁敦亭阮公神主

都観第三子

承繼男　賜英（穆老公次子繼）　吉英（正元公次子繼）

公諱送観號敦亭

生於乾隆三十一年丙戌五月初五日午時

卒於道光元年辛巳五月十二日申時

孝觀之長子

皇清須考馬十一翁質樸忠公　私主

十四世

先室二十七齡順和許氏

繼室五十八齡柔順葉氏

孝男　冬觀　解元

公諱扶觀號質樸　生於乾隆十六年辛未三月十四日未時
卒於乾隆五十六年辛亥九月十九日戌時

塋在南安三都直嶺頂下馬隴下坑内土名塔崙尖石下　穴坐艮向坤兼寅申　分金丙寅丙申

先妣許氏號順和　生於乾隆十七年壬申三月初八日亥時
卒於乾隆四十三年戊戌十月十八日巳時

拾入骸棺與夫扶觀同塋

繼妣葉氏諱轉娟號柔順
生於乾隆二十一年丙子十月廿八日酉時
卒於嘉慶十八年癸酉五月十七日辰時

塋與夫扶觀同穴

先室二十一齡里色粘氏

皇清顯考六十七翁誠齋阮公　神主

繼室三十六齡里發武氏

承繼男讀書　承繼孫雅旺老樹

公諱全觀字憲全號誠齋　塋在溪墘山

生於嘉慶六年辛酉八月廿四日寅時

卒於同治六年丁卯九月十七日丑時

先室粘氏號里色

生於嘉慶二十三年戊寅七月廿八日巳時

卒於道光十八年戊戌七月初六日丑時

繼室武氏號里發

生于嘉慶十八年癸酉五月初五日戌時

卒于道光二十八年戊申十一月十六日亥時

十五世

皇清故考三十二歲孫圃阮君神主

扶觀之長子

孝男雨水

公諱冬觀號孫圃

生于乾隆四十一年丙申九月初七日戌時

卒于嘉慶十二年丁卯十二月三十日辰時

塟在晉江新門外三十三都觀音閣前土名莊庭頭

十五世

皇清故考三十六歲特立阮君神主

扶觀之次子

孝男

先考諱解允號特立

生于乾隆四十七年壬寅七月十五日申時

卒于嘉慶二十二年丁丑九月初一日申時

塟在晉江東門外土名三山石穴坐乾向巽兼亥巳

十五世

于覌之長子

皇清

故考二十四歲孫立阮君

故妣四十三歲恬純陳氏

主

孝男 孔英 懷英 奉祀

考諱長生 字應龍 號孫立

生于乾隆五十年乙巳九月初弍日辰時

卒于嘉慶十三年戊辰三月廿九日申時

妣陳氏 諱焉娟 號恬純

生於乾隆五十二年丁未四月廿三日未時

卒於道光九年己丑八月十八日申時

十五世

皇清顯考三十三歲憲欽阮君神主　孝男

先考諱欽規　號憲欽　生于嘉慶四年己未五月廿四日寅時
卒于道光十一年辛卯七月初四日未時

十五世

皇清故室十七歲貞祥阮門鄭氏　主

故室鄭氏名閒娟　號貞祥　生于乾隆三十七年壬辰七月初八日寅時
卒于乾隆五十三年戊申五月十九日申時

十五世

皇清故考十八歲阮君　主

先考諱號失詳　生于嘉慶十四年己巳九月三十日辰時
卒于道光六年丙戌十一月十六日午時

十六世

有福公第二子

皇清故考三十二歲寬存阮君神主

先考諱作賦號寬存

生于道光二十年庚子正月初四日戌時

卒于同治十年辛未九月廿五日亥時

民國二十一年壬申四月初七日子時

玆將幼亡男女兒童生卒諱號香火粉牌奉進

頂龕開列于後

皇清故媳三歲阮門林氏

生于同治七年戊辰十一月十六日子時

卒于同治九年庚午十月初九日未時

嘉藩公之次子

皇清故男十歲道恩阮君

生于光緒十八年壬辰七月十九日

卒于光緒二十七年辛丑五月初六日

嘉藩公第三子

皇清故男六歲道慶阮君

生于光緒二十二年丙申九月廿一日

卒于光緒二十七年辛丑四月十六日

嘉藩公之孫女

民國亡孫女阮鷓鴣治

生四月十一日巳時

卒三月廿四日巳時

皇清故男六歲道丹阮君
丕侃公第三子
生于光緒十三年丁亥九月廿三日巳時
卒于光緒十八年壬辰八月十五日卯時

皇清亡女十歲阮剌治
丕侃公之長女
生于光緒八月廿三日午時
卒于宣統四月十九日未時

民國亡男七歲阮必顯
道佑之長子
生於宣統三年辛亥四月初五日
卒於民國六年丁巳六月初五日

民國亡孫媳七歲擷治阮門陳氏
生于宣統二年庚戌十二月廿二日吉時
卒于民國五年丙辰十月廿九日　吉時

阮順林　敏切公之孫　故姪孫阮煌英　内歷不明
阮廷欣　藻東之長子　故女孫阮韞治　内歷失明
阮圖要　敏切公之孫　故長女阮巴治　係清泉公之女也
阮　君　未知何柱
阮　宣　未知何柱
以上五主幼亡其生卒年月完全失
詳特此声明

民國二十一年壬申四月初七日子時奉進頂
龕諸祖考妣神主諱號生卒各列于左

十四世

偶觀之長子

皇清故考三十歲騰美阮公神主

皇清故妣三十一歲貞義洪氏主

孝男 秋菊 青連 奉祀

公 諱強觀 字爾強 號騰美

生于乾隆十一年丙寅六月初六日巳時

卒于乾隆四十年乙未九月十九日子時

媽 諱貞娟 號貞義

生於乾隆十五年庚午五月廿乂日巳時

卒於乾隆四十五年庚子正月廿二日酉時

塋在下烏岓大碑焷 考妣合穴

十四世

教觀第二子

皇清鄉飲大賓八十九翁顯考慎庵阮公主

清封孺人〻〻卜六齡顯妣慈懿張太孺人主

孝男　應龍　出繼男文章

應文　舉生

公乳名于觀官章　明造字爾志號慎庵

生于乾隆二十一年丙子正月二十日巳時

卒于道光二十四年甲辰十月廿二日子時

媽張氏諱敬娟號慈懿

生于乾隆二十三年戊寅六月初十日未時

卒于道光二十三年癸卯十一月廿九日子時

考妣合塋於南安潘山舖土名蔡厝墓山

係蔡觀封八仙圍棋山右畔穴坐乙向

辛兼卯酉

十四世

教觀第三子

皇清顯考三十歲敦樸阮君神主

清顯妣八十五齡慈儉吳氏神主

承繼男文章 係是于觀第三子繼出

孝　男隨香

公諱曹觀號敦樸

生于乾隆二十八年癸未六月十九日巳時

卒于乾隆五十七年壬子閏四月十四日午時

媽諱諸娟號慈儉吳氏

生於乾隆三十三年戊子九月廿五日亥時

卒於咸豐二年壬子六月十六日丑時

十四世

偶觀第四子

皇清
顯考五十三翁質庵阮公
顯妣八十五齡慈崴周氏　主
孝男　憲宗　憲生
庭僚　有福　憲全

公諱爾祖號質庵
生于乾隆二十三年戊寅四月廿三日巳時
卒于嘉慶十五年庚午二月初十日亥時
媽諱炎娟號慈崴
生于乾隆三十七年庚辰十月二十日未時
卒于道光二十四年甲辰七月十九日酉時
考妣合塋北門外后墓鄉土名霞埔穴坐
乙向辛分金辛卯辛酉

十五世　爾強公之長子

清
顯考五十四翁種德阮公神主
顯妣七十有六齡嶶恭阮母朱孺人神主

孝男榮華　應古　應開
應時　子基
承重孫偉績

公諱秋菊字遜淡號種德
生于乾隆三十五年庚寅九月廿九日戌時
卒于道光三年癸未八月二十九日亥時
塋在東門外賜恩山后土名紙峰山穴坐乾向巽兼巳亥

媽諱報舍號嶶恭
生於乾隆四十二年丁酉七月二十日酉時
卒於咸豐二年壬子十月廿五日申時
塋在南安后田土名鷄舌山穴坐坤向艮兼辛寅
秋菊公後來拾骸改塋南安頂三都陳塘宮右畔落水蛇

十五世

爾祖公之長子

皇清

顯考五十五翁孫信阮公　主

顯妣五十七齡柔惠阮母吳孺人神主

孝男　旭觀　洽觀

日老　咸池

公諱憲宗號孫信

生於乾隆四十八年癸卯十月初一日亥時

卒於道光十七年丁酉三月初五日寅時

葬在南安潘山土名馬尾山穴坐乙向辛兼辰戌分金辛卯辛酉

媽吳氏諱蕉娟號柔惠

生于乾隆五十五年庚戌七月初七日子時

卒于道光二十六年丙午九月十三日未時

葬在南安潘山鄉土名高厝山穴坐巽向乾兼辰戌分金丙辰丙戌

十五世

爾祖公第二子

皇清

顯考五十五翁樸軒阮公

顯妣五十九齡勤德李氏

主

孝男 豬觀

交觀

公 諱 廷僚 號 樸軒

生于乾隆五十一年丙午八月初二日卯時

卒于道光二十年庚子七月十七日子時

媽李氏諱快娟號 勤德

生于乾隆五十八年癸丑七月初八日亥時

卒于咸豐元年辛亥二月初二日戌時

塋在南安潘山土名石角山坐甲向庚兼寅申

十五世

爾祖公第三子

清

顯考五十一翁樸亭阮公

顯妣六十九齡慈惠王氏　神主

孝男　貞茂　作賦　聰覌

孝孫　丁火

公諱有福字憲厚號樸亭

生于乾隆五十七年壬子閏四月廿三日酉時

卒于道光二十二年壬寅六月十一日辰時

塋在南安曾坑崎

媽王氏諱意娟號慈惠

生于嘉慶十四年己巳三月廿二日未時

卒于光緒三年丁丑四月廿五日卯時

塋在南安潘山鄉土名后墓山穴坐南向北

十五世

爾祖公第四子

清 顯考四十九翁誠寔阮公
顯妣六十六齡勤儉蔣氏 神主

孝男 宣覌 雙喜 讀書

公諱憲生號誠寔

生于嘉慶三年戊午六月初三日寅時

卒于道光二十六年丙午五月二十日巳時

塋在西門外下烏岸大碑牌脚

媽蔣氏諱愛娟號勤儉

生于嘉慶十七年壬申八月十三日吉時

卒于光緒三年丁丑七月初一日申時

塋在西門外頂烏岸

十五世

曹觀之長子

清

顯考三十六歲樸軒阮公

顯妣六十八齡成勤莊氏

神主

孝男子揚

公諱文章號樸軒

生于乾隆五十五年辛亥三月十九日戌時

卒于道光六年丙戌十二月二十一日巳時

塋在西門外下烏岸大碑牌

媽莊氏諱玉娟號成勤

生于乾隆五十八年癸丑七月初四日亥時

卒于咸豐十年庚申十一月廿五日卯時

塋在南安濡山土名石角山

十五世 于覌第二子

皇清
顯考六十九翁定齋阮公
侍贈先室五十九齡靖嶶李孺人 神主

孝男 長房尚標 四房尚接
孝孫 玉營 玉著

公諱三會字憲魁號定齋
生于乾隆五十二年丁未四月廿六日吉時
卒于咸豐五年乙卯三月廿三日巳時
塋在潘山蔡厝墓口土名乳母山坐北向南

媽李氏諱勸娟號靖嶶
生于乾隆五十五年辛亥八月十一日卯時
卒于道光二十九年己酉八月初四日辰時
塋在南安頂三都陳坑尾山对面土名
土地挖穴坐丙向壬兼巳亥分金丁巳丁亥

十五世

皇清

于覌第四子

待贈五十有四翁顯考敦齋阮公

待贈七十五齡顯妣懿德吴孺人

神主

孝男 學詩 長庚 學習 金烏 承繼孫 清思 明治 孝孫 嘉琛 嘉竹

公名文舉字孫誠諱應文號敦齋

生于嘉慶二年丁巳六月十六日午時

卒于道光三十年庚戌九月十六日戌時

媽吴氏諱嬿娟號懿德

生于嘉慶二年丁巳三月初八日亥時

卒于同治十年辛未七月初九日巳時

墓在南安三都工馬壟土名馬石脚坐北

向南子午壬丙風水做樓臺格磚壙

十六世 秋菊公之長子

清

顯考二十六歲厚光阮公

顯妣四十九齡勤順王氏 神主

孝男偉績 承繼男水觀

公諱榮華號厚光

生于嘉慶二年壬午（丁巳）正月十七日丑時

卒于道光二年壬午四月初八日亥時

媽王氏諱純娘號勤順

生于嘉慶四年己未十一月十五日午時

卒于道光二十七年丁未六月廿一日午時

塋在北門外三十九都清源水流坑山

土名泰嘉山尾穴坐寅向申兼甲庚

分金庚寅 庚申

十六世

秋菊公第三子

皇清

顯考二十六翁春暉阮公
顯妣六十一齡勤德陳氏　主

孝男　興觀
琳觀

公諱厚開號春暉字應開
生于嘉慶七年壬戌六月初四日卯時
卒于道光七年丁亥八月初五日酉時
另註兄弟五位塋在南安三都墳田山穴坐巽向乾

媽陳氏諱煥娟號勤德
生于嘉慶九年甲子十月初四日辰時
卒于同治三年甲子六月十九日丑時

十六世

秋菊公第四子

清

顯考四十九翁春耀阮公

顯妣五十二齡勤慈王氏

神主

孝男丕拱

丕草

丕泮

出繼男丕水

公諱應時號春耀

生于嘉慶十年乙丑正月初一日亥時

卒于咸豐三年癸丑七月廿九日申時

塋在潘山土名象山穴坐西向東兼酉卯分金丁酉丁卯

媽王氏諱妹娟號勤慈

生于嘉慶十三年戊辰五月初八日吉時

卒于咸豐九年己未六月初四日申時

塋在潘山鄉土名田厝山

十六世　應龍公之子

清
故考二十九歲尚倫阮君
顯妣七十六齡悳莊蔡氏　神主

孝男節用　孝孫道運

公諱懷覌號尚倫
生于嘉慶九年甲子九月廿四日巳時
卒于道光十二年壬辰二月廿六日戌時

媽蔡氏諱刋娟號悳莊
生于嘉慶九年甲子四月初二日吉時
卒于光緒五年己卯十月十一日辰時

塋在潘山草困山坐北向南

十六世

青蓮公之長子

皇清
例授登仕佐郎五代大父七十有五翁顯考樸堂阮公神主
例封八品孺人五代大母六十六齡繼妣蓀巖陳孺人神主

皇清先妣三十六齡程雲阮母鄭孺人神主

孝男
德選　廼緻　德章
德裕　乾坤　德輝

公諱心願字捷元官章應魁號樸堂
生于嘉慶七年壬戌十月初四日戌時
卒于光緒二年丙子十二月十三日寅時

先室鄭氏諱腰娟號程雲
生于嘉慶七年壬戌十月廿一日子時
卒于道光十七年丁酉六月初四日巳時

繼妣陳氏諱未娟號蓀巖
生嘉慶二十年乙亥十月初九日卯時
卒光緒六年庚辰八月二十日午時

心願公後拾骸改塟南安通山頭下

先妣鄭氏塟在南安水閣山土名西鄭穴在草花蛇面前坐癸

向丁兼丑未

繼妣陳氏塟在南安三都水閣山土名陳坑尾对面穴坐午向子兼

丁癸分金庚午庚子

十六世　青蓮公第三子

皇清故考九歲虎府君　主

先考諱號捷令　承繼男立志　德輝　立淡

生于嘉慶十四年己巳九月十四日吉時

卒于嘉慶二十二年丁丑五月十四日申時

塟在南安三都土名葵山林厝山

十六世

青蓮公第二子

皇清
鄉飲耆介賓五代大父六十九翁均堂阮公
封孺人五代大母八十齡莊儉阮母葉孺人
神主

承重孫亨豫孝男德貞乾坤承繼男德輝孝孫亨系亨右亨丁

公諱捷平號均堂

生於嘉慶十年乙丑二月初二日丑時

卒於同治十二年癸酉四月十六日丑時

葬在潘山后墓山坐丙向壬兼午子分金辛巳辛亥

媽葉氏諱娟號莊儉

生于嘉慶十年乙丑正月十一日酉時

卒于光緒十年甲申八月十四日巳時

葬在南安三都直嶺宮后穴坐坤向艮兼未丑分金丁未丁丑

十六世

三會公之長子

清

顯考四十八翁慈順阮公　神主

顯妣七十四齡惠順潘氏

孝男　丕營　丕著

孝孫　道鑑　道極

公　諱標生字尚標號慈順

生于嘉慶十三年戊辰八月廿二日子時

卒于咸豊五年乙卯七月初六日巳時

塋在南安潘山鄉土名后黃山坐東向西

媽潘氏諱蜂娟號惠順

生于嘉慶十七年壬申五月十七日卯時

卒于光緒十一年乙酉十一月初一日未時

塋在北門外林厝山土名風巾石脚坐乙向辛兼卯酉

十六世

三會公第四子

清顯考二十四翁正直阮公
妣六十七齡慈貞陳氏 神主

孝男嘉賓 孝孫道塔

公諱老接字尚接號正直

生于道光十年庚寅九月廿一日子時

卒于咸豐三年癸丑五月初九日巳時

媽陳氏諱朗舍號慈貞 誥命節孝欽賜建坊

生于道光十五年乙未十一月廿二日寅時

卒于光緒二十七年辛丑五月初八日巳時

風水在溪墘山

十六世

三會公第二子

皇清

故考三十歲斐園阮府君

故妣二十一歲恬順蕭氏　主

孝男灶柿

公諱赤觀號斐園

生于嘉慶二十一年丙子十月初五日子時

卒于道光二十五年乙巳七月初八日辰時

塋在東門外土名許厝岸穴坐乙向辛

媽蕭氏諱欣娟號恬順

生于嘉慶二十一年丙子八月十六日卯時

卒于道光十六年丙申正月初九日寅時

塋在東門外三十九都驛路鋪通

政山穴坐甲向庚兼卯酉

十六世

有福公之長子

清顯考四十一翁松園阮公
妣四十五齡淑鸞伍氏
神主

孝男丁火

公諱貞茂號松園
生于道光二十一年辛丑十一月廿七日戌時
卒于光緒七年辛巳正月初一日申時
塋在南安潘山土名豬頭石前坐北向南

媽伍氏諱孀娟號淑鸞
生于道光十九年己亥三月十三日卯時
卒于光緒九年癸未七月十三日午時
塋在西門外土名大碑碑后

十六世

有福公第三子

皇清顯考五十六翁敦直阮公神主

公諱聰覌號敦直

生于道光十二年壬辰四月十五日戌時

卒于光緒十三年丁亥七月十八日酉時

十六世

孫添公之次子

皇清故次男雲岩一十有七歲阮府君神主

生於道光六年丙戌九月十一日辰時

卒於道光二十二年壬寅十一月廿九日未時

十六世

憲生公之長子

清故考四十三歲厚宣阮君神主

承繼男木里

生于道光十六年丙申正月十三日巳時

卒于光緒四年戊寅六月十六日巳時

十六世

憲生公第二子

皇清顯考五十一翁瑞圃阮公神主

民國顯妣七十六齡端素張氏神主

出繼男木里

公諱讀書字厚讀號瑞圃

生道光十九年己亥三月廿八日亥時

卒光緒十五年己丑五月十七日巳時

媽張氏諱素娟號端素

生于咸豐三年癸丑九月廿五日吉時

卒于民國十七年戊辰八月初三日吉時

十六世

憲生公第三子

清
顯考六十二翁敦正阮公神主
顯妣四十八齡淑範楊氏神主

孝男 丕葱奉祀

公諱雙喜號敦正

生于道光二十二年壬寅正月十九日吉時

卒于光緒二十九年癸卯七月十一日申時

塋在溪墘山

媽楊氏諱好娟號淑範

生于咸豐二年 壬子十月初一日吉時

卒于光緒二十五年己亥九月廿七日辰時

十六世

庭僚公之長子

清　考四十有一歲靜修阮君
故妣四十五齡懿慈林氏　神主

孝男尊覌

公諱猪覌號靜修

生于道光三年癸未九月廿一日吉時

卒于同治二年癸亥八月廿七日吉時

媽林氏諱笑娟號懿慈

生于道光元年辛巳九月十一日吉時

卒于同治四年乙丑八月初一日申時

塋在南安潘山土名李厝山坐北向南

十六世

庭僚公第二子

清

顯考六十一翁篤圃阮公

妣四十九齡懿慈張氏　神主

孝男悌觀樹觀　孝孫金水

公諱交觀號篤圃

生于道光五年乙酉三月初三日午時

卒于光緒十一年乙酉八月十六日午時

媽張氏諱富娘號懿慈

生道光十八年戊戌二月十二日卯時

卒光緒十二年丙戌三月初一日巳時

十六世

文章公之長子

皇

清

故考三十三歲篤毅阮君神主

先考諱揚觀字子容號篤毅

生于嘉慶十八年癸酉八月十二日吉時

卒于道光二十五年乙巳九月廿四日吉時

十六世

憲宗公之次子

清

顯考四十九翁瑞軒阮公 神主

故妣二十八齡克勤郭氏

出繼男 丕坡

丕遣

公諱日老號瑞軒

生于嘉慶十七年壬申十一月十一日吉時

卒于咸豐十年庚申六月初七日寅時

媽郭氏諱雙娟號克勤

生于道光八年戊子六月十六日戌時

卒于咸豐五年乙卯九月十六日未時

塋在南安潘山鄉土名馬尾山

十六世　憲宗公第三子

皇清故考二十三歲尚期阮君神主

承繼男丕遣

承繼孫道眉

公諱洽覌號尚期

生于嘉慶二年乙亥十二月廿四日寅時

卒于道光十七年丁酉三月廿三日亥時

十六世　應文公第四子

皇清故考十九歲惟仁阮府君神主

先考諱保佑字金荷號惟仁

生道光十六年丙申十月初一日子丑時

卒咸豐四年甲寅九月十五日巳時

塋在南安潘山土名石角山脚蔡覌風使八仙圍棋墓右畔穴坐

乙辛辰戌

十六世

應文公之長子

皇清鄉飲耆賓顯考六十六翁楷園阮公神主

皇清例封孺人顯妣七十二齡柔勤李氏神主

孝男 嘉如 嘉樣 出繼男 嘉農 嘉洞

公諱捷詩號楷園

生于嘉慶二十二年丁丑十月十二日午時

卒于光緒八年壬午十二月初七日巳時

塋在東門外鳳山土名岳后穴坐壬向丙兼子午分金辛亥辛巳

媽李氏諱逆娟號柔勤

生于道光二年壬午十月初十日亥時

卒于光緒十九年癸巳十月初七日亥時

塋在東岳貓兜洗穴坐艮向坤兼寅申

十六世

應文公之次子

皇清鄉飲介賓顯考五十二翁篤園阮公神主

皇清例封孺人顯妣六十二齡端惠林氏神主

孝男　德煒　德明

公諱捷賡號篤園

生于道光十年庚寅十月初十日午時

卒于光緒七年辛巳正月廿四日亥時

塋在北門外蔡厝山穴坐癸向丁兼丑未

媽林氏諱珍娘號端惠

生于道光十二年壬辰九月廿七日亥時

卒于光緒十九年癸巳十一月十二日亥時

塋在西門外三十九都段湖鄉土名馬

岸內穴坐艮向坤兼寅申分金申丑

申未外坐艮向坤兼丑未分金丁丑丁未

十六世

應文公第三子

皇清敕授登仕佐郎顯考五十翁橙園阮公

皇清敕授八品孺人顯妣五十八齡端慈林氏

孝男嘉謨孝孫道樵

道修

啟贊

公 諱學習 字瀛洲 號楷園

生于道光十四年甲午九月初弍日巳時

卒于光緒九年癸未十一月十二日寅時

葬在清源福鼎鄉土名粟埕後塗硐仔穴坐乾向巽兼戌辰分

金丙戌丙辰

媽林氏諱麵娟號端慈

生于道光二十五年乙巳二月初二日未時

卒于光緒二十八年壬寅六月廿一日申時

葬在南安曾坑鄉里頂

十七世

應開公之長子

清

故考三十五歲相助阮君

故妣三十六歲喜娟陳氏

神主

孝男炳根諱道掐

故男諱助觀字與觀號相助

生于道光四年甲申十二月三十日辰時

卒于咸豐八年戊午九月初四日酉時

故妣諱號喜娟陳氏

生于道光四年甲申十月初七日巳時

卒于咸豐九年己未五月初十日亥時

塋在西門外河岸大碑牌下

十七世

應時公第三子

皇清故考三十四歲修軒阮君神主

考諱草觀號修軒　生于道光二十三年癸卯六月廿六日吉時

卒于光緒二年丙子正月二十日未時

十七世

應時公第四子

皇清顯考五十四翁丕泮阮公神主

民國顯妣五十三齡勤惠林氏神主

孝男道度

公諱泮觀名狗觀號丕泮　生道光二十九年己酉六月初四日寅時

卒光緒二十八年壬寅正月初七日辰時

媽林氏諱葉娟號勤惠　生于同治十一年壬申五月十四日吉時

卒于民國十三年甲子九月廿三日卯時

公塋在西門外大碑牌后　媽塋在西門外二十四籃田頭腳

十七世

皇清顯考四十三歲拱巖阮公神主　應時公之長子

承繼孫德侗

公諱拱觀號拱巖

生于道光十一年辛卯七月十一日巳時

卒于同治十二年癸酉二月廿四日戌時

十七世

皇清故考八歲立淡阮府君神主　捷平公第二子

承繼

生于道光十四年甲午十月初八日亥時

卒于道光二十一年辛丑五月十六日丑時

十七世

猪覌之長子

皇清故考三十五歲丕智阮君神主

承繼男　查棊

宗海

考諱金尊號丕智

生于咸豐七年丁巳十二月廿八日辰時

卒于光緒十七年辛卯四月十三日未時

塟在西門外書房地

十七世

雙喜公之子

皇清故考三十五歲必達阮君神主

考諱丕慈號必達

生于光緒十二年丙戌十二月初六日吉時

卒于民國九年庚申十一月初七日寅時

十七世　讀書公之子

民國顯考五十翁端齋阮公神主

清故妣二十四齡懿慈杜氏神主

孝男吉品永砛

公諱木里字丕里號端齋　生于光緒元年乙亥十月十一日戌時

卒于民國十三年甲子十月初九日午時

先妣杜氏諱桂娟號懿慈　生光緒十四年戊子十月初十日吉時

卒宣統三年辛亥六月十七日巳時

十七世　日光公第二子

皇清故考四十九翁丕蟬阮公神主

承繼男道錄

公諱丕坡號丕蟬　生于道光二十九年己酉十二月初七日辰時

卒于光緒二十三年丁酉九月廿二日申時

塋在南安崎特嶺與道　杜公合穴穴坐未向丑兼坤艮

十七世

尚標公之長子

清

顯考五十七翁瑞齋阮公神主

顯妣五十六齡勤茲林氏神主

孝男 道鑾

道極

公 諱烏營號瑞齋

生于道光十五年乙未正月十五日午時

卒于光緒十七年辛卯七月二十日未時

塋在東門外土名大貓兜洗穴坐子向午兼癸丁

分金庚子庚午

媽 林氏諱雪娟號勤茲

生于道光二十三年癸卯十一月十六日未時

卒于光緒二十四年戊戌十月十二日酉時

塋在東岳山土名狀元旗屈乾穴坐甲向庚

十七世

赤观號斐園公之長子

清
顯考六十五翁樸齋阮公
顯妣四十六齡勤莊謝氏 神主

孝男 道粒 道拋

公諱柿观號樸齋
生于道光二十四年甲辰三月初八日吉時
卒于光緒三十四年戊申三月初二日午時

媽謝氏諱羨娟號勤莊
生于咸豐二年壬子八月十一日亥時
卒于光緒二十三年丁酉四月廿三日辰時
塋在西門外溪墘山

十七世

清
顯考五十六翁節用阮公
顯妣四十三齡惠儉吳氏　神主

孝男道運

公字九治諱號節用
生于道光三年癸未七月廿九日辰時
卒于光緒四年戊寅六月十八日酉時

媽吳氏諱香娟號惠儉
生于道光十六年丙申三月初八日巳時
卒于光緒四年戊寅三月初五日未時

懷觀號尚倫公之長子

十七世

學詩公第二子

清　顯考六十二翁仁齋阮公　神主

顯妣五十三齡儉順吳氏

孝　男道尭

出繼男道壽

公字嘉農諱二郎哥號仁齋

生于道光二十四年甲辰五月十一日辰時

卒于光緒二十一年乙巳六月廿八日未時

媽吳氏諱金娟號儉順

生于咸豐二年壬子八月十二日吉時

卒于光緒三十年甲辰三月廿一日未時

塋在西門外溪墘山

十七世

學詩公第三子

皇清故考三十九歲質直阮君神主

承繼男　道堯　道拋

考諱棟觀字嘉洞號質直

生于咸豐七年丁巳閏五月廿六日寅時

卒于光緒二十一年乙未十一月廿五日亥時

葬在尾窟后烏岸

十七世

學詩公第四子

皇清故考二十九歲丕志阮君神主

考諱坐檥字嘉檥號丕志

生于同治元年壬戌十一月初九日子時

卒于光緒十六年庚寅三月初十日辰時

十七世

學習公之次女

皇清故女十七歲阮亦治神主

承繼男　道倫

道恕　道修奉祀

生于同治八年己巳九月初七日

吉時

卒于光緒十一年乙酉六月初九日

塋在西門外下烏岸

十八世

二郎公之長子

皇清故考三十一歲道講阮君

故妣一十四歲懿香楊氏

主

先考諱號道講生卒未詳塋在厦門港

先妣諱歡治號懿香

生于光緒十一年乙酉九月十六日申時

卒于光緒二十四年戊戌三月十四日丑時

塋在北門外烏岸坐北向南

十八世

二郎公之次子

清

故考三十二歲道壽阮君

故妣二十七歲貞淑余氏　神主

先考諱 號道壽　生于光緒元年乙亥正月廿四日卯時　卒于光緒三十二年丙午八月廿四日未時

塋在尾窰后二十四籃田頭

故妣余氏諱寶治號貞淑　生于光緒五年己卯八月初十日寅時　卒于光緒三十一年乙巳五月十四日酉時

塋在東岳李公祠后坐北向南

十八世

二郎公第三子並第四子

清

故三男一十八歲道立阮君神主

故四男五歲道楬阮府君神主

道立　生于光緒十一年乙酉四月廿二日寅時　卒于光緒二十八年壬寅二月廿九日午時

塋在尾窪后土名大墩坐墩向城

道粡

生于光緒十六年庚寅三月初二日午時

卒于光緒二十年甲午三月初八日未時

十八世

助观之子

清故考四十五翁道招阮君

故妣二十一齡椒娘康氏

神主

承繼男金比

考諱招君字根本號道招

生于咸豐三年癸丑十一月十一日酉時

卒于光緒二十三年丁酉十二月初二日酉時

故妣康氏諱號椒娘

生于同治四年乙丑五月十九日卯時

卒于光緒十一年乙酉三月初一日酉時

十八世

玉水公之長子

皇清故考四十五翁仰山阮公神主

孝男德倜

公諱力只字粟子號仰山 元配王氏因家貧出外謀生無歸

生于同治五年丙寅二月十三日子時

卒于宣統二年庚戌十月十一日戌時

塋在南安三十五都黃山社土名北山頭

十八世

玉津公之長子

民國故男二十五歲道度阮君神主

生于光緒二十五年己亥正月十八日未時

卒于民國十二年癸亥六月十九日酉時

十八世

烏偉公第二子

民國故考四十六歲道倫阮君　主

故妣三十八歲淑柳蘇氏

孝男鎮國

先考諱號道倫　生于光緒三年丁丑七月十六日巳時

卒于民國十一年壬戌二月十三日亥時

妣蘇氏諱柳娟號淑柳　生光緒五年己卯四月廿五日亥時

卒民國五年丙辰九月廿七日酉時

塋在尾窒后廿四田頭

十八世

烏偉公第四子

皇清故男十有六歲道羅阮府君　主

故男諱號道羅　承繼男鎮國

生于光緒十二年丙戌十一月十七日丑時
卒于光緒二十七年辛丑五月初六日申時

十八世

烏營公之長子

清 故考三十三歲道泰阮君 神主
故妣三十四歲端貞王氏

先考諱太鑾字道鑾號道泰
生于同治七年戊辰六月廿一日午時
卒于光緒二十六年庚子　月　日　時
塋在西門外書房地

故妣王氏諱錦娟號端貞
生于同治九年庚午十月廿六日辰時
卒于光緒二十九年癸卯三月十四日酉時
塋在鯉魚尾

烏營公第二媳婦

道極公元配

十八世

皇清故妣二十三歲謹治黃氏神主

先妣黃氏諱　號謹治

生于同治八年己巳十月十八日巳時

卒于光緒十七年辛卯十一月十五日申時

親夫阮道極諱太極出洋無歸

節用公之媳婦係是道運公元配

十八世

皇清故妣二十三歲懿範陳氏神主

妣陳氏諱綏娘號懿範

生于同治十二年癸酉正月十三日巳時

卒于光緒二十一年乙未閏五月十三日亥時

塋在北門外土名郭厝烏岸坐丙向壬

親夫阮道運諱九使往外姓進贅無結果

十八世　德選公之長子

皇清顯考邑庠生三十一翁仁軒阮公神主

民國顯妣五十五齡端秀阮母洪孺人神主

孝男　雲龍　雨魚　高山　承繼男廷穆　承繼孫傳世

公　諱敦厚字道岸官章阮登號仁軒

生于咸豐二年壬子五月十一日午時

卒于光緒八年壬午五月十三日巳時

風水先塋潘山後拾骸改塋南安直嶺頂土名失詳

媽　洪氏諱應娟號端秀　係南門外亭塘鄉人也

生于咸豐十年庚申九月初八日巳時

卒于民國三年甲寅四月廿八日酉時

塋在潘山草菌山

十八世

廪观之長子

皇清故考二十三歲清泉府君

皇清故妣二十四歲銀舍林氏　神主

承繼男必顯

先考諱號清泉

生于光緒五年己卯十月初四日吉時

卒于光緒二十七年辛丑五月廿三日丑時

故妣林氏諱號銀舍

生于光緒五年己卯五月初四日吉時

卒于光緒二十八年壬寅六月三十日戌時

十八世

懇观第二子

民國

故考三十九歲國棟阮君

故妣三十一歲漢英傅氏

主

孝男泗陳

承繼男廷瀾

承繼孫傅倉奉祀

考諱丁观字藻武號國棟

生于光緒九年癸未四月十六日吉時

卒于民國十年辛酉八月廿六日巳時

塋在溪墘山

妣傅氏諱希若號漢英

生于光緒十六年庚寅五月廿六日卯時

卒于民國九年庚申三月十二日未時

塋在西門外溪墘山

十八世

木里公長子並次子

民國故長男十六歲吉品阮君神主

民國故次男十一歲永矜阮君神主

吉品

生于光緒三十年甲辰十月十五日吉時

卒于民國八年己未四月十八日申時

永矜

生于民國五年丙辰八月初六日戌時

卒于民國十五年丙寅五月廿八日未時

十八世

德章公之子女

皇清故出繼男阮西鯉

清故長女十歲阮永治

西鯉

永治

生卒年月日時完全不填

十八世
灶柿公之長子
皇清故考三十歲道粒阮府君神主
故考諱號道粒其生卒年月完全不知

十九世
道岸公之長子次子
皇清故長男二十七歲廷芬阮君
民國故次男三十六歲雨佳阮君
主
長男諱雲龍號廷芬
拾骸瘞在潘山草菌山
生于光緒元年乙亥十一月廿三日卯時
卒于光緒二十七年辛丑五月十三日申時
承繼孫家祥
次男諱雨魚字廷瑞號雨佳
逝於南洋泗水波
生于光緒五年己卯五月十一日卯時
卒于民國三年甲寅正月廿四日酉時

十九世

道岸公第三子

民國故考四十一歲密林阮君

皇清故妣一十五歲崧生盧氏

神主

先考諱高山號密林

生于光緒八年壬午十月廿七日吉時

卒于民國十一年壬戌二月十三日己時

盧氏諱春梅號崧生

生于光緒十六年庚寅十二月十五日卯時

卒于光緒三十年甲辰三月十七日申時

先考塋在潘山草菌山

十九世

藻耀公之長子

民國故考四十三歲天台阮君神主

妣二十七歲好緣朱氏神主

考諱廷璜號天台

生于光緒十八年庚辰九月十四日丑時

卒于民國十一年壬戌二月初八日己時

妣朱氏諱紅緞號好緣

生于光緒二十二年丙申三月廿六日巳時

卒于民國十一年壬戌二月十三日申時

考妣現已拾骸壅在北門外花園頭

十九世

謙遜公之長子

清故

考二十七歲廷谿阮君

妣二十一歲懿慈卓氏

神主

先考諱廷谿號

生于光緒二年丙子正月廿三日吉時

卒于光緒二十八年壬寅六月十七日午時

妣卓氏諱英娟號懿慈

生于光緒七年辛未八月十三日辰時

卒于光緒二十七年辛丑二月三十日巳時

十九世

藻飛公之兩子

皇清故長男十九歲廷炭阮君神主

民國故次男六歲廷壳阮府君神主

廷炭

生于光緒十八年壬寅七月十八日吉時

卒于宣統二年庚戌二月廿弍日亥時

廷壳

生于光緒三十一年乙巳八月初十日時子正

卒于宣統二年庚戌二月初八日午時

十九世

藻春公之長二三子也

清故長男二十七歲廷怡阮君神主

清故次男祥珍阮君神主

民國故三男二十一歲建珍阮府君

祥珍 生於

卒於

廷怡 生于光緒十五年己丑五月廿一日吉時

卒于光緒宣統元年己酉五月初九日卯時

建珍 生於光緒二十三年丁酉十二月十九日亥時

卒於民國六年丁巳五月初五日丑時

十九世

清故長女 藻荣公之長女 十三歲阮錦治

錦治 生于光緒十七年辛卯四月十一日巳時

卒于光緒二十九年癸卯六月十九日午時

拾骸瘗在潘山草菌山

十九世

道歆公之長次子

民國故 長男十九歲序秋阮君
次男十歲序淵阮府君 神主

序秋 生于光緒三十四年戊申六月十二日巳時
卒于民國十五年丙寅四月初四日巳時

序淵 生于民國六年丁巳十一月初五日吉時
卒于民國十五年丙寅三月廿二日申時

此二先君塋在南安三都下尾崎持嶺

十九世

道倫公之長子

民國故長男二十五歲鎮國阮君 主

承繼男傳機

鎮國 生于光緒三十二年丙午五月十一日酉時
卒于民國十九年庚午六月初八日未時

十九世

藻武公之長子

民國故長男十一歲泗陳阮君神主

泗陳 生于民國二年癸丑七月廿五日吉時

卒于民國十二年癸亥七月初九日吉時

承繼男傳倉

十九世

牛童公第三子

民國故三男七歲德乾阮府君神主

德乾 生于

卒于

塋在霞尾獅仔山

二十世

廷義之長子

民國故長男七歲雪航阮府君神主

雪航 生于民國九（八）年己未九月初九日卯時

卒于民國十四年乙丑正月廿七日申時

後拾骸改塋潘山草菌山

兹將正龕諸祖考妣諱號生卒年月登錄于左

十二世

撫義公元配

皇清待贈九十一齡祖妣柔恬阮母林孺人

孝男　偶觀　教觀　都觀

孝孫扶觀于觀祖觀送觀曹觀

祖妣林氏諱好娟號柔恬

生于康熙三十三年甲戌七月十三日酉時

卒于乾隆四十九年甲辰四月廿一日申時

風水在晋江三十二都井尾鄉土名林

厝山穴坐庚甲兼酉卯分金庚申庚

寅

十三世

御覌之長子

皇清顕考六十七翁純朴阮公神主

皇清顕妣五十六齡懿慈李氏神主

孝男　明述　爾強　爾祖

公諱偶覌號純朴

生于康熙五十一年壬辰十月廿六日寅時

卒于乾隆四十三年戊戌三月初四日未時

媽李氏諱失詳號懿慈

生于雍正元年癸卯十二月十八日亥時

卒于乾隆四十三年戊戌閏六月十六日巳時

風水考妣合穴壟在南邑曽坑崎鞍溝

口穴坐庚向甲兼申寅

十三世

御覌第三子

皇清顯考六十三翁怡亭阮公神主

皇清待贈顯妣八十四齡恭爨阮母黄孺人

孝男　扶覌

于覌

曹覌

承重孫　憲箴

公諱教覌字瑞禮號怡亭

生于康熙五十七年戊戌八月廿七日申時

卒于乾隆四十五年庚子十月初五日酉時

風水在清源水流坑顧厝山穴坐丙壬兼午子

媽黄氏諱銀娟號恭爨

生于雍正八年庚戌十一月廿九日寅時

卒于嘉慶十八年癸酉正月十五日午時

嘉慶十八年二月初一日安塋于晋江北門外三十九都水流坑鄉顧

厝山土名大道口穴坐丑未兼癸丁

十五世

爾強公第二子

皇清顯考鄉飲大賓六十三翁慎齋阮公神主

皇清顯妣七十有六齡慈恵阮母胡孺人神主

孝男 捷顧 捷平 捷令

生于乾隆十四年己巳十二月二十日亥時

卒于道光十七年丁酉八月廿四日酉時

公諱憲蓮字青蓮號慎齋

風水在南安三都直嶺水吼鄉土名新閘內穴坐癸向丁兼丑未至道光二十二年壬寅五月廿六日未時改塟陳坑尾对面山穴坐坤向艮兼申寅分金辛未辛丑井字十二度吉

媽胡氏諱月娘號慈恵

生于乾隆四十六年辛丑九月初五日辰時

卒于咸豐六年丙辰九月十六日巳時

十六世　憲宗公第四子

皇清顯考七十三翁篤軒阮公神主

皇清顯妣六十八齡賢慈粘氏神主

出繼　男丕照

孝　男丕侃

公　諱咸池號篤軒

生于道光元年辛巳九月廿一日酉時

卒于光緒十九年癸巳八月初八日卯時

風水在東岳邊土名牛豚港穴坐壬向丙兼子午　後改塟李公祠后

媽　粘氏諱富娟號賢慈

生于道光九年己丑六月廿六日酉時

卒于光緒二十二年丙申十一月十五日亥時

十七世

捷願公之長子

皇清貤封奉政大夫五代大父七十六翁篤齋阮公神主

皇清貤封宜人五代大母六十有六齡顯妣慈惠郭太宜人神主

孝男 道岸 藻榮

藻耀 藻欽

公諱烏馬硯字德選官章丕棋號篤齋

生于道光六年丙戌十月初八日酉時

卒于光緒二十七年辛丑七月十九日丑時

風水先塋南邑直嶺尖鋒山頭後來拾骸改塋於潘山台斗潭與妣郭氏合穴

媽郭氏諱桂娟號慈惠

生于道光九年己丑正月初九日酉時

卒于光緒二十年甲午二月初十日丑時

風水在潘山鄉土名台斗潭邊穴坐乾向巽兼亥巳分金庚戌庚辰

十七世　捷願公第二子

清授奉政大夫欽加同治銜覃恩加三級五代大父八十九翁顯考升齋阮公神主

民國　顯妣五代大母七十九齡端正阮母張宜人　神主

孝男　謙遜　藻春
　　　藻飛　泊諸孫曾等奉祀

公諱老驕字德裕號升齋　後拾骸改葬潘山婆侵寺

生于道光十一年辛卯九月初二日子時

卒于民國八年己未六月十四日丑時

風水在西門外通山頭穴坐坤艮兼未丑

媽張氏諱材娟號端正

生於道光十四年甲午十二月初八日酉時

卒於民國元年壬子四月十八日子時

以民國癸丑年四月十一日申時安厝於西門外頂三都水乩鄉通山

頭穴坐癸丁兼子午分金丙子丙午

十七世

捷顧公第三子

皇清故考二十八歲廷綬阮君神主

皇清故妣二十四歲静德洪氏神主

承繼男 藻春 群英

藻欽 秀峰

考諱迺緅號廷綬

生于道光二十五年乙巳正月初四日辰時

卒于同治十一年壬申六月十三日戌時

葬在南安潘山鎮尾土名后墓山穴坐東向西

妣洪氏諱淑娟號静德

生于道光二十八年戊申四月十七日未時

卒于同治十年辛未八月廿一日未時

風水在潘山后墓山與夫同穴

特註捷顧公之第四子諱懇覌號敏切繼捷平公亦為第四子也

十七世

捷願公第五子

皇清先妣二十五齡慈順阮母林孺人神主

皇清顯考四代大父五十四翁大琛阮公神主

民國繼妣四代大母四十三齡香夢王氏神主

出繼男群英 漢英

孝男藻文 孝孫燦明 燦仕 燦根 奉祀

公諱江深字德章號大琛

墓在潘山土名洪厝山

生于咸豐四年甲寅六月廿七日巳時

卒于光緒三十三年丁未十一月初十日未時

先妣林氏諱換舍號慈順

生於咸豐八年戊午十月初二日酉時

卒於光緒八年壬午九月廿四日巳時

墓在林厝山土名向天獅林祖墓腳合外媽同穴穴坐壬向丙

繼妣王氏諱綢娟號香夢

生于同治十三年甲戌六月十二日午時

卒于民國五年丙辰九月初六日未時

墓在潘山土名草帽山

十七世

捷顧公第六子

民國顯考四代大父五十八翁文齋阮公神主

民國顯妣四代大母五十二齡幽閒林氏神主

孝男藻東

藻穆 出繼芋埔林家甲姑

大贊 出繼廣覌 孝孫燦根

公諱六文字德輝號文齋

生于咸豐六年丙辰十二月廿六日午時

卒于民國二年癸丑七月二十五日申時

墓在潘山土名草菌山

媽林氏諱桂舍號幽閒

生于同治四年乙丑三月初六日辰時

卒于民國五年丙辰三月十四日未時

墓在潘山土名草菌山

十七世

捷平公第三子

皇清顯考四代大父四十八翁丕禮阮公神主

民國顯妣四代大母七十一齡貞靜曾氏神主

孝　男清泉

承繼男贊祖

孝孫　廷源

廷寔

公諱廬觀字德貞號丕禮

生于道光十九年己亥六月十九日未時

卒于光緒十二年丙戌九月廿八日卯時

媽曾氏諱燕舍號貞靜

生于咸豐二年壬子正月廿六日吉時

卒于民國十一年壬戌十一月初三日卯時

塋在潘山土名草菌山

十七世

捷平公第四子

皇清顯考三十四翁敏切阮公　神主

民國顯妣欽旌節孝敕封六品安人四大大母五十七齡孝端阮母卓太安人

孝男　藻愷
　　　藻武

公諱懇覌字德成又名乾坤號敏切

生于咸豐元年辛亥九月廿八日亥時

卒于光緒十年甲申二月十八日卯時

塋在南安水吼鄉土名后墓山

媽卓氏諱乘娟號孝端

生于咸豐六年丙辰三月廿二日吉時

卒于民國元年壬子十月十五日巳時

塋在潘山土名洪厝山

十七世

應時公第二子

皇清例封鄉飲大賓五十有三翁顯考泗濱阮公神主
皇清例封七品孺人六十有九齡顯妣慈祥陳氏神主
孝男栗子　菜只
孝孫德健　出繼孫德明

公諱水觀號泗濱
生于道光十五年乙未八月初二日午時
卒于光緒十三年丁亥閏四月十八日辰時
風水在於

媽陳氏諱拚舍號慈祥
生于道光十七年丁酉五月二十日寅時
卒于光緒三十一年乙巳七月初五日戌時
塋在西門外溪墘山

十七世

尚接公之長子

皇清故考三十四歲丕義阮君神主

皇清故妣三十三齡貞勤呂氏神主

孝男道塔

承繼男道南

公諱嘉賓號丕義

生于咸豐元年辛亥十二月十六日午時

卒于光緒十年甲申三月十七日卯時

塋在潘山鄉土名卧狗山穴坐東北向西南

媽呂氏諱濺娟號貞勤

生于同治二年癸亥二月廿二日亥時

卒于光緒二十一年乙未七月廿九日申時

塋在北門外郭厝河岸坐南向北

十七世

日老公之長子

皇清授修職郎五代大父顯考八十三翁景山阬公神主

皇清顯妣五代大母懿勤阬母吳氏孺人神主

孝男道灶　道鏞　出繼道汀　道猷

道歆　道南　道北

暨孫序華等曾孫奉祀

公　諱丕遺官章邦光號景山

生于道光二十六年丙午六月初四日未時

卒于民國十七年戊辰七月十八日巳時

風水在南安霞美獅仔山穴坐辛向乙兼酉卯分金丁酉丁卯

媽　吳氏諱續娟號懿勤　享年四十七歲

生于咸豐五年乙卯二月廿六日吉時

卒于光緒二十七年辛丑四月二十日寅時

風水在西門外溪墘山穴坐癸向丁兼子午

十七世

學詩公之長子

皇清顯考四十四翁丕仁阮公神主

皇清顯妣五十五齡端莊陳氏神主

孝男金堆

承繼男道壽

公諱嘉模字烏如號丕仁逝於臺灣嘉義城内塋在北門外山后後

來拾骸改塋西門外潘山土名石角山

生于道光二十一年辛丑八月三十日丑時

卒于光緒十年甲申六月十五日未時

媽陳氏諱瓊娟號端莊

生于道光二十六年丙午十月初一日吉時

卒于光緒二十七年辛丑五月初三日申時

塋在西門外溪墘山

十七世

捷賡公之長子

皇清顯考五代大父五十二翁丕煌阮公神主

民國顯妣五代大母七十齡春娟阮母吳孺人

孝男道鵝 道偺 道耀 道氣 道蹈 孫德傑 炳南 鎮國

公 諱烏偉號丕煌

生于道光二十八年戊申八月二十日丑時

卒于光緒二十五年己亥十月二十日亥時

塟在西門外石墌鄉土名石角內穴坐壬向丙兼先祖母旧穴

媽 吳氏諱號春娟

生于咸豐二年壬子六月廿二日丑時

卒于民國十年辛酉八月初一日申時

塟在西門外霞美瑪珖鄉土名獅武山尾內穴坐丙向壬兼子午

分金辛巳辛亥

十七世

皇清顯考四十翁嘉藩阮公神主

民國顯妣五代大母七十齡芋舍阮母陳氏孺人神主

承繼男道汀

孝男熠炒

公諱亭乞 字嘉明 號嘉藩

生于同治元年壬戌正月十二日辰時

卒于光緒二十七年辛丑四月廿六日酉時

墓在西門外溪墘山

前往拾骸一九五九年清明

后與媽合葬

媽陳氏諱芋舍 號芋舍

生于同治二年癸亥七月十六日吉時

卒于民國二十一年壬申七月十二日酉時

風水在西門外歐厝鄉

一九五九年清明后拾骸原穴與公同塋

十七世

學習公之長子

皇清故考二十二歲德薰阮公神主

皇清故妣四十齡節儀湯孺人神主

孝男道昆

承繼男道耀

出繼男道櫄

公諱嘉竹字嘉植號德薰

生于咸豐十年庚申十月十五日未時

卒于光緒七年辛巳閏七月廿一日子時

塋在西門外潘山土名后墓山

媽湯氏諱惜娟號節儀

生于咸豐十年庚申十一月廿八日辰時

卒于光緒二十五年己亥二月廿五日午時

風水塋在西門外溪墘山

十七世

學習公第二子

民國顯考五代大父五十有四翁號嘉謀阮府君神主
民國顯妣五代大母六十七齡淑謙阮母佘孺人神主
孝男道修
出繼男啟賢
曁孫洛書等奉祀

公諱戇覌字嘉琛官章大猷號嘉謀
生於同治五年丙寅十二月廿五日卯時
卒於民國八年己未四月初二日未時
風水在晉江東門外紫峰山土名東角山穴坐子午兼癸丁分金庚子庚午

媽佘氏諱魚娟號淑謙
生于同治十年辛未五月廿五日吉時
卒于民國二十六年丁丑五月初六日卯時
風水在南安石坑鄉土名西母山穴坐子午兼癸丁分金庚子庚午

十七世

學習公第三子

皇清故考十有九歲嘉勝阮君神主

承繼男啟賢奉祀

考諱嘉蝶號嘉勝

塟在尾窪后二十四藍田頭

生于光緒九年癸未六月十八日酉時

卒于光緒二十七年辛丑五月十四日己時

十七世

咸池公之長子

民顯考五代大父八十四翁景煕阮公神主

民顯妣六十有齡懿順阮母吳氏孺人神主

孝男 道眉 道妹 孫 庠釗

公諱丕照號景照

生于咸豐元年辛亥二月廿五日申時

塟在溪墘山

卒于民國二十三年甲戌十二月廿六日辰時

媽吳氏諱添娟號懿順

生于咸豐六年丙辰十一月廿九日申時　葬在西門外潘山

卒于民國四年乙卯六月廿三日戌時

十七世

咸池公第二子

民國顯考四代大父七十六翁景熙阮公神主

民國顯妣五代大母八十有三齡懿謙陸母娘朱孺人神主

孝男 道津 道茶

孝孫 德龍 德東 德鎔 德筍

公諱丕侃號景熙　風水在南安獅仔山

生於道光三年癸丑七月二十日辰時

卒於民國十七年戊辰九月初二日丑時

媽朱氏諱絹娟號懿謙

生於前清咸豐八年戊午十月廿二日吉時

卒於民國廿九年庚辰九月廿四日酉時

風水在於西門外溪亂山

十八世　德選公第二子

皇清故考邑庠生三十七翁敬軒阮公神主

民國顯妣四代大母五十七齡端芳洪孺人

孝　男廷璜

出繼男廷穆

公諱趨良字藻耀號敬軒

生于咸豐四年甲寅閏七月廿八日子時

卒于光緒十六年庚寅正月初三日子時

風水在東岳山土名未詳

媽洪氏諱配娟號端芳

後拾骸改塋北門外花園頭

生于咸豐八年戊午十二月廿六日　卒于民國三年甲寅五月十五日午時

十八世

德選公第三子

民國優婆塞七十有四翁 號朝東阮公神主

民國顯妣八十有一齡完畢阮母程氏神主

孝男廷約 廷義 孫長庚

公諱楓觀 字漢榮 號朝東

生于咸豐十一年辛酉十一月初三日亥時

卒于民國二十三年甲戌七月十五日丑時

塋在潘山草菌山

媽程氏諱圓娟號完畢

生于咸豐十年庚申二月二十日巳時

卒于民國廿九年庚辰臘月十六酉時

塋在潘山草菌山

十八世

德選公第四子

皇清先妣二十三齡端莊阮母郭孺人神主

民國顯考四代大父六十九翁儒蒼阮公神主

繼妣

孝男廷茶

公諱金鼎字藻欽號儒蒼

生于同治七年戊辰四月初四日辰時

卒于民國二十五年丙子二月初九日丑時

葬在潘山草菌山

先妣郭氏諱妙舍號端莊

生于同治九年庚午八月廿九日亥時

卒于光緒十八年壬辰十月十五日午時

拾骸葬在潘山洪厝山

繼妣張氏諱延娟號

生於光緒四年戊寅正月十六日寅時

卒於

風水在

十八世

德裕公之長子

皇清故考二十歲受益阮府君神主

孝男廷溪　承繼男廷寸

故男諱謙遜號受益

生于咸豐六年丙辰十二月初一日戌時

卒于光緒元年乙亥五月廿一日子時

塋在南安三都土名葵山林厝山

神主在頂龕

十八世

德裕公第二子

皇清故三室二十九歲慈純唐氏　主

皇清故先室十有九歲和莊楊氏　主

前清邑庠生顯考五代大父八十三翁道亭阮公神　主

皇清故繼室二十六歲柔緘張氏　主

民國故四室三十五歲淑勤許氏　主

孝男　廷炭　金城

廷亮　廷奇

公　諱串觀字藻飛官章阮鴻號道亭　前清武生員

生于咸豐十年庚申正月初三日午時

卒于民國三十一年壬午五月十九日申時

風水在潘山草菌山

先室楊氏諱悅娟號和莊

生于咸豐十一年辛酉十二月十三日寅時
卒于光緒五年己卯七月廿六日申時
繼室張氏諱蔗娟號柔緘
生于咸豐九年己未四月初二日午時
卒于光緒十年甲申八月初五日未時
三室唐氏諱草娟號慈純
生于同治七年戊辰五月十九日辰時
卒于光緒二十二年丙申二月初一日辰時
四室許氏諱淑勤號淑勤
生于光緒十四年戊子六月十九日吉時
卒于民國十一年壬戌七月廿六日子時
風水在南安頂三都水吼鄉通山頭與端正媽合塋

十八世

德裕公第三子

皇清先妣三十三歲定安阮母曾孺人神主

民國顯考法政自治科畢業生四十七翁逸亭阮公神主

繼妣

孝男廷怡
祥珍 継出廷寸
建珍 廷本

公諱三卯字藻春 官章占梅號逸亭

生于同治六年丁卯四月廿五日辰時

卒于民國二年癸丑七月初六日酉時

風水在濤山后墓山

先妣曾氏諱羹舍號　定安

生于同治九年庚午九月廿一日午時

繼妣蘇氏諱和娟號

卒于光緒二十八年壬寅六月初十日辰時

生于

卒于

風水在

十八世

德章公之子

十八世

民國故考三十二歲蘭亭阮君神主　德輝公之長子

顯妣

承繼男燦根　承繼孫火土

先考諱藻東號蘭亭

生于光緒九年癸未十一月初一日午時

卒于民國三年甲寅三月十一日卯時

妣黄氏諱紅�號

生于光緒二十三年丁酉

卒于

十八世

立志公第二子

皇清顯考四十四翁道頤阮公神主

皇清顯妣四十二齡和儉劉氏神主

承繼男廷泰

公諱道笑號道頤

生于咸豐六年丙辰正月十二日子時

卒于光緒二十五年己亥六月廿八日卯時

媽諱甲娟號和儉劉氏

生于咸豐十一年辛酉九月廿一日卯時

卒于光緒二十八年壬寅八月十四日申時

十八世

民國故考三十七歲道虔阮君神主

康覌承繼男

顯妣

孝男廷寔

先考諱贊祖又名大贊號道虔

塋在西門外水蛇尾

生于光緒二十三年丁酉四月十七日亥時

卒于民國二十二年癸酉七月初七日未時

妣

生于

卒于

十八世

懇觀之長子

十八世

玉水公第二子

民國顯考五代大父七十一公羽適碧阮公神主

顯妣

孝男德建 講
孫傳根 渠
錦文 墩
益

公諱菜只號適碧

生于同治十年辛未四月初六日巳時

卒于民國卅年辛巳二月二十日未時

風水

十八世

景山公之長子

皇清故考三十歲道金阮府君神主

公元顯妣八十一齡員娟洪氏神主

孝男天從

公 諱道灶號道金

生于光緒二年丙子十月廿九日吉時

卒于光緒三十一年乙巳六月十五日午時

風水在南邑三都崎持嶺獅仔山穴坐西南向東北

媽洪氏諱員娟號

生於公元一八七七年古十一月廿九日吉時

卒於公元一九五八年古三月廿三日丑時

風水在東嶽山

孝男序華圜 孫傳成鈑概 曾孫家興

十八世

景山公第二子

皇清故次男一十有八歲鐮生阮府君神主

承繼孝男序貞

故男諱道鐮號鐮生

生于光緒七年辛巳六月十六日丑時

卒于光緒二十四年戊戌五月十七日申時

十八世

景山公第三子

皇清例封孺人先妣四十有二齡碧湖阮母林氏神主

皇清歲進士授修職郎顯考四十四翁道歆阮公神主

民國繼妣三十有五齡棗舍阮母吳氏神主

孝男登科

祝三孫

公諱鈞覌字道歆官章阮鸞號道歆　民國法政畢業生兼任晉江商會議員

生於光緒九年癸未七月十九日巳時

卒於民國十五年丙寅三月廿五日丑時

風水在石角山頂

先妣林氏諱湖娟號碧湖　四十二歲

生於光緒八年壬午五月十九日寅時

卒於民國十二年癸亥六月廿四日申時

風水在石坑鄉土名翠屏山

繼妣吳氏諱棗舍　三十五歲

生於宣統己酉年十弍月三十日吉時

卒於民國癸未年七月二十二日午時

風水在潘山馬尾山

十八世

景山公第五子

民國故考四十二歲道南阮君神主

公元顯妣六十四齡淺娟吳氏神主

孝男長久奉祀

先考諱道墻字道南號道南

生於光緒十三年丁亥十一月初四日卯時

卒於民國十七年戊辰四月初二日午時

風水在南邑三都崎持嶺

妣吳氏諱淺娟號淺娟

生於公元一八九五年古正月初二日吉時

卒於公元一九五八年古三月廿三日子時

風水在西门樓下路

十八世

景山公第六子

公元
考五代大父　十　歲道猷阮公
妣五代大母　十　齡定娟林氏　神主

孝男序奕
澤
樓
孫賜海
傳建
傳傳雄
西順
至

考諱綠豆字碩生號道猷

生于光緒二十一年乙未古歷十月十二日寅時
公元一八九五

卒于

妣諱香菰號定娟

生于光緒二十五年己亥古歷五月廿七日巳時
公元一八九九

卒于

考　風水
妣

十八世

皇清故男一十有二歲紅豆阮府君

景山公第七子

承繼男序亦 聯登

故男諱道北號紅豆

生于光緒二十四年戊戌九月廿七日吉時

卒于宣統元年己酉五月十六日辰時

風水在南邑三都崎特山嶺 与道金合穴

十八世

皇清故三女一十七歲阮菜治神主

景山公第三女

承繼男永淼

阮菜治

生于光緒十八年壬辰十月初三日吉時

卒于光緒三十四年戊申四月初九日寅時

塋在南邑崎特嶺

十八世

丕照公之長子

十八世

丕照公第二子

民國故考二十九歲道松阮君神主

顯妣

孝男序釗

考諱貓妹號道松

生于光緒十二年丙戌七月二十日卯時

卒于民國三年甲寅四月廿九日巳時

塋在西門外溪乾山大路邊

妣陳氏

生于

卒于

風水在

十八世

丕保公之長子

民國先室二十五歲威鉄李氏神主

民國顯考 道津阮公神主

繼室五十三歲諡娟陳氏 神主

出繼男水龍爲律 孝男德速笥

公諱才同字道津

生於 七月初三日丑時

卒於 六月十四日巳時

風水在

先室李氏諱鉞娟號威鉄

生于光緒十八年壬辰二月初八日申時

卒于民國十五年丙寅四月初五日丑時

塋在南安石角山

繼妣陳氏諱註娟號　五十三齡
生於公元一九〇七年三月初六日吉時
卒於公元一九六〇年五月廿八日巳時
風水在石坑娑隻山
孝男德逑
裔孫傳

十八世
玉侃公第二子
皇清故考二十六歲顯名阮君神主
承繼男水龍字德慶
故次男諱道茶號顯名
生于光緒十年甲申五月十九日巳時
卒于宣統元年己酉六月十一日卯時
塋在西門外尾窐対面烏岸

十八世

皇清先室一十七歲淑禧張氏神主

嘉賓公之長子

顯考

繼室

孝男

德沛

德垂

德隆

德後

公諱

生於

卒於

風水在

先室張氏諱賞治號淑禧

生于光緒十一年乙酉二月廿二日吉時

卒于光緒二十七年辛丑五月初二日午時

風水在

繼室張氏諱新娟號

生於

卒於

風水在

十八世

烏如公之長子

皇清故考三十五歲道攀阮君神主

民國顯妣六十四齡阮門商氏

孝男福來

公諱金堆號道攀　塋在尾窑後烏岸

生于同治四年乙丑七月初十日亥時

卒于光緒二十五年己亥六月初一日戌時

妣商氏諱晋娟號

生於光緒庚辰年十一月廿二日吉時

卒於民國癸未年四月十六日申時

風水在　西門外尾窑二十四藍田头

十八世

烏偉公之長子

孝男德傑

皇清先室一十有三歲柔恭王氏孺人神主

皇清故考二十八歲道鵝阮君神主

皇清繼室二十有五歲淑勤孫氏孺人神主

公諱號道鵝

生于光緒三年丁丑七月十一日酉時

卒于光緒三十年甲辰四月初八日午時

先室王氏諱蔡治號柔恭

生于光緒四年戊寅八十一月十五日辰時

卒于光緒十六年庚寅八七月十八日酉時

塟在南安潘山石角山穴坐東向西

繼室孫氏諱巧舍號淑勤

生于光緒五年己卯七月廿二日巳時

卒于光緒二十九年癸卯十一月廿五日戌時

十八世

烏偉公第三子

皇清先室十有一歲淑慎林氏神主

民國故考四十歲茲隆阬府君神主

民國繼室二十五歲綴娟陳氏神主

承繼男德傑　孝男炳南奉祀

先考諱道氣號茲隆　塋在廈門仙洞脚土名金頂石穴坐南向北

生于光緒八年壬午四月十二日丑時

卒于民國十年辛酉四月十九日酉時

先室林氏諱甲治號淑慎　塋在西門外尾窰后廿四籃田頭

生于光緒十二年丙戌二月初五日亥時

卒于光緒二十二年丙申十一月初三日子時

繼室陳氏諱號綴娟　塋在廈門外白鶴岩后穴坐山向海

生于光緒十八年壬辰十月廿九日卯時

卒于民國五年丙辰十二月廿五日亥時

十八世

皇清顯考二十五翁崑崗阮公神主　嘉竹公之長子

顯妣

孝男杏仁

公諱道昆號崑崗　塋在西門外尾窑后苎藍田頭

生于光緒三年丁丑九月十九日卯時

卒于光緒二十七年辛丑五月廿五日亥時

媽陳氏諱趕娟號

生於

卒於

風水在

十八世

嘉竹公第二子

皇清故考三十二歲道櫄阮公神主

承繼男 洛書 增烈 奉祀

承繼孫傳送

先考諱道怨號道櫄

生于光緒六年庚辰八月廿三日吉時

卒于宣統三年辛亥五月廿四日吉時

塋在西門外尾窒后廿四籃田頭

十八世

嘉謀公之長媳

民國先室例封孺人璧舍阮門柯孺人神主

公元顯考五代大父七十五翁道修阮公神主

繼室顯妣諱聘舍阮門胡孺人神主

公

諱大炎號道修

生一八九二年五月十一日寅時

終一九六六年二月廿九日未時

風水在西门外石坑鄉佛跡山

出繼男滂沱　德渥　德群

孝男德馨　德民　德隱　德意　德權

孫　志[illegible]　傳柏　朝陽　火川　美明　西碩　西雄　傳培　西蘭　志偉　長風　偉康　傳祥

先室柯氏諱號璧舍　風水在南安三都崎特嶺穴坐巳亥兼巽乾

生於光緒二十四年戊戌四月初二日酉時

卒於民國十年辛酉十一月十四日子時

繼室胡氏諱聘舍　風水在西门外馬尾山

生於一九零三年十一月十一日吉時

卒於一九四四年七月十七日卯時

十八世　　嘉謀公第

十八世

嘉藩公之長子

妣 五代大母七十齡景舍阮母許太孺人 神主

公元顯考 五代大父七十九翁遺汀阮公

五代大母 十 齡珠英阮母鄭太孺人

墓塋西門外姚茵山

公諱道汀 字 雲鏞

生于光緒十弍年丙戌古曆六月十三日吉時

卒于公元一九六四年甲辰古十月初一日 新曆十一月四号 戌時

妣諱國袞 号 恭舍

生于清光緒十四年戊子弍月三十日吉時

卒于公元一九五七年丁酉九月初二日巳時

墓塋東潘山馬尾山穴坐亥巳壬丙分金辛亥辛巳

妣

孝男 綵團 瀏椿 湘江 沅江 三江

孫 傳恭 傳芳 彪 耀 銓 淼 徙

十八世

嘉藩公第二子

民國故考十有九歲道芬阮君神主

承繼男煙椿

先考諱熸炒號道芬

生于光緒二十四年戊戌十月廿九日子時

卒于民國五年丙辰五月十七日巳時

塋在南安三都崎特嶺霞美境瑪

瑙鄉穴坐東南向西北

十八世

民國故女一十八歲阮玉瓶神主

德章公之小女也

承繼男燦明奉祀

故女諱泔瓶號玉瓶

塋在西門外潘山苗-菌山

生于光緒二十八年壬寅二月廿八日亥時

卒于民國八年己未九月初四日辰時

十九世

民國故長女十三歲阮不治附主

道灶公之長女

生于光緒二十七年辛丑八月十四日亥時

卒于民國二年癸丑四月初二日辰時

塋在南安三都崎特山嶺

十九世

栗子號仰山公之長子

皇清故男德侗阮府君神主

生未詳　卒于光緒三十一年乙巳六月廿五日未時

十九世

嘉賓公之孫也

民國故四孫阮奐活　生于十月廿五日　卒于二月廿六日　以上生卒誤抄宜在失詳

皇清故次孫阮聽種　生卒失詳

民國故長孫阮麥種　生光緒丙午年四月廿七日辰時　卒民國甲寅三月廿六日巳時

民國故三孫阮奐意　生十月廿五日　卒二月廿六日

民國故五孫阮勞生　生卒失詳

十九世
民國故考二十二歲經團阮君神主
道汀之長子
故考諱經團號論文
孝男傳芳
生于宣統三年辛亥九月廿一日未時
卒于民國二十一年壬申二月初四日酉時
葬在南安三都下尾崎特嶺坐東向西

十九世
民國亡女一十七齡安治阮氏神主
道猷之長女
生于民國十六年丁卯七月初三日丑時
卒于民國卅二年癸未十二月廿四日巳時
葬在水蛇尾烏岸
承繼男賜傳　女麗玲

十九世　藻飛公之子

民國故考三十四歲廷俊阮君神主

孝男火土

先考諱金城號廷俊又名廷城

生于光緒二十三年丁酉四月初七日酉時

卒于民國十九年庚午十月十九日丑時

塋在西門外潘山草菌山　元配黃氏往坻尋伊父母就此無歸

十九世

民國故先室二十五歲姮娥阮門尤孺人神主

藻春公第四媳　係是寸珍元配

孝男傳書

先室尤氏諱瓊娥號姮娥

生于宣統二年庚戌四月廿八日巳時

卒于民國二十三年甲戌九月三十日巳時

風水在晋江東門外象坑鄉土名象山穴坐甲庚兼寅申分金丙寅丙申

十九世

藻榮公之長子

民國顯考五十五翁廷約阮君神主

民國故妣三十二歲懿安阮門翁氏孺人神主

承繼男仲渭

考諱廷約號廷約

生于光緒十三年丁亥正月廿七日子時

卒于民國三十年辛巳正月廿五日申時

風水在南洋嗎吠呷淥

妣翁氏諱哖娟號懿安

生于光緒十二年丙戌正月廿九日辰時

卒于民國六年丁巳四月廿四日申時

後拾骸改塋西門外潘山土名草菌山

十九世

藻榮公第二子

民國先室二十八歲懿徽吳氏神主

顯考六十六歲廷義阮君神主

民國繼室四十六歲異香楊氏神主

出繼男　仲渭　孫　出繼家祥　家榕

先考諱亘富　字廷義　號

生於光緒十四年戊子八月廿三日辰時

卒於　八月初八日　時

先室吳氏諱綾舍　號懿徽　現拾骸塋在潘山土名草菌山公園頂

塋在潘山草網山

生于光緒十六年庚寅九月十五日辰時

卒于民國六年丁巳四月二十日午時

繼室楊氏諱　號異香

生于光緒二十二年丙申七月廿三日亥時

卒于民國二十七年戊寅正月廿六日巳時

塋在南安三都崎特嶺

十九世

道金公第二子

显考四代大父五十有六翁序華阮公神主

妣

公諱天從字序華

葬在草菴山坐東向西

生于公元一九零四年古曆十弍月初二日吉時

卒于公元一九六零年古曆四月二十九日酉時

孝男傳鈒 戚 慨

孫家興

妣

十九世

道猷公之長媳　係是亭泽之元配

民國故先室二十八齡淑珍阮母王氏神主

先室諱涾粥號淑珍

生于民國十一年壬戌九月十二日丑時

卒于民國廿八年己丑五月初六日酉時

塋在潘山馬鞍山

繼室

孝男賜溥

傳 西 至

十九世

公元

考六十有歲廷泰阮居神主

妣齡探花林氏神主

孝男傳
榕 琛 鶴 聰 慶

孫
一方 烜烜 一元 三元 一分

孫
路明 一里 一雄 家郎 家明

考諱扁鼇號廷泰

生于公元一八九五年古歷正月廿七日未時

卒于公元一九五四年古歷四月廿七日巳時

風水在石坑

妣

民國二十三年甲戌正月十五日恭錄祖厝對
面私廳　秋菊公第二子赵諸子孫考妣神
主諱號生卒以及風水坐向登錄於左

十六世

秋菊公第二子
皇清例授承德郎顯考六十翁春樹阮公神主
皇清例贈安人顯妣四十七齡孝恬王氏安人
孝男　丕爐
丕啟　出繼男丕初
公諱應古字吉卯號春樹
生于嘉慶四年己未十月十八日酉時
卒于咸豐八年戊午九月初一日寅時
風水在晋江北門外賜恩岩土名莊厝山穴坐乾向巽兼戌辰
媽王氏諱勤娟號孝恬

生于嘉慶五年庚申十月廿六日午時

卒于道光二十六年丙午二月初二日戌時

風水在南安三都水吼鄉土名娘媽湖內穴坐艮向坤兼寅申

十七世

應古公之長子

清顯考三十七翁君祥杬公神主

清顯妣四十五齡孝嚴楊氏神主

孝男

昌綿

道坪

公諱丕啟號君祥

風水在北門外洋塘鄉楊家園邊穴坐西向東

生于道光十年甲申四月初一日戌時

卒于咸豐九年己未五月初二日巳時

媽楊氏諱濇娟號孝嚴

生于道光八年戊子十二月初四日辰時

卒于同治十一年壬申六月廿二日酉時

風水在晉江北門外洋塘鄉土名石鼓山園内

十七世

應古公第二子

皇清繼妣三十有齡孝勤張氏神主

皇清顯考五十二翁廷圃阮公神主

皇清先妣三十九齡孝德曾氏神主

皇清三妣七十九齡勤慈吳氏神主

孝男曉蘭　孫　澄濤　廷泰　玉壺

公諱鶯爐字丕爐號廷圃

生于道光十五年己丑十一月廿三日酉時

卒于光緒六年庚辰十二月廿五日寅時

風水在南安三都石坑鄉土名土地公頭穴坐癸

向丁兼子午分金丙子丙午

先妣曾氏言[illegible]舍言孝但
生于道光十六年丙申正月初十日子時
卒于同治十三年甲戌十月初十日子時
風水在南安潘山土名后墓山穴坐辰向戌兼乙辛分金丙辰丙戌
繼妣張諱須娟號孝勤
生于道光三十年庚戌正月十九日寅時
卒于光緒五年己卯二月廿五日未時
第三妣吳氏諱儆娟號勤慈
生于道光十一年辛卯十二月廿一日吉時
卒于宣統元年己酉二月廿七日卯時
風水在南安三都下尾大奇時嶺土名獅仔山穴坐南向北

十七世

榮華公之長子並次子

清故考一十九歲積善阮君神主

清故考二十二歲積磋阮君神主

承繼孫井梧

澄此

澄波

長男諱嫣積號積善

生于道光元年辛巳十月初六日午時

卒于道光十九年己亥八月十八日戌時

風水在西門外潘山洪厝豬頭石下

次男諱老初號積磋

生于道光七年丁亥四月初五日巳時

卒于道光二十八年戊申八月廿一日戌時

風水在潘山鄉美女獻花口

十八世

丕啟公之長子

皇清故考四十翁道美阮公神主

出繼男井梧　孝男　澄波　紅花

孫　承宗　傳觀

公諱昌綿號道美乳名庵昌

生於咸豐二年壬子二月初七日丑時

卒於光緒十七年辛卯三月廿四日寅時

風水在溪墘山土名小官頭

媽黃氏諱且娟號

生於

卒於

風水在

十八世

丕啟公第二子

皇清故考二十九歲道高阮君神主

皇清故妣四十三齡兟娟張氏神主

孝男 金此

藍田

先考諱道坪號道高

生于同治二年癸亥十月廿八日申時

卒于光緒十七年辛卯正月廿八日亥時

塋在北門外郭厝烏岸

妣張氏諱號兟娟

生於同治五年丙寅六月一日卯時

卒於光緒三十四年戊申四月初八日巳時

十八世

清顯考三十一翁曙光阮公神主　丕爐公之長子

清顯妣三十八齡淑貞黄氏神主

孝男桔源　出繼男挑源　團圓

公諱曉仙字曉蘭號曙光

生于同治五年丙寅八月初五日未時

卒于光緒二十二年丙申七月廿七日申時

媽黄氏諱搃娟號淑貞

生于同治七年戊辰四月廿一日吉時

卒于光緒三十一年乙巳六月廿一日卯時

塟在西門外尾窪后廿四籃田頭

十九世

皇清故男阮井梧神主　昌綿公之長子

孝男温柔

生于六月廿七日巳時

卒于十月初十日吉時

十九世

皇清故女二十三歲阮碟治神主　昌綿公之長女

生于光緒四年戊寅三月初四日巳時

卒于光緒二十六年庚子四月十二日酉時

十九世

道坪公之長子孟次子

民國故考四十五歲德此阮君神主

皇清故考二十歲藍田阮府君神主

長男諱金此字澄此號德此

生于光緒十年甲申九月初六日酉時

卒于民國十七年戊辰十一月廿七日未時

故次男諱號藍田

生於光緒十五年己丑四月十六日申時

卒於光緒三十四年戊申三月十八日寅時

十九世

昌綿公第二子

皇清先室二十一歲真珠陳氏神主

民國顯考四十公翁澄波阮公　神主

繼室

孝男承宗

公諱蚋梅字澄波號澄波

生於光緒五年己卯八月廿四日巳時

卒於民國七年戊午九月廿五日子時

風水在南安石角山下園内

先室陳氏諱號真珠生于光緒十年甲申四月廿四日巳時

卒于光緒三十年甲辰三月初十日辰時

風水在西門外溪墘山

繼室

生於

卒於

二十世
民國故女十二歲阮招治　澄波公之長女
生于宣統二年庚戌二月十五日辰時
卒于民國十年辛酉九月廿六日子時

二十世
民國故男十一歲瓊林阮府君神主　澄波公之子
生于民國七年戊午十二月廿五日丑時
卒于民國十七年戊辰四月十九日酉時

民國二十三年甲戌正月十五日恭錄

面私廳　秋菊公第五子赵諸子

主諱號生卒以及風水坐向登錄於左

十六世

秋菊公第五子

皇清誥封奉直大夫五代大父四十有四翁顯考春梅阮公神主

皇清誥封宜人五代大母六十齡顯妣端慈周　宜人神主

孝男　丕巖　丕祿　丕振

公諱子基號春梅

生于嘉慶二十年丙子七月初十日吉時

卒于咸豐九年己未四月十七日戌時

風水在南安潘山土名馬厝山穴坐西向東

媽周氏諱富娟號端慈

生于嘉慶二十二年丁丑十月二十五日亥時

卒于光緒二年丙子五月初五日亥時

風水在南安三都陳塘鄉土名柯厝山脚穴坐甲向庚兼寅申

十七世

子基公之長子也

皇清故考三十五歲森巖阮君神主

承繼男道箴

公諱丕森字丕巖號森巖

生于道光十八年戊戌四月十六日丑時

卒于同治十年辛未十月十一日巳時

十七世

子基公第二子

皇清顯考五十六翁丕禮阮公神主

皇清顯妣

金娟蔡氏神主

出繼男道箴

公諱丕祿號丕禮

生于道光二十三年癸卯閏七月十五日辰時

卒于光緒二十五年己亥七月十三日巳時

妣蔡氏諱金娟 號

生于同治 年 七月十三日

卒于民國十一年壬戌五月廿四日亥

祫

十七世

子基公第三子

皇清誥封奉直大夫顯考敬亭六十有二翁阮公神主

皇清顯妣五代大母七十四齡宜儉阮母洪孺人神主

孝男 道錦 道歪 道鳳

公諱丕振 官章和聲 號敬亭

生于道光二十七年丁未九月廿五日辰時

卒于光緒三十四年戊申三月十一日丑時

媽洪氏諱宜娟 號宜儉

生于咸豐十一年辛酉六月十九日午時

卒于民國二十二年甲戌正月初一日子時

風水考妣合穴在官宅鄉土名荷蓮巷坎口坵園內坐東向西乙辛兼卯酉

十八世

丕祿公之長子

民國先室三十六歲勤慈楊氏神主

顯考

繼室

孝男銓澤

先室諱號崙娟楊氏

生于光緒十七年辛卯五月廿五日申時

卒于民國十六年丁卯五月初六日丑時

十八世

丕振公之長子

清敕授儒林郎二十五歲道錦阮府

顯妣

孝男德釗

承繼男德鉦

先考諱猪雅官章阮鶴號道錦

風水在崎特嶺

生于光緒十年甲申八月廿二日午時

卒于光緒三十四年戊申三月初旬戌時

十八世

丕振公第二子

民國顯考四十九翁道歪阮公神主

民國故室二十一歲茅舍洪氏神主

承繼男德鑾

公諱道歪號道歪

生于光緒十五年己丑六月初二日午時

卒于民國二十六年丁丑二月廿四日子時

風水在南安三都崎特嶺

妣洪氏諱號茅舍

生于光緒十九年癸巳四月廿六日酉時

卒于民國二年癸丑六月初九日戌時

十八世

丕振公第三子

民國顯考四十五翁道鳳阮公 阮府

顯妣

出繼男德鑾

德鉦 孝男德鋭

公諱道鳳

號

生于光緒十九年癸巳六月十二日卯時

卒于民國二十六年丁丑二月廿日子時

風水在南安三都崎特嶺

十九世

道鳳公之長子並第三子

民國故男一十四歲德夷阮君神主

民國故男四歲治英阮府君　布主

長男諱耆雅號夷耆

生于民國四年乙卯四月初九日辰時

卒于民國十七年戊辰正月初九日丑時

故三男阮治英

生于民國八年己未十月三十日吉時

卒于民國十一年壬戌正月十一日吉時

[廣西容縣]容州封氏家譜十六卷首一卷(卷首至卷一)

封鶴君　封高萬　封祝祁纂修

［廣西容縣］《容州封氏家譜》十六卷首一卷，封鶴君、封高萬、封祝祁纂修。封氏始祖舜敷原籍河南開封府祥符縣，宋末由鄉貢任廣西容州通判，遂家於容。十六世育民始創家譜，中經數度修葺訂補。民國二十一年（一九三二），集議重修家譜，閱數年稿成。卷首序文、凡例、家訓等，卷一、卷二大宗世系圖、長房世系圖、次房世系圖，卷三至卷十二大宗世系牒、長房世系牒、次房世系牒，卷十三祠宇、墳墓、族居、封贈誥敕，卷十四家傳，卷十五藝文，卷十六投贈。世系牒、家傳撮敘族人履歷行實，可徵其族出洋之情形。其僑居海外者，如二十世紹礽同侄祝勳等因南洋營業衰落，乃遷居暹羅國密垌；二十一世濟萬同侄平廣、平東由新安村遷居暹羅國；二十二世膺錫僑居南洋。據民國三十一年（一九四二）石印、排印本影印。

容州封氏家譜

卷首

容州封氏家譜總目

卷首

序文

歷代紀年

凡例

家訓

鉅鹿公宦遊遺訓八條

少雲公家訓八則

公議規約

溯源考

卷之一

大宗世系圖

長房世系圖

卷之二

次房世系圖

卷之三

大宗世系牒一世至四世

長房世系牒五世至十九世

卷之四

長房世系牒二十世至二十一世

卷之五

長房世系牒二十二世

卷之六

長房世系牒二十三世

卷之七

長房世系牒二十四世至二十七世

卷之八

次房世系牒五世至十八世

卷之九

次房世系牒十九世至二十世

卷之十

次房世系牒二十一世
卷之十一
次房世系牒二十二世
卷之十二
次房世系牒二十三世至二十六世
卷之十三
祠宇
墳墓
族居
封贈誥敕
卷之十四
家傳
卷之十五
藝文
卷之十六
投贈

封氏族譜叙

大凡名都勝邑其山川之渟峙與風俗之醇龐必有淸德著姓崇蘊穹窿足爲一方所矜式而後人之仰承
先德者又皆敦尚學行蔚爲巨宗蓄擷秀炳靈有自來也余昔權篆白州路出普寧覽都嶠繡江之勝心竊
慕爲而知其中大有人在間以質諸士人僉謂是邦望族以封氏爲最惜匆匆一過未暇詳其世系迨癸巳
典郡來梧披覽志乘始悉封氏自宋季舜敷公以通判占籍容州南再傳而科第宦階鄉賢名宦踵起而相
續由是重光累徽綿歷七百餘年流傳二十五世族望之盛且蕃閤郡迨罕與倫比夫族盛則承之也難蕃
則綜之也尤難故先儒於此必修氏譜以聯之務使考宗圖而識支派之攸分披往牒而知源流之畢貫至
若里居祠墓所以表先型列傳藝文所以揚舊德展卷瞭然有條不紊猶復紀國恩垂家訓秩秩彬彬將所
謂屢盛危明保世滋大者皆於是乎在豈徒震耀門閥云爾哉前大荔令封子壽君通判廿一世孫也由秦
中奉諱歸服闋後承其族尊命以修刊譜牒爲亟因推本此意用闡敬宗收族之恩而抒述德讕芬之旨使
人讀之孝弟本心油然而不能自已亦可謂知所先務者矣會余於乙未有重修郡志之舉特延壽君前來
襄纂殷殷以叙言爲請機務壞委未遑也嗣余移守桂林壽君復奉書敦促至再余於君世爨盛美既稔之
有素乃備述其緣起如此且願告君之族人率祖攸行無忝厥德相矢以繼述而垂裕長相勉以愛敬而倫
紀協處則睦婣任卹而里釀太和出則作淸白吏光昭前人之令緒行見嶠山繡水間列戟鳴珂益鐘靈秀
封氏之興其未有艾乎欽命二品頂戴鹽運使銜遇缺提奏道特授梧州府知府調署桂林府事湘南向萬

容縣惟一商店承印

鑠子振氏薰沐拜撰并書

原序

韓子云莫爲之前雖美弗彰莫爲之後雖盛弗傳余於族譜亦云夫人道莫大於尊親尊親莫先於合族合族莫先於修譜修譜則長幼之分定親疏之派明且一族之傳衍而不紊百代之遠猶若一家敬念吾宗自始祖舜敷公以宦籍隸容已歷十餘傳於今矣世代日遠支派日繁族譜之修誠急務也吾父體翁嘗語兄總治曰吾族宗支一帙因亂而遺於火迄今百有餘年皆各記各房之近祖若再越數載修之者不益艱乎吾兄肅然動念奮然而興不憚數月之勞踵門詳問參之遺老旁搜碑其銘得實而後筆焉列五世而作一圖由代數而著爲牒使覽者瞭然明白如指諸掌所修既成而未及序爲苦覓祖山染病而終嗟乎爲一族祖宗之積竟不能壽其身隆其報而抱顏回之痛興伯道之傷也悲夫是譜也雖未獲悉臻美備亦可以垂裕將來後之覽斯譜者倘無忘創始之勞可也是爲序

康熙六十年辛丑歲長至穀旦舜敷公十六世孫雍治謹序

原序

攷周禮族師掌其族之戒令月吉則書其孝弟睦婣有學者此族譜所由昉乎蓋族譜之作也所以發一姓之根源振九族之統領備人道之始終定昭穆列長幼聯恩誼寓勸懲彰前法後所以敦孝敬弟之舊也豈誇世胄侈繁衍矜爵秩云爾哉吾族　始祖舜敷公宋末由大梁來宦於容因卜居焉淮世守儒業宦遊者慕濟操林居者恥干謁由元迄明十餘世皆居城至國朝支派漸繁乃析居一面思等里無事力田間有貿

易者洎今蓋二十有餘世矣舊譜失於火長房十六世伯父育民公始創爲之毎五世作一圖止列名次其履歷行述撮序於後另爲一帙惜觀覽未便然其初踵門詳問旁搜細綴心力憚焉其有代數猶存名字失考并上失所宗者從其闕昭信慎也後六十餘年次房若攻祖叔踵其事而修之倣古譜式世代名字大書妻室行狀小註既綱舉而目張復情聯而誼貫自時迄今又廿餘年中間相生相養沐蒼昊之鴻庥荷國家之厚澤生齒日繁衣冠蔚起昔也寥寥今也濟濟則繼二公而修輯誠不可緩奕璠分卑職淺承長兄提命爰與子姪等悉心參訂據所見聞紀其懿行於名字下間有補前所未備無敢闕亦無敢濫兢兢審慎竭管窺之見以續前人之志耳敢云秉筆哉至讀書敦行所共相勵於同根共本者輙三致意焉蘄勉副乎教孝敦弟而俾爲月吉之所書者其在斯乎其在斯乎是爲序

嘉慶十一年丙寅歲十七世孫奕璠謹序

原序

家之有譜猶國之有史也而其事其文則各有攸當夫國史所以昭法戒於後世善惡無不直書若家譜則以親親之義爲重善者揚惡者或從而隱然莫謂隱之不彰也易曰積善之家必有餘積慶不善之家必有餘殃觀其後人之盛衰即知其前人之善惡是可不懔然以爲鑑哉我　始祖舜敷公由鄉貢任容州通判遂家於容以詩禮爲庭訓以忠孝爲傳家歷今七百餘年其間祀鄉賢名宦者有焉祀忠孝節義者有焉忝科第者四朝叨仕宦者廿代與衣冠之例者已二十有三世昔楊公震以淸白吏遺子孫我　祖其庶幾乎吾族之譜自育民公創修於前若攻公繼修於後洎嘉慶間吾父玉亭公又踵而修之增以誥敕遺訓祀業

碑記及各藝文爲書十卷計余生平經手錄者已十部誠恐其少而易失也顧自咸豐間邑遭寇擾各家譜多不全余所寄於大元書館之譜亦竟失去同治建元歲在壬戌復於石嶺堡閉戶經年從事斯譜增廣至十有四卷并錄存家學淵源錄二十餘卷裝訂成帙矣不意乙丑春正叛逆復肆焚刼余兄弟倉皇避難黑夜奔逃兄葦洲携得其所錄舊譜余止携得淵源錄此外書籍盡歸烏有噫可勝悼哉歲丙寅地方稍定漸歸故土羣輿水源木本之思有謂卷帙繁多則携帶不易遂於福善堡仍倣育民公舊本細密抄錄爲書三卷而於原本無所缺略此乃爲思患預防之計耳甫蕆事適得回上年失去之譜合浦還珠趙城完璧幸矣哉緊　祖宗之靈歟今兩存之以俟後之刋刻者擇焉於戲一家之譜即一家之史而一家之所當以爲鑑者也惟願我族人共相勉勵修身愼行克紹家聲勿令我　祖之德墜於繡水之東流焉可也是爲序

同治九年庚午歲十八世孫培緒謹序

重修封氏家譜序

昔歐陽永叔跋漢太尉劉寬碑陰題名以寬裔孫爽所記序四百餘年臚列甚詳足徵譜繫之重謂士子修飭喜自樹立兢兢惟恐墜其世業以有譜牒故因憫當時譜學廢失有族習苟簡之嗟今世變益紛風俗之可憂百倍於永叔時吾族父兄乃能以重修家譜爲務於以歎吾封氏著籍容州七百餘年我　始祖滴判公德澤之長繩祖武而裕後昆者歷代多有其人其流風至今未墜也修譜之議肇於中華民國二十一年距淸光緒乙未家譜之刻三十八年矣父兄以前譜成於吾兄眉君遂命余踵其業余方在南寧省志局力有不逮於是族之諸賢分任其事就縣城　始祖祠爲修譜之所纂輯之勸以勵吾兄爲最赫奮弟次之凡

有事於譜者已見之勵吾所爲跋語中矣其後數年余歸故鄉則勵吾歿已逾年赫晉服官於外父兄各在一方不克朝夕商榷余乃察家傳之宜補者分別撰改復取已成之稿爲之潤色體例則溝合古今藝文斟酌去取又數年而後成書其有當於譜學與否雖未敢知其難其慎所以自致其力者固未嘗或苟也方今國勢險危凡我國民應負天下興亡之責家譜之成誠不足道顧民族者家族之積也推親親長長之義擴而充之天下爲公之旨於是乎在念吾先祖之澤之不可以繼也則知自軒羲以迄於今璀璨之文化盛大之榮光不可以或忘也念吾先祖視吾子孫猶一體也則知親愛之誠始於一家達於一族達之民物者不可以或忽也余衰朽之年德業不進曾何足以語此願持此義爲吾族人籲之儻以是爲鵠相與黽勉以赴於永叔所謂譜自樹立者庶有合乎茲譜之成壽徵叔祖實始終之去歲迄今嶺春弟復爲之助而任校刊之責者余弟視椿族子鑑濬也於例得書中華民國三十一年十二月通判公二十一世孫視祁謹識

容州封氏家譜卷首

歷代紀年

南宋紀年

理宗景定五年甲子即元至元元年

度宗咸淳元年乙丑即元至元二年

恭宗德祐元年乙亥即元至元十二年

端宗景炎元年丙子即元至元十三年

帝昺祥興元年戊寅二年己卯宋亡即元至元十六年

元代紀年

世祖至元元年甲子在位三十一年

成宗元貞元年乙未丁酉改元大德在位十三年

武宗至大元年戊申在位四年

仁宗皇慶元年壬子甲寅改元延祐在位九年
英宗至治元年辛酉在位三年
泰定帝泰定元年甲子戊辰改元致和在位四年
明宗天曆元年戊辰在位二年
文宗至順元年庚午在位三年
順帝元統元年癸酉乙亥改元至元辛巳改元至正
在位三十五年

明代紀年

太祖洪武元年戊申在位三十一年
惠帝建文元年己卯在位四年
成祖永樂元年癸未在位二十二年
仁宗洪熙元年乙巳在位一年
宣宗宣德元年丙午在位十年
英宗正統元年丙辰在位十四年
景帝景泰元年庚午在位七年
英宗天順元年丁丑復位八年
憲宗成化元年乙酉在位二十三年
孝宗弘治元年戊申在位十八年
武宗正德元年丙寅在位十六年
世宗嘉靖元年壬午在位四十五年
穆宗隆慶元年丁卯在位六年
神宗萬曆元年癸酉在位四十八年
光宗泰昌元年辛酉在位一月
熹宗天啟元年辛酉在位七年
懷宗崇禎元年戊辰在位十七年

清代紀年

世祖順治元年甲申在位十八年
聖祖康熙元年壬寅在位六十一年
世宗雍正元年癸卯在位十三年
高宗乾隆元年丙辰在位六十年
仁宗嘉慶元年丙辰在位二十五年
宣宗道光元年辛巳在位三十年

綍音拂
燹音险兵乱時之火也

文宗咸豐元年辛亥在位十一年　　德宗光緒元年乙亥在位三十四年
穆宗同治元年壬戌在位十三年　　遜帝宣統元年己酉在位三年
中華民國元年壬子億萬斯年
中华人民共和國万万年

凡例　丁卯

一　家訓所以備勸懲示法守也自古型家睦族類多著有訓言而流傳於世者則顏氏家訓司馬溫公家範其最著也爰倣古式臚列家訓並公議規約具載卷首

一　世系所以考源流別支派也既圖之復詳牒之自一世至九世爲一圖自九世至十七世爲一圖連續不紊推而遠之千百世咸以是爲準觀圖而九族之義明牒則總叙四世於前至四世以下則分叙長次兩房從其合從其分一本之同衆派之別也

一　祠墓所以昭靈爽展孝思也禮云入廟思敬入墓思哀誠以靈爽之式憑孝思之所寄皆於是乎在故必詳識其方域坐向規式懼其久而或湮也

一　族居所以衍椒蕃緜瓜瓞也吾族自　始祖以宦籍隸容世居城廂數傳而後支派漸繁散處不一故必詳識某代遷於某處俾閱斯譜者一覽而知某處所居爲某支之裔也

一　誥敕所以紀舊聞誌世譽也吾族自通判垂庥鄉賢遺澤科名仕宦迭著四朝綸綍所被代不乏人但明代以前迭經兵燹惟明季維翰公所受封贈制誥詞數道尚存不忍聽其散佚清代制誥載之舊譜者亦姑仍之時代雖殊固談歷史者所不廢也

一　家傳所以揚先德勗後昆也英哲挺生蔚爲令器芳型立傳允協公評或以德行素優或以文章顯著或筮仕而策勳奏績名播寰區或鄉居而捍患禦災功垂閭里然後傳之非敢粉飾誇譽也間有一二善狀畧加數語附在牒內用昭涯略至女德亦風化攸關果其賢孝足式節烈堪嘉懿行貞操均行附傳於末

一　藝文所以存手澤表心裁也先代之留遺豈忍聽其湮沒第族繁世遠著作良多實難悉登剞劂茲惟擇其詩文之雅馴而有裨世道膾炙人口者錄之若夫名流投贈闡發幽光允足增輝譜牒亦惟錄其尤者雖美不勝收而篇幅有限不得不姑從割愛

一　命名不得以卑襲尊幼襲長凡卑幼有名同尊長者亟當自行更正倘卑者生長在前尊者誕育在後亦宜按譜詳對庶免混淆

一　未成丁者均入譜以皆祖宗之裔宜備列也卒則未成婚者删而不載以其未成人但成名者入譜立嗣若沒而無子者圖則注止字後裔無考者圖則注闕字其無子而婦守義者雖未立嗣亦從同

一　出繼之子仍系本生者不忘所自也於所後則從同禮爲人後也若隨母改適出繼外姓者不列於正譜以其已非吾祖子孫也至子姓中有犯惡昭著致干出族者譜內本名皆闕一字以昭儆戒

一　出嫁之婦恩義絕於其夫而不絕於其子在夫名下缺其姓氏仍於其子名下補母某氏以昭區別

以上各條依據舊譜凡例略有删改編者附識

鉅鹿公宦遊家訓八條

第一條敬守門戶

夫門戶即俗所謂門風如士農工商四民各有門戶語云士之子恒爲士農之子恒爲農者是也吾門原籍河南開封府祥符縣人始祖舜敷公由鄉貢任容州通判宋季著籍二傳叔達公由元國子生任廣東萬州吏目三傳道坦公元仁宗朝登張超巖榜進士累官至邕州路總管崇祀名宦省郡邑志均有傳四傳昌翁公舉明經應徵辟任宥州清水司巡簡陞廣東清遠縣知縣父子並祀鄉賢具載通志及府邑志五傳源長公舉人材科授昭信校尉六傳真仲公由歲貢任廣東靈山縣知縣七傳崇祿公由歲貢生任潯州府照磨八傳相公由附監生授陰陽學九傳文川公邑庠生十傳西峯公乃余之曾祖也由歲貢任南京武進縣縣丞陞荊王府紀善十一傳龔琨公是余之祖也由歲貢任浙江開化縣訓道陞益王府教授至吾父秋浦公乃邑增廣生遂傳至余實十三世也自始祖容州公至今子姓繁衍而科名仕宦尚能遠接清芬郡邑志均以家學淵源稱之遂蔚爲天南世族爾曹當逐代細細思之能讀書作好官則爲肖子勉之望之

第二條崇尚眞學

人生貴有學而學不一夫有異學有俗學有眞學異學謂何春秋時孔子所謂異端戰國時孟子所謂楊墨自漢初崇黃老明帝時始取佛典入中國晉人尚淸談其說多近於黃老至唐遂有迎佛骨之事於是異學蠭起二氏大行其心固有駕吾儒而上之者然而以寂滅爲宗淸淨爲教不可以治天下俗學謂何讀書作文取悅當時苟博一第傷名喪節往往能言而不能行雖自以爲學終不得謂之學援諸吾儒正心誠意格己率物眞日月之麗天江河之行地者也程子曰異學從心悟學從天須日用行習孝弟忠信事事俱從天

理上發揮出來命曰天命性曰天性道曰天道心曰天君行曰天倫帝曰天子臣曰天工禮曰天秩兵曰天討刑曰天刑一事不從天即爲私欲每日清晨洗面後須打點此日所爲之事從現在地位本天而行實實猛省作去無因循無襲取無倚傍雖不能爲聖爲賢庶不至爲庸流下品矣

第三條博通經史

吾人萃山川之奇秉五行之秀陰陽摩盪而形生焉夫有形而氣運之有氣而理隨之先儒所謂不離乎形氣而亦不滯乎形氣也本來之知本來之能原無欠缺氣禀拘於有生之初人欲蔽於有生之後倘不借觀前賢景仰有道遽欲開其神發其智以坐臻上哲也蓋亦難矣六經四子諸史百家皆昔聖昔賢之蘊而發爲文章垂之簡策炳若日月亘古亘今如易明陰陽達變化生生不窮其間著象設爻屬繫吉凶悔吝君子修之吉小人悖之凶尚書一篇二聖三王之業光燦中天詩有四始有六義閨闥朝廟自家而國君子讀其辭而思其德知世風之所以盛衰也春秋魯史也編年紀月之書也未經筆削之春秋也明大義尊王襲誅僭亂已經筆削之春秋也經也至若禮因地制樂由天作尊祖敬天之大動靜食息之細精義入神情文交至先王建極陳常之道備諸此矣前人有言以銅爲鑑可以修容以書爲鑑可以修身二十七史忠臣孝子節婦義夫名垂今古百世之下鄙薄頑懦能寬敦廉立百世之上莫不遙遙相契異世同歸論語言仁之書也有答有述有自言皆修己治人之道曾子述聖經而著功格致推行治平中庸嚴戒懼極參贊同此一意孟子一篇黜功利崇仁義私淑孔子鋤闢楊墨所以衛道也其學在勿忘勿助直養剛大稱堯舜而薄管晏非自治之精切廣博宏偉豈能慷慨言之韓子曰荀揚擇焉而不精語焉而不詳孟子醇乎其醇實其千古

卓識闢元公崛起舂陵而程氏師焉朱子搜羅百家淹洽經史張子坐擁臯比虛心求道然而西銘正蒙絕頂道理千古大文章何可多得邵堯夫皇極經世理數衆盡王陽明有善無惡貽合孟子但解致知格物徹忭程朱正可參看陸子曰六經註我我註六經士苟有得六經皆我註脚

第四條恪遵時制

夫子曰愚而好自用賤而好自專生乎今之世反古之道如此者烖及其身者也夫愚則無德賤則無位生今反古則無時故非天子不議禮不制度不考文我皇上聰明聖智英敏徇齊淹貫百家博通經史幾餘辭翰冠絕臣隣且崇尚道德重修闕里一時文學之士如韓元少翁覃林輩屢承寵遇而吾道有光焉粵西雖界在嶺表山川清淑多士挺生然去京畿七千餘里公車獻策閱歷風塵間關跋涉馬瘏僕痡至者絕少庚辰特承恩詔賜額以爲著令非我皇上重道崇儒澤及遐陬何能恩渥若是哉吾人世習儒業仰車書之一統義切尊王所用服飾器皿須懍遵時制即縣主一官乃朝廷分猷宣化吾輩最近父母由此推而上之若府若道若臬藩督撫各憲俱懍導敬畏孔子曰君子有三畏畏大人夫大人所以承天命而御民物也敢不畏哉爾輩能守聖賢之道謹身克己日求寡過讀書之暇於當今律例亦須詳細熟看倘一罹法網百身莫贖明哲保身之修豈容缺略子曰君子懷刑夫懷刑雖勉然之君子然夙夜競懍佩服科條求無咎於大廷自不愧於屋漏謹慎小心進德基密無過於是國有秋糧額餉夫役雜差爾輩所食升斗務宜急公早完正供即例收差役之費誼屬草莽亦當從衆輸將毋倖求優免以致得罪當道禍患非輕至歲時伏臘令節慶賀爾輩職列青衿誼屬弟子至期須携壺懷刺登堂拜祝曲盡情欵從衆拜謁之後不許私衙求情說事致

玷宮牆至縣中公事大會當局招集必須肅整衣冠跋涉奔赴但須唯唯從命不可妄出多言爾輩庸拙邑中多先輩卓識宏議無容從旁置喙也日用起居事體瑣屑一一俱倣時制行之無泛無漏

第五條隨事程功

楊子云聖人之言遠如天賢人之言近如地程子以爲不然中庸曰君子之道辟如行遠必自邇辟如高登必自卑以妻子好合兄弟既翕乃盡道於卑邇父母其順爲馴至於高遠吾人讀書考道言心言性言天命窮神達化探幽抉微而究不離乎日用先賢有云顯微無間體用一致不可打作兩橛看子思子援引聖言論至誠至聖極帝王師相功參天地以及鬼神之幽參贊化育究之歸功於下學求無愧於屋漏之間耳爾父有母何温厚貞淑慈惠和謹今癸酉科孝廉春元民表兩君之姑母勝朝辛酉鄉薦會淡公之中女也今年八十三歲猶能健飯歡笑如壯年以一經教子爾叔父振姓三公得列癸酉副榜時猶殷殷期必遠大策勵余努力前途精進不怠嘗手書爲善最樂四字以相勗宜余早晚温凊菽水承歡不期有狃於得君保民之說吾母復再三敦促遂竟遠離膝下身託羈旅而天恩至性未嘗稍離不孝之罪負咎幽獨午夜拊心難安瘄瘝猶幸爾叔父三公庭榻逼近諸弟彊崟彊寶彊賓朝夕相見疾痛相呼且爾叔父三公賦性多智持身謹慎爾輩當時時請業倘得提撕固陋敬養吾母勿增恚怒則爾曹之孝行或有以減予之罪於萬一也長子彊富有母廖早喪尚留淺土余久欲擇地安厝奈連年製肘兼未得吉地倘能相取牛眠倩師卜吉營築佳城足慰吾願不然於所殯小屋時加拂掃精潔焚香點燈如過令節多燒錢楮冥漠有知亦當含笑九地次子彊安三子彊定有母夏年四十有一爾曹當克盡子職早晚承順母有命必唯唯是聽庶母余有子

彊寅年十四質性頑鈍弗能習藝亦以善道教之毋使縱其兇很流爲狠野以殘其生爾姊二人一適梁一適潘余二壻藏器泮池終至貴顯光壯門楣爾曹當以兄事之爾妹年十二明經常一梁君四子問名當撫愛成人以待于歸余長孫啓愚年三歲次孫啟愿年週歲當小心鞠育以裕後昆初從諸兄弟及本家族屬敬念祖遺一脈連枝共派慶賀音問休戚相關勿致間潤祖先堂上早晚香燈每逢朔望年節俗例具牲醴錢帛務用精潔有僾乎如聞愾乎如見之意社廟五祀之神遇時瞻拜以伸敬畏又關龍廟爲一鄉香火鄉人奉祀甚虔歲時飲酒讀灋咸集於此余特施田如干畝以爲公費願與吾鄉父老共守之倘好義者更思增美尤所深願至于家畜諸奴或老或幼隨日示以本業毋置之無用之地以養成尾大也爾曹身列黌宮讀書明理本分工夫且從時藝學去每日看講章數條讀時文數行精切要領義蘊曲折實實涵泳實實省察使洞然胸臆覺聖賢道理與自家意思一樣方爲有益晤家所藏理學宗傳一書尤當朝夕玩味庶幾有得吾輩不能絕物而處有交際有往來淡飯清茶可娛佳客如鄉黨中倩爾謀畫一如己事量時度勢矢愼矢公勿以私智欺人致傷中厚歲終所過各佃家收取租穀衡量通衆間或不足原數留爲後補務從寬恤以留有餘

第六條保全鄉里

詩有云維桑與梓必恭敬止夫桑梓植於鄉里能恭敬鄉里之人於鄉里所植之桑梓亦無不致恭且敬焉乃篤厚謙光之至也我家十世皆居城一居頭所街一居大井街於順治辛卯遭亂將城內民房拆燬鞠爲茂草吾祖碧瑕公避兵逃入一里木村堡四端營買張善巖家瓦屋一間以居焉將週歲吾祖捐館余父承

祖志不敢別遷順治丙申仲冬望前二日生余康熙癸卯季秋五日生弟余長兄於順治戊戌生姪疆登及庚子生疆固壬寅生疆靖於康熙庚戌吾父起造外廳顏曰肯構堂實有取乎古人拮据締造之難父肯堂而子始克肯構也自是安堵七年至丁巳九月又遭亂將吾祖及吾父內外房屋焚毀一空只留平地結茅以居乙亥八月念四日余始建豎房室至丁丑一月十六日造外廳同日余弟亦創造瓦屋三間余在左側弟居右旁勢如兩翼體並雁行屋外週圍多蓄池塘東三池屬余西二池屬弟宅舍居上彷彿圓外方中自順治辛卯至今癸未共計五十三載有室有家且人生安土重遷幸無別適更喜諸孫濟濟堂上穆穆堂下雝雝詩有云式相好矣無相尤矣豈不諒哉吾鄉世習農業少學儒術近多讀書入泮上村有欒有鄧有蓉下村有何有陳豈非相觀而善耶鄉多老成樸茂愿慤即二三少壯躬耕隴畝尚無逐末奸狡夫子曰里仁為美擇不取仁焉得智先儒以此為擧人教人擇居言薰陶漸染可以全其德各守本業可以全其生豈細故哉余甲子冒叨鄉薦即留心保鄉時吾邑侯李公頒給委牌二張仰練長李茂華梁永芝團練本村堡六便山二處庶幾守望相助疾病扶持如古所稱寓兵於農之意迄今二十載烽烟不作雞犬無驚每逢霜降日備饌楮牲醴祈祝神明願消除盜寇毋敢戲豫然地連東界山幽嶺峻不無匪類出沒吾鄉人賦性柔弱未嫻武藝一聞夜警不避風雨攜老挈幼百里之內逃躲茂林以存性命雖當事官吏懷保國安民之心而相數十里鞭長莫及也吾鄉總名木村保又名石嶺山勢迴旋樹木叢雜龍溪之水蜿蜒而來出鄉之里許曰禹門山與楊梅江合流鄉人出城之路必沿江傍嶺而行至二十里外之紫花村地稍平為渡江要路余特設紫花渡船以利行人又施田如干畝為渡夫口食及歲修之費渡江後又二十餘里始抵邑城以是聲

息雖通余目擊時弊且身親困厄如楊梅公利一市本吾家稅地經余施出招徠商賈近市一二十里村落小民資以謀生頗以爲便歷年共成百餘家突被强徒放火盡成灰燼鄉中雖多智士亦束手坐觀計無復之於去年壬午二月內請北流縣寄居閩人徐達先叔姪三人并舍舅余士良等使於農事餘閒教鄉中子弟練習武藝期以護衛良善潛消小醜月捐穀石贍口卽自減囊橐亦所不靳仍勸諭勉力耕田毋致坐食務須各挾忠愛戒除凶暴率成良民辛巳仲冬邑侯徐公發到任會集閤邑紳民於演武亭分給十家門牌清查保甲法畫連坐以弭盜源是日老幼畢集踴躍鼓舞有無小無大從公于邁氣象庶幾耳目一新今又歷兩載矣河清海晏時和年豐今年仰承天子恩詔蠲免四十三年錢糧眞千載未有歡天喜地樂業安家爾輩惟當對余平日知交如梁曾陳趙鄧張數鄉人時時相敬相愛愼毋疏濶或口舌相角速卽解釋庶倣先賢洽比其鄰故舊不遺之意

第七條參觀物類

吾聞聖人仰觀於天俯察於地散取乎物近體諸身如蒼昊之大冲漠無際究不離乎陰陽春溫秋肅夏長冬藏週年如是千萬年亦無不如是地道廣濶充滿四塞然東西南朔高下燥濕一定之理可攷而知我夫子上律天時下襲水土所以或行或藏隨乎氣運處事精切準乎禮儀夫有天地卽有天地所生之物號物之數有萬飛者走者動植者不知凡幾邵子曰有一物之物有十物之物有百物之物夫百物之物豈非龍耶鳳耶有一人之人有十人之人有百人之人夫百人之人豈非聖耶賢耶余識見粗淺茫乎無知因讀書得聞聖賢之道皆天地中自然必有之事非先王故爲矯揉造作以勞苦天下也如朝廷設官一遵天運春

風和煦禮部曰春官霜降肅殺刑部曰秋官若戶工二部取物用力之廸倣夏長冬藏之義王者修天德以敘驗天民得諸此矣聖賢道理事事皆從天分推出來人隻知父子兄弟本於天恩不知君臣朋友皆由天合天生民而立之君使司牧之此天道也使君道不從天恐流爲雜霸而況職居臣下敢有營私希寵以安觸天威耶朋友一倫則講明君臣之義父子之恩夫婦之別兄弟之愛不然樹黨援則謂之勢交勢衰則絕貪賄賂則謂之財交財盡則斥悠悠斯世相識滿天下而知心無幾人也余近有管見即小觀大如虎豹豺狼秉質暴戾能撫其子可以比父子蜂蟻類聚聽於一王可以識君臣羽族飛鳴匹耦不紊可以識夫婦鹿鳴聲應而氣求可以識兄弟之連枝朋友之合志如此類者皆有天分存焉先儒曰人知飲食之道即能知出處之道能知晝夜之道即能知死生之道飲食出處晝夜死生事之大小不同所以謂理則一也夫晝夜謂之小死生而死生謂之大晝夜如每日雞鳴於子一陽初動是人之始生童蒙時也及卯辰巳陽氣漸盛是人之年長而壯發奮爲學進而強仕建功立業於天壤壤以垂不朽時也至于午未申則陽氣漸退陰氣漸伸是人之功成身退修德就閒時也吾人倘能乘時有爲作聖作賢則超出萬物之上若浮沉衣食枉過一生則陷於尋常與禽獸無異矣迄酉而戌則爲純陰陽氣盡絕是謂必死之期而求爲不死者則惑於異端而未聞道也易之言曰形而上者謂之道形而下者謂之器夫視無形聽無聲而忠孝節義扶植綱常浩然充塞天地是以形下之器而行形上之道亘古今而爲烈不隨生死漸滅若扶一身之手足耳目形骸百體精合則人魂遊則鬼豈能長留天地者哉又即一木以觀亦備陰陽始終之故可以比人生百歲焉如始而開花是人之二三歲時也繼而結子是人之孩提漸長而知能漸發能愛親敬長時也倘賦質不堅受氣不厚

幼而夭軋是此木之傾於風雨或被人扳折而失培於天也若賦質堅而受氣厚者雖疾病坎坷百折而無恙是此木之根株盤結風雨不搖而垂實有成或熟于夏或熟于秋或熟于冬味酸則酸味甜則甜味苦則苦味甘則甘乘時取摘可以薦神可以奉親可以燕賓而待友如過時不取則味反本矣故天下無終歲不落之果實天下無百歲不殞之身軀物類甚衆格之具有至理貫而通之總歸於一程子九條格物隨事觀理則思過半矣

第八條嚴行戒懲

聖賢之學有大法必有大戒如論語首篇記者序時習次序孝弟即繼序言色之巧令是有法即有戒也顏淵問爲邦夫子示以四代之禮樂而放遠乎鄭聲佞人豈非修己治人之道事事俱向天理上作去不合天理即爲私欲當痛加鍼砭各自猛省勿使藏之胸臆流露日用陷於小人之歸子曰非禮勿視非禮勿聽非禮勿言非禮勿動四語實聖人指引迷津乃吾儒脫凡入聖之要道也俗云放下屠刀即成善果先儒有曰人每日間多一分客氣即減一分道氣能格一分客氣即增一分道氣格除得盡即爲大醫又曰人非聖賢孰能無過知過必改卒成善士余質性庸鈍淺陋無識浮沉四十八載甘爲天地棄人於己未歲長兄振公公病篤召余入臥榻以囑後事諄諄以勸誨三子成名爲念及兄逝後余再四相勗大姪彊鞏於辛未年遊泮水二姪彊固三姪彊靖竟優遊林泉置儒術於不恤且農工商賈皆不屑爲而談笑自得是余不能承先兄之託而負咎幽獨也所幸者鞏生姪孫啟聰固生姪孫啟宇靖生姪孫啟智余僭爲之命名皆我父秋浦公之苗裔倘異日開發聰明神智光大前緒有聿來胥宇之風余忝家長與有光焉爾曹爲學須認何者爲

理何者爲欲如耕鋤然必須打掃田地精潔然後加糞若稂稗滿頃灌莽叢生雖有黃茂嘉苗奚能挺秀其間也子曰士志於道而恥惡衣惡食者未足與議也夫衣食乃人生養命之資虞舜之耕歷山淘河濱漁雷澤阿衡之耕有莘此非圖利適以養其生耳專利貪欲注神孔方是市井之鄙夫斷斷乎其弗可爲矣爾輩靜觀浮薄之人以衣穀食肉任意驕人淸淑之士洗滌囂塵所不願爲此也先賢云淡泊以明志寧靜以致遠周子曰君子以道充爲貴身安爲富故心泰而無不足銖視軒冕塵視金玉其重無加焉朱文公註解以爲世人皆墮在火坑中茂叔先生故叮嚀告誡若此俗有賭嫖二種稍有一線之明皆之爲下流爾曹未必爲此然有則改之無則加勉但如雙陸圍棋等物亦宜勿具於家以眩耳目坊本編造淫辭小說見即投之水火至於文章辭賦古人以爲身之文謝上蔡多讀書程氏猶謂玩物喪志先儒詩有云學成元凱方爲辯文似相如止類俳獨立孔門無一事只輸顏子得心齋當善會之

以上八條皆余披肝瀝胆罄攄衷曲之言願爾曹洗心滌慮逐句熟讀但一時信筆直書文無推敲自多粗率之句未能質之高明當會意觀之勿以爲陋倘有知愛賢朋不妨抄錄一通以求筆削婉致予長征留訓之意以抒愚悃若逢淸淑之宵月明琴靜尤當朗誦一過逐條逐句精切記憶煩有祖孫父子兄弟叔姪會聚一堂心心相照氣象余雖在外不啻耳提面命談笑一室倘其佩服勿忘是跋

少雲公家訓八則

型家

齊家無異術道在知所先相期務實行相感本性天一家有親長孝悌求其全一家有卑幼慈愛毋或偏夫

恂音旬　恂恂，信實貌

姱修　潔身自愛也　姱音誇

婦倡隨叶兄弟手足聯大端既無咎細務亦不捐綢繆宜未雨歷練須經年勤如陶士行儉如范忠宣忍如張公藝同居九世傳和如陳江州義門坊表懸流風猶未艾抗志希前賢本身以立教興感斯油然恂恂子若弟執業罔弗專依依婦與女守禮皆無愆人不近邪僻事不荒遊畋率循本大道激勵操微權四知佩宗範聞見珍遺篇儀型在門內善氣長緜延

睦族

草木同臭味葛藟庇本根矧屬爲人類族誼可弗敦緊惟我　列祖秀毓汴之源匹馬入西粵作判乘高軒雅慕嶠山勝卜居遺澤存鄉賢與名宦作述垂子孫生齒日逾衆支派日逾繁錯處散鄉邑往來叙寒暄相期崇禮讓式好懷箴言德業胥砥礪詩書同討論毋以貴凌賤毋以卑犯尊毋欺孤與寡毋挾仇與寃角弓勿啟釁觴豆宜推恩有無通緩急患難須救援相關若同體相視如一門保此太和氣奕世皆春溫

勵學

人爲萬物靈同居在寰宇何以不虛生惟學得所輔我聞大聖賢敏求猶好古矧乃非聖賢不學將安補勗哉我族人及時須力努勿自恃聰明勿自安椎魯勿自畏煩勞勿自憚艱苦篤志勵姱修壯懷殷進取東序列膠庠策名登天府可以顯雙親可以光列祖可以耀里閭可以輝門戶我　祖判容州宦籍隸茲土縣緜數百年奕葉清芬普遞代試思量慷慨應起舞欲貽孫子謀當懷高曾矩家學紹淵源書香延牒譜

務農

在上當勞心在下當勞力三時果務農一家堪足食勿謂農業卑古人嘗稼穡大舜耕歷山側陋揚元德伊

稌　音徒　穤稻也

庥　音休　庇蔭也

尹耕有莘阿衡賫輔翊窮達縱難知且自安作息或云工與商謀生亦可得究非切近閭閻若勤稼穡惟願我族人課農敎本職深耕與易耨非種鋤亟亟豐年黍稌多餘事興蠶織怡然八口家卒歲增喜色事畜有所賫饑寒詎相逼重賡豳壤歌鼓腹歡無極

愼交

人生重五倫出門須求友惟德必有鄰惟敬斯可久紛紛勢利朋到處歡聚首爭逐侈交遊蠅營而狗苟因依倘弗善便貽終身咎勉旃我族人擇交期勿負毋爲比匪傷毋與挾邪偶毋以忝徽名弇陋噲鄰叟毋以居後進古樸輕耇耆恂恂鄉黨間謙光益可受知己樂切磋同心謹操守忘形時往來山中何所有晨炊飫黃粱夜雨剪春韭兩情淡如水交期堪不朽白首尙如新彌見古風厚

節用

可怪世間人紛紛競饒沃文繡既章身耳目縱所欲日食費萬錢下箸云未足不思財易空迅若風前燭富者倏然貧舉動增局促束手受饑寒赧顏對童僕何如省嗇些守樸原非辱仲氏衣縕袍原憲辭宰粟顏子樂簞瓢千秋激頹俗晏子御狐裘卅載垂清躅緬懷古名賢高標期紹續淡泊可明志隨事須歛束園蔬愈珍饈瓦缶勝金玉豈容飾外觀窮奢而極慾事畜果有餘留以贍親屬共敦節儉風願爲宗黨勗

息訟

熙皞溯中天禮讓崇廉恥野消雀鼠風善氣蒸閭里吾願紹其庥敬恭桑與梓勿整李下冠勿納瓜田履勿角短與長勿爭錙與絫事縱被欺瞞放平心自已有犯而不校古稱顏氏子唾面聽自乾師德垂靑史嗟乎

習俗乖人情薄如紙反面卽成仇健訟刁風起彼謂勢足濕此謂財堪恃豈知鷸蚌持漁者從旁視厥利總歸人厥害終歸己況復到公庭動輒遭鞭笞曲直猶未分貲財蕩然矣至此悔曷追何如安汝止相與保身家相期循化理春風釀太和里仁信爲美

奉公

聖人御寰宇制作俱煌煌車書大一統瀛海同尊王吾儕倖通顯釋褐登明堂在官勵廉潔報最希循良若乃居草莽愚賤安其常服飾及器用賓祭與婚喪兢兢守時制懍懍遵朝田下上章嚋有賦稅黽勉相輸將官府有興作踴躍同趨蹌勿倖冀僥免勿巧圖遁藏官衙毋私謁公事毋濫當鄉曲毋武斷反求猶未遑詞訟毋包攬拖累須預防持躬宜正直立品宜端方可以免厥咎庶幾無不臧保身在明哲勗哉心勿忘

咸豐丙辰余莅官甘涼故里書來芑洲姪有修輯族譜之議余忝居尊長敭歷宦途未獲身與其事顧念子姓繁衍教導宜先爰於案牘餘閒謹擬家訓八則寄示族人但一時信筆直書語多粗率尚祈參訂妥協存諸譜中以誌余萬里垂訓之意當不啻耳提而面命之也　舜敷公十七世孫景岷由甘肅中衛縣署中甫撰

規約

一　忤逆父母宜禁也、凡爲子者、必須孝順父母、晨昏侍養、務博歡顏、庶可無忝厥職、倘有言語忤逆不聽教訓、忍令父母飢寒無靠者、一經告懇察核眞情、應由族長會同族衆傳至宗祠、嚴加訓誡、如再不悛卽公議懲處、或將其名揭示、祠中永不許其與祭、一侮辱尊長宜禁也凡爲弟爲姪者必須尊敬伯叔兄長行坐語言總宜謙恭遜讓憪循卑幼之分毋得以卑陵尊少陵長有違犯者事實顯著應由族長嚴加訓誡

一毀壞宗器宜禁也祖宗已往見其遺器如見先型撫劍爲而神傷捧杯棬以泣下凡屬子孫所當共爲珍藏愛護世世守之倘有不顧祖宗手澤任意毀壞定當從嚴訓斥

一盜賣祀田宜禁也春秋時享所賴以舉者祀田也君子讀唯士無田則亦不祭之文當有愴然涕下者矣凡爲子孫縱不能增廣祀業其先人所設立者亦當世守勿替倘有擅行串同盜賣祀田及先塋餘地者族長查明即會族衆傳入宗祠從嚴訓斥勒令追還如敢恃刁違抗定行送官究治

一離間骨肉宜禁也骨肉至親恩情最重同休共戚一體相關倘有妄揣讒言致使骨肉乖離漸開釁隙此等人最足以敗貽謀傷風化尤當嚴禁

一妄興爭鬬宜禁也凡居家之道忍克有濟和能致祥倘有些小猜嫌必須互相消釋即屬萬不得已只宜稟明族長公剖斷愼勿妄興爭鬬因小忿而禍及身家愼之戒之

一强爭過繼宜禁也蓋恩莫重於父子爲人後者以義裁恩不得已也若擇繼之不及議繼之不到而動曰我應爲人後是見利而忘親不孝極矣永宜嚴禁

一自鬻子孫宜禁也已之子孫皆祖宗血脈所遺棄其子孫即蔑其祖矣如有自將子孫鬻與他人者族長會同族衆傳入祠堂嚴行制止

一習染賭博宜禁也凡百技藝皆可營生賭博場中愼毋插足古人名曰迷魂局蓋以一入其間鮮能省

悟英雄流爲下賤富厚變爲飢貧襤褸衣衫親朋恥笑甚至賭窮爲盜失節墮名實爲風俗家庭之玷亟宜嚴禁至於酗酒致亂洋烟損身均當同戒以免子弟效尤

一蹈犯姦淫宜禁也語云萬惡淫爲首蓋以污人名節損己陰功莫此爲甚凡有識之士無不兢兢戒謹凜乎其不敢犯也倘有强逼行姦傷風敗俗玷辱家聲經族長嚴誡後仍蹈故轍查有實據即公同斥逐出族不許歸宗慎之戒之

一貪圖偷竊宜禁也天地之間物各有主非其有而取之便非守分凡有家道困乏者即須安貧固守自食其力儻貪心行竊無論多寡一經察覺即行斥逐如被失主拿獲解案族人不但不許袒護且公同到案出結決不與姑寬

光緒二十一年歲在乙未孟冬月穀旦闔族公議

民國三十一年刪訂重錄

溯源考

按姓源云封氏本姜姓炎帝裔孫封鉅爲黃帝師胙土命氏迨夏后之世封父列爲諸侯今開封府封邱有封父亭即封父所都之地至周失國子孫爲齊大夫遂居渤海蓨縣又云春秋時祭仲初爲祭封人掌封疆者因以爲氏吾族先世原居河南開封府祥符縣歷代相傳皆稱渤海郡是固帝師之裔歟至我始祖所自出舊譜無攷不敢妄爲援引惟投氏之始見諸載籍者可循流而溯其源焉

容州封氏家譜卷一

目錄

大宗世系圖
長房世系圖

3

十三十四頁內文縮上

卷首中五

容州封氏家譜卷一

始世祖至九世祖大宗九族全圖

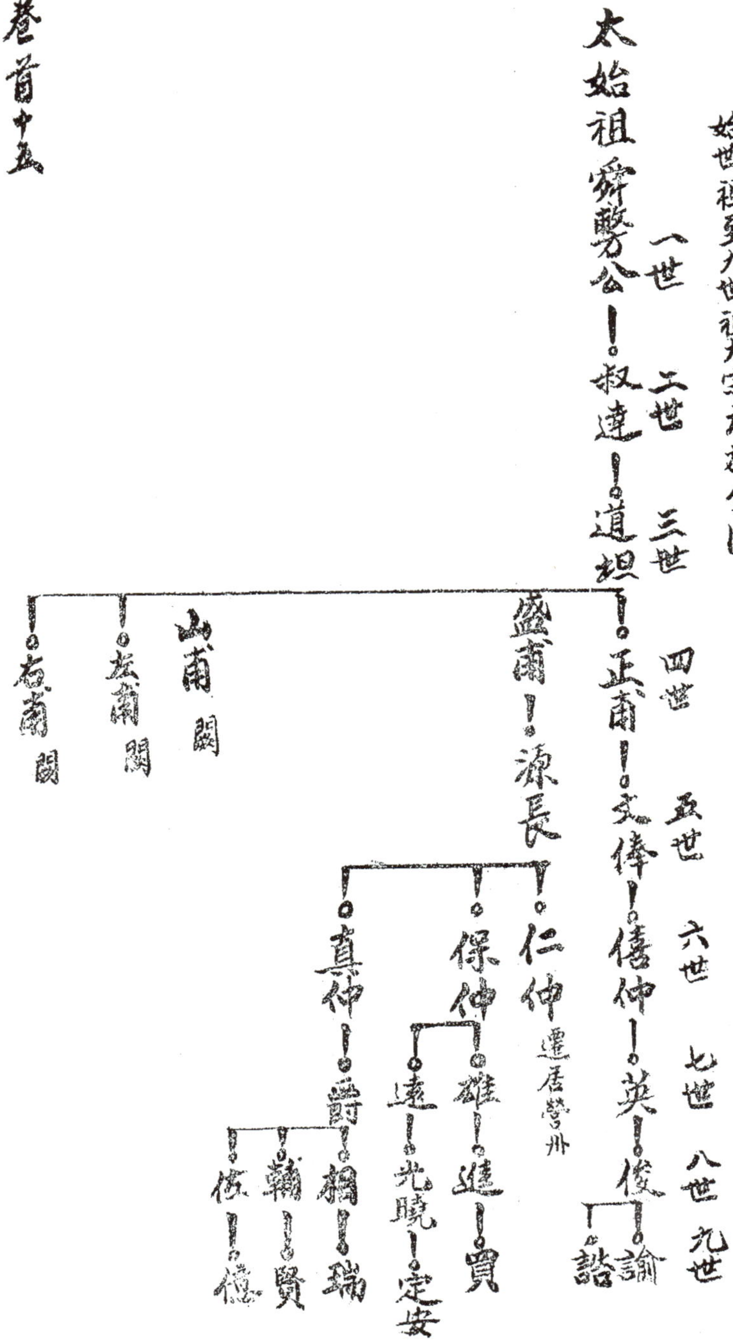

長房九世至十七世九族圖

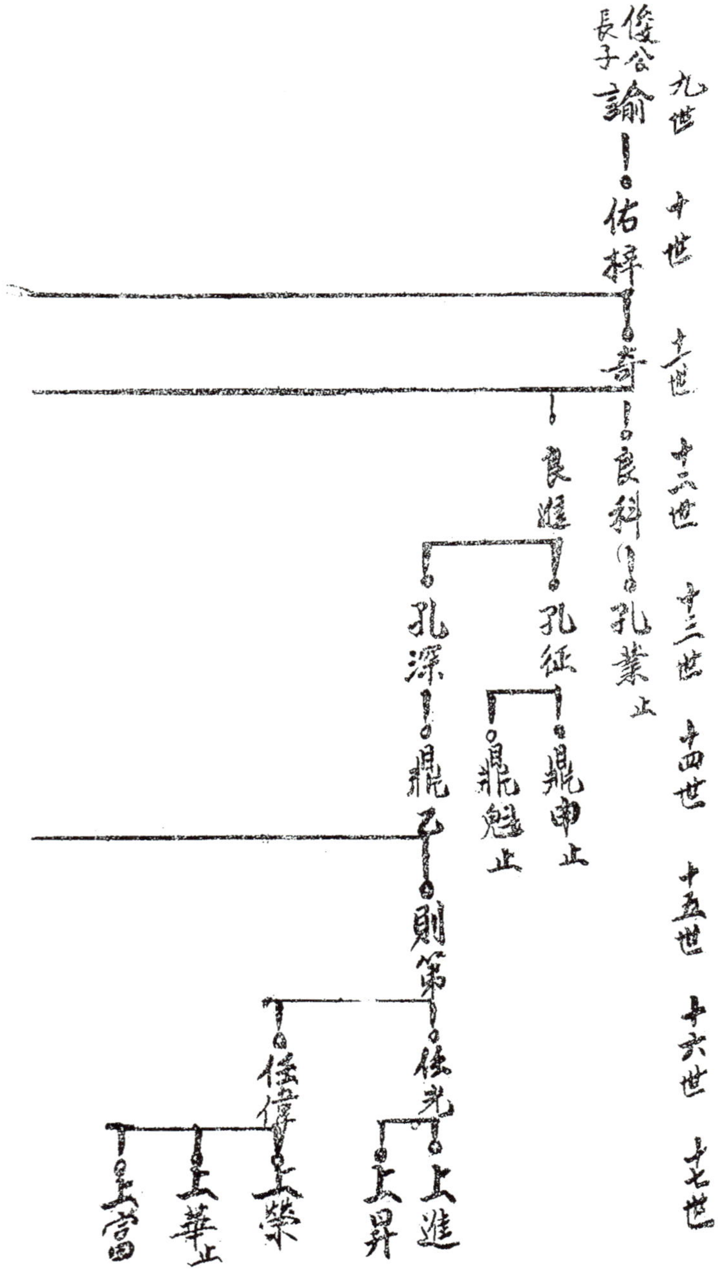

卷首十六

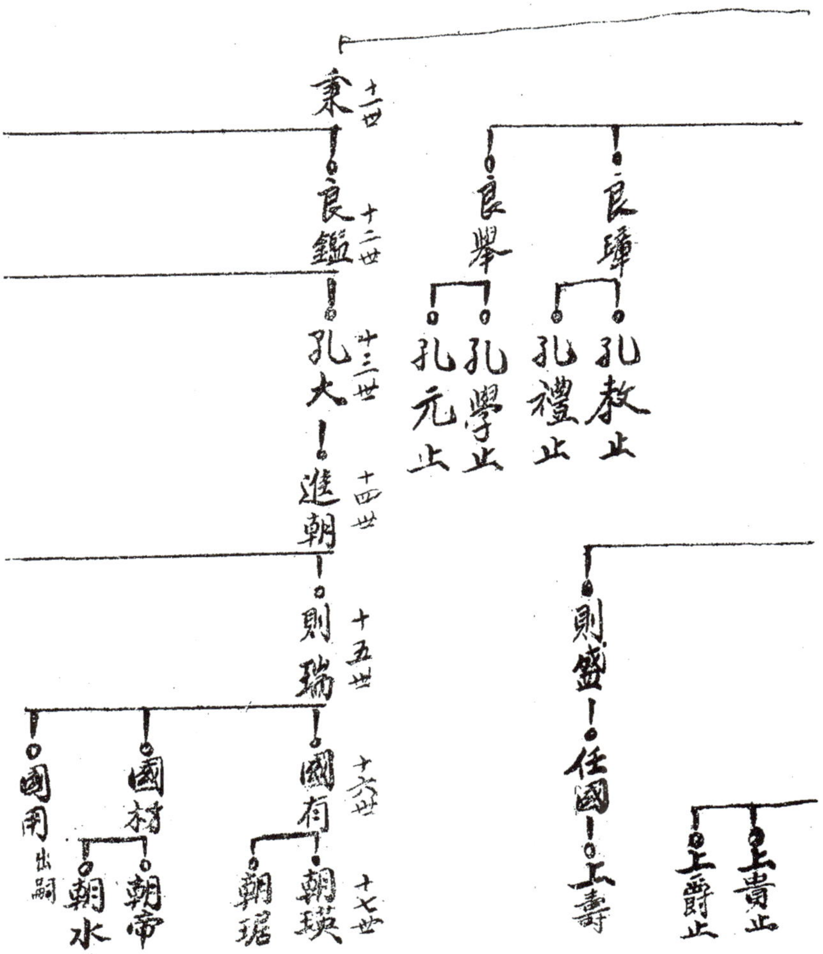
秉
十一世
良鑑
十二世
孔大
十三世
進朝
十四世
則瑞
十五世
國有
國材
國用
出嗣
十六世
朝瑛
朝琚
朝帝
朝水
十七世
良暉
良舉
孔教止
孔禮止
孔學止
孔元止
則盤
任國
上壽
上貴止
上爵止

則勝—國用—朝崇
　　　　　　—朝祥

孔勳—進傑—則富—國位—朝銓
　　　　　—則貴—國侃—朝采
　　　　　—則榮—國備—朝發
　　　　　—則華—國獎—朝相
　　　　　　　　　　　—朝陞
　　　　　—則鑑—國祥—朝貴
　　　　　　　　—國榮—朝揚
　　　　　　　　　　　—朝椽
　　　　　　　　　　　—朝文
　　　　　　　　　　　—朝武

卷首十七

- 憲珍（十二世）
  - 孔銘（十三世）
    - 進姬（十四世）
      - 則聘（十五世）
        - 國建止（十六世）
        - 國宦
          - 會昇（十七世）
          - 會友
        - 國儲止
        - 國起
          - 會鎔
        - 國善
          - 會聰
        - 國統止
      - 則科
        - 國昭止
        - 國宗止
        - 國启止

- 國華
  - 朝通
  - 朝用
  - 朝旺

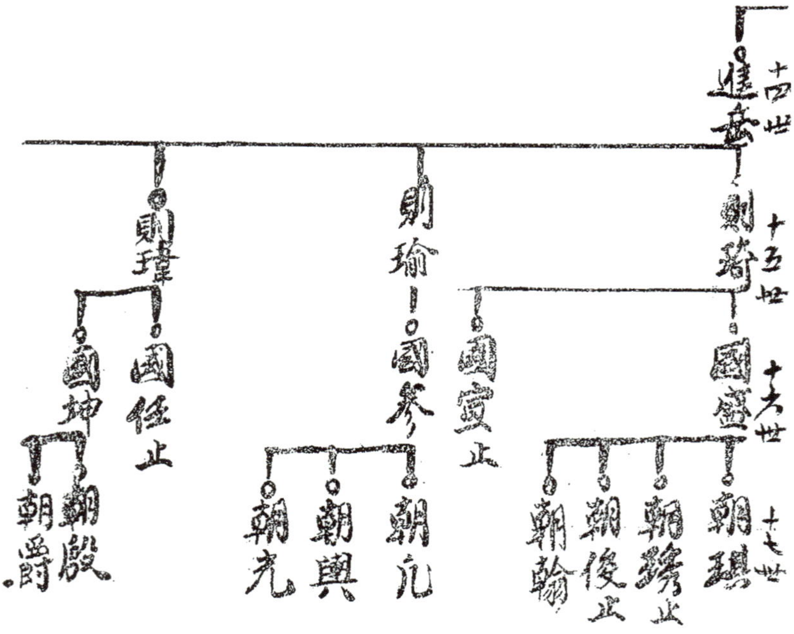
十四世
進壽
十五世
則璿
則瑜
則瑋
十六世
國盛
國寶止
國參
國任止
國坤
十七世
朝琪
朝騰止
朝俊止
朝翰
朝亢
朝興
朝充
朝殷
朝爵

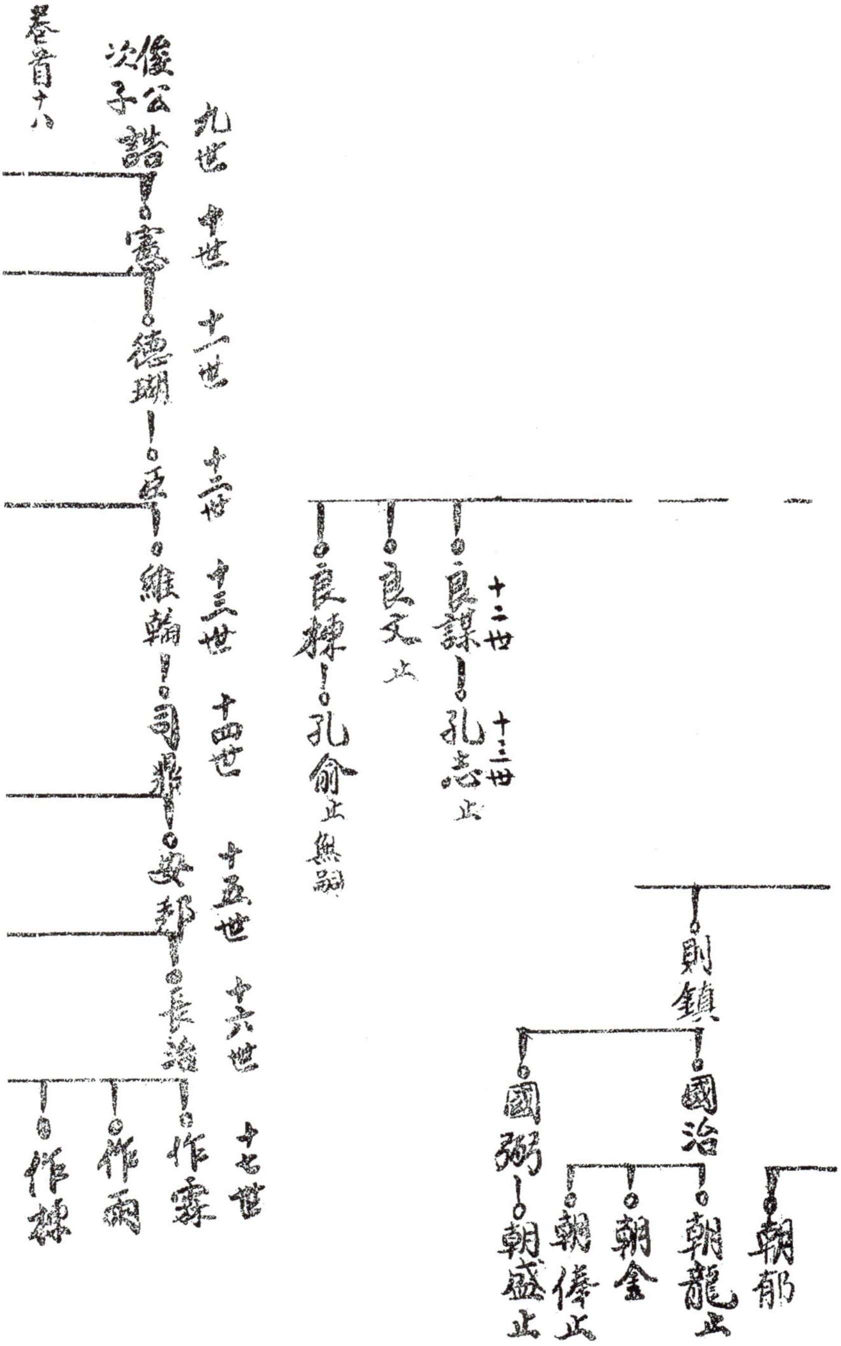
卷首十八
僕公次子
九世
諧
十世
憲
十一世
德瑚
十二世
十三世
維翰
十四世
司鼎
十五世
安邦
十六世
十七世
作霖
作雨
十二世
良謀
良文 止
良棟
十三世
孔志 止
孔俞 止 無嗣
則鎮
國治
國弼
朝龍 止
朝金
朝俸 止
朝盛 止
朝郁

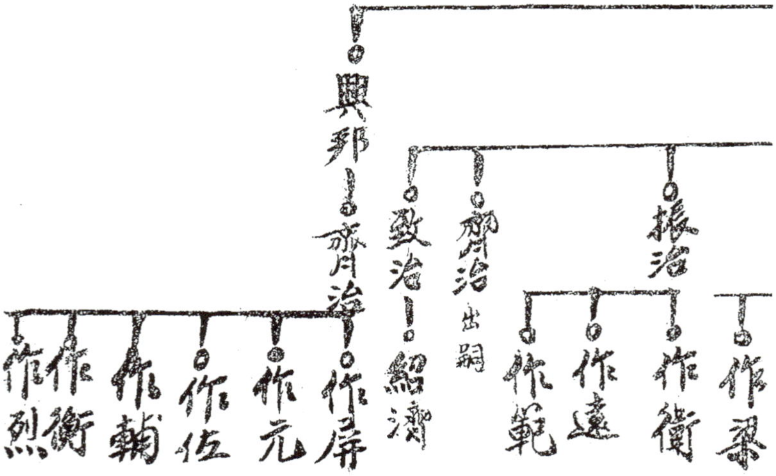

興邦
齊治
作屏
作元
作佐
作輔
作衡
作烈
致治
紹濟
齊治 出嗣
振治
作衡
作遠
作範
作梁

卷首十九

- 十三世 維城
  - 十四世 司教
    - 十五世 靖邦
      - 十六世 淳治
        - 十七世 萬俟
        - 萬里
        - 萬成
      - 盛治
        - 萬祥止
      - 山魏治
        - 萬禎
      - 焕治
        - 萬禧
        - 萬祥出嗣
      - 同治
        - 萬鈞
        - 萬緯
  - 司輔
    - 建邦
      - 統治
        - 作人
      - 梁治
        - 作肅

作文（出嗣）
作哲
作謀

雍治
作仁
作敬
作友（出嗣）
作慈（止）
作信

豫治
作才（止）
作庠
作序（止）

徐治
作求
作孚

卷首二十

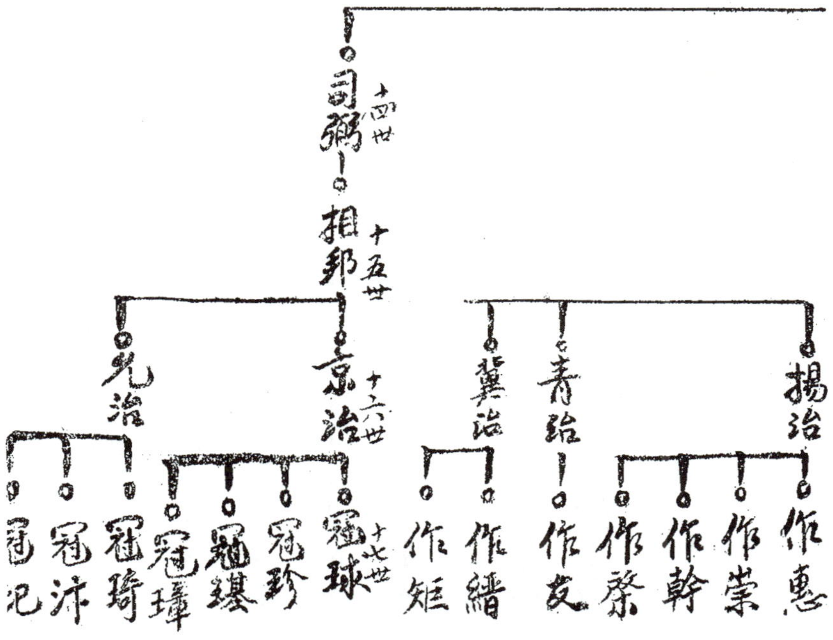

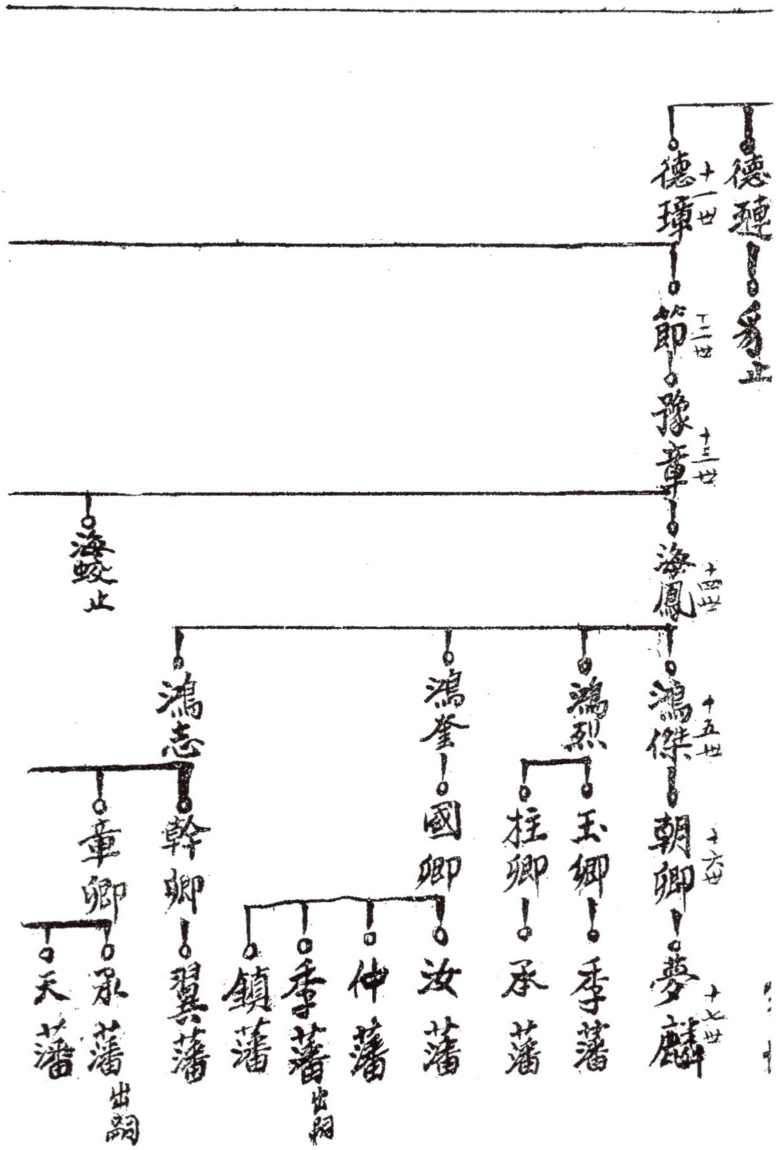
德璋
十一世
節
十二世
豫章
十三世
海鳳
十四世
海蛟止
鴻傑
十五世
鴻烈
鴻奎
鴻志
朝卿
十六世
玉卿
柱卿
國卿
幹卿
章卿
夢麟
十七世
季藩
承藩
汝藩
仲藩
季藩
出嗣
鎮藩
翼藩
承藩
出嗣
天藩

孫藩止
岳選
世藩
祚藩
輔卿
春藩
武卿
海賢
孟藩
瑞藩
經藩
任藩
相卿
海通
鴻緒
祚藩
蒲卿
經藩
掄卿
育子

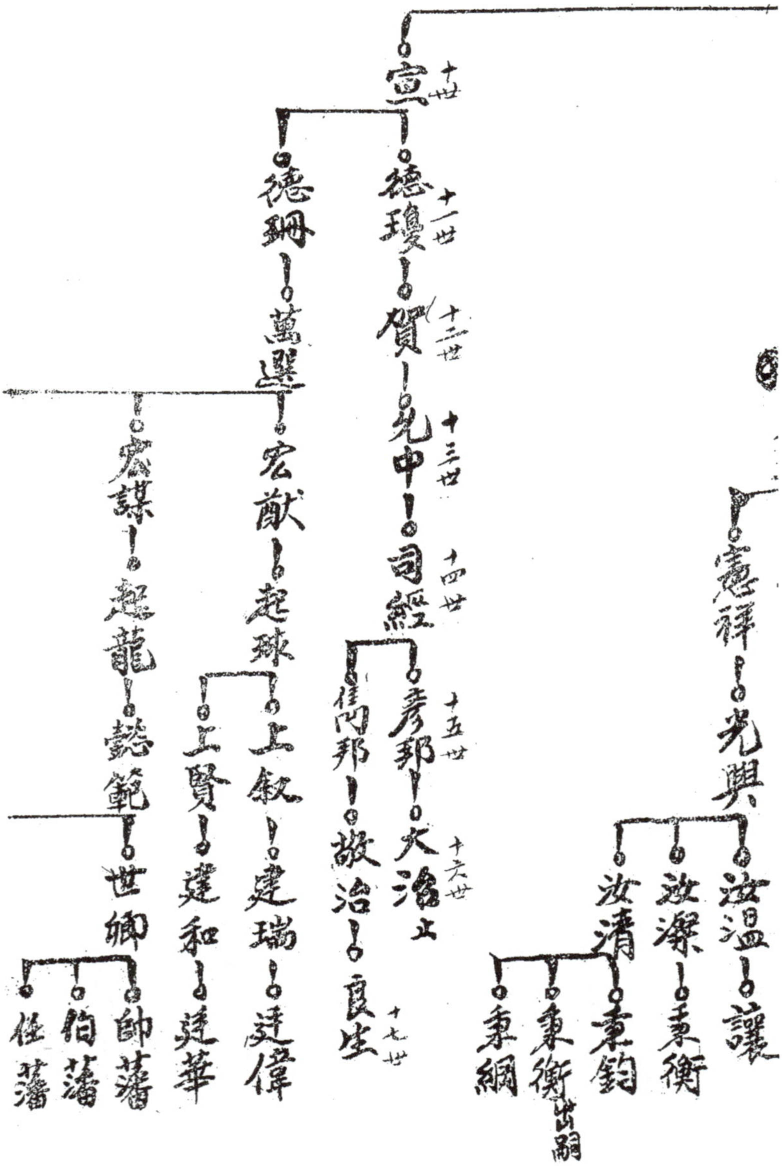
十世
宣
十一世
德瓊
德琱
十二世
賀
萬選
十三世
允中
宏猷
宏謀
十四世
司經
起球
起龍
十五世
彥邦
信邦
上敘
上賢
懿範
十六世
大洛止
敬治
建瑞
建和
世卿
十七世
良生
廷偉
廷華
帥藩
伯藩
任藩
憲祥
光輿
汝溫
汝潔
汝清
讓
秉衡
秉鈞
秉衡出嗣
秉綱

廣東化州上田旺村

任光公子

長房十七世至二十五世九族圖

卷首二十二

十七世　十八世　十九世　二十世　廿一世　廿二世　廿三世　廿四世　廿五世

- 上進
  - 許發
    - 有紀
      - 安郎
        - 仕元
          - 振高
        - 仕亨
          - 振常
            - 建章
              - 富裕（又名國叔）
      - 安家
        - 仕傑
          - 振成
            - 建邦
          - 振武（出嗣）

- 容受
  - 起任
    - 上進
      - 建周
        - 運朝
      - 建魁
        - 運國（止）
        - 運鎮
    - 上璇（止）
- 鎮卿
  - 連藩
- 建藩（止）

安盛
仕侹
仕璘出嗣
安世闕
安業
仕璘
振武
建文
有緒
安富止
安貴
仕芳
振英
建基
振華
仕玖
振儒
建業
振忠
仕彬止
有繞 十九世
安朝止 二十世
安榮
仕佳

卷首二十三

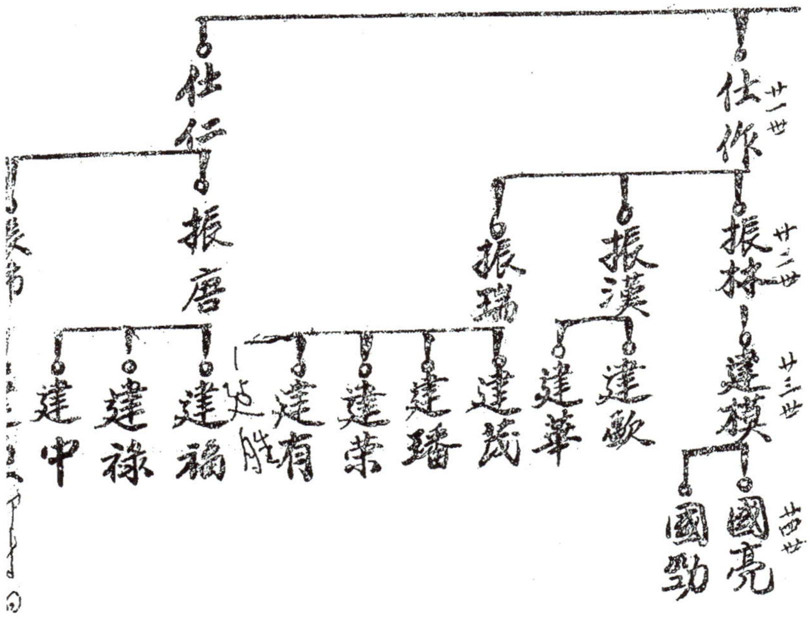

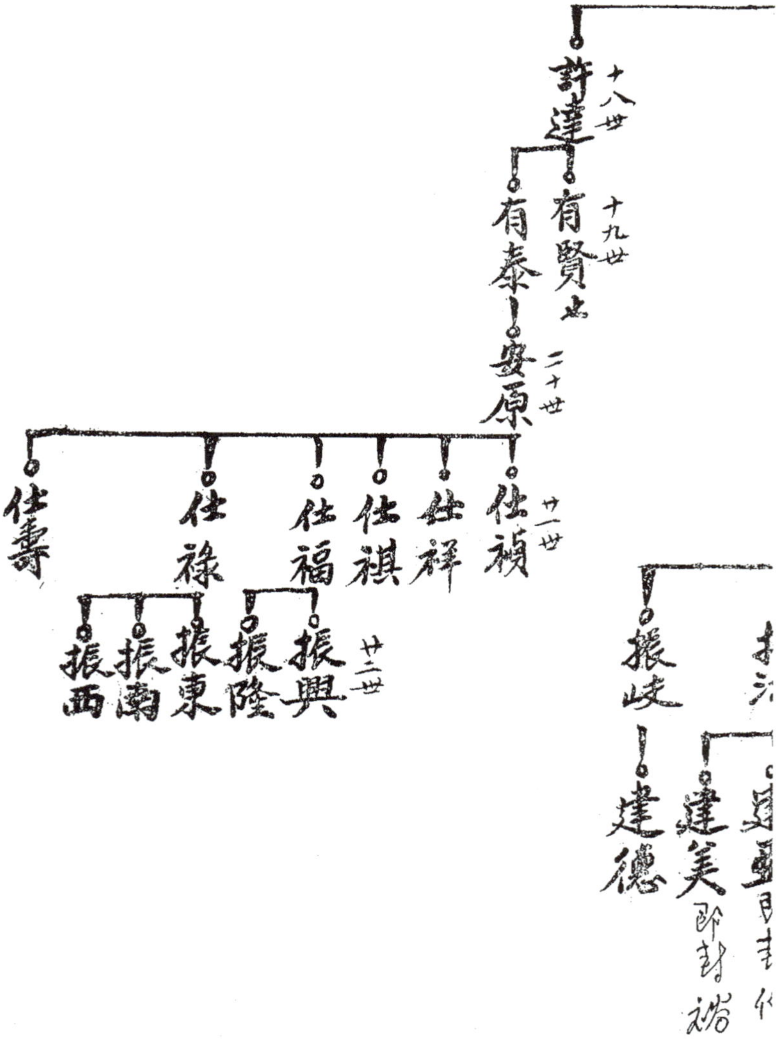
十八世
許達
十九世
有賢
有泰
二十世
安原
廿一世
仕禎
仕祥
仕祺
仕福
仕祿
仕壽
廿二世
振興
振隆
振東
振南
振西
振岐
建德
建美

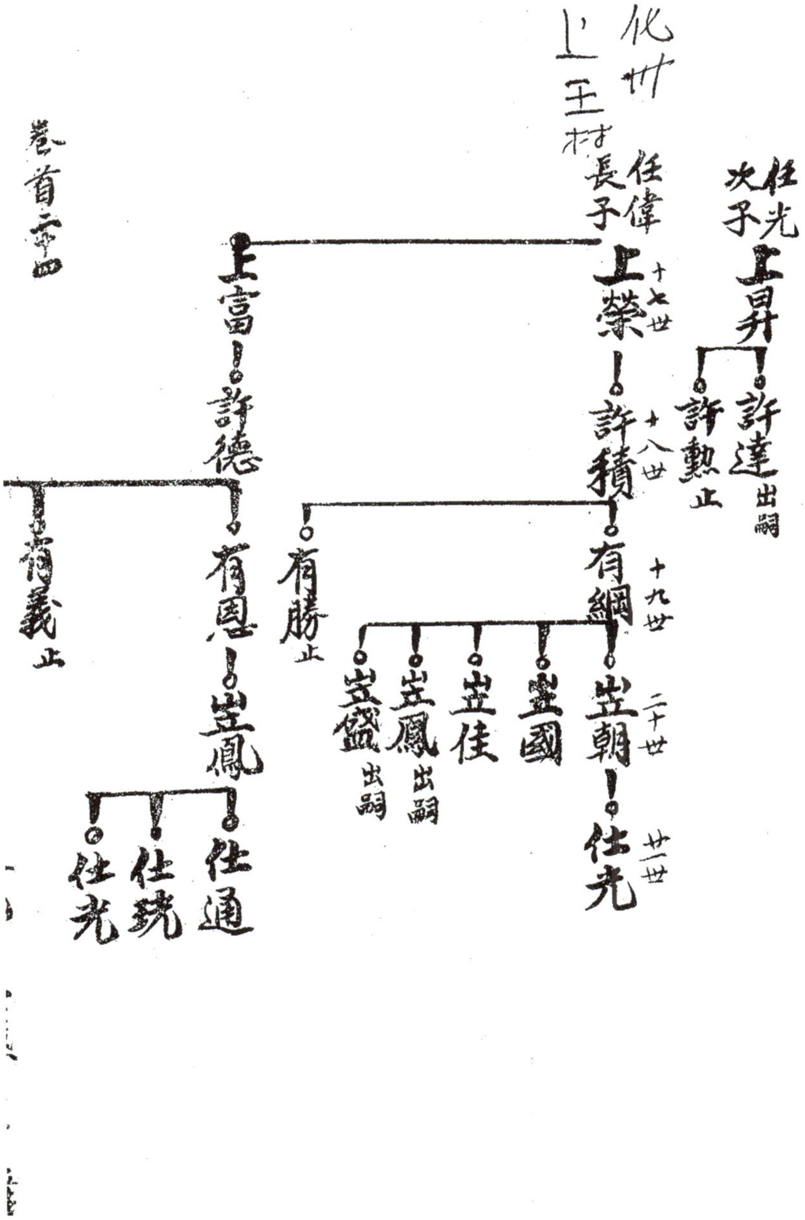
化州
上王村
任光
次子
任偉
長子
上昇
許達 出嗣
許勳 止
上榮 十七世
許積 十八世
有綱 十九世
有勝 止
岦朝 二十世
仕光 廿一世
岦國
岦佳
岦鳳 出嗣
岦盛 出嗣
上富
許德
有恩
岦鳳
仕通
仕琥
仕光
有義 止
卷首二十四

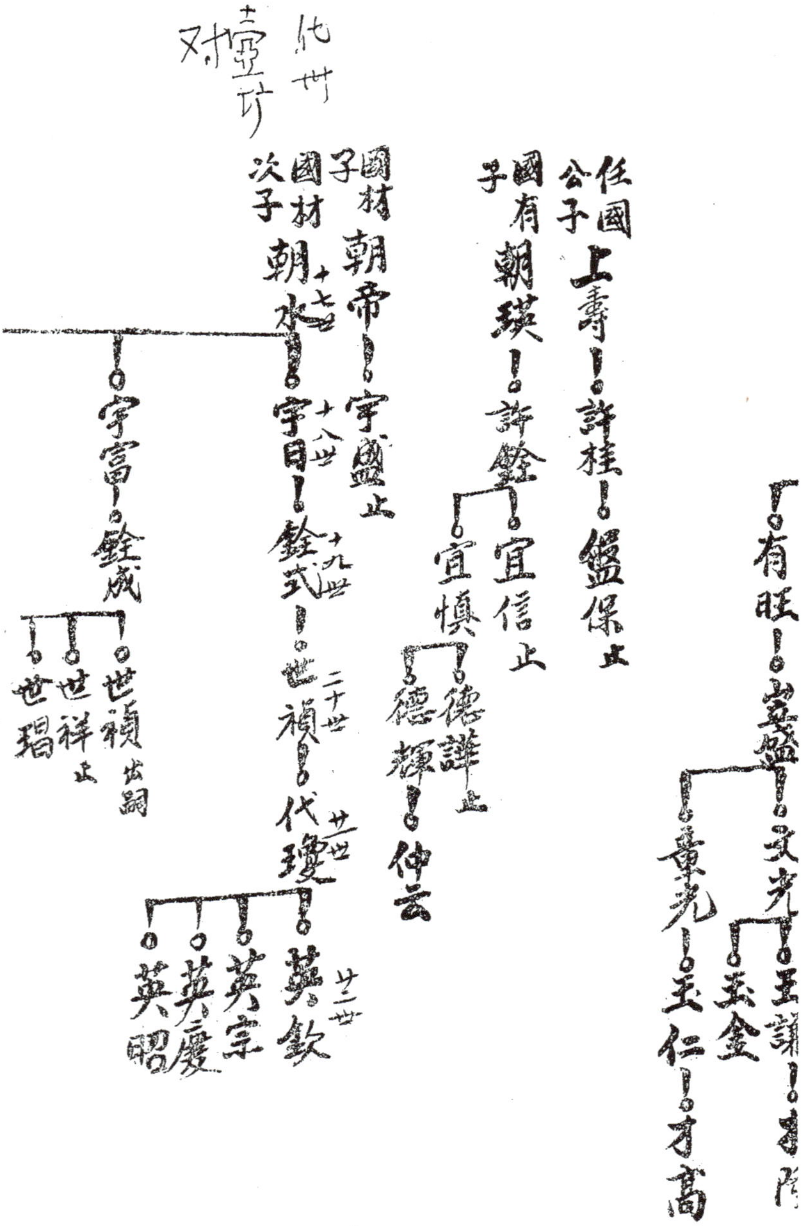
有旺
宴盛
文光
章光
玉謙
玉金
玉仁
才高
任國公子
上壽
許桂
鑑保 止
國有子
朝瑛
許銓
宜信 止
宜慎
德譁 止
德輝
仲云
國材子
朝帝
宇盛 止
國材次子
朝水 十七
宇日 十八世
銓式 十九世
世禎 二十世
代瓊 廿一世
英欽 廿二世
英宗
英慶
英昭
宇富
銓成
世禎 出嗣
世祥 止
世瑁

卷首二十五

守貴止

世業止
世郁 二十世

代璠 廿一世
代瑞
代珍
代琳 子嗣英基
代璋

英擢 廿二世
英球
英紹
英基 出嗣
英業
英振

才武 廿三世
才祥
才國

國用長子 朝棠—宇旺—雲富—世珍—代瑤

宇旺—雲宣止

國用次子 朝祥—宇海—雲來止

國位子 朝銓（十七世）—許進（十八世）

許進—銓有止（十九世）

許進—銓勇

許進—銓勛止

銓勇—世玟（二十世）

銓勇—世福—代仁（廿一世）

世福—代義

世福—代禮

銓勇—世祿—代善—永利（廿二世）—樂乾（廿三世）

銓勇—世壽—代智

卷首二十六

國侃子　朝采—許仁止

國儲子　朝發—許壽、許盛、許立

許壽—銓英、銓位、銓政、銓德止

銓英—世星止、世修止

銓位—世盛止、世昌止

銓政—世安止

許盛—銓升、銓任

銓升—世健止、世保、世琳止

世保—理光（廿一世）

銓任—世容止

許立—銓[illegible]止

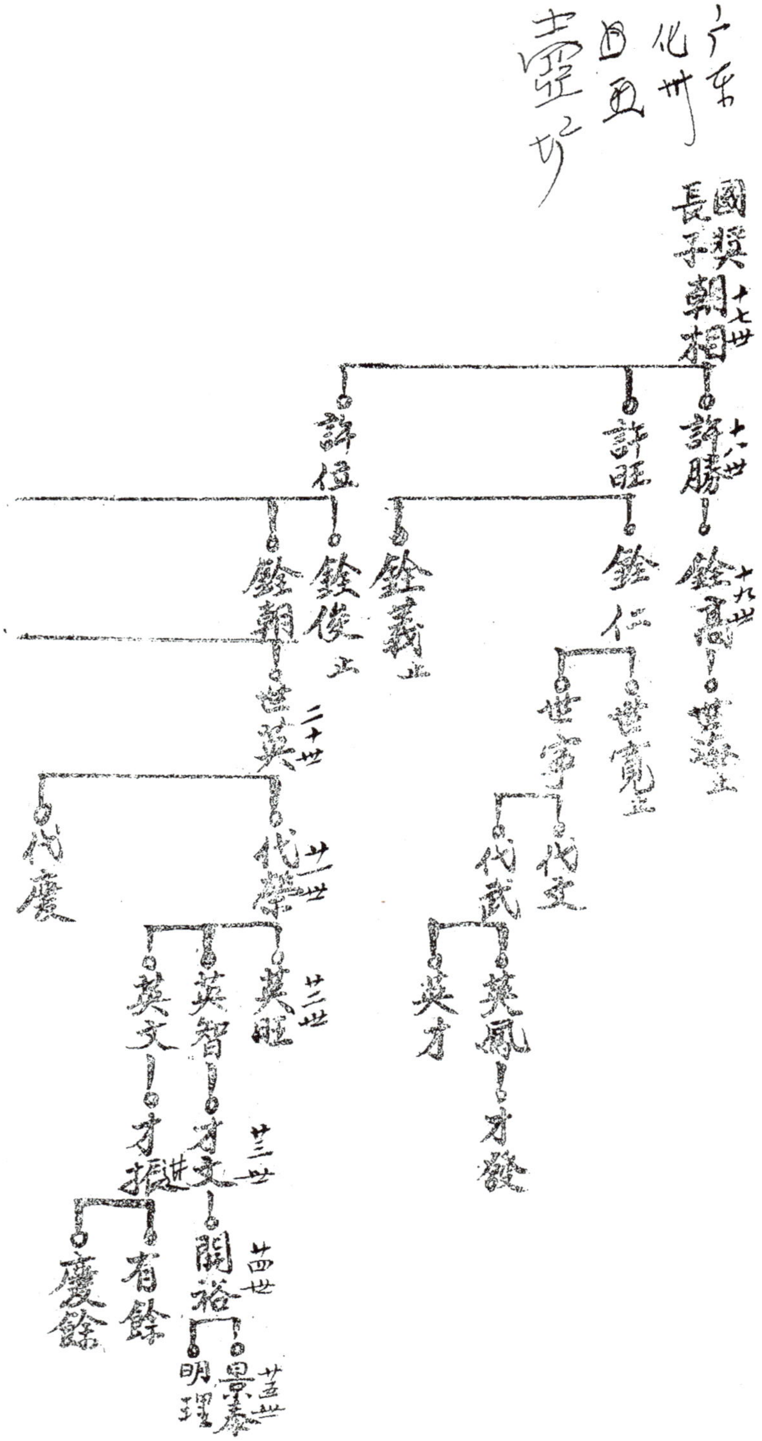
國璞
長子朝相
十七世
許勝
許旺
許位
十八世
銓啓
銓信
銓義 止
銓俊 止
銓朝
十九世
世達 止
世寬 止
世寧
世英
二十世
代文
代武
代慶
代榮
廿一世
英才
英鳳
英旺
英智
英文
廿二世
才發
才文
才振
廿三世
閩裕
廿四世
有餘
慶餘
景泰
明理
廿五世

國奬次子 朝陞
許富
銓爵
世漢
代樫
代華
英福
銓富
世東
銓光
世隆
世瑶
世琚
代光
代昌
英合
才壽
英紹
進华
英徐
英慶
英秀
才傳
英盛
才瓚
才深
才有
開富
才智
明民
開發

卷首二十七

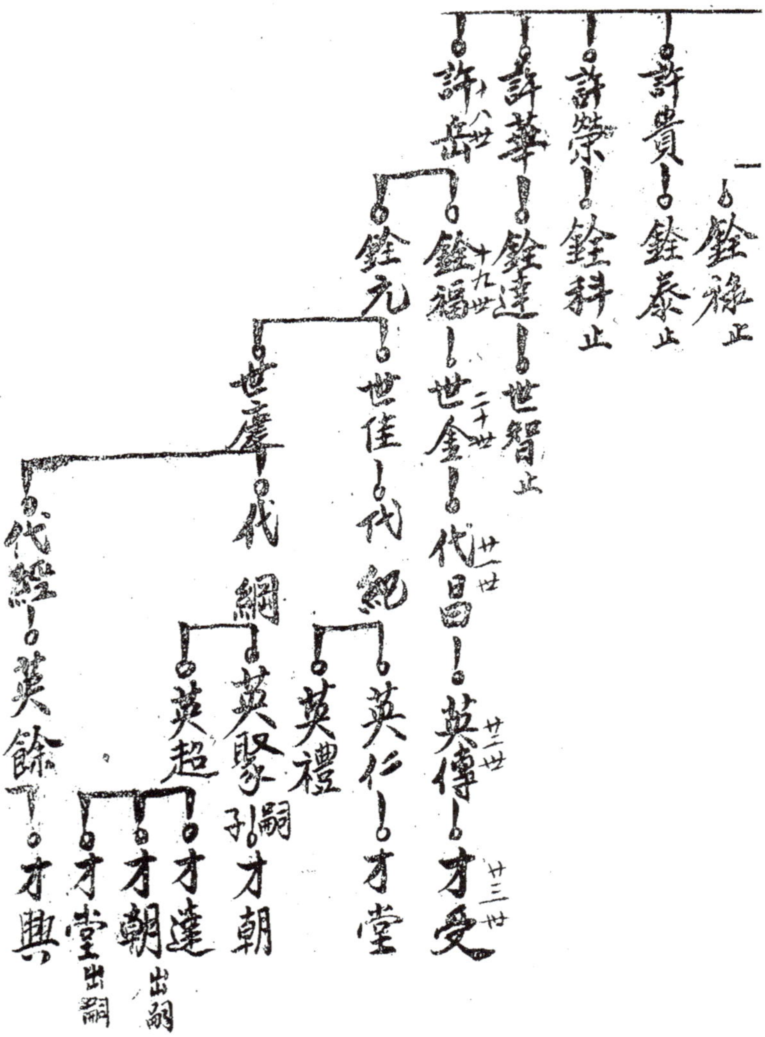

許貴
許榮
許華
許嶽
銓祿
銓泰
銓科
銓達
銓福
銓允
世智
世金
世佳
世摩
代昌
代紀
代綱
代經
英傳
英仁
英禮
英聚
英超
英餘
才受
才堂
才朝
才達
才朝
才堂
才典

化廿
上垌

國祥子　朝貴　十七世

朝貴 — 許正　十八世
朝貴 — 許偉

許正 — 銓聖　十九世 — 世泰止　二十世
許正 — 銓賢 — 世傳止
銓賢 — 世敬 — 鳳光　廿一世
許正 — 錚才 — 世桐止

許偉 — 銓祿 — 世平止

國榮長子　朝揚 — 許超 — 銓通止
朝揚 — 許明 — 銓宇止

代綸
代紹 — 英祿
代紹 — 英珍
代緒 — 英有 — 才善

才慶 — 明唐　廿四世

卷首第八

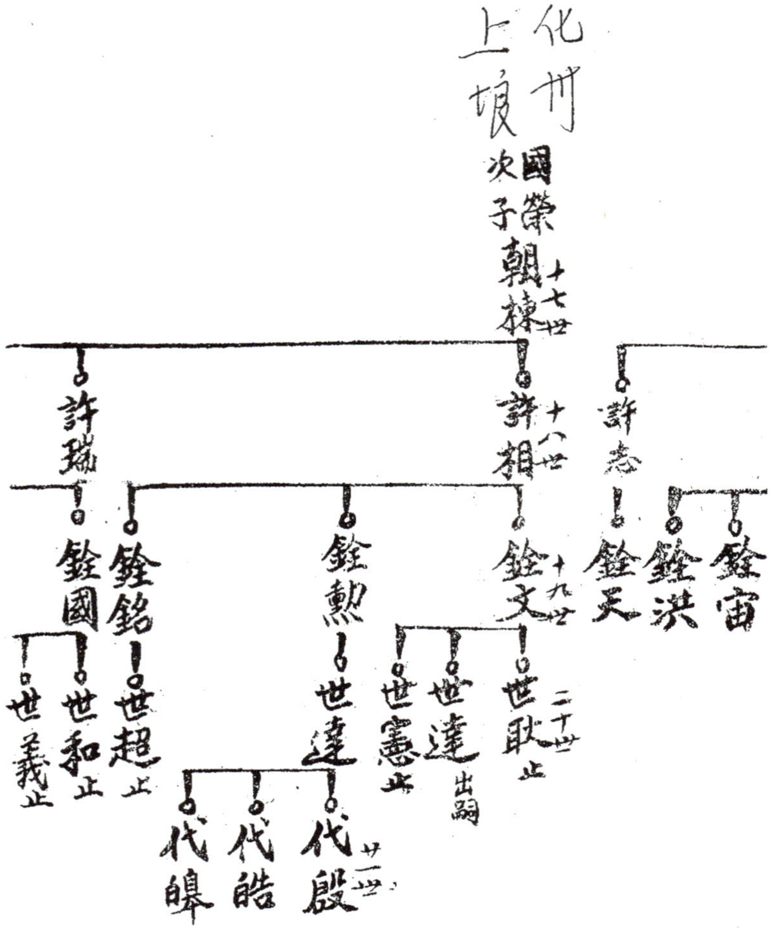

國榮次子
朝棟 十七世
許瑞
許相 十八世
許志
銓國
銓銘
銓勳
銓文 十九世
銓天
銓洪
銓宙
世義止
世和止
世超止
世達
世憲止
世達出嗣
世耿止 二十世
代臯
代皓
代殷 廿一世

卷首二十九

許才　止

銓舉　十九世

世明　二十世

秀光

福光　廿一世

玉東　來

玉湖　廿二世

奇蘭　一改文勇

奇祥　廿三世　改大才秀

世幹

惠光

恩光

志光

啟光

安光

世明　出嗣

世經

乾光　止

坤光　止

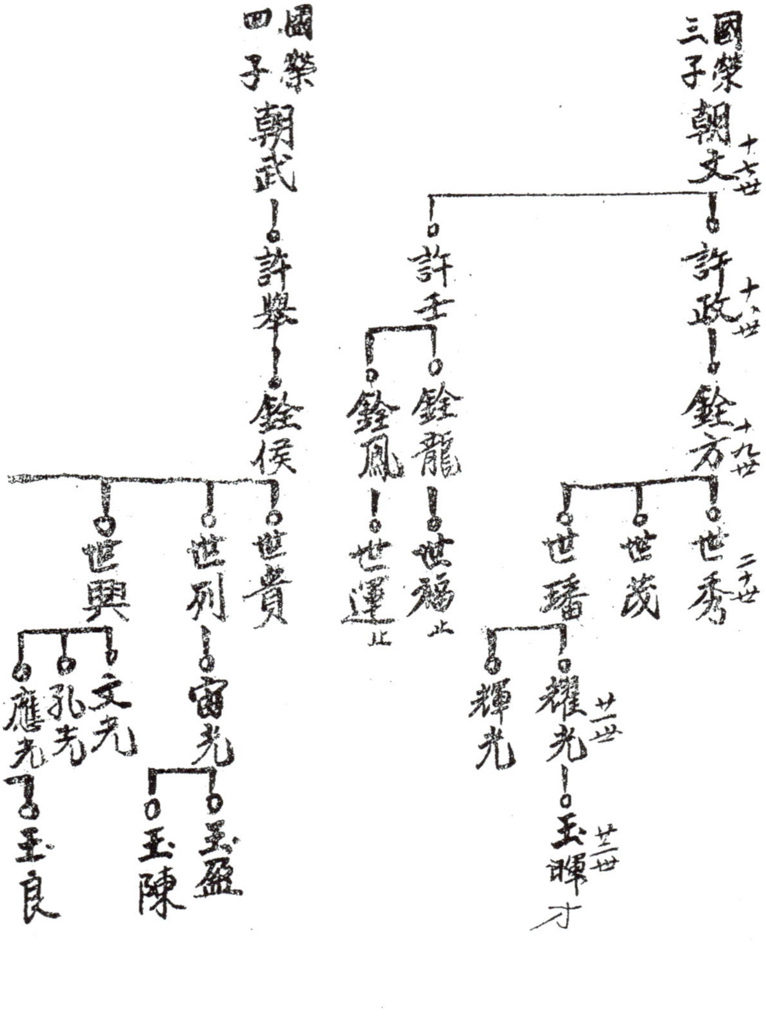
國榮三子
朝文 十七世
許政 十八世
許壬
銓方 十九世
銓龍
銓鳳
世秀 二十世
世茂
世璠
世福 止
世運 止
耀光 廿一世
輝光
玉暉 廿二世
才
國榮四子
朝武
許舉
銓侯
世貴
世列
世興
留光
文光
孔光
應光
玉盈
玉陳
玉良

卷首三十

國華長子朝通 十七世

許發 十八世　許配

銓金止 十九世　銓華出嗣　銓華

世成 二十世　世岷止

榮光 廿一世　龍光

玉臣 廿二世　玉球　玉珍　玉璠　玉崑　玉韋　玉璧

奇瑞 廿三世　奇慶　奇林　奇漢　奇儒　奇春　奇瓚　奇清

明吉 廿四世　明禮

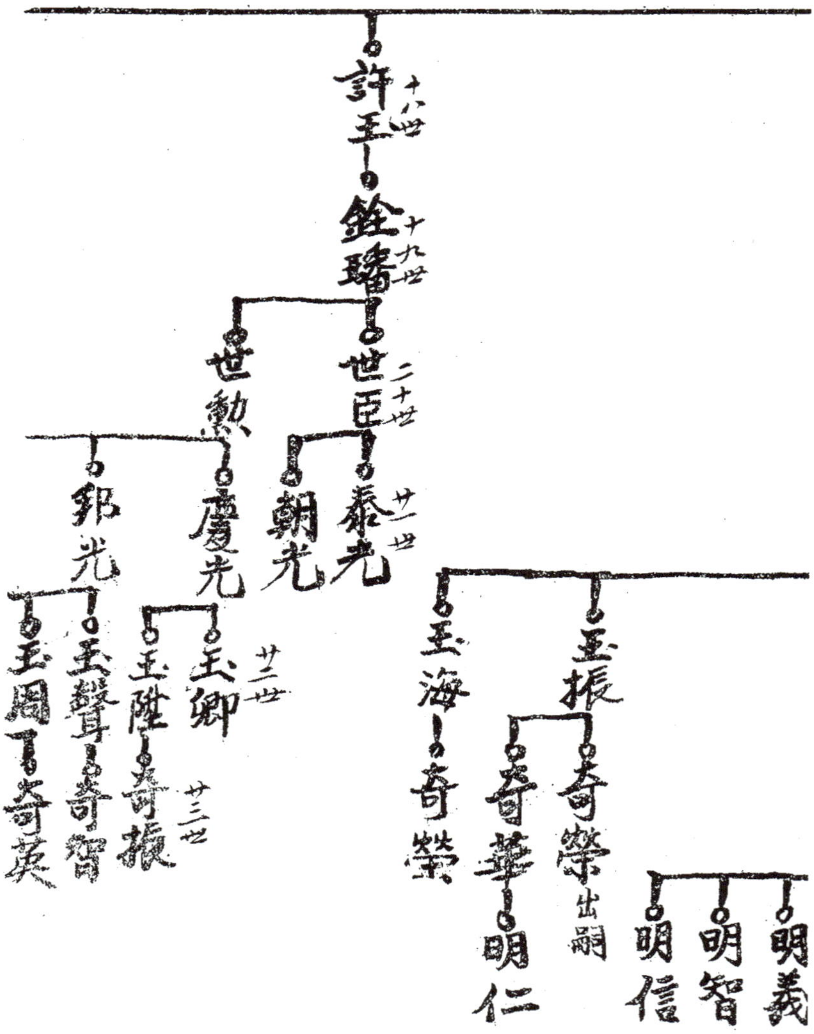
許王 十八世
銓璠 十九世
世勲
世臣 二十世
邦光
慶光
朝光
泰光 廿一世
玉周
玉聲
玉陞
玉卿 廿二世
奇英
奇智
奇振 廿三世
玉海
玉振
奇榮
奇華
奇榮 出嗣
明仁
明信
明智
明義

許卓
銓佐
世宦止
世統止
世德止

許參止

奇明出嗣

玉瑞孖嗣
奇明

卓光
玉燕
玉林出嗣
玉茂

祥光孖發嗣
玉林
奇珍　廿三　四

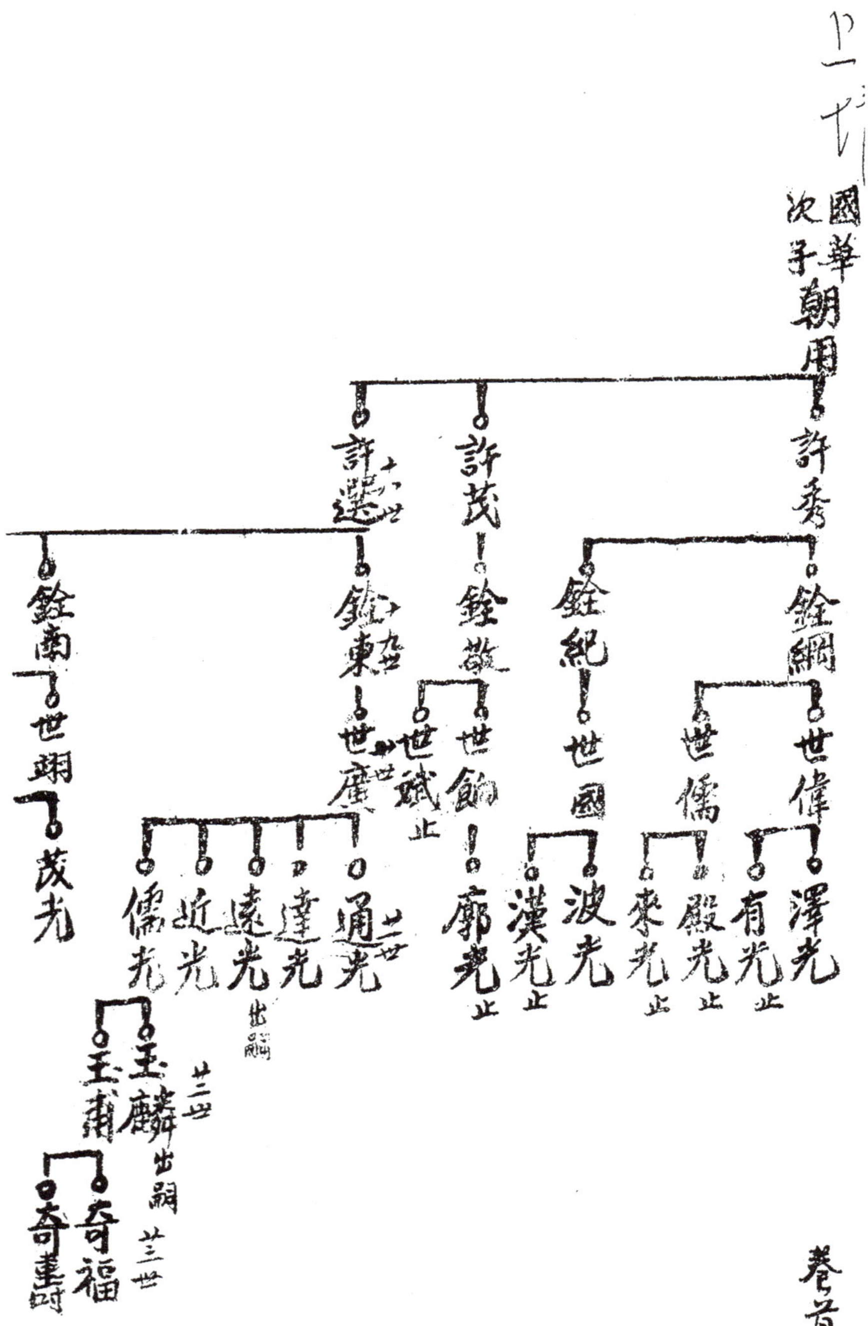
國華次子
朝用
許秀
許茂
許選 十六世
銓綱
銓紀
銓敬
銓東 十七世
銓南
世偉
世儒
世國
世飾
世賦 止
世慶 十八世
世翊
澤光
有光 止
殿光 止
來光 止
波光
漢光 止
廓光 止
通光 十九世
達光
遠光 出嗣
近光
儒光
茂光
玉麟 出嗣 廿世
玉肅
奇福 廿一世
奇書

卷首三十二

卷首三十二

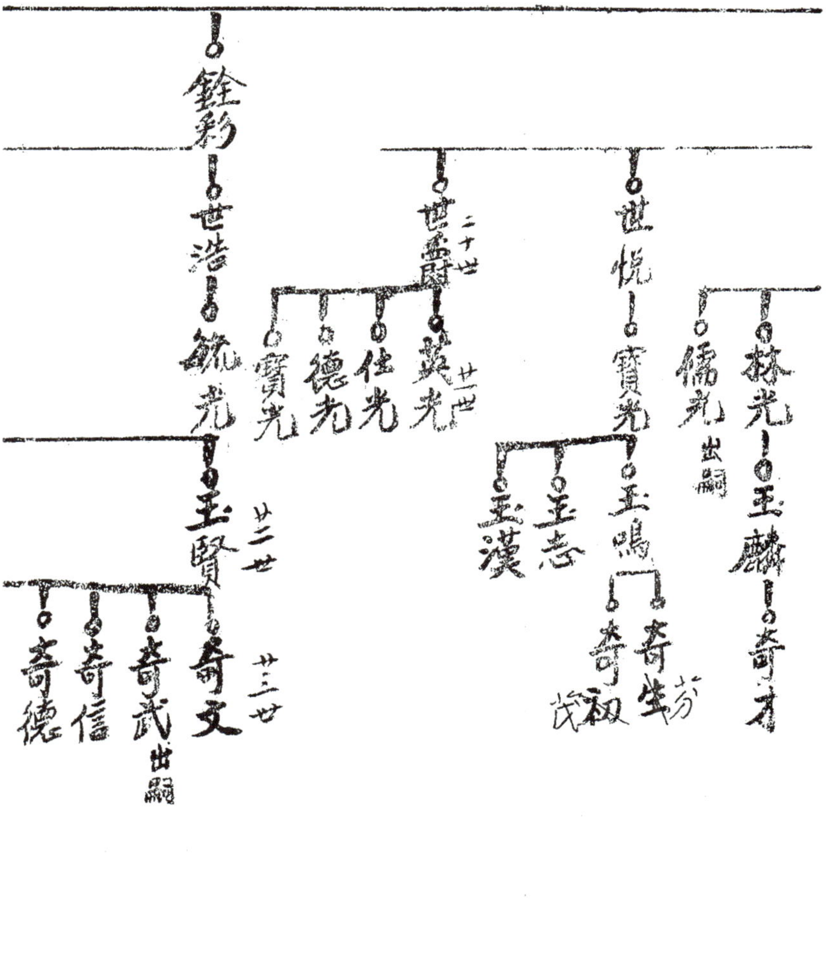

銓彩
世浩
毓光
玉賢
廿二世
奇文
廿三世
奇武 出嗣
奇信
奇德
世爵
二十世
英光
廿一世
仕光
德光
寶光
世悅
寶光
玉鳴
玉志
玉漢
奇生 芳
奇初 茂
林光
玉麟
奇才
儒光 出嗣

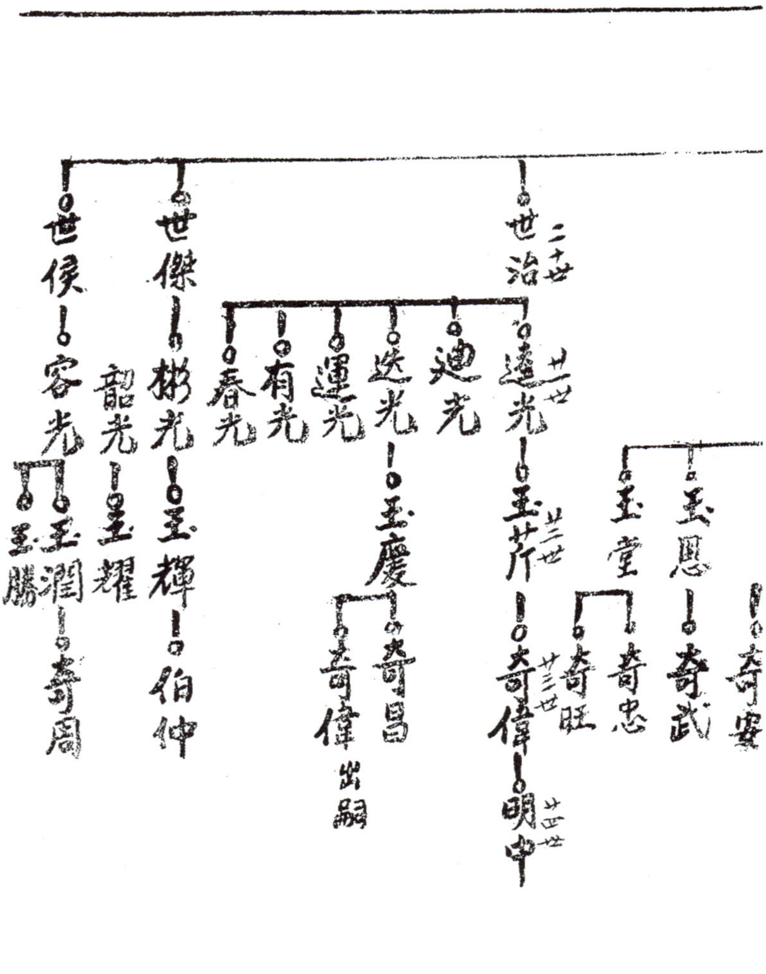
二十世
世治
世傑
世侯
廿一世
遷光
廸光
迭光
運光
有光
春光
彬光
韶光
容光
廿二世
玉芹
玉慶
玉樺
玉耀
玉潤
玉勝
玉恩
玉堂
廿三世
奇偉
奇昌
奇偉出嗣
伯仲
奇周
奇旺
奇忠
奇武
奇安
廿四世
明中

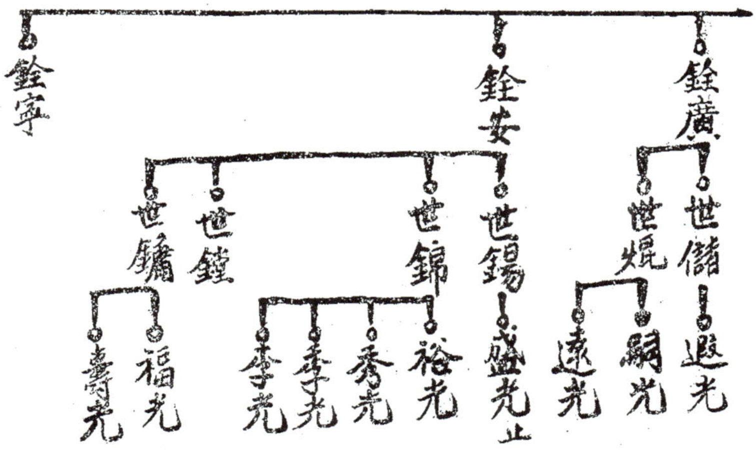
銓廣
銓安
銓寧
世儲
世焜
世錫
世錦
世鐘
世鏞
遐光
嗣光
遠光
盛光止
裕光
秀光
季光
孝光
福光
壽光

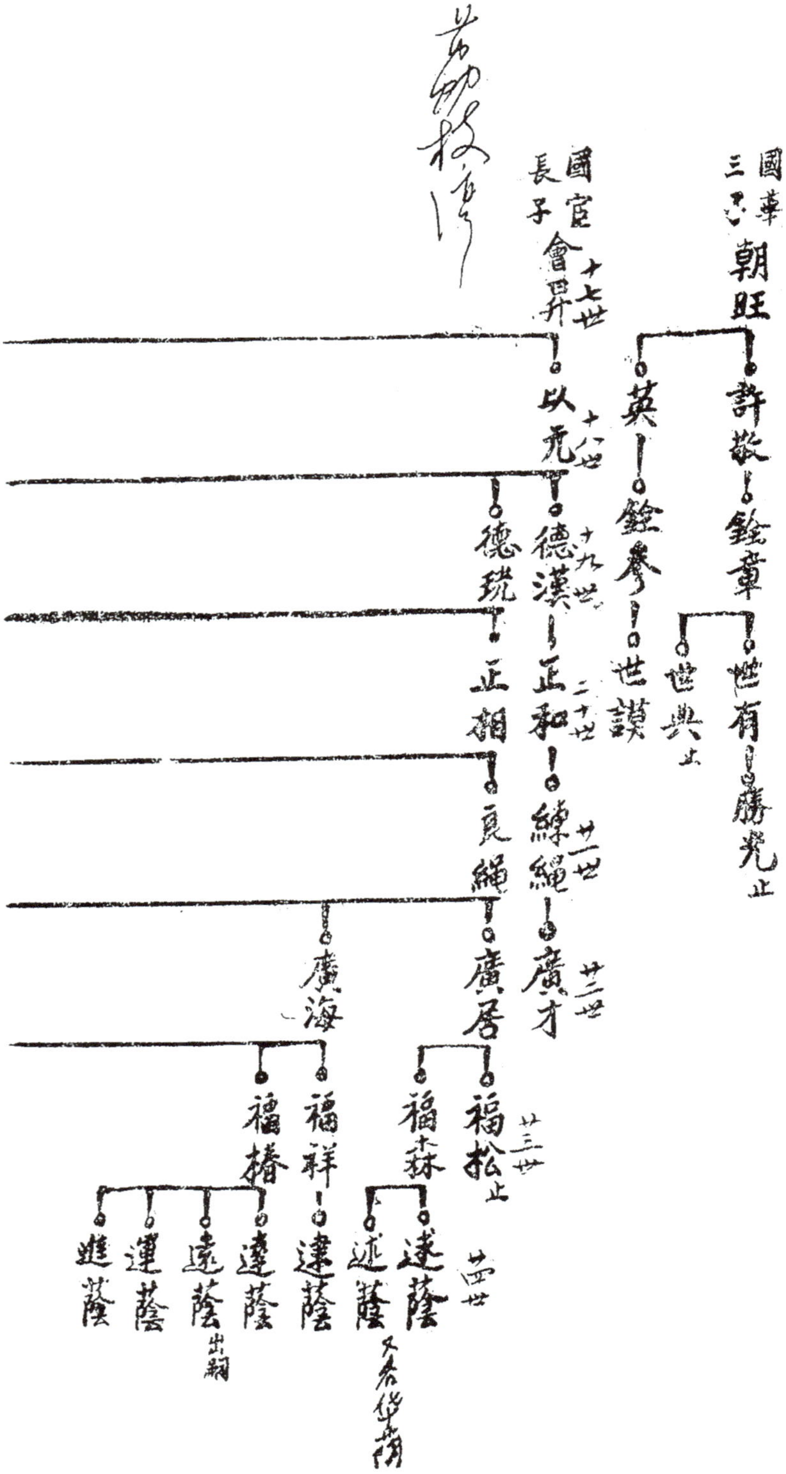
國華三子 朝旺
許敬
英
銓章
銓參
世有
世興止
世謨
勝光止
國官長子 會昇 十七世
以亢 十八世
德漢 十九世
德琥
正和 二十世
正湘
練繩 廿一世
良繩
廣才 廿二世
廣居
廣海
福松止 廿三世
福森
福祥
福椿
逑蔭 廿四世
述蔭 又名華南
達蔭
達蔭
遠蔭 出嗣
運蔭
進蔭

卷首三十四

春繩 廿一世

廣馨
廣蘭
廣陞 廿二世
廣明 止

福林
福榕 嗣子
福梓 嗣子
福桂
福榛 止
福禎
福村 廿三世

近蔭
道蔭 廿 出嗣
道蔭
遠蔭
通蔭 廿
瑞蔭 廿四世
璞蔭
理蔭

賢壽 廿五世
賢華
賢富
賢貴
賢祿

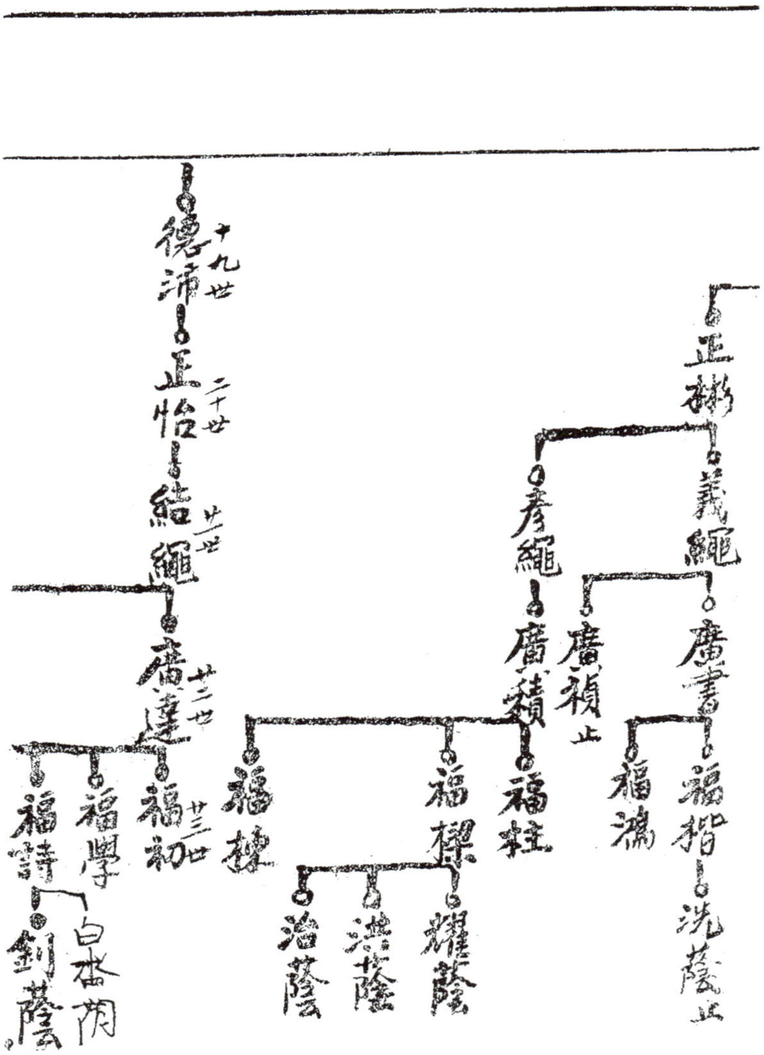
德沛 十九世
正怡 二十世
結繩 廿一世
廣達 廿二世
福初 廿三世
福學
福詩
釗蔭
義繩
孝繩
廣書
廣禎 止
廣積
福鴻
洸蔭 止
福柱
福樑
福楝
耀蔭
洪蔭
滔蔭

卷首　三十五

以仁

德華

正道

作繩

廣藩

德聖

正紀止

德顯

正旺止

正祀出嗣

正佑

正堯

貴繩

廣恒

福國止

有繩

廣慶

福邦止

廣安

廣信出嗣

廣英

福文

幹隆

- 泰繩
  - 廣金
    - 福倫
      - 毓蔭
      - 世蔭
      - 兆蔭
        - 賢彬
      - 華蔭
      - 甫蔭
    - 福良
      - 沼蔭
- 保繩
  - 廣猷
    - 福紳 止
    - 福蔚 止
    - 福光
      - 祐蔭 芳
      - 祜蔭 覽

祥蔭

卷首三十六

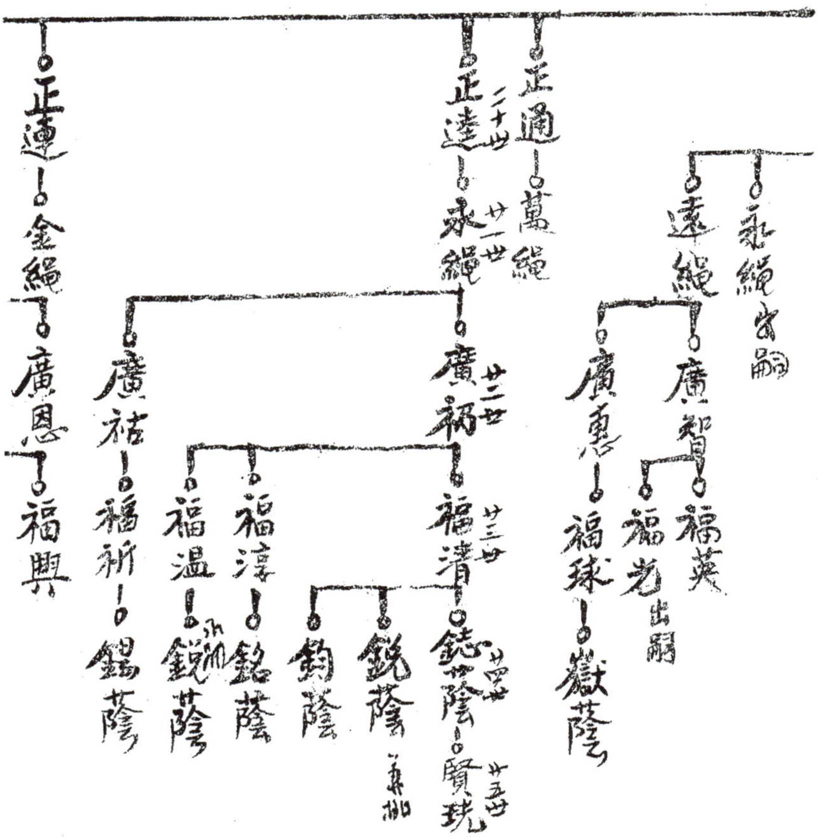
正通
萬縄
正逵
二十世
承縄
廿一世
正運
金縄
廣恩
福興
廣祐
福祈
錫蔭
廣福
廿二世
福溫
銳蔭
福淳
銘蔭
福清
廿三世
鈞蔭
銑蔭
廿四世
賢珖
廿五世
遠縄
廣惠
福球
嶽蔭
廣智
福光
出嗣
福英

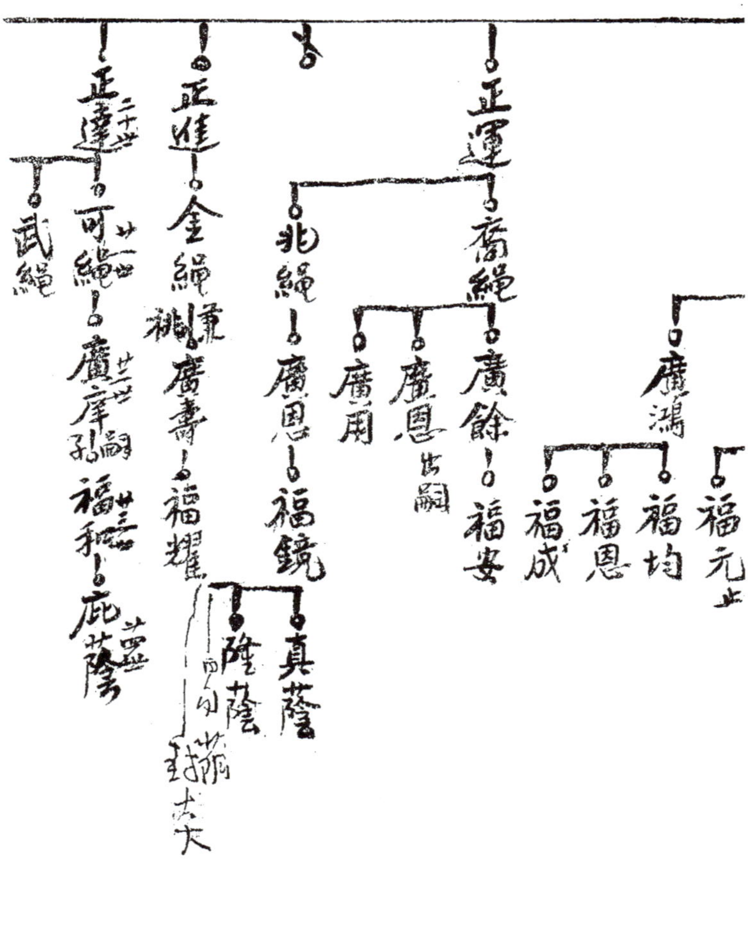

正運
喬繩
廣餘
福安
廣恩
出嗣
廣用
兆繩
廣恩
福鏡
隆蔭
真蔭
正進
全繩
廣壽
福耀
正達
二十世
可繩
廿一世
廣庠
廿二世
福和
廿三世
庇蔭
廿四世
武繩
廣鴻
福均
福恩
福成
福元
止

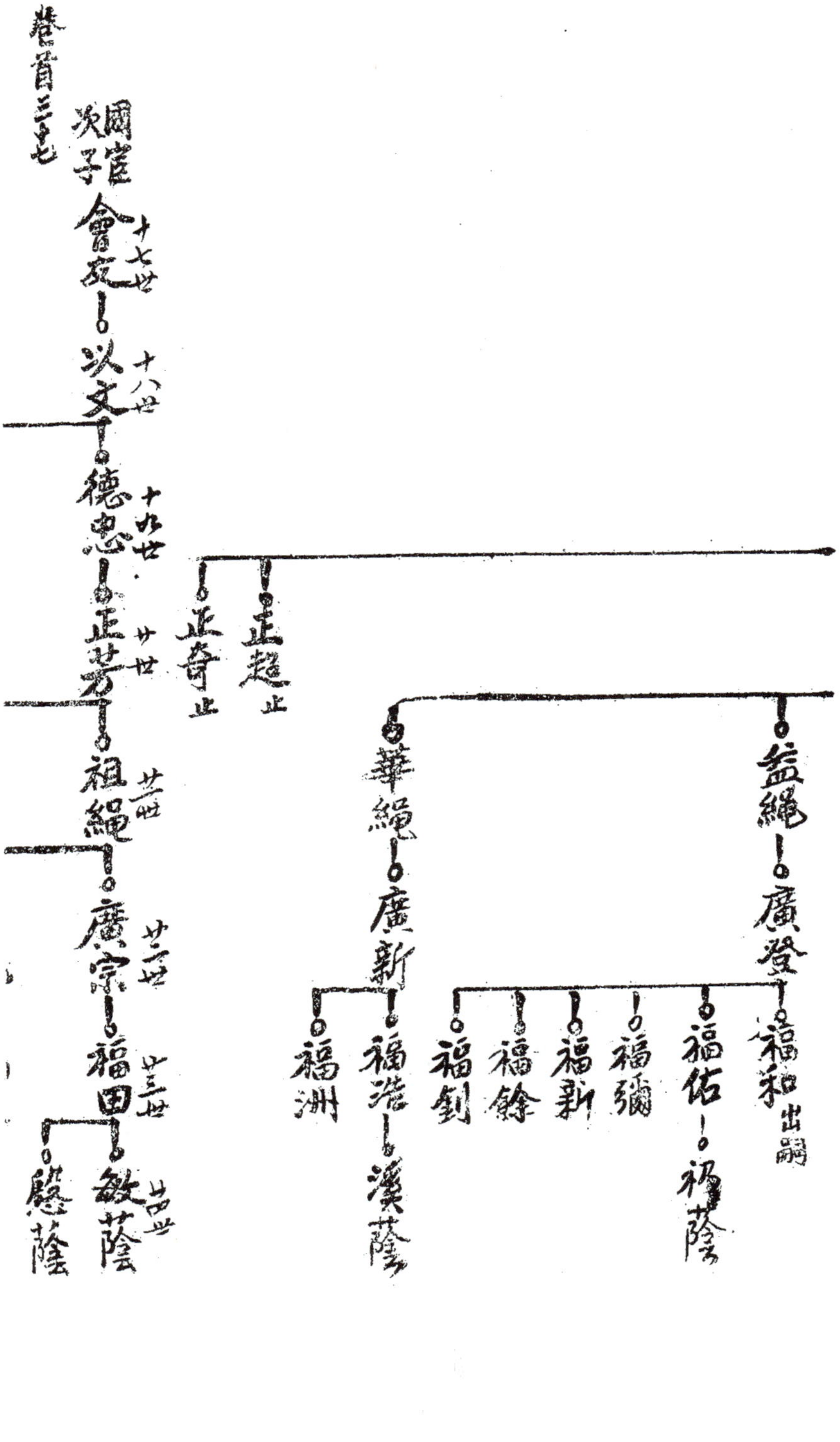
卷首三十七
國官次子
會友 十七世
以文 十八世
德忠 十九世
正奇止
正超止
正芳 廿世
祖繩 廿一世
華繩
益繩
廣宗 廿二世
廣新
廣登
福田 廿三世
敏蔭 廿四世
福洲
溪蔭
福釗
福餘
福新
福彌
福佑
福和 出嗣

廣元
福俊
衍蔭
澤蔭
繁蔭
惠蔭

祚緝 廿一世
廣珍 廿二世
福楠 廿三世
裕蔭 廿四世
貽蔭
福逢
福泉
福禧
文蔭

廣華
福樂
昇蔭
朝蔭

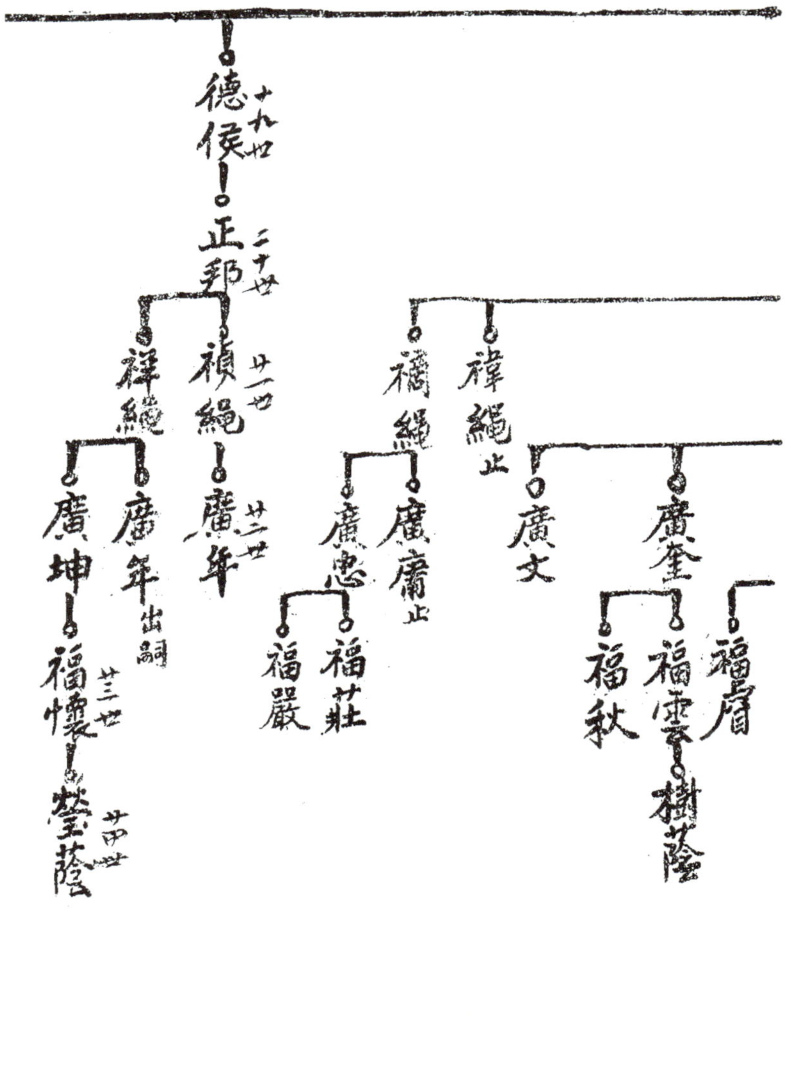
德侯 十九世
正邦 二十世
祥繩
禎繩 廿一世
禱繩
禕繩 止
廣坤
廣年 出嗣
廣年 廿二世
廣忠
廣庸 止
廣文
廣奎
福懷 廿三世
福嚴
福莊
福秋
福雲
福眉
瑩蔭 廿四世
樹蔭

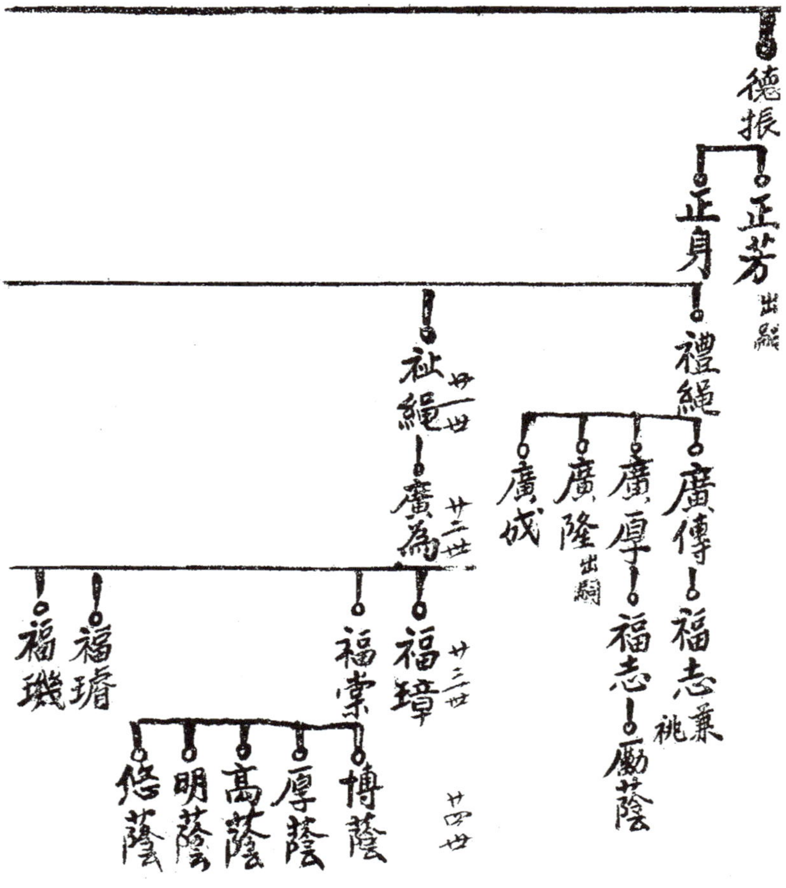
德振
正芳 出繼
正身
禮繩
廣傳
廣厚
廣隆 出嗣
廣成
福志 兼祧
福志
勵蔭
祉繩 廿一世
廣為 廿二世
福璋 廿三世
福棠
福瑨
福璣
博蔭
厚蔭
高蔭
明蔭
倍蔭
廿四世

卷首三十九

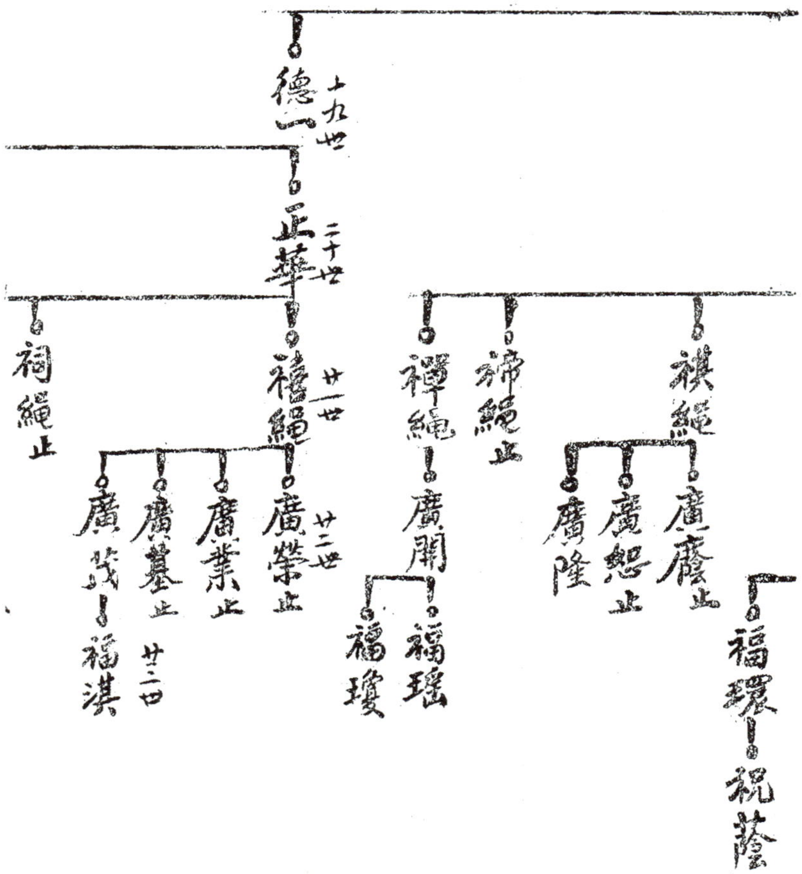
德一 十九世
正華 二十世
裀繩止
福繩 廿一世
禪繩
禘繩止
祺繩
廣榮止 廿二世
廣業止
廣基止
廣茂
福淇 廿三世
廣開
福瑤
福瓊
廣蔭止
廣恕止
廣隆
福環
祝蔭

國起子

- 十七世 會錦
  - 十八世 以隆
    - 十九世 德懷
      - 二十世 正球 止
    - 德瑞
      - 正瑚
        - 廿一世 琨繩
      - 正良
        - 澤繩
    - 德珍
      - 正廣
        - 亮繩
          - 廿二世 廣載
          - 廣元
          - 廣林
            - 廿三世 福華
            - 福慶
          - 廣德

- 正彩
  - 禔繩
- 正理
  - 禰繩
    - 廣芬 止
  - 祐繩
    - 廣佳
  - 家繩
    - 廣雨
      - 福霞
  - 禔繩 出嗣

- 國普 子
  - 會聰
    - 以能
      - 德承 — 正文止
      - 德繼 — 正從 — 普繩（繼嗣）— 廣信 — 福康

- 以成 — 德秀 — 正南止
- 以海 — 德清
  - 正發
    - 紹繩 — 廣巽（祧華）
    - 紹繩 — 廣奕
    - 統繩
  - 正鄉 — 綵繩
  - 正新
    - 壽繩
    - 慶繩

- 德琀 — 正任
  - 秀繩
  - 允繩
  - 充繩 — 廣美

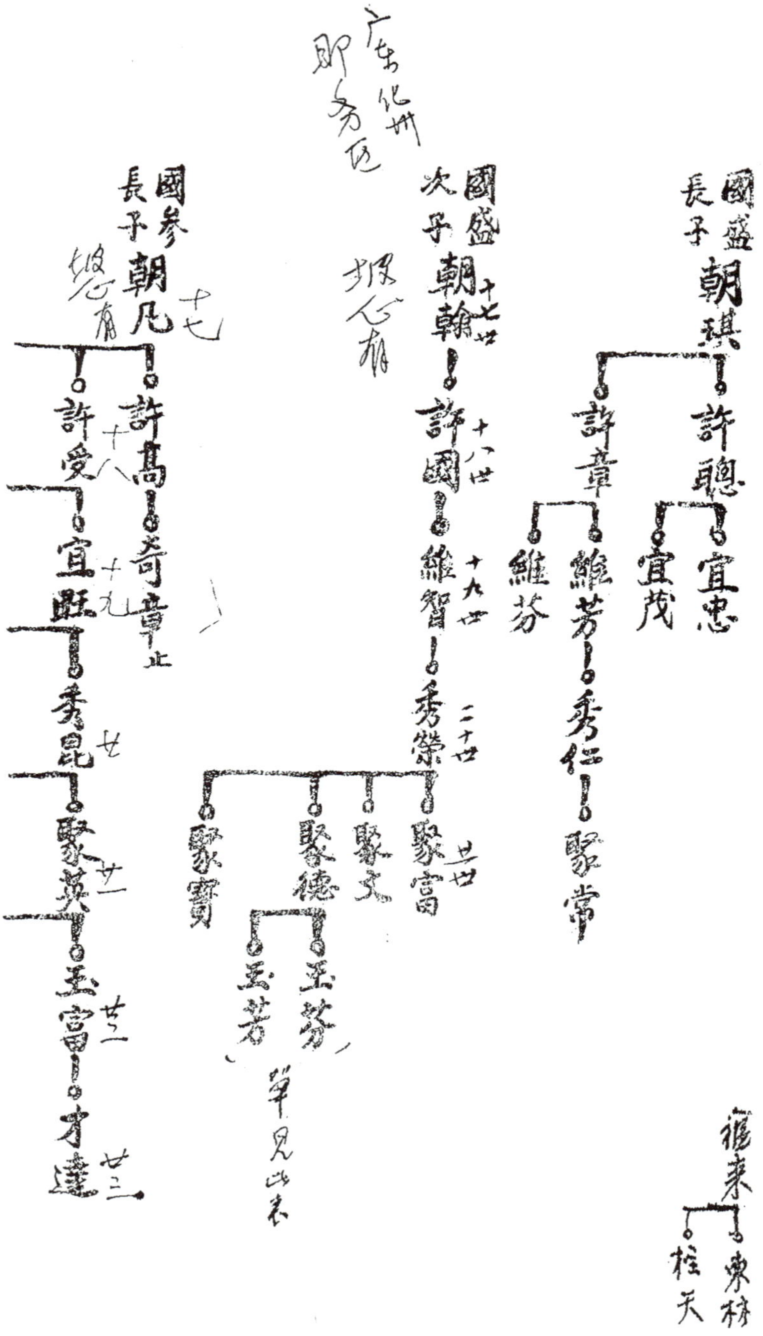
國盛長子
朝琪
許聰
許章
宜忠
宜茂
維芳
維芬
秀仁
國盛次子
朝翰
十七世
許國
十八世
維智
十九世
秀榮
二十世
聚富
廿一世
聚文
聚德
聚寶
玉芬
玉芳
國參長子
朝凡
十七
許高
許愛
十八
奇章止
十九
宜旺
秀昆
廿
聚英
廿一
玉富
廿二
才達
廿三
福來
東林
桂天

卷首四十八

許熙
- 宜榮止

- 宜才止
- 宜慶止

- 秀文（二十世）
  - 聚義（廿一世）

- 聚雄
  - 玉華
    - 才盛
    - 才旺出嗣
  - 玉榮（廿二世）
    - 才慶（廿三世）
      - 興福（廿四世）
      - 常見此表
    - 才魁
- 聚智
  - 玉興
  - 玉龍
  - 玉鳳

- 玉祥
  - 才旺

國參次子朝興—許佐止

國參三子朝光
- 許聘止
- 許增止

广安化州坡心　有

國坤長子朝殷（十七世）
- 許文（十八世）—宜秀（十九世）—允清（廿世）—翰光（廿一世）
  - 玉英（廿二世）
    - 才義（廿三世）
    - 才福
  - 玉璋—才智—興裕（廿四世）
  - 玉瓊—才文
  - 玉瑞—才志
- 許武止
- 許元止

國坤次子朝爵
- 許啟—宜芳止
- 許瓚止

早見

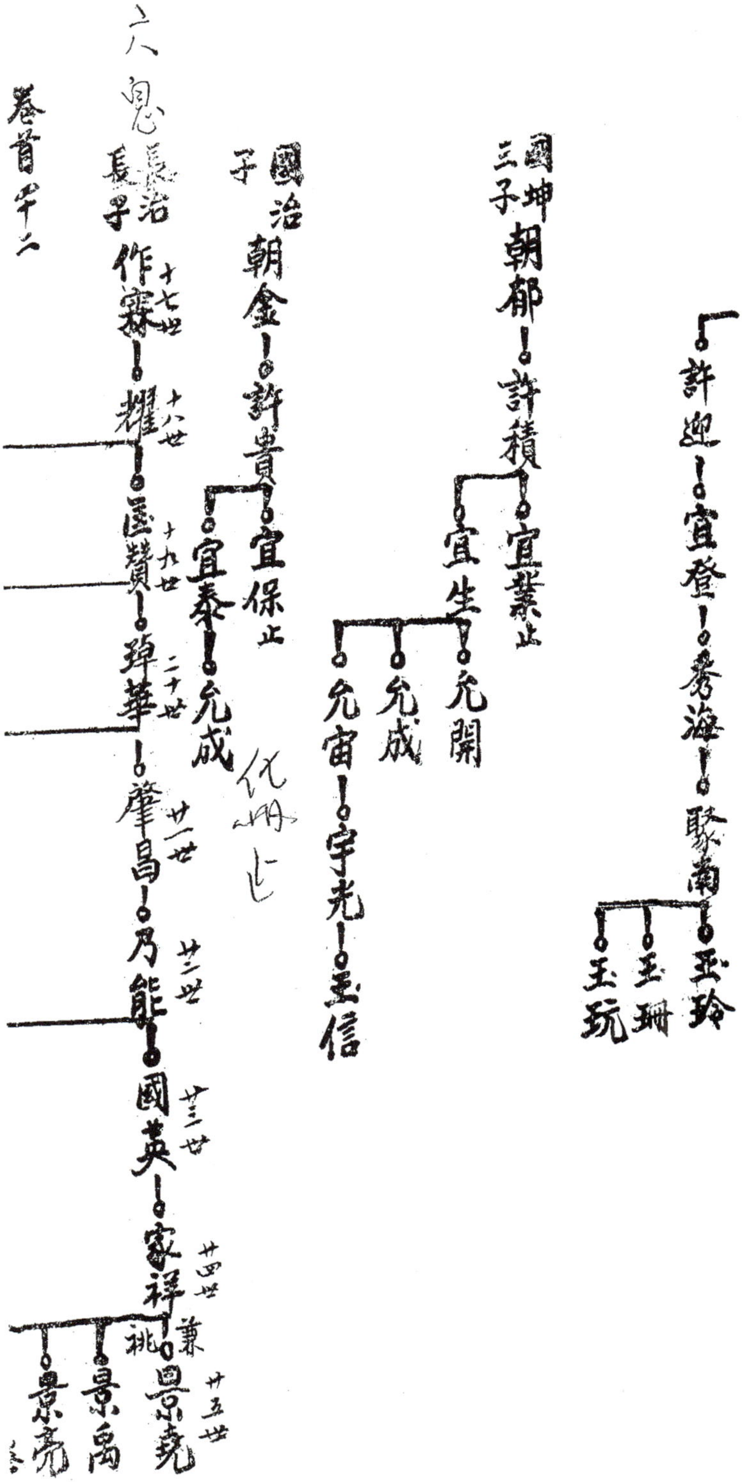
許迎
宜登
秀海
聚南
玉玲
玉珊
玉玩
國坤三子
朝郁
許積
宜葉止
宜生
允開
允成
允宙
宇光
景信
國治子
朝金
許貴
宜保止
宜泰
允成
國治長子
作霖
十七世
耀
十八世
匯贊
十九世
璋華
二十世
肇昌
廿一世
乃能
廿二世
國英
廿三世
家祥
廿四世
兼祧
景堯
廿五世
景禹
景亮
卷首 卅二

肇晟

國雄 兼祧
家祥
景懿
景瑜
景昱
景爽
景熹

國奇
家光
家顯 出嗣

國俟
嗣子家顯

乃賢
國楨
家駿
景桑
景詮
景深
景賢

國梁 出嗣

乃積
國梁
家福
景伊

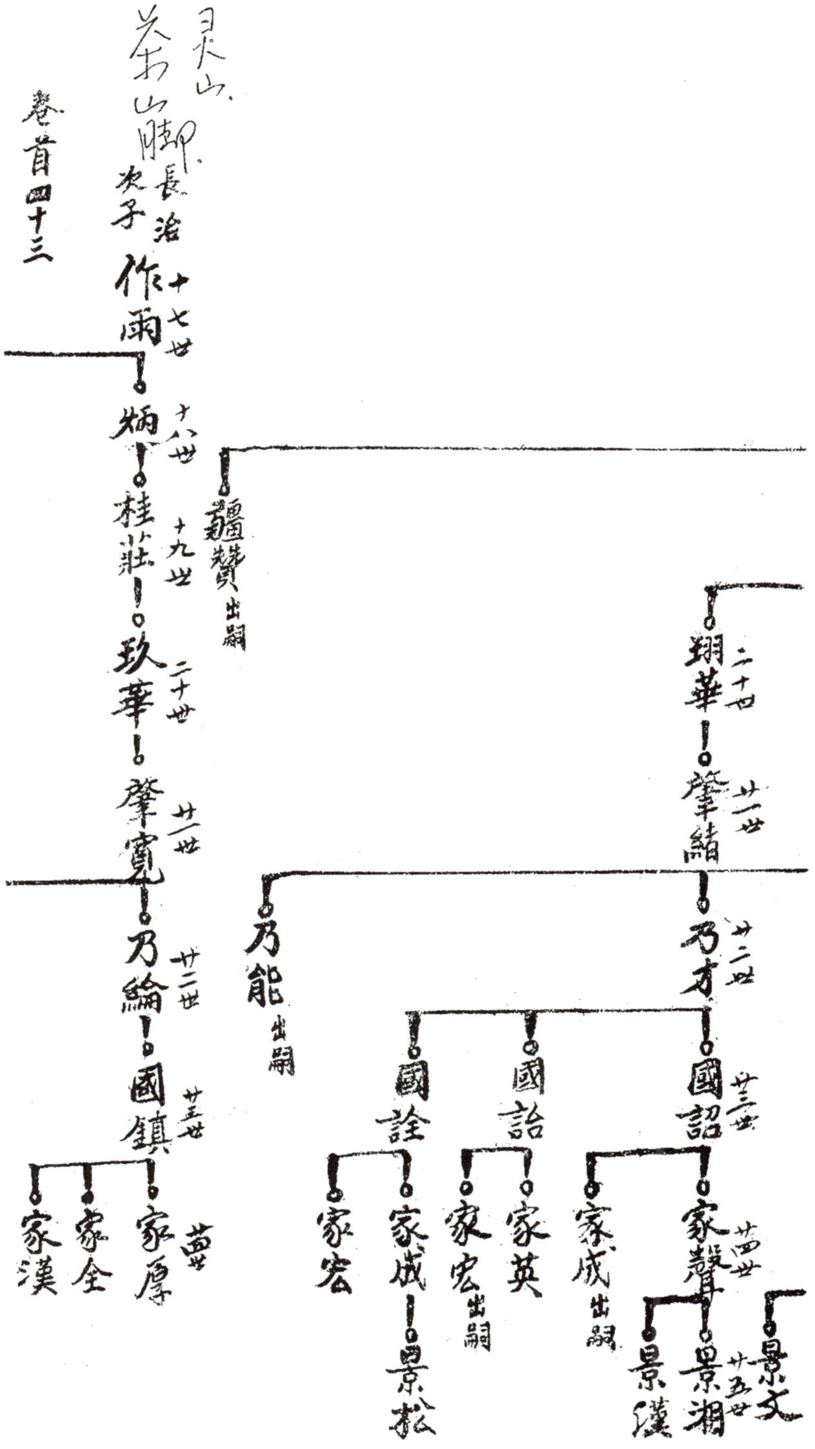
卷首四十三
灵山
茶山脚
長洽
次子
作雨 十七世
炳 十八世
桂莊 十九世
玖華 二十世
肇寬 廿一世
乃綸 廿二世
國鎮 廿三世
家厚 廿四世
家全
家漢
疆贊 出嗣
翊華 二十世
肇緒 廿一世
乃才 廿二世
乃能 出嗣
國詔 廿三世
國詒
國詮
家聲 廿四世
家成 出嗣
家英
家宏 出嗣
家歲
家容
景文 廿五世
景湘
景漢
景松

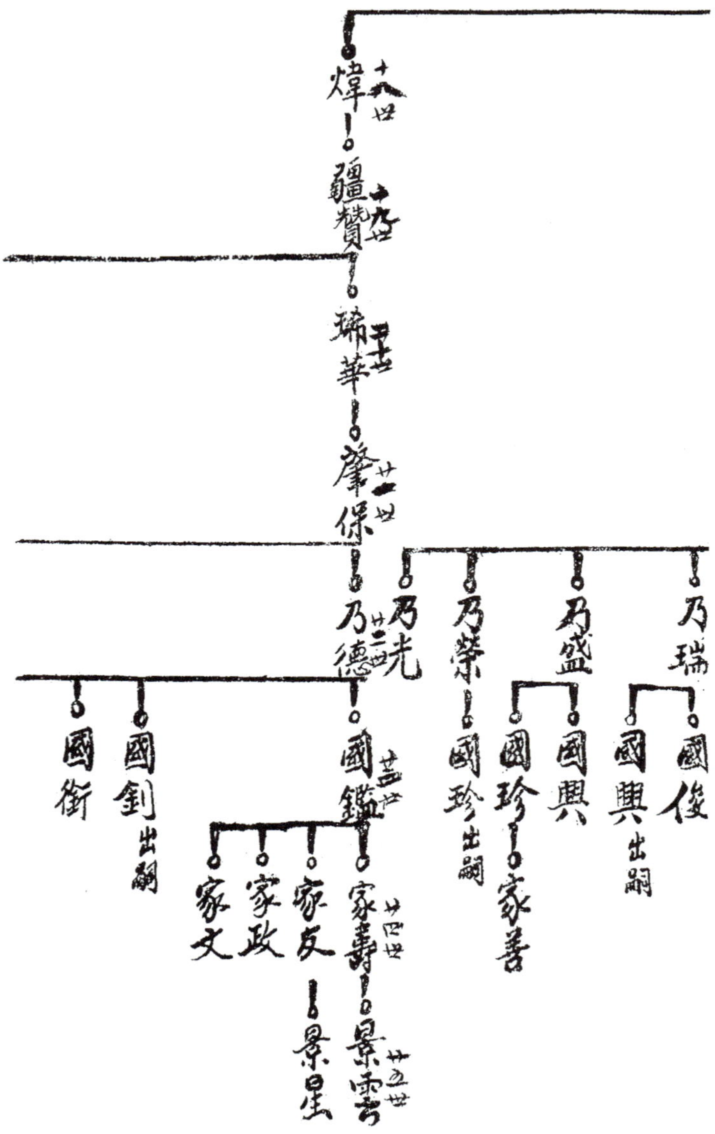
煒 十八世
疆贊 十九世
璘華 二十世
肇保 廿一世
乃德 廿二世
乃光
乃榮
乃盛
乃瑞
國鑑 廿三世
國釗 出嗣
國銜
國珍 出嗣
國珍
國興
國興 出嗣
國俊
家壽 廿四世
家友
家政
家文
家善
景雲 廿五世
景星

十七世　十八世　十九世

長治　王子
作棟
恕數
桂莊 出嗣

瑋華
肇積
乃興
- 國釗
  - 家潤
    - 景天
    - 景日
    - 景月
- 國銘
  - 家齊
  - 家輝 出嗣
  - 家坤
  - 家傳
  - 家昭

乃興 出嗣
- 國銘 出嗣
- 國銑
  - 家新
  - 家力

卷首四十四

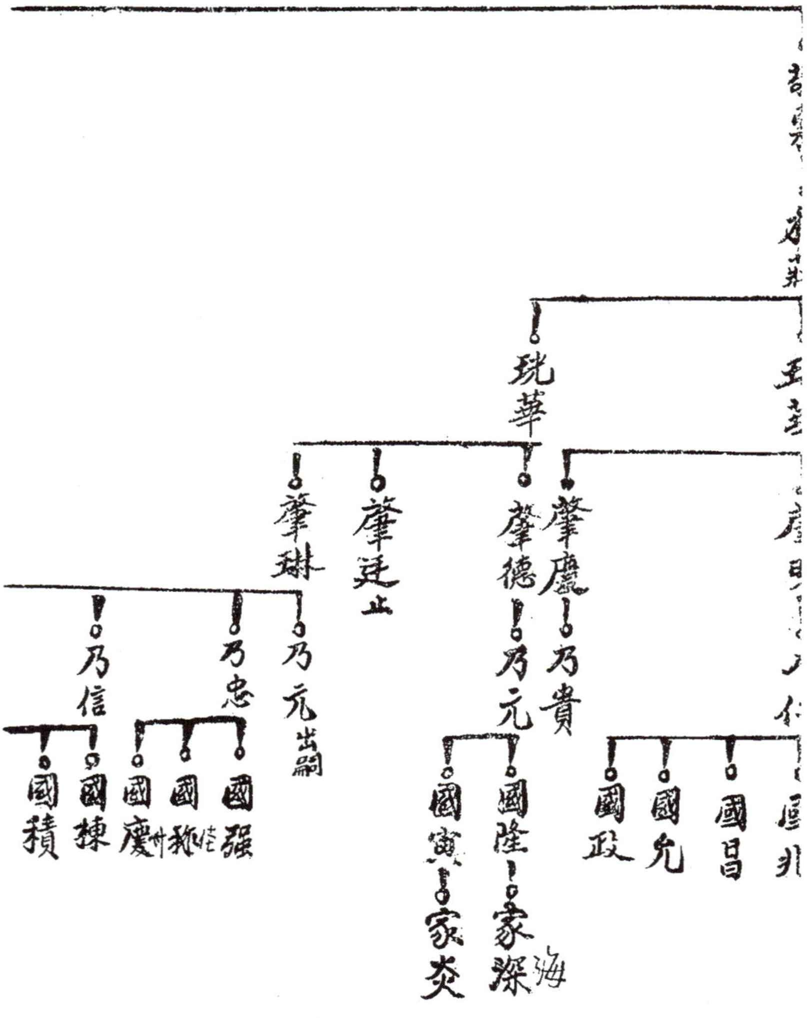
珧華
肇琳
肇廷 止
肇德
乃信
乃忠
乃元 出嗣
乃元
乃貴
國積
國棟
國强
國寅
國隆
家炎
家深
國政
國允
國昌

卷首四十五

同仁支

覃敷
繼武
瓊華
肇海

十八世 誕敷
十九世 蘭方
二十世 琮華
廿一世 肇安
廿二世 乃福　乃賡
廿三世 國文　國富　國崇　國善
廿四世 家昌　家盛　家森　家業　家榮　家智　家信　家才　家富　家紹
廿五世 景岐

廿二世
- 乃祐
  - 國桂（廿三世）
- 乃禎
  - 國成
    - 家昭
    - 家旺
- 乃祥
  - 國智
    - 家有
    - 家滿
  - 國德
  - 國永
- 乃禧
  - 國材
    - 家仁
    - 家興
  - 國林
    - 家義
    - 家發

廿四世
- 家慶

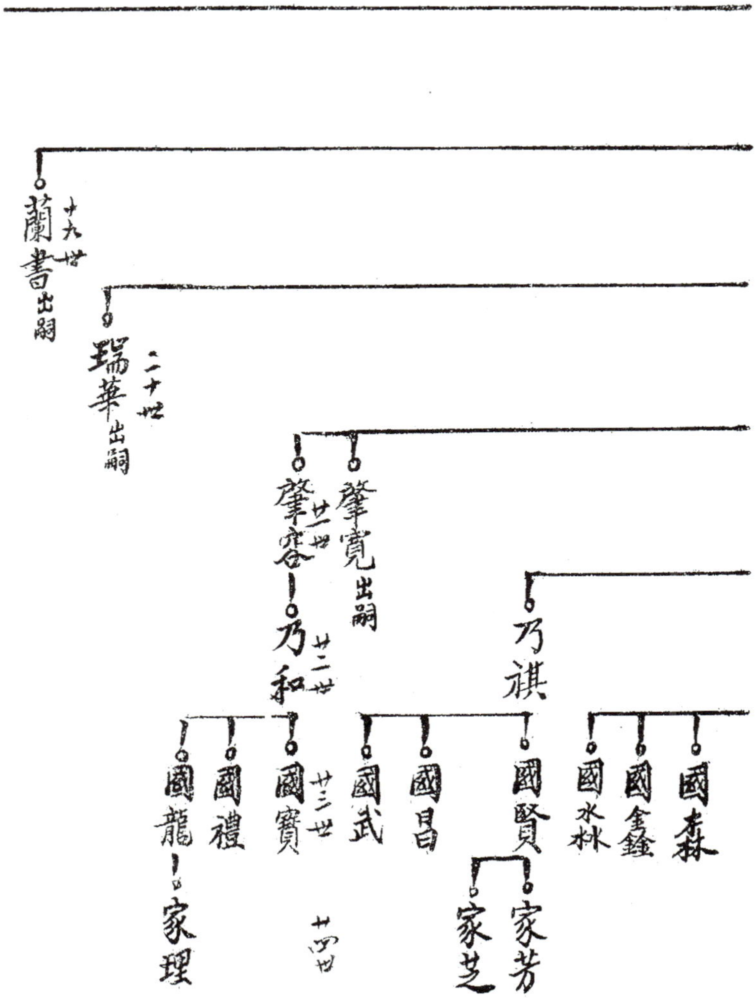
十九世
蘭書 出嗣
二十世
瑞華 出嗣
廿一世
肇容
肇寬 出嗣
廿二世
乃和
乃祺
廿三世
國龍
國禮
國寶
國武
國昌
國賢
國淼
國鑫
國森
廿四世
家理
家芝
家芳

卷首四十六

- 寬敷
  - 蘭芬
    - 珪華
      - 肇芳
        - 乃義
          - 國遠
            - 家安
              - 景安
          - 國逾
          - 國運
          - 國廷
        - 乃全
        - 乃金
          - 國達
- 信敷止

長治四子作梁（十七世）
- 遂（十八世）
  - 蘭書（十九世）
    - 琇華（二十世）
- 遜
  - 蘭薰
    - 瑞華
      - 肇棠止（廿一世）
      - 肇志出嗣

振治長子作衛
- 昭誠
  - 贊善
    - 弟華
      - 金聲止
  - 贊才出嗣

振治次子 作遠—昭智—贊才—顯華

贊才—廣綸

廣綸—爵卿—裔福—奕富
裔福—奕貴

廣綸—爵侯—裔達
爵侯—裔俊
爵侯—裔鈞
爵侯—裔嶠
爵侯—裔榮

振治三子 作範 十七世

作範—德舉 十八世

德舉—紱珖 十九世

紱珖—慶綸 二十世

慶綸—爵典 廿一世 孖嗣

爵典—裔繼 廿二世

裔繼—奕龍 廿三世
裔繼—奕光
裔繼—奕森

慶綸—爵志

爵志—裔超—奕德 承
爵志—裔繼 出嗣

卷首四十七

廣綸 出嗣

喬誠

喬林

奕德 出嗣

奕石

奕宗 崇

奕良 昇

奕榮

奕桂

奕淦

奕濤

奕炎

卷首四十八

十八世 德杰

十九世 綬琦

二十世 肇綸　啟綸

廿一世 爵安　爵安出嗣　爵康

廿二世 貴賢　貴能　貴智　貴賢出嗣　貴能出嗣　貴智出嗣　貴華　貴珍　貴榮

廿三世 備文　備武　備標　備清　備進

- 綬琰
  - 建綸
    - 爵崇
      - 貴南
      - 貴豐
    - 爵高 出嗣
    - 爵廣 出嗣
    - 爵魁
      - 貴朝
  - 乃綸
    - 爵高
    - 爵廣
      - 貴祥
      - 貴禎
        - 備聖
    - 爵彰
    - 爵繩
      - 貴森
- 福綸 出嗣

卷首四十九

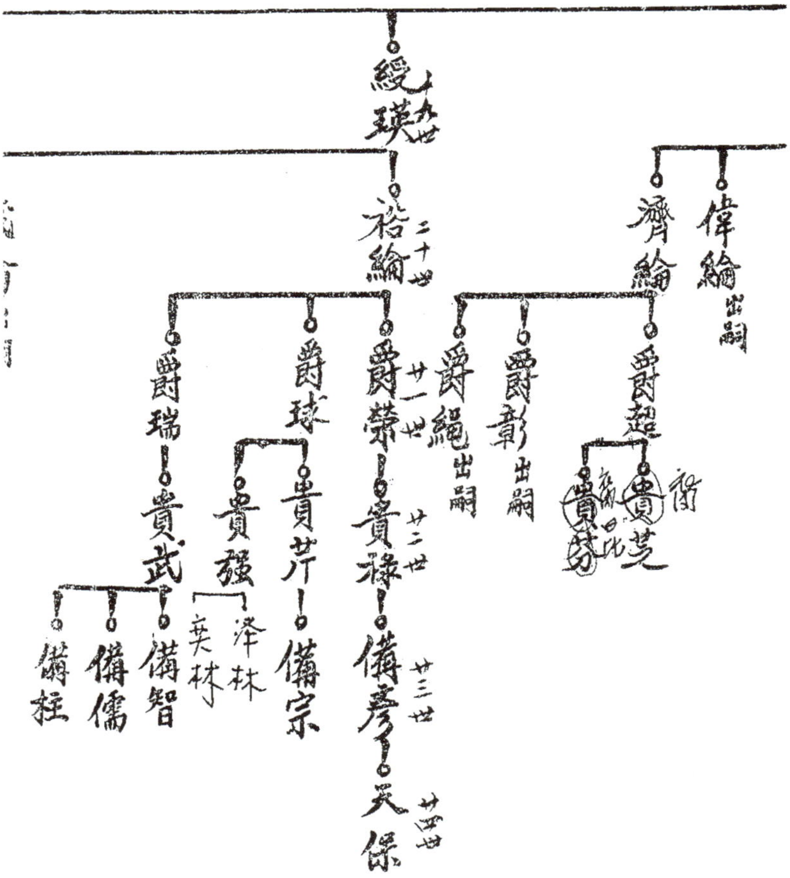
綬瑛 十九世
裕綸 二十世
偉綸 出嗣
濟綸
爵榮 廿一世
爵球
爵瑞
爵繩 出嗣
爵彰 出嗣
爵超
貴祿 廿二世
貴芹
貴雄
貴武
貴芬
貴芝
備彥 廿三世
備宗
澤林
英林
備智
備儒
備枉
天保 廿四世

[illegible]綸 [illegible]

樹綸—爵光—貴慈—備仁
　　　　　　　　—備義
　　　　　　　　—備禮
　　　　　　　　—備信
　　　　　—貴忠—備鵬
　　　　　—貴應
　　　　　—貴恩出嗣

賽綸—爵傳—貴彬—備棟

賓綸—爵振—貴職

賓綸—爵幹—貴恩—備勇
　　　　　　　　—備猛

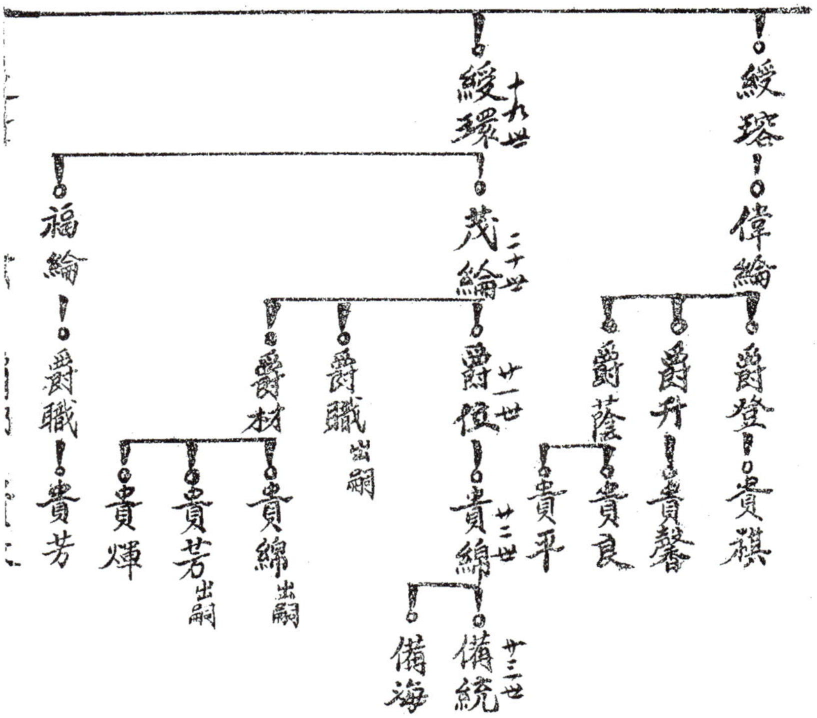
綬瑢
偉綸
爵登
貴祺
爵升
貴馨
爵蔭
貴良
貴平
十九世
綬環
二十世
茂綸
廿一世
爵俊
廿二世
貴綿
廿三世
備統
備海
爵職 出嗣
爵材
貴綿 出嗣
貴芳 出嗣
貴煇
福綸
爵職
貴芳

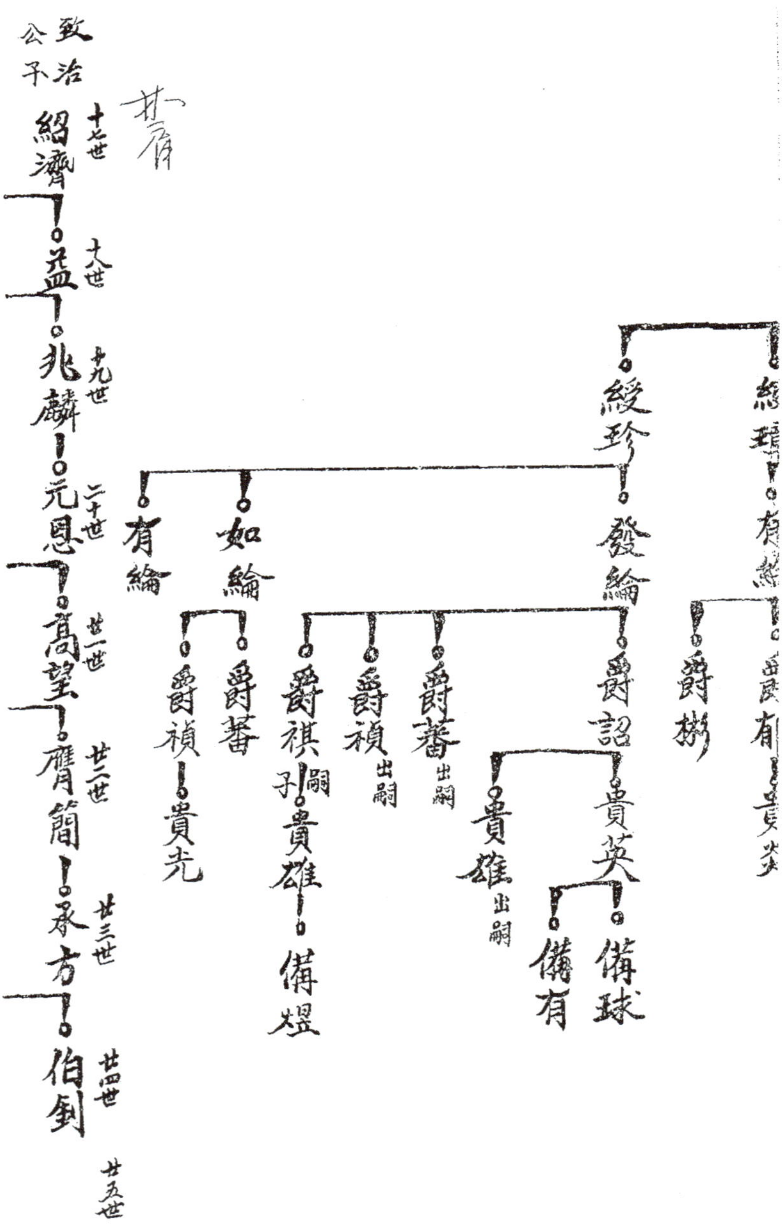

致治公子
十七世
紹濟
十八世
孟
十九世
兆麟
二十世
元恩
廿一世
高望
廿二世
胥簡
廿三世
承方
廿四世
伯釗
廿五世
綬珍
發綸
如綸
有綸
爵詔
爵蕃 出嗣
爵禎 出嗣
爵祺 子嗣
爵蕃
爵禎
貴英
貴雄 出嗣
貴雄
貴光
備球
備有
備煜

卷首五十一

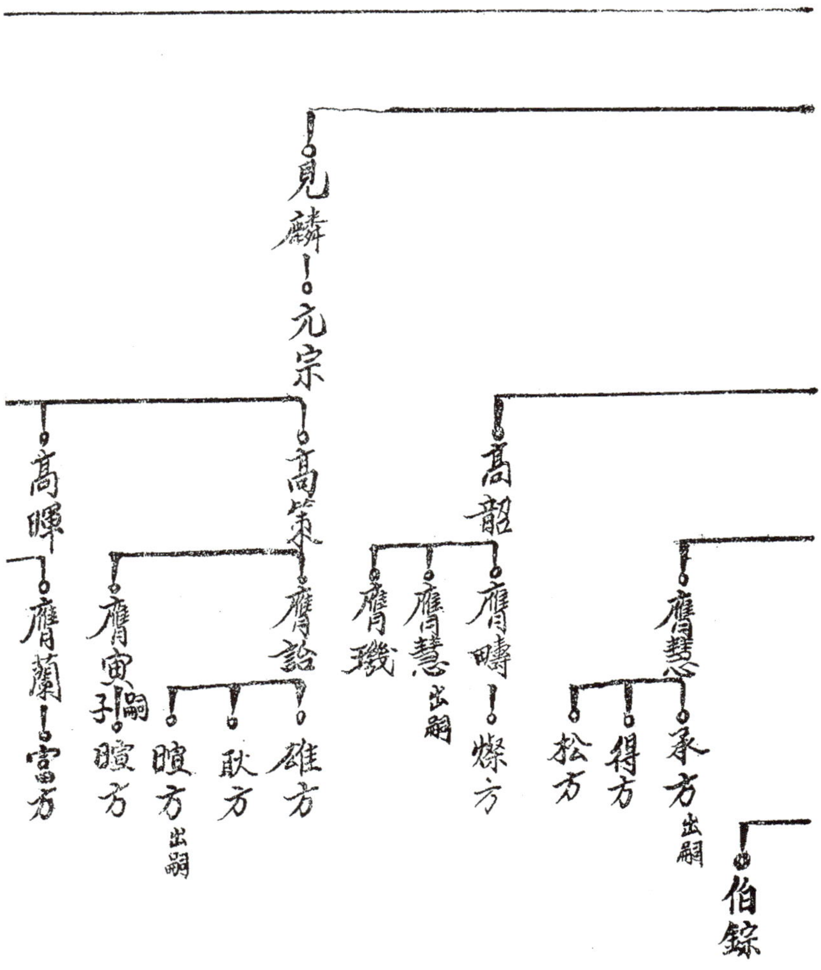
見麟
允宗
高暉
高策
高韶
膺蘭
富方
膺寅
嗣子
暄方
膺詒
暄方
出嗣
耿方
雄方
膺璣
膺慧
出嗣
膺疇
燦方
膺慧
松方
得方
承方
出嗣
伯錝

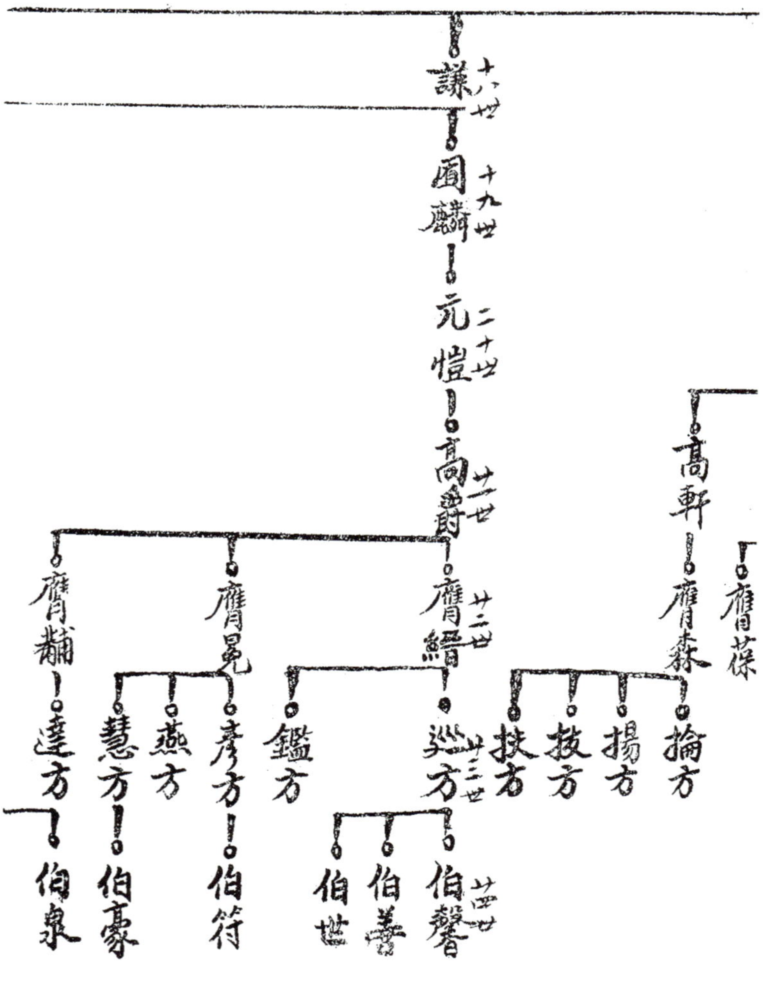
十八世
謙
十九世
國麟
二十世
元愷
廿一世
高爵
高軒
廿二世
膺緒
膺冕
膺黼
膺森
膺葆
廿三世
巡方
鑑方
彥方
燕方
慧方
達方
扶方
拔方
揚方
掄方
廿四世
伯馨
伯善
伯世
伯符
伯豪
伯泉

卷首五十二

- 毓麟
  - 元佐
    - 高莊嗣子
      - 膺璋嗣子
        - 金方
    - 高業
      - 膺炎
        - 顯方
    - 高材
      - 膺炎出嗣
      - 膺璋出嗣
      - 膺熾
        - 延方
  - 元穎
    - 高舉
      - 膺冠
        - 潔方
        - 沛方
        - 海方
      - 膺祝
        - 流方
        - 統方
      - 膺鑑
    - 高猷
      - 膺培
- 伯蓟

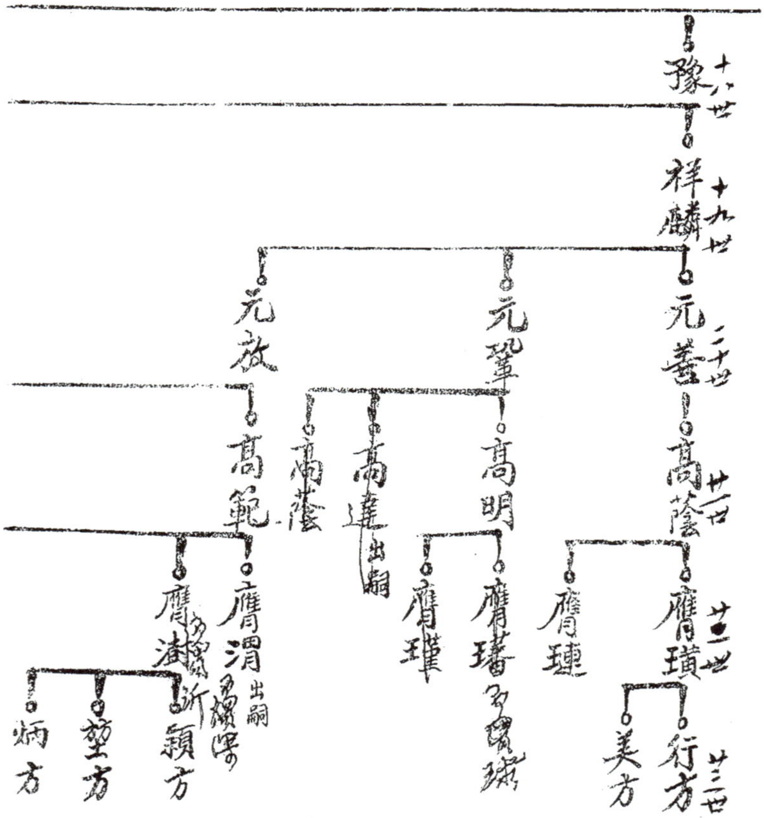
豫
十八世
祥麟
十九世
元敍
二十世
高明
高範
廿一世
廿二世
出嗣
行方
美方
廿三世
穎方
炳方

卷首五十三

高運 孖嗣
膺渭
景方
灝方

膺洋 渭洋
膺涓 渭涓
膺汪 渭汪

聖麟
元鎮 孖嗣
高達
膺耀

元標
高廸
膺成
膺耀 出嗣

石麟
元德
元琛

十九世 景麟
二十世 元龍
廿一世 高義
廿二世 膺賢
膺榮
廿三世 承方

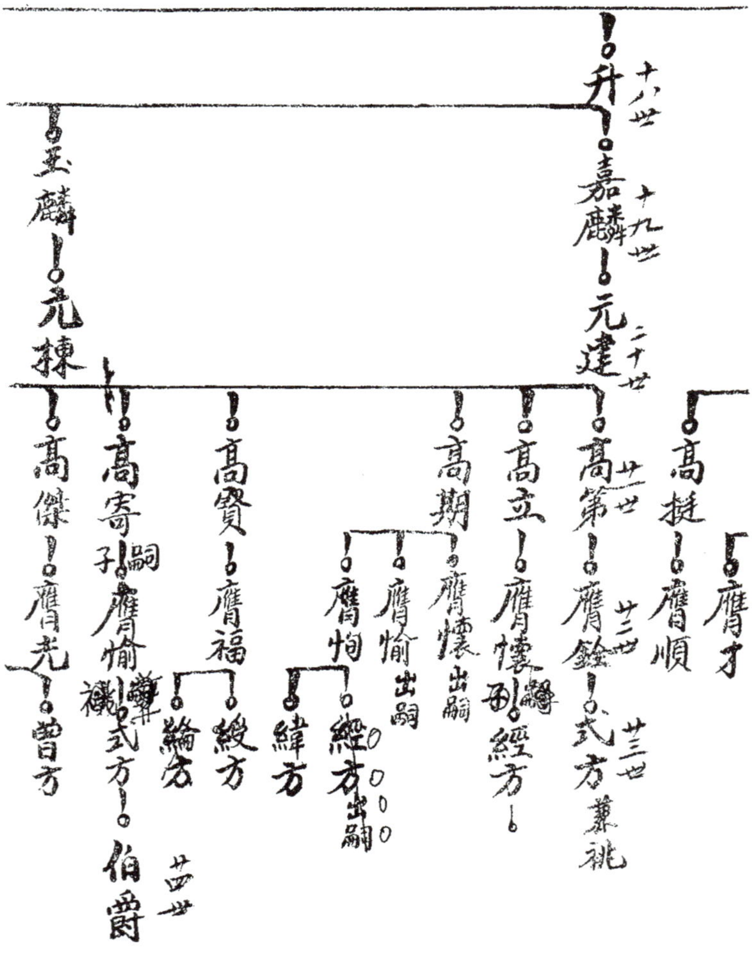

升 十八世
嘉麟 十九世
元建 二十世
丕麟
元棟
高挺
膺順
膺才
高第 廿一世
膺銓 廿二世
式方 廿三世 兼祧
高立
膺懷
經方
高期
膺懷 出嗣
膺愉 出嗣
膺怡
經方 出嗣
緯方
高賢
膺福
綬方
綸方
高寄
子 膺愉 嗣
式方
伯爵 廿四世
高傑
膺光
晉方

卷首五十四

林堅

集麟

元選

高宗

膺紹 肇

膺葉

膺連

膺雨 字

高億

膺楚

高倬

膺仕

膺使

高悰

膺屹

膺崍

膺崤 岑

福方

騰方

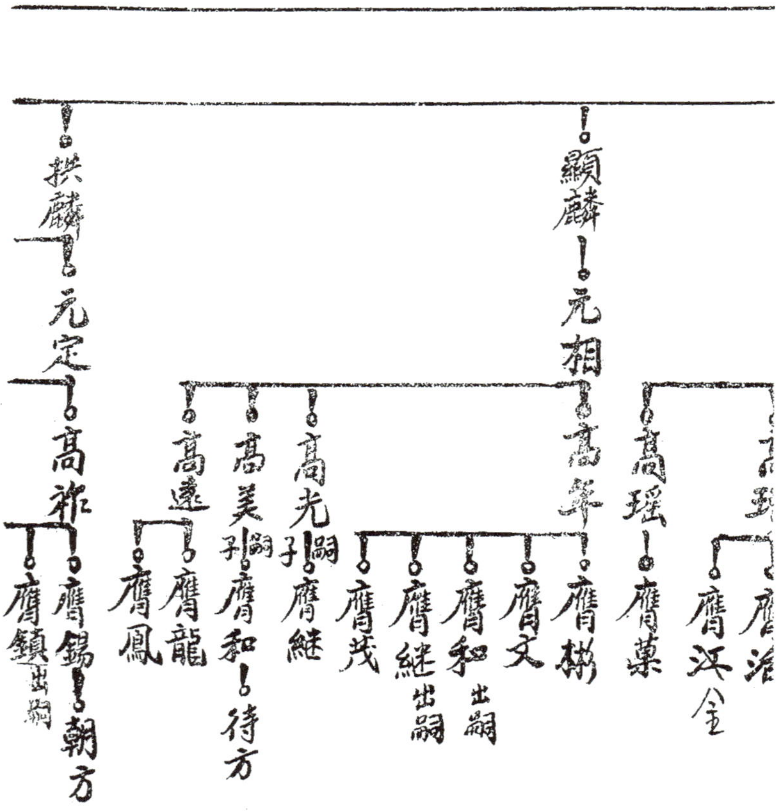
拱麟
元定
高祚
膺錫
朝方
膺鎮 出嗣
顯麟
元相
高年
高光 嗣子
高美 嗣子
高遠
膺繼
膺和
待方
膺龍
膺鳳
膺文
膺和 出嗣
膺繼 出嗣
膺茂
高瑶
膺藻
膺沃 仝

卷首五十五

咸 — 徵麟 — 元音 — 高[illegible] — 膺強 — [illegible]方

會麟 — 元榤 止

會麟 — 元榮 — 高盛

元榮 — 高壽

會麟 — 元模 — 高桂 — 膺仲 出嗣

高桂 — 膺仲

元模 — 高彥 子嗣 — 膺仲 子嗣 — 金方 — 德方

元模 — 高津 — 膺華

高津 — 膺儀 — 生方

膺儀 — 金方 出嗣

元龍 — 高祜 子嗣 — 膺鎮 — 忠方

膺濠

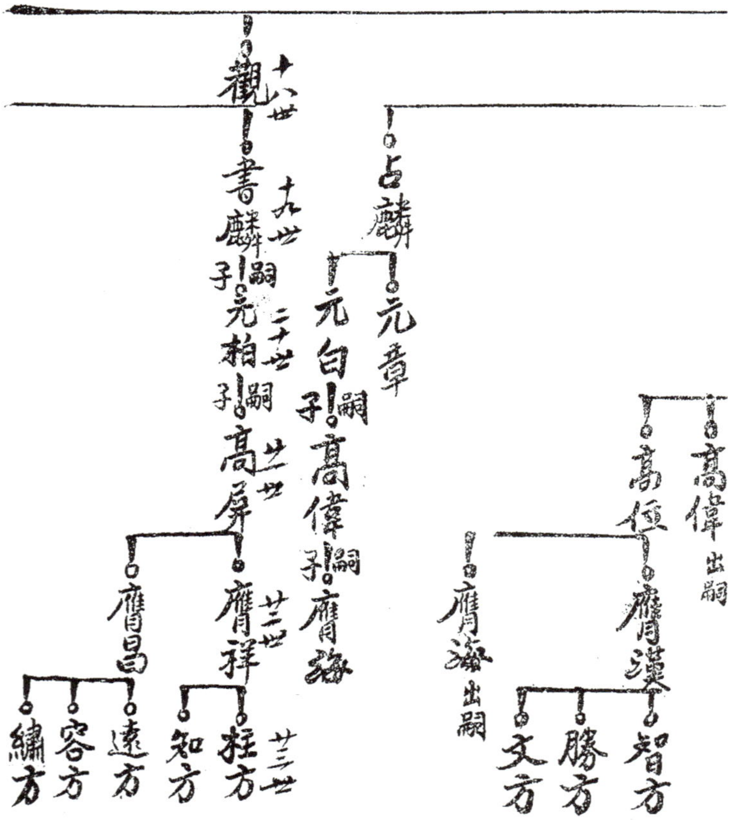
十八世
觀
十九世
書麟
嗣子
二十世
元柏
嗣子
廿一世
高屏
廿二世
膺祥
膺昌
廿三世
桂方
知方
遠方
容方
繡方
占麟
元章
元白
嗣子
高偉
嗣子
膺海
高偉
出嗣
高任
膺漢
膺海
出嗣
智方
勝方
文方

卷首五十六

十九世　昭麟

二十世　元梅

廿一世　高遇　高屏出嗣　高藩嗣子　高英

廿二世　膺瑞（嗣子）　膺奎　膺禮　膺仁　膺義　膺禮出嗣　膺智出嗣　膺信　膺忠　膺孝

廿三世　新方　耀方　楠方出嗣　祿方　□楊方

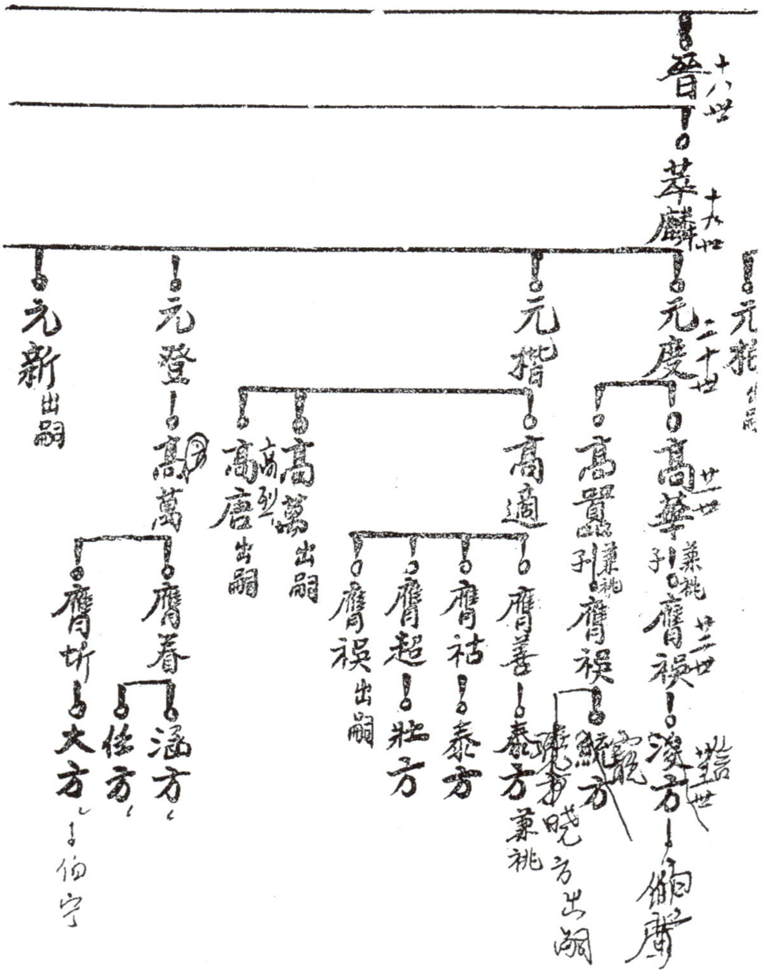

晉 十八世
萃麟 十九世
元慶 二十世
元揩
元登
元新 出嗣
高華 廿一世
高適
高唐 出嗣
高萬
賡禊 廿二世
賡善
賡祜
賡超
賡禊 出嗣
賡蒼
賡圻
浚方 廿三世
泰方
壯方
涵方
佐方
大方
伯膺
伯宇

卷首五十七

元贊孖嗣 — 高唐（高烈兼祧）孖祧 — 應模 — 曉方

炳麟 — 元幹
- 高儒 — 膺衍兼祧
- 高仁 — 膺衍兼祧
- 高備 — 膺衍出嗣；膺健出嗣；膺焰
- 高儀孖嗣 — 膺健 — 正方；昶方；上方；宗方
- 高佑出嗣

育麟 — 元喬 — 高佑 — 膺栩；膺桂出嗣

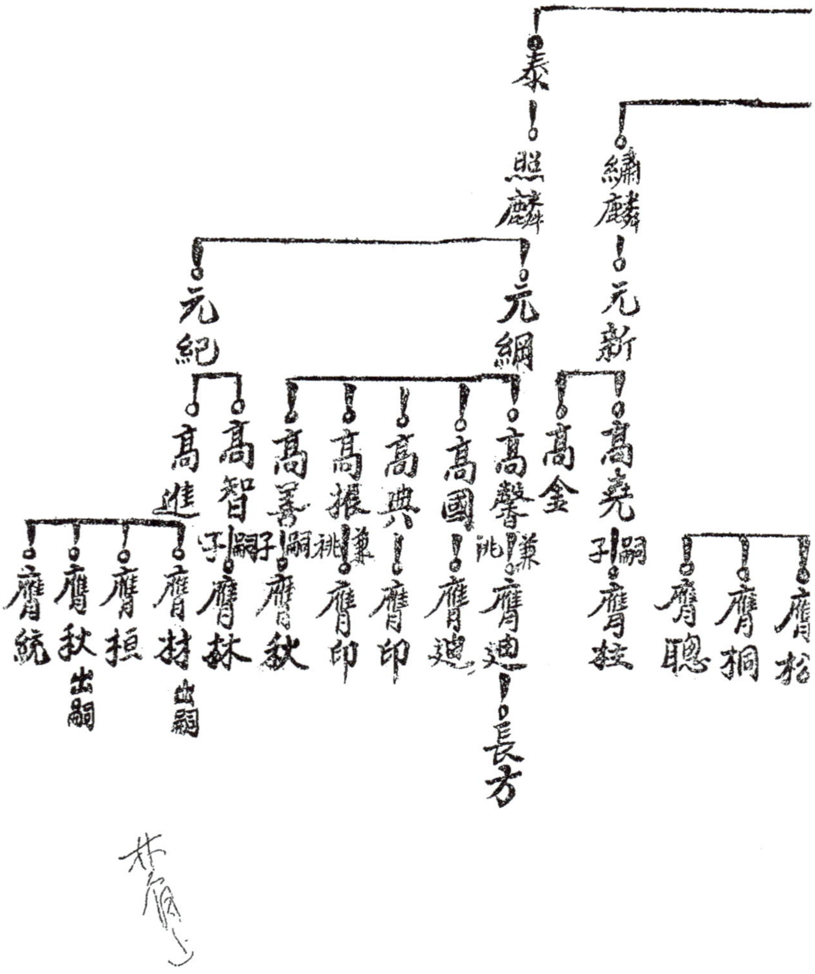

泰
照麟
繡麟
元紀
元綱
元新
高進
高智
高壽
高振
高典
高國
高馨
高金
高堯
嗣子
兼祧
嗣子
膺松
膺桐
膺聰
膺迪
長方
膺印
膺印
膺秋
膺林
膺材
出嗣
膺秋
出嗣
膺統

卷首五十八

十七世　十八世　十九世　二十世　二十一世　二十二世　二十三世　二十四世　二十五世

- 齊洽長子 作屏（四房 紀群）
  - 崇之
    - 大基
      - 英芳
  - 嶷之
    - 國基
      - 輔仁
        - 如瑚
          - 敬宗
            - 振盛
              - 進輝
          - 敬章
            - 振安
              - 進輝 出嗣
              - 進榮
              - 進南
        - 如珍
          - 敬烈
            - 振酧
          - 敬龍
        - 如瑛
          - 敬賢
            - 振華
            - 振儒
          - 敬忠
            - 振軍
        - 如琪
          - 敬福

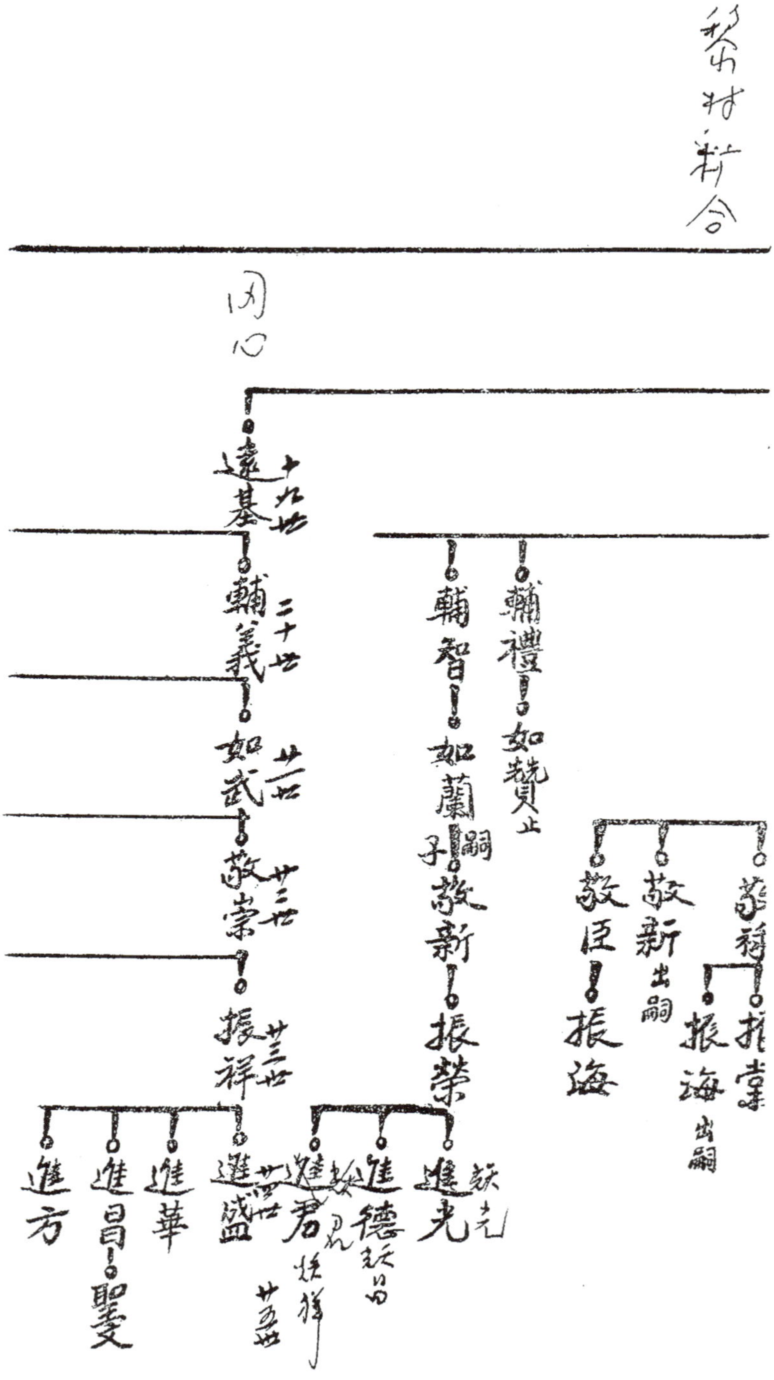
遠基 十九世
輔義 二十世
如武 廿一世
敬崇 廿二世
振祥 廿三世
進方
進昌
進華
進盛 廿四世
進君
進德
進光
輔智
如蘭
嗣子
敬新
振榮
輔禮
敬臣
振海
敬新 出嗣
振海 出嗣

卷首五十九

輔信

如文嗣　敬德

敬德出嗣　振朝　振英

如剛

敬元　振林　進紹　進連

振材

敬昭

敬全　振成

振廣　進强

敬維　振光

振清

- 如齡
  - 敬承
    - 振西
      - 進興
  - 敬爵
    - 振西 出嗣
    - 振東

十七世 齊治次子 作元
- 岸之 闕
- 十八世 朝璽
  - 十九世 國柱
    - 二十世 榮先
      - 廿一世 如玉 止
- 朝瓚
  - 國楷
    - 福先
      - 如賢
        - 廿二世 敬聖
          - 廿三世 振文
        - 敬居
          - 振存
      - 如才 止

齊治三子 作佐
- 朝璉
  - 光闇 闕
  - 光闇 闕
- 朝璠
  - 國良
    - 召先 闕

念先
- 如寶 闕
- 如贊 闕
- 如貢 闕

十七世　十八世　十九世

齊治四子 作輔
- 樹德
  - 顯章 闕
  - 顯第 闕
- 樹勳
  - 富元 闕
  - 貴元 闕
- 樹功
  - 朝元 闕
  - 連元 闕
  - 登元

齊治五子 作衡
- 甲翰 止

卷首六十

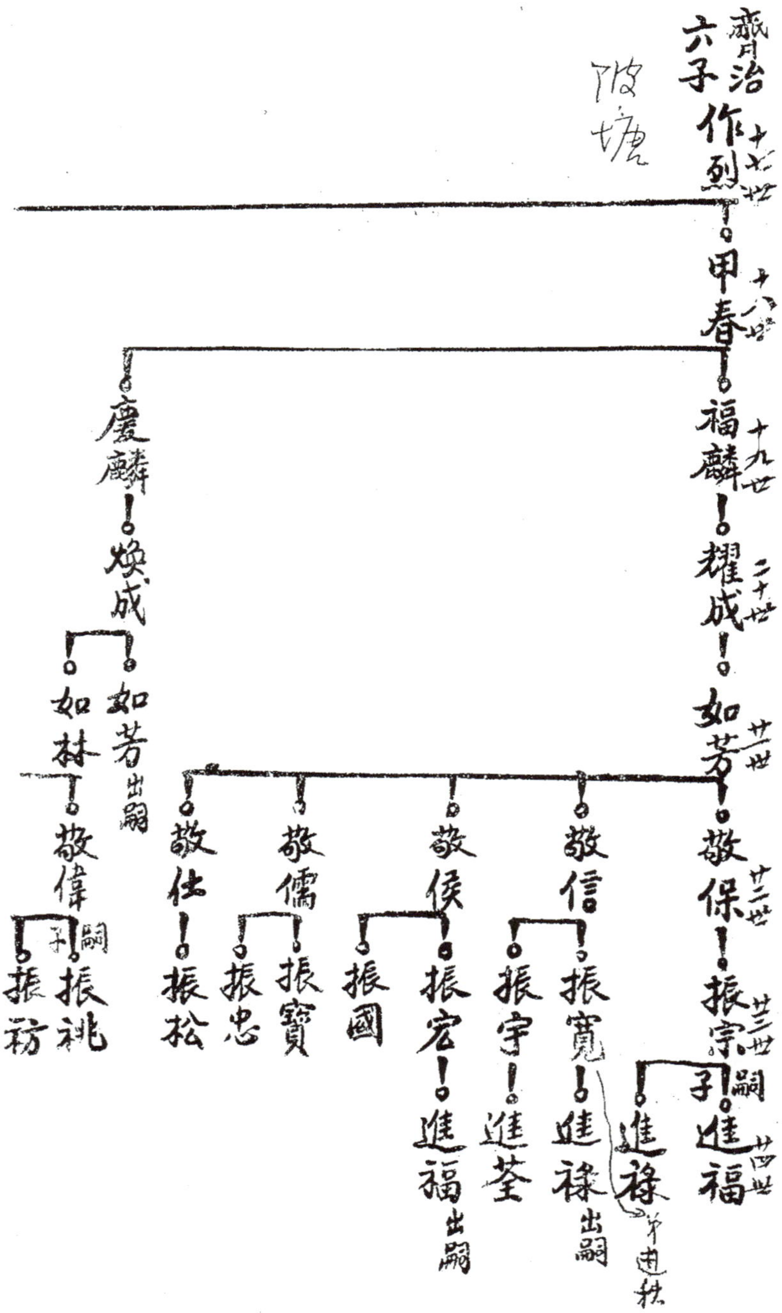

齊治六子
作烈 十七世
陂塘
甲春 十八世
福麟 十九世
慶麟
耀成 二十世
煥成
如芳 廿一世
如芳 出嗣
如林
敬保 廿二世
敬信
敬侯
敬儒
敬仕
敬偉 嗣子
振宗 廿三世 子嗣
振寬
振宇
振宏
振國
振寶
振忠
振松
振桃
進福 廿四世
進祿
進祿 出嗣
進荃
進福 出嗣

淳治長子 萬侯 十七世

宣仁 十八世

廣烈 十九世

斯博 二十世

萘安 廿一世 嗣子

慶之 廿二世

有貴　有南　有方 廿三世

甲元 — 紹麟

敬儀 — 振紡（出嗣）、振武

敬修 — 振寰

敬俊 — 振祧（出嗣）、振寧、振琪

敬倫 — 振釗

卷首六十一

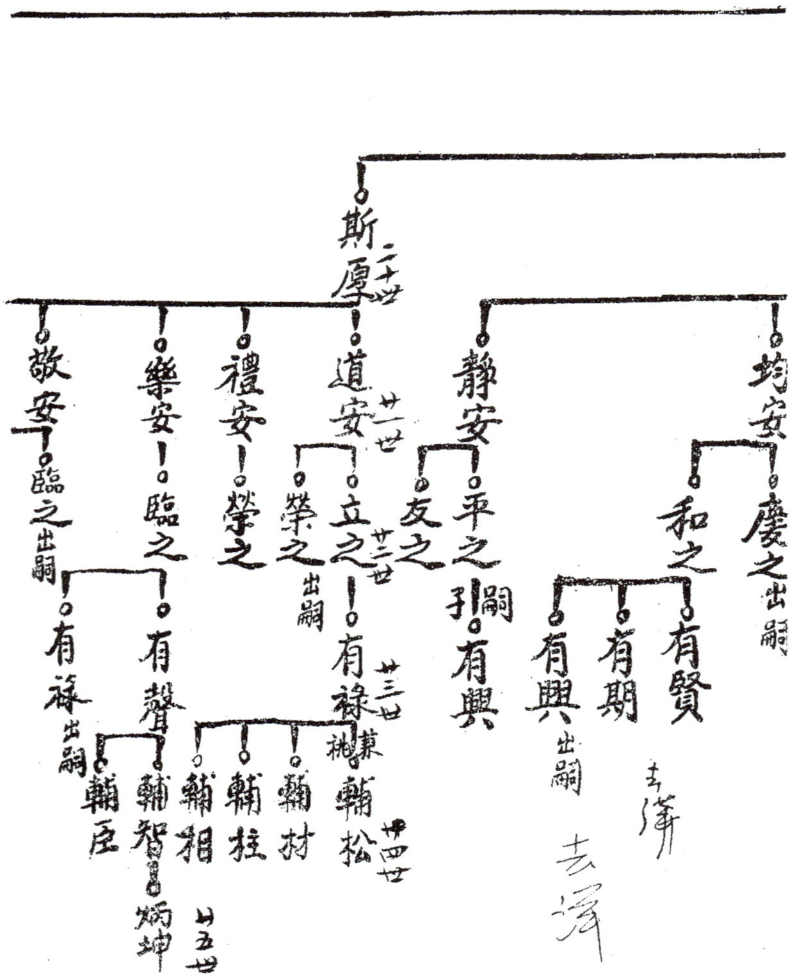
斯厚
二十世
敬安
樂安
禮安
道安
廿一世
靜安
均安
臨之出嗣
臨之
榮之
榮之出嗣
立之
廿二世
友之
平之
和之
慶之出嗣
孖嗣
有興
有祿出嗣
有聲
有祿
廿三世
兼祧
有興出嗣
有期
有賢
廿四世
炳坤
廿五世

不见

淳治次子　萬里—宣籌止

第三子　萬成（十七世）—宣恕—廣熙—斯張

萬禎—億統（十八世）

萬禎—億猷—遷秀（十九世）—斯和（二十世）—乾安（廿一世）—成之（廿二世）

乾安—焕之—有文（廿三世）

斯和—坤安

斯和—瑞安

萬禎—億烈

吴山名荣

廣勲（十九世）—斯高（二十世）

富之—有祿（兼祧）—輔材

有祿—輔相

卷首六十二

億緒

煥治子 萬禧
億信 — 廣盛 — 斯馨
億聰 — 廣遠 — 斯璧
　　　　　　 斯珍 出嗣
　　 廣裔 — 斯珍

同治子 萬鈞 十七世
億謙 十八世 — 廣賢 十九世
　斯盛 二十世 — 品安 廿一世 嗣
　斯復 — 朝安 — 福之 廿二世
　　　　　　　 東之
　斯謀 — 保安 嗣
億遜 — 廣華 — 斯源 — 泰安 — 啟之
　有森 廿三世
　有桑
　有螢
　有强

統治子

作文—述儒—拔倫—斯珂—鎮祐—慶遠—周富

斯美
裕安—業之
能安—在之—有章
俊安—在之 出嗣
俊安—業之 祧兼

斯昌
齊安—瓊之—有志、有福、有盛、有漢
汝安—瓊之 祧兼

紹之—有鑫、有爵、有金

卷首六十三

三十六　化十

梁治長子

作肅 十七世

述祖 十八世

德高 十九世

以端

東林 止

武林 出嗣

遠林 止

以禮 出嗣

以官 出嗣

以誠

武林 止

拔才

喬齡

經庠

慶遠 出嗣

慶芹

周武

周才

斯瑛

鎮科 止

拔元

毓齡

俊庠 嗣

拔賢

錫齡

啟庠

慶琨

周安

毓齡 出嗣

卷首六十四

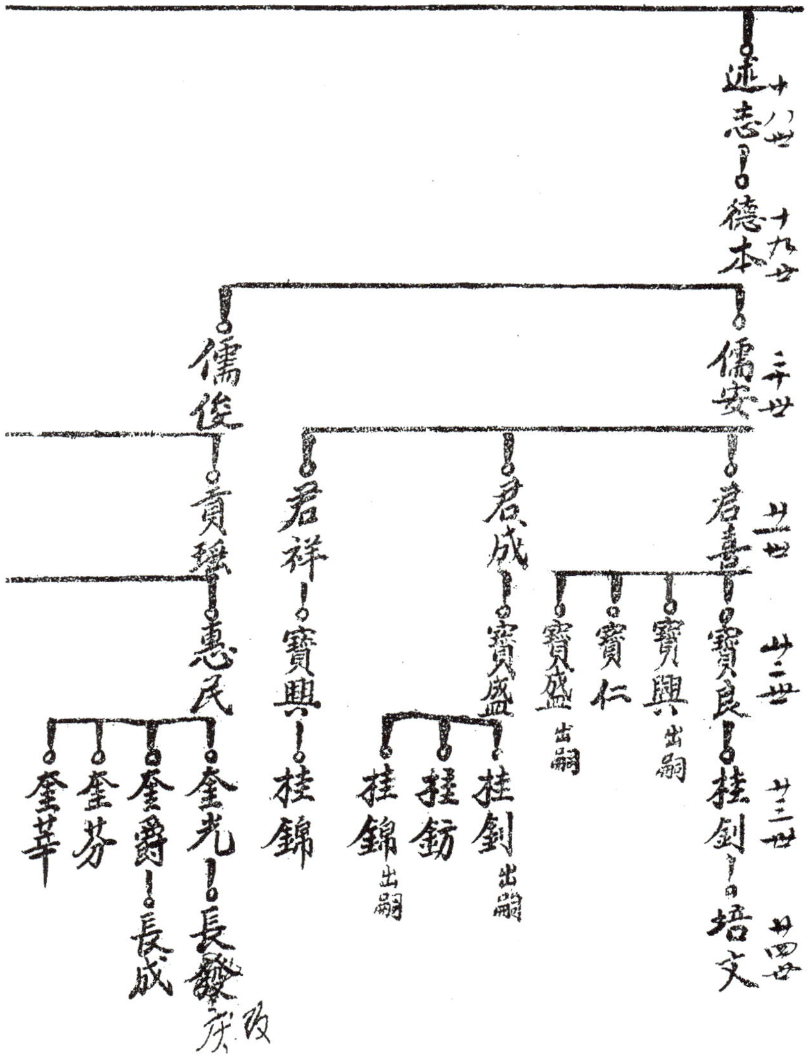
述志 十八世
德本 十九世
儒安 二十世
儒俊
君喜 廿一世
君成
君祥
貢瑶
寶良 廿二世
寶興 出嗣
寶仁
寶盛 出嗣
寶盛
寶興
惠民
桂釗 廿三世
桂釗 出嗣
桂鈁
桂錦 出嗣
桂錦
奎光
奎爵
奎芬
奎華
培文 廿四世
長發 改庆
長成

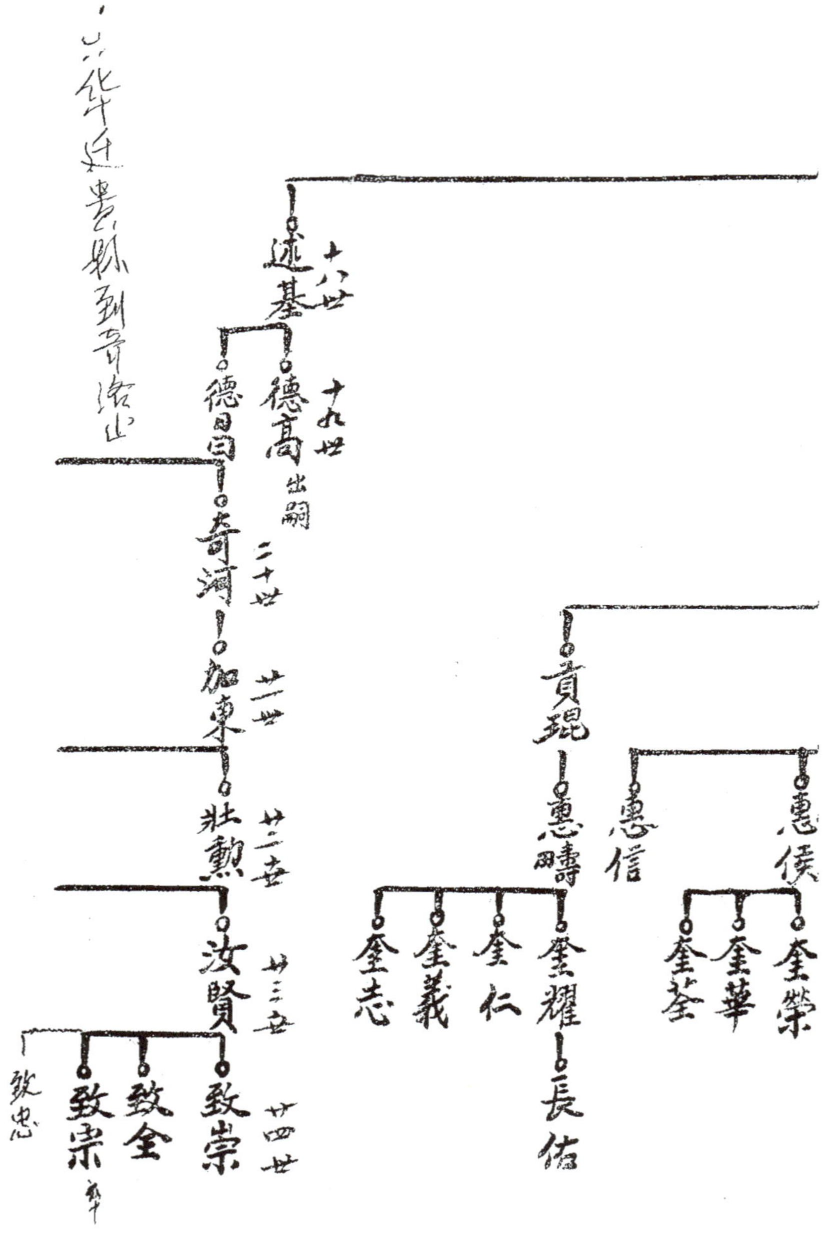
十八世
述基
十九世
德高
出嗣
德昌
二十世
奇渊
廿一世
加東
廿二世
壯勳
廿三世
汝賢
廿四世
致崇
致全
致宗
貢琨
惠疇
奎耀
奎仁
奎義
奎志
長佑
惠信
惠俟
奎榮
奎華
奎荃

卷首六十五

- 汝强 出嗣
- 壯乾
  - 汝成
  - 汝福 出嗣
- 壯才
  - 汝佳
    - 致麟 改輝
    - 致偉
- 壯業
  - 汝强 嗣子
    - 致安
    - 致餘 在外未明
    - 致君
  - 汝福 嗣子
  - 汝進 嗣子
- 壯頤
  - 汝光
    - 致達
  - 汝進 出嗣

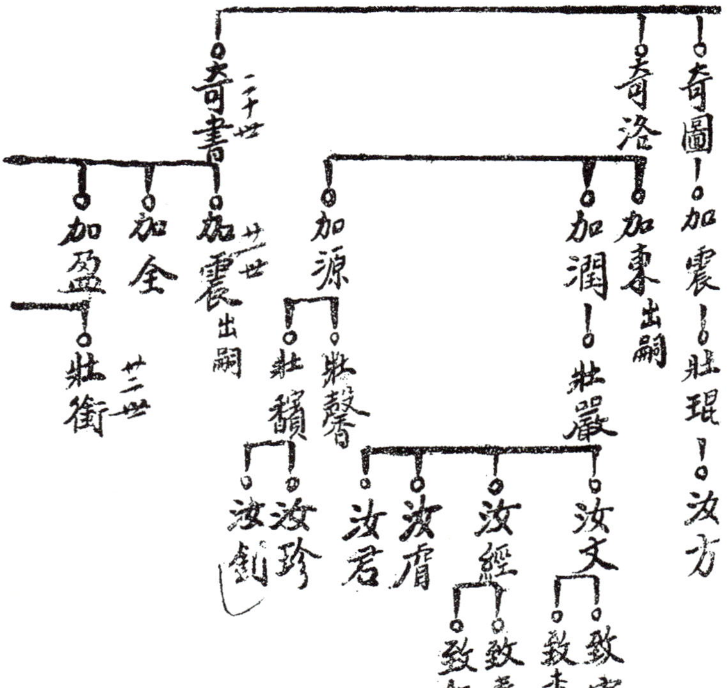
奇圖
奇洛
奇書
二十世
加震
加秉
出嗣
加潤
加源
加震
廿一世
出嗣
加全
加盈
壯琨
壯嚴
壯馨
壯衡
廿二世
汝方
汝文
汝經
汝君
汝珍
致寅
致森
致春
致仁

卷首六十六

梁治三子
作哲 十七世

述昭 止
述明 十八世

品章 十九世

敏忠 二十世

陳誠 廿一世

秀士 廿二世
坤士

傑榮 止 廿三世

加年 子嗣 壯連 卬壯林
加瑞
加和
壯連 出嗣卬壯林
壯達
加任
壯英
壯欽
壯榮
汝昌 廿三世
汝揚
壯華
汝唐

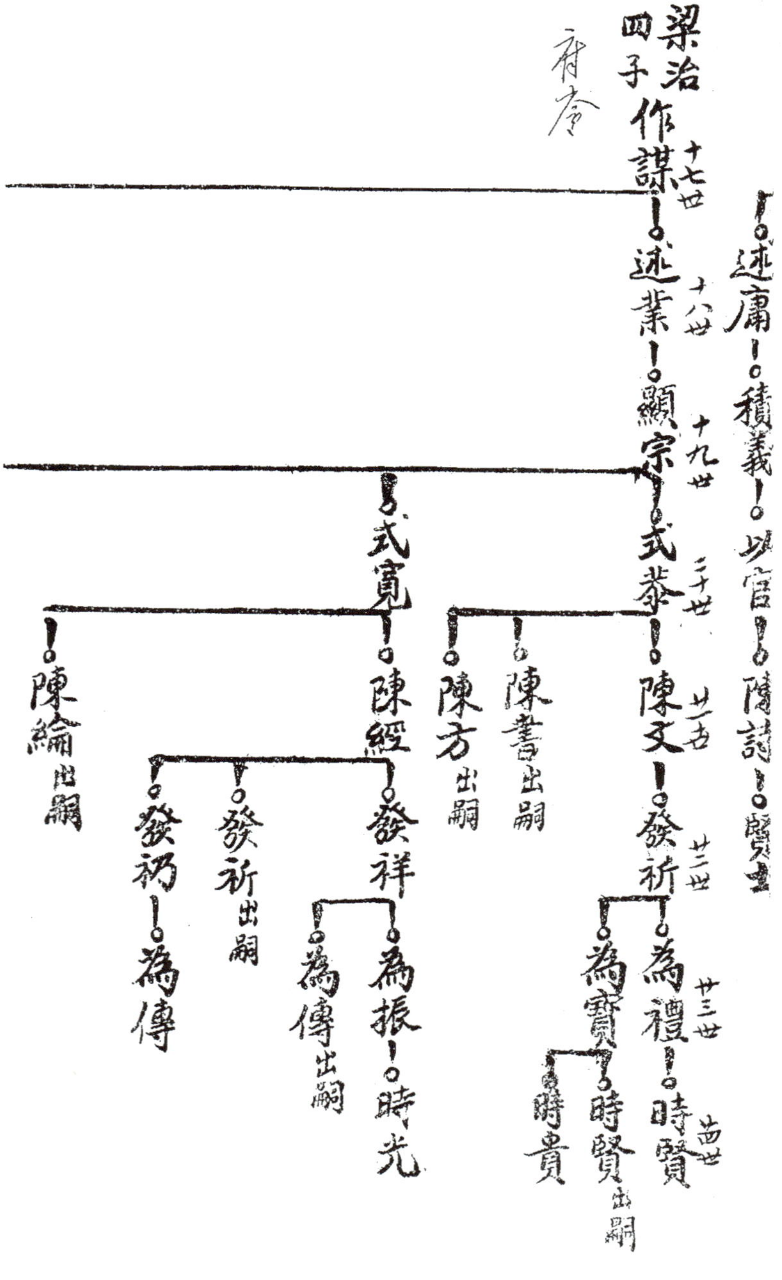
梁治
四子
作謀
十七世
述庸
積義
以官
述業
十八世
顯宗
十九世
式恭
二十世
式寬
陳文
廿一世
陳書出嗣
陳方出嗣
陳經
陳綸出嗣
發祈
廿二世
發祥
發祈出嗣
發礽
為禮
廿三世
為寶
為振
為傳出嗣
為傳
時賢
廿四世
時賢出嗣
時貴
時光

卷首六十七

- 弍信—陳仁
- 弍敏—陳方
  - 發暲
  - 發暉
    - 為連
      - 時坤
      - 時華
    - 為强
  - 發寅、出嗣
  - 發昭
    - 為剛
    - 為芬
  - 發時—為俊
- 弍珍—陳綸
  - 發全
    - 為憲
    - 為寬出嗣
  - 發華—為富

十八世 述訓

十九世 顯揚

二十世
- 清球
  - 廿一世 慶隆
    - 廿二世 樹棟
      - 廿三世 善富
      - 善貴
- 清琦 子嗣
  - 慶單
- 清福
  - 慶單 出嗣
  - 慶章
  - 慶禮
    - 樹森
      - 善林
- 清璇 嗣

- 發成
  - 為宗
- 發林 子嗣
  - 為容
- 發惠 子嗣
  - 為寬
- 發連
  - 為容 出嗣
  - 為宏

廿四世

全部清查

卷首六十八

- 述偉
  - 顯宗
  - 顯揚
  - 顯微
    - 清興
      - 陳德
        - 發源
    - 清俊
      - 陳庸止
  - 顯廷
    - 清亢
      - 陳書
        - 發基
          - 為正
            - 時源
            - 時泉
            - 時江
            - 時海
        - 發型
          - 為業
        - 發棠
    - 清英
  - 顯良
    - 清賢
      - 陳常止
      - [illegible]止

陳□　陳德 出嗣　陳疇

雍治長子
作仁—述章—轉世 止
　　　　　—德本 出嗣

材河
作敬—述規—安朝 止
　　　　　—安述—敏莊—瑞瓊—鈞寅—勵明
　　　　　　　　—敏經 出嗣
　　—述衡—安民—嗣子敏經—瑞琦
　　　　　　　　　　　　—瑞瑛—衛寅—勵樹—世濤
　　—述詔—安庶—敏瑞—鍾奎
　　　　　　　—敏盛

卷首六十九

十七世：徐治長子 作求

十八世：耀德

十九世：武裔

二十世：毓華　毓臣

廿一世：希新（毓華子）　希敬（毓臣子）

廿二世：宗遠　宗運（希新子）　宗建 子嗣　宗達 子嗣　宗延（希敬子）

廿三世：業開　業乾（宗遠子）　業鈞　業釗　業銓　業鍾　業銑　業鎔（宗運子）　業渫（宗建子）　業燊（宗達子）　業深 出嗣（宗延子）

廿四世：紹東　紹南　紹俊（業乾子）

已抄

贊德 十八世

盛裔 十九世

褡華 二十世

瑞儒 廿一世　　希文

憲章 廿二世　　憲清　　憲書 出嗣　　宗達　　宗永

其珖 廿三世　　其模　　其昌　　業漢　　業齊

炳榮 廿四世　　炳漢　　炳忠　　炳東　　炳芳　　炳武　　炳煜　　炳鎮　　炳辛

蔡茂 廿五世

卷首七十

五横

業儒
- 憲崇
  - 其海
  - 其柏
  - 其振
  - 其柱
- 憲禎
  - 其億止
  - 其志
- 憲宗
  - 其榕
  - 其森
  - 其松
- 憲榮
  - 其安
- 憲芳止

金儒
- 嗣子 憲書
  - 其富
    - 炳泉
    - 炳琨

- 其貴 止
- 其榮 止
- 文儒
  - 憲敷
    - 其鑫
      - 炳樞 止
      - 炳海
    - 其錦
      - 炳沇 止
      - 炳桐
    - 其傑 出嗣
  - 憲逹
    - 其穎
      - 炳江
  - 憲藩
    - 嗣子 其傑
- 鴻儒
  - 憲丞
    - 其球
      - 炳濬
      - 炳劍
    - 其英
      - 炳捌
    - 其斌 止
  - 憲都

卷首七十一

十九世　善裔

二十世　第元　裕祺　嗣

廿一世　展驥　展瑩

廿二世　芳芹　富芹　輅芹止　輔芹　庫芹

廿三世　仕球　仁球　瑞球　振球　拯球

廿四世　學海　學文　學泗

憲典

其超　南寧

其澤止

其侃

第成闕

展綱

洋芹

柱球　棣球

衿芹

延球　漢球　文球

馨芹

寵球

學泉

緒芹

德球　佐球

裕芹

偉球　國球　鈞球　[illegible]

卷五百七十二

- 繩德（十八世）
  - 履中（十九世）
    - 冠第（二十世）
      - 簡璇（廿一世）
        - 典常（廿二世）
          - 富賢（廿三世）
            - 壽棠（廿四世）
          - 爵賢
            - 壽棠（出嗣）
            - 壽松
          - 國賢
- 第琳
  - 展程
    - 棣芹
      - 煜球
      - 樹球
      - 集球
      - 武球
      - 錦球
  - 展才
    - 政芹
      - 紅球
      - 鼎球
  - 展謨
    - 業芹
      - 甲球

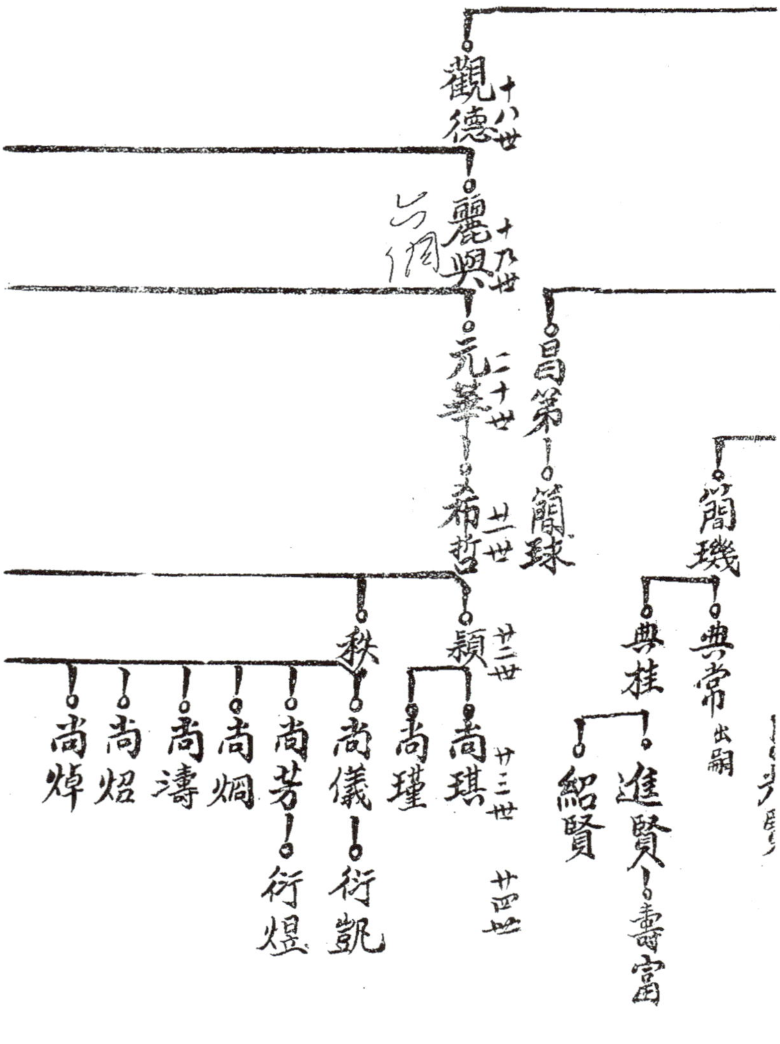
十八世
觀德
十九世
麗與
二十世
元華
昌第
廿一世
希哲
簡球
簡璣
廿二世
穎
秩
典桂
典常
出嗣
廿三世
尚琪
尚瑾
尚儀
尚芳
尚烱
尚濤
尚熠
尚焯
紹賢
進賢
壽富
廿四世
衍凱
衍煜

卷首七十三

祥華

- 希鼎 — 鍵
  - 尚雄
  - 尚彬
  - 尚能
- 徽 出嗣
  - 尚熙
  - 尚鑄
- 希鑑 — 侯
  - 尚忠
    - 衍蔚
    - 衍揚
  - 尚超
- 希信 — 恒
  - 尚同
  - 尚昆
  - 尚嚴
- 希才 — 鑣 兼祧 — 尚謨 — 衍榮

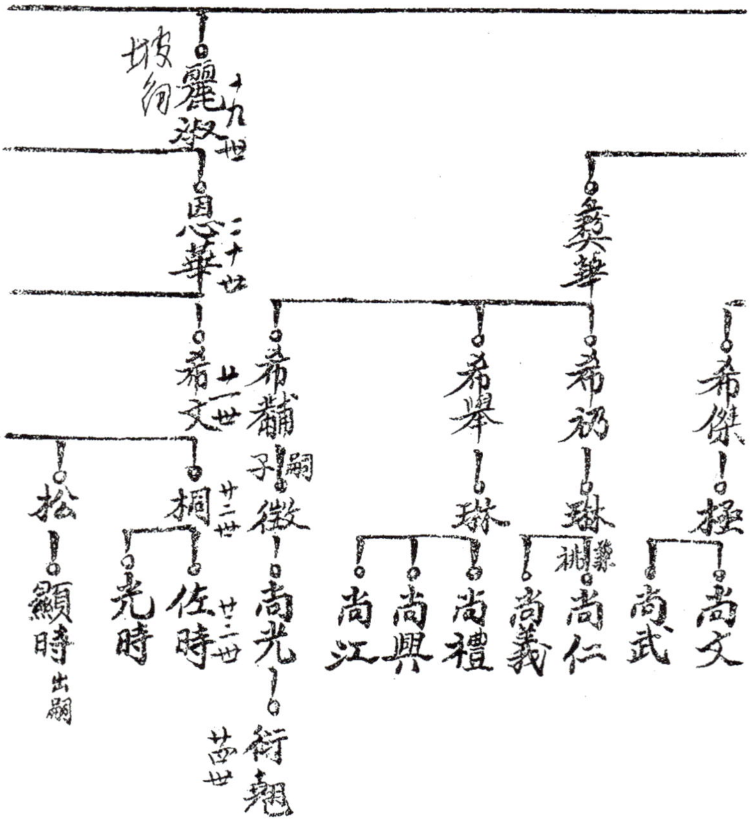
十九世
恩華
二十世
希文
廿一世
桐
廿二世
佐時
廿三世
光時
松
顯時
出嗣
彝華
希黼
子
嗣
徽
尚光
衍翹
廿四世
希舉
琳
尚江
尚興
尚禮
尚義
尚仁
希傑
尚武
尚文

卷首七十四

金華
- 希詔
  - 蕃
    - 瑞時
      - 務本
    - 超時 出嗣
  - 蔭
    - 子超時 嗣
      - 務中
      - 務華
      - 務民
  - 幹
  - 昌
    - 壽時
- 希達
  - 崑
    - 政時
  - 嶽
    - 建時

希允
- 植
  - 子顯時 嗣
    - 繩祖
    - 繩武

移
- 炎時

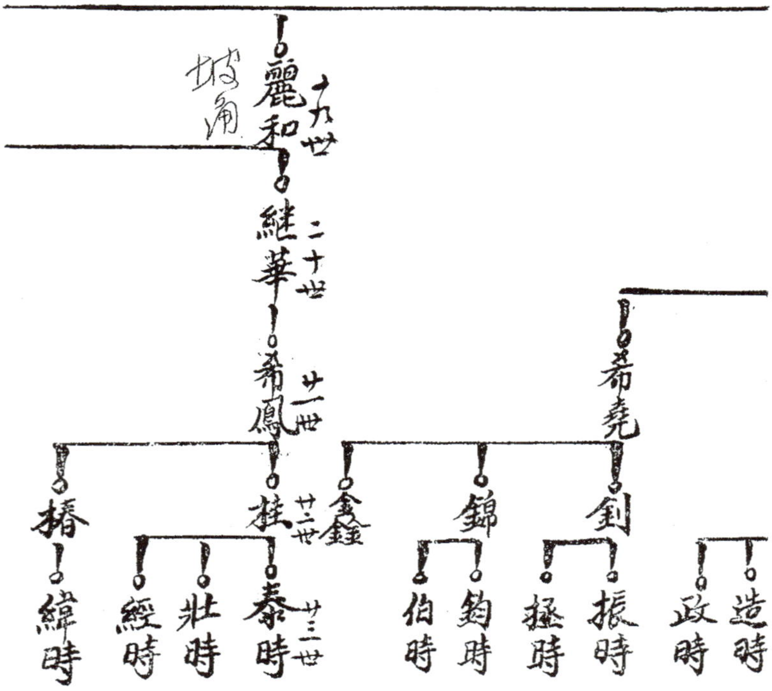
麗和
十九世
繼華
二十世
希鳳
廿一世
希堯
椿
桂
廿二世
鑫
錦
釗
緯時
經時
壯時
泰時
廿三世
伯時
鈞時
拯時
振時
政時
造時

卷首七十五

添華
希純　漢　立時
希圖　康　海時　森時　煥時
希巍　華　发時
希智　元　良時
　　　亨　烈時　强時　輝時

嵩華
希謨　鈞　輔時　咸時　寧時

十九世 麗閣

二十世 芳華　蓮華

廿一世 希廣（芳華子嗣）　希寛　希省（蓮華子）　希蒲　希仁　希彬

廿二世 獻（希寛子嗣）　彪　獻（出嗣）　武　運　龍　達　雷　遠　運（子兼祧）

廿三世 尚林（彪子嗣）　尚時　善時卒　洪時　輔時

卷首七十六

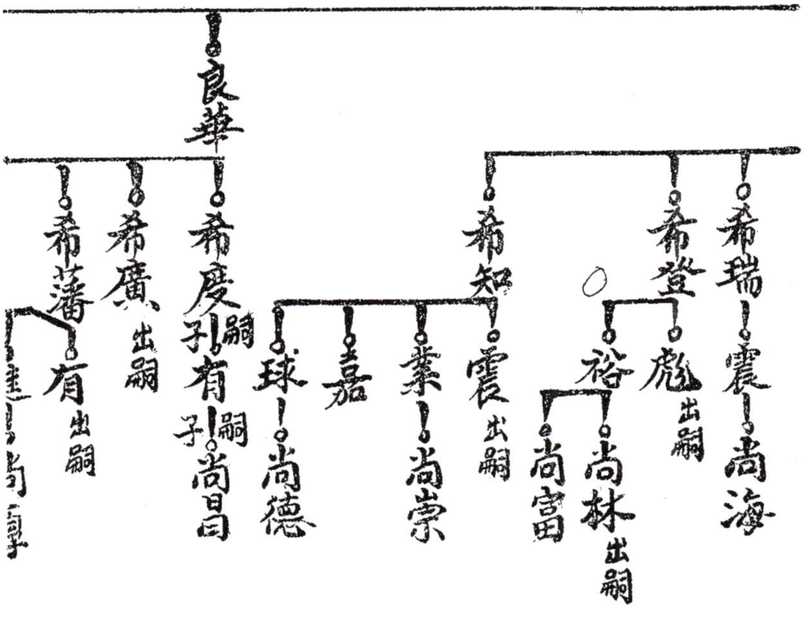

[illegible]

又名尚畢

廩
尚盛
尚英

富
尚昌 出嗣
尚易

希著
乾 兼祧
尚憲

希芬 出嗣

希荃
鄗
尚念
尚愿

希蓀
韶 出嗣
奎
尚輝
尚源

希蔚
乾
尚承

尚涧

卷首七十七

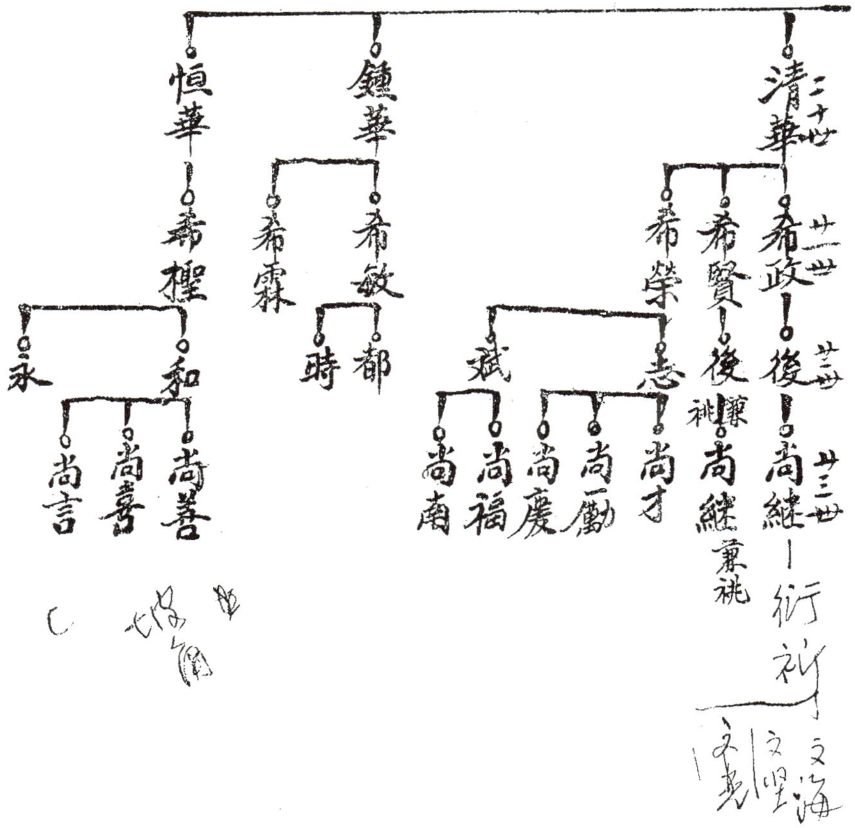
清華 二十世
希政 廿一世
後 廿二世
尚繼 廿三世
希賢
後 兼祧
尚繼 兼祧
希榮
志
尚才
尚勵
尚慶
斌
尚福
尚南
鍾華
希敏
都
時
希霖
恒華
希樫
和
尚善
尚喜
尚言
永

十七世　十八世　十九世　二十世　廿一世　廿二世　廿三世　廿四世　廿五世

徐治次子作孚（十七世）
- 立德（十八世）
  - 鳳賢（十九世）— 允昌（二十世）— 錦成（廿一世）— 蘊隆（廿二世）
  - 鳳盛（十九世）— 祚昌（二十世）— 錦元（廿一世）— 蘊祥（廿二世）
    - 日光（廿三世）
    - 日昇（廿三世）
- 明德止（十八世）
- 宣德（十八世）— 鳳岡（十九世）— 宗昌（二十世）
  - 錦仁（廿一世）— 蘊玉（廿二世）
  - 錦義（廿一世）
    - 蘊珍（廿二世）
    - 蘊球（廿二世）
  - 錦忠（廿一世）
- 俊德（十八世）— 體祺（十九世）— 繼昌（二十世）— 錦文（廿一世）— 嗣子蘊光（廿二世）

子

青治

作友 十七世
- 贊文 十八世
  - 佐才 十九世
    - 翰升 二十世
      - 光鑑 廿一世

體福
- 演昌
  - 錦才
  - 錦年
    - 蘊英
- 宗昌 出嗣
- 支昌
  - 錦冠
- 緒昌
  - 錦聲
    - 蘊榮

體祐
- 繼昌 出嗣
- 緒昌
  - 錦文 出嗣 兼祧
  - 錦連

體祁
- 綸昌
  - 錦盛 兼祧
- 紹昌
  - 錦盛

卷首七十八

不知

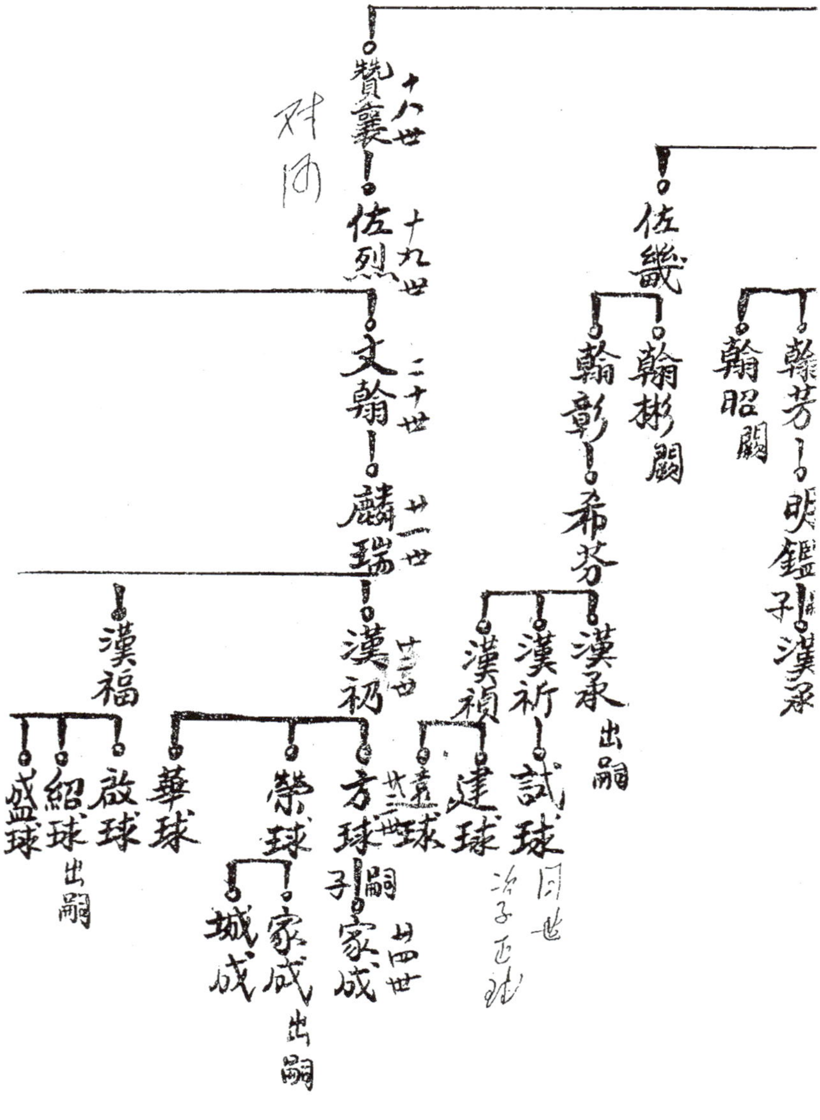
贊襄
十八世
佐烈
十九世
文翰
二十世
麟瑞
廿一世
漢初
廿二世
漢福
盛球
紹球
出嗣
啟球
華球
榮球
方球
嗣子
城成
家成
出嗣
家成
廿四世
佐鐵
翰彰
翰彬
闕
希芬
漢禎
漢祈
漢承
出嗣
嘉球
廿三世
建球
試球
翰昭
闕
漢承

冀治長子

- 作縉（十七世）
  - 兆祥（十八世）
    - 受榮（十九世）
      - 文元（兼祧）
        - 子 麟瑞
          - 漢禧 嗣
            - 子 紹球
      - 耀章（二十世）
        - 啟東（廿一世）
          - 楚方（廿二世）
          - 震方
          - 煜方
          - 樑方
      - 耀宗 出嗣
  - 漢禧 出嗣
    - 勵球
    - 植球

冀治次子

- 作矩
  - 兆禎
    - 世魁
      - 文錦 闕
    - 世傑
      - 文榜 闕
    - 世亮
      - 耀宗
        - 啟清
          - 漢方

卷首七十九

啟芝
泉方

京治次子冠玲—烈祖止

京治三子冠瑧—照祖—廣朝—定生
定生—重文、浩文

京治四子冠璋—炳祖—衛朝止

允治長子冠琦—焗祖止

允治次子冠玕十七世—繩祖十八世—廣德十九世
廣德—定華二十世、定光出嗣
定華—善文廿一世
善文—承仁廿二世、承義
承仁—智清廿三世、智深
承義—智江、智濬、智漢
智清—慧宜廿四世
智江—慧昌、慧盛出嗣
智濬嗣子慧盛

卷首八十

紹祖—廣貞（嗣）—定光—慶文

廣亨—定成

慶文—承理、承珍、承國

承理—智源、智淦、智寧、智滦

智源—慧華、慧森

智滦—小明

承珍—智海、智溪、智游

智海—慧榮

承國—智淮、智焜、智煜、智燊、智鎮

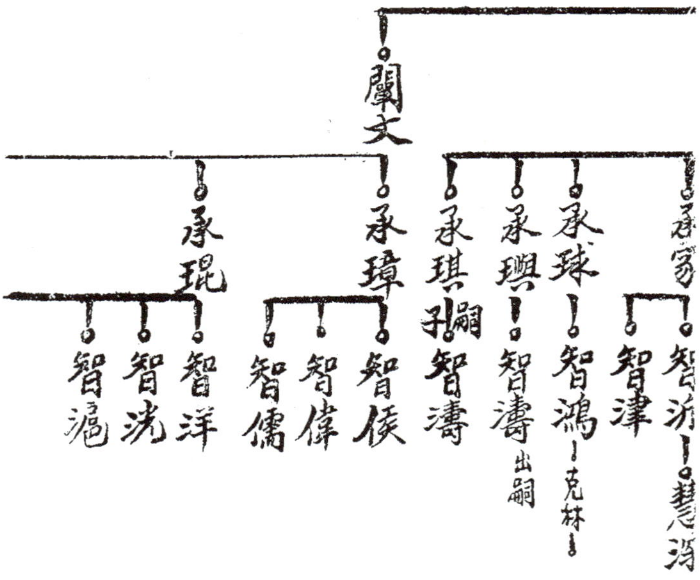
蘭文
承球
承璵
承琪嗣子
承璋
承琨
智津
智鴻
克林
智濤出嗣
智濤
智侯
智偉
智儒
智洋
智洸
智滬

卷首八十一

允治三子
冠玘　十七世

燿祖　十八世
燀祖

廣敷　十九世
廣敷　出嗣
廣祐

定裕　二十世
定祥
定倫

拔文　廿一世
貢文
貢文　出嗣
繼文

承志　廿二世
承琛

智壽　廿三世
智賢
智輝
智明
智璇
智英
智珠
智軍
智謀
智凱

朝卿子
夢麟 十七世
執逃北堡

焜祖

自立 十八世 — 崇仁 十九世 — 致信 二十世 — 裕積 廿一世 — 觀繼 廿二世 — 立則 廿三世 — 端本 止 廿四世

廿五世

自志 — 崇清 — 偉昌

偉昌 — 善郁 — 待品 — 立勳 — 端敬 — 方榮

待品 — 立國

偉昌 — 善坤 — 待品 出嗣

善坤 — 金品 — 立邦 — 端箴 兼祧

金品 — 立都 — 端箴 出嗣

金品 — 立鄉

紹文 — 承龍

卷首八十二

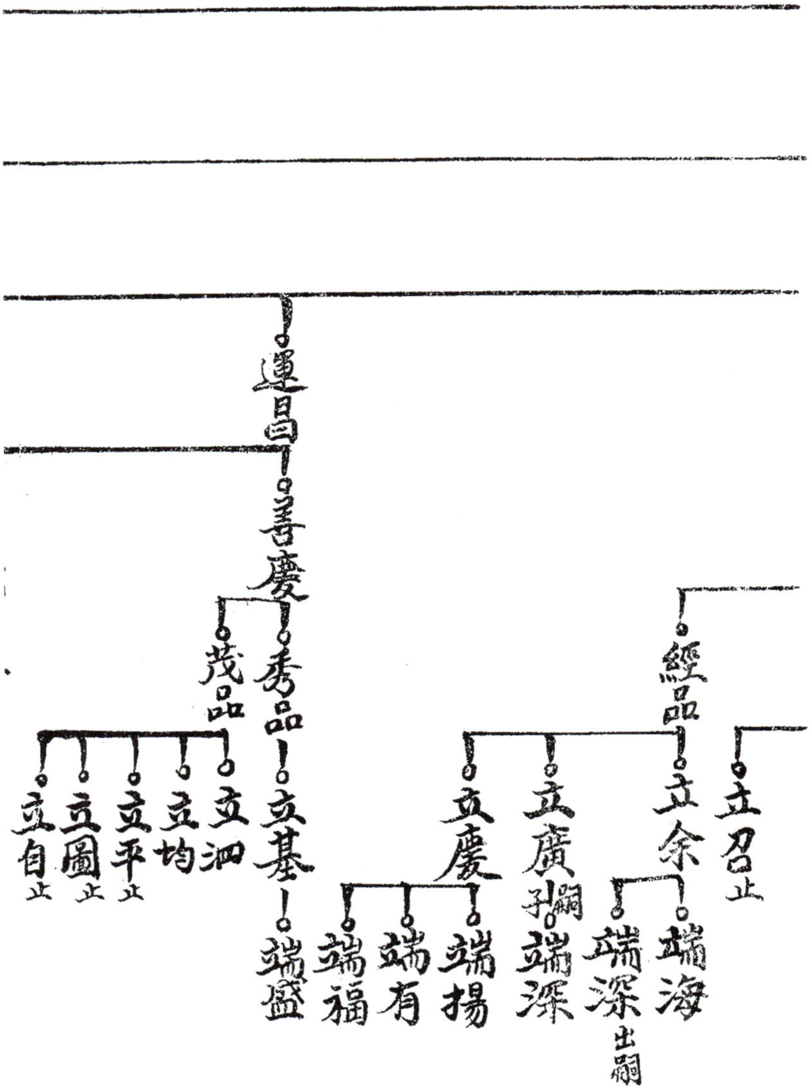
運昌
善慶
茂品
秀品
經品
立泗
立均
立平止
立圖止
立自止
立基
端盛
立慶
端揚
端有
端福
立廣子嗣
端深
立余
端海
端深出嗣
立召止

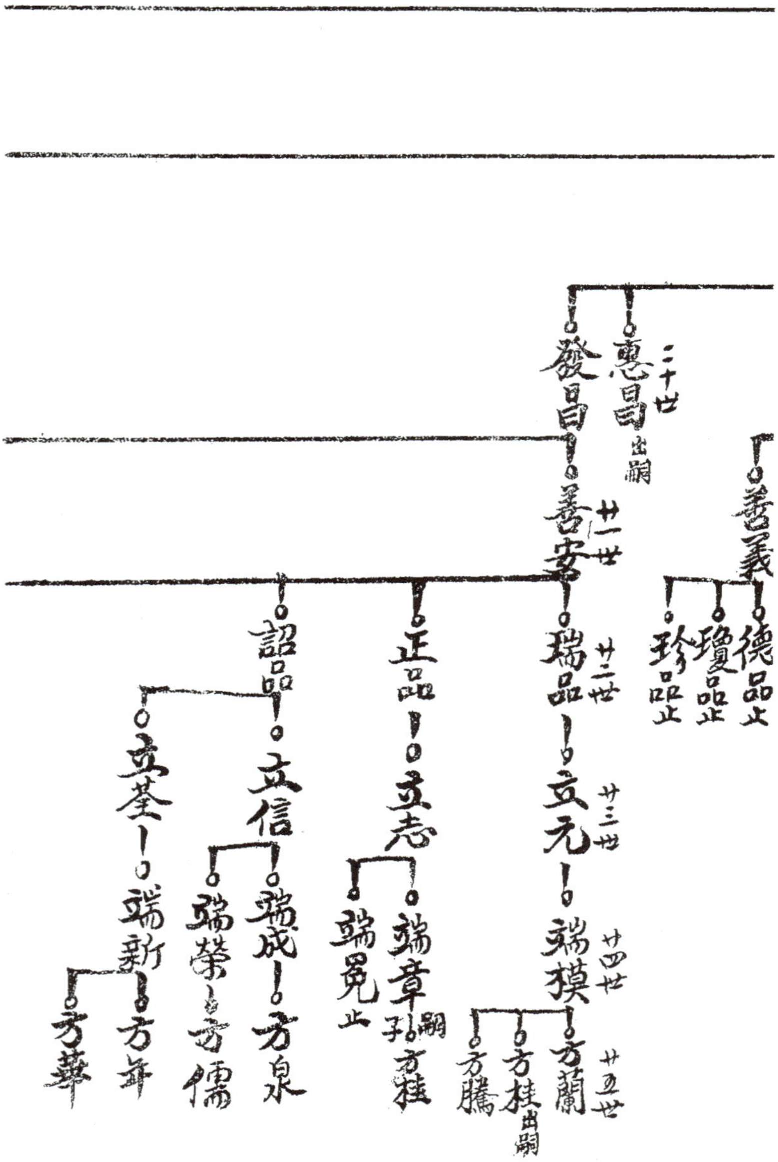
二十世
惠昌 出嗣
發昌
廿一世
善安
善義
德品 止
瓊品 止
珍品 止
廿二世
瑞品
正品
詔品
廿三世
立元
立志
立信
立荃
廿四世
瑞模
瑞章
瑞冕 止
瑞成
瑞榮
瑞新
廿五世
方蘭
方桂 出嗣
方騰
方泉
方儒
方華

卷首八十三

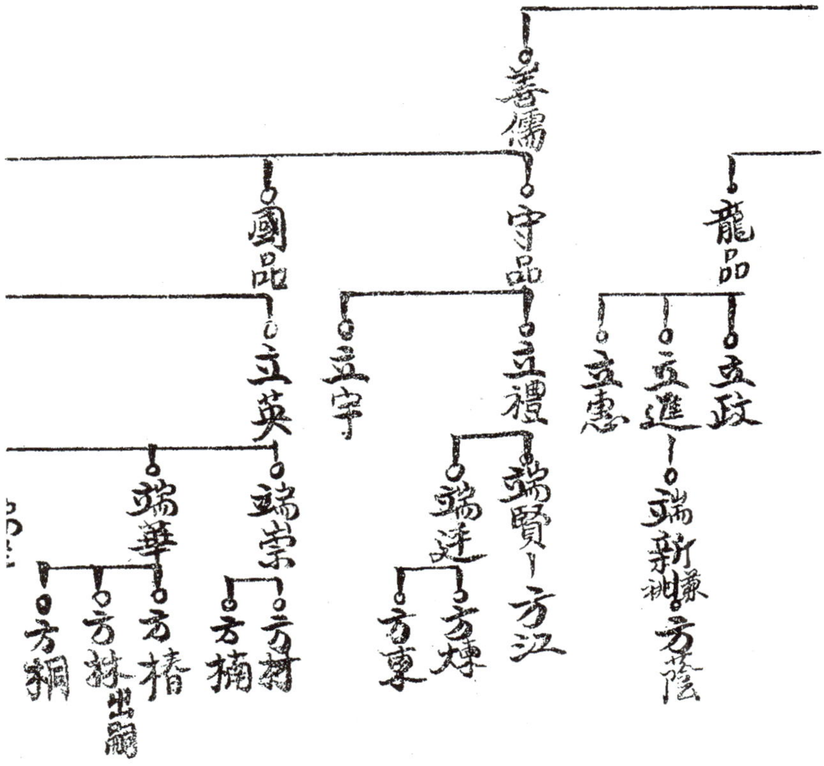

鳳品

立年止

立傳

端縉

方樹

方樑出嗣

方枝

方楓

方松

端綽

端紡

端祥

立文

端常兼祧

立功

卷首八十四

十九世　崇光

二十世　成昌

廿一世　善政　善教

廿二世　世品　儉品　觀品　良品　文品　欽品　華品

廿三世　立梓出嗣　立榟　立清出嗣　立升止　立義止　立厚止　立賢　立南止　立富止　立規

廿四世　端常嗣子　端元

廿五世　方樑

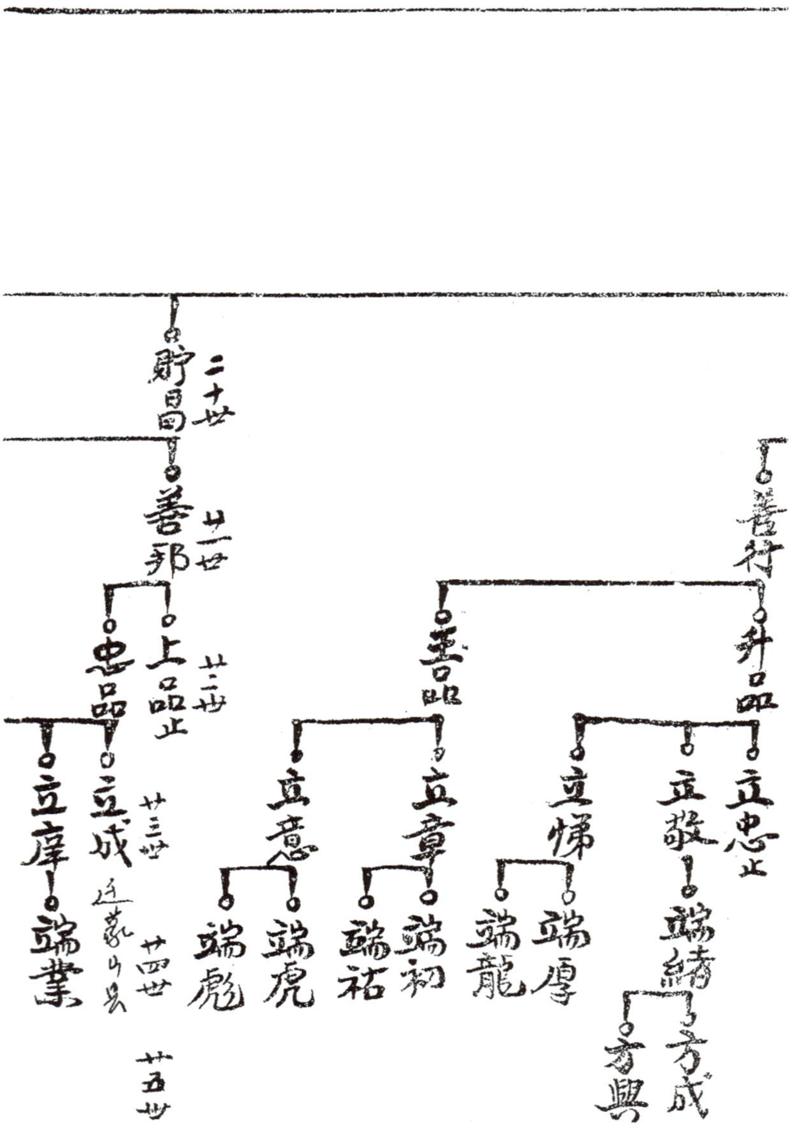
二十世
廿一世
善邦
廿二世
忠品
上品止
善村
善品
升品
廿三世
立庠
立成
立意
立章
立悌
立敬
立忠止
廿四世
端業
端彪
端虎
端祐
端初
端龍
端厚
端緒
廿五世
方興
方成

溫泉

卷首八十五

善美

士品

立仁

端搏

立綱

端榮

端桓

端禎出嗣

端伯

立言

立軒

端奕

端西

超品

立湘

立坤

立序

立銘 迁芳坊、涌表

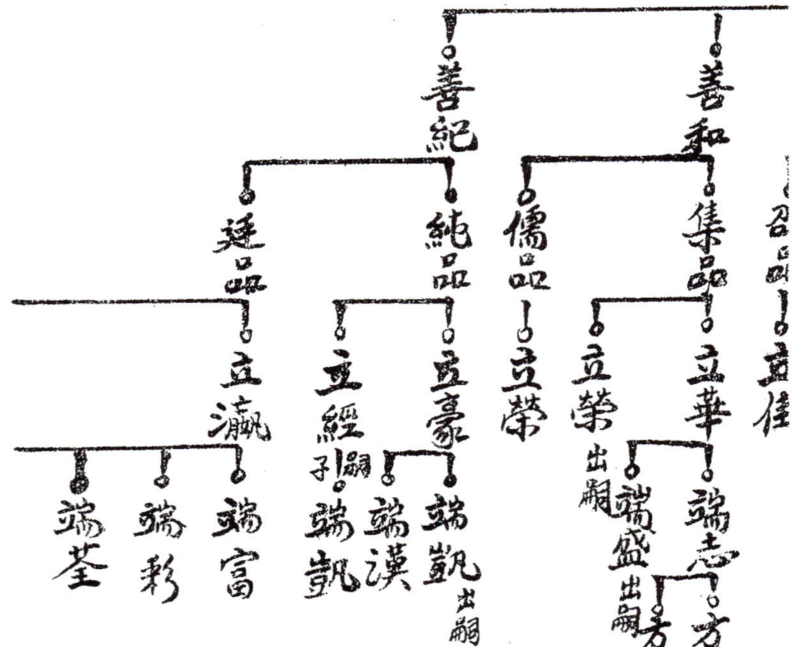
善紀
善和
召品
廷品
純品
儒品
集品
立瀛
立經
子嗣
立豪
立榮
立榮
出嗣
立華
立佳
端荃
端彩
端富
端凱
端漢
端凱
出嗣
端盛
出嗣
端志
芳慶
芳南

溫泉

卷首八十六

遠昌　二十世

善芳　廿一世
善彰

仲品　廿二世
相品
勝品
端品
以品

立本　廿三世
立壽
立喬止
立封
立滿
立波
立溶
立洲

端朱　廿四世
端桂
端仁
端清
端北
端南
端東
端熙
端朝

方賢　廿五世

仁之男坤山

植品
立彬
端仁　出嗣
端義
端禮

立彬　出嗣

善福　廿一世
兆品　廿二世
立泰　廿三世
端方　廿四世
方東　廿五世

立身
端方　出嗣
端蘭
方朝
方才
端桂　出嗣
端騰

立興
端麒
方萬

卷首八十七

- 善壽
  - 嘉品
    - 立臣
      - 端從
      - 端正
    - 立芬
      - 端玭
  - 賢品
    - 立矩
      - 端儒
        - 方榮
    - 立世
      - 端儒出嗣
      - 端吾
        - 方榮
      - 端從
- 武品
  - 立業
    - 端量
      - 方廷
  - 立達
    - 端光
      - 方泰
      - 方裕
- 立學止
- 端麟

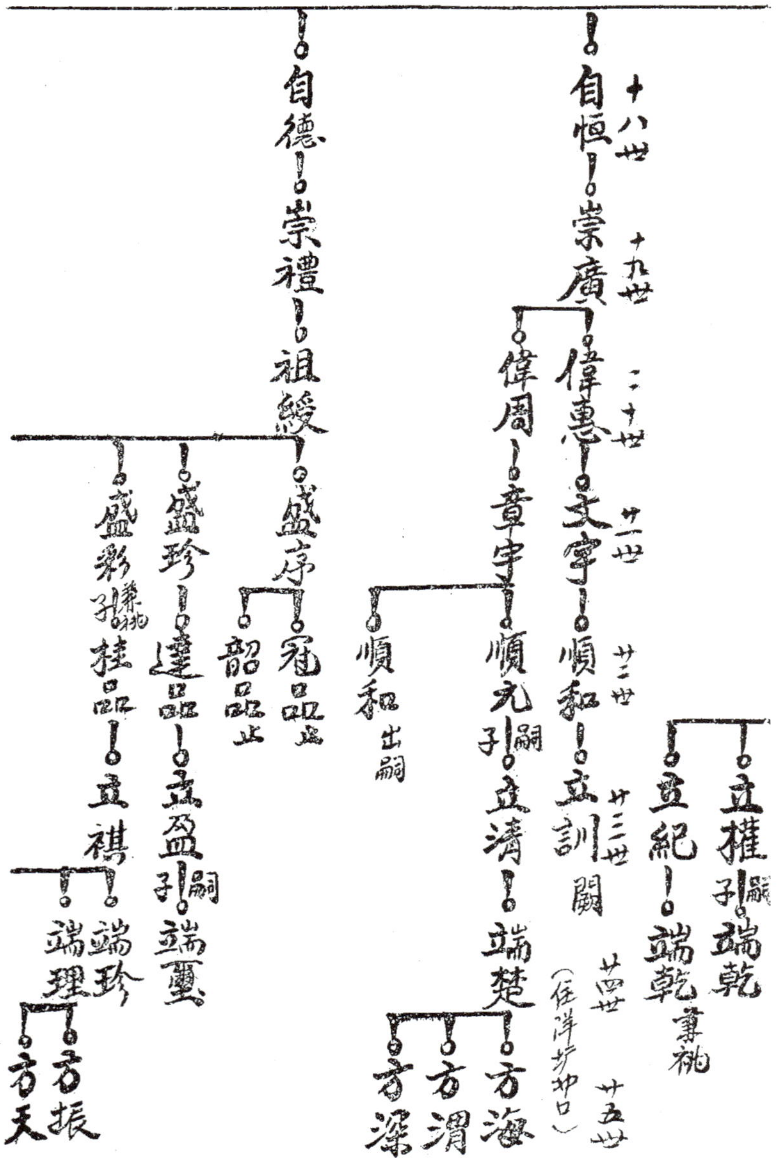
十八世
十九世
二十世
廿一世
廿二世
廿三世
廿四世
廿五世
自恒
崇廣
偉惠
偉周
文宇
章宇
順和
順允
子嗣
順和
出嗣
立訓
闕
立清
端楚
方海
方渭
方深
(住洋圻圳口)
立紀
端乾
兼祧
立權
子嗣
端乾
自德
崇禮
祖綬
盛序
冠品
止
韶品
止
盛珍
達品
立盈
子嗣
端璽
盛彩
子兼祧
桂品
立祺
端珍
端理
方振
方天

卷首八十八

石圭作

溫泉

玉卿公子

十七世　季蕃

十八世　肇謨

十九世　良輔

二十世　際昌

廿一世　國珍　盛進

廿二世　龍賓　㩦品

廿三世　世芬止　世芳止　世華　立祜　立初　立祺出嗣

廿四世　端瑭　端琮　端琚　端球　端琇　端琨　端璽出嗣

廿五世

罗叔娘婶、迁石堂

爾賓—世榮—傳蘭—加榑、加樞、加摸、加探
世榮—傳桂—加穪
世榮—傳擒—加友、加璇、加璠、加球、加顯

為賓—世侯—傳永—加賓
世侯—傳康—加祖
為賓—世忠—傳鍪—加韶

卷首八十九

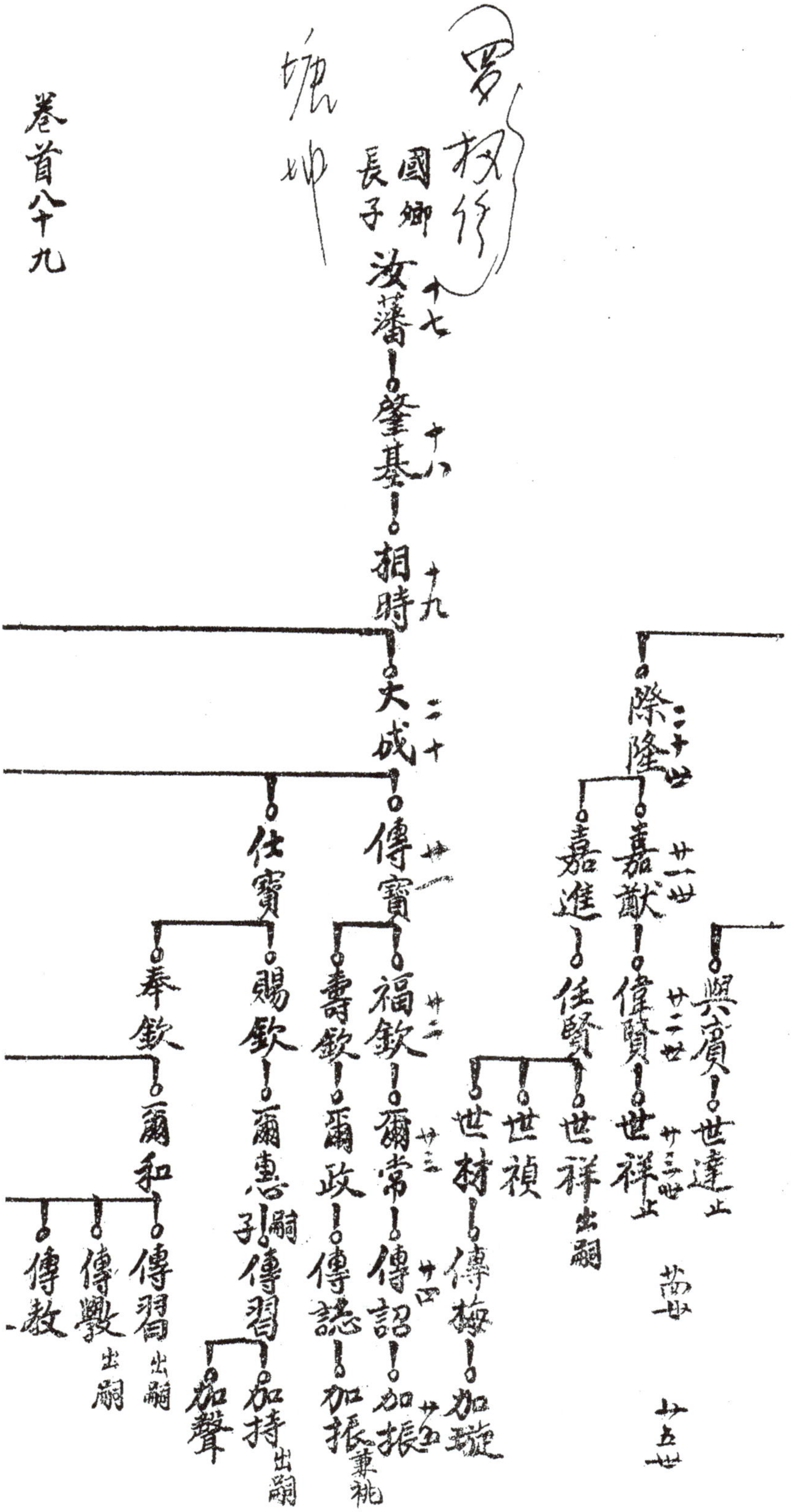
罗叔修
塘坤
國卿長子
汝藩 十七
肇基 十八
相時 十九
大成 二十
傳寶 廿一
仕寶
福欽 廿二
壽欽
賜欽
奉欽
爾常 廿三
爾政
爾惠
子引嗣
爾和
傳詔 廿四
傳誌
傳習
傳習 出嗣
傳斅 出嗣
傳教
加振 廿五
加振 兼祧
加持 出嗣
加聲
際隆 二十世
嘉猷 廿一世
嘉進
偉賢 廿二世
任賢
世祥 廿三世 止
世祥 出嗣
世禎
世材
傳梅
加璇
興賓
世達 止
廿四
廿五世

塘坤

罗权

大受 二十世

守寶 廿一世　儒寶

象儀 廿二世　振元　擒元

爾懷　爾章 廿三世　爾忠　爾忠兼祧　爾慶

傳亨　傳國　傳奮　傳豐　傳穀　傳忠　傳進 廿四世　傳數　傳敬　傳政

加宗　加秋 廿五世　加持

卷首九十

在儀
爾章出嗣
傳强
爾贊
爾棠
傳棣
傳溧
爾懷
爾芹
傳潤
傳寅
爾積
傳維
傳後

家寶
麟儀
爾揩
傳衡
加衡
加柵出嗣

瓊坤寫校

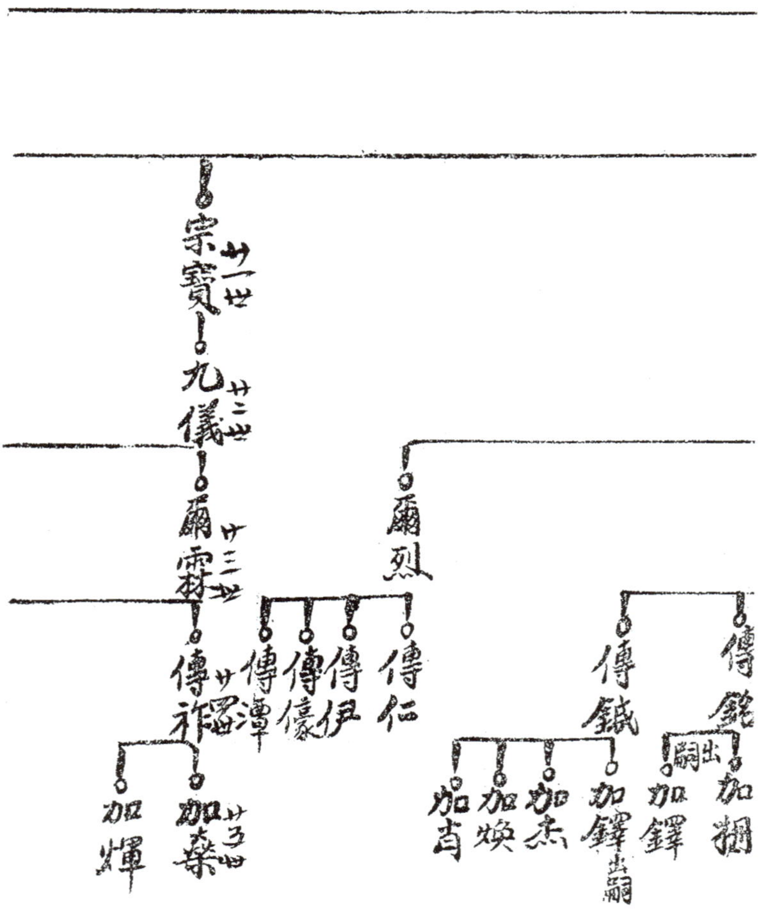
宗寶 廿一世
九儀 廿二世
爾霖 廿三世
爾烈
傳祚 廿四世
傳潭
傳儀
傳伊
傳仁
傳鉞
傳銘
加輝
加桑 廿五世
加肖
加焕
加杰
加鐸 出嗣
加鐸 嗣出
加搠

卷首九十一

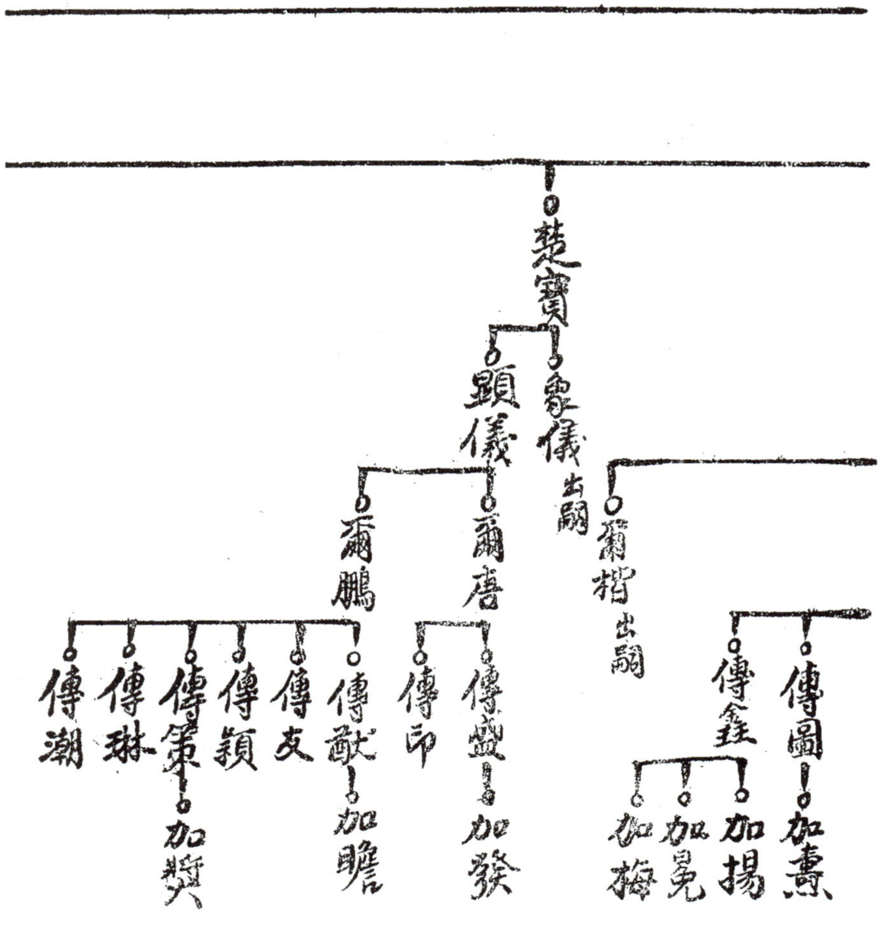
楚賓
顯儀
象儀 出嗣
爾鵬
爾唐
爾楷 出嗣
傳潮
傳琳
傳策
傳穎
傳友
傳猷
傳印
傳盛
傳鑫
傳圖
加獎
加瞻
加發
加梅
加晃
加揚
加燾

塘坤写板

- 衛寶
  - 蕋儀
    - 爾烈 出嗣
    - 爾烇
      - 傳騏
  - 浚儀
    - 爾桐
      - 傳烱
      - 傳華
    - 爾松
    - 爾材
  - 舉儀
    - 爾羨
      - 傳濚
  - 鎮儀
    - 爾方
      - 傳賢
      - 傳溪

卷首九十二

廿一世 瑞寶
- 廿二世 仕儀 — 廿三世 爾祥 子嗣 — 廿四世 傳楚
- 在儀 出嗣
- 任儀 — 爾誠 — 傳焱、傳楚 出嗣
- 詔儀 — 爾恩 — 傳材

超寶 — 羽儀
- 爾興 — 傳波
- 爾隆
- 爾悌
- 爾愷 — 傳揚
- 爾斂
- 爾樞

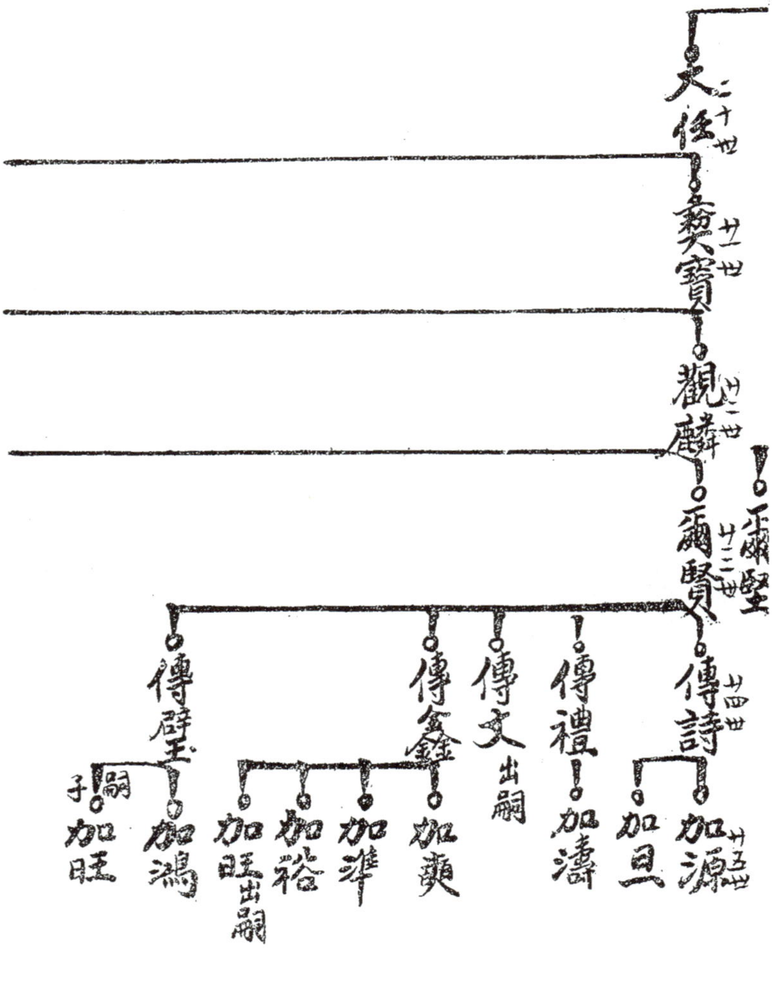
大任 二十世
奕寶 廿一世
觀麟 廿二世
爾賢 廿三世
爾堅
傳詩 廿四世
傳禮
傳文 出嗣
傳鑫
傳璧
加源 廿五世
加旦
加濤
加爽
加準
加裕
加旺 出嗣
加鴻
嗣子 加旺

卷首九十三

- 爾傑
  - 傳訓
    - 加慶
    - 加才
    - 加桂
    - 加梁
  - 傳文
    - 加亮
    - 加學
- 爾範
  - 傳邦
    - 加瑞
    - 加瑜
    - 加琦
    - 加珣
  - 傳廣
    - 加卓
    - 加運
    - 加悌

圻坤罗校

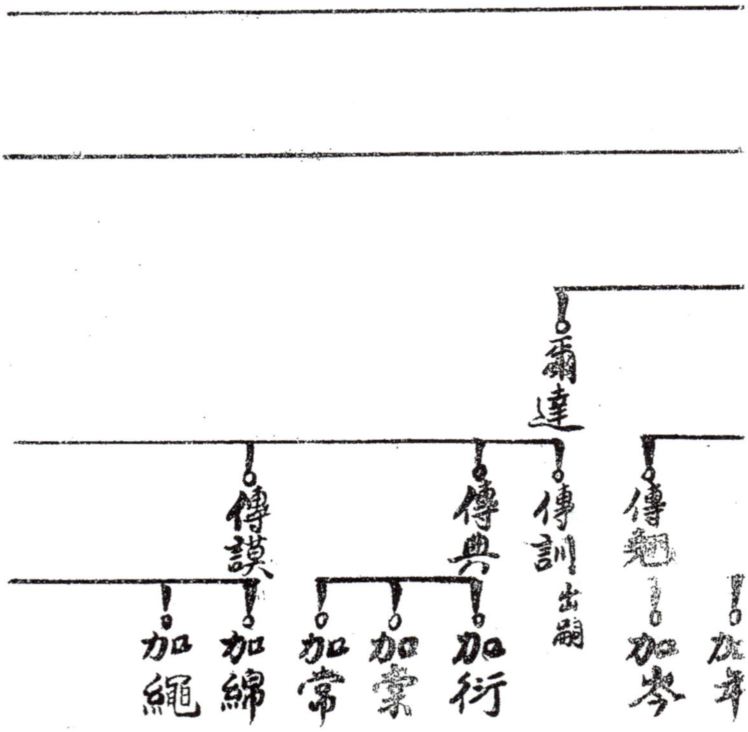

卷首九十四

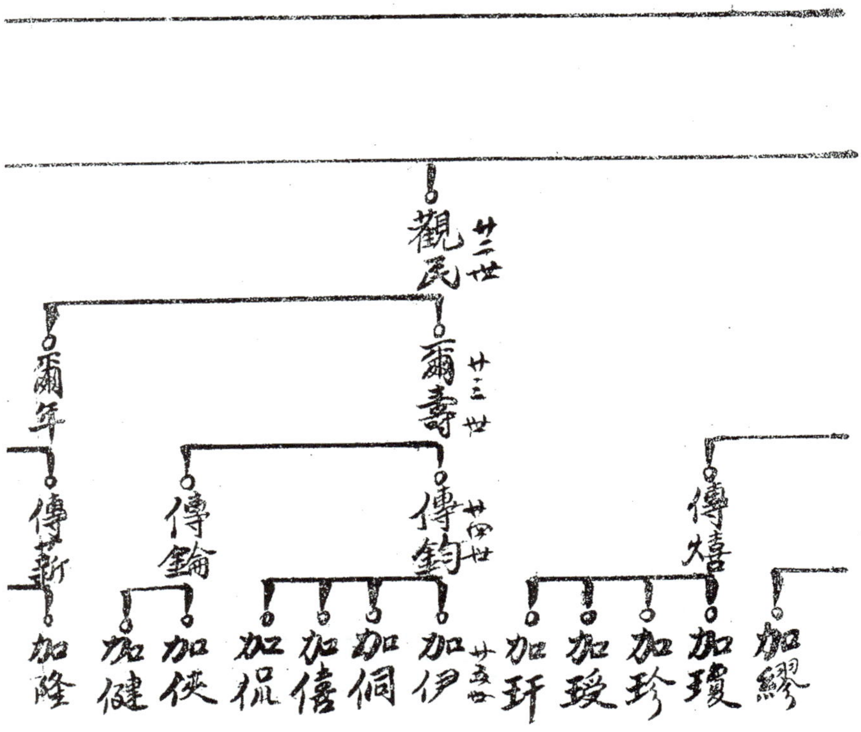
觀民
廿二世
爾年
爾壽
廿三世
傳新
傳鑰
傳鈞
廿四世
傳熺
加隆
加健
加俠
加侃
加僖
加侗
加伊
廿五世
加玕
加瑗
加玲
加瓊
加繆

罗权
圻坤

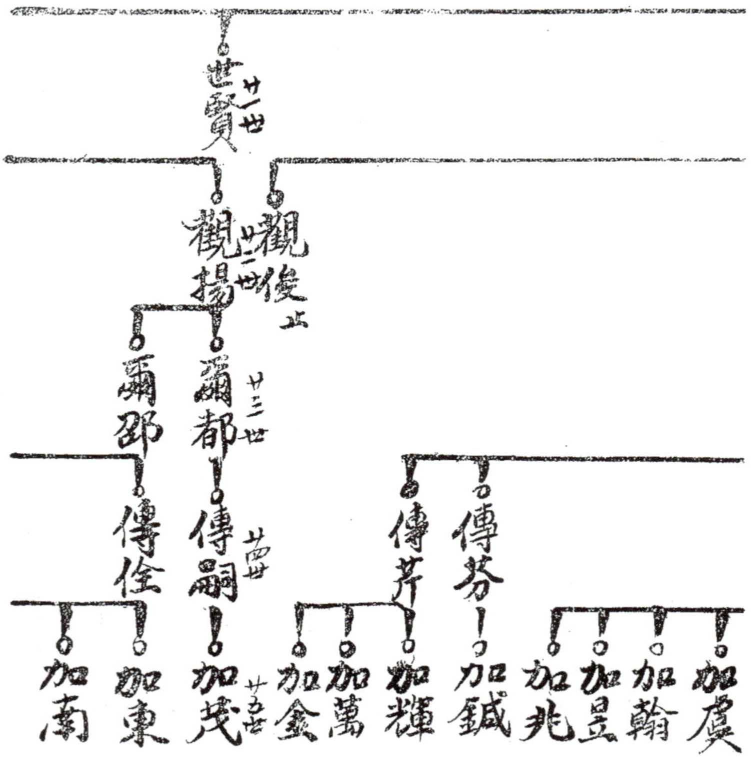

廿一世
世賢
廿二世
觀俊
止
觀揚
廿三世
彌都
彌郡
廿四世
傳嗣
傳佺
傳芬
傳芹
廿五世
加虞
加翰
加昱
加兆
加鋮
加輝
加萬
加金
加茂
加東
加南

卷首九十五

觀彰
- 爾都 出嗣
- 爾邠
  - 傳蔭 — 加憲
  - 傳瑾 — 加平 出嗣
  - 傳琨 子嗣 — 加鈀
  - 傳璵
    - 加範 出嗣
    - 加篪
    - 加筦
  - 傳珽 — 加憲 兼祧
  - 傳琰 — 加平 承嗣
- 爾祁
  - 傳鏐 — 加湘

傳侊

爾卲 出嗣

傳鑄 子嗣 加滿

傳錦 加湊

傳鎬 子嗣 加波

傳鐐

加波 出嗣

加滿 出嗣

加浦

加涇

卷首九十六

廿一世　華寶

廿二世　觀光　觀崇

廿三世　爾福　爾祿　爾機　爾遂　爾良

廿四世　傳撰　傳貽　傳謀　傳魁　傳撳　傳藝　傳韜　傳鋼　傳秩　傳祊

廿五世　加超　加現　加粵　加政　加億　加興

塊坤

[illegible]枚

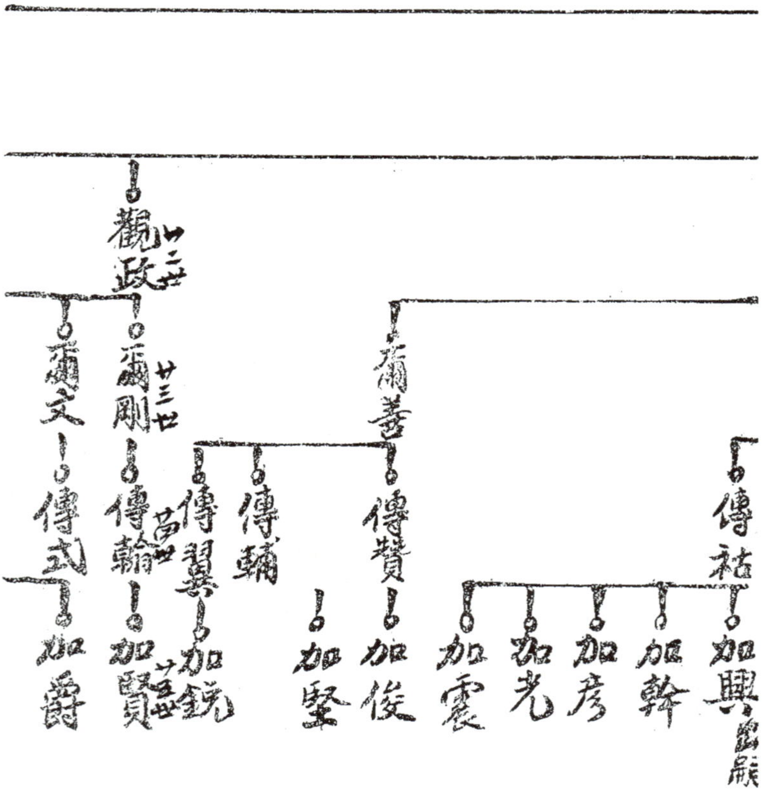
觀政 廿二世
爾文
爾剛 廿三世
爾善
傳式
傳翰 廿四世
傳翼
傳輔
傳贊
傳祜
加爵
加賢 廿五世
加銑
加堅
加俊
加震
加光
加彥
加幹
加興
[illegible]

卷首九十七

- 爾廉
  - 傳湘
    - 加盛
    - 加宗
  - 傳練
- 爾武
  - 傳硯
    - 加增
    - 加鋆
    - 加添
    - 加垌
  - 傳晤
- 爾輔
  - 傳東
  - 傳泰
  - 傳天

- 加静
- 加徐
- 加朝

罗权

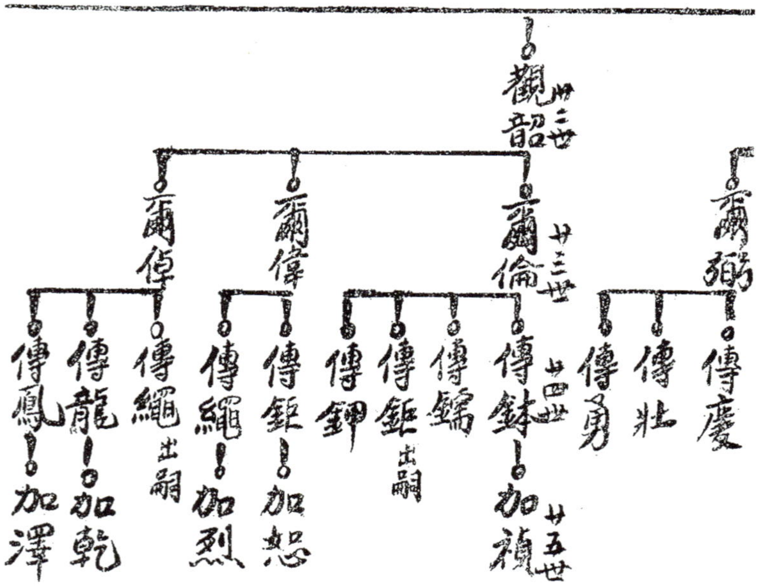

觀韶 廿二世
爾倬
爾偉
爾倫 廿三世
爾猶
傳鳳
傳龍
傳繩 出嗣
傳繩
傳鉅
傳鉀
傳鉅 出嗣
傳鎬
傳鈢 廿四世
傳勇
傳壯
傳慶
加澤
加乾
加烈
加恕
加禎 廿五世

卷首九十八

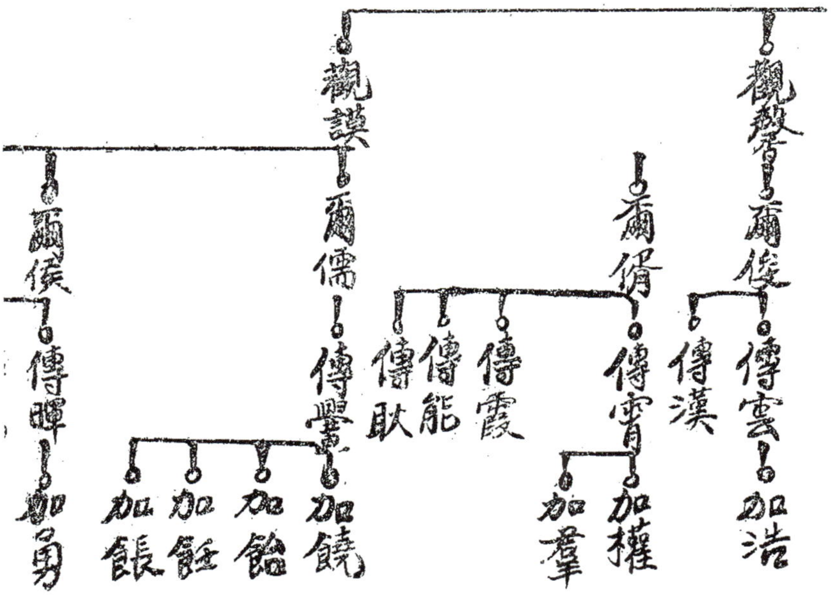

罗枚

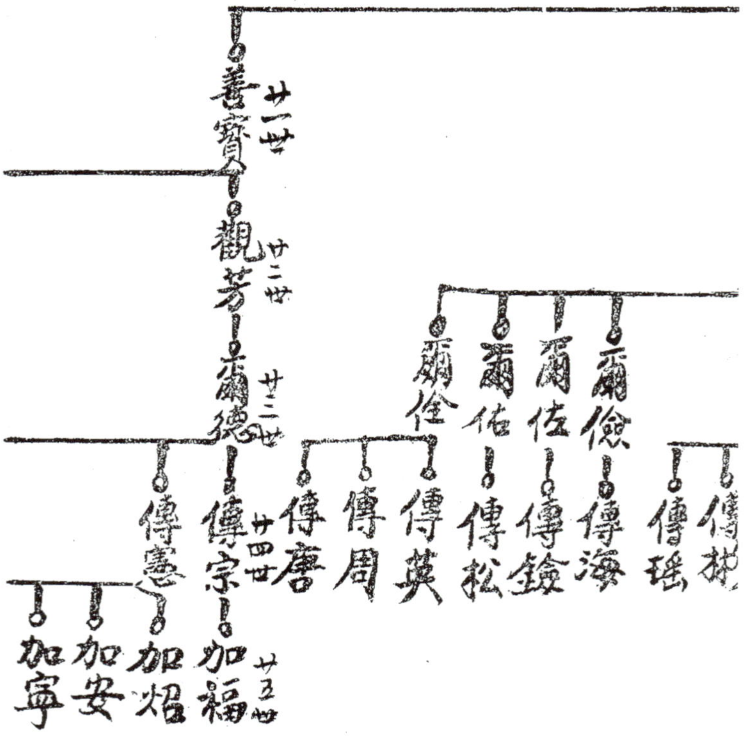
善寶
廿一世
觀芳
廿二世
爾德
廿三世
爾儉
爾佐
爾佑
爾佺
傳瑤
傳海
傳鐱
傳松
傳英
傳周
傳唐
傳宗
廿四世
傳憲
加福
廿五世
加熠
加安
加寧

卷首　九十九

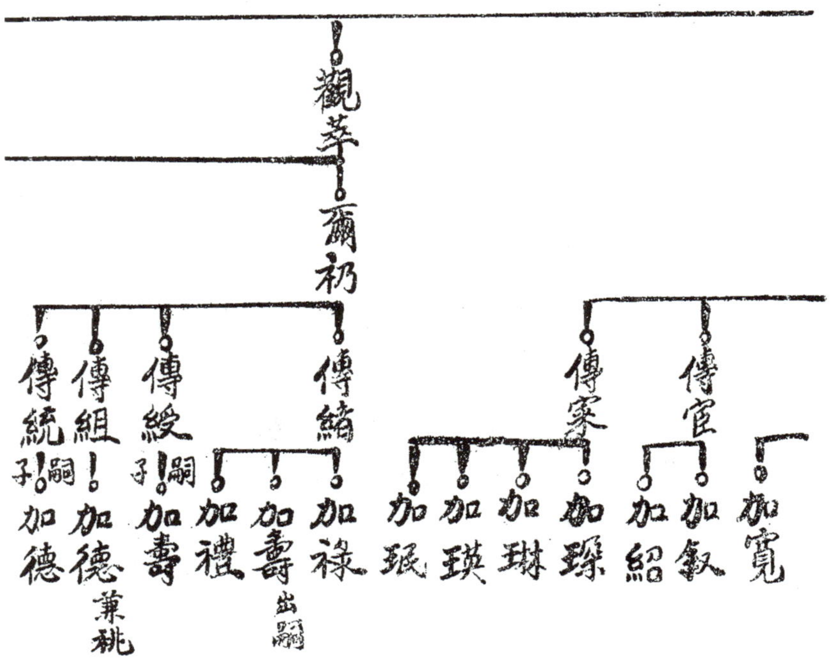
觀萃
爾初
傳綸
傳綬
嗣子
傳組
傳統
嗣子
傳家
傳官
加德
加德
兼祧
加壽
加禮
加壽
出嗣
加祿
加琚
加瑛
加琳
加琛
加紹
加敘
加寬

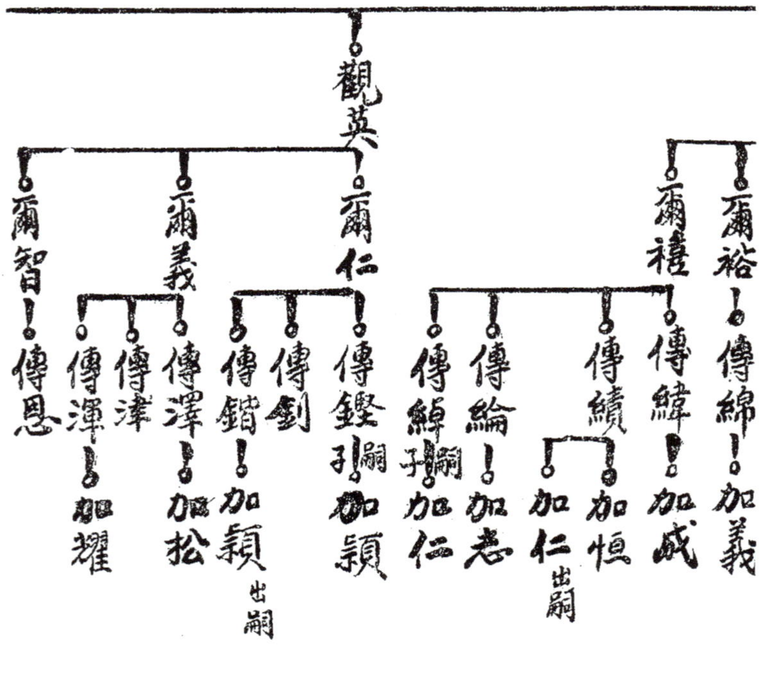
觀英
爾智
爾義
爾仁
爾禧
爾裕
傳恩
傳渾
傳津
傳澤
傳鍇
傳釗
傳鏗
孖嗣
傳綽
孖嗣
傳綸
傳績
傳緯
傳綿
加耀
加松
加穎
出嗣
加穎
加仁
加志
加仁
出嗣
加恒
加咸
加義

卷首壹百

塘坤

以上罗杉此止

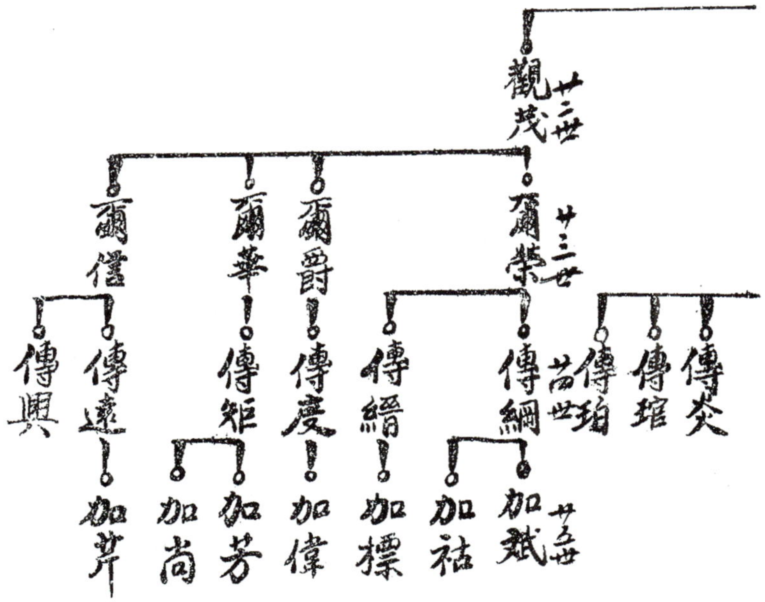

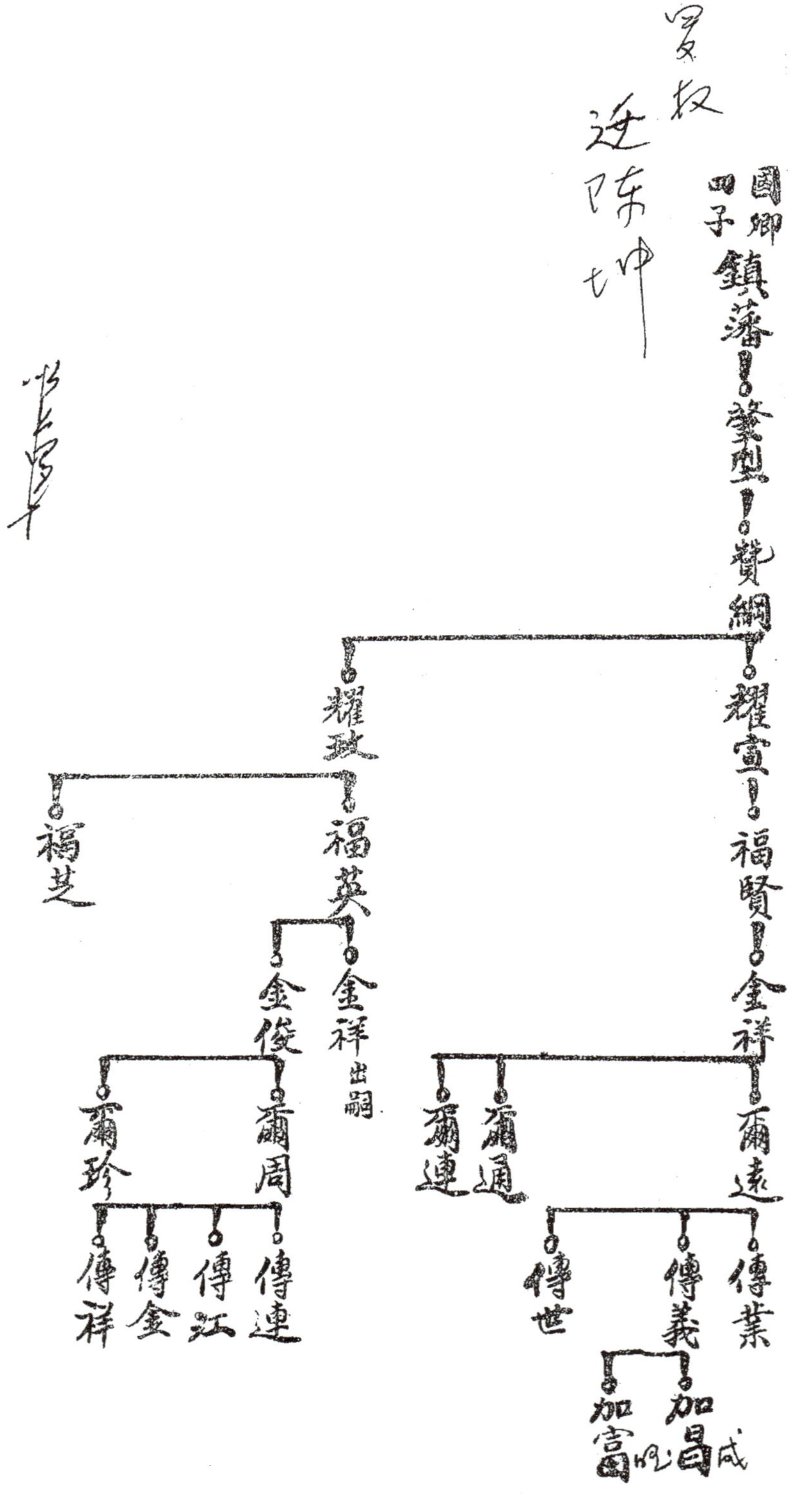
國卿四子
鎮藩
耀宣
福英
福賢
金俊
金祥出嗣
金祥
爾珍
爾周
爾連
爾通
爾遠
傳祥
傳金
傳江
傳連
傳世
傳義
傳業
加富
加昌

十七世 十八世 十九世 二十世 廿一世 廿二世 廿三世 廿四世 廿五世

立早鄉

韋卿子 天藩 — 日球 — 繩武 — 錦昌 — 善泰 — 富品 — 立昌
繩武 — 壽昌 — 善郁 — 義品 — 立昌 兼祧

輔卿子 世藩 — 日昭 — 浩武 — 官昌 — 善舉 — 義品 出嗣
善舉 — 從品 — 立成
善舉 — 彰品 闕
善舉 — 壽品 闕
官昌 — 善華 — 成品 — 立祥
官昌 — 善祥 止

溫泉

武卿子 春藩 — 日天 — 崇江 — 福昌 止
春藩 — 日偉 — 崇宗 — 富昌
崇宗 — 貴昌 — 善揚 — 才品 — 立惠
善揚 — 志品

卷首一〇八

日昌—崇發

日旦—常元

相卿子 孟藩 十七世

孟藩—學祖 十八世—司禮 十九世—惠昌 二十世—有元 廿一世

有元—士章 廿二世

有元—士新 止

士章—靜仁 廿三世—俊業 廿四世

俊業 嗣子 方林 廿五世

士章—靜德

靜德—俊佳

靜德—俊承

孟藩—日昭 止

孟藩—日光—榮武

榮武—輔任

榮武—輔鳳 出嗣

善同—安品

安品—文賢

安品—文庆

溫泉

相卿次子 瑞藩—日昇—司景—輔信—有剛

有剛—士勤 止

有剛—士榮

士榮—靜桂—俊安

士榮—靜和

有恒—士正—靜才—俊和—鎮泉
　　　士正—靜栩
有發—士勤 出嗣
　　　士通 止

相卿三子
十七世 任藩
十八世 日晟　日明 止
十九世 彰武
二十世 輔僖 止　輔儒
廿一世 有模　有邦
廿二世 士村　士型　士矩
廿三世 靜昌

蕃卿子
作藩—日進—贊武
輔佺—有魁—士昆
輔英—有才—士昆 出嗣　士業 出嗣

卷首一〇二

楊村

白石塘

掄卿子

十七世 經藩

十八世 日朝

十九世 漢武

二十世 輔伍

廿一世 有用

建朝子

十七世

十八世 京昭

十九世 聚學

二十世 元善

廿一世

廿二世

廿三世

廿四世

廿五世

有傳

士造　士連　士仁

靜方　靜生

廿五世 俊福 迁罗逢

士恩

靜材

廿一世 有德

子嗣

廿二世 士業

廿三世 靜福　靜祿　靜堅　靜賢

廿四世 俊海

卷首一三

- 京彰
  - 聚業
    - 元慶
  - 聚義
    - 鳳祥
      - 高元止
      - 高全止
- 京芳
  - 聚仁
    - 元禎
    - 元盛
  - 聚宗
    - 元英
      - 福慶
        - 勝恩（封勝）
          - 志潮
        - 世恩
          - 志盛
          - 志茂
- 京奇
  - 聚善
    - 元興
      - 福芹
    - 元珍出嗣
  - 聚文
    - 元珍
      - 福全
        - 其恩
          - 志強
          - 志華
            - 振昌
            - 振東

廿二世

廿三世

住杨林

住杨村
白石圻

京贊　十八世

馭德　十九世
馭鍾

愛祿　二十世
元方

士揩　廿一世
世安
福慶　出嗣

清蘭　廿二世
苑蘭　出嗣
定恩

桂榮　廿三世
桂昌
桂瑞
志榮

廷芬　廿四世
閑芬
賢芬
祥芬

元芳　廿五世
継芳
愛芳

卷首圖

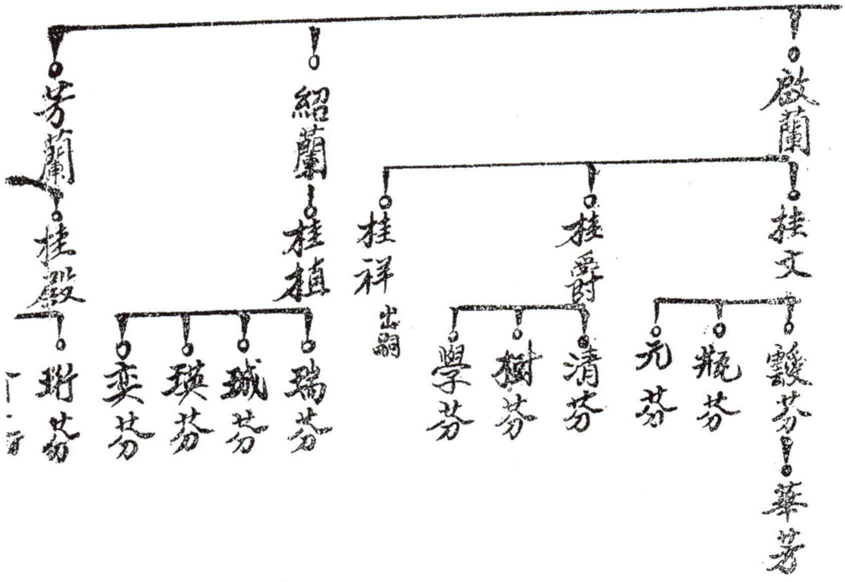

京信 十八世
聚禮 十九世
元昭 二十世
元穆

士模
苑蘭
桂華
烱芬
炯芬
卓芬

士梅
壽蘭
桂賢
文芬
章芬

沃蘭
桂祥 出嗣
漢芬

桂馥
振芬

桂森
炅芬

桂賢 出嗣

琇芬

二十四

卷首一〇五

十七世 十八世 十九世 廿世 廿一世 廿二世 廿三世 廿四世 廿五世

- 讓公子（十七世）
  - 犖華（十八世）
    - 綏猷（十九世）
      - 見勲（廿世）
        - 在周（廿一世）
          - 之全（廿二世）
            - 邦福（廿三世）
              - 家飛（廿四世）
        - 相周（廿一世）
          - 之裕（廿二世）
            - 邦進（廿三世）
              - 家文 兼祧（廿四世）
            - 邦才（廿三世）
              - 家爻（廿四世）
            - 邦利（廿三世）
              - 家賢（廿四世）
    - 勲猷（十九世）
      - 見明（廿世）
        - 揚周（廿一世）
          - 之茂（廿二世）
            - 邦瑞（廿三世）
            - 邦源 出嗣（廿三世）
            - 邦炎 出嗣（廿三世）
          - 之璵（廿二世）
            - 嗣子 邦源（廿三世）
          - 之發（廿二世）
            - 邦炎（廿三世）
        - 長周（廿一世）
          - 之文（廿二世）
            - 邦廷（廿三世）
              - 家興（廿四世）
              - 家盛（廿四世）

十九世 樹猷
二十世 見魁
廿一世 純周
廿二世 之宦
廿三世 邦智　邦僅　邦儉　邦隆
廿四世 家芳　家發出嗣　家森　家廷
廿五世

見清 — 泰周 — 之達 — 邦樑 — 家德

見朝 — 受周 — 之道 — 邦强
　　　　　　之邊
　　　　　　之達出嗣

邦指 — 家盈　家憲
邦摳

卷首一〇六

平田

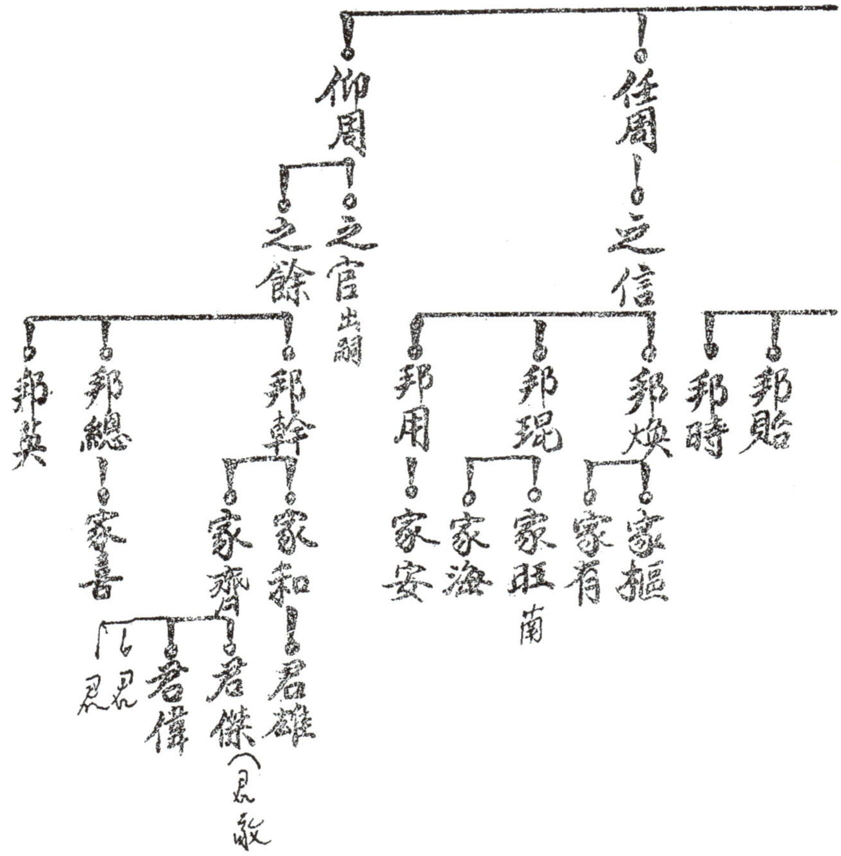

任周
之信
邦貽
邦時
邦煥
家樞
家有
邦琨
家旺
蘭
家漁
邦用
家安
仰周
之官
出嗣
之餘
邦幹
家和
君雄
家齊
君傑
君敏
君偉
邦總
家善
邦英

見寅—宗周—之伩—郡連（嗣子）—家發
　　　　　—之信（出嗣）
　　　　　—之標—郡運（嗣子）—家生

見成—師周—之斌（葉桃）
　　—盛周—之斌—郡富—家生（出嗣）
　　　　　　　　　　　—家學
　　　　　　　　　　　—家業（出嗣）
　　　　　　　　　　　—家烈
　　　　　　　—郡貴—家豐
　　　　　　　—郡榮（嗣子）—家業
　　　　　　　—郡華—家榮

卷首一〇七

十九世　嘉猷

二十世　見順

廿一世　保周　依周

廿二世　之祜　之祿　之屏　之昭

廿三世　邦享　邦啟　邦棣　邦相　邦崇　邦桂　邦宗出嗣　邦嘉　邦椏出嗣　邦森

廿四世　家釗　家琛　家益　家禎　家焯　家蔭　家榮

廿五世　君保　君武　君開　君蘭生

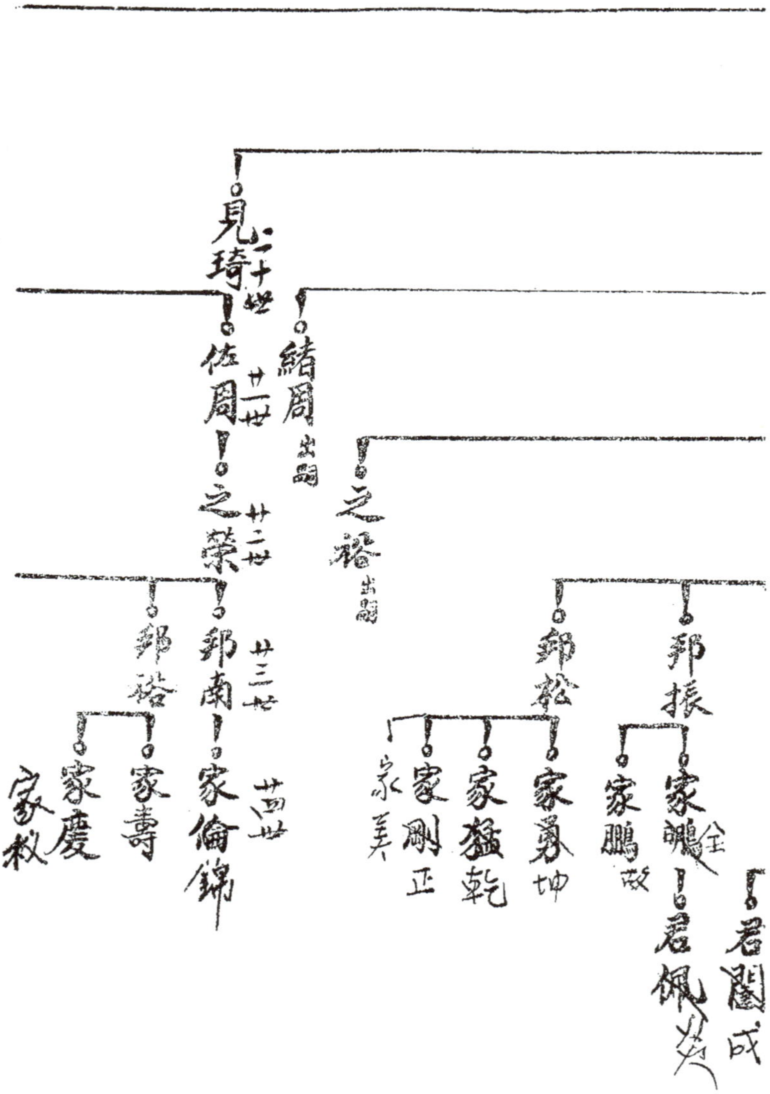
見琦 二十世
佐周 廿一世
結周 出嗣
之榮 廿二世
之裕 出嗣
邦南 廿三世
邦裕
邦松
邦振
家倫 錦 廿四世
家壽
家慶
家剛
家鵬
君闔 成

卷首一〇八

讓公子

十八世　肇嵩

十九世　允猷　鴻猷

二十世　見才　見球

孫嗣　緒周

廿一世　衛周　從周　像周

廿二世　之興　之連出嗣　之連　之禮　之渭　之華　之榮出嗣

廿三世　邦乾　邦政　邦金　邦義　邦善　邦鞏　邦固　邦全

廿四世　家增　家善

家福

秉衡子

十八世　亮京　亮川　亮雲

十九世　亮京—丕貞
亮川—正矩
亮雲—啟貞

二十世　丕貞—有經　有綸　有紀出嗣
正矩—有成　有盛
啟貞—有泰　有剛　有惠

廿一世　有成—輔周
有盛—輔周出嗣　耀周　傑周

廿二世　—之盛
輔周—之睦
傑周—之海

秉鈞子
- 亮唐
  - 正權
    - 有紀
      - 傳周
        - 之林
  - 正統
    - 有積
      - 儀周
        - 之慶
          - 邦江
        - 之度
      - 作周
  - 正矩 出嗣

秉綱子
- 亮廷 十八世
  - 錫璋 十九世
    - 介禧 二十世
      - 傳周 廿一世
        - 之敬 廿二世
          - 子嗣 邦生 廿三世
        - 之美
          - 邦生 出嗣
          - 邦有
          - 邦健
          - 邦勝
      - 成周
        - 之松
      - 繼周

卷首一〇九

五十四

- 介初 — 仕周
  - 之芳 — 邦壽
  - 之芹 — 邦孚
  - 之雅
  - 之崇 — 邦君
- 錫珍 — 介祐
  - 敬周 — 之漢
    - 邦東（嗣子家都）
    - 邦成
      - 家都（出嗣）
      - 家澤
    - 邦煌
    - 邦沛
  - 敬周
    - 之安 — 邦理（葉桃）
    - 之定 — 邦理
      - 家多
      - 家萃

- 十八世 亮邦
- 十九世 錫亢
- 二十世 介祈
- 廿一世 武周
- 廿二世 之芬 止
- 廿三世

卷首二〇

十七世　十八世　十九世　二十世　廿一世　廿二世　廿三世　廿四世　廿五世

錫琥—介賢—繼周—之廣—邦滿
　　　　　　　　之霸

廿二世　之昌
　　　　之顯

錫麟—介新兼祧

敬治子　良生—成祖—品盛止

北流
建和長子　廷華—安州—得祿—進才—敬文止
　　　　　　　　　　　　　　　　敬武子嗣—紹謀
　　　　　　　　　　　　　　　　敬章—紹信
　　　　　　　　　　　　　　　　　　　紹謀出嗣
　　　　　　　　　　　　　　　　　　　紹磬出嗣
　　　　　　　　　　　　　　　　　　　紹仁出嗣

建和次子　廷昭
安寧　止
安盛　止

世卿子　帥藩　十七世
肇林　十八世
德培　十九世
俊培

鎮卿子　連藩
肇俊 — 永禧
肇儒 — 永瑞

啟用　止
紹義　出嗣
啟新　嗣子　紹馨
啟年　嗣子　紹仁
啟機　嗣子　紹義

卷首一二

北流

桂岡坡

十七世　十八世　十九世　二十世　廿一世　廿二世

- 廷朝
  - 士章
    - 膺奇
      - 進邦
        - 啟芳 止
        - 啟盛 止
  - 士相
    - 膺奇 出嗣
    - 品奇
      - 進祁
        - 啟訓
    - 耀奇
      - 進龍
        - 啟才
          - 紹廣
          - 紹雲
        - 啟元 出嗣
        - 啟廷
        - 啟乾
          - 紹新
        - 啟芬
          - 紹鄰
    - 崇奇
      - 進旺
        - 啟元
          - 紹賢
    - 建立
      - 進駒
        - 啟琨
          - 紹武

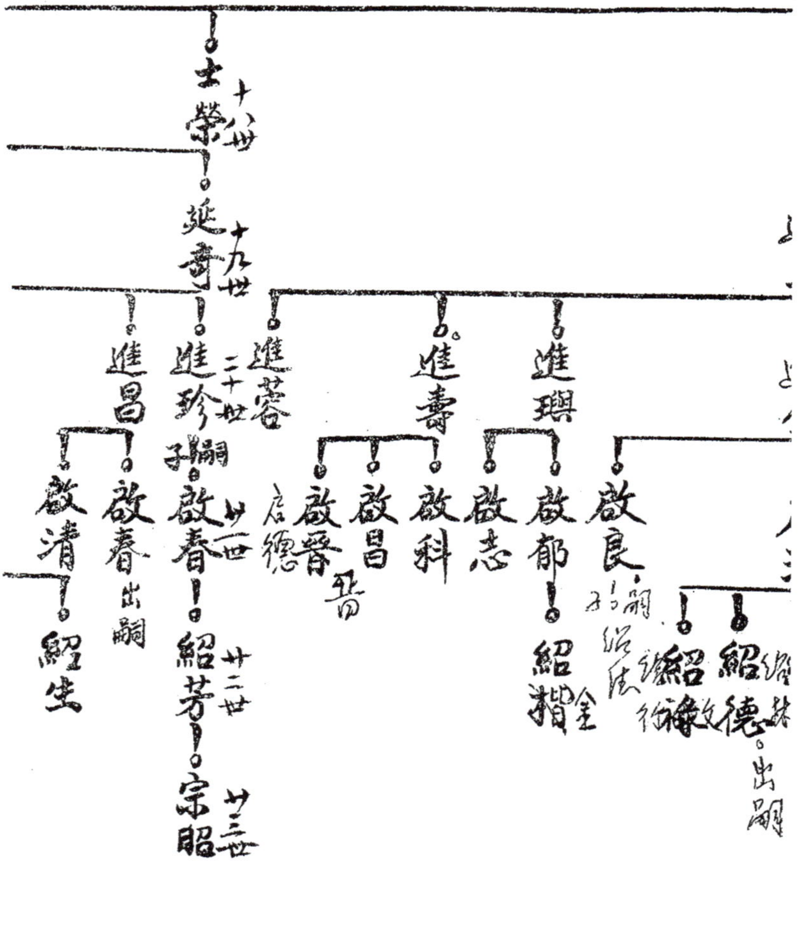
士榮
十八世
延奇
十九世
進昌
進珍
二十世
進蓉
進壽
進瑚
啟清
啟春
出嗣
子嗣
啟春
廿一世
啟晉
啟昌
啟科
啟志
啟郁
啟良
紹生
紹芳
廿二世
宗昭
廿三世
紹楷
紹德
出嗣

卷首一一二

北流

士文
德奇
進端
啟珖
紹榮
宗佳
宗生

政奇
進佳
啟興
紹彬

進瑛　子嗣
啟雲
紹振

進禎
啟烟　止
啟承
紹慶
紹蘭
紹春

進寶
啟裕
紹福
啟祐

進昇
啟慶
啟雲　出嗣
紹華

- 進盛
  - 啟玿
    - 紹年
      - 宗昌（元）
      - 宗華（有）
  - 啟猷
  - 啟彬
- 進志
  - 啟基
    - 紹礽
  - 啟穀
    - 紹禮
    - 紹初
    - 紹光（章）
- 進時（二十世）
  - 啟唐（廿一世）
    - 紹揚（廿二世）
      - 宗祺（廿三世）
    - 紹樞
      - 宗富
      - 宗貴
    - 紹松
    - 紹椿

卷首一二三

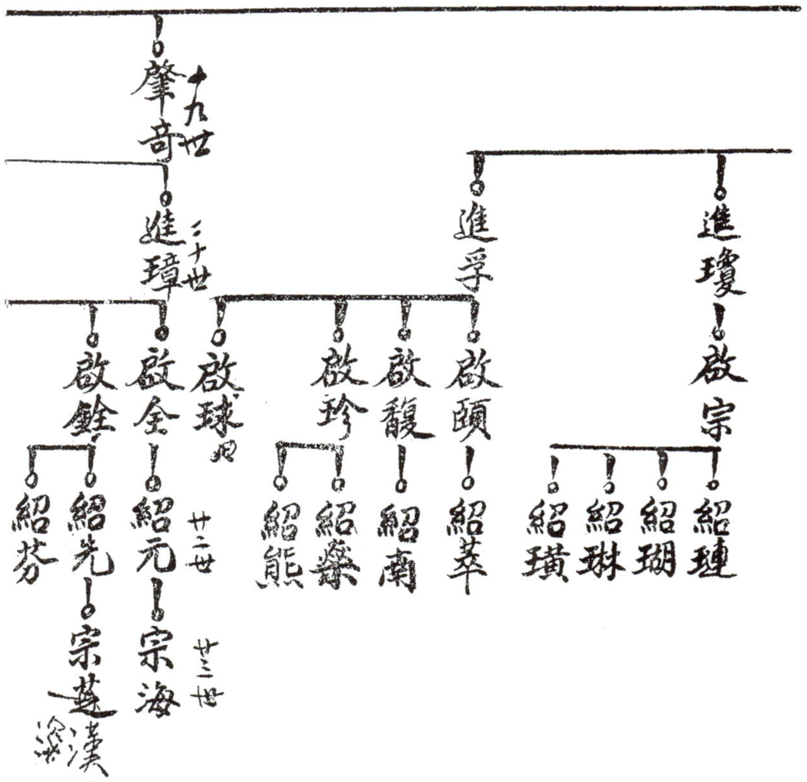
肇奇 十九世
進璋 二十世
進孚
進瓊
啟鏜
啟全
啟球
啟玲
啟馥
啟頤
啟宗
紹芬
紹先
紹元 廿二世
紹熊
紹燊
紹南
紹萃
紹璜
紹琳
紹瑚
紹璉
宗海 廿三世

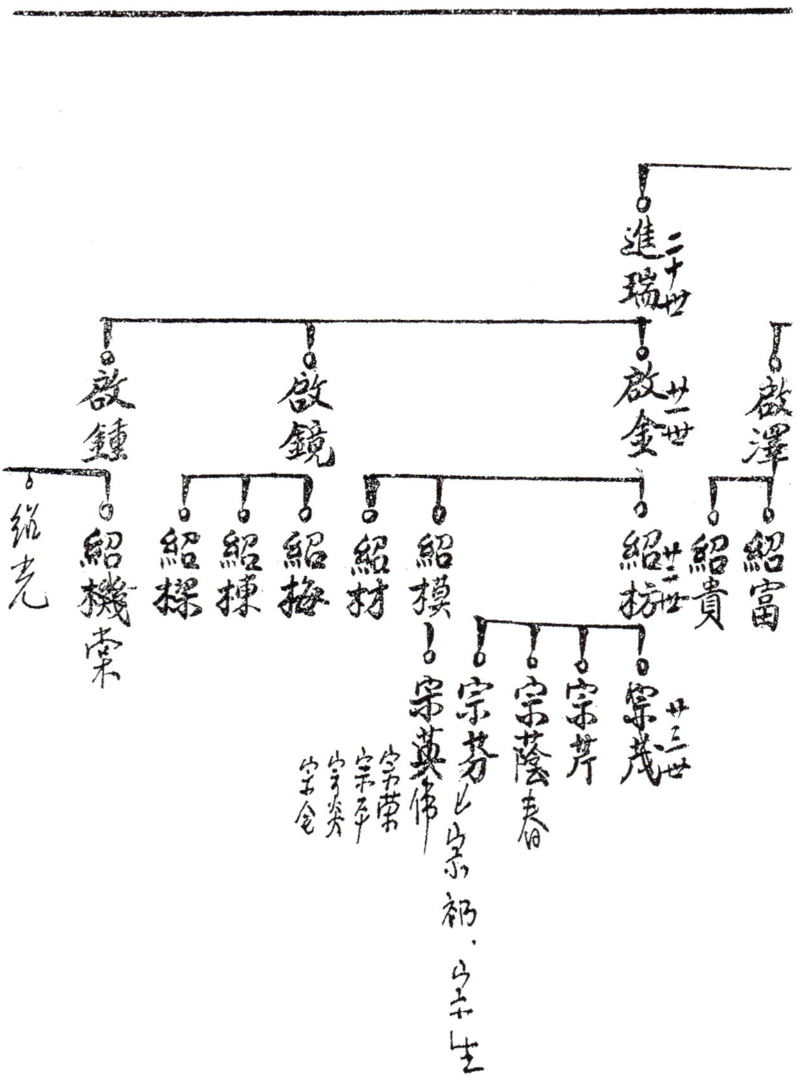
進瑞 二十世
啟澤
啟金 廿一世
啟鏡
啟鍾
紹富
紹貴
紹材
紹摸
紹梅
紹揀
紹棵
紹機
紹光
宗茂 廿三世
宗芹
宗蔭
宗芬
宗萬

仁列
坤向

廿五世　方蘭子

二十六世　世鍾　世鋼

二十七世

二十八世

二十九世

三十世

三十一世

三十二世

三十三世

此流止。

十九世　永奇止　蔚奇　有奇

二十世　進業止　進瑞　進琳　進璥　進蘭

廿一世　啟生　啟希　啟庸

紹崇　紹棣

卷首一一四

方[illegible]子
世林
世清

方鑐子
世福

方椿子
世昌

方廷子
世雄

加聲子
葉有

懷坤
子枚

加持子
葉泉
葉源
葉淼

加衡子
葉錡

加燊子
業精
業宏

加壽子
業湘

廿六世

加源子
業材
業昌
業強

廿七世

業昌子
遠猷
遠邵

加旦子
業昇
業儒

加準子
業漢
業叅

加裕子
葉盛
葉英

加慶子
葉唐

加才子
葉珣
葉政

罗攸
塘坤

加亮子
葉森

加瑜子
葉師
葉昂

加衍子
葉永

廿六世

加棠子：業警、業歐

加綿子：業琮、業璋

加瓊子：業桂

加伊子：業成、業偉

加侗子：業昭、業昉

加隆子：業經

業絪 出嗣

加虞嗣子
業綱

加輝子
業文
業海
業霖

加萬子
業德
業雲

加憲子
業摘
業朝 出嗣
業捐

加禎子
業國

塘坤
男杈

廿六世

葉園

加福子

葉華

葉榮

加安子

葉臣

加叙子

葉傳

加禄子

葉隆

加斌子

葉温

加茂子

葉蘭

海上絲綢之路文獻集成

總主編　陳支平　陳春聲

民間譜牒編

93

主編　林楓

海峽出版發行集團
THE STRAITS PUBLISHING & DISTRIBUTING GROUP
福建人民出版社

国家出版基金项目
NATIONAL PUBLICATION FOUNDATION

本册目次

［安徽繁昌］繁陽謝氏宗譜十二卷（卷四至卷五）　謝鴻軒纂修……………………一

［安徽繁昌］繁陽謝氏宗譜十二卷

（卷四至卷五）

謝鴻軒纂修

卷四

族譜要畧　定派取字

歷代淵源　會稽祖系

中鵠世系　田川世系

歷代直系　曹溪世系

梓木世系　巖鎮世系

潛陽世系　貴池世系

謝氏宗譜

戊子四月吳湘楷

卷四

字號

繁陽謝氏宗譜卷四分目

族譜要畧　明倫堂先人天貴書
派字引　鴻軒撰
繁陽世系定派取字
歷代淵源世系圖引　鴻軒撰
歷代淵源世系圖
會稽始祖派衙公世系圖傳
歙西中鵠鄉派傑公世系圖傳
歙西田川派琪公世系圖傳
會稽始祖派歷代直系先祖圖傳

歙西中鵠鄉派歷代直系先祖圖傳
歙西田川派歷代直系先祖圖傳
黄山曹溪派玘公世系圖傳
梓木坦派仁智公世系圖傳
巖鎮大塘派伯濶公世系圖傳
灊陽派俔公世系圖傳
貴池派德源公世系圖傳

謝氏宗譜　卷四　族譜要畧　一　寶樹堂

族譜要畧

謹按聖人以五服定五宗其親疎之義釐然有辨而合之則渾然皆親所以綱維人道至矣觀先儒之圖說則益明且盡後世宗法不行族屬離散至有五服未窮而相視如途人者矣安知有宗子之尊不知其宗是不知其祖而本始滅矣此譜牒之作所以屬散紀別源流統衆合一以明親親之道則非是圖不備故書以卷末庶修輯有本云

歙西倫堂裔孫天貴書錄于譜

派字引

派字所以定尊卑明世系將使紹聲無舛數典不忘每派以一字統御下綴一字以昭個別毋紊亂意良善也我族舊譜向無派字自明萬曆戊戌遷繁二世膏龍二公暨三世副榜逢昌公往徽與纂統志始定派字三十有二其時歙派三十八世業已誕生在遷繁則爲四世因舊無派字此一派中乃有嘉字良字之歧稱蓋嘉良二字音雖殊而義則一五世之字以下至今一律毋或異也茲經衆議派字中間有不便

綴名或綴名不雅馴者斟易一二以垂永久計易第十六派嗣字爲廣字范冲金公裔系統一派字始於此耳第二十六派鳴字易爲正第二十七派鑾字易爲冠其餘一匕仍舊意在振熾子孫綿延瓜瓞取擇於無窮命名以兆吉誌之於後繼往開來實利賴之

旹

中華民國三十七年歲次戊子黃鐘月穀旦

遷族鱉陽第十四世裔孫佑海鴻軒謹識

遷族繁陽世系定派取字

明萬曆間訂

四世 嘉良　五世 之　六世 國　七世 士

八世 仁　九世 元　十世 宗　十一世 寬

十二世 顯　十三世 承　十四世 佑　十五世 啟

十六世 廣　十七世 傳　十八世 永　十九世 安

二十世 繼　廿一世 述　廿二世 能　廿三世 善

廿四世 一　廿五世 庭　廿六世 正　廿七世 冠

廿八世 厚 廿九世 祈 三十世 光 三一世 宇

三二世 恆 三三世 臨 三四世 大 三五世 觀

百世 千世 萬世 萬萬世

謝氏歷代淵源世系圖引

吾宗之先淵源炎帝造耒耜以教耕嘗百草以爲藥興商賈創農業五千年後猶歌帝德五帝以迄三代宗系不詳於史周宣王時舅氏申伯伐玁狁建奇功受封謝邑因以爲姓其後繼繼承承林林總總文獻足徵史乘可考爰集巔末纘述條理後之子孫睹是篇者藉明本固枝繁流長源遠之義也是引

旹

大中華民國三十七年大呂月穀旦

歙派第四十八世裔孫鴻軒拜譔

謝氏歷代淵源世系圖

受姓始祖

一世 申伯 周時從尹吉甫伐玁狁有功宣王封於謝邑其後因以爲氏

二世 夔 幽王時犬戎作亂死於難

三世 賁

四世 甯

五世 瓌

瓌子

六世 廉

七世 崇

八世 煦

九世 交甫

十世 閎

罔子

十一世 佗

十二世 驤

十三世 輪

十四世 果

十五世 沖明

沖明子

十六世 璜

十七世 夷吾 字堯卿班固薦任鉅鹿太守

十八世 畏三 隱居不仕

十九世 彌

弘

二十世 震 遷陽夏

雲 遷邵陵是爲邵陵派

廿一世　震子　熹

廿二世　渾　處士

廿三世　鑑仁

廿四世　勝

廿五世　固

廿六世　固子　熙

廿七世　清　遷衛州

　　　　濬

廿八世　纘　晉典農中郎將

廿九世　衡　晉太康時爲國子祭酒遷寓越之始甯東山爲會稽始祖

三十世

題　項

會稽始祖派世系圖傳

纘公　晉典農中郎將陣國陽夏人

一世

衡　纘公子晉武帝太康七年任國子祭酒來寓始寧東山夫人王氏生二子　鯤　裒

二世

鯤　字幼輿王敦引爲長史以諫敦出守豫章卒年四十三追贈太常謚曰康夫人沈氏生一子　尚　詳人物考

裒　字幼裒任太常卿永和二年破趙封福祿伯夫人錢氏生六子　奕　據　安　萬　鐵　石

三世

尚　字仁祖拜尚書僕射鎮西將軍卒於歷陽時年五十謚曰簡從弟奕以子康襲爵詳人物考

奕　字無奕永和中任安西司馬將軍領豫州刺史掌督軍事夫人趙氏生四子　泉　康　靖　玄　康繼尚襲爵詳人物考

四世

康　字幼康早卒弟靖復以子肅嗣之

泉　義興太守

靖　字幼淙任太常卿夫人張氏生二子　肅　虔

五世

肅　虔以子靈佑嗣之

虔

據
字據石王敦引爲長史早卒見景仁傳夫人高氏生二子　朗　允

玄
字幼度淮淝之功加兵部尚書七州都督封康樂郡公太元二年居始寧南墅夫人戚氏生一子　瑍　詳人物考

朗
字長度東陽太守夫人包氏生一子　重　詳人物考

允
字合度位宣城內史夫人王氏生四

瑍
字景瑍任秘書郎夫人范氏生一子　靈運

重
字景童爲會稽王道子驃騎長史夫人邵氏生五子　絢　瞻　晦　皭　遯

裕
字景仁位侍御史大夫遷吏部尚書

子 裕 純 湛 述

卒贈金紫光祿大夫夫人王氏生一子恂 女爲廬陵王義真妃詳人物考

純

字景懋任僕射娶陸氏居汴詳人物考

湛

字景湛位司徒右長史

述

字景先小字道兒吳興太守夫人田

安

字安石贈太傅諡文靖更封廬陵郡公夫人劉氏生二子　瑶　琰　詳人物考　葬始寧縣東山之陽

瑤

字仁度瑯琊王友夫人孔氏生二子　該　澹

琰

字瑗度與叔牧石同破符堅封望蔡

氏生三子　綜　約　緯　詳人物考

該

字景宣位東陽太守夫人陳氏生一子　承伯

澹

字景恒宋侍中特進金紫光祿大夫夫人馬氏　詳人物考

肇

字叔濟以父功封建康侯左僕射贈

萬
字萬石仕豫州刺史掌監司豫冀并

公位右將軍左僕射贈司空謚忠肅天子哀其死朝命塋塚壙葬南墅謝公墓夫人陳氏生三子　肇　混　峻　詳人物考

韶
字穆度任車騎將軍司馬年二十卒

散騎常侍君金陵生一子　宓

混
字叔源少有美譽尙公主襲父爵歷中書令尙書左僕射詳人物考

峻
字夷吾隨父殉難贈散騎侍郎夫人張氏繼從弟恩次子密爲嗣

恩
仕武昌太守夫人　氏生二子　曜

三州都督夫人王氏太原王逖之女生一子　韶　詳人物考

鐵

字鐵石任永嘉太守夫人趙氏生二子　邈　冲

夫人王氏生一子　恩

邈

字茂度任吳興太守死於孫恩之難夫人郄氏居剡詳人物考

冲

字秀度任尚書令夫人孫氏生二子　方明　方惠

惠繼汪爲嗣

密　密出繼從叔峻

方明

字景允任南康太守有惠愛轉授會稽內史夫人李氏生二子　惠連　惠宣　遷居丹陽詳人物考

肅子

六世

靈佑　子稱子明志不載　稽金公支乘增

七世

稱子

八世

石　字石奴與姪玄破苻堅封南康郡公征西大都督加尚書贈司空謚襄公太元八年仕居撫州夫人胡氏生二子　敫　汪　詳人物考

九世

敫　字慶度性好清雅居太平山徵仕不就夫人　氏生一子　景相　見人物考

汪　襲封南康郡公早卒冲以子方惠嗣之

十世

景相　稽金公支乘增

方惠

瑍子

靈運

晉襲封康樂公宋加散騎常侍永嘉太守夫人王氏生一子　鳳　詳人物考

鳳

字元明襲封侍御史大夫夫人王氏生一子　超宗

超宗

自幼好學宋勅授義興太守齊尚帝加太傅爲四座居永嘉夫人　氏生三子　才卿　幾卿　僥卿　詳人物考

才卿

任金華太守夫人任氏生一子　藻　卿早卒　藻幼孤幾卿撫養

幾卿

稱神童年十二補國子生仕梁爲侍御史夫人王氏生一子　臻　名剡山　詳人物考

僥卿

娶陳氏生三子　嗣　爵　魯

藻

臻

稽金公支乘增

嗣

娶陸氏

爵

娶包氏

長子　重
絢
字宣城宋鎮軍長史早卒娶王氏生一子　世基

次子
瞻
字宣遠豫章太守居烏衣巷卒年五十三歲詳人物考

三子
晦
字宣明荊州刺史加都督文帝卽位

世基

世休

晉
娶錢氏生一子
晃

封建平郡公卒年三十七夫人沈氏生一子　世休　詳人物考

四子
曕
字省饒博學强記爲黄門侍郎夫人錢氏生一子　世平　詳人物考

世平

五子
遯
字宜宗仕江陵太守夫人陳氏

裕子
惆
字泰溫仕鄱陽太守夫人王氏生一

稚
字孺子亦字元昭仕西陽太守與族

璪
字敏仲梁戶部尚書夫人宋氏生一

徵
字玄度仕尚書左丞遷蘭陵太守夫

澄
隨父寓蘭陵是爲蘭陵派稽金公支

述長子

次子

三子

子　稚

綜

字太宗有文才仕太子中書舍人夫人余氏

約

字太志仕車騎將軍夫人王氏

緯

尚宋文帝第五女長城公主位至正員郎生一子　朓

兄莊齊名夫人呂氏生一子　璟
詳人物考

朓

字玄暉文章清麗長五言詩仕宋左僕射吏部尚書夫人　氏生一子

子　徵

譓

尚梁武帝第二女永世公主遷王府諮議

人　氏生一子　澄
詳人物考

乘增

該子

擧子

峻子

承伯
徙徽州

宓
稽金公支乘增

密
字弘微小字通遠晉義熙初襲封建康侯宋爲吏部侍郎夫人陳氏生一子
莊　詳人物考

譞　詳人物考

莊
字希逸七歲能文號神童仕宋尚書令光祿大夫僉右將軍謚憲夫人吳氏生五子　颺
朏　顥　從　瀹
詳人物考

颺

朏
字敬冲十歲能文號神童仕宋秘書監齊召不屈節後仕梁司徒尚書謚靖夫人王氏生二子
諼　譓　詳

諼
字元清司徒襲南康郡公夫人宋氏生二子　宷　守

宷
字汝高

守
字汝敬娶朱氏生三子　洪　偃
湖

人物考

顥
字仁悠仕北中郎長史夫人 氏生一子 綏 詳人物考

棁淪
字義潔仕齊吏部尚書太子詹事贈金紫光祿大夫謚簡夫人馮氏生三子 覽 旻 舉 詳人物考

譓
吏部尚書夫人 氏生一子 哲 見人物考

綏
梁著作佐郎太子舍人夫人 氏生一子 經 稽金公支乘增

覽
字景滌選尚錢唐公主拜駙馬都尉仕梁吏部尚書夫人 氏生二子 琢 吉 詳人物考

哲
字穎豫梁廣陵太守陳歷吏部尚書謚康見人物考

經

琢

吉
稽金公支乘增

旻
字景文仕梁秘書監丞夫人何氏生二子　僑　札

畢
字言揚仕梁兵部尚書居始寧南墅夫人　氏生二子　禧　嘏　詳人物考

僑
字國美夫人　氏生二子　褘　啟　見人物考

札
字世高博涉文史位湘東王諮議

禧

嘏
字令茂仕梁太子中庶子歷陳侍中中書令都官尚書謚光夫人　氏生三子　儼　佃　秦　見人物考

恩子

曜

字弘徽仕御史中丞加車騎將軍大人吳氏生一子

元

元

娶　氏生一子

起宗

起宗

娶　氏生二子

玄卿　達卿

玄卿

有至性好玄理

達卿

隱居不仕時以詩酒自娱娶　氏生一子

諧

諧

娶　氏生一子

春

方明長子

惠連

年十歲能屬文族兄靈運嘉賞之官至司徒辛年三十七詳人物考

次子

惠宣

任臨川太守

守子

十一世

洪 字以大娶王氏生三子 白 清 彩

十二世

白 字高尚

清 字高志娶吳氏生三子 興 與 輿

十三世

興 明經儒士娶吳氏生二子 舟 艇

與

十四世

舟 字可楫娶王氏生二子 林 芝

艇 字可渡

十五世

林 字既茂一名經娶趙氏生三子 偉 傑 倪

芝 字天香安德府推官

		經子	僑長子	次子
		蘭 字希如性至孝累遷外兵記室參軍居陳郡夫人　氏生一子　貞 詳人物考	**禕**	**啟** 甘貧守困不干權貴娶　氏生一子 寄吾
	彩 字高奇	**貞** 字元正性至孝仕智武府外兵參軍遷尚書侍郎夫人 氏生一子　靖 詳人物考		**翁卿** 娶　氏生一子 寄吾
興		**靖** 字依仁		**寄吾** 為上蔡令遂居焉

笏卿
稽金公支乘增

儼長子
儼
位侍中御史中丞
太常卿
稽金公支乘增

次子
佃
位尚書僕射

三子
泰
娶　氏生二子
芳　蘭
稽金公支乘增

芳
娶　氏生一子
模

蘭
爲吉水丞遂居焉

模
娶　氏生一子
承周

承周
娶　氏生二子
鶴齡　松齡

鶴齡

松齡

諧子

春　娶　氏生一子　雍
稽金公支乘增

林長子

偉　居會稽

次子

傑　任歙州教授詳中
鵠鄉派

十六世

雍　娶　氏生一子
萇

十七世

萇　娶　氏生一子
繼周

十八世

繼周　娶　氏生二子
柏齡　茂齡

十九世

柏齡　以茂齡子明琛兼
祧

茂齡　娶　氏生一子
明琛兼祧柏齡

二十世

三子

俔

字明理子新兼祧從弟明琛公任臨安太守遷居潛陽詳潛陽派

茂齡子

明琛

字敔漢爲潛陽令遂居焉俔公子新兼祧繼萬石公後

歙西中鵠鄉派傑公世系圖傳

一世

林次子

傑

字彥俊會稽人隋歙州教授仁壽元年廢學遂居歙西中鵠鄉謝村娶王氏生二子 文志 文忠

公生梁大統己巳年二月二十日亥時卒唐貞觀戊子年三月初一日亥時 氏生卒未詳 合葬任後山辛山乙向

二世

文志

娶吳氏生一子 武鋭

文忠

娶竇氏生一子 武銓

三世

武鋭

娶吳氏

武銓

娶胡氏生三子 麟 瑞 珠

四世

應麟

娶王氏

應瑞

字仲祥娶汪氏生二子 世美 世艮

應珠

娶吳氏

五世

世美

娶閔氏

世艮

娶黃氏生二子 弘毅 弘遠

世良長子　次子

六世

弘毅 娶許氏生一子 輔昭

弘遠 娶孫氏繼吳氏生三子 友 仁 明

七世

輔昭 娶黃氏

輔友 娶程氏生二子 淵 浩

八世

淵 字本源娶　氏生二子 仁 義

九世

仁 字尚德娶閔氏

義 字尚宜娶郝氏繼方氏生二子 仕顯 仕頴

十世

仕顯 字希貴娶李氏生一子 理

仕頴 娶韓氏遷池州

仕顯
子

十一世

理
字存道娶舒氏生
二子 章 文
公氏台葬梘木坑

十二世

輔仁
娶金氏
遷休寧

輔明
娶焦氏

彥章
五代梁將軍娶周
氏封宜人生三子
詮 瑞 遲

十三世

浩
字本大娶吳氏生
一子 信

詮
遷祁門

十四世

信
字以成娶陳氏生
一子 永顯

十五世

永顯
娶孫氏
遷太平石塘

謝氏宗譜　卷四　寶樹堂

瑞
娶胡氏生二子
昭　旺

暹

昭
先封縣尹後贈太守娶舒氏封淑德夫人生二子　泌
沁

旺

泌
字宗源宋右諫議大夫夫人魏氏婺源盐鐵使魏羽之女生二子　衎
衙　公生漢乾佑庚戌年歿宋大中祥符壬子年諭葬問政山興道觀左土名諫議塢　夫人生晉天福辛丑年歿宋咸平癸卯年葬田川謝家墓

沁
字宗淵

泌長子

十六世

衍 為太常寺奉禮郎遷太子中書夫人許氏生二子 讚 詵 公氏合葬塘朗虎形

十七世

彥文 娶王氏

讚 娶汪氏

詵 娶程氏生一子 逢 公氏合葬小溪

十八世

逢 娶程氏生四子 伸 閏 真 調 公氏合葬塘朗

十九世

伸

閏

真 娶程氏生四子 亨 運 諒 承

二十世

亨 娶吳氏生四子 琪 玘 本立

次子

衕
遷倫堂

高
公氏合葬倫堂塘
朗

調

宸
公氏合葬谷山橋
未向

運
娶鮑氏

諒
娶吳氏

承高
娶汪氏

廿一世

長子 琪 遷田川

次子 玘 遷曹泼

三子 本立 遷笙橋

四子 宸 遷後田川竹林北

歙西田川中鵲鄉派琪公世系圖傳

亨長子

廿一世 **琪**

行文一娶琵塘胡氏生一子　英　公生元祐二年丁卯七月初八日酉時歿紹興二十三年癸酉九月初四日戌時　氏生卒未詳合葬倫堂坐落詹村毛坦頭艮山坤向

廿二世 **英**

字子偉娶許氏生三子　芳　蕙　蕃　公氏合葬倫堂

廿三世 **芳**

字文盛娶羅氏生二子　隆　陵　公生嘉熙戊戌年公氏合葬倫堂

廿四世 **隆**

字永興娶金氏生五子　明　衎　楫　思　瑜　公生慶宗丁卯年葬茆田廟　繼江氏生女旺弟贅許晉同　金氏葬李旺塘

廿五世 **克明**

娶鮑氏生一子細八

衎

娶　氏生一子仁宣天　葬谷山

楫

字仁富娶汪氏生三子　德茂　德廣　德榮　公生慶元乙卯年歿寶祐甲寅年

蕙
娶汪氏

蕃
娶項氏

陵
娶胡氏葬西塘

公氏合葬湖灘丁
山癸向
宋寶祐癸丑年遷
田川

恩
娶吳氏

知瑜
娶程氏生一子
彥二

楫長子

廿六世

德茂 字明鎬娶吳氏生二子 桂一 桂三 公氏合葬呈坎龍山下庚山甲向

廿七世

桂一 字誠真娶鄭氏繼胡氏金氏生三子景一 景孫 祥孫 公生宋端平丙申年歿元丁未年 公氏合葬西塘下

廿八世

景一 字孝仁娶汪氏生二子 仁壽 榮壽 合葬邑村古樓巷

景孫 字孝義娶吳氏生二子 義壽 悅壽 公生宋景定癸亥年歿元至順辛未年葬谷山橋

廿九世

仁壽 娶吳氏 葬塘子坑

榮壽 娶程氏生一子乾 葬塘子坑

義壽 娶程氏

悅壽 字彥善娶舒氏生四子 初 社 瓊 仁 公生至

三十世

乾

初 娶郝氏 葬庄前

元戊子年歿至正己丑年　公氏合葬塘朗虎形巳向

社

娶汪氏繼胡氏生四子　積祖　德善　德聚　勝祖　公生延祐乙卯年歿戊戌年　公氏合葬鄭村灣

瓊

娶小里程氏繼程氏生三子　玄祖　勝宗　成德　公生延祐己未年歿洪武壬戌年葬呈坎龍山下申向後程氏葬谷山

仁

娶胡氏　葬湖灘

祥孫
字孝禮娶項氏生三子　康　鵬　茂
公氏合葬松毛塢

康壽
娶程氏生一子　亨

鵬壽

茂壽

亨

桂三
出繼山後程氏

次子
德廣
娶鄭氏　葬谷塘坑

三子
德榮
娶趙氏生一子　桂四
合葬谷塘坑

桂四
娶李氏生二子　萬一　萬二
葬湖灘

萬一

萬二
娶程氏

悦壽公二派

三一世

社長子 **積社**

娶施氏　葬高塘山

次子 **德善**

字禧之　娶王氏　生二子　闖得　進得

三子 **德聚**

字由玉　娶汪氏　葬龜墩　收侄次子周奴繼之

三二世

闖得

進得

周奴

娶葛氏　生三子　長童　儀童　栁童　合葬龜墩

三三世

長童

娶張氏　合葬董家園

三四世

三五世

四子

勝祖
娶汪氏生一子
文師　合葬谷山
占亜橋

文師
娶楊村汪氏生四
子　賢福　賢政
賢任　賢興
葬占三坦

賢福
字仕賢娶程氏繼
吳氏王氏詹氏生
四子　銘義
社克　社積　申
仁　公生祺武乙
亥年殁成化己丑
年葬上溪坑上卯
向　氏俱葬占三
坦下墳林丁向

柳童
娶胡氏

儀童
娶汪氏

銘義
字永元娶汪氏生
一子　壽昌
公生永樂丁酉年
葬塘閘虎形

社克
字永亨娶塘模汪
氏生一子　壽齡
公生宣德庚戌年
殁成化癸巳年合

壽昌
字子朗娶寶村朱
氏生一子　錄宗
公生正統乙丑年
合葬占三坦坤向

壽齡
字子仁娶坑硝胡
氏生五子　瓆
承　珪　瑚　璀
公生成化丁亥年

葬占三坦坤向

社積

字永吉娶仇氏生一子　壽熙

葬占三坦

里仁

字永禎娶胡氏生三子　顯　遠　宗　公生正德丁巳年

歿嘉靖癸卯年合葬占三坦坤向

壽熙

壽顯

娶程氏生一子　喜　合葬占三坦

壽遠

壽宗

賢政
娶詹氏生二子
銘德　銘芳

賢任
娶胡氏生二子
丹桂　福生

銘德
娶張氏生一子
社榮

銘芳
娶朱氏生二子
隆　毛

丹桂
娶洪氏生三子
旭　馗　𧺆

社榮
娶吳氏生四子
耀　輝　光　晃

社隆

社毛

社旭
生一子　賴宗
遷寧國府經縣

社馗

社梴
生一子　歡宗
遷蘆州府

社通

社闞

社友

社寧
娶程氏生一子
鋹宗

福生
娶吳氏生三子
通　闞　友

銘用
娶吳氏生二子
社寧　社富

賢興
字南師娶方氏生
一子　銘用

壽昌子

壽齡長子

三六世

銓宗
娶西山汪氏
公生弘治戊午年
葬占三坦　以鏵
宗四子溥繼之

環
娶吳氏生一子
材　葬占三坦

三七世

溥
字汝清娶山後蔣
氏繼王氏宗氏生
二子　寵　憲
公生嘉靖戊戌年
貿易於溧水遂而
遷之

材
娶石岡汪氏生二
子　竺　節
公生嘉靖己丑年

三八世

應寵
生萬歷戊子年

應憲
生萬歷壬辰年

竺
字汝茂娶洪坑洪
氏繼顧氏生二子
埈　堦

三九世

時埈
生萬歷戊子年

四十世

祉富
娶洪氏生二子
鋏　鏵　商於溧
水遂遷之

公生嘉靖丁巳年

節
字汝高娶溪前金氏生二子　逵　達　公生嘉靖壬戌年

燉
娶寶村鄭氏生一子　坊　公生嘉靖癸丑年

炟

次子

承
娶金家村金氏生一子　柏　公生弘治己酉年合葬占三坦坤向

柏
字討雷娶胡氏生二子　燉　炟　公生嘉靖癸未年葬占三坦

時諧
生萬歷癸巳年

時逵
生萬歷己丑年

時達
生萬歷壬辰年

時坊
生萬歷丁丑年

三子

珪 字廷信娶慶下汪氏生一子 松 公生弘治丙辰年歿萬歷甲戌年

松 字惟喬娶塘門胡氏生二子 範 簡 繼徐氏生一子 笏 公生嘉靖癸未年歿萬歷癸未年

娶信行山姚氏生嘉靖丁巳年

範 字汝模娶湙南吳氏繼岩鎮胡氏生一子 垣 公生嘉靖癸卯年

簡 字汝敬娶胡村胡氏生二子 坤 疆 公生嘉靖庚戌年

時垣 字正斗生萬歷己丑年

時坤 字正順娶湖川吳氏生隆慶壬申年繼長林彭氏生一子 國聘

時疆 字正成生萬歷丙戌年娶湙南程氏

國聘

國召

國子

瑚
字廷薦娶長齡胡氏生七子　相
檗　柯　樾　格
楠　樟　公生
弘治戊午年殁嘉
靖辛酉年合葬占
三坦新園丁向

相
字國忠娶坑橋吳
氏生五子　第
簽　筆　策　管
公生嘉靖庚寅年

笏
生一子　國召

第
字汝登娶寶材鄭
氏繼臨河方氏生
一子　奎　公生
嘉靖壬子年

簽
字汝　生嘉靖乙
卯年娶槐塘汪氏

筆
字汝文生嘉靖辛

時奎
字伯聚生萬歷乙
酉年娶塘頭胡氏

時遂
字伯順生萬歷丙

酉年娶金家村金氏生四子　遂
墳　埰　埼

策
娶坑橋吳氏繼王氏生一女　公生

戊年娶唐貝程氏

時墳
字伯朝生萬歷己丑年

時埰
字伯明生萬歷壬辰年

時埼
字伯成生萬歷甲午年

嘉靖甲子年歿萬歷甲午年葬占三坦

槃
娶竹塢吳氏生二子　箕　[illegible]　縱　休寧占路汪氏生一子　笱　公生嘉靖甲午年歿萬歷己丑年葬余婺林庄前巽向

管
字汝和生嘉靖戊辰年娶坑橋吳氏生一子　壤

箕

笠
娶芭村程氏生三子　塾　墄　城　公生隆慶己巳年

時壤
生萬歷甲辰年

時塾

時墄

時城

篙
娶祖湖塘吴氏生
萬歷庚辰年

篁

柯
娶坑橋吴氏生一
子　篁

樾
出繼長齡胡氏四
子

格

楄

橣

五子

壽顯子

躍
娶吳氏生一子
楝　公生正德己
卯年葬占三坦

喜
娶蘿氏生二子
彪　梓　公生正
德庚午年葬占三
坦

楝
娶長齡胡氏生二
子　道龍　道虎
遷南陵

彪
娶邵氏生一子
符　公生嘉靖丙
申年歿萬歷丁酉
年

梓
娶朗源胡氏生五
子　篗　筀　箴
篧　籧　公生
嘉靖乙卯年

符
娶李氏生二子
文卿　武卿
公生隆慶戊辰年

篗

筀

箴

文卿

武卿

社榮長子

耀宗
娶　氏生四子
太　助　紹　象

繼太
娶　氏生一子
東灼
遷太平縣美坑

繼助

繼紹

繼象

東灼
隨父遷太平縣美坑

鑣

䍗

次子 輝宗 娶 氏生一子 繼慶

三子 光宗

四子 晃宗 娶 氏生二子 繼寵 繼魁

社寄子 鋹宗 娶 氏生一子 滋

繼慶

繼寵 娶 氏生二子 延壽 增壽

繼魁

滋 娶汪氏生一子 應龍

延壽

增壽

應龍

社富長子

次子

鋏宗
娶　氏生一子
繼順

鏵宗
娶　氏生四子
濂　瀾　淵　溥
溥出繼銓宗爲嗣

繼順
娶　氏生一子
東煌

濂
娶　氏生二子
茂　奎　公生正
德戊寅年

東煌
字希敬娶程氏繼
路氏生一子　信
公生嘉靖乙未年

應茂
娶邰氏生二子
義　禮　公生嘉
靖戊戌年

應奎
娶徒氏生三子
智　德　福

信
娶程氏生萬歷庚
辰年

義
娶邰氏生一子
賢　公生隆慶庚
午年

禮
娶顧氏生萬歷癸
酉年

智

德

國賢
生萬歷庚子年

瀾
娶　氏生一子
松壽

淵
字汝靜娶黃氏生
三子　麟　元
照　公生嘉靖甲
午年

公生嘉靖丁未年

松壽

應麟
娶方氏生一子
忠　公生嘉靖丙
辰年

應元
娶張氏生隆慶己
巳年

應照
生萬歷壬午年

福

忠
生萬歷癸巳年

悅壽公三派

壜長子

三一世

宏祖
字子善娶吳氏生二子　添奴　添琳　葬地眮虎形

三二世

添奴

添琳
字衛生生洪武戊寅年娶程氏生洪武己卯年生四子　道善　道生　道敏　道玄　公歿景泰乙亥年氏歿成化丙戌年合葬呈坎上相山甲向

三三世

道善
字木積生永樂甲辰年娶朱坊徐氏生三子　思明　思忠　思聰　公歿景泰壬申年合葬黄明堂癸向

三四世

思明
娶　氏生二子　文進　文達　遷和州

思忠
娶　氏生一子　文讚

思聰
字永誠生景泰壬

三五世

文讚

文衍
娶　氏生一子

申年娶棠樾鮑氏
生五子　衍　衡
　昱　楫　珍
癸殁嘉靖癸未葬
后田　鮑葬占三
坦

丹　遷蘭谿

文衡
娶　氏生一子
大七　遷寧國

文昱

文楫
生成化丙午年七
月二十四日午時
娶金氏生四子
　星　訓　謙
諒　公殁嘉靖庚
戌年三月二十一
日子時合葬下三
畝丁向

道生

字本立生宣德庚戌年娶程氏生三子 思恭 思浩 思問 公歿弘治甲寅年葬董家園

思恭

字敬第生正統己巳年娶胡氏生四子 質 顯 傑 憲 公歿弘治甲子年葬董家園

文珍

娶竦卌黃氏生四子 鵬 鶚 鵑 鴻

文質

字子彬生成化戊子年娶姚氏生一子 泰初 公歿嘉靖辛丑年葬社屋後

文顯

娶吳氏生一子 泰祐

文傑

思浩

娶吳氏生一子　文樞

思問

文憲

字　生成化二十三年丁未於嘉靖年間客遊於繁陽錦衣衛洲之洋夾沙嘉其幅員廣濶氣象軒昂遂入而居焉娶潛口胡氏生二子　岩雲　岩表　公享壽六十五歿嘉靖三十年辛亥歸葬社屋后與氏合墓

文樞

文儒

道敏
字本政生宣德壬子年娶金氏生五子　思漢　思禮　思潤　思濟　思澤　公歿弘治庚申年葬塘阴虎形午向　金氏葬余婆大林子向

娶琶塘胡氏生一子　文儒

思禮
字永節娶汪氏生二子　文錢　文欽　合葬余婆大林丁向

思濟
字永瑗娶金氏生五子　文鑑　文鍇　文錫　文鏈　文鈺　合葬余

娶　氏生四子　臣　佐　弼　輔　遷黃姑閘

文錢
娶汪氏生三子　廷芳　廷芝　廷柱

文欽
娶汪氏生一子　憲章　遷和州

文鑑
娶汪氏繼王氏生二子　京　慶

婆大林

思漢
字汝童娶王冲九氏生六子　文鑾　文鑰　文鍠　文錄　文鍾　文銀　合葬小婆林

文鑑
娶汪氏

文錫
娶吳氏生子一　誦

文鐩
娶金氏

文鈺
娶汪氏

文鑾

文鑰
娶汪氏生二子　謨　壽　遷寧國

文鍠
字子宣幼失怙恃客遊於繁陽因遂入居而經營締造寖成望族焉公天資豪邁孝友夙成居常慷慨多奇節以儉勤裕家聲以澹泊敦古道而崇禮好義有古烈士風娶王冲仇氏生四子　能　青　勝　寵　繼溪南程氏生一子　膳

文錄
娶程氏生二子
都　印

文鍾

思潤
字汝霖生成化丁酉年娶潮川吳氏生三子　文錦　文鍔　文錠　公歿正德甲申年葬余婆大林子向吳氏葬松茆塢丙向

文銀

文錠
字子範郡庠生生正德丁卯年娶休寧健路金氏生二子　三省　三顧繼松山汪氏　公歿萬歷丁亥年享年八十有一金氏葬松茆塢丙向

文錦
字子綉邑庠生生正德庚辰娶塘貝程氏生二子　三策　三遷　公歿嘉靖辛亥年葬陳

思澤

娶金氏生四子
文銘　文鏄　文
錡　文鈞
遷和州

茆塢丙向　程氏
葬佘婆小林未向
撫孤儉織矢志苦
節四十二年歿葬
小婆林未向

文鍔

字子昂生嘉靖壬
午年娶潛口姚氏
生一子　聘
公歿嘉靖庚戌年
合葬陳茆塢丙向

道玄
字本遠生正統乙未年娶葛山汪氏生二子　賢　信　公歿正德辛未年合葬余婆林子向

恩賢
字原魯生成化庚寅年娶休寧健路金氏生三子　鐸　銑　鏉　公歿嘉靖戊子年合葬祖湖塘皂角塢丁向

思信

文鐸
字鳴治郡庠生生弘治乙丑年娶金氏生二子　詻　喈　公歿嘉靖乙卯年葬余婆林南未向

文銑
娶張氏繼王氏生一子　諭

文鏉
娶徐氏生二子　詔　諧　合葬余婆林東甲向

文樺長子

三六世

星 文分

生正德癸酉年娶休寧吳氏生三子 遠 魁 和

公歿隆慶庚午年

三七世

世遠

娶余氏生一子 艮輪

世魁

娶琶塘胡氏生一子 艮輯

世和

字九中娶潛口汪氏

三八世

艮輪

艮輯

生萬歷

三九世

字中孚娶潛口程氏繼程氏 合葬余婆林子向

四十世

次子 **訓**
娶胡氏生一子
世沛

三子 **謙**
字益之生嘉靖甲申年娶汪氏生三子
卿　功　嘉
公歿隆慶辛未年

四子 **諒**

文珍
長子 **鵬**

世沛
娶程氏生一子
良機

世卿

世功
娶休寧吳氏生一
子　良彬

世嘉
字承言娶汪氏

良機

良彬
生萬歷庚寅年

次子 **鶚** 娶鄭氏生一子 世湘

三子 **鶻** 娶方氏

四子 **鴻** 娶趙氏生三子 清 涵 渙

世湘

世清 娶汪氏

世涵 娶靈山方氏

世渙

文賢 子

泰初 行分
字本始生弘治辛亥年娶郭氏生一子 世繩 公歿正德辛未年合葬董家園

世繩
字惟武生正德庚午年娶吳氏生一子 艮權 公歿隆慶丁卯年合葬董家園

艮權
字巽卿生嘉靖乙酉年娶潛口汪氏生四子 高 昭 曉 景 女月娥適芭塘胡德厚早卒娥年二十二矢志不二苦節終身 公歿隆慶壬申年合葬董家園

時高
字仲逵生嘉靖甲辰年娶呈坎羅氏生三子 祥 裕 祚 公歿萬曆己卯年合葬董家園

時昭
字仲明娶胡氏生二子 玉 巧

國祥
字瑞甫生嘉靖丙辰年娶劉塘劉氏生一子 士光

國裕
字玉甫生隆慶丁卯年娶坑橋吳氏生一子 士元

國祚
字盛甫生萬曆甲戌年

伯玉

伯巧

文顯子

文憲長子

泰祐

娶　氏生一子

世光

岩雲

世光

世纘

艮年

時曉

字仲昇生嘉靖癸亥年娶石川金氏生一子　國祖

繼汪氏生一子

槐棠

時景

字伯華生隆慶戊辰年娶呈坎鄭氏生一子　國初

國祖

生萬歷辛丑年

槐棠

國初

生萬歷戊戌年

字月波生正德癸
酉年娶王氏生二
子　縝　縮
公歿嘉靖壬子年

娶余氏生四子
年　月　日　時

世縮
生嘉靖辛丑年娶
黄氏生四子　言
語　諫　議
公歿萬歷己[illegible]年
合葬磨三坩癸向

娶黄氏生嘉靖癸
亥年

良月
娶江氏生一子
時棠

良日

良時

良言
娶金氏

良語
娶程氏

時棠

次子

岩表　生正德丁丑年娶吴氏生二子　縉　縞　公殁嘉靖甲寅年

世縉　娶程氏生一子　艮知

世縞　娶劉氏生二子　艮旻　艮能

艮諫　娶大塘邊胡氏

艮議　娶翁氏

艮知　娶胡氏

艮旻　娶程氏生一子　彭老

艮能

彭老

文儒長子　元臣　娶楊氏生一子世富

次子　元佐　娶汪氏生一子世貴

三子　元弼　娶程氏生一子世榮

四子　元輔　娶唐氏

世富　娶　氏生一子艮岩

世貴

世榮

艮岩

文錢長子

廷芳

娶汪氏生一子天壽

天壽

次子

廷芝

娶　氏生一子世爵

世爵

娶　氏生一子艮廸

艮廸

三子

廷桂

娶吳氏生一子世元

世元

文鑑長子

京

娶張氏以弟慶次子立繼之

世立

次子

文錫子

文鍠長子

慶 娶鄭氏生一子 奇 繼吳氏生二子 立 辛 立出繼兄京爲嗣

誦 遷和州

得能 字君用娶澄塘吳氏生三子 孝 春 元

世奇

世辛

世孝 字惟則娶巖鎮閔氏生一子 嘉謨

逢春 娶蜀源鮑氏

嘉謨

次子

得膏
字君澤娶槐塘程氏生五子　時　景　昌　昇　昭
繼娶臨河程氏生一子　昂

逢元
字惟善娶后塢張氏生一子　嘉言

逢時
字伯可娶潛口方氏生一子　賓

逢景
字仲賢娶槐塘汪氏

逢昌
字元開繁昌籍邑庠生娶岩鎮閔氏

嘉言

嘉賓

逢昂

逢昇

逢昭

三子　得勝　字君錄娶潛口程氏生二子　暘　兆

逢暘　字惟寅娶琶塘胡氏生一子　祥

嘉祥

逢兆　字惟行娶王氏

四子　得寵

逢達

五子

得膳

字君任娶潤里吳氏生一子　逵

繼槐塘程氏生一子　璋

字君養娶潛口方氏生三子　顯　顯　會

文錄揆子

都

次子

印

娶　氏

逵璋

字懋實娶蜀源鮑氏

逵顯

逵顯

逵會

文錠長子

三省　字汝參生嘉靖甲午年娶大坮胡氏生二子　鳳　龍　公歿萬歷壬寅年

次子

三顧　字汝亮生嘉靖己亥年娶休寧健路金氏生三子　鯉

世鳳　字儀卿生嘉靖辛酉年娶塘門胡氏生二子　心　惠　公卒未詳裔孫士傳士甲於清初康熙遷繁追奉神主於祠尊公為遷繁三世祖

世龍　字雲卿生嘉靖癸亥年娶潛口汪氏生一子　愈

世鯉　字伯魚生隆慶己巳年娶潛口程氏生二子　輝　璨

良心　生萬歷丁亥年

良惠　生萬歷乙未年

良愈　生萬歷丙申年

良輝　生萬歷戊戌年

謝氏宗譜　卷四　寶樹堂

文錦長子

三策
字汝舒生嘉靖癸卯年娶休寧王氏生二子　儒　仁

驥

凰

世驥
字仲德生萬歷己卯年

世凰
字仲鳴生萬歷乙酉年

世儒
字伯珍生隆慶庚午年娶信行汪氏

良璨
生萬歷癸卯年

次子
三遷
字汝孟生嘉靖己酉年娶休寧王氏生一子　傳　繼俞氏生二子　位　偉

文鍔子
三聘
字汝伊生嘉靖乙

世仁
字仲安生萬曆丙子年娶溪坦江氏

世傳
生萬曆壬辰年

世位
生萬曆己亥年

世偉
生萬曆癸卯年

世倫
生嘉靖甲子年娶

良德
生萬曆壬辰年

文鐸長子

巳年娶黟川余氏生一子倫繼溪南吳氏生二子俊佐俱葬陳茆塢

鳳誥

字承忠生嘉靖戊子年娶溪南吳氏生三子愷悌惇　公歿萬歷丙子年合葬余婆林丁向

大塘邊胡氏生一子德

世俊

生萬歷癸未年娶坑上方氏

世佐

生萬歷戊戌年

世愷

字伯仁生嘉靖己酉年娶坑橋吳氏生二女長適莘墟吳茂春次適潛口方擠標　公歿萬歷庚辰年合葬余婆林未向

次子

鳳喈
字君望生嘉靖乙未年娶張氏繼董

世悌
字允恭娶楊充洪氏生一子 章 公生嘉靖癸丑年歿萬歷戊子年

世惇
字允厚生嘉靖庚申年娶溪南吳氏生二子 業 訓

世懋

成章
字德建生萬歷乙酉年娶江祈汪氏

成業
字德守生萬歷丁亥年娶吳九源汪氏

成訓
字德誨生萬歷乙未年

三一世

氏生一子　世懋

鳳諭 文銑子
娶王氏生一子
世有

鳳詔 文鏾長子
娶胡氏

鳳諧 次子
娶黟坑汪氏生一
子　世寵

勝宗 瓊次子 二房
娶黃氏生四子
偉　惠　師　應

三二世

世有

世寵
生萬歷甲戌年

添偉

三三世

三四世

三五世

三子

公葬塘閘虎形
黃氏葬谷山

成德 三房
娶楊祈楊氏生四子
寄　周　汪
永　公氏合葬龜墩

添惠
娶鄭氏生一子
榮昇

隆師

隆應

寄奴
娶胡氏生五子
德　道　安　禧
宣　公氏合葬塘閘虎形

榮昇
娶胡氏生二子
勤　齊

德童
娶趙氏生一子
義真

道童

安童

義真
娶許氏

義和

周奴
出繼德聚爲嗣

汪奴
娶程氏生五子
文　武　全　富
景　公氏合葬龜
墩

禧童
娶王氏生二子
和　富　富出繼
武童爲嗣

宣童

文童
娶　氏生一子
福壽

武童

福壽

義富

繼安童次子義富爲嗣

全童

富童
娶　氏生一子
福正

景童

福正
娶　氏生二子
鑣
鎧

文鑣
娶　氏生二子
忠
恕

文鎧
娶　氏生二子
志
憲

三六世

文鑣長子 惟忠 娶潘氏生一子 子學

次子 惟恕

文鎧長子 惟志 娶梁上李氏生嘉靖戊申年

次子 惟憲

永奴 娶 氏生一子 岩宗

三七世

子學 生隆慶戊辰年

岩宗

娶　氏生隆慶庚午年

國祥子

四一世

士光

字孟明生萬歷癸巳年

國裕子

士元

四二世

會稽始祖派歷代直系先祖圖傳

纘公子

一世　衡

晉國子祭酒來寓始寧東山夫人王氏子鯤裒

二世　裒

字幼裒太常卿永和二年破趙封福祿伯夫人錢氏子奕據安萬鐵石

三世　安

字安石贈太傅謚文靖更封盧陵郡公夫人劉氏子琰葬始寧東山之陽

四世　琰

字瑗度與從兄元同破苻堅封望蔡公討孫恩遇害贈侍中司空謚忠肅夫人陳氏子肇混峻

五世　峻

字夷吾從父討孫恩遇害贈散騎侍郎夫人張氏以從弟恩次子密爲嗣

峻嗣子

六世 **密**

字宏微小字通遠晉義熙初襲爵建昌縣侯宋爲吏部郎轉右衛將軍夫人陳氏子莊

七世 **莊**

字希逸宋中書令散騎常侍謚憲夫人吳氏子颺朏顥樅瀹

八世 **朏**

字敬冲宋侍中領秘書監梁中書監司徒衛將軍謚靖夫人王氏子諼譓

九世 **諼**

字元清梁司徒右長史夫人宋氏子衆守

十世 **守**

字汝敬娶朱氏子洪偃湖

守長子

十一世　洪　字以大娶王氏生三子　白　清　彩

十二世　清　字高志娶吳氏生三子　興　輿　輿

十三世　興　明經儒士娶吳氏生二子　舟　艇

十四世　舟　字可楫娶王氏生二子　林　芝

十五世　林　一名經字貺茂娶趙氏生三子　偉　傑　倪

謝村家系圖

字天常偉居會稽傑任歙州教授詳中鵠鄉派倪任臨安太守居潛陽詳潛陽派

歙西中鵠鄉泒歷代直系先祖圖傳

林奕子

一世　傑

字彥俊隋歙州教
授仁壽元年廢學
遂居歙西中鵠鄉
日謝村娶王氏生
二子　文志
文忠　公生梁太
清己巳年二月二
十日亥時卒唐貞
觀戊子年三月初
一日亥時合葬所
居後山乙向

二世　文忠

娶賈氏生一子
武銓
謝村家系圖
字信之貞觀初舉
進士拜校書郎娶
吳氏合葬後山
謝村墓碑鐫夫人
吳寶氏

三世　武銓

娶胡氏生三子
應麟　應瑞
應珠
謝村家系圖字公
選娶吳氏合葬後
山
謝村墓碑鐫安人
胡吳氏

四世　應瑞

字仲祥娶汪氏生
二子　世美
世艮
謝村家系圖字廷
玉埀拱中拜殿中
裏行合葬休寧安
樂鄉大塘充

五世　世艮

娶黃氏生二子
宏毅　宏遠
謝村家系圖字本
善娶戴氏合葬大
塘充

世良次子

六世
宏遠
娶孫氏繼吳氏生三子　輔友　輔仁　輔明
謝村家系圖字惟明開元中進士歷官禮部員外郎娶金氏合葬長林里大磘塢

七世
輔友
娶程氏生二子　淵　浩
謝家村系圖字尙德至德中倅朗州娶洪氏合葬休寧溪陽

八世
淵
字本原娶　氏生二子　仁　義

九世
義
字尙宜娶郝氏方氏生二子　仕顥　仕顯
謝村家系圖娶潘氏合葬大磘塢

十世
仕顯
字希貴娶李氏生一子　理
謝村家系圖字知微大中間任江州司馬娶程氏合葬長林里龜形

仕顯子

十一世　理

字存道娶舒氏生二子　彥文　彥章
謝村家系圖字天彝光啟中以保禦功累遷都指揮使銀青光祿大夫檢校御史中丞上柱國生大中九年歿順義五年合葬胡木坑虎形

十二世　彥章

五代梁將軍娶周氏生三子　詮　瑞　遲
謝村家系圖字仲達襲父爵尋授金吾大將軍金紫光祿大夫生乾符四年歿太和二年葬胡木坑娶戴氏葬長林鰍形子芳端銓

十三世　瑞

娶胡氏生二子　昭　旺
謝村家系圖名端字居正襲父爵生天復三年歿保大二年葬仕後娶舒氏葬鰍形

十四世　昭

贈福州太守娶舒氏封淑德夫人生二子　泌　沁
謝村家系圖字明甫杜門講學不仕累贈福州太守生吳順義六年四月初十日歿淳化二年五月十九日娶舒氏封淑德夫人合葬城東問政山

十五世　泌

字宗源宋右諫議大夫宋史有傳生漢乾祐庚戌夫人生晉天福辛丑生二子　衎　衙
公卒宋大中祥符壬子諭葬問政山興道觀左土名諫議塢
氏卒宋咸平癸卯葬田川謝家墓
謝村家系圖
娶魏氏封梁順夫人生保大七年三月十七日卒大中祥符四年九月初三日

泌長子

十六世

衍

宋太常寺奉禮郎太子中舍葬𡌛朗虎形夫人許氏生二子　讚　詵
謝村家系圖字希碩以恩授太常寺奉禮郎官太子中舍

十七世

詵

娶程氏生一子
逢　葬小溪
謝村家系圖字廷和

十八世

逢

娶程氏生四子
伸　閏　真　調
合葬𡌛朗虎形

十九世

眞

娶程氏生四子
亨　運　諒
承高　葬倫堂

二十世

亨

娶吳氏生四子
琪　玘　本立
宸　合葬谷山橋
未向琪遷田川詳田川派玘遷曹溪詳曹溪派本立遷笙橋宸遷後田川竹林庄

田川派歷代直系先祖圖傳

亨長子

廿一世　琪

娶琵塘胡氏生一子英
公生元祐二年丁卯七月初八日酉時卒紹興二十三年癸酉九月初四日戌時合葬倫堂詹村毛坦頭坤向

廿二世　英

字子偉娶許氏生三子芳　蕙　蕃　合葬倫堂

廿三世　芳

字文盛娶羅氏生二子隆　陵
公生重和元年戊戌合葬倫堂

廿四世　隆

字永興娶金氏生五子明　衎　楫　思　瑜
繼江氏公生紹興十七年丁卯葬茆田廟金嶲人葬李旺塘丙向

廿五世　楫

字仁富宋寶祐元年癸丑遷田川娶汪氏生三子德茂　德廣　德榮
公生慶元元年乙卯卒寶祐二年甲寅合葬湖灘一名上溪段癸向

楫長子

廿六世

德茂

字明鈞娶吳氏生二子　桂一　桂三　合葬呈坎龍山下甲向

廿七世

桂一

諱文衡字誠真娶鄭氏繼胡氏金氏生三子　景一　景孫　祥孫　公生宋端平三年丙申卒元大德十一年丁未合葬西塘下

廿八世

景孫

字孝義娶吳氏生二子　義壽　悅壽　公生宋景定四年癸亥卒元至順二年辛未合葬谷山橋

廿九世

悅壽

字彥善娶舒氏生四子　初　社　瓊　仁　公生元至元二十五年戊子卒至正九年己丑合葬塘門虎形

三十世

瓊

娶小里程氏繼程氏生三子　宏祖　勝宗　成德　公生元延祐六年己未卒明洪武十五年壬戌葬呈坎龍山下甲向兩孺人葬谷山橋

瓊長子

三一世 **宏祖**

字子嵩娶溪南吳氏生二子　添奴　添琳　公生元至正戊子卒明永樂乙酉合葬塘閗虎形午向

三二世 **添琳**

諱護童字衛生娶程氏生四子　道喜　道生　道敏　道元　公生洪武戊寅年卒景泰乙亥年孺人生洪武己卯年卒成化丙戌年合葬呈坎上相山甲向

三三世 **道生**

字本立娶程氏生三子　思恭　思浩　思問　公生宣德庚戌年卒弘治甲寅年葬董家園

三四世 **思恭**

字敬第娶胡氏生四子　文質　文顯　文傑　文憲　公生正統己巳年卒弘治甲子年葬董家園憲遷繁昌洋夾沙質顯傑均留田川

三五世 **文憲**

遷繁昌錦衣衛洲洋夾沙為遷繁始祖詳繁陽世系

道敏

字本政娶金氏生五子　思禮　思濟　思漢　思潤　思澤　公生宣德壬子年卒弘治庚申年葬塘閘虎形午向孺人葬余婆大林子向

思漢

字汝章娶王冲仇氏繼孫氏生六子　文鑾　文鑰　文鍠　文錄　文鍾　文鋃　公葬小婆林一名荷花出水形仇孺人葬余婆大林孫孺人附葬公墓側　鍠遷繁昌洋夾沙　鑾鑰錄鍾鋃均留田川

文鍠

遷繁昌錦衣衛州洋夾沙爲遷繁始祖詳繁陽世系

黃山曹溪派玘公世系圖傳

亨大
子

廿一世

玘
娶吳氏生三子
旺　成　泉
宋建炎戊申年遷
曹溪公生元祐癸
酉年三月初八日
巳時殁乾道丙戌
年正月十二日卯
時合葬龜潭

廿二世

旺
娶吳氏繼程氏生
三子　德　彦
智　合葬艮源東
乂社前

廿三世

仁德
遷后壁山下

仁彦
字子彰娶方氏生
一子　才　合葬
靈山嶺下戌向

廿四世

子才
字公美娶汪氏生
三子　天益
三五　十二
合葬黄花舍

廿五世

天益
字仲勝娶許氏繼
程氏生三子遷曹
溪葬三寶墓亥向

三五
諱覧字仲輝娶汪
氏生一子　源
葬福舟遥汪村

十二

成
娶吳氏繼王氏生
二子　清　海

泉
娶鄭氏繼洪氏生
二子　安　喜

仁智
遷梓木坦傳至伯
潤公遷巖鎮大塘

仁清
字淑正娶程氏居
曹溪三乂

仁海
遷梅村

仁安
遷芳村

仁喜
遷山口

梓木坦派仁智公世系圖傳

旺三子

廿三世

仁智
娶　氏生一子
俊

廿四世

俊
娶　氏生三子
從　輔　輿

廿五世

天從
娶　氏生三子
昭　舉　佑

廿六世

時昭
娶　氏生三子
滿　祖　重二

時舉
娶　氏生五子
百十三　七郎

廿七世

滿
娶　氏生一子
同壽

祖

重二
娶　氏生一子
張孫老

百十三

五九 七五 祖應

時倚
娶　氏生三子
保老　大老

七郎

五九

祖應
更名伯潤出贅岩鎮宋左史呂伯可公家遂居大坭另起派圖

七五
娶　氏生二子
寗郎　義老

保老

天輔
娶　氏生三子
義　發　周

已老

時義

時發
以弟周次子鍊嗣之

時周
娶　氏生三子
鑰　鍊　錡　鍊出繼兄發爲嗣

大老

已老

鍊
娶　氏生二子
震二　震四

鑰
娶　氏生二子
元壽　震一

滿子

廿八世

同壽

廿九世

三十世

天與
明經任教諭
娶　氏生一子
時會

三一世

時會
娶　氏生二子
鉉　鉞

三二世

錡
娶　氏生三子
玉老　震三
珪老

鉉
娶　氏生二子
再二　蘭老

鉞
娶　氏生二子
蕙老　英老

重二子 張孫老

七五長子 寧郎

次子 義老

鍊長子 震二 娶　氏生二子 亨 增壽

次子 震四

鑰長子 元壽 娶　氏生一子 艮老

亨

增壽

艮老

次子

震一　娶　氏生六子　嬉　葵　彌壽　逸　清　果

嬉　娶　氏生二子　延　華

葵　娶　氏生子一　英

彌壽　娶　氏生三子　玄都　洪都　愚慶

延

華

英

玄都　娶　氏生一子　彪師

洪都

愚慶

彪師　娶　氏生一子　祖德

祖德

鏑長子
次子

玉老　娶　氏生一子　恭
震三　娶　氏生一子　裕

逸　娶　氏生一子　祖興
清　娶　氏生一子　蘆老
果　娶　氏生一子　大來
恭
裕

祖興
蘆老
大來

三子 **珪老**

鉉長子 **再二**

次子 **蘭老** 娶　氏生三子 賢 進 容

賢 娶　氏生一子 保壽

進 娶　氏生一子 嘉壽

容

保壽

嘉壽 娶　氏生一子 釘任

釘任 娶　氏生一子 金奴

金奴

鋮長子 **慈老** 娶 氏生一子 瑞虞

次子 **英老** 娶 氏生一子 福慶

瑞虞

福慶

巖鎮大塘派伯潤公世系圖傳

按伯潤公系乃黃山梓木坦時舉公季子出贅岩鎮宋左史呂伯可公家遂居岩鎮世稱大塘謝氏云

時舉四子

廿七世

伯潤

字艮璧幼諱祖應生宋端平癸丑年三月初四日辰時娶木鎮呂氏生宋端平丙辰年九月初八日戌時生一子 勝祖

公卒元至大壬申年十月十八日申時

氏卒元至順辛未年十一月二十四日午時

公氏合葬呂家林

廿八世

勝祖

字存德生宋寶祐三年九月初六日娶余岸余氏生宋寶祐五年三月初二日生二子 圓孫 盛孫

公卒元至治元年六月初一日

氏卒元至元四年十月十三日合葬坦頭山

廿九世

圓孫

字惟規生元至元十七年五月二十七日娶余岸余氏生元至元十八年九月二十一日繼邵氏生一子 新寶

公卒元至正三年三月初五日余氏卒元天曆二年七月十一日合葬坦頭

盛孫

娶徐氏生一子 鎮壽

圓孫
子

三十世　新寶

字德辛生元祐二年乙卯正月十四日子時娶本鎮鄭氏生元祐四年丁巳三月二十五日子時生一子
顯童
公卒元至正三十三年九月初十日卯時葬田西
氏卒元至正三十五年十月二十日辰時葬呂家林

三一世　顯童

字子明生元至正十三年三月十三日子時娶榛坳程氏生元至正十八年六月十八日卯時生一子　天得
公卒明永樂十三年六月初七日葬於叢山關真內馬鋪邊
氏卒永樂十六年八月十二日申時葬岩坳上嶺

三二世　天得

字德純更諱從龍任鄱陽簿生明洪武庚申年八月初八日娶本鎮方氏生洪武辛酉年十月十八日生一子
賽富
公卒明宣德癸丑年九月二十一日
氏卒正統癸亥年二月二十三日合葬坦頭

三三世　賽富

字萬銘生明洪武三十二年五月二十八日娶洪坑洪氏生永樂八年十二月初六日生一子　祉真
公卒正統壬戌年十二月十一日
氏卒弘治三年六月十四日合葬坦頭

三四世　祉真

字智信生正統六年四月二十二日娶本鎮陳氏生正統庚申年十一月十二日繼楊氏生正統丙寅年十一月初十日生三子
積明　積玉
積久
公卒正德九年甲戌二月初九日葬鮑塘壠
陳氏卒成化十二年丙申六月二十五日
楊氏卒弘治二年九月十八日合葬坦頭

社真長子　次子

三五世

積明　娶胡氏生二子　玄溥　玄鳳

積玉　字叔美生成化六年八月十二日午時娶坑稍洪氏生成化十一年十一月初七日卯時生三子　玄護　玄寶　玄相　繼長齡胡氏生成化十七年六月初五日申時生一子　玄象

三六世

玄溥　娶程氏

玄鳳　娶鄭氏生一子　德壽

玄護　娶程氏

玄寶　字元珍生弘治十四年二月十一日未時娶萬安街趙氏生弘治十四年七月二十一日辰時生一子　德奎　公卒嘉靖十九年

三七世

德壽

德奎　字光卿生嘉靖癸未年二月十三日丑時娶本鎮閔氏生嘉靖戊子年二月初六日卯時生四子　正時　正表　正坤

三八世

正時　字允中生嘉靖丁未年十月初二日辰時娶潛口汪氏生嘉靖戊申年八月十四日亥時繼繁昌蕭氏生嘉靖癸亥年二月十六

三九世

廷謨　娶朱氏生五子　桯　標　樞　極　相

廷詔　娶吳氏

公卒嘉靖十七年
十月十七日巳時
葬鮑塘山
洪氏卒正德四年
六月初四日巳時
葬坦頭
胡氏卒嘉靖十年
十一月十四日亥
時葬鮑塘山

三月二十六日申
時
氏卒隆慶五年十
二月二十日卯時
合葬鮑塘山

正位　正表出繼
德金爲嗣
公卒隆慶壬申年
閏二月二十八日
丑時　氏卒失考

日寅時生五子
廷謨　廷詔
廷諫　廷試
廷誥　季子誥遷
居繁昌荻港公與
蕭氏卒均失考
汪氏卒萬歷己丑
年八月初七日丑
時

正坤
娶趙氏繼汪氏繼
梁氏生三子
賓　憲　宋

廷諫
娶閔氏

廷試
娶仇氏

廷誥
字伯榮生萬歷二
十四年六月初四
日卯時娶汪氏生
一子　國桓隨父
遷荻港　公氏生
卒失考葬鉗口

廷賓

廷憲

廷宋

玄相
娶徐氏生二子
泰　和

玄象
娶方氏生一子
德金

德泰

德和
娶吳氏生二子
華　辰

德金
娶倪氏以德奎三子正表嗣之

正位

正華
娶吳氏生一子
廷臣

正辰
娶方氏

正表
娶劉氏生五子
儒　俊　佐　任　傑

廷臣

廷儒
娶方氏

社真三子
積久
娶洪氏生一子
玄隆

四十世

廷謨長子
國柱

玄隆
娶張氏

廷俊

廷佐

廷任

廷傑

次子 國標

三子 國樞

四子 國極

五子 國相

盛孫子

三十世

鎮壽

娶黃氏生一子

興綏

三一世

興綏

娶葉氏生一子

天祐

三二世

天祐

娶項氏生一子

福祖

三三世

福祖

娶吳氏繼胡氏生

四子　克　金

志　　積

三四世

克榮

娶程氏生一子

其麟

金榮

遷居南京賽公橋

克榮
子

三五世

其麟
娶汪氏生二子
政　禮

三六世

社政
娶吳氏生一子
瑄

三七世

瑄
娶黄氏生二子
旻　昇

三八世

旻
娶胡氏生二子
徵　宿

娶洪氏生二子
儀生　泰芳

志榮
娶胡氏生四子
初　仁　倫　蘭

積榮
娶余氏生三子
景　本　恕

三九世

應徵

應宿

昇
娶吳氏生四子
元　仕　桂　日

應元
娶王氏生二子
國禎　國政

應仕
娶余氏生一子
國儒

應桂
娶桂氏生一子
國俊

應日
娶鄭氏生一子
國偉

社禮　娶胡氏生一子　瑀
遷寧國府大東門外

瑀　娶鮑氏繼程氏生三子　昱　晃　旦

昱　國子生任高安縣縣丞娶崔氏生二子　應周　應科

晃　國子生任大名府照磨娶孫氏繼李氏生一子　應第

旦　娶錢氏生三子　功　名　貴

應周　郡庠生娶阮氏繼任氏生一子　祖彭

應科　邑庠生娶孫氏生一子　祖訓

應第

應功

應名
應貴

四十世

國禎
應元子

國政
次子

國儒
應仕子
娶汪氏繼洪氏生三子　錫　愛　用

四一世

君錫

君愛

君用

應桂子 國俊

應日子 國偉

應周子 祖彭

應科子 祖訓 邑庠生

三五世

金榮長子
儀生
娶張氏繼倪氏鄭氏生三子　祉嗣
廣陵　崇陵
廣陵出繼秦芳

次子
秦芳
娶汪氏以儀生次子　廣陵嗣之

三六世

祉嗣
娶程氏生一子
瓚

崇陵
娶王氏

廣陵
娶洪氏生一子
瑭

三七世

瓚
娶張氏

瑭
娶俞氏生三子
訓　誨　諭

三八世

元訓

元誨

元諭

三九世

志榮長子

初芳　娶徐氏生一子　社久

社久　娶洪氏繼胡氏周氏生五子　珊　瑚　玠　璁　璹

珊　郡庠生娶王氏生二子　元中　一中

瑚

玠　娶項氏

元中　娶吳氏繼鄭氏

一中　娶仇氏繼黃氏宋氏生三子　慶　蛟　鯉

元祥

應慶　娶呂氏繼余氏生一子　國卿

應蛟　娶汪氏

應鯉

志榮次子

仁芳 娶王氏生二子 輔 佐

社輔 娶洪氏生二子 琰 珍

社佐 娶汪氏生二子 璋 璽

璁 娶汪氏生一子 元順

璃 娶項氏

琰 娶程氏

珍 娶汪氏

璋 娶程氏

元順 娶錢氏生一子 應鳳

應鳳 娶龔氏

志榮三子

倫芳　娶胡氏生三子　佑　傑　發

社佑　娶汪氏繼孫氏生三子　瓊　琬　珏

璽　娶項氏

瓊　娶曹氏生一子　錫

琬　娶方氏生一子　鎡

珏　娶王氏生一子　鉉

錫　娶陸氏生三子　松　柏　梅

鎡

鉉　娶洪氏生二子　梓　麟

應松

應柏

應梅

應梓　娶汪氏生二子　國任　國僑

志榮
四子

蘭芳
娶鮑氏繼葉氏生
三子　昭　暐
暕

社傑
娶程氏生二子
琛　瑛

社發
娶丘氏生一子
琇

昭
府庠生入太學任
德清縣丞娶方氏
生三子　璠　璵
瑋

琛
娶鄭氏生一子
鐮

瑛
娶程氏生一子
鑣

琇
娶汪氏

璠
娶方氏繼俞氏王
氏生一子　繼芳

鐮

鑣

繼芳

應麟
娶葉氏繼汪氏生
一子　國傳

璵
娶王氏繼王氏生
二子　縉　惠

瑋
娶鮑氏繼鮑氏生
四子　恩　忠
思　志

繼縉
娶蔣氏

繼惠
娶吳氏生一子
應鴻

繼恩
娶方氏繼蔡氏徐
氏生一子　應鵬

繼忠

繼思
娶吳氏生一子
應明

繼志
娶汪氏生二子
鯤　鰲

應鴻

應鵬
娶方氏繼鄭氏

應明

應鯤

應鰲

暲
娶葉氏生二子
璪　璜

暕
娶方氏生三子
球　璐　琪

璪
娶胡氏生二子
霖　霑

璜
娶程氏生一子
汝震

球
娶朱氏生三子
龍　鳳　鯨

汝霖
娶汪氏生一子
應庚

汝霑
娶汪氏

汝震
娶黃氏

鳴龍
娶王氏

鳴鳳
娶胡氏生二子
時　昌

應庚

應時

璐
娶汪氏繼陳氏生四子　陽　皋　玉　春

鳴鯨
娶程氏

鳴陽
娶方氏繼劉氏趙氏生十子　桼　魯　光　星　祥　台　有　文　軫　斗

應昌

應泰
娶程氏生二子　祚　祜

應魯
娶方氏生一子　國禧

應光
娶程氏

應星
娶吳氏

應祥

應台

應有

應文

應軫

應斗

鳴皐
邑庠生娶方氏生二子　翔　飛

鳴玉
邑庠生娶汪氏繼胡氏生四子　賓　宸　寰　宮

應翔

應飛

應賓
娶劉氏生一子　國望

應宸
娶方氏

應寰

應宮

四十世

國卿 應慶子

國任 應倖長子

國僑 次子

國傳 應驊子

琪 娶洪氏繼張氏生一子 鳴秋

鳴春

鳴秋 娶洪氏生一子 應亭

應亭 娶汪氏

應泰長子 **國祚**

次子 **國祜**

應魯子 **國禧**

應賓子 **國望**

積榮長子

三五世

景芳 娶王氏生二子 歡 福

三六世

祉歡 娶方氏生三子 璐 珙 琥

三七世

璐 娶汪氏

珙 娶江氏

三八世

三九世

積榮次子

本芳 娶程氏生五子 茂 富 三 四 五

社福 娶潘氏

社茂 娶江氏生二子 璣 珣

社富 娶胡氏生二子 珖 琿

琥

璣 娶方氏生一子 鉞

珣

珖 娶胡氏

琿 娶陳氏生五子

鉞 娶　氏生一子 應恩

元經 邑庠生娶徐氏生

應恩

應開 娶黃氏

經綸綱紀繼

一子 應開

元綸
娶汪氏生二子
奎 璧

元綱
娶汪氏

元紀
娶鮑氏

元繼
娶吳氏生一子
應龍

應奎
娶汪氏

應璧

應龍

社三
娶王氏生一子
玫

玫

社四
娶洪氏生一子
環

環

社五
娶程氏

社昌
娶方氏生一子
瑣

瑣

恕芳
娶龔氏生三子
昌　昴　晷

貢榮
三子

社昂

社㬌

潛陽派俛公世系圖傳

林三子

一世

俛 字明理任臨安太守生一子 新 遷居潛陽爲潛陽派之始祖從弟明琛爲潛陽令無嗣新兼祧繼萬石公後

二世

新 娶　氏生二子 賡 賓

三世

賡 娶　氏生一子 斌

賓 爲桂陽令遂居焉

四世

斌 討黄巢亂有功封威武將軍謚忠勇 娶　氏生三子 麒 麟 麐

五世

錫麒 隨父討亂錫威武爵娶　氏生二子 昌 昱

錫麟 平亂有軍功封中郎後鎮肅州子孫遂居焉

錫麐 有軍功戍涪州子孫遂另派云

錫麒長子

六世

昌 娶　氏生二子 果 杲

七世

果 娶　氏生一子 球

杲 居上黨

八世

球 喜黃老習玄理娶　氏生一子 顒

九世

顒 字堯夫唐末不臣朱氏隱居天目山陽終日以詩酒自娛娶　氏生二子 靖 竦

十世

靖 有父風與文張伯龍鮑繼才會飲靖醉遂慷慨激拔劍擊庭柱曰誓斬此柱蓋柱朱同音也後不知所終

竦 沉靜寡言善處亂世兼有搏愛鄉人稱其明時長者娶　氏生二子 文貴 文顯

次子

竦長子

十一世

昱 潛德好學不求聞達

文貴 娶　氏生二子 鵬 鵠

十二世

鵬 遷信陽

鵠 娶　氏生一子 德輝

十三世

德輝 從宋太祖平諸寇封靖遠侯謚忠莊 娶　氏生二子 名揚 名煥

十四世

名揚 襲父爵遣膠州巡檢焉

名煥 娶　氏遷贛麻城縣麻城尊煥公鼻祖生二子 埜 墅

十五世

埜 娶　氏生一子 鏡

十六世

次子 **文顯** 遷泗水

埜子 **鏡** 遷湘鄉

墅長子 **鏞** 有至性父墅歿廬墓終身不出娶　氏生一子　濬

十七世

濬 娶　氏父歿於墓濬亦廬三年咸稱雙孝生三子　樟　楝　梁

十八世

樟

楝 娶　氏生一子　致中

十九世

致中 娶　氏南渡時爲太守生二子

二十世

墅 娶　氏生二子　鏞　銘

棠 土著麻城

次子

棣長子

廿一世

銘　遷徽州歙縣

鼎　娶　氏生一子　瑜

廿二世

瑜　遷臨海

廿三世

梁　經商遷天長

廿四世

棠　棣

廿五世

棣　娶　氏爲弋陽典吏遂松焉生三子　鼎　鼐　鼒

次子

鼐
娶　氏生一子
瑾

瑾
娶　氏生二子
人俊　人傑

人俊
爲桐城牧遂居焉

人傑
好學八歲能文因時亂避黃巖著有澄宇論行世
娶　氏生一子
福五

福五
字壽先贈奉直大夫娶　氏生一子
枋得

枋得
字君直號叠山夫人李氏爲人豪爽以忠義自奮知信州牧與元戰不利入建甯山中賣卜爲元臣魏天祐逼北上慟不食而死諡文節按公上程雪樓書云大元治世民物一新宋室孤臣只欠一死所以不死者以九十三歲老母在堂耳又曰慷慨赴死易從容就義難公亦可以察某之心矣觀此則知公潔風

廿六世

三子 **甗**　娶　氏生一子　瑰

枋得長子 **寄忠**

次子 **寄義**　忠義二公從母李夫人避亂貴溪山中被元兵所執母自縊而死一門忠

廿七世

瑰　遷長州

廿八世

廿九世

三十世

亮節當與文文山先生並垂不朽云生三子　寄忠　寄義　寄孝　詳歷代人物考

三子

孝千載難能誠足稱焉

寄孝　亦名寄生生時母李夫人以乳疾寄養於姑朱樸家及父殉難孝年尚幼一線得緜天實有察於斯也孝好讀書不求聞達日以耕漁以督子孫所以終元之世無激揚也娶　氏生四子　愷　悌　怡　恬

愷

悌

怡　娶　氏生二子　猷　尊

猷　娶　氏生一子　昭圖

尊　處士娶　氏生一子　昭明

昭圖　遷濠上娶　氏生一子　敏

昭明　娶　氏生二子　敬　敦

敏　娶　氏生二子　成　戎

敬　遷蒲圻

敦　娶　氏生二子　德源　德清

恬

愷悌恬三公

遂土著貫溪

三一世

敏長子

成

從朱太祖克滁和渡江授總管克甯國徽州進千戶戰鄱陽平武昌下蘇湖進指揮征中原克元都爲都督晉王府相征朵甘平洮州十八族封承平侯出巡北邊子孫遂居焉

次子

戎

從朱太祖征討有軍功爲僉事輿常

三二世

三三世

三四世

三五世

遇春善後以足傷遂卜居於和州之陽五里橋後子姓蕃衍因名之曰謝家橋又稱曰謝家樓云

敦長子

德源

原名武爲宿松令又爲貴池令愛其山清水秀民古俗淳遂卜居於貴池後世子孫遂尊公爲遷貴池始祖

次子

德清

遷巢邑東鄉旗山下後世子孫蕃勝因稱爲旗山謝云

貴池派德源公世系圖傳

遷貴始祖

三一世

德源

孝廉原名武博學通經史善政愛民爲宿松令遷貴池令愛其山清水秀民古俗淳遂奠居焉後世尊公爲遷貴始祖云娶李宜人生三子唐　虞　禹公氏合葬貴池西門外棋盤地癸丁兼丑未向

三二世

繼唐

字堯夫業儒娶黃孺人生五子仁　義　禮　智信　合葬棋盤地父塋側

三三世

合仁

合義

合禮

合智

合信

五公均居西門外子孫著衍不暇備載後世稱爲五謝村

三四世

三五世

繼虞
字舜夫邑庠生
娶張氏生二子
道　德
合葬棋盤地

繼禹
字哲夫廩生
娶季鶴人生三子
麒　麟　鳳　合
葬棋盤地父塋側
公之後居木邑北
謝家土地現稱裏
山塔云

合道

合德
二公之後居城內
後稱謝家巷子孫
衆多未及詳載

合麒
字鴻卿業儒
娶胡氏生一子
鏞　合葬祖塋

合麟
字穀卿附生

興鏞
字明然號達如鄉
飲介賓娶鄒氏生
一子　萬萃
合葬老塋

萬萃
字鶴鳴庠生
娶楊氏繼吳氏生
二子　世文
世賀
公氏合葬老塋

萬莘長子　次子

三六世

世文
字娶子姓均載貴
池譜系

世質
娶孔氏生三子
期　盛　業
公氏葬詳貴池譜
系

三七世

光期
娶朱氏生一子
蘭
公氏葬詳貴池譜
系

三八世

合鳳
字鑄卿業儒
二公娶子均載貴
池譜系

明蘭
字錦梅號毓靈
萬曆辛卯科副榜
娶古氏繼包氏生
一子　金
公氏生卒葬俱詳
貴池譜系包氏還
葬包姓祖塋

三九世

金
業儒　因時變棄
儒經商見吾繁范
冲山水清幽民風
淳古遂奠居焉范
冲吾族尊公為遷
繁始祖性好佛善
玄理晚年茹素道

四十世

服有飃然欲仙之態詳范冲金公世系

光盛 字娶子姓俱詳貴池譜系

光業 詳貴池譜系

謝氏宗譜

戊子四月吳湘榅

卷五

字號

卷五

祁閭祖派　雙溪里派
東坑口派　武進縣派
中叚派　曹溪別派
碣石派　石礅頭派
汪村派

繁陽謝氏宗譜卷五分目

祁閶祖派詮公世系圖

歙北黄山雙溪里派仁德公世系圖

東坑口派仲智公世系圖

武進縣派玖公世系圖

中段派勝得公世系圖

黄山曹溪派天益公世系圖

黄山碣石派天保公世系圖

黄山石礰頭派羅公世系圖

黄山汪村派三五公世系圖

祁閶祖派詮公世系圖

一世
詮
彥章長子
南唐銀青光祿大夫金吾大將軍始遷祁南大嶺下今爲謝村

二世
芳
詮長子
遷金家塔

三世
芳　端　佺

四世
廣

五世
睦

六世
權　樊　誠

七世
才

七世　八世　九世　十世　十一世

才子

强　遷暘源

二世　三世　四世　五世　六世

詮次子

端　門下侍郎

昌　潮州太守

謙

李五

四五　遷休寧高坑

斛　遷休寧土塲

侃

顯

清

七世
純　顯長子
志　次子

八世

九世
光
修

十世
賦
鼎
珍
康
升
恭

十一世
丙

三子
濬

丙子
廣

僕　杲

亮　謙　透　攸

子松
子儒
子宣

由土埸遷十七都安岐

詮三子

世					
二世	佺				
三世	寬	晉	海	渾	俊
四世	延德	延問			
五世	明	祺 遷縣南街			
六世	雲				

延熙 遷安慶

延智

延審

晉

獻 宋解元

歙北黃山雙溪里祖派世系圖

旺公長子

世					
廿三世	仁德 娶程氏				
廿四世	子霖 娶程氏			子華 娶呂氏	
廿五世	珵 娶程氏		琚 娶程氏	復言 娶鄭氏	
廿六世	細一	細二	細六	細四宣義	
廿七世	百二宣義 諱鎰	鏜	銘	鎮	鑄

錫子

廿八世　榮七郎

廿九世　寅　子彬 娶潘氏

三十世　許　復賢 娶鄭氏　復進 娶徐氏　復振 娶鄭氏

三一世　宏　玄保　時達　時成　時俊 娶許氏　時英 娶程氏

三二世　趙佑　海　洪　銑

鏜子
泉
彭
富　遷東坑口
鵬　乳名社童
玖　遷浯村娶汪氏　詳武進縣派
勝佑　俱赴普定衛戍

銘子
重一
卯
琥　遷東坑口

鎮子
千一上舍　娶吳氏
進二宣義
余壽　娶蔣氏
祖公
慶
成
雨
保童
觀童　娶蔣氏

滿公 娶吳氏
蔣公

旦 娶蔣氏
樓師
永師

護童 軍衛前亡
星保 娶汪氏
相保 娶羅氏
祿師 娶蔣氏
寄奴 娶蔣氏
寄祖
添德

進三宣義　娶汪氏

酉公　娶蔣氏

曉　娶蔣氏　敕任鎮江生帛局大使

麟　娶胡氏繼許氏　授湖州稅務大使　陞海寧州同知

添勝　遷餘杭涇林埠

引童　娶蔣氏

書童　娶金氏　子存德義德遷休寧五都東村

宗師　娶徐氏　通經秀才任南昌府寧縣縣丞

添定　娶羅氏

添壽　娶蔣氏

保童長子　次子

三三世
堯得
天助　遷岩鎮

三四世

三五世
薛公

三六世
瑞
彩
晏

三七世
眞保
都保
柰生
章童　遷胡村中段
添惠　娶鄭氏

觀童子

呈保長子

宗慶
全家赴湖廣襄陽衛戍

玄應
娶汪氏繼鮑氏

天琦
娶蔣氏繼胡氏

至善
娶楊氏

至茂
娶蔣氏繼汪氏

曇
娶胡氏

晴
娶胡氏

昶
娶汪氏

祐
娶蔣氏

裘
娶吳氏

高
娶楊氏

深

滿
娶蔣氏

壽
娶汪氏

至傑 娶汪氏

暕 娶蔣氏繼金氏

昂 娶吳氏

曜 娶洪氏

晞 娶蔣氏

福 娶蔣氏

時 娶羅氏

賜 娶金氏

法 娶蔣氏

勝 娶胡氏

龍 娶吳氏

銘

壯 娶程氏

至庚 娶吳氏

至亮 娶蔣氏

早 娶吳氏

曙 娶蔣氏繼江氏

岩

完

艮 娶蔣氏

瑚 娶王氏

璉 娶吳氏

璣 娶蔣氏

瑄 娶蔣氏

琨 娶蔣氏

璋 娶蔣氏

天瑞 娶羅氏

至貴 娶汪氏

至亨 娶胡氏

娶汪氏繼蔣氏繼方氏

晟 娶胡氏

昇 娶楊氏

相 娶胡氏

珧 娶蔣氏

璲 娶蔣氏

珷 娶蔣氏

鳳 娶蔣氏繼方氏

凰 娶程氏

璧 娶金氏繼高郵衛千戶女李氏

琮 娶程氏

三八世

祐子 鎔 娶蔣氏

高子 宗本

澍子 天育 娶李氏

三九世

方 娶蔣氏繼汪氏

應坤

四十世

德超

德達

四一世

旺 娶程氏繼吳氏

四二世

玠 娶吳氏

珊 娶羅氏繼詹氏

珮 娶余氏

壽長子 環 遷松江

次子 寶 遷松江

三子 瑄 娶余氏

四子 壐 娶余氏

時長子 鎮 娶蔣氏

應鴻

沂

治 娶吳氏

淵 遷松江

汶 娶汪氏

津

來榮

鐲 次子

鑼 賜長子　娶許氏

欽 次子　娶周氏　遷湖廣金山縣宋家河

銓 法子　娶程氏

瀛

謙　娶汪氏

謨　娶蔣氏

坤　娶蔣氏

垠　娶蔣氏

堅

嗣聖

勝子
鑑　娶胡氏

誥　娶程氏
詔　娶王氏
誦　娶蔣氏

埮
泰
墐
域
壙
堠
城

龍長子 鍠

次子 鉦

銘子 自安

壯長子 鏤 娶汪氏

次子 鋋 娶汪氏

三子 欽 娶李氏

燮德

五德

春全

鳳慶

鳳翔

頁子 鈔 娶程氏

琍長子 鈞

次子 鎚 娶蔣氏

璉子 錠 娶羅氏

鳳瑞

淹 娶程氏

洛 娶羅氏

來揚

來採

來建

來廷

來延

來邉

璣子
宗泰　娶王氏

瑄子
宗老

琨子
喜老　娶余氏

璋長子
文質　娶汪氏
國政　娶蔣氏
朝京

次子
文才　娶余氏
國士

國太

三子	玭子		璲子	珷子	鳳子	
文秀 娶羅氏繼張氏	應壽 娶蔣氏		文熙 娶蔣氏	文烈 娶蔣氏	錫 娶羅氏	
國清	福德 娶蔣氏	福慶 娶方氏	國珍	國賓	德溢 由府庠生入太學 娶吳氏	
	茂老	來貢			來聘 娶羅氏繼汪氏	
					嗣開 娶羅氏	嗣培 娶汪氏 郡庠生
					廷策	

來召
娶汪氏繼潘氏

嗣芳

嗣蓁

嗣輝
娶吳氏

嗣熙
娶汪氏

嗣炎
娶羅氏

嗣烈

廷試

廷議

廷諍

凰長子

鎧 娶程氏

明選

來旌 娶吳氏繼韓氏繼唐氏

來翰 娶蔣氏

來旆 娶蔣氏

繩武

嗣杰

嗣熹

嗣鼎

嗣功

嗣般

嗣新

次子 爵 娶程氏

璧長子 鐸 娶蔣氏

明遇 娶余氏

明遷 娶羅氏

德彥 娶蔣氏

德孚 娶羅氏

沐 娶胡氏

來任 娶蔣氏

來儀

來化

來宣 娶汪氏

來宗 娶蔣氏

紹晉

次子 鍾 娶方氏

三子 鉉

四子 鍊 娶劉氏

玠長子 錦

汝 娶胡氏

浙 娶蔣氏繼金氏

正豫 娶殷氏

正頤 娶蔣氏

正恒

正蒙

正旅

次子 鏡 娶蔣氏

珊子 鍑 娶蔣氏

珮長子 鈁 娶余氏繼余氏

伯禎 娶蔣氏

伯祿

伯祺

伯齡 娶蔣氏

伯嶽

泮 娶方氏

溥 娶王氏

新德 娶吳氏

順德

阜德

次子
鏉　娶羅氏繼黄氏

三子
鏈　娶余氏

涄　娶吳氏
沆　娶吳氏
浚　娶王氏
洙　娶楊氏
泗
鴻　娶蔣氏
潤　娶余氏

懋德
守德
艮德
倘德
堯老　娶王氏

四子
皇保次子

三三世

鎮
娶蔣氏

賢師
娶吳氏繼羅氏

三四世

濼
娶鄭氏

瀾
娶汪氏

淳

鳳興

龍興
娶楊氏

三五世

懷德

鵬孫
娶汪氏

三六世

曨
娶汪氏

三七世

璁
娶吳氏繼呂氏

珪
娶蔣氏

璠
娶汪氏繼來喜

翺孫 娶蔣氏

廣 娶汪氏
啟 娶汪氏 在廣東長沙粵
顯 娶羅氏
晉 娶汪氏
暄 娶蔣氏

珩 娶汪氏
瓘 娶羅氏
璨 娶羅氏繼蔣氏
瑞 娶蔣氏
珍 娶蔣氏
珠 娶蔣氏
瑜 娶蔣氏

文興 娶羅氏

翔孫 娶程氏繼蔣氏

鳴孫 娶胡氏

曆 娶許氏

煦 娶余氏

焄 娶羅氏

暾 娶汪氏

瓊 娶余氏

瑠

瑩 娶蔣氏

琢 娶余氏

珹 娶程氏

琪 娶汪氏

珂 娶余氏繼汪氏

永興　娶蔣氏

虎興　娶蔣氏

鴻孫　娶汪氏

鸞孫　娶蔣氏

疇　娶程氏繼鄭氏繼陳氏

曉　娶蔣氏

昱

琇　娶蔣氏

瑎　娶程氏

琪

琳　娶蔣氏

琅　娶蔣氏

三八世

璁子
澤

珪子
濬　娶吳氏

瑨子
湜

珩子
湯　娶汪氏
氏聞湯訃音而從容就死府縣旌揚貞烈祠中配享事詳在汪司馬甫明公文集中

璀長子
澄　娶蔣氏

三九世

文儀

文威

四十世

四一世

四二世

次子 清 娶蔣氏	三子 洹	四子 泗 娶羅氏		五子 潚 娶蔣氏	瑞長子 洵 娶余氏繼黃氏	次子 淮	珍長子 海 娶蔣氏
		文桂 娶查氏	文櫨 娶余氏	文椿	文樂 娶羅氏		文楠
		道明					

次子 湖

珠子 淯 娶蔣氏

瑜長子 濟 娶余氏

次子 洄 娶孫氏

文枀 娶汪氏

文棣 娶曾氏 抚儲真

文茂

文明 娶周氏

文光 娶余氏

道燿

道炎

道炡

璦長子
渡
娶余氏

次子
激
娶余氏繼　氏

文寬

文憲
娶余氏

文誥
娶李氏

文梁
娶蔣氏

文國

文京

道清

道灼

道煇

道炤

道熙

	瑩長子 滄 娶汪氏		次子 潘 娶蔣氏			球長子 涵 娶程氏	次子 泳 娶蔣氏
文都	文祿 娶夏氏	文福 娶蔣氏	文橋 娶蔣氏	文杞 娶余氏	文彬 娶余氏	文埜	文棟
	道焜						

三子 **游** 娶王氏

琥長子 **浹** 娶張氏

次子 **溱** 娶葉氏

珙長子 **汕** 娶程氏

次子 **汀** 娶孔氏 居沛縣

文柳

文枋

文檉

文柯

文楷

文校

三子 沍

詷長子 汗 娶金氏繼余氏
文華
文德

次子 澫

琇長子 洣 娶汪氏

次子 滢

三子 淥 娶程氏

四子 浛

瑎長子 滟 娶程氏

次子 洵 娶羅氏

琪子 閏老

琳長子 淞

文楨 娶胡氏

文極 娶羅氏

文樞 娶羅氏

文標 娶程氏

繼煒

繼爋

繼焞

三三世

次子 濆 娶程氏
三子 池 娶吳氏
四子 湫 娶吳氏
琅子 潔
寄奴長子 妙音 娶余氏

三四世

文相
文杰 娶吳氏
文李
文棋
永富 娶蔣氏
永福 娶吳氏

三五世

興宗
茂宗 娶蔣氏

三六世

明旺 娶楊氏

三七世

鈇 娶汪氏

盛宗 娶蔣氏
芳宗 娶蔣氏

明昊 娶羅氏
明旭 娶蔣氏
岩貴 娶吳氏
岩祐 娶蔣氏
明鳳 娶許氏

鉞 娶蔣氏
釗 娶羅氏
欽 娶吳氏
鑄 娶汪氏
鉉 娶蔣氏
鋉 娶蔣氏
鐩

蘭宗 娶胡氏

明鶴 娶吳氏

社賜 娶葉氏

鐵 娶羅氏

金 娶汪氏

鐓 娶蔣氏

鍔 娶吳氏繼周氏

鐃 娶羅氏繼王氏

鋪 娶汪氏

鑑 娶蔣氏

永隆 娶蔣氏

惠宗 娶蔣氏

政宗 娶吳氏繼婁氏

明旦 娶汪氏

明義 娶程氏

明高

思愷 娶蔣氏繼胡氏

思悌 娶汪氏繼方氏

欽 娶蔣氏

朋 娶汪氏

鍍 娶吳氏繼蔣氏

喬 娶羅氏

永慶 娶胡氏

榮芳 娶蔣氏

思性 娶蔣氏繼蔣氏

思怡 娶汪氏

思慎

明輝 娶程氏

明照 娶汪氏

成 府學生員 娶蔣氏

用 娶方氏

升 娶蔣氏

鋑 娶汪氏

鏞

堂照

百春 居沙溝

次子

節應 娶項氏

佛昌 娶程氏

再昌 娶胡氏

定昌 娶余氏

超宗 娶蔣氏

齊宗 娶蔣氏

明助 娶蔣氏

明互 娶汪氏

黑

招興

榮富 娶汪氏繼羅氏

寄富 娶蔣氏

岩付

巖鎮 娶汪氏

富祥 娶王氏

明德 娶方氏

社錫 娶程氏

鋌

社道 娶楊氏

顯相 娶楊氏繼劉氏

次子 福應

四子 天應

榮昌 娶胡氏

貴昌 娶程氏

顯聰 娶余氏

岩宗 娶楊氏

明達 娶洪氏

明通 娶　氏 遷池州洗馬舖開

賴孫

欽孫 隨軍人添壽往貴州戍

積孫 娶蔣氏

鍏 娶蔣氏

傑

三八世
濤　鉄子
潤　欽子　娶吳氏
湘　鑄長子　娶蔣氏

三九世
尙表　娶洪氏
尙傳　娶蔣氏
尙禮　娶洪氏

四十世
高第
開第
元第
新第
華第

四一世

四二世

次子 溢 娶蔣氏
尚億 娶蔣氏
及第

尚佐

尚仁

三子 汴 娶張氏 在湖廣未回
尚賓 娶江氏 居沛

四子 渭 娶蔣氏 往湖廣未回
尚賢

鈲子 潘

鐵長子 滄 娶胡氏
尚伊 娶余氏

尙儒

次子 淮 娶孔氏 居沛縣

尙文

三子 溸 娶寧國氏居寧國

金長子 四老 娶葉氏

次子 潡 娶蔣氏

尙材

三子 滿老 娶洪氏

鐵長子 澤 娶蔣氏

尚鸞

尚鳳

次子 源

鍔長子 洎 娶蔣氏

次子 百法 娶羅氏

鑣長子 百潛 娶吳氏

次子 百清

鎛子 百洋 娶吳氏

尚恩 娶鮑氏

鑑嗣子 百永

鈫子 百州 娶朱氏 居沛縣

鏤長子 克德 娶籍氏繼汪氏繼孫氏

次子 克孝 娶汪氏

尚懋

尚滿

尚繼

尚慶

尚寧

廷昂 娶吳氏

喬長子 克明 娶羅氏

次子 克嘉 娶羅氏

三子 克振 娶蔣氏

成子 克勤 娶蔣氏
廷祿 娶蔣氏
廷祚 娶蔣氏

銨長子 克儉 娶洪氏
廷福
國達

次子 克和 娶汪氏繼顧氏
廷禧

三子　克敬　娶程氏　廷禎

四子　克立

五子　克守

社錫長子　六久

次子　百起

社道子　滔

顯相子　宦　娶胡氏　助老　娶王氏

互老

歡老

喜老

鍏長子 寬 居沛縣 娶鮑氏

次子 實 居泰州

三子 宇 娶臨清氏居臨清

四子 夏

慶元

	相保子	祿師長子	次子	三子		四子	
三三世	智師 娶羅氏	蒼應 娶蔣氏	善童	榮師 娶蔣氏		閏祖 娶吳氏	
三四世	海音 娶楊氏	天贈 娶吳氏		天麟	天聘	天與	天美
三五世	友進 娶方氏	周興		桂森	桂椿		
三六世	大壽 娶金氏						
三七世	顯高 娶余氏						

引童子
栾生子
添定子
添壽子

明德 娶汪氏
崇壽 遷婺源
茂師
趙師 娶孫氏

禎賜
貴興 娶汪氏

遲宗
積宗 娶金氏
仁宗 娶孫氏

大善 娶吳氏
大久
大盛 娶　氏

琰 娶吳氏
瑤 娶羅氏繼崔氏
珽

天惠子　祖和　娶蔣氏

添勝子　社貴

書童長子　存德

貴眞

黑　娶汪氏

大遠

永相

永得　娶蔣氏

永松

永森

旺　娶吳氏

尙蔭

尙護

次子 義德

三八世

顯高子 愷 娶吳氏

琰子 文耀 娶羅氏

瑤長子 文遴 娶汪氏

次子 文選

玨子 延慶 娶施氏

三九世

六德 娶余氏

喜德

彭年

神保

百成

四十世

四一世

四二世

尚蔭子　尚護子　添德子

百老　一老

三三世

正祖 娶蔣氏

百遂

三四世

昌師 娶楊氏

三五世

社貴 娶吳氏

三六世

銘宗 娶閔氏

景宗 娶徐氏繼汪氏

三七世

仁俊 娶汪氏

義俊 娶蔣氏 遷南陵資福

源俊 娶吳氏

榮俊

義俊長子

三八世

道儒 娶仇氏

三九世

世魁 娶胡氏

四十世

邦彦 娶潘氏

邦奇

四一世

紹宗 娶蔣氏繼周氏

珙俊 娶蔣氏

延壽 娶吳氏繼朱氏

長壽 娶汪氏

四壽 娶蔣氏繼汪氏

次子 道傑 娶張氏

三子 道偲 娶李氏

世亨 娶汪氏

世德 娶鄭氏繼宋氏

邦章

邦立

邦廉 娶汪氏

邦位

邦章

源俊長子	道逵		
次子	道憲 娶蔣氏	佛保	
珙俊長子	道貴		
次子	道慶 娶汪氏	雲老	
延壽長子	道清 娶程氏	楠 娶余氏	百福
次子	道湧 娶蔣氏	棟 娶蔣氏	
三子	道洪 娶羅氏	檜 娶羅氏	來灼
			來炤

長壽子　四壽子

道泯 娶蔣氏
道漢 娶蔣氏

梓 娶羅氏
楦 娶蔣氏
格
榛 娶蔣氏

來煥
應夢

東坑口派仲智公世系圖

富子

三一世

社童 字仲智一名鵬 娶汪氏生二子 琥 玫

三二世

琥 娶羅氏 遷居東坑口

三三世

祖茂 娶汪氏

三四世

容 娶汪氏

鳳 娶汪氏

鵬 娶羅氏

三五世

祥 娶程氏

和 娶程氏

富 娶汪氏

潤 娶仇氏

貴 娶邵氏

志 娶方氏

三六世

嚴　祥長子　娶蔣氏

義　次子

憲　相長子　娶蔣氏

三七世

高　娶張氏

文琳　娶[illegible]氏

三八世

正茂　娶吳氏

五郎　娶汪氏

六郎　娶胡氏

桂　娶王氏

三九世

玉老

通老

遷老

四十世

賜　娶程氏

文琭　娶程氏繼鄭氏

棋　娶許氏

梓

楠　娶胡氏

端陽　娶余氏

端明

端榜

高老

明老

尚老

次子　彪　娶胡氏

富長子　廉　娶金氏

次子　瑨　娶汪氏

文瑄　娶許氏

文璧　娶馮氏

文琣　娶鄭氏

萬椿　娶蔣氏

應麟　娶周氏

應助

應龍

應鳳

應鸞

樓　娶吳氏

荒老

潤長子 賴 娶羅氏

次子 黑 娶洪氏

柯 在外

文魁 娶王氏

文琎 娶余氏

文玉 娶蔣氏

三郎 娶吳氏

枋

社老 娶徐氏

佛老

冬老

才老

貴子
奴 娶詹氏

志長子
勉 娶汪氏

文寵 娶蔣氏

璲 娶楊氏

欽

文璔 娶王氏

文換 娶王氏

文玘 娶余氏

社慶

社全

遲老

應彬

應揚

次子 員 娶蔣氏

三子 滿 娶吳氏

四子 榮 娶蔣氏

文珩 娶羅氏

文獻 娶舒氏

文忠 娶程氏

文璽 娶蘇氏

文烈 娶凌氏

宗保

宗義

宗成

應惠

應高

萬樸 娶余氏

萬棣

萬寶 娶余氏

伯達

伯進

賜長子　次子

當 娶汪氏
杲 娶余氏

文朗 娶吳氏
文珏 娶馬氏
文瑶 娶胡氏

萬珍
萬明
應靜
應元
應貴
應茂
應盛

伯遲

三子 招 娶王氏

文璉 娶方氏

應學　應旺　應彩　應聘

四子 班 娶趙氏

五子 武

常州府武進縣派玖公世系圖

鵬長子

三二世

玖公　娶汪氏　遷浯村

三三世

社榮　娶項氏

三四世

富宗

貴宗　娶楊氏

三五世

以明　娶王氏

以高　娶吳氏

以艮　娶劉氏繼汪氏

三六世

景烈　娶周氏

景敖　娶梅氏

景熙　娶徐氏

景默　娶林氏繼陳氏

景廉　娶葉氏　受戶部壽官劄付

三七世

景烈子 朝榮

景默長子 朝恩 娶潘氏

三八世

夢祺 娶方氏

夢禎 娶程氏

三九世

廷傑 娶王氏

廷俊

廷偉

廷儒

廷仕

廷侃

次子 朝憲 娶周氏

景廉長子 朝賓 娶趙氏

次子 朝宋 娶金氏 邑庠生

三子 朝寵 娶吳氏繼徐氏

四子 朝宣 娶楊氏

應龍 娶譚氏

玉振 娶金氏

玉林 娶蔣氏 邑庠生

玉森

玉樹

玉枝

玉彬

晉嘉 娶牟氏

鼎嘉 娶許氏

履嘉

中叚派勝得公世系圖

章童 子

三三世

勝得 娶蔣氏

三四世

薩奴 娶蔣氏
二奴 娶余氏

三五世

道政 娶方氏
社互 娶蔣氏
寄宗 娶胡氏

三六世

周顯 娶余氏
周旺 娶蔣氏
添相 娶黄氏
添禧 娶吳氏

三七世

文曜 娶余氏
文琣 娶蔣氏
文福 娶余氏
文祿
文昌 娶余氏
文暠 娶羅氏

道宗 娶余氏
員宗 娶蔣氏

添瑞 娶蔣氏
添喜 娶余氏
添壽 娶程氏

文昺 娶蔣氏
文音 娶蔣氏
文照 娶蔣氏
文燦 娶吳氏
文焌 娶李氏
文旭 娶金氏
文旻 娶吳氏
文魁 娶蔣氏

文曜長子

三八世 岩璛 娶余氏

三九世 汝煌 娶蔣氏

四十世 柏

柳

汝柯 娶　氏

汝槐 娶蔣氏

次子

岩玭 娶楊氏繼蔣氏

汝松 娶蔣氏

柏昆

四一世

四二世

文業 娶蔣氏

文信 娶金氏

柏梓

汝泗

三子　岩琪 娶蔣氏　汝祐 娶　氏

四子　岩珠 娶蔣氏　汝賓 娶吳氏　百元

五子　岩珊

六子　岩瑞 娶蔣氏　汝全

汝聖

汝安

文晧子
岩芳 娶蔣氏

文嵩子
正立 娶　氏

文髙子
正陽 娶胡氏

汝法
汝禎 娶蔣氏
汝福 娶蔣氏
汝祿 娶蔣氏
廷高
廷遠

百梓
百樸
百棣

文音子
正陞

文焌長子
正陵

次子
正阯

三子
夏老 出家水晶庵

文旭子
岩老 娶余氏

文魁長子
正隆 娶余氏
光祖
光耀

次子
正陞 娶葉氏
天勝

曹溪派天益公世系圖

子才長子

廿五世

天益　娶許氏繼程氏

廿六世

念四時中　字景參娶汪氏任浙江提幹廸功郎據縣主簿

念九時昇　娶許氏

廿七世

百八銳　娶吳氏

百七郡馬　娶趙氏

百九鎔　娶汪氏

廿八世

萬一梓　娶胡氏

千三端　娶　氏

千二椿　娶江氏

廿九世

鸞壽

壽二　娶汪氏

壽一　娶程氏繼許氏

三十世

吳老　壽二子　娶許氏

芳老　壽一子　娶黃氏

天保　燾長子　字弘德娶江氏　生三子　善吉　菩薩奴　永民　民遙禍石

三一世

四二時可　娶汪氏

善吉

菩薩奴

三二世

七六鐘

三三世

萬二柟　娶呂氏繼程氏

三四世

燾　娶吳氏

菩薩奴長子

三二世　彪師

三三世　龍興　榮興

三四世　天佑　天生

三五世　尙善　明護（娶鮑氏）　明英

三六世　顯隆（娶吳氏）　顯松（娶蔣氏繼王氏）　顯玖（娶蔣氏）　顯佐（娶吳氏）

次子 成祖

三子 馬孫

義興

晚興

祥興

天理

富善

賜善

恩善

助孫

律孫

三七世

鶴　顯隆長子

時郎　次子　娶葉氏

拾郎　三子　娶李氏

文誨　顯松長子　娶吳氏

文討　次子　娶鄭氏

三八世

一澤

一澗

一沐

一洪

一濂

一瀆

一泮

一江

三子
文訪娶劉氏

四子
文証

顯玑長子
讓

次子
誠

顯佐長子
文謙娶葉氏

一源

次子
文讚

三子 文詠

助孫長子 柏壽

次子 松壽

三十世

壽次子 芝孫

三子 法保

四子 萱 娶江氏繼吳氏 所著逸齋集事文採萃等書

三一世

納歡

三二世

道奴

萬奴

三三世

紹宗 娶汪氏

紹祖

三四世

驢童

餘慶 娶羅氏繼余氏繼方氏 所著有涵養集

醜奴 娶羅氏

潑驢 娶羅氏

連保

山童 娶胡氏

武童 娶吳氏

康童 娶吳氏

周民 娶吳氏

茂祖

長壽 娶羅氏

長盛 娶胡氏

長遂 娶汪氏

長宗 娶蔣氏繼汪氏

社黑 娶許氏

長壽長子　次子

三五世

知善

嘉善

三六世

仁顯 娶許氏

仁賢 娶葉氏

仁實 娶江氏

三七世

魁孫

弘孫 娶梅氏

元久

伯才 娶洪氏

三八世

榮祖 娶羅氏

一和

一桂

一尊

六壽

自順 娶程氏

三九世

益生 娶蔣氏

應麟

元賜

朝元

三子 樞善

伯文 娶汪氏

自育 娶鄭氏

自立

自富

自有

朝慶

朝京

朝璽

四子 璇善	五子 衡善	六子 昂善	長子 長盛 梓善	次子 華善		三子 鎮善	四子 勉善
仁貴				上護 娶蔣氏			仁宣
資安				廷訓 娶蔣氏	廷臣		金鸞
良璧				大道			鯢
萬壽				永高			榮壽

仁富 娶蔣氏

恩 娶汪氏

鯉

鯇

鱘 娶 氏

鮶

再有

永慶 娶程氏

永芳 娶程氏

永達

永輝

永亭

永勝 娶王氏

長遂長子

四榮娶孟氏

元浩娶羅氏

本祚娶羅氏

宗錫娶程氏

天錫娶羅氏

永耀

永隆

永通

永泰

景燦

景煥

景煌

景焜

次子

歡善 娶汪氏

興浩 娶洪氏繼胡氏蔣氏
文浩 娶方氏
才浩 娶汪氏

承祚 娶汪氏
滿祚 娶羅氏
眞祚 娶李氏
法祚 娶呂氏
進祚 娶汪氏
長祚 娶汪氏

京錫 娶蔣氏
君錫 娶蔣氏
艮志 娶呂氏
艮惠 娶蔣氏
艮憲 娶宋氏
旦 娶蔣氏繼蔣氏
佛佑

社賜
大受 娶程氏
應徵 娶羅氏
社保

三子

繼善 娶許氏

仁浩 娶尤氏

相祚 娶羅氏　松祚 娶汪氏　槐祚 遷河西務　鸞祥 娶許氏

百老 娶蔣氏　艮仟 娶吳氏　艮傳 娶汪氏繼羅氏　艮僖 娶蔣氏　艮棟 娶呂氏

可異　可福　可禄

顯浩 娶汪氏

瑞祥 娶呂氏
鑑祚 娶蔣氏
鋐祚 娶汪氏

良材 娶程氏
良橋 娶呂氏
良柯 娶程氏
良澤
良賓
良輔

可學
可茂
可度
可安
可容
可取

長宗長子

榮善 娶許氏

齊浩 娶許氏繼汪氏陳氏方氏

鏜祚 娶鄭氏

鎰祚 娶呂氏

廷傑 娶蔣氏

艮性

艮懷

必名 娶程氏

必成 娶蔣氏

必選 娶程氏

必遂 娶蔣氏

可成

可立 娶許氏

可聘 娶吳氏

可觀

玄浩 娶葉氏
德浩 娶羅氏

廷儒 娶許氏
廷佐 娶葉氏

必遵 娶程氏
必通 娶許氏
必達 娶詹氏
必富 娶鄭氏
必全
必大 娶方氏

可賢
可慶
可爲
可陞
可陛
可業
可貞
可階

次子

耀善 娶蔣氏繼許氏

齡浩 娶汪氏

爵浩 娶吳氏 邑庠生所著有惺齋日錄

祿浩 娶蔣氏

俸浩 娶程氏

廷佑 娶羅氏

廷以 娶葉氏

廷周 娶汪氏

廷用

廷紳 娶胡氏

必進 娶呂氏繼吳氏

必興 娶汪氏

必有

可八

可亭

三子 貴善

社黑 長子 玹善 娶吳氏

次子 珍善 娶程氏繼陳氏

社生 長子 功善

章浩

世榮 娶黃氏

世芳 娶蔣氏

世昂 娶許氏

添孫 娶羅氏繼陳氏

廷湖

廷遂 娶方氏繼姚氏

廷選

秉理 娶吳氏

必來

必慶

世民

次子
明善

奇孫
原孫 娶許氏
留孫 娶蔣氏
桂孫
龍孫
虎孫 娶胡氏

秉倫
秉仲
秉均
秉匀

世和
世光
世德
世徵

應芳

三子

積善

顯孫　遲孫 娶程氏

廷珍　艮節　年老

世暉　世曜　世昭　世旺

四子

應善

槐孫　娶吳氏繼呂氏

權孫　娶蔣氏

榮遷

榮錦

榮秀

榮邦　娶程氏

大育

大節

大用

大經

應龍

應鱗

應科

應第

四十世

應隆 榮壽子

正陽 永慶長子

四十一世

榮先 娶羅氏

榮卿 娶蔣氏

大本

應奎

應元

應贈

次子　正元

永冉子　正光

景燦子　文第

景煥子　社尚

景焜子　文明

大爱子　文光　娶吳氏

應徵子　潛老　娶許氏

萬金

碣石派天保公世系圖

壽長子

三十世　天保

三一世　永民　娶吴氏

三二世　克養　娶鮑氏

三三世　振祖　娶吴氏　赓善　娶鄭氏　關奴　娶胡氏　關護　娶汪氏

三四世　廸宗　娶吴氏　膳宗　娶戴氏　寧宗　寄宗　娶莫氏　胖宗　娶方氏　滿宗　娶葉氏

廸宗子

三五世	天產 娶黃氏			
三六世	進福	進祿		
三七世	積得 娶羅氏	積安 娶葉氏	全孫	
三八世	新應	佛應 娶吳氏繼程氏	柳孫 娶鄭氏	
三九世	原旺	原善 娶羅氏	原黑 娶程氏	

膳宗長子 天永

次子 天祥 娶許氏

進貴

進盃

進達 娶許氏

壽孫

爵孫

淵孫

鳳孫 娶蔣氏

時雨

時健

時政

時敏

時貴

時恩

茂芳

盛芳

蕙芳

揚芳

振芳

議芳

凰孫

時元娶賀氏

誠芳

正芳娶吳氏

聯芳娶許氏

萬芳娶洪氏

玄芳

紹芳

嗣芳

時先

時勉
娶
氏

奕芳

流芳

延芳

襲芳

廸芳

永芳

定芳

進弘 娶卜氏　進可 娶乜氏

艮孫 娶呂氏　連孫　寄孫　虎孫 娶汪氏

時傑 娶張氏　時仁 娶鄭氏　時賓　時光 娶汪氏

遂芳　明芳　秋芳　芝芳　聖芳　榮芳 娶吳氏

三子　四子

天助　天員

進玄　娶程氏
進武　娶呂氏
進美
進鶴　娶葉氏

朋孫
諫孫　娶蔣氏
時孫
和孫
瓊孫

時儒　娶程氏
時化　娶程氏
汝文
汝章
時旺
時昭

春芳
齊芳

五子

天用

進春 娶朱氏

璥孫　演孫　潨孫

時春　時祿　時禎　時禮　時祥　時遠　時老

寄宗子	寄宗長子						
天容	天成 娶程氏						
鎮齊	進時 娶葉氏				進詩 娶程氏		
傳孫 娶黄氏	潤孫 娶胡氏				浩孫 娶陳氏	渙孫	海孫
時忠 娶許氏	時大 娶許氏	時新 娶宋氏	時隆 娶吴氏	時能 娶張氏	時揚		時通
	長芳	奇芳	文芳	立芳			

次子

天榮 娶羅氏

進睦 娶鄭氏

進道 娶羅氏

湘孫

濬孫

湛孫

溶孫 娶汪氏

澤孫 娶汪氏

時初

時學 娶程氏

時寬 娶羅氏 字汝棠嘉靖己未生經商儀揚萬歷十五年病故妻娶容溪羅夢麟女痛念夫喪外郡絕粒身死麟呈

沂孫 娶羅氏

泮孫 娶方氏

浹孫 娶蔣氏

縣王好古彭爺拘審里排謝中和等保結是的金批貞烈發禮房給扁完卷

時泰 娶黃氏

時寶

時宗

時言

時文

胕宗長子
天育 娶吳氏

次子
天瓚 娶金氏

三子
天瑛 娶程氏繼呂氏

金

進鍾 娶羅氏

進鐸 娶許氏

進禮 娶張氏

濟孫 娶葉氏繼陳氏

治孫 娶王氏

汪孫 娶黃氏

滿孫

時彥

時廣 娶鮑氏

時應

四子
天瑞 娶羅氏
進佳 娶呂氏
祊孫
進臣 娶孫氏
祈孫
萬孫
進卿
進傑

滿宗長子
天亮 娶陳氏
進賢
進貫
汶孫 娶吳氏

次子
天壯

原旺長子 天喜　進護

次子 天明　進鸞

原善子 天濟　進通

原黑子 天扶　進玘　鎮孫

四十世

榮冉長子 應初

次子 應祚

石磯頭派羅公世系圖

三二世
羅
恒長子

中
次子

三三世
逢原

祐泰
字廷美府椽任興化府知事

道祐

三四世
難孫

寧師
遷襄陽衛軍

三五世
重興

長興

三六世
宸宗

賢宗

敬宗
臨清州教授

三子

丁

祐亭　康祖

義師　永相

九關　社茂　社達　社榮

高宗　瓊宗　祿宗　思禮　思華　思廉　思敬　思琯

宸宗子

三七世
隆祥

三八世
正祖
玄福
玄相
玄輔

三九世
道生
道富
艮俊
艮作
艮仲
華悅

四十世
玄與
暹與

昊椿
昊棖
仁祿

賢宗長子 文贊
次子 文勝
高宗子 文三
瓊宗長子 岩壽

應龍
細毛
洪艮
周艮
廷柏

可六
可七
可八
可九
立富
立貴

				廷曜
次子 岩星	廷輝	立紀		
三子 岩法	世節			
禄宗長子 岩勝				
次子 岩魁	世裕			
	世禛			
	世福			

思禮子			思華長子			次子	
長棟			長機			長奎	
世鵬			世鹿		世爵	世鰲	世岳
立本	立綱	立慶	立善	立忠	立皐		

三子		四子	思廉子		思敬子	思堉長子
長柏		長棣	長校		長檀	長柯
世湘	世澤	世寶	世鳳	世祥	世麟	
重富			立德		重光	

次子　長棹　世高

昊椿子　京爍　志誠　立信

立修

昊棖子　京燧　志芳

仁祿子　京壽　志義

汪村派三五公世系圖

子才
次子

廿五世
三五
諱寬字仲輝
一名百大娶汪氏

廿六世
千二
任太和縣教諭
娶程氏

廿七世
萬三
諱寬字修東娶程
氏著有潛額集

廿八世
進一
字得傳奏差任浙
江行臺斷使娶許
氏

進二

廿九世
可一
娶程氏

可二
娶鄭氏繼汪氏

可一
三子

三十世
嘉卿
諱嘉壽任福建塩
運司提舉娶吳氏

三一世
椿保
娶汪氏

三二世
葢師
娶鄭氏

虎師
娶許氏
繼程氏

可一長子 岩壽

次子 堯壽

龍慶 娶王氏

惠師 征雲南陣亡

關師 娶葉氏

德安 戍湖與寶慶衛 娶王氏

豹師 娶羅氏

慶壽　四子

岳壽　五子

三三世

敬同　益師子　娶吳氏

三四世

佛生　字宗勉高陽縣主簿娶程氏

三五世

希齡　娶劉氏

希宗　娶程氏　繼方氏

希文　娶程氏

三六世

茂景　娶王氏

茂楦　娶方氏

茂榆　娶汪氏

茂英　娶汪氏

三七世

琨

璽　娶汪氏

琇　娶丁氏

璲　娶陳氏

明孫　娶汪氏

三八世

塈長子　天蔭　娶鮑氏

次子　天蘭　娶吳氏

琇長子　玄德

次子　玄愷　娶余氏　繼劉氏

三九世

道輝

道大

壽郎

四十世

茂榮

茂蕃

茂桂　娶姚氏

琦　娶吳氏

三子 玄滿 娶余氏

璉子 玄鳳 娶方氏

朋孫子 天祐 娶王氏

時成

道元

道亨

道利 娶鮑氏

道貞 娶葉氏

端揚

正揚

福揚

朝揚

琦長子　玄慶　娶王氏

次子　玄魯

虎師長子　閏同　娶羅氏　繼宋氏

三三世

道乾

道幹

禎　娶朱氏

三四世

永慶　娶鮑氏　繼□氏

三五世

倉生　娶許氏

立生　娶羅氏

三六世

用孫　娶許氏　居許利

招毛　出繼許利

昭　娶汪氏

旼　娶梅氏

暲　娶汪氏

三七世

永祥 娶方氏

永明 娶汪氏

永禧 娶羅氏

永宗 娶程氏

社宇

艮孫 娶朱氏

賦孫 娶汪氏

茂叢 娶葉氏

重善 娶蔣氏

顯相 娶汪氏

顯贊

顯齊 居寧國

克相 娶葉氏 繼方氏

岩進 娶葉氏

岩助 娶呂氏

玄賜 娶吳氏

順　娶葉氏

永昌　娶胡氏

茂櫘　娶朱氏

茂楫　娶吳氏

茂幹　娶汪氏

烜　娶汪氏

烺　娶程氏

焯　娶胡氏

燿　娶宋氏

烶　娶鮑氏

烱　娶許氏　繼張氏

燁　娶許氏

煒　娶汪氏

三八世	三九世	四十世
昭長子 寄岩		
次子 與岩		
三子 成岩	文進	
四子 四岩		
旼長子 田		
次子 申		
顯相長子 珪	守成 居寧國	

次子 璵 娶汪氏

顯贊子 球

克相長子 珣 娶江氏

次子 瑞 居鄆城縣陳里長集

岩助嗣子 元定 娶江氏

岩保

岩松

守銓

雲老

時老 娶丁氏

社賜

敦陽長子　周顯　娶吳氏

次子　周壽　娶張氏

焯子　應坤　娶徐氏

烺長子　應聯

次子　應芳　娶胡氏

焯長子　應卿　娶鮑氏

次子　應邦　娶施氏

明寶

登雲　娶宋氏

登岩　娶程氏

登瀛

登庸

登朝

爟長子　應芝　娶汪氏

次子　應蘭　娶程氏

烱子　應文

燁子　應艮　娶程氏

焯子　應和

登科

登鰲

登元　娶方氏

登用

登名

虎師次子

三三世

正同　娶許氏

三四世

壽　娶葉氏

三五世

福孫　娶宋氏　繼張氏王氏

三六世

天時　娶趙氏

天濟　娶胡氏

天廣　娶汪氏

三七世

珊　娶胡氏　繼鄭氏

環

珏　娶胡氏　繼程氏

斑　娶鮑氏

瑚　娶汪氏

珮　娶程氏

瑗　娶何氏

居舒城縣

亨 娶方氏

社旺 娶程氏
華孫 娶徐氏
榮孫 娶鮑氏
岩孫 娶程氏 繼汪氏

天發
天積 娶蔣氏
天賜 娶汪氏 繼汪氏
興祥 娶吳氏
隆祥 娶胡氏

珩 娶朱氏
邦 娶汪氏
都 娶胡氏 繼汪氏
護 娶吳氏 繼梅氏
誥 娶汪氏 繼方氏宋氏
尚仁 娶許氏

珊子
珽長子

三八世
元成
元度 娶詹氏
居舒城縣

三九世
報
以忠 娶洪氏

四十世
可象

四一世
陳祥 娶徐氏

侃 娶許氏
仲 娶汪氏
仕 娶徐氏
佳 娶吳氏 繼韓氏
居山東鄆城縣

三子	元寶 娶羅氏	以寧
瑚長子	元林	
次子	元吉 娶汪氏 居舒城縣	以德
珮子	元勝 娶詹氏 居舒城縣	以惠
珩子	元蔭 娶王氏	以信 娶牛氏
邦長子	憲 娶吳氏	希元 娶蔣氏
次子	宥	

部長子　寬
希堯　娶羅氏
復盛

次子　宏　娶葉氏
希尹　娶汪氏
復泰

希孟

希禹

三子　完　娶吳氏
希閔　娶吳氏

四子　容　娶羅氏
希顏　娶汪氏

希武

希魯

護長子　德純　娶程氏

次子　德紹　郡庠生　娶方氏

三子　德紳　娶羅氏

希周

文通　娶吳氏

文逸

文遠　娶徐氏

文適　娶許氏

祖駿

文延　娶葉氏

祖驥

文光　娶許氏

文明　娶蘇氏

四子
德綏 娶吳氏 繼方氏

文邃

文适

五子
德綏 娶羅氏

文述

諾長子
德化 郡庠生 娶羅氏

文健 娶羅氏

爾賓

爾召

文順 娶吳氏

文彥 娶鄭氏

爾聘

次子
德修

三子
德依 娶方氏

四子
德偉 娶許氏

尚仁長子
德光 娶汪氏

文翰

文林

文著

文昌 娶蔣氏

文華 娶羅氏 繼程氏

周訓 娶胡氏

周諫 娶吳氏

周信 娶蔣氏

周讓

次子

德輝 娶蔣氏

文斐 娶羅氏
文彩 娶羅氏
文度 娶蔣氏

周誼
周謙
大恩
大惠 娶仇氏
大志
大興
維藩
維泮

三子

德彰 娶汪氏

文超 娶鄭氏
文正 娶羅氏
文卓 娶羅氏
文會 娶羅氏

維卿
維灝
維垣
嘉器 娶胡氏
嘉相
嘉猷 娶許氏
嘉言 娶汪氏
嘉禮

時泰

嘉綸

德本 侃子 娶江氏

德新 仲子 居鄆城縣

德服 仕長子 娶宋氏

德裳 次子

文育

文貞

文成

虎師三子

三三世

啟同 娶吳氏 繼汪氏

三四世

釋迦 長房 娶許氏

三五世

長孫 娶呂氏

關孫 娶許氏

員孫 娶程氏 繼許氏潘氏

三六世

茂高 娶許氏 繼李氏徐氏

茂璉 娶汪氏 繼周氏

茂蘭 娶殷氏 繼王氏

三七世

澤 娶許氏

沶 娶許氏

澄 娶吳氏

涵 娶方氏 繼王氏

湘 娶許氏 繼汪氏

遷 娶羅氏

茂琰 娶胡氏矢節終身

景祚

茂珣 娶許氏

逵 娶吳氏

廸 娶吳氏

選 娶許氏

尚文 郡庠生 娶蔣氏

尚質 娶許氏 繼楊氏

忠　娶吳氏　繼吳氏　繼吳氏

永隆　娶許氏　繼陳氏

永俊　娶汪氏　繼賀氏年十八矢志守節八十而終

永盛　娶許氏　輸粟授義官

茂林　娶吳氏　繼閔氏

佛保　遷湖廣團風鎮

資　娶許氏

尚美　娶黄氏　繼徐氏齊氏羅氏

尚誠　娶鄭氏

尚諷　娶羅氏

尚讚　娶估氏　繼萬氏

積　娶方氏

永軒　娶程氏
寄孫　娶羅氏
武相　娶宋氏

貢　娶吳氏　繼胡氏
汶　娶汪氏
源　娶蔣氏
社祥　娶葉氏
社浩　娶程氏

尚誨　娶汪氏　繼吳氏
尚訓　娶汪氏
尚謨　娶吳氏　繼徐氏
謀　娶黃氏
謹
尚友　娶鄭氏
海　娶程氏
浦　娶胡氏

富 娶許氏 繼鄭氏

安孫 娶蔣氏 繼曹氏

寧孫 娶呂氏

壽久 娶項氏

茂才 娶方氏

沂 娶徐氏

沾

淮

渭 娶羅氏

滔 居長縣

思 娶許氏

德

聽 娶蘿氏

貴　娶戴氏　字宗榮授義官

泰孫

助孫　娶鄭氏

永昱　娶方氏

永昇　娶許氏　繼路氏

巽　娶汪氏

淘　娶方氏

錦　娶吳氏

欽　娶高氏　繼鮑氏

天興　娶程氏　繼馮氏

天元　娶尙氏　繼尹氏

尙志　娶胡氏

尙應

湧　娶汪氏

一潮　娶吳氏

一治　娶汪氏

澤長子

三八世

應時　娶方氏青年矢節

三九世

承宗　娶吳氏　繼吳氏汪氏

四十世

翼明

然明

康明

徵明

建明

四一世

鉞　娶許氏

銖　娶吳氏

一清　娶羅氏

一濂　娶黃氏

次子
應暘　娶程氏　繼吳氏
邑庠生

三子
應物　娶羅氏　繼羅氏

承烈　娶方氏

承式　娶許氏
戴明

承章　娶吳氏

承麻　娶汪氏

承泰　娶許氏

承慶

承學

承士

四子 應大 娶吳氏

五子 應橋 娶吳氏

沛長子 應梅 娶葉氏

次子 應槐

承嗣 娶吳氏

承立 娶吳氏

承業 娶許氏

承位

承諭

承僴 娶蔣氏

初麟

覲明

允明

澄長子 應賢 娶方氏

次子 應武 娶程氏

涵子 應璋 娶吳氏

湘長子 應龍 娶許氏 繼胡氏

君遇 娶鮑氏

君恩 娶程氏 繼 氏

君惠 娶汪氏

君懋 娶徐氏 繼汪氏

一鳴 娶胡氏

大順 娶許氏

光耀 娶吳氏

光輝

光普

光顯 娶汪氏

光前 娶鮑氏

光昭

養正

次子 應鳳 娶羅氏 繼王氏

三子 應象 娶江氏矢志守節

四子 應藜 娶羅氏

遷子 應祥 娶胡氏

大勳

大成

大典 娶胡氏

大魁

大進 娶羅氏

大受 娶吳氏

大綱 娶　氏

逵長子　應祐　娶胡氏　居山東留城

次子　應祜　居留城

廸長子　應祺　娶譚氏　老奴

次子　應宿　娶鄭氏　老成　娶羅氏　國正

選子　應廉　娶程氏

尙文長子　應宣　娶汪氏　承詔

次子　應秋　娶胡氏

尚質子　應求　娶程氏

尚美長子　陞　娶鄭氏　郡庠廪生

錫樂　娶李氏

錫服　娶吳氏

汝翼　娶吳氏

汝爲　娶方氏　府庠生

汝楫

汝明

汝聽

時杰

時相

時標

次子
三子
四子
尙誠子

堂 娶許氏
陞 娶汪氏 繼徐氏
郡庠生
室 娶方氏
邦篆 娶吳氏

錫安 娶徐氏
錫爵 娶宋氏
錫光 娶徐氏
鳳毛 娶許氏
麟趾
來宣
元方 娶吳氏

汝嘉
沐光 娶吳氏
沐宣

謝氏宗譜　卷一

仲方 娶淩氏

季方 娶羅氏

聯方

晉方

沐化

沐恩

尚飈長子 邦慶 娶方氏

次子 邦教 娶吳氏

尚巖長子 邦聘

次子 邦畿 娶程氏

三子 邦寧 娶呂氏 繼程氏

寶樹堂

四子
邦箴

尙誨長子
邦虔 娶羅氏

次子
邦彥 娶王氏
之瑞

三子
邦順

尙訓長子
邦節 娶吳氏 字元信任故城縣主簿蒙欽奬陞歷城縣縣丞
之翰 娶吳氏
世選

世宏

之幹 娶吳氏 繼張氏
世祿

之臣 娶羅氏
世茂

次子
邦簡 娶汪氏 繼娶吳氏方氏

三子
邦符 娶程氏

之龍 娶羅氏

之鳳 娶汪氏嫁二載鳳故服闋自盡鄉人感其節烈配祀宗祠

之屏 娶黃氏

之蕃

之禎 娶程氏

世卿

世功

世駿

世驥

世家

尚謨子
邦達娶許氏

尚友長子
用賓娶左氏

次子
用賢娶馬氏

之祥娶詹氏

一麟

二麟

紱麟

壽麟

玉麟

學詩

世德

海子 璜 娶方氏
浦子 存 娶汪氏
沂子 存禮
沽子 存信
渭子 存德 娶蔣氏
思長子 可學 娶王氏
次子 可譽
德子 可庸

周祐 娶王氏
二漢 娶梅氏
三漢
天寵
志高 娶王氏
光祖 娶周氏

應懷

聰長子 可友

次子 可義

天與長子 可成 娶程氏 字志夫任河澗府檢校

太喜 娶程氏

汶喜

次子 可興 娶葉氏

百順

百昌

百泰

三子 可嘉 娶方氏

四子 可傳

五子 可復

天元長子 可篋 娶胡氏

次子 可從

三子 可雷

四子 可翼

尚志子 可綬 光國 光祿

尚應子 可教

澗長子	可大 娶汪氏	大武	
次子	可久 娶汪氏		
三子	可立 娶許氏	大全 娶汪氏	雙喜
湖子	三取 娶羅氏	惟輝	
治長子	三策 娶方氏	惟光 娶鮑氏	
		惟燿	
次子	三讓 娶汪氏		
三子	三才		

一清長子　三聘　娶戴氏　繼王氏

一濂長子　三錫　娶楊氏

次子　三益　娶楊氏

三子　三省　娶程氏

四子　三近　娶方氏

師成

師訓

師教

師明

師正

師化

虎師四子

三三世

遠同 娶鮑氏 繼吳氏

三四世

佛應 娶汪氏

三五世

光善 娶方氏

煬善 娶黃氏

三六世

茂芳 娶程氏

茂槿 娶蔣氏

岩潤 娶黃氏

岩溢 娶汪氏

三七世

杲 娶殷氏

萬孫 居夏鎮

討孫 居夏鎮

唐孫 娶羅氏

梁孫 娶王氏

周孫

玄應 娶汪氏

惠善 娶孫氏

燉善 娶羅氏 繼林氏

若滋 娶許氏

岩濡 娶方氏

茂芝 娶鄭氏 繼唐氏

震 娶吳氏 繼鄭氏

雲 娶汪氏

霽 娶汪氏

電 娶許氏

霆 娶方氏

晃 娶羅氏

俱居淮西

遲 娶程氏

炅

祺善 娶王氏

餘善 娶胡氏

茂萊 娶汪氏年十九矢節終身

泰壽 娶徐氏

世恩

世忠

勗孫 娶鄭氏

昇孫 娶劉氏

昌孫 娶闕氏 居淮西

昊孫

三八世

杲子　天慶　娶羅氏

唐孫子　魁　娶葉氏

艮孫嗣子　七老　娶劉氏

震子　道齡　娶汪氏

三九世

壽大

本善

有依

有德

有光

有忠

有爵

雲子 君錫 娶方氏 —— 國聘

國取

靄子 時鳳 娶李氏 —— 國英

電子 自才 娶胡氏 —— 有仁

霆長子 自立 娶蔣氏 —— 有福

次子 自成

晃長子 守慶 娶葉氏

次子 守裕 娶羅氏 —— 有兆

三子 守元 娶吳氏

暹子 元慶 娶張氏

勗孫子 守信 娶程氏

　有學

昇孫子 友慶

昌孫長子 仁慶 娶汪氏 居淮西

次子 千慶 娶張氏 居淮西

吳孫子 守福

虎臣五子

三三世
堅同　娶程氏 繼洪氏

三四世
社護　娶胡氏
文顯　娶胡氏

三五世
本生　娶程氏
勝生　娶汪氏
喜生　娶羅氏
亮　娶胡氏 繼張氏

三六世
堯綬　娶羅氏
堯臣　娶方氏

三七世
元老
天老
國老

文達 娶鮑氏

豪 娶程氏

粲 娶許氏

堯弼

守溦 娶羅氏

守清 娶李氏

守汝 娶章氏

守志

若春 娶徐氏 繼沈氏

孟敬

六久

應鶴 娶劉氏

應鵬 娶程氏

恩惠 娶李氏

恩賜 娶葉氏

琹 娶汪氏

若新 娶王氏

若泉 娶羅氏

若山 娶徐氏 繼宋氏 邑庠生

若海 娶程氏

恩典 娶羅氏

恩光

恩敬 娶王氏

恩聘 娶程氏

恩誥 娶程氏

士喬 娶鄭氏

士鰲

三八世

應鶴子 懷德

應鵬子 懷貞

恩惠子 福初 娶許氏

恩賜長子 泰初

次子 泰元

恩敬子 泰亨

槃 娶程氏

壽老 娶王氏

恩誥子　懷禮

恩聘長子　懷仁

次子　懷義

士喬子　儁

三三世

關師長子　源同　娶羅氏　繼程氏

三四世

意　娶朱氏　繼汪氏

三五世

文章　娶方氏

三六世

重興　娶許氏

齊興　娶吴氏

三七世

昂　娶胡氏

昴　娶汪氏

軻　娶許氏　繼范氏

永章 娶許氏

龍生 娶羅氏

鳳生 娶方氏

倫興 娶程氏

再興 娶吳氏

發興 娶方氏

文興 娶羅氏

武興 娶胡氏

周興 娶胡氏

輅 娶蔣氏

暹 娶葉氏 繼吳氏

通 娶朱氏

巡 娶羅氏

經

鉚 娶王氏 繼閔氏

七老 娶顧氏

善才 娶蔣氏

永瑞 娶汪氏
永芳 娶汪氏
永大 娶方氏

旺興 娶程氏
壽興
滿興 娶汪氏
景楊 娶仇氏
景棟 娶汪氏
景彪 娶程氏

萬老 娶汪氏
道安 娶宋氏
道宏
贊壽
暄 娶淩氏

鈒 娶方氏

承常 娶徐氏

太關 娶汪氏

景梭 娶仇氏

景頌 娶汪氏

景標 娶程氏

顯松 娶徐氏

顯桱 娶江氏

曉 娶吳氏苦節終身

貫 娶[illegible]氏

鼎 娶程氏

鼐 娶王氏

瑩 娶吳氏

太生 娶王氏

文岳 娶許氏

虎興 娶胡氏

景文 娶汪氏

彬 娶許氏 繼嚴氏 趙府引禮

楷 娶胡氏 繼李氏

焰 娶汪氏

燧 娶吳氏

炳 娶吳氏

炌 娶葉氏 繼王氏 壽官

烓 娶許氏

煥 娶方氏 繼朱氏

賢 娶蔣氏

永和 娶吳氏 繼葉氏

文華 娶程氏

文清

文富 娶鄭氏

炎 娶方氏 繼朱氏

熽 娶鄭氏

燿 娶許氏

熠 娶許氏

長壽 娶張氏

鑑 娶程氏

鎮 娶吳氏 繼胡氏

永寧 娶汪氏

永禎 娶吳氏

永傑 娶鄭氏

文貴

天恩 娶鄭氏

天爵 娶李氏

天祿 娶吳氏矢節終身

景倫 娶葉氏

景新 娶程氏

運 娶葉氏

顯保

顯佑 娶羅氏 賑饑鄉飲給冠帶

道孫 娶孔氏

昂子　昂長子

三八世　守正 娶趙氏　守忠 娶許氏

三九世　有誠 娶吳氏　有備 娶方氏　有孚 娶許氏

四十世　丹桂 娶王氏　昌齡　昌祚

景福　景禧 娶鄭氏

來孫 娶王氏

次子 守恕 娶吳氏
有經 娶方氏

轉長子 岩大 娶龔氏
和老

次子 岩高 娶王氏
有畧

有義

有智

三子 岩寬

軫子 社泰
有本

暹子 國用 娶汪氏 繼王氏

延長子 至福 娶汪氏

次子 至祜 娶何氏

嗣芳

三子 至裕

鈿子 守恩

七老子 守行

萬老長子 守恭

次子 守善

道安子 應乾 居夏鎮

曉長子 加祐 娶孫氏 居山東臨城

次子 增祐 居山東臨城

貫子 文邦 娶許氏 繼丁氏

鼎長子 汝錫 娶胡氏 繼洪氏 邑庠生

次子 宸 娶許氏

鳳鳴 娶吳氏 矢志柏舟

鳳文 娶葉氏

鳳翼 娶汪氏

立名

立行

鼐長子 宦 娶汪氏 繼王氏

次子 有爲 娶許氏

瑩長子 坦 娶鮑氏

次子 增 娶王氏

燧長子 雲鵬 娶徐氏 繼程氏

鳳來 娶蔣氏

鳳翔 娶汪氏

鳳起

鳳暘 娶吳氏

嗣元

守取 娶許氏

可取 娶徐氏

立賢

立朝

瑞

欽取 娶羅氏
珍

珉

瑱

君取 娶許氏
玶

義取 娶汪氏

次子
雲鶴 娶徐氏
魯生 娶宋氏
琍

徽生

三子
雲鶚 娶羅氏 繼王氏
建綱

烆長子 應元 娶汪氏

次子 應光 娶羅氏 繼許氏

烓長子 應旌 娶許氏

次子 應明

煥長子 均 居蘇州

次子 域 居蘇州

建紀

士文

三子 坊 居蘇州

四子 塲 居蘇州

炎長子 邦垣 娶方氏 滋陽縣庠生

康公 蘇州府長洲縣學庠生

士鹽

士鑾

四陽

子陽

明陽

次子 邦埈 娶汪氏 繼葉氏

光啟

三子 邦墅 居濟寧北鄉

四子 邦墉 居濟寧州

熽長子 壞 娶鄭氏

觀善

次子 墀 娶吳氏

燿長子 應基

次子 應城

長壽長子
三毛　娶李氏

次子
五毛　娶吴氏

陽昇

陽泰

鑑子
應霖　娶胡氏

陽明　娶蔣氏

陽春

鎮長子
應魁　娶程氏

陽生

次子
應順　娶黄氏　繼苗氏

陽敏

顯佐長子
應登　娶許氏　繼吴氏　賀氏

陽回　娶葉氏

次子 應節 娶葉氏 繼嚴氏

三子 應善 娶許氏

道孫子 應嚴 娶王氏 繼汪氏

來孫子 應松 娶汪氏

關師次子 昌同 娶汪氏 繼楊氏

三三世

陽復

陽臨

陽豫

陽光 娶范氏

陽融

社齡 娶汪氏

三四世

玄祐 娶汪氏矢節終身

三五世

三六世

三七世

社福 娶方氏

社珉 娶蔣氏

玄生 娶羅氏撫孤矢節終身

元祐 娶汪氏 繼仲氏

顯貴 娶汪氏

茂容 娶方氏

岩生 娶吳氏 繼楊氏項氏

岩佐 娶羅氏

岩輔 娶吳氏

道錫 娶方氏撫孤矢節

天成 娶許氏 繼洪氏

天敘 娶王氏 繼張氏

天敏 娶韓氏

詔 娶羅氏 繼閔氏

道錫子

三八世

伯祥 娶汪氏 繼張氏

三九世

社祈

大任 娶葉氏

大化 娶吳氏 繼汪氏

四十世

顯華 娶戴氏

允寧

允恭

允中

岩用 娶汪氏

表 娶吳氏

伯取 天成子 娶吳氏

賢賓 天序長子 娶吳氏

良賓 次子 娶王氏

大儀 娶汪氏

大儒 娶葉氏

大俸

大章

大傑

允文

允梁

天敏長子
伯禎 娶程氏
居鄆城縣陳里長集

次子
伯裕
居鄆城縣陳里長集

詔子
居安 娶吳氏

三三世

關師三子
鎖同 娶蔣氏

大有

三四世

相 娶江氏

德安長子

德安次子

三三世

龍保　娶鄭氏

鳳保　娶葉氏

三四世

瑄明　娶汪氏

三五世

文浩　娶吳氏

文潛　娶汪氏

三六世

茂杞　娶汪氏

茂相　娶汪氏

三七世

照　娶徐氏

煦

灼　娶方氏

煜　娶余氏

燃

文淳 娶戴氏

文洪 娶汪氏

文瀚 娶吴氏

茂森 娶徐氏

茂樟 娶程氏

茂梓 娶羅氏 遷合山縣

茂棣 娶孫氏 遷合山縣

烈 娶葉氏

默 娶吴氏

黔 娶汪氏

點 娶汪氏

黟 娶吴氏

黷 娶汪氏

璟明 娶金氏

琪明 娶汪氏 郡庠貢士

文淵 娶黄氏

文澗 娶徐氏

文泓 娶胡氏

茂榛 娶江氏

茂椿 娶汪氏

茂楠 娶梅氏

茂檜 娶戴氏

茂檀 娶汪氏

茂桐 娶汪氏

勲 娶徐氏

熊 娶吴氏

蒸

礽

三八世

照子 **壘** 娶郭氏

灼長子 **時增**

次子 **時城** 娶楊氏 居濟寧州

煜子 **時基**

燃子 **時坤** 娶楊氏 居濟寧州

三九世

銳 娶王氏 居南京江寧縣

萬鉞

萬鎮

萬鑑

萬鍾 濟寧州庠生

烈子　岩桂

默長子　邦卿　娶胡氏

次子　邦臣　娶蕭氏

萬鎰

萬鈺

萬鏡

萬錦

嘉詔

黔長子
應塈 娶程氏 繼呂氏

次子
應屋 娶葉氏

嘉議 娶方氏

明鑾

明欽

宗錫

宗鍠

宗銘

宗鉉

宗鍵

黠長子 應壁 娶吳氏
- 正學
- 文學
- 士學

次子 應墉

駿長子 興邦 娶范氏
- 天保
- 天護

次子 安邦 娶蔡氏
- 天福

黯長子 邦甸

次子 邦鳴

勳長子 恩榮

次子 恩寵

三子 恩祿

熊長子 恩華

天壽

次子 恩爵

三子 恩愛

初子 福全

豹師長子

三三世

善同 娶汪氏

三四世

志奴 娶吳氏

添奴 娶桯氏

三五世

顯宗 娶王氏

三六世

義生 娶汪氏

三七世

松孫 娶胡氏

柏孫 娶汪氏

松孫長子

三八世
仕榮 娶呂氏

三九世
獅 娶宋氏
象 娶張氏
虎

四十世
國泰
國宣
國賓
國忠

梅孫 娶胡氏
權孫 娶葉氏

次子 仕華 娶汪氏
岩老 娶葉氏
國初
國明

三子 仕富

四子 仕貴

五子 仕達 娶宋氏
之英 娶羅氏
之茂

梅孫長子 仕興 娶胡氏
文魁

次子 仕旺

三子 仕成

四子 仕義 娶葉氏 居孝豐縣

文德

文光

文禮

文科

求老

增老

權孫長子 仕俊

次子 仕傑

三子 仕儀

四子 仕儒

恩育

礿師次子 音同 娶許氏

三三世

華老

泰老

三十世

可二長子　眉壽　娶鄭氏

次子　昭壽　娶汪氏

三子　洪壽　娶吳氏

三一世

學保　娶汪氏

三二世

祖應　娶汪氏

山保

三三世

三關　娶呂氏

遇得

周得　娶許氏

三四世

社貴　娶葉氏

社榮　娶馬氏　遷南京

三五世

四子 賢壽 娶徐氏

八子 相 娶張氏 居繁鎮

三六世

寅保 娶汪氏

富保

榮清

榮光

榮節

福祖 娶許氏

壽祖

護童

八 娶錢氏

国家出版基金项目
NATIONAL PUBLICATION FOUNDATION

海上絲綢之路文獻集成

總主編　陳支平　陳春聲

民間譜牒編

94

主編　林楓

海峽出版發行集團
THE STRAITS PUBLISHING & DISTRIBUTING GROUP
福建人民出版社

本册目次

［安徽繁昌］繁陽謝氏宗譜十二卷（卷六至卷七）　謝鴻軒纂修……………………………………一

［安徽繁昌］繁陽謝氏宗譜十二卷

（卷六至卷七）

謝鴻軒纂修

謝氏宗譜

戊子四月吳肅恒

卷六

字號

卷六

芳村派支分系
豐樂里派
三汊大垻派
梅村派
倫堂派

繁陽謝氏宗譜卷六分目

黄山芳村派仁安公世系圖
芳村派伯亮公支子貞公文分世系圖
芳村派伯亮公支子進公行分世系圖
芳村派伯亮公支子㷉公忠分世系圖
芳村派伯亮公支子讓公信分世系圖
芳村派伯亮公支子貴公勝分世系圖
芳村派伯融公支紳公世系圖
芳村派伯艮公支子高公世系圖
黄山豐樂里派仁喜公世系圖
黄山三汊大坦派仁清公世系圖

黄山梅村派仁海公世系圖

歙西倫堂派衍公世系圖

歙北黃山芳村派仁安公世系圖

泉公長子

廿三世

仁安

字彥寧器度不凡親仁佈德承先諫議公家教玘公餘蔭知曹溪祖居之隘遍歷黃山獨芳川山水奇秀堪輿卜吉因遷居焉是爲芳村謝氏文行忠信勝子高積芝七大分之祖勝分應伍貴州普定衛子高挈家亦戍貴州普定衛積芝挈家守城南京文行忠信四門子孫瓜瓞緜緜禋祀萬世生於乾道庚寅歿紹興壬午配鄭氏

廿四世

子超 娶吳氏

子皋 娶程氏

廿五世

珉 娶程氏

珍 娶蔣氏

三六

廿六世

細三 娶程氏

細五 娶蔣氏

廿七世

五一

五四

五六 繼細五公

五七

五六 娶蔣氏

謝氏宗譜　卷六　寶樹堂

曹氏合葬曹溪石
坎頭亥向生四子
超　皋　端
富

十二
娶程氏

十九
娶程氏

十五
時通
時聰

楊老
重老
足老
楊老
出繼時通
季老

子端
娶程氏
繼胡氏

三十
娶呂氏

念七
娶胡氏

五九

六八

八十

九四

五七

六六

六七

廿八世

保老（五四長子）

勝老（次子）

德一（五八長子）娶蔣氏

廿九世

子富 娶程氏 繼閔氏

正一 娶程氏

三十世

四七

六二

福一 娶蔣氏 諱福字伯良

三一世

八二

原保 娶程氏 字子高戍雲南普定衛

三二世

十二老 諱嵩

琳

次子

仝一　娶蔣氏　繼鄭氏

正一

正二　娶蔣氏

福二　出繼正二爲嗣

福三　諱和字伯融娶蔣氏

紳　即積芝戍留守衛

官驢

績

福四

縉

觀保

三子

亨

福二

諱秋字伯亮戊戌年間應募新安樞密院雄峯驛守城百戶至龍鳳五年亮老乞休令男子真代職洪武四年兵部給由十四年取龍江調征雲南因隸貴州普定衛世令五男子貴應伍四子家輸民差立綱埀統規模宏遠矣

真保

文分祖字子真

祖德

行分祖字子進

祖祐

忠分祖字子受

祖仁

信分祖字子讓

來保

勝分祖字子貴

十二
老子

榮老

珍老

康老

伯亮公支子眞公文分世系圖

伯亮長子

三一世
眞保公　字子眞冊名進義任提舉配爲人蔣氏生三子　璥一　玾二　瑲三

三二世
璥一　娶蔣氏

三三世
道蔭

三四世
三官奴　善奴　周奴　普安奴

三五世
玄福　玄旺　玄護　玄清　玄得

道興 娶吳氏

三員奴

趙奴 娶姚氏 繼吳氏

玄恩

玄勝

玄明

雲昌

紹昌 娶蔣氏 繼吳氏

玄昌 娶吳氏

繁昌

道勝 娶羅氏

道永 娶蔣氏 繼胡氏

政茂 娶吳氏

政陽 娶吳氏

克童 娶蔣氏

全童 娶葉氏 繼吳氏

添童 娶方氏

德童 娶余氏

奇童 娶趙氏

慶童 娶蔣氏

政玄 娶汪氏

政圓 娶蔣氏

善財

滿童 娶蔣氏

明童 娶吳氏

祥童 娶余氏

雲童 娶胡氏

保童 娶胡氏

全童

世	玄福子	玄得長子	次子	玄勝長子	次子	玄明子	紹昌長子
三六世	文眞 娶吳氏	文亮 娶蔣氏	文煥	文惠	文超	文法	祖泰 娶吳氏
三七世	思本 娶吳氏	思詮					湯 娶盧氏
三八世	積善						艮模 娶王氏
三九世							守一
四十世							

次子 祖庇 娶汪氏
三子 祖亭

治 娶程氏
洵
淪 遷臨清州

亘瓊 娶程氏
亘瑺 娶李氏
亘珊 娶汪氏
應春
應秋

守二
闗祐
念祐

繁昌子
克童長子
次子

文高 娶蔣氏
岩賜 娶蔣氏
岩相 娶蔣氏 繼張氏

瀚 居臨清州
社論
溱 娶趙氏
消 娶蔣氏 繼余氏 繼王氏
瀆 娶吳氏

良檜
良榗
良梭 娶吳氏
良橚

齊壽

三子

岩宇 娶吳氏

全童長子

文傑 娶羅氏

灩 娶胡氏

洛

瀾 娶余氏

濂 娶蔣氏

艮株 娶胡氏

艮善

艮任

艮檤 娶宋氏

艮梯

艮松

艮樞

艮彬

佛生

次子

文富 娶葉氏

浹 娶蔣氏

汪 娶蔣氏

亘機 娶呂氏 繼余氏

亘梃 娶舒氏

亘梧 娶胡氏

亘桓 娶朱氏

亘晳 娶金氏

亘櫅

自賢

億壽

應春

三子

文寶 娶姚氏

滔 娶吳氏

涿 娶金氏

涵 娶項氏

良櫓 娶胡氏

良樵 娶李氏

良槎

良樟 娶蔣氏

元得

守仁 娶吳氏

守信

守倫

守儀

艮禮 娶呂氏

艮柛 娶程氏

守恩

守惠

守忠

守恕

守綱

守紀

守經

滌童長子

文俊 娶吳氏

濾 娶姚氏

濟 娶蔣氏

浦 娶洪氏

澤

濬

淵

艮梠 娶陸氏

艮祖 娶胡氏

艮宗 娶程氏

艮樌

艮桂 娶方氏

春得

青壽

次子 文侃 娶蔣氏

德童長子 文秀 娶許氏

灝 娶吳氏 繼張氏

海 娶吳氏

㫤愸 娶蔣氏

㫤楦 娶蔣氏

登廊

時新 娶蔣氏

時益 娶吳氏

時忻

正秋

正紀

正位

正倫

正仕

次子

文景　字汝時號雲峯生平剛介見義勇爲厚德培基鄉評推重娶蔣氏

湖　娶蔣氏

潭　娶蔣氏

溧　娶蔣氏

艮櫝　娶蔣氏　繼易氏

艮椗　娶蔣氏

艮燊　娶方氏

元壽

萬壽

儼壽

應乙　娶汪氏

應己　娶方氏

應辛

灊　娶余氏

艮宋　娶吳氏

艮禾　娶余氏

艮朴　娶胡氏

艮檍　娶汪氏

應申　娶蔣氏

應庠

應序

應京

應廉

應曜　娶蔣氏

應明

應乾　娶宋氏

艮梗 娶蔣氏

艮樦 娶余氏 繼□氏

艮枘 娶蔣氏

應坤

應和

月壽

宇壽

生明

震壽

昂壽

明壽

宣 娶吳氏 繼劉氏

良權 娶汪氏

良樹 娶倪氏 繼陳氏

應元 娶方氏

應徵 娶蔣氏

應裕 娶吳氏 繼余氏

應昌 娶蔣氏

應政

應宿

應寅

弘道

弘義

弘禮

三子

文清 娶吳氏

珏 娶余氏
玠 娶余氏

艮橓 娶吳氏
艮杭 娶蔣氏
艮榕 娶金氏
艮橡 娶蔣氏

應雷
應兆
應敦 娶蔣氏
貴壽
永壽 娶蔣氏
應辰 娶蔣氏

起鳳
遲孫
恩典

四子

文隆 娶余氏 繼靳氏

洋 娶吳氏

良木　良果　良椿 娶吳氏　良梅 娶蔣氏　良桐 娶翟氏

文壽　再壽　宗壽　四德

五子

文福　娶余氏　繼方氏方氏

濡　娶余氏　繼汪氏

艮勳　娶蔣氏

艮熹　娶蔣氏

應泰　娶王氏

應榮　娶程氏

應純　乳名祈壽娶吳氏　割股救母里排上　共事錢父母旌之

全壽

魁壽

美壽

五元

以德

漯 娶余氏 繼吳氏

澠 娶程氏

亙熊 娶余氏

亙默 娶程氏

亙熬 娶呂氏

長壽

雙壽

桂春

春

聖壽

彌壽

揚壽

佛壽

添壽

寄童長子

文顯　娶吴氏　繼江氏

濹　娶余氏　繼蔣氏

汕　娶程氏

艮鰵　娶吴氏

艮鱻

艮影　娶程氏

艮黥

艮楣

艮楷

三春

耐壽

大來

辰壽

周壽

次子
文達 娶蔣氏

三子
文恕 娶焦氏
湑

慶童長子
文積 娶蔣氏
鵬
艮枋
烮
灼
煥

艮枝
大年
年
年

次子 文璽 娶芮氏

滿童長子 文音

次子 文勉 娶蔣氏

鳳 娶蔣氏

鶚 娶蔣氏

滸 娶蔣氏

瀇

池 娶吳氏 遷住太和縣

涯 娶余氏

艮樾

艮儒 娶吳氏

二老

[illegible]老

月老

世文

泗

祥童子
文學　娶葉氏

雲童長子
顯昂　娶蔣氏　繼王氏
淮
艮棟
高壽

艮林

次子
文璋
涓　居襄陽

三子
文璉　娶吳氏

保童長子
文獻　娶葉氏
渼　娶曹氏　繼余氏
艮柯

次子

文郁 娶吳氏

渡 娶葉氏

汶 娶鄭氏 繼汪氏

艮榜

艮檀

艮柏 娶胡氏 繼余氏

艮枝 娶蔣氏

艮榛 娶余氏

艮梓

應龍

時旺

時崑

華壽

益壽

真保
次子

三二世

玘二公　娶方氏繼方氏

三三世

漢　娶蔣氏

濤　娶余氏　繼焦氏

道昌　娶蔣氏

三四世

艮輔　娶胡氏

艮弼

艮鼎　娶汪氏

艮權

長春　娶蔣氏

三五世

玄孫　娶蔣氏　繼江氏

三六世

文理　娶汪氏

文善　娶胡氏

道隆 娶方氏 繼鮑氏

相英 娶吳氏

寧孫 娶汪氏 繼蔣氏馬氏

玄宗 娶余氏

孟孫 娶方氏

文華

文員 娶金氏 繼金氏

文星 娶蔣氏

文質 娶胡氏

棉芳 娶方氏 繼蔣氏

貴芳 娶許氏

義瓚 娶蔣氏 繼胡氏

茂英 娶鮑氏

熙孫 娶吳氏

昭孫 娶程氏 繼朱氏

闟孫 娶蔣氏

浩孫 娶蔣氏

義雄 娶余氏

義生 娶吳氏

義勇 娶蔣氏

義艮 娶鄭氏 繼芮氏

岩祐

岩琪

文奎 娶蔣氏

道童　娶羅氏

尙英　娶羅氏

玄生　娶方氏

岩孫　娶許氏　繼章氏

岩蔭　娶蔣氏　繼宋氏

文光

文燦　娶蔣氏　繼蔡氏

文耀

文銑　娶余氏　繼宋氏方氏程氏

文鑑　娶鮑氏

文鉞　娶王氏

岩進　娶方氏　繼姚氏

文鎧

文鏡　娶吳氏

文鐸　娶蔣氏

文欽　娶蔣氏

文銘　娶姚氏

文鎖　娶蔣氏

三七世

文理子 思賢

文善子 思聰

文華子 思簡

文貞長子 積友 娶王氏

文子 積貴 娶吳氏

三八世

良芝

良芹

良蘇 娶蔣氏 繼娶余氏

三九世

大慶

四十世

四一世

三子 積保 娶胡氏

文星長子 沆

次子 渚

文質子 慁濱 娶余氏

貴丹長子 岩壽 娶吳氏

亘萬 娶余氏

盎壽

亘旦

桂秋

慶秋

喜秋

次子 岩保 娶程氏

義瓚長子 上護

艮選 娶吳氏

艮遵

艮逸

大旺

寄壽

冬壽

社衛

次子 上佑 娶蔣氏

良遂 娶蔣氏
良逑 娶蔣氏
良通 娶余氏
良達 娶項氏

大億 娶蔣氏
大倫 娶鮑氏
大倖 娶方氏
大暉 娶李氏
大時
大曉
大仕
大部

三子
義雄長子
次子
義生子

上保　娶余氏
思祖　娶胡氏
思源　娶余氏
思浤　娶張氏　繼蔣氏馬氏

良遇　娶余氏
良造　娶蔣氏
積德
積護　娶胡氏
良權
良廸　娶方氏

啟誠　娶余氏
大成
遇春　娶蔣氏　繼余氏
逢春　娶蔣氏

一揚
一鳴
一桂

義男子

思武

㞐達 娶蔣氏
㞐遜 娶胡氏 繼王氏
㞐運 娶潘氏

進春
迎春 娶程氏
變春
近春
啟民 娶蔣氏
啟兆 娶蔣氏

一秀

義良長子 思高 娶余氏
次子 思文
岩輸長子 北奴
次子 北助
岩拱子 顯互
文奎長子 棠 娶蔣氏 繼張氏
次子 棣 娶葉氏 繼吳氏

良遲 娶余氏
良宮 娶胡氏
良守 娶蔣氏

啟春
啟鳳
大中

文燦子　洛

文耀子　普燮　娶蔣氏

文銑長子　潮　娶蔣氏

艮龍　娶蔣氏

艮寬　娶程氏

國忠　娶汪氏

大和　娶程氏

大邦

大有　娶蔣氏

效輅

從仁

從義

一成

次子　洌　娶吳氏

三子　洪

四子　浮

長子文鎰　深

次子　泮

三子　河　娶鮑氏

國恕　娶蔣氏

國恩　娶蔣氏

國高

從先

從望

從孝

文鐵長子 汝 娶汪氏

次子 溢

文鏡長子 滋 娶吳氏 繼娶吳氏

國重 娶蔣氏 繼汪氏

國祥 娶蔣氏

萬信

洪福

靈春

孔化 娶蔣氏

彭壽

喬壽

繼壽

次子

涇　娶吳氏　繼羅氏

國慶　娶蕭氏

國聘　娶蔣氏

國本　娶蔣氏　繼章氏

國士　娶蔣氏

從詩　娶蔣氏

從禮

從聖

從賢

從周　娶方氏　繼蔣氏

從易

從訓

三子　湘　娶蔣氏　繼金氏

文鐸長子　湏　娶蔣氏　繼方氏

次子　淇　娶胡氏　繼顧氏

國正　娶方氏

國相　娶方氏

國維　娶吳氏

國泰　娶蔣氏

國興　娶蔣氏　繼蔣氏

國宇　娶蔣氏

國安　娶程氏

國宗　娶程氏

從誨

從學

從文

從翰

三子
洳
娶程氏

文欽長子
濠
娶程氏

國宣

國憲
娶程氏
繼程氏宋氏

國寧
娶羅氏

國光
娶蔣氏

國輝
娶蔣氏

國梁

從興

從德

從仕

從邦

次子 浚 娶程氏

文銘子 淝 娶吳氏 繼呂氏

文鎮長子 淛 娶查氏

次子 汚 娶胡氏

三子 游

國祚

國順

國超

國徵 娶余氏

從政

真保三子

三二世

瑲三三公　娶羅氏　繼余氏

三三世

道成　娶蔣氏

道華　娶余氏

三四世

富師　娶余氏　繼吳氏

玄茂　娶蔣氏

三五世

旺童　娶蔣氏

雲盛　娶方氏　繼胡氏

社眞　娶許氏　繼蘇氏

三六世

天佑　娶吳氏　繼蔣氏汪氏

天興　娶方氏

天錫　娶蔣氏

天祿　娶方氏　繼劉氏

天爵　娶程氏

天與　娶蔣氏

天興長子

三七世

沛 娶余氏 繼李氏

三八世

艮楫 娶余氏

三九世

玄富 娶吳氏

自然 娶蔣氏

四十世

壽孫 娶吳氏 繼焦氏

壽昌 娶王氏

一夔 娶蔣氏

一龍 娶余氏

四一世

天倫

天仁 娶蔣氏 繼劉氏

文助 娶吳氏

文昭 娶王氏

待取

待召

亘栴 娶蔣氏 繼余氏胡氏

自輝 娶蔣氏

自焰 娶吕氏

自燿 娶蔣氏

自美 娶程氏

自靈 娶蔣氏

一忠

一恕

一鳳

一鴻

社裕

社京

次子

汴　娶王氏

自榧　娶蔣氏

自燦　娶蔣氏　繼呂氏

社彰

自煋　娶蔣氏

自煒　娶余氏

自烇　娶吳氏

社和

社順

自容

三子

澄　娶呂氏

自槔　娶蔣氏　繼蔣氏

自熜　娶蔣氏

一賢

一賓

天脉長子 誥 娶王氏

次子 訓 字志尹賦性仁賢襟度磊落卓立承先俯仰無媿娶蔣氏閫中姆儀相夫教子 繼葉氏

良桔 娶呂氏

良檄 娶程氏

良檜 娶蔣氏

良樺 娶呂氏 繼蔣氏

自燰 娶蔣氏

社得

自炣

自灼

自炆 娶程氏

朝宁 娶程氏

朝宸

朝宗

三子 詔
艮梆 娶汪氏
首壽

四子 誨 娶王氏
應元
春元

五子 誠

天爵長子 訪 娶吳氏
艮橋 娶范氏
長生

次子 謙 娶程氏
艮相

天與長子　讓

次子　禔

天仁長子　材　字萬全術宗岐黄放懷詩酒不事奔競晚節可嘉

良柱　八壽

良杰

宗周　娶邵氏　聖壽

興周　娶潘氏　德壽　全壽　仝壽

次子 標
壽春

三子 格

四子 業 娶胡氏
艮時

文助子 珊

文昭子 瑤 娶蔣氏
艮昊 娶蔣氏
艮旻

三十二世

真保四子 珪四

伯亮公支子真公行分世系圖

伯亮次子

三一世

德二一公　娶汪氏繼蔣氏吳氏

三二世

璥老

玶老　娶羅氏繼呂氏

三三世

道長　娶方氏繼程氏

道遠　娶汪氏

三四世

遐齡　娶胡氏

顯榮　娶姚氏

眞齡　娶蔣氏繼余氏

三五世

隆富　娶楊氏

隆相　娶蔣氏

隆興　娶葉氏繼余氏

隆生　娶吳氏

道貴 娶蔣氏 繼楊氏

社孫 娶葉氏 繼黃氏

秀齡 娶葉氏

岩眞 娶蔣氏

顯保 娶楊氏

政芳 娶姚氏 繼吳氏 赴役南京頂謝積芝軍

隆憲 娶王氏 繼余氏

隆膺 娶余氏 撫孤守節三十二年

隆盛 娶蔣氏

隆鑑 娶張氏

隆蔭

隆益

隆茂 娶程氏 赴役南京頂謝積芝軍殁南京

異芳娶蔣氏 繼程氏黄氏

琳芳娶蔣氏 修琴太古遺音一部號雲峯措士清逸可嘉藩王徵授典膳

聯芳娶蔣氏

隆四

隆傑

隆德娶麗氏

隆嵩

隆嶽

天生遷泰州

天育

天民

謝氏宗譜　卷六　寶樹堂

三六世

隆富長子 泰淇 娶姚氏 繼汪氏

次子 泰泓 娶吳氏

隆相子 啟元 娶蔣氏 繼徐氏 黃氏

隆惠子 泰儀 娶蔣氏 繼吳氏

三七世

廷楫

廷材 娶蔣氏

廷枝

廷訓 娶汪氏

廷杭 娶吳氏

廷樟

三八世

大成 娶程氏

大賓 娶陳氏

三九世

靈壽

明壽

四十世

隆興長子 岩保 娶姚氏

次子 雲保 娶蔣氏 繼趙氏

三子 雲邦 娶汪氏 繼葉氏

降生長子 秦清 娶李氏

廷榜 娶朱氏

廷權 娶姚氏

廷璧

廷槐

廷楠

廷格 娶程氏

大經

大約

周生

大道 娶蔣氏

大理

三六世

泰淇 隆富長子 娶姚氏 繼汪氏

泰泓 次子 娶吳氏

啟元 隆相子 娶蔣氏 繼徐氏黃氏

泰儀 隆憲子 娶蔣氏 繼吳氏

三七世

廷楫

廷材 娶蔣氏

廷枝

廷訓 娶汪氏

廷杭 娶吳氏

廷樟

三八世

大成 娶程氏

大賓 娶陳氏

三九世

靈壽

明壽

四十世

	岩保 隆興長子 娶姚氏		雲保 次子 娶蔣氏 繼趙氏		雲邦 三子 娶汪氏 繼葉氏	秦清 隆生長子 娶李氏
廷榜 娶朱氏	廷權 娶姚氏		廷璧	廷槐	廷楠	廷格 娶程氏
	大經	大約			周生	大道 娶蔣氏 / 大理

次子

泰濬　娶翟氏

廷機　娶王氏

廷杞

廷槁　娶蔣氏

廷杏　娶陳氏

廷樹　娶鄭氏

大智　娶程氏

繼明

大法

大富

伴儅

細愛

貴壽

春壽

社膺子　泰安　娶王氏

隆盛長子　泰孫　娶蔣氏

次子　泰濡　娶潘氏

廷榴

廷梓　娶蔣氏　繼汪氏

廷柯　娶程氏　繼劉氏

廷相

廷柵　娶陳氏

大炷　娶蔣氏

大炘

大用

正垣

隆鑑長子
泰深 娶周氏
次子
泰濬 娶蔣氏
隆藍長子
泰澤 娶蔣氏

廷楷 娶田氏 遷沛縣
廷桂 娶孟氏
廷楷 遷沛縣
廷栻 娶曹氏
廷棋
廷模 居景德鎮

小討 遷沛縣
新春

次子
泰濬

三子
泰淳
全家在南京衛水軍

隆益子
泰淵

隆嵩長子
泰滄
遷泰州傅琴

伯京
居景德鎮

次子 **泰海** 遷泰州

隆德長子 **泰淮**

次子 **泰洋**

伯亮公支子真公忠分世系圖

伯亮三子

三一世

佑三公 字子受授金華府通判娶蔣氏繼陳氏生二子 瑄 珠 公生元丙戌殁洪武丙寅葬猪湖蔣氏生元庚辰殁明洪武丁巳葬黄牛坑陳氏葬麻㙇塝 子受公明經術太祖高皇帝給符欽授迄今龍章炫爀置田供蒸嘗子孫蕃衍沈太史遊黄山企仰高風感今懷昔爲書鄙馬司第

三二世

瑄 字彦通娶羅氏 彦通公古貌古心重厚多隱行精于堪輿葬父子受公于猪湖自塋於曹溪福州遺瓦窑山爲葬了榮生媳蔣氏及七子政一政二政三政四政五政六政七地子孫競肖像禮祀朱昇涵太史爲贊

三三世

榮生 字宗普娶蔣氏 公承先世德教種心田源深流遠闢三遷不樂仕進課子仕瑞若孫德懋廷宣等入庠叙其賢於人遠矣

三四世

政一 娶蔣氏繼湘氏

政二 娶葉氏

政三 娶吴氏

政四 娶汪氏繼吴氏

三五世

福資 娶敖氏

福潤 娶余氏繼吴氏

福昇 娶呂氏

福臻 娶呂氏

顯應 娶吴氏

福延 娶吴氏

政五 娶吳氏
字廷璽學名仕常由貢士授浙江金華府通判吳氏礪節貞元坊大學士許公題

政六 娶項氏

政七 娶蔣氏

福承 娶方氏

福泉 娶吳氏

社旭 娶胡氏

社昌 娶蔣氏

顯生 娶蔣氏 繼[illegible]氏

福賓長子

二十六世
留孫 娶方氏

二十七世
珠 娶羅氏
廷鳳 娶胡氏

二十八世
添安
友安
尙份 娶汪氏
尙傑 娶蔣氏

二十九世
自旺 娶蔣氏
自班 娶蔣氏
自夏
自彰

四十世

次子 琦孫

福潤長子 泰源

次子 泰明 娶蔣氏 繼吳氏

廷獻 娶余氏

廷瓚 娶蔣氏

廷佐 娶蔣氏

尙忠 娶蔣氏

尙禮

尙義 娶胡氏

尙仁 娶蔣氏

自會

時旺

自賡 娶譚氏

自新

自守 娶胡氏

自艮

世和

繼承

廷英　娶蔣氏　繼余氏

尚信　娶蔣氏

尚敬　娶吳氏矢志不二撫孤守節

尚簡　娶姚氏

自容

自定

伯儉　娶余氏

伯恭

伯仲

自洪　娶盧氏

			福昇長子	次子	三子	福臻長子
			泰惠 娶余氏	泰興 娶方氏	泰護 娶焦氏	泰琦 娶方氏
廷文 娶吳氏	廷瑜 娶蔣氏柏舟苦節礪行養母	廷珥 娶胡氏	廷昂 娶朱氏	廷賢 娶呂氏	廷椿 娶焦氏	廷鑑
尚直	尚慎 娶余氏		尚周 娶藍氏	尚易 娶王氏	尚魯	尚質 娶余氏
	自暘		自騰 娶吳氏	自朗		自巖 娶蔣氏

次子 泰寧 娶吳氏

三子 泰員

四子 泰瑞 娶蔣氏

廷璊 娶程氏

廷玉

廷韶

廷韻 娶呂氏

廷冕 娶汪氏 繼南氏

尚託

尚節

尚承

尚謙 娶蔣氏繼余氏俱撫孤守志

自[illegible] 娶程氏

鳴秋

順秋

顯應長子 泰亨 娶蔣氏

次子 泰康 娶蔣氏

廷恩 娶蔣氏 繼楊氏

廷芳 娶蔣氏 繼楊氏苦節

廷慶 娶吳氏守志撫孤人以爲難

尚沶 娶蔣氏

尚沂

尚曉

尚諭

尚諧

尚乾 娶葉氏

尚坤

八孫

長得

福延長子

泰玹 字以燦號雙泉建敦義俠有詩集事在新安名族志　娶汪氏

廷宣 郡庠生娶蔣氏

廷昱 字汝昭號雲菴生弘治辛亥正月二十二日寅時撫二孤姪成三節婦開拓基業豐財樂施載新安名族志中望雲思親因業雲菴居太守馮公書

希召 字惟誥由邑庠生入太學授雲南布政司都事萬歷戊子以大計入朝
勑命簡留仍還舊任會開府蕭公特薦陞廣南都指揮使司經歷　娶汪氏繼吳氏

希周 字子文號誠齋美鬚髯由例貢授浙江加興府海塩縣縣丞捐俸築海塘沐
欽賞陞南西城兵馬指揮因淡疾乞休築漁磯軒自適

師古 娶汪氏

師言 娶蔣氏

師教 字伯貞號潁黃禮部儒士冠帶娶蔣氏繼谷氏

師啟 娶蔣氏　繼程氏吳氏

君立

君職

君望 娶蔣氏

君蔭 娶程氏

圖少傅許公贊曰白雲孤飛親舍其下異代同心宰官長者史父母申詳部院貽之以扁曰敦義耆英云歿隆慶丁卯四月十一日丑時娶蔣氏繼李氏蔣氏生子希周李氏生子希尹希召繼廷宣後

一十七年生正德辛巳九月十五日辰時考終萬曆丙申五月二十四日申時丁酉年葬山癸前回堆娶羅氏呈於金吾明倫公長女司城督海塘俸米不給乃鬻簪珥市酒餚犒工士民德之淑行詳述大司徒殷公行狀納清源李氏死葬譚家在後姑媳三節墓側

希尹 娶方氏

師表 字儀卿娶蔣氏纂集子發公忠分世系

師範 娶蔣氏 繼羅氏王氏

君爵 娶蔣氏

君賞

君陞

君就

君陛

次子

泰琬 娶蔣氏

廷杲 娶蔣氏守節終身郡邑大夫上其事直指劉公旌之曰節孝云

廷彥 字汝仕恩例鄉飲正賓娶蔣氏

尙倫 娶蔣氏

尙价 娶蘿氏節死公少負才名善草書試輒優等惜二十卒

尙億 娶蔣氏繼王氏

師覺 娶方氏

師啟

師覺

師正 娶蔣氏

君命

君恩

君惠

君懋

謝氏宗譜　卷六

希孟 字惟峙郡庠生娶李氏

希夔 娶蔣氏繼張氏

師盖 娶羅氏

師堯 娶蔣氏

師導 娶汪氏

師試 娶葉氏

君遴 娶蔣氏

君選

君賜

君俸

君愛

君佑

君佐

寶樹堂

三子

泰[illegible] 娶吳氏

廷黼

廷黻 娶蔣氏 繼丁氏

尚修 娶蔣氏

尚德 娶蔣氏

師誘

師誨 娶蔣氏

師讚 娶葉氏

師約 娶羅氏

師經 娶方氏

天蔭

七郎

八郎

九郎

福永長子

顯隆 娶蔣氏

應祥 娶蔣氏

尚衢 娶盧氏 繼徐氏
尚衡 娶吳氏 繼蔣氏
尚彷 娶盧氏 繼方氏
尚仕 娶汪氏

師綸 娶蔣氏
師文
師相
師義
添錫
自孝 娶余氏

時淇
時源

尙化 娶方氏
尙堯 娶蔣氏
尙敏 娶蔣氏

自立 娶吳氏
宗桓 娶蔣氏
宗禹
宗尙
宗艮
宗亮 娶金氏
宗懋
宗傅

時清

次子

顯超 娶蔣氏

應祿 娶蔣氏 繼胡氏孫氏

應禎 娶梅氏

尙綱 娶程氏

尙綱 娶程氏

尙紀

尙志 娶吳氏

宗姬

宗儒

自功 娶吳氏

自元

時芳

時嘉

時萊

三子

顯越 字德懋邑庠生娶汪氏繼呂氏

應奎 娶蔣氏

尚萬 娶陳氏

自東

自啟

尚讓 娶汪氏守志撫孤

自崑 娶蔣氏

尚誠 娶蔣氏

自昇

尚謨

福泉長子

秦富 娶方氏

廷用 娶蔣氏

尚銓 娶蔣氏

尚欽 娶吳氏

鳳翙

次子

泰貴 娶蔣氏

廷顯 娶蔣氏

尚鈞 娶陳氏

尚友 娶張氏

尚度 娶蔣氏矢志苦節

鳳來

三畏 娶張氏

三策

三樂 娶蔣氏

三錫 娶蔣氏

時通

時行

時亭

時際

三子		四子			祉旭長子	次子	
泰榮 娶姚氏 繼馮氏		泰華 娶蔣氏 繼程氏			泰瑄 娶蔣氏	泰茂 娶焦氏	
廷蘭 娶吳氏	廷魁 娶陳氏	廷法 娶蔣氏				廷聘 娶余氏	
	尚廉 娶鄧氏	尚悌 娶余氏	尚惇 娶崔氏	尚勤		尚序 娶楊氏	
	六孫					以秀	以棠

三子
泰珍

社呂子
泰玘 娶吳氏

廷韙 娶余氏苦節終身

廷政

廷熙 娶蔣氏

尚庠

尚懷

尚侃 娶項氏

尚伸 娶汪氏

以學

自鋐

庚壽

顯生長子

泰佑 字德啟授王府典膳娶蔣氏

邦璉 候門教讀娶蔣氏繼蔣氏汪氏淩氏王氏

尚進 娶蔣氏

尚達 字仲和生癸丑娶程氏達業儒不就挾策卒於北平伯貞挽之以詩曰抱璞燕山泣修文白玉樓招魂誰爲賦淚溢楚江秋

尚逵 娶蔣氏

春元

秋元

艮元

祖蔭

祖益

壽孫

祖發

次子

泰佶 娶汪氏 繼楊氏杜氏

邦瑚

邦璲 娶蔣氏 矢志不二守節終身

邦球 娶蔣氏 繼薛氏

尚學 娶蔣氏

尚寧 娶程氏

尚寶 娶翟氏

守熊 娶程氏

守福 娶汪氏

守祿 娶徐氏

守善 娶吳氏

守[illegible]

明經

明瑞

明祥

邦瑤
娶蔣氏

邦瑗
娶蔣氏

尚寵
娶蔣氏
繼氏

尚奇
娶蔣氏

尚武

尚試

守裕

守祖

守榮
娶蔣氏

守華

四一世	四二世	四三世	四四世	四五世
兆豐 君望長子				
兆斗 次子				
兆 三子				
兆登 君蔭長子				
兆第 次子				

伯亮公支子真公信分世系圖

伯亮四子

三一世

祖仁　字子讓任提舉娶胡氏

三二世

玫　字彥斌任崇仁縣判娶蔣氏繼蘇氏

珷　娶呂氏

三三世

添寧　娶余氏

普賢奴　娶呂氏

三四世

成熙　娶吳氏

灝熙　娶吳氏

沈熙

進童　娶吳氏

惟堅　娶呂氏繼汪氏

愷童　娶程氏

三五世

顯眞　娶方氏

助新　娶吳氏

助昭　娶余氏

永芳 娶許氏

員童 娶汪氏

惟旺 娶張氏

助富

助堅

助明 娶蔣氏 繼仇氏

助朋

社相 娶吳氏

社華

榮相 娶程氏 繼鄭氏

璹　娶羅氏

琫　娶許氏

永慶

壽生

永宗　娶蔣氏

永泰　娶汪氏

惟亨

惟安　娶余氏

惟正

惟堅　娶呂氏

社貴

社生　娶吳氏

稷生　娶余氏

永清 娶吳氏
永厚 娶汪氏
永善 娶吳氏

惟忠 娶程氏
惟福 娶吳氏
惟奇 娶吳氏
惟艮 娶呂氏
惟義

社育 娶吳氏
社佑 娶汪氏
社壽 娶余氏
顯孫
積榮

三六世

顯真長子 尙元

次子 天元

三子 爕元

助昭子 岩貴

字天爵性善好佛長齋樂施年八十餘雙目瞽而復明娶蕭氏遷居金陵志大無子司城希周任西城時以房族子守成繼之

三七世

守成

三八世

三九世

四十世

助明長子　次子　榮相子　社生長子

勝孫 娶魯氏
遲孫
德 字有鄰 省祭冠帶 暮年肇建了口石橋 娶汪氏鄭氏
明瓚 娶崔氏 繼韓氏

以法
橋生 娶蔣氏
以玉 娶胡氏 繼高氏

可友 娶吳氏

必榮
必華
必富

次子
明瓚
娶汪氏
以正
娶許氏
可承
字寅所以琴鳴源
娶汪氏
復初
娶程氏
勝賜

三子
明瓏
娶項氏

四子
明琰
娶許氏
繼魯氏
以岩
娶劉氏
可性
娶程氏
可恒
可求

五子
明珠
娶呂氏
繼余氏
守成
居南京繼貴之後

穆生
長子　明朗

次子　明遂

伯亮公支子真公勝分世系圖

伯亮五子

三一世

保公　乳名來保字子貴南京分城民兵太祖高皇帝調從沐國公征雲南之不臣者凱旋因隷貴州普定衛焉娶汪氏

三二世

榮壽　娶蕭氏

三三世

成

三四世

永壽

達二　娶汪氏

勝師　娶方氏

社師　娶宋氏

宗本

三五世

添富　娶高氏繼孫氏

玄智　娶黃氏

玄積　娶王氏

玄眞　娶吳氏

舒安　娶汪氏

寄得　娶王氏

三十六世

賢　娶李氏

思恩　娶程氏

三十七世

能　娶王氏　繼周氏

林

天雲

天祥　娶吳氏

天瓚　娶吳氏

三十八世

廷桂　普定衛討賊陣亡

廷松　歿普定衛

廷柏　字虛然丰度豐偉讀書知禮娶朱氏繼蔣氏

奇友　娶汪氏

奇貴

三十九世

自華　娶吳氏

四十世

伯融公支紳公世系圖

伯融長子

二十一世 紳公 字楨芝戍南京留守衛

次子 續

二十二世 官驢

二十三世 政芳 娶姚氏 繼吳氏

二十四世 隆蔭

二十五世 泰澤

泰溶

泰淳 挈家赴南京衛所

伯昆公支子高公世系圖

伯昆子

三一世
原保公　字子高戍貴州普衛定娶程氏

三二世
琳　娶呂氏

三三世
久師

三四世
寄生
昆生
昇生

三五世
友直
友仁　所鎮撫陞千戶
友義
友英
友倫

友仁長子

次子

三六世

璵 襲副千戶

琇 舉人任江西貴溪縣知縣

三七世

天恩 襲副千戶

天表

天詔

天儀

三八世

仕通 廪生

仕達

爲龍 生員

爲光 生員

爲顯

爲禮

三九世

汝弼

應兕

三子 琬

友義子 璉

生員 天德

生員 天寵

天貴

天富

天鵬

生員 梅

學

生員 教

元兒

文英長子			次子		文倫長子	
瑋			琉		璋	
天鰲	天祿	天助	天鳳	天麟	天敘	天秩
爲高 生員	爲松				保兒	

次子

珪

小兜弟

歙北山口豐樂里派仁喜公世系圖

泉公次子

世						
廿三世	仁喜 字悦首娶汪氏小姑居山口					
廿四世	子政 娶程氏					之望 娶程氏繼蔣氏
廿五世	復茂 娶蔣氏	三七	小九	念一	復起 娶蔣氏	復隆 字君紹娶程氏繼
廿六世	自明 娶蔣氏				士宏	夢齡
廿七世	壽益					涇

十四

金氏
修統宗志公作山
口家譜前序

復古 娶蔣氏

壽

夢悅

時敏

夢弼

夢協

源

渫

廷芝

道洽

起潛 娶汪氏

謝氏宗譜　卷六　豐樂里派世系　二　寶樹堂

二十八世	二十九世	三十世	三十一世	三十二世
廷桂（[illegible]長）	祐老（繼楊利）			
廷槐（次子）	祈老			
廷梅（源子）	玉老	佳 宣 義		
		儀		
廷蘭（道洽長子）				
廷玉（次子）				

起潛子

嵩壽 娶蔣氏

桂茂二 娶蔣氏繼王氏孔氏

天嬉 字子信于洪武年任長沙府通判娶蔣氏繼蔣氏李氏

祖應 娶蔣氏繼汪氏蔣氏

文應 娶蔣氏

武應

景昌 娶洪氏

昌富 娶吳氏

景清

景源

景福

景龍

景客

景明

景回
景德
德應
天與
天慶
太來 解衛乞
太政
通德
興安
通仁

景昌長子

世					
三三世	世興				
三四世	龍孫	橾	椿	檀公	
三五世	岩慶	鐵柱 娶程氏	添都	天美	
三六世		仁和	太平		太寧
三七世					

岩善

艮漢

虎孫

次子 世隆

雄孫

福孫

員孫

三子 富隆

四子 成隆

傳達

景福長子　佛宗
次子　釋宗
景龍子　成宗

法眞　文眞　榮富　元富（居宣城縣）　富眞　傅眞

添祐　得　岩任

艮助　艮法

一柏

景明長子 貴龍	玄玉
次子 貴宗	
三子 佛茂	義真
	義富
四子 佛榮	
五子 佛廣	
景回長子 道友	

次子 道興

三子 龍兒　嚴清

景得子 社政　榮保

富昌長子 興隆 娶程氏 繼李氏

玄英 娶余氏

岩錦 娶余氏

艮滋 娶吳氏 繼張氏

一樟

一彬

艮浦 娶胡氏

一椿 娶吳氏

一李 娶吳氏

次子

勝隆 娶胡氏

尚 娶吳氏

錫 娶蔣氏

良汶 娶梁氏

良清 字桂軒遷廬州府奉例授納南京禮部儒士娶蔣氏繼楊氏翟氏

一棣 娶張氏

一林 娶余氏

一楝 娶蔣氏

一材

一模

大縉

壽　娶余氏

銷　娶蔣氏

鉞　娶汪氏

鎮　娶蔣氏

銘　娶蔣氏

良淮　雙溪娶胡氏

瀚　娶蔣氏

良深　遷廬州娶方氏

良潤

良濟　娶余氏

良濬　娶余氏

一桂　娶汪氏

大紳

大絴

大綱

一懋

明

聯　娶蔣氏

錄　娶蔣氏

鍍　娶蔣氏

良沛　娶程氏

良泗　娶余氏

良沾

良湖

良洪　娶蔣氏

一松

一桐

一桐

艮浩 娶蔣氏

艮滐

艮澤

艮汗

艮濱 娶余氏

艮津 繼叔釗支下爲嗣

鏞　娶余氏　繼周氏李氏

釗　娶汪氏

錀　娶余氏

艮滔　娶余氏

艮泮　娶余氏

艮湜

艮滂

艮津

艮沐

艮湞　娶余氏

鈙 娶胡氏

良濡 娶葉氏

四子 思盛

五子 思福

三子 員隆 娶洪氏

玘 娶吳氏

鑑 娶蔣氏

良汴

鈿

鑊 娶余氏

良滄

遷居寧國宣城二十八都

瑞　娶余氏

環　娶王氏

琪　娶金氏

琴　娶王氏　繼王氏

錢

鑑　娶胡氏　繼王氏

鉽　娶王氏　居宣城縣二十八都王馬村

艮湛

艮淇

艮滿

艮濆

艮漍

三十八世
邦爆　一棟長子
邦焰　次子
邦佐　三子

廿九世
祐老　延桂子　遷楊村娶王氏

三十九世

三十世
萱　娶吳氏

四十世

三十一世
山　娶佘氏

四十一世

三十二世
社應　娶胡氏

四十二世

三十三世
榮師
華師　娶趙氏
富師　娶蔣氏

華師長子

三四世
毛壽　娶葛氏

三五世
文宗　娶余氏

三六世
禎祐　娶蔣氏
佛奴　娶吳氏
慶　娶蔣氏
祥　娶余氏

三七世
廷榮　娶余氏　繼蕭氏
文顯
久師
勝祖
社祖　娶蔣氏

三八世
正儒　娶蔣氏

曜宗 娶余氏

玘孫 娶蔣氏

琦孫 娶吳氏

廷煌 娶蔣氏

廷燦 娶蔣氏

廷明 娶蔣氏 繼余氏

廷瑞 娶蔣氏

廷積 娶蔣氏

正綱

正紀

正仁 娶余氏

正邦 娶張氏

正心 娶蔣氏

正化 娶余氏

旺宗 娶蔣氏

環孫 娶蔣氏

道孫 娶蔣氏

周孫 娶蔣氏

廷英 娶張氏

廷華 娶吳氏

廷陽 娶蔣氏

延暉 娶汪氏

正道

正玄 娶胡氏

正晷 娶余氏

正時

正爵 娶王氏

正祿 娶蔣氏

興宗 娶蔣氏 繼李氏

賢孫 娶蔣氏

廷美 娶蔣氏

廷秀 娶蔣氏

廷廣 娶蔣氏

廷澤 娶蔣氏

正忠 娶蔣氏

正恩 娶余氏

正乾 娶蔣氏

正民

正宇

正[illegible] 娶蔣氏

正曜

次子

毛生 娶余氏

文寧 娶蔣氏

永孫

茂孫

員孫 娶王氏

廷信 娶奚氏

正魁

正滿 娶蔣氏

三子

蓬壽 娶蔣氏

社宗 娶蔣氏

顯孫 娶蔣氏

廷光 娶余氏 繼余氏

正元 娶蔣氏

正理 娶余氏

四子

復壽 娶余氏

佛宗 娶余氏

長孫

關孫 娶蔣氏

廷椿 娶蔣氏

正大 娶蔣氏

正本

富師長子 善童

次子 善才

三子 善保

三九世	四十世	四一世	四二世	四三世
正邦子 一粟				
正心長子 一粱				
次子 一棟				
正化子 一仲				
正理子 百老				
正玄子 一枝				
正蔚長子 一富				

次子 一貴

正忠長子 一楨

次子 一樣

正元子 一松 娶黃氏

儀老

三汶大坦派仁清公世系圖

仁清子

廿四世 十公明 字子昭 娶潘氏

廿五世 復昌

廿六世 念七之言

廿七世 丙一岳 娶方氏

廿八世 元二 字汝舟 娶汪氏 樅閔氏 葬曹溪

汝舟次子

廿九世 正老 娶雍氏

三十世 同 娶羅氏

三一世 彌師 娶汪氏

三二世 坤生 娶呂氏　喜生 娶汪氏

三三世 壺一 娶方氏　永忠 娶許氏

壺一子

三四世 助宗 娶鄭氏

三五世 真善 娶吳氏

三六世 長福 娶程氏

三七世 景倫 娶胡氏

三八世 員傑

眞達 娶汪氏
眞顯 娶汪氏

長榮
玄鑑
玄應
玄武 娶胡氏

景孫
時邦
社遇 娶舒氏
社祥 娶羅氏
社達

艮仕 娶王氏居岩鎮

永忠長子
玄宗

岩積

次子
原宗
娶呂氏

岩賜
娶陳氏

廷珠
娶龔氏

文元

文助

文富

社遲

社通

岩鎮

岩保 娶程氏

廷欽 娶洪氏

廷瑞 娶周氏

廷玗

廷珖 娶余氏

文興

可鶴

可鶴

可鳳

黃山梅川派仁海公世系圖

成公次子

廿三世　仁海

廿四世　一　九　子文

廿五世　十四

廿六世　之翰　之秀　四十

廿七世　炳　煇　熚

十八　二十
之端　灼
千三
三　之壽　煥
三七　九八
九十
之悠　燦

炳子

廿八世
太五

廿九世
福一
社
登壽

三十世
鼎
鶴

三一世
之茂
百念二
慶

三二世
元老

偉長子
太八

富

周　全　玄　秋保

廣　山　泰

添得　添順　添和　志老　環祖　華壽

次子 太十

灼長子 太二　達

次子 太三

三子 太六

千三長子 太四　昌老　庚　艮

翕　榮祖

次子 太七　彌壽　恢　天佑　保童　春童

煥子 太九

燦長子 佛保

次子 胖

鴻老

芳老

福慶

善慶

隆慶

德慶

孟

奇

復

斗奴

宗興

三子
周

元老子
方老

勝老

三三世

三四世

三五世

三六世

三七世

添順長子
役生

次子
留任

添和子
貴生

保童子
興

春童長子 聰

次子 容

三子 奇

四子 五保

孟子 照

秀英

貴芳

永忠

永興

永旺

福雲

啟雲

禮雲

祥雲

閣雲
任浙江硤石

居雲

六雲
任海寧麻金橋

永通

永寧

永慶

貴興

貴得

貴顯

貴茂

永勝

永芳

茂芳

關任

奇子 祉生

復子 征生

斗叙子 承任

蘊雲子 鳴盛
禮雲子 鳴育
祥雲長子 鳴鳳
次子 鳴遂 居北京

三八世

茂師
茂林

三九世

元周
元深
元潤

四十世

闓童

六雲長子 柯 太學生授縣

次子 梁

有陞 雲路

有忠 子成

歙西倫堂派衎公世系圖

十六世

泌公次子

衎公

爲將作監主簿生乾德五年八月十一日丑時歿天聖六年三月初八日未時娶趙氏生二子 誠 諱 公氏合葬橫唐下即倫堂嘉靖間墳鄰屋畢告憲批府勘明原有塘塋古路標祀劵証

十七世

誠 遷太平

諱 遷倫堂 娶吳氏

十八世

廸 娶金氏

十九世

問 娶詹氏

闓 遷台州

二十世

凱之 遷丹陽

悅之 娶方氏

悅之子

廿一世　雍　娶汪氏

廿二世　士翺　娶程氏

士翔　娶鄭氏

廿三世　寀　娶羅氏

義　娶胡氏

廿四世　凌漢　娶許氏

凌晉

尚賢　娶呂氏

鳳賢　遷餘姚

廿五世　天貴　娶洪氏

天民　遷蘇州

天貴子

廿六世
瑄　娶汪氏

廿七世
舜　娶朱氏
師　娶鄭氏
忠　娶馬氏

廿八世
泰孫　娶詹氏
承孫　娶葉氏
兆孫　遷寧國

廿九世
社　娶胡氏
裕　娶吳氏
亮

三十世
成甫　娶胡氏
友文　娶洪氏
友進　娶吳氏

成甫長子

三一世　宗壽　娶呂氏

三二世　添德　娶胡氏

三三世　福緣　娶吳氏

三四世　積富　娶余氏
積安　娶閔氏
積寧　遷無爲州漁城頭

三五世　文政　娶吳氏
文旭　娶吳氏
文相　娶巴氏
文傑
文貴
文俊
文賢

成甫
次子

福壽 娶黄氏

勝保 娶吳氏

社茂 娶胡氏

祖應

龍應 娶王氏

振師 娶程氏

延師 娶吳氏

積富

積音 娶金氏

積忠

積義 娶吳氏

積善 娶吳氏

積旺

文榮

文祥

文進 娶汪氏

文關 娶吳氏

文化

成甫三子

祿壽　洪武戊戌調守雲南功陞貴州前衛百戶

社得　襲百戶娶吳氏

成師　娶方氏

承　襲百戶陞千戶娶俞氏

積仁　娶金氏

積銘　娶金氏

積久

積源　由百戶陞指揮僉事贈懷遠將軍娶王氏封太恭人

文應　娶吳氏

文泰

文瓚　娶吳氏

文成　娶吳氏

文作

椿　指揮同知娶顧氏封恭人

友文長子

勝壽 娶羅氏

關用 娶吳氏

泉

宗蔭 娶鄭氏

佛善 娶吳氏

積溶 千戶陞指揮僉事

積潤

天隆 娶詹氏

天助 娶吳氏

桂

槐

樟

槿

全

久遠 娶呂氏

文豹 娶詹氏

三保 娶方氏

天進 娶汪氏
天祖 娶吳氏
天永 娶汪氏
天員 娶汪氏

文義 娶陳氏
文宣 娶金氏
文亨 娶金氏
文生 娶錢氏
文四 娶金氏
文志
文達

次子　勝宗　遷十八都葬前山

三子　勝祖　遷休寧四都

文進子　玄保　娶程氏

闔得

兆奴　娶何氏

天童　娶何氏

天福　娶吳氏

文福　娶吳氏

文益　娶陳氏

文湘　娶葉氏

文政長子

三六世
岩童 娶程氏

三七世
君權 娶汪氏

三八世
本 娶胡氏
達 娶吳氏

三九世
應椿 娶吳氏
應枝
應榜 娶查氏
應梅

四十世
可渡
可滄
可洛
可濟
可洺

文政次子 岩道 娶金氏

文政三子 岩彥 娶王氏

君八

君積 娶王氏

廸 娶吳氏

應枋

應楷 娶汪氏

應槐 娶吳氏

應栻

應椿

可漢

可法

文旭長子

君祐 娶葉氏

君芳 娶吳氏　君倖 娶吳氏　君護 娶吳氏

謙 娶胡氏　讜 娶吳氏　諒 娶吳氏　謂 娶洪氏　信 娶胡氏　仁 娶程氏

應楨　應楷　應福　應橡　應棕　應柳　應材　應樹

文旭次子

岩興 娶吳氏

君榮

君潞

君清

作 娶吳氏

應櫨

應杜

文相長子

岩劍 娶吳氏

君德 娶吳氏

代表可德亦圖推尊約正

論 娶吳氏

之櫝

誼 娶方氏

文相次子

岩鑼　娶金氏

君恩　娶金氏　由選貢任江浦教諭致仕

君惠　娶汪氏

君賜　娶汪氏　由大學生任沂水縣主簿致仕

謙　娶汪氏　繼方氏　壬午科順天鄉進士揀授嘉興府桐鄉知縣

讜　娶胡氏

詰　娶胡氏

之楠　娶程氏

之樫

之橷

之極

之棟　娶汪氏

之樹　娶詹氏

之柱

近沛

文進子

岩政 娶孫氏

君錫 娶詹氏
君壽 娶汪氏
君昂 娶張氏

詮
訓 娶佘氏
講 娶汪氏
論

之校
之檻
應梓
應樟
應栟
應槇

文闕子 岩憲 娶吴氏

文應子 岩琪 娶潘氏

君高 娶方氏

君福 娶鄭氏

君通

君選 娶程氏

君達

試 娶吴氏

訪 娶汪氏

詔

謐

讓

應樘

應橋

文瓌子　文成子

岩華 娶程氏
岩洪 娶鮑氏

君遷 娶汪氏
君道 娶汪氏
君迎 娶呂氏 繼吳氏
君儀 娶詹氏
君偉 娶汪氏

譜 娶金氏
誌
銓 娶汪氏
鈺
鏞 娶吳氏

應榧
應祁 娶汪氏 繼吳氏
應郊 娶詹氏
應祥

椿長子
瑛　娶張氏
襲指揮僉事

次子
斌　娶李氏

羔

勳

然　娶劉氏

錕　娶胡氏

欽　娶徐氏
襲指揮僉事功陞
雲南僉書都司

應禎　娶吳氏

應祿

崇爵　娶楊氏
襲指揮僉事功陞
釣盧參將復遷臨
元參將

升階　娶朱氏
襲指揮僉事

登階　生員
娶吳氏

桂長子

次子

琦　娶張氏

琇　娶顧氏

琳

珍

熙

憲　娶顧氏

杰　娶張氏

照　生員娶張氏

鉉

鈞　生員娶胡氏

鈁　娶湯氏

錧　娶李氏

崇祿　生員娶王氏

崇福　娶戢氏

崇德　娶孫氏

崇儒　娶張氏

晉階　生員娶王氏

步階

三子
琨

照
黔　娶湯氏
熬　娶周氏
烈　娶胡氏

錯　娶周氏
鍠　娶陳氏
鈉　娶李氏
鎧　娶陳氏
鋌　娶王氏

崇學　娶李氏
崇舉　娶高氏
崇業　娶余氏
崇龍

槐子
琛

熊　生員娶胡氏
鉞　娶姜氏
崇寵　娶徐氏

崇位

鐩　娶李氏

玖

黟

槿子
琅

兼　娶李氏
鍾

燕　娶葛氏
鐶

小達子
崇顯　娶吳氏

長貴　娶葉氏貧守節操撫姪三子汝賜爵十歲喪父幾撫二弟完娶
添汝　娶吳氏
應桂　娶葉氏
泮　娶詹氏

溙賜 娶吳氏

應林 娶吳氏

應松 娶汪氏

海

江

沶

澤

汶

瀾

潛

潤 娶黃氏

福貴 娶呂氏

添爵 娶吳氏

添錫 娶金氏

應柏 娶吳氏

應楫 娶汪氏

浩 娶吳氏

湖 娶吳氏

溶 娶胡氏

濂 娶汪氏

濤

汀

淵

治

文約長子　次子

岩壽 娶金氏
岩富 娶吳氏

廷茂 娶吳氏
廷佐 娶胡氏

鍠 娶吳氏
鎮
鏜 娶程氏

應彬 娶孫氏
應楊 娶金氏
應標 娶汪氏
應樞
應樓
應相

廷輔　娶吴氏

鉉　娶鄭氏

錤　娶汪氏

鐸　娶程氏

錦　娶洪氏

應杞　娶汪氏

應棋

應楡

應杰

應梧

應桐

三子 岩斌 娶吳氏
文亨子 崇清 娶吳氏
文四子 崇保 娶鄭氏
文福子 崇敬 娶胡氏
文龍子 崇興 娶程氏

廷弼 娶吳氏
仕民 娶周氏
仕艮 娶衛氏
廷滔 娶　氏
廷清
廷榮

錸 娶黃氏
鋌 娶江氏
鈺
鎖

應榛
應集

文湘子

崇育 娶程氏

廷華 娶包氏

廷貴 娶葉氏 遷湖廣

廷賢 娶胡氏

廷傑

廷俊 娶汪氏

廷儒

鉞

鎰

鉉

銘

四十一世

升階子
元慶

晉階子
淮壽

湖子
大順

謝氏宗譜

戊子四月吳湘桓

卷七

字號

卷七

文鍠公祠系

能公房世系

膏公房世系

勝公房世系

寵公房世系

膳公房世系

繁陽謝氏宗譜卷七分目

繁陽洋夾沙謝氏家譜小序　佑圖撰
繁陽錦衣衛洲文鍠公祖系圖傳
鍠公支下能公房世系圖傳
鍠公支下膏公房世系圖傳
膏公房時分世系圖傳
膏公房景分世系圖傳
膏公房昌分世系圖傳
膏公房昂分世系圖傳
膏公房昂分謙系圖傳
膏公房昂分士祥系圖傳

膏公房昂分士礽系圖傳

膏公房昂分士禧系圖傳

膏公房昂分恩系圖傳

膏公房昂分士祝系圖傳

膏公房昇分世系圖傳

膏公房昭分世系圖傳

鍠公支下勝公房世系圖傳

勝公房嘉祥分國美系圖傳

勝公房嘉胤分國義系圖傳

勝公房嘉胤分國政系圖傳

勝公房嘉德分國興系圖傳

鍠公支下寵公房世系圖傳

鍠公支下膳公房世系圖傳

繁陽洋夾沙謝氏家譜小序

先賢有言三十年不修譜即爲不孝吾族自徽歙田川遷居繁陽鵲岸歷四百年傳十六世自萬曆戊戌纂修統志迄今三百五十一載而未續修宗譜不孝之罪通於天矣然吾宗向爲巨族代有顯聞而家譜失修爲時過久其故何耶蓋以遜清之時尚科舉重八股吾族先祖少年則孜孜於學業急急於功名無暇及此高年則體弱神衰雖有志於茲事其勢不能觀君澤公支乘由吾太高高祖教諭潛齋公精心編

纂歷有年所旋囑房祖潢洛楷而書之歷一百五十四年雖經水火兵燹猶珍藏無恙豈非孝思之不匱歟咸豐戊午房高祖吟軒公理宗草於格簿值洪楊軍興擾亂而止先叔祖樾卿公覩先人遺稿倡纂修之議晚景奔波不遂其志今房弟鴻軒先生天資豪邁博學宏才善詩能文抗戰勝利歸來屢官要職復膺選國民大會代表爲當局所稱異雖爲國可以忘家而矢忠必先盡孝常以尊祖敬宗爲重值族衆議修宗譜先生欣然謂衆曰修譜一舉所以繼前人之

志述前人之事有關孝行至爲切要此吾輩讀書子孫應盡之責未容推諉者也於是訂議案立譜例籌經費推執事公舉先生纂修總輯先生不憚煩不辭苦晝夜編述數月刊竣余愧不才始叅理草繼任校閱用以鄙見書之卷末後之子孫鑒之勉之

旹

中華民國三十八年仲春月　穀旦

遷繁十四世裔孫佑圖謹識

繁陽錦衣衛洲文鍠公世系圖傳

思漢三子

一世

文鍠

字子宣幼失怙恃自歙西田川客遊於繁陽因遂卜居而經營締造遂成望族焉公天資豪邁孝友夙成倜常慷慨多奇節以儉勤裕家聲以澹泊敦古道而崇禮好義有古烈士風娶王冲仇氏生得能得膏得勝得寵繼歙溪南程氏生得膳公生正德十年乙亥十月二十七日未時卒萬歷七年己卯正月二十四日巳時仇孺人

二世

得能 行一

年表詳房系

得膏 行二

年表詳房系

得勝 行三

年表詳房系

生正德十一年丙子卒嘉靖四十年辛酉合葬歙呈坎上相山程孺人生嘉靖十二年癸巳十一月十八日寅時卒天啟元年辛酉二月十二日亥時葬橫山橋東街外泥壩湖一名橫大路艮山坤向兼寅申

得寵 行四

年表詳房系

得膳 行五

年表詳房系

鍠公支下能公房世系圖傳

文鍠長子

二世

得能 行一

字君用娶澄塘吳氏生三子　孝　春　元
公氏生卒俱失考合葬本邑西鄉赤沙灘虎形

三世

世孝 行一

字惟則生嘉靖四十一年壬戌四月二十六日娶岩鎮閔氏生失考生二子　謨　誥
誥出繼逢春爲嗣
公卒萬歷三十一年癸卯四月初一日
氏卒失考合葬本邑穴子橋

四世

嘉謨 行一

生萬歷十年壬午十二月二十八日未時娶方氏生萬歷十三年乙酉二月初三日生三子　龍　鳳　麟
公卒崇禎十六年癸未二月二十八日
氏卒崇禎八年乙亥四月二十四日合葬橫大路

五世

之龍 行一

生萬歷三十四年丙午八月初五日娶張氏生萬歷三十四年丙午六月初五日戌時生一子　玘
公卒崇禎十四年辛巳二月十二日酉時
氏卒康熙二十五年丙寅十二月初四日辰時合葬穴子橋

六世

國玘

生天啟四年甲子十一月十八日亥時娶宣氏生天啟五年乙丑九月十四日亥時生三子　鏞　鐘　鐸
公卒康熙年二十六年丁卯八月二十日子時
氏卒康熙二十年辛酉八月初八日亥時合葬老塋

之鳳 行二

娶王氏以之麟次子國璜爲嗣公氏生卒俱失考合葬横大路

之麟 行三

字瑞生生萬歷四十五年丁巳六月二十四日未時娶峩鎮程氏生天啟

國璜 行二

字崑崙生順治十三年丙申十月二十六日丑時娶徐氏生康熙四年乙巳七月十七日巳時生四子　鎮　錫　鈁　釪

公卒康熙三十七年庚寅九月十六日申時

氏卒乾隆四年己未九月十九日亥時合葬老塋

國琮 行一

字崑璧生順治元年甲申七月十六日卯時娶湯氏生

三子　銓　鋕

逢春 行二

生嘉慶四十二年癸亥十二月二十九日戌時娶劉源鮑氏以世孝次子嘉誥爲嗣

公卒萬歷十四年丙戌

氏生卒未詳合葬老塋

嘉誥 行二

娶吳氏生二子

蛟　鯤　鯤出繼

嘉言爲嗣

公氏生卒俱失考

合葬老塋

元年辛酉閏二月十二日寅時生二子　琮　璜　璜出繼之鳳爲嗣

公卒康熙三十二年癸酉正月三十日戌時

氏卒康熙十五年丙辰正月初四日子時合葬樂民壩

之蛟 行一

娶汪家塝汪氏以之鯤嗣子國譽雙祧爲嗣

公氏生卒俱失考

合葬老塋

錩

公卒康熙四十六年丁亥二月初十日亥時

氏生卒未詳合葬樂民壩

國譽 行三

字昭華生康熙十一年壬子二月二十一日子時娶烟塘閘氏生康熙十三年甲寅七月十七日亥時生二子

顯　達

公卒康熙五十六年丁酉十一月十

二日丑時
氏卒雍正元年癸
卯二月初五日丑
時合葬老塋

逢元 行三
字惟善娶后塢張
氏生一子　言
公氏生卒葬俱失
考

嘉言
生卒葬失考
以嘉語次子之鯤
爲嗣

之鯤 行二
生萬歷四十六年
戊午娶螃蠏磯楊
氏生崇禎三年庚
午八月十四日巳
時
以得膏公支下之
銘三子國譽爲嗣
兼祧之蛟
公卒康熙十八年
己未二月二十五
日未時
氏卒康熙二十八
年己巳合葬老塋

國玘長子

七世

士鏞 行一

生順治十三年丙申八月初一日子時娶宣氏生失考生二子 奇 意 意出繼士鐘爲嗣繼葉氏生順治十八年辛丑三月十三日寅時公卒康熙四十八年己丑四月初四日亥時宣氏卒失考葉氏卒雍正十年壬子七月十五日亥時公與二氏俱葬老塋

八世

仁奇 行一

生卒葬失考以仁茂長子元椿爲嗣兼祧仁意

九世

元椿 行一

字延幹生乾隆十三年戊辰九月二十九日寅時娶氏生一子 煥 公卒乾隆四十七年壬寅二月十二日亥時氏生卒未詳公氏合葬老塋

十世

宗煥

生卒葬失考以宗艮三子寬餘爲嗣

十一世

寬餘 行三

字廣譽生道光二十九年己酉十月二十二日戌時娶姚氏生道光三十年庚戌二月初十日亥時生一子 信 公卒民國七年戊午十二月二十四日寅時氏卒光緒九年癸未十月十二日巳時合葬石磯山西南向

次子 **士鐘** 行二

生卒葬失考
以兄士鏞次子仁
意爲嗣

三子 **士鐸** 行三

生卒葬失考
以士鏞長子仁茂
爲嗣

仁意 行二

生卒葬失考
以仁奇嗣子元椿
雙祧爲嗣

仁茂 行一

字邰存生雍正七
年己酉八月初七
日子時娶鮑氏生
雍正四年丙午十
二月十九日亥時
生二子　椿　樫
椿出繼仁奇爲嗣
公卒乾隆四十七
年壬寅二月十四
日申時
氏卒嘉慶四年己
未十月初十日戌
時合葬老塋

元樫 行二

字耀明生乾隆三
十二年丁亥閏七
月二十四日子時
娶胡氏生乾隆三
十四年己丑八月
二十一日亥時生
一子　艮
公卒道光十二年
壬辰正月二十日
巳時
氏卒道光七年丁
亥六月二十九日
未時合葬老塋

宗艮

字善賢生嘉慶十
八年癸酉正月二
十三日辰時娶殷
氏生嘉慶十八年
癸酉正月十七日
卯時生三子
衆　潤　餘　餘
出繼宗[illegible]爲嗣
公卒同治十一年
壬申七月二十八
日辰時
氏卒光緒二十一
年乙未七月二十
四日申時合葬石

寬衆 行一

字廣林生道光十
二年壬辰十月初
四日午時娶徐氏
生道光九年己丑
十月初十日酉時
生二子　恭　寬
恭兼祧寬潤寬出
繼寬球爲嗣
公卒光緒十年甲
申十二月十九日
卯時
氏卒光緒十四年
戊子
公氏合葬老塋

國璜長子

士鎮 行一 生康熙二十四年乙丑十月初一日申時娶鮑氏生康熙三十三年甲

仁淮 字漢源太學生生康熙六十一年壬寅二月十三日午時娶鮑氏生康熙

義櫃 字廷勳太學生生乾隆八年癸亥九月十四日酉時娶劉氏生乾隆十一

磯山

宗忠 行一 字心良生乾隆三十一年丙戌四月十六日戌時娶高氏生乾隆二十七

寬潤 行二 字廣春生道光二十五年乙巳七月二十五日亥時娶朱氏生道光二十六年丙午十二月十八日亥時以寬衆長子顯恭兼祧爲嗣公卒光緒二十九年癸卯十二月初十日酉時氏卒宣統三年辛亥九月十三日酉時合葬麿磯山

寬積 字灼如號啟積例授登仕佐郎道光三年振饑鄉里議敘八品頂帶恩賜

戊四月初四日申
時生一子　淮
公卒雍正九年辛
亥五月二十七日
巳時
氏卒雍正十三年
乙卯閏四月二十
五日未時
公葬樂民壙
氏葬穴子橋

六十一年壬寅四
月二十五日卯時
生一子　義槇
公卒嘉慶三年戊
午正月十七日寅
時
氏卒嘉慶二年丁
巳十一月初七日
亥時合葬小橋山

年丙寅九月十九
日子時生四子
忠　寅　筓　守
寄出繼元渠爲嗣
繼桂氏生乾隆二
十五年庚辰十一
月初七日亥時生
一子　宗宰
寄出繼元梓爲嗣
繼韋氏生乾隆二
十三年戊寅九月
二十四日丑時
繼束氏生失考
公卒嘉慶十九年
甲戌三月二十一
日巳時
劉氏卒乾隆四十
二年丁酉十月十
九日子時
桂氏卒嘉慶十一
年丙寅九月十四
日未時
韋氏卒道光元年
辛巳二月十六日

年壬午四月二十
三日亥時生一子
楨
繼駱氏生乾隆四
十二年丁酉
公卒嘉慶二年丁
巳五月二十五日
子時高氏卒嘉慶
二十四年己卯八
月二十六日亥時
駱氏卒道光十三
年癸巳合葬老壆

修職郎外給仁郵
可風四字匾額詳
縣志人物志尙義
生乾隆五十八年
癸丑十一月十四
日未時娶三山鎮
鄧氏生乾隆五十
六年辛亥四月十
八日未時生一子
銘
公卒道光十四年
甲午九月初二日
未時
氏卒道光十年庚
寅正月二十七日
午時合葬老壆

寅時
東氏卒失考
公氏俱葬南鄉栗
樹嘴

宗寅 行二
字禮濱生乾隆三
十三年戊子十月
十五日辰時娶王
氏生乾隆三十五
年庚寅十二月初
三日子時生三子
稱 程 穰
公卒嘉慶十八年
癸酉七月二十日
寅時
氏卒道光二十二
年壬寅二月初五
日卯時合葬老塋

寬稱 行一
字晋如號啟稱生
乾隆五十九年甲
寅九月十七日辰
時娶徐氏生乾隆
五十九年甲寅十
月初八日子時
以寬程子顯道兼
祧爲嗣
公卒道光二十三
年癸卯二月十八
日午時
氏卒道光二十二
年壬寅五月初四
日亥時合葬老塋

寬程 行二
字豹如號啟程生
嘉慶四年己未十
月二十八日亥時
娶 氏生一子

道兼祧寬穪
公卒道光十三年
癸巳四月初六日
戌時
氏生卒未詳
公氏葬失考

寬穰 行三

字穎成號啟穰生
嘉慶十三年戊辰
二月十九日午時
娶　氏生一子
榮
公卒道光二十二
年壬寅四月二十
三日午時
氏生卒未詳
公氏葬失考

宗守 行三

字理閑生乾隆四十一年丙申九月二十四日丑時娶姚氏生乾隆四十年乙未八月十八日卯時生二子 科 穆 繼諸氏生乾隆三十八年癸巳三月十九日未時 公卒道光九年己丑九月三十日亥時 姚氏卒嘉慶十九年甲戌六月初一日子時 諸氏卒道光十九年己亥九月三十日午時合葬麐餞山

寬科 行一

字耍如號啟科生嘉慶元年丙辰七月二十二日娶陶氏生嘉慶元年丙辰七月初五日未時 以寬穆長子顯模爲嗣 公卒道光五年丁酉三月十八日 氏卒同治元年壬戌五月初一日辰時 公氏合葬獐磯山

寬穆 行二

字美如號啟穆生嘉慶五年庚申十月二十日娶　氏失考　生二子

模　連　模出繼寬科爲嗣
公卒失考
氏卒道光十二年壬辰十一月初十日合葬獐磯山

四璜次子

士錫 行二
生康熙三十五年丙子八月三十日卯時娶毛氏生康熙三十九年庚辰十月初八日午時生二子　秀　芊　繼王氏生失考生一子　蕙
公卒乾隆十一年丙寅十月十六日子時
毛氏卒乾隆二十

仁秀 行一
字熹中國學生生雍正元年癸卯三月初七日申時娶孫氏生雍正元年癸卯三月初五日子時生一子　樞　繼胡氏生乾隆二年丁巳正月十三日亥時生三子　標　梁　杏　杏出繼仁蕙爲嗣
公卒乾隆五十五

元樞 行一
字新全生乾隆八年癸亥九月十三日午時　以元標長子宗熹爲嗣
公卒乾隆四十五年庚子八月二十六日午時葬老塋

宗熹 行一
字文煥生乾隆四十七年壬寅五月二十二日寅時娶楊氏生乾隆四十五年甲辰十一月初三日酉時生三子　姚　顯　祥　顯出繼宗烈爲嗣　祥出繼宗熟爲嗣
公卒道光七年丁亥四月十五日辰時
氏卒咸豐二年壬

寬姚 行一
字美華生嘉慶八年癸亥五月二十一日子時　以寬祥子顯達爲嗣
公卒道光十五年乙未正月初八日未時葬老塋

九年甲申十二月初九日申時
王氏卒失考
公與二氏合葬老塋

年庚戌九月十四日子時
孫氏卒乾隆二十六年辛巳六月十九日寅時
胡氏卒嘉慶十九年甲戌八月二十八日申時
公與二氏合葬老塋

元標 行二
字采昭生乾隆二十七年壬午九月二十六日亥時娶王氏生乾隆二十五年庚辰四月十四日卯時生六子 熹 熊 燕 烈 魚 熱 燾
烈出繼元樞為嗣
烈出繼元梁為嗣
燕出繼元杏為嗣
魚出繼元勳為嗣
公卒道光元年辛巳正月二十三日寅時
氏卒嘉慶二十年

子七月初十日卯時合葬老塋

宗顯 行二
生乾隆四十九年甲辰八月十三日亥時娶王氏生乾隆五十六年辛亥十一月十五日戌時生一子 煇
公卒嘉慶二十五年庚辰八月初二日卯時
氏卒道光六年丙戌十月初九日寅時合葬老塋

寬煇
生嘉慶十四年己巳 以得勝公支下寬惠次子顯淞為嗣
卒葬失考

乙亥五月初一日酉時合葬老塋

元梁 行三

字庠成生乾隆二十九年甲申八月初三日寅時娶汪氏生乾隆三十年

宗熟 行六

字進文生嘉慶六年辛酉三月十六日申時娶查氏生嘉慶二年丁巳十月十四日巳時

以宗熹三子寬祥爲嗣

公卒道光七年丁亥八月十八日戌時

氏卒咸豐九年己未十月初六日辰時合葬老塋

宗烈 行四

字文光娶陳氏

以宗熹次子寬顯爲嗣

公氏生卒葬俱失

寬祥 行三

字正士生嘉慶二十三年戊寅六月初五日子時娶鮑氏生嘉慶十八年癸酉十月十三日午時生二子　運　逢　逢出繼寬兆爲嗣

公卒光緒四年戊寅十月二十日午時

氏卒道光二十六年丙午八月十六日寅時合葬老塋

寬顯 行二

字克明生嘉慶十一年丙寅十月二十九日寅時

以得勝公支下寬

仁芊 行二

字茂南國學生生雍正十二年甲寅七月初七日卯時娶鄧氏生雍正十二年甲寅七月初六日巳時生一子渠

乙酉二月二十五日巳時繼古氏　以元標四子宗烈爲嗣公卒道光元年辛巳八月初九日巳時汪氏卒乾隆五十三年戊寅正月初九日丑時古氏生卒未詳公氏俱葬老塋

元渠

字文舉生乾隆二十四年己卯前六月二十九日巳時娶横山橋鮑氏生乾隆二十六年辛巳八月初八日寅時

考

宗寧 行三

字國咸太學生生乾隆三十九年甲午八月初四日子時娶陳氏生乾隆三十八年癸巳十一月初六日子時生一子　稃

芝三子顯璋爲嗣卒道光十二年壬辰九月初六日申時葬失考

寛稃 行一

字兆成生嘉慶七年壬戌六月初五日申時娶　氏生一子　廸兼祧寛顯公卒道光二十二年壬寅五月初一

公卒乾隆三十五年庚寅十二月二十日寅時
氏卒乾隆四十二年丁酉九月初十日未時
公葬穴子橋
氏葬欄杆橋

公卒乾隆四十四年己亥九月十六日亥時　以義楨三子宗寄爲嗣
公卒氏年十九立孤守貞矢志靡他年六十六歲卒載縣志人物志烈女
氏卒道光五年乙酉八月十七日戌時與公合葬欄杆橋

繼鎮江丹塗縣陳氏生乾隆四十七年壬寅九月初二日卯時生二子稔　穎　稔出繼宗淇爲嗣
公卒嘉慶十八年癸酉三月二十一日午時
前陳卒嘉慶十二年丁卯十月十五日子時
後陳卒道光五年乙酉六月十四日亥時
公同二氏俱葬欄杆橋

日辰時
氏生卒失考
公氏合葬張饑山

寬穎 行三

字法奇生嘉慶十八年癸酉五月十五日巳時娶馬氏生嘉慶十二年丁卯五月十八日子時　以寬衿子顯廸兼祧爲嗣
公卒咸豐九年己未
氏卒光緒六年庚辰八月二十三日午時
公氏合葬老塋

仁蕙 行三

字蓽五娶趙氏生乾隆六年辛酉五月十二日酉時以仁秀四子元杏爲嗣氏卒乾隆四十三年戊戌三月初十日巳時公生卒未詳合葬老塋

元杏 行四

字魯壇生乾隆三十二年丁亥五月初八日申時娶范氏生乾隆三十六年辛卯九月二十三日戌時繼蔡氏生乾隆三十六年辛卯十二月十六日子時繼鮑氏　以元標三子宗燕爲嗣公卒道光九年己丑三月二十七日未時范氏卒乾隆五十五年庚戌八月十二日子時蔡氏卒嘉慶三年戊午二月初八日辰時鮑氏生卒未詳公與三氏合葬老

宗燕 行三

字文飛生乾隆五十二年丁未十月十七日卯時娶許氏生一子　球公卒道光二年壬午二月初四日戌時氏生卒未詳公氏合葬老塋

寬球

生卒葬失考以寬衆次子顯寬爲嗣

國璜
三子

士鈁 行三
字萬資國學生
娶淩氏生四子
茂　燮　華　英
繼潘氏生一子
芝茂出繼十鐸爲
嗣
燮出繼得龍公支
下士彪士福雙祧
爲嗣
公氏生卒未詳俱
葬樂民壙

仁華 行三
字芳藝生雍正十
一年癸丑二月二
十五日未時娶江
氏生雍正十年壬
子五月初二日午
時生一子　權
公卒乾隆十三年
戊辰二月初六日
巳時
氏卒乾隆十七年
壬申八月二十九
日亥時
公氏葬失考

塋

元權
字鑑衡生乾隆四
十七年壬寅十二
月十二日辰時
娶夏氏生乾隆五
十二年丁未十月
十三日巳時
生一子　淦
公卒嘉慶十四年
己巳十月十一日
卯時
氏卒道光三年癸
未二月初六日酉
時
公氏合葬老塋

宗淦
字百順生嘉慶十
三年戊辰九月十
九日辰時　以宗
淩次子寬貴爲嗣
卒道光十四年甲
午二月十一日寅
時葬失考

寬貴 行二
字恒有生道光二
十七年丁未十月
十一日亥時娶吳
氏生咸豐六年丙
辰三月二十六日
亥時生二子　雲
龍　龍出繼寬稔
爲嗣
公卒民國十八年
己巳十一月二十
日未時
氏卒民國二十七
年戊寅閏七月十
六日子時
公葬磯頭山南向
氏葬費家店西南
向

仁英行四
字鯗伯生乾隆四年己未十月二十六日子日娶魯氏生乾隆五年庚申七月初二日亥時生一子　校
公卒嘉慶十二年丁卯二月十一日子時
氏卒嘉慶十年乙丑八月十七日辰時
公氏合葬老塋

元校
字六書生乾隆二十七年壬午四月初七日未時娶張氏　以元植次子宗淇爲嗣
公卒道光六年丙戌八月初四日亥時
氏生卒未詳
公氏葬失考

宗淇行二
字聖占生嘉慶八年癸亥五月三十日亥時　以宗箕次子寬稔爲嗣
公卒道光十三年癸巳三月二十一日亥時葬失考

寬稔行二
生卒葬失考
以寬貴次子顯龍爲嗣

仁芝 行五
字秀堦生乾隆十三年戊辰十一月三十日子時娶孫氏生乾隆十年乙丑九月十九日亥時生一子 杞
公卒嘉慶元年丙辰正月二十日卯時
氏卒乾隆五十三年戊申二月十三日亥時合葬小庵南向

元杞
字建周生乾隆三十四年己丑十一月十六日亥時娶古氏生乾隆三十七年壬辰正月十三日子時繼薛氏生乾隆五十年乙巳九月十五日戌時生二子 泗 淩
公卒道光二十一年辛丑三月三十日申時
古氏卒道光二十九年己酉十一月三十日酉時
薛氏卒嘉慶二十一年丙子五月初十日亥時
薛氏葬小菴南向
公與古氏葬失考

宗泗 行一
字福潮娶仇氏生一子 懷
公氏生卒失考合葬老山東北向

宗淩 行二
字福奎生嘉慶十七年壬申七月二十四日亥時娶徐氏生二子 富 貴 貴出繼宗淦為嗣
公卒道光二十九年己酉九月初八日申時
氏卒失考

寬懷
生道光十六年丙申三月二十三日酉時娶陶氏生未詳生一子 皋
公氏卒失考合葬老山南向

寬富 行一
生道光十五年乙未十二月十五日巳時娶王氏生道光十六年丙午四月十八日午時生一子 壽 生女一適江家村王士明
公卒民國元年[illegible]子七月十一日[illegible]

公氏葬失考

時
氏卒光緒三十二年丙申十二月十五日戌時葬竹山東北向

國璜四子

士釪 行四
娶古氏生康熙四十五年丙戌十二月二十七時戌時繼胡氏生康熙五十五年丙申正月初九日丑時生一子　蓮
古氏卒雍正十年壬子三月三十日午時
胡氏卒乾隆三十六年辛卯三月十七日寅時

仁蓮
字頤美生雍正十年壬子三月二十七日辰時娶古氏繼紀氏生乾隆三年戊子十月初六日亥時生四子
植　榛　楠　株
公卒嘉慶八年癸亥九月初七日辰時
繼氏卒乾隆四十九年甲辰八月十二日申時

元楦 行一
字世培生乾隆二十九年甲申六月初五日亥時
娶孫氏生乾隆二十七年壬午十一月十四日午時生二子　澤　淇
淇出繼元校爲嗣
公卒道光九年己丑十一月十六日未時
氏卒嘉慶十九年甲戌正月十七日

宗澤 行一
字潤占例授登仕佐郎生乾隆五十五年庚戌八月初九日酉時娶俞氏生乾隆五十八年癸丑七月十六日巳時
娶魯氏生乾隆六十年乙卯十二月二十六日亥時
以宗江長子寬後爲嗣
公卒同治十一年

寬後 行一
字廣發生嘉慶二十二年丁丑七月初十日酉時娶劉氏生嘉慶二十年乙亥正月初三日戌時生一子　樹
兼祧寬心
公卒同治十三年甲戌十一月二十二日午時
氏卒光緒十四年戊子五月初二日戌時合葬山墩頭

公生卒未詳
公與古胡合葬穴
子檣

古氏生卒未詳公
與古紀合葬獐磯
山

午時合葬獐磯山

元榛 行二
字天培生乾隆三
十三年戊子十一
月二十三日卯時
娶古氏生乾隆三
十二年丁亥五月
二十八日丑時生
四子　漢　江
浩　汝　浩出繼

壬申五月二十四
日辰時
俞氏卒道光三年
癸未八月初五日
未時
魯氏卒同治十年
辛未二月初十日
辰時
公與二氏合葬老
坣

宗漢 行一
字須艮生乾隆五
十六年辛亥正月
二十七日丑時
娶方氏　以宗江
次子寬心兼祧爲
嗣
公卒道光十二年
壬辰葬木鎮奠公

寬心 行二
字廣田生道光十
七年丁酉九月初
九日亥時娶胡氏
生道光二十一年
辛丑二月初九日
辰時　以寬從子
顯樹兼祧爲嗣
公卒光緒十九年

元株爲嗣
汝出繼元楠爲嗣
公卒道光三年癸
未八月初一日申
時
氏卒道光三年癸
未八月初三日巳
時合葬獐磯山

廟
氏生卒葬失考

宗江 行二
字須江生乾隆五
十九年甲寅正月
十八日子時
娶楊氏生乾隆六
十年乙卯八月二
十四日申時生二
子　後　心　後
出繼宗澤爲嗣
心兼祧宗濮爲嗣
公卒道光二十二
年壬寅四月初四
日未時
氏卒光緒六年庚

癸巳正月初十日
辰時
氏卒光緒十二年
丙戌二月初四時
未時合葬磯石山

元楠 行三

字楚才生乾隆三十六年辛卯十二月二十二日亥時以元榛四子宗汝爲嗣
公卒道光元年辛巳九月初二日午時葬獐磯山

辰十一月廿九日未時合葬穴子橋

宗汝 行四

字友占生嘉慶十四年己巳十二月初十日亥時娶童氏生嘉慶十三年戊辰十二月二十三日辰時生一子　營兼祧宗浩
公卒同治元年壬戌八月十七日丑時
氏卒光緒十六年庚寅十一月十二日酉時合葬獐磯山

寬營

字廣榮生道光二十年庚子十月初十日戌時娶胡氏生道光二十一年辛丑二月初九日辰時繼李氏生道光二十八年戊申十月十六日亥時繼楊氏生同治元年壬戌九月初九日寅時生一子鈺
公卒光緒二十五年己亥三月初三日丑時
藍氏卒光緒六[illegible]丙戌二月初四[illegible]

未時
李氏卒葬失考
楊氏卒民國十二年癸亥三月十八日午時
公葬石磯山
楊氏葬獐磯山
藍氏葬失考

宗浩 行三
字景占生嘉慶五年庚申
以宗汝子寬營兼祧爲嗣
公卒道光十六年丙申三月葬失考

元株 行四
字德培生乾隆三十九年甲午八月初一日子時娶孫氏生卒失考
以元榛三子宗浩爲嗣
公卒道光十一年辛卯五月十四日子時
公氏葬失考

國琮長子

士銓 行一

字予衡國學生生康熙二十二年癸亥四月二十三日寅時娶郭氏生康熙二十二年癸亥生四子 洪 澤 泮 泰 澤出繼士銶爲嗣 泰出繼士顯士達雙祧爲嗣
公卒乾隆三十五年庚寅二月初二日巳時
氏卒乾隆四十年辛巳合葬白石山

仁洪 行一

字巨源生康熙四十二年癸未正月二十八日未時娶殷氏以仁清三子元枋爲嗣
公卒乾隆三十五年庚寅閏五月十二日戌時
氏生卒未詳
公氏葬俱失考

仁泮 行三

字應旗生康熙五十一年壬辰九月

元枋 行三

字德輿生乾隆十二年丁卯八月初十日亥時以元標五子宗魚爲嗣
公卒嘉慶七年壬戌四月二十日亥時葬失考

義杓 行一

字斗光生雍正十一年癸丑三月二

宗魚 行五

字耿文娶許氏繼鄭氏以宗煌次子寬炘爲嗣
公與二氏生卒葬同失考

宗舉

字步雲生乾隆十八年癸酉十一月

寬炘 行二

生卒葬失考以寬型子顯傳兼祧爲嗣

寬型

字正華娶　氏生一子　傳兼祧寬

三十日辰時娶鮑
氏生二子　杓　極
公卒乾隆四十九
年甲辰五月二十
四日未時
氏生卒未詳
公氏葬俱失考

十三日酉時娶蔣
氏生雍正九年辛
亥十一月二十三
日申時生一子
舉兼祧義極爲嗣
氏卒乾隆廿五年
庚辰十二月十四
日寅時　繼娶蔣
氏生乾隆元年丙
辰五月初二日酉
時
公卒乾隆四十年
乙未八月二十五
日丑時繼蔣氏卒
嘉慶三年戊午三
月二十三日戌時
公與二氏葬俱失
考

十七日辰時娶高
氏生乾隆十七年
壬申九月二十九
日戌時生一子
型　公卒乾隆五
十一年丙午正月
二十三日戌時
氏卒乾隆四十三
年戊戌五月二十
三日未時
公氏葬失考

炘爲嗣
公氏生卒葬俱未
詳

國琮
次子

士銥 行二
生康熙四十八年
己丑八月二十五
日亥時娶鮑氏生
康熙二十五年丙
寅九月初一日酉
時
以士銓次子仁澤
爲嗣
公卒康熙五十八

仁澤 行二
字佩高生康熙四
十八年己丑七月
初八日申時娶郭
氏生卒未詳
繼孫氏生康熙五
十一年壬辰繼王
氏生雍正十二年
甲寅十一月十一
日卯時生二子

義極 行二
字太詹生乾隆七
年壬戌三月初六
日寅時
以義杓子宗皋兼
祧爲嗣
公卒乾隆二十八
年癸未十二月二
十日丑時葬烟塘

元梓 行一
字帝歆生乾隆二
十四年己卯八月
初四日卯時娶陳
氏
以義楨五子宗宰
兼祧元桐
公卒乾隆四十九
年甲辰正月初七
日酉時

宗宰 行五
字國珍生嘉慶二
年丁巳十二月初
五日巳時娶鮑氏
生嘉慶二年丁巳
二月二十三日子
時生一子 秩
公卒道光五年乙
酉四月二十五日
亥時

寬秩
字慶豐生嘉慶二
十二年丁丑十一
月三十日寅時娶
氏生一子 揚
公卒咸豐八年戊
午九月初三日戌
時氏生卒未詳
公氏葬俱失考

國琮
三子

年己亥七月十六日卯時
氏卒乾隆二十五年庚辰六月十二日寅時
公葬横大路
氏葬烟塘陶

士錩 行三
生康熙二十六年丁卯八月初八日寅時娶高氏生康熙二十八年己巳二月十八日亥時

梓桐
公卒乾隆三十三年戊子十一月初六日巳時
孫氏卒嘉慶二年丁巳十二月二十七日辰時
王氏卒乾隆三十二年丁亥五月二十八日寅時合葬白石山

仁清
字涵一生康熙五十一年壬辰三月十九日亥時娶高氏生康熙五十二年癸巳五月二十

氏生卒未詳
公氏葬失考

元桐 行二
字譜琴郡庠生生卒失考
以元梓嗣子宗宰雙祧爲嗣
公葬獐磯山

義桂 行一
字修林生失考娶鮑氏生失考生一子　煌兼祧義楹爲嗣
公氏卒葬俱失考

氏卒道光三年癸未七月二十七日亥時合葬射塘冲

宗煌
字燦然生乾隆二十三年戊寅正月二十二日辰時娶鮑氏生乾隆二十四年己卯五月二

寬炳 行一
字正明生乾隆五十四年己酉娶張氏生乾隆五十年乙巳三月初七日酉時生二子　永

生一子　濤
公卒康熙五十三年甲午六月二十七日寅時
公卒氏年二十六撤膏絕沐縞素終身詳縣志人物志烈女旌表貞節
氏卒乾隆十四年己巳八月初六日子時與公合葬穴子橋

七日申時生三子
桂　櫨　枋
枋出繼仁洪爲嗣
氏卒乾隆十六年辛未四月十四日戌時
繼鮑氏生卒未詳
公卒乾隆三十三年戊子五月二十六日戌時公與高鮑合葬穴子橋

義櫨 行二
字廷堦生乾隆八年癸亥閏四月初一日亥時
以義桂子宗煌兼祧爲嗣
公卒嘉慶十五年庚午二月二十二日酉時葬石磯山

十二日酉時生二子
炳　炘　炘
出繼宗魚爲嗣
公卒嘉慶十七年壬申七月十五日酉時
氏卒道光四年甲申十一月二十五日巳時
公氏葬失考

恒　恒出繼得膏公支下寬厚爲嗣
公卒道光二年壬寅五月初三日未時
氏卒同治十年辛未十一月初十日丑時
公葬張磯山
氏葬石磯山

國譽長子

士顯 行一

生康熙四十五年丙戌八月二十二日未時

以士銓三子仁泰兼祧士達爲嗣

公卒乾隆二十三年戊寅五月十一日寅時葬失考

次子

士達 行二

生康熙五十年辛卯四月十九日申時

以士顯嗣子仁泰

仁泰 行三

字景高生康熙五十八年己亥四月初六日亥時娶許氏生康熙元年壬寅七月初六日子時生一子義彬

公卒乾隆十一年丙寅十一月十二日丑時

氏卒乾隆二十一年丙子閏九月十六日寅時合葬白石山

義彬

字林川生乾隆十年乙丑八月二十九日未時娶鮑氏生乾隆九年甲子五月二十五日丑時生一子　典

公卒乾隆三十九年甲午四月初三日丑時

氏卒嘉慶七年壬戌三月二十六日丑時

公氏葬俱失考

宗典

字堯彰生失考娶劉氏生乾隆三十八年癸巳四月二十九日子時生一子　宇

氏卒嘉慶七年壬戌四月十一日午時

繼朱氏生失考

繼劉氏生失考

公與繼氏卒葬俱失考

寬宇

字廣明生嘉慶元年丙辰十一月十一日午時娶　氏生一子　鎔

公卒嘉慶二十五年庚辰九月初三日巳時

氏生卒未詳公氏葬失考

寬餘子

兼祧爲嗣
公卒乾隆四十六年辛巳八月初五日寅時葬失考

十二世

顯信 行一
生光緒元年乙亥六月十六日未時娶徐氏生光緒三年丁丑五月二十四日戌時生三子
隆　寶　發
隆出繼顯恭爲嗣生女一適三山鎮張正宗
公卒民國十九年庚午九月二十六日午時葬雙龍口

十三世

承寶 行二
字進恩生光緒三十一年乙巳十二月二十二日丑時娶趙氏生民國五年丙辰七月十六日酉時生子
長　鴻　長出繼承隆爲嗣　鴻兼祧承發爲嗣
生三女長適韋家衙馬永勝長子次適本洲小圩廸

十四世

佑鴻 行二
生民國二十九年庚辰三月十二日亥時聘王氏生民國三十二年癸未二月十五日亥時

十五世

十六世

南首西向

周家根長子

承發行三

字進魁生民國八年己未十一月二十六日午時娶孫氏生民國十一年壬戌正月二十三日寅時

以承寶次子佑鴻兼祧爲嗣

公卒民國廿年辛未八月二十日未時葬雙龍口北首

寬衆長子

顯恭 行一

生咸豐二年壬子正月十六日卯時娶陳氏生咸豐五年乙卯二月初四日寅時以顯信長子承隆爲嗣公卒失考氏卒光緒七年辛巳八月十二日申時合葬獐磯山

承隆 行一

生光緒二十五年己亥十一月十二日辰時娶葉氏生光緒三十年甲辰二月十七日卯時以承寶長子佑長爲嗣公卒民國五年丙辰十月二十日寅時氏卒失考丞氏合葬老塋

佑長 行一

生民國二十二年癸酉六月初九日午時聘馬氏生民國二十年辛未八月初四日寅時

顯積　子

顯銘

字德新生道光五年乙酉娶鄧氏生卒失考娶崔氏生道光十六年丙申十二月二十五日辰時生四子　蓉　瀛　章　意　蓉出繼顯道顯榮雙祧爲嗣生女二長適高江埠楊家茂　次適俞家村俞濵可公卒光緒五年己卯八月十四日酉時崔氏卒光緒二十五年己亥十月初七日午時鄧氏葬獐磯山南首公與崔氏合葬朱榮順塋後山

承瀛行二

生同治八年己巳九月二十三日午時娶查氏生同治十三年甲戌正月十四日辰時生一子　松兼祧承章爲嗣　公卒光緒十九年癸巳七月二十日巳時葬獐磯山塘南

佑松

字友三生光緒十八年壬辰十月初六日戌時娶丁家田丁守高次女生光緒二十二年丁酉九月二十八日卯時生二子　發　宇　女二長適磨旂山姚傳烈　次適本村陳修來　公卒民國三十四年乙酉五月二十六日午時葬馬糞岩

啟發行一

字學勤生民國七年戊午正月十四日未時娶阮村渡朱元霖長女生民國八年己未九月十二日子時生女　秀珍

啟宇行二

字學初生民國二十一年壬申二月

承章行三

生同治十一年壬申三月初一日亥時娶方氏生同治十三年甲戌九月二十五日丑時以承瀛子佑松兼祧爲嗣公卒光緒十九年癸巳七月二十七日酉時葬獐磯山南塘沿西首

十五日亥時聘浮城墩張懋雲長女生民國二十一年壬申十月初二日亥時

承意 行四

國學生生光緒三年丁丑七月二十一日卯時娶俞家滂俞氏生光緒二年丙子二月十一日卯時生二子 棵 材 材出繼承瑤爲嗣 生女一適俞家村俞時發 公卒民國元年壬子五月二十日葬箬帽頂山西南向

佑棵 行一

生光緒二十九年癸卯正月初七日戌時娶丁氏生宣統元年己酉八月十四日卯時生一子 文 繼潘氏生光緒二十八年壬寅八月初八日寅時 繼汪氏生光緒二十五年己亥十二月二十三日戌時 丁氏卒民國二十三年甲戌六月十八日巳時 潘氏卒民國二十六年丁丑五月初七日寅時 丁潘二氏合葬馬糞宕

啟文

字學林生民國十八年己巳八月十二日巳時娶本村鮑士友長女生民國二十年辛未九月十九日卯時生 子 廣志

廣志 行一

生民國三十七年戊子十一月二十二日亥時

寬程子

顯道

生嘉慶二十五年庚辰五月十三日子時
以顯銘長子承蓉兼祧顯榮爲嗣
公卒道光二十三年壬寅五月十四日亥時葬失考

承蓉 行一

字芙蓉生咸豐十年庚申十月十五日辰時
以承先三子佑根爲嗣
公卒葬失考

佑根 行三

生光緒六年庚辰十一月二十二日子時娶駱氏生光緒四年戊寅正月二十四日辰時
繼娶蔣氏生光緒十五年己丑十二月初一日卯時生四子　田　貴　和　順　和出繼佑鏗爲嗣　順出繼佑餘爲嗣　生女一適小庫山李家明長子
公卒民國二十七年戊寅三月十一日巳時
駱氏卒失考
蔣氏卒民國二十四年乙亥五月二十三日戌時
公葬孫家冲

啟田 行一

生民國三年甲寅七月二十二日亥時娶孫氏生民國七年戊午七月初七日亥時生子
源　波

廣源 行一

生民國三十年辛巳十二月十三日巳時聘谷兆明次女生民國三十二年癸未九月二十二日申時

駱蔣氏合葬獐磯山

啟貴行二
生民國九年庚申三月十三日辰時

廣波行二
生民國三十五年丙戌十二月初九日亥時

寬穰子

顯榮

字德華生道光十五年乙未十二月初二日丑時娶董氏生道光二十三年癸卯八月二十六日子時
以顯道嗣子承蓉雙祧爲嗣
公卒咸豐九年己未九月初十日亥時
氏卒失考
公氏葬俱失考

寬科嗣子

顯模 行一

字學純生嘉慶二十三年戊寅八月

承先

字鳴高號先生道光二十八年戊申

佑添 行一

字錦城生同治八年己巳六月三十

啟材 行三

生光緒二十六年庚子十一月初五

廣壽 行一

字永高生民國三十年辛巳九月三

十二日亥時娶王氏生道光七年丁亥五月二十八日卯時生一子 先
公卒道光二十八年戊申九月初四日申時
氏卒道光二十九年己酉十二月初七日亥時合葬獐磯山

十一月二十九日寅時娶江氏生道光二十六年丙午九月十七日申時生四子 添 炳 根 鐸 炳出繼承瑩爲嗣 根出繼承蓉爲嗣 鐸出繼承啟承玉雙祧爲嗣 生女二長適高江埠楊天和 次適三山鎮張百和
公卒光緒三十四年戊申五月初一日子時
氏卒民國二年癸丑十月二十九日亥時合葬獐磯山

日未時娶王氏生同治十三年甲戌三月初三日寅時生三子 材 茂 林
公卒民國二年癸丑二月十四日子時葬晏公廟大墳園

日巳時娶高氏生失考
以啟林長子廣壽雙祧啟茂爲嗣
公卒葬失考

啟茂行二
生光緒二十八年壬寅九月十五日未時
以啟材嗣子廣壽兼祧爲嗣
公卒葬失考

十日巳時聘俞金鎮長女生民國二十八年己卯四月十九日寅時

寬穆子

顯連 行二
字德宏生道光元年辛巳十月二十

承焜 行一
生同治三年甲子七月十七日子時

佑興 行一
生光緒二十六年庚子閏八月初十

啟林 行三
生光緒三十年甲辰十二月初十日子時娶張氏生宣統二年庚戌十二月初八日午時生
子　壽　壽出繼啟材啟茂雙祧為嗣　生女三長適磨旂山姚傳道次三未字

啟宙 行一
生民國三十五年丙戌十二月十三

一日卯時娶姚氏
生道光十七年丁
酉正月十六日酉
時生一子　焜
女二長適永寧圩
鄭姓　次適三山
鎮張姓
公卒光緒七年辛
巳六月二十七日
未時
氏卒光緒七年辛
巳六月二十七日
未時合葬獐磯山

娶劉氏生同治七
年戊辰六月初六
日亥時　繼邢氏
生同治十一年壬
申八月初八日巳
時生二子　典
旺　生三女長適
樓房頂駱一傑
次適下楊村楊先
有　三適永寧圩
鄭國志
公卒民國四年乙
卯三月十一日戌
時
劉氏卒光緒十一
年乙酉七月初九
日寅時
邢氏卒民國二十
四年乙亥二月二
十六日亥時
公與二氏合葬獐
磯山

日申時娶賀氏生
光緒三十一年乙
巳三月十九日申
時
以佑旺子啟宙為
嗣　生女二長適
楊礮　次適三山
鎮下街賀廣玉長
子
公卒民國二十八
年己卯三月十七
日未時葬獐磯山

佑旺 行二

生光緒三十二年
丙午十月初五日
午時娶丁氏生宣
統三年辛亥十一

日亥時聘吳氏生
民國三十五年丙
戌七月初六日巳
時

寬烑嗣子

顯逢 行二

字興發生道光二十三年癸卯十二月初二日卯時娶郭氏生道光二十五年乙巳十月三十日子時生五子 銀 錦 炳 樹 啟 炳樹出繼顯淞爲嗣 啟出繼顯傳爲嗣 公卒光緒十年甲申十一月十三日

承銀 行一

生同治四年乙丑四月十六日酉時以承蓁次子佑璜兼祧承銀爲嗣公卒葬俱失考

月二十一日亥時生子 啟宙出繼佑興爲嗣 生女二長字三山鎮下街季姓次字本村陳修水次子

佑璜 行二

生民國二十四年乙亥八月初四日未時

申時
氏卒失考
公氏合葬老塋

寬煇
嗣子

承錦 行二
生同治五年丙寅
以承銀嗣子佑璜
兼祧爲嗣
公卒葬失考

顯淞 行二
以顯逢三子炳四
子樹雙繼爲嗣
公生卒葬失考

承炳 行三
生同治七年戊辰
三月十八日子時
娶鮑氏生同治十
二年癸酉二月初
一日午時繼汪氏
生同治十一年壬
申四月初二日卯
時生一子　仁兼
祧承樹
公卒民國十三年

佑仁
生光緒二十年甲
午九月十八日子
時娶夏氏生光緒
二十三年丁酉二
月二十七日丑時
生二子
家　法　生女一
適蕪邑徐長發長
子
公卒民國二十一

啟家 行一
生民國十二年癸
亥七月二十二日
亥時娶鄭氏生民
國十九年庚午十
月三十日巳時

甲子正月初五日申時鮑氏卒光緒二十三年丁酉汪氏卒民國二十四年乙亥八月十二日亥時公與汪氏合葬蕪邑煤公山鮑氏葬蕪邑大官山

承樹 行四

生同治十年辛未三月二十一日辰時以承炳子佑仁兼祧為嗣公卒葬失考

年壬申二月十二日巳時葬蕪邑煤公山

啟法 行二

生民國十八年己巳二月二十二日辰時卒民國三十六年丁亥八月二十四日巳時葬蕪邑煤公山

覲祥子

顯運 行一
生道光二十八年戊申二月十二日子時娶紀氏生咸豐六年丙辰七月二十日卯時生四子 林 懋 臻 秉 臻秉出繼顯璋爲嗣公卒光緒三十年甲辰四月十一日亥時氏卒民國十九年庚午十二月十六日子時合葬雙龍口

承林 行一
生光緒元年乙亥九年十九日戌時娶張氏生光緒三年丁丑以承懋子佑恩兼祧爲嗣公氏卒葬失考

佑恩
生民國二年癸丑六月初三日申時娶王氏生民國六年丁巳十二月二十二日寅時生子 美 倉 生女二長字横山橋許大福次子

啟美 行一
生民國二十五年丙子七月二十日寅時聘尙家灣尙章坤長女生民國二十七年戊寅八月十五日未時

啟倉 行二
生民國三十七年八月十六日寅時

寬顯嗣子

顯璋 行三

生咸豐五年乙卯六月初五日子時以顯運三子臻四子秉雙繼爲嗣 公卒光緒五年己卯八月初九日戌

承懋 行二

生光緒四年戊寅十二月二十三日子時娶尚氏生一子 恩兼祧承林爲嗣 公卒民國三十一年壬午二月二十二日未時葬雙龍口

承臻 行三

生光緒十六年庚寅九月二十三日亥時娶陳氏生光緒二十九年癸卯十二月初一日辰時生二子 雲

佑雲 行一

生民國十三年甲子八月十四日卯時娶劉氏生民國十八年己巳十一月十六日未時生子 斌

啟斌 行一

生民國三十七年八月初二日巳時

時葬失考

璜　雲兼祧承秉爲嗣　璜出繼承銀爲嗣　生二女長適經縣北花朱姓次適巢縣翟姓

承秉行四

生光緒十九年癸巳六月十四日子時

以承臻長子佑雲兼祧爲嗣

公卒葬失考

寬稔子

寬球嗣子

顯廸 行一

字右昆生道光十
年庚寅七月初三
日申時
以顯舉次子承龍
爲嗣
公卒葬失考

顯寬 行二

字德貴生咸豐六
年丙辰正月二十
八日亥時娶胡氏
生同治四年乙丑
正月三十日戌時
以顯龍三子承進
爲嗣
公卒光緒三十年
甲辰十二月十一
日未時

承龍 行二

生光緒二十年甲
午四月初八日子
時
以承榮三子佑廉
爲嗣
公卒失考葬老山
南向

承進 行三

生民國七年戊午
正月二十日五時
娶張于埠楊邦發
長女生民國九年
庚申正月二十五
日丑時

佑廉 行三

生民國二十五年
丙子十一月二十
五日亥時

氏卒失考
公葬犢磯山
氏葬失考

寬貴
子

顯雲 行一
字闊達生光緒三年丁丑九月二十六日卯時娶長興嶺俞宗政長女生光緒五年己卯九月十九日子時生三子 榮 華 富 生女二長適長興嶺俞思明次適四川省成都縣劉森權
公卒民國三十四年乙酉六月初八日卯時
公葬費家店西南

承榮 行一
生光緒二十六年庚子八月十四日子時
以承富次子佑根爲嗣
公卒失考葬磯頭山

承華 行二

佑根 行二
生民國三十四年乙酉十二月二十九日卯時

佑勝 行一

生光緒三十一年乙巳十二月初二日亥時娶馮宛冲馬滕富長女生民國五年丙辰十一月十四日寅時生子　勝　釋　釋出繼承金爲嗣生女二次適下尚冲沈姓

承富 行三

字昌滿生民國二年癸丑十一月二十七日辰時娶長興嶺俞榮才次女生民國三年甲寅六月二十四日寅時繼湖南衡山白

生民國二十四年乙亥十二月二十四日亥時

佑瓊 行一

生民國三十二年癸未八月十四日丑時娶方從寬長女生民國三十二年癸未十一月二十五日子時

果石浩北山鄉彭青四長女生民國九年庚申十月十六日亥時生子瓊根廣根出繼承業爲嗣

寛稔嗣子

佑廣行三

生民國二十七年戊子五月初十日寅時

顯龍行二

生光緒十三年丁亥九月初十日戌時娶三山鎮姚名錦長女生光緒十四年戊子十一月二十日亥時生四子昭財進寶進出繼顯寛爲嗣寶出繼顯鈺爲嗣生女

承昭行一

字曉天生宣統二年庚戌二月十五日亥時娶駱村駱紹喜次女生宣統二年庚戌二月十四日亥時生子興坤坤出繼承琪爲嗣

佑興行一

字春生生民國二十七年戊寅二月二十七日辰時

二長適三山鎮姚
十景　次適荆塘
埕陳齊煌次子

承財 行二
字萬源生民國二
年癸丑四月初五
日辰時娶鈞魚塘
王文禮次女生民
國六年丁巳正月
初四日子時生
子　鈞

佑鈞 行一
生民國三十四年
乙酉五月十九日
寅時聘三山鎮鄧
興梓次女生民國
三十五年丙戌四
月初六日巳時

寬懷子

顯舉
生同治八年己巳
娶張氏生失考生
四子　楷　龍
濱　榮　龍出繼
顯廸爲嗣
公氏卒失考合葬
老山南向

承楷 行一
生光緒十九年癸
巳七月初五日巳
時
以承榮長子佑禮
爲嗣
公卒失考葬老山
南向

佑禮 行一
生民國八年己未
二月初五日辰時
娶吳氏生民國十
六年丁卯四月十
八日子時生　子
純　純出繼佑
金爲嗣

承濱行三
生光緒二十二年丙申十二月十七日辰時娶張氏生光緒二十四年戊戌七月二十三日辰時生一子　金

承榮行四
生光緒二十六年庚子八月十五日未時娶吳氏生光緒二十四年戊戌九月二十日寅時生三子　禮　義　廉　禮出繼承

佑金
生民國二十三年甲戌正月初四日亥時
以佑禮子啟純爲嗣
公卒民國三十六年丁亥葬失考

佑義行二
生民國十一年壬戌三月初六日丑時

啟純行一
字玉寶生民國三十六年丁亥七月十五日酉時

寬富子

顯壽

字家興生同治十年辛未六月二十三日丑時娶姚氏生同治十一年壬申十二月初一日巳時生一子　金　公卒光緒十八年壬寅五月初十日丑時葬竹山東北向　氏卒葬失考

楷爲嗣　兼出繼

承龍爲嗣

承金

生光緒十八年壬辰五月十一日亥時　以承華次子佑釋爲嗣　公卒民國元年壬子二月十五日巳時葬銅山南向

佑釋 行二

生民國三十四年乙酉八月十二日寅時

寬後子

顯樹 行一

字長青生道光二十九年己酉十二月二十八日亥時娶鮑氏生道光二十八年戊申十二月十八日申時生二子　貴　綱　生三女長適戴壩埂戴兆祥　次適黄墓渡方姓　三適無爲縣牛王廟朱大新

公卒民國元年壬子八月二十三日未時

氏卒光緒三十一年乙巳正月十三日酉時合葬山墩頭

承貴 行二

字炳興生光緒二年丙子十一月二十七日亥時娶王氏生光緒三年丁丑正月二十四日子時　繼平溝舖汪氏生光緒五年己卯九月十五日巳時

以徘龍公支下承照四子佑餘兼祧承綱爲嗣

公卒民國五年丙辰九月三十日亥時

王氏卒光緒二十二年丙申四月十七日未時

汪氏卒民國二十六年丁丑九月二十一日辰時

公與王氏葬張磯

佑餘 行四

生民國十五年丙寅十一月二十六日子時

以佑根四子啟順爲嗣

公卒民國三十六年丁亥四月初三日申時葬馬糞宕

啟順 行四

生民國十五年丙寅十月十五日辰時娶夏湖夏斯隆次女生民國十六年丁卯七月十九日亥時

山
汪氏葬馬冀宕

承綱行二
生光緒十八年壬辰閏六月二十七日申時娶汪氏生光緒二十一年乙未三月二十四日辰時
以承貴嗣子佑餘兼祧爲嗣

譽子

曾型子

顯鈺
生光緒二十二年丙申十二月初三日亥時娶王氏生一女適俞家村俞姓
以顯龍四子承寶爲嗣
公卒民國十三年甲子九月十八日戌時葬石磯山

顯傳 行二
生失考
以顯逢五子承啟爲嗣
公卒葬失考

承寶 行四
生民國九年庚申十一月十六日辰時娶橫山橋殷會春長女生民國十七年戊辰十一月十一日子時

承啟 行五
生光緒七年辛巳
以承先四子佑鐸爲嗣
公卒葬失考

佑鐸 行四
生光緒十三年丁亥七月廿日子時
以佑根三子啟和爲嗣

啟和 行三
生民國十三年甲子八月十二日未時

公卒失考葬張礎山

寬秩子

顯揚

生道光二十一年辛丑三月初六日酉時娶陳氏生失考以顯承三子承玉爲嗣公卒咸豐九年己未六月二十七日未時氏卒失考葬俱失考

承玉 行三

生咸豐十年庚申正月廿七日亥時以承敔嗣子佑鏵兼祧爲嗣公卒葬失考

寬炳子

顯永 行一

字長發生嘉慶二十二年丁丑九月初八日酉時娶劉氏生道光八年戊子八月二十二日申時生三子　璧　瑲　玉　玉出繼顯揚爲嗣

公卒同治元年壬戌七月二十七日亥時

氏卒同治元年壬戌七月二十七日寅時合葬獐磯山

承璧 行一

生道光二十八年戊申三月二十四日卯時娶鄭氏生失考

以承先次子佑炳爲嗣

公卒光緒十九年癸巳九月十二日巳時

氏卒失考合葬石磯山

佑炳 行二

生同治十一年壬申十一月初一日辰時娶劉氏生光緒八年壬午九月十五日卯時生二子　炎　有　生女二長適蕪邑徐忠根　次適正山楊宗芹

公卒民國二十三年甲戌七月二十日亥時

氏卒民國二十八年己卯六月二十日未時合葬獐磯山南向

啟炎 行一

生光緒三十四年戊申九月初二日辰時娶三山鎮方宗叔四女生民國二年癸丑五月十五日寅時生　子　艮　恭　儉

廣艮 行一

字克猷生民國二十七年戊寅五月初七日寅時娶李昌金三女生民國三十年辛巳八月十四日戌時

廣恭 行二

字克敬生民國三十一年壬午九月二十日巳時聘本村周應其次女生民國三十三年甲申九年十一日子時

啟有 行二

字蘭亭生民國九年庚申三月初四日申時娶王有餘五女生民國八年己未八月二十一日未時生　子　發

廣儉 行三

字克賢生民國三十六年丁亥正月二十九日辰時

廣發 行一

字萬財生民國三十三年甲申八月二十四日辰時

承瑶 行二
生咸豐七年丁巳十一月初七日子時
以承意次子佑材爲嗣
公卒葬失考

佑材 行二
生光緒三十二年丁未十一月二十九日午時娶趙氏
生民國三年甲寅四月初八日酉時
生　子　雅　道
禮　生女二長
適駱村駱啄華

啟雅 行一
字學典生民國二十五年丙子九月二十五日亥時聘十姓村汪宗雲次女生民國二十九年庚辰五月二十二日申時

啟道 行二
字學程生民國三十三年甲申七月初九日丑時聘趙家村趙本耀三女生民國三十四年

乙酉十一月十七日子時

啟禮行三

字學義生民國三十六年丁亥六月初九日酉時

寬宇
子

顯鎔 字遇春生嘉慶二十二年丁丑十月二十二日戌時娶許氏生嘉慶二十一年丙子生一子
琪
公氏卒葬失考

承琪 生咸豐三年癸丑八月初二日未時以承昭次子佑坤爲嗣
公卒葬失考

佑坤 行二 字長生生民國三十年辛巳十一月初十日未時聘本洲張根升次女生民國三十一年壬午三月二十三日巳時

謝氏宗譜　卷十　寶樹堂

十七世

十八世

十九世

二十世

萬萬世

鍠公支下膏公房世系圖傳

文鍠
次子

二世

得膏 行二

字君澤萬歷戊戌纂修統宗志公參與校録生嘉靖廿七年戊申正月十四日卯時娶歙槐塘程氏生嘉靖二十八年己酉四月十二日亥時生五子　時　景　昌　昇　昭　繼歙臨河程氏生嘉靖三十九年庚申二月十四日亥時生一子　昂　公卒萬歷四十一年癸丑正月初三日未時　前程孺人卒萬歷

三世

逢時 行一

字伯可娶歙潛口方氏生三子　賓　績　員　員出繼逢昂　公氏生卒未詳合葬老山鵰形

四世

嘉賓 行一

生萬歷二十二年甲午娶汪氏生萬歷二十四年丙申繼姚氏生萬歷二十七年己亥生一子　華　公卒順治十七年庚子汪孺人卒萬歷四十六年戊午姚孺人卒康熙三年甲辰合葬烟墩山

五世

之華

生崇禎七年甲戌八月二十四日卯時娶胡氏生崇禎三年庚午六月初八日子時　以之遷次子國琦爲嗣　公卒康熙二十七年戊辰九月十二日巳時　胡孺人卒康熙二十八年己巳三月三十日亥時合葬老山通濟庵西大樹園

六世

國琦 行二

字文翰縣學生生康熙十四年乙卯正月十三日戌時娶張氏生康熙十八年己未八月初二日酉時生二子　煌　煜　公卒康熙四十九年庚寅九月初六日未時　張孺人卒乾隆十一年丙寅四月十二日子時合葬烟墩山

三十四年丙午十二月二十九日申時合葬歙呈坎上相山卯向後程孺人卒崇禎七年甲戌七月二十五日申時葬老山木神冲猴形丙午向外丁向

嘉續 行二

娶鮑氏生二子

奕　遷　奕出繼膳公支下嘉佑公氏生卒未詳合葬老山鴈形

之遷 行二

字世臣生崇禎十年丁丑七月二十四日午時娶姚氏生順治二年乙酉生二子　偉　琦

琦出繼之華

繼王氏生順治十年癸巳生一子

佩　繼王氏生順治十四年丁酉八月初三日辰時生二子　儒　偕

公卒康熙四十八年己丑九月初二日寅時

姚孺人卒康熙二十年辛酉

王孺人卒康熙二十九年庚午

公與姚王孺人合葬老山三華庵左後王孺人卒雍正

國偉 行一

字俊良生康熙十一年壬子閏七月初九日辰時娶劉氏生康熙十四年乙卯五月初二日戌時生二子　燦　煥

煥出繼國儒

公卒康熙五十七年戊戌五月十七日辰時

劉孺人卒乾隆五年庚申二月十三日卯時合葬烟墩山

國佩 行三

字蒼珩生康熙二十二年癸亥正月

十三年乙卯三月二十七日辰時葬小銅山寺左午向

二十三日午時娶夏氏生康熙二十三年甲子九月十八日巳時生一子

炘

公卒乾隆十六年辛未閏五月十七日寅時

夏孺人卒乾隆十年乙丑十月二十四日申時合葬老山三華庵左

國儒 行四

儒童生康熙三十三年甲戌十一月十三日子時卒康熙四十七年戊子八月十七日酉時葬犢磯山聘張氏

未婚守節公病亡氏年十八弔喪成婦服遂不歸乾隆五年旌表載縣志人物志烈女生康熙三十年辛未八月二十九日辰時以國偉次子士煥爲嗣氏卒乾隆三年戊午九月二十五日丑時葬謝家冲

國偕 行五

字與同生康熙三十九年庚辰五月十九日酉時娶高氏生康熙三十六年丁丑正月二十

三日未時生一子
焬
公卒乾隆元年丙辰八月十七日酉時葬謝家冲
高孺人乾隆二十一年丙子八月二十六日寅時葬老山鴈形

國材 行一
字綸奇生康熙十一年壬子娶汪氏生康熙十年辛亥生二子 鵬 鴻
鴻出繼國樑
公卒康熙四十八年己丑
汪孺人卒康熙四十六年丁亥

之鼒 行二
字仲調縣學生生順治八年辛卯娶張氏生順治八年辛卯生四子 材
霖 楨 棫
楨棫出繼之鼎
公卒康熙四十八年己丑
張孺人卒康熙四

嘉訓 行一
生萬歷三十一年癸卯娶汪氏生萬歷三十二年甲辰生一子 鼒出繼
嘉謨後以鼒秦次子之鼒爲嗣
公卒康熙九年庚戌
王孺人卒康熙十

逢景 行二
字仲賢生萬歷四年丙子娶汪氏生二子 訓 謨
公卒萬歷四十一年癸丑

六年丁巳

嘉謨 行二

字爾有生萬歷三十四年丙午卒崇禎元年戊辰

以嘉訓子之鼎爲嗣

十八年己丑

之鼎

以之鼎三子國楨四子國楧雙繼爲嗣

國霖 行二

初名極字天福生康熙十六年丁巳娶吳氏生康熙十八年己未生一子鵬

公卒雍正元年癸卯吳孺人卒乾隆七年壬戌

國楨 行三

生康熙十九年庚申卒康熙四十八年己丑

以國楧子士鶴兼祧[illegible]

逢昌 行三

字元開府學生生萬歷六年戊寅娶歙巖鎮貢生閔世孝女蛟姑生萬歷十年壬午生二子

瑞　璧

萬歷戊戌纂修統

嘉瑞 行一

字輯五生萬歷四十一年癸丑娶陳氏生萬歷四十年壬子繼陳氏生崇禎二年己巳生三子　鏡　銘　欽

欽出繼嘉璧

之鏡 行一

生崇禎九年丙子卒順治十四年丁酉

以之銘長子國霖兼祧爲嗣

國樸 行四

生康熙二十二年癸亥娶淩氏生康熙十九年庚申生一子　士鶴兼祧國楨

公卒康熙四十四年乙酉

淩孺人卒康熙四十九年庚寅

國霖 行一

字宇安號霖堂縣學生生康熙六年丁未二月二十日寅時娶方氏生康熙十年辛亥九月初十日寅時生一子　榮

宗志公參與校錄
中萬歷丙午副車
憤鬱賫志殁於萬
歷戊午氏年二十
七撫孤教育守節
四十餘年相國孔
貞運匾其廬曰接
孟芳鄰載縣志選
舉志及人物志烈
女卒順治五年戊
子合葬橫山橋東
街頭泥壩湖亦名
橫大路

公卒康熙十年辛
亥
前陳孺人卒順治
十四年丁酉合葬
烟墩山
後陳孺人卒康熙
四十九日庚寅

之銘 行二
字名予江寧府學
生生崇禎十四年
辛巳七月二十九
日子時娶程氏生
順治二年乙酉十
月二十九日辰時
生二子　霦　舉
霦　兼祧之鏡
舉出繼之
繼程氏生卒未詳
繼應氏生順治七
年庚寅七月十四

公卒康熙五十一
年壬辰十一月三
十日酉時
方孺人卒乾隆十
九年甲戌六月二
十八日辰時

日巳時生二子
譽　綱　譽出
繼能公曾孫之鯤
綱出繼之蕃
公卒康熙五十三
年甲午五月二十
八日亥時
前程氏卒康熙五
十二年癸巳七月
十六日亥時合葬
蔣陡門
應孺人卒康熙十
六年丁巳

嘉璧 行二
生萬歷四十二年
甲寅娶吳氏生萬
歷四十四年丙辰
以嘉瑞三子之欽
爲嗣

之欽 行三
以兄銘亥子國舉
爲嗣

國舉 行二
生康熙七年戊申
三月十一日辰時
娶陸氏生二子
捷　第
公卒康熙四十五

逢昂 行四

字正容鄉飲耆賓生萬歷十二年甲申十月三十日子時娶汪氏生萬歷十五年丁亥正月初九日丑時繼何氏生萬歷三十一年癸卯九月初二日子時
初以兄時三子嘉貝爲嗣　繼唐氏生萬歷四十七年己未十月十一日亥時生一子　琳

公卒順治六年己丑
吳孺人卒康熙八年己酉

嘉貝 行三

字簡臣監生生萬歷四十四年丙辰十二月初四日申時娶何氏生卒未詳繼鮑氏生天啟五年乙丑九月二十八日子時
以嘉琳子之鯨兼祧爲嗣
公卒康熙二十四年乙丑四月初六日亥時葬小礝山何孺人葬烟墩山虎形乙向

之鯨

字伯鱗一字百齡號彥齋鄉飲耆賓敕贈武畧佐騎尉江西南昌衛前幫領運千總生康熙六年丁未四月十六日午時娶潘氏生卒未詳　繼繆氏生康熙五年丙午二月十四日寅時生一子　相
繼李氏生康熙二十五年丙寅九月初十日寅時俱敕

年丙戌三月二十八日亥時

國相

字襄臣號省菴國學生敕贈武畧佐騎尉江西南昌衛前幫領運千總生康熙三十六年丁丑七月廿六日寅時娶吳氏生康熙三十六年丁丑六月二十四日子時生三子　謙　祥
祁　繼周氏生康熙四十九年庚寅八月二十六日辰時生三子　禧

公卒順治八年辛卯七月初九日子時葬老山木神沖猴形丙午向外丁向

汪孺人卒順治十二年乙未八月二十六日戌時葬老山象形丙午向外丁向

何孺人卒康熙十六年丁巳二月二十四日申時葬老山小沖蟒形亥向

唐孺人卒順治十二年乙未九月十五日子時與汪孺人合墓

鮑孺人卒康熙二十五年丙寅二月初三日巳時與公合墓

贈安人

公卒乾隆八年癸亥閏四月初八日戌時葬朱沖芭茅宕

潘安人葬老山小沖蟠形亥向

繆安人卒康熙五十六年丁酉七月二十一日未時與公合墓

李安人卒乾隆十八年癸酉三月二十日寅時葬三山烟墩山虎形乙向

恩 祝

繼朱氏生康熙五十三年甲午六月二十九日子時俱敕贈安人

公卒乾隆十七年壬申十月初三日亥時葬荊塘埠飯羅山遷葬朱沖芭茅宕

夏安人卒雍正十二年甲寅三月初五日申時

周安人卒乾隆十五年庚午三月初四日未時

朱安人卒乾隆二十九年甲申正月十三日寅時俱與公合墓

逢昇 行五

字泰階生萬歷十三年乙酉娶仇氏生萬歷十六年戊子生一子 泰
公卒康熙三年甲辰
仇孺人卒康熙七

嘉琳

字玉森生順治二年乙酉四月初一日子時娶姚氏生一子 之鯨兼祧嘉員
公卒康熙十四年乙卯八月初一日辰時葬三山烟墩山虎形乙向

肇泰

字大來生萬歷三十八年庚戌娶徐氏生萬歷四十年壬子繼陳氏生崇禎元年戊辰生二子 先 鼒 鼐
出繼嘉訓

之先 行一

字伯開縣學生生順治二年乙酉娶鮑氏生順治元年甲申生三子 桂 棟 標 繼張氏生順治九年壬辰

國柱 行一

字石城娶程氏生康熙六年丁未以弟棟子士習兼祧
程孺人卒康熙二十九年庚午

年戊申

公卒康熙十年辛亥
徐孺人卒崇禎十四年辛巳
陳孺人卒康熙四十八年己丑

公卒康熙四十七年戊子
鮑孺人卒康熙二十八年己巳
張孺人卒雍正六年戊申

國棟行二
字廷玉生康熙七年戊申娶張氏生康熙八年己酉生一子　習兼祧國柱
公卒康熙六十一年壬寅
張孺人卒乾隆八年癸亥

國標行三
字燦文生康熙十五年丙辰娶方氏生康熙十五年丙辰繼楊氏生康熙三十二年癸酉以國材次子士鴻爲嗣

逢昭 行六

生萬歷十八年庚寅娶汪氏生萬歷二十年壬辰生二子　芝　蘭

公卒天啟五年乙丑

汪孺人卒順治元年甲申合葬八分柱花園

嘉芝 行一

生萬歷四十三年乙卯娶仇氏生萬歷四十一年癸丑

撫嘉蘭子之蕃兼祧爲嗣

公卒崇禎十四年辛巳

仇孺人守節撫孤事載縣志卒康熙十八年己未合葬八分柱花園

之蕃

字介侯縣學生生崇禎十五年壬午娶倪氏生崇禎十二年己卯繼李氏生順治十三年丙申繼吳氏生順治十年癸巳

以之銘四子國綱爲嗣

公卒康熙二十六年丁卯葬八分桂花園

公卒康熙四十八年己丑

方孺人卒康熙四十一年壬午

楊孺人卒乾隆十四年己巳

國綱 行四

字維三府學生生康熙十四年乙卯娶鮑氏生康熙十四年乙卯生一子　鰲

公卒乾隆十二年丁卯

鮑孺人卒乾隆二十年乙亥

倪孺人卒康熙十
年辛亥葬泥壋湖
李孺人卒乾隆元
年丙辰葬烟墩山
吳孺人卒雍正七
年己酉葬泥壋湖

嘉蘭 行二
生天啟五年乙丑
娶金氏生天啟六
年丙寅生一子
蕃兼祧嘉芝
公卒順治三年丙
戌
金孺人卒順治三
年丙戌合葬泥壋
湖

齊公房時分世系圖傳

國琦長子

七世

士煜 行一

字炳文生康熙三十九年庚辰三月二十五日辰時娶鮑氏生康熙四十一年壬午生二子仁儔 億 早殁 以士煜三子仁依為嗣 公卒乾隆四十年乙未十二月十五日巳時 鮑孺人卒乾隆十七年壬申合葬烟墩山

八世

仁儔 行一

生雍正四年丙午四月二十四日酉時娶汪氏 以仁侶四子元壘為嗣 公卒乾隆十年乙丑五月二十一日巳時 汪孺人生卒失考

仁億 行二

生卒失考 以仁儔無子兼祧為嗣

九世

元壘 行四

生乾隆五十五年庚戌 以元玲長子宗賢為嗣 公卒失考

十世

宗賢 行一

字應祥生乾隆四十八年癸卯八月二十九日丑時卒道光六年丙戌九月初八日 以宗道子寬玕為嗣

十一世

寬玕

以寬桁子顯焜為嗣兼祧寬碩 公生卒葬俱失考

國琦次子

士熤 行二
字季光生康熙四十四年乙酉七月

仁依 行三
字熟存生乾隆元年丙辰娶徐氏生乾隆六年辛酉以仁侶五子元皁爲嗣
徐孺人卒乾隆四十四年己亥合葬獐磯山

仁健 行一
字貞一生雍正元年癸卯娶方氏繼

元皁 行五
生乾隆五十七年壬子以元玲次子宗貤爲嗣
公卒葬失考

元福 行三
生乾隆五十年乙巳

宗貤 行二
生乾隆四十五年庚戌四月二十七日亥時娶任氏生乾隆五十四年己酉十一月十六日子時生一子　碩
公卒嘉慶十九年甲戌十月二十日丑時
任孺人卒嘉慶十年乙丑八月初二日寅時

寬碩
生咸豐元年辛亥娶李氏生咸豐六年丙辰十二月十二日子時以寬玕嗣子顯焜兼祧爲嗣
公卒光緒十七年辛卯
李孺人卒光緒十九年癸巳三月二十日戌時

二十七日酉時娶
胡氏生康熙四十
三年甲申十月初
一日戌時生三子
健　俅　依
依出繼士煜
公卒乾隆三十三
年戊子八月十四
日子時
胡孺人卒乾隆十
年乙丑十月二十
七日亥時合葬烟
墩山

古氏
以仁侶三子元福
爲嗣
公卒乾隆三十三
年戊子葬獐磯山
方孺人葬通濟庵
西大樹園
古孺人葬獐磯山

仁俅 行二
字元章生雍正六
年戊申十一月十
六日娶胡氏生雍
正七年己酉四月
三十日申時
以仁侶三子元玲
爲嗣
公卒乾隆五十八

以元玲子宗則兼
祧爲嗣

元玲 行三
字鳴玉生乾隆二
十六年辛巳九月
初二日戌時娶任
氏生乾隆二十七
年壬午六月二十
六日亥時生四子
賢　貤　勛　則
賢出繼元星

宗則 行四
字應華生嘉慶八
年癸亥娶楊氏
以宗佑次子寬桁
爲嗣
公卒咸豐八年戊
午
楊孺人生卒失考

寬桁 行二
字棟材生嘉慶二
十五年庚辰娶王
氏生一子　烜出
繼寬玕
復以寬柔三子顯
模爲嗣
公卒道光二十九
年己酉葬祖塋

國偉
子

士燦 行一
字煥文生康熙三
十四年乙亥六月
二十二日巳時娶
張氏生康熙三十
二年癸酉正月初
三日亥時生三子
傑　儀　偉

年癸丑八月二十
日亥時
胡孺人卒嘉慶十
六年辛未十一月
二十八日申時合
葬獐磯山

仁傑 行二
字時英生康熙五
十三年甲午正月
十三日戌時娶毛
氏生康熙五十年
辛卯九月初三日
子時生二子　球
義　琳義　琳出

貽出繼元皐
勛出繼義江　則
兼祧元福
公卒道光五年乙
酉十二月初七日
未時
任孺人卒道光十
一年辛卯七月二
十八日子時

球義 行一
字帝懷生雍正十
二年甲寅十月初
五日亥時娶趙氏
以琳義次子宗道
爲嗣
公卒乾隆五十三
年戊申十一月二

宗道 行二
字憲章生乾隆五
十六年辛亥八月
十三日午時娶
氏生一子　玕出
繼宗賢後無傳復
以宗聖子寬壽兼
祧爲嗣

繼賣氏生康熙三十二年癸酉七月十四日酉時
公卒雍正十三年乙卯九月初一日卯時葬烟墩山
張孺人卒雍正十一年癸丑十月二十八日丑時與公合墓
寶孺人卒乾隆二十八年癸未九月十四日寅時葬獐磯山

繼仁儀
公卒乾隆十六年辛未八月十二日巳時
毛孺人卒乾隆十六年辛未四月初五日寅時合葬烟墩山

仁儀 行二
字虞來生雍正元年癸卯十一月二十一日戌時娶吳氏生卒失考
以仁傑次子琳義爲嗣
公卒乾隆十七年壬申正月初二日

十六日亥時葬祖塋

琳義 行二
字君懷生乾隆九年甲子八月三十日子時娶朱氏生乾隆十二年丁卯八月初二日子時
生二子　聖　道
道出繼球義
聖兼祧元登

公卒道光四年甲申十月初一日亥時

宗聖 行一
字希文生乾隆四十八年癸卯三月十九日丑時娶王氏生乾隆四十七年壬寅九月二十七日巳時生一子
寬壽兼祧宗道
公卒道光六年丙

寬壽
生道光五年乙酉娶高氏生未詳生一子　顯疇
公氏卒失考

戌時葬祖塋

仁倬 行三

字天章生雍正八年庚戌四月十五日亥時娶鮑氏以仁佳三子元登爲嗣公卒乾隆三十一年壬申七月十九日申時

公卒嘉慶七年壬戌正月初二日申時朱孺人卒道光六年丙戌十一月二十八日寅時葬祖塋

元登 行三

生乾隆二十九年甲申以琳義子宗聖兼祧爲嗣公卒嘉慶十年乙丑

戌十二月初八日卯時王孺人卒咸豐八年戊午六月初八日戌時葬祖塋

國瓛子

士炘

字燦東生康熙五十五年丙申十二月十五日亥時娶李氏生康熙五十五年丙申閏三月十一日巳時生七子　佳　仕　任　伽　侶　偲　備　公卒乾隆五十三年戊申　李孺人卒嘉慶四年己未十一月初一日辰時葬祖塋

仁佳 行一

字德芳生雍正十一年癸丑七月二十一日未時娶鮑氏生雍正十一年癸丑十月初七日申時生三子　品　參　登　登出繼仁倬　公卒嘉慶十五年庚午正月十九日未時　鮑孺人卒乾隆十七年壬申十月二十二日午時葬祖塋

元品 行一

生乾隆十九年甲戌娶夏氏生乾隆二十年乙亥生一子　宗偉兼祧元參　公卒乾隆四十五年庚子

元參 行二

生乾隆二十五年庚辰娶趙氏以元品子宗煒兼祧爲嗣　公卒嘉慶十年乙丑

宗煒

生卒失考　以宗炎子寬盤兼祧爲嗣

仁仕 行二

字位三生乾隆三年戊午六月十三日辰時娶古氏生乾隆二年丁巳六月二十二日子時繼潘氏生雍正十一年癸丑八月二十二日子時生一子　元器

公卒嘉慶十年乙丑八月初六日寅時

古孺人卒乾隆三十三年戊子二月二十二日戌時

潘孺人卒嘉慶十五年庚午正月二十九日亥時

元器

字用周生乾隆二十四年己卯七月初一日子時娶孫氏生乾隆二十四年己卯十一月初七日午時生一子

宗炎

公卒道光二年壬午三月二十五日子時

孫孺人卒嘉慶元年丙辰正月二十四日巳時葬祖塋

宗炎

字延光生乾隆四十九年甲辰娶氏生一子　寬盤

兼祧宗煒

寬盤

生嘉慶二十三年戊寅

以駿三子顯義爲嗣

仁任 行三

字子良生乾隆五年庚申十月初四日卯時娶楊氏生乾隆十四年己巳六月十九日亥時生一子　元嘉　公卒乾隆三十七年壬辰二月十九日未時葬祖塋

仁伽 行四

字逅先生乾隆九年甲子九月十九

元嘉

字穀榮生乾隆三十五年庚寅八月十六日寅時娶郭氏生一子　宗材　公卒道光十二年壬辰四月二十五日申時葬祖塋

元理

字友文生乾隆三十四年己丑

宗材

字發枝生嘉慶十六年壬申十二月初八日子時以宗佑三子寬涵爲嗣兼祧宗熾

寬涵 行三

字鄂南生道光九年己丑六月二十五日巳時娶姚氏生道光十年庚寅八月二十二日亥時以駿次子顯仁爲嗣公卒光緒十年甲申五月初八日未時姚孺人卒光緒二十四年戊戌九月二十四日申時合葬磨旂山

日戌時娶王氏生乾隆九年甲子七月二十七日巳時生一子　理
公卒嘉慶十年乙丑六月初一日卯時
王孺人卒乾隆三十六年辛卯九月二十三日巳時葬塋祖

仁侶 行五
字聖儔生乾隆十二年丁卯八月初十日卯時娶陳氏生未詳繼楊氏生

以元嘉子宗材兼祧爲嗣

元駱 行一
字永和生乾隆三十四年己丑娶汪氏生乾隆三十四年己丑生一子

宗熾
生乾隆五十六年辛亥
以宗材嗣子寬涵兼祧爲嗣

乾隆十八年癸酉
生五子　豁　中
福　壘　皐
福出繼仁健　壘
出繼仁儔　皐出
繼仁依
公卒嘉慶七年壬
戌三月十八日酉
時葬烟墩山

子宗熾兼祧元中

元中 行二
生乾隆三十八年
癸巳十一月二十
八日寅時
以兄豁子宗熾兼
祧爲嗣
公卒嘉慶十五年
庚午十月二十一
日亥時

仁偲 行六

字敬存生乾隆二十三年戊寅十月二十九日寅時娶鮑氏生乾隆二十四年己卯五月二十二日酉時生二子 嗣 碞 公卒乾隆五十六年辛亥九月初七日戌時葬獐磯山 鮑孺人卒道光四年甲申十一月二十五日巳時

元嗣 行一

生乾隆四十四年己亥 以元琚次子宗儀爲嗣兼祧元碞 公卒嘉慶十一年丙寅

元碞 行二

生乾隆五十二年丁未以元嗣嗣子

宗儀 行二

字象之生乾隆五十七年壬寅六月廿八日亥時娶姚氏生乾隆五十七年壬寅二月二十三日申時生一子 寬槃兼祧宗椿 公卒嘉慶二十三年戊寅八月二十二日丑時 姚孺人卒同治八年己巳二月初十日卯時

寬槃

字澗濵生嘉慶二十二年丁丑五月初八日寅時娶姚氏 以駿五子顯智爲嗣 公卒道光二十八年戊申正月初十日巳時

仁備 行七

字我斯號應中生乾隆二十六年辛巳二月二十四日申時娶鮑氏生乾隆二十六年辛巳六月二十五日丑時生一子　臨

公卒乾隆五十五年庚戌十月二十一日巳時

鮑孺人卒道光十四年甲午九月初二日午時葬祖塋

宗儀兼祧爲嗣

公卒嘉慶十一年丙寅

元臨

字景高生乾隆四十九年甲辰六月十八日亥時娶胡氏生乾隆五十四年己酉五月初三日子時生一子

椿

公卒道光十四年甲午二月十七日辰時

胡孺人卒道光十四年甲午八月十五日酉時葬祖塋

宗椿

生嘉慶二十一年丙子五月二十五日戌時

以宗儀子寬槃兼祧爲嗣

公卒道光十五年乙未八月十五日辰時

民儒嗣子

士煥 行二
字昭明生康熙四十八年己丑二月二十九日卯時娶姚氏生康熙四十六年丁亥八月十六日亥時生三子
伸　仲　伴
公卒乾隆二十三年戊寅十二月二十一日亥時
姚孺人卒乾隆二十九年甲申九月初四日亥時合葬烟墩山

仁伸 行一
字飭翎生雍正七年己酉二月初六日申時娶孫氏生乾隆元年丙辰三月初四日巳時生三子　江　淮
玲　玲出繼仁球
公卒乾隆二十九年甲申三月十七日亥時
孫孺人卒嘉慶十二年丁卯十二月二十二日子時
孫孺人窮苦守節享年七十二歲

義江 行一
生乾隆二十年乙亥未娶以母孫孺人苦守婦節不可無後族議以出繼弟玲三子宗勛爲嗣
公卒乾隆四十八年癸卯葬祖塋

義淮 行二
字龍光生乾隆二十三年戊寅
以兄嗣子宗勛兼祧爲嗣

宗勛 行三
字映標生乾隆五十八年癸丑八月二十三日未時
以宗佑子寬柔兼祧爲嗣
公卒道光四年甲申十月二十二日卯時

仁仲 行二

字超球生乾隆三年戊午以仁倖長子元琚爲嗣兼祧仁倖公卒乾隆六十年乙卯

公卒乾隆六十年乙卯

元琚 行一

字佩安生乾隆廿六年辛巳九月二十四日辰時娶高氏生乾隆二十五年庚辰五月二十九日申時生二子 儀 儀出 佑 繼元嗣

公卒嘉慶十六年辛未十月二十七日未時 高孺人卒道光十一年辛卯四月十七日寅時合葬祖

宗佑 行一

字輔賢生乾隆五十年乙巳五月初八日申時娶張氏生乾隆四十八年癸卯九月二十二日辰時繼胡氏生乾隆五十年乙巳十月初一日酉時生三子 桁 棻 涵 桁出繼宗則 涵出繼宗材

公卒道光三十年庚戌八月二十五日巳時

寬柔 行一

字必强生嘉慶十三年戊辰六月二十八日戌時娶楊氏生嘉慶十年乙丑九月十二日未時生三子 名 祖 模 祖出繼得膳公支下寬耀 模出繼寬桁

公卒道光二十八年戊申正月初七日亥時 楊孺人卒光緒十七年辛卯十一月

仁倖行三

字仙甫生乾隆八年癸亥娶湯氏以仁仲嗣子元琚兼祧爲嗣

塋

張孺人卒道光二十三年癸卯九月初一日午時

胡孺人卒道光十九年己亥九月十二日申時葬祖塋

初一日亥時葬祖塋

國偕子

士炤

字明逵監生生雍
正二年甲辰六月
初七日申時娶吳
氏生康熙六十年
辛丑十一月十一
日辰時繼陳氏生
雍正四年丙午二
月十二日酉時生
二子　倬　儼
公卒乾隆四十六
年辛丑四月初六
日巳時
吳孺人卒乾隆十
三年戊辰八月二
十日午時葬小銅
山寺左
程孺人卒嘉慶十
五年庚午十一月
初九日卯時葬祖
塋

仁倬行一

字際雲又名仁龍
生乾隆六年辛酉
七月十八日亥時
娶鮑氏生乾隆四
年己未十月二十
二日子時繼徐氏
生乾隆十四年己
巳正月二十日辰
時生三子　琚
璜　瑚　琚出繼
仁仲　璜出繼仁
儼
公卒乾隆五十九
年甲寅十月初五
日戌時
鮑孺人卒乾隆五
十一年丙午十二
月二十四日亥時
徐孺人卒嘉慶十
三年戊辰四月十
六日申時葬祖塋

元瑚行三

字殷六生乾隆三
十四年己丑八月
初二日丑時娶姚
氏生乾隆三十五
年庚寅十二月二
十八日亥時生一
子　宗傳兼祧元
璜
公卒嘉慶十年乙
丑八月二十七日
子時
姚孺人卒道光四
年甲申十月初六
日酉時葬祖塋

宗傳

字繼賢生嘉慶四
年己未正月二十
五日亥時娶潘氏
生嘉慶三年戊午
六月初八日亥時
繼强氏生乾隆五
十七年壬子三月
二十九日卯時生
一子　駿
公卒咸豐九年己
未三月初七日寅
時
潘孺人卒道光十
二年壬辰五月初
九日申時
强孺人卒同治元
年壬戌七月十六
日巳時葬祖塋

駿

字爰天郡武庠生
嘉慶廿一年丙子
閏六月十三日亥
時娶胡氏生嘉慶
十八年癸酉五月
初九日酉時繼張
氏生未詳繼楊氏
生道光廿四年甲
辰四月二十二日
亥時生三子　仁
禮　智　繼谷
氏生道光二十六
年丙午十一月十
六日丑時生二子
承　義　仁出
繼寬涵　義出繼
寬盤　智出繼寬
槃
公卒光緒二十年
庚子九月二十九
日酉時
胡孺人卒咸豐四

年甲寅七月二十三日申時楊孺人卒光緒二十六年庚子五月二十三日辰時谷孺人葬大磯山

仁儼 行二

字采丰儒士生乾隆十三年戊辰正月初三日亥時聘姚氏未娶以仁侔次子元璜爲嗣公卒乾隆二十八年癸未三月二十二日午時

元璜 行二

字應昌生乾隆三十年乙酉五月二十三日丑時娶强氏生乾隆二十九年甲申五月二十三日申時以元瑚子宗傳兼祧爲嗣公卒乾隆五十三年戊申正月三十

寬汗嗣子

十二世 **顯烺**
生卒失考
以顯模長子承流
爲嗣

十三世 **承流**
字起源生咸豐七
年丁巳四月十六
日寅時娶李氏生
咸豐七年丁巳生

日辰時
强孺人卒道光十
年庚寅六月初一
日亥時
孺人年二十三夫
亡敬事翁姑撫子
成立享年六十七
歲載縣志人物志
烈女

十四世 **佑瑞** 行二
生宣統二年庚戌
十二月二十九日
酉時娶高氏生宣
統元年己酉閏二

十五世

十六世

寬桁嗣子

顯模 行三

字憲文生道光十五年乙未六月二

一子 祥出繼承聚 以承派次子佑瑞爲嗣 公卒光緒四年戊寅九月二十五日戌時葬梅沖口

承派 行二

生同治十三年甲戌六月初一日辰

月十一日寅時 繼柏氏生光緒三十一年乙巳九月二十五日未時 以弟興子啟頂兼祧爲嗣 公卒民國三十七年戊子五月初一日寅時 高孺人卒民國二十年辛未十月十五日未時俱葬梅沖口

佑興 行三

生民國四年乙卯娶龔氏生一子

啟頂

生民國三十二年甲申十一月初七

寬壽子

十日酉時娶高氏生道光十五年乙未七月初三日亥時生二子　流派　流出繼顯煨　公卒光緒十六年庚寅八月十八日午時　高孺人卒光緒三十四年戊申十一月二十九日申時葬梅沖口

顯疇

生咸豐四年甲寅八月十七日申時　以顯禮次子承鑫爲嗣

時娶高氏生光緒三年丁丑生三子　庭　瑞　興　庭出繼承保　瑞出繼承流　公卒民國十二年癸亥十二月初七日戌時　高孺人卒民國二十一年壬申四月初二日戌時葬梅沖口

承鑫行二

生光緒二十七年辛丑三月二十八日申時　以顯派長子佑庭頂兼祧佑瑞　公卒民國三十四年乙酉正月十二日亥時葬無爲縣土橋

佑庭行一

生光緒三十年甲辰七月十八日辰時娶陳氏未婚　以佑傳次子啟龍日申時

啟龍行二

生民國三十一年壬午七月初三日辰時

公卒光緒三十四年戊申十月初七日亥時葬獐磯山

寬盤嗣子

顯義 行三

生同治十二年癸酉十二月十九日亥時娶全氏生女一適三山鄉興梓以顯承次子承發爲嗣公卒民國三十一年壬午六月二十

爲嗣公卒民國二年癸丑十月初九日酉時葬大墳園

承發 行二

生光緒二十六年庚子十二月初十日亥時以承根子俯兩兼祧爲嗣公卒民國三十年辛巳六月十二日未時葬飯蘿墩

爲嗣公卒民國十四年乙丑正月初五日戌時葬梅冲口

六日未時葬飯籮墩

寬涵嗣子

顯仁 行二

生同治十二年癸酉二月初五日亥時娶姚氏以顯智子承根兼祧爲嗣公卒民國二年癸丑七月二十三日巳時姚孺人生卒失考公葬荆塘垾氏葬磨旂山村東

承根

生宣統元年己酉九月二十九日亥時娶江氏生民國二年癸丑十一月二十三日亥時生一子　佑雨兼祧承發公卒民國二十八年己卯八月十五日午時葬飯籮墩

佑雨

生民國二十四年乙亥九月十六日亥時聘桂氏生民國二十二年癸酉十二月初四日酉時

寬槃嗣子

顯智 行五

生光緒十年甲申五月十三日亥時娶全氏生光緒十七年辛卯十二月二十日亥時生一子　承根兼祧顯仁公卒民國二年癸丑十一月初九日巳時葬飯籮墩

寬柔子

顯名 行二

字五成生道光六年丙戌十二月十六日酉時娶胡氏生道光九年己丑

承聚

生咸豐十年庚申未婚以承流子佑祥爲嗣

佑祥

生光緒四年戊寅十二月初二日丑時以佑傳長子啟宏

六月初一日卯時
生一子　承聚
公卒光緒六年庚
辰十二月二十一
日戌時
胡孺人卒光緒二
十八年壬寅四月
十七日辰時葬梅
冲口

駿長
子

顯承 行一
字薪文生同治五
年丙寅九月初四
日辰時娶姚氏生
同治四年乙丑三
月二十四日亥時
生二子　啟　發

公卒光緒四年戊
寅葬梅冲口

承啟 行一
生卒失考
以承鎏子佑儁兼
祧爲嗣

兼祧爲嗣
公卒宣統三年辛
亥六月二十四日
寅時葬梅冲口

駿四子

發出繼顯義
公卒民國九年庚申五月十五日申時
妣禱人卒民國九年庚申十一月二十日亥時葬荆塘埠

顯禮 行四
生光緒二年丙子正月十五日巳時娶朱氏生光緒四年戊寅正月二十八日丑時生二子鎣鑫鑫出繼顯疇　生一女適朱家村朱錫林

承鎣 行一
生光緒二十五年己亥十二月初十日巳時娶朱家村朱治昌女生光緒二十三年丁酉十一月二十三日子時生一子佑傳兼祧承啟　生女

佑傳
生民國七年戊午十二月十九日午時娶朱家村朱錫炳次女生民國八年己未三月二十八日未時生子宏龍宏兼祧佑祥　龍出繼

啟宏 行一
生民國二十九年庚辰正月十四日亥時

十七世

公卒民國三年甲寅閏五月二十四日巳時葬獐磯山

十八世

二長適坳坮村孫弘福　次適宍子橋徐必茂

十九世

佑庭　生女雲霧

二十世

萬萬世

膏公房景分世系圖傳

七世

國材子

士鵬 行一

字采翎娶方氏以士鶴次子仁璉爲嗣公生康熙四十六年丁亥

國霖子

士鶚

字雲九生康熙五十年辛卯娶徐氏

八世

仁璉 行二

字聖儀生乾隆十三年戊辰以仁遲子元松兼祧公卒乾隆五十八年癸丑

仁遲

字炳初生乾隆九年甲子娶陸氏生

九世

元松 行一

字柏友生乾隆四十年乙未娶劉氏

十世

宗槑 行五

字羹和生道光二年壬午娶徐氏生

十一世

寬義 行三

生卒失考以士䚮公支下寬

生一子　仁暹
公卒乾隆十六年
辛未

乾隆十五年庚午
九月二十二日亥
時生二子　松
柏　松兼祧仁璉
柏出繼仁垣
繼胡氏生乾隆二
年丁巳五月初八
日申時
公卒乾隆五十九
年甲寅葬白馬洲
陸孺人卒道光五
年庚午八月二十
六日亥時
胡孺人卒嘉慶十
四年己巳八月初
二日卯時

生乾隆四十一年
丙申
以元鉎五子宗粿
爲嗣
公氏卒俱失考

未詳
以伯宗三子寬義
爲嗣
公卒道光二十七
年丁未
徐孺人卒道光二
十五年乙巳

惠四子顯連爲嗣
兼祧寬相

氏楧
子

士鵲
字彩侯生康熙四
十年辛巳娶孫氏
生康熙四十五年
丙戌繼黎氏生二
子　瑄　璡　璉
出繼士鵬
公卒乾隆十三年
戊辰
孫孺人卒雍正三
年乙巳

寬義
嗣子

十二世

顯蓮 行四
字謙讓生民國二
十七年戊寅八月
十四日巳時

十三世

仁瑄 行一
字宜揚生乾隆八
年癸亥娶鮑氏
以仁璡次子元柏
爲嗣
公卒乾隆三十三
年戊子

十四世

元柏 行二
生乾隆五十四年
己酉娶　氏生一
子　宗珏
公卒失考

十五世

宗珏 行一
以仲宗六子寬相
爲嗣
公生卒失考

十六世

寬相 行六
生光緒九年癸未
六月初四日丑時
以寬義嗣子顯蓮
兼祧爲嗣
公卒民國二十三
年甲戌三月初九
日未時

十七世

十八世

十九世

二十世

萬萬世

賫公房昌分世系圖傳

國霦子

七世

士榮

字殿揚生康熙四十二年癸未四月二十四日巳時娶汪氏生康熙五十一年壬辰七月二十一日辰時生二子 靜 胄

公卒乾隆二十三年戊寅九月十八日巳時

孺人卒乾隆三十九年甲午正月十四日申時

八世

仁靜 行一

字資成生雍正八年庚戌十二月十三日辰時娶洪氏生雍正十年壬子十一月二十四日巳時繼趙氏生雍正六年戊申六月二十二日巳時生四子 珍 璿 瑛 珮

公卒嘉慶元年丙辰三月初九日寅時

洪氏卒乾隆四十二年丁酉十二月二十一日亥時

趙氏卒嘉慶十六年辛未六月十四

九世

元珍 行一

字彩光生乾隆十七年壬申七月二十三日卯時娶鮑氏生乾隆十九年甲戌十二月十一日戌時生一子 律

公卒嘉慶十二年丁卯三月十二日酉時

氏卒乾隆五十七年壬子六月二十五日未時

十世

宗律

字聖明娶姚氏生一子 濟兼祧宗徽

公氏生卒失考

公葬三圍口

十一世

寬濟

字恩溥生道光八年戊子未娶無嗣以寬炳長子顯綱爲嗣兼祧寬發

公卒道光二十九年己酉

日未時

元璿 行二

字泗源生乾隆二十年乙亥十月初十日亥時娶姚氏生乾隆二十四年己卯繼王氏生乾隆二十四年己卯三月初三日生一子　宗徽
公卒嘉慶十八年癸酉十一月初六日卯時
姚氏卒乾隆四十七年壬寅
王氏卒道光十二年壬辰七月十九日巳時

宗徽

生乾隆四十三年戊戌娶范氏以宗律子寬濟兼祧

元瑛 行三
字傑士生乾隆二十六年辛巳十二月十一日亥時娶陳氏生乾隆三十一年丙戌
以元珮子宗福兼祧
公卒嘉慶九年甲子七月十六日未時

元珮 行四
字重環生乾隆三十三年戊子十二月十一日亥時娶方氏生乾隆四十

宗福
字聖明生嘉慶二年丁巳十一月十七日亥時娶鍾氏生一子　寬發

寬發
生道光二十七年丁未早歿無子
以寬濟嗣子顯綱

年乙未生一子
宗福兼祧元瑛
公卒嘉慶十六年
辛未九月十八日
巳時
氏卒失考

公卒道光二十一
年辛丑正月初六
日亥時
氏生卒失考葬三
圍口

兼祧
公卒咸豐十年庚
申

仁冑 行二
字有常生乾隆二
十年乙亥十二月
十二日丑時娶王
氏生乾隆十七年
壬申十月二十日
生三子　璣　寶
璘
公卒乾隆五十八

元璣 行一
字玉衡生乾隆四
十八年癸卯二月
二十七日未時娶
游氏生乾隆六十
年乙卯二月十三
日丑時
以元寶次子宗郅
爲嗣

宗郅 行二
字國華生道光四
年甲申十月十五
日子時娶汪氏生
道光五年乙酉生
一子　寬炳兼祧
宗郉
公卒咸豐十年庚
申五月十六日申

寬炳
生咸豐十年庚申
十一月初十日辰
時娶殷氏繼孫氏
生同治十年辛未
正月十八日丑時
生三子　綱　煌
揚　綱出繼寬
濟　煌出繼寬[illegible]

年癸丑五月二十
四日未時
氏卒道光五年乙
酉三月十七日申
時

公卒道光十九年
己亥四月初五日
午時
氏卒道光五年乙
酉八月十三日丑
時

元寶 行二
字玉富生乾隆五
十五年庚戌二月
初四日亥時娶劉
氏生嘉慶七年壬
戌十月初三日巳
時生二子 邦
郅 郅出繼元璣
公卒道光九年己
丑三月初七日未

時
氏卒光緒十三年
丁亥十月十九日
辰時

宗邦 行一
生道光元年辛巳
十二月初九日丑
時
以宗郅子寬炳兼
祧
公卒道光十三年
癸巳十一月初二
日亥時

公卒光緒二十二
年丙申四月二十
八日子時
孫氏卒民國三十
七年戊子三月初
四日巳時合葬蒋
陡門

時
氏卒光緒六年庚辰五月二十三日戌時

元璘 行三
生乾隆五十八年癸丑四月初四日午時娶鮑氏生乾隆五十八年癸丑十二月十四日辰時
以元寶子宗邦兼祧
公卒道光三年癸未
氏卒道光六年丙戌八月初十日申時

仁舉
長子

士撓 行一

生康熙三十九年庚辰正月初二日子時娶楊氏生康熙三十六年丁丑生一子　育兼祧
士第
公卒康熙六十一年壬寅十一月初九日巳時
氏卒雍正八年庚戌合葬烟墩山

仁育

字資華生雍正元年癸卯六月初九日酉時娶汪氏生雍正四年丙午二月二十八日子時生三子　珠　璀
瓊
公卒乾隆四十二年丁酉三月二十七日寅時
氏卒嘉慶七年壬戌正月二十一日巳時

元珠 行一

字寶光生乾隆十三年戊辰十一月二十四日亥時娶楊氏生乾隆十四年己巳六月十九日亥時生一子
偁
繼呂氏生乾隆二十一年丙子九月初十日亥時
公卒嘉慶十年乙丑八月二十五日辰時
楊氏卒乾隆四十五年庚子八月二十三日寅時
呂氏卒道光三年癸未二月初八日丑時

宗偁

字五中生乾隆五十年乙巳正月十一日亥時娶王氏生乾隆五十一年丙午八月初一日亥時
以宗傅子寬祚兼祧
公卒道光二年壬午正月十五日辰時
氏卒道光三十年庚戌八月二十三日戌時

元瑶 行二

字美玉生乾隆二十五年庚辰三月十三日亥時娶鮑氏生乾隆二十八年癸未五月初四日卯時生一子宗傅　繼姚氏生乾隆三十七年壬辰十一月十九日寅時
公卒道光十二年壬辰八月初十日子時
鮑氏卒嘉慶十五年庚午九月十八日戌時
姚氏卒道光十一年辛卯十二月十七日辰時

宗傅

字勝遷生嘉慶十五年庚午四月十一日巳時娶李氏生嘉慶十五年庚午繼朱氏生嘉慶十五年庚午八月初十日卯時生一子　寬祚兼祧宗僩
公卒同治元年壬戌八月二十六日辰時葬三圍口
李氏卒失考
朱氏卒同治元年壬戌四月十三日巳時

寬祚

生咸豐八年戊午四月二十日午時
娶楊氏
以寬炳次子顯煌爲嗣兼祧寬訓
公卒光緒十一年乙酉三月初一日午時
氏生卒失考

元瓊 行三

娶高氏生二子

倣　德

公氏生卒俱失考

宗倣 行一

字芳芝生嘉慶十七年壬申八月十四日卯時娶劉氏生卒失考繼李氏生嘉慶十九年甲戌生一子　寬訓

兼祧宗德

公卒同治元年壬戌八月十九日亥時葬三園口

李氏卒葬失考

寬訓

生咸豐八年戊午以寬祧嗣子顯煌兼祧

公卒同治八年己巳

宗德 行二

字德周

以宗倣子寬訓兼

國學
次子

士第 行二

字孔級生康熙四十一年壬午娶鮑氏生康熙四十一年壬申九月十三日未時以士提子仁育兼祧爲嗣公卒雍正十一年癸丑氏卒乾隆十七年壬申四月十五日亥時

祧
公生卒失考

竟濟嗣子

十二世

顯綱行一

生光緒十三年丁亥正月十五日亥時娶鮑氏生光緒十七年辛卯生女一適横山橋殷賢輿長子會燮以顯煌長子承榕顯揚長子承根雙繼爲嗣

公卒民國二年癸丑五月初二日寅時葬蔣陡門

十三世

承根行一

字務本生民國六年丁巳八月十六日未時娶孤山王尚仁三女生民國七年戊午八月二十七日辰時生子　佑繁　生三女　鳳　鸞　輿

鸞字趙家村趙茂分長子　輿字合肥縣東北鄉劉家崗劉東平爲女

十四世

佑繁行一

生民國三十七年戊子八月十八日丑時

十五世

十六世

寬炳三子

顯揚 行三
字名芳生光緒二十二年丙申六月初三日巳時娶橫山橋殷明選次女

承榕 行一
字翔生民國六年丁巳十月初三日卯時娶橫山橋殷會炳長女生民國七年戊午十月十七日酉時生　子佑華　生三女　蘭　配玉　配字陳啟芳為養女

承橘 行二
生民國十四年乙丑十二月二十三日卯時娶塘霄趙承鎧長女生民國

佑華 行一
生民國二十七年戊寅八月二十七日丑時聘汪茂雪次女生民國二十八年己卯十月初五日未時

寬祚嗣子

生光緒二十三年丁酉九月二十九日午時生四子 根 橘 開 賁 根出繼顯綱 開出繼蓬昭房 顯琀 生女二長適三山鎮姚鉞三子 次適趙家村趙必恩長子 公卒民國二十九年庚辰六月初二亥時葬薾陡門

顯煌 行二

生光緒十八年壬辰九月二十四日申時娶趙氏生光

十七年戊辰二月初二日子時

承實 行四

生民國二十三年甲戌七月十八日亥時

承秀 行二

字務和生民國八年己未十一月二十六日午時娶姚

佑仁 行一

生民國三十四年乙酉十二月初九日辰時

十七世

緒二十二年丙申
二月十七日辰時
生二子　榕　秀
榕出繼顯綱
生二女　會　雲
會適桂家朝房
村桂永道次子宗
旭　雲適三山鎮
潘維美次子春寶

十八世

氏生民國九年庚
申正月初四日亥
時生　子　佑仁
生　女　桃
梅　桃字三山
鎮鄧興梓長子家
祥　梅字老山村
趙長春長子

十九世

二十世

萬萬世

膏公房昂分謙系圖傳

國相長子

七世

謙 行一

初諱士祿字詔能號藎園例貢生貤封布政司理問生康熙五十七年戊戌九月初五日寅時娶潘村潘必造公女生康熙五十五年丙申十一月二十六日辰時貤封安人繼江寧杜云從公女生雍正五年丁未十二月十八日未時貤封安人生二子　泳　游

公卒乾隆五十年乙巳七月初十日未時潘安人卒乾

八世

泳 行一

初名仁永字錦江一字近薑號潛齋廩貢生署池州府貴池縣教諭著有習經堂詩稿牙琴集不樂於仕進詳府縣志生乾隆十一年丙寅十二月二十二日亥時娶荻港汪建邦公女生乾隆十二年丁卯十月初四日巳時生二子　元鋑　元鐙

公卒嘉慶十五年庚午正月十四日戌時

汪孺人卒道光十

九世

元鋑 行一

字立之號西崖縣學增生嘉慶十九年賑饑鄉里恩賜縣丞道光三年捐賑加俟補縣加一級紀錄二次知縣張星煥詳請奉給匾額先賞仁卹可風四字以獎勵道光六年重修縣志公任採訪載縣志人物志尚義生乾隆三十七年壬辰三月初八日巳時娶當邑黃池舉人趙萬隆公女生乾隆三十四年己丑十月十九日巳時

十世

登賢 行一

字輔熙號小崖縣學生生道光八年戊子正月十七日亥時娶胡北平陽府知府胡左君公女生道光八年戊子十月廿三日寅時生一子　輝朝

公卒同治七年戊辰八月十三日辰時葬荊塘埠老墳塝

胡孺人卒光緒二十八年壬寅十月初十日辰時葬荊塘埠紗帽地

十一世

輝朝

字信伯號榮燕一號瑞章五品軍功賞戴藍頂花翎代理山東新字右營大通鹽務總查南京銅元局司事生道光三十年庚戌七月十八日寅時娶澛港豐備倉吳運海長女生咸豐二年壬子十二月初二日午時生一子　顯理　兼祧福朝

吳孺人卒光緒十四年戊子十一月初十日巳時

公卒民國七年戊

隆三十二年丁亥七月二十三日申時與公合葬荆塘垾陳家山骶牛形辛山乙向兼酉卯杜安人卒嘉慶十九年甲戌三月十一日巳時葬七里井金鼇形內向辰山戌外向巽山坤

年庚寅九月初二日寅時合葬七里井與杜安人合墓

繼陳氏生乾隆五十四年己酉十二月初八日未時繼許氏生嘉慶十年乙丑十月二十五日亥時生四子

賢　俊　瀛　第

公卒道光二十八年戊申八月初一日未時趙孺人卒道光十九年己亥八月初五日酉時合葬荆塘垾老墳南許孺人卒道光二十四年甲辰八月十七日丑時陳孺人卒同治元年壬戌九月二十五日戌時與許孺人合葬荆塘垾老墳北首

登俊 行二

字咸熙號申伯生道光十二年壬辰二月初二日辰時娶荻港汪用之公女生道光八年戊子二月二十五日子時繼蕪湖龍寶康妹生道光八年戊子十月十八日辰時以弟瀛四子福朝爲嗣

公卒同治十年辛未七月初四日酉時

午九月二十四日申時合葬荆塘垾來龍山

福朝 行四

原名欽朝生光緒九年癸未正月二十三日子時以輝朝子顯理兼祧爲嗣

公卒民國二十年辛未十月十五日卯時葬荆塘垾衙口朝東山地

汪孺人卒同治元年壬戌六月初五日丑時合葬荊塘埠老墳北首
龍孺人卒光緒二十九年癸卯十一月二十七日酉時葬白楊山六溜

登瀛 行三
原名登科字緝熙號學齋太學生生道光十七年丁酉二月十七日戌時娶張爲良公女生道光十六年丙申生一子 寬耀
繼娶徐家圩柳加才女生道光二十六年丙午生三

錦朝 行二
生光緒二年丙子以蘭皐公支下寬宏長子顯立爲嗣兼祧聯科公卒緒十四年戊子葬失考

子錦朝　鍁朝
福朝　燿出繼
膳房宗禮　鈴出
繼堂兄烋　福出
繼胞兄俊
公卒光緒十二年
丙戌十月二十六
日亥時葬荊埕塘
飯籮墩
張氏卒失考葬荊
塘埕老墳北首

登第行四
字純熙生道光二
十年庚子六月十
九日辰時娶蕪湖
齊氏生道光二十
年庚子十月初十

聯科行二
以錦朝嗣子顯立
兼祧爲嗣
公生卒葬俱失考

日子時繼横山橋鮑氏生道光十七年丁酉十月二十三日辰時以五房恩公曾孫致祥次子聯科爲嗣

公卒同治十三年甲戌十一月十三日辰時葬荆塘埠老墳北齊氏卒咸豐十一年辛酉七月初八日寅時葬荆塘埠老墳後鮑氏卒光緒二十六年庚子十二月二十四日戌時葬荆塘埠衕口朝東地

元鏜 行二

字進之號簡堂附貢生生乾隆五十一年丙午二月二十七日卯時娶蕪湖夏國周公女生乾隆五十二年丁未十月十三日巳時生五子　辛培　乾墀　增　埜　柱　繼無為劉氏生嘉慶元年丙辰正月十一日未時生一子　杰　公卒道光二十二年壬寅八月二十二日巳時　夏孺人卒道光三年癸未二月初六日酉時合葬荊塘埠老墳南　劉孺人卒光緒元

辛培 行一

字佑申號純甫縣學增生生嘉慶十一年丙寅十月初五日寅時娶南邑曉嶺村王氏生嘉慶八年癸亥十一月初四日亥時　以弟乾墀長子午朝為嗣　公卒道光二十二年壬寅三月十九日巳時與簡堂公合墓　王孺人卒咸豐十年庚申九月十二日丑時葬荊塘埠茶葉地

午朝 行一

文童字文照號南窗生道光十四年甲午十月初二日亥時娶橫山橋方寶桂長女生道光十五年乙未九月二十一日辰時　以弟榮朝長子顯傳為嗣　公卒咸豐五年乙卯四月初一日申時　方孺人矢志柏舟守節撫孤旌[illegible]節孝孺人卒光緒十九年癸巳六月十一日戊時葬荊塘埠紫竹園辛山乙向公葬螞蝗沖

年乙亥三月二十一日戌時葬荆塘埠飯籮墩山

乾墀行三

字履丹號楓軒原名壂文童生嘉慶十九年甲戌七月初七日卯時娶當塗縣丹陽鎮朱世周公女生嘉慶十八年癸酉正月十八日卯時生三子　午　榮　金　午出繼兄幸培　金出繼弟增　生女一適豐熟圩新屋基强天輝　公卒咸豐九年己未七月十三日酉時葬荆塘埠老墳北首　朱孺人卒光緒十四年戊子二月初七日卯時葬荆塘埠飯籮墩

榮朝行二

字金殿號文治生道光十六年丙申十二月初一日申時娶潘村潘江裕女生道光十五年乙未八月十八日未時生二子　傳　傳　傳出繼兄　午朝　生女二長適三山姚名煌　次適老山劉德懷　公卒光緒四年戊寅十月十一日戌時葬荆塘埠飯籮墩　潘孺人卒民國九年庚申四月二十三日申時葬荆塘埠來龍山

增 行三

字如川號輊軒文童生嘉慶二十三年戊寅九月二十九日亥時娶城內張蘭穀公女生嘉慶二十三年戊寅九月二十九日亥時生女二長適城內貢生張蔭廬次適大信冲鮑恒餘以兄乾墀三子金朝爲嗣公卒同治八年己巳三月十四日寅時葬荆塘埠老墳山北首張孺人卒同治十三年甲戌十月二十二日亥時葬荆塘埠茶葉地

金朝 行三

字奏勳號西窗生道光十八年戊戌十一月初八日午時娶駱村駱宗文女生道光二十六年丙午閏五月十二日巳時生二子 昭 明 明出繼錦朝 生女二長適團灘張嘉義次適豐熟丹新屋基張嘉爆公卒光緒二十九年癸卯九月二十三日寅時駱孺人卒民國十五年丙寅三月二十一日亥時合葬荆塘埠來龍山辛山乙向

埜 行四

字鹿忠號萍生武童生生嘉慶二十五年庚辰六月初二日戌時娶塘垻胡慶泰公女生嘉慶二十二年丁丑二月初三日午時以弟桂長子文朝爲嗣公卒咸豐九年己未三月初七日辰時胡孺人卒同治三年甲子十二月初二日辰時合葬飯籮墩山與劉孺人合墓

文朝 行一

字治華號佐庭名灼初一號菊人監生生道光二十五年乙巳十二月十四日辰時娶橫山橋鮑咸吉孫女生道光二十六年丙午七月初五日子時以弟來朝次子綸爲嗣公卒光緒十九年癸巳九月二十日寅時鮑孺人卒同治五年丙寅五月初四日亥時合葬荆塘埠老墳南

桂 行五

字燕五號一山生道光元年辛巳九月刋五日亥時娶泥埠橋汪開吉公女生道光三年癸未二月十一日酉時生二子 文朝 來朝 文出繼兄楚公卒同治元年壬戌八月初二日未時 汪孺人卒同治五年丙寅八月十九日戌時合葬飯籮墩山與劉孺合墓

來朝 行二

字南賓生道光二十八年戊申十月十一日寅時娶澇港吳氏生道光二十九年己酉正月初八日子時生三子 綱 綸 綿 綸出繼兄文朝公卒民國元年壬子八月二十七日亥時 吳孺人卒失考合葬白楊山六溜

杰 行六

字秀鐘號毓亭生道光九年己丑八月十二日申時娶蕪湖李氏生道光五年乙酉二月二十二日亥時繼河沿山高明嫡次女生道光十五年乙未九月二十五日辰時繼橫山橋王小山次女生道光十五年乙未五月十四日巳時以登瀛次子鈴朝爲嗣公卒同治二年癸亥十二月初十日辰時李孺人卒咸豐十年庚申九月十二日申時高孺人卒咸豐十

鈴朝 行三

生光緒七年辛巳閏七月十四日巳時以金朝次子顯明爲嗣公卒民國四年乙卯六月十九日未時葬荊池埠衕口朝東山地

游 行二

原諱仁治字達夫號藝堂邑增生例授布政司理問銜生乾隆十七年壬申二月初四日亥時娶魯氏生乾隆十六年辛未九月十二日亥時生五

元鈞 行一

字和甫號陶菴文童生乾隆三十六年辛卯六月十一日丑時娶徐氏生乾隆三十四年己丑六月二十日午時

以弟鋒長子壦爲

一年辛酉九月初五日戌時

王孺人卒光緒十四年戊子二月二十四日亥時

公與李高氏合葬茶葉地

王孺人葬荆塘埠飯籮墩

壦 行一

原名鏞字雅三號午樵國學生例受登仕佐郎加從九品職尉候補巡檢生嘉慶五年庚申三月十五日卯時娶南邑曉嶺王氏生嘉慶五年庚申

旭初 行一

原名寬紅字發東號杏村文童生道光五年乙酉十二月初三日戌時娶胡氏生道光四年甲申三月初四日亥時生二子

球

瑯

瑯出繼煌

子鈞鋒鑄
釗鑑
公卒嘉慶十年乙
丑八月二十八日
亥時
魯安人卒道光三
年癸未十月二十
三日午時合葬七
里井金盤形與杜
太安人合墓

嗣
公卒乾隆五十八
年癸丑正月初五
日辰時
徐孺人卒乾隆六
十年乙卯十一月
十九日申時
公葬荊塘埠老墳
南首
徐孺人葬老墳北
首

四月初六日子時
生二子　旭初
維表　繼楊氏生
嘉慶四年己未十
二月二十九日子
時
公卒咸豐四年甲
寅二月初三日亥
時
王孺人卒道光十
六年丙申十一月
初九日辰時
楊孺人卒咸豐十
一年辛酉七月初
四日酉時
公與王楊合葬荊
陡門

公卒咸豐三年癸
丑四月初十日未
時
胡孺人撫孤守節
備歷艱辛由縣申
詳奬以氷霜之潔
松柏之貞建總坊
載省誌卒光緒十
一年乙酉八月初
五日亥時合葬荊
塘埠老墳山

維表行二
更名懋原名寬紘
字磬西號理齋邑
庠生生道光十五
年乙未閏六月初
一日未時娶姚氏

生道光十七年丁酉十月初七日子時生三子　玕
璇　璣　璇出繼
玉樹
公卒光緒二十三年丁酉九月十四日戌時
姚孺人卒光緒三年丁丑七月二十八日子時合葬荊塘埠老墳山

元鋒 行二
字及之號石城一號學痴國學生欽賜縣丞職銜加一級紀錄一次知縣

垓 行二
字宇芬號暢園國學生生嘉慶七年壬戌十月二十五日亥時娶徐氏生

寬綽 行一
字希孟號裕如文童光緒十年恩賜粟帛從九品生道光九年己丑二月

張星煥詳請奉給匾額先賞任郵可風四字以示獎勵載縣志人物志尙義生乾隆四十年乙未八月初七日丑時娶高氏生乾隆三十八年癸巳十二月三十日未時生三子　擢　垓　堦　擢出繼兄元鈞公卒道光二十二年壬寅十一月初九日亥時高孺人卒道光二十三年癸卯九月初三日辰時公葬□塘埠老墳南高孺人葬荆塘埠老墳北

嘉慶九年甲子十二月初八日子時以弟堦長子寬綽爲嗣公卒道光二十一年辛丑四月初六日戌時徐孺人卒道光二十二年壬寅六月十七日未時合葬荆塘埠老墳北

堦　行三

字步堯號吟軒一號蘭言邑庠生生

二十四日辰□癸高氏生道光七年丁亥八月初四日午時生二子　珍　瑚　瑚出繼寬綏　生女二長適焦家冲徐大鰲次適岳山桂得和公卒光緒二十五年己亥正月十一日卯時高孺人卒光緒三十年甲辰十二月二十五日戌時合葬荆塘埠茶葉地

寬纘　行二

字武功號元戎生道光二十三年癸

嘉慶九年甲子十月三十日亥時娶蔣氏生嘉慶六年辛酉九月十九日卯時生一子　寬綽出繼兄垓　繼杜氏生嘉慶二十二年丁丑二月二十二日寅時生四子　纘　緒　繹　繡　繹出繼士祁支下宗墉　緒出繼堂弟筠　生女三長適焦家　次適冲徐天然　三適横山橋王姓　適泥埠橋　姓　公卒咸豐十一年辛酉九月初十日巳時　蔣孺人卒道光二十年庚子七月初九日卯時　杜孺人卒光緒三

卯二月二十一日亥時娶孫氏生道光二十一年辛丑十二月初五日巳時生一子　琳　公卒光緒十八年壬辰四月二十一日子時　孫孺人卒光緒二十九年癸卯二月二十一日子時合葬荆塘埠茶葉地

寬繡 行五

字修文號[illegible]國學生生咸豐三年癸丑十二月二十六日亥時娶胡氏

十四年戊申二月二十三日亥時合葬荆堦埠老墳山

生咸豐六年丙辰八月初二日戌時生三子　璠　璵　璜　璵出繼寛繹　生女五長適潘家橋倒貢生馬德昭　次適磨旗山姚炳禮　三適宜城縣迎官渡董昌舟　四適磨旗山姚名善　五適三山鎮姚傳水公卒民國十九年庚午七月十五日巳時胡孺人卒民國十年辛酉十月初二日申時合葬黃陵樹

元鑄 行三

字躍之號治城例貢生道光三年賑饑鄉里議敘八品銜欽賜任邮可風四字匾額以示獎勵事載縣志人物志尚義生乾隆四十年乙未八月初七日未時娶張氏生乾隆三十九年甲午八月十三日午時生二子 執中 筠 繼陳氏生嘉慶十八年乙丑八月十三日子時生一子 坎 公卒道光二十二年壬寅十二月十五日亥時葬荆塘埒 張孺人卒咸豐九年己未七月十三

執中 行一

原名圭字伯衍號如愚國學生生嘉慶三年戊午三月二十八日午時娶徐氏生嘉慶五年庚申十二月初十日辰時繼陳氏生嘉慶十四年己巳五月十二日戌時繼烏溪邵氏生道光五年乙酉十二月初一日辰時以弟筠子寬紱爲嗣 公卒同治八年己酉四月二十八日午時 徐孺人卒道光二十八年戊申四月十一日辰時 陳孺人卒同治二年癸亥五月初四

寬紱 行一

字守正號希白生道光十八年戊戌正月二十六日卯時娶徐氏生道光十九年己亥以寬綽次子顯瑚爲嗣 公卒同治九年己巳葬傳家冲上北首桐梓園

日寅時
陳孺人卒光緒八
年壬午九月二十
二日亥時
張陳氏合葬傳家
沖北首桐梓園

日申時
公與徐陳合葬傳
家沖桐梓園

筠 行二

字仲節號此君郡
增生生嘉慶十五
年庚午十一月二
十日午時娶宋氏
生嘉慶十五年庚
午六月初六日午
時生一子　綏繼
兄執中　本身以
堉三子寬緒爲嗣
公卒道光二十二
年壬寅九月初八
日亥時
宋孺人卒咸豐十

寬緒 行三

字光前號心花生
道光二十五年乙
巳一月初四日子
時娶鮑氏生道光
二十三年癸卯十
一月二十日巳時
生三子　琦　珏
琻　珏出繼蘭
皐公支下寬泉
琻出繼逢昭公支
下寬和
公卒光緒五年己
卯六月二十八日

一年辛酉六月初四日酉時合葬傅家冲桐梓園

巳時　鮑孺人卒民國元年壬子七月十一日卯時　公葬荊塘埠飯籮墩鮑葬傅家冲桐梓園

坎　行三

字叔準號湘如縣學生生道光六年丙戌五月十二日未時娶陳氏生道光八年戊子七月二十七日子時繼章氏生道光十一年辛卯三月二十八日午時生一子燦　生女三長

寬燦

生咸豐十年庚申六月二十日寅時娶夏氏生同治六年丁卯正月初三日子時生一子玢　生女一適楊村楊姓　公卒光緒十九年癸巳九月二十六日亥時葬傅家冲

元釗 行四
字勉之號勗菴一號繁浦監生加候

適孤山繆姓 次
適朱村朱姓 三
適楊村楊邦其
公卒同治十二年
癸酉四月初九日
午時
陳孺人卒咸豐二
年壬子六月二十
三日巳時
章孺人卒光緒十
四年戊子六月十
二日亥時合葬傅
家冲上北首桐梓
園

圻 行一
字甸畿號弼亭監生加從九品道光

桐梓園

玉樹
字庭輝號藍田文童咸豐八年洪楊

選州同知生乾隆
四十七年壬寅十
月二十五日辰時
娶豐熟圩徐玢嫺
女生乾隆四十六
年辛丑四月十三
日子時生二子
圻　墩　墩出
繼弟元鑑
公卒嘉慶二十一
年丙子十月十七
日寅時
徐孺人卒咸豐八
年戊午五月二十
日卯時
公葬荆塘埕老墳
南首
孺人葬荆塘埕老
墳北首

三年賑饑鄉里議
敘八品外賜任邮
可風四字匾額事
載縣志人物志尙
義生嘉慶十二年
丁卯八月十六日
未時娶瀏港王開
禧公四女生嘉慶
十三年戊辰十月
十三日卯時生一
子　玉樹
公卒同治元年壬
戌八月十九日亥
時
王孺人卒咸豐二
年壬子八月十四
日卯時合葬荆塘
埕老墳北首

軍下帶線保護鄉
里賞戴六品軍功
生道光七年丁亥
三月十六日未時
娶本邑城內張克
諧長女生道光五
年乙酉正月十三
日巳時
以維表次子顯璇
爲嗣
公卒光緒十三年
丁亥五月初九日
酉時
張孺人卒光緒十
九年癸巳十月初
二日丑時合葬荆
塘埕老墳山

元鑑 行五

原名鐸字振之號玉田太學生生乾隆五十五年庚戌二月初四日卯時娶中分村教諭布政司理問徐心沅公長女敎諭衍祥胞姊生乾隆五十三年戊申七月初四日子時生女一夫病徐氏割股和劑救夫夫亡氏年二十四歲立孤守節矢志事姑年三十歲孝詳通誌建總坊以兄元釗次子墩爲嗣公卒嘉慶二十年乙亥正月初一日子時徐孺人卒嘉慶二

墩 行二

字繼增號半山又號雁峯縣學增生生嘉慶十七年壬申三月二十三日亥時娶無爲縣解元張肇燒公孫女附生維成公女生嘉慶十七年壬申六月初三日辰時生一子煌公卒同治元年壬戌五月十六日申時張孺人卒光緒十三年丁亥十一月初十日申時公與母合葬荊塘埠老墳北首張孺人葬老墳塝

煌

原名寬給字德輝號朗齋文童生道光二十年庚子七月十四日亥時娶城內廩生張士鱗次女世襲公胞姊生道光二十年庚子九月二十一日卯時以旭初次子駿聲爲嗣公卒同治六年丁卯五月初七日酉時葬荊塘埠茶葉地張孺人卒民國二年癸丑十二月二十六日卯時葬荊塘埠來龍山

十五年庚辰十一月初七日申時公葬老墳南首辛山乙向孺人與子墩合葬

輝朝子

十二世

顯理

字岐山號鳴岡又號奇珊一號誠卿生光緒八年壬午八月二十六日亥時娶朱氏生光緒八年壬午四月初十日巳時生一子承光兼祧顯立

十三世

承光

字明新生光緒三十一年乙巳十二月十三日酉時娶涇縣徐正林長女生光緒三十二年丙午二月初四日申時生一子佑開　生女二長適

十四世

佑開 行一

字毅號則徐又號繼成生民國十五年丙寅十二月初五日丑時安徽省立第十二中學高中青年軍預備幹部敎育砲科第一期中央訓練團新

十五世

啟國 行一

字正中生民國三十六年丁亥十一月十六日子時

十六世

公卒民國三十五年丙戌十一月十五日申時葬荆塘埠沙帽地
朱孺人卒民國三十年辛巳九月初六日亥時葬涇縣

涇縣小嶺曹次字蕪湖王姓繼戴氏生光緒三十一年乙巳正月十二日酉時生一子　佑基
徐孺人卒民國三十三年甲申五月十一日亥時葬涇縣

聞班第三期等畢業歷任陸軍第六十三師一八六旅新聞室上尉連指導員聯勤總部無綫電總台上尉報務員第一軍械庫庫警隊長空運勤務指揮部軍械組長等職娶澛港吳祥駒女生民國十五年丙寅十一月十三日亥時生
子　啟國

佑基 行二
字竟成生民國三十六年丁亥八月

初十日寅時

錦朝嗣子

顯立 行一

早歿無嗣
以顯理子承光兼
祧爲嗣
公生卒葬俱失考

午朝嗣子

顯傳行一
字堯卿號耀宗生同治三年甲子七月十九日未時娶三山姚道義次女生同治四年乙丑正月初九日申時生三子　傑　俊　佑　俊出繼弟顯傳　佑出繼恩公支下才保生三女長適駱村駱姓　次適宍子橋徐金福　三適保大圩鍾正學公卒民國元年壬子七月二十四日子時姚孺人卒民國元年壬子八月初六日巳時合葬白楊山六溜乾山巽向

承傑行一
生光緒十七年辛卯三月初九日未時娶三山姚昌昶女生光緒十七年辛卯十二月二十一日子時生二子圖　章　生女五長適横山橋吴本煥　次適河沿山高能賢　三適大福村駱君栓　四適三山鎮姚傳祥　五適閘口朱法松公卒民國二十八年己卯十一月二十七日卯時葬荆嵋埠柴竹園辛山乙向

佑圖行一
字里西號淡如生宣統二年庚戌八月二十八日子時娶三山鄧誠之次女生宣統元年己酉六月十六日子時生三子　乾　元　貞　生女二蓉秀　薇秀

啟乾行一
字祥號戒三生民國二十五年丙子五月二十八日巳時聘河沿山高能賢長女生民國二十五年丙子十二月二十八日卯時

啟元行二
字學閔號祝三生民國二十九年庚辰十一月十三日午時

佑章 行二

字思九號超人筆號蘿蔔生民國二十二年癸酉正月初六日未時

啟貞 行三

字學中號盈三生民國三十六年丁亥十月二十六日寅時

榮朝

顯傳 行二

字禹卿生光緒三年丁丑九月十五日亥時娶橫山橋殷玉發四女生光緒五年己卯十一月二十六日亥時生女二長適三山姚傳鵬　次適豐熟圩新屋基強世浩

以兄顯傳次子承俊爲嗣

公卒光緒二十九年癸卯四月十九日卯時葬白楊山六滔乾山巽向

承俊 行二

生光緒十九年癸巳十一月初八日子時娶三山姚名煌次女生光緒廿一年乙未八月十四日卯時生五子

田　圃　華　廉　誠　華早歿　廉出繼士祥公支下承秉　生女一適都陡門汪成美

公卒民國三十一年壬午九月十三日未時葬荊塘埠老墳南首

佑田 行一

字茂禾生民國七年戊午十一月二十四日申時娶巢縣東北鄉郎長富長女生民國四年乙卯正月二十七日辰時生女二郎氏卒民國三十二年癸未十二月二十八日戌時葬荊塘埠老墳南首

佑圃 行二

字茂生生民國十四年乙丑十二月

初八日巳時娶豐熟圩新屋基强世浩長女生民國十八年己巳十一月二十三日卯時

佑誠 行五
字茂寶生民國二十五年丙子六月初四日巳時

金朝子

顯昭 行一

字雪娛號愁卿一號建中邑庠生著有雪娛吟草詩集生同治十年辛未八月廿二日亥時娶大磕山胡順意次女生光緒元年乙亥九月十九日子時生女一采芹適河沿山高崢嶸藍孺人卒光緒二十五年己亥九月初八日亥時葬茶葉地繼豐熟圩强既然長女生光緒四年戊寅七月初一日卯時生一子　承後强孺人卒光緒二十九年癸卯八月十九日寅時與藍

承後 行一

字少卿生光緒二十七年辛丑十月初二日寅時娶大信沖戴興發女生一子　佑武　生女二長適桂家村次適河沿山高鳳春公卒民國二十七年戊寅閏七月二十五日丑時葬七里井

佑武

字有成生民國二十一年壬申九月初六日巳時聘三山周邦富長女生民國二十六年丁丑七月十五日申時

合墓
再繼橫山橋鮑名標三女生光緒四年戊寅七月二十二日辰時生三子
承德　承安
承泰　德泰出繼
顯明
公卒民國十六年丁卯正月二十三日戌時葬荊塘埕來龍山
鮑孺人卒民國三十二年癸未十二月初七日卯時葬荊塘埕老墳南首

承安行三
字子石生宣統三年辛亥二月初七日亥時娶豐熟圩強嘉砲女生宣統三年辛亥十二月初八日巳時生
子　佑晉

佑晉行一
字繼先生民國三十五年丙戌五月二十六日午時

文朝嗣子

顯綸 行二

字舜卿生同治十二年癸酉十二月二十四日戌時娶丁氏生二子　保佩俱傷　以弟綿亥子承和爲嗣　公卒宣統三年辛亥十一月十四日申時葬大墳圍

承和 行二

生民國三年甲寅十二月初六日午時

來朝長子

顯綱 行一

生同治八年己巳四月二十八日午時　以弟顯綿四子承

承國 行四

生民國廿四年乙亥六月十七日申時

國爲嗣
公卒光緒十六年
庚寅七月初一日
丑時葬飯籮墩

來朝三子

顯綿 行三
字武卿生光緒十
七年辛卯二月二
十七日戌時娶吳
氏生光緒十八年
壬辰十二月初十
日子時生四子
舉　和　邦　國
和出繼兄顯綸
國出繼兄顯綱
生女二長適本
邑南鄉吳
公卒民國二十七

承舉 行一
字賢才生民國元
年壬子正月二十
四日子時娶蕭氏
生民國三年甲寅
八月二十五日巳
時生　子　佑昆
佑玉　生　女
佑梅

佑昆 行一
字華先生民國二
十五年丙子九月
二十日辰時

佑玉 行二
字華芳生民國三

鈐朝嗣子

年戊寅九月二十日亥時葬荊塘埠來龍山

顯明 行二 字虞卿生光緒二年丙子六月十四

承邦 行三 生民國十六年乙卯十月二十五日亥時

承德 行二 生光緒三十四年戊申十一月二十

十六年丁亥十二月二十九日戌時

佑成 行一 字茂先生民國三十一年正月二十

日未時
以兄顯昭次子承
德四子承泰雙繼
爲嗣
公卒光緒二十八
年壬寅十二月十
三日申時與藍强
二嫂合葬茶葉地

日子時娶趙氏生
女一適孫山甘家
岩繆玉麟
以弟承泰長子佑
成爲嗣
公卒民國二十四
年乙亥八月初二
日子時葬荊塘垾
來龍山

承泰 行四
字子平生民國四
年乙卯五月二十
二日亥時娶横山
橋鮑氏有長女生
民國四年乙卯十
月二十日辰時生
女一碧珍字無爲

九日子時

佑楚 行二
字茂業生民國三
十五年丙戌十二
月二十五日子時

旭初子

顯球 行一
字鳴和號寶崖生道光二十六年丙午八月初七日酉時娶張氏生道光

承棟 行一
字鴻恩號輔臣生光緒二年丙子九月二十六日卯時娶谷氏生光緒三

胡姓鮑孺人卒民國二十七年戊寅閏七月二十日辰時葬荊塘埠衕口朝東山地
繼無爲縣何家腦何漢章長女生民國十年辛酉十二月十一日亥時生
子 成 楚
成出繼承德

佑禎 行一
生光緒二十四年戊戌七月十四日未時娶旗杆張齊舉女生民國五年

啟宇 行一
字學能生民國二十四年乙亥八月十七日巳時

二十八年戊申七月二十五日卯時生三子　楝　樑　梓　梓出繼顯璣　樑出繼膳公支下顯祖　生女二長適偃氏張姓　次適舊縣汪姓　公卒光緒二十二年丙申十一月十三日亥時　張孺人卒光緒二十七年辛丑五月二十二日戌時合葬荆塘埠老壙山北首

年丁丑六月二十六日巳時生三子　禎　禮　祚　禮出繼承樑　祚出繼承材　生女二　長適甑山楊子林　次適甑山楊國典　公卒民國十四年乙丑閏四月十九日巳時　谷孺人卒民國三十六年丁亥八月初五日子時　公葬荆地埠來龍山氏葬沙帽地

丙辰十月十九日巳時生　子　啟宇　女　啟美

世表
長子

顯玗 行一

字彩和號藍仙生咸豐六年丙辰三月初六日申時娶孫氏生咸豐二年壬子十一月二十四日辰時生一子
　承材　生女一適橫山橋王姓
公卒光緒九年癸未十二月二十二日戌時
氏卒光緒十九年癸巳十月二十三日辰時合葬荊塘埂茶葉地

承材

生光緒八年壬午三月初一日申時聘郭氏未婚以承棟三子佑祚爲嗣
公卒光緒二十五年己亥八月十五日戌時葬荊塘埂茶葉地

佑祚 行三

生宣統三年辛亥二月初二日亥時娶楊埗周周遠明女生民國三年甲寅閏五月十五日卯時生子　熯
勳　鐵　生　女
春妹　冬妹長字楊埗周周世廣長子宏寶

啟熯 行一

字震川生民國二十二年癸酉十一月十二日丑時

啟勳 行二

字巨石生民國三十年辛巳正月初六日亥時

維表三子

顯璣 行三

字運和號寶衡生同治十三年甲戌二月二十三日戌時娶閔氏生光緒四年戊寅四月初二日寅時以顯球三子承梓爲嗣公卒民國三十年辛巳八月初一日子時葬荆塘埠來龍山

承梓 行三

生光緒十四年戊子七月初十日寅時娶董氏生光緒十九年癸巳十一月二十八日申時生一子　雲　生女二長適本邑城內黃姓　次適城內王姓公卒民國三十一年壬午十二月初九日辰時葬荆塘

佑雲

生民國十年辛酉六月二十二日辰時娶徐氏生民國十五年丙寅七月三十日辰時生子　啟寶

啟鐵 行三

生民國三十八年己丑二月初五日丑時

啟寶

生民國三十六年丁亥九月二十七日辰時

寬綽子

埠來龍山

顯珍行一

字鴻儒生咸豐元年辛亥六月廿八日寅時娶滕氏生咸豐元年辛亥六月十九日申時生四子 松 柏 株 榆 生女一適楊塘周周遠志公卒民國十年辛酉七月初五日子時滕孺人卒民國三年甲寅四月十一日申時合葬荆塘埠來龍山

承松行一

生光緒元年乙亥八月二十一日寅時娶許氏生光緒五年己卯四月初一日子時以胞弟承柏長子佑祿爲嗣 生女一適豐熟圩徐庚志公卒民國元年壬子四月初十日申時許孺人卒民國元年壬子四月二十日合葬荆塘埠飯

佑祿行一

生光緒二十八年壬寅八月十六日午時娶張氏生光緒三十年甲辰二月初五日巳時繼潘氏生民國十一年壬戌

蘿墩

承柏 行二

生光緒五年己卯七月十三日午時娶王氏生光緒八年壬午十一月二十五日寅時生三子　祿　祺　順　祿出繼胞兄承松　順出繼胞弟承榆　生女一適橫山橋桂宗啟公卒民國二十四年乙亥正月初二日亥時葬荊塘垾茶葉地

佑祺 行二

生光緒三十三年丁未十月二十一日未時娶汪氏生宣統元年己酉四月二十五日子時生子　文　忠　忠出繼胞弟佑順生女二長字官聽陳後保

啟文 行一

字鏡明生民國十九年庚午十一月二十二日未時聘陳氏生民國二十四年乙亥四月二十九日戌時

承株　行三
生光緒十一年乙酉十一月廿四日申時娶張氏生光緒二十四年戊戌三月二十八日子時生女一適横山橋方正新繼王氏生光緒二十年甲午十月十一日申時生一子佑民　生女一適無爲縣杭興典張孺人卒民國十五年丙寅七月十四日丑時葬荆塘埠飯籮墩

佑民　行三
生民國二十一年壬申七月十一日午時聘保大圩楊有清女生民國二十三年甲戌六月十七日酉時

承愉　行四

佑順　行三

啟忠　行二

生光緒十六年庚寅二月二十九日巳時娶倪氏生光緒二十二年丙申正月初二日酉時卒宣統二年庚戌繼橫山橋方氏生光緒二十三年丁酉九月十八日巳時卒民國二十五年丙子二月十三日辰時繼潘冲張氏生光緒三十一年乙巳六月十六日辰時卒民國三十四年乙酉九月初五日午時倪氏葬大墳廟方氏葬湖塘挕衕口東山地張氏葬翀塘埠陳祠西衕地以胞兄承柏三子佑順爲嗣

生民國十一年壬戌十一月十九日戌時卒民國二十五年丙子三月初六日辰時以胞兄佑祺次子敬忠爲嗣公葬雙龍口

生民國三十年辛巳二月初六日辰時聘[illegible]爲[illegible]女生民國廿八年三月初八日[illegible]時

寬續
子

顯琳

字潤利抗戰期中公卒家避難南陵病歿異鄉公忠諭孫　總統蔣公頒賜褒題曰積厚流光生同治九年庚午十月十一日亥時娶陳氏生光緒元年乙亥六月初五日亥時生一子承彬　生女三長適泥埠橋汪成初　次適橫山橋許大綸　三適河沿山高爭能繼牧氏生光緒八年壬午二月十二日寅時生一子承本公卒民國二十八年己卯二月二十七日未時葬河沿

承彬行一

字質夫號錫恩抗戰期中公卒家避難南陵病歿桂村橋忠義教子總統蔣公頒賜褒題曰義方有訓生光緒十八年壬辰四月二十七日亥時娶童氏生光緒二十一年乙未十一月初十日申時生二子　鴻軒佑江　生女一秀蘭適慕英沖張修信歷任高安鄉長舊縣鎮長候補縣參議員公卒民國三十一年壬午四月二十七日申時葬南陵西北鄉桂村橋射的山之陽

鴻軒行一

派名佑海字滙川號鰲山筆號秋菓無錫國學專修學校中央陸軍軍官學校中央訓練團黨政班及人事班畢業歷任江西省立茶校教員江西橫峯縣政府科長三民主義青年團第三戰區支團監察浮梁繁昌兩分團主任第三戰區政治部祕書軍政部教導第五團政治教官青年遠征軍政治督導員安徽省黨部黨務督導委員銓叙部甄叙文官簡任八級三十五年當選繁昌縣參議員三十

啟中行一

字克濤生民國二十七年戊寅前七月初一日午時

啟正行二

字岳軍生民國三十四年乙酉五月二十五日午時

山
陳孺人卒宣統三
年辛亥八月二十
二日未時葬湖坮
坪茶葉地

六年當選第一屆
國民大會代表三
十七年
總統蔣聘任憲政
督導委員會委員
等職兼修文武砥
礪論總中央軍校
畢業考試名冠全
校兼校長　蔣中
正公獎授佩劍工
詩詞典文化著有
蜀歸吟詩集創辦
青年導報編輯現
代名人墨寶生民
國丁巳四月初二
日未時
子　中正
女　民梅　蘋
夫人楊哲仙江西
上饒楊樹勳之長
女江西省立玉山
女子師範高師畢
業歷任教職及繁
昌婦女會常務理

事生民國甲子四月二十五日申時娶汪氏生民國己未十二月初五日未時戰亂離亡傳嗣入祀

佑江 行二

字百川號品軒生民國十年辛酉十一月初二日申時娶戴家冲張在雲三女美蘭生民國十四年乙丑二月

初五日戌時

承本行二

字道生生民國十年辛酉十二月二十六日酉時娶焦家濟胡謙報四妹生民國十二年癸亥十一月初六日未時生　子　佑河　女腊梅

佑河行一

字濟川生民國三十一年壬午十二月十八日巳時聘張氏生民國三十一年壬午九月初二日未時

覚繡
長子

顯璠行一

字乾柙生光緒七年辛巳十月十一日亥時娶脊嶺沈必發女生光緒五年己卯十二月初四日寅時生三子　權　樽　棕

女四長適楊家村楊家田　次適閘口劉枝春　三適無爲縣白叩渊沙維精　四適荆塘埕吴文興

承權行一

字有梅生光緒二十七年辛丑八月二十六日亥時娶潘家橋馬德昭次女生光緒二十七年辛丑四月初十日子時生女二長適城內吴宗漢次適李村李姓馬𪾢人卒民國二十六年丁丑二月十九日亥時葬荆塘埕衕口朝東山地繼娶佳氏生光緒三十四年戊申九月二十四日巳時生子　佑淵

女三

佑淵行一

字望琛生民國三十二年癸未五月初五日亥時

承樽 行二

字介眉安慶成德中學畢業生光緒三十一年乙巳九月十八日午時娶古氏生光緒三十二年丙午十月十一日辰時生三子

鈞　衡　新

新出繼承椿生女佑詠

公卒民國三十四年乙酉七月初一日申時葬荊塘埠紗帽地

佑鈞 行一

字重平生民國十七年戊辰九月初八日申時娶楊塘周周氏生民國十九年庚午五月二十日未時

佑衡 行二

字立平生民國二十二年癸酉閏五月十六日酉時

承棕行三
生民國元年壬子正月十二日子時娶磨旗山姚氏生民國二年癸丑十月二十二日子時生子　潤　淳
女　佑兄　冬至

佑潤行一
字海平生民國三十二年癸未十月二十一日子時

佑淳行二
字清平生民國三十八年己丑二月初九日丑時

寬繡
三子

顯璜行三

字聘之生光緒二十二年丙申正月初七日戌時娶嚴氏生光緒二十一年乙未十一月初五日戌時生三子

桐　楠　模

生女二　福　梅

福適蕪湖清水河洪復明

承桐行一

字蔭青上海法學院畢業三十五年當選繁昌縣參議員任繁昌縣立中學教員及財政部江西區直接稅局督導生民國七年戊午正月初十日辰時娶任村保任圖南四女生民國九年庚申九月十二日寅時生一子

佑源

任孺人卒民國三十一年壬午八月初八日巳時葬荆塘埠衕口朝東山地　繼八都何何秋山長女生民國十四年乙丑十月初六日亥時生女

麗平

佑源行一

生民國二十六年丁丑十月初二日巳時

承楠 行二

生民國九年庚申九月十八日酉時娶嚴氏生民國十一年壬戌八月初七日亥時生　子澄　生女一

承模 行三

字勤安徽省立蕪湖中學畢業生民國十七年戊辰八月二十五日辰時娶三山鎮姚霽水長女生民國十八

佑澄 行一

生民國三十三年甲申三月初六日巳時

年己巳十一月十五日寅時

寬綏嗣子

顯瑚 行二

生同治四年乙丑七月初六日巳時娶高氏生同治七年戊辰六月初五日亥時生一子承柯　生女一適河沿山高發枝公卒民國元年壬子十一月初五日巳時高孺人卒民國二十五年丙子九月二十二日亥時公氏俱葬桐梓園

承柯

生光緒十五年己丑十二月初一日丑時卒民國九年庚申以承柜長子佑懷爲嗣　公葬桐梓園

佑懷 行一

生民國三十四年乙酉七月初十日寅時

緒子

顯珩行一
字德和生同治十年辛未九月三十日亥時娶姚氏生光緒四年戊寅二月十六日申時生一子　梯　繼楊氏生同治十二年癸酉正月初七日寅時生一子　柜　柜出繼顯玢
公卒民國三十三年甲申十一月十四日申時
姚孺人卒光緒二十六年庚子十月三十日辰時
楊孺人卒民國二十七年戊寅十一月二十六日未時
公葬荆塘埧老墳南首
姚孺人葬茶葉地

承梯行一
生光緒二十四年戊戌五月二十五日戌時娶王氏生光緒三十一年乙巳二月初一日亥時生一子　佑霖
生女　佑香

佑霖
生民國二十二年癸酉八月十九日亥時

寬燦子

楊孺人葬大墳庵

顯玢

字吉和生光緒十八年壬辰前六月二十二日未時聘楊氏未婚卒以顯珩次子承柜爲嗣公卒民國元年壬子六月初四日巳時葬桐梓園

承柜行二

生宣統二年庚戌七月二十一日辰時娶焦家湊吳立本女生民國二年癸丑八月十四日辰時生　子　懷柯　懷出繼承來

佑來行二

生民國三十七年戊子十月十七日酉時

玉樹嗣子

顯璇 行二

字春和號蘭馨又號榮錡邑庠生生同治五年丙寅十一月初一日子時娶横山橋方科印長女生同治四年乙丑五月初十日子時以駿聲次子承棹四子承懋雙繼爲嗣公卒光緒十六年庚寅十二月初五日卯時葬茶葉地

承棹 行二

字少諧號嘯山生光緒二十九年癸卯十月二十九日子時娶峩橋洪春芳長女生一子忠兼祧承懋生女二長適繆家嘴魯以富三子惟好次適桑樹灣陶兆楷公卒民國二十一年壬申十一月初七日巳時葬荆塘埠來龍山

佑忠

字孝廉號右裏生民國十四年乙丑十月十八日辰時娶峩橋洪以嵩次女生民國十六年丁卯卒民國二十七年戊寅　繼無爲白卯洲沙景學長女生民國十九年庚午正月十七日巳時卒民國三十六年丁亥十月初七日亥時葬荆塘埠沙帽田

又繼　氏

承懋 行四

字玉林號介輔生宣統元年己酉七月二十五日辰時娶趙泥湖汪甫邦三女生民國二年癸丑八月二十一日亥時生女四秀英　玉英　美英　翠英　長適炎村高高其祥次字無爲白卯洲沙維碧　三字定遠縣齊保銀長子公卒民國三十四年乙卯五月初一日未時葬荊塘埠飯籮墩以兄棹子佑忠兼祧爲嗣

煌嗣子

駿聲 行二

原名題鄉字鐸和號誼諧又號啟人太學生生咸豐元年辛亥二月初六日午時娶城內文生閔仁濤公孫女聖敬公長女生咸豐三年癸丑十一月初十日辰時生女勝松適繁昌崔祝三　繼趙泥湖汪興發長女生同治十年辛未十二月十七日子時生四子　椿　棹　楝　懋　懋棹出繼榮錡公卒宣統三年辛亥十一月初八日申時　閔孺人卒光緒三十一年乙未十一

承椿 行一

字祖年生光緒二十四年戊戌十月二十一日卯時娶舊縣查朝選長女生女二以承樽三子佑新爲嗣公卒民國七年戊午十二月初九日未時葬荊塘埠來龍山

承楝 行三

字嵩山號秀夫生光緒三十三年丁未二月十九日亥時娶橫山橋方朝珍女生光緒三十四年戊申七月十六日子時生女彩

佑新 行三

字震平生民國二十九年庚辰十一月初八日子時聘桑樹灣鮑義懷女生民國二九年庚辰十二月初六日申時

佑鵬

字奇峯生民國二十一年壬申五月二十二日寅時娶烟墩陶世春長女生民國十九年庚午閏六月初九日酉時

月二十日辰時
汪孺人卒民國二
十三年甲戌七月
十三日未時合葬
七里井下埠𡺎

十七世

珠滴埠泥橋紀維
盈　生一子　鵬
公卒民國三十七
年戊子十二月十
六日子時葬洲塘
埠私墳園

十八世

十九世

二十世

萬萬世

膺公房昂分士祥系圖傳

國相次子

七世

士祥 行二

字瑞占號致圜監生生雍正四年丙午十月二十一日子時娶楊氏生雍正四年丙午八月二十六日亥時生二子　深　灝

繼姚氏生乾隆二年丁巳六月初七日亥時

公卒乾隆五十一年丙午正月十六日戌時

楊孺人卒乾隆四十四年己亥七月初八日亥時

姚孺人卒嘉慶九年甲子六月二十

八世

仁治 行一

原名深字愛爭號竹溪國學生生乾隆十九年甲戌八月初十日戌時娶鄧氏生乾隆二十年乙亥十二月二十五日亥時繼李氏生乾隆三十六年辛卯八月十五日午時生三子

錯　銑　銈　銈

出繼仁灝

公卒嘉慶八年癸亥九月二十四日未時

鄧孺人卒道光十二年壬辰六月初一日亥時

九世

元錯 行一

字冠南號鐵崖國學生例贈徵仕郎欽賜八品頂帶道光三年捐賑賞賜仁邮可風四字匾額載縣志人物志尚義篇生乾隆五十七年壬子正月初九日戌時娶古氏生乾隆五十七年壬子　繼黃氏生嘉慶九年甲子六月初九日子時生五子　伯宗

仲宗　叔宗　季宗　報宗　報出

繼元銑

公卒同治二年癸

十世

伯宗 行一

字亢甫生道光六年丙戌二月初九日亥時娶陶氏生三子　榮　木

義　木出繼宗杭

義出繼宗槑

公卒光緒十九年癸巳十月十六日亥時

陶孺人生卒失考

公葬飯籮墩

仲宗 行二

十一世

寬榮 行一

生同治三年甲子十月初八日卯時未娶無嗣以寬樹子顯乾兼祧爲嗣

公卒光緒二十八年壬寅六月三十日辰時

寬樹 行一

日申時合葬黃村頭

李孺人卒道光十二年壬辰七月十一日亥時合葬祖塋

亥正月初六日巳時
古孺人卒道光六年丙戌
黃孺人卒咸豐十一年辛酉八月二十七日亥時合葬黃村頭

字超甫生道光七年丁亥十一月二十九日亥時娶氏生五子 樹 宏 福 興 相 宏出繼蘭皐房支下宗城 福出繼叔宗 興出繼宗榮 相出繼景房支下宗珏爲嗣 公卒同治二年庚戌九月二十九日申時葬失考

娶鮑氏生同治三年甲子 月初三日丑時生三子 乾 元 釗 乾兼祧寬榮 元出繼智寬兼祧寬福 釗出繼寬木兼祧寬興 公生卒失考 氏卒光緒二十八年壬寅七月十四日戌時

叔宗 行三
字承甫生道光十年庚寅

寬福 行三
娶胡氏無子以寬樹次子顯元

以仲宗三子寬福爲嗣
公卒失考葬黄村頭南楓樹灣

季宗行四
字章甫生道光十三年癸巳七月十六日巳時娶　氏生一子　智寬
公卒同治元年壬戌九月二十日亥時葬黄村頭南首楓樹灣與兄合墓

爲嗣兼祧智寬
公氏生卒失考

智寬
未娶無嗣
以寬福嗣子顯元兼祧爲嗣
公生卒失考

元銑

生乾隆五十九年
甲寅未娶無嗣
以元鍇五子報宗
爲嗣
公生卒葬失考

報宗 行五

字衍甫生道光十
七年丁酉娶　氏
生四子　鐸　能
鏞　林
公卒失考葬飯籮
墩

寬鐸 行一

生同治十一年壬
申三月十六日寅
時娶朱氏生二子
德　懋　德兼
祧寬能　懋出繼
寬鏞爲嗣兼祧寬
林
公卒光緒三十三
年丁未七月二十
八日巳時葬飯籮
墩
氏生卒葬失考

寬能 行二

生同治十三年甲
戌九月二十四日

未時
以寬鐸子顯德兼
祧爲嗣
公卒光緒二十年
甲午十二月初一
日戌時

寬鏞 行三
生光緒四年戊寅
十一月二十八日
辰時娶朱氏
以寬鐸子顯德爲
嗣兼祧寬林
公卒民國十七年
戊辰五月十八日
巳時葬荆塘坍大
路塝

寬林 行四
生卒葬失考
以寬鏞嗣子顯德
兼祧爲嗣

仁灝 行二

字師梁號守朴生乾隆二十四年己卯八月二十七日亥時娶鄧氏生乾隆二十二年丁丑十一月初九日辰時

以仁洽三子元鉎爲嗣

公卒嘉慶二年丁巳七月十五日未時

鄧孺人卒道光八年戊子十月二十一日巳時葬祖塋

元鉎 行三

字繡文號鉄峯生嘉慶三年戊午四月十四日戌時娶鮑氏生嘉慶元年丙辰五月三十日戌時生三子　杭　榮　槑　槑出繼景房支下元松

公卒道光十七年丁酉九月初六日戌時

鮑孺人卒道光六年丙戌十月初七日辰時葬祖塋

宗杭 行一

字漢飛生嘉慶二十三年戊寅娶陳氏生一女適汪家滏汪禮楷

以伯宗次子宗木爲嗣

公卒失考

氏生卒失考

宗榮 行二

字仲華生嘉慶二十四年己卯娶王氏生嘉慶二十二年丁丑七月十三日申時

以仲宗四子寬典爲嗣

公卒道光二十七

寬木 行二

生卒失考

以寬樹次子顯釗爲嗣兼祧寬典

寬典 行四

未娶無嗣

以寬木嗣子顯釗兼祧爲嗣

公生卒葬俱失考

年丁未王孺人卒道光二十年庚子二月初八日辰時

寬樹子

十二世

顯乾行一

生卒失考以士禧公支下顯禮三子承秉爲嗣兼祧顯元

十三世

承秉行三

生民國十五年丙寅十一月十三日寅時卒民國戊寅十月初六日辰時以謙公支下承俊四子佑廉爲嗣

十四世

佑廉行四

字茂才生民國二十二年癸酉六月三十日寅時聘老山劉德本女生民國二十一年壬申十二月二十八日子時

十五世

十六世

寬福嗣子

寬鐸子

顯元 行二

未娶無嗣

以顯乾嗣子承秉

兼祧爲嗣

公生卒葬俱失考

顯德 行一

以士禧公支下顯

禮五子承祥爲嗣

兼祧顯懋

生卒葬失考

承祥 行五

生民國十九年庚

午正月二十一日

亥時卒民國三十

二年癸未十二月

二十七日未時

以六房祝公支下

承材五子佑燮爲

嗣

佑燮 行五

字治明生民國三

十年癸未六月十

四日亥時

寬鏞嗣子
顯懋行二
未婚，以顯德嗣子承祥兼祧爲嗣
公生卒葬失考

寬木嗣子
顯釗行三
娶　氏生二子
南　陵
於民國二十七年率家遷居南陵以鉄工爲業勝利後他往探詢未遇有云約在南陵東鄉金家閣李潭附近

承南行一
隨父遷南陵

承陵行二
隨父遷南陵

十七世

十八世

十九世

二十世

萬萬世

膺公房昂分士祁系圖傳

國相三子

七世

士祁 行三

更名九畹字汀洲號蘭皐邑庠生生雍正十二年甲寅正月二十一日申時娶鮑氏生雍正十一年癸丑十二月初三日卯時繼蔣氏生雍正十三年乙卯十月十五日亥時生二子

沛　洙

公卒乾隆三十五年庚寅四月十七日申時

鮑孺人卒乾隆十六年辛未八月初二日申時

蔣孺人卒嘉慶二

八世

仁沛 行一

字鴻又字濟蒼號雨亭恩授登仕郎生乾隆十九年甲戌十月十二日酉時娶姚氏生乾隆十七年壬申正月二十八日亥時生子二

鏞　鈺

公卒道光六年丙戌四月十八日午時

姚孺人卒嘉慶六年辛酉十二月十八日卯時合葬飯籮墩

九世

元鏞 行一

字序東生乾隆三十九年甲午十一月初四日辰時娶胡氏生乾隆三十九年甲午三月十九日亥時繼駱氏生乾隆三十六年辛卯十一月十六日巳時生一子

基

公卒道光十六年丙申三月初四日戌時

胡孺人卒嘉慶五年庚申四月十七日巳時

駱孺人卒失考

公葬飯籮墩

十世

宗基

生嘉慶十八年癸酉十月十九日寅時娶胡氏

以宗墉長子寬泉爲嗣兼祧宗保

公卒道光年間葬老塋

十一世

寬泉 行一

生道光二十六年丙午十一月二十四日亥時娶王氏

以寬緒次子顯珏爲嗣兼祧寬玉

公卒咸豐十一年辛酉四月二十四日巳時葬飯籮墩

十五年庚辰三月
初四日卯時
公與鮑蔣氏合葬
烟墩陶祠後艮山
坤向

元鈺 行二

字序才生乾隆四
十九年甲辰九月
二十九日午時娶
吳氏生嘉慶元年
丙辰九月二十九
日午時生一子
宗保
公卒道光十二年
壬辰十月初一日
寅時葬飯籮墩
吳孺人卒同治十
一年壬申十二月
初九日辰時與公
合墓

宗保

生道光四年甲申
七月二十一日寅
時未娶無嗣
以宗垬嗣子寬泉
兼祧爲嗣
公卒道光葬老塋

仁洙 行二

字魯傳號泗堂更名森國生乾隆二十七年壬午十二月二十一日申時娶陳氏生乾隆二十七年壬午十月二十二日子時繼許氏生乾隆三十六年辛卯十一月初九日辰時再繼胡氏生乾隆二十九年甲申十月初六日亥時生四子

銓　鎬　鑣

鋕

公卒嘉慶十五年庚午十月二十二日寅時葬荊塘埠鳳翅

陳孺人卒乾隆五十九年甲寅九月初六日未時

元銓 行一

字秉衡生乾隆五十二年丁未二月初九日午時娶秦氏生乾隆五十三年戊申九月二十八日酉時生四子

城　均　封

堃

公卒道光十四年甲午八月二十六日巳時葬荊塘埠

秦孺人卒道光二十年庚子八月初六日未時葬飯籮墩

宗城 行一

生嘉慶十七年壬申十一月日亥時娶秦氏以宗墉三子寬玉為嗣兼祧宗均

公卒葬失考

宗均 行二

生嘉慶二十二年丁丑八月日卯時未婚以宗城嗣子寬玉兼祧為嗣

公卒葬失考

寬玉 行三

未婚以寬泉嗣子顯珏兼祧為嗣

公卒葬俱失考

許孺人卒嘉慶九年甲子正月二十八日寅時與公合葬

胡孺人卒道光二十三年癸卯二月初四日亥時葬烟塘陶祠後艮山坤向

宗封行三
生嘉慶二十五年庚辰未娶無嗣以宗墉四子寬海爲嗣兼祧宗堃公卒葬失考

宗堃行四
未娶無嗣以宗封嗣子寬海兼祧爲嗣公生卒葬俱失考

寬海行四
未娶無嗣以寬宏子顯成兼祧爲嗣公生卒葬俱失考

元鎬 行二

字寧遷生乾隆五十六年辛亥二月初五日未時娶郜氏生乾隆五十七年壬子七月十七日辰時生二子
王
虔
公卒道光十六年丙申十一月十六日未時葬荆塘埠郜孺人卒道光十四年甲午五月十五日未時與公合墓

宗壬 行一

字君善生嘉慶二十一年丙子十一月十四日酉時娶陳氏生嘉慶十九年甲戌五月初六日辰時
以仲宗次子寬宏爲嗣兼祧宗虔
公卒同治十二年癸酉六月二十五日卯時葬飯籮墩陳孺人卒光緒十四年戊子正月二十五日申時

宗虔 行二

未娶無嗣
以宗壬嗣子寬宏兼祧爲嗣
生卒葬失考

寬宏 行二

生同治三年甲子十一月二十二日寅時娶陳氏生二子
立　成
立出繼錦朔兼祧聯科　成兼祧寬海
公卒光緒二十三年丁酉七月二十六日寅時
氏生卒葬失考

元鏢 行三

一名振聲字品三號連城生嘉慶元年丙辰六月十四日辰時娶丁氏生乾隆五十八年癸丑十月十九日戌時生二子　墉　壇

公卒道光二十二年壬寅五月二十八日戌時

丁孺人卒咸豐六年丙辰正月二十三日丑時合葬荊塘埕鳳翅

宗墉 行一

字衛廷號廷標生道光五年乙酉十二月初八日亥時娶姚氏生道光二年壬午十一月二十五日亥時生三子　泉　焯　玉

繼張氏生道光十一年辛卯十二月二十八日寅時生一子　海

泉出繼宗琪兼祧宗保　焯出繼宗埵兼祧宗彪　玉出繼宗城兼祧宗均　海出繼宗封兼祧宗堃

以吟軒四子寬繹爲嗣

公卒光緒六年庚辰二月二十二日亥時葬白楊山六

寬繹 行四

字以車生咸豐元年辛亥九月二十五日寅時

以寬繡次子顯璵爲嗣兼祧寬焯

公卒光緒三十一年乙巳六月二十四日亥時葬白楊山六溜

滔

姚孺人卒咸豐十
一年辛酉七月二
十八日戌時葬飯
籮墩
張孺人卒光緒二
十五年己亥正月
三十日戌時與公
合葬

宗壇 行之

字榮華生道光八
年戊子十二月初
四日申時娶丁氏
以宗墉嗣子寬繹
兼祧爲嗣
公卒道光二十七
年丁未八月十三

日未時葬飯籮墩
氏生卒葬俱失考

元銶 行四

字銘之生嘉慶四年己未十月初四日子時娶吳氏生嘉慶八年癸亥八月十五日子時生嘉慶八年癸亥八月十五日子時生二子　埵　彪　公卒道光二十九年己酉十一月初十日丑時葬飯籮墩
吳孺人卒道光二十二年壬寅九月十二日亥時與公合墓

宗埵 行一

字後基生嘉慶二十四年己卯八月十四日辰時娶黃氏
以宗墉次子寬焯爲嗣兼祧宗彪
公卒道光三十年庚戌五月二十八日巳時葬飯籮墩
氏生卒葬失考

寬焯 行二

生咸豐二年壬子十二月十六日戌時娶姚氏無嗣
以寬繹嗣子顯璵兼祧爲嗣
公卒同治四年乙丑六月二十一日辰時葬飯籮墩

寬泉
嗣子

十二世

顯珏 行二
未娶無嗣
以顯璵長子承樅
爲嗣兼祧顯成
公生卒葬失考

十三世

承樅 行一
生光緒三十二年
丙午娶張氏無嗣
以胞弟承楷子佑
渠及承校三子佑
泗雙繼爲嗣
公卒民國八年己
未十一月二十一
日戌時葬大墳庵

十四世

佑渠 行一
生民國三十五年
丙戌正月初七日
巳時

十五世

宗彪 行二
未娶無嗣
以宗埵嗣子寬棹
兼祧爲嗣
生卒葬失考

十六世

寬宏子

顯成 行二

未娶無嗣
以顯玨嗣子承繼
兼祧爲嗣
公生卒葬失考

佑泗 行三

字源適生民國三十六年丁亥八月十三日午時

寬繹
嗣子

顯璵 行二

字坤和生光緒十年甲申五月二十一日戌時娶江家村王建功長女生光緒十年甲申十一月三十日子時生三子　樅　楷　校　樅出繼顯珏爲嗣兼祧無成生女二長適荻港查慶生　次適磨旗山姚志理王孺人卒民國三十三年甲申十一月十九日亥時葬黃陵樹子午兼卯酉向

承楷 行二

生宣統元年己酉正月初十日子時娶楊氏生宣統元年己酉十二月二十七日辰時繼許氏生民國四年乙卯八月十九日子時生　子渠出繼長兄承樅爲嗣

承校 行三

字育才繁昌縣中簡師班畢業任國民學校校長生民國三年甲寅十一

佑漢 行一

字興志生民國二十五年丙子十一月初二日巳時聘陳氏生民國二十

月二十日亥時娶
汪氏生民國五年
丙辰五月初二日
酉時生一子漢
　繼潘村潘家樑
女維霞生民國九
年庚申九月初五
日辰時生子
淮　泗　泗由繼
承樅爲嗣　生女
佑蘭
汪氏卒民國二十
七年戊寅閏七月
二十日巳時葬湖
塘埠衕門朝東山
地辛山乙向

三年甲戌十月十
六日子時

佑淮 行二
字興華生民國三
十三年甲申五月
十三日巳時

謝氏宗譜　卷七　膺公房昂分蘊系　七二　寶樹堂

十七世

十八世

十九世

二十世

萬萬世

齊公房昂分士禧系圖傳

國相四子

七世　士禧 行四
字爾宜監生生乾隆三年戊午四月二十一日子時娶王氏生乾隆元年丙辰四月初一日子時生三子　清　濆　漣
公卒乾隆三十七年壬辰十二月初一日巳時
王孺人卒乾隆三十九年甲午七月十八日酉時合葬趙家院鳳形

八世　仁渭 行一
字曾澧號蘊亭又號清監生生乾隆二十年乙亥九月初二日丑時娶鮑氏生嘉慶二年丁巳正月初六日卯時生三子　鉉　鋧　鈔
公卒嘉慶十年乙丑十一月十五日未時
鮑孺人卒道光二十二年壬寅三月二十七日辰時

九世　元鉉 行一
字鎔甫號器苍邑庠生生乾隆三十八年癸巳八月十五日子時娶季氏生乾隆四十年乙未五月初五日子時生二子　坦　璠
公卒道光九年己丑十月初五日申時
季孺人卒道光六年丙戌七月二十三日申時

十世　宗坦 行一
字孔夷生嘉慶八年癸亥十月初二日寅時卒道光十三年癸巳八月初九日申時
以宗坑次子寬綵為嗣兼祧宗璠

宗璠 行二
早歿無嗣
以宗坦嗣子寬綵兼祧為嗣
公生卒葬失考

十一世　寬綵 行二
未娶無嗣
以寬林次子顯禮為嗣
公生卒失考

元鋃 行二

字金良生乾隆四十年乙未十二月初三日戌時娶鮑氏生乾隆四十一年丙申四月十七日戌時生一子宗臺公卒道光二年壬午十一月二十八日戌時鮑孺人卒道光二十九年己酉九月

宗臺

字雲堦生嘉十七年壬申四月初六日卯時娶鮑氏生嘉慶十六年辛未六月十八日子時以宗坑子寬林兼祧爲嗣公卒道光三十年庚戌四月二十八日辰時鮑孺人卒道光二十八年戊申四月

元鈐 行三

字秉翰生乾隆五十一年丙午五月初一日未時娶倪氏生乾隆五十八年癸丑正月初十日亥時生一子

坑

公卒道光十二年壬辰七月初八日酉時

倪孺人卒道光五年乙酉五月二十九日申時

宗坑

生嘉慶二十五年庚辰十月初九日娶張氏生嘉慶二十二年丁丑八月二十三日辰時生二子　林　梂

梂出繼宗坦兼祧宗璠　林兼祧宗臺

公卒同治九年庚午二月初七日子時

張孺人卒光緒二十四年戊戌十月二十一日辰時

寬林 行一

生咸豐十一年辛酉二月初三日辰時娶孫氏生咸豐十年庚申三月初二日申時生二子

和　禮　禮出繼寬梂

公卒民國十五年丙寅八月十三日午時

孫孺人卒民國二十一年壬申九月初二日亥時合葬脊嶺楊家泊

濆 行二

字薦馨號潔齋又號足菴例貢生道光六年重修縣志公任採訪載縣志人物志尚義生乾隆二十七年壬午十二月二十一日巳時娶潘氏生乾隆二十七年壬午八月初十日丑時生二子　春元　元杞　公卒道光十九年己亥八月二十五日申時　潘孺人卒道光十三年癸巳十二月初二日卯時

春元 行一

生乾隆四十九年甲辰二月十三日申時娶谷氏生乾隆四十七年壬寅十月初七日亥時以元杞長子宗培爲嗣　公卒道光二十六年丙午六月十六日未時　谷孺人卒道光二十一年辛丑十二月初一日寅時

宗培 行一

未娶無嗣以宗燦次子寬橋爲嗣兼祧宗元　公生卒葬俱失考

寬橋 行二

早殁無嗣以寬裕次子顯松爲嗣　公生卒葬俱失考

元杞 行二

號殼元生乾隆五十八年癸丑十一月十六日亥時娶夏氏生乾隆四十九年甲辰四月初四日辰時生二子

培元　培出繼春元爲嗣

公卒道光二十一年辛丑前三月三十日申時

夏孺人卒嘉慶十年乙丑十月十五日戌時

宗元 行二

未娶無嗣

以宗培嗣子寬橋兼祧爲嗣

公生卒葬俱失考

漣 行三

字文波號春塘監生例授登仕郎候選按察使司照磨載縣志選舉志生乾隆三十七年壬辰五月十七日辰時娶鮑氏生乾隆三十八年癸巳五月二十二日未時生一子 錄 繼劉氏生嘉慶二年丁巳正月初六日卯時 公卒道光十四年甲午二月初十日戌時 鮑孺人卒道光二十二年壬寅四月十六日辰時 劉孺人卒道光二十二年壬寅三月二十七日辰時

元錄

字慶三生道光十一年辛卯三月初七日辰時娶高氏生道光十六年丙申十二月十七日辰時 以六房士祝公支下元鎧次子宗爕爲嗣 公卒同治四年乙丑十月初八日寅時 高孺人卒光緒元年乙亥十一月十一日酉時合葬趙院子鳳形

宗爕 行二

字輔仁生道光十九年己亥十月十八日卯時娶楊氏生道光二十二年壬寅十一月二十五日丑時生二子 裕 橘 橘出繼宗培兼祧宗元爲嗣 公卒光緒二十八年壬寅六月初十日午時 氏卒光緒三十二年丙午七月十八日未時 公葬白楊山六溜 氏葬烟墩山虎形塝

寬裕 行一

字後昆生同治十一年壬申正月初五日子時娶吳氏生同治十三年甲戌十一月二十一日戌時生二子 俊 松 松出繼胞弟寬橘 生二女長適駱君全奕 適代村王 公卒民國十三年甲子十二月十六日亥時 氏卒民國二十年辛未九月二十七日巳時合葬脊嶺沈姓宅左

寬粲嗣子

十二世

顯禮 行二

生光緒二十一年乙未三月二十三日申時娶柳氏生光緒二十五年己亥正月二十六日丑時生四子　雲龍　秉祥　雲出繼胞兄顯和　秉出繼十祥公支下顯乾秉祧顯元　祥出繼士祥公支下顯德　公卒民國三十年辛巳五月二十日七日未時　氏卒民國二十八年己卯十月初六日子時合葬脊嶺楊家泊

十三世

承龍 行二

生民國十四年乙丑正月十五日酉時

十四世

十五世

十六世

寬林子
顯和 行一
生光緒十一年乙酉四月初一日未時
以胞弟顯禮長子承雲爲嗣
公卒民國十年辛酉九月初九日午時

寬橘嗣子
顯松 行二
字林山任陸軍砲兵連上尉連長生宣統二年庚戌三月初六日亥時娶本邑邢顯文次女生宣統三年辛亥十一月二十一日未時生一子　澍

承雲 行一
生民國八年己未閏七月十二日亥時娶湯氏生民國十五年丙寅十二月十八日寅時生女佑梅

承澍
字雨沾生民國十九年庚午九月十八日亥時娶劉氏生民國十七年戊辰二月初六日巳時生　子　芬

佑芬
字榮繁生民國三十八年己丑正月十三日午時

繼鄧氏生民國五年丙辰五月二十五日辰時生　女承美

邢氏卒民國二十一年壬申九月初四日戌時葬均塘村

寬裕子

顯俊 行一

字傑夫生光緒三十二年丙午三月初六日午時娶孫氏生光緒三十年甲辰十一月初七日子時生一子霖　生女一適本洲西埂杜金喜

承霖

字松柏蕪湖私立蕪關中學高中部畢業生民國十四年乙丑十一月十三日丑時娶陳氏生民國十五年丙寅正月十二日辰時繼戴冲戴麗芬生民國二十一年壬申二月十三日

十七世

十八世

子時陳氏卒民國三十六年丁亥、三月十五日午時葬荆堪垾飯籮墩

十九世

二十世

萬萬世

賚公房昂分恩系圖傳

國相五子

七世

恩 行五

初諱士祐字自天更字赤思號北膽乾隆庚辰年忠科武舉試用浙江海寧所千總江西南昌衛前幫領運千總調江南江淮衛八幫領運千總升南昌衛守備載縣志選舉志生乾隆五年庚申十一月十四日辰時娶橫山橋殷氏同治壬戌年誥封宜人生乾隆五年庚申十月二十八日午時生四子　源　河　溶　瀾　河出

八世

源 行一

字正昆號泉夫國學生嘗捐賑救民惠周桑梓議敘八品邑候張星煥詳奉給額云仁卹可風同治壬戌誥封奉政大夫道光六年重修縣志公任採訪載縣志人物志尚義生乾隆二十二年丁丑十二月初八日辰時娶橫山橋鮑氏生乾隆二十二年丁丑正月初十日子時繼程氏生乾隆三十二年丁亥十一月初六日亥時生

九世

錫爵 行一

初名元鉅字劍才號瑞田更號龍章國學生生乾隆五十四年己酉閏五月二十一日卯時娶泥埠橋谷氏生乾隆五十年乙巳十月初二日丑時生二子　隆　開甲　甲出繼元銳　生女三長適荻港陶雨仙　次適橫山橋鮑秉彝　三適陡門口邑庠生王燮堂　公卒同治十二年癸酉三月十七日未時葬排墩埠與

十世

隆 行一

字昌期號賡虞一號黼堂邑庠生道光庚寅甲午科鄉試嘗薦卷生嘉慶十四年己巳二月初五日卯時娶橫山橋殷氏生嘉慶十六年辛未閏三月十九日丑時生一子　石麟　繼袁家宕陳氏生道光十五年乙未三月十八日卯時生一子　鈞照　生女四長適荻港汪世坤　次適梅有富　三適橫山橋殷賢卿　四適

十一世

石麟 行一

字吟偕號玉書生道光十八年戊戌九月初七日午時早歿無嗣　以弟三子顯策爲嗣　公卒道光二十九年己酉七月十三日午時葬磯頭山張心懷棉花地

鈞照 行二

原名寬慰字懷卿號子安國學生生

繼國標爲孫士鴻
爲嗣
繼馮氏生一子
渡
公卒乾隆五十八
年癸丑六月十四
日辰時
殷宜人卒嘉慶二
十二年丁丑九月
初六日子時合葬
大磕山鳳形丁山
癸向

二子　錫爵　淩
雲
繼汪氏生乾隆四
十八年癸卯三月
廿六日子時生二
子　元鋭　炳
炳出繼瀾爲嗣
公卒道光九年己
丑十二月十五日
子時
鮑宜人卒乾隆五
十一年丙午五月
二十六日寅時
程宜人卒嘉慶八
年癸亥十二月初
九日巳時俱與公
合葬謝家冲
汪宜人卒同治七
年戊辰十一月十
四日戌時葬荆塘
埠

汪宜人合葬谷孺
人卒道光二十二
年壬寅四月二十
八日卯時葬灌神
湖鳳形

孫文明
公卒光緒二年丙
子八月二十六日
子時
殷孺人卒同治元
年壬戌六月二十
日巳時合葬荆塘
埠附汪宜人墓塝
陳孺人卒民國十
二年癸亥十月十
四日午時葬荆塘
埠

咸豐三年癸丑十
月初七日未時娶
潛港鄧氏生道光
三十年庚戌八月
二十九日丑時生
三子　集　稾
策　稾出繼敦化
兼祧寬耀　策出
繼兄石麟　生一
女適横山橋監生
王高進
公卒宣統三年辛
亥十二月十五日
巳時葬大磕山鳳
形
鄧孺人卒民國元
年壬子九月二十
四日寅時與公合
墓

淩雲 行二

列名元鑾字樹衡號寶齋國學生生乾隆五十九年甲寅二月二十二日亥時娶吳氏生乾隆五十八年癸丑正月十八日辰時繼湯氏生嘉慶五年庚申二月初九日巳時再繼張氏生嘉慶十六年辛未十一月二十六日子時生二子　豫生　溱生　豫出繼金誥兼祧金照　生女二長適橫山橋邑庠生毛玉峯　次適七里井潘姓　公卒道光三十年庚戌六月十三日丑時葬荊塘埠

溱生 行二

更名開基字樹楨號致祥例授修職佐郎生道光十九年己亥十一月十二日寅時娶朱氏生道光二十四年甲辰十月初十日丑時生三子　聯陞　聯科　聯元　聯科出繼純熙　生女二長適無為縣郭永鳳　次適舊縣鎮胡士海　公卒宣統三年辛亥十一月十五日辰時　朱孺人卒民國二年癸丑正月二十二日寅時俱葬荊塘埠

寬繼 行一

字聯陞娶胡氏以魁次子顯德為嗣兼祧寬福　公生卒失考葬荊塘埠

寬福 行三

字聯元娶孫氏以寬繼嗣子顯德兼祧為嗣　公生卒失考葬荊塘埠與兄合墓

吳孺人卒嘉慶二十五年庚辰十一月二十一日申時與公合墓

湯孺人卒道光十四年甲午二月初四日寅時與公合墓

張孺人卒光緒四年戊寅十月二十五日子時葬荊塘埠與子合墓

魁

字星垣號梅村郡武生生道光十年庚寅八月十一日申時娶張氏生二

開甲 行二

初諱矩字步蟾號杏林生嘉慶十九年甲戌七月初九日辰時娶王氏生

元鋭 行三

生嘉慶三年戊午二月初八日　時未娶無嗣以錫爵次子開甲

爲嗣
公卒道光二年壬
午十一月十二日
未時葬石嶺山之
陽

嘉慶十六年辛未
九月十三日辰時
生一子　魁
繼徐氏生嘉慶十
二年丁卯七月十
五日午時
公卒同治元年壬
戌五月二十七日
辰時葬沙園新庄
王孺人卒道光十
九年己亥三月二
十四日子時葬灌
神湖鳳形與谷孺
人合墓
徐孺人卒同治元
年壬戌二月十三
日未時與公合墓

子　淝　德　德
出繼聯陞兼祧聯
元　生女一適丹
陽馬成昆
公卒同治年間
氏生卒失考

潞 行三

字濬川號渭溪邑庠生授例貢嘉慶十六年遷京都更名庭芳號芝生入宛平縣籍進邑庠生中謄錄又更名芝田入大興縣籍國學生中謄錄加鹽場大使職生乾隆三十二年丁亥八月二十九日亥時娶呂氏生乾隆三十二年丁亥正月十九日亥時生一子　元釜　繼何氏生乾隆四十一年丙申九月十四日未時生一子　釜誥　繼盛氏生乾隆五十二年丁未九月十一日未時生一

元釜 行一

一名繩祖更名金門字漢徵號侍軒宛平籍由供事得承發例授登仕郎生乾隆五十五年庚戌十月初八日亥時娶滕氏生乾隆五十七年壬子三月二十四日酉時生一子　封　公卒道光六年丙戌五月初四日子時葬京都永定門外土地祠會稽義地　滕孺人卒道光六年丙戌七月二十八日申時與公合墓

封

一名宗瑩字爲光號受菴邑庠生生嘉慶十八年癸酉十二月二十九日亥時娶張氏生嘉慶十六年辛未八月初三日子時繼薛氏生道光二年壬午九月初八日亥時生一子　敦化　公卒同治二年癸亥八月初一日卯時葬上海徽州義地　張孺人卒光緒七年辛巳　薛孺人卒咸豐五年乙卯俱與公合墓

敦化

以鈞照次子顯槀爲嗣兼祧寬耀公生卒失考

子　金照
又繼唐氏生乾隆
五十六年辛亥正
月十九日亥時生
一子　繼祖　祖
出繼渡
公卒道光二十七
年丁未三月十一
日未時葬荆塘埕
呂孺人卒乾隆五
十九年甲寅九月
十五日子時葬大
蘊山
何孺人卒嘉慶二
十二年丁丑九月
二十一日辰時
盛孺人卒嘉慶十
四年己巳十月十
三日戌時
唐孺人卒道光八
年戊子十月初十
日亥時俱與公合
墓

金誥 行二
更名來儀字德文
號成軒大典籍由
供事得承發例授
登仕郎生嘉慶十
四年己巳五月十
八日午時娶陶氏
生嘉慶十三年戊
辰三月二十九日
辰時繼滕氏生失
考
以渡雲長子豫生
爲嗣兼祧金照
公卒道光二十九
年己酉二月二十
九日辰時
陶孺人卒道光十
一年辛卯六月初
十日酉時合葬荆
塘埕

豫生 行一
字立勳生道光十
六年丙申十二月
二十三日辰時娶
許氏生道光十六
年丙申正月初七
日丑時生一子
寬耀
孺人年二十七歲
苦志守貞事姑禮
孝撫子義方例授
旌表載縣志人物
志烈女
公卒同治元年壬
戌八月三十日卯
時
許孺人卒光緒年
間俱葬荆塘埕

寬耀
未娶無嗣
以敦化嗣子顯棠
兼祧爲嗣
公生卒葬失考

渡 行四
一名仁濱生乾隆三十五年庚寅未婚以胞兄溶四子繼祖爲嗣公卒乾隆五十三年戊申與仁潤合葬蝌形

金照 行三
未娶無嗣以金誥嗣子豫生兼祧爲嗣公生卒失考

繼祖 行四
生道光八年戊子未娶無嗣以炳次子邦幹爲嗣公卒葬俱失考

邦幹 行二
字朝卿號少鶴國子監典籍例授登仕郎生道光二十三年癸卯十月初六日以兄邦楨次子念叔爲嗣公卒咸豐九年己未八月初七日時葬荊塘埠

念叔 行二
未娶無嗣以兄三子祿保爲嗣公生卒葬俱失考

瀾 行五

初名安瀾字學海
號覲齋一號雲坪
郡庠生復由監生
加從九品分發浙
江署兩守縣典史
特授平陽縣巡檢
同治壬戌年誥
封奉政大夫生乾
隆四十三年戊戌
九月二十八日辰
時娶古氏生乾隆
四十一年丙申六
月二十八日丑時
繼朱氏生乾隆五
十七年壬子九月
初二日辰時
以兄源四子炳爲
嗣
公卒咸豐四年甲
寅三月二十四日
午時葬蕪邑周家
山

炳 行四

初名錫祿字子嘉
號尚和一號介鶴
優廩生由例貢加
主簿升江蘇直隸
州同治元年署嘉
定縣事誥授奉政
大夫生嘉慶十八
年癸酉九月初一
日辰時娶李氏生
嘉慶十八年癸酉
十一月十六日午
時繼吳氏生嘉慶
二十二年丁丑八
月十三日申時生
二子　楨　幹
幹出繼繼祖　又
繼陳氏火氏生道
光二十三年癸卯
十月二十二日寅
時生一子　楝
生女二長適蕪邑
城內勞新之　次

邦楨 行一

字彥林號又鶴由
監生加分發江蘇
候補從九品生道
光二十年庚子十
二月初九日卯時
娶劉氏生道光二
十九年己酉二月
二十五日卯時生
一子　祖　繼鮑
氏生同治四年乙
丑四月二十七日
子時生一子　叔
叔出繼邦幹
生女二長適揚州
呂姓　次適揚州
費姓
公卒失考
劉鮑孺人卒俱失
考

念祖 行一

娶　氏生三子
才　福　祿　禄
出繼弟念叔
公氏生卒葬俱失
考

古宜人卒道光十二年壬辰七月初五日亥時與公合墓
朱宜人卒咸豐三年癸丑五月十八日亥時葬荆垱埠

適懷寧縣松園花翎二品銜江蘇即補道馬聲煥
公卒同治二年癸亥九月初一日丑時
李宜人卒道光十二年壬辰正月初一日未時葬蕪邑周家山
吳宜人卒失考
陳宜人生卒葬俱失考
火孺人卒光緒年間

邦棟行三
字良材號輔臣候補從九品生同治元年壬戌十月二十三日寅時娶氏無嗣以邦楨長子念祖兼祧爲嗣
公卒光緒年間
氏生卒失考

石麟嗣子

十二世

顯策 行三

字思臣號孚蘊咾學能蒔生光緒十一年乙酉九月二十六日丑時卒歿以胞兄顯集長子承鴻兼祧爲嗣公卒光緒二十二年丙申六月十八日未時與兄㚏合葬

十三世

十四世

十五世

十六世

寬慰
子

顯集 行一
字悲臣號履英生光緒三年丁丑六月十五日亥時娶無爲縣水府廟李氏生光緒五年己卯十月二十六日亥時生二子 鴻 浩 鴻兼祧顯策 浩出繼顯禀 兼祧祿保 公卒民國二十五年丙子閏三月初十日子時 李孺人卒民國三十六年丁亥七月初八日未時合葬莊地埠

承鴻 行一
字省三號樂圃生光緒二十六年庚子閏八月二十一日未時娶潘氏生光緒二十九年癸卯閏五月二十一日亥時生 子 詩 女佑論適橫山橋甘立模 繼無爲州丁家凹丁超藝女生光緒三十一年乙巳正月初四日卯時生 女 佑喜 佑意 喜字廿家宕繆玉全 潘氏卒民國十八年己巳四月二十六日辰時葬𣶏塘埠

佑詩
字井田生民國十三年甲子十月初八日巳時娶朱氏生民國十三年甲子三月二十七日子時生 子 先 熒 先出繼佑書

啟熒 行二
字精强生民國三十七年戊子十二月十九日子時

寬權嗣子

顯德 行二

字子厚生同治四年乙丑八月十四日辰時以顯溷子承淦兼祧爲嗣公卒失考

魁子

顯溷 行一

字祖功生咸豐四年甲寅六月初三日午時娶荻港方氏生同治七年戊

承淦

生光緒十三年丁亥閏四月初七日卯時娶徐冲湯氏生光緒十四年戊

佑勝

原名盛生民國六年丁巳八月二十四日寅時娶洪氏生民國六年丁巳

啟廸 行一

生民國三十　年　月　日　時

敦化嗣子

辰七月十三日寅時生一子 承淦 兼祧緝德 生女一適涇縣
公卒光緒三十二年丙午正月十四日未時
氏卒失考

顯豪 行二
字惠臣 號佩荃 生光緒五年己卯九月初二日巳時 娶袁家宕陳氏 以胞兄顯集次子承浩爲嗣兼祧祿保
公卒光緒二十七

子十月　日時生一子 佑勝
公卒民國三十六年丁亥七月十一日未時

承浩 行二
字畏三 生光緒三十一年乙巳十月初三日卯時 娶無爲縣陳氏 生光緒三十二年丙午八月初二日卯時 生一子佑書 出繼承佑 繼王氏 生氏

七月初四日卯時 生子廸生 生女珍弟

佑讓 行三
字仁平 生民國三十八年己丑二月二十九日子時

年辛丑二月十四日寅時葬舊縣西劉家圩王藝林山

念叔嗣子
禄保 行三
生卒葬失考以囊嗣子承浩兼祧

念祖長子
才保 行一
生卒葬失考以顯傳三子承佑爲嗣

國八年己未十一月三十日亥時陳氏卒民國十九年庚午七月初一日巳時葬荆塘埕王氏生　子　謨

承佑 行三
生光緒二十三年丁酉六月初十日未時娶鍾氏生卒未詳

佑書 行一
字培植生民國十五年丙寅十月初三日辰時娶谷氏未婚

啟先 行一
字蔭庭生民國三十二年癸未四月十七日未時聘鮑星基鮑士來女生

次子

福保行二

生卒葬失考

以才保嗣子兼祧

以承誥子佑書爲嗣

公卒民國元年壬子八月二十八日申時合葬荆塘埠祖塋

以佑詩長子啟先爲嗣

公卒民國三十年辛巳六月二十四日未時葬荆塘埠潘伯母右首

民國三十五年丙戌四月二十二日子時

十七世

十八世

十九世

二十世

二十一世

膏公房昂分士祝系圖傳

國相六子

七世

士祝 行六

字華三號枝山監生生乾隆十一年丙寅十月十一日亥時娶宣氏生乾隆九年甲子七月初五日亥時生一子　潤　繼王氏生乾隆三十五年庚寅九月十四日亥時生二子　淳　濂

公卒乾隆五十八年癸丑九月二十二日戌時

宣孺人卒乾隆五十九年甲寅四月十五日申時

王孺人卒嘉慶二

八世

仁潤 行一

生乾隆三十二年丁亥

以弟仁淳長子元鉞爲嗣

公卒乾隆五十一年丙午與仁濵合葬蠏形

九世

元鉞 行一

字巨柯生嘉慶十五年庚午九月二十一日申時娶胡氏生嘉慶十三年戊辰四月二十四日子時生一子　泰

公卒道光二十八年戊申二月初三日午時

胡孺人卒道光二十九年己酉六月十三日酉時合葬松園村祠後蟹形嘴

十世

宗泰

字敦仁生道光十八年戊戌前四月二十八日卯時

以宗里長子寬洪爲嗣

公卒光緒十二年丙戌九月十九日卯時葬白楊山六溜與宗煥合墓

十一世

寬洪 行一

字昌後號仔家生同治四年乙丑九月初八日子時娶汪氏生同治八年己巳八月初二日卯時生四子　淝　湘　源　湲

湘湲出繼寬鵬

生女一適横山橋殷賢炳

繼高氏生同治十年辛未十一月二十二日子時

公卒民國三十年壬午三月二十日亥時葬松園村對面山金牛退額形

汪孺人卒民國四

年乙卯十一月二十五日子時葬公墓南首與孫孺人合墓 高孺人卒民國三十三年甲申八月初一日寅時與公合墓

十一年丙子八月十三日酉時合葬松園後山趙守先宅傍

仁淳 行二

字樸存生乾隆五十六年辛亥六月初六日亥時娶徐氏生乾隆五十四年己酉十月初二日未時生二子 鉞 鉦 鉞出繼仁潤

元鉦 行二

字永清生嘉慶二十四年己卯二月初七日亥時娶邢氏生二子 啟 喜 公卒咸豐五年乙卯七月初二日子時葬蟹形嶼

宗啟 行一

生道光二十五年乙巳三月十三日辰時以宗里次子寬鵬爲嗣兼祧宗喜公卒咸豐九年己未五月初三日巳時葬失考

寬鵬 行二

字沛蒼生光緒四年戊寅十一月二十二日申時以兄寬洪次子顯湘四子顯澐弟寬惠三子顯[illegible]爲嗣公卒光緒十七年

公卒道光三年癸未六月十六日卯時
徐孺人卒道光二十二年壬寅十二月十九日亥時合葬蟹形嘴

氏生卒葬失考

宗喜 行二
生道光二十七年丁未二月二十八日卯時
以宗啟嗣子寬鵬兼祧爲嗣
公卒咸豐十一年辛酉二月初八日亥時葬失考

辛卯七月二十日戌時葬白楊山大淵與宗泰宗煥二叔合墓

仁謙 行三

字致堅號知夢生乾隆五十八年癸丑十二月二十一日亥時娶李氏生乾隆五十八年癸丑七月十三日酉時生一子 元鎧 公卒咸豐八年戊午三月初二日戌時 李孺人卒咸豐三年癸丑六月二十日寅時合葬松園後山趙守先宅左塝

元鎧

字金鎔號雲峯生嘉慶十九年甲戌四月初五日未時娶方氏生嘉慶十九年甲戌九月初六日卯時生三子 里 爕 焕 爕出繼士蘊公支下元鎵 公卒咸豐三年癸丑九月初四日寅時葬松園利祠後蟹形嶺 方孺人卒光緒二十年甲午八月十六日巳時葬白楊山六溜

宗里 行一

字居仁生道光十一年辛卯十二月二十一日亥時娶項氏生道光十五年乙未十月十五日子時生三子 洪 鵬 惠 洪出繼宗泰 鵬出繼宗敬兼祧宗喜 惠兼祧宗煥 生三女長適城西華家滂吳世松 次適汪家滚汪名徵 三適汪家滏汪禮君 公卒宣統元年己酉十一月十二日午時 項孺人卒民國二年癸丑四月二十八日未時合葬白楊山六溜

寬惠 行三

字沛珍生光緒八年壬午正月二十日戌時娶孫氏生光緒十二年丙戌正月十八日申時生女一適本村朱應烈繼邵氏生光緒十九年癸巳十二月十三日子時生四子 週 達 述 連 達出繼寬鵬 連出繼逢景公支下寬義兼祧寬帆 生三女 淑德 淑貞 淑賢 德適橫山橋鮑敦啟 貞適橫山橋俞學士 公卒民國三十三年甲申十月十六日未時與孺人合墓

宗煥行三

字康仁生道光二十四年甲辰十月二十五日酉時以兄宗里三子寬惠兼祧爲嗣公卒光緒十四年戊子四月十四日亥時葬白楊山六溜與宗泰合墓

孫孺人卒民國九年庚申十月二十四日巳時與汪嫂合墓

十二世

寬洪長子

顯泥 行一

生光緒十六年庚寅二月二十五日丑時娶汪氏生光緒十七年辛卯二月二十一日巳時生二子 材 保

材兼祧顯源

保出繼顯湘兼祧顯澐

公卒民國八年己未十一月二十一日辰時葬松園村對面山金牛退額形

十三世

承材 行一

字煥章生宣統元年己酉十一月二十八日亥時娶城西華家滂吳昌俊長女生宣統二年庚戌正月十二日丑時生 子 恩

禧 歡 悅

愛 愛出繼士祥公支下承祥 生女翠芝適趙村逝景堯

十四世

佑恩 行一

字澤明生民國十六年丁卯九月十四日亥時娶脊嶺沈業志長女生民國十四年乙丑十月二十日亥時生女啟菊

佑禧 行二

字少章生民國二十年辛未三月初四日未時聘東磨

十五世

十六世

旂山姚金邦長女生民國二十四年乙亥八月二十八日辰時

佑歡 行三

字求明生民國二十六年丁丑十一月初六日子時聘松園趙松茂三女生民國二十八年己卯七月三十日亥時

寬洪三子

顯源 行三

生光緒二十九年癸卯閏五月二十九日寅時

以兄顯淝長子承材兼祧爲嗣

公卒民國四年乙卯十二月初六日辰時葬大墳園

佑悅 行四

字正明生民國二十九年庚辰正月二十七日亥時

覺鵬
嗣子

顯湘 行二
生光緒二十五年己亥十月初六日亥時以兄顯淝次子承保爲嗣兼祧顯溱公卒民國元年壬子九月十八日酉時葬白楊山六溜

承保 行二
字煥然蕪湖萃文中學畢業生民國八年己未正月初七日巳時娶楊塘周周永達次女名世芳生民國七年戊午正月二十八日子時生　子佑東佑南　生女佑玉字新圩旭烟墩頭丁祖興

佑東 行一
字泰峯生民國三十五年丙戌十月十四日寅時

佑南 行二
字衡峯生民國三十七年戊子十二月十一日卯時

寬鵬嗣子

顯澐 行四

生光緒三十二年丙午七月二十五日辰時以顯湘嗣子承保兼祧爲嗣公卒民國六年丁巳十一月十四日未時葬大墳園

寬鵬嗣子

顯述 行三

字克讓生民國十一年壬戌五月二十日辰時娶黃村頭王氏生民國十三年甲子十二月初十日子時生

承泰 行一

字博交生民國三十五年丙戌二月初四日子時

子杰熾生
女美蘭

寬惠長子

顯週 行一
字晉卿生民國六年丁巳五月三十日巳時娶松園村趙錫齡長女生民國四年乙卯正月十三日丑時生
子　炳　生
女　蘭　美　秀
美字松園趙承茂爲次媳

承熾 行二
字集友生民國三十七年戊子十二月三十日巳時

承炳 行一
字懷友生民國二十三年甲戌十月二十八日子時聘紙棚沖馬爲掌長女生民國二十年辛未十一月二十七日辰時

寬惠次子

顯達 行二

字仲卿號襄安又號恭讓蕪湖萃文中學畢業歷任教職生民國八年己未九月初四日辰時娶磨旂山姚樹楷長女生民國八年己未九月十三日子時卒民國二十七年戊寅十二月二十日子時葬松園對面山金牛退額形

繼紙棚冲馬鴛鐺次女名邦媛生民國七年戊午十二月二十二日辰時

生子　熙　煦　然

承熙 行一

字輔友生民國三十年辛巳正月二十六日亥時

承煦 行二

字會友生民國三十二年癸未九月初五日丑時

十七世

十八世

承然 行三

字道友生民國三十七年戊子十月初十日亥時

十九世

二十世

萬萬世

賫公房昇分世系圖傳

國棟子

七世

士習　生康熙四十七年戊子娶汪氏生康熙五十一年壬辰七月二十一日辰時生一子　遺　公卒葬失考　汪孺人卒乾隆三十九年甲午正月十四日申時

八世

仁遺　生乾隆元年丙辰娶鮑氏　以仁河次子元位爲嗣　公卒乾隆三十四年己丑　鮑孺人生卒失考

九世

元位行二　字蒿山生乾隆四十八年癸卯十月初五日酉時娶呂氏生乾隆五十五年庚戌正月二十日巳時繼楊氏生卒未詳繼古氏生卒未詳繼張氏生嘉慶三年戊午十二月二十日辰時生二子　球　璵　公卒道光二十年庚子十月初三日辰時　呂孺人卒道光四年甲申閏七月初七日酉時　張孺人卒道光六

十世

宗球行一　字筍璜生嘉慶二十年乙亥九月初二日戌時娶李氏生道光五年乙酉十二月十一日亥時生三子　卓　玉　懷　懷出繼宗璵　公卒同治二年癸亥十一月初五日子時　李孺人卒光緒十九年癸巳十一月初一日丑時

十一世

寬卓行一　生卒葬失考　以寬玉長子顯恩兼祧爲嗣

寬玉行二　生咸豐八年戊午十月二十二日申時娶李氏生咸豐六年丙辰十二月十二日子時繼李氏生同治七年戊辰十月初一日卯時生二子　恩　林　林出繼寬懷

年丙戌七月二十日巳時

公卒光緒二十六年庚子二月十四日戌時
前李孺人卒光緒十九年癸巳三月二十日戌時
後李孺人卒光緒二十四年戊戌八月初二日辰時

宗瑛 行二
字如璋號汝瑩生道光十六年丙申正月二十六日子時
以宗球三子寬懷爲嗣
公卒同治三年甲子十二月初一日丑時

寬懷 行三
生咸豐十一年辛酉
以寬玉次子顯林爲嗣
公卒光緒二十五年己亥四月二十六日辰時

國標嗣子

士鴻 行二

字潤斯生卒失考娶古氏生康熙三十一年壬申以恩次子仁河爲嗣古孺人卒康熙六十一年壬寅

仁河 行二

初名上達字禹功號漸齋附貢生生乾隆二十五年庚辰十二月二十五日寅時娶王氏生二子　化　位　位出繼仁道公卒道光二年壬午正月初八日戌時王孺人生乾隆二十一年丙子葬失考

元化 行一

字育行號渾然生乾隆四十三年戊戌二月十九日申時娶蔡氏生乾隆四十六年辛丑五月十九日申時繼高氏生乾隆五十八年癸丑正月十六日辰時　生四子　翽　翬　翰　翮　公卒道光二年壬午十二月十二日巳時蔡孺人卒道光十四年甲午二月初八日辰時高孺人卒咸豐十一年辛酉十一月初七日亥時

宗翽 行一

字左旗生嘉慶十九年甲戌正月十六日辰時娶徐氏生嘉慶十六年辛未三月二十三日酉時生一子　森　兼祧宗翬公卒道光二十六年丙午十二月十九日酉時徐孺人卒咸豐七年丁巳八月初四日子時

寬森

字培基生道光十六年丙申十二月初七日亥時娶汪氏生一子　慶　公卒咸豐七年丁巳九月二十一日丑時汪孺人生卒失考

宗翬 行二

字斯飛生嘉慶十

九年甲戌八月十五日丑時娶王氏生嘉慶十六年辛未九月十三日辰時
以宗翽子寬森兼祧爲嗣
公卒道光二十八年戊申十月十九日戌時
王孺人卒道光十九年己亥三月二十四日子時

宗翰 行三
字文林生嘉慶二

寬海
字榮和生咸豐八

十一年丙子十月二十二日亥時娶楊氏生一子　海兼祧宗翽
公卒同治元年壬戌二月初七日亥時
氏生卒失考

宗翽 行四
早殁無嗣
以宗翰子寬海兼祧爲嗣

年戊午十二月十六日辰時娶楊氏生一子　庭
公卒光緒十四年戊子七月十二日亥時
氏生失考卒光緒三十三年丁未九月十五日辰時

寬玉子

十二世

顯恩 行一

生光緒八年壬午九月十五日子時娶盛氏生光緒八年壬午十二月初八日酉時生三子 森 鑫 瓊 鑫出繼顯慶 生女二長適紙棚冲馬道凹 次適徐圩徐若情 公卒民國三十七年戊子二月初九日亥時 氏卒民國三十四年乙酉七月初五日巳時

十三世

承森 行一

生光緒二十九年癸卯八月二十五日酉時娶陡門口王尙柳次女生光緒二十七年辛丑七月二十五日亥時卒民國六年丁巳五月初三日子時繼黃氏生光緒三十一年乙巳八月二十一日巳時 公卒民國三十年辛巳正月二十五日申時葬小桃冲巽山乾向 以承瓊長子佑發爲嗣

十四世

佑發 行一

字芝芬生民國三十四年乙酉二月二十日卯時

十五世

十六世

寬懷嗣子

顯林 行二
字炳南生光緒十五年己丑二月二十五日子時娶舊縣鎮李宏發長女

承瓊 行三
生民國十一年壬戌九月二十三日卯時娶橫山橋殷會志三女生民國九年庚申三月二十二日未時生子發旺出繼承森 發址出繼承鑫

承有 行一
生民國三年甲寅九月初六日卯時娶礄厰鄉馬王沖李世傳長女生民

寬森子

生光緒十五年己丑九月初三日午時生二子 有才 才出繼顯庭氏卒民國三十七年戊子正月二十一日亥時

顯慶

生卒失考早歿以顯恩次子承鑫爲嗣

國九年庚申七月二十七日午時生女佑喜

承鑫 行二

生光緒三十一年乙巳十月十九日亥時娶王氏生女一適大磕山胡姓公卒民國二十三年甲戌七月　日辰時葬磯塘冲東

佑旺 行二

字芝秀生民國三十七年戊子二月二十五日寅時

南向以承瓊次子佑旺為嗣

寬海子

顯庭

字德宏生光緒十二年丙戌六月初二日巳時以顯林次子承才為嗣公卒民國三十二年正月二十五日巳時葬南陵黃墓渡

承才 行二

字震東生民國十七年戊辰三月十四日酉時娶永固鄉天然洲王大福次女生民國十九年庚午二月十二日子時

十七世

十八世

十九世

二十世

萬萬世

膺公房昭分世系圖傳

國綱
子

七世

士熬

字欽承監生生康熙四十二年癸未十月二十二日申時娶方氏生康熙四十五年丙戌生一子　珩　公卒乾隆四十四年己亥正月二十五日亥時　方孺人卒乾隆三十三年戊子葬烟墩山

八世

仁珩

字貞遠生雍正三年乙巳娶徐氏生雍正元年癸卯七月初十日辰時生一子　錫　繼呂氏生雍正七年己酉　公卒乾隆二十一年丙子葬烟墩山　徐孺人卒乾隆十九年甲戌六月初五日亥時　呂孺人卒乾隆四十年乙未

九世

天錫

一名天福字禎昌生乾隆八年癸亥娶楊氏生乾隆五年庚申生三子　仁　義　禮　禮出繼源義　公卒乾隆五十二年丁未　楊孺人卒乾隆四十六年辛丑

十世

宗仁 行一

字利賓生乾隆二十六年辛巳娶鮑氏生乾隆二十四年己卯五月二十二日酉時生二子　厚　和　和出繼宗義　公卒失考　鮑孺人卒道光四年甲申十一月十五日巳時

宗義 行二

字廷[illegible]生乾隆三十四年己丑娶黃氏生乾隆三十九年甲午

十一世

寬厚 行一

生乾隆五十四年己酉未娶無嗣以能房寬炳次子顯恒爲嗣　公卒失考

寬和 行二

生乾隆六十年乙卯娶　以寬緒三子顯瑝爲嗣

以宗仁次子寬和爲嗣
公卒失考
黄孺人卒失考

寬厚嗣子

十二世

顯恆行二
生道光三年癸未正月初十日亥時卒道光十八年戊戌十一月初九日亥時以顯揚三子承開爲嗣兼祧顯銓

十三世

承開行三
生民國十八年己巳九月二十日丑時娶楊塘周村周茂松次女生民國十七年戊辰四月初七日申時　生女佑媛

十四世

十五世

十六世

寬和
嗣子

十七世

顯瑹行二
早殁
以顯恒嗣子承開
兼祧爲嗣
公生卒葬俱失考

十八世

十九世

二十世

萬萬世

鍠公支下勝公房世系圖傳

文鍠三子

二世

得勝 行三
字君錄娶潛口程氏生二子 暘 光
公氏生卒失考葬白象山合墓

三世

逢暘 行一
字惟寅娶琵塘胡氏生一子 祥
公氏生卒葬失考

逢光 行二
字惟行娶王氏生二子 衎 胤 德
公氏生卒葬失考

四世

嘉祥 行一
生卒葬失考
以嘉胤三子之節爲嗣

嘉衎 行一
生卒葬失考
以弟嘉胤長子之簡爲嗣

五世

之節 行三
娶王氏生一子
國美
公氏生卒葬失考

之簡 行一
生崇禎十三年庚辰七月初一日午時娶吳氏生順治十一年甲午三月十九日戌時生三子 美 政 典
政出繼弟之衎
典出繼弟之仁
公卒康熙四十八

六世

國美 行一
生卒葬失考
以國美三子士理爲嗣

國美 行一
生康熙十年辛亥三月初一日午時娶孫氏生康熙十一年壬子十一月十六日子時生三子 鳳 璧 理
理出繼國美
公卒雍正十年壬子十一月十六日

嘉胤 行二

邑庠生娶鮑氏生三子　簡　衍　節　簡出繼嘉衍　節出繼嘉祥　繼蔣氏生一子仁出繼嘉德　公氏生卒失考

年己丑五月二十日亥時　氏卒雍正六年戊申八月初八日卯時葬失考

之符 行二

娶盛氏　以兄之簡次子國政爲嗣　公氏生卒失考

子時　氏卒乾隆四十一年丙寅三月初九日卯時

國政 行二

娶陳氏生康熙三十一年壬申十月二十八日亥時生一子　鸞　氏卒乾隆二十八年癸未十月十二日申時　公生卒失考　公氏葬亦失考

嘉德 行三
生卒葬失考
以兄嘉胤四子之
仁爲嗣

之仁 行四
生卒葬失考
以兄之簡三子國
興爲嗣

國興 行三
娶鮑氏生六子
元　偉　全　琳
傑　球
公氏生卒葬失考

勝公房嘉祥分國美系圖傳

國美嗣子

七世

士理 行三

生康熙四十三年甲申十二月初二日申時娶劉氏生康熙四十一年壬午八月初十日辰時生三子　明　灝　聰　灝出繼嘉德公支下士全公卒乾隆三十九年甲午十月初四日丑時氏乾隆三十九年甲午十二月十八日亥時合葬都陡門艮山坤向

八世

仁明 行一

生雍正七年己酉十一月二十四日酉時娶鮑氏生雍正七年己酉十月初七日申時生二子　奎　錦　公卒乾隆三十三年戊子五月十四日丑時　氏卒乾隆五十九年甲寅九月十七日未時葬俱失考

九世

元奎 行一

字有元生乾隆十七年壬申七月二十九日申時娶王氏生乾隆十九年甲戌四月十四日子時生一子　瑞　公卒嘉慶十年乙丑二月初二日戌時　氏卒嘉慶元年丙辰十二月十七日午時合葬都陡門艮山坤向

十世

宗瑞

字應高生乾隆五十三年戊申娶楊氏生乾隆五十五年庚戌十月初一日亥時　以宗炎子寬磐兼祧爲嗣　公卒道光十二年壬辰五月十五日巳時　氏卒嘉慶二十四年己卯三月二十一日戌時　公氏葬失考

十一世

仁聰 行三
生乾隆九年甲子七月二十四日申時娶沈氏生乾隆十四年己巳六月

元錦 行二
字玉和生乾隆五十四年己酉二月初九日寅時娶朱氏生二子炎
琸　璋出繼元準
公卒嘉慶十一年丙寅二月二十五日辰時
公卒葬失考
氏生卒失考

元謀 行一
字萬衡生乾隆四十一年丙申八月初五日申時娶江氏生乾隆三十九

宗炎 行一
生乾隆五十八年癸丑娶古氏生乾隆六十年乙卯生一子磐兼祧宗瑞爲嗣
公卒道光二十一年辛丑
氏卒失考
公氏葬失考

宗舜 行一
字用賢生嘉慶二年丁巳閏六月二十六日巳時娶杞氏生乾隆六十一年

寬磐
生嘉慶二十三年戊寅以寬惠三子顯才爲嗣
公卒葬失考

寬有
生道光十三年癸巳四月三十日亥時娶三氏生道光十八年戊戌十

十九日亥時生二
子　謀　渾
公卒嘉慶十四年
己巳六月十五日
申時
氏卒道光四年甲
申六月初十日子
時

年甲午三月二十
八日巳時生五子
舜　林　淋
海　貞　林出繼
元渾　淋出繼元
流　海出繼元貴
公卒道光四年甲
申二月十六日巳
時
氏卒道光二十二
年壬寅三月初二
日午時
公氏葬俱失考

乙卯八月十二日
巳時生一子　寬
有兼祧宗貞
公卒道光廿二年
壬寅三月二十五
日子時氏卒同治
九年庚午三月二
十五日子時
公氏葬失考

宗貞 行五
生卒葬失考
以宗舜子寬有兼
祧為嗣

月初一日亥時生
一子顯庚兼祧貞
度
公卒葬失考

元渾 行二

生卒葬失考
以兄錦次子宗璋
元謀次子宗林雙
繼爲嗣

宗璋 行二

字映林生乾隆五
十五年庚戌十一
月二十七日子時
娶江氏生二子
度　泰　泰出繼
宗鐘
公卒道光四年甲
申十一月初五日
子時
氏生卒失考
公氏葬失考

宗林 行二

生嘉慶十一年丙
寅九月十二日子
時娶夏氏生嘉慶
十三年戊辰六月

寬度 行一

生嘉慶二十三年
戊寅
以寬有子顯庆兼
祧爲嗣
公卒葬失考

二十六日辰時
以宗璋子寬度兼
祧爲嗣
公氏卒葬失考

寬磐
嗣子

十二世

顯才 行三

生同治十年辛未
十二月初九日子
時
以顯鑑長子承松
爲嗣兼祧顯庚
公卒光緒十九年
癸巳九月初七日
亥時葬神聖山南
首

十三世

承松 行一

生光緒八年壬午
二月二十日丑時
以承乾四子佑銀
爲嗣
公卒民國年間葬
棋垾利北

十四世

佑銀 行四

生民國二十九年
庚辰正月十二日
亥時娶江家厝江
振旭女生民國三
十二年癸未正月
十一日卯時

十五世

十六世

寬有
子

十七世

顯庚
生咸豐六年丙辰七月二十一日亥時
以顯才嗣子承松兼祧爲嗣
公卒葬失考

十八世

十九世

二十世

萬萬世

勝公房嘉衍分國羨系圖傳

國羨長子

七世

士鳳 行一

生康熙三十八年己卯七月初八日酉時娶張氏生康熙四十一年壬午五月二十八日子時生一子　俊　公卒乾隆十四年己巳六月二十三日亥時　氏卒乾隆三十一年丙戌九月初五日子時合葬都陡門吳山坤向

八世

仁俊

字恃友生雍正二年甲辰六月十六日巳時娶麗氏生康熙元年壬寅十月二十日午時生二子　善　昌　公卒乾隆六十年乙卯四月初六日酉時　氏卒乾隆三十二年丁亥正月二十三日寅時　公氏葬失考

九世

元善 行一

字德明生乾隆十五年庚午七月初三日申時娶楊氏生乾隆十九年甲戌六月十七日午時生三子　銑　文　蔚　蔚出繼元昌　公卒嘉慶十九年甲戌三月十九日亥時　氏卒道光二年壬午二月十九日戌時　公氏葬失考

十世

宗銑 行一

字應松生乾隆三十九年甲午三月初八日亥時娶孫氏生乾隆三十八年癸巳二月初十日子時生一子　炎　公卒道光十九年己亥十月二十二日戌時　氏卒道光二十二年壬寅五月初八日申時　公氏葬失考

十一世

寬炎

字興之監生生乾隆五十八年癸丑九月初二日寅時娶古氏生乾隆十年乙丑十一月二十五日亥時生二子　貴　寶　寶出繼寬河兼祧寬安　公卒道光二十一年辛丑八月十五日未時　氏卒咸豐十年庚申九月初九日亥時　公氏葬失考

宗文 行二

字映槐生乾隆四十四年己亥娶王氏生乾隆四十五年庚子生四子 河 安 廣 聖 公卒道光二十一年辛丑十一月二十日丑時 氏卒道光二十二年壬寅五月初八日申時 公氏葬失考

寬河 行一

字興有生嘉慶五年庚申七月十七日子時 以寬炎次子顯寶爲嗣兼祧寬安 公卒道光二十三年癸卯葬失考

寬安 行二

生嘉慶八年癸亥九月十六日午時 以寬河嗣子顯寶兼祧爲嗣 公卒道光十年庚寅五月十九日申

時葬失考

寬廣 行三

生嘉慶十二年丁卯六月初七日巳時

以寬庚三子顯誥爲嗣

卒道光十年庚寅十月初六日巳時葬失考

寬聖 行四

娶姚氏生一子

駒

公生失考卒道光三十一年辛丑三月十九日丑時
氏生卒失考

元昌 行二
生卒葬俱失考
以兄元善三子宗蔚爲嗣

宗蔚 行三
字映標生乾隆五十一年丙午九月初二日卯時娶孫氏生四子　庚　旺　飭　烽
旺出繼宗棟
公卒道光二十一年辛丑九月初十日酉時

寬庚 行一
字興富生嘉慶十二年丁卯十月十七日亥時娶陳氏生嘉慶十五年庚午生三子　謨　訓　誥
誥出繼寬廣
公卒咸豐八年戊午七月十三日辰時
氏卒失考
公氏葬失考

寬烽 行二

生嘉慶十五年庚午正月二十二日亥時娶全氏生嘉慶十二年丁卯七月二十二日卯時生一子　士
公卒同治十一年壬申三月十四日戌時
氏卒光緒十二年丙戌十一月二十六日子時
公氏葬失考

寬飭 行三

生嘉慶二十一年丙子三月十七日

國美
次子

七世

士璧 行二

字懷珍生康熙四十一年壬午二月十八日卯時娶王氏生康熙四十年辛巳九月初五日辰時生二子 濬

八世

仁濬 行一

生雍正二年甲辰十一月十六日亥時娶鮑氏生雍正四年丙午十一月十一日寅時生四子 良 忠 辰

九世

元良 行一

字德光生乾隆十三年戊辰六月初八日巳時娶徐氏生乾隆十八年癸酉八月十一日亥時

十世

宗爐 行三

字晉如生乾隆五十八年癸丑十月十七日寅時娶鮑氏生乾隆五十八年癸丑十二月十四日辰時生二子

午時娶高氏生嘉慶十八年癸酉七月初七日午時生一子 財

公卒咸豐七年丁巳十一月初五日辰時

氏卒失考

公氏卒葬失考

十一世

寬澤 行一

字有春生道光十年庚寅十二月初五日子時娶大𧂐山胡藍氏生道光十八年戊戌十一月十一日酉時生

鉞
氏卒乾隆十七年五月二十八日申時
繼高氏生康熙四十一年辛巳十月初八日亥時
公卒乾隆三十一年丙戌正月十七日戌時
高氏卒乾隆二年丁巳九月十四日巳時合葬都陡門艮山坤向

香　辰香出
繼弟仁鉞雙繼爲嗣
公卒乾隆三十三年戊子三月二十五日戌時
氏卒乾隆三十三年戊子五月二十四日申時
公氏葬失考

以弟元忠三子宗爐爲嗣
公卒嘉慶二十四年己卯八月初十日巳時
氏卒道光十四年甲午六月初七日卯時
公氏葬失考

元忠 行二
字德玉生乾隆十九年甲戌十月初

澤　容　容出
繼宗鐙爲嗣兼祧宗霞
氏卒道光六年丙戌八月初十日申時
繼鳳氏生嘉慶元年丙辰三月十七日巳時卒道光七年丁亥七月十七日子時　娶孫氏生卒未詳
公卒道光二十一年辛丑十一月十六日午時公氏葬失考

宗發 行一
字紹聚生乾隆四十二年丁酉十二

三子　福　淮
火　淮出繼寬容
火出繼寬和爲嗣兼祧寬慶
公卒光緒六年庚辰十一月初六日申時
氏卒光緒六年庚辰十一月二十八日子時
公氏合葬北埕北首北向

寬和 行一
字發祥生道光十六年丙申三月十

二日亥時娶胡氏
生乾隆十九年甲
戌正月初四日巳
時生三子 發
全 爐 爐出繼
胞兄元良
公卒嘉慶二十一
年丙子正月十八
日巳時
氏卒道光七年丁
亥三月二十七日
巳時
公氏葬失考

月初三日戌時
以宗全長子寬和
為嗣
公卒嘉慶十二年
丁卯三月二十六
日辰時葬失考

宗全行二
字紹文生嘉慶二
年丁巳十二月二
十八日酉時娶徐
氏生嘉慶五年庚
申七月二十七日
巳時生二子 和
慶 和出繼胞
兄宗發
公卒同治元年壬
戌八月初七日辰

八日子時
以寬澤三子顯火
為嗣兼祧寬慶
公卒葬失考

寬慶行二
字賜恩生道光三
年癸未九月二十
七日戌時娶胡氏
以寬和嗣子顯火
兼祧為嗣
公卒咸豐元年辛
亥十一月三十日
卯時
氏生卒失考
公氏葬失考

時

氏卒咸豐五年乙卯五月二十五日巳時葬失考

仁鉞 行二

生雍正十三年乙卯正月二十三日巳時以兄仁濬三子元辰四子元香雙繼爲嗣公卒乾隆三十三年戊子四月十八日申時葬失考

元辰 行三

字德華生乾隆二十三年戊寅八月初三日申時以弟元香長子宗鏜爲嗣公卒嘉慶三年戊午十一月二十六日辰時葬失考

宗鏜 行一

字應寬生乾隆五十一年丙午十一月二十七日午時以兄宗爐次子寬容爲嗣兼祧宗霞公卒道光元年辛巳十月十九日戌時葬失考

寬容 行二

字有昌生道光十六年丙申八月二十五日酉時娶陳氏生道光十二年壬辰五月二十五日子時以胞兄寬澤次子顯湛爲嗣公氏卒葬失考

元香 行四

字德周生乾隆三十七年乙酉十二月十二日申時娶萬氏生乾隆二十年乙亥二月初十日午時生二子鐽　霞　鐽出繼兄元辰公卒嘉慶二年丁巳五月初六日酉時氏卒乾隆五十六年辛亥二月初十日午時公氏葬失考

宗霞 行二

字應茂生乾隆五十七年壬子九月二十七日辰時以兄宗鐽嗣子寬容兼祧爲嗣公卒道光元年辛巳十月十三日申時葬失考

寬炎子

十二世

顯貴 行一

生嘉慶二十四年己卯七月初九日寅時

以顯謨長子承明爲嗣兼祧顯寶

公卒道光二十二年壬寅五月初九日申時葬失考

十三世

承明 行一

生同治十年辛未十二月初九日辰時娶馬氏生卒未詳

以承勇長子佑銓爲嗣

公卒光緒十七年辛卯五月二十三日辰時

十四世

佑銓 行一

字榮濤生光緒二十二年丙申六月初七日午時

以胞弟佑鍇子啟道兼祧爲嗣

公卒葬失考

十五世

十六世

寬河嗣子

顯寶 行一

字廣容生道光七年丁亥二月二十四日辰時娶張氏生道光十七年丁

酉六月十四日酉時　繼張氏生道光三年癸未十一月二十四日亥時以顯貴嗣子承明兼祧爲嗣公與後張氏卒葬失考

寬廣嗣子

顯誥 行三
生卒葬失考以顯謨三子承勇爲嗣兼祧顯駒

承勇 行三
字登鼇監生生光緒元年乙丑十二月十四日亥時娶佘家壆佘松嶺三女生光緒三年丁丑三月二十五日

佑鍇 行二
字梓桑生光緒十九年癸卯二月初二日子時娶官廳陳啟寬女生光緒三十一年乙巳五月初六日子時

啟道
生民國十九年庚午十月初十日子時

寬聖
子

顯駒
字廣發生道光十
年甲午
以顯詔嗣子承勇
兼祧爲嗣

亥時生三子　銓
鍇　鐺　銓出
繼承明　鎧出繼
承義
公卒民國十二年
癸亥十一月初三
日未時
氏卒民國三十三
年甲申八月初八
日巳時
公葬燈籠垾

生一子　道兼祧
佑銓　生女二長
適無爲縣檀桂柯
陳有志　次適八
角村陳後鐸次子
爲室
陳氏卒民國二十
六年丁丑六月二
十一日亥時葬本
洲降福廟
繼南京城內沈氏
生宣統三年辛亥
正月初十日亥時

寬庚
長子

公卒咸豐十年庚申葬失考

顯謨 行一

生道光三十年庚戌正月初五日卯時娶夏氏生道光二十七年丁未二月十二日辰時生三子 明 德 勇 明出繼顯貴 德兼祧顯訓 勇出繼顯詰爲嗣兼祧顯駒 公卒光緒三十年甲辰正月初八日

承德 行二

生同治十三年甲戌三月十一日亥時娶馬廠高氏生光緒五年己卯四月二十五日戌時生一子 達 生女一適河邊王聚榮 公卒民國二十年辛未十一月二十七日寅時 氏卒民國二十七

佑達

生民國五年丙辰十一月初一日戌時娶泥埠橋汪克榮女生民國三年甲寅十二月二十六日子時

卯時
氏卒民國九年庚申六月初六日寅時合葬老塋

年戊寅正月二十五日卯時合葬老塋

寬庚次子

顯訓 行二

生咸豐三年癸丑八月二十一日子時
以胞兄顯謨次子承德兼祧爲嗣
公卒民國二年癸丑四月二十六日午時

寬烽子

寬飭子

顯士

生咸豐三年癸丑八月二十一日子時以顯潰次子承義爲嗣兼祧顯財公卒葬失考

顯財

生咸豐七年丁巳三月十七日子時以顯士嗣子承義兼祧爲嗣公卒葬失考

承義 行二

生光緒十年甲申十一月十一日卯時娶滕本餘次女生光緒十六年庚寅十二月初五日辰時以承勇三子佑鎧爲嗣公氏卒失考合葬棋杆村東北首劉家冲

佑鎧 行三

生光緒三十二年丙午五月初四日戌時娶本洲孫氏生光緒三十三年丁未十一月二十一日亥時生一子雨

啟雨

生民國十六年丁卯九月十六日子時娶江南小濰強克勝長女生民國十九年庚午十月十二日辰時生子興

廣興

生民國三十七年戊子十一月初九日巳時

寬澤子

顯福行一

生同治三年甲子七月十九日申時娶棋杆村張氏生光緒四年戊寅五月初七日辰時生三子　乾　元　悅　元出繼顯淮　悅出繼顯火　生女二長適江家屋江大壽爲媳次適本村孫順富爲次媳　公卒民國元年壬子十一月二十二日戌時葬棋杆村北首乾山巽向　氏卒民國三十五年丙戌三月二十一日亥時葬西南首同向

承乾行一

字琦珍生光緒十八年壬辰十二月二十八日辰時娶高安橋劉棣芳妹生光緒二十年甲午生一子　璇　女二長適添儀埠張彥蘭爲媳　次適楊山冲張懋聲爲長媳　氏卒民國十七年戊辰三月二十二日子時葬神墩西北首西北向　繼娶楓樹岩駱一義次女生光緒二十五年己亥十二月十八日丑時生三子　富　發　銀　銀出繼嘉祥公支下嗣松　公卒民國三十三

佑璇行一

生民國六年丁巳前二月二十四日子時娶楊山冲張有發之女生民國九年庚申十二月十二日子時生子　蘭　興　道

啟蘭行一

生民國二十八年己卯四月初七日辰時聘楊山冲徐世傳長女生民國三十年辛巳六月十九日卯時

啟興行二

生民國三十年辛巳閏六月十六日午時

年甲申七月十一日辰時葬棋杆村西南首

佑富 行二
生民國二十年辛未七月十二日未時娶楊山冲吳懷義次女生民國二十二年癸酉八月初五日子時

啟道 行三
生民國三十七年戊子二月十一日寅時

寬和
嗣子

顯火 行三

生卒葬失考
以胞兄顯福三子
承悅爲嗣

承悅 行三

生光緒三十四年
戊申十二月二十
八日子時娶楓樹
岩駱本貴次女生
宣統元年己酉閏
二月初五日亥時
生　子　財　餘
　文　武　武出
繼嘉胤公支下承
智　生二女長適
二圩徐孝純爲次

佑發 行三

生民國二十三年
甲戌十一月十五
日午時

佑財 行一

生民國十九年庚
午二月十五日午
時娶本洲駱家墩
王路恩長女生民
國十七年戊辰九
月十七日巳時生
　子　高

啟高 行一

生民國三十七年
戊子五月初八日
酉時

媳　次字丁丗平為養女

佑餘行二
生民國二十四年乙亥十一月初六日巳時

佑文行三
生民國三十年辛巳前六月初八日寅時

寬裕
嗣子

顯潅 行二

生同治七年戊辰
二月二十八日寅
時
以胞兄顯福次子
承元爲嗣
公卒光緒二十六
年庚子四月二十
二日寅時葬棋杆
村東北首劉家沖
方地東南向

承元 行二

字傳禮生光緒二
十五年乙亥二月
二十四日寅時娶
二圩徐崇有長女
生光緒二十九年
癸卯九月初十日
戌時生一子　森
旺　生女二長
適三山姚十亮
次字沙山村黄宗
前爲長媳

佑森 行一

生民國九年庚申
五月初十日未時
娶棋山沖張茂本
長女生民國十二
年癸亥六月初三
日戌時生　子
貴

佑旺 行二

生民國二十三年
甲戌十月十四日
子時聘二圩徐孝
謙長女生民國二
十八年己卯九月
二十一日亥時

啟貴 行一

生民國三十二年
癸未正月十一日
未時

十七世

十八世

十九世

二十世

萬萬世

勝公房嘉胤分國政系圖傳

國政　子

十七世
士鸞 行一
字名子生康熙五十三年甲午正月二十四日亥時娶孫氏生康熙五十一年壬辰五月十四日巳時生一子　榮　氏卒乾隆元年丙辰三月十八日亥時葬失考　繼娶卿氏生康熙五十九年庚子八月初十日巳時生一子　棟出繼士琳　公卒乾隆五十八年癸丑九月十七日辰時　氏卒乾隆三十三

十八世
仁榮 行一
生雍正十一年癸丑八月二十二日子時娶張氏生雍正八年庚戌九月二十三日亥時生一子　元芹　公卒乾隆五十二年丁未六月二十一日巳時　氏卒嘉慶十四年己巳三月初七日戌時公氏葬失考

十九世
元芹
字九思娶古氏生一子　宗鐘　公氏生卒葬失考

二十世
宗鐘
原名宗映字蔭宗生嘉慶七年壬戌正月初九日寅時娶宋氏生嘉慶三年戊午三月二十七日未時　以士理公支下宗璋次子寬泰爲嗣　公卒咸豐六年丙辰七月初七日卯時　氏卒同治九年庚戌閏十月十二日酉時

二十一世
寬泰 行二
生道光五年乙酉六月二十八日子時娶鄭氏生道光七年丁亥二月二十八日酉時繼梁氏生道光二十四年戊戌四月二十四日未時生一子　珠　公卒光緒十一年乙酉六月十一日子時　氏卒光緒二十年甲午正月十九日寅時

年戊子五月二十九日酉時
公氏葬失考

寬泰
子

十二世

顯珠
生光緒二年丙子十二月十五日巳時娶萬氏生同治十三年甲戌二月二十九日子時
以嘉德公支下顯濆四子承智爲嗣
公氏卒失考合葬老塋

十三世

承智 行四
生光緒十六年庚寅九月二十九日卯時
以嘉佑公支下承悅四子佑武爲嗣
公卒葬失考

十四世

佑武 行四
生民國三十一年壬午十二月初一日寅時

十五世

十六世

十七世

十八世

十九世

二十世

萬萬世

勝公房嘉德分國興系圖傳

國興長子

七世　士元 行一

生康熙四十九年庚寅七月十六日子時娶王氏生康熙五十一年壬辰十月初四日子時生一子 義 公卒乾隆二十五年庚戌六月初六日巳時 氏卒乾隆三十三年戊子四月二十八日亥時 公氏葬失考

八世　仁義

字惟質生雍正九年辛亥五月二十日午時 以士傑公支下仁勇次子元流爲嗣 公卒乾隆三十三年戊子六月十六日申時葬失考

九世　元流 行二

字美全生乾隆五十年乙巳二月十二日戌時娶朱氏生乾隆四十八年癸卯二月十二日酉時 以士理公支下元謀三子宗瀚爲嗣 公卒道光十二年壬辰六月十六日丑時 氏卒咸豐元年辛亥九月十五日子時

十世　宗瀚 行三

生嘉慶十三年戊辰九月十九日辰時 以士偉公支下宗樹次子寬惠爲嗣 公卒道光十四年甲午二月十一日寅時葬失考

十一世　寬惠 行二

字富春生道光十三年癸巳十二月初六日亥時娶高氏生道光十五年乙未正月二十一日寅時生三子 淮 淞 才 淞出繼能房寬煒才出繼祥公支下寬磐生女三 長適夏湖夏文富 次適廟家壩高姓 三適横大路高姓 公卒光緒十一年乙酉八月十六日辰時 氏卒失考 公葬神墾山南首

氏葬棋杆利東北首劉家冲

國興次子

士偉 行二
生康熙五十四年乙未三月十一日午時娶方氏生康熙五十五年丙申五月十五日戌時生二子 爵 勇
勇出繼士傑爲嗣兼祧士球
氏卒乾隆二十七年壬午六月二十

仁爵 行一
生乾隆七年壬戌五月初五日申時娶黃氏乾隆十二年丁卯十月十一日亥時生三子
洪 漢 浩 漢出繼士全公支下仁灝 浩出繼士琳公支下仁棟
公卒嘉慶十年乙

元淇 行一
字奕高生乾隆三十七年壬辰九月十六日寅時娶大礄山胡藍氏生乾隆三十九年甲午五月二十八日卯時生一子 樹
公卒道光六年丙戌四月十二日午時

宗樹
字懷山生嘉慶五年庚申四月十四日巳時娶孫氏生嘉慶三年戊午三月二十四日子時生二子 芝 惠
惠出繼士元公支下宗猕
公卒咸豐八年戊午正月初八日亥

寬芝 行一
字萬春生嘉慶二十三年戊寅六月二十五日午時娶尚氏生嘉慶二十四年己卯九月生二子 鐖 明
明出繼士全公支下寬旺
公卒同治十二年癸酉十月二十

國興三子

日申時
公卒乾隆三十三年戊子五月十六日申時

士全 行三
以國美公支下士理次子仁灝爲嗣
公生卒葬失考

丑七月十三日戌時
氏卒道光元年辛巳十二月十六日未時
公氏葬失考

仁灝 行二
生乾隆三年戊午十二月二十三日亥時
以士偉公支下仁爵次子元漢爲嗣
公卒乾隆三十八年癸巳七月二十五日亥時葬北埠壬山丙向

氏卒嘉慶十四年己巳五月二十五日卯時
公氏葬失考

元漢 行二
字美恒生乾隆四十五年庚子八月二十二日子時
以士琳公支下元浩次子宗棟爲嗣
公卒嘉慶十六年辛未八月初六日巳時葬失考

時葬北埠壬山丙向
氏卒道光十一年辛丑八月二十四日未時

宗棟 行二
以士鳳公支下宗蔚四子寬旺爲嗣
公生卒葬失考

日申時

寬旺 行四
以士偉公支下寬芝次子顯明爲嗣
公生卒葬失考

誠典
四子

士琳 行四
娶陶氏
以國政公支下士
鸞次子仁棟爲嗣
公氏生卒葬失考

仁棟 行二
字邵存生乾隆六
年辛酉十一月初
三日酉時
以士偉公支下仁
爵三子元浩爲嗣
公卒乾隆三十三
年戊子六月十九
日未時葬失考

元浩 行三
字美艮生乾隆四
十八年癸卯十一
月十六日子時娶
鮑氏生二子　煐
棟　棟出繼士
全公支下元漢
公卒道光三年癸
未九月十六日子
時葬失考

宗煐 行一
字懷先生嘉慶十
七年壬申十二月
二十八日丑時娶
鮑氏生嘉慶十八
年癸酉生一子
寬炳
氏卒道光二十七
年丁未八月十五
日寅時
繼梁氏生嘉慶十
九年甲戌七月二
十日寅時生一子
寬本出繼宗海
爲嗣兼祧宗昆
公卒同治八年己
巳正月初五日巳
時
梁氏卒同治七年
戊辰七月

寬炳 行一
字文彪生道光二
十三年癸卯十月
十一日寅時娶定
氏生道光二十五
年乙巳十月初四
日申時生二子
剛　穀
公卒光緒十八年
壬辰十月十七日
戌時
氏卒失考
公氏葬失考

國興五子

士傑 行五
娶王氏生康熙五十一年壬辰以胞兄士偉次子仁勇爲嗣兼祧士球氏卒乾隆三十三年戊子公生卒失考公氏葬失考

仁勇 行二
生乾隆二年丁巳二月二十二日巳時娶徐氏生乾隆十年乙丑十月十五日亥時生三子貴　流　泰　流出繼仁義公卒乾隆四十七年壬寅十二月二十日酉時氏卒道光十二年壬辰四月十七日巳時公氏葬失考

元貴 行一
字美玉生乾隆三十四年己丑十月二十五日亥時以仁聰公支下元謀四子宗海爲嗣公卒嘉慶七年壬戌七月二十五日酉時葬失考

元泰 行三
字美芳生乾隆四十年乙未娶強氏

宗海 行四
生嘉慶十七年壬申十二月二十四日子時以宗煐次子寬本爲嗣兼祧宗昆公卒咸豐十年庚申九月二十五日午時葬失考

宗昆
以宗海嗣子寬本兼祧爲嗣

寬本 行二
生咸豐四年甲寅十一月初十日午時娶張氏生咸豐三年癸丑三月十六日巳時生二子木　訥　公卒光緒十五年己丑氏卒失考公氏葬失考

國興
六子

士球 行六
未娶無嗣
以胞兄士傑嗣子
仁勇兼祧
公生卒葬失考

生一子　宗昆
公卒咸豐十年庚申
氏生卒失考
公氏葬失考

公生卒葬失考

寬惠
子

十二世

顯瀆 行一
生咸豐六年丙辰
七月初二日酉時
娶八庄張氏生咸
豐九年己未四月
初八日寅時生四
子　仁　義　禮
智　義出繼嘉
衍公支下顯士
禮出繼顯木　智
出繼嘉胤公支下
顯珠　生女一適
八庄牧承點
公卒光緒十九年
癸巳六月二十一
日亥時葬神聖山
南首

十三世

承仁 行一
生光緒八年壬午
五月初五日未時
娶徐氏生失考生
二子　華　發
發出繼承禮
公卒失考葬磯頭
山裏英冲張姓宗
祠西首

十四世

佑華 行一
字東海生宣統三
年辛亥十一月初
二日寅時娶滕在
有三女生民國四
年乙卯
氏卒民國十九年
庚午葬塝樹埂西
首
繼花桐冲倪亟富
女生民國二年癸
卯生一子　財
氏卒民國二十九
年庚辰葬北埠義
山

十五世

啟財 行一
生民國二十四年
乙亥十一月十二
日亥時

十六世

覽芝子

顯鑑 行一

字秉彝生道光二十三年癸卯九月初六日午時娶梁氏生道光二十五年乙巳十一月生二子 松 意 松出繼嘉祥公支下顯才 意兼祧胞弟顯明 公氏卒葬失考

覽旺嗣子

顯明 行二

生道光二十六年丙午八月二十三日午時娶楊氏生咸豐元年辛亥八

承意 行二

生光緒十年甲申十二月三十日酉時娶楊氏生光緒十八年壬辰十一月十四日子時生二子 興 才 才出繼承倉 公卒民國三十七年戊子葬段燕山

佑興 行一

生民國十五年丙寅五月初九日丑時娶汪家滾汪承鐸女生民國十七年戊辰八月十五日辰時生女一

月二十五日子時以胞兄次子承意兼祧爲嗣
公卒葬失考

寬炳長子

顯剛　行一
生光緒元年乙亥四月初一日寅時娶谷氏生光緒年十月十二日酉時生一子承倉
公氏卒葬失考

承倉
生失考娶方氏生失考
以承意次子佑才爲嗣兼祧承緒
公氏卒葬失考

佑才　行二
生民國二十四年乙亥七月三十日戌時
以佑發次子啟雲爲嗣
公卒民國三十五年丙戌八月二十日亥時

啟雲　行二
生民國三十六年丁亥六月十一日亥時

寬炳次子

顯穀 行二

生光緒三年丁丑八月初九日辰時娶家墩方行烈女生光緒五年己卯十月初五日亥時生一子 緒 公卒失考葬棋杆村後

承緒

生失考以承倉嗣子兼祧爲嗣公卒失考葬本洲降福廟後

寬本長子

顯木 行一

生光緒七年辛巳正月十四日辰時娶谷氏生光緒九年癸未九月十一日亥時以顯濆三子承禮

承禮 行三

生光緒十四年戊子正月十三日亥時以承仁次子佑發爲嗣公卒葬失考

佑發 行二

生民國四年乙卯二月二十二日寅時娶入庄牧承點女生民國四年乙卯五月初五日巳時生 子 樹

啟樹 行一

生民國三十一年壬午六月二十日寅時娶碾墩孫心槐女生民國三十三年甲申七月二十四日卯時

爲嗣兼祧顯訥
公卒宣統元年己
酉七月十二日戌
時葬失考

寬本
次子

顯訥 行二
生失考
以顯木嗣子承禮
兼祧爲嗣
公卒葬失考

雲　雲出繼佑
才　生女二長字
八庄牧運典爲長
媳　次字孫家灣
孫學義爲長媳

十七世

十八世

十九世

二十世

萬萬世

鍠公支下龍公房世系圖傳

文鍠
四子

二世

得寵 行四
字君任萬歷戊戌纂修統宗志公參與校錄娶潤里吳氏生一子 達 繼槐塘程氏生一子 璋 公與吳程氏生卒失葬合葬鮑壟基老塋

三世

逢達 行一
字懋實娶荊源鮑氏以胞弟長子嘉祺爲嗣公氏生卒葬失考

四世

嘉棋 行一
娶呂氏生一子之化兼祧嘉禮公氏生卒失考合葬鮑壟基老塋

五世

之化
娶吳氏繼汪氏生二子 宰 定 公與吳汪氏生卒葬俱失考

六世

國宰 行一
娶孫氏生康熙十一年壬子十二月十六日子時生一子 彪 公生卒失考氏卒乾隆十一年丙寅三月初九日丑時合葬鮑壟基老塋

國定 行二
生康熙十年辛亥十二月十四日寅

時娶林氏生失考
繼岳氏生康熙六
年丁未七月三十
日子時生一子
福
公卒雍正二年甲
辰九月十八日亥
時
林氏卒失考
岳氏卒康熙五十
八年己亥五月二
十日巳時合葬鮑
厝基老塋

逢璋 行二
娶鮑氏繼汪氏生
二子　祺　禮

嘉禮 行二
字存意邑庠生性
至孝事繼母吳氏

國宰子

七世 士彪 行一

生康熙三十二年癸酉九月二十六日辰時娶楊氏生失考

祺出繼胞兄逢達 繼吳氏 公與鮑汪吳三氏生卒失考合葬鮑塋基老塋

八世 仁夔 行二

字音諧生雍正九年辛亥六月十二日未時娶胡氏生乾隆二年丁巳五

如生母娶鮑氏繼孫氏繼江寧尚書倪岳之孫女朝夕承歡內外無間載縣志人物志孝友篇 以嘉祺子之化兼祧爲嗣 公與鮑孫倪三氏生卒失考合葬鮑塋基老塋

九世 元松 行一

字廷玉生乾隆三十八年癸巳十二月三十日午時娶鮑氏生乾隆四十

十世 宗海

字百川生嘉慶八年癸亥十月十一日丑時娶汪氏生失考生二子 懋

十一世 寬懋 行一

字暢然生道光三年癸未十月初五日子時娶王氏生道光八年戊子七

以得能公支下士
鈁次子仁夔爲嗣
兼祧士福
公卒乾隆八年癸
亥二月三十日巳
時
氏卒失考合葬老
塋

月初八日申時生
二子　松　樸
公卒乾隆十一年
丙午四月初二日
未時
氏卒嘉慶十四年
己巳八月初二日
卯時合葬老塋

年乙未八月十六
日亥時生一子
海兼祧元樸
公卒道光八年戊
子十二月三十日
辰時
氏卒道光十二年
壬辰六月二十七
日子時合葬老塋

舒
公卒道光十年庚
寅六月二十九日
未時
氏卒失考合葬老
塋

月十二日寅時生
四子　興　鋐
燮榮　燮榮出
繼寬舒
公卒同治二年癸
亥三月十二日亥
時
氏卒光緒十四年
戊子七月二十四
日巳時合葬老塋

寬舒行二
字泰然生道光九
年己丑十二月二
十五日亥時
以寬懋三子欽燮
四子顯榮燮繼爲
嗣
公卒同治四年乙
丑七月二十日亥

國定子

士福 行一
生康熙四十四年乙酉十二月初五日午時娶柳氏生康熙五十六年丁酉正月十六日戊時
以士彪嗣子仁葽兼祧爲嗣
公卒乾隆二十四年己卯九月二十

時葬獐磯山

元樸 行二
以元松子宗海兼祧爲嗣
公生卒葬失考

六日亥時
氏卒乾隆四十七
年壬寅八月二十
日午時合葬老壟

寬懋
長子

十二世

顯興 行一
生咸豐三年癸丑
以顯榮長子承繼
爲嗣兼祧顯鉉
公卒葬失考

十三世

承繼 行一
生光緒八年壬午
正月初十日申時
娶王氏生卒失考
以胞弟承照長子
佑銘爲嗣
公卒民國五年丙
辰七月初二日子
時葬獐磯山

十四世

佑銘 行一
字德馨生民國二
年癸丑四月初六
日子時娶焦家冲
徐加吒三女生民
國五年丙辰三月
初六日未時生一
子　雲　生女一
鳳
氏卒民國三十五
年丙戌二月十七
日戌時葬雙龍口
虎形酉首

十五世

啟雲 行一
字凌霄生民國二
十七年戊寅二月
初九日辰時聘教
化渡徐學昆長女
生民國二十五年
丙子八月十九日
戌時

十六世

寬愁次子

顯鋐 行二
生咸豐二年丁巳
以顯興嗣子承繼
兼祧爲嗣
公卒光緒元年乙
亥葬猪城山

寬舒嗣子

顯燮 行三
生咸豐十年庚申
以顯榮次子承照
爲嗣
公卒葬失考

承照 行二
生光緒十年甲申
十二月十七日辰
時娶橫山橋許風
孝長女生光緒十
八年壬辰二月初
三日戌時生四子
餘　銘出繼胞兄
　銘　星　亮
承繼　亮出繼胞
弟承愷　餘出繼
能公房承貴兼祧
承嗣　女一佑蘭
適□家灘楊尙增
公卒民國三十三

佑星 行二
字北辰生民國八
年己未九月二十
一日子時娶板陡
門吳炳玉長女生
民國十八年己巳
八月二十六日申
時生　子　啟六
出繼胞弟佑亮

寬舒嗣子

十七世

顯榮 行四

字春林生同治元年壬戌又八月十六日未時娶王氏生同治三年甲子二月初十日子時生三子 繼 照 愷 繼出繼顯興 照出繼顯燮 公卒民國三年甲寅九月十七日巳時 王氏卒民國二年癸丑九月十三日巳時合葬獐磯山

十八世

年甲申十月二十六日亥時葬烟墩山

承愷 行三

生宣統元年己酉二月二十九日辰時以胞兄承照三子佑亮爲嗣公卒民國二十年辛未八月十七日巳時葬雙龍口南首

十九世

佑亮 行三

生民國十三年甲子九月十六日辰時以胞兄佑星長子啟六爲嗣公卒民國二十七年戊寅八月十七日寅時葬大墳菴

二十世

啟六 行一

字旺盛生民國三十六年丁亥十二月十八日子時

萬萬世

鍠公支下膳公房世系圖傳

文鍠五子

二世

得膳 行五

字君養號景陽生嘉靖乙丑年四月二十八日寅時娶潛口方氏生嘉靖乙丑年九月二十九日申時生三子顯 灝 會

公卒天啟丙寅年前六月初八日未時

氏卒天啟丁卯年七月十三日未時

三世

逢顯 行一

以胞弟逢會公長子嘉俊爲嗣

逢灝 行二

生萬歷丁亥年五月初八日寅時娶潘氏

以胞兄顯嗣子嘉

四世

嘉俊 行一

生天啟四年甲子十月初二日子時娶徐氏繼汪氏生一子 之槐

公卒康熙二十八年己巳後三月十三日巳時

五世

之槐

生卒葬失考

以之奕次子國任爲嗣

六世

國任 行二

生卒失考

以國佐子士炳兼祧爲嗣

俊兼祧爲嗣
公卒崇禎丙子年
十一月十三日戌
時

逢會 行三

生萬曆二十二年
甲午十二月初五
日亥時娶楊氏生
萬曆二十一年癸
巳十二月二十七
日子時生二子
俊　佑　俊出繼
逢顯爲嗣兼祧逢
灝
公卒順治十五年
戊戌五月二十二
日酉時
氏卒順治十八年
辛丑十一月十二

嘉佑 行二

娶鄧氏生崇禎辛
巳七月二十日子
時生一子　松早
殁
以得胥公曾孫之
奕爲嗣
鄧太卒康熙丙戌
四月二十三日戌
時

之松

生卒失考
以之奕長子國佐
兼祧爲嗣

之奕

生天啟七年丁卯
十二月初二日戌
時娶吳氏繼潘氏
生二子　佐　任

國佐 行一

娶汪氏生一子
士炳兼祧國任

國佐
子

七世

士炳

生康熙十年辛亥七月十五日申時娶杜氏生康熙十一年壬子生一子倫 公卒康熙五十八年己亥十二月十五日申時氏卒乾隆十五年庚午

日亥時

八世

仁倫

字天彝生康熙五十一年壬午三月初八日亥時娶闞氏生康熙五十一年壬辰二月十四日亥時生一子源義 公卒乾隆三十八年癸巳七月十五日卯時

九世

源義

字大川生乾隆五年庚申三月二十四日寅時娶王氏以天錫三子宗禮爲嗣 公卒乾隆五十一年丙午三月十九日辰時葬獐磯山

佐 兼祧之松任出繼之槐 公卒康熙五十年辛卯四月初六日子時 吳潘孺人生卒失考

十世

宗禮 行三

生乾隆三十年丁酉 以胥公房昂分登瀛長子寬燿爲嗣

十一世

寬燿 行一

字聯奎生卒失考以寬柔次子顯祖爲嗣 公葬螞蝗冲

寬耀嗣子

十二世

顯祖 行二

字逖堯生道光九年己丑娶孫氏生道光庚寅

以顯球次子承樑爲嗣

十七世

氏卒乾隆十六年辛卯五月二十四日午時葬獐磯山

十三世

承樑 行二

字華堂生光緒六年庚辰五月初三日子時

以胞兄承棟次子佑禮爲嗣

丞卒光緒三十一年乙巳三月初五日丑時葬荆塘埠

十八世

十四世

佑禮 行二

生光緒三十三年丁未二月初五日亥時娶杭氏生光緒三十三年丁未四月初一日丑時

生　子　烈

十九世

十五世

啟烈 行一

生民國三十年辛巳後六月十八日巳時

二十世

十六世

萬萬世

国家出版基金项目
NATIONAL PUBLICATION FOUNDATION

海上絲綢之路文獻集成

總主編 陳支平 陳春聲

民間譜牒編 98

主編 林楓

海峽出版發行集團
THE STRAITS PUBLISHING & DISTRIBUTING GROUP
福建人民出版社

本册目次

［廣西容縣］容州封氏家譜十六卷首一卷（卷二至卷五）　封鶴君　封高萬
封祝祁纂修……一

［廣西容縣］容州封氏家譜十六卷首一卷（卷二至卷五）

封鶴君　封高萬　封祝祁纂修

容州封氏家譜

卷二

容州封氏家譜卷二

次房世系圖

九世至十七世九族圖

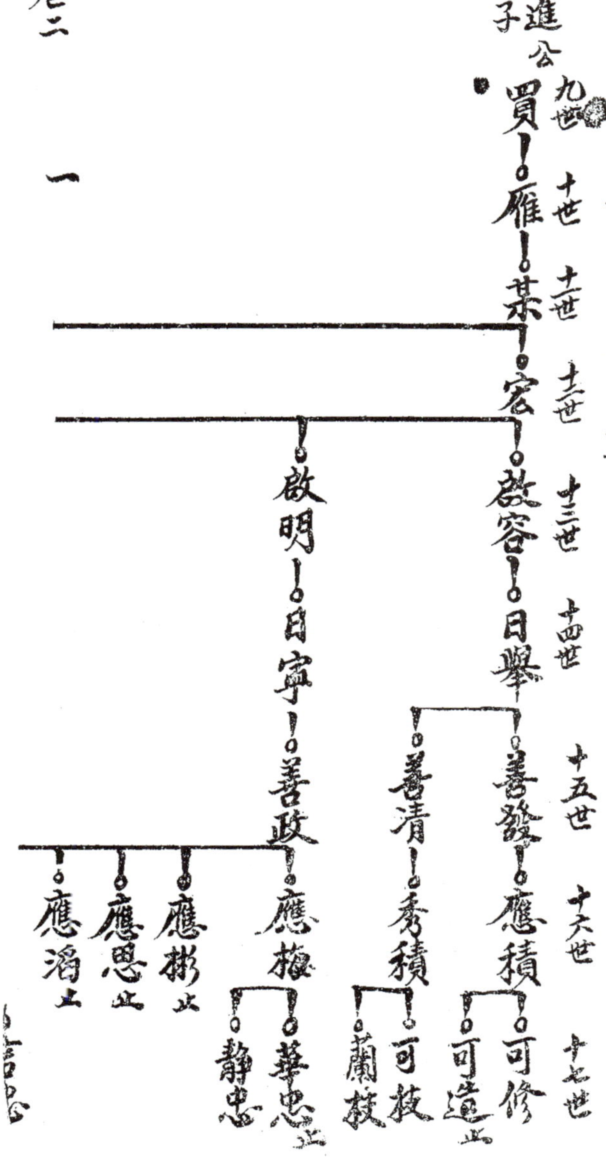

卷二　一

啟茂—日耀—善教—應紀—道忠

啟成—日昂—生止

回—象—永蓋

聲止

元—永新

日卯

猷—光—天倍—善星—應結—成忠止

成之

和之

奇日生—應賢—循忠止

卷二　二

儒—啟達

啟達—昌榮
　昌榮—善春止
　昌榮—善活止
啟達—昌慎—善[illegible]—應直—維忠止

善禮
　善禮—應良—開忠止
善禎
　善禎—應藏—裕忠
　善禎—應相—第忠
　善禎—應德—覺忠

應雲止
應餘
　應餘—通忠
　應餘—戰忠止
應泰
　應泰—異忠
　應泰—時忠止

士忠止
士分

日慎　日恒

善云　善亮止　善彩止

應茂　應記　應抒

朝忠止　載忠　性忠　則忠　斐忠　何忠　達忠　璉忠　和忠　同忠止

卷二　三

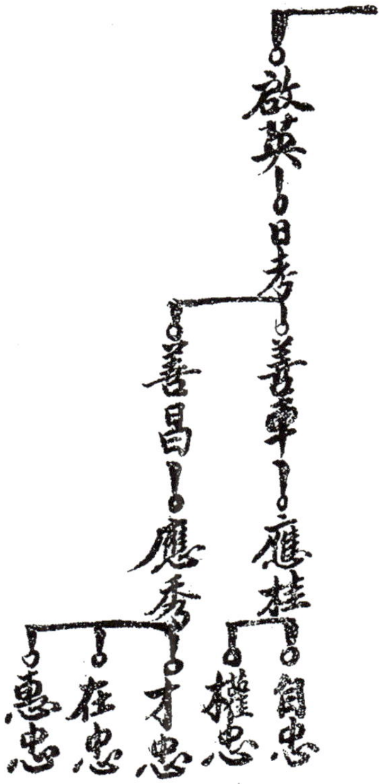

卷二　四

九世　十世　十一世　十二世　十三世　十四世　十五世　十六世　十七世

- 光曉公子 定安（九世）
  - 發朝（十世）
    - 用卷（十一世）
      - 嘉文（十二世）
        - 應瑋（十三世）
          - 燕京（十四世）
            - 礎（十五世）
              - 以常（十六世）
                - 汝諧（十七世）
            - 洪
              - 以忠
                - 汝盛
        - 應現
      - 嘉英
        - 達德
          - 燕機
            - 雍
              - 以讓
                - 汝綱
        - 達文
          - 燕邦
            - 晉止
      - 嘉榮
        - 應常
          - 燕宗
            - 都
              - 以仁
                - 汝松
            - 伯止
      - 嘉餘
        - 應文
          - 健邦
            - 郡
              - 以勤
                - 大昌
              - 以儉
                - 大綸
                - 大綱
            - 邑
              - 以敬
                - 大剛止

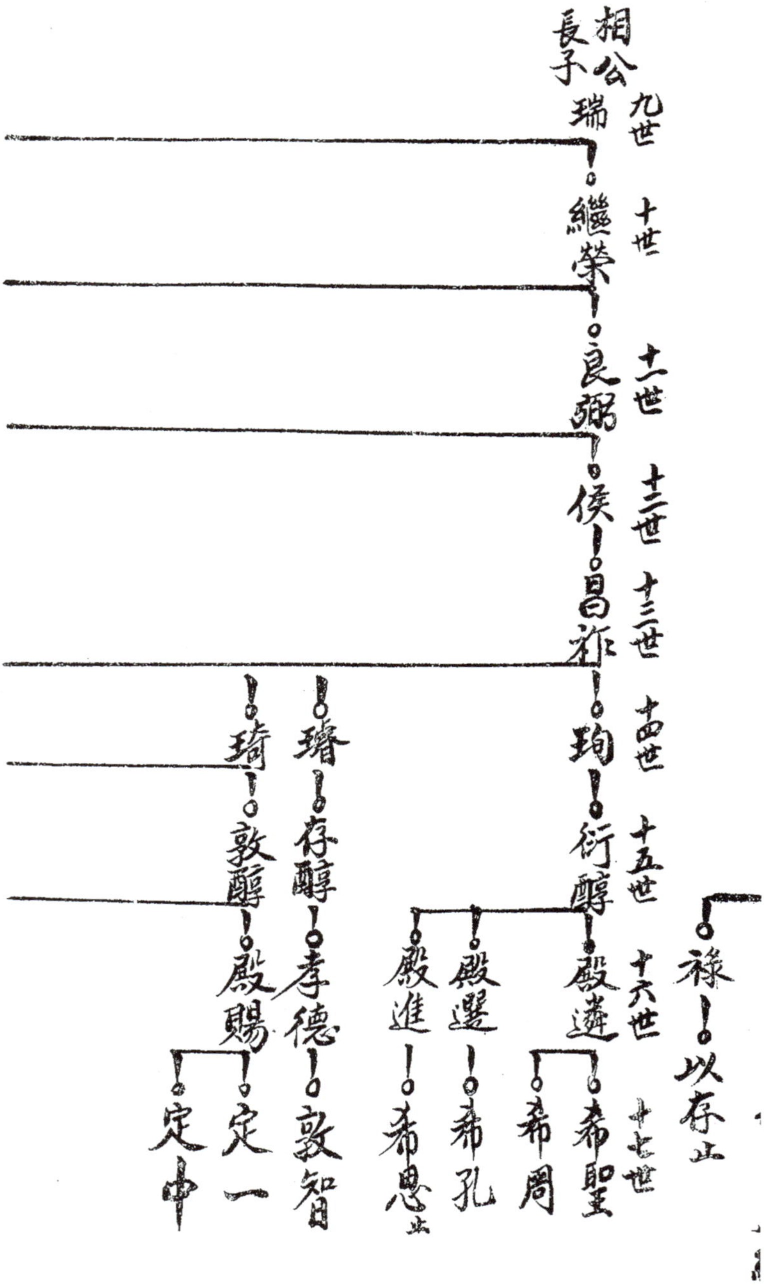
相公長子
瑞
九世
繼榮
十世
良弼
十一世
俟
十二世
昌祚
十三世
均
十四世
衍醇
十五世
殷遴
殷選
殷進
十六世
希聖
希周
希孔
希思止
十七世
璿
存醇
孝德
敦智
琦
敦醇
殷賜
定一
定中
祿
以存止

卷二　五

殷賡 → 汝爲、汝翼

全醇 → 殷輔 → 岳薦
全醇 → 殷獻 → 岳舉
全醇 → 殷猷 → 岳選
全醇 → 殷勳 → 岳庸

瑭 → 紹醇 → 至德 → 敦贊
經醇 → 新德 → 敦義
經醇 → 孝德 出嗣
經醇 → 敬德 → 敦品
瑭 → 綜醇 → 敏德 → 敦本
瑭 → 統醇 → 謙德 → 敦義 兼祧
瑭 → 繹醇 → 泰德 → 敦聖 止

良才—伯—昌謨—盛發—彥隆—衛彩—振亮

良德—鄭—昌緒—琳—念祖—奇國—彩鳳
　　　　　　　　　　　　　　　—彩相
　　　　　　—球閎
　　　—昌兆—世蔭—其緒—守基—汝章止
　　　　　　　　　　　　—守序—掞才
　　—識

良儒—佳—昌業—疆圃—啟宇—守雍—國華止
　　　　　　　　　　　　—守揚—國章
　　　　　　　　　　　　　　　—國棟

卷二　六

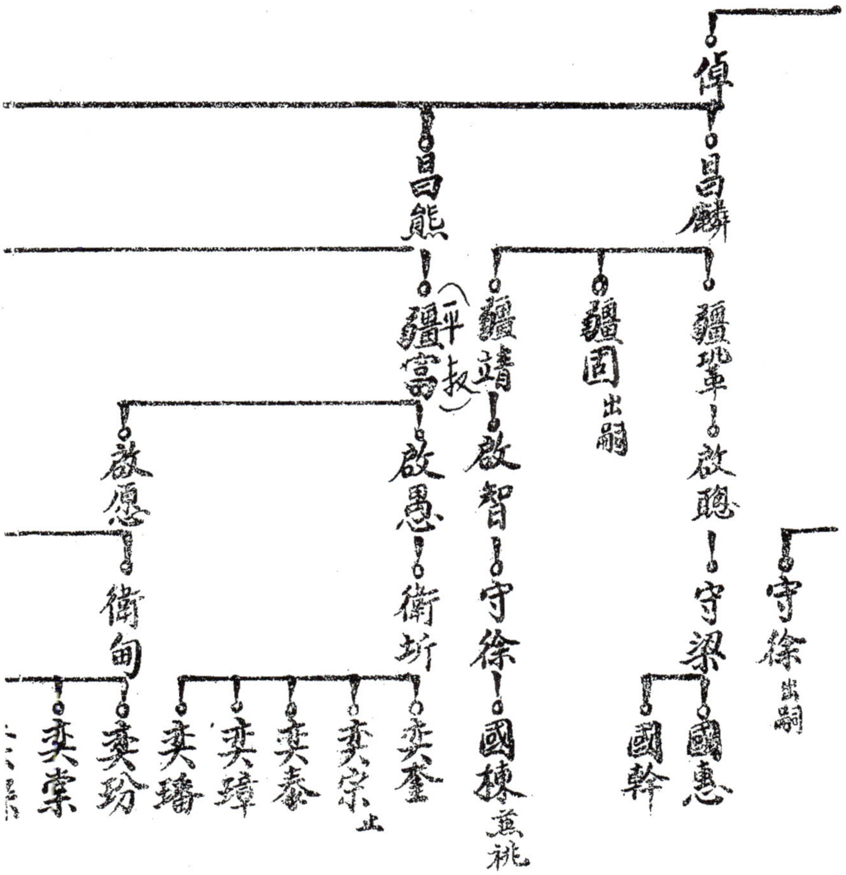

倬
昌麟
昌能
疆肇
疆固 出嗣
疆靖
疆富（平叔）
啟聰
啟智
啟愚
啟愿
守徐 出嗣
守梁
守徐
衛圻
衛甸
國惠
國幹
國棟 兼祧
奕奎
奕宗 止
奕泰
奕璋
奕璠
奕玢
奕棠

康叔
蘊安
啟惇

衛圻 出嗣
衛世
衛敎
衛興
衛紀

奕□

景嵩
景岐
景嶪
景岳
景岱
景崑
景崙
景嵊
景嵻
景岷

昌駿

疆定　正叔

啟恒

衛經

來宣

來鳳

來晢

衛李

來賓

來寅

景嶷

疆賓　直叔　止

疆甯

廷瑗

應元

達時

遇時

適時

逢時

廷璨　止

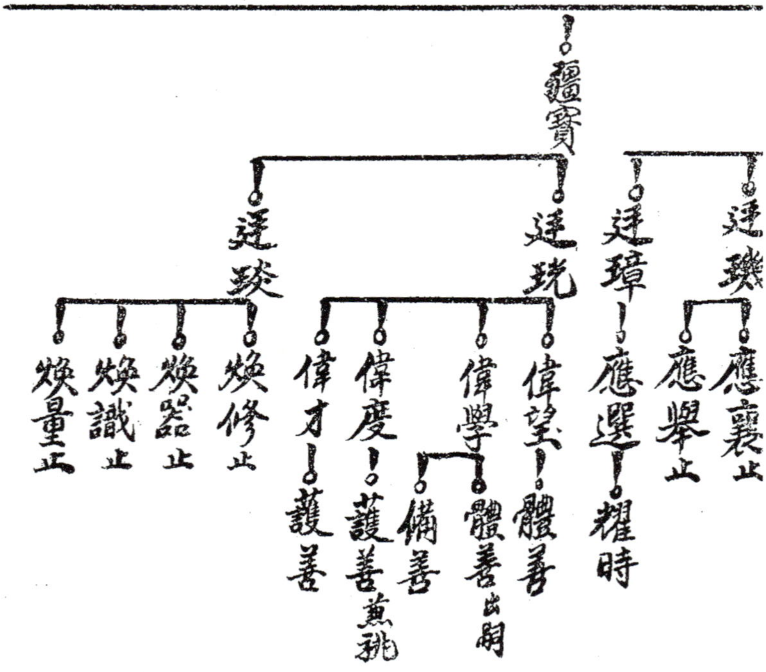
疆寶
廷璣
應襄止
應舉止
廷璋
應選
耀時
廷珖
偉望
體善
偉學
體善出嗣
備善
偉度
護善兼祧
偉才
護善
廷琰
煥修止
煥器止
煥識止
煥量止

卷二　八

疆賓
- 廷瑛 — 懋規 — 長宣
- 廷珽
  - 懋仁 — 長超、長遠
  - 懋禮 止

良知 — 寧 — 昌烈 — 瑜
- 禮醇 — 爾元 — 靜純 止
- 和醇 止
- 辭醇 — 爾寬 — 靜棠

繼祖（十世）— 良奎（十一世）— 唐相（十二世）— 翰明（十三世）— 漢鳳（十四世）
- 世藩（十五世）— 秉猷（十六世）— 廷翼（十七世）
- 世澤 — 秉均
  - 廷耀（住南寧）
  - 廷璧
  - 廷珍
- 世薇 — 秉獻
  - 廷亮
  - 廷□ 止

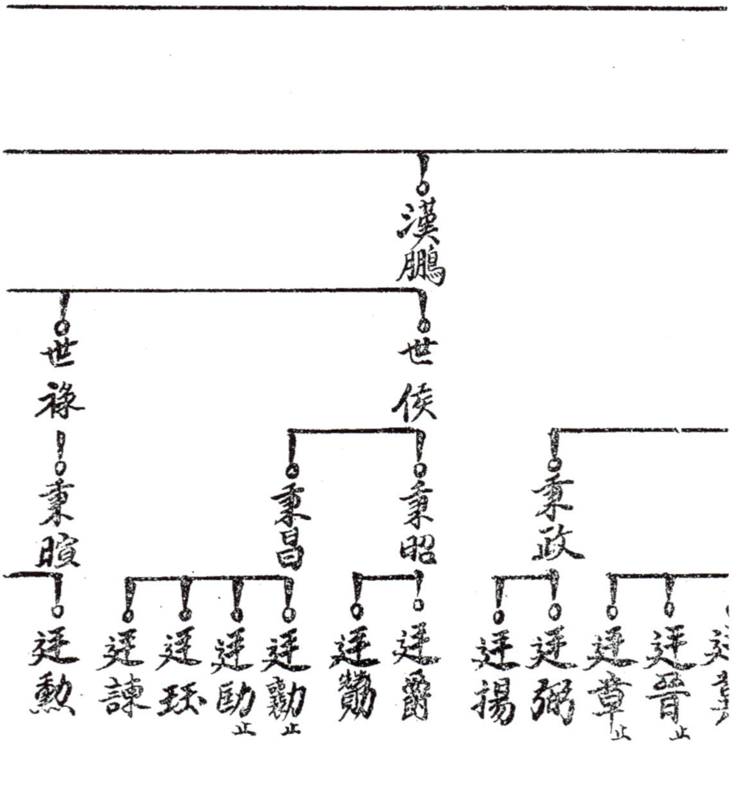
漢鵬
世祿
世俟
秉昌
秉昭
秉政
廷勲
廷諫
廷勛 止
廷勸 止
廷爵
廷揚
廷弼
廷章 止
廷晉 止

卷二　九

九世　十世　十一世　十二世　十三世　十四世　十五世　十六世　十七世

- 漢蛟
  - 世良
    - 秉鐸
      - 廷琛
      - 廷球
  - 世恭
    - 秉鐫
      - 廷謨止
- 廷輔止
- 魁明
  - 漢鴻
    - 世聚
      - 治紹
        - 述源
        - 述深
        - 述清止
- 偉明
  - 漢麟
    - 世清
      - 治盛
        - 廷相
      - 治榮
        - 廷冀止
      - 治楚
        - 廷序

東〃公子
賢—繼召—良臣、良諫

良臣—同寅—聖翯—光復—懋官、懋德
懋官—以仁—諭朝止
懋德—以元、以昭止、以雯
以元—志遠止
以雯—志惠、志信

良諫—遺—聖時—璦
璦—念醇、安醇
念醇—宏業、廣業、建業
宏業—珖顯、珖琮、珖瑚
廣業—珖遠、珖琦
建業—珖瑜、珖瑁
安醇—榮業—珖瑶

卷二　一〇

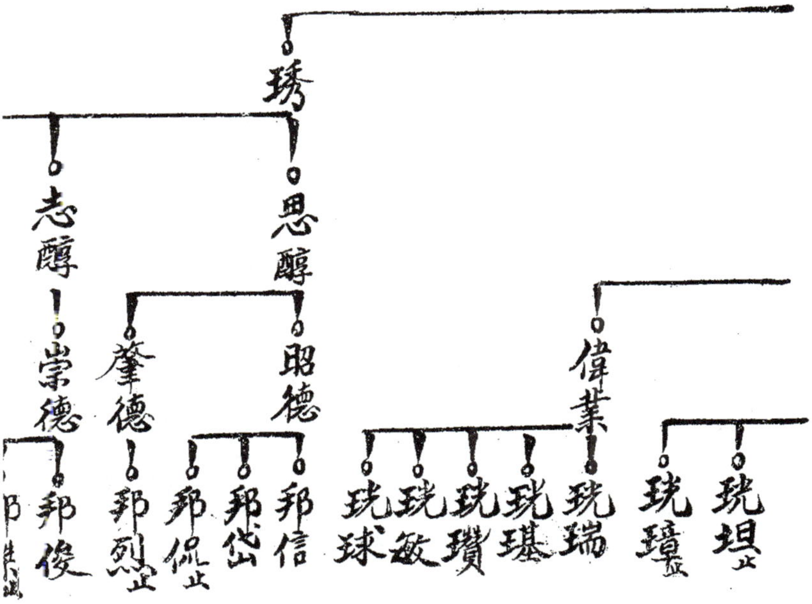

九世　億（佐公子）

十世　繼文

十一世　良訓

十二世　元鳳

十三世　聖德

十四世　瑾

十五世　文顯　文達

十六世　成運　成訓　成興　成中

十七世　萬遠　君遠　振遠　順遠

静醇

廣德

邦賢（止）　邦佑（止）　邦英

邦俊　邦任　邦佐　邦彥

文耀—成漢—敬遠

文滔—成舉—紹遠
　　　　　—大遠

光鸞—聖清—智貴止
　　　　　—智萬止
　　　　　—智儉—貴雲—有才—鎮達
　　　　　　　　　　　—有國—鎮成
　　　　　　　　　　　　　　—鎮芳
　　　　　　　　　　　—有翊—鎮寧止
　　　　　　　　　　　—有爵—鎮佐止
　　　　　　　　　　　　　　—鎮翰止
　　　　　　　　　　　　　　—鎮堂止

十七至二十五世九族圖

十七世　十八世　十九世　二十世　廿一世　廿二世　廿三世　廿四世　廿五世

- 應積次子 可修（十七世）
  - 增儉（十八世）
    - 國民（十九世）
      - 秉春（二十世）
        - 玉煦（廿一世）
      - 秉嵩
      - 秉隆
        - 玉琪
          - 永朝（廿二世）
          - 舉朝
  - 增德
    - 國勝
      - 秉蓮
      - 秉華
    - 國貴
      - 秉松
      - 秉壬
- 秀積公子 可枝
  - 增吉
    - 國玉

秀積次子 蘭枝

蘭枝 — 宗吉、廷吉

宗吉 — 國基、國田

國基 — 秉亨 — 王彰、王勳、王才

王彰 — 進朝、學朝、繼朝

王勳 — 慶朝

王才 —

國田 出嗣 — 秉桐 — 王淵、王源

廷吉 — 國田、國珠

應梅公子 靜忠 — 增君 止

應舒公子 言忠 — 增舉 止、增盼

增盼 — 國洽 — 秉桓 — 王遠

卷二　十三

應紀公子道忠—增元—國彥

國彥—秉彝—玉進—登朝

國彥—秉義

國彥—秉哲—玉安—貞朝

國慶—秉昆—玉傑

秉昆—玉彪

國慶—秉議

玉超

登朝—大經—有寶

大經—有群

大經—有道（珍）

大經—有榜

登朝—大成—有（康）

登朝—大倫—有嵗（德）

象公子
永葢—增襯

增襯—國揚、國芳、國泰止

國揚—春榮、恩榮、必榮

春榮—王肇、王華

國芳—祿榮

祿榮—王授、王臣、王相

王相—佐朝

佐朝—大英、大昌、大華、大智志

亢公子
永新—增喬—國念

應結次子 成之—恒元—國阜

應結三子 和之—廣元—國倫—秉新—玉胤
　　　　　　　　　　　　　　　—玉贊—旺朝　大味
　　　　　　　　　　　—秉真
　　　　—永元—國能

應賢公子 士分—怡元—國齡—秉鐸

應泰公子 異忠（十七）—祖元（十八）—國陳（十九）
　　　　　　　　　　　　　　　　—國仁
　　　　　　　　　　　　　　　　—國樑—秉康—玉威—寶朝
　　　　　　　　—朋元

由十四分八秉賓國樑后入十七世應相公份

卷二　十四

應餘公子通忠
- 來元
- 彩元
  - 國年
    - 秉揖
      - 王恩
        - 在朝
    - 秉敬
      - 王太
        - 入朝
      - 王良
    - 秉全
  - 國乾
    - 秉樹
      - 王仁
      - 王彭
    - 秉業
      - 王烈
    - 秉棠
      - 王盛
      - 王光
  - 國持
    - 秉森
      - 王憲
        - 家朝
      - 王雲
      - 王益
      - 王堅

應藏公子裕忠—萬元
萬元—國來—秉岐
萬元—國亮

萬元 出嗣

國宵 十九

國宵—秉舒—王興—福朝
國宵—秉氣 正
秉氣—王祥
秉氣—王倡
秉氣—王政

國宵—秉林 材
秉林—王生
秉林—王權
秉林—王強
秉林—王克 明

國宵—秉越—王榜 德

卷二　十五

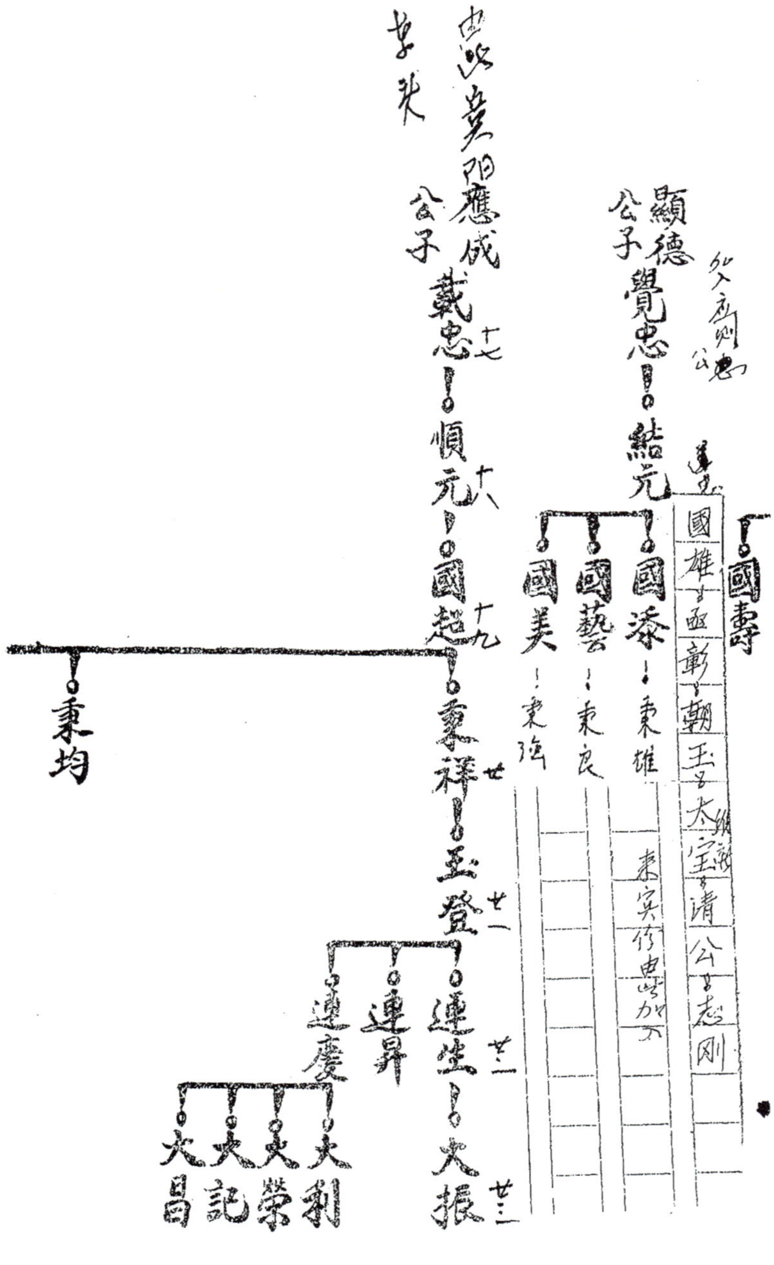
顯德公子
覺忠
結元
國壽
國添
國藝
國美
公子
戴忠
十七
順元
十八
國超
十九
秉祥
廿
秉均
玉登
廿一
連生
廿二
連昇
連慶
大振
廿三
大利
大榮
大記
大昌

卷二　十六

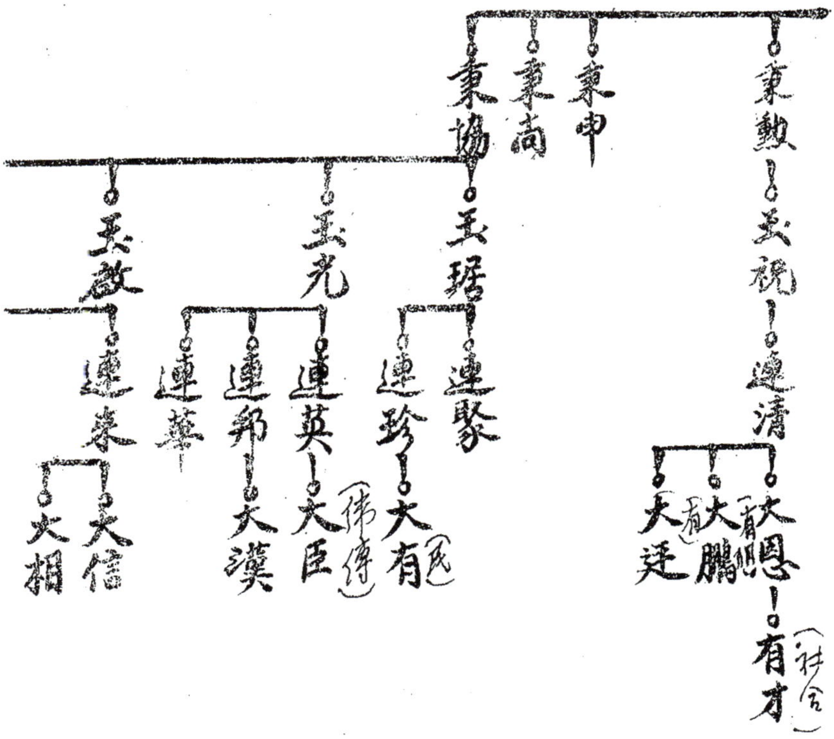

應戊次子
性忠—增闌

國利
國安
國護
國章—秉玩

天璋—連仁

連紹
連拔
連展
連標
連和
連初
連富

- 秉容 — 玉球 — 連興（改名城）

應戊三子 則忠
- 增愛 — 國琛
  - 秉代
  - 秉恮
- 增器
  - 國龍
  - 國鳳 — 秉茂 — 玉良 — 連秀
- 增然 — 國幹
  - 秉堅 — 玉珠 — 連香
    - 大齡
    - 大程
  - 秉吟

應紀公子 斐忠 — 增光 — 國禮 — 秉存

應紀次子 何忠 — 增旭 — 國葉 — 秉福
- 玉桂 — 連信
- 玉純 — 連義
- 玉山 — 連源

卷二　十七

應紀三子
達忠—增仕—國堯—秉堂
　　　　　—國魚—秉好—玉通
　　　　　　　　　　　—玉倫
　　　　　　　　　　　—玉英
　　　　　　　—秉心—玉團
　　　　　　　　　　—玉政

—連泉

應抒公子
璉忠　十七—增靠　十八—國進　十九—秉謨　廿—玉隆　廿一
　　　　　　　—國譚—秉奎　奇—玉藏　文
　　　　　　　　　　　　　　—玉如莊
　　　　　　　　　—秉然—玉廷
　　　　　　　　　　　　—玉德
　　　　　　　　　—秉仁—玉雄

卷二　十八

應秀公子　才忠—增榮—國養—秉多—玉富—連忠、連芳、連勇

國瑞—秉賢、秉藩、秉秀

秉賢—玉祥、玉林

玉林—連象（乾名）　運新

秉藩—玉南、玉年、玉海、玉金

玉南—連龍、連鳳

玉年　故絕

秉秀—玉雲

玉鑫　君

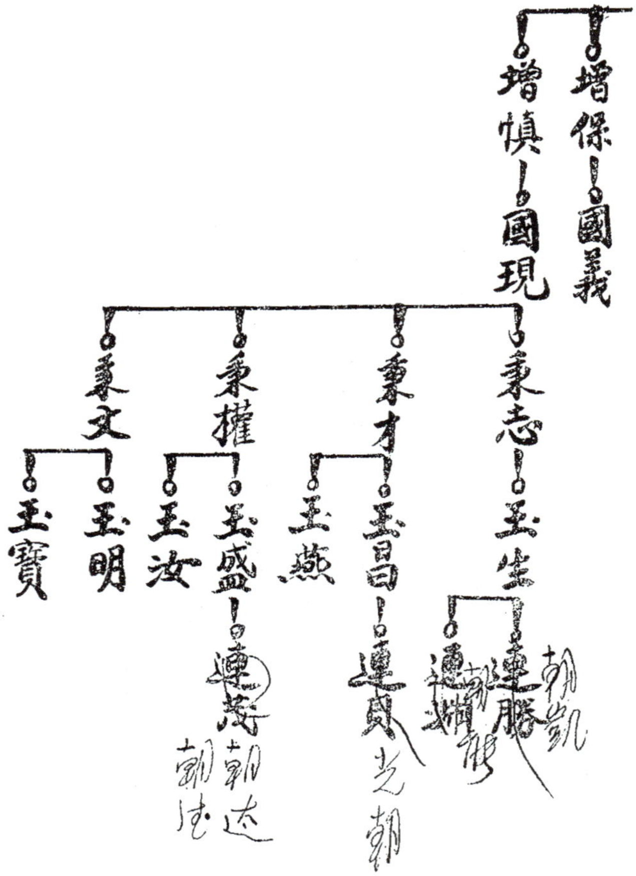
增保
國義
增慎
國現
秉志
玉生
運勝
秉才
玉昌
玉燕
秉權
玉盛
玉汝
秉文
玉明
玉寶

十七世　十八世　十九世　二十世　廿一世　廿二世　廿三世　廿四世　廿五世

以常公子
- 汝詔
  - 成朝
    - 惠琳
      - 組福
        - 世文（出嗣）
        - 世廷
          - 廣鳴
      - 組祥
        - 世昌
        - 世景
          - 廣清
          - 廣文
          - 廣華

以忠公子
- 汝盛
  - 成餘
    - 惠球
    - 惠瑛
      - 組榮
        - 世文
          - 廣鴻
      - 組華
        - 文光
          - 廣富
          - 廣法

卷二　十九

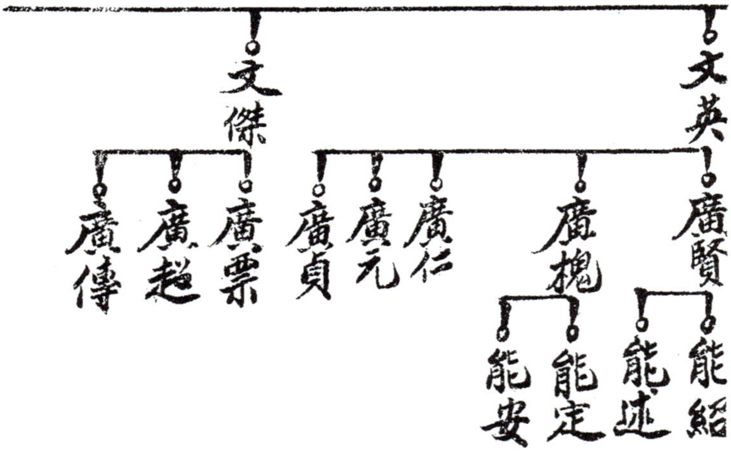
文英
廣賢
能紹
能述
廣槐
能定
能安
廣仁
廣元
廣貞
文傑
廣票
廣超
廣傳

北流
罗政

以讓公子　民乐南镇村
汝綱—德讚—舉材
- 成源—世忠—代昌—光榮
- 成湖
- 成河
  - 世忠出嗣
  - 世恩—代昌　嗣燕祧—曜榮

文偉—廣生

以仁公子　北流 民乐南旁村
汝松（十七）—成棟（十八）—式盛（十九）
- 佐元（廿）
  - 世爵（廿一）—代珍（廿二）—晉榮（廿三）
    - 材華（廿四）—政耀（廿五）
    - 桂華
  - 世傒—代珠—受榮
  - 世顯
- 佐達—世振
  - 代琦
  - 代珖

卷二　二十

以勤公子 大昌
- 廣昌
- 廣銳

以儉長子 大綸
- 順叙
- 順芳
- 順揚
  - 裕源
  - 裕第—武章—守志

佐英—世業

世蓉
- 代璋—國榮—清華
  - 政俊
  - 政傑
- 代瑛

代琨
- 福……—繼……
- 欲榮
  - 生華—政福
  - 德華

上烟

以儉次子
大綱—順猷
　裕新
　裕彰
　　善才—誠志、諭志、德志
　　義才
　　福才
　　慶才—達志
　　成才

殿遠長子
十七　希聖
十八　建中
十九　士煥
廿　潤亮
廿一　顯國
　　　廿二　達成
　　　廿三　嘉傳
　　　廿四　紹琨
　　　　　廿五　樹統、樹金
　　　　　紹芳
　　　鎮國—達遠
　　　體國　出嗣

卷二　二十一

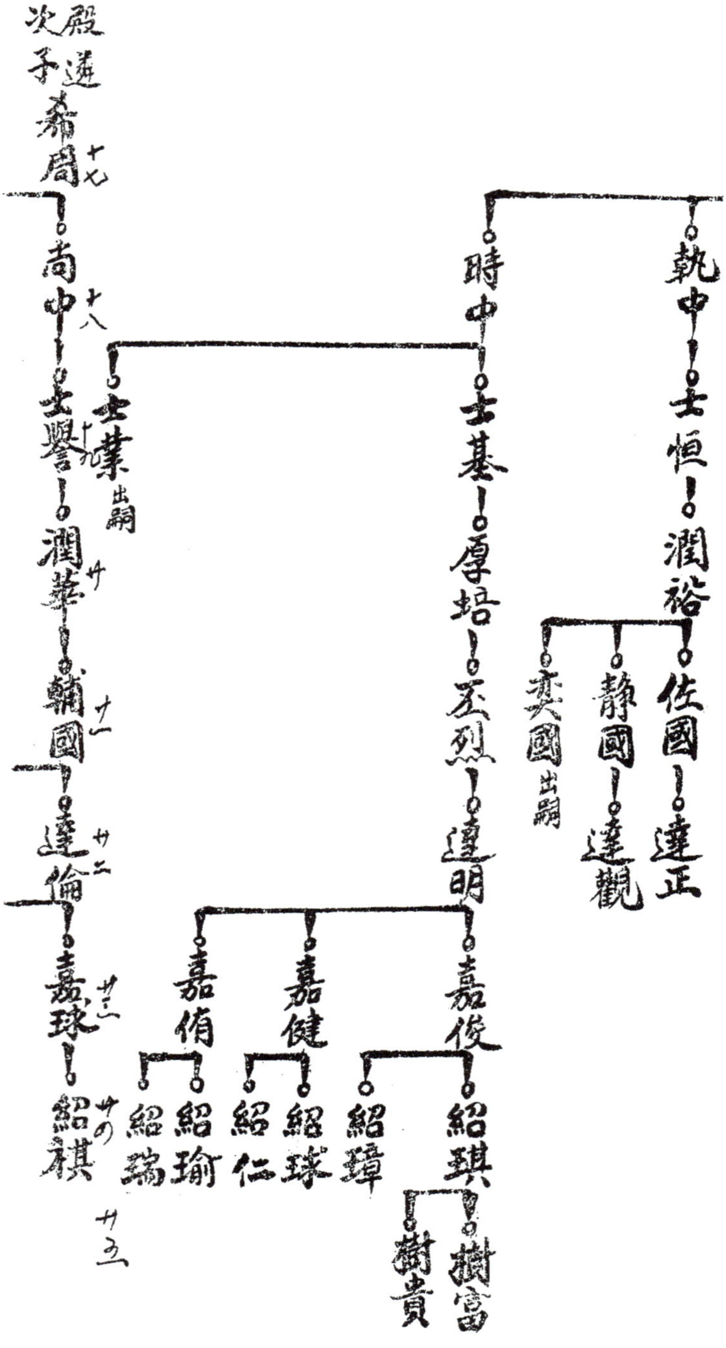
殿選次子
希周
十七
執中
時中
尚中
十八
士恒
士基
士業
出嗣
士譽
十九
潤裕
厚培
潤華
廿
佐國
靜國
奕國
出嗣
丕烈
輔國
廿一
達正
達觀
達明
達倫
廿二
嘉俊
嘉健
嘉侑
嘉球
廿三
紹琪
紹璋
紹球
紹仁
紹瑜
紹瑞
紹祺
廿四
樹富
樹貴
廿五

卷二　二十二

秉中—士榮

秉中—士昌—潤宣—奕國

奕國—達章—嘉偉—紹東

嘉偉—紹基

達章—嘉賓—紹唐—樹清

嘉賓—紹文

嘉賓—紹南

奕國—達卿—嘉芝—紹任—樹芳

達卿—嘉芹

達卿—嘉鍪

達壽

嘉瑜

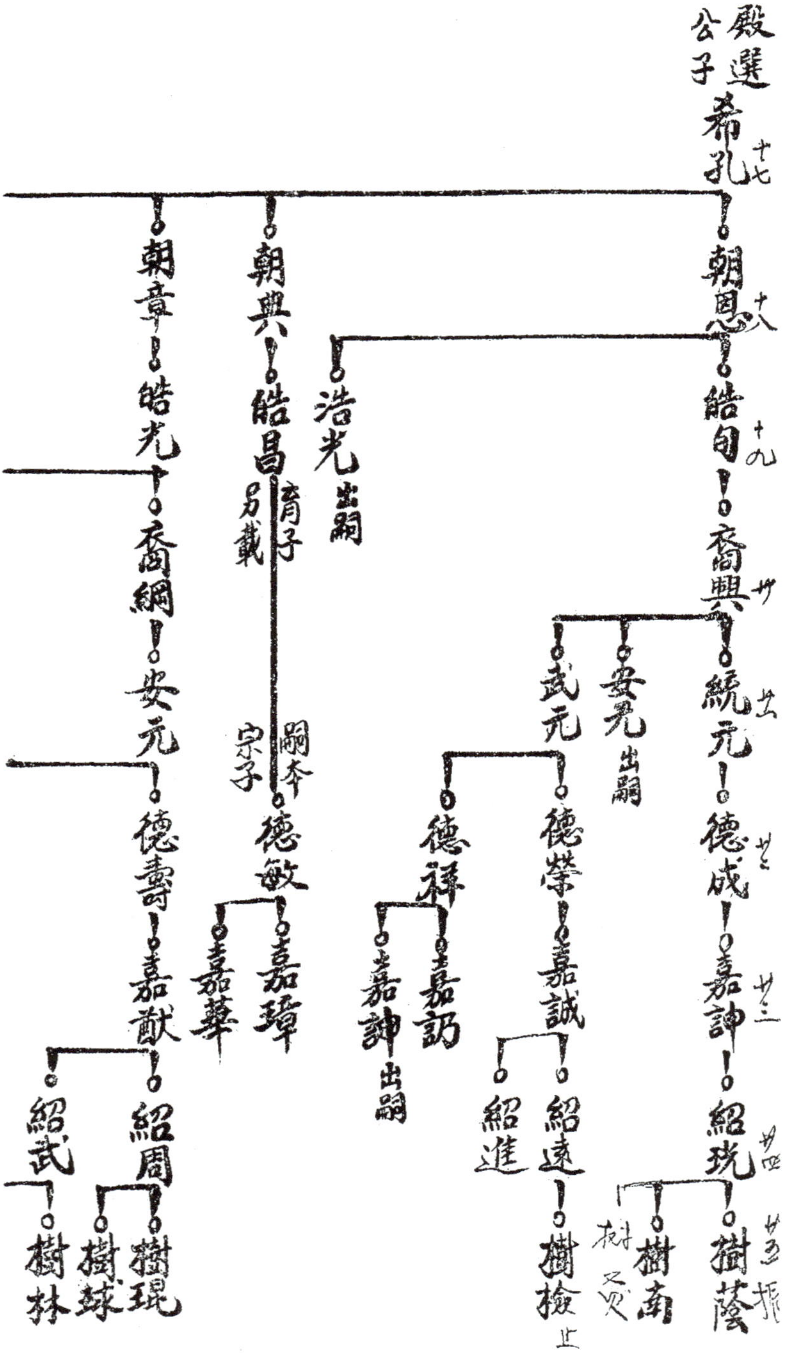

殿選公子
希孔
十七
朝恩
十八
朝興
朝章
浩光
出嗣
皓旬
十九
皓昌
另載
育子
皓光
裔興
廿
裔綱
統元
安元
出嗣
武元
安元
嗣李
宗子
德敏
德成
德榮
德祥
德壽
嘉誧
嘉誠
嘉訪
嘉誧
出嗣
嘉璋
嘉華
嘉猷
紹珖
紹遠
紹進
紹周
紹武
樹蔭
樹南
樹檢
止
樹琨
樹球
樹林

卷二　廿三

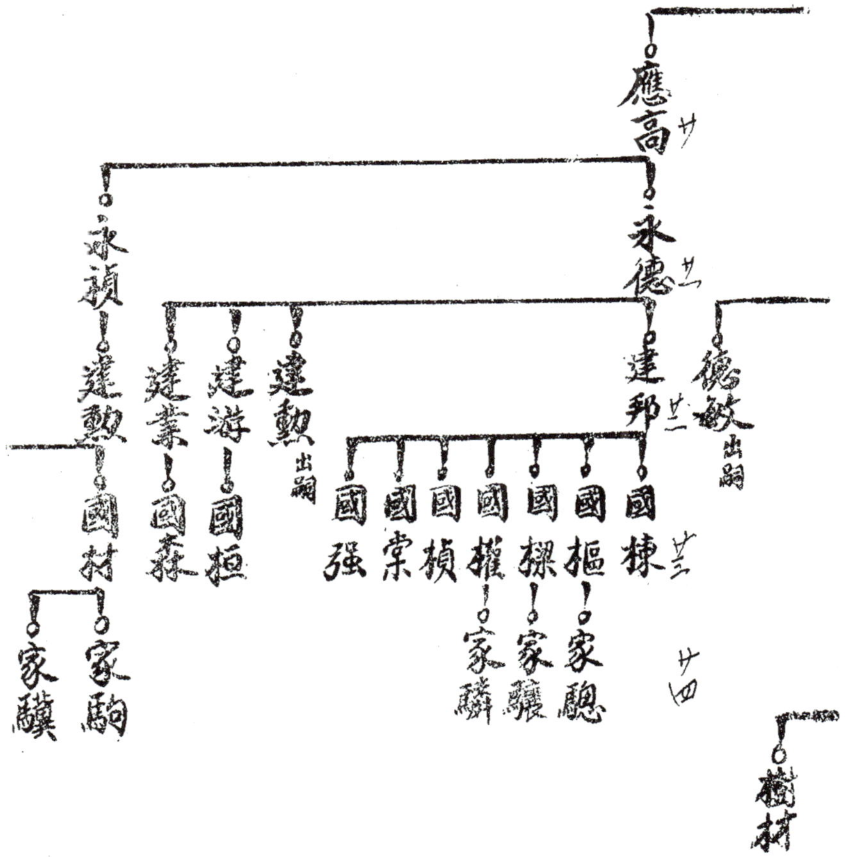
應高　廿
永德　廿一
永顗
建邦　廿二
建勲　出嗣
建游
建業
建勲
德敏　出嗣
國棟　廿三
國樞
國樑
國權
國楨
國棠
國強
國桓
國森
國材
家聰
家驤
家麟
廿四
家駒
家驥

朝懿—皓宣

國槐—家駿

國梅

國桓出嗣

國樟

孝德公子 敦智—淑宗—慶雲—遠照—維政—達光

維朝出嗣

維清—達華

青儕

殿賡長子 汝為 十七—撫庶 十八—志高 十九—裕德 廿—寶綬 廿一—興棠 廿二—嘉琛 廿三—紹侃 廿四

廿五

裕學—金綬—興培—嘉堯—紹償

卷二　二十四

安綏

興坤
- 嘉瑛
- 嘉鎮
  - 紹祐
- 嘉賢

興鈞
- 嘉標
  - 紹江
- 嘉朝
  - 紹良
  - 紹棋

興釗
- 嘉運
  - 紹海
  - 紹深
  - 紹沂

嘉慶
- 紹信

- 紹僖
- 紹侃出嗣
- 紹仁

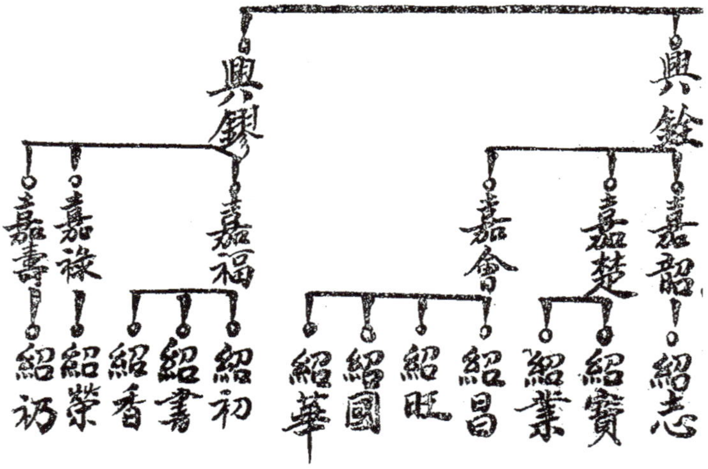
興鋑
嘉韶
紹志
嘉楚
紹寶
紹業
嘉會
紹昌
紹旺
紹國
紹華
興鏐
嘉福
紹初
紹書
紹香
嘉祿
紹榮
嘉壽
紹礽

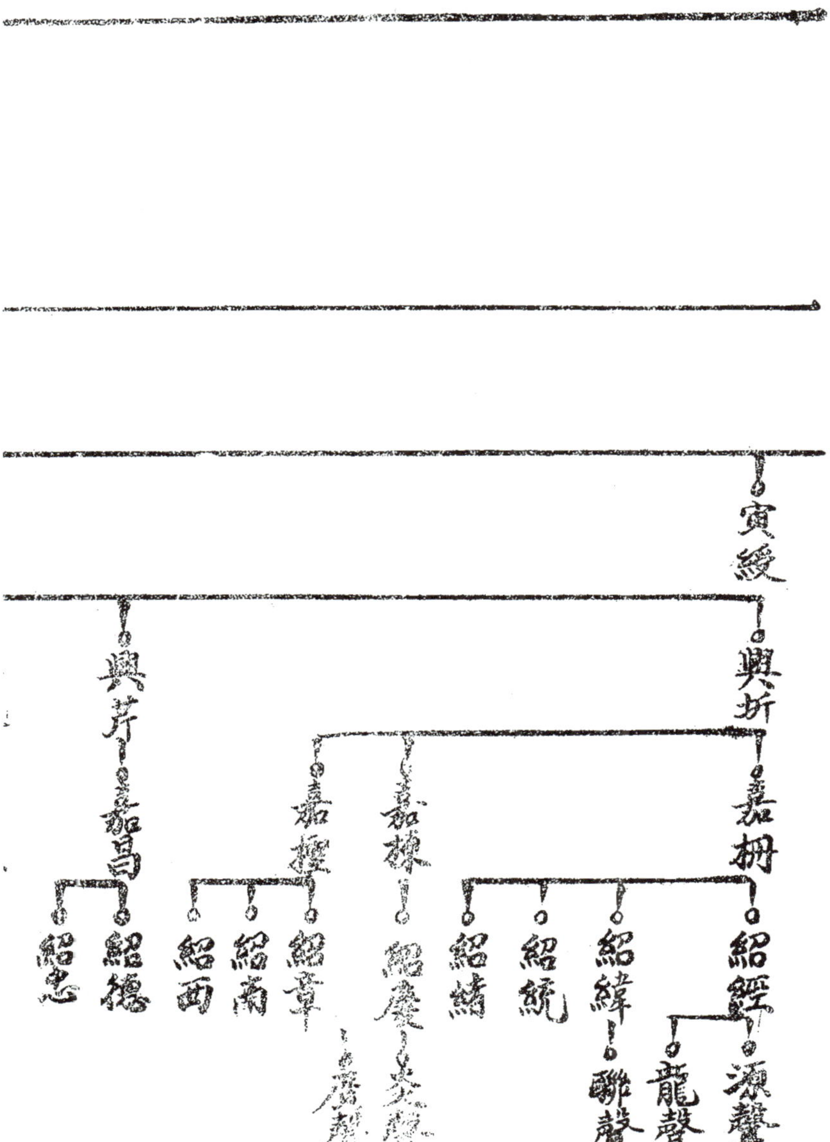
寅綬
興圻
興芹
嘉栩
嘉棣
嘉樫
嘉昌
紹經
紹緯
紹統
紹緒
紹慶
紹章
紹南
紹西
紹德
紹忠
源聲
龍聲
聯聲
炎聲
廣聲

興振
嘉文
紹[illegible]
紹芳
紹蘭
嘉武
興仕 出嗣
興智
興芳
宏綬
興周
裕和 廿
祥綬 廿一
興仕 廿二
嘉來 廿三
紹鈞 廿四
紹鎮
紹鏐
紹鋼

卷六　三十六

元綫

興桂

嘉材
紹林
紹柱
紹炎
紹礼

嘉進
紹楷
紹棟

嘉惠
紹行
紹倫

嘉毅

嘉政

嘉琳
紹彩
紹彤

嘉樹

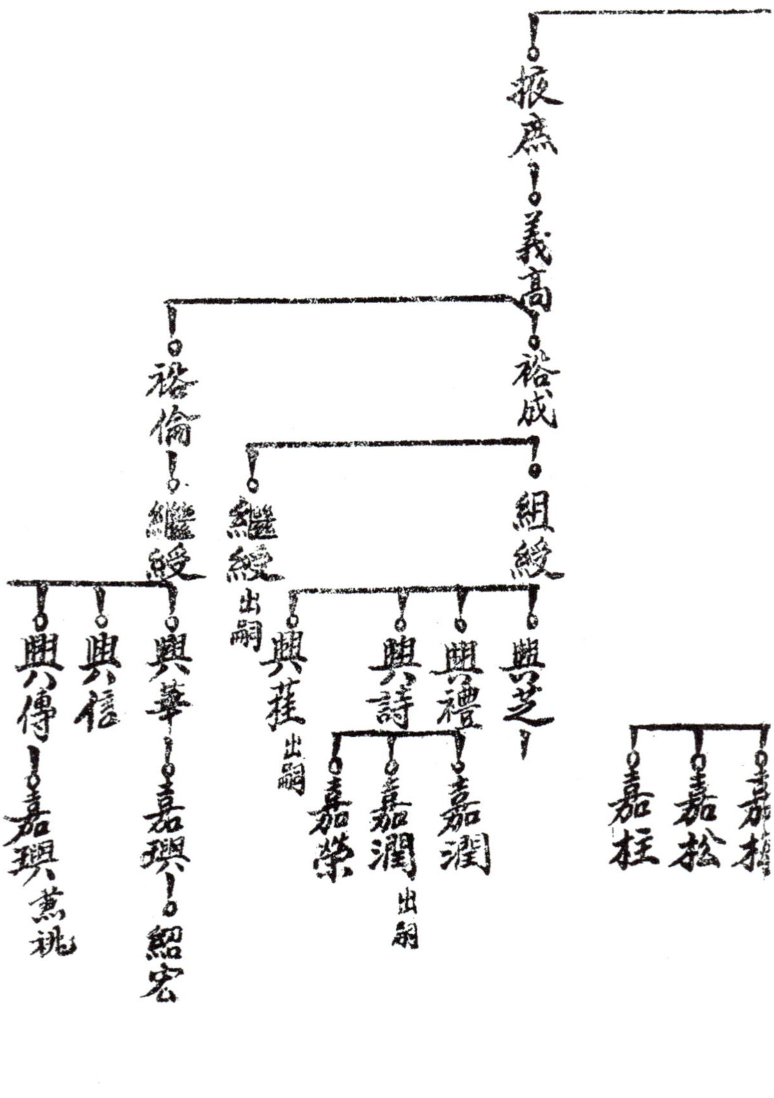
義高
裕成
裕倫
繼綬
繼綬
出嗣
組綬
興芝
興禮
興詩
興華
興信
興傳
出嗣
嘉榮
嘉潤
出嗣
嘉柱
嘉松
紹宏

善濟

次子 殿賡

汝翼

持庶　扶庶

品高　廣高

裕馨　裕新　裕舒　裕材

興茂

綸綬　綸綬 出嗣　遠綬　綱綬　繡綬

興佳　興仙　興俊　興儒　興年

嘉宏　嘉宏 出嗣　嘉富　嘉賓

卷二　二十七

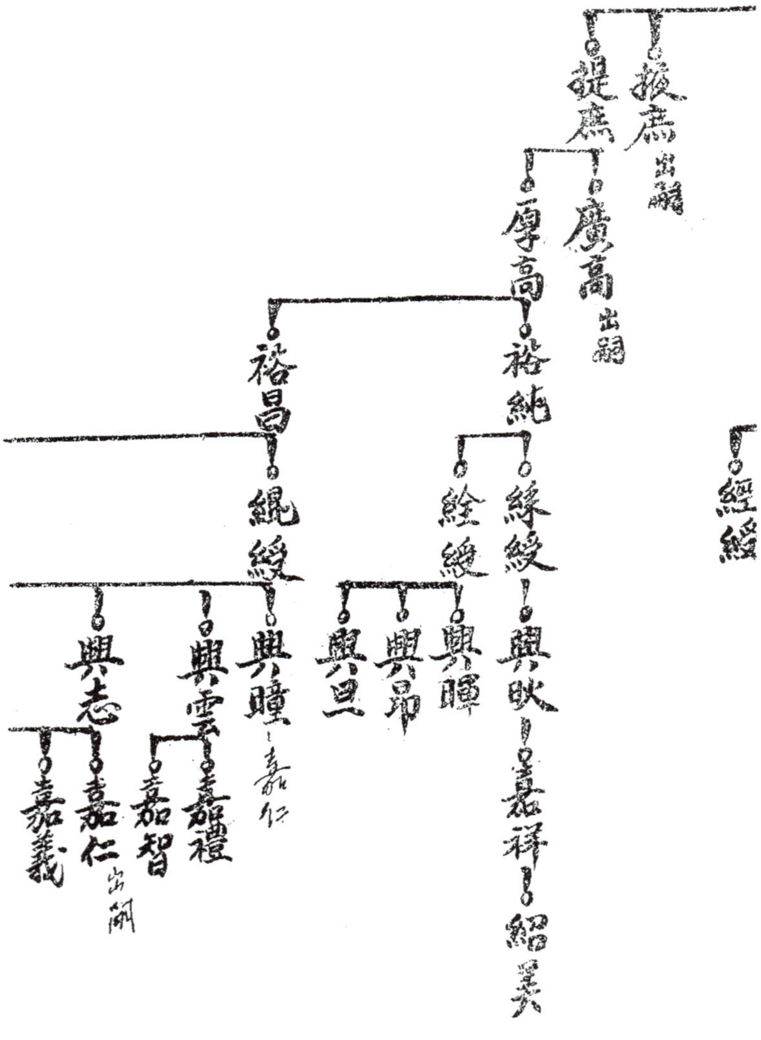
振庶 出嗣
提庶
廣高 出嗣
厚高
裕純
裕昌
經綬
綵綬
絟綬
緄綬
興畋
嘉祥
紹熒
興暉
興昂
興旦
興瞳
興雲
嘉禮
嘉智
興志
嘉仁 出嗣
嘉義

四端
進门

卷二　二十八

殿輔子
岳薦
撫庶出嗣
廣勳
紹和
佩琳

殿獻子
岳舉
世業
紹康
壽彰
達朝
興鈺
嘉芳
紹源
紹漢
紹衍
紹洋

達廷
興鈺出嗣
興錦
嘉松
嘉[illegible]

緡綬
興盛
嘉信
嘉俊
忠

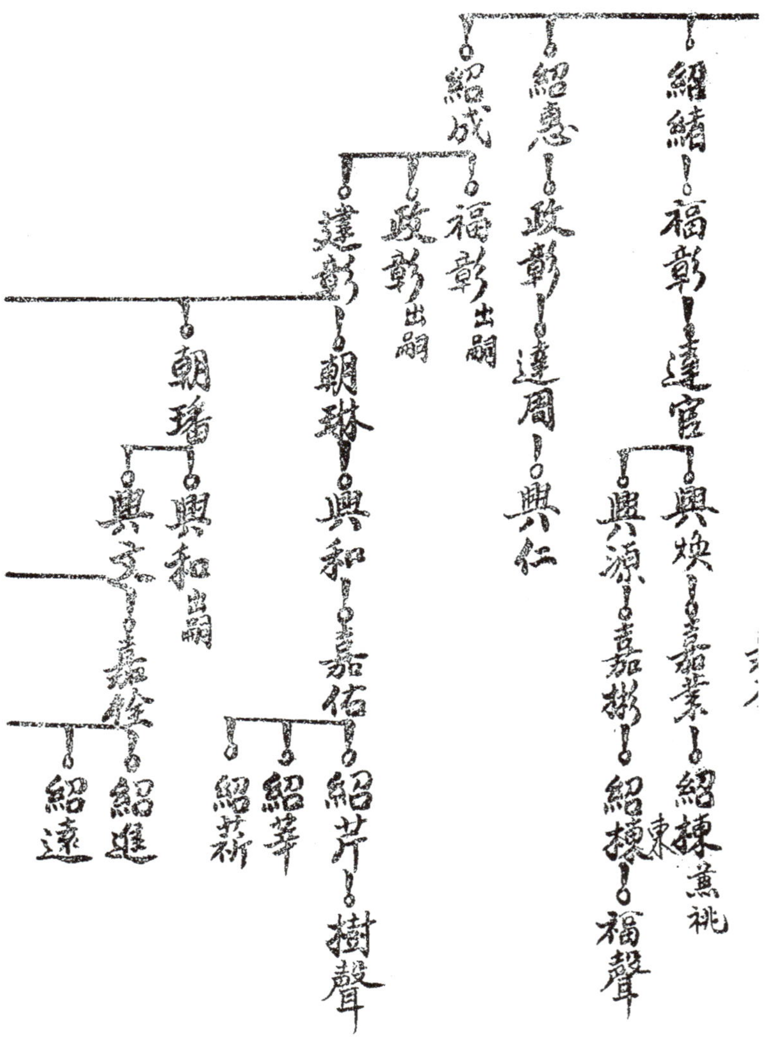
紹緒
福彰
達官
興煥
嘉業
紹棟
興源
嘉彬
紹棟
福聲
紹惠
政彰
達周
興仁
紹成
福彰出嗣
政彰出嗣
達彰
朝琳
興和
嘉佑
紹芹
樹聲
紹華
紹蘄
朝璠
興和出嗣
興文
紹進
紹遠

普濟
花傾

卷二

二十九

殿勳子

岳膺 — 宗漢 — 顯暘 — 鸞書 — 佐杰 — 興翔 廿 — 嘉爵 廿三 — 紹理 廿四
紹泉

嘉孚 — 紹理 出嗣

朝邦 — 興椿 — 嘉貞 — 紹溫
嘉利
嘉亨 — 紹富
紹貴
嘉元
紹達
紹迈

朝材

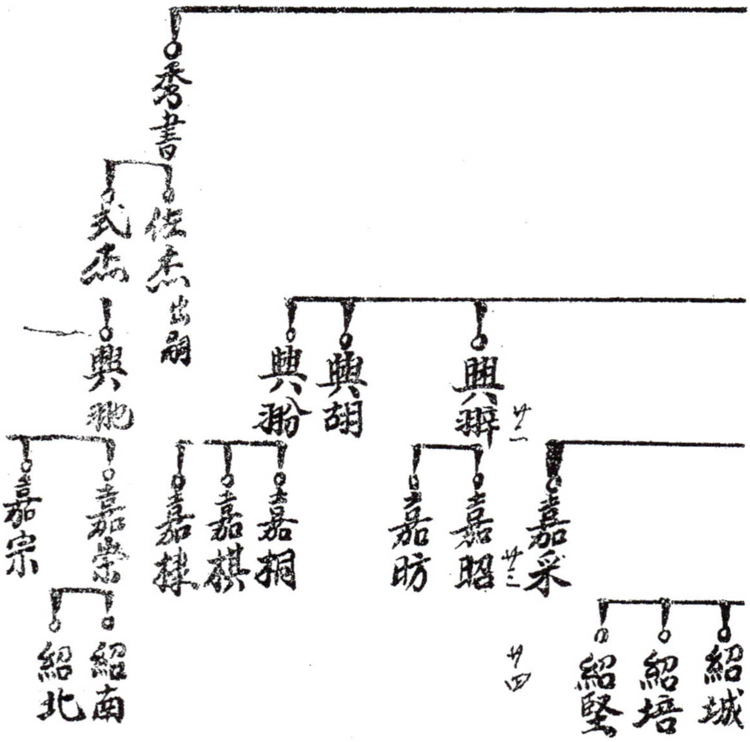
秀書
佐杰
出嗣
式杰
興胡
廿一
嘉宗
嘉崇
嘉棋
嘉桐
嘉昉
嘉昭
廿三
嘉采
紹南
紹北
廿四
紹城
紹培
紹堅

卷二　三十

普濟

評考

子　至德

敦贊　十七

敬宗　十八

進常　十九

登才　廿一

建朝　廿　延朝

業楷　廿二　業楷 出嗣　業楷

嘉清　嘉海　嘉沼　廿三　嘉諒　嘉諺

兴施　兴敏

興施　廿二　興敏

嘉全　嘉蒸　嘉滐　嘉滑　廿三

嘉春　嘉泰　嘉秦　廿四

遂朝　迈朝

業栅　業森

嘉詢

業彬　業栅出嗣

業枝　業松　業棋　業森出嗣　業禎

嘉津　嘉添　嘉洋

容別22頁

欽德公子　敦本　十七 — 騄宗　十八 — 進棠　十九 — 登泰　廿 — 維朝　廿一 — 業榮　廿二 — 嘉德　廿三

業華

業英 — 嘉道（又振）、嘉義

業蔭

業材

業𢱧

紹文　紹旭　紹博

登儒（育子勇載）— 承朝 — 業芳 — 嘉琛 — 紹鑫

謙德公子　敦義 — 秩宗 — 進鄉　十九 — 登盛　廿 — 運朝　廿一 — 業旗　廿二

迪朝

適朝（桃燕）— 業樛

逮朝 — 業樛

卷二　三十八

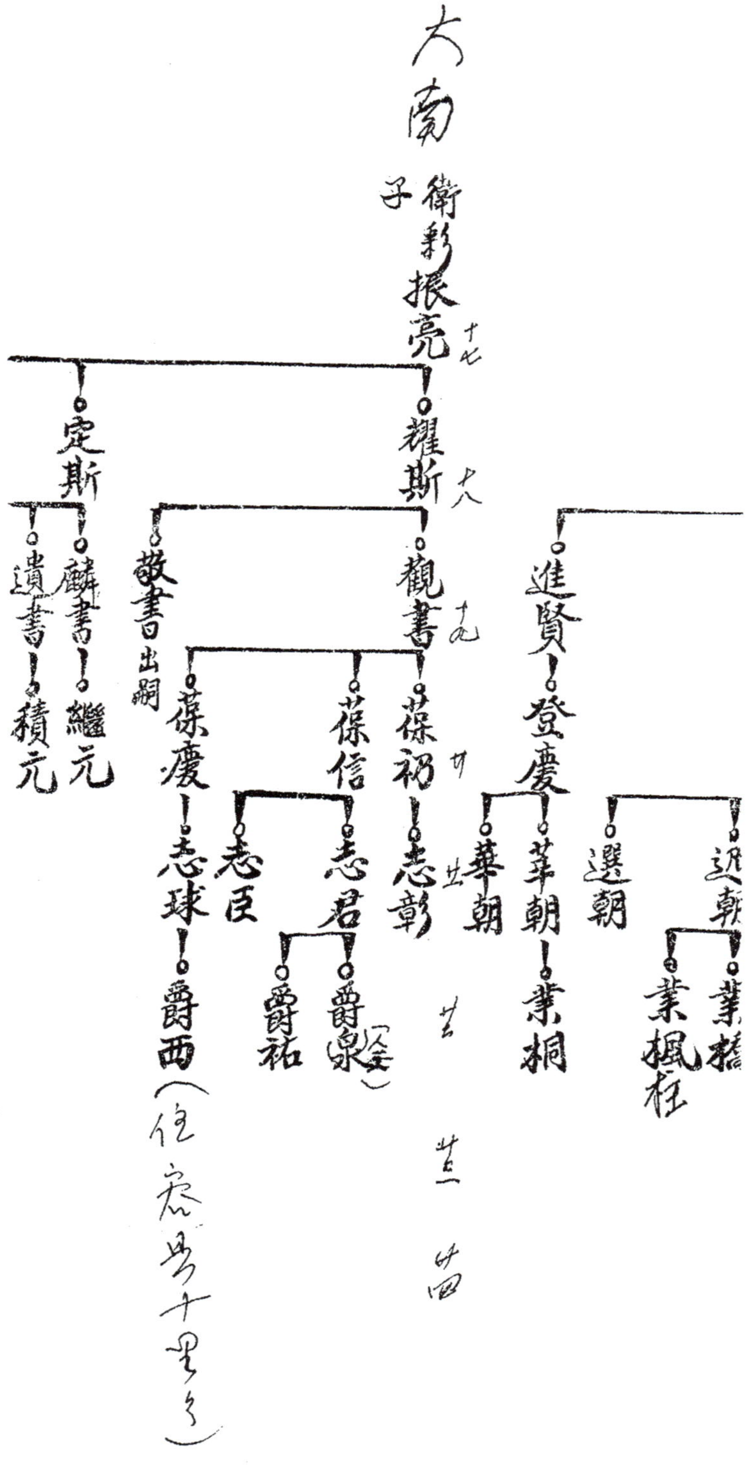

大南
子
衛彩
振亮
十七
定斯
耀斯
十八
麟書
遺書
敬書
出嗣
覲書
十九
進賢
繼元
積元
葆慶
葆信
葆初
廿
登慶
志球
志臣
志君
志彰
廿一
莘朝
華朝
選朝
爵西
爵祐
爵泉
廿二
業桐

卷二　三十八

瓊書
守元
積元出嗣
美元
繼元出嗣

梅斯
玉書
葆彝
文書
葆芳
葆華
傳書
盛書
相書

裕斯
麒書
葆荃
葆芹
志珍
爵鴻
爵清　句
佛

永斯—敬書

鳳書

志[illegible]—爵海　新

奇國長子彩鳳—德才—盛廣

盛廣—仲秀、仲源、仲新

仲秀—品佳、成佳

品佳—瑞英、進英、全英

仲源—敏佳、武佳、就佳、彩佳

仲新

奇國次子 彩相 — 德任 — 用廣 — 仲華
- 信佳
- 信佳

石山頭
秘臨

守序子 敬才 十七 — 相任 六 — 經進 九 — 位佐 廿
- 視祥 生 — 慶符 生
  - 仁彰 廿三 改名 佁彰
  - 義彰 維彰
  - 禮彰 晉彰
  - 智彰 纓彰 油彰
- 𨀈祥
  - 慶符 出闕
  - 達符
    - 光彰 改名 啓彰 桐彰
    - 允彰 蒂彰 業彰
- 麟祥 — 君符 廿華
- 呈祥
- 庚祥 — 華符 出闕 — 善彰
- 信祥
  - 海符
  - 復符 改 澍符
  - 改沛符

卷二　三十三

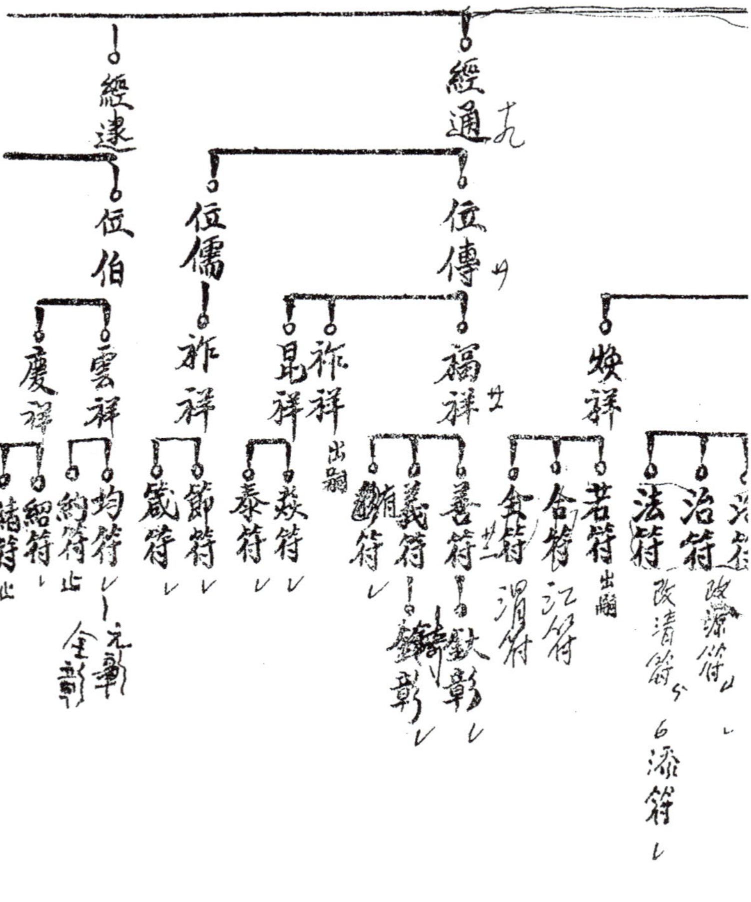

經遠
經通
位伯
位儒
位傳
慶祥
雲祥
祚祥
昆祥
祚祥
福祥
煥祥
緒符
紹符
約符
均符
箴符
節符
泰符
義符
善符
若符
合符
法符
治符

卷二　二十四

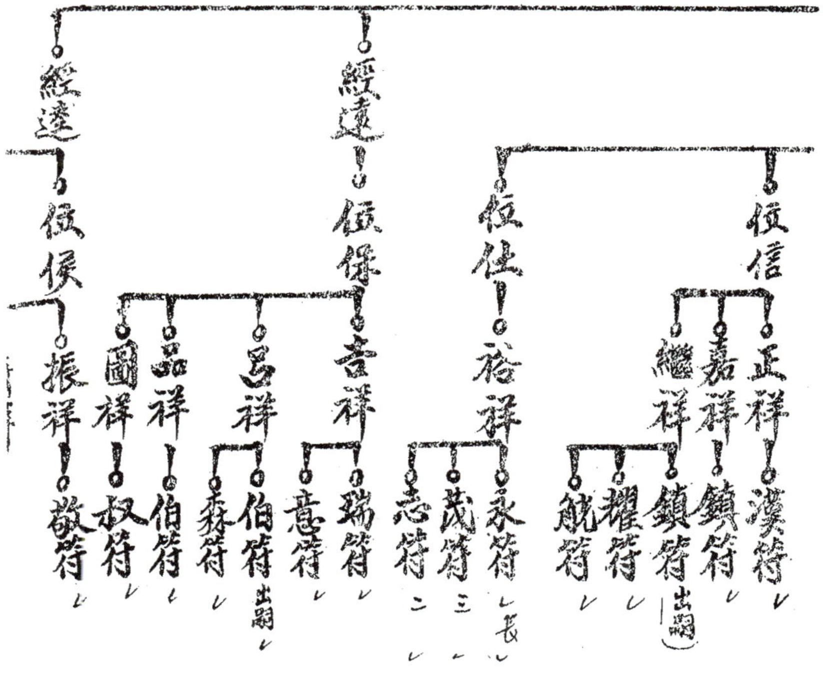
經逵
侯侯
振祥
敬符
經遠
侯保
吉祥
瑞符
意符
呂祥
伯符 出繼
森符
品祥
伯符
圖祥
叔符
位仕
裕祥
永符 長
茂符 三
志符 二
侯信
正祥
漢符
嘉祥
鎮符
繼祥
鎮符 出繼
耀符
航符

守揚長子國章—善賢 兼祧

守揚次子國棟（十七）—善賢（十八）—佐臣（十九）—瀞禎（廿）

佂佳 止
佂佩 止
佂傑 止
佂俊 止
康祥 止

振晟（廿一）—積琳（廿二）—厚德（廿三）—承業（廿四） 乚
承泉 乚
承元 乚

振昇—積琳 出嗣 乚
積瑛—厚信—承友 乚
積端 出嗣 乚

卷二　三十五

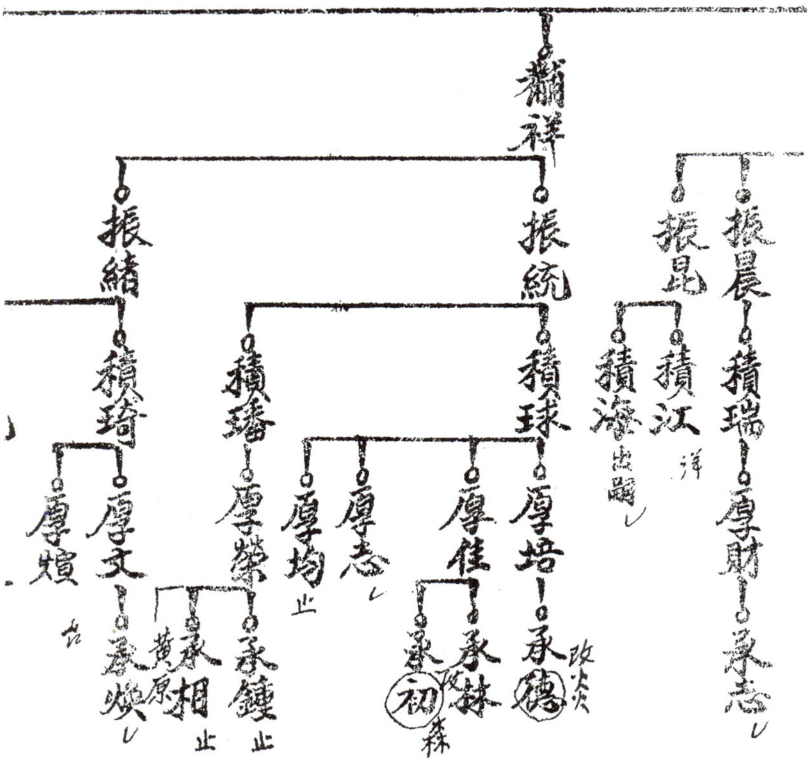
綳祥
振緒
振統
振昆
振晨
積琦
積璠
積球
積江
積瑞
厚煊
厚文
厚榮
厚均 止
厚志
厚佳
厚培
厚財
承煥
承相 止
承鍾 止
承初
承妹
承德
承志

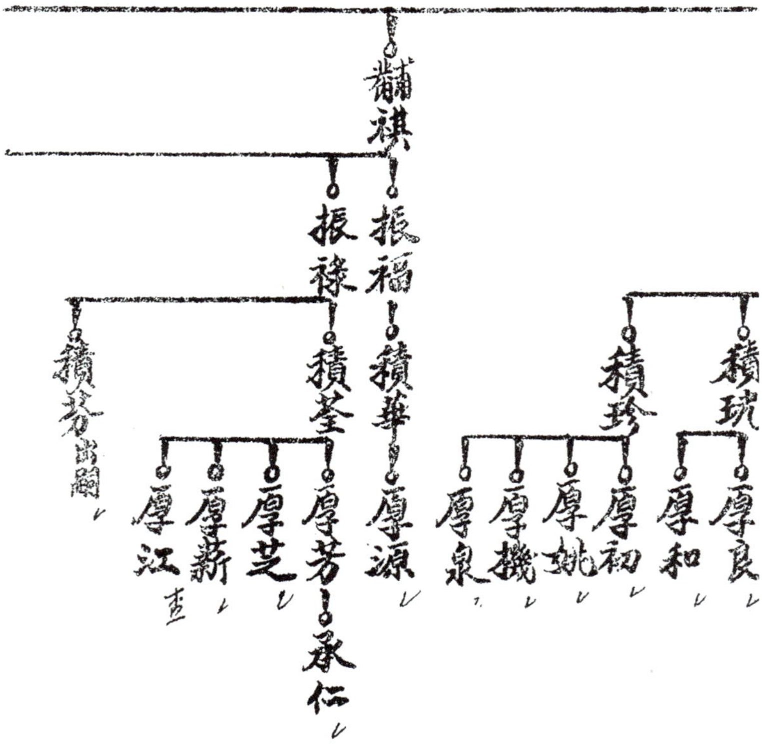
黼祺
振福
振祿
積華
積荃
積芳出嗣
厚源
厚芳
厚芝
厚薪
厚江
承仁
積琥
積珍
厚良
厚和
厚初
厚姚
厚機
厚泉

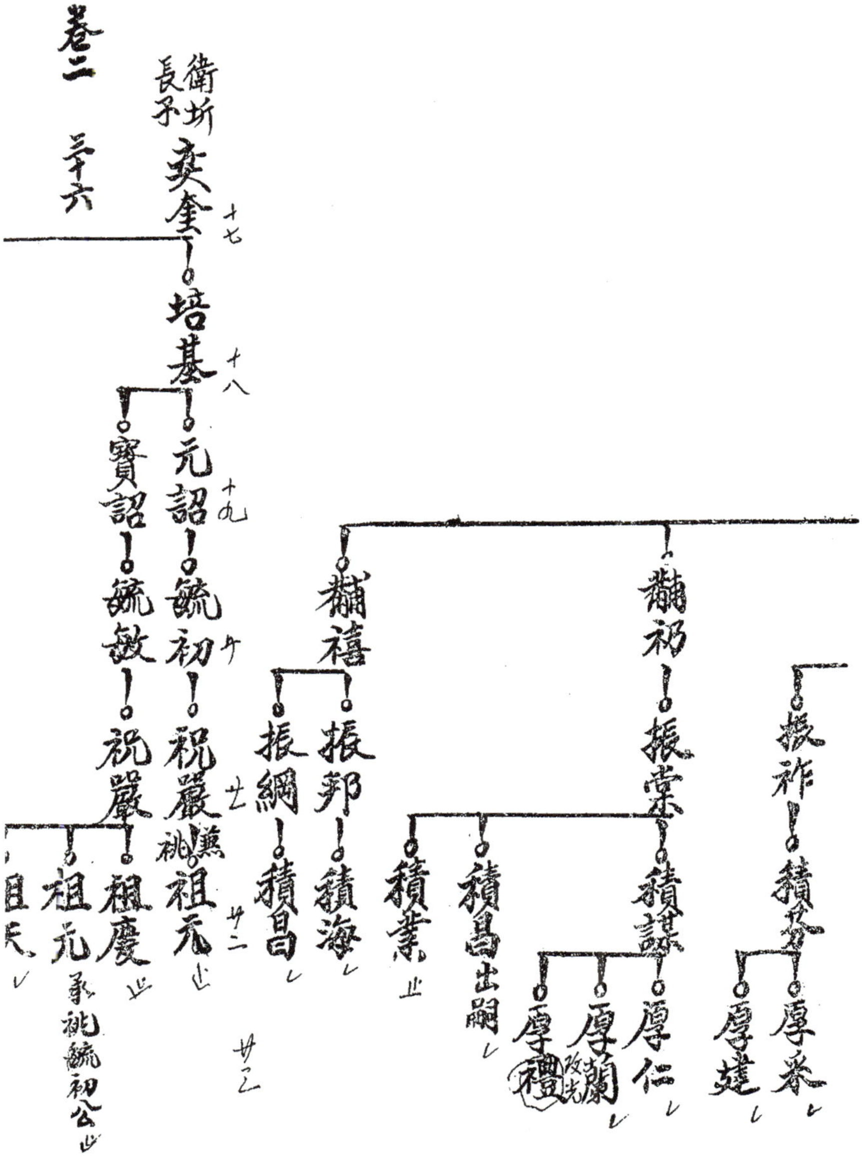

卷二　三十六
衛圻長子
奕奎
培基
元詔
寶詔
毓初
毓敏
祝巖
祝巖
祖元
祖慶
祖元
承祧毓初公
十七
十八
十九
廿
廿一
廿二
廿三
黼禧
黼初
振邦
振綱
振棠
振祚
積海
積昌
積業
積昌出嗣
積謀
厚仁
厚蘭
厚禮
厚希
厚璉

- 培謙
  - 恩詔
    - 毓秀
      - 祝航
        - 祖翼
          - 德東 止
          - 德澤 〃
- 培順
  - 溫詔
    - 毓球
      - 祝詢
        - 祖官
          - 德震 〃
        - 祖守
          - 德霞 出嗣之旎 〃
          - 德霖 〃
          - 德寅 〃
  - 綸詔
    - 毓琼
      - 祝平
        - 祖勳
          - 德貴 止
          - 德賢 子采榮
          - 德賡 〃
      - 祝坤
        - 祖勳 出嗣

卷二　三十七

培業—廣詔—毓蘭—祝萱—祖榮—德仁—之源、之龍、之英
　　　　　　　　　　　　德義—之泉、之沛
　　　　　毓璦—祝璜—祖周—德烓
　　　　　　　　　　祖懷—德壬、德三、德廣、德偉、德齡、德福
　　　　　　　　　祖材—德芳出嗣
　　　　　　　　　祖恩—德芳

衡圻次子
奕泰（十七）—培政（十八）

- 寵詔（十九）—蔭桐（廿）—祝成（廿一）
  - 祖綿
  - 祖延
- 錫詔—蔭松—祝壽—祖新—德海

廿二　廿三　苗　茲

- 毓芹
  - 祝蕃—祖庚
    - 德文
    - 德相
    - 德燕
    - 德烈
    - 德辛
    - 德忠
  - 祝華—祖彝
    - 德信
- 祖琛—德謙
- 德智—之漢
- 德禮

卷二　三十八

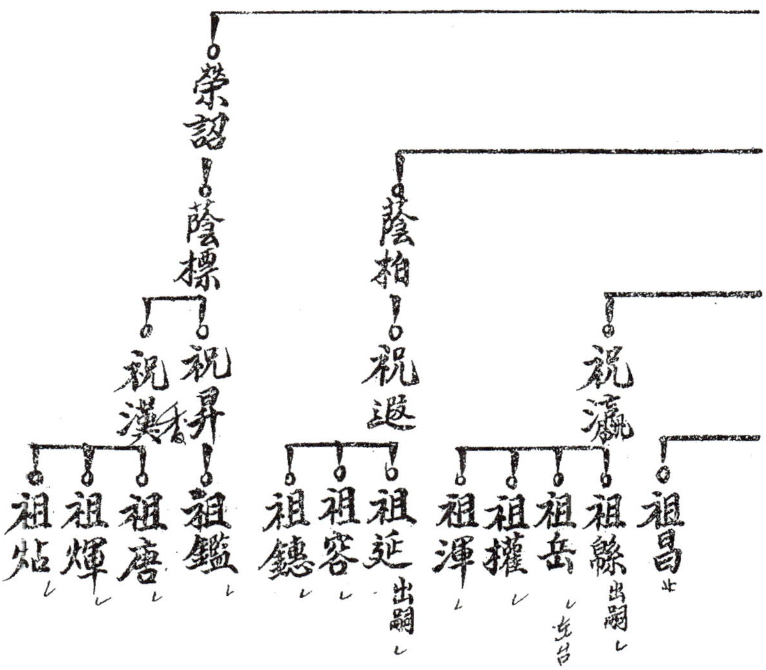

- 衛圻三子 奕璋
  - 培芳
    - 殿詔
      - 蔭禎
        - 祝劉
          - 祖祁 乚
        - 祝崧
          - 祖礽
            - 德榮 乚
            - 德炤 乚
          - 祖任 乚
        - 祝炎
          - 祖礽 出嗣
          - 祖秘 乚
        - 祝都
          - 祖祒 乚
          - 祖梅 乚
        - 祝川
          - 祖祿 止
          - 祖任 乚 出升
          - 祖季 止
    - 典詔
      - 蔭沂
        - 祝嘉
          - 祖箕
            - 德遠 止
          - 祖裘
            - 德遠 出嗣

卷二　三十九

- 祝樞
  - 祖照 止
  - 祖沛 止
  - 祖衡 止
- 培才
  - 品詔 — 蔭椿
    - 祝隆
      - 祖湘 止
      - 祖淳 出嗣止
    - 祝錀 — 祖祜 止
    - 祝廷 — 祖淳 止
  - 盛詔 — 蔭棚
    - 祝霄 — 祖仁
      - 德符 止
      - 德松 止
    - 祝翔 — 祖熙 止
    - 祝姚
      - 祖熙 出嗣止
      - 祖栻 止
    - 祝洪 — 祖強 止

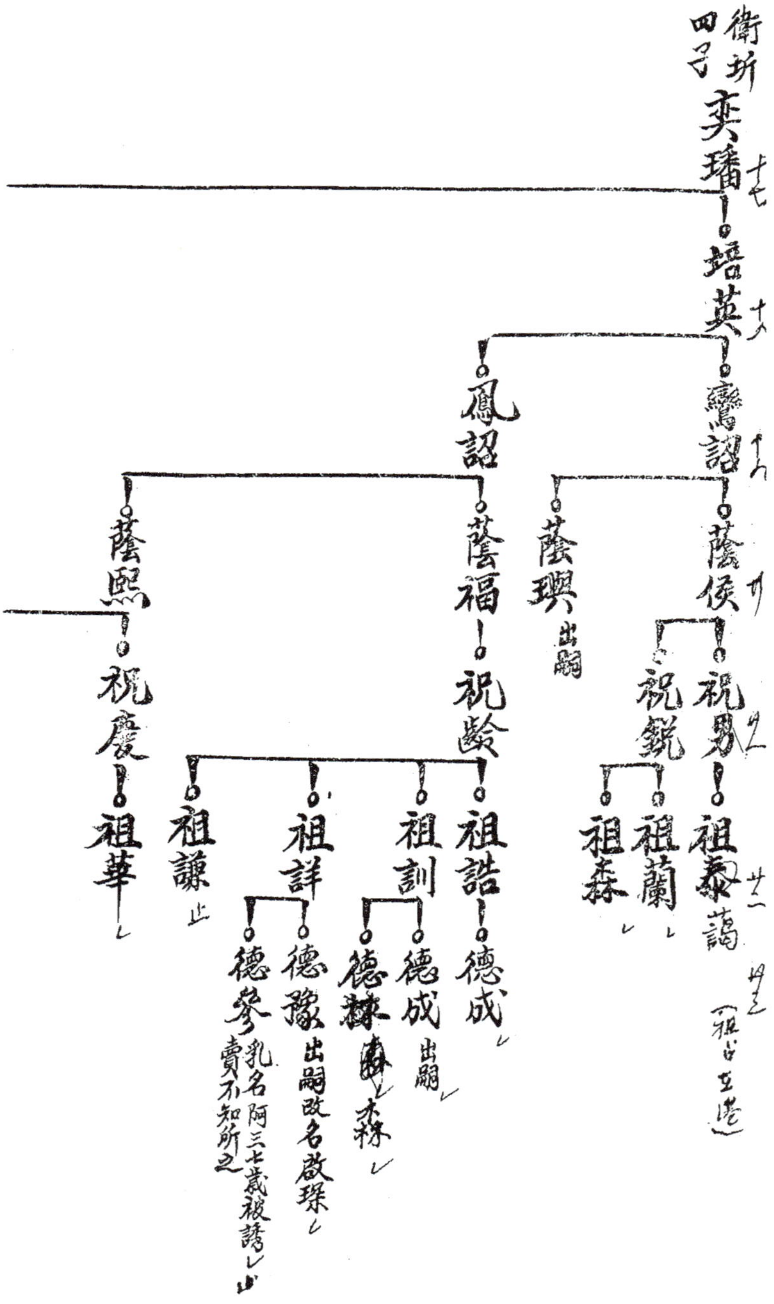

衡圻四子
奕璠
培英
鸞詔
鳳詔
蔭侯
蔭璵 出嗣
蔭福
蔭熙
祝男
祝鋭
祝齡
祝慶
祖泰
藹
祖蘭
祖森
祖誥
祖訓
祖詳
祖謙 止
祖華
德成
德成 出嗣
德棟
森
德豫 出嗣改名啟琛
德參 乳名阿三七歲被誘賣不知所之 止

卷二　四十

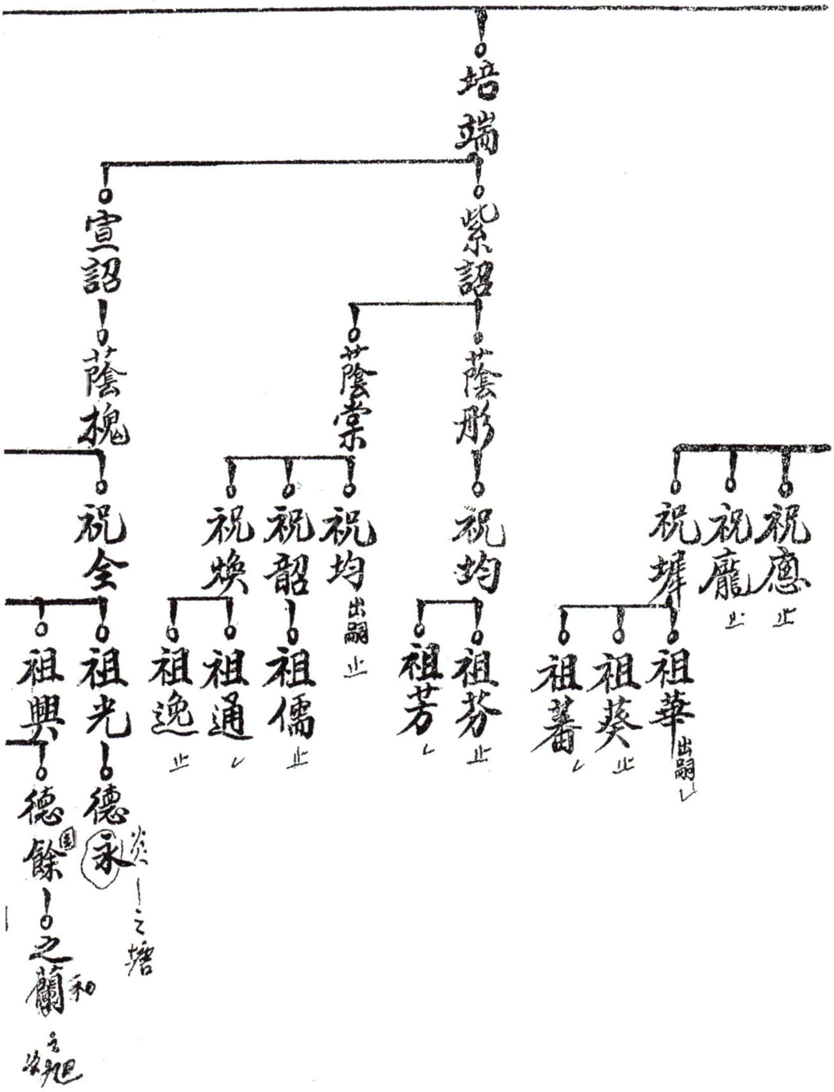
培端
宣詔
紫詔
蔭槐
蔭棠
蔭彤
祝全
祝焕
祝韶
祝均
出嗣
止
祝均
祝墀
祝龐
祝應
止
止
祖興
祖光
祖逸
止
祖通
祖儒
止
祖芳
祖芬
止
祖蕃
祖葵
止
祖華
出嗣
德餘
德永
之蘭
和

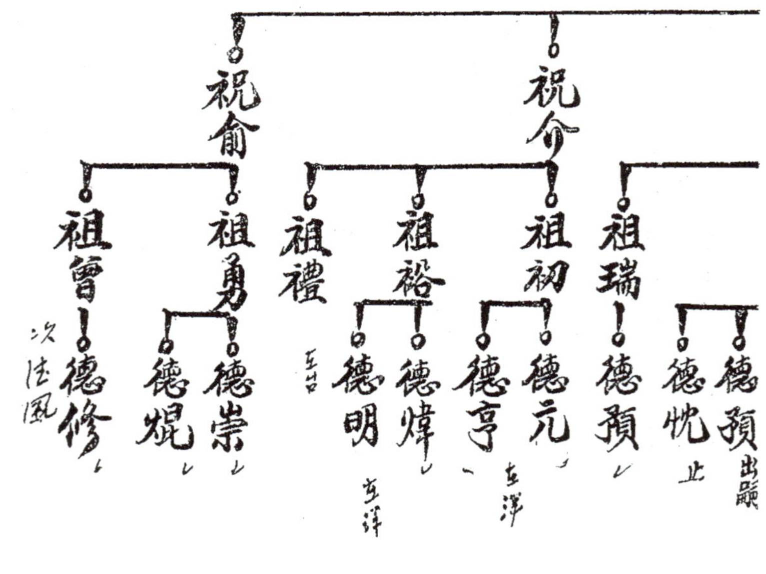
祝俞
祝介
祖曾
祖勇
祖禮
祖裕
祖初
祖瑞
德修
德焜
德崇
德明
德煒
德亨
德元
德預
德預
在洋
在洋
止

卷二 卑一

培儉

清詔

蔭崇　蔭穀

祝旦　祝智　祝晉　祝皓　祝國

祖甲 止　祖乙　祖戊　祖己 止　祖庚 出嗣止　祖辛

祖漢 吾

祖賢　祖員　祖贊 即勳贊平

祖魁 即祖祥

祖建　祖猷 代找

培緒
懿詔

蔭涵 — 祝富 — 祖煌
蔭溥 — 祝豐 — 祖煌 出嗣

蔭鑾 — 祝愷 止、祝煒、祝模
蔭崧 — 祝宗 — 祖武；祝耄 侯找；祝湞；祝潛

祝醴 — 祖龍
祝同

卷二　四十二

- 清詔 出嗣
- 通詔
  - 蔭暉
    - 祝多
      - 祖良
        - 德周
        - 德寧
      - 祖符
      - 祖英
    - 祝壽 出嗣
    - 祝豐 出嗣
  - 蔭照
    - 祝潮
- 蔭澤
  - 祝融
    - 祖硯
    - 祖聖
    - 祖詹 勤
- 祖劉 出

培芳 出嗣

培源—純詔—蔭華—祝熉—祖桐—德潛、德潵

培漵—颺詔—蔭璵—祝昌—祖宏—德揚、德銘、德犀

祝昌—祖憲

蔭璵—祝昂—祖京、祖亮、祖亳

培俊—祥詔—蔭華 出嗣止

祥詔—蔭植—祝鏐—祖洵

十八
十九
廿
廿一
廿二
廿三
廿四

卷二　四十三

培愷
賢詔
蔭覞
祝周 止
蔭甡
祝秋
蔭隆
祝贊
祝曜
祝仙
祝英 止

培芝
賢詔 出嗣
唐詔
蔭材
祝汪

蔭焜
祝潭
祝海

祖登

瀛詔
- 蔭蕃 — 祝恭
- 蔭丞

蔭榛
- 祝恭出嗣
- 祝莊

衛甸長子 奕玢
- 培禮 — 輔𦦨 — 奇文
  - 祝芬 — 祖禧
  - 祝三 — 祖暉
  - 祝芹
    - 祖禧出嗣
    - 祖岑
- 培量出嗣

衛甸次子 奕棠 十七 — 培量 十八 — 輔廷 十九 — 燦文 廿
- 祝芳 廿一
  - 祖堯 廿二 — 德宏 廿三
  - 祖傳 — 德鑾
- 祝常
  - 祖惠 — 德森
  - 祖鉌

卷二　四十四

- 輔彝 出嗣
- 耀文
  - 祝良
    - 祖琦
      - 德暉
      - 德海
      - 德詳
  - 祝蘭
    - 祖珍
      - 德生
        - 之芳
        - 之敘
      - 德才
    - 祖瓊
  - 祝璋
    - 祖仍 止
    - 祖清 止
- 祖幹 止

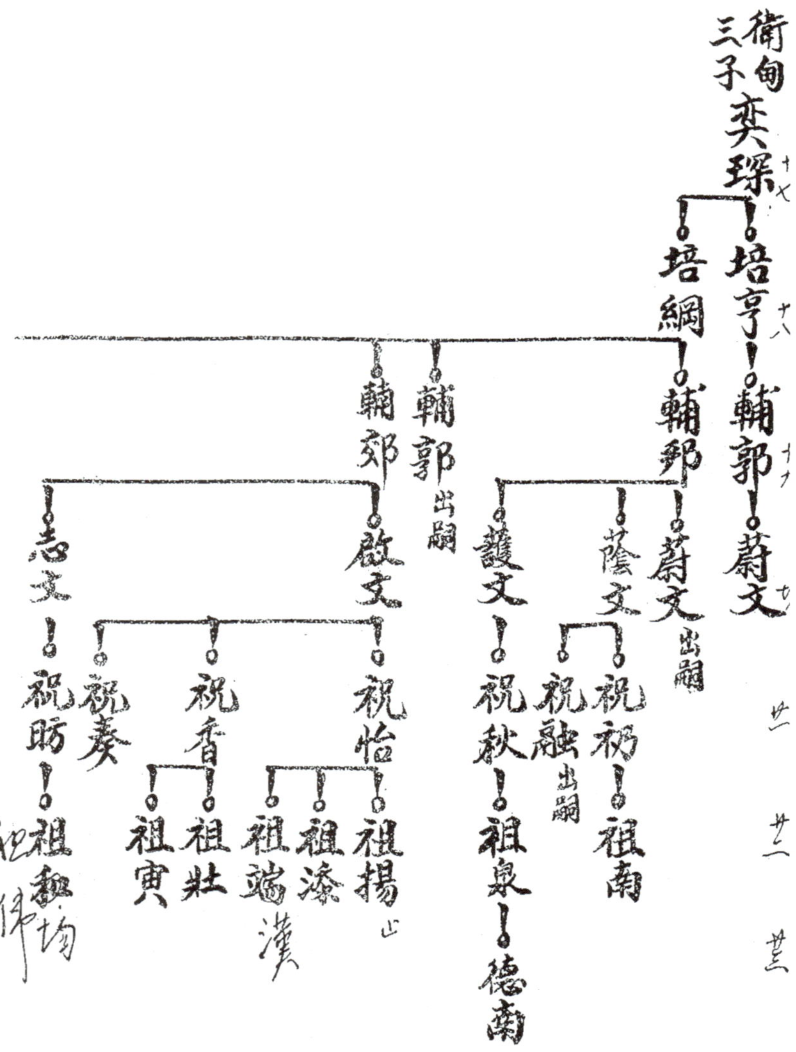
衛甸三子
奕琛
十七
培亨
培綱
十八
輔郭
輔邦
輔郭出嗣
輔郊
十九
蔚文
蔚文出嗣
蔭文
護文
啟文
志文
廿
祝融出嗣
祝秋
祝怡
祝香
祝奏
祝昉
廿一
祖南
祖泉
祖揚止
祖滌
祖端
祖壯
祖寅
廿二
德南
廿三

衛世長子
- 景嵩（十七）
  - 建猷（十八）
    - 掄英（十九）
      - 蔚礽（二十）
        - 祝唐（廿一）
          - 祖謀（廿二）
            - 德鏞（廿三）
            - 德

- 輔邠
  - 寀文
    - 祝鑫
      - 祖才
      - 祖隆
      - 祖乾
    - 祝添 出嗣
  - 試文
    - 祝懽
      - 祖星
    - 祝愉
  - 會文
    - 祝滁
      - 祖嶽
- 輔郇
  - 焕文
    - 祝信
  - 煕文
    - 祝權
    - 祝義
  - 福文
    - 祝序 庆

卷二　四十五

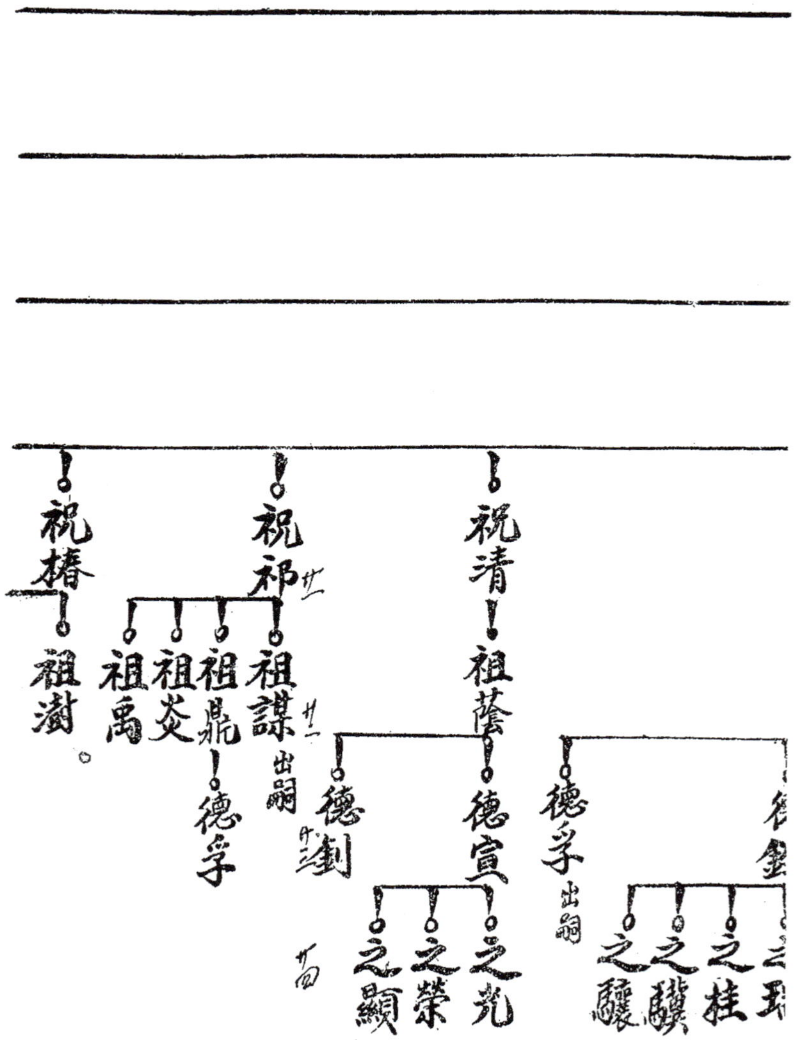
祝椿
祖澍
祝祁
廿一
祖謀
廿二
出嗣
祖鼎
德孚
祖炎
祖禹
祝清
祖蔭
德釗
德宣
之光
之榮
之顯
德孚
出嗣
之瓖
之桂

卷二　四十六

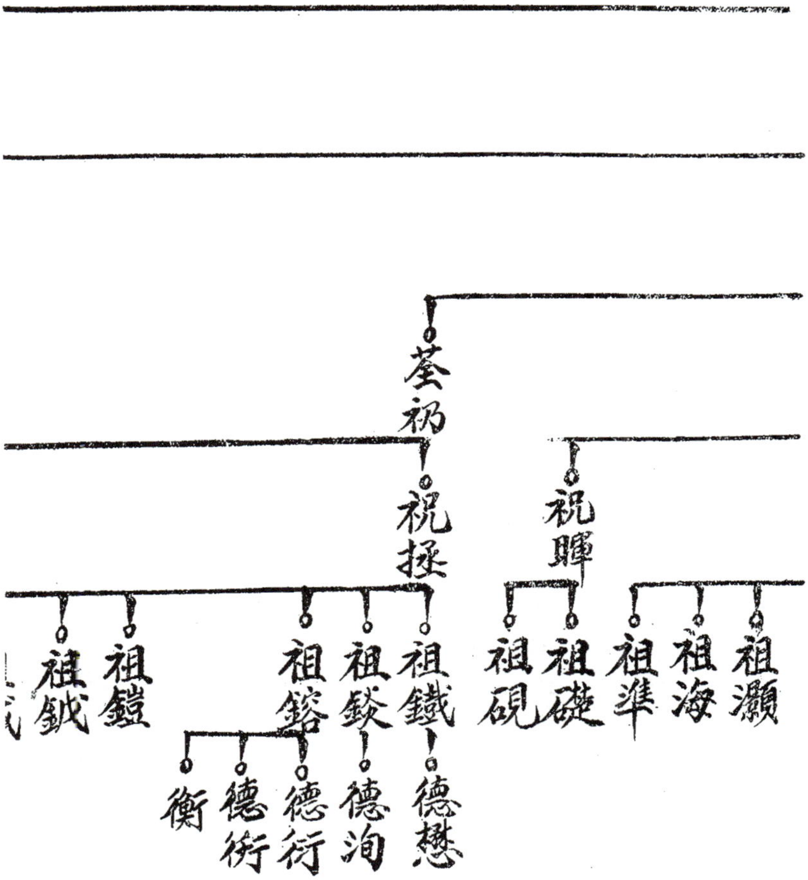

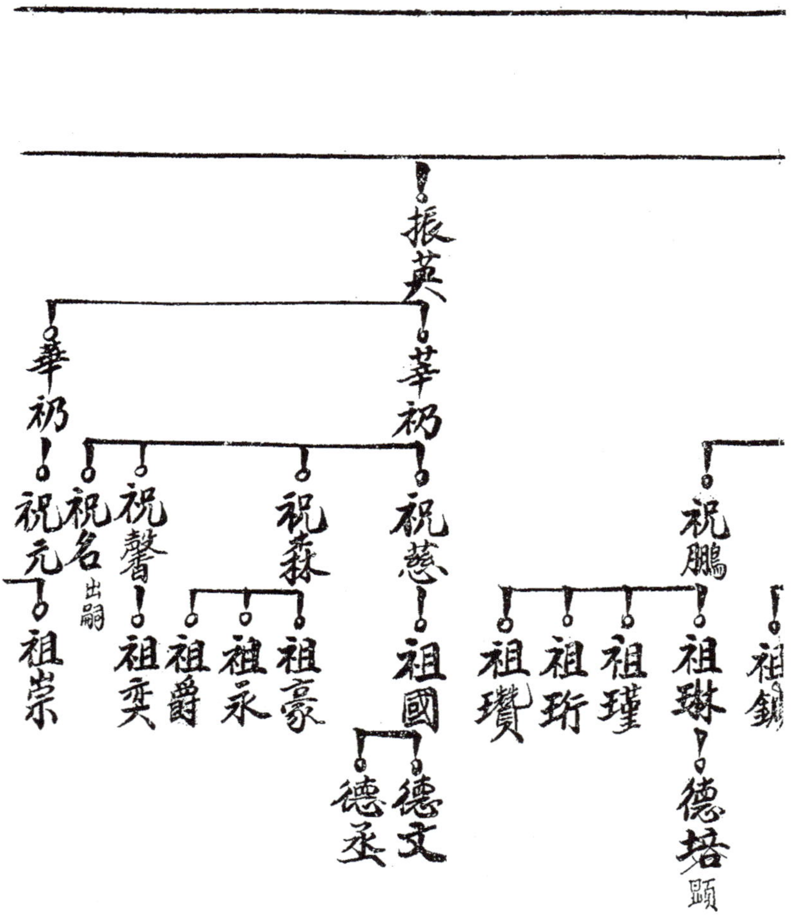
振英
莘礽
華礽
祝慈
祝蕤
祝謦
祝名 出嗣
祝元
祖國
祖豪
祖永
祖爵
祖奕
祖崇
德文
德丞
祝鵬
祖琳
祖瑾
祖玠
祖瓚
德培 顕
祖

祖國 出嗣　祖崧　祖峻

擠英 — 蕃礽 — 祝名

建常 出嗣

建徽 — 俊英 — 延礽 — 祝標　祝材　祝橋

祝材 — 祖慶 — 德福；祖原

祝橋 — 祖紹 — 德君　德羣

衛世次子景岐 十七 — 建常 十八 — 蕃英 十九 — 福礽 廿 — 祝裴 廿一 — 祧蕉 祖鉅 廿二 — 德森 廿三　德鑫　德昌

卷二　四十七

衛世三子

十七世 景華

十八世 建勲　建謨

十九世 萃英　邁英

廿世 沛礽　沛礽出嗣　祚礽

廿一世 祝傳　祝裴

廿二世 祖桀　祖棻　祖桀　祖欒止　祖樂止　祖銘　祖銑　祖銓

廿三世 德茗　德森　德晃　德暘　德昂止

卷二　四十八

衛教長子景岳—擴猷—立朝—受和—祝魏

祝魏：祖連、祖居、祖運（止）、祖遠、祖達、祖遲

澤礽—祝那：祖潤、祖歡（止）

澤礽—祝寅：祖淦（止）、祖煒（止）

濟礽—祝強：祖祐、祖淡、祖焞

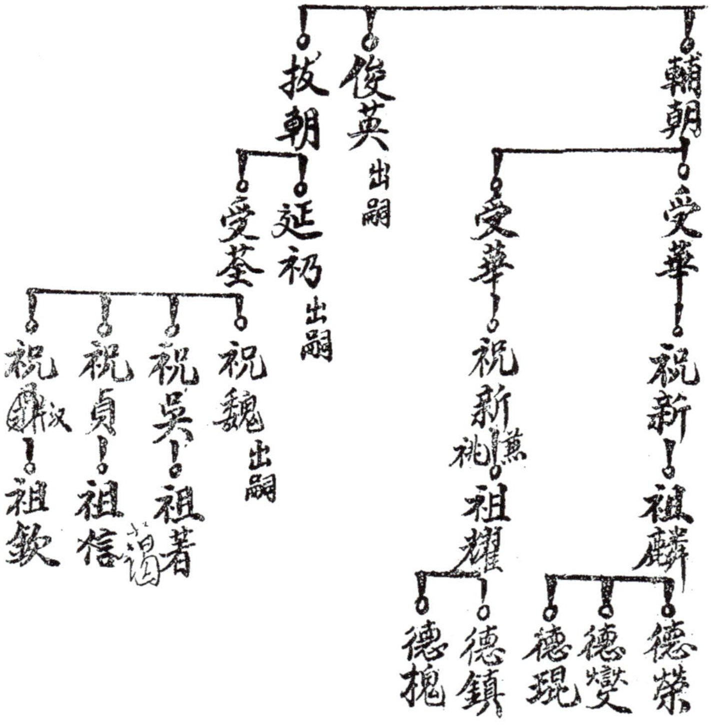
輔朝
受華
祝新
祖麟
德榮
德燮
德琨
受華
祝新
祖耀
德鎮
德槐
俊英
出嗣
拔朝
延礽
出嗣
受荃
祝魏
出嗣
祝吳
祖著
祝貞
祖信
祝
祖欽

衛教次子　景岱　十七
壯猷　十八
希光　十九
瑞光　瓊光　二十
瑞光 — 祝乾　二十一
祝乾 — 祖來　二十二
二十三
瓊光 — 祝乾（出嗣）　祝祥　祝松
祝祥 — 祖發
祝松 — 祖來（出嗣）　祖發（薰桃）

衛教三子　景崑
擴猷（出嗣）　達猷
達猷 — 仕朝 — 禍初 — 祝傑
祝傑 — 祖繩　祖耀（出嗣）
祖繩 — 德材（止）　德荘（止）　德樹炎　德標鑣　德桂欽
德標鑣 — 之金（止）

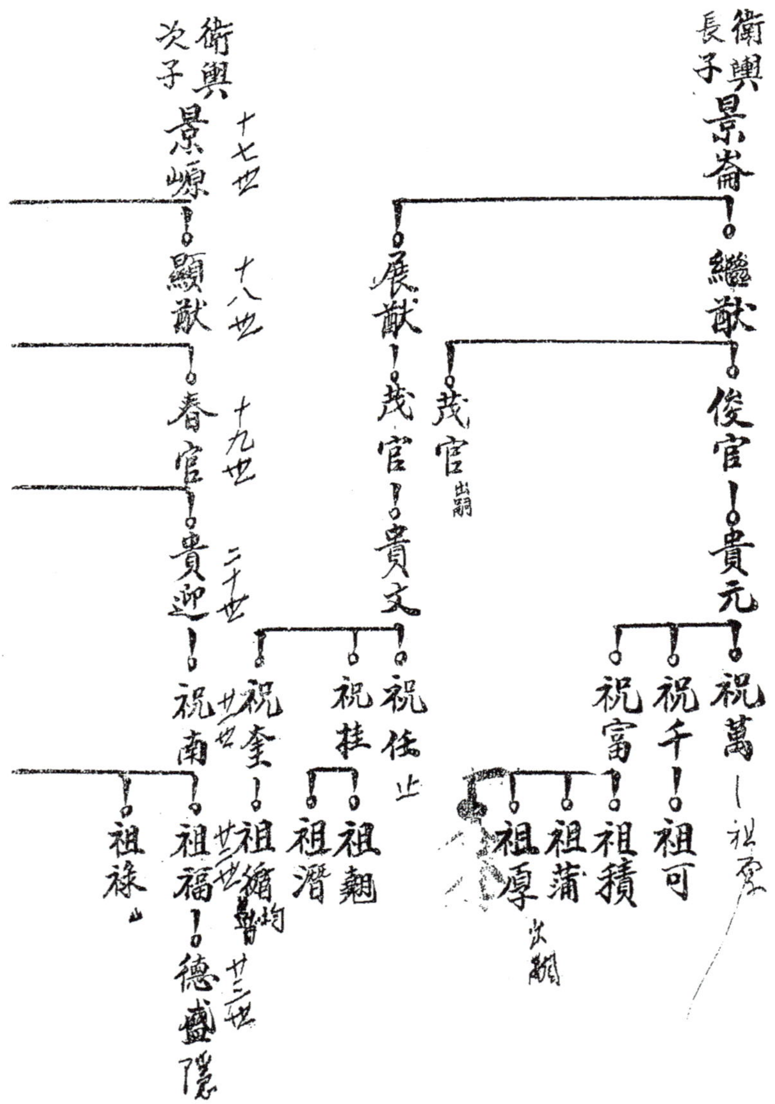
衛興長子
景崙
繼猷
展猷
俊官
茂官
茂官
出嗣
貴元
貴文
祝萬
祝千
祝富
祝任
止
祝桂
祝奎
祖可
祖積
祖蒲
祖厚
次嗣
祖麴
祖潛
衛興次子
景嵘
十七世
顯猷
十八世
春官
十九世
貴迎
二十世
祝南
廿一世
祖福
祖祿
止
廿二世
德盛
廿三世

卷二　五十

華英 出嗣

召官—貴興—祝揚—祖枝—德漢

德尧武

德嬓煒

相官—貴昇—祝來—祖安—德餘

祖禎—德利

祝雲 止

貴隆—祝純—祖松

祖徐

祖逢

祖壽—德隆球

德芳 止

纘猷 十八

朝宦 十九

貴迎 出嗣

棣華

祝言

祝林 — 祖昌

祝恒 — 祖江

祝鑾 — 祖盛 隆

祝勳 — 祖江 出嗣　祖靜　祖千 添　祖桂　祖梅　祖榎

祝楷 — 祖隆　祖盛 出嗣　祖綂

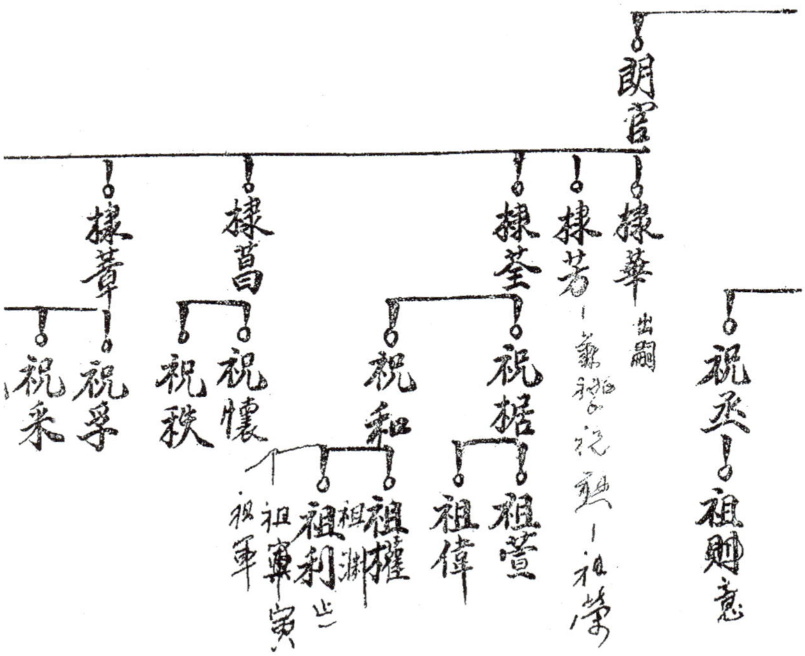
朗官
棣華
出嗣
棣芳
棣荃
棣菖
祝懷
祝秩
祝和
祝孚
祝采
祖萱
祖偉
祖權
祖淵
祖利
祖軍

衛紀長子
景嵘 十七
鍾琢 十八
彬 十九
祿壽 廿　仁壽
祝崇 廿一　祝攢　祝巖
祖奎 廿二　祖澈　祖揀
祖葉源
祖葉 出嗣
廿三

棣芝
祝行　祝叙　祝能　祝談 止　祝詩 出　祝樹　祝梅
祝爵　祝安

旋
祿壽 出嗣
仁壽 出嗣
永壽 — 祝岑
福壽 — 祝嶽
祝嵦 止
祝崔 止

鍾琪 — 智英
紹初 — 祝忍
紳初 — 祝讓

衛紀次子 景岷

鍾璔 — 偉英 燕 祧
萃初 孝子
祝澄 — 祖滇
祝燧 — 祖梃 石

鍾珩 — 偉英
惠初
祝鉅
祝治
煜初 — 祝燦

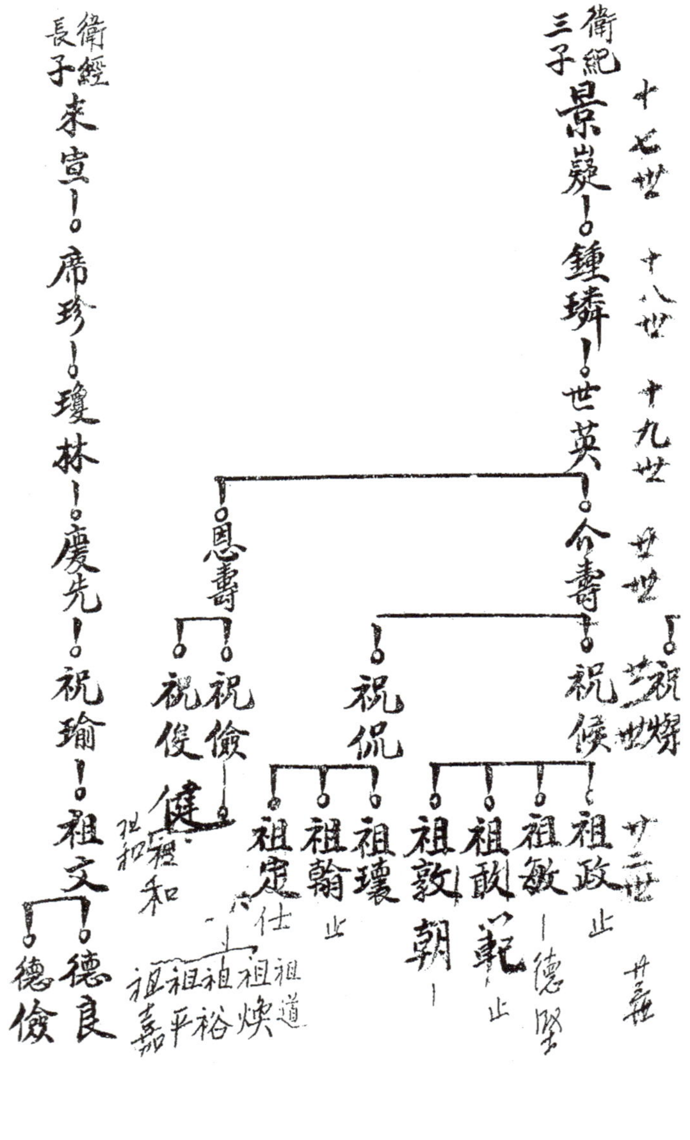
十七世
十八世
十九世
廿世
廿一世
廿二世
衛紀三子
景巖
鍾璘
世英
介壽
恩壽
祝侃
祝儉
祝俊
祝政
祝敏
祝敦
祝翰
祝壤
祖定
祖文
衛經長子
來宣
席珍
瓊林
慶先
祝瑜
德良
德儉
祖道
祖煥
祖裕
祖平
祖嘉
祖和

衛經次子 來鳳
- 儒珍
  - 嘉林
    - 福先
      - 祝彬
        - 祖瑤
    - 祐先
  - 書林 出嗣
- 奇珍

衛經三子 來咨（十七世）
- 奇珍（十八世）
  - 卓林（十九世）
    - 紹先（廿世）
      - 祝泰（廿一世）
        - 祖高（廿二世）
          - 德駿（廿三世）
          - 德駒
          - 德馳
      - 祝瑜 出嗣
      - 祝瑩
        - 祖陞
          - 德嗣 林 以人
        - 祖階
      - 祝璣
        - 祖業
          - 德彰
        - 祖溪
      - 祝賢
        - 祖陳

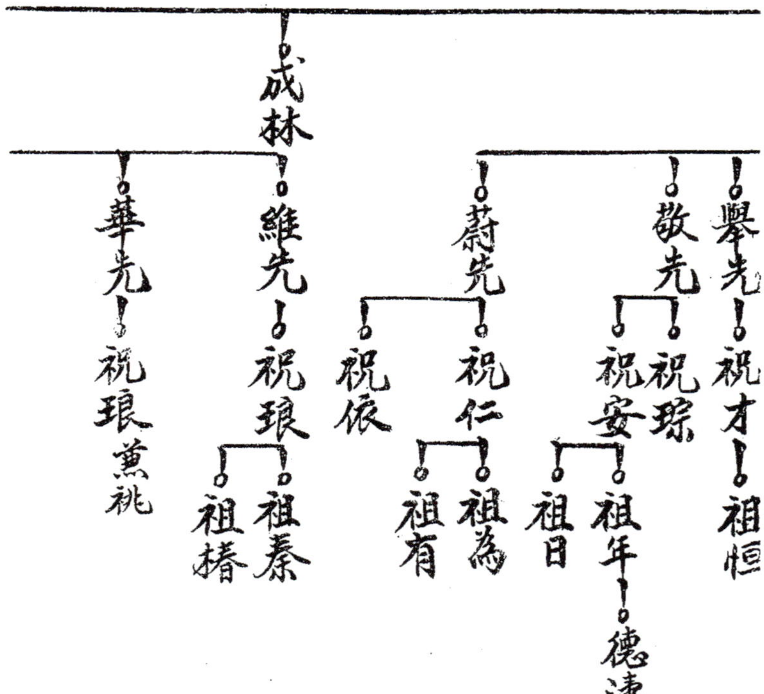
成林
舉先
祝才
祖恒
敬先
祝琮
祝安
祖年
德濤
祖日
蔚先
祝仁
祖爲
祖有
祝依
維先
祝琅
祖秦
祖椿
華先
祝琅
蕉祧

- 絲先
  - 祝瑾
- 繹先
  - 祝瓊
  - 祝瑾出嗣
- 魁林
  - 繼先
    - 祝鈞
      - 祖侯
      - 祖桀
        - 德佑
    - 祝鑛
      - 祖傑出嗣
      - 祖西
        - 德樹
    - 祝鑾
      - 祖侯出嗣
      - 祖瑶出嗣
      - 祖邦
    - 祝堅
      - 祖東
        - 德鄰
      - 祖魏杳
    - 祝時
      - 祖禪遷

衛本長子　來賓十七世 — 益珍十八世 煮桃

衛本次子　來賓 — 益珍 — 書林十九世 — 振先廿世 — 祝岡廿一世

祝岡 — 祖銀廿二世、祖鎮

祖銀 — 德造廿三世

祖鎮 — 德造出嗣、德津、德江

應元長子　達時 — 華國

華國 — 肇修、肇信、肇清

肇修 — 彥棠 — 潤生

肇信 — 彥棠出嗣、彥常

彥常 — 祥生、裕生

肇清 — 彥龍 — 延生、紹生

延生 — 敘寵、敘勇

紹生 — 敘訓

應元次子　遇時 — 華才 — 肇雲 — 彥芹

卷二五十五

應元三子

適時（十七）—華業（十八）—肇本（十九）

肇本—彥芳—傳生

肇本—彥朝（廿）

彥朝—秋生（廿一）

彥朝—瑞生

秋生—恒耿（廿二）、恒昭、恒和

瑞生—恒福、恒揚、恒材（出嗣）

恒耿—惠良（廿三）、惠德

恒昭—惠祈、惠祥

恒福—惠隆

恒揚—惠海、惠江、惠東、惠漢

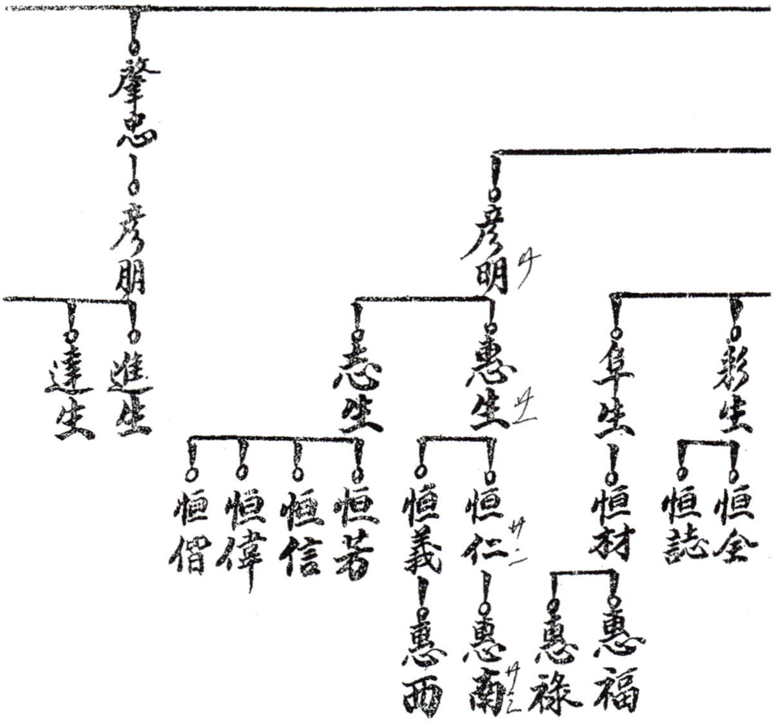
肇忠
彥明
進生
達生
彥明
惠生
志生
阜生
彩生
恒若
恒信
恒偉
恒倡
恒仁
恒義
惠南
惠西
恒材
惠福
惠祿
恒全
恒誌

肇敬 — 廣生

應元四子逢時 — 華翰 — 肇瑛、肇峻

肇瑛 — 彥受、彥睦、彥成

彥成 — 保生、石生

應選公子耀時 — 華昌 — 肇佳

肇佳 — 彥琳、彥珍

彥琳 — 朗生、亮生、意生、景生

彥珍 — 靜生

卷二　五十六

彥琇

華紳　肇鑑　彥球
義生
禮生
智生
聚源
聚海 往四瑞
聚廣
聚業
信生

華盛 出嗣

偉望公子　體善　大倫

偉學公子　儁善　大厚　肇章
彥興
均生　聚和
福生
佐生　聚覆　又聚創
彥盛　日生
聚昌
聚海 住大中壢

文生—騄佳—即敷漢

大生

大新

大德—肇文—彥福 往洋未知住處

衛才公子 護善—大培

懋規公子 長宣—華盛—肇鍵

肇銓

懋仁長子 長超—華英—肇經—彥文—傑生

華新—肇官

懋仁次子 長遠—華新 出嗣

華廷—肇紀

肇綸

肇綱

卷二、五十七

甯寬公子靜棠—仕廣—美材

—肇邦—彥登

美材—甘霖

美材—甘雨—加福

美材—甘雨—增福

美材—甘澍—受福

廿二

加福—淼祐

加福—澤祐

加福—曆祐

增福—宇祐

增福—海祐

增福—均祐

受福—仙祐

廿三

澤祐—旭漢

澤祐—旭源—紹村

澤祐—旭清

仙祐—旭坤

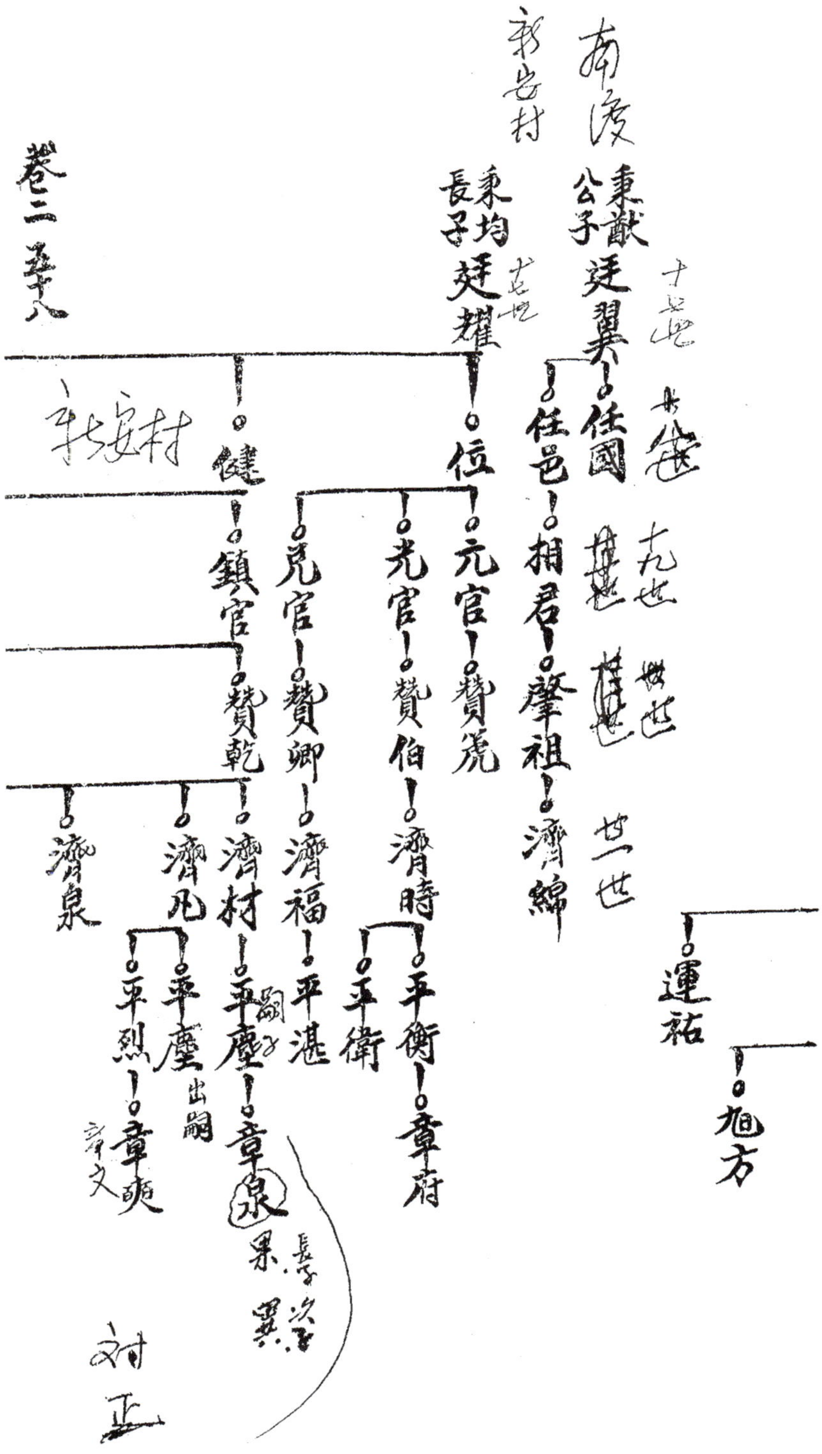

南渡
新安村
秉猷
公子
秉均
長子
廷翼
廷耀
卷二
任國
任邑
位
健
元官
光官
晃官
鎮官
相君
肇祖
濟綿
贊莬
贊伯
贊卿
贊乾
濟時
濟福
濟村
濟凡
濟泉
平衡
平衛
平湛
平塵
平烈
章府
章泉
運祐
旭方
九世
廿一世

安村

釧官—贊儒—濟煥

鎰官—贊詩—濟濱
　　　　　—濟添—平福　平□男
　　—贊書—濟炤—嗣子平閔
　　　　　—濟楚—平閔　已嗣
　　　　　　　　—平巧
　　—贊易

錡官—贊修—濟海

贊坤—濟辛　止
　　—濟壬　止

濟南—平奎—章蘭　然瀾
濟彭—平島
　　—平岳

卷二　五十九

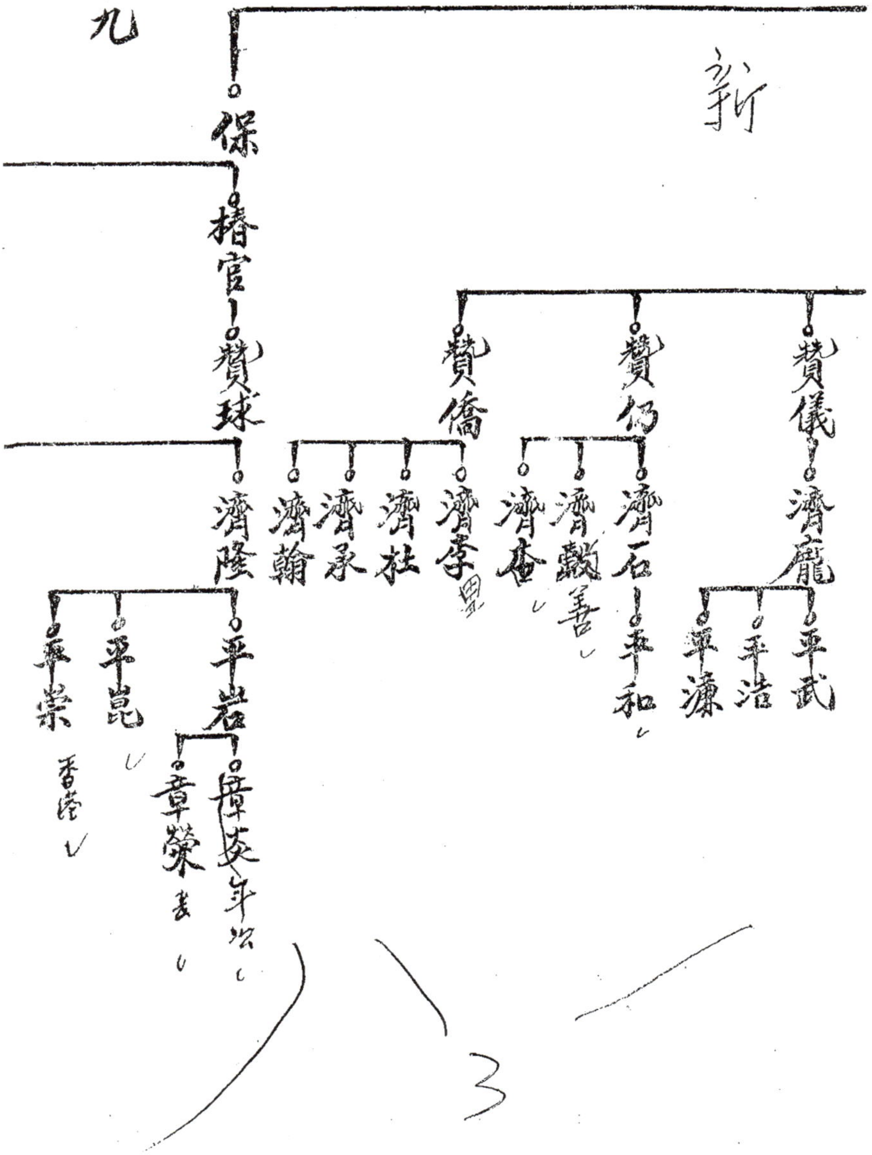

新安村

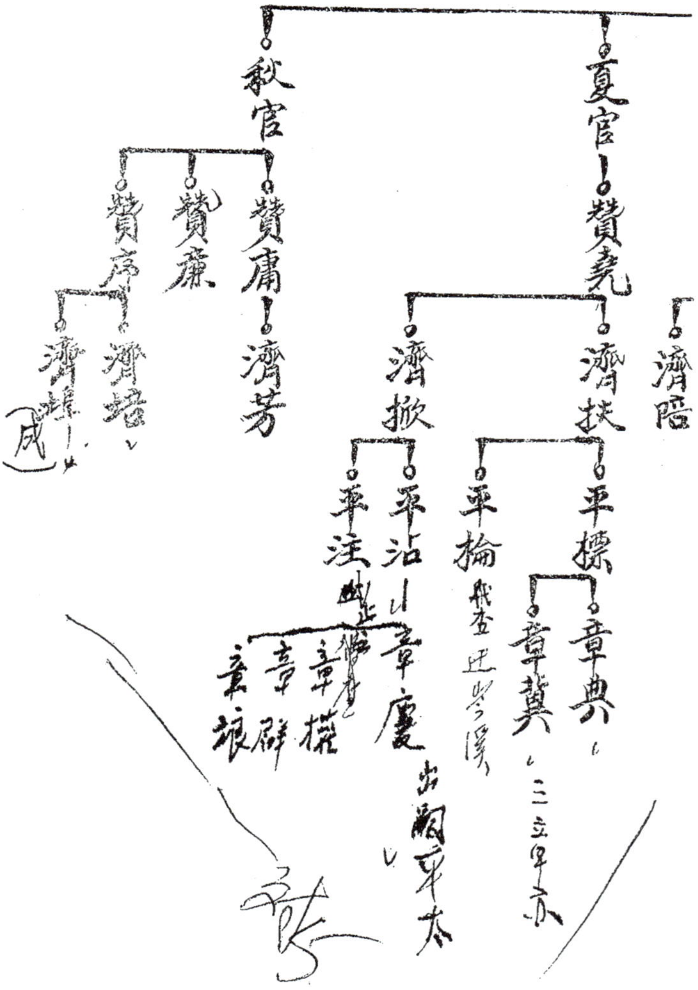

卷二　六十

東均次子 廷璧 十七世

- 道
  - 卓官
    - 國慶
      - 濟樞
        - 平照
          - 章業
            - 榮新
        - 平熙
          - 章海
          - 章榮 止
        - 平黨
          - 章漢
      - 濟樓
        - 平邦
          - 章善
            - 榮賓
        - 平都
          - 章華
      - 濟松
        - 平都
          - 章鎰
        - 平邵
          - 章鏡
          - 章鎮
        - 平郡 止
- 逵
  - 鼎官
    - 國宇
      - 濟章 止
      - 濟京
        - 平秉
          - 章錦
            - 榮漢
      - 濟良
        - 平洋
          - 章銓
        - 平治
          - 章鉞

- 達 止　丰材

- 國富
  - 濟珍 — 平湖
    - 章英
    - 章芹
  - 濟球 — 平泉 止
- 國寶
  - 濟棟 — 平秋 — 華
    - 林植校
  - 濟植 — 平煥
  - 濟榕 止
- 國安
  - 濟開
    - 平夏 — 章灝
      - 东 福源
    - 平掾 出嗣
  - 濟誾 — 平釆 止

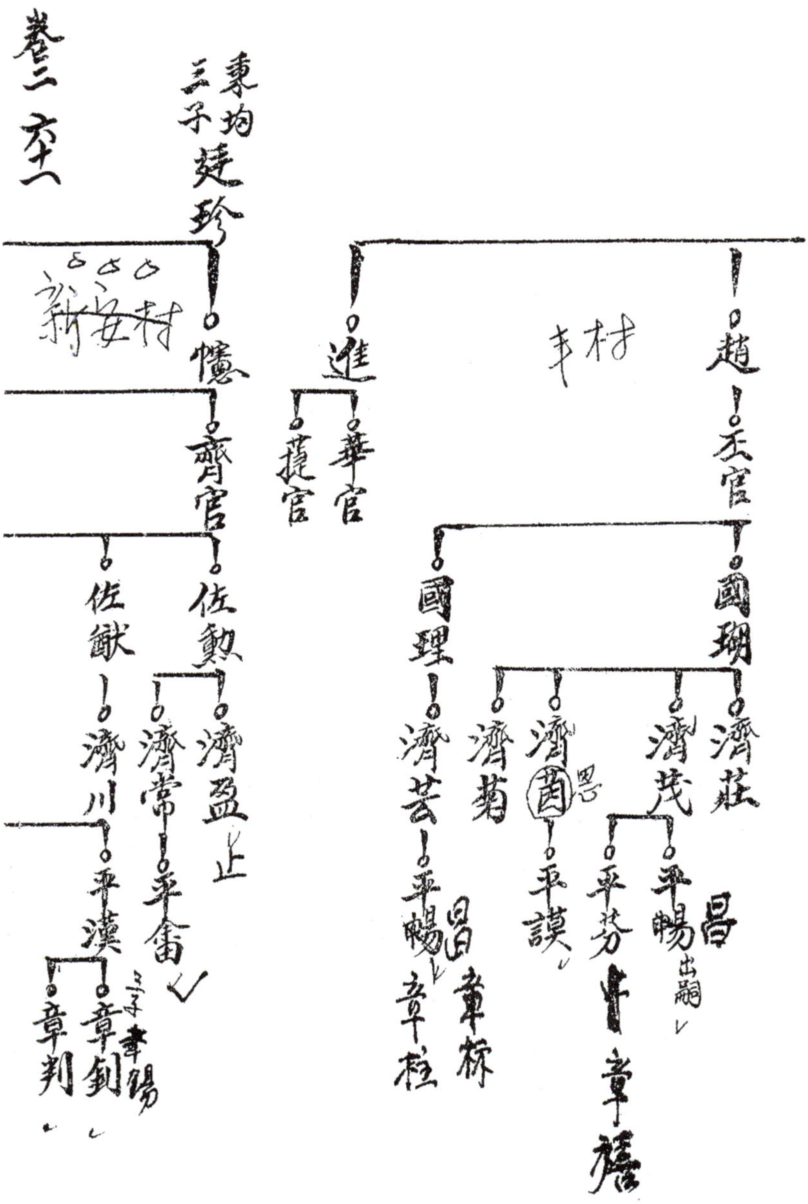
卷二 六十八
秉均三子 建珍
新安村
懷
齊官
佐勲
佐猷
濟盈
濟常
濟川
平漢
章釗
章判
進
華官
趙
國琊
國理
濟莊
濟茂
濟菊
濟芸
平暢
平芬
平謨

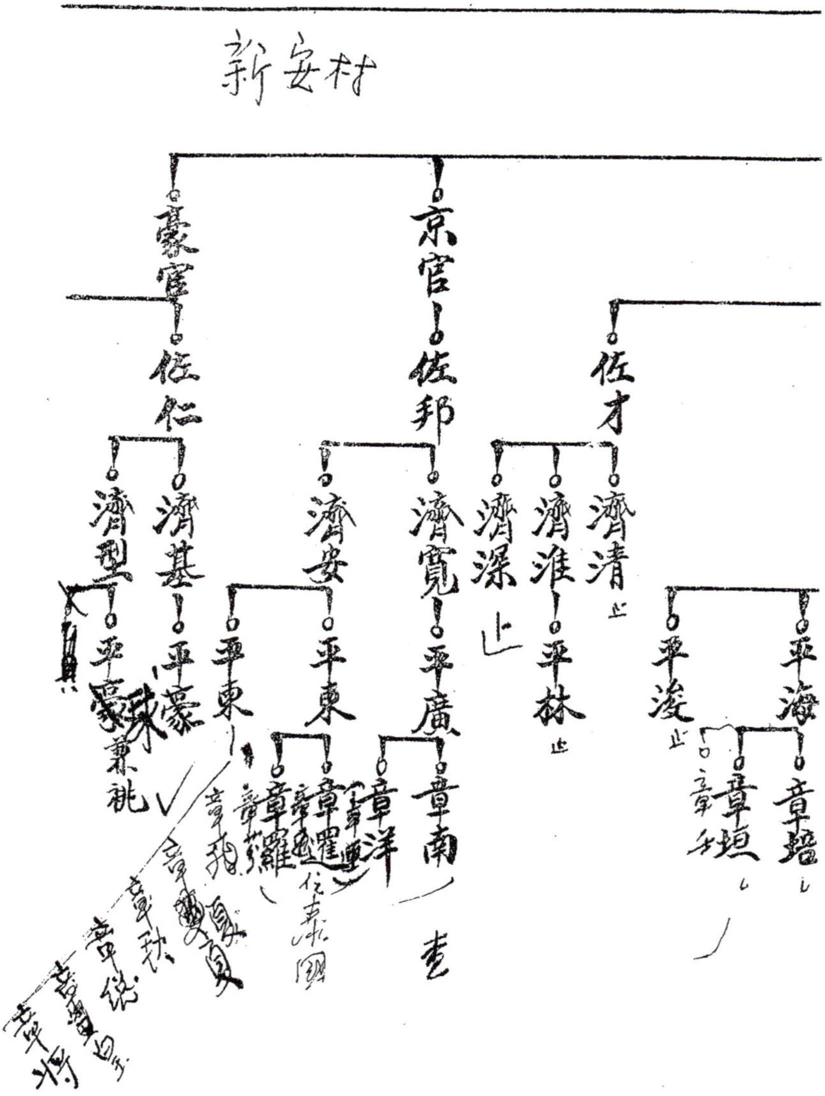
新安村
豪官
京官
佐仁
佐邦
佐才
濟基
濟安
濟寬
濟深 止
濟淮
濟清 止
平豪
平東
平東
平廣
平林 止
平浚 止
平海
章南
章洋

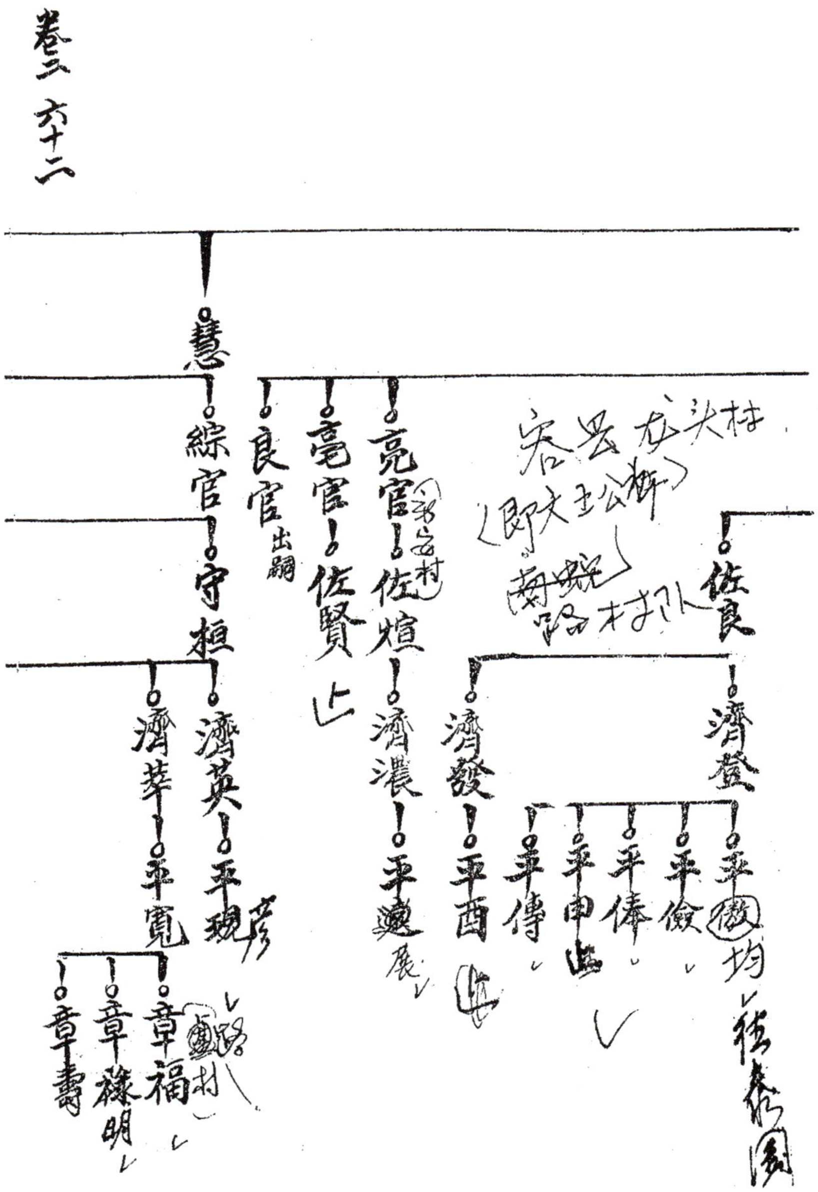
卷二 六十二
慧
綜官
守桓
濟英
平現
濟莘
平寬
章福
章祿明
章壽
良官 出嗣
亳官
佐賢
止
亮官
佐煊
濟濃
平遴
容县龙头村
佐良
濟登
平儉
平俸
平申
平傳
濟發
平西

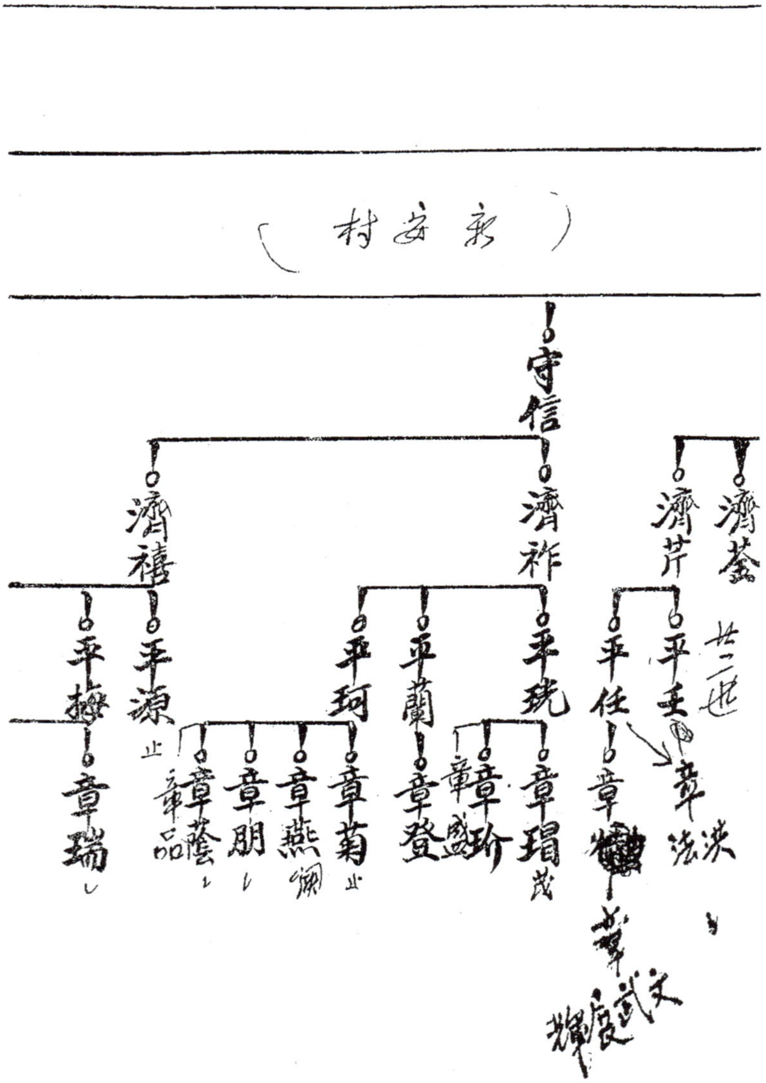
新安村
守信
濟芹
濟祚
平壬
平任
平珖
平蘭
平珂
平源
章瑁
章玠
章登
章菊
章燕
章朋
章蔭
章瑞

卷二　六十三

新安村

- 守倫
  - 濟瑄
    - 平華
      - 章森
    - 平理
    - 平矩
    - 平津
- 守儀
  - 濟琚
    - 平杰
  - 濟瑞
    - 平杰
      - 章楧
  - 濟瑄 出嗣
  - 濟瓊
    - 平初
    - 平群
- 平輝
  - 章瑜
  - 章珍
- 章琨
- 章球

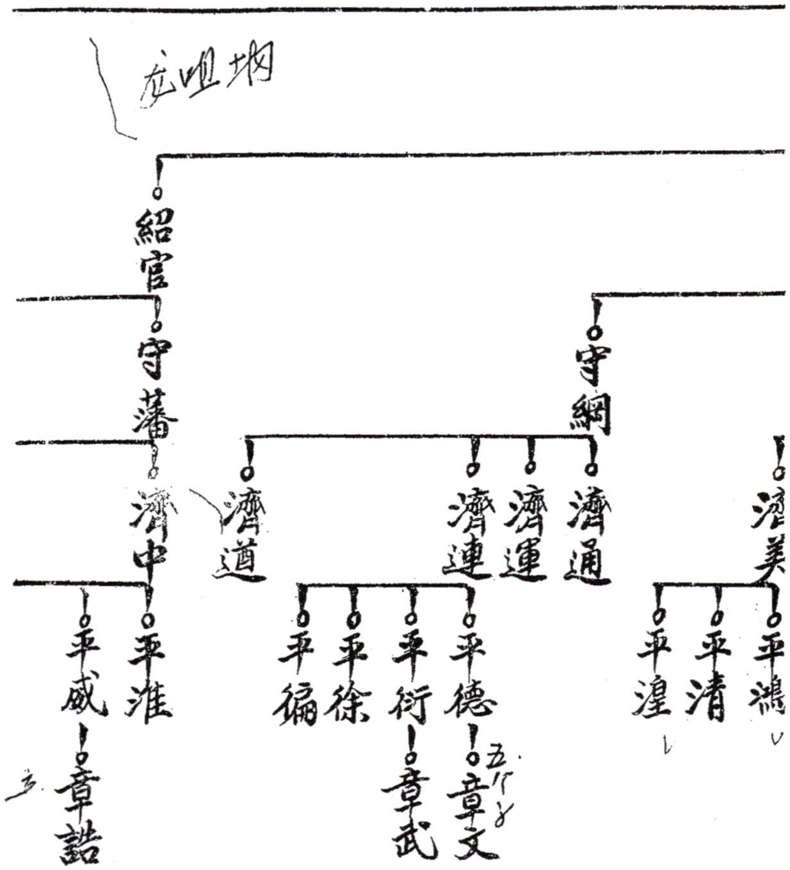
紹宦
守藩
濟中
平淮
平威
章誥
濟道
守綱
濟通
濟運
濟連
平德
平衍
平徐
平徧
章文
章武
濟美
平鴻
平清
平湟

卷二　六十四

奠花圻

平成
章煥
章龍

平戎

濟權
平戚
平茂
平藏

濟衡
平鉞
平鍼

守義
濟程
平昇
平旦
平昂

守禮
濟銘
平燿
平燧
平燎

魚花圻

- 守智
  - 濟寰
    - 平彬（平洲）
    - 章煥
  - 濟宇
  - 濟宏
    - 平玠（均）
    - 平荆　利
    - 平棘　典
  - 濟傳
    - 平棟　兼
    - 平棣
- 濟鐸
  - 平享
  - 平亨
  - 平亮

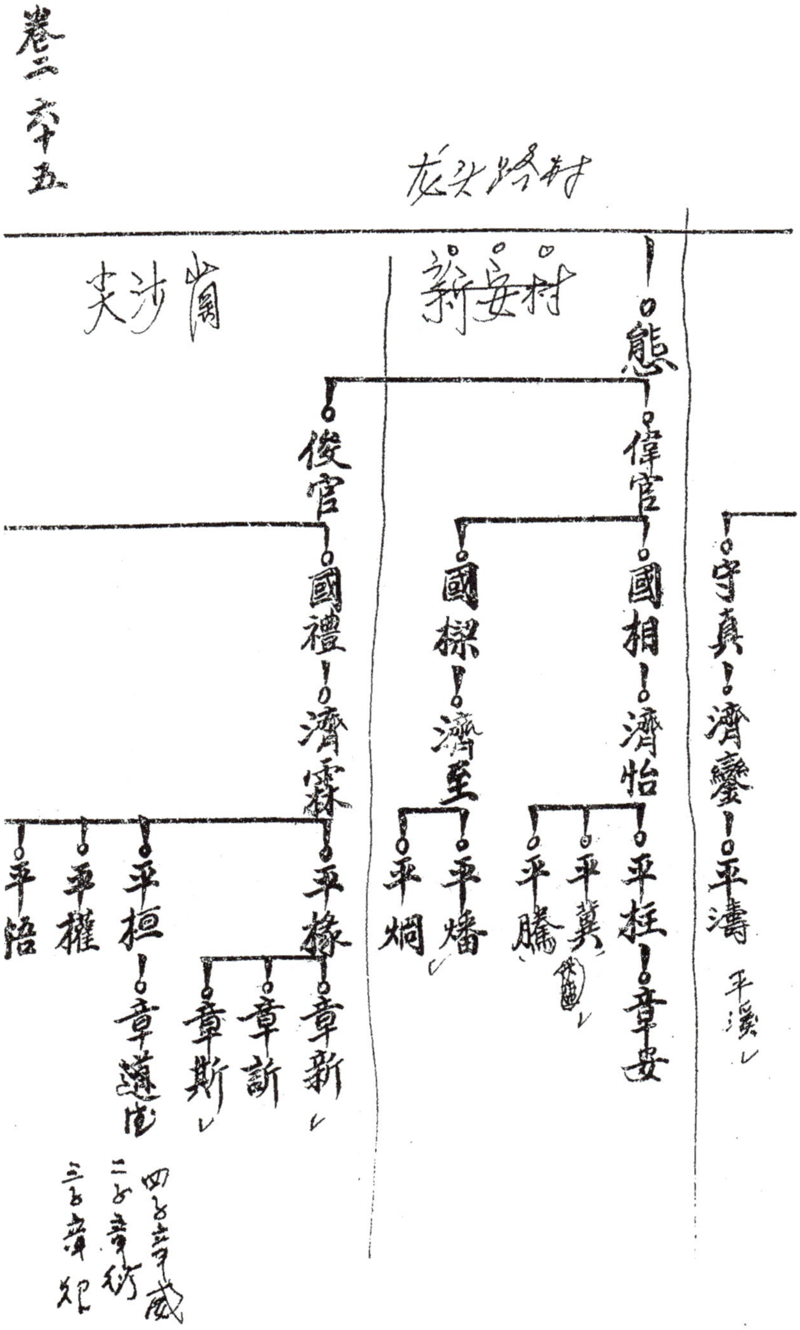

卷二 六十五
新安村
態
偉官
俊官
國禮
濟霖
平椽
平桓
平權
章新
章斯
章道
國相
濟怡
章安
守真
濟鑾
平濤
四子章威

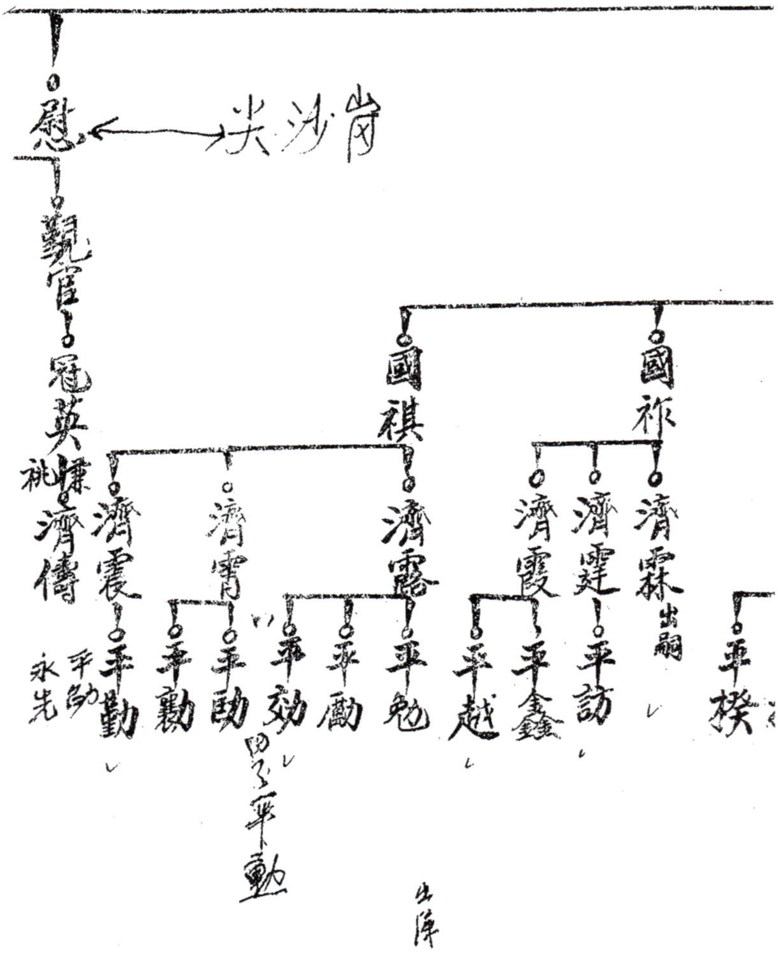
慰
尖沙岗
覲官
冠英
濟傳
平勁
永先
國祺
國祢
濟震
濟霄
濟露
濟霞
濟霆
濟霖
出嗣
平勤
平勳
平勛
平効
平勵
平勉
平越
平鑫
平訪
平樸
平勳
出庠

新安村

- 靚官
  - 冠甲
    - 濟唐
      - 平遥
        - 章桂
        - 章承 出嗣
        - 章槐
- 覥官
  - 冠英
    - 濟儒
      - 平燦
        - 章承
- 勲
  - 清官
    - 乃龍
      - 濟欽
    - 乃鳳 二十世
      - 濟鈞
        - 平禮
      - 濟錦
        - 平禎
        - 平祥
        - 平裕
        - 平祐 祉
      - 濟釗
        - 平池
        - 平洲
    - 乃麟
      - 濟鏡
        - 平超
          - 章清

安材

瀛官

乃文　乃鷹

濟忝　濟舟　濟鉎　濟鍼　濟鋼　濟鋪　濟銓

平堅　平達　平遠　平通　平審　平憲　平亨　平莊　平相　平潔

章德

卷二　六十七

新

汝管

乃章　乃彥　乃宸　乃廉　乃霖（廿世）　乃桐

濟縣　濟可　濟家　濟兆　濟羣（廿一世）　濟謀　濟俠　濟典　濟德

平和　平心　平旺　平炎　平潮　平萬

河池地区党委一同志记

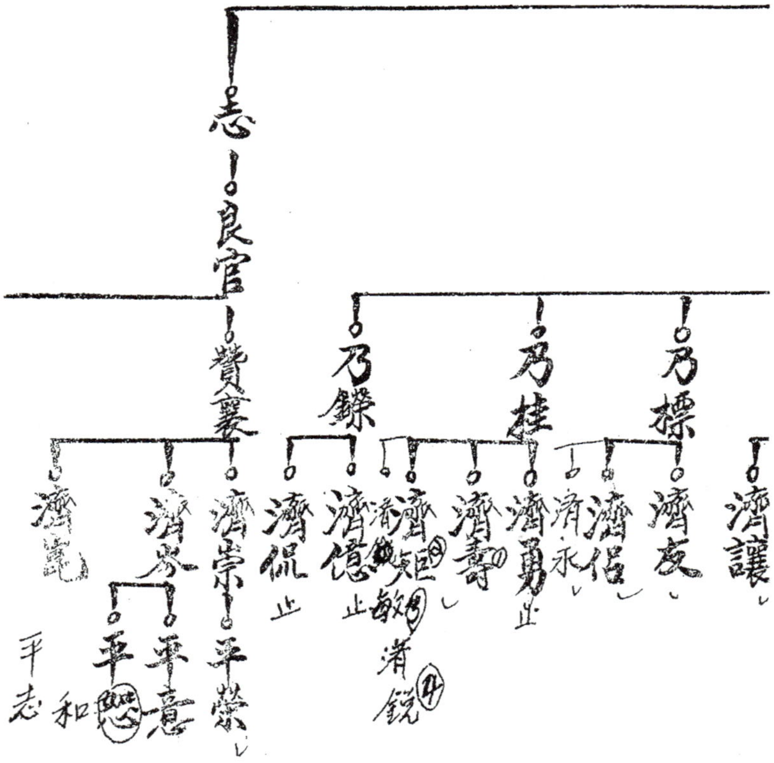
志
良官
贊襄
乃鑅
乃桂
乃標
濟讓
濟友
濟侶
濟永
濟勇
濟壽
濟億
濟侃
濟崇
平榮
平意
平志

贊奇—濟藹—平健ㇾ
　　　　　—平楚
　　—濟萬—平淳 [illegible]國 南洋ㇾ
　　—濟華
　　—濟蒲ㇾ
　　—濟著—平蕩ㇾ

秉獻長子廷亮—任枝—統賢—贊昌

秉昭長子廷爵—盛材—家賢—安周—濟楷
　　　　　　　　　　　　　　—濟柱
　　　　　　　　　　—定周—濟模止
　　　　　　　　　　—宗周—濟桐止
　　　　　—盛傳出嗣

卷二 六十八

秉昭[illegible]勳—[illegible]言—[illegible]

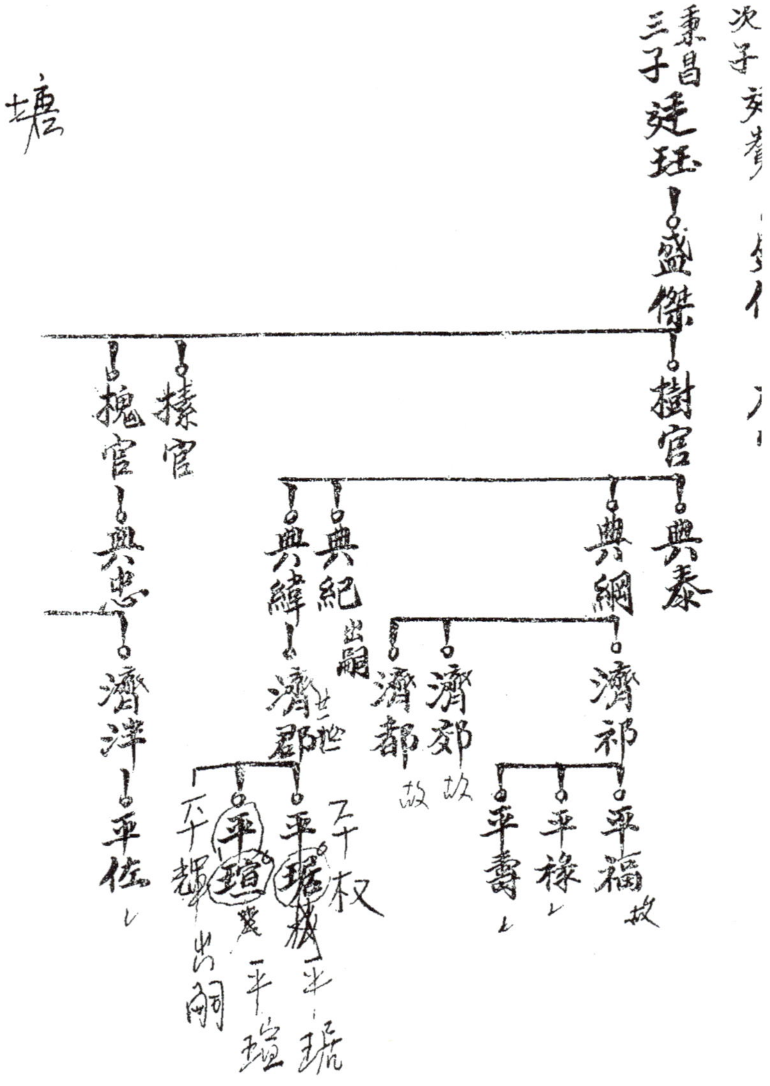

次子
秉昌三子
廷珏
盛傑
樹官
榛官
槐官
興泰
興綱
興紀
出嗣
興緯
興忠
濟祁
濟郊
故
濟都
故
濟郡
濟洋
平福
故
平祿
平壽
平瑄
平琚
平佐
塘

龙

容县八文王霖

榆官—興紀—濟郛—平化（輝）

濟郛 嗣 廿

濟池—平佳—章廣

章標

平佳—章慶 故

平佳—章度 故

濟池—平佑 故

濟池—平儀

濟湖—平璞（儉 次）（容 長）

秉昌四子 廷諫

廷諫—盛智—慶官

廷諫—盛湖—度官

盛湖—廣官—運周

廷諫—盛海—應官—瑞周

廷諫—盛恩—晃官—福周

卷二 六十九

秉暄長子 建勳—盛傳
- 昆官—啟周
- 家寵—佐周—濟蕙
  - 平思—章侶
  - 平恩—章信 義
  - 平態
- 家龍—建周
  - 濟芝
    - 平典
      - 章謹
      - 章諫
    - 平與
  - 濟蘭—平異

古村小地名路村 太

秉鐸長子 廷琛—盛誥
- 惇官—贊朝
- 怡官
  - 贊先
  - 贊光—濟芙
  - 贊元—濟康

卷二 七十

山 景 炅

盛謨
- 恒官
  - 贊宇
    - 濟朗
    - 濟運 — 平讓　平
  - 贊宙
    - 濟進 — 平欣
  - 贊寶
    - 濟耀 — 平誨　平盛　平威
    - 濟輝
    - 濟炎 出嗣
- 愉官
  - 贊安
    - 濟遠
  - 贊宏
    - 濟道 — 平綬　謀
    - 濟達
    - 濟遠 出嗣
- 悅官
  - 贊庭
    - 濟標
    - 濟梧
    - 濟樀

盛訓
仕官
贊揚
贊提
濟仸
濟義
任官
贊扶
濟祕
寧
濟祜
代書

景山

秉鐸次子
廷球
盛德
採官
贊恩
濟言
平振
章均
章波
平記
濟慶
濟奕
濟享
平泫
芝
贊惠
濟廣
平鑑

灵

盛衛—第官—贊禧
　　　　　—贊福
擕官
贊忠
濟庑
平鈿
平鏵

治紹次子　述深—盛貴—廣裕—振庠—濟端—平傳
　　　　　　　　　　　　—振序—濟由止
　　　　　　—盛賢—旋裕—振旺
　　　　　　—盛貞—志裕—應君—絖文

卷二　七十八

田

- 應臣
  - 統善
    - 平澤
    - 平淇
- 惠裕
  - 應召
    - 濟宜
      - 平秩
        - 章禮
    - 濟官
      - 平菜
        - 章熹
      - 平綦
    - 濟家
      - 平樂
        - 章倫（章偉）
      - 平聚（植）
        - 章龍
        - 章寶
- 恩裕
  - 應禮
    - 濟袖
      - 平鈞
      - 平坊
    - 濟祐
      - 平貴
        - 章燦（細）
    - 濟禎
      - 平昌
      - 平旻

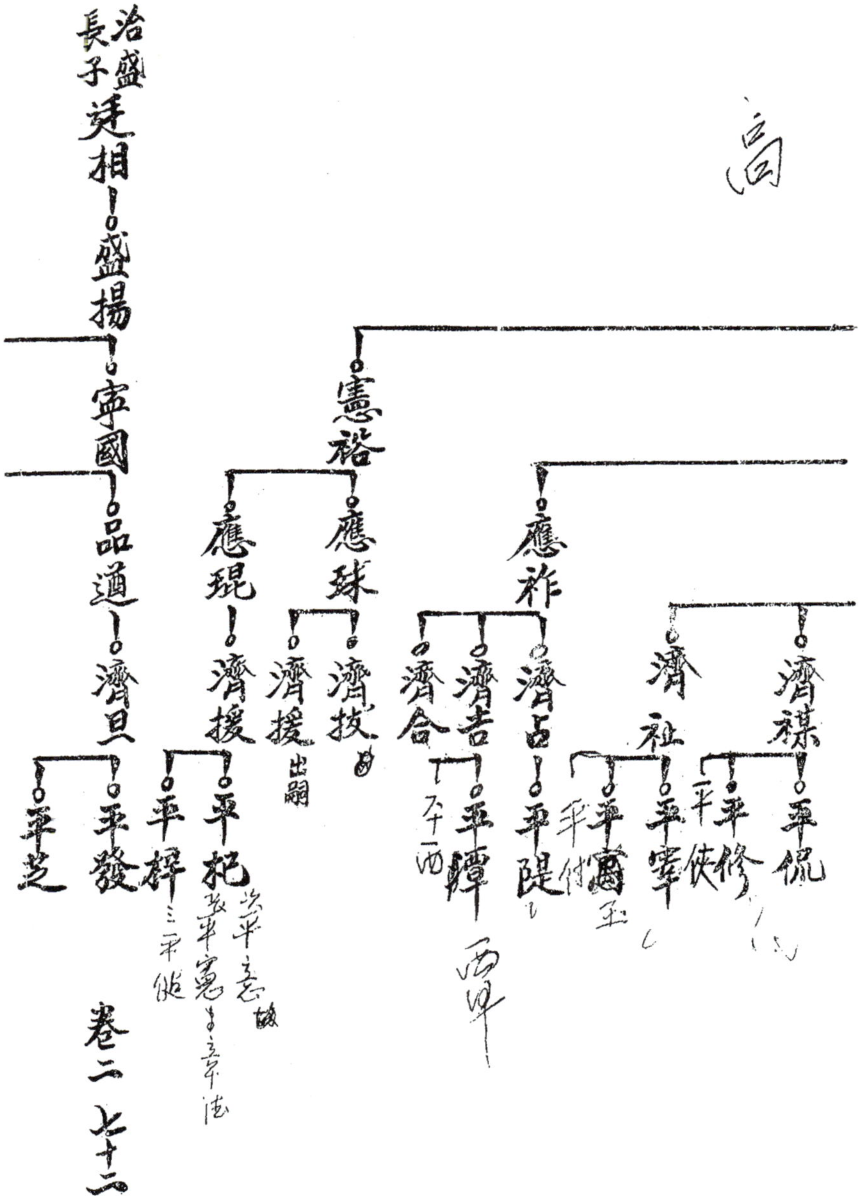
高
洽盛長子廷相—盛揚—寧國—品道—濟旦
平發
平芝
憲裕—應球—濟拔
濟援出嗣
應琨—濟援
平杞
平梓
應祚—濟占—平隄
濟吉—平墰
濟合
濟祺—平侃
平修
平俠
濟祉—平峷
平僑
平付
卷二　七十二

品遂

濟昌—平慎—徙

濟晟—平志—章紀

濟晟—平惠

濟翼 出嗣

濟晃—平榮

濟晃—平會

安國—明通—瑞廣 止

安國—明通—瑞華—平泰—章寰

容受

治楚公子 建序—廣祥—遠德—傳經—憲昌—平慶

憲昌—平度

以上南渡

以雯長子 志專 十七—悅觀 十八—國經 十九—永昌 廿

國經—永曄

卷二 七十三

景觀
國全—永賢—覲光
國興—永賢—現光

桂觀
國經 出嗣
國成—永寅
國材—永崇—達光—壯懷—建新
　　　　　兆光—壯佳
國和
永崇 出嗣
永寬—容光
　　　寶光
永賓 出嗣
永棠—重光—壯隆 止
　　　　　　壯興 存

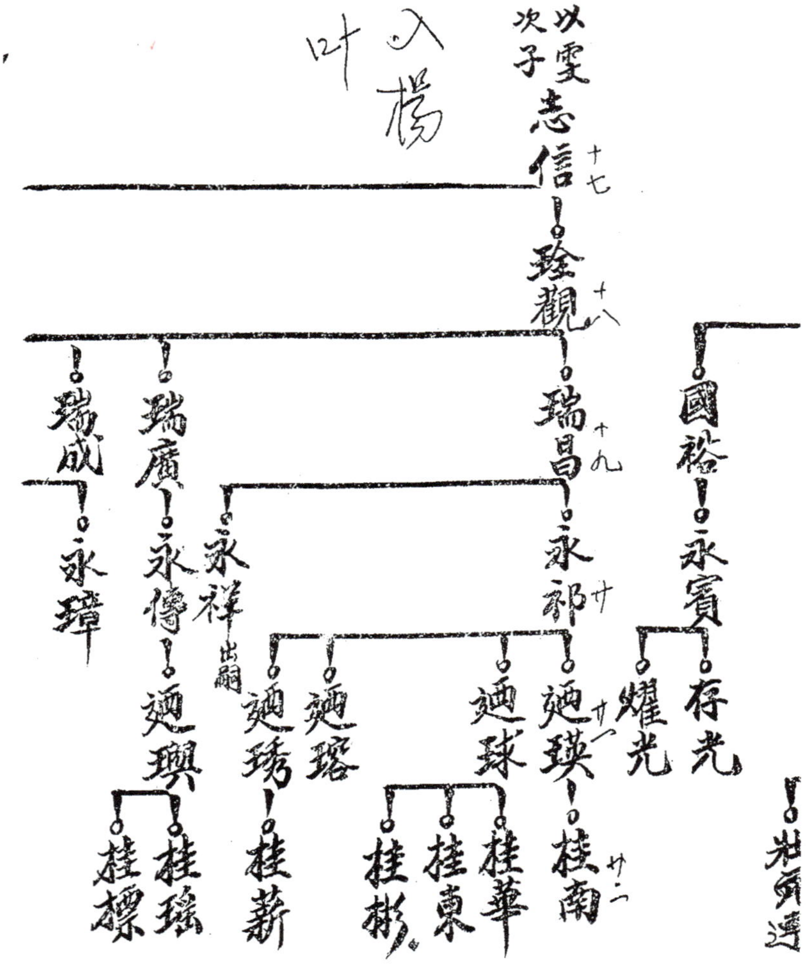
以雯次子
志信
十七
瑶觀
十八
瑞昌
十九
瑞廣
瑞成
永祁
廿
永祥
出嗣
永傳
永璋
廼瑛
廿一
廼球
廼璐
廼琇
廼璵
桂南
廿二
桂華
桂棟
桂彬
桂薪
桂瑤
桂標
國裕
永賓
存光
燿光

卷二　七十四

永珍

瑞安—永祥—迺瓊—桂芳

桂芫

桂荃

迺琳—桂芬

迺璘—桂秋

迺琢

瑞元出嗣

福觀—瑞新—永序

並觀—瑞元—永康—迺芳

永泰

覲觀—瑞德—永良—迺琨

迺琮

元

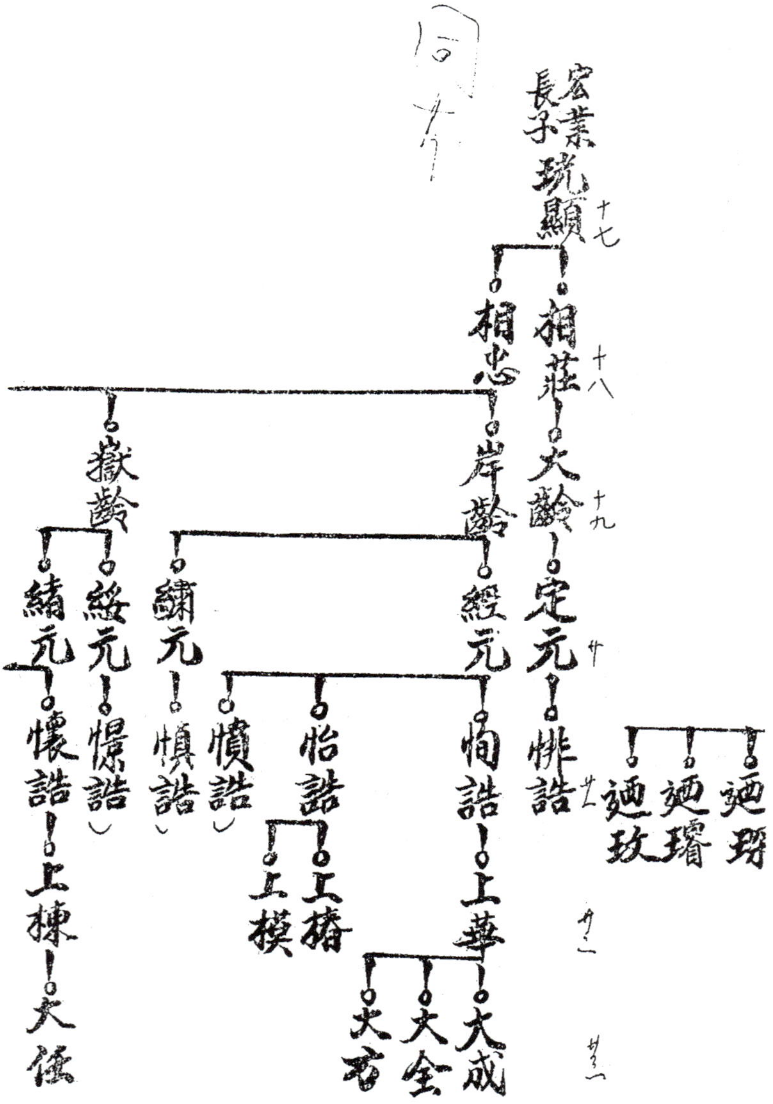
宏業長子
琥顯
相莊
相忠
大齡
岸齡
嶽齡
定元
經元
鏞元
綏元
緒元
悱誥
恂誥
怡誥
憤誥
慎誥
憬誥
懷誥
上華
上椿
上模
上棟
大成
大全
十七
十八
十九
廿
廿一
廿二
廿三
廿四
廿五

嵩齡

綬元　綽元　統元　維元

憬誥出嗣　懐誥　㦀誥　悱誥出嗣

愕誥

上軍　上球　上楨　上文　上朝　上漢

憒誥

上材　上志　上榮

文賢

懌誥

上琪

上濼　述

宏業次子　琥琮　未明　真相

相芳

相維

延齡

成元

傳誥

儒誥

俊誥

宏業三子　琥瑚　未明　真相

相運

相乾

佑齡

枝元

俊齡

榜元

- 揀元
- 枉元
- 傑齡 — 桂元
- 偉齡 — 椿元 — 憶誥

廣業長子 琥璲 — 相禹 — 遐齡 — 初元
- 恩誥 — 上林
  - 大新
  - 大德 有
- 思誥 — 上枉
- 慈誥
- 忠誥
- 惠誥

廣業次子 琥琦 — 相鑾 — 逢齡 — 裕元

卷二　七十六

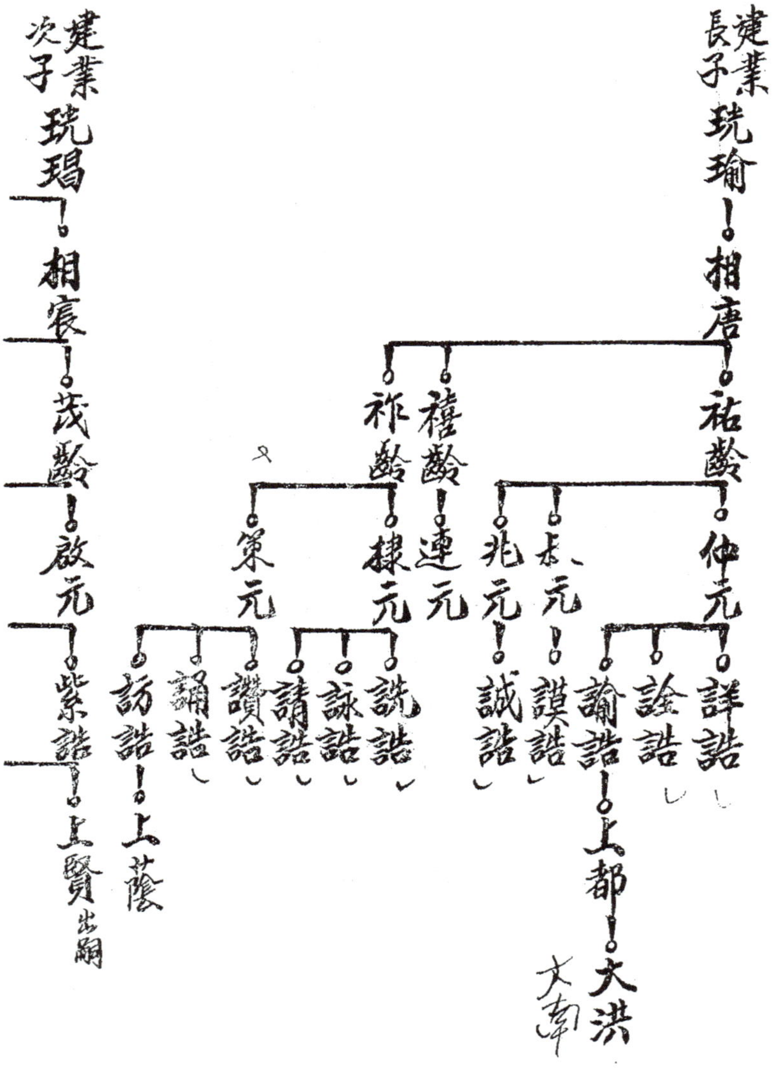
建業長子
珖瑜
相唐
祐齡
禧齡
祚齡
仲元
木元
兆元
連元
棣元
策元
詳誥
詮誥
諭誥
謨誥
誠誥
詵誥
詠誥
請誥
讚誥
誦誥
訪誥
上都
大洪
文南
上蔭
建業次子
珖瑒
相宸
茂齡
啟元
紫誥
上賢
出嗣

卷二七十七

相宣
蕃齡
濟元
爵誥
上泉

華齡
勳元
勛元
敏元
政元

松誥
桐誥
錦誥
錫誥
麟誥
上賢

鳳誥
上達
上達
上進
上賓

大源
大深
大鎮
改大文
大鈞
大銘

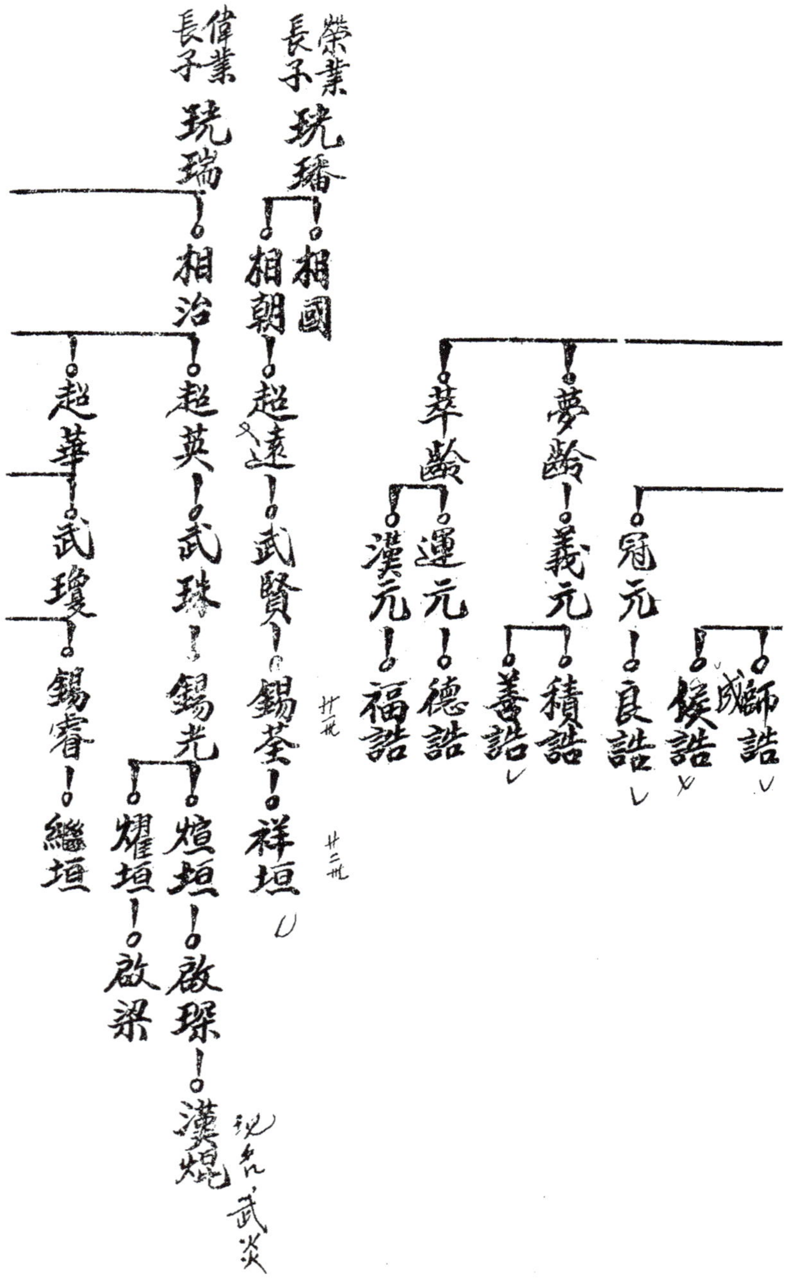

師誥
成
侯誥
冠元
良誥
夢齡
義元
積誥
善誥
華齡
運元
德誥
漢元
福誥
廿一世
廿二世
榮業長子
琉璠
相國
相朝
超遠
武賢
錫荃
祥垣
偉業長子
琉瑞
相治
超英
武琳
錫光
煊垣
啟琛
漢焜
現名武炎
燿垣
啟粱
超華
武瓊
錫睿
繼垣

卷二七十八

慶年

錫禪　齊垣　啟洋
錫昌
錫芬　祝垣　慶垣　壽垣
錫璣　穀垣
錫垣　國垣　振垣　文垣
錫雲
錫龍
錫異
錫粹　祥垣　益垣

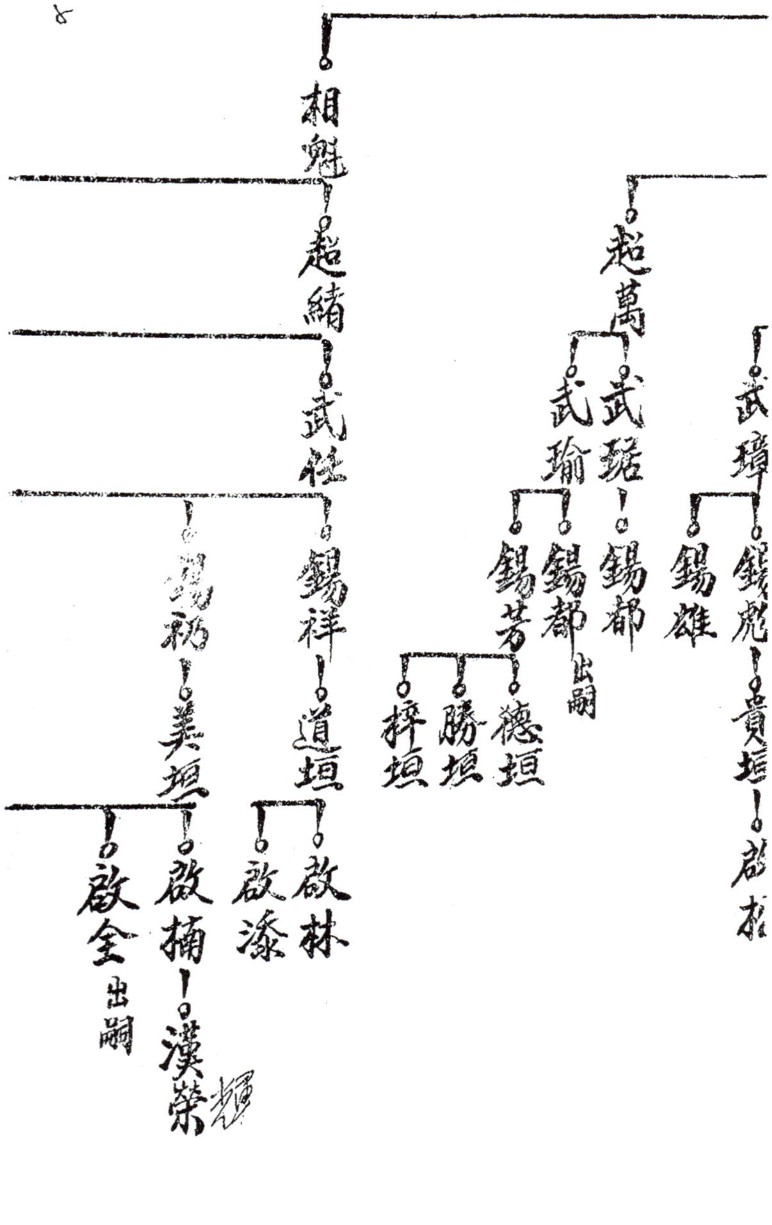
相魁
起緒
錫祥
道垣
美垣
啟林
啟滌
啟楠
啟全 出嗣
漢榮
起萬
武瑜
錫都
錫都 出嗣
錫芳
德垣
勝垣
梓垣
武璋
錫雄
錫彪
貴垣

卷二　七十九

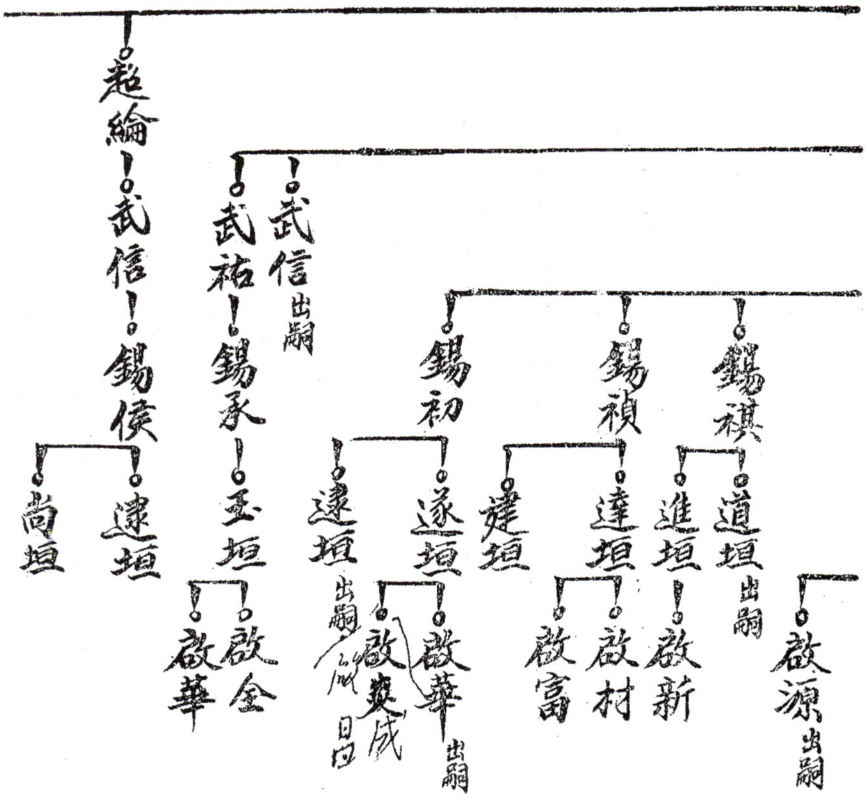

起綸
武信
錫俟
逮垣
尚垣
武信 出嗣
武祐
錫承
丕垣
啟金
啟華
錫禛
道垣 出嗣
進垣
啟新
錫禎
達垣
啟村
啟富
建垣
錫初
遂垣
啟華 出嗣
逮垣 出嗣
啟源 出嗣

趨綬

武林
錫贊
錫賢—粧垣—啟源

武材
錫恩
錫志
錫佳

武摘

武松

偉業次子 珖堪—相謨—趨俊

武紀—錫章

武緯
錫才
錫榮—崇垣

武繩

武揚出嗣

- 超傑（出嗣）

偉業三子瓏瓚
- 相靜
  - 超傑
    - 武揚
- 相通
  - 超蘭
    - 武福
    - 武祥
    - 武禮
    - 武裕
- 相先
  - 超蘭（兼祧）

偉業四子瓏敘
- 相憲
  - 超才
    - 武成
- 相思
  - 超柱
    - 武功
    - 武勳
    - 武勉
    - 武新

卷二　八十

偉業五子琥球

琥球—相邳—超桓—武登—錫興—國垣、文垣

　　　　　　超桓—武保

　　　　相邳—超林—武傳

　　　　相邳—超槐—武儀

琥球—相邠—超芳—武利—錫常

　　　　相邠—超芬

琥球—相郇—超賢—武怡—錫廣

　　　　相郇—超貴

琥球—相祁—超萃

昭德長子邦信—振禮—耀清—朝華—典裔

　　　　　　　振禮—輝清—朝華出嗣

朝蘭

勷清—朝才—興表
　　　　　—興裔出嗣
　　　　　—興祥

昭德次子
邦岱—振熙—祥清—朝成
　　　　　—瑞清—朝唐
　　　　　—福清—朝廣—興常—紹隆
　　　　　　　　　　　　　　—紹海
　　　　　　　　　　　　　　—紹深
　　　　　　　—朝唐出嗣
　　　　　　　—朝庠
　　　　　　　—朝廓—興教

卷二　八十一

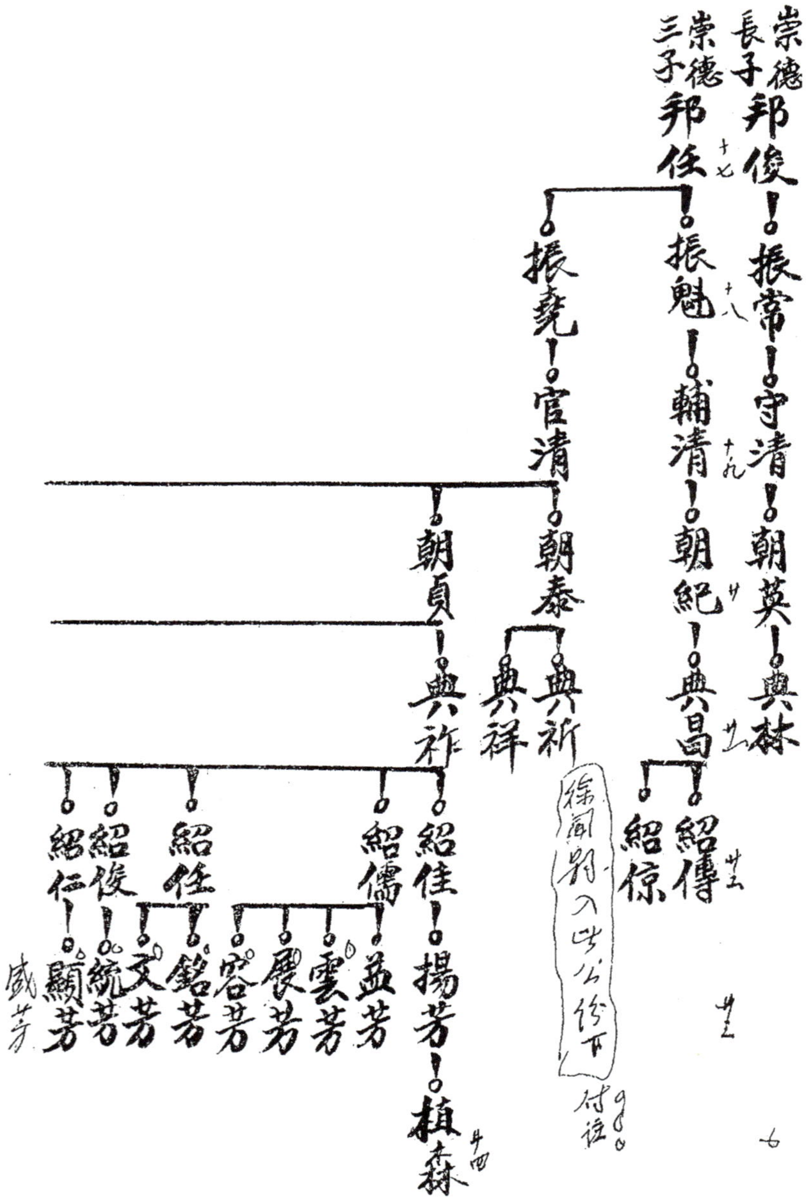
崇德長子邦俊
振常
守清
朝英
典林
崇德三子邦任
振魁
輔清
朝紀
典昌
紹傳
紹悰
振堯
官清
朝泰
典祈
典祥
朝貞
典祚
紹佳
揚芳
植森
紹儒
益芳
雲芳
晨芳
容芳
紹任
銘芳
文芳
紹俊
統芳
紹仁
顯芳

卷二　八十二

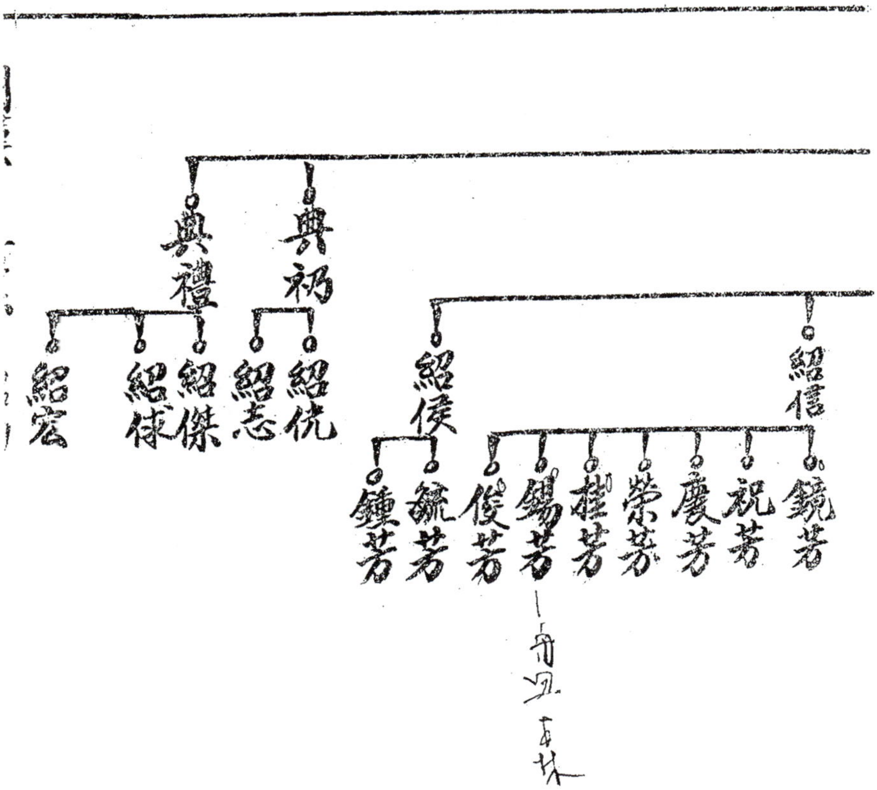

—毅漢—興禥—紹南

崇德四子 邦佐—振元—贊清
- 朝魁
- 朝芬—典成
  - 紹棠
    - 仁芳
    - 義芳
  - 紹寬
    - 禮芳
    - 智芳

廣德公子 邦英—振坤—肇清

成運公子 萬遠—瑞雲—武昌—保通—志揚—桂莊
- 建球
- 建琳

成訓公子 君遠
- 瑞生—聚棠—永年
- 瑞志—進棠
  - 觀華—志林
  - 紀華
    - 志材—桂籙
    - 志祥
      - 桂馥—建樞
      - 桂韻

七里

瑞貴 → 慶棠 → 茂華
兆棠 → 顯華 → 志祈
盛華 → 志祈 出嗣
志祁

成典公子 振遠 十七 → 瑞芳 十八 → 在國 十九 → 保福 廿 → 志蘭 廿一 → 桂儔 廿二 → 建祁 廿三
建周
保祿 → 志菁 → 桂庭 → 建崇 建桃
志蘭 出嗣
志蕙 → 桂燁
桂儉
桂友

成中公子 順遠 → 瑞煥 → 武沅 → 保聚 → 志瑛 → 桂賦 → 建良
建耀 止

卷二 八十三

- 成漢公子 敬遠（十七）
  - 瑞保（十八）
    - 武崇（十九）
      - 保都（廿）
        - 志廣（廿一）
    - 武猷
      - 保祥
    - 武魁
      - 保棠
    - 武書
      - 保祥 出嗣
      - 保華
        - 志鵬
          - 桂榮
            - 建煥
          - 桂村
        - 志恕
          - 桂榮 桃燦
            - 建海
        - 桂隆
          - 建昌 建盛
          - 建暉 改建祥
        - 桂陞
          - 建桐
          - 建華 有二子隨母去外省家 未明代查

卷二 八十四

七里房

瑞建
武宗
武崇 出嗣

成舉公子 紹遠 十七
瑞盈 十八
武寅 十九
保先 廿

志恒 廿一
桂燃 廿二
建湖 廿三
建居 廿四
建源
桂臣
建廟
嗣子建源

志懷
桂焰
桂琣
桂琥

志怡
桂烘

志愉
桂熛
桂烘 出嗣
桂燧
桂焜

志惟
桂燊

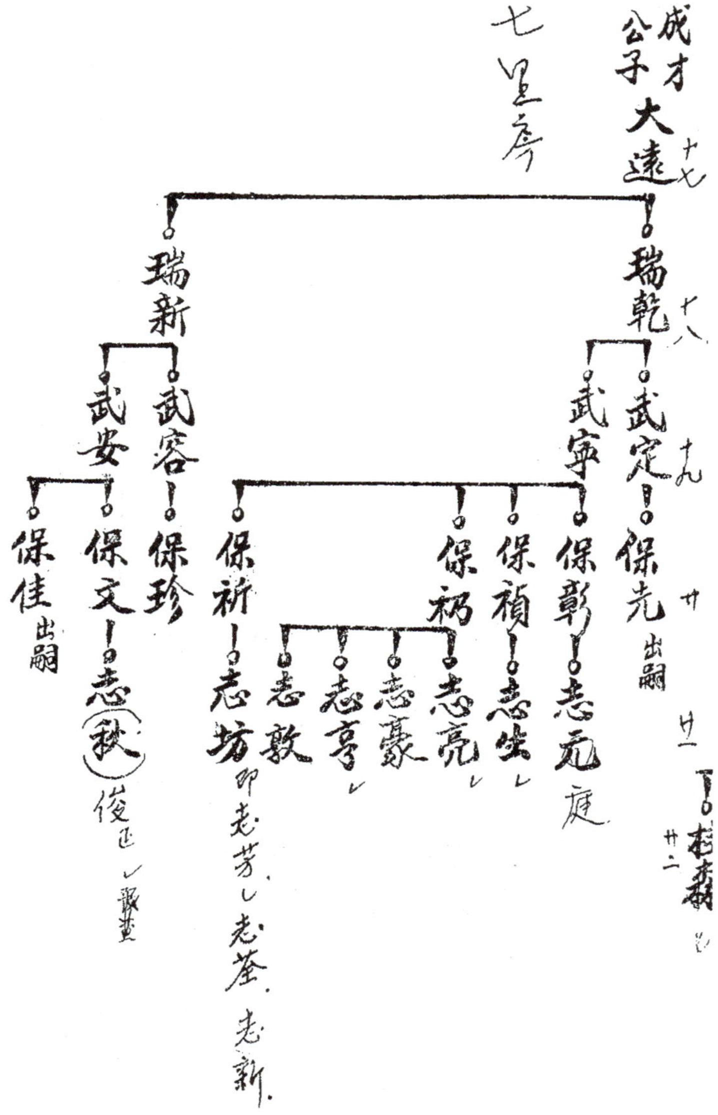
成才公子
大遠
七里亭
瑞乾
瑞新
武定
武寧
武容
武安
保先 出嗣
保彰
保禎
保祈
保珍
保文
保佳 出嗣
志亮
志豪
志亨
志敦
志坊
志荃
志新

卷二　八十五

（世代：十七　十八　十九　廿　廿一　廿二　廿三）

- 有才公子 鎮逵（更正）〔十七〕
  - 光祖〔十八〕
    - 廣漢〔十九〕
      - 建邦〔廿〕
        - 雲禪〔廿一〕
          - 維榮〔廿二〕
            - 善貴〔廿三〕
            - 善模
          - 維禮
            - 善[illegible] 浩
      - 建都
        - 雲成
        - 雲鵾
          - 維明
            - 善其
          - 維山
            - 善修
            - 善須
      - 建崇
        - 雲海
        - 雲鴻
          - 維忠
          - 維義
    - 廣禎
    - 廣明
      - 建綸
        - 雲言
          - 維芝
            - 善詮
            - 善春

善南
善佳
維文
維才
維屏
維新
善深
維春
雲棠
建業
雲開
維德
善福
善祿
紹琛
雲元
維藩
善馨
善存
紹琦
善芳
雲興
維禎
善成
紹琉

卷二八十六

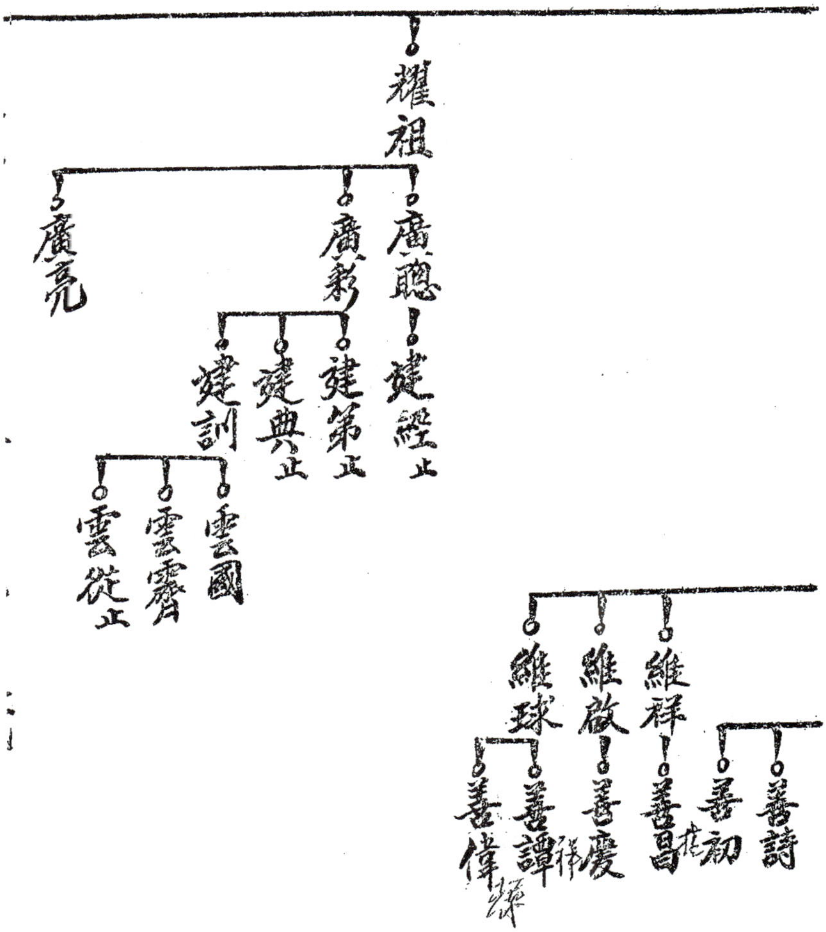

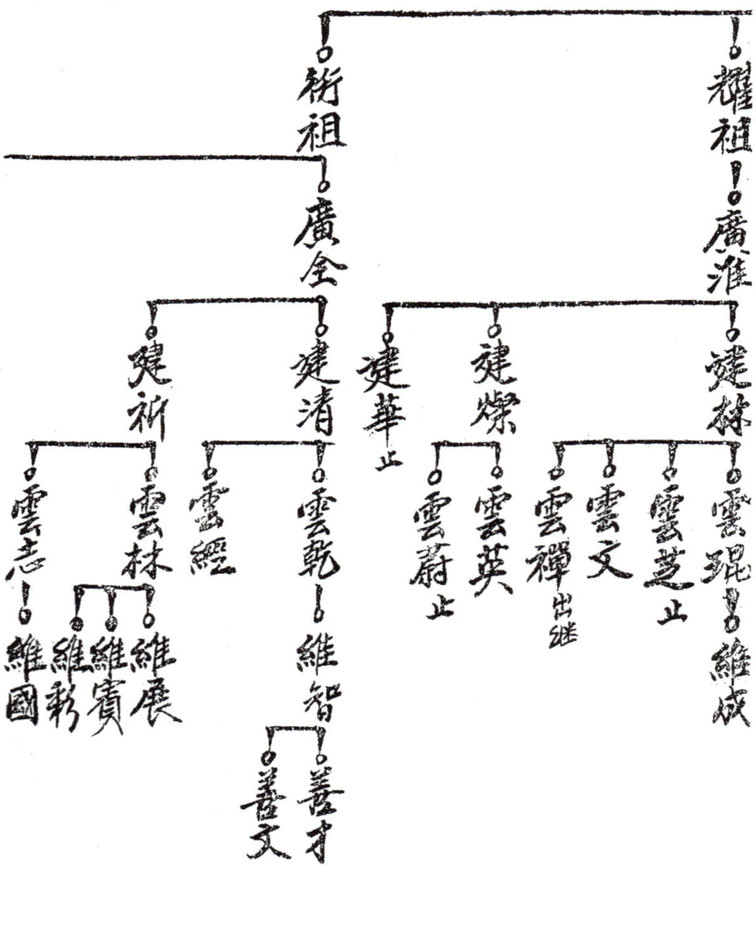
耀祖
廣淮
建林
雲琨
維成
雲芝止
雲文
雲禪出繼
建燦
雲英
雲蔚止
建華止
衍祖
廣全
建清
雲乾
維智
善才
善文
雲經
建祈
雲林
維展
維賓
維彩
雲志
維國

卷二　八十七

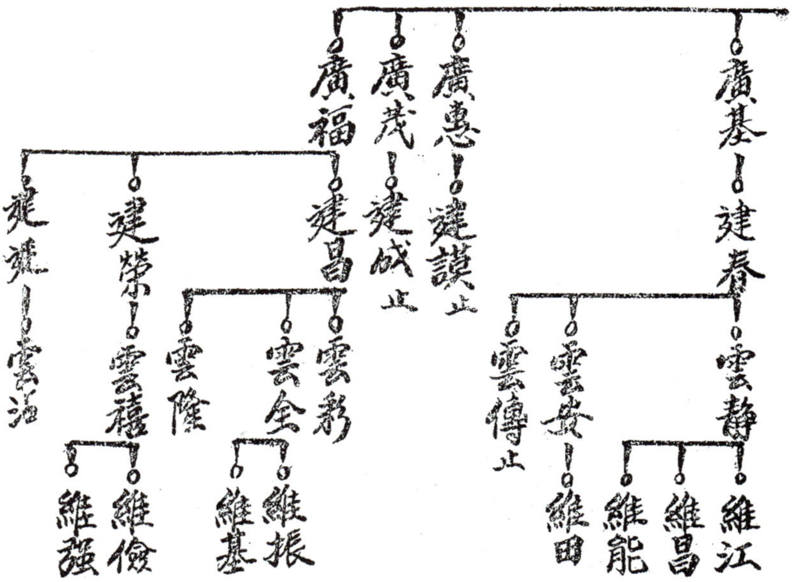

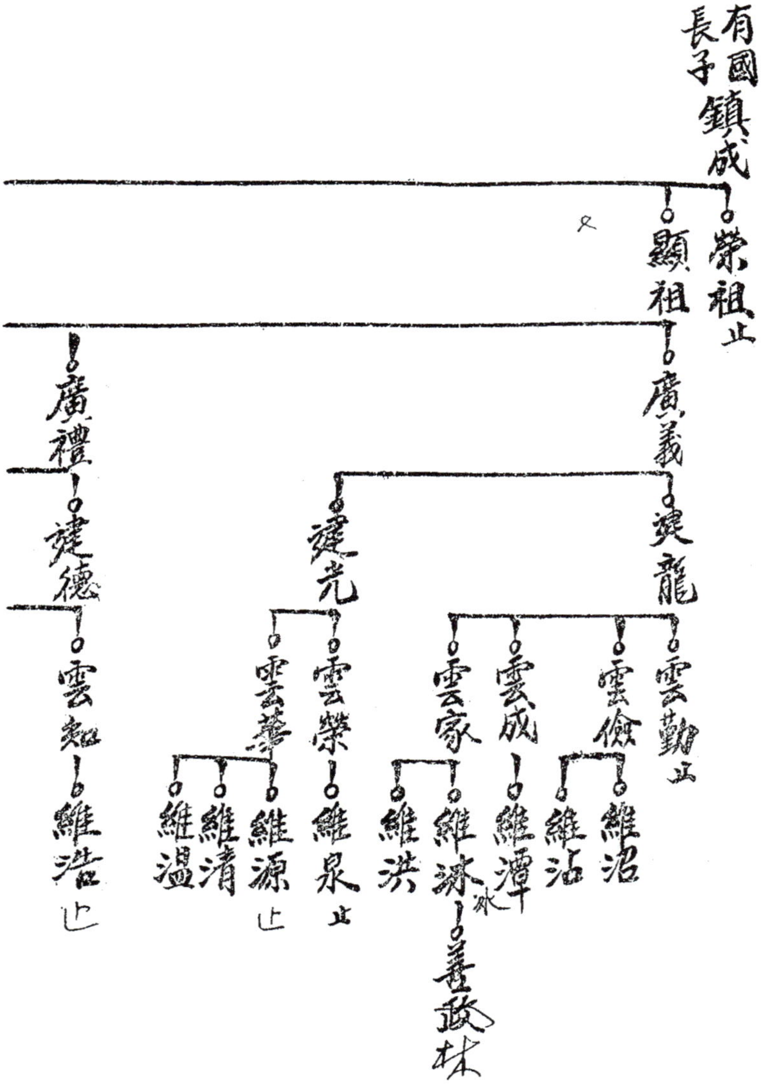
有國長子鎮成
榮祖止
顯祖
廣義
廣禮
建龍
建光
建德
雲勤止
雲儉
雲成
雲家
雲榮
雲華
雲知
維沼
維沾
維潭
維洙
水
維洪
維泉止
維源止
維清
維溫
維浩止
善政
林

卷二八十八

廣智 — 建乾

建乾 — 雲福 止；雲松

雲松 — 維海

維海 — 善雄 次；善英 長子；善豪；善傑 止

建熙 — 雲奇 止；雲山 止

建政 — 雲旺；雲才 止；雲雅 止

雲明 止

雲旺 — 維河；維洲 又名沛森

維河 — 善球；善鍵 子紹倫

昌祖止

廣海止

雲茂止

雲粕

維池止

維深

善先 振家 遷居蕭壠

維洽

維波止

有國次子

鎮芳

蔭祖

廣壽

建儀止

建朝止

建球

雲超

雲犀 初

盛祖

廣能

廣知 和

建志

雲康止

雲階

廣慶

建元

雲賢

雲吉

卷二　八十九

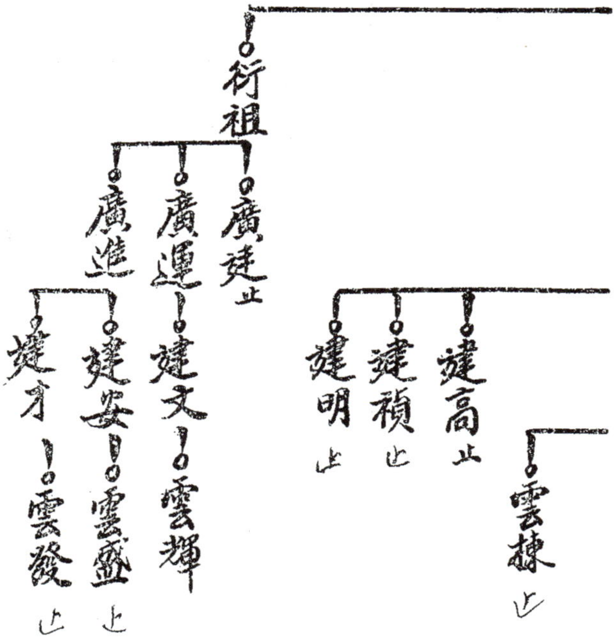

二十五世至三十三世九族圖

二五世　二六世　二七世　二八世　二九世

紹周長子 樹琨
- 煥榮
- 世榮
- 業榮

紹周次子 樹球
- 奕榮
- 海榮

紹武子 樹林
- 楚榮

卷二　九十

容州封氏家譜

卷三

容州封氏家譜卷三目錄

大宗世系牒一世至四世
長房世系牒五世至十九世

容州封氏家譜卷三

大宗世系牒

一世

始祖文明字舜敷原籍河南開封府祥符縣西南隅
人宋末由鄉貢任廣西容州通判兼知州軍事
封承議郎慕嶠山之勝遂家於容詳邑誌職官
表
相傳十一月廿三日爲　始祖生辰　有傳
配梁氏封容州郡太君
子　嗣秀

二世

明文公子嗣秀字叔達由元貢監任廣東瓊州府萬州
吏目以子官贈邕州郡伯詳邑志
配植氏贈邕州郡太君
子　履孫

三世

嗣秀公子履孫字道坦元仁宗延祐二年乙卯科登張
超巖榜進士任藤州學正舉陞至邕州路
總管兼左右兩江谿洞鎮撫司封邕州郡
伯卒賜祀鄉賢並梧州府名宦祠事蹟詳
廣輿記名宦傳氏姓譜及廣西通志府縣
志有傳
配何氏封邕州郡太君
子　正甫盛甫山甫左甫右甫　山甫左甫
右甫俱失傳

四世

履孫公子正甫字直翁由元貢監生任福建延平府沙
縣主簿
有傳
配陳孺人
子　文傑

盛甫字昌翁元天曆中舉明經奉徵辟詔任宥州
清水司巡簡陞廣東廣州府清遠縣知縣以內
艱歸授清遠縣男所著有容州人材題名等記
卒祀鄉賢祠建有父子鄉賢坊事蹟載通志府
縣志及氏族譜中有傳
配王氏封清遠縣太君
子　源長

有傳

長房世系牒

五世
正甫公子文俸字會亨元例監生貤贈昭武都尉
配張恭人
子　僖仲
六世
文俸公子僖仲明例監生誥贈昭武都尉
配段恭人

子　英
七世
僖仲公子英　字崇才明景泰間以軍功授職都司
配欒恭人
子　俊
八世
英公子俊　貤封徵仕郎
配許孺人
繼配李夏孺人
子謹謙論喆證　謹謙證失傳
九世
俊公子論　明恩貢生任廣東化州州判
配梁孺人
子　佑梓
喆　明邑庠生
配侯氏

繼配林氏
子　憲宣
十世
諭公子佑　梓
配李氏
子　奇秉
誥公子憲　字章武明軍功職員嘉靖四年曾奉督
憲姚鏌諭統帶鄉兵萬人進征岑猛屢立
戰功事見通志前事略
配申氏
子　德瑚　德璉　德璋
宣
配李氏
子　德瓊　德珊　德珍　德珠德珍德珠失傳
十一世
佑梓長子奇
配無考
子　良科　良進　良章　良舉
佑梓次子秉
配杜氏
子　良鑑　良珍　良謀　良文　良棟文無嗣
憲公子德　瑚字暘莊貤贈文林郎誥贈奉直大夫
晉贈中憲大夫
配王恭人
子　臣
德璉
配無考
子　豸
德璋
配何氏
子　節楚
宣公子德　瓊

容縣雅一商店承印

配陳氏
子　賀
德珊字爲雲
配無考
子　萬選
十二世
奇公子良科
配無考
子　孔業無嗣
良進
配無考
子孔徵　孔深
良璋
配無考
子　孔教　孔禮俱無嗣
良舉

配無考
子　孔學　孔元俱無嗣
秉公子良鑑
配無考
子　孔大　孔勳
良珍
配陳氏
子　孔銘　孔志志出嗣
良謀
配無考
嗣子　孔志無嗣
良棟
配無考
子　孔俞無嗣
德瑚公子臣字瑞陽敕贈文林郎誥贈奉直大夫晉贈
憲大夫明隆慶己巳年九月廿五日生崇禎戊寅年

正月十一日卒
配陳恭人壽八十五歲隆慶戊辰年十一月十八日生順治壬辰年正月廿二日卒
子　維翰　維城
爯字翊明邑庠生手錄庭訓集貽姪維翰勉
勵
良殷
配
嗣子　承嗣無嗣
德璋公子節　鄉飲介賓壽八十歲
配王氏
子　豫章
楚
配黃氏
育子　憲通
德璣公子賀

配歐氏
子　允中
德珊公子萬選
配梁氏
子　宏猷　宏謀　宏受
十三世
良進公子孔征
配無考
子　鼎中　鼎魁俱無嗣
孔深
配無考
子　鼎乙
良鑑公子孔大
配無考
子　進朝
孔勳

配無考
子　進傑
真珍公子孔銘
配許氏
子　進姬　進岳　進琦琦無嗣
臣公子維翰字大宗明附生崇禎癸酉科中式第十名舉人任江西撫州府宜黃縣知縣明末以軍功題授監軍御史永歷建號梧州授爲監軍僉事陞廣東高廉兵備道監軍副使誥授中憲大夫宦績詳郡邑志廣西通志壽八十五歲萬曆辛丑年十月初二日生康熙乙丑年正月廿二日卒有傳
配李恭人壽七十四歲萬曆甲辰年正月初九日生康熙丁巳年正月廿二日卒
子　司鼎
維城字起宗貤贈修職郎　公因兄宦遊而

家居事母嚴課子姪不慕名利日以吟咏自娛稱爲舊營居士明萬歷乙巳年十二月初九日生清順治戊子年正月初六日卒
配梁孺人明萬歷乙巳年六月十一日生崇禎戊辰年六月十一日卒
繼配黃孺人壽八十一歲明萬歷癸未年七月十七日生清康熙癸卯年七月初一日卒
子　司教　司輔　司弼
節公子豫章字發祥鄉飲介賓
配楊氏
繼配覃氏
子　海鳳　海蛟　海賢蛟賢無嗣　育子海通
楚公育子憲邇
配黃氏
繼配王氏
子　憲禎　憲祥

允中字保赤
配楊氏
子　司經

萬遷公子宏猷
配檀氏
子　起球

宏謀
配
子　起龍

宏受
配蘇氏
子　起任

十四世

孔深公子鼎乙
配
子　則弟　則盛

孔大公子進朝
配
子　則瑞　則勝

孔勳公子進傑號明廷字翊昌
配胡氏
子　則富　則貴　則榮　則華　則鑑

孔銘公子進姬
配陳氏
子　則聰　則科

進岳
配李氏
繼配劉敷氏
子　則琦　則瑜　則瑋　則鎖

維翰公子司鼎字台伯康熙甲辰歲貢生癸丑廷試授平樂府昭平縣訓導　公稟性純厚喜怒不形所謂盛德若愚者庶乎近之明天啓癸

亥年二月十九日生清康熙庚申年八月九初日卒

有傳

配楊孺人壽七十二歲明天啓乙丑年十一月十三日生清康熙丙子年正月初七日卒

子　安邦　興邦

維城公子司教字英伯邑庠生公性謙恭繩尺自守有惇史風

配覃氏壽八十一歲

子　靖邦

司輔字倫伯邑庠生　公性穎悟入塾兩月即援筆成文邑先達爭相期許應考屢居優等試歸溺於藤縣三門灘舟次士論惜之家人拾衣冠塟大雲螺山下穴明崇禎乙卯年五月初九日生清康熙庚午年四月初九日卒

配伍氏

子　建邦

司弼字季直康熙庚午歲貢生壬午廷試授柳州府象州訓導公性情和藹視鄉里如一體待五服若同胞自奉則薄施人則厚司鐸時訓廸有方任滿調陞卒於省垣士論惜之配孺人順治丙戌年二月初五日生康熙壬申年五月十六日卒

嗣子　相邦

豫章公子海鳳字愛竹鄉飲介賓

配張氏

庶蔡氏

子　鴻傑　鴻烈　鴻奎元配出　鴻志庶出

豫章育子通海　明崇禎庚午年九月十四日生清康熙戊午年三月三十日卒

配鄧氏

子　鴻緒

惠通公子憲禎（平田房）

配
子　孟興
憲祥字福雲壽七十六歲平田房
配黄氏
子　光興
允中公子司經字濟伯邑痒生
配鄧氏
繼配余氏
子　彥邦　雋邦　相邦　相邦出嗣
宏猷公子起球
配
子　上叙　上賢
宏謀公子起龍恩賜登仕郎壽七十五歲
配劉氏
子　懿範
宏受公子起任恩賜修職郎壽十八歲

配陳氏
子　上進　上璇
十五世
鼎乙公子則第
配劉氏
子　任光　任偉
則盛
配
子　任國
進朝公子則瑞
配
子　國有　國財　國用　用出嗣
則勝
配
嗣子　國用
進傑公子則富

容縣惟一商店承印

配
子　國位
則賁
配
子　國侃
則榮
配
子　國儲
則華
配陳氏
子國獎
則鑑字元利號春園
配黃氏順治戊申年二月十八日生康熙乙酉年八月十一日卒
子　國祥　國榮　國擧
進姬公子則聘例監生

配潘氏
子　國宦　國起　國晉
則科
配
子　國昭　國宗　國后　俱無嗣
進岳公子則琦
配陳氏
子　國盛　國宣　宣無嗣
則瑜
配謝氏
子　國參
則瑋
配黃氏
子　國任　國坤　任無嗣
則鎮
配

子　國治　國弼
司鼎公子安邦字澤周號蕉林康熙癸酉科選拔貢生
授平樂府恭城縣敎諭宦績詳郡邑志祀
名儒祠順治己亥年正月十九日生康熙辛丑六月
初一日卒　有傳
配植孺人順治己亥年二月初一日生康熙乙亥年
八月廿一日卒
繼配夏孺人康熙甲子年九月十四日生乾隆壬
戌年七月十一日卒
子　長治元配出　振治　齊治　致治繼
配出　齊治出嗣
興邦字化周邑庠生州同銜
配祁安人
繼配黎安人
嗣子　齊治
司敎公子靖邦字典周例監生敕封儒林郎

配蔣安人壽七十一歲
庶覃氏
庶黎氏
子　淳治　同治元配出盛治　巍治覃氏
出煥治黎氏出
司輔公子建邦字體周號竹林行略詳郡邑志仁壽傳
著有竹林詩文稿藏於家康熙庚戌年五月初
四日生有傳　雍正庚戌年六月初四日卒
配劉氏康熙乙酉年五月十六日生康熙癸巳年十
二月初四日卒
繼配劉氏壽八十一歲康熙丁卯年七月二十
九日生乾隆丙戌年九月初一日卒
庶陳氏康熙丁丑年七月十二日生乾隆丙子年五
月十八日卒
子　統治　鑠治　雍治　豫治　徐治　揚治
元配出冀治繼配出青治庶出

司弼公子相邦字贊周

配李氏

子　京治　允治

海鳳公子鴻傑字元偉邑庠生

配譚氏

子　翺卿

鴻烈字元勳邑廩生

配李氏

庶劉氏

子　玉卿　杜卿庶出

鴻奎字映斗例監生明崇禎癸酉年十二月初四日生清康熙丙午年十一月初二日卒

配劉氏壽八十一歲明崇禎丙子年九月二十七日生清康熙丙申年四月十六日卒

子　國卿

鴻志鄉飲介賓壽九十三歲

配鄧氏

子　幹卿　章卿　輔卿　武卿

海通公子鴻緒

配

子　相卿　潚卿　掄卿

憲禎公子孟興

配

子　汝浥

憲祥公子光興字民望康熙乙巳年八月廿八日生

配黃氏

繼配楊陳氏

子　汝温　汝燦　汝淸

司經公子彥邦

配劉氏

繼配梁氏

子　大治繼配出

雋邦
配車氏
繼配梁氏
子　敬治 繼配出
起球公子上叙
配
子　建瑞
上賢
配楊蕭氏
子　建和
起龍公子懿範字履則邑庠生
配劉氏
子　世卿　鏡卿
起任公子上進壽七十七歲
配陳氏
子　建周　建趙

上璇
配
子　建詳 無嗣
十六世
則錫公子任光
配羅氏
子　上進　上昇
任偉
配黄氏
繼配楊氏
子　上榮　上華　上富　上貴　上爵 華貴爵俱無嗣
則盛公子任國
配 無考
子　上壽
則瑞公子國有

容縣惟一商店承印

配無考
子朝莢　朝琚琚無嗣
國材
配莫氏
子朝帝　朝水　帝生子宇盛無嗣
則勝公子國用
配無考
子朝棠　朝祥　祥生子宇海　海生子雲
棠無嗣
則富公子國位
配楊氏
子朝詮
則貴公子國侃
配無考
子朝采　生子許仁無嗣
則榮公子國儲

配無考
子朝發
則華公子國燮
配黃氏
子朝相　朝陞
則鑑公子國祥
配李氏
子朝貫
國榮
配陳氏
子朝暘　朝棟　朝文　朝武
國華號開祥登仕郎　康熙甲申年十二月十六日生乾隆丙午年十二月十五卒
配陳氏康熙甲申年八月十二日生乾隆壬寅年正月初五日卒
子朝通　朝用　朝旺

則聘公子國官壽七十四歲康熙癸亥年七月十六日生乾隆丙子年四月廿二日卒
配歐氏壽七十四歲康熙壬戌年七月十六日生乾隆乙亥年十一月十六日卒
子　會昇會友
國起
配宋氏
子　會錦
國普
配李氏
子　會通
則琦公子國盛
配蘇氏
子　朝琪　朝琇　朝俊　朝翰琇俊俱無嗣
則興公子國參
配無考

子　朝凡　朝興　朝光
則瑋公子國坤
配彭氏
子　朝殷　朝爵　朝郁
則鐵公子國治
配黃氏
子　朝龍　朝金　朝俸龍俸俱無嗣
國弼
配黎氏
子　朝盛無嗣
安邦公子長治字介熙號盧平弱冠應試縣府均取列案元郡庠生康熙己未年七月三十日生乾隆己未年八月二十一日卒
配韋氏邑孝廉恩孔公女康熙壬戌年七月十五日生乾隆丁卯年十一月十五日卒
庶陳氏

子　作霖　作雨　作棟　作梁俱庶出
振治字叙熙由邑武生援例就監配曹氏壽
九十歲
子　作衞　作遠　作範
致治字庸熙號景亭優廩生乾隆辛丑科拔
貢乙卯選授潯州府桂平縣教諭著有槐
蔭堂詩文稿藏於家　康熙丙申年閏三月十九
日生乾隆庚辰年三月廿日卒
配梁孺人壽八十八歲　康熙辛丑年三月初十
日生嘉慶戊辰年六月三十日卒
子　紹濟
興邦公子齊治字秩熙例貢生敕贈武略騎尉
配朱安人
庶沈陳氏
子　作屏　作元　作佑　作輔元配出
作衡沈氏出作烈陳氏出

靖邦公子淳治字宇熙附貢生屢舉鄉飲介賓公敦品
勵行持論不阿鄉里稱爲厚重長者壽八
十一歲
配龔孺人
庶陸氏
子　萬侯　萬里　萬成侯成均庶出
盛治字業熙恩賜修職郎壽八十三歲
配梁氏
繼配謝氏
嗣子　萬祥
巍治字秦熙
配李氏
子　萬禎
煥治字淑熙
配盧氏
子　萬禧　萬祥祥出嗣

同治字道熙候選直隸州州同公守正不阿
遇事果斷時官役勞擾鄉民公稟請縣府
批准釐革其弊并本處夫務市判永歸靈
山武帝廟香火費用勒石垂後至今里人
咸頌之
配梁安人
庶李謝氏
子　萬鈞李氏出　萬緯謝氏出　緯子億恭　恭子
振庭　庭子相禮　衛朝　朝出嗣
建邦公子統治字育民縣案元邑庠生公純厚嗜學具
大志敦實行倡修族譜惜哉其年不永
康熙庚午年九月初十日生康熙甲午年十月二十
三日卒
配李氏
嗣子　作乂
璨治字孝熙號石燕道光己酉年奉旨建坊

崇祀孝子祠行詳載府邑志　康熙壬申年九
月廿八日生雍正乙卯年八月廿二日卒　有傳
配潘氏康熙辛未年十二月初六日生乾隆乙未年
二月初七日卒
子　作肅　作乂　作哲　作謀　作乂出嗣
雍治字續熙公和平孝友博覽鑑史工詩文
淡於名利
配曹氏
子　作仁　作敬　作友　作慈　作信　友出嗣
豫治字純熙
配覃氏壽七十九歲
子　作才　作庠　作序
徐治字性熙號慕澗　公姿稟豐厚篤孝父
母歿後每遇忌辰必悲哀素食終身不改
生平謹言笑屏浮靡忠以與人敬以律己
庭訓諄嚴雅爲後生所矜式　康熙戊寅年九

容縣惟一商店承印

月初七日生乾隆癸亥年十二月廿七日卒

配潘氏康熙己卯五月初八日生乾隆庚午年十一月初二日卒

子　作求　作孚

楊治字越熙　恩賜修職郎壽八十歲

配梁氏

庶韋氏

子作祢惠　作崇　元配出作幹　作榮庶配出

青治字營熙號東園　公品粹學優文思敏捷慟大父懸考被溺藤江終身誓不赴試

配梁氏壽八十歲

嗣子　作友

冀治字甸熙號小川郡庠生乾隆丁酉歲貢生公少孤事母至孝母歿三年衣衰啜粥及殯甃不用浮屠弗踵俗弊孺之篤歷久不渝里人恒羨之雍正丙午年十二月初五日生

乾隆壬子年四月十八日卒

配何孺人壽八十二歲　雍正乙巳年七月廿五日生嘉慶丁卯年十月廿四日卒

子　作縉　作矩

相邦公子京治字仁熙　公性友愛父歿弟幼教養兼至昇之成立壽七十三歲雍正丙午年十二月十二日生嘉慶戊午年六月廿七日卒

配馬氏壽九十三歲

子　冠球　冠珍　冠瑾　冠璋

允治字庶熙邑庠生

配張氏壽七十三歲

子　冠琦　冠琢　冠琨

鴻儀公子朝卿字帝咨　恩賜登仕郎壽七十二歲

配劉氏

子夢麟

鴻烈公子玉卿字帝珍例監生

配無考
嗣子　季藩
杜卿字帝眷邑庠生
配符氏
嗣子　承藩
鴻奎公子國卿字帝簡邑廩生　公性和敏儉樸持家
築書塾嚴訓子弟胥賴成名焉
配秦氏
繼配李氏
子　汝藩元配出　仲藩　季藩繼配出季出嗣
鴻志公子幹卿字帝佐
配龔氏
子　翼藩
章卿
配馮氏
子　承藩　天藩　瓊藩　岳登承藩岳登出嗣

輔卿
配潘氏
子　世藩　祚藩
武卿
配張氏
子　春藩
鴻緒公子相卿
配
子　孟藩　瑞藩　經藩　任藩經
蒲卿
配
嗣子　祚藩
掄卿
配
嗣子　經藩
孟興公子汝浥

配
子　翺進
光興公子汝温佾生康熙甲戌年二月廿九日生
配
子　讓
汝滐
配杜
嗣子　秉衡
汝淸康熙乙酉年八月十七日生乾隆辛未年二月初十日卒
配謝氏
子　秉鈞　秉衡　秉綱衡出嗣
彥邦公子大治
配
子　作賓
儁邦公子敬治

配
子　良生
上叙公子建瑞
配
子　廷偉
上賢子公建和
配蘇氏
子　廷華　廷昭
懿範公子世卿字名上邑庠生
配潘氏
庶粱氏
子　帥藩元配出　伯藩　任藩　建藩庶出
纘卿字寧上
配
子　連藩
上遒公子建周

配陳氏
子　廷朝
建趙
配
子　廷國　廷鑌
十七世
任光公子上進
配張氏
子　許發　嗣子　許達
上昇
配
子　許達　許勳　達出嗣　勳無嗣
任偉公子上榮
配胡氏
子　許積
上富

配李氏
子　德許
任國公子上壽
配
子　許桂生子鑑保無嗣
國省公子朝瑛
配
子　許詮
國材公子朝水
配黃氏
子　宇日　宇富　宇貴貴娶陳氏無嗣
國用公子朝棠
配
子　宇旺
國位公子朝詮
配

子　許進
國儲公子朝發
配無考
子　許壽　許盛　許立　立生子銓秀無嗣
國獎公子朝相
配王氏
子　許勝　許旺　許位
朝陞
配王氏
子　許富　許貴　許榮　許華　許岳
榮生子銓科無嗣
國祥公子朝貴
配全氏
子　許正　許偉
國榮公子朝楊
配

子　許超　許明　許志　超生子銓彌　明生
子銓宙　銓洪　志生子銓天俱無嗣
朝棟
配蔡氏
繼配劉氏
子　許相　許瑞　許才　許杰　才無嗣
朝文
配羅氏
子　許政　許王
朝武
配羅氏
子　許舉
國華公子朝通
配全氏
子　許發　許配　許玉　許卓　許參
參無嗣

朝用
配黃氏壽八十七歲
子　許秀　許茂　許選
朝旺
配呂氏
子　許敬　英
國宦公子會昇字際平恩賜登仕郎壽七十五歲康熙丁亥年六月十四日生乾隆辛丑年十月廿六日卒
配劉氏壽七十六歲
子　以元　以仁
會友字與平恩賜登仕郎壽七十七歲康熙庚子年五月初五日生乾隆丙辰年十一月二十五日卒
配韋氏
子　以進　以文進無嗣
國起公子會錦

配劉氏
子　以隆　以成　以海
國昔公子會通
配
子　以能
國盛公子朝琪
配陳氏
子　許起　許章
朝翰
配
子　許國
國參公子朝九
配趙氏
子　許高　許受　許照高生子奇章無嗣
熙生子宜榮無嗣
朝興

配

子　許佐

朝光

配陳氏

子　許聘　許增

朝殷

子　許文

配

朝爵

配

子　許殿　許璸　許迎濱無嗣

朝郁

配曾氏

子　許積

國治公子朝金

配

子　許貴

長治公子作霖字大蒼邑武生公精歧黃術恒荷藥隨行以施貧困存活甚衆鄉鄰德焉

配潘氏

繼配陳氏

子　耀繼配出

作雨字潤蒼存年二十二歲

配李氏旌表節孝壽七十八歲　監生仁德公女守節撫孤既而兩子又卒與兩媳冰心共矢備歷艱難邑教諭進士李先瀛贈額曰義勝柏蕤詳見邑志

子　炳煒

作棟字濟蒼邑庠生

配鄧氏同里貢生肇昌公女

繼配李氏

子　恕敷　敬敷　覃敷元配出　誕敷　寬敷

信敷繼配出

作梁字沛蒼
配李氏撫孤守節
子　逵遜
振治公子作衞字孟侯
配羅氏
繼配茹氏
子　昭誠
作遠字相廷
配凌氏
子　昭智
作範字翼廷
子馮氏
繼配龔氏
子　德興元配出德杰繼配出
致治公子紹濟原名作亮字敦仁號碧峯邑庠生敕贈
修職郎貤贈奉直大夫壽八十六歲五

代同堂　有傳
配李宜人邑舉人沛杰公女
庶盧氏壽七十四歲　乾隆乙酉年六月二十六
日生道光戊戌年十月十四日卒
子　益謙　豫升元配出晟觀　晉泰庶出
齊治公子作屏字思孔邑庠生壽七十歲
配何氏邑太史何疇公長女
庶梁氏
子　崇之嶷之元配出崧之嶺庶出
作元字思燮例貢生楷法端莊詩思豪邁舉
動必循禮法人恒敬之
配張孺人
庶唐氏
子朝璽元出配朝瓚　朝瓊　朝鑫　庶出瓊鑫
無嗣
作佐字思達衛千總職壽七十歲

配梁安人
繼配龐安人
庶茹陸氏
子　朝璉繼配出　朝璧茹氏出　朝璠陸氏出
作輔字思忠邑武生
配梁氏
子　樹德　勳樹　樹功　樹模　樹範　模範
無嗣
作衡字思任群庠生
配陶氏
子　甲翰　甲魁俱無嗣
作烈字思觀例監生
配吳氏北流武進士槐公女
子　甲春　甲第　甲掄　甲元
淳治公子萬候字贊乾邑庠生　公純厚古樸姿秉異
人事親盡孝祭祀必誠必敬性嗜學尤抱
左氏癖廷訓嚴毅子弟肅然壽七十七歲
雍正癸卯年十二月十二日生嘉慶己未年三月十六
日卒
配吳氏雍正丁未年三月十二日生乾隆壬寅年正
月二十二日卒
子　宣仁
萬里字奉乾邑廩生乾隆庚子歲貢生公邁
志敏學慎交遊性情純樸所作詩文雄健
雋咏入泮時雅爲宗師器賞屢考優等凡
遇賓興論者恒推公手屈一指乃竟不赴
秋闈其淡於功名如此壽八十三歲
配潘孺人
嗣子　宣籌
萬成字輔乾邑庠生　公性敏捷過目成誦
爲文皆腹藁工楷法疎財仗義遇知名士
必投轄盡歡

壽七十一歲
配盧氏
庶韋氏
子　宣恕　宣籌庶出籌出嗣
盛治公子萬祥字瑞乾　恩賜登仕郎壽七十歲
配農氏
子　億高無嗣
魏治公子萬禎字沛乾
配熊氏
子　億統　億猷　億烈　億緒
煥治公子萬禧字慶乾
配羅氏
子　億儲　億聰
同治公子萬鈞字浩乾邑增生
配茹氏
庶鍾氏

子　億謙　元配出　億遜庶出
統治公子作乂號應紀　公克敦孝友善事雙親其待
兄弟有姜肱大被風待戚鄰有香山大
裘風好學工詩不慕名利鳴琴揮塵談
史鑑娓娓如貫珠即年月日無或遺者
生平喜怒不形物我無間鬚長抵腹咸
稱美髯公云
配梁氏康熙壬寅年六月初二生乾隆甲辰年五月初三日卒
子　述儒
梁治公子作肅字應秋邑庠生　公幼穎悟文詞詩畫
靡不擅長年十二即授膏芹終以數奇
不偶未遂遠志衆論惜之康熙壬辰年正月十二日生乾隆癸未年五月十一日卒
配吳氏壽九十五歲
庶陸氏

子　述祖元配出述志述基庶出

作哲字應禎

配楊氏

子　述明　述昭　述庸

作謀字應聰壽七十歲

配茹氏壽七十二歲

子　述業　述訓　述偉

雍治公子作仁字應春

配鄧氏

子　述緒　述章　述賢緒無嗣賢子輔國無嗣

作敬字應利

配趙氏

子　述規　述衡　述諂

作慈字應亨邑庠生

配黃氏壽九十四歲

子　克勤　克儉　克贊　克襄　克奉

襄出嗣勤儉奉俱無嗣

作信字應時

配盧氏

子　志儒　志道道無嗣儒嗣子鳳麟無嗣

豫治公子作才字應成恩賜登仕郎壽七十五歲

配龔氏

子　偉章　振祖俱無嗣

作庠字應照

配梁氏

子　述傳傳妻杜氏生子恩善無嗣

作序字應利

配盧氏

子　述典　述獻典妻劉氏生棠善　獻妻劉氏

生培善　增善增妻莫氏生福壽俱無嗣

徐治公子作求字應郅號東莊邑庠生　公持躬謙恪

直道待人慎交寡言庭訓整肅祭祀必誠

以孝友傳家遺囑後嗣喪葬毋用釋氏
毋惑堪輿家言壽七十四歲雍正甲寅年
十二月十三日生嘉慶丁卯年九月初一日卒
配植氏壽七十八歲雍正乙卯年閏四月初三
日生嘉慶壬申年十月十四日卒
子　耀德　贊德　繩德　觀德
作孚字應常恩賜登仕郎壽七十二歲乾隆
癸亥年九月十九日生嘉慶甲戌年四月初六日卒
配陳氏乾隆丙寅三月初八日生嘉慶辛卯年正月
初一日卒
子　立德　明德　宣德　俊德
楊治公子作悳字應襄
配夏氏
子　克昌無嗣
作崇字應隆　恩賜修職郎壽八十二歲
配梁氏

子　克熾妻劉氏無嗣
作幹字應宣
配盧氏
子　克升無嗣
作燊字應宸　恩賜登仕郎壽七十歲
配楊氏
子　克楷　楷子瓊保無嗣
青治公子作友字應運雍正辛亥年八月十一日生乾隆丙午
年四月廿三日卒
配馬氏壽七十五歲雍正辛亥年四月初六日
生嘉慶乙丑年十月廿二日卒
子　贊文嗣子　贊襄
冀治公子作縉字史詹　恩賜登仕郎壽七十歲
配王氏
嗣子　兆祥
作矩字式詹例監生　公和藹可風奉縣諭

爲團總里閭紛難悉賴排解焉
配龐氏壽七十歲
庶楊氏
子　兆禎元配出兆祥庶出祥出嗣

京治公子冠球字懋廷
配林氏
嗣子　瑋祖無嗣

冠珍字懋昭　恩賜登仕郎壽七十八歲
配李氏壽九十一歲
子　烈祖

冠堪字懋旬
配莫氏
子　照祖

冠璋字懋宇
配杜氏乾隆乙丑四月二十日生嘉慶壬申年八月初一日卒

子　炳祖　瑋祖瑋祖出嗣

允治公子冠琦字懋蕃
配黃氏
子　焻祖

冠珎字懋乾
配龔氏乾隆丁巳年十二月十一日生嘉慶丁巳年三月十二日卒
子　繩祖　紹祖

冠現字懋肅
配祁氏乾隆辛酉年十月十六日生乾隆丙戌年三月十六日卒
繼配杜氏
子　耀祖元配出燿祖　焜祖繼配出

朝卿公子夢麟字玉祥鄉飲介賓
配陳氏
子　自彙　自志　自恒　自德

玉卿公子季藩字聘桓例監生
配劉氏康熙己卯年三月二十日生雍正庚戌年六月十六日卒
子　鑾謨
桂卿公子承藩
配楊氏
子　鑾範無嗣
國卿公子汝藩字秉桓邑庠生　公沉靜嗜學屢赴秋闈薦而不售家居專以教子訓弟爲事昫藉成名晚年酷好青囊自卜雙底吉穴安厝先靈當時咸謂其術精焉　康熙丙辰年九月廿六日生乾隆丁卯年八月廿二日卒
配覃氏康熙戊午年六月初三日生乾隆丁卯年三月初十日卒
子　鑾基　鑾續續子濟時無嗣
仲藩字覲桓邑庠生壽七十三歲

配何氏
子　鑾典
鎭藩字元桓鄉飲介賓壽七十六歲
配黃氏
子　鑾型
幹卿公子翼藩
配陀氏
嗣子　鑾傳
瓊卿公子天藩
配黃氏
子　日球
瓊藩
配龔氏
子　日麗　日璐俱無嗣
輔卿公子世藩
配馬氏

子 日照

祚藩

配

子

武聊公子春藩

配李氏

子 日天 日偉 日昌 日旦

相卿公子孟藩

配

子 榮祖 日昭 日光

瑞藩

配

子 日昇

任藩

配

子 日晟 日睭

蒲卿公子作藩

配

子 日進

掄卿嗣子經藩

配

子 日朝

汝浥公子進朝

配

子 京昭 京彰 京芳 京寄 京賢

京信

汝温公子讓

配

子 鞏譯 鞏嵩

汝[illegible]嗣子秉衡

配

子 亮京 亮川 亮雲

汝清公子秉鈞
配
子　亮唐
秉綱
配
子　亮廷　亮邦
敬治公子良生
配楊氏
子　成祖
建瑞公子廷偉
配梁氏
子　士新　士貴　士福　士昌俱無嗣
建和公子廷華
配梁氏
子　安州
廷昭

配陳氏
子　安寧　安盛
世卿公子帥藩
配黃氏
子　肇林
伯藩
配
子　紹統無嗣
任藩
配
子　紹緒無嗣
建藩
配崔氏
子　肇先　肇英　肇昌昌無嗣
錦卿公子連藩
配歐氏

容縣惟一商店承印

子　鑒俊　鑒傑　鑒儒　鑒傳　鑒侯
傑侯無嗣傳出嗣
建周公子廷朝
配蕭氏
繼配莫氏壽八十二歲
子　士章元配出士相　士榮　士文繼配出
建朝公子廷國
配鄧氏
子　士林　士友俱無嗣
廷鎮
配蘇
子　士都
十八世
上進公子許發號石溪
配蔡氏
子　有紀　有縉　有統

許達
配蔡氏
子　有賢　有蓁賢無嗣
許積
配李氏
繼配陳
子　有綱　有勝
上富公子許德
配劉氏
子　有恩　有旺　有義義無嗣
朝英公子許詮
配
子　宜信　宜慎信無嗣
朝水公子宇日
配韋氏
子　銓式

宇富
配伍氏
子　銓成
朝棠公子宇旺
配
子　雲富　雲宣宣無嗣
朝銓公子許進
配
子　銓有　銓勇　銓劭有早卒　劭娶陳氏
無出
朝發公子許壽
配
子　銓英　銓位　銓政　銓德德無嗣
許盛
配古氏
子　銓升　銓任

朝相公子許勝
配陳氏
子　銓高生子世海無嗣
許旺
配陳氏
子　銓仁　銓義　義娶冼氏無出
許位
配郭氏
子　銓俊　銓朝　銓光　銓富　俊無嗣
朝璽公子許富
配陳氏
子　銓爵　銓祿祿娶邱氏無出
許貴
配宋氏
子　銓泰無嗣
許榮

容縣惟一商店承印

配
子　銓科
許華
配
子　銓達生子世智無嗣
許岳
配梁氏
子　銓福　銓元
朝貴公子許正
配黃氏
子　銓聖　銓賢　銓才
許偉
配陳氏
子　銓祿
朝棟公子許相
配劉氏

子　銓文　銓勷　銓銘
許瑞
配曾氏
子　銓國　銓舉
許杰
配嚴氏
子　銓立　銓集集無嗣
朝文公子許政
配黃氏
子　銓芳
許壬
配周氏
子　銓龍　銓鳳
朝武公子許舉
配李氏
子　銓侯

朝通公子許發
配 [redacted]
子　銓金　銓華華出嗣
許配
配無考
嗣子　銓華
許玉
配無考
子　銓璠
許卓
配李氏
子　銓佐
朝用公子許秀
配梁氏
子　銓綱　銓紀
許茂

配陳氏
子　銓敬
許選號名山
配熊氏
子　銓東　銓南　銓彩　銓廣　銓安
銓寧
朝旺公子許敬
配李氏
子　銓章
英
銓無考
子　銓參
會昇公子以元恩賜登仕郎壽七十九歲乾隆丁卯年八月十七日生道光乙酉年十二月二十八日卒
配羅氏乾隆丁卯年九月廿八日生乾隆壬寅年八月初七日卒

繼配陳氏乾隆甲戌年九月初二日生
道光癸丑年六月卅日卒
子　德漢　德洸　德沛元配出德顥　德聖
繼配出
以仁字壽山恩賜修職郎壽八十二歲
配萬氏
子　德榮
友
會文公子以進
配鑿氏
子　德成
以文恩賜修職郎壽七十七歲乾隆甲戌年十
一月十八日生道光庚寅年四月十五日卒
配鄭氏乾隆甲戌年八月廿三日生乾隆戊戌年十
月卅日卒
繼配射氏壽八十一歲隆乾甲戌年八月十四
日生道光甲午年十一月十九日卒

子　德志元配出德俠　德振　德一繼配出
會錦公子以隆恩賜登仕郎壽七十二歲乾隆丁丑年十
一月十三日生道光戊子年九月初五日卒
配梁氏乾隆丙子年二月十四日生乾隆甲戌年三
月初三日卒
子　德懷　德瑞　德珍　德全
以成
配邱氏
子　德秀
以海
配黃氏
子　德泉　德輝　德章　德耀　德清　泉輝
章耀俱無嗣
會聰公子以能
配彭氏
子　德隆　德成　德縊　德修隆修失傳

朝琪公子許昭
配無考
子　宜忠　宜茂　俱無嗣
許章
配莫氏
子　維芳　維芬　芬無嗣
朝翰公子許國
配李氏
子　維智
許受
配袁氏
子　宜旺　宜才　宜慶　才娶鍾氏慶娶彭氏俱無嗣
朝殷公子許文
配許氏
子　宜秀

朝爵公子許殿
配鄭氏
子　宜芳無嗣
許迎
配羅氏
子　宜登
朝都公子許積
配陳氏
子　宜棠　宜生棠無嗣
朝金公子許貴
配朱氏
子　宜保　宜泰保無嗣
作霖公子耀字永廸恩賜修職郎　公爲廉靜寡慾以
詩文自娛壽八十歲
配羅氏壽八十歲
子　匡贊　疆贊疆出嗣

作雨公子炳字永顯仔年二十三歲
配李氏旌表節孝壽八十六歲
嗣子桂莊
煒字永穎仔年二十一歲
配盧氏旌表節孝
嗣子　疆贊
作楝公子恕敷字莘華
配周氏
子　桂莊出嗣
敬敷字輝漢
配李氏
子　桐莊
覃敷
配申氏
子　繼武
誕敷字毓秀

配龔氏
子　蘭芳　蘭書書出嗣
寬敷恩賜登仕郎壽七十歲
配杜氏
子　蘭芬　蘭薰薰出嗣
信敷
配茹氏
子　蘭榮出嗣
作梁公子逵字樹模
配潘氏壽七十五歲
嗣子　蘭書
遜字樹猷
配羅氏壽七十一歲　乾隆丙辰十二月二十三日生嘉慶丙寅年六月初一日卒
嗣子　蘭薰
作衡公子昭誠

配李氏
子　贊善　贊才才出嗣
作遠公子昭智
配楊氏
嗣子　贊才
作範公子德舉
配鄧氏
子　綬珖
德杰字龍波議叙九品銜　公天性孝友恢
創基業垂裕後昆減豐間倡築祿祥堡
保衛地方鄉人多賴全活　乾隆壬子年九
月廿四日生咸豐庚申年十二月初三日卒　有傳
配梁氏　乾隆己酉年八月初五日生道光庚子年
十一月廿八日卒
繼配覃氏壽七十七歲嘉慶辛未年正月十二
日生光緒丁亥年二月初六日卒

子　綬琦　綬斑　綬瑛　綬瑢　綬環
元配出綬璋　綬珍繼配出
紹濟公子益字道光號鳳池優廪生嘉慶癸酉科拔貢
保和殿試二等選授柳州府馬平縣教
諭未及赴任終於家壽七十五歲　乾隆
乙未年七月初三日生道光己酉年九月二十一
日卒　有傳
配羅孺人壽七十一歲　乾隆丙申年十一月
十七日生道光己酉年八月初五日卒
子　兆麟　見麟
謙字杏園號道和邑庠生嘉慶庚申與弟升
族兄贊襄培順同考游頖壽七十二歲
乾隆己亥年八月初三日生道光己酉年正月初
二日卒
配龔氏壽七十八歲　乾隆庚子年八月初五日
生咸豐丁巳年九月初八日卒

子　囿麟　毓麟

豫字道昭號望仙邑廩生道光丙戌歲貢生
候選訓導著滄遠堂詩集後生緣詞待
梓詳邑志壽七十六歲　乾隆辛丑年六月
初八日生咸豐丙辰年十月初七日卒　有傳

配胡孺人

子　祥麟　聖麟　石麟　景麟

升字道亭號元卿優廩生道光戊戌歲貢生
候選訓導誥贈奉直大夫著有三藥堂
文集藏於家壽七十歲　乾隆癸卯年四月
十二日生咸豐壬子年十月二十七日卒　有傳

配羅宜人　乾隆丁未年七月二十七日生咸豐癸
丑年四月二十七日卒

庶馮氏壽七十歲　嘉慶乙丑年九月初二日生
同治甲戌年八月廿二日卒

子　嘉麟　玉麟　集麟　顯麟　拱麟

嫡出　會麟　庶出

咸字道孚恩賜登仕郎　公好讀書淡於功
名克敦孝友善氣迎人壽七十四歲
乾隆甲辰年八月十三日生咸豐丁巳年十二月
十六日卒

配曾太孺人乾隆壬寅年七月廿五日生道光戊
申年七月初四日卒

子　徵麟　占麟

觀字道彬恩賜登仕郎壽七十九歲乾隆辛丑
年三月初五日生咸豐己未年十二月初八日卒

配許氏　乾隆甲寅年六月初五日生嘉慶己卯年
八月十二日卒

繼配雷氏壽八十歲　嘉慶乙丑年二月十八日
生光緒甲申年二月初八日卒

子　書麟　昭麟元配出

晉字道蕃郡庠生孝友慈祥鄉黨稱爲善士

事詳家傳嘉慶戊午年六月十三日生咸豐辛
酉年十月廿三日卒　有傳
配覃太夫人善事姑嫜和諸妯娌相夫教
子嫻於婦道
壽七十七歲　嘉慶戊午年二月三十日生同治甲
戌年三月廿八日卒
子　萃麟　炳麟　肖麟　繡麟
泰　字道交嘉慶庚申年十二月十四日生
道光癸巳年五月廿五日卒
配梁氏旌節孝壽七十三歲　嘉慶丙寅年十
一月廿四日生光緒戊寅年八月初三日卒
子　昭麟
作屏公子崇之邑武生壽七十歲
配林氏
子　大基　宏基宏無嗣　大生子英芳無嗣
疑之恩賜登仕郎壽七十歲

配覃氏
子　固基　遠基
岸之
配梁氏
子　紹基　紹光
作元公子朝璽字鎮堂例監生壽七十三歲
配劉氏
子　國柱
朝瓚
配潘氏
子　國楷
作佐公子朝璉
配陳氏
子　光闓　光閎
朝璠
羅氏

容縣惟一商店承印

繼配申氏
子　國良
作輔公子樹德
配楊氏
子　顯章　顯第
樹勳
配李氏
子　富元　貴元
樹功
配梁氏
子　朝元　連元　登元
作衡公子甲翰字若林北流縣庠生未娶而卒
配
子
作烈公子甲春字鳳溪北流縣庠生
配牟氏

子　福麟　慶麟
甲元字冠圖北流縣庠生
配黃氏
子　紹麟
萬侯公子宣仁字蘊德恩賜登仕郎壽七十五歲
配吳氏壽七十八歲
子　廣烈　廣勛
萬里公子宣籌字建德恩賜登仕郎壽七十三歲
配無考
子
萬成公子宣恕字懷德
配劉氏
子　廣熙
萬禎公子億統
配梁氏
子

億猷

配梁氏

子　運秀

億烈

配申氏

子

億緒

配余氏

子

萬禧公子億僖

配鄧氏

子　廣盛

億聰

配嚴氏

子　廣遠　廣裔

萬鈞公子億謙字良可　乾隆甲午年六月初八日生嘉慶丙寅年四月廿四日卒

配劉氏

子　廣賢

億遜字洵可份生乾隆甲午年七月廿四日生道光癸未年九月十二日卒

配伍氏壽七十一歲

子　廣華

作乂公子逑儒字克繩恩賜登仕郎壽七十六歲

配黃氏乾隆辛酉年五月廿七日生乾隆丙戌年四月初一日卒

繼配劉氏壽八十二歲　乾隆己巳年十二月初八日生道光庚寅年三月初三日卒

子　拔倫　元配出　拔才　拔元　拔賢　繼配出

作肅公子逑祖字世規

配盧氏

嗣子　德高

述志字克類　乾隆壬申年十月廿四日生嘉慶丙子年十月廿二日卒

配盧氏乾隆庚午年五月二十日生乾隆壬寅年二月十一日卒

嗣子　德本

述基字克瑞恩賜登仕郎壽七十七歲乾隆戊寅年八月十九日生道光甲午年十二月初七日卒

配黄氏

繼配易氏壽九十二歲乾隆癸未年十月十一日生咸豐甲寅年十月初四日卒

子　德高元配出德昌繼配出　高出嗣

作哲公子述明壽八十二歲

配盧氏

子　品章

述昭

配龔氏

子　積聚聚嗣子四禮無嗣

述庸恩賜修職郎壽八十歲

配欒氏

子　積善

作謀公子述業

配潘氏

嗣子　顯宗

述訓字成寬例監生公儉樸成家好學循禮

配劉氏壽九十歲

嗣子　顯揚

述偉字成美例監生　公和平正直壽氣迎人壽八十二歲

配梁氏

繼配黄氏

子　顯宗　顯徵元配出　顯揚　顯廷　顯良

繼配出　宗揚俱出嗣

作仁公子逑章字克達
配盧氏
子　輔世　德本本出嗣　世生子敏邁邁生
子忠榮

作敬公子逑規字克舉
配扈氏
子　安朝　安廷　朝子敏裕無嗣
逑衡字克己恩賜登仕郎壽七十八歲
配李氏
子　安民
逑詔字克存
配馬氏
子　安庶

作求公子耀德字得紹恩賜登仕郎壽七十歲
配袁氏

子　武喬
贊德字亮勳郡庠生公　狀貌魁偉廉靜好
施處家嚴肅課學專勤門下士多所成立
壽七十九歲
配梁氏壽八十五歲
子　盛喬　菁喬
纙德字墨齋恩賜登仕郎　公持身端樸友
愛諸昆老而愈篤壽七十五歲
配潘氏壽九十二歲
子麗中
觀德字紫溪號敬山邑庠生䞍贈文林郎
著紫溪詩集待梓壽八十一歲乾隆甲午年
九月廿三日生咸豐甲寅年八月初一日卒　有傳
配劉氏孺人壽七十一歲乾隆戊戌年三月十
五日生道光戊申年九月十四日卒
子　麗輿　麗淑　麗和　麗聞

作孚公子立德恩賜登仕郎壽七十歲
配余氏
庶周氏壽九十三歲
子　鳳賢　鳳盛　鳳林俱庶出　林無嗣
明德
配梁氏
子　鳳翔　鳳麟　翔子守昌無嗣　麟嗣
宣德字業昭公長身美髯賦性端方廉隅自
守
配秦氏
子　鳳岡
俊德字業基鄉飲介賓壽八十一歲乾隆乙巳
年十一月初二日生同治乙丑年十二月初九日卒
配蔡氏乾隆己酉年六月初一日生道光己酉年十
月初一日卒
子　體祺　體福　體祐　體礽

作友公子贊文字克顯
配鄧氏
子　佐才　佐纖
贊襄字克醇群庠生公性耿介以禮自持迎
養本生母終身侍奉俾臻上壽焉　公壽
八十六歲乾隆戊子年正月二十日生
咸豐癸丑年二月十二日卒
配陳氏壽七十二歲
子　佐烈
作紳公子兆祥字懿修　嘉慶己巳年十月初六日生咸豐丁已
年五月二十六日卒
配楊氏
庶黃氏壽七十一歲
子　受榮庶出
作矩公子兆禎字道修例監生壽七十二歲
配梁氏

子　世魁　世傑　世亮

冠珍公子烈祖字武揚邑庠生年十四遊泮壽七十歲

配潘氏

子

冠琳公子昭祖

配農氏

子廣朝

冠璋公子炳祖

配韋氏

嗣子　衛朝

冠琦公子焻祖

配覃氏

子　廣才　廣疇

冠玗公子繩祖字嗣文道光癸卯年重逢花燭壽八十

八歲

配梁氏壽九十歲乾隆辛巳年六月十九日生道

庚戌年十月初五日卒

子　廣德　廣亨

紹祖字嗣武　乾隆丙戌年九月廿六日生道光辛巳

年九月初九日卒

配李氏

繼配梁氏

庶雷氏

子　廣貞庶出

冠現公子燿祖字達夫

配鄧氏

嗣子　廣敷

輝祖字達常恩賜登仕郎　公通技黃術活

人甚多壽七十六歲乾隆辛丑年十一月廿一

日生咸豐丙辰年十二月廿六日卒

配潘氏壽七十三歲乾隆壬寅年十二月廿七

日生咸豐甲寅年九月廿六日卒

子　廣敷　廣祐敷出嗣
焜祖字達經
配楊氏
子
夢麟公子自立
配陳氏
子　崇仁
自志字會言
配侯氏
子　崇清　崇光
自恒
配郭氏
子　崇廣
自德字明甫
配梁氏
子　崇禮

季藩公子肇謨字丕顯例監生
配馬氏
繼配潘氏
子　良輔
汝藩公子肇基字于岐邑庠生壽七十三歲康熙癸未年二月廿六日生乾隆乙未年閏十月十二日卒
配劉氏壽七十七歲康熙乙酉年七月廿二日生乾隆辛丑年十二月初九日卒
子　相時　運時　會時運子耀京京子
正光無嗣　會子耀嚋嚋子正惠　正祥
正林俱無嗣
仲藩公子肇興
配楊氏
子　贊時　匡時　贊匡俱無嗣　佐子澤曾
曾子嘉邦無嗣
鏞藩公子肇型字燁顯群庠生

配梁氏
天藩公子日球
子　贊綱　贊紀 紀無嗣
配潘氏
子　繩武
世藩公子日照
配何氏
子　浩武
春藩公子日天
配何氏
子　崇江
日偉
配黎氏
子　崇宗
日昌
配韋氏

子　崇發
日旦
配覃氏
子　崇元
孟藩公子榮祖
配
子　司禮
日光
配
子　槃武
瑞藩公子日昇
配
子　司景
任藩公子日晟
配
子　彰武

容縣唯一商店承印

祚藩公子日進
配
子　贊武
經藩公子日朝
配
子　漢武
進朝公子京昭 平田房起
配
子　聚學　聚業
京彰
配
子　聚義
京芳
配
子　聚仁　聚宗
京奇

配
子　聚善　聚文　聚璉
京賢
配
子　聚德
京信
配
子　聚禮
讓公子鞏華字鎮南生于丙寅年八月廿九日壽八
十五歲
配梁氏
子　綏猷　勳猷　樹猷　嘉猷　鴻猷
鞏嵩
配郭氏
子　允猷
秉衡公子亮京乾隆庚辰年八月初七日生

嘉慶十八年七月廿三日卒
配劉氏
子　丕貞
亮川生於壬子年九月廿一日
配潘氏
子　正矩
亮雲生於己丑年十一月十二日
配楊氏
子　啟貞
秉鈞公子亮唐生於乙亥年二月廿四日
配廖氏
子　正權　正統　正矩矩出嗣
秉綱公子亮廷生于癸未年五月廿一日
道光甲辰年八月十九日卒
配龔氏
子　錫璋　錫珍

亮邦平田房止
配馬氏
子　錫元　錫珖　錫麟
亘生公子成祖
配陳氏
子　品盛
廷華公子安州
配馮氏
子　得祿
廷昭公子安寧
配
子
安盛
配
子
帥瀋公子鑾林

容縣惟一商店承印

配韋氏
子　德培　俊培
連藩公子鑾俊
配周氏
子永禧
鑾儒
配馬氏
子　永瑞
廷朝公子士章
配楊氏
嗣子　睿奇
士相
配陳氏
子　睿奇　品奇　耀寄　崇奇　達奇
睿出嗣
士榮字耀亭恩賜修職郎壽八十九歲　嘉慶

丁卯年四月十二日生光緒乙未年六月廿四日卒
配覃氏
子　延奇　政奇
士文字以亮恩賜登仕郎嘉慶丁丑年二月廿四
日生
配陳氏嘉慶丁丑年四月初九日生道光己酉年八
月初四日卒
子　德奇　鑾奇　蔚奇　有奇
十九世
許發公子有紀
配蘇氏
繼配龍氏
子　安郭　安家　安盛　安棨安世無嗣
有縉
配吳氏
繼配譚氏

子　安富　安貴富娶巫氏無嗣

有統

配劉氏

子　安朝　安榮無嗣

許達公子有泰

配李氏

子　安原

許積公子有綱

配唐氏

子　豈朝　豈國　豈佳　豈鳳　豈盛

國佳俱無嗣　鳳盛出嗣

許德公子有恩

配羅氏

嗣子　豈鳳

有旺

配鄭氏

嗣子　豈盛

許銓公子宜慎

配無考

子　德譁　德輝　譁無嗣

銓式

配蔡氏

嗣　世禎

銓成

配賴氏

子　世禎　世祥　世琩

宇旺公子雲富

配無考

子　世珍

許進公子銓勇

配黃氏

子　世玟　世福　世祿　世壽

銓英
配無考
子　世星　世修俱無嗣
銓位
配無考
子　世盛　世昌俱無嗣
銓政
配周氏
子　世安無嗣
許盛公子銓升
配曾氏
子　世進　世保　世永
許勝公子銓任
配曾氏
子　世雲
銓高

配無考
子　世海
銓仁
配董氏
子　世寬　世寧
銓朝
配譚氏
子　世英　世琚　世瑤
銓光
配吳氏
繼配陳李氏
子　世隆
銓富
配詹氏
繼配王氏
子　世東

許富公子銓爵
配陳氏
子　世漢
許華公子銓達
配無考
子　世智
許岳公子銓福
配陳氏
子　世金
銓元
配黎氏
子　世佳　世慶
許正公子銓聖
配郭氏
子　世泰
銓賢
配劉氏
子　世傳　世敬
銓才
配黃氏
子　世相
許偉公子銓祿
配
子　世平
許相公子銓文
配
子　世耿　世達　世憲達出嗣
銓勳
配
嗣子　世達
許瑞公子銓國
配

子　世和　世經　世幹
銓舉
配
子　世明
許杰公子銓立
配
子　世政　世滿
許政公子銓芳
配
子　世璠
許壬公子銓龍
配
子　世福
銓鳳
子　世運
配

許舉公子銓俟
配
子　世列　世興
許配公子銓華
配
子　世成
許玉子公銓璠
配
子　世臣　世勳
許卓公子銓佐
配
子　世宦　世績　世德
許秀公子銓綱
配
子　世偉　世儒
銓紀

配
子　世國
許茂公子銓敬
配
子　世餉　世斌
許選公子銓東
配
子　世廣
銓南
配
子　世翊　世悅　世爵
銓彩號章五
配
子　世浩　世治　世傑　世俟
銓廣
配

子　世儲　世焜
銓安
配
子　世錫　世錦　世鐙　世鏞
許敬公子銓章
配
子　世有　世典
銓參
配
子　世謨
以元公子德漢壽七十一歲
配羅氏
繼配黃氏
子　正和
德洸　乾隆辛卯年四月初四日生嘉慶戊寅年六月十八日卒

配羅氏
繼配朱氏壽九十一歲
子　正相　正彬繼出
德沛
配李氏
子　正怡
德顯
配蒙氏壽七十四歲
子　正堯　正佐　正紀　正旺紀出嗣
德聖
配張氏
嗣子　正紀
以仁公子德棨字顯亭乾隆甲午年六月初六日生道光庚寅
年七月十四日卒
配潘氏壽七十二歲乾隆癸巳年正月廿五日
生道光甲辰年八月廿八日卒

子　正道　正通　正逵　正連　正運
正進　正達
以進公子德成
配馮氏
子　正超　正奇止
以文公子德志
配羅氏
嗣子　正芳
德侯乾隆丙午年四月初六日生道光辛丑年二月初
二日卒
配韋氏
繼配黃氏
子　正邦
德振恩賜登仕郎　公性嚴毅鄉人尊憚之
壽七十八乾隆癸丑年二月廿二日生同治庚午
年閏十月十五日卒

配李氏
子　正芳　正身芳出嗣
德一
配覃氏壽八十六歲
子　正華　正理　正彩
以隆公子德懷
配覃氏
子　正球無嗣
德瑞恩賜修職郎壽八十五歲
配黃氏
子　正瑚　正良
德珍
配羅氏
子　正廣　正望
德琻
配沙氏

子　正儒　正任
以成公子德秀
配湯氏
子　正南
以海公子德清嘉慶庚午年九月初九日生咸豐庚申年二月二十四日卒
配張氏
子　正發　正都　正鄉　正新
以能公子德承
配黃氏
子　正文
德繼
配鄭氏
子　正從
許覃公子維芳
配

子　秀仁

許國公子維智

配無考

子　秀榮

許受公子宜旺

配無考

子　秀昆　秀文

許照公子宜榮

配

子

許文公子宜秀

配無考

子　允淸

許殿公子宜芳

配

子

許迎公子宜登

配

子　秀海

許積公子宜生

配

子　允開　允成　允宙

許貴公子宜泰

配

子　允成

耀公子匡贊字廷揚號省軒例監生　公負性正直鄉

里雀角每不惜齒牙多賴以解壽七十一歲

配潘氏

子　焯華　珝華

炳公子桂莊字錫齡　公嗜書能文通於醫術藉活

者衆

配李氏壽七十八歲

庶文氏
子　玖華庶出
煒公　子疆贊字廷揩佾生　公孝敬和惠利賴及人
配盧氏壽七十九歲
子　琋華　瑋華
敬敷公子桐莊　乾隆戊戌年九月初五日生道光丙申年九月十
三日卒
配馮氏
子　琩華　珖華
覃敷公子繼武
配彭氏守節撫孤
子　瓊華
誕敷公子蘭芳字香泉恩賜登仕郎壽七十一歲
配梁氏
繼配劉章氏
子　琮華　瑞華瑞出嗣

寬敷公子蘭芬
配黎氏壽八十四歲
子　珪華
逵公　子蘭書
配吳氏
子　琇華無嗣
遜公　子蘭蕉
配無考
嗣子　瑞華
昭誠公子贊善
配余氏
子　第華　顯華顯出嗣
昭智公子贊才
配無考
嗣子　顯華　廣綸
德恩公子綬珖恩賜登仕郎壽七十八歲　嘉慶壬申年七

月初二日生光緒乙丑年十二月廿七日卒
配申氏嘉慶壬申年正月十六日生光緒乙亥年六
月初五日卒
子　慶綸　廣綸廣出嗣

德杰公子綬琦字華英道光辛巳年十月廿五日生
配黃氏壽七十七歲
子　肇綸　啟綸　福綸福出嗣

綬斑字笏臣恩賜登仕郎道光癸未年十一月十
八日生
配孔氏
子　建綸　乃綸　偉綸　濟綸偉出嗣

綬瑛字萃山例監生　公負性正直庭訓嚴
明尤通星學堪輿之技道光戊子年二月十二
日生光緒丙戌年二月廿一日卒
配覃氏
繼配李氏

子　裕綸　茂綸　樹綸元配出賽綸　實
綸　實綸繼配出茂出繼

綬瑢道光辛卯年十二月十九日生
配駱氏
嗣子　偉綸

綬環道光乙未年十一月初十日生
配李氏
嗣子　茂綸　福綸

綬璋道光癸卯年九月初四日生
光緒己卯年七月廿七日卒
配陳氏
嗣子　有綸

綬珍字鑾山　公和平溫厚不逐紛華孝親
敬兄一秉至性道光丙午年四月初五日生
光緒庚辰年正月廿七日卒
配黃氏

子 發綸 如綸 有綸 有出嗣

益公 子兆麟字汨其號布霞邑優廩生道光丙午歲
貢生候選訓導 公博極群書尤好春秋
左傳有杜氏癖歷年友教多所成就 嘉慶
戊午年九月廿二日生咸豐丁巳年十月初十日卒
配黨孺人壽七十九歲
子 元恩
兕麟字聖望嘉慶壬申年二月廿六日生
同治己巳年二月十八日卒
配蒙氏壽七十一歲
子 元宗

謙公 子閩麟字文苑改名綏來邑庠生嘉慶戊辰年七
月十四日生咸豐丙辰年十二月初二日卒
配李氏
繼配陳氏
子 元愷

毓麟字芝田嘉慶壬申年正月初九日生
咸豐辛酉年九月廿一日卒
配黨氏
繼配梁氏
子 元佐 元顯繼配出

豫公 子祥麟字鑑湖九品銜
配劉氏壽八十八歲
子 元善 元璧 元放
聖麟字洸其號衍生壽八十一歲 嘉慶己巳年七
月十四日生光緒己丑年二月初四日卒
配羅氏
繼配羅氏
子 元鈞元配出 元標繼配出
石麟字他山
配黨氏
子 元德 元琛

景麟字慶雲
配何氏
子　元龍

升公　子嘉麟字維其號定齋邑廩生　嘉慶戊辰年六月十二日生咸豐甲寅年十月廿二日卒　有傳
配梁氏
子　元建

玉麟字溫其號子恭邑廩生咸豐辛亥歲貢生選授平樂縣訓導未及赴任終於家公質學兼優歷年友教及門多知名士遠近翕然推爲耆宿　嘉慶甲戌年八月初三日生同治癸酉年十一月十五日卒　有傳
配羅孺人
繼配劉孺人
庶寧氏
配　子元棟庶出

集麟字雲圃邑增生
配余氏
繼配謝氏
子　元選繼配出

顯麟字丕齊號松圃邑廩生同治甲戌歲貢生候選訓導壽七十二歲　道光癸未年九月廿一日生光緒甲午年三月十四日卒
配黨孺人
子　元相

拱麟字星圃附貢生保舉郎選訓導加鹽課司提舉銜恭遇　覃恩祖父均膺褒贈公賦性超邁不易近人歷年襄辦團防局務矢勤矢慎嘗一從戎越南從宦楚北慕其才者爭倚爲入幕之賓焉　道光丁亥年八月十五日生光緒壬辰年正月十三日卒　有傳
配李孺人

庶曾氏
子　元定　元寵庶出
會麟字文圃例監生道光丁酉年十二月十九日
生光緒乙未年六月初九卒
配李氏
子　元模　元榮　元啟
咸公子徵麟字君求
配盧氏
繼配梁氏
嗣子　元章
占麟字君用
配梁氏
子　元章　元白章出嗣
觀公子書麟字酉山
配冀氏
嗣子　元柏

昭麟字靈軒
配王氏
子　元梅　元柏柏出嗣
晉公子華麟字拔其鄉飲介賓道光壬午年十一月初六
日生
配梁氏壽七十二歲
子　元度　元楷　元登　元新　元贊新出嗣
炳麟字文其鄉飲介賓壽八十三歲事父母
至孝心存仁愛道光乙酉年十月初五日生光緒
丁未年十月十五日卒
配梁氏
子　元幹
肖麟字傅巖
配李氏
繼配李氏
子　元嶠

繡麟字文生
配盧氏子
嗣子　元新
泰公　子照麟字朗然　道光丙戌年十二月初一日生同治癸酉年十一月初十日卒
配何氏
繼配梁氏
子　元綱　元紀
崇之公子大基
配鄧氏
子　英芳
嶷之公子固基字連莊　乾隆辛亥年十一月十三日生咸豐癸酉年四月十六日卒
配李氏
子　輔仁　輔禮　輔智
遠基

配黃氏
子　輔義　輔信
朝璽公子國杜
配李氏
子　榮先
朝纘公子國楷
配龔氏
子　福先
朝璉公子光闊
配
子
光闊
配
子
朝璠公子國良
配韋氏

子　召先　念先
樹德公子顯章
配
子
顯第
配
子
樹勳公子富元
配無考
子
貴元
配無考
子
樹功公子朝元
配無考
子

連元
配無考
子
登元
配無考
子
甲森公子福麟
配楊氏
子　耀成
慶麟
配吳氏
子　煥成
宣仁公子廣烈字承文性曠達樂善好施指囷不惜乾
隆癸巳年閏三月初十日生道光丁酉年正月廿四日卒
配曹氏壽七十九歲
子　斯博　斯厚

廣勛字承武例監生壽七十歲
配梁氏
子　斯高　斯明 明妻梁氏生子居安無嗣
宜恕公子廣熙
配無考
子　斯張
億猷公子運秀
配無考
子　斯和
億惇公子廣盛
配黃氏
子　斯馨
億聰公子廣遠
配何氏
子　斯璧　斯珍 珍出嗣
廣裔

配無考
嗣子　斯珍
億謙公子廣賢字容民八品銜 嘉慶戊午年六月廿六日生
光緒辛巳年六月十八日卒
配邱氏壽七十七歲
子　斯城　斯盛　斯後　斯謀　斯恩
斯玉　斯忠 城恩玉忠俱無嗣
億遜公子廣華字容山 嘉慶癸酉年四月廿五日生光緒庚辰
年正月初九日生卒
配杜氏壽七十一歲
子　斯昌　斯源　斯美
述儒公子拔倫字傑南 隆乾壬午年八月廿五日生嘉慶壬戌
年九月廿二日卒
配曹氏
子　斯珋　斯瑛
拔才字俊南郡庠生　公好學工詩文時人

多引重焉乾隆辛丑年二月初八日生道光丁亥年
十月初五日卒
配黃氏
子　裔齡
拔元字超南恩賜登仕郎壽七十歲
配潘氏壽七十一歲
嗣子　毓齡
拔賢字萃南　公有器量嗜學老而不倦
配茹氏壽七十六歲
子　錫齡　毓齡毓出嗣
述祖公子德高恩錫佐職郎壽八十五歲
配朱氏
子　以端　以禮　以官　以誠　禮官俱出嗣
述志公子德本字輔亭　乾隆甲辰年四月初三日生道光己酉
年十一月初三日卒
配茹氏

子　儒安　儒俊
述基公子德昌字壽芳鄉飲介賓　公宅衷温厚通堪
與之技
配張氏壽八十五歲
子　奇河　奇圖　奇洛　奇書
述明公子品章
配李氏
繼配梁氏
子　敏忠繼配出
述庸公子穠菩
配
嗣子　以官
述業公子顯宗字靈水
配盧氏
子　式恭　式寬　式信　式敏　式珍
述訓公子顯揚字文淵六品銜例監生　公和平易直

敦孝友不忘本生親撥田以擴祀業咸豐

間鄉人舉爲久業堡正力籌戰守勞勩不

辭

配劉氏

庶梁氏

子　清球　清琦元配出清福　清璇庶出

述偉公子顯微字仙桂

配雷氏

繼配潘氏

子　清與　清俊　清稽　清仕稽仕俱無嗣

顯廷字紫垣郡庠生

配梁氏

子　清亢　清英

顯良字夢卿九品銜壽七十四歲

配覃氏

繼配周梁氏

子　清賢周氏出

述章公子輔世

配

子

述規公子安朝

配

子

安廷

配馬氏

子　敏莊　敏經經出嗣

述衡公子安民

配鄧氏

嗣子　敏經

述韶公子安庶

配洪氏

子　敏璲　敏盛

耀德公子武裔字烈卿
配梁氏
子　毓華　毓臣　毓隆　毓瓊　隆瓊無嗣
賛德公子盛裔字宮廷　公居心厚建庭訓嚴明咸豐
間遇賊殉難嘉慶丁己年七月廿四日生
咸豐己未年二月初八日卒
配梁氏壽八十五歲
子　裕華　裕祺
善裔字良臣嘉慶戊辰年正月初二日生
咸豐壬子年三月十二日卒
配杜氏
繼配潘氏壽七十一歲
子錫元　錫成　元配出錫琳繼配出
緝德公子履中字和軒佾生　公性耿介爲文援筆立
就童試屢拔前茅因世亂未竟厥志嘯傲
林泉優游終老

配楊氏
子　冠錫　昌錫
觀德公子麗輿字壽山敕封文林郎壽七十四歲　公
勤儉創業財雄一鄉其貽謀遠矣嘉慶丁己
年九月初十日生同治辛未年十二月初五日卒
配洪孺人壽八十一歲
子　元華　祥華　彝華
麗淑字景山鄉飲介賓　公孝友端方克
承先志尤切於報本嘗捐腴田以擴祀業
每値考妣忌辰必素食齋居哀慕之忱數
十年如一日待戚族兄弟雖卑幼輩必懇
懇然將以至性壽光緒庚辰秋重逢花燭
壽八十六歲嘉慶己未年九月廿日生光緒甲申
年八月初七日卒
配韋氏壽七十九歲
子　恩華　金華

麗和字靄雲由佾生遵例就監　公謹言行
嗜學能文課徒嚴毅人多慕之嘉慶丙寅年
三月初八日生道光癸卯年五月廿四日卒
配吳氏壽七十九歲
子　繼華　添華　喬華
麗聞字友知恩賜登仕郎　公友愛兄弟矜
恤鄉閭黃學憲賜額云德門積慶壽七十
八歲嘉慶丙子年七月十六日生
光緒癸巳年十二月初二日卒
配劉氏
子　芳華　連華　良華　清華　鍾華　恒華
立德公子鳳賢恩賜登仕郎壽七十歲
配胡氏
子　允昌
鳳盛
配蔡氏

子　允華
宣德公子鳳岡
配韋氏
嗣子　宗昌
俊德公子體祺字龍洲恩賜修職郎壽八十五歲嘉慶
辛未年十月十一日生光緒乙未年四月十五日卒
元配茹氏
嗣子　繼昌
體福字眉山八品銜　公禮自閑和以接物
林泉適志有隱逸風　道光壬午年閏三月初五
日生光緒庚寅年十一月初一日卒
配劉氏
庶李氏
子　兼祧子　緒昌庶出子演昌　宗昌
支昌宗出嗣
體祐字龍軒

配韋氏
子　繼昌　緒昌繼出嗣緒彙祧
體礽字雲峰　道光乙未年二月十一日生光緒甲午
年十一月廿日卒
配盧氏
繼配　氏
子　綸昌　紹昌元配出
贊文公子佐才
配潘氏
子　翰升翰　芳　翰昭
佐畿
配盧氏
子　翰影　繇彬
贊襄公子佐烈字耿光　嘉慶庚申年四月十六日生咸豐乙卯
年十二月初三日卒
配梁氏壽七十一歲

庶姚氏壽七十二歲
子　文翰　文元庶出
兆祥公子受榮字益謙道光乙巳年九月廿七日生
配秦氏
子　耀章　耀宗宗出嗣
兆禎公子世魁字星橋例監生
配盧氏
子　文錦
世傑
配蘇氏
子　文榜
世亮
配周氏
嗣子　耀宗
殿祖公子廣朝
配　氏

子　定生母梁氏

炳祖公子衛朝

配茹氏

子

繩祖公子廣德字自明恩賜登仕郎壽七十二歲乾隆甲辰年十一月十二日生咸豐己卯年五月廿三日卒

配陳氏壽八十三歲

子　定華　定光光出嗣

廣亨

配荀氏

子　定成

紹祖公子廣貞字潔衷嘉慶壬戌年十一月初十日生道光庚子年十一月初九日卒

配李氏

嗣子　定光

燿祖公子廣敷

配鄧氏

子　定裕

輝祖公子廣佑字保芝嘉慶己卯年八月初九日生光緒壬午年十一月廿九日卒

配梁氏

子　定祥　定倫

自立公子崇仁

配李氏

子　效賢　效才　效英　效信賢生子觀慶勦賊陣亡祀昭忠祠才生觀金與英俱無嗣

自志公子崇清字向乎鄉飲介賓壽八十六歲

配黄氏壽八十六歲

子　偉昌　運昌　熹昌　發昌　惠出嗣

崇光字印波恩賜登仕郎壽七十歲乾隆乙酉年五月初三日生道光甲午年十月初三日卒

配楊氏乾隆乙酉年五月十三日生

繼配韋氏壽八十七歲
子　成昌　貯昌　遠昌　元配出
自恒公子崇廣
配李氏
子　偉惠　偉祥　偉周　祥無嗣
自德公子崇禮乾隆甲子年十二月初八日生　乾隆庚申年閏四月十九日卒
配李氏
子　祖成　祖受　成子盛福無嗣
肇謨公子良輔
配龔氏
子　傑昌　際隆
肇基公子相疇字輔世鄉飲介賓乾隆　年三月廿一日生　年六月廿四日卒　有傳
配杜氏乾隆　年正月十八日生　年十三十日卒

子　大成　大受　大任
肇璽公子贊岡
配李氏
子　耀宣　耀文
日球公子繩武恩賜修職郎壽八十三歲
配伍氏
子　錦昌　壽昌
日熙公子浩武恩賜職郎光緒庚辰重逢花燭壽八十一歲
配梁氏壽九十一歲
子　官昌
日天公子崇江
配郭氏
子　福昌
日偉公子崇宗
配黃氏

子　富昌　貴昌　榮昌　華昌　榮華俱無嗣
日昌公子崇發
配林氏
子
日旦公子崇光
配
子
榮祖公子司禮
配
子　惠昌
日光公子榮武
配
子
日升公子司景
配
子　輔信

日晟公子彰武
配
子　輔倩　輔儒
日進公子贊武
配
子　輔佺　輔英
日朝公子漢武
配
子　輔位
京昭公子聚學平田房起
配
子　元善
聚業
配
子　元慶
京彰公子聚義

配
子　鳳祥
京芳公子聚仁
配
子　元禎　元盛
聚宗
配
子　元英
京奇公子聚善
配
子　元興　元珍珍出嗣
聚文
配
嗣子　元珍
聚瑾
配

子　元方
京賢公子聚德
配
子　受祿
京信公子聚禮
配
子　元昭　元穆
肇華公子綏猷生於辛卯年四月初三日
元配梁氏
繼配梁氏
子　見勳
勳猷生於癸巳年十二月廿五日
配杜氏生於癸巳年五月廿三日
子　見明　見清　見朝
樹猷乾隆庚子年八月廿九日生咸豐辛酉年五月十六日卒　壽八十二歲
配吳氏

子　見魁　見寅　見成
嘉猷生於丙午年二月廿七日
配彭氏
子　見順　見琦
鴻猷生於己酉年二月三十日
配覃氏
子　見球
鑾嵩公子允猷
配朱氏
子　見才
亮京公子丕貞生於丙辰年十一月十五日
配龔氏
子　有經　有綸　有紀紀出嗣
亮川公子正矩
配陳氏
子　有成　有盛

亮雲公子啟貞
配蘇氏
子　有泰　有綱　有憲
亮唐公子正權
配楊氏
嗣子　有紀
正統
配黎氏
子　有積
亮廷公子錫璋
配盧氏
子　介禧　介礽
錫珍生於丁卯年八月廿三日
配劉氏
子　介祜
亮邦公子錫元生於壬申年六月廿三日

配李氏
秉祧子　介沂
錫跣
元配譚氏
繼配梁氏
子　介賢
錫麟平田房止
配覃氏
子　介沂
成祖公子品盛
配徐氏
子
安州公子得祿
配梁氏
子
肇林公子德培

配梁氏
子
俊培
配
子
肇俊公子永禧
配覃氏
子　振發　振聚
肇儒公子永瑞
配黎氏
子
士章公子睿奇
配張氏
子　進邦　進祥　進元
士相公子品寄字端方
配甘氏

子　進礽

耀奇

配李氏

子　進龍

崇奇道光乙未年八月廿日生

配陳氏

子　進旺

達奇道光戊戌年七月十三日生

配盧氏

子　進鈞　進璵　進晨　進揚

士榮公子延奇　道光庚寅年七月初三日生光緒庚寅年七月十二日卒

配温氏

子　進珍　進昌　進昇　進寶

政奇道光癸巳年六月廿七日生

配蒙氏

進佳子　進禎　進瑛

士文公子德奇字賢山號佩玉道光乙未年八月十五日生民國己未五月廿五日卒壽八十五歲

配曹氏

子　進端　進成　進志　進時　進瓊

進球時出嗣

鑾奇道光戊戌年二月廿六日生民國丁巳十二月十一日卒享壽八十歲

配李氏道光戊戌年二月初四日生宣統庚戌年十二月十三日卒

子　進璋　進瑚　進璲

永奇道光己亥年九月廿日生

配黃氏

嗣子　進時

蔚奇道光壬寅年十二月廿日生

配羅氏

子進業　進璫　進琳

有奇道光丙午年十二月十六日生

配黃氏

子　進瑕　進蘭

容州封氏家譜

（卷四）

容州封氏家譜卷四

長房世系牒

二十世

有紀公子安郭

配李氏

子　仕亢　仕亨

安家

配曾氏

繼配莫氏

子　仕傑

安盛

配郭氏

子　仕任　仕琇琇出嗣

安業

配黃氏

嗣子　仕琇

有[illegible]公子安貴

配盧氏

子　仕芳　仕玟　仕彬彬無嗣

有統公子安榮號[illegible]甫道光壬寅年九月十一日生光緒壬辰年正月廿四日卒

配黃氏

繼配李氏

子　仕佺　仕作　仕仁

有泰公子安原道光戊申年正月十九日生民國庚申年九月初一日卒

配蘇氏

子　仕禎　仕祥　仕祺　仕福　仕祿　仕壽

有綱公子豐朝

配

子　仕先

容縣惟一商店承印

有恩公子豈鳳
配
嗣子　仕通　仕琥　仕光俱無嗣

有旺公子豈盛
配蘇氏
子　文光　章光

宜慎公子德輝
配
子　仲云無嗣

銓式公子世禎
配金氏
繼配洛氏
子　代瓊

銓成公子世郁
配黄氏
子　代璐　代瑞　代珍　代琳　代璋

雲賓公子世珍
配
子　代瑤

銓勇公子世福
配查氏
子　代仁　代義　代禮

世祿
配陳氏
子　代善

世壽

銓升公子世保
配李氏
子　代智
配陳氏
子　理光無嗣

銓仁公子世寧

配劉氏
子　代文　代武
銓朝公子世英
配陳氏
子　代榮　代慶　慶娶黃氏無出
世琚
配郭氏
子　代光
銓爵公子世漢
配鍾氏
子　代樫　代華
銓福公子世全
配王氏
子　代昌
銓元公子世佳恩賜修職郎道光己丑年十一月廿五日生
配羅氏

子　代紀
世慶道光庚子年九月初六日生
配林氏
銓賢公子世敬
子　代綱　代經　代綸　代紹　代緒
配楊氏
子　鳳光
銓勳公子世達
配李氏
子　代殷　代皓　代韡俱無嗣
銓國公子世經
配韋氏
子　乾光　坤光俱無嗣
世幹
配黃氏
子　惠光　恩光　志光　啓光　安光

銓舉公子世明
配陳氏
子　福光　秀光
銓立公子世政
配鍾氏
子　玉光
世滿
配
子　瑞光
銓芳公子世璠
配曹氏
子　耀光　輝光
銓侯公子世列
配
子　宙光
世興

配
子　文光　孔光　熙光　文孔俱無嗣
銓華公子世成號澄溪清份生
配陳氏
子　榮光　龍光
銓璠公子世臣
配楊氏
子　泰光　朝光　泰娶房氏無出朝無嗣
世勳
配黃氏
子　慶光　邦光　卓光　祥光
銓綱公子世偉
配陳氏
子　澤光　有光　澤往武宣有無嗣
世儒壽八十二歲　道光甲辰年十一月十一日生　民國乙丑年卒

配金氏
子　殿光　來光
銓紀公子世國道光癸巳年六月廿八日生
配鍾氏
子　波光　漢光　漢無嗣
銓敬公子世倫
配
子　廓光無嗣
銓東公子世廣道光庚寅年七月初二日生
配李氏
子　通光　達光　遠光　近光遠出嗣達
近無嗣
嗣子　儒光
銓南公子世翊道光丁酉年三月廿八日生
配邱氏
子　儒光　茂光　林光　儒出嗣

世悅道光己亥年十一月十七日生民國癸亥年八月二十七日卒
配何氏
子　寶光　賢光　賢幼殤寶兼祧
世爵
配鍾氏
兼祧子　寶光
銓彩公子世浩道光戊戌年三月初七日生同治癸亥年四月廿九日卒
配陳氏道光己亥年十一月初九日生同治癸亥年七月初六日卒
子　毓光
世治道光癸卯年正月十七日生光緒癸巳年五月初五日卒
配鍾氏壽八十四歲道光甲辰年十月十八日生民國丁卯年二月廿六日卒

子 逵光 廸光 迭光 運光 有光

春光 有春無嗣

世傑號疇五道光丁未年五月廿四日

生光緒丁未年三月廿二日卒

配黃氏道光丁未年十一月十三日

生光緒癸卯年三月初五日卒

子彬光 韶光

世倸號礪山道光庚戌年七月廿二日

生光緒壬寅年四月初八日卒

配鐘氏

子容光

銓賡公子世儲

配

子遐光

世焜

配

子 嗣光 遠光

銓安公子世錫

配鍾氏

子盛光 無嗣

世錦

配洪氏

子裕光 秀光 季光 李光俱無嗣

世鏞

配陳氏

子福光 壽光俱無嗣

銓章公子世有

配

子勝光 無嗣

德濱公子正和字惠甫

配陸氏

子練繩

德洸公子正相字少顏壽一百零三歲恩賜文林郎
廣西學政殿撰趙以炯贈額云熙
朝人瑞嘉慶丁巳年八月廿一日生
配陸氏壽七十四歲
子　良繩　春繩
正彬
配吳氏壽七十六歲
子　義繩　彥繩
德沛公子正怡
配何氏
子　結繩
德顯公子正佐
配梁氏
子　有繩　貴繩
德聖公子正紀
配

德槳公子
子
正道字坦然恩賜修職郎公剛直果斷咸
豐募勇禦寇鄉里悉叨安堵光緒丙子冬
重逢花燭壽八十四歲嘉慶丙辰年七月廿四
日生光緒戊寅年正月廿六日卒
配劉氏壽八十八歲
子　作繩　綦繩　保繩　永繩　遠繩
永出嗣
正通
配馮氏
子　萬繩
正達恩賜修職郎壽八十四歲　嘉慶壬戌年四
二十日生光緒乙酉年三月初二日卒
配顏氏壽七十九歲
嗣子　永繩
正連壽七十六歲嘉慶甲子年十二月十二日生光

緒己卯年六月十八日卒

配龔氏

兼祧子　金繩

正運恩賜修職郎壽八十二歲　嘉慶丁卯年五月十一日生光緒丙戌年二月十九日卒

配梁氏壽七十四歲

子　裔繩　光繩

正進壽七十八歲嘉慶庚午年十月初五日生光緒丁亥年六月廿七日卒

配劉氏

兼祧子　金繩

正達恩賜修職郎壽八十五歲

配陸氏

子　可繩　武繩　益繩　華繩

德志公子正芳字養之壽八十一歲恩賜修職郎　嘉慶戊寅年八月二十二日生光緒戊戌年九月三十日卒

配謝氏

子　祖繩　祚繩　禕繩　禴繩

德儀公子正邦嘉慶辛未年十二月廿二日生

配蔡氏

子　禎繩　祥繩

德振公子正身壽七十四歲道光壬午年十月初二日生光緒乙未年六　初一日卒

配鄭氏

子　禮繩　祉繩　祺繩　禘繩　禤繩

德一公子正華道光戊子年三月初一日生

配黃氏

子　禧繩　祠繩　袖繩

正理道光壬辰年閏九　十五日生

配羅氏

子　祐繩　家繩　禔繩　禔出嗣

正彩軍功六品道光丙申年六月十九日生

配余氏
嗣子禔繩
德瑞公子正瑚
配黃氏
子　現繩
正良
配李氏
子　澤繩
德珍公子正廣道光甲申年二月十八日生
配吳氏
字　克繩　兊繩　允繩
德全公子正任恩賜登仕郎壽七十四歲
配黃氏
子　秀繩
德清公子正發
配彭氏

子　紹繩　紀繩　綂繩
正鄉道光壬寅年正月廿三日生
配吳氏
子　綵繩
正新道光乙巳年九月廿九日生
配李氏
子　壽繩　慶繩
德繼公子正從咸豐乙卯年十一月卅日生
配劉氏
子　善繩
維芳公子秀仁
配黎氏
子聚常
維智公子秀榮
配郭氏
子　聚富　聚文　聚德　聚寶

宜旺公子秀昆
配詹氏
子　聚萸　聚雄　聚智
秀文
配唐氏
子　聚義
宜秀公子允濟道光壬辰年十月初十日生
配莫氏道光丁酉年十一月初八日生
子　翰光
宜登公子秀海咸豐乙卯年十二月十三日生
配周氏
子　聚南
宜生公子允宙
配莫氏
子　宇光
宜森公子允成

配
子
匡贊公子璋華字裕齋沉靜寡言能忍能讓族黨敬之
乾隆己丑年十月初三日生道光戊子年十二月十一
日卒
配梁氏壽七十九歲
子　鑾昌　鑾晟
琢華字繡山例監生
配劉氏壽八十四歲
子　鑾緒
桂莊公子玖華字餘慶道光戊戌年五月初九日生咸豐己未
年二月廿三日賊破受益堡殉難祀鄉義勇祠
配黃氏
子　學寬
驪贊公子瑺華字福一嘉慶丁卯年九月九初日生
咸豐丁巳年五月初二日卒

配雷氏
子　鑑保
瑋華字超一　嘉慶己巳年正月初二日生
咸豐丁已年五月廿二日卒
配梁氏
繼配潘氏
子　鑑積
桐莊公子琩華
配
子　鑑明　鑑慶
珖華壽八十歲　道光丙戌年二月廿五日生
光緒乙巳年三月十二日卒
配黃氏壽七十二歲
子　鑑德　鑑廷　鑑琳
繼武公子瓊華勦賊殉難祀鄉義勇祠
配

子　鑑海
蘭芳公子琛華字如松壽七十二歲
配彭氏
子　鑑安　鑑寬　鑑容
寬出嗣
蘭芬公子琎華
配廖氏
繼配
子　鑑芳
蘭薰公子瑞華字如柏
配
子　鑑廚　鑑志　志出嗣
贊善公子鏘華
配
子　全聲
贊才公子顯華
配

子
廣綸壽八十五歲道光癸卯年正月廿五日生
民國丁卯年九月廿三日卒
配黃氏壽七十三歲道光甲辰年正月初一日生民國丙辰年十一月十八日卒
子　爵卿　爵侯
綬珖公子慶綸道光丙申年正月初六日生
配陸氏道光甲午年十月廿五日生
光緒戊寅年四月初八日卒
繼配侯氏壽七十三歲道光戊戌年二月十九日生宣統庚戌年十二月初八日卒
子　爵典　爵志
綬琦公子鑒綸字佐才號桃圃道光戊戌年八月十一日生
同治丁卯年二月廿八日卒
配李氏
嗣子　爵安

啟綸道光庚子年二月廿三日生光緒丁丑年十二月廿六日卒
配申氏道光己亥年正月十七日生光緒壬辰年正月十四日卒
子　爵安　爵康安出嗣
綬珽公子翀綸字若驥性孝友善經商中年創興家業親族來往禮意有加啟廸後延調婉摯人皆悅服咸豐乙卯年八月十五日生光緒辛丑年正月廿一日
配陸氏壽八十歲咸豐癸丑年五月十二日生民國壬申年九月初六日卒
子　爵崇　爵尚　爵廣　爵魁高廣出嗣
乃綸字渭才咸豐戊午年三月十二日生光緒己卯年三月廿三日卒
配鄧氏守節立嗣壽八十一歲咸豐壬子年九月廿八日生

嗣子　爵高　爵廣　爵彰　爵繩 高彰幼殤
濟綸字用舟國子監生孝親敬兄善教子姪
難兄難弟鄉黨稱之壽七十歲 同治甲子年
五月十二日卒
配賴氏 同治甲子年十月廿三日生
子　爵超　爵彰　爵繩　爵鑑 彰繩出嗣
鑑幼殤
綬瑛公子裕綸字綽才號覽圃清太學生嚴正識大體
教子有義方壽七十六歲 道光丙午年三月廿
五日生民國辛酉年九月初四日卒
配楊氏 道光戊申年十月十七日生宣統辛亥年十
月廿三日卒
子　爵榮　爵球　爵瑞
樹綸字植才號立圃 咸豐戊午年三月廿六日生
配陳氏 咸豐乙卯年十月廿八日生民國壬戌年十
月初九日卒

子　爵光
賽綸字酬圃 同治丁卯年十二月十八日生民國戊午
年十一月廿三日卒
配黃氏 同治乙丑年十一月初一日生
子　爵傳
贊綸字華圃 同治戊辰年六月十二日生民國壬申年
五月十六日卒
配李氏 同治戊辰年七月廿一日生民國乙丑年十
二月廿八日卒
繼配覃氏 光緒戊寅年四月廿四日生
子　爵振
寶綸字誠圃 光緒戊寅年十一月廿九日生民國己未
年五月初八日卒
配黃氏 光緒戊寅年十一月廿三日生民國己未年
十月十三日卒
子　爵幹

容縣惟一商店承印

綬塔公子偉綸字士傑號烈文勤儉治家和平處世與
兄若卿弟用舟棣萼競爽同爲鄉里所敬
愛咸豐辛酉年七月初六日生光緒己亥年十二月卒
配李氏同治癸亥年四月廿九日生
子　爵登　爵升　爵隆
綬琛公子茂綸字暢才號華圃清登仕郎道光己酉年十
一月十八日生光緒甲辰年十二月廿九日卒
配梁氏咸豐壬子年十月初七日生光緒乙巳年卒
子　爵位　爵職　爵林職出嗣
綬璋公子有綸字若才光緒乙亥年五月初二日生光緒丙午
年八月初八日卒
配黃氏
子　爵郁　爵彬
綬珍公子發綸字晉堂同治庚午年七月廿三日生民國乙丑
年七月初八日卒
配潘氏

子　爵詔　爵蕃　爵禎　爵祺蕃祺出
如綸字星橋天姿聰慧文字爲時輩所嘉許
應試梧州死於時疫族黨惜之同治甲申年
十月初七日生光緒丙申年十二月初九日卒
配魏氏
嗣子　爵蕃　爵禎
兆麟公子元恩字鏡波號熙臺郡庠生能讀父書文學
爲士林推重道光辛巳年四月初九日生同治己
巳二月初五日卒
配蘇氏道光辛巳年十月初四日生光緒庚辰年八
月十六日卒
子　高望　高韶
見麟公子元宗字師可號少屺廩貢生廣雅書院七年
肄業事詳家傳道光戊申年三　二十日生光緒
丁未年五月三初日卒
配鍾孺人道光辛亥年正月十八日生民國癸亥

年五月初七日卒
子　高策　高暉　高軒
圍麟公子元愷字奮蒼　道光壬辰年九月廿七日生咸豐辛酉
年十月廿四日卒
配黨氏道光己丑年四月十七日生
子　高爵
毓麟公子元佐字子輔　道光癸卯年六月初八日生光緒甲申
年正月廿四日卒
配樊氏道光辛亥年八月十四日生光緒　年六
月廿一日卒
子　高莊　高藥　高材
元穎字少明鄉飲介賓性情和平長於星學
晚年築別墅於松嶺饒有脩然自得之樂
壽七十二歲道光丙午年閏五月十五日生光緒
戊午年十月初六日卒
配盧氏咸豐壬子年七月二十日生

子　高舉　高獻
祥麟公子元善字啓宇
配黨氏
嗣子　高蔭
元鞏字雲鵠例監生　道光丙申年四月十二日生
配樊氏
繼配李氏
子　高明　高達　高蔭　達蔭出嗣
元放字少游恩貢生候選直隸州州判事詳
家傳壽七十一歲　道光己亥年七月初七日生
宣統己酉年七月廿八日卒
配蘇氏壽七十七歲
子　高範　高選
聖麟公子元鎮字樹屏
配李氏
嗣子　高達

容縣惟一商店承印

元標字少卿鄉飲介賓長於小學容北兩縣
家塾爭延焉著有數目字訓蒙集付梓壽
七十八歲 道光庚子年七月廿四日生民國丁巳
年十一月廿七日卒
配李氏
繼配唐氏
子　高廸繼配出

石麟公子元德
配
子

元琛
配
子

景麟公子元龍字雲衢
配楊氏
子　高義　高挺

嘉麟公子元建字錫之同治甲戌恩貢生候銓直隸州
州判事詳家傳壽七十二歲 道光己丑年正月十
八日生光緒庚子年三月十八日卒
配李孺人
子　高弟　高立　高朗　高賢　高寄

玉麟公子元棟字楚材邑庠生靈山民團支局局董壽
七十四歲事蹟附湄其公家傳 同治壬戌年十
月十九日生民國乙亥年十一月廿二日卒
配羅氏同治乙丑年十二　初五日生
民國壬戌年十月初九日卒
子　高傑　高倞　高倬　高億

集麟公子元選字文清咸豐辛亥年十二月初三日生
民國乙卯年二月初四日卒
配梁氏咸豐壬子年十月十六日生
民國癸酉年四月初四日卒
子　高崇　高琮　高瑤

顯麟公子元相字少魏八品銜道光乙巳年三月廿三日生
光緒　年閏四月初一日卒
配李氏
繼配楊氏
子　高年　高光　高美　高遠俱繼配出

揖麟公子元定字靖林治同戊辰年九月廿一日生
民國廿一年十月廿八日卒
配梁氏
子　高祚　高祜

會麟公子元模字範軒善於經商得子貢貨殖之學
咸豐戊申年閏三月十六日生民國酉辛年八月廿八
日卒
配潘氏
子　高津　高彥　高桂
元榮字善餘同治戊辰年七月初十日生民國壬戌年
六月十六日卒

配李氏
子　高燄　高壽
元棨
配陳氏
嗣子

徽麟公子元章字品石善操國技道光庚子年八月十三日
生光緒辛丑年九月二十日卒
配林氏道光戊申年十月十四日生光緒癸巳年正
月初三日卒
子　高任　高偉　高位偉出嗣

占麟公子元白字允石
配
嗣子高偉

藹麟公子元柏字新甫道光乙酉年七月初八日生
光緒壬午年七月初八日卒
配蔡氏

容縣惟一商店承印

嗣子　高屏
昭麟公子元梅字庚卿治家勤儉教子義方
配孔氏
子　高邁　高屏　高藩　高英屏出嗣
萃麟公子元度字景衡國子監生文詞淸雅書法甚佳
爲時所重　道光癸卯年正月廿三日生光緒丁未
年十月初九日卒
配李儒人
子　高華　高囂
元楷字端廷號千範國子監生讀書有心得
書法亦佳中年遷居久榮泉塘角以耕以
讀課子嚴而慈享年四十有九有墓誌銘
道光丁未年四月十三日生光緒乙未年六月廿六日
卒
配盧氏道光辛亥年九月初九日生同治癸酉年八
月十八日卒有墓誌銘

繼配黃氏咸豐辛亥年閏八月廿七日生民國壬申
年四月初五日卒
子　高瀛　高萬元配出　高唐繼配出萬唐
出嗣
元登字鶴雲邑貢生銓選訓導事詳家傳壽
七十歲咸豐辛亥年閏八月十六日生民國戊午年
正月十九日卒
配劉氏咸豐戊午年十二月初五日生光緒庚辰年
十二月初五日卒
繼配楊氏同治癸亥年十一月十八日生
嗣子　高萬
元贊字建三倚生資稟明敏弱冠文詞已斐
然可觀小試屢列前矛惜天不假年未獲
一展其學　同治丙寅年九月初十日生光緒丁酉
年三月廿九日卒
配黃氏同治壬申年十月廿七日生

嗣子 高唐

炳麟公子元幹字靖臣與配楊氏同年生如賓之敬老而不衰公好施與八十一歲重逢花燭享壽八十五歲道光庚戌年三月初三日生民國甲戌年七月廿五日卒

配楊氏道光庚戌年九月十四日生壬午現年九十三歲精神尚健

子 高儒 高仁 高備 高儀 高佑

佑出嗣

宵麟公子元嶠字蘊山同治癸亥年 月 日生光緒年六月十七日卒

配侯氏

嗣子 高佑

纘麟公子元新字儆文性恬靜好讀書課子讀本皆經手抄字體端正不苟同治壬戌年五月廿二日生光緒己未年九月十二日卒

配陳氏同治壬戌年五月廿一日生

子 高堯 高今

[illegible]麟公子元綱字少張咸豐七年正月初五日生民國壬子年九月初七日卒

配盧氏咸豐庚申年二月初九日生

子 高馨 高國 高典 高善 高振

元紀字式之同治乙丑年五月廿三日生民國己巳年二月廿一日卒

配覃氏

子 高智 高進

大基公子英芳

配

子

固基公子輔仁嘉慶戊寅年六月廿四日生

配周氏

子 如瑚 如珍 如瑛 如琪

輔禮

配梁氏

子　如鑽無嗣

輔智

配李氏

子　如蘭

道基公子輔義　道光癸未年二月十二日生光緒戊子年五月二十日卒

配盧氏

子　如武　如文

輔信字蔭書　道光丁酉年二月初五日生民國癸丑年五月十三日卒

配廖氏

子　如剛　如齡

國柱公子榮光嘉慶辛未年三月十一日生

配李氏

子　如玉

國楷公子福先道光丙午年正月廿四日生

配楊氏

子　如賢　如才

國良公子召先

配

子

念先

配

子　如寶　如賦　如貢

福麟公子耀成例授修職郎道光辛巳年六月初四日生光緒丙子年十一月廿八日生卒

配李氏

嗣子　如芳

慶麟公子煥成軍功六品銜　道光己丑年十一月十一日生咸豐庚申年九月初九日卒

配楊氏
子　如芳　如林芳出嗣
廣烈公子斯博字學齋恩賜修職郎壽八十歲嘉慶已未
年三月十二日生光緒戊寅年八月廿一日卒
配潘氏
繼配黃氏
子　恭安元配出　均安　靜安繼配出
斯厚字載華例錫修職郎八十五歲公性和
易嗜書課徒有方旁通醫卜星學嘉慶癸亥
年九月初七日生光緒丁亥年正月廿四日卒
配蔣氏壽八十三歲
子　道安　禮安　樂安　敬安
運秀公子斯和道光丁未年二月廿四日生光緒已亥年三月初
八日卒
配覃氏
子　乾安　坤安　瑞安

廣賢公子斯盛道光癸未年六月初八日生
光緒乙酉年九月十十三日卒
配袁氏
子　品安
斯後
配龐氏
子　朝安
斯謀
配覃氏
子　保安
廣華公子斯源字醴泉恩賜修職郎壽八十四歲道光
丁酉年正月二十日生
配李氏壽八十六歲
子　泰安
斯昌恩賜修職郎壽七十四歲道光庚子年三月初
七日生

配洪氏壽七十九歲
子　齊安　汝安
斯美清登仕郎壽七十二歲　道光甲辰年四月
廿二日生
配鍾氏壽七十八歲
子　裕安　能安　俊安
拔倫公子斯珋字伯熙
配何氏
子　錦祐
斯瑛
配
子　鑲科無嗣
拔才公子裔齡
配廖氏
子　經庠
拔元公子毓齡字晴川

配凌氏
子　俊庠　振庠振無嗣
拔賢公子錫齡字如松　嘉慶丙子年九月廿一日生咸豐辛酉
年正月廿一日卒
配黃氏
子　啟庠
德高公子以端
配伍氏
庶黎氏
子　東林　武林　遠林庶出　武出嗣
以誠
配陳氏
嗣子　武林止
德本公子儒安　嘉慶壬申年正月十八日生咸豐乙卯年二月廿
三日卒
配李氏

子　君喜　君歲　君祥

儒俊字傑臣恩賜修職郎壽八十五歲 道光壬午年十二月廿八日生光緒丙午年十二月廿四日卒

配劉氏壽八十八歲

子　貢瑤　貢琨

儒昌公子奇河字演清爲人狷介內行克修不求名利 道光甲申年二月初五日生同治甲戌年十二月十八日卒

配潘氏

子　加東

奇圖字演象九品銜 道光丙戌年二月初四日生同治癸酉年四月廿一日卒

配梁氏

嗣子　加展

奇洛字演榮恩賜修職郎壽八十二歲公爲人嚴正剛毅擅堪輿卜筮之學決天時陰陽晴雨無或爽者鄉人呼之爲仙光緒癸巳年遷往貴縣北山公粉村 道光戊子年二月初五日生宣統己酉年十一月初四日卒

配陳氏壽七十八歲

子　加東　加潤　加源 東出嗣

奇書字演文恩賜登仕郎壽七十二歲

配潘氏

子　加鸞　加全　加盈　加任　加利

加瑞　加年 實出嗣

品章公子敏忠

配

子　陳誠

積善公子以官

配

子　陳詩

顯宗公子式恭字渭卿恩賜登仕郎壽七十一歲公篤
志勵行手不輟書課徒有方門下士多成
偉器 嘉慶壬申年六月十三日生光緒壬午年五月
初一日卒
配劉氏壽七十一歲
子 陳方、 陳書 陳方書方出嗣
式寬字濟南 嘉慶甲戌年二 初三日生光緒辛巳
年十月廿四日卒
配張氏
子 陳經 陳綸綸出嗣
式信 嘉慶己卯年八月廿六日生咸豐庚申年四月初
六日卒
配楊氏
子 陳仁
式敏 道光癸未年三月初一日生咸豐己未年八月十
六日卒

配陸氏
嗣子 陳方
式珍 道光戊子年三月二十日生光緒癸巳年八月廿
五日卒
配梁氏
嗣子 陳綸
顯揚公子清球字紹圖道光戊戌年正月初九日生
配余氏
子 慶隆
清琦
配黃氏
嗣子 慶軍
清福字海珊 咸豐庚辰年六月十二日生宣統壬子
年正月初一日卒
配石氏
繼配鄧氏

子　慶軍　慶章　慶禮俱繼配出　軍出嗣

清璇字碧雲

配梁氏

繼配覃氏

子

顯徵公子清與

配杜氏

嗣子　陳德

清俊

配陸氏

子　振庸無嗣，

顯廷公子清元道光癸巳年十一月十七日生同治壬戌年八月

十三日卒

配黃氏

嗣子　陳書

清英

配

子

顯貢公子清賢咸豐乙卯年十二月廿九日生光緒庚寅年六月

初九日卒

配楊氏

子　陳常　陳寶　陳德　陳疇　德出嗣

寶繼嗣

安廷公子敏莊

配潘氏

子　瑞瓊

安氏公子敏經恩賜登仕郎壽七十八歲

配陸氏

子　瑞琦　瑞瑛

安鹿公子敏璲

配

子　鍾奎

容縣惟一商店承印

敏盛
配
子
武裔公子銑華恩賜登仕郎壽七十歲
配蒙氏
子　希新
銑臣字壽山　道光辛丑年二月十五日生光緒丁未年正月廿四日卒
配盧氏壽七十五歲
子　希敬　希立
盛裔公子裕華字次寬例授修職郎八品銜監生公正直端嚴不尙華侈父咸豐間殉難弟幼事母盡孝弟歿遂無心讀書棄效陶朱兼事農桑遂興家業以貽子孫壽七十一歲道光乙丑年正月廿二日生光緒戊戌年十月廿七日卒
配茹氏

子　瑞儒　棠儒　金儒　文儒　鴻儒
裕琪
配
子
善裔公子第元字選三例授修職郎　公性樸直力課農桑兼營商賈興利基業以貽後嗣道光庚寅年閏四月廿五日生光緒庚寅年十二月初二日卒
配廖氏壽八十八歲
子　展驥　展瑩　展綱
第成
配杜氏
子
第琳字少球　公敏慧好讀書淡於功名少孤事母孝勤儉創業以貽後昆　道光壬寅年二月初四日生光緒丙戌年三月十八日卒
配梁氏壽九十[illegible]歲

子 麗程 麗才 麗讀

麗中公子冠第字甲三

配楊氏

子 簡璇 簡璣

昌第

配鄧氏

子 簡球

麗與公子元華字善長敕授文林郎誥封奉直大夫按察司經歷事詳家傳壽七十歲 道光辛卯年十月初七日生光緒己亥年二月二十日卒

配盧宜人壽七十七歲

子 希哲

祥華字子禎清授儒林郎直隸州州同公性嚴毅敦品勵行沉默寡言淡名利崇儉樸蒔花種竹以田園爲樂終其身 道光甲午年六月十六日生光緒庚子年十月初九日卒

配龔氏壽八十二歲

子 希鼎原名希沂 希鑑 希信 希才 希傑

彝華字价昉清誥封武翼都尉翰林院待詔銜壽七十八歲公性聰穎多技術品行端嚴歷辦團務秉正不阿里人欽例遇事敢言不諱聲若洪鐘晚年矍鑠事無大小必躬必親 道光庚子年正月十七日生民國丁巳年七月廿六日卒

配黎氏

繼配陳氏

子 希礽 希璵 希黼俱元配出

麗淑公子恩華字少波邑庠生軍功八品壽七十九歲公性敏直廉謹清咸同間股匪陷城蹂躪容邑公督練剿匪力衛桑梓襄辦團務一秉至公鄉人德之公見世亂已久人多廢學輒謂勵俗莫善讀書遂自設允文家塾

容縣惟一商店承印

蓮年掌敎四方從遊日衆門下士多至成
立兩試秋闈不售遂杜門不出恒誨子姪
以詩禮傳家所著詩文手編成帙其勸人
爲善之言尤極摯懇壽七十九歲無病而
終　道光壬辰年正月十六日生宣統己酉年閏　月
初八日卒
配梁氏
繼配蘇氏
子　希文元配出　希先繼配出
金華字少玉恩賜登仕郎壽七十二歲公性
恬淡不務名利惟敦孝友睦里以耕讀傳
家　道光甲午年三月廿二日生光緒乙丑年二月初
九日卒
配劉氏
子　希□　希達　希堯
麗和公子繼華字紹琴清八品銜例授修職郎壽七十
一歲公性友愛同氣怡怡耕讀外兼營商業
配梁氏
子　希鳳
添華字百鬱恩賜登仕郎壽七十歲道光乙未
年七月十九日生光緒甲辰年二月十九日卒
配梁氏
子　希純　希圖　希巍　希智
蟠華字松亭　道光戊申年六月廿六日生光緒乙未
年二月廿九日卒
配廖氏
子　希樸　希彬　希仁　希蒲
麗開公子芳華字茂廷八品銜道光戊戌年正月廿三日同治
甲戌年六月廿九日卒
配梁氏
嗣子　希廣
連華字美春清例授修職郎監生壽八十一

箴公性友愛精於岐黃之術活人甚衆鄉里德之道光庚子年正月初六日生民國庚申年十二月初八日卒

配楊氏壽九十三歲

子　希寬　希省　希瑞　希登　希知

良華字夢予登仕郎壽七十三歲公性廉直設塾課子姪以終其身道光甲辰年十一月十七日生民國丙辰年三月廿八日卒

配梁氏

繼配潘氏

子　希度　希廣元配出　希藩　希著　希芬

希荃　希葆　希蔚繼配出廣芬出嗣

清華字曉霞道光丁未年七廿六日生光緒庚寅年十一月十四卒

配潘氏

子　希政　希賢　希榮

鍾華字秀川道光庚戌年三月廿一日生

配胡氏

子　希敏　希霜

恒華字月巖存年二十七歲咸豐癸丑九月初八日生光緒己卯年四月初四日卒

配劉氏守節撫孤壽七十一歲

子　希樫

鳳賢公子允昌光緒己酉年七月廿八日生

配梁氏

子　錦成

鳳盛公子祚昌原名允蘇字永錫清五品銜拔補把總

配梁氏

子　錦元

鳳岡公子宗昌同治壬申年十一月初一日生民國丙辰年七月初一日卒

配盧盤氏

子　錦仁　錦義　錦忠俱盤氏出

體祺公子繼昌字善志 道光庚戌年三月十七日生民國辛酉年十月初四日卒

配盧氏

繼配黄氏

嗣子　錦文

體福公子演昌同治丁卯年七月初五日生

配黨氏

子　錦才　錦年

文昌光緒丙子年十月初七日生

配黎氏

子　錦冠

體祐公子緒昌

配杜梁氏

子　錦聲杜氏出承體福公祧錦文　錦連

梁氏出連承祐公祧文出嗣

體礽公子綸昌同治壬申年五月十一日生

配

秉祧子　錦盛

紹昌光緒乙亥年五月十一日生

配黎氏

子　錦盛

佐才公子翰升

配陸氏壽八十五歲

子　光鑑

翰芳

配杜氏壽八十五歲

子　明鑑

翰昭

配馬氏

子

佐羲公子翰彬

配盧氏
子
翰彰
配彭氏壽八十二歲
嗣子　希芬
佐烈公子文翰字曉山九品銜 道光己丑年八月廿九日生
光緒丁未年十月十三日卒
配楊氏
子　麟瑞　秉祧
文元字煥三 光道庚戌年九月二十八日生
民國癸丑年正月初一日生
秉祧子　麟瑞
受箓公子耀章字廸光同治癸酉年三月初九日生
配潘氏
子　啓東
世魁公子文錦

配
子
世傑公子文榜
配
子
世亮公子耀宗同治乙亥年十二月初二生民國甲寅年七月初
六日卒
配盤氏
子　啟清　啟芝
廣朝公子定生
配梁氏
子　重文　浩文
廣錫公子定華字盛臣嘉慶甲戌年正月十五日生光緒丙子
年閏五月初八日卒
配黎氏壽七十六歲
子　善文

廣亨公子定成
配楊氏
子
廣貞公子定光字諫臣例監生誥贈奉政大夫公性和
厚勤儉創業以裕後人嘉慶丁丑年二月初九
日生光緒庚辰年二月廿一日卒
配陸氏誥贈宜人
庶覃氏
子　慶文　闡文
廣敷公子定裕
配李氏
子　拔文
廣祐公子定祥
配
嗣子　貢文
定倫字順其咸豐癸丑年十月初八日生

配梁氏
子　貢文　繼文　紹文貢文出嗣
崇仁公子效信
配潘氏
子　素積　裕積　素子覲盛剿賊陣亡祀
鄉昭忠祠
崇濟公子偉昌字雲山乾隆甲午年五月廿六日生
配潘氏
子　善郁　善坤
運昌字應山乾隆戊戌年正月廿一日生
配韋氏壽八十四歲
子　善慶　善旺　善義旺無嗣
發昌字華山恩賜登仕郎壽七十九歲乾隆
甲辰年正月三十日生
配林氏
繼配楊馮氏

子　善安　善儲俱楊氏出
崇光公子成昌字福茂恩賜登仕郎壽七十二歲
配黃氏壽七十二歲
子　善政　善敎　善言　善行言無嗣
貯昌字積茂乾隆戊申年三月十六日生道光丁未年五月廿八日卒
配謝氏壽七十九歲
子　善邦　善美　善相　善紀
遠昌字永茂恩賜修職郎同治辛未年重逢花燭壽八十三歲乾隆辛亥年四月十五日生同治癸酉年八月廿七日卒
配馮氏壽八十七歲
子　善芳　善彩　善福　善壽
崇廣公子偉惠
配黃氏
子　文字

偉開
配林氏
子　章字
崇禮公子祖綬乾隆庚子年六月初十日生咸豐丙辰年四月十五日卒
配李氏
子　盛序　盛珍　盛彩　盛進
崇輔公子際昌
配茹氏
子　碩珍
際隆
配李氏
子　嘉善　嘉猷　嘉讓　嘉進　善讓均無嗣
相時公子大成字耀廷例監生乾隆癸未年五月廿二日生道光辛卯年十一十九月卒
配劉氏

庶黎氏壽八十一歲

子　傳寶　仕寶庶出　儒寶嫡出

大受字耀宸例監生性嚴直不尚華飾鄉曲有爭片言折之雅爲人所敬憚壽八十二歲 乾隆癸巳年二月初十日生咸豐甲寅年八月十一日卒

配洪氏

繼配林氏壽七十歲

子　守寶　家寶　宗寶元配出　楚寶　衛寶　瑞寶　超寶繼配出

大任字耀魁例監生 乾隆乙未年十一月廿六日生道光甲午年九月廿二日卒

配李氏乾隆　年八月初一日生道光　年四月初八日卒

子　彝寶　世寶　輝寶　善寶

贊綱公子耀宣

配朱氏

繼配伍氏

子　福臣　福臨　福賢　福隆　福新　福珍

臣臨隆新珍俱無嗣

耀玫

配

子　福元　福英　福芝之元無嗣

繩武公子錦昌

配鄧氏

子　善泰

壽昌

配李氏

子　善都

浩武公子官昌 道光己亥年八月廿一日生光緒己丑年三月十九日卒

配李氏

崇江公子顯昌
子　善舉　善懷　善祥
配張氏
子

崇宗公子富昌
配
子
貴昌
配黎氏
子　善揚　善同

司禮公子憲昌
配
子　有元

粟武公子輔任
配
子

司景公子輔信
配
子　有剛　有恒　有發

彰武公子輔儒
配
子　有標　有邦

贊武公子輔佺
配
子　有魁
輔英

潔武公子輔位
配
子　有才　有傳　有德

聚懿公子元慶平田房起
配
子　有用

配
子
聚義公子鳳祥
配
子　高元　高全
聚仁公子元禎
配
子
元盛
配
子
聚宗公子元英
配
子　福慶
聚善公子元興
配

子　福芹
聚文公子元珍
配
子　福全　福慶慶出嗣
聚璁公子元方
配
子　士安
聚德公子受祿
配
子　士楷　士模　士梅
聚禮公子元昭
配
子
元穆
配
子

紱猷公子見勳
配李氏
子　在周　相周
勳猷公子見明
配梁氏
子　楊周　長周
見濟
配陳氏
子　泰周
見朝
配韋氏
子　受周
樹猷公子見魁
配洪氏
子　純周　任周　仰周
見賓

配周氏
子　宗周
見成　嘉慶丙子年三月十六日生光緒乙酉年九月十四日卒
配劉氏嘉慶丙子年正月初八日生光緒癸巳年正月初八日卒
子　師周　監周
嘉猶公子見順
配杜氏
子　保周　依周　緒周緒出嗣
見琦
配潘氏
子　佐周　象周
鴻猷公子見球
配陳氏
子　緒周

允猷公子見才
配楊氏
子　從周　衛周
丕貞公子有經
配李氏
子
有綸
配
子
正矩公子有成
配韋氏
嗣子　輔周
有繼
配葉氏
子　輔周　耀周　傑周輔出嗣
啓貞公子有泰

配張氏
子
有綱
配吳氏
子
有憲
配朱氏
子
正權公子有紀
配覃氏
子　傳周
正統公子有積
配岑氏
子　作周　儀周作出嗣
錫璋公子介禧生于九月廿一日卒于七月廿八日
元配李氏
繼配郭氏

子　傳周　成周　繼周繼出嗣

介礽

配楊氏

子　仕周

錫珍公子介祐

元配駱氏　繼配梁氏

子　啓周　敬周

錫元公子介祈

配蘇氏

子　武周

錫玳公子介賢

配陸氏

嗣子　繼周

錫麟兼祧子介祈平田房止

配蘇氏

子

得祿公子進才字有三咸豐癸丑年九月初五生　光緒辛丑年十二月廿三日卒

配陳氏

繼配黃氏

子　啟文　啓武　啓章　啓用　啟新　啟年　啟機

容奇公子進邦道光丁丑年四月三十日生

配李氏

子　啟芳　啟盛俱無嗣

品奇公子進礽同治戊辰年十二月初七日生

配馮氏

子　啟訓

耀奇公子進龍咸豐戊午年五月

配李氏

子　啟相　啟才　啟元　啟廷　啟乾　啟

芬元出嗣和無嗣
崇奇公子進旺同治丙寅年十一月十九日生
配韋氏
嗣子　啟元
達奇公子進鈞同治甲戌年六月十七日生
配覃氏
子　啟琨　啟良
進璵光緒丁丑年十月廿七日生
配羅氏
繼配黎氏
續配趙氏
子　啟郁黎氏出啟忠趙氏出
進壽光緒丙戌年二月十八日生
配李氏
繼配陳氏
子　啟科元配出啟昌　啟進繼配出

進蓉光緒壬辰年三月廿八日生
配
子
延奇公子進珍咸豐己未年十一月初五日生
配黃氏
嗣子　啟春
進昌同治癸亥年三月十八日生
配李氏
子　啟春　啟滿春出嗣
進昇同治丁卯年八月廿六日生
配陸氏
子　啟慶　啟雲雲出嗣
進寶同治己巳年六月十四日生
配陳氏
子　啟裕　啟祐祐無嗣
政奇公子進禎咸豐庚申年八月初八日生

配盧氏
繼配馮氏
子　啟承　啟旭元配出　旭無嗣
進瑛字若華同治戊辰年五月廿九日生
配鄭氏
繼配周氏
嗣子　啟雲
進佳同治癸酉年七月初七生
配龔氏
繼配梁氏
庶周氏
子　啟興
德奇公子進端咸豐辛酉年四月十八生
配張氏
子　啟珖
進盛字東甫同治甲子年十月廿九日生

配徐氏
子　啟瑠　啓猷　啓彬
進志字性甫同治戊辰年閏四月初六日生
配李氏
子　啟基　啓穀
進時字侯甫同治辛未年正月十二日生
配余氏
繼配周氏
子　啓膺元配出
進瓊字瑤甫同治甲戌年六月初十日生
配黎氏
子　啟宗
進孚光緒己卯年二月十二日生
配陳氏
子　啓頤　啓馥　啓珍　啓球
發奇公子進璋咸豐庚申年二月十一日生

配盧氏
繼配黃氏
子 啓全 啟銓 啟澤
進瑞字祥雲同治辛未年四月初一日生
配何氏
子 啓金 啟鏡 啟鐘
蔚奇公子進業咸豐庚申年正月廿一日生
配陸氏
子
進璿同治甲子年九月初九日生
配吳氏
子
進琳光緒丁丑年五月十一日生
配龔氏
子 啟生
宥奇公子進瑕同治戊辰年四月初八日生

配
子 啟希 啓膺
安郭公子仕元
配萬氏
繼配張氏
子 振高
仕亨
配楊氏
子振常
安家公子仕傑道光丁未年九月十九日生民國戊午年十月十八日卒
配伍氏
繼配吳氏
子 振成 振武武出嗣
安盛公子仕任道光己亥年生
配萬氏

子

安鑾公子仕琇　道光丁未年十一月十五日生民國戊午年正月十二日卒

配金氏

嗣子　振武

安貴公子仕芳　光緒丙子年三月初一日生民國戊午年九月十六日卒

配吳氏

子　振英　振舞

仕玟　光緒辛巳年十月十八日生

配周氏　光緒丁亥年三月廿九日生

子　振儒　振忠

安榮公子仕佳　同治甲子年二月十九日生光緒庚寅年正月十一日卒

配葉氏

子

仕作號爲卿　同治丙寅年十一月初三日生民國癸丑年七月初一卒

配張氏

子　振林　振漢　振瑞

仕仁號容卿　同治戊辰年八月初二日生民國丙辰年十二月二十日卒

配黃氏

子　振唐　振沛　振岐

安原公子仕禎　同治戊辰年七月初九日生

配徐氏　同治壬申年九月十五日生

子

仕祥　同治壬申年六月廿六日生

配

子

仕祺

配

子
仕福光緒己亥年十二月初七日生
配李氏光緒己卯年十二月初七日生
子　振興　振隆
仕祿光緒戊寅年七月十一日生
配何氏光緒辛卯年正月十一日生
子　振東　振南　振西
仕壽光緒癸未年正月十八日生
配李氏
繼配黃氏
子
豈朝公子仕光
配
子
豈盛公子文光同治壬申年二月初一日生
配黃氏同治壬申年二月初十日生

子　玉謙　玉金
章光光緒壬午年五月初四日生民國甲子年五月十八日卒
配張氏
子　玉仁
世禎公子代瓊
配王氏
子　英欽　英宗　英慶　英昭
世郁公子代璠光緒己卯年九月十四日生
配王氏
子　英權　英球　英紹　英基　英葉　英
振基出嗣
代瑞
配
子
代珍

配
子
代琳
配陳氏光緒乙巳年四月初六日生
嗣子 英基
代璋
配
子
世珍公子代瑤
配
子
世福公子代仁
配
子
代義
配

子
代禮
配
子
世祿公子代善
配李氏
子 永利
世壽公子代智
配
子
世保公子理光
配
子
世寧公子代文
配
子

容縣惟一商店承印

代武
配梁氏
子 英鳳 英才
世英公子代榮
配鍾氏
繼配林氏
子 英旺 英智 英文
世琚公子代光
配陳氏
子 英盛 英秀 英慶 英徐
世漢公子代樫
配無致
子
代華
配何氏
子 英福

世金公子代昌
配林氏
子 英傳
世佳公子代紀同治己巳年二月初七日生
配金氏
繼配陳氏
子 英仁 英禮
世慶公子代綱同治乙丑年十二月初九日生
配李氏同治丁卯年三月十九日生
子 英琛 英超
代經同治庚午年八月十三日生民國庚午年六月初二日卒
配李氏
子 英餘
代綸
配林氏

子
代紹 光緒丁丑年八月廿九日生
配李氏
子　英祿　英珍
代緒 光緒己卯年十二月初七日生
配李氏
子　英有
世敬公子鳳光 同治戊辰年閏四月初十日生現年七十五歲
配
子
世達公子代殷
配
子
代皓
配
子

代皞
配
子
世幹公子惠光
配陳氏
子
恩光 現年七十三歲
配李氏
子
志光
配
子
啓光
配
子
安光

配

子

世明公子醽光

配莫氏

子　玉湖　玉東

秀光

配

子

世璠公子翰光

配楊氏

子　玉暉

輝光

配淩氏

子

世烈公子宙光光緒庚辰年八月十二日生

配蔡氏光緒丁亥年二月十四日生

繼配丁氏光緒辛亥九月十二日生

子　玉盈　玉陳

世興公子文光

配

子

廉光光緒庚寅年九月十二日生

配葉氏光緒丙申年正月初四日生

子　玉良　玉瑩　玉璧

世成公子榮光道光癸卯年生

配陳氏

子　玉臣　玉球　玉珍　玉璠

龍光號際雲咸豐乙卯年六月廿二日生

光緒癸卯年卒

配黃氏

子　玉昆　玉振　玉海

世臣公子泰光

配
子
翺光
配
子
世勳公子慶光
配林氏
子　玉卿　玉陞
邦光同治庚午年十月初五日生現年七十三歲
配吳氏同治辛未年三月十四日生
子　玉聲　玉周　玉瑞
卓光光緒乙亥年二月廿七日生民國戊辰年十月十二日卒
配黃氏光緒乙亥年六月初九日生
子　玉燕、玉林　玉茂玉林出嗣
祥光

配陳氏
嗣子　玉林
世偉公子澤光
配
子
世國公子波光同治癸亥年十月十八日生
配吳氏
子
世廣公子通光
配閻氏
子
儒光同治乙丑年閏五月廿七日生民國癸亥年[illegible]
配徐氏同治庚午年三月廿二日生
子　玉麟　玉甫麟出嗣
世翊公子茂光
子

林光 光緒庚辰年八月廿五日生民國壬申年二月初四日卒
配梁氏
嗣子 玉麟
世悅爵祧兼子寶光 同治丙寅年十月廿六日生民國壬午年七十七歲
配陳氏 同治丁卯年三月初六日生
繼配賴氏 光緒戊寅年十二月廿七日生
子 玉鳴 玉志 玉漢
毓光號秀山 咸豐庚申年七月廿九日生光緒庚子年三月廿七日卒
配陳氏 咸豐戊午年七月廿六日生民國壬午年八十五歲
子 玉賢 玉恩 玉堂
世治公子逵光 同治丙寅年十一月十四日生
配陳氏

子 玉芹
廸光
配
子
迭光 同治辛未年十一月初一日生光緒戊申年五月廿四日卒
配陳氏 同治辛未年八月初六生光緒乙亥年三月初七日卒
子 玉慶
運光 光緒丁丑年五月廿七日生
配黃氏
子
有光
配
子
春光

配
子
世傑公子彬光號文軒曾充鄉民代表及調解員化縣
縣立小學校助教光緒丙子年十一月廿三日生
配邱氏同治甲戌年十一月十一日生光緒壬寅年
十二月廿五日卒
繼配王氏光緒戊子年十二月廿五日生光緒甲辰
年三月十七日卒
子　玉輝
韶光號秀卿光緒丁亥年三月初八日生民國庚申年
五月廿二日卒
配李氏光緒己丑年七月十一日生
子　玉耀
世侯公子容光號如甫同治戊辰年七月十五日生
配陳氏
子　玉潤　玉勝

世儲公子遐光
配
子
世焜公子嗣光
配黃氏
子
遠光
配
子
世錫公子盛光
配
子
世錦公子裕光
配
子
秀光

配

子

季光

配

子

李光

配

子

世鏞公子福光

配

子

壽光

配

子

世宥公子勝光

配

子

世和公子練繩 道光乙巳年九月十六日生

配陳氏

子 廣才

世相公子良繩 道光辛卯年十月廿三日生光緒庚辰年八月十二日卒

配蕭氏

子 廣居 廣海 廣馨 廣蘭

春繩 道光甲午年十月初十日生

配陸氏

子 廣陞 明廣

正彬公子義繩 道光壬午年七月初四日生光緒辛巳年四月初三日卒

配陳氏

子 廣書 廣禎

彥繩

彥緒
配朱氏
子　廣積
正怡公子結繩道光丁未年十一月二十日生
配劉氏
子　廣達　廣英　廣信　廣安信出嗣
正佐公子有繩道光丁亥年五月初五日生
配梁氏
子　廣慶
貴繩道光丙申年十二月廿二日生
配蘇氏
子　廣恒
正道公子作繩　嘉慶丙子年閏六月初三日生光緒丙子年十月初五日卒
配劉氏壽七十二歲　道光甲申年六月初十日生光緒乙未年五月十四日卒

子　廣藩　廣祿
泰繩壽八十一歲　道光戊寅年三月初八日生光緒戊戌年十月十二日卒
配羅氏壽八十一歲　道光庚辰年五月廿五日生光緒辛丑年九月初九日卒
子　廣全
保繩　道光丁亥年五月廿七日生光緒乙亥年二月廿六日生
配柯氏壽七十一歲　道光辛卯年七月十二日生光緒辛丑年九月初九日卒
子　廣猷
遠繩壽八十一歲　道光甲午年五月三十日生民國癸丑年正月十九日卒
配杜氏壽八十歲　道光甲午年三月廿五日生民國癸丑年九月初五日卒
子　廣智　廣惠

正通公子萬繩

配

子

正達公子永繩壽八十一歲道光庚寅年十一月初十日生宣

統辛亥年三月十四日卒

配曾氏道光戊戌年閏四月廿五日生光緒己丑年

九月廿九日卒

子　廣礽　廣佐

正連進公兼祧子金繩　道光丙申年十月十六日生同治癸酉年

十月十五日卒

配余氏

子　廣恩　廣鴻　恩鴻承正連房壽承正進祧

正運公子裔繩道光己亥年十二月十六日生咸豐癸卯年正月

初九日卒

配李氏

子　廣餘　廣恩　廣用恩出嗣

兆繩

配無考

嗣子　廣恩

正達公子可繩道光癸卯年正月廿日生

配楊氏

子廣庠

武繩

配李氏

子

益繩

配韋氏

子　廣登

華繩壽七十二歲咸豐己未年正月廿五日生民國

庚午年正月初二日卒

配劉氏

子　廣新

正芳公子䄍繩道光己酉年六月初一日生
配楊氏
繼配宋氏
子　廣宗　廣允
祚繩字紹堂咸豐戊午年四月初八日生
配蕭氏
子　廣珍　廣華　廣全　廣文
禕繩同治癸亥年正月廿八日生光緒辛巳年閏七月初二日卒
福繩字昭階同治丙寅年正月初九日生民國壬申年六月廿六日卒
配陳氏
子
配李氏
子　廣肅　廣忠
正邦公子禎繩光緒丙申年十一月三十日生

配　氏
嗣子　廣年
祥繩道光己亥年十二月十三日生
配謝氏
子　廣年　廣坤年出嗣
正身公子禮繩道光丁未年正月廿五日生
配黃氏
子　廣傳　廣厚　廣隆　廣成隆出嗣
社繩道光庚戌年十一月初一日生
配廖氏
繼配曾氏
子　廣爲
祺繩咸豐己未年九月十六日生
配蘇氏
子　廣膺　廣恕嗣子廣隆膺外出無踪恕無嗣
禘繩同治丁卯年五月廿六日生

配潘氏
子無嗣
禪繩同治辛未年十月廿九日生
配劉氏
子廣開
正華公子禧繩壽八十二歲道光戊申年十二月十六日生
配劉氏
子廣榮　廣燊　廣基　廣茂
祠繩壽八十八歲咸豐壬子年十一月廿六日生民
國己卯年正月卒
配無攷
子無嗣
袖繩咸豐庚申年九月初四日生
配黃氏
子廣芬
正理公子祐繩同治壬戌年十一月十八日生

配婁氏
子廣佳
家繩同治丙寅年七月初二日生
配蘇氏
子廣雨
正彩公子錦繩同治己巳年九月二十日生
配
子無嗣
正瑚公子琨繩
配
子
正頁公子澤繩
配
子
正廣公子克繩同治丙寅年四月十九日生
配陳氏

子　廣載　廣元　廣林　廣德

兌繩　同治丁卯年七月初四日生民國戊寅七月初四日卒

配李氏

子　廣美

允繩　同治甲戌年十一月初十日生民國庚辰年九月初一日卒

配

子

正任公子秀繩

配

子

正發公子紹繩　同治壬戌年四月十一日生

配莫氏

兼祧子　廣奕

紀繩　同治己巳年五月十三日生

配

子　廣奕　兼祧

統繩　同治癸酉年正月三十日生

配

子

正鄉公子綵繩

配

子

正新公子壽繩　同治戊辰年閏四月初八日生

配

子

慶繩　光緒戊寅年十二月十四日生

配徐氏

正從公子善繩　光緒癸已年三月十六日生

配

嗣子　廣信

容縣維一商店承印

秀仁公子聚常
配
子
秀榮公子聚富
配
子
聚文
配
子
聚德光緒丁亥年八月廿四日生
配邱氏
子　玉芬　玉芳
聚寶
配
子
秀昆公子聚英

配黃氏
子　玉富　玉祥
聚雄道光壬寅年三月十五日生
配賴氏
子　玉蘭　玉榮
聚智
配葉氏
子　玉興　玉龍　玉鳳
秀文公子聚義
配
子
允清公子翰光咸豐丙辰年九月初七日生
配闕氏咸豐辛酉年二月初九日生
子　玉英　玉璋　玉瓊　玉瑞
秀海公子聚南光緒戊子年九月初九日生
配施氏光緒戊戌年七月十五日生

子　玉玲　玉珊　玉玩

允宙公子字光

配李氏

子　玉信

琸華公子鑾昌字拜言九品銜　公性剛直鄉人奉爲

受益堡正股匪犯境公帶練擊賊被執殉

難不知瘞所堡人慕之祀城鄉昭忠祠道

光辛巳年三月廿三日生咸豐己未年二月廿三日卒

配李氏守節事姑壽七十九歲

嗣子　乃能

鑾晟字子明例監生敦品勵志敬宗收族創

興家業教子成名籌建久榮四世祖直翁

公祠兼理祠務不辭勞苦宗族稱之壽八

十四歲道光甲申年九月廿一日生光緒丁未年十

一月廿三日卒

配梁氏

繼配梁氏壽八十六歲道光丙戌年八月廿七

日生宣統辛亥年十一月廿五日卒

庶盧氏

子　乃賢元配出　乃績庶出

珝華公子鑾緒字巨卿九品嘉慶庚辰年正月初一日生

配余氏

子　乃[illegible]　乃能能出嗣

玖華公子鑾寬字裕猷道光丁未年四月二十日生

配梁氏

子　乃倫　乃瑞　乃盛　乃榮　乃光

瑺華公子鑾保字善齋事親以孝訓徒有方見義勇爲

竟以伸伯冤遭陷惜哉　道光庚寅年十月十二

日生咸豐庚申年五月十一日卒

配劉氏守節撫孤督學狀元以烔贈有彤

管揚徽之額

子　乃興　乃價興出嗣

瑋華公子鑾楨字秀齋剿賊殉難祀鄉義勇祠道光壬寅年十月廿二日生咸豐己未年二月廿三日卒

配伍氏

嗣子　乃興

琯華公子鑾明道光癸卯年正月十四日生

配陸氏

子　乃仁

鑾慶道光己酉年二月十一日生

配何氏

子　乃賁

珖華公子鑾德道光丙午年十二月十五日生

配陳氏

嗣子　乃元

鑾廷

配

子

鑾琳同治丙寅年二月二三日生

配戴氏

子　乃元　乃忠　乃信　乃唐元出嗣

琮華公子鑾安字靜齋道光癸卯年四月初六日生光緒丙午年十月十六月卒

配黃氏道光癸卯年八月十五日生光緒癸卯年五月初四日卒

子　乃福　乃祜　乃禎　乃祥　乃禧　乃祺

鑾容字美剏道光庚戌年五月十七日生

配黃氏。

子　乃利

璭華公子鑾芳道光乙卯年三月初四日生

配李氏

子　乃義　乃荃　乃金

弟華公子金聲

配

子無孜

廣綸公子爵卿字相輔光緒乙亥年正月初四日生民國辛未

年七月初六日卒

配鄧氏　光緒戊寅七月廿三日生光緒丁酉年十

一月初七日卒

繼配廖氏光緒己卯年二月初六日生

子裔福繼配出

爵侯字瑞軒　光緒丁亥年九月廿八日生民國丁卯

年卒於南洋

配劉氏光緒己丑年二月廿八日生

子　裔達　裔俊　裔鈞　裔嶠　裔燊

鑾綸公子爵興咸豐丁己年二月十二日生光緒丙子年十二月

廿八日卒

配黎氏

嗣子　裔繼

爵智　同治己巳年四月十四日生民國　　年十一

月　[illegible]卒

配雷氏同治己巳年十二月廿二日生

子　裔超　裔繼　裔誠　裔林繼出嗣

鑾綸公子爵安

配韋氏

嗣子　貴賢　貴能　貴智

啓綸公子爵康字輔球　光緒丙子年三月初四日生民國戊辰

年十二月十九日卒

配張氏光緒辛己年正月初四日生

子　貴賢　貴能　貴智　貴華　貴榮

貴珍[illegible]賢能智出嗣

建綸公子爵崇字晉階光緒丁丑年三月廿八日生

配劉氏光緒丙子年八月十二日生

繼配余氏　光緒丙申年二月初五日生民國丙寅

年二月廿五日卒

續配盤氏光緒戊戌年四月十四生

子　貴南余氏出貴豐盤氏出
爵魁字冠羣協正高小學校畢業曾充梧州
上關稽查員光緒甲午年正月廿三日生
配黎氏
子　貴朝

乃綸公子爵廣字比球協正高小學校畢業光緒辛卯年
七月廿日生民國己巳年六月十九日卒
配余氏光緒庚寅年八月十二日生
子　貴祥　貴禎
爵繩字赫魯容縣中學畢業中央軍事政治
學校畢業歷任國民革命軍少校參謀第
二團上校團長獨立旅旅長現充廣西第
五區保安司令部上校副司令光緒丙申年
十月初九日生
配余氏光緒戊戌年十月初二日生
子　貴森

濟綸公子爵超字冠球協正高小學校畢業曾充武鳴
崇善縣署職員潯桂總稅科員梧州上關
會計光緒壬辰年二月二十日生
配陸氏光緒壬辰年五月二十日生
子　貴芝　貴芬

裕綸公子爵榮字英華號相孫曾充雲南省河口洋關
稅務帮辦軍功五品同治戊辰年七月廿三日
生宣統己酉年十二月初二日卒于雲南省河口南關
配黎氏同治丁卯年六月廿四日生民國己巳年
正月廿七日卒
子　貴祿
爵球字亞雄廣西陸軍學兵營畢業南寧陸
軍模範團畢業廣西陸軍講武堂畢業曾
任陸軍上校團長第四集團總司令部參
議濛江統稅局局長南丹禁煙分局局長
廣西綏靖公署諮議光緒丙戌年六月十七日

生
配姚氏
子　貴芹　貴强
爵瑞字亞漢　光緒庚寅年七月初七日生民國庚午年卒
配余氏
子　貴武
樹綸公子爵光字有孚　光緒戊寅年四月廿二日生宣統辛亥年十月初九日卒
配許氏　光緒戊寅年正月初六日生
子　貴慈　貴忠　貴應　貴恩　恩出嗣
賽綸公子爵傳　光緒己亥年九月初六日生
配李氏　光緒壬寅年三月初六日生
繼配鄧氏
子　貴彬　元配出
寶綸公子爵摭字卓犖　光緒庚寅年十月廿一日生民國戊辰年九月廿五日卒
配孔氏
子　貴熾
實綸公子爵幹
配覃氏
子　貴恩
偉綸公子爵登字位南　光緒甲申年十二月初八日生宣統庚戌年卒
配陳氏　光緒辛卯年八月初七日生民國庚申年卒
子　貴祺
爵升字括球廣西陸軍將校講習所畢業歷任廣西團長參謀晉升陸軍上校事詳家傳　光緒戊子年四月廿五日生民國甲子年五月十一日卒于岑溪縣裴登村剿匪陣亡
配何氏　光緒丁亥年四月廿九日生
子　貴馨

爵蔭字英球桂林模範高小學校畢業梧州上關職員賀縣分庭收發員光緒丙申年十二月廿七日生民國辛巳年四月初八日卒

配余氏光緒丁酉年十一月廿九日生

子　貴良　貴平

茂倫公子爵位字俊傑光緒丁丑年二月廿八日生光緒辛丑年正月廿一卒

配伍氏

嗣子　貴繇

爵材字湘臣光緒己丑年九月十七日生

配李氏

繼配廖氏

子　貴綿　貴芳　貴煊繇芳出嗣

福綸公子爵職字有常光緒庚辰年八月十八日生光緒乙巳年十一月廿五日卒

配余氏

嗣子　貴芳

有綸公子爵郁字瑞文光緒辛丑年十月初七日生民國戊辰年四月初一日卒

配李氏

子　貴炎

爵彬字振雄廣西陸軍幹部養成所畢業中央軍事政治學校畢業曾充國民革命軍中尉連附於廣東五華縣戰役陣亡光緒丙午年六月廿一日生民國丁卯年十二月廿三日卒

配廖氏

子

發綸公子爵詔字瑞廷光緒戊子年九月初二日生

配申氏

子　貴英　貴雄雄出嗣

爵祺字瑞芳廣西陸軍幹部養成所將校班畢業分發柳州教導隊助教光緒乙巳年十

月初四日生民國丙寅年六月初一日卒於柳州軍次
配劉氏
嗣子　貴雄
如綸嗣子爵蕃字傑球曾充陸軍中尉軍需光緒乙未年
六月廿六日生
配余氏
子
爵禎光緒癸卯年六月初七日生
配盤氏
子　貴光
元恩公子高望字孔琴議叙九品銜公博覽羣書談論
史事上下古今本本源源一無遺漏族中
子弟多就質焉道光戊戌年五月初八日生光緒
癸卯年十一月二十日卒
配林氏道光庚子年十一月廿三日生光緒丁未年
五月廿一日卒

子　膺簡
嗣子　膺慧
高韶字虞琴例監生精岐黃遠近請醫存活
不少且不索值同治壬戌年十二月初一日生民
國乙亥年八月十三日卒
配李氏同治乙丑年八月十四日生宣統辛亥年二
月廿八日卒
繼配梁氏光緒甲戌年六月十九日生民國乙卯年
十一月十八日卒
續配劉氏光緒庚辰年三月廿二日生
子　膺疇　膺慧　膺機　俱元配出慧出嗣
元宗公子高策字庶籌容縣師範修業同治壬申年十月
十三日生民國壬申年三月十三日卒
配李氏同治壬申年十月十三日生民國壬申年三
月十三日卒
子　膺詒　膺賓

高暉字頌春容縣師範畢業充粵陸川容縣各高小學校教員廣西陸軍第二軍游擊司令部書記宜山縣柳州縣科員光緒丙子年八月廿四日生

配梁氏

繼配李氏

子　膺蘭元配出膺藻繼配出

高軒字玉堦高等小學修業光緒戊子年五月十六日生民國戊午年九月初二日卒

配黃伍氏光緒丁亥十月十二日生

子　膺森伍氏出

元愷公子高爵字邁軒咸豐癸丑年十二月廿二日生光緒丙午年四月廿二日卒

配覃氏咸豐癸丑年六月初七日生光緒丙午年十二月十一日卒

子　膺縉　膺冕　膺黼

元佐公子高莊字國臣同治乙丑年七月十七生光緒年十月十六日卒

配李氏

嗣子　膺璋

高叢字藝臣同治癸酉年十二月初九日生光緒年十月十六日卒

配蘇氏

嗣子　膺炎

高材字幹廷光緒丙子年二月廿六日生民國辛巳年十月廿八日卒

配劉氏

子　膺炎　膺璋　膺熾炎璋出嗣

元穎公子高舉字潤才光緒辛巳年十月初七日生民國庚午年五月廿七卒

配李氏光緒辛巳年二月初八日生

子　膺冠　膺梘　膺鑑

高獻字襄廷光緒庚戌年九月十一日生
配李氏
繼配黃氏光緒甲午年七月廿八日生
子 膺培
元善公子高蔭字品才光緒癸未年五月初四日生
配陳氏光緒甲申年五月初九日生
子 膺璜 膺璉
元鞏公子高明字蓮峯清國子監光緒丁丑年十月十四日生
配黨氏
子 膺墦 膺璉
元放公子高範字壽春號逸民精岐黃術同治壬申年六月廿六日生民國癸酉年九月廿六日卒
配楊氏
繼配黃氏
子 膺渭元配出 膺澍 膺洋 膺涓

膺汪繼配出渭胤嗣
高運字貢南光緒戊寅年三月初十日酉時生民國戊辰年卒
配李氏光緒丙子年九月初十日卯時生
嗣子 膺渭原名渭深
元鐵公子高達字達人號簡而容縣師範學校畢業沉默好學光緒庚辰年十二月十九日生民國己巳年隨軍失踪
配楊氏
嗣子 膺耀
元標公子高烜字啟人光緒丁酉年五月初六日生
配黃氏光緒癸巳年八月廿五日生
子 膺臂成 膺耀耀出嗣
元龍公子高義字品卿光緒癸未年八月十二日生
配梁氏
子 膺賢 膺榮 膺才

高挺
配陳氏
子　膺順
元建公子高第字佐臣咸豐壬子年十月三十日生光緒戊申年五初九日卒
配李氏
子　膺詮
高立字聖三咸豐己未年七月廿一日生光緒癸卯年三月廿三日卒
配張氏咸豐　年十一初六日生光緒　年九月廿一日卒
嗣子　膺懷
高期字則伊同治壬戌年二月十五日生民國丁丑年正月廿八日卒
配鍾氏同治甲子二月十三日生民國甲戌八月十七日卒

子　膺懷　膺愉　膺怡懷愉出嗣
高賢字任材嗜讀善書同治乙丑年四月廿一日生民國丁夘年六月初八日卒
配李氏同治丁夘年八月十四日生民國丁夘年六月初八日卒
子　膺繼
高freq字景尼同治戊辰年二月初四日生光緒年二月十一日卒
配何氏
嗣子　膺愉
元棣公子高傑字侶豪兩廣方言學堂修業兩廣優級師範畢業生光緒壬午年十一月廿二日生民國壬子年十月初二日卒
配梁氏光緒甲申年九月十七日生
子　膺光
高倧字仲伊廣西優級師範選科畢業曾充廣東穀米出口捐征收局局長縣政府科

邑高小學校教員光緒戊子年五月初五日生
配楊氏光緒乙未年五月初十日生民國乙丑年十
一月十八日卒
繼配梁吳氏
子　膺乾楊氏出膺嵘梁氏出膺峪吳氏出
高偉字漢蒙廣西陸軍幹部養成所將校班
畢業曾任國民革命軍少校參謀晉升中
校參謀玉林區管區科長光緒戊戌年十一
月十一日生
配潘氏
庶莫氏
子　膺任嫡出　膺俠庶出
高億字光豪黃埔軍校第三期步科畢業歷
任陸軍中校營長晉升中校副團長中國
國民黨中央執行委員會總隊少將總隊
長公光緒癸卯年十一月初五日生

配葉氏光緒丙午年二月初五日生
庶蕭氏
子　膺楚蕭氏出
光選公子高崇字子祥光緒甲申年十二月初九日生
配陸氏光緒癸卯年二月廿四日生
子　膺紹　膺[illegible]　膺蓮　膺雨
高瓊字次林光緒辛卯年八月廿三日生
配黃氏
子　膺浩　膺江
高瑤字郁南中央陸軍軍官學校第六分校
步科畢業歷充排連長曾參與淞滬徐州
武漢鄂北等役會戰現充桂樂師管區第
一補充團第三連上尉連長光緒甲午年五
月十七日生
配楊氏光緒壬寅年六月十五日生
子　膺果

元相公子高年字調琴同治甲戌年八月廿四日生

配龔氏

子　膺彬　膺文　膺相　膺繼　膺茂和繼出嗣

高光字蔭三光緒乙酉年二月十四日生

配

嗣子　膺繼

高美字尊五光緒戊子年正月廿九日生

配黃氏

嗣子　膺和

高遠字蔭泉光緒辛卯年三月初五日生

配申氏

子　膺龍　膺鳳

元定公子高祚字伯佳光緒丙戌年十月十一日生

配劉氏

子　膺錫　膺鎮　膺豪錫出嗣

高祜光緒戊子年八月十九日生

配胡氏

嗣子　膺鎮

元模公子高津

配洪氏

子　膺華　膺儀

高彥字智廷光緒丁亥年閏四月初一日生

配李氏

嗣子　膺伸

高桂字光廷仁勇村村長光緒丙申年二月十七日生民國戊寅年二月十九日卒

配劉氏

繼配張氏光緒丙午年十二月二十日生

子　膺伸元配出膺仲繼配出　伸出嗣

元桀公子高盛光緒甲午年六月初七日生

配

子

元桀公子高壽
配
子

元章公子高任字智伊　同治戊辰年十月十六日生民國乙卯
年十一月廿九日卒
配梁氏同治庚午年三月三十日生
子　膺強

高位字卿光緒乙亥年五月十一日生民國己巳年十
月十九日卒
配冀氏光緒丙子年三月廿九日生
子　膺漢　膺海　海出嗣

元白嗣子高偉字卓卿同治辛未年七月十九日生
配梁氏同治辛未年五月廿七日生光緒丁酉年三
月初七日卒
嗣子　膺海

元柏嗣子高屏字建侯
配梁氏同治辛未年二月廿七日生民國壬子年八
月十一日卒
子　膺祥　膺昌

元梅公子高遇字務滋郡庠生光緒壬寅年與從堂弟
高萬族弟祝椿族姪承理同考游頫性情
洒脫以詞賦屢拔前茅同治庚午年正月初八
日生民國戊辰年正月廿五日卒
配廚氏同治戊辰年四月廿三日
子　膺瑞　膺奎

高瀋字价人容縣師範附設體育學校畢業
光緒乙亥年五月廿五日生
配郭氏
繼配梁氏
嗣子　膺禮

高英字務強桂林學兵營畢業桂林陸軍小
學助教廣西陸軍第二軍游擊司令歷任

國民革命軍第十五軍上校團長光緒戊子
年四月十八日生
配劉黃氏
繼配周氏
庶羅氏　庶翁氏　庶黃氏
子　賡仁　賡智周氏出賡義　賡禮　賡忠
羅氏出賡信　賡孝黃氏出　禮出嗣
元慶公子高華字任臣少負大志磊落不羈惜年僅三
十二歲而卒　同治丁卯年十月十八日生光緒戊
辰年二月初九日卒
配陳氏同治丙寅年九月初三日生民國癸酉年六
月初七日卒
嗣子　賡祺　兼祧
高鸞字日生廣西優級師範畢業梧林模範
小學教員平樂府親兵營管帶崇善武鳴
等縣教育科員因公卒於武鳴光緒乙酉年

二月十七日生民國庚申年八月初八日卒
配盤氏光緒己丑年五月十五日生
兼祧子　賡祺
元楷公子高適字少恒容縣師範畢業歷充靈山高等
小學教員平樂府典獄員太平府江州彈
壓局委員潯江統稅局藤縣分卡主任謹
厚而平與人無論莊諧行用聽者解頤同
治己巳年十一月廿三日生民國癸酉年二月初五日
卒
配楊氏同治庚午年七月十三日生民國廿年三十
二月廿三日卒
子　賡禪　賡祜　賡超　賡禩祺出嗣
元登公嗣子高崑字勵吾廣西優級師範卒業孝廉方正
日本明治大學法政科弘文學院師範科
畢業廣西全省視學員都督府秘書署理
平樂府府長廣西陸軍第四軍帮統二等

嘉禾章署理崇善武鳴等縣縣長潯梧統
稅局長廣東廣西省視學員廣東國立高
等師範學校及國立大學舍務主任駐兩
湖十二軍司令部參議湖北全省禁烟局
秘書主任漢口禁烟局秘書長興業縣修
志總纂 同治癸酉年四月初九日生民國丁丑年
月　日卒
配梁氏同治甲戌年九月十九日生
子　膺眷　膺圻

元贊公嗣子高唐字瑩軍廣西陸軍混成協修業南京
第八師後編學生軍隨軍北伐曾充廣西
第四軍第十隊哨長武鳴崇善等縣警備
隊長 光緒甲申年八月三十日生
配梁氏光緒丙申年十月初四日生
兼祧子　膺

元幹公子高儒改名鑄球字侶伊府案元優附生梧州

法政講習所畢業桂林大成師範並廣西
公學教員廣西特派南京勸業會委員梧
州五屬單級教練傳習所所長梧州軍政
分府參謀太平上思兩府屬禁煙委員廣
東陸軍少校參謀民國五年因公殉難於
海豐縣年四十二歲事詳家傳 同治甲戌年
十月初一日生民國乙卯年五月初九日卒
配鄧氏
嗣子　膺衍

高仁字德乾容縣師範附設體育班畢業曾
任持正閣局長 光緒戊寅年九月十九日生
配龔氏光緒辛巳年八月二十日生
兼祧子　膺衍

高備字佐伊號悟初梧州國民學校畢業廣
西優級師範選科畢業平樂府師範學堂
監督廣東新會縣警察區署文牘員廣西

建設廳梆賓公路主任容蒼公路督察長
光緒壬午年十二月十四日生
配伍氏光緒辛巳年四月初五日生
庶廖氏光緒戊申年五月初五日生
子　膺衍　膺徙　元配出膺熠庶出衍徙出嗣
高儀字瑞岐光緒乙酉年正月十九日生
配李氏
嗣子　膺徙
元喬公子高佑字侃仿容縣中學修業廣西陸軍混成
協畢業光緒己丑年十一月初九日生
配梁氏光緒丙申年十二月初三日生
子　膺南　膺杜　膺松　膺倜　膺聰
柱出嗣
元新公子高堯字則之光緒乙酉年四月十五日生
配潘氏光緒己丑年三月初八日生
嗣子　膺柱

高令字龠之光緒甲午年二月廿五日生
配李氏
繼配中劉氏
續配[illegible]氏
子
元綱公子高馨光緒壬申年四月十七日生民國元年卒
配黃氏
㮚祧子　膺逌
高闓光緒己丑年四月十二日生
配楊氏
子　膺逌　㮚祧
高典字任榮光緒辛卯年七月初五日生民國辛巳年
二月初七日卒
配黃氏
子　膺印　㮚祧
高善

配陸氏
嗣子　膺秋
高振 光緒庚子年十一月卅日生
配侯氏
兼祧子　膺申

元紀公子高智
配潘氏
子　膺林
高進 光緒辛丑年六月廿七日生
配許氏
子　膺林　膺桓　膺秋　膺統 林秋出嗣

輔仁公子如琍 字夏珍 壽七十三歲 道光丁酉年三月廿三日生 宣統己酉年三月廿五日卒
配盧氏 道光戊戌年九月十三日生
子　敬宗　敬章
如珍 道光癸卯年三月初九日生

配余氏
子　敬烈　敬龍
如瑛 道光丙午年四月廿四日生
配黃氏
子　敬賢　敬忠
如琪 道光己酉年正月初六日生
配梁氏
子　敬福　敬祿　敬新　敬臣 新出嗣

輔知公子如關 咸豐甲寅年七月初四日生 民國己巳年十二月廿九日卒
配陸氏 咸豐丙辰年二月初七日生
嗣子　敬新

輔義公子如武
配劉氏
子　敬崇　敬德 德出嗣
如文

配趙氏

嗣子　敬德

韜信公子如剛同治壬戌年十二月廿一日生光緒壬寅年四月廿五日卒

配石氏

子　敬元　敬昭　敬全　敬維

如鈴同治丁卯年五月廿九日生

配陳氏同治戊辰年十一月十三日生

子　敬承　敬爵

榮先公子如玉

配□氏

子

福先公子如賢字德三光緒戊寅年正月廿七日生

配賴氏

子　敬聖　敬居

如才光緒乙酉年二月十八日生

配

子

念先公子如寶

配

子

如鸞

配

子

如貢

配

子

耀成公嗣子如芳字伯蘭力田負販創業興家堂構宏開丕□武廓壽八十二歲　咸豐壬子年八月初一生民國癸酉年十二月二十日卒

配溫氏咸豐辛酉年十廿五日生

子　啓保　啟信　啟侯　啟儒　啓仕

煥成公子如林字仲泉與伯兄貿易力田分甘共苦建宅置產家道振興壽七十一歲咸豐丙辰年二月十九日生民國丙寅年六月初五日卒

配張氏壽七十八歲咸豐辛酉年十二月初八日生民國己卯年十一月初九日卒

子 敬偉 敬儀 敬修 敬俊 敬倫

斯博公子恭安壽七十八歲

配盧氏

嗣子 慶之

均安

配張氏

庶黃氏

子 慶之 和之俱庶出 慶之出嗣

靜安道光丁酉年四月二十日生

配黎氏

子 平之 友之

斯厚公子道安字理清登仕郎壽七十一歲光緒丁亥年三月初二日生

配何氏

繼配何氏

子 立之 榮之繼配出 榮出嗣

禮安

配杜氏

嗣子 榮之

樂安字東山清恩登仕郎從九職銜壽七十五歲道光甲午年十一月初二日生光緒戊申年十二月廿九日卒

配楊氏壽九十一歲

嗣子 臨之

敬安道光丁酉年八月初六日生光緒辛巳年八月廿一日卒

配梁氏

子　臨之　富之臨出嗣

斯和公子乾安光緒戊寅年十月十九日生

配廖氏

子　成之　煥之

坤安光緒壬午年三月十六日生

配

子

瑞安光緒甲午年十一月廿九日生

配梁氏

子

斯盛公子品安光緒乙巳年十二月十九日生

配伍氏

子

斯後公子朝安

配龐氏

子　福之　東之

斯謀公子保安

配

子

斯源公子泰安字健山同治丁卯年四月初七日生

配楊氏

子　啟之　紹之

斯昌公子齊安字嶠山同治丙寅二月十一日生

配李氏

秉祧子　瓊之

汝安日生光緒癸未年五月廿五日生

配關氏

子　瓊之秉祧

斯奠公子裕安同治壬申年九月十二日生

配潘氏

兼祧子　業之

能安光·己卯年四月廿七日生

配黎氏
嗣子　在之
俊安光緒丙子年五月十五日生
配陳氏
子　在之　彙之在出嗣　業彙祧　裕安
新珅公子鎮祜
配楊氏
嗣子　慶遠
裔齡公子紹庠道光癸夘年二月初二日生
配陳氏
子　慶遠　慶芹遠出嗣
毓齡公子俊庠
配
子
錫齡公子啓庠字慎齋道光甲辰年四月卅日生同治甲戌年十月廿九日卒

配伍氏守節事姑現年九十二歲
子　慶琨
以蟠公子東林
配李氏
子
遠林
配李氏
子
以誠公嗣子武林
配梁氏
子
儒安公子君喜道光廿年六月廿九日生光緒己亥年二月十八日卒
配陀氏
子　寶良　寶興　寶仁　寶盛興盛出嗣
君成壽八十六歲道光庚戌年十二月廿九日生民

國丙子年正月十八日卒
配黃氏
繼配盧何氏
嗣子寶盛
君祥 咸豐甲寅年二月初四日生民國壬子年正月初十日卒
配廖氏
嗣子寶興
儒俊公子貢瑤字曉池 咸豐甲寅年十月十四日生民國丁卯年四月二十日卒
配胡氏
繼配覃氏
子惠民 惠俠元配出 惠信繼配出
貢琨 同治壬戌年九月初五日生民國丁卯年四月二十日生
配廖氏

子惠疇
奇河公子加東字碧松 道光庚戌年九月二十日生光緒戊戌年三月初四日卒
配黃氏
子壯勳 壯乾 壯才 壯鑾 壯頤
奇圖公子加震字仰三 同治壬戌年八月廿三日生民國庚午年三月廿五日卒
配劉氏
子壯琨
奇洛公子加潤 咸豐乙卯年六月廿五日生光緒戊戌年六月初五日
配莫氏
子壯嚴
加源 同治乙丑年三月初七日生民國丁卯年三月初六日卒
配梁氏

庶韋氏
子　壯聲　壯穠 俱庶出
寄書公子加全 同治甲子年十二月十三日生光緒丙午年九月廿九日卒
配梁氏
子
加盈字國湖 同治丙寅年十二月十五日生民國丙子年正月廿三日卒
配洪氏
子　壯銜　壯榮　壯華
加任 同治甲戌年三月初三日生民國癸丑年五月初四日卒
配黃氏
子　壯英　壯欽
加和字翰明清五品銜補用外委 光緒丙子年九月二十日生民國丁丑年七月初十日卒

配胡氏
繼配龔氏
子　壯運　壯逵 運出嗣
加瑞 光緒壬午年九月初十日生民國辛丑年卒
配
子
加年字日南 光緒乙酉年七月廿六日生
配潘氏
嗣子　壯運
敏忠公子陳誠
配唐氏
子　秀士　坤士
以官公子陳詩
配　氏
子　賢士
式恭公子陳文清恩賜登仕郎 道光壬寅年六月廿七日生

光緒乙酉年八月初六日卒
配黃氏
嗣子　發祈

式寬公子陳經
配梁氏
子　發祥　發祈　發礽　祈出嗣

式信公子陳仁
配
子

式鍛公子陳方　咸豐壬子年三月廿四日生光緒乙酉年七月十八日卒
配盧氏
子　發璋　發暉　發寅　發昭　發時
寅出嗣改名衛寅

式珍公子陳綸
配梁氏

子　發全　發鏘　發成　發林　發惠
發連

清球公子慶隆　同治己巳年十月初七日生
配周氏
子　樹棟

清琦公子慶筆
配黎氏
子

清福公子慶章　光緒乙酉年三月初七日生
配黃氏
子
慶禮　光緒丁亥年閏四月十四日生
配蔡氏
繼配陸氏
子　樹森　繼配出

清興公子陳德字玉標歷充永福武宣容縣貴縣湖南

衡陽等縣警備隊隊長光緒丙戌年五月十五日生
配羅氏
繼配謝氏
子　發源繼配出

清元公子陳壽字洛初鄉飲介賓壽八十五歲道光乙巳年十一月廿三日生民國己巳年十一月十五日卒
配梁氏
子　發基　發型　發棠

清賢公子陳常
配龔氏
子
陳疇光緒庚寅年四月廿四日生
配
子

敏莊公子瑞瓊字少林
配黃氏
子　鈞寅

敏經公子瑞琦字元甫
配劉氏
子
瑞瑛
配黃氏
嗣子　衞寅

敏璲公子鍾奎
配盧氏
子

毓華公子希新道光丙午年五月廿一日生光緒己亥年十一月十三日卒
配高氏壽八十五歲
子　宗遠　宗運

毓臣公子希敬同治戊辰年二月十八日生光緒乙亥年十一月

十三日卒
配黃氏
子　宗建　宗達　宗延
希立字志三光緒癸未年十二月廿一日生
配廖氏
子　宗遜　宗永
裕華公子瑞儒字麟閣清登仕郎咸豐壬子年正月廿七日
生光緒乙未年十一月十九日卒
配林氏咸豐壬子年三月十一日生民國乙卯年十
一月日七十卒
子　憲章　憲清　憲書書出嗣
業儒字會廷清候選府知事銜樸直儉勤睦
於鄉族咸豐庚申年八月廿七日民國甲子年十一
月初一日卒
配盧氏咸豐辛酉年八月廿一日生民國癸亥年五
月三十日卒

庶配區氏
子　憲崇　憲禎　憲宗　憲榮　憲芳
俱庶出
金儒字貢三清五品銜按察司照磨公剛毅
尙武戊戌匪陷縣城偕鄉族訓練鄉團聯
絡北邑正紳會剿土匪鄉里賴之以安匡
治癸亥年三月初六日生光緒辛未年九月廿八日卒
配[illegible]氏壽八十二歲同治辛酉年四月廿七日
生民國辛巳年十月二十八日卒
庶配[illegible]氏
嗣子　憲書
文儒字富臣清國子監生性厚樸讀書自娛
不求聞達務農業同治丙寅年八月初八日生民
國甲子年五月十五日卒
配龐氏同治乙丑年九月十六日生光緒戊申年十
一月十九日卒

子　憲數　憲廷　憲藩
鴻儒字堯臣清候選縣主部銜公性曠達好
善樂施鄉人善之
配潘氏
繼配伍氏同治癸酉年二月廿一日生民國辛酉
年十一月廿六日卒
子　憲丞　憲都　憲典俱繼配出
第九元子展驥字良駒性友愛事母盡孝創業建宇以
垂後昆咸豐乙卯年十一月廿六日生光緒壬寅年
三月十二日卒
配黃氏壽七十一歲
子　芳芹　富芹
展瑩字少圖天性孝順戊戌間匪陷縣城不
顧財物負母逃避圖村大水頂嗣縣城克
復始負母還家閭里稱之同治癸亥年九月十
三日生民國丁卯年九月二十日卒

配曾氏
繼配李彭氏
子　輅芹　輔芹　庠芹　泮芹元配出
展綱字少張清監生性正直清季變政鄉人
舉爲久樂堡堡正辦事有方鄉里賴之同
治戊辰年五月廿八日生
配黃氏
子　衿芹　馨芹　緒芹　裕芹
第琳公子展程字佈章性友愛事母盡孝能創業垂後
同治戊辰年七月廿八日生民國壬戌年十月
初四日卒
配潘氏
子　棟芹
展才字幹常同治壬申年正月初二日生
配楊氏
繼配劉氏

子　政芹
展謨字丕臣少孤事母事兄友盡其道 光緒丁丑年十一月初八日生民國癸未年五月十四日卒
配楊氏
庶配黃氏
子　蘂芹 庶出
冠第公子簡璇字玉衡清五品銜拔補把總 道光乙巳年九月初七日生卒於龍州
配黃氏
嗣子　典常
簡璣字幹明 道光戊申年正月初一日生宣統庚戌年四月十七日卒
配楊氏
子　典常　典桂 常出嗣
昌第公子簡球

配
子
元華公子希哲字濬明清誥授奉直大夫光祿寺署正
性端慤嗜書史睦族和鄰與世無競好蒔
花最愛菊常有咏菊詩以寄興 咸豐丁巳年三月廿九日生民國辛酉年十月十八日卒
配黃氏 咸豐戊午年十二月廿七日生
子　穎　衡　徵 徵出嗣
祥驥公子希鼎字小湖天姿明敏負大志屢試不售遂
杜門不出以事親讀書爲務 咸豐辛酉年四月初八日生光緒丙申年十月初四日卒
配陸氏享壽七十五歲 同治丙寅年五月初五日生民國庚辰年三月十一日卒
秉祧子　鏈
希鑑字保三清國子監典籍銜稟質英偉好
弓馬精射藝惜天不假年賫志早歿 同治

甲子年十月初一日生民國壬戌年六月十七日卒
配劉氏
子　倈
希信字文恒清布政司理問銜同治丙寅年四月廿九日生
配張氏
繼配周氏
子　恒　繼配出
希才字兼三清監生性亮直敏慧以孝友稱文字韶秀賞志早逝同治庚午年二月廿六日生光緒丁未年十一月十八日卒
配陳氏同治庚午年七月十二日生民國辛巳年月廿七日卒
子　鍵兼祧希鼎嗣
希傑字俊臣同治辛未年七月初九日生
配梁氏

庶黎氏
子　極　元配出
彝華公子希礽字福明清誥授武翼都尉都司銜加一級性孝友儉樸和平少爲伯父所鍾愛咸豐庚申年四月廿七日生光緒癸卯年八月廿九日卒
配梁氏
兼祧子　琳
希舉字選卿事父母至孝同治甲午年二月初六日生光緒庚子年十月初二日卒
配陳氏
繼配張氏
子　琳　繼配出　兼祧希礽嗣
希黼字子昱性和藹事親孝順同治丙寅年八月十三日生光緒辛卯年十一月十八日卒
配廖氏
嗣子　徵

恩華公子希文字益三(附貢生)咸豐甲寅年二月初一日生
民國癸卯年七月廿九日卒
配徐氏
子　桐　松　栘
希先字議臣清太學生　同治壬戌年十二月廿一
日生民國戊寅年九月十八日卒
配張氏
繼配洪氏
續配李氏
子　植　洪氏出
金華公子希詔字待林　咸豐丁巳年三月十六日生民國癸酉
年正月十一日卒
配陸氏
繼配陳　續配廖　氏
子　蕃　蔭　俱陸氏出　幹昌　廖氏出

希達
配梁氏
子　崑　嶽
希堯字鶴年清太學生梧州師範畢業曾任
羅白縣小學校長　同治癸酉年十二月十九日
生民國癸亥年六月十三日卒
配潘氏
子　釗　錦　鑫
繼華公子希鳳字儀廷　同治戊辰年三月十八日生
配朱氏
繼配黄姚氏
子　桂　元配出　椿　姚氏出
添華公子希純字靜一　咸豐丙辰年七月廿一日生民國丙辰
年七月初八日卒
配林氏
子　漢

希圖　同治甲子年三月十一日生光緒乙未年五月廿五日卒
配蔡氏
子　康
希魏字樂山　同治丁卯年二月十六日生民國乙卯年十一月十二日卒
配梁氏
繼配莫氏
子　莘　繼配出
希智字明德　同治癸酉年五月十七日生民國戊午年二月初七日卒
配莫氏
子　元　亨
喬華公子希謨字範齋倜樸沉實事親盡禮教子有方同治戊辰年六月十九日生民國丁巳年正初一日卒
配黎氏

子　鈞　連
希彬字雅堂同治庚午年十月初一日生
配鍾氏
子　遠
希仁字壽臣清五品銜拔補把總光緒乙亥年六月十二日生民國己巳年九月廿六日卒
配易氏
庶配農氏
子　龍　遷　元配出　雷　庶配出
希蒲光緒己丑年二月初十日生民國乙亥年四月二十日卒于南洋
配黃氏
子　選
芳華公子希廣字量宏同治癸亥年六月十四日生
配盧氏
子

漣華公子希寬字鏞堂清從九銜 咸豐己未年正月初日生

光緒　年四月廿六日卒

配洪氏

嗣子　彪獻

希省字甘　清軍功六品同治甲子年八月初七

日生

配鍾氏

繼配　黃梁氏

子　獻武　俱黃氏出　獻出嗣

希瑞　同治丁卯年三月十五日生光緒丁亥年七月廿

八日卒

配黎氏

嗣子　震

希登字步雲容縣師範畢業生　同治辛未年正

月十五日生民國甲寅年十二月十五日卒

配蘇氏

子　彪　裕　彪出嗣

希智訪字鏞　同治癸酉年三廿月五日生民國庚申

年十一月十四日卒于南洋

配鍾氏

子　震　業　嘉　球　震出嗣

華貝公子希度　咸豐庚申年二月初二日生光緒乙未年二月初

八日卒

配周氏

嗣子　有

希蕃　同治丙寅年二月初五日生光緒丙戌年四月十

五日卒

配黃氏

子　有　進　廣　富　有出嗣

希著字懋章　同治己巳年七月十一日生

配梁氏

子　乾　兼祧

希荃光緒乙亥年三月初四日生
配杜氏
嗣子　韶
希葆字少文上林縣谷縣典獄員職　光緒丙子年二月初二日生
配符氏
子　韶　荃韶出繼
希蔚
配楊氏
兼祧子　乾
清蘇公子希政　同治癸亥年正月十二日生光緒辛巳年十一月初六日卒
配　氏
兼祧子　後
希賢字樂臣同治乙丑年二月初十日生
配陸氏

子　後兼祧
希榮同治庚午年五月初五日生
配陸氏
子　志斌
鏸蘇公子希敏字務時光緒丁丑年十月十五日生
配潘氏
子　郁時
希霖光緒壬辰年七月初五日生
配
子
恒蘇公子希權字燕臣　同治辛未年二月初九日生民國庚申年七月十六日卒
配劉氏
子　和永
允昌公子錦成光緒乙未年十月十三日生
配馬氏

子　蘊隆

祚昌公子錦元光緒丙申年九月初十日生民國癸酉年二月初六日卒

配楊氏

子　蘊胙

宗昌公子錦仁字秀千梧州民團教練所畢業廣西被服廠上尉職員光緒壬寅年九月廿三日生

配吳氏

庶配陳氏

子　蘊玉

錦義字秀清乙巳年三月十三日生

配黎氏

子　蘊珍　蘊球

錦忠字秀生光緒丁未八月十九日生

配黎氏

子

繼昌公子錦文光緒甲申年五月十三日生

配陳氏

繼配劉氏

子　蘊光元配出

演昌公子錦才光緒壬辰年八月廿七日生

配

子

錦年光緒丙午年正月十八日生

配楊氏

子蘊英

支昌公子錦冠光緒乙未年三月五廿日生

配

子

緒昌公子錦聲光緒辛卯年三月十八日生民國壬戌年　卒

配馮氏

子　蘊榮

錦連光緒戊子年十二月初二日生
配
子
紹昌公子錦盛宣統己酉年九月十二日生
配何氏
子
翰升公子光鑑
配
子
翰芳公子明鑑
配何氏
嗣子　漢承
翰彰公子希芬同治壬申年四月廿二日生
配廖氏
繼配伍氏
子　漢承　漢祈　漢禎俱繼配出承出嗣

文翰文元公兼祧子麟瑞字慶雲壽七十一歲性謹厚勤儉治家創業垂後咸豐庚申年八月十一日生民國庚午年正月初八月卒
配楊氏咸豐庚申月十月初六日生民國丙辰年四月廿七日卒
子　漢礽　漢蘊　漢禧礽禧承文翰公禧承文元公禧出嗣
耀章公子啟東宣統庚戌年十一月初六日生
配淩氏
子　楚芳　靈芳　煜芳　樑芳
耀宗公子啟淸光緒戊申年三月十二日生
配黃氏
子　漢芳　泉芳
啓芝宣統庚戌年十一月廿三日生
配杜氏
子

定生公子重文

配

子

浩文

配

子

定華公子菁文字安甫壽七十七歲道光丙午年九月廿九日生民國癸亥年　卒

配劉氏

子　承仁　承義

定光公子慶文字瑞雲例監生同知銜布政司經歷誥授奉政大夫同治癸亥年正月十五日生民國戊辰年九月十四日卒有傳

配盧宜人同治辛酉年八月初二日生民國辛酉年四月初十日卒

繼配李氏

子　承理　承珍　承國　承家　承球

承璵　承琪俱元配出

闓文字端甫清縣案元附貢生五品軍職性友愛事兄如父待姪如子胞姪承理之克奮志於功名公與有力焉同治乙丑年三月初一日生民國辛酉年　月　日卒

配[illegible]氏

子　承璋　承琨　承琮

定谿公子拔文字雲海清六品軍職同治丁卯年六月十六日生

配易氏

子　承志

定祥公子貢文

配陳氏

子

定倫公子繼文光緒壬辰年十二月十八日生

配洪氏
子
紹文
配陸氏
子　承龍
效儒公子裕積恩賜修職郎壽八十一歲
配何氏壽八十二歲
嗣子　觀繼
偉昌公子善郁壽七十九歲嘉慶乙丑年七月十三日生光緒
癸未年七月廿一日卒
配韋氏
嗣子　待品
善坤　嘉慶己卯年十二月廿二日生光緒癸未年七月
廿一日卒
配劉氏
子　待品　金品　紹品待出嗣

運昌公子善慶壽七十四歲　嘉慶戊辰年五月廿日生光緒
辛未年五月廿三日卒
配莫氏
子　秀品　茂品
善旺壽七十七歲嘉慶壬申年八月十三日生光緒
戊子年十二月廿五日卒
配黎氏
子
善義　道光甲申年五月廿五日生光緒壬午年二月二
十四卒
配樂氏
子　德品　瓊品　珍品
發昌公子善安字思忠　嘉慶戊辰年九月初五日生咸豐戊午
年五月十一日生卒
配陳氏
子　瑞品　正品　韶品　鑴品

善儒字思敬恩賜修職郎光緒丙戌李學憲賜額云嶠南遺老光緒癸巳重逢花燭壽八十六歲嘉慶壬申年正月十三日生光緒丁酉年卒
配伍氏壽七十八歲
子　守品　國品　鳳品　世品

成昌公子善政字德民恩賜修職郎八十五歲嘉慶己巳年八月廿五日生光緒癸巳年七月廿九日卒
配梁氏
子　俊品　覲品　良品　文品　覲出嗣

善教字德山恩賜修職郎李學憲賜額云恩隆杖國
配梁氏
繼配黃氏
子　欽品　蕐品　元配出

善行字德輝道光丙戌年四月初六日生

配何氏
子　升品　玉品

貯昌公子善邦嘉慶己巳年四月十六日生同治甲戌年七月初五日卒
配黎氏
子　上品　忠品

善美字學韶例監生嘉慶戊寅年十月廿八日生光緒癸卯年閏五月二十日卒
配梁氏嘉慶戊寅年八月初四日生
繼配勞氏道光辛卯年五月十四日生光緒己亥年三月十八日卒
子　士品　超品　劭品

善和恩賜登仕郎壽七十五歲
配伍氏
子　纂品　儒品

善紀字經堂恩賜登仕郎學憲賜額云年高德邵 道光戊午年正月十三日生光緒乙未年八月十七日卒
配簡氏壽七十八歲 道光庚寅年六月初六日生光緒丁未年四月廿四日卒
子 純品 廷品

道昌公子善芳恩賜修職郎壽八十歲
配覃氏
子 仲品 相品 勝品 端品

善彰例賜登仕郎壽七十一歲
配黃氏
子 以品 植品

善福 嘉慶辛巳年十二月初二日生
配莫氏
子 兆品 武品

善壽 道光戊子年十二月廿六日生
配黎氏
子 品嘉 寶品

偉惠公子文宇
配何氏
嗣子 順和

偉周公子章宇
配關氏
子 順元 順和 和出嗣

祖綬公子盛序壽七十五歲嘉慶戊辰年二月十四日生光緒壬午年十月廿七日卒
配黃氏壽七十八歲
子 冠品 韶品

盛珍 嘉慶乙亥年五月十四日生光緒庚辰年五月十七日卒
配何氏
子 達品

盛彩　嘉慶己夘年七月廿二日生光緒丁亥年四月初
一日卒
配梁氏
秉祧子　桂品
盛進　道光乙酉年正月初八日生光緒乙丑年十一月
初一日卒
配蒙氏
子　桂品　秉祧盛彩
際昌公子國珍九品銜　嘉慶丙寅年三月廿九日生咸豐辛酉
年九月初七日卒
配覃氏
繼配梁氏
子　龍賓　用賓　爲賓　與賓
際盛公子嘉猷
配陸氏
子　偉賢

嘉進
配廖氏
子　仕賢
大成公子傳寶壽七十一歲例賜登仕郎剿賊陣亡祀
昭忠祠
配楊氏
繼配楊氏
子　福欽　壽欽
仕寶字建都恩賜登仕郎
配劉氏同里解元簡臣公長女
子　賜欽　泰欽　元配出
儒寶字仕林恩賜登仕郎嘉慶辛酉年十一月廿
一日生同治甲戌年八月十六日卒
配梁氏
子　掄元　振元
大受公子守寶字成林　嘉慶戊午年十二月廿三日生道光辛

丑年六月初七日卒
配伍氏
繼配盧氏年二十一守節壽七十八歲
嗣子　象儀　在儀
家寶字藝林　嘉慶年六月廿九日生咸豐辛酉年十一月廿九日卒
配李氏
子　麟儀
宗寶字可軒　嘉慶戊辰年六初五日生道光癸巳年四月廿四日卒
配潘氏
繼配余氏守節撫孤
子　九儀元配出
楚寶字荆山六品銜例監生咸豐間爲署縣堡堡正山藝堡堡正處事明決特論不阿入多悅服列縣志忠義傳祀昭忠祠　道光辛巳年六月十七日生咸豐庚申年七月十四日卒
配楊氏
繼配廖氏
續配陳陳氏　陳氏壽八十歲
子　象儀元配出顯儀廖氏出　象儀出嗣
衛寶字崑山九品銜
配馬氏
庶陳氏
子　滋儀　浚儀　舉儀　鎭儀　俱庶出
瑞寶字耀山六品銜例監生
配黨氏
子　仕儀　在儀　任儀　詔儀　在出嗣
超寶字粹山六品銜道光壬辰年九月十六日生光緒己丑年六月三十日卒
配潘氏
繼配楊韋氏

子　羽儀章氏出

大任公子彝寶字雲林例授□□嘉慶戊午年八月初一日

生咸豐己未年十二月初三日卒

配梁氏

子　觀麟　觀民　觀俊俊無嗣

册寶字正學　例監生嘉慶甲子年十一月初十日生

道光乙未年十月廿二日卒

配氏劉壽七十二歲

子　觀揚　觀彰

華寶字尊林六品銜例監生咸豐間爲堡正

剿匪有功獎□丞授承德郎　嘉慶己巳年十

月廿八日生光緒戊寅年正月初一日卒

配鄧氏嘉慶己巳年十月初三日生光緒辛丑年二

月初二日卒

子　觀光　觀崇　觀政　觀韶　觀馨

觀謨

善寶字選林號超珩例監生公性狷介正直

不阿捐建塘坤祖祠遺祖有此祀產者攢

租祭掃咸豐間集衆築堡禦寇鄉人賴之

以安嘉慶癸酉年八月初四日生同治丁卯年八月

廿一日卒

配覃氏嘉慶甲戌年十二月初一日生

庶配嚴氏壽七十五歲子　嘉慶乙亥年正月

十一日生光緒辛卯年十一月十九日卒

子　觀芳　觀萃　觀英　觀茂

耀宣公子福賢　嘉慶庚午年七月廿一日生同治癸酉年閏六月

十一日卒

配鄧氏嘉慶壬申年十月廿九日生

嗣子　金祥

耀玫公子福英道光辛巳年五月廿九日生

配鄧氏

子　金祥　金俊祥出嗣

靈芝
配黃氏
子
錦昌公子善泰
子　富品
善昌公子善郁
配　氏
嗣子　義品
宣昌公子善舉咸豐丁巳年七月初二日生
配黎氏
子　義品　從品　彰品　齡品　義出嗣
善壽同治庚午年十一月初二日生
配顏氏
子　成品
善祥同治癸酉年八月十三日生
配
子

貴昌公子善揚
配覃氏
子　才品　志品　住西隆縣
善同
配
子　安品
惠昌公子有元道光己未年正月初十日生
配林氏
子　士章　士新
輔信公子有剛道光亥丁年十二月廿三日生
配林氏
嗣子　士勤止　士榮
有恆道光辛丑年十月廿二日生
配黃氏
子　士正
有發道光戊申年六月初八日生光緒甲午年八年十

八日卒
配莫氏
子　士勤　士通　勤出嗣　通無嗣
輔儒公子有樸　道光戊申年五月二十日生
配何氏
子　士材
有邦　咸豐辛亥年月廿二日生
配梁氏
子　士型　士矩
輔佺公子有魁　道光己亥年九月十五日生
配陸氏
嗣子　士昆
輔英公子有才　道光庚子年二月廿二日生
配朱氏
子　士昆　士業　士恩　昆業均出嗣
有傳　道光癸卯年閏七月初一日生民國丁巳年十

二月廿五日卒
配梁氏
子　士進　士達　士仁
有德　道光戊申年五月初五日生
配楊氏
嗣子　士業
壽位公子有[illegible]
配
子
鳳祥公子尚元　道光己亥年十月二十日生
配劉氏
子
高全　咸豐辛亥年九月十二日生
配陳氏
子
元英公子福廉　同治辛未年七月初二日生　平田房絕

配覃氏
子　勝恩　世恩
元興公子福芹
配何氏
子
元珍公子福全同治乙丑年十二月十二日生
配方氏
繼配覃氏
子　其恩　定恩
元方公子士安光緒甲申年十月十四日生
配何氏
子
受祿公子士楷字守初鄉飲介賓道光丙申年七月初三日
生光緒壬寅年七月初四日卒
配楊氏
子　菁蘭　苑蘭　啟蘭　紹蘭　芳蘭

苑出嗣
士模道光壬寅年三月廿九日生光緒丙午年正月廿
二日卒
配鄧氏
嗣子　苑蘭
士梅道光丙午年六月十一日生
配巫氏
子　壽蘭　沃蘭
見勳公子在周道光癸未年九月初八日生
配梁氏
庶配鄧氏
子　之全庶出
相周道光壬寅年六月廿一日生
配黃氏
嗣子　之裕
見明公子揚周壽七十九歲嘉慶乙卯年八月十八日生光緒

戊戌年閏三月十六日卒
配楊氏壽七十二歲　嘉慶乙酉年十月初五日
生光緒丁酉年十一月初卒一
庶配鍾氏壽八十歲　道光壬寅年十月廿六日
生民國辛酉年七月廿七日卒
子　之茂　之璵　之發俱庶出
長捌　道光壬午年九月廿二日生光緒丙子年三月十二
日卒
配龔氏
子　之文
見清公子泰周字安臣道光壬寅年六月十四日生光緒庚申年
四月廿一日卒
配盧氏
嗣子　之達
見朝公子受周字永福九品銜
配梁氏

庶配龍氏
子　之道嫡出之達　之達達庶出　達出嗣
見魁公子純周
配韋氏
嗣子　之官
任周字衡生　道光丁酉年正月廿五日生光緒壬辰
年十月廿四日卒
配劉氏
嗣子　之信
仰周　道光壬寅年四月初四日生光緒戊寅年七月廿
八日生
配李氏道光庚戌年六月初十日生民國甲寅年四
月廿五日卒
子　之官　之餘官出嗣
見寅公子宗周字可師
配夏氏

子　之仁　之信　之標信出嗣
見成公子師周字雲台　道光壬寅年九月二十日生光緒戊戌年六月廿一日卒
配蘇氏
繼配梁氏　同治甲戌年八月廿二日生光緒乙巳年三月初一日卒
兼祧子　之斌
監周字桂堂負性純樸道星學醫理壽七十六歲道光乙巳年十二月初四日生民國庚申年九月廿一日卒
配鍾氏道光癸卯年八月十七日生光緒丙申年十月十七日卒
子　之斌兼祧
見順公子保周字明甫　道光癸酉年十二月廿二日生光緒癸丑年二月二十日卒
配楊氏

子　之祜　之祿
依周字永賢壽七十一歲道光丙申年十一月初七日生光緒丙午年十二月廿一日卒
配楊氏
子　之屏　之昭　之裕裕出嗣
見琦公子佐周　道光己酉年四月廿二日生民國癸亥年正月初一日卒
配盤氏
嗣子　之榮
像周
配覃氏
子　之榮　之華　之渭榮出嗣
見球公子緒周
配梁氏
子　之禮
見才公子從周壽七十七歲道光丙午年九月廿二日生民國

壬戌年五月廿八日卒
配黎氏
嗣子　之連
衛周　咸豐乙未年六月廿六日生光緒丙午年九月初
一日卒
配盧氏同治癸亥年卒
子　之連　之興　之盛　連出嗣
有成公子輔周字佐廷咸豐辛亥年六月初七日生
配何氏咸豐丁未年四月十九日生
子　之睦
有盛公子耀周
配
子
傑周　光緒丙午年閏五月二十日生民國癸酉年正月
初十日卒
配陸氏

子　之海
有紀公子傳周咸豐丁巳年十二月十八日生
配黃氏
子　之林
有積公子儀周　道光己酉年九月十一日生光緒壬寅年四月十
七日卒
配張氏咸豐丁巳年十二月十一日生民國壬申年
卒
子　之慶　之度
介禧公子傳周　同治丙寅年十一月初八日生民國壬申年十月
廿九日卒
配夏氏
子　之敬　之美
成周　光緒庚辰年十二月廿八日生光緒丁未年卒
配楊氏
子　之松

介祁公子仕周咸豐己未年九月十九日生
配洪氏
子　之芳　之芹　之雅　之崇
介祐公子啟周字荆南咸豐辛酉年正月初二日生光緒庚辰年九月廿五日卒
配杜氏咸豐乙未年四月初一日生民國癸酉年五月十二日卒
子　之漢
敬周同治戊辰年三月十六日生光緒丁未年七月十七日卒
配楊氏
繼配覃氏
子　之安　之定
介祈公子武周光緒庚辰年九月十八日生
配劉氏
子　之芬　之昌　之顯

介賢公子繼周光緒甲申年四月十四日生　平田房止
配杜氏
子　之廣　之覇
進才公子啟文光緒乙亥年七月十八日生
配潘氏
子
啟武光緒戊寅年三月十九日生
配潘氏
嗣子　紹謀
啟章光緒癸未年十月廿七日生
配蒙氏
配繼李氏
子　紹信　紹謀　紹馨　紹仁　紹義
俱繼配出　謀馨仁義出嗣
啓用
配

子
啓新 光緒己丑年六月廿六日生
配
嗣子 紹鑾
啓年 光緒甲午正月十四日生往洋
配
嗣子 紹仁
啟機 光緒戊戌年十月初九日生往洋
配
嗣子 紹義

進邦公子啓盛
配
子

進礽公子啓訓 民國癸丑年八月十八日生
配
子

進龍公子啟才 光緒己酉年六月十三日生
配李氏
繼配覃氏
子 紹廣 紹雲
啟廷 光緒壬辰年七月初一日生
配
子
啟乾 光緒丁酉年 月 日
配梁氏
子 紹新
啓芬 光緒辛丑年十月初五日生
配盧氏
子 紹彬

進旺公子啓元 光緒戊子年五月二十日生
配李氏
子 紹賢

進昀公子啓琨光緒丁酉年八月初三日生
配李氏
子　紹武　紹德　紹祿
啟良光緒乙巳年三月初二日生
配黄氏
子
進琪公子啟郁光緒癸卯年十一月初一日生
配梁氏
子　紹楷
啟志民國辛未年六月十五日生
配
子
進壽公子啟科光緒丙午年十二月廿二日生
配覃氏
子
啟昌民國壬戌年正月廿二日生

配鄭氏
子
啓晉民國辛未年二月初二日生
配羅氏
子
進珍嗣子啟春
配
子　紹芳
進昌公子啓清
配
子　紹生　紹華
進昇公子啟慶光緒辛卯年五月初八日生
配羅氏
子
進寶公子啟裕光緒己丑年九月十四日生
配林氏

容縣惟一商店承印

子　紹福
啓祐
配
子
進禎公子啓承光緒辛巳年二月二十日生
配馮氏
繼配林氏
子　紹慶　紹蘭　紹春
進英嗣子啟雲光緒甲申年四月初十日生
配戴氏
子　紹振
進佳公子啟興民國壬戌年正月廿六日生
配
子
進端公子啟珖光緒壬午年九月廿九日生
配江氏

繼配盧氏
子　紹燊
進盛公子啟玥光緒丁亥年六月十六日生
配羅氏
子紹年
啟猷光緒壬寅八年月廿一日生
配朱氏
子
啓彬
配陳氏
子
進志公子啟基光緒庚子年十月廿九日生
配羅氏
子　紹礽
啟穀光緒甲辰年二月廿九日生
配甘氏

子　紹禮　紹初　紹光

進時公子啓唐光緒辛夘年六月初四日生

配趙氏

子　紹揚　紹樞　紹松　紹椿

進璵公子啓宗光緒乙巳年正月十七日生

配黨氏

子　紹璉　紹瑚　紹琡　紹璜

進孚公子啟頤光緒辛丑年八月初十日生

配李氏

子　紹萃

啟馥光緒甲辰年五月十五日生

配楊氏

子　紹㢠

啟珍光緒丁未年十月十二日生

配梁氏

子　紹燊　紹熊

啟球光緒辛酉年三月廿一日生

配

子

進璋公子啟全光緒辛巳年五月廿二日生民國己巳年七月廿三日卒

配陳氏

子　紹元

啟銓光緒庚寅年五月廿七日生

配

子　紹先　紹芬

啟澤字惠川光緒癸夘年四月廿三日生

配梁氏

繼配盧氏

子　紹富　紹貴

進瑞公子啓金字惠南光緒辛夘年六月廿三日生

配梁氏

卷五

容州封氏家譜

五卷

卷五

容州封氏家譜 卷五

昌房世系牒

二十二世

仕元　子振高

配

子

振常字西蕃重建化州封氏祖祠 同治癸亥年十一月十六日生民國戊辰年七月十八日卒

配

子

仕傑　子振成 光緒辛巳年九月初六日生民國乙卯年四月十八日卒

配袁氏

子　建邦

仕秀　子振武字家坤光緒己亥年十一月二十日生

配

子　建文

仕芳　子振英宣統戊申年十二月初四日生

配莫氏民國壬子年十二月廿九日生

子　建基

振華民國甲辰年六月十五日生

配楊氏

子

仕文　子振儒光緒丙午年二月初七日生

配李氏宣統庚戌年十月初七日生

續配王氏戊午年七月十五日生

子　建蘂

振忠民國壬戌年閏五月二十日生

子

配劉氏

仕作　子振林字秀山光緒乙未年九月十七日生

配周氏光緒癸巳年六月廿五日生
子　建槙
振漢字漢周光緒癸卯年七月初九日生
配孔氏
子　建歐　建[illegible]
振瑞光緒丁未年正月廿四日生
配黎氏宣統戊申年二月十四日生
子　建茂　建璠　建榮　建有
仕仁　子振唐字競華光緒丙申年二月十三日生
配黃氏光緒戊戌年七月十九日生
子　建福　建祿　建中
振沛字漢恭光緒丁酉年十一月十七日生
配卓氏光緒戊戌年八月十九日生
子　建亞　建美
振岐字周基中學畢業民國壬子年五月廿二日生

配宋氏民國壬子年正月十五日生
子　建德
仕福　子振興光緒乙巳年四月十五日生
配
子
振隆光緒丁未年十月初五日生
配
子
仕祿　子振東民國辛亥年十一月廿一日生
配
子
振南民國乙卯年七月十八日生
配
子
振西民國丙寅年八月初五日生
配

子
文光子玉謙光緒乙未年五月十九日生
配
子才隆
玉金民國己未年七月廿六日生
配
子
章光子玉仁民國乙卯年九月十二日生
配
子才高
代瓊子英欽
配
子
英宗
配
子

英慶
配
子
英昭
配
子
代璠子英權光緒乙巳年九月十[illegible]日生
配莫氏宣統辛亥年四月初九日生
子才武　才祥　才國
英球宣統己酉年十一月廿七日生
配
子
英昭宣統辛亥年六月十四日生
配
子
代琳嗣子英基民國甲寅年七月初八日生

長房廿二世

配郭氏民國壬戌年十月初八日生
子
英業民國甲寅年七月初八口生
配
子
英振民國丙辰年六月廿五日生
配
子
代善　子永利現年七十六歲同治戊辰年四月廿九日生
配陳氏
繼配陳氏
子　樂乾
代武　子英鳳光緒庚寅年八月十二日生
配陳氏光緒戊戌年十月廿四日生
子　才發
英才光緒己酉年六月初六日生

配鐘氏宣統庚戌年十一月廿三日生
子
代榮　子英旺
配黃氏
子
英智現年八十歲同治甲子年九月廿四日生
配廖氏同治癸亥年十二月初八日生
子　才文
英文同治辛未年正月廿六日生
配王氏同治戊辰年閏四月廿日生
子　才振
代光　子英盛
配陳氏
子　才志　才有　才深　才瓚
英秀咸豐己未年十月十五日生
配蕭氏

子　才傳
英慶
配
子
英徐
配
子
代華　子英韞
配陳氏
子
代昌　子英傳光緒庚寅年七月十一日生
配莫氏光緒癸巳年九月廿八日生
子　才受
代紀　子英仁
配
嗣子　才堂

英禮
配
子
代綱　子英粱光緒甲午年三月十四日生
配陳氏
嗣子　才朝
英超光緒甲午年三月十四日生
配王氏光緒甲午年三月初八日生
子　才達　才朝　才堂朝堂出嗣
代經　子英餘光緒庚子年二月廿一日生
配劉氏光緒己巳年十月廿一日生
子　才興　才慶
代紹　子英祿
配陳氏
子
英珍民國癸亥年七月十五日生

配金氏
子
代緒子葵有
配李氏
子　才善
福光子玉湖
配黃氏
子　奇祥　奇蘭
玉東
配
子
耀光子玉暉民國辛酉年八月初五日生
配
子　伯仲
宙光子玉盈民國丙辰年七月初五日生
配黃氏

子
玉陳民國壬戌年九月初五日生
配
子
聰光子玉良民國戊午年六月十六日生
配
子
玉翠民國辛酉年九月初六日生
配
子
玉璧民國癸亥年七月初七日生
配
子
榮光子玉臣
配金氏
子　奇瑞

玉球
配陳氏
子　奇慶
玉珍同治己巳年　月　日生民國廿年　月　日卒
配賴氏
繼配陳氏
子奇林
玉堵同治辛未年三月　日生民國辛酉年　月　日卒
配林氏
繼配郭氏
子　奇漢　奇儒　奇春　奇贊
龍光子玉崑同治壬申年十二月廿六日生民國戊午年四月廿一日卒
配黃氏光緒丙子年　月　日生民國壬子年三月廿一日卒
繼配羅氏同治庚午年七月廿八日生
子　奇濤
玉振同治甲戌年十二月初三日生
配黃氏
子　奇榮　奇鑾　榮出嗣
玉海光緒丁丑年九月廿二日生
配羅氏
繼配楊氏
嗣子　奇榮
慶光子玉陞光緒乙丑年十月初七日生
配邱氏
子　奇振
邦光子玉聲
配邱氏

子　奇智
玉闓 光緒丙申年九月初八日生
配莫氏
繼配廖氏
子　奇英　奇明 明出嗣
玉瑞
配鍾氏
嗣子　奇明
卓光 子玉燕 光緒丁未年三月廿日生
配陳氏
子
玉林 民國壬子年五月十五日生
配黃氏
子　奇珍
玉茂 民國丁巳年正月三十日生
配

子
儒光 子玉甫 光緒乙巳年九月初三日生
配黃氏
子　奇福　奇壽
林光 子玉麟 光緒戊戌年正月十一日生
配李氏
子　奇才
寶光 子玉鳴 宣統辛亥年三月初一日生
配黃氏 民國乙卯年十一月十九日生
子　奇生　奇初
玉志 民國丁巳年九月十二日生
配余氏
子
玉漢 民國壬戌年五月廿三日生
配
子

毓光　子玉賢字蘊初光緒戊寅年二月十三日生
配李氏光緒戊寅年十一月廿四日生光緒癸卯年二月十一日卒
繼配黃氏光緒壬辰年正月初四日生民國三十年十月　日卒
子　奇文　奇武　奇信　奇德　奇安
武出嗣
玉熙光緒甲午年五月初二日生
配劉氏
嗣子　奇武
玉堂光緒丁酉年正月廿二日生
配萬氏光緒辛丑年十一月初三日生
繼配黃氏宣統己酉年十二月初八日生
子　奇忠　奇旺
玉芹民國丁酉年五月初九日生
配賴氏民國戊戌年七月十五日生

嗣子　奇偉
迭光　子玉慶光緒丙申年七月廿日生
配陳氏光緒戊戌年六月十四日生
子　奇昌　奇偉　偉出嗣
玉耀光緒戊戌年二月二十生
配李氏光緒庚戌年三月十六日生
子　伯仲
部光　子玉耀民國癸丑年四月十三日生
配
子
容光　子玉潤
配鍾氏
子　玉閣
玉勝光緒甲午年十一月十二日生
配黃氏
子

容縣惟一商店承印

楝緗　子廣才咸豐癸丑年七月十一日生

配

子

頁緗　子廣居咸豐乙卯年六月廿二日生

配羅氏

子　福松　福森

廣海咸豐己未年八月廿九日生

配周氏

子　福祥　福椿　福林　福榕　福梓

廣馨同治甲子年十月二十日生

配陸氏

繼配劉氏

子　福桂　福棣

廣蘭同治戊辰年五月初二日生

配高氏

子　福禎

森緗　子廣陞咸豐己未年八月十三生同治丙午年　月

日卒　壽七十八歲

配邱氏

子　福才

廣明光緒丁丑年九月廿七日生

配藤氏

子

饒緗　子廣書咸豐丙辰年二月初七日生

配黃氏

子　福楷　福杞

廣禎

配

子

彥緗　子廣積咸豐丙辰年正月廿三日生

配黎氏

子　福杜　福樑　福棟

結繩　子廣達同治己巳年七月廿六日生
配林氏
子　福初　福學　福詩　福文
廣英光緒戊寅年正月十五日生
配
子
善繩育子廣信光緒甲申年五月二十日生
配梁氏
子　福康
廣安光緒戊子年十二月廿八日生
配
子
有繩　子廣慶咸豐庚申年六月廿七日生
配李吳氏
子　福邦
貴繩　子廣恒同治癸酉年二月廿五日生

配吳氏
子　福國
作繩　子廣藩咸豐壬子年正月初一生光緒丁丑年五月十二日卒
配顏氏
子
廣祿咸豐己卯年正月十三日生
配羅氏咸豐庚申年九月三十日生
子　福嘉
泰繩　子廣全壽七十四歲咸豐庚戌年九月廿四生民國癸亥年四月廿四日卒
配黃氏咸豐辛亥年十一月初二日生
子　福倫　福良
保繩　子廣猷咸豐己未年九月十九日生民國癸亥年十二月初六日卒
配鄧氏

子　福紳　福芹俱無嗣　嗣子福光

遠縉　子廣智咸豐乙卯年二月十六日生

配廖氏

子　福英　福光光出嗣

廣思醫七十二歲咸豐丁巳年九月廿一日生民國戊辰年八月初一日卒

配黃氏

繼配羅氏

子　福球

永縉　子廣礽字瑞雲　同治甲子年二月初九日生光緒丁未年六月初六日卒

配黃氏同治甲子年二月初十日生光緒壬寅年七月廿日卒

子　福清　福淳　福温

廣祜　同治戊辰年正月初十日生民國癸亥年八月初一日卒

配陳氏　同治丁卯年十月初八日生民國甲子年月　日卒

子　福沂

金縉　子廣思咸豐乙卯年九月十四日生光緒癸巳年十一月廿四日卒

配袁氏

子　福興　福元

廣鴻同治癸酉年四月十五日生

配陳氏光緒丙戌年十月廿三日卒

子　福均　福恩　福成

裔縉　子廣餘同治壬申年二月廿五日生

配陳氏

子　福安

廣用光緒戊寅年十一月廿七日生

配

子

兆繩嗣子廣恩光緒乙亥年十一月初三日生
配曾氏
子　福鏡
金繩　子廣壽同治癸亥年十月廿三日生　承正進公祧
配凌氏
子　福耀
可繩　子廣祥光緒乙亥年八月初六日生
配梁氏
嗣子　福和
益繩　子廣登光緒癸未年九月初四日生
配何氏
子　福和　福佑　福彌　福新　福餘
福釗　和田嗣
華繩　子廣新光緒庚寅年六月二十日生
配黄氏
子　福浩　福洲

祖繩　子廣宗同治辛未年十一月十二日生
配易氏
子　福田
廣允光緒乙亥年正月廿五日生
配羅氏
子　福俊
祚繩　子廣珍光緒己卯年四月廿八日生
配劉氏
繼配王氏
子　福楠　福庭　福泉　福禧
廣華光緒壬午年十月初八日生
配羅氏
子　福榮　福睿
廣奎光緒甲申年十二月十二日生
配曹氏
子　福雲　福秋

長房廿三世

廣文光緒丁亥年十一月初六日生
配謝氏
子
禞縄　子廣庸光緒壬辰年八月廿三日生
配盧氏
子
廣忠字善卿中學肄業民國甲寅年三月廿三日
生
配羅氏
子　福莊　福巖
禎縄　子廣年同治壬申年十月三十日生
配李氏
繼配李氏
子
祥縄　子廣坤光緒辛巳年七月十三日生
配蘇氏

子　福懷
禮縄　子廣傳同治戊辰年十二月廿二日生
配朱氏
繼配陳氏
兼祧子　福志
廣厚同治辛未年九月初五日生
配温氏
子　福志兼祧
廣成光緒甲申年四月廿四日生
配
子
祉縄　子廣爲同治壬申年八月廿二日生
配曾氏
子　福璋　福榮　福璿　福璣　福環
祺縄　子廣恕光緒癸未年九月廿一日生
配

子
廣隆 光緒乙亥年九月十五日生
配劉氏
子
禪繩 子廣開 光緒壬辰年八月初七日生
配劉氏
子 福瑤 福瓊
禧繩 子廣榮 同治庚午年四月廿四日生
配曹氏
子
廣業 同治癸酉年五月三十日生
配
子
廣基 光緒丙子年三月十五日生
配曾氏
子

廣茂 光緒戊寅年七月初五日生
配李氏
子 福淇
神繩 子廣芬 光緒壬寅年正月初十日生
配樊氏
子
祐繩 子廣佳 光緒丁酉年正月廿一日生
配
子
家繩 子廣雨 光緒壬寅年正月十五日生
配譚氏
子 福霞
克繩 子廣載 光緒壬寅年十二月廿四日生 往洋名封廣
配
子
廣元 光緒丙午年三月初十日生

長房　廿二世

配陳氏
子
廣林光緒丁未年十月初二日生
配盧氏
子　福華　福慶
廣德宣統庚戌年四月初四日生
配
子
兌繩　子廣美民國甲子年六月廿八日生
配
子
紹紀繩秉祧子廣奕民國丁己年七月初一日生
配林氏
子
聚德　子玉芥民國丙辰年十二月初九日生
配

子
聚英　子玉富
配陳氏
子　才達
玉祥同治辛未年十一月初九日生
配莫氏
嗣子　才旺
聚雄　子玉鏘同治丙寅年二月十五日生
配闊氏
子　才盛
玉榮光緒己卯年十一月十二日生
配黃氏光緒戊子年六月初七日生
子　才興　才旺　才牲旺嗣出
聚智　子玉興
配
子

玉龍
配
子
玉鳳
配
子
翰光　子玉英光緒戊寅年六月十四日生
配郭氏光緒己卯年三月廿八日生
子　才義　才福　才文　文出嗣
玉璋光緒壬午年九月十六日生
配蘆氏光緒癸未年四月初三日生
子　才智
玉瓊光緒丙戌年十二月十八日生
配郭氏
嗣子　才文
玉瑞光緒辛卯年正月十一日生

配張氏
子　才志
聚衔　子玉玲民國辛酉四月初八日生
配
子
玉珊民國丁卯年二月十三日生
配
子
玉玩民國庚午年十月初一日
配
子
宇光　子玉信
配
子
肇昌　子乃能字弗衿例陞作壽八十一歲道光丙子年二月十二日生民國甲子年十二月十五日卒

容縣惟一商店承印

配鄧氏道光癸卯年十二月廿四日生光緒丙辰年
正月廿二日卒
子　國英　國雄　國奇　國侯
肇晟　子乃賢字希堂邑稟元庠生温文爾雅書法亦
佳壽七十五歲道光戊申年正月廿三日生民國
壬戌年六月初七日卒
配劉氏壽七十五歲道光庚戌年六月二十二
日生民國甲子年六月十九日卒
子　國禎　國樑樑出嗣
乃積字丕堂光緒丁丑年九月初三日生
配豐氏
嗣子　國樑
肇緒　子乃才字立三道光甲辰年二月十四日生
配盧氏
子　國韶　國詒　國詮
肇寬　子乃倫同治己巳年八月十二日生光緒戊申年五月卅

日卒
配梁氏
子　國鎮
乃瑞光緒乙亥年四月十二日生
配劉氏
子　國俊　國興興出嗣
乃瀛光緒丁丑年十一月十五日生
配鄧氏
嗣子　國興　國珍
乃發光緒辛巳年正月初一日生
配梁氏
子　國珍　國典珍出嗣
乃光光緒丁酉年八月廿三日生
配
子
肇保　子乃德字懿光咸豐己未年四月廿九日生民國壬子

年五月十一日卒
配何氏
繼配梁氏
子　國鑑　國釗　國衛　國銘　國銚
俱繼配出　釗銘出嗣
肇積　子乃興
配
嗣子　國釗　國銘
肇明　子乃仁光緒辛卯年四月廿八日生
配瞿氏
子　國光　國昌　國允　國政
肇慶　子乃賞光緒戊戌年十二月初十日生
配容氏
子
肇德嗣子乃亢字[illegible]廷光緒戊子年五月十五日生
配楊氏

肇琳　子乃忠名乃亨光緒辛卯年九月十六日生
子　國隆　國寅
配黃氏
子　國强　國祚　國凌
乃信光緒甲午年二月初二日生
配郭氏
繼配　氏
子　國標　國積　國善繼配出
乃耕光緒庚戌年十月十八日
配李氏
子
肇安　子乃福字東海同治丙寅年正月十八日生光緒戊戌年七月十四日卒
配李氏
子　國文　國富　國樂
乃祜同治丁卯年十二月十四日生光緒戊戌年九月

二十五日卒
配葉氏
繼配覃氏
子　國桂
乃禎同治庚午年正月十一日生民國丙寅年十月初六日卒
配黃氏
繼配朱氏
子　國成
乃祥　同治癸酉年正月十二日生民國己巳年二月十八日卒
配黎氏
子　國智　國德　國永
乃禧字少鴻光緒庚辰年四月十四日生
配石氏
子　國材　國林　國森　國鑫　國淼

乃祺字少卿光緒癸未年正月廿一日生
配李氏
子　國賢　國昌　國武
肇容子乃和　同治癸酉年二月廿七日生民國乙丑年正月廿七日卒
配程氏
子　國寶　國禮　國龍
肇芳子乃義　同治辛未年八月十四日生民國乙丑年八月初九日卒
配伍氏
子　國遠　國逵　國蘭　國廷廷出嗣
乃荃同治癸酉年十一月初六日生
配黃氏
繼配梁氏
子
乃金光緒丁亥二月十三日生

配楊氏
嗣子　國廷
爵卿　子裔福光緒丁未年二月初七日生
配余氏民國癸丑年正月廿四日生
子　奕富　奕貴
爵俟　子裔達光緒乙巳年五月十九日生
配楊氏
子
裔俊宣統己酉年七月初九日生
配陸氏宣統己酉年正月十三日生
子
裔均民國壬子年正月十六日生
配覃氏
子
裔嶠民國丙辰年三月廿一日生
配

子
裔燊民國甲子年三月十七日生
配
子
爵典嗣子裔繼字斌男曾任陸軍中尉少尉軍佐職務
光緒□亥年五月十七日生
配李氏
子　奕隆　奕光　奕森
爵智　子裔超光緒己丑年三月十五日生
配
子　奕德
裔誠光緒辛丑年九月初八日
配鍾氏光緒壬寅年五月十七日生
子　奕德　奕元　奕崇　奕昇德出嗣
裔林光緒丙午年正月初六日生
配吳氏光緒丙午年四月廿九日生

子　奕榮　奕牲　奕淦　奕濤　奕炎

爵安　子貴賢字瑞南光緒庚子年九月廿八日生

配樊氏

續樊氏

子　備文　武備　備欏元配出

貴能光緒乙巳年四月初九日生

配

子

貴智光緒丁未年十一月初八日

配

子

爵鹿　子貴華宣統戊申年十二月十一日生

配李氏

子　備濟　備進

貴珍民國壬子年八月十四日生

配

子

貴榮民國乙卯年二月初三日生

配

子

爵崇　子貴南邑縣中學畢業　民國丁巳年十一月十三日生

配

子

貴豐民國壬申年六月十七日生

配

子

爵魁　子貴潮民國戊午年四月十八日生

配李氏

子

爵廣　子貴祥宣統辛亥年九月初六日生

配楊氏民國壬子年十二月初十日生

子
貴禎民國戊午年十一月二十日生
配戴氏
子　備聖
爵綳　子貴森容縣中學畢業桂平高中肄業民國壬戌年閏五月十九日生
配劉氏
子
貴錦
配
子
爵超　子貴之廣西省立第一中學畢業軍事委員會運輸統制局分站站長民國壬子年四月初九日生
配黃氏民國甲寅年四月初二日生
子

貴芬民國庚午年十月初十日生
配
子
爵榮　子貴祿字鼎康光緒丁亥年七月十六日生
配姚氏光緒丙戌年二月十二日生
子　備彥
爵球　子貴芹廣東知用學校高中畢業南寧平旦中學學務主任宣統己酉年三月初八日生民國二十六年　月　日卒於南寧
配黃氏
子　備宗
貴強字平瀏容縣中學畢業廣西會計學校畢業曾任財政部廣西直接稅梧州分局股長民國甲寅年七月初七日生
配尹氏
子

爵瑞　子貴武民國壬子年二月廿七日生
配林氏
子　備智　備儒　備柱

爵光　子貴慈字兆祈光緒戊戌年六月廿九日生
配黄氏光緒己亥年二月初七日生
子　備仁　義備　備禮　備信

貴忠字協球北平軍校修業中央陸軍軍官
學校經理班畢業曾充陸軍第一七三師五一
七團三等軍需正光緒甲辰年十二月十六日生
配黎氏民國癸丑年十一月十二日生
子　備鵬

貴應廣西四集團軍教導第五隊畢業光緒
丁未年五月廿九日生
配陸氏光緒己酉年十二月廿二日生
繼配吴氏
子

爵傳　子貴彬民國辛酉年八月初一日生
配劉氏
子　備楨

爵振　子貴欽民國癸亥年七月初九日生
配鄧氏
子

爵幹嗣子貴恩宣統己酉年十二月廿二日生
配黄氏民國甲寅年十一月廿六日生
子　備勇　備猛

爵登　子貴祺光緒丙午年六月初四日生
配廖氏宣統己酉年四月二十日生
子

爵丹　子貴馨字可人容縣中學畢業曾充南丹禁烟
分局職員容縣地方金庫助理員宣統庚戌
年八月廿六日生民國乙亥年二月初三日卒
配何氏光緒戊申年七月初十日生

子
爵隆　子貴良容縣中學師範班肄業　民國戊午年正月
廿七日生
配
子
貴平　民國癸亥年五月十九日生
配李氏
子
爵位嗣子貴綿宣統庚戌年五月十二日生
配侯氏
子　備統　備海
爵職嗣子貴芳民國寅年六月初十日生
配許氏
子
爵材　子貴輝民國戊午年十二月廿七日生
配潘氏

子
爵郁　子貴炎民國庚申年十一月初七日生
配
子
爵韶　子貴英宣統庚戌年三月廿日生
配盤氏
子　備覵　備球
爵祺嗣子貴雄民國壬子年九月廿六日生
配張氏
子　備煜
爵禎　子貴光民國壬戌年三月初七日生
配
子
爵紹　子脾脩字祿村　同治辛未年二月十九日生光緒己巳
年十月十七日卒
配張氏

嗣子　承芳
膺慧字智君光緒戊戌年三月初七日生
配洪氏光緒己亥年十一月初五日生
子　承方　得方　松方承出嗣
高詔　子膺驊字鑣九容縣中學畢業光緒戊子年八月廿日生民國己未年十二月廿五日卒
配覃氏光緒辛卯年十月初三日生
子　燦方
膺璣字震強容縣中學修業陸軍軍官學校畢業國民政府軍事委員會委員南昌行營剿匪軍別動隊通訊站主任國民政府軍事委員會別動隊副總組長四川省幹訓班軍事總教官浙江保安司令部副司令浙江國民抗敵自衛團總司令部大隊長第五戰區贛鄂視察專員
配劉氏光緒乙巳年十一月初四日

子
高第　子膺詒光緒甲午年十月初五日生
配潘氏宣統庚戌年四月初一日生
子　雄方　耿方　暄方
膺寅光緒庚子年十二月初六日生民國辛未年正月初一日卒
配
子
高暉　子膺鸞字國香容縣中學畢業廣西會計訓練所畢業曾充高等小學教員財政部廣西直接稅事務股股長宣統己酉年九月廿七日生
配龐氏
子　富方
膺葆珊中學畢業民國丙寅年閏四月十八日生
配

子

高軒　子膺森字靜巒號懷伍容縣中學畢業上海立信會計學校畢業陸軍少尉軍佐民國癸丑年四月廿三日生

配黎氏民國癸丑年四月廿四日生

子　掄方　揚方　拔方　扶方

高鎔　子膺縉字笏廷　光緒乙亥年二月初十日生民國乙丑年二月十九日卒

配梁氏光緒甲戌年二月廿六日生

子　巡方　鑾方

膺冕字筱旒梧州國民學校師範班畢業

光緒丁丑年十月十三日生

配黃氏光緒丁丑年八月廿二日生光緒丁巳年九月初七日卒

繼配黎氏光緒戊寅年七月廿二日生

子　彥方元配出　燕方　慧方繼配出

膺黼字袞輝光緒己卯年十二月十九日生

配陸氏光緒辛巳年十一月初十日生

子　達方

高莊　子膺璋　光緒丙午年八月十一日生民國己巳年七月初一日卒

配吳氏

嗣子　金方

高鑣　子膺炎光緒癸卯年七月初四日生

配陀氏

子　顯方

高材　子膺熾宣統壬子年七月初九日生

配潘氏

子　濱方

高舉　子膺冠字傑之廣西幹部學校畢業曾任仁勇村村長靈山鄉鄉長民團後備隊大隊長

光緒庚戌年十一月三十日生

高房廿二世

配鄧氏
子　潔方　沛方　源方
膺視民國乙卯年九月十三日生
配鍾氏民國乙卯年九月二十日生
子　泉方
膺鑑民國戊午年二月初八日生
配
子
高獻　子膺培民國己巳年十一月初二日生
配
子
高蔭　子膺璜光緒癸卯年十一月十一日生
配陳氏光緒丙午年七月十五日生
子
詠明　子膺瑶光緒壬寅年八月十八日生
配

子
膺環宣統己酉年十一月　日生
配
子
高範　子膺澍原名渭沂民國癸丑年七月初二日生
配龔氏
子　湄方　楚方　炳方
膺洋原名渭洋民國壬戌年四月廿八日生
配
子
膺涓原名渭涓民國乙丑年六月十四日生
配
子
膺汪原名渭汀民國辛未年四月十八日生
配
子

高運　子膺渭原名渭深字世名曾任靈山小學校校
長靈山鄉小學校長仁勇村村長兼校長
石嶺鄉民代表主席石嶺鄉羅逢村國民
學校校長民二六年被推爲槐蔭堂經理
督建景亭公祖祠光緒己亥年六月初二日生
配藍氏光緒丙午年八月十一日亥時
子　景方　灝方

高達　子膺耀民國己巳年九月初四日生
配
子

高廸　子膺成民國甲子年四月廿八日生
配
子

高義　子膺賢光緒丙午年七月初十日生
配
子

膺榮民國乙卯年六月廿五日生
配倪氏
子　永方
膺才字鵬英廣西地方建設幹部學校畢業
曾充容縣羅江鄉鄉長羅江鄉中心校校
長蒼梧縣國民兵團少尉專任隊附民國庚
申年八月廿二日生
配
子

高挻　子膺順民國丁卯年六月十一日生
配
子

高第　子膺銓同治壬申年三月十一日生光緒　年十二月
初八日卒
配廖氏同治庚午年十二月十八日生
子　式方

高立嗣子膺懷字德君光緒丙戌年十月廿八日生
配黃氏光緒丙午年七月廿九日生
嗣子　經方
高朝　子膺恂光緒甲午年五月廿一日生
配黃氏
子　經方　緯方經方出嗣
高賢　子膺韜字炎之號煥南容縣中學修業中央陸
軍軍官學校畢業國民革命軍上尉連長
梧州區游擊司令部中隊隊長光緒乙巳年
七月十九日生
配李氏光緒癸卯年十二月十七日生
子　綬方　綸方
高寄嗣子膺愉光緒戊子年八月初五日生
配何氏
兼祧子　式方
高傑　子膺光廣西幹校畢業曾充村長特務長督練
官職生宣統辛亥年三月廿七日生
配張氏宣統己酉年八月初五日生
子　僧方　福方　騰方
高倞　子膺屹曾充容縣電話生民國庚申年七月初九日
生
配
子
膺㵿民國戊辰年三月廿六日生
配
子
膺峭民國戊寅年八月廿八日生
配
子
高棹　子膺仟民國己巳年九月十七日生
配
子

膺俠民國庚午年十月廿四日生
配
子
高億　子膺友民國甲戌年　月　日生
配
子
膺楚民國三十三年五月初九日生
配
子
高崇　子膺紹民國丙寅年十一月十九日生
配
子
膺燊民國壬申年七月廿一日生
配
子
膺連民國乙亥年七月廿四日生

配
子
膺雨民國辛巳年二月十四日生
配
子
高瓊　子膺活民國甲戌年　月　日生
配
子
膺江民國庚辰年　月　日生
配
子
高瑤　子膺桌民國甲戌年二月十九日生
配
子
高年　子膺彬光緒丙申年九月初八日生
配

子　臏文光緒丙午年九月十五日生

配

子　臏茂民國丙辰年三月廿六日生

配

子

高光嗣子　臏繼民國壬子年十月廿日生

配

子

高勇嗣子　臏和光緒己酉年十二月初五日生

配符氏

子　待方

高遠　子　臏龍民國庚午年十一月十三日生

配

子

臏鳳民國壬申年九月初十日生

配

子

高祚　子　臏錫僑居南洋光緒丙午年閏四月十四日生

配梁氏卒

子　朝方

臏鑾民國戊辰年十一月初四日生

配

子

高祜嗣子　臏鈞民國丙辰年六月廿二日生

配劉氏

子　忠芳

高津　子　臏華光緒戊戌年　月　日生

配鄧氏

繼配林氏

子

膺儀光緒丁未年　月　日生
配周氏
子　生方　金方金出嗣
高彥嗣子膺仲民國壬戌年九月廿四日生
配
嗣子　金方
高桂　子膺仲民國　年　月　日生
配
子
高任　子膺强字壯猷歷任小學教員職並革命軍團部書記光緒丙午年三月廿三日生
配洪氏
子　寧方
高位　子膺漢字熙龢光緒癸卯年七月初二日生
配劉氏
子　智方　勝方　文方

高偉嗣子膺海
配廖氏
子
高屏　子膺祥字志材光緒甲午年七月十六日生
配廖氏光緒壬辰年五月十四日生
庶韋氏
子　桂方　知方俱庶出
膺昌字樞雲幹部教練所將校班畢業歷任國民革命軍營長光緒庚子年八月十六日生
配黃氏光緒乙巳年十一月十三日生
子　遠方　容方　繡方
高遇　子膺瑞字夢符幹部教練所將校畢業國民革命軍上尉連長粵桂邊防區游擊司令官光緒乙未三月廿九日生
配洪氏光緒乙未年七月三十日生
子　新方

膺奎字星一 光緒庚子年二月廿九日生

配李氏光緒己亥年二月十一日生

子 耀方 楠方 祿方

高藩嗣子膺禮民國辛未年八月廿一日生

配

子

高英 子膺仁民國丙寅年五月廿三日生

配

子

膺義民國丙寅年九月十一日生

配

子

膺智民國乙亥年十月初六日生

配

子

膺信民國丙子年正月廿六日生

配

子

膺忠民國壬申年 月 日生

配

子

高鏘高黨繼祧子膺禩 字漢鞏 [illegible]縣縣立中學畢業歷任初級教員職賓陽地方法院錄事 光緒丁未年八月初十日生

配鍾氏民國 年 月 日生

子 俊方 紹方

高適 子膺禪 字漢強 陸軍中尉 光緒甲午年六月廿八日生

配盧氏光緒甲午年四月初六日生

兼祧子 泰方

膺祜 字漢雄 陸軍中尉 光緒己亥年十二月廿八日生

長房廿二世

配朱氏光緒壬寅年四月廿一日生
子　泰方兼祧
膺超字健才舊制容縣縣立中學畢業國立
廣東大學政治學系肄業國民政府銓敘
部委任八級銓敘合格歷任廣西雒運局
一等科員桂林地方法院賀縣分庭書記
官賀縣地方法院書記官長平樂廣西高
等法院第七分院檢察處主任書記官試
署廣西高等法院主科書記官署廣西博
白地方法院書記官長等職光緒癸卯年閏
五月初二日生
配李氏宣統辛亥年七月廿八日生
子　壯方
高萬子膺徵字懷智廣東高等師範學校畢業歷任
廣西省立師範學校教員廣東鶴山縣救
育局局長國民政府監察院吏治科一等

科員國民革命軍政治部主任中校秘書
漢口禁烟檢查所副主任湖北江防局參
議廣西民政廳科員賑濟會桂林兒童教
養院院長光緒乙未年六月廿四日生
配李氏光緒甲午年八月十五日生
繼配梁氏
子　涵方　任方
膺圻字炎基廣東公立法政專門學校畢業
廣東鶴山縣四會縣公安局局長歷任梧
州龍州地方法院推事兼檢察官桂林地
方法院賀縣分庭主任推事署鬱林高等
法院推事署陽地方法院院長光緒丁酉年
十月十六日生
配駱氏光緒辛丑年四月初六日生
子　大方
高儒高仁兼祧子膺衍字偉生容縣中學畢業歷任

長房廿七

靈山鄉中心校及桂林兒童教養院教
員賓陽博白地方法院書記官民國甲寅
年十一月十五日生

高佾　子膺炤字梧生都中學校畢業　民國戊辰年七月
初三日生

配

子

高儀嗣子膺健字容生曾任仁勇村村長兼校長　民國
丁巳年十一月廿九日生

配張氏

子正方　四方

高佑　子膺楠字潤生容縣中學畢業潯州高中學校
畢業民國辛酉年十一月十五日生

配

子

膺松民國丙子年三月廿七日生

配李氏

子崇方

膺桐民國戊寅年七月廿日生

子

配

膺聰民國壬午年五月二十日生

配

子

高堯嗣子膺楨字允生民國甲子年十一月十五日生

配

子

高學高國棨祧子膺端歷充河口鄉中心校教員　民國乙
卯年八月廿一日生

配龔氏

子段方

高典高振棨祧子膺田　民國丁巳年十二月十六日生

配何氏
子
高善嗣子膺秋民國丙寅年五月廿六日生
配
子
膺林字蔭松柳州□□兵結業國基校校長仁
勇村村長民國己未年十二月十五日生
配李氏
子
高進子膺桓
配
子
膺統民國丙子年閏三月初七日生
配
子
如瑚子敬宗同治甲子年九月初三日生

配覃氏
子　振盛
敬章同治甲戌年二月初五日生
配梁氏
子　振安
如珍子敬烈光緒丙戌年七月初六日生
配莫氏
子　振酧
敬龍光緒壬辰年十一月廿八日生
配梁氏
子
如英子敬賢光緒乙酉年十二月初五日生
配黃氏光緒庚子年十月廿二日生
子　振艱　振儒
敬忠光緒甲午年三月初一日生
配覃氏

子　振軍
如琪　子敬福光緒辛巳年八月初十日生
配
子
敬祿光緒癸未年二月十三日生民國戊辰年正月十
八日卒
配潘氏光緒庚子年二月初十日生
子　振堂　振海海出嗣
敬臣光緒丁酉年二月十八日生
配梁氏光緒乙丑年十一月十六日生
嗣子　振海
如蘭嗣子敬新光緒乙丑年十九初一日生光緒戊申年二月廿
八日卒
配龔氏光緒庚寅年正月初四日生
子　振榮
如武　子敬崇咸豐辛酉年九月廿日生

配鄧氏
子　振祥　振朝　振英
如文　子敬德同治丙寅年七月廿七日生
配葉氏
子
如剛　子敬元光緒壬午年四月廿四日生
配廖氏
子　振林　振才
敬昭光緒甲申年八月初四日生光緒甲辰年四月十
七日卒
配劉氏
子
敬金光緒戊子年十月十五日生民國己巳年廿七日
卒
配黎氏
子　振戊　振膺

七房廿二世

敬維 光緒壬辰年四月廿四日生
配覃氏
續配何氏
子 振光 振清

如齡 子敬承 光緒丙戌年九月廿九日生
配覃氏
嗣子 振西

敬爵 光緒己丑年六月初四日生
配張氏
子 振西 振東 西出嗣

如賢 子敬聖 字玉漢 中央軍事政治學校第六分校第二期步科畢業 歷充國民革命軍第七軍十九軍中尉連附副官 光緒己亥年十二月廿七日生
配張氏 光緒戊戌年正月初二日生
子 振文

敬居 光緒甲辰年九月廿二日生 民國癸酉年二月初七日卒
配陸氏 宣統辛亥年正月廿五日生
子 振存

如芳 子敬保 光緒壬午年九月初八日生
配繆氏 卒
子 振宗 卒

敬倩 光緒乙酉年三月十二日生 民國辛巳年閏六月廿五日卒
配覃氏
庶鄭氏
子 振寬 嫡出 振宇 庶出

敬侯 光緒壬辰年八月三十日生
配劉氏
子 振雄 振國

敬備 光緒戊戌年五月廿一日生

長庚廿二世

配蘇氏
子　振鑽　振忠
敬任光緒辛丑年正月初八日生
配黎氏光緒庚子年三月十八日生
子　振淞　振垄
如林子敬偉光緒甲申年十一月廿六日生
配陳氏
嗣子　振祧　振舫
敬儀光緒辛卯年三月初九日生
配何氏
庶鄭氏卒
子　振舫嫡出　振武庶出　舫出嗣
敬佇光緒癸巳年十一月初六日生
配黃氏卒
子　振寰
敬俊光緒戊戌年閏三月廿五日生

配[illegible]氏
子　振祧　振寧　振琪　祧出嗣
敬倫光緒甲辰年二月廿一日生
配蘇氏
子　振鋁
恭安子慶之光緒丁丑年五月十九日生
配黎氏
繼配陸氏
子　有賞　有南　有方
均安子祖之光緒庚辰年十月十一日生
配黎氏
子　有賢　有勛　有興　興出嗣
靜安子丕之光緒辛巳正月廿四日生
配
嗣子　有興
友之

配
子
道安　子立之字樹材同治戊辰年十月十八日生
配梁氏
兼祧子　有祿
禮安　子榮之
配
子
樂安　子臨之字蒞廷清五品銜同治戊辰年正月十二日生
配黃氏
子　有聲　有祿　祿兼祧立富之
敬安　子富之同治辛未年二月十六日生光緒　年八月十二日卒
配
兼祧子　有祿

乾安　子成之光緒乙巳年十二月十五生
配
子
國安　子煥之宣統戊申年二月初六日生
配黃氏
子　有文
國安　子福之
配
子
寰之
配洪氏
子
泰安　子啟之
配廖氏
子　有森　有燊　有焱　有璽　有鑫
有儔　有奎

長房廿二世

紹之
配劉氏
子
齊安汝安衆安稅千璦之光緒乙巳年七月十五日生
配蔣氏
子　有志　有福　有盛　有漢
裕安俊安衆安稅千燊之民國壬子年九月廿三日生
配梁氏
子
能安　子在之光緒戊申年二月初五日生
配陸氏
子　有章
鎮祐　子慶遠同治甲戌年正月初二日生
配[illegible]氏
子　問富
經庠　子慶芹光緒丁丑年九月廿日生

配盧氏
子　開武　開英
啓庠　子慶琨同治庚午年二月十七日生
配盧氏卒
子　開安卒
武林　子兆欽民國壬子年十月初十日生
配
子
君嘉　子寶良原名鑑新字初棠　同治丁卯年十一月廿日生
配王氏
嗣子　梓釗
寶仁同治辛未年十二月廿二日生
配夏氏
子
君成　子寶盛字[illegible]棠光緒丙子年閏五月十五日生

配欒氏

子　桂釗　桂鈁　桂錦釗錦出嗣

君群　子寶興字至棠　同治己巳年十月廿二日生民國乙卯年　月　日卒

配龐氏

子　桂錦

貢瑤　子惠民　光緒壬午年七月初九日生民國戊辰年六月初四日卒

配欒氏

子　奎光　奎爵　奎芬　奎芳

惠俟　光緒丙申年三月十四日生

配楊氏

子　奎榮　奎華　奎荃

惠儒　光緒己亥年九月廿日生

配江氏

子

貢琨　子惠疇字亮藩　光緒戊子年七月初七日生民國乙卯正月初三日卒

配黃氏

繼配駱氏

子　奎耀元配出　奎仁　奎義　奎志繼配出

加京　子壯勵字少庸梧州國民學校畢業　同治戊辰年十一月初八日生民國卅一年　月　日卒

配盧氏

子　汝賢　汝强强出嗣

壯乾字敏時　同治甲戌年正月廿二日生民國甲戌六月初四日終

配朱氏　民國辛己年十月初六日卒

子　汝成　汝福福出嗣

壯才字子英　光緒己卯年九月十二日生

配潘氏

子　汝佳

容縣偕一商店承印

壯葉字進修 光緒己酉年十一月廿三日生光緒丁
未年九月十五日卒
配梁氏
嗣子　汝强　汝鶴　汝進
壯頤
配盧氏
子　汝光　汝進進出嗣
加賛　子壯琨 光緒庚寅年正月十一日生
配黎氏
子　汝方
加潤　子壯巖字敬臣與姪壯馨壯滋遷出貫縣龍山
鄉 光緒丁亥年十二月廿一日生
配覃氏
子　汝文　汝經　汝睿　汝君
加源　子壯馨字蘊聞貫縣中學畢業 光緒乙巳年五月
十二日生

長房廿二世

振陳氏
子
壯鑽 民國癸丑年二月廿三日生
配陳氏
子　汝珍　汝釗
加盈　子壯銜字銓臣 光緒甲午年十一月卅日生民國丁巳
年三月廿二日卒
配廖氏
子
壯榮字紹祥 光緒乙亥年十一月初八日生
配黎氏
子　汝昌　汝揚
壯鑾字麗容 光緒戊申年二月初九日生
配黃氏
子　汝齊
加任　子壯瑛 民國甲寅年六月初七日生

配

子

加和 子壯達 民國庚申年十月初八日生

配

子

加年 嗣子壯連 民國戊午年三月十四日生

配龔氏

子

陳誠 子秀士 光緒癸未年九月廿八日生

配

子

坤士 光緒壬辰年九月初五日生

配龐氏

子 傑榮

陳詩 子賢士

配

子

陳文 子發祈 字碧川 同治甲子年七月十二日生民國
卒

配鍾氏

子 維禮 維寶

陳經 子發祥 同治壬戌年六月廿三日生

配梁氏

子 爲振 爲傳 係出嗣

發礽 同治甲戌年四月初五日生

配黃氏

嗣子 爲傳

陳方 子發暐 光緒丙子年九月廿七日生民國甲辰年五月十
九日卒

配鍾氏

子

發暉 光緒己丑年三月初四日生

配林氏
子　爲連　爲强
發昭　光緒辛夘年八月十四日生
配張氏
子　爲剛　爲芬
發時　光緒乙未年閏五月廿一日生
配李氏
子　爲俊
陳綸　子發全　光緒戊寅年三月初七日生
配馬氏卒
子　爲懿　爲寬　寬出嗣
發華　光緒甲申年六月廿八日生民國丁巳年八十二
日卒
配何氏卒
子　爲[illegible]
發成　光緒丁亥年八月二十日生民國庚申年九月二
十日卒
配李氏卒
子　爲宗
發林　光緒庚亥年十二月廿二日生
配梁氏
子　爲容
發熙　光緒丙申年九月二十日生民國辛未年十月初
二日卒
配
嗣子　爲寬
發連　光緒戊戌年十月初四日生
配廖氏卒
繼配梁氏
子　爲容元配出爲宏繼配出[illegible]出嗣
慶隆　子樹棟　光緒丙戌年四月廿六日生
配覃氏

子　善富　善貴
慶禮　子樹森民國辛未年十二月十六日生
配廖氏
子　善林
陳德　子發源民國戊辰年八月廿九日生
配
子
陳書　子發基同治甲戌年四月十二日生光緒　年七月初
十日卒
配黃氏
子　爲正
發梨光緒丙子年八月廿九日生
配雷氏
子　爲業
發棠光緒壬午年八月十四日生
配盧氏

子
瑞瓊　子鈞寅字平德光緒辛丑年四月初二日生民國戊寅
年　月　日卒
配賈氏
子　勵明
瑞英　子衛寅光緒戊寅年九月初七日生
配楊氏
子　勵樹
希新　子宗遠同治丁卯年十二月廿五日生民國丙寅年五年
十一日卒
配倪氏
子　業開　業乾
宗運光緒己丑年二月十四日生
配洪氏
子　業鈞　業釧　業銓　業鍾　業銚　業榕
希敬　子宗建光緒丁亥年三月十九日生

配梁氏
嗣子 業深
宗達光緒壬辰年十月初五日生
配陸氏
嗣子 業燊
宗姪光緒壬寅年四月廿八日生
配李氏
子 業漢 業深 業滐深燊出繼
希立 子宗達民國壬子年二月初八日生
配龔氏
子
瑞儒 子憲章字景雲補候選州吏目銜性誠樸勤儉
治家同治辛未年十月廿五日生民國癸酉年二
月初九日卒
配楊氏同治己巳年三月二十日生民國甲子年十
一月廿八日卒

子 其光 其模
憲清字靜川直樸寡言好武善射同治甲戌年
二月初四生民國戊午年十月十二日卒
配黃氏
子 其棟 其昌棟早歿
瑞儒 子憲崇字俊山光緒己亥年九月廿二日生
配梁氏
繼配廖氏
子 其海 其楷元配出 其振 其杜繼配出
憲禎字有祥光緒辛丑年十二月初六日生
配陸氏光緒壬寅年十月初七日生民國丁未年十
一月十三日卒
繼配劉氏
子 其億 其志元配出
憲宗珊萃中學肄業宣統己酉年四月十四日
生

配楊氏
子　其榕　其森　其松
憲榮曾充平桂區鑛務處望高臨莊班長久
榮村正村長民國甲寅年十二月廿七日生
配陸氏
子　其安
憲芳
配
子
金儔嗣子憲書字經五容縣自治研究所畢業光緒丁
亥年五月廿一日生
配黃氏
子　其富　其貴　其榮
儒文子憲敫字敫九梧州國民中學業畢容縣自治
研究所畢業光緒丙戌年十一月初四日生
配周氏

子　其鑫　其錦　其傑　傑出嗣
憲廷字尉君桂林學兵營步科畢業曾充自
治軍游擊隊司令部少尉副官光緒戊寅年
三月十三日生民國廿七年九月廿一日卒
配何氏光緒己丑年五月十七日生光緒癸卯年四
月初一日卒
繼配陸氏
子　其穎　繼配出
憲藩字鑲漢中央陸軍軍事政治學校步科
畢業歷充國民革命軍第四集團軍各部隊
連長抗日軍興充第五路軍第四十八軍
上尉連長奉令出發前線與敵血戰身先
士卒竟於上海大場馬廠諸役中彈重傷
醫愈後仍遵令隨同原部隊參戰不幸
於廿八年五月間在皖省懷寧之役陣殉
難國府以其盡忠報國核准追贈少校銜晋

長房廿二

一級從優撫卹入祀忠烈祠光緒癸卯年十
一月十八日生民國乙卯五月五日卒
配楊氏
嗣子　其傑

鴻儒　子憲丞字有五廣西鬱傳鹽稅局隴蔭緝所
所長歷充平樂十屬財政收支處梧州中
關統稅桂林統稅平樂柳州禁烟等局辦
事宜均能忠於職務積勞病故承　省府
給予卹金生平賦性和藹與人無忤提倡
蠶桑頗著成效復能培植子弟成材　光緒
癸巳八月初九日生民國乙亥年十二月十五日卒
配何氏
子　其球　其英　其斌
憲都字幹方光緒乙未年十月初一日生
配覃氏光緒己亥年　月　日生民國辛酉年
九月十九日卒

繼配胡氏
子
憲典字振五光緒壬寅年十月十二日生
配劉氏光緒甲辰七月十三日生民國辛巳年三月初
一日卒
繼配[illegible]氏
子　其超　其澤　其伯俱元配出

展驥　子芳芹字藻香光緒甲申年九月廿日生
配盤氏
子　仕球　仁球
富芹字海香光緒辛卯年七月初十日生
配黃氏
庶胡氏
子

展璧　子蘇芹
配楊氏

子
輔芹字佐卿光緒乙酉年
配黃氏
繼配張氏
子　瑞球元配出
庫芹字府才光緒庚寅年八月初四日生民國辛未年
十二月十七日卒
配陸氏
子　振球　穎球
泮芹字半香曾充廣西榷運鬱博分局沙河
分卡主任光緒己亥年四月廿五日生
配劉氏
子　杜球　棣球
展綱子裕芹字子蒔光緒甲午年十月十六日生
配杜氏
子　延球　漢球　文球

磐芹字潔仁光緒己亥年七月初一日生
配周氏光緒戊戌年三月廿日生
子　冠球
緒芹字贊才光緒乙巳年十一月十二日生
配楊氏
子　德球　佐球佐早歿
裕芹宣統己酉年正月廿八日生
配黃氏
子　偉球　國球　鈞球
展程子棟芹字杕南光緒己丑年八月廿三日生
配劉氏
繼配樊氏
庶黃氏
子　煜球　樹球　鑲球　武球　錦球
樹錦庶出
展才子政芹梧州醫系教練所畢業曾充賀縣政府

收粮員北流縣管獄員容縣縣府承案書
記員光緒甲辰年七月初九日生
配梁氏
庶鄺氏
子　紅球　鼎球　鄺氏出

展謨　子燊芹　民國甲寅年七月初八日生
配周氏
繼配鍾氏
子　甲球　鍾氏出

簡璇　子典常字祿才同治己巳年八月初七日生民國甲戌
年正月十九日卒
配盧氏
子　富賢　爵賢　國賢　光賢

簡璣　子典桂光緒戊寅年九月初七日生民國戊辰年正月卒
于南洋
配梁氏

子　進賢　紹賢

希哲　子穎字谷八梧州國民學校畢業光緒癸未年八
月廿日生
配梁氏
子　尚琪　尚瑾

秩字秩[illegible]梧州中學畢業光緒癸巳年七月初六
日生
配何氏
繼配蔣氏
庶配劉氏
子　尚儀　尚芳　元配出　尚灼　尚燾　尚焯
繼配出尚熠　尚鐸　尚浩　庶配出

希鼎希才兼祿子　鎔字雷生容縣中學畢業　光緒辛卯年二
月初九日生
配凌盧氏
子　尚雄、尚彬　尚能　俱凌氏出尚謨

盧氏出雄彬能承希鼎祧讃承希才祧

希鑑　子俟字惠生梧州中學畢業光緒辛夘年二月十一日生民國庚午年正月廿五日卒

配盧氏

子　尚志　尚超

希信　子恒字茂強曾充第二師第一團團部中尉軍需

配黃氏

子　尚同　尚昆　尚殿

希傑　子極字惠西光緒癸巳年八月廿七日生

配黨氏光緒癸巳年八月初七日生

子　尚文　尚武

希舉子兼祧希礽琳字璧輝梧州中學畢業光緒甲午年五月初五日生

配　盧氏　鍾氏

子　尚仁　盧氏出　尚義　尚禮　尚興　尚江　俱鍾出仁義承希礽之祧

希鏘嗣子鐵字鑑生光緒乙未年八月初七日生

配黎氏

子　尚光

希文　子桐字雲仙清從九品銜光緒丙子年三月初二日生

配劉氏

子　佐時　子光

時松　改名勗字務如龍州學兵營步科畢業充廣西討賊軍第一軍游擊少尉排長光緒庚寅年五月初一日生民國庚辰年八月　日卒

配盧氏卒

繼配黃氏

子　顯時繼配出　顯出嗣

移字森廷桂林學兵營步科畢業曾充混成協新兵督練官歷任武宣縣警備隊隊長

長房廿二世

鬱林一區警察署巡長廣西討賊軍游擊第六路上尉連長光緒癸巳年八月十二日生

配李氏

繼配周氏民國甲寅年十月廿九日戌時生民國庚辰年四月卅日未時卒

子　炎時　周氏出

希先　子植更名振武號輔軍龍州講武堂畢業廣西討賊軍第一軍第二路游擊司令強毅有爲磊落自喜不屑家人生產惜天不假年病歿廣州旅次權厝東州小北門外橫枝崗廣西義庄光緒戊子年七月十四日生民國丁丑年五月一日卒

配盧氏

嗣子　顯時

希韶　子蕃光緒乙卯年三月十二日生卒於南洋

配黃氏

子　瑞時　超時　超出嗣

蔭字越巖光緒庚辰年十二月初一日生民國初年卒

配黎氏

繼配申氏

嗣子　超時

幹字勳甫光緒己亥年六月十八日生

配郭氏

子

昌光緒丁未年四月初三日生

配鄧氏

子　壽時

希達　子崑字藻香南寧學兵營畢業將校講習所畢業歷任廣西第四軍第八隊中哨哨長廣西陸軍中區第三十九連督隊官廣西護國軍第二支隊總司令部教練官廣東欽廉鎮守使衛隊第一隊隊長授三等銀質

獎意勁健敏幹爲上官所器惜天不假年
卒於防次光緒乙酉年七月廿一日生民國丁巳年
十一月初三日卒
配陸氏
嗣子　政時
嶽現任中央軍九五師軍需職
配陀氏
子　造時　政時　政出嗣
希堯　子釗字俊西光緒甲午年十一月初四日生
配盧氏
子　振時　拯時
錦字文龍光緒丁酉年七月十三日生
配龔氏
子　鈞時　伯時　伯早歿
鑫字淼昆南寧入伍生團畢業光緒丙午年九
月十九日生民國戊辰年七月廿日卒

配陀氏
嗣子
希鳳　子桂字樹叢光緒庚子年九月廿一日生
配鄧氏
子　蓁時　壯時　經時
椿光緒壬寅年十一月廿三日生
配潘氏
子　緯時
希純　子漢光緒甲申年三月初二日生民國甲子年正月初七日卒
配楊氏
子　立時
希圖　子康光緒庚子年正月十六日生
配茹氏
子　海時　森時　煥時
希鐵　子莘宣統辛亥年六月十八日生

配
子
希智　子元光緒癸巳年四月初一日生
配張氏
子　良時
亨光緒丙申年二月廿六日生
配張氏
子　烈時　强時　耀時
希謨　子鈞字少屏廣西陸軍講武堂畢業曾充湖南
衡陽縣廣西永福武宣楨縣鬱林等縣警
備隊隊長湘粵桂聯軍總部官佐武衛軍
補充營中尉排長與賓公路局隊長廣西
討賊軍警備團營長國民革命軍第七軍
少校連長六軍司令部中校副官湖北咸
寧縣禁烟分局長北流縣禁烟檢查所所
長梧州禁烟局緝私隊長桂林區營業稅

局全州分駐所主任灌陽縣稅捐稽征局
辦事主任百色區稅捐稽征局淩雲分局
局長財政部廣西區稅務局百色分局西
林縣稅務處主任光緒己丑年正月初八日生
配蘇氏
庶配歐陽氏
子　輔時　學時　寧時
連字漢光廣西入伍生團畢業第四集團軍
警衛幹部訓練所畢業中央軍事政治學
校步科畢業蒼梧縣民團司令部上尉督
練官歷任國民革命軍抗日救國軍第四
集團軍連長晉陞少校營附民廿六年抗日
軍興奉調前方殺敵於上海陳家行之役
與敵劇戰身負重傷醫治罔效在醫院逝
世葬於上海普善山莊光緒丁酉年八月廿二
日生民國丁丑年十月初七日卒

配郭氏光緒庚子年五月廿七日生
兼祧子　輔時
遠字定侯光緒丙午年四月廿四日生
配盧氏
子　洪時
希仁　子龍字雲成光緒乙未年十月初七日生
配潘氏
子　倘時
達光緒庚子年八初十日生
配
子
雷字令春宣統庚戌年三月初十日生
配
子
希蒲　子運字達材新墟辦事處主任　宣統辛亥年十月十七日生

配盧氏
庶　氏
子
希寬　子彪字榮增陸林學兵營畢業陣亡於廣東增城縣光緒癸巳年十一月十七日生民國庚申年八月二十七日卒
配黃氏
嗣子　倘林
獻宣統庚戌年七月初七日生
配
子
希省　子武民國壬寅年三月廿二日生
配
子
希瑞嗣子震字汝瑤光緒乙未年七月初四日生
配陳氏

子　尙海
希登　子裕字嶽君光緒丙申年十月十六日生
配趙氏
子　尙林　尙富　林出嗣
希知　子業字仲君光緒壬寅年六月初十日生
配鄧氏
子　尙崇
嘉字粹君梧州民團教練所畢業充國民革
命軍第四集團軍被服廠班長光緒甲辰年
八月廿三日生
配黎氏
子
球字曉文光緒丙午年十一十一日生
配鄧氏
子　尙德
希度嗣子有光緒乙酉年七月廿六日生

配梁氏
嗣子　尙昌
希蕃　子進光緒壬辰年三月初五日生民國壬戌年十月十七日卒
配淩氏
子　尙厚
廪光緒丙申年十月初四日生
配許氏
子　尙盛　尙英
富字海君光緒辛丑年七月十八日生
配周氏
子　尙昌　尙易　昌出嗣
希著希蔚兼祧子乾光緒癸巳年九月初四日生
配楊氏　黃氏
子　尙憲　楊氏出　尙承　黃氏出　憲承希著祧　承承希蔚祧

希荃嗣子韶光緒丁未年十一月十一日生
配廖氏
子 尚念 尚愿
希葆 子奎宣統辛亥年正月十一日生
配龐氏
子 尚輝 尚源
希政希賢兼祧子後光緒丁亥年九月廿九日生
配關氏
子 尚繼
希桀 子志光緒甲午年七月初五日生
配黎氏
子 尚才 尚勵 尚慶
斌光緒丙午年八月廿二日生
配盧氏
子 尚福 尚南
希敏 子郁光緒甲午年九月十七日生

配
子
時
配
子
希槿 子和字貴南光緒乙未年八月十八日生
配盤氏
子 尚善 尚喜 尚言
永字兆南光緒戊戌年十月十三日生
配楊氏
子
錦成 子蘊隆民國 年 月 日生
配
子
錦元 子蘊祥民國丙辰年十月初四日生
配黎氏

容縣惟一商店承印

子　日光　日昇

錦仁　子蘊玉民國壬申年六月廿四日生

配

子

錦義　子蘊㐱民國癸酉年四月十六日生

配

子

蘊球民國丁巳年十一月初四日生

配

子

錦文　子蘊先宣統辛亥年十一月十五日生

配

子

錦聲　子蘊榮民國戊辰年八月十四日生

配

子

明鑑嗣子漢承光緒壬寅年七月初七日生民國辛未年　月日卒

配梁氏

繼配周氏

嗣子

希芬　子漢沂光緒乙巳年六月十一日生

配梁氏

子　試球

漢禎光緒戊申年六月十八日生

配潘氏

子　建球　遠球

麟瑞　子漢礽子福常光緒丁亥年八月廿二日生

配劉氏

子　方球　榮球　華球方華均卒

漢福字壽年光緒癸巳年正月十五日生

配梁氏光緒甲午年十二月廿九日生民國戊辰年

十月廿九日卒
繼配楊氏
子　啟球　紹球元配出紹出嗣盛球　勵球
植球繼配出
漢禧
配梁氏
嗣子　紹球
啓東子楚芳民國癸酉年九月廿八日生
配
子
震芳民國丙子年六月初四日生
配
子
郁芳民國戊寅年十月初四日生
配
子

櫟芳民國庚辰年十一月初三日生
配
子
漢芳民國壬申年八日廿六日生
配
子
泉芳民國己卯三月廿六日生
配
子
善文子承仁字壽山清六品軍職銜光緒乙亥年四月廿二日生
配李氏
繼配黃氏
子　智清元配出智深繼配出
承義字信南光緒壬午年三月初八日生
配洪氏

容縣惟一商店承印

長房廿二世

子　智江　智濬　智漢

麗文子承理字震南清附生日本宏文學院畢業東亞鐵道專門肄業已酉科拔貢分發雲南試用直隸州州判歷任廣西横縣鬱林武宣永福容縣淩雲湖南衡陽等縣縣長廣西省第四區視察員終於淩雲縣事詳家傳光緒壬午年十一月廿六日生民國乙亥年月　日卒

配伍氏光緒己卯十二月初十日生民國癸丑年七月廿日終於玉林縣署

繼配梁氏

子　智源元配出　智淦　智寧　智濼繼配出

承珍字超南清監生梧州中學畢業曾充廣西鬱林湖南衡陽等縣縣署科員靈山團務局局董光緒丁亥年二月十九日生

配覃氏光緒丙戌年二月十六日生

子　智海　智溪　智游海卒

承國字星南廣西優級師範選科畢業財務養成所畢業歷充廣西横縣鬱林湖南衡陽等縣科長科員廣西被服廠少校科長財政廳科員光緒辛卯十二月廿六日生

配何氏

繼配黄氏

庶龍氏

子　智淮庶出　智琨繼配出　智郁　智鎏

智鎮　智炎　智鈞均庶出

承家字樹南梧州中學畢業永福武宣容縣等縣科員廣西被服廠科員廣西銀行賓陽辦事處辦事員光緒癸巳年十一月初八日生

配黎氏

子　智沂　智津

承球字冠明桂林中學畢業光緒丙申年十二月

十九日生民國己未年　月　日卒
配蘇氏
子　智鴻
承璵字蔭南容縣中學畢業北平遞財大學
商科專門畢業河南福中鑛務大學畢業
歷任廣西銀行大烏縣鹿寨銀行辦事處
主任光緒辛丑年八月初二日生
配黨氏
繼配林氏
子　智濤出嗣子智鑫繼出
承琪光緒癸卯年　月　日生民國壬戌年　月　日卒
配羅氏
嗣子　智濤
闡文　子承璋字嶠南梧州中學畢業光緒丙戌年正月廿
四日生
配李氏

子　智豪　智偉　智儒
承琨字貢南
配陳氏
繼配蘇氏
庶石氏
子　智洋　智洸　智滬　智凱　智謀
智軍洋滬蘇氏出其餘俱庶出
承琮字坎南光緒丁酉年　月　日生
配黨氏
子　智珠　智英　智璇　智明　智耀
拔文　子承志光緒戊申年　月　日生
配楊氏
子　智壽　智賢
紹文　子承龍民國癸酉年四月初五日生
配
子

裕積　子觀纖道光丁酉年七月廿四日生

配周氏

子　立則

善郁　子待品道光丙午年三月初五日生

配林氏

子　立勳　立國

善坤　子金品咸豐壬子年十一月廿八日生

配邱氏咸豐戊午年二月廿二日生

子　立邦　立郁　立獅　立召

經品字作佳咸豐庚申年三月廿一日生

配辜氏同治壬申年六月廿九日生

子　立余　立廣　立慶

善慶　子秀品道光庚子年七月初三日生

配粱氏道光丙午年七月十七日生

子　立基

茂品道光丙午年十月十一日生

配李氏道光壬子年十月廿六日生

子　立泗　立均　立平　立圖　立自

均平圖自俱無嗣

善義　子德品

配　氏

子

瓊品

配粱氏

子

珍品同治己巳年四月廿四日生

配

子

善安　子瑞品　道光戊子年九月初六日生光緒甲午年九月十三日卒

配龔氏

子　立元

長房廿二世

正品字守道鄉飲介賓 道光辛卯年七月廿一日
生
配李氏
子 立志
詔品道光辛丑年十二月廿七日生
配黎氏
子 立信 立荃
龍品咸豐辛丑年六月廿三日生
配黎氏
子 立政 立進 立惠

善儒 子守品字少梓道光戊戌年七月十五日生光緒己丑
年二月初五日卒
配龔氏
子 立禮 立宇
閣品字家修八十六歲 道光乙巳年三月廿八日
生民國甲子年七月十六日卒

配何氏
子 立英 立年 立傳
鳳品字藹堂咸豐壬子年十月十五日生光緒癸未
年七月十六日卒
配黃氏
子 立文 立功 立梓 梓出嗣
配梁氏
世品咸豐戊午年三月廿八日生
嗣子 立梓

善政 子俊品道光丁亥年十二月初三日生
配　氏
子 立濟 立升 立義 立厚 濟出嗣
良品道光乙巳年十一月十三日生
配萬氏
子
文品道光己酉年十二月廿六日生

配何氏
繼配李氏
子　立賢
善敎　子欽品道光辛丑年二月十八日生
配何氏
子　立南無嗣
華品道光庚戌年四月廿一日生
配雷氏
子　立棠　立規
善行　子升品道光己酉年六月廿一日生
配何氏
子　立忠　立敬　立悌
玉品同治丙寅年五月廿一日生民國庚午年六月初
六日卒
配謝氏
繼配劉氏

子　立章　立意繼配出
善邦　子上品
配覃氏
子
忠品道光乙巳年六月初四日生
配鄭氏
子　立成　立庠　立序　立銘
善舄　子士品咸豐辛亥年八月廿九日生光緒壬寅年十二月
初八日卒
配王氏咸豐癸丑年三月二十日生民國壬戌年九
月廿九日卒
子　立仁　立綱　立言　立軒
趨品同治癸亥年十二月十五日生光緒庚子年又八
月廿三日卒
配何氏
子　立湘　立坤

邵品同治甲戌年八月廿一日生
配何氏同治甲戌年九月廿一日生
子　立往

善和　子集品道光辛丑年閏月十三日生
配何氏
子　立華　立榮榮出嗣
儒品道光丙午年三月初八日生
配林氏
嗣子　立榮

善杞　子純品字德甫從九品銜候選巡政廳七十六歲重逢花燭咸豐乙卯年十二月初九日生
配莫氏壽七十八歲　咸豐癸丑年六月十六日生民國辛未年三月三十日卒
子　立豪　立經
廷品同治壬戌年正月十七日生
配梁氏

子　立瀛原名立溶　立洲　立容　立滿　立容

善芳　子仲品剿賊陣亡祀鄉義勇祠
配鍾氏
子
相品
配潘氏
子　立木
勝品
配楊氏
子
端品　咸豐辛丑年二月廿七日生民國戊辰年九月廿七日卒
配梁氏
子　立壽　立齋

善彰　子以品

配劉氏

子　立材　立彬彬出嗣

植品

配楊氏

嗣子　立彬

善禰　子兆品道光壬寅年八月十七日生

配覃氏

子　立泰　立身　立興　立學

武品道光乙巳年九月初六日生

配温氏

子　立業　立達

善謇　子嘉品道光丁未年三月十四日生民國壬子年十一月

十五日卒

配温氏

庶韋氏

子　立臣嫡出　立芬庶出

賓品子德齋咸豐壬子二月十一日生民國己巳年

六月廿五日卒

配楊氏

子　立矩　立世　立權　立紀

文字　子順和

配伍氏

子　立訓

璋字　子順元

配韋氏

嗣子　清立

盛序　子冠品

配何氏

子

盛珍　子達品道光丁未年四日卅日生

配

子

盛彩兼祧子維品
配
子　立祺

盛進　子桂品字蘊存　咸豐乙卯年十一月廿五日生民國庚申年十二月初六日卒
配姚氏咸豐甲寅年正月初八日生民國丁巳年十一月十四日卒
子　立初　立祜

國珍　子龍籙道光庚子年十月初六日生
配鍾氏
子　世務　世芳　世華

用賓　子勳臣冠軍郡庠生道光辛丑年二月初十日生光緒己丑年十月廿七日卒
配陸氏道光辛丑年十一月初七日生民國丁丑年五月廿五日卒
子　世榮

鎔賓　子達臣　道光甲辰年七月初二日生光緒庚辰年八月初四日卒
配余氏年廿七而寡守節撫孤面里竹山村鳳富公長女咸豐甲寅年八月十一日生
子　世侯　世忠

與賓　咸豐己酉年六月十六日生光緒己酉年九月初九日卒
配李氏
繼配韋氏
子　世達　繼配出

嘉猷　子儆賢　道光癸巳年十一月初七日生光緒甲申年五月廿六日卒
配黃氏
子嗣　世祥

嘉鴻　子任賢道光庚戌年十二月十六日生道光丙午年二月初二日卒

配林氏咸豐乙卯年正月廿七日生光緒戊申年六
月日卒
子　世祥　世禎　世材　祥出嗣
傳寶　子福欽　嘉慶癸巳年七月廿日生咸豐丙辰年正月初二
日卒
配洪氏
子　爾常
壽欽
配
子　爾政
仕寶　子賜欽　道光辛巳年十月廿五日生豐咸己未五月廿日
卒
配李氏
子　爾惠
奉欽　恩賜登仕郎道光辛巳年十月廿五日生光緒
乙未年十二月十五日卒

配郭氏
繼配吳氏
續配蒙氏
子　爾利　爾慶俱蒙氏出
儒賢　子掄元　道光乙酉年二月初四日生光緒庚辰年三月　十
一月卒
配陸氏
子　爾忠
振元　恩賜登仕郎道光丁酉年十一月十五日生民
國丁巳年九月十五日卒
配樊氏
繼配何氏
兼祧子　爾忠
守寶　子象儀
配李氏守節立嗣壽八十二歲
嗣子　爾章　爾懷

在儀字鑑三遵府奎文閣典籍咸豐丙辰年四月初三日生

配劉氏

子　爾章　爾贊　爾崇　爾懷　爾芹

爾積　章懷出嗣

家寶　子麟儀字玉書道光丁酉年正月初九日生咸豐辛酉年十一月初一日卒

配廖氏道光乙未年四月十五日生光緒戊申年十月十二日卒

嗣子　爾楷　爾烈

宗寶　子九儀字延疇九品銜道光戊子年九月初六日生光緒辛卯年七月廿三日卒

配蘇氏

繼配余氏

子　爾霖　爾楷　楷出嗣

楚寶　子顯儀字達傳例監生道光戊申年三月廿一日生光緒壬午年五月十四日卒

配杜盧氏盧氏壽八十一歲道光庚戌年三月三十日生民國己巳年十二月廿三日卒

子　爾唐　爾鵬　盧氏出

衛寶　子溶儀字君臨例監生同治戊辰年六月初一日生民國癸酉年八月十三日卒

配李氏

庶李氏

子　爾烈嫡出　爾烇庶出　烈出嗣

浚儀字在之同治庚午年九月廿三日生

配茹氏

庶劉氏

子　爾桐　爾松　爾材

學儀字選賢光緒辛巳年十二月十八日生

配梁氏

子　爾羡

鎮儀字玉之 光緒癸未年十二月十一日生民國癸
酉年九月十八日卒
配梁氏
繼配蘇周氏
子 爾方 周氏出
瑞寶 子仕儀
配何氏
子 爾牂
任儀字信臣 同治乙丑年七月廿八日生民國戊辰
年三月初四日卒
配伍氏享壽七十八歲
子 爾諴
詔儀字君言同治庚午年二月初一日生
配黃氏
子 爾熙
超寶 子羽儀字翰仙光緒壬午年九月十一日生

配黃氏
子 爾興 爾隆 爾悌 爾愷 爾繁
爾堅 爾樞
彝寶 子觀麟字景山從九品銜 嘉慶庚辰年九月初九日
生同治癸亥十一月十三日卒
配李氏
繼配梁氏
子 爾賢 爾傑元配出爾範 爾達繼配出
觀民字省山道光辛卯年四月廿五日生咸豐甲寅年
六月廿三日卒
配洪氏
子 爾壽 爾年
世寶 子觀揚字鷹亭六品銜 道光癸未年七月十五日生
咸豐辛卯年月日卒
配劉氏
嗣子 爾都 爾邵

觀彰字華享儲封文林郎例監生道光庚寅年四月初七日生光緒丁未年正月十三日卒
配梁氏旌表貞烈府評邑志有傳
繼配黃氏壽八十九歲道光庚子年正月廿五日生民國戊辰年三月卅日卒
庶羅氏咸豐戊午年四月初一日生民國丙辰年五月十一日卒
子　爾都　爾邠繼配出　爾祁　爾邵庶出
都邵　出嗣

繼寶子觀光字賓臣八品銜道光丙申年正月廿四日生
配梁氏
繼配黃氏
子　爾福　爾祿元配出爾禨　爾禭繼配出

觀崇字美元例監生道光丁酉年十一月廿八日生光緒戊寅年三月初六日卒
配石氏五月初四日生十一月四日卒

續配鄭氏咸豐辛亥年七月初二日生
子　爾良元配出　爾善　繼配出

觀政字傑臣恩賜仕郎道光壬寅年十月初五日生光緒丁未年十月廿日卒
配李氏
續配楊氏
子　爾剛元配出爾文　爾廉　爾武　爾輔
爾弼　續配出

觀韶字美臣恩賜登仕郎道光丙午年八月廿八日生光緒丙午年五月廿六日卒
配何氏咸豐壬子年九月初九日生光緒癸卯年五月初九日卒
子　爾倫　爾健　爾偉

觀馨字放香例授儒林郎州同銜道光戊申年十一月初七日生光緒丁未年九月初七日卒
配鍾氏道光戊申年四月初八日生

庶余氏同治丁卯年五月初十日生民國乙卯年三月初二日卒
子　爾俊　爾偕　庶出
觀謨字紀臣例監生咸豐甲寅年五月十六日生民國甲庚申年十一月廿五日卒
配莫氏咸豐癸丑年十二月初四日生民國丁卯年五月初十日辛
子　爾儒　爾侯　爾儉　爾佐　爾佑
爾佺
耆賓 子觀芳字盤菊號少香清例授從九品銜道光丙申年十二月十八日生咸豐辛酉年七月初七日卒
配龐氏道光甲午年五月初八日生光緒壬寅年十一月廿二日卒
子　爾德
觀萃字拔臣清例監生道光戊戌年七月廿三日生光緒辛卯年二月十四日卒

配楊氏壽七十一歲道光丁酉年四月十四日生光緒丁未年十一月初八日卒
子　爾訓　爾裕　爾禧
觀英字友雄例授巡政廳秉性嚴正嗜讀書好行善事頗有父風壽七十五歲道光甲辰年二月十七日生民國戊午年十月廿八日卒
配欒氏壽七十九歲道光甲辰年七月十五日生光緒壬戌年正月初三日卒
子　爾仁　爾義　爾智
觀茂字望林清例授登仕郎道光丁未年八月初九日生光緒丁未年十月初七日卒
配朱氏道光庚戌年正月二十二日生民國乙亥年四月廿四日卒
子　爾榮　爾爵　爾華　爾信
福賢 子僉祥咸豐辛亥年七月初九日生
配郭氏道光庚戌年七月十八日生

长房廿二世

子　爾遜　爾涵　爾蓮
福英　子金俊
配陸氏
子　爾周　爾珍
善森　子富品字振初
配黃氏
秉祧子　立昌
福郁　子義品
配　氏
子　立昌
善舉　子從品
配　氏
子　立成
彰品
配　氏
子

壽品
配
子
善韓　子殷品
配　氏
子　立祥
善揚　子才品
配梁氏
子　立惠
志品
配劉氏
子
善同　子安品民國丙年二月初三日生
配趙氏
子
齊光　子士章　嘉慶癸未年三月十四日生光緒己丑年十月十

四日卒
配
子　靜仁　靜德
士新道光己丑年十二月初一日生
配何氏
子
有剛嗣子士勸同治己巳年正月十八日生
配吳氏
子
有剛育子士榮同治己巳年正月十八日生
配梁氏
子　靜桂　靜利
有恒　子士計同治己巳年正月十七日生
配陳氏
繼配陸氏
子　靜才　靜枂繼配出

有發　子士通
配
子
有模　子士材同治甲子年十二月初四日生
配梁氏
子　靜昌
有邦　子士型同治戊辰年八月十三日生
配黃氏
子
士矩同治癸酉年七月十六日生
配莫氏
子
有魁嗣子士昆同治戊辰年十月初十日生
配
子
有才　子士恩光緒甲申年八月初三日生

配姚氏
子　靜枝
有修　子士進同治癸酉年三月初二日生
配梁氏
子
士運光緒乙亥年十二月廿八日生
配李氏
子
士仁光緒甲申年五月十七日生
配莫氏
子
有德嗣子士業
配黃氏
子　靜福　靜祿　靜堅　靜賢
福慶　子勝恩光緒丁酉年十月十三日生　平田房起
配余氏

繼配覃氏
子
世恩光緒庚子年十二月初八日生
配郭氏
子　志盛　志茂
福全　子其恩光緒甲申年二月十五日生
配楊氏
繼配車氏
子　志强　志華　志榮
定恩光緒庚子年八月廿八日生
配劉氏
子
士楷　子齊蘭咸豐己未年七月初七日生
配郭氏
子　桂榮　桂昌　桂瑞
啟蘭　同治乙丑年八月廿五日生宣統庚戌年八月初

容縣惟一商店承印

二日卒
配黎氏
子　桂文　桂爵　桂祥祥出嗣
紹蘭同治戊辰年四月十四日生
配黃氏
子　桂楨
芳蘭字少梅光緒丙子年九月十八日生民國甲寅
年十一月十六日卒
配余氏
子　桂殿　桂馥　桂森　桂賢賢出嗣
士模　子苑蘭同治壬戌年十一月十三日生民國甲寅年十一
月十六卒
配余氏
子　桂寧
士梅　子壽蘭
配梁氏

嗣子　桂賢
沃蘭
配黃氏
子　桂祥
之奎　光緒乙亥年八月十一日生民國戊辰年　月
日卒
配龔氏
子　邦福
相周　子之裕同治庚午年八月廿一日生
配盧氏同治己巳年五月十六日生
子　邦進　邦才　邦利
揚周　子之茂字暢軒光緒丙子年正月十八日生
配陳氏同治壬申年三月十四生
子　邦瑞　邦源　邦淼源淼出嗣
之瑛光緒己卯年二月廿八日生
配黃氏

卷廿二

嗣子　邦源

之發光緒癸未年五月十二日生

配梁氏光緒癸未年九月十六日生

嗣子　邦燚

長周　子之文道光戊申年八月初六日生

配李氏

子　邦廷　邦楷　邦樞

泰周　子之達字翼其同治癸酉年閏六月十六日生

配梁氏同治辛未年十月十六日生民國丁巳年七月十九日卒

子　邦樑

受周　子之道

配梁氏

子　邦强

之達

配雷氏

子

純周　子之官

配曾氏

子　邦智　邦僅　邦衡　邦隆　邦貽

邦時

任周　子之信同治丁卯年五月初八日生光緒丁未三月廿八日卒

配陸氏同治庚午年八月廿五日生

子　邦煥　邦焜　邦用

仰周　子之餘字卓才光緒己卯年正月廿日生

配李氏光緒辛巳年七月廿一日生民國乙巳年九月廿八日卒

繼配廖氏

子、邦幹　邦總　邦英

宗周　子之仁咸豐庚申年四月初七日生

配楊氏

子　邦運　邦蓮　運出嗣
之標光緒丁丑年八月廿八日生
配張氏
嗣子　邦蓮
師周監周衆桃子之斌字用才
配廖氏
子　邦富　邦賞　邦榮　邦譔　邦享
保周　子之祐咸豐戊午年八月廿七日生民國丁巳年八月十五日卒
配覃氏咸豐辛酉年十二月十三日生民國丁巳年十二月廿四日卒
子　邦敵　邦棟
之祿同治庚午年五月初七日生
配吳氏
子　邦相
依周　子之屏咸豐庚申年九月十七日生光緒丁酉年十月初

三日卒
配蔣氏咸豐庚申年十二月十六日生
嗣子　邦崇　邦柱
之昭字德庭　同治丁卯年四月初三日生民國庚午年十月十八日卒
配鄧氏同治戊辰年十二月初二日生光緒戊申年十一月初九日卒
子　邦崇　邦爵　邦桂　邦穰　邦振
邦松　崇柱出
佐周　子之榮光緒甲申年十月初一日生
配夏氏
子　邦南　邦裕　邦全
像周　子之華光緒己丑年九月初七日生
配李氏
子
之渭

配胡氏
子　邦固
緒周　子之禮 同治戊辰年九月初十日生
配李氏
子　邦善
從周　子之運 光緒庚辰年六月廿八日生
配李氏
繼配謝氏
子　邦義　邦金　邦政　邦乾
衛周　子之興 光緒壬辰年正月初八日生
配楊氏
子
之盛 光緒乙未年六月初二日生
配梁氏
子
韜周　子之睦

配
子
傑周　子之海
配李氏
子
偉周　子之林
配
子
備周　子之顯 光緒戊子年五月十八日生
配關氏
子　邦江
之度
配
子
傭周　子之敦 光緒丙戌年正月初五日生
配楊氏

長房廿七

嗣子　邦生
之美光緒辛卯年六月初三日生
配陸氏
繼配梁氏
子　邦生　邦健　邦德　邦勝　生出嗣
成周子之松
配
子
仕周子之芳光緒壬午年十一月十七日生
配廖氏
子　邦壽
之芹光緒乙酉年八月十九日生
配黃氏
子　邦孚
之雅光緒丙申年　月　日
配黎氏

子
之崇光緒己亥年十月十二日生民國辛未年　卒
配黃氏光緒癸卯年十一月丙午日生民國辛未年
卒
子　邦君
啓周子之漢字淮泉光緒庚辰年四月初十日生
配盧氏
繼配鄧氏
子　邦東　邦成　邦煜　邦沛
敬周子之安字竹平光緒戊子年三月初八日生
配盧氏
子　邦理
之宗光緒庚寅年九月初三日生
配黃氏
兼祧子　邦理
武周子之恭光緒丁酉年八月十九日生

配覃氏
子
之昌 光緒庚戌年閏六月初九日生
配
子
之顯
配容氏
子
繼周子之廣 宣統己酉年五月十八日生
配馬氏
子　邦滿
之霸 民國壬子年十一月初七日生　平田房止
配潘氏
子
啓武嗣子紹謙 民國己巳年九月十五日生
配

子
啓豫子紹信 民國乙丑年五月初二日生
配周氏
子
啓新嗣子紹榮 民國壬申年四月初一日生
配
子
啓機嗣子紹義 民國己卯年七月初六日生
配
子
啓才子紹廣 民國辛未年正月十八日生
配
子
紹雲 民國戊寅年五月初十日生
配
子

啓乾　子紹新　民國壬申年　月　日生
配
子
啓芬　子紹彬　民國己巳年五月初八日生
配
子
啓元　子紹賢　民國甲戌年四月初七日生
配
子
啓琨　子紹武　民國癸亥年六月初一日生
配
子
紹德　民國辛未年四月初七日生
配
子
紹祿　民國戊寅年十月卅日生

長房廿二世

配
子
啓郁　子紹楷　民國丙子年正月廿八日生
配
子
啓泰　子紹芳　宣統己未年九月十九日生
配黨氏
子　宗昭
啓清　子紹生　民國丙子年十廿五日生
配
子
紹華　民國庚辰年六月十七日生
配
子
啓裕　子紹福　民國庚申年九月初十日生
配楊氏

子
啓承　子紹慶民國丁卯年十一月十四日生
配
子
紹蘭民國辛未年十二月初一日生
配
子
紹春民國乙酉年八月廿日生
配
子
啓雲　子紹振民國己卯年四月初八日生
配
子
啓珧　子紹榮光緒乙巳年七月初十日生
配覃氏
子　宗佳　宗生

啓紹　子紹年光緒戊申年七月初五日生
配盧氏
子　宗昌　宗華
啓基　子紹祁民國癸酉年三月八日生
配
子
啓穀　子紹禮民國乙丑年三月初四日生
配李氏
子
紹初民國乙亥年九月十一日生
配
子
紹光民國戊寅年六月十六日生
配
子
啓康　子紹暘民國壬子年二月廿七日生

配盧氏
子 宗琪
紹樞 民國甲寅年十月廿六日生
配梁氏
子 宗嘉 宗賁
紹松 民國乙丑年四月初二日生
配
子
紹椿 民國癸酉年二月初十日生
配
子
啓宗 子紹瑞 民國癸亥年三月初二日生
配徐氏
子
紹翊 民國乙丑年七月廿四日生
配廖氏

子
紹彬 民國丁卯年十一月初五日生
配
子
紹璜 民國癸酉年四月廿九日生
配
子
啓圓 子紹華 民國辛未年八月初六日生
配
子
啓馥 子紹南 民國丁卯年四月廿日生
配
子
啓珍 子紹榮 民國辛未年六月初五日生
配
子

紹熊民國辛巳年正月十一月生
配
子
啓全　子紹乇光緒戊申年七月廿八日生
配蕭氏
子　宗海
啓銓　子紹先宣統己酉年八月初四日生
配羅氏
繼配黄氏
子　宗之
紹存民國丙寅年七月二十日生
配
子
啓澤　子紹富民國乙亥年五月廿二日生
配
子

紹貴民國乙卯年八月廿二日生
配
子
啓金　子紹榜宣統壬子年九月廿九日生
配徐氏
子　宗茂　宗芹　宗蔭　宗芬
紹樑民國丁巳年八月廿七日生
配
子　宗英
紹材民國庚子年七月初九日生
配
子
啓鏡　子紹樓民國丙寅年十一月廿四日生
配
子
紹棟民國甲戌年十月初五日生

配

子

紹楝民國丙子年九月十五日生

配

子

啓鍾四子紹機民國壬申年七月初一日生

配

子

紹棠民國丁丑年九月初十日生

配

子

紹棣民國庚辰年十月十一日生

配

子